D1670807

Johann Wolfgang Goethe

Sämtliche Werke
nach Epochen seines Schaffens
Münchner Ausgabe

Herausgegeben von Karl Richter
in Zusammenarbeit mit Herbert G. Göpfert,
Norbert Miller, Gerhard Sauder und Edith Zehm

Band 11.2

Johann Wolfgang Goethe

Divan-Jahre
1814-1819

2

Herausgegeben
von Johannes John, Hans J. Becker,
Gerhard H. Müller, John Neubauer
und Irmtraut Schmid

btb

Textredaktion: Edith Zehm

1. Auflage
Genehmigte Taschenbuchausgabe November 2006,
btb Verlag in der Verlagsgruppe Random House GmbH, München
Copyright © 1994 by Carl Hanser Verlag München Wien
Umschlaggestaltung: Design Team München
Druck und Einband: Clausen & Bosse, Leck
Gedruckt auf Dünndruckpapier Primapage elfenbein, von Bolloré
Printed in Germany
ISBN-10: 3-442-72946-7
ISBN-13: 978-3-442-72946-3

www.btb-verlag.de

Inhaltsübersicht

AUTOBIOGRAPHISCHE SCHRIFTEN

KUNST UND ALTERTUM
AM
RHEIN UND MAYN

Mit einem Nachbilde der
Vera Icon
Byzantinisch-Niederrheinisch

Nach einer glücklichen Rheinfahrt, wurden wir in Cöln von
Freunden und Bekannten, ja von Unbekannten mit dem
frohen Gruße überrascht: daß jenes von Rubens für seinen
Geburtsort gemalte, die Kreuzigung Petri vorstellende, der
Kirche dieses Stadtpatrons gewidmete Bild von Paris zu-
rückgebracht werde, und nächstens im Triumph zu seiner
ehemaligen frommen Stelle wieder gelangen solle. Wir freu-
ten uns, daß einer zahlreichen Bürgerschaft durch eine
einfache große Handlung das herrliche Gefühl gegeben sei,
nunmehr einem Fürsten anzugehören, der ihnen in so hohem Sinne Recht zu verschaffen, und ein schmählig vermiß-
tes Eigentum wieder zu erstatten, kräftig genug wäre. Nun
durfte man mit desto froherer Teilnahme Kunstliebhaber
besuchen, die sich durch ihren wiedererscheinenden Heiligen doppelt getröstet und erquickt fühlten, und den allgemeinen Gewinn als Unterpfand betrachteten, daß ihrer
eigensten Neigung Sicherheit und Fördernis gelobt sei.

Wenn nämlich im dreizehnten Jahrhundert die bildende
Kunst am Niederrhein sich zu regen anfing, so schmückte
sie vorzüglich Kirchen, Klöster und öffentliche Gebäude an
Mauern und Wänden, oft auch auf großen Tafeln mit
frommen und heiligen Gegenständen; die neuere Kunst
verschaffte dagegen auch dem einzelnen Bürger kleinere
Bilder, angemessen dem Innern der Wohnungen und häuslichen Gefühlen. Mit glänzender Sinnlichkeit behandelte sie
natürliche beliebte Gegenstände, und jedermann konnte in
seiner eigenen Wohnung, an herrlichen Werken, ein stilles
Behagen empfinden.

Solche kunstreiche Umgebungen gehörten nun zu den
Bedürfnissen des Bemittelten, zum Anstande des Wohlhabenden. Einheimische Künstler wurden beschäftigt. Ein

lebhafter Handel mit Brabant und Holland brachte eine
Unzahl solcher Kunstwerke in Umtrieb. Liebhaberei und
Gewinn waren zu verbinden, und Gewinn belebte die
Neigung. Handelsleute taten sich hervor, welche, in das
ferne Ausland wirkend, Kunst und Künstler förderten.
Unter solchen wird der Name *Jabach* mit Ehrfurcht genannt. Dieser vorzügliche Mann, umgeben von seiner
wohlgebildeten und wohlhäbigen Familie, wird uns noch
jetzt, lebensgroß, durch ein Bild von *Le Brun* vor Augen
gestellt. Es ist vollkommen erhalten noch in Cöln, und
verdient als eine der ersten Zierden einer bald zu hoffenden
öffentlichen Anstalt eingeordnet zu werden.

Nun müssen wir aber jener bedeutenden Richtung gedenken, welche die Kunstliebe in unsern Tagen genommen.
Eine gegen das Ende des vergangenen Jahrhunderts vorbereitete, in dem gegenwärtigen aber sich mehr entwickelnde
Leidenschaft zu den Resten der alten Kunst, wie sie sich
nach und nach aus dem trübern Mittelalter hervortat, erhielt
reichliche Nahrung, als Kirchen und Klöster aufgehoben,
heilige Gemälde und Gerätschaften verkauft wurden. Nunmehr konnten die schätzbarsten Dinge, welche bisher der
Gemeine gehörten, in den Besitz des Privatmanns übergehen. Mehrere Personen in Cöln fühlten sich daher veranlaßt, dergleichen zu retten und zusammenzuhalten. Die
Herren *Boisserée*, Gebrüder, und *Bertram* stellten mit Neigung, Kenntnis, Ausdauer, Aufwand und Glück, eine Reihe
solcher Bilder als unterrichtenden Kunstschatz zusammen,
welcher gegenwärtig in Heidelberg befindlich, in Cöln
ungern vermißt wird. Hier am Orte jedoch besitzen die
Hrn. *Wallraff*, *Lieversberg*, *Fochem*, nebst anderen Personen, höchst schätzbare Werke dieser Art.

Da nun aber fast alle solche Gemälde von Rauch und
Staub mußten behutsam gereinigt, schadhafte Stellen sorgfältig ausgebessert und der Goldgrund vorsichtig hergestellt
werden; so bildeten sich Restauratoren, unentbehrliche
Personen für jeden Ort, wo sich ein lebhafter Kunstverkehr
entwickelt. Ein herrliches Dokument solcher Bemühungen,
wo Liebhaber und Künstler patriotisch kunstverständig
zusammen gewirkt, ist das große aus der Ratskapelle in den
Dom versetzte Altarbild. Die mittlere Tafel stellt die Anbe-

tung der heiligen drei Könige vor, die Seitentafeln aber
zeigen die übrigen Schutzpatrone der Stadt, ritterlich und
jungfräulich, kühn und bescheiden, fromm allemiteinander.
Der Künstler lebte zu Anfang des funfzehnten Jahrhunderts.

Alle jene dem Gottesdienst gewidmeten Vorstellungen
und Zierden aber, welche durch die unruhige zerstückelnde
Zeit von ihren geweihten Plätzen entfernt wurden, schienen
in Privathäusern nicht ganz an ihrer Stelle; daher der heitere,
erfinderische Geist der Besitzer und Künstler an schickliche
Umgebung dachte, um dem Geschmack zu erstatten, was
der Frömmigkeit entrissen war. Man ersann scheinbare
Hauskapellen, um Kirchenbilder und Gerätschaften in altem Zusammenhang und Würde zu bewahren. Man ahmte
die bunten Glasscheiben auf Leinwand täuschend nach;
man wußte an den Wänden teils perspektivische, teils halb-
erhobene klösterliche Gegenstände als wirklich abzubilden.

Diese anmutige Dekorierkunst blieb jedoch nicht lange
im Düstern, der muntere Geist der Einwohner führte sie
bald ins freie Tageslicht; wo denn der Künstler auch solchen
Forderungen genug zu tun verstand, indem er den Hintergrund enger, an den Seiten mit Pflanzen und Blumen besetz-
ter Höfe, durch wohlgeratene perspektivische Gemälde, ins
Unendliche zu erweitern glücklich unternahm. Alles dieses
und so manches andere, welches auf den Fremden höchst
angenehm neu und bedeutend wirkt, zeugt von einer frohen, frommen, Genuß und Erhebung verlangenden Sinnlichkeit, die, wenn sie zu Zeiten des Drucks und der Not
sich so tätig und heiter bewies, in Zeiten der Sicherheit und
Ruhe bei zunehmendem Wohlhaben neu ermuntert gar bald
hervortreten wird.

Betrachtet man also das viele in Cöln Verbliebene, Erhaltene, Neubelebte, mit Aufmerksamkeit, so wird man gewahr, wie leicht eine Regierung hier einwirken kann, wenn
die Obern und Vorgesetzten zuerst dasjenige freundlich
anerkennen, was von Einzelnen aus freier Neigung und
Liebhaberei bisher geschah, und einen solchen frohen Willen auf alle Weise begünstigen. Hierdurch wird den Obge-
ordneten als Kennern und Liebhabern nichts unbekannt
bleiben, was am Orte von Kunstwerken befindlich ist, was

zu- und abgeht, oder den Besitzer verändert. Zugleich werden sie, die Tätigkeit des Einzelnen fördernd, auf den Fall merken, wo lebenslängliche Bemühung eines Privatmannes dem Gemeinwesen auf einmal zu Gute kommt: denn es geschieht nicht selten, daß eine Sammlung dem Liebhaber, der sich auf mancherlei Weise beengt fühlt, zur Last wird. Mangel an Raum, Wechsel der Wohnung, verändertes oder abgestumpftes Interesse, vermindern oft den Kunstwert in den Augen des Besitzers; und hier ist es, wo die Oberen zu Gunsten beider Teile sich tätig erweisen können. Durch ehrenvolle Aufmerksamkeit findet sich der Wohlhabende schon dergestalt geschmeichelt, daß er patriotisch aufgeregt, wo nicht schenkend, doch zu mäßigen Bedingungen sein Besitztum einer öffentlichen Anstalt überläßt und einverleibt. Findet er in seinem Wohnorte nur Gleichgültigkeit, er wird sich in der Fremde des Danks erholen. So wäre z. B. die unübersehbare Sammlung des Baron *von Hübsch*, die unter mancherlei Wust die schätzbarsten Gegenstände der Kunst und des Altertums enthielt, nicht von Cöln nach Darmstadt gezogen, nicht des Herrn *Nose* höchst bedeutende Zusammenstellung Niederrheinischer Gebirgsarten von Godesberg nach Berlin gewandert, hätten diese Männer in Zeiten gelebt, wie diejenigen, denen wir entgegen sehen.

Forschen wir nun nach dergleichen Schätzen gegenwärtig in Cöln, so werden wir zuerst auf die Sammlung des Herrn Professors und Canonicus *Wallraff* gewiesen, der, seiner Vaterstadt leidenschaftlich angeeignet, sein ganzes Leben, Habe und Gut verwendete, ja die ersten Bedürfnisse sich öfters entzog, um alles ihm erreichbare Merkwürdige seinem Geburtsort zu erhalten. Vorzüglich aufmerksam auf Römische Altertümer, Bildwerke, Münzen, geschnittene Steine und Inschriften, hat er zugleich neuere Kunstwerke aller Art, Gemälde, Handzeichnungen und Kupferstiche, Bücher, Handschriften, selbst sehr bedeutende Mineralien, an sich gebracht. Dieser, wegen Mannichfaltigkeit und Verwicklung, schwer zu übersehende Vorrat konnte weder zu eigenem Genuß, noch zum Unterricht anderer jemals geordnet werden, weil selbst die dem Sammler späterhin gestattete freie Wohnung nicht Raum hat, so viel zu fassen, geschweige gesondert aufzustellen. Wünschenswert wär' es daher, wenn man baldmöglichst dem gemeinen Wesen diesen Schatz zueignete, damit die Jahre, welche dem würdigen Besitzer gegönnt sind, benutzt werden könnten, diese kostbaren Gegenstände mit Genauigkeit zu übernehmen, zu ordnen, genießbar und nutzbar zu machen.

Dieses aber setzt ein hinreichendes Local voraus, welches in der weitläuftigen Stadt gar wohl zu finden wäre. Hätte man ein solches bestimmt, so würden die vorhandenen Räume wohl beachtet, damit die verschiedenen Abteilungen der Sammlung gehörig zu sondern wären. Dabei nähme man auf die Zukunft beständig Hinsicht, die Räume würden groß genug eingerichtet, nach Maßgabe einer zu hoffenden Vermehrung. Die Anleitung hiezu würde die Sammlung selbst geben, die, indem sie Gegenstände aller Art besitzt, und nach allen Seiten hindeutet, vielerlei Rubriken veranlaßt, die sich in der Folge innerlich vermehren und ausdehnen. Denn auch deshalb ist diese Sammlung so schätzbar, weil sie künftige Konservatoren nötigt, alles Vorkommende nach seiner Art zu würdigen, und auch das Geringste als integrierenden Teil des Ganzen zu betrachten. Wie überraschend angenehm würde es alsdann sein, wenn die Localitäten geschmackvoll und analog den Gegenständen verziert würden, wovon wir zwar einzelne Beispiele in verschiedenen Städten bewundern, jedoch kein ganzes allgemeines Museum in diesem Sinne verziert wissen. Es ist gar so angenehm unterrichtend, wenn Sarkophagen, Urnen und alle dazu gehörige Leichen- und Grabgeräte in nachgeahmten Columbarien aufgestellt sind; wenn der Römische Denkstein, Altar und Cippus von einer Dekoration eingefaßt werden, welche an die Appische Straße erinnert; wenn die Überreste des frühern Mittelalters von Verzierungen ihrer Art, die des späteren gleichfalls übereinstimmend bekleidet sind; wenn selbst den Naturreichen durch Abbildung des nicht vorhandenen nachgeholfen wird. Wollte man diese Gedanken verfolgen und Vorschläge gelten lassen, so würde gar manches bewirkt werden, welches voraus anzudeuten nur anmaßlich scheinen möchte. In einer Gegend, wo das Wissen nur in sofern geschätzt werden kann, als es zugleich ins Leben tritt, wird eine solche Einrichtung

schon gefordert. Hier wird der bloß Neugieriggleichgültige
unterhalten und angeregt, ja, er mag sich stellen wie er will,
belehrt; der Kenner aber läßt sich durch eine solche, der
Ordnung noch hinzugefügte Täuschung, eben so wenig irre
machen, als durch die Konfusion der alten Krambude eines
Raritätenhändlers. In Cöln würde man sich hiezu des Talents eines vorzüglichen Künstlers Hrn. *Fuchs* bedienen, der
in ähnlichen Fällen schon Erfindungsgabe, Geschmack und
Fertigkeit bewiesen. Zugleich aber wird man mit Bedauern
den in jugendlichem Alter schon vieles leistenden *Joseph*   10
Hofmann vermissen, welcher wohl verdient hätte, bessere
Zeiten zu erleben.

Jedermann der das Gesagte beherzigt, wird sich überzeugen, daß bei weiser kräftiger Anregung von oben, tüchtiger
Gründung, und klarer Anlage eines Conservatoriums in
Cöln, Kunst, Geist und Fleiß sogleich sich vereinen werden,
dasselbe zu schmücken, da es denn auch an patriotischer
Tätigkeit nicht fehlen wird, dasselbige fortwährend zu vermehren und auszustatten. So sehen wir schon gegenwärtig,
da ein allgemeiner Vereinigungspunkt nur erst gehofft wird,   20
das rühmliche Beispiel, wie Hr. General *von Rauch* alles
dasjenige, was bei Anlage der neuen Festungswerke ausgegraben wird, bei sich sammelt, um solches dereinst dem
öffentlichen Gewahrsam zu übergeben. Das Bedeutende
was schon gefunden worden, erregt die schönsten Hoffnungen, und sichert diesem trefflichen Kriegsmanne auch von
dieser Seite die immerdauernde Dankbarkeit einer wieder
auflebenden Stadt.

In Cöln jedoch an eine förmliche Kunstakademie zu
denken, möchte nicht nötig noch rätlich sein. Republikani-   30
sche, von alten Zeiten her den Gemütern eingeprägte Formen passen am besten in diesen Gegenden, wenigstens für
die freien Künste. Einsichtige Kunstliebe und Gönnerschaft
setzt sich überall an die Stelle der Direktion; jeder Künstler
zieht in seinem Fache sich seine eigenen Schüler, so wie
jeder Schüler sich frei seinen Meister aufsucht. Hier kann
jeder, uneingeschränkt von seines Gleichen, durch eigene
Arbeiten, durch Restauration und Kunsthandel sich in eine
Lage versetzen, die sehr angenehm werden muß, wenn die
Regierung sein Talent auch zu ihren Zwecken benutzt,   40

durch angemessene Pensionen sein Talent der ersten Nahrungssorgen überhebt, sodann aber durch billiges Honorar seine außerordentlichen Arbeiten belohnt.

Wird sich nach allgemeinem Wünschen und Hoffen ein zusammenhängender Kunstverkehr am Rhein und Main verbreiten, so wird auch die Teilnahme des Reisenden nicht fehlen. Der Kunstfreund verlangt nicht immer Originale; trifft und rührt ihn irgend ein merkwürdiges Bild, dessen Besitz nicht zu erlangen ist, so erfreut er sich an einer Kopie. Dieses zeigt sich schon gegenwärtig bei der Freude an der altdeutschen Kunst, daß man Nachbildungen von Gemälden dieser Art verlangt und schätzt. Von jener großen Tafel im Dom hat Herr Lieutenant *Rabe* die Mittelgruppe in Miniatur höchst befriedigend nachgebildet. Herr *Beckenkammp* beschäftigt sich immerfort mit Kopien desselben, die sogleich ihre Liebhaber finden. Wie viel Umstände treffen nicht zusammen uns zu versprechen, daß ein freitätiges, uneingeschränktes Kunstleben in diesen Gegenden sich aus einer niemals ganz ausgestorbenen Vorzeit fröhlich entwickeln werde.

Eh jedoch der Fremde so mannichfaltige Merkwürdigkeiten mit Ruhe genießen kann, wird er vor allem unwiderstehlich nach dem Dom gezogen. Hat er nun dieses, leider nur beabsichtigten Weltwunders Unvollendung von außen und innen beschaut, so wird er sich von einer schmerzlichen Empfindung belastet fühlen, die sich nur in einiges Behagen auflösen kann, wenn er den Wunsch, ja die Hoffnung nährt, das Gebäude völlig ausgeführt zu sehen. Denn vollendet bringt ein groß gedachtes Meisterwerk erst jene Wirkung hervor, welche der außerordentliche Geist beabsichtigte: das Ungeheuere faßlich zu machen. Bleibt aber ein solches Werk unausgeführt, so hat weder die Einbildungskraft Macht, noch der Verstand Gewandtheit genug, das Bild oder den Begriff zu erschaffen.

Mit diesem leidigen Gefühl, welches einen jeden drückt, kämpften zu unserer Zeit in Cöln eingeborne Jünglinge, welche glücklicherweise den Mut faßten, eine Vollendung des Doms, nach der ersten Absicht des Meisters, wenigstens in Zeichnungen und Rissen zu Stande zu bringen. Dürfte auch ein solches bildliches Unternehmen gegen die wirkliche Ausführung gering scheinen, so gehörte doch schon hiezu so viel Einsicht als Unternehmungsgeist, so viel Tat als Beharren, so viel Selbstständigkeit als Einwirkung auf andere, wenn die Gebrüder *Boisserée* zur ungünstigsten Zeit ein Kunst- und Prachtwerk so weit fördern sollten, daß es von nun an heftweise wird erscheinen können. Der Grundriß hatte sich glücklicherweise im Original gefunden, so wie auch der Aufriß, später entdeckt, der bisherigen Bemühung, Ausmessung und Vermutung glücklich zu Hülfe kam. In gehöriger Größe werden also Grundriß, Aufrisse, Durchschnitte, perspektivische Zeichnungen nach und nach erscheinen, wodurch ein Werk gebildet wird, das vermöge seines Inhalts, wie durch die Künstler die es gearbeitet, den lebhaftesten Anteil verdient. Denn daß die Zeichnungen vortrefflicher deutscher Männer, *Moller*, *Fuchs*, *Quaglio*, auch in Deutschland gestochen werden konnten, dazu gehörte von Seiten der Unternehmer jene stille unverwüstliche Vaterlandsliebe, die in den schlimmsten Zeiten dasjenige zu erhalten und zu fördern weiß, was glücklichen Tagen unentbehrlich ist; und so sind die trefflichen Kupferstecher, die Herren *Duttenhofer* in Stuttgart, *Darnstedt* in Dresden, zur Teilnahme an dieser wichtigen Arbeit herbeigerufen worden.

Sind wir nun durch Bemühungen von Privatpersonen dazu gelangt, uns einen deutlichen Begriff von jenem unschätzbaren Gebäude zu machen, so daß wir es als ein Wunderwerk, gegründet auf die höchsten christlich-kirchlichen Bedürfnisse, so genial als verständig gedacht, durch vollendete Kunst und Handwerk ausgeführt, in der Einbildungskraft fassen und seine wirklich vorhandenen Teile einsichtig genießen können; so wird man sich nicht verwehren, jene kühne Frage nochmals aufzuwerfen, ob nicht jetzt der günstige Zeitpunkt sei, an den Fortbau eines solchen Werks zu denken.

Hier treffen wir aber bei näherem Erwägen auf die traurige Entdeckung, daß der Dom seit zwanzig Jahren aller Hülfsmittel beraubt ist, um auch nur im baulichen Stand erhalten zu werden. Als Reichsstift, und weil die Güter für den Bauunterhalt mit den Pfründegütern zusammengeworfen waren, hatte die Kirche das eigene und einzige Schicksal, sie die am meisten bedarf, die ärmste von allen zu werden, indessen andere Kirchen ihre Baugüter behalten oder zurückbekommen haben.

Das erste vor allen Dingen wäre daher, an eine Stiftung zu denken, zu vollkommener Erhaltung des Gebäudes. Erhaltung ist aber nicht zu bewirken, wenn man den Vorsatz des Fortbauens gänzlich aufgibt; denn nicht allein Barschaft reicht hin zu solchen Bedürfnissen, sondern es will auch, bei gegenwärtiger vollkommenen Einsicht in den Willen des Meisters, Kunst und Handwerk aufs neue erregt und belebt sein. Was aber auch geschähe, so ist ein solcher Gegenstand mit Großheit zu behandeln, zu welcher man nur gelangt, wenn man sich die Schwierigkeiten nicht verbirgt noch verleugnet.

Auf alle Weise aber steht der Dom schon jetzt als fester Mittelpunkt; er und die vielen andern Gebäude der Stadt und des Landes bilden im engen Kreise eine ganze Kunstgeschichte. Und auch diese ist literarisch und artistisch vorbereitet, indem jene so leidenschaftlich als gründlich arbeitenden Kunstliebhaber, bei dem Fleiße den sie dem Cölner Dom gewidmet, ihre Aufmerksamkeit zugleich auf die Vor- und Nachkunst richteten. Daher wurden alte Risse gesammelt, Durchzeichnungen veranstaltet, Kupferstiche und Zeichnungen der vorzüglichsten sogenannten Gotischen Gebäude in allen Landen angeschafft, besonders von allen bedeutenden alten Bauwerken des ganzen Niederrheins von der Mosel abwärts. Hieraus könnte ein Werk entstehen, das in mäßigem Format die Epochen der älteren Baukunst in Deutschland, von den ersten christlichen Zeiten an, bis zum Erscheinen des sogenannten Gotischen Geschmacks im dreizehnten Jahrhundert, in belehrender Form zur Anschauung brächte.

Die den Reisenden zugemessene Zeit war zu kurz, als daß man von allem Bedeutenden hätte völlige Kenntnis nehmen können; jedoch versäumte man nicht, den Herrn Dom-Vicarius *Hardy* zu besuchen, einen merkwürdigen achtzigjährigen muntern Greis, der, bei angebornem, entschiedenem Talent und Kunsttrieb, von Jugend auf sich selbst bildete, physikalische Instrumente künstlich ausarbeitete, sich mit Glasschleifen beschäftigte, vorzüglich aber von der bildenden Kunst angezogen Emaille zu malen unternahm, welches ihm aufs glücklichste gelang. Am meisten jedoch hat er sich dem Wachsbossieren ergeben, wo er denn schon in frühster Jugend die unendlich feinen perspektivisch-landschaftlichen, architektonisch-historischen kleinen Arbeiten verfertigte, dergleichen von mehreren Künstlern versucht, wir noch bis auf die neuste Zeit sogar in Ringen bewundern. Später beschäftigte er sich mit einer Art, die höchst gefällig ist; er bossierte nämlich halbe Figuren in Wachs, beinahe rund, wozu er die Jahreszeiten und sonst charakteristisch-gefällige Gegenstände wählte, von der lebenslustigsten Gärtnerin mit Frucht- und Gemüskorbe, bis zum alten, vor einem frugalen Tisch betenden Bauersmann, ja bis zum frommen Sterbenden. Diese Gegenstände, hinter Glas, in ohngefähr fußhohen Kästchen, sind mit buntem Wachs harmonisch, dem Charakter gemäß koloriert. Sie eignen sich dereinst in einem Cölnischen Museum sorgfältig aufbewahrt zu werden; denn man wird hiedurch so deutlich angesprochen, daß wir uns in der Geburtsstadt des Rubens befinden, am Niederrhein, wo die Farbe von jeher die Kunstwerke beherrscht und verherrlicht hat. Die stille Wirkung eines solchen Mannes in seinem Kreise verdient recht deutlich geschildert zu werden, ein Geschäft, welches Herr Canonicus Wallraff mit Vergnügen übernehmen wird, da er, als ein Jüngerer, diesem würdigen Greis auf dem Lebens- und Kunstwege gewiß manche Anregung verdankt.

Ein Schüler dieses würdigen Mannes, Herr *Hagbold*, beschäftiget sich mit ähnlichen Arbeiten; doch hat er bisher nur Profil-Portraite geliefert, denen man eine glückliche Ähnlichkeit nicht absprechen kann. Die Reinlichkeit und Feinheit der Kleidungs- und Putzstücke an diesen Bildern ist höchlich zu loben, und wenn er sie in der Folge, sowohl von vorn in voller Ansicht, ganz rund, als von der Seite, nur halb erhaben ausführen wird, so kann es ihm an Beifall und Kunden nicht fehlen.

Noch ist hier ein geschickter Miniaturmaler zu erwähnen, Herr *Lützenkirchen*, welcher sich, bei sehr schönen Talenten, als ein denkender Künstler erweist, und sich auch schon das Vertrauen hoher Personen bei bedeutenden Gelegenheiten erworben hat.

Indem man nun von dem Vergangenen und Gegenwärtigen spricht, was Cöln merkwürdig, ehrwürdig und angenehm macht, und sodann fragt, was denn ferner wünschenswert wäre, damit gebildete Personen aller Art ihren Aufenthalt hier gerne wählten; so wird man die Antwort hören, daß Wissenschaft und diejenige Kultur, welche aus dem Studium der alten Sprachen hervorgeht, nebst allem was geschichtlich heißen kann, hier von frischem angeregt und begünstigt werden sollten; von frischem sag' ich, denn auch diese Vorzüge haben sich hier nicht ganz verloren. Man darf nur die im Lapidar-Stil glücklich aufgestellten Inschriften, worin Herr Canonicus Wallraff sich besonders hervortut, so wie seine heitern und gehaltreichen lateinischen Gelegenheitsgedichte betrachten, man darf die historischen Bemühungen, welche derselbe, nebst andern Personen den vaterstädtischen kirchlichen Ereignissen widmet, näher ins Auge fassen; so findet man noch Verzahnungen genug, welche nur auf einen neuen Anbau zu warten scheinen.

Und hier wird man unmittelbar an jene ansehnliche Universität erinnert, welche ehemals hier ihren Sitz hatte. Ihre Lage war vorteilhaft, in der Mitte der Länder, zwischen Mosel, Maas und Lippe, auch zur Verbindung mit verwandten Nachbarländern, woher noch bis zur französischen Umwälzung, Studierende, meist von katholischer Religion, sich auf diese Universität wendeten, in solcher Anzahl, daß sie eine sogenannte Nation unter den Studenten ausmachten. Die medizinische Fakultät zog durch ausgezeichnete Lehrer noch bis zu Ende des letzten Jahrzehends Holländische Studenten nach Cöln, und noch jetzt genießt die Stadt in den angrenzenden Ländern ihren alten Ruhm. Ja in den ersten Jahren der Französischen Herrschaft wurde die Hoffnung rege zu Wiederbelebung der alten Universität, und, bis in die letzten Zeiten nicht ganz aufgegeben, erhielt sie sich an der Aufmerksamkeit, welche die Zentralschule genoß, die nachher in eine höhere Sekundärschule verwandelt wurde. Ihr blieben bedeutende Güter, Anstalten und Sammlungen, welche zum Teil sich noch vermehrten, wie denn ein wohlbestelltes physikalisches Cabinet angeschafft, und ein botanischer Garten ganz neu angelegt wurde. Fänden nun in demselbigen, von den Jesuiten ehemals benutzten Raume die

Kunstsammlungen gleichfalls ihren Platz, so würde sich alles Kennenswerte hier vereinigen lassen. Hierauf, wie auf manches andere, gründen die Cölner die Hoffnung, die alte Universität in ihren Mauern wieder erneuert zu sehen.

Alles was wir bisher an dieser Stadt gerühmet, schien diese Hoffnung zu begünstigen, da nicht mehr die Frage sein kann, ob nicht auch in großen Städten eine Universität gedeihen könne. Ja man wollte behaupten, daß hier, wo die reichsten Schätze der großen Vorzeit zu finden sind, wo geistliche und weltliche Gebäude, Mauern und Türme, und so mannichfaltige Kunstsammlungen eine anschauliche Geschichte der Vergangenheit liefern, wo Schiffahrt und Handel das gegenwärtige Leben darstellen, daß hier Lehrenden und Lernenden alles nützlich und förderlich sein müsse, indem in unsern Tagen nicht mehr von Schul- und Parteiwissen, sondern von allgemeinen Weltansichten, auf echte Kenntnisse gegründet, die Rede sei.

Man wolle jenen Universitäten in kleinen Städten angelegt, gewisse Vorteile nicht streitig machen, es sei aber doch nicht zu leugnen, daß sie sich aus jenen Zeiten herschreiben, wo der Jugend, die aus einem dumpfen Schulzwange zu einem ängstlichen Geschäftszwange gebildet werden sollte, ein gewisser Zwischenraum gegönnt war, in welchem sie sich, neben dem Lernen auch abtoben, und eine fröhliche Erinnerung vollbrachter Torheiten gewinnen möchte. Gegenwärtig sei dieses aber unzulässig, schädlich und gefährlich: denn der deutsche Jüngling habe sich meist im Felde versucht, habe an großen Taten Anteil genommen, und selbst der Nachwuchs sei schon ernster gesinnt, man ver lange nicht nach einer abenteuerlichen, hohlen Freiheit, sondern nach einer ausbildenden, reichen Begrenzung. Wo sei nun eine solche schönere zu finden, als in einer Stadt, die eine Welt in sich enthalte, wo Tätigkeit aller Art sich musterhaft vor dem Geiste des Jünglings bewege, und wo junge Leute nicht an Kameradenselbstigkeit, sondern an höhern Weltansichten, und an unzähligen Gewerbs- und Kunsttätigkeiten ihre Unterhaltung fänden, wo der Studierende nur über den Fluß zu setzen brauche, um seine Ferien in dem reichsten Bergwerks- Hütten- und Fabrikenlande nützlich zuzubringen.

Ferner behaupteten die Cölner, daß der Studierende nirgends mehr sich selbst achten und geachtet werden könne, als bei ihnen, indem er als Miterbauer einer großen, alten, durch Zeit und Schicksal zurückgekommenen Existenz angesehen werden müsse.

Bonn

Nach aufmerksamer Betrachtung einiger Kirchen und des
10 öffentlich aufgestellten antiken Monuments, unterhielt in *Bonn* die Durchreisenden eine Sammlung des Herrn Canonicus *Pick*. Dieser heitere, geistreiche Mann hat alles und jedes was ihm als altertümlich in die Hände kam, gewissenhaft gesammelt, welches schon ein großes Verdienst wäre; ein größeres aber hat er sich erworben, daß er mit Ernst und Scherz, gefühlvoll und geistreich, heiter und witzig, ein Chaos von Trümmern geordnet, belebt, nützlich und genießbar gemacht hat. Ohne sein Haus, mit welchem diese Schätze zusammen gewachsen sind, durchwandert zu ha-
20 ben, kann man sich hievon keine Vorstellung machen.
Der Treppenraum zeigt eine Menge Portraite von sehr verschiedenem Kunstwert, alle jedoch vereinigt, die Trachten mancher Länder und Zeiten vors Auge zu bringen. Verziert sind die Wohnzimmer mit Kupferstichen und Gemälden, eigens bedeutend auf traurige und frohe vaterländische Ereignisse hinweisend, auf Glück und Unglück eines übermütigen Feindes anspielend. Über den Türen erregt manche inschriftliche Tafel ein bedenkliches Lächeln. Nun aber öffnet sich die Sammlung selbst; man durchschaut
30 sie mit immer verändertem Interesse, welches jederzeit eine historische Richtung zu nehmen genötigt ist. Kupferstiche und Münzen, nach Jahren und Ländern geordnet, Gerätschaften aller Art, alles zierlich zusammengestellt.
Wir gedenken z. B. einer ganzen Wand, mit gemaltscheinenden Bildern, merkwürdig durch den Stoff, woraus sie verfertiget worden: Mosaik und Eingelegtes, von Stroh oder Moos Zusammengesetztes, aus gehackter Wolle Gestreutes, samtartig Gewobenes, Gesticktes oder aus Läppchen Zusammengeflicktes. Durch solche Annäherungen
40 werden hundert Dinge, deren Aufbewahrung einen erfahre-

nen Kunstkämmerer verlegen machte, dem Auge interessant, sie geben dem Geiste Nahrung, ja dem Geschmacksurteil manchen Anlaß. Hiebei ist zu bemerken, daß ein junger Vetter, naturwissenschaftlich unterrichtet, eine schöne Mineraliensammlung, dem Kenner wie dem Liebhaber willkommen, systematisch aufgestellt hat.

Und so nach ergetzender Betrachtung einer unzähligen Menge älterer Putz- und Scherzgeräte, nimmt man ernsteren Anteil an einer würdig errichteten Scheinkapelle. Geschmackvoll zusammengerahmte bunte alte Glasfenster verbreiten ein düsteres Licht über den beschränkten Raum; gibt man demselben dagegen die erforderliche Hellung, so sieht man die aus aufgehobenen Kirchen geretteten frommen Bedürfnisse aller Art, an schicklicher Stelle. Geschnitzte Betschemel und Pulte, ein völlig hergestellter Altar, auf demselben ein Reliquienkasten mit getriebenen Silberfigürchen geziert, mit Emaille reichlich bedeckt; ferner Kruzifixe und Leuchter, alle älteren Ursprungs, nach Form und Materie an jenen heiligen Prachtkasten erinnernd, der in dem Cölnischen Dom die Gebeine der drei Könige verwahrt. Den Wänden fehlt es nicht an alten Gemälden, welche sich hier, als hätten sie ihre Stelle nicht verändert, einer gewohnten Nachbarschaft erfreuen.

Gelangt man darauf in ein Zimmer, wo alte Drucke und Manuskripte aufbewahrt, auch andere bedeutende Dinge einstweilen niedergelegt sind, so bedauert man, daß die Unruhe der Zeiten diesen würdigen Mann verhinderte, von seinem ganzen Hause Gebrauch zu machen, um alles in gleichem Sinne zu ordnen und zu bewahren.

Mit dem größten Vergnügen aber betritt man die Gartenterrasse, wo das Talent eines geistreichen Konservators sich in vollem Glanze zeigt. Hier sieht man, unter freiem Himmel, verschiedene architektonische Teile und Glieder, Säulen und Gesimstrümmer, so wie manche Zieratsreste, zu Ruinen gruppiert, Inschriften zierlich eingemauert, halberhabene Arbeiten wohl verteilt, große gebrannte Gefäße als Denkmale aufgestellt, und, mit wenigen Worten, hie und da, wahrhaft-rege, patriotische Gesinnungen bedeutsam ausgedrückt.

Eine ausführliche Beschreibung dieses glücklichen Unternehmens würde schon der Einbildungskraft und dem Gemüt eine angenehme Unterhaltung geben. Nur eines führe ich an, daß ein kleines, wohlerhaltenes Basrelief, die schlimmen Folgen der Trunkenheit vorstellend, unter einer Weinranke gesehen wurde, die so eben voller Trauben hing.

Denkt man sich Bonn als Residenz, und diesen Schatz unverrückt als Kunstkammer, so besitzt der Hof eine Sammlung so allgemein unterhaltend und reizend als nur zu wünschen ist. Setzte man sie im gleichen Sinne fort, so würden Besitzer und Erhalter sich und andern zu großem Vergnügen bemüht sein.

Während man nun diese Zeit über mit aufgeklärten und, im echten Sinne, freidenkenden Personen umging, so kam die Angelegenheit der ehemals hier vorhandenen Universität zur Sprache. Da man nämlich schon längst an der Wiederherstellung der veralteten hohen Schule in Cöln verzweifelt, habe man den Versuch gemacht eine neue in Bonn zu gründen. Dieses Unternehmen sei deshalb mißlungen, weil man, besonders in geistlichen Dingen, polemisch und nicht vermittelnd verfahren. Furcht und Parteigeist zwischen den verschiedenen Glaubensgenossen sei indessen beschwichtigt, und gegenwärtig die einzig mögliche und vernünftig herbeizuführende Vereinigung der Katholiken und Protestanten könne nicht auf dogmatischem und philosophischem, sondern allein auf historischem Wege gefunden werden, in allgemeiner Bildung durch gründliche Gelehrsamkeit. Eine bedeutende Universität am Niederrhein sei höchst wünschenswert, da es der katholischen Geistlichkeit und somit auch dem größten Teil der Gemeinde an einer vielseitigern Geistesbildung fehle. Die Abneigung, ja die Furcht vor der Gelehrsamkeit sei früher daher entstanden, daß die Trennung der Christenheit durch Philologie und Kritik geschehen, dadurch sei die alte Kirche in Schrecken gesetzt, Entfernung und Stillstand verursacht worden. Bei veränderten Umständen und Ansichten jedoch, könne dasjenige was die Kirche getrennt, sie nun wieder vereinigen, und vielleicht wäre eine so schwer scheinende Aufgabe, bei gegenwärtiger Gelegenheit, im oben angedeuteten Sinne, am sichersten zu lösen.

Wenn die Einwohner von Bonn ihre Stadt zum Sitz einer

Universität empfehlen, ist es ihnen nicht zu verargen. Sie rühmen die Beschränktheit ihres Orts, die Ruhe desselben. Sie beteuern die Achtung welche dem Studierenden hier zuteil würde, als notwendigem und nützlichem Mitbewohner; sie schildern die Freiheit, die der Jüngling genießen würde in der herrlichsten Gegend, sowohl landwärts als rheinwärts und überrheinisch. Die Ursachen warum der erste Versuch mißlungen, kenne man nunmehr, und dürfe nur die ähnlichen Fehler vermeiden, so habe man die völlige Gewißheit diesmal zum Ziele zu gelangen.

Diese und ähnliche Gespräche wurden auf der Terrasse des Schloßgartens geführt, und man mußte gestehen, daß die Aussicht von demselben entzückend sei. Der Rhein und die Siebengebürge links, eine reich bebaute und lustig bewohnte Gegend rechts. Man vergnügt sich so sehr an dieser Ansicht, daß man sich eines Versuchs, sie mit Worten zu beschreiben, kaum enthalten kann.

Neuwied

Doch unser eigentlichster Zweck ruft uns Strom aufwärts, um *Neuwieds* zu gedenken. Diese freundliche Stadt, erbaut auf einen von Bergen umstellten Raum, ist uns wegen der Altertümer merkwürdig, welche man daselbst gefunden hat und findet. Die neuerdings von Deutschlands Feinden benutzte Gelegenheit hier über den Rhein zu gehen, ward von den Römern schon ergriffen, sodann aber der sichere und angenehme Raum Kastellen und Wohngebäuden angeeignet. Die Spuren einer einfachen alten Befestigung fanden sich hinter *Biber* eine halbe Stunde von Neuwied, wobei die Überreste eines Bades entdeckt wurden. Die verschütteten Trümmer von städtischen Wohnungen finden sich bei *Hettesdorf*, wovon schon manches zu Tage gefördert worden. Möge die friedliche Ruhe deren wir zu genießen hoffen, auch fernere Ausgrabungen begünstigen! Das sorgfältig angelegte Museum in dem Schlosse zu Neuwied würde dadurch bereichert, so wie die Sitten und Gebräuche der ältesten Feinde Deutschland⟨s⟩ immer mehr aufgeklärt werden. Von alten Wegen und Schutzmauern, die sich am Main und Rhein weit erstrecken, haben mehrere Schrift-

steller gehandelt, und es wird sich nach und nach bei fortgesetzter Bemühung der ganze Zusammenhang endlich vollkommen entwickeln.

Coblenz

Ungern verlassen wir diese Gegenden, und eilen, unseres
Zweckes eingedenk, nach *Coblenz*. Auch hier würde sich
ein Mittelpunkt zur Aufbewahrung der Altertümer und zu
Förderung der Kunst von selbst bilden. Die herrliche Lage
des Orts, die schönen Straßen und Gebäude, die günstigen
Wohnräume sind für den Einheimischen erfreulich, für den
Fremden einladend. Da diese Stadt zum beständigen Sitz
einer Regierung bestimmt ist, so kann es hier niemals an
vorzüglichen Männern fehlen, deren Aufmerksamkeit gar
manches entdecken und versammeln wird; wie denn zum
Anfange die wenigen aber bedeutenden Reste der Abtei
Laach mit Vorsicht und Sorgfalt hieher zu retten wären.

Die Juristenschule zu Coblenz ist eine neue Anstalt, die
wohl schwerlich, isoliert wie sie steht, erhalten werden
dürfte, dagegen die Güter der dortigen Secondairschule
wohl zu einem höhern Gymnasium hinreichten, welches
jener, dem Niederrhein zugedachten Universität, vorarbei-
tete; und gewiß würden die Glieder solcher Anstalten sich
einem Bunde, der Kunst und Altertum zu fördern gedächte,
willig und kräftig anschließen.

Überschaut man von der Carthaus die köstliche Lage der
Stadt und deren reiche Umgebung, so bedauert man die
unwiederherstellbaren Ruinen der Festung Ehrenbreitstein,
welche nun im Sinne der neueren Kriegskunst wieder ausgebessert werden. Das schöne weitläuftige, der Stadt sich
verbindende Schloß hingegen sieht man gern, von außen
wenigstens, unbeschädigt. Die Frage in wieweit es als Residenz wieder herzurichten sei, liegt außer unserm Kreise,
aber des traurigen Schicksals müssen wir gedenken, welches
überhaupt den Niederrhein betroffen hat, daß, durch seltsame Fügung, weit und breit alle Fürstensitze verödet sind,
während am Oberrhein noch die meisten geblieben. Welch
einen schönen Sommeraufenthalt würden höchste und hohe
Personen finden, wenn die noch ziemlich erhaltenen großen

Schlösser *Poppelsdorf*, *Brühl*, *Bensberg*, *Benrad* und andere
wieder eingerichtet, und neue Lebenselemente von da aus in
die Gegend verbreitet würden. Für die Zwecke welche wir
im Auge haben, könnte daraus die günstigste Wirkung
entspringen.

Mainz

Der Bewohner von *Mainz* darf sich nicht verbergen, daß er
für ewige Zeiten einen Kriegsposten bewohnt: alte und neue
Ruinen erinnern ihn daran. Aber auch diese wird der eifrige
Forscher zu Vermehrung seiner Kenntnisse, zu Bildung des
Geistes nutzen, und so sind wir einem fleißigen und sorgfältigen Manne, Hrn. Professor *Lehne*, vielen Dank schuldig,
daß er manches bekannte Altertümliche mehr bezeichnet
und bestimmt, anderes aber neu aufgefunden, gesammelt
und geordnet hat. Seine Karte, worauf die Lage des römischen Mainz und der sich darauf beziehenden Kastelle, in
Vergleichung mit der heutigen Stadt und deren Festungs-
werken, dargestellt ist, gibt einen freien Überblick über
das Vergangene, welches, von dem Gegenwärtigen fast
verschlungen, unseren Sinnen entzogen ist. Die Mauern
des uralten Kriegspostens, die innerhalb desselben ehemals
befindlichen Tempel und Gebäude werden uns wieder ver-
gegenwärtigt, so wie außerhalb das Denkmal des Drusus,
die Wasserleitung, der künstliche Teich, die Gräber, wieder
an ihre Stelle treten, und schnell faßt der Reisende die Verhältnisse solcher Baulichkeiten gegen einander, die ihm
sonst nur ein Rätsel geblieben.

Das Bibliotheksgebäude enthält in seinen unteren Hallen
wohlgeordnete Altertümer. In anschaulichster Ordnung
sind die Grabsteine römischer Soldaten aufgestellt, die, aus
allen Nationen zusammen gefordert, hier in der Garnison
ihren Tod fanden. Name, Geburtsort, Zahl der Legion ist
auf jeder Tafel bezeichnet. Man fand sie reihenweis an
Hügel angelehnt, hinter jedem die Urne, das Gebein enthaltend, zum Beweise, wie hoch in jener Zeit der Einzelne
geschätzt wurde.

In derselben Halle finden sich Monumente anderer Art,
welche so wie die besonders aufbewahrten antiken Gefäße

und Gerätschaften in Kupfer gestochen und von einer Erklärung begleitet ein Werk bilden, welches hoffentlich bald die Wünsche der Liebhaber befriedigen, und unter denselbigen einen neuen Vereinigungspunkt stiften wird. Außer der Büchersammlung enthält das Gebäude manches wissenschaftlich Brauchbare. Was von physikalischem Apparat, von mineralogischen und anderen Gegenständen der vormaligen Universität angehörte, ist hier aufbewahrt, und kann einer künftigen Lehranstalt zum Grunde dienen.

Eine Anzahl schätzbarer Gemälde, die aus Paris hierher gebracht worden, ist gleichfalls geräumig und genießbar aufgestellt, und wird immer beitragen, die Kunstliebe in Stadt und Gegend zu beleben.

Herr Graf *Kesselstädt*, Freund und Erhalter von Gemälden und Altertümern, versäumt keine Gelegenheit seine bedeutende Sammlung zu bereichern. Die Gemälde des Landschaftmalers *Caspar Schneider* vergnügen mit Recht die Liebhaber. Ein Künstler und Gemäldehändler, Namens *Arbeiter*, besitzt schöne Sachen und läßt sich billig finden. Genug es steht hier so manches beisammen, daß kein Zweifel übrig bleibt, Mainz werde in dem Rheinischen Kunstverein sich an seiner Stelle tätig und förderlich erweisen.

Zum Schlusse sei es vergönnt einen Wunsch auszusprechen, welcher der jetzigen und künftigen Lage von Mainz so ganz gemäß ist. Möge der militairische Genius, der über diesem Orte waltet, hier eine Kriegsschule anordnen und gründen, hier wo mitten im Frieden jeder der die Augen aufschlägt an Krieg erinnert wird. Tätigkeit allein verscheucht Furcht und Sorge, und welch ein Schauplatz der Befestigungs- und Belagerungskunst hat sich hier nicht schon so manchmal eröffnet! Jede Schanze, jeder Hügel würde lehrreich zu dem jungen Krieger sprechen und ihm täglich und stündlich das Gefühl einprägen, daß hier vielleicht der wichtigste Punkt sei, wo die deutsche Vaterlandsliebe sich zu den festesten Vorsätzen stählen müsse.

Biberich

Nach so vielen Ruinen alter und neuer Zeit, welche den
Reisenden am Niederrheine nachdenklich, ja traurig machen, ist es wieder die angenehmste Empfindung, ein wohlerhaltenes Lustschloß zu sehen, das, ohnerachtet der gefährlichsten Nachbarschaft, in völligem Stande von seinem
Fürsten bewohnt, durch einen Hof belebt wird, der den
Fremden des liberalsten Empfanges genießen läßt. Die hier
befindlichen Bibliotheken und Naturalien-Sammlungen,   10
deren Ordnung durch die vieljährigen Unbilden des Kriegs
gelitten, werden nun bald auch zum Nutzen und Vergnügen
der Einheimischen und Vorübergehenden aufgestellt sein;
wie denn Herr Kammerherr *von Nauendorf* seine ansehnliche und wohlgeordnete Mineraliensammlung dem Liebhaber mit Vergnügen belehrend vorweist.

Wisbaden

Hier ist in gedachter Rücksicht schon viel geschehen, und   20
mehrere aus Klöstern gewonnene Bücher in guter Ordnung
aufgestellt. Ein altes Manuskript, die Visionen der heiligen
Hildegard enthaltend, ist merkwürdig. Was neu in dieser
Anstalt angeschafft wird, hat vorzüglich den Zweck, die
Staatsdiener mit dem Laufenden der literarischen und politischen Welt bekannt zu machen. Sämtliche Zeitungen und
Journale werden deshalb vollständig und in bester Ordnung
gehalten. Dieses geschieht unter der Aufsicht des Hrn.
Bibliothekar *Hundeshagen*, welcher dem Publikum schon
durch die Bemühungen um den Palast Friedrich I. zu   30
Gelnhausen rühmlich bekannt ist. Leider ist die ganze
vollendete Ausgabe dieses Werks bei dem Bombardement
von Hanau verbrannt, wiewohl die Kupfertafeln glücklich
gerettet worden, deshalb man die Hoffnung nähren kann,
daß die günstigere Zeit auch die Reife dieses Werks befördern werde. Der Plan der Festung Mainz, von jenem
talentvollen Manne herausgegeben, zeigt nicht weniger von
dessen Fleiß und Geschicklichkeit. Unter ihm arbeiten
beständig mehrere junge Leute an ähnlichen Unternehmungen.   40

Das Cabinet des Hrn. Oberbergrat *Cramer*, ist ein vorzüglicher Schmuck dieses Ortes. Es enthält eine vollständige systematische Folge der Mineralien, und außerdem belehrende Prachtstücke aus den wichtigen Bergwerken des Westerwaldes. Der gefällige, theoretisch und praktisch gebildete Besitzer, auch als Schriftsteller seines Faches geschätzt, widmet Kurgästen und Durchreisenden jede freie Stunde zur Unterhaltung und Unterricht.

Dem Freunde der Baukunst wird der große Kursaal, so
10 wie die neuangelegten Straßen, Vergnügen und Muster gewähren. Diese, durch ansehnliche Befreiungen und Zuschüsse, von höchsten Behörden entschieden begünstigten Anlagen zeugen von des Herrn Bau-Direktor *Göz* und des Hrn. Bau-Inspektor *Zais* Talenten und Tätigkeit. Die großen Wohnräume, die in den neuangelegten schönen Häusern entstehen, beleben die Hoffnung, daß mancher Vorsatz auszuführen sei, den man hier im Stillen nährt, um eine so viel besuchte, an Ausdehnung und Umfang täglich wachsende Stadt, durch Sammlungen und wissenschaftliche An-
20 stalten noch bedeutender zu machen. Schon haben mehrere Freunde der Kunst, der Natur und des Altertums sich unterzeichnet, eine Gesellschaft zu bilden, welche, sowohl überhaupt, als besonders für diese Gegend um alles Merkwürdige bemüht wäre. Hr. *von Gerning*, der das Taunusgebirg zum Gegenstand seiner Dichtungen und Betrachtungen vorzüglich gewählt, möchte wohl zu bewegen sein, seine reiche Sammlung hieher zu versetzen, und einen Grund zu legen, worauf die Gunst des Fürsten und die Bereitwilligkeit manches dankbaren Fremden gewiß mit
30 Eifer fortbauen würde.

Frankfurt

Unter so vieler Jahre Kriegsdruck und Dulden, hat sich diese Stadt auf das prächtigste und heiterste hervorgebaut. Ein Fremder, wenn er sie lange nicht besucht hat, erstaunt, und Einheimische bewundern täglich das längst bekannte. Der mit großer Freiheit und Einsicht entworfene Plan bietet noch zum fernern Fortbau die schönsten Räume. Gesegnet
40 ruhen daher an öffentlicher freundlicher Stelle die Reste des

Senator *Guiolet*, welcher die ersten Entwürfe zu diesen
weitausgreifenden Anlagen fürstlicher Begünstigung vorlegte und bis an sein Ende der folgerechten Ausführung
vorstand. Die Liebe zu den bildenden Künsten, im weitesten Sinne, hat sich immerfort bei Privatpersonen lebendig erhalten, und es tritt nunmehr der Zeitpunkt ein, wo
eine freie Bürgerschaft auch für öffentliche Annäherung
und Zusammenordnung einzelner Schätze, durch glücklich
zusammentreffende Umstände aufgefordert, gemeinsam
Sorge tragen wird.

Gleich beim Beginn kommt uns die erwünschte Nachricht entgegen, daß man sich ernstlich mit dem Gedanken
beschäftige, ein neues Bibliotheksgebäude aufzuführen. Die
ansehnliche Büchersammlung hatte der neuzuerbauenden
Barfüßer-Kirche weichen müssen, und ward bisher in verschiedenen ungünstigen Localitäten aufbewahrt. Nunmehr
aber bestimmt man einen der noch freien, großen Plätze zu
diesem Zweck, wo noch Raum genug ist, daß auch andere
öffentliche Anstalten sich würdig anschließen können. Herr
Baumeister *Hesse*, durch Lehre und Beispiel seines Hrn.
Vaters, durch ausbildende Reisen und das Anschauen der
großen, geschmackvoll hier schon errichteten Gebäude,
geübt und erregt, hat den Auftrag, die Risse zu verfertigen.
Der einsichtige und tätige Bibliothekar, Hr. Professor
Schlosser, wird sowohl bei Einrichtung und Aufstellung, als
bei künftiger planmäßiger Vermehrung, sich um seine Vaterstadt höchst verdient machen. Denn man darf wohl
sagen, daß mit diesem Gebäude der Grund zu allen übrigen
wissenschaftlichen Bemühungen wird gelegt sein. Auch hat
dieses wichtige Unternehmen sich schon ansehnlicher patriotischer Beiträge zu erfreuen, indem bei der Feier wiederhergestellter Stadtfreiheit eine sehr bedeutende Subskription zu Stande gekommen.

Und vielleicht schließt sich an dieses Local eine gegenwärtig schon blühende Anstalt, unter dem Namen *Museum* bekannt, nachbarlich an. Eine Gesellschaft von Kunstfreunden hatte eine ausreichende Kasse gestiftet, schöne
weitläufige Räume gemietet, um sich von Zeit zu Zeit zu
versammeln und am Kunstgenuß zu ergetzen. Um diesen
Mittelpunkt vereinigte sich alsobald gar manches: eine Ge-

mälde-Reihe füllte den großen Saal, eine reiche Kupferstichsammlung ward von Hrn. *Brönner*, nebst ansehnlichem
Kapital, vermacht, ja sogar alle den aufgehobenen Klöstern
entnommenen Gemälde derselben zugeeignet.

Hauptsächlich um dieser Bilder willen ist zu wünschen,
daß man an hinreichende Räume denke, um sie würdig
aufzustellen, indem sie gegenwärtig über einander geschichtet dastehen, und nicht ohne die Unbequemlichkeit des
gefälligen Hrn. *Schütz* von dem Kunstfreunde betrachtet werden. Diese Sammlung ist deshalb merkwürdig, weil
sie meist Gemälde von Oberdeutschen, Oberrheinischen
Künstlern enthält, mit welchen Frankfurt mehr in Verkehr
gestanden, als mit den Niederrheinischen, Brabändischen.
Holbein der Ältere ward einige Jahre von den Carmeliten
bewirtet, dessen Talent man hier ganz zu überschauen und
zu würdigen im Fall ist. Möge in einigen Jahren diese
Sammlung zur Ergetzung des Liebhabers öffentlich aufgestellt und geordnet sein. Wie schnell wird sie sich alsdann
vermehren, durch Ankauf, Geschenke und Vermächtnisse.
Es werden daher diejenigen, welche dem neuaufzuführen-
den Bau vorstehen, keinen Tadel zu befürchten haben, daß
sie sehr große Räume einrichteten, wenn sie auch für das
augenblickliche Bedürfnis unverhältnismäßig scheinen sollten: denn auch solche sind sogleich auf das fruchtbarste zu
benutzen.

Sieht der Deutsche sich um, was, zu der schlimmsten
Zeit, an vielen Orten lobens- und nachahmungswürdiges
eingerichtet worden, so wird er gewiß der schönen Anstalt
gedenken, welche die Stadt Prag den Böhmischen Ständen
schuldig geworden. Diese nämlich haben den Vorgang des
würdigen Grafen *Sternberg*, der als ein edler Kunstfreund
und Patriot, seine eigene bedeutende Gemäldesammlung
zur öffentlichen Betrachtung ausstellte, zu würdigen gewußt und ihre Kunstschätze zu demselbigen Zweck mit der
seinigen vereinigt, und zwar dergestalt, daß das Eigentum
einem jeden Besitzer verbleibt, durch angeheftete Namen
bezeichnet, und die Freiheit darüber zu schalten unbenommen ist. Auch gelobte dieselbe Gesellschaft jährliche Beiträge zum Unterhalt einer Kunst- und Zeichenschule, in
welcher sich, durch das belebende Talent des Herrn Direk-

tor *Bergler*, bewundernswürdige Schüler, selbst in den höhern Ständen gebildet haben, und warum sollte man in
Frankfurt nicht ein ähnliches, ja ein gleiches, hoffen können?

Denn schon gegenwärtig ist einem wichtigen, für sich
bestehenden Institut eine sichere Gründung zugedacht. Der
Dekan aller hier lebenden echten Kunstfreunde, Hr. *Städel*,
genießt in seinem hohen Alter noch immer der lebensläng-
lich mit Einsicht und Beharrlichkeit gesammelten Kunstschätze, in dem wohlgelegensten Hause. Mehrere Zimmer 10
sind mit ausgesuchten Gemälden aller Schulen geschmückt,
in vielen Schränken sind Handzeichnungen und Kupferstiche aufbewahrt, deren unübersehbare Anzahl, so wie ihr
unschätzbarer Wert, den öfters wiederkehrenden Kunstfreund in Erstaunen setzt. Man will wissen, daß dieser im
stillen unablässig vaterländisch denkende, treffliche Mann
seine Kunstschätze sämtlich, nebst geräumigem Local und
ansehnlichen Kapitalien, dem gemeinsamen Nutzen gewidmet habe, wodurch denn freilich Kunstfreude und Kunstsinn hier für ewige Zeiten die gewisseste Anregung und die 20
sicherste Bildung hoffen können.

Hr. Dr. *Grambs* besitzt gleichfalls eine Sammlung, die
alle Erwartung übersteigt, an Gemälden, Kupferstichen und
Handzeichnungen. Die entschiedene Kunstkenntnis des
Besitzers hilft dem Besuchenden zu schneller Aufklärung
und gründlicher Einsicht. Dieser unermüdliche Kunstfreund, bis auf die neuesten Zeiten an lebenden Künstlern
teilnehmend, beschäftigt und begünstigt mehrere sich entwickelnde Talente, unter welchen Hr. *Wendelstädt* ihm
unmittelbar an Handen geht, und sich durch Geschicklich- 30
keit zum Lehrer, durch historische Kenntnisse aber zum
künftigen Konservator qualifiziert.

Hr. Franz *Brentano* hat, in einem geräumigen wohler-
leuchteten Saal, so wie in mehreren großen Zimmern, eine
treffliche Gemäldesammlung wohlgeordnet aufgestellt; sie
ist durch dessen verewigten Schwiegervater *von Birken-*
stock, der, aus den Rheingegenden abstammend, in der
gelehrten und Kunstwelt rühmlichst bekannt war, während
seines lebenslänglichen Aufenthalts in Wien, zusammengebracht. Hieran schließt sich eine reiche Kupferstichsamm- 40

lung, wo unter andern die Werke des Mark Antons und
sonstiger älteren Italiäner, in Abdrücken geschaut werden,
wie sie dem Liebhaber selten vor Augen kommen.

Wer diese benannten Sammlungen zu benutzen das
Glück hat, wird seine Kenntnisse, auf welcher Stufe der
Einsicht er auch stehe, gewiß erweitert und belebt fühlen.

Hr. *von Gerning* verwahrt ein Museum von vielartigen
Schätzen, welche, in größere Räume verteilt, die Freude und
Bewunderung eines jeden Liebhabers und Kenners noch
mehr erregen würden, als gegenwärtig, wo in einer Privat-
wohnung nicht jedem Gegenstande Gerechtigkeit widerfahren kann. So würde z. B. die Sammlung antiker Vasen,
Bronzen und sonstiger Altertümer, schon allein, als inte-
grierender Teil einer großen Sammlung, die Aufmerksamkeit überall auf sich ziehen.

Hr. *Becker*, als Medailleur höchst schätzenswert, hat eine
bedeutende Folge von Münzen aller Zeiten, zu Aufklärung
der Geschichte seines Fachs, einsichtig geordnet. Man findet bei demselben Gemälde von Bedeutung, wohlerhaltene
Bronzen und altertümliche Kunstwerke mancher Art.

Einzelne wichtige Gemälde befinden sich hie und da im
Privatbesitz. Bei Hrn. *von Holzhausen* auf der Öde, ein
schätzenswertes Bild von Lucas Cranach, Christus, der die
Mütter und Kinder um sich her versammelt, merkwürdig
durch die glücklich gedachte Abwechselung der Motive von
Mutterliebe und Verehrung des Propheten. Wohlerhaltene
Familiengemälde aus der ältern Zeit, geben uns einen Begriff
von der Würde des genannten Geschlechts und der Kunstliebe seiner Ahnherrn.

Vorzügliche Gemälde zieren auch die Wohnungen des
Herrn *Leers* und Frau *de Neufville*. Eins der schönsten
Bilder von van der Neer besitzt Hr. *Etling*. Die *Lausbergi-
sche* Sammlung ist leider in alle Welt zerstreut.

Hier wollen wir nun einer Art und Weise vorläufig
gedenken, wie in der Folge, wenn sich in Frankfurt alles
mehr gestaltet und geordnet hat, ein dortiger Kunstfreund
Einheimischen und Reisenden den größten Dienst erzeigen
könnte. Die Venetianer besitzen nämlich von den Gemälden ihrer Stadt einen Katalog, nach den Epochen der Kunstgeschichte und nach den Jahren in welchen die Künstler

geblüht; sie sind sämtlich in historischer Folge aufgezählt, und bei jedem Bilde bemerkt, wo es zu finden. Wenn ein junger Frankfurter Kunstfreund sich dieses Werk zum Muster nähme, und im Stillen die nötigen Vorbereitungen machte, so könnte er zu rechter Zeit damit hervortreten, und dadurch die lehrreichste Übersicht befördern. Jede methodische Zusammenstellung zerstreuter Elemente bewirkt eine Art von geistiger Geselligkeit, welche denn doch das Höchste ist wornach wir streben.

Ferner dürfen wir nicht verschweigen, wie die hiesigen Kunstfreunde noch auf mancherlei Weise gefördert sind. Hr. *Morgenstern* fährt auch im hohen Alter fort, Gemälde mit bewunderungswürdigem Fleiß und Genauigkeit zu restaurieren. Wie sehr er sich in Geist und Art eines jeden Künstlers zu versetzen weiß, davon zeugen mehrere Kopien, die er im Kleinen, nach den vorzüglichsten Meisterwerken die durch seine Hände gegangen, gefertigt und in einem Schränkchen gleichsam als einen Hausaltar zusammen geordnet. Auf diesen Schatz werden gewiß Vorsteher öffentlicher Anstalten aufmerksam bleiben, damit er nicht aus Frankfurt entfernt werde.

Hr. *Silberberg* ist im Besitz der trefflichsten alten und neuen Kupferstiche, die er durch Tausch und Handel dem Liebhaber zu überlassen geneigt ist. Bei Hrn. *Boye* findet man alle Arten von Kunst- und Naturprodukten, und wie mancher Name bleibt noch demjenigen zu nennen übrig, der eine Anleitung für Fremde, Frankfurt kennen zu lernen, aufsetzen wird.

Überhaupt kann die Lage eines Kunstfreundes nicht günstiger sein, als an diesem Orte: man gedenke nur der Auktionen inländischer Verlassenschaften, so wie der Sammlungen welche auf Spekulation hieher gesendet werden. Der Liebhaber wird dadurch in den Stand gesetzt sich mit vielen Meistern und ihren Vorzügen bekannt zu machen, ja, wenn er Neigung hat, gelegentlich um mäßige Preise durch treffliche Sachen seinen Kunstvorrat zu vermehren. Solche Ausstellungen finden sich jede Messe öfters doppelt und dreifach, und künftig gewiß häufiger, da, bei der ungeheuern Weltbewegung, gar manches Kunstwerk seinen Herrn wechselte, gar mancher Liebhaber sich ge-

nötigt sieht einen werten Besitz gegen Barschaft umzutauschen. Und so läßt sich Frankfurt als Kunst-vermitt-
lend zwischen dem Ober- und Unterrhein, zwischen dem
nordöstlichen und südwestlichen Deutschland, ja zwischen
dem In- und Auslande denken.

Forschen wir nun nach dem was für den Unterricht in
Künsten geschieht, so finden wir auch schon deshalb vorläufig gesorgt. Eine der Zeichenschulen, wie sie in Deutschland mit Recht seit langer Zeit beliebt sind, wo man mehr
das Auge des Privatmanns und des Handwerkers zu bilden
und einen gewissen Geschmack zu verbreiten denkt, als daß
man Künstler zu erziehen die Absicht hätte, ist auch hier
schon eingerichtet. Hr. *Reges* steht derselbigen vor, unter
der Direktion des Hrn. Dr. *Grambs*. Solche Schulen haben
außer jenen Zwecken noch den besondern Vorteil, daß sie
Noviziate fürs Talent sind, indem die Vorsteher gar bald
unterscheiden, wo angeborne Fertigkeiten sich mit Aufmerksamkeit und Fleiß zusammenfinden, als woran der
künftige eigentliche Künstler allein erkannt wird.

Um solche jedoch weiter zu bringen, würde ich hier so
wenig als anderswo zu einer Kunst-Akademie raten. Es
gehört schon eine große Masse von gebildeten Künstlern,
eine Menge von heranstrebenden Fähigkeiten dazu, wenn
man sich entschließen soll, ihnen eine gesetzliche Form, ja
ein Oberhaupt zu geben. Wir wissen jede Kunst-Akademie
zu ehren, die in der Hauptstadt eines großen Reichs, in der
Fülle von Kunstschätzen, von trefflichen Männern geleitet
wird, aber ehe man sich's versieht, schleicht sich die republikanische Form auch daselbst ein. So unterscheidet man in
Dresden die Schüler der Herren *Seidelmann*, *Grassy*, *Matthäi*, *Kügelchen* und *Hartmann*, so wie diejenigen welche
sich an *Zink*, *Klengel* oder *Friedrich* halten. Ein Unterricht
im Allgemeinen ist höchst schätzbar; der einzelne Jüngling
hingegen will vom einzelnen Meister unterrichtet sein, und
wenn er dort nur gehorcht, so werden hier Neigung, Zutrauen und eine gewisse stille Überzeugung höchst kräftig
wirken.

Man würde also nach Frankfurt vorzügliche Männer wo
nicht gerade berufen, doch ihnen leicht machen an solchem
Orte zu leben: man setzte sie in die Lage ein schickliches

Quartier mieten zu können, und verschaffte ihnen sonst einige Vorteile. Die Oberaufsicht städtischer Kunstanstalten gäbe nun solchen Meistern ein vielversprechendes Talent in die Lehre, und zahlte dagegen ein billiges Honorar. Ja der junge Mann dürfte seinen Lehrer selbst wählen, je nachdem er zu einer Kunstart, oder zu einer Person, Neigung und Zutrauen hätte. Wohlhabende Eltern zahlten für ihre Kinder, wohlwollende Liebhaber für Günstlinge, von denen sie etwas hofften. Wäre ein solcher Meister verheiratet und sonst nicht einem größern Verhältnisse abgeneigt, so könnte er Jünglinge ins Quartier, an Tisch nehmen, und eine förmliche Pension einrichten, wobei ihm die Gebildeten schon als Unterlehrer anhanden gingen. Steht nun eben dasselbe zu tun in einer freien Stadt mehrern frei, so wird man herrliche Wirkungen davon erfahren.

Daß man junge Männer praktisch bilde, fordert die neuste Zeit. Bei einem Meister wie wir ihn voraussetzen, würden sie zeichnen, malen, kopieren und restaurieren lernen; ja auch mittlere Talente würden nicht, wie es oft geschieht, wo man im Unterricht allzuweit ausholt, in Verdruß und Stokken geraten. Zeigt sich ein eminentes Individuum, so ist noch immer Zeit ihn einer auswärtigen höheren Anstalt anzuvertrauen.

Daß diejenigen denen eine solche Übersicht obliegt, auch durchaus dafür sorgen werden, daß den Meistern alles, was sie selbst nicht beischaffen können, an Modellen, Gliedermännern und sonst, genugsam gereicht werde, darf man kaum erwähnen. So steht schon jetzt eine Sammlung von Gipsabgüssen antiker Statuen in dem Garten des Herrn *von* Bethmann. Und was läßt sich nicht alles von einem Manne erwarten, dessen Neigung und Tätigkeit durch ein so großes Vermögen in lebhafter Bewegung erhalten wird.

Vorschläge dieser Art können wir um so eher tun, als sie dem Zeitgeist gemäß sind, und man, bei allen Bildungsanstalten, die erprobte Erfahrung hat, daß es viel vorteilhafter sei, sie auf eine liberale, humane Weise auszusäen, als auf eine zwingende, klösterlich subordinierende Art ins Enge zusammen zu ziehen. Der Frankfurter gehe in die Geschichte zurück, in die Zeiten, wo so viele Künstler neben einander und kurz nach einander blühten, ohne daß man sie

irgend einem akademischen Zwange unterworfen hätte, wo
der Familienkreis anstatt Schule und Akademie galt. Man
erinnere sich, von den ältern bis in die neuesten Zeiten, der
Feyerabendt, Merian, Rose, Schütz, so wird der Weg vorge-
zeichnet sein, auf welchem der freistädtische Künstler Ausbildung und Absicht am besten erreicht.

Und hier werden wir denn aufgefordert, noch einiger
vorzüglicher Künstler zu gedenken. Herr *Schütz,* durch den
Beinamen *der Vetter* bezeichnet, setzt die landschaftlichen
Arbeiten fort, welche seit *Sachtleben* sich ununterbrochen
mit Nachbildung der Rheingegenden beschäftigen. Seine
Zeichnungen in Sepia sind von bewundernswürdiger Reinheit und Fleiß, die Klarheit des Wassers und des Himmels
unübertrefflich. Die Darstellung der Ufer an beiden Seiten,
der Auen und Felsen und des Stromes selbst, ist so treu als
anmutig, und das Gefühl das den Rheinfahrenden ergreift,
wird uns bei Betrachtung dieser Blätter mitgeteilt oder
wieder erweckt. Die Ölgemälde dieses Künstlers geben ihm
Gelegenheit, die Abänderung der Farbentöne, wie sie die
Tags- und Jahreszeiten, nicht weniger die atmosphärischen
Wirkungen hervorbringen, auf eine glückliche Weise nachzubilden.

Von Herrn *Radel* sind bei Grambs höchst schätzbare
Aquarell-Zeichnungen zu sehen, Gegenden um Frankfurt
so wie anmutige Täler des Taunusgebirges vorstellend,
welche, obgleich nach der Natur gezeichnet, doch an geschmackvoller Wahl des Gegenstandes, an kunstmäßiger
Austeilung von Licht und Schatten, so wie der Farbe, nichts
zu wünschen übrig lassen.

Solche Künstler dem größeren und auch auswärtigen
Publikum bekannt zu machen, wird eine angenehme Pflicht
der Kunstvorsteher sein; uns sei es erlaubt hier einen Vorschlag zu tun, der, wenn er auch etwas wunderbar scheinen
sollte, doch gewiß alle Prüfung verdient. Wir haben kein
Geheimnis daraus gemacht, daß wir alles was einer Pfründe
ähnlich sieht, bei unsern Kunstanstalten nicht lieben; dagegen wäre unser Vorschlag dieser. Bei einem geschickten
Künstler, der nicht gerade Bestellungen hat, oder aufs Gra-
tewohl arbeiten kann, bestelle man, von Seiten der Vorsteher, gewissenhaft gearbeitete Bilder, man bezahle sie ihm

nach Billigkeit, und überlasse sie alsdann Liebhabern um einen geringern Preis. Der Verlust der hieraus entspringt, wird eine größere Wohltat für den Künstler, als wenn man ihm eine Pension ohne Bedingungen gäbe. Hat er wirklich Verdienst, und wird derselbe den Liebhabern allgemeiner bekannt, so werden sich die Bestellungen häufen, und er kann alsdann, mit einiger Klugheit, immer wieder auf seinen Preisen bestehen. Eine genugsam ausgestattete Kasse könnte auf dieses Kapitel eine gewisse Summe festsetzen, und die Vorsteher derselben könnten sich recht gut durch öffentliche Ausstellungen und Ausgebot solcher Arbeiten, vielleicht gar durch Auktion, vor allem Vorwurfe der Parteilichkeit sichern. Und so werden Männer von anerkannter Redlichkeit und geprüfter Einsicht aufs neue Geist und Leben in die Epoche bringen, die wir gegenwärtig vorbereiten.

Indem wir nun bei diesen neuen Einrichtungen republikanische Formen begünstigen, so sei es uns erlaubt hinzuzufügen, daß es dagegen dem freien Bürger, der sich nicht leicht von jemand will meistern lassen, gar wohl anstehe, an sich selbst gesellige Tugenden auszubilden: denn die Erfahrung von den ältesten bis in die neuesten Zeiten belehrt uns, daß der Bewohner einer freien Stadt sich schwer mit seines Gleichen vereinige. Es ist nichts natürlicher, als daß Unabhängigkeit uns in unserm eigenen Wesen bestärke, wodurch der Charakter, in einer Folge von mehrern Jahren, immer schroffer werden muß, und weil nun ein jeder sich so selbst gewähren läßt, müssen diejenigen am Ende sich öfters getrennt finden, welche durch die schönsten Bande verknüpft sein könnten. Selbst gemeinsame Liebhaberei ist nicht mehr im Stande solche Gemüter auch nur für einen Moment zu vereinigen: Blumenfreunde werden sich über Blumen, Münzkenner bei Münzen entzweien, wenn der Geist gewohnt ist seinen Gefühlen und Leidenschaften unbedingt nachzuhängen.

Wie angenehm ist es daher zu vernehmen, daß in Frankfurt eine Gesellschaft von Kunstfreunden sich reihum versammelt, wo sie an Kupferstichen, im Besitz eines jeden, sich belehrend unterhalten. Hiedurch wird ein so weitläuftiges und schwieriges Fach, wo alles auf dem Werte des

einzelnen Abdrucks beruht, nach und nach übersehbar. Der
weit größere Vorteil aber wird daraus entspringen, daß auch
was andern gehört, geistig unser eigen werde. Das Vortreffliche zu kennen und zu lieben, was man nicht besitzt noch
zu besitzen hofft, ist eigentlich der größte Vorzug des
gebildeten Menschen, da der rohere, selbstige, im Besitz oft
nur ein Surrogat für Einsicht und Liebe, die ihm abgehen,
zu erwerben sucht. Geschehen solche Mitteilungen künftig
in allen Kunstfächern, so wird sich die neue Generation
durch allgemeine heitere Friedensbande vereint fühlen, wie
in schrecklicher Zeit die eine Hälfte sich zu Schutz und
Trutz, die andere zu Rat und Hülfe, das Vaterland zu retten,
musterhaft verbündete.

Haben wir nun von den höchsten Beweggründen gesprochen, die uns zu Belebung der Kunst und Wissenschaft
treiben, von zart sittlichen und geistigen Mitteln die dabei
anwendenswert sind, so müssen wir auch einem Vorurteil
begegnen, welches sich mitunter merken läßt. Der Liebhaber nämlich trennt sich oft zu streng von dem Kunsthändler. Es schreibt sich dieses aus ältern Zeiten her, wo der
Wohlhabende dasjenige was er besaß, ebendeswegen weil er
es besaß, hoch schätzte, ja oft überschätzte. In der neuern
mehr belebten Welt aber kann sich der Liebhaber nicht
entbrechen, durch Tausch oder Handel, so manches Kunstwerk dem er entwachsen ist, oder für welches seine Liebhaberei sich abstumpfte, einem Dritten zu überlassen, dem es
Freude macht. Besonders in Frankfurt läßt sich, bei der
großen Bewegung, bei dem Zu- und Abströmen von Kunstwerken, kaum ein stationäres Cabinet denken, und man
wird es in der Folge gewiß keinem Liebhaber verargen,
wenn er, seine Kräfte berechnend, durch veränderten Besitz
seine Neigung lebendig zu erhalten sucht.

Und so brauchen wir nicht weit umherzuschauen, wenn
wir Beispiele suchen, daß Gewerbstätigkeit mit Liebe zu
Wissenschaft und Kunst, wie vor Alters, so auch in unsern
Tagen recht wohl vereinbar sei: denn wir finden, daß von
Seiten des Buchhandels sich für Kunst erwünschte Aussichten hervortun. Hr. *Brönner* hat in einem anständigen, wohl
angelegten und verzierten Local schön eingebundene Bücher aufgestellt, und außer dem, was sich von selbst ver-

steht, findet man bei ihm die neuesten Kupferwerke, ja
Gemälde zur Unterhaltung und beliebigem Ankauf. Hr.
Wenner, auf seiner Reise nach Rom, erwies tätigen Anteil an
den dortigen deutschen Künstlern, förderte die Herrn *Rie-
penhausen, Overbeck* und *Cornelis*, und übernahm den
Verlag der von diesem in Federzeichnungen dargestellten
Szenen aus Faust. Sie sind von Ferdinand *Ruschewegh* mit
großer Liebe und Genauigkeit gestochen, wie sich Liebhaber an den Probedrücken überzeugen können. Auch ver-
pflanzte Hr. *Wenner* die vortrefflichen Kupferstiche nach   10
Canova und *Thorvalsen* in seine Vaterstadt, indem er die
Betrachtung und Anschaffung derselben erleichterte. Herr
Willmanns, gleichfalls Kunstliebhaber, besitzt schätzenswerte Gemälde; seine Bemühungen um Literatur und Kunst
sind allgemein bekannt. Möge doch je eher je lieber eine
ausführlichere Nachricht als der Reisende geben kann, von
allen Kunstschätzen und Kunsttätigkeiten welche diese
wieder frei auflebende Stadt verherrlichen, bald in dem
einen oder andern Verlag erscheinen.

Weil wir aber dieses sowohl von Frankfurt als von ver-   20
schiedenen schon genannten und noch zu nennenden Orten
und Städten wünschen, so ersuchen wir die Unternehmer
eine solche Arbeit nicht ängstlich zu veranstalten, vielmehr
von einem leicht entworfenen Heft, welches der Fremde
gern für ein billiges anschaffen wird, nur kleine Auflagen zu
machen, und die nächste darauf erweitert, vermehrter und
belebter zu geben. Alles was in den Tag eingreifen soll, muß
ein frisches Ansehen haben, und hier wird kein Werk zum
Aufbewahren, sondern nur zum Aufbrauchen verlangt.

Daß auch in den andern Künsten ein tätiger Geist sich zu   30
regen anfange, davon gibt eine Singschule Zeugnis, welche
Hr. *Düring* aus eignem Antrieb und aus reiner Liebe zur
Kunst unternommen. Diese Anstalt ist schon so weit gediehen, daß junge Personen beiderlei Geschlechts, die sich
seiner Leitung anvertraut, bei feierlichen Gelegenheiten, in
den Kirchen beider Konfessionen Musiken aufgeführt, zum
Vergnügen und Erbauung der Gemeinden. Auch in öffentlichen Konzerten ist dieses geschehen. Jeden Sonntag früh
findet eine solche Übung statt, zu welcher, auf Anmeldung,
auch Zuhörer gelassen werden. Ein größeres Local wäre der   40

Anstalt zu gönnen, wodurch sie auf einmal sehr viel gewinnen würde. Sie empfiehlt sich allen Musikfreunden, und es
wird ihr auch weder an Unterstützung fehlen, noch an
Ausbildung der einzelnen Stimmen, da Frankfurt an Hrn.
Schmidt einen trefflichen Musikdirektor besitzt, und die
Oper mit Talenten geschmückt ist, die nicht allein durch
Ausübung ihrer Kunst ergetzen, sondern auch dieselbe
durch Lehre und Unterricht zu verbreiten und fortzupflan-
zen sich zur Pflicht machen.

10   Nachdem wir nun so manchen frommen Wunsch geäußert, von manchen bedeutenden Vorsätzen und weitausse-
henden Planen gesprochen, so gelangen wir endlich zu einer
Anstalt, die auf das sicherste gegründet ist, und bei welcher
eben jetzt eine erneute Tätigkeit hervor tritt, um bisherige
Stockungen aufzulösen und zufällige Hindernisse zu beseitigen. Es ist hier von der Stiftung die Rede, welche Doktor
Senckenberg, gesegneten Andenkens, ausübender Arzt und
kenntnisreicher Mann, seiner Vaterstadt hinterlassen. Sie
teilt sich in zwei Einrichtungen, die eine zum praktischen,
die andere zum theoretischen Zweck. Die erste, ein Bürger-
hospital, ist auf ein palastähnliches, von dem Stifter neu-
errichtetes Gebäude gegründet, so wie durch ansehnliche
Kapitalien gesichert. Hieher flossen, von der ersten Zeit an,
große Schenkungen und Vermächtnisse, woraus ein bedeutendes Vermögen entstand, welches durch Überschuß der
Kasse sich jährlich vermehrt. Hier bleibt also nichts zu
wünschen übrig.

Desto mehr Aufmerksamkeit und guten Willen haben
wir dagegen auf die zweite Abteilung zu wenden, welche, in
30 theoretisch wissenschaftlicher Absicht angelegt, nicht in
gleicher Maße begünstigt ist. Sie umfaßt Haus- Hof- und
Gartenräume der ehemaligen Wohnung des Besitzers. Das
Haus, darin einem von den Vorgesetzten ein Quartier
bestimmt ist, hat freilich nur beschränkte Zimmer, welche
für dasjenige was sie fassen sollen, nur alsdann hinreichen,
wenn alles Enthaltene in bester Ordnung aufgestellt ist.
Hier findet sich eine treffliche Bibliothek, welche bis auf
die unmittelbaren Nachfolger Hallers hinaufreicht; sie enthält die bedeutendsten ältern anatomischen und physiolo-
40 gischen Bücher, und würde, geordnet, fortgesetzt und zum

Gebrauch eröffnet, der Stadtbibliothek ein bedeutendes Fach ersparen.

Ein mineralogisches Cabinet, das bis jetzt der Bibliothek nur eingeschoben war, wird so eben abgesondert und aufgeordnet, es enthält viel vortreffliches, aber nur gruppenweise, ohne innern Zusammenhang. Die Versteinerungen zur glücklichsten Zeit gesammelt, übertreffen alle Erwartung.

Der botanische Garten ist geräumig genug, um, der Stiftung gemäß, die offizinellen Pflanzen zu enthalten, woneben sich noch Platz finden würde, um das physiologisch Bedeutende, was zur Einsicht in das Pflanzenleben führt und das ganze Studium krönt, weislich anzufügen.

Das ältere chemische Laboratorium ist auf der gegenwärtigen Höhe der Wissenschaft nicht mehr brauchbar; ein neues hinreichendes ward, zum Behuf einer andern Schule, unmittelbar an der Senckenbergischen Gartenmauer erbaut, und steht gegenwärtig isoliert, einzeln, unbenutzt.

Das anatomische Theater ist zweckmäßig und geräumig; die daselbst aufgestellten Präparate gehören nicht sämtlich der Anstalt.

Nach dieser kurzen Erwähnung der einzelnen Teile woraus das Ganze besteht, ist es Pflicht die Zustände nochmals vorzunehmen, dabei auch Wünsche und Hoffnungen auszusprechen und zu bezeichnen. Hier ist nun wohl vor allen Dingen die Absicht des Stifters zu bedenken, der, als wissenschaftlicher, kenntnisreicher Mann, sein Hospital nicht besser zu versorgen glaubte, als wenn er ihm eine Studien- und Lehranstalt an die Seite setzte. Er gedachte den Ärzten seiner Vaterstadt einen Mittelpunkt wissenschaftlicher Mitteilung zu verschaffen; er lud einige nebst andern Bürgern zu Pflegern, rief sie sämtlich zu monatlichen Zusammenkünften in sein Local, und ermunterte sie Vorlesungen in mehrern Fächern zu halten.

Sein früher unglücklicher Tod unterbrach eine von ihm selbst ausgehende Einleitung, und doch konnte sich dieses Institut einer tätigen und wahrhaft blühenden Periode rühmen, zu der Zeit als der verdiente *Reichardt*, Verfasser der Frankfurter Flora, Stiftarzt war. Indessen nahmen die zu dieser Abteilung bestimmten Kapitalien nicht zu, aus dem Grunde weil man in einer Handelsstadt dem Praktischen

geneigter als dem Wissenschaftlichen ist, und sich überhaupt mehr gedrängt fühlt, einem gegenwärtigen Übel ab-
zuhelfen als einem künftigen vorzubeugen. Diesemnach
wurde die Krankenanstalt mit Schenkungen und Vermächt-
nissen allein bedacht, und das Wissenschaftliche vorbei-
gegangen.

Dieses versank immer mehr in Staub und Verborgenheit,
und erkrankte an äußern und innern Übeln. Eine medizinische Schule, welche das Studium aufs neue beleben sollte,
10 entstand und verging. Die Kriegslasten wurden und werden
mitgetragen, so wie manches andere Unheil das sich auflud;
genug das Institut ist gegenwärtig so arm, daß es nicht das
geringste Bedürfnis aus eigenen Mitteln bestreiten kann.
Schon jetzt, bei Anschaffung der Schränke zu Sonderung
und Ordnung der Mineralien, muß auf fremde Güte gerechnet werden.

Doch auch hier belebt sich die Hoffnung. Der kurz
verstorbene Stiftarzt Doktor *Löhr*, dem Frankfurt die Ein-
impfung der Kuhpocken verdankt, hat seine Bibliothek der
20 Senckenbergischen einverleibt, eine Sammlung von Portrai-
ten berühmter Ärzte ihr vermacht, so wie ein Kapital von
neun tausend Gulden, dessen Zinsen dem jedesmaligen
Arzte als Zulage dienen, mit der Bedingung, im Sommerhal-
benjahr unentgeltlich Botanik zu lesen.

Herr Doktor *Neuburg*, ärztlicher Pfleger dieser Anstalt,
dessen Kenntnisse, Tätigkeit und Wohlwollen allgemein
anerkannt sind, und welcher gegenwärtig das Ordnen der
Naturaliensammlung eifrig betreibt, gedenkt, sobald man
Besitz und Lücken übersieht, die Doubletten seiner Con-
30 chylien und Vögel hieher zu verehren, und gewiß wird
Bibliothek und Naturmuseum, wenn es nur erst im Reinen
den Frankfurter Patrioten vor Augen steht, manchen einzelnen Besitz und manche Wohltat an sich ziehen.

Gedenken wir nun der Pflanzenkunde, so ist aus obigem
ersichtlich, daß für diese vorläufig gesorgt sei. Hr. Doktor
Nefe wird, unter Assistenz der Gärtner *Bäumer* und *Isermann*, die zweckmäßige Vollständigkeit des Gartens so
wie den Gebrauch desselben nächstes Frühjahr einzuleiten
wissen.

40 Im Ganzen wäre jedoch für Botanik in Frankfurt schon

viel geleistet, wenn die Pflanzenfreunde sich zu wechselseitigen Besuchen und Mitteilungen vereinigten, besonders aber sich darin verbänden, daß jeder ein einzelnes Fach vorzüglich übernähme. Holländer und Engländer gehen uns mit dem besten Beispiele vor, jene, daß sie eine Gesellschaft errichteten, deren Glieder sich die Aufgabe machten Prachtpflanzen in der größten Herrlichkeit darzustellen; diese, daß eine Anzahl Gartenfreunde sich verabredeten, ganz einzelnen Abteilungen, wie z. E. den Stachelbeeren, vorzügliche Aufmerksamkeit zu widmen, wobei jeder Teil- 10 nehmende sich anheischig machte, nur Eine Spielart mit der größten Sorgfalt zu pflegen. Sollte dieses manchem, von der wissenschaftlichen Höhe herab, kleinlich ja lächerlich scheinen, so bedenke man, daß ein reicher Liebhaber etwas Seltenes und Augenfälliges zu besitzen wünscht, und daß der Obstgärtner auch für die Tafel seiner Kunden zu sorgen hat. Bei einem solchen Verein würde Frankfurt sogleich im botanischen Fache bedeutend erscheinen.

Bliebe der Senckenbergische Garten bloß medizinischen und physiologischen Forderungen gewidmet, so würde der 20 Lehrer an dieser Anstalt sehr gefördert sein, wenn er die Vergünstigung hätte die Gärten der Hrn. *Salzwedel*, *Jassoy*, *Löhrl*, in und bei Frankfurt, die Anlage des Hrn. *Metzler*, über Oberrad, mit seinen Zuhörern zu besuchen. Den Besitzern wie den Gästen entstünde daraus gemeinsame Freude und Aufmunterung. In einer lebensreichen Stadt sollte sich alles aufsuchen was mit einander einigermaßen verwandt ist, und so sollte Botaniker, Blumist, Kunstgärtner, Obst- und Küchengärtner sich nicht von einander sondern, da sie sich einander wechselsweise belehren und 30 nutzen können.

Was die Chemie betrifft, so wird dieser durch den einfachsten Entschluß leicht zu helfen sein, da es weder an Local noch an Persönlichkeit fehlt. Das unmittelbar an den Senckenbergischen Stiftsgarten anstoßende Laboratorium, neu und zweckmäßig erbaut, steht, nach aufgehobener medizinischen Schule, herrenlos und unbenutzt, und es muß der allgemeine Wunsch sein, dasselbe dem Senckenbergischen Stifte einverleibt zu sehen. Die höchste obrigkeitliche Anordnung deshalb, wird, bei nunmehr beruhig- 40

ten Zeiten, nicht länger außen bleiben. Hr. Doktor *Kästner* erwartet sehnlichst diese höchste Entscheidung, und darf hoffen, daß ihm bei seinen Bemühungen jede Unterstützung nicht fehlen werde. Gewiß sieht, durch eine chemische regelmäßige Vorlesung, mancher gebildete Einwohner einen seiner schönsten Wünsche glücklich erfüllt. Denn die Gelegenheit, mit dem Umfange der neuern Chemie die schon den größten Teil der Physik in sich aufgenommen hat, bekannt zu werden, ist jedem größern Ort besonders
10 Frankfurt zu gönnen. Hier fände der ausübende Arzt die neuesten Erfahrungen und Ansichten, die er auf seiner praktischen Laufbahn zur Seite liegen läßt, bequem überliefert. Der Pharmazeut würde besser einsehen lernen, was es denn eigentlich mit den Bereitungen und Mischungen, die er so lange nach Vorschrift unternimmt, für eine Beschaffenheit habe. So viele Personen die in wichtigen Fabrikunternehmungen die Quellen ihres Reichtums finden, würden durch Übersicht der neuesten Entdeckungen gefördert, andere nach höherer Bildung strebende würden in der
20 chemischen Kenntnis wahre Geisteserhebung gewinnen, ja solche, welche den ältern chemisch-mystischen Vorstellungen nicht abgeneigt sind, würden hier vollkommene Befriedigung finden, wenn sie erkennten, daß so vieles was unsere Vorfahren in dunkeln Zeiten nur zerstückelt gewahr wurden und im Ganzen trübsinnig ahndeten, jetzt sich immer mehr an- und ineinander schließt, sich aufklärt, so daß vielleicht in keinem Fache mehr als im chemischen, wissenschaftliche Übersicht das Ideelle in der Wirklichkeit darzustellen vermag.
30 Wäre es möglich einen tüchtigen Physiker herbei zu ziehen, der sich mit dem Chemiker vereinigte und dasjenige heran brächte was so manches andere Kapitel der Physik, woran der Chemiker keine Ansprüche macht, enthält und andeutet; setzte man auch diesen in Stand, die zur Versinnlichung der Phänomene nötigen Instrumente anzuschaffen, ohne deshalb einen weitläuftigen, kostspieligen und platzraubenden Apparat aufzuhäufen, so wäre in einer großen Stadt für wichtige, ingeheim immer genährte Bedürfnisse gesorgt und mancher verderblichen Anwendung von Zeit
40 und Kräften eine edlere Richtung gegeben. Zum Local

solcher physischen Anstalt könnte man mit gutem Gewissen das anatomische Theater bestimmen. Anstatt zu gedenken, daß Hr. Doktor *Behrens,* der als ein würdiger Schüler Sömmerrings bisher diesem Fache vorstand, seine Entlassung genommen; anstatt zu erwähnen, daß Hr. Doktor *Lucä,* ein tätiger in der vergleichenden Zergliederung geübter Mann, nach Marburg abgeht, sei uns vergönnt im Allgemeinen von dem Verhältnis der Anatomie zu dem bestehenden Senckenbergischen Institut zu sprechen. Hier hat sich nämlich der Stifter, indem er sich ein Bild einer vollstän-   10 digen medizinischen Anstalt dachte, vielleicht vergriffen, da er die besonderen Bedingungen, in denen sich seine Anstalt befand, nicht beachtete. Kenner der Zergliederungskunst, Professoren dieses Fachs auf Akademien, werden gerne zugestehen, daß es eine der schwierigsten Aufgaben sei die Lehre der Zergliederung zu überliefern. Bibliothek, Zeichnungen, Präparate und Hundert Vorrichtungen, Vorarbeiten die vielen Aufwand erfordern, sollen zum Grunde liegen und alsdann wird noch die menschliche Leiche als unmittelbarer Gegenstand des Beobachtens und Belehrens   20 gefordert. Woher aber diese nehmen? Überall werden die deshalb bestandenen Zwanggesetze lässiger beobachtet oder umgangen, und der Professor der Anatomie steht in einem humanen Zeitalter immer als unmenschlich gegen Leidende und Trauernde.

Möge alles dieses als Reflection eines vorübereilenden Reisenden angesehen werden; der bleibende Geschäftsmann sieht vielleicht die Verhältnisse in einem andern Lichte.

Allein alles was wir gesagt, würde ganz vergeblich gewe-   30 sen sein, wenn wir uns nicht erkühnten auszusprechen: daß ein so wohl durchdachtes, dem Stifter wie der Stadt Ehre bringendes, wissenschaftliches Institut nicht gedeihen, noch auch mit aller Bemühung der Angestellten nur im mindesten nützen könne, wenn seine Einkünfte nicht verbessert werden. Auch hievon liegt die Möglichkeit nahe genug, und wir tragen kein Bedenken so wohl die bürgerlichen als ärztlichen Herrn Vorsteher aufzufordern, in Überlegung zu nehmen, in wiefern von dem Überfluß, dessen das Hospital genießt, ein Teil zur wissenschaftlichen Anstalt   40 herüber gewendet werden könne, und jene trefflichen Männer dringend zu ersuchen, daß sie hierüber, wenn sie bejahend einig geworden, um die höchste obrigkeitliche Billigung baldigst nachsuchen mögen. Die einer solchen Wendung entgegenstehenden Schwierigkeiten sind nicht unbekannt, es läßt sich ihnen aber mit Einem Wort begegnen, daß einer freien Stadt ein freier Sinn gezieme, und daß man bei einem erneuten Dasein, um die Spuren ungeheurer Übel auszulöschen, sich vor allen Dingen von veralteten Vorurteilen zu befreien habe. Es geziemt Frankfurt von allen Seiten zu glänzen, und nach allen Seiten hin tätig zu sein. Freilich gehört theoretische Betrachtung, wissenschaftliche Bildung den Universitäten vorzüglich an, aber nicht ausschließlich gehört sie ihnen. Einsicht ist überall willkommen. Man erkundige sich, welchen Einfluß die Universitäten in Berlin, Breslau, Leipzig, auf das praktische Leben der Bürger haben, man sehe wie in London und Paris, den bewegtesten und tätigsten Orten, der Chemiker und Physiker gerade sein wahres Element findet; und Frankfurt hat gar wohl das Recht, nach seinem Zustand, seiner Lage, seinen Kräften, für so löbliche Zwecke mit zu eifern.

Offenbach

An diesem wohlgebauten und täglich zunehmenden heitern Orte verdient die Sammlung ausgestopfter Vögel des Hrn. Hofrat *Meyer* alle Aufmerksamkeit, indem dieser verdienstvolle Mann, als Bewohner einer glücklichen Gegend, sich zugleich als Jagdliebhaber und Naturforscher ausgebildet und eine vollständige Reihe inländischer Vögel aufgestellt hat. Er beschäftigt mehrere Künstler mit Abbildung dieser Geschöpfe, fördert und belebt dadurch einen in der Naturgeschichte sehr notwendigen Kunstzweig, die genaue Nachbildung organischer Wesen, unter welchen die mannigfaltige Gestalt der Vögel, die abweichende Bildung ihrer Körperteile, das leichte, zarte, buntfarbige Gefieder, die feinste Unterscheidungsgabe des Künstlers und dessen größte Sorgfalt in Anspruch nimmt. Das von Hrn. Meyer herausgegebene Werk hat die Verdienste dieses vorzüglichen Mannes längst dem Vaterlande bewährt, welcher sich,

durch die in diesem Jahre erschienene Beschreibung der
Vögel Lief- und Esthlands, abermals den Dank der Naturforscher erworben. Die von ihm sowohl in seinem Hause als
außerhalb beschäftigten Künstler sind namentlich die Hrn.
Gabler und *Hergenröder*. Die Schwester des letztern wird
als Pflanzenzeichnerin gerühmt. Dlle. *Stricker* in Frankfurt,
welche gleichfalls ein schönes Talent hierin besitzt, kann
sich nicht soviel damit beschäftigen als zu wünschen wäre.

Hanau

Die neuere Zeit hat dieser Stadt einen vorteilhaften und
bewährten Ruf in naturgeschichtlicher Hinsicht verschafft.
Es fanden sich hier eifrige Forscher aus allen Zweigen der
herrlichen Scienz durch einen seltenen günstigen Zufall
vereinigt. So hatte Hr. Doktor *Gärtner*, dieser achtungs-
werte Veteran unter Deutschlands Botanikern, durch die
Teilnahme an der Wetterauischen Flora längst schon seinen
Meisterbrief gelöst. Der geistvolle *Leisler* umfaßte die gesamte Zoologie, jedoch konzentrierte er sein Studium mehr
auf die Vögel und Säugetiere. Chemie und Physik wurden
von Hrn. Hofrat Dr. *Kopp*, zumal in besonderer Anwendung auf das mineralogische Wissen, mit dem besten Erfolge getrieben. Der vorzugsweise als naturhistorischer
Künstler sehr schätzbare *Schaumburg*, dessen Sammlung
unter den deutschen Privat-Cabinetten sonder Zweifel die
erste Stelle einnimmt, bot eine Fülle trefflicher Erfahrungen
dar. Ebenso hatten sich in dem Hrn. Geheimen Rat *Leonhard* und dem nun verstorbenen Pfarrer *Merz* tätige Bear-
beiter für Mineralogie gefunden. Das Publikum kennt das
von beiden in Gemeinschaft mit Dr. *Kopp* herausgegebene
größere tabellarische Werk. Geheime Rat *Leonhard*, der
fortdauernd durch seine Zeitschrift wirkt, hat ferner eine
topographische Mineralogie verfaßt, und ehestens haben
wir von ihm, Dr. *Kopp* und *Gärtner* dem jüngern, einem
sehr verständigen Chemiker und Physiker, eine Einleitung
und Vorbereitung zur Mineralogie mit vielen illuminierten
und schwarzen Kupfern zu erwarten. Diese Propädeutik
für die Naturgeschichte des unorganischen Reiches, die
Frucht einer mehrjährigen mühevollen Arbeit, durch wel-

che eine sehr wesentliche Lücke unserer Literatur ausgefüllt wird, darf von dem wissenschaftlichen Publikum mit gerechtem Vertrauen erwartet werden.

Unterdessen schien es den genannten Männern zweckmäßig die Bemühungen der Einzelnen auf Einen Punkt zu leiten, um mit gemeinsamen Kräften weiter zu streben. Mitten in den Stürmen der Zeit, im ungeschlichteten Zwiste der Völker, 1808, wurde der Plan zu Begründung eines wissenschaftlichen naturhistorischen Vereines gefaßt. Die kleine Zahl der Verbundenen gab dem Ganzen Haltung und Wirklichkeit. Bald gesellten sich ihnen andere verdiente Männer aus nahen und fernen Gegenden bei, und so erweiterte sich dieser literarische Bund weit über die Grenzen der heimatlichen Provinz, nach allen Teilen des gelehrten Europa hinaus. Ein passendes Local, vom Gouvernement eingeräumt, bot zur Anlage eines Museums Gelegenheit. Von allen Seiten wurde die nützliche Anstalt durch Gaben bereichert. Indessen blieben die Mittel sehr beschränkt, bis der teilnehmende *Karl von Dalberg*, 1811, aus seiner Schatulle eine nicht unbedeutende Rente bewilligte, in deren Genuß die Gesellschaft mehrere Jahre verblieb. Die Epidemie, Folge des Französischen Rückzugs, raubte der geschlungenen Kette manche der wertvollsten Glieder. Dagegen lebt man nun der angenehmen Hoffnung, das jetzige Gouvernement werde das Institut seiner Aufmerksamkeit gleichmäßig wert achten, die Bestätigung des Locals gewähren, und so der löblichsten Anstalt, die sonst ohnfehlbar zerstieben würde, Grund und Dauer verleihen.

Es ist leicht zu erachten, daß bei dem regen Eifer der Hanauer Naturforscher auch mehrere wichtige Sammlungen hier zu finden sein müssen.

Das Museum der Wetterauischen Gesellschaft umfaßt alle Zweige dieses Wissens und war bisher in stetem Zunehmen, denn die meisten Mitglieder hatten, nach der klüglichen Vorschrift der Gesetze, die Wahl zu rechtfertigen gesucht, welche sie zu jener ehrenvollen Bestimmung rief. Im Ganzen aber gewährt das Beschauen dieses Museums in seiner Allgemeinheit weniger Interesse, als die einem jeden der hiesigen Gelehrten zugehörigen Privat-Sammlungen. Hier spricht sich das Individuelle mit mehr Lebendigkeit aus, so wie der Eifer und die Sorgfalt, womit solch ein Werk geschaffen wird, das nicht selten der Preis einer ganzen Lebenszeit ist.

Was die zoologischen Cabinette betrifft, so zeichnen sich darunter vorzüglich die Sammlung des verstorbenen *Leisler* und die *Schaumburgische* aus. Die letztere ist jedoch, seitdem der Besitzer den Ort seines Aufenthaltes mit Cassel vertauschte, nicht mehr anwesend, und auch die *Leislerische* wird, da die Erben solche zu veräußern entschlossen sind, nicht lange mehr in Hanau verbleiben.

Das Andenken des genannten vorzüglichen Mannes einigermaßen hier zu feiern, bemerken wir folgendes. Er beschäftigte sich in früheren Jahren mit der Entomologie, späterhin aber widmete er sich mit ganzer Seele dem Studium der Säugetiere, Vögel und Fische; indessen blieb die Ornithologie für die längste Zeit der Gegenstand seiner Nachforschungen. Seine Verdienste um die Kenntnis vaterländischer Vögel nur im Vorbeigehen bemerkend, erwähnen wir, daß er die verschiedenen Farbenkleider der Vögel zu kennen und zu berichtigen bemüht war: denn die meisten Wasservögel mausen sich zweimal im Jahre, und so erscheint derselbe Vogel im Frühling und im Herbste, in der Jugend und im Alter in anderer Farbenhülle. Und so sammelte er mit regem Fleiß jede einzelne Art in den verschiedensten Farben und Übergängen. Da er nun selbst Jäger und ihm die Kunst tierische Körper auszustopfen vorzüglich bekannt war, so erhält seine Sammlung von mehrern Seiten große Vorzüge, so daß man ihr, wenigstens in Deutschland, die Meyerische ausgenommen, keine andere an die Seite stellen kann.

In den letzten Jahren beschäftigte er sich mit dem Studium der Fledermäuse, da er aber, seinem trefflichen Gedächtnis vertrauend, nichts niederschrieb, so wären seine Erfahrungen für uns sämtlich verloren, wenn nicht ein junger Mann, der letzte von seinen Schülern, sich soviel davon zu eigen gemacht hätte, um eine Monographie dieser seltsamen Geschöpfe zu schreiben, welche nächstens erscheinen wird.

Die Fische sind alle vortrefflich ausgestopft und von seltener Größe. Die Reihenfolge aus den süßen Gewässern Deutschlands ist beinahe vollständig, und aus der See findet

man viele Exemplare von hoher Schönheit. Die Insekten-
sammlung ist bedeutend. Von sechszehnhundert Nummern
machen die Schmetterlinge die größte Hälfte aus.

Am Schlusse stehe die Bemerkung, daß Leisler bevor er
sich der Heilkunde widmete, die Rechte mit glücklichem
Erfolg studierte und als philosophischer Schriftsteller durch
Abfassung eines Naturrechts sich Beifall erwarb.

Dr. *Gärtner*, der eifrige und berühmte Pflanzenforscher,
dem wir die Bildung mancher trefflichen Botanisten verdanken, hat sich durch die Mitteilung vieler schön getrockneten
Pflanzenmuster kein geringes Verdienst um die Wissenschaft erworben. Nach der Herausgabe der bereits erwähnten Wetterauischen Flora, betrieb er fortdauernd und mit
unermüdetem Fleiße das Studium der vaterländischen Ve-
getabilien. Er entdeckte viele Phänogamen und mehr als
zweihundert Kryptogamen, deren Beschreibung durch
seine Meisterhand gewiß höchst wünschenswert ist. Sein
Herbarium, vorzugsweise in kryptogamischer Hinsicht äußerst beträchtlich, ist auf das zierlichste geordnet. In der
neuern Zeit hat sich *Gärtner* auch mit allem Fleiße der
vaterländischen Zoologie gewidmet. Seine Sammlungen
von Säugetieren, Vögeln und Conchylien geben die Belege
dazu. Obschon seine ausländischen Conchylien sehr zahlreich sind und, unter der Menge, Exemplare von großer
Seltenheit bemerkt werden, so schätzt er dennoch seine in
der Umgegend von Hanau gesammelten um vieles höher,
indem dieser Zweig des naturgeschichtlichen Wissens zuerst durch ihn in der Wetterau kultiviert wurde. Er verbreitete jene einheimischen Produkte im Kreise seiner Freunde
und regte auf diese Art ein Studium von neuem an, das in
Deutschland fast ganz vernachlässigt schien. In früheren
Jahren beschäftigte sich *Gärtner* auch mit Chemie, Physik
und Mineralogie, so daß er den Namen eines Naturforschers im umfassendsten Sinne des Wortes verdient. Bei
dem Sammeln und Ordnen des Wetterauischen Museums,
und bei der Redaktion der von diesem naturhistorischen
Verein herausgegebenen Annalen, wirkte er auf das eifrig-
ste. Zu bedauern ist, daß sein Alter und eine durch große
Anstrengung geschwächte Gesundheit ihm in diesem Augenblicke keine große Tätigkeit vergönnen.

Das Mineralien-Cabinet des Geheimen Rat *Leonhard*, über siebentausend Exemplare stark, sondert sich in eine oryktognostische und in eine geognostische Hälfte. Die oryktognostische Sammlung findet sich nach der, in der systematisch-tabellarischen Übersicht und Charakteristik der Mineralkörper, angenommenen Klassifikationsweise geordnet, wobei jedoch die durch das Fortschreiten der Scienz notwendig gewordenen Veränderungen nicht unbeachtet blieben. Erfreulich ist das Methodische, welches sich in Anordnung und Aufstellung ausspricht. Bei allen Exemplaren ist das Charakteristische und die Frischheit berücksichtigt, und ein hoher Grad von Gleichmäßigkeit des Formats gewähret viel Gefälliges. Nächstdem ist diese Sammlung um der hohen Vollständigkeit willen bemerkenswert. Man vermißt darin fast keine der neuesten Entdeckungen, und die Suiten welche sie von sehr vielen Gattungen aufbewahrt, machen ihr Studium für die Verhältnisse des *Vorkommens* der Fossilien wichtig und belehrend: eine bisher viel zu sehr vernachlässigte und nun wieder hervorgeforderte Rücksicht.

Geheime Rat *Leonhard* hat sich durch die Stiftung eines mineralogisch-merkantilischen Instituts Ansprüche auf den Dank des Publikums erworben. Es ist diese Anstalt förderlich für die Wissenschaft, indem sie die Mittel darbietet, um, gegen Tausch oder billige Zahlung, Fossilien aus allen Gegenden und Ländern, einzeln oder zu systematischen Ganzen geordnet, zu erhalten. Gedoppeltes Vertrauen gebührt diesem Unternehmen darum, weil es nicht von Gewinnsucht, sondern ausschließlich von der Liebe zur Wissenschaft geleitet wird.

Unter den Bildungsanstalten zur Kunst verdient die Zeichenschule eine sehr ehrenvolle Erwähnung. Hr. Hofrat *Westermayr*, welcher diesem Institute, das vom Staate eine nur mäßige Unterstützung erhält, als erster Lehrer und Direktor vorsteht, hat um dasselbe sehr wesentliche Verdienste. Seit seiner Wiederkehr von Weimar ist der Sinn für die Kunst bedeutend geweckt worden, und man bemerkt mit Vergnügen, daß mancher der vermögenden Einwohner kleine Bildersammlungen anzulegen beginnt. In der Zeichenschule finden gegenwärtig 250 bis 300 Zöglinge Belehrung. Das

Institut besitzt Fonds, Früchte des Erwerbs der Lehrer, welche sehr nützlich zur Anschaffung von Gemälden und andern Kunstgegenständen verwendet werden könnten. Auch die würdige Gattin des Hofrats *Westermayr* wirkt tätig für das Beste der Anstalt. Außer dieser Künstlerin verdienen unter den hiesigen Malern die Namen *Tischbein*, *Carteret, Berneaud, Franz Nickel* und *Deikert* genannt zu werden, den genialen *Kraft* und den durch tiefes Studium gebildeten *Buri* nicht zu vergessen, die auch in der Ferne ihrer Vaterstadt Ehre machen.

Mit der Emaille-Malerei beschäftigen sich vorzüglich *Carteret* und *Berneaud* und beide haben auf den Künstlernamen die gerechtesten Ansprüche. Außer ihnen zeichnet sich auch *Fr. Nickel*, ein geborner Hanauer, der viele Jahre in Madrid verlebt und daselbst bei der Akademie das Amt eines Adjunkten versehen, sehr vorteilhaft in jenem Zweige der Malerei aus.

Unter den hiesigen Gemälde-Sammlungen gebührt der des Kaufmanns Herrn W. *Leisler*, jüngern Bruders des Naturforschers, der Vorzug.

Die hiesigen Bijouterie-Fabriken sind ganz besonders merkwürdig. Sie bestehen seit dem Jahre 1670 und sind als die Pflanzschule ähnlicher Anstalten in mehreren Europäischen und Deutschen Hauptstädten anzusehen, die indessen ohne Ausnahme das Vorbild nicht erreichten. Die Hanauer Arbeiter genießen eines sehr vorteilhaften Rufes, überall werden sie gesucht. Die jetzigen bedeutendsten Chefs, Gebrüder *Toussaint, Souchai* und *Collin, Buri, Müller* und *Jünger*, erhalten die Fabriken nicht nur in ihrem Rufe, sondern sind zugleich bemüht solche mit jedem Tage zu vervollkommnen, und so läßt sich mit Wahrheit behaupten, daß Hanau Arbeiten liefert, die man weder in Paris noch in London zu fertigen weiß, ja die nicht selten jene des industriösen Genf übertreffen. Dabei ist noch besonders das Umfassende der Ateliers genannter Goldarbeiter, von dem Rohen des Materials bis zur vollendeten Ware in der größten Mannigfaltigkeit, zu bemerken.

Die Teppichfabrik von Hr. J. D. *Leisler* und Comp. verdient um deswillen besondere Aufmerksamkeit, weil in derselben die unter dem Namen *gezogene Wilton-Teppiche* bekannte Ware in ihrer größten Vollkommenheit bereitet wird. Man findet nicht allein eine umfassende Auswahl geschmackvoller Dessins in den schönsten und lebhaftesten Farben, sondern es kann auch jede besondere Zeichnung gefertigt werden. Außerdem liefert diese Fabrik nichtgeschorne und hochgeschorne Teppiche auf Sammetart, Venezianische und Schottländische Teppiche u. s. w. Die früherhin statt gehabte Vereinigung von Holland mit Frankreich war dem Absatz sehr nachteilig, und die deutschen Höfe waren es fast allein, welche während dieser Frist der Fabrik Beschäftigung darboten.

Auch die Fabrik der seidenen Tapeten verdient Erwähnung, indem sie in früheren Zeiten die meisten deutschen Höfe mit den geschmackvollsten Ameublements versah. In der stürmischen Periode der letzten zehn Jahre aber fanden es die Unternehmer, die Brüder *Blachierre*, für ratsamer, nur solche Waren bereiten zu lassen, die allen Klassen dienen. So sind überhaupt die Wollen- und Seidenfabriken in Hanau, welche dem Kunstsinn weniger als dem allgemeinen Bedürfnis entsprechen, von entschiedenem Nutzen auf Volksmenge und Exportation gewesen, und jetzt vermag man die Hoffnung zu fassen, daß der offene Seehandel auch dieser Fabrikstadt einen Teil ihres vormaligen Flores wieder verschaffen werde.

Aschaffenburg

Auch hier befinden sich altdeutsche Gemälde aus aufgehobenen Klöstern: von Grünwald und andern, vielleicht auch von Dürer, und sonst noch wenige aber schätzenswerte Kunstwerke. Sollte von den fast bis zur Beschwerlichkeit zahlreichen Schätzen der Hauptstadt einiges hierher gebracht und eine Sammlung zu Genuß und Unterricht aufgestellt werden, so erhielte dieser wohlgelegene Ort wenigstens einigen Ersatz für das was er durch die Entfernung des Hofes verlor. Mancher Fremde würde hier gern verweilen.

Jetzt da die in Paris aufgehäuften Schätze wieder das Freie suchen, und über Europa ausgesät, einzeln aufregen und nutzen, so wär' es groß, wenn die höchsten deutschen Regierungen sich beeiferten dasjenige mit Überzeugung und Willen zu tun, was die überwundene Nation sich widerwillig muß gefallen lassen, wir meinen, den Überfluß der Residenzen in die Provinzstädte zu verteilen. Nur kleinere Staaten tun wohl ihre mäßigen Schätze beisammen aufzubewahren, große können ihren Kunstreichtum nicht weit genug umher streuen. Dadurch werden nicht allein Künstler sondern auch Liebhaber hervorgerufen, und je häufiger diese sind, desto mehr ist für jene gesorgt.

Ungern halten wir den Fuß an, um uns nicht allzuweit in die Betrachtung des reichen Osten zu verlieren, und kehren an die Stelle zurück, wo der Main sich dem Rheine nähert.

Darmstadt

Das hiesige Groß-Herzogl. Museum wird wohl immer unter den Anstalten dieser Gegenden zu den vorzüglichsten gezählt werden, und dessen musterhafte Einrichtung wird allen ähnlichen Unternehmungen billig zur Richtschnur dienen. In dem geräumigsten Local sind die mannigfaltigsten Gegenstände ohne Prunk, aber mit Ordnung, Würde und Reinlichkeit aufgestellt, so daß man durchaus mit Bewunderung im Genusse belehrt wird.

Die herrlichsten Statuen in vortrefflichen Gypsabgüssen verdienen wohl zuerst genannt zu werden, an die sich zahlreiche Büsten, Körperteile, Basreliefe anschließen, alles in anständigen Räumen, der Betrachtung so wie den Studien gleich günstig. Die Nachbildungen in Kork von allen bedeutenden Römischen ja Italiänischen Monumenten, wozu sich ältere Deutsche gesellen, geben dem Baukünstler zu den bedeutendsten Vergleichungen Anlaß.

Eine zahlreiche Gemäldesammlung, in welcher jeder Liebhaber sich nach seinem besondern Interesse an ältern und neuern Meistern geschichtlich unterrichten oder gemütlich ergetzen kann, ist durch mehrere Zimmer verbreitet.

Sucht man nun vergebens von den übrigen Schätzen einige Notiz zu liefern, so muß man wünschen, daß ein Katalog, wenn auch nur das Allgemeinste andeutend, dem Reisenden bald in die Hände gereicht werde: denn wie soll man sich sonst aus dem unendlichen, obgleich vortrefflich geordneten und zusammengestellten Reichtum herausfinden. Man sagt nicht zuviel, wenn man behauptet, daß Musterstücke der Kunst und Merkwürdigkeiten aller Jahrhunderte und Gegenden, welche uns betrachtungswürdig überliefert werden, hier anzutreffen sind. Vasen und Urnen aller Art, Trink- und Scherzgefäße, Bronzen aller Jahrhunderte, worunter man die köstlichsten Kandelaber und mehrdochtige eherne Lampen bewundert, Reliquienkästchen der ältesten byzantinischen Zeit, von Erz und Schmelz, elfenbeinerne etwas später, Kirchengeräte jeder Art, unschätzbare Handzeichnungen der größten Meister, so gut ältere als neuere Chinesische- und Japanische Arbeiten, Glasgeschirre durch Materie, Form und Schleifkunst kostbar; und so müßte man fortfahren ein allgemeines Bild einer musterhaften Kunstsammlung aufzustellen, und man würde dennoch das Ganze nicht ergründen.

So finden sich z. B. eine große Anzahl altdeutscher Kirchengemälde, welche restauriert und aufgefrischt einer Scheinkapelle zur vorzüglichsten Zierde dienen würden.

Was jedoch beinah noch mehr als die Schätze selbst den Beschauer anspricht, ist die Lebendigkeit, welche man dieser Sammlung, als einer sich immer fortbildenden, anmerkt. Alle Fächer sind in Bewegung, überall schließt sich etwas neues an, überall fügt sich's klarer und besser, so daß man von Jahr zu Jahr den schaffenden und ordnenden Geist mehr zu bewundern hat. Selbst wenn man in Bezug auf Cölln die Sammlung des Hrn. von Hübsch dem Darmstädtischen Museum mißgönnte, so freut man sich hier des glücklichen Geschicks, welches diesem Chaos zu Teil ward, entwickelt, gesondert und einer schon lebendig geordneten Welt einverleibt zu werden.

Eine naturhistorische Sammlung von gleichem Reichtum und Vollständigkeit steht dieser Kunstsammlung zur Seite. In hellen Galerien aufgeordnet finden sich die drei Reiche der Natur, an welchen immer durch tätige Männer Reinlichkeit erhalten, das Erfreuliche für den Beschauer vermehrt, und die Ordnung für den Wissenden und Wißbegierigen immer klärer eingerichtet wird. Wenn auch hievon nur im Allgemeinen die Rede sein kann, so darf man wenigstens insbesondere der Sammlung gedenken, welche der vergleichenden Anatomie gewidmet, jene merkwürdigen Fossi-

lien, Reste der gigantischen Tiere aus der Urzeit, wie sie in
dem weiten Rheintale so oft ausgegraben werden, geordnet
und erhalten vor Augen stellt. Rührend war es dem Beschauer viele Stücke hier zu finden, welche von dem verbli-
chenen Jugendfreunde Merck mit Liebe und Leidenschaft
gesammelt, nun durch landesherrliche Neigung und durch
Sorgfalt eines nachfolgenden Naturforschers hier gerettet
und gesichert lagen.

Auch fand man jenen Wunsch schon erfüllt, daß nämlich
seltene Naturgegenstände, die man schwerlich je mit Augen
sehen wird, neben andern wirklichen Seltenheiten aufgestellt würden. Das ungeheure Geweih, wie man sie in Irland
ausgräbt, ward zu Bewunderung des Anschauenden ver-
suchsweise auf eine Papierfläche gemalt. Möge der gefaßte
Vorsatz diesen Gegenstand und ähnliche auf den großen
Räumen über den Schränken abbilden zu lassen, baldigst
erfüllt werden.

Eine höchst reiche eben so würdig als reinlich aufgestellte
Bibliothek setzt den Reisenden alsdann in Verwunderung,
und erregt in ihm den Wunsch längere Zeit von diesen
Schätzen Gebrauch machen zu können. Wie er denn auch,
wenn er völlig fremd und mit hiesigen Verhältnissen ganz
unbekannt wäre, notwendig auf den Geist der einem solchen großen Körper Leben gibt und erhält, aufmerksam
werden müßte. Ihm könnte nicht einen Augenblick verborgen bleiben, daß die Neigung des Fürsten zu solchen Unterhaltungen groß und entschieden sein müsse, daß er einem
einsichtigen Manne, welcher planmäßig und tätig hierin
ungestört wirken kann, das volle Vertrauen schenkte, woraus denn wieder folgt, daß dem Vorgesetzten nur solche
Mitarbeiter zu- und untergeordnet werden, welche in gleichem Sinne, mit gleichem Schritt, ohne Pause und Übereilung, in Einer Richtung fortarbeiten. Freilich wird alsdann
eine solche vortreffliche Einrichtung nicht als ein Wunder
erscheinen, aber doch auf unserm Weltboden, wo Trennung, Unordnung und Willkür so sehr begünstigt ist,
möchte sie noch immer wunderbar bleiben. Erfreulich wird
es alsdann jedem sein zu sehen, daß Ihro Königl. Hoheit der
Großherzog so lange Jahre unter den ungünstigsten Umständen solche schöne Neigung ununterbrochen gehegt,

daß Hr. Geh. Cabinetsrat *Schleiermacher* das höchste Vertrauen in solchem Grade zu verdienen und sich zu erhalten gewußt, und unter seiner Leitung seine Hrn. Söhne den Kunstsammlungen und der Bibliothek vorstehen, ja einen physikalischen Apparat durch Vorlesungen nutzbar machen; daß Hr. Münzmeister *Fehr* den mineralogischen und geologischen Teil, nicht weniger die Conchyliensammlung, so wie Hr. Oberforstrat *Becker* das übrige Tierreich besorgt. Findet man nun beim Durchschauen der vielen Säle alles wie aus einem Gusse, bemerkt man, daß in Jahresfrist alles planmäßig zugenommen, so wird man wohl den Wunsch hegen, daß jeder Konservator diese Sammlung von der artistischen, antiquarischen, naturwissenschaftlichen, literarischen, am meisten aber von der ethischen ⟨Seite⟩ studieren und zum Vorbilde nehmen möchte.

Daß es auch an tätigen Künstlern nicht fehle, ist bei solchen Begünstigungen wohl zu erwarten. Hr. Oberbaurat *Moller* findet in einer Residenz deren Straßen sich täglich mehr ausdehnen, wo Privatgebäude aufgeführt, öffentliche projektiert werden, für sein architektonisches Talent erwünschte Gelegenheit. Ferner hat er sich seit mehrern Jahren auch mit Abbildung altdeutscher Bauwerke beschäftigt, und das Boissereesche Domwerk wird von seinem Fleiß und Genauigkeit so wie von seinem Geschmack das unzweideutigste Zeugnis ablegen. Der neuentdeckte Originalriß des Cölner Doms ist in seinen Händen, und ein Faksimile desselben wird im Gefolge des Boissereeschen Werks von ihm herausgegeben; und so wird ihm denn auch die Geschichte der deutschen Baukunst die schönsten Beiträge verdanken, indem er die alten Gebäude seines Bezirks in Mainz, Oppenheim, Worms, Speyer, Frankfurt u. s. w. zu zeichnen und in Kupfer stechen zu lassen beschäftigt ist.

Herr *Primavesi*, rühmlich bekannt durch eigenhändig radierte landschaftliche Darstellungen, arbeitet fleißig immer fort. Er hat die mühsame Arbeit unternommen, die Rheingegenden, von den beiden Quellen herab, nach der Natur zu zeichnen. Das daraus entstehende Werk wird heftweise nebst einer kurzen Beschreibung herauskommen, und so werden auch auf diesem Wege die an den deutschen

Hauptfluß grenzenden Merkwürdigkeiten künstlerisch in Verbindung gebracht.

Heidelberg

Diese Stadt, von so mancher Seite merkwürdig, beschäftigt und unterhält den Besuchenden auf mehr als eine Weise. Der Weg jedoch welchen wir zu unsern Zwecken eingeschlagen haben, führt uns zuerst in die Sammlung alter Gemälde, welche, vom Niederrhein heraufgebracht, seit einigen Jahren als besondere Zierde des Ortes ja der Gegend angesehen werden kann.

Indem ich nun die Boissereesche Sammlung, nach einer jährigen Pause, zum zweitenmal betrachte, in ihren Sinn und Absicht tiefer eindringe, auch nicht abgeneigt bin, darüber ein Wort öffentlich auszusprechen, so begegnen mir alle vorgefühlte Schwierigkeiten: denn weil aller Vorzug der bildenden Kunst darin besteht, daß man ihre Darstellungen mit Worten zwar andeuten, aber nicht ausdrukken kann, so weiß der Einsichtige, daß er in solchem Falle ein Unmögliches übernähme, wenn er sich nicht zu seiner Bahn selbst Maß und Ziel setzen wollte. Da erkennt er denn, daß auf historischem Wege hier das Reinste und Nützlichste zu wirken ist; er wird den Vorsatz fassen, eine so wohl versehene und wohl geordnete Sammlung dadurch zu ehren, daß er nicht sowohl von den Bildern selbst als von ihrem Bezug untereinander Rechenschaft zu geben trachtet; er wird sich vor Vergleichungen nach außen im einzelnen hüten, ob er gleich die Kunstepoche von welcher hier die Rede ist, aus entfernten durch Zeit und Ort geschiedenen Kunsttätigkeiten ableiten muß. Und so wird er den kostbaren Werken, mit denen wir uns gegenwärtig beschäftigen, an ihrem Platz vollkommnes Recht widerfahren lassen und sie dergestalt behandeln, daß ihnen der gründliche Geschichtskenner gern ihre Stelle in dem großen Kreise der allgemeinen Kunstwelt anweisen mag.

Als Einleitung hiezu, und damit das Besondere dieser Sammlung deutlicher hervortrete, ist vor allen Dingen ihre Entstehung zu bedenken. Die Gebrüder Boisseree, welche solche in Gesellschaft mit Bertram gegenwärtig besitzen, und den Genuß derselben mit Kunstfreunden auf das offenste teilen, waren früher dem Kaufmannstande geweiht, und hatten auf diesen Zweck ihre Studien so wohl zu Hause als auswärts in großen Handelsstädten gerichtet. Indessen suchten sie zugleich einen Trieb nach höherer Bildung zu befriedigen, wozu sie schöne Gelegenheit fanden, als auf die Cölner neuerrichtete Schule vorzügliche deutsche Männer zu Lehrern berufen wurden. Dadurch gewannen sie eine jenen Gegenden seltenere Ausbildung. Und ob gleich ihnen, die sich von Jugend auf von alten und neuen Kunstwerken umgeben gesehen, Freude daran und Liebe derselben angeboren und anerzogen sein mußte, so war es doch eigentlich ein Zufall, der die Neigung dergleichen zu besitzen erweckte und zu dem lobenswürdigsten Unternehmen den Anlaß gab.

Man erinnere sich jenes Jünglings, der am Strande des Meeres einen Ruderpflock fand, und durch das Wohlgefallen an diesem einfachen Werkzeug bewogen, sich ein Ruder, darauf einen Kahn, hiezu Mast und Segel anschaffte, und sich erst an Uferfahrten vorübend, zuletzt mutig in die See stach, und mit immer vergrößertem Fahrzeug endlich zu einem reichen und glücklichen Kauffahrer gedieh. Diesem gleich erhandelten unsere Jünglinge zufällig eines der auf den Trödel gesprengten Kirchenbilder um den geringsten Preis, bald mehrere, und indem sie durch Besitz und Wiederherstellung immer tiefer in den Wert solcher Arbeiten eindrangen, verwandelte sich die Neigung in Leidenschaft, welche sich mit wachsender Kenntnis im Besitz guter und vortrefflicher Dinge immer vermehrte, so daß es ihnen keine Aufopferung schien, wenn sie durch kostspielige Reisen, neue Anschaffungen, und sonstiges Unternehmen, einen Teil ihres Vermögens so wie ihre ganze Zeit auf die Ausführung des einmal gefaßten Vorsatzes verwendeten.

Jener Trieb, die alten deutschen Baudenkmale aus der Vergessenheit zu ziehn, die besseren in ihrer Reinheit darzustellen, und dadurch ein Urteil über die Verschlimmerung dieser Bauart festzusetzen, wurde gleichermaßen belebt. Ein Bemühen schritt neben den andern fort, und sie sind nun im Stande, ein in Deutschland ungewöhnliches Prachtwerk herauszugeben, und eine aus zweihundert Bil-

dern bestehende Sammlung vorzuweisen, die an Seltenheit,
Reinheit, glücklicher Erhaltung und Wiederherstellung, besonders aber an reiner geschichtlicher Folge, ihres gleichen
schwerlich haben möchte.

Um nun aber so viel als es mit Worten geschehen kann
hierüber verständlich zu werden, müssen wir in ältere Zeiten zurückgehen, gleichwie derjenige der einen Stammbaum
ausarbeiten soll, soweit als möglich von den Zweigen zur
Wurzel dringen muß, wobei wir jedoch immer voraussetzen, daß dem Leser diese Sammlung entweder wirklich oder
in Gedanken gegenwärtig sei, nicht weniger, daß er sonstige
Kunstwerke deren wir erwähnen, gleichfalls kenne, und mit
nüchternem Sinn sich ernstlich mit uns unterrichten wolle.

———

Durch militärisches und politisches Unheil war das römische Reich auf einen Grad von Verwirrung und Erniedrigung gesunken, daß gute Anstalten jeder Art und also auch
die Kunstfertigkeit von der Erde verschwanden. Die noch
vor wenigen Jahrhunderten so hochstehende Kunst hatte
sich in dem wilden Kriegs- und Heereswesen völlig verloren, wie uns die Münzen dieser so sehr erniedrigten Zeiten
den deutlichsten Beweis geben, wo eine Unzahl Kaiser und
Kaiserlinge sich nicht entehrt fanden, in der fratzenhafte-
sten Gestalt auf den schlechtesten Kupferpfennigen zu erscheinen, und ihren Soldaten, statt ehrenvollen Soldes, ein
bettelhaftes Almosen kümmerlich zu spenden.

Der christlichen Kirche dagegen sind wir die Erhaltung
der Kunst, und wär' es auch nur als Funken unter der Asche,
schuldig. Denn obgleich die neue innerliche, sittlich-sanft-
mütige Lehre jene äußere, kräftig-sinnliche Kunst ablehn-
nen, und ihre Werke wo nicht zerstören doch entfernen
mußte, so lag doch in dem Geschichtlichen der Religion ein
so vielfacher, ja unendlicher Same als in keiner andern, und
daß dieser, selbst ohne Wollen und Zutun der neuen Bekenner, aufgehen würde, lag in der Natur.

Die neue Religion bekannte einen obersten Gott, nicht so
königlich gedacht wie Zeus, aber menschlicher; denn er ist
Vater eines geheimnisvollen Sohnes, der die sittlichen Eigenschaften der Gottheit auf Erden darstellen sollte. Zu

beiden gesellte sich eine flatternde unschuldige Taube, als eine gestaltete und gekühlte Flamme, und bildete ein wundersames Kleeblatt, wo umher ein seliges Geisterchor in unzähligen Abstufungen sich versammelte. Die Mutter jenes Sohnes konnte als die reinste der Frauen verehrt werden; denn schon im heidnischen Altertum war Jungfräulichkeit und Mutterschaft verbunden denkbar. Zu ihr tritt ein Greis, und von oben her wird eine Mißheirat gebilligt, damit es dem neugebornen Gotte nicht an einem irdischen Vater zu Schein und Pflege fehlen möge.   10

Was nun beim Erwachsen und bei endlicher Tätigkeit dieses göttlich menschliche Wesen für Anziehungskraft ausübt, zeigt uns die Masse und Mannigfaltigkeit seiner Jünger und Anhänger, männlichen und weiblichen Geschlechts, die sich, an Alter und Charakteren verschieden, um den Einen versammeln: die aus der Menge hervortretenden Apostel, die vier Annalenschreiber, so manche Bekenner aller Art und Stände, und, von Stephanus an, eine Reihe Märtyrer.

Gründet sich nun ferner dieser neue Bund auf einen ältern, dessen Überlieferungen bis zu Erschaffung der Welt   20 reichen und auch mehr historisch als dogmatisch sind, bringen wir die ersten Eltern, die Erzväter und Richter, Propheten, Könige, Wiederhersteller in Anschlag, deren jeder sich besonders auszeichnet, oder auszuzeichnen ist; so sehen wir wie natürlich es war, daß Kunst und Kirche in einander verschmolzen und Eins ohne das Andere nicht zu bestehen schien.

Wenn daher die hellenische Kunst vom Allgemeinen begann und sich ganz spät ins Besondere verlor, so hatte die christliche den Vorteil, von einer Unzahl Individualitäten   30 ausgehen zu können, um sich nach und nach ins Allgemeine zu erheben. Man tue nur noch einen Blick auf die hererzählte Menge historischer und mythischer Gestalten, man erinnere sich, daß von jeder bedeutend charakteristische Handlungen gerühmt werden, daß ferner der neue Bund zu seiner Berechtigung sich im alten symbolisch wiederzufinden bemüht war, und sowohl historisch irdische als himmlisch geistige Bezüge auf tausendfache Weise anspielten; so sollten freilich auch in der bildenden Kunst der ersten christlich kirchlichen Jahrhunderte schöne Denkmäler übrig geblieben sein.   40

Allein die Welt war im ganzen zu sehr verworren und gedrückt, die immer wachsende Unordnung vertrieb die Bildung aus dem Westen; nur Byzanz blieb noch ein fester Sitz für die Kirche und die mit ihr verbundne Kunst.

Jedoch hatte leider in dieser Epoche der Orient schon ein trauriges Ansehn, und was die Kunst betrifft, blühten jene obgenannten Individualitäten nicht sogleich auf, aber sie verhinderten doch, daß ein alter starrer mumienhafter Styl nicht alle Bedeutsamkeit verlor. Man unterschied immerfort die Gestalten; aber diesen Unterschied fühlbar zu machen schrieb man Name für Name auf das Bild, oder unter dasselbe, damit man ja unter den immer häufiger und häufiger werdenden Heiligen und Märtyrern nicht einen statt des andern verehrte, sondern einem jeden sein Recht wie billig bewahrte. Und so ward es denn eine kirchliche Angelegenheit die Bilder zu fertigen. Dies geschah nach genauer Vorschrift, unter Aufsicht der Geistlichkeit, wie man sie denn auch durch Weihe und Wunder dem einmal bestehenden Gottesdienste völlig aneignete. Und so werden bis auf den heutigen Tag die unter den Gläubigen der Griechischen Kirche zu Hause und auf Reisen verehrten Andachtsbilder in Susdal, einer Stadt des einundzwanzigsten Gouvernements von Rußland, und deren Umgebung, unter Aufsicht der Geistlichkeit gefertigt; daher denn eine große Übereinstimmung erwachsen und bleiben muß.

Kehren wir nun nach Byzanz und in jene besprochne Zeit zurück, so läßt sich bemerken, daß die Religion selbst durchaus einen diplomatisch-pedantischen Charakter, die Feste hingegen die Gestalt von Hof- und Staatsfesten annehmen. Dieser Begrenzung und Hartnäckigkeit ist es auch zuzuschreiben, daß selbst das Bilderstürmen der Kunst keinen Vorteil gebracht hat, indem die bei dem Siege der Hauptpartei wieder hergestellten Bilder den alten völlig gleich sein mußten, um in ihre Rechte einzutreten.

Wie sich aber die tristeste aller Erscheinungen eingeschlichen, daß man, wahrscheinlich aus ägyptischen, äthiopischen, abyssinischen Anlässen, die Mutter Gottes braun gebildet, und dem auf dem Tuche Veronikas abgedruckten Heilandsgesicht gleichfalls eine Mohrenfarbe gegeben, mag sich bei besonderer Bearbeitung der Kunstgeschichte jenes

Teils genauer nachweisen lassen; alles aber deutet auf einen
nach und nach immer mehr verkümmerten Zustand, dessen
völlige Auflösung immer noch später erfolgte als man hätte
vermuten sollen.

Hier müssen wir nun deutlich zu machen suchen, was die
byzantinische Schule, von der wir wenig löbliches zu sagen
wußten, in ihrem Innern noch für große Verdienste mit sich
trug, die aus der hohen Erbschaft älterer Griechischer und
Römischer Vorfahren kunstmäßig auf sie übergegangen,
gildenmäßig aber in ihr erhalten worden.

Denn wenn wir sie früher nicht mit Unrecht mumisiert
genannt haben, so wollen wir bedenken, daß bei ausgehöhlten Körpern, bei vertrockneten und verharzten Muskeln,
dennoch die Gestalt des Gebeins ihr Recht behaupte. Und
so ist es auch hier, wie eine weitere Ausführung zeigen wird.

Die höchste Aufgabe der bildenden Kunst ist, einen bestimmten Raum zu verzieren, oder eine Zierde in einen unbe-
stimmten Raum zu setzen; aus dieser Forderung entspringt
alles was wir kunstgerechte Komposition heißen. Hierin
waren die Griechen und nach ihnen die Römer große Meister.

Alles was uns daher als Zierde ansprechen soll, muß
gegliedert sein und zwar im höhern Sinne, daß es aus Teilen
bestehe die sich wechselsweise auf einander beziehen.
Hiezu wird erfordert, daß es eine Mitte habe, ein Oben und
Unten, ein Hüben und Drüben, woraus zuerst Symmetrie
entsteht, welche, wenn sie dem Verstande völlig faßlich
bleibt, die Zierde auf der geringsten Stufe genannt werden
kann. Je mannigfaltiger dann aber die Glieder werden, und
je mehr jene anfängliche Symmetrie verflochten, versteckt,
in Gegensätzen abgewechselt, als ein offenbares Geheimnis
vor unsern Augen steht, desto angenehmer wird die Zierde sein, und ganz vollkommen, wenn wir an jene ersten
Grundlagen dabei nicht mehr denken, sondern als von
einem Willkürlichen und Zufälligen überrascht werden.

An jene strenge, trockne Symmetrie hat sich die byzantinische Schule immerfort gehalten, und obgleich dadurch
ihre Bilder steif und unangenehm werden, so kommen doch
Fälle vor, wo durch Abwechslung der Gliederstellung, bei
Figuren die einander entgegenstehen, eine gewisse Anmut
hervorgebracht wird. Diesen Vorzug also, ingleichen jene

obengerühmte Mannigfaltigkeit der Gegenstände alt- und neutestamentlicher Überlieferungen verbreiteten diese östlichen Kunst- und Handwerksgenossen über die damals ganze bekehrte Welt.

Was hierauf in Italien sich ereignet, ist allgemein bekannt. Das praktische Talent war ganz und gar verschwunden und alles was gebildet werden sollte, hing von den Griechen ab. Die Türen des Tempels St. Paul, außerhalb der Mauern, wurden im eilften Jahrhundert zu Constantinopel gegossen und die Felder derselben mit eingegrabenen Figuren abscheulich verziert. Zu eben dieser Zeit verbreiteten sich griechische Malerschulen durch Italien, Constantinopel sendete Baumeister und Musivarbeiter und diese bedeckten mit einer traurigen Kunst den zerstörten Westen. Als aber im dreizehnten Jahrhundert das Gefühl an Wahrheit und Lieblichkeit der Natur wieder aufwachte, so ergriffen die Italiäner sogleich die an den Byzantinern gerühmten Verdienste, die symmetrische Komposition und den Unterschied der Charaktere. Dieses gelang ihnen um so eher, als sich der Sinn für Form schnell hervortat. Er konnte bei ihnen nicht ganz untergehen. Prächtige Gebäude des Altertums standen Jahrhunderte vor ihren Augen, und die erhaltenen Teile der eingegangenen oder zerstörten wurden sogleich wieder zu kirchlichen und öffentlichen Zwecken benutzt. Die herrlichsten Statuen entgingen dem Verderben, wie denn die beiden Colossen niemals verschüttet worden. Und so war denn auch noch jede Trümmer gestaltet. Der Römer besonders konnte den Fuß nicht niedersetzen ohne etwas Geformtes zu berühren, nicht seinen Garten, sein Feld bauen, ohne das Köstlichste an den Tag zu fördern. Wie es in Siena, Florenz und sonst ergangen, darf uns hier nicht aufhalten, um so weniger als jeder Kunstfreund sich sowohl hierüber als über die sämtlichen schon besprochenen Gegenstände aus dem höchst schätzbaren Werk des Herrn *d'Agincourt* auf das genaueste unterrichten kann.

Die Betrachtung jedoch, daß die Venetianer als Bewohner von Küsten und Niederungen den Sinn der Farbe bei sich so bald aufgeschlossen gefühlt, ist uns hier wichtig, da wir sie als Übergang zu den Niederländern benutzen, bei denen wir dieselbe Eigenschaft antreffen.

Und so nähern wir uns denn unserm eigentlichen Ziele, dem Niederrhein, welchem zu Liebe wir jenen großen Umweg zu machen nicht angestanden.

Nur mit wenigem erinnern wir uns, wie die Ufer dieses herrlichen Flusses von Römischen Heeren durchzogen, kriegerisch befestigt, bewohnt und kräftig gebildet worden. Führt nun sogar die dortige vorzüglichste Kolonie den Namen von Germanikus Gemahlin, so bleibt uns wohl kein Zweifel, daß in jenen Zeiten große Kunstbemühungen daselbst statt gefunden: denn es mußten ja bei solchen Anlagen Künstler aller Art, Baumeister, Bildhauer, Töpfer und Münzmeister mitwirken, wie uns die vielen Reste bezeugen können, die man ausgrub und ausgräbt. In wiefern in späterer Zeit die Mutter Constantin des Großen, die Gemahlin Ottos hier gewirkt, bleibt den Geschichtsforschern zu untersuchen. Unsere Absicht fördert es mehr, der Legende näher zu treten und in ihr oder hinter ihr einen welthistorischen Sinn auszuspähen.

Man läßt eine britannische Prinzessin *Ursula* über Rom, einen africanischen Prinzen *Gereon* gleichfalls über Rom nach Cöln gelangen; jene mit einer Schar von edlen Jungfrauen, diesen mit einem Heldenchor umgeben. Scharfsinnige Männer welche durch den Duft der Überlieferung hindurchschauen, teilten bei diesen Überlieferungen folgendes mit. Wenn zwei Parteien in einem Reiche entstehen und sich unwiderruflich von einander trennen, wird sich die schwächere von dem Mittelpunkte entfernen und der Grenze zu nähern suchen. Da ist ein Spielraum für Factionen, dahin reicht nicht sogleich der tyrannische Wille. Dort macht allenfalls ein Präfekt, ein Statthalter sich selbst durch Mißvergnügte stark, indem er ihre Gesinnungen, ihre Meinungen duldet, begünstigt und wohl gar teilen mag. Diese Ansicht hat für mich viel Reiz, denn wir haben das ähnliche, ja gleiche Schauspiel in unsern Tagen erlebt, welches in grauer Vorzeit auch mehr als einmal statt fand. Eine Schar der edelsten und bravsten christlichen Ausgewanderten, eine nach der andern begibt sich nach der berühmten, schön gelegenen Agrippinischen Kolonie, wo sie wohl aufgenommen und geschützt eines heitern und frommen Lebens in der herrlichsten Gegend genießen, bis sie den gewaltsamen

Maßregeln einer Gegenpartei schmählich unterliegen. Be-
trachten wir die Art des Martyrtums, wie Ursula und ihre
Gesellschaft dasselbe erlitten, so finden wir nicht etwa jene
absurden Geschichten wiederholt, wie in dem bestialischen
Rom zarte unschuldige, höhergebildete Menschen von
Henkern und Tieren gemartert und gemordet werden, zur
Schaulust eines wahnsinnigen unteren und oberen Pöbels;
nein, wir sehen in Cöln ein Blutbad, das eine Partei an der
andern ausübt, um sie schneller aus dem Wege zu räumen.
Der über die edeln Jungfrauen verhängte Mord gleicht einer
Bartholomäusnacht, einem Septembertage; eben so scheint
Gereon mit den Seinen gefallen zu sein.

Wurde nun zu gleicher Zeit am Oberrhein die Thebaische
Legion niedergemetzelt, so finden wir uns in einer Epoche,
wo nicht etwa die herrschende Partei eine heranwachsende
zu unterdrücken, sondern eine ihr zu Kopf gewachsene zu
vertilgen strebt.

Alles bisher gesagte, obgleich in möglichster Kürze doch
umständlich ausgeführt, war höchst nötig, um einen Begriff
der niederländischen Kunstschule zu gründen. Die byzantinische Malerschule hatte in allen ihren Verzweigungen
mehrere Jahre wie über den ganzen Westen auch am Rhein
geherrscht, und einheimische Gesellen und Schüler zu allgemeinen Kirchenarbeiten gebildet; daher sich denn auch
manches Trockne, jener düstern Schule völlig Ähnliche, in
Cöln und in der Nachbarschaft findet. Allein der Nationalcharakter, die klimatische Einwirkung, tut sich in der
Kunstgeschichte vielleicht nirgend so schön hervor als in
den Rheingegenden, deshalb wir auch der Entwicklung
dieses Punktes alle Sorgfalt gönnen und unserem Vortrag
freundliche Aufmerksamkeit erbitten.

Wir übergehen die wichtige Epoche in welcher Carl der
Große die linke Rheinseite von Mainz bis Aachen mit einer
Reihe von Residenzen bepflanzte, weil die daraus entsprungene Bildung auf die Malerkunst, von der wir eigentlich
reden, keinen Einfluß hatte. Denn jene orientalische düstere
Trockenheit erheiterte sich auch in diesen Gegenden nicht
vor dem dreizehnten Jahrhundert. Nun aber bricht ein
frohes Naturgefühl auf einmal durch, und zwar nicht etwa
als Nachahmung des einzelnen Wirklichen, sondern es ist

eine behagliche Augenlust, die sich im allgemeinen über die sinnliche Welt auftut. Apfelrunde Knaben- und Mädchengesichter, eiförmiges Männer- und Frauenantlitz, wohlhäbige Greise mit fließenden oder gekrausten Bärten, das ganze Geschlecht gut, fromm und heiter, und sämtlich, obgleich noch immer charakteristisch genug, durch einen zarten ja weichlichen Pinsel dargestellt. Eben so verhält es sich mit den Farben. Auch diese sind heiter, klar, ja kräftig, ohne eigentliche Harmonie, aber auch ohne Buntheit, durchaus dem Auge angenehm und gefällig.

Die materiellen und technischen Kennzeichen der Gemälde die wir hier charakterisieren, sind, der Goldgrund, mit eingedruckten Heiligenscheinen ums Haupt, worin der Name zu lesen. Auch ist die glänzende Metallfläche oft mit wunderlichen Blumen tapetenartig gestempelt, oder durch braune Umrisse und Schattierungen zu vergoldetem Schnitzwerk scheinbar umgewandelt. Daß man diese Bilder dem dreizehnten Jahrhundert zuschreiben könne, bezeugen diejenigen Kirchen und Kapellen, wo man sie ihrer ersten Bestimmung gemäß noch aufgestellt gefunden. Den stärksten Beweis gibt aber, daß die Kreuzgänge und andere Räume mehrerer Kirchen und Klöster mit ähnlichen Bildern, an welchen dieselbigen Merkmale anzutreffen, ihrer Erbauung gleichzeitig gemalt gewesen.

Unter den in der Boissereeschen Sammlung befindlichen Bildern steht eine heilige Veronika billig oben an, weil sie zum Beleg des bisher Gesagten von mehreren Seiten dienen kann. Man wird vielleicht in der Folge entdecken, daß dieses Bild, was Komposition und Zeichnung betrifft, eine herkömmliche byzantinische heilige Vorstellung gewesen. Das schwarzbraune, wahrscheinlich nachgedunkelte, dorngekrönte Antlitz ist von einem wundersamen edel schmerzlichen Ausdrucke. Die Zipfel des Tuchs werden von der Heiligen gehalten, welche kaum ein Drittel Lebensgröße dahinter steht und bis an die Brust davon bedeckt wird. Höchst anmutig sind Mienen und Gebärden; das Tuch stößt unten auf einen angedeuteten Fußboden, auf welchem in den Ecken des Bildes an jeder Seite drei ganz kleine, wenn sie stünden höchstens fußhohe, singende Engelchen sitzen, die in zwei Gruppen so schön und künstlich zusammen-

Meister der hl. Veronika
DIE HEILIGE VERONIKA MIT DEM SCHWEISSTUCH CHRISTI

VERA ICON
byzantinisch-niederrheinisch

gerückt sind, daß die höchste Forderung an Komposition dadurch vollkommen befriedigt wird. Die ganze Denkweise des Bildes deutet auf eine herkömmliche, überlegte, durchgearbeitete Kunst; denn welche Abstraktion gehört nicht dazu, die aufgeführten Gestalten in drei Dimensionen hinzustellen und das Ganze durchgängig zu symbolisieren. Die Körperchen der Engel, besonders aber Köpfchen und Händchen bewegen und stellen sich so schön gegen einander, daß dabei nichts zu erinnern übrig bleibt. Begründen wir nun hiemit das Recht, dem Bilde einen byzantinischen Ursprung zu geben, so nötigt uns die Anmut und Weichheit womit die Heilige gemalt ist, womit die Kinder dargestellt sind, die Ausführung des Bildes in jene Niederrheinische Epoche zu setzen, die wir schon weitläufig charakterisiert haben. Es übt daher, weil es das doppelte Element eines strengen Gedankens und einer gefälligen Ausführung in sich vereinigt, eine unglaubliche Gewalt auf die Beschauenden aus, wozu denn der Kontrast des furchtbaren medusenhaften Angesichtes zu der zierlichen Jungfrau und den anmutigen Kindern nicht wenig beiträgt.

Einige größere Tafeln, worauf mit eben so weichem angenehmen Pinsel, heiteren und erfreulichen Farben, Apostel und Kirchenväter, halb Lebensgröße zwischen goldenen Zinnen und andern architektonisch-gemalten Zieraten, gleichsam als farbige Schnitzbilder inne stehen, geben uns zu ähnlichen Betrachtungen Anlaß, deuten aber zugleich auf neue Bedingungen. Es ist nämlich gegen das Ende des sogenannten Mittelalters die Plastik auch in Deutschland der Malerei vorgeeilt, weil sie der Baukunst unentbehrlicher, der Sinnlichkeit gemäßer und dem Talente näher zur Hand war. Der Maler, wenn er aus dem mehr oder weniger Manierierten sich durch eigene Anschauung der Wirklichkeit retten will, hat den doppelten Weg, die Nachahmung der Natur, oder die Nachbildung schon vorhandener Kunstwerke. Wir verkürzen daher in dieser malerischen Epoche dem Niederländischen Künstler keineswegs sein Verdienst, wenn wir die Frage aufwerfen, ob nicht diese hier mit lieblicher Weichheit und Zartheit in Gemälden aufgeführten, reich aber frei bemäntelten heiligen Männer, Nachbildungen von geschnitzten Bildnissen seien, die entweder ungefärbt oder gefärbt zwischen ähnlichen vergoldeten architektonischen wirklichen Schnitzwerken gestanden. Wir glauben uns zu dieser Vermutung besonders berechtigt durch die zu den Füßen dieser Heiligen in verzierten Fächern gemalt liegenden Schädel, woraus wir denn folgern, daß diese Bilder ein irgendwo aufgestelltes Reliquiarium mit dessen Zieraten und Figuren nachahmen. Ein solches Bild nun wird um desto angenehmer, als ein gewisser Ernst, den die Plastik vor der Malerei immer voraus hat, durch eine freundliche Behandlung würdig hindurch sieht. Alles was wir hier behaupten, mag sich in der Folge noch mehr bestätigen, wenn man auf die freilich zerstreuten altkirchlichen Überreste eine vorurteilsfreie Aufmerksamkeit wenden wird.

Wenn nun schon zu Anfang des dreizehnten Jahrhunderts Wolfram von Eschilbach in seinem Parcival die Maler von Cöln und Mastricht gleichsam sprüchwörtlich als die besten von Deutschland aufführt, so wird es niemand wundern, daß wir von alten Bildern dieser Gegenden so viel Gutes gesagt haben. Nun aber fordert eine neue zu Anfang des fünfzehnten Jahrhunderts eintretende Epoche unsere ganze Aufmerksamkeit, wenn wir derselben gleichfalls ihren entschiedenen Charakter abzugewinnen gedenken. Ehe wir aber weiter gehen und von der Behandlungsweise sprechen, welche sich nunmehr hervortut, erwähnen wir nochmals der Gegenstände, welche den Niederrheinischen Malern vorzüglich gegeben waren.

Wir bemerkten schon oben, daß die Haupteiligen jener Gegend edle Jungfrauen und Jünglinge gewesen, daß ihr Tod nichts von den widerlichen Zufälligkeiten gehabt, welche bei Darstellung anderer Märtyrer der Kunst so äußerst unbequem fallen. Doch zum höchsten Glück mögen es sich die Maler des Niederrheines zählen, daß die Gebeine der drei morgenländischen frommen Könige von Mailand nach Cöln gebracht wurden. Vergebens durchsucht man Geschichte, Fabel, Überlieferung und Legende, um einen gleich günstigen, reichen, gemütlichen und anmutigen Gegenstand auszufinden, als den der sich hier darbietet. Zwischen verfallenem Gemäuer, unter kümmerlichem Obdach, ein neugeborner und doch schon sich selbst bewußter Knabe, auf der Mutter Schoß gepflegt, von einem Greise besorgt.

Vor ihm nun beugen sich die Würdigen und Großen der
Welt, unterwerfen der Unmündigkeit Verehrung, der Armut Schätze, der Niedrigkeit Kronen. Ein zahlreiches Gefolge steht verwundert über das seltsame Ziel einer langen
und beschwerlichen Reise. Diesem allerliebsten Gegenstande sind die niederländischen Maler ihr Glück schuldig,
und es ist nicht zu verwundern, daß sie denselben kunstreich zu wiederholen Jahrhunderte durch nicht ermüdeten.
Nun aber kommen wir an den wichtigen Schritt, welchen
die rheinische Kunst auf der Grenze des vierzehnten und
fünfzehnten Jahrhunderts tut. Schon längst waren die
Künstler, wegen der vielen darzustellenden Charaktere an
die Mannigfaltigkeit der Natur gewiesen, aber sie begnügten sich an einem allgemeinen Ausdruck derselben, ob man
gleich hie und da etwas Portraitartiges wahrnimmt. Nun
aber wird der Meister *Wilhelm von Cöln* ausdrücklich
genannt, welchem in Nachbildung menschlicher Gesichter
niemand gleichgekommen sei. Diese Eigenschaft tritt nun in
dem Dombild zu Cöln auf das bewundernswürdigste hervor, wie es denn überhaupt als die Achse der niederrheinischen Kunstgeschichte angesehen werden kann. Nur ist zu
wünschen, daß sein wahres Verdienst historisch-kritisch
anerkannt bleibe. Denn freilich wird es jetzt dergestalt mit
Hymnen umräuchert, daß zu befürchten ist, es werde bald
wieder so verdüstert vor den Augen des Geistes dastehen,
wie es ehemals von Lampen- und Kerzenruß verdunkelt
den leiblichen Augen entzogen gewesen. Es besteht aus
einem Mittelbilde und zwei Seitentafeln. Auf allen dreien ist
der Goldgrund, nach Maßgabe der bisher beschriebenen
Bilder, beibehalten. Ferner ist der Teppich hinter Maria mit
Stempeln gepreßt und bunt aufgefärbt. Im Übrigen ist
dieses sonst so häufig gebrauchte Mittel durchaus verschmäht, der Maler wird gewahr, daß er Brokat und Damast
und was sonst farbenwechselnd, glänzend und scheinend
ist, durch seinen Pinsel hervorbringen könne und mechanischer Hülfsmittel nicht weiter bedürfe.
   Die Figuren des Hauptbildes so wie der Seitenbilder beziehen sich auf die Mitte, symmetrisch, aber mit viel Mannigfaltigkeit bedeutender Kontraste an Gestalt und Bewegung. Die herkömmlich byzantinische Maxime herrscht

noch vollkommen, doch mit Lieblichkeit und Freiheit beobachtet.

Einen verwandten Nationalcharakter hat die sämtliche Menge, welche weiblich die heilige Ursula, ritterlich den Gereon, ins orientalische maskiert, die Hauptgruppe umgibt. Vollkommen Portrait aber sind die beiden knienden Könige und ein Gleiches möchten wir von der Mutter behaupten. Weitläufiger über diese reiche Zusammensetzung und die Verdienste derselben wollen wir uns hier nicht aussprechen, indem das *Taschenbuch für Freunde altdeutscher Zeit und Kunst* uns eine sehr willkommene Abbildung dieses vorzüglichen Werkes vor Augen legt, nicht weniger eine ausreichende Beschreibung hinzufügt, welche wir mit reinerem Dank erkennen würden, wenn nicht darin eine enthusiastische Mystik waltete, unter deren Einfluß weder Kunst noch Wissen gedeihen kann.

Da dieses Bild eine große Übung des Meisters voraussetzt, so mag sich bei genauerer Untersuchung noch ein und das andre der Art künftig vorfinden, wenn auch die Zeit manches zerstört und eine nachfolgende Kunst manches verdrängt hat. Für uns ist es ein wichtiges Dokument eines entschiedenen Schrittes, der sich von der gestempelten Wirklichkeit losmacht und von einer allgemeinen Nationalgesichtsbildung auf die vollkommene Wirklichkeit des Portraits losarbeitet. Nach dieser Ableitung also halten wir uns überzeugt, daß dieser Künstler, er heiße auch wie er wolle, echt deutschen Sinnes und Ursprungs gewesen, so daß wir nicht nötig haben italiänische Einflüsse zu Erklärung seiner Verdienste herbeizurufen.

Da dieses Bild 1410 gemalt ist, so stellt es sich in die Epoche, wo *Johann von Eyck* schon als entschiedener Künstler blühte, und so dient es uns das Unbegreifliche der Eyckischen Vortrefflichkeit einigermaßen zu erklären, indem es bezeugt, was für Zeitgenossen der genannte vorzügliche Mann gehabt habe. Wir nannten das Dombild die Achse worauf sich die ältere niederländische Kunst in die neue dreht, und nun betrachten wir die Eyckischen Werke als zur Epoche der völligen Umwälzung jener Kunst gehörig. Schon in den ältern byzantinisch-niederrheinischen Bildern finden wir die eingedruckten Teppiche manchmal

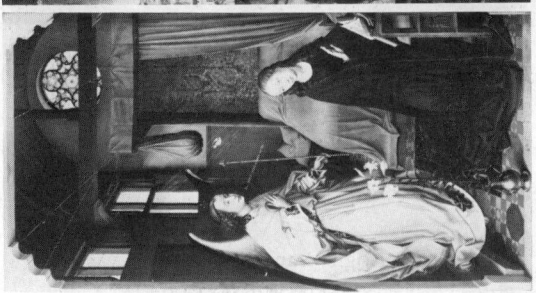

Rogier van der Weyden
DREIKÖNIGSALTAR

perspektivisch obgleich ungeschickt behandelt. Im Dombild erscheint keine Perspektive, weil der reine Goldgrund alles abschließt. Nun wirft Eyck alles Gestempelte so wie den Goldgrund völlig weg, ein freies Local tut sich auf, worin nicht allein die Hauptpersonen, sondern auch alle Nebenfiguren vollkommen Portrait sind, von Angesicht Statur und Kleidung, so auch völlig Portrait jede Nebensache.

So schwer es immer bleibt Rechenschaft von einem solchen Manne zu geben, so wagen wir doch einen Versuch, in Hoffnung, daß die Anschauung seiner Werke dem Leser nicht entgehen werde, und hier zweifeln wir keinen Augenblick unsern Eyck in die erste Klasse derjenigen zu setzen, welche die Natur mit malerischen Fähigkeiten begabt hat. Zugleich ward ihm das Glück in der Zeit einer technisch hochgebildeten, allgemein verbreiteten und bis an eine gewisse Grenze gelangten Kunst zu leben. Hiezu kam noch, daß er eines höheren, ja des höchsten technischen Vorteils in der Malerei gewahrte; denn es mag mit der Erfindung der Ölmalerei beschaffen sein wie es will, so möchten wir nicht in Zweifel ziehen, daß Eyck der Erste gewesen, der ölige Substanzen, die man sonst über die fertigen Bilder zog, unter die Farben selbst gemischt, aus den Ölen die am leichtesten trocknenden, aus den Farben die klärsten, die am wenigsten deckenden ausgesucht habe, um beim Auftragen derselben das Licht des weißen Grundes, und Farbe durch Farbe, nach Belieben durchscheinen zu lassen. Weil nun die ganze Kraft der Farbe, welche an sich ein Dunkeles ist, nicht dadurch erregt wird, daß Licht davon zurück scheint, sondern daß es durch sie durchscheint, so ward durch diese Entdeckung und Behandlung zugleich die höchste physische und artistische Forderung befriedigt. Das Gefühl aber für Farbe hatte ihm, als einem Niederländer, die Natur verliehen. Die Macht der Farbe war ihm wie seinen Zeitgenossen bekannt, und so brachte er es dahin, daß er, um nur von Gewändern und Teppichen zu reden, den Schein der Tafel weit über alle Erscheinung der Wirklichkeit erhob. Ein solches muß denn freilich die echte Kunst leisten, denn das wirkliche Sehen ist, sowohl in dem Auge als an den Gegenständen, durch unendliche Zufälligkeiten bedingt, da hingegen der Maler nach Gesetzen malt, wie die Gegen-

stände durch Licht Schatten und Farbe von einander abgesondert, in ihrer vollkommensten Sehbarkeit von einem gesunden frischen Auge geschaut werden sollen. Ferner hatte
sich Eyck in Besitz der perspektivischen Kunst gesetzt und
sich die Mannigfaltigkeit der Landschaft, besonders unendlicher Baulichkeiten, eigen gemacht, die nun an der Stelle des
kümmerlichen Goldgrundes oder Teppiches hervortreten.

Jetzt aber möchte es sonderbar scheinen, wenn wir aussprechen, daß er, materielle und mechanische Unvollkom-
menheiten der bisherigen Kunst wegwerfend, sich zugleich   10
einer bisher im Stillen bewahrten technischen Vollkommenheit entäußerte, des Begriffs nämlich der symmetrischen
Komposition. Allein auch dieses liegt in der Natur eines
außerordentlichen Geistes, der, wenn er eine materielle
Schale durchbricht, nie bedenkt, daß über derselben noch
eine ideelle geistige Grenze gezogen sei, gegen die er umsonst ankämpft, in die er sich ergeben, oder sie nach seinem
Sinne erschaffen muß. Die Kompositionen Eycks sind daher von der größten Wahrheit und Lieblichkeit, ob sie gleich
die strengen Kunstforderungen nicht befriedigen, ja es   20
scheint, als ob er von allem dem was seine Vorgänger hierin
besessen und geübt, vorsätzlich keinen Gebrauch machen
wollen. In seinen uns bekannt gewordenen Bildern ist keine
Gruppe, die sich jenen Engelchen neben der heiligen Veronika vergleichen könnte. Weil aber ohne Symmetrie irgend
ein Gesehenes keinen Reiz ausübt; so hat er sie, als ein Mann
von Geschmack und Zartgefühl, auf seine eigene Weise
hervorgebracht, woraus etwas entstanden ist, welches anmutiger und eindringlicher wirkt als das Kunstgerechte,
sobald dieses die Naivität entbehrt, indem es alsdann nur   30
den Verstand anspricht und den Calcul hervorruft.

Hat man uns bisher geduldig zugehört, und stimmen
Kenner mit uns überein, daß jeder Vorschritt aus einem
erstarrten, veralteten, künstlichen Zustand in die freie lebendige Naturwahrheit sogleich einen Verlust nach sich
ziehe, der erst nach und nach, und oft in späteren Zeiten sich
wieder herstellt; so können wir unsern Eyck nunmehr in
seiner Eigentümlichkeit betrachten, da wir denn in den Fall
kommen, sein individuelles Wesen unbedingt zu verehren.
Schon die früheren niederländischen Künstler stellten alles   40

Zarte was sich in dem neuen Testament darbot, gern in einer
gewissen Folge dar, und so finden wir in dem großen
Eyckischen Werke welches diese Sammlung schmückt, das
aus einem Mittelbilde und zwei Flügelbildern besteht, den
denkenden Künstler, der mit Gefühl und Sinn eine fortschreitende Trilogie darzustellen unternimmt. Zu unserer
Linken wird der mädchenhaftesten Jungfrau durch einen
himmlischen Jüngling ein seltsames Ereignis angekündigt.
In der Mitte sehen wir sie als glückliche, verwunderte, in
ihrem Sohn verehrte Mutter, und zur Rechten erscheint sie,
das Kind im Tempel zur Weihe bringend, schon beinah als
Matrone, die in hohem Ernste vorfühlt, was dem vom
Hohenpriester mit Entzücken aufgenommenen Knaben be-
vorstehe. Der Ausdruck aller drei Gesichter so wie die
jedesmalige Gestalt und Stellung, das erstemal kniend,
dann sitzend, zuletzt stehend, ist einnehmend und würdig.
Der Bezug der Personen unter einander auf allen drei
Bildern zeugt von dem zartesten Gefühl. In der Darstellung
im Tempel findet sich auch eine Art von Parallelism, der
ohne Mitte durch eine Gegenüberstellung der Charaktere
bewirkt wird. Eine geistige Symmetrie, so gefühlt und
sinnig, daß man angezogen und eingenommen wird, ob man
ihr gleich den Maßstab der vollendeten Kunst nicht anlegen
kann.

So wie nun Johann von Eyck als ein trefflich denkender
und empfindender Künstler gesteigerte Mannigfaltigkeit
seiner Hauptfigur zu bewirken gewußt, hat er auch mit
gleichem Glück die Localitäten behandelt. Die Verkündigung geschieht in einem verschlossenen schmalen, aber
hohen durch einen obern Fensterflügel erleuchteten Zimmer. Alles ist darin so reinlich und nett, wie es sich geziemt
für die Unschuld, die nur sich selbst und ihre nächste
Umgebung besorgt. Wandbänke, ein Betstuhl, Bettstätte,
alles zierlich und glatt. Das Bett rot bedeckt und umhängt,
alles so wie die brokatne hintere Bettwand auf das bewundernswürdigste dargestellt. Das mittlere Bild dagegen zeigt
uns die freiste Aussicht, denn die edle, aber zerrüttete
Kapelle der Mitte dient mehr zum Rahmen mannigfaltiger
Gegenstände, als daß sie solche verdeckte. Links des Zuschauers eine mäßig entfernte straßen- und häuserreiche

Stadt, voll Gewerbes und Bewegung, welche gegen den
Grund hin sich in das Bild hereinzieht und einem weiten
Felde Raum läßt. Dieses mit mancherlei ländlichen Gegen-
ständen geziert, verläuft sich zuletzt in eine wasserreiche
Weite. Rechts des Zuschauers tritt ein Teil eines runden
Tempelgebäudes von mehrern Stockwerken in das Bild, das
Innere dieser Rotonde aber zeigt sich auf dem daran stoßen-
den Türflügel und kontrastiert durch seine Höhe, Weite
und Klarheit auf das herrlichste mit jenem ersten Zimmerchen der Jungfrau. Sagen und wiederholen wir nun, daß alle   10
Gegenstände der drei Bilder auf das vollkommenste mit
meisterhafter Genauigkeit ausgeführt sind; so kann man
sich im Allgemeinen einen Begriff von der Vortrefflichkeit
dieser wohlerhaltenen Bilder machen. Von den Flechtbrei-
ten auf dem verwitterten zerbröckelten Ruingestein, von
den Grashalmen die auf dem vermoderten Strohdache
wachsen, bis zu den goldenen juwelenreichen Becherge-
schenken, vom Gewand zum Antlitz, von der Nähe bis zur
Ferne, alles ist mit gleicher Sorgfalt behandelt und keine
Stelle dieser Tafeln, die nicht durchs Vergrößrungsglas   20
gewönne. Ein Gleiches gilt von einer einzelnen Tafel, worauf Lucas das Bild der heiligen säugenden Mutter entwirft.

Und hier kommt der wichtige Umstand zur Sprache, daß
der Künstler die von uns so dringend verlangte Symmetrie
in die Umgebung gelegt und dadurch an die Stelle des
gleichgültigen Goldgrundes ein künstlerisches und augen-
gefälliges Mittel gestellt hat. Mögen nun auch seine Figuren
nicht ganz kunstgerecht sich darin bewegen und gegen
einander verhalten, so ist es doch eine gesetzliche Localität,
die ihnen eine bestimmte Grenze vorschreibt, wodurch ihre   30
natürlichen und gleichsam zufälligen Bewegungen auf das
angenehmste geregelt erscheinen.

Doch alles dieses, so genau und bestimmt wir auch zu
sprechen gesucht, bleiben doch nur leere Worte, ohne die
Anschauung der Bilder selbst. Höchst wünschenswert wäre
es deshalb, daß uns die Herrn Besitzer vorerst von den
erwähnten Bildern, in mäßiger Größe genaue Umrisse mit-
teilten, wodurch auch ein jeder der das Glück nicht hat die
Gemälde selbst zu sehen, dasjenige was wir bisher gesagt,
würde prüfen und beurteilen können.   40

Indem wir nun diesen Wunsch äußern, so haben wir um destomehr zu bedauern, daß ein junger talentvoller Mann der sich an dieser Sammlung gebildet, zu früh mit Tode abgegangen. Sein Name, *Epp*, ist noch allen denjenigen wert die ihn gekannt, besonders aber den Liebhabern welche Kopien alter Werke von ihm besitzen, die er mit Treue und Fleiß aufs redlichste verfertigt hat. Doch dürfen wir auch deshalb nicht verzweifeln, indem ein sehr geschickter Künstler, Herr *Koster*, sich an die Besitzer angeschlossen und der Erhaltung einer so bedeutenden Sammlung sich gewidmet hat. Dieser würde sein schönes und gewissenhaftes Talent am sichersten betätigen, wenn er sich zu Ausführung jener gewünschten Umrisse und deren Herausgabe bemühte. Wir würden alsdann, voraussetzend, daß sie in den Händen aller Liebhaber wären, noch gar manches hinzufügen, welches jetzt nur, wie es bei Wortbeschreibung von Gemälden gewöhnlich geschieht, die Einbildungskraft nur verwirren müßte.

Ungern bequeme ich mich hier zu einer Pause, denn gerade das, was in der Reihe nun zu melden wäre, hat gar manches Anmutige und Erfreuliche. Von Johann von Eyck selbst dürfen wir kaum mehr sagen, denn auf ihn kehren wir immer wieder zurück, wenn von den folgenden Künstlern gesprochen wird. Die nächsten aber sind solche, bei denen wir eben so wenig als bei ihm genötigt sind fremdländischen Einfluß vorauszusetzen. Überhaupt ist es nur ein schwacher Behelf, wenn man bei Würdigung außerordentlicher Talente voreilig auszumitteln denkt, woher sie allenfalls ihre Vorzüge genommen. Der aus der Kindheit aufblickende Mensch findet die Natur nicht etwa rein und nackt um sich her: denn die göttliche Kraft seiner Vorfahren hat eine zweite Welt in die Welt erschaffen. Aufgenötigte Angewöhnungen, herkömmliche Gebräuche, beliebte Sitten, ehrwürdige Überlieferungen, schätzbare Denkmale, ersprießliche Gesetze und so mannichfache herrliche Kunsterzeugnisse umzingeln den Menschen dergestalt, daß er nie zu unterscheiden weiß, was ursprünglich und was abgeleitet ist. Er bedient sich der Welt wie er sie findet und hat dazu ein vollkommnes Recht.

Den originalen Künstler kann man also denjenigen nen-

nen, welcher die Gegenstände um sich her nach individueller, nationeller und zunächst überlieferter Weise behandelt,
und zu einem gefugten Ganzen zusammenbildet. Wenn wir
also von einem solchen sprechen, so ist es unsere Pflicht zu
allererst seine Kraft und die Ausbildung derselben zu betrachten, sodann seine nächste Umgebung, in sofern sie ihm
Gegenstände, Fertigkeiten und Gesinnungen überliefert,
und zuletzt dürfen wir erst unsern Blick nach außen richten
und untersuchen, nicht sowohl was er Fremdes gekannt, als
wie er es benutzt habe. Denn der Hauch von vielem Guten,   10
Vergnüglichen, Nützlichen wehet über die Welt, oft Jahrhunderte hindurch, ehe man seinen Einfluß spürt. Man
wundert sich oft in der Geschichte über den langsamen
Fortschritt nur mechanischer Fertigkeiten. Den Byzantinern standen die unschätzbaren Werke hellenischer Kunst
vor Augen, ohne daß sie aus dem Kummer ihrer ausgetrock-
neten Pinselei sich hervorheben konnten. Und sieht man es
denn Albrecht Dürern sonderlich an, daß er in Venedig
gewesen? Dieser Treffliche läßt sich durchgängig aus sich
selbst erklären.   20
Und so wünsch' ich den Patriotismus zu finden, zu dem
jedes Reich, Land, Provinz, ja Stadt berechtigt ist: denn wie
wir den Charakter des Einzelnen erheben, welcher darin
besteht, daß er sich nicht von den Umgebungen meistern
läßt, sondern dieselben meistert und bezwingt, so erzeigen
wir jedem Volk, jeder Volksabteilung die Gebühr und Ehre,
daß wir ihnen auch einen Charakter zuschreiben, der sich in
einem Künstler oder sonst vorzüglichen Manne veroffen-
bart. Und so werden wir zunächst handeln, wenn von
schätzenswerten Künstlern, von *Hemmling, Israel von Me-*   30
cheln, Lucas von Leyden, Quintin Messis u. a. die Rede sein
wird. Diese halten sich sämtlich in ihrem heimischen Kreise,
und unsere Pflicht ist, so viel als möglich, fremden Einfluß
auf ihre Vorzüge abzulehnen. Nun aber tritt *Schoreel* auf,
später *Hemskerk* und mehrere, die ihre Talente in Italien
ausgebildet haben, demohngeachtet aber den Niederländer
nicht verleugnen können. Hier mag nun das Beispiel von
Leonard da Vinci, Corregio, Tizian, Michael Angelo her-
vorscheinen, der Niederländer bleibt Niederländer, ja die
Nationaleigentümlichkeit beherrscht sie dergestalt, daß sie   40

sich zuletzt wieder in ihren Zauberkreis einschließen und jede fremde Bildung abweisen. So hat *Rembrandt* das höchste Künstlertalent betätigt, wozu ihm Stoff und Anlaß in der unmittelbarsten Umgebung genügte, ohne daß er je die mindeste Kenntnis genommen hätte, ob jemals Griechen und Römer in der Welt gewesen.

Wäre uns nun eine solche beabsichtigte Darstellung gelungen, so müssen wir uns an den Oberrhein begeben, und uns an Ort und Stelle, so wie in Schwaben, Franken, und Bayern, von den Vorzügen und Eigentümlichkeiten der oberdeutschen Schule zu durchdringen suchen. Auch hier würde es unsere vornehmste Pflicht sein, den Unterschied, ja den Gegensatz zwischen beiden herauszuheben, um zu bewirken, daß eine Schule die andere schätze, die außerordentlichen Männer beiderseitig anerkenne, die Fortschritte einander nicht ableugne und was alles für Gutes und Edles aus gemeinsamen Gesinnungen hervortritt. Auf diesem Wege werden wir die deutsche Kunst ⟨des⟩ funfzehnten und sechszehnten Jahrhunderts freudig verehren und der Schaum der Überschätzung, der jetzt schon dem Kenner und Liebhaber widerlich ist, wird sich nach und nach verlieren. Mit Sicherheit können wir alsdann immer weiter ost- und südwärts blicken und uns mit Wohlwollen an Genossen und Nachbarn anreihen.

Der Entschluß gegenwärtiges heftweise herauszugeben, ward vorzüglich dadurch begünstigt, daß diese Blätter der Zeit gewidmet sind und man wohl wünschen mag, daß sie teils auf die Zeit einen freundlichen Einfluß ausüben, teils von derselben wieder gehoben und begünstigt werden, welches nur durch Erfüllung der billigen Wünsche, durch Vergleichung und Auflösung der problematischen Vorschläge deren wir erwähnen, besonders aber durch fortschreitende Tätigkeit aller Unternehmenden bewirkt werden kann. So sind die Boissereeschen Tafeln in der Zwischenzeit immer weiter vorgerückt, ein Duplikat des Cölner Doms hat sich in Paris gefunden und ist schon in Deutschland angelangt. Moller hat die erste Platte des früher entdeckten Domrisses in dem genausten Faksimile

vollendet, zugleich auch zwei Hefte seiner schätzenswerten
Darstellung älterer deutschen Gebäude und Baudenkmale
im genausten und reinlichsten Stich herausgegeben. So
haben sich denn auch, nach dem glücklichen Beispiel des uns
zu Cöln begrüßenden ersten Vorläufers der aus bisheriger
Sklaverei erlösten Kunstschätze, unterdessen auch die übrigen nach allen Weltgegenden in ihre Heimat zurückbegeben,
und es muß dadurch die über Länder und Reiche wiederver-
breitete Kunst, so der Kenntnis als dem Ausüben eine neue
Wendung verleihen.   10

Am Niederrhein bereitet man ausreichende Anstalten für
Wissenschaft und Kunst, und soviel mir bekannt, ist überall
das Erwünschte fortgesetzt und emsig betätigt worden.
Glückte uns nochmals am Oberrhein zu verweilen, so
bieten uns *Mannheim*, *Schwetzingen* und die gräfliche
Sammlung deutscher Altertümer zu *Erbach* den schönsten
Stoff, so wie auch *Carlsruhe* wegen Gartenanlagen und
botanischer Anstalten, schöner Naturhistorischen- und
Kunstsammlungen und bedeutender neuer Gebäude, Gelegenheit gibt zu den wichtigsten Betrachtungen. Wünschen   20
wir sodann dem Oberrhein Glück, daß er des seltenen
Vorzugs genießt, in Herrn *Hebel* einen Provinzialdichter
zu besitzen, der von dem eigentlichen Sinne seiner Landesart durchdrungen, von der höchsten Stufe der Kultur seine
Umgebungen überschauend, das Gewebe seiner Talente
gleichsam wie ein Netz auswirft, um die Eigenheiten seiner
Lands- und Zeitgenossen aufzufischen und die Menge ihr
selbst zur Belustigung und Belehrung vorzuweisen; so werden wir durch die nach Heidelberg zurückkehrenden Manuskripte auf die Schätze älterer deutscher Zeit hingeleitet, 30
und wie bisher an frühere Bildkunst, so auch an frühere
Dichtkunst erinnert, wo denn der gleiche Fall eintritt; denn
auch hier ist Überschätzung, Mißdeutung und unglückliche
Anwendung zu Hause. Aber auch hier scheinen die schönsten Hoffnungen zu ruhen, daß /man/ nämlich, wenn die
übermäßige Freude über Neuaufgefundenes oder Neube-
achtetes wird beschwichtigt sein, wahre Einsicht und wohlgerichtete Tätigkeit sehr schnell sich allgemein verbreiten
werden. Möge das nächste Heft von allem diesen und von so
manchem andern, was bis jetzt kaum anzudeuten war, eine 40

treue und wohlmeinende Rechenschaft geben, so wie bei
den Umständen unter welchen das Gegenwärtige geschrieben worden, gar manches zu berichtigen und nachzutragen
sein wird.

Zum Schlusse muß ich auch eine Entschuldigung der
Rubrik des Heftes anführen, welche man um so eher wird
gelten lassen, als ich mich anklage sie eher zu eng als zu weit
gemacht zu haben. Nach der ersten Absicht dieser freilich
sehr zufällig entstandenen Blätter, sollte nur von Kunst und
Altertum die Rede sein; doch wie lassen sich die beiden
ohne Wissenschaft und die drei ohne Natur denken? und so
fügte sich nach und nach alles an einander, was vor Augen
und Hand kam. Möge eine freundliche Aufnahme des
Gegebenen, welches eigentlich nur als ein fortwährender
Dank des Reisenden für so vieles empfangene Gute angesehen werden dürfte, die Fortsetzung befördern.

Und so kann ich denn schließlich nicht verschweigen, daß
die Wünsche und Vorsätze der Kunstfreunde auch durch
das Glück befördert werden. Es hat sich nämlich ein zweiter
Originalriß des Cölner Doms in Paris gefunden, von welchem ich nun aus eigner Anschauung Rechenschaft geben
und die früheren mir zugekommenen Nachrichten bestätigen kann.

Von demselben, wie von ein paar andern ihn begleitenden
Rissen, wäre vorläufig folgendes zu sagen. Der größte ist in
Rücksicht des Maßstabs und der Zeichnung durchaus ein
Gegenstück zu dem Darmstädter Risse; dieser stellt jedoch
den nördlichen, der unsrige aber den südlichen Turm dar,
nur mit dem Unterschied, daß er den ganzen sich daran-
schließenden mittlern Kirchengiebel mit der Haupttür und
den Fenstern befaßt, wodurch also die Lücke ausgeglichen
werden kann, welche durch einen abgerissenen Streifen an
dem Darmstädter entstanden ist. Der neuaufgefundene ist
im ganzen 3 Fuß 2 Zoll Rheinländ. breit und 13 Fuß 2 Zoll
lang.

Auf dem zweiten Blatt sieht man den Grundriß des
südlichen, zur rechten des Haupteingangs gelegnen Turms,
in demselben Maßstab und von derselben Hand aufs sau-
berste gezeichnet; sodann auf dem dritten den Aufriß von
der Ostseite des zweiten Geschosses dieses Turms, mit dem

Durchschnitt des an das Schiff der Kirche anschließenden Endes, in einem andern Maßstab, von einer andern Hand, weniger schön und sorgfältig gezeichnet, doch auch Original, weil er nicht nur, wie der Hauptriß, an einer wesentlichen Stelle von dem ausgeführten Gebäude, sondern auch noch einigermaßen von dem Hauptrisse selbst abweicht. Schon dem Gegenstand nach ist diese letzte Zeichnung bloß zum Behuf der Konstruktion gefertigt und besonders in dieser Hinsicht merkwürdig und lehrreich. Man darf sie für eine Arbeit des Aufsehers und Polierers der Bauhütte an- 10 nehmen. Beide Blätter sind von gleicher Größe, über 3 Fuß lang und 2½ Fuß breit, ebenfalls Pergament und sehr gut und reinlich erhalten.

Was die Erhaltung des großen Risses betrifft, so findet man, außer ein paar kleinen Stellen, keine gewaltsame Verletzung. Dagegen ist er durch den Gebrauch abgenutzt und hie und da, wiewohl unnötig, von späterer Hand überarbeitet. Aus diesem Grund, und weil der Riß samt den ihn begleitenden Blättern sich auf den Turm bezieht, welcher am meisten ausgebaut ist, ferner weil man ⟨in⟩ Cöln nie 20 etwas von diesem zweiten, sondern immer nur von jenem ehemals im Dom-Archiv verwahrten Darmstädter Aufriß gewußt hat, steht zu vermuten, daß er in der Bauhütte gewesen und schon vor Alters von Cöln weggekommen, welches um so eher geschehen konnte, als die Baumeister dieser Stadt sehr oft an fremde Orte berufen worden.

Sehen wir nun gegenwärtig den patriotischen Deutschen leidenschaftlich in Gedanken beschäftigt, seiner heiligen Baudenkmale sich zu erfreuen, die ganz oder halbvollende- 30 ten zu erhalten, ja das zerstörte wieder herzustellen, finden wir an einigen Orten hiezu die gehörigen Renten, suchen wir die entwendeten wieder herbeizuschaffen oder zu ersetzen; so beunruhigt uns die Bemerkung, daß nicht allein die Geldmittel spärlich geworden, sondern daß auch die Kunst und Handwerksmittel beinahe völlig ausgegangen sind. Vergebens blicken wir nach einer Masse Menschen umher, zu solcher Arbeit fähig und willig. Dagegen belehret uns die Geschichte, daß die Steinhauer-Arbeit in jenen Zeiten durch 40

Glieder einer großen, weitverbreiteten, in sich abgeschlossenen Innung unter den strengsten Formen und Regeln, verfertigt wurde.

Die Steinmetzen hatten nämlich in der gebildeten Welt einen sehr glücklichen Posten gefaßt, indem sie sich zwischen der freien Kunst und dem Handwerke in die Mitte setzten. Sie nannten sich Brüderschaft, ihre Statuten waren vom Kaiser bestätigt. Diese Anstalt gründete sich auf ungeheuere Menschenkraft und Ausdauer, zugleich aber auf riesenmäßige Bauwerke, welche alle zugleich errichtet, gefördert, erhalten werden sollten. Unzählige eingeübte Knaben, Jünglinge und Männer arbeiteten, über Deutschland ausgesät, in allen bedeutenden Städten. Die Obermeister dieser Heerschar saßen in Cöln, Straßburg, Wien und Zürich. Jeder stand seinem Sprengel vor, der geographischen Lage gemäß.

Erkundigen wir uns nun nach den innern Verhältnissen dieser Gesellschaft, so treffen wir auf das Wort *Hütte*, erst, im eigentlichen Sinne, den mit Brettern bedeckten Raum bezeichnend, in welchem der Steinmetz seine Arbeit verrichtete, im uneigentlichen aber als den Sitz der Gerechtsame, der Archive und des Handhabens aller Rechte. Sollte nun zum Werke geschritten werden, so verfertigte der Meister den Riß, der von dem Bauherrn gebilligt als Dokument und Vertrag in des Künstlers Händen blieb. Ordnung für Lehrknaben, Gesellen und Diener, ihr Anlernen und Anstellen, ihre kunstgemäßen, technischen und sittlichen Obliegenheiten sind aufs genauste bestimmt, und ihr ganzes Tun durch das zarteste Ehrgefühl geleitet. Dagegen sind ihnen große Vorteile zugesagt, auch jener höchst wirksame, durch geheime Zeichen und Sprüche in der ganzen bauenden Welt, das heißt in der gebildeten, halb- und ungebildeten, sich den ihrigen kenntlich zu machen.

Organisiert also denke man sich eine unzählbare Menschenmasse, durch alle Grade der Geschicklichkeit, dem Meister an Handen gehend, täglicher Arbeit für ihr Leben gewiß, vor Alter- und Krankheitsfälle gesichert, durch Religion begeistert, durch Kunst belebt, durch Sitte gebändigt; dann fängt man an zu begreifen, wie so ungeheuere Werke konzipiert, unternommen, und wo nicht vollendet, doch

immer weiter als denkbar geführt worden. Fügen wir noch
hinzu, daß es Gesetz und Bedingung war diese grenzenlosen
Gebäude im *Tagelohn* aufzuführen, damit ja der genausten
Vollendung bis in die kleinsten Teile genug geschähe; so
werden wir die Hand aufs Herz legen, und mit einigem
Bedenken die Frage tun: welche Vorkehrungen wir zu
treffen hätten, um zu unserer Zeit etwas ähnliches hervorzubringen?

––––––

Wenn wir in der Folge von der *Steinmetzen-Brüderschaft*
nähere Nachrichten geben können, so sind wir solches dem
würdigen geistreichen Veteran Herrn Doktor *Ehrmann* in
Frankfurt schuldig; welcher aus seinem antiquarischen
Reichtum eine Sammlung von Urkunden und Nachrichten
zu diesem Behuf, so wie eigne Bemerkung und Bearbeitung
gefällig mitgeteilt hat.

––––––

Unsern Bemühungen in Süd-Westen kommt ein wün-   20
schenswertes Unternehmen in Nord-Osten zu gute, die von
Herr Dr. *Büsching* besorgten *wöchentlichen Nachrichten
für Freunde der Geschichte, Kunst und Gelahrtheit des
Mittelalters,* welche keinem der sich für diesen Zeitraum
interessiert, unbekannt bleiben dürfen. Auch sind dessen
Abgüsse altschlesischer Siegel in Eisen überall empfehlbar
und nachahmenswert, wenn auch in anderer Materie. Denn
der Liebhaber erhält dadurch im Kleinen Kunstdenkmale in
die Hände, an die er im Großen niemals Anspruch machen
darf.   30
  Höchsterfreulich und bedeutend muß es uns nun sein, am
Ende dieses Heftes noch die Nachricht einzurücken, daß
auf Allerhöchste Verwendung Ihro Majestäten des Kaisers
von Österreich, und Königs von Preußen, Seine Päpstliche
Heiligkeit der Universität Heidelberg nicht nur die in Paris
gefundenen Werke aus der ehemaligen Pfälzischen Bibliothek überlassen, sondern, nebst diesen, noch 847 aus eben
dieser Sammlung herrührende Bände, welche sich noch in
der Vaticanischen Bibliothek befinden, zurückzugeben be-
fohlen haben. Jeder Deutsche fühlt den Wert dieser Gabe zu   40

sehr, als daß wir noch etwas weiteres hinzusetzen dürften.
Nur die Betrachtung sei uns vergönnt, wie viel Wünsche der
Deutschen sind nicht erfüllt worden, seitdem den Reisenden die freudige Nachricht der Wiederkehr des Schutzpa-
trons von Cöln zum ersten Mal entgegenkam.

SANCT ROCHUS-FEST ZU BINGEN
AM 16. AUGUST 1814

> Zu des Rheins gestreckten Hügeln,
> Hochgesegneten Gebreiten,
> Auen die den Fluß bespiegeln,
> Weingeschmückten Landesweiten,
> Möget, mit Gedankenflügeln,
> Ihr den treuen Freund begleiten.

Vertraute, gesellige Freunde, welche schon wochenlang in
Wiesbaden der heilsamen Kur genossen, empfanden eines
Tages eine gewisse Unruhe, die sie durch Ausführung längst
gehegter Vorsätze zu beschwichtigen suchten. Mittag war
schon vorbei und doch ein Wagen augenblicklich bestellt,
um den Weg ins angenehme Rheingau zu suchen. Auf der
Höhe über Biberich erschaute man das weite, prächtige
Flußtal mit allen Ansiedelungen innerhalb der fruchtbarsten
Gauen. Doch war der Anblick nicht vollkommen so schön,
als man ihn am frühen Morgen schon öfters genossen, wenn
die aufgehende Sonne so viel weißangestrichene Haupt-
und Giebelseiten unzähliger Gebäude, größerer und kleinerer, am Flusse und auf den Höhen beleuchtete. In der
weitesten Ferne glänzte dann vor allen das Kloster Johannisberg, einzelne Lichtpunkte lagen dies- und jenseits des
Flusses ausgesät.
   Damit wir aber sogleich erführen daß wir uns in ein
frommes Land bewegten, entgegnete uns vor Mosbach ein
italiänischer Gypsgießer, auf dem Haupte sein wohlbelade-
nes Brett gar kühnlich im Gleichgewichte schwenkend. Die
darauf schwebenden Figuren aber waren nicht etwa, wie
man sie nordwärts antrifft, farblose Götter, und Heldenbil-
der, sondern, der frohen und heitern Gegend gemäß, bunt

angemalte Heilige. Die Mutter Gottes thronte über allen;
aus den vierzehn Nothelfern waren die vorzüglichsten
auserlesen; der heilige Rochus, in schwarzer Pilgerkleidung
stand voran, neben ihm sein brottragendes Hündlein.

Nun fuhren wir bis Schierstein durch breite Kornfelder,
hie und da mit Nußbäumen geschmückt. Dann erstreckt
sich das fruchtbare Land links an den Rhein, rechts an die
Hügel, die sich nach und nach dem Wege näher ziehen.
Schön und gefährlich erscheint die Lage von Walluf, unter
einem Rheinbusen, wie auf einer Landzunge. Durch reich   10
befruchtete, sorgfältig unterstützte Obstbäume hindurch
sah man Schiffe segeln, lustig, doppelt begünstigt, stromab-
wärts.

Auf das jenseitige Ufer wird das Auge gezogen; wohlge-
baute, große, von fruchtbaren Gauen umgebene Ortschaften zeigen sich, aber bald muß der Blick wieder herüber: in
der Nähe steht eine Kapellenruine, die, auf grüner Matte,
ihre mit Epheu begrünten Mauern wundersam reinlich,
einfach und angenehm erhebt. Rechts nun schieben Rebhügel sich völlig an den Weg heran.   20

In dem Städtchen Walluf tiefer Friede, nur die Einquar-
tierungskreide an den Haustüren noch nicht ausgelöscht.
Weiterhin erscheint Weinbau zu beiden Seiten. Selbst auf
flachem, wenig abhängigem Boden wechseln Rebstücke
und Kornfelder, entferntere Hügel rechts ganz bedeckt von
Rebgeländern.

Und so, in freier umhügelter, zuletzt nordwärts von
Bergen umkränzter Fläche liegt Elfeld, gleichfalls nah am
Rheine, gegenüber einer großen bebauten Aue. Die Türme
einer alten Burg so wie der Kirche deuten schon auf eine   30
größere Landstadt, die sich auch inwendig, durch ältere,
architektonisch verzierte Häuser und sonst auszeichnet.

Die Ursachen, warum die ersten Bewohner dieser Ortschaften sich an solchen Plätzen angesiedelt? auszumitteln,
würde ein angenehmes Geschäft sein. Bald ist es ein Bach
der von der Höhe nach dem Rhein fließt, bald günstige Lage
zum Landen und Ausladen, bald sonst irgend eine örtliche
Bequemlichkeit.

Man sieht schöne Kinder und erwachsen wohlgebildete
Menschen, alle haben ein ruhiges, keineswegs ein hastiges   40

Ansehen. Lustfuhren und Lustwandler begegneten uns fleißig, letztere öfters mit Sonnenschirmen. Die Tageshitze war
groß, die Trockenheit allgemein, der Staub höchst beschwerlich.

Unter Elfeld liegt ein neues, prächtiges von Kunstgärten
umgebenes Landhaus. Noch sieht man Fruchtbau auf der
Fläche links, aber der Weinbau vermehrt sich. Orte drängen
sich, Höfe fügen sich dazwischen, so daß sie, hintereinander
gesehen, sich zu berühren scheinen.

Alles dieses Pflanzenleben der Flächen und Hügel gedeiht
in einem Kiesboden, der mehr oder weniger mit Leimen
gemischt, den in die Tiefe wurzelnden Weinstock vorzüglich begünstigt. Die Gruben die man zu Überschüttung der
Heerstraße ausgegraben, zeigen auch nichts anders.

Erbach ist, wie die übrigen Orte, reinlich gepflastert, die
Straßen trocken, die Erdgeschosse bewohnt und, wie man
durch die offenen Fenster sehen kann, reinlich eingerichtet.
Abermals folgt ein palastähnliches Gutsgebäude, die Gärten
erreichen den Rhein, köstliche Terrassen und schattige
Lindengänge durchschaut man mit Vergnügen.

Der Rhein nimmt hier einen andern Charakter an, es ist
nur ein Teil desselben, die vorliegende Aue beschränkt ihn
und bildet einen mäßigen aber frisch und kräftig strömen-
den Fluß. Nun rücken die Rebhügel der rechten Seite ganz
an den Weg heran, von starken Mauern getragen, in welchen
eine vertiefte Blende die Aufmerksamkeit an sich zieht. Der
Wagen hält still, man erquickt sich an einem reichlich
quellenden Röhrwasser, dieses ist der Marktbrunnen, von
welchem der auf der Hügelstrecke gewonnene Wein seinen
Namen hat.

Die Mauer hört auf, die Hügel verflächen sich, ihre sanften
Seiten und Rücken sind mit Weinstöcken überdrängt. Links
Fruchtbäume. Nah am Fluß Weidigte, die ihn verstecken.

Durch Hattenheim steigt die Straße: auf der, hinter dem
Ort, erreichten Höhe ist der Lehmenboden weniger kiesig.
Von beiden Seiten Weinbau, links mit Mauern eingefaßt,
rechts abgelöscht. Reichardtshausen, ehemaliges Kloster-
gut, jetzt der Herzogin von Nassau gehörig. Die letzte
Mauerecke durchbrochen, zeigt einen anmutig beschatteten
Akaziensitz.

Reiche, sanfte Fläche, auf der fortlaufenden Höhe, dann aber zieht sich die Straße wieder an den Fluß, der bisher tief und entfernt gelegen. Hier wird die Ebene zu Feld- und Gartenbau benutzt, die mindeste Erhöhung zu Wein. Östreich in einiger Entfernung vom Wasser auf ansteigendem Boden, liegt sehr anmutig: denn hinter dem Orte ziehen sich die Weinhügel bis an den Fluß, und so fort bis Mittelheim, wo sich der Rhein in herrlicher Breite zeigt. Langenwinkel folgt unmittelbar; den Beinamen des Langen verdient es, ein Ort bis zur Ungeduld der Durchfahrenden in die Länge gezogen, winkelhaftes läßt sich dagegen nichts bemerken.

Vor Geisenheim erstreckt sich ein flaches, niederes Erdreich bis an den Strom, der es wohl noch jetzt bei hohem Wasser überschwemmt, es dient zu Garten und Kleebau. Die Aue im Fluß, das Städtchen am Ufer ziehen sich schön gegeneinander, die Aussicht jenseits wird freier. Ein weites hüglichtes Tal bewegt sich, zwischen zwei ansteigenden Höhen gegen den Hundsrück zu.

Wie man sich Rüdesheim nähert, wird die niedere Fläche links immer auffallender, und man faßt den Begriff, daß in der Urzeit, als das Gebürge bei Bingen noch verschlossen gewesen, das hier aufgehaltene, zurückgestauchte Wasser diese Niederung ausgeglichen, und endlich, nach und nach ablaufend und fortströmend, das jetzige Rheinbett daneben gebildet habe.

Und so gelangten wir in weniger als viertehalb Stunden nach Rüdesheim, wo uns der Gasthof zur Krone, ohnfern des Tores anmutig gelegen, sogleich anlockte.

Er ist an einen alten Turm angebaut, und läßt aus den vordern Fenstern rheinabwärts, aus der Rückseite rheinaufwärts blicken; doch suchten wir bald das Freie. Ein vorspringender Steinbau ist der Platz, wo man die Gegend am reinsten überschaut. Flußaufwärts sieht man von hier die bewachsenen Auen, in ihrer ganzen perspektivischen Schönheit. Unterwärts am gegenseitigen Ufer, Bingen, weiter hinabwärts den Mäuseturm im Flusse.

Von Bingen heraufwärts erstreckt sich, nahe am Strom, ein Hügel gegen das obere flache Land. Er läßt sich als Vorgebirg in den alten höheren Wassern denken. An seinem

östlichen Ende sieht man eine Kapelle, dem heiligen Rochus
gewidmet, welche so eben vom Kriegsverderben wieder
hergestellt wird. An einer Seite stehen noch die Rüststangen; dem ohngeachtet aber soll morgen das Fest gefeiert
werden. Man glaubte wir seien deshalb hergekommen und
verspricht uns viel Freude.

Und so vernahmen wir denn: daß während den Kriegs-
zeiten, zu großer Betrübnis der Gegend, dieses Gotteshaus
entweiht und verwüstet worden. Zwar nicht gerade aus
Willkür und Mutwillen, sondern weil hier ein vorteilhafter
Posten die ganze Gegend überschaute, und einen Teil derselben beherrschte. Und so war das Gebäude denn aller
gottesdienstlichen Erfordernisse, ja aller Zierden beraubt,
durch Bivouacs angeschmaucht und verunreinigt, ja durch
Pferdestallung geschändet.

Deswegen aber sank der Glaube nicht an den Heiligen,
welcher die Pest und ansteckende Krankheiten von Gelo-
benden abwendet. Freilich war an Wallfahrten hieher nicht
zu denken: denn der Feind argwöhnisch und vorsichtig,
verbot alle fromme Auf- und Umzüge, als gefährliche Zusammenkünfte, Gemeinsinn befördernd und Verschwörun-
gen begünstigend. Seit vier und zwanzig Jahren, konnte
daher dort oben kein Fest gefeiert werden. Doch wurden
benachbarte Gläubige, welche von den Vorteilen örtlicher
Wallfahrt sich überzeugt fühlten, durch große Not gedrängt, das Äußerste zu versuchen. Hiervon erzählen die
Rüdesheimer folgendes merkwürdige Beispiel. In tiefer
Winternacht erblickten sie einen Fackelzug, der sich ganz
unerwartet, von Bingen aus, den Hügel hinauf bewegte,
endlich um die Kapelle versammelte, dort, wie man vermuten können, seine Andacht verrichtete. In wiefern die
damaligen französischen Behörden dem Drange dieser Ge-
lobenden nachgesehen, da man sich ohne Vergünstigung
dergleichen wohl kaum unterfangen hätte, ist niemals
bekannt geworden, sondern das Geschehene blieb in tiefer Stille begraben.

Alle Rüdesheimer jedoch, die ans Ufer laufend, von
diesem Schauspiel Zeugen waren, versichern: seltsamer und
schauderhafter in ihrem Leben nichts gesehen zu haben.

Wir gingen sachte den Strand hinab, und wer uns auch

begegnete, freute sich über die Wiederherstellung der nach-
barlichen heiligen Stätte: denn obgleich Bingen vorzüglich
diese Erneuerung und Belebung wünschen muß, so ist es
doch eine fromme und frohe Angelegenheit für die ganze
Gegend, und deshalb eine allgemeine Freude auf Morgen.
Denn der gehinderte, unterbrochene, ja oft aufgehobene
Wechselverkehr der beiden Rhein-Ufer, nur durch den
Glauben an diesen Heiligen unterhalten, soll glänzend wieder hergestellt werden. Die ganze umliegende Gegend ist in
Bewegung, alte und neue Gelübde dankbar abzutragen. 10
Dort will man seine Sünde bekennen, Vergebung erhalten,
in der Masse so vieler zu erwartenden Fremden, längst
vermißten Freunden wieder begegnen.

Unter solchen frommen und heitern Aussichten, wobei
wir den Fluß und das jenseitige Ufer nicht aus dem Auge
ließen, waren wir, das weit sich erstreckende Rüdesheim
hinab, zu dem alten, römischen Kastell gelangt, das, am
Ende gelegen, durch treffliche Mauerung sich erhalten hat.
Ein glücklicher Gedanke des Besitzers, des Herrn Grafen
Ingelheim, bereitete hier jedem Fremden eine schnell beleh- 20
rende, und erfreuliche Übersicht.

Man tritt in einen brunnenartigen Hof, der Raum ist eng,
hohe schwarze Mauern steigen wohlgefügt in die Höhe,
rauh anzusehen, denn die Steine sind äußerlich unbehauen,
eine kunstlose Rustika. Die steilen Wände sind durch neu
angelegte Treppen ersteiglich, in dem Gebäude selbst findet
man einen eigenen Kontrast wohleingerichteter Zimmer
und großer, wüster, von Wachfeuern und Rauch ge-
schwärzter Gewölbe. Man windet sich stufenweise durch
finstere Mauerspalten hindurch und findet zuletzt, auf turm- 30
artigen Zinnen, die herrlichste Aussicht. Nun wandeln wir
in der Luft hin und wieder, indessen wir Gartenanlagen,
in den alten Schutt gepflanzt neben uns bewundern. Durch
Brücken sind Türme, Mauerhöhen und Flächen zusammen-
gehängt, heitere Gruppen von Blumen und Strauchwerk
dazwischen; sie waren diesmal regenbedürftig, wie die
ganze Gegend.

Nun, im klaren Abendlichte, lag Rüdesheim vor und
unter uns. Eine Burg der mittlern Zeit, nicht fern von dieser
uralten. Dann ist die Aussicht reizend über die unschätz- 40

baren Weinberge; sanftere und steilere Kieshügel, ja Felsen
und Gemäuer, sind zu Anpflanzung von Reben benutzt.
Was aber auch sonst noch von geistlichen und weltlichen
Gebäuden dem Auge begegnen mag, der Johannisberg
herrscht über alles.

Nun mußte denn wohl, im Angesicht so vieler Rebhügel,
des Eilfers in Ehren gedacht werden. Es ist mit diesem
Weine wie mit dem Namen eines großen und wohltätigen
Regenten, er wird jederzeit genannt, wenn auf etwas vorzügliches im Lande die Rede kommt; eben so ist auch ein
gutes Weinjahr in aller Munde. Ferner hat denn auch der
Eilfer die Haupt-Eigenschaft des Trefflichen: er ist zugleich
köstlich und reichlich.

In Dämmerung versank nach und nach die Gegend. Auch
das Verschwinden so vieler bedeutender Einzelheiten, ließ
uns erst recht Wert und Würde des Ganzen fühlen, worin
wir uns lieber verloren hätten; aber es mußte geschieden
sein.

Unser Rückweg ward aufgemuntert durch fortwährendes
Kanonieren von der Kapelle her. Dieser kriegerische Klang
gab Gelegenheit an der Wirtstafel, des hohen Hügelpunktes
als militärischen Postens zu gedenken. Man sieht von da das
ganze Rheingau hinauf, und unterscheidet die meisten Ortschaften, die wir auf dem Herwege genannt.

Zugleich machte man uns aufmerksam daß wir, von der
Höhe über Biberich, schon die Rochus-Kapelle, als weißen
Punkt von der Morgensonne beleuchtet, deutlich öfters
müßten gesehen haben; dessen wir uns denn auch gar wohl
erinnerten.

Bei allem diesem konnte es denn nicht fehlen daß man den
heiligen Rochus, als einen würdigen Gegenstand der Verehrung betrachtete, da er, durch das gefesselte Zutrauen,
diesen Hader- und Kriegsposten augenblicklich wieder
zum Friedens- und Versöhnungsposten umgeschaffen.

Indessen hatte sich ein Fremder eingefunden und zu
Tische gesetzt, den man auch als einen Wallfahrer betrachtete und deshalb sich um so unbefangener zum Lobe des
Heiligen erging. Allein zu großer Verwunderung der wohlgesinnten Gesellschaft fand sich daß er, obgleich Katholik,
gewissermaßen ein Widersacher des Heiligen sei. Am sechs-

zehnten August, als am Festtage, während so viele den
heiligen Rochus feierten, brannte ihm das Haus ab. Ein
anderes Jahr am selbigen Tage, wurde sein Sohn blessiert;
den dritten Fall wollte er nicht bekennen.

Ein kluger Gast versetzte darauf: bei einzelnen Fällen
komme es hauptsächlich darauf an, daß man sich an den
eigentlichen Heiligen wende, in dessen Fach die Angelegenheit gehöre. Der Feuersbrunst zu wehren, sei St. Florian
beauftragt; den Wunden verschaffe St. Sebastian Heilung;
was den dritten Punkt betreffe so wisse man nicht ob St.   10
Hubertus vielleicht Hülfe geschafft hätte? Im übrigen sei
den Gläubigen genugsamer Spielraum gegeben, da im ganzen vierzehn heilige Nothelfer aufgestellt worden. Man
ging die Tugenden derselben durch und fand daß es nicht
Nothelfer genug geben könne.

Um dergleichen, selbst in heiterer Stimmung, immer
bedenkliche Betrachtungen los zu werden, trat man heraus
unter den brennend gestirnten Himmel, und verweilte so
lange, daß der darauf folgende tiefe Schlaf als Null betrachtet werden konnte, da er uns vor Sonnenaufgang verließ.   20
Wir treten sogleich heraus, nach den grauen Rheinschluch-
ten hinab zu blicken, ein frischer Wind blies von dorther
uns ins Angesicht, günstig den Herüber- wie den Hinüber-
fahrenden.

Schon jetzt sind die Schiffer sämtlich rege und beschäftigt, die Segel werden bereitet, man feuert von oben, den
Tag anzufangen wie man ihn Abends angekündigt. Schon
zeigen sich einzelne Figuren und Geselligkeiten, als Schat-
tenbilder am klaren Himmel, um die Kapelle und auf dem
Bergrücken, aber Strom und Ufer sind noch wenig belebt.   30
Leidenschaft zur Naturkunde reizt uns eine Sammlung
zu betrachten, wo die metallischen Erzeugnisse des Westerwaldes, nach dessen Länge und Breite, auch vorzügliche
Minern von Rheinbreitenbach vorliegen sollten. Aber diese
wissenschaftliche Betrachtung wäre uns fast zum Schaden
gediehen: denn als wir zum Ufer des Rheins zurückkehren
finden wir die Abfahrenden in lebhaftester Bewegung. Mas-
senweise strömen sie an Bord und ein überdrängtes Schiff
nach dem andern stößt ab.

Drüben, am Ufer her, sieht man Scharen ziehen, Wagen   40

fahren, Schiffe aus den obern Gegenden landen daselbst.
Den Berg aufwärts wimmelts bunt von Menschen, auf mehr
oder weniger gähen Fußpfaden, die Höhe zu ersteigen
bemüht. Fortwährendes Kanonieren deutet auf eine Folge
wallfahrender Ortschaften.

Nun ist es Zeit! auch wir sind mitten auf dem Flusse,
Segel und Ruder wetteifern mit Hunderten. Ausgestiegen
bemerken wir sogleich, mit geologischer Vorliebe, am Fuße
des Hügels wundersame Felsen. Der Naturforscher wird
von dem heiligen Pfade zurückgehalten. Glücklicherweise
ist ein Hammer bei der Hand. Da findet sich ein Konglo-
merat der größten Aufmerksamkeit würdig. Ein im Augenblicke des Werdens, zertrümmertes Quarzgestein, die
Trümmer scharfkantig, durch Quarzmasse wieder verbunden. Ungeheure Festigkeit hindert uns mehr als kleine
Bröckchen zu gewinnen. – Möge bald ein reisender Naturforscher diese Felsen näher untersuchen, ihr Verhältnis zu
den ältern Gebirgsmassen unterwärts bestimmen, mir davon gefälligst Nachricht, nebst einigen belehrenden Musterstücken zukommen lassen! Dankbar würde ich es erkennen.

Den steilsten, zickzack über Felsen springenden Stieg
erklommen wir mit Hundert und aber Hunderten, langsam,
öfters rastend und scherzend. Es war die Tafel des Cebes im
eigentlichsten Sinne bewegt, lebendig; nur daß hier nicht so
viel ableitende Nebenwege statt fanden.

Oben um die Kapelle finden wir Drang und Bewegung.
Wir dringen mit hinein. Der innere Raum, ein beinahe
gleiches Viereck, jede Seite von etwa dreißig Fuß, das Chor
im Grunde vielleicht zwanzig. Hier steht der Hauptaltar,
nicht modern, aber im wohlhäbigen katholischen Kirchen-
geschmack. Er steigt hoch in die Höhe und die Kapelle
überhaupt hat ein recht freies Ansehen. Auch in den nächsten Ecken des Haupt-Vierecks, zwei ähnliche Altäre, nicht
beschädigt, alles wie vor Zeiten. Und wie erklärt man sich
dies in einer jüngst zerstörten Kirche?

Die Menge bewegte sich von der Haupttür gegen den
Hochaltar, wandte sich dann links, wo sie einer, im Glas-
sarge liegenden Reliquie große Verehrung bezeigte. Man
betastete den Kasten, bestrich ihn, segnete sich und verweilte so lange man konnte; aber einer verdrängte den

andern, und so ward auch ich im Strome vorbei und zur Seitenpforte hinaus geschoben.

Ältere Männer von Bingen treten zu uns, den Herzoglich Nassauischen Beamten, unsern werten Geleitsmann, freundlich zu begrüßen, sie rühmen ihn als einen guten und hülfreichen Nachbar, ja, als den Mann, der ihnen möglich gemacht, das heutige Fest mit Anstand zu feiern. Nun erfahren wir, daß, nach aufgehobenem Kloster Eibingen, die inneren Kirchenerfordernisse, Altäre, Kanzel, Orgel, Bet- und Beichtstühle, an die Gemeine zu Bingen, zu völliger Einrichtung der Rochus-Kapelle, um ein Billiges überlassen worden. Da man sich nun von protestantischer Seite dergestalt förderlich erwiesen; gelobten sämtliche Bürger Bingens, gedachte Stücke persönlich herüber zu schaffen. Man zog nach Eibingen, alles ward sorgfältig abgenommen, der einzelne bemächtigte sich kleinerer, mehrere der größeren Teile, und so trugen sie, Ameisen gleich, Säulen und Gesimse, Bilder und Verzierungen herab an das Wasser, dort wurden sie, gleichfalls dem Gelübde gemäß, von Schiffern eingenommen, übergesetzt, am linken Ufer ausgeschifft und abermals, auf frommen Schultern, die mannigfaltigen Pfade hinaufgetragen. Da nun das alles zugleich geschah; so konnte man von der Kapelle herabschauend, über Land und Fluß, den wunderbarsten Zug sehen, indem Geschnitztes und Gemaltes, Vergoldetes und Lakkiertes, in bunter Folgereihe sich bewegte, dabei genoß man des angenehmen Gefühls daß jeder, unter seiner Last und bei seiner Bemühung, Segen und Erbauung sein ganzes Leben hoffen durfte. Die auch herübergeschaffte noch nicht aufgestellte Orgel wird nächstens, auf einer Galerie, dem Haupt-Altar gegenüber, Platz finden. Nun löste sich erst das Rätsel, man beantwortet sich die aufgeworfene Frage: wie es komme daß alle diese Zierden schon verjährt und doch wohlerhalten, unbeschädigt und doch nicht neu in einem erst hergestellten Raum sich zeigen konnten.

Dieser jetzige Zustand des Gotteshauses muß uns um so erbaulicher sein, als wir dabei an den besten Willen, wechselseitige Beihülfe, planmäßige Ausführung und glückliche Vollendung erinnert werden. Denn daß alles mit Überlegung geschehen, erhellt nicht weniger aus Folgendem. Der

Hauptaltar aus einer weit größeren Kirche sollte hier Platz
finden, und man entschloß sich die Mauern um mehrere
Fuß zu erhöhen, wodurch man einen anständigen ja reich
verzierten Raum gewann. Der ältere Gläubige kann nun vor
demselbigen Altar auf dem linken Rheinufer knieen, vor
welchem er, von Jugend an, auf dem rechten gebetet hatte.

Auch war die Verehrung jener heiligen Gebeine schon
längst herkömmlich. Diese Überreste des heiligen Rupp-
rechts, die man sonst zu Eibingen gläubig berührt und
hülfreich gepriesen hatte, fand man hier wieder. Und so
manchen belebt ein freudiges Gefühl einem längst erprobten Gönner wieder in die Nähe zu treten. Hiebei bemerke
man wohl, daß es sich nicht geziemt hätte diese Heiligtümer
in den Kauf mit einzuschließen, oder zu irgend einem Preis
anzuschlagen; nein, sie kamen vielmehr durch Schenkung,
als fromme Zugabe gleichfalls nach St. Rochus. Möchte man
doch überall, in ähnlichen Fällen, mit gleicher Schonung
verfahren sein!

Und nun ergreift uns das Gewühl! tausend und aber
tausend Gestalten streiten sich um unsere Aufmerksamkeit.
Diese Völkerschaften sind an Kleidertracht nicht auffallend
verschieden, aber von der mannigfaltigsten Gesichtsbildung. Das Getümmel jedoch läßt keine Vergleichung aufkommen; allgemeine Kennzeichen suchte man vergebens in
dieser augenblicklichen Verworrenheit, man verliert den
Faden der Betrachtung, man läßt sich ins Leben hinein
ziehen.

Eine Reihe von Buden, wie ein Kirchweihfest sie fordert,
stehen ohnfern der Kapelle. Voran geordnet, sieht man
Kerzen, gelbe, weiße, gemalte, dem verschiedenen Vermögen der Weihenden angemessen. Gebetbücher folgen, Officium zu Ehren des Gefeierten. Vergebens fragten wir nach
einem erfreulichen Hefte, wodurch uns sein Leben, Leisten
und Leiden klar würde; Rosenkränze jedoch aller Art fanden sich häufig. Sodann war aber auch für Wecken, Sem-
meln, Pfeffernüsse, und mancherlei Buttergebackenes gesorgt, nicht weniger für Spielsachen und Galanteriewaren,
Kinder verschiedenen Alters anzulocken.

Prozessionen dauerten fort. Dörfer unterschieden sich
von Dörfern, der Anblick hätte einem ruhigen Beobachter

wohl Resultate verliehen. Im Ganzen durfte man sagen: die
Kinder schön, die Jugend nicht, die alten Gesichter sehr
ausgearbeitet, mancher Greis befand sich darunter. Sie zogen mit Angesang und Antwort, Fahnen flatterten, Standarten schwankten, eine große und größere Kerze erhub sich
Zug für Zug. Jede Gemeinde hatte ihre Mutter Gottes, von
Kindern und Jungfrauen getragen, neu gekleidet, mit vielen
rosenfarbenen, reichlichen, im Winde flatternden Schleifen
geziert. Anmutig und einzig war ein Jesuskind, ein großes
Kreuz haltend und das Marterinstrument freundlich an-   10
blickend. Ach! rief ein zartfühlender Zuschauer: ist nicht
ein jedes Kind, das fröhlich in die Welt hinein sieht, in demselben Falle! Sie hatten es in neuen Goldstoff gekleidet, und
es nahm sich, als Jugendfürstchen, gar hübsch und heiter
aus.

Eine große Bewegung aber verkündet: nun komme die
Hauptprozession von Bingen herauf. Man eilt den Hügel-
rücken hin, ihr entgegen. Und nun erstaunt man auf einmal
über den schönen herrlich veränderten Landschaftsblick in
eine ganz neue Szene. Die Stadt, an sich wohl gebaut und   20
erhalten, Gärten und Baumgruppen um sie her, am Ende
eines wichtigen Tales wo die Nahe heraus kommt. Und nun
der Rhein, der Mäuseturm, die Ehrenburg! Im Hintergrunde die ernsten und grauen Felswände, in die sich der
mächtige Fluß eindrängt und verbirgt.

Die Prozession kommt bergauf, gereiht und geordnet
wie die übrigen. Vorweg die kleinsten Knaben, Jünglinge
und Männer hinterdrein. Getragen der heilige Rochus, in
schwarzsamtenem Pilgerkleide, dazu, von gleichem Stoff,
einen langen goldverbrämten Königsmantel, unter welchem   30
ein kleiner Hund, das Brot zwischen den Zähnen haltend,
hervorschaut. Folgen sogleich mittlere Knaben, in kurzen,
schwarzen Pilgerkutten, Muscheln auf Hut und Kragen,
Stäbe in Händen. Dann treten ernste Männer heran, weder
für Bauern noch Bürger zu halten. An ihren ausgearbeiteten
Gesichtern glaubt' ich Schiffer zu erkennen, Menschen, die
ein gefährliches, bedenkliches Handwerk, wo jeder Augenblick sinnig beachtet werden muß, ihr ganzes Leben über
sorgfältig betreiben.

Ein rotseidner Baldachin wankte herauf, unter ihm ver-   40

ehrte man das Hochwürdigste, vom Bischof getragen, von
Geistlichwürdigen umgeben, von östreichischen Kriegern
begleitet, gefolgt von zeitigen Autoritäten. So ward vorgeschritten um dies politisch-religiöse Fest zu feiern, welches
für ein Symbol gelten sollte des wiedergewonnenen linken
Rheinufers, so wie der Glaubensfreiheit an Wunder und
Zeichen.

Sollte ich aber die allgemeinsten Eindrücke kürzlich aussprechen die alle Prozessionen bei mir zurück ließen; so
würde ich sagen: die Kinder waren sämtlich froh, wohlgemut, und behäglich, als bei einem neuen, wundersamen,
heitern Ereignis. Die jungen Leute dagegen traten gleichgültig anher. Denn sie, in böser Zeit geborne, konnte das Fest
an nichts erinnern, und wer sich des Guten nicht erinnert,
hofft nicht. Die Alten aber waren alle gerührt, als von einem
glücklichen, für sie unnütz zurückkehrenden Zeitalter.
Hieraus ersehen wir, daß des Menschen Leben nur in sofern
etwas wert ist, als es eine Folge hat.

Nun aber ward von diesem edlen, und vielfach-würdigen
Vorschreiten der Betrachter unschicklich abgezogen und
weggestört, durch einen Lärm im Rücken, durch ein wun-
derliches, gemein-heftiges Geschrei. Auch hier wiederholte
sich die Erfahrung, daß ernste, traurige, ja schreckliche
Schicksale, oft, durch ein unversehenes, abgeschmacktes
Ereignis, als von einem lächerlichen Zwischenspiel, unterbrochen werden.

An dem Hügel rückwärts, entsteht ein seltsames Rufen,
es sind nicht Töne des Haders, des Schreckens, der Wut,
aber doch wild genug. Zwischen Gestein und Busch und
Gestripp irrt eine aufgeregte, hin und wieder laufende
Menge, rufend: halt! – hier! – da! – dort! – nun! – hier! nun
heran! – so schallt es mit allerlei Tönen; Hunderte beschäftigen sich laufend, springend, mit hastigem Ungetüm, als
jagend und verfolgend. Doch gerade in dem Augenblick als
der Bischof mit dem hochehrwürdigen Zug die Höhe erreicht wird das Rätsel gelöst.

Ein flinker, derber Bursche läuft hervor, einen blutenden
Dachs behaglich vorzuweisen. Das arme schuldlose Tier,
durch die Bewegung der andringenden frommen Menge
aufgeschreckt, abgeschnitten von seinem Bau, wird, am

schonungsreichsten Feste, von den immer unbarmherzigen
Menschen, im segenvollsten Augenblicke getötet.

Gleichgewicht und Ernst war jedoch alsobald wieder
hergestellt, und die Aufmerksamkeit auf eine neue, staatlich
heranziehende Prozession gelockt. Denn, indem der Bischof nach der Kirche zuwallte, trat die Gemeinde von
Bidenheim, so zahlreich als anständig heran. Auch hier
mißlang der Versuch den Charakter dieser einzelnen Ortschaft zu erforschen. Wir, durch soviel Verwirrendes verwirrt, ließen sie, in die immer wachsende Verwirrung, ruhig   10
dahinziehen.

Alles drängte sich nun gegen die Kapelle und strebte zu
derselben hinein. Wir, durch die Woge seitwärts geschoben,
verweilten im Freien, um an der Rückseite des Hügels der
weiten Aussicht zu genießen, die sich in das Tal eröffnet, in
welchem die Nahe ungesehen heranschleicht. Hier beherrscht ein gesundes Auge die mannigfaltigste, fruchtbarste Gegend, bis zu dem Fuße des Donnersbergs, dessen
mächtiger Rücken den Hintergrund, majestätisch abschließt.   20

Nun wurden wir aber sogleich gewahr, daß wir uns dem
Lebensgenusse näherten. Gezelte, Buden, Bänke, Schirme
aller Art standen hier aufgereiht. Ein willkommener Geruch
gebratenen Fettes drang uns entgegen. Beschäftigt fanden
wir eine junge tätige Wirtin, umgehend einen glühenden,
weiten Aschenhaufen, frische Würste – sie war eine Metz-
gers Tochter – zu braten. Durch eigenes Handreichen und
vieler flinker Diener unablässige Bemühung, wußte sie einer
solchen Masse von zuströmenden Gästen genug zu tun.

Auch wir, mit fetter, dampfender Speise, nebst frischem,   30
trefflichen Brot reichlich versehen, bemühten uns Platz an
einem geschirmten langen, schon besetzten Tische zu nehmen. Freundliche Leute rückten zusammen und wir erfreuten uns angenehmer Nachbarschaft, ja liebenswürdiger Gesellschaft, die von dem Ufer der Nahe zu dem erneuten Fest
gekommen war. Muntere Kinder tranken Wein wie die
Alten. Braune Krüglein, mit weißem Namenszug des Heiligen, rundeten im Familienkreise. Auch wir hatten dergleichen angeschafft und setzten sie wohlgefüllt vor uns nieder.

Da ergab sich nun der große Vorteil solcher Volksver-   40

sammlung, wenn, durch irgend ein höheres Interesse, aus
einem großen, weitschichtigen Kreise, so viele einzelne
Strahlen nach Einem Mittelpunkt gezogen werden.

Hier unterrichtet man sich auf einmal von mehreren
Provinzen. Schnell entdeckte der Mineralog Personen welche, bekannt mit der Gebirgsart von Oberstein, den Acha-
ten daselbst und ihrer Bearbeitung, dem Naturfreunde
belehrende Unterhaltung gaben. Der Quecksilber-Minern
zu Muschel-Landsberg erwähnte man gleichfalls. Neue
Kenntnisse taten sich auf und man faßte Hoffnung schönes
krystallisiertes Amalgam von dorther zu erhalten.

Der Genuß des Weins war durch solche Gespräche nicht
unterbrochen. Wir sendeten unsere leeren Gefäße zu dem
Schenken, der uns ersuchen ließ Geduld zu haben, bis die
vierte Ohm angesteckt sei. Die dritte war in der frühen
Morgenstunde schon verzapft.

Niemand schämt sich der Weinlust, sie rühmen sich
einigermaßen des Trinkens. Hübsche Frauen gestehen, daß
ihre Kinder mit der Mutterbrust zugleich Wein genießen.
Wir fragten, ob denn wahr sei, daß es geistlichen Herren, ja
Kurfürsten geglückt acht rheinische Maß, das heißt sechzehn unsrer Bouteillen in vier und zwanzig Stunden zu sich
zu nehmen?

Ein scheinbar ernsthafter Gast bemerkte: man dürfe sich,
zu Beantwortung dieser Frage, nur der Fastenpredigt ihres
Weihbischofs erinnern, welcher, nachdem er das schreckliche Laster der Trunkenheit seiner Gemeinde mit den
stärksten Farben dargestellt, also geschlossen habe:

»Ihr überzeugt euch also hieraus, andächtige, zu Reu und
Buße schon begnadigte Zuhörer, daß derjenige die größte
Sünde begehe, welcher die herrlichen Gaben Gottes sol-
cherweise mißbraucht. Der Mißbrauch aber schließt den
Gebrauch nicht aus. Stehet doch geschrieben, der Wein
erfreuet des Menschen Herz! Daraus erhellet daß wir, uns
und andere zu erfreuen, des Weines gar wohl genießen
können und sollen. Nun ist aber unter meinen männlichen
Zuhörern vielleicht keiner, der nicht zwei Maß Wein zu sich
nähme, ohne deshalb gerade einige Verwirrung seiner Sinne
zu spüren; wer jedoch bei dem dritten oder vierten Maß
schon so arg in Vergessenheit seiner selbst gerät, daß er Frau

und Kinder verkennt, sie mit Schelten, Schlägen und Fuß-
tritten verletzt und seine Geliebtesten als die ärgsten Feinde
behandelt, der gehe sogleich in sich und unterlasse ein
solches Übermaß, welches ihn mißfällig macht Gott und
Menschen, und seines gleichen verächtlich.

Wer aber bei dem Genuß von vier Maß, ja von fünfen und
sechsen, noch dergestalt sich selbst gleich bleibt, daß er
seinem Nebenchristen liebevoll unter die Arme greifen
mag, dem Hauswesen vorstehen kann, ja die Befehle geistlicher und weltlicher Obern auszurichten sich im Stande
findet; auch der genieße sein bescheiden Teil, und nehme es
mit Dank dahin. Er hüte sich aber, ohne besondere Prüfung,
weiter zu gehen, weil hier gewöhnlich dem schwachen
Menschen ein Ziel gesetzt ward. Denn der Fall ist äußerst
selten, daß der grundgütige Gott jemanden die besondere
Gnade verleiht acht Maß trinken zu dürfen, wie er mich,
seinem Knecht, gewürdigt hat. Da mir nun aber nicht
nachgesagt werden kann, daß ich in ungerechtem Zorn auf
irgend jemand losgefahren sei, daß ich Hausgenossen und
Anverwandte mißkannt, oder wohl gar die mir obliegenden
geistlichen Pflichten und Geschäfte verabsäumt hätte, vielmehr ihr alle mir das Zeugnis geben werdet, wie ich immer
bereit bin, zu Lob und Ehre Gottes, auch zu Nutz und
Vorteil meines Nächsten mich tätig finden zu lassen; so darf
ich wohl mit gutem Gewissen und mit Dank dieser anvertrauten Gabe mich auch fernerhin erfreuen.

Und ihr, meine andächtigen Zuhörer, nehme ein jeder,
damit er nach dem Willen des Gebers, am Leibe erquickt,
am Geiste erfreut werde, sein bescheiden Teil dahin. Und,
auf daß ein solches geschehe, alles Übermaß dagegen verbannt sei, handelt sämtlich nach der Vorschrift des heiligen
Apostels, welcher spricht: Prüfet alles und das Beste behaltet.«

———

Und so konnte es denn nicht fehlen, daß der Hauptgegen-
stand alles Gesprächs der Wein blieb, wie er es gewesen. Da
erhebt sich denn sogleich ein Streit über den Vorzug der
verschiedenen Gewächse, und hier ist erfreulich zu sehen,
daß die Magnaten unter sich keinen Rangstreit haben.

Hochheimer, Johannisberger, Rüdesheimer lassen einander
gelten, nur unter den Göttern minderen Ranges herrscht
Eifersucht und Neid. Hier ist denn besonders der sehr
beliebte Asmannshäuser rote vielen Anfechtungen unterworfen. Einen Weinbergsbesitzer von Oberingelheim hört'
ich behaupten: der ihrige gebe jenem wenig nach. Der Eilfer
solle köstlich gewesen sein, davon sich jedoch kein Beweis
führen lasse, weil er schon ausgetrunken sei. Dies wurde
von den Beisitzenden gar sehr gebilligt, weil man rote
Weine gleich in den ersten Jahren genießen müsse.

Nun rühmte dagegen die Gesellschaft von der Nahe einen
in ihrer Gegend wachsenden Wein, der Monzinger genannt.
Er soll sich leicht und angenehm wegtrinken, aber doch, ehe
man sichs versieht, zu Kopfe steigen. Man lud uns darauf
ein. Er war zu schön empfohlen, als daß wir nicht gewünscht hätten, in so guter Gesellschaft, und wäre es mit
einiger Gefahr, ihn zu kosten und uns an ihm zu prüfen.

Auch unsere braunen Krüglein kamen wiederum gefüllt
zurück, und als man die heiteren weißen Namenszüge des
Heiligen überall so wohltätig beschäftigt sah, mußte man
sich fast schämen die Geschichte desselben nicht genau zu
wissen, ob man gleich sich recht gut erinnerte, daß er auf
alles irdische Gut völlig verzichtend bei Wartung von Pest-
kranken auch sein Leben nicht in Anschlag gebracht habe.

Nun erzählte die Gesellschaft, dem Wunsche gefällig,
jene anmutige Legende, und zwar um die Wette, Kinder
und Eltern sich einander einhelfend.

Hier lernte man das eigentliche Wesen der Sage kennen
wenn sie von Mund zu Mund, von Ohr zu Ohr wandelt.
Widersprüche kamen nicht vor, aber unendliche Unterschiede, welche daher entspringen mochten daß jedes Gemüt einen andern Anteil an der Begebenheit und den einzelnen Vorfällen genommen, wodurch denn ein Umstand bald
zurückgesetzt, bald hervorgehoben, nicht weniger die verschiedenen Wanderungen, so wie der Aufenthalt des Heiligen an verschiedenen Orten, verwechselt wurde.

Ein Versuch die Geschichte, wie ich sie gehört, ge-
sprächsweise aufzuzeichnen, wollte mir nicht gelingen; so
mag sie uns auf die Art, wie sie gewöhnlich überliefert wird,
hier eingeschaltet stehen.

St. Rochus, ein Bekenner des Glaubens, war aus Montpellier gebürtig, und hieß sein Vater Johann, die Mutter aber Libera, und zwar hatte dieser Johann nicht nur Montpellier, sondern auch noch andere Orte unter seiner Gewalt, war aber ein frommer Mann, und hatte lange Zeit ohne Kindersegen gelebt, bis er seinen Rochum von der heiligen Maria erbeten, und brachte das Kind ein rotes Kreuz auf der Brust mit auf die Welt. Wenn seine Eltern fasteten, mußte er auch fasten, und gab ihm seine Mutter an einem solchen Tag nur einmal ihre Brust zu trinken. Im fünften Jahre seines Alters fing er an sehr wenig zu essen und zu trinken; im zwölften legte er allen Überfluß und Eitelkeit ab, und wendete sein Taschengeld an die Armen, denen er sonderlich viel Gutes tat. Er bezeigte sich auch fleißig im Studieren, und erlangte bald großen Ruhm durch seine Geschicklichkeit, wie ihn dann auch noch sein Vater auf seinem Todbette durch eine bewegliche Rede, die er an ihn hielte, zu allem Guten ermahnte. Er war noch nicht zwanzig Jahre alt, als seine Eltern gestorben, da er denn alle sein ererbtes Vermögen unter die Armen austeilte das Regiment über das Land niederlegte, nach Italien reiste, und zu einem Hospital kam, darinnen viele an ansteckende⟨n⟩ Krankheiten lagen, denen er aufwarten wollte, und ob man ihn gleich nicht alsobald hinein ließ, sondern ihm die Gefahr vorstellte, so hielte er doch ferner an, und als man ihn zu den Kranken ließ, machte er sie alle durch Berührung mit seiner rechten Hand und Bezeichnung mit dem heiligen Kreuz gesund. Sodann begab er sich ferner nach Rom, befreite auch allda nebst vielen andern einen Kardinal von der Pest und hielt sich in die drei Jahre bei demselben auf.

Als er aber selbsten endlich auch mit dem schrecklichen Übel befallen wurde, und man ihn in das Pesthaus zu den andern brachte, wo er, wegen grausamer Schmerzen, manchmal erschrecklich schreien mußte, ging er aus dem Hospital, und setzte sich außen vor die Türe hin, damit er den andern durch sein Geschrei nicht beschwerlich fiele; und als die Vorbeigehenden solches sahen, vermeinten sie es wäre aus Unachtsamkeit der Pestwärter geschehen, als sie aber hernach das Gegenteil vernahmen, hielte ihn jedermann für töricht und unsinnig, und so trieben sie ihn zur

Stadt hinaus. Da er denn, unter Gottes Geleit, durch Hülfe
seines Stabes allgemach in den nächsten Wald fortkroch. Als
ihn aber der große Schmerz nicht weiter fortkommen ließ,
legte er sich unter einen Ahornbaum und ruhete daselbst ein
wenig, da denn neben ihm ein Brunnen entsprang, daraus er
sich erquickte.

Nun lag nicht weit davon ein Landgut, wohin sich viele
Vornehme aus der Stadt geflüchtet, darunter einer, Namens
Gotthardus, welcher viele Knechte und Jagdhunde bei sich
hatte. Da ereignet sich aber der sonderbare Umstand, daß
ein sonst sehr wohlgezogener Jagdhund ein Brot vom Tische wegschnappt und davon läuft. Obgleich abgestraft
ersieht er seinen Vorteil, den zweiten Tag wieder und
entflieht glücklich mit der Beute. Da argwohnt der Graf
irgend ein Geheimnis und folgt mit den Dienern.

Dort finden sie denn unter dem Baum den sterbenden
frommen Pilger, der sie ersucht, sich zu entfernen, ihn zu
verlassen, damit sie nicht von gleichem Übel angefallen
würden. Gotthardus aber nahm sich vor, den Kranken nicht
eher von sich zu lassen, als bis er genesen wäre, und
versorgte ihn zum besten. Als nun Rochus wieder ein wenig
zu Kräften kam, begab er sich vollends nach Florenz, heilte
daselbst viele von der Pest, und wurde selbst durch eine
Stimme vom Himmel völlig wieder hergestellt. Er beredte
auch Gotthardum dahin, daß dieser sich entschloß mit ihm
seine Wohnung in dem Wald aufzuschlagen und Gott ohne
Unterlaß zu dienen, welches auch Gotthardus versprach,
wenn er nur bei ihm bleiben wollte, da sie sich denn eine
geraume Zeit mit einander in einer alten Hütte aufhielten,
und nachdem endlich Rochus Gotthardum zu solchem
Eremitenleben genugsam eingeweiht, machte er sich abermals auf den Weg, und kam nach einer beschwerlichen
Reise glücklich wieder nach Hause, und zwar in seiner
Stadt, die ihm ehemals zugehört, und die er seinem Vetter
geschenkt hatte. Allda nun wurde er, weil es Kriegszeit war,
für einen Kundschafter gehalten, und vor den Landsherrn
geführt, der ihn wegen seiner großen Veränderung und
armseligen Kleidung nicht mehr kannte, sondern in ein hart
Gefängnis setzen ließ. Er aber dankte seinem Gott, daß er
ihn allerlei Unglück erfahren ließ, und brachte fünf ganzer

Jahre im Kerker zu; wollte es auch nicht einmal annehmen, wenn man ihm etwas gekochtes zu essen brachte, sondern kreuzigte noch dazu seinen Leib mit Wachen und Fasten. Als er merkte, daß sein Ende nahe sei, bat er die Bedienten des Kerkermeisters, daß sie ihm einen Priester holen möchten. Nun war es eine sehr finstere Gruft, wo er lag, als aber der Priester kam, wurde es helle, darüber dieser sich höchlich verwunderte, auch, sobald er Rochum ansahe, etwas göttliches an ihm erblickte, und vor Schrecken halbtot zur Erden fiel, auch sich sogleich zum Landesherrn begab, und ihm anzeigte, was er erfahren; und wie Gott wäre sehr beleidigt worden, indem man den frömmsten Menschen so lange Zeit in einem so beschwerlichen Gefängnis aufgehalten. Als dieses in der Stadt bekannt worden, lief jedermann häufig nach dem Turm, St. Rochus aber wurde von einer Schwachheit überfallen und gab seinen Geist auf. Jedermann aber sah, durch die Spalten der Türe, einen hellen Glanz hervordringen, man fand auch bei Eröffnung den Heiligen tot und ausgestreckt auf der Erde liegen, und bei seinem Haupt und den Füßen Lampen brennen; darauf man ihn auf des Landesherrn Befehl mit großem Gepränge in die Kirche begrub. Er wurde auch noch an dem roten Kreuz, so er auf der Brust mit auf die Welt gebracht hatte, erkannt, und war ein großes Heulen und Lamentieren darüber entstanden.

Solches geschahe im Jahre 1327 den 16. August; und ist ihm auch nach der Zeit zu Venedig, allwo nunmehr sein Leib verwahret wird, eine Kirche zu Ehren gebaut worden. Als nun im Jahr 1414 zu Constanz ein Concilium gehalten wurde, und die Pest allda entstand, auch nirgend Hülfe vorhanden war, ließ die Pest also bald nach, so bald man diesen Heiligen anrief, und ihm zu Ehren Prozessionen anstellte.

Diese friedliche Geschichte ruhig zu vernehmen war kaum der Ort. Denn in der Tischreihe stritten mehrere schon längst über die Zahl der heute Wallfahrenden und Besuchenden. Nach einiger Meinung sollten zehntausend, nach anderen mehr, und dann noch mehr auf diesem Hügel-Rücken durch einander wimmeln. Ein österreichischer Offizier, militärischem Blick vertrauend, bekannte sich zu dem höchsten Gebote.

Noch mehrere Gespräche kreuzten sich. Verschiedene Bauernregeln und sprüchwörtliche Wetterprophezeiungen, welche dies Jahr eingetroffen sein sollten, verzeichnete ich ins Taschenbuch, und als man Teilnahme bemerkte, besann man sich auf mehrere, die denn auch hier Platz finden mögen, weil sie auf Landesart und auf die wichtigsten Angelegenheiten der Bewohner hindeuten.

»Trockner April ist nicht der Bauern Will. – Wenn die Grasmücke singt, ehe der Weinstock sproßt; so verkündet es ein gutes Jahr. – Viel Sonnenschein im August bringt guten Wein. – Je näher das Christfest dem neuen Monde zufällt, ein desto härteres Jahr soll hernach folgen, so es aber gegen den vollen und abnehmenden Mond kommt, je gelinder es sein soll. – Die Fischer haben von der Hechtsleber dieses Merkmal, welches genau eintreffen soll: wenn dieselbe gegen dem Gallenbläschen zu breit, der vordere Teil aber spitzig und schmal ist, so bedeutet es einen langen und harten Winter. – Wenn die Milchstraße im Dezember schön weiß und hell scheint; so bedeutet es ein gutes Jahr. – Wenn die Zeit von Weihnachten bis drei König neblicht und dunkel ist; sollen das Jahr darauf Krankheiten folgen. – Wenn in der Christnacht die Weine in den Fässern sich bewegen, daß sie übergehen; so hofft man auf ein gutes Weinjahr. – Wenn die Rohrdommel zeitig gehört wird; so hofft man eine gute Ernte. – Wenn die Bohnen übermäßig wachsen und die Eichbäume viel Frucht bringen; so gibt es wenig Getreide. – Wenn die Eulen und andere Vögel ungewöhnlich die Wälder verlassen, und häufig den Dörfern und Städten zufliegen; so gibt es ein unfruchtbares Jahr. – Kühler Mai gibt guten Wein und vieles Heu. – Nicht zu kalt und nicht zu naß, füllt die Scheuer und das Faß. – Reife Erdbeeren um Pfingsten bedeuten einen guten Wein. – Wenn es in der Walpurgisnacht regnet; so hofft man ein gutes Jahr. – Ist das Brustbein von einer gebratenen Martinsgans braun; so bedeutet es Kälte, ist es weiß Schnee. –«

Ein Bergbewohner welcher diese vielen auf reiche Fruchtbarkeit hinzielenden Sprüche, wo nicht mit Neid, doch mit Ernst vernommen, wurde gefragt: ob auch bei ihnen dergleichen gäng und gäbe wäre? Er versetzte darauf:

mit so viel Abwechselung könne er nicht dienen, Rätselrede
und Segen sei bei ihnen nur einfach und heiße:

Morgens rund,
Mittag gestampft,
Abends in Scheiben;
Dabei solls bleiben,
Es ist gesund.

Man freute sich über diese glückliche Genügsamkeit, und
versicherte, daß es Zeiten gäbe, wo man zufrieden sei, es
eben so gut zu haben.

Indessen steht manche Gesellschaft gleichgültig auf, den
fast unübersehbaren Tisch verlassend, andere grüßen und
werden gegrüßt, so verliert sich die Menge nach und nach.
Nur die zunächst sitzenden, wenige wünschen⟨s⟩werte Gäste zaudern, man verläßt sich ungern, ja man kehrt einigemal
gegen einander zurück, das angenehme Weh eines solchen
Abschieds zu genießen, und verspricht endlich, zu einiger
Beruhigung, unmögliches Wiedersehen.

Außer den Zelten und Buden, empfindet man leider in
der hohen Sonne sogleich den Mangel an Schatten, welchen
jedoch eine große, neue Anpflanzung junger Nußbäume auf
dem Hügelrücken künftigen Urenkeln verspricht. Möge
jeder Wallfahrende die zarten Bäume schonen, eine löbliche
Bürgerschaft von Bingen diese Anlage schirmen, durch
eifriges Nachpflanzen und sorgfältiges Hegen ihr, zu Nutz
und Freude so vieler Tausende, nach und nach in die Höhe
helfen.

Eine neue Bewegung deutet auf neues Ereignis; man eilt
zur Predigt, alles Volk drängt sich nach der Ostseite. Dort
ist das Gebäude noch nicht vollendet, hier stehen noch
Rüststangen, schon während des Baues dient man Gott.
Eben so war es, als in Wüsteneien, von frommen Einsied-
lern, mit eigenen Händen, Kirchen und Klöster errichtet
wurden. Jedes Behauen, jedes Niederlegen eines Steins war
Gottesdienst. Kunstfreunde erinnern sich der bedeutenden
Bilder von Le-Sueur, des heiligen Bruno Wandel und Wirkung darstellend. Also wiederholt sich alles Bedeutende im
großen Weltgange, der Achtsame bemerkt es überall.

Eine steinerne Kanzel, außen an der Kirchmauer auf
Kragsteinen getragen, ist nur von innen zugänglich. Der

Prediger tritt hervor, ein Geistlicher in den besten Jahren.
Die Sonne steht hoch, daher ihm ein Knabe den Schirm
überhält. Er spricht, mit klarer verständlicher Stimme, einen
rein verständigen Vortrag. Wir glaubten seinen Sinn gefaßt
zu haben und wiederholten die Rede manchmal mit Freunden. Doch ist es möglich, daß wir bei solchen Überlieferungen, von dem Urtext abwichen und von dem unsrigen mit
einwebten. Und so wird man im Nachstehenden einen
milden Tätigkeit fordernden Geist finden, wenn es auch
nicht immer die kräftigen, ausführlichen Worte sein sollten,
die wir damals vernahmen.

»Andächtige, geliebte Zuhörer! In großer Anzahl besteigt
ihr, an dem heutigen Tage, diese Höhe um ein Fest zu feiern,
das seit vielen Jahren durch Schickung Gottes unterbrochen
worden. Ihr kommt das vor kurzem noch entehrt und
verwüstet liegende Gotteshaus hergestellt, geschmückt und
eingeweiht zu finden, dasselbe andächtig zu betreten, und
die dem Heiligen, der hier besonders verehrt wird, gewidmeten Gelübde dankbar abzutragen. Da mir nun die Pflicht
zukommt an euch, bei dieser Gelegenheit, ein erbauliches
Wort zu sprechen; so möchte wohl nichts besser an der
Stelle sein, als wenn wir zusammen beherzigen: wie ein
solcher Mann, der zwar von frommen, aber doch sündigen
Eltern erzeugt worden, zur Gnade gelangt sei vor Gottes
Thron zu stehen, und für diejenigen, die sich im Gebet
gläubig an ihn wenden, vorbittend, Befreiung von schrecklichen, ganze Völkerschaften dahin raffenden Übeln, ja vom
Tode selbst, erlangen könne?

Er ist dieser Gnade gewürdigt worden, so dürfen wir mit
Zutrauen erwiedern, gleich allen denen die wir als Heilige
verehren, weil er die vorzüglichste Eigenschaft besaß, die
alles übrige Gute in sich schließt, eine unbedingte Ergebenheit in den Willen Gottes.

Denn obgleich kein sterblicher Mensch sich anmaßen
dürfte Gott gleich, oder demselben auch nur ähnlich zu
werden; so bewirkt doch schon eine unbegrenzte Hinge-
bung in seinen heiligen Willen, die erste und sicherste
Annäherung an das höchste Wesen.

Sehen wir doch ein Beispiel an Vätern und Müttern, die,
mit vielen Kindern gesegnet, liebreiche Sorge für alle tragen.

Zeichnet sich aber eins oder das andere darunter in Folg-
samkeit und Gehorsam besonders aus, befolgt ohne Fragen
und Zaudern die elterlichen Gebote, vollzieht es die Befehle
sträcklich und beträgt sich dergestalt, als lebte es nur in und
für die Erzeuger; so erwirbt es sich große Vorrechte. Auf
dessen Bitte und Vorbitte hören die Eltern und lassen oft
Zorn und Unmut, durch freundliche Liebkosungen besänftigt, vorübergehen. Also denke man sich, menschlicher
Weise, das Verhältnis unsers Heiligen zu Gott, in welches er
sich durch unbedingte Ergebung empor geschwungen.«   10

———

Wir Zuhörenden schauten indes zu dem reinen Gewölbe
des Himmels hinauf; das klarste Blau war von leicht hin-
schwebenden Wolken belebt, wir standen auf hoher Stelle.
Die Aussicht rheinaufwärts licht, deutlich, frei, den Prediger zur linken über uns, die Zuhörer, vor ihm, und uns
hinabwärts.

Der Raum, auf welchem die zahlreiche Gemeinde steht,   20
ist eine große, unvollendete Terrasse, ungleich und hinterwärts abhängig. Künftig, mit baumeisterlichem Sinne,
zweckmäßig herangemauert und eingerichtet, wäre das
Ganze eine der schönsten Örtlichkeiten in der Welt. Kein
Prediger, vor mehrern tausend Zuhörern sprechend, sah je
eine so reiche Landschaft über ihren Häuptern. Nun stelle
der Baumeister aber die Menge auf eine reine, gleiche,
vielleicht hinterwärts wenig erhöhte Fläche, so sähen alle
den Prediger, und hörten bequem; diesmal aber, bei unvoll-
endeter Anlage, standen sie abwärts, hintereinander, sich in   30
einander schickend, so gut sie konnten. Eine von oben
überschaute wundersame, stillschwankende Woge. Der
Platz, wo der Bischof der Predigt zuhörte, war nur durch
den hervorragenden Baldachin bezeichnet, er selbst in der
Menge verborgen und verschlungen. Auch diesem würdigen obersten Geistlichen würde der einsichtige Baumeister
einen angemessenen, ansehnlichen Platz anweisen und dadurch die Feier verherrlichen. Dieser Umblick, diese dem
geübten Kunstauge abgenötigten Betrachtungen hinderten
nicht, aufmerksam zu sein auf die Worte des würdigen   40

SANCT ROCHUS-FEST ZU BINGEN

Predigers, der zum zweiten Teile schritt, und etwa folgender Maßen zu sprechen fortfuhr:

»Eine solche Ergebung in den Willen Gottes, so hoch
verdienstlich sie auch gepriesen werden kann, wäre jedoch
nur unfruchtbar geblieben, wenn der fromme Jüngling nicht
seinen Nächsten so wie sich selbst, ja mehr wie sich selbst,
geliebt hätte. Denn ob er gleich vertrauensvoll auf die
Fügungen Gottes, sein Vermögen den Armen verteilt, um
als frommer Pilger das heilige Land zu erreichen; so ließ er
sich doch von diesem preiswürdigen Entschlusse unterwegs
ablenken. Die große Not, worin er seine Mitchristen findet,
legt ihm die unerläßliche Pflicht auf den gefährlichsten
Kranken beizustehen, ohne an sich selbst zu denken. Er
folgt seinem Beruf durch mehrere Städte, bis er endlich,
selbst vom wütenden Übel ergriffen, seinen Nächsten weiter zu dienen außer Stand gesetzt wird. Durch diese gefahrvolle Tätigkeit nun hat er sich dem göttlichen Wesen abermals genähert: denn wie Gott die Welt in so hohem Grade
liebte, daß er zu ihrem Heil, seinen einzigen Sohn gab, so
opferte St. Rochus sich selbst seinen Mitmenschen.«

Die Aufmerksamkeit auf jedes Wort war groß, die Zuhörer unübersehbar. Alle einzeln heran gekommene Wallfahrer und alle vereinigten Gemeinde-Prozessionen standen
hier versammelt, nachdem sie vorher ihre Standarten und
Fahnen an die Kirche zur linken Hand des Predigers angelehnt hatten, zu nicht geringer Zierde des Ortes. Erfreulich
aber war nebenan, in einem kleinen Höfchen, das gegen die
Versammlung zu unvollendet sich öffnete, sämtlich heran
getragene Bilder auf Gerüsten erhöht zu sehen, als die
vornehmsten Zuhörer ihre Rechte behauptend.

Drei Mutter-Gottes-Bilder, von verschiedener Größe,
standen neu und frisch im Sonnenscheine, die langen rosenfarbenen Schleifenbänder flatterten munter und lustig, im
lebhaftesten Zugwinde. Das Christuskind in Goldstoff
blieb immer freundlich. Der heilige Rochus, auch mehr als
einmal, schaute seinem eigenen Feste geruhig zu. Die Gestalt im schwarzen Samtkleide, wie billig oben an.

Der Prediger wandte sich nun zum dritten Teil und ließ
sich ohngefähr also vernehmen:

»Aber auch diese wichtige und schwere Handlung wäre

von keinen seligen Folgen gewesen, wenn St. Rochus, für so
große Aufopferungen, einen irdischen Lohn erwartet hätte.
Solchen gottseligen Taten kann nur Gott lohnen, und zwar
in Ewigkeit. Die Spanne der Zeit ist zu kurz für grenzenlose
Vergeltung. Und so hat auch der Ewige unsern heiligen
Mann für alle Zeiten begnadigt, und ihm die höchste Seligkeit gewährt: nämlich andern, wie er schon hienieden im
Leben getan, auch von oben herab, für und für, hülfreich zu
sein.

Wir dürfen daher in jedem Sinne ihn als ein Muster
ansehn, an welchem wir die Stufen unsers geistlichen
Wachstums abmessen. Habt ihr nun in traurigen Tagen
euch an ihn gewendet und glückliche Erhörung erlebt,
durch göttliche Huld; so beseitiget jetzt allen Übermut und
anmaßliches Hochfahren; aber fragt euch demütig und
wohlgemut: haben wir denn seine Eigenschaften vor Augen
gehabt? haben wir uns beeifert ihm nachzustreben?

Ergaben wir uns, zur schrecklichsten Zeit, unter kaum
erträglichen Lasten in den Willen Gottes? Unterdrückten
wir ein aufkeimendes Murren? Lebten wir einer getrosten
Hoffnung, um zu verdienen, daß sie uns nun, so unerwartet
als gnädig, gewährt sei? Haben wir in den gräßlichsten
Tagen pestartig wütender Krankheiten nicht nur gebetet
und um Rettung gefleht? Haben wir den Unsrigen, näher
oder entfernteren Verwandten und Bekannten, ja Fremden
und Widersachern in dieser Not beigestanden, um Gottes
und des Heiligen willen unser Leben dran gewagt?

Könnt ihr nun diese Fragen im stillen Herzen, mit Ja! beantworten, wie gewiß die meisten unter euch redlich vermögen; so bringt ihr ein löbliches Zeugnis mit nach Hause.

Dürft ihr, sodann, wie ich nicht zweifle, noch hinzufügen: wir haben bei allem diesem an keinen irdischen Vorteil
gedacht; sondern wir begnügten uns an der gottgefälligen
Tat selbst; so könnt ihr euch um desto mehr erfreuen keine
Fehlbitte getan zu haben, und ähnlicher geworden zu sein,
dem Fürbittenden.

Wachset und nehmet zu an diesen geistlichen Eigenschaften, auch in guten Tagen, damit ihr, zu schlimmer Zeit, wie
sie oft unversehens hereinbricht, zu Gott, durch seinen
Heiligen, Gebet und Gelübde wenden dürfet.

Und so betrachtet auch künftig die wiederholten Wallfahrten hieher als erneute Erinnerungen, daß ihr dem Höchsten kein größeres Dankopfer darbringen könnt, als ein
Herz gebessert, und an geistlichen Gaben bereichert.«

———

Die Predigt endigte gewiß für alle heilsam: denn jeder hat
die deutlichen Worte vernommen, und jeder die verständigen praktischen Lehren beherzigt.

10 Nun kehrt der Bischof zur Kirche zurück; was drinnen
vorgegangen blieb uns verborgen. Den Widerhall des Te
Deum vernahmen wir von außen. Das Ein- und Ausströ-
men der Menge war höchst bewegt, das Fest neigte sich zu
seiner Auflösung. Die Prozessionen reihten sich, um abzuziehen; die Bidenheimer, als zuletzt angekommen, entfernte
sich zuerst. Wir sehnten uns aus dem Wirrwarr und zogen
deshalb mit der ruhigen und ernsten Binger Prozession
hinab. Auch auf diesem Wege bemerkten wir Spuren der
Kriegs-Wehetage. Die Stationen des Leidensganges unsers
20 Herrn waren vermutlich zerstört. Bei Erneuerung dieser
könnte frommer Geist und redlicher Kunstsinn mitwirken,
daß jeder, er sei wer er wolle, diesen Weg mit teilnehmender
Erbauung zurücklegte.

In dem herrlich gelegenen Bingen angelangt, fanden wir
doch daselbst keine Ruhe, wir wünschten vielmehr nach so
viel wunderbaren, göttlichen und menschlichen Ereignissen, uns geschwind in das derbe Naturbad zu stürzen. Ein
Kahn führte uns, flußabwärts die Strömungen. Über den
Rest des alten Felsendammes, den Zeit und Kunst besiegten,
30 glitten wir hinab, der märchenhafte Turm, auf unverwüstlichen Quarzgestein gebaut, blieb uns zur linken, die Ehrenburg rechts; bald aber kehrten wir für diesmal zurück, das
Auge voll von jenen abschießenden graulichen Gebirgs-
schluchten, durch welche sich der Rhein seit ewigen Zeiten
hindurch arbeitete.

So wie den ganzen Morgen, also auch auf diesem Rück-
wege begleitete uns die hohe Sonne, obgleich aufsteigende
vorüberziehende Wolken zu einem ersehnten Regen Hoffnung gaben; und wirklich strömte ⟨er⟩ endlich alles erquik-
40 kend nieder und hielt lange genug an, daß wir auf unserer

Rückreise, die ganze Landesstrecke erfrischt fanden. Und
so hatte der heilige Rochus, wahrscheinlich auf andere
Nothelfer wirkend, seinen Segen auch außer seiner eigentlichen Obliegenheit reichlich erwiesen.

IM RHEINGAU HERBSTTAGE
SUPPLEMENT DES ROCHUS-FESTES, 1814

Das lebendige Schauen der nunmehr zu beschreibenden
Örtlichkeiten und Gegenstände verdanke ich der geliebten
wie verehrten Familie *Brentano*, die mir, an den Ufern des
Rheins, auf ihrem Landgute zu Winkel, viele glückliche
Stunden bereitete.

Die herrliche Lage des Gebäudes läßt nach allen Seiten die
Blicke frei, und so können auch die Bewohner, zu welchen
ich, mehrere Wochen, mich dankbar zählte, sich ringsum-
her, zu Wasser und Land, fröhlich bewegen. Zu Wagen,
Fuß und Schiff erreichte man, auf beiden Ufern, die herrlichsten, oft vermuteten, öfters unvermuteten Standpunkte.
Hier zeigt sich die Welt mannigfaltiger als man sie denkt;
das Auge selbst ist sich in der Gegenwart nicht genug, wie
sollte nunmehr ein schriftliches Wort hinreichen die Erinnerung aus der Vergangenheit hervorzurufen. Mögen deshalb diese Blätter wenigstens meinem Gefühl an jenen
unschätzbaren Augenblicken und meinem Dank dafür treulich gewidmet sein.

———

Den 1. Sept.

Kloster *Eibingen* gibt den unangenehmsten Begriff eines
zerstörten würdigen Daseins. Die Kirche, alles Zubehörs
beraubt, Zimmer und Säle ohne das mindeste Hausgerät, die
Zellenwände eingeschlagen, die Türen nach den Gängen mit
Riegeln verzimmert, die Fache nicht ausgemauert, der
Schutt umherliegend. Warum denn aber diese Zerstörung
ohne Zweck und Sinn? Wir vernehmen die Ursache. Hier
sollte ein Lazarett angelegt werden, wenn der Kriegsschau-
platz in der Nähe geblieben wäre. Und so muß man sich
noch über diesen Schutt und über die verlassene Arbeit
freuen. Man scheint übrigens gegenwärtig die leeren Räume

Das Brentano-Haus in Winkel

Wasserfülle, Landesgrösse
Heitern Himmel, frohe Bahn!
Diese Wellen, diese Flösse
Landen auch in Winkel an.

W. d. 5 May 1816.

Goethe

Johann Wolfgang Goethe
»WASSERFÜLLE, LANDESGRÖSSE ...«
Danksagung an die Familie Brentano
eigenhändig

zu Monturkammern und Aufbewahrung älterer, wenig brauchbarer Kriegs-Bedürfnisse benutzen zu wollen. Im Chor liegen Sättel gereihet, in Sälen und Zimmern Tornister, an abgelegten Montierungsstücken fehlt es auch nicht, so daß wenn eine der Nonnen, vor Jahren, die Gabe des Vorgesichts gehabt hätte, sie sich vor der künftigen Zerrüttung und Entweihung hätte entsetzen müssen. Die Wappen dieser ehemals hier beherbergten und ernährten Damen verzieren noch einen ausgeleerten Saal.

Hierauf besuchten wir in *Rüdesheim* das Brömserische Gebäude, welches zwar merkwürdige, aber unerfreuliche Reste aus dem sechszehnten Jahrhundert enthält. Nur ist ein Familiengemälde der Herrn von Kroneburg, von 1549, in seiner Art besonders gut und der Aufmerksamkeit aller Freunde des Altertums und der Kunst würdig.

In der Stadtkirche auf dem Markt befindet sich das Wunderbild das ehemals so viele Gläubige nach *Not-Gottes* gezogen hatte. Christus kniend, mit aufgehobenen Händen, etwa acht Zoll hoch, wahrscheinlich die übrig gebliebene Hauptfigur einer uralten Ölbergsgruppe. Kopf und Körper aus Holz geschnitzt. Das Gewand von feinem Leinen Zeuge aufgeklebt, fest anliegend wo die Falten schon ins Holz geschnitzt waren, an den rohen Armen aber locker, die Ärmel bildend und ausgestopft, das Ganze bekreidet und bemalt. Die angesetzten Hände zwar zu lang, die Gelenke und Nägel hingegen gut ausgedrückt; aus einer nicht unfähigen aber ungeschickten Zeit.

Den 2. Sept.

Ohngefähr in der Mitte von Winkel biegt man aus nach der Höhe zu, um *Vollrath* zu besuchen. Erst geht der Weg zwischen Weinbergen, dann erreicht man eine Wiesenfläche, sie ist hier unerwartet, feucht und mit Weiden umgeben. Am Fuß des Gebirges, auf einem Hügel liegt das Schloß, rechts und links fruchtbare Felder und Weinberge, einen Bergwald von Buchen und Eichen im Rücken.

Der Schloßhof, von ansehnlichen Wohn- und Haushaltungs-Gebäuden umschlossen, zeugt von altem Wohlstande, der kleinere hintere Teil desselben ist den Feldbedürfnissen gewidmet.

Rechts tritt man in einen Garten, der, wie das Ganze, von altem Wohlhaben und gutsherrlicher Vorsorge zeugt, und jetzt als eine belebte Ruine uns eigentümlich anspricht. Die sonst pyramiden- und fächerartig gehaltenen Obstbäume sind zu mächtigen Stämmen und Ästen, kunstlos wild ausgewachsen, überschatten die Beete, ja verdrängen die Wege, und geben, von vortrefflichem Obste reich behangen, den wundersamsten Anblick. Eine Lustwohnung, von dem Kurfürsten aus der Greifenklauischen Familie erbaut, empfängt mit sichtbarstem Verfall den Eintretenden. Die untern Räume sind völlig entadelt, der Saal des ersten Stocks erweckt, durch Familienbilder, die, ohne gut gemalt zu sein, doch die Gegenwart der Persönlichkeiten aussprechen, das Andenken einer früheren blühenden Zeit. Lebensgroß sitzt ein behaglicher Greifenklau, der auf sich und seinen Zustand sich etwas einbilden durfte. Zwei Gattinnen und mehrere Söhne, Domherrn, Soldaten und Hofleute, stehen ihm zur Seite, und was von Kindern, vielleicht auch Verwandten, auf ebenem Boden nicht Platz fand, erscheint, als Gemälde im Gemälde, oben im Bilde. So hängen auch Kurfürsten, Domherrn und Ritter, lebensgroß, in ganzen und halben Figuren umher, in dem nicht verwüsteten, aber wüsten Saale, wo alte reiche Stühle, zwischen vernachlässigten Samen-Stauden und anderm Unrat, unordentlich noch ihren Platz behaupten. In den Seitenzimmern, schlottern die Goldleder-Tapeten an den Wänden, man scheint die Tapeziernägel, die sie festhielten, zu anderm Gebrauch herausgezogen zu haben.

Wendet nun das Auge von diesem Greuel sich weg gegen das Fenster, so genießt es, den verwilderten fruchtbaren Garten unter sich, der herrlichsten Aussicht. Durch ein sanft geöffnetes Tal sieht man *Winkel* nach seiner Länge; Überrheinisch sodann *Unter-* und *Ober-Ingelheim*, in fruchtbarer Gegend. Wir gingen durch den vernachlässigten Garten die Baumschulen aufzusuchen, die wir aber in gleichem Zustande fanden, der Gärtner, wollte man wissen, liebe die Fischerei.

Draußen unter dem Garten auf der Wiese, zog eine große, wohlgewachsene Pappel unsere Aufmerksamkeit an sich, wir hörten sie sei am Hochzeitsfeste des vorletzten Greifen-

klau gepflanzt, dessen Witwe, noch zuletzt, diese Herrlich-
keiten mit ungebändigter Lust genossen habe. Nach dem
frühzeitigen Tode eines Sohnes aber ging der Besitz dieses
schönen Guts auf eine andere Linie hinüber, welche, entfernt wohnend, für dessen Erhaltung weniger besorgt zu
sein scheint. Einen wunderlichen, in einen kleinen Teich
gebauten Turm gingen wir vorüber und verfügten uns in das
ansehnliche Wohngebäude.

Hatten wir gestern, im Kloster Eibingen, die Zerstörung
gesehen, welche durch Änderung der Staats-Verhältnisse,
Religions-Begriffe, durch Kriegsläufte und andere Sorgen
und Bedürfnisse, mit Willen und Unwillen einreißt, sahen
wir dort ein aufgehobenes Kloster; so fanden wir hier die
Spuren einer alten Familie, die sich selbst aufhebt. Die
ehrwürdigen Stammbäume erhielten sich noch an den Wänden der umherlaufenden Gänge. Hier sproßten Greifen-
klaue und Sickingen gegen einander über und verzweigten
sich ins Vielfache, die vornehmsten und berühmtesten Namen schlossen sich weiblicher Seits an den Greifenklauischen.

Auf einem andern dieser Bilder, knieten Bischöfe, Äbte,
Geistliche, Frauen unter dem Baume von dem sie entsprossen Heil erbittend. Ein drittes Gemälde dieser Art war,
mutwillig oder absichtlich, entstellt; es hatte jemand den
Stammvater herausgeschnitten, vielleicht ein Liebhaber solcher Altertümer, denen nirgends zu trauen ist. Da schwebten nun Äste und Zweige in der Luft das Verdorren weissa-
gend.

Wie unterhaltend übrigens in guten lebendigen Zeiten
diese Galerien, für Familienglieder, für Verwandte müssen
gewesen sein, kann man noch daraus ermessen daß die
Grundrisse mancher Besitzungen, mit ihren Grenzen, Ge-
rechtsamen, streitigen Bezirken und was sonst bemerklich
sein mochte, hier aufgehangen und vor das Auge gebracht
sind.

Doch fehlte nunmehr manches was Besuchende hier in
früherer Zeit gekannt hatten, und wir entdeckten zuletzt, in
einer Kammer, sämtliche Familienbilder, flözweise über
einander geschichtet und dem Verderben geweiht. Einige
sind wert erhalten zu sein, allen hätte man wohl einen Platz

an den Wänden gegönnt. In wenigen Zimmern finden sich noch Stühle und Bettstellen, Kommoden und dergleichen, durch Zeit und Unordnung langsam verdorben und unbrauchbar.

In der kleinen Kapelle wird noch Gottesdienst gehalten, auch diese ist nur notdürftig reinlich. Ein paar kleine griechische Bildchen verdienen kaum aus diesem allgemeinen Verderben gerettet zu werden.

Aus solchen traurigen Umgebungen eilten wir in die reiche frohe Natur, indem wir auf der Höhe des Hügels, Weinberge links, frisch geackerte Fruchtfelder rechts, dem Johannisberg zugingen. Die Grenze des Weinbaues bezeichnet zugleich die Grenze des aufgeschwemmten Erdreichs, wo die Acker anfangen zeigt sich die ursprüngliche Gebirgsart. Es ist ein Quarz, dem Tonschiefer verwandt, der sich in Platten und Prismen zu trennen pflegt.

Man kann nicht unterlassen links hinterwärts, nach dem Fluß und nach denen ihn, an beiden Ufern, begleitenden Landschaften und Wohnlichkeiten umzuschauen, die, im einzelnen schon bekannt, mit größerem Anteil im Ganzen überblickt werden.

Überrascht wird man aber doch wenn man auf den Altan des Johannesberger Schlosses tritt. Denn wollte man auch alle in der Festbeschreibung genannten Orte und Gegenstände wiederholen, so würde sich doch nur dasjenige allenfalls in der Folge dem Gedächtnis darstellen, was man hier auf einmal übersieht, wenn man auf demselben Flecke stehend, den Kopf nur rechts und links wendet. Denn von *Bieberich* bis *Bingen* ist alles einem gesunden, oder bewaffneten Auge sichtbar. Der Rhein, mit denen daran gegürteten Ortschaften, mit Inselauen, jenseitigen Ufern und ansteigenden Gefilden. Links oben die blauen Gipfel des *Altkins* und *Feldbergs*, gerade vor uns der Rücken des *Donnersbergs*! Er leitet das Auge nach der Gegend woher die Nahe fließt. Rechts unten liegt *Bingen*, daneben die ahndungsvolle Bergschlucht wohin sich der Rhein verliert.

Die uns im Rücken verweilende Abendsonne beleuchtete diese mannigfaltigen Gegenstände an der uns zugekehrten Seite. Leichte, seltsam, streifenweis, vom Horizont nach dem Zenit strebende Wolken unterbrachen die allgemeine

Klarheit des Bildes, wechselnde Sonnenblicke lenkten jetzt
die Aufmerksamkeit bald da bald dorthin, und das Auge
ward stellenweise mit einzelner frischer Anmut ergetzt. Der
Zustand des Schlosses selbst störte nicht diese angenehmen
Eindrücke. Leer stehts, ohne Hausgerät, aber nicht verdorben.

Bei untergehender Sonne bedeckte sich der Himmel von
allen Seiten mit bunten immer auf den Horizont sich beziehenden pfeilförmigen Streifen, sie verkündigten eine Wet-
10 terveränderung über welche die Nacht entscheiden wird.

Den 3. Septbr.
Der Morgenhimmel, erst völlig umwölkt, erheiterte sich bei
fortdauerndem Nordwind. Nachdem wir in *Geisenheim*,
bei einem Handelsmanne, ein altes Gemälde gesehen, ging
der Weg aufwärts durch einen Eichenbusch welcher alle
vierzehn Jahre zum Behuf der Gerberei abgetrieben wird.
Hier findet sich das Quarzgestein wieder und weiter oben
eine Art von Totliegendem. Rechts blickt man in ein tiefes,
20 von alten und jungen Eichen vollgedrängtes Bergtal hinab,
die Türme und Dächer eines alten Klosters zeigen sich, von
dem reichsten Grün ganz eingeschlossen, in wildem, einsa-
men Grunde. Eine Lage übereinstimmend mit dem Namen
dieser heiligen Stätte: denn man nennt sie noch immer *Not
Gottes*, obgleich das Wunderbild, das dem Ritter hier seine
Not zujammerte, in die Kirche von Rüdesheim versetzt
worden. Völlig unwirtbar erschiene diese Stelle noch jetzt,
hätte man nicht einen kleinen Teil der angrenzenden Höhe
gerodet und dem Feldbau gewidmet.

30 Aufwärts dann, eine hochgelegene, bebaute Fläche hin,
geht der Weg bis man endlich auf den Niederwald gelangt,
wo eine gerade, lange, breite Fahrstraße vornehme Anlagen
verkündigt. Am Ende derselben steht ein Jagdschloß, mit
Nebengebäuden. Schon vor dem Hofraum, besser von einem Türmchen, sieht man in der ungeheuren Schlucht den
Rhein abwärts fließen. *Lorch, Dreyeckshausen, Bacharach*
sind hüben und drüben zu sehen, und mir war in diesem
Blick der Anfang einer neuen Gegend und der völlige
Abschluß des Rheingaues gegeben.

40 Auf einem Spaziergang durch den Wald gelangte man zu

verschiedenen Aussichten und endlich zu einem, auf einer
Felskuppe des Vorgebirgs liegenden Altan, von welchem
eine der schönsten Übersichten genossen wird. Tief unter
uns die Strömung des Binger Lochs, oberhalb derselben den
Mäuseturm. Die *Nahe* durch die Brücke von Bingen, her-
fließend, aufwärts der Bergrücken der *Rochus Kapelle* und
was dem angehört, eine große in allen Teilen mannigfaltige
Ansicht. Wendet sich das Auge zurück und unterwärts so
sehen wir das verfallene Schloß *Ehrenfels* zu unsern Füßen.

Durch eine große, wohlbestandne Waldstrecke, gelangt
man zu dem gegen Norden gerichteten runden Tempel.
Hier blickt man von neuem rheinaufwärts und findet Anlaß
alles zu summieren was man diese Tage her gesehen und
wieder gesehen hat. Wir sind mit den Gegenständen im
einzelnen wohlbekannt und so läßt sich durch das Fernrohr,
ja sogar mit bloßen Augen manches besondere, nah und
fern, schauen und bemerken.

Wer sich in der Folge bemühte den Niederwald besser
darzustellen, müßte im Auge behalten, wie das Grundge-
birge von Wiesbaden her immer mehr an den Rhein heran-
rückt, den Strom in die westliche Richtung drängt, und nun
die Felsen des Niederwaldes die Grenzen sind wo er seinen
nördlichen Weg wieder antreten kann.

Der steile Fußpfad nach Rüdesheim hinab, führt durch
die herrlichsten Weinberge, welche mit ihrem lebhaften
Grün in regelmäßigen Reihen, wie mit wohlgewirkten Teppichen, manche, sich an und übereinander drängende Hügel
bekleiden.

                                   Den 4. Septbr.
Früh in die Kirche, wo der Gottesdienst, wegen einer
Greifenklauischen Stiftung, feierlicher als gewöhnlich begangen wurde. Geputzte und bekränzte Kinder knieten an
den Seiten-Stufen des Altars und streuten, in den Hauptmo-
menten des Hochamtes, Blumenblätter aus ihren Körbchen; weil sie aber verschwenderisch damit umgingen und
doch in dem feierlichsten Augenblick nicht fehlen wollten,
rafften sie das Ausgestreute wieder in ihre Körbchen und
die Gabe ward zum zweitenmale geopfert.

Sodann zu der verfallenen, in ein Winzerhaus verwandel-

ten Kapelle des *heiligen Rabanus*. Sie soll das erste Gebäude
in Winkel gewesen sein, alt genug scheint es. Die Erde, oder
vielmehr der Schutt, aufgerafft an der Stelle wo der Altar
gestanden, soll Ratten und Mäuse vertreiben.

Nach Tische in einem, mit Menschen überladenen Kahne,
von Mittelheim nach Weinheim, bei ziemlich lebhaftem
Nordostwind. Der Stromstrich wirkt hier stark auf das
linke Ufer, nachdem er eine vorliegende Aue weggerissen.
Die Wurzeln der alten Weiden sind entblößt, die Stämme
vom Eis entrindet. Man hat einen Damm aufgeworfen um
die dahinter liegenden Felder vor Überschwemmung zu
sichern.

Am Ende dieses Dammes, gegen Niederingelheim zu,
fanden wir ganz eigentliche Dünen, in den ältesten Zeiten
vom Wasser abgesetzt, nun ihr leichter Sand vom Winde hin
und hergetrieben. Unzählige kleine Schnecken waren mit
demselben vermengt, ein Teil davon den Turbiniten ähnlich
die sich im Weinheimer Kalktuffe befinden. Daß dergleichen sich noch jetzt in diesem Sandbezirk vermehren, läßt
sich folgern, da mir die aufmerksamen Kinder ein Schnek-
kenhaus mit lebendigem Tiere vorgezeigt.

Hinter einer Mühle beginnt ein fruchtbareres Gelände
das sich bis *Nieder-Ingelheim* zieht. Dieser Ort schon hoch,
an einer sanften Anhöhe gelegen, gehört zu dem Distrikt
der sonst des heiligen Römischen *Reichs Tal* genannt
wurde. Carl des Großen Palast fanden wir halb zerstört,
zerstückelt, in kleine Besitzungen verteilt, den Bezirk desselben kann man noch an den hohen, vielleicht spätern
Mauern erkennen. Ein Stück einer weißen Marmorsäule
findet sich an dem Tor eingemauert, mit folgender Inschrift
aus dem dreißigjährigen Kriege:

»Vor 800 Jahren ist dieser Saal des großen Kaisers Carl,
nach ihm Ludwig des milden Kaisers Carlen Sohn, im Jahr
1044 aber Kaisers Heinrichs, im J. 1360 Kaisers Carlen
Königs in Böhmen Palast gewesen und hat Kaiser Carle d.
Große, neben andern gegossenen Säulen, diese Säule aus
Italia von Ravenna anhero in diesen Palast fahren lassen,
welche man bei Regierung Kaisers Ferdinandi des II und
Königs in Hispania Philippi des IV auch derer verordneter
hochlöblicher Regierung in der untern Pfalz, den 6. Aprilis

Anno 1628 als der katholische Glauben wiederumb einge-
führet worden ist aufgerichtet.

Münsterus in Histor⟨i⟩a von Ingelheim des heilg. rö-
misch. Reichs Thal fol. DCLXXXIX.«

Den Ort, wo die Küche vor Alters gestanden will man
dadurch entdeckt haben, daß sehr viele Tierknochen besonders wilde Schweinszähne in dem nächsten Graben entdeckt worden. Während der französischen Herrschaft hat
man verschiedene Nachsuchungen getan, auch wurden
einige Säulen nach Paris geschafft.   10

Neuerlich ward, bei Gelegenheit des großen Chausseebaues, Ingelheim vortrefflich gepflastert, das Posthaus gut
eingerichtet. Frau Glöckle nennt sich die Postmeisterin,
jetzt von Reisenden, besonders Engländern und Engländer-
rinnen fleißig besucht.

Bei dunkler Nacht gelangten wir, auf der Fähre, zwar
nicht ohne Unbilden, aber doch glücklich nach Hause.

Den 5. Septbr.
Fuhren wir im Wagen nach Rüdesheim, sodann im Kahne,   20
bei einem starken, stromaufwärtswehenden Winde, nach
Bingen hinüber; die Fähre brachte den Wagen nach.

Spaziergang am Ufer, Gyps ausgeladen, viel mit grauem
Ton vermischt. Woher derselbe kommen mag? Spaziergang
durch die Stadt, im Gasthaus zum weißen Roß eingekehrt.
Melancholische Wirtin, mit seltsamem Bewußtsein ihres
Zustandes. Nach guter und wohlfeiler Bewirtung fuhren
wir den Rochus-Berg hinauf, an den verfallenen Stationen
vorbei. Die Rochus Kapelle fanden wir offen. Der Mann der
die Wiederherstellung besorgt hatte war gegenwärtig, froh   30
über sein Werk, das auch wirklich für gelungen gelten kann.
Man hat die Kirchenmauern erhöht so viel als nötig um dem
Hauptaltar von Eibingen gehörigen Raum zu verschaffen.
Der Transport kostete nichts, denn die von Bingen hatten
alles von drüben herab und hüben herauf getragen, die
Schiffer gleichfalls ohne Lohn gefahren. Dadurch war das
Einzelne wohlerhalten geblieben und nur weniges zu repa-
rieren nötig.

Man beschäftigte sich eben die Orgel aufzustellen. Als
wir denjenigen den wir für den Meister hielten nach der   40

Güte der Orgel fragten, erwiederte er mit Bedeutsamkeit: es ist eine weiche Orgel, eine Nonnen-Orgel! Man ließ uns einige Register hören, sie waren für den Umfang der Kapelle stark genug.

Nun wendeten wir uns zu der niemals genug zu schauenden Aussicht und untersuchten sodann das Gestein. Auf der Höhe besteht es aus einem dem Tonschiefer verwandten Quarz, am Fuße gegen Kempten zu aus einer Art Totliegenden, welches aus scharfkantigen Quarzstücken, fast ohne Bindungsmittel besteht. Es ist äußerst fest und hat außen durch die Witterung den bekannten Calzedon-Überzug erlangt. Es wird billig unter die Urbreccien gerechnet.

Wir fuhren durch die Weinberge hinabwärts, ließen Kempten links und gelangten auf die neue treffliche Chaussee, an deren beiden Seiten ein leicht zu bearbeitender Boden gesehen wird. Da wir nach Oberingelheim verlangten, so verließen wir die Straße und fuhren rechts, auf einem sandigen Boden durch junge Kieferwäldchen; sanfte Anhöhen zeigten schon besseres Erdreich, endlich trafen wir Weinberge und gelangten nach *Oberingelheim*. Dieses Örtchen liegt an einer Anhöhe, an deren Fuß ein Wasser die Sulze genannt hinfließt.

In dem reinlichen, wohlgepflasterten Orte sind wenig Menschen zu sehen. Zu oberst liegt ein altes, durchaus verfallenes, weitläufiges Schloß, in dessen Bezirk eine noch gebrauchte, aber schlecht erhaltene Kirche. Zur Revolutionszeit meißelte man die Wappen von den Rittergräbern. Uralte Glasscheiben brechen nach und nach selbst zusammen. Die Kirche ist protestantisch.

Ein wunderbarer Gebrauch war zu bemerken. Auf den Häuptern der steinernen Ritter-Colossen, sah man bunte, leichte Kronen von Draht, Papier und Band, turmartig zusammen geflochten. Dergleichen standen auch auf Gesimsen, große beschriebene Papierherzen daran gehängt. Wir erfuhren, daß es zum Andenken verstorbener, unverheirateter Personen geschehe. Diese Totengedächtnisse waren der einzige Schmuck des Gebäudes.

Wir begaben uns in ein Weinhaus und fanden einen alten Wirt, der, ohngeachtet seines kurzen Atems, uns von guten und bösen Zeiten zu unterhalten nicht ermangelte. Die beiden Ingelheime gehörten zu einem Landesstrich, den man die *Acht Ortschaften* nannte, welche seit uralten Zeiten große Privilegien genossen. Die Abgaben waren gering, bei schöner Fruchtbarkeit. Unter französischer Botmäßigkeit hatte man große Lasten zu tragen.

Man baute sonst hier nur weißen Wein, nachher aber, in Nachahmung und Nacheiferung von Asmannshausen, auch roten; man rühmte dessen Vorzüge ob man uns gleich mit keinem roten Eilfer mehr dienen konnte, wir ließen uns daher den weißen genannten Jahres wohlschmecken.   10

Als wir nach Weinheim zurück ans Ufer kamen und nach einem Kahn verlangten, erboten sich zwei Knaben uns überzufahren. Man zeigte einiges Mißtrauen gegen ihre Jugend, sie versicherten aber besser zu sein als die Alten, auch brachten sie uns schnell und glücklich ans rechte Ufer.

Den 6. Septbr.

Auf einem Spaziergange, bei Gelegenheit daß eine Mauer errichtet wurde, erfuhr ich daß der Kalkstein, welcher fast ganz aus kleinen Schnecken besteht, an den jenseitigen   20 Höhen, und mehreren Orten gebrochen werde. Da diese Schnecken, nach der neusten Überzeugung, Ausgeburten des süßen Wassers sind, so wird die ehemalige Restagnation des Flusses zu einem großen See immer anschaulicher.

Man zeigte mir am Rheine, zwischen einem Weidig, den Ort wo *Fräulein von Günderode* sich entleibt. Die Erzählung dieser Katastrophe an Ort und Stelle, von Personen welche in der Nähe gewesen, und Teil genommen, gab das unangenehme Gefühl was ein tragisches Local jederzeit erregt. Wie man Eger nicht betreten kann ohne daß die Geister   30 Wallensteins und seiner Gefährten uns umschweben.

Von diesen tragischen Gefühlen wurden wir befreit indem wir uns nach den Gewerben des Lebens erkundigten.

Gerberei. Der Stockausschlag eines abgetriebenen Eichenbusches braucht dreizehn bis vierzehn Jahre, dann werden die jungen Eichen geschält, entweder am Stamme, oder schon umgeschlagen, dies muß im Safte geschehen. Diese Schale wird von fernen Orten hergeholt, vom Neckar   40

über Heidelberg, von Trier u. s. w. Die Wasserfahrt erleichtert das Geschäft. Mühlen zum Kleinmahlen der Lohe.
Häute, die Nordamerikanischen, kommen während der
letzten Zeit immer über Frankreich. Behandlung der Häute,
Zeit des Garwerdens.

    Weinbau. Mühe dabei. Vorteile, Gewinn, Verlust. Anno
1811 wurden in Winkel 800 Stück Wein gebaut. Großer
Ertrag des Zehnten. Die Güte des Weins hängt von der Lage
ab, aber auch von der spätern Lese. Hierüber liegen die
Armen und Reichen beständig im Streite, jene wollen viel,
diese guten Wein. Man behauptet es gebe um den Johannisberg bessere Lagen; weil aber jener, als eingeschlossener
Bezirk, seine Weinlese ungehindert verspäten könne, daher
komme die größere Güte des Erzeugnisses. In den Ge-
meinde-Bezirken werden die Weinberge einige Zeit vor der
Lese geschlossen, auch der Eigentümer darf nicht hinein.
Will er Trauben, so muß er einen verpflichteten Mann zum
Zeugen rufen.

———

Und so hätten wir denn abermals mit dem glücklichen
Rundworte geschlossen:

           Am Rhein! am Rhein!
           Da wachsen unsre Reben!

CÖLLN
⟨Nachtrag⟩

Zu unserer großen Beruhigung erfahren wir daß man daselbst eine ansehnliche Stiftung zu gründen beschäftigt sei,
wodurch es auf lange Jahre möglich wird den Dom wenigstens in seinem gegenwärtigen Zustande zu erhalten.
    Auch ist durch Vorsorge des Herrn General-Gouver-
neurs Grafen von Solms-Laubach die Wallraffische Sammlung in das geräumige Jesuiten-Gebäude gebracht, und man
sieht einer methodischen Aufstellung und Katalogierung
derselben mit Zutrauen entgegen.
    Und so wären dann zwei bedeutende Wünsche aller
deutschen Kunstfreunde schon in Erfüllung gegangen.

FRANKFURT AM MAYN

⟨Nachtrag⟩

Die Senkenbergische Stiftung, eine höchstwichtige Anstalt, und zwar deren wissenschaftlicher Teil steht unter der Aufsicht des Herrn Dr. *Neuburg*, eines Mannes von unermüdlichem Eifer, eben so bereit sich für die Sache aufzuopfern als für dieselbe zu streiten. Da wir in Jahresfrist durch seine Bemühungen und die eingreifende Tätigkeit der Angestellten schon so viel Wünschenswertes erfüllt gesehen; so kann es nicht fehlen, daß man auch endlich, von Seiten der Administration des Krankenhauses dem wissenschaftlichen Institut zu Hülfe kommen werde. Der Geist, diese Notwendigkeit einzusehen, die Nützlichkeit zu erkennen und die Ausführung zu bewerkstelligen, muß in Frankfurt schon lebendig sein, oder nächstens lebendig werden.

Der verewigte Senkenberg hinterließ eine Sammlung von Mineralien und fossilen Schaltieren, wovon die erste minder wichtig und nach dem frühern Standpunkt der Mineralogie unordentlich durch einander lag. Über 40 Jahre lag diese Sammlung mit Staub bedeckt, ohne daß sich jemand darum bekümmerte, und nur erst in diesem Jahre verbanden sich einige Mineralogen, unter welchen Herr Doktor Buch sich besonders verdient gemacht hatte, brachten dieselbe nach dem Wernerischen und Leonhardischen Systeme in Ordnung, mit dem lebendigsten Vorsatze sie mit den vielen mangelnden Mineralkörpern zu bereichern und ein geordnetes Ganzes daraus zu machen. Es ist zu bedauern, daß der rege Eifer der Unternehmer wenig Unterstützung findet, und sie trotz ihres Aufwandes an Zeit, so wie an manchen ob zwar geringen Geldausgaben, nur nach und nach ihren Zweck erreichen können. Diese Einrichtung wäre beinahe noch neulich erst durch den Vorschlag einiger Administratoren zu Grunde gegangen, der aber glücklicherweise zurück gewiesen wurde. Man wollte nämlich, um der Stiftung in etwas aufzuhelfen, das Stifthaus vermieten; dem Übel wäre dadurch eben so abgeholfen worden, wie mancher unheilbaren Krankheit durch den Tod.

Das anatomische Theater hat durch den unermüdeten Fleiß des Herrn Doktor Kretschmar, der Vorlesungen darin

hält, bedeutend gewonnen; auch sucht derselbe, durch eignen Fleiß und denjenigen seiner Schüler, die Präparate zu
ersetzen, die dasselbe in der letzten Zeit verloren hat.
Mehrere gelungne Präparate eingespritzter Blutgefäße, Vo-
gelskelette, und andere Gegenstände der vergleichenden
Anatomie, wohin vorzüglich einige sehr abweichende Teile
des testudo Mydas gehören, können hierzu als überzeugende Beweise dienen.

Auch der botanische Garten hat im letzten Sommer sehr
viel gewonnen. Eine nicht geringe Zahl Pflanzen wurden,
ohne daß der Stiftungsfonds sie anschaffte, in das Treibhaus
gebracht und mehrere in der Wetterauer Flora nicht aufgenommene, in hiesiger Gegend wildwachsende Pflanzen
wurden im Garten angepflanzt. Man hat sich es nämlich
zum Gesetze gemacht, bei der Beschränktheit des botanischen Gartens, hauptsächlich auf offizinelle oder ökonomische Pflanzen, oder auch auf solche Rücksicht zu nehmen,
die als seltne Gewächse in unserer Gegend vorkommen,
indem der geringe Raum des Lokals keine große Menge
aufzunehmen gestattet. Der hiesige sehr unterrichtete Herr
Apotheker Stein hat mehrere von der Stadt entfernte Exkursionen vorgenommen und mehrere seltne Gewächse, die er
auf denselben fand, dem Garten geschenkt. Das Gewächs-
haus wurde mit mehreren seltnen ausländischen Pflanzen,
wie mit Laurus Camphora, Epidendron vanilla u. s. w. do-
tiert. Die Kürze der Zeit erlaubte nicht, den bisher in seiner
Einrichtung vernachlässigten Garten in dem letztverfloß-
nen regnigen Sommer völlig in Ordnung zu bringen, jedoch
ein Teil desselben wurde, mit Beihülfe des sehr geschickten
Botanikers, Herrn Beckers aus Offenbach, der aus Liebe
zur Wissenschaft mitwirkte, in systematische Ordnung gebracht und es ist nicht zu zweifeln, daß der ganze Garten im
Laufe des künftigen Sommers dahin gebracht werden wird.

Die Bibliothek enthielt eine ansehnliche Zahl der besten
alten medizinischen Werke, konnte aber mit den neueren
nicht, wie es zu wünschen gewesen wäre, bereichert werden, aus der schon erwähnten Beschränktheit des Fonds. Sie
ist bis zur Periode, in der Senkenberg starb, ziemlich vollständig, da er sie selbst anschaffte und sie der Stiftung
überließ. Nachher wurden zwar mehrere Werke ange-

schafft, auch Herr Doktor Lehr vermehrte dieselbe durch
seinen hinterlassenen Büchervorrat, in den letzten Jahren
blieben aber manche Lücken der medizinischen Literatur in
derselben unausgefüllt.

Das unter dem Fürsten Primas zum Behufe der medizinischen Spezialschule aufgeführte chemische Laboratorium,
das nun wieder städtisches Eigentum wurde, so wie der
daran stoßende, auf dem ehemaligen Wall gelegene kleine
Garten, wurde auf Ansuchen der Administratoren, der
Stiftung vom Senate unentgeltlich überlassen. Es ist sehr zu   10
wünschen, daß auch hierin Senkenbergs Willen in Erfüllung
gehen möchte, der die Wichtigkeit der Chemie zu würdigen
wußte und sie in einem angewiesenen Lokal in dem Stifts-
hause betrieben wissen wollte, um so mehr da diese Wissenschaft in unsern Tagen beinahe alle andern hinter sich läßt.

Die anfangende Baufälligkeit des Gewächshauses, so wie
nicht minder das Alter der übrigen Gebäude, der Mangel an
so manchen unentbehrlichen Gegenständen, sowohl wissenschaftlicher als anderer Art, dürften bei der Lauigkeit
womit die Sachen des Stifts betrieben werden, die mit des   20
seligen Stifters Wünschen so grell abstechen, uns eine traurige Prognose stellen, und es wäre sehr zu wünschen, daß
die Kassen unserer reichen Mitbürger, wenn auch nur durch
mäßige Beiträge, dem einbrechenden Verfall eines so nützlichen Instituts vorbauen möchten.

Für das Krankenhaus, dessen Fonds von demjenigen der
Stiftung getrennt ist, ist bisher viel geschehn. Noch erst im
verfloßnen Jahre wurde eine bedeutende Summe zurück
gelegt als Überschuß über die Ausgabe. So löblich diese
Wohltätigkeit der Frankfurter gegen das Krankenhaus sein   30
mag, so ist es doch traurig so wenig Sinn für die medizinische Wissenschaft und Kunst, die der Stifter so sehr beabsichtigte, und deren Beförderung so heilsam in ihren Folgen
ist, bei ihnen zu bemerken. Man würde unfehlbar im Geiste
des Stifters mehr handeln, wenn das mit der Stiftung ver-
schwisterte Krankenhaus von seinem Überfluß, der jährlich
zunimmt, nur einen kleinen Teil abgäbe, wenigstens in
zweifelhaften Fällen, die nicht selten vorkommen, nicht so
drückend gegen dasselbe verführe. Man sollte bedenken,
daß der größte Verlust für beide Institute in der Unterlas-   40

sung des Guten bestehe, und daß keine angeschafften Kapitalien, so wichtig sie dem scheinen mögen, der sich von
Jugend auf sie zu häufen gewöhnt hat, dasselbe nur im
geringsten zu ersetzen im Stande sind. Die Opfer, welche
die Stiftung dem Institute bei seiner Entstehung brachte,
diese allein sollten die Administratoren bewegen, die erstere
zu unterstützen, mit deren Zusammensinken den Frankfurter Ärzten, die wie Handwerker für jeden einzelnen Gang
belohnt werden, und die weder Auszeichnung noch sonstige Beförderung für das Gefahrvolle und Beschwerliche
ihres Standes zu erwarten haben, jede Aufmunterung mit
der Zeit weiter zu kommen, benommen wird. –

———

Herr *Städel*, ein Kunstfreund wie wenige, ist in seinem neun
und achtzigsten Jahre verstorben. Sein eröffnetes Testament
bestimmt Haus, Sammlungen und Vermögen, nach einem
mäßigen Anschlag auf *dreizehnmal hundert tausend Gulden* geschätzt, einer Stiftung für bildende Kunst. Herr Dr.
Grambs, ein einsichtiger Sammler und Kunstfreund, ist
zum Vollstrecker dieses letzten Willens bestimmt.

HANAU

⟨Nachtrag⟩

Von dort wissen wir so viel zu melden, daß zwar Herr
Geheimerat von *Leonhard* nach München gezogen, von wo
er uns mit einer vortrefflichen akademischen Rede: über
Bedeutung und Stand der Mineralogie, beschenkt hat, dagegen aber die Gesellschaft wetterauischer Naturfreunde von
landesherrlicher Seite bestätigt und ihnen die geräumigen
Zimmer in dem Schlosse gesichert werden.

Ferner ist die dortige schon längstens tätige Anstalt für
Kunstbildung zur Akademie erhoben und Herr Hofrat
Westermeyer zum Direktor derselben bestellt worden.

HEIDELBERG

⟨Nachtrag⟩

Von der *Boissereeschen* Gemälde-Sammlung, deren ausführliche Beschreibung wir uns vorbehalten, möge diesmal
nur so viel gesagt sein, daß sie seit einem Jahre ansehnlich
vermehrt worden, besonders mit trefflichen Bildern aus der
oberdeutschen Schule. Von Meistern welche fehlten sind
eingerückt: Wohlgemuth, Altdorfer, Beukelaar und ein
bisher ganz unbekannter vorzüglicher Köllner: Johann von   10
Melem in der Art des Schoreel; bedeutende, ja zum Teil
Hauptwerke. Sodann wurden angeschafft von Meistern
deren Werke sich schon in der Sammlung befanden: Martin
Schön, von J. J. Walch, ein[en] mit Dürer gleichzeitiger
Portraitmaler, von Dürer selbst und von Johann Mabuse.
Letzterer, als einer der vorzüglichsten alten niederländischen Maler, ist auch durch die Mannigfaltigkeit seiner
Behandlungsweise merkwürdig, um so höher ist also das
Glück zu schätzen daß mehrere Hauptwerke, wahre Klein-
ode der Ausführung und Erhaltung, aus seinen verschiede-   20
nen Lebenszeiten der Sammlung hinzugefügt werden konnten. Vielleicht ist aber unter allem Neuangeschafften die
Kreuzabnahme von Dürer am höchsten zu schätzen
     Ferner darf nicht unbemerkt bleiben, daß die Besitzer
durch weit verbreitete, höchst günstige Verbindungen die
nächste Aussicht haben, ihre Sammlung zweckmäßig zu
bereichern und immer vollständiger zu machen, da sie denn
gegründete Hoffnung hegen daß sie bald das Glück haben
dürften mehrere, seit Jahrhunderten in fernem Ausland
zerstreute, für die Aufklärung der deutschen Kunstge-   30
schichte höchst schätzbare Denkmale wiederzugewinnen
und in den schon vorhandenen, verwandten Kunstkreis
einzuschließen.

REDEN

⟨Bei feierlicher Einweihung
und ersten Austeilung
des weissen Falkenordens
am 30. Jan. 1816.
gesprochen von Goethe⟩

Durchlauchtigster Großherzog,
Gnädigster Fürst und Herr!

Ew. Königl. Hoheit haben in diesen neusten Zeiten Ihre
sämtlichen Angehörigen mit so viel Huld und Gnaden
überrascht, daß es besser schien stillschweigend so mannigfaltiges Gute zu verehren, als die reinen heiligen Empfindungen des Dankes durch Wiederholung zu erschöpfen
oder abzustumpfen. Wie verlegen muß ich mich daher
fühlen, wenn ich mich berufen sehe, in Ew. Königl. Hoheit
Gegenwart die Empfindungen gleichfalls gegenwärtiger
aufs neue höchst begünstigter Männer, anständig auszudrücken.

Glücklicherweise kommt mir zu Statten daß ich nur
dasjenige wiederholen darf, was seit mehr als Vierzig Jahren, ein jeder der das Glück hat in Ew. Hoheit Kreise zu
wirken, jeder Deutsche, jeder Weltbürger mit Überzeugung
und Vergnügen ausspricht, daß Höchstdieselben mehr für
andere als für sich selbst gelebt, für andere gewirkt, gestritten und keinen Genuß gekannt, als zu dessen Teilnahme
zahlreiche Gäste geladen wurden, so daß wenn die Geschichte für Höchstdieselben einen Beinamen zu wählen
hat, der Ehrenname des *Mitteilenden* gleich zur Hand ist.

Und auch gegenwärtig befinden wir uns in demselben
Fall, denn kaum haben Ihro Königl. Hoheit, nach langem
Dulden und Kämpfen, sich neubelebten Ruhmes, erhöhter
Würde, vermehrten Gutes zu erfreuen, so ist Ihro erste
Handlung, einem jeden der Ihrigen davon freigebig seinen
Teil zu gönnen. Ältern und neuern Kriegsgefährten erlau-
ben Sie, sich mit der hohen Purpurfarbe zu bezeichnen, und
aus denen sorgsam und weislich erworbenen Schätzen, sieht
ein jeder sein häusliches Glück begünstigt. Und nun machen
Sie eine Anzahl der Ihrigen und Verbundenen Ihrer höch-
sten Würde teilhaftig, indem ihnen ein Zeichen verliehen

wird, durch welches alle sich an Höchstdieselben herange-
hoben fühlen. Diese dreifach ausgespendeten Gaben sind
mehr als hinreichend, unvergeßlich scheinende Übel auf
einmal auszulöschen, allen, in dem Winkel des Herzens
noch allenfalls verborgenen Mißmut aufzulösen, und die
ganze Kraft der Menschen, die sich bisher in Unglauben
verzehrte, neuer lebendiger Tätigkeit auf einmal zuzuwenden. Jede Pause die das Geschäft, jede Stockung die das
Leben noch aufhalten möchte, wird auf einmal zu Schritt
und Gang und alles bewegt sich in einer neuen fröhlichen
Schöpfung. Wenden wir uns nun wieder zu dem gegenwärtigen Augenblick, so erfreut uns das hohe Zeichen der
Gnade, welches, vom Ahnherrn geerbt, Ew. Königl. Hoheit
in der Jugend schmückte. Gesinnungen, Ereignisse, Unbilden der Zeit, hatten es aus dem Auge gerückt, damit es aufs
neue, zur rechten Stunde, glänzend wieder hervorträte.
Nun bei seiner Wiedererscheinung, dürfen wir das darin
enthaltene Symbol nicht unbeachtet lassen.

Man nennt den Adler den König der Vögel, ein Naturforscher jedoch glaubt ihn zu ehren, wenn er ihm den Titel
eines Falken erteilt. Die Glieder dieser großen Familie
mögen sich mit noch soviel Namen unterscheiden: der
weißgefiederte, der uns gegenwärtig als Muster aufgestellt
ist, wird allein der *Edle* genannt. Und doch wohl deshalb,
weil er nicht, wie die übrigen, auf grenzenlosen Raub
ausgeht, um sich und die Seinigen begierig zu ernähren,
sondern weil er zu bändigen ist, gelehrig dem kunstreichen
Menschen gehorcht, der nach dem Ebenbilde Gottes, alles
zu Zweck und Nutzen hinleitet. Und so steigt das schöne
edle Geschöpf von der Hand seines Meisters himmelauf,
bekämpft und bezwingt die ihm angewiesene Beute und
setzt durch wiederholt glücklichen Fang, Herrn und Herrin
in den frohen Stand, das Haupt mit der schönsten Feder-
zierde zu schmücken.

Und so dürfen wir denn schließlich die Absicht unseres
Fürsten nicht verkennen, daß er zu dieser Feier den feierlichsten Tag gewählt, der uns schon so lange heilig ist und
welchem schon, seit so vielen Jahren, die Künste ihren
mannigfaltigsten Schmuck, soviel sie nur vermochten, anzueignen und zu widmen suchten. Heute wendet sich diese

ORDENSSTERN DES GROSSBRITANNISCHEN HAUSORDENS
DER WALLBAROETOOK MIT VALUEN IN DEN
INSCHRIFT DES ORDENSMOTTO
Vigilando Ascendimus.

ORDENSSTERN DES GROSSHERZOGLICHEN HAUSORDENS
DER WACHSAMKEIT ODER VOM WEISSEN FALKEN
Inschrift: das Ordensmotto
»Vigilando ascendimus«

Zierde gegen uns, wir begehen diesen Tag mit ernsten
Betrachtungen, die doch nur immer dahin führen können,
daß wir mehr als jemals auf Blick und Wink des Herrn zu
achten haben, dessen Absichten ganz und gar auf unser
Wohl gerichtet sind. Möge das Glück unser gemeinsames
Bestreben begünstigen und wir zunächst die Früchte eifriger Bemühungen dem Höchsten Paare und dessen erlauch-
tem Hause als bescheidenen aufrichtigen Dank getrost entgegen bringen.

10   30. Jan. 1816.

⟨Ansprache bei Einführung August von Goethes
in die Hoftheaterintendanz⟩

Die heutige Zusammenkunft ist für uns alle von Bedeutung
und Wichtigkeit; für mich am meisten, denn indem ich, dem
gnädigsten Rescripte vom 29ⁿ Jan: gemäß, meinen Sohn, den
CammerJunker und CammerRat von Goethe, als Mitglied
20 der ansehnlichen TheaterIntendanz einführe, weiß ich recht
gut, was für eine müh- und sorgenvolle Laufbahn ich ihm
eröffne, und in diesem Sinne müßte mir der gegenwärtige
Augenblick schmerzlich sein. Bedenke ich aber, daß dieser
Schritt nach dem eigensten Willen unseres gnädigsten Fürsten und Herrn geschieht, so muß ich darin die größte
Belohnung der vieljährigen in diesem Fach erduldeten
Mühseligkeiten betrachten: denn es zeigt an, daß Höchst-
Dieselben mit der bisherigen Führung und Leitung dergestalt zufrieden gewesen, daß Sie wünschen künftighin möge
30 das Geschäft nach gleichen Grundsätzen und auf gleiche
Weise fortgeführt werden. Dadurch seh ich mich denn, bei
merklicher Abnahme an Kräften, durch jugendlichen Mut
und Tätigkeit im Bilde wieder hergestellt und ich darf
hoffen, von dem Geschäft dereinst nicht ganz abzugehen.
Und so mag ich denn gern der Zeiten denken, wo diese
durch mancherlei Wechsel sich hindurch windende Anstalt
begonnen, begründet und nach und nach auferbaut worden.
Dieses ist durch gemeinsame, treue Mitwirkung vorzüglicher, kenntnisreicher, treugesinnter und ausdauernder
40 Männer geschehen, so daß wir gegenwärtig wohl mit gutem

Gewissen einen jungen Mann auffordern können an unsern
Bemühungen Teil zu nehmen; denn es ist bei uns nicht etwa
von einer Reform oder Veränderung die Rede, nicht von
einer neuen Gestaltung der Dinge, sondern das Vorhandene
soll erhalten und das Bestehende frisch angeregt werden.

Unsere ökonomischen Einrichtungen und Zustände,
dank sei es demjenigen der sich besonders damit beschäftigt!
sind untadelhaft und alles Zutrauns würdig. Alles was zur
technischen Einrichtung der Bühne gehört, ist auf das Genauste schon auf einen solchen Punkte, daß selbst das
Wenige was noch abgehen möchte bereits angeordnet und
vorgearbeitet ist. Worauf wir aber gegenwärtig alle Aufmerksamkeit zu richten haben, ist gerade die Hauptsache,
nämlich die öffentliche Erscheinung unserer Bühne, in der
wir, ohne unsere Schuld zurückgekommen sind. Denn da
hiebei alles auf Talent und Persönlichkeit des Schauspielers
ankommt, so dürfen wir uns nicht leugnen daß wir manchen
Verlust erlitten haben und mancher uns bevorsteht. Den
möglichen Ersatz des Verlornen, die Vermannigfaltigung
eines befriedigenden geistreichen Zusammenspiels, die
Sorge für ununterbrochene bedeutende Vorstellungen, das
ist es worauf wir jetzo losarbeiten müssen. Daß es hiezu
neuer Mittel, frischer Anstrengungen, anhaltender Bemühungen bedürfe, werden wir uns nicht ableugnen und ich
gedenke in kurzer Zeit hierüber meine Vorschläge den
verehrten Mitgeordneten zur Prüfung vor⟨zu⟩legen. Sind
sie durch ihren Beirat der Vollkommenheit näher gebracht
und wert befunden von Serenissimo beurteilt zu werden; so
können wir uns eine beifällige Genehmigung oder wenigstens eine gnädigste Zurechtweisung versprechen.

Indem ich nun meinen allgemeinen aber wohlgefühlten
Dank für die bisherigen Mitwirkungen allen Gliedern unseres Vereins hiemit ausspreche, so ersuche um Wohlwollen,
Geneigtheit und Zutrauen für den so eben Eingeführten,
damit jugendlich guter Wille und Kraft ohngehindert wirksam werden könne.

Mich selbst aber erbiete sowohl in Gegenwart als Abwesenheit zu der treulichsten Beachtung des Vorteils dieser
schönen Anstalt und verspreche mir, wie bisher, auch für
die Zukunft geneigten Anteil und Mitwirkung.

Da nun aber, in Gemäßheit des gnädigsten Rescripts, noch einige Punkte zu erledigen sind und zwei Verordnungen sich notwendig machen: an den bisherigen Regisseur Herrn Genast und an den gegenwärtigen Herrn Oels; so habe solche alsobald aufgesetzt und will sie, der Kürze wegen, mit Erlaubnis vorlesen:

⟨An Herrn Genast allhier.

Daß Ihro Königl. Hoheit der Großherzog von Sachsen Weimar-Eisenach, den bisherigen Regisseur und Hof-Schauspieler Herrn Genast seiner Funktionen entbinden, und dagegen die ihm zugesicherte Pension künftig abzureichen beschlossen haben, wie solches durch ein gnädigstes Rescript Großherzogl. Theater-Intendanz eröffnet worden, solches wird gedachtem Herrn Genast hiedurch mit Anerkennung seiner vieljährigen geleisteten eifrigen Dienste und Bemühungen dem Befehle gemäß bekannt gemacht.

Weimar d. 6ⁿ Febr. 1817
Großherzogl. S. Hof-Theater Intendanz⟩

⟨An den HofSchauspieler und Regisseur Herrn Oels allhier.

Daß Ihro Königl. Hoheit der Großherzog von S. Weimar-Eisenach dem bisherigen HofSchauspieler Herrn Oels, aus besonderem Vertrauen, die Stelle eines Regisseurs bei Höchstderoselben Hof-Theater gnädigst zu übertragen geruhen wollen; solches wird demselben, dem Höchsten Befehl gemäß hiedurch eröffnet.

Wie ihm nun durch lange Erfahrung alles bekannt geworden was bei dem Weimarischen Theater eingerichtet, herkömmlich und gebräuchlich ist; so hat Großherzogl. Intendanz gleichfalls die völlige Überzeugung daß er diesem Geschäfte ordnungsgemäß zu Ihrer Zufriedenheit vorstehen werde, wie er denn deshalb noch genauere Instruktion erfolgen soll; wogegen demselben von der ihm vorgesetzten Behörde sich Fördernis jeder Art in seinem Geschäft zu versprechen hat.

Weimar d. 6ⁿ Febr. 1817.

G. H. S. H. Th. I.⟩

Sodann wäre wohl, da unser guter KapellMeister, Herr
Müller, krankheitswegen nicht in der Session erscheinen
kann, solchem durch eine gleichfallsige Verordnung die
neue Einrichtung bekannt zu machen. Sie würde ohngefähr
lauten wie folgt:

〈An den Großherzogl. KapellMeister Herrn Müller allhier.
Da der Großherzogl. KapellMeister Herr Müller durch
Krankheit gehindert ist persönlich in der Session zu erscheinen; so wird demselben hiedurch bekannt gemacht daß Ihro,   10
des Großherzogs von Sachsen Weimar-Eisenach, Königl.
Hoheit, geruht haben den KammerJunker und Kammerrat
Herrn von Goethe zum Mitgliede der Theater-Intendanz zu
ernennen; Nicht weniger dem HofSchauspieler Oels die
Regie des hiesigen Theaters anzuvertrauen. Hiedurch wird
derselbe in den Stand gesetzt in seinem Wirkungskreis
verhältnismäßig zu gedachten Personen hinfort das Beste
und Nützlichste zu befördern.
      Weimar d. 5 Febr. 1817.

                          G. H. H. Theater Intendanz〉   20

Schlüßlich aber könnte die Notification der neuen Einrichtung dem sämtlichen Personal des Theaters durch die heutige Austeilung bekannt gemacht werden und zwar folgender Gestalt:

〈Dem sämtlichen Personal des hiesigen Großherzogl. Hof-
Theaters wird hiedurch bekannt gemacht, daß, nach einem gnädigsten Rescript Serenissimi, unter heutigem dato
der Großherzogl. KammerJunker und KammerRat von
Goethe, als Mitglied der Großherzogl. Hof-Theater-Inten-   30
danz eingeführt worden, auch Herr Genast seiner bisherigen Obliegenheiten entlassen, dem Hof-Schauspieler
Herrn Oels dagegen, die Regie übertragen worden.
      Weimar d. 6ⁿ Febr. 1817.

                          Großh. S. HofTheater Intendanz〉

Wie man denn auch künftig gerade diese Austeilung benutzen könnte, um mancherlei Wünschenswertes, wie es bisher
wohl auch geschehen, zur Sprache zu bringen.
      Weimar d. 6ⁿ Febr. 1817.   40

SCHRIFTEN ZUR LITERATUR

Il y avoit une sorte d'anarchie douce et paisible, en faits d'opinions littéraires et méthaphysiques, qui permettoit à chaque homme le développement entiers de sa manière de voir individuelle.

Wenn ein Fremder bei seiner Durchreise durch irgend eine Stadt oder Städtchen einem Auflaufe zusieht, der sich

10 auf den ⟨Straßen⟩ oder auf den Markt entwickelt, so wird er besonders wenn er nichts zu befürchten hat daß eine solche Bewegung auch ihn erreichen werde, einen solchen Vorfall sehr unterhaltend finden, und allenfalls in seinen Tagebuche, der Begebenheit im Vorübergehen ganz heiter gedenken, ganz anders werden die Partein, der Stadtrat und die Polizei einen solchen Vorfall betrachten, und es ist ihnen nicht zu verdenken daß sie das jenige ernsthaft nehmen woran ihre Existenz hängt, gesetzt auch das Städtchen wäre nicht von der größten Bedeutung.

20 Die von der Verfasserin bemerkte Anarchie findet würklich statt, nur daß sie denjenigen nicht friedlich erscheint, der darinne befangen ist, tätig oder leidend, ordnend oder verwirrend⟨,⟩ hiernach sind folgende Äußerungen zu beurteilen, deren Verfasser seinen Unglauben dadurch selbst widerlegt, daß er über die Sache denken und sprechen will.

DES EPIMENIDES ERWACHEN

30   Ein Festspiel.
              Aufzuführen, Berlin,
        den 30sten Mai ⟨richtig: März⟩ 1815.

Dieses Stück ward auf Anregung des verewigten *Iffland* schon im Mai 1814 geschrieben; die erste Absicht ging nur auf einen Prolog, eine größere Ausdehnung jedoch war Ursache, daß es nicht zu den Feierlichkeiten im Juli dienen konnte. Herr Kapellmeister *Weber* benutzte die ihm gegebne Frist, und suchte den musikalischen Teil auf das

40 Fleißigste zu vollenden, und so war der Aufschub dem

Stück günstig, von welchem wir dem Publikum nähere Kenntnis zu geben gedenken.

Die antike Fabel, welche demselben zu Grunde liegt, ist folgende:

Epimenides, einer Nymphe Sohn, auf der Insel Creta geboren, hütete die väterlichen Herden. Einst verirrte er sich bei Aufsuchung eines verlornen Schafs, und kam in eine Höhle, wo er vom Schlaf überfallen wurde, der vierzig Jahre dauerte. Als er wieder aufwachte, fand er Alles verändert, doch ward er wieder von den Seinigen anerkannt. Die Nachricht dieses Wunderschlafs verbreitete sich über ganz Griechenland; man hielt ihn für einen Liebling der Götter, und verlangte von ihm Rat und Hülfe. Bei einer wütenden Pest flehten ihn die Athenienser an, daß er ihre Stadt reinigen und aussöhnen sollte. Die Cretenser sollen ihm auch als einen Gott geopfert haben. Einige zählen ihn, statt des *Perianders*, unter die sieben Weisen.

In der neuen Dichtung nimmt man an, daß die Götter den weisen und hülfreichen Mann zum zweiten Mal einschlafen lassen, damit er eine große Unglücks-Periode nicht mit erlebe, zugleich aber auch die Gabe der Weissagung, die ihm bisher noch versagt gewesen, erlangen möge.

Der Schauplatz ist ein prächtiger Säulenhof; im Grunde ein tempelähnliches Wohngebäude; Hallen an der Seite. Die Mitteltür des Gebäudes ist durch einen Vorhang geschlossen.

Die *Muse* tritt auf und prologiert, begleitet von zwei *Genien*, als Knaben, welche trophäenartig die Attribute sämtlicher Musen tragen.

Die Muse.

In tiefe Sklaverei lag ich gebunden
Und mir gefiel der Starrheit Eigensinn;
Ein jedes Licht der Freiheit war verschwunden;
Die Fesseln selbst, sie schienen mir Gewinn;
Da nahte sich in holden Frühlingsstunden
Ein Glanzbild; – gleich entzückt – so wie ich bin –
Seh' ich es weit und breiter sich entfalten,
Und rings umher ist keine Spur des Alten.

Sie führt die Darstellung eines glücklichen Zustandes durch und schließt:

> So ging es mir! Mög' es Euch so ergehen,
> Daß aller Haß sich augenblicks entfernte,
> Und, wo wir noch ein dunkles Wölkchen sehen,
> Sich alsobald der Himmel übersternte,
> Es tausendfach erglänzte von den Höhen,
> Und alle Welt von uns die Eintracht lernte;
> Und so genießt das höchste Glück hienieden,
> Nach hartem äußern Kampf den innern Frieden.

Epimenides von der Muse vor ihrem Abgang angekündigt tritt aus dem Gebäude die Treppen herunter, und exponiert in einem Monolog seine Schicksale und seinen Zustand.

Zwei *Genien*, in Jünglingsgestalt, nehmen ihn singend in die Mitte.

Genien.

> Wandelt der Mond und bewegt sich der Stern,
> Junge wie Alte, sie schlafen so gern;
> Leuchtet die Sonne nach löblichem Brauch:
> Junge wie Alte, sie schlafen wohl auch.

Sie laden ihn zum zweiten Schlaf; er mißtraut ihnen, vermutet, daß ihm sein Tod angekündigt werde, doch ergibt er sich drein; sie begleiten ihn zur Tür des tempelartigen Gebäudes, wo man eine beleuchtete Lagerstelle erblickt. Man sieht ihn sich niederlegen und einschlafen. Die Genien verschließen die Tür.

Unter Donner und roher kriegerischer Musik zieht ein Heereszug heran, ein wildes Lied singend, im Costum der sämtlichen Völker, welche von den Römern zuerst bezwungen, und dann als Bundesgenossen gegen die übrige Welt gebraucht worden.

Der *Dämon des Kriegs* tritt auf, entfaltet seine Denkweise, erteilt seine Befehle; jene ziehen ab. In demselben Augenblicke tritt der *Dämon der List* mit seinem Gefolge herein. Sie sind costumiert, wie die Hof- und Staatsmänner des sechszehnten Jahrhunderts. Der *Kriegsdämon* wird einen Augenblick aufgehalten, doch ungeduldig läßt er sich vernehmen:

Dämon des Kriegs.

Verweile du, ich eile fort!
Der Abschluß, der ist meine Sache.
Du wirkest hier, du wirkest dort,
Und wenn ich nicht ein Ende mache,   10
So hat ein Jeder noch ein Wort.
Ich löse rasch mit einem Male
Die größten Zweifel, angesichts:
So legte Brennus in die Schale
Das Schwert statt goldenen Gewichts.
Du magst nur dein Gewerbe treiben,
In dem dich Niemand übertrifft;
Ich kann nur mit dem Schwerte schreiben,
Mit blutigen Zügen, meine Schrift.
                (rasch ab.)   20

Der *Dämon der List*, mit den Seinigen allein, unterhält sich mit ihnen selbstgefällig über ihre heimliche Macht:

Dämon der List.

Der Kriegsgott, er wüte jetzt,
Und ihr umgarnt ihn doch zuletzt.
Zertret' er goldner Saaten Halme
Mit flügelschnellem Siegeslauf;   30
Allein, wenn ich sie nicht zermalme,
Gleich richten sie sich wieder auf.
Die Geister macht er nie zu Sklaven;
Durch offne Rache, harte Strafen
Macht er sie nur der Freiheit reif.
Doch Alles, was wir je ersonnen,
Und Alles, was wir je begonnen,
Gelinge nur durch Unterschleif.
Den Völkern wollen wir versprechen,
Sie reizen zu der kühnsten Tat.   40

Wenn Worte fallen, Worte brechen,
Nennt man uns weise, klug im Rat.
Durch Zaudern wollen wir verwehren,
Und Alle werden uns vertraun:
Es sei ein ewiges Zerstören,
Es sei ein ewig Wiederbaun!

Sodann gibt er dem Gefolge den Auftrag, das herrliche, vor
Aller Augen stehende, Gebäude zu untergraben und zu
zerstören. Sie verbreiten sich einzeln über die ganze Bühne,
und verschwinden auf Einmal. Der Dämon, allein bleibend,
lauscht und fürchtet beinahe selbst die Wirkung seiner
Gebote. Er weicht von einer Seite, deren Einsturz ihm zu
drohen scheint, zur andern; zuletzt, nachdem er in der
Mitte stehend, die Worte gesprochen:

Ein Wink, ein Hauch den Bau zu Grunde stößt,
Wo sich von selbst das Feste lös't.

stürzt das Ganze zusammen und zeigt eine majestätische
Ruine.

Der *Dämon der Unterdrückung* tritt auf ohne Gefolge, im Costum eines orientalischen Despoten; der Listige
beträgt sich ehrerbietig, ja untertänig, der Sklavenfürst
übermütig. Er freut sich an den Ruinen, und verliert sich
betrachtend zwischen denselben.

Der Listige, allein geblieben, verbirgt seinen Dünkel
nicht länger, erklärt sich als Herrn jener Beiden.

Ihr brüstet euch, ihr unteren Dämonen,
So mögt ihr wüten, mögt auch ruhn,
Ich deut' euch Beides heimlich an;
Da mag denn jener immer tun,
Und dieser glauben, es sei getan.

Ich aber wirke schleichend immer zu,
Um Beide nächstens zu erschrecken;
Dich Kriegesgott bring' ich zur Ruh,
Dich Sklavenfürsten will ich wecken!

Er entfernt sich; der *Dämon der Unterdrückung* aber tritt
aus den Ruinen wieder hervor.

Dämon der Unterdrückung.

Es ist noch allzufrisch, man könnt' es wieder bauen,
Die graue Zeit, wirkend ein neues Grauen –
Verwittrung, Staub und Regenschlick,
Mit Moos und Wildnis düstre sie die Räume.
Nun wachst empor, ehrwürd'ge Bäume!   10
Und zeiget dem erstaunten Blick
Ein längst veraltetes, verschwundenes Geschick!
Begraben auf ewig jedes Glück!
(Während der folgenden Arie begrünet sich die Ruine nach
                    und nach.)
Nicht zu zieren – zu verdecken,
Nicht zu freuen – zu erschrecken,
Wachse dieses Zaubertal!
Und so schleichen und so wanken,
Wie verderbliche Gedanken,   20
Sich die Büsche, sich die Ranken
Als Jahrhunderte zumal.

In diesem furchtbaren Elisium wird seine Einbildung⟨s⟩-
kraft auf schöne Frauen geleitet, deren Liebkosungen er sich
ausbildet. Man hört in der Ferne den heitern Gesang einer
Mädchenstimme; es ist *die Liebe*, die sich in Gestalt einer
zierlichen Nymphe nähert.

Liebe.   30

Ja, ich schweife schon im Weiten
Dieser Wildnis leicht und froh:
Denn der Liebe sind die Zeiten,
Alle gleich und immer so.

Dämon der Unterdrückung.

Wie? was hör' ich da von Weitem?
Ist noch eine Seele froh?   40

Ich vernichte Zeit auf Zeiten,
Und sie sind noch immer so! –

In einem Zweigesang sucht der Dämon die Liebe zu gewinnen. *Der Glaube* kommt in Gestalt einer würdigen Vestale, leidenschaftlich bewegt, und wirft sich der Schwester trostlos an die Brust; da diese aber im heitern Gesange fortfährt, ergießt sich der Glaube in Vorwürfen; die Liebe beharrt auf ihrem heitern Sinn, die Schwestern entzweien sich, und der Dämon sucht dieses zu seinem Vorteil zu benutzen.

Unter dem Schein, Beide zu vereinigen, schmeichelt er Beiden. Er liebkost die Liebe und legt ihr Armbänder an, zum Andenken, dem Glauben einen köstlichen Brustschmuck. Kleine Dämonen bringen schwere Ketten, und hängen sie heimlich in das Geschmeide fest. Die Schwestern fühlen sich gemartert, der Dämon triumphiert:

Der Dämon der Unterdrückung.

So hab' ich euch dahin gebracht
Beim hellsten Tag in tiefste Nacht.
Getrennt, wie sie gefesselt sind,
Ist Liebe törig, Glaube blind.
Allein die Hoffnung schweift noch immer frei;
Mein Zauber winke sie herbei!
Ich bin schon oft ihr listig nachgezogen;
Doch wandelbar, wie Regenbogen,
Setzt sie den Fuß bald da, bald dort, bald hier;
Und hab' ich diese nicht betrogen,
Was hilft das alles andre mir.

Die Hoffnung erscheint oben auf der Ruine mit Helm, Schild und Speer. Er sucht sie gleichfalls zu kirren, allein sie hebt den Speer gegen ihn auf, und steht in drohender Gebärde.

Der Dämon glaubt sich von Nebel und Wolken umhüllt, die auf ihm lasten. Eine ungeheure Vision bedroht ihn; nur als die Hoffnung ihre ruhige Stellung wieder einnimmt, ermannt er sich.

Dämon der Unterdrückung.

Du biegst das Knie, vor dem sich tausend brachen;
Der Allbeherrscher sei ein Mann!
Denn wer den Haß der Welt nicht tragen kann,
Der muß sie nicht in Fesseln schlagen.

Liebe und *Glaube*, gefesselt, verzweifeln, *Hoffnung* tritt
heran, und spricht ihnen zu, die *Genien* eilen herbei, und
nehmen ihnen die Ketten ab, zugleich mit dem gefährlichen   10
Schmuck:

Genien.

Immer sind wir noch im Lande
Hier und dort mit raschem Lauf;
Erstlich lösen wir die Bande;
Richte du sie wieder auf!

Denn uns Genien gegeben   20
Ward gewiß ein schönes Teil;
Euer eigenes Bestreben
Wirke nun das eigne Heil.

Die *Hoffnung* wendet sich zum *Glauben* und richtet ihn
auf, die *Liebe* springt von selbst vom Boden, die Schwestern
umarmen sich.

Hoffnung.

30

Denn wie ich bin, so bin ich auch beständig:
Nie der Verzweiflung geb' ich mich dahin;
Ich mildre Schmerz, das höchste Glück vollend' ich;
Weiblich gestaltet, bin ich männlich kühn.
Das Leben selbst ist nur durch mich lebendig,
Ja, übers Grab kann ich's hinüber ziehn,
Und wenn sie mich sogar als Asche sammlen,
So müssen sie noch meinen Namen stammlen.

Dann entwickelt sie den gegenwärtigen Zustand der Dinge,
schildert die geheimen Verbindungen, den untergrabenen
Boden, die Einigkeit der Gesinnungen, und schließt:

Hoffnung.

Von Osten rollt, Lauinen gleich, herüber
Der Schnee- und Eisball, wälzt sich groß und größer,
Er schmilzt und nah und näher stürzt vorüber
Das Alles überschwemmende Gewässer:
So strömt's nach Westen, dann zum Süd hinüber,
Die Welt sieht sich zerstört – und fühlt sich besser.
Vom Ocean, vom Belt her, kommt uns Rettung;
So wirkt das All in glücklicher Verkettung.

Die Himmelsschwestern eilen zu ihren Geschäften.

Hoffnung.

Nun begegn' ich meinen Braven,
Die sich in der Nacht versammlet,
Um zu schweigen, nicht zu schlafen.

Liebe.

Kommt zu sehn, was unsre frommen
Guten Schwestern unternommen,
Die mit Seufzen sich bereiten
Auf die blutig wilden Zeiten.

Glaube.

Denn der Liebe Hülf' und Laben
Wird den schönsten Segen haben,
Und im Glauben überwinden
Sie die Furcht, die sie empfinden.

Sie entfernen sich mit den Genien, ein unsichtbares Chor
deutet auf das Erwachen des Epimenides, die Genien eröffnen die Pforten, Epimenides erwacht. Es ist finster, er tritt

herunter, ungewiß, wo er sich befinde. Es erscheint ein
Komet. Epimenides ahnet Unheil, indem er sich in der
Wüste findet. Die Genien treten auf mit Fackeln und führen
ihn schweigend in den Ruinen umher. Er erkennt noch eine
halb erhabene Arbeit, das häusliche Glück vorstellend. An
der andern Seite zeigt sich ihm eine Tafel mit unleserlicher
Inschrift, er kann sie noch auswendig. Er fühlt sich in der
höchsten Not.

Epimenides.

Nein, kniee nicht! Sie hören dich nicht mehr,
Die Genien schweigen; wünsche dir den Tod!
Denn wo der Mensch verzweifelt, lebt kein Gott,
Und ohne Gott will ich nicht länger leben.

Genien.

Komm! wir wollen dir versprechen
Rettung aus dem tiefsten Schmerz:
Pfeiler, Säulen kann man brechen,
Aber nicht ein freies Herz:
Denn es lebt ein ewig Leben,
Es ist selbst der ganze Mann;
In ihm wirken Lust und Streben,
Die man nicht zermalmen kann.

Epimenides.

O sprecht! o helft! mein Knie es trägt mich kaum:
Ihr wollt euch bittren Spott erlauben?

Genien.

Komm mit! Den Ohren ist's ein Traum;
Den Augen selbst wirst du nicht glauben.

Es wird plötzlich Tag. Die *Hoffnung*, den *Jugendfürsten* an
der Seite, führt über die Ruinen ein Heer herein, welches, so
weit die ästhetische Symbolik es erlauben darf, die ver-

schiednen neuern in dem letzten Kriege verbündeten Völker
bezeichnet.

Chor.

Brüder, auf, die Welt zu befreien!
Kometen winken, die Stund' ist groß.
Alle Gewebe der Tyranneien
Haut entzwei und reißt euch los!
Hinan! – Vorwärts! – Hinan
Und das Werk, es werde getan!

So erschallet nun Gottes Stimme,
Denn des Volkes Stimme, sie erschallt,
Und entflammt von heilgem Grimme
Folgt des Blitzes Allgewalt.
Hinan! – Vorwärts! – Hinan
Und das große Werk wird getan.

Denn so Einer vorwärts rufet,
Gleich sind alle hinterdrein,
Und so geht es abgestufet
Stark und schwach und groß und klein.
Hinan! – Vorwärts! – Hinan
Und das große Werk ist getan!

Und wo eh wir sie nun erfassen,
In den Sturz, in die Flucht sie hinein!
Ja, in ungeheuern Massen
Stürzen wir schon hinterdrein!
Hinan! – Vorwärts! – Hinan
Und das Alles, das Werk ist getan.

Glaube und *Liebe* mit den *Frauen* und *Landbewohnern* an
der andern Seite.

Chor.

Und wir kommen
Mit Verlangen,

Wir, die Frommen,
Zu empfangen
Sie, die Braven,
Sie mit Kränzen
Zu umschlingen.

Und mit Hymnen
Zu umsingen,
Zu erheben
Jene Braven,   10
Die da schlafen,
Die gegeben
Höhrem Leben.

Hierauf unter einem allgemeinen Chor steigt durch scheinbar physische Anstrengung, so wie durch geistige Mitwirkung, der Palast wieder verherrlicht in die Höhe, ein Teil
der Vegetation bleibt und ziert.

                    Epimenides.   20
                    (nach oben.)

Wie selig euer Freund gewesen,
Der diese Nacht des Jammers überschlief,
Ich konnt's an den Ruinen lesen,
Ihr Götter, ich empfind' es tief!
          (zu den Umstehenden)
Doch schäm' ich mich der Ruhestunden,
Mit euch zu leiden, war Gewinn:
Denn für den Schmerz, den ihr empfunden,   30
Seid ihr auch größer, als ich bin.

                    Priester.

Tadle nicht der Götter Willen,
Wenn du manches Jahr gewannst:
Sie bewahrten dich im Stillen,
Daß du rein empfinden kannst;
Und so gleichst du künft'gen Tagen,
Denen unsre Qual und Plagen,   40

Unser Streben, unser Wagen,
Endlich die Geschichte beut,
Und nicht glauben, was wir sagen,
Wirst du, wie die Folgezeit.

Glaube, Liebe und *Hoffnung*, ihren gegenwärtigen Zustand
erhebend, wenden sich einzeln an die verbündeten Monarchen.

10 *Epimenides.*

Die Tugenden, die hier ein kräftig Wirken,
Und in unendlichen Bezirken
Sich herrlich, tausendfach gezeigt,
Den höchsten Zweck mit Blitzesflug erreicht,
Sie helfen uns die größten Tage feiern.
Nur eine, die mit treuer Hand
Die Schwestern fest und zart verband,
Abseits, verhüllt, bescheiden stand,
20 Die Einigkeit muß ich entschleiern.

(Er führt eine bisher verborgen gebliebene Verschleierte
hervor, und schlägt ihr den Schleier zurück.)

Die Einigkeit.

Der Geist, der alle Welten schafft,
Durch mich belehrt er seine Teuren:
»Von der Gefahr, der ungeheuren,
30 Errettet nur gesamte Kraft.«
Das, was ich lehre scheint so leicht,
Und fast unmöglich zu erfüllen:
»Nachgiebigkeit bei großem Willen.«
Nun ist des Wortes Ziel erreicht,
Den höchsten Wunsch seh' ich erfüllen.

Epimenides.

Und wir sind alle neugeboren,
40 Das große Sehnen ist gestillt;

Bei Friedrichs Asche war's geschworen,
Und ist auf ewig nun erfüllt.

Allgemeines Chor. Durch Vereinigung der Krieger und
Einheimischen geschieht der Übergang zum Ballet, welches die Freude des Wiedersehens, Erkennens, Findens in
den mannichfaltigsten Familien-Szenen anmutig ausdruckt.
Große Gruppe.

Epimenides, zwei Priester. 10

Epimenides.

Ich sehe nun mein frommes Hoffen,
Nach Wundertaten, eingetroffen;
Schön ist's, dem Höchsten sich vertrau'n.
Er lehrte mich das Gegenwärt'ge kennen;
Nun aber soll mein Blick entbrennen,
In ferne Zeiten auszuschau'n.

20

Zu Drei.

Und nun soll Geist und Herz entbrennen,
Vergangnes fühlen, Zukunft schau'n.

Des Schluß-Chors letzte Strophen.

Gedenkt unendlicher Gefahr,
Des wohlvergoßnen Bluts,
Und freuet euch, von Jahr zu Jahr,
Des unschätzbaren Guts.
Die große Stadt an diesem Tag 30
Die unsre sollte sein!
Nach manchem Hin- und Wiederschlag
Wir kamen doch hinein.

Und tönet bald: der Herr ist da,
Von Sternen glänzt die Nacht,
Er hat, damit uns Heil geschah,
Gestritten und gewacht.
40

Für Alle, die ihm angestammt,
Für uns war es getan,
Und wie's von Berg zu Bergen flammt,
Entzücken flamm' hinan!

ÜBER DAS DEUTSCHE THEATER

Zu einer Zeit, wo das deutsche Theater, als eine der schönsten Nationaltätigkeiten, aus trauriger Beschränkung und
Verkümmerung wieder zu Freiheit und Leben hervor-
wächst, beeifern sich wohldenkende Direktoren, nicht allein einer einzelnen Anstalt im Stillen ernstlich vorzustehen,
sondern auch durch öffentliche *Mitteilungen* ins Ganze zu
wirken. Dichter, Schauspieler, Direktion und Publikum
werden sich immer mehr untereinander verständigen, und
im Genuß des Augenblicks nicht vergessen, was die Vorfahren geleistet. Nur auf ein Repertorium, welches ältere
Stücke enthält, kann sich eine National-Bühne gründen.
Möge Nachstehendes eine günstige Aufnahme erfahren,
und so des Verfassers Mut belebt werden, mit ähnlichen
Äußerungen nach und nach hervorzutreten.

Ein Vorsatz Schillers, und was daraus erfolget.
Als der verewigte *Schiller*, durch die Gnade des Hofs, die
Gunst der Gesellschaft, die Neigung der Freunde bewogen
ward, seinen Jenaischen Aufenthalt mit dem Weimarischen
zu vertauschen, und der Eingezogenheit zu entsagen, der er
sich bisher ausschließlich gewidmet hatte; da war ihm besonders die Weimarische Bühne vor Augen, und er beschloß, seine Aufmerksamkeit auf die Vorstellungen derselben scharf und entschieden zu richten.

Und einer solchen Schranke bedurfte der Dichter; sein
außerordentlicher Geist suchte von Jugend auf die Höhen
und Tiefen, seine Einbildung⟨s⟩kraft, seine dichterische
Tätigkeit, führten ihn ins Weite und Breite, und so leidenschaftlich er auch hierbei verfuhr, konnte doch, bei längerer
Erfahrung, seinem Scharfblick nicht entgehen, daß ihn diese
Eigenschaften auf der Theaterbahn notwendig irre führen
müßten.

In Jena waren seine Freunde Zeugen gewesen, mit welcher Anhaltsamkeit und entschiedener Richtung er sich mit *Wallenstein* beschäftigte. Dieser vor seinem Genie sich immer mehr ausdehnende Gegenstand ward von ihm auf die mannichfaltigste Weise aufgestellt, verknüpft, ausgeführt, bis er sich zuletzt genötigt sah, das Stück in drei Teile zu teilen, wie es darauf erschien, und selbst nachher ließ er nicht ab, Veränderungen zu treffen, damit die Hauptmomente im Engern wirken möchten; da denn die Folge war, daß der *Tod Wallensteins* auf allen Bühnen und öfter, das *Lager* und die *Piccolominis* nicht überall und seltner gegeben wurden.

Don Carlos war schon früher für die Bühne zusammengezogen, und wer dieses Stück, wie es jetzt noch gespielt wird, zusammenhält mit der ersten gedruckten Ausgabe, der wird anerkennen, daß *Schiller*, wie er im Entwerfen seiner Plane unbegrenzt zu Werke ging, bei einer spätern Redaktion seiner Arbeiten zum theatralischen Zweck durch Überzeugung den Mut besaß, streng, ja unbarmherzig mit dem Vorhandenen umzugehen. Hier sollten alle Hauptmomente vor Aug' und Ohr, in einem gewissen Zeitraume, vorübergehen. Alles andere gab er auf, und doch hat er sich nie in den Raum von drei Stunden einschließen können.

Die Räuber, *Kabale* und *Liebe*, *Fiesko*, Produktionen genialer, jugendlicher Ungedult und Unwillens über einen schweren Erziehung⟨s⟩druck, hatten bei der Vorstellung, die besonders von Jünglingen und der Menge heftig verlangt wurde, manche Veränderung erleiden müssen. Über alle dachte er nach, ob es nicht möglich würde, sie einem mehr geläuterten Geschmack, zu welchem er sich herangebildet hatte, anzuähnlichen? Er pflog hierüber mit sich selbst, in langen schlaflosen Nächten, dann aber auch an heitern Abenden mit Freunden einen liberalen und umständlichen Rat.

Hätte jene Beratungen ein Geschwindschreiber aufbewahrt, so würde man ein merkwürdiges Beispiel produktiver Kritik besitzen. Um desto angenehmer wird Einsichtigen die Selbst-Unterhaltung *Schillers* über den projektierten und angefangnen *Demetrius* entgegen kommen, welches schöne Dokument prüfenden Erschaffens uns, im Gefolg seiner Werke, aufbewahrt ist. Jene oben benannten drei

Stücke jedoch wollte man nicht anrühren, weil das daran
Mißfällige sich zu innig mit Gehalt und Form verwachsen
befand, und man sie daher, auf gut Glück, der Folgezeit, wie
sie einmal aus einem gewaltsamen Geist entsprungen waren,
überliefern mußte.

Schiller hatte nicht lange, in so reifen Jahren, einer Reihe
von theatralischen Vorstellungen beigewohnt, als sein tätiger, die Umstände erwägender Geist, ins Ganze arbeitend,
den Gedanken faßte, daß man dasjenige, was man an eignen
Werken getan, wohl auch an fremden tun könne, und so
entwarf er einen Plan, wie dem deutschen Theater, indem
die lebenden Autoren für den Augenblick fortarbeiteten,
auch dasjenige zu erhalten wäre, was früher geleistet worden; der einnehmende Stoff, der anerkannte Gehalt solcher
Werke sollte einer Form angenähert werden, die teils der
Bühne überhaupt, teils dem Sinn und Geist der Gegenwart
gemäß wäre. Aus diesen Betrachtungen entstand in ihm der
Vorsatz, Ausruhestunden, die ihm von eignen Arbeiten
übrig blieben, in Gesellschaft übereindenkender Freunde, planmäßig anzuwenden, daß vorhandene bedeutende
Stücke bearbeitet, und ein *Deutsches Theater* herausgegeben würde, sowohl für den Leser, welcher bekannte Stücke
von einer neuen Seite sollte kennen lernen, als auch für die
zahlreichen Bühnen Deutschlands, die dadurch in den Stand
gesetzt würden, denen, oft leichten, Erzeugnissen des Tags
einen festen altertümlichen Grund, ohne große Anstrengung, unterlegen zu können.

Damit nun aber das Deutsche Theater auf echt deutschen
Boden gegründet werden möge, war *Schillers* Absicht, zuerst *Herrmanns Schlacht* von *Klopstock* zu bearbeiten. Das
Stück wurde vorgenommen, und erregte schon bei dem
ersten Anblick manches Bedenken. *Schillers* Urteil war
überhaupt sehr liberal, aber zugleich frei und streng. Die
ideellen Forderungen, welche *Schiller* seiner Natur nach
machen mußte, fand er hier nicht befriedigt, und das Stück
ward bald zurückgelegt. Die Kritik, auf ihrem gegenwärtigen Standpunkte, bedarf keines Winkes, um die Bestim-
mung⟨s⟩gründe zu entfalten.

Gegen *Lessings* Arbeiten hatte *Schiller* ein ganz besonderes Verhältnis; er liebte sie eigentlich nicht, ja *Emilie Galotti*

war ihm zuwider; doch wurde diese Tragödie sowohl, als *Minna von Barnhelm*, in das Repertorium aufgenommen. Er wandte sich darauf zu *Nathan, dem Weisen*, und nach seiner Redaktion, wobei er die Kunstfreunde gern mitwirken ließ, erscheint das Stück noch gegenwärtig, und wird sich lang erhalten, weil sich immer tüchtige Schauspieler finden werden, die sich der Rolle *Nathans* gewachsen fühlen. Möge doch die bekannte Erzählung, glücklich dargestellt, das deutsche Publikum auf ewige Zeiten /sich/ erinnern, daß es nicht nur berufen wird, um zu schauen, sondern auch um zu hören und zu vernehmen. Möge zugleich das darin ausgesprochne göttliche Duldungs- und Schonungs-Gefühl der Nation heilig und wert bleiben.

Die Gegenwart des vortrefflichen *Iffland* (1796) gab Gelegenheit zu Abkürzung *Egmonts*, wie das Stück noch bei uns und an einigen Orten gegeben wird.

Daß auch *Schiller* bei seiner Redaktion grausam verfahren, davon überzeugt man sich bei Vergleichung nachstehender Szenen-Folge mit dem gedruckten Stücke selbst. Die persönliche Gegenwart der Regentin z. E. vermißt unser Publikum ungern, und doch ist in *Schillers* Arbeit eine solche Konsequenz, daß man nicht gewagt hat, sie wieder einzulegen, weil andre Mißverhältnisse in die gegenwärtige Form sich einschleichen würden.

Egmont
Erster Aufzug

Auf einem freien Platz Armbrustschießen. Bei Gelegenheit, daß Einer von *Egmonts* Leuten durch den besten Schuß sich zum Schützenkönige erhebt, seine Gesundheit, so wie die Gesundheiten der Herrschaften getrunken werden, kommen die öffentlichen Angelegenheiten zur Sprache, nebst den Charakteren der höchsten und hohen Personen. Die Gesinnungen des Volks offenbaren sich. Andre Bürger treten auf; man wird von den entstandnen Unruhen unterrichtet. Zu ihnen gesellt sich ein Advokate, der die Privilegien des Volks zur Sprache bringt; hieraus entstehen Zwiespalt und Händel; *Egmont* tritt auf, besänftigt die Männer, und bedroht den Rabulisten. Er zeigt sich als beliebter und geehrter Fürst.

Zweiter Aufzug

Egmont und sein Geheimschreiber, bei dessen Vorträgen die liberale, freie, kühne Denkart des Helden sich offenbart. Hierauf sucht *Oranien* seinem Freunde Vorsicht einzuflößen, aber vergebens, und, da man die Ankunft des Herzogs *Alba* vernimmt, ihn zur Flucht zu bereden; abermals vergebens.

Dritter Aufzug

Die Bürger in Furcht des Bevorstehenden; der Rabulist weissagt *Egmonts* Schicksal, die spanische Wache tritt auf, das Volk stiebt auseinander.

In einem bürgerlichen Zimmer finden wir *Klärchen* mit ihrer Liebe zu *Egmont* beschäftigt. Sie sucht die Neigung ihres Liebhabers *Brackenburg* abzulehnen; fährt fort in Freud' und Leid an ihr Verhältnis mit *Egmont* zu denken; dieser tritt ein, und nun ist nichts anders als Liebe und Lust.

Vierter Aufzug

Palast. *Albas* Charakter entwickelt sich in seinen Maßregeln. *Ferdinand*, dessen natürlicher Sohn, den die Persönlichkeit *Egmonts* anzieht, wird, damit er sich an Grausamkeiten gewöhne, beordert, diesen gefangen zu nehmen. *Egmont* und *Alba* im Gespräch, jener offen, dieser zurückhaltend, und zugleich anreizend. *Egmont* wird gefangen genommen. *Brackenburg* in der Dämmerung auf der Straße; *Klärchen* will die Bürger zur Befreiung *Egmonts* aufregen, sie entfernen sich furchtsam; *Brackenburg*, mit *Klärchen* allein, versucht sie zu beruhigen, aber vergeblich.

Fünfter Aufzug

Klärchen in ihrem Zimmer allein. *Brackenburg* bringt die Nachricht von Vorbereitung zu *Egmonts* Hinrichtung. *Klärchen* nimmt Gift, *Brackenburg* entfernt sich, die Lampe verlischt, *Klärchens* Verscheiden andeutend.

Gefängnis, *Egmont* allein. Das Todesurteil wird ihm angekündigt. Szene mit *Ferdinand*, seinem jungen Freunde. *Egmont*, allein, entschläft. Erscheinung *Klärchens* im eröffneten Hintergrunde; Trommeln wecken ihn auf, er folgt der Wache, gleichsam als Befehlshaber.

Wegen der letzten Erscheinung *Klärchens* sind die Meinungen geteilt; *Schiller* war dagegen, der Autor dafür; nach dem Wunsche des hiesigen Publikum⟨s⟩ darf sie nicht fehlen.

—————

Da wir bei den gegenwärtigen Betrachtungen nicht chronologisch, sondern nach andern Rücksichten verfahren, und vorzüglich Verfasser und Redakteur im Auge behalten, so wenden wir uns zu *Stella*, welche *Schillern* gleichfalls ihre Erscheinung auf dem Theater verdankt. Da das Stück an sich selbst schon einen regelmäßigen ruhigen Gang hat, so ließ er es in allen seinen Teilen bestehen, verkürzte nur hier und da den Dialog, besonders wo er aus dem Dramatischen ins Idyllische und Elegische überzugehen schien. Denn wie in einem Stück zuviel geschehen kann, so kann auch darin zuviel Empfundnes ausgesprochen werden. Und so ließ sich *Schiller* durch manche angenehme Stelle nicht verführen, sondern strich sie weg. Sehr gut besetzt, ward das Stück den 15. Jan. 1806 zum ersten gegeben, und sodann wiederholt; allein bei aufmerksamer Betrachtung kam zur Sprache, daß nach unsern Sitten, die ganz eigentlich auf Monogamie gegründet sind, das Verhältnis eines Mannes zu zwei Frauen, besonders wie es hier zur Erscheinung kommt, nicht zu vermitteln sei, und sich daher vollkommen zur Tragödie qualifiziere. Fruchtlos blieb deshalb jener Versuch der verständigen *Cecilie*, das Mißverhältnis ins Gleiche zu bringen. Das Stück nahm eine tragische Wendung, und endigte auf eine Weise, die das Gefühl befriedigt und die Rührung erhöht. Gegenwärtig ist das Stück ganz vollkommen besetzt, so daß nichts zu wünschen übrig bleibt, und erhielt daher das Letztemal ungeteilten Beifall.

Doch würde eine solche allgemeine Versicherung Schaubühnen, welche dieses Stück aufzuführen gedächten, von weiter keinem Nutzen sein, deswegen wir über das Einzelne die nötigen Bemerkungen hinzufügen:

Die Rolle des *Fernando* wird jeder nicht gar zu junge Mann, der Helden- und erste Liebhaber-Rollen zu spielen berufen ist, gern übernehmen, und die leidenschaftliche Verlegenheit, in die er sich gesetzt sieht, mit mannichfaltiger Steigerung auszudrucken suchen.

Die Besetzung der Frauenzimmer-Rollen ist schon schwieriger; es sind deren fünf, von abgestuften sorgfältig unterschiednen Charakteren. Die Schauspielerin, welche die Rolle der *Stella* übernimmt, muß uns eine unzerstörliche Neigung, ihre heiße Liebe, ihren glühenden Enthusiasmus nicht allein darstellen, sie muß uns ihre Gefühle mitteilen, uns mit sich fortreißen.

Cecilie wird das anfänglich schwach und gedruckt Scheinende bald hinter sich lassen, und als eine freie Gemüts- und Verstands-Heldin vor uns im größten Glanz erscheinen.

Lucie soll einen Charakter vorstellen, der sich in einem behaglichen Leben frei gebildet hat, und den äußern Druck, der auf sie eindringt, nicht empfindet, ja, abstößt. Keine Spur von Naseweisheit oder Dünkel darf erscheinen.

Die *Postmeisterin* ist keine zänkische Alte; sie ist eine junge, heitere, tätige Witwe, die nur wieder heiraten möchte, um besser gehorcht zu sein.

Ännchen, es ist zu wünschen, daß dieses ein kleines Kind sei; in dem Munde eines solchen, wenn es deutlich spricht, nimmt sich die Entschiedenheit dessen, was es zu sagen hat, sehr gut aus. Kann man diese Figuren dergestalt abstufen, so wird die Tragödie ihre Wirkung nicht verfehlen.

Der erste Akt, der das äußere Leben vorstellt, muß außerordentlich gut eingelernt sein, und selbst die unbedeutendsten Handlungen sollen ein gewisses ästhetisches Geschick verraten, wie denn auch das zweimal ertönende Posthorn kunstmäßig eine angenehme Wirkung tun sollte.

So ist denn auch der *Verwalter* keineswegs durch einen geringen Akteur zu besetzen, sondern ein vorzüglicher Schauspieler, der die Rolle der ernst zärtlichen Alten spielt, zu diesem Liebesdienst einzuladen.

Bedenkt man die unglaublichen Vorteile, die der Komponist hat, der alle seine Wünsche und Absichten mit tausend Worten und Zeichen in die Partitur einschließen, und sie jedem Kunstausübenden verständlich machen kann, so wird man dem dramatischen Dichter auch verzeihen, wenn er das, was er zum Gelingen seiner Arbeit für unumgänglich nötig hält, den Direktionen und Regien ans Herz zu legen trachtet.

Die *Laune des Verliebten* ward im März 1805 aufs Thea-

ter gebracht, eben als diese kleine Produktion 40 Jahre
alt war. Hier kommt Alles auf die Rolle der *Egle* an. Findet
sich eine gewandte Schauspielerin, die den Charakter
völlig ausdruckt, so ist das Stück geborgen, und wird gern
gesehen. Eine unsrer heitern und angenehmen Schauspielerinnen, die sich nach Breslau begab, brachte es auf das
dortige Theater. Ein geistreicher Mann ergriff den Sinn des
Charakters, und verfaßte einige Stücke dieser Individualität zu Liebe. Auch wird es in Berlin gegenwärtig gern
gesehen.

Hier mag eine Bemerkung Platz finden, die, wohl beachtet, den Direktionen Vorteil bringen wird. Untersucht man
genau, warum gewisse Stücke, denen einiges Verdienst
nicht abzusprechen ist, entweder gar nicht aufs Theater
kommen, oder, wenn sie eine Zeitlang guten Eindruck
darauf gemacht, nach und nach verschwinden; so findet
sich, daß die Ursache weder am Stücke, noch am Publikum
liege, sondern daß die erforderliche Persönlichkeit des
Schauspielers abgeht. Es ist daher sehr wohlgetan, wenn
man Stücke nicht ganz bei Seite legt, oder sie aus dem
Repertorium wegstreicht. Man behalte sie beständig im
Auge, sollte man sie auch Jahrelang nicht geben können.
Kommt die Zeit, daß sie wieder vollkommen zu besetzen
sind, so wird man eine gute Wirkung nicht verfehlen.

So würde z. E. das deutsche Theater eine große Veränderung erleiden, wenn eine Figur, wie die berühmte *Seilerin*,
mit einem echten, unsrer Zeit gemäß ausgebildetem Talent
erschiene; geschwind würden *Medea*, *Semiramis*, *Kleopatra*, *Agrippina* und andre Heldinnen, die man sich kolossal
denken mag, aus dem Grabe auferstehen; andere Rollen
daneben würden umgeschaffen werden. Man denke sich
eine solche Figur als *Orsina*, und *Emilie Galotti* ist ein ganz
andres Stück; der Prinz ist entschuldigt, sobald man anerkennt, daß ihm eine solche gewaltsame herrische Figur zur
Last fallen müsse.

Wir wenden uns nun zu den *Mitschuldigen*. Daß dieses
Stück einiges theatralisches Verdienst habe, läßt sich auch
daraus abnehmen, daß es zu einer Zeit, wo es den deutschen
Schauspielern noch vor Rhythmen und Reimen bangte,
erschienen, in Prosa übersetzt, aufs Theater gebracht wor-

den, wo es sich freilich nicht erhalten konnte, weil ihm ein
Hauptbestandteil, das Sylbenmaß und der Reim, abging.
Nunmehr aber, da Beides den Schauspielern geläufiger
ward, konnte man auch diesen Versuch wagen. Man nahm
dem Stück einige Härten, erneuerte das Veraltete, und so
erhält es sich noch immer bei vorteilhafter Besetzung. Es
kam zugleich mit der Laune des Verliebten im März 1805
auf die Bühne. *Schiller* war bei den Vorstellungen beirätig,
aber erlebte nicht, daß wir im September desselben Jahrs mit
dem *Rätsel* auftraten, welches viel Glück machte, dessen
Verfasser aber lange unbekannt bleiben wollte, nachher
aber eine Fortsetzung herausgab, welche Stücke sich sämtlich einander halten und tragen.

Man versäume ja nicht auf dem deutschen Theater, wo es
ohnehin sehr bunt aussieht, Stücke von ähnlichem Sinn und
Ton nebeneinander zu stellen, um wenigstens den verschiednen Abteilungen dramatischer Erzeugnisse eine gewisse Breite zu geben.

Iphigenia kam nicht ohne Abkürzung schon 1802 auf die
Weimarische Bühne. *Tasso*, nach langer, stiller Vorbereitung, erst 1807. Beide Stücke erhalten sich, durch die höchst
vorzüglichen, zu den Rollen vollkommen geeigneten
Schauspieler und Schauspielerinnen.

Wir sprechen zuletzt von dem im Sept. 1804 zum ersten
Mal auf dem Theater erschienenen *Götz von Berlichingen*.
Obgleich *Schiller* diese neue Bearbeitung selbst nicht übernehmen wollte, so wirkte er doch dabei treulich mit, und
wußte, durch seine kühnen Entschließungen, dem Verfasser
manche Abkürzung zu erleichtern, und war mit Rat und Tat
vom ersten Anfang bis zur Vorstellung einwirkend. Da es
auf wenigen Theatern aufgeführt wird, so möchte wohl hier
der Gang des Stücks kürzlich zu erzählen und die Grundsätze, nach welchen auch diese Redaktion bewirkt worden,
im Allgemeinen anzudeuten sein.

Erster Aufzug

Indem von einigen Bauern Bambergische Knechte in der
Herberge verhöhnet worden, erfährt man die Feindseligkei-
ten, in welchen *Götz* mit dem Bischof begriffen ist. Einige
diesem Ritter zugetane Reiter kommen hinzu, und erfahren,

daß *Weislingen*, des Bischofs rechte Hand, sich in der Nähe befindet. Sie eilen, es ihrem Herrn zu melden.

Der lauernde *Götz* erscheint vor einer Waldhütte; ein Stalljunge, *Georg*, kündigt sich als künftigen Helden an. Bruder *Martin* beneidet den Krieger, Gatten und Vater. Die Knechte kommen meldend, *Götz* eilt fort, und der Knabe läßt sich durch ein Heiligen-Bild beschwichtigen.

Auf Jaxthausen, *Götzens* Burg, finden wir dessen Frau, Schwester und Sohn. Jene zeigt sich als tüchtige Ritterfrau, die Andre als zartfühlend; der Sohn weichlich. *Faud* meldet, *Weislingen* sei gefangen, und *Götz* bring' ihn heran. Die Frauen entfernen sich; beide Ritter treten auf; durch *Götzens* treuherziges Benehmen, und die Erzählung alter Geschichten, wird *Weislingen* gerührt. *Maria* und *Karl* treten ein, das Kind lädt zu Tische, *Maria* zur Freundschaft, die Ritter geben sich die Hände, *Maria* steht zwischen ihnen.

Zweiter Aufzug
Maria und *Weislingen* treten ein, ihr Verhältnis hat sich geknüpft, *Götz* und *Elisabeth* erscheinen, man beschäftigt sich mit Planen und Hoffnungen. *Weislingen* fühlt sich glücklich in seinen neuen Verhältnissen. *Franz*, *Weislingens* Knabe, kommt von Bamberg, und erregt alte Erinnerungen, so wie ein neues Phantasiebild der gefährlichen *Adelheid von Walldorf*. Seine Leidenschaft für diese Dame ist nicht zu verkennen, und man fängt an zu fürchten, er werde seinen Herrn mit fortreißen.

Hans von Selbitz kommt und stellt sich der wackern Hausfrau *Elisabeth* als einen lustig fahrenden Ritter dar. *Götz* heißt ihn willkommen; die Nachricht, daß Nürnberger Kaufleute auf die Messe ziehen, läuft ein; man zieht fort. Im Walde finden wir die Nürnberger Kaufleute; sie werden überfallen, beraubt. Durch *Georg* erfährt *Götz*, daß *Weislingen* sich umgekehrt habe. *Götz* will seinen Verdruß an den gefangnen Kaufleuten ausüben, gibt aber gerührt ein Schmuck-Kästchen zurück, welches ein Bräutigam seiner Braut bringen will: denn *Götz* bedenkt traurig, daß er seiner Schwester den Verlust des Bräutigams ankündigen müsse.

Dritter Aufzug

Zwei Kaufleute erscheinen im Lustgarten zu Augsburg; *Maximilian*, verdrießlich, weist sie ab; *Weislingen* macht ihnen Hoffnung, und bedient sich der Gelegenheit, den Kaiser gegen *Götz* und andre unruhige Ritter einzunehmen. Hierauf entwickelt sich das Verhältnis zwischen *Weislingen* und seiner Gemahlin *Adelheid*, die ihn nötigt, unbedingt ihre Weltzwecke zu begünstigen. Die wachsende Leidenschaft des Edelknaben zu ihr, die buhlerischen Künste, ihn anzulocken, sprechen sich aus. Wir werden nach Jaxthausen versetzt. *Sickingen* wirbt um *Maria*; *Selbitz* bringt Nachricht, daß *Götz* in die Acht erklärt sei. Man greift zu den Waffen. *Lerse* kündigt sich an; *Götz* nimmt ihn freudig auf.

Wir werden auf einen Berg geführt, weite Aussicht, verfallne Warte, Burg und Felsen. Eine Zigeuner-Familie, durch den Kriegszug beunruhigt, exponiert sich, und knüpft die folgenden Szenen aneinander. Der Hauptmann des Exekutionstrupps kommt an, gibt seine Befehle, macht sichs bequem. Die Zigeuner schmeicheln ihm. *Georg* überfällt die Höhe, *Selbitz* wird verwundet heraufgebracht, von Reichsknechten angefallen, von *Lerse* befreit, von *Götz* besucht.

Vierter Aufzug

Jaxthausen. *Maria* und *Sickingen*, dazu der siegreiche *Götz*, er muß befürchten sich eingeschlossen zu sehen, *Maria* und *Sickingen* werden getraut, und müssen von der Burg scheiden. Aufforderung, Belagerung, tapfere Gegenwehr, Familientisch; *Lerse* bringt Nachricht von einer Kapitulation; Verrat.

Weislingens und *Adelheidens* Wohnung in Augsburg. Nacht. *Weislingen* verdrießlich, Maskenzug *Adelheidens*. Es läßt sich bemerken, daß es bei diesem Feste auf den Erzherzog angesehen sei; den eifersüchtigen *Franz* weiß sie zu beschwichtigen, und ihn zu ihren Zwecken zu gebrauchen.

Wirtshaus zu Heilbronn. Rathaus daselbst; *Götzens* Kühnheit und Trotz. *Sickingen* befreit ihn; die bekannten Szenen sind geblieben.

Fünfter Aufzug

Wald. *Götz* mit *Georg* auf dem Anstande, einem Wilde
auflauernd. Hier im Freien wird schmerzlich bemerkt, daß
Götz nicht über seine Grenze hinaus darf. Man erfährt nun
das Unheil des Bauern-Krieges. Das wilde Ungetüm rückt
sogar heran. *Max Stumpf*, den sie sich zum Führer mitge-
schleppt, weiß sich los zu sagen. *Götz* halb überredet, halb
genötigt, gibt nach, erklärt sich als ihr Hauptmann auf vier
Wochen, und bricht seinen Bann. Die Bauern entzweien
sich, und der Teufel ist los.   10

Weislingen erscheint an der Spitze von Rittern und
Kriegsvolk, gegen die Aufrührer ziehend, vorzüglich aber
um *Götzen* habhaft zu werden, und sich vom leidigen
Gefühl der Subalternität zu befreien. Zu seiner Gemahlin
steht er im schlimmsten Verhältnisse; *Franzens* entschiedene Leidenschaft zu ihr offenbart sich immer mehr. *Götz*
und *Georg* in der traurigen Lage, mit Aufrührern verbunden zu sein. Das heimliche Gericht kündigt sich an. *Götz*
flüchtet zu den Zigeunern, und wird von Bundes-Truppen
gefangen genommen.   20

Adelheidens Schloß. Die Verführerin trennt sich von dem
beglückten Knaben, nachdem sie ihn verleitet hat, ihrem
Gemahl Gift zu bringen. Ein Gespenst nimmt bald seinen
Platz ein, und eine wirksame Szene erfolgt. Aus diesen
nächtlichen Umgebungen werden wir in einen heitern
Frühlingsgarten versetzt; *Maria* schläft in einer Blumen-
laube; *Lerse* tritt zu ihr, und bewegt sie, von *Weislingen* des
Bruders Leben zu erflehen.

Weislingens Schloß. Der Sterbende, sodann *Maria* und
Franz. *Götzens* Todesurteil wird vernichtet, und wir finden   30
den scheidenden Helden im Gärtchen des Gefangenwär-
ters.

———

Die Maximen der frühern Redaktionen wurden auch hier
abermals angewendet. Man verminderte die Szenenverän-
derungen, gewann mehr Raum zu Entwickelung der Charaktere, sammelte das Darzustellende in größere Massen,
und näherte mit vielen Aufopferungen das Stück einer
echten Theater-Gestalt. Warum es aber auch in dieser Form   40

sich auf der deutschen Bühne nicht verbreitet hat, hierüber
wird man sich in der Folge zu verständigen suchen; so wie
man nicht abgeneigt ist, von der Aufnahme der Theater-
stücke mehrerer deutschen Autoren, deren Behandlung und
Erhaltung auf der Bühne Rechenschaft zu geben.

Sollten jedoch diese Äußerungen eine günstige Aufnahme finden, so ist man willens zuerst über die Einführung ausländischer Stücke, wie sie auf dem Weimarischen
Theater stattgefunden, sich zu erklären. Dergleichen sind
griechische und gräzisierende, französische, englische, italienische und spanische Stücke; ferner terenzische und plautinische Komödien, wobei man Masken angewendet.

Am Nötigsten wäre vielleicht, sich über *Shakespeare* zu
erklären, und das Vorurteil zu bekämpfen, daß man die
Werke des außerordentlichen Mannes in ihrer ganzen Breite
und Länge auf das deutsche Theater bringen müsse. Diese
falsche Maxime hat die ältern *Schröder*'schen Bearbeitungen
verdrängt, und neue zu gedeihen verhindert.

Es muß mit Gründen, aber laut und kräftig, ausgesprochen werden, daß, in diesem Falle, wie in so manchem
andern, der Leser sich vom Zuschauer und Zuhörer trennen
müsse; jeder hat seine Rechte, und keiner darf sie dem
andern verkümmern.

SHAKESPEAR UND KEIN ENDE!

Es ist über *Shakespear* schon so viel gesagt, daß es scheinen
möchte, als wäre nichts mehr zu sagen übrig, und doch ist
dies die Eigenschaft des Geistes, daß er den Geist ewig
anregt. Diesmal will ich *Shakespear* von mehr als einer Seite
betrachten, und zwar erstlich als Dichter überhaupt, sodann
verglichen mit den Alten und den Neusten, und zuletzt als
eigentlichen Theater-Dichter. Ich werde zu entwickeln suchen, was die Nachahmung seiner Art auf uns gewirkt, und
was sie überhaupt wirken kann. Ich werde meine Beistimmung zu dem, was schon gesagt ist, dadurch geben, daß ich
es allenfalls wiederhole, meine Abstimmung aber kurz und
positiv ausdrücken, ohne mich in Streit und Widerspruch

zu verwickeln. Hier sei also von jenem ersten Punkt zuvörderst die Rede.

I.

Shakespear als Dichter überhaupt

Das Höchste, wozu der Mensch gelangen kann, ist das
Bewußtsein eigner Gesinnungen und Gedanken, das Erkennen seiner selbst, welches ihm die Einleitung gibt, auch
fremde Gemütsarten innig zu erkennen. Nun gibt es Menschen, die mit einer natürlichen Anlage hiezu geboren sind,
und solche durch Erfahrung zu praktischen Zwecken ausbilden. Hieraus entsteht die Fähigkeit, der Welt und den
Geschäften, im höheren Sinn, etwas abzugewinnen. Mit
jener Anlage nun wird auch der Dichter geboren, nur daß er
sie nicht zu unmittelbaren, irdischen Zwecken, sondern zu
einem höhern geistigen, allgemeinen Zweck ausbildet. Nennen wir nun *Shakespear* einen der größten Dichter, so
gestehen wir zugleich, daß nicht leicht Jemand die Welt so
gewahrte, wie er, daß nicht leicht Jemand, der sein inneres
Anschauen aussprach, den Leser in höherm Grade mit in
das Bewußtsein der Welt versetzt. Sie wird für uns völlig
durchsichtig; wir finden uns auf Einmal als Vertraute der
Tugend und des Lasters, der Größe, der Kleinheit, des
Adels, der Verworfenheit, und dieses Alles, ja noch mehr,
durch die einfachsten Mittel. Fragen wir aber nach diesen
Mitteln, so scheint es, als arbeite er für unsre Augen; aber
wir sind getäuscht. *Shakespear's* Werke sind nicht für die
Augen des Leibes. Ich will mich zu erklären suchen.

Das Auge mag wohl der klarste Sinn genannt werden,
durch den die leichteste Überlieferung möglich ist. Aber der
innere Sinn ist noch klärer, und zu ihm gelangt die höchste
und schnellste Überlieferung durchs Wort: denn dieses ist
eigentlich fruchtbringend, wenn das, was wir durchs Auge
auffassen, an und für sich fremd und keineswegs so tiefwir-
kend vor uns steht. *Shakespear* nun spricht durchaus an
unsern innern Sinn; durch diesen belebt sich zugleich die
Bilderwelt der Einbildungskraft, und so entspringt eine
vollständige Wirkung, von der wir uns keine Rechenschaft
zu geben wissen; denn hier liegt eben der Grund von jener
Täuschung, als begebe sich Alles vor unsern Augen. Be-

trachtet man aber die *Shakespear*'schen Stücke genau, so
enthalten sie viel weniger sinnliche Tat, als geistiges Wort.
Er läßt geschehen, was sich leicht imaginieren läßt, ja was
besser imaginiert als gesehen wird. *Hamlets* Geist, *Mac-
beths* Hexen, manche Grausamkeiten erhalten ihren Wert
durch die Einbildungskraft, und die vielfältigen kleinen
Zwischenszenen sind bloß auf sie berechnet. Alle solche
Dinge gehen beim Lesen leicht und gehörig an uns vorbei,
da sie bei der Vorstellung lasten und störend, ja widerlich
erscheinen.

Durchs lebendige Wort wirkt *Shakespear*, und dies läßt
sich beim Vorlesen am Besten überliefern; der Hörer wird
nicht zerstreut, weder durch schickliche noch unschickliche
Darstellung. Es gibt keinen höhern Genuß und keinen
reinern, als sich mit geschloßnen Augen, durch eine natürlich richtige Stimme, ein *Shakespear*'sches Stück nicht deklamieren, sondern rezitieren zu lassen. Man folgt dem
schlichten Faden, an dem er die Ereignisse abspinnt. Nach
der Bezeichnung der Charaktere bilden wir uns zwar gewisse Gestalten, aber eigentlich sollen wir durch eine Folge
von Worten und Reden erfahren, was im Innern vorgeht,
und hier scheinen alle Mitspielenden sich verabredet zu
haben, uns über nichts im Dunkeln, im Zweifel zu lassen.
Dazu konspirieren Helden und Kriegsknechte, Herren und
Sklaven, Könige und Boten, ja die untergeordneten Figuren
wirken hier oft tätiger, als die Hauptgestalten. Alles, was bei
einer großen Weltbegebenheit heimlich durch die Lüfte
säuselt, was in Momenten ungeheurer Ereignisse sich in
dem Herzen der Menschen verbirgt, wird ausgesprochen;
was ein Gemüt ängstlich verschließt und versteckt, wird
hier frei und flüssig an den Tag gefördert; wir erfahren die
Wahrheit des Lebens und wissen nicht wie.

Shakespear gesellt sich zum Weltgeist; er durchdringt die
Welt wie jener; beiden ist nichts verborgen; aber wenn des
Weltgeists Geschäft ist, Geheimnisse vor, ja oft nach der Tat
zu bewahren, so ist es der Sinn des Dichters, das Geheimnis
zu verschwätzen, und uns vor, oder doch gewiß in der Tat
zu Vertrauten zu machen. Der lasterhafte Mächtige, der
wohldenkende Beschränkte, der leidenschaftlich Hingeris-
sene, der ruhig Betrachtende, Alle tragen ihr Herz in der

Hand, oft gegen alle Wahrscheinlichkeit; Jedermann ist redsam und redselig. Genug, das Geheimnis muß heraus und sollten es die Steine verkünden. Selbst das Unbelebte drängt sich hinzu, alles Untergeordnete spricht mit, die Elemente, Himmel-, Erd- und Meer-Phänomene, Donner und Blitz, wilde Tiere erheben ihre Stimme, oft scheinbar als Gleichnis, aber ein wie das andre Mal mithandelnd.

Aber auch die zivilisierte Welt muß ihre Schätze hergeben; Künste und Wissenschaften, Handwerke und Gewerbe, Alles reicht seine Gaben dar. *Shakespear's* Dich- 10
tungen sind ein großer belebter Jahrmarkt, und diesen Reichtum hat er seinem Vaterlande zu danken.

Überall ist England, das meerumflossene, von Nebel und Wolken umzogene, nach allen Weltgegenden tätige. Der Dichter lebt zur würdigen und wichtigen Zeit, und stellt ihre Bildung, ja Verbildung mit großer Heiterkeit uns dar, ja er würde nicht so sehr auf uns wirken, wenn er sich nicht seiner lebendigen Zeit gleich gestellt hätte. Niemand hat das materielle Kostum mehr verachtet, als er; er kennt recht gut das innere Menschen-Kostum, und hier gleichen sich Alle. 20
Man sagt, er habe die Römer vortrefflich dargestellt; ich finde es nicht; es sind lauter eingefleischte Engländer, aber freilich Menschen sind es, Menschen von Grund aus, und denen paßt wohl auch die römische Toga. Hat man sich einmal hierauf eingerichtet, so findet man seine Anachronismen höchst lobenswürdig, und gerade, daß er gegen das äußere Kostum verstößt, das ist es, was seine Werke so lebendig macht.

Und so sei es genug an diesen wenigen Worten, wodurch *Shakespear's* Verdienst keineswegs erschöpft ist. Seine 30
Freunde und Verehrer werden noch Manches hinzuzusetzen haben. Doch stehe noch eine Bemerkung hier: schwerlich wird man einen Dichter finden, dessen einzelnen Werken jedesmal ein andrer Begriff zu Grunde liegt, und im Ganzen wirksam ist, wie an den seinigen sich nachweisen läßt.

So geht durch den ganzen *Coriolan* der Ärger durch, daß die Volksmasse den Vorzug der Bessern nicht anerkennen will. Im *Cäsar* bezieht sich Alles auf den Begriff, daß die Bessern den obersten Platz nicht wollen eingenommen 40

sehen, weil sie irrig wähnen, in Gesamtheit wirken zu
können. *Antonius* und *Cleopatra* spricht mit tausend Zungen, daß Genuß und Tat unverträglich sei. Und so würde
man bei weiterer Untersuchung ihn noch öfter zu bewundern haben.

II.

Shakespear, verglichen mit den Alten und Neusten

Das Interesse, welches *Shakespear's* großen Geist belebt,
liegt innerhalb der Welt: denn wenn auch Wahrsagung und
Wahnsinn, Träume, Ahnungen, Wunderzeichen, Feen und
Gnomen, Gespenster, Unholde und Zauberer ein magisches
Element bilden, das zur rechten Zeit seine Dichtungen
durchschwebt; so sind doch jene Truggestalten keineswegs
Haupt-Ingredienzien seiner Werke, sondern die Wahrheit
und Tüchtigkeit seines Lebens ist die große Base, worauf sie
ruhen; deshalb uns Alles, was sich von ihm herschreibt, so
echt und kernhaft erscheint. Man hat daher schon eingesehen, daß er nicht sowohl zu den Dichtern der neuern Welt,
welche man die romantische⟨n⟩ genannt hat, sondern vielmehr zu jenen der naiven Gattung gehöre, da sein Wert
eigentlich auf der Gegenwart ruht, und er kaum von der
zartesten Seite, ja nur mit der äußersten Spitze an die
Sehnsucht grenzt.

Desohngeachtet aber ist er, näher betrachtet, ein entschieden moderner Dichter, von den Alten durch eine ungeheure
Kluft getrennt, nicht etwa der äußern Form nach, welche
hier ganz zu beseitigen ist, sondern dem innersten tiefsten
Sinne nach.

Zuvörderst aber verwahre ich mich und sage: daß keineswegs meine Absicht sei, nachfolgende Terminologie als
erschöpfend und abschließend zu gebrauchen; vielmehr soll
es nur ein Versuch sein, zu andern, uns schon bekannten
Gegensätzen, nicht sowohl einen neuen hinzuzufügen, als,
daß er schon in jenen enthalten sei, anzudeuten. Diese
Gegensätze sind:

Antik,	Modern.
Naiv,	Sentimental.
Heidnisch,	Christlich.
Heldenhaft,	Romantisch.

Real,   Ideal.
Notwendigkeit,   Freiheit.
Sollen,   Wollen.

Die größten Qualen, so wie die meisten, welchen der
Mensch ausgesetzt sein kann, entspringen aus den einem
Jeden inwohnenden Mißverhältnissen zwischen Sollen und
Wollen, sodann aber zwischen Sollen und Vollbringen,
Wollen und Vollbringen, und diese sind es, die ihn auf
seinem Lebensgange so oft in Verlegenheit setzen. Die
geringste Verlegenheit, die aus einem leichten Irrtum, der   10
unerwartet und schadlos gelöst werden kann, entspringt,
gibt die Anlage zu lächerlichen Situationen. Die höchste Verlegenheit hingegen, unauflöslich oder unaufgelöst,
bringt uns die tragischen Momente dar.

   Vorherrschend in den alten Dichtungen ist das Unver-
hältnis zwischen Sollen und Vollbringen, in den neuern
zwischen Wollen und Vollbringen. Man nehme diesen
durchgreifenden Unterschied unter die übrigen Gegensätze
einsweilen auf, und versuche, ob sich damit etwas leisten
lasse. Vorherrschend, sagte ich, sind in beiden Epochen bald   20
diese, bald jene Seite; weil aber Sollen und Wollen im
Menschen nicht radikal getrennt werden kann, so müssen
überall beide Ansichten zugleich, wenn schon die eine
vorwaltend und die andre untergeordnet, gefunden werden.
Das Sollen wird dem Menschen auferlegt, das Muß ist eine
harte Nuß; das Wollen legt der Mensch sich selbst auf, des
Menschen Wille ist sein Himmelreich. Ein beharrendes
Sollen ist lästig, Unvermögen des Vollbringens fürchterlich,
ein beharrliches Wollen erfreulich, und bei einem festen
Willen kann man sich sogar über das Unvermögen des   30
Vollbringens getröstet sehen. Betrachte man als eine Art
Dichtung die Karten-Spiele; auch diese bestehen aus jenen
beiden Elementen. Die Form des Spiels, verbunden mit dem
Zufalle, vertritt hier die Stelle des Sollens, gerade wie es die
Alten unter der Form des Schicksals kannten; das Wollen,
verbunden mit der Fähigkeit des Spielers, wirkt ihm entgegen. In diesem Sinn möchte ich das Whistspiel antik nennen.
Die Form dieses Spiels beschränkt den Zufall, ja das Wollen
selbst. Ich muß, bei gegebenen Mit- und Gegenspielern, mit
den Karten, die mir in die Hand kommen, eine lange Reihe   40

von Zufällen lenken, ohne ihnen ausweichen zu können;
beim Lhombre und ähnlichen Spielen findet das Gegenteil
Statt. Hier sind meinem Wollen und Wagen gar viele Türen
gelassen; ich kann die Karten, die mir zufallen, verleugnen,
in verschiedenem Sinne gelten lassen, halb oder ganz verwerfen, vom Glück Hülfe rufen, ja durch ein umgekehrtes
Verfahren aus den schlechtesten Blättern den größten Vorteil ziehen, und so gleichen diese Art Spiele vollkommen der
modernen Denk- und Dichtart.

10   Die alte Tragödie beruht auf einem unausweichlichen
Sollen, das durch ein entgegenwirkendes Wollen nur geschärft und beschleunigt wird. Hier ist der Sitz alles Furchtbaren der Orakel, die Region, in welcher *Oedipus* über Alle
thront. Zarter erscheint uns das Sollen als Pflicht in der
Antigone, und in wie viele Formen verwandelt tritt es nicht
auf. Aber alles Sollen ist despotisch. Es gehöre der Vernunft
an: wie das Sitten- und Stadtgesetz; oder der Natur: wie die
Gesetze des Werdens, Wachsens und Vergehens, des Lebens und Todes. Vor allem diesem schaudern wir, ohne zu
20   bedenken, daß das Wohl des Ganzen dadurch bezielt sei.
Das Wollen hingegen ist frei, scheint frei und begünstigt den
Einzelnen. Daher ist das Wollen schmeichlerisch, und
mußte sich der Menschen bemächtigen, sobald sie es kennen
lernten. Es ist der Gott der neuen Zeit; ihm hingegeben,
fürchten wir uns vor dem Entgegengesetzten, und hier liegt
der Grund, warum unsre Kunst, so wie unsre Sinnesart, von
der antiken ewig getrennt bleibt. Durch das Sollen wird die
Tragödie groß und stark, durch das Wollen schwach und
klein. Auf dem letzten Wege ist das sogenannte Drama
30   entstanden, in dem man das ungeheure Sollen durch ein
Wollen auflöste; aber eben weil dieses unsrer Schwachheit
zu Hülfe kommt, so fühlen wir uns gerührt, wenn wir nach
peinlicher Erwartung zuletzt noch kümmerlich getröstet
werden.

Wende ich mich nun, nach diesen Vorbetrachtungen, zu
Shakespear, so muß der Wunsch entspringen, daß meine
Leser selbst Vergleichung und Anwendung übernehmen
möchten. Hier tritt *Shakespear* einzig hervor, indem er das
Alte und Neue auf eine überschwengliche Weise verbindet.
40   Wollen und Sollen suchen sich durchaus in seinen Stücken

ins Gleichgewicht zu setzen; Beide bekämpfen sich mit
Gewalt, doch immer so, daß das Wollen im Nachteile
bleibt.

Niemand hat vielleicht herrlicher, als er, die erste große
Verknüpfung des Wollens und Sollens im individuellen
Charakter dargestellt. Die Person, von der Seite des Charakters betrachtet, soll; sie ist beschränkt, zu einem Besondern bestimmt; als Mensch aber will sie. Sie ist unbegrenzt,
und fordert das Allgemeine. Hier entspringt schon ein
innerer Konflikt, und diesen läßt *Shakespear* vor allen   10
andern hervortreten. Nun aber kommt ein äußerer hinzu,
und der erhitzt sich öfters dadurch, daß ein unzulängliches
Wollen durch Veranlassungen zum unerläßlichen Sollen
erhöht wird. Diese Maxime habe ich früher an Hamlet
nachgewiesen; sie wiederholt sich aber bei *Shakespear*;
denn wie Hamlet durch den Geist, so kommt Macbeth
durch Hexen, Hekate, und die Über-Hexe, sein Weib,
Brutus durch die Freunde in eine Klemme, der sie nicht
gewachsen sind; ja sogar im Coriolan läßt sich das Ähnliche
finden; genug, ein Wollen, das über die Kräfte eines Indivi-   20
duums hinausgeht, ist modern. Daß es aber *Shakespear*
nicht von innen entspringen, sondern durch äußere Veranlassung aufregen läßt, dadurch wird es zu einer Art von
Sollen, und nähert sich dem Antiken. Denn alle Helden des
dichterischen Altertums wollen nur das, was Menschen
möglich ist, und daher entspringt das schöne Gleichgewicht
zwischen Wollen, Sollen und Vollbringen; doch steht ihr
Sollen immer zu schroff da, als daß es uns, wenn wir es auch
bewundern, anmuten könnte. Eine Notwendigkeit, die,
mehr oder weniger, oder völlig, alle Freiheit ausschließt,   30
verträgt sich nicht mehr mit unsern Gesinnungen; diesen
hat jedoch *Shakespear* auf seinem Wege sich genähert: denn
indem er das Notwendige sittlich macht, so verknüpft er die
alte und neue Welt zu unserm freudigen Erstaunen. Ließe
sich etwas von ihm lernen, so wäre hier der Punkt, den wir
in seiner Schule studieren müßten. Anstatt unsre Romantik,
die nicht zu schelten noch zu verwerfen sein mag, über die
Gebühr ausschließlich zu erheben und ihr einseitig nachzuhängen, wodurch ihre starke, derbe, tüchtige Seite verkannt
und verderbt wird, sollten wir suchen, jenen großen unver-   40

einbarscheinenden Gegensatz um so mehr in uns zu vereinigen, als ein großer und einziger Meister, den wir so höchlich
schätzen, und oft, ohne zu wissen, warum, über Alles
präconisieren, das Wunder wirklich schon geleistet hat.
Freilich hatte er den Vorteil, daß er zur rechten Erntezeit
kam, daß er in einem lebensreichen, protestantischen Lande
wirken durfte, wo der bigotte Wahn eine Zeitlang schwieg,
so, daß einem wahren Naturfrommen, wie *Shakespear*, die
Freiheit blieb, sein reines Innere, ohne Bezug auf irgend
10 eine bestimmte Religion, religios zu entwickeln.

Vorstehendes ward im Sommer 1813 geschrieben, und man
will daran nicht markten noch mäkeln, sondern nur an das
oben Gesagte erinnern: daß Gegenwärtiges gleichfalls ein
einzelner Versuch sei, um zu zeigen, wie die verschiedenen
poetischen Geister jenen ungeheuern und unter so viel
Gestalten hervortretenden Gegensatz auf ihre Weise zu
vereinigen und aufzulösen gesucht. Mehreres zu sagen,
20 wäre um so überflüssiger, als man seit gedachter Zeit auf
diese Frage von allen Seiten aufmerksam gemacht worden,
und wir darüber vortreffliche Erklärungen erhalten haben.
Vor allen gedenke ich *Blümners* höchst schätzbare Abhandlung über die Idee des Schicksals in den Tragödien des
Aeschylus und deren fürtreffliche Rezension in den Ergän-
zungs-Blättern der Jenaischen Literatur-Zeitung. Worauf
ich mich denn ohne Weiteres zu dem dritten Punkt wende,
welcher sich unmittelbar auf das deutsche Theater bezieht,
und auf jenen Vorsatz, welchen *Schiller* gefaßt, dasselbe
30 auch für die Zukunft zu begründen.

SHAKSPEAR ALS THEATERDICHTER

(Zu den Mitteilungen ins Morgenblatt, im Jahre 1816.)

Wenn Kunstliebhaber und Freunde irgend ein Werk freudig
genießen wollen, so ergötzen sie sich am Ganzen und
durchdringen sich von der Einheit die ihm der Künstler
geben können. Wer hingegen theoretisch über solche Arbeiten sprechen, etwas von ihnen behaupten und also lehren
und belehren will, dem wird Sondern zur Pflicht. Diese 10
glaubten wir zu erfüllen, indem wir Shakspear erst als
Dichter überhaupt betrachteten und sodann mit den Alten
und den Neuesten verglichen. Nun aber gedenken wir
unsern Vorsatz dadurch abzuschließen, daß wir ihn als
Theaterdichter betrachten.

Shakspear's Name und Verdienst gehören in die Geschichte der Poesie; aber es ist eine Ungerechtigkeit gegen
alle Theaterdichter früherer und späterer Zeiten, sein ganzes
Verdienst in der Geschichte des Theaters aufzuführen.

Ein allgemein anerkanntes Talent kann von seinen Fähig- 20
keiten einen Gebrauch machen der problematisch ist. Nicht
alles was der Vortreffliche tut, geschieht auf die vortrefflichste Weise. So gehört Shakspear notwendig in die Geschichte
der Poesie; in der Geschichte des Theaters tritt er nur
zufällig auf. Weil man ihn dort unbedingt verehren kann, so
muß man hier die Bedingungen erwägen in die er sich fügte,
und diese Bedingungen nicht als Tugenden oder als Muster
anpreisen.

Wir unterscheiden nahverwandte Dichtungsarten, die
aber bei lebendiger Behandlung oft zusammenfließen: 30
Epos, Dialog, Drama, Theaterstück lassen sich sondern.
Epos fordert mündliche Überlieferungen an die Menge
durch einen Einzelnen; *Dialog*, Gespräch in geschlossener
Gesellschaft, wo die Menge allenfalls zuhören mag; *Drama*,
Gespräch in Handlungen, wenn es auch nur vor der Einbildungskraft geführt würde; *Theaterstück*, alles dreies zusammen, insofern es den Sinn des Auges mit beschäftigt und
unter gewissen Bedingungen örtlicher und persönlicher
Gegenwart faßlich werden kann.

Shakspear's Werke sind in *diesem* Sinne am meisten 40

dramatisch; durch seine Behandlungsart das innerste Leben hervorzukehren gewinnt er den Leser; die theatralischen Forderungen erscheinen ihm nichtig, und so macht er sich's bequem und man läßt sich's geistig genommen mit ihm bequem werden. Wir springen mit ihm von Localität zu Localität, unsere Einbildungskraft ersetzt alle Zwischenhandlungen die er ausläßt, ja wir wissen ihm Dank daß er unsere Geisteskräfte auf eine so würdige Weise anregt. Dadurch daß er alles unter der Theaterform vorbringt, erleichtert er der Einbildungskraft die Operation; denn mit den »Brettern die die Welt bedeuten«, sind wir bekannter als mit der Welt selbst, und wir mögen das Wunderlichste lesen und hören, so meinen wir, das könne auch da droben einmal vor unsern Augen vorgehen; daher die so oft mißlungene Bearbeitung von beliebten Romanen in Schauspielen.

Genau aber genommen, so ist nichts theatralisch als was für die Augen zugleich symbolisch ist: eine wichtige Handlung die auf eine noch wichtigere deutet. Daß Shakspear auch diesen Gipfel zu erfassen gewußt, bezeugt jener Augenblick wo dem todkranken schlummernden König der Sohn und Nachfolger die Krone von seiner Seite wegnimmt, sie aufsetzt und damit fortstolziert. Dieses sind aber nur Momente, ausgesäte Juwelen, die durch viel Untheatralisches auseinander gehalten werden. Shakspear's ganze Verfahrungsart findet an der eigentlichen Bühne etwas Widerstrebendes; sein großes Talent ist das eines Epitomators, und da der Dichter überhaupt als Epitomator der Natur erscheint, so müssen wir auch hier Shakspear's großes Verdienst anerkennen, nur leugnen wir dabei, und zwar zu seinen Ehren, daß die Bühne ein würdiger Raum für sein Genie gewesen. Indessen veranlaßt ihn grade diese Bühnenenge zu eigner Begrenzung. Hier aber nicht, wie andere Dichter, wählt er sich zu einzelnen Arbeiten besondere Stoffe, sondern er legt einen Begriff in den Mittelpunkt und bezieht auf diesen die Welt und das Universum. Wie er alte und neue Geschichte in die Enge zieht, kann er den Stoff von jeder Chronik brauchen, an die er sich oft sogar wörtlich hält. Nicht so gewissenhaft verfährt er mit den Novellen, wie uns *Hamlet* bezeugt. *Romeo und Julie* bleibt der

Überlieferung getreuer, doch zerstört er den tragischen
Gehalt derselben beinahe ganz durch die zwei komischen
Figuren Mercutio und die Amme, wahrscheinlich von zwei
beliebten Schauspielern, die Amme wohl auch von einer
Mannsperson gespielt. Betrachtet man die Ökonomie des
Stücks recht genau, so bemerkt man daß diese beiden
Figuren und was an sie grenzt, nur als possenhafte Inter-
mezzisten auftreten, die uns bei unserer folgerechten, Über-
einstimmung liebenden Denkart auf der Bühne unerträglich
sein müssen.   10

Am merkwürdigsten erscheint jedoch Shakspear, wenn
er schon vorhandene Stücke redigiert und zusammen-
schneidet. Bei *König Johann* und *Lear* können wir diese
Vergleichung anstellen, denn die ältern Stücke sind noch
übrig. Aber auch in diesen Fällen ist er wieder mehr Dichter
überhaupt als Theaterdichter.

Lasset uns denn aber zum Schluß zur Auflösung des
Rätsels schreiten. Die Unvollkommenheit der englischen
Bretterbühne ist uns durch kenntnisreiche Männer vor
Augen gestellt. Es ist keine Spur von der Natürlichkeitsfor-   20
derung, in die wir nach und nach durch Verbesserung der
Machinerie und der perspektivischen Kunst und der Garderobe hineingewachsen sind, und von wo man uns wohl
schwerlich in jene Kindheit der Anfänge wieder zurückführen dürfte: vor ein Gerüste wo man wenig sah, wo alles nur
bedeutete, wo sich das Publikum gefallen ließ hinter einem
grünen Vorhang das Zimmer des Königs anzunehmen, den
Trompeter der an einer gewissen Stelle immer trompetete
und was dergleichen mehr ist. Wer will sich nun gegenwärtig so etwas zumuten lassen? Unter solchen Umständen   30
waren Shakspear's Stücke höchst interessante Märchen, nur
von mehreren Personen erzählt, die sich, um etwas mehr
Eindruck zu machen, charakteristisch maskiert hatten, sich,
wie es Not tat, hin und her bewegten, kamen und gingen,
dem Zuschauer jedoch überließen sich auf der öden Bühne
nach Belieben Paradies und Paläste zu imaginieren.

Wodurch erwarb sich denn Schröder das große Verdienst
Shakspear's Stücke auf die deutsche Bühne zu bringen, als
daß er der Epitomator des Epitomators wurde! Schröder
hielt sich ganz allein ans Wirksame, alles andere warf er weg,   40

ja sogar manches Notwendige, wenn es ihm die Wirkung
auf seine Nation, auf seine Zeit, zu stören schien. So ist es
z. B. wahr, daß er durch Weglassung der ersten Szenen des
Königs *Lear* den Charakter des Stücks aufgehoben; aber er
hatte doch Recht, denn in dieser Szene erscheint Lear so
absurd, daß man seinen Töchtern in der Folge nicht ganz
Unrecht geben kann. Der Alte jammert einen, aber Mitleid
hat man nicht mit ihm und Mitleid wollte Schröder erregen,
so wie Abscheu gegen die zwar unnatürlichen aber doch
nicht durchaus zu scheltenden Töchter.

In dem alten Stücke welches Shakspear redigiert, bringt
diese Szene im Verlaufe des Stücks die lieblichsten Wirkungen hervor. Lear entflieht nach Frankreich, Tochter und
Schwiegersohn, aus romantischer Grille, machen verkleidet
irgend eine Wallfahrt ans Meer und treffen den Alten der sie
nicht erkennt. Hier wird alles süß, was Shakspear's hoher
tragischer Geist uns verbittert hat. Eine Vergleichung dieser
Stücke macht dem denkenden Kunstfreunde immer aufs
neue Vergnügen.

Nun hat sich aber seit vielen Jahren das Vorurteil in
Deutschland eingeschlichen, daß man Shakspear auf der
deutschen Bühne Wort für Wort aufführen müsse und
wenn Schauspieler und Zuschauer daran erwürgen sollten.
Die Versuche, durch eine vortreffliche genaue Übersetzung
veranlaßt, wollten nirgends gelingen, wovon die Weimarische Bühne bei redlichen und wiederholten Bemühungen
das beste Zeugnis ablegen kann. Will man ein Shakspearisch
Stück sehen, so muß man wieder zu Schröders Bearbeitung
greifen; aber die Redensart, daß auch bei der Vorstellung
von Shakspear kein Jota zurückbleiben dürfe, so sinnlos sie
ist, hört man immer wiederklingen. Behalten die Verfechter
dieser Meinung die Oberhand, so wird Shakspear in wenigen Jahren ganz von der deutschen Bühne verdrängt sein,
welches denn auch kein Unglück wäre, denn der einsame
oder gesellige Leser wird an ihm desto reinere Freude
empfinden.

Um jedoch in dem Sinne wie wir oben weitläufig gesprochen einen Versuch zu machen, hat man Romeo und Julie
für das Weimarische Theater redigiert. Die Grundsätze
wonach solches geschehen, wollen wir ehestens entwickeln,

woraus sich denn vielleicht auch ergeben wird, warum diese
Redaktion, deren Vorstellung keineswegs schwierig ist,
jedoch kunstmäßig und genau behandelt werden muß, auf
dem deutschen Theater nicht gegriffen. Versuche ähnlicher
Art sind im Werke und vielleicht bereitet sich für die
Zukunft etwas vor, da ein häufiges Bemühen nicht immer
auf den Tag wirkt.

DON CICCIO

Nachdem das Morgenblatt diesen, in der geheimen italienischen Literatur sehr berüchtigten, Namen einmal ausgesprochen,*) so wird es nicht unwillkommen sein, das Nähere von ihm und seinem Gegner zu hören.

   Der wahre Name des, zu seiner Schmach vielbesungnen,
Mannes war *Buonaventura Arrighini*, gebürtig von Lucca;
sein Widersacher aber hieß *Giovanni Francesco Lazarelli*,
Edelmann von Gubbio, durch Schriften in Prosa und Ver-
sen berühmt, Mitglied der vornehmsten Gesellschaften in
Italien, besonders der Arcadier.

   Lazarelli, geboren im Jahre 1621, eilte glücklich auf der
Bahn der Studien fort, und ergab sich der Rechtsgelahrtheit,
welche er in der Römischen Kurie, als Auditor des Kardinals *Carpegna*, praktisch ausübte. Allein, seine Familie zu
erhalten, kehrte er ins Vaterland zurück, bekleidete manche
öffentlichen Ämter, und zuletzt das wichtige eines Gonfaloniere; doch begab er sich aufs Neue in ausländische
Dienste, und trieb die Geschäfte eines Rechtsfreundes zu
Ferrara, Perugia, Macerata und Bologna; sogar Genua und
Lucca wollten sich so vorzüglicher Talente bedienen. Zuletzt erhob ihn der Herzog von Mirandola zu seinem Rat
und Sekretair, und endlich zum Präfekten der Residenz, wo
er, stets in gutem Verhältnis zu seinem Fürsten und den
berühmtesten Literatoren, 1693 starb.

   Er war, sagen Gleichzeitige, eines ernsten und schönen
Anblicks, von hoher Statur und reichlicher Körpergestalt.
Kastanienbraune Haare, schwarze Augen und eine weite

---

*) Nro. 59.

Stirn zeichneten ihn aus. Er hatte anmutige und gefällige
Manieren, eine wundersam kluge, gelehrte und erheiternde
Unterhaltung; seine Lebensart, seine Religion, Nächsten-
liebe und Pflichtbefolgung wurden ohne Ausnahme gerühmt.

Als er im Gericht zu Macerata saß, war *Arrighini* sein
vertrauter Kollege; worüber sie sich aber bis auf den Grad
des seltsamsten Hasses entzweit, ist nicht bekannt geworden; genug, in dem Werke

LA
CICCEIDE
LEGITTIMA
DI
GIO-FRANCESCO LAZZARELLI.
EDIZIONE ACCRESCIUTA.

IN AMSTERDAM MDCCLXXX.

finden sich 330 Sonette, welche alle damit schließen,
20 daß *Don Ciccio* ein N. N. sei. Hierauf folgen 80 Gedichte,
zum Teil gleichfalls Sonette, sämtlich zu demselben löblichen Zweck bestimmt; das vorletzte ist nach dem Tode des
Ciccio, und das letzte von dem Verfasser aus dem Fegfeuer
datiert. Auch diese Zugabe ist von gleichem, unverwüstlichen Humor und poetischem Wert.

Nun glauben wir aber unsern Lesern eine Entwicklung
schuldig zu sein, wie es möglich gewesen, eine solche Masse
von Schmähgedichten, wohlgezählt 410, auf einen einzigen
Mann auszuschütten, der kein verdienstloser, schlechter
30 Mensch, aber wohl eine ungeschickte, zudringliche, anmaß-
liche Person gewesen sein mag. Hätte nun der Dichter
seinen Haß bloß verneinend ausgesprochen, seinen Gegner
nur gescholten, ihm durch Verkleinerungen allen Wert und
Würde zu rauben gesucht, so wär' es ihm schwerlich geglückt, den Leser anzuziehen und festzuhalten. Da er aber
glücklicher Weise versteht, seinen Schalkheiten positiven
Gehalt zu geben, so bringt er uns jedesmal Gewinn, besticht
und nötigt uns, auf Unkosten seines Gegners zu lachen. Auf
welchem Wege jedoch ihm dieses gelingt, wird nunmehr
40 umständlicher auseinanderzusetzen sein.

Lazarelli hatte das Glück, in die Epoche einer sehr hohen, aber auch zugleich freien und losen Kultur zu fallen, wo es erlaubt ist, die würdigsten Gegenstände der nächst vergangnen Zeiten parodistisch zu benutzen. Die Sonette fallen in die Jahre 1683, 84, unter die Regierung *Innocenz XI.*, die keineswegs bigott war. Ihn sieht man ausgerüstet mit Allem, was Altertum und Geschichte darbietet, was ein kirchliches und politisches Leben mitteilt, was Künste spielend überliefern, und wovon die Wissenschaft entweder schon vollständige Kenntnis gibt, oder doch die ersten Blicke gewährt. Gelehrsamkeit und Weltklugheit, Gründlichkeit und gefällige Äußerungen, Alles findet sich beisammen, und man würde nicht endigen, wenn man alle die Elemente hererzählen wollte, aus welchen der Verfasser seinen Mutwillen auferbaut; genug, nicht allein italienische Kenner und Naturforscher, sondern auch französische behaupten, daß *Lucrez* nicht würdiger von der Natur gesprochen, *Homer* sie nicht schöner beschrieben habe.

Ohne in ein solches unbedingtes, vielleicht Manchem übertrieben scheinendes Lob gerade einzustimmen, will ich versuchen ferner abzuleiten, wie unserm Autor dasselbe zu Teil werden konnte.

Außer jenen schon zugestandenen großen Vorzügen eines glücklichen Naturells, und einer ausreichenden theoretischen und praktischen Bildung genoß der Verfasser des noch größern Nationalvorzugs, einer lebendigen Weltanschauung. Der Italiener, von Kindheit an öffentlich lebend, bemerkt, erst spielend, dann heiter, dann ernst, alle die unendlichen Abstufungen, in welchen die bürgerliche Gesellschaft sich um ihn her bewegt. Alles, was dem Menschen die Natur, was ihm Zustand und Ausbildung gibt, regt sich vor einem klaren Auge ganz offenbar. Bedenke man nun, daß die beiden höchsten Zweige der Verfassung, alle Funktionen des Religions-Kultus und der Gerichtspflege, sich am hellen Tage in der freien Luft vor allen Augen das ganze Jahr über entfalten; so begreift man, was da zu sehen, zu bemerken und zu lernen ist. Der Bettler, wie der Marchese, der Mönch, wie der Kardinal, der Vetturin, wie der Krämer, der Handwerker, wie der Künstler, Alle treiben ihr Wesen vor den aufmerkenden Augen einer immerfort urteilenden

Menge. Keine Nation hat vielleicht einen so scharfen Blick zu bemerken, wenn Einer etwas Ungeschicktes zu seinem Schaden, oder etwas Kluges zu seinem Nutzen unternimmt, wovon der sicherste Beweis ist, daß der größte Teil ihrer Sprüchwörter aus solchen strengen und unbarmherzigen Bemerkungen entstanden.

Jenes öffentliche Leben der Italiener, welches von allen Reisenden gekannt, von allen Reisebeschreibern bemerkt ist, bringt ein heiteres und glänzendes Wesen in ihre Literatur; ja die italienischen Schriftsteller sind schwerer zu beurteilen, als die andrer Nationen. Ihre Prosaisten werden Poeten, eh man sichs versieht, weil sie dasjenige, was mit dem Dichter geboren wird, in ihren Kinderjahren gleich aus der zweiten Hand empfangen, und mit einem bequemen Reichtum nach ihren Fähigkeiten gar leicht gebaren können.

Hieraus läßt sich einsehen, warum es bei dem Deutschen gerade das Umgekehrte ist, und warum wahrhaft poetische Naturen unsrer Nation zuletzt gewöhnlich ein trauriges prosaisches Ende nehmen.

Jenes Aufpassen der Italiener auf ein geschicktes oder ungeschicktes Betragen gibt gerade unserm *Lazarelli* sehr viel Waffen gegen seinen Gegner. Dieser mag von der Mutter Natur an Gestalt nicht begünstigt, in seinem Betragen nicht angenehm gebildet, in seinen Unternehmungen schwankend und unsicher, im Handeln übereilt, mitunter durch Heftigkeit widerwärtig, und mehr verworren, als klar gewesen sein; dieses Alles weiß nun sein Gegner in einzelnen Fällen hervorzuheben, so genau und bestimmt zu zeichnen, daß man einen, zwar nicht verdienstlosen, aber doch dämischen Menschen vor sich zu sehen glaubt, ja den Griffel anfassen möchte, um die Karikatur auf der Tafel zu entwerfen.

Wie Manches bliebe noch übrig, teils über die vorliegenden Gedichte zu sprechen, teils bei dieser Gelegenheit vergleichungsweise zu berühren; doch versparen wir dies auf andre Zeit, und bemerken nur noch Folgendes:

In der ersten Lust, als der Verfasser ein ganzes Jahr mit täglichen Invektiven auf seinen Widersacher ausfüllte, mag er mit Abschriften nicht karg gewesen sein, wie denn meh-

rere Sonette an benannte Personen als Zeugen der Absurdi-
tät des *Don Ciccio* gerichtet sind; hieraus mögen Sammlungen entstanden sein, bis zuletzt eine rohe Ausgabe hinter
dem Rücken des Autors veranstaltet worden. Hierüber
beklagt er sich, besonders über fremden Einschub, wahrscheinlich um sich gegen die verfänglichsten Stellen zu
verwahren; späterhin gibt er die Gedichte selbst heraus,
jedoch mit falschem Verleger-Namen und Druckort: *Paris,
bei Claudius Rind.* Beide Ausgaben sind uns nicht zu Augen
gekommen. Die dritte obgemeldete hingegen, scheint sorg-   10
fältig, jedoch nicht ohne Druckfehler, nach der zweiten
abgedruckt, wahrscheinlich auch in Italien. Diese ist noch
im Buchhandel zu finden, und keinem geistreichen Freund
italienischer Literatur wird es gereuen, sie in seiner Handbibliothek aufgenommen zu haben.

⟨ANTWORT AUF EINE ANFRAGE
ÜBER WILHELM MEISTERS WANDERJAHRE⟩

Auf die Anfrage eines gegen mich wohlgesinnten Landsmannes, Nro. 32 des *deutschen Beobachters*, halte ich für
Pflicht, Folgendes dankbar zu erwiedern: Als ich die *Wanderjahre Wilhelm Meisters* ankündigte, stand die Arbeit
gerade auf dem Punkte, wo, um sie zu beendigen, nur ein
Entschluß nötig ist. Diesen hatte ich mit gutem Mut gefaßt,
aber bald darauf, durch innere und äußere Umstände gestört, konnte er bisher nicht wieder zu völliger Kraft gelangen. Gegenwärtig, um teils die Lust zur Arbeit bei mir selbst
wieder anzuregen, teils bei dem Publikum das Werkchen in   30
Erinnerung zu bringen, habe ich abermals einen Abschnitt
dem nächsten Damen-Kalender anvertraut. Ich wünsche,
daß diejenigen Leser, welche ein günstiges Vorurteil für
dieses Unternehmen gefaßt, darin mögen bestärkt, und mir
dadurch der Mut erhöht werden, das Ganze nochmals
vorzunehmen und abzuschließen.

Weimar d. 12. Mai 1815.   *Goethe.*

Proserpina

Melodram von *Goethe*,
Musik von *Eberwein*

Daß dieses, nun bald vierzigjährige, in den letzten Tagen
wieder aufgefrischte Monodrama, bei der Vorstellung günstig aufgenommen worden, haben schon einige Tagesblätter
freundlichst angezeigt. In einem beliebten Journal*) findet
man die ganze kleine Dichtung, deren sich wohl schwerlich
Viele erinnern möchten, wieder abgedruckt, so wie eine
hinreichende Entwickelung hinzugefügt, dessen, was bei
der Vorstellung eigentlich zur Erscheinung gekommen, und
eine gute Wirkung hervorgebracht.

Gegenwärtig aber ist die Absicht, auf die Grundsätze
aufmerksam zu machen, nach denen man, bei Wiederbelebung dieser abgeschiedenen Produktion, verfahren, welches
ebendieselben sind, zu denen wir uns schon früher bekannt,
und die uns so viele Jahre her geleitet: daß man nämlich teils
erhalten, teils wieder hervorheben solle, was uns das Theater der Vorzeit anbietet. Dieses kann nur geschehen, wenn
man die Gegenwart wohl bedenkt, und sich nach ihrem Sinn
und ihren Forderungen richtet. Eigentlich aber ist der jetzige Aufsatz für Direktionen geschrieben, welche die Partitur dieses Stücks verlangt haben, oder verlangen könnten,
damit dieselben sich in den Stand gesetzt sehen, auch auf
ihrer Bühne denselben, ja vielleicht noch höhern Effekt
hervorzubringen.

Und so nehme denn, nach Anleitung des gedachten Jour-
nals, der Inhalt hier vor allem andern seine Stelle, damit der
Begriff des Ganzen auf die leichteste und entschiedendste
Weise klar werde.

Proserpina tritt auf als Königin der Unterwelt, als Plutos
geraubte Gattin, noch ganz im ersten Schrecken über das
Begegnis; ermattet vom Umherirren in der wüsten Öde des
Orkus hält sie ihren Fuß an, den Zustand zu übersehen, in
dem sie sich befindet. Ein Rückblick in den unlängst verlor-

*) Journal für Literatur, Luxus und Mode. 1815. Nro. 4. S. 226.

nen läßt sie noch einmal die unschuldige Wonne desselben fühlen. Sie entladet sich des lästigen Schmucks der ihr verhaßten Frauen- und Königswürde. Sie ist wieder das reizende, liebliche, mit Blumen spielende Götterkind, wie sie es unter ihren Gespielinnen war; der ganze idyllische Zustand tritt mit ihrer Nymphen-Gestalt uns vor Augen, in welcher sie die Liebe des Gottes reizte und ihn zum Raube begeisterte. Unglücklich, seine Gattin zu sein, unglücklich, über Schatten zu herrschen, deren Leiden sie nicht abhelfen, deren Freuden sie nicht teilen kann, wendet sie ihr bedräng- 10 tes Herz zu ihrer göttlichen Mutter, zu Vater Zeus, der die Verhängnisse, wenn auch nicht aufhebt, doch zu lenken vermag; Hoffnung scheint sich zu ihr herabzuneigen, und ihr den Ausgang zum Licht zu eröffnen. Ihr erheiterter Blick entdeckt zuerst die Spuren einer höhern Vegetation. Die Erscheinung ihrer Lieblingsfrucht, ein Granat-Baum, versetzt ihren Geist wieder in jene glücklichen Regionen der Oberwelt, die sie verlassen. Die freundliche Frucht ist ihr ein Vorbote himmlischer Gärten. Sie kann sich nicht enthal- ten, von dieser Lieblingsfrucht zu genießen, die sie an alle 20 verlaßne Freuden erinnert. Weh der Getäuschten! Was ihr als Unterpfand der Befreiung erschien, urplötzlich wirkt es als magische Verschreibung, die sie unauflöslich dem Orkus verhaftet. Sie fühlt die plötzliche Entscheidung in ihrem Innersten. Angst, Verzweiflung, der Huldigungsgruß der Parzen, alles steigert sie wieder in den Zustand der Königin, den sie abgelegt glaubte: sie ist die Königin der Schatten, unwiderruflich ist sie es; sie ist die Gattin des Verhaßten, nicht in Liebe, in ewigem Haß mit ihm verbunden. Und in dieser Gesinnung nimmt sie von seinem Throne den unwil- 30 ligen Besitz.

Die verschiedenen Elemente nun, aus welchen die erneute Darstellung auferbaut worden, sind folgende: 1) Dekora- tion, 2) Rezitation und Deklamation, 3) körperliche Bewe- gung, 4) Mitwirkung der Kleidung, 5) Musik, und zwar a) indem sie die Rede begleitet, b) indem sie zu malerischen Bewegungen auffordert, c) indem sie den Chor melodisch eintreten läßt. Alles dieses wird 6) durch ein Tableau ge- schlossen, und vollendet.

Da wir voraussetzen dürfen, daß diejenigen, welche die- 40

ser Gegenstand interessiert, den oben erwähnten kurzen
Aufsatz zu lesen nicht verschmähen werden, enthalten wir
uns aller Wiederholung des dort Gesagten, um die Bedeutung der verschiedenen Punkte in der Kürze möglichst klar
zu machen.

1) Bei der Dekoration, welche immer dieselbe bleibt, war
beabsichtigt, die Gegenden des Schattenreiches, nicht sowohl öde, als verödet darzustellen. In einer ernsten Landschaft Poussinischen Styls sah man Überreste alter Gebäude, zerstörte Burgen, zerbrochene Aquädukte, verfal-
lende Brücken, Fels, Wald und Busch völlig der Natur
überlassen, alles Menschenwerk der Natur wiedergegeben.

Man wollte daran erinnern, daß der Orkus der Alten
hauptsächlich dadurch bezeichnet war, daß die Abgeschiedenen sich vergebens abmühten, und es daher ganz schicklich sein möchte, die Schatten der Heroen, Herrscher und
Völker an dem Verfall ihrer größten Werke das Vergebliche
menschlicher Bemühungen erblicken zu lassen, damit sie,
den Danaiden gleich, dasjenige immerfort wieder aufzubauen versuchten, was ihnen jedesmal unter den Händen
zusammenfällt.

Diese Idee war auf dem Weimarischen Theater mehr
angedeutet, als ausgeführt, und hier wäre es, wo größere
Bühnen unter sich wetteifern, und eine bedeutende, dem
Auge zugleich höchst erfreuliche Dekoration aufstellen
könnten.

Deutschland besaß einen Künstler, *Franz Kobel*, welcher
sich mit Ausführung dieses Gedankens gern und oft beschäftigte. Wir finden landschaftliche Zeichnungen von
ihm, wo Ruine und Trümmer aller Art ausgesäet, oder wenn
man will, zusammengestellt sind, vielleicht allzureichlich;
aber ebendeswegen könnten diese Zeichnungen geschmack-
reichen Künstlern zum Stoff und zugleich zum Anlaß dienen, die hier geforderte Dekoration für ihre Theater glücklich auszubilden.

Sehr schicklich und angenehm würde dabei sein, wenn
ein Teil der Szene eine verödete Villa vorstellte, wodurch
der geforderte Granat-Baum und die erwähnten Blumen
motiviert und mit dem übrigen notwendig verbunden würden. Geistreiche Künstler fänden in dieser Aufgabe eine

angenehme Unterhaltung, wie denn z. B. etwas erfreulich
Bedeutendes entstehen müßte, wenn in Berlin unter Anleitung einer so einsichtigen als tätigen General-Intendanz die
Herren *Schinckel* und *Lütke* sich zu diesem Endzweck
verbinden wollten, indem die Talente des Landschaftmalers
und Architekten vereinigt angesprochen werden. Auch
würde man in Stuttgart das dort wahrscheinlich noch befindliche Gemälde des zu früh abgeschiedenen *Kaatz* zu
Rate ziehen können, welches sich den Preis verdiente, als
die dortigen Kunstfreunde eine der hier verlangten Dekora- 10
tion ziemlich ähnliche Landschaft, als Aufgabe, den deutschen Künstlern vorlegten.*) Dadurch würde, bei dieser
Gelegenheit, ein schon beinahe vergessenes Bestreben deutscher Kunstliebe und Kunstförderung wieder vor die Augen
des Publikums gebracht: denn nicht allein was auf dem
Theater, sondern auch was von Seiten der bildenden Kunst
geleistet worden, wäre wieder zu beleben und zu benutzen.

2) Daß nun auf einem solchen Schauplatz *Rezitation* und
Deklamation sich musterhaft hervortun müsse, bedarf wohl
keiner weitern Ausführung; wie denn bei uns deshalb nichts 20
zu wünschen übrig bleibt: So wie denn auch

3) Die körperliche Bewegung der Darstellenden, in größter Mannigfaltigkeit, sich einer jeden Stelle eigentümlich
anschloß, und

4) die Kleidung entschieden mitwirkte; wobei wir folgende Bemerkung machen. Proserpina tritt auf als Königin
der Unterwelt; prächtige, übereinander gefaltete Mäntel,
Schleier und Diadem bezeichnen sie; aber kaum findet sie
sich allein, so kommt ihr das Nymphenleben wieder in den
Sinn, in das Tal von Enna glaubt sie sich versetzt, sie 30
entäußert sich alles Schmucks, und steht auf einmal blumen-
bekränzt wieder als Nymphe da. Daß nun dieses Entäußern
der faltenreichen Gewänder zu den schönsten mannigfaltigsten Gestaltungen Anlaß gebe, daß der Kontrast einer
königlichen Figur mit einer daraus sich entwickelnden
Nymphengestalt anmutig überraschend sei, wird nieman-
den entgehen, und jede geschickte Schauspielerin reizen,
sich auf diese Weise darzustellen.

*) Siehe Morgenblatt, Jahrgang 1810. Nr. 257.   40

Die Nymphe jedoch wird bald aus ihrer Täuschung gerissen, sie fühlt ihren abgesonderten kläglichen Zustand, ergreift eins der Gewänder, mit welchem sie, den größten Teil der Vorstellung über, ihre Bewegungen begleitet, sich bald darein verhüllt, sich bald daraus wieder entwindet, und zu gar mannigfaltigem pantomimischen Ausdruck, den Worten gemäß, zu benutzen weiß.

Auch dieser Teil war bei unserer Vorstellung vollkommen, bewegliche Zierlichkeit der Gestalt und Kleidung flossen in eins zusammen, so daß der Zuschauer weder in der Gegenwart noch in der Erinnerung eins von dem andern abzusondern wußte noch weiß. Eine jede deutsche Künstlerin, welche sich fühlt, wird diese Aufgabe zu lösen für angenehme Pflicht halten.

5) Nunmehr aber ist es Zeit, der Musik zu gedenken, welche hier ganz eigentlich als der See anzusehen ist, worauf jener künstlerisch ausgeschmückte Nachen getragen wird, als die günstige Luft, welche die Segel gelind, aber genugsam erfüllt, und der steuernden Schifferin bei allen Bewegungen, nach jeder Richtung, willig gehorcht.

Die Symphonie eröffnet eben diesen weiten musikalischen Raum und die nahen und fernen Begrenzungen desselben sind lieblich ahnungsvoll ausgeschmückt. Die melodramatische Behandlung hat das große Verdienst, mit weiser Sparsamkeit ausgeführt zu sein, indem sie der Schauspielerin gerade so viel Zeit gewährt, um die Gebärden der mannigfaltigen Übergänge bedeutend auszudrucken, die Rede jedoch im schicklichen Moment ohne Aufenthalt wieder zu ergreifen, wodurch der eigentlich mimisch-tanzartige Teil, mit dem poetisch-rhetorischen verschmolzen, und einer durch den andern gesteigert wird.

Eine geforderte und um desto willkommenere Wirkung tut das Chor der Parzen, welches mit Gesang eintritt, und das ganze rezitativartig gehaltne Melodram rhythmisch melodisch abrundet: denn es ist nicht zu leugnen, daß die melodramatische Behandlung sich zuletzt in Gesang auflösen und dadurch erst volle Befriedigung gewähren muß.

6) Wie sich nun dieser Chorgesang zur Deklamation und melodramatischen Begleitung verhielt, eben so verhielt sich zu der, an einer einzelnen Gestalt ins Unendliche verman-

nigfaltigten, Bewegung das unbewegte Tableau des Schlus-
ses. Indem nämlich Proserpina in der wiederholten Huldigung der Parzen ihr unwiderrufliches Schicksal erkennt,
und, die Annäherung ihres Gemahls ahnend, unter den
heftigsten Gebärden in Verwünschungen ausbricht, eröffnet sich der Hintergrund, wo man das Schattenreich erblickt, erstarrt zum Gemälde, und auch sie die Königin
zugleich erstarrend als Teil des Bildes.

Das Schattenreich war also gedacht und angeordnet: In
der Mitte eine schwach beleuchtete Höhle, die drei Parzen   10
umschließend, ihrer Beschäftigung gemäß, von verschiedenen Alter und Kleidung, die jüngste spinnend, die mittlere
den Faden ausziehend, und die älteste mit der Schere bewaffnet. Die erste emsig, die zweite froh, die dritte nachdenkend. Diese Höhle dient zum Fußgestelle des Doppel-
throns, auf welchem *Pluto* seinen Platz ausfüllt, die Stelle
jedoch zu seiner Rechten leer gesehen wird. Ihm linker
Hand, auf der Nachtseite, erblickt man unten, zwischen
Wasserstürzen und herabhängenden Fruchtzweigen, bis an
den Gürtel in schäumenden Wellen, den alten *Tantalus*,   20
über ihm *Ixion*, welcher das ihn aus einer Höhle fortrei-
ßende Rad aufhalten will, gleichfalls halbe Figur, oben auf
dem Gipfel des Felsens *Sisyphus*, ganze Figur, sich anstrengend den auf der Kippe schwebenden Steinblock hinüber zu
werfen.

Auf der lichten Gegenseite waren die Seligen vorgestellt.
Und wie nun Laster und Verbrechen eigentlich am Individuum kleben und solches zu Grunde richten, alles Gute und
Tugendhafte dagegen uns in das Allgemeine zieht; so hatte
man hier keine besonders benannten Gestalten aufgeführt,   30
sondern nur das allgemein Wonnevolle dargestellt. Wenn
auf der Schattenseite die Verdammnis auch dadurch bezeichnet war, daß jener nahmhaften Heroen jeder allein litt;
sprach sich hier dagegen die Seligkeit dadurch aus, daß allen
ein geselliger Genuß bereitet war.

Eine Mutter, von vielen Kindern umgeben, zierte den
würdigen Grund, worauf der frohbegrünte elysische Hügel empor stieg. Über ihr eilte, den Berg hinab, eine Gattin
dem herankommenden Gatten entgegen; ganz oben, in einem Palmenlusthain, hinter welchem die Sonne aufging,   40

Freunde und Liebende in vertraulichem Wandeln. Sie wurden durch kleine Kinder vorgestellt, welche gar malerisch fernten. Den Farbenkreis hatte der Künstler über das Ganze verteilt, wie es den Gruppen und der Licht- und Schattenseite zukam. Denke man sich nun Proserpina im königlichen Schmuck, zwischen der kinderreichen Mutter und den Parzen, hinanstaunend zu ihrem leeren Thron, so wird man das Bild vollendet haben.

Die löbliche Gewohnheit, das Bild, nach einer kurzen Verdeckung, zum zweitenmale zu zeigen, benutzte man zum Abschluß. Ein niederfallender Vorhang hatte auch Proserpina mit zugedeckt; sie benutzte die kurze Zwischenzeit, sich auf den Thronsitz zu begeben, und als der Vorhang wieder aufstieg, sah man sie, neben ihrem Gemahl, einigermaßen abgewendet, sitzen, und sie, die Bewegliche, unter den Schatten erstarrt. Chorgesang mit Musikbegleitung dauerte bis zu Ende.

Die Beschreibung des Gemäldes gibt zu erkennen, daß wir, dem beschränkten Raum unserer Bühne gemäß, mit einer löblichen lakonischen Symbolik verfahren, wodurch alle Figuren und Gruppen deutlich hervorleuchteten, welches bei solchen Darstellungen höchst nötig ist, weil dem Auge nur wenig Zeit gegeben wird, sie zu fassen.

Wie wir nun Anfangs den Architekten und Landschaftmaler zu Hülfe gerufen, so werden Bildhauer und Maler nun eine dankbare Aufgabe zu lösen eingeladen. Den Raum größerer Theater benutzend, können sie ein ungeheures, mannigfaltiges, und dennoch auseinander tretendes faßliches Gemälde darstellen. Die Grundzüge sind gegeben, wobei wir gestehen, daß wir uns nur mit Mühe enthielten, mehrere Gebilde, welche teils die Mythologie, teils das Gemüt aufdrang, anzubringen und einzuschalten.

Und so wären denn die Mittel klar auseinander gelegt, deren man sich bedient hat, und noch bedienen kann, um mit geringem Aufwand bedeutenden Effekt hervorzubringen.

Das deutsche Theater besitzt viele kleine komische Stücke, welche Jedermann gern wiederholt sieht; schwerer und seltner sind kurzgefaßte Tragödien. Von den Melodramen, denen der edle Inhalt am besten ziemt, werden *Pigma-*

lion und *Ariadne* noch manchmal vorgestellt; die Zahl
derselben zu vermehren dürfte daher als ein Verdienst
angesehen werden. Das gegenwärtige kleine Stück, welches
sich in idyllischen, heroischen, leidenschaftlichen, tragischen Motiven immer abwechselnd um sich selbst herum-
dreht, konnte seiner Art nach Gelegenheit geben, manche
Mittel, welche seit seiner Entstehung die deutsche darstel-
lende Kunst erworben, ihm zu Gunsten anzuwenden. Die
landschaftliche Kunst hat sich in diesen letzten Zeiten von
der bloßen Aus- und Ansicht wirklicher Gegenstände (ve-   10
dutta) zur höhern, ideellen Darstellung erhoben. Die Verehrung Poussins wird allgemeiner, und gerade dieser
Künstler ist es, welcher dem Dekorateur, im landschaftlichen und architektonischen Fache, die herrlichsten Motive
darbietet.

Rezitation und Deklamation haben sich auch gesteigert,
und werden immer ins Höhere reichen können, wenn sie
nur dabei mit dem einen Fuße den Boden der Natur und
Wahrheit zu berühren verstehen. Schöne, anständige körperliche Bewegung, an die Würde der Plastik, an die Leben-   20
digkeit der Malerei erinnernd, haben eine Kunstgattung für
sich begründet, welche ohne Teilnahme der Gewänder
nicht gedacht werden kann, und deren Einfluß sich gleichfalls schon auf die Tragödie erstreckt.

Eben so ist es mit den Tableaus, mit jener Nachbildung
eines gemalten Bildes durch wirkliche Personen. Sie fingen,
in Klöstern, bei Krippchen, Hirten und drei Königen an,
und wurden zuletzt ein, gleichfalls für sich bestehender,
Kunstzweig, der manchen Liebhaber reizt und beschäftigt,
auch sich einzeln schon auf dem Theater verbreitet hat. Ein   30
solches Bild, nicht einem andern Bilde nachgeahmt, sondern
zu diesem Zweck erfunden, welches bei festlichen Gelegenheiten bei uns mehrmals geschehn, hat man hier angebracht,
und an das Stück dergestalt geschlossen, daß dieses dadurch
seine Vollendung erlangt.

Auch darf man wohl zuletzt noch die Mäßigkeit des
Komponisten rühmen, welcher sich nicht selbst zu hören,
sondern mit keuscher Sparsamkeit die Vorstellung zu fördern und zu tragen suchte.

ZU SCHILLERS UND IFFLANDS ANDENKEN

Weimar, den 10. Mai 1815.

In diesen letzten Wochen erinnerte man sich allgemein zweier abgeschiedenen, vortrefflichen Männer, welchen das deutsche Theater unendlich viel verdankt, deren bedeutende Verdienste noch dadurch erhöht werden, daß sie von Jugend auf, in dem besten Vernehmen, eine Kunst gefördert, zu der sie geboren waren. Bemerklich ist hierbei, daß der Geburtstag des einen nicht weit von dem Todestag des andern falle, welcher Umstand zu jener gemeinsamen Erinnerung Anlaß gab.

Iffland war am 26sten April geboren, welchen Tag das deutsche Theater würdig gefeiert hat; *Schiller* hingegen entzog sich am 9ten Mai der Welt und seinen Freunden. An Einem Tage daher ward, auf dem Großherzogl. Weimarischen Theater, das Andenken beider Männer dramatisch erneuert, und zwar geschah es folgendermaßen.

Die beiden letzten Akte der *Hagestolzen* wurden aufgeführt. Sie können gar wohl als ein Ganzes für sich angesehen, als eins der schönsten Erzeugnisse *Ifflands* betrachtet werden, und man dürfte um so eher diese Wahl treffen, als das ganze Stück, vollkommen gut besetzt und sorgfältig dargestellt, immerfort bei uns einer besondern Gunst genießt.

Der Schluß des letzten Aktes ging unmittelbar in ein *Nachspiel* über, welches, in Versen gesprochen, sogleich den Ton etwas höher nehmen durfte, obgleich die Zusammenspielenden nicht eigentlich aus ihrem Charakter heraustraten. Die in dem Stücke selbst obwaltenden Mißverhältnisse kamen auf eine läßliche Weise wieder zur Sprache, und wurden freundlich beschwichtigt, so daß zuletzt *Margaretha*, ihre Persönlichkeit nicht ganz verleugnend, in einen Epilog höhern Styls übergehen konnte, welcher, den Zweck des Ganzen näher bezeichnend, die Verdienste jenes vortrefflichen Mannes mit würdiger Erhebung einigermaßen aussprach.

Hierauf ward *Schillers Glocke* nach der schon früher beliebten Einrichtung vorgestellt. Man hatte nämlich diesem trefflichen Werke, welches, auf eine bewunderungs-

würdige Weise, sich zwischen poetischer Lyrik und hand-
werksgemäßer Prosa hin und wieder bewegt, und so die
ganze Sphäre theatralischer Darstellung durchwandert, ihm
hatte man, ohne die mindeste Veränderung, ein vollkommen dramatisches Leben mitzuteilen gesucht, indem die
mannigfaltigen, einzelnen Stellen unter die sämtliche Gesellschaft, nach Maßgabe des Alters, des Geschlechts, der
Persönlichkeit und sonstigen Bestimmungen verteilt waren,
wodurch dem Meister und seinen Gesellen, herandringen-
den Neugierigen und Teilnehmenden sich eine Art von   10
Individualität verleihen ließ.

Auch der mechanische Teil des Stücks tat eine gute
Wirkung. Die ernste Werkstatt, der glühende Ofen, die
Rinne, worin der feurige Bach herabrollt, das Verschwinden desselben in die Form, das Aufdecken von dieser, das
Hervorziehen der Glocke, welche sogleich mit Kränzen, die
durch alle Hände laufen, geschmückt erscheint, das Alles
zusammen gibt dem Auge eine angenehme Unterhaltung.

Die Glocke schwebt so hoch, daß die Muse anständig
unter ihr hervortreten kann, worauf denn der bekannte   20
Epilog*, revidiert und mit verändertem Schlusse, vorgetragen und dadurch auch dieser Vorstellung zu dem ewig
werten Verfasser eine unmittelbare Beziehung gegeben
ward. Mad. *Wolf* rezitierte diese Schlußrede zur allgemeinsten Bewunderung, so wie Mad. *Lorzing* in jenem Nachspiel sich den verdientesten Beifall erwarb. Man hat die
Absicht, beide genannte Stücke, zwischen jenen bezeichneten Tagen, jährlich aufzuführen.

ÜBER DIE ENTSTEHUNG DES FESTSPIELS
ZU IFFLANDS ANDENKEN

Das festliche Nachspiel zu den Hagestolzen *Ifflands* haben
unsre Leser*) selbst beurteilt; über dessen Entstehung fügen
wir auch einige Betrachtungen hinzu, welche vielleicht
nicht ohne Frucht bleiben werden.

    Es gehört nämlich dieses Stück nicht Einem Verfasser an,
es ist vielmehr eine gesellige Arbeit, wie solche schon seit
geraumer Zeit bei uns herkömmlich sind. Denn so ist z. B.
die Fortsetzung des Vorspiels: *Was wir bringen*, zum Andenken *Reils* in Halle aufgeführt, gleicherweise entstanden,
nicht weniger jene Sammlung kleiner Gedichte, im August
1814, unserm gnädigsten, aus dem Felde zurückkehrenden
Herrn als *Willkommen* dargebracht.

    Solche gesellige Arbeiten sind der Stufe, worauf die Kul-
tur unseres Vaterlandes steht, vollkommen angemessen,
indem eine Fülle von Empfindungen, Begriffen und Überzeugungen, allgemein übereinstimmend, verbreitet ist, so
wie die Gabe sich rhythmisch angenehm und schicklich
auszudrücken.

    Vorzüglich aber findet bei Gelegenheits-Gedichten ein
gemeinsames Arbeiten sehr günstig Statt: denn indem der
Gegenstand entschieden gegeben ist, und also über dasjenige, *was* man zu sagen hat, kein Zweifel bleiben kann, so
wird man sich über die Art und Weise, wie es zu sagen sei,
gewiß leichter vereinigen, als wenn die Wahl des Stoffes
willkürlich wäre, wobei sich das Interesse der Mitarbeiten-
den leichter entzweien könnte.

    Schließt sich nun, wie es hier geschehen, die neue Arbeit
an eine ältere schon vorhandene unmittelbar an, so wird
man sich noch leichter über den Plan vereinigen, ja sich in
Szenen teilen, je nachdem sie dem Einen oder dem Andern
zusagen. Hieraus entstehen unzuberechnende Vorteile.

    Jeder Künstler bildet sich in sein Kunstwerk hinein, und
so muß auf die Länge, (und wer wird sich nicht gern aufs
Längste seines Talentes erfreuen wollen), es muß zuletzt
eine gewisse Eintönigkeit entstehen, weshalb denn der Zu-

    *) Morgenblatt, Nro. 151 und 152. 1815.

schauer und Zuhörer, wenn er sich immer in allzubekannter
Gesellschaft findet, endlich ohne Teilnahme bleibt, und
wohl gar gegen das schönste Talent ungerecht wird. Verbinden sich aber Mehrere, in demselben Sinn und Geist zu
arbeiten, so entsteht unmittelbar eine größere Mannigfaltigkeit, denn die innigsten Freunde sind oft, der Richtung und
Liebhaberei nach, ganz verschieden, sie leben in entgegengesetzten Wirkungs- und Lustkreisen, auf welche sich Begriffe, Gefühle, Anspielungen und Gleichnisse beziehen,
woraus denn eine Fülle entspringen kann, die auf anderem   10
Wege nicht zu hoffen wäre.

Freilich, aus eben schon angeführten Gründen, schickt
sich zu Gelegenheits-Gedichten diese Art zu arbeiten am
allerbesten, vorzüglich auch, weil hier keine selbstständi-
gen, dauerhaften Meisterwerke gefordert werden, sondern
solche, die nur im Vorübergehen einen Augenblick reizen
und gefallen sollen. Aber auch dieses ist nicht so unbedeutend, wie es scheinen möchte, da auf dem deutschen Theater
solche Gelegenheiten oft genug vorkommen, und aufge-
weckte Geister, die sich einmal verbunden hätten, derglei-   20
chen Anlässe lebhaft ergreifen, ja wohl gar selbst erschaffen
würden.

Nach unserer Überzeugung gibt es kein größeres und
wirksameres Mittel zu wechselseitiger Bildung als das Zusammenarbeiten überhaupt, besonders aber zu theatralischen Zwecken, wo, nachdem sich Freunde beredet, gestritten, vereinigt, bezweifelt, überlegt und abgeschlossen,
zuletzt bei öffentlicher Darstellung die Aufnahme, welche
das Publikum gewährt, den Ausschlag entscheidet und die
Belehrung vollendet.   30

Gewiß würde dieses, besonders in größern Städten, wo
dergleichen Versuche öfters zu wiederholen wären, auch
auf die selbstständigsten Stücke den günstigsten Einfluß
haben. *Iffland* hätte uns bis an sein Ende gewiß erfreuliche
Werke geliefert, wenn er sich bei Zeiten zu frischen, jungen
Männern gesellt, und sich aus seiner immer mehr sich
verdüsternden Lebensansicht in Gesellschaft glücklicher
Jugend gerettet hätte.

Müßte ich nicht wegen des Vorgesagten schon Zweifel
und Tadel befürchten, so könnte ich bekannte Schauspiel-   40

Dichter nennen, (Niemand errät sie, und sie wunderten sich selbst, ihren Namen hier zu finden), welche, wenn sie mit *reagierenden* Freunden in Gesellschaft treten wollten, sich um die deutsche Bühne sehr verdient machen würden. Ich brauche mit Bedacht den chemischen Ausdruck, welcher nicht allein ein Gegen-, sondern ein Mit- und Einwirken bezeichnet: denn aus Freundes-Kreisen, wo nur Ein Sinn und Ein Ton herrscht, möchte für diese Zwecke wenig zu hoffen bleiben.

Sollten diese meine Worte einige Wirkung hervorbringen, so würde ich sehr gern meine eigenen Erfahrungen mitteilen, um die Bedingungen deutlich zu machen, unter welchen ein solcher poetischer Gemeingeist möglich und denkbar sei.

In Deutschland wird auf alle Fälle der Vorschlag weniger Ausübung finden, weil der Deutsche isoliert lebt, und eine Ehre darin sucht, seine Individualität originell auszubilden. Ein merkwürdiges Beispiel, wie einzeln der Deutsche in ästhetischen Arbeiten dasteht, zeigt sich daran, daß bei der größten, ja ungeheuersten Gelegenheit, wo die ganze Nation mit Einem Sinn und Mut wirkte, und mit verschlungenem Bestreben, ohne irgend eine Rücksicht, das höchste Ziel erreichte, daß in diesem Augenblick die Mehrzahl der deutschen Dichtenden, nur immer einzeln, mit persönlichem Bezug, ja egoistisch auftrat. Es kann sich unter der Masse jener Gedichte uns unbewußt Einiges befinden, wie wir es wünschen; uns aber ist nichts zu Gesicht gekommen, wo sich Paare, wie *Orest* und *Pylades*, *Theseus* und *Pirithous*, *Castor* und *Pollux*, verbunden hätten, um Ernst und Heiterkeit, Verwegenheit und Klugsinn, Leben und Tod in dem Strudel des Kriegsspiels poetisch oben zu halten. Am wünschenswertesten wäre es gewesen, wenn Chöre von Freunden, welche gewiß bei manchen Heeres-Abteilungen zusammen fochten, sich beredet hätten, der Nachwelt ein wundersames Denkmal ihrer rühmlichen Tätigkeit zu hinterlassen. Wäre in Deutschland ein wahrhaftes, freies Zusammenarbeiten von verschiedenen Talenten im Gange gewesen; so hätte es auch hier sich gewiß und auf das Glänzendste gezeigt.

Wie sollte aber sogleich, nach Jahren des Drucks, wo man

sich, in weiteren und engeren Kreisen, auf jede Art zu verwahren suchte, und in Verbindung mit Andern wichtigere Zwecke vor Augen hatte, ein solches frohes und freies, poetisches Zusammenleben Statt finden? Vielleicht gibt das erneuerte, mit aufgeregtem Sinn begonnene große Bestreben, nach unsern friedlichen Wünschen, auch solchem dichterischen Beginnen eine glückliche Wendung.

W. im Mai 1815.   Goethe.

Ankündigung
einer neuen Ausgabe
von
Goethes Werken

Da eine schon längst bereitete Ausgabe der Werke des Herrn Geheimen-Rat *von Goethe* durch die Zeitumstände verhindert worden, so konnte es nicht fehlen, daß vollstän- 20
dige Exemplare derselben im Buchhandel fehlten, und auf vielfältiges Nachfragen den Freunden damit nicht gedient werden konnte. Es geschieht daher mit besonderm Vergnügen und Zuversicht, daß unterzeichnete Verlagshandlung hiermit anzukündigen im Stande ist, daß eine neue Ausgabe gedachter Werke gegenwärtig unter der Presse sei; sie wird aus *zwanzig Bänden* bestehen, wovon nachstehendes Verzeichnis eine allgemeinere Übersicht gibt.

Aus demselben ist zu ersehen, daß nicht nur der Inhalt der vorigen Ausgabe auch in der neuen zu finden sein wird, 30
so wie das, was von demselben Verfasser bisher im Druck erschienen, insofern es dem ästhetischen Fache angehört, sondern daß auch Manches mitgeteilt werden soll, was durch die Bekenntnisse aus dem Leben des Verfassers eingeleitet und sowohl faßlich als genießbar gemacht worden, und künftig noch harmonischer in sich werden kann.

Da auch bisher mehrmals Klage geführt worden, daß man, besonders in den letzten Jahren, keine Exemplare auf Velin-Papier sich anschaffen können, so wird, da eine eigentliche Pracht-Ausgabe in dem gegenwärtigen Moment 40

wohl nicht rätlich sein möchte, neben den andern Ausgaben
auch eine Subskription auf Velin-Exemplare hierdurch
eröffnet, unter folgenden Bedingungen:

1) Ausgabe auf Velin für 66 fl. Vorausbezahlung fürs
   Ganze.
2) Ausgabe auf schönes Schweizer-Papier 52 fl. – Ein Viertel
   bei der Unterzeichnung, ein Viertel bei Ablieferung der
   ersten, ein Viertel bei Ablieferung der zweiten, und ein
   Viertel bei Ablieferung der dritten Abteilung.
3) Ausgabe auf schönes weißes Druckpapier für 40 fl. In
   gleichen Vierteln zahlbar.
4) Ausgabe auf gewöhnliches Druckpap. für 30 fl.; in gleichem Verhältnis zahlbar.

Wer die Zahlung auf Einmal leisten will, darf für die
Ausgabe auf Schweizerpapier nur   44 fl.
   – schönem weißem Druckp.   33 fl.
   – gewöhnlichem   – –   22 fl. bezahlen.
Diese Subskription- und Pränumerationpreise dauern bis
Ende Septembers.

Die Namen der Subskribenten werden dem letzten Bande
beigefügt, damit man in Einer Übersicht erfahren kann, wie
Deutschland seinen wertgehaltenen Schriftsteller ehrt.

Diejenigen, welche sich dem Sammeln der Subskribenten,
der Einziehung der Gelder und Abgabe der Ex. unterziehen
wollen, erhalten auf 6 Ex. das 7te gratis.

Für die Besitzer der ersten Ausgabe wird auf folgende Art
gesorgt: Sie stellen ihren ersten Band bei Seite, und an
dessen Statt die gegenwärtigen zwei ersten Bände unter dem
Titel:

Erster Band, erste Abteilung.

Erster Band, zweite Abteilung.

Alsdann ginge die Bändezahl der *ersten Ausgabe* fort bis zu
dreizehn, welcher die Wahl-Verwandtschaften enthält.

Nun wird ein eigner 14ter Band für sie gedruckt, worin
dasjenige nachgetragen wird, was in die vorhergehenden
Bände eingeschaltet worden. Vom 15ten Bande an schließen
sich die sechs letzten Bände der *neuen Ausgabe* ununterbrochen an, so daß die Besitzer der *ersten Ausgabe* auf diese
Weise neun Bände abgeliefert erhalten.

Der Pränumeration-Preis für diese wäre dann:

Velinpapier . . . . 30 fl.

Schweizerpapier . . . . 20 fl.

schönes weißes Druckpap. . . . . 15 fl.

gewöhnliches Druckp. . . . . 9 fl. 36 kr.

Wer bloß subskribiert, zahlt bei Empfang der ersten
Lieferung von 3 Bänden

Velinpapier . . . . 33 fl.

Schweizerpapier . . . . 25 fl.

schönes weißes Druckpap. . . . . 18 fl.

gewöhnliches Druckp. . . . . 13 fl. 30 kr.

Stuttgart und Tübingen,
im Januar 1816.

J. G. *Cotta*'sche Buchhandlung.

Inhalts-Verzeichnis
der zwanzig Bände *Goethe*'scher Werke.

  20

WEST-ÖSTLICHER DIVAN
ODER VERSAMMLUNG DEUTSCHER GEDICHTE
IN STETEM BEZUG AUF DEN ORIENT

Das erste Gedicht, *Hegire* überschrieben, gibt uns von Sinn
und Absicht des Ganzen sogleich genugsame Kenntnis. Es
beginnt:

> Nord und West und Süd zersplittern,
> Throne bersten, Reiche zittern,
> Flüchte du! im reinen Osten   30
> Patriarchenluft zu kosten.
> Unter Lieben, Trinken, Singen,
> Soll dich Chisers Quell verjüngen.

Der Dichter betrachtet sich als einen Reisenden. Schon ist
er im Orient angelangt. Er freut sich an Sitten, Gebräuchen,
an Gegenständen, religiösen Gesinnungen und Meinungen,
ja er lehnt den Verdacht nicht ab, daß er selbst ein Musel-
mann sei. In solchen allgemeinen Verhältnissen ist sein
eignes Poetisches verwebt, und Gedichte dieser Art bilden
das erste Buch unter der Rubrik *Moganiname, Buch des*   40

Dichters. Hierauf folgt *Hafisname, das Buch Hafis*, der Charakterisierung, Schätzung, Verehrung dieses außerordentlichen Mannes gewidmet. Auch wird das Verhältnis ausgesprochen, in welchem sich der Deutsche zu dem Perser fühlt, zu welchem er sich leidenschaftlich hingezogen äußert, und ihn der Nacheiferung unerreichbar darstellt.

Das *Buch der Liebe*, heiße Leidenschaft zu einem verborgenen, unbekannten Gegenstand ausdrückend. Manche dieser Gedichte verleugnen die Sinnlichkeit nicht, manche aber können, nach orientalischer Weise, auch geistig gedeutet werden. Das *Buch der Freunde* enthält heitere Worte der Liebe und Neigung, welche, bei verschiedenen Gelegenheiten, geliebten und verehrten Personen, meist nach persischer Art mit goldbeblümten Rändern, überreicht werden, worauf die Gedichte selbst anspielen. Das *Buch der Betrachtung* ist praktischer Moral und Lebensklugheit gewidmet, orientalischer Sitte und Wendung gemäß. Das *Buch des Unmuts* enthält Gedichte, deren Art und Ton dem Osten nicht fremd ist. Denn gerade ihre Dichter, welche Gönnern und Beschützern die herrlichsten Lobpreisungen erteilen, verlieren alles Maß, wenn sie sich zurückgesetzt sehen, oder nicht hinreichend belohnt glauben. Ferner liegen sie immer mit Mönchen, Heuchlern und dergleichen im Streit; auch mit der *Welt*, wie sie den verworrenen Gang der Dinge, der beinahe von Gott unabhängig erscheint, nennen, sind sie immerfort im Kampfe begriffen. Auf gleiche Weise verfährt der deutsche Dichter, indem er das, was ihn widerwärtig berührt, heftig und gewaltsam abweist. Mehrere dieser Gedichte werden sich erst in späten Zeiten für den Druck eignen. *Timurname, Buch des Timur*, faßt ungeheure Weltbegebenheiten, wie in einem Spiegel auf, worin wir, zu Trost und Untrost, den Wiederschein eigner Schicksale erblicken. Erfreulicher ist das *Buch der Sprüche*. Es besteht aus kleinen Gedichten, zu welchen orientalische Sinnreden meist den Anlaß gegeben. Das *Buch der Parabeln* enthält bildliche Darstellungen mit Anwendung auf menschliche Zustände. Das *Buch Suleika*, leidenschaftliche Gedichte enthaltend, unterscheidet sich vom Buch der Liebe dadurch, daß die Geliebte genannt ist, daß sie mit einem entschiedenen Charakter erscheint, ja persönlich als Dichte-

rin auftritt und in froher Jugend mit dem Dichter, der sein
Alter nicht verleugnet, an glühender Leidenschaft zu wetteifern scheint. Die Gegend, worin dieses Duodrama spielt,
ist ganz persisch. Auch hier dringt sich manchmal eine
geistige Bedeutung auf und der Schleier irdischer Liebe
scheint höhere Verhältnisse zu verhüllen. *Sakiname, Buch
des Schenken.* Der Dichter überwirft sich mit dem gemeinen
Kellner, und wählt einen anmutigen Knaben, der ihm den
Genuß des Weins durch gefällige Bedienung versüße. Das
Kind wird sein Lehrling, sein Vertrauter, dem er höhere   10
Ansichten mitteilt. Eine wechselseitige edle Neigung belebt
das ganze Buch. *Buch des Parsen.* Hier wird die Religion der
Feueranbeter möglichst zur Darstellung gebracht, welches
um so nötiger ist, als ohne einen klaren Begriff von diesem
frühesten Zustande, die Umwandlungen des Orients immer
dunkel bleiben. Das *Buch des Paradieses* enthält sowohl die
Sonderbarkeiten des mohametanischen Paradieses, als auch
die höheren Züge gläubigen Frommsinns, welche sich auf
diese zugesagte künftige heitere Glückseligkeit beziehen.
Man findet hier die Legende von den sieben Schläfern, nach   20
orientalischen Überlieferungen, und andere, die im gleichen
Sinn den fröhlichen Umtausch irdischer Glückseligkeit mit
der himmlischen darstellen. Es schließt sich mit dem Abschiede des Dichters an sein Volk, und der Divan selbst ist
geschlossen.

Wir haben für nötig erachtet, diese Anzeige voraus-
zuschicken, indem der Damenkalender für 1817 mehrere
Glieder dieser Versammlung dem deutschen Publikum empfehlen wird.

v. Goethe.   30

ÜBER DIE NEUE AUSGABE
DER GOETHE'SCHEN WERKE

Schon lange Jahre genießt der Verfasser das Glück, daß die
Nation an seinen Arbeiten nicht nur freundlich Teil nimmt,
sondern daß auch mancher Leser, den Schriftsteller in den
Schriften aufsuchend, die stufenweise Entwicklung seiner
geistigen Bildung zu entdecken bemüht ist. Wie sehr er   40

dieses zu schätzen weiß, ist mehrern verehrten Personen bekannt, die mit ihm in nähern Verhältnissen stehen, aber auch Entfernte können daraus abnehmen, daß ihm ihre Teilnahme lieb und wert ist, da er für sie die Darstellung seines Lebens unternommen hat, deren Hauptzweck es ist, die Entwicklung schriftstellerischer und künstlerischer Fähigkeiten aus natürlichen und menschlichen Anlagen faßlich zu machen.

Wenn er nun aber vernimmt, daß man in gleicher Ansicht den Wunsch hegt, die neue Ausgabe seiner Schriften möchte chronologisch geordnet werden; so hält er es für Schuldigkeit, umständlich anzuzeigen, warum dieses nicht geschehen könne.

Wir haben zwar an der Ausgabe *Schiller*'scher Werke ein Beispiel solcher Anordnung; allein der Herausgeber derselben war in einem ganz andern Falle als der ist, in welchem wir uns gegenwärtig befinden. Bei einem sehr weiten Gesichtskreise hatte *Schiller* seinen Arbeitskreis nicht übermäßig ausgedehnt. Die Epochen seiner Bildung sind entschieden und deutlich; die Werke, die er zu Stande gebracht, wurden in einem kurzen Zeitraume vollendet. Sein Leben war leider nur zu kurz, und der Herausgeber übersah die vollbrachte Bahn seines Autors. Die *Goethe*schen Arbeiten hingegen sind Erzeugnisse eines Talents, das sich nicht stufenweis' entwickelt und auch nicht umherschwärmt, sondern gleichzeitig, aus einem gewissen Mittelpunkte, sich nach allen Seiten hin versucht, und in der Nähe sowohl als in der Ferne zu wirken strebt, manchen eingeschlagnen Weg für immer verläßt, auf andern lange beharrt. Wer sieht nicht, daß hier das wunderlichste Gemisch entspringen würde, wenn man das, was den Verfasser gleichzeitig beschäftigte, in Einen Band zusammenbringen wollte, wenn es auch möglich wäre, die verschiedensten Produktionen dergestalt zu sondern, daß sie sich alsdann wieder, der Zeit ihres Ursprungs nach, neben einander stellen ließen.

Dieses ist aber deshalb nicht tulich, weil zwischen Entwurf, Beginnen und Vollendung größerer, ja selbst kleiner Arbeiten oft viele Zeit hinging, sogar bei der Herausgabe die Produktionen teilweise umgearbeitet, Lücken derselben ausgefüllt, durch Redaktion und Revision erst eine Gestalt

entschieden wurde, wie sie der Augenblick gewährte, in
welchem sie den Weg einer öffentlichen Erscheinung betra-
ten. Diese Verfahrungsart, die teils aus einem unruhigen
Naturell, teils aus einem sehr bewegten Leben hervorging,
kann auf keinem andern als dem angefangenen Wege deutlich gemacht werden, wenn dem Verfasser nämlich gewährt
ist, seine Bekenntnisse fortzusetzen. Alsdann wird der
vierte Band, welcher bis zu Ende von 1775 reicht, die
bedeutendsten Anfänge vorlegen; durch die Reise nach
Italien wird sodann die erste Ausgabe bei *Göschen* und was   10
bis dahin vollbracht worden, ins Klare gesetzt, woraus denn
hervorgehen dürfte, daß eine Zusammenstellung nach Jahren und Epochen keineswegs zu leisten sei.

Noch andre Betrachtungen treten ein, welche nicht abzuweisen sind. Die Mehrzahl der Leser verlangt die Schrift
und nicht den Schriftsteller; ihr ist darum zu tun, daß sie die
Arbeiten nach ihrer verschiednen Art und Natur in Gruppen und Massen beisammen finde, auch in diesem Sinne
einen und den andern Band zu irgend einem Gebrauch sich
wähle. Der Komponist, Sänger, Deklamator will die Lieder,   20
die kürzern Gedichte beisammen, um sich deren auf Reisen,
in Gesellschaften bedienen zu können. Diese sämtlichen
Freunde würden unzufrieden sein, wenn sie solche Produktionen, die sie vorzüglich interessieren, in viele Bände zerstreut sähen. Ja es dürften nicht einmal mehrere spätere
Lieder, die schon komponiert und gedruckt sind, in diese
Ausgabe aufgenommen werden, weil sie einer Epoche angehören, deren völliger Abschluß den Nachkommen überlassen bleibt.

Und so wird man denn auch dem Verleger Gerechtigkeit   30
widerfahren lassen, wenn er die Einrichtung traf, daß die
erste Ausgabe vollkommen brauchbar bleiben, und mit
wenigem Aufwande der zweiten völlig gleich ergänzt werden konnte.

Damit man aber des Verfassers Bereitwilligkeit sehe, allen
billigen Wünschen entgegen zu kommen, so wird er dieser
neuen Ausgabe einen Aufsatz hinzufügen, der dasjenige,
was in den Bekenntnissen schon gesagt worden, im Kurzen
wiederholen, und das, was noch zu sagen übrig bleibt,
gleichfalls kurz, jedoch wesentlich, darlegen wird.   40

Sind die versprochenen zwanzig Bände durch die Gunst des Publikums beendigt und herausgegeben, alsdann wird eher die Frage zu beantworten sein, inwiefern eine Fortsetzung, ja vielleicht auch eine Ausgabe der wissenschaftlichen Arbeiten zu wünschen sei.

Und so glaubt man durch aufrichtige Darlegung der Umstände dem teilnehmenden, wohlwollenden Leser so viel als möglich genug getan zu haben.

Weimar, den 31. März 1816.

DIE GEHEIMNISSE.
FRAGMENT VON GOETHE

Meine werten Landsleute, besonders die jüngeren, erwiesen mir von jeher viel Vertrauen, welches sich noch zu vermehren scheint, gegenwärtig, wo nach Befreiung von äußerem Druck und wieder hergestellter innerer Ruhe ein jedes
20 aufrichtige Streben nach dem Guten und Schönen sich aufs Neue begünstigt fühlt. Mit welchem Dank und Anteil ich dieses erkenne, kann ich jedoch nur selten aussprechen, indem die Zeit nicht hinreicht, so mancherlei Obliegenheiten durchaus genug zu tun. Daher bleibt, zu meinem Leidwesen, mancher Brief unbeantwortet, manche Frage unerörtert, manches Problem unaufgelöst.

Da ich jedoch bemerken kann, daß unter einer Menge von Wünschen und Forderungen sich mehrere finden, die ein allgemeineres Interesse zu haben scheinen, indem sie wie-
30 derholt an mich ergehen; so habe ich den Vorsatz gefaßt, über solche Punkte meine Erklärungen durch das Morgenblatt nach und nach bekannt zu machen, und dadurch meine fernen, meist unbekannten, Freunde, so wie auch Andere, welche vielleicht gleiche Wünsche hegen, insofern es sich tun läßt, zusammen zu befriedigen. Möge das Nachstehende die gewünschte Wirkung hervorbringen.

———

Eine Gesellschaft studierender Jünglinge, in einer der ersten
40 Städte Nord-Deutschlands, haben ihren freundschaftlichen

Zusammenkünften eine gewisse Form gegeben, so daß sie erst ein dichterisches Werk vorlesen, sodann über dasselbe ihre Meinungen wechselseitig eröffnend, gesellige Stunden nützlich hinbringen. Derselbe Verein hat auch meinem Gedichte,

die Geheimnisse

überschrieben, seine Aufmerksamkeit gewidmet, sich darüber besprochen, und als die Meinungen nicht zu vereinigen gewesen, den Entschluß gefaßt, bei mir anzufragen, in wiefern es tulich sei diese Rätsel aufzuklären, wobei sie mir zugleich eine gar wohl haltbare Meinung mitgeteilt, worin die meisten mit einander übereingekommen. Da ich nun in dem Antrage und der Art desselben so viel guten Willen, Sinn und Anstand finde, so will ich hierauf um so lieber eine Erklärung geben, als jenes rätselhafte Produkt die Auslegungsgabe schon manches Lesers beschäftigt hat, und ich in meinen schriftstellerischen Bekenntnissen wohl sobald nicht an die Epoche gelangen möchte, wo diese Arbeit veranlaßt und sogleich auf einmal in kurzer Zeit auf den Punkt gebracht worden, wie man sie kennt, alsdann aber unterbrochen und nie wieder vorgenommen wurde; es war in der Mitte der achtziger Jahre.

Ich darf voraussetzen, daß jenes Gedicht selbst dem Leser bekannt sei, doch will ich davon folgendes erwähnen: Man erinnert sich, daß ein junger Ordensgeistlicher in einer gebirgigten Gegend verirrt, zuletzt im freundlichen Tale ein herrliches Gebäude antrifft, das auf Wohnung von frommen geheimnisvollen Männern deutet. Er findet daselbst zwölf Ritter, welche nach überstandenem sturmvollen Leben, wo Mühe, Leiden und Gefahr sich andrängten, endlich hier zu wohnen und Gott im Stillen zu dienen, Verpflichtung übernommen. Ein dreizehenter, den sie für ihren Obern erkennen, ist eben im Begriff von ihnen zu scheiden, auf welche Art, bleibt verborgen, doch hatte er in den letzten Tagen seinen Lebenslauf zu erzählen angefangen, wovon dem neuangekommenen geistlichen Bruder eine kurze Andeutung, bei guter Aufnahme, zu Teil wird. Eine geheimnisvolle Nachterscheinung festlicher Jünglinge, deren Fackeln bei eiligem Lauf den Garten erhellen, macht den Schluß.

Um nun die weitere Absicht, ja den Plan im Allgemeinen, und somit auch den Zweck des Gedichtes zu bekennen, eröffne ich, daß der Leser durch eine Art von ideellem Montserrat geführt werden, und nachdem er durch die verschiedenen Regionen der Berg-, Felsen- und Klippen-Höhen seinen Weg genommen, gelegentlich wieder auf weite und glückliche Ebenen gelangen sollte. Einen jeden der Rittermönche würde man in seiner Wohnung besucht und durch Anschauung klimatischer und nationaler Verschiedenheiten erfahren haben, daß die trefflichsten Männer von allen Enden der Erde sich hier versammlen mögen, wo jeder von ihnen Gott auf seine eigenste Weise im Stillen verehre.

Der mit Bruder Markus herumwandelnde Leser oder Zuhörer wäre gewahr geworden, daß die verschiedensten Denk- und Empfindungsweisen, welche in dem Menschen durch Atmosphäre, Landstrich, Völkerschaft, Bedürfnis, Gewohnheit entwickelt oder ihm eingedrückt werden, sich hier, am Orte, in ausgezeichneten Individuen darzustellen und die Begier nach höchster Ausbildung, obgleich einzeln unvollkommen, durch Zusammenleben würdig auszusprechen berufen seien.

Damit dieses aber möglich werde, haben sie sich um einen Mann versammelt der den Namen *Humanus* führt, wozu sie sich nicht entschlossen hätten, ohne sämtlich eine Ähnlichkeit, eine Annäherung zu ihm zu fühlen. Dieser Vermittler nun will unvermutet von ihnen scheiden und sie vernehmen, so betäubt als erbaut, die Geschichte seiner vergangenen Zustände. Diese erzählt jedoch nicht er allein, sondern jeder von den zwölfen, mit denen er sämtlich im Laufe der Zeiten in Berührung gekommen, kann von einem Teil dieses großen Lebenswandels Nachricht und Auskunft geben.

Hier würde sich dann gefunden haben, daß jede besondere Religion einen Moment ihrer höchsten Blüte und Frucht erreiche, worin sie jenem obern Führer und Vermittler sich angenaht, ja sich mit ihm vollkommen vereinigt. Diese Epochen sollten in jenen zwölf Repräsentanten verkörpert und fixiert erscheinen, so daß man jede Anerkennung Gottes und der Tugend, sie zeige sich auch in noch so wunderbarer Gestalt, doch immer aller Ehren, aller Liebe würdig müßte gefunden haben. Und nun konnte nach langem Zusammenleben Humanus gar wohl von ihnen scheiden, weil sein Geist sich in ihnen Allen verkörpert, Allen angehörig, keines eigenen irdischen Gewandes mehr bedarf.

Wenn nun nach diesem Entwurf der Hörer, der Teilnehmer durch alle Länder und Zeiten im Geiste geführt, überall das Erfreulichste, was die Liebe Gottes und der Menschen, unter so mancherlei Gestalten, hervorbringt, erfahren, so sollte daraus die angenehmste Empfindung entspringen, indem weder Abweichung, Mißbrauch noch Entstellung, wodurch jede Religion in gewissen Epochen verhaßt wird, zur Erscheinung gekommen wäre.

Ereignet sich nun diese ganze Handlung in der Karwoche, ist das Hauptkennzeichen dieser Gesellschaft ein Kreuz mit Rosen umwunden, so läßt sich leicht voraussehen, daß die durch den Ostertag besiegelte ewige Dauer erhöhter menschlicher Zustände auch hier bei dem Scheiden des Humanus sich tröstlich würde offenbart haben.

Damit aber ein so schöner Bund nicht ohne Haupt und Mittelsperson bleibe, wird durch wunderbare Schickung und Offenbarung der arme Pilgrim Bruder Markus in die hohe Stelle eingesetzt, der ohne ausgearbeitete Umsicht, ohne Streben nach Unerreichbarem, durch Demut, Ergebenheit, treue Tätigkeit im frommen Kreise, gar wohl verdient, einer wohlwollenden Gesellschaft, so lange sie auf der Erde verweilt, vorzustehen.

Wäre dieses Gedicht vor dreißig Jahren, wo es ersonnen und angefangen worden, vollendet erschienen, so wäre es der Zeit einigermaßen vorgeeilt. Auch gegenwärtig, obgleich seit jener Epoche die Ideen sich erweitert, die Gefühle gereinigt, die Ansichten aufgeklärt haben, würde man das nun allgemein Anerkannte im poetischen Kleide vielleicht gerne sehen, und sich daran in den Gesinnungen befestigen, in welchen ganz allein der Mensch, auf seinem eigenen Montserrat, Glück und Ruhe finden kann.

Weimar, den 9. April.   *Goethe.*

⟨AUSLEGUNGEN DES MÄRCHENS AUS DEN
UNTERHALTUNGEN DEUTSCHER AUSGEWANDERTEN⟩

Das Märchen

welches die *Unterhaltungen der Ausgewanderten* schloß,
ladet zu Deutungen ein, indem es Bilder, Ideen und Begriffe
durch einander schlingt. Zur Zeit seiner Erscheinung versuchten sich mehrere Freunde daran. Drei solcher Auslegungen, wovon die letzte einem Frauenzimmer gehört,
habe ich in nachstehender Tabelle zu erhalten gesucht.
Weimar d. 24 Juni 1816.   G

Fluß.	Die Not, die Verlegenheit; im allgemeinen jede schwierige Aufgabe.	Das Fließende des Lebens.	Die Hindernisse des Lebens.
Fährmann.	Mechanisches Wirken. Fleiß.	Der Stand der Natur.	Die reine sinnliche Tätigkeit.
Irrlichter.	Leichter Sinn. Das Genie. Bel Esprit. Der Adel.	Ihr Name ist Legion. Die Versucher von Anfang. Spekulanten. Sophisten	Die Stutzer und Schmarutzer.
Gold.	Der Schein.		
Schlange.	Industrie und Spekulationsgeist. Die Nachahmung. Der Verstand überhaupt	Die Kultur.	Das Volk.
Mann mit der Lampe. Lampe.	Die Einbildungskraft.	Die Klugheit.	Die Vernunft.
Höhle.	Die Natur.		
Jenes Mannes Frau. Kohlhäupter.	Der bornierte Sinn. Realität.	Der Glaube.	Der Menschenverstand.

Jüngling. Riese.	Die Leidenschaft. Die öffentl. Meinung, das Vorurteil. Das Gesetz.	Die Menschheit. Der Wahn.	Die Menschlichkeit. Der Schlendrian.
Lilie.	Die Caprice. Die Phantasterei.	Die Wahrheit. Die Grazien.	Die Weiblichkeit.
Mops. Kanarienvogel.		Die Treue. Die lyrische Poesie.	Die Sinnlichkeit. Gesang ohne Empfindung.
Habicht.	Die Gunst von oben. Der glückliche Moment.	Die Vorsehung. Augur. Der Heil. Geist. Das Genie.	Die Ahndungs- und Darstellungskraft.
Harfe.			Gesang mit Empfindung.
Tempel.	Der Genuß und die Ruhe als der letzte Zweck des Lebens.	Die Vernunft.	Die Vereinigung aller Kräfte.
Drei Könige.			Die notwendigsten Eigenschaften des Regiments.
Der Vierte.			Diese Eigenschaften unförml. verbunden.

⟨ZUM REFORMATIONSFEST⟩

Das 1817 den 30^n Novembr. ⟨*richtig:* 31. Oktober⟩, zu
feiernde Reformationsfest, setzt die deutschen Geister
schon in lebhafte Bewegung. Die Protestanten sehen dieser
Epoche mit Freudigkeit entgegen; die Katholiken fürchten
höhnenden Übermut und befürchten neue Spaltung und
Trennung. Es werden viele Vorschläge geschehen, wie dieses Fest zu feiern sei. Mir ist der Gedanke beigegangen, es
auf den 18^n Oktobr: zu verlegen; als man diesen Tag zur
Feier des Jahresfestes wählte, war es in gewissen Sinne
zufällig. Luther hat an diesem Tage, gleichsam die unwider-
rufliche Kriegserklärung gegen das Papsttum getan; allein
sowohl vorher, als besonders nachher, finden sich wichtige
Tage die man eben so gut hätte wählen können. Die Schlacht
bei Leipzig, ist dagegen ein entschiedenes Tagesfest, genug
das ganze Jahr 1817 wie das folgende kann als feierlich von
den Protestanten angesehen werden. Wenn ich nun also
behaupte, daß das Reformationsfest ein bewegliches Fest
sei, an den 30 ⟨*richtig:* 31.⟩ Oktobr nur zufällig geknüpft, so
will ich nunmehro die Gründe anführen, welche mich zu
gedachten Vorschlag, das Fest zu verlegen, antreiben.

Zwei so nahe aneinander folgende, nicht 14 Tage von
einander entfernte Feste, müssen einander notwendig schaden, und das zweite gerät in Gefahr, weniger glänzend zu
werden. Denn das Fest am 18^n Oktobr: zehrt schon manche
Ökonomische Kräfte auf, indem der Deutsche an diesem
Tage, zu mancherlei Gaben aufgefordert, sie gern ja reichlich spendet, nachher aber gern einige Pause wünschen mag.

2. Tritt noch eine höhere Betrachtung ein, denn nicht nur
die zu milden Gaben und dem äußeren Glanze des Festes
bestimmten Summen werden erschöpft; sondern das Gefühl erschöpft sich auch; wer sich am 18^n recht herzlich
gefreut, gejubelt und genossen hat, wird am 30^n ⟨*richtig:*
31.⟩ eine gewisse Leere fühlen und nicht vermögen, sein
Gefühl auf einen ähnlichen Grad von Enthusiasmus zu
steigern.

3. und dann läßt sich in keinem Sinne ein höheres Fest
finden als das aller Deutschen. Es wird von allen Glaubensgenossen gefeiert, und ist in diesem Sinne noch mehr als

Nationalfest; ein Fest der reinsten Humanität. Niemand fragt, von welcher Konfession der Mann des Landsturms sei, alle ziehen vereiniget zur Kirche, und werden von demselben Gottesdienste erbaut; alle bilden einen Kreis ums Feuer, und werden von einer Flamme erleuchtet. Alle erheben den Geist, an jenem Tag gedenkend, der seine Glorie, nicht etwa nur Christen sondern auch Juden, Mahometanern und Heiden zu danken hat. Man denke sich nun den Geist, von diesen großen Weltfeste, zurück auf ein
10 speciales Kirchenfest gelenkt an welchem ein reines Gemüt, oft keine vollkommene Freude haben kann, weil man an Zwiespalt und Unfrieden ein ungeheures Unglück einiger Jahrhunderte erinnert wird, ja was noch schlimmer ist, daß er sich sagen muß, daß er sich von denjenigen, mit denen er sich vor vierzehn Tagen, aufs innigste und kräftigste verbunden gefühlt, trennen und sie durch diese Trennung kränken muß. Und gerade die Freude einer liebevollen Eintracht, wird man hier ⟨mehr⟩ vermissen, als die Feuer Fackeln und Erleuchtungen aller Art, welche freilich nicht
20 zu wiederholen sind.

Kein protestantischer Staat, in welchen nicht bedeutende Katholiken sind, diese werden sich in ihre Häuser verschließen, so wie umgekehrt in katholischen Staaten, der geringern Anzahl von Protestanten nur in aller Stille ihr Fest zu feiern vergönnt sein würde.

DEUTSCHE SPRACHE

30 Einige jüngere Kunstgenossen welche den ersten Aufsatz des zweiten Heftes gelesen, und daselbst die altertümlende, christelnde Kunst nicht zum besten behandelt fanden, erwehrten sich nicht der Frage: ob denn die weimarischen Kunstfreunde, im Jahre 1797, als der Klosterbruder herausgegeben ward, schon derselben Meinung gewesen, ob sie schon damals die neue Richtung der deutschen Kunst mißbilligt? worauf denn notwendig eine bejahende Antwort erfolgen mußte.

Redliche junge Gemüter nahmen dieses Bekenntnis kei-
40 neswegs gleichgültig auf, sondern wollten es für eine Gewis-

senssache halten, ja tadelhaft finden, daß man nicht gleich
die strebenden Künstler, besonders die mit welchen man
enger verbunden, gewarnt, um so schädlich einschleichen-
dem Übel vorzubeugen. Hierauf nun konnte man verschiedenes erwiedern. Es sei nämlich in allen solchen Fällen ein
eben so gefährlich als unnützes Unternehmen, verneinend,
abratend, widerstrebend zu Werke zu gehen, denn wenn
junge gemütvolle Talente, einer allgemeinen Zeitrichtung
folgen, und auf diesem Wege, ihrer Natur gemäß, nicht
ohne Glück zu wirken angefangen, so sei es schwer ja fast   10
unmöglich sie zu überzeugen daß hieraus für sie und andere
in Zukunft Gefahr und Schaden entstehen werden. Man
habe daher dieser Epoche stillschweigend zugesehn, wie
sich denn auch der Gang derselben nur nach und nach
entwickelt. Untätig sei man aber nicht geblieben, sondern
habe praktisch seine Gesinnung anzudeuten gesucht. Hievon bleibe ein unverwerfliches Zeugnis die siebenjährige
Folge weimarischer Kunstausstellungen, bei welchen man
durchaus nur solche Gegenstände als Aufgabe gewählt, wie
sie uns die griechische Dichtkunst überliefert, oder worauf   20
sie hindeutet, wodurch denn vielleicht auf einige Jahre der
neue kränkelnde Kunsttrieb verspätet worden, ob man
gleich zuletzt befürchten müssen von dem Strome selbst
hinab gezogen zu werden.

Da man nun sich von diesen Umständen unterhielt kam
die neuste Zeit zur Sprache, man fragte ob nicht gleichfalls
in derselben einiges mißfällig sein könnte, ohne daß man
sich deshalb öffentlich zu erklären Lust und Befugnis habe.
Eine hierüber fortgesetzte Unterhaltung, bewirkte eine Ge-
wissensaufregung, und damit man nicht etwa in zwanzig   30
Jahren uns noch über den Lethe hinüber Vorwürfe nach-
schicke, so entschlossen wir uns über deutsche Sprache und
über den Fug und Unfug welchen sie sich jetzt muß gefallen
lassen, ein Wort mit zu sprechen. Glücklicherweise fiel uns
ein Aufsatz in die Hände, den wir unsern sämtlichen Lesern
bekannt wünschen, damit durch fremden Mund ausgesprochen werde wie wir ungefähr selbst denken.

*Von der Ausbildung der Teutschen Sprache, in Beziehung
auf neue, dafür angestellte Bemühungen* wird im 3ten Stück
des 8ten Bandes der Nemesis gefunden. Wir sind dem   40

Verfasser vielen Dank schuldig, daß er uns der Pflicht
entledigt über diese Angelegenheit unsere Gedanken zu
eröffnen. Er warnt, wie wir auch würden getan haben, vor
dem unersetzlichen Schaden der einer Nation zugefügt
werden kann, wenn man ihr, selbst mit redlicher Überzeugung und aus bester Absicht, eine falsche Richtung gibt, wie
es jetzt bei uns mit der Sprache geschehen will. Da wir nun
alles was und wie er es gesagt unterschreiben, so enthalten
wir uns alles Weiteren und sagen nur so viel von ihm selbst,
daß er nicht etwa ein Undeutscher, ein Entfremdeter sei,
sondern echt und brav, wie man einen jungen Mann wünschen kann. Dies mag eine kurze Nachricht von ihm dartun
und beweisen.

Carl Ruckstuhl, im Kanton Luzern, von angesehenen
Eltern geboren, erhielt den ersten Unterricht in seinem
Vaterlande. Zum Jünglinge herangewachsen bezog er die
Universität Heidelberg und widmete sich daselbst, über-
zeugt daß die Quelle wahrer Bildung nur allein bei den
Alten zu suchen sei, vornehmlich philologischen Studien.
Da er seinem Vaterlande im Erziehungsfache nützlich zu
werden wünschte, vertrat er, um sich praktisch vorzuberei-
ten, auf einige Zeit die Stelle eines Lehrers der alten Spra-
chen an der Kanton-Schule zu Arau.

Als aber im Frühjahr 1815 die Ruhe unseres Weltteils
wieder gefährdet schien, folgte derselbe dem edlen Triebe
persönlich am Kampf für die gute Sache Teil zu nehmen,
und begab sich als Freiwilliger unter das Preußische Heer,
mit dem er auch siegreich zu Paris einzog. Unter den
Waffen hat er jedoch der Wissenschaft nicht vergessen,
sondern sowohl zu Paris als auf der Wiederkehr nach
Deutschland überall mit Gelehrten Umgang gepflogen. Gegenwärtig lebt er in Berlin, bemüht seine wissenschaftliche
Ausbildung noch höher zu steigern, daselbst hat er denn
auch den von uns empfohlenen Aufsatz geschrieben.

Wir wünschen daß er fortfahren möge seine Überzeugungen dem Publikum mitzuteilen. Er wird viel Gutes stiften
besonders, da er nicht eigentlich als Gegner der vorzüglichen Männer auftritt die in diesem Fache wirken, sondern,
wie er es selbst ausspricht, neben ihnen hergeht, und über
ihr Tun und Lassen sich treue Bemerkungen erlaubt. Da

diese Schrift von vielen Deutschen gelesen und beherzigt
werden sollte, so wünschen wir bald einen einzelnen Abdruck derselben, von dem wir uns die beste Wirkung versprechen.

———

Einer freieren Weltansicht, die der Deutsche sich zu verkümmern auf dem Weg ist, würde ferner sehr zu Statten
kommen, wenn ein junger geistreicher Gelehrter das wahrhaft poetische Verdienst zu würdigen unternähme, welches
deutsche Dichter in der lateinischen Sprache seit drei Jahrhunderten an den Tag gegeben. Es würde daraus hervorgehen daß der Deutsche sich treu bleibt und wenn er auch mit
fremden Zungen spricht. Wir dürfen nur des Johannes
Secundus und Baldes gedenken. Vielleicht übernähme der
Übersetzer des ersten, Herr *Passow* diese verdienstliche
Arbeit. Zugleich würde er beachten wie auch andere gebildete Nationen zu der Zeit als Lateinisch die Weltsprache
war, in ihr gedichtet und sich auf eine Weise unter einander
verständigt die uns jetzo verloren geht.

———

Leider bedenkt man nicht daß man in seiner Muttersprache
oft eben so dichtet als wenn es eine fremde wäre. Dieses ist
aber also zu verstehen: wenn eine gewisse Epoche hindurch
in einer Sprache viel geschrieben und in derselben von
vorzüglichen Talenten der lebendig vorhandene Kreis
menschlicher Gefühle und Schicksale durchgearbeitet worden, so ist der Zeitgehalt erschöpft und die Sprache zugleich, so daß nun jedes mäßige Talent sich der vorliegenden
Ausdrücke als gegebener Phrasen mit Bequemlichkeit bedienen kann.

———

Durch die Literargeschichte, so wie durch die Welthistorie,
schleichen oftmals kleine, geringscheinende Bemühungen
hindurch, die aber durch Anhaltsamkeit und beharrliches Fortarbeiten bedeutende Wirkung hervorbringen. So
würde jetzt ein kurzgefaßter Aufsatz willkommen sein, der
uns vor Augen stellte wie seit vierzig Jahren geist- und

klangreiche Menschen, sowohl französischen als italiänischen Opern deutsche Texte untergelegt und sich dadurch
um Sprache und Musik großes, unbeachtetes Verdienst
erworben. Unser lyrisches Theater hat sich dadurch nach
und nach zu einer ungemeinen Höhe geschwungen; wir
haben die vorzüglichsten Produktionen des französischen
lyrischen Dramas auf unsern Bühnen gesehen, die italiänischen Opern sind uns nicht fremd geblieben, deutsche
Singstücke, von deutschen Meistern komponiert, vergnügen den Geist, erheben das Gemüt seit vielen Jahren. Geschmack und Einsicht verbreiteten sich dadurch über die
ganze Masse des Publikums und für die lyrische Poesie
überhaupt wuchs, von Jahr zu Jahr, der unschätzbare Vorteil daß sie immer singbarer wurde ohne an Gehalt abzuneh-
men. Religiöse, patriotische, gesellige, leidenschaftliche
Lieder tönten von allen Seiten und unsere ernste charakteristische Musik fand Gelegenheit zu tausendfältiger Anwendung ihrer unerschöpflichen Mittel. Und doch, wer mag es
aussprechen, daß zu allem diesem der gänzlich verschollene
Schauspieldirektor *Marchand* den ersten Anlaß gab indem
er das neckische *Milchmädchen* mit den täppischen *Jägern,*
ferner die *Schöne* mit dem gutmütigen *Ungeheuer* aus
Frankreich herüber brachte, durch ansprechende Musik
eines *Gretry* das Theater belebte und uns folgereiche Wohltaten spendete: denn von jener Zeit an läßt sich die Geschichte der deutschen Oper in ununterbrochener Reihe
durchführen. Vielleicht gibt ein Mitarbeiter der Musikalischen Zeitung, der sich dieser Epochen als Teilnehmer
erinnert, uns hievon eine gedrängte Übersicht, woraus denn
abermals erhellen würde, daß der Deutsche nichts wunderlicheres tun könnte, als sich in seinen mittelländischen Kreis
zu beschränken, eingebildet daß er von eignem Vermögen
zehre uneingedenk alles dessen was er seit einem halben
Jahrhundert fremden Völkern schuldig geworden und ihnen noch täglich verdankt.

Doch hiervon ist gegenwärtig zu schweigen besser, die
Zeit wird kommen wo der Deutsche wieder fragt: auf
welchen Wegen es seinen Vorfahren wohl gelungen die
Sprache auf den hohen Grad von Selbstständigkeit zu bringen, dessen sie sich jetzt erfreut.

Wir geben gerne zu daß jeder Deutsche seine vollkommene
Ausbildung innerhalb unserer Sprache, ohne irgend eine
fremde Beihülfe hinreichend gewinnen könne. Dies verdanken wir einzelnen, vielseitigen Bemühungen des vergangenen Jahrhunderts, welche nunmehr der ganzen Nation besonders aber einem gewissen Mittelstand, zu Gute gehn,
wie ich ihn im besten Sinne des Worts nennen möchte.
Hiezu gehören die Bewohner kleiner Städte, deren
Deutschland so viele wohlgelegene, wohlbestellte zählt.
Alle Beamte und Unterbeamte daselbst, Handelsleute, Fa-   10
brikanten, vorzüglich Frauen und Töchter solcher Familien, auch Landgeistliche in so fern sie Erzieher sind. Diese
Personen sämtlich, die sich zwar in beschränkten aber doch
wohlhäbigen, auch ein sittliches Behagen fordernden Verhältnissen befinden, alle können ihr Lebens- und Lehrbedürfnis innerhalb der Muttersprache befriedigen.

———

Die Forderung dagegen die, in weiteren und höhern Regionen, an uns auch in Absicht einer ausgebreiteten Sprachfer-   20
tigkeit gemacht wird, kann Niemand verborgen bleiben der
sich nur einigermaßen in der Welt bewegt.

———

Die Muttersprache zugleich reinigen und bereichern ist das
Geschäft der besten Köpfe; Reinigung ohne Bereicherung
erweist sich öfters geistlos: denn es ist nichts bequemer als
von dem Inhalt absehen, und auf den Ausdruck passen. Der
geistreiche Mensch knetet seinen Wortstoff, ohne sich zu
bekümmern aus was für Elementen er bestehe, der geistlose   30
hat gut *rein* sprechen da er nichts zu sagen hat. Wie sollte er
fühlen welches kümmerliche Surrogat er an der Stelle eines
bedeutenden Wortes gelten läßt, da ihm jenes Wort nie
lebendig war, weil er nichts dabei dachte. Es gibt gar viele
Arten von Reinigung und Bereicherung, die eigentlich alle
zusammengreifen müssen wenn die Sprache lebendig wachsen soll. Poesie und leidenschaftliche Rede sind die einzigen
Quellen aus denen dieses Leben hervordringt, und sollten
sie in ihrer Heftigkeit auch etwas Bergschutt mitführen, er
setzt sich zu Boden und die reine Welle fließt darüber her.   40

REDENSARTEN
WELCHE DER SCHRIFTSTELLER VERMEIDET,
SIE JEDOCH DEM LESER BELIEBIG
EINZUSCHALTEN ÜBERLÄSST

Aber.
Gewissermaßen.
Einigermaßen.
Beinahe.
10 Ungefähr.
Kaum.
Fast.
Unmaßgeblich.
Wenigstens.
Ich glaube.
Mich deucht.
Ich leugne nicht.
Wahrscheinlich.
Vielleicht.
20 Nach meiner Einsicht.
Wenn man will.
Soviel mir bewußt.
Wie ich mich erinnere.
Wenn man mich recht berichtet.
Mit Einschränkung gesprochen.
Ich werde nicht irren.
Es schwebt mir so vor.
Eine Art von.
Mit Ausnahme.
30 Ohne Zweifel.
Ich möchte sagen.
Man könnte sagen.
Wie man zu sagen pflegt.
Warum soll ich nicht gestehen.
Wie ich es nennen will.
Nach jetziger Weise zu reden.
Wenn ich die Zeiten nicht verwechsle.
Irgend.
Irgendwo.
40 Damals.

Sonst.
Ich sage nicht zu viel.
Wie man mir gesagt.
Man denke nicht.
Wie natürlich ist.
Wie man sich leicht vorstellen kann.
Man gebe mir zu.
Zugegeben.
Mit Erlaubnis zu sagen.
Erlauben Sie.
Man verzeihe mir.
Aufrichtig gesprochen.
Ohne Umschweife gesagt.
Geradezu.
Das Kind bei seinem Namen genannt.
Verzeihung dem derben Ausdruck.

———

Vorstehende Sammlung, die sowohl zu scherzhaften als ernsten Betrachtungen Anlaß geben kann, entstand zur glücklichen Zeit da der treffliche Fichte noch persönlich unter uns lebte und wirkte. Dieser kräftige entschiedene Mann konnte gar sehr in Eifer geraten, wenn man dergleichen bedingende Phrasen in den mündlichen oder wohl gar schriftlichen Vortrag einschob. So war es eine Zeit, wo er dem Worte: *gewissermaßen* einen heftigen Krieg machte. Dies gab Gelegenheit näher zu bedenken, woher diese höflichen, vorbittenden, allen Widerspruch des Hörers und Lesers sogleich beseitigenden Schmeichelworte ihre Herkunft zählen. Möge diese Art Euphemismus für die Zukunft aufbewahrt sein, weil in der gegenwärtigen Zeit, jeder Schriftsteller zu sehr von seiner Meinung überzeugt ist, als daß er von solchen demütigen Phrasen Gebrauch machen sollte.

⟨ÜBER KANTS PHILOSOPHIE⟩

Beiliegende kurze Darstellung der Kantischen Philosophie
ist allerdings merkwürdig, indem man daraus den Gang,
welchen dieser vorzügliche Denker genommen, gar wohl
erkennen mag. Es hat seine Lehre manchen Widerspruch
erlitten und ist in der Folge auf eine bedeutende Weise
suppliert, ja gesteigert worden. Daher gegenwärtige Blätter
schätzenswert sind, weil sie sich rein im Kreise des Königs-
10 bergischen Philosophen halten.

Eine Bemerkung jedoch, die mir bei Durchlesung aufgefallen, will ich nicht verschweigen. Im §. 3. scheint mir ein
Hauptmangel zu liegen, welcher im ganzen Laufe jener
Philosophie merklich geworden. Hier werden als Hauptkräfte unseres *Vorstellungsvermögens Sinnlichkeit*,
Verstand und *Vernunft* aufgeführt, die *Phantasie* aber vergessen, wodurch eine unheilbare Lücke entsteht. Die Phantasie ist die vierte Hauptkraft unsers geistigen Wesens, sie
suppliert die Sinnlichkeit, unter der Form des Gedächtnis-
20 ses, sie legt dem Verstand die Welt-Anschauung vor, unter
der Form der Erfahrung, sie bildet oder findet Gestalten zu
den Vernunftideen und belebt also die sämtliche Menschen-
einheit, welche ohne sie in öde Untüchtigkeit versinken
müßte.

Wenn nun die Phantasie ihren drei Geschwisterkräften
solche Dienste leistet, so wird sie dagegen durch diese lieben
Verwandten erst ins Reich der Wahrheit und Wirklichkeit
eingeführt. Die Sinnlichkeit reicht ihr rein umschriebene,
gewisse Gestalten, der Verstand regelt ihre produktive Kraft
30 und die Vernunft gibt ihr die völlige Sicherheit, daß sie nicht
mit Traumbildern spiele, sondern auf Ideen gegründet sei.

Wiederholen wir das Gesagte in mehr als einem Bezug! –
Der sogenannte MenschenVerstand ruht auf der Sinnlichkeit; wie der reine Verstand auf sich selbst und seinen
Gesetzen. Die Vernunft erhebt sich über ihn ohne sich von
ihm loszureißen. Die Phantasie schwebt über der Sinnlichkeit und wird von ihr angezogen; sobald sie aber oberwärts
die Vernunft gewahr wird, so schließt sie sich fest an diese
höchste Leiterin. Und so sehen wir denn den Kreis unserer
40 Zustände durchaus abgeschlossen und demohngeachtet

unendlich, weil immer ein Vermögen des andern bedarf und
eins dem andern nachhelfen muß.

Diese Verhältnisse lassen sich auf Hundertfältige Weise
betrachten und aussprechen – z. B: Im gemeinem Leben
treibt uns die Erfahrung auf gewisse Regeln hin, dem Verstand gelingt es zu sondern, zu verteilen und notdürftig
zusammen zu stellen und so entsteht eine Art Methode.
Nun tritt die Vernunft ein, die alles zusammenfaßt, sich
über alles erhebt, nichts vernachlässigt. Dazwischen aber
wird unablässig die alles durchdringende alles ausschmük-
kende Phantasie immer reizender, jemehr sie sich der Sinnlichkeit nähert, immer würdiger jemehr sie sich mit der
Vernunft vereint. An jener Grenze ist die wahre Poesie zu
finden, hier die echte Philosophie, die aber freilich, wenn sie
in die Erscheinung tritt, und Ansprüche macht von der
Menge aufgenommen zu werden, gewöhnlich barock erscheint und notwendig verkannt werden muß.

s. m.

Weimar d. 31ⁿ Dzbr und 2ⁿ Januar
1816. u. 1817.

⟨ZUR ÜBERSETZUNG VON MATURINS TRAUERSPIEL
›BERTRAM OR THE CASTLE OF ST. ALDOBRAND‹⟩

Das Trauerspiel Bertram, ein Resultat neuer englischer
Literatur, ist schwer, ja kaum zu übersetzen, ob wir gleich
deutsche Originalelemente, Schillerische Moors, und
Kotzebuische Kinder, die sich sogar freundlich die Hand
reichen, Mönche, Ritter, Wasserströme und Gewitter, als
alte Bekannte darin antreffen.

Will man das Stück verstehen, so muß man auf Schäke-
spear zurück blicken, der die fürchterlichsten Tiefen der
menschlichen Natur himmelklar entfaltete, worauf denn in
einer Reihe von Jahren nach und nach manches kräftige
Talent bei ermangelnder Heiterkeit, immer mehr inwärts
arbeitete, Abstruses mit Abstrusen koppelte. Hiedurch verführt begann das Publikum wilde Unzufriedenheit als würdigsten Gegenstand der Poesie höchlich zu schätzen, und
energischen Geistern ward unbedingte Huldigung darge-

bracht ohne zu überlegen, daß diese gerade die fähigsten sind alle Kunst zu zerstören.

Das neuste englische Publikum ist in Haß und Liebe von den Dichtungen des Lord Byron durchdrungen, und so kann denn auch ein *Bertram* Wurzel fassen, der gleichfalls Menschenhaß und Rachegeist, Pflicht und Schwachheit, Umsicht, Plan, Zufälligkeiten und Zerstörung mit Furienbesen durcheinander peitscht, und eine, genau besehen, emphatische Prose zur Würde eines tragischen Gedichts erhebt.

Übertriebenheiten, der englischen Bühne unentbehrlich, rasen fieberhaft durch das ganze Stück. Die Heldin liegt jeden Augenblick auf dem Boden, das möchte denn in der Regel sein, daß aber die Zustände so toll werden, den ruhigen, verständigen, frommen heiligen Prior den Chorführer, in Ohnmacht zu werfen, scheint doch ein wenig gar zu stark, und doch gehört alles in den rauschenden Waldstrom des Stücks, welches durch die großen Naturgaben des Schauspielers *Kean* und durch die hoffnungsvolle Anmut einer Miß *Sommerville* verstärkt den Zuschauer unwiderstehlich fortreißen mußte.

Eine deutsche Übersetzung ist nicht unmöglich aber schwer, der abstruse Lakonismus der Sprache ist bei uns noch nicht einheimisch, man müßte einen Styl schaffen, dem man erlaubte sich vieles zu erlauben. Hiebei ein Versuch zu dem sich der Leser aber erst heranbilden müßte.

*

Zweiter Akt
Dritte Szene
Wall-Terrasse des Schlosses, dessen einen Teil man sieht,
  das übrige durch uralte hohe Bäume versteckt.
IMOGINE allein, sie schaut eine Zeit lang nach dem Monde
  alsdann kommt sie langsam hervor.
IMO.
  Mein eigenst liebes Licht
Verehrt von jedem sanften tiefen Geiste
So recht geliebt von Liebenden! wie Hold
Und Selig selbst erfreust du dich am Einfluß
Auf Ebb' und Flut der tiefbewegten Seele.

Licht gönnst du dem Entzücken der Verzweiflung
Und spiegelst von der Hoffnung Rosen-Wange
Von bleichen Kummerzügen gleich zurück.

*

BERTRAM
(Kommt langsam aus dem Grunde, Arme gefaltet, Augen
   zur Erde gerichtet. Sie erkennt ihn nicht)
                    IMO.   10
Ein solch Gebild stürmt oft in meine Träume.
So finster wild, so ernst gefaßt und stolz!
Regt sich es jetzt im Wachen auf mich zu?

(Bertram tritt ganz hervor auf die Bühne, und steht ohne sie
   anzusehen)
                    IMO.
Ich ließ Dich rufen Fremdling, denn das Volk
Das wilde draußen hetzt nur Deine Wunde
Du bist verwundet – scheiterte Dein Gold,   20
Dein weltlich Wohl an unseres Felsens Roheit;
Das kann ich heilen – gleich mein Schatzbewahrer –
                    BER.
Umsonst auf mich, häufte der Welten Reichtum.
                    IMO.
So lese ich Deinen Verlust – Dein Herz versank
In schwarzen Wassers Unbarmherzigkeit.
Ein teurer Freund, ein Bruder, seelgeliebter
Versank. Das jammert mich, mehr kann ich nicht –
Gold kann ich geben, kann nicht Tröstung geben,   30
Ich selbst bin trostlos! –
Doch wär mein Atem regelhaft zu sammlen,
Zu solchem Trauerdienst wär ich geschickt:
Denn Kummer ließ mir keinen andern Klang.
                    BER. (Auf sein Herz schlagend)
Kein Tau erquickte den versengten Boden.
                    IMO.
Fremd ist Dein Bildnis, Deine Worte fremder.
Mir wird es ängstlich dieses Redewechseln
Sag Dein Geschlecht und Heimat!   40

BER.

Und was hälf es!

Elend ist Heimatlos der Name, Heimat
Sagt Wohnung, Lieb – Verwandtschaft, treue Freunde,
Gesetz und Schutz; das bindet Mann an Mann.
Und nichts davon ist mein, bin ohne Heimat.
Und mein Geschlecht – des jüngsten Tags Posaune
Erweckt, versammelt eher die zerstreuten
Gebeine meiner Ahnen, als Trompetenschall
10 Zu edlen Waffen Reihen, unbefleckten Schilden,
Verlornen Enkel ruft.

IMO.

sein Reden schreckt,

Das fürchterliche Gellen seiner Stimme!
Ein Geist vergangner Tage, schrillt darein –
Hilft meine Güte, meine Träne nicht
Fremdling leb wohl? Für Dich im Elend betend
Reih auch ein fremdes großes Elend an.

(Sie entfernt sich mit Entsetzen, er hält sie zurück)

20   BER.

Du sollst nicht gehen

IMO.

Soll nicht? sprich wer bist du?

BER.

Und soll ich sprechen – Eine Stimme wars
Die alle Welt vergessen durfte, nur nicht Du.

⟨Vierter Akt⟩

⟨Zweite Szene⟩

30   Bertram tritt ein.

IMO.

Verbrechen ist's in mir auf Dich zu schauen;
Doch was ich auch beginne es ist Verbrechen –
Unseliger Gedanke schwankt zu Deiner Rettung –
Flieh! meine Lippe warnt noch ohne Schuld.
Oh! wärst Du nie gekommen, gleich geschieden!
Gott! – er bemerkt mich nicht!? bin ich ihm nichts?
Was bringst Du so? welch schrecklich Unternehmen?
Ich weiß Du kommst zum Bösen; um den Inhalt
40 Frag ich mein Herz umsonst.

BER.

Vermuts und schone!
(Lange Pause worin sie ihn aufmerksam ansieht.)
In meinem Antlitz wärs zu lesen.

IMO.

Darf nicht!
Da dunklen bös gemischt Gedankenschatten.
Doch was ich fürchtend, unbestimmt vermute
Vernichtet wär ich es zu sehen.

(Wendet sich ab. Pause)   10

BER.

Hörst Du es nicht in meinem tiefen Schweigen?
Was keine Stimme nennt das nennt sich selbst.

IMO.

Gehetzt ist mein Gedanke. Fürchterlich
Ist ihm allseits daß er nicht denken darf.

BER. (Wirft seinen Dolch auf den Boden)
Sprich Du für mich! –
Die Kammer zeige wo Dein Gatte ruht,
Der Morgen sieht uns beide nicht lebendig.   20

IMO. (Schreit auf, und ringt mit ihm)
O! Schrecken, Schrecknis! Auf – mich hindere nicht.
Das Schloß erreg ich, Tote rege ich auf
Zu Rettung des Gemahls.

BER.

So fahre hin!
Du rettest ihn und Dich zu neuem Elend.

IMO. (Ihm zu Füßen fallend)
Ich elend, elend Weib! Durch wen? durch wen? –
Wurmgleich gekrümmt vor höhnender Behandlung   30
Erbarme Dich! Mir lastet große Schuld.

BER. (Den Dolch vom Boden aufreißend)
Mein Herz ist wie der Stahl in meiner Hand.

IMO. (Immer kniend.)
Hast mich herab gestoßen aus dem Licht,
Aus hoher Sphäre friedlich reinen Wandels,
Wo ich einher ging offen und, beglückt;
Nicht reiße mich zur letzten Finsternis.

BER. (Sie einen Augenblick mitleidig ansehend)
Du Schönste Blume! – Blume? Schön fürwahr! –   40

Was warfst Du quer Dich meinem Schreckenspfad,
Dich quetscht mein Tigerschritt in seiner Richtung,
Er stutzt nicht Dich zu schonen.

IMO.

              Doch! – Du mußt!
Ich bin im Jammer stark, Dich schalt ich nie,
Ich suche Recht durch Todeskampf und Tränen.
Freundlicher Bertram! Mein geliebter Bertram
Einst warst du freundlich, einst – und noch geliebt
Erbarme Dich – Das konntest Du nicht denken.
(Sie schaut auf, und als sie keine Teilnahme in seinem
    Gesicht erblickt, springt sie wild in die Höhe.)
Beim Himmel und Himmelsheer! er soll nicht sterben!

BER.

Bei Hölle und Höllenheer! er soll nicht leben!

URTEILSWORTE
FRANZÖSISCHER KRITIKER ⟨I⟩

Reichliche des Tadels.

A.	**C.**
abandonnée.	cabále.
absurde.	cágot.
arrogance.	canaille.
astuce.	carcan.
	clique.
B.	contraire.
bafoué.	creature.
bête.	
bétise.	**D.**
bouffissure.	declamatoire.
bourgeois.	décrié.
boursoufflure.	dégout.
bouquin.	denigrement.
boutade.	dépourvû.
brisé.	dépravé.
brutalité.	désobligeant.
	detestable.

diabolique.

dure.

E.

echoppe.

enflúre.

engouement.

ennui.

ennuyeux.

enorme.

entortillé.

ephémères.

éplûché.

espèce.

étourneau.

F.

factices.

fadaise.

faible.

faineans.

fâné.

fastidieux.

fatiguant.

fatuité.

faux.

forcé.

fou.

fourré.

friperie.

frivole.

furieux.

G.

gaté.

gauchement.

gauchers.

grimace.

grossier.

grossièrement.

H.

haillons.

honnêtement.

honte.

horreur.

I.

imbecille.

impertinence.

impertinent.   10

impuissant.

incorrection.

indecis.

indeterminé.

indifference.

indignités.

inegalité.

inguerissable.

insipide.

insipidité.   20

insoutenable.

intolerant.

jouets.

irreflechi.

L.

laquais.

leger.

lesine.

louche.   30

lourd.

M.

maladresse.

manque.

maraud.

mauvais.

mediocre.

méprise.

mépris.   40

mignardise.
mordant.

N.
négligé.
négligence.
noirceur.
non-soin.

O.
odieux.

P.
passable.
pauvreté.
pénible.
petites-maisons.
peu-propre.
pié-grièche.
pitoyable.
plat.
platitude.
pompeux.
precieux.
puerilités.

R.
rapsodie.
ratatiné.
rébattu.

réchauffé.
rédondance.
rétreci.
revoltant.
ridicule.
róquet.

S.
sans succès.
sifflèts.
singerie.
somnifère.
soporifique.
sottise.
subalterne.

T.
terassé.
tombée.
trainée.
travers.
triste.

V.
vague.
vide.
vexé.
viellerie.
volumineux.

Karge Zeugnisse des Lobs.

A.
animé.
applaudie.

B.
brillant.

C.
charmant.
correct.

E.
esprit.

F.	N.
facile.	nombreux.
finesse.	
	P.
G.	piquant.
gout.	prodigieux.
grace.	pur.
gracieux.	
grave.	R.
	raisonnable.
I.	
invention.	S.
justesse.	spirituel.
L.	V.
legèr.	verve.
legèrté.	
libre.	

———

Worte sind der Seele Bild –
Nicht ein Bild! sie sind ein Schatten!
Sagen herbe, deuten mild
Was wir haben, was wir hatten –
Was wir hatten wo ist's hin?
Und was ist denn was wir haben? –
Nun! wir sprechen! Rasch im Fliehn
Haschen wir des Lebens Gaben.

———

Einsicht und Charakter des Menschen offenbart sich am deutlichsten im Urteil; indem er ablehnt, indem er aufnimmt bekennt er was ihm fremd blieb, wessen er bedarf; und so bezeichnet, unbewußt, jedes Alter, auf jeder Stufe den gegenwärtigen Zustand, den Kreis eines durchlaufenen Lebens.

Auch so ist es mit Nationen, ihr Lob und Tadel muß durchaus ihren Zuständen gemäß bleiben. Griechische und Römische Terminologie dieses Faches besitzen wir, neuere Kritik zu beurteilen gebe Vorstehendes einigen Anlaß. Wie

der einzelne Mensch so auch die Nation ruht auf dem Alt-
Vorhandenen, Ausländischen oft mehr als auf dem Eigenen,
Ererbten und Selbstgeleisteten; aber nur insofern ein Volk
eigene Literatur hat kann es urteilen und versteht die vergangene wie die gleichzeitige Welt. Der Engländer hängt
mit Ernst und Vorurteil am Altertum und man muß ihm mit
Parallel-Stellen aus Horaz beweisen daß der Orient Poeten
erzeugte. Welche Vorteile hingegen Shakespears freier Geist
der Nation gewährt ist nicht auszusprechen. Die Franzosen
haben, durch Einführung mißverstandener alter Lehren
und durch nette Konvenienz ihre Poesie dergestalt beschränkt, daß sie zuletzt ganz verschwinden muß, da sie sich
nicht einmal mehr in Prosa auflösen kann. Der Deutsche
war auf gutem Weg und wird ihn gleich wieder finden,
sobald er das schädliche Bestreben aufgibt die Niebelungen
der Ilias gleich zu stellen.

Die günstige Meinung die ein trefflicher Fremder uns Deutschen gönnt darf hier, als an der rechten Stelle, wohl Platz
finden. Der wirkliche Russisch-Kaiserliche Staats-Rat Ouwaroff, gedenkt in seinem schätzbaren Werke: *Nonnos von
Panopolis, der Dichter*; St. Petersburg 1817. und zwar in
dem an einen alten Freund und Teilnehmer gerichteten
Vorwort, unserer in Ehren also: »Die Wiedergeburt der
Altertums-Wissenschaft gehört den Deutschen an. Es mögen andere Völker wichtige Vorarbeiten dazu geliefert haben; sollte aber die höhere Philologie sich einst zu einem
vollendeten Ganzen ausbilden, so könnte eine solche Palingenesie wohl nur in Deutschland Statt finden. Aus diesem
Grunde lassen sich auch gewisse neue Ansichten kaum in
einer andern neuern Sprache ausdrücken; und deswegen
habe ich deutsch geschrieben. Man ist hoffentlich nunmehr
von der verkehrten Idee des politischen Vorranges dieser
oder jener Sprache in der Wissenschaft zurückgekommen.
Es ist Zeit daß ein Jeder, unbekümmert um das Werkzeug,
immer die Sprache wähle, die am nächsten dem Ideenkreise
liegt, den er zu betreten im Begriff ist.«
    Hier hört man nun doch einmal einen fähigen, talentvol-
len, geistreich gewandten Mann, der, über die kümmerliche

Beschränkung eines erkältenden Sprach-Patriotismus weit
erhoben, gleich einem Meister der Tonkunst jedesmal *die*
Register seiner wohlausgestatteten Orgel zieht welche Sinn
und Gefühl des Augenblicks ausdrücken. Möchten doch
alle gebildete Deutsche diese zugleich ehrenvolle und belehrende Worte sich dankbar einprägen, und geistreiche Jünglinge dadurch angefeuert werden sich mehrerer Sprachen,
als beliebiger Lebens-Werkzeuge, zu bemächtigen.

GEISTES-EPOCHEN
NACH HERMANNS NEUSTEN MITTEILUNGEN

Die Urzeit der Welt, der Nationen, der einzelnen Menschen
ist sich gleich. Wüste Leerheit umfängt erst alles, der Geist
jedoch brütet schon über Beweglichem und Gebildetem.
Indes die Autochthonen-Menge staunend ängstlich umher
blickt, kümmerlich das unentbehrlichste Bedürfnis zu befriedigen, schaut ein begünstigter Geist in die großen Welt-
erscheinungen hinein, bemerkt was sich ereignet und
spricht das Vorhandene ahndungsvoll aus als wenn es entstünde. So haben wir in der ältesten Zeit Betrachtung,
Philosophie, Benamsung und Poesie der Natur alles in
Einem.

Die Welt wird heiterer, jene düstere Elemente klären sich
auf, entwirren sich, der Mensch greift nach ihnen sie auf
andere Weise zu gewältigen. Eine frische gesunde Sinnlichkeit blickt umher, freundlich sieht sie im Vergangenen und
Gegenwärtigen nur ihres Gleichen. Dem alten Namen verleiht sie neue Gestalt, anthropomorphosiert, personifiziert
das Leblose wie das Abgestorbene und verteilt ihren eigenen
Charakter über alle Geschöpfe. So lebt und webt der Volksglaube, der sich von allem Abstrusen, was aus jener Urepo-
che übrig geblieben sein mag oft leichtsinnig befreit. Das
Reich der Poesie blüht auf und nur der ist Poet der den
Volksglauben besitzt oder sich ihn anzueignen weiß. Der
Charakter dieser Epoche ist freie, tüchtige, ernste, edle
Sinnlichkeit, durch Einbildungskraft erhöht.

Da jedoch der Mensch in Absicht der Veredlung sein
selbst keine Grenzen kennt, auch die klare Region des

Daseins ihm nicht in allen Umständen zusagt, so strebt er
ins Geheimnis zurück, sucht höhere Ableitung dessen was
ihm erscheint. Und, wie die Poesie Dryaden und Hamadryaden schafft über denen höhere Götter ihr Wesen treiben, so erzeugt die Theologie Dämonen, die sie so lange
einander unterordnet, bis sie zuletzt sämtlich von Einem
Gotte abhängig gedacht werden. Diese Epoche dürfen wir
die heilige nennen, sie gehört im höchsten Sinne der Vernunft an, kann sich aber nicht lange rein erhalten und muß,
10 weil sie denn doch zu ihrem Behuf den Volksglauben
aufstutzt, ohne Poesie zu sein, weil sie das Wunderbarste
ausspricht und ihm objektive Gültigkeit zuschreibt, endlich
dem Verstand verdächtig werden. Dieser, in seiner größten
Energie und Reinheit, verehrt die Uranfänge, erfreut sich
am poetischen Volksglauben, und schätzt das edle Men-
schenbedürfnis ein Oberstes anzuerkennen. Allein der Verständige strebt alles denkbare seiner Klarheit anzueignen
und selbst die geheimnisvollsten Erscheinungen faßlich aufzulösen. Volks- und Priesterglaube wird daher keineswegs
20 verworfen, aber hinter demselben ein Begreifliches, Löbliches, Nützliches angenommen, die Bedeutung gesucht, das
Besondere ins Allgemeine verwandelt, und aus allem Nationalen, Provinzialen, ja Individuellen etwas der Menschheit
überhaupt Zuständiges herausgeleitet. Dieser Epoche kann
man ein edles, reines, kluges Bestreben nicht absprechen, sie
genügt aber mehr dem einzelnen, wohlbegabten Menschen
als ganzen Völkern.

Denn wie sich diese Sinnesart verbreitet, folgt sogleich
die letzte Epoche, welche wir die Prosaische nennen dürfen,
30 da sie nicht etwa den Gehalt der frühern humanisieren, dem
reinen Menschenverstand und Hausgebrauch aneignen
möchte, sondern das Älteste in die Gestalt des gemeinen
Tags zieht und, auf diese Weise, Urgefühle, Volks- und
Priesterglauben ja den Glauben des Verstandes, der hinter
dem Seltsamen noch einen löblichen Zusammenhang vermutet, völlig zerstört.

Diese Epoche kann nicht lange dauern. Das Menschenbe-
dürfnis, durch Weltschicksale aufgeregt, überspringt rückwärts die verständige Leitung, vermischt Priester- Volks-
40 und Urglauben, klammert sich bald da bald dort an Überlie-

ferungen, versenkt sich in Geheimnisse, setzt Märchen an
die Stelle der Poesie und erhebt sie zu Glaubensartikeln.
Anstatt verständig zu belehren und ruhig einzuwirken
streut man willkürlich Samen und Unkraut zugleich nach
allen Seiten; kein Mittelpunkt auf den hingeschaut werde ist
mehr gegeben, jeder Einzelne tritt als Lehrer und Führer
hervor und gibt seine vollkommene Torheit für ein vollendetes Ganze.

Und so wird denn auch der Wert eines jeden Geheimnisses zerstört, der Volksglaube selbst entweiht; Eigenschaften
die sich vorher naturgemäß aus einander entwickelten, arbeiten wie streitende Elemente gegen einander und so ist das
Tohu wa Bohu wieder da, aber nicht das erste, befruchtete,
gebärende, sondern ein absterbendes, in Verwesung über-
gehendes, aus dem der Geist Gottes kaum selbst eine ihm
würdige Welt abermals erschaffen könnte.

Uranfänge
tiefsinnig beschaut, schicklich benamst.

———

Poesie	Volksglaube	Tüchtig	Einbildungskraft
Theologie	Ideelle Erhebung	Heilig	Vernunft
Philosophie	Aufklärendes Herabziehen	Klug	Verstand
Prosa	Auflösung ins Alltägliche	Gemein	Sinnlichkeit

———

Vermischung, Widerstreben, Auflösung.

INSCHRIFT VON HEILSBERG
Sandsteintafel der Heilsberger Kapelle

Die
Inschrift
von
HETESBERG.

Weimar

1818.

Die Inschrift von Heilsberg

Zu den geheiligten Plätzen, wo St. Bonifacius selbst, oder
seine Gehülfen, zuerst das Evangelium den Thüringern
angekündigt, rechnen wir billig einen wohlgelegenen Hügel, zwischen Rudolstadt und Remda, woselbst, nicht fern
von einer Heilquelle, ein Gotteshäuslein entstand, woran
sich nach und nach das Dorf ansiedelte, *Heilsberg* benamst,
anzudeuten, wie mancher auf dieser Höhe sein Heil gesucht
und gefunden.

Die erste Kapelle ward nach und nach zur größeren
Kirche: denn selbst die uralte Tafel, von der wir sprechen,
zeugt von früherem Wohlstand und späterer Abänderung
des Gebäudes. In einem Pfeiler der äußeren Mauer fand sich
ein großer Sandstein eingefügt, bezeichnet mit wundersamen Quadrat-Buchstaben.

Mehrere Jahrhunderte mochte man die Inschrift staunend
betrachten, bis *Schilter* dieselbe, durch einen Kupferstich, in
dem *Thesaurus Antiquitatum T. II.* zuerst bekannt machte,
ohne jedoch eine Deutung zu wagen. Nur die Worte *Lodovic* und *Doring* glaubte er zu sehen und vermutete, es sei der
Teilungstractat, welchen König Ludwig der I. im Jahr 817
unter seinen Söhnen gestiftet. Dabei blieb es: andere Gelehrte gedachten der Inschrift, ohne dieselbe zu entziffern.
Indessen drohte die Zeit eine gänzliche Vernichtung des
Denkmals.

Dieses ward aber, durch Vorsorge Ihro Königl. Hoheit
des Großherzogs von Weimar, mit so manchen anderen
Altertümern gerettet, und im Frühjahr 1816 nach der Stadt
geschafft, in dem Vorhause der Bibliothek aufgestellt und
sogleich in der Zeitschrift *Curiositäten* im 5ten Bande S. 507
aufs neue bekannt gemacht, auch die Inschrift auf einer
Kupfertafel mitgeteilt, daneben die Forscher des deutschen
Sprachgebietes aufgerufen, Meinung und Gutachten über
diese rätselhafte Schrift zu eröffnen. Niemand aber fand
sich der eine Erklärung derselben gewagt hätte.

Endlich gelangte, durch höchste Vermittelung, die Abbildung des Denkmals an Herrn *v. Hammer*, welcher den
durchdringenden Blick zu Erforschung älterer und neuerer
Schrift- und Sprachgeheimnisse auch hier betätigte und eine

Auflösung bewirkte, die wir den Freunden geschichtlichen
Altertums, in Hoffnung dankbarer Anerkennung, hierdurch überliefern.

INDISCHE DICHT⟨UNGEN⟩

Wir würden höchst undankbar sein wenn wir nicht indischer Dichtung⟨en⟩ gleichfalls gedenken wollten und zwar
solche⟨r⟩ die deshalb bewundernswürdig sind, weil sie sich
aus dem Konflikt mit der abstrusesten Philosophie in einer
und mit der monstrosesten Religion auf der andern Seite im
glücklichsten Naturell durchhelfen und von beiden nicht
mehr annehmen als ihnen zur inneren Tiefe und äußern
Würde frommen mag.

Vor allen wird Sakontala von uns genannt in deren Bewunderung wir uns Jahrelang versenkten. Weibliche Reinheit schuldlose Nachgiebigkeit, Vergeßlichkeit des Mannes,
mütterliche Abgesondertheit, Vater und Mutter durch den
Sohn vereint, die aller natürlichsten Zustände, hier aber in
die Regionen der Wunder die zwischen Himmel und Erde
wie fruchtbare Wolken schweben, poetisch erhöht und ein
ganz gewöhnliches Naturschauspiel durch Götter und Göt-
terkinder aufgeführt.

Mit Ghita Govinda ist es derselbige Fall; auch hier kann
das äußerste nur dargestellt werden, wenn Götter und
Halbgötter die Handlung bilden.

Uns Westländern konnte der würdige Übersetzer nur die
erste Hälfte zuteilen, welche die grenzenloseste Eifersucht
darstellt. Einer Halbgöttin die von ihren Liebhaber verlassen ist oder sich verlassen glaubt. Die Ausführlichkeit dieser
Malerei bis ins allerkleinste spricht uns durchgängig an. Wie
müßte uns aber bei der zweiten Hälfte zu mute werden,
welche den rückkehrenden Gott die unmäßige Freude der
Geliebten den grenzenlosen Genuß der Liebenden darzustellen bestimmt ist, und es wohl auf eine solche Weise tun
mag, die jene erste überschwengliche Entbehrung aufzu-
wiegen geeignet sei.

Der unvergleichliche Jones kannte seine westlichen Insu-
laner gut genug um sich auch in diesem Falle wie immer in

den Grenzen europäischer Schicklichkeit zu halten und
doch hat er solche Andeutungen gewagt, daß einer seiner
deutschen Übersetzer sie zu beseitigen und zu tilgen vor
nötig erachtet.

Enthalten können wir uns zum Schlusse nicht des neueren bekannt gewordenen Gedichtes Mega Dhuta zu gedenken. Auch dieses enthält wie die vorigen rein menschliche
Verhältnisse. Ein aus dem nördlichen Indien in das südliche
verbannter Höfling, gibt zur Zeit da der ungeheure Zug
geballter und sich ewig verwandelnder Wolken von der
Südspitze der Halbinsel nach den nordlichen Gebirgen
unaufhal⟨t⟩sam hinzieht und die Regenzeit vorbereitet, einer dieser Riesenhaften Lufterscheinung⟨en⟩ den Auftrag:
seine zurückgebliebene Gattin zu begrüßen, sie wegen der
noch kurzen Zeit seines Exils zu trösten, unterwegs aber
Städte und Länder, wo seine Freunde befindlich zu beachten und zu segnen, wodurch man einen Begriff des Raumes
erhält der ihn von der Geliebten trennt, und zugleich ein
Bild wie reichlich diese Landschaft im Einzelnen ausgestattet sein müßte.

                              ✳

Alle diese Gedichte sind uns durch Übersetzungen mitgeteilt, die sich mehr oder weniger vom Original entfernen,
so, daß wir nur ein allgemeines Bild ohne die begrenzte
Eigentümlichkeit des Originals gewahr werden. Der Unterschied ist freilich sehr groß, wie aus einer Übersetzung
mehrere⟨r⟩ Verse unmittelbar aus dem Sanscrit die ich
Herrn Professor Kosegarten schuldig geworden, aufs Klarste in die Augen leuchtet.

Aus diesen fernen Osten können wir nicht zurückkehren
ohne des neuerlich mitgeteilten chinesischen Dramas zu
gedenken; hier ist das wahre Gefühl eines alternden Mannes
der, ohne männliche Erben abscheiden soll, auf das rüh-
rendste dargestellt und zwar gerade dadurch daß hervortritt, daß er der schönsten Zeremonien, die zur Ehre des
Abgeschiedenen landesüblich verordnet sind wo nicht gar
entbehren doch wenigstens ⟨sie⟩ unwilligen und nachlässi-
gen Verwandten überlassen soll. Es ist ein ganz eigentliches,
nicht im besondere⟨n⟩ sondern ins allgemeine gedichtetes
Familiengemälde. Es erinnert sehr an Iflands Hagestolzen,

nur daß bei dem Deutschen alles aus dem Gemüt, oder aus den Unbilden häuslicher und bürgerlicher Umgebung ausgehen konnte, bei dem Chinesen aber außer ebendenselben Motiven noch alle religiose und polizeiliche Zeremonien ⟨mitwirken⟩, die dem glücklichen Stammvater zu gute kommen unsern wackern Greis aber unendlich peinigen und einer grenzenlosen Verzweiflung überliefern bis denn zuletzt ⟨durch⟩ eine leise vorbereitete aber doch überraschende Wendung das ganze noch einen fröhlichen Abschluß gewinnt.   10

⟨ANKÜNDIGUNG DES WEST-ÖSTLICHEN DIVANS UND DES MASKENZUGES VOM 18. DEZEMBER 1818⟩

In der Cottaischen Buchhandlung erscheint zur Jubilate-Messe:
West-Östlicher Divan von Goethe, mit erläuternden Bemerkungen;   20

ingleichen

Dichterische Auslegung des Festzugs bei Allerhöchster Anwesenheit Ihro Majestät der Kaiserin Mutter Maria Feodorowna in Weimar, am 18ten Dezember 1818.

SUMMARISCHE
JAHRESFOLGE
GOETHESCHER SCHRIFTEN

———

Über die Ausgabe
der
Goetheschen Werke

———

Morgenblatt 1816. No. 101.

Schon lange Jahre genießt der Verfasser das Glück, daß die
Nation nicht nur freundlich an seinen Arbeiten Teil nimmt,
sondern daß auch mancher Leser, den Schriftsteller in den
Schriften aufsuchend, die stufenweise Entwicklung seiner
geistigen Bildung zu entdecken bemüht ist. Wie sehr er
dieses zu schätzen weiß, ist mehrern verehrten Personen
bekannt, die mit ihm in nähern Verhältnissen stehen, aber
auch entfernte können daraus abnehmen, daß ihm ihre
Teilnahme lieb und wert ist, da er für sie die Darstellung
seines Lebens unternommen hat, deren Hauptzweck es ist,
die Entwicklung schriftstellerischer und künstlerischer Fähigkeiten aus natürlichen und menschlichen Anlagen faßlich zu machen.
    Wenn er nun aber vernimmt, daß man in gleicher Ansicht
den Wunsch hegt, die neue Ausgabe seiner Schriften möchte
chronologisch geordnet werden, so hält er es für Schuldigkeit, umständlich anzuzeigen, warum dieses nicht geschehen könne.
    Wir haben zwar an der Ausgabe Schillerischer Werke ein
Beispiel solcher Anordnung; allein der Herausgeber derselben war in einem ganz andern Falle als der ist in welchem
wir uns gegenwärtig befinden. Bei einem sehr weiten Gesichtskreise hatte Schiller seinen Arbeitskreis nicht übermäßig ausgedehnt. Die Epochen seiner Bildung sind entschieden und deutlich; die Werke die er zu Stande gebracht,
wurden in einem kurzen Zeitraume vollendet. Sein Leben
war leider nur zu kurz, und der Herausgeber übersah die

vollbrachte Bahn seines Autors. Die Goetheschen Arbeiten
hingegen sind Erzeugnisse eines Talents, das sich nicht
stufenweis entwickelt und auch nicht umherschwärmt, sondern gleichzeitig, aus einem gewissen Mittelpunkte, sich
nach allen Seiten hin versucht, und in der Nähe sowohl als in
der Ferne zu wirken strebt, manchen eingeschlagenen Weg
für immer verläßt, auf andern lange beharrt. Wer sieht nicht,
daß hier das wunderlichste Gemisch erscheinen müßte,
wenn man das was den Verfasser gleichzeitig beschäftigte in
Einen Band zusammen bringen wollte; wenn es auch mög-   10
lich wäre, die verschiedensten Produktionen dergestalt zu
sondern, daß sie sich alsdann wieder, der Zeit ihres Ursprungs nach, neben einander stellen ließen.

Dieses ist aber deshalb nicht tunlich, weil zwischen Entwurf, Beginnen und Vollendung größerer, ja selbst kleinerer Arbeiten oft viele Zeit hinging, sogar bei der Herausgabe
die Produktionen teilweise umgearbeitet, Lücken derselben
ausgefüllt, durch Redaktion und Revision erst eine Gestalt
entschieden wurde, wie sie der Augenblick gewährte, in
welchem sie den Weg einer öffentlichen Erscheinung betra-   20
ten. Diese Verfahrungsart, die teils aus einem unruhigen
Naturell, teils aus einem sehr bewegten Leben hervorging,
kann auf keinem andern als dem angefangenen Wege deutlich gemacht werden, wenn dem Verfasser nämlich gewährt
ist, seine Bekenntnisse fortzusetzen. Alsdann wird der
vierte Band, welcher bis zu Ende von 1775 reicht, die
bedeutendsten Anfänge vorlegen; durch die Reise nach
Italien wird sodann die erste Ausgabe bei Göschen und was
bis dahin vollbracht worden, ins Klare gesetzt, woraus denn
hervorgehen dürfte, daß eine Zusammenstellung nach Jah-   30
ren und Epochen keineswegs zu leisten sei.

Noch andere Betrachtungen treten ein, welche nicht
abzuweisen sind. Die Mehrzahl der Leser verlangt die
Schrift und nicht den Schriftsteller; ihr ist darum zu tun, daß
sie die Arbeiten verschiedener Art und Natur gemäß in
Gruppen und Massen beisammen finde, auch in dieser
Summe einen und den andern Band zu irgend einem Gebrauch sich wähle. Der Komponist, Sänger, Deklamator,
will die Lieder, die kürzern Gedichte beisammen, um sich
deren auf Reisen, in Gesellschaften bedienen zu können.   40

Diese sämtlichen Freunde würden unzufrieden sein, wenn
sie solche Produktionen, die sie vorzüglich interessieren, in
viele Bände zerstreut sähen. Ja es dürften nicht einmal
mehrere spätere Lieder, die schon komponiert und gedruckt
sind, in diese Ausgabe aufgenommen werden, weil sie einer
Epoche angehören, deren völliger Abschluß den Nachkommen überlassen bleibt.

Und so wird man denn auch dem Verleger Gerechtigkeit
widerfahren lassen, wenn er die Einrichtung traf, daß die
erste Ausgabe vollkommen brauchbar bleiben und mit wenigem Aufwande der zweiten völlig gleich ergänzt werden
könnte.

Damit man aber des Verfassers Bereitwilligkeit sehe, allen
billigen Wünschen entgegen zu kommen, so wird er dieser
neuen Ausgabe einen Aufsatz hinzufügen, der dasjenige
was in den Bekenntnissen schon gesagt worden, im Kurzen
wiederholen, und das, was noch zu sagen übrig bleibt,
gleichfalls kurz, jedoch wesentlich, darlegen wird.

Sind die versprochenen zwanzig Bände, durch die Gunst
des Publikums beendigt und herausgegeben, alsdann wird
eher die Frage zu beantworten sein, in wiefern eine Fortsetzung, ja vielleicht auch eine Ausgabe der wissenschaftlichen
Arbeiten zu wünschen sei.

Und so glaubt man durch aufrichtige Darlegung der
Umstände dem teilnehmenden, wohlwollenden Leser so
viel als möglich genug getan zu haben.

Weimar. März 1816.

So lauteten Erklärung und Vorsatz wie das Morgenblatt
solche vor drei Jahren mitteilte, als man eine chronologisch-
folgerechte Ausgabe meiner Druckschriften abzulehnen für
nötig fand. Die Unmöglichkeit eines solchen Unternehmens spricht sich im Vorstehenden genug aus.

Jetzt aber, da man beabsichtigte von jenen schriftstellerischen Arbeiten eine chronologische, auch nur flüchtig verknüpfte Darstellung zu geben, tritt eben derselbe Fall ein.
Dasjenige was von meinen Bemühungen im Drucke erschienen, sind nur Einzelnheiten, die auf einem Lebensboden
wurzelten und wuchsen, wo Tun und Lernen, Reden und

Schreiben, unablässig wirkend einen schwer zu entwirrenden Knaul bildeten.

Man begegnete daher vielfachen Schwierigkeiten, als man
jener Zusage nur einigermaßen nachleben wollte. Man hatte
versucht die Anlässe, die Anregungen zu bezeichnen, das
Offenbare mit dem Verborgenen, das Mitgeteilte mit dem
Zurückgebliebenen, durch ästhetische und sittliche Bekenntnisse zusammen zu knüpfen: man hatte getrachtet
Lücken auszufüllen, Gelungenes und Mißlungenes, nicht
weniger Vorarbeiten bekannt zu machen, dabei anzudeuten, wie manches zu einem Zweck Gesammelte zu andern
verwendet, ja wohl auch verschwendet worden. Kaum aber
war man mit solchen Bemühungen, den Lebensgang folgerecht darzustellen, einige Lustra vorgeschritten als nur allzudeutlich ward, hier dürfe keine kursorische Behandlung
statt finden, sie müsse vielmehr derjenigen gleichen, wie sie
schon in den fünf biographischen Bänden mehr oder weniger durchgesetzt worden.

Daher mußte man sich gegenwärtig zu einem summa-
risch-chronologischen Verzeichnis entschließen, wie es hier
zunächst mit dem Wunsche erfolgt: es möge einstweilen
zum Faden allgemeiner Betrachtung dienen, an welchem
auch künftig der freundliche Leser einer ausgeführteren
Darstellung folgen möchte.

Weimar. März 1819.

1769.
Die Laune des Verliebten; die Mitschuldigen.
Von 1769 bis 1775.
Werther; Götz von Berlichingen; Clavigo; Stella; Erwin
und Elmire; Claudine von Villa bella; Faust; die Puppen-
spiele; Prolog zu Bahrdt; Fragmente des ewigen Juden;
Anteil an den Frankfurter gelehrten Anzeigen und Rezen-
sionen dahin.
Von 1775 bis 1780.
Lila; die Geschwister; Iphigenia; Proserpina; Triumph der
Empfindsamkeit; Hans Sachs; Anfänge des Wilhelm Mei-
ster; Wanderung von Genf auf den Gotthart; Jery und
Bätely.

Von 1780 bis 1786.

Elpenor; die Vögel; Scherz, List und Rache; Wilhelm Meister fortgesetzt.

1787 und 1788.

Ausgabe meiner Schriften bei Göschen in 8 Bänden. Iphigenia; Egmont; Tasso umgearbeitet und abgeschlossen. Claudine von Villa bella; Erwin und Elmire in reinere Opernform gebracht.

1789.

Der Groß-Cophta; die ungleichen Hausgenossen unvollendet. Das Römische Carneval; Stammbaum Cagliostros.

1790.

Metamorphose der Pflanzen; Römische Elegien, Venetianische Epigramme; vergleichende Anatomie; Abhandlung über den Zwischen-Knochen.

1791.

Optischer Beiträge, Erstes Stück. Bearbeitung italiänischer und französischer Opern.

1792.

Optischer Beiträge, Zweites Stück.

1793.

Reinecke Fuchs; der Bürgergeneral; die Aufgeregten; die Unterhaltung der Ausgewanderten mit dem angefügten Märchen.

1794.

Vorbereitung zu den Horen.

1795.

Abdruck derselben und Teilnahme daran. Grund-Schema einer vergleichenden Knochenlehre. Wilhelm Meister vollständig.

1796.

Alexis und Dora; der neue Pausias; Braut von Corinth; Gott und Bajadere, die Xenien sämtlich für den Schillerischen Musenalmanach. Herrmann und Dorothea begonnen.

1797.

Dasselbe vollendet und herausgegeben. Euphrosine, Trauergedicht.

1798.

Weissagungen des Bakis; Achilleis; Cellinis Leben für die

Horen; Diderot von den Farben und der Sammler für die
Propyläen.

1799.

Mahomet übersetzt; Plan zur natürlichen Tochter.

1800.

Paläophron und Neoterpe; neuere kleinere Gedichte bei
Unger herausgegeben. Die guten Frauen für den Damen-
Kalender. Tankred, übersetzt.

1801.

Theophrast von den Farben, Geschichte der Farbenlehre.

1802.

Was wir bringen. Vorspiel.

1803.

Der natürlichen Tochter, Erster Teil abgeschlossen. Entwurf der beiden andern. Cellini, vollständig mit Kunstgeschichtlichen Bemerkungen.

1804.

Anteil an der Jenaischen allgemeinen Literaturzeitung und
Rezensionen dahin. Götz von Berlichingen fürs Theater;
Winkelmanns Briefe herausgegeben.

1805.

Übersetzung von Rameaus Neffen. Ausgabe meiner Werke
in 12 Bänden bei Cotta, zugleich Druck der Farbenlehre
begonnen.

1806.

Vorstehendes fortgesetzt.

1807.

St. Joseph der Zweite; die neue Melusine; die gefährliche
Wette; der Mann von fünfzig Jahren; die pilgernde Törin;
methodischer Katalog der Karlsbader Mineralien-Samm-
lung.

1808.

Pandora, erster Teil; das nußbraune Mädchen; Beschreibung des Cammerbergs bei Eger.

1809.

Die Wahlverwandtschaften.

1810.

Die Romantische Poesie, Maskenzug ausgelegt in Stanzen;
Russischer Völkerzug, begleitet von Liedern; I. M. der
Kaiserin von Östreich gewidmete Gedichte in Carlsbad;

Ausgabe der Farbenlehre in zwei Bänden, nebst einem Heft
dazu gehöriger Tafeln und deren Auslegung.

1811.

Erster Band der Biographie. Romeo und Julie fürs deutsche
Theater; Rinaldo, Kantate.

1812.

Zweiter Band der Biographie; drei Gedichte an die Majestäten, im Namen der Karlsbader Bürger.

1813.

Über Ruisdaels Landschaften; Beschreibung der Berghöhen als landschaftliches Bild; Romanzen: der Totentanz,
der getreue Eckhard, die wandelnde Glocke; Epilog zum
Essex; zu Wielands Totenfeier.

1814.

Dritter Band der Biographie; Vorspiel für Halle; Totenopfer für Reil; Epimenides Erwachen; Gastmahl der Weisen;
Gedichte dem Großherzog zum Willkommen.

1815.

Neue Ausgabe meiner Werke in der Cotta'schen Buchhandlung beginnt.

1816.

Kunst und Altertum 1stes Heft; Rochusfest geschrieben;
Italienische Reise 1ster Band.

1817.

Kunst und Altertum 2tes Heft; Italienische Reise 2ter Band;
Morphologie 1stes Heft.

1818.

Kunst und Altertum 3tes Heft; der Abdruck des Divans,
mit einem Nachtrag zu besserem Verständnis⟨,⟩ des vierten
Hefts von Kunst und Altertum, der Festgedichte bei Anwesenheit Ihro der Kaiserin Mutter Majestät in Weimar und
die Ablieferung der beiden letzten Bände der neuen Ausgabe meiner Werke, verzieht sich bis ins Jahr 1819.

〈G. F. Grotefends Deutung
der Heilsberger Inschrift〉

Herr Georg Friedrich Grotefend, Professor am Gymnasium zu Frankfurt a/M. als Freund und Kenner altdeutscher
Altertümer widmete längst der Heilsberger Inschrift, wie
sie Schilter überliefert seine Aufmerksamkeit, wollte jedoch
seine Gedanken darüber nicht eröffnen weil es ihm nicht
gelang dieselbe zu seiner gänzlichen Zufriedenheit aufzuklären. Angeregt aber durch die von Hammerische Entzif-   10
ferung derselben, teilt er gegenwärtig seine Überzeugung
mit die wir nur im allgemeinen hierdurch anzeigen, indem
sich der Verfasser die weitere Ausführung so wie die Be-
weistümer in seiner Abhandlung über deutsche Sprache
bekannt zu machen vorbehält.

〈*ca. 3 Leerzeilen*〉

Gewohnheit der alten Deutschen an heiligen Ortern in
Gegenwart von Steinen vielleicht rohen Bildern zuletzt vor   20
geschriebenen Tafeln zu schwören. Bündnisse unter einander Verpflichtung gegen den Schutzherrn und was dergleichen sein mochte zu bekräftigen. Den Aufruf zu einem
solchen Schwur findet der Verfasser in gemeldter Tafel, er
zeugt wie das Wort Jodutha nach und nach eine andere
Bedeutung angenommen, daß es zuerst den sinnlichen Gegenstand wobei geschworen worden, sodann den Schwur,
zuletzt aber den Aufruf zu einer solchen Feier ausgedruckt.
Er liest daher das erste Wort der ersten und dritten Zeile
Jodeuthe, kommt heran, setzt die Zeit, wann der Stein   30
aufgestellt worden, in die erste Hälfte des dreizehnten
Jahrhunderts und eignet ihm Landgraf Ludwig II. von
Thüringen zu, der als Schutz- und Schirmvogt von Thüringen durch Kaiser Lothar den II.^ten bestellt ward. Hiernach
wäre dies ein Aufruf an höhere und niedere Schutzverwand-
ten sich zu stellen und sich unter einander zu eigner Sicherheit einen ewigen Landfrieden zu schwören.
   Hiernach wird die Inschrift folgendermaßen gelesen und
gedeutet:

Jodeute. jer oe-	Herbey! ihr oe-
tele u. jer eidner.	dele und ihr verpflichteten.
Jodeute teilt ei-	Herbey! Schwoert,
d untersiegelet	Bekraeftiget
den ewbrief bey leben	den Lehnsvertrag, bey Leibs
s otrechte und lop.	Gutsrechte und Gelobung
blibat an das tr-	Bleibet an das
eu recht gedenck	treurecht gedenck
alle unsere lebtage e-	alle unsere lebtage
wiglich. d. i. r. v.	ewiglich. d. i. r. v.

Auf dieses Dokument ist ein doppelter Wert zu legen, weil zwar in der deutschen Geschichte vollkommene Gewißheit ist daß Landgraf Ludwig, als ein mächtiger Herr von großen Besitze zum Schirmvogt des sämtl. thüringischen Bezirks erhoben worden, ein Diplom hierüber war jedoch bisher nicht aufzufinden. Daher würde dieser Stein nunmehr die Stelle vertreten wenn es sich ergäbe daß genannter Fürst die Ausübung eines so großen Vorrechts dadurch an den Tag gelegt.

Wie nun Herr Prof. Grotefend, obgleich in dem Erklärungsgrunde von Herrn von Hammer abweichend doch mehrere Worte gleichmäßig liest und erklärt, so ist er ebenmäßig geneigt die Randschrift für lateinisch zu halten und sie zwar nicht als die Grabschrift eines Kaisers aber als die Nachricht von dem Tode Lothars des II^n anzusprechen. Sie würde daher folgendermaßen zu lesen und zu erklären sein.

⟨ca. 3 Leerzeilen; Seiten- und Bogenende⟩

Da nun die von hieraus ergangene Aufregung und Anfrage schon so glücklichen Erfolg gehabt, so ist es Schuldigkeit auch diesseits alles beizutragen was der ferneren Aufklärung förderlich sein könnte, da denn folgendes zu bemerken ist.

Der Stein, welcher die Inschrift enthält ist ..... lang ..... breit und nicht etwa eine Platte sondern sehr dick. Die unförmliche Gestalt und große Schwere verhinderten ihm sogleich eine günstige Stelle anzuweisen. Man verglich die

Schilterische Abbildung und fand sie größtenteils übereinstimmend deshalb sie auch in den Curiositäten nachgebildet erschien wovon denn auch einzelne Abdrücke an verschiedene Freunde versendet und deren Meinung erbeten wurde. Die Erklärung des Herrn von Hammer gründete sich also auf gedachte Kopie und auf die Schilterische Darstellung und man behielt beim Abdruck des von Hammerischen Sendschreibens dieselbe Tafel dieselben Charaktere bei um eine fernere bestimmte Anfrage an die Wissenden gelangen zu lassen.

Nunmehro aber, nach dem doppelten Versuch einer Erklärung wird es wichtig teils zu sehen in wiefern die Tafel ursprünglich ausgesehen und wie die Schilterische Kopie davon abweicht und in wiefern seit 1727 der Stein an Deutlichkeit verloren.

KLASSIKER UND ROMANTIKER IN ITALIEN,
SICH HEFTIG BEKÄMPFEND

Romantico! den Italiänern ein seltsames Wort, in Neapel und dem glücklichen Campanien noch unbekannt, in Rom unter deutschen Künstlern allenfalls üblich, macht in der Lombardie, besonders in Mayland, seit einiger Zeit großes Aufsehen. Das Publikum teilt sich in zwei Parteien, sie stehen schlagfertig gegen einander und, wenn wir Deutschen uns ganz geruhig des Adjectivum *romantisch* bei Gelegenheit bedienen, so werden dort durch die Ausdrücke *Romantizismus* und *Kritizismus* zwei unversöhnliche Sekten bezeichnet. Da bei uns der Streit, wenn es irgend einer ist, mehr praktisch als theoretisch geführt wird, da unsere romantischen Dichter und Schriftsteller die Mitwelt für sich haben und es ihnen weder an Verlegern noch Lesern fehlt, da wir über die ersten Schwankungen des Gegensatzes längst hinaus sind und beide Teile sich schon zu verständigen anfangen; so können wir mit Beruhigung zusehen, wenn das Feuer, das wir entzündet, nun über den Alpen zu lodern anfängt.

Mayland ist aber vorzüglich geeignet ein Schauplatz dieses Kampfes zu werden, weil daselbst mehr Literatoren und

Künstler als irgendwo in Italien sich beisammen finden, die, bei ermangelnden politischen Händeln, nunmehr literarischen Streitigkeiten ein Interesse abgewinnen. Vorzüglich aber mußte in dieser wichtigen Stadt zuerst eine solche Bewegung entstehen, da man sich daselbst von deutscher Sprache und Bildung, bei so naher Nachbarschaft und mannigfaltigen Handelsverhältnissen, einen Begriff zu machen Gelegenheit findet.

Daß in Italien jene Kultur, die sich von den alten Sprachen und den darin verfaßten unnachahmlichen Werken herschreibt, in großer Verehrung stehe, läßt sich gar wohl denken, ja, daß man auf diesem Grunde, worauf man sich erbaut, nun auch allein und ausschließlich zu ruhen wünscht, ist der Sache ganz gemäß; daß diese Anhänglichkeit zuletzt in eine Art Starrsinn und Pedanterie auslaufe, möchte man als natürliche Folge gar wohl entschuldigen. Haben doch die Italiäner in ihrer eignen Sprache einen solchen Widerstreit, wo eine Partei an Dante und den früheren, von der Crusca zitierten Florentinern festhält, neuere Worte und Wendungen aber, wie sie Leben und Weltbewegung jüngern Geistern aufdringt, keineswegs gelten läßt.

Nun mag einer solchen Gesinnung und Überzeugung ihr Grund und Wert nicht abgesprochen werden; allein wer bloß mit dem Vergangenen sich beschäftigt kommt zuletzt in Gefahr das Entschlafene, für uns mumienhafte, vertrocknet an sein Herz zu schließen. Eben dieses Festhalten aber am Abgeschiedenen bringt jederzeit einen revolutionairen Übergang hervor, wo das vorstrebende Neue nicht länger zurückzudrängen, nicht zu bändigen ist, so daß es sich vom Alten losreißt, dessen Vorzüge nicht anerkennen, dessen Vorteile nicht mehr benutzen will. Freilich wenn das Genie, der gute Kopf sich bestrebt das Altertum wieder zu beleben, seine Zeitgenossen in abgelegene Regionen zurückzuführen, ihnen das Entfernte, durch gefällige Abspiegelung, näher zu rücken, da finden sich große Schwierigkeiten; demjenigen Künstler dagegen wird es leicht der sich umtut was die Zeitgenossen ohnehin lieben, wornach sie streben, welche Wahrheit ihnen behagt, welcher Irrtum ihnen am Herzen liegt? Und dann ist er ja selbst ein Moderner, in diese Zustände von Jugend auf eingeweiht und darin befangen, seine Überzeugung schließt sich an die Überzeugung des Jahrhunderts. Nun lasse er seinem Talente freien Lauf, und es ist kein Zweifel daß er den größten Teil des Publikums mit sich hinreißen werde.

Bei uns Deutschen war die Wendung ins Romantische aus einer, erst den Alten, dann den Franzosen abgewonnenen Bildung, durch christlich-religiose Gesinnungen eingeleitet, durch trübe, nordische Heldensagen begünstigt und bestärkt; worauf sich denn diese Denkweise festsetzen und verbreiten konnte, so daß jetzt kaum ein Dichter, Maler, Bildhauer übrig geblieben, der sich nicht religiosen Gefühlen hingäbe und analogen Gegenständen widmete.

Einen solchen Verlauf nimmt die Dicht- und Kunstgeschichte nun auch in Italien. Als praktische Romantiker werden gerühmt *Johann Torti* und dessen poetische Darstellung der Leidensgeschichte Christi; ferner seine Terzinen über die Poesie. *Alexander Manzoni*, sodann, Verfasser eines noch ungedruckten Trauerspiels, der Carmagnol, hat sich durch heilige Hymnen guten Ruf erworben. Von wem man sich aber theoretisch viel verspricht ist *Hermes Visconti*, welcher einen Dialog über die drei dramatischen Einheiten, einen Aufsatz über die Bedeutung des Wortes poetisch und Ideen über den Styl geschrieben hat, die noch nicht im Publikum verbreitet sind. Man rühmt an diesem jungen Manne einen höchst geistreichen Scharfsinn, vollkommene Klarheit des Gedankens, tiefes Studium der Alten so wie der Neuern. Er hat verschiedene Jahre der kantischen Philosophie gewidmet, deutsch deshalb gelernt und sich den Sprachgebrauch des königsberger Weisen zu eigen gemacht. Nicht weniger hat er andere deutsche Philosophen studiert, so wie unsere vorzüglichsten Dichter. Von diesem hofft man daß er jenen Streit beilegen und die Mißverständnisse aufklären werde die sich täglich mehr verwirren.

Eine gar eigene Betrachtung hierüber veranlaßt ein merkwürdiger Fall. *Monti*, Verfasser von Aristodem und Cajus Gracchus, Übersetzer der Ilias, kämpft eifrig und kräftig auf der klassischen Seite. Seine Freunde und Verehrer stehen dagegen für die romantische Partei und versichern, seine eignen besten Werke seien romantisch, und bezeichnen

solche namentlich, worüber der kostbare Mann, höchst
verdrießlich und aufgebracht, das ihm zugedachte falsche
Lob gar nicht anerkennen will.

Und doch ließe sich dieser Widerstreit sehr leicht heben,
wenn man bedenken wollte daß jeder, der von Jugend an
seine Bildung den Griechen und Römern verdankt, nie ein
gewisses antikes Herkommen verleugnen, vielmehr jederzeit dankbar anerkennen wird was er abgeschiedenen Lehrern schuldig ist, wenn er auch sein ausgebildetes Talent der
lebendigen Gegenwart unaufhaltsam widmet und, ohne es
zu wissen, modern endigt wenn er antik angefangen hat.

Eben so wenig können wir die Bildung verleugnen die wir
von der Bibel hergenommen haben, einer Sammlung bedeutender Dokumente, welche bis auf die letzten Tage einen
lebendigen Einfluß hat, ob sie uns gleich so fern liegt und so
fremd ist, als irgend ein anderes Altertum. Daß wir sie näher
fühlen kommt daher, weil sie auf Glauben und höchste
Sittlichkeit wirkt, da andere Literaturen nur auf Geschmack
und mittlere Menschlichkeit hinleiten.

In wiefern nun die italiänischen Theoretiker sich in Güte
vereinigen können wird die Zeit lehren. Gegenwärtig ist
noch keine Aussicht dazu; denn weil, wie nicht zu leugnen
ist, in dem romantischen Wesen manches Abstruse vorkommt, was nicht gleich einem jeden klar wird, vielleicht
auch mancher Mißgriff obwaltet, den man eben nicht verte-
digen kann, so ist die Menge gleich fertig, wenn sie alles was
dunkel, albern, verworren, unverständlich ist, romantisch
nennt; hat man ja auch in Deutschland den edlesten Titel
eines Naturphilosophen, frecher Weise, zum Spitz- und
Schimpfnamen entwürdigt!

Wir tun deshalb sehr wohl, wenn wir auf diese Ereignisse
in Italien Acht haben, weil wir, wie in einem Spiegel, unser
vergangenes und gegenwärtiges Treiben leichter erkennen,
als wenn wir uns nach wie vor innerhalb unseres eigenen
Zirkels beurteilen. Beobachten wollen wir daher was in
Mayland einige gebildete liebenswürdige Geister noch unternehmen, die, mit gesitteten und schicklichen Manieren,
die verschiedenen Parteien einander anzunähern und auf
den wahren Standpunkt zu leiten gedenken. Sie kündigten
ein Journal an das der *Vermittler* heißen sollte, dessen

Programm aber schon mit widerwärtiger Beleidigung empfangen wurde; indessen das Publikum, nach seiner löblichen
Art,über beide Meinungen spottet und dadurch jeden wahren Anteil vernichtet.

Auf alle Fälle jedoch müssen die Romantiker auch dort in
Kurzem die meisten Stimmen vor sich haben, da sie ins
Leben eingreifen, einen jeden zum Zeitgenossen seiner
selbst machen und ihn also in ein behagliches Element
versetzen. Wobei ihnen denn ein Mißverständnis zu gute
kömmt, daß man nämlich alles was vaterländisch und ein-   10
heimisch ist auch zum Romantischen rechnet, und zwar
deshalb, weil das Romantische an Leben, Sitten und Religion herantritt, wo denn Muttersprache, Landesgesinnung
als höchst lebendig und religios erscheinen muß. Wenn man
z. B. anfängt Inschriften, statt wie bisher in lateinischer
Sprache, nunmehr in italiänischer zu verfassen, allgemeiner
Verständlichkeit willen; so glaubt man dieses auch dem
Romantischen zu verdanken; woraus deutlich erhellt, daß
unter diesem Namen alles begriffen sei was in der Gegenwart lebt und lebendig auf den Augenblick wirkt. Zugleich   20
ist uns ein Beispiel gegeben: daß ein Wort durch Gebrauchs-
folge einen ganz entgegengesetzten Sinn annehmen kann, da
das eigentlich Romantische unseren Sitten nicht näher liegt
als Griechisches und Römisches.

Der so eben mitgeteilte Aufsatz war schon vor mehreren
Monaten aus Privatnachrichten entwickelt, und hätte dem
vorigen Hefte als Neuigkeit hinzugefügt werden sollen.
Nun sind aber zeither, außer dem angeführten Conciliatore,   30
auch die übrigen bezeichneten Schriften uns zur Hand
gekommen, die wir, in Hoffnung unsern Lesern Nützliches
und Erfreuliches vorlegen zu können, treulich und fleißig
betrachtet haben. Ob in der Zwischenzeit von Andern
etwas hierüber ins Publikum gebracht worden, ist uns
unbekannt geblieben, wir jedoch glauben unsere Pflicht
deshalb mit wenigen allgemeinen Betrachtungen zu erfüllen.

Eine jede Theorie, sie sei von welcher Art sie wolle, setzt
eine Unterlage voraus, irgend etwas in der Erfahrung Ge-   40

gebenes, welches man sich so gut als möglich zurecht legen möchte. Von Aristoteles bis auf Kant muß man erst wissen was diesen außerordentlichen Menschen zu schaffen machte, ehe man nur einigermaßen begreift warum sie sich so viel Mühe gegeben.

Jene neueren mayländischen Schriften also mögen wir mit dem besten Willen, mit redlichster Sorgfalt lesen, so können wir doch nicht klar einsehen, warum und wozu sie geschrieben sind? was diesen Streit aufregt, was ihm Interesse gibt und ihn lebendig erhält? Wenigstens wüßten wir darüber nicht mehr zu sagen, als was im Vorstehenden schon geäußert worden und man müßte eine geraume Zeit an Ort und Stelle zubringen, um davon ausreichende Nachricht zu geben.

Eine große herrliche Stadt, die sich vor kurzem noch als das Haupt Italiens ansehen durfte, die der *großen Zeit* noch mit einigem Gefallen gedenken muß, hegt in ihrem Busen, der köstlichen Bild- und Bauwerke nicht zu gedenken, so mannigfaltig lebendige Kunsterzeugnisse, von denen wir guten Deutschen uns keinen Begriff machen. Um ihr Urteil darüber zu begründen, sondern sie, den Franzosen ähnlich, doch liberaler, ihre Darstellungen in verschiedene Rubriken. Trauerspiel, Lustspiel, Oper, Ballet, ja Dekoration und Garderobe sind abgesonderte, obgleich in einander greifende Kunstfächer, deren jedem das Publikum und, in sofern er zum Worte kommt, der Theorist, innerhalb gewisser Begrenzungen, eigene, besondere Rechte und Befugnisse zugesteht. Hier sehen wir verboten was dort erlaubt, hier bedingt was dort frei gegeben ist. Aber alle diese Meinungen und Urteile sind auf unmittelbare Anschauung gegründet, durch einzelne Fälle veranlaßt und so sprechen Ältere und Jüngere, mehr oder weniger Unterrichtete, frei oder befangen, leidenschaftlich hin und wieder, über allgemein bekannte Mannigfaltigkeiten des Tages. Hieraus sieht man denn, daß nur der Gegenwärtige, Mitgenießende allenfalls mit zu urteilen hätte; und vielleicht nicht einmal der gegenwärtige Fremde, der in die Fülle eines ihm unerklärlichen Zustandes hineinspringt und seine Ansichten dem Augenblick, der auf dem Vergangenen ruht, wohl schwerlich gerecht und billig fügen könnte.

Mit den heiligen Hymnen des *Alexander Manzoni* ist es schon ein etwas anderer Fall. Wenn sich über mannigfaltige Vorkommenheiten der Zeit die Menschen entzweien; so vereinigt Religion und Poesie, auf ihrem ernsten tiefern Grunde die sämtliche Welt. Vorbenannte Gedichte waren uns überraschend, obgleich nicht fremdartig.

Wir gestehen Herrn Manzoni wahres poetisches Talent mit Vergnügen zu, Stoff und Bezüge sind uns bekannt; aber wie er sie wieder aufnimmt und behandelt, erscheint uns neu und individuell.

Es sind überhaupt nur vier Hymnen, welche nicht mehr als drei und dreißig Seiten einnehmen, und folgendermaßen geordnet: *Die Auferstehung*, das Grundergebnis der christlichen Religion; das eigentlichste Evangelium. *Der Name Maria*, durch welchen die ältere Kirche jede Überlieferung und Lehre höchst anmutig zu machen weiß. *Die Geburt*, als die Morgenröte aller Hoffnungen des Menschengeschlechts. *Die Passion*, als Nacht und Finsternis aller Erdenleiden, in welche die wohltätige Gottheit sich, einen Augenblick, zu unserm Heil versenken mochte.

Diese vier Hymnen sind verschiedenen Ausdrucks und Tons, in verschiedenen Sylbenmaßen abgefaßt, poetisch erfreulich und vergnüglich. Der naive Sinn beherrscht sie alle; aber eine gewisse Kühnheit des Geistes, der Gleichnisse, der Übergänge zeichnen sie vor andern aus und locken uns immer näher mit ihnen bekannt zu werden. Der Verfasser erscheint als Christ ohne Schwärmerei, als römisch-katholisch ohne Bigotterie, als Eiferer ohne Härte. Doch ganz ohne Bekehrungstrieb darf der Dichter sich nicht zeigen, dieser wendet ihn aber, auf eine anmutige Weise, gegen die Kinder Israel, denen er freundlich vorwirft: Maria sei doch aus ihrem Stamme geboren und sie wollten allein einer solchen Königin die Huldigung versagen, die eine ganze Welt ihr zu Füßen legt.

Diese Gedichte geben das Zeugnis, daß ein Gegenstand so oft er auch behandelt, eine Sprache wenn sie auch Jahrhunderte lang durchgearbeitet worden, immer wieder frisch und neu erscheinen, sobald ein frischer jugendlicher Geist sie ergreifen, sich ihrer bedienen mag.

URTEILSWORTE
FRANZÖSISCHER KRITIKER ⟨II⟩

Unter dieser Rubrik hatte ich im dritten Hefte gegenwärtiger Zeitschrift ein Verzeichnis eingerückt, wo freilich sehr
viele Worte des Tadels gegen kärgliche Worte des Lobes
erscheinen. Hierüber hat der Vrai Libéral unterm 4ten Febr.
1819 sich beschwert und mich einer Ungerechtigkeit gegen
die französische Nation beschuldigt. Er tut dies jedoch mit
so vieler Anmut und Artigkeit, die mich beschämen würde,
wenn nicht hinter meiner Mitteilung jener Worte ein Geheimnis verborgen läge, dessen Entdeckung ich ihm und
meinen Lesern hiermit vorzubringen nicht ermangle.

Ich bekenne daher ganz ohne Anstand, daß der Korrespondent des wahren Freisinnigen zu Brüssel ganz mit
Grund bemerkt: wie unter den von mir angegebenen Ta-
delsworten sich manche wunderliche befinden die man eben
nicht erwartet hätte; ferner, daß an den Worten des Lobes
mehrere fehlen die einem jeden sogleich einfallen sollten.
Wie dieses zu erklären mag die Geschichte deutlich machen,
wenn ich erzähle wie ich zu jenem Verzeichnis eigentlich
veranlaßt wurde.

Als vor vierzig Jahren Herr von Grimm sich in der damals
ausgezeichneten geist- und talentvollen pariser Gesellschaft
einen ehrenvollen Zutritt gewonnen und für ein Mitglied
eines so außerordentlichen Vereins wirklich anerkannt
wurde, beschloß er ein Tagesblatt, ein Bulletin literarischen
und weltgefälligen Inhaltes, schriftlich zu versenden an
fürstliche und reiche Personen in Deutschland, um sie,
gegen bedeutende Vergeltung, von dem eigensten Leben der
pariser Zirkel zu unterhalten, nach deren Zuständen man
äußerst neugierig war, weil man Paris als den Mittelpunkt
der gebildeten Welt wirklich ansehen konnte. Diese Tagesblätter sollten nicht nur Nachrichten enthalten, sondern es
wurden die herrlichsten Arbeiten Diderots: *die Klosterfrau*,
Jacob der Fatalist u.s.w. nach und nach, in so kleinen
Portionen zugeteilt, daß Neugierde, Aufmerksamkeit und
jedes gierige Bestreben, von Sendung zu Sendung, lebendig
bleiben mußte.

Auch mir war, durch die Gunst hoher Gönner, eine

regelmäßige Mitteilung dieser Blätter beschieden, die ich
mit großem Bedacht eifrig zu studieren nicht unterließ.
Nun darf ich mir wohl nachrühmen, daß ich von jeher die
Vorzüge der Menschen und ihrer Produktionen willig anerkannt, geschätzt und bewundert, auch mich daran dankbar
auferbaut habe. Deshalb mußte mir in der Grimmischen
Korrespondenz gar bald auffallen, daß, in Erzählung, Anekdote, Charakterschilderung, Darstellung, Urteil, durchaus mehr Tadel als Lob zu bemerken sei, mehr scheltende
als ehrende Terminologie vorzukommen pflege. Wohlge-   10
launt begann ich eines Tages, zum Vorteil meiner Betrachtung und eigenen Unterrichts, jene sämtlichen Ausdrücke
auszuziehen, auch in späterer Zeit zu sondern und alphabetisch zu ordnen, halb im Scherz, halb im Ernst, und so
blieben sie viele Jahre bei mir liegen.

Da nun endlich die Grimmische Korrespondenz in öffentlichem Druck erschien, las ich solche, als ein Dokument
vergangener Zeit, mit Sorgfalt abermals durch und stieß gar
bald auf manchen früher von mir bemerkten Ausdruck.
Wobei ich mich denn aufs Neue überzeugen konnte, daß   20
der Tadel bei weitem das Lob überwog. Da suchte ich nun
die ältere Arbeit vor und ließ sie, geistiger Anregung willen,
die mir denn auch nicht mißlang, gelegentlich abdrucken.
Bemerken muß ich jedoch, daß ich der Sache eine neue
Aufmerksamkeit zu schenken im Augenblick nicht mehr
vermochte, deshalb denn manches Wort des Lobes und
Tadels, welches mir entgangen, in diesem voluminosen
Werk zu finden sein möchte.

Damit nun aber nicht der Vorwurf, welcher eine ganze
Nation zu treffen schien, auf einem einzigen Schriftsteller   30
haften bleibe; so behalten wir uns vor nächstens im Allgemeinen über diesen höchst wichtigen literarischen Gegenstand zu sprechen.

DER PFINGSTMONTAG,

Lustspiel in straßburger Mundart, fünf Aufzügen
und Versen. Straßburg 1816.

Das große Verdienst dieses Kunstwerks um die deutsche
Sprache, jenen bedeutenden straßburger Dialekt, und nebenher die verwandten oberdeutschen, lebhaft und ausführlich dargestellt zu haben, ist wohl eben Ursache daß es nicht
nach seinem eigentlichen Werte allgemein beachtet werden
kann: denn, indem es jenen Kreis vollkommen ausfüllt,
verschließt es sich vor dem übrigen Vaterlande; wir wollen
daher versuchen dessen Vorzüge unsern sämtlichen lieben
Landsleuten eingänglicher und anschaulicher zu machen.

»In jeder Volksmundart, sagt der Verfasser, spricht sich
ein eigenes inneres Leben aus, welches, in feinen Abstufungen, eine besondere National-Charakteristik darbietet.«
Dabei drängte sich uns folgende Betrachtung auf. Wenn
man auch keineswegs den Nutzen ableugnen darf, der uns
durch so manche Idiotiken geworden ist, so kann man doch
nicht ableugnen daß jene, so eben berührten, in einer lebendigen, lebhaft gebrauchten Sprache unendlich mannigfaltigen Abstufungen unter der Form eines alphabetischen
Lexikons nicht bezeichnet werden können, weil wir nicht
erfahren wer sich dieses oder jenes Ausdrucks bedient und
bei welcher Gelegenheit? Deswegen wir auch in solchen
Wörterbüchern hie und da die nützliche Bemerkung finden: daß z. B. ein oder das andere Wort von gemeinem und
gemeinstem Volke, wohl auch nur von Kindern und
Ammen gebraucht werde.

Die Unzulänglichkeit einer solchen Behandlung hat ein,
mit dem straßburger Volkskreise von Jugend auf innigst
bekanntes Talent wohl und tief gefühlt, und uns ein Werk
geliefert, das an Klarheit und Vollständigkeit des Anschauens und an geistreicher Darstellung unendlicher Einzelnheiten wenig seines Gleichen finden dürfte. Der Dichter führt
uns zwölf Personen aus Straßburg und drei aus der Umgegend vor. Stand, Alter, Charakter, Gesinnung, Denk- und
Sprechweise kontrastieren durchaus, indem sie sich wieder
stufenartig an einander fügen. Alle handeln und reden vor

uns meist dramatisch lebhaft; weil sie aber ihre Zustände
ausführlich entwickeln sollen, so neigt sich die Behandlung
ins Epische, und, damit uns ja die sämtlichen Formen
vorgeführt werden, weiß der Verfasser den anmutigsten
lyrischen Abschluß herbei zu leiten. Die Handlung ist in das
Jahr 1789 gesetzt, wo das althergebrachte straßburger Bürgerwesen sich gegen neuernden Einfluß noch einigermaßen
derb und zäh bewahren konnte; und so wird uns das Werk
doppelt wichtig, weil es das Andenken eines Zustandes
erhält, welcher später, wo nicht zerrüttet, doch gewaltsam   10
durch einander gerüttelt worden. Die auftretenden Charaktere schildern wir kürzlich der Reihe nach.

Starkhans, Schiffsbauer und großer Ratsherr; tüchtiger
Bürger, folgerechter Hausvater, aufs zärtlichste gegen seine
einzige Tochter gesinnt. Ein jüngerer Sohn, Danielchen,
kommt nicht zum Vorschein und spielt schon durch sein
Außenbleiben eine Rolle. *Dorthe*, seine Gattin; wackere
Hausfrau, strenge Wirtschafterin; gar vielem was sie mißbilligt mit Heftigkeit begegnend und widerstrebend. *Lissel*,
ihre Tochter; reines, bürgerliches Naturkind, gehorsam,   20
teilnehmend, wohltätig, unschuldig liebend, sich an ihrer
Liebe mit Verwunderung erfreuend. *Mehlbrüh*, Feuersprit-
zenmacher und kleiner Ratsherr; in Sprüchwörtern redend,
und als Mechanikus sich höher versteigend, an Sympathie
glaubend, nicht weniger an Physiognomik und dergleichen.
Rosine, dessen Gattin; verständige gemächliche Frau, ihrem Sohn eine vorteilhafte, wo möglich reiche Heirat
wünschend. Er ist *Wolfgang* genannt, Magister und Abend-
prediger; im Besitz hochdeutscher Sprache und Bildung;
einfachen, vernünftigen, verständigen Sinnes, fließender,   30
löblicher Unterhaltung. *Christinel*; Mädchen von zwanzig
Jahren, und doch leider schon die älteste ihrer Gespielinnen; guter Art, aber eifrig und listig, gewandt, nach Heirat strebend. *Licentiat Mehlbrüh*; Hagestolz, Karikatur
eines alten, halbfranzösierten, mittelbürgerlichen Straßbur-
gers. *Reinhold*, Mediziner Doktorand, von Bremen gebürtig; vollendete deutsche Kultur und Sprache, einigermaßen
enthusiastisch, halbpoetischen Ausdrucks. *Frau Prechtere*;
mäßige Frau, um ihrer Tochter willen lebend. *Klärl*; gleich
als unglückliche Liebhaberin auftretend, dem jungen geist-   40

lichen Wolfgang mit Herz und Seel ergeben. Rein und schön
wie Lissel, an auffallend-würdiger Gestalt ihr vorzuziehen;
auf einer höhern Stufe der Empfindung des Gedankens und
Ausdrucks. *Gläßler*, von Kaisersberg; Kaufmann, in Colmar wohnhaft, Meisterstück eines wackern, in einer Stadt
zweiter Ordnung ausgebildeten Charakters. *Bärbel*, Nachbarin; rohste, heftigste, mit Schimpf- und Drohworten
freigebigste Person. *Bryd*, Magd bei Starkhans; neunzehn-
jährig; reine, derbe Mägdenatur, heiter und artig; mit der
Frau im Widerstreit, Herrn und Tochter aufrichtig ergeben.
Christlieb, Pfarrer aus dem Ortenauischen, *Klaus* aus dem
Kochersberg, kommen erst gegen das Ende, um mit Gläßler
Dialekt und Charakter der Umgegend darzustellen.

Nunmehr zeichnen wir vor allen Dingen den Gang des
Stücks, um alsdann weitere Betrachtungen folgen zu lassen.
Hiebei ist unsere Hauptabsicht, denen die es lesen, durch
einen allgemeinen Begriff des Inhalts jeder Szene, über die
einzelnen Sprachschwierigkeiten hinauszuhelfen.

Erster Aufzug

(Pfingstsonntag Nachmittag. Starkhans Wohnung.) Frau
Dorthe schilt ihre Tochter Lissel sehr heftig, daß sie einen
Spaziergang mit den Eltern ausschlägt, worauf sie sich doch
vor kurzem so sehr gefreut habe. Der Vater nimmt sich des
Mädchens an, der die Tränen in die Augen kamen. Die
Mutter läßt sich begütigen und geht mit dem Vater allein
spazieren. Kaum ist Lissel von ihnen befreit, so erklärt sich
daß sie einen Liebhaber in allen Ehren erwarte, von dessen
holder, tüchtiger Persönlichkeit sie ganz und gar durchdrungen ist. Nur bedauert sie, daß er das wunderliche
Hochdeutsch rede, worin sie sich nicht schicken könne. Sie
wünscht in Deutschland erzogen zu sein und nicht in einer
unglücklichen Pension an der lothringer Grenze, wo sie
weder deutsch noch französisch gelernt. Christinel kommt
und will den zaudernden Liebhaber verdächtig machen.
Lissel vernimmts nicht, und da Reinhold hereintritt ist sie
voll stiller Freude. Seine gesuchte schwülstige Rede bleibt
den guten Mädchen unverständlich, sie legen sichs gar
wunderlich aus. Eben so versteht er sie nicht, als sie verlangen daß er sie auf dem Spaziergang begleiten soll. Endlich

werden sie einig; Lissel will nur noch den jüngeren verzoge-
nen Bruder, Danielele, abwarten, um ihn, wie sie den Eltern
versprochen, mitzunehmen. Reinhold soll indessen seinen
Freund Wolfgang herbeiholen. Der deutsch-französische
Licentiat tritt auf, er merkt den Mädchen sogleich ab, daß
sie einen Spaziergang vorhaben und droht sie überall hin zu
verfolgen. Durch ein Märchen von einer Officiersleiche
werden sie ihn los. Christinel entfernt sich für einen Augenblick. Herr Mehlbrüh und Frau Rosine treten auf, sie quälen
Lisseln mit einer nahen Heirat, ohne den Bräutigam zu   10
nennen, und da sie mit ihnen zu spazieren gleichfalls ablehnt, gehen sie weiter. Christinel tritt zu Lissel, die mit
großen Freuden für bekannt annimmt daß sie mit Reinhold
werde verheiratet werden. Die Freundin aber behauptet, es
sei der Wolfgang gemeint. Christinel bleibt allein und es
ergibt sich daß sie auf Reinholden selbst Absicht habe.
Dieser und Wolfgang treten auf, die Jünglinge bequemen
sich zur schlichten Prose, damit das Mädchen sie verstehe.
Sie gebraucht nun die List erst von Wolfgang ein Bekenntnis
herauszulocken daß er liebe. Der Freund dem er nichts   20
davon vertraut, verwundert sich befremdet, und sie sagt
ihnen keck und kühn ins Gesicht: der Gegenstand sei Lissel.
Reinhold, über den Verrat seines Freundes aufgebracht,
entfernt sich, Wolfgang ihm nach, Christinel überlegt was
weiter zu tun? Nachdem auch sie den Platz verlassen treten
beide Freunde wieder auf, und es erklärt sich daß Wolfgang
in Klärchen verliebt sei, jetzt nur gegen sie zurückhaltend,
weil er die Einwilligung seiner Eltern, die ihn freilich an das
reichere Lissel zu verheiraten wünschten, erst durch Vorsprache bedeutender Gönner müsse zu erlangen bemüht   30
sein.

Zweiter Aufzug

(Starkhans Wohnung bleibt.) Bryd legt Frau Dorthen die
Marktrechnung ab; die strenge haushälterische Knauserei
zeigt sich an dieser, an jener eine hübsche, reine Mägdehaf-
tigkeit. Bryd bleibt allein und spricht mit wenigen Worten
das Lob des Hausherrn und der Jungfer. Der Licentiat tritt
zu ihr und beginnt gleich etwas antastlich zu scharmieren;
das Mädchen, neckisch gewandt, weicht aus, er verliert das   40

Gleichgewicht, fällt zu Boden und verrückt Anzug und
Kopfputz. Bryd schickt sich an ihn wieder herzustellen,
und im Gespräch wird verplaudert daß Lissel den Reinhold
heiraten werde. Er selbst scheint Absicht auf das Mädchen
zu haben, und als Frau Dorthe hereintritt bringt er seine
Werbung an, fährt aber ab. (Andere bürgerliche Wohnung).
Frau Prechtere und Klärl. Letztere kündigt sich an als
liebend und leidend. Nie ist eine volle, herzliche, auf das
Verdienst des Geliebten gegründete Leidenschaft schöner
ausgedrückt worden, die Sorge ihn zu verlieren nie rühren-
der. Die Mutter tröstet sie im Allgemeinen und rät ihr die
Liebe Gläßlers aus Colmar nicht ganz abzuweisen. Der
Licentiat kommt herein und, da man des Mädchens Zustand
durch ein Kopfweh entschuldigt, ist er mit Rezepten freigebig; noch freigebiger mit Katzengeschichten, als die Mutter,
um seine Fragen abzulehnen, vorgibt: es sei der Tochter
eine geliebte Katze gestorben. Für Ungeduld läuft das
Mädchen fort. Lissels Heirat kommt zur Sprache, Gläßler
und Christinel treten auf, jener ist herzlich und heftig
verliebt in Klärl und erhebt ihr Verdienst fast ausschließlich.
Der Licentiat behauptet: in Straßburg gäb' es dergleichen
viel, das komme von der guten Kinderzucht, die er umständlich ausführt und deshalb von Gläßlern für einen
Familienvater gehalten werden muß. Nun aber wird er
lächerlich indem er sich als Hagestolzen bekennt, doppelt
aber als Klärl und Christinel eintreten und er umständlich
erzählt wie ihn die Mädchen mystifiziert. Gläslers treu-
bürgerliche Liebe bricht wieder lakonisch-unschätzbar hervor. Der Licentiat tadelt ihn deshalb nicht, weil in Colmar
solche Mädchen, wegen Mangel an Gelegenheit zu ihrer
Ausbildung, nicht gefunden würden; auch überhaupt es
dort nicht sonderlich bestellt sei. Gläßlers colmarischer
Patriotismus äußert sich eben so derb und tüchtig wie seine
Liebe; er fragt: ob sie in Straßburg einen Pfeffel hätten? und
wird im Hin- und Wiederreden heftig, grob und drohend.
Frau Prechtere verbittet sich solchen Lärm in ihrem Hause.
Licentiat entfernt sich. Christinel, nach ihrer anschmiegen-
den Weise, erkundigt sich bei Gläßlern nach Colmar und
der Umgegend; er beschreibt das Oberelsaß lakonisch,
dessen Berge, Schlösser, Hügel, Täler und Flächen; es er-

scheint vor unserer Einbildungskraft weit und breit und
genußvoll. Aber er hat auch selbst Pferde, um seine Freunde
und seine Gäste, die er hiermit einlädt, überall herumzukut-
schieren. Christinel hilft ihm schmeichlerisch nach, Klärl
nur lakonisch und begibt sich, ein Übelsein vorwendend,
mit der Freundin weg. Frau Prechtere gesteht Gläßlern: daß
ihre Tochter sich um Wolfgang gräme. Gläßler antwortet:
es sei ihm ganz recht: denn wenn jener sie verlasse, könne sie
ihn ja haben. Gläßler allein drückt seine Liebesqual gar
wunderlich aus. Reinhold tritt hinzu und da er hört Klärl sei   10
krank, fragt er leidenschaftlich, warum man Wolfgang nicht
hole. Dabei ergibt sich daß dieser nicht untreu sei und daß
Gläßler wohl auf Klärl Verzicht tun müsse. Der Gute von
Colmar in Verzweiflung geht ab. Reinhold, allein bleibend,
macht verständige, zarte Betrachtungen über den gegenwärtigen Zustand der sämtlichen Liebenden, wodurch das
Künftige glücklich vorbereitet wird.

Dritter Aufzug

(Mehlbrühs Wohnung). Man hat Gäste zum Abendessen   20
geladen. Frau Dorthe findet sich ein, entschuldigt bei Frau
Rosinen daß sie das liebe Danielele, welches noch immer
nicht zu sehen ist, nicht mitbringen können. Auf Kinder-
spiele, denen das liebe Söhnlein unmäßig ergeben, wendet
sich nun das Gespräch. Sie sehen hierauf durchs Fenster
Base Bärbel herankommen und reden gleich Übels genug
von ihr. Sie tritt auf, zeigt sich als leidenschaftlich gemein,
schüttet ihren Haß gegen Reinhold aus, schildert ihn als
Trunkenhold und von den schlechtesten Sitten. Endlich
entdeckt sich's woher ihre Wut sich schreibe! Er hat näm-   30
lich einmal, sie nicht kennend, gefragt, oder soll gefragt
haben: Wer ist denn die dort, die roten Puder braucht? d. h.
die rote Haare hat. Dieses gehe nun an allen Brunnen und
auf allen Märkten umher, da sie doch gar wohl noch zu den
Blonden gehöre. Ihre Raserei hat keine Grenzen, sie droht
ihm aufpassen, ihn ausprügeln zu lassen. Nun bleiben die
beiden Frauen allein. Bärbels Herkunft, Schicksal und unglückliche Erziehung wird meisterhaft geschildert und abgeleitet. Sodann äußert Frau Rosine den Argwohn, daß
Lissel ihren Sohn Wolfgang eigentlich nicht liebe, sondern   40

Reinholden. Vergebens will Frau Dorthe es ihr ausreden,
die Differenz läßt sich nicht heben; einig aber als Haus-
frauen eilen sie zu sehen ob der Abendtisch gut gedeckt und
bestellt sei? Mehlbrüh und Reinhold kommen als Gäste.
Beim Erwähnen eines kranken Kindes in der Familie geraten sie auf die Medizin. Mehlbrüh bekennt seinen Glauben
an Sympathie und an einen Mischmasch wahrer und er-
träumter Wunderkräfte der Natur. Ingleichen hält er viel
auf Physiognomik. Er geht ins Tafelzimmer. Reinhold,
10 zurückbleibend, hält eine Lobrede auf Straßburg und dessen Bewohner, schätzt sein Glück hier zu heiraten, sich
anzusiedeln. Wolfgang kommt. Reinhold berichtet wie er
die entschiedene Leidenschaft Klärchens zu seinem Freund
entdeckt. Die beiden Liebhaber schildern und loben ihre
Mädchen wechselseitig, und begeben sich zum Abendessen.
Bärbel und Christinel treten auf und mustern die geladenen,
eingetroffenen und ausgebliebenen Gäste, denen sie auf das
Schlimmste mitspielen. Bärbel bleibt allein und entdeckt
ihren Vorsatz Reinholden, wenn er vom Essen weggehen
20 werde, überfallen zu lassen. In diesem Sinne entfernt sie
sich. Der Licentiat tritt auf und, da er seine Absichten auf
Lissel immer noch durchzusetzen gedenkt, ist ihm eine
Nachricht ganz willkommen: Reinhold habe falsche Wechsel geschmiedet, und werde deshalb mit Steckbriefen verfolgt.

Vierter Aufzug

(Mehlbrühs Haus bleibt.) Frau Dorthe und Mehlbrüh treten auf, sie glauben dem Gerücht daß Reinhold ein Schelm
30 sei, und beschließen daß beide Familien sich vor ihm in Acht
nehmen sollen, bis der Handel aufgeklärt ist. (Starkhans
Wohnung.) Er und Lissel kommen. Der Vater gibt ihr
scherzhaft zu raten auf, was er ihr für ein Geschenk be-
stimme? Nachdem er sie lange hingehalten löst er endlich
das Rätsel und sagt: es sei ein Mann! Lissel, nur an Reinhold
denkend, läßt es ohne weiters gelten. Für sich allein drückt
sie ihr Entzücken gar anmutig aus. Die Mutter kommt, auch
diese spricht von einem Manne; es erklärt sich aber bald daß
Wolfgang gemeint sei. Von diesem will Lissel ein für allemal
40 nichts wissen. Mutter und Tochter verzürnen sich. Stark-

hans tritt in den Lärm herein und da er etwas zu tief ins Glas
geguckt wird die Sache nicht besser. Das Mädchen geht
weinend zu Bette; Vater und Mutter machen sich wegen der
Kinderzucht Vorwürfe und entfernen sich. Der Licentiat
kommt in schmutzigen und elenden Umständen, geführt
von Gläßler, Christinel und Bryd. Er ist denen von Bärbeln
angestellten Aufpassern in die Hände geraten, doch, da sie
ihn bald als den Unrechten erkannten, nur oberflächlich
übel zugerichtet worden. Man hilft ihm wieder zurechte
und bringt ihn weg. Mehlbrüh, ob es gleich schon Nacht ist,   10
kommt zu Starkhans, offen zu erklären: daß Wolfgang in
eine Heirat mit Lissel nicht einstimme, und da, im Verlauf
des Gesprächs, das Vermögen beider Familien in die Rede
kommt, entzweien sich die Väter aufs Heftigste; sodann
machen es die beiden Mütter nicht besser und Frau Rosine
zeigt sich zuletzt entschieden, ihren Sohn zu keiner Heirat
zwingen zu wollen.

Fünfter Aufzug
(Pfingstmontag Morgen, öffentlicher Platz.) Die beiden   20
Freunde treten auf, und in welcher Lage die Liebesangele-
genheiten sich befinden wird klar. (Mehlbrühs Wohnung.)
Wolfgangs Eltern, hört man, sind durch Herrn Stettmeister
bewogen worden in die Verbindung mit Klärchen zu willigen; sie fühlen sich über die Ehre, die eine hohe Magistrats-
Person ihrem Wolfgang sowohl als seiner Geliebten, durch
Lob und Teilnahme, bewiesen, höchst entzückt, und der
Vater findet des Sohnes eintretende Braut, die er zum
erstenmal sieht, selbst bedeutend schön. Eine kurze aber
höchst liebliche Szene. (Starkhans Garten.) Licentiat er-   30
klärt, monologierend, daß er die Heirat Gläßlers und Christinels durch eine Ausstattung begünstigen werde, da ihr
Vormund erst in einem Jahr, wenn sie majorenn geworden,
seine Zustimmung geben wolle. Gläßler und dessen Geliebte haben sich um ihn, bei dem Unfall von gestern Abend,
sehr verdient gemacht, er will sie glücklich wissen, da er
selbst vom Heiraten abgeschreckt ist. Starkhans und Frau
Dorthe treten höchst vergnügt auf. Reinhold ist aller Schuld
entbunden, der Steckbrief galt einem Landläufer, und ein
Brief von Reinholds Vater an Starkhans ist angekommen.   40

Dieser, Senator von Bremen und Doctor Juris, hält den Ratsherrn von Straßburg auch für einen entschiedenen Juristen und graduierten, tituliert ihn Hochwohlgeboren, wodurch der Schiffsbauer sehr geschmeichelt ist und dem Ansuchen Reinholds um Lissel nicht mehr widerstehen kann. Die Gesellschaft versammelt sich, manche angenehme, aufklärende Familienunterhaltung wird gepflogen.

In dieser frohen Stunde erinnern sich endlich die beiden Väter, daß sie noch zu den letzten alten Meistersängern gehören, die auf der Herrenstube bis 1781 gesungen haben. Pfarrer Christlieb aus Ortenau tritt auf, da sie sich schon feierlich niedergelassen. Ein liebenswürdiger junger Mann, der den Tod einer angebeteten Braut nicht verwindet. Aufgefordert singt er ein sehnsüchtiges Lied in hochdeutscher Sprache; Wolfgang preist gleichermaßen eine glückliche Liebe; Reinhold die gegenwärtige festliche Geselligkeit; Starkhans feiert, im Elsasser Dialekt, das Lob der Stadt Straßburg und, damit es an Lächerlichem nicht fehle, trägt der Licentiat ein Gedicht vor mit falsch akzentuierten Endreimen wie es wohl halbgebildeten Menschen begegnet, die, in ungeschicktem Buchstabieren sich verwirrend, Quantität und Betonung falsch nehmen. Bäuerisch gemein, aber wacker, besingt Klaus das Lob seiner Annamey. Heiter aufgeregt durch soviel Anmutiges gibt Mehlbrüh endlich seine Einwilligung in die Heirat Gläßlers und Christinels; zum Schluß aber, um das Fest vollkommen zu krönen, fahren Herr Stettmeister und Herr Ammeister, als Brautführer, an den Garten an. Die Gesellschaft zieht ihnen mit Blumensträußen entgegen und so ist Pfingstmontag, der starkhansischen Eheleute silberne Hochzeit, und so manche neue Verbindung auf alle Weise gefeiert.

———

Nach vorgetragenem Plan und dessen Ausführung, von Szene zu Szene, kann wohl verlangt werden, daß wir noch einiges über Technik und Behandlung der vorzüglichsten Motive sprechen, und da dürfen wir unterrichteten Lesern nicht erst bemerklich machen daß dem Verfasser eine löbliche Kunstfertigkeit zu Diensten stehe. Er überschreibt sein Stück: *der Pfingstmontag* und beschränkt daher, wie billig,

die Zeit seiner Handlung auf vier und zwanzig Stunden. Sie
beginnt Pfingstsonntag nach Tische, die vier ersten Akte
dauern bis tief in die Nacht. Erst, als Entwickelung und
Schluß, tritt, mit dem Morgen, Pfingstmontag hervor. Der
Schauplatz ist abwechselnd im Hause einer der drei Familien, auch wohl mitunter an einem unbestimmt gelassenen
Orte, und, vom fünften Auftritt des letzten Aufzugs an, in
Starkhans Garten, nahe vor dem Tore. Der Verfasser hat die
Veränderung des Orts nicht über den Szenen angezeigt,
wahrscheinlich um den Freunden der drei Einheiten nicht
geradehin die Beweglichkeit seiner Localitäten zu bekennen. Allein die Klarheit des Stücks wird hierdurch äußerst
getrübt und wir haben nur mit vieler Mühe den Zweck
erreicht in unserer Darstellung der Einbildungskraft vorzu-
arbeiten.

Glücklich und lobenswürdig dagegen ist der Verfasser in
Betracht des Sylbenmaßes. Er hat den Alexandriner mit
strenger Zäsur gewählt, um den Leser, besonders den auswärtigen, wegen Quantität und Betonung ohne Zweifel zu
lassen, welches auch für den aufmerksamen Liebhaber vollkommen erreicht wird.

Wenden wir uns nun abermals zu dem innern Gehalte des
Stücks, so sieht man aus unserm Vortrag, wie einfach und
wirklich dramatisch die Anlage des Ganzen sei. Wenige
Hinderungen und Mißverständnisse schürzen die unschul-
digen Knoten, die sich denn auch ganz bürgerlich und
natürlich zuletzt wieder auflösen. Die Manifestation der
auftretenden Charaktere, die Ankündigung der Figuren die
man erwartet, die Bezeichnung der Persönlichkeiten abwe-
sender und gegenwärtiger Individuen ist musterhaft. Das
klüglich gebrauchte Mittel, durch liebreiche Scheltworte,
die in jenem Dialektskreise nicht selten sind, mit scheinbarer Ungunst etwas günstig zu bezeichnen, ist erfreulich
wirksam, so wie direktes, redliches Lob, direkte, gehässige
Mißreden uns mit allen Figuren nach und nach hinlänglich
bekannt machen.

Auf gleiche Weise, jedoch mit epischer Ausführlichkeit,
werden wir mit allen häuslichen, geselligen, örtlichen Zuständen bekannt. Die Stadt von einem Ende zum andern,
Straßen und Gäßchen, Plätze und Winkel, Wirts- und

Lusthäuser, innen und außen. Zeitvertreib und Spiel der
Alten wie der Jungen, Vorurteil, Aberglaube, Gespenster
und was nicht sonst! alles kommt ausführlich an die Reihe,
so daß keine dunkle Stelle im ganzen Bilde bleibt. Das
grenzenlose Spazierengehen, das Durcheinander-Rennen
der Familienglieder aus einem Hause ins andere und die
dadurch bewirkte augenblickliche Teilnahme in Freud und
Leid, hat der Verfasser verständig benutzt, um seine sonst
vereinzelt und zerstückelt erscheinenden Szenen vor unserm Gefühl zu motivieren.

   Die hochdeutsche Büchersprache der beiden Liebhaber
läßt schon darin einen zarten Unterschied bemerken, daß
Wolfgangen eine ruhige Prose, wie sie dem protestantischen
Geistlichen ziemt, zugeteilt ist; Reinhold aber einige Flos-
keln und Phrasen anzubringen pflegt, wodurch er den
liebenden, liebenswürdigen Mädchen unverständlich wird.
Lissel ist das reine straßburger Bürgerkind, in einer dumpfen Erziehungsanstalt zu St. Didier weder verdorben noch
gefördert; Klärle, auf dem rechten Rheinufer gebildet,
durch Liebesschmerz erhöht, und beim Ausdruck der edelsten Gefühle den elsasser Dialekt nicht verleugnend, begünstigt einigermaßen den Übergang zu der reineren Sprache
der Liebhaber. Eben so zeichnen sich der große und kleine
Ratsherr, Schiffsbauer und Spritzenmacher, von einander
aus; jener tüchtig und das Nächste suchend, spricht ohne
Umschweif; dieser, in wunderlichen Liebhabereien befangen, muß auch mit seiner Sprache überall herumtasten, sich
in Sprüchwörtern vorzüglich gefallen. Nun aber führen uns
die Mütter in den innern Haushalt; die Magd auf den Markt,
die heftige Nachbarin in die gemeinsten Umgebungen und
Verhältnisse. Der Licentiat Mehlbrüh, beschränkt und af-
fektiert, gibt die Einmischung gallisch-deutsch ausgesprochener Worte und alle Unarten jener Zwitterschaft aufs
deutlichste zu erkennen.

   Wir maßen uns nicht an, die durchgängigen Feinheiten
alle zu unterscheiden, zu beurteilen, aber glauben behaupten zu dürfen, daß unter die genannten Personen alle Abstufungen der Sprache verteilt sind, an welchen man Stand,
Beschäftigung und Sitten auf das entschiedenste gesondert
erkennen kann; deswegen wir denn diesem Werke den

Ehrennamen eines lebendigen Idiotikons wiederholt zu
gewinnen wünschen.

Und so enthalten wir uns auch nicht, nochmals die
Menschenkenntnis des Verfassers zu rühmen, der nicht
etwa nur die Einsichten in das Gemein-Tägliche dartut, er
weiß vielmehr auch das Edle und Erhabene in diesen reinen
Naturmenschen zu finden und nachzubilden. Fürtrefflich
gezeichnet sind Lissels Äußerungen einer sittlich-sinnlichen
Liebe, Klärls Trauer über befürchteten Verlust eines einzig
geschätzten Mannes; die Einführung Klärls in die Familie
des Bräutigams, die Todesgedanken des Vaters mitten im
Glück, alles ist so tief und rein, als es nur irgendwo aufzuweisen wäre. Ja die Worte Lissels, Seite 132: *diß macht merr
nix, do geh i mit*! stehen als erhabener Lakonismus dem oft
gerühmten: qu'il mourut! des Corneille völlig zur Seite. Man verzeihe uns Vorliebe und Vorurteil und unsere,
vielleicht durch Erinnerung bestochene Freude an diesem
Kunstwerk.

Trafen wir sodann auf die gewaltsamen Schimpf- und
Schmähreden, auf gehässige Darstellung so mancher Persönlichkeit; so fanden wir uns zu der Betrachtung genötigt:
daß Gesinnung und Redeweise sich in Straßburg, dreihundert Jahre lang, um nicht länger zu sagen, unverändert
erhalten habe, indem sich eine freie, freche, unbändige
Originalität in die untersten Stände geflüchtet. *Sebastian
Brand* und *Geiler von Kaisersberg* sind ihren Ruhm und Ruf
doch auch nur einer heftigen, alles mißbilligenden, beschränkten Denkart und einer schonungslosen Darstellungsweise schuldig; und wenn Bärbel und Christinel sprechen, so vernimmt man ganz genau die Nachkommenschaft
jener würdigen Männer. Auch diese ungebildeten Mädchen,
wie jene hochgelahrten Doktoren, lästern die mitlebende
Welt. Einem jeden armen Menschen wird seine Individualität, aus der er nicht heraus kann, sein beschränkter Zustand
aufgemutzt, seine Liebhaberei die ihn einzig glücklich
macht verleidet und verkümmert. Und so wär' es denn,
nach wie vor, das alte Narren-Schiff, die Narren-Diligence,
die ewig hin- und wiederfährt.

Warum in gebildeten Ständen dergleichen nicht leicht
vorkommt beruht nur darin daß die höher Gestellten, ohne

besser, oder anders zu sein, sich nur mehr zusammennehmen, nicht grenzenlos ihre Eigenheiten aufschließen, sondern, indem sie sich äußerlich nach allgemeinen Formen
betragen, in ihr Inneres zurücktreten und von da aus den
eignen Vorteil so gut als möglich besorgen, wodurch ein
allgemeines Gebrechen, der sogenannte *Egoismus*, über die
Welt sich verbreitet, den ein jeder von seiner Seite glaubt
bekämpfen zu müssen, ohne zu ahnden daß er das Pfeifchen
selbst in den Rockfalten trage. Und sodann haben wir, um
übertriebene Eigenheiten zu bezeichnen, das höflichere
Wörtchen *Steckenpferd*, bei dessen Gebrauch wir einander
mehr schmeicheln als verletzen.

In gar manchem Sinne daher ist dieses Stück zu empfehlen, man betrachte nun was es bringt oder was es aufregt.
Deswegen verdient es wohl daß wir uns noch weiter damit
beschäftigen, um zu seiner künftigen Verbreitung das Unsrige beizutragen. Schon aus dem was wir gesagt wird der
nachdenkende Kenner gar leicht ermessen daß dieses Stück
für die Arbeit eines ganzen Lebens angesehen werden
müsse. Die kindlichsten Eindrücke, Jugendfreuden und
Leiden, abgedrungenes Nachdenken und endlich reifes heiteres Überschauen eines Zustandes den wir lieben, indem
und weil er uns beengt; dies alles war nötig um eine solche
Arbeit hervorzubringen. Wie überlegt, treu und gewissenhaft die Ausführung und Vollendung sei, davon kann der
wohl das beste Zeugnis geben, der gleicher Art und Kunst
sich beflissen; und so sagen wir beherzt, daß im ganzen
Stück kein leeres, zufälliges oder notdürftig eingeschaltetes
Flickwort zu finden sei.

Das Stück spielt 1789, und wahrscheinlicher Weise war es
zu jener Zeit, seinen Hauptteilen nach, schon fertig, worüber uns der Verfasser, wenn es ihm beliebt sich zu nennen,
am besten belehren kann. Es ward 1816 zum Besten der
Armen der, in den Kriegsvorfällen des vorhergegangenen
Jahres, bei Straßburg abgebrannten Dörfer, so wie der
straßburger Armen-Arbeitsschule gedruckt. Wahrscheinlich erfüllte damals die Auflage den frommen Zweck und
gelangte nicht in den weitern Kreis der deutschen Lesewelt,
da es ohnehin als ein versiegeltes Buch anzusehen war und
noch ist.

Sollte man jedoch, wie wir wünschen, zu einer zweiten
Ausgabe schreiten, so würde dabei folgendes zu beobachten
rätlich sein. Ein Schema des ganzen Stücks, nach unserer
Anleitung, sollte vorausgehen, die Ortsveränderungen der
Szenen gleichfalls angezeigt werden, und, ob wir schon
sonst die Noten unter dem Text nicht lieben, so würden wir
doch in diesem Falle das kleine angehängte Wörterbuch
unter jede Seite verteilen und zwar, ohne den Text durch
Zeichen zu entstellen, die Worte hinter einander weg, wie
sie von oben bis herunter vorkommen; der Leser fände sich
gleich und leicht. Wollte man sie zum Schlusse alphabetisch
wiederbringen, so würden die Paar Blätter auch wohl angewendet sein.

Durch alles das was wir vorgetragen glauben wir zuerst
diesem Werke den ehrenvollen Platz eines lebendigen Idiotikons in den Bibliotheken der deutschen Sprachkenner
gesichert zu haben. Ferner werden gebildete und sich bildende Personen im langen, weiten, herrlichen Rheintal, von
Basel bis Maynz, dieses Büchlein als bekannt wieder hervor-
suchen und das sämtliche obere Deutschland, die Schweiz
mit eingerechnet, wird aus diesem verwandten Kunstwerk
Freude und Nutzen ziehen, und vielleicht ermutigt sich ein
ähnliches Talent zu gleicher Darstellung verwandter Zustände. In wiefern es übrigens auch in die Hände der, in
Mittel- und Nieder-Deutschland hausenden Literatur-
freunde gelangen werde, steht zu erwarten, wenigstens
haben ihm *Hebels* allgemein erfreuliche Gedichte schon
glücklich den Weg gebahnt.

DIE HEILIGEN DREI KÖNIGE
Manuskript, lateinisch,
aus dem funfzehnten Jahrhundert

Die Zueignung ist an einen Bischof und sein Kapitel, wahrscheinlich von Köln, gerichtet. Darauf wird zur Einleitung
gesagt:

Die heiligen Leichname der drei Könige seien zwar nach
ihrem Tode in den Okzident gebracht worden, allein von

ihrem Leben und Wandel im Orient sei noch manches dort
bekannt geblieben das nicht zu uns gekommen. Was nun,
durch Schauen, Hören und Überliefern, sich daselbst erhalten, werde auch in verschiedenen Büchern aufbewahrt. Dies
alles nun sei zur Ehre Gottes und der heiligen Jungfrau in
gegenwärtiger Schrift verfaßt und vereiniget worden.

Die Geschichte beginnt mit dem Auszug der Kinder
Israel aus Egypten. Ihre Siege und Eroberungen setzen die
Welt in Erstaunen und machen selbst die Indier aufmerksam; diese stellen auf dem höchsten Berge *Vaus* Wachen auf,
die, wenn irgend ein feindseliger Einbruch geschähe, bei
Tage durch Rauch, bei Nacht durch Flamme, ein von allen
kleineren Bergen zu wiederholendes Zeichen geben sollten.

Bald darauf aber kommt die Nachricht: Balaam, keineswegs ein Zauberer, sondern ein Naturprophet wie Hiob,
habe geweissagt: es wird ein Stern aufgehen aus Jakob und
ein Szepter aus Israel aufkommen! Ein Held solle geboren
werden die ganze Welt zu überwinden und zu beherrschen.
Hierüber freute sich Jung und Alt, da sie seit langer Zeit
keinen auslangenden Fürsten gehabt. Nun wird die Anstalt
auf dem Berge Vaus astronomisch und bedeutend, tüchtige
Männer werden besoldet die den Himmel Tag und Nacht
beobachten und, wie sie einen seltsamen Stern ersehen,
solches durch verabredete Zeichen verkündigen sollten;
wozu sie denn freilich die beste Gelegenheit hatten, indem,
bei der östlichen Lage, der großen Höhe des Bergs und der
reinen Atmosphäre gar mancher Stern zu erblicken war, der
westlicher, an tiefer gelegenen Orten, unsichtbar bleiben
mußte. Eine so ernstlich gegründete Anstalt hat sich bis in
spätere Zeiten erhalten und die Edlen vom Berge Vaus
waren zu Zeiten der Kreuzzüge wohlangesehen und aufgenommen. Hier zeigt sich nun der Ursprung unserer schriftlichen Überlieferung.

Als im Jahre 1200 die herrliche Stadt Acco zum höchsten
blühte, Fürsten, Freiherrn und Edelleute, Ordensgeistliche
jeder Art, Handelsleute und Neugierige aller Nationen
zusammenflossen, drang ihr Ruf und Ruhm nach Indien.
Ein Edler vom Geschlechte Vaus reist nach Acco und bringt
die kostbarsten Schätze mit. Unter andern eine goldne, mit
Steinen besetzte Krone, worauf oben das Zeichen des Kreu-

zes, mit chaldäischen Buchstaben und ein Stern zu sehen, in
Gestalt und Gleichnis wie er den drei Königen erschien.
Dieses Diadem soll dem König Melchior von Nubien gehört haben und hatte wundertätige Kraft, es heilte die
Fallsucht und erfrischte hinfällige Geister. Nachher kam sie
in die Hände der Tempelherren, die reichlichen Vorteil
davon zu ziehen wußten, und ging, zu großer Trauer der
dortigen Umgegend, bei Aufhebung des Ordens verloren.

Aber dieser Prinz vom Berge Vaus brachte auch Bücher
aus Indien, hebräisch und chaldäisch geschrieben, von Le-   10
ben und Taten und sonstigen Bezügen der heiligen drei
Könige herbei. Diese Bücher wurden zu Acco ins Gallische
übersetzt und sind bei Fürsten und Herren und sonstigen Orten aufbewahrt worden. Hieraus nun, und andern
Schriften ist gegenwärtiges Büchlein zusammengetragen.

Nun fängt die Erzählung wieder von Balaams Weissagung an und führt den Stern und die Hoffnung auf denselben durch Patriarchen und Propheten; inzwischen
freilich die Astronomen des Berges Vaus ihre Beobachtung
mit großer Geduld Jahrhunderte lang fortsetzen.   20

Endlich erbarmt sich Gott der sündigen Welt. Die Fülle
der Zeit erscheint; ein Gebot des römischen Kaisers geht
aus; Joseph und Maria kommen in Bethlehem an; eine, zur
Stallung benutzte Höhle nimmt sie kümmerlich auf; zum
anmutigsten beschrieben; Christus wird geboren und den
Hirten verkündigt. Auch der verheißene Stern ist aufgegan-
gen und über dem Berge Vaus unbeweglich stehen geblieben, wetteifernd bei Tage mit der Sonne, ja sie überleuch-
tend mit wundersam beweglichen, bald da bald dorthin
schießenden Strahlen und von andern seltsamen Erschei-   30
nungen begleitet.

Alle Völker werden aufgeregt, vorzüglich drei weise
Könige. Zuerst Melchior, König der ersten Indien, das heißt
Nubien u.s.w. wie seine Reiche beschrieben werden. Bal-
thaser, König der zweiten Indien, von Godolien und Saba
und wie seine Reiche sämtlich aufgezählt sind. Caspar,
König der dritten Indien, Herr von Tarsus und der großen
Insel Egrysculla, wo gegenwärtig der heilige Thomas begra-
ben liegt. Diese machen sich auf mit großem Gefolg und
Heereskraft, ohne von einander zu wissen; die Menschen   40

erschrecken über solchen Durchzug: denn der Stern leuchtet ihnen auf sonderbaren Wegen; Berg und Tal, Sumpf und
Wüste gleichen sich vor ihnen aus; ohne Speis' und Trank
kommen sie und die Ihrigen in dreizehn Tagen nach Judäa.
Melchior und Balthaser und auch endlich Caspar gelangen,
jeder von seiner Seite an den Kalvarienberg, ein starker
Nebel fällt ein, der Stern verschwindet und sie sind in
großer Verlegenheit. Endlich klärt sich der Himmel auf, sie
finden, erkennen und begrüßen sich mit großem Entzük-
ken, erzählen einander ihre Geschichten und Begebenheiten, und, obgleich verschiedene Sprachen redend, verstehen
sie sich vollkommen, ein künftiges Pfingstfest vorbedeu-
tend. So nahe bei Jerusalem halten sie für rätlich beim König
Herodes einzusprechen; dieser wird durch die Schriftge-
lehrten unterrichtet, das Kind müsse in Bethlehem geboren
sein. Der Stern erscheint wieder, viel stärker leuchtend und
funkelnd, die begegnenden Hirten erteilen nähere Nachricht vom Kinde und dessen Aufenthalte. Bedeutung und
Wichtigkeit dieses Zusammentreffens wird hervorgehoben.
Denn durch die Hirten sind die ersten Gläubigen aus dem
jüdischen Volke bedeutet, durch die Könige, die Erstlinge
der Heiden, die sich künftig zu Christo wenden sollen. Die
Ärmsten aus der Nähe, die Reichsten aus der Ferne treffen
hier zusammen und diese werden erst durch jene von dem
wahren Heilswege unterrichtet. Die Könige kleiden sich
aufs prächtigste, der Stern geht voran und leitet sie durch
ganz Bethlehem, eine lange bazar-ähnliche Straße hin,
bleibt endlich über der Herberge und einer Höhle stehn,
wie im bergigen Bethlehem mehrere zur Stallung benutzt
werden. Der Glanz des Sterns vermehrt sich, durchdringt
mit herrlicher Phosphoreszenz alles Dunkele; die Höhle
gleicht einem glühenden Ofen.
    Anmutige Beschreibung des Kindes, der Mutter und
ihrer Umgebung. Die Könige, verehrend, anbetend, überreichen ihre Geschenke. Melchior Gold, Balthaser Weihrauch, Caspar Myrrhen, geringe Gaben, wie sie ihnen beim
Absteigen sogleich in die Hand fielen: denn, auf Kamelen
und Dromedaren, führen sie grenzenlose Schätze mit sich.
Nichts Geringeres als den ganzen Schatz Alexanders, den
der Beherrscher des Morgenlandes gehäuft, inbegriffen alle

Schätze, welche die Königin von Saba im Tempel Salomonis
niedergelegt, und der Welt-Überwinder von dort wegge-
raubt. Unter allen diesen Kostbarkeiten findet sich doch das
Kostbarste, ein Apfel von gediegenem Gold. Auch ihn hatte
der Monarch besessen und gern in der Hand getragen, als
ein Zeichen seiner Allherrschaft; diesen vorzüglich reicht
Melchior dem Kinde, als ein würdiges Spielzeug, es aber
bläst ihn an und er zerstiebt in die Luft.

Die Audienz ist geendigt und die frommen, bisher strenge
Fasten ausübenden Könige speisen und schlafen zum er-   10
stenmal. Sie werden im Traum von der Rückreise zu Herodes abgemahnt, sie ziehen auf einem andern Weg in ihre
Lande. Auf der Herreise hatten sie nur dreizehn Tage
zugebracht, vom Christtage bis Epiphanias; auf der Rückreise brauchten sie zwei Jahre, damit aller Welt das große
Wunder bekannt würde. Sie gelangen zum Berge Vaus,
bauen auf demselben dem Christkind eine Kapelle, bestimmen dabei ihre Gräber und verteilen sich nach den drei
Reichen.

Indessen, gleich nach dem Abzug dieser edlen Gäste,   20
begibt sich die heilige Familie in eine andre Höhle. Joseph
wird im Traum ermahnt nach Egypten zu fliehen. Hier
kommen die, in diesem Fall freilich sehr beschwerlichen,
indischen Schätze wieder zur Sprache; werden aber, durch
eine kluge Wendung des Erzählers, so ins Enge gezogen daß
sie in dem Futtersack des Pflegevaters gar wohl Platz finden,
welcher Sack und Bündel bei malerischer Vorstellung der
hohen Flüchtigen niemals vergessen wird. Der Aufenthalt
in Egypten gibt Gelegenheit zu anmutigen Geschichten
vorgekommener Wunder, nicht weniger zu weitläufiger   30
Nachricht über den wahren Balsam und sonstige Natur-
dinge.

Die Entflohenen kehren zurück, Christi Erdenwandel
wird nur im Vorübergehen berührt; umständlicher jedoch
erzählt wie er den heiligen Thomas nach Indien sendet.
Dieser gehorcht dem hohen Beruf, gelangt bis zum äußersten Osten, predigt das Evangelium, zerstört den Götzendienst; die heiligen drei Könige, nunmehr uralt, hören von
ihm, besuchen ihn; mit großem Ergötzen empfängt er sie,
erzählt Christi Leben, Leiden und Verherrlichung. Durch   40

die heilige Taufe führt er die Erstlinge der Heiden ganz
eigentlich der Kirche zu. Er wandert mit ihnen zum Berge
Vaus, an welchem her eine herrliche Stadt Sculla gebaut
wird. St. Thomas übernimmt die Würde des Patriarchen,
weiht seine drei Könige zu Erzbischöfen. Weil sie aber, im
hohen Alter, keine Nachkommenschaft zu erwarten haben,
wird ein Presbyter, Namens Johann, für die Zukunft gewählt, mit dem Beding, daß alle seine Nachfolger den
gleichen Namen führen sollen.

(Diese haben, wie beiläufig erzählt wird, noch im Jahre
1380 Gesandte nach Rom geschickt.) Die Könige sterben,
erst Melchior, dann Balthaser, dann Caspar und werden mit
den höchsten Zeremonien begraben.

Aber im Verlauf der Zeit verunreinigt sich die christliche
Lehre, Ketzereien mischen sich ein, das Heidentum stellt
sich her, die ehrwürdigsten Localitäten werden vernachlässigt, besudelt und mit Götzendienst befleckt. Unter diesem
Druck seufzt der Orient, bis endlich Helena, Constantins
Mutter, den heilig-klassischen Boden bewallfahrtet, jede
einzelne Stelle in Betracht zieht, alle säubert, mit Kirchen-
und Klostergebäuden in Besitz nimmt, die kostbarsten
Reliquien unversehrt antrifft, die Stationspunkte künftiger
Wallfahrer bezeichnet, und sich um die wanderlustige Christenheit das größte Verdienst erwirbt.

Nun gedenkt sie auch der heiligen drei Leichname, bringt
sie vom Berge Vaus nach Constantinopel; später werden sie
nach Mayland versetzt und endlich im Jahr 1164 nach Köln.
Nun verbreitet sich ihre Verehrung über den ganzen Westen; aber auch der Orient läßt an Würdigung und Anbetung nicht nach, denn selbst die ketzerischen Christen
müssen Wert und Heiligkeit derselben anerkennen. Hier
folgt nun umständliche Nachricht von vielerlei Ketzern, in
den ehemaligen Reichen der drei Könige: als, Nubianer,
Soldaner, Nestorianer, Lateiner, Inder, Armenier, Griechen, Syrer, Georgianer, Jakobiten, Cophten, Maroniten,
Mandopolen, Arianer. Bei dieser Gelegenheit werden auch
einige Nachrichten historischen und geographischen Inhalts gegeben.

Sodann folgt kurze Anweisung wie und wann das Andenken der Heiligen zu verehren. Köln wird glücklich geprie-

sen solche Reste zu besitzen, und zum Schluß die Gestalt
der Erstlinge des Glaubens aus den Heiden, in welcher sie
auf Erden wandelten, zu völliger Vergegenwärtigung umständlich beschrieben.

Vorgedachtes Manuskript ist auf 84 Blättern in klein
Quart verfaßt, welches Format aus zusammengebrochenem
Klein-Folio entsteht. Leinenpapier, quergestreift, eine
Traube zum Zeichen. Auf jeder Seite ist die Form des
Quadrats, wodurch der Text zusammengehalten wird, sehr
fein liniiert; auch sind Linien für einen nicht ausgeführten
Titel gezogen. Die Schrift durchaus gleich und sorgfältig,
mit vielen, immer wiederkehrenden Abkürzungen, ohne
alle Interpunktion. Die Kapitel fangen mit einem großen
roten Buchstaben an, innerhalb des Textes sind manche
größere Buchstaben zu einiger Unterscheidung, von oben
herunter, rot durchstrichen. Hieraus folgt daß das Manuskript im Ganzen wohl zu lesen sei, übrigens gut erhalten,
auch in späterer Zeit mit schwärzerer Dinte, hie und da,
korrigiert, unleserliche Randschrift beigefügt.

Innere Kennzeichen weisen uns in das 15te Jahrhundert.
Die Art wie von der Aufhebung der Tempelherren und
anderen historischen Vorfallenheiten gesprochen wird, die
ausdrückliche Jahrzahl dreizehn hundert und achtzig, in
welchem Jahr Priester Johannes Gesandte nach Rom soll
geschickt haben, möchten, wenn gegenwärtiges auch eine
spätere Kopie sein sollte, dahin deuten daß das Original zu
Anfang des funfzehnten Jahrhunderts gefertigt sei.

Der Bischof an den es gerichtet ist, heißt Florenz von
Vulkannen, Bischof der Münster-Kirche. Ob dies nun den
Dom von Köln bedeute? und ob dieser, zu jenen Zeiten, wie
zu Straßburg und andern Orten, der Münster genannt
worden? wird sich erweisen; daß es in Köln und für Köln
geschrieben sei ergibt sich aus dem Inhalte und aus dem
Schlußrufe: »o glückliches Köln!«

Die Art zu erzählen, wo Geschichte, Überlieferung,
Mögliches, Unwahrscheinliches, Fabelhaftes, mit Natürlichem, Wahrscheinlichen, Wirklichen, bis zur letzten und
individuellsten Schilderung zusammengeschmolzen wird,
erinnert an Johannes von Montevilla, und obgleich der
Verfasser nicht ausdrücklich erwähnt daß er im gelobten

Lande gewesen, so scheinen doch seine genauen Schilderungen dahin zu deuten; er müßte sich denn bei zurückkehrenden Wallfahrern umständlichst erkundigt haben. Seine Legenden und Ableitungen altes Herkommens treffen weder
mit Montevilla, noch mit den Actis Sanctorum zusammen;
alles ist neu und frisch und läuft, wie der Auszug beweist,
geschwätzig hinter einander weg; wobei sich aber folgende
Betrachtung aufdringt.

Wenn irgend eine uralte Mythe und ein aus derselben
unmittelbar entwickeltes echtes Gedicht der Einbildungskraft genugsamen Spielraum läßt sich das Unwahrscheinli-
che, Unmögliche selbst auszubilden, so ist der Hörer zufrieden, und der Rhapsode darf kühnlich vorschreiten; bei einer
prosaischen Behandlung jedoch, wo man unternimmt gegebene lakonische Überlieferungen ausführlich auszuspinnen,
findet sich der Erzähler von Zeit zu Zeit in Verlegenheit,
weil in der bis ins Einzelne durchgeführten Fabel manche
Widersprüche hie und da hervortreten und selbst den gläu-
bigsten Hörer schütteln und irre machen. Will man jedoch
auch diese Weise gelten lassen, so kann man sich an ihr wie
an einem andern Märchen ergötzen.

Übrigens zeigt uns vorliegendes Werk, gleich so manchem andern, wie sehr von Palästina aus die Einbildungskraft gegen Indien gerichtet war; wie sie in jenen fernen
Landen als in einem Irrgarten herumtaumelte und, um
halbgekannte Personen, Länder und Städte zu bezeichnen,
neue wunderliche Namen erfand, oder die echten seltsam
verunstaltete.

In diesem Sinne vermutet ein geistreicher Freund, der
Berg *Vaus* solle der Berg *Kaus* heißen und dadurch der
indische Kaukasus gemeint sein. Das Himelaja-Gebirge war
durch Tradition wohl schon bekannt genug. Unter der Insel
Egrysculla müßte, da der heilige Thomas darauf begraben
sein soll, die indische Halbinsel verstanden werden. Die
Stadt *Sculla*, am Fuße des Berges Vaus, wäre sodann die
zweite Hälfte des ganzen Landes-Namens; ob hier irgend
nachzukommen wird die Folge zeigen. Nähere Gegenden
jedoch sind ganz richtig genannt und wenigstens ähnlich
angedeutet.

Vom großen Chan, vom Einbruch der Tartaren, (homi-

nes rudes et viles,) im Jahre 1268, wodurch die ketzerischen
Nestorianer gedemütigt und aufgerieben werden, ist ausführlich gesprochen. Jene östlichen Völker haben sich auch
einen Schmied zum Führer gewählt, wie die ältern Perser.
Etwas von der Geschichte der Kaliphen, und wie die Nestorianer endlich den Priester Johann gegen die Tartarn anru-
fen, so wie manches andere, schwebt zwischen Geschichte
und Fabel.

Von natürlichen Dingen finden wir den Balsam, und um
zu bevorworten daß die Hirten noch im Dezember mit   10
ihren Herden sich auf dem Felde befinden, wird vom
Unterschied der Berg- und Talweiden gehandelt, ferner der
Schafe Nabaoth mit Fettschwänzen gedacht, wodurch ara-
bische Schafe wohl gemeint sein mögen.

Unter die fabelhaftesten Wesen aber gehört ein dürrer
Baum im Tempel der Tartaren. Er steht hinter Mauern und
Befestigungen von Riegeln und Schlössern wohl verwahrt,
auch mit Heereskraft bewacht: denn welchem Fürsten es
gelingt sein Schild an diesen Baum zu hängen, der wird Herr
des ganzen Ostens, wie es dem großen Chan, der deshalb   20
unwiderstehlich ist, gelungen sein soll. Nicht unwert
möchte es daher der Bemühung solcher Männer sein, die,
in der Übereinstimmung mehrerer Traditionen, den Zusammenhang der Völker und Zeiten aufsuchen und gegen
einander stellen, wenn sie sich mit diesem Büchlein näher
befassen wollten. Gleichfalls wäre es vielleicht belohnend,
wenn man das was hier von Ketzern umständlich erzählt
ist mit der anerkannten Kirchengeschichte zusammenhalten
wollte.

Ins Deutsche übersetzt schlösse sich das Büchlein unmit-   30
telbar an die Volksbücher: denn es ist für die Menge erfunden und geschrieben, die sich, ohne den kritischen Zahn zu
wetzen, an allem erfreut was der Einbildungskraft anmutig
geboten wird. Und so sind die Einzelheiten über die wir
flüchtigen Fußes hingingen durchaus allerliebst und mit
heiterem Pinsel ausgemalt.

Nicht unbemerkt darf bleiben daß manche Stellen sich
auf Gemälde wie auf Dokumente beziehen. So sei z. B. der
Stern nicht ein allseitig funkelnder, wie die gewöhnlichen
gewesen, sondern habe einzelne da- und dorthin deutende   40

Strahlen geworfen, wie ihn die Maler vorzustellen pflegen. Bestätigt sich unsere Meinung, daß dieses Werk in der ersten Hälfte des funfzehnten Jahrhunderts geschrieben sei, so fällt es in die Zeiten des Dombildes, und es fragt sich ob nicht noch andere Zeugnisse vorhanden sind, daß man damals, durch wörtliche und bildliche Darstellung, die Verehrung der heiligen Reliquien wieder zu beleben gesucht habe.

Bei allem diesen jedoch entsteht die Vorfrage, ob dieses Werk schon bekannt, ob ein Manuskript desselben sich irgendwo vorfinde, ob es genutzt, oder gar gedruckt sei?

HÖR- SCHREIB- UND DRUCKFEHLER

Den Sprachgelehrten ist es längst bekannt, daß bei Verbesserung alter Manuskripte manchmal bemerkt wird, daß solche diktiert worden und daß man daher auf Hörfehler, woraus die Schreibfehler entstanden, aufmerksam zu sein Ursache habe.

Hiervon kann ich aus eigener Erfahrung die wunderbarsten Beispiele anführen: denn da ich, von jeher an das Diktieren gewöhnt, oft auch ungebildeten, oder wenigstens zu einem gewissen Fache nicht gerade gebildeten Personen diktiert, so ist mir daraus ein besonderes Übel zugewachsen. Vorzüglich geschah es, wenn ich über wissenschaftliche Gegenstände, denen ich nur Zwischenstunden widmen konnte, Blätter, ja Hefte diktierte, solche aber nicht sogleich durchsehen konnte. Wenn ich sie nun aber nach Jahren wieder vor die Hand nehme, so muß ich die wunderlichsten und unverständlichsten Stellen darin entdecken. Um /den Sinn/ ein solches Abracadabra zu entziffern lese ich mir die Abhandlung laut vor, durchdringe mich von ihrem Sinn, und spreche das unverständliche Wort so lange aus, bis im Fluß der Rede das rechte sich ergibt.

An den Hörfehlern aber ist der Diktierende gar oft selbst schuld. Man horche nur, wenn in Gesellschaften vorgelesen wird, ob wohl alles zur Klarheit kommt? Man merke den Schauspielern auf! Diese, selbst bessere nicht ausgenommen, haben den wunderlichen Tick, die Eigennamen der

Personen, Länder und Städte undeutlich auszusprechen. Mir schien es, bei langjähriger Erfahrung, daher zu rühren, weil ein solches Wort ihre Empfindung nicht anspricht und sie es daher als gleichgültig obenhin behandeln. Eine andere Art der Undeutlichkeit entspringt auch, wenn der Vortragende mitten im Sprechen seine Stellung verändert, sich umwendet, oder mit dem Kopfe hin und wieder fährt.

Die Hefte der Studierenden mögen daher meist so richtig sein, weil der Diktierende seinen Platz nicht verändert und es ihm angelegen ist so vielen aufmerksamen, lehrbegierigen jungen Leuten genug zu tun. Hört man dagegen die Zuhörer über Unverständlichkeit ihrer Lehrer klagen, so kommt es daher, weil diese zwar die Wissenschaft in sich tragen, sie aber nicht außer sich zu setzen wissen, wozu ein eignes Studium gehört und nicht einem jeden diese Gabe von Natur verliehen ist.

Der Hörer aber und sein Ohr tragen gleichfalls zu gedachtem Fehler bei. Niemand hört als was er weiß, niemand vernimmt als was er empfinden, imaginieren und denken kann. Wer keine Schulstudien hat, kommt in den Fall alle lateinische und griechische Ausdrücke in bekannte deutsche umzusetzen; dieses geschieht ebenmäßig mit Worten aus fremden Sprachen, deren Aussprache dem Schreibenden unbekannt ist.

Höchst merkwürdig bleibt in einem verwandten Falle die Art, wie eine ungebildete Menge fremde, seltsam klingende Worte in bekannte, sinngebende Ausdrücke verwandelt, wovon ein kleines Wörterbüchlein wohl zu wünschen wäre. Ferner kommt auch wohl beim Diktieren der Fall vor, daß der Hörer seine inwohnende Neigung, Leidenschaft und Bedürfnis an die Stelle des gehörten Wortes setzt, den Namen einer geliebten Person, oder eines gewünschten guten Bissens einfügt.

Hör-Fehler

Anstatt	lies
Beritten	Pyriten.
Schon Hundert	John Hunter.
Daß sie die älteste	das Ideellste.
und Damen	und Ammen.
gnädigst	zunächst.
Lehmgrube	Löwengrube (Daniels).
Küchenseite	Kirchenseite.
Kuchenfreund	Tugendfreund.
Residenz	Evidenz.
sehr dumm	Irrtum.

Druck- und Schreibfehler aus Unachtsamkeit.

geschlungenen	geschwungenen.
Unbildung	Umbildung.
einseitigen Lesern	einsichtigen Lesern.
Mädchen	Märchen.
leidig	leidlich.
Unform	Uniform.
Lob	Leib.
Zeuge	Zunge.
gefürstete	gefürchtete.
Ermüdung	Ermutung.
Furchtbarkeit	Fruchtbarkeit.
Verwehrung	Vermehrung.
Vermehrung	Vermählung.
wohltätig	wohlhäbig.
Trojanische Säule	Trajanische Säule.

Verwandlung französischer Worte im Ohr und Sinn der deutschen Menge.

Imbuhß (Einbuße)	Impost.
Rückruten	Rekruten.
reine führen	renovieren.
Inspectrum	Inspector.

Verwandlung eines deutschen Worts
durch französische akademische Jugend.

Verjus (unreifer Traubensaft)   Ver-ruf.

Über diese Mängel hat niemand mehr Ursache nachzudenken als der Deutsche, da in wichtigen Werken, aus denen
wir uns belehren sollen, gar oft stumpfe, nachlässige Korrektoren, besonders bei Entfernung des Verfassers vom
Druckort, unzählige Fehler stehen lassen, die oft erst am
Ende eines zweiten und dritten Bandes angezeigt werden.

Ist man nun beim Lesen wissenschaftlicher Bücher nicht
schon mit der Sache bekannt, so wird man von Zeit zu Zeit
anstoßen und sich kaum zu helfen wissen, wenn man nicht
eine divinatorische Gegenwart des Geistes lebendig erhält,
sich den Verfasser als einen verständigen Mann gegenüber
denkt, der nichts Ungereimtes sagen will noch darf. Aber ist
man denn einer solchen Anstrengung fähig? und wer ist es
immer?

Da nun die werte deutsche Nation, die sich mancher
Vorzüge zu rühmen hat, in diesem Punkte leider allen
übrigen nachsteht, die, sowohl in schönem, prächtigen
Druck als, was noch mehr wert ist, in einem fehlerfreien,
Ehre und Freude setzen; so wäre doch wohl der Mühe wert,
daran zu denken, wie man einem solchen Übel, durch
gemeinsame Bemühung der Schreib- und Drucklustigen,
entgegen arbeitete. Ein bedeutender Schritt wäre schon
getan, wenn Personen, die ohnehin, aus Pflicht oder Neigung, von dem Ganzen der laufenden Literatur, oder ihren
Teilen ununterbrochene Kenntnis behalten, sich die Mühe
nehmen wollten bei jedem Werke nach den Druckfehlern
zu sehen und zu bezeichnen: aus welchen Offizinen die
meisten inkorrekten Bücher hervorgegangen. Eine solche
Rüge würde gewiß das Ehrgefühl der Druckherrn beleben;
diese würden gegen ihre Korrektoren strenger sein; die
Korrektoren hielten sich wieder an die Verfasser, wegen
undeutlicher Manuskripte, und so käme eine Verantwortlichkeit nach der andern zur Sprache. Wollten die neuerlich
in Deutschland angestellten Zensoren, denen als literarisch
gebildeten Männern ein solches Unwesen notwendig auffal-

len muß, wenn sie, wie das Gesetz erlaubt, Aushängebogen zensieren, die Druckherrn auch von ihrer Seite unablässig erinnern, so würde gewiß das Gute desto schneller gefördert werden.

Denn wirft man die Frage auf, warum in Zeitungen und andern Tagesblättern, die doch eilig, ja oft übereilt gedruckt werden, weniger Druckfehler vorkommen als in Werken, zu denen man sich Zeit nehmen kann? so darf man wohl darauf erwiedern: ebendeshalb weil zu tagtäglichen Arbei-
ten vigilante Männer angestellt werden, dagegen man bei langwierigen Arbeiten glaubt, der Unaufmerksame habe immer noch Aufmerksamkeit genug. Wie dem auch sei, wenn das Übel nur recht lebhaft zur Sprache kommt, so ist dessen Heilung vorbereitet. Mögen einsichtige Druckherrn über diese, sie so nah angehende Angelegenheit in unseren vielgelesenen Zeitblättern sich selbst aussprechen und was zur Förderung der guten Sache wünschenswert sei, ihrer näheren Einsicht gemäß, die wirksamsten Aufschlüsse geben.

MANFRED, A DRAMATIC POEM BY LORD BYRON.
LONDON 1817.

Eine wunderbare, mich nahberührende Erscheinung war mir das Trauerspiel *Manfred*, von Byron. Dieser seltsame, geistreiche Dichter hat meinen Faust in sich aufgenommen, und, hypochondrisch, die seltsamste Nahrung daraus gesogen. Er hat die seinen Zwecken zusagenden Motive auf
eigne Weise benutzt, so daß keins mehr dasselbige ist, und gerade deshalb kann ich seinen Geist nicht genugsam bewundern. Diese Umbildung ist so aus dem Ganzen, daß man darüber, und über die Ähnlichkeit und Unähnlichkeit mit dem Vorbild höchst interessante Vorlesungen halten könnte; wobei ich freilich nicht leugne, daß uns die düstere Glut einer grenzenlosen, reichen Verzweiflung am Ende lästig wird. Doch ist der Verdruß den man empfindet immer mit Bewunderung und Hochachtung verknüpft.

Wir finden also in dieser Tragödie ganz eigentlich die
Quintessenz der Gesinnungen und Leidenschaften des

wunderbarsten, zu eigner Qual gebornen Talents. Die Le-
bens- und Dichtungsweise des Lords Byron erlaubt kaum
gerechte und billige Beurteilung. Er hat oft genug bekannt
was ihn quält, er hat es wiederholt dargestellt, und kaum hat
irgend Jemand Mitleid mit seinem unerträglichen Schmerz,
mit dem er sich, wiederkäuend, immer herumarbeitet.

Eigentlich sind es zwei Frauen deren Gespenster ihn unablässig verfolgen, welche auch in genanntem Stück große
Rollen spielen, die eine unter dem Namen *Astarte*, die
andere, ohne Gestalt und Gegenwart, bloß eine *Stimme*.   10

Von dem gräßlichen Abenteuer, das er mit der ersten erlebt, erzählt man folgendes: Als ein junger, kühner, höchst-
anziehender Mann gewinnt er die Neigung einer florentinischen Dame, der Gemahl entdeckt es und ermordet seine
Frau. Aber auch der Mörder wird in derselben Nacht auf
der Straße tot gefunden, ohne daß jedoch der Verdacht auf
irgend Jemand könnte geworfen werden. Lord Byron entfernt sich von Florenz und schleppt solche Gespenster sein
ganzes Leben hinter sich drein.

Dieses märchenhafte Ereignis wird durch unzählige An-   20
spielungen in seinen Gedichten vollkommen wahrscheinlich, wie er denn z. B. höchst grausam in seinen eignen
Eingeweiden wütend, die unselige Geschichte jenes Königs
von Sparta auf sich anwendet. Sie ist folgende: Pausanias,
Lacedämonischer Feldherr, durch den wichtigen Sieg bei
Plataä ruhmgekrönt, nachher aber wegen Übermut, Starrsinn, rauhes, hartes Betragen die Liebe der Griechen, wegen
heimlichen Verständnisses mit dem Feinde das Vertrauen
seiner Landsleute verlierend; dieser lädt eine schwere Blutschuld auf sich, die ihn bis an sein schmähliches Ende   30
verfolgt. Denn als er im schwarzen Meere die Flotte der
verbündeten Griechen befehligt, entbrennt er in rasender
Leidenschaft gegen eine schöne byzantinische Jungfrau.
Nach langem Widerstreben gewinnt sie der Machthaber
endlich den Eltern ab; sie soll Nachts zu ihm geführt
werden. Schamhaft bittet sie die Diener die Lampen zu
löschen, es geschieht, und sie, im Zimmer umhertastend,
stößt die Lampensäule um. Aus dem Schlafe erwacht Pausanias, argwöhnisch vermutet er Mörder, ergreift das
Schwert und haut die Geliebte nieder. Der gräßliche An-   40

blick dieser Szene verläßt ihn niemals, der Schatten verfolgt
ihn unablässig, so daß er Gottheiten und geisterbannende
Priester vergebens anruft.

Welch ein verwundetes Herz muß der Dichter haben, der
sich eine solche Begebenheit aus der Vorwelt heraussucht,
sie sich aneignet und sein tragisches Ebenbild damit belastet.
Nachstehender, von Unmut und Lebensverdruß überla-
dene Monolog wird nun durch diese Anmerkungen verständlich; wir empfehlen ihn allen Freunden der Deklama-
10 tion zur bedeutenden Übung. Hamlets Monolog erscheint
hier gesteigert. Kunst gehört dazu, besonders das Einge-
schaltete herauszuheben und den Zusammenhang des Ganzen rein und fließend zu erhalten. Übrigens wird man leicht
gewahr werden, daß ein gewisser heftiger, ja exzentrischer
Ausdruck nötig ist, um die Intention des Dichters darzustellen.

> *Manfred allein.*
> Der Zeit, des Schreckens Narren sind wir! Tage
> 20 Bestehlend stehlen sie sich weg. Wir leben
> In Lebens Überdruß, in Scheu des Todes.
> In all den Tagen der verwünschten Posse –
> Lebendige Last auf widerstrebendem Herzen,
> In Sorgen stockt es, heftig schlägts in Pein,
> Der Freud' ein End' ist Todeskampf und Ohnmacht –
> In all den Tagen, den vergangnen, künftigen –
> Im Leben ist nichts Gegenwart – Du zählst
> Wie wenig. – weniger als wenig, wo die Seele
> Nicht nach dem Tod verlangt und doch zurück
> 30 Wie vor dem Winterstrome schröckt. Das Fröstlen
> Wär' nur ein Augenblick. – Ich hab' ein Mittel
> In meiner Wissenskraft: die Toten ruf' ich
> Und frage sie: was ist denn das wir fürchten?
> Der Antwort ernsteste ist doch das Grab.
> Und das ist nichts, antworten sie mir nicht –
>
> Antwortete begrabner Priester Gottes
> Dem Weib zu Endor! Spartas König zog
> Aus Griech'scher Jungfrau nie entschlafnem Geist
> 40 Antwort und Schicksal. Das Geliebteste

Hatt' er gemordet, wußt' nicht wen er traf,
Starb ungesühnt. Wenn er auch schon zu Hülfe
Den Zeus von Phryxus rief, Phigaliens
Arcadische Beschwörer aufrief, zu gewinnen
Vom aufgebrachten Schatten sein Verzeihen,
Auch eine Grenze nur des Rächens. Die versetzte
Mit zweifelhaftem Wortsinn; doch erfüllt wards.

———

Und hätt' ich nie gelebt! das was ich liebe   10
Wäre noch lebendig; hätt' ich nie geliebt!
Das was ich liebe wär' noch immer schön
Und glücklich, glückverspendend. Und was aber,
Was ist sie jetzt? Für meine Sünden büßt sie –
Ein Wesen? Denk' es nicht – Vielleicht ein Nichts.
In wenig Stunden frag' ich nicht umsonst,
In dieser Stunde fürcht' ich wie ich trotze.
Bis diese Stunde schröckte mich kein Schauen
Der Geister, guter, böser. Zittr' ich nun?
Und fühl' am Herzen fremden kalten Tau!   20
Doch kann ich tun was mich im Tiefsten widert,
Der Erde Schröcken ruf' ich auf. – Es nachtet!

SCHRIFTEN ZUR KUNST

Es befindet sich wohl keine Kirche in der Christenheit, deren frühere Gemälde, Statuen, oder sonstige Denkmale nicht neuern Bedürfnissen oder verändertem Kunstgeschmack einmal weichen müssen. Glücklich, wenn sie nicht völlig zerstört, sondern, wenn gleich ohne sorgfältigen Bedacht, jedoch durch günstiges Geschick, einigermaßen erhalten werden.

Dieses Letztere ist der Fall mit einer Anzahl alter Gemälde, welche sonst die Zierden der Leipziger Kirchen gewesen, aber herausgenommen, und auf die Gewölbe dieser Gebäude gestellt worden. Sie befinden sich freilich in einem traurigen Zustande; doch an ihrer Wiederherstellung ist nicht durchaus zu verzweifeln. Die Entdeckung dieser bedeutenden Schätze sind wir Hrn. *Quandt* schuldig, einem jungen Handelsmann, der mit Enthusiasmus für die Kunst schöne Kenntnisse derselben verbindet, auch Geschmack und Einsichten auf Reisen geläutert hat. Unter dem Schutz, und mit Begünstigung der hohen Behörden, dem Beistande des Hrn. Doktor *Stieglitz* und tätiger Mitwirkung der HH. *Hillig* und *Lehmann*, hat derselbe mehrere kostbare Bilder vom Untergange gerettet, und man hofft, durch Reinigung und Restauration sie wieder genießbar zu machen. Die Nachrichten, welche wir davon erhalten, bringen wir um so schneller ins Publikum, als, bei bevorstehender Jubilate-Messe, gewiß jeder Kunstfreund und Kenner sich nach diesen Tafeln erkundigen und durch Teilnahme das glücklich begonnene Unternehmen befördern wird. Vorläufig können wir Folgendes mitteilen:

Sechs Gemälde auf Goldgrund.
Die Lichter in den Gewändern mit Gold gehöht.

1) Ein *Ecce homo*, mit der Jahrzahl 1498.
2) *Eine Krönung Mariä*, viel älter. Zu aller Mangelhaftigkeit der Zeichnung ist sehr viel zartes Gefühl gesellt.
3) *Eine Dreifaltigkeit.* Gott Vater, die Leiche des Sohns

im Schoße haltend. Unzählige Engel umgeben die erhabene
Gruppe. Auf der Erde ruhen drei Verstorbene. Auf der
einen Seite kniet Maria, auf der andern der heil. Sebastian,
welche betend den Todesschlummer der Schlafenden bewa-
chen.

4) *Verfolgung der ersten Christen.* Die Köpfe so schön
und gefühlvoll, daß sie an *Holbein* erinnern.

5) *Geschichte des Lazarus;* Hände und Füße nicht zum
Besten gezeichnet, die Köpfe hingegen von der größten
Schönheit, dem edelsten und rührendsten Ausdruck.

Bilder des ältern Kranachs.

1) *Die Verklärung.* Christus ist eine wahre Vergötterung
des Menschen. Die erhabenen Gestalten des Himmels umgeben ihn; auf dem Hügel ruhen die Jünger im wachen
Traume. Eine herrliche Aussicht eröffnet sich dem Auge
weit über das Meer, und über ein reichbebautes Vorgebirge.
Das Bild ist Ein Moment, Ein Guß des Gedankens, vielleicht der höchste, gunstreichste Augenblick in *Kranachs*
Leben.

2) *Die Samariterin.* Christus, voll hoher männlicher
Würde, Weisheit und Huld, spricht wohlwollend und ernst
zu dem jugendlich sorglosen Weibe, welche, ohne Beschauung, das Leben genußreich auf sich einwirken ließ, und es
heiter hinnahm. Von den gehaltvollen Worten ergriffen,
kehrt ihr Blick zum ersten Mal sich in ihr Inneres.

3) *Die Kreuzigung.* Auf der einen Seite stehen, in tiefen
Schmerz versunken, die Freunde des Heilands, auf der
andern, in unerschütterlich roher Kraft, die Kriegsknechte.
Der Hauptmann allein blickt gedankenvoll zu dem Gekreu-
zigten empor, so wie auch einer von den Priestern. Diese
drei Bilder sind von beträchtlicher Größe.

4) *Der Sterbende.* Ungefähr zwanzig Zoll breit, und
einige dreißig Zoll hoch. Die größte Figur im Vordergrunde
hat ungefähr vier Zoll. Die Komposition ist reich und
erfordert eine weitläufige Beschreibung, daher nur so viel
zur Einleitung: Unten liegt der Sterbende, dem die letzte
Ölung erteilt wird; an dessen Bette kniet die Gattin; die
Erben hingegen untersuchen Kisten und Kasten. Über dem

Sterbenden erhebt sich dessen Seele, welche sich auf der
einen Seite, von Teufeln, ihre Sünden vorgehalten sieht, auf
der andern von Engeln Vergebung vernimmt. Oben zeigt
sich in Wolken die Dreieinigkeit, mit Engeln und Patriarchen umgeben. Noch höher befindet sich ein Abschnitt, auf
dem eine Kirche vorgestellt ist, zu welcher sich Betende
nahen.

Nicht zu beschreiben ist die Zartheit, womit dieses Bild
ausgeführt ist, und vorzüglich haben die größten wie die
10 kleinsten Köpfe eine musterhafte Vollendung und Ausführung; auch findet sich sehr selten hier etwas Verschobenes,
das in *Kranachs* Köpfen oft vorkommt.

Dieses Bild diente zur Zierde des Grabmals eines Hrn.
Schmidburgs, der nach der Inschrift im Jahr 1518 starb. Aus
dieser Zeit muß also auch dieses Bild sein, worauf *Kranachs*
Monogramm steht.

Bilder des jüngern Kranachs.

20 a. *Allegorisches Bild.*
Auf die Erlösung deutend. – Es hat dasselbe im Allgemeinen
der Anordnung, in den Gruppen und in der einnehmenden
Idee große Ähnlichkeit mit dem Altargemälde in Weimar,
das wir durch Kupferstich und Beschreibung kennen; es ist
jedoch kleiner. Im Vordergrunde der Heiland am Kreuze,
diesem zur Linken der auferstandne Heiland und der mit
der Gottheit versöhnte Mensch. Christus deutet mit seiner
rechten Hand nach seiner Leidensgestalt, und der Mann an
seiner Seite faltet verehrend die Hände. Beide sind überaus
30 edle, schöne Köpfe, das Nackende besser als gewöhnlich
gezeichnet, und das Kolorit zart und warm. Die Gruppe der
Hirten, die Erhöhung der Schlange, das Lager, Moses und
die Propheten sind fast ganz so, wie zu Weimar. Unter dem
Kreuze ist das Lamm; doch steht ein wunderschönes Kind
daneben, mit der Siegesfahne. Zur Rechten des Gekreuzig-
ten sehen wir im Hintergrunde das erste Menschenpaar in
Eintracht mit der Natur; das scheue Wild weidet noch
vertraulich neben den Menschen.

Weiter vorn wird ein Mann von Tod und Teufel verfolgt.
40 Im Vorgrund steht der Heiland zum Drittenmal. Unter

seinen Füßen bricht das Gerippe des Todes zusammen, und
ohne Haß, ohne Zorn, ohne Anstrengung stößt Christus
dem gekrönten Ungeheuer den krystallnen Speer, auf welchem die Fahne des Sieges weht, in den Rachen. Unzählige
Verdammte, worunter wir größtenteils Mönche, Nonnen
und Geistliche vom höchsten Rang erblicken, gehn befreit
hervor, und preisen den Herrn und Retter. Dieser Christus
ist jenem auf dem Bilde in Weimar sehr ähnlich, nur in
entgegengesetzter Richtung gezeichnet. Den untern Teil
der Tafel füllt ein zahlreiches Familiengemälde. Auf dem   10
Stamme des Kreuzes ist *Kranachs* Monogramm und die
Jahrzahl 1557, woraus zu folgen scheint, da *Kranach* 1553
gestorben, dieses Bild, so wie das folgende, seien von seinem
Sohne gemalt.

b. *Die Auferstehung* mit der Jahrzahl 1559. Es wäre wert
zu untersuchen, wodurch die Werke des jüngern *Kranachs*
sich von denen seines Vaters unterscheiden. Es scheint mir
das Bild mit der Jahrzahl 1557 im eigentlichsten Sinne mehr
gemalt, als die andern. Es ist darin eine Untermalung unter
den Lasuren zu bemerken; dahingegen die ältern Bilder   20
mehr in Öl lasierte Zeichnungen zu nennen sind. Und so
wäre es denn nicht unwahrscheinlich, daß diese letzten
Gemälde sich von *Kranach*, dem Sohn, jene erstern hingegen von *Kranach*, dem Vater, herschrieben.

Im März 1815.

⟨TISCHBEINS ZEICHNUNGEN
DES AMMAZZAMENTS DER SCHWEINE IN ROM⟩

30

Tischbein, der sich viel mit Betrachtung von Tieren, ihrer
Gestalt, ihrer Eigenheiten, ihrer Bewegungen abgab hat uns
immer viel von dem Amazament der Schweine, von einem
allgemeinen Schweinemord zu erzählen gewußt der in dieser Jahrzeit in den Ruinen jenes Tempels vorgehe die am
Ende der Via Sacra wegen der schönen Basreliefe berühmt
sind die den Einfluß der Minerva auf weibliche Arbeiten
sehr anmutig darstellen. In die Höhlungen und Gewölbe
dieses zusammengestürzten Gebäudes werden zur Winterszeit in großen Herden vom Lande herein schwarze wild-   40

Johann Heinrich Wilhelm Tischbein
HALBWILDE SCHWEINE,
VOM LAND ZUM SCHLACHTEN HEREINGEFÜHRT

Johann Heinrich Wilhelm Tischbein
Das Schweineschlachten
im Minervatempel in Rom

artige Schweine getrieben und daselbst an die Kauflustigen
nicht etwa lebendig, sondern tot überlassen. Das Geschäft
aber wird folgendermaßen betrieben: Der Römer darf sich
mit Schweinschlachten nicht abgeben; ⟨wer⟩ das Blut aber,
welches bei den Schlachten verloren ginge auch nicht entbehren will, verfügt sich dorthin und feilscht um eines, der
in jenen Räumen zusammengedrängten Schweine. Ist man
des Handels einig, so wirft sich einer der wild genug anzu-
schauenden Herde-Besitzer mit Gewalt über das Tier und
stößt ihm einen starken, spitzen oben umgebogenen und
gleichsam zum Handgriff gekrümmten Draht ins Herz und
trillt ihn so lange darin herum bis das Tier kraftlos nieder-
fällt und sein Leben aushaucht. Hiebei wird nun kein
Tropfen Bluts vergossen, es gerinnt im Innern und der
Käufer schafft es mit allem innern und äußern Zubehör
vergnügt nach Hause. Daß eine solche Operation nicht
ohne Kampf sich entwickele läßt sich denken⟨,⟩ der einzelne kräftige Mann der sich über ein solches wildstarkes
Tier hinwirft, es beim Ohre faßt, zur Erde niederdrückt, die
Stelle des Herzens sucht, und den tödlichen Draht einstößt,
hat gar manchen Widerstand, Gegenwirkung und Zufälle
zu erwarten. Er wird oft selbst niedergerissen und zertreten
und seine Beute entspringt ihm; die Jagd geht von neuem an
und weil mehr als ein Handel der Art zu gleicher Zeit im
Gange ist, so entsteht ein vielfacher Tumult in denen teils
zusammenhängenden teils durch Latten und Pfahlwerk
abgesonderten Gewölben, welche von dem entsetzlichsten
scharftönenden und grunsenden Zetergeschrei erfüllt die
Ohren beleidigen, wie das Auge von dem wüsten Getümmel
im innersten verletzt ist.

Freilich ist es einem humoristischen Künstlerauge wie
Tischbein besaß nicht zu verargen wenn es sich an dem
Gewühl[,] der Sprünge, an der Unordnung des Rennens
und Stürzens der heftigsten Gewalt wilder Tierheit und dem
ohnmächtigen Dahinsinken entseelter Leichname zu ergötzen Lust findet; es sind noch die flüchtigsten Federzeichnungen hievon übrig wo eine geübte Künstlerhand als
wetteifernd mit einem wilden unfaßlichen Getümmel sich
auf dem Papier mit gutem Humor zu ergehen scheint.

ÜBER KUNST UND ALTERTUM
IN DEN
RHEIN- UND MAINGEGENDEN
VON
GOETHE

Um dieses erste Heft*⁾ zu beurteilen, ist es notwendig, Veranlassung und Ursprung desselben zu kennen.

Bei einem zweimaligen Aufenthalte am Mayn und Rhein, in beiden vergangenen Sommern, war's dem Verfasser angelegen, nachdem er seine vaterländische Gegend lange nicht gesehn, zu erfahren, was, nach so vielem Mißgeschick, sich daselbst, bezüglich auf Kunst und Altertum und die sich anschließende Wissenschaft, befinde, wie man es zu erhalten, zu ordnen, zu vermehren, zu beleben und zu benutzen gedenke? Er besah die Gegenstände, vernahm die Wünsche, die Hoffnungen, die Vorsätze der Einzelnen, so wie ganzer Gesellschaften, und da er seine Gedanken dagegen eröffnete, forderte man ihn auf, das Besprochene nieder zu schreiben, um, vielleicht öffentlich, eine Übersicht des Ganzen zu geben, und zu Privat-Unterhandlungen einen Text zu liefern.

Die Rhein- und Mayngegenden, im breitsten Sinne genommen, zeigen, so wie das übrige Deutschland, ausgesäte größere und kleinere Lichtpunkte, und hier entsteht der doppelte Wunsch, daß sie sich sämtlich unter einander in Bezug setzen, jeder Ort das Vorhandene allgemeiner bekannt mache, damit man schneller beurteile, wie es erhalten, belebt, von Einheimischen, Nachbarn und Fremden benutzt werden könne.

In diesem Sinne besuchte der Reisende größere und kleinere Städte, von denen, kürzer oder umständlicher, allgemeine Rechenschaft gegeben wird, je nachdem man daselbst längern Aufenthalt gefunden, oder wohl gar wiederholt verweilen dürfen.

Bei der Ankunft in *Cölln* begegnete dem Reisenden die frohe Nachricht, daß jenes große Bild von Rubens, als der Erstling der Wiedererstattung geraubter Schätze, auf dem

---

*⁾ Das so eben im Verlag der J. G. Cotta'schen Buchhandlung erscheint.

Wege zurück nach seiner Heimat sei. Die ältere Malerkunst,
Kirchen, Klöstern und öffentlichen Gebäuden gewidmet,
betrachtete man daher mit neubelebter Teilnahme, so wie
auch die neuere Kunst, welche mit natürlichen, häuslichen,
ländlichen Bildern die Wohnung des Liebhabers aufheitert.
Des Kunsthandels wird erwähnt, als der Neigung zu Hülfe
kommend, sodann aber jener bedeutenden Richtung gedacht, welche die Kunstliebe in unsern Tagen genommen.
Eine gegen das Ende des vergangenen Jahrhunderts vorbereitete, in dem gegenwärtigen aber sich mehr entwickelnde
Leidenschaft zu den Resten der alten Kunst, wie sie sich
nach und nach aus dem trüberen Mittelalter hervortat,
erhielt reichliche Nahrung, als Kirchen und Klöster aufgehoben, heilige Gemälde und Gerätschaften verkauft wurden. Mehrere Liebhaber werden genannt, die dergleichen
zu retten und zu sammlen bedacht waren: die Herrn Gebrüder *Boisserée* und *Bertram*, die Herrn *Walraf*, *Lieversberg*
und *Fochem*. Solche Gemälde behutsam zu reinigen und
sorgfältig auszubessern, bildeten sich Restauratoren, einem
jedem Ort unentbehrlich, wo sich ein lebhafter Kunstverkehr entwickelt.

Als ein herrliches Dokument solcher Bemühungen wird
das große aus der Ratskapelle in den Dom versetzte Altarbild angeführt; sodann wird mit Vergnügen erwähnt,
wie geistreiche Besitzer und Künstler, um den ehemaligen
Kirchenbildern eine schickliche Umgebung zu schaffen,
scheinbare Hauskapellen ersannen, um dort fromme Gemälde und Gerätschaften in altem Zusammenhang und
Würde zu bewahren. Hierauf wird beachtet, wie leicht ein
Gouvernement hier einwirken kann, indem es den frohen
Willen der Liebhaber begünstigt, und sobald derselbe sich
aus irgend einer Ursache seines Gesammelten entäußern
mag, solche einer anzulegenden öffentlichen Kunstsammlung aneignet.

Als Fundament eines solchen öffentlichen Schatzes, wird
die Sammlung des Herrn *Walraf* gepriesen; hinreichendes
Local wird gewünscht, eine geistreich geschmackvolle Aufstellung vorgeschlagen und eine Einrichtung angedeutet,
einer Gegend angemessen, wo das Wissen und Besitzen nur
insofern geschätzt werden kann, als es unmittelbar ins

Leben tritt. Daß sich an einen solchen öffentlichen allgemeinen Vereinigungspunkt gar bald manches Einzelne
anschließen werde, zeigt sich schon gegenwärtig an den
bedeutenden Antiquitäten, welche, bei Erweiterung der
Festungswerke ausgegraben, von Herrn General *von Rauch*
zu Gunsten eines künftigen Museums aufbewahrt und zusammengehalten werden.

Nun tritt der Beobachter mit einer vielleicht paradox
scheinenden Meinung hervor: er will in jenen Gegenden
keine Kunst-Akademie nach der neuern Form eingerichtet
wissen, jeder tüchtige Künstler soll durch Geist, Talente,
Charakter, junge Künstler an sich ziehen und heranbilden,
nach Art früherer Zeiten, wo aus solchen häuslichen Schulen die größten und mannigfaltigsten Kunstwerke hervorgegangen.

Von da begeben sich die Reisenden nach dem Dom,
dessen Unvollendung bedauert, das Unternehmen der Gebrüder *Boisserée*, denselben wenigstens in Bildern darzustellen, gerühmt wird, so wie die Teilnahme trefflicher
Zeichner, *Moller*, *Fuchs*, *Guaglio*, sorgfältiger Kupferstecher, wie *Duttenhofer* und *Darnstedt*. Von Unterhaltung,
wo nicht gar vom Fortbau des begonnenen Werks wird
gehandelt, dabei aber mit Bedauern entdeckt, daß dieses
unschätzbare Gebäude seit zwanzig Jahren aller Hülfsmittel
beraubt sei, um auch nur in baulichem Stande erhalten zu
werden, deshalb vor allen Dingen eine neue Stiftung gewünscht wird. Sodann erscheint der Dom als fester Mittelpunkt, um welchen die vielen andern Gebäude der Stadt
und des Landes, im engen Kreise, eine ganze Kunstgeschichte bilden. Was auch hiezu literarisch und artistisch
vorbereitet ist, wird angedeutet.

Sodann wird Herr Dom-Vicarius *Hardy* besucht, ein
merkwürdiger achtzigjähriger munterer Greis, der bei angebornem entschiedenen Talente und Kunsttrieb, von Jugend auf, in Gesellschaft eines Bruders, sich selbst bildete,
physikalische Instrumente künstlich ausarbeitete, sich mit
Glasschleifen beschäftigte, Emaille zu malen glücklich unternahm, sich jedoch vorzüglich dem Wachsbossieren ergab. Halbe Figuren in dieser Materie, beinahe rund, wozu
er nachdenkenerregende, charakteristisch gefällige Gegen-

stände erwählte, gelangen ihm vorzüglich. Mit buntem
Wachs sind sie harmonisch, dem Charakter gemäß, kolo-
riert, und erinnern uns unmittelbar, daß wir uns in der
Geburtsstadt des Rubens befinden, am Niederrhein, wo die
Farbe von jeher die Kunstwerke beherrscht und verherr-
licht hat.

Die ehemalige Universität von *Cölln* kömmt zur Sprache,
so wie die Wünsche der Einwohner, die neue niederrheinische abermals in ihren Mauern zu besitzen.

In *Bonn* schenke man vorzügliche Aufmerksamkeit der
Sammlung des Herrn Canonikus *Pick*, welcher heitere und
geistreiche Mann Alles und Jedes, was ihm als altertümlich
in die Hände kam, gewissenhaft gesammelt, wobei er sich
das große Verdienst erworben, daß er mit Ernst und Scherz,
gefühlvoll und geistreich, witzig und schalkhaft, das Chaos
von Trümmern geordnet, belebt, nützlich und genießbar
gemacht hat. Der Treppenraum, die Vorsäle, die Zimmer,
Garten und Gartenterrasse enthalten, in mancherlei Abteilungen, zusammengehörige Gegenstände, deren Bezug jederzeit lehrreich ist. Die erzählende Darstellung solcher
verschiedenen Gruppen erregt in Jedermann den Wunsch,
sie vor Augen zu haben.

Von der ehemaligen Universität in Bonn, dem Wunsche
der Einwohner, die neuzuerrichtende in ihrer Mitte zu
besitzen, von der liberalen Denkungsart katholischer Theo-
logen wird gesprochen.

Die Altertümer um *Neuwied*, das Museum derselben in
genanntem wohlgelegenen Orte, erregen Betrachtungen
und Wünsche. In *Coblenz* hofft man gleichfalls einen Mittelpunkt zu Aufbewahrung der Altertümer und Beförderung der Kunst.

Maynz wird als Kriegsposten von alten Zeiten her betrachtet, die Bemühungen des Herrn Professor *Lehne* werden gerühmt, und die baldige Herausgabe seines Werks, den
Plan des alten Castrums und der umherliegenden kleinen
Castelle bezeichnend, nicht weniger die Abbildung vorge-
fundener Denkmale enthaltend, wird sehnlich erwartet. Die
Ordnung der im Bibliotheksgebäude aufgestellten antiquarischen, wissenschaftlichen und natürlichen Gegenstände
wird löblich und nachahmungswert gefunden.

Das Erfreuliche und Lehrreiche von *Biberich* und *Wiesbaden* wird dankbar anerkannt.

In *Frankfurt* findet sich neue Regsamkeit zu mancherlei Anstalten. Ein Bibliotheksgebäude wird vor allen Dingen beabsichtigt, da die ansehnliche Büchersammlung der neuzuerbauenden Barfüßer-Kirche hat weichen müssen, und bis jetzt in verschiedenen ungünstigen Localitäten aufbewahrt steht.

Unter dem Namen *Museum* findet man eine bedeutende Anstalt in dem schönsten Flor. Eine Gesellschaft hatte eine 10 ausreichende Kasse gestiftet, schöne, weitläufige Räume gemietet, um sich von Zeit zu Zeit zu versammeln. Eine Gemäldereihe füllte sehr bald den großen Saal, eine reiche Kupferstichsammlung ward von Herrn *Brönner* nebst einer ansehnlichen Summe vermacht, ja sogar von dem *Fürsten Primas* alle den aufgehobenen Klöstern entnommenen Gemälde dieser Anstalt zugeeignet. Wird man hinlängliche Räume bereiten, um diese Bilder gehörig aufstellen zu können, so wird die Einsicht in die Verdienste der oberdeutschen-oberrheinischen Schule, mit welcher Frankfurt näher 20 im Verkehr gestanden, als mit der niederrheinischen-brabäntischen, sehr gefördert werden.

Der Sammlung des Decans aller in Frankfurt lebenden echten Kunstfreunde, des Herrn *Städel*, wird in Ehren gedacht; Gemälde, Handzeichnungen, Kupferstiche aller Schulen finden sich in dessen Besitz. Man will wissen, daß dieser treffliche Mann seine Kunstschätze sämtlich, nebst geräumigen Local und ansehnlichen Kapitalien, dem gemeinsamen Nutzen gewidmet habe. An den Sammlungen der Herrn: Dr. *Grambs, Brentano, von Gerning, Becker* u. 30 A. erfreut sich der Reisende, so wie auch des im hohen Alter fleißig fortarbeitenden Herrn *Morgensterns*, welcher für den geschicktesten Wiederhersteller gelten darf. Auch die unter Herrn Dr. *Grambs* Aufsicht stehende Zeichenschule wird besucht. Ist aber von der Zukunft die Rede, so wird eine förmliche Kunst-Akademie widerraten, die Begünstigung vorzüglicher Künstler aber gewünscht: jeder Meister versammelte dann Schüler häuslich um sich her, und bildete sie praktisch. Man erinnert an solche Familien-Schulen der *Feyerabend, Merian, Rose, Schütz*. Lebende Künstler wer- 40

den genannt und gerühmt. Eine Gesellschaft von Kupfer-
stichbesitzern versammelt sich regelmäßig, um sich reihum
belehrend zu unterhalten.

Kunsthandel wird empfohlen, die Bemühungen der
Brönnerischen, *Willmannischen* und *Wennerischen* Handlungen, Kunstliebe zu verbreiten, werden als höchst schätzbar dargestellt. Der Reisende wünscht ein Verzeichnis aller
Kunstschätze von Frankfurt und ähnlicher Merkwürdigkeiten, wenn auch nur erst summarisch, sowohl zu Leitung
in der Gegenwart, als zur Erinnerung in der Abwesenheit.
Die Singschule des Herrn *Düring* verschafft einen fröhlichen Sonntagsmorgen.

Zu wichtigen Betrachtungen und bedeutender Unterhaltung gibt das *Senckenbergische Stift* nunmehr Anlaß. Der
Zustand, in welchem die wissenschaftliche Abteilung sich
durch die bösen Jahre hingehalten, wird im Einzelnen beachtet, die Tätigkeit und Willfährigkeit der dabei angestellten Männer mit Freuden anerkannt, und die Hoffnung einer
schön eintretenden Ordnung, Erneuerung, Erweiterung
aller Teile ganz nahliegend, sodann auch wahrscheinlich
gefunden, daß eine Vereinigung aller Frankfurter Kenner
und Liebhaber wissenschaftlicher Gegenstände bald Statt
finden werde. Hierauf werden die Vorteile gezeigt, welche
durch Begünstigung der Wissenschaft große Städte sich
aneignen können.

In *Offenbach* wird die Sammlung ausgestopfter Vögel
des Herrn Hofrat *Meyer* mit großer Aufmerksamkeit beschaut.

In *Hanau* werden vorerst die daselbst bisher wirkenden
Naturforscher genannt, sodann erzählt, wie sie die *Wetter-
auische* Gesellschaft gegründet und ein Museum angelegt.
Des leider zu früh verschiedenen vortrefflichen *Leislers* und
seiner hinterlassenen Sammlungen wird gedacht, des Herrn
Dr. *Gärtner* Bemühungen um Pflanzenkunde, dessen
Sammlungen von Säugetieren, Vögeln und Conchylien, als
Belege seiner Verdienste um vaterländische Zoologie be-
trachtet.

Das Mineralien-Kabinet des Herrn Geheimerats *Leonhard*, über 7000 Exemplare stark, sondert sich in eine
oryktognostische und eine geognostische Hälfte; das Ganze

bezieht sich auf die systematisch-tabellarische Übersicht, die wir kennen. Alle Exemplare sind charakteristisch und frisch, der gleichmäßige Format hat viel Gefälliges. Vollständig bis auf die neusten Zeiten ist die Sammlung. Der geognostische Teil macht das Studium des *Vorkommens* der Fossilien wichtig und belehrend, eine bisher viel zu sehr vernachlässigte und nun wieder hervorgeforderte Rücksicht. Auch hat sich derselbe durch Stiftung eines mineralogisch-merkantilischen Instituts Ansprüche auf den Dank der Naturfreunde erworben.

Die Zeichen-Schule, welcher Herr *Westermeyer* vorsteht, ist wohl gegründet und trägt schöne Früchte. Die Namen der sich in Hanau aufhaltenden Maler werden genannt, und der wichtigen Arbeiten in Gold, Emaille und Juwelen, so wie anderer Fabrikationen zum Schlusse gedacht.

Daß der Reisende *Aschaffenburg* nur aus Erzählungen kennt, und also nur oberflächlich von dortigen Gegenständen spricht, wird ihm verziehen sein wegen der guten Wünsche, die er für diesen schönen und wohlgelegenen Ort zu tun sich die Freiheit nimmt.

Darmstadt ist von ihm wohlgekannt, geschätzt und verehrt. Das Großherzogliche *Museum* wird auch künftig unter den Anstalten dieser Gegenden immer zu den vorzüglichsten gezählt werden, und dessen musterhafte Einrichtung dient gewiß ähnlichen Unternehmungen zur Richtschnur. In dem geräumigsten Local sind die mannigfaltigsten Gegenstände, ohne Prunk, aber mit Ordnung, Würde und Reinlichkeit aufgestellt. Herrliche Statuen in vortrefflichen Gyps-Abgüssen, zahlreiche Büsten, Körperteile, Basreliefs, alles in den anständigsten Räumen, nachgebildet in Kork, römische, italienische, deutsche Monumente, zahlreiche schätzbare Gemäldesammlungen und Musterstücke der Kunst, Merkwürdigkeiten aller Jahrhunderte und Gegenden. Ein Katalog würde Erstaunen erregen.

In dieser reichen Sammlung erfreut zugleich die Lebendigkeit, nirgends eine Stockung bemerkbar, alle Fächer sind in Bewegung, überall schließt sich etwas Neues an, überall fügt sich's klar und besser.

Eine naturhistorische Sammlung, reich und vollständig, steht dieser Kunstsammlung zur Seite. In hellen Galerien aufgeordnet, finden sich die drei Reiche der Natur, an welchen immer, durch tätige Männer, Reinlichkeit erhalten, das Erfreuliche für den Beschauer vermehrt und Ordnung für den Wissenden und Wißbegierigen klärer eingerichtet wird.

Eine höchst ansehnliche, so würdig als reinlich aufgestellte Bibliothek setzt den Reisenden in Verwunderung, so daß er, wenn er völlig fremd und mit den Verhältnissen ganz unbekannt wäre, notwendig auf den Geist, der einem solchen Körper Leben gibt und erhält, aufmerksam werden müßte. Ihre Königl. Hoheit der Großherzog haben lange Jahre unter den ungünstigsten Umständen solche schöne Neigung ununterbrochen gehegt, und Herr Geheime Kabinetsrat *Schleiermacher*, unter höchstem Vertrauen, alles das, was wir bewundern, anordnen und erhalten können.

Tätige Künstler werden gerühmt, Herr Oberbaurat *Moller*, Architekt sowohl, als Beförderer der neusten Bemühungen, das Andenken alter Denkmäler zu erhalten. Herr *Primavesi*, dessen Absicht, die Rheingegenden von den Quellen herab nach Natur zu zeichnen und herauszugeben, wird angedeutet, so wie von dessen Verdiensten noch Manches insbesondere nachzumelden wäre.

In *Heidelberg* verspart der Reisende von der Lage der Stadt, dem wichtigen Einfluß der Akademie und des anmutigen Umgangs zu sprechen. Er wendet sich zuerst zur *Boisserée'schen Sammlung*, und erzählt die Geschichte ihres Entstehens. Darauf holt er etwas weit aus. Die Erniedrigung der Welt unter späteren Römern, das Versinken der Kunst muß er zuerst bereden. Die Vorteile der christlichen Religion, als Kunsterhalterin, spricht er umständlich aus, wie er denn auch ferner ableitet, wie in Byzanz alle Kunst mumienhaft geworden. Die Vorteile aber, welche die byzantinische Gilde noch immerfort als Überlieferung bewahrt, werden anerkannt und eine über die ganze gebildete Welt verbreitete Einwirkung dargestellt. Nun gelangen wir an den Niederrhein, wo ebenfalls byzantinische Schulen Statt gefunden. Hier wird nun der Vorteil bemerklich gemacht, daß günstige Gegenstände dort obwalteten. Eine junge Prinzeß mit ihren Frauen, ein junger Held mit seinen Rittern haben dort gelebt und gelitten. Vor allen aber wird

das Glück der niederländischen Künstler gepriesen, daß ein
so günstiger Gegenstand als der dreier, ein Kind auf der
Mutter Schoß in niedriger Hütte anbetenden, Könige ihnen
als National-Gegenstand aufgenötigt wurde.

Mit Sorgfalt wird hier nun bemerklich gemacht, wie sich
die düstere byzantinische Trockenheit im dreizehnten Jahrhundert in ein frohes Naturgefühl aufgelöst, und zwar nicht
etwa als Nachahmung des einzelnen Wirklichen, sondern
als behagliche Augenlust, die sich im Allgemeinen über die
sinnliche Welt auftut.   10

Die materiellen und technischen Kennzeichen dieser Gemälde sind Goldgrund, eingedruckte Heiligenscheine ums
Haupt, die glänzende Metallfläche oft mit wunderlichen
Blumen tapetenartig gestempelt, oder durch braune Umrisse und Schattierungen zu vergoldetem Schnitzwerk
scheinbar umgewandelt. Gründe warum man diese Bilder
dem dreizehnten Jahrhundert zuschreiben darf.

Ein Bild der heiligen Veronika, wahrscheinlich byzantinische Komposition, mit niederländischem weichem heitern Pinsel gemalt, wird gerühmt, und weil denn doch jede   20
Beschreibung eines ungesehenen Bildes unzulänglich ist,
ein Umriß desselben gegeben. Das Verdienst größerer Tafeln in gleichem oder ähnlichem Sinne wird gewürdigt.

Das Dombild zu Cölln tritt nun ein, byzantinische Komposition beibehaltend, aber sich schon ganz für das Portrait
erklärend. Hier fassen die Künstler schon wieder voll-
kommnen Fuß in der Natur. Dieses Bild verdient große
Aufmerksamkeit; nur wünscht man, daß es nicht übertrieben erhöht, durch Hymnen versüßlicht und durch enthusiastische Mystik verständigen Kennern widrig gemacht   30
werde. Es ist 1410 gemalt, und stellt sich also in die Epoche,
wo *Johann von Eyck* schon als entschiedener Künstler
blühte. Und so dient es, das Unbegreifliche der *Eyck*'schen
Vortrefflichkeit einigermaßen zu erklären, indem es bezeugt, was für Zeitgenossen dieser vorzügliche Mann gehabt. Das Dombild war die Achse genannt worden, worum
sich die ältere niederländische Kunst in die neue dreht; nun
betrachtet man die *Eyck*'schen Werke als zur Epoche der
völligen Umwälzung jener Kunst gehörig. Schon in den
ältern byzantinisch-niederrheinischen Bildern finden wir   40

die eingedruckten Teppiche manchmal perspektivisch, obgleich ungeschickt behandelt; im Dombild erscheint keine Perspektive, weil der reine Goldgrund Alles abschließt. Nun wirft *Johann von Eyck* alles Gestempelte, so wie den Goldgrund völlig weg, ein freies Local tut sich auf, worin nicht allein die Hauptpersonen, sondern auch alle Nebenfiguren vollkommen Portrait sind, von Angesicht, Statur und Kleidung, so auch völlig Portrait jede Nebensache. In Evidenz wird nun der ungeheure Vorteil gesetzt, daß er das Ölmalen, wo nicht erfunden, doch wenigstens zuerst als Mann von Geist und Talent in auffallende Übung gebracht. Und so wird denn auch, gedrängt, von ihm und seinen Verdiensten, das Mögliche ausgesprochen, so daß es hier nicht weiter ins Engere zu bringen ist.

Zuletzt aber wiederholt sichs immer, daß von solchen Werken wenigstens Umrisse dem Publikum vorgelegt werden müßten, wie in diesem Heft von dem Bild der Veronika geschehen, weil sonst alles auf Rederei und Verselei hinaus geht, wozu weder Natur noch Kunstgegenstand erfordert wird.

Hier macht der Herausgeber nun eine Pause, und verspricht in dem nächsten Stück die übrigen Juwelen der *Boisserée'schen* Sammlung gleicherweis zu behandeln, den werten Künstlern: *Hemmling, Israel von Mecheln, Lucas von Leyden, Quintin Messis* und manchen Ungenannten echtdeutsche Originalität zu behaupten; hingegen bei *Schoreel, Hemskerk, Schwarz* u. a. italienischen Einfluß nicht zu verleugnen, welchem jedoch die Niederländer in späterer Zeit sich wieder entziehen und eine fromme Nachbildung der Natur, mit eben so viel Religion behandeln, als ihre Vorgänger heilige Überlieferungen.

Er hofft hierauf sich an den Oberrhein begeben zu können, sich von den Vorzügen und Eigentümlichkeiten oberdeutscher Künstler zu durchdringen, wünscht, daß es ihm gelinge, den Unterschied, ja den Gegensatz beider Schulen herauszuheben, welche zusammen erst den Begriff von einem vollständigen Deutschtum zu erwecken im Stande sind. Hiedurch denkt er von seiner Seite jedem National- und Säkular-Zwiespalt zu begegnen, und solchen, insofern er sich gezeigt haben sollte, glücklich zu beseitigen.

Ferner wünscht der Herausgeber auch die seit- und aufwärts liegenden Schätze mit Ruhe betrachten zu können. Er
verbietet sich jene würdige Männer voreilig zu benamsen,
welche daselbst wirken; nur enthält er sich nicht, dem
Ober-Rhein zu Herrn *Hebel* Glück zu wünschen, einem
Provinzial-Dichter, der von dem eigentlichen Sinne seiner
Landesart durchdrungen, von der höchsten Stufe der Kultur
herab, seine Umgebungen überschauend, das Gewebe seiner Talente gleichsam wie ein Netz auswirft, um die Eigenheiten seiner Lands- und Zeitgenossen aufzufischen, und   10
der Menge ihr Selbst zu Belustigung und Belehrung vorzuweisen.

Der nach Heidelberg zurückgelangten Manuskripte wird
mit Bezug auf frühere Dichtkunst dankbar gedacht, ein
neuaufgefundener Original-Domriß umständlich beschrieben, auch von der älteren Steinmetzen-Brüderschaft vorläufige Nachricht gegeben, so wie denn der Schluß erfreulicher
und hoffnungsvoller Ereignisse kurze Meldung tut.

Ein Umschlag, auf den Inhalt bezüglich, schmückt das
Ganze. Der Verfasser wünscht, daß eine freundliche Auf-   20
nahme des Gegebenen, welches eigentlich nur als ein fort-
während er Dank des Reisenden für so vieles empfangene
Gute anzusehen sei, die Fortsetzung befördern möge. Mitte
März wird gedachtes Heft ausgegeben.

⟨Reinigen und Restaurieren
schadhafter Gemälde⟩

Der von Herrn Professor Hartmann verfaßte Aufsatz das   30
Reinigen und Restaurieren schadhafter Gemälde der Königl. Bilder Galerie betreffend ist, im ganzen betrachtet,
sehr befriedigend⟨,⟩ er deutet eines erfahrenen Künstlers
schöne Einsichten in dieses Geschäft, dessen Sorgfalt im
Verfahren und dadurch die Achtung an welche er den
Meistern und Meisterstücken älterer Schulen erweist, von
denen die Dres⟨d⟩ner Galerie einen so großen, ja unver-
gleichlichen Schatz besitzt dessen Erhaltung nicht allein
ganz Deutschland, sondern alle Kunstliebenden in der Welt
aufs höchste interessiert.   40

Eben so finden wir unserer Überzeugung gemäß gesprochen es sei besser einige Unreinigkeiten sitzen zu lassen als
den Gemälden mit ätzenden Mitteln zu nahe zu kommen.
Einer der vortrefflichsten Künstler im Restaurations
Fach, Andres, ein Böhme, Schüler von Mengs, hatte den
Grundsatz die Lichten Stellen der Gemälde, wenn sie nicht
ganz und gar, durch Überzug alter Ölfirnisse dunkel geworden, durch lauwarmes Wasser bloß zu reinigen auch
allenfalls durch Auftragen und sorgfältiges Wiederabneh-
men des gewöhnlichen Mastix Firnisses diesen Zweck zu
erreichen.

Den Vorsatz aber gute alte Gemälde gleichsam als neu
erscheinen zu lassen wollte er nicht billigen, weil durch
angreifendes Waschen und vermeintliches Reinigen der
lichten Partien, die so genannte Patina weg gehe und zugleich mit ihr die zarten leisen über das ganze verbreiteten
Lasuren, durch welche der alte Meister sein Werk geendigt
und alle Teile in Harmonie gebracht.

War ein Gemälde völlig ungenießbar und in den Schatten
ganz Schwarz geworden; so bemühte er sich vornehmlich
diesen wieder zu ihrer Ursprünglichen Klarheit zu verhel-
fen, wohl wissend, daß nur die gänzlich verdüsterten undeutlich gewordenen Stellen, für den kundigen Beschauer
unangenehm und störend sind.

Überhaupt war Andres der Meinung, man solle das Put-
zen und Restaurieren nur als einen Notbehelf ansehen und
erst alsdann wagen, wenn die Gemälde völlig ungenießbar
geworden.

Eine sehr günstige Meinung von Herrn Hartmanns be-
scheidenem und sorgfältigen Verfahren wird auch dadurch
erweckt, daß in seinem Aufsatze jenes gefährlichen Über-
tragens der Bilder von Holz auf Leinwand nicht erwähnt,
viel weniger empfohlen oder vorgeschlagen wird.

Was derselbe von dem unstatthaften Gebrauch des Kle-
bewachses bemerkt, und dagegen zum Lobe des zweckmäßigen Stucco des Palmaroli sagt, verdient unbedingten Beifall, denn obgleich treffliche Restaurationskünstler sich
zum Ausfüllen der Lücken eines Kitts von Kreide und
Ölfirnis bedienten, so ist jener Stucco doch leicht begreif-
licher Weise vorzuziehen, zumal wenn die schadhaften

Stellen nicht mit Öl, sondern mit den sogenannten enkaustischen Farben ausgebessert werden, welche letztere ihrer
Natur nach weniger als Ölfarben ändern können, folglich
beim Restaurieren vorzuziehen sind.

Im dritten Abschnitt erklärt sich der Verfasser gegen das
Überstreichen der Gemälde mit Öl. Eine Ansicht welche
vollkommen richtig ist und von allen Kunstverständigen
gebilligt wird. So ist auch seine Empfehlung des Firnissens
der Gemälde mit Mastix in Terpentinöl aufgelöst, (aqua di
ragia der Italiäner) vollkommen gegründet. Erfahrung hat   10
den Nutzen dieser Art von Firnis hinreichend bewährt. Die
besten Künstler bedienen sich desselben und glauben, daß
er zu Erhaltung alter und neuer Malereien, das vorzüglichste Mittel sei. Der berühmte Philipp Hackert ist sogar in
einer Druckschrift als Verteidiger desselben aufgetreten.
Leider daß uns das Exemplar abhanden gekommen und
nicht wieder zu erlangen gewesen.

Da nun Inspektor Riedel gerade in diesem Augenblicke
das Zeitliche gesegnet; so ist es wohl keine Impietät des
Franziskus Xaverius de Burtin und dessen Traité des Con-   20
naisances nécéssaires aux amateurs de Tableaux zu gedenken. Dieser Mann, so wunderlich er auch übrigens sein mag,
ist im Restaurationsfache klassisch, besonders was die niederländ. Schule betrifft und wird dem denkenden Restaurator nie von der Seite kommen. Derselbe hat schon vor 27
Jahren laut und öffentlich, sowohl in Person als im Druck
gegen das von Riedeln beobachtete Verfahren geeifert, und
dasjenige angerühmt, zu welchem Hr. Prof. Hartmann sich
bekennt. Es kann wohl keinen unparteierschen Zeugen
geben als ihn. Wer sich nun im gegenwärtigen Falle für Hrn   30
Hartmann erklärt tut es mit Freuden, weil eine längst
anerkannte Wahrheit auch endlich da triumphieren soll, wo
sie im höchsten Grade nützlich wirken kann. Unterzeichnete bekennen sich zu solcher Gesinnung, /und/ indem sie
dankbar für das geschenkte Zutrauen, zu aller ferneren
Teilnahme sich mit Vergnügen erbötig erklären.

Weimar d. 9 Apr. 1816.

Neu-deutsche religios-patriotische Kunst

Gegenwärtig herrscht, wie allen denen die sich mit der Kunst befassen wohl bekannt ist, bei vielen wackern Künstlern und geistreichen Kunstfreunden eine leidenschaftliche Neigung zu dem ehrenwerten, naiven, doch etwas rohen Geschmack in welchem die Meister des vierzehnten und funfzehnten Jahrhunderts verweilten. Diese Neigung wird allerdings in der Kunstgeschichte merkwürdig bleiben, da bedeutende Folgen daraus entstehen müssen; allein von welcher Art sie sein werden, bleibt zu erwarten. Ob, wie Begünstiger jenes neu hervorgesuchten alten Geschmacks hoffen, die Kunst auf solche Weise sich wieder erheben werde? ob ihr ein frommer Geist, neue Jugend, frisches Leben einzuhauchen sei? oder, wie die Gegner befürchten, ob man nicht vielmehr Gefahr laufe den schönen Styl der Formen gegen Magerkeit, klare, heitere Darstellungen gegen abstruse, trübsinnige Allegorien umzutauschen und das Charakteristische, Tüchtige, Kräftige immer mehr zu verlieren? Geschehe übrigens was da wolle, allemal bleibt es der Mühe wert zu forschen, wie solche Neigung, solche Vorliebe zum Veralteten Eingang fand und was für Umstände zu ihrer Verbreitung beigetragen. Wir gedenken daher alles was uns in dieser Hinsicht bekannt geworden aufzuzeichnen, und erwarten, daß die Beobachtungen, welche andere Kunstfreunde zu gleichem Zweck angestellt, den unsrigen im Wesentlichen nicht widersprechen, sondern vielmehr zu Vervollständigung derselben dienen werden.

Die Neigung, oder Geschmacksrichtung von der wir zu reden uns vorgenommen, hat besonders unter den Deutschen Anhänger und Förderer gefunden; folgende Nachrichten sollen sich darum vornehmlich über Deutschland und bis nach Rom erstrecken, wo deutsche Künstler mit reisenden Liebhabern eine Art von akademischer Landsmannschaft bilden, da denn die nach Hause zurückkehrenden, gemäß der empfangenen Eindrücke, den Geschmack der Nation wirklich lenken.

Unser Vorhaben beginnend ist es nötig bis vor den Anfang der achtziger Jahre des vergangenen Jahrhunderts zurückzutreten und, auf solchem Standpunkt zu bemerken,

wie damals noch einigermaßen alt-französische Weise in der
Malerei durch Deutschland gangbar gewesen. Viele Bildnismaler ahmten den Rigaud und Largilliere 1) oder deren
Geschmack nach und für geschichtliche Darstellungen, war
das Ansehen der Coypel und Vanloo 2) nicht völlig gesunken, wie wir dann als Nachfolger ihrer Manier nur den
geschickten ältern Tischbein 3) aus Cassel anführen dürfen;
andere nahmen Greuzes 4) sentimentale Familienbilder zu
Mustern, wie Schönau 5) und Krause 6); noch andere die
Niederländer; jedoch hatte auch Oeser 7), welcher keinem   10
Vorbild folgte, sondern sich bloß von den Eingebungen
seines eigenen schönen Talents leiten ließ, mit gefälligen,
doch zu leicht und nebelhaft ausgeführten Malereien großes
Lob erworben, und noch allgemeineres Daniel Chodowiecky 8) durch Zeichnungen und kleine Kupferstiche,
Szenen des bürgerlichen Lebens darstellend, worin ihm
Ausdruck und Charakter der Figuren oft vortrefflich ge-
lang.

Der strenge Ernst dagegen, die fast ängstliche Sorgfalt in
Nachbildung antiker Formen, welche der berühmte, im   20
Jahr 1779 zu Rom verstorbene Mengs 9) nicht nur in den
Werken seines Pinsels zu Tage gelegt, sondern auch durch
Schriften verkündet, wurde von dessen Schülern minder
treu bewahrt, als man wohl hätte erwarten sollen, mehreren
derselben ist im Gegenteil von Seiten des Kolorits unziemliche Liebe für bunte Farben und in Betreff der Ausführung
Flüchtigkeit vorzuwerfen. Zwei der besten, Maron und
Unterberger 10) in Rom geblieben, bemühten sich, in so
ferne ihr Vermögen hinreichte, noch am meisten den Fuß-
tapfen des Lehrers zu folgen. Angelika Kaufmann 11) hin-   30
gegen, die von Mengs ebenfalls einigen Unterricht genossen, und also zu seiner Schule darf gerechnet werden,
schaffte sich, überhäuft von Bestellungen, eine leichte, der
lieblichen Heiterkeit ihrer Kompositionen zusagende Behandlung an.

Wußte der ernste Mengs unter seinen Schülern sich wenig
eigentliche Nachfolger zu erziehen, so läßt sich doch keineswegs ableugnen daß durch seine Schriften, in Vereinigung mit den Winkelmannischen, fast bei allen welche die
Kunst werktätig pflegten, oder ihr bloß als Liebhaber ge-   40

neigt waren, höhere, wo nicht Begriffe, doch Ahnungen der
Kunst und des Geistes derselben erregt worden.

Im praktischen wirkte diese Anregung auf die Bildhauer
noch kräftiger und auch vorteilhafter als auf die Maler, weil
Nachahmung des Äußern antiker Muster der Plastik um
vieles näher liegt. Sergel 12), Trippel 13), wie auch der noch
lebende Canova 14) beflissen sich dieser Nachahmung mit
solchem Erfolg daß manchen ihrer Werke das Verdienst
schöner Formen ohne Widerrede muß zugestanden werden.

Hinsichtlich auf die Wahl der Gegenstände, waltete in der
Zeit, von welcher hier die Rede ist, noch kein Zwiespalt, es
herschte damals unter Liebhabern und Künstlern noch ein
akatholischer, protestantischer, um nicht zu sagen unchrist-
licher Sinn. Treffliche Gemälde berühmter Meister wurden
weniger hochgeschätzt, wenn sie religiose Gegenstände
darstellten 15) und von Geschichten der Märtyrer wandte
sich jeder der Geschmack zu haben vermeinte mit Abscheu;
der immer mehr erkaltende Religions-Eifer hatte der Kunst
fast alle Arbeiten für Kirchen entzogen und wo dieselbe
zum Schmuck von Palästen etwas beitragen sollte, hielt man
fröhliche, dem damals allgemein geltenden Schönheitsprin-
zip zusagende Gegenstände für die passendsten. Also zogen
die Künstler den Stoff ihrer Darstellungen meistens aus der
Mythologie, oder auch aus der Geschichte der Griechen
und Römer. Hamilton 16), ein Schottländer, welcher in
Rom wohnte, verfertigte daselbst eine Anzahl Gemälde
nach Homers Gedichten, und erwarb sich damit eben so
allgemeinen als wohl verdienten Beifall, wodurch sehr viele
Künstler gereizt wurden denselben Weg einzuschlagen.
Odyssee und Ilias waren daher verschiedene Jahre hindurch
die ergiebigen Quellen aus denen man Entwürfe und Bilder
schöpfte; selbst Flaxmanns 17) bekannte Skizzen zum Homer, wiewohl etwa zehen Jahre später gezeichnet, sind
wahrscheinlich noch aus dieser von Hamilton herrührenden
Anregung entsprossen.

Im Vorübergehen ist noch zu bemerken, daß der Schweizer H. Füeßli 18), der aber wegen seines langen Aufenthalts
in England füglich zu den Engländern gerechnet wird,
während er in Rom studierte, also kurz vor 1780 mehrere
Gemälde verfertigt habe, zu denen der Stoff dem Shake-

322 SCHRIFTEN ZUR KUNST

speare entnommen war, aber dieses geschah bloß in Beziehung auf englische Kunstliebhaberei und die von Boydel in
Kupferstichen unternommene Shakespear's-Galerie. Zwar
vermag man nicht abzuleugnen daß Füeßlis Erfindungen
auch in Deutschland sehr viele Gunst fanden, doch dünkt es
uns wahrscheinlich das Publikum habe durch seine bewie-
sene Teilnahme weniger den bildenden Künstler als den
großen englischen Dramatiker ehren wollen, dessen Werke
in mehreren Übersetzungen und auch vom Theater her
bekannt geworden; denn weder Füeßlis wilder Styl noch die 10
von ihm gewählten grauerlichen Szenen vermochten die
Künstler zu ähnlichen Unternehmungen zu bewegen.

Wilhelm Tischbein 19), aus Hessen gebürtig, hatte sich
ein Paar Jahre in der Schweiz aufgehalten, daselbst mit
Bodmer und Lavater vertraulichen Umgang gepflogen, und
war von ihnen beredet worden merkwürdige Vorfälle aus
der deutschen Geschichte zu bearbeiten; er malte also, in
Rom zum zweitenmale sich aufhaltend, in den Jahren 1783
und 1784, den Conradin von Schwaben wie er im Gefängnis
zu Neapel mit ruhigem Mute sein Todesurteil anhört. Als 20
Kunstwerk betrachtet gelang dieses, gegenwärtig in Gotha
befindliche Gemälde sehr wohl, ja man kann solches zu den
besten in unsern Tagen entstandenen Bildern zählen; aber
obgleich der Künstler dasselbe verschiedene Male, und auf
verschiedene Weise im Kleinen wiederholte, regte sich doch
damals noch keine lebhafte Neigung für dergleichen Gegenstände, und er selbst wandte sich kurz nachher wieder zu
Darstellungen aus dem griechischen Altertum.

Von unserm Tischbein, woferne wir nicht sehr irren, ist
nun zu allererst größere Wertschätzung der ältern, vor 30
Raphaels Zeit blühenden Maler ausgegangen. Dem Natürlichen, dem Einfachen hold, betrachtete er mit Vergnügen die
wenigen in Rom vorhandenen Malereien des Perugino 20),
Bellini 21) und Mantegna 22), pries ihre Verdienste und
spendete, vielleicht die Kunstgeschichte nicht gehörig be-
achtend, vielleicht nicht hinreichend mit derselben bekannt,
ein allzufreigebiges Lob dem weniger geistreichen Pinturicchio 23) der mit seinen Werken so manche Wand überdeckt hat. Tischbein und seinen Freunden wurde bald auch
die von Masaccio 24) ausgemalte Kapelle in der Kirche St. 40

Clemente bekannt. Zu gleicher Zeit forschte der gelehrte
Hirt die in Vergessenheit geratenen Malereien des da Fiesole
25) im Vatikan wieder aus, und Lips 26) stach Umrisse von
zwei solchen Gemälden in Kupfer. Wiewohl nun das eben
Erzählte auf wachgewordenes Interesse für die Werke des
ältern Styls hindeutet, so hatten dieselben doch damals noch
keinen Einfluß auf die Ausübung der Kunst, niemand betrachtete sie als Muster, oder wähnte durch Nachahmung
derselben den wahren Geschmack zu erjagen.

Ein Bedenken erregendes Symptom aufkeimender Vorliebe für solche ältere Art, äußerte sich jedoch darin, daß gar
viele Künstler, zumal unter den jüngeren, Raphaels 27) nie
unterbrochenes Fortschreiten in der Kunst ableugneten, die
Gemälde von der sogenannten zweiten Manier dieses Meisters, z. B. die Grablegung, die Disputa u. a. den späterver-
fertigten vorziehen wollten. Unter seinen Arbeiten im Vatikan wurde daher die genannte Disputa am häufigsten von
Studierenden nachgezeichnet, auch genossen die Werke des
da Vinci 28) größere Verehrung, als zuvor; besonders der
junge lehrende Christus unter den Pharisäern, zu jener Zeit
noch in der Galerie des Prinzen Borghese Aldobrandini
befindlich. Desgleichen wuchs die Gunst für die Arbeiten
des Garofalo 29); hingegen geriet die Achtung für Carraccische 30) Werke ins Abnehmen, Guido Reni 31) verlor
ebenfalls sein lange behauptetes Ansehen immer mehr.

Um in unsern Betrachtungen auch die Landschaftmalerei
gehörig zu berücksichtigen, sei bezüglich auf dieselbe hier
angemerkt, daß, nach Hackerts 32) lockendem Beispiel, sich
die Künstler dieses Fachs beinahe insgesamt beflissen, Ansichten der Natur zu malen und zu zeichnen, wodurch die
freie poetische Erfindung sehr vernachlässigt wurde, und
wenn selten etwa noch landschaftliche Gemälde entstanden,
welche nicht Prospecte sein sollten, so war doch immer
irgend eine Gegend dem Werke zum Grunde gelegt, und
nur die vordersten Partien, Gebäude und dergleichen, hatten eine andere Gestalt nach dem Geschmack des Künstlers
erhalten.

So ungefähr war es zu Rom mit den Geschmacks-Nei-
gungen der Künstler und Kunstliebhaber, vornehmlich derer von deutscher Zunge, bis um das Jahr 1790 beschaffen.

In Deutschland schien damals noch keine sehr merkliche
Abweichung vom oben erwähnten vorgegangen zu sein,
nur hatte man seit mehreren Jahren schon angefangen sich
mit dem Unannehmlichen der alten Meister, Schöns 33),
Altdorfers 34), und anderer, allmählig auszusöhnen. Dü-
rern 35) wurden seine Härten verziehen, Holbeins 36)
Ansehen stieg ungefähr in ähnlichem Verhältnis, auch Lucas
Kranach 37) erwarb Gönner und Freunde.

Um diese Zeit unternahm der Maler Büri 38), von Rom
aus, eine Reise nach Venedig und durch die Lombardie über
Florenz wieder zurück. Er hatte zu Venedig und Mantua die
Werke des Bellini und des Mantegna fleißig aufgesucht,
betrachtet, auch einige derselben nachgezeichnet, ein gleiches geschah von ihm zu Florenz mit Gemälden des da
Fiesole und anderer alten Meister. Bei seiner Wiederkunft
nach Rom gedachte er gegen Kunstverwandte der geschau-
ten Dinge mit großem Lob und beglaubigte solches durch
die gefertigten Zeichnungen.

Dieses bloß zufällige Ereignis hat, nach unserm Dafürhal-
ten, vielen Einfluß auf den Gang des Geschmacks gehabt;
denn von derselben Zeit an sprach sich die Vorliebe für alte
Meister, zumal für die der florentinischen Schule, immer
entschiedener aus. Die vorerwähnten Freskogemälde des da
Fiesole im Vatikan, wie auch die des Masaccio in der Kirche
St. Clemente erhielten klassisches Ansehen, das heißt: sie
wurden nicht nur als ehrenwerte Denkmale der emporstre-
benden Kunst betrachtet, sondern von den Künstlern nun
als musterhaft studiert und nachgezeichnet. Ferner wählte
man, in der Absicht sich näher an Kunst und Geist der ältern
Schulen und Meister anzuschließen, für neu zu erzeugende
Werke die Gegenstände schon häufiger aus der Bibel.

Einer der vorzüglichsten der auf diesem Wege sich Bemü-
henden war Wächter aus Stuttgard, welcher mit lieblichen
Gemälden heiliger Familien, wobei ihm Garofalo schien
zum Muster gedient zu haben, mit einem Hiob u. a. m.
großes Lob bei Gleichgesinnten erwarb.

Eben damals befand sich auch Fernow 39) in Rom und
hielt während den Winterabenden 1796 Vorlesungen, in
denen Kants Philosophie, oder eigentlich dessen philosophische Maximen, auf die Kunst angewendet wurden. Teils

Neugierde, teils Hoffnung, und der an sich keineswegs
tadelhafte Wunsch über große Schwierigkeiten mit leichter
Mühe wegzukommen, verschafften anfänglich diesen Vorlesungen zahlreichen Besuch; da aber der Dozent dem
immer überhand nehmenden Christlichen und Sentimenta-
len in den Darstellungen widersprach, auf die Ideale des
Griechischen Altertums als einzig würdige und ersprießliche Muster für Künstler hinweisend, auch sein Freund
Carstens 40) praktisch dieselben Gesinnungen bekannte, so
mußte dieser von Widersachern vielen Verdruß erfahren,
und Fernows Lehre fand keinen Eingang. Im Gegenteil
pflanzte sich die Neigung zum Geschmack der ältern Meister vor Raphael, immer wachsend fort und erhielt durch die
vom Calmücken Feodor 41) in Umrissen nach Lorenzo
Ghiberti radierte bronzene Türe am Battisterium zu Florenz neue Nahrung.

Die fernern Ereignisse nunmehr betrachtend, halten wir
uns für hinlänglich überzeugt, daß ein literarisches Produkt,
welches wenig später, nämlich 1797 erschienen, den Hang,
die Vorliebe für alte Meister und ihre Werke, wo nicht
vollständig entwickelt, doch der Entwickelung um vieles näher entgegen geführt habe. Wir zielen hiermit auf
Wackenröders 42) von Ludwig Tieck 43) herausgegebene
Herzensergießungen eines kunstliebenden Klosterbruders.
Diese Schrift »vornehmlich angehenden Künstlern gewidmet, und Knaben, welche die Kunst zu lernen gedenken«
wurde in Deutschland wohl aufgenommen, viel gelesen und
kam bald nach Rom, wo sie ohne Zweifel den größten
Eindruck gemacht hat. Der Verfasser 44) forderte mit eindringlicher Beredsamkeit zu wärmerer Verehrung der ältern
Meister auf, stellte ihre Weise als die beste dar, ihre Werke,
als sei in denselben der Kunst höchstes Ziel erreicht. Kritik
45) wird als eine Gottlosigkeit angesehen, und die Regeln
46) als leere Tändelei; Kunst 47) meint er, lerne sich nicht,
und werde nicht gelehrt, er hält die Wirkung 48) derselben
auf die Religion, der Religion auf sie, für völlig entschieden,
und verlangt daher vom Künstler andächtige Begeisterung
und religiöse Gefühle, als wären sie unerläßliche Bedingungen des Kunstvermögens. Und weil nun die alten Meister
49) durchgängig diese Gemütseigenschaften sollen besessen

haben, so werden sie deswegen als den neuern durchaus überlegen betrachtet.

Da der Name des Verfassers auf dem Titel nicht genannt war, so wollten viele das Werk Goethen zuschreiben und folgten desto getroster den darin vorgetragenen und ihren eigenen ungefähr gleichartigen, schon vorher gehegten Meinungen.

Es fügte sich ferner daß, als nach den bekannten unruhigen Ereignissen, Rom, im Jahre 1798, von den Franzosen besetzt wurde, viele Künstler, um Beschwerlichkeiten und Störungen auszuweichen, sich von dort wegbegaben und, durch die Umstände genötigt, Florenz zu ihrem Aufenthalt wählten, wo sie Gelegenheit fanden mit den ältern und ältesten Meistern dieser berühmten Kunstschule besser bekannt zu werden als in Rom hätte geschehen können. Giotto 50), die Gaddi 51), Orgagna 52), selbst andere von geringerm Namen und Verdienst, wie Buffalmacco 53), kamen dadurch, vielleicht in übertriebenem Maße, zu Ehren und manches ihrer noch übrigen, lange nicht mehr beachteten Werke wurde jetzt zum Studium und Muster von Künstlern erkoren, welche kurz vorher noch den Coloß des Phidias vor Augen gehabt.

Im Jahre 1798 ließ Tieck, welcher die Herzensergießungen nach Wackenröders Tode herausgegeben, auch selbst einigen Teil daran gehabt hatte, einen, in gleichem Geist geschriebenen Roman, in zwei Bänden, *Sternbalds Wanderungen* betitelt folgen. Dieser Sternbald ist ein junger Maler, Albrecht Dürers Schüler, zieht auf die Wanderschaft, kömmt in den Niederlanden zum Lucas von Leiden 54), begegnet dem liebekranken Quintin Messis 55), verzichtet auf dessen Braut, welche der Vater ihm, dem Sternbald geben wollte, geht sodann nach Italien, buhlt gelegentlich, und findet endlich unverhofft zu Rom, die von Kindesbeinen an geliebte Unbekannte. Das Romantische, sowohl der Charaktere als der Begebenheiten und deren Verknüpfung, mag löblich sein, wir sind nicht berufen das Werk von dieser Seite zu beurteilen; dem auf Kunst sich beziehenden Teile jedoch fehlt es, wir dürfen kühnlich sagen am Notwendigsten, an natürlichem Sinn für Kunst, deren Studium denn auch wohl nie des Verfassers ernstliches Geschäft gewesen.

Tieck ist überdem für seinen Zweck nicht so begeistert
wie Wackenröder und daher hat Sternbald, obschon viel
gelesen und bis auf diesen Tag nicht gänzlich aus der Mode,
niemals einen sehr bedeutenden Einfluß auf Geschmack
und Meinungen in der Kunst ausgeübt, allein er war jener
bereits mächtig gewordenen und geltenden Neigung für
ältere Meister, für mystisch-religiöse Gegenstände und Allegorieen in sofern günstig, als er sich an dieselbe anschloß,
und, so wie andere Schriften von ähnlicher Tendenz, beitrug
ihr auch außer dem Kreise der Künstler und Kunstfreunde
mehr Ausbreitung zu verschaffen.

Zu solcher Art Schriften zählen wir vornehmlich auch die
ebenfalls von Tieck im Jahr 1799 herausgegebenen *Phanta-
sieen über die Kunst*, welche noch ein paar Aufsätze von
Wackenröder enthalten 56). Mißtönend nimmt sich dazwischen eine einzelne kleine obgleich an sich recht gute Abhandlung aus, Watteaus Bilder 57) betitelt, worin die Kunst
dieses galanten Malers lüsterner Grazie und mutwilliger
Schäferspiele, dieses keineswegs einfachen, oder altertümlichen, oder fromm empfindenden, gelobt und verteidigt
wird.

Sogar Aug. Wilh. Schlegel 58) war zu dieser Zeit dem
altertümelnden christkatholischen Kunstgeschmack zugetan; verschiedene seiner kleinen Gedichte, sämtlich zwischen 1798 und 1803 entstanden, sind zum Teil gutartige
Früchte desselben. Am meisten Umfang, vielleicht auch
poetisches Verdienst, hat eines, *Bund der Kirche mit den
Künsten* 59) genannt, und ist nach unserer Ansicht besonders merkwürdig, weil es als ein allgemeines Bekenntnis des
damaligen Zustandes dieser neuen Lehre und Glaubens in
den Künsten darf angesehen werden.

———

Sei hier unserer Erzählung ein Ruhepunkt gestattet um
erforderliche Rückblicke zu tun und Betrachtungen anzustellen.

Der Leser hat gesehen wie anfangs Künstler und Kunstfreunde, redlich meinend, alte Meister und ihre Werke billig
wertgeschätzt; dann, bestochen durch das Naive derselben,
diese Wertschätzung etwas übertrieben. Als nun hierauf

sich im Praktischen der Kunst eine sentimentale Stimmung
äußerte, die es unternahm religiöse Gegenstände darzustellen, auf welche die Einfalt, der fromme Sinn und Innigkeit
einiger jener alten Meister anwendbar schien, so war solches, verbunden mit äußern zufälligen Ereignissen, die
größte Lockung jene Werke der ältern Zeit und Schule in
weiterm Umfang zu studieren, ja sogar deren Nachahmung
zu versuchen; weil aber das anziehend Einfache, die rührende Unschuld in den alten Gemälden nicht absichtlicher
Kunst und besondern Zwecken vielmehr der Gesinnung der
Meister und der Zeit, worin sie lebten angehört, so konnte
die Nachahmung nicht gelingen.

Daß Gelehrte sodann und Dichter die Natur der Kunst,
ihr wahres Wesen und Streben nicht besser fassend, mit den
Malern in gleichem Irrtum, zu gleicher Vorliebe für das Alte
sich verbündet, Sache der Religion mit der Sache der Malerei
gemischt und in Folge dieses Vermischens jene alten, in
Haupterfordernissen mangelhaften Werke, als die besten,
einzigen Muster für echte Geschmacksbildung empfohlen,
war ohne Zweifel noch schädlicher: denn dadurch ver-
stärkte sich die Faction, es gestaltete sich die neue Lehre,
schwärmerisch wurden die Gemüter entzündet, die be-
währtesten Kunstregeln vernachlässigt, und so der Eifer,
durch gründliche Studien zur Meisterschaft und klar be-
wußtem Wirken zu gelangen, immer mehr verkühlet.

Dem großen Publikum in Deutschland hat diese von
Künstlern und Schriftstellern gemeinschaftlich ausgedachte
Geschmackslehre nie recht anmuten wollen; altitaliänische
Maler und Gemälde waren ihm fremde Dinge und selbst
unsere kunstbeflissenen Altvordern, außer etwa Dürer und
Holbein, zu wenig bekannt. Die schon erwähnte Mengerei
von bildender Kunst, Poesie und Religion, obgleich Ge-
neigtheit für Katholizismus ankündigend, machte sich den
Katholiken doch verdächtig, und mußte den Protestanten
unerfreulich sein.

Inzwischen war der Anstoß gegeben, der Hang zum
Altertümlichen in dem Volke wach geworden, der nunmehr
unter patriotisch-nationaler Form hervortrat. Groß ja übertrieben wurden die Äußerlichkeiten einer besser geglaubten
Vorzeit wertgeschätzt, man wollte recht mit Gewalt zur

alten Deutschheit zurückkehren. Daher die Sprachreiniger, die Lust an Ritterromanen und Schauspielen, Turnieren, Aufzügen; daher in Gartenanlagen erbaute Ruinen, Ritterburgen, Scheinkapellen, Einsiedeleien, samt dem ganzen gotischen Spitzen und Schnörkelwesen, welches bis in die Wohnungen, auf das Hausgerät und selbst die Kleidung sich erstreckte. Manches an diesem Treiben, oder vielmehr Übertreiben, ist freilich bloß leeres Spiel gewesen und geblieben, woran Geschmack und Vernunft viel auszusetzen haben; der Geist davon aber war nicht ohne Gehalt und sonder Zweifel eben derselbe, der in den letztverflossenen Jahren die Wunder gewirkt deren wir uns alle freuen.

Wir können nun die geschichtliche Darstellung wieder fortsetzen.

———

Im Jahr 1803 trat Friedrich Schlegel, in der von ihm herausgegebenen Zeitschrift *Europa* genannt, zuerst als schriftlicher Lehrer des neuen altertümelnden, katholisch-christelnden Kunstgeschmacks auf, streitend gegen die bisher gehegten Meinungen 60) über echte Kunst und der Art sie zu fördern. Religion, Mystik, christliche Gegenstände, oder wie es heißt Sinnbilder, werden für Malerei und deren künftiges Gedeihen als unerläßliche Erfordernisse ausgegeben 61). Der ältern Schule, das will sagen Meistern und Werken aus der Zeit vor Raphael, wird über alle spätern der Vorzug eingeräumt; Tizian, Correggio, Julio Romano, del Sarto etc., die letzten Maler genannt 62). Mystisch-allegorischen Beziehungen legt Herr Schlegel große Wichtigkeit bei, glaubt dergleichen in Correggios berühmtesten Werken 63) entdeckt zu haben, und ist geneigt solche bei Auseinandersetzung des Kunstcharakters dieses großen Meisters 64), nächst der musikalischen Eigenschaft desselben, für das ihn am meisten auszeichnende Verdienst zu achten.

Die alte deutsche Kunst 65) erhält überschwengliche Lobsprüche, so, daß kühlere Kunstrichter nicht wohl einstimmen könnten, wie aufrichtig vaterländisch auch sonst ihre Gesinnungen sein möchten.

Ein, selbst von anders Gesinnten nicht abzuleugnendes Verdienst hat sich übrigens Herr Schlegel erworben, daß er

eben damals durch seine Anregung die Aufmerksamkeit der
Forscher zuerst auf die alt Niederrheinische Malerschule
66) und die in Cölln befindlichen Werke derselben hinge-
lenkt.

Diese Europa nun hat, seit sie erschienen bis jetzt, ein
gewissermaßen gesetzgebendes Ansehen bei den Teilneh-
mern des von ihr begünstigten Kunstgeschmacks behauptet,
und es ist kein Wunder: denn unstreitig ist in dem was Herr
Schlegel vorträgt, verglichen mit andern dieselbe Sache
bezielenden Schriften, noch am meisten Bestimmtes, Klares   10
und vornehmlich Folgerechtes anzutreffen.

Nur wenig Zeit verstrich, als man schon bemerken
konnte, die neu aufgestellte Lehre habe bei Künstlern und
Dilettanten große Gunst gewonnen. Dresden war der
Hauptort wo diese Gesinnungen und Überzeugungen sich
praktisch entfalteten: denn ohngefähr um diese Zeit verfertigte daselbst ein junger hoffnungsvoller Maler Runge 67)
genannt, aus Pommern gebürtig, seine, die vier Tageszeiten
bedeutenden, später dem Publikum durch Kupferstiche
bekannt gewordenen Federentwürfe; Darstellungen einer   20
neuen wundersamen Art; ihrem äußern Ansehn nach dem
Fach der sogenannten Grotesken verwandt, hinsichtlich auf
den Sinn aber wahre Hieroglyphen.

Die Hauptbilder bestehen aus weiblichen Figuren, umgeben von kleinen Genien, Blumengeranke und drgl. In den
Einfassungen, oder Rahmen, welche die Bedeutung der
Hauptbilder verstärken sollen, hat sich der Künstler beflissen, mancherlei allegorische Zeichnungen anzubringen,
Glorien und Kreuze, Rosen und Nägel, Kelche, Dornen, u.
s. w. alles in einer äußerst weiten, verwickelten Beziehung,   30
mehr als bisher üblich gewesen. Die Allegorie der Blumen
und Pflanzen, ist ihm eigentümlich und man kann sagen er
habe alles dahin gehörende sehr geistreich gezeichnet, oft
auch in geistreicher Beziehung angewandt. Überall äußert
sich des Künstlers schönes, herzliches Talent, welches her-
ben Sinn zu mildern, traurige und unfreundliche Bilder mit
Anmut zu schmücken unternimmt, und es ist keine Frage
daß Runge, lebend im sechszehnten Jahrhundert, gebildet
unter Correggios Leitung, einer der würdigsten Schüler
dieses großen Meisters hätte werden müssen.   40

Kurz nach Runge glückte es einem andern, gleichfalls aus
Pommern gebürtigen und in Dresden wohnenden Künstler
genannt Friedrich 68), ehrenvoll bekannt zu werden: ver-
mittelst bewundernswürdig sauber getuschten Landschaf-
ten, in denen er, teils durch die Landschaft selbst, teils durch
die Staffage mystisch religiose Begriffe anzudeuten suchte.
Auf diesem Wege wird, wie auch gedachtem Runge in seiner
Art begegnet ist, eben um der Bedeutung willen, manches
Ungewöhnliche, ja das Unschöne selbst gefordert. Darum
hat auch Friedrich, von Personen welche die bezielten
Allegorieen entweder nicht faßten, oder nicht billigten, viel
Widerspruch erfahren, alle aber mußten zugeben daß er den
Charakter mancher Gegenstände, z. B. verschiedene Baum-
arten, alt verfallene Gebäude und dergleichen mit redlich-
stem Fleiß und Treue darzustellen wisse.

Auch die Maler Hartmann 69) und von Kügelchen 70),
jetzt beide Professoren an der Dresdner Kunstakademie,
haben sich den neuen Geschmackslehren günstig bewiesen,
indem sie in verschiedenen ihrer Werke mystische Beziehungen und anderes dahin Deutendes angebracht; doch ist
solches nur gelegentlich und nicht in dem Maße ausdauernd
geschehen, daß man sie als entschiedene Anhänger und
Partiehäupter betrachten konnte.

Zwei Brüder Riepenhausen 71), Söhne eines wackern
Kupferstechers zu Göttingen, junge Männer von schönem
Talent, versuchten anfänglich jenes berühmte Gemälde Polygnots, die Eroberung Trojas vorstellend, nach Anleitung
des Pausanias durch Entwürfe zu versinnlichen; nachher
aber wendeten sie sich zu biblischen und frommen Gegenständen, Madonnen und Legenden der Heiligen. Von letzterer Art erschien, im Jahre 1806, das Leben der Duldern
Genoveva, auf sechzehn Kupfertafeln, nach Tiecks poetischer Bearbeitung. Die Künstler gingen hierauf nach Rom
und haben, daselbst seither studierend und arbeitend, zur
Aufrechthaltung und Verbreitung des neu-altertümelnden
Kunstgeschmacks nach Vermögen beigetragen. Sie begannen eine Geschichte der neuern Kunst in Bildern, d. h.
skizzierte Abbildungen verschiedener Gemälde des Cimabue 72), Giotto 73) und anderer alten Florentiner. Die
Fortsetzung dieses Werks ist uns nicht zu Gesichte gekom-

men, so wenig als das angekündigte Leben Carl des Großen, in zyklischer Darstellung.

Wenn wir nunmehr die bisher betrachtete Geschmacksrichtung weiter verfolgen und bemerken was sich, von den Jahren 1806 oder 1808 an, damit zugetragen, so ist wahrzunehmen, wie sich durch ganz Deutschland, unter den höheren und niederen Klassen, die Vorliebe für alles alt-nationale, oder als solches angesehene erhielt, sich erweiterte, ja, während der Epoche feindlichen Drucks und Kränkungen, nur desto höher stieg. Von den Künsten folgte vornehmlich die Architektur solcher Richtung, nie wurden die alten sogenannt Gotischen Gebäude emsiger studiert, gepriesen, das wahrhaft Lobenswerte an ihnen so gutmütig überschätzt; man könnte diese Zeit füglich die Epoche ihrer Verherrlichung nennen.

Gleichem Zuge folgend, wendeten sich nun auch unter den Malern mehrere von religiosen Gegenständen zu solchen, die irgend einigen Bezug auf vaterländische Geschichte, oder Dichtung hatten, und älteres deutsches Costume zuließen. So hat man verschiedene Taten D. M. Luthers 74) dargestellt gesehen, andere haben sich bemüht Szenen aus Schillers Wallenstein 75) zu bearbeiten. Ein junger Künstler Pforr 76) aus Frankfurt a. M. verfertigte eine zahlreiche Folge von Zeichnungen nach Goethes Götz von Berlichingen; auch desselben Dichters Erlkönig ist von vielen, sowohl Geschichts- als Landschaftsmalern 77) zum Gegenstand erwählt worden. Am allermeisten muß jedoch Faust angezogen haben: denn wir könnten ein langes Register von Kunstwerken liefern die aus demselben geschöpft worden. Unter die besten und hier anzuführen würdigsten, gehören drei Szenen, Faust mit Gretchen darstellend; zwei ausführlich gezeichnet, die dritte größer in Öl gemalt, von Näcke 78) aus Dresden. Ebendaselbst hat ein anderer Künstler Retsch 79) eine über das ganze Gedicht sich erstreckende Folge von sechs und zwanzig Blättern eigenhändig radierter Umrisse zu Stande gebracht. Viele Stücke aus dieser Folge, sind als geistreiche Kompositionen zu loben, alle empfehlen sich durch angemessenen Ausdruck und Charakter der Figuren. Doch das Bedeutendste in solcher Art von Darstellungen hat vor ganz kurzer Zeit

Cornelius 80) geliefert, ein niederrheinischer Maler, von
ungemeinen Anlagen, der, seit einigen Jahren in Rom sich
aufhaltend, unter den Bekennern des neu-altertümlichen
Geschmacks als einer der Häuptlinge angesehen wird. Von
seinen erwähnten Darstellungen aus Faust, welche als Folge
ebenfalls das ganze Gedicht umfassen sollen, wird ehstens
eine Abteilung, von *Ruscheweyh**) zierlich radiert, im Publikum erscheinen; sie enthalten reichere Kompositionen
als Retschs Blätter und der Künstler scheint darin Dürern
sich zum Vorbild genommen zu haben. Ungefähr in gleichem Geschmack hat Cornelius auch verschiedene Zeichnungen nach dem Liede der Nibelungen ausgeführt.

Die frühere religiöse Richtung des neuen Kunstgeschmacks verfolgte hingegen Overbeck 81), ein mit eben so
schönen Naturgaben als Cornelius ausgerüsteter, auch in
Rom lebender junger Künstler, aus Lübeck gebürtig. Dieser, am liebsten Gegenstände aus der Bibel wählend, hält
sich zur Art der alten italiänischen Meister, weiß seinen
Figuren, zumal den weiblichen, viel Anmutiges, viel Zartes
mitzuteilen und macht zuweilen von Motiven, die man für
schätzenswert naiv erklären muß, löblichen Gebrauch.
Derselben Weise, jedoch mit vorwaltender Neigung zu
mystischen Allegorien, befleißt sich auch zu Rom der junge
Maler Schadow, Sohn des berühmten Berliner Bildhauers.

In Gesinnungen und Ansichten von der Kunst schloß
ferner den genannten wackern Männern sich noch ein jun-
ger Schweizer Maler Ludwig Vogel 82) an, welcher, vor
wenigen Jahren, durch ein nur erst untermaltes Bild, zu
Rom die Bewunderung der Kunstgenossen auf sich gezogen. Gegenwärtig lebt er wieder in seinem Vaterlande.
Besagtes Gemälde stellt die triumphierende Heimkehr der
Schweizer, nach der Anno 1315 gelieferten Schlacht am
Morgarten, dar, und wohl verdiente die reiche poetische
Erfindung, der belebte Ausdruck, das eigentümliche Nationale in Gestalt und Gesichtszügen der Figuren, so großes
Lob als dem Werk zu Teil geworden, an welchem die
ausnehmende Reinlichkeit, der, selbst geringfügiges Detail
nicht verschmähende Fleiß, bereits in der ersten Anlage
Breughels Zeit und Kunst in Erinnerung brachte.
    Schriften, die den Geschmack von dem wir hier handeln

begünstigen, Einfluß erlangt, oder zur weitern Ausbildung
desselben wesentlich beigetragen, sind seit der Europa keine
erschienen: die 1808 zu Dresden herausgekommene Zeitschrift Apollo 83) enthält zwar Aufsätze von Männern,
welche dahin einschlagende Gesinnungen hegen; allein das
Werk fand zu wenig Teilnahme als daß es hätte fortdauern
und wirken können.

Alle deutsche Länder wurden im Laufe der letzt verflossenen Jahre zu sehr von Krieges-Unruhen bewegt, als daß
überhaupt ausübende Kunst hätte gedeihen können; das   10
Wenige was, in der bestimmten Beziehung die wir ins Auge
gefaßt, zu Dresden und von Deutschen zu Rom geschehen,
haben wir berichtet. Was in Prag und Wien etwa ähnliches
unternommen und ausgeführt worden sein mag, ist uns
unbekannt. Eben so wenig kennen wir München von dieser
Seite; einer Sage zufolge soll jedoch die Neigung zum
religiösen und deutsch-altertümelnden daselbst vornehmlich unter den jungen studierenden Künstlern Eingang gefunden haben, worüber Unliebe zwischen ihnen und den
hellenisch gesinnten Meistern entstanden.   20

Haben wir aus dem bisher Vorgetragenen ersehen wie der
von uns betrachtete Kunstgeschmack entstanden, wie derselbe durch Vereinigung der Künstler und Literatoren mehr
empor gekommen, endlich unter dem Einfluß äußerer Ereignisse die jetzt bestehende Gestalt angenommen; so bleibt
nochmals zu überschauen in welchem Maß diese Neigungen
und neuen Lehren, teils auf die Kunst in ihren Erzeugnissen,
teils auf Wertschätzung und Sinn für dieselbe gewirkt.

Zuerst soll man billig das redliche Bestreben, den Ernst,
Fleiß und die Ausdauer lobend anerkennen, womit mehrere 30
der, das christlich-mystische, oder auch das vaterländische
bezielende Künstler ihrem Zweck großmütig nachgerun-
gen. Wie viel Zeit und tiefes Nachdenken muß nicht Runge
auf die vorerwähnten allegorischen Blätter, die Tageszeiten
vorstellend, verwendet haben! Sie sind ein wahres Labyrinth dunkler Beziehungen, dem Beschauer, durch das fast
unergründliche des Sinnes, gleichsam Schwindel erregend,
und dennoch hatte der Künstler bei seiner Arbeit weder
Aussicht auf Gewinn, noch irgend einen andern Zweck als
reine Liebe zur Sache. Wie wenig ist nicht der wackere   40

Friedrich ermuntert worden; aber er wendete sich dennoch
nicht von seinen mystisch-allegorischen Landschaften, weil
ihm der eingeschlagene Weg als der rechte, zum wahren Ziel
der Kunst leitende vorkömmt, und eben dieses ist auch mit
Overbeck sowohl als mit Cornelius der Fall, welche zuverlässig alle beide hinreichende Geschicklichkeit besäßen,
Werke heiterern Sinnes, angenehm in die Augen fallend,
vermutlich auch vom bezahlenden Publikum noch besser
aufgenommen, zu verfertigen; allein sie wollen lieber ihrer
einmal gefaßten Überzeugung folgen, und vermeinen, jener
in Darstellung biblischer Gegenstände nach der alt-italiäni-
schen Weise, dieser durch romantische Bilder mit altdeut-
schem Costume und Widerschein von Albrecht Dürers Art,
die Blume der Kunst zu brechen. Noch anderer eben so
redliches, eben so unverdrossenes Bestreben könnten wir
wofern es nötig wäre namentlich anführen.

Ferner verdient angemerkt und gerühmt zu werden, wie
ein großer Teil, ja die meisten sich zu diesem Geschmack
bekennenden Künstler ungemeine Sorgfalt auf reinliche,
zarte Behandlung ihrer Werke verwenden. Overbeck, Cornelius u. a. sind in solchem Betracht musterhaft zu nennen.
Dieses möchte indessen wohl der beste Gewinn sein welcher aus Nachahmung der, in mancherlei Hinsicht mangelhaften Kunst der alten Maler sich ergeben. Denn, wie man
es auch anstellen mag, ein freiwilliges, vorsätzliches Ver-
zichtleisten auf alle Vorteile der ausgebildeten Kunst, läßt
sich nicht verteidigen, noch weniger gut heißen. Selbst mit
den künstlichsten Wendungen werden die Jünger des Klosterbruders und der Europa den gesunden Sinn doch niemals überreden, daß ein Gemälde darum erbaulicher, oder
vaterländischer sei, wenn es kunstlos angeordnet ist, wenn
Licht und Schatten, Haltung und malerische Wirkung unbeachtet gelassen, die Figuren wunderlich costumiert sind;
wenn das Kolorit des Fleisches eintönig, die Farben der
Gewänder nicht auf erforderliche Weise gebrochen sind,
und das Ganze eben deswegen flach und unfreundlich
ausfällt. Das ist denn auch die unbezweifelte Ursache,
warum Zeichnungen dieser Art immer noch mehr Beifall
finden und gefunden haben, als Gemälde, weil dort das
Mangelhafte weniger zur Erscheinung kommt, oder besser

gesagt, weil an solchen Gemälden mehrere der wesentlich
notwendigen Kunsteigenschaften vermißt werden.

Erinnerungswert ist es hiebei, ja warnend, daß Künstler
welche dem Schein altertümlicher Einfalt nachjagen, so
häufig zu den Manieristen sich verirren; nicht selten begegneten wir auf eben demselben Blatte dem Giotto und zugleich auch dem Bronzino, oder Salviati, auch haben wir
den Albrecht Dürer zuweilen in Gesellschaft von Golzius
84) und Spranger 85) gefunden.

Obgenannter Friedrich zu Dresden ist bisher noch immer   10
der einzige geblieben, welcher in landschaftliche Gemälde
und Zeichnungen mystisch-religiöse Bedeutung zu legen
versuchte. Er unterscheidet sich übrigens von denen so
ähnliches mit Figuren beabsichtigen darin, daß er nicht alte
Meister, sondern unmittelbar die Natur nachzuahmen beflissen ist. Seine Erfindungen haben durchgängig das ehrenwerte Verdienst, daß sie gedacht sind; weil aber düstere
Religionsallegorien anmutiger und schöner Darstellung
meistens nicht zusagen, er überdem die Kunst der Beleuchtung entweder nicht kennt, oder verschmäht, wie er denn   20
auch bei Anwendung der Farben deren Milderung und
Übereinstimmung nicht beachtet, so befriedigen seine sau-
bern Bisterzeichnungen das Auge besser als die Gemälde
und Friedrich befindet sich wegen Vernachlässigung der
Kunstregeln, mit allen seinen Geschmacksgenossen welchem Fach sie auch zugehören, in gleichem Nachteil. Das
Kunstwerk soll zwar den Geist des Beschauers unterhalten,
dessen Gemüt ansprechen, aber eben darum weil es ge-
schauet werden muß, verlangt das Auge zugleich wohltu-
ende Befriedigung, und was hindert den Künstler wahres   30
Kolorit, gefällige Beleuchtung und Formen der schönen
Natur bedeutend zu gebrauchen? Eben in geschickter Vereinigung des geistig Bedeutenden und des sinnlich Rühren-
den feiert die echte Kunst ihren Triumph.

Hinsichtlich auf die Bildhauerei, dürfen wir nicht zu
erwähnen vergessen, daß dieselbe unter alle dem erzählten
Treiben von jedem Einfluß der ungünstige Folgen für sie
hätte haben können verschont blieb, und daß sie nicht von
dem Wege abwich den sie seit Mengs und Winkelmann
eingeschlagen. Ihre Muster blieben daher, und sind immer   40

noch die griechischen Denkmale; auch nicht ein einziger
ernstlicher Versuch ist, soviel wir wissen, gemacht worden
alt Deutsche oder Italiänische Meister im Plastischen nachzuahmen, zu andächteln, und allegorisch mit dem guten
und bösen Prinzip zu spielen.

Wenden wir uns nun endlich zur Architektur, den in
derselben herrschenden gotischen, oder nach der beliebten
Benennung altdeutschen Geschmack bedenkend; so konnte
es mit dieser Art von Nachahmung doch eben auch nicht
weit gedeihen, besonders da jenes Handwerk völlig erloschen war, das ihr hätte zur Hülfe kommen müssen. Und so
gibt es artistische sowohl als technische Ursachen, ethische
und mechanische, warum es durchaus unmöglich ist sich
ganz in den Geist vergangener Zeiten zu versetzen, denselben ihr Eigentümliches abzuborgen. Gehe man alle Zeiten
durch, beachte man alle je geschehenen Versuche sich in den
Künsten Früheres oder Auswärtiges anzueignen und man
wird bald überzeugt sein, daß es nie wahrhaftig gelang. Will
man Beispiele hierfür, so verweisen wir auf ein benachbartes
kultiviertes Volk, dem es eben so wenig gelingen mochte,
vor etwa funfzig Jahren, in Bildern und Gebäuden den
eigentümlichen Geschmack der Chinesen nachzuahmen, als
ihm unlängst die Nachahmung des Ägyptischen, Griechischen und Römischen geriet, und als nun in Deutschland die
Nachahmung alter Deutschheit gelingen kann.

Da sich überdies von den Künsten nur etwa die äußere
Form und allgemeine Regeln fortpflanzen, herübernehmen
lassen; so folgt, daß je vollkommener diese sind, desto
ergiebiger, nützlicher auch das Studium derselben, und
desto glücklicher die Nachahmung der mit solcher Freiheit
studierten Kunstwerke sein wird. Wobei noch zu bemerken
steht, daß die Schwierigkeiten der Nachahmung wegen
mehr oder minder Vortrefflichkeit der nachzuahmenden
Musterbilder, weder geringer noch größer werden. Hieraus
geht nun hervor daß es in Bezug auf die Kunst am sichersten
und vernünftigsten ist, sich ausschließlich mit dem Studium
der alten Griechischen Kunst, und was in neuerer Zeit sich
an dieselbe anschloß, zu befassen; hingegen immer gefährlich und vom rechten Weg ableitend andere Muster zu
suchen. Wird uns aber im Widerspruch das Anziehend-

Unschuldige, Rechtliche, Einfache der alt italiänischen und
deutschen Maler vor allen andern früherer und späterer
Zeiten als höchst gemütlich und allein aus der christlichen
Religion sich entfaltend, gepriesen, so leugnen wir das
Einwirken religioser Stimmung einiger älterer Meister auf
ihre Werke keineswegs; doch um jedem Mißverständnis
vorzubeugen, bemerken wir Folgendes: Das Wort Gemüt
wird im rechten Sinne alsdann gebraucht, wenn mehrere
schätzenswerte Eigenschaften des Menschen vereinigt zur
Erscheinung kommen, und, indem sie ihren Wert offenba-   10
ren, zugleich einen angenehmen lieblichen Eindruck auf uns
bewirken. In diesem Sinne schreiben wir einem Künstler,
einem Kunstwerk Gemüt zu. Nun ist keine Frage daß,
wenn Ergebenheit in den göttlichen Willen, Duldung eigener Leiden, Teilnahme an fremden, sich in Gesichtsbildung,
Gebärden und Handlungen offenbart, alsdann die Frömmigkeit eines solchen Gemüts eindringlich, ja hinreißend
auf uns wirken muß.

Allein das fromme Gemüt ist nicht das Einzige: denn das
rein Gemütliche kann sich im Heitern, Großen, ja Erhabe-   20
nen offenbaren, und in diesem Sinne war die griechische
Kunst höchst gemütvoll. Bekennen doch die Alten selbst,
daß der olympische Jupiter der Religion höchst vorteilhaft
geworden, daß also die Betrachtung desselben gleichfalls
zur Frömmigkeit, aber nicht zu einer solchen wie wir sie
denken, den Beschauer hinauf gezogen habe. Hält man
dieses recht fest im Auge, so erscheint auch der Widerstreit
zwischen alter und neuer Kunst, zwischen christlicher und
hellenischer keineswegs so schreiend als er manchmal ausgesprochen wird.   30

Schließlich aber wollen wir der erwachten Neigung zum
Altertümlichen auch ein billiges Lob nicht entziehen und
bekennen, daß man derselben, vornehmlich in Deutschland, die Erhaltung einer unzähligen Menge von Kunst-
merkwürdigkeiten verdankt. Weder dem Urteil, noch der
Wißbegierde, noch den Gesinnungen hat es früher Ehre
gemacht, wenn man die alten Denkmale unserer nationalen
Kunst, teils aus schmählicher Rohheit, teils aus Ge-
schmacks-Dünkel wenig achtete, und es ist so nützlich als
rühmlich daß nunmehr an verschiedenen Orten öffentliche   40

und Privatsammlungen von dergleichen Werken angelegt
worden. Schon vor dreißig Jahren haben wahre Kunstfreunde die, in einem Saal der Münchner Galerie beisammen
aufgestellten Gemälde von alten deutschen und niederländischen Meistern mit Vergnügen betrachtet und, in geschichtlicher Hinsicht, Unterricht daraus geschöpft, wozu jetzt, da
gedachte Sammlung nach Schleißheim gesetzt und sehr
vermehrt worden, noch bessere Gelegenheit sein mag. Auf
der Burg zu Nürnberg, und also recht im Mittelpunkt der
alten oberdeutschen Kunst, findet man seit einigen Jahren
ebenfalls eine Menge solcher Werke zusammengebracht,
und diese Sammlung verdient die Aufmerksamkeit desto
mehr, weil sie, außer den Gemälden, noch einen reichen
Vorrat von Schnitzarbeiten enthält.

Auch die Stadt Frankfurth a. M. ehrt sich und die deutsche Kunst dadurch daß sie alle aus den aufgehobenen
Kirchen und Klöstern herrührenden alten Gemälde sorgfältig aufbewahren läßt. Leipzig hat eine Sammlung von etwa
dreißig Stück alten Bildern, durch glückliches Forschen
eines Liebhabers und Kenners Herrn Quandt, erhalten,
welcher dieselben aus abgelegenen Räumen der St. Nico-
laus- und Thomas-Kirche zusammengesucht und worunter
einige treffliche Arbeiten des Lucas Cranach befindlich.
Aus allen Privatsammlungen dieser Art fügte sich jedoch
keine unter glücklichern Ereignissen, mit mehr Einsicht
und zweckmäßigem Aufwand zusammen als die der Herrn
Boisseree zu Heidelberg, von welcher bereits im vorigen
Heft ausführliche Nachrichten mitgeteilt worden; desgleichen von dem was die Herren Wallraf und von Lieversberg
in Cöln besitzen. Diejenige bedeutende Anzahl von Gemälden alter deutscher Meister welche der Herr Fürst von
Wallerstein aufgestellt hat, könnte man füglich eine Galerie
nennen, und es ist sehr zu wünschen daß irgend ein Sachkundiger dem Publikum bald nähern Bericht darüber ab-
statten möge.

Die genannten öffentlichen und Privatsammlungen, nebst
andern welche uns vielleicht unbekannt geblieben sind,
werden ohne Zweifel noch eine weitere Verbreitung der
Liebhaberei und Sammlerlust bewirken; auch müßten wir
sehr irren wenn nicht diese An- und Aufregung der so

dunkeln und lückenhaften deutschen Kunstgeschichte älterer Zeit erhebliche Aufklärungen verschaffen sollte.

Den stillen gemütlichen Freunden der Kunstwerke alter Denkmale und Einrichtungen war freilich das Aufheben so vieler Kirchen und Klöster, im Verlauf der letzten zehn bis zwanzig Jahre, sehr ängstigend, sie befürchteten, und wohl nicht mit Unrecht, von dem Stören und Rücken und Bewegen, den Untergang manches Köstlichen; in der Tat mag viel Schätzbares beschädigt, wohl gar vertilgt worden sein; aber es kam hingegen auch viel Verborgenes ans Licht, viel Vernachlässigtes wurde hervorgezogen, viel wenig bekanntes wurde bekannter; die Gelegenheit zu sammeln erweckte Sammler und Liebhaber, so daß zwischen Verlust und Gewinn eine Art von Ausgleichung statt gefunden, und alles erwogen, die Kunst sich über keinen wesentlichen Nachteil zu beschweren hat.

Von alten würdigen Denkmalen der Architektur, sind zwar hin und wieder, vornehmlich in den Rheingegenden, viele beschädigt, selbst einige zerstört worden. Kriegeswut und rechnende kleinliche Gewinnsucht haben hierzu einander die Hände geboten; allein die Altertums- und Vaterlands-Liebe wackerer Kunstfreunde trachtete auch diesem Verlust zu begegnen. Herrn Mollers Hefte, von denen bereits vier erschienen sind, enthalten die allerschätzbarsten Beiträge zum Studium der Geschichte der deutschen Architektur, und mehrere der in gedachten Heften abgebildeten Gebäude sind eben solche die ein trauriges Schicksal ereilte. Das große Werk der Herrn Boisseree über den Dom zu Cöln, ist bereits so weit vorbereitet, daß nächstens ein Teil desselben erscheinen kann und wir dürfen davon, nicht allein hinsichtlich auf das Domgebäude, sondern im allgemeinen über die alte Architektur am Niederrheine Aufschluß und Belehrung erwarten.

Erheben wir uns endlich noch auf den höchsten, alles übersehenden Standpunkt, so läßt sich die betrachtete patriotische Richtung des Kunstgeschmacks wohl billig als ein Teil, oder auch als Folge der mächtigen Regung betrachten, von welcher die Gesamtheit aller zu Deutschland sich rechnenden Völker begeistert das Joch fremder Gewalt großmütig abwarf, die bekannten ewig denkwürdigen Taten

verrichtete, und aus Besiegten sich zu Überwindern empor-
schwang. Wir sind dieser Ansicht um so mehr geneigt als sie
unser Urteil gegen die Teilnehmer an besagtem Kunstgeschmack mildert, den Schein willkürlicher Irrung großen
Teils von ihnen abwälzt; denn sie fanden sich mit dem
gewaltigen Strom herrschender Meinungen und Gesinnungen fortgezogen. Da aber jener National-Enthusiasmus,
nach erreichtem großen Zweck, den leidenschaftlichen
Charakter, wodurch er so stark und tatfertig geworden,
ohne Zweifel wieder ablegen und in die Grenzen einer
anständigen würdigen Selbstschätzung zurücktreten wird,
so kann sich alsdann auch die Kunst verständig fassen lernen
und die beengende Nachahmung der ältern Meister aufgeben, ohne doch denselben und ihren Werken die gebührende und auf wahre Erkenntnis gegründete Hochachtung
zu entziehen.

Ein gleiches gilt von der Religiosität. Die echte, wahre,
die dem Deutschen so wohl ziemt, hat ihn zur schlimmsten
Zeit aufrecht erhalten und mitten unter dem Druck nicht
allein seine Hoffnungen, sondern auch seine Tatkräfte ge-
nährt. Möge ein so würdiger Einfluß bei fortwährendem
großen Drange der Begebenheiten der Nation niemals ermangeln; dagegen aber alle falsche Frömmelei aus Poesie,
Prosa, und Leben bald möglichst verschwinden und kräftigen heitern Aussichten Raum geben.

W. K. F.

Anmerkungen und Belege zu dem Aufsatz:
Neu-deutsche
religios-patriotische Kunst

Nachstehende Anmerkungen haben die Absicht, den Freunden der
Kunstgeschichte jene Zeiten schnell ins Gedächtnis zu rufen, in
welchen die von uns benannten Künstler gelebt und gearbeitet
haben. Denn schon durch Vergleichung der Jahre in welchen die
früheren nunmehr auf unsere Zeit wirksamen Künstler sich hervorgetan, wird der Betrachtung ein weites Feld geöffnet, so wie die
Anerkennung ihrer Verdienste womit sich der Aufsatz beschäftigt,
die Möglichkeit des Rückschritts welchen die neudeutsche Kunst
versucht, anschaulich macht.

Die Originalbelege daneben, mit kleineren Lettern gedruckt,

sollen wörtlich jene Maximen in sich fassen, welche mit einer teils
zeitgemäßen, teils zufälligen Kunstrichtung zusammentreffend
und vorgefaßte Neigungen begünstigend, eine so große Wirkung
getan haben, daß bis auf den heutigen Tag, alles was kunstgemäß
vernünftig ausgesprochen werden kann, wenig Eingang findet.
Demohngeachtet möchten jene bisher für sibyllinisch gehaltenen
Dogmen, wenn man sie einzeln näher betrachtet und mit uralten,
ewig wahren Kunstüberzeugungen zusammen hält, ihre er-
schlichene Autorität nach und nach völlig verlieren.

1) Hyacinthus Rigaud, geb. zu Perpignan 1659. st. zu Paris 1743.   10
   und Nic. de Largilliere, geb. zu Paris 1656, st. 1746. Zwei
   Bildnismaler deren sich die französische Malerschule mit
   Recht zu rühmen hat. Ihr Kolorit ist indessen konventionell,
   die Gewänder und übrige Nebenwerke in ihren Bildern rau-
   schend, prunkhaft, die Stellungen würde man studiert und
   vielleicht am besten repräsentierend nennen können.

2) Von mehreren Künstlern welche den Namen Coypel geführt,
   ist Anton Coypel der berühmteste und derjenige, so hier
   vorzüglich gemeint wird. Er war 1661 zu Paris geb. und starb
   daselbst 1722. Seine Figuren haben theatermäßigen Anstand   20
   und süßlichen gezierten Ausdruck. Ebenfalls hat es mehrere
   Maler Vanloo gegeben. Der auf welchen im Text angespielt
   wird, hieß Charles Andre Vanloo, 1706 geb. 1765 gest. Seine
   Erfindungen sind gehaltloser als die vom Coypel, sonst mag er
   an Geschmack und Kunstfertigkeit mit demselben verglichen
   werden.

3) J. H. Tischbein, zu Heina in Hessen 1722 geb. besaß fruchtbare Erfindungsgabe, muntere Färbung und viel Fertigkeit des
   Pinsels; von den französischen Mustern, welche er studiert,
   hatte er das Oberflächliche, bloß Scheinende, das Süßliche,   30
   Gezierte und den falschen Ausdruck angenommen. Sein Tod
   wird gegen das Ende des vorigen Jahrhunderts erfolgt sein.

4) Jean Baptiste Greuze, geb. zu Tournus 1725, gest. zu Paris
   1805, malte, mit wahrhaftem Ausdruck und kräftiger Farbe,
   Auftritte aus dem bürgerlichen Leben und hatte es dabei
   gewöhnlich auf das Rührende angelegt.

5) Schönau oder Schenau, in Sachsen um 1740 geb. starb vor etwa
   10 Jahren als Direktor der Dresdner Akademie.

6) Krause, in Frankfurt a. M. 1733 geb. Direktor der Zeichenschule in Weimar, starb 1806.   40

7) Oeser zu Preßburg 1717 geboren, starb zu Leipzig, wo er der
   Zeichenschule vorgestanden, im Jahr 1799.

8) Daniel Chodowiecky, Direktor der Berliner Akademie, war
   zu Danzig geb. 1726, starb 1801.

9) Ant. Raf. Mengs, war zu Außig, an der Böhmischen Grenze geboren 1728.

10) Maron und Unterberger, Österreicher, jener ist 1723 geb. und 1808 gestorben. Unterberger mochte wenig jünger sein.

11) Angelika Kaufmann, aus Bregenz am Bodensee, geb. 1742 st. zu Rom 1807.

12) Sergel, ein Schwede, ist vor wenig Jahren in Stockholm gestorben.

13) Alexander Trippel zu Schafhausen 1744 geb. st. zu Rom 1793.

14) Anton Canova, lebt in Rom, ist um 1760 zu Passagno im Trevisanischen geboren.

15) Der diese Nachrichten mitteilt erinnert sich noch wohl, wie damals ein solches Gemälde vortreffliche Arbeit des Spagnoletto mehrere Jahre lang, um verhältnismäßig sehr billigen Preis feil war und keinen Käufer fand.

16) Gavinus Hamilton, ein Schottländer, mochte mit Mengs ungefähr von gleichem Alter sein und st. zu Ende des vergangenen Jahrhunderts.

17) An welchem Ort in England J. Flaxmann geboren sei, wissen wir nicht anzugeben, er dürfte aber gegenwärtig ein Mann von etwa 50 Jahren sein.

18) Heinrich Füeßli ist zu Zürich 1742 geboren, lebt noch in London.

19) Wilhelm Tischbein um 1750 geboren lebt in Eutin.

20) Pietro Vannucci, Perugino genannt, weil er in der Nähe von Perugia 1446 geboren war, starb 1524. Rafael war sein Schüler.

21) Giovanni Bellini, ein Meister des Titian und des Giorgione, war 1424 zu Venedig geboren, st. daselbst 1514.

22) Andrea Mantegna soll 1431 geboren und 1506 gestorben sein. Einige halten ihn für den Lehrmeister des Correggio, welches aber, wenn diese Altersangaben richtig sind, nicht wahrscheinlich ist.

23) Pinturicchio (das Malerlein) von Perugia gebürtig, Bernardo war sein Taufname, der Familienname ist unbekant. Er lernte die Kunst in der Schule des Pietro Perugino und bemühte sich in dessen Geschmack zu arbeiten. Vasari sagt, dieser Maler sei 59 Jahr alt geworden und habe um 1513 gearbeitet. Bestimmtere Nachrichten über den Pinturicchio sind nicht vorhanden.

24) Thomaso Guidi, Masaccio oder der schmutzige Thomas genannt, weil er wenig auf Eleganz und körperliche Pflege hielt, war zu S. Giov. di Valdarno 1402 geb. lebte 41 Jahr.

25) Fra Giov. Angelico da Fiesole, Predigermönch im Kloster St. Marco zu Florenz, geb. 1387, st. 1455.

26) Heinrich Lips, Kupferstecher, geb. 1758 zu Kloten, einem
    Dorfe im Kanton Zürich, lebt gegenwärtig in Zürich.
27) Rafael Sanzio, zu Urbino 1483 geboren, starb 1520 zu Rom.
28) Lionardo da Vinci, geb. 1445, nahe bei Florenz, gestorben
    1520 in Frankreich.
29) Benvenuto Garofalo, hieß eigentlich Tisi, und Garofalo war
    bloß Zuname, er ist zu Ferrara 1481 geboren, st. 1559.
30) Ludwig Carracci zu Bologna, geb. 1555, gest. 1619, und seine
    beiden Neffen Augustin, geb. 1557, gest. 1602, und Hannibal,
    geb. 1560, gest. 1609, arbeiteten ungefähr in gleichem   10
    Geschmack, und erwarben sich das große Verdienst, die
    Kunst, welche sich zum Manierierten verirrt hatte, wieder auf
    den rechten Weg zurückgeführt zu haben.
31) Guido Reni, einer der vortrefflichsten Schüler der Carracci,
    geboren zu Bologna 1575, st. 1642.
32) Philipp Hackert, zu Berlin 1743 geb. starb zu Florenz 1806.
33) Martin Schoen von Culmbach. Es ist nicht bekannt wann
    dieser berühmte Maler geboren sei, man hält das Jahr 1486 für
    das Jahr seines Todes und er soll kein hohes Alter erreicht
    haben.   20
34) Albrecht Altdorfer, soll zu Altdorf in der Schweiz geboren
    sein und daher den Zunamen Altdorfer erhalten haben. Wie alt
    er geworden ist nicht bekannt, die Nachrichten sagen bloß, er
    habe 1511 noch zu Regensburg gelebt.
35) Albrecht Dürer zu Nürnberg 1470 geb. st. daselbst 1528.
36) Hans Holbein d. j. geb. zu Basel 1495, st. zu London 1554.
37) Lucas Kranach geb. 1472, st. zu Weimar 1553.
38) Friedrich Büri aus Hanau 1763 geb.
39) Carl Ludwig Fernow, geb. zu Blumenhagen in der Ucker-
    marck 1763, st. zu Weimar 1808.   30
40) Asmus Jacob Carstens, geb. zu St. Gürgen bei Schleswig 1754,
    starb zu Rom 1798.
41) Feodor, von Abkunft ein Kalmücke, lebt in Karlsruh und mag
    etwa um 1770 geboren sein.
42) W. H. Wackenröder, geb. zu Berlin 1772, starb 1798.
43) Ludwig Tieck, geb. zu Berlin 1773.
44) S. 61. »Das Zeitalter der Wiederaufstehung der Malerkunst in
    Italien hat Männer ans Licht gebracht zu denen die heutige
    Welt billig wie zu Heiligen in der Glorie hinaufsehen sollte.«
    und S. 64. heißt es vom Andrea Verocchio, dem Lehrmeister   40
    des Lionardo da Vinci und des Pietro Perugino.
    »Aber ach! wer kennt und wer nennt unter uns noch diese
    Namen, die damals wie funkelnde Sterne am Himmel glänz-
    ten?« und S. 109: »Wie innig lieb' ich die Bildungen jener Zeit,

die eine so derbe, kräftige und wahre Sprache führen! wie
ziehen sie mich zurück in jenes graue Jahrhundert, da du,
Nürnberg, die lebendigwimmelnde Schule der vaterländischen Kunst warst.«

45) S. 7. u. f. »ich konnte es nie dahin bringen – ja ein solcher
Gedanke würde mir gottlos vorgekommen sein – an meinen
auserwählten Lieblingen das Gute von dem sogenannten
Schlechten zu sondern und sie am Ende alle in eine Reihe zu
stellen, um sie mit einem kalten, kritisierenden Blicke zu
betrachten, wie es junge Künstler und sogenannte Kunstfreunde wohl jetzt zu machen pflegen.«
und S. 102.

»Und eben so betrachten sie, die blöden Menschen, (das will
sagen die Kunstrichter), ihr Gefühl als das Zentrum alles
Schönen in der Kunst und sprechen, wie vom Richterstuhle
über Alles das entscheidende Urteil ab, ohne zu bedenken daß
sie niemand zu Richtern gesetzt hat etc.«

S. 165. »Das Hauptsächlichste ist, daß man nicht mit ver-
wegenem Mut über den Geist erhabener Künstler sich hin-
wegzuschwingen und auf sie herabsehend, sie zu richten sich
vermesse: ein törichtes Unternehmen des eiteln Stolzes der
Menschen. Die Kunst ist über dem Menschen: Wir können die
herrlichen Werke ihrer Geweihten nur bewundern und verehren, und zur Auflösung und Reinigung aller unserer Gefühle,
unser ganzes Gemüt vor ihnen auftun.«

46) S. 115. »Aber die Neuern – – sie bestreben sich ihr Gemälde zu
einem Probestück von recht vielen lieblichen und täuschenden
(wäre gut,) Farben zu machen; sie prüfen ihren Witz in
Ausstreuung des Lichtes und Schattens.« – »Wehe muß ich
rufen über unser Zeitalter, daß es die Kunst so bloß als ein
leichtsinniges Spielwerk der Sinne übt, da sie doch wahrlich
etwas sehr Ernsthaftes und Erhabenes ist. Achtet man den
Menschen nicht mehr, daß man ihn in der Kunst vernachlässigt und artige Farben und allerhand Künstlichkeit mit Lich-
tern der Betrachtung würdiger findet.« S. 118. »Auch wird dir
das, mein geliebter Albrecht Dürer, als ein grober Verstoß
angerechnet, daß du deine Menschenfiguren nur so bequem
nebeneinander hinstellst, ohne sie künstlich gegen einander zu
verschränken, daß sie eine methodische Gruppe bilden.«

47) Dieses wird S. 67. mit bestimmten Worten ausgesprochen.
S. 50 läßt der Verf. den Rafael in einem Briefe an einen jungen
Maler, Antonio genannt, sich also ausdrücken:

»So wenig als einer Rechenschaft geben kann woher er eine
rauhe oder liebliche Stimme habe, so wenig kann ich dir sagen,

warum die Bilder unter meiner Hand gerade eine solche und
keine andere Gestalt annehmen.«

S. 51. »Daß ich nun jetzt aber gerade diese und keine andere
Art zu malen habe, wie denn ein jeder seine eigene zu haben
pflegt, das scheint meiner Natur von jeher schon eingepflanzt;
ich hab' es nicht mit saurem Schweiß errungen, und es läßt sich
nicht mit Vorsatz auf so etwas studieren.«

48) S. 60. »Gleich nach der Religion muß sie ihm (die Kunst dem
Künstler) teuer sein, sie muß eine religiöse Liebe werden, oder
eine geliebte Religion, wenn ich mich so ausdrücken darf.«

S. 136. u. f. »Manche Gemälde aus der Leidensgeschichte
Christi, oder von unserer heiligen Jungfrau, oder aus der
Geschichte der Heiligen, haben, ich darf es wohl sagen, mein
Gemüt mehr gesäubert und meinem innern Sinne tugend-
seligere Gesinnungen eingeflößt, als Systeme der Moral und
geistliche Betrachtungen. Ich denke unter andern auch mit
Inbrunst an ein über alles herrlich gemaltes Bild unseres
heiligen Sebastian, wie er nackt an einen Baum gebunden steht,
ein Engel ihm die Pfeile aus der Brust zieht und ein anderer
Engel vom Himmel einen Blumenkranz für sein Haupt bringt.
Diesem Gemälde verdanke ich sehr eindringliche und haf-
tende christliche Gesinnungen, und ich kann mir jetzt kaum
dasselbe lebhaft vorstellen, ohne daß mir die Tränen in die
Augen kommen.«

S. 158. »Ich vergleiche den Genuß der edlern Kunstwerke
dem Gebet.«

S. 159 u. f. »Eben so nun, meine ich, müsse man mit den
Meisterstücken der Kunst umgehen, um sie würdiglich zum
Heil seiner Seele zu nutzen.«

S. 223. »Diese ehrwürdigen Männer, von denen mehrere selbst
Geistliche und Klosterbrüder waren, widmeten die von Gott
empfangene Geschicklichkeit ihrer Hand auch bloß göttlichen
und heiligen Geschichten und brachten so einen ernsthaften
und heiligen Geist und eine so demütige Einfalt in ihre Werke,
wie es sich zu geweihten Gegenständen schickt. Sie machten
die Malerkunst zur treuen Dienerin der Religion und wußten
nichts von dem eiteln Farbenprunk der heutigen Künstler.
Ihre Bilder in Kapellen und an Altären, gaben dem der davor
kniete und betete die heiligsten Gesinnungen ein.«

50) Giotto; sein Familienname war Bondone. Zu Vespignano,
einem Dorfe bei Florenz, um 1276 geb., wurde des Cimabue
Schüler und hat durch seinen Fleiß und große Talente der
damals wieder auflebenden Malerei ungemein genutzt. Giotto
st. 1336.

51) Gaddo Gaddi, Taddeus Gaddi, Angelo Gaddi, alle von
einer Familie; Gaddo war Cimabues Schüler und lebte von
1239–1312. Taddeus st. 1352. Angelo wurde später Kaufmann,
st. 1387. Alle drei lebten in Florenz.

52) Andrea Orgagna, Maler, Bildhauer und Baumeister, einer der
vorzüglichsten Künstler seiner Zeit, st. 1389.

53) Buffalmacco, Maler und berühmter Spaßvogel, st. 1350, 78
Jahre alt.

54) Lucas von Leyden, berühmter Maler und Kupferstecher, zu
Leyden 1494 geboren, starb daselbst 1533.

55) Quintin Messis, der Schmied von Antwerpen genannt, indem
er anfänglich das Schmiede-Handwerk soll getrieben haben,
aber aus Liebe zur Tochter eines Malers diese Kunst erlernt, st.
1529.

56) Der erste und fünfte Aufsatz in den Phantasien über die Kunst
rühren von Wackenröder her, jener ist überschrieben: Schilderung wie die alten deutschen Künstler gelebt haben; dieser: die
Peterskirche.

57) Anton Watteau, geb. zu Valanciennes 1684, gest. zu Paris
1721.

58) Aug. Wilh. Schlegel, geb. zu Hannover 1767.

59) Siehe dessen Gedichte. Heidelberg. 1811. Bnd. 1. S. 84.

60) »Mit dem Gefühl ergibt sich der richtige Begriff und Zweck
von selbst und das bestimmte Wissen dessen was man
will – – –. Das religiöse Gefühl, Andacht und Liebe und die
stille Begeisterung derselben war es, was den alten Malern die
Hand führte, und nur bei einigen wenigen ist auch das hinzu-
gekommen, oder an die Stelle getreten, was allein das religiöse
Gefühl in der Kunst einigermaßen ersetzen kann; das tiefe
Nachsinnen, das Streben nach einer ernsten und würdigen
Philosophie, die in den Werken des Leonardo (da Vinci) und
des Dürer sich freilich nach Künstlerweise, doch ganz deutlich
meldet. Vergebens sucht ihr die Malerkunst wieder hervorzurufen, wenn nicht erst Religion oder philosophische Mystik
wenigstens die Idee derselben wieder hervorgerufen hat.
Dünkte aber dieser Weg den jungen Künstlern zu fern und zu
steil, so möchten sie wenigstens die Poesie gründlich studieren, die jenen selben Geist atmet. Weniger die griechische
Dichtkunst – – als die romantische. Die besten Poeten der
Italiäner, ja der Spanier, nebst dem Shakespear, ja die altdeutschen Gedichte, welche sie haben können, und dann die
Neuern die am meisten in jenem romantischen Geiste gedichtet sind; das seien die beständigen Begleiter eines jungen
Malers, die ihn allmählig zurückführen könnten in das alte

romantische Land und den prosaischen Nebel antikischer
Nachmacherei und ungesunden Kunstgeschwätzes von seinen
Augen hinweg nehmen. Ein Extrem wird vielleicht das andere
hervorrufen; es wäre nicht zu verwundern, wenn die allgemeine Nachahmungssucht bei einem Talent, das sich fühlte,
grade den Wunsch absoluter Originalität hervorbrächte.
Hätte nun ein solcher erst den richtigen Begriff von der Kunst
wiedergefunden, daß die symbolische Bedeutung und Andeutung göttlicher Geheimnisse ihr eigentlicher Zweck, alles
übrige aber nur Mittel, dienendes Glied und Buchstabe sei, so   10
würde er vielleicht merkwürdige Werke ganz neuer Art hervorbringen; Hieroglyphen wahrhafte Sinnbilder, aber mehr
aus Naturgefühlen und Naturansichten oder Ahndungen willkürlich zusammengesetzt, als sich anschließend an die alte
Weise der Vorwelt. Eine Hieroglyphe, ein göttliches Sinnbild
soll jedes wahrhaft so zu nennende Gemälde sein; die Frage ist
aber nur, ob der Maler seine Allegorie sich selbst schaffen,
oder aber sich an die alten Sinnbilder anschließen soll, die
durch Tradition gegeben und geheiligt sind und die, recht
verstanden, wohl tief und zureichend genug sein möchten? –   20
Der erste Weg ist gewiß der gefährlichere, – – – – – – – –
Sicherer bliebe es, ganz und gar den alten Malern zu folgen,
besonders den ältesten, und das einzig Rechte und Naive so
lange treulich nachzubilden, bis es dem Auge und Geiste zur
andern Natur geworden wäre. Wählte man dabei besonders
mehr den Styl der altdeutschen Schule zum Vorbilde, so
würde beides gewissermaßen vereinigt sein, der sichere Weg
der alten Wahrheit und das Hieroglyphische, worauf, als auf
das Wesen der Kunst, selbst da, wo die Kenntnis derselben
verloren war, wahre Poesie und Mystik zuerst wieder führen   30
muß, und selbst unabhängig von aller Anschauung, als die
bloße erste Idee der Kunst und Malerei führen kann. Denn
die altdeutsche Malerei ist nicht nur im Mechanischen der
Ausführung genauer und gründlicher als es die italiänische
meistens ist, sondern auch den ältesten, seltsamern und tief-
sinnigern christlich-katholischen Sinnbildern länger treu geblieben, deren sie einen weit größeren Reichtum enthält, als
jene, welche statt dessen oft ihre Zuflucht zu manchen bloß
jüdischen Prachtgegenständen des alten Testaments, oder zu
einzelnen Abschweifungen ins Gebiet der griechischen Fabel   40
genommen hat.« (Europa 2te Band 2s Stück S. 143–145.)
61) »Ich habe durchaus nur Sinn für die alte Malerei, nur diese
    verstehe und begreife ich etc.« (Europa 1ste Bd. 1stes Stck.
    S. 113.)

62) »Titian, Correggio, Julio Romano, Andrea del Sarto etc. das
sind für mich die letzten Maler.« (Ebendaselbst.) ferner (1r Bd.
2s Stck. S. 13.) »von dieser neuern Schule der italiänischen
Malerei, die durch Rafael, Tizian, Correggio, Julio Romano,
Michel Angelo vorzüglich bezeichnet wird, wiewohl auch
andere nicht so Epoche machende Maler noch wesentlich dazu
gehören, ist unstreitig das Verderben der Kunst ursprünglich
abzuleiten –.«

63) »Alle seine Bilder sind allegorisch, oder wenn dies für die
große Mannigfaltigkeit seiner Gemälde zu allgemein und zu
unbedingt scheinen möchte, so darf ich doch sagen: Allegorie
ist die Tendenz, der Zweck, der Charakter seiner Manier. Und
zwar jene Art der Allegorie, die darauf ausgeht, den unendlichen Gegensatz und Kampf des Guten und Bösen deutlich zu
machen etc.« (Europa 1r Bd. 1s Stck. S. 127.)
Die Auslegung von dem berühmten Gemälde der Nacht
dieses Meisters, als allegorisch auf den Gegensatz und Kampf
des Guten und Bösen Prinzips anspielend, sehe man im 1sten
Bde der Europa 1s Stck. S. 128. Die unter den Namen St.
Georg und St. Sebastian bekannten Gemälde werden auf
gleiche Weise erklärt. S. 129 u. f. Das Gemälde von der siegehaf-
ten Tugend, mit Leimfarbe gemalt. S. 134 u. f.

64) Siehe Europa 1n Bds. 1s Stck. S. 119. 129. 130.

65) Im 1n Bde. 1s Stck. S. 152. 153. vornehmlich was von einem
Gemälde Albrecht Dürers S. 154–157 berichtet wird. Hieher
gehört auch dasjenige so der Leser oben in der Note (60.)
bezügliches auf die altdeutsche Malerei erfahren hat und ferner, was im 2n Bde. 2s Stck. S. 19–23 über Dürer, seine
Kupferstiche und Holzschnitte gesagt ist. Sodann übersehe
man nicht die Hauptstelle im 2n Bde. 2s Stck. S. 112–117. Seite
111 wird sogar »der hohe Styl der altdeutschen Schule« angeführt, ein Ding, welches wohl manchem Ehrenmanne unbekannt sein dürfte.

66) Man lese nach: Europa 2r Bd. 2s Stck. S. 130–142.

67) Philipp Otto Runge war geb. 17... zu .. starb .. zu ..

68) ... Friedrich, geb. 17.. zu .... lebt in Dresden.

69) Ferdinand Hartmann geb. zu Stuttgardt ....

70) Gerhard von Kügelchen geb. zu ..

71) Franz und Johann Riepenhausen geb. zu Göttingen 17....

72) Cimabue, ein Florentiner, starb um 1300 etwa 60 Jahr alt. Er
gilt allgemein für den ersten Wiederhersteller der Malerei in
Italien.

73) Giotto, siehe Anmerkung No. 50.

74) Erdmann Hummel aus Cassel gebürtig und zu Berlin lebend,

hat die vornehmsten Auftritte aus D. M. Luthers Leben in
Umrissen auf einer Folge von Blättern herausgegeben. Ein
großes ausführlich gestochenes Blatt, nach des Berliner Maler
Catel Zeichnung, stellt Luthern dar, wie er zu Wittenberg die
päpstliche Bulle verbrennt. Es wären noch mehr andere anzuführen.

75) Wächter, Nahl u. a.

76) Pforr soll sich gegenwärtig in München befinden.

77) Hartmann u. a. m. Reinhard, vorzüglicher aus dem Voigtland
gebürtiger Landschaftsmaler, der sich zu Rom niedergelassen.

78) Näcke lebt zu Dresden und arbeitet viel für Buchhändler.
Viele Kupferstecher haben Vignetten nach seinen Zeichnungen geliefert.

79) Von Retschs Beschäftigungen, der ebenfalls in Dresden lebt,
können wir keine nähere Nachricht erteilen.

80) Cornelius, geb. zu Düsseldorf, bei der dortigen Akademie zur
Kunst gebildet. Er sendete zu den Weimarischen Kunst-
Ausstellungen schätzenswerte, gutes Talent und redliches
Streben verratende Beiträge. Später begab er sich nach Frank-
furt und trat zu seiner weitern Ausbildung die Reise nach Rom
an.

*) Ruscheweyh, Kupferstecher, gegenwärtig in Rom. Wir haben
von ihm eine schätzenswerte Nachbildung der Heilung des
Besessenen von Dominichin in Grotta Ferrata.

81) Von Overbeck wissen wir nur anzuführen, daß er, als Sohn des
beliebten Dichters, außer der Kunst wissenschaftliche Bildung
besitzt.

82) Vogel ist zu Zürich um das Jahr 1790 geboren.

83) Phöbus, herausgegeben von H. v. Kleist und A. H. Müller.
Dresden 1808.

84) Heinrich Goltzius, ein vortrefflicher niederländischer Kupferstecher, aber sehr manierierter Zeichner, starb 1617. 59 Jahr
alt. Die gleich vorhergenannten Bronzino und Salviati, letzterer eigentlich Francesco de Rossi genannt. Gute florentinische
Maler, allein dem Manierierten sehr zugetan, ja die Häupter
derselben. Sie blühten beide um die Mitte des sechzehnten
Jahrhunderts.

85) Bartholomäus Spranger, geboren zu Antwerpen 1546. Ein
Maler von vielem Talent, aber im ausschweifendsten Grade
manieriert, starb in hohem Alter zu Prag.

Philipp Otto Runge
Der Morgen

Philipp Otto Runge
DER MITTAG

Philipp Otto Runge
DER ABEND

Philipp Otto Runge
Die Nacht

PRAG

Am Fünften Februar 1816 feierte die Privatgesellschaft patriotischer Kunstfreunde daselbst das zwanzigjährige Andenken ihrer schätzenswerten Stiftung. Sie benutzten die Ruhe welche Böhmen genoß, indessen die übrige Welt teilweise nach und nach zerrüttet ward, diese höchst einflußreiche Anstalt zu gründen und wußten sogar, durch anhaltende Vorsorge, die letzten gefährlichen und traurigen Jahre glücklich zu übertragen.

Diese Kunst-Akademie erfreut sich hinreichender Örtlichkeiten, des Besitzes bedeutender Kunstwerke, eines Einkommens um Arbeiten lebender Künstler zu belohnen und anzuschaffen. Das Studium menschlicher Gestalt nach Natur und Antike wird unter Leitung des Herrn Direktor Bergler, das Landschaftliche hingegen unter Herrn Professor Pastel ⟨richtig: Postl⟩ unausgesetzt fortgeführt. Möge es dem Referenten dieser verehrlichen Gesellschaft, dem Herrn Fürsten Lobkowitz, gefallen zu Aufmunterung ähnlicher Anstalten, sie mögen schon begründet oder noch im Werke sein, von Zeit zu Zeit einige Kenntnis des dortigen Bestandes und der fernern Fortschritte zu geben.

RUNGISCHE BLÄTTER

So oft ich auch die vier Rungischen Blätter, deren oben gedacht worden, Liebhabern vorwies, entstand bei ihnen jederzeit der Wunsch sie zu besitzen, sowohl des ästhetischen als historischen Wertes wegen, niemals aber war ich im Stande einige Nachricht zu geben, wo diese schätzbaren Bilder allenfalls käuflich zu haben seien. Möchten daher gegenwärtig, bei erneuerter Aufmerksamkeit auf diese Tafeln, die Besitzer der Kupferplatten mit irgend einem Kunsthändler überein kommen und öffentlich anzeigen, wo und um welchen Preis Abdrücke davon zu erhalten seien.

Auch wird erinnert daß ein Bruder des zu früh Entwichenen eine Lebensbeschreibung desselben zu veranstalten gedachte, deren Herausgabe in dem gegenwärtigen Zeitpunkt gerade höchst wünschenswert wäre.

GEMÄLDE

Das Bild des heiligen Rochus, wovon der Umriß gegenwärtigem Hefte vorsteht, ist von wohldenkenden Anwohnern
des Rheins und Mayns gestiftet, in die Kapelle über Bingen,
zum Andenken der Feier jener friedlichen Wiederherstellung vom 16. August 1814.

Der Heilige ist darauf als Jüngling vorgestellt, der seinem
verödeten Palast den Rücken wendet. Die Pilgerkleidung
zeigt uns den Stand an welchen er ergriffen. Zu seiner   10
Rechten sehen wir ein Kind, das sich an Silbergeschirr und
Perlen, als einer Ausbeute frommer Güterspende freut, zur
Linken ein zu spät gekommenes, unschuldig flehendes Geschöpf, dem er die letzten Goldstücke aus dem Beutel
hinschüttet, ja den Beutel selbst nachzuwerfen scheint.
Unten, zur Rechten, drängt sich ein Hündchen heraus, die
Wanderung mit anzutreten bereit, es ist freilich nicht dasselbige, welches ihm in der Folgezeit so wunderbar hülfreich
geworden, aber darauf deutet es, daß er, als freundlicher
und frommer Mann, auch solchen Geschöpfen wohltätig   20
gewesen, und dadurch verdient von ihresgleichen künftighin unverhofft gerettet zu werden.

Hinten, über die mit Orangebäumchen gezierte Mauer,
sieht man in eine Wildnis, anzudeuten daß der fromme
Mann sich von der Welt gänzlich ablösen und in die Wüste
ziehen werde. Eine durch die Lüfte sich im Bogen schwingende Kette von Zugvögeln deutet auf die Weite seiner
Wanderschaft, indessen der Brunnen im Hofe immerfort
läuft und auf die unabgeteilte Zeit hinweist, welche fließt
und fließen wird, der Mensch mag wandern oder zurück-   30
kehren, geboren werden oder sterben.

Haben wir diesen Nebendingen zu viel Bedeutung beigelegt, so mag uns die Neigung des Jahrhunderts entschuldigen, welche überall Zusammenhang, Allegorie und Geheimnis mit Recht oder Unrecht, aufzusuchen Lust hat.

St. ROCHUS zu BINGEN.

Carl August Schwerdtgeburth
ST. ROCHUS ZU BINGEN

ALT-DEUTSCHE BAUKUNST

Während die Wünsche der Kunst- und Vaterlands Freunde auf die Erhaltung und Herstellung der alten Baudenkmale am Nieder-Rhein gerichtet sind, und man über die dazu erforderlichen Mittel ratschlägt, ist es höchst erfreulich und lehrreich zu betrachten, was in der Hinsicht am Ober-Rhein für das Münster zu Straßburg geschieht.

Hier wird nämlich schon seit mehreren Jahren mit großer Tätigkeit und glücklichem Erfolg daran gearbeitet, die durch Vernachlässigungen und Zerstörungen der Revolution entstandenen Schäden auszubessern.

Denn ist freilich der Vorschlag der Gleichheits-Brüder, den stolzen Münster abzutragen, weil er sich über die elenden Hütten der Menschen erhebt, in jenen Zeiten nicht durchgegangen; so hat doch die Bilder- und Wappenstürmende Wut dieser Fanatiker die vielen Bildwerke an den Eingängen, ja sogar die Wappen der *bürgerlichen* Stadtvorgesetzten und Baumeister oben an der Spitze des Turms keineswegs verschont.

Es würde zu weitläufig sein, alles anzuführen, was durch diese und andere mutwillige frevelhafte Zerstörungen, und wieder was in Folge derselben das Gebäude gelitten hat.

Genug, man beschäftigt sich jetzt unausgesetzt damit, alles nach und nach auf das sorgfältigste wieder herzustellen. So ist bereits das bunte Glaswerk der großen über 40 Fuß weiten Rose wieder in neues Blei gesetzt; so sind eine Menge neue Platten und steinerne Rinnen gelegt, durchbrochene Geländer, Pfeiler, Baldachine und Türmchen nach alten Mustern ersetzt worden. – Die fast lebensgroßen Equester-Statuen der Könige Chlodowig, Dagobert und Rudolph von Habsburg sind, ganz neu verfertigt, mit vieler Mühe und Kosten wieder an den großen Pfeilern bei der Rose aufgestellt. Und auch an den Eingängen kehren nun von den Hundert und aber Hundert Bildwerken schon manche nach alten Zeichnungen ausgeführte an ihre Stelle zurück.

Man erstaunt billig, daß alle diese eben so viel Übung und Geschicklichkeit als Aufwand erfordernden Arbeiten in unseren Tagen zu Stande kommen; und man begreift es nur,

wenn man die weise Einrichtung der noch von Alters her für
das Straßburger Münster bestehenden Bau-Stiftung und
Verwaltung kennt.

Schon im 13ten Jahrhundert waren die zum Bau und
Unterhalt dieses großen Werks bestimmten Güter und
Einkünfte von den ⟨zu⟩ reingeistlichen Zwecken gehörigen
getrennt, und der Obhut der Stadtvorgesetzten anvertraut
worden. Diese ernannten einen eigenen Schaffner und
wählten aus ihrer Mitte drei Pfleger, worunter immer ein
Stadtmeister sein mußte, – beides zur Verwaltung der Ein- 10
nahme und Ausgabe, so wie zur Aufsicht über den Werk-
meister, als welcher, vom Rat bloß zu diesem Zweck gesetzt
und von der Stiftung besoldet, wieder den Steinmetzen und
Werk-Leuten in der Bauhütte vorstand.

Auf diese Weise wurde die Sorge für das Münster eine
Städtische Angelegenheit und dies hatte vor vielen andern
Vorteilen die überaus glückliche Folge, daß die beträchtlichen Güter und Gelder der Stiftung als *Gemeinde Eigentum*
selbst in der verderblichsten aller Staatsumwälzungen gerettet werden konnten.   20

Auch mußte eine Verwaltung, von welcher alle Jahr
öffentlich Rechenschaft abgelegt wurde, notwendig das
größte Vertrauen einflößen, und immerfort neue Wohltäter
und Stifter zu Gunsten eines prachtvollen Denkmals gewinnen, welches eine zahlreiche vermögende Bürgerschaft
großenteils als ihr eigenes betrachten durfte.

Daher sah sich denn die Anstalt im Stande, nicht nur die
gewöhnlichen sondern auch außerordentliche Bedürfnisse,
wie z. B. nach einer großen Feuersbrunst, in der Mitte des
vorigen Jahrhunderts, die sehr beträchtlichen Kosten neuer 30
Bedachung und vielfachen damit zusammenhängenden
reich verzierten Steinwerks zu bestreiten; ja vor wenigen
Jahren noch sogar eine große Summe zum Ankauf von
Häusern zu verwenden, welche niedergerissen wurden, um
dem Gebäude einen weiteren offneren Zugang zu verschaffen.

Mit den Geldmitteln aber wurden nun zugleich auch die
Kunst- und Handwerksmittel mannichfach erhalten; denn
der alte Gebrauch, die Steinmetzen-Arbeit im Taglohn
fertigen zu lassen, blieb bei diesem Gebäude stets bestehen, 40

und man wich in der Herstellung der beschädigten Teile nie von der ursprünglichen Gestalt und Konstruktion ab.

Gerade aus diesem Grunde bedurfte man besonders geübte und geschickte Werkleute und diese bildeten sich dann auch immer von selbst einer durch den andern, weil die Arbeit nie ausging.

Zudem blieben die einmal in dieser Bauart geübten Leute gern an einem Ort, wo sie zu allen Jahrszeiten auf sichern anständigen Lohn zählen konnten. Endlich ist das Straß-burger Münster auch nicht das einzige Denkmal in Deutschland, bei welchem sich solche vortreffliche Einrichtung erhalten hat, sondern es besteht nach dem Beispiel derselben eine ähnliche gleichfalls unter Städtischer Verwaltung beim Münster zu Freiburg im Breisgau und bei St. Stephan in Wien, vielleicht auch noch anderwärts, ohne daß es uns bekannt geworden.

Hier hätten wir also im eigenen Vaterlande hinlänglich Muster für Erhaltungs-Anstalten und Pflanz-Schulen, aus welchen wir fähige Arbeiter zur Herstellung unserer in Verfall geratenen großen Baudenkmale ziehen könnten; und wir brauchten nicht unsere Zuflucht nach England zu nehmen, wo freilich seit einer Reihe von Jahren für Erhaltung und Herstellung der Gebäude dieser Art am meisten geschehen ist.

Die neuen Arbeiten am Straßburger Münster lassen wirklich weder in Rücksicht der Zweckmäßigkeit noch der schönen treuen Ausführung irgend etwas zu wünschen übrig. Ganz besonders aber muß der treffliche Stand und die Ordnung gerühmt werden, worin hier alles zur Bedeckung und zum Wasser-Lauf dienende Steinwerk gehalten wird.

Außer den Dächern ist nicht eine Handbreit Kupfer oder Blei zur Bedeckung angewandt. Alle die vielen Gänge und Rinnen findet man von Stein verfertigt, und die große Terrasse, ja sogar sämtliche Gewölbe in den beiden Türmen, welche wegen den offenen Fenstern der Witterung ausgesetzt, sind mit Platten belegt. Dies Steinwerk ist nun alles abschüssig und so sorgfältig zugerichtet, daß nirgend ein Tropfen Wasser stehen bleiben kann; und wie nur ein Stein schadhaft wird, ersetzt man ihn durch einen neuen. Im

September des vorigen Jahres hatten wir Gelegenheit, den
großen Nutzen dieser weisen Vorkehrung im vollsten Maß
zu bewundern. Es war nach den unaufhörlichen beispiello-
sen Regengüssen des Sommers, ja selbst nach den Regengüssen des vorigen Tages auch nicht eine Spur von Feuchtigkeit auf allen den offenen Stiegen, Gewölben, Gängen und
Bühnen zu entdecken!

Man sieht leicht ein, wie eng diese Einrichtung des Was-
serlaufs mit der ursprünglichen Anlage solcher Gebäude
zusammenhängt, und wie hingegen die Blei- und Kupfer-   10
Bedeckung für alle die mannigfaltigen, viele Winkel darbietenden Teile nicht ausreichen, sondern wegen des ewigen
Flickwerks in vielen Fällen nur Veranlassung zu großem
nutzlosen Kostenaufwand geben kann.

Der köllnische Dom bietet hierüber Erfahrungen genug
dar; man wird darum bei Herstellung desselben jene in
Straßburg befolgte für die Erhaltung so höchst zweckmäßige Weise ohne Zweifel desto mehr beherzigen.

Den Freunden des Altertums muß es sehr angenehm sein,
zu vernehmen, daß für dieses und andere Denkmale am   20
Nieder-Rhein bereits die ersten notwendigsten Maßregeln
getroffen sind.

Die im vorigen Sommer mit in dieser Hinsicht unternommene Reise des Geheimen Ober-Baurat Schinkel war hier
von sehr günstigem Einfluß. Die Regierung hat vor der
Hand eine beträchtliche Summe zur Ausbesserung eines
großen gefährlichen Bauschadens am Dachstuhl des cöllni-
schen Doms bewilligt, und die Arbeiten sind schon in
vollem Gang.

Außerdem ist zur Niederlegung einer neben dem Dom   30
stehenden verfallenen Kirche Befehl gegeben, wodurch eine
freiere Ansicht gerade des vollendeten Teils jenes Denkmals
gewonnen wird. Dann sorgte man auch für die Rettung der
gleichzeitig mit dem Cöllner Dom und nach einem ähnlichen, aber verkleinerten Plan gebauten Abtei-Kirche Altenberg in der Nähe von Cölln. Eine Feuersbrunst hat vor
kurzem dies schöne ganz vollendete Gebäude seines Dach-
werks beraubt. Man war einstweilen auf die notdürftigste
Bedeckung bedacht, und hofft im Lauf des Jahres, ein neues
Dach herstellen zu können.   40

Anderseits bemüht man sich in Trier sorgsam für die dortigen bedeutenden römischen Altertümer; und mehr oder weniger zeigt sich in dieser Hinsicht an vielen Punkten der nieder-rheinischen Länder die schützende Hand einer wohlwollenden Regierung, von welcher Kunst- und Vaterlands-Freunde die Erfüllung ihrer gerechten Wünsche nicht vergebens erwarten werden.

———

Wir können diese Nachricht nicht schließen, ohne noch ein Wort in Bezug auf den Straßburger Münster beizufügen:

Wir bemerkten mit großer Freude, wie sorgfältig dies wunderwürdige Werk in Ehren gehalten wird; desto mehr aber befremdete uns dies nicht auf die Ruhestätte des großen Meisters ausgedehnt zu finden, welchem das Gebäude seine Entstehung verdankt.

Die außen an einem Pfeiler bei der Sakristei angebrachte Grabschrift des Erwin von Steinbach ist nämlich durch eine kleine Kohlenhütte verdeckt, und man sieht mit Unwillen die Züge eines Namens von den Anstalten zu den Rauchfässern verunreinigt, welchem vor vielen andern Sterblichen der Weihrauch selbst gebührte!

Möchten doch die so sehr ruhmwürdigen Stadtbehörden und Vorsteher des Münsterbaues dieser leicht zu hebenden Verunehrung ein Ende machen, und den Ort anständig einfassen, oder die Inschriften herausnehmen und an einem bessern Ort im Innern des Gebäudes, etwa beim Eingang unter den Türmen aufstellen lassen.

———

Auf diese Weise erfahren wir nach und nach durch die Bemühungen einsichtiger, tätiger junger Freunde, welche Anstalten und Vorkehrungen sich nötig machten, um jene ungeheuren Gebäude zu unternehmen wo nicht auszuführen.

Zugleich werden wir belehrt, in welchem Sinn und Geschmack die nördlichere Baukunst vom achten bis zum funfzehnten Jahrhundert sich entwickelte, veränderte auf einen hohen Grad von Trefflichkeit, Kühnheit, Zierlichkeit gelangte, bis sie zuletzt durch Abweichung und Über-

ladung, wie es den Künsten gewöhnlich geht, nach und nach
sich verschlimmerte. Diese Betrachtungen werden wir bei
Gelegenheit der *Mollerischen* Hefte, wenn sie alle beisammen sind, zu unserer Genugtuung anstellen können. Auch
schon die viere, welche vor uns liegen, geben erfreuliche
Belehrung. Die darin enthaltenen Tafeln sind nicht numeriert, am Schlusse wird erst das Verzeichnis folgen, wie sie
nach der Zeit zu legen und zu ordnen sind.

Schon jetzt haben wir dieses vorläufig getan und sehen
eine Reihe von sechs Jahrhunderten vor uns. Wir legten
dazwischen was von Grund- und Aufrissen ähnlicher Gebäude zu Handen war und finden schon einen Leitfaden an
dem wir uns gar glücklich und angenehm durchwinden
können. Sind die Mollerischen Hefte dereinst vollständig,
so kann jeder Liebhaber sie auf ähnliche Weise zum Grund
einer Sammlung legen, woran er für sich und mit andern
über diese bedeutenden Gegenstände täglich mehr Aufklärung gewinnt.

Alsdann wird, nach abgelegten Vorurteilen, Lob und
Tadel gegründet sein und eine Vereinigung der verschieden-
sten Ansichten, aus der Geschichte auf einander folgender
Denkmale, hervorgehen.

Auch muß es deshalb immer wünschenswerter sein daß
das große Werk der Herrn *Boisseree*, den Dom zu Cölln
darstellend, endlich erscheine. Die Tafeln die schon in
unsern Händen sind, lassen wünschen daß alle Liebhaber
bald gleichen Genuß und gleiche Belehrung finden mögen.

Der Grundriß ist bewundernswürdig und vielleicht von
keinem dieser Bauart übertroffen. Die linke Seite, wie sie
ausgeführt werden sollte, gibt erst einen Begriff von der
ungeheuern Kühnheit des Unternehmens. Dieselbe Seiten-
ansicht, aber nur so weit als sie zur Ausführung gelangte,
erregt ein angenehmes Gefühl mit Bedauern gemischt. Man
sieht das unvollendete Gebäude auf einem freien Platz
indem die Darsteller jene Reihe Häuser, welche niemals
hätte gebaut werden sollen, mit gutem Sinne weggelassen.
Daneben war es gewiß ein glücklicher Gedanke die Bauleute
noch in voller Arbeit und den Kranen tätig vorzustellen,
wodurch der Gegenstand Leben und Bewegung gewinnt.

Kommt hiezu nun ferner das *Facsimile* des großen Origi-

nal-Aufrisses, welchen Herr Moller gleichfalls besorgt, so
wird über diesen Teil der Kunstgeschichte sich eine Klarheit
verbreiten, bei der wir die in allen Landen aufgeführten
Gebäude solcher Art, früher und späterer Zeit, gar wohl
beurteilen können; und wir werden alsdann nicht mehr die
Produkte einer wachsenden, steigenden, den höchsten Gipfel erreichenden und sodann wieder versinkenden Kunst
vermischen und eins mit dem andern entweder unbedingt
loben oder verwerfen.

ZUM SCHLUSS

Ein wichtiges Resultat, das uns die Kunstgeschichte verleiht, ist folgendes. Je höher, herrlicher und reiner die
bildende Kunst sich auf diesem Erdenrunde hervortat, desto
langsamer war das Abnehmen derselben, ja selbst im Nie-
dersteigen ruhte sie noch oft auf glänzenden und leuchtenden Stufen. Von Phidias bis auf Hadrian bedurfte es voller
20 sechshundert Jahre und wer besitzt nicht noch mit Ergötzen
ein Kunstdenkmal aus den Zeiten dieses Kaisers!

Von dem übermenschlichen aber auch die Menschheit
gewaltsam überbietenden Michel Angelo, bis zu dem ma-
nieriertesten Spranger, waren kaum einhundert Jahre nötig
um die Kunst von angestrengter Großheit zu überstrengter
Fratzenhaftigkeit herunter zu ziehen. Und doch werden
Liebhaber immer mit dem größten Vergnügen gelungene
Arbeiten Sprangers in ihren Sammlungen aufnehmen.

Von dem kränklichen Klosterbruder hingegen und seinen
30 Genossen, welche die seltsame Grille durchsetzten, »merkwürdige Werke ganz neuer Art, Hieroglyphen, wahrhafte
Sinnbilder, aus Naturgefühlen, Naturansichten, Ahndungen willkürlich zusammen gesetzt, entfernt von der alten
Weise der Vorwelt;« zu verlangen, rechnen wir kaum zwanzig Jahre und dieses Geschlecht sehen wir schon in dem
höchsten Unsinn verloren. Zeugnis hievon ein zur Berliner
Ausstellung eingesendetes, aber nicht aufgestelltes Gemälde, nach Dante:

Lebensgroße Figur mit grüner Haut. Aus dem enthaupteten Halse sprützt ein Blutquell, die Hand des rechten, ausgestreckten Armes, hält den Kopf bei den Haaren, dieser, von innen glühend, dient als Laterne, wovon das Licht über die Figur ausgeht.

PÜCHLERISCHE FAMILIE

Johann Anton Püchler ein Tyroler geboren um Siebenzehnhundert, lernte bei einem böhmischen Glasschleifer, zog nach Italien, arbeitete in Neapel und Rom, lebte noch 1769 berühmt und geliebt.

Johann der Sohn, geboren zu Neapel 1731 starb zu Rom 1791 der ganzen mitlebenden Kunst- und Liebhaberwelt rühmlichst bekannt.   20

Dessen Söhne Joseph und Ludwig steigern ihre Kunsttätigkeit bis auf den heutigen Tag, wie das Portrait Pius des 7^{tn} uns aufs sicherste überzeugt.

ELGIN MARBLES

Ein Werk von großer Bedeutung. Der Katalog dessen was diese Sammlung enthält ist wichtig und erfreulich, und daß dabei die schon in England vorhandenen Sammlungen, die   30
Kunstreste von Phigalia, und Aegina zur Sprache kommen, und von ihrem sämtlichen Kunstgehalt und allenfallsigen Geldeswert die Rede ist gibt sehr schöne Einsichten.

Die Verhöre nun über Kunst- und Geldeswert der Elginischen Sammlung, besonders, wie auch über die Art wie solche acquiriert worden, sind höchst merkwürdig. In der Überzeugung der höchsten Vortrefflichkeit dieser Werke stimmen die Herren alle überein, doch sind die Motive ihres Urteils und besonders die Vergleichungsweise mit andern berühmten und trefflichen Kunstwerken höchst seltsam   40

THE

ELGIN MARBLES

FROM

THE TEMPLE OF MINERVA

AT

A T H E N S:

ON SIXTY-ONE PLATES,

SELECTED FROM

"STUART'S AND REVETT'S ANTIQUITIES OF ATHENS."

TO WHICH ARE ADDED,

𝕿𝖍𝖊 𝕽𝖊𝖕𝖔𝖗𝖙 𝖋𝖗𝖔𝖒 𝖙𝖍𝖊 𝕾𝖊𝖑𝖊𝖈𝖙 𝕮𝖔𝖒𝖒𝖎𝖙𝖙𝖊𝖊

TO

THE HOUSE OF COMMONS,

RESPECTING

THE EARL OF ELGIN'S COLLECTION OF SCULPTURED MARBLES,

AND

AN HISTORICAL ACCOUNT OF THE TEMPLE.

———

LONDON:

PRINTED BY J. MOYES, GREVILLE STREET,

FOR J. TAYLOR, AT THE ARCHITECTURAL LIBRARY, 59, HIGH HOLBORN.

———

M.DCCC.XVI.

THE ELGIN MARBLES
Titelseite

und unsicher. Hätte jemand einen kurzen Abriß der Kunstgeschichte und ihrer verschiedenen auf einander folgenden
Epochen gegeben; so war die Sache klar, alles und jedes
stand an seinem Platz, und wurde da nach Würden geschätzt. Freilich würde alsdann sogleich hervorgesprungen
sein die Albernheit der Frage, ob diese Kunstwerke so
vortrefflich seien, als der Apoll von Belvedere? Indessen ist
es höchst intressant zu lesen, was Flachsmann und West bei
dieser Gelegenheit sagen. Henry Bankes, Esq. in the Chair
10 versteht freilich gar nichts von der Sache, er müßte sich denn
sehr verstellt haben. Denn wenn er, mit Bewußtsein, die
ironischen Antworten einiger Befragten ruhig einsteckte,
und immer fortfuhr, ungehörige Fragen zu tun, so muß man
ihn als Meister der Verstellungskunst rühmen.

Sappho
von einem herrschenden Vorurteil befreit

20   durch
                           F. G. Welcker
                    ord. Prof. der Philos. zu Göttingen
                           Göttingen 1816.

Wenn es nach dem Ausspruch unseres geistvollen und
talentreichen Freundes Uwarof ginge, (Rhein und Mayn
drittes Heft) daß nämlich eine jede Schrift in der ihrem
Inhalt gemäßesten Sprache geschrieben würde, so hätte
dieses Büchlein notwendig griechisch verfaßt werden sol-
30 len: denn erstlich gehört der uns Neuere immer anwidernde
Gegenstand zwar jenem herrlichen, sich selbst in Tugend
und Lastern überbietenden Volke der Griechen, mag aber
doch nur dem erträglich werden, dessen Beruf es ist, die
Verflechtung des Höchsten und tiefsten, die Verirrung der
Natur zur Unnatur, als Nationalsitte kennen zu lernen.
Hievon deutsch zu reden gibt es manche Schwierigkeiten
welche dem Verfasser begegneten. Unsre sittlich reine Sprache konnte derselbe nicht puristisch rein schreiben, weil für
die griechischen und römischen unziemlichen Begriffe keine
40 deutschen Worte zu finden waren. Beizubehalten daher jene

fremden Töne, die immer einen gewissen mildernden
Wohlklang mit sich führen fand er sowohl nötig als rätlich.
Doch würden wir dieser Arbeit, welche besser unbekannt
bliebe, nicht erwähnen, wenn der Verfasser unsern Namen
nicht auf die wunderlichste Weise in seinen unreinen Kreis
gezogen hätte. Die Stelle Seite 16 lautet folgendermaßen.

»Es ist ein großes Mißverständnis, wenn neuerlich, falls
ich nicht sehr irre, in Goethes Farbenlehre, in anderer
Ansicht auf die *Chloris* und *Thyia*, als noch im Hades
unzertrennlich, angespielt worden ist.«   10

Daß ein Gelehrter das Buch nicht zu lesen brauche das er
anführt, ist längst zugestanden; daß dem Gedächtnis Ver-
wechselungen verziehen werden müssen, wird jeder Ältere
mit Bedauern eingestehn. Was aber den ersten Punkt betrifft, so lassen sich Literatoren das Studium der Register
desto angelegner sein. Ich selbst über mein nachlassendes
Erinnerungsvermögen, das weder von Chloris noch Thyia
im Farbenreiche etwas wissen wollte ⟨erstaunt⟩, griff eilig
nach den zweiten Band meiner Farbenlehre, und schlug das
am Ende derselben sorgfältig ausgearbeitete Register nach.   20
Hier waren denn diese beiden Namen nicht zu finden, wie
ich schon vermutet hatte, deshalb ich mich auch nicht
verwunderte, mit desto größere⟨r⟩ Verwunderung aber
über die angeführte Stelle nachdachte.

Ich las weiter und nun ging mir ein Licht auf⟨,⟩ der
Verfasser fährt fort:

»Pausanias, der einzige, der ihrer in Verbindung gedenkt,
erwähnt ganz unverfänglich (X, 29.), wie unter den Gemälden der Delphischen Lesche: ›unter der Phädra sei Chloris,
liegend unter den Knieen der Thyia. Man werde nicht irren,   30
wenn man sagt, sie hätten Freundschaft gegen einander im
Leben gehabt‹.«

Ohne den Druckfehler ausmitteln zu wollen der diese
Stelle trübt, schreiten wir sogleich zur Sache. Ich erinnerte
mich gar wohl, daß überzeugt der Kunstgeschichte könne
kein größerer Vorteil erwachsen, als wenn man die alten,
verlornen Kunstdenkmale den Beschreibungen gemäß, analog der Denkart und Weise jener Zeiten dem Anschauen
sinnlich oder auch nur symbolisch näher brächte die weimarischen Kunstfreunde sich mit den Gemälden des Polygnots   40

in der Delphischen Lesche beschäftigt ⟨hatten⟩. Die guten
Ripenhaußen waren damals auf demselbigen Wege, und
kamen uns entgegen. Mögte sie doch das gute Geschick hier
immer fortgeleitet, und von den Legendentand abgehalten
haben. *[*Dann würden wir*]* wie wir ihnen *die Folgen der
Eroberung Trojas* verdanken, welche von den weimarischen
Kunstfreunden vor dem Augusthefte der jenaischen allgemeinen Literaturzeitung benutzt worden, so würden sie uns
auch den Hades geliefert haben, welcher die entgegenge-
10 setzte Seite der Lesche schmückte, und von den weimarischen Kunstfreunden leider nur im Buchstabenbilde dargestellt werden konnte. Hier fanden sich nun die beiden
Freundinnen *Chloris* und *Thya* an rechter Stelle, geprüfte
Freundinnen, auch noch im Hades einander zugetan.

Nun war ich aber aufs neue verlegen, aufzufinden in
welcher verfänglichen Ansicht wir auf diese guten Kinder
angespielt haben möchten. Denn verfänglich mußte sie sein,
weil die Erwähnung des Pausanias als unverfänglich uns
entgegen gesetzt wird. Ich las die kurze Erklärung der
20 symbolischen Buchstabentafel, und fand nichts als die reinen ruhigen Worte
⟨Unter ihnen Chloris und Thyia, zärtliche Freundinnen,
eine der andern im Schoße liegend⟩
dem Pausanias nachgeschrieben, denn was konnten wir
anders tun.

So sind denn also in dieser Stelle des Herrn Welckers so
viel Irrtümer als Worte: in Goethes Farbenlehre findet sich
nichts von Chloris und Thyia, in dem Aufsatze über den
Hades des Polygnots, sich keine verfängliche Anspielung,
30 und hier soll doch ein großes Mißverständnis obwalten!
Dieser Ausdruck ist um so verfänglicher als auf der fünften
Seite, von groben Mißverständnissen, Unbedachtsamkeit,
verstandlosen Äußerungen, unberufenem Urteil, Mißhandlung würdiger Namen mit Unwillen gesprochen wird. Können wir über dieses seltsame Ereignis aufgeklärt werden, so
soll es uns sehr angenehm sein. Leider scheint der Herr
Verfasser dieses Büchleins das wir mit Sorgfalt gelesen, auf
den Wege mehrerer Philologen zu sein, welche die starr
unerfreuliche Seite ihres Geschäftes, durch verfängliche
40 Beziehungen interessant zu machen, und dadurch der ver-

derbten Welt anzunähern gedenken. Möge der Verfasser
uns eine wohlmeinende Warnung verzeihen, die wir ihm,
ohngeachtet unserer geführten Beschwerden wohlmeinend
vorhalten, er schifft in gefährlicher Gegend, sein Fahrzeug
schwebt über Untiefen, und läuft Gefahr, jeden Augenblick
zwischen den zwei leidigen Syrten Sinnlichkeit und Mystik
ohne Rettung zu stranden.

BLÜCHERS DENKMAL   10

Daß Rostock, eine so alte und berühmte Stadt, durch die
Großtaten ihres Landsmannes sich frisch belebt und erhoben fühlte, war ganz naturgemäß; daß die Stellvertreter des
Landes, dem ein so trefflicher Mann angehört, sich berufen
hielten demselben am Orte seiner Geburt ein bedeutendes
Denkmal zu stiften, war eine von den ersten Wirkungen
eines lang ersehnten Friedens. Die Versammlung der Mecklenburgischen Stände im Dezember 1814 faßte den einstim-
migen Beschluß die Taten ihres hochberühmten Lands-   20
manns auf eine solche Weise zu verehren. Die Sanction der
beiden Großherzoge Königl. Hoheit erfolgte darauf, so wie
die Zusage eines bedeutenden Beitrags. Alle Mecklenburger
wurden sodann zu freiwilligen Beiträgen gleichfalls eingeladen, und die Stände bewilligten den allenfalls abgehenden
Teil der Kosten. Die Höchstgebildete Erbgroßherzogin
Caroline, alles Gute und schöne befördernd, nahm lebhaften Anteil an diesem Vorhaben, und wünschte, im Vertrauen auf ihre Vaterstadt, daß die Weimarischen Kunstfreunde sich bei der Ausführung nicht untätig verhalten   30
möchten. Der engere Ausschuß der Ritter- und Landschaft
ward beauftragt Ideen und Vorschläge zu sammeln; hieraus
entstand eine Konkurrenz mehrerer verdienter Künstler;
verschiedene Modelle, Zeichnungen und Entwürfe wurden
eingesendet. Hier aber tat sich die Schwierigkeit hervor,
woran in den neusten Zeiten mancher Plan gescheitert ist:
wie nämlich die verschiedenen Wünsche so vieler Interes-
senten zu vereinigen sein möchten? Dieses Hindernis suchte
man dadurch zu beseitigen daß ein, Landesherrlicher und
Ständischer Seits genehmigter, Vorschlag durch Herrn   40

Johann Gottfried Schadow
ERSTES MODELL ZUM ROSTOCKER BLÜCHER-DENKMAL

Kammerherrn von Preen an den Herausgeber gegenwärtiger Hefte gebracht wurde, wodurch man denselben aufforderte der Beratung in dieser wichtigen Angelegenheit
beizuwohnen. Höchst geehrt durch ein so unerwartetes
Vertrauen erneuete derselbe ein früheres Verhältnis mit
Herrn Direktor Schadow in Berlin; verschiedene Modelle
wurden gefertigt, und das Letzte, bei persönlicher Anwesenheit gedachten Herrn Direktors in Weimar, nochmals
mit den dortigen Kunstfreunden bedacht und besprochen,
sodann aber durch Vermittelung des in dieser Angelegenheit immer tätigen Herrn von Preen die Ausführung höchsten und hohen Orts beschlossen, und dem bereitwilligen
Künstler übertragen.

Das Piedestal aus vaterländischem Granit, wird auf der
Schweriner Schleifmühle, von der so schöne Arbeiten in
dem härtesten Stein bekannt sind, auf Kosten Ihro Königl.
Hoheit des Großherzogs bearbeitet. Auf diesen Untersatz,
von neun Fuß Höhe, kommt die aus Erz gegossene, gleichfalls neun Fuß hohe Statue des Helden zu stehen. Er ist
abgebildet mit dem linken Fuß vorschreitend, die Hand am
Säbel, die Rechte führt den Kommandostab. Seine Kleidung
kunstgemäß, doch erinnernd an eine in den neuern Zeiten
nicht seltene Tracht. Der Rücken durch eine Löwenhaut
bekleidet, wovon der Rachen auf der Brust das Heft bildet.
Das entblößte Haupt läßt eine prächtige Stirn sehen, die
höchst günstigen Züge des Gesichts sprechen einen bedeutenden Charakter aus, wie denn überhaupt die schlanke
Gestalt des Kriegers dem Künstler sehr willkommen entgegen tritt.

Zu bedeutenden halberhobenen Arbeiten an das Piedestal, sind auch schon Zeichnungen und Vorschläge eingereicht, deren nähere Bestimmung noch zu erwarten steht.

Die am Schlusse des Jahrs 1815 versammelten Stände
benutzten den 16. Dezember als den Geburtstag des Fürsten, ihre dankbare Verehrung, nebst der Anzeige des von
seinem Vaterlande ihm zu errichtenden Monuments überreichen zu lassen; die darauf erfolgte Antwort geziemt
einem Manne, welcher, im Gefühl daß die Tat selbst spreche, ein Denkmal derselben eher ablehnen als begünstigen
möchte.

SKIZZEN
ZU
CASTIS FABELGEDICHT: DIE REDENDEN TIERE

Diese, von einem vorzüglichen Künstler an die Weimarischen Kunstfreunde gesandt, gaben zu folgenden Betrachtungen Anlaß.

Das Fabelgedicht von Casti gibt zu malerischer Darstellung weniger günstigen Stoff als Reinecke Fuchs und andere
einzelne Apologen. Was gebildet werden soll, muß ein
Äußerliches mit sich führen, wo nichts geschieht hat der
Künstler seine Vorteile verloren. In genanntem Gedichte
sind innerliche Zustände die Hauptsache, lebhafte, heftige,
kluge, revolutionäre Gesinnungen einer schwachen und
doch gewaltsamen und in ihrer Klugheit selbst unklugen,
besorgten und sorglosen Despotie entgegengestellt. Als
Werk eines geistreichen Mannes hat es große Vorzüge, dem
bildenden Künstler aber gewährt es wenige bedeutende
Momente. In solchen Fällen betrachtet man ein Bild und
man weiß nicht was man sieht wenn man uns gleich sagt was
dabei zu denken wäre.

I. *Beratschlagen der Tiere* über künftige Regierungsform;
ob monarchisch, oder republikanisch? Macht eine gute
Tiergruppe, wer könnte aber dabei erraten daß sie beratschlagen?

II. *Rede des Löwen* als erwählten Königs. Bildet sich gut
zusammen, auch drückt sich das Herrische des Löwen, die
Nachgiebigkeit der übrigen untergeordneten Geschöpfe
deutlich aus.

III. *Die Krönung des Löwen* durch den Ochsen. Ein
sinnlicher Akt, macht ein gutes Bild, nur ist die Plumpheit
des Krönenden keineswegs erfreulich, man fürchtet den
neuen Monarchen auf der Stelle erdrückt zu sehen.

IV. *Das Tatzenlecken*; wird spöttisch dadurch der Handkuß vorgestellt. Wir können uns hier der Bemerkung nicht
enthalten, daß das Gedicht, mit allen seinen Verdiensten,
nicht sowohl poetisch ironisch, als direkt satyrisch ist. Hier
sind nicht Tiere die wie Menschen handeln, sondern völlige
Menschen, und zwar moderne, als Tiere maskiert. Das
Tatzenlecken kann im beabsichtigten Sinne nicht deutlich

Johann Heinrich Menken
DIE BERATSCHLAGUNG DER TIERE

Johann Heinrich Menken
DIE KRÖNUNG DES LÖWEN DURCH DEN OCHSEN

Johann Heinrich Menken
COUR UND TATZENLECKEN
(Der Handkuß)

Johann Heinrich Menken
DER KRANKE LÖWE MIT TRAUERNDEM HOFSTAAT

werden. Man glaubt des Löwen Pfote sei verletzt, das
Lecken eine Kur, und man wird durch den leidenden Blick
des Löwen gegen Affen und Kater gerichtet in diesen
Gedanken bestärkt. Kein Künstler vermöchte wohl auszudrücken daß der Löwe Langeweile hat.

Diese Bilder würden durch das Gedicht klar und, da sie
gut komponiert und wohl beleuchtet sind, von bekannter
geschickter Hand dem Liebhaber wohl erfreulich sein. Das
sechste und siebente hingegen ist nicht zu entziffern; wenn
man den Zweck nicht schon weiß so versteht man sie nicht,
und wird uns das Verständnis eröffnet so befriedigen sie
nicht. Von bildlichen Darstellungen welche zu einem geschriebenen Werke gefertigt werden darf man freilich nicht
so streng verlangen daß sie sich selbst aussprechen sollen,
aber daß sie an und für sich gute Bilder seien, daß sie nach
gegebener Erklärung den Beifall des Kunstfreundes gewinnen läßt sich wohl erwarten.

Was jedoch solchen Produktionen eigentlich den höchsten Wert gibt, ist ein guter Humor, eine heitere, leiden-
schaftslose Ironie wodurch die Bitterkeit des Scherzes, der
das Tierische im Menschen hervorhebt, gemildert und für
geistreiche Leser ein geschmackvoller Beigenuß bereitet
wird. Musterhaft sind hierin *Jost Ammon* und *Aldert* von
Everdingen in den Bildern zu Reinecke Fuchs, *Paul Potter*
in dem berühmten weiland Casler Gemälde, wo die Tiere
den Jäger richten und bestrafen.

Vorstehendes gab zu weitern Betrachtungen Anlaß.

Die Tier-Fabel gehört eigentlich dem Geiste, dem Gemüt,
den sittlichen Kräften, indessen sie uns eine gewisse derbe
Sinnlichkeit vorspiegelt. Den verschiedenen Charakteren
die sich im Tierreich aussprechen borgt sie Intelligenz die
den Menschen auszeichnet, mit allen ihren Vorteilen: dem
Bewußtsein, dem Entschluß, der Folge, und wir finden es
wahrscheinlich, weil kein Tier aus seiner beschränkten,
bestimmten Art herausgeht und deshalb immer zweckmäßig zu handeln scheint.

Wie die Fabel des Fuchses sich durch lange Zeiten durch-
gewunden und von mancherlei Bearbeitern erweitert, bereichert und aufgestutzt worden, darüber gibt uns eine
einsichtige Literargeschichte täglich mehr Aufklärung.

Daß wir sinnliche Gegenstände wovon wir hören auch
mit Augen sehen wollen, ist natürlich, weil sich alles was wir
vernehmen dem innern Sinn des Auges mitteilt und die
Einbildungskraft erregt. Diese Forderung hat aber der bildenden Kunst, ja allen äußerlich darstellenden, großen
Schaden getan und richtet sie mehr oder weniger zu   10
Grunde. Die Tierfabel sollte eigentlich dem Auge nicht
dargestellt werden, und doch ist es geschehen; untersuchen
wir an einigen Beispielen mit welchem Glück.

Jost Ammon, in der zweiten Hälfte des sechszehnten
Jahrhunderts, gab zu einer lateinischen metrischen Übersetz-
zung des Reinecke Fuchs, kleine, allerliebste Holzschnitte.
In dem großen Kunstsinne der damaligen Zeit, behandelt er
die Gestalt der Tiere symbolisch, flügelmännisch, nach
heraldischer Art und Weise, wodurch er sich den größten
Vorteil verschafft von der naivsten Tierbewegung bis zu   20
einer übertriebenen, fratzenhaften Menschenwürde gelangen zu können. Jeder Kunstfreund besitzt und schätzt
dieses kleine Büchelchen.

Aldert von Everdingen zog als vortrefflicher Landschaftsmaler die Tierfabel in den Naturkreis herüber, und
wußte, ohne eigentlich Tiermaler zu sein, vierfüßige Tiere
und Vögel dergestalt ans gemeine Leben heran zu bringen,
daß sie, wie es denn auch in der Wirklichkeit geschieht, zu
Reisenden und Fuhrleuten, Bauern und Pfaffen gar wohl
passend, einer und eben derselben Welt unbezweifelt ange-   30
hören. Everdingens außerordentliches Talent bewegte sich
auch hier mit großer Leichtigkeit, seine Tiere nach ihren
Zuständen passen vortrefflich zur Landschaft und komponieren mit ihr aufs anmutigste. Sie gelten eben so gut für
verständige Wesen als Bauern, Bauerinnen, Pfaffen und
Nonnen. Der Fuchs in der Wüste, der Wolf ans Glockenseil
gebunden, einer wie der andere sind an ihrem Platz. Darf
man nun hinzusetzen, daß Everdingens landschaftliche
Kompositionen, ihre Staffage mit inbegriffen, zu Licht- und
Schattenmassen trefflich gedacht, dem vollkommensten   40

Helldunkel Anlaß geben; so bleibt wohl nichts weiter zu wünschen übrig.

Diese Sammlung, in guten Abdrücken, ist jedem Liebhaber wert. Im Notfall kann man sich aus der Gottschedischen Quartausgabe, wozu man die schon geschwächten Platten benutzte, immer noch einen Begriff von dem hohen Verdienst dieser Arbeit machen.

Von allen Künstlern welche die Tierfabel zum Gegenstand ihrer Bemühungen erkoren, hat wohl keiner so nahe den rechten Punkt getroffen, als *Paul Potter*, in einem Gemälde von mehreren Abteilungen so sich ehemals in der Galerie zu Cassel befunden. Die Tiere haben den Jäger gefangen, halten Gericht, verurteilen und bestrafen ihn; auch des Jägers Gehülfen, Hunden und Pferd wird ein schlimmes Los zu teil. Hier ist alles ironisch und das Werk scheint uns als gemaltes Gedicht außerordentlich hoch zu stehen. Wir sagen absichtlich, als gemaltes Gedicht, denn obgleich Potter der Mann war, daß alles von ihm herrührende von Seite der Ausführung Verdienste hat, so gehört doch gerade das erwähnte Stück nicht unter diejenigen, wo er uns als Maler Bewunderung abnötigt. Hingegen wird schwerlich ein anderes, selbst das vollendete Meisterstück der pissenden Kuh nicht ausgenommen, dem Beschauer größeres Vergnügen gewähren, sich seinem Gedächtnis so lebhaft und ergötzend einprägen.

Gibt Potters Gemälde ein Beispiel, in welchem Geist Tierfabeln, wofern der bildende Künstler sich dieselben zum Gegenstande wählt, zu behandeln seien, so möchte hingegen die bekannte Folge von Fabeln, welche der sonst wackere Elias Ridinger eigenhändig radiert hat, als Beispiel durchaus fehlerhafter Denkweise und mißlungener Erfindung in dieser Art angeführt werden. Verdienst der Ausführung ist ihnen wohl nicht abzusprechen, allein sie sind so trocken ernsthaft, haben einen moralischen Zweck, ohne daß die Moral aus dem Dargestellten erraten werden kann; es gebricht ihnen gänzlich an jener durchaus geforderten ironischen Würze, sie sprechen weder das Gemüt an, noch gewähren sie dem Geist einige Unterhaltung.

Wer sich jedoch in diesem Fache bemüht, wie denn dem geistreichen Talente sein Glück nirgends zu versagen ist,

dem wäre zu wünschen daß er die radierten Blätter des
Benedetto Castiglione immer vor Augen habe, welcher die,
doch mitunter allzubreiten, halbgeformten, unerfreulichen
Tiergestalten, so zu benutzen gewußt, daß einige das Licht
in großen Massen aufnehmen, andere wieder durch kleinere
Teile, so wie durch Lokaltinten die Schattenpartien mannigfaltig beleben. Dadurch entspringt der ästhetische Sinnen-
reiz, welcher nicht fehlen darf wenn Kunstzwecke bewirkt
werden sollen.

ELGINISCHE MARMORE

In dem englischen Werke, das unter diesem Titel uns zugekommen, sind nur zwei Statuen der neuerworbenen abgebildet, ein sogenannter Herkules und Ilyssus sodann noch
ein Pferdekopf, dazu sind gefügt früher schon herausgegebene Platten der Basreliefs der inneren Zelle.

Nun höre ich von reisenden Engländern, daß, wie freilich
schon zu vermuten war, man die Absicht habe sämtliche
Marmore zeichnen und zunächst in Kupfer stechen zu
lassen. Ein solches Werk würde freilich alle Kunstfreunde
höchlich interessieren, da die neun ersten Platten obgenannten Werkes uns einen allgemeinen Begriff geben von dem
was 1683 noch vorhanden war und nicht von dem einen
bestimmten was übrig geblieben ist. Es entstünde daher eine
doppelte Frage,

1. in wiefern die Abzeichnung der Marmore wirklich im
Gange ist und wann man etwa hoffen könnte eine Herausgabe und wäre es auch nur teilweise zu erleben?

2. Da solches wahrscheinlicherweise sich verziehen
könnte, ob und für welchem Preis man Zeichnungen erhalten könnte, von drei oder vier dieser Überreste welche uns
gegenwärtig zu artistischen und literarischen Zwecken am
meisten interessieren und in welcher Zeit sie etwa zu erlangen wären. Man würde alsdann sogleich diejenigen Figuren
bezeichnen deren Abbildung man wünscht.

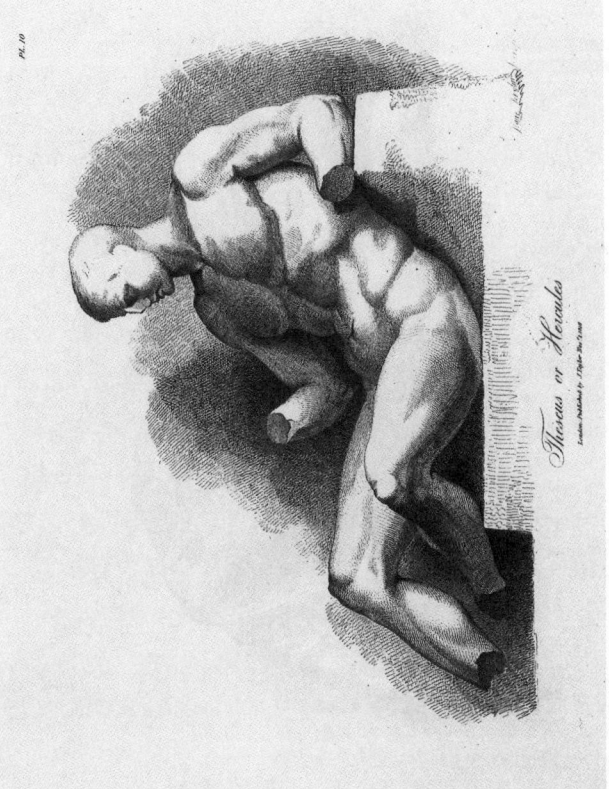

Theseus or Hercules

London. Published by J. Taylor No. 9. and

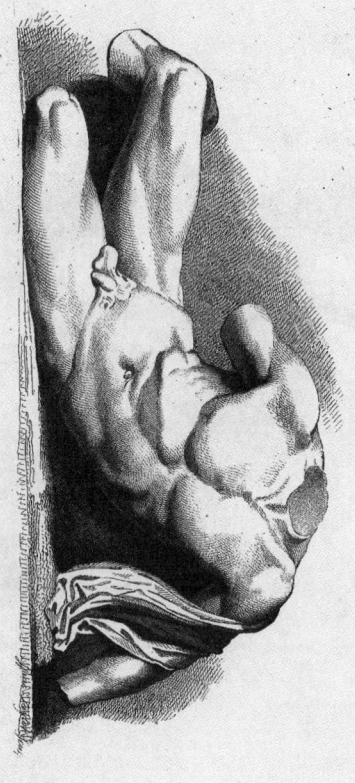

Alpheus or River God

London, Published by T. Dighton Nov. 1, 1804

Pl. II

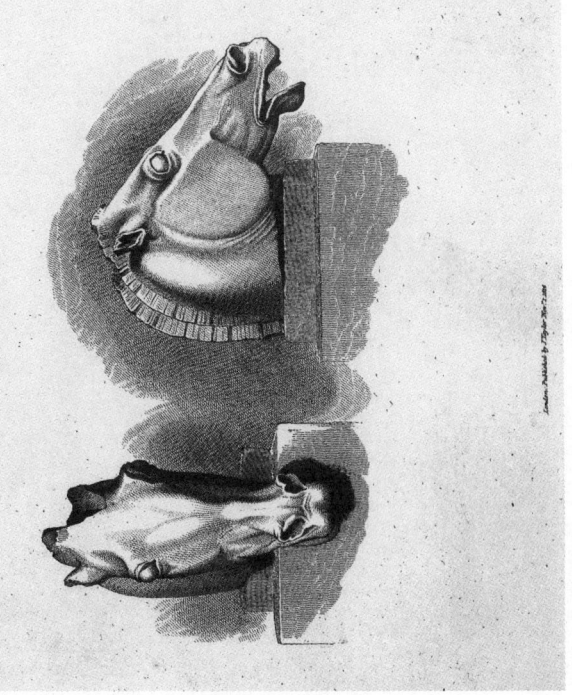

William Bewick
DIONYSOS
irrtümlich auch als »Herkules«
oder »Theseus« bezeichnet

Charles Landseer
APHRODITE IM SCHOSSE IHRER MUTTER DIONE
irrtümlich auch als »Tauschwestern«
oder »Parzen« bezeichnet

VEREIN DER DEUTSCHEN BILDHAUER

Da von allen Zeiten her die Bildhauerkunst das eigentliche
Fundament aller bildenden Kunst gewesen und mit deren
Abnahme und Untergang auch alles andere Mit- und Untergeordnete sich verloren; so vereinigen sich die deutschen
Bildhauer in dieser bedenklichen Zeit, ohne zu untersuchen
wie die übrigen verwandten Künste sich vorzusehen hätten,
auf ihre alten, anerkannten, ausgeübten und niemals wie-
dersprochenen Rechte und Satzungen dergestalt, daß es für
Kunst und Handwerk gelte wo erhobne, halb- und ganz-
runde Arbeit zu leisten ist.

Der Hauptzweck aller Plastik, welches Wortes wir uns
künftighin zu Ehren der Griechen bedienen, ist, daß die
Würde des Menschen innerhalb der menschlichen Gestalt
dargestellt werde. Daher ist ihr alles außer dem Menschen
zwar nicht fremd, aber doch nur ein Nebenwerk, welches
erst der Würde des Menschen angenähert werden muß,
damit sie derselbigen diene, ihr nicht etwa in den Weg trete,
oder vielleicht gar hinderlich und schädlich sei. Dergleichen
sind Gewänder und alle Arten von Bekleidungen und Zutaten; auch sind die Tiere hier gemeint welche diejenige Kunst
ganz allein würdig bilden kann, die ihnen ihren Teil von
dem in Menschen wohnenden Gottesgebilde in hohem
Maße zuzuteilen versteht.

Der Bildhauer wird daher von frühster Jugend auf einsehen daß er eines Meisters bedarf, und aller Selbstlernerei,
d. h. Selbstquälerei zeitig absagen. Er wird das gesunde
menschliche Gebilde vom Knochenbau herauf, durch Bän-
der, Sehnen und Muskeln aufs fleißigste durchüben, welches ihm keine Schwierigkeit machen wird, wenn sein
Talent, als ein Selbstgesundes sich in Gesundem und Jugendlichem wieder anerkennt.

Wie er nun das vollkommene obschon gleichgültige
Ebenmaß der menschlichen Gestalt, männlichen und weiblichen Geschlechts, sich als einen würdigen Kanon anzueignen und denselben darzustellen im Stande ist, so ist alsdann
der nächste Schritt zum Charakteristischen zu tun. Hier
bewährt sich nun jener Typus auf und ab zu allem Bedeutenden welches die menschliche Natur zu offenbaren fähig

ist und hier sind die griechischen Muster allen andern
vorzuziehen, weil es ihnen glückte den Raupen- und Pup-
penzustand ihrer Vorgänger zur höchstbewegten Psyche
hervorzuheben, alles wegzunehmen, und ihren Nachfolgern, die sich nicht zu ihnen bekennen, sondern in ihrer
Ohnmacht original sein wollen, in dem Sanften nur Schwä-
che und in dem Starken nur Parodie und Karikatur übrig zu
lassen.

Weil aber in der Plastik zu denken und zu reden ganz
unzulässig und unnütz ist, der Künstler vielmehr würdige   10
Gegenstände mit Augen sehen muß, so hat er nach den
Resten der höchsten Vorzeit zu fragen, welche denn ganz
allein in den Arbeiten des Phydias und seiner Zeitgenossen
zu finden sind. Hievon darf man gegenwärtig entschieden
sprechen weil genugsame Reste dieser Art sich schon jetzt in
London befinden, so daß man also einen jeden Plastiker
gleich an die rechte Quelle weisen kann.

Jeder deutsche Bildhauer verbündet sich daher: alles was
ihm von eignem Vermögen zu Gebote steht, oder was ihm
durch Freunde, Gönner oder sonstige Zufälligkeiten zu Teil   20
wird, darauf zu verwenden, daß er eine Reise nach England
mache und daselbst so lang als möglich verweile: indem
allhier zuvörderst die Elginischen Marmore, sodann aber
auch die übrigen dort befindlichen dem Museum einverleib-
ten Sammlungen eine Gelegenheit geben, die in der be-
wohnten Welt nicht weiter zu finden ist.

Daselbst studiere er vor allen Dingen aufs fleißigste den
geringsten Überrest des Parthenons und des Phigalischen
Tempels, auch der kleinste, ja beschädigte Teil wird ihm
Belehrung geben. Dabei bedenke er freilich, damit er sich   30
nicht entsetze, daß es nicht gerade nötig sei ein Phydias zu
werden.

Denn obgleich in höherem Sinne nichts weniger von der
Zeit abhängt als die wahre Kunst, sie auch wohl überall
immer zur Erscheinung kommen könnte, wenn selbst der
talentreiche Mensch sich nicht gewöhnlich gefiele albern zu
sein; so ist in unserer gegenwärtigen Lage wohl zu betrachten, daß ja die Nachfolger des Phydias selbst schon von
jener strengen Höhe herabstiegen; teils in Junonen und
Aphroditen, teils in ephebischen und herkulischen Gestal-   40

ten, und was der Zwischenkreis alles enthalten mag, sich
jeder nach seinen Fähigkeiten und seinem eigenen Charakter zu ergehen wußte, bis zuletzt das Portrait selbst, Tiere
und Phantasiegestalten von der hohen Würde des olympischen Jupiters und der Pallas des Parthenons partizipierten.

In diesen Betrachtungen also erkennen wir an, daß der
Plastiker die Kunstgeschichte in sich selbst repräsentieren
müsse; denn an ihm wird sogleich merklich von welchem
Punkte er ausgegangen. Welch ein lebender Meister dem
Künstler beschieden ist, hängt nicht von ihm ab, was er aber
für Muster aus der Vergangenheit sich wählen will, das ist
seine Sache sobald er zur Erkenntnis kommt und da wähle
er nur immer das Höchste: denn er hat alsdann einen
Maßstab, wie schätzenswert er noch immer sei wenn er auch
hinter jenem zurück bleibt. Wer unvollkommene Muster
nachahmt beschädigt sich selbst: er will sie nicht übertreffen, sondern hinter ihnen zurück bleiben.

Sollte aber dieser gegenwärtige Vereinsvorschlag von den
Gliedern der edlen Zunft gebilligt und mit Freuden aufgenommen werden, so ist zu hoffen daß die deutschen Gönner
auch hierhin ihre Neigung wenden. Denn obgleich ein jeder
Künstler der sich zum Plastischen bestimmt fühlt sich diese
Wallfahrt nach London zuschwören und mit Gefahr des
Pilger und Märtyrtums ausführen muß, so wird es doch der
deutschen Nation viel anständiger und für die gute Sache
schneller wirksam werden, wenn ein geprüfter junger Mann
von hinreichender Fertigkeit dorthin mit Empfehlungen
gesendet und unter Aufsicht gegeben würde.

Denn gerade daß Deutsche Künstler nach Italien, ganz
auf ihre eigene Hand, seit dreißig Jahren gegangen und dort
nach Belieben und Grillen ihr halb künstlerisches, halb
religioses Wesen getrieben, dieses ist Schuld an allen neuen
Verirrungen welche noch eine ganze Weile nachwirken
werden.

Haben die Engländer eine afrikanische Gesellschaft um
gutmütige dunkel-strebende Menschen in die widerwärtigen
Wüsten zu Entdeckungen abzusenden, die man recht gut
voraussehen konnte; sollte nicht in Deutschland der Sinn
erwachen die uns so nahe gebrachten über alle Begriffe würdigen Kunstschätze auch für das Mittelland zu benutzen?

Hier wär eine Gelegenheit wie die Frankfurter ungeheure
und wirklich disproportionierte Städelische Stiftung sich
auf dem höchsten bedeutenden Punkt entschieden sehen
lassen könnte. Wie leicht würde es den dortigen großen
Handelshäusern sein einen jungen Mann zu empfehlen und
durch ihre mannigfaltigen Verbindungen in Aufsicht halten
zu lassen.

Ob freilich ein echtes plastisches Talent in Frankfurt
geboren sei, ist noch die Frage, und die noch schwerer zu
beantworten, ob man die Kunst außerhalb der Bürgerschaft   10
befördern dürfe. ⟨am Rand: Bei Hackert.⟩

Genug die Sache ist von der Wichtigkeit besonders in
dem gegenwärtigen Augenblick, daß sie wohl verdiente zur
Sprache gebracht zu werden.

Jena den 27 Juli 1817.

ANFORDERUNG
AN DEN MODERNEN BILDHAUER

In der neusten Zeit ist zur Sprache gekommen: wie denn
wohl der bildende Künstler besonders der plastische, dem
Überwinder zu Ehren, ihn als Sieger, die Feinde als Besiegte
darstellen könne? zu Bekleidung der Architektur allenfalls
im Fronton, im Fries, oder zu sonstiger Zierde wie es die
Alten häufig getan. Diese Aufgabe zu lösen hat in den
gegenwärtigen Tagen, wo gebildete Nationen mit gebildeten kämpfen, größere Schwierigkeit als damals wo Menschen von höheren Eigenschaften mit rohen tierischen oder
mit tierverwandten Geschöpfen zu kämpfen hatten.   30

Die Griechen nach denen wir immer als unsern Meistern
hinauf schauen müssen, gaben solchen Darstellungen gleich
durch den Gegensatz der Gestalten ein entschiedenes Interesse. Götter kämpfen mit Titanen, und der Beschauende
erklärt sich schnell für die edlere Gestalt; eben derselbe Fall
ist wenn Herkules mit Ungeheuern kämpft, wenn Lapithen
mit Centauren in Händel geraten. Zwischen diesen letzten
läßt der Künstler die Schale des Siegs hin und wieder
schwanken, Überwinder und Überwundene wechseln ihre
Rollen und immer fühlt man sich geneigt dem rüstigen   40

Heldengeschlecht endlich Triumph zu wünschen. Fast entgegengesetzt wird das Gefühl angeregt wenn Männer mit
Amazonen sich balgen, diese, obgleich derb und kühn,
werden doch als die schwächern geachtet, und ein heroisch
Frauengeschlecht fordert unser Mitleid, sobald es besiegt,
verwundet oder tot erscheint. Ein schöner Gedanke dieser
Art, den man als den heitersten sehr hoch zu schätzen hat,
bleibt doch immer jener Streit der Bacchanten und Faunen
gegen die Tyrrhener. Wenn jene als echte Berg und Hügel-
wesen halb reh- halb bocksartig dem räuberischen Seevolk
dergestalt zu Leibe gehen, daß es in das Meer springen muß,
und im Sturz noch der gnädigen Gottheit zu danken hat, in
Delphine verwandelt, seinem eigenen Elemente auch ferner
anzugehören, so kann wohl nichts geistreicheres gedacht,
nichts anmutigeres den Sinnen vorgeführt werden.

Etwas schwerfälliger hat römische Kunst, die besiegten und gefangenen, faltenreich bekleideten Dacier ihren
geharnischten und sonst wohlbewaffneten Kriegern auf
Triumphsäulen untergeordnet; der spätere Polidor aber
und seine Zeitgenossen die bürgerlich gespaltenen Parteien
der Florentiner auf ähnliche Weise gegen einander kämpfen
lassen. Hannibal Carrache, um die Kragsteine im Saale des
Palastes Alexander Fava zu Bologna bedeutend zu zieren,
wählt männlich rüstige Gestalten mit Sphinxen oder Harpyen im Faustgelag, da denn letztere immer die Unterdrückten sind. Ein Gedanke den man weder glücklich noch
unglücklich nennen darf. Der Maler zieht große Kunstvor-
teile aus diesem Gegensatz, der Zuschauer aber, der dieses
Motiv zuletzt bloß als mechanisch anerkennt, empfindet
durchaus etwas ungemütliches, denn auch Ungeheuer will
man überwunden, nicht unterdrückt sehn.

Aus allem diesem erhellt jene ursprüngliche Schwierigkeit erst Kämpfende, sodann aber Sieger und Besiegte charakteristisch gegen einander zu stellen, daß ein Gleichgewicht erhalten und die sittliche Teilnahme an beiden nicht
gestört werde.

In der neuern Zeit ist ein Kunstwerk das uns auf solche
Art ansprächte schon seltener. Bewaffnete Spanier mit nackten Amerikanern im Kampfe vorgestellt zu sehen ist ein
unerträglicher Anblick, der Gegensatz von Gewaltsamkeit

und Unschuld spricht sich allzuschreiend aus, eben wie beim Bethlehemitischen Kindermord. Christen über Türken siegend nehmen sich schon besser aus, besonders wenn das christliche Militär im Costum des siebenzehnten Jahrhundert auftritt. Die Verachtung der Mahometaner gegen alle Sonstgläubige, ihre Grausamkeit gegen Sklaven unseres Volkes berechtigt sie zu hassen und zu töten.

Christen gegen Christen besonders der neusten Zeit machen kein gutes Bild. Wir haben schöne Kupferstiche, Szenen des amerikanischen Krieges vorstellend, und doch sind sie, mit reinem Gefühl betrachtet, unerträglich. Wohl uniformierte, regelmäßige, kräftig bewaffnete Truppen, im Schlachtgemenge mit einem Haufen zusammen gelaufenen Volks, worunter man Priester als Anführer, Kinder als Fahnenträger schaut, können das Auge nicht ergötzen, noch weniger den innern Sinn, wenn er sich auch sagt: daß der schwächere zuletzt noch siegen werde. Findet man auch gar halb nackte Wilde mit im Konflikt, so muß man sich gestehen daß es eine bloße Zeitungsnachricht sei, deren sich der Künstler angenommen. Ein Panorama von dem schrecklichen Untergang des Thippo Saibh kann nur diejenigen ergötzt haben die an der Plünderung seiner Schätze Teil genommen.

Wenn wir die Lage der Welt wohl überdenken, so finden wir daß die Christen durch Religion und Sitten alle miteinander verwandt und wirklich Brüder sind, daß uns nicht sowohl Gesinnung und Meinung als Gewerb und Handel entzweien. Dem deutschen Gutsbesitzer ist der Engelländer willkommen der die Wolle verteuert, und aus eben dem Grunde verwünscht ihn der mittelländische Fabrikant.

Deutsche und Franzosen, ob gleich politisch und moralisch im ewigen Gegensatz, können nicht mehr als kämpfend bildlich vorgestellt werden, wir haben zu viel von ihrer äußern Sitte, ja von ihrem Militärputz aufgenommen, als daß man beide, fast gleich costumierte Nationen sonderlich unterscheiden könnte. Wollte nun gar der Bildhauer (damit wir dahin zurückkehren wo wir ausgegangen sind) nach eignem Recht und Vorteil seine Figuren aller Kleidung und äußern Zierde berauben; so fällt jeder charakteristische Unterschied weg, beide Teile werden völlig gleich; es sind

AENEAS TRÄGT SEINEN VATER ANCHISES AUS DEM BRENNENDEN TROJA
Radierung von Giuseppe Maria Mitelli nach einem Fresko von Ludovico, Agostino und Annibale Carracci

DER SCHATTEN CREUSAS ERSCHEINT DEM AENEAS
Radierung von Giuseppe Maria Mitelli nach einem Fresko
von Lodovico, Agostino und Annibale Carracci

hübsche Leute die sich einander ermorden, und die fatale
Schicksalsgruppe von Eteokles und Polynices müßte immer
wiederholt werden; welche bloß durch die Gegenwart der
Furien bedeutend werden kann.

Russen gegen Ausländer haben schon größere Vorteile,
sie besitzen aus ihrem Altertume charakteristische Helme
und Waffen wodurch sie sich auszeichnen können, die
mannigfaltigen Nationen dieses unermeßlichen Reichs bieten auch solche Abwechselungen des Costums dar, die ein
geistreicher Künstler glücklich genug benutzen möchte.

Solchen Künstlern ist diese Betrachtung gewidmet; sie
soll aber und abermals aufmerksam machen auf den günstigen und ungünstigen Gegenstand, jener hat eine natürliche
Leichtigkeit und schwimmt immer oben, dieser wird nur
mit beschwerlichem Kunstapparat über Wasser gehalten.

MÜNZKUNDE
DER DEUTSCHEN MITTELZEIT

(Auf Anfrage.)

Über die zwar nicht seltenen, doch immer geschätzten,
problematischen Goldmünzen, unter dem Namen *Regenbogenschüsselchen* bekannt, wüßte ich nichts zu entscheiden, wohl aber folgende Meinung zu eröffnen:

Sie stammen von einem Volke, welches zwar in Absicht
auf Kunst barbarisch zu nennen ist, das sich aber einer wohl
ersonnenen Technik bei einem rohen Münzwesen bediente.
Wenn nämlich die früheren Griechen Gold und Silberkü-
chelchen zu stempeln, dabei aber das Abspringen vom Am-
boß zu verhindern gedachten, so gaben sie der stählernen
Unterlage die Form eines Kronenbohrers, worauf das Küchelchen gelegt, der Stempel aufgesetzt, und so das Ober-
gebilde abgedruckt ward; der Eindruck des untern vier-
eckten zackigten Hülfsmittels verwandelte sich nach und
nach in ein begrenzendes, mancherlei Bildwerk enthalten-
des Viereck dessen Ursprung sich nicht mehr ahnden läßt.

Das unbekannte Volk jedoch, von welchem hier die Rede
ist, vertiefte die Unterlage in Schüsselform, und grub zugleich eine gewisse Gestalt hinein; der obere Stempel war

konvex und gleichfalls ein Gebild hinein gegraben. Wurde nun das Küchelchen in die Stempelschale gelegt und der obere Stempel drauf geschlagen, so hatte man die schüsselförmige Münze welche noch öfters in Deutschland aus der Erde gegraben wird, die darauf erscheinenden Gestalten aber geben zu folgenden Betrachtungen Anlaß.

Die erhabenen Seiten der drei mir vorliegenden Exemplare, zeigen barbarische Nachahmungen bekannter, auf griechischen Münzen vorkommender Gegenstände, einmal einen Löwenrachen, zweimal einen Taschenkrebs. Gebilde der Unfähigkeit wie sie auch häufig auch auf silbernen dazischen Münzen gesehen werden, wo die Goldphilippen offenbar kindisch pfuscherhaft nachgeahmt sind.

Die hohle Seite zeigt jedesmal sechs kleine halbkugelförmige Erhöhungen; hiedurch scheint mir die Zahl des Wertes ausgesprochen.

Das merkwürdigste aber ist auf allen dreien eine sichelförmige Umgebung die auf dem einen Exemplar unzweifelhaft ein *Hufeisen* vorstellt, und also da wo die Gestalt nicht so entschieden ist auch als ein solches gedeutet werden muß. Diese Vorstellung scheint mir Original, fände sie sich auch auf andern Münzen, so käme man vielleicht auf eine nähere Spur, jedoch möchte das Bild immer auf ein berittenes kriegerisches Volk hindeuten.

Über den Ursprung der Hufeisen ist man ungewiß, das älteste das man zu kennen glaubt, soll dem Pferde des Königs Childerich gehört haben, und also um das Jahr 481 zu setzen sein. Aus andern Nachrichten und Kombinationen scheint hervor zu gehen daß der Gebrauch der Hufeisen in Schwung gekommen zu der Zeit als Franken und Deutsche noch für Eine Völkerschaft gehalten wurden, die Herrschaft hinüber und herüber schwankte, und die kaiserlichköniglichen Gebieter bald diesseits bald jenseits des Rheins größere Macht aufzubieten wußten. Wollte man sorgfältig die Orte verzeichnen wo dergleichen Münzen gefunden worden, so gäbe sich vielleicht ein Aufschluß. Sie scheinen niemals tief in der Erde gelegen zu haben, weil der Volksglaube sie da finden läßt, wo ein Fuß des Regenbogens auf dem Acker aufstand, von welcher Sage sie denn auch ihre Benennung gewonnen haben.

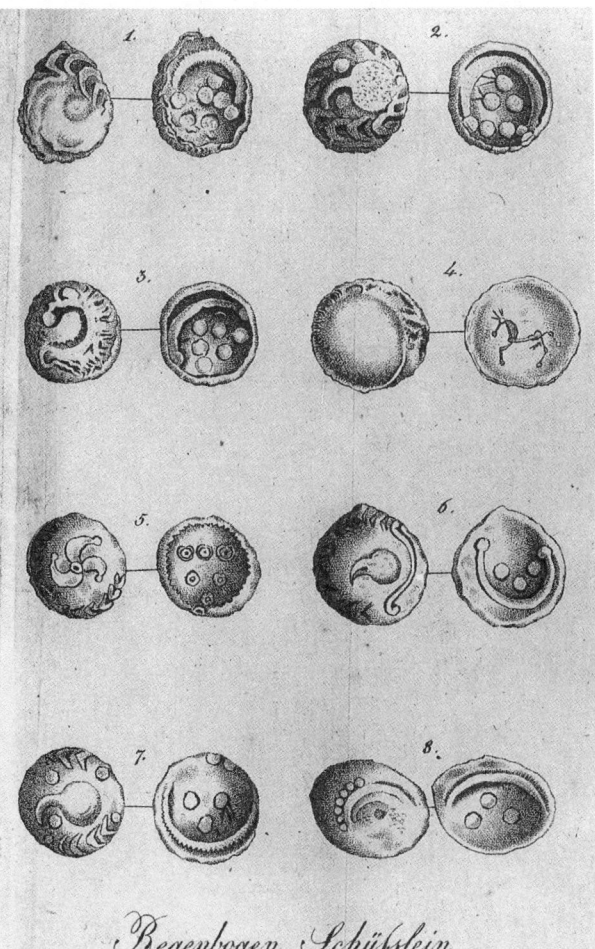

Regenbogen-Schüsslein.

JOSEPH BOSSI
ÜBER LEONARD DA VINCI ABENDMAHL
ZU MAYLAND

Großfolio. 264 Seiten 1810

Der Verfasser dieses bedeutenden Werkes, ein Mayländer
geboren 1777, von der Natur begabt mit schönen Fähigkeiten die sich früh entwickelten, vor allem aber mit Neigung
und Geschick zur bildenden Kunst ausgestattet, scheint aus
sich selbst und an Leonard da Vinci Verlassenschaft sich
heran gebildet zu haben. So viel wissen wir übrigens von
ihm, daß er nach einem sechsjährigen Aufenthalte in Rom
und seiner Rückkunft ins Vaterland, als Direktor einer neu
zu belebenden Kunstakademie angestellt ward.

So zum Nachdenken als wie zum Arbeiten geneigt, hatte
er die Grundsätze und Geschichte der Kunst sich eigen gemacht, und durfte daher das schwere Geschäft übernehmen,
in einer wohldurchdachten Kopie, das berühmte Bild Leonards da Vinci, *das Abendmahl des Herrn*, wieder herzustellen, damit solches in Mosaik gebracht, und für ewige
Zeiten erhalten würde. Wie er dabei verfahren, davon gibt er
in genanntem Werke Rechenschaft, und unsere Absicht ist
eine kurze Darstellung seiner Bemühungen zu liefern.

Allgemein wird dieses Buch von Kunstfreunden günstig
aufgenommen, solches aber näher zu beurteilen ist man in
Weimar glücklicher Weise in den Stand gesetzt: denn indem
Bossi ein gänzlich verdorbenes, übermaltes Original nicht
zum Grund seiner Arbeit legen konnte, sah er sich genötigt,
die vorhandenen Kopien desselben genau zu studieren, er
zeichnete von drei Wiederholungen die Köpfe, wohl auch
Hände durch, und suchte möglichst in den Geist seines
großen Vorgängers einzudringen und dessen Absichten zu
erraten, da er denn zuletzt durch Urteil, Wahl und Gefühl
geleitet, seine Arbeit vollendete, zum Vorbild einer nunmehr schon fertigen Mosaik. Gedachte Durchzeichnungen
finden sich sämtlich in Weimar, als ein Gewinn der letzten
Reise Ihro Königlichen Hoheit des Großherzogs in die
Lombardei; von wie großem Wert sie aber seien, wird sich
in der Folge dieser Darstellung zeigen.

Aus dem Leben Leonards

Vinci, ein Schloß und Herrschaft in Val d'Arno nahe bei
Florenz, hatte in der Hälfte des funfzehnten Jahrhunderts
einen Besitzer Namens Pierro, dem ein natürlicher Sohn,
von einer uns unbekannt gebliebenen Mutter, geboren
ward. Dieser, Leonard genannt, erwies gar bald als Knabe
sich mit allen ritterlichen Eigenschaften begabt, Stärke des
Körpers, Gewandtheit in allen Leibesübungen, Anmut und
gute Sitten waren ihm verliehen, mächtig aber zeigte sich   10
Leidenschaft und Fertigkeit zur bildenden Kunst, deshalb
man ihn sogleich nach Florenz zu Verocchio, einem denkenden, durchaus theoretisch begründeten Manne in die
Lehre tat, da denn Leonard seinen Meister praktisch bald
übertraf, ja demselben das Malen verleidete.

Die Kunst befand sich damals auf einer Stufe wo ein
großes Talent mit Glück antreten und sich im Glanze seiner
Tätigkeit zeigen kann, sie hatte sich schon seit zwei Jahrhunderten von der magern Steifheit jener byzantinischen
Schule losgesagt, und sogleich durch Nachahmung der   20
Natur, durch Ausdruck frommer, sittlicher Gesinnungen,
ein neues Leben begonnen; der Künstler arbeitete trefflich,
aber unbewußt, ihm gelang was ihm sein Talent eingab,
wohin sein Gefühl ihn trug, so weit sein Geschmack sich
ausbildete, aber keiner vermochte noch sich Rechenschaft
zu geben, von dem Guten was er leistete, und von seinen
Mängeln, wenn er sie auch empfand und bemerkte. Wahrheit und Natürlichkeit hat jeder im Auge, aber eine lebendige Einheit fehlt, man findet die herrlichsten Anlagen, und
doch ist keins der Werke vollkommen ausgedacht, völlig   30
zusammen gedacht; überall trifft man auf etwas Zufälliges,
Fremdes, noch sind die Grundsätze nicht ausgesprochen
wornach man seine eigene Arbeit beurteilt hätte.

In solche Zeit kam Leonard, und wie ihm bei angeborner
Kunstfertigkeit die Natur nachzuahmen leicht war, so bemerkte sein Tiefsinn gar bald, daß hinter der äußern Erscheinung, deren Nachbildung ihm so glücklich gelang,
noch manches Geheimnis verborgen liege, nach dessen
Erkenntnis er sich unermüdet bestreben sollte; er suchte
daher die Gesetze des organischen Baus, den Grund der   40

Proportion, bemühte sich um die Regeln der Perspektive, der Zusammenstellung, Haltung und Färbung seiner Gegenstände im gegebenen Raum, genug alle Kunsterfordernisse suchte er mit Einsicht zu durchdringen, was ihm aber besonders am Herzen lag, war die Verschiedenheit menschlicher Gesichtsbildung, in welcher sich sowohl der bestehende Charakter, als die momentane Leidenschaft dem Auge darstellt, und dieses wird der Punkt sein, wo wir, das Abendmahl betrachtend, am längsten zu verweilen haben.

Dessen öffentliche Werke

Die unruhigen Zeiten, welche der unzulängliche Peter Medicis über Florenz heranzog, trieben Leonarden in die Lombardie, wo eben nach dem Tode des Herzogs *Francisko Sforza*, dessen Nachfolger *Ludwig*, mit dem Zunamen il Moro, seinem Vorgänger und sich selbst, durch gleiche Großheit und Tätigkeit Ehre ⟨zu⟩ machen, auch die eigene Regierung durch Kunstwerke zu verherrlichen gedachte. Hier nun erhielt Leonard sogleich den Auftrag eine riesenhafte Reiterstatue vorzubereiten. Das Modell des Pferdes war nach mehreren Jahren zur allgemeinen Bewunderung fertig. Da man es aber bei einem Feste, als das Prächtigste was man aufführen konnte, in der Reihe mit hinzog zerbrach es, und der Künstler sah sich genötigt das Zweite vorzunehmen, auch dieses ward vollendet. Nun zogen die Franzosen über die Alpen, es diente den Soldaten als Zielbild, sie schossen es zusammen und so ist uns von beiden, die eine Arbeit von sechzehn Jahren gekostet, nichts übrig geblieben. Daran erkennen wir, daß eitle Prunksucht, eben so wie roher Unverstand, den Künsten zum höchsten Schaden gereiche.

Nur im Vorübergehen gedenken wir der Schlacht von Anghiari, deren Carton er zu Florenz mit Michel Angelo wetteifernd ausarbeitete, und des Bildes der heiligen Anna, wo Großmutter, Mutter und Enkel, Schoß auf Schoß kunstreich zusammen gruppiert sind.

Das Abendmahl

Wir wenden uns nunmehr gegen das eigentliche Ziel unserer
Bemühung, zu dem Abendmahl, welches im Kloster *alle
Grazie* zu Mayland auf die Wand gemalt war, möchten
unsere Leser Morghens Kupferstich vor sich nehmen, wel-
cher hinreicht uns sowohl über das Ganze, als wie das
Einzelne zu verständigen.

Die Stelle wo das Bild gemalt ist, wird allervörderst in
Betrachtung gezogen: denn hier tut sich die Weisheit des
Künstlers in ihrem Brennpunkte vollkommen hervor.
Konnte, für ein Refektorium, etwas schicklicher und edler
ausgedacht werden als ein Scheidemahl, das der ganzen
Welt für alle Zeiten als heilig gelten sollte?

Als Reisende haben wir dieses Speisezimmer vor manchen Jahren noch unzerstört gesehen. Dem Eingang an der
schmalen Seite gegenüber, im Grunde des Saals, stand die
Tafel des Priors, zu beiden Seiten die Mönchstische, sämtlich auf einer Stufe vom Boden erhöht, und nun wenn der
Hereintretende sich umkehrte, sah er an der vierten Wand,
über denen nicht allzuhohen Türen, den vierten Tisch
gemalt, an demselben Christus und seine Jünger eben als
wenn sie zur Gesellschaft gehörten. Es muß zur Speise-
stunde ein bedeutender Anblick gewesen sein, wenn die
Tische des Priors und Christi, als zwei Gegenbilder auf
einander blickten, und die Mönche an ihren Tafeln sich
dazwischen eingeschlossen fanden. Und eben deshalb
mußte die Weisheit des Malers die vorhandenen Mönchstische zum Vorbilde nehmen. Auch ist gewiß das Tischtuch
mit seinen gequetschten Falten, gemusterten Streifen, und
aufgeknüpften Zipfeln, aus der Waschkammer des Klosters
genommen. Schüsseln, Teller, Becher und sonstiges Geräte
gleichfalls denjenigen nachgeahmt, der sich die Mönche
bedienten.

Hier war also keineswegs die Rede von Annäherung an
ein unsicheres, veraltetes Costum. Höchst ungeschickt wäre
es gewesen, an diesem Orte die heilige Gesellschaft auf
Polster auszustrecken. Nein! sie sollte der Gegenwart angenähert werden, Christus sollte sein Abendmahl bei den
Dominikanern zu Mayland einnehmen.

Auch in manchem andern Betracht mußte das Bild große Wirkung tun. Ohngefähr zehn Fuß über der Erde nehmen die dreizehn Figuren, sämtlich etwa anderthalbmal die Lebensgröße gebildet, den Raum von acht und zwanzig Pariser Fuß der Länge nach ein. Nur zwei derselben sieht man ganz, an den entgegengesetzten Enden der Tafel, die übrigen sind Halbfiguren, und auch hier fand der Künstler in der Notwendigkeit seinen Vorteil. Jeder sittliche Ausdruck gehört nur dem obern Teil des Körpers an, und die Füße sind in solchen Fällen überall im Wege, der Künstler schuf sich hier eilf Halbfiguren, deren Schoß und Knie von Tisch und Tischtuch bedeckt wird, unten aber die Füße im bescheidenen Dämmerlicht kaum bemerklich sein sollten.

Nun versetze man sich an Ort und Stelle, denke sich die sittliche äußere Ruhe die in einem solchen mönchischen Speisesaale obwaltet, und bewundere den Künstler der seinem Bilde kräftige Erschütterung, leidenschaftliche Bewegung einhaucht, und, indem er sein Kunstwerk möglichst an die Natur herangebracht hat, es alsobald mit der nächsten Wirklichkeit in Kontrast setzt.

Das Aufregungsmittel, wodurch der Künstler die ruhig heilige Abendtafel erschüttert, sind die Worte des Meisters: *Einer ist unter euch der mich verrät!* Ausgesprochen sind sie, die ganze Gesellschaft kommt darüber in Unruhe; er aber neigt sein Haupt, gesenkten Blickes, die ganze Stellung, die Bewegung der Arme, der Hände, alles wiederholt mit himmlischer Ergebenheit die unglücklichen Worte, das Schweigen selbst bekräftigt: *Ja es ist nicht anders! Einer ist unter euch der mich verrät.*

Ehe wir aber weiter gehen müssen wir ein großes Mittel entwickeln wodurch Leonard dieses Bild hauptsächlich belebte, es ist die Bewegung der Hände; dies konnte aber auch nur ein Italiäner finden. Bei seiner Nation ist der ganze Körper geistreich, alle Glieder nehmen Teil an jedem Ausdruck des Gefühls, der Leidenschaft, ja des Gedankens. Durch verschiedene Gestaltung und Bewegung der Hände, druckt er aus: »Was kümmerts mich! – Komm her! – Dies ist ein Schelm, – nimm Dich in Acht vor ihm! – Er soll nicht lange leben! – Dies ist ein Hauptpunkt. Dies merket besonders wohl, meine Zuhörer!« – Einer solchen Nationaleigenschaft

mußte der, alles charakteristische höchst aufmerksam betrachtende Leonard sein forschendes Auge besonders zuwenden,
hieran ist das gegenwärtige Bild einzig, und man kann ihm
nicht genug Betrachtung widmen. Vollkommen übereinstimmend ist Gesichtsbildung und jede Bewegung, auch dabei eine dem Auge gleich faßliche Zusammen- und Gegenein-
anderstellung aller Glieder auf das Lobenswürdigste geleistet.

Die Gestalten überhaupt zu beiden Seiten des Herrn,
lassen sich drei und drei zusammen betrachten, wie sie denn
auch so jedesmal in Eins gedacht, in Verhältnis gestellt, und   10
doch in Bezug auf ihre Nachbarn gehalten sind. Zunächst an
Christi, rechter Seite *Johannes*, *Judas*, und *Petrus*.

Petrus, der entfernteste, fährt, nach seinem heftigen Charakter, als er des Herrn Wort vernommen, eilig hinter *Judas*
her, der sich, erschrocken aufwärts sehend, vorwärts über
den Tisch beugt, mit der rechten, festgeschlossenen Hand,
den Beutel hält, mit der linken aber eine unwillkürliche
krampfhafte Bewegung macht, als wollte er sagen, *was soll
das heißen? – Was soll das werden?* Petrus hat indessen mit
seiner linken Hand des gegen ihn geneigten *Johannes* rechte   20
Schulter gefaßt, hindeutend auf Christum, und zugleich den
geliebten Jünger anregend, er solle fragen wer denn der
Verräter sei? Einen Messergriff in der Rechten setzt er dem
Judas unwillkürlich zufällig in die Rippen, wodurch dessen
erschrockene Vorwärtsbewegung, die sogar ein Salzfaß um-
schüttet, glücklich bewirkt wird. Diese Gruppe kann als die
zuerst gedachte des Bildes angesehen werden, sie ist die
vollkommenste.

Wenn nun auf der rechten Seite des Herrn, mit mäßiger
Bewegung unmittelbare Rache angedroht wird, entspringt   30
auf seiner Linken lebhaftestes Entsetzen und Abscheu vor
dem Verrat. *Jacobus* der ältere beugt sich vor Schrecken
zurück, breitet die Arme aus, starrt, das Haupt niederge-
beugt vor sich hin, wie einer der das Ungeheuere, das er
durchs Ohr vernimmt, schon mit Augen zu sehen glaubt.
Thomas erscheint hinter seiner Schulter hervor, und, sich
dem Heiland nähernd, hebt er den Zeigefinger der rechten
Hand gegen die Stirne. *Philippus* der dritte zu dieser Gruppe
gehörige, rundet sie aufs lieblichste; er ist aufgestanden,
beugt sich gegen den Meister, legt die Hände auf die Brust,   40

mit größter Klarheit aussprechend: *Herr ich bins nicht! –*
Du weißt es! – Du kennst mein reines Herz. Ich bins nicht!
Und nunmehr geben uns die benachbarten drei letzteren
dieser Seite neuen Stoff zur Betrachtung. Sie unterhalten
sich untereinander über das schrecklich Vernommene. *Mat-*
thäus wendet mit eifriger Bewegung das Gesicht links zu
seinen beiden Genossen, die Hände hingegen streckt er mit
Schnelligkeit gegen den Meister, und verbindet so, durch
das unschätzbarste Kunstmittel, seine Gruppe mit der vorhergehenden. *Thaddäus* zeigt die heftigste Überraschung,
Zweifel und Argwohn; er hat die linke Hand offen auf den
Tisch gelegt, und die Rechte dergestalt erhoben als stehe er
im Begriff mit dem Rücken derselben in die Linke einzuschlagen; eine Bewegung die man wohl noch von Naturmenschen sieht, wenn sie bei unerwartetem Vorfall ausdrücken wollen: *Hab ich's nicht gesagt! – Habe ich's nicht*
immer vermutet! – Simon sitzt höchst würdig am Ende des
Tisches, wir sehen daher dessen ganze Figur; er, der älteste
von Allen, ist reich mit Falten bekleidet, Gesicht und
Bewegung zeigen er sei betroffen und nachdenkend, nicht
erschüttert, kaum bewegt.

Wenden wir nun die Augen sogleich auf das entgegengesetzte Tischende, so sehen wir *Bartholomäus*, der auf dem
rechten Fuß, den linken übergeschlagen, steht, mit beiden
ruhig auf den Tisch gestemmten Händen seinen übergebogenen Körper unterstützend. Er horcht, wahrscheinlich zu
vernehmen was Johannes vom Herrn ausfragen wird: denn
überhaupt scheint die Anregung des Lieblingsjüngers von
dieser ganzen Seite auszugehen. *Jacobus* der jüngere neben
und hinter Bartholomäus, legt die linke Hand auf Petrus
Schulter, so wie Petrus auf die Schulter Johannis, aber
Jacobus mild, nur Aufklärung verlangend, wo Petrus schon
Rache droht.

Und also wie Petrus hinter Judas, so greift Jacob der
jüngere hinter *Andreas* her, welcher als eine der bedeutendsten Figuren mit halbaufgehobenen Armen die flachen
Hände vorwärts zeigt, als entschiedenen Ausdruck des
Entsetzens, der in diesem Bilde nur einmal vorkommt, da er
in andern weniger geistreich und gründlich gedachten Werken, sich leider nur zu oft wiederholt.

Technisches Verfahren

Indem uns nun noch manches über Gestalten und Gesichtsbildung, Bewegung, Bekleidung zu sagen übrig bleibt, wenden wir uns zu einem andern Teil des Vortrags, von welchem wir nur Betrübnis erwarten können, es sind nämlich
die mechanischen, chemisch-physischen und technischen
Kunstmittel, welche der Künstler anwendete das herrliche
Werk zu verfertigen. Durch die neusten Untersuchungen
wird es nur allzuklar, daß es auf die Mauer mit Ölfarbe   10
gemalt gewesen, dieses Verfahren, schon längst mit Vorteil
ausgeübt, mußte einem Künstler wie Leonard höchst willkommen sein, der, mit dem glücklichsten Blick die Natur
anzuschauen geboren, sie zu durchschauen trachtete, um
ihr Inneres im Äußern vorzustellen.

Wie groß diese Unternehmung, ja wie sie anmaßend sei,
fällt bald in die Augen wenn wir bedenken daß die Natur
von innen heraus arbeitet, und sich selbst erst unendliche
Mittel vorbereiten muß, ehe sie, nach tausendfältigen Versuchen, die Organe aus und aneinander zu entwickeln fähig   20
wird, um eine Gestalt wie die menschliche hervor zu bringen, welche zwar die höchsten innerlichen Vollkommen-
heiten äußerlich offenbart; das Rätsel aber wohinter die
Natur sich verbirgt mehr zu verwickeln als zu lösen scheint.

Das Innere nun im Äußern gewissenhaft darzustellen,
war nur der größten Meister höchster und einziger Wunsch,
sie trachteten nicht nur den Begriff des Gegenstandes treffend wahr nachzubilden, sondern die Abbildung sollte sich
an die Stelle der Natur selbst setzen, ja, in Absicht auf
Erscheinung, sie überbieten. Hier war nun vor allem die   30
höchste Ausführlichkeit nötig, und wie sollte diese anders
als nach und nach zu leisten sein. Ferner war unerläßlich daß
man irgend einen Reuezug anbringen und aufsetzen könne,
diese Vorteile und noch so viele andere bietet die Ölmalerei.

Und so hat man denn nach genauer Untersuchung gefunden, daß Leonard ein Gemisch von Mastix, Pech und
andern Anteilen, mit warmen Eisen auf den Mauertünch
gezogen. Ferner, um sowohl einen völligen glatten Grund
als auch eine größere Sicherheit gegen äußere Einwirkung
zu erhalten, gab er dem Ganzen einen zarten Überzug von   40

Bleiweiß, auch gelben und feinen Tonerden. Aber eben
diese Sorgfalt scheint dem Werke geschadet zu haben: denn
wenn auch dieser letzte zarte Öltünch im Anfange, als die
darauf getragenen Farben des Bildes genugsame Nahrung
hatten, seinen Teil davon aufnahm und sich eine Weile gut
hielt; so verlor er doch, als das Öl mit der Zeit austrocknete,
gleichfalls seine Kraft und fing an zu reißen, da denn die
Feuchtigkeit der Mauer durchdrang und zuerst den Moder
erzeugte durch welchen das Bild nach und nach unscheinbar
ward.

Ort und Platz

Was aber noch mehr traurige Betrachtungen erregt, ist
leider daß man, als das Bild gemalt wurde, dessen Untergang, aus der Beschaffenheit des Gebäudes und der Lage
desselben, weissagen konnte. Herzog Ludwig, aus Absicht
oder Grille, nötigte die Mönche ihr verfallendes Kloster an
diesem widerwärtigen Orte zu erneuern, daher es denn
schlecht und wie zur Frone gebaut ward. Man sieht in den
alten Umgängen, elende, liederlich gearbeitete Säulen,
große Bogen mit kleinen abwechselnd, ungleiche, angegrif-
fene Ziegeln, Materialien von alten abgetragenen Gebäuden. Wenn man nun so an äußerlichen, dem Blick des
Beobachters ausgesetzten Stellen verfuhr, so läßt sich fürchten, daß die innern Mauern welche übertüncht werden
sollten, noch schlechter behandelt worden. Hier mochte
man verwitternde Backsteine und andere von schädlichen
Salzen durchdrungene Mineralien verwenden, welche die
Feuchtigkeit des Locals einsogen, und verderblich wieder
aushauchten. Ferner stand die unglückliche Mauer, welcher
ein so großer Schatz anvertraut war, gegen Norden, und
überdies in der Nähe der Küche, der Speisekammer, der
Anrichten, und wie traurig! daß ein so vorsichtiger Künstler
der seine Farben nicht genugsam wählen und verfeinern,
seine Firnisse nicht genug klären konnte, durch Umstände
genötigt war gerade Platz und Ort wo das Bild stehen sollte,
den Hauptpunkt worauf alles ankommt, zu übersehen, oder
nicht genug zu beherzigen.
Wäre aber doch trotz allem diesen, das ganze Kloster auf

einer Höhe gestanden, so würde das Übel nicht auf einen
solchen Grad erwachsen sein. Es liegt aber so tief, das
Refektorium tiefer als das Übrige, so daß im Jahr 1800 bei
anhaltendem Regen das Wasser darin über drei Palmen
stand, welches uns zu folgern berechtigt, daß das entsetz-
liche Gewässer, welches 1500 niederging und überschwoll,
sich auf gleiche Weise hierher erstreckt habe. Denke man
sich auch, daß die damaligen Geistlichen das Möglichste zur
Austrocknung getan, so blieb leider noch genug eingeso-
gene Feuchtigkeit zurück, und dies ereignete sich sogar   10
schon zu der Zeit als Leonard noch malte.

Etwa zehn Jahre nach beendigtem Bilde, überfiel eine
schreckliche Pest die gute Stadt, und wie kann man bedräng-
ten Geistlichen zumuten, daß sie, von aller Welt verlassen,
in Todesgefahr schwebend, für das Gemälde ihres Speise-
zimmers Sorge tragen sollten.

Kriegsunruhen und unzählig anderes Unglück, welches
die Lombardei in der ersten Hälfte des 16ten Jahrhunderts
betraf, verursachten gleichfalls die gänzliche Vernachlässigung solcher Werke, da denn das unsere, bei denen schon   20
angeführten inneren Mängeln, besonders der Mauer, des
Tünchgrundes vielleicht der Malweise selbst, dem Verderben schon überliefert war. In der Hälfte des 16ten Jahrhunderts sagt ein Reisender: das Bild sei halb verdorben, ein
anderer sieht nur darin einen blinden Flecken, man beklagt
das Bild als schon verloren, versichert: man sehe es kaum
und schlecht, einer nennt es völlig unbrauchbar, und so
sprechen alle spätere Schriftsteller dieser Zeit.

Aber das Bild war doch immer noch da, und wenn auch
gegen seine erste Zeit nur ein Schatten, es war noch vorhan-   30
den. Jetzt aber nach und nach tritt die Furcht ein, es völlig zu
verlieren; die Sprünge vermehren sich, sie laufen zusammen, und die große kostbare Fläche, in unzählige kleine
Krusten zersprengt, droht Stück vor Stück herabzufallen.
Von diesem Zustande gerührt, läßt Kardinal Friedrich Borromeo 1612 eine Kopie fördern, deren wir nur vorläufig
dankbar gedenken.

Zunehmendes Verderbnis

Allein nicht nur der Zeitverlauf, in Verbindung mit gedachten Umständen, nein die Besitzer selbst, die seine Hüter und
Bewahrer hätten sein sollen, veranlaßten sein größtes Verderben, und bedeckten dadurch ihr Andenken mit ewiger
Schande. Die Türe schien ihnen zu niedrig durch die sie ins
Refektorium gehen sollten, sie war symmetrisch mit einer
andern im Sockel angebracht, worauf das Bild fußte. Sie
10 verlangten einen majestätischen Eingang in dieses ihnen so
teure Gemach.

Eine Türe, weit größer als nötig, ward in die Mitte
gebrochen, und, ohne Pietät, weder gegen den Maler noch
gegen die abgebildeten Verklärten, zerstörten sie die Füße
einiger Apostel, ja Christi selbst. Und hier fängt der Ruin
des Bildes eigentlich an! Denn da, um einen Bogen zu
wölben eine weit größere Lücke als die Türe in die Mauer
gebrochen werden mußte, so ging nicht allein mehr von der
Fläche des Bildes verloren, sondern die Hammer- und
20 Hackenschläge erschütterten das Gemälde in seinem eigenen Felde; an vielen Orten ging die Kruste los, deren Stücke
man wieder mit Nägeln befestigte.

Späterhin war das Bild durch eine neue Geschmacklosigkeit verfinstert, indem man ein landesherrliches Wappen-
schild unter der Decke befestigte, welches, Christi Scheitel
fast berührend, wie die Türe von unten, so nun auch von
oben des Herrn Gegenwart beengte und entwürdigte. Von
dieser Zeit an besprach man die Wiederherstellung immer
aufs neue, unternommen wurde sie später: denn welcher
30 echte Künstler mochte die Gefahr einer solchen Verantwor-
tung auf sich nehmen? Unglücklicherweise endlich im Jahr
1726 meldet sich *Bellotti*, arm an Kunst, und zugleich, wie
gewöhnlich, mit Anmaßungen überflüssig begabt; dieser,
marktschreierisch, rühmte sich eines besondern Geheimnisses, womit er das verblichene Bild ins Leben zu rufen sich
unterfange. Mit einer kleinen Probe betört er die kenntnis-
losen Mönche, seiner Willkür wird solch ein Schatz verdun-
gen, den er sogleich mit Bretterverschlägen verheimlicht,
und nun, dahinter verborgen, mit kunstschänderischer
40 Hand das Werk von oben bis unten übermalt. Die Mönch-

lein bewunderten das Geheimnis, das er ihnen, um sie völlig
zu betören, in einem gemeinen Firnis mitteilte, damit sollten
sie, wie er sie versicherte, sich künftig aus allen Verlegenhei-
ten erretten.

Ob sie bei einer neuen bald eintretenden Übernebelung
des Bildes von diesem köstlichen Mittel Gebrauch gemacht
ist nicht bekannt, aber gewiß ward es noch einigemal teilweise aufgefrischt, und zwar mit Wasserfarbe, wie sich noch
an einigen Stellen bemerken läßt.

Indessen verdarb das Bild immer und weiter, und aufs   10
neue ward die Frage, inwiefern es noch zu erhalten sei, nicht
ohne manchen Streit unter Künstlern und Anordnenden
besprochen. De Giorgi ein bescheidener Mann von mäßigem Talent, aber einsichtig und eifrig, Kenner der wahren
Kunst, lehnte beharrlich ab seine Hand dahin zu führen wo
Leonard die seinige gehalten habe.

Endlich 1770, auf wohlmeinenden, aber Einsicht ermangelnden Befehl, durch Nachgiebigkeit eines hofmännischen
Priors, ward einem gewissen *Mazza* das Geschäft übertragen; dieser pfuschte meisterhaft, die wenigen alten Origi-   20
nalstellen, obschon durch fremde Hand zweimal getrübt,
waren seinem freien Pinsel ein Anstoß, er beschabte sie mit
Eisen, und bereitete sich glatte Stellen die Züge seiner
frechen Kunst hinzusudeln, ja mehrere Köpfe wurden auf
gleiche Weise behandelt.

Dawider nun regten sich Männer und Kunstfreunde in
Mayland, öffentlich tadelte man Gönner und Klienten.
Lebhafte, wunderliche Geister schürten zu, und die Gärung
ward allgemein. Mazza, der zu der Rechten des Heilands zu
malen angefangen hatte, hielt sich dergestalt an die Arbeit,   30
daß er auch zur Linken gelangte, und nur unberührt blieben
die Köpfe des *Matthäus*, *Thaddäus*, und *Simon*. Auch an
diesen gedachte er Bellottis Arbeit zuzudecken, und mit
ihm um den Namen eines Erostrats zu wetteifern. Dagegen
aber wollte das Geschick, daß, nachdem der abhängige
Prior einen auswärtigen Ruf angenommen, sein Nachfolger, ein Kunstfreund, nicht zauderte den Mazza sogleich zu
entfernen, durch welchen Schritt genannte drei Köpfe in so
fern gerettet worden, daß man das Verfahren des Bellotti
darnach beurteilen kann. Und zwar gab dieser Umstand   40

wahrscheinlich zu der Sage Gelegenheit: es seien noch drei
Köpfe des echten Originals übrig geblieben.

Seit jener Zeit ist, nach mancher Beratschlagung, nichts
geschehen, und was hätte man denn an einem dreihundert-
jährigen Leichnam noch einbalsamieren sollen. Siebenzehnhundert und sechsundneunzig überstieg das französische
Heer siegreich die Alpen, der General *Bonaparte* führte sie
an. Jung, ruhmbegierig und Gerühmtes aufsuchend, ward er
vom Namen Leonards an den Ort gezogen, der uns nun so
10 lange fest hält.

Er verordnete gleich daß hier keine Kriegswohnung sein,
noch anderer Schaden geschehen solle, unterschrieb die
Ordre auf dem Knie, ehe er zu Pferde stieg. Kurz darauf
mißachtete diese Befehle ein anderer General, ließ die Türe
einschlagen, und verwandelte den Saal in Stallung.

Der Aufputz des Mazza hatte schon seine Lebhaftigkeit
verloren, und der Pferdeprudel der nunmehr, schlimmer als
der Speisedampf von mönchischer Anrichte, anhaltend die
Wände beschlug, erzeugte neuen Moder über dem Bilde, ja
20 die Feuchtigkeit sammelte sich so stark, daß sie streifen-
weise herunterlief, und ihren Weg mit weißer Spur bezeichnete. Nachher ist dieser Saal bald zum Heu-Magazin, bald
zu andern immer militärischen Bedürfnissen gemißbraucht
worden.

Endlich gelang es der Administration den Ort zu schließen, ja zu vermauern, so daß eine ganze Zeit lang diejenigen
die das Abendmahl sehen wollten, auf einer Sprossenleiter,
von der außerhalb zugänglichen Kanzel herabsteigen mußten, von wo sonst der Vorleser die Speisenden erbaute.

30 Im Jahr 1800 trat die große Überschwemmung ein, verbreitete sich, versumpfte den Saal und vermehrte höchlich
die Feuchtigkeit, hierauf ward 1801, auf Bossis Veranlassung, der sich hiezu als Secretair der Akademie berechtigt
fand, eine Türe eingesetzt, und der Verwaltungsrat versprach fernere Sorgfalt. Endlich verordnete 1807 der Vice-
König von Italien dieser Ort solle wieder hergestellt, und zu
Ehren gebracht werden. Man setzte Fenster ein, und einen
Teil des Bodens, errichtete Gerüste, um zu untersuchen ob
sich noch etwas tun lasse. Man verlegte die Türe an die Seite,
40 und seit der Zeit findet man keine merkliche Veränderung,

ob gleich das Bild dem genaueren Beobachter, nach Beschaffenheit der Atmosphäre, mehr oder weniger getrübt
erscheint. Möge, da das Werk selbst so gut als verloren ist,
seine Spur, zum traurigen, aber frommen Andenken künftigen Zeiten aufbewahrt bleiben!

Kopien überhaupt

Ehe wir nun an die Nachbildungen unseres Gemäldes,
deren man fast dreißig zählt, gelangen, müssen wir von
Kopien überhaupt einige Erwähnung tun. Sie kamen nicht
in Gebrauch als bis jedermann gestand, die Kunst habe
ihren höchsten Gipfel erreicht, da denn geringere Talente,
die Werke der größten Meister schauend, an eigner Kraft,
nach der Natur oder aus der Idee, ähnliches hervorzubringen verzweifelten, womit denn die Kunst, welche sich nun
als Handwerk abschloß, anfing ihre eigenen Geschöpfe zu
wiederholen. Diese Unfähigkeit der meisten Künstler blieb
den Liebhabern nicht verborgen, die, weil sie sich nicht
immer an die ersten Meister wenden konnten, geringere
Talente aufriefen und bezahlten, da sie denn, um nicht etwas
ganz Ungeschicktes zu erhalten, lieber Nachahmungen von
anerkannten Werken bestellten, um doch einigermaßen gut
bedient zu sein.

Nun begünstigten das neue Verfahren sowohl Eigentümer als Künstler durch Kargheit und Übereilung und die
Kunst erniedrigte sich vorsätzlich, aus Grundsatz zu kopieren.

Im funfzehnten Jahrhundert und im vorhergehenden,
hatten die Künstler von sich selbst und von der Kunst einen
hohen Begriff und bequemten sich nicht leicht Erfindungen
anderer zu wiederholen, deswegen sieht man aus jener Zeit
keine eigentlichen Kopien, ein Umstand den ein Freund der
Kunstgeschichte wohl beachten wird. Geringere Künste
bedienten sich wohl zu kleineren Arbeiten höherer Vorbilder, wie bei Niello und andern Schmelzarbeiten geschah,
und wenn ja, aus religiösen oder sonstigen Beweggründen,
eine Wiederholung verlangt wurde, so begnügte man sich
mit ungenauer Nachahmung, welche nur ohngefähr Bewegung und Handlung des Originals ausdruckte, ohne daß

man auf Form und Farbe scharf gesehen hätte, deshalb findet man in den reichsten Galerien keine Kopie vor dem sechszehnten Jahrhundert.

Nun kam aber die Zeit wo durch wenige außerordentliche Männer (unter welche unser Leonardo ohne Wiederrede gezählt, und als der früheste betrachtet wird) die Kunst in jedem ihrer Teile zur Vollkommenheit gelangte, man lernte besser sehen und urteilen, und nun war das Verlangen um Nachbildungen trefflicher Werke nicht schwer zu be-
10 friedigen, besonders in solchen Schulen wohin sich viele Schüler drängten und die Werke des Meisters sehr gesucht waren. Und doch beschränkte sich zu jener Zeit dies Verlangen auf kleinere Werke, die man mit dem Original leicht zusammen halten und beurteilen kann. Bei großen Arbeiten verhielt es sich ganz anders damals wie nachher, weil das Original sich mit den Kopien nicht vergleichen läßt, auch solche Bestellungen selten sind. Also begnügte sich nun die Kunst so wie der Liebhaber mit Nachahmungen im Kleinen, wo man dem kopierenden viel Freiheit ließ, und die
20 Folgen dieser Willkür zeigten sich übermäßig in den wenigen Fällen wo man Abbildungen im Großen verlangte, welche fast immer Kopien von Kopien waren, und zwar gefertigt nach Kopien im kleinern Maßstab, fern von dem Original ausgeführt, oft sogar nach bloßen Zeichnungen, ja vielleicht aus dem Gedächtnis. Nun mehrten sich die Dutzend-Maler, und arbeiteten um die geringsten Preise, man prunkte mit der Malerei, der Geschmack verfiel, Kopien mehrten sich, und verfinsterten die Wände der Vorzimmer und Treppen, hungrige Anfänger lebten von geringem
30 Solde, indem sie die wichtigsten Werke in jedem Maßstab wiederholten, ja viele Maler brachten ganz ihr Leben bloß mit kopieren zu; aber auch da sah man in jeder Kopie einige Abweichung, seis Einfall des Bestellers, Grille des Malers, und vielleicht Anmaßung man wolle Original sein.

Hierzu trat noch die Forderung gewirkter Tapeten, wo die Malerei nicht würdig als durch Gold bereichert scheinen wollte, und man die herrlichsten Bilder, weil sie ernst und einfach waren, für mager und armselig hielt, deswegen der Kopiste Baulichkeiten und Landschaften im Grunde an-
40 brachte, Zierraten an den Kleidern, goldene Strahlen oder

Kronen um die Häupter, ferner wunderlichgestaltete Kinder, Tiere, Chimären, Grotesken, und andere Torheiten.
Oft auch kam wohl der Fall vor, daß ein Künstler der sich
eigene Erfindung zutraute, nach dem Willen eines Bestellers, der seine Fähigkeiten nicht zu schätzen wußte, ein
fremdes Werk zu kopieren den Auftrag erhielt, und, indem
er es mit Widerwillen tat, doch auch hie und da als Original
erscheinen wollte, und nun veränderte oder hinzufügte wie
es Kenntnis, vielleicht auch Eitelkeit eingab. Dergleichen
geschah auch wohl wie es Zeit und Ort verlangten. Man   10
bediente sich mancher Figuren zu ganz anderm Zweck als
sie der erste Urheber bestimmt hatte. Weltliche Gegenstände wurden durch einige Zutaten in geistliche verwandelt, heidnische Götter und Helden mußten sich bequemen
Märtyrer und Evangelisten zu sein. Oft auch hatte der
Künstler zu eigner Belehrung und Übung, irgend eine Figur
aus einem berühmten Werk kopiert, und setzte nun etwas
von seiner Erfindung hinzu, um ein verkäufliches Bild
daraus zu machen. Zuletzt darf man auch wohl der Entdeckung und dem Mißbrauch der Kupferstiche einen Teil   20
des Kunstverderbens zuschreiben, welche den Dutzend-
Malern fremde Erfindungen häufig zubrachten, so daß niemand mehr studierte, und die Malerei zuletzt so weit verfiel
daß sie mit mechanischen Arbeiten vermischt ward. Waren
doch die Kupferstiche selbst schon von den Originalen
verschieden, und wer sie kopierte vervielfachte die Veränderung nach eigener und fremder Überzeugung oder Grille.
Eben so ging es mit den Zeichnungen, die Künstler entwar-
fen sich die merkwürdigsten Gegenstände in Rom und
Florenz, um sie, nach Hause gelangt, willkürlich zu wieder- 30
holen.

Kopien des Abendmahls

Hiernach läßt sich nun gar wohl urteilen was mehr oder
weniger von den Kopien des Abendmahls zu erwarten sei,
ob gleich die frühesten gleichzeitig gefertigt wurden: denn
das Werk machte großes Aufsehn, und andere Klöster
verlangten eben dergleichen.

Unter den vielen von dem Verfasser aufgeführten Ko-   40

Giuseppe Bossi
KOPF DES ANDREAS
Durchzeichnung nach der Kopie des ›Abendmahls‹
von Leonardo da Vinci im Kloster Castellazzo

Giuseppe Bossi
KOPF CHRISTI
Durchzeichnung nach Vespinos Kopie des ›Abendmahls‹
von Leonardo da Vinci

pien, beschäftigen uns hier nur drei, indem die zu Weimar
befindlichen Durchzeichnungen von ihnen abgenommen
sind; doch liegt diesen eine vierte zum Grund, von welcher
wir also zuerst sprechen müssen.

Markus von Oggiono, ein Schüler Leonard da Vinci, ohne
weitumgreifendes Talent, erwarb sich doch das Verdienst
seiner Schule, vorzüglich in den Köpfen, ob er sich schon
auch hier nicht immer gleich bleibt. Er arbeitete ohngefähr
1510 eine Kopie im Kleinen, um sie nachher im Großen zu
10 benutzen. Sie war, herkömmlicher Weise, nicht ganz genau,
er legte sie aber zum Grunde einer größeren Kopie, die sich
an der Wand des nun aufgehobenen Klosters zu *Castelazzo*
befindet, gleichfalls im Speisesaal der ehemaligen Mönche.
Alles daran ist sorgfältig gearbeitet, doch herrscht in den
Beiwerken die gewöhnliche Willkür. Und ob gleich Bossi
nicht viel Gutes davon sagen möchte, so leugnet er doch
nicht, daß es ein bedeutendes Monument, auch der Charakter mehrerer Köpfe, wo der Ausdruck nicht übertrieben
worden, zu loben sei. Bossi hat sie durchgezeichnet, und
20 wir werden, bei Vergleichung der drei Kopien, aus eigenem
Anschauen darüber urteilen können.

Eine zweite Kopie, deren durchgezeichnete Köpfe wir
ebenfalls vor uns haben, findet sich in Fresko auf der Wand
zu *Ponte Capriaska*, sie wird in das Jahr 1565 gesetzt, und
dem *Peter Lovino* zugeschrieben. Ihre Verdienste lernen
wir in der Folge kennen, sie hat das Eigne daß die Namen
der Figuren hinzugeschrieben worden, welche Vorsicht uns
zu einer sichern Charakteristik der verschiedenen Physio-
gnomien verhilft.

30 Das allmählige Verderbnis des Originals haben wir leider
umständlich genug aufgeführt, und es stand schon sehr
schlimm um dasselbe, als 1612 Kardinal Friedrich *Borromeo*
ein eifriger Kunstfreund, den völligen Verlust des Werkes
zu verhüten trachtete und einem Mayländer, *Andrea Bianchi*, zugenannt *Vespino*, den Auftrag gab eine Kopie in
wirklicher Größe zu fertigen. Dieser Künstler versuchte
sich anfangs nur an einigen Köpfen, diese gelangen, er ging
weiter, und kopierte die sämtlichen Figuren, aber einzeln,
die er denn zuletzt mit möglichster Sorgfalt zusammen
40 fügte; das Bild findet sich noch gegenwärtig in der Ambro-

sianischen Bibliothek zu Mayland, und liegt der neusten
von Bossi verfertigten Kopie hauptsächlich zum Grund,
diese aber ward auf folgende Veranlassung gefertigt.

Neuste Kopie

Das Königreich Italien war ausgesprochen und Prinz Eugen
wollte den Anfang seiner Regentschaft, nach dem Beispiel
Ludwig Sforzas, durch Begünstigung der Künste verherrlichen; Ludwig hatte die Darstellung des Abendmahls dem   10
Leonard aufgetragen, Eugen beschloß das, durch dreihundert Jahre durch, verdorbene Bild, so viel als möglich in
einem neuen Gemälde wieder herzustellen, dieses aber
sollte, damit es unvergänglich bliebe, in Mosaik gesetzt
werden, wozu die Vorbereitung in einer schon vorhandenen großen Anstalt gegeben war.

Bossi erhält sogleich den Auftrag und beginnt Anfangs
Mai 1807., er findet rätlich einen Carton in gleicher Größe
zu fertigen; nimmt seine Jugendstudien wieder auf und
wendet sich ganz zu Leonard, beachtet dessen Kunstnach-   20
laß und Schriften, besonders letztere, weil er überzeugt ist:
ein Mann, der so vortreffliche Werke hervorgebracht,
müsse nach den entschiedensten und vorteilhaftesten
Grundsätzen gehandelt haben. Er hatte die Köpfe der Kopie
von Ponte Capriaska und einige andre Teile derselben
nachgezeichnet, ferner die Köpfe und Hände der Kopie von
Castellazzo und der von Bianchi. Nun zeichnet er alles nach
was von Vinci selbst, ja sogar was von einigen Zeitgenossen
herstammt. Ferner sieht er sich nach allen vorhandenen
Kopien um, deren er sieben und zwanzig näher oder ferner 30
kennen lernt; Zeichnungen, Manuskripte von Vinci werden
ihm von allen Seiten freundlichst mitgeteilt.

Bei der Ausführung seines Cartons hält er sich zunächst
an die Kopie der Ambrosiana, sie allein ist so groß wie das
Original; Bianchi hatte durch Fadennetze und durchscheinend Papier eine genauste Nachbildung zu geben gesucht
und unablässig unmittelbar in Gegenwart des Originals
gearbeitet, welches, obgleich schon sehr beschädigt, doch
noch nicht übermalt war.

Ende Oktobers 1807 ist der Carton fertig, Leinewand an   40

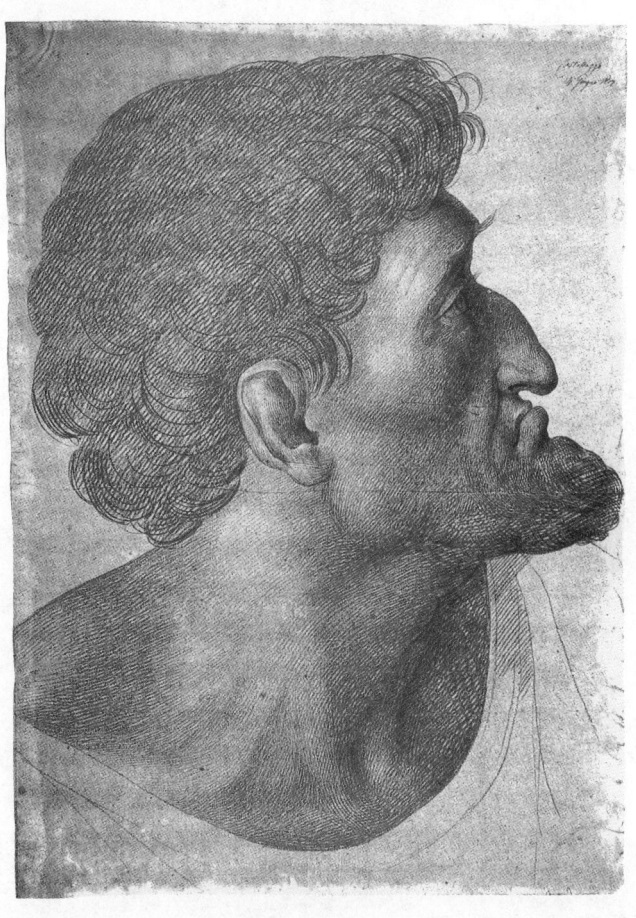

Giuseppe Bossi
KOPF DES JUDAS
Durchzeichnung nach der Kopie des ›Abendmahls‹
von Leonardo da Vinci im Kloster Castellazzo

Giuseppe Bossi
KOPF DES PETRUS
Durchzeichnung nach Vespinos Kopie des ›Abendmahls‹
von Leonardo da Vinci

Einem Stück gleichmäßig gegründet, alsobald auch das
Ganze aufgezeichnet. Sogleich um einigermaßen seine Tinten zu regulieren, malte Bossi das Wenige von Himmel und
Landschaft, das, wegen der Höhe, und Reinheit der Farben
im Original, noch frisch und glänzend geblieben. Er untermalt hierauf die Köpfe Christi, und der drei Apostel zu
dessen Linken; und was die Gewänder betrifft, malte er
diejenigen zuerst über deren Farben er schneller gewiß
gewordenen, um fortan, nach den Grundsätzen des Meisters
und eigenem Geschmack, die übrigen auszuwählen. So
deckte er die ganze Leinewand, von sorgfältigem Nachdenken geleitet, und hielt seine Farben gleich hoch und kräftig.

Leider überfiel ihn, an diesem feuchten und verödeten
Ort, eine Krankheit die ihn seine Bemühungen einzustellen
nötigte, allein er benutzte diesen Zwischenraum Zeichnungen, Kupferstiche, schriftliche Aufsätze zu ordnen, teils auf
das Abendmahl selbst, teils auf andere Werke des Meisters
bezüglich; zugleich begünstigte ihn das Glück das ihm eine
Sammlung Handzeichnungen zuführte, welche, sich vom
Kardinal Cäsar Monti herschreibend, unter andern Kostbarkeiten auch treffliche Sachen von Leonardo selbst enthält. Er studierte sogar die mit Leonardo gleichzeitigen
Schriftsteller, um ihre Meinungen und Wünsche zu benutzen, und blickte auf das was ihn fördern konnte nach allen
Seiten umher. So benutzte er seinen krankhaften Zustand
und gelangte endlich wieder zu Kräften, um aufs neue ans
Werk zu gehen.

Kein Künstler und Kunstfreund läßt die Rechenschaft
ungelesen, wie er im Einzelnen verfahren, wie er die Charaktere der Gesichter, deren Ausdruck, ja die Bewegung der
Hände durchgedacht, wie er sie hergestellt. Eben so bedenkt er das Tischgeräte, das Zimmer, den Grund, und zeigt
daß er über keinen Teil sich ohne die triftigsten Gründe
entschieden. Welche Mühe gibt er sich nicht um unter dem
Tisch die Füße gesetzmäßig herzustellen, da diese Region in
dem Original längst zerstört, in den Kopien nachlässig
behandelt war.

———

Bis hierher haben wir von dem Werke des Ritter Bossi, im allgemeinen Nachricht, im einzelnen Übersetzung und Auszug gegeben, seine Darstellung nahmen wir dankbar auf, teilten seine Überzeugung, ließen seine Meinung gelten, und wenn wir etwas einschalteten, so war es gleichstimmig mit seinem Vortrag; nun aber, da von Grundsätzen die Rede ist denen er bei Bearbeitung seiner Kopie gefolgt, von dem Weg den er genommen sind wir veranlaßt, einigermaßen von ihm abzuweichen. Auch finden wir daß er manche Anfechtung erlitten, daß Gegner ihn streng behandelt, 10 Freunde sogar ihm abgestimmt, wodurch wir wenigstens in Zweifel gesetzt werden ob wir denn alles billigen sollen was er getan? Da er jedoch, schon von uns abgeschieden, sich nicht mehr verteidigen, nicht mehr seine Gründe verfechten mag, so ist es unsere Pflicht ihn, wenn auch nicht zu rechtfertigen, doch möglichst zu entschuldigen, indem wir das was ihm zur Last gelegt wird den Umständen unter welchen er gearbeitet aufbürden, und darzutun suchen daß ihm Urteil und Handlung mehr aufgenötigt worden, als daß sie sich aus ihm selbst entwickelt hätten. 20

Kunst-Unternehmungen dieser Art welche in die Augen fallen, Aufsehn, ja Staunen erregen sollen, werden gewöhnlich ins Kolossale geführt. So überschritt schon, bei Darstellung des Abendmahls, Leonard die menschliche Größe um eine völlige Hälfte; die Figuren waren auf neun Fuß berechnet, und obgleich zwölf Personen sitzen, oder sich doch hinter dem Tisch befinden, daher als Halbfiguren anzusehen sind, auch nur eine und zwar gebückt steht; so muß doch das Bild, selbst in ansehnlicher Ferne, von ungeheurer Wirkung gewesen sein. Diese wollte man, wenn auch nicht 30 im Besondern, charakteristisch-zart, doch im Allgemeinen, kräftig-wirksam wieder hervorbringen.

Für die Menge war ein Ungeheures angekündigt: Ein Bild von acht und zwanzig pariser Fuß Länge, und vielleicht achtzehn Fuß hoch, sollte aus tausend und aber tausend Glasstiften zusammengesetzt werden, nachdem vorher ein geistreicher Künstler sorgfältig das Ganze nachgebildet, durchdacht, und, alle sinnliche und geistige Kunstmittel zu Hülfe rufend, das Verlorne möglichst wieder hergestellt hätte. – Und warum sollte man an der Ausführung dieses 40

Unternehmens in dem Moment einer bedeutenden Staats-
veränderung zweifeln? warum sollte der Künstler nicht
hingerissen werden gerade in dieser Epoche etwas zu leisten
was im gewöhnlichen Lebensverlauf ganz und gar untulig
scheinen möchte!

So bald aber festgesetzt war das Bild solle in der Größe
des Originals ausgeführt werden, und Bossi die Arbeit
übernahm, so finden wir ihn schon genugsam entschuldigt
daß er sich an die Kopie des Vespino gehalten. Die alte
Kopie zu Castellazzo, welcher man mit Recht große Vorzüge zuschreibt, ist um einen guten Teil kleiner als das
Original, wollte er diese ausschließlich benutzen, so mußte
er Figuren und Köpfe vergrößern; welche undenkbare Arbeit aber besonders das Letzte sei ist keinem Kunstkenner
verborgen.

———

Es wird längst anerkannt daß nur den größten Meistern
gelingen könne kolossale Menschengesichter in Malerei
darzustellen. Die menschliche Gestalt, vorzüglich das Antlitz, ist nach Naturgesetzen, in einen gewissen Raum einge-
schränkt innerhalb welchem es nur regelmäßig, charakteristisch, schön, geistreich erscheinen kann. Man mache den
Versuch sich in einem Hohlspiegel zu beschauen und ihr
werdet erschrecken vor der seelenlosen, rohen Unform die
euch medusenhaft entgegen tritt. Etwas ähnliches widerfährt dem Künstler, unter dessen Händen sich ein ungeheures Angesicht bilden soll. Das lebendige eines Gemäldes
entspringt aus der Ausführlichkeit, das Ausführliche jedoch
wird durchs Einzelne dargestellt, und wo will man Einzelnes finden wenn die Teile zum Allgemeinen erweitert sind?

Welchen hohen Grad der Ausführung übrigens Leonard
seinen Köpfen gegeben habe ist unserm Anschauen entzogen. In den Köpfen des Vespino die vor uns liegen, obgleich
aller Ehren, alles Dankes wert, ist eine gewisse Leerheit
fühlbar, die den beabsichtigten Charakter aufschwellend
verflößt; zugleich aber sind sie ihrer Größe wegen impo-
sant, resolut genug gemacht, und müssen auf die Ferne
tüchtig wirken. Bossi fand sie vor sich, die Arbeit der
Vergrößerung, die er nach kleinen Kopien mit eigener

Gefahr hätte unternehmen müssen, war getan, warum sollte
er sich nicht dabei beruhigen? Er hatte als ein Mann von
lebhaftem Charakter sich für das was ihm oblag entschieden, was zur Seite stand oder gar sich entgegen setzte völlig
abgewiesen, daher seine Ungerechtigkeit gegen die Kopie
von Castellazzo und ein festes Zutrauen auf Grundsätze die
er sich aus den Werken und Schriften des Meisters gebildet
hatte; hierüber geriet er mit Graf Verri in öffentlichen
Widerstreit, mit seinen besten Freunden wo nicht in Un-
einigkeit, doch in Zwiespalt.   10

Blick auf Leonard

Ehe wir aber weiter gehen, haben wir von Leonards Persönlichkeit und Talenten einiges nachzuholen. Die mannichfal-
tigen Gaben womit ihn die Natur ausgestattet, konzentrier-
ten sich vorzüglich im Auge, deshalb er denn, obgleich zu
Allem fähig, als Maler am entschiedensten groß erschien.
Regelmäßig, schön gebildet stand er, als ein Mustermensch,
der Menschheit gegenüber, und wie des Auges Fassungs-   20
kraft und Klarheit dem Verstande eigentlichst angehört, so
war Klarheit und Verständigkeit unserm Künstler vollkommen zu eigen; nicht verließ er sich auf den innern Antrieb
seines angebornen, unschätzbaren Talentes, kein willkürlicher, zufälliger Strich sollte gelten, alles mußte bedacht und
überdacht werden. Von der reinen erforschten Proportion
an bis zu den seltsamsten, aus widersprechenden Gebilden
zusammen gehäuften Ungeheuern sollte alles zugleich natürlich und rationell sein.

Dieser scharfen, verständigen Welt-Anschauung verdan-   30
ken wir auch die große Ausführlichkeit womit er verwickel-
ter Erdenbegegnisse heftigste Bewegung mit Worten vorzu-
führen weiß, eben als wenn es Gemälde werden könnten.
Man lese die Beschreibung der *Schlacht*, *des Ungewitters*,
und man wird nicht leicht genauere Darstellungen gefunden
haben, die zwar nicht gemalt werden können; aber dem
Maler andeuten was man von ihm fordern dürfte.

Und so sehen wir aus seinem schriftlichen Nachlaß wie
das zarte ruhige Gemüt unseres Leonard geneigt war die
mannichfaltigsten und bewegtesten Erscheinungen in sich   40

aufzunehmen. Seine Lehre dringt zuerst auf allgemeine Wohlgestalt, sodann aber auch zugleich auf sorgfältiges Beachten aller Abweichungen bis ins Häßlichste; die sichtbare Umwandelung des Kindes bis zum Greis auf allen Stufen, besonders aber, die Ausdrücke der Leidenschaft, von Freude zur Wut, sollen flüchtig wie sie im Leben vorkommen aufgezeichnet werden. Will man in der Folge von einer solchen Abbildung Gebrauch machen, so soll man in der Wirklichkeit eine annähernde Gestalt suchen, sie in dieselbe Stellung setzen, und, mit obwaltendem allgemeinen Begriff, genau nach dem Leben verfahren. Man sieht leicht ein, daß, so viel Vorzüge auch diese Methode haben mag, sie doch nur vom allergrößten Talente ausgeübt werden kann: denn da der Künstler vom Individuellen ausgeht, und zu dem Allgemeinen hinansteigt, so wird er immer, besonders wenn mehrere Figuren zusammenwirken, eine schwer zu lösende Aufgabe vor sich finden.

Betrachte man das Abendmahl, wo Leonard dreizehn Personen, vom Jüngling bis zum Greise dargestellt hat. Einen ruhig ergeben, einen erschröckt, eilfe durch den Gedanken eines Familien-Verrats an- und aufgeregt. Hier sieht man das sanfteste, sittlichste Betragen bis zu den heftigsten leidenschaftlichen Äußerungen. Sollte nun alles dieses aus der Natur genommen werden, welches gelegentliche Aufmerken, welche Zeit war nicht erforderlich um so viel einzelnes aufzutreiben und ins Ganze zu verarbeiten; daher ist es gar nicht unwahrscheinlich daß er Sechzehn Jahre an dem Werke gearbeitet, und doch weder mit dem Verräter, noch mit dem Gott-Menschen fertig werden können, und zwar weil beides nur Begriffe sind, die nicht mit Augen geschaut werden.

Zur Sache!

Überlegen wir nun das Vorgesagte, daß das Bild nur durch eine Art von Kunstwunder seiner Vollendung nahe gebracht werden konnte, daß, nach der beschriebenen Behandlungsart, immer in manchen Köpfen etwas problematisches blieb, welches durch jede Kopie, auch durch die genaueste, nur problematischer werden mußte; so sehen wir

uns in einem Labyrinth, in welchem uns die vorliegenden
Durchzeichnungen wohl erleuchten, nicht aber aus demselben völlig erlösen können.

Zuerst also müssen wir gestehen, daß uns jene Abhandlung, wodurch Bossi die Kopien durchaus verdächtig zu
machen sucht, ihre historische Richtigkeit unangetastet, zu
dem rednerischen Zweck geschrieben zu sein scheint, die
Kopie von Castellazzo herunter zu setzen, die, ob sie gleich
viele Mängel haben mag, doch in Absicht der Köpfe, welche
vor uns liegen, gegen die von Vespino, deren allgemeinen
Charakter wir oben ausgesprochen, entschiedene Vorzüge
hat. In den Köpfen des Marko D'Oggiono ist offenbar die
erste Intention des Vinci zu spüren ja Leonard könnte selbst
daran Teil genommen und den Kopf Christi mit eigener
Hand gemalt haben. Sollte er da nicht zugleich auf die
übrigen Köpfe, wo nicht auf das Ganze, lehrenden und
leitenden Einfluß verbreiten. Durften auch die Dominika-
ner zu Mayland so unfreundlich sein den weiteren Kunstge-
brauch des Werkes zu untersagen; so fand sich in der Schule
selbst so mancher Entwurf, Zeichnung und Carton, womit
Leonard, der seinen Schülern nichts vorenthielt, einem
begünstigten Lehrling, welcher ohnfern der Stadt eine
Nachbildung des Gemäldes sorgfältig unternahm, gar wohl
aushelfen konnte.

Von dem Verhältnis beider Kopien (das Verdienst der
dritten ist nur vor die Augen, nicht mit Worten vor den
Geist zu stellen) hier nur mit Wenigem das Nötigste, das
Entschiedenste, bis wir vielleicht so glücklich sind Nachbildungen dieser interessanten Blätter Freunden der Kunst
vorzulegen.

Vergleichung

St. Bartholomäus: männlicher Jüngling, scharf Profil, zu-
sammengefaßtes, reines Gesicht, Augenlid und Braue niedergedruckt, den Mund geschlossen, als wie mit Verdacht
horchend, ein vollkommen in sich selbst umschriebener
Charakter. Bei Vespino keine Spur von individueller cha-
rakteristischer Gesichtsbildung, ein allgemeines Zeichen-
buchs-Gesicht, mit eröffnetem Munde horchend. Bossi hat

diese Lippenöffnung gebilligt und beibehalten, wozu wir unsere Einstimmung nicht geben könnten.

St. Jacobus der jüngere, gleichfalls Profil, die Verwandt-schaftsähnlichkeit mit Christo unverkennbar, erhält durch vorgeschobene, leicht geöffnete Lippen, etwas individuelles das jene Ähnlichkeit wieder aufhebt. Bei Vespino nahe zu ein allgemeines, akademisches Christusgesicht, der Mund eher zum Staunen als zum Fragen geöffnet. Unsere Behaup-tung daß Bartholomäus den Mund schließen müsse wird dadurch bestätigt daß der Nachbar den Mund geöffnet hält; eine solche Wiederholung würde sich Leonard nie erlaubt haben, vielmehr hat der nachfolgende

St. Andreas den Mund gleichfalls geschlossen. Er druckt, nach Art älterer Personen, die Unterlippe mehr gegen die Oberlippe. Dieser Kopf hat in der Kopie von Marko etwas eigenes, mit Worten nicht auszusprechendes; die Augen in sich gekehrt, der Mund obgleich geschlossen doch naiv. Der Umriß der linken Seite gegen den Grund macht eine schöne Silhouette, man sieht von jenseitiger Stirne, von Auge, Nasenfläche, Bart, so viel daß der Kopf sich rundet und ein eigenes Leben gewinnt; dahingegen Vespino das linke Auge völlig unterdruckt, doch aber von der linken Stirn- und Bartseite noch so viel sehen läßt, daß ein derber kühner Ausdruck, bei aufwärts gehobenem Gesichte ent-springt, welcher zwar ansprechend ist, aber mehr zu geball-ten Fäusten als zu vorgewiesenen flachen Händen passen würde.

Judas verschlossen, erschrocken, ängstlich auf und rück-wärts sehend, das Profil ausgezackt, nicht übertrieben, keineswegs häßliche Bildung; wie denn der gute Ge-schmack, in der Nähe so reiner und redlicher Menschen, kein eigentliches Ungeheuer dulden könnte. Vespino dage-gen hat wirklich ein solches dargestellt, und man kann nicht leugnen daß, abgesondert genommen, dieser Kopf viel Ver-dienst hat; er drückt eine boshaft-kühne Schadenfreude lebhaft aus, und würde unter dem Pöbel der über ein Ecce Homo jubelt, und kreuzige! kreuzige! ruft, sich vortrefflich hervorheben. Auch für einen Mephistopheles im teuflisch-sten Augenblick müßte man ihn gelten lassen. Aber von Erschrecken und Furcht, mit Verstellung, Gleichgültigkeit

und Verachtung verbunden ist keine Spur; die borstigen
Haare passen gut zum Ganzen, ihre Übertriebenheit jedoch
kann nur neben Kraft und Gewaltsamkeit der übrigen
Vespinischen Köpfe bestehen.

St. Petrus, sehr problematische Züge. Schon bei Marko ist
es bloß schmerzlicher Ausdruck; von Zorn aber und Bedräuung kann man nichts darin sehen, etwas ängstliches ist
gleichfalls ausgedruckt, und hier mag Leonard selbst mit
sich nicht ganz einig gewesen sein: denn herzliche Teilnahme an einem geliebten Meister, und Bedrohung des   10
Verräters sind wohl schwerlich in Einem Gesichte zu vereinigen. Indessen will Kardinal Borromaeus zu seiner Zeit
dieses Wunder gesehen haben. So gut seine Worte auch
klingen, haben wir Ursache zu glauben, daß der kunstlie-
bende Kardinal mehr seine Empfindung als das Bild ausgesprochen: denn wir wüßten sonst unsern Vespino nicht zu
verteidigen, dessen Petrus einen unangenehmen Ausdruck
hat. Er sieht aus wie ein harter Capuziner, dessen Fastenpredigt die Sünder aufregen soll. Wundersam! daß Vespino ihm
straubige Haare gegeben hat, da der Petrus des Marko ein   20
schön kurz gelocktes Kräuselhaupt darstellt.

St. Johannes ist von Marko ganz in Vincischem Sinne
gebildet; das schöne rundliche, sich aber doch nach dem
Länglichen ziehende Gesicht, die, vom Scheitel an schlichten, unterwärts aber sanft sich kräuselnden Haare, vorzüglich wo sie sich an Petrus eindringende Hand anschmiegen,
sind allerliebst. Was man vom Schwarzen des Auges sieht,
ist von Petrus abgekehrt, eine unendlich feine Bemerkung!
indem wer mit innigstem Gefühl seinem heimlich sprechenden Seitenmanne zuhört den Blick von ihm abwendet. Bei   30
Vespino ist es ein behäglicher, ruhender, beinahe schlafen-
der, keine Spur von Teilnahme zeigender Jüngling.

Wir wenden uns nun auf Christi linke Seite, um von dem
Bilde des Erlösers selbst erst am Schlusse zu reden.

St. Thomas Kopf und rechte Hand, deren aufgehobener
Zeigefinger etwas gegen die Stirne gebogen ist, um Nachdenken anzudeuten. Diese dem argwöhnischen und zwei-
felnden sowohl anstehende Bewegung, hat man bisher verkannt, und einen bedenklichen Jünger als drohend angesprochen. In Vespinos Kopie ist er gleichfalls nachdenklich   40

genug; da aber der Künstler wieder das fliehende rechte Auge weggelassen, so entsteht ein perpendikulares, gleichförmiges Profil, worin von dem Vorgeschobenen, Aufspürenden der ältern Kopie nichts mehr zu sehen ist.

St. Jakob der ältere. Die heftigste Gesichtsbewegung, der aufgesperrteste Mund, Entsetzen im Auge, ein originelles Wagestück Leonards; doch haben wir Ursache zu glauben, daß auch dieser Kopf dem Marko vorzüglich geraten sei. Die Durchzeichnung ist vortrefflich: in der Kopie des Vespino dagegen alles verloren, Stellung, Haltung, Miene, alles ist verschwunden, und in eine gewisse gleichgültige Allgemeinheit aufgelöst.

St. Philipp, liebenswürdig unschätzbar, gleicht vollkommen den Raphaelischen Jünglingen, die sich, auf der linken Seite der Schule von Athen, um Bramante versammeln. Vespino hat aber unglücklicher Weise das rechte Auge abermals unterdrückt, und da er nicht verleugnen konnte hier liege etwas Mehr-als-Profil zum Grunde, einen zweideutigen, wunderlich übergebogenen Kopf hervorgebracht.

St. Matthäus, jung, argloser Natur, mit krausem Haar, ein ängstlicher Ausdruck in dem wenig geöffneten Munde, in welchem die sichtbaren Zähne eine Art leises Grimmes aussprechen, zu der heftigen Bewegung der Figur passend. Von allem diesen ist bei Vespino nichts übrig geblieben; starr und geistlos blickt er vor sich hin, niemand ahndet auch nur im mindesten die heftige Körperbewegung.

St. Thaddäus, des Marko, ist gleichfalls ein ganz unschätzbarer Kopf; Ängstlichkeit, Verdacht, Verdruß, kündigt sich in allen Zügen. Die Einheit dieser Gesichtsbewegung ist ganz köstlich, paßt vollkommen zu der Bewegung der Hände, die wir ausgelegt haben. Bei Vespino ist alles abermals ins Allgemeine gezogen, auch hat er den Kopf dadurch unbedeutender gemacht, daß er ihn zu sehr nach dem Zuschauer wendet, anstatt daß bei Marko die linke Seite kaum den vierten Teil beträgt, wodurch das argwöhnische, scheelsehende gar köstlich ausgedrückt wird.

St. Simon der ältere, ganz im Profil, dem gleichfalls reinen Profil des jungen Matthäus entgegen gestellt. An ihm ist die vorgeworfene Unterlippe, welche Leonard bei alten Gesichtern so sehr liebte, am übertriebensten, tut aber, mit der

ernsten, überhangenden Stirn, die vortrefflichste Wirkung
von Verdruß und Nachdenken, welches der leidenschaftlichen Bewegung des jungen Matthäus scharf entgegensteht.
Bei Vespino ist es ein abgelebter, gutmütiger Greis, der auch
an dem wichtigsten, in seiner Gegenwart sich ereignenden
Vorfall keinen Anteil mehr zu nehmen im Stande ist.

Nachdem wir nun dergestalt die Apostel beleuchtet,
wenden wir uns zur Gestalt *Christi* selbst. Hier begegnet
uns abermals die Legende, daß Leonard weder Christus
noch Judas zu endigen gewußt, welches wir gerne glauben,   10
da nach seinem Verfahren es unmöglich war, an diese beiden
Enden der Darstellung die letzte Hand zu legen. Schlimm
genug also mag es im Original, nach allen Verfinsterun-
gen welche dasselbe durchaus erleiden müssen, mit Christi
nur angelegter Physiognomie ausgesehn haben. Wie wenig
Vespino vorfand, läßt sich daraus schließen daß er einen
kolossalen Christuskopf, ganz gegen den Sinn Vincis, aufstellte, ohne auch nur im mindesten auf die Neigung des
Hauptes zu achten, die notwendig mit der des Johannes zu
parallelisieren war. Vom Ausdruck wollen wir nichts sagen;   20
die Züge sind regelmäßig, gutmütig, verständig, wie wir sie
an Christo zu sehen gewohnt sind, aber auch ohne die
mindeste Sensibilität, daß wir beinahe nicht wüßten, zu
welcher Geschichte des neuen Testaments dieser Kopf willkommen sein könnte.

Hier tritt nun aber zu unserm Vorteil der Fall ein, daß
Kenner behaupten, Leonard habe den Kopf des *Heilandes*
in Castellazzo selbst gemalt, und innerhalb einer fremden
Arbeit dasjenige gewagt, was er bei seinem eigenen Haupt-
bilde nicht unternehmen wollen. Da wir das Original nicht   30
vor Augen haben, so müssen wir von der Durchzeichnung
sagen: daß sie völlig dem Begriff entspricht den man sich
von einem edlen Manne bildet, dem ein schmerzliches
Seelenleiden die Brust beschwert, wovon er sich durch ein
vertrauliches Wort zu erleichtern suchte, dadurch aber die
Sache nicht besser, sondern schlimmer gemacht hat.

Durch diese vergleichenden Vorschritte haben wir uns
denn dem Verfahren des außerordentlichen Künstlers, wie
er solches in Schriften und Bildern umständlich und deutlich erklärt und bewiesen hat, genugsam genähert, und   40

glücklicher Weise finden wir noch eine Gelegenheit, einen
fernern Schritt zu tun. Auf der Ambrosianischen Bibliothek
nämlich wird eine von Leonard unwidersprechlich verfertigte Zeichnung aufbewahrt, auf blaulichem Papier, mit
wenig weiß und farbiger Kreide. Von dieser hat Ritter Bossi
das genauste Faksimile verfertigt, welches gleichfalls vor
unsern Augen liegt. Ein edles Jünglingsangesicht nach der
Natur gezeichnet, offenbar in Rücksicht des Christuskopfes
zum Abendmahl. Reine, regelmäßige Züge, das schlichte
Haar, das Haupt nach der linken Seite gesenkt, die Augen
niedergeschlagen, den Mund halb geöffnet, und die ganze
Bildung durch einen leisen Zug des Kummers, in die herrlichste Harmonie gebracht. Hier ist freilich nur der Mensch,
der ein Seelenleiden nicht verbirgt; wie aber, ohne diese
Züge auszulöschen, Erhabenheit, Unabhängigkeit, Kraft,
Macht der Gottheit zugleich auszudrücken wäre, ist eine
Aufgabe, die auch selbst dem geistreichsten irdischen Pinsel
schwer zu lösen sein möchte. In dieser Jünglingsphysio-
gnomie welche zwischen Christus und Johannes schwebt,
sehen wir den höchsten Versuch, sich an der Natur fest zu
halten, da wo vom Überirdischen die Rede ist.

Die ältere florentinische und sanesische Schule entfernten
sich von den trockenen Typen der byzantinischen Kunst
dadurch, daß sie überall in ihren Bildern Porträte anbrach-
ten. Dies ließ sich nun sehr gut tun, weil bei den ruhigen
Ereignissen ihrer Tafeln die teilnehmenden Personen gelassen bleiben konnten. Das Zusammensein heiliger Männer, Anhörung einer Predigt, Einsammeln von Almosen,
Begräbnis eines verehrten Frommen, fordert von den Um-
stehenden nur solchen Ausdruck, der in jedes natürlich-
sinnige Gesicht gar wohl zu legen ist; sobald nun aber Leonard Lebendigkeit, Bewegung, Leidenschaft forderte, zeigte
sich die Schwierigkeit, besonders da nicht etwa ähnliche Personen neben einander stehen, sondern die entgegenge-
setztesten Charaktere mit einander kontrastieren sollten.
Diese Aufgabe, welche Leonard mit Worten so deutlich
ausspricht und beinahe selbst unauflöslich findet, ist vielleicht Ursache daß in der Folgezeit große Talente die Sache
leichter machten, und zwischen der besondern Wirklichkeit
und der ihnen eingebornen allgemeinen Idee, ihren Pinsel

schweben ließen, und sich so von der Erde zum Himmel,
vom Himmel zur Erde mit Freiheit bewegten.

Noch manches wäre zu sagen über die höchst verwickelte
und zugleich höchst kunstgemäße Komposition, über den
Lokalbezug der Köpfe, Körper, Arme, Hände unter einander. Von den Händen besonders würden wir einiges zu
sprechen das Recht haben, indem Durchzeichnungen nach
der Kopie des Vespino gleichfalls gegenwärtig sind. Wir
schließen aber billig diese Vorarbeit, weil wir vor allen
Dingen die Bemerkungen der Transalpinischen Freunde
abzuwarten haben. Denn diesen kommt allein das Recht zu
über manche Punkte zu entscheiden, da sie alle und jede
Gegenstände, von denen wir nur durch Überlieferung sprechen, seit vielen Jahren selbst gekannt, sie noch vor Augen
haben, nicht weniger den ganzen Hergang der neusten Zeit
persönlich mit erlebten. Außer dem Urteil über die von uns
angedeuteten Punkte werden sie uns gefällig Nachricht
geben: inwiefern Bossi von den Köpfen der Kopie zu
Castellazzo doch noch Gebrauch gemacht? welches um so
wahrscheinlicher ist als dieselbe überhaupt viel gegolten
und das Kupfer von Morghen dadurch so großes Verdienst
erhält daß sie dabei sorgfältig benutzt worden.

Nun aber müssen wir noch ehe wir scheiden dankbarlich
erkennen, daß unser mehrjähriger Freund, Mitarbeiter und
Zeitgenosse, den wir noch immer so gern, früherer Jahre
eingedenk, mit den Namen des *Maler Müller* bezeichnen,
uns, von Rom aus, mit einem trefflichen Aufsatz über
Bossis Werk, in den Heidelberger Jahrbüchern, Dezember
1816. beschenkt, der unserer Arbeit in ihrem Laufe begegnend, dergestalt zu Gute kam, daß wir uns an mehreren
Stellen kürzer fassen konnten, und nunmehr auf jene Abhandlung hinweisen, wo unsere Leser mit Vergnügen bemerken werden, wie nahe wir mit jenem geprüften Künstler
und Kenner verwandt, ja übereinstimmend gesprochen haben. In Gefolg dessen machten wir uns zur Pflicht, hauptsächlich diejenigen Punkte hervorzuheben, welche jener
Kunstkenner, nach Gelegenheit und Absicht, weniger ausführlich behandelte.

Eben indem wir schließen wird uns dargebracht: Trattato della Pittura di Lionardo da Vinci; tratto da un Codice della Biblioteca Vaticana. Roma 1817. Dieser starke Quartband enthält viele bisher unbekannte Kapitel, woraus tiefe, neue Einsicht in Leonards Kunst und Denkweise gar wohl zu hoffen ist. Auch sind zweiundzwanzig Kupfertafeln, klein Folio, beigelegt, Nachbildungen bedeutender, leichter Federzüge, völlig nach Sinn und Art derjenigen womit Leonard gewöhnlich seine schriftlichen Aufsätze zu erläutern pflegte. Und so sind wir denn verpflichtet bald wieder aufzunehmen was wir niedergelegt haben, welches denn unter Beistand der höchst gefälligen Mayländischen Kunstfreunde uns und andern möge zu Gute kommen!

BLUMEN-MALEREI

Wenn gleich die menschliche Gestalt, und zwar in ihrer Würde und Gesundheitsfülle, das Hauptziel aller bildenden Kunst bleibt, so kann doch keinem Gegenstande, wenn er froh und frisch in die Augen fällt, das Recht versagt werden gleichfalls dargestellt zu sein, und im Nachbild ein großes, ja größeres Vergnügen zu erwecken, als das Urbild nur immer erregen konnte. Wir schränken uns hier auf die Blumen ein, die sehr frühe als Vorbilder vom Künstler ergriffen werden mußten. Der alten Kunst waren sie Nebensache; Pausias von Sycion malte Blumen zum Schmuck seines geliebten Sträußermädchens, dem Architekten waren Blätter, Knospen, Blumen und von daher abgeleitete Gestalten als Zierde seiner starren Flächen und Stäbe höchst willkommen, und noch sind uns hievon die köstlichsten Reste geblieben wie Griechen und Römer, bis zum Übermaß, mit wandelbaren Formen der vegetierenden Welt ihren Marmor belebt.

Ferner zeigt sich auf den Türen des Ghiberti die schönste Anwendung von Pflanzen und des mit ihnen verwandten Geflügels. *Luca Della Robbia*, und seine Sippschaft, umgaben mit bunt verglasten, hocherhabenen Blumen- und Fruchtkränzen, anbetungswerte, heilige Bilder. Gleiche Fruchtfülle bringt *Johann von Udine* dar, in den köstlich

gedrängten Obstgehängen der Vatikanischen Logen, und
noch manche dergleichen, selbst ungeheuer lastende Festone verzieren, Fries an Fries, die Säle Leo des zehnten. Zu
gleicher Zeit finden wir auch kolossale und niedliche Perga-
ment-Blätter heiligen und frommen Inhalts zum Beginn
und am Rande, mit bewundernswürdig nachgebildeten Blumen und Früchten reichlich verziert.

Und auch später war Vegetation wie Landschaft, nur
Begleiterin menschlicher Gestalten, bis nach und nach diese
untergeordneten Gegenstände, durch die Machtgewalt des
Künstlers, selbstständig erschienen und das Hauptinteresse
eines Bildes zu bewirken sich anmaßten.

Manche Versuche vorbeigehend wenden wir uns zu denen Künstlern die in den Niederlanden zu Anfang des
achtzehnten Jahrhunderts, ihr Glück auf die Blumenliebe
reicher Handelsherren gründeten, auf die eigentliche Blumisterei, welche, mit unendlicher Neigung, ausgesuchte
Floren durch Kultur zu vervielfältigen, und zu verherrlichen trachtete. Tulpe, Nelke, Aurikel, Hyazinthe, wurden
in ihrem vollkommensten Zustande bewundert und geschätzt; und nicht etwa willkürlich gestand man Vollkom-
menheiten zu, man untersuchte die Regeln wonach etwas
gefallen konnte; und wir wagen die Schätzung der Blumen-
liebhaber als wohl überdacht anzuerkennen, und getrauen
uns durchaus etwas Gesetzliches darin nachzuweisen wornach sie gelten ließen, oder forderten.

Wir geben hier die Namen der Künstler deren Arbeit wir
bei Herrn Doktor Grambs in Frankfurt am Main, in farbigen Aquarell-Zeichnungen mit Augen gesehn.

Morel aus Antwerpen blühte um 1700.

Maria Sybilla Merian desgleichen.

Joh. Bronkhorst, geb. 1648.

Herrm. Henstenburgh, geb. 1667.

Joh. van Huysum, geb. 1682, gest. 1749.

Oswald Wyne.

Van Loon.

Roob.

Roedig.

Joh. van Os.

Van Brüssel um 1780.

Jan van Huysum
BLUMEN- UND FRUCHTSTÜCK

Van Leen.
Wilh. Hendricus.
Nähere Nachrichten von den neuern Künstlern würden
sehr willkommen sein.

Ob nun schon *Sybille Merian*, wahrscheinlich angeregt
durch des hochverdienten, viel jüngern *Carl Plumiers* Rei-
seruf und Ruhm, sich nach Surinam wagte, und in ihren
Darstellungen sich zwischen Kunst und Wissenschaft, zwischen Naturbeschauung und malerischen Zwecken hin und
her bewegte; so blieben doch alle folgende großen Meister
auf der Spur die wir angedeutet, sie empfingen die Gegenstände von Blumenliebhabern, sie vereinigten sich mit ihnen
über den Wert derselben, und stellten sie in dem vollsten
ästhetischen Glanze dar. Wie nur Licht und Schatten, Far-
benwechsel und Wiederschein irgend spielen wollten, ließ
sich hier kunstreich und unerschöpflich nachbilden. Diese
Werke haben den großen Vorteil daß sie den sinnlichen
Genuß vollkommen befriedigen. Blumen und Blüten sprechen dem Auge zu, Früchte dem Gaumen, und das beider-
seitige Behagen scheint sich im Geruch aufzulösen.

Und noch lebt in jenen wohlhäbigen Provinzen derselbe
Sinn in welchem *Huysum*, *Rachel Ruysch*, und *Seegers*
gearbeitet, indessen die übrige Welt sich auf ganz andere
Weise mit den Pflanzen beschäftigte, und eine neue Epoche
der Malerkunst vorbereitete. Es lohnt wohl der Mühe gerade auf dem Wendepunkt diese Bemerkung zu machen,
damit auch hier die Kunst mit Bewußtsein ans Werk
schreite.

Die Botanik huldigte in früher Zeit dem Apotheker,
Blumisten und Tafelgärtner, diese forderten das Heilsame,
Augenfällige, Geschmackreiche, und so war jedermann be-
friedigt; allein die Wissenschaft, begünstigt vom rastlosen
Treiben des Handels und Weltbewegens, erwarb sich ein
Reich das über Unendlichkeiten herrschte. Nun waren ihr
Geschöpfe sogar verächtlich die nur nützlich, nur schön,
wohlriechend und schmackhaft sein wollen, das unnützeste,
das häßlichste umfaßte sie mit gleicher Liebe und Anteil.

Diese Richtung mußte der Künstler gleichfalls verfolgen:
denn obgleich der Gesetzgeber Linne seine große Gewalt
auch dadurch bewies daß er der Sprache Gewandtheit,

Fertigkeit, Bestimmungsfähigkeit gab, um sich an die Stelle
des Bildes zu setzen; so kehrte doch immer die Forderung
des sinnlichen Menschen wieder zurück, die Gestalt mit
Einem Blick zu übersehn, lieber als sie in der Einbildungskraft erst aus vielen Worten aufzuerbauen.

Welchem Naturfreund wäre nun vorzuerzählen nötig
wie weit die Kunst Pflanzen, sowohl der Natur als der
Wissenschaft gemäß, nachzubilden in unsern Tagen gestie-
gen sei. Will man treffliche Werke vorzählen, wo soll man
anfangen wo soll man enden?   10

Hier sei uns eins für alle gegeben.

A Description of the Genus *Pinus* by Lambert. London
1803.

Der in seiner Kunst vollendete und sie zu seinen Zwecken
geistreich anwendende *Ferdinand Bauer* stellt die verschiedenen Fichtenarten und die mannigfaltigen Umwandlungen
ihrer Äste, Zweige, Nadeln, Blätter, Knospen, Blüten,
Früchte, Fruchthülle und Samen zu unserer größten Zufriedenheit durch das einfache Kunstmittel dar, daß er die
Gegenstände in ein volles freies Licht setzt, welches diesel-   20
ben in allen ihren Teilen nicht allein umfaßt, sondern ihnen
auch durch lichte Wiederscheine überall die größte Klarheit
und Deutlichkeit verleiht. Eine solche Behandlungsart gilt
hauptsächlich bei diesem Gegenstand: Zweige, Nadeln,
Blüten haben in genanntem Geschlecht eigentlich keinen
Körper, dagegen sind alle Teile durch Lokalfarben und
Tinten so unendlich von einander abgesetzt und abgestuft,
daß die reine Beobachtung solcher Mannigfaltigkeit uns das
Abgebildete als wirklich vor Augen bringt. Jede Farbe, auch
die hellste, ist dunkler als das weiße Papier worauf sie   30
getragen wird, und es bedarf also hier weder Licht noch
Schatten, die Teile setzen sich unter einander und vom
Grunde genugsam ab; und doch würde diese Darstellung
noch immer etwas chinesisches behalten, wenn der Künstler
Licht und Schatten aus Unkunde nicht achtete, anstatt daß
er hier aus Weisheit beides vermeidet, so bald er aber dessen
bedarf, wie bei Ästen und Zapfen, die sich körperlich
hervortun, weiß er mit einem Hauch, mit einem Garnichts
nachzuhelfen daß die Körper sich runden, und doch eben so
wenig gegen den Grund abstechen. Daher wird man beim   40

Anblick dieser Blätter bezaubert, die Natur ist offenbar, die
Kunst versteckt, die Genauigkeit groß, die Ausführung
mild, die Gegenwart entschieden und befriedigend und wir
müssen uns glücklich halten, aus den Schätzen der Großherzoglichen Bibliothek, dieses Musterwerk uns und unsern Freunden wiederholt vorlegen zu können.

Denke man sich nun daß mehrere Künstler im Dienste
der Wissenschaft ihr Leben zubringen, wie sie die Pflanzen-
teile, nach einer sich ins Unendliche vermannigfaltigenden
und doch noch immer fürs Anschauen nicht hinreichenden
Terminologie, durchstudieren, wiederholt nachbilden und
ihrem scharfen Künstlerauge noch das Mikroskop zu Hülfe
rufen; so wird man sich sagen: es muß endlich einer aufste-
hen der diese Abgesondertheiten vereinigt, das Bestimmte
fest hält, das Schwebende zu fassen weiß; er hat so oft, so
genau, so treu wiederholt was man Geschlecht, Art, Varietät
nennt, daß er auswendig weiß was da ist, und ihn nichts irrt
was werden kann.

Ein solcher Künstler habe nun auch denselben innern
Sinn den unsere großen niederländischen Blumenmaler besessen, so ist er immer in Nachteil: denn jene hatten nur
Liebhaber des auffallend Schönen zu befriedigen, er aber
soll im Wahren und durchs Wahre das Schöne geben, und
wenn jene im beschränkten Kreise des Gartenfreundes sich
behaglich ergingen; so soll er vor einer unübersehbaren
Menge von Kennern, Wissenden, Unterscheidenden und
Aufstechenden, sich über die Natürlichkeit kontrollieren
lassen.

Nun verlangt die Kunst daß er seine Blumen nach Form
und Farbe glücklich zusammen stelle, seine Gruppen gegen
das Licht zu erhöhe, gegen die Seiten schattend und halb-
schattig abrunde, die Blüten erst in voller Ansicht, sodann
von der Seite, auch nach dem Hintergrunde zu fliehend
sehen lasse, und sich dabei dergestalt bewähre, daß Blatt
und Blättchen, Kelch und Anthere eine Spezialkritik aus-
halte, und er zugleich im Ganzen, Künstler und Kunstkenner zu befriedigen, den unerläßlichen Effekt dargeben und
leisten soll! – –

Daß irgend Jemand eine solche Aufgabe zu lösen unternähme würden wir nicht denken, wenn wir nicht ein paar

444 SCHRIFTEN ZUR KUNST

Bilder vor uns hätten wo der Künstler geleistet hat, was
einem jeden der sichs bloß einbilden wollte völlig unmöglich scheinen müßte.

⟨RELIEF VON PHIGALIA⟩

– Das Lebendige die Großheit des Stils, Anordnung, Behandlung das Relief alles ist herrlich. Hingegen kann man
bei so viel schönen die außerordentliche Gedrungenheit der
Figuren die oft kaum sechs Kopflänge⟨n⟩ haben überhaupt
die vernachlässigten Proportionen der einzelnen Teile wo
oft Fuß oder Hand die Länge des ganzen Beins oder Arms
haben u. s. w. kaum begreifen. Und da soll man sagen daß
man an den Coloß beinahe in allen Vorstellungen erinnert
wird. –
Was werden Sie aber teuere Freundin zu dem entschiedenen Verehrer der griechischen Kunst sagen wenn er bekennt
daß er das alles zugibt es aber keineswegs entschuldigt oder
auf sich beruhen läßt sondern behauptet daß alle diese
Mängel mit Bewußtsein vorsätzlich geflissentlich aus
Grundsatz verübt worden. Zuerst also ist die Plastik Dienerin der Architektur⟨,⟩ ein Fries an ein⟨em⟩ Tempel Dorischer Ordnung fordert Gestalten die sich zur Proportion
seines ganzen Profiles nähern⟨,⟩ schon in diesem Sinn
mußte das Gedrängte Derbe, schon hier vorzuziehen ⟨sein⟩.
Aber warum gar innerhalb dieser Verhältnisse und wenn
wir sie zugegeben haben noch Disproportionen⟨,⟩ in wie
fern sollte denn dies zu entschuldigen sein. Nicht zu entschuldigen sondern zu rühmen, denn wenn der Künstler
mit Vorsatz abweicht so steht er höher als wir und wir
müssen ihn nicht zur Rede ziehn, sondern ihn verehren. Bei
solchen Darstellungen kommt es darauf an die Kraft der
Gestalten gegeneinander vortreten zu lassen, wie wollte hier
die weibliche Brust der Amazonen Königin gegen eine
Herkulische Mannsbrust und einen kräftigen Pferdehals in
ihrer Mitte sich halten wenn die Brüste nicht auseinander
gezogen und der Rumpf dadurch viereckt und breit wäre.
Das linke fliehende Bein kommt gar nicht in Betracht⟨,⟩ es

Luise Seidler
AMAZONENKAMPF
nach dem Basrelief am Apollo-Tempel
in Bassai bei Phigalia

dient nur als Nebenwesen zu Eurhythmie des Ganzen. Was
die Endglieder Füße und Hände betrifft so ist nur die Frage
ob sie im Bilde ihren rechten Platz einnehmen und dann ist
es einerlei ob der Arm der sie bringt das Bein das ihnen die
rechte Stelle anweist zu lang oder zu kurz ist. Von diesem
großen Begriff sind wir ganz zurück gekommen denn kein
einzelner Meister darf sich anmaßen mit Vorsatz zu fehlen
aber wohl eine ganze Schule.

Und doch können wir jenen Fall auch anführen.

Leonard da Vinci der für sich selbst eine ganze Kunstwelt
war mit dem wir uns viel und lange nicht genug beschäftigten erfrecht sich eben der Kühnheit wie die Künstler von
Phigalia. Wir haben das Abendmahl mit Leidenschaft
durchgedacht und durchdenkend verehrt⟨,⟩ nun sei uns
aber ein Scherz darüber erlaubt. Dreizehn Personen sitzen
an einen sehr langen schmalen Tische⟨,⟩ es gibt eine Erschütterung unter ihnen. Wenige blieben sitzen andere sind
halb andere ganz aufgestanden. Sie entzücken uns durch ihr
sittlich leidenschaftliches Betragen aber mögen sich die
guten Leute wohl in Acht nehmen ja nicht etwa ⟨den⟩
Versuch machen sich wieder nieder zu setzen⟨,⟩ zwei kommen wenigstens einander auf den Schoß wenn auch Christus und Johannis noch so nahe zusammen rücken.

Aber eben daran erkennt man den Meister daß er zu
höhern Zwecken mit Vorsatz einen Fehler begeht. Wahrscheinlichkeit ist die Bedingung der Kunst aber innerhalb
des Reiches ⟨der⟩ Wahrscheinlichkeit muß das Höchste
geliefert werden was sonst nicht zur Erscheinung kömmt.
Das Richtige ist nicht Sechs Pfennige wert wenn es weiter
nichts zu bringen hat.

Die Frage ist also nicht ⟨ob⟩ in diesem Sinne irgend ein
bedeutend Glied in dieser Zusammensetzung zu groß oder
zu klein sei. Nach allen drei Kopien des Abendmahls die wir
vor uns haben können die Köpfe des Judas und Thaddeus
nicht zusammen an einem Tische sitzen und doch besonders
wenn wir das Original vor uns hätten würden wir darüber
nicht querulieren⟨,⟩ der unendliche Geschmack (daß wir
dieses unbestimmte Wort hier in entschiedenen Sinne brauchen) den Leonard besaß wußte hier dem Zuschauer schon
durch zu helfen.

Und beruht denn nicht die ganze theatralische Kunst
gerade auf solchen Maximen⟨,⟩ nur ist sie vorübergehend
poetisch rhetorisch bestechend verleitend und man kann sie
nicht so vor Gericht ziehen als wenn sie gemalt in Marmor
gehauen oder in Erz gegossen wäre.

Analogie oder auch nur Gleichnis haben wir in der
Musik. Das was dort gleichschwebende Temperatur ist
wozu die Töne die sich nicht genau untereinander verhalten
wollen so lange gebogen und gezogen werden daß kaum
einer seine vollkommene Natur behält aber sich alle doch zu   10
des Tonkünstlers Willen schicken. Dieser bedient sich ihrer
als wenn alles ganz richtig wäre⟨,⟩ der hat gewonnen
Spiel⟨,⟩ das Ohr will nicht richten, sondern genießen und
Genuß mitteilen. Das Auge hat ein⟨en⟩ anmaßlichen Verstand hinter sich der wunder meint wie hoch er stehe wenn
er beweist ein Sichtbares sei zu lang oder zu kurz.

Wenden wir uns nun zu der Frage warum wir den
Colossen von Monte Cavallo immer wiederholt sehen so
antwort ich weil er dort schon zweimal steht. Das Vortrefflichste gilt nur einmal⟨,⟩ wohl dem der es wiederholen   20
kann⟨,⟩ diesen Sinn nährte⟨n⟩ die Alten im höchsten Grad.
Die Stellung des Colossen die mannigfaltige zarte Abänderung zuläßt ist die einzige die einen tätigen Helden ziemt⟨,⟩
darüber hinaus kann man nicht und zu seinen Zweck variie-
rend es immer wiederbringen ist der höchste Verstand die
höchste Originalität. Aber nicht allein diese Wiederholung
findet sich auf den mir gegönnten Basreliefs sondern Herkules und die Amazonen Königin stehen in derselbigen
Bewegung gegen einander wie Neptun und Pallas in Fronton des Parthenons. Und so muß es immer bleiben weil man   30
nicht weiter kann. Lassen wir die Pallas in der Mitte des
Giebel-Feldes von Aegina gelten auch Niobe und ihre
jüngste Tochter irgendwo so sind das immer nur Vorahn-
dungen der Kunst⟨,⟩ die Mitte darf nicht streng bezeichnet
sein und bei einer vollkommenen guten Komposition sie sei
plastisch, malerisch oder architektonisch, muß die Mitte
leer sein oder unbedeutend damit man sich mit den Seiten
beschäftige ohne zu denken daß /sie/ ihre Wirksamkeit
irgend woher entspringe.

Da wir aber was man nicht tun sollte damit angefangen   40

Einwürfe zu beseitigen so wollen wir nunmehr zu den
Vorzügen des vor mir stehenden Basreliefs ohne irgend eine
andere Rücksicht uns wenden.

PHILOSTRATS GEMÄLDE

Was uns von Poesie und Prosa aus den besten griechischen
Tagen übrig geblieben gibt uns die Überzeugung daß alles
was jene hochbegabte Nation in Worte verfaßt, um es
mündlich oder schriftlich zu überliefern, aus unmittelbarem
Anschauen der äußern und innern Welt hervorgegangen sei.
Ihre älteste Mythologie personifiziert die wichtigsten Ereignisse des Himmels und der Erde, individualisiert das allgemeinste Menschenschicksal, die unvermeidlichen Taten
und unausweichlichen Duldungen eines immer sich erneuenden seltsamen Geschlechts. Poesie und bildende Kunst
finden hier das freiste Feld, wo eine der andern immer neue
Vorteile zuweist, indem beide in ewigem Wettstreit sich zu
befehden scheinen.

Die bildende Kunst ergreift die alten Fabeln und bedient
sich ihrer zu den nächsten Zwecken, sie reizt das Auge um
es zu befriedigen, sie fordert den Geist auf um ihn zu
kräftigen, und bald kann der Poet dem Ohr nichts mehr
überliefern was der Bildkünstler nicht schon dem Auge
gebracht hätte. Und so steigern sich wechselsweise Einbildungskraft und Wirklichkeit, bis sie endlich das höchste
Ziel erreichen, sie kommen der Religion zu Hülfe und
stellen den Gott, dessen Wink die Himmel erschüttert, der
anbetenden Menschheit vor Augen.

In diesem Sinn haben alle neuere Kunstfreunde, die auf
dem Wege den uns Winkelmann vorzeichnete treulich ver-
harrten, die alten Beschreibungen verlorener Kunstwerke,
mit übriggebliebenen Nachbildungen und Nachahmungen
derselben, immer gern verglichen und sich dem geistreichen
Geschäft ergeben völlig Verlorenes im Sinne der Alten
wieder herzustellen, welches schwieriger oder leichter sein
mag als der neue Zeitsinn von jenem abweicht oder ihm sich
nähert.

So haben denn auch die Weimarischen Kunstfreunde, früherer Bemühungen um Polygnots Gemälde nicht zu gedenken, sich an der Philostrate Schilderungen vielfach geübt und würden eine Folge derselben mit Kupfern herausgegeben haben, wenn die Schicksale der Welt und der Kunst das Unternehmen nur einigermaßen begünstigt hätten; doch jene waren zu rauh und diese zu weich, und so mußte das frohe Große und das heitere Gute leider zurückstehen.

Damit nun aber nicht alles verloren gehe werden die Vorarbeiten mitgeteilt, wie wir sie schon seit mehreren Jahren zu eigener Belehrung eingeleitet. Zuerst also wird vorausgesetzt daß die Gemälde-Galerie wirklich existiert habe, und daß man den Redner loben müsse wegen des zeitgemäßen Gedankens sie in Gegenwart von wohlgebildeten Jünglingen und hoffnungsvollen Knaben auszulegen und zugleich einen angenehmen und nützlichen Unterricht zu erteilen. An historisch-politischen Gegenständen seine Kunst zu üben war schon längst dem Sophisten untersagt; moralische Probleme waren bis zum Überdruß durchgearbeitet und erschöpft; nun blieb das Gebiet der Kunst noch übrig, wohin man sich mit seinen Schülern flüchtete, um an gegebenen harmlosen Darstellungen seine Fertigkeiten zu zeigen und zu entwickeln.

Hieraus entsteht aber für uns die große Schwierigkeit zu sondern was jene heitere Gesellschaft wirklich angeschaut und was wohl rednerische Zutat sein möchte. Hiezu sind uns in der neuern Zeit sehr viele Mittel gegeben. Herkulanische, Pompejische und andere neuentdeckte Gemälde, besonders auch Mosaiken machen es möglich Geist und Einbildungskraft in jene Kunstepoche zu erheben.

Erfreulich, ja verdienstlich ist diese Bemühung, da neuere Künstler in diesem Sinne wenig arbeiteten. Aus den Werken der Byzantiner und der ersten Florentinischen Künstler ließen sich Beispiele anführen daß sie auf eigenem Wege nach ähnlichen Zwecken gestrebt, die man jedoch nach und nach aus den Augen verloren. Nun aber zeigt Julius Roman allein in seinen Werken deutlich daß er die Philostrate gelesen, weshalb auch von seinen Bildern manches angeführt und eingeschaltet wird. Jüngere talentvolle Künstler

der neueren Zeit, die sich mit diesem Sinne vertraut machten, trügen zu Wiederherstellung der Kunst ins kraftvolle,
anmutige Leben, worin sie ganz allein gedeihen kann, gewiß
sehr vieles bei.

Aber nicht allein die Schwierigkeit aus rednerischen
Überlieferungen sich das eigentlich Dargestellte rein zu
entwickeln, hat eine glückliche Wirkung der Philostratischen Gemälde gehindert, eben so schlimm, ja noch schlimmer ist die Verworrenheit, in welcher diese Bilder hinter
einander aufgeführt werden. Braucht man dort schon ange-
strengte Aufmerksamkeit, so wird man hier ganz verwirrt.
Deswegen war unsere erste Sorgfalt die Bilder zu sondern,
alsdann unter Rubriken zu teilen, wenn gleich nicht mit der
größten Strenge. Und so bringen wir nach und nach zum
Vortrag:

I. *Hochheroischen-tragischen Inhalts*, zielen meist auf
Tod und Verderben heldenmütiger Männer und Frauen.
Hieran schließt sich, damit die Welt nicht entvölkert werde, II. *Liebesannäherung und Bewerbung*, deren Gelingen
und Mißlingen. Daraus erfolgt III. *Geburt und Erziehung*.
Sodann tritt uns IV. *Herkules* kräftig entgegen, welcher
ein besonderes Kapitel füllt. Die Alten behaupten ohnedies
daß Poesie von diesem Helden ausgegangen sei. »Denn
die Dichtkunst beschäftigte sich vorher nur mit Göttersprüchen, und entstund erst mit Herkules, Alkmenens
Sohn.« Auch ist er der herrlichste, die mannigfaltigsten Abwechselungen darbietende und herbeiführende Charakter.
Unmittelbar verbindet sich V. *Kämpfen und Ringen* aufs
mächtigste. VI. *Jäger und Jagden* drängen sich kühn und
lebensmutig heran. Zu gefälliger Ableitung tritt VII. *Poesie,
Gesang und Tanz* an den Reihen mit unendlicher
Anmut. Die Darstellung von Gegenden folgt sodann, wir
finden VIII. viele *See- und Wasserstücke*, wenig *Landschaften*. IX. Einige *Stilleben* fehlen auch nicht.

In dem nachfolgenden Verzeichnis werden die Gegenstände zur Übersicht nur kurz angegeben; die Ausführung
einzelner läßt sich nach und nach mitteilen. Die hinter
jedem Bilde angezeichneten römischen Zahlen deuten auf
das Erste und Zweite Buch Philostrats. Jun. weist auf die
Überlieferung des Jüngeren. Eben so deuten die arabischen

Zahlen auf die Folge wie die Bilder im griechischen Text
geordnet sind. Was den Herkulanischen Altertümern und
neueren Künstlern angehört ist gleichfalls angezeichnet.

Antike Gemälde-Galerie

I. Hoch-heroischen, tragischen Inhalts

1. *Antilochus*; vor Troja getöteter Held, von Achill be-
weint, mit großer Umgebung von trauernden Freunden und
Kampfgesellen. II. 7.

2. *Memnon*; von Achill getötet, von Aurora der Mutter
liebevoll bestattet. I. 7.

3. *Skamander*; das Gewässer durch Vulkan ausgetrock-
net, das Ufer versengt um Achill zu retten. I. 1.

4. *Menöceus*; sterbender Held, als patriotisches Opfer.
I. 4.

5.* *Hippolyt* und *Phädra*; werbende, verschmähte Stief-
mutter. Herkulan. Altert. T. III. Tab. 15.

5. *Hippolyt*; Jüngling, unschuldig, durch übereilten Va-
terfluch ungerecht verderbt. II. 4.

6. *Antigone*; Schwester, zu Bestattung des Bruders ihr
Leben wagend. II. 29.

7. *Evadne*; Heldenweib, dem erschlagenen Gemahl im
Flammentode folgend. II. 30.

8. *Panthia*; Gemahlin, neben dem erlegten Gatten ster-
bend. II. 9.

9. *Ajax*, der Lokrier; unbezwungener Held, dem grause-
sten Untergange trotzend. II. 13.

10. *Philoktet*; einsam, grenzenlos leidender Held. III.
⟨= Jun.⟩ 17.

11. *Phaethon*; verwegener Jüngling, sich durch Übermut
den Tod zuziehend. I. 11.

11. a) *Ikarus*; gestrandet, bedauert vom geretteten Vater, beschaut vom nachdenklichen Hirten. Herkul. Altert.
T. IV. Tab. 63.

11. b) *Phryxus* und *Helle*; Bruder, der die Schwester, auf
dem magischen Flug übers Meer, aus den Wellen nicht
retten kann. Herkul. Altert. T. III. Tab. 4.

12. *Hyacinth*; schönster Jüngling, von Apoll und Zephyr
geliebt. III. ⟨=Jun.⟩ 14.

13. *Hyacinth*; getötet durch Liebe und Mißgunst. I. 24.

13. a) *Cephalus* und *Prokris*; Gattin durch Eifersucht und Schicksal getötet. Julius Roman.

14. *Amphiaraus*; Prophet, auf der Orakelstätte prangend. I. 26.

15. *Kassandra*; Familienmord. II. 10.

16. *Rodogüne*; Siegerin in voller Pracht. II. 5.

16. a) *Sieger und Siegesgöttin*, an einer Trophee. Herkul. Altert. T. III. Tab. 39.

17. *Themistokles*; historisch edele Darstellung. II. 32.

II. Liebes-Annäherung, Bewerbung, gelingen, mißlingen

18.*) *Venus*; dem Meer entsteigend, auf der Muschel ruhend, mit der Muschel schiffend. Herkul. Altert. T. IV. Tab. 3. Oft und überall wiederholt.

18. Vorspiele der *Liebesgötter*. I. 6.

19. *Neptun und Amymone*; der Gott wirbt um die Tochter des Danaus, die, um sich Wasser aus dem Flusse zu holen, an den Inachus herankam. I. 7.

19. a) *Theseus* und die geretteten Kinder. Herkul. Altert. T. I. Tab. 5.

19. b) *Ariadne*; verlassen, einsam, dem fortsegelnden Schiffe bestürzt nachblickend. Herk. Alt. T. II. Tab. 14.

19. c) *Ariadne*; verlassen, dem absegelnden Schiffe bewußt- und jammervoll nachblickend unter dem Beistand von Genien. Herk. Alt. T. II. Tab. 15.

20. *Ariadne*; schlafende Schönheit, vom Liebenden und seinem Gefolge bewundert. I. 15.

20. a) Vollkommen derselbe Gegenstand, buchstäblich nachgebildet. Herk. Alt. T. II. Tab. 16.

20. d) *Leda*, mit dem Schwan, unzähligemal wiederholt. Herkul. Altert. T. III. Tab. 8.

20. e) *Leda*, am Eurotas; die Doppelzwillinge sind den Eierschalen entschlüpft. Jul. Roman.

21. *Pelops*, als Freiersmann. I. 30.

22. Derselbe Gegenstand, ernster genommen. Jun. 9.

23. *Pelops* führt die Braut heim. I. 17.

24. Vorspiel zu der *Argonautenfahrt*. Jun. 8.

25. *Glaukus* weissagt den Argonauten. II. 15.

26. *Jason und Medea*; mächtig furchtbares Paar. Jun. 7.

27. *Argo*; Rückkehr der Argonauten. Jun. 11.

28. *Perseus* verdient die Andromeda. I. 29.

29. *Cyclop* vermißt die Galathe. II. 18.

29. a) *Cyclop*, in Liebeshoffnung. Herk. Alt. T. 1. p. 10.

30. *Pasiphae*; Künstler, dem Liebeswahnsinn dienend. I. 16.

31. *Meles* und *Critheis*; Homer entspringt. II. 8.

III. Geburt und Erziehung

32. *Minervas* Geburt, sie entwindet sich aus dem Haupte   10 Zeus und wird von Göttern und Menschen herrlich empfangen. II. 27.

33. *Semele*; des Bacchus Geburt. Die Mutter kömmt um, der Sohn tritt durchs Feuer ins lebendigste Leben. I. 14.

33. a) *Bacchus* Erziehung, durch Faunen und Nymphen in Gegenwart des Merkur. Herkul. Altert. T. II. Tab. 12.

34. *Hermes* Geburt; er tritt sogleich als Schelm und Schalk unter Götter und Menschen. I. 26.

35. *Achills* Kindheit, von Chiron erzogen. II. 2.

35. a) Dasselbe. Herkul. Altert. T. I. Tab. 8.   20

36. *Achill*, auf Scyros. Der junge Held unter Mädchen kaum erkennbar. Jun. 1.

37. Centaurische Familienszene. Höchster Kunstsinn. II. 4.

IV. Herkules

38. Der Halbgott Sieger als Kind. Jun. 5.

38. b) Dasselbe. Herkul. Altert. T. I. Tab. 7.

39. *Achelous*; Kampf wegen Dejanira. Jun. 4.

40. *Nessus*; Errettung der Dejanira. Jun. 16.   30

41. *Antheus*; Sieg durch Ringen. II. 21.

42. *Hesione*; befreit durch Herkules. Jun. 12.

42. a) Derselbe Gegenstand. Herk. Alt. T. IV. Tab. 61.

43. *Atlas*; der Held nimmt das Himmelsgewölbe auf seine Schultern. II. 20.

43. a) *Hylas*; untergetaucht von Nymphen. Herkul. Altert. T. IV. Tab. 6.

43. b) *Hylas*; überwältigt von Nymphen. Julius Roman.

44. *Abderus*; dessen Tod gerochen. Groß gedacht und reizend rührend ausgeführt. II. 25.   40

44. a) *Herkules*, als Vater; unendlich zart und zierlich.
Herk. Alt. T. I. Tab. 6.

45. *Herkules*, rasend; schlecht belohnte Großtaten. II.23.

45. a) *Herkules*, bei Admet; Schwelgender Gast im
Trauerhause. W. K. F.

46. *Thiodamas*; der speisegierige Held beschmaust einen
widerwilligen Ackersmann. II. 24.

47. *Herkules* und die *Pygmäen*; köstlicher Gegensatz.
II. 22.

47. a) Derselbe Gegenstand; glücklich aufgefaßt von Julius Roman.

V. Kämpfen und Ringen

48. *Palästra*; überschwenglich großes Bild; wer den Begriff desselben fassen kann, ist in der Kunst sein ganzes
Leben geborgen. II. 33.

49. *Arrhichio*; der Athlete, im dritten Siege verscheidend.
II. 6.

50. *Phorbas*; grausam Beraubender unterliegt dem Phöbus. II. 19.

VI. Jäger und Jagden

51. *Meleager* und *Atalanta*; heroische Jagd. Jun. 15.

51. b) Das Gleiche, von Julius Roman.

52. Abermals *Schweinsjagd*, von unendlicher Schönheit.
I. 28.

53. *Gastmahl nach der Jagd*; höchst liebenswürdig.
Jun. 3.

54. *Narcissus*; der Jäger in sich selbst verirrt. I. 23.

VII. Poesie, Gesang, Tanz

55. *Pan*; von den Nymphen im Mittagsschlaf überfallen,
gebunden, verhöhnt und mißhandelt. II. 11.

56. *Midas*; der weichliche Lydische König, von schönen
Mädchen umgeben, freut sich einen Faun gefangen zu
haben. Andere Faune freuen sich deshalb auch, der eine aber
liegt betrunken, seiner ohnmächtig. I. 22.

57.* *Olympus*; als Knabe vom Pan unterrichtet. Herkul.
Altert. T. I. Tab. 9.

57. *Olympus*; der schönste Jüngling, einsam sitzend,

bläst auf der Flöte; die Oberhälfte seines Körpers spiegelt sich in der Quelle. I. 21.

57. a) *Olympus* flötet, ein silenartiger Pan hört ihm aufmerksam zu. Annibal Carrache.

58. *Olympus*; er hat die Flöte weggelegt und singt. Er sitzt auf blumigem Rasen, Satyren umgeben und verehren ihn. I. 20.

59. *Marsyas* besiegt; der Scythe und Apoll, Satyren und Umgebung. Jun. 2.

60. *Amphion*; auf zierlichster Leier spielend, die Steine wetteifern sich zur Mauer zu bilden. I. 10.

61. *Aesop*; die Muse der Fabel kömmt zu ihm, krönt, bekränzt ihn, Tiere stehen menschenartig umher. I. 3.

62. *Orpheus*; Tiere, ja Wälder und Felsen heranziehend. Jun. 6.

62. a) *Orpheus*; entsetzt sich, (jenem Zauberlehrling ähnlich,) vor der Menge von Tieren die er herangezogen. Ein unschätzbarer Gedanke für den engen Raum des geschnittenen Steines geeignet. Antike Gemme.

63. *Pindar*; der Neugeborene liegt auf Lorbeer- und Myrtenzweigen unter dem Schutz der Rhea, die Nymphen sind gegenwärtig, Pan tanzt, ein Bienenschwarm umschwebt den Knaben. II. 12.

64. *Sophokles*; nachdenkend, Melpomene Geschenke anbietend. Aeskulap steht danebst, Bienen schwärmen umher. Jun. 13.

65. *Venus*; ihr elfenbeinernes Bild von Opfern umgeben; leicht gekleidete, eifrig singende Jungfrauen. II. 1.

VIII. See- Wasser- und Landstücke

66. *Bacchus* und die *Tyrrhener*; offene See, zwei Schiffe, in dem einen Bacchus und die Bacchantinnen in Zuversicht und Behagen, die Seeräuber gewaltsam, sogleich aber in Delphine verwandelt. I. 19.

67. *Andros*; Insel von Bacchus begünstigt. Der Quellgott, auf einem Lager von Traubenblättern, erteilt Wein statt Wassers; sein Fluß durchströmt das Land, Schmausende versammeln sich um ihn her. Am Ausfluß ins Meer ziehen sich Tritonen heran zur Teilnahme. Bacchus mit großem Gefolg besucht die Insel. I. 25.

68. *Palämon*; am Ufer des Corinthischen Isthmus, im heiligen Haine, opfert das Volk. Der Knabe Palämon wird von einem Delphin schlafend in eine für ihn göttlich bereitete Uferhöhle geführt. II. 16.

69. *Bosphorus*; Land und See aufs mannigfaltigste und herrlichste belebt. I. 12.

70. Der *Nil*; umgeben von Kindern und allen Attributen. I. 5.

70. a) Der *Nil* im Sinken; Mosaik von Palästrina.

10 71. Die *Inseln*; Wasser und Land mit ihren Charakteren, Erzeugnissen und Begebenheiten. II. 17.

72. *Thessalien*; Neptun nötigt den Peneus zu schnellerem Lauf. Das Wasser fällt, die Erde grünt. II. 14.

73. Die *Sümpfe*; im Sinne der vorhergehenden. Wasser und Land in wechselseitigem Bezug freundlich dargestellt. I. 9.

74. Die *Fischer*; bezüglich auf 69. Fang der Thunfische. I. 13.

74. a) *Delphins-Fang*; Julius Roman.

20 74. b) Ähnliches um jene Vorstellung zu beleben. Herkul. Altert. T. II. Tab. 50.

75. *Dodona*; Götterhain mit allen heiligen Gerätschaften, Bewohnern und Angestellten. II. 34.

76. *Nächtlicher Schmaus*; Unschätzbares Bild, schwer einzuordnen, stehe hier als Zugabe. I. 2.

IX. Stilleben

77. *Xenien*. I. 31.

78. *Xenien*. II. 26.

30 78. a) Beispiele zu vollkommner Befriedigung. Herkul. Altert. T. II. Tab. 56 sqq.

79. Gewebe; Beispiel der zartesten, sichersten Pinselführung. II. 29.

Weitere Ausführung

Übersehen wir nunmehr die Philostratische Galerie als ein geordnetes Ganze, wird uns klar daß, durch entdeckte wahrhaft antike Bilder, wir uns von der Grundwahrhaftigkeit jener rhetorischen Beschreibungen überzeugen dürfen,

40 sehen wir ein daß es nur von uns abhängt einzuschalten und

anzufügen, damit der Begriff einer lebendigen Kunst sich
mehr und mehr betätige, finden wir daß auch große Neuere
dieser Sinnesart gefolgt und uns dergleichen musterhafte
Bilder hinterlassen; so wird Wunsch und Verpflichtung
immer stärker nunmehr ins Einzelne zu gehen, und eine
Ausführung wo nicht zu leisten doch vorzubereiten. Da
also ohnehin schon zu lange gezaudert worden ohngesäumt
ans Werk!

I.

Antilochus

Das Haupterfordernis einer großen Komposition war
schon von den Alten anerkannt, daß nämlich viele bedeutende Charaktere sich um Einen Mittelpunkt vereinigen
müssen, der, wirksam genug, sie anrege, bei einem gemeinsamen Interesse, ihre Eigenheiten auszusprechen. Im gegenwärtigen Fall ist dieser Lebenspunkt ein getöteter, allgemein bedauerter Jüngling.

Antilochus, indem er seinen Vater Nestor in der Schlacht
zu schützen herandringt, wird von dem Afrikaner Memnon
erschlagen. Hier liegt er nun in jugendlicher Schöne, das
Gefühl seinen Vater gerettet zu haben umschwebt noch
heiter die Gesichtszüge. Sein Bart ist mehr als der keimende
Bart eines Jünglings, das Haar gelb wie die Sonne. Die
leichten Füße liegen hingestreckt, der Körper, zur Ge-
schwindigkeit gebaut, wie Elfenbein anzusehn, aus der
Brustwunde nun von purpurnem Blut durchrieselt.

Achill, grimmig-schmerzhaft, warf sich über ihn, Rache
schwörend gegen den Mörder, der ihm den Tröster seines
Jammers, als Patroklus erlag, seinen letzten besten Freund
und Gesellen geraubt.

Die Feldherrn stehen umher teilnehmend, jeder seinen
Charakter behauptend. Menelaus wird erkannt am Sanften,
Agamemnon am Göttlichen, Diomed am Frei-kühnen,
Ajax steht finster und trotzig, der Lokrier als tüchtiger
Mann. Ulyss fällt auf als nachdenklich und bemerkend.
Nestor scheint zu fehlen. Das Kriegsvolk, auf seine Speere
gelehnt, mit übereinander geschlagenen Füßen, umringt die
Versammlung einen Trauergesang anzustimmen.

Skamander

In schneller Bewegung stürmt aus der Höhe Vulkan auf den
Flußgott. Die weite Ebene, wo man auch Troja erblickt, ist
mit Feuer überschwemmt, das, wassergleich, nach dem
Flußbette zuströmt.

Das Feuer jedoch wie es den Gott umgibt stürzt unmittelbar in das Wasser. Schon sind alle Bäume des Ufers verbrannt; der Fluß ohne Haare fleht um Gnade vom Gott, um
welchen her das Feuer nicht gelb wie gewöhnlich erscheint,
sondern gold- und sonnenfarben.

Meneceus

Ein tüchtiger Jüngling ist vorgestellt, aufrecht noch auf
seinen Füßen; aber ach! er hat mit blankem Schwert die
Seite durchbohrt, das Blut fließt, die Seele will entfliehn, er
fängt schon an zu wanken und erwartet den Tod mit
heitern, liebreichen Augen. Wie schade um den herrlichen
jungen Mann! Sein kräftiger Körperbau, im Kampfspiel
tüchtig ausgearbeitet, braunlich gesunde Farbe. Seine hoch-
gewölbte Brust möchte man betasten, die Schultern sind
stark, der Nacken fest, nicht steif, sein Haarwuchs gemä-
ßigt, der Jüngling wollte nicht in Locken weibisch erscheinen. Vom schönsten Gleichmaß Rippen und Lenden. Was
uns, durch Bewegung und Beugung des Körpers, von der
Rückseite sichtbar wird, ist ebenfalls schön und bewundernswürdig.

Fragst du nun aber wer er sei? so erkenne in ihm Kreons,
des unglücklichen Tyrannen von Theben, geliebtesten
Sohn. Tiresias weissagte: daß, nur wenn er beim Eingang
der Drachenhöhle sterben würde, die Stadt befreit sein
könne. Heimlich begibt er sich heraus und opfert sich
selbst. Nun begreifst du auch was die Höhle, was der
versteckte Drache bedeutet. In der Ferne sieht man Theben
und die Sieben die es bestürmen. Das Bild ist mit hohem
Augpunkt gemalt, und eine Art Perspektive dabei angebracht.

Antigone

Heldenschwester! Mit Einem Knie an der Erde umfaßt sie
den toten Bruder, der, weil er seine Vaterstadt bedrohend

umgekommen, unbegraben sollte verwesen. Die Nacht verbirgt ihre Großtat, der Mond erleuchtet das Vorhaben. Mit
stummem Schmerz ergreift sie den Bruder, ihre Gestalt gibt
Zutrauen daß sie fähig sei einen riesenhaften Helden zu
bestatten. In der Ferne sieht man die erschlagenen Belage-
rer, Roß und Mann hingestreckt.

Ahndungsvoll wächst auf Eteokles Grabhügel ein Granatbaum; ferner siehst du zwei, als Totenopfer, gegen einander über brennende Flammen, sie stoßen sich wechselseitig ab; jene Frucht, durch blutigen Saft, das Mordbeginnen,   10
diese Feuer, durch seltsames Erscheinen, den unauslöschlichen Haß der Brüder auch im Tode bezeichnend.

Evadne

Ein wohlgeschmückter, mit geopferten Tieren umlegter
Holzstoß soll den riesenhaften Körper des Kapaneus ver-
zehren. Aber allein soll er nicht abscheiden! Evadne, seine
Gattin, Heldenweib, des Helden wert, schmückte sich als
höchstes Opfer mit Kränzen. Ihr Blick ist hochherrlich:
denn indem sie sich ins Feuer stürzt scheint sie ihrem   20
Gemahl zuzurufen. Sie schwebt mit geöffneten Lippen.

Wer aber auch hat dieses Feuer angeschürt? Liebesgötter
mit kleinen Fackeln sind um den dürren Schragen versammelt, schon entzündet er sich, schon dampft und flammt er,
sie aber sehen betrübt auf ihr Geschäft. Und so wird ein
erhabenes Bild gemildert zur Anmut.

Ajax der Lokrier

Sonderung der Charaktere war ein Hauptgrundsatz griechischer bildender Kunst, Verteilung der Eigenschaften in   30
einem hohen geselligen Kreis, er sei göttlich oder mensch-
lich. Wenn nun den Helden mehr als andern Frömmigkeit
geziemt und die besseren vor Theben wie vor Troja als
gottergebne sich darstellen; so bedurfte doch dort wie hier
der Lebenskreis eines Gottlosen.

Diese Rolle war dem untergeordneten Ajax zugeteilt, der
sich weder Gott noch Menschen fügt, zuletzt aber seiner
Strafe nicht entgeht.

Hier sehen wir schäumende Meeres-Wogen den unter-
waschenen Felsen umgäschen, oben steht Ajax furchtbar   40

anzusehen, er blickt umher wie ein vom Rausche sich
sammlender. Ihm entgegnet Neptun fürchterlich mit wilden Haaren, in denen der anstrebende Sturm saust.

Das verlassene, im Innersten brennende Schiff treibt fort,
in die Flammen, als wie in Segel, stößt der Wind. Keinen
Gegenstand faßt Ajax ins Auge, nicht das Schiff, nicht die
Felsen, dem Meer scheint er zu zürnen; keineswegs fürchtet
er den eindringenden Poseidon, immer noch wie zum Angriff bereit steht er, die Arme streben kräftig, der Nacken
schwillt wie gegen Hector und die Trojer.

Aber Poseidon schwingt den Dreizack und sogleich wird
die Klippe mit dem trotzigen Helden in den Schlund stürzen.

Ein hoch-tragisch prägnanter Moment: ein eben Gerette-
ter vom feindseligen Gotte verfolgt und verderbt. Alles ist
so augenblicklich bewegt und vorübergehend, daß dieser
Gegenstand unter die höchsten zu rechnen ist, welche die
bildende Kunst sich aneignen darf.

Philoktet

Einsam sitzend auf Lemnos leidet schmerzhaft Philoktet an
der unheilbaren dämonischen Wunde. Das Antlitz bezeichnet sein Übel. Düstere Augenbrauen drücken sich über
tiefliegende, geschwächte, niederschauende Augen herüber,
unbesorgtes Haar, wilder starrer Bart bezeichnen genugsam
den traurigen Zustand; das veraltete Gewand, der verbundene Knöchel sagen das Übrige.

Er zeigte den Griechen ein verpöntes Heiligtum, und
ward so gestraft.

Rhodogune

Kriegerische Königin! Sie hat mit ihren Persern die bund-
brüchigen Armenier überwunden, und erscheint als Gegen-
bild zu Semiramis. Kriegerisch bewaffnet und königlich
geschmückt steht sie auf dem Schlachtfeld, die Feinde sind
erlegt, Pferde verscheucht, Land und Fluß von Blute gerötet. Die Eile womit sie die Schlacht begann, den Sieg erlangte, wird dadurch angedeutet daß die eine Seite ihres
Haars aufgeschmückt ist, die andere hingegen in Locken
frei herunter fällt. Ihr Pferd Nisäa steht neben ihr, schwarz

auf weißen Beinen, auch ist dessen erhaben gerundete Stirne weiß und weiße Nasenlöcher schnauben. Edelsteine, kostbares Geschmeide und vielen andern Putz hat die Fürstin dem Pferd überlassen, damit es stolz darauf sei, sie mutig einhertrage.

Und wie das Schlachtfeld durch Ströme Bluts ein majestätisches Ansehn gewinnt, so erhöht auch der Fürstin Purpurgewand alles, nur nicht sie selbst. Ihr Gürtel, der dem Kleide verwehrt über die Knie herabzufallen, ist schön, auch schön das Unterkleid, auf welchem du gestickte Figuren siehst. Das Oberkleid, das von der Schulter zum Ellenbogen herabhängt, ist unter der Halsgrube zusammengeheftet, daher die Schulter eingehüllt, der Arm aber zum Teil entblößt, und dieser Anzug nicht ganz nach Art der Amazonen. Der Umfang des Schildes würde die Brust bedecken, aber die linke Hand, durch den Schildriemen gesteckt, hält eine Lanze und von dem Busen den Schild ab. Dieser ist nun, durch die Kunst des Malers, mit der Schärfe gerade gegen uns gerichtet, so daß wir seine äußere, obere erhöhte Fläche und zugleich die innere vertiefte sehen. Scheint nicht jene von Gold gewölbt und sind nicht Tiere hineingegraben? Das Innere des Schildes wo die Hand durchgeht ist Purpur, dessen Reiz vom Arm überboten wird.

Wir sind durchdrungen von der Siegerin Schönheit und mögen gerne weiter davon sprechen. Höret also! Wegen des Siegs über die Armenier bringt sie ein Opfer und möchte ihrem Dank auch wohl noch eine Bitte hinzufügen, nämlich die Männer allezeit so besiegen zu können wie jetzt: denn das Glück der Liebe und Gegenliebe scheint sie nicht zu kennen. Uns aber soll sie nicht erschrecken noch abweisen, wir werden sie nur um desto genauer betrachten. Derjenige Teil ihrer Haare der noch aufgesteckt ist mildert, durch weibliche Zierlichkeit, ihr sprödes Ansehn, dagegen der herabhängende das Männlich-Wilde vermehrt. Dieser ist goldner als Gold, jener, nach richtiger Beobachtung geflochtener Haare, von etwas mehr dunkler Farbe. Die Augenbrauen entspringen höchst reizend gleich über der Nase wie aus Einer Wurzel und lagern sich mit unglaublichem Reiz um den Halbzirkel der Augen. Von diesen erhält die Wange erst ihre rechte Bedeutung und entzückt durch

heiteres Ansehn: denn der Sitz der Heiterkeit ist die Wange.
Die Augen fallen vom Grauen ins Schwarze, sie nehmen
ihre Heiterkeit von dem erfochtenen Sieg, Schönheit von
der Natur, Majestät von der Fürstin. Der Mund ist weich,
zum Genuß der Liebe reizend, die Lippen roseblühend und
beide einander gleich, die Öffnung mäßig und lieblich, sie
spricht das Opfergebet zum Siege.

Vermagst du nun den Blick von ihr abzuwenden, so siehst
du Gefangene hie und da, Siegeszeichen, und alle Folgen
einer gewonnenen Schlacht, und so überzeugst du dich daß
der Künstler nichts vergaß seinem Bild alle Vollständigkeit
und Vollendung zu geben.

II.

Vorspiele der Liebesgötter

Bei Betrachtung dieses belebten, heitern Bildes laßt euch
zuerst nicht irre machen, weder durch die Schönheit des
Fruchthaines, noch durch die lebhafte Bewegung der geflügelten Knaben, sondern beschauet vor allen Dingen die
Statue der Venus unter einem ausgehöhlten Felsen, dem die
munterste Quelle unausgesetzt entspringt. Dort haben die
Nymphen sie aufgerichtet, aus Dankbarkeit daß die Göttin
sie zu so glücklichen Müttern, zu Müttern der Liebesgötter
bestimmt hat.

Als Weihgeschenke stifteten sie daneben, wie diese Inschrift sagt, einen silbernen Spiegel, den vergoldeten Pan-
toffel, goldene Haften, alles zum Putz der Venus gehörig.
Auch Liebesgötter bringen ihr Erstlings-Äpfel zum Geschenk, sie stehen herum und bitten: der Hain möge sofort
immerdar blühen und Früchte tragen!

Abgeteilt ist der vorliegende Garten in zierliche Beete,
durchschnitten von zugänglichen Wegen, im Grase läßt sich
ein Wettlauf anstellen, auch zum Schlummern finden sich
ruhige Plätze. Auf den hohen Ästen hangen goldne Äpfel,
von der Sonne gerötet, ganze Schwärme der Liebesgötter an
sich ziehend. Sie fliegen empor zu den Früchten auf schim-
mernden Flügeln, meerblau, purpurrot und Gold. Goldene
Köcher und Pfeile haben sie an die Äste gehängt, den
Reichtum des Anblicks zu vermehren.

Bunte, tausendfarbige Kleider liegen im Grase, der

Kränze bedürfen sie nicht: denn mit lockigen Haaren sind
sie genugsam bekränzt. Nicht weniger auffallend sind die
Körbe zum Einsammeln des Obstes; sie glänzen von Sardonyx, Smaragd, von echten Perlen. Alles Meisterstücke Vul-
kans.

Lassen wir nun die Menge tanzen, laufen, schlafen oder
sich der Äpfel erfreuen, zwei Paare der schönsten Liebesgötter fordern zunächst unsere ganze Aufmerksamkeit.

Hier scheint der Künstler ein Sinnbild der Freundschaft
und gegenseitiger Liebe gestiftet zu haben. Zwei dieser   10
schönen Knaben werfen sich Äpfel zu; diese fangen erst an
sich einander zu lieben. Der eine küßt den Apfel und wirft
ihn dem andern entgegen, dieser faßt ihn auf und man sieht
daß er ihn wieder küssen und zurückwerfen wird. Ein so
anmutiger Scherz bedeutet daß sie sich erst zur Liebe reizen.

Das andere Paar schießt Pfeile gegen einander ab, nicht
mit feindlichen Blicken, vielmehr scheint einer dem andern
die Brust zu bieten, damit er desto gewisser treffen könne.
Diese sind bedacht in das tiefste Herz die Leidenschaft zu
senken. Beide Paare beschäftigen sich zur Seite frei und   20
allein.

Aber ein feindseliges Paar wird von einer Menge Zuschauer umgeben, die Kämpfenden erhitzt ringen mit einander. Der eine hat seinen Widersacher schon niedergebracht
und fliegt ihm auf den Rücken, ihn zu binden und zu
drosseln, der andere jedoch faßt noch einigen Mut, er strebt
sich aufzurichten, hält des Gegners Hand von seinem Hals
ab, indem er ihm einen Finger auswärts dreht, so daß die
andern folgen müssen und sich nicht mehr schließen können. Der verdrehte Finger schmerzt aber den Kämpfer so   30
sehr daß er den kleinen Widersacher ins Ohr zu beißen
sucht. Weil er nun dadurch die Kampfordnung verletzt,
zürnen die Zuschauer und werfen ihn mit Äpfeln.

Zu der allerlebhaftesten Bewegung aber gibt ein Hase die
Veranlassung. Er saß unter den Apfelbäumen und speiste
die abgefallenen Früchte, einige, schon angenagt, mußte er
liegen lassen: denn die Mutwilligen schreckten ihn auf mit
Händeklatschen und Geschrei, mit flatterndem Gewand
verscheuchen sie ihn. Einige fliegen über ihm her, dieser
rennt nach und, als er den Flüchtling zu haschen denkt,   40

dreht sich das gewandte Tier zur andern Seite. Der dort
ergriff ihn am Bein, ließ ihn aber wieder entwischen und alle
Gespielen lachen darüber. Indem nun die Jagd so vorwärts
geht, sind von den Verfolgenden einige auf die Seite, andere
vor sich hin, andere mit ausgebreiteten Händen gefallen. Sie
liegen alle noch in der Stellung wie sie das Tier verfehlten,
um die Schnelligkeit der Handlung anzudeuten. Aber
warum schießen sie nicht nach ihm, da ihnen die Waffen zur
Hand sind? Nein! sie wollen ihn lebendig fangen, um ihn
der Venus zu widmen als ein angenehmes Weihegeschenk:
denn dieses brünstige, fruchtbare Geschlecht ist Liebling
der Göttin.

Neptun und Amymone

Danaus, der seine funfzig Töchter streng zu Hausgeschäften
anhielt, damit sie, in eng abgeschlossenem Kreise, ihn bedienten und sich erhielten, hatte, nach alter Sitte, die mannigfaltigen Beschäftigungen unter sie verteilt. Amymone,
vielleicht die jüngste, war befehligt das tägliche Wasser zu
holen; aber nicht etwa bequem aus einem nah gelegnen
Brunnen, sondern dorthin mußte sie wandern, fern von der
Wohnung, wo sich Inachus, der Strom, mit dem Meere
vereinigt.

Auch heute kam sie wieder. Der Künstler verleiht ihr eine
derbe, tüchtige Gestalt, wie sie der Riesen-Tochter ziemt.
Braun ist die Haut des kräftigen Körpers, angehaucht von
den eindringenden Strahlen der Sonne, denen sie sich auf
mühsamen Wegen immerfort auszusetzen genötigt ist. Aber
heute findet sie nicht die Wasser des Flusses sanft in das
Meer übergehen; Wellen des Oceans stürmen heran: denn
die Pferde Neptuns haben mit Schwimm-Füßen den Gott
herbeigebracht.

Die Jungfrau erschrickt, der Eimer ist ihrer Hand entfallen, sie steht scheu wie eine die zu fliehen denkt. Aber
entferne dich nicht, erhabenes Mädchen, siehe! der Gott
blickt nicht wild, wie er wohl sonst den Stürmen gebietet,
freundlich ist sein Antlitz, Anmut spielt darüber, wie auf
beruhigtem Ocean die Abendsonne. Vertraue ihm, scheue
nicht den umsichtigen Blick des Phöbus, nicht das schatten-
lose, geschwätzige Ufer, bald wird die Woge sich aufbäu-

men, unter smaragdenem Gewölbe der Gott sich deiner
Neigung im purpurnen Schatten erfreuen. Unbelohnt sollst
du nicht bleiben!

Von der Trefflichkeit des Bildes dürfen wir nicht viel
Worte machen; da wir aber auf die Zukunft hindeuten, so
erlauben wir uns eine Bemerkung außerhalb desselben. Die
Härte, womit Danaus seine Töchter erzieht, macht jene Tat
wahrscheinlich, wie sie, mehr sklavensinnig als grausam,
ihre Gatten in der Brautnacht sämtlich ermorden. Amymone, mit dem Liebesglück nicht unbekannt, schont des
ihrigen und wird, wegen dieser Milde sowohl als durch die
Gunst des Gottes, von jener Strafe befreit, die ihren Schwestern für ewig auferlegt ist. Diese verrichten nun das mägde-
hafte Geschäft des Wasserschöpfens, aber um allen Erfolg
betrogen. Statt des goldenen Gefäßes der Schwester sind
ihnen zerbrochene und zerbrechende Scherben in die kraft-
losen Hände gegeben.

Theseus und die Geretteten

Glücklicherweise, wenn schon durch ein großes Unheil,
ward uns dieses Bild nicht bloß in rednerischer Darstellung
erhalten, noch jetzt ist es mit Augen zu schauen unter den
Schätzen von Portici und im Kupferstich allgemein bekannt. Von brauner Körperfarbe steht der junge Held,
kräftig und schlank, mächtig und behend vor unsern Augen.
Er dünkt uns riesenhaft, weil die Unglücks-Gefährten, die
nunmehr Geretteten, als Kinder gebildet sind, der Hauptfigur symbolisch untergeordnet durch die Weisheit des
Künstlers. Keins derselben wäre fähig die Keule zu schwin-
gen und sich mit dem Ungeheuer zu messen, das unter den
Füßen des Überwinders liegt.

Eben diesem hülfsbedürftigen Alter ziemt auch die
Dankbarkeit, ihm ziemt es die rettende Hand zu ergreifen,
zu küssen die Knie des Kräftigen zu umfassen, ihm vertraulich zu schmeicheln. Auch eine, zwar nur halbkennt-
liche Gottheit ist in dem obern Raume sichtbar, anzuzeigen
daß nichts Heroisches ohne Mitwirkung hoher Dämonen
geschehe.

Hier enthalten wir uns nicht einer weit eingreifenden
Bemerkung. Die eigentliche Kraft und Wirksamkeit der

Poesie, so wie der bildenden Kunst, liegt darin, daß sie
Hauptfiguren schafft und alles was diese umgibt, selbst das
Würdigste, untergeordnet darstellt. Hierdurch lockt sie den
Blick auf eine Mitte, woher sich die Strahlen über das Ganze
verbreiten, und so bewährt sich Glück und Weisheit der
Erfindung so wie der Komposition einer wahren alleinigen
Dichtung.

Die Geschichte dagegen handelt ganz anders. Von ihr
erwartet man Gerechtigkeit, sie darf, ja sie soll den Glanz
des Vorfechters eher dämpfen als erhöhen. Deshalb verteilt
sie Licht und Schatten über alle, selbst den Geringsten unter
den Mitwirkenden zieht sie hervor, damit auch ihm seine
gebührende Portion des Ruhms zugemessen werde.

Fordert man aber, aus mißverstandener Wahrheitsliebe,
von der Poesie daß sie gerecht sein solle; so zerstört man sie
alsobald, wovon uns Philostrat, dem wir so viel verdanken,
in seinem *Heldenbuche* das deutlichste Beispiel überliefert.
Sein dämonischer Protesilaus tadelt den Homer deshalb,
daß er die Verdienste des Palamedes verschwiegen und sich
als Mitschuldigen des verbrecherischen Ulysses erwiesen,
der den genannten trefflichen Kriegs- und Friedens-Helden
heimtückisch bei Seite geschafft.

Hier sieht man den Übergang der Poesie zur Prose,
welcher dadurch bewirkt wird, daß man die Einbildungskraft entzügelt und ihr vergönnt gesetzlos umherzuschwei-
fen, bald der Wirklichkeit, bald dem Verstand, wie es sich
schicken mag, zu dienen. Eben unserer Philostrate sämtliche Werke geben Zeugnis von der Wahrheit des Behaupteten. Es ist keine Poesie mehr, und sie können der Dichtung
nicht entbehren.

Ariadne

Schöner, vielleicht einziger Fall, wo eine Begebenheitsfolge
dargestellt wird, ohne daß die Einheit des Bildes dadurch
aufgehoben werde. Theseus entfernt sich, Ariadne schläft
ruhig und schon tritt Bacchus heran, zu liebevollem Ersatz
des Verlustes den sie noch nicht kennt. Welche charakteristische Mannigfaltigkeit aus Einer Fabel entwickelt!

Theseus mit seinen heftig rudernden Athenern gewinnt
schon, heimatsüchtig, das hohe Meer, ihr Streben, ihre

Richtung, ihre Blicke sind von uns abgewendet, nur die
Rücken sehen wir, es wäre vergebens sie aufzuhalten.
Im ruhigsten Gegensatz liegt Ariadne auf bemoostem
Felsen, sie schläft, ja sie selbst ist der Schlaf. Die volle Brust,
der nackte Oberkörper ziehen das Auge hin; und wie
gefällig vermittelt Hals und Kehle das zurückgesenkte
Haupt! Die rechte Schulter, Arm und Seite bieten sich
gleichfalls dem Beschauenden, dagegen die linke Hand auf
dem Kleide ruht, damit es der Wind nicht verwirre. Der
Hauch dieses jugendlichen Mundes wie süß mag er sein! Ob   10
er dufte wie Trauben oder Äpfel? wirst du herannahender
Gott bald erfahren.
Dieser auch verdient es: denn nur mit Liebe geschmückt
läßt ihn der Künstler auftreten; ihn ziert ein purpurnes
Gewand und ein rosener Kranz des Hauptes. Liebetrunken
ist sein ganzes Behagen, ruhig in Fülle, vor der Schönheit
erstaunt, in sie versunken. Alles andere Beiwesen, wodurch
Dionysos leicht kenntlich gemacht wird, beseitigte der
kluge, fähige Künstler. Verworfen sind als unzeitig das
blumige Kleid, die zarten Rehfelle, die Thyrsen; hier ist nur   20
der zärtlich Liebende. Auch die Umgebung verhält sich
gleichermaßen: nicht klappern die Bacchantinnen diesmal
mit ihren Blechen, die Faune enthalten sich der Flöten, Pan
selbst mäßigt seine Sprünge, daß er die Schläferin nicht
frühzeitig erwecke. Schlägt sie aber die Augen auf, so freut
sie sich schon über den Ersatz des Verlustes, sie genießt der
göttlichen Gegenwart, ehe sie noch die Entfernung des
Ungetreuen erfährt. Wie glücklich wirst du dich halten,
wohlversorgtes Mädchen, wenn über diesem dürr scheinenden Felsenufer dich der Freund auf bebaute, bepflanzte   30
Weinhügel führt, wo du, in Rebengängen, von der munter-
sten Dienerschaft umringt, erst des Lebens genießest, welches du nicht enden, sondern, von den Sternen herab in
ewiger Freundlichkeit auf uns fortblickend, am allgegen-
wärtigen Himmel genießen wirst.

Prolog der Argonautenfahrt

Im Vorsaal Jupiters spielen Amor und Ganymed, dieser an
der phrygischen Mütze, jener an Bogen und Flügeln leicht
zu erkennen; ihr Charakter unterscheidet sie aber noch   40

mehr. Deutlich bezeichnet er sich beim Würfelspiel das sie
am Boden treiben. Amor sprang schon auf, den andern
übermütig verspottend. Ganymed hingegen, von zwei
überbliebenen Knöchelchen das eine so eben verlierend,
wirft furchtsam und besorgt das letzte hin. Seine Gesichtszüge passen trefflich zu dieser Stimmung, die Wange traurig
gesenkt, das Auge lieblich aber getaucht in Kummer. Was
der Künstler hiedurch andeuten wollte bleibt Wissenden
keineswegs verborgen.

10   Nebenbei sodann stehen drei Göttinnen, die man nicht
verkennen wird. Minerva, in ihrer angeborenen Rüstung,
schaut unter dem Helm mit blauen Augen hervor, ihre
männliche Wange jungfräulich gerötet. Auch die zweite
kennt man sogleich. Sie verdankt dem unverwüstlichen
Gürtel ein ewig süßes, entzückendes Lächeln, auch im
Gemälde bezaubernd. Juno dagegen wird offenbar am Ernst
und majestätischen Wesen.

Willst du aber wissen was die wundersame Gesellschaft
veranlasse? so blicke vom Olymp, wo dieses vorgeht, hinab
20   auf das Ufer, das unten dargestellt ist. Dort siehst du einen
Flußgott liegend im hohen Rohr, mit wildem Antlitz. Sein
Haupthaar dicht und straubig, sein Bart niederwallend. Der
Strom aber entquillt keiner Urne, sondern ringsum hervor-
brechend deutet er auf die vielen Mündungen womit er sich
ins Meer stürzt.

Hier, am Phasis, sind nun die funfzig Argonauten gelandet, nachdem sie den Bosphorus und die beweglichen Felsen
durchschifft, sie beraten sich unter einander. Vieles ist
geschehen, mehr noch zu tun übrig.

30   Da aber Schiff und Unternehmung allen vereinigten Göt-
tern lieb und wert ist; so kommen, in aller Namen, drei
Göttinnen den Amor zu bitten daß er, der Beförderer und
Zerstörer großer Taten, sich diesmal günstig erweise und
Medea, die Tochter des Aeetes, zu Gunsten Jasons wende.
Amorn zu bereden und ihn vom Knabenspiel abzuziehen
beut ihm nun die Mutter, den eignen Sohn mit ihren Reizen
bezwingend, einen köstlichen Spielball und versichert ihn
Jupiter selbst habe sich als Kind damit ergetzt. Auch ist der
Ball keines Gottes unwert, und mit besonderer Überlegung
40   hat ihn der denkende Künstler dargestellt als wäre er aus

Streifen zusammengesetzt. Die Naht aber siehst du nicht,
du mußt sie raten. Mit goldenen Kreisen wechseln blaue, so
daß er, in die Höhe geworfen und sich umschwingend, wie
ein Stern blinkt. Auch ist die Absicht der Göttinnen schon
erfüllt: Amor wirft die Spielknöchelchen weg und hängt am
Kleide der Mutter, die Gabe wünscht er gleich, und beteuert
dagegen ihre Wünsche augenblicklich zu vollführen.

Glaucus der Meergott

Schon liegt der Bosphorus und die Symplegaden hinter dem   10
Schiffe. Argo durchschneidet des Pontus mittelste Bahn.
Orpheus besänftigt durch seinen Gesang das lauschende
Meer. Die Ladung aber des Fahrzeugs ist kostbar denn: es
führt die Dioskuren, Herkules, die Aeaciden, Boreaden und
was von Halbgöttern blühte zu der Zeit. Der Kiel aber des
Schiffes ist zuverlässig, sicher und solcher Last geeignet:
denn sie zimmerten ihn aus dodonäischer, weissagender
Eiche. Nicht ganz verloren ging ihm Sprache und Prophe-
ten-Geist. Nun im Schiffe sehet ihr einen Helden, als Anführer sich auszeichnend, zwar nicht den Bedeutendsten   20
und Stärksten, aber jung, munter und kühn, blondlockig
und gunsterwerbend. Es ist Jason, der das goldwollige Fell
des Widders zu erobern schifft, des Wunder-Geschöpfs, das
die Geschwister Phryxus und Helle durch die Lüfte übers
Meer trug. Schwer ist die Aufgabe die dem jungen Helden
aufliegt, ihm geschieht Unrecht, man verdrängt ihn vom
väterlichen Thron und nur unter Bedingung daß er dem
umsichtigsten Wächter-Drachen jenen Schatz entreiße,
kehrt er in sein angeerbtes Reich zurück. Deshalb ist die
ganze Heldenschaft aufgeregt, ihm ergeben und unterge-   30
ben. Typhis hält das Steuer, der Erfinder dieser Kunst,
Linzeus, auf dem Vorderteil, dringt, mit kräftigeren Strahlen als die Sonne selbst, in die weiteste Ferne, entdeckt die
hintersten Ufer und beobachtet unter dem Wasser jede
gefahrdrohende Klippe. Und eben diese durchdringenden
Augen des umsichtigen Mannes scheinen uns ein Entsetzen
zu verraten, er blickt auf eine fürchterliche Erscheinung die
unmittelbar, unerwartet aus den Wellen bricht. Die Helden,
sämtlich erstaunt, feiern von der Arbeit. Herkules allein
fährt fort das Meer zu schlagen; was den übrigen als Wunder   40

erscheint sind ihm bekannte Dinge. Rastlos gewohnt zu
arbeiten, strebt er kräftig vor wie nach, unbekümmert um
alles nebenbei.

Alle nun schauen auf Glaucus, der sich dem Meer ent-
hebt. Dieser sonst ein Fischer, genoß vorwitzig Tang und
Meerpflanze, die Wellen schlugen über ihm zusammen und
führten ihn hinab als Fisch zu den Fischen. Aber der
übriggebliebene menschliche Teil ward begünstigt, zukünf-
tige Dinge kennt er und nun steigt er herauf den Argonauten
ihre Schicksale zu verkünden. Wir betrachten seine Gestalt:
aus seinen Locken, aus seinem Bart trieft, gießt das Meer-
wasser über Brust und Schultern herab, anzudeuten die
Schnelligkeit womit er sich hervorhob.

Seine Augenbrauen sind stark, in eins zusammengewachsen; sein mächtiger Arm ist kräftig geübt, mit dem er immer
die Wellen ergreift und unter sich zwingt. Dicht mit Haaren
ist seine Brust bewachsen, Moos und Meergras schlangen
sich ein. Am Unterleibe sieht man die Andeutungen der
schuppigen Fischgestalt und wie das Übrige geformt sei läßt
der Schwanz erraten, der hinten aus dem Meere heraus-
schlägt, sich um seine Lenden schlingt und am gekrümmten,
halbmondförmig auslaufenden Teil die Farbe des Meers
abglänzt. Um ihn her schwärmen Alzyonen. Auch sie
besingen die Schicksale der Menschen: denn auch sie wurden verwandelt auf und über den Wellen zu nisten und zu
schweben. Das Meer scheint Teil an ihrer Klage zu nehmen
und Orpheus auf ihren Ton zu lauschen.

Jason und Medea

Das Liebespaar das hier gegeneinander steht gibt zu eigenen
Betrachtungen Anlaß; wir fragen besorgt; sollten diese
beiden wohl auch glücklich gegattet sein? Wer ist sie die so
bedenklich über den Augen die Stirne erhebt, tiefes Nachdenken auf den Brauen andeutet? das Haar priesterlich
geschmückt, in dem Blick, ich weiß nicht ob einen verliebten oder begeisterten Ausdruck. An ihr glaube ich eine der
Heliaden zu erkennen! Es ist Medea, Tochter des Aeetes, sie
stehet neben Jason, welchem Eros ihr Herz gewann. Nun
aber scheint sie wunderbar nachdenklich. Worauf sie leidenschaftlich sinnt wüßt ich nicht zu sagen; so viel aber läßt

sich behaupten: sie ist im Geiste unruhig, in der Seele
bedrängt. Sie steht ganz nach Innen gekehrt, in tiefer Brust
beschäftigt; zur Einsamkeit aber nicht geneigt: denn ihre
Kleidung ist nicht jene deren sie sich bei zauberischen
Weihegebräuchen bedient, des fürchterlichen Umgangs mit
höhern Gewalten sich zu erfreuen, diesmal erscheint sie wie
es einer Fürstin ziemt die sich der Menge darstellen will.

Jason aber hat ein angenehmes Gesicht, nicht ohne Man-
neskraft, sein Auge blickt ernst unter den Augenbrauen
hervor, es deutet auf hohe Gesinnungen, auf ein Verschmä-   10
hen aller Hindernisse. Das goldgelbe Haar bewegt sich um
das Gesicht und die feine Wolle sproßt um die Wange,
gegürtet ist sein weites Kleid, von seinen Schultern fällt eine
Löwenhaut, er steht gelehnt am Spieß. Der Ausdruck seines
Gesichtes ist nicht übermütig, vielmehr bescheiden, doch
voll Zutrauen auf seine Kräfte. Amor zwischen beiden maßt
sich an dieses Kunststück ausgeführt zu haben. Mit übereinander geschlagenen Füßen stützt er sich auf seinen Bogen,
die Fackel hat er umgekehrt zur Erde gesenkt, anzudeuten
daß Unheil diese Verbindung bedrohe.   20

Die Rückkehr der Argonauten

Dieses Bild, mein Sohn, bedarf wohl keiner Auslegung, du
machst dir sie, ohne dich anzustrengen, selbst: denn das ist
der Vorteil bei zyklischen Darstellungen, daß eine auf die
andere hinweist, daß man sich, in bekannter Gegend, mit
denselben Personen, nur unter andern Umständen wieder
finde.

Du erkennst hier Phasis, den Flußgott, wieder, sein Strom
stürzt sich, wie vormals, ins Meer. Diesmal aber führt er   30
Argo, das Schiff, abwärts, der Mündung zu. Die Personen
die es trägt kennst du sämtlich. Auch hier ist Orpheus, der
mit Saitenspiel und Sang die Gesellen antreibt zu kräftigem
Ruderschlag. Doch kaum bedarf es einer solchen Anrei-
zung, aller Arme streben ja schon kräftigst den hinabeilen-
den Fluß zu übereilen, aller Gefahren wohl bewußt die sie
im Rücken bedrohen.

Auf dem Hinterteile des Schiffes steht Jason mit seiner
schönen Beute, er hält, wie immer, seinen Spieß zur Verteidigung seiner Geliebten bewaffnet; sie aber steht nicht, wie 40

wir sie sonst gekannt, herrlich und hehr, voll Mut und
Trotz, ihre Augen, niederblickend, stehen voll Tränen,
Furcht wegen der begangenen Tat und Nachdenken über
die Zukunft scheinen sie zu beschäftigen. Auf ihren Zügen
ist Überlegung ausgedrückt, als wenn sie jeden der streiten-
den Gedanken in ihrer Seele besonders betrachtete, den
Blick auf jeden Einzelnen heftete.

Am Lande siehst du die Auflösung dessen was dir rätsel-
haft bleiben könnte. Um eine hohe Fichte ist ein Drache
vielfach gewunden und geschlungen, das schwere Haupt
jedoch auf den Boden gesenkt, diesen hat Medea eingeschlä-
fert und das goldene Vlies war erobert.

Aber schon hat Aeetes den Verrat entdeckt, du erblickst
den zornigen Vater auf einem vierspännigen Kriegswagen.
Der Mann ist groß, über die Anderen hervorragend, mit
einer riesenhaften Rüstung angetan. Wütend glüht sein
Gesicht, Feuer strömt aus den Augen. Entzündet ist die
Fackel in seiner Rechten und deutet auf den Willen Schiff
und Schiffende zu verbrennen. Auf den Hinterwagen ward
sein Spieß gesteckt, auch diese verderbliche Waffe gleich zur
Hand.

Den wilden Anblick dieses Heranstürmers vermehrt das
gewaltige Vorgreifen der Pferde; die Nasenlöcher stehen
weit offen, den Nacken werfen sie in die Höhe, die Blicke
sind voll Muts, wie allezeit, jetzt besonders da sie aufgeregt
sind, sie keuchen aus tiefer Brust, weil Absyrtus, der seinen
Vater Aeetes führt, ihnen schon Blutstriemen geschlagen
hat. Der Staub den sie erregen verdunkelt über ihnen die
Luft.

Perseus und Andromeda

Und sind diese, das Ufer bespülenden Wellen nicht blutrot?
die Küste wäre dies Indien oder Äthiopien? und hier im
fremdesten Lande, was hat wohl der griechische Jüngling zu
tun? Ein seltsamer Kampf ist hier vorgefallen, das sehen wir.
Aus dem äthiopischen Meere stieg oft ein dämonischer
Seedrache ans Land, um Herden und Menschen zu töten.
Opfer wurden ihm geweiht, und nun auch Andromeda, die
Königs-Tochter, die deshalb nackt an den Felsen angeschlossen erscheint; aber sie hat nichts mehr zu fürchten,

der Sieg ist gewonnen, das Ungeheuer liegt ans Ufer heraus-
gewälzt und Ströme seines Blutes sind es die das Meer
färben.

Perseus eilte, von Göttern aufgefordert, unter göttlicher
Begünstigung, wundersam bewaffnet herbei, aber doch vertraute er sich nicht allein; den Amor rief er heran, daß er ihn
beim Luftkampf umschwebte und ihm beistünde, wenn er
bald auf das Untier herabschießen, bald sich wieder von ihm
vorsichtig entfernen sollte. Beiden zusammen, dem Gott
und dem Helden, gebührt der Siegespreis. Auch tritt Amor   10
hinzu in herrlicher Jünglings-Größe, die Fesseln der Andromeda zu lösen, nicht wie sonst göttlich beruhigt und
heiter, sondern wie aufgeregt und tief atmend, vom über-
wundenem großen Bestreben.

Andromeda ist schön, merkwürdig wegen der weißen
Haut als Äthiopierin; aber noch mehr Bewunderung erfordert ihre Gestalt. Nicht sind die lydischen Mädchen weicher
und zärter, die von Athen nicht stolzeres Ansehns, noch die
von Sparta kräftiger.

Besonders aber wird ihre Schönheit erhöht durch die   20
Lage, in welcher sie sich befindet. Sie kann es nicht glauben
daß sie so glücklich befreit ist, doch blickt sie schon dem
Perseus zu lächeln.

Der Held aber liegt ohnfern in schön duftendem Grase,
worein die Schweißtropfen fallen. Den Medusenkopf beseitigt er, damit Niemand, ihn erblickend, versteine. Eingeborne Hirten reichen ihm Milch und Wein. Es ist für uns ein
fremder lustiger Anblick diese Äthiopier schwarz gefärbt
zu sehen, wie sie zähnebleckend lachen und von Herzen
sich freuen, an Gesichtszügen meist einander ähnlich. Per-   30
seus läßt es geschehen, stützt sich auf den linken Arm,
erhebt sich atmend und betrachtet nur Andromeda. Sein
Mantel flattert im Winde, dieser ist von hoher Purpurfarbe,
besprengt mit dunkleren Blutstropfen, die unter dem
Kampfe mit dem Drachen hinaufspritzten.

Seine Schulter so trefflich zu malen hat der Künstler die
elfenbeinerne des Pelops zum Muster genommen, aber nur
der Form nach: denn diese hier, vorher schon lebendig
fleischfarben, ward im Kampf nur noch erhöhter. Die
Adern sind nun doppelt belebt: denn nach dem erhitztesten   40

Streite, fühlt eine neue liebliche Regung der Held im Anblick Andromedas.

Cyclope und Galathee

Du erblickst hier, mein Sohn, das Felsenufer einer zwar
steilen und gebirgigen, aber doch glücklichen Insel, denn du
siehst, in Tälern und auf abhängigen Räumen, Weinlese
halten und Weizen abernten. Diese Männer aber haben
nicht gepflanzt noch gesäet, sondern ihnen wächst, nach
10 dem Willen der Götter, so wie durch dichterische Gunst,
alles von selbst entgegen. Auch siehst du an höheren schroffen Stellen Ziegen und Schafe behaglich weiden: denn auch
Milch, sowohl frische als geronnene, lieben die Bewohner
zu Trank und Speise.

Fragst du nun welches Volk wir sehen? so antworte ich
dir: es sind die rauhen Cyclopen, die keine Häuser aufer-
bauen, sondern sich in Höhlen des Gebirges einzeln unter-
tun, deswegen betreiben sie auch kein gemeinsames Geschäft, noch versammeln sie sich zu irgendeiner Beratung.

20 Lassen wir aber alles dieses bei Seite! wenden wir unsern
Blick auf den Wildesten unter ihnen, auf den hier sitzenden
Polyphem, den Sohn Neptuns. Über seinem einzigen Auge
dehnt sich ein Brauen-Bogen von Ohr zu Ohr, über dem
aufgeworfenen Mund steht eine breite Nase, die Eckzähne
ragen aus dem Lippen-Winkel herab, sein dichtes Haar
starrt umher wie Fichtenreis, an Brust, Bauch und Schen-
keln ist er ganz rauch. Innerlich hungert er, löwengleich,
nach Menschenfleisch; jetzt aber enthält er sich dessen, er ist
verliebt, möchte gar zu gern gesittet erscheinen und bemüht
30 sich wenigstens freundlich auszusehen. Sein Blick aber
bleibt immer schrecklich, das Drohende desselben läßt sich
nicht mildern, so wie reißende Tiere, wenn sie auch gehorchen, doch immer grimmig umherblicken.

Den deutlichsten Beweis aber wie sehr er wünscht sich
angenehm zu machen, gibt sein gegenwärtiges Benehmen.
Im Schatten einer Steineiche hält er die Flöte unter dem Arm
und läßt sie ruhen, besingt aber Galateen, die Schöne des
Meers, die dort unten auf der Welle spielt; dorthin blickt er
sehnsuchtsvoll, singt ihre weiße Haut, ihr munteres frisches
40 Betragen. An Süßigkeit überträfe sie ihm alle Trauben.

Auch mit Geschenken möchte er sie bestechen, er hat zwei
Rehe und zwei allerliebste Bären für sie aufgezogen. Solch
ein Drang, solch eine Sehnsucht verschlingt alle gewohnte
Sorgfalt, diese zerstreuten Schafe sind die seinigen, er achtet
sie nicht, zählt sie nicht, schaut nicht mehr landwärts, sein
Blick ist aufs Meer gerichtet.

Ruhig schwankt die breite Wasserfläche unter dem Wagen der Schönen, vier Delphine nebeneinander gespannt
scheinen, zusammen fortstrebend, von Einem Geiste beseelt, jungfräuliche Tritonen legen ihnen Zaum und Gebiß
an ihre mutwilligen Sprünge zu dämpfen. Sie aber steht auf
dem Muschelwagen, das purpurne Gewand, ein Spiel der
Winde, schwillt segelartig über ihrem Haupte und beschat-
tet sie zugleich; deshalb ein rötlicher Durchschein auf ihrer
Stirne glänzt, aber doch die Röte der Wangen nicht überbietet. Mit ihren Haaren versucht Zephyr nicht zu spielen, sie
scheinen feucht zu sein. Der rechte Arm, gebogen, stützt
sich, mit zierlichen Fingern, leicht auf die weiche Hüfte, der
Ellbogen blendet uns durch sein rötlich Weiß, sanft schwel-
len die Muskeln des Arms wie kleine Meereswellen, die
Brust dringt hervor, wer möchte der Schenkel Vollkommenheit verkennen! Bein und Fuß sind schwebend über das
Meer gewendet, die Sohle berührt ganz leise das Wasser,
eine steuernde Bewegung anzudeuten. Aufwärts aber die
Augen! ziehen uns immer wieder und wieder an. Sie sind
bewundernswürdig, sie verraten den schärfsten, unbe-
grenztesten Blick der über das Ende des Meeres hinaus-
reicht.

Bedeutend ist es für unsere Zwecke, wenn wir mit dieser
Beschreibung zusammenhalten was Raphael, die Carrache
und andere an demselben Gegenstand getan. Eine solche
Vergleichung wird uns den alten und neuen Sinn, beide nach
ihrer ganzen Würdigkeit, aufschließen.

Meles und Critheis
Die Quellnymphe Critheis liebt den Flußgott Meles, aus
beiden, jonischen Ursprungs, wird Homer geboren.

Meles, im frühen Jünglingsalter vorgestellt. Von seiner
Quelle, deren Auslauf ins Meer man zugleich sieht, trinkt
die Nymphe ohne Durst, sie schöpft das Wasser und scheint

mit der rieselnden Welle zu schwätzen, indem ihr liebevolle
Tränen herabrinnen. Der Fluß aber liebt sie wieder und
freut sich dieses zärtlichen Opfers.

Die Hauptschöne des Bildes ist in der Figur des Meles. Er
ruht auf Krokos, Lothos und Hyacinthen, blumenliebend,
früheren Jahren gemäß; er selbst ist als Jüngling dargestellt,
zartgebildet und gesittet, man möchte sagen seine Augen
sännen auf etwas Poetisches.

Am anmutigsten erweist er sich, daß er nicht heftiges
10 Wasser ausströmt, wie ein rohes ungezogenes Quellge-
schlecht wohl tun mag, sondern, indem er mit seiner Hand
über die Oberfläche der Erde hinfährt, läßt er das sanftquel-
lende Wasser durch die Finger rauschen, als ein Wasser
geschickt Liebesträume zu wecken.

Aber kein Traum ists, Critheis! denn deine stillen Wünsche sind nicht vergebens: bald werden sich die Wellen
bäumen und, unter ihrem grünpurpurnen Gewölbe, dich
und den Gott liebebegünstigend verbergen.

Wie schön das Mädchen ist, wie zart ihre Gestalt, jonisch
20 in allem! Schamhaftigkeit ziert ihre Bildung und gerade
diese Röte ist hinlänglich für die Wangen. Das Haar, hinter
das Ohr gezogen, ist mit purpurner Binde geschmückt. Sie
schaut aber so süß und einfach daß auch die Tränen das
Sanfte vermehren. Schöner ist der Hals ohne Schmuck, und
wenn wir die Hände betrachten finden wir weiche, lange
Finger, so weiß als der Vorderarm, der unter dem weißen
Kleid noch weißer erscheint, so zeigt sich auch eine wohlgebildete Brust.

Was aber haben die Musen hier zu schaffen? An der
30 Quelle des Meles sind sie nicht fremd: denn schon geleiteten
sie, in Bienengestalt, die Flotte der atheniensischen Kolonien hierher. Wenn sie aber gegenwärtig am Ort leichte
Tänze führen, so erscheinen sie als freudige Parzen, die
einstehende Geburt Homers zu feiern.

III.
Minervas Geburt
Sämtliche Götter und Göttinnen siehst du im Olymp versammelt, sogar die Nymphen der Flüsse fehlen nicht. Alle
40 sind erstaunt die ganz bewaffnete Pallas zu sehen, welche so

eben aus dem Haupte des Zeus gesprungen ist. Vulkan, der
das Werk verrichtet, steht und scheint um die Gunst der
Göttin sich zu bemühen, sein Werkzeug in der Hand, das
wie der Regenbogen von Farben glänzt. Zeus atmet von
Freude wie einer der eine große Arbeit um großes Nutzens
willen übernommen, und, stolz auf eine solche Tochter,
betrachtet er sie mit Aufmerksamkeit. Auch Juno ohne
Eifersucht sieht sie mit Neigung an, als ob sie ihr eigen Kind
wäre.

Ferner sind unten die Athener und Rhodier vorgestellt, 10
auf zwei Hochburgen, im Land und auf der Insel, der
Neugebornen schon Opfer bringend; die Rhodier nur unvollkommen, ohne Feuer; aber die Athener mit Feuer und
hinreichender Anstalt, wovon der Rauch hier glänzend
gemalt ist, als wenn er mit gutem Geruch aufstiege. Deswegen schreitet auch die Göttin auf sie zu, als zu den weisesten.
Aber zugleich hat Zeus die Rhodier bedacht, weil sie seine
Tochter zuerst mit anerkannt: denn man sagt er habe eine
große Wolke Goldes über ihre Häuser und Straßen ausge-
schüttet. Deswegen schwebt auch hier Plutus, von den 20
Wolken herab über diesen Gebäuden, ganz vergoldet, um
den Stoff anzuzeigen den er ausspendet.

Geburt des Dionysos
Eine breite Feuerwolke hat die Stadt Theben bedeckt und
mit großer Gewalt umhüllte Donner und Blitz den Palast
des Cadmus. Denn Zeus hat seinen tödlichen Besuch bei
Semele vollbracht. Sie ist schon verschieden und Dionysos
in Mitten des Feuers geboren. Ihr Bildnis, gleich einem
dunklen Schatten, steigt gegen den Himmel; aber der Gott-
knabe wirft sich aus dem Feuer heraus und, leuchtender als 30
ein Stern, verdunkelt er die Glut daß sie finster und trüb
erscheint. Wunderbar teilt sich die Flamme, sie bildet sich
nach Art einer angenehmen Grotte: denn der Epheu, reich
von Trauben, wächst rings umher; der Weinstock, um
Thyrsusrohre geschlungen, steigt willig aus der Erde, er
sproßt zum Teil mitten in den Flammen, worüber man sich
nicht verwundern muß: denn zu Gunsten des Gottes wird
zunächst hier alles wunderbar zugehen.

Beachtet nun auch den Pan, wie er, auf Cithärons Berg- 40

gipfel, den Dionysos verehrt, tanzend und springend, das
Wort Evoe im Munde. Aber Cithäron in menschlicher
Gestalt betrübt sich schon über das Unglück das bevorsteht.
Ein Epheukranz hängt ihm leicht auf dem Scheitel, im
Begriff herabzufallen: er mag zu Ehren des Dionysos nicht
gern gekränzt sein. Denn schon pflanzt die rasende Megäre
eine Fichte nächst bei ihm, und dort entspringt jene Quelle,
wo Pentheus Blut und Leben verlieren soll.

10   Geburt des Hermes
Auf dem Gipfel des Olymps ist Hermes der Schalk geboren,
die Jahreszeiten nahmen ihn auf. Sie sind alle mit gehöriger
Schönheit vorgestellt. Sie umwickeln ihn mit Windeln und
Binden, welche sie mit den ausgesuchtesten Blumen be-
streuen. Die Mutter ruht neben an auf einem Lager.
   Sogleich aber hat er sich aus seinen Gewanden heimlich
losgemacht und wandelt munter den Olymp hinab. Der
Berg freut sich sein und lächelt ihm zu. Schon treibt der
Knabe die am Fuße weidenden, weißen, mit vergoldeten
20 Hörnern geschmückten Kühe, Phöbus Eigentum, in eine
Höhle.
   Phöbus ist zur Maja geeilt, um sich über diesen Raub zu
beklagen. Sie aber sieht ihn verwundert an und scheint ihm
nicht zu glauben. Während solches Gespräches hat sich
Hermes schon hinter Phöbus geschlichen. Leicht springt er
hinauf und macht den Bogen los. Phöbus aber, den schel-
mischen Räuber entdeckend, erheitert sein Gesicht. Dieser
Ausdruck des Übergangs von Verdruß zu Behagen macht
der Weisheit und Fertigkeit des Künstlers viel Ehre.

IV.
Herkules
Um diesen ungeheuren Gegenstand nur einigermaßen übersehen zu können, fassen wir uns kurz und sagen, daß
Herkules der Alkmene Sohn dem Künstler hinreiche und er
sich um alles übrige was nach und nach auf diesen Namen
gehäuft worden keineswegs umzutun braucht.
   Götter und gottähnliche Wesen sind gleich nach der
Geburt vollendet, Pallas entspringt dem Haupte Jupiters
40 geharnischt, Mercur spielt den diebischen Schalk ehe sichs

die Wöchnerin versieht. Diese Betrachtung müssen wir fest
halten, wenn wir folgendes Bild recht schätzen wollen.
Herkules in Windeln. Nicht etwa in der Wiege und auch
nicht einmal in Windeln, sondern ausgewindelt wie oben
Mercur. Kaum ist Alkmene, durch List der Galanthis, vom
Herkules genesen, kaum ist er in Windeln, nach löblicher
Ammenweise, beschränkt, so schickt die betrogene, unversöhnliche Juno, unmittelbar bei eintretender Mitternacht,
zwei Schlangen auf das Kind. Die Wöchnerin fährt entsetzt
vom Lager, die beihelfenden Weiber, nach mehrtägiger   10
Angst und Sorge nochmals aufgeschreckt, fahren hülflos
durcheinander. Ein wildes Getümmel entsteht in dem so
eben hochbeglückten Hause.

Trotz diesem allem wäre der Knabe verloren, entschlösse
er sich nicht kurz und gut. Rasch befreit er sich von den
lästigen Banden, faßt die Schlangen, mit geschicktem Griff,
unmittelbar unter dem Kopf an der obersten Kehle, würgt
sie; aber sie schleppen ihn fort und der Kampf entscheidet
sich zuletzt am Boden. Hier kniet er: denn die Weisheit des
Künstlers will nur die Kraft der Arme und Fäuste darstellen.   20
Diese Glieder sind schon göttlich; aber die Kniee des neugebornen Menschenkindes müssen erst durch Zeit und Nahrung gestärkt werden, diesmal brechen sie zusammen wie
jedem Säugling der aufrecht stehen sollte. Also Herkules am
Boden. Schon sind, von dem Druck der kindischen Faust,
Lebens- und Ringelkräfte der Drachen aufgelöst, schlaff
ziehen sich ihre Windungen am Estrich, sie neigen ihr
Haupt unter Kindesfaust und zeigen einen Teil der Zähne
scharf und giftvoll, die Kämme welk, die Augen geschlossen, die Schuppen glanzlos. Verschwunden ist Gold und   30
Purpur ihrer sonst ringelnden Bewegung, und, anzudeuten
ihr völliges Verlöschen, ward ihre gelbe Haut mit Blut
bespritzt.

Alkmene, im Unterkleide mit fliegenden Haaren, wie sie
dem Bette entsprang, streckt aus die Hände und schreit.
Dann scheint sie, über die Wundertat betroffen, sich zwar
vom Schrecken zu erholen, aber doch ihren eigenen Augen
nicht zu trauen. Die immer geschäftigen Weiber möchten
bestürzt sich gegen einander verständigen. Auch der Vater
ist aufgeregt; unwissend, ob ein feindlicher Überfall sein   40

Haus ergriff, sammelt er seine getreuen Thebaner und schreitet heran, zum Schutze der Seinigen. Das nackte Schwert ist zum Hieb aufgehoben, aber aus den Augen leuchtet Unentschlossenheit; ob er staunt, oder sich freut, weiß ich nicht, daß er als Retter zu spät komme sieht er glücklicherweise nur allzudeutlich.

Und so bedarf denn dieser unbegreifliche Vorgang einer höheren Auslegung; deshalb steht Tyresias in der Mitte, uns zu verkündigen die überschwengliche Größe des Helden.
10 Er ist begeistert, tief und heftig Atem holend, nach Art der Wahrsagenden. Auch ist in der Höhe, nach löblichem dichterischen Sinn, die Nacht als Zeuge dieses großen Ereignisses in menschlicher Gestalt beigesellt; sie trägt eine Fackel in der Hand, sich selbst erleuchtend, damit auch nicht das Geringste von diesen großen Anfängen unbemerkt bleibe.

Indem wir nun bewundernd uns vor die Einbildungskraft stellen, wie Wirklichkeit und Dichtung verschwistert äußere Tat und tieferen Sinn vereinigen; so begegnet uns in den Herkulanischen Altertümern derselbe Gegenstand,
20 freilich nicht in so hochsinnlicher Sphäre, aber dennoch sehr schätzenswert. Es ist eigentlich eine Familienszene, verständig gedacht und symbolisiert. Auch hier finden wir Herkules am Boden, nur hat er die Schlangen ungeschickt angefaßt, viel zu weit abwärts, sie können ihn nach Belieben beißen und ritzen. Die bewegteste Stellung der Mutter nimmt die Mitte des Bildes ein, sie ist herrlich, von den Alten bei jeder schicklichen Gelegenheit wiederholt. Amphitryo auf einem Thronsessel, (denn bis zu seinen Füßen hat sich der Knabe mit den Schlangen heran gebalgt,) eben
30 im Begriff aufzustehen, das Schwert zu ziehen, befindet sich in zweifelhafter Stellung und Bewegung. Gegen ihm über der Pädagog. Dieser alte Hausfreund hat den zweiten Knaben auf den Arm genommen und schützt ihn vor Gefahr.

Dieses Bild ist jedermann zugänglich und höchlich zu schätzen, ob es gleich, schwächerer Zeichnung und Behandlung nach, auf ein höheres vollkommenes Original hindeutet.

Aus dieser liebenswürdigen Wirklichkeit hat sich nun ein dritter Künstler in das Höchste gehoben, der, wie Plinius
40 meldet, eben den ganzen Himmel um Zevs versammelte,

damit Geburt und Tat des kräftigen Sohnes auf Erden für
ewige Zeiten bestätigt sei. Zu diesem hohen geistigen Sinne,
daß ohne Bezug des Oberen und Unteren nichts dämonisch
Großes zu erwarten sei, haben die Alten, wie wir schon
öfters rühmen müssen, ihre künstlerischen Arbeiten hinge-
lenkt. Auch war bei Minervens Geburt derselbige Fall, und
wird nicht noch bis auf diesen Tag bei Geburt eines bedeutenden Kindes, um sie zu bewahrheiten, zu bekräftigen und
zu verehren, alles was Großes und Hohes den Fürsten
umgibt herbeigerufen.   10

Nun, zum Zeugnis, wie die Alten aus der Fülle der
Umgebung den Hauptmoment herauszuheben und einzeln
darzustellen das Glück gehabt, erwähnen wir einer sehr
kleinen antiken Münze von der größten Schönheit, deren
Raum das tüchtige Kind mit den Schlangen im Konflikt bis
an den letzten Rand vollkommen ausfüllt. Möge ein kräftiger junger Künstler einige Jahre seine Bemühungen diesem
Gegenstande schenken.

Wir schreiten nun fort in das Leben des Helden, und da
bemerken wir, daß man eigentlich zu viel Gewicht auf seine   20
zwölf Arbeiten gelegt, wie es geschieht, wenn eine bestimmte Zahl und Folge ausgesprochen ist, da man denn
wohl immer ein Dutzend ähnlicher Gegenstände in einem
Kreise beisammen sehen mag. Doch gewiß finden sich unter
den übrigen Taten des Helden, die er aus reinem Willen,
oder auf zufällige Anregung, unternahm noch wichtige,
mehr erfreuliche Bezüge. Glücklicherweise gibt unsere Galerie hievon die schönsten Beispiele.

Hercules und Acheloos   30

Um dieses Bild klar ins Anschauen zu fassen, mußt du, mein
Sohn, dich wohl zusammennehmen und voraus erfahren
daß du auf aetolischem Grund und Boden seiest. Diese
Heroine, mit Buchenlaub bekränzt, von ernstem, ja wider-
willigem Ansehen, ist die Schutzgöttin der Stadt Calydon;
sie wäre nicht hier, wenn nicht das ganze Volk die Mauern
verlassen und einen Kreis geschlossen hätte, dem ungeheuersten Ereignis zuzusehen.

Denn du siehst hier den König Oeneus in Person, traurig
wie es einem König ziemt, der zu seiner und der Seinen   40

Errettung kein Mittel sieht. Wovon aber eigentlich die Rede
sei begreifen wir näher, wenn wir seine Tochter neben ihm
sehen, zwar als Braut geschmückt, jedoch gleichfalls niedergeschlagen, mit abgewendetem Blicke.

Was sie zu sehen vermeidet ist ein unwillkommener,
furchtbarer Freier, der gefährliche Grenz-Nachbar, Flußgott Acheloos. Er steht in derbster Mannsgestalt, breit-
schulterig, ein Stierhaupt zu tragen mächtig genug. Aber
nicht allein tritt er auf, zu beiden Seiten stehen ihm die
Truggestalten, wodurch er die Calydonier schrecket. Ein
Drache in fürchterlichen Windungen aufgereckt, rot auf
dem Rücken, mit strotzendem Kamm, von der andern Seite
ein munteres Pferd von schönster Mähne, mit dem Fuß die
Erde schlagend als wenn es zum Treffen sollte. Betrachtest
du nun wieder den furchtbaren Flußgott in der Mitte, so
entsetzest du dich vor dem wilden Bart, aus welchem
Quellen hervortriefen. So steht nun alles in größter Erwartung, als ein tüchtiger Jüngling herantritt, die Löwenhaut
abwerfend und eine Keule in der Hand behaltend.

Hat man nun bisher das Vergangene deutungsweise vorgeführt, so siehst du, nun verwandelte sich Acheloos in
einen mächtig gehörnten Stier, der auf Hercules losrennt.
Dieser aber faßt mit der linken Hand das Horn des dämonischen Ungeheuers und schlägt das andere mit der Keule
herab. Hier fließt Blut, woraus du siehst daß der Gott in
seiner innersten Persönlichkeit verwundet ist. Hercules
aber, vergnügt über seine Tat, betrachtet nur Dejanira; er
hat die Keule weggeworfen und reicht ihr das Horn zum
Unterpfand. Künftig wird es zu den Händen der Nymphen
gelangen, die es mit Überfluß füllen, um die Welt zu
beglücken.

Hercules und Nessus

Diese brausenden Fluten, welche, angeschwollen, Felsen
und Baumstämme mit sich führend, jedem Reisenden die
sonst bequeme Furt versagen, es sind die Fluten des Euenus,
des calydonischen Landstroms. Hier hat ein wundersamer
Fährmann seinen Posten genommen, Nessus, der Centaur, der einzige seines Gelichters, der aus Pholoe den
Händen des Hercules entrann. Hier aber hat er sich einem

friedlichen nützlichen Geschäft ergeben, er dient mit seinen
Doppelkräften jedem Reisenden, diese will er auch für
Hercules und die Seinigen verwenden.

Hercules, Dejanira und Hyllus kamen im Wagen zum
Flusse; hier machte Hercules, damit sie sicherer überkämen,
die Einteilung, Nessus sollte Dejaniren übersetzen, Hyllus
aber auf dem Wagen sich durchbringen, Hercules gedachte
watend zu folgen. Schon ist Nessus hinüber. Auch Hyllus
hat sich mit dem Wagen gerettet, aber Hercules kämpft
noch gewaltig mit dem Flusse. Indessen vermißt sich der
Centaur gegen Dejaniren; der Hülfe rufenden gleich gewär-
tig, faßt Hercules den Bogen und sendet einen Pfeil auf den
Verwegenen. Er schießt, der Pfeil trifft, Dejanira reicht die
Arme gegen den Gemahl. Dies ist der Augenblick den wir
im Bilde bewundern. Der junge Hyllus erheitert die gewaltsame Szene; ans Ufer gelangt hat er sogleich die Leitriemen
an den Wagen gebunden, und nun steht er droben, klatscht
in die Hände und freut sich einer Tat, die er selbst nicht
verrichten konnte. Nessus aber scheint das tödliche Geheimnis Dejaniren noch nicht vertraut zu haben.

Betrachtung

Wir halten fest im Auge daß bei Hercules auf Persönlichkeit
alles gemeint sei; nur unmittelbare Tat sollte den Halbgott
verherrlichen. Mit Händen zu ergreifen, mit Fäusten zu
zerschmettern, mit Armen zu erdrücken, mit Schultern zu
ertragen, mit Füßen zu erreichen, das war seine Bestimmung und sein Geschick. Bogen und Pfeile dienten ihm
nebenher, um in die Ferne zu wirken, als Nahwaffe gebrauchte er die Keule und selbst diese öfters nur als Wan-
derstab. Denn gewöhnlich um die Tat zu beginnen wirft er
sie weg, eben so auch die Löwenhaut, die er mehr als ein
Siegeszeichen, denn für ein Gewand trägt. Und so finden
wir ihn immer· auf sich selbst gestützt, im Zweikampf,
Wettstreit, Wetteifer überall ehrenvoll auftretend.

Daß seine Gestalt von dem Künstler jedesmal nach der
nächsten Bestimmung modifiziert worden, können wir
weissagen, wobei die köstlichsten klassischsten Reste uns
zu Hülfe kommen, nicht weniger Zeugnisse der Schriftsteller, wie wir sogleich sehen werden.

Hercules und Anteus

Der libysche Wegelagerer verläßt sich auf seine Kräfte, die von der Mutter Erde nach jedem Verlust durch die mindeste Berührung wieder erstattet werden. Er ist im Begriff die Erschlagenen zu begraben, und man muß ihn wohl für einen Sohn des Bodens halten, denn er gleicht einer roh gebildeten Erdscholle. Er ist fast eben so breit als lang, der Hals mit den Schultern zusammengewachsen, Brust und Hals scheinen so hart als wenn der Erzarbeiter sie mit Hämmern getrieben hätte. Fest steht er auf seinen Füßen, die nicht gerade, aber tüchtig gebildet sind.

Diesem vierschrötigen Boxer steht ein gelenker Held entgegen, gestaltet als wenn er zu Faustkämpfen ganz allein geboren und geübt sei. Ebenmaß und Stärke der Glieder geben das beste Zutrauen, sein erhabenes Ansehen läßt uns glauben daß er mehr sei als ein Mensch. Seine Farbe ist rotbraun und die aufgelaufenen Adern verraten innerlichen Zorn, ob er sich gleich zusammennimmt, um, als ein von beschwerlicher Wanderung Angegriffener, nicht etwa hier den Kürzern zu ziehen. Solchen Verzug fühlt Anteus nicht, schwarz von der Sonne gebrannt, tritt er frech dem Helden entgegen, nur daß er sich die Ohren verwahrt, weil dorthin die ersten mächtigsten Schläge fallen.

Dem Helden jedoch ist nicht unbewußt daß er weder mit Stoß noch Schlag das Ungeheuer erlegen werde. Denn Gaea, die Mutter, stellt ihren Liebling, wie er sie nur im mindesten berührt, in allen Kräften wieder her. Deshalb faßt Hercules den Anteus in der Mitte, wo die Rippen sind, hält ihm die Hände hinterwärts zusammen, stemmt den Ellenbogen gegen den keuchenden Bauch und stößt ihm die Seele aus. Du siehst wie er winselnd auf die Erde herabblickt, Hercules hingegen voller Kraft bei der Arbeit lächelt. Daß auch Götter diese Tat beobachten kannst du an der goldenen Wolke sehen die, auf den Berg gelagert, sie wahrscheinlich bedeckt. Von dorther kommt ja Mercur, als Erfinder des Faustkampfes, den Sieger zu bekränzen.

Hercules und Atlas

Diesmal treffen wir unsern Helden nicht kämpfend noch streitend, nein, der löblichste Wetteifer hat ihn ergriffen, im

Dulden will er hülfreich sein. Denn auf seinem Wege zu den
libyschen Hesperiden, wo er die goldenen Äpfel gewinnen
sollte, findet er Atlas, den Vater jener Heroinen, unter der
ungeheuern Last des Firmamentes, das ihm zu tragen auferlegt war, fast erliegend. Wir sehen die riesenhafte Gestalt auf
ein Knie niedergedruckt, Schweiß rinnt herab. Den eingezogenen Leib und dessen Darstellung bewundern wir, er
scheint wirklich eine Höhle, aber nicht finster, denn er ist,
durch Schatten und Wiederscheine die sich begegnen, genugsam erleuchtet, dem Maler als ein großes Kunststück
anzurechnen. Die Brust dagegen tritt mächtig hervor in
vollem Lichte, sie ist kräftig, doch scheint sie gewaltsam
ausgedehnt. Ein tiefes Atemholen glaubt man zu bemerken;
so scheint auch der Arm zu zittern, welcher die himmlischen Kreise stützt. Was aber in diesen sich bewegt ist nicht
körperlich gemalt, sondern als in Äther schwimmend; die
beiden Bären sieht man, so wie den Stier, auch Winde blasen
teils gemeinsam, teils widerwärtig, wie es sich in der Atmosphäre begeben mag.

Hercules aber tritt hinzu, im Stillen begierig auch dieses
Abenteuer zu bestehen, er bietet nicht geradezu dem Riesen
seine Dienste, aber bedauert den gewaltsamen Zustand, und
erweist sich nicht abgeneigt einen Teil der Last zu übertragen; der andere dagegen ist es wohl zufrieden und bittet daß
er das Ganze nur auf kurze Zeit übernehmen möge. Nun
sehen wir die Freudigkeit des Helden zu solcher Tat, aus
seinem Angesicht leuchtet Bereitwilligkeit, die Keule ist
weggeworfen, nach Bemühung streben die Hände. Diese
lebhafte Bewegung ist durch Licht und Schatten des Körpers und aller Glieder kräftig hervorgehoben, und wir
zweifeln keinen Augenblick die ungeheuere Last von den
Schultern des einen auf die Schultern des andern herübergewälzt zu sehen.

———

Untersuchen wir uns recht, so können wir den Hercules
nicht als gebietend, sondern immer als vollbringend in der
Einbildungskraft hervorrufen, zu welchen Zwecken ihn
denn auch die Fabel in die entschiedensten Verhältnisse
gesetzt hat. Er verlebt seine Tage als Diener, als Knecht, er
freut sich keiner Heimat, teils zieht er auf Abenteuer umher,

teils in Verbannung; mit Frau und Kindern ist er unglücklich, so wie mit schönen Günstlingen, zu deren Betrachtung
wir nun aufgefordert sind.

Hercules und Hylas

Der Held als Jüngling begleitet die Argonautenfahrt, einen
schönen Liebling, den Hylas an der Seite. Dieser, knaben-
haft, Wasser zu holen, steigt in Mysien ans Land, um nicht
zurückzukehren. Hier sehen wir wie es ihm ergangen; denn
als er unklug, von einem abschüssigen Ufer herab, die klare
Welle schöpfen will, wie sie in dichtem Waldgebüsch reichlich hervorquillt, findet es eine lüsterne Nymphe gar leicht
ihn hinabzustoßen. Noch kniet sie oben in derselben Handlung und Bewegung. Zwei andere aus dem Wasser erhoben
verbünden sich mit ihr, vier Hände glücklich verschlungen
sind beschäftigt den Knaben unterzutauchen; aber mit so
ruhiger schmeichelnder Bewegung wie es Wellengöttinnen
geziemt. Noch ist die Linke des Knaben beschäftigt den
Krug ins Wasser zu tauchen, seine Rechte, wie zum
Schwimmen ausgestreckt, mag nun auch bald von den
holdseligen Feindinnen ergriffen werden. Er wendet sein
Gesicht nach der ersten, gefährlichsten, und wir würden
dem Maler einen hohen Preis zuerkennen, welcher die
Absicht des alten Künstlers uns wieder belebt vor Augen
stellte. Dieses Mienenspiel von Furcht und Sehnsucht, von
Scheu und Verlangen, auf den Gesichtszügen des Knaben
würde das liebenswürdigste sein was ein Künstler uns darstellen könnte. Wüßte er nun den gemeinsamen Ausdruck
der drei Nymphen abzustufen, entschiedene Begierde,
dunkles Verlangen, unschuldige, gleichsam spielende Teilnahme zu sondern und auszudrücken, so würde ein Bild
entstehen, welches auf den Beifall der sämtlichen Kunstwelt
Anspruch machen dürfte.

Aber noch ist das Gemälde nicht vollendet, noch schließt
sich ein herrlicher unentbehrlicher Teil daran. Hercules als
liebender Jüngling drängt sich durchs Dickicht, er hat den
Namen seines Freundes wiederholt gerufen. Hylas! Hylas!
tönt es durch Fels und Wald und so antwortet auch das
Echo: Hylas! Hylas! Solche trügerische Antwort verneh-
mend steht der Held stille, sein Horchen wird uns deutlich,

denn er hat die linke Hand gar schön gegen das linke Ohr
gehoben. Wer nun auch hier die Sehnsucht des getäuschten
Wiederfindens ausdrücken könnte, der wäre ein Glücklicher, den wir zu begrüßen wünschen.

Hercules und Abderus

Hier hat der Kräftige das Viergespann des Diomedes mit der
Keule bezwungen, eine der Stuten liegt tot, die andere
zappelt, und wenn die dritte wieder aufzuspringen scheint,
so sinkt die vierte nieder, rauchhaarig und wild sämtlich   10
anzusehen. Die Krippen aber sind mit menschlichen Gliedern und Knochen gefüllt, wie sie Diomed seinen Tieren
zur Nahrung vorzuwerfen pflegte. Der barbarische Rossen-
nährer selbst liegt erschlagen bei den Bestien, wilder anzuschauen als diese.

Aber ein schwereres Geschäft als die Tat vollbringt nun
der Held; denn das Oberteil eines schönen Knaben schlot-
tert in der Löwenhaut. Wohl! wohl! daß uns die untere
Hälfte verdeckt scheint. Denn nur einen Teil seines geliebten Abderos trägt Hercules hinweg, da der andere schon, in   20
der Hitze des gräßlichen Kampfes, von den Ungeheuern
aufgezehrt ist.

Darum blickt der Unbezwingliche so bekümmert vor
sich hin, Tränen scheint er zu vergießen, doch er nimmt sich
zusammen und sinnt schon auf eine würdige Grabstätte.
Nicht etwa ein Hügel, eine Säule nur soll den Geliebten
verewigen; eine Stadt soll gebaut werden, jährliche Feste
gewidmet, herrlich an allerlei Arten Wettspiel und Kampf,
nur ohne Pferde-Rennen, das Andenken dieser verhaßten
Tiere sei verbannt.   30

––––––––

Die herrliche Komposition welche zu dieser Beschreibung
Anlaß gegeben tritt sogleich vor die Phantasie, und der Wert
solcher zur Einheit verknüpften mannigfaltigen, bedeutenden, deutlichen Aufgabe wird sogleich anerkannt.

Wir lenken daher unsere Betrachtung nur auf die bedenkliche Darstellung der zerfleischten Glieder, welche der
Künstler, der uns die Verstümmlung des Abderos so weislich verbarg, reichlich in den Pferdekrippen ausspendet.   40

Betrachtet man die Forderungen genauer, so konnten freilich die Überreste des barbarischen Futters nicht vermißt werden, man beruhige sich mit dem Ausspruch: Alles Notwendige ist schicklich.

In den von uns dargestellten und bearbeiteten Bildern finden wir das Bedeutende niemals vermieden, sondern vielmehr dem Zuschauer mächtig entgegengebracht. So finden wir die Köpfe und Schädel, welche der Straßenräuber am alten Baume als Trophäen aufgehängt, eben so wenig fehlen die Köpfe der Freier Hypodamias am Palaste des Vaters aufgesteckt, und wie sollen wir uns bei den Strömen Blutes benehmen, die in so manchen Bildern mit Staub vermischt hin und wieder fließen und stocken. Und so dürfen wir wohl sagen, der höchste Grundsatz der Alten war das Bedeutende, das höchste Resultat aber einer glücklichen Behandlung das Schöne. Und ist es bei uns Neueren nicht derselbe Fall: denn wo wollten wir in Kirchen und Galerieen die Augen hinwenden, nötigten uns nicht vollendete Meister so manches widerwärtige Martyrtum dankbar und behaglich anzuschauen.

––––––––

Wenn wir uns in dem Vorigen für unfähig erklärt haben, die Gestalt des Hercules als eines Herrschenden, Gebietenden, Antreibenden in unserer Einbildungskraft hervorzubringen und wir ihn dagegen nur als dienend, wirkend, leistend anerkennen wollten; so gestehen wir doch gegenwärtig ohne Beschämung, daß der Genius alter Kunst unsere Fähigkeiten weit überflügelt und dasjenige was jene für untunlich hielten schon längst geliefert hat. Denn wir führen uns zur Erinnerung, daß vor dreißig Jahren sich in Rom der Abguß eines nach England gewanderten Kopfes befand, den Hercules vorstellend, von königlichem Ansehen. In der ganzen Form des Hauptes, so wie in der Bestimmung einzelner Gesichtszüge war der höchste Friede ausgedrückt, den Verstand und klarer Sinn allein dem Antlitz des Menschen verleihen mag. Alles Heftige, Rohe, Gewaltsame war verschwunden, und jeder Beschauende fühlte sich beruhigt in der friedlichen Gegenwart. Diesem huldigte man unbedingt als seinem Herrn und Gebieter, ihm vertraute man als

Gesetzgeber, ihn hätten wir in jedem Falle zum Schiedsrich-
ter gewählt.

Hercules und Telephus

Und so finden wir den Helden auch in dem zartesten
Verhältnisse als Vater zum Sohn, und hier bewährt sich
abermals die große Beweglichkeit griechischer Bildungs-
kraft. Wir finden den Helden auf dem Gipfel der Menschheit. Leider hat die neuere Kunst, durch religiöse Zufälligkeiten verhindert die köstlichsten Verhältnisse nachzubil-   10
den: den Bezug vom Vater zum Sohn, vom Ernährer zum
Säugling, vom Erzieher zum Zögling, da uns doch die alte
Kunst die herrlichsten Dokumente dieser Art hinterließ.
Glücklicher Weise darf jeder Kunstfreund nur die Hercula-
nischen Altertümer aufschlagen, um sich von der Vortrefflichkeit des Bildes zu überzeugen, welches zu rühmen wir
uns berufen fühlen.

Hier steht Hercules, heldenhaft geschmückt, ihm fehlt
keines jener bekannten Beizeichen. Die Keule, vom Löwen-
fell behangen und bepolstert, dient ihm zur bequemen   20
Stütze, Köcher und Pfeile ruhen unter dem sinkenden Arm.
Die linke Hand auf dem Rücken gelegt, die Füße übereinander geschlagen, steht er beruhigt, vom Rücken anzusehen,
das mit Kranz und Binde zierlich umwundene Haupt nach
uns wendend und zugleich den kleinen am Reh säugenden
Knaben betrachtend.

Reh und Knabe führen uns wieder auf Myrons Kuh
zurück. Hier ist eine eben so schöne, ja mehr elegante,
sentimentale Gruppe, nicht so genau in sich geschlossen wie
jene, denn sie macht den Anteil eines größern Ganzen. Der   30
Knabe, indem er säugt, blickt nach dem Vater hinauf, er ist
schon halbwüchsig, ein Heldenkind, nicht bewußtlos.

Jedermann bewundere wie die Tafel ausgefüllt sei, vorn in
der Mitte steht ein Adler feierlich, eben so zur Seite liegt
eine Löwengestalt, anzudeuten daß durch dämonische und
heroische Gegenwart diese Bergeshöhen zum friedlichen
Paradies geworden. Wie sollen wir aber diese Frau ansprechen, welche dem Helden so mächtig ruhig gegenüber sitzt.
Es ist die Heroine des Berges, maskenhaft starr blickt sie vor
sich hin nach Dämonen-Weise unteilnehmend an allem   40

Zufälligen. Der Blumenkranz ihres Hauptes deutet auf die
fröhlichen Wiesen der Landschaft, Trauben und Granatäp-
fel des Fruchtkorbes auf die Gartenfülle der Hügel, so wie
ein Faun über ihr uns bezeugt daß zu gesunder Weide die
beste Gelegenheit auf den Höhen sei. Auch er bedeutet nur
die Gelegenheit des Ortes, ohne Teil an dem zarten und
zierlichen Ereignis zu nehmen. Gegenüber jedoch begleitet
den väterlichen Helden eine beschwingte Göttin, bekränzt
wie er; sie hat ihm den Weg durch die Wildnis gezeigt, sie
deutet ihm nun auf den wundersam erhaltenen und glücklich herangewachsenen Sohn. Wir benamsen sie nicht, aber
die Kornähren, die sie führt, deuten auf Nahrung und
Vorsorge. Wahrscheinlich ist sie es die den Knaben der
säugenden Hinde untergelegt hat.

An diesem Bilde sollte sich jeder Künstler in seinem
Leben einmal versucht haben, er sollte sich prüfen, um zu
erfahren wie ferne es möglich sei das was dieses Bild durch
Überlieferung verloren haben mag wieder herzustellen,
ohne daß dem Hauptbegriff, der in sich vollendeten Kom-
position geschadet werde. Sodann wäre die Frage, wie die
Charaktere zu erhalten und zu erhöhen sein möchten.
Ferner könnte dieses Bild, in allen seinen Teilen vollkom-
men ausgeführt, die Fertigkeit und Geschicklichkeit des
Künstlers auf das Unwidersprechlichste bewähren.

Hercules und Thiodamas

Dem Helden, dessen höchstes Verdienst auf tüchtigen Gliedern beruht, geziemt es wohl einen seiner Arbeit gemäßen
Hunger zu befriedigen, und so ist Hercules auch von dieser
Seite berühmt und dargestellt. Heißhungrig findet er einst,
gegen Abend, auf dem schroffsten Teil der Insel Rhodus,
von Lindiern bewohnt, einen Ackersmann den kümmer-
lichsten Bodenraum mit Pflugschar aufreißend. Hercules
handelt um die Stiere, gutwillig will sie ihm der Mann nicht
abtreten. Ohne Umstände ergreift der Held den einen,
tötet, zerlegt ihn, weiß Feuer zu verschaffen und fängt an
sich eine gute Mahlzeit vorzubereiten.

Hier steht er, aufmerksam auf das Fleisch, das über den
Kohlen bratend schmort. Er scheint mit großem Appetit zu
erwarten daß es bald gar werde, und beinahe mit dem Feuer

zu hadern daß es zu langsam wirke. Die Heiterkeit, welche
sich über seine Gesichtszüge verbreitet, wird keineswegs
gestört, als der, in seinen nützlichsten Tieren, höchst beschädigte Ackersmann ihn mit Verwünschungen, mit Steinen überfällt. Der Halbgott steht in seinen großen Formen,
der Landmann als ein alter, schroffer, strauchwilder, roher,
derber Mann, den Körper bekleidet, nur Kniee, Arme, was
Kraft andeutet, entblößt.

Die Lindier verehren immerfort, zum Andenken dieses
Ereignisses, den Hercules an hohen Festtagen mit Verwün- 10
schungen und Steinwerfen, und er, in seiner unverwüstlichen guten Laune, tut ihnen immer dagegen manches zu
Gute.

Die Kunst, wenn sie lange mit Gegenständen umgeht,
wird Herr über dieselben, so daß sie den würdigsten eine
leichte, lustige Seite wohl abgewinnt. Auf diesem Wege
entsprang auch gegenwärtiges Bild.

Es ist zur Bearbeitung höchst anlockend. Im schönen
Gegensatz steht eine große heitere Heldennatur gegen eine
rohe andringende kräftige Gewalt. Die erste ruhig aber 20
bedeutend in ihren Formen, die zweite durch heftige Bewegung auffallend. Man denke sich die Umgebung dazu. Ein
zweiter Stier noch am Pfluge, geringes aufgerissenes Erdreich, Felsen daneben, eine glückliche Beleuchtung vom
Feuer her. Wäre dies nicht ein schönes Gegenstück zum
Ulyß bei dem Cyclopen, im heitersten Sinne ein glücklicher
Gegensatz!

Hercules bei Admet

Und so mag denn dieses heitere Bild unsere diesmalige 30
Arbeit beschließen. Ein treulich mitwirkender Kunstfreund
entwarf es vor Jahren, zum Versuch inwiefern man sich der
antiken Behandlungsweise solcher Gegenstände einigermaßen nähern könne. Der Raum ist wohl das Doppelte so breit
als hoch und enthält drei verschiedene Gruppen, welche
kunstreich zusammen verbunden sind. In der Mitte ruht
Hercules riesenhaft, auf Polster gelehnt, und kommt durch
diese Lage mit den übrigen stehenden Figuren ins Gleichgewicht. Der vor ihn gestellte Speisetisch, das unter ihm
umgestürzte Weingefäß deuten schon auf reichlich einge- 40

nommenen Genuß, mit welchem sich jeder andere wohl
begnügt hätte; dem Helden aber soll sich das Gastmahl
immerfort erneuern. Deshalb sind zu seiner Rechten drei
Diener beschäftigt. Einer, die Treppe heraufsteigend, bringt
auf mächtiger Schüssel den fettesten Braten. Ein anderer
ihm nach, die schweren Brotkörbe kaum erschleppend. Sie
begegnen einem dritten der hinab zum Keller gedenkt, eine
umgekehrte Kanne am Henkel schwenkt und mit dem
Deckel klappernd über die Trinklust des mächtigen Gastes
ungehalten scheint. Alle drei mögen sich verdrießlich über
die Zudringlichkeit des Helden besprechen, dessen Finger
der rechten Hand den im Altertum, als Ausdruck von
Sorgseligkeit, so beliebten Akt des Schnalzens auszuüben
bewegt sind. Zur Linken aber steht Admet, eine Schale
darreichend, in ruhiger Stellung des freundlichsten Wirtes.
Und so verbirgt er dem Gast die traurige Szene, die durch
einen Vorhang von dem bisher beschriebenen offenen
Raume getrennt wird, dem Zuschauer jedoch nicht verborgen bleibt.

Aus diesem dunkelen Winkel, wo eine Anzahl trostloser
Frauen ihre abgeschiedene Herrin bedauern, trat ein Knabe
hervor, der den Vater beim Mantel fassend, ihn herein zu
ziehen und ihm Teilnahme an dem unseligen Familienge-
schick aufzunötigen gedenkt. Durch Gestalt und Handlung
dieses Kindes wird nun das Innere mit dem Äußern verbunden und das Auge kehrt gern über Gast und Knechte die
Treppe hinab in das weite Vorhaus, und in den Feldraum
vor demselben, wo man noch einen Hausgenossen beschäftigt sieht ein aufgehängtes Schwein zu zerstücken, um die
entschiedene Speiselust des Gastes anzudeuten und auf
deren Unendlichkeit scherzhaft hinzuweisen.

Da jedoch weder die wohldurchdachte Komposition,
noch die Anmut der Einzelnheiten, noch weniger das
Glück, womit Licht und Schatten, von Farbe begleitet
einander entgegengesetzt sind, sich keineswegs durch
Worte aussprechen lassen, so wünschen wir gedachtes Blatt
den Kunstfreunden gelegentlich nachgebildet mitzuteilen,
um die früheren Absichten durch ein Beispiel auszusprechen, und wo möglich zu rechtfertigen.

Mag nun unser Leser zurückschauen auf das Verzeichnis,
worin wir sämtliche Philostratische Gemälde vorausge-
schickt, so wird er gewiß mit uns die Empfindung teilen,
wenn wir bekennen, daß wir höchst ungern uns in der
Hälfte von einer so erfreulichen Aufstellung trennen. Viele
Jahre lagen die Vorarbeiten unbenutzt, ein glücklicher Augenblick vergönnte sie wieder vorzunehmen. Nun erinnert
uns der enge Raum des Heftes an die Pflicht noch von
einigem andern Rechenschaft zu geben.

Möge das was wir vorgetragen haben nicht bloß gelesen,   10
in der Einbildungskraft hervorgerufen werden, sondern in
die Tatkraft jüngerer Männer übergehen. Mehr als alle
Maximen, die doch jeder am Ende nach Belieben auslegt,
können solche Beispiele wirken, denn sie tragen den Sinn
mit sich, worauf alles ankommt, und beleben wo noch zu
beleben ist.

⟨LANDSCHAFTSMALEREI⟩
                                                          20
Die Folge der Landschaftsmalerei zu beachten.
Beispiele als bedeutende Nebensache.
Loslösung unter
        Paul Brill
        Jodokus Momper
        Mucian
        Hondekoeter
        Heinrich von Kleve
Verbindung mit den Einsiedlerwesen, oder mit Ruinen und
        dergl.   30
Fortgehende Erhebung bis zu Rubens.
Höchst künstlerisch gewaltsamer Gebrauch aller Elemente.
Italiänische horizontale Anmut.
Carraccische Schule.
Claude Lorrain.
Dominichin.
Eingreifen der Franzosen.
Poussin.
Dughet.
Glauber.   40

Eingreifen der Niederländer.

Insofern sie sich in Italien bildeten.

Insofern sie zu Hause blieben, und sich an der Natur mit Geschmack ausbildeten.

Einwirkung der Rheingegenden durch Sachtleben.

Nachwirkung aller dieser Vorstellung⟨en⟩ und Studien bis über die Hälfte des 18^{tn} Jahrhunderts.

Eintreten der Veduten durch englische Reisende verursacht.

Im Gegensatz Nachklang von Claude Lorrain, durch Eng-
10 länder und Deutsche.

Jena den 22^{tn} März 1818.

⟨Jakson, der Formschneider⟩

J. B. Jakson ein Engländer, Formschneider arbeitet seit 1739 in Venedig unter dem Schutz seiner dortigen Landsleute. Vor allen ist der Consul Smith zu beherzigen und dessen Kunsteinwirkung zu würdigen. Die Namen der Landsleute
20 denen er seine Blätter widmet sind folgende.

(Inserantur)

Die Ursache warum man hier die Namen der Gönner vor dem Verdiensten des Künstlers nennt ist die daß er besonders begünstigt sein mußte um sein Talent zu üben.

Die erste Formschneidekunst ergab sich ganz natürlich aus entschiedenen Umrissen und wenigen Schatten⟨,⟩ sie steigerte ⟨sich⟩ sodann an höhern und vollkommenen Zeichnungen die mit zwei und drei Platten recht erfreulich
30 nachzuahmen waren⟨,⟩ weil aber das technische Bestreben niemals enden kann so ging es immer weiter

(Wir überspringen die Mittelstufen)

Jakson ein Formschneider unterwindet sich in Venedig die ausgeführtesten Gemälde von Titian, Paul Verones, Tintoret, Bassan mit geschnittenen Holzstöcken nachzuahmen.

Niemand ist zu verdenken wenn er diese Blätter zum ersten mal erblickend einiges Mißvergnügen empfindet denn wie sollte uns derjenige gleich anmuten der unmög-
40 liches unternimmt⟨,⟩ er mag so viel leisten als er kann.

Wenn wir aber diesen Arbeiten die billige Aufmerksamkeit schenken so finden wir darinnen ein Verdienst von dem
der Kunstfreund doch eigentlich keinen Begriff hatte⟨,⟩ die
allerhöchsten Bilder neuerer Zeit werden uns überliefert
durch einen talentreichen Mann auf den Weg einer beschwerlichen und gefährlichen Technik wie eine Art von
Rätsel das wir erst entziffern sollen das uns aber zuletzt
wenn wir uns bei diesen Nachbildungen der großen Urbil-
der einigermaßen erinnern mit Dank erfüllt für den Mann
der ohne großen Gewinn und Ruhm sich versprechend so   10
treu sein Geschäft verfolgte.

Sein erstes Blatt ist von 1739 die Ermordung ⟨des Petrus
Martyr⟩ vorstellend. Näher betrachtet verdient es alle Bewunderung was der Techniker hier geleistet. was will denn
aber der Druckerstock gegen Titians Pinsel was das Helldunkel gegen Farben und Färbung.

Es ist Schade daß er nicht allen seinen Blättern die Jahreszeit hinzugesetzt⟨,⟩ er scheint nicht weit in die Vierzige des
vorigen Jahrhunderts in Venedig gearbeitet zu haben.

Der Liebhaber welcher des Meisters Blätter nur einiger-   20
maßen genießen will muß vor allen Dingen den weißen
Rand derselben herunter schneiden innerhalb dessen sich
das durch die Druckerstöcke gequälte Papier in runzlichen
Wannen niedersenkt alsdann gibt sich das Bild ehr ins
Gleiche und wie man sich die Mühe nimmt das Blatt gehörig
aufzuziehen so besitzt man allerdings ein sehr respektables
Kunstwerk.

Wenige Liebhaber bedenken daß man nicht gerade alles
wie die Bratwurst in der Garküche vom Rost in den Mund
nehmen kann sondern daß Vorbereitung verlangt wird   30
sowohl unserer als des Gegenstandes.

ANTIK UND MODERN

Da ich in vorstehendem genötigt war zu Gunsten des
Altertums, besonders aber der damaligen bildenden Künstler, so viel Gutes zu sagen, so wünschte ich doch nicht
mißverstanden zu werden, wie es leider gar oft geschieht,
indem der Leser sich eher auf den Gegensatz wirft, als daß er   40

zu einer billigen Ausgleichung sich geneigt fände. Ich ergreife daher eine dargebotene Gelegenheit um beispielweise
zu erklären, wie es eigentlich gemeint sei und auf das ewig
fortdauernde Leben des menschlichen Tuns und Handelns,
unter dem Symbol der bildenden Kunst, hinzudeuten.

Ein junger Freund, Karl Ernst *Schubart*, in seinem Hefte
zur Beurteilung Goethes, welches ich in jedem Sinne zu
schätzen und dankbar anzuerkennen habe, sagt: »Ich bin
nicht der Meinung wie die meisten Verehrer der Alten,
unter die Göthe selbst gehört, daß in der Welt für eine hohe,
vollendete Bildung der Menschheit nichts ähnlich Günstiges sich hervorgetan habe wie bei den Griechen.« Glücklicher Weise können wir diese Differenz mit Schubarts eigenen Worten ins Gleiche bringen, indem er spricht: »Von
unserem Göthe aber sei es gesagt, daß ich Shakespeare ihm
darum vorziehe, weil ich in Shakespeare einen solchen
tüchtigen, sich selbst unbewußten Menschen gefunden zu
haben glaube, der mit höchster Sicherheit, ohne alles Rai-
sonnieren, Reflektieren, Subtilisieren, Klassifizieren und
Potenzieren den wahren und falschen Punkt der Menschheit überall so genau, mit so nie irrendem Griff und so
natürlich hervorhebt, daß ich zwar am Schluß bei Göthe
immer das nämliche Ziel erkenne, von vorn herein aber stets
mit dem Entgegengesetzten zuerst zu kämpfen, es zu überwinden und mich sorgfältig in Acht zu nehmen habe, daß
ich nicht für blanke Wahrheit hinnehme, was doch nur als
entschiedener Irrtum abgelehnt werden soll.«

Hier trifft unser Freund den Nagel auf den Kopf, denn
gerade da, wo er mich gegen Shakespeare im Nachteil
findet, stehen wir im Nachteil gegen die Alten. Und, was
reden wir von den Alten? Ein jedes Talent, dessen Entwik-
kelung von Zeit und Umständen nicht begünstigt wird, so
daß es sich vielmehr erst durch vielfache Hindernisse durch-
arbeiten, von manchen Irrtümern sich losarbeiten muß,
steht unendlich im Nachteil gegen ein gleichzeitiges, welches Gelegenheit findet sich mit Leichtigkeit auszubilden
und was es vermag, ohne Widerstand auszuüben.

Bejahrten Personen fällt aus der Fülle der Erfahrung oft,
bei Gelegenheit, ein was eine Behauptung erläutern und
bestärken könnte, deshalb sei folgende Anekdote zu erzäh-

len vergönnt. Ein geübter Diplomat, der meine Bekanntschaft wünschte, sagte nachdem er mich, bei dem ersten
Zusammentreffen, nur überhin angesehen und gesprochen,
zu seinen Freunden: Voila un homme qui a eu de grands
chagrins! Diese Worte gaben mir zu denken: Der gewandte
Gesichtsforscher hatte recht gesehen, aber das Phänomen
bloß durch den Begriff von Duldung ausgedrückt, was er
auch der Gegenwirkung hätte zuschreiben sollen. Ein aufmerksamer, gerader Deutscher hätte vielleicht gesagt: Das
ist auch einer der sichs hat sauer werden lassen!   10

Wenn sich nun in unseren Gesichtszügen die Spur über-
standenen Leidens, durchgeführter Tätigkeit nicht aus-
löschen läßt, so ist es kein Wunder, wenn Alles was von uns
und unserem Bestreben übrig bleibt dieselbe Spur trägt und
dem aufmerksamen Beobachter auf ein Dasein hindeutet
das, in einer glücklichsten Entfaltung, so wie in der notge-
drungensten Beschränkung, sich gleich zu bleiben und, wo
nicht immer die Würde, doch wenigstens die Hartnäckigkeit des menschlichen Wesens durchzuführen trachtete.

Lassen wir also Altes und Neues, Vergangenes und Ge-   20
genwärtiges fahren und sagen im Allgemeinen: jedes künstlerisch Hervorgebrachte versetzt uns in die Stimmung, in
welcher sich der Verfasser befand. War sie heiter und leicht,
so werden wir uns frei fühlen; war sie beschränkt, sorglich
und bedenklich, so zieht sie uns gleichmäßig in die Enge.

Nun bemerken wir bei einigem Nachdenken, daß hier
eigentlich nur von der Behandlung die Rede sei, Stoff und
Gehalt kommt nicht in Betracht. Schauen wir sodann diesem gemäß in der Kunstwelt frei umher, so gestehen wir daß
ein jedes Erzeugnis uns Freude macht, was dem Künstler   30
mit Bequemlichkeit und Leichtigkeit gelungen. Welcher
Liebhaber besitzt nicht mit Vergnügen eine wohlgeratne
Zeichnung oder Radierung unseres Chodowiecky? Hier
sehen wir eine solche Unmittelbarkeit an der uns bekannten
Natur, daß nichts zu wünschen übrig bleibt. Nur darf er
nicht aus seinem Kreise, nicht aus seinem Format herausge-
hen, wenn nicht alle seiner Individualität gegönnten Vorteile sollen verloren sein.

Wir wagen uns weiter und bekennen, daß *Manieristen*
sogar, wenn sie es nur nicht allzuweit treiben, uns viel   40

Vergnügen machen, und daß wir ihre eigenhändigen Arbeiten sehr gern besitzen. Künstler die man mit diesem Namen benennt sind mit entschiedenem Talente geboren; allein sie fühlen bald, daß nach Verhältnis der Tage so wie der Schule worein sie gekommen, nicht zu Federlesen Raum bleibt, sondern daß man sich entschließen und fertig werden müsse. Sie bilden sich daher eine Sprache, mit welcher sie, ohne weiteres Bedenken, die sichtbaren Zustände leicht und kühn behandeln und uns, mit mehr oder minderm Glück, allerlei Weltbilder vorspiegeln, wodurch denn manchmal ganze Nationen mehrere Dezennien hindurch angenehm unterhalten und getäuscht werden, bis zuletzt einer oder der andere wieder zur Natur und höheren Sinnesart zurückkehrt.

Daß es bei den Alten auch zuletzt auf eine solche Art von Manier hinauslief, sehen wir an den Herkulanischen Altertümern; allein die Vorbilder waren zu groß, zu frisch, wohlerhalten und gegenwärtig, als daß ihre Dutzend-Maler sich hätten ganz ins Nichtige verlieren können.

Treten wir nun auf einen höhern und angenehmern Standpunkt und betrachten das einzige Talent *Raphaels*. Dieser, mit dem glücklichsten Naturell geboren, erwuchs in einer Zeit, wo man redlichste Bemühung, Aufmerksamkeit, Fleiß und Treue der Kunst widmete. Vorausgehende Meister führten den Jüngling bis an die Schwelle, und er brauchte nur den Fuß aufzuheben um in den Tempel zu treten. Durch Peter Perugin zur sorgfältigsten Ausführung angehalten, entwickelt sich sein Genie an Leonard da Vinci und Michel Angelo. Beide gelangten während eines langen Lebens, ungeachtet der höchsten Steigerung ihrer Talente, kaum zu dem eigentlichen Behagen des Kunstwirkens. Jener hatte sich, genau besehen, wirklich müde gedacht und sich allzusehr am Technischen abgearbeitet, dieser, anstatt uns, zu dem was wir ihm schon verdanken, noch Überschwengliches im Plastischen zu hinterlassen, quält sich die schönsten Jahre durch in Steinbrüchen, nach Marmorblöcken und Bänken, so daß zuletzt von allen beabsichtigten Heroen des Alten und Neuen Testamentes der einzige Moses fertig wird, als ein Musterbild dessen was hätte geschehen können und sollen. Raphael hingegen wirkt seine ganze Lebenszeit hindurch mit immer gleicher und größerer Leichtigkeit. Gemüts- und Tatkraft stehen bei ihm in so entschiedenem Gleichgewicht, daß man wohl behaupten darf, kein neuerer Künstler habe so rein und vollkommen gedacht als er und sich so klar ausgesprochen. Hier haben wir also wieder ein Talent das uns aus der ersten Quelle das frischeste Wasser entgegen sendet. Er gräzisiert nirgends; fühlt, denkt, handelt aber durchaus wie ein Grieche. Wir sehen hier das schönste Talent zu eben so glücklicher Stunde entwickelt, als es, unter ähnlichen Bedingungen und Umständen, zu Perikles Zeit geschah.

Und so muß man immer wiederholen: das geborne Talent wird zur Produktion gefordert, es fordert dagegen aber auch eine natur- und kunstgemäße Entwickelung für sich; es kann sich seiner Vorzüge nicht begeben und kann sie ohne äußere Zeit-Begünstigung nicht gemäß vollenden.

Man betrachte die Schule der Carracci. Hier lag Talent, Ernst, Fleiß und Konsequenz zum Grunde, hier war ein Element, in welchem sich schöne Talente natur- und kunstgemäß entwickeln konnten. Wir sehen ein ganzes Dutzend vorzüglicher Künstler von dort ausgehen, jeden in gleichem, allgemeinen Sinn sein besonderes Talent üben und bilden, so daß kaum nach der Zeit ähnliche wieder erscheinen konnten.

Sehen wir ferner die ungeheuren Schritte welche der talentreiche Rubens in die Kunstwelt hinein tut! Auch er ist kein Erdgeborner, man schaue die große Erbschaft in die er eintritt, von den Urvätern des 14. und 15. Jahrhunderts durch alle die trefflichen des 16ten hindurch, gegen dessen Ende er geboren wird.

Betrachtet man neben und nach ihm die Fülle niederländischer Meister des 17ten, deren große Fähigkeiten sich bald zu Hause, bald südlich, bald nördlich ausbilden, so wird man nicht leugnen können daß die unglaubliche Sagazität, womit ihr Auge die Natur durchdrungen, und die Leichtigkeit, womit sie ihr eignes gesetzliches Behagen ausgedrückt, uns durchaus zu entzücken geeignet sei. Ja, in so fern wir dergleichen besitzen, beschränken wir uns gern ganze Zeiten hindurch auf Betrachtung und Liebe solcher Erzeugnisse und verargen es Kunstfreunden keineswegs, die sich

ganz allein im Besitz und Verehrung dieses Faches begnügen.

Und so könnten wir noch hundert Beispiele bringen das
was wir aussprechen zu bewahrheiten. Die Klarheit der
Ansicht, die Heiterkeit der Aufnahme, die Leichtigkeit der
Mitteilung das ist es was uns entzückt, und wenn wir nun
behaupten, dieses alles finden wir in den echt griechischen
Werken, und zwar geleistet am edelsten Stoff, am würdigsten Gehalt, mit sicherer und vollendeter Ausführung, so
wird man uns verstehen, wenn wir immer von dort ausgehen, und immer dort hinweisen. Jeder sei auf seine Art ein
Grieche! Aber er sei's.

Eben so ist es mit dem schriftstellerischen Verdienste.
Das Faßliche wird uns immer zuerst ergreifen und vollkommen befriedigen, ja wenn wir die Werke eines und desselben
Dichters vornehmen, so finden wir manche die auf eine
gewisse peinliche Arbeit hindeuten, andere dagegen, weil
das Talent dem Gehalt und der Form vollkommen gewachsen war, wie freie Naturerzeugnisse hervortreten. Und so
ist unser wiederholtes, aufrichtiges Bekenntnis, daß keiner
Zeit versagt sei das schönste Talent hervorzubringen, daß
aber nicht einer jeden gegeben ist es vollkommen würdig zu
entwickeln.

———

Und so führen wir noch zum Schlusse einen neueren Künstler vor, um zu zeigen daß wir nicht eben gar zu hoch hinaus
wollen, sondern auch mit bedingten Werken und Zuständen
zufrieden sind. Sebastian *Bourdon*, ein dem siebzehnten
Jahrhundert angehöriger Künstler, dessen Name wohl jedem Kunstliebhaber mehrmals um die Ohren gesummt,
dessen Talent jedoch in seiner echten Individualität nicht
immer verdiente Anerkennung genossen hat, liefert uns vier
eigenhändig radierte Blätter, in welchen er den Verlauf der
Flucht nach Ägypten vollständig vorführt.

Man muß zuvörderst den Gegenstand wohl gelten lassen,
daß ein bedeutendes Kind aus uraltem Fürstenstamme, dem
beschieden ist künftig auf die Welt ungeheuren Einfluß zu
haben, wodurch das Alte zerstört und ganz Erneutes dagegen heran geführt wird, daß ein solcher Knabe in den

Armen der liebevollsten Mutter, unter Obhut des bedäch-
tigsten Greises geflüchtet und mit göttlicher Hülfe gerettet
werde. Die verschiedenen Momente dieser bedeutenden
Handlung sind hundertmal vorgestellt und manche hiernach entsprungene Kunstwerke reißen uns oft zur Bewunderung hin.

Von den vier gemeldeten Blättern haben wir jedoch
folgendes zu sagen, damit ein Liebhaber der sie nicht selbst
vor Augen schaut einigermaßen unsern Beifall beurteilen
möge. In diesen Bildern erscheint Joseph als die Hauptper- 10
son; vielleicht waren sie für eine Kapelle dieses Heiligen
bestimmt.

I.

Das Lokal mag für den Stall zu Bethlehem, unmittelbar
nach dem Scheiden der drei frommen Magier, gehalten
werden, denn in der Tiefe sieht man noch die beiden
bewußten Tiere. Auf einem erhöhteren Hausraum ruht
Joseph, anständig in Falten gehüllt, auf das Gepäck gebettet,
wider den hohen Sattel gelehnt, worauf das heilige Kind, so 20
eben erwachend, sich rührt. Die Mutter daneben, ist in
frommem Gebete begriffen. Mit diesem ruhigen Tagesan-
bruch kontrastiert ein höchst bewegter gegen Joseph heran
schwebender Engel, der mit beiden Händen nach einer
Gegend hindeutet die, mit Tempeln und Obelisken geschmückt, ein Traumbild Ägyptens hervorruft. Zimmer-
manns-Handwerkzeug liegt vernachlässigt am Boden.

II.

Zwischen Ruinen hat sich die Familie, nach einer starken 30
Tagreise, niedergelassen. Joseph, an das beladene lastbare,
aus einem Steintroge sich nährende Tier gelehnt, scheint
einer augenblicklichen Ruhe stehend zu genießen; aber ein
Engel fährt hinter ihm her, ergreift seinen Mantel und
deutet nach dem Meere hin. Joseph, in die Höhe schauend
und zugleich nach des Tieres Futter hindeutend, möchte
noch kurze Frist für das müde Geschöpf erbitten. Die
heilige Mutter, die sich mit dem Kind beschäftigte, schaut
verwundert nach dem seltsamen Zwiegespräch herum:
denn der Himmelsbote mag ihr unsichtbar sein. 40

Sébastien Bourdon
DER TRAUM JOSEPHS

Sébastien Bourdon
DER ENGEL RÄT JOSEPH ZUR EILE
UND WEIST IHM DEN WEG

Sébastien Bourdon
FLUCHT NACH ÄGYPTEN

Sébastien Bourdon
RUHE AUF DER FLUCHT AN EINEM BRUNNEN

III.

Drückt eine eilende Wanderschaft vollkommen aus. Sie
lassen eine große Bergstadt zur Rechten hinter sich. Knapp
am Zaum führt Joseph das Tier einen Pfad hinab, welchen
sich die Einbildungskraft um desto steiler denkt, weil wir
davon gar nichts, vielmehr gleich unten hinter dem Vordergrunde das Meer sehen. Die Mutter, auf dem Sattel, weiß
von keiner Gefahr, ihre Blicke sind völlig in das schlafende
Kind versenkt. Sehr geistvoll ist die Eile der Wandernden
dadurch angedeutet, daß sie schon das Bild größtenteils
durchzogen haben und im Begriff sind auf der linken Seite
zu verschwinden.

IV.

Ganz im Gegensatz des vorigen, ruhen Joseph und Maria in
der Mitte des Bildes auf dem Gemäuer eines Röhrbrunnens.
Joseph, dahinter stehend und herüber gelehnt, deutet auf ein
im Vordergrund umgestürztes Götzenbild und scheint der
heiligen Mutter dieses bedeutende Zeichen zu erklären. Sie,
das Kind an der Brust, schaut ernst und horchend, ohne daß
man wüßte wonach sie blickt. Das entbürdete Tier schmaust
hinterwärts an reich grünenden Zweigen. In der Ferne
sehen wir die Obelisken wieder, auf die im Traume gedeutet
war. Palmen in der Nähe überzeugen uns daß wir in Ägypten schon angelangt sind.

———

Alles dieses hat der bildende Künstler in so engen Räumen
mit leichten aber glücklichen Zügen dargestellt. Durchdrin-
gendes, vollständiges Denken, geistreiches Leben, Auffassen des Unentbehrlichsten, Beseitigung alles Überflüssigen,
glücklich flüchtige Behandlung im Ausführen. Dies ist es
was wir an unsern Blättern rühmen, und mehr bedarf es
nicht: denn wir finden hier so gut als irgend wo die Höhe
der Kunst erreicht. Der Parnaß ist ein *Mont Serrat*, der viele
Ansiedelungen, in mancherlei Etagen erlaubt; ein jeder gehe
hin, versuche sich und er wird eine Stätte finden, es sei auf
Gipfeln oder in Winkeln.

AUSGRABUNGEN

Da der Mensch nicht immer schaffen und hervorbringen kann, obschon solches freilich für ihn das Wünschenswerteste bleibt, so unterhält und erfreut ihn doch, wenn er das Verlorene aufsucht, das Zerstörte wieder herstellt, das Zerstreute sammelt, ordnet und belebt. Deswegen haben wir alle mit einander so große Lust am Ausgraben verschütteter Denkmale der Vorzeit und nehmen an solchen Bemühungen den lebhaftesten Anteil. Das Neueste dieser Art, wovon uns Kenntnis zugekommen, teilen wir mit und hoffen das Geschäft der Unternehmer und die Liebhaberei des Publikums gleichzeitig zu befördern.

———

Velleja. Der Ursprung dieser Stadt ist nicht eigentlich auszumitteln. Zuerst war es eine kleine Republik die etwa dreißig umliegenden Städten und Dörfern gebot. Sie wurde zu den Liguriern gerechnet. Nachdem sie unter die Herrschaft der Römer gekommen, ward sie von Duumvirn regiert, für eine Munizipalstadt erklärt und hatte ihre Patrone in Rom. Sie lag einige Meilen gegen Süden von Piacenza, vier Meilen seitwärts von der alten ämilischen Heerstraße, am Flusse Chero, am Fuße des Moria und Ravinasso, welche zu den Apenninen gerechnet werden. Der Einsturz eines Teils dieser hohen Berge war der Untergang der Stadt, vermutlich im vierten Jahrhundert, wie aus Denkmalen und Münzen dort ausgegraben zu schließen ist.

Der Infant Philipp, Herzog von Parma, veranlaßt durch eine früher dort gefundene alte Denktafel, ließ im Jahr 1760 die Ausgrabung beginnen, welcher sich große Schwierigkeiten entgegen setzten: denn es fand sich kein lockerer Boden, sondern Felsmassen, deren Größe und Schwere sich vermehrte je näher man den Bergen kam, lagen über die Stadt gewälzt. 1764 stellte man daher die Arbeit ein, die jedoch von Zeit zu Zeit wieder vorgenommen wurde. Der Gewinn war nicht gering und es entstand daher ein Museum zu Parma. Es hatten sich Statuen gefunden von Marmor und Erz verschiedener Größe, Inschriften, Mobilien, Gefäße von gebrannter Erde, Säulenfüße, Kapitäle von gewöhn-

licher und seltsamer Gestalt, Marmortische und Sessel daneben, mit Löwenköpfen und anderem Schnitzwerk verziert; den Fußböden fehlte es nicht an Mosaik, den Wänden
nicht an Malerei. Alle diese Dinge, versammelt in dem
Museum von Parma, wurden zuerst antiquarisch behandelt
von dem Domherrn *Costa,* sodann vom Pater *Paciaudi,*
später von Graf *Rezzoniko* und andern. Gegenwärtig
beschäftigt sich der Gelehrte *Lama* damit, welcher durch
Hrn. *Casapini,* dem Direktor aller Ausgrabungen, günstig
10 unterstützt wird; da wir denn endlich auf eine allgemeinere
Mitteilung dieser wenig bekannten Schätze hoffen können.

Zugleich unternimmt Hr. Johann *Antolini,* Professor der
Baukunst zu Mayland, ein Werk, uns vorläufig mit dem
Lokal der alten Stadt und ihren architektonischen Merkwürdigkeiten bekannt zu machen. Sie war an der Anhöhe
gelegen, stufenweise über einander gebaut, wahrscheinlich
in die Schlucht zwischen beide Berge hinein, welches denn
zu ihrem völligen Untergang gereichte. Der Bergsturz aber
muß sehr schnell erfolgt sein, wie der zu Plürs und Goldau,
20 indem man viele Gebeine beim Ausgraben angetroffen.

Herr *Antolini* verspricht eine geographische Karte, worauf die Orte verzeichnet sind die gegenwärtig in jener
Gegend liegen, so auch die Wege die nach Velleja führen,
sowohl von Parma als von Placenz her, mit Bemerkungen
zum Nutzen der Reisenden. Sodann liefert er Velleja mit
seinen nächsten Umgebungen, wo zugleich die Punkte
angedeutet sind, an welchen Ausgrabungen versucht werden. Weiter legt er uns vor den eigentlichen Plan von
Velleja, wo man die Quartiere der Stadt und die Austeilung
30 der Gebäude näher kennen lernt. Der Grundriß des Platzes
wird sodann im Besondern gegeben, mit der lateinischen
Inschrift die durch seine ganze Breite durchgegangen. Nicht
weniger werden die Monumente des Platzes und seiner
Nachbarschaft dargestellt; mehrere Säulenfüße und Häupter werden im Grund- und Aufriß gezeichnet, Marmorpfla-
ster und Mosaiken, mancherlei Fragmente.

So viel soll die erste Lieferung enthalten, welche Anfangs
1819 erscheinen wird. Der Subskriptionspreis auf dieselbe
ist ein französischer Louisd'or; man kann sich eine anstän-
40 dige obgleich nicht überprächtige Ausgabe versprechen. Es

wäre zu wünschen daß deutsche Buch- und Kunsthandlungen sich mit dem Verfasser, der in Nr. 250. Straße Monforte wohnhaft ist, möchten in Verhältnis setzen, damit auch Liebhaber diesseits der Gebirge baldigst daran Genuß und Belehrung finden, neuere Reisende aber aufgeregt werden das Museum zu Parma aufmerksamer zu betrachten, auch den kleinen Umweg, welcher durch die neue Karte sehr erleichtert wird, nicht zu scheuen und uns von diesem zwar längst entdeckten aber doch bisher vernachlässigten Phänomen lebhafte und eindringliche Beschreibungen zu geben.

Wiesbaden. Der Königl. Preußische Hofrat Hr. *Dorov* hat, unter Vergünstigung des Großherzogl. Nassauischen Ministeriums, die in Wiesbadens Umgegend liegenden Grabhügel aufgegraben und mit besonderer Aufmerksamkeit und guter Methode dergleichen mehr als hundert untersucht. Indem er nun jedes geöffnete Grab für sich behandelte, mit seinen Vorkommenheiten beschrieb, sich aller Meinungen enthielt und nur um reine Darstellung und sichere Aufbewahrung besorgt war; so verdiente er die große und reiche Ausbeute die ihm geworden ist.

Derselbe fand Gefäße aller Art von Bronze und Glas; Waffen von Stein, Eisen und Bronze; Schlüssel von Bronze; Männer- und Weiber-Schmuck; Grabschriften; an achtzigerlei Ringe von Bronze; gefärbtes Glas; Bernstein, Lampen, Amulette. In einem der Hügel und dessen gemauertem Gewölbe fand man nebst vieler Asche ein herrlich Exemplar der Venusmuschel und andere Dinge. Das Merkwürdigste war eine Opferstätte der Deutschen, wovon er uns die höchst empfehlungswerte Beschreibung mitteilte.

Die Abbildungen der aufgefundenen Gegenstände hat Herr *Hundeshagen* übernommen; sie werden im Steindruck nächstens erscheinen, begleitet von einem erklärenden Werke, dessen Subskriptions-Anzeige wir dem Liebhaber deutscher Altertümer wohl nicht dringender empfehlen dürfen.

Weimar.

Bei *Groß-Romstedt*, ohngefähr zwei Stunden von der Stadt,
macht die Lage eines großen Grabhügels den Beobachter
aufmerksam. Die, erst von Süden nach Norden fließende,
dann aber sich ostwärts umbiegende Ilm neigt sich zur
Zusammenkunft mit der Saale, die ihren unveränderten
Lauf von Süden nach Norden fortsetzt. Diese Richtung der
Flüsse deutet auf eine Erhöhung zwischen beiden.

Und nun hat auf der höchsten, die ganze Gegend über-
schauenden Höhe, ein altes, halbgebildetes Volk den Ruhe-
platz für seine Toten gewählt. Die ersten Leichen legte man
in einen großen Ovalkreis neben einander, durch rohe
Holzstämme geschieden; die folgenden aber mit wenig
zwischen geschichteten Steinen und Erde, lagenweise darüber.

Waffen fanden sich keine; vielleicht, wenn dieses Volk
welche hatte, waren die Lebenden klug genug, sie zu ihrem
Gebrauche zurückzubehalten. Auch an Schmuck fand sich
wenig und was die Ausbeute gewesen, davon werden die
Curiositäten zunächst Rechenschaft geben.

Wenn aber für Kunst im Altertum nicht allzuviel gefunden worden, so ist dagegen dem in vergangene Zeiten gern
zurückschauenden Naturforscher ein großer Gewinn entsprungen, indem die vorgefundenen Skelette, deren man ein
vollständiges in dem Jenaischen Museum niedergelegt, die
wichtigsten Betrachtungen veranlassen.

Wahrscheinlich gehörte dieses Volk zu den nomadischen,
die, bei den großen Völkerzügen, von der Ostsee her sich,
freiwillig oder genötigt, bewegten. Eine Zeitlang muß ihr
Wohnplatz in dieser Gegend geblieben sein, wie die ruhige
sukzessive Bestattung der Körper andeutet. An den Schädeln fand man keine Verwundung, das Beisammenliegen
von Männern, Weibern und Kindern möchte wohl eine
ruhige Nomaden-Horde andeuten. Das Merkwürdigste jedoch vor allem andern ist die herrliche Gestalt dieser Kno-
chen-Reste; die Körper sind weder bedeutend groß noch
stark, die Schädel jedoch, (wir sagen es mit Einstimmung
unseres Freundes Blumenbach,) von der größten Schönheit.
Die Organe, nach Gallischen Bestimmungen ausgesprochen, bezeichnen ein Volk mit den glücklichsten Sinnen für

die Außenwelt begabt, nicht weniger mit allen Eigenschaften, worauf sich Dauer und Glück der Familien und Stämme
gründet. Das Organ des Enthusiasmus fehlt ganz auf der
Höhe des Scheitels, dagegen vermißt man sehr gern die
garstigen egoistischen Auswüchse die sich hinter den Ohren
eines ausgearteten Menschengeschlechts zu verbergen pflegen.

Durchaus haben die Schädel eine Familienähnlichkeit;
eben so sind sie einander an Gesundheit gleich. Obere und
untere Kinnlade, Zahnstellung und Erhaltung der Zähne
sind als Muster beim Vortrag physiologischer Anatomie
zu empfehlen; wie denn kein hohler Zahn gefunden worden, die fehlenden aber offenbar beim Ausgraben und Transport ausgefallen. Man verzeihe wenn diese vorläufige Notiz am unrechten Orte scheinen sollte; wir kommen darauf
zurück, wo von Gestaltung organischer Naturen die Rede
sein darf.

FÜRST BLÜCHERS DENKBILD

Auszug eines Schreibens,
Berlin den 29sten August 1818.

»Nunmehr kann ich mit Vergnügen und Zufriedenheit
vermelden, wie der Guß des größten Stückes von der Kolos-
sal-Statue des Fürsten Blücher trefflich geraten ist. Außer
dem Kopf ist es die ganze Höhe vom Halse an bis herunter
mit der Plinthe. Den 21sten d. M. Abends gegen 6 Uhr
wurde dem Ofen Feuer gegeben und des andern Morgens
um 4 Uhr abgestochen. Ein Hundert und vier Zentner
waren eingesetzt worden. Der größere Teil hievon diente
dem eigentlich in die Form Einfließenden durch den Druck
Dichtheit zu geben. Das Metall floß ruhig ein und setzte
sich waagerecht in den Windpfeifen oder Lufträhren. Hieraus war die Andeutung eines gelungenen Gusses abzuneh-
men. Gestern haben wir den Guß bis unter die Plinthe von
Form freigemacht und uns überzeugt daß von oben bis
unten alles dicht und rein ausgefallen. Sonst geschieht bei
dergleichen großen Güssen, daß wohl Stellen, gleich dem
Bimstein, poros vorkommen, oder wenn auch dicht, mit

fremden Teilchen von Formmasse gemischt sind, welches
alles hier nicht der Fall ist.

Der Guß geschah in der königlichen Kanonengießerei
beim Zeughause, und man ist, außer dem guten Glücke, das
Gelingen der Bedächtigkeit und Einsicht des französischen
Formers und Gießers, so wie der Erfahrung und willigen
Teilnahme der königlichen Beamten schuldig, ohne welches
Einverständnis man nicht sicher gearbeitet und einen so
wichtigen Zweck schwerlich erreicht hätte. Denn das Kupfer hat die sonderbare Eigenschaft, daß man den Augenblick
der höchsten Flüssigkeit benutzen muß, welchen, wenn er
vorbei ist, man durch das stärkste Feuer nicht wieder zu-
rückbringt, man müßte denn von vorn kalt wieder anfangen. Diesen Augenblick zu erkennen, haben unsere Kano-
nengießer die größte Fertigkeit.

Ich habe schon gemeldet daß eine solche Form aus horizontalen Schichten besteht, und wie gut das Metall muß
geflossen sein, geht daraus hervor, daß in die dichten Fugen
derselben das Metall dünn wie ein Blatt eingedrungen ist.

Nun haben wir den Kern herauszuschaffen, welches eine
schwierige Arbeit ist, da uns nur drei Öffnungen zu Gebot
stehen, nämlich unten durch die beiden Fußsohlen, inwendig der Plinthe und oben am Hals. Um den Mantel schwebend zu erhalten sind künstliche Vorrichtungen angebracht; metallne Stäbe nämlich, welche gegenwärtig noch
aus dem Gewande hervorstehen und künftig zugleich mit
der Oberfläche verarbeitet werden.

Was Jemanden, der in Rußland gießen sah, neu war, ist
die hier angewendete geringe Zahl von Guß- und Luftröh-
ren. Dort sah man vier Statuen in der Grube dermaßen
damit umgeben, daß sie einem Ballen von Wurzeln glichen.
Man ist in Frankreich davon abgekommen, indem die Luft
durch so viele Verästungen gleichsam abgefangen wird und
das Metall hie und da außen bleibt.

Sehr wichtig ist auch die Methode, wodurch man das
Wachs, welches sonst die Dicke des Metalles bestimmte,
entbehren kann. Jetzo, wenn über das fertige Modell die
Form gemacht und diese wieder abgenommen ist, wird die
ganze Oberfläche beschabt und zwar um soviel als die
Metalldicke künftighin betragen soll. In diesem Zustande

gab unsere Statue einen sonderbaren Anblick, die Figur
schien sehr lang und dünn und daher außer aller Proportion.«

————

Von diesem und anderem wird Herr Direktor Schadow
dem Publikum hoffentlich nähere Nachricht geben, wenn
das Werk selbst vor aller Augen steht. Man hofft daß dieses
Standbild an Ort und Stelle auf den 18ten Juni 1819 wird zu
schauen sein. Die zwei Relieftafeln werden in diesjähriger
Ausstellung erscheinen. Die erste stellt vor den Helden, sich
vom Sturze mit dem Pferd aufraffend und zu gleicher Zeit
den Feind bedrohend, der Genius des Vaterlandes schützt
ihn mit der Ägide; die zweite zeigt den Helden zu Pferde,
widerwärtige dämonische Gestalten in den Abgrund jagend. Auch hier mangelt es nicht am Beistand der guten
Geister.

Folgende Inschriften sind genehmigt:

Dem Fürsten
Blücher
von Wahlstadt
die Seinen.

————

In Harren und Krieg
In Sturz und Sieg
Bewußt und groß
So riß er uns
Von Feinden los.

⟨Kurze Anzeigen⟩

Bemerkungen über die aufgefundene Original-Zeichnung des Domes zu Köln, von Georg Moller. Nebst 9 Kupfertafeln in groß Folio. Darmstadt 1818. Bei Heyer und Leske.

Kaiser Friedrich I. Barbarossa Palast in der Burg Gelnhausen. Von Bernhard Hundeshagen. Mit 13 Kupfer-
Abdrücken. Auf Kosten des Verfassers.

Beide Werke empfehlen sich selbst jedem Freunde der Kunstgeschichte.

*

Die Darstellung des Eleusinischen Festes von Herrn Wagner, deren in gegenwärtigem Hefte gedacht ist, hat die Cottaische Buchhandlung in Verlag genommen und wird dieses bedeutende Kupferwerk zur Jubilate-Messe 1819 in den Handel bringen.

⟨Über Glas-, Emaille- und
Porzellanmalerei⟩

Die Glasmalerei so wie die auf Emaille und Porzellain sind innig verwandt. Es wird hierzu ein Grund gefordert der schmelzbar ist, so wie Farben dergestalt zubereitet daß sie sich mit jenem Grunde bei einem gewissen Hitzegrad verbinden und, ohne auszufließen, sich damit vereinigen. Diese Farben sind sämtlich Metall-Oxyde die in einem höheren Grad von Hitze ihre metallische Natur wieder annehmen würden.

Die Emaille-Malerei besteht darin, daß man eine Platte eines schwer schmelzenden Metalls, als Gold und Kupfer, mit einem glasartigen, eigentlich porzellanartigen Grunde überzieht, worauf man denn jene Farben aufträgt.

Eine Porzellantafel tut daher dieselbigen Dienste, wenn man solche ohne Biegung und Ungleichheiten hervorbringen kann, worin man zu Sevres große Geschicklichkeit besitzt, indem man daselbst Porzellantafeln verfertigt, worauf lebensgroße Brustbilder gemalt werden können. Und so ist zwischen Emaille- und Porzellanmalerei kein wesentlicher Unterschied, beides sind auf den Grund durch Schmelzung befestigte Farben.

Die Emaille-Malerei ist nach und nach abgekommen, weil sehr große Praktik dazu gehört und man auch die Bildnisse großer Herren auf Dosen, welche sonst immer Emaille waren, gegenwärtig mit der leichteren und gefahrloseren Miniatur ersetzt.

Da nun aber die Porzellan-Malerei höchst begünstigt und von den Künstlern ins Zarteste getrieben worden, wovon gegenwärtige Tafel ein Zeugnis gibt, so folgt daraus, daß man auch Gemälde von mancherlei Größe auf weißen Porzellangrund aufträgt.

Gegenwärtiges Bild ist denn auch auf eine solche Porzellantafel gemalt, wie einige weiße Stellen des Hermelinpelzes anzeigen, wovon sich der hiesige Porzellan-Maler Schmidt gleichfalls überzeugt hat.

Ganz außer Zweifel wird diese Meinung durch die Rückseite gesetzt, wo die Inschrift auf dem etwas rauhen biscuitartigen Grund gleichfalls eingebrannt ist.

Wie dünn aber diese Platte sein müsse und daß kein undurchsichtiger Körper dazwischen liegen könne erkennt man, wenn man das Bild gegen die Sonne hält, da denn die nicht übermalten Stellen völlig durchscheinend und der Schatten eines dahinter gehaltenen Körpers deutlich zu erkennen ist.

Die Inschrift selber betreffend, so möchte diese wohl sehr irre führen, der angegebene Fürst ist es gewiß nicht. Um jedoch mit Sicherheit zu urteilen müßte man das Original sehen. Nach der Kopie zu urteilen möchte das Bild in die niederländische van Eyckische Schule und also ins 15te Jahrhundert gehören. Daß es ein katholischer Fürst sei, zeigt der Rosenkranz, vielleicht ein Herzog von Burgund. Man müßte unter den Bildnissen jener Zeit, die uns in Kupfer gestochen übrig geblieben, sich umsehen, vielleicht fände sich irgend eine Ähnlichkeit.

⟨CÖLNER DOMRISS DURCH MOLLER⟩

Schon mehr als einmal ist in unsern Heften der alten Bau-
risse zum Kölner Dom gedacht worden. Einer mit dem
Entwurf zum nördlichen Turm, wahrscheinlich von des
Baumeisters eigner Hand gezeichnet, wurde sonst im Dom-
archive zu Köln aufbewahrt; bei den politischen Erschütterungen aber, am Ende des vergangenen und zu Anfang des
laufenden Jahrhunderts, vernachlässigt und verloren, geriet
er, durch glückliche Zufälligkeit, in die Hände des Herrn
Moller, zu Darmstadt, der denselben in neun großen Blättern, mit gewissenhafter Treue dem Original nachgebildet,
hat stechen lassen. Diese Blätter sind von dem kunsterfahr-
nen Herrn Herausgeber begleitet mit Bemerkungen über
die aufgefundene Originalzeichnung des Doms zu Köln. 26.
S. in klein Folio. Darmstadt, bei Heyer und Leske, 1818.
worin Rechenschaft gegeben ist von der Zeit da das Gebäude des Doms angefangen wurde, von der Größe welche
dasselbe erhalten sollte, von dem was wirklich ausgeführt ist
und was gegenwärtig noch fehlt. Die Geschichte der Wie-
derauffindung des abgebildeten Baurisses wird sodann erzählt, und man erfährt nicht ohne Vergnügen daß den
Herren Boisserée, als glücklichen Sammlern, gelungen sei
noch eine Zeichnung auszuforschen und zu erwerben, welche für den südlichen Turm entworfen war. Es folgen
hierauf einige allgemeine Bemerkungen über die Grundsätze welche die alten deutschen Baumeister bei dem Entwerfen ihrer Aufrisse befolgten.

Ferner stellt der Verfasser die Fragen auf: Kann der Dom
(zu Köln) ausgeführt werden? und welche Gründe sind für
die Ausbauung des Doms vorhanden, oder ist es vorteilhaft
den Dom auszubauen? Beides wird im Ganzen tunlich und
selbst nützlich befunden, obwohl die Schwierigkeiten, welche allenfalls dem Unternehmen im Wege stehen möchten,
nicht übersehen werden.

Bei dieser Inhalts-Anzeige wollen wir es bewenden lassen, dem Herrn Moller im Namen des kunstliebenden
Publikums Dank sagend. Über die Trefflichkeit der Konstruktion am Kölner Domgebäude, über das Große in der
Gesamtmasse desselben wird gewiß jeder Sachkundige mit

ihm einverstanden sein; auch die weitere Fortsetzung und
Vollendung des Baues allenfalls für möglich halten; wie aber
und auf welche Weise der erforderliche ganz ungeheure
Aufwand beigebracht werden soll? ist eine Sache welche
zwar weder den Baumeister noch den Kunstrichter zunächst angeht; allein den ohnehin genug geplagten Finanz-
männern schwere Sorgen verursachen dürfte.

Um nun aber das große, durch die Einbildungskraft kaum
zu erreichende Gebäude auch für solche Personen anschaulich und deutlich zu machen, welche weniger Fertigkeit
besitzen über Werke der Architektur sich aus bloßen Li-
nienumrissen zu verständigen, hat der Herausgeber gesorgt
daß, neben den Abdrücken des gedachten Risses, auch
Gegendrücke zu haben seien, wodurch der Kunstfreund in
den Stand gesetzt wird die Vorderseite des Domgebäudes
vor seinen Augen aufzurichten.

Ein solches ist bei uns in Weimar geschehen, indem Herr
Ober-Baudirektor Coudray sich die Mühe gegeben ein
dergleichen Doppelexemplar auf Leinwand zu fügen und
dasselbe so kräftig als fleißig mit Aquarellfarben auszuma-
len. Zu diesem ersten Versuche gehörte manche theoretische und praktische Kenntnis; besondere Einsicht und Aufmerksamkeit war erforderlich um die Schatten richtig zu
werfen, wobei der Grundriß gute Dienste leistete und das
Werk in seinen Teilen vor- und rücktretend so belebt wurde
daß man einen perspektivischen Riß vor sich zu sehen
glaubt. Auch im Einzelnen ward nichts versäumt; die fehlenden Statuen sind im alten Sinne eingezeichnet und manches andere zum Ganzen Förderliche beobachtet worden.

Die Mühe einer solchen Ausführung aber ist so groß daß
sie kaum jemand zum zweitenmal unternehmen würde,
wenn Technik und Handwerk nicht eingreifen und durch
die ihnen eigenen Hülfsmittel, in einer gewissen Folge, die
Behandlung erleichtern. Daher möchte wünschenswert
sein, zu allgemeiner Verbreitung eines solchen Anschauens,
daß Herr Moller selbst dergleichen Exemplare auszuarbeiten sich entschlösse. Buchbinder, Tapezier, Architekt und
Dekorateur, zusammen verstanden, mehrere Exemplare auf

Georg Moller
FASSADE DES DOMS ZU KÖLN

einmal in einem großen Raum anlegend, schattierend, kolorierend, müßten sich hiebei in die Hand arbeiten und, wohlbedacht und eingeübt, das Unternehmen leichter vollbringen. Wobei keine Frage ist, daß sich Liebhaber und Abnehmer finden würden; ja vielleicht wäre eine Subskription zu versuchen, welche schwerlich mißlingen dürfte. Man verzeihe uns, wenn wir allzudringend erscheinen! Das Vergnügen aber ein solches einziges Gebäude, und dessen vollständige Intention, mit Augen zu schauen gönnen wir unsern Landsleuten so gern und wir sehen hierin zugleich eine Vorbereitung zu ernster und nützlicher Aufnahme des Boissereeschen Domwerks, wovon wir nun bald das erste Heft zu erwarten haben.

So eben vernehmen wir, daß Herr Geh. Ober-Baurat Schinkel in Berlin ein gleiches kolossales Bild verfertigte, welches das Glück hat in Ihro Majestät Palais aufgestellt zu sein.

⟨Kurze Anzeige⟩

Aus Rom haben wir ein bedeutendes Werk zu hoffen. Die Herzogin von Devonshire läßt die Übersetzung der Äneis von Annibal Karo prächtig drucken; was aber diese Ausgabe besonders interessant machen wird, sind jene Gegenden, die in der Äneide vorkommen, wie sie jetzt aussehen und erscheinen, von vorzüglichsten Künstlern nach der Natur aufgenommen, 26 bis 30 Platten, von Herrn Gmelin gestochen. Der größte Teil ist schon fertig und man hofft auf die Erscheinung des ersten Bandes.

NATURWISSENSCHAFTLICHE
SCHRIFTEN

Es ist immer der Mühe wert nachzudenken, warum die vielfachen und harten Kontestationen über Priorität bei Entdecken und Erfinden immer fortdauern und aufs neue entstehen.

Zum Entdecken gehört Glück, zum Erfinden Geist, und beide können beides nicht entbehren.

10 Dieses spricht aus und beweist, daß man ohne Überlieferung unmittelbar persönlich Naturgegenstände oder deren Eigenschaften gewahr werden könne.

Das Erkennen und Erfinden sehen wir als den vorzüglichsten selbsterworbenen Besitz an und brüsten uns damit.

Der kluge Engländer verwandelt ihn durch ein Patent sogleich in Realitäten und überhebt sich dadurch alles verdrießlichen Ehrenstreites.

Aus obigem aber ersehen wir wie sehr wir von Autorität von Überlieferung abhängen, daß ein ganz frisches eigen-
20 tümliches Gewahrwerden so hoch geachtet wird; deshalb auch niemand zu verargen ist, wenn er nicht aufgeben will was ihn vor so vielen andern auszeichnet.

John Hunter Spätling-Sohn eines Landgeistlichen, ohne Unterricht bis ins sechszehnte Jahr heraufgewachsen, wie er sich ans Wissen begibt, gewinnt schnell das Vorgefühl von vielen Dingen, er entdeckt dieses und jenes durch geniale Übersicht und Folgerung; wie er sich aber darauf gegen andere etwas zu gute tut, muß er zu seiner Verzweiflung erfahren, daß das alles schon entdeckt sei.

30 Endlich da er als Prosektor seines viel älteren Bruders, Professors der Anatomie, wirklich im menschlichen Körperbau etwas Neues entdeckt, der Bruder aber in seinen Vorlesungen und Programmen davon Gebrauch macht ohne seiner zu gedenken, entsteht in ihm ein solcher Haß, es ergibt sich ein Zwiespalt zwischen beiden der zum öffentlichen Skandal wird, und nach großem ruhmvoll durcharbeiteten Leben auf dem Todbette sich nicht ausgleichen läßt.

Solche Verdienste des eignen Gewahrwerdens sehen wir
40 uns durch Zeitgenossen verkümmert, daß es Not täte Tag

und Stunde nachzuweisen wo uns eine solche Offenbarung geworden. Auch die Nachkommen bemühen sich Überlieferungen nachzuweisen, denn es gibt Menschen die, um nur etwas zu tun, das Wahre schelten und das Falsche loben, und sich aus der Negation des Verdienstes ein Geschäft machen.

Um sich die Priorität zu bewahren einer Entdeckung die er nicht aussprechen wollte, ergriff Galliläi ein geistreiches Mittel, er versteckte seine Erfindung anagrammatisch in lateinische Verse, die er sogleich bekannt machte um sich im Falle ohne weiters dieses öffentlichen Geheimnisses bedienen zu können.

Ferner ist Entdecken, Erfinden, Mitteilen, Benutzen so nah verwandt daß mehrere bei einer solchen Handlung als Eine Person können angesehen werden. Der Gärtner entdeckt daß das Wasser in der Pumpe sich nur auf eine gewisse Höhe heben läßt, der Physiker verwandelt eine Flüssigkeit in die andere und ein großes Geheimnis kommt an den Tag; eigentlich war jener der Entdecker, dieser der Erfinder. Ein Kosak führt den reisenden Pallas zu der großen Masse gediegenen Eisens in der Wüste; jener ist Erfinder, dieser der Aufdecker zu nennen; es trägt seinen Namen weil er's uns bekannt gemacht hat.

Ein merkwürdiges Beispiel wie die Nachwelt irgend einen Vorfahren die Ehre zu rauben geneigt ist, sehen wir an den Bemühungen die man sich gab, Christoph Colomb die Ehre der Entdeckung der neuen Welt zu entreißen. Freilich hatte die Einbildungskraft den westlichen Ozean schon längst mit Inseln und Land bevölkert, daß man sogar in der ersten düstern Zeit lieber eine ungeheure Insel untergehen ließ als daß man diese Räume leer gelassen hätte. Freilich waren die Nachrichten von Asien her schon weit herangerückt, Kühngesinnten und Wagehälsen genügte die Küstenschiffahrt nicht mehr, durch die glückliche Unternehmung der Portugiesen war die ganze Welt in Erregung; aber es gehörte denn doch zu letzt ein Mann dazu, der das alles zusammenfaßte, um Fabel und Nachricht, Wahn und Überlieferung in Wirklichkeit zu verwandeln.

GEOLOGIE UND MINERALOGIE

⟨KNOLLIGER STINKSTEIN⟩

Weimar, im Dezember 1814.

*»Auszug aus einem Briefe
des Herrn Bergrat Voigt zu Ilmenau.«*

»Knolliger Stinkstein, eine Abänderung, die ich erst vor
Kurzem am Schneckenhügel bei Ilmenau, entdeckt habe,
wo sie nicht als Seltenheit, sondern in unglaublicher Menge
angetroffen wird. Da der Steinbruch schon wieder verfallen
war, so habe ich sie in ihrer natürlichen Lage nicht beobachten können, sondern nur in einigen Ruten Chaussee-
Steinen, die zur Abfuhre aufgesetzt waren. Es müssen
notwendig Höhlungen da vorhanden sein, in denen sich
diese Knollengestalt bilden konnte, welches auch die Kalk-
spat-Krystalle bestätigen, die sich auf einigen Stücken befinden.«

Die Vermutung des Hrn. Bergrats halte für gegründet;
inwendig ist der Stinkstein derb, die knollen- und halbkugelförmige Oberfläche scheint eine unreine und also
undeutliche Krystallisation, durch den Kalkspat vermittelt,
welcher hie und da, rein und krystallisiert hervorgeht. Ich
werde Hrn. Bergrat veranlassen Ihnen einige Musterstücke
zu schicken, nur müssen sie wohl eingepackt werden.

Göthe.

ZINN

Zinn, als unmittelbarer Gemengteil fein eingesprengt in
Granit, oder vielmehr in Gebirgsarten in die er übergeht, als
Gneus, Greisen pp. Hier kommt es vor: in die ganze
Gebirgsmasse verteilt als sogenanntes Stockwerk, auf
Gängen, ohne sich ins Nebengestein weit zu verbreiten,
als Lager und in andern abweichenden Bestimmungen. Der

an obgenannte Gebirgsarten sich manchmal anschließende
Porphyr ist auch nicht ganz gehaltleer, sodann verschwindet das Zinn aus der Gebirgsfolge und erscheint nur wieder
in Seifenwerken als Secondair.

⟨TRAPPFORMATION BEI DARMSTADT⟩

Bei meinen kurzen Aufenthalt in Darmstadt untersuchte
mein Begleiter flüchtig die Gegend und fand in einen verlas-   10
senen Steinbruch am Wege nach Roßdorf die Abänderung
eines Gesteins welches seine Aufmerksamkeit auf sich
zog⟨;⟩ er brachte selbige mit nach Weimar⟨;⟩ sie deuten
sämtlich auf die Trappformation und man kann die Exemplare für Wacke ansprechen mit Blasenlöchern und sonstigen Zwischenräumen deren Ausfüllung nicht weniger als
sonstige Gangbildung man früher als *Zeolith* ansprach die
aber nachher wegen abweichen äußerer und innerer Kennzeichen unter mancherlei Namen aufgeführt worden⟨;⟩ was
damals gewonnen wurde läßt sich auf nachstehende Weise   20
bezeichnen:

In den Steinbruch fand sich Oben erst roter Ton der sich
in den nachfolgenden Schichten immer mehr verhärtete
dann ein Mandelstein teils mit leeren Teils mit halb gefüllten
Blasenräumen jede von diesen Schichten höchstens eine
halbe Elle stark

Hier auf folgte

No 1. Eine Wacke mit undeutlichen doch eine Gestalt
andeutenden Körnern mit schönen Span ja Smaragd
grünen Teilen und Begleitung der Räume sodann   30
tiefer

No 2. Jene Körner erscheinen immer gedrängter und ihre
Gestalt könnte doppelt oktaedrisch sein.

No 3 Diese Körner erscheinen Ziegelrot ja dunkler von
außen manche aufgeschlagen auch inwendig

No 4. Hier kommen schmale Gänge vor gleichfalls rot
wahrscheinlich von derselben Materie wie die Körner

No 5 Der Stein wird in der Tiefe fester es zeigt sich etwas
Kalkspatartiges   40

Trappformation.
jederzeit nach der Oberfläche
der schwindenden Platten unter ...

Jena. 3 Dec. 1817

Johann Wolfgang Goethe
BILDUNG DER TRAPPFORMATION
(Schematisches Profil)

No 6 Dasselbe Gestein mit schmalen Gängen die aber nur das einzelne Stück nicht die ganze Lage durchsetzen

No 7 Hohle Kluft mit scheinbarer Krystallisation

No 8 Zerfressener und zersägter Quarz mit rauher Oberfläche aus welcher Zeolith ausgewittert zu sein scheint

No 9. Noch erst zu untersuchen scheint auch derber und zum Teil krystallisierter Zeolith zu sein

No 10 Gang wie bei No 4 und 6 jedoch durch verwittertes Gestein

No 11 Auf denselben Gestein Amethist Krystalle die sich jedoch nur auf perpendikularen Klüften finden

⟨ÜBER BILDUNG VON EDELSTEINEN⟩

Alle Gebirgsmassen trennen und bilden sich kosmisch, innerhalb der Masse aber erzeugt sich eine Neigung sich eigenst gestaltet darzustellen.

Wir haben Granit im Granit krystallisiert in Carlsbad auf den Odenwald und gewiß an hundert Orten.

Wir haben Gneis im Gneis kristallisiert⟨;⟩ jene bekannte Doppelkristalle nämlich werden durch Glimmers Verflächungslust gezogen und gebogen. Sie erscheinen nun als die Flasern um welche sich der ausgesonderte Glimmer wellenhaft hinüberlegt.

In den Porphir bilden sich Kristalle jener Urform ähnlich⟨;⟩ in Ilmenau und Töplitz sind sie entschieden aber nicht häufig gefunden worden.

Dieses Bestreben daß die Masse sich in der Form veredeln will geht durch alle Epochen ja bis auf den heutigen Tag⟨;⟩ der neuste Gyps ist so gut porphyrartig als der Porphyr selbst und ich habe eigene Rücksichten hiernach bei meinen Sammlungen genommen.

Ja die Metalle selbst Zinn Wolfram und das Verwandte haben in Masse Gestalt angenommen.

Wobei ich nur bemerke daß dieses sowohl Massenhaft als Ganghaft kann geschehen sein.

Das Zweite ist zu beachten⟨:⟩ die Veredelung in Freiheit wenn die Masse Räume läßt daß in denselben von den

frühsten bis in die spätesten Zeiten ewig zirkulierende/n/
Gasarten die Eigentümlichkeiten des Gebirgs auflösen befreien verwandeln zu verwandtem Geselligkeit verstatten.
Hier scheinen diejenigen Körper entstanden die wir Edelsteine nennen.

Von Gotthardt brachte ich die Seite eines Ganges mit
dessen Nebengestein aus Quarz Feldspat und Hornblende
bestand⟨;⟩ auf dieser Gangfläche haben sich Feldspat Hornblende und Quarz bewundernswürdig jedes für sich krystallisiert und so habe ich es in allen Gebirgsarten gefunden.   10

Die erste Frage wird nun sein. erkennen wir etwas als
Edelstein das sich in der Masse veredelte. Vielleicht in
untergeordneten Sinne wie vormals Schwefelkies geschlif-
fen und dergleichen.

Die Zweite Frage schließt sich an welches Alter haben die
Gebirgsarten in welchen wir unsere anerkannte⟨n⟩ sogenannten Edelsteine finden⟨;⟩ die allerschärfste Untersuchung ginge hier voraus denn wenn wir den Nachrichten
trauen dürfen ⟨–⟩ ernstliche Reisende die sie uns geben von
Visabour und Soumelbour ⟨–⟩ so scheinen die Diamanten   20
sehr modern zu sein.

Was mich betrifft so traue ich der Natur zu daß sie noch
am heutigen Tage Edelsteine uns unbekannter Art bilden
könne⟨;⟩ wer darf sagen was noch Heute an und in den
ungeheueren Meerbedeckten Gebirgsflächen möglich ist.
Ja ich möchte den abgetrockneten, zusammenhängenden
(Kontinent.) eine ähnliche obgleich minder produktive
Kraft nicht versagen.

Den 26 März 1816

DIE STEINERNEN WAFFEN BETREFFEND

Die drei Hauptstücke (1–3,) sind sämtlich fremde, bei uns
nicht vorkommende Steinarten, sie haben vielmehr etwas
von denen, die an Ufern und Inseln der Ostsee zu Hause
sind.

No. 1. Lang 8 Zoll, breit 3 Zoll, 2½ Zoll dick; eine Art
Porphyr.   40

No. 2. Lang 13 Zoll, breit 3 Zoll und 2 Zoll dick.
Problematisch. Es deutet auf Grünstein, Tonschiefer u.s.w.
ist sehr feinschiefrig und stark mit Quarz gemischt, deswegen die große Schwere.

No. 3. Lang 6½ Zoll, breit 1½ Zoll, 2½ Zoll stark;
gleichfalls auf ein Gemisch von Grünerde und Quarz deutend.

NB. Diese Stücke sind deswegen so problematisch, weil
sie gewöhnlich nicht als Teile eines ganzen Gebirges, sondern nur Einzelheiten und Abweichungen sind, die eine
Gebirgsart erleidet. Bei Verwitterung des Hauptgebirges
bleiben solche festere Teile unzerstört, selbst von Flüssen
und vom Meeresufer gescheuert. Dergleichen erprobte Geschiebe mögen die alten rohen Völker sich ausgesucht und
bearbeitet haben.

No. 4. Lang 6 Zoll, breit 2½ Zoll, ¾ Zoll stark; deutet
auf Kieselschiefer und scheint neuer zu sein.

No. 5. Lang 5 Zoll, 2 Zoll breit; Ein Naturspiel.

No. 6. Lang 4½ Zoll, 1 Zoll breit; durchs Rollen im
Wasser abgestumpft.

Weimar, den 11. Mai 1816.   G.

⟨TENNSTEDT⟩

Tennstädt muß man von Turme überschauen um zu wissen
daß man in einen höchst angenehmen Orte des mittelländischen Thüringens sich befindet. Auf die Fläche eines alten
Sees, oder Teiches ist die Stadt gebaut, beinahe ringsum von
sanft aufgehenden Hügeln umgeben.

Der Raum elliptisch der größte Durchmesser eine starke
viertel Stunde.

Hier hat die Natur früher bei schicklichem Gefälle das
getan was später zu Weisensee und in unsern Tagen zu
Schwansee durch Menschenwillen und Hände geschehen,
sie hat das Wasser gelind von dem fruchtbaren und be-
wohnbaren Boden abgeführt und einen Raum frei gelassen,
der vielleicht in unseren Gegenden nicht seines gleichen
hat.

Nehme man an: die ersten Anwohner haben diesen Raum schon trocken gefunden die Quellen jedoch wodurch er ehemals mit süßen Wasser belebt wurde noch in völliger Energie, dabei das Erdreich so abhängig daß die Bäche schnell ablaufen konnten und mußten.

Hier ist also eine der ältesten Ansiedelungen zu vermuten, denn die Austrocknung dieses hypothetischen Sees geht über unsere Epochen hinaus.

Und so findet man auch die Anlage der Stadt, wie die Vorstädte zuerst dem Wasser nach, welches rasch niederfließt. Hiervon müßte nun zuerst eine Darstellung gegeben werden.

*

Tennstädt den 6ⁿ Sept. 16.

Mühlsteine

1. Von Grauwinckel. Der vorzüglichste in ganz Thüringen zwischen Ordruff und Arnstadt
2. Problematisches Gestein, das man für Porphyr und Totes-Liegendes zugleich ansprechen könnte.
3. fehlt. Hierher gehört aber der Mühlstein von Ichstädt eine Porphyrart worin der Feldspat zu Porzellan Erde verwittert ist. vielleicht findet sich in Kleinballhausen noch ein Musterstück

———

Hier möchte ich auch noch auf die Mühlsteine aufmerksam machen, die in der Gegend von Halle gebrochen werden. Friedrich der II, der alles im Lande haben wollte, litt auch nicht die Einfuhr fremder Mühlsteine. Diese inländischen sind sehr schlecht und es ward, zum Scherze, ausgerechnet wieviel Kiesel und Tonerde man jährlich mit den Brot in Halle verzehre.

*

Dem Herren von Witzleben mitgeteilt
d. 7. Sept. 1816.

Tennstädter-Gestein

4. Granit im Felde neben der Chaussee nach Weisensee.
5. Granit vom Block an der Kirche.
6. Gneis von einem Block liegend im Hofe eines Bäckers auf dem Markte.
7. Schiefriger Urquarz an dem Fahrweg nach Klein Ballhausen
8. Derselbige in tüchtiger⟨em⟩ Stücke.
9. Von einem Block an der Chaussee nach Weisensee Urquarz mit dunkleren Quarzpunkten und Glimmer Blättchen. In der Mischung ist der Porzellanton nicht zu verkennen.
10. Gyps von der Höhe über Ballhausen.
11. Dergleichen von Langensalz. NB. Gips, dicht, strahligt, mehr oder weniger rein mit Ton durchzogen findet sich die ganze Unstrut hin, an den Höhen.
11.a. Hier wäre nun der Sandstein einzuordnen welcher, nächst Tennstädt, am Anfang der Straße nach Kleinballhausen, sodann unter Urleben, in der Tennstädter Flur, auch hinter Kleinvargula sich hervortut bald Flöz Lagerhaftig, bald in Massen unregelmäßig zerklüftet.
12. Ammonshorn aus der Bruchstädter Höhle.
13. Desgleichen.
14. Muschelgestein von daher. Liegen auch bei einige Exemplare des übersinterten Rohres.

*

Hierbei ist zu bemerken daß, die Geschiebe abgerechnet, von oben herein, wie in ganz Thüringen, liegt der Muschel Kalk, unter ihm Ton und Gyps, sodann Sandstein. Wie sie den⟨n⟩ auch hätten, bei mehrerer Muße, in der Folge numeriert werden sollen.

Zur Geologie

Das Oberste ist auch hier das bekannte thüringische Kalkflöz.

Die Höhle unter Bruchstädt⟨:⟩ Wasserriß der gedachtes
Kalkflöz durchschneidet und dessen Inhalt zu Tage fördert.

No 1.	Dichter Kalkstein.
No 2.	Ammonshorn. Das größte was wir gefunden. Kleinere auch von Gesteinen abgesonderte⟨,⟩ mehrere die wir zurück ließen.
No 3.	Pektinit von da her
No 4.	Von einem andren Bruch den ich noch nicht bestimmen kann. Hier hat das Flöz die Eigenschaft daß zwischen zwei Lagen sich härtere Nieren bilden die bald frei dazwischen liegen bald einer oder der andern entschieden ange-⟨hören.⟩ Das Exemplar das hier bei liegt läßt begreifen wie man Kinderfüße darin sehen kann. So· wie auch wohl Kröten wie anderes Unförmliche.
No 5. 6. 7.	Versteinte Muscheln aus der Gegend zufällig gefunden.
No 8.	Sandstein ohnfern Urleben in der Wenigen Tennstädter Flur. Scheint sehr neu lieg⟨t⟩ ganz horizontal und spaltet sich meist in Blätte⟨r⟩n davon manche entschieden rhombisch sind. Verwittert leicht.
No 9.	Tuffstein. Kommt in ziemlicher Höhe besonders aber in der Fläche unter halb Tennstedt vor. Geht von Langensalza bis Weisensee und in diesen Richtungen wahrscheinlich weiter
No 10.	Unter demselben und vermischt mit ihm liegen übersinterte/r/ Rohre auch finden sich Lagen von Bituminosen Mulm
No 11.	Dergleichen Rohr
No 12.	Desgleichen
No 13.	Hier findet sich eine Schnecke mit eingesintert.
No 14.	bis 17. Dergleichen
No 18.	Einzelne Sinterungen

No 19. Dergl. Schneckchen einzeln darunter einige gar
wohl erhalten

No 19a. Seltnere Schneckchen die einen den Ammons-
hörnern die andern unsern Garten Schnecken
ähnlich.

No 20. bis 23. Urgebirgsgeschiebe aus den hiesigen
Kieshügeln.

No 24. Verstein⟨tes⟩ Holz merkwürdig wegen großer
schwere und Ausscheidung von Quarz Kristal-
len auf schwarzen Kohlen Grunde NB liegt
ganz unten

Orographisch-Hydrographische
Karte

Ein vortreffliches Werk, sowohl dem Gedanken als der
Ausführung nach. Es setzt eine ungeheuere Erfahrung voraus, welche freilich in der letzten Zeit, durch die anhaltenden Arbeiten in diesen Fache möglich gemacht wurde, und
deutet auf einen talentvollen Verfasser bedient von Künstlern welche sich darauf verstehen in solchen Darstellungen
symbolisch zu verfahren, das heißt: das Detail der Idee, dem
Begriff, dem Zweck unterzuordnen, ein Verdienst welches
ich schon an mehreren Wiener Karten kenne, und das so
vielen andern abgeht, die vor lauter Vollständigkeit und
Gelehrsamkeit niemand lesen kann.

Der Geologie im tiefsten und weitesten Sinne wird diese
Tafel sehr zu Statten kommen, man kann alles was man weiß
darin rekapitulieren, und das wichtigste von dem was man
nicht weiß lernt man kennen um darnach zu fragen. In
wenigen Stunden hat sie mir schon viel genutzt.

Damit sie nun immer gebraucht und erhalten werde, habe
ich einen Stehrahmen machen lassen, an welchem befestigt
sie auf den Zimmern der Suitensammlungen aufgestellt
bleiben, und zu täglicher, stündlicher Nachfrage bereit sein
kann.

DAS GERINNEN

kann im geologischen Falle künftig ebensoviel heißen als im animalischen. Wir sehen einen Liquor der uns völlig homogen zu sein scheint; die Milch⟨:⟩ ein geringer Umstand macht sie entschieden gerinnen und offenbart in ihr zwar verwandte, aber verschiedene, sich von einander ablösende aber doch innerhalb einander vorhandene Teile.

Augenblicke des Werdens dieser Art finden wir in dem Mineralreich mehr als gewöhnlich gedacht wird und ich   10
werde künftighin den Ausdruck *Geronnenes* da brauchen, wo man bisher

> Totes Liegendes.
> Konglomerat.
> Breccien.
> Trümmergestein.

und sonst gesagt hat.

Beispiele

Ein höchst merkwürdiger Fall⟨:⟩ der rote Grund oder das   20
Enthaltende karneolartig. Die grauen enthaltenen wie Bohnen darin verteilten Körper hornsteinartig. Beides von einander gesondert und doch wieder übergehend, in beiden eingesprengt Feldspatkrystalle und Hornblendepunkte.

DAS GERINNEN

Den Begriff des uranfänglichen Gerinnens faßt man am   30
leichtesten wenn man sich an Exemplare von Marmoren hält. Doch gehört Glück dazu dieselben zu versammlen, und solche aus unzähligen Musterstücken auszulesen. Hier findet man ein Gerinnen daß schwarzer und weißer Marmor im Entstehen sich sonderte und innerhalb eines durch weiße Seen und Ströme gebildeten Zusammenhang⟨s⟩ Schwarze Inseln schwimmen. Derselbe Fall in grauem und weißem. Einzelne sehr instruktive Exemplare müssen mit Augen geschaut werden. Die vormirliegenden sind aus Polen von Demb⟨r⟩in⟨s⟩k.   40

Durchaus muß man bemerken daß alles im Kalk, (wir
meinen hier den Marmor) willkürlicher, freier, unentschie-
dener geschieht. Manchmal zwar, wie bei dem Waldecker
Marmor, haben sich von der schwarzen Grundmasse weiße
Gänge getrennt, und wenn man schon weiß wie die Natur
verfährt, wenn Gang auf Gang, Kluft auf Gang trifft; so
erkennt man auch hier das Gesetzliche und es ist nicht wohl
ein Ausdruck in dieser Lehre, wozu man nicht, wenn man
große Tafeln vor sich hat, ein Beispiel finden könnte.

10   Weimar d. 18ⁿ Sptbr. 1817.

GESTÖRTE FORMATION

Zu diesem Begriff haben wir schon Worte. Wir sagen
Trümmer-Porphyr, Trümmer-Achat p und drücken dadurch auf eine mechanische Weise aus was wir vor Augen
sehen. Ein Gestein das ein Ganzes war scheint zertrümmert
20   und ist doch wieder ein Ganzes. *Wir* nennen dieses künftig
gestörte Formation, ein Gestein wollte sich bilden, es ward
gestört und bildete sich doch. Wir müssen von allem mechanischen Zerstören durchaus absehen, durch irgend einen
physischen Reiz ward ein Werdendes geschröckt, im Innersten erschüttert aber nicht zerbrochen, um weniges ver-
schoben, aber nicht gewaltsam verrückt. Es lassen sich diese
Erscheinungen bis aufs Zarteste nachweisen.

Elektrische, galvanische nicht Schläge sondern Entwicke-
lungen aus einem Innern, dessen Trennung und Suchen bei
30   der Solideszenz zu einem abermaligen Trennen und Suchen
aufgefordert wird. Zu diesem Anschaun müssen wir uns
erheben welches bei der gegenwärtigen Lage der physischen
Chemie gar nicht einmal schwer werden darf.

Weimar d. 18ⁿ Sptbr 1817

*

Unter die gestörten Gebirgsarten rechne ich die Ägyptische
Breccie. Es sollte ein grüner Jaspis entstehen, dessen hetero-
gene Teile jedoch vereinigten sich nicht und so ging eine
40   Scheidung vor⟨,⟩ ein Gerinnen, wodurch Teile sich sonder-

ten und in einem Zustand aneinander fügten, der wieder
eine Art Vereinigung erlaubte, ja forderte. Eins der schönsten Beispiele zu unseren Zwecken!
Weimar d. 18ⁿ Sptbr. 1817.

GESTÖRTE BILDUNG

Auch hier sollte ein Band-Jaspis entstehen, aber zu viel
fremde Teile hinderten die Bildung. Ein roter Feldspat mit
jenem carneolartigen Schein drängt sich dazwischen und
das Ganze sieht trümmerhaft.
                    Wahrscheinlich russisch.
Weimar eodem.

TRÜMMER-PORPHYR ZU ILMENAU
IM RATSSTEINBRUCHE

Ein in seinem Werden gestörter Porphyr, welcher in manchen Exemplaren vom Toten-Liegenden nicht mehr zu
unterscheiden ist. Man muß eine Folge von Beispielen vor
sich haben um sich bis zur Anschauung zu erheben: was
gleichzeitig und nachzeitig sein könnte, was anfangs einer gestörten Entwickelung und zuletzt einer zusammen-
geschobenen Masse ähnlich sieht. Hier das obere Beispiel,
das niedere soll nachgewiesen werden.
Weimar d. 18ⁿ Sptbr. 1817.

ZUR LEHRE VON DEN GÄNGEN

In dem Lahntale am Wege von Diez nach Nass⟨au⟩, dem
Kloster Arnstein gegenüber findet sich eine Halde, welche
entstanden ist, als man vor Jahren auf Anzeige tauber
Quarzgänge im Tonschiefer einen Schacht mochte nieder-
gesenkt haben, in Hoffnung edler Erze.
    Die ganze Tonschiefermasse, von welcher schieferige
Trümmern umherlagen, ist von schmalen Quarzgängen
durchsetzt, die, in mancherlei Richtung sich durchkreu-

zend, über die Lehre der Gänge wichtige Aufschlüsse geben.

Eine merkwürdige Sammlung derselben enthält gegenwärtiger Glaskasten. Sie mag um desto wichtiger erscheinen, als wohl ähnliche aber nicht leicht entschiedene Beispiele dieser Art beisammen gefunden werden.

Weimar d. 18^n Sptbr. 1817.

*

Unter Anleitung dieser Grundgedanken ist Einsicht zu hoffen in das Phänomen der Entstehung der Gänge und ihrer Verrückung. Die Gänge ließ man viele Jahre leer entstehen und später hin sich füllen, nach und nach gestand man daß die Gänge bald nach Solideszenz des Gebirgs fast gleichzeitig entstanden und wir sagen die Gänge von denen zu reden der Mühe wert ist sind gleichzeitig mit dem Gebirg bei dessen Solideszenz und Gestaltung entstanden. Ebenso die durchschneidenden Gänge oder Klüfte die meist eine Verrückung, Verschiebung bewirken.

———

Das Große überkolossale der Natur eignet man so leicht sich nicht an, denn wir haben nicht reine Verkleinerung Glase, wie wir Linsen haben um das unendlich kleine zu gewahren. Und da muß man doch noch Augen haben wie Carus und Nees wenn dem Geiste Vorteil entstehen soll.

———

Da jedoch die Natur im größten wie im kleinsten sich immer gleich ist und eine jede trübe Scheibe so gut die schöne Bläue darstellt wie die ganze Welt überwölkende Atmosphäre, so find ich es geraten auf Musterstücke aufmerksam zu sein und sie vor mir zusammen zu legen. Hier nun ist das Ungeheure nicht verkleinert, sondern im Kleinen und eben so unbegreiflich als im Unendlichen.

Schema
zum geologischen Aufsatz

Vorwort.
Leonhards Propädeutik zum Grund gelegt.

———

Anorganische Infusion.
Erste uns bekannte Erstarrung.
Granit.   10
Eigenschaft.
Übereinstimmung.
Große Mannigfaltigkeit.
Gedrängt.
Ausgebildet.
Konstante Dreiheit.
Aufgehobene Dreiheit.
Übergewicht des einen Teils.
Übergewicht des andern.
Offenbarung neuer Eigenschaften.   20
Entwickelung.
Hinzutritt.
Auslaufen des Granits.
Vielfache Art.
Übereinstimmung.
Allgemeinstes was sich davon sagen läßt.
Übergang in Gneus und Verwandtes.
Erscheinung des Kalks.
der Metalle.
Zinnformation.   30
Name Granit soll schon aufhören.
Sukzession.
Nicht gleichzeitig.
An allen Orten.
Sich nach gelegentlicher Bestimmung ausbildend.
Bedingung dieselbe aber nicht Jahr und Stunde.
    Weimar d. 20 Sptbr. 1817

⟨EPOCHEN BEI DER WELTBILDUNG⟩

Drei Epochen zeigen sich bei der Weltbildung
1. Krystallisationslust, Bestreben zu einander, sich an einander zu schließen, sich zu durchdrängen zu gestalten.
2. Epoche des isolierens, die Elemente treten für sich, weisen die andern ab, sind selbständig, halten sich rein.
3. Die Elemente werden gleichgiltig, vermischen sich, sind nebeneinander.

———

Alle diese Eigenschaften behält die anorganische Natur lebendig für ewige Zeiten, sie schiebt aber diese ihre Reihenfolge wie Neperische Stäbchen an einander hin, und bringt eben dadurch die inkalkulabeln Erscheinungen hervor, die den Anschein der Vorzeit, Mitzeit und Nachzeit mit sich tragen.

Jena den 14^{en} Dezembr. 1817.

HERR MAWE.
NACHRICHT VON SEINEN LETZTEN EXPEDITIONEN
IM OKTOBER 1817

Da ich von einem angesehenen Manne den Auftrag erhielt, nach Cornwall zu reisen, und daselbst zu sammeln was im Mineralreiche für das Cabinet bedeutend, und für das Kunstgrottenwerk angenehm sein könnte, da nahm ich meinen Weg durch Devonshire, und als ich Exeter verlassen
30 hatte, besuchte ich die besondere Lage von Bowey und deren Kohlenbildung.

Bowey ist ein Dorf in Osten von *Dart Mon*; das Land umher wahrscheinlich schon längst bebaut, aber jetzt erst eingehegt, der fruchtbare Boden liegt auf Granit, welchem Syenit mützenförmig überliegt. An dem Fuße der Felsen findet man eine Fläche wenig höher als die See, und einige Meilen in Ausdehnung. Das Land ist sehr arm, unter einer Pflanzendecke findet sich ein zäher feiner Ton, welcher das Wasser nicht durchläßt, weshalb das Land unfruchtbar
40 bleibt. Der Ton hat Streifen von verschiedener Weiße,

gewöhnlich aber eine hellangerauchte Farbe. Gebrannt
wird er rein weiß, und bildet, nach weniger Vorbereitung
treffliche irdene Ware. Im Norden mehr noch in Westen
haben wir die Granitberge besonders die Abweichung die
man *Monsteine* nennt, die einen größeren Anteil von Feldspat als andere besitzen, er ist in vollkommener Auflösung.
Berge von Ton, Schiefer und Syenit, sind in Norden seltener
als Granit.

Die Fläche aber von der wir sprachen, welche jener Ton
überdeckt, ist am Fuße der granitischen Dartmonberge,   10
gebildet worden. Umher gibt es weniges Holz und Bäume,
der Mon ist der Witterung so ausgesetzt, so bergig, so
fruchtlos, so pflanzenlos, daß kaum was anders darauf
wächst, als schlechtes Gras, Lichen, Heide, Binsen und
dergleichen.

Wir wenden uns nun wieder auf die Fläche von Bowey,
und finden auf der Westseite wenige Fuß unter der Oberfläche eine besondere Abänderung von einer Kohlenart, die
sich auf 2 Meilen weit erstreckt, auf derselben liegt eine
Schicht Schieferton mit Bitumen (sogenannter Brandschie-   20
fer) zerreiblich und bald verwittert, er ist 5 bis 7 Fuß dick.
Die Kohle wird am Tage gewonnen, und liegt von Oben
bis in die Tiefe volle 40 Fuß stark. Man hat eine Ansicht
von wenigstens 25 Fuß Kohlen über dem Wasser, welches
die Tiefe der Grube ausfüllt. Es hat das Ansehn von
einem großen Haufen alten Düngers, seine Farbe ist verschieden schattiert von braun und schwarzbraun, durchaus
aber hat es eine feste Holzbildung nach allen Richtungen.
Einige Stücke zeigen die vollkommene Holzbildung, es
ist nicht brüchig, aber auch nicht glänzend, ehr stumpf, da-   30
zwischen findet sich Resin-Asphalt, welches sich leicht
am Licht entzündet, und einen angenehmen Geruch verbreitet.

Man gewinnt die Kohlen mit scharfen Spaten und ecki-
gem Werkzeug; Entzündet gibt sie eine bedeutende Hitze,
mit einem unangenehmen Geruch, so daß man sie nur zum
Kalkbrennen gebraucht zu ⟨dem Brennen irdener Ware⟩
und in den Wohnungen der Armen.

Mit sorgfältiger Behandlung kann man aus der Masse
Bretter schneiden, von jeder Länge und nicht über einen Zoll   40

stark. Sie sind Anfangs weich, trocknen sie aber, so werden sie härter und spröder. Diese Substanz so verschieden von dem was der Engländer *Kohle* nennt verdient besondere Aufmerksamkeit.

Kein Sandstein noch andere Schichten sonst bei Kohlen gewöhnlich, findet sich hier, kein Ton, kein Eisenstein, keine Pflanzenabdrücke, weder Pyriten noch andere schwefelartige Materien, so allgemein in der regelmäßigen Kohlenformation, lassen sich hier finden, auch keine Muschelreste, nur der schon benannte[r] Ton und bituminöse Schiefer, sodann noch wenig abgerundete Quarzgeschiebe auf der Oberfläche.

Die Bildung dieser Kohle, ist jeder andern so unähnlich, und verdient die Aufmerksamkeit der Geologen, sie ist zu einer bedeutenden Tiefe gefördert bis zu 55 Fuß. Weil aber das Werk am Fuß von Bergen liegt, so ist es gar bald überschwemmt, so daß die Grube nicht tiefer als gesagt ausgebaut werden konnte.

Nachtrag

Ich hätte nun noch den übrigen Teil meiner Reise durch die Minen von Devonshire zu beschreiben, besonders durch die, die mir selbst angehören. Sie bringen Gruppen von Turmalinen und Apatiten hervor, Eisenglanz in Monstein, arsenikalen Kobolt und Silberminer, in einem nordsüdlichen Gange von Quarz und Schiefer. Ferner findet sich daselbst eine Mine die Uranit in Granit hervorbringt, auch die neu entdeckte Verbindung von Eisenphosphat, im erdigen Zustand, silberweiß Blei in Syenit.

Von allem diesen steht euch die Beschreibung zu Diensten, wie auch von denen Seifenwerken, wo das Holzzinn gefunden wird, auch kann ich Nachricht geben von neuen Entdeckungen bezüglich auf den Krötenstein von Derbishire, und was ich alles beobachtet die letzten zehen Tage als ich in der Grafschaft war.

Bemerkung und Wunsch

Die Jenaische mineralogische Gesellschaft, vor allen aber Präsident und Direktor, haben mit dem größten Vergnügen den Anteil gesehen, welchen Herr Mawe an ihren Arbeiten nehmen will. Die Nachricht von seiner letzten Expedition, ward sogleich ins Deutsche übersetzt, wovon hiebei eine Abschrift folgt. Vielleicht geht sie Herr Mawe mit einem Kenner beider Sprachen durch, und wir erfahren, ob wir ihn recht verstanden haben.

Wir würden diesen Aufsatz sodann in die Schriften der Gesellschaft aufnehmen, so wie alles übrige, was Herr Mawe mitzuteilen geneigt wären.

Eine kleine Sammlung bedeutender Mineralien unseres Deutschlands lege ich aus meinem eigenen Cabinet zusammen, um solche als Probestücke zu übersenden. Möchte ich balde die Nachricht erhalten, auf welchem Weg mit den mindesten Kosten dies geschehen kann, vielleicht wartet man das Frühjahr ab. Mit den besten Wünschen und Empfehlungen.

Einige theoretische Betrachtungen über die fraglichen Gegenstände, werden zu seiner Zeit auch mitgeteilt werden.

Jena den 21ten Dezember 1817.   JWGoethe

Hervortreten des Unterschiednen

1.) Bei der Scheidung manifestieren sich sogleich mehrere, bald nachher die meisten der Mineralischen Naturen die uns die Chemie als einfache unzerlegbare darstellt.

2.) diese Naturen erscheinen meist gemischt mit andern, doch mehr oder weniger auch für sich allein, in großen Massen, oder gewissen Massen einverleibt.

3.) diese Naturen zeigen in ihrem gemischteren oder einfacheren Zustande gewisse Formen, Gestaltungen, ein eignes Äußeres Ansehen.

4.) Eine große über eine weite Erdstrecke verbrei〈te〉 unter sich ähnliche Masse nennt man eine Formation.

5.) Dergl. Formationen wiederholen sich ihrem Inhalt nach in späteren Epochen.

6.) Sie wiederholen sich auch der äußeren Gestalt, dem äußeren Ansehen nach in späteren Epochen.

⟨CHEMISCHE KRÄFTE
BEI DER GEBIRGSBILDUNG⟩

Die Chemischen Kräfte der Natur nehmen keinesweges ab.
Sie zeigen sich vielmehr jederzeit wo sie freies Spiel haben.
Die Lehre von den Gängen wie sie Werner A⟨nn⟩o ⟨1791⟩
vorträgt ist unhaltbar.
Charpentiers Werk muß zu Ehren kommen wenn in diesem
Punkt etwas vorwärts gelingen soll.

10 Die viermalige Wasserbedeckung ist ein trauriger Notbehelf
ein Natur Problem zu erklären.
Man muß auf einfachere Weise zu verfahren suchen. Die
neuere Chemie kommt gewiß zu Hülfe daß es mit Einem
Sinken der Wasser getan sei.
Die Epochen wo die selbige Gebirgsart erscheint sind nicht
gleichzeitig.
Sie hängen von örtlichen Bestimmung⟨en⟩ ab.
In dem tiefen Meere fand wenig Gebirgsbildung statt.
Fertiges Gebirg zog werdendes an sich aus der flüssigen

20 Masse.
Nachgen⟨annte⟩ Epochen folgten sich waren aber auch
gleichzeitig.
Schoben sich an einander her.
So ist sehr möglich daß Granit mehrmals vorkommt.
Eben so Porph⟨yr⟩, Kalk und all⟨e⟩ Form⟨ationen⟩.
So ist die Trappformation nur Eine aber nach und nach
unter immer wiederkehrenden Bedingungen möglich.

———

30 Wie sich der Wasserspiegel senkt finden drei Erscheinungen
statt.
Animalische Bildung.
Trapp formation.
Vulkane.
Aus der größten Tiefe bauen sich Korallen herauf sie gehö-
ren schon dem Übergangs Gebirg an und bauen noch bis
an die Oberfl. des Wassers.
Die nächsten ⟨*Lücke*⟩
Zuletzt die Schaltiere im zurückziehenden Wasser wo schon

40 Ebbe und Flut wirkt.

Süßes Wasser.
Die allerletzten im stagnierenden Wasser.

———

Trapp Formation.
Ist sich überall ähnlich.
Sie ist aus einer und derselben chemischen Infusion unter
    gleichen Bedingungen in den verschiedensten Höhen
    entsprungen.

Vermutung daß sie immer fortdauert.
St. Helena.
Wassernähe.
Vulkane.

⟨HORNBLENDEKUGEL BEI WEIMAR⟩

Allerdings ist die gnädigst übersandte Hornblendekugel, in
geologischem und mineralogischem Sinne, bedeutend. In
der Masse mehrerer Ur- und Übergangsgebirge zeigen sich
Kugeln aus der eignen Gebirgsart, oder aus einem Teile derselben, die, wenn man sie lose antrifft, nicht für Geschiebe
angesprochen werden dürfen. Bei *Ilmenau* finden sich Gra-
nitkugeln im Granit, Glimmerkugeln im Syenit, so auch
Hornblende Kugeln in demselben. Eine solche mag es nun
wohl sein die sich in uralten Zeiten bis Weimar verloren hat.
Dergleichen gibt es mehr auf dem Thüringer Waldgebirg.
    Heim sagt in seinem Katalog: am *Ziegenberg* bei Suhl, am
Käpplesberg bei der Struth pp. steht Syenit mit vorwaltender Hornblende, der kuglig gebildete Stücke enthält. Das
vorliegende Exemplar wird daher wohl mit Bemerkung an
diese Stelle mit einzuschalten sein, da von den obbenannten
Gegenständen die schönsten Exemplare im Voigtischen und
Heimschen Cabinet vorhanden sind. Kommt nun erst der
Sommer heran und diese Schätze sind wieder zugänglich so
läßt sich eine Nachlese einschalten die beim Wachsen der
Kenntnis alle Tage bedeutender werden kann.
    Jena den 13^{en} Febr. 1818.

⟨Neigung des Materiellen, sich zu gestalten⟩

Das halbgewußte hindert das Wissen. Weil alles unser Wissen nur halb ist so hindert unser Wissen immer das Wissen.

————

Vom materiellen vom Körperlichen wird gesprochen in so fern wir es als unorganisch betrachten.

————

Alles materielle kommt uns formlos vor wenn wir unaufmerksam sind.

Aber es hat eine unwiderstehliche Neigung sich zu gestalten.

Das Materielle, Körperliche läßt sich vor der Gestaltung in einem dreifachen Zustand denken.

In einem *freien, gedrängten, gehäuften.*

Der freie ist die Auflösung.

Der gedrängte das Aufgelöste verdichtet vor seiner Erstarrung.

Der gehäufte, wenn das Erstarrte einzeln Teilweise sich berührt ohne in einander zu greifen.

Aus diesen drei Zuständen strebt das Materielle zur Form.

Der Formen betrachten wir zuerst dreie.

Die allgemeinste wenn das Materielle seine eigentümliche Form verleugnet und sich der allgemeinsten Bestimmung unterwirft. Dann entsteht die runde Form.

Die allgemeine wenn das Materielle seine eigentümliche Form verleugnend sich dem Gesetz unterwirft welches allen unorganischen Massen vorgeschrieben ist.

Die besondere Form wenn das Materielle seinen speziellen Gesetzen folgt.

Um die allgemeinste und die besondere Form annehmen zu können muß das Materielle in völligster Freiheit sein.

Niemand leugnets /geschmolzne Metalle/ alles Tropfbare. vom geistigsten bis zum Quecksilber und den geschmolznen Metallen nehme eine runde Form an. Krystalli-

sation das heißt Erscheinung in seiner besondern Form setzt
gleichfalls Freiheit voraus.

Hier haben wir nur von der mittleren zu reden die zwar
auch anerkannt aber nicht genug beherzigt und nicht gehörig (?) genug angewendet ist.

Wir sagen also es gibt ein allgemeines Gesetz nach welchem alle materielle Massen sich gestalten. und dieses Gesetz offenbaren uns die Gebirge. und wer es kennt dem sind
sie offenbar.

Gestaltung einer Masse setzt nicht allein voraus daß sie
sich in Teile trenne sondern daß sie auf eine entschiedene
Weise in unterscheidbare untereinander ähnliche Teile sich
trenne.

Das unorganische ist die geometrische Grundlage der
Welt.

Die Geometrischen meßbaren Formen sind ihr Anteil.

Keine Frage bei der eigentlich sogenannten Krystallisation.

Aber auch bei Gestaltung der Massen Kubus Paralelliped
Rhomboid Pyramide Keil liegt um das her und alles was
nicht verwittert ist zeigt solche Gestalten scharf und entschieden.

*

In flachen Gruben oder Gefäßen erweichter Lehm spaltet
sich beim Eintrocknen in fünf- und vierseitige Tafeln.

Alle Gebirgsarten vom ältesten Granit bis zur letzten
Flözschicht spalten sich in gewisse Formen, die mehr oder
wenig rhombisch mit einander Ähnlichkeit haben.

Ziegelsteine einem allzuheftigem Feuer ausgesetzt trennen sich in säulenförmige Bildungen.

Trennung der Masse zu Gestalten.

Gestaltung der Masse in sich, kristallinisch.

Krystallisation in Freiheit.

Abgesonderte Krystallisation innerhalb der Masse.

Das Porphirartige.

Neigung der Trappformation zur Säulengestalt.

Neigung einer jeden einfacheren Gebirgsart zu regel-
mäßigerer Gestalt.

Sie kommt nicht immer zur Erscheinung.

⟨Bildung des Granits und Zinnvorkommen⟩

Angenommen daß der Granit die älteste Gebirgsart sei

Die Wände Lager Massen Bänke desselben von mannigfaltiger Gestalt Abteilung Trennung bei allgemeinen Hauptrichtungen.

Das Verhältnis seiner drei Teile höchst mannigfaltig und verschieden. Von dem Feinkörnigsten wo die Teile kaum zu erkennen sind bis zu demjenigen der wegen seiner großen Krystalle porphirartig genannt wird.

Diese Zwillingskristalle eigentlich kristallisierter Granit wo der Feldspat die Oberhand und das Gestaltende hat.

Schmale Lager in denselben von Feldspat mit eingesprengten Quarz schon Schriftgranit zu nennen. Ein gewisses Schwanken ist bemerklich. In entschiedenen Schriftgranit geht er über. Feldspat als Masse in dem der Quarz sich regelmäßig hakenförmig einsetzt. Feldspat von dendritischen Ansehen zu dieser Gestaltung durch den Glimmer genötigt.

Schörlnester im Granit. Andeutung von Glimmerkugeln in demselben. Diese Glimmerkugeln erscheinen häufiger und größer in dem Verhältnis in welchen der Granit seine Dreieinigkeit aufgibt. Feldspat Glimmer und Quarz spielt ein jeder nunmehr seine eigene Rolle.

Diese Glimmerkugeln finden sich sehr groß bei Ellnbogen in dem Granit wo der Feldspat sich zu jenen Zwillingskristallen bildete den Glimmer abstieß und ihm die Freiheit ließ sich selbst zu sammeln. Daß Glimmerkugeln aber gleichzeitig sind mit der Gebirgbildung in welcher sie sich finden zeigt daß auch Feldspat Zwillings Krystalle sich in demselben geformt haben.

Es ist höchst unterhaltend und unterrichtend wie die drei Wesen Quarz Feldspat und Glimmer auseinander treten und jeder für sich sein eigenes Reich gründet.

Weiter nach Schlackenwalde Granit Glimmermassen anstehend. Gneis mit Zwillings Krystallen als Flasern.

Endlich Gneis.

Quarzgestein mit festen Quarzhaften Glimmer Massen.

Zurucken ans Stockwerk.

Greisen. Quarz wenig Glimmer, kein Feldspat.

Moment des Eintretens einer neuen Epoche.

Zinn Bildung

Andre Metalle

Eisen.

Kupfer

   Scheele

   Kalk

   Flußsäure

   Phosphorsäure

Steinmark.

Man müßte sich nach diesem künftig ⟨hüten⟩ zu sagen das
   Zinn komme im Granit vor. Denn wir finden bei genauer Untersuchung daß es einem folgenden Gestein
   angehört.

Schlackenwalde

Als Masse. Stockwerk schon Metallhaltig. Gänge. Gleichzeitige, später einkrystallisiert.

Graupen

Gangweise und Nesterweise im Gneis.

Zinnwalde als Lager fast horizontal über einander bis zu
   Tage.

Altenberge Gebirgsmasse, Porphir, pp. durchaus Zinn-
   haltig.

Gänge auch wohl

Ehrenfriedersdorf.

⟨*Lücke*⟩

Cornwallis gleichfalls in einem vom Granit abweichendem
   Gestein. Meist im Chloritschiefer, der Chlorit beständi-
   ger Begleiter.

UNTER FISCHERN

An dem Hügel, welcher die Egerwiesen des linken Ufers
begrenzt, abwärts nicht weit von dem letzten Granitfelsen,
findet sich eine ausgehöhlte Bucht, Naturfreunden jederzeit
merkwürdig. Diese speziale Bildung hat man, vielleicht mit
Unrecht, basaltisch genannt, obgleich sie verwandtschaft-

lich dahin deutet. Die Erzeugnisse des Orts, wie wir sie aufstellen, bestehen aus folgenden.

Kugel- und eiförmige Tonmasse.

Kugelförmiger und zur Kugelform sich hinneigender Mandelstein.

Mandelstein aus dem Ganzen; splittrigen Bruchs. Die Höhlungen mit Kalkspat ausgefüllt.

Kalkstein, gelber und gelb gräulicher Farbe, ganz rein.

Derselbe mit eingeschlossenem obigen Tongestein.

Derselbe mit anstehendem kleinpunktierten Mandelstein.

CB. 12. S. 1819

KOBES-MÜHLE

Sie liegt an der Rohlau, einem starken, an Fischern vorbeifließenden Bache, aufwärts in einem anmutigen Tale. Der Hügel über derselben ist basaltisch, meist in größeren und kleineren Kugeln. Doch finden sich auch kleine säulenförmige, sowohl fest als verwitterlich. Diese letzteren, gleichfalls mehrseitig, zeigen sich bei Verwitterung schalig gebildet, so daß nach innen die Kanten immer abgestumpfter hervorgehen, bis die Mitte kugelförmig wird. Dergleichen finde nun an dem Orte nicht mehr, vielleicht zeigten sie sich wieder bei einigem Nachgraben. Auf der Oberfläche jedoch zeigen sich kugel- oder eiförmige Körper, beim Aufschlagen schalig. Man hat sie nicht mit Unrecht Pseudo-Ätiten genannt, weil die eigentlichen Adlersteine gleichfalls schalenweise Kugel in Kugel enthalten.

Die Basalt-Lager des Kobeshügels mögen auf Steinkohlen geruht haben, die sich entzündeten und eine schwere Schlackenart hervorbrachten, welche sich von allen vulkanischen und pseudovulkanischen Produkten auf den ersten Anblick unterscheiden läßt.

Vorbenannte Erzeugnisse sind in gegenwärtiger Sammlung folgendermaßen geordnet worden.

Pseudo-Ätiten, mit hohlem und ausgefülltem Innern.

Säulenförmiger dichter Basalt

Desgleichen, kugelförmig

Schwere Schlacken, mit bezeichnender, brei- und wurm-
artige⟨r⟩ geflossener Oberfläche.

Dergleichen.

Porose Schlacke, ohne gedachte Oberfläche.

CB. 12. S. 1819

BIOLOGIE

Herrn Du Mont de Courset habe, als einen alten Freund, zum schönsten begrüßt, er soll zwischen mir und Voigt nachbarlich gut gehalten werden. Beim Durchblättern des ersten Teils zog mich das Kapitel des Terres gleich wieder an, im sechsten die Familie der *Leguminosen*, die ich immer
10 mit besonderer Vorliebe betrachte. Sie ist vor andern durch Bau, Mannigfaltigkeit der Gestalten bei fest gehaltener Übereinstimmung, durch Eigenheiten der Stoffe und was alles noch sonst sein mag höchst merkwürdig. Wenn nun noch über dies die *Sensibilität* mehr oder weniger der ganzen Familie eigen bleibt, und sich zuletzt Hedysarum gyrans beinahe animalisch erweist; so wächst immer die Teilnahme und wir finden uns in dem seltenen Falle daß die Betrachtung in Erstaunen übergeht.

Den Botaniste Cultivateur in Jena zu studieren, macht
20 mir doppelte Freude, indem daraus hervorgeht daß wir vor so viel Jahren sehr wohl getan, mit Beistimmung des Hofrat Büttners, auf Überzeugung des guten Batsch, den botanischen Garten nach dem natürlichen System angelegt zu haben. Denn schon damals war uns klar, was jetzt aus dem belobten Buche unwidersprechlich hervorgeht, daß man gar wohl nach dem Familiensystem, nicht aber nach dem Linneischen *kultivieren* könne. Die Linneische Anordnung war zu ihrer Zeit geeignet ein unendliches Wissen zu versammlen, und brachte, durch scharfes Trennen,
30 Sondern und Bestimmen, der Pflanzenkunde großen Vorteil. Das von Jussieu hingegen, nach vierjährigen Vorarbeiten sämtlicher Botaniker, endlich aufgestellte System verdient auch darum das natürliche genannt zu werden, weil es der zusammenstehenden Pflanzen eigentümliche Kultur andeutet.

WIRKUNG DER ELEKTRIZITÄT AUF DIE PFLANZEN

Schon früher hat man mehrere Versuche angestellt um zu erfahren, ob die Elektrizität das Wachstum der Pflanzen befördere, deren Erfolge jedoch nicht ganz genügend waren. Die Erfahrung, daß nach Gewittern die Gewächse lebendiger wachsen, und eine mit Elektrizität geschwängerte Luft das Wachstum ungemein befördere, scheine zu beweisen, daß die Elektrizität dem Wachstum sehr günstig sei. Ein im Finstern angestellter Versuch zeigt, daß die Elektrizität wie Licht und Wärme wirke und beide ersetzen könne. Im Winter wurden nämlich in einem höchst dunkeln Zimmer verschiedene Gewächse in mit Wasser gefüllten Treibgläsern und Töpfen mit reiner Kieselerde, in Töpfe mit Gartenerde, die täglich mit Wasser begossen wurden, auf den Isolierschemel, und darneben eben dieselben Pflanzen, in ähnlichen Gefäßen, ohne Vorrichtungen gestellt. Die isolierten Pflanzen wurden täglich fünf bis sechsmal eine Viertel auch wohl eine halbe Stunde elektrisiert. Sie lebten fort und gaben während dem Elektrisieren ein schönes Schauspiel: indem nämlich elektrisches Licht an allen Spitzen der Pflanzen, der Blätter und späterhin ihrer Blumen herausströmte. Selbst bleichsüchtige Pflanzen wurden elektrisiert und erwachten dadurch zu neuem Leben. Die gesunden lebten fröhlich fort, trugen Blumen und Früchte. Sie enthielten dieselben Stoffe als die auf gewöhnliche Art erzeugten Gewächse, und zur Vollkommenheit gebracht, während die nicht elektrisierten bleich wurden und gänzlich abstarben.

————

Ist eine Abschrift dem Hofmechanikus Körner übergeben worden, um Anstalt zu treffen und zu überlegen in wiefern diese Versuche in Jena einzurichten seien.

W. den 25. Septbr. 1817.   G.

Verbreiterung

Sollte man irgend eine Vermutung aussprechen, woher
dieses Phänomen eigentlich entstehe, so kann ich nach
genauer Betrachtung und Forschung nur so viel sagen, daß
ich glaube, es werde bewirkt an Stamm, Zweigen, Ästen aus
einem allzu starken durch regelmäßige Bildung nicht zu
verwendenden Antrieb von vorbereiteten und ausgebildeten Säften. Bei den Eschen habe ich die Verbreiterung nur
gefunden an Ästen, die aus geköpften Stämmen entspran-
gen, niemals an hohen freiwachsenden Bäumen.

Ferner war mir ein Fall höchst merkwürdig, daß aus dem
Stamm einer starken Linde, den man bei der Wurzel nieder-
gehauen hatte drei bis vier starke aber durchgängig ovale
Stengel herausgewachsen waren. Auch hier kann man eine
Ähnlichkeit finden mit jenen Fällen, wo man den Blüten-
stand erzwingt durch Abhauen der Wurzeln, der Fall wäre
nur umgekehrt.

Verbreiterung

Abzulehnen wäre daher ernstlich fürs künftige die Vorstel-
lungsart, die schon Jägern (pag. 18. 20.) nicht eingehen will,
daß diese Verbreiterung durch Verwachsung früher ge-
trennter Stengel und Stämme, oder gar durch Beschädigung
entstanden sei/en/, dergleichen Vorstellungsarten sind mit
dem Bann zu belegen.

⟨Wacholder in Goethes Garten⟩

Obengezeichneter Wachholder-Baum stand in dem ehemals sogenannten Duks-Garten, jetzt des Herren Geheimerats von Goethe, am Stern. Die Höhe vom Boden bis dahin
wo er sich in zwei Äste teilte, war 12. hiesige Fuß, die ganze
Höhe 43. Fuß. Unten an der Erde hielt er 17. Zoll im
Durchmesser; da wo sich die beiden Äste teilten, 15. Zoll;
jeder Ast 11. Zoll und nachher fiel es ab bis sich die Spitzen
ganz zart verzweigten.

Von seinem äußerst hohen Alter wagt man nichts zu sagen. Der Stamm war inwendig vertrocknet, das Holz desselben mit horizontalen Rissen durchschnitten, wie man sie an den Kohlen zu sehen pflegt, gelblicher Farbe und durchaus von Würmern zerfressen. Der große Sturm welcher vom 30^n bis 31.^{n} Januar 1809 in der Nacht wütete, riß ihn um. Ohne dieses außerordentliche Ereignis hätte er noch lange stehen können. Die Wipfel der Äste, so wie die Enden der Zweige waren durchaus grün und lebendig.

METEOROLOGIE

⟨NORDLICHT⟩

Am 8^n Februar 1817, Abends nach 7 Uhr, erblickte man in
Weimar eine bisher seltene Erscheinung: ein Nordlicht und
zwar merkwürdig und von großer Ausdehnung. Man beobachtete daran folgendes. Es erstreckte sich vom Sommer-
Sonnenuntergang, bis zum Sommer-Sonnen Aufgang. Das
Licht war weiß, eher bläulich; keine Spur von gelber oder
gar roter Farbe. Vor demselben bewegte sich eine dunkle
Wolkenversammlung fortwährend, so daß bald größere
bald kleinere Räume des weißen lichten Grundes sich eröffneten oder zuschlossen. Diese Wolken erstreckten sich
weder rechts noch links weiter als der hinter ihnen hervor-
brechende Schein selbst und ob sie gleich unterwärts in
Massen zu schweben schienen, so konnte man ihnen doch
keine große Dicke vermuten, indem sie gegen die lichten
Stellen zu fleckig, besonders aber gegen oben streifenartig,
wie mit Besemen gekehrt, sich bewegten. Der weiße Schein
war, sobald die Wolken sich trennten, vollkommen rein und
gleich, gegen den Zenit endigte er mit Strahlen, bis dahin
auch aufsteigende Wolkenstreifen ihn begleiteten. Die
Sterne sah man deutlich durch den Schein, durch die Wolken aber nicht.

Die dichteste Wolkenversammlung war gegen Osten,
nach Westen hin die leichteste, weswegen auch nur an dieser
Seite große Lichträume gesehen wurden. Manchmal glaubte
man Wolkensäume und Seiten durch jenes Licht erhellt zu
sehen, doch blieb dies bei immer fortdauernder Bewegung
nicht zu bestimmen. Gegen 11 Uhr war die Erscheinung
noch nicht verschwunden. Man wünscht die Beobachtungen und Ansichten dieses Phänomens aus anderen Him-
melsgegenden zu erfahren.

W. d. 11^n Febr. 17.

Nachtrag.

Der Ingen. Geogr. Weise hat den Barometerstand um 10 Uhr beobachtet. Der übrige Himmel war klar und sternen-hell. Es ging kein merklicher Wind, die Bewegung der Wolken schien aus ihnen selbst herzustammen. Daß Kälte darauf einfiel mag nicht ohne Zusammenhang mit diesem Phänomen sein.

CAMARUPA

Der Name einer Indischen Gottheit, die an *Gestaltsverän-derung Freude hat*: Diese Benennung wird auch aufs Wol-kenspiel bezogen und steht billig diesem kleinen Aufsatz voran.

———

Wenn man die Lehre *Howards*, welcher die mannigfaltigen Formen der Wolken durch Benennung sonderte, beim Be-obachten wohl nutzen will, so muß man die von ihm bezeichneten Unterschiede fest im Auge behalten, und sich nicht irre machen lassen wenn gewisse schwankende Er-scheinungen vorkommen; man übe sich vielmehr dieselben auf die Hauptrubriken zurück zu führen.

Howards Terminologie wird hier aufgestellt, in der Ord-nung wie die verschiedenen Wolkenformen Bezug auf die Erde, oder auf die höhern Regionen haben mögen.

Stratus

Hierunter werden alle diejenigen Wolken begriffen, welche sich Streifen- oder Schichtenweise zunächst auf die Erde beziehen. Von dem Nebelstreif an, der sich vom Sumpf oder feuchten Wiesen erhebt, und darüber eine zeitlang schwe-ben bleibt, bis zu den Streifen und Schichten welche Teils die Seiten der Berge, Teils ihre Gipfel bedecken, kann alles mit diesem Namen bezeichnet werden. Da nun, wie gesagt, die horizontalgelagerten Wolken eine nächste Beziehung auf die Erde haben; so läßt sich bemerken, daß sie diese Form nur bis auf eine gewisse atmosphärische Höhe behalten. Ich vermute daß sie nicht über 1200 Toisen, das heißt, höchstens bis an unsere Schneelinie gelangen.

In dem Tal wo die Reuß nach dem Vierwaldstädter See fließt hab ich sie gesehen, da denn diese Streifen, wie Suffeten von Coulisse zu Coulisse, so vom Felsen der einen Seite zum Fels der andern horizontal herübergezogen waren. Eine bedeutende Zeichnung hievon, ist noch in meiner Sammlung. Wenn nun diese Wolkenschichten nur in einer gewissen Höhe statt haben, so müssen sie auch, so bald das Barometer steigt eine Veränderung der Form erleiden. Wir sehen daher unterwärts die Wolke noch Streifen- und Schichtweise horizontal schweben, aufwärts aber entwikkeln sich, gedrängte, geballte Massen in vertikaler Richtung nach der Höhe.

Strato-cumulus
Heißt diese Erscheinung wie sie hier beschrieben worden. Wenn nämlich beide Wolkenbestimmungen der schon abgehandelte Stratus und der folgende Cumulus noch zusammen hängen, und keine Absonderung zwischen ihnen statt findet.

Cumulus
Werden solche aufgetürmte Wolkenmassen genannt, wenn sie für sich am Horizont heraufziehen, und ihre eigene Bewegung verfolgen. Dies sind freilich die herrlichen Erscheinungen, welche eigentlichst den Namen Wolke verdienen. Diese sind es, welche in Indien mit unendlicher Gestaltveränderung, von Süden nach Norden ziehen, und über die ganze Halbinsel streifend, Schritt vor Schritt bis zu den Gebirgen hinan, die ungeheuern periodischen Regen ausschütten. Auf diesen Wolkenzug ist das vortreffliche Gedicht *Mega Dhuta* gerichtet, welches uns erst neuerlich von Calkutta mitgeteilt worden. Auf den Gebirgen welche Sachsen und Böhmen trennen, läßt sich diese Erscheinung oft auf das vollständigste bemerken. Erreicht aber Cumulus die ihm gleichfalls vorgeschriebene Höhe der Atmosphäre, oder erhöht sich der Barometerstand, so zeigt sich eine neue Umwandlung. Wir bemerken daß der obere Teil dieser Wolken, aufgezehrt, und zu Flocken gekämmt, höheren

Luftregionen zugeführt wird. Wenn diese Flocken, sich
unmittelbar aus der starren Wolke entwickeln und noch
nicht von ihr getrennt sind, erhält die Erscheinung den
Kunstnamen:

Cirrho-cumulus

Dagegen wenn diese leichten Wölkchen die bei uns *Schäfchen* heißen, für sich am Himmel stehen oder hinziehen,
werden sie

Cirrhus

genannt. Dieser aber erscheint in vielerlei Gestalten, welche
der Beobachter wohl kennen muß um nicht irre zu werden.
Bekannt sind sie einem jeden, wenn sie wie eine Herde
hintereinander dahinziehender Schäfchen, oder gelockter
Baumwolle gleich, in mehr oder minder wiederholten Reihen sich zeigen. Manchmal aber scheint der Himmel wie mit
Besemen gekehrt, und die luftigen Wolkenstreifen haben
keine bestimmte Richtung gegen einander, sondern streichen zufällig und seltsam durch die höhere Atmosphäre.   20
Ferner ist ein seltener aber schöner Anblick, wenn ein
großer Teil des Himmels gegittert erscheint. Alle diese Fälle
lassen sich mit den Namen Cirrhus bezeichnen, so wie auch
jene leicht hinschwebende Wolken, die so gern am Mond
vorüberziehn. In der Folge wird sich für alles dieses eine
unterabteilende Terminologie finden, nur muß man erst
eine Weile beobachtet haben, damit man nicht voreilig mit
Bestimmungen ins Unendliche gehe, und den ganzen Unterschied wieder aufhebe.

                                                           30
———

Nachzuholen ist nun

Strato-cirrhus.

Es kann nämlich der Fall vorkommen, besonders zur Win-
terzeit, daß die auf den Bergrücken, zum Beispiel auf dem
Ettersberg, ruhenden Streifschichten ohne sich erst zum
Cumulus zu ballen, gleich luftig abgelöst, und als Cirrhus in
die obere Region abgeführt werden, alsdann tritt gedachte
Benennung ein.   40

Zuletzt stehe:

Nimbus

Mit diesem Namen wird der Fall bezeichnet, wenn sich im Sommer, gewitterhaft, über große Landesbreiten eine düstere Wolke heranwälzt, und unten schon abregnet, indessen ihr oberer Saum noch von der Sonne beschienen wird.

So weit Howard!

Wenn ich nun zunächst einen Terminus der noch zu fehlen scheint vorschlagen sollte, so wäre es:

Paries,

Die Wand. Wenn nämlich ganz am Ende des Horizontes Schichtstreifen so gedrängt über einander liegen, daß kein Zwischenraum sich bemerken läßt, so schließen sie den Horizont in einer gewissen Höhe, und lassen den obern Himmel frei. Bald ist ihr Umriß bergrückenartig, so daß man eine entfernte Gebirgsreihe zu sehen glaubt, bald bewegt sich der Contur als Wolke, da denn eine Art Cumulo-Stratus daraus entsteht.

———

Der Beobachter wird also zuerst die Höhe über der Erde bemerken, wo die Gestalt erscheint, den Barometerstand, Jahres und Tageszeit, wie ihn ein völliger meteorologischer Apparat ohnehin in den Stand setzt.

———

Erfahrung
Jena den 12en Dezember Mittag

Barometerstand	etwas über 27½ Z.
Thermometerstand	dem Gefrierpunkt nahe.
Sonnenschein	gemäßigt.
Nord und	
Ost	Cirrhus. mannigfaltig, als Flocke, Windstreifen, und leicht hinziehende Wölkchen.

| Süd | Streifenwand, mit erleuchtetem Cumulus gesäumt. |
| West | Streifenwand, bergrückenartig gesäumt. |

————

Nachdem nun in Vorstehendem nur von Wolkenerscheinungen gehandelt worden, insofern man ihnen eine Form zuschreiben kann, so ist zunächst von den übrigen allgemeinen atmosphärischen Zuständen zu sprechen.

Die Luft ist immer als Feuchtigkeitsträger anzusehen, und bei uns besonders des Tages häufig mit derselben geschwängert, welches die blaßblaue Farbe andeutet. Je mehr sie sich nun mit Dünsten füllt, wird sie immer weniger durchscheinend bis wir sie zuletzt ganz weißlicht sehen. Die Beobachtung der Luftbläue, ist daher in Gefolg der Wetterbeobachtung sehr bedeutend, und man müßte dem Apparat, einen Kyanometer hinzufügen, auf welchem freilich nur die lichtesten Grade anzugeben wären. Allgemeine Bemerkungen über die übrigen Farben des Himmels, würden auch hier am rechten Platze stehen.

Ferner ist zu bemerken, daß wenn, bei übrigens heiterem Himmel, sich Schäfchens in der Luft zu sammeln anfangen, es als ein Zeichen leichter Wolkenbildung dienet, und als Anzeige eines darauf folgenden Regens betrachtet werden kann. Im Gegenteil wenn bei Regenwetter in der höhern Luft Schäfchens erscheinen, so darf man zunächst heiteres Wetter verkünden.

————

Ferner ist noch von bedecktem Himmel zu reden. Ein, nebelhaft, allgemein gleichförmig bedeckter Himmel, enthüllt sich oft schnell, und es werfen sich leichte flockige, in Cirrhus übergehende Wolken aus einander. Auch fällt aus einer solchen gleichförmig bedeckten Atmosphäre zur Winterzeit oft ein ruhiger Schnee nieder.

Auch kann der Himmel völlig mit kurzen streifigen Schichtwolken bedeckt sein, enthüllt sich dieser, so sagt man die Wolken brechen sich, es kann aber auch sich diese Wolkendecke in Regen auflösen, worüber der Barometerstand entscheidet.

————

Zum Schlusse will ich noch eines der schönen Phänomene gedenken, welche den Wolkenbeobachter zur Bewunderung nötigen. Ich sah zur Winterszeit eine Wolkenwand in Osten, von der Abendsonne beschienen. Sie selbst, vorzüglich aber der obere Saum war cumulus-artig. Diese Wand schneite in sich selbst ab, die wilden Streifen, besenstrichartig hin und her gekehrt, waren von der Sonne erleuchtet, die tieferen Räume der Wolkenwand aber düster und von graublaulichtem Ansehn. Der übrige Himmel meist heiter, der Barometerstand wahrscheinlich hoch, der Thermometer unter dem Gefrierpunkt.

salvo ulteriori et meliori

Jena den 16^{en} Dezember 1817.   Goethe

Die symbolische Darstellung der Wolkenformen bringt die verschiedenen Umwandelungen, wie sie vorgetragen worden, zum Anschauen.

Der Nebel erhebt sich flach gestreift über stehendem Wasser, und bildet in größerer Höhe den Stratus, in der Ferne sieht man den Cumulus sich häufen. Berührten sich beide benannte Wolkenarten unmittelbar, so ist es Stratocumulus. Die Streifen welche man über dem Cumulus schweben sieht, gehören zum Stratus, stehen tief, und decken nur für das Auge des Beschauers den Cumulus.

Cirrho-cumulus ist gleichfalls angedeutet, so wie der Cirrhus welcher völlig in die Höhe strebt. Dieser flüchtige Entwurf kann, in der Folge, zarter, natur- und kunstgemäßer ausgeführt werden.

Die vorstehende Darstellung der Howardischen Lehre, ward durch Gilberts Annalen veranlaßt.

Es wäre zu wünschen daß man das Original auch nunmehr zu besserer Einsicht erhielte, am wünschenswertesten aber ist nachstehende Schrift, welche, eine weitere Ausführung und nähere Bestimmung des Howardischen Wolkensystems enthalten soll.

Researches about atmospheric Phaenomena
by Thomas Forster – II Edition &c with a
Series of Engravings illustrative of the
Modifications of the Clouds &c 1815 London
pr. f. Baldwin, Craddock and Joy.

FARBEN DES HIMMELS,

Hängen genau mit dem Witterungszustande zusammen.

Nachfolgende Erfahrung muß man sich einprägen weil sie der Grund aller in der Atmosphäre zu beobachtenden Farbenerscheinung bleibt.

Ein trübes Glas vor das Finstere gehalten, von vorne aber erleuchtet erscheint *blaulich*, je weniger trüb desto *blauer* das am wenigsten getrübte *violet*; umgekehrt erscheint dasselbe Glas gegen das Helle gehalten *gelb* nach seiner mehreren Dichtigkeit *röter*, so daß endlich die Sonne selbst *Rubinrot* zu schauen ist.

Die Luft als Feuchtigkeitsträger, auch die heiterste, ist immer als trüb anzusehen, weswegen der Himmel der Sonne gegen über und zur Seite blau erscheinen wird, denn das Finstere des Weltalls wirkt noch durch den Flor hindurch. Eben deshalb erscheinen die Berge in einiger Entfernung dunkler blau als in größerer.

Auf den höchsten Bergen wegen der Reinheit der Atmosphäre erscheint die Luft hochblau, zuletzt ins rötliche spielend, im flachen Lande, bei größerer Verdichtung und Trübung der Luft, wird das Blau immer blässer, verschwindet zuletzt und erscheint ganz weiß.

Die Sonne und der helle Raum um sie her durch eine stark mit Dünsten angefüllte Atmosphäre gesehen, erscheint gelbrot bis zum roten.

Vor Sonnenaufgang nach Sonnenuntergang, wenn die Sonne durch die starken Dünste des Horizonts durchscheint, so beleuchtet sie die Wolken mit gelbem ja roten Schein.

Beim Höherauch erscheint die Sonne Blutrot, wie durch ein stark getrübtes Glas.

Auf beigelegter Zeichnung hat man den Blaumesser mit dem Gelb und Rotmesser verbunden, jener hat nur die Hälfte seiner Stufen, die nicht einmal alle bei uns vorkommen, dieser ist ganz durchgeführt, obgleich das höchste Rot bei uns wohl selten sein möchte, in Italien kommt es vor zu Zeiten des Sirocco.

Expediert den 2^{en} Februar 1818.

⟨DISPOSITION DER ATMOSPHÄRE⟩

Die Darstellung der Wolkenformen zugleich mit den Berghöhen der alten und neuen Welt soll eigentlich nur im allgemeinsten den Begriff geben daß die untersten Wolken sich mit der Erde horizontal legen, die höheren sich selbständig ballen, die höchsten nicht mehr von der Luft getragen sondern aufgelöst werden. Die Disposition der Atmosphäre die dies bewirkt kann auf und absteigen so daß auch zunächst an der Erde Dunst und Nebel aufgelöst und in den Luftraum verteilt werden.

Mit den untern Regionen sind wir bekannt und unsere Wetter und Wolkenbeobachtungen beziehen sich bloß auf dieselben; in den höchsten Regionen scheint das Wasser kaum als Wasser mehr zu verweilen, sondern in seine Elemente aufgelöst in dem unendlichen Äther zu schweben, doch aber muß es durch Einwirkung der Tages und Jahreszeit sich wieder herstellen, ja sogar als Schnee und Eis immerfort sich konsolidieren, wie denn die Gipfel des Chimborasso und der Himalajagebirge denen man eine Höhe über 4000 Toisen zuschreibt mit Eis vollkommen bedeckt sind.

Das Gesagte vor Augen wäre folgendes zu betrachten: In der Witterungslehre kann verschiedenes Meßbare in Zahlen und Graden ausgedrückt und ein Maß bestimmt werden. Barometer- und Thermometerstand, Wind, ge-

heime Feuchtigkeit und offenbare, ja die Farben des Himmels lassen sich messen und letztere durch die Grade eines
Bogens bezeichnen. Die Wolkenlehre hingegen fordert eine
höhere Aufmerksamkeit, wir haben zwar eine Terminologie
an die wir uns im Ganzen halten können, die aber mit noch
so viel Nebenbestimmungen nicht ausreichen ja vielmehr
nur verwirren dürf⟨t⟩e.

Wir haben also hauptsächlich auf die Disposition der
Atmosphäre zu sehen und in wie fern sie die Eigenschaft
erreicht alles Wasser in sich aufzunehmen und zu verteilen   10
oder solches geballt, zuletzt auch schichten und streifenweis
in sich zu hegen und zu tragen.

Jena gegen über. den 5ᵉⁿ Februar 1818.

CARLSBAD,
ANFANG SEPTEMBER 1819

Zwar kann ich, als Brunnengast, Geolog und Spaziergänger,
die Witterung nicht sonderlich rühmen, da sie gar zu ab-   20
wechselnd und mannigfaltig ist; doch habe die Beobachtung
derselben äußerst unterhaltend gefunden, ja von der größten Bedeutung.

Alle atmosphärische Erscheinungen haben in dieser Ge-
birgsgegend einen andern Charakter als im niederen Lande
und drücken sich viel entschiedener aus. Nur muß man, der
Himmel mache ein Gesicht welches er wolle, sich entschließen aus der Carlsbader Schlucht heraus zu gehen und die
Höhen zu ersteigen, wo man nach dem Egerkreis und den
sächsischen Gebirgen hinsieht. Alles was man in der Enge   30
nur einzeln und mißmutig gewahr wird übersieht sich
sodann mit Vergnügen und Belehrung.

Unsere ganze Wetterbeobachtung überhaupt bezieht sich
allein auf den Wettstreit der Atmosphäre den sie mit Dunst
und Nebel, und Wolken aller Art zu bestehen hat; erreicht
sie einen gewissen Grad der Elastizität, der sich an unsern
Barometern bezeichnen läßt; so vermag sie alle Feuchtigkeit
in sich zu heben, zu tragen, fortzuführen, aufzulösen und
zuletzt dunstartig dergestalt in sich zu verteilen daß wir nur
eine vollkommene Tagesbläue des Firmaments gewahr wer-   40

den. Diese Disposition der Atmosphäre wird vom Ostwinde verursacht, oder begleitet. Daß die Feuchtigkeit hingegen sich Schichtweise zusammenzieht, näher an der Erde
schwebt, sich auch allenfalls zu Wolkenmassen zusammen
ballt, deutet schon darauf hin daß die gebietende Kraft der
Atmosphäre nachläßt, und erlaubt daß Dunstsäulen und
Nebelgespinste in allen Formen aufsteigen, sich versammlen, flach einherschweben und zuletzt, als Regenschauer im
einzelnen, oder als Landguß im allgemeinen, niedergehen;
zu diesen Ereignissen gesellt sich der Westwind. Wir finden
sonach die atmosphärischen Erscheinungen immerfort eine
durch die andre bestimmt; Barometerstand, Windstrich,
Wolkenzug und Gestalt beziehen sich unmittelbar auf einander. Der größte Vorteil jedoch, den man auf einen so
hohen Standpunkte genießt, erzeigt sich darin daß man
zweierlei Dispositionen der Atmosphäre, die Beschaffenheit einer untern und obern Region, gewahr wird.

Zu Anfang September zogen lange Reihen einzelner Wolken, vom Fichtelberg über den Egerkreis, in den Ellbogner,
oben erschienen sie geballt und gehäuft, unten horizontal
gestreift, und in solcher Richtung folgten sie einander, bis
sie an die Carlsbader, und weiter östlich aufsteigenden
Berge gelangten, wo sie augenblicklich zu Regenwänden
zerflossen. Zugleich stand in Osten, vom Horizont an bis
hoch an den Himmel hinauf, eine, zwar nicht geballte, aber
feste Wolkenmasse, sie hielt sich ganz ruhig, nur von ihren
Gipfel löste sich manche leichte Flockenherde los, die aber
lange unbewegt am blauen Himmel verweilte, indessen
jene, von Westen her eilig heran ziehenden Wolken sich
ungesäumt vorüber bewegten, ohne den mindesten Einfluß
auf die entferntern und höheren Massen bemerklich zu
machen.

Am 5ten September deutete ein starker Nebel auf das
Bestreben der Atmosphäre sich umzusetzen. Ich stieg den
Schloßberg hinauf, bis zu Findläters Säule; kaum die nächste Nähe war zu unterscheiden; nun aber sah ich bald das
nahe und ferne Land, bis zur Erzgebirgsreihe sich lieblichst
aufklären. Der Nebel warf sich meistenteils nieder, wenige
Wolken stiegen auf und seit der Zeit haben wir Ostwind
und höchst merkwürdige Lufterscheinungen. Ein mehr-

jährig mit der Atmosphäre vertrauter Gutsbesitzer, den ich
im freien Felde antraf, versicherte mir erst seit einigen
Jahren solche Phänomene bemerkt zu haben.

Es war am 11ten September als ich, erst die Chaussee
hinauf gegen Fischern, sodann rechts ab den Fußweg nach
dem Kobeshügel ging, wo der Himmel rings um wohl zu
beobachten war. Die Ostseite zog unsere Aufmerksamkeit
an sich. Auf dem vollkommen blauen Grunde eines reinen
Himmels ziehen, bei sanftem Ostwinde, viele einzelne Wolken, von Osten nach Westen, leicht geballt, aber doch in
größeren Massen zusammenhängend. Eine solche breit her-
aufziehende Wolke verwandelt sich in ihrer Mitte, auf
einmal wie mit Besen auseinander gekehrt, in luftige Streifen, durch welche die Bläue des Himmels gedämpft hindurch scheint. Es donnerte einigemal, und diese Streifen
müssen sanft unmerklich abregnen: denn ich sah einen
Farbebogen, nicht allein in ihrer Region, sondern auch, was
wundersam auffiel, unterwärts, auf der ganz reinen und
ungetrübt scheinenden Bläue des Himmels.

Vor und nach Sonnenuntergang zog ein ganz leichtes,
abenteuerliches Gewölk in gleicher Richtung daher, gefärbt
wie man es nur in Italien sieht.

In Osten hatte sich indes ein ungeheures Wolkengebirg
aufgeballt. Leicht gestreifter Nebelflor, durch den man den
Jupiter völlig leuchtend durchsehen konnte, zog sich gegen
Süden. Das in Osten aufgestiegene Gewölk löste sich Wet-
terleuchtend und um 8 Uhr war der Himmel ganz rein.

Die beiden folgenden Tage ähnliche Erscheinungen, nicht
so bedeutend, nicht so genau bemerkt. Genug! der bei Tage
umwölkteste Himmel erschien Abends um 8 Uhr ganz rein.

Da sich denn am 14 und 15ten die Luft gänzlich ausklären
und das schönste Blau, ohne eine Spur von Wolke sich am
ganzen Himmelsgewölbe von Morgen bis zum Abend zeigen könnte.

Heil! auch entfernten Freunden die gewiß gegenwärtig
eines gleichen Glückes genießen.

Mittwoch d. 15.ten Mittag.

PHYSIK

IN SACHEN
DER PHYSIK CONTRA PHYSIK

familiae erciscundae

Das Metaphysische der Naturlehre bleibt dem Philosophen anheimgestellt, wie hoch und tief er anfangen, wie weit herab und Heraus er gehen will, bleibe ihm überlassen.

Rubriken	*Mathematiker*	*Chemiker*

Allgemeine Naturlehre.

Grundstoffe und Formen der Körper Kohärenz.	Teilen sich beide darein und reichen einander die Hände.
Phänomene der Schwere im Allgemeinen	An diese Behörde.
Phänomene schwerer fester Körper.	Gleichfalls.
Phänomene schwerer liquider Körper	Gleichfalls.
Phänomene schwerer expansiver Flüssigkeiten.	Gleichfalls.
Schwingungs-bewegungen	Diese Behörde privative

Besondere Naturlehre.

Wärme	Mathematiker und Chemiker	
Licht	Alles auf Linien reduzierbare des Sehens privative	Alles auf Qualität reduzible. Farbe.
Schwere einfache Stoffe, und ihre Verbindungen	pausiert der Mathematiker	der Chemiker ist in seiner Glorie.
Elektrizität, Galvanism. pp.	kümmert den Mathematiker nicht als in so fern er angerufen wird hülfreich zu sein.	der Chemiker ist oben drauf.
Magnet	Beide nach Belieben	
	Doch wird der Mathematiker ihm mehr anhaben, bis jetzt weiß	der Chemiker nichts von ihm zu sagen.

10

20

AMTLICHE SCHRIFTEN

DIE REORGANISATION DER OBERAUFSICHT

⟨Promemoria, 18. Dezember 1815⟩

Wenn ich die unmittelbaren Anstalten für Kunst und Wissenschaft, im Großherzogtum Weimar, welche einer Oberaufsicht übergeben werden sollen, im einzelnen durchgehe, so findet sich freilich eine größere Menge von Gegenständen, als man bei dem ersten Anblick glauben sollte. Sie sind auf beiliegenden Blatt sub A. nebst dem Personal im allgemeinen bezeichnet und es wäre hier nicht der Ort das Besondere durchzugehen, daher nur das notwendigste, was auf den gegenwärtigen Augenblick Einfluß haben kann.

Die Übersicht so mannigfaltiger Gegenstände wird dadurch erleichtert, daß die Cabinette sowohl als die praktischen Anstalten meistens in guter Ordnung sind, auch daß die ihnen vorgesetzten Männer mit Liebe und Fleiß ihre Pflicht leisten. Doch darf man sich nicht verbergen daß um alles in Stand und Schritt zu erhalten die nötigen Veränderungen, Anordnungen, Einkörperungen nach und nach zu besorgen, Stockungen hinwegzuräumen, Gebrechen zu beseitigen, ja wohl gar neu projektierte Einrichtungen zu treffen, nicht wenig Aufmerksamkeit und Tätigkeit erfordern wird.

Dabei hat man zu bedenken daß hier von lauter realen, sinnlichen Geschäften die Rede ist, welche nicht anders als durch wiederholte persönliche Gegenwart des Beauftragten zu behandeln, und so die vorkommenden Zweifel zu lösen sind, und ich darf hier wohl ohne Anmaßung behaupten, daß in früheren Jahren mein längerer Aufenthalt in Jena zum Wachstum und der klaren Ordnung worin sich die Gegenstände befinden, sehr vieles beigetragen.

Da nun aber in den letzten traurigen Kriegsjahren, bei den überhäuften Geschäften meines verehrten bisherigen Mitcommissarius, bei meiner wankenden Gesundheit, und daher wiederholten Sommerabwesenheiten ein persönliches Einwirken gehindert und gestört worden; so haben wir, besonders, da Obrist von Hendrich, welcher zehn Jahre in

diesem Geschäft getreulich mitgewirkt, von Jena abgegangen, seit beinahe zwei Jahren meinen Sohn den Kammerjunker und Kammer-Assessor beauftragt in unserem Namen
und an unserer Statt jenen Geschäften die nötige Aufmerksamkeit zuzuwenden, welches er wie beiliegendes von ihm
geführtes Aktenfaszikel, und unsere Kommissions-Akten
beweisen treulich besorgt hat. Da ich nun in dem Fall sein
würde, mich desselben wie bisher durch Auftrag zu bedienen, so gebe ich anheim ob es nicht höchst gefällig sei ihn
mir förmlich beizugeben. Er ist von Jugend auf mit diesen
Gegenständen bekannt, hat mehrere dieser Anstalten entstehen und wachsen sehen, und hat, da er meine Umgebung
selten verließ, an Einsicht in Wissenschaft und Kunst stetig
zugenommen. Er steht mit den Vorgesetzten und Local-
Aufsehern durchaus in gutem Vernehmen, deren einigen er
als Lehrer, andern als Kommilitonen verbunden ist. Ferner
hat er das Glück ein Mitglied der Großherzogl. Kammer zu
sein, eines Departements wohin die Museen bei allen Baulichkeiten und neuen LocalEinrichtungen sich zu wenden
angewiesen sind. Möge dieses alles sowie die Zeugnisse
seiner Vorgesetzten dem Wunsche, den ich hier zu äußern
wagte das Wort sprechen.

Auf ähnliche Weise hat man sich in dem bisherigen
Zustand, welcher ohne eigentliche Form, auf einem reinen
guten Willen beruhte auf allerlei Weise auszuhelfen gesucht,
da wo eigentlich eine kleine Kanzlei nötig gewesen wäre.
Wir beide bisherige Kommissarien haben Registraturen und
Verordnungen zu entwerfen nicht verschmäht, das gleiche
hat mein Sohn seit mehrerer Zeit getan, auch habe ich mit
demselben wie mit dem Bibliotheks-Accessisten Kräuter
dictando die nötigen Expeditionen angefertigt, Abschriften
sind sodann manchmal auf den Kanzleien, gewöhnlich aber
durch Schreiber, in meinem Solde, gefertigt worden; deshalb ich denn bei vermehrtem Geschäft Sicherheit, Schnelligkeit und Konsequenz zu behaupten, mir in der Person
des genannten Kräuters einen Secretair, in der Person eines
jetzt aus dem Felde zurückkehrenden *John,* einen Kopisten
erbitte. Jener verdient eine solche Stelle wegen seiner seit
zehn Jahren um einen kümmerlichen Lohn bei Großherzogl. Bibliothek treulich geleisteten Dienste, wegen Fleißes,

Genauigkeit und Zuverlässigkeit; der andere als ein Brust-
kranker Mensch, der bei diesem Feldzuge noch ungesunder
geworden, eine gute Hand schreibt und sich zu einem stillen
Leben und anhaltenden Geschäft gar wohl qualifiziert.

Würde diese gebetene Einrichtung, welche eigentlich
schon besteht, und ohne gegenwärtige Veranlassung wohl
noch eine Zeitlang im Stillen fortgeführt worden wäre,
höchsten Orts sanktioniert, so wollte ich garantieren daß
ein Ganzes gebildet würde, welches die Übersicht des Bestehenden jeden Augenblick möglich machte, das Nötige
mit fortgesetzter Tätigkeit behandelte und eine Repositur
zu Sicherung der Einsicht für die Zukunft einrichtete. Zu
welchem letzteren die Elemente sorgfältig aufbewahrt, bis
jetzt aber noch nicht in Zusammenhang gebracht worden.

Möge es nun schließlich nicht als Anmaßung erscheinen,
wenn ich zu Unterstützung des vorstehenden geziemenden
Gesuchs bescheidentlich anführe, daß ich zu einer sehr
lebhaften Wirkung nach Außen seit vielen Jahren genötigt
bin. Weimar hat den Ruhm einer wissenschaftlichen und
kunstreichen Bildung über Deutschland, ja über Europa
verbreitet, dadurch ward herkömmlich sich in zweifelhaften
literarischen und artistischen Fällen hier guten Rats zu
erholen. Wieland, Herder, Schiller und andere haben so viel
Zutrauen erweckt daß bei ihnen dieser Art Anfragen öfters
anlangten, welche die gedachten Männer oft mit Unstatten
erwiederten, oder wenigstens freundlich ablehnten. Mir
Überbliebenen, ob ich gleich an solchen Anforderungen
und Aufträgen selbst schon hinreichend fortlitt, ist ein
großer Teil jener nicht einträglichen Erbschaften zugefallen.

Ich darf kaum hinzusetzen daß ich durch die Kunstaufgaben und Ausstellungen, durch die Beurteilungen der
eingesendeten Stücke, Verteilung der Preise und sonstige Wirkungen, gemeinschaftlich mit den teilnehmenden
Weimarischen Kunstfreunden, den meisten deutschen
Künstlern und Kennern dergestalt bekannt und verwandt
geworden bin, daß die Chiffer: W. K. F. in der Jenaischen
Literatur-Zeitung als ein Zeichen unserer fortdauernden
Bemühungen überall sich einer freundlichen Aufnahme zu
erfreuen hat.

Ferner habe ich durch meinen früheren Anteil an gedachter Literatur-Zeitung mit vielen Gelehrten, besonders auch durch naturwissenschaftliche Bemühung mit einer Anzahl Physikern, Chemikern, Mineralogen und sonstigen Freunden dieser Wissenschaften mich in Berührung gesetzt. Das Theater lockte eine Anzahl dramatischer Schriftsteller heran, durch ästhetische Arbeiten kam ich mit Dichtern und leider auch mit Dichterlingen in Verhältnis, so daß ich nun von allen diesen Geistern keine posttägl. Ruhe habe und viele Zeit wo nicht auf unentgeltliche Responsa, doch wenigstens auf ein freundliches Ablehnen verwenden muß.   10

Damit es aber nicht scheine als ob es in meiner Willkür stehe dergleichen Arbeiten zu übernehmen, so sei es mir erlaubt der zwei neusten Fälle zu gedenken.

Die unmittelbare Vorsprache der Erbgroßherzogin von Mecklenburg Schwerin Königl. Hoheit mußte mir ein Befehl sein meine Teilnahme einer jenen Gegenden bedeutenden Unternehmung nicht zu entziehen. Die Großherzogl. Mecklenburgischen Landstände gedenken dem Fürsten Blücher, zu Rostock, als seinem Geburtsort ein Denkmal zu errichten; schon ist man so weit einig daß ein Standbild dieses   20 Helden durch Direktor Schadow ausgeführt werden soll mit welchem ich deshalb, besonders wegen Hin- und Hersendens der Modelle, wovon das letzte unterwegs zu Grunde gegangen, in einer bedenklichen Korrespondenz stehe.

Herr Staatsminister von Schuckmann hatte vernommen, daß ich von Kunst und Altertum in den Rhein- und Mayngegenden einen Aufsatz unter Handen habe und ich konnte ihm den die preußischen Staaten betreffenden Teil nicht versagen; weil aber diese Blätter nur dasjenige enthalten was allenfalls öffentlich geäußert werden kann, so mußte ich   30 darüber weitere Auskunft geben, und bin beschäftigt an mich erlassene Fragen aufrichtig und umständlich zu beantworten.

In diesen beiden, so wie in den unzählbaren vorhergehenden Fällen, werde mich der Ehre zu begnügen haben gegen das liebe Deutsche Vaterland, als Fakultät und Ordinarius um Gottes willen mich einwirkend zu verhalten.

Da ich mich nun in solchen Verhältnissen wohl nicht mit Unrecht als öffentliche Person ansehen darf so wird mir nicht verargt werden wenn ich einige Erleichterung von   40

Staatswegen in bescheiden gebetener Maße mir schmeicheln darf.

Verzeihung erbittend wegen dieser dem Gegenstande nicht ganz fremder Erörterung, gehe ich auf das mir künftig untergebene, hoffende und zum Teil schmachtende Personal mit Zuversicht über.

d. 18. Dez. 1815   G.

⟨Schreiben an Christian Gottlob von Voigt,
19. Dezember 1815⟩

Ihro Königl. Hoheit sowohl als Ew. Exzellenz haben meine Worte sehr gut ausgelegt und meine Wünsche wohlverstanden, für beides bin ich freudig dankbar und sende die Blätter zurück, mit der Bitte, sie kopieren zu lassen und ein oder das andere Exemplar zu unseren Akten zu geben.

Einen Aufsatz lege ich bei den ich schrieb in Sorge Ew. Exzellenz Teilnahme zu verlieren, da sich jedoch an der Hauptsache nichts ändert, und ich überdem vergessen habe, daß die Führung einer allgemeinen Registrande tägl. Aufmerksamkeit erfordert, so lege ich die Blätter wie sie sind Ew. Exzellenz zur Prüfung vor. Verziehen sei mir daß ich so viel von mir selbst gesprochen, aber diese auswärtigen Dinge greifen so in Geschäft und Leben, daß sie nicht zu sondern sind, und ich wohl ⟨von⟩ dieser, auf mich drückenden, ganz eigenen und nicht abzuwälzenden Last, von der sich niemand leicht eine Vorstellung macht, an dieser Stelle reden durfte.

Die Note für den Adreß-Kalender werde sogleich besorgen und auch ohnzielsetzliche Vorschläge zu Verbesserung unserer Untergeordneten.

Da ich denn alsdann des näheren über meine Ansichten mich erklären werde.

Nächstens hoffe ich meine Freude über die glückliche Wendung der Sache mündlich auszudrücken.

aufs Neue
wie für immer
treulichst verbunden

W. d. 19. Dez. 1815.   J W. v. Goethe

⟨Schreiben an C. G. von Voigt,
21. Dezember 1815⟩

Ew. Exzellenz
übersende mehr einen Brouillon als ein Konzept der mir
doch Nachdenken genug verursacht hat, weil ich weder
gewohnt bin Belohnungen noch Gnaden auszuteilen. Haben Ew. Exzellenz die Güte die Vorschläge nach Außen
d. h. gegen die übrige Dienerschaft und nach Innen gefälligst zu betrachten. Meine krankhaften Zustände sind mir   10
diesmal sehr im Wege, denn sonst wäre ich persönlich erschienen, weil sich im Gespräche alles schneller und
leichter abtut, erlauben Sie meinem Sohn aufzuwarten um
Ihre Gesinnung zu hören und über einiges Auskunft zu
geben.
    Nur bemerke ich daß bei meiner Arbeit drei naevos
angetroffen welche mir eigentlich zu schaffen gemacht.
    Der erste daß bei dem langen Leben Hermanns unsere
Bibliothekspersonen auf eine Verbesserung allzu lange ge-
harrt und es, ungeachtet jener neuern Interimszulage doch   20
immer aussieht als wenn man sie gegenwärtig zu sehr
begünstigte.
    Ein gleiches ist bei den Jenaischen Museen der Fall, wobei
ich mir Vorwürfe mache nicht auch in den schlimmsten
Zeiten mehr zur Sublevation jener Männer in Vorschlag
gebracht zu haben.
    Drittens hat dagegen eine große Disproportion in unser
Inneres gebracht, daß Ihro Königl. Hoheit proprio motu
dem Professor Jagemann 600 Rtlr zugewährt, den Bergrat Voigt durch Zulage von 100 Rtlrn. auf 300 Rtlr ge-   30
setzt und durch eine Besoldung des Hofrat Oken von
400 Rtlrn außerhalb unseres Kreises, denjenigen Personen,
die innerhalb wirken einen allzuhohen Maßstab gesetzt
hat.
    Über alle diese Dinge habe ich mehrere Jahre her direkte
und indirekte Klagen und Vorwürfe erdulden müssen, die
jedoch als der Zeit und den Umständen angehörig gern
ertrug, gegenwärtig aber zur Sprache bringe weil die
Erwartung aller Menschen gespannt ist, und sich jedermann überzeugt hält, daß wenn er nicht bei dem neube-   40

wegten Teiche Bethesda gesundet, er wohl zeitlebens kränkeln möchte.
Nachsicht und Teilnahme erbittend

innigst verbunden

Weimar d. 21ˢᵗ Dezbr 1815 Goethe

⟨SCHREIBEN AN C. G. VON VOIGT,
26. DEZEMBER 1815⟩

Da Ew. Exzellenz geneigter Vortrag der Sache mehr als eine Revision und Abschrift nachhelfen und nützen wird, so entschließe mich die Aufsätze so wie ich sie zurückerhalten abermals zu übersenden, mit Bitte die darin enthaltenen Gesuche teilnehmend zu unterstützen.

Die Summe der gewünschten unter der Rubrik Zulage unterstrichenen Begünstigungen beläuft sich auf etwa 1500 Rtr. wobei man sich aber auch sagen kann daß die gemeldeten Personen nunmehr das was ihnen obliegt mit Freudigkeit tun und neue vorauszusehende Obliegenheiten ohne weitere Anforderung übernehmen können.

Eine umständliche Darstellung der ganzen Sache soll binnen hier und Ostern nicht fehlen.

gehorsamst

Weimar d. 26. Dezbr. 1815. Goethe.

⟨BERICHT AN DEN GROSSHERZOG, 5. JANUAR 1816⟩

Untert. Vortrag.

Nach Ew. Königl. Hoheit gnädigsten Anordnungen, sollen Unterzeichnete künftig die Oberaufsicht von Höchstdenenselben unmittelbar ausgehenden Anstalten für Wissenschaft und Kunst, hier und in Jena, wie bisher gemeinschaftlich führen, worin die höchstgnädige Andeutung liegt, daß Ew. Königl. Hoheit mit der bisherigen Geschäfts-Behandlung einige Zufriedenheit aussprechen mögen.

Wir werden nicht verfehlen das nunmehr entstehende Ganze zu überschauen, die allenfalls eintretenden Veränderungen zu überlegen was zur Erhaltung und Benutzung

gereicht zu befördern. Vorzüglich aber werden wir neue in
Vorschlag gekommene Erweiterungen und Verbesserungen
durchdenken und über alles untertänigste Vorträge einzureichen nicht ermangeln. Indessen erlauben Ew. Königl.
⟨Hoheit⟩ daß wir die
unsrer Oberaufsicht untergebnen Individuen, wovon die
meisten viele der vergangenen, druckenden Jahre in Hoffnung und Erwartung zugebracht Höchstdenenselben in
beigehender Maße zu huldvoller Begnadigung empfehlen,
damit diese Personen gleich andern Gliedern Ihro Diener-   10
schaft erquickt und zu freudiger und sorgenfreier Erfüllung
ihrer zu erneuenden Pflichten aufgemuntert werden.

W. d. 5. Jan. 1816.

⟨WEISUNG DER OBERAUFSICHT
AN AUGUST VON GOETHE, 12. JULI 1816⟩

Nachdem Ihro des Großherzogs Königl. Hoheit den Kammer Junker und Kammer Rat Herrn von Goethe zur Assi-   20
stenz bei der Oberaufsicht pp anzustellen geruht; so erhält
derselbe hiermit den Auftrag künftig hin alles Einkom-
mende zu präsentieren, durch den Secretair Kräuter mit der
Nummer bezeichnen und in die Registrande eintragen zu
lassen, sodann aber die Exhibita nebst denen dabei allenfalls
nötigen Akten oder allenfallsigen ihm beigehenden erläuternden Bemerkungen der Oberaufsicht zu übergeben, die
von derselben gefaßten Resolutionen in die Registrande
einzutragen und die darauf nötigen Expeditionen an Konzepten und Mundis schleunigst zu besorgen und nach deren   30
resp: Signatur zu vollziehen, die Bestellung ungesäumt zu
bewerkstelligen, sich auch, was das Besondere des Geschäfts betrifft, nach inliegender Instruktion zu verhalten,
und sich nötigen Falls zu diesem Geschäft durch gegenwärtiges zu legitimieren.

Weimar den 12n Juli 1816.

Großherzogl: Sächs: Oberaufsicht
über alle unmittelbare Anstalten
für Wissenschaft und Kunst.

JWvGoethe   CGvVoigt   40

⟨INSTRUKTION DER OBERAUFSICHT
FÜR AUGUST VON GOETHE,
16. JULI 1816⟩

Instruktion
für den bei der Oberaufsicht zur Assistenz angestellten
Kammerjunker und Kammerrat Herrn von Goethe, und
zwar, was die Besorgungen für die nächste Zeit betrifft.

Für Weimar.

1.) Wegen der *Bibliotheks Geschäfte*, wird durchaus
Anfrage getan und die desfallsige[n] Anordnung befolgt.

2.) Das *Zeichen Institut* besucht derselbe etwa alle vierzehn Tage. Die Stunden auf kurze Zeit, damit durch seine
Gegenwart die Aufmerksamkeit auf diese Anstalt angedeutet werde.

3.) Den *Bau in der Esplanade* besucht er fleißig, und
wird, wenn Hindernisse vorkommen sollten dieselben weg-
zuräumen suchen. Sollten die verwilligten 400 r. ihre End-
schaft erreichen, so sorgt er für ein frisches Communicat an
Großherzogl. Kammer.

Wegen Jena.

1.) Daselbst ist die Hauptsache gegenwärtig die Auspackung und Ordnung des Heimsch. Cabinets. Sobald
derselbe durch einen dem Bergrat Lenz aufgegebenen Bericht erfährt, daß der Fußboden gelegt und die Sch⟨r⟩änke
aufgestellt sind; begibt er sich hinüber, läßt sich den Katalog
vorlegen, sodann die Kisten der Nummern nach eröffnen
und die sämtlichen Gebirgsarten nach ihren einzelnen
Nummern in die Schubladen der Schränke von der Linken
zur Rechten mit möglichster Platzersparnis einrangieren.
Betrachtet sodann den Zustand in welchem sich die übrigen
Museen befinden, revidiert die, von I. K. H. der Erbgroßherzogin daselbst niedergelegten Mineralien. Besonders
auch, wie weit man mit Verteilung der von Wien angekommenen Fische gelangt, welches Geschäft jedoch, wegen
Mangel an Gläsern, zurück sein wird, wobei zu merken, daß
die Gläser bestellt sind und Färber angewiesen ist, daß er,
sobald sie angekommen, an das Geschäft gehe, damit es vor
Winters beendigt sei.

2.) Die *Bibliothek* betrachtet er gleichfalls und ist das
Nötige die neue Ordnung betreffend nachzuholen. Deshalb
mit dem Rat Vulpius Rücksprache genommen worden. Der
schadhafte Pfeiler ist ungesäumt von Tümmlern zu besichtigen.

3.) Die übrigen Sammlungen über der Reitbahn, wie sie
Namen haben mögen besucht er, wobei wenig zu erinnern
sein wird.

4.) Sollte bei der *Döbereinersch. neuen Hauseinrichtung* etwas nach zu holen sein; so besorgt er solches.
Besucht auch

5.) die *Sternwarte* und

6.) den *botanischen Garten*, beseitigt überall kleine
Hindernisse und löset Stockungen⟨,⟩ gibt auch sodann
mittelst Bericht an Großherzogl. Oberaufsicht von allem
nötige Kenntnis.

Weimar den 16ⁿ Juli 1816.

Großherzogl: Sächs: Oberaufsicht
über alle unmittelbare Anstalten
für Wissenschaft und Kunst.

JWvGoethe   CGvVoigt

OBERAUFSICHT ÜBER DIE NATUR-
WISSENSCHAFTLICHEN INSTITUTE IN JENA

Aus den Akten der Oberaufsicht:
Der gegenwärtige Zustand und die künftige Behandlung der
wissenschaftlichen Anstalten (Tit. 2 Nr. 6)

〈SCHREIBEN AN CHRISTIAN GOTTLOB VON VOIGT,
29. JANUAR 1816〉

Ew. Exzellenz
erhalten hiebei einige Expedienda:
1) Votum wegen eines untertänigen Vortrags, den Ausbau des Jena. Schlosses zu Gunsten der Museen betr.
2) Bemerkungen über den Holzverbrauch bei der Zeichenschule gefälligst zu benutzen bei den Etats, auch lege
die darauf sich beziehenden Akten bei.
3) Ein Schreiben an Hrn. von Treitlinger zu geneigter
Beförderung.
4) Ingleichen die Vorschläge zu der neuen Einrichtung
des freien Zeichen Instituts.
              gehorsamst
Weimar d. 29ⁿ Jän. 1816   Goethe.

〈BERICHT AN DEN GROSSHERZOG,
31. JANUAR 1816〉

Ew. Königl. Hoheit
lege abermals eine Angelegenheit vor, welche gleich so
manchen andern lange Zeit geruht und nunmehr bei wieder
eintretender Glückswitterung wieder auftaut.
Der HofMedicus Starke nämlich hat den Katalog der
Präparate seines Vaters wieder eingereicht, mit einer kurzen
Übersicht des Inhaltes desselben.
Gleich nach dem Tode des Geheime Hofrat Starke kam
die Sache zur Sprache und Ew. Königl. Hoheit erlaubten
600 r. darauf zu bieten, weil freilich auf einmal dadurch

unser Anatomisches Cabinet sich bedeutend bereichert hätte. Man war auch beinah einig, als die dazwischentretenden Kriegsvorfälle in allen Negoziationen dieser Art eine große Pause machten. Auch jetzo, glaube ich, würde man diese Sammlung für 600 r. erhalten. Die Akquisition wäre immer wünschenswert, denn ob wir gleich manches Ähnliche besitzen, so kann man doch von solchen Dingen kaum sagen, daß es Doubletten seien.

Freilich stehen zu völliger Einrichtung der Jenaischen Anstalten noch wichtige Ausgaben bevor

1. Die Plazierung und Begünstigung Döbereiners weshalb ich wegen des bezeichneten Gartens sogleich nachgefragt,
2. Die Versetzung Körners
3. obengedachten Cabinettes Anschaffung

wobei ich mich nicht enthalten kann auf einen Beitrag von Seiten der Landschaft zu rechnen und wär es auch nur, um die Interessen der aufzunehmenden Kapitale zu decken und einen AmortisationsFond zu gründen.

Man kann indessen obgedachtes Geschäft sachte angehen lassen, da ohnehin vor Ostern an keine Translocation zu denken ist.

Weimar d. 31. Jänn. 1816　　　　　　　　　　Goethe

⟨AKTENVERMERK,
21. FEBRUAR 1816⟩

Da Unterzeichneter von jeher die Sorgfalt für Erhaltung der Museen mit der Einsicht in die Wissenschaft und Förderung derselben zu verbinden gesucht; so hat derselbe, auch was das *astronomische Fach* betrifft, nähere Kenntnis zu den Akten zu bringen und dadurch zu beginnen getrachtet, daß er Herrn Professor von Münchow veranlaßte, von den merkwürdigsten Männern, welche teils selbst Astronomen sind, teils auf Astronomie als Mathematiker Einfluß haben, nach alphabetischer Ordnung aufzuführen, weshalb denn nachstehendes Verzeichnis zu den Akten genommen worden.

Weimar d. 21[n] Febr. 1816.

⟨BERICHT AN DEN GROSSHERZOG,
30. MÄRZ 1816⟩

Ew. Königl. Hoheit
lege ein Promemoria des Bergrats Voigt vor welches von
seiner Aufmerksamkeit auf den ihm anvertrauten Garten
zeugt. Die notierten Pflanzen betragen eine Summe von 37
Talern. Er wünscht daß sie unentgeltlich abgegeben werden
möchten, welches ihm wohl zu verzeihen ist, da er nicht
weiß wie wohl uns Ew. Hoheit gesetzt haben. Es hängt
daher ganz von Höchster Entscheidung ab.
untertänigst
Weimar den 30. März 1816.   J.W. v. Goethe.

⟨BERICHT AN DEN GROSSHERZOG,
31. MÄRZ 1816⟩

Ew. Königl. Hoheit
lege so eben aus Wien erhaltene Papiere vor. Des Direktor
von Schreibers vorläufiger Bericht enthält mehrere Punkte.
    1) Den Ankauf und Transport der Schafe und Schweine
betr., wozu der Brief des Ökonomen Zahlbruckners gehört.
    2) Verzeichnis der zur Absendung bestimmten natur-
historischen Gegenstände.
    3) Ankündigung einer Sammlung von Chromerzen.
    4) Fortsetzung von Trattinicks Flora des österreichi-
schen Kaisertums.
    5) Anfrage wegen der Fortsetzung von Jahns Her-
barium.
    6) Ankündigung und Verzeichnis der Seefische p. welche
abgehen sollen.
    Da mir von Darmstadt auch ein monstroser Schädel
gesendet worden und ich mir einen reinen weißen ausgebe-
ten habe; so könnte dieser zweite gar wohl gut eingepackt
über Nürnberg nach Wien spediert werden, um diesem
gefälligen Mann auch mit etwas Seltenem zu dienen.
untertänigst
Weimar den 31. März 1816.   J. W. v. Goethe.

⟨Schreiben an
Ernst Christian Friedrich Adam Schleiermacher,
5. April 1816⟩

Die vor einiger Zeit gefällig angekündigte Sendung des
doppelten Exemplars jenes höchst merkwürdigen ja einzigen monstrosen Schädels ist glücklich angelangt. Der Großherzog, mein gnädigster Herr, sieht dadurch einen seiner
angelegentlichsten wissenschaftlichen Wünsche befriedigt
und zwar glücklicher Weise gerade zu der Zeit, wo er für die 10
Jenaischen Anstalten auf eine höchst fürstliche Weise sorgt.
Ich hoffe nächstens hinüber zu gehen und diese neue Akquisition persönlich einzurangieren.

Erlauben Sie mir bei dieser Gelegenheit zu sagen, daß
jedesmal, wenn ich die mir untergebenen wissenschaftlichen Sammlungen durchschaue, die Ihrige als ein unerreich-
bares Muster mir vor Augen steht. Auch habe ich mich nicht
enthalten können, sie öffentlich als eine solche anzurühmen.

Zugleich erbitte mir die Erlaubnis von manchem, was 20
bei uns in duplo vorhanden ist, einiges nach und nach
zu übersenden was vielleicht angenehm sein könnte. Das
eintretende Frühjahr fordert wieder zur Revision der
Kabinette auf. Vorläufig sende nächstens ein Paar der vorzüglichsten Cameen des Wiener Kabinetts in Gypsabguß,
welche zusammengehalten mit den Nachbildungen bei
Eckhel höchst belehrend sind.

In Erwiderung des monstrosen Schädels werde sodann
einen von denjenigen senden, welche wir zwischen hier und
Jena aus einem hochgelegenen Grabhügel ausgegraben. 30
Hofrat Blumenbach erklärt diese Nation für eine der
schönstgeformten. Die Familienähnlichkeit der sämtlichen
aufgefundenen ist höchst merkwürdig, sie scheint in den
frühesten Zeiten unsrer Ära sich von der Ostsee nach
Thüringen gezogen und auf der Höhe zwischen der Saale
und der Ilm ihr Wesen getrieben zu haben.

Nun aber füge ich noch eine Bitte hiebei deren Verzeihung ich wohl hoffen darf, daß Ew. Wohlgeb. die Gefälligkeit haben mögen, mir den monstrosen Schädel nochmals in
einem weißen Exemplare, wie er aus der Form kommt ohne 40

weitere Nachhülfe, geneigtest zu gewähren. Es werden dadurch die Wünsche unserer Anatomen erfüllt, welche die Vergleichung mit gesunden Schädeln soweit als möglich verfolgen möchten.

Mit Bitte, mich den gnädigsten Herrschaften dankbarlichst verpflichtet zu Füßen zu legen.

Weimar d. 5. Apr. 16.

⟨BERICHT AN DEN GROSSHERZOG,
11. APRIL 1816⟩

Ew. Königliche Hoheit
ersehen gnädigst aus der Beilage die glückliche Wiederherstellung des galvanischen Pendels; die durch den Bruch der Säule gewonnene Einsicht in das Innere derselben, ersetzt reichlich die wenigen Kosten der Wiederherstellung; sie sollen aus der Museumskasse bezahlt werden. Wegen einer größern solchen Säule, die Voigt wünscht, läßt ja sich wohl einmal mit den Professoren und Otteny Abrede nehmen.

untertänigst

Weimar den 11. Apr. 1816.   Goethe.

⟨BERICHT AN DEN GROSSHERZOG,
11. MAI 1816⟩

Ew. Königl. Hoheit
gnädigster Äußerung zu Folge begebe mich heute nach Jena, um dort in loco die bekannten Gegenstände aufmerksam zu betrachten und zu Höchstihro Empfang einiges vorzubereiten.

Beiliegende Dubia Voigts und Ottenys sind wohl am sichersten am Orte zu beseitigen.

Die Katalogen habe auf die Bibliothek gegeben, ein Werk ist angestrichen worden.

In Hoffnung mich Ihro Gegenwart bald zu erfreuen.

untertänigst

Weimar d. 11.ⁿ Mai 1816.   Goethe

⟨Schreiben
an Carl Franz Anton von Schreibers,
25. Mai 1816⟩

Ew. Hochwohlgeboren,
vermelde mit Vergnügen daß der sämtliche Transport
glücklich und unbeschädigt zur größten Zufriedenheit meines gnädigsten Herrn des Großherzogs angekommen und
da Höchstdieselben so eben nach Meiningen zur Vermählung des Herzogs Bernhard abreisen, so erhalte ich den   10
Auftrag Ew. Hochwohlgeb. den verbindlichsten Dank vorläufig abzustatten.
Die Kisten mit Naturalien wurden sogleich nach Jena
geschafft, wo bei dem Auspacken alles im besten Zustand
befunden ward, so wie denn auch die verschiedenen Gegenstände in ihre Cabinets-Abteilungen gebracht wurden, welche dadurch eine seltene Zierde und Bereicherung erhielten.
Für diesmal sage ich nichts mehr und füge nur noch
meinen lebhaften Dank für die auch mir bei dieser Gelegenheit zugegangene Belehrung und Ergötzung bei. – Mich zu   20
geneigtem Andenken angelegentlichst empfehlend
Jena d. 25 Mai 1816.

⟨Schreiben an C. G. von Voigt, 30. Mai 1816⟩

Ew. Exzellenz
belieben aus Beikommendem gefällig zu ersehen, was bei
meinem Aufenthalte in Jena gewirkt worden.
Ich habe die darauf bezüglichen Papiere in Tekturen   30
gesondert, um die Übersicht zu erleichtern. Sobald ich sie
zurück erhalte, werden die Exhibita numeriert, in die Registrande eingetragen und zu den verschiedenen Akten geheftet. Es läßt sich voraussehen, daß eine fortgesetzte Aufmerksamkeit binnen Jahresfrist eine entschiedene Ordnung
bewirken kann.
Über die gestrige Sendung nächstens einige Worte so wie
mündlich über gar manches zu verhandeln sein wird.
          Mich andringlichst empfehlend
Weimar d. 30. Mai 1816.   Goethe.   40

⟨Aktenvermerk,
13. September 1816?⟩

Den Jena. naturwissenschaftlichen Anstalten zur Aufbewahrung zu übergeben.

Nachrichtl.

Aug. v. Goethe.

Ferner

sind die unter N° 157 Regist. d. anno 1816. und fol. ⟨*Lücke*⟩
10   Vol II. Actor. der Großhl. Ober-Aufsicht angezeigten
Exemplare von Steinsalz ebenfalls nach Jena in das Mineralog. Cabinet übermacht worden.

Nachrichtl.

J.W. von Goethe.

⟨Weisung an Gottlob Wilhelm Ernst Kühn,
14. September 1816⟩

20   Der Großherzogl. R.A. Kühn zu Jena erhält hiedurch die
Anweisung, den Betrag beigehender drei Rechnungen, als
1) des Buchdrucker Joch mit   5r. 11gr.   9 3/17d. Kassegeld
2) des Buchbinder Poller – 13.   9   10 10/17d. –
3) des Tischler Planer   – 6. – 11 5/17d. –
an benannte Personen auszuzahlen und in Museums-Rech-
nungs-Ausgabe gehörig zu verschreiben.

Weimar d. 14. Sptbr 1816.   Ober Aufsicht p.

30   ⟨Weisung
an Johann Michael Christoph Färber,
16. September 1816⟩

Der Großherzogl. Bibliotheks- und Museumsschreiber
Färber erhält hiedurch die Anweisung beikommende Sen-
dung, bestehend in *Zwei Kistchen* sign. H.G.v.G. ferner *Ein
Paquet* mit einem herbario signiert wie oben, an einen
trocknen und sichern Ort zu stellen, und wegen deren
Auspackung das weitere zu gewärtigen.

Zugleich hat derselbe anzuzeigen ob die Anschlagzeddel an das von Heim. Cabinet zum Anheften bereit liegen.
Weimar, d. 16^n Sptbr. 1816.   Ober Aufsicht p

⟨AKTENVERMERK,
24. OKTOBER 1816⟩

Inhalt des an Färber den 25^n Oktbr. d. J. durch Kammerjunker und Kammerrat von Goethe abgesendeten Kästchens. 10
    1) An Bergrat Lenz die Versteinrung von Cußweiler gesendet.
    2) An denselben das Steinsalz der Herrn von Heerda.
    3) Vier trüffelartige Gewächse an Döbereiner zur Unter-
suchung.
    4) Das ältere Verzeichnis der osteolog. Präparate.
    5) Ein Brief an Herrn G.H. Eichstädt latein. Inschriften auf die auf Herrn St.M. von Voigt zu prägende Medaille betr.
    6) Ein dergl. an Med.R. Kieser. 20
    7) Eine Rolle mit 25 r. für Dlle Seidler.
    8) Schildkrötenschädel von Wien in der osteolog. großen Sammlung aufzubewahren.
    Weimar d. 24^n Oktbr. 1816.   G

⟨SCHREIBEN AN DIE KAMMER,
14. JULI 1818⟩

Auf Ihr geehrtes Communicat d. d. 11^n Juli d. J. verfehlen 30
wir nicht freundlichst zu eröffnen: daß wir gern geneigt sind den uns zustehenden Zubringer, welcher sich jetzt in Jena befindet zum Behuf der Belvederischen Spritze gegen eine billige Taxe abzulassen. Wir ersuchen Sie daher denselben von einem Sachverständigen taxieren zu lassen und uns von den jenseitigen Verfügungen einige gefällige Nachricht zu erteilen.
    Sig. Weimar d. 14^n Juli 1818

⟨WEISUNG AN J. M. C. FÄRBER,
14. JULI 1818⟩

Da man der Großherzogl. Kammer den der Ober Aufsicht
gehörigen Zubringer gegen eine billige Taxe zu überlassen
gedenkt, so erhält pp Färber hiermit die Anweisung denselben, auf Anforderung, der Großherzogl. Kammer verabfol-
gen zu lassen.

Weimar d. 14ⁿ Juli 1818   G. S. Oberaufsicht p.

⟨WEISUNG AN J. M. C. FÄRBER,
19. OKTOBER 1818⟩

Der pp. Färber erhält hiedurch den Auftrag Herrn Professor von Münchow, welcher, unter Mitwirkung des Hof
Mechanikus Körner, den Gebrauch der Luftpumpe und
Zubehör wünscht, in Allem förderlich zu sein, auch allenfalls, wenn es verlangt würde, das Zimmer zu heizen, und
das Holz von dem für Grßhrzgl. Ober-Aufsicht vorrätigen
zu nehmen.

Sollte es wegen der Menge der Zuhörer nötig sein das
Instrument in den großen Saal zu setzen, so wäre auch
nichts dabei zu erinnern.

Weimar d. 19.ⁿ Oktbr. 1818

Grßhzgl. Ober-Aufsicht p.

⟨BERICHT AN DEN GROSSHERZOG,
2. MÄRZ 1819⟩

1) Aus beiliegendem Lenzischen Briefe ersehen Ew. Kö-
nigliche Hoheit, daß dieser Erzkenner den Ringstein für ein
Artefakt erklärt. Wunderbar ist es, daß ein durchreisender
Kunstkenner, welchem ich ihn vorlegte, gleicher Meinung
war. Ich kann mich aber derselben nicht konformieren:
denn wäre es ein chemisches Produkt, so müßte man es als
Glas ansprechen, das diese Härte nicht hat, indem ich der
Rückseite mit dem schärfsten englischen Stahl nichts anha-
ben konnte. Meo voto ist es daher ein streifiges Quarz-
Gestein, deren es manche, obgleich von andern Farben,

unter den Mecklenburgischen gibt. Eine blaue Abweichung könnte gar wohl vorkommen.

2) Das gleichfalls beigelegte Schreiben des Hofrats Schwabe veranlaßt mich ferner Ew. Königlichen Hoheit Befehle zu erbitten. Die Vogelbälge werden in diesen Tagen wieder hier sein. Soll ich

a) Stengern kommen lassen?

b) die Sache mit ihm besprechen?

c) von ihm vernehmen in wie fern er die Vögel, ihre Art und Weise kennt?

d) ihm auf der Bibliothek Abbildungen derselben vorlegen lassen?

e) mit ihm einen Accord machen?

f) wäre auch zu bestimmen wie man sie aufstellte? Einzelne Glaskästen sind kostspielig und nehmen gar zu viel Raum weg. Ich erinnere mich dunkel sie irgendwo in Glasschränken, auf beweglichen Stäben gesehen zu haben, doch ist mir der Mechanismus nicht mehr deutlich; vielleicht ist Höchstdenenselben aus Paris eine solche Veranstaltung gegenwärtig. Hofrat Voigt müßte auf alle Fälle Auskunft geben können. .....

Weimar den 2. März 1819.

⟨BERICHT AN DEN GROSSHERZOG,
19. MÄRZ 1819⟩

Ew. Königliche Hoheit
erhalten hierbei eine Kopie des bis auf Ein Wort dechiffrierten Briefes. Kann ich nunmehr sogleich an den Mann schreiben und ihm den förmlichen Ruf zugehen lassen? oder ist eine förmliche Beistimmung von Gotha noch zurück? Ich könnte alsdann zugleich das freie Quartier zusichern; die freie Benutzung des Gartens, wofür von Münchow jährlich 10 Taler gezahlt hat, hübe man ihm auf als Artigkeit bei seiner Ankunft. Die Nähe des Hofmechanicus so wie die Beihülfe des Dieners und sonst, würde ich ihm gleichfalls melden damit er von seinem Zustand völlig unterrichtet würde. Bewegungsgründe braucht es nicht, da er gern und willig kommt.

Auf alle Fälle lege Ew. Königlichen Hoheit mein Konzept
vor zu gnädigster Approbation.

untertänigst

Weimar den 19. März 1819. Goethe.

⟨Weisung der Oberaufsicht
an Friedrich Siegmund Voigt, 24. März 1819⟩

10 Ihro Königl. Hoheit der Großherzog haben geruht den
Hofgärtner Gottlieb Wagner seiner bisherigen Obliegenheiten bei dem unmittelbaren botanischen Institut in Jena
zu entbinden, auch demselben die Erlaubnis erteilt daß er in
dem jetzigen Erbgroßherzoglichen Garten die neuen Anlagen besorge. Dabei wird ihm jedoch dasjenige was er bisher
aus den Großherzogl. Kassen genossen bis zu einer ander-
weitigen Anstellung auch fernerhin ausgezahlt.

Von Seiten Großherzogl. Ober Aufsicht wird man in
diesen Tagen Veranstaltung treffen, daß gedachtem Wagner
20 sein bisheriges Geschäft abgenommen und einen dahin
provisorisch zu sendenden Gehülfen übertragen werde,
welcher sogleich an Herrn Hofrat Voigt als seinen Vorgesetzten und Direktor des botanischen Instituts zu weisen
ist.

Ein solches wird Herrn Hofrat Voigt vorläufig bekannt
gemacht, um, wenn irgend etwas bei dieser neuen Veranstaltung zu erinnern oder sonst einzuleiten wäre, davon
zeitige Anzeige zu tun.

Weimar d. 24^n März 1819.

⟨Schreiben an F. S. Voigt,
24. März 1819⟩

Ew. Wohlgeboren
hatte neulich in sicherer Hoffnung, daß Baumann von Paris
bald ankommen würde, geschrieben, indessen läßt er nichts
von sich hören, und Sie ersehen aus der Beilage daß die
Sache wenigstens provisorisch eine Wendung nimmt, die
40 Ihnen nicht unangenehm sein kann. Sollte ich verhindert

werden in diesen Tagen selbst zu erscheinen so kommt mein
Sohn, um dem Geschäft die nötige Form zu geben. Sollten
Sie noch irgend ein Bedenken oder einen Wunsch haben, so
bitte mir oder ihm davon Kenntnis zu geben. Möge, wie es
den Anschein hat, die Angelegenheit zu Ihrem Wunsche
sich wenden und befestigen.

Noch füge hinzu daß Sie die Gefälligkeit haben möchten
für das Quartier des Gehülfen zu sorgen. Das Wagnerische
Bett wird ihm eingeräumt oder ein anderes gemietet, Holz
und Licht ihm zugestanden, Sie werden geneigtest für eine   10
billig mäßige Abgabe Sorge tragen.

Weimar den 24. März 1819.

⟨Schreiben an Anton von Ziegesar,
24. März 1819⟩

Ew. Hochwohlgeboren
ersehen aus Beiliegendem gefällig, was Ihro Königliche
Hoheit der Großherzog in doppelter Rücksicht, sowohl   20
damit die neuen Anlagen im Erbgroßherzoglichen Garten
befördert als auch neue Einrichtungen bei der unmittelbaren botanischen Anstalt eingeleitet werden mögen, zu beschließen und zu erklären geruht haben. Nach dem was ich
von Höchstdenenselben vernommen, stimmt diese Einrichtung mit Ew. Hochwohlgeboren Wünschen überein und
ich bin überzeugt, daß ein gutes Vernehmen auch künftig
die beiderseitigen Zwecke der akademischen Anstalt und
des Erbgroßherzoglichen Besitzes auf das beste fördern
werde.   30

Der ich diese Gelegenheit ergreife um mich Denenselben
bestens zu empfehlen, in Hoffnung gemeinsamer Tätigkeit.
Der Abschied des ältesten mitwirkenden Freundes muß den
Wunsch um Teilnahme von jüngeren auf das lebhafteste
erregen, um die Augenblicke des Scheidens durch ent-
schlossene neue Lebenstätigkeit erträglich zu machen.

In Hoffnung zunächst in Jena mich über diesen und
andere Gegenstände besprechen zu können, habe die Ehre
mich mit vorzüglichster Hochachtung zu unterzeichnen.

Weimar den 24. März 1819.   40

⟨WEISUNG AN AUGUST VON GOETHE,
28. MÄRZ 1819⟩

Nachdem der Professor der Mathematik und Direktor der
Sternwarte Herr von Münchow in kurzen von Jena abzugehen gedenkt und es sich deshalb nötig macht gedachte
Anstalt und Zubehör zu übernehmen, so erhält der Kammerjunker und Kammerrat Herr von Goethe hierdurch den
Auftrag sich nach Jena zu begeben und, sich durch gegenwärtiges legitimierend, die Gebäude, zur Wohnung und
zum Observatorium bestimmt, die beiden Gärten und Gar-
tenhäuser zu übernehmen nicht weniger was an Instrumenten, Büchern und sonst dem Institut gehören möchte.

Alles Vorbenannte hat er sodann dem Hof-Mechanikus
Doktor Körner zu übergeben und demselben gute Verwahrung anzuempfehlen und zwar nach den Inventarien, wenn
sie sich vorfinden, oder wie sie allenfalls neu zu fertigen
sind.

Den im Hause wohnenden Diener der Sternwarte weist
er an, auf alles sorgfältig Acht zu haben und bis auf weiteres
dem HofMechanikus Dr. Körner durchaus Folge zu leisten.

Den Bestand der von Herrn von Münchow geführten
Kasse übergibt er sogleich an Rent-Amtmann Müller und
verwahrt dessen Quittung nachdem er selbst Hrn. von
Münchow quittiert und, mit Dank für die bisherige Bemühung und Sorgfalt, das Geschäft dadurch abgeschlossen hat.

Auch hat derselbe bei dieser Gelegenheit die allenfalls
nötigen Baureparaturen zu beachten und überhaupt was
sonst noch der Lage der Sache gemäß wäre zu bemerken
und in seiner zu erstatteten Relation baldigst anzuzeigen.

Weimar d. 18^n März 1819

Grßherzl. S. Oberaufsicht pp.

⟨SCHREIBEN AN
BERNHARD AUGUST VON LINDENAU,
31. MÄRZ 1819⟩

Hochwohlgeborner,
insonders hochgeehrter Herr!
Ihro Königliche Hoheit konnten mir bei dem bedauerlichen
Abgang des Herrn von Münchow nichts Erfreulicheres
mitteilen als die Nachricht daß Ew. Hochwohlgeboren für
die Wiederbesetzung der Stelle sogleich Sorge tragen wol-   10
len.
Herrn von Münchow ist in diesen Tagen die ganze Anstalt nebst Zubehör abgenommen und dem Herrn Dr.
Körner übergeben worden; sobald Herr Posselt ankommt,
wird er gleichmäßig eingesetzt und soll überhaupt willkommen sein. Außer der ihm zugesicherten Besoldung erhält er
noch freies Quartier und die Benutzung eines angenehmen
Gartens. Für mich hoffe bei dieser Gelegenheit den Gewinn
mit Ew. Hochwohlgeboren in ein näheres Verhältnis zu
treten.   20
Und so will ich denn gleich jetzt nicht verhehlen, daß ich
mich schon längst mit dem Gedanken trage, mathematische
und chemische Physik zu trennen, wie es die großen Fortschritte dieser Wissenschaft zu verlangen scheinen. Man
sehe, wie wunderlich die Physik sich unter des klugen und
tätigen Lichtenbergs Händen auf Erxlebens schmalem
Grunde aufhäuft, man sehe Grens Handbuch, und man
wird eine Masse von Wissen bemerken, die niemand lehren
und niemand lernen kann. Diesen Reichtum zu sondern,
wäre Zeit und könnte Herr Posselt vielleicht gerade der   30
Mann sein, welcher den mathematischen Teil der Physik
glücklich behandelte und zufrieden wäre, wenn das Andere
nicht von ihm gefordert würde. Und so könnten die höchsten Höfe bei dem dereinstigen Abgange des Mannes, der
die Wissenschaft jetzt verbunden vorträgt, derselben nutzen
und den Zustand der Lehrer verbessern.
Sind Ew. Hochwohlgeboren diesem Gedanken nicht
ganz abgeneigt, so kann ich ein längst entworfenes Schema
mitteilen, wo ich tabellarisch einen Teilungstraktat aufgeführt habe, um zu bezeichnen, was dem Mathematiker und   40

dem Chemiker zufiele; einer verwiese sodann auf den andern, einige Kapitel behandelten sie gemeinschaftlich; alles
was über die Erfahrung hinaus geht, überließen sie den
Philosophen.

Für die merkwürdige Nachricht aus den fernen Himmelsräumen danke zum allerschönsten; möchten Dieselben
mich von Zeit zu Zeit auf jene Regionen aufmerksam
machen, so würde es mich in meinen Beschäftigungen
innerhalb unserer Atmosphäre gewiß erheben und erfreuen.

10 Der ich die Ehre habe mich mit vollkommenster Hochachtung zu unterzeichnen.

Weimar den 31. März 1819.

⟨Schreiben an A. von Ziegesar,
7. Mai 1819⟩

Hochwohlgeborner,
insonders hochzuehrender Herr!

20 Daß Ihro Erbgroßherzoglichen Hoheiten dem Hofgärtner
Wagner eine hinreichende Entschädigung wegen verlorner
Emolumente angedeihen lassen, ist zum schuldigsten Dank
untertänigst zu erkennen. Man hat dagegen diesseits den
Rentamtmann Müller befehligt die bisherige Besoldung von
200 r. und 8 Scheffel Korn auch noch für das laufende
Rechnungsjahr auszuzahlen, mit dem Wunsche daß gedachter Hofgärtner, in der ihm gegönnten Probezeit, sein Geschäft dergestalt verrichten möge, um sich einer anderweiti-
gen förmlichen Anstellung würdig zu machen.

30 Der ich mit vollkommenster Hochachtung, unter freundlichsten Wünschen die Ehre habe mich zu unterzeichnen.

Weimar den 7. Mai 1819.

⟨Weisung an Johann Christian Alexander Müller,
7. Mai 1819⟩

Der Hofgärtner Gottlieb Wagner hat von seinem bisherigen
Dienste im botanischen Garten gnädigste Dispensation er-
40 halten und ist ihm die Erlaubnis erteilt worden in der

ehemaligen Griesbachischen, gegenwärtig Erb-Großher-
zogl. Besitzung die ihm daselbst übertragenen Geschäfte zu
versehen. Dabei ist ihm jedoch seine bisherige Besoldung
von 200 r. nicht weniger das Frucht Deputat von 8 Scheffel
Korn vor der Hand noch zugestanden, und wird der Groß-
herzl. Rent Amtmann Müller hiedurch beauftragt und angewiesen den benannten Besoldungs und Deputat Betrag
für das laufende Jahr dem Hofgärtner Wagner annoch zu
verabreichen.

Großherzogl. Sächs. Ober Aufsicht pp.   10

Weimar d. 7. Mai 1819.

⟨SCHREIBEN AN F. S. VOIGT,
29. MAI 1819⟩

Ew. Wohlgeboren
wird auch in diesem Falle guter Mut und Tätigkeit nicht
verlassen. Ich enthalte mich aller weiteren Bemerkungen,   20
und sage nur, daß Herr Inspektor sich bis heute nicht hat
vernehmen lassen. Ungern lege ich die Verordnung an
Müller auf drei Taler bei; denn wenn wir dies einem Garten-
knechte geben, wo soll denn zuletzt eine Besoldung für
einen fähigen und unterrichteten Gehülfen herkommen.
Doch will ich durch eine Verneinung das Verworrene nicht
verschlimmern. Gehen Sie den ruhigen Gang. Bald habe ich
das Vergnügen, Sie wieder zu sehen.

Weimar den 29. Mai 1819.

⟨WEISUNG AN J. C. A. MÜLLER,
29. MAI 1819⟩

Der Grßh. Sächs. Rentamtmann Müller erhält hiedurch
Auftrag und Autorisation, die, dem Gehülfen in dem Botanischen Garten ausgesetzten wöchentlichen Drei Taler
künftighin an den nunmehr angestellten Kühndorf, so lange   40

derselbe diese Funktion versehen wird, auszuzahlen und in
Rechnungsausgabe zu verschreiben.

Weimar den 29. Mai 1819.

Großherzogl. Sächs. Aufsicht.

⟨WEISUNG AN J. M. C. FÄRBER,
13. JULI 1819⟩

10 Der Bibliotheks und Museumsschreiber Färber, erhält hiedurch den Auftrag, den Hof-Mechanikus Dr. Körner an
Handen zu gehen, wenn derselbe zum Unterricht der Fürstlichen Kinder im physikalischen Cabinet einige Vorrichtung machen und daselbst Versuche anstellen sollte.

Wobei zugleich für die Zukunft bemerkt wird, daß jedes
Gesuch sich des an gedachten Orte befindlichen Apparats
zu bedienen vor allen Dingen bei Großherzoglicher Ober-
Aufsicht pp anzubringen, und schriftliche Entschließung
abzuwarten sei.

20 Jena den 13ten Juli 1819.

Großherzogliche S. Ober-Aufsicht pp.

JWvGoethe

⟨WEISUNG AN CHRISTIAN ERNST FRIEDRICH WELLER,
15. JULI 1819⟩

Der Polizei-Inspektor Bischoff hat angezeigt, daß die schon
mehrmals zur Sprache gekommene Feuerösse an dem Stern-
30 wartsgebäude notwendig einiger Stütze und die Küche
Deckung und Reparatur bedürfe.

Derselbe meldete zugleich daß Hofmaurer Timmler das
Ganze nach gepflogener Besichtigung, für die Summe von
zwanzig Talern herzustellen geneigt sei.

Da man nun diese nicht mehr auszusetzende Reparatur
gegenwärtig vorzunehmen sich bestimmt hat, so wird
Herrn Dr. Weller hiedurch der Auftrag erteilt in Gemäßheit
des Vorstehenden dieses kleine Geschäft aufs baldigste zu
besorgen.

40 Jena den 15^{n} Juli 1819.   JWvGoethe.

⟨WEISUNG AN J. C. E. WELLER,
30. JULI (ODER DAVOR) 1819⟩

Nachstehenden Auftrag zufolge hat Herr D. Weller dem
Herrn Professor Dr. Posselt nach vorhergegangener münd-
licher Eröffnung die Sternwarte zu Jena nebst Zubehör
folgender Gestalt zu übergeben.
   I.   Ist das Haus und Garten gehörig zu überweisen.
  II.   Sodann nach beigehenden Inventarium
       1.) die Instrumente,
       2.) die Bücher,
       3.) die Hülfsgerätschaften und Meubles,
       4.) die im Gartenhaus befindlichen Sachen zu
übergeben, und bei Übergabe der Instrumente den Dr.
HofMechanikus Koerner, welchem sie zur einstweiligen
Aufsicht übergeben worden, zuzuziehen; auch denselben
zur Mitwirkung bei der Sternwarte an den Herrn Professor
D. Posselt zu weisen.

Beide Exemplare der Inventarien sind von dem neu An-
tretenden gehörig anzuerkennen und zu unterschreiben, ein
Exemplar dem Herrn Professor D. Posselt zu übergeben,
das andere an Großhl. Ober Aufsicht einzureichen.
 III.   Ist der Diener bei der Sternwarte Carl Leberecht
Hammer gehörig an den Herrn D. Posselt zu weisen,
demselben schuldige Tätigkeit nach seiner geleisteten
Pflicht anzuempfehlen, und solches durch den Handschlag,
welchen er zu geben hat, zu bekräftigen. Auch ist dem
Herrn D. Posselt eine Abschrift der Bedingungen, unter
welchen der Diener Hammer angenommen, und wie es von
Herrn Professor von Münchow mit demselben gehalten, zu
seiner Nachricht zu übergeben.

Über alles dieses, so wie über andere dabei vorkommende
Gegenstände, hat der Herr Dr. Weller ein genaues Protokoll zu führen, und solches mittelst Promemoria unter
Rückgabe der Komiss. Akten Sub * an Großh. Ober Aufsicht zu überreichen.

Weimar, den ⟨Lücke⟩ 1819.

                Großherzogl. S. Ober Aufsicht pp.

⟨WEISUNG AN J. C. A. MÜLLER,
30. JULI (ODER DAVOR) 1819⟩

Nachdem der Herr Professor D. Posselt die Stelle des
abgegangenen Professors von Münchow erhalten, so sind
wegen der Rechnungsführung bei der Sternwarte von der
Großhl. Ober Aufsicht folgende Anordnungen getroffen
worden.
I. Sind die dem Rentamtmann Müller unterm 29. März
1819 zur einstweiligen Aufbewahrung übergebenen
            Zweihundert Tl. 4 gr. 8 d. Cassageld,
in der Rechnung über die wissenschaftlichen unmittelbaren
Institute zu Jena gehörig zu vereinnahmen.
II. Werden die zeither an den jedesmaligen Professor der
Astronomie vierteljährlich gezahlten
            Drei und Vierzig Tl. Kassegeld,
wovon die Diener- und Gehülfenbesoldung, so wie die
kleinen Ausgaben bei der Sternwarte, bestritten, nicht ferner mehr gezahlt; sondern dem neu angestellten Professor
der Astronomie D. Posselt nur zehen Tl. vierteljährlich aus
Großhl Museums-Kasse zur Berechnung übergeben, dagegen übernimmt dieselbe die Auszahlung der jährlichen
Besoldung des Dieners an
            Fünfzig Tl. Kassegeld jährlichen Gehalt,
            Zwölf Tl. Kassegeld zum Ankauf für Holz, und
            Eine halbe Klftr, harte und eine halbe Klftr. weiche
Scheite, welche der Astronom kostenfrei zur Stelle geliefert
erhält.
    Hierbei wird bemerkt, daß der jetzige Diener bei der
Sternwarte seine vierteljährliche Besoldung an
            Zwölf Tl. 12 gr. -
bis Ostern 1819 bereits erhalten; das Holzgeld hingegen
von Weihnachten 1818 bis Johanni 1819 mit Sechs Tl.
annoch zu fordern hat.
    Auch hat künftig die Museumskasse diejenigen Sechzig
Tl. welche für einen Gehülfen bei der Sternwarte ausgesetzt
sind, zu tragen, so lange jedoch diese Stelle nicht besetzt ist,
kommt diese Besoldung der Museumskasse zu Gute.
    Weimar d. ⟨Lücke⟩ 1819.

            Großherzogl. Ober Aufsicht pp.

⟨Weisung an Johann Friedrich Posselt,
30. Juli 1819⟩

Unterm heutigen Tag ist von Groß. S. Ober Aufsicht über
alle unmittelbaren Anstalten für Wissenschaft und Kunst,
der Herr D. Weller zu Jena beauftragt worden, dem Herrn
Professor D. Posselt die Sternwarte nebst dem am Haus
liegenden Garten, die Instrumente, Bücher und sonstigen
Inventarienstücke gehörig zu übergeben; auch den Diener
der Sternwarte, Carl Leberecht Hammer, gehörig zu über- 10
weisen.
    Auch ist vierteljährlich jedesmal Bericht an Großhl.
Ober-Aufsicht allhier zu erstatten, was bei Großhl. Sternwarte vorgefallen, und welche Hauptbeschäftigungen von
dem Herrn Professor der Astronomie vorgenommen worden.
    Zu den kleinen Ausgaben bei der Sternwarte ist der
Rentamtmann Müller zu Jena beauftragt worden, dem
Herrn Professor D. Posselt vierteljährlich Zehen Taler
Cassageld auszuzahlen, worüber derselbe eine besondere 20
Rechnung zu führen hat. Sollten sich bedeutendere Anschaffungen bei Großhl. Sternwarte nötig machen, so ist
jedesmal darüber an Großhl. Ober-Aufsicht zu berichten.
    Weimar den ⟨Lücke⟩ 1819.

⟨Bericht an den Grossherzog,
12. August 1819⟩

Sogleich nach meiner Ankunft in Jena verfügte ich mich 30
heute auf das osteologische Cabinet um die von Herrn von
Schreibers angekündigte Sendung auspacken zu lassen. Es
fand sich ein Büffelschädel, ein Bieber Skelett, eines vom
Kengru in gleichen von ⟨Lücke⟩ vor. Prosektor Schröder
sogleich veranlaßt die Gegenstände durchzugehen das allenfalls Nötige wieder herzustellen, und für Stative der
nicht aufgestellten zu sorgen. Übrigens war alles wohl
eingepackt und die Beschädigung gering gewesen.
    Donnerstag den 12ten August 1819.   *JWvGoethe*

Aus den Akten der Oberaufsicht:
Übersicht des Bisherigen und Gegenwärtigen
nebst Vorschlägen für die nächste Zeit (Tit. 2 Nr. 14)

⟨MEMORANDUM ÜBER DIE DER OBERAUFSICHT
UNTERSTELLTEN INSTITUTE IN JENA, 1817⟩

Museen zu Jena.
Übersicht des Bisherigen und Gegenwärtigen
nebst Vorschlägen für die nächste Zeit
Michael 1817.

Vorwort

Nachstehende Aufsätze sind bei meinem viermonatlichen
Aufenthalt in Jena entworfen, neuerlich aber durchgesehen
und redigiert worden. Man wird einerseits verzeihen daß
Wiederholungen vorkommen, welche nicht zu vermeiden
waren wenn nicht alles umgearbeitet werden sollte. Dagegen ist vielleicht anderes zu flüchtig angedeutet, weshalb
man sich jedoch beruhigen kann, da Serenissimus genaue
anschauliche Kenntnis von dem Ganzen mehrmals gnädigst
genommen haben.
                                    J. W. v. Goethe.

Um die gegenwärtige Lage irgend eines Geschäftes vollkommen einzusehen, auch dessen fernere Behandlung richtig einzuleiten, wird erfordert, daß man seinen Ursprung
und bisherigen Gang wohl erkenne; eine Forderung, welche, besonders bei denen in Jena gestifteten unmittelbaren
Anstalten, sich hervortut. Denn sie sind nicht allein ihrer
Natur nach äußerst verschieden und mannigfaltig, sondern
sie haben sich auch von kleinen Anfängen, durch viele Jahre
hindurch bedeutend erweitert, so daß sie nunmehro sich
selbst nicht mehr ähnlich sehen. Ferner sind sie noch immer
auf dem Wege des Fortschreitens, so daß die verschiedenen
Teile mit jedem Augenblick eine neue Gestalt gewinnen und
einer abgeänderten Behandlung bedürfen.

Gleich nach dem glückweissagenden Antritt Ihro Königl.
Hoheit des Großherzogs kamen die mannigfaltigsten Lan-
des-Anstalten zur Sprache, welche ebendadurch erleichtert

wurden, daß eine die andere hervorrief, eine der andern
Platz machte und alle nebeneinander Raum und Leben
gewinnen konnten.

Die Einrichtung der hiesigen freien Zeichen-Schule verlangte ein geräumiges Lokal, welches die Kunst- und Na-
turalienkammer im roten Schlosse darbot; worauf denn
beschlossen wurde, diese nach Jena zu versetzen, um daselbst den Grund eines allgemeinen und, wie die neuere Zeit
sich ausdrückt, Central-Museums zu legen.

Hofrat Walch, welcher Mineralogie, besonders die Lehre   10
der Fossilien in Jena eingeführt hatte, starb zu dieser Zeit;
dessen Sammlung ward angeschafft, und, mit den Weimarischen Natur- und Kunstseltenheiten vereinigt, im Jenaischen Schlosse aufgestellt.

Weil nun alles, was von dieser Art sich herbeifand nach
und nach dorthin geschafft wurde, so vermehrte sich zwar
der Vorrat, allein das Ganze behielt immer die Gestalt eines
Conservatoriums, indem neben mäßiger Benutzung, eine
sorgfältige Aufbewahrung immer die Hauptsache blieb.

Eine andere Nötigung jedoch fand sich bald, da sich   20
bemerken ließ, daß, bei dem früheren beschränkteren Zustand der Naturwissenschaften, solche bloß in Bezug auf die
ausübende Arzneikunst betrachtet wurden. Botanik und
Chemie waren als Dienerinnen des Apothekers angesehen
und daher beide Professuren in diesem Sinne vereinigt; ja
man hatte es früher einem Professor der Botanik zum
Vorwurf gemacht, daß er manche der Heilkunde nicht
unmittelbar nützende Pflanzen im eignen oder akademischen Garten auferzogen.

Weil nun aber in jener Zeit nur Männer die sich diesen   30
Wissenschaften gewidmet zu solchen Lehrstühlen befördert wurden, so war es der Sache ganz gemäß, daß jeder sich
von seiner Professur benannte; da aber in der Folge solche
Stellen auch Rang und Vorteile mit sich brachten, so wurden
sie gelegentlich der Anciennität nach besetzt und es entstanden daraus die sogenannten Nominal-Professuren, welche
dem Besitzer keineswegs die Pflicht auflegen, dasjenige zu
verstehen oder zu lehren, was er im Titel führt.

Da nun an diesen Verhältnissen nichts zu ändern war,
und eine neue Lebens-Epoche der Akademie heraufzurufen   40

man doch keineswegs aufgeben wollte; so blieb nichts übrig
als nach jungen, hoffnungsvollen, tätigen Männern umherzuschauen, die sich zu künftiger Besetzung solcher Stellen
qualifizieren möchten.

Durch *Lenz* war für Naturgeschichte, besonders auch für
Mineralogie gesorgt, indem derselbe der aufblühenden
Wernerischen Lehre lebhaft beitrat. Zugleich suchte *Batsch*
in der Botanik, wie in den Naturwissenschaften überhaupt
neue Wege. Er rechtfertigte das Zutrauen, das man zu ihm
hegte und das Institut im Fürstengarten kam nach und nach
unter seiner Leitung zu Stande. *Göttling* unternahm,
auf fürstliche Kosten, eine Reise, und eignete sich, als
Bekenner der antiphlogistischen Chemie, zum wirkenden
chemischen Lehre⟨r⟩. – Manches andere ward im Stillen
vorbereitet.

Noch immer war die Schloß-Bibliothek, das mineralogische Museum, sowie das zoologische, obgleich letztere sich
immer vermehrten, nur Gegenstände der Erhaltung zu
nennen, mehr als lebhaft wirksam; der Gedanke eine mineralogische Societät zu errichten, gab dem Ganzen einen
eignen Schwung. Man kam mit auswärtigen, bedeutenden
Männern in Verbindung und erhielt von allen Seiten her
Beiträge. Diese Anstalt jedoch konnte auf sich selbst nicht
bestehen: Serenissimus entschlossen Sich, die Schulden der
Gesellschaft zu bezahlen, Ihre eigene Sammlung der Socie-
täts-Sammlung einzuverleiben, eine große Masse angekauf-
ter, besonders Russischer Mineralien hinzuzufügen, die
Kosten des Porto, der Fracht, und was sonst bei schwung-
hafterem Umtrieb sich nötig machte, aus eignen Mitteln zu
bestreiten, und auf diese Weise alles zu Einem großen
Ganzen zu vereinigen.

In der neusten Zeit, als dem oryktognostischen Cabinet
nur weniges zur Ergänzung fehlte, bemühte man sich um
geognostische Folgen. Auch diese fanden sich reichlich
ein. Besonders bedeutend aber sind die beiden Suiten des
Thüringer Waldes: die Voigtische und Heimische, beide zusammen in einer großen Galerie räumlichst geordnet. An
diese schließt sich die Sammlung von Petrefacten welche
nächstens vollständig in derselben Galerie aufgestellt und
nach den neusten Bemerkungen geognostisch gereihet, das

Museum auf einen hohen Grad von Bedeutung und unmittelbarer Brauchbarkeit erheben soll.

Diejenigen, welchen die Erhaltung, Belebung, Steigerung dieser und anderer sich nach und nach anfügender Anstalten aufgetragen war, machten sich's bei den gegebenen Mitteln, welche gegen den Zweck immer beschränkt erscheinen mußten, zur Maxime, jedesmal, je nachdem Gelegenheit oder Persönlichkeit Vorteile darbot, einen oder den andern Wissenszweig vorzüglich zu begünstigen, damit aus dem unendlichen Naturganzen doch wenigstens ein und der andere Teil der Vollständigkeit näher gebracht würde. Alles übrige Vorhandene aber wurde gesondert und, wenn es auch unbedeutend scheinen wollte, geordnet wohl verwahrt. So gab der Tod Büttners Veranlassung, daß man die mancherlei von demselben hinterlassenen vorzüglich optischen Instrumente mit denen von der Kunstkammer entnommenen vereinigte und dadurch den Grund zu einem physikalischen Cabinet bildete.

Als nach Batschens Tode die von ihm gestiftete naturforschende Gesellschaft schwankte und durch die Absonderung der Gegenstände, welche dem Stifter und der Societät angehörten das Cabinet zerrissen wurde, gönnte man denen immer noch schätzbaren Trümmern derselben einen Platz im Schlosse, bezahlte die Schulden der Societät und übergab dem bisherigen Secretair derselben, Voigt dem Jüngern, die Verwahrung und Aufsicht darüber.

Eben dieselbe Gelegenheit ergriff man auch um ein besonderes osteologisch-zoologisches Museum einzurichten. Aus der alten Kunstkammer nämlich waren höchst schätzbare kolossale Knochen nach Jena geschafft worden. Die Neigung zur comparierten Anatomie hatte gar manches von Skeletten in- und ausländischer Tiere herbei gebracht; unter dem Batschischen Nachlaß fanden sich auch mehrere dergleichen. Man versammelte sie und brachte sie endlich in den großen Saal des Reithausgebäudes, wo sie immerfort vermehrt und in guter Ordnung gehalten werden.

Als Loder von Jena schied und sein großes durch viele Jahre hindurch gesammeltes Cabinet mit sich nahm, fühlte man die Lücke nur allzusehr. Ein Professor der Anatomie kann ohne Präparate nicht dozieren: man sorgte nun so viel als möglich auch dafür, und seit geraumer Zeit ist durch die Sorgfalt Ackermanns, sodann Fuchsens ein brauchbares und immer wachsendes, zu didaktischen Zwecken hinreichendes Cabinet menschlicher Anatomie entstanden.

Nach Göttlings Tode akquirierten Serenissimus seinen Nachlaß an Apparaten und Büchern, solcher wurde in Döbereiners Hände gegeben, auch mit Französischen Glaswaren und andern von der neuern Chemie geforderten Werkzeugen ansehnlich vermehrt. Ein Laboratorium ward errichtet, ein Haus und Garten, zu geräumiger Wohnung und freierer Behandlung gefährlicher Gegenstände angekauft.

In den neusten Tagen ward man ferner veranlaßt auch ein botanisches Museum einzurichten. Schon in der Sammlung der naturforschenden Gesellschaft fanden sich manche Merkwürdigkeiten dieser Art, besonders an Hölzern, Monstrositäten, Samen und dergl. und man war bemüht diejenigen Gegenstände, welche Serenissimus von Zeit zu Zeit in diesem Fache stifteten, daselbst sorgfältig aufzubewahren. Als aber Höchstdieselben die großen Österreichischen Floren und anderes von Bedeutung anschafften, hielt man für Pflicht diese gar leicht zu beschädigenden Schätze besonders zusammen zu stellen. Deshalb gab man ihnen im zweiten Stock des Schlosses, nach dem Graben zu, ein eignes kleines Zimmer und die Aufsicht über dasselbe Voigt dem Jüngern, welcher die hieher bezüglichen Gegenstände, die sich früher in dem Cabinet der naturforschenden Gesellschaft gefunden hatten, herübergegeben. Demselben ist auch seit mehreren Jahren die Leitung der Geschäfte des Fürstlichen botanischen Gartens anvertraut.

Ein wohlgelegener Garten mit Wohnhaus ward angekauft, ein Observatorium errichtet, dem Professor von Münchow bestimmt und gleichfalls der Ober-Aufsicht untergeben. Dieses wird von gedachtem vorzüglichen Manne sorgfältig benutzt, auch Lokal sowohl, als Instrumente werden zweckmäßiger und vollständiger nach und nach eingerichtet.

Die Tier-Arzneischule dagegen ist eine ganz neue Anstalt, welche noch nicht völlig Ein Jahr der Ober-Aufsicht zu Gründung und Einrichtung zugewiesen worden. Wie

man bisher dabei verfahren, wie weit es mit dieser wichtigen
Anlage bisher gediehen, auch was für solche nächstens und
künftig zu tun sei, solches fodert einen besondern dem
Gegenwärtigen beizufügenden Aufsatz.

———

Diese flüchtige Darstellung hat eigentlich den Zweck, anzudeuten, aus wie vielen und gewissermaßen disparaten Geschäften das Geschäft der Ober-Aufsicht bestehe, und wie
ein jedes Einzelne, teils nach dem Gegenstande, teils nach
der Persönlichkeit der Vorgesetzten und gewissen Her-
kömmlichkeiten verschieden zu behandeln sei.

Zuvörderst geht denn auch aus dieser Darstellung hervor,
daß das ganze Geschäft eine seiner ersten Gründung entgegengesetzte Gestalt angenommen habe. Denn aus dem
Zustand von Conservatorien sind durchaus Tätigkeiten
hervorgegangen, freilich wünschenswert genug, aber man
darf sich nicht verbergen, daß bei erweiterter Pflicht der
Ober-Aufseher auch die erforderlichen Kosten um ein beträchtliches vermehrt worden und nun von Jahr zu Jahr bedeutendere Ausgaben nötig sein werden.

Blicken wir ohngefähr Zehn Jahre zurück, so war die erst
bestimmte, nachher, durch Überweisung von heimgefalle-
nen Pensionen, ansehnlich erhöhte Summe zu den damaligen Ausgaben vollkommen hinreichend, weshalb ein nam-
hafter Kassevorrat gesammelt werden konnte. Dieser vermehrte sich während der unseligen Kriegsjahre, in denen
alles Wissenschaftliche in Stocken geriet und man in diesem
Departement etwas zu tun weder Mut noch Gelegenheit
hatte. Sobald jedoch die Friedensaussichten wieder erschienen, belebte sich das ganze Geschäft, teils aus sich selbst,
indem durch den Vorrat sich manches bestreiten ließ, teils
weil Serenissimus, sowie auch die Frau Erbgroßherzogin,
zu gewissem Anschaffen und Einrichten besondere Summen verwilligten, oder auch Gegenstände stifteten und
schenkten.

Zwei vergangene Jahre jedoch haben, ohngeachtet so
schöner Zugänge, die Kasse völlig geleert, so daß man aus
hiesiger Hauptkasse mit wiederholtem Zuschuß nachhelfen
müssen. Ein Verzeichnis der bedeutenden Posten, welche in

gedachter Zeit ausgegeben worden, worauf in dem frühern
Etat nicht gerechnet sein konnte, wird darstellen, wie manches außerhalb des gewöhnlichen Ganges, teils zu wissenschaftlicher Tätigkeit, teils zu neuer Einrichtung verwendet
werden müssen.

Obwohl nun manche dieser Ausgaben ein für allemal
geschehen und der Zukunft zu Gute kommen, so ist doch
vorauszusehen, daß bei immer wachsenden Wissenschaften,
Tätigkeiten, Connexionen, Besitzungen u.s.w. auch neue
Obliegenheiten hervortreten müssen, denen man sich nicht
entziehen kann. Besonders wird die Veterinairschule, eine
neue in ihren Fortschritten nicht aufzuhaltende Anstalt, bis
sie völlig begründet und ausgestattet ist, noch manche
Kosten verursachen.

Die Tier-Arzneischule besonders betreffend.

A. Geschichte.
B. Renners Vorschläge.
C. Oberaufsichtliche Bemerkungen.
D. Künftiger Etat.
E. Bisheriger Aufwand.
F. Museum.

Die längst gewünschte Einrichtung einer Tier-Arzneischule
kam zu Anfang des Jahres 1816 wieder zur Sprache, und ein
vorzüglicher Mann dieses Fachs, D. Renner, entschloß sich
schon im Mai den Ruf nach Jena anzunehmen. Die teilnehmenden Höfe stimmten zusammen, Landschafts-Colle-
gium, Landes-Directorium erwiesen sich tätig und als im
Oktober Professor Renner ankam, übergaben Ihro Königliche Hoheit, in gnädigstem Vertrauen, das Geschäft der
Behörde unmittelbarer Anstalten.

Vor allen Dingen hatte man sich nach einem Local umzu-
sehen, welches geräumig genug, abseits und frei gelegen zu
diesem Zwecke geeignet wäre. Vorgängige Erkundigung
und Überlegung führten zuletzt auf den Heinrichsberg, wo
ein labyrinthartiges altes Gebäude gegen die Stadt zu verborgen, gegen Vorstadt und Feld völlig offen, von einem

hinreichenden Gras und Baumgarten umgeben, schicklich und vorteilhaft befunden ward. Nach mancherlei Verhandlungen, öffentlichen und heimlichen Geboten, ließ der Kauf sich abschließen und man zahlte von dem Preis der 980 Tlr. currant, aus den Mitteln der Kasse 600 Taler ab, da denn noch 380 Tlr. zu verzinsen übrigbleibt.

Die von einem Bauverständigen wohlerwogenen Abänderungen und Reparaturen wurden sogleich veranstaltet und, nachdem sie mehr oder minder notwendig, allmählig besorgt und alles dergestalt eingerichtet und ausgeführt, daß gegenwärtig, nach Verlauf Eines Jahres, sowohl an geeigneten Räumen, als auch an Ausstattung mit nötigen Gerätschaften wenig zu wünschen übrigbleibt. Und zwar ist nach und nach besorgt was eingeschaltetes Verzeichnis näher übersehen läßt.

Nach Akquisition des Heinrichsbergs und vorausgegangenem Gutachten des Baurevisor Klein, wurden folgende Anlagen und Reparaturen allmählig unternommen.

1. Das Waschhaus ward zum Sektionszimmer eingerichtet.
2. Der Kuhstall in einen Pferdestall, mit Abteilungen, verwandelt.
3. Der verschüttete tiefe Brunnen gereinigt und als Ziehbrunnen wieder eingerichtet.
4. Die im Hof befindliche Düngergrube ward gefegt und mit Schutt ausgefüllt um einen Hofraum zu gewinnen.
5. Die sämtliche Dachung des Wohnhauses und der Nebengebäude wurde repariert.
6. Die Befriedigung des Gartens genugsam hergestellt.
7. Besondere Aufmerksamkeit verdiente der Ablauf des vielen übelriechenden Wassers, welcher einen weiten Kanal erfodert hätte, der denn doch zuletzt auf öffentlicher Straße sich ausschütten mußte. Dieses zu umgehen ließ man im hintersten Teil des Gartens eine weite und tiefe Grube graben, um sowohl das Mazerationswasser dahin einzuschütten, als auch die faulen Fleischabgänge dort mit Erde zu bedecken. Man wird, wie auf jedem rechtlichen Kirchhof mit dieser Grube von Zeit zu Zeit weiterrücken.

8. Ist eine Remise zu einem Patienten-Stall für zwei Pferde eingerichtet worden.

9. In schicklicher Entfernung vom Hause ist, im Grasgarten, eine Schmiede von Grund aus neu gebaut und Anstalt getroffen worden, sie mit allem Nötigen zu versehen. Auch ist dieselbe soweit gediehen, daß den 2^n Oktober d. J. zum erstenmal Feuer angemacht werden konnte, da denn verschiedene dahin gehörige Gerätschaften geschmiedet wurden. Das Ganze ist zweckmäßig und auslangend.

———

Zu gleicher Zeit als vorstehendes geschah ward für einige Mobilien, Stühle, Tische u. d. g. gesorgt, Wannen, Sezierbretter, Kübel und sonst Erforderliches angeschafft, so daß Mitte Januar 1817 die Vorlesungen schon angefangen werden konnten. Hier nun war bei osteologischer Einleitung das große Museum im Schlosse vorzüglich willkommen. Da denn zugleich wohl erlaubt sein möchte anzuführen, daß die ersten elementaren Gegenstände an zersetzten und zersprengten Tierschädeln einzelnen organischen Teilen des Hauptes und sonst seit geraumer Zeit in einem Weimarischen Privat-Cabinet aufbewahrt, als zu Demonstrationen unentbehrlich, sogleich überlassen werden konnten.

Professor Renner hatte sich den bisherigen Amanuensis Schröter zum perpetuierlichen Secanten ausersehen, dessen schon geprüfte Geschicklichkeit, Sorgfalt, Rechtlichkeit und Treue schon längst eine lebhaftere Benutzung und bessere Belohnung verdient hatten. Ihm gestand man, zu vorläufiger Aufmunterung und zu eignem Vorteil der Anstalt, freie Wohnung und die Benutzung eines kleinen Gartenflecken zu. Er sowohl als der akademische Prosektor Hamburg arbeiteten nunmehr unter Direktion des Professor Renner aufs fleißigste. Von Seiten der Ober-Aufsicht kam man in allem zu Hülfe; die bisher in dem Cabinet der menschlichen Anatomie verwahrten, neu gefertigten Injektionsspritzen wurden an die Anstalt abgegeben, auch eine feinere verfertigt; wegen Wachs, Farbe und andern Zutaten, die Apotheke angewiesen; Holz wurde angefahren, und, sowohl für das Gegenwärtige als für die Zukunft, Gläser aller Art von Stötzerbach angeschafft, auch Branntwein und manches andere, bei einer so komplizierten Anstalt nötige besorgt. Damit es aber auch im ersten Augenblick an nichts fehle, erhielt genannter Schröter kleine Summen, um tägliche Vorkommnisse zu bestreiten; auch reichte man ihm von Zeit zu Zeit eine proportionierte Remuneration und machte ihm Hoffnung beibehalten zu werden.

Indessen aber diese wichtige Anstalt sich im Stillen bildete, vermaß die Jenaische gemeine Menge sich mehrmals, die dabei angestellten untergeordneten Personen mit allerlei Schmähungen und Bedrohlichkeiten zu beunruhigen. Dagegen man am geratensten hielt, eine zwar polizeiliche, aber doch mehr belehrende als sträfliche Warnung ins Publikum ergehen zu lassen.

Endlich konnte man von Seiten der Ober-Aufsicht, bei längerem Jenaischen Aufenthalt, im April des gegenwärtigen Jahres die anfangs schwer zu übersehende Anstalt eher beurteilen und sodann nach manchem Hin- und Wiederreden den Professor Renner veranlassen, Vorschläge wegen eines künftigen Etats zu tun. Den Aufsatz den er deshalb mit seinen Anmerkungen begleitet einreichte, fügt man zu leichterer Übersicht abschriftlich hier bei; ingleichen einige Bemerkungen dazu, aus welchen hervorgeht, daß man mit einer geringeren als der vorgeschlagenen Summe auszukommen sich vergeblich schmeicheln möchte.

———

Unmaßgebliche Vorschläge die wichtigsten Ausgaben der Großherzoglichen Tierarzneischule zu Jena betreffend; eingereicht von
Dr. Theobald Renner,
Professor der Tier-Heilkunde und
vergleichenden Anatomie das.

§ 1

Für den Fortgang der Anstalt ist die Anstellung eines Prosectors unumgänglich notwendig, für welchen ich einen Gehalt von 200 Tlr[1] nebst freier Wohnung und Heizung vorschlage.

§ 2

Zur Bestreitung der Ausgaben für die Anatomie und das zootomische Cabinet als Anschaffung der Kadaver oder der zu tötenden Tiere,[2] einzelner zur Demonstration gehöriger Stücke, pathologischer Seltenheiten,[3] Mißgeburten, ferner Ankauf fertiger Präparate[4] Injektionsmasse Spiritus kleine Vorrichtungen zur Aufstellung anatomischer Gegenstände u. s. w. schlage ich die Summe von 200 Tlr. vor.[5]

1) Es könnte dieser Gehalt zu groß scheinen da der Prosector der menschlichen Anatomie nicht mehr erhält; allein wenn man bedenkt daß dieser im Sommer ganz frei von Geschäften ist, und alle für das Cabinet zu verfertigende Gegenstände bezahlt erhält, dagegen der Prosector der zooto-mischen Anstalt im Sommer so gut wie im Winter beschäftigt sein wird, und die Verpflichtung übernimmt, alle Präparate für die Sammlung umsonst zu
20 verfertigen, so möchte dieser Einwurf wohl wegfallen. Es versteht sich indes von selbst, daß Sachen, welche nicht in Jena bleiben, z. B. solche, welche etwa nach Tiefurth verlangt würden, ihm bezahlt werden.

2) Wenn unter den angegebenen Gegenständen vielleicht die Anschaf-fung der Subjekte auffallen sollte, da dieselben von Herrn Hofrat Fuchs aus eignen Mitteln getragen werden; so bitte zu bemerken, daß sowohl mein Gehalt als die Zahl meiner Zuhörer bedeutend geringer ist, und ich jene Ausgabe gern zu übernehmen erbötig bin, wenn sich meine Lage auf die eine oder die andere Weise verbessert. Auch kann diese Ausgabe bedeutend verringert werden, wenn alle unbrauchbare Großherzogliche und alle rot-
30 zige von der Polizei angehaltenen Pferde der Anstalt überliefert werden, wie es bisher schon zum Teil geschehen ist.

3) Die Anschaffung pathologischer Seltenheiten verursacht bedeuten-dere Ausgaben, als man auf den ersten Blick vermuten sollte, da man die Leute welche dergleichen bringen z. B. Metzger und Abdecker aufmuntern und ihnen deswegen geringfügige, ja entbehrliche Gegenstände abnehmen muß, damit sie wichtigere nicht wegwerfen. Eine von Seiten hochlöblicher Landes-Direktion zu erlasse⟨n⟩de Verordnung, wodurch die Ablieferung solcher Gegenstände den Besitzern empfohlen würde, möchte viel dazu beitragen, derselben mehrere und vielleicht auf eine wohlfeilere Weise zu
40 erhalten.

4) Die Anschaffung von fertigen Präparaten ist deswegen angeführt, weil es zu bedauern wäre, wenn nicht auch die seltenen Talente des Herrn Prosector Homburg für die werdende Anstalt benutzt werden sollten, um so mehr, da es im Anfang denen bei derselben Angestellten ziemlich an Zeit fehlen wird, sich mit Verfertigung feiner Präparate zu beschäftigen.

5) Es folget aber aus allem diesen daß diese Ausgaben in der Folge, wenn das Cabinet einmal gegründet ist, herabgesetzt werden können.

§ 3

Sowohl um mit gelieferten Anatomiepferden in keine Verlegenheit zu kommen wenn man sie nicht im Augenblick
gebraucht, als auch um Versuche mit Heilmitteln an denenselben, oder an andern größern Haustieren anzustellen, ein
Zweig der Wissenschaft, welcher noch einer so vorzüglichen Aufmerksamkeit bedarf, wird eine Ration für die Tier-
Arzneischule auszusetzen sein.

§ 4

Die Anstellung eines Schmidts[6] ist notwendig, für welchen
ich einen Gehalt von 50 Tlrn vorschlage.[7]

———

Der Aufsatz des Professors Renner welcher schon früher zu
den Akten gekommen ist zu genauerer Übersicht in Kopie
nochmals vorgeheftet. Ich trete demselben im Ganzen bei,
einiges bemerkend, anderes nachbringend.

Zum 1n §

Es ist allerdings vorteilhaft wenn man Schrötern gut setzt,
ihm aber zur Pflicht macht, Präparate unentgeltlich für das
anzulegende Veterinair-Museum zu liefern, in dem es ganz
unübersehlich ist, was es kosten würde, wenn man diese
Arbeiten bezahlen wollte; selbst wenn man den Homburgi-
schen Maßstab nicht zu Grunde legte. Die 200 r. wären ihm
deshalb zuzugestehen, ihm dagegen aufzugeben, vierteljährig was er an Präparaten geliefert aufgezeichnet einzureichen. Die Wohnung ist ihm bereits gegönnt, – eben so sehr
zum Vorteil des Instituts als seinem eignen, indem doch
jemand die Aufsicht über das Gebäude und Inventarium
haben muß. Was das Holz betrifft wird solches näher
bestimmt werden, und muß man überhaupt erst den Holz-
bedarf bei dem Institut ausmitteln.

———

6) Ein Schmidt ist unentbehrlich weil Stadtschmiede zu denen man bei
Pferden mit Hufschäden gehen müssen, selten den Vorschriften eines
Professor Folge zu leisten geneigt sind.

7) Der Gehalt ist darum nicht höher angeschlagen weil die Benutzung
der Schmiede der Anstalt ihm ohne Bedenken zu seinem Privatgebrauch
eingeräumt werden kann.

Zum 2^n §

An den geforderten 200 r. für benannte Ausgaben ist auch
nichts abzumarkten, besonders, da er auch den Spiritus mit
übernimmt, welches bei der Größe der Gegenstände ein
ansehnlicher Posten sein wird. Die schon angeschafften
Gläser werden, als zur ersten Einrichtung gehörig, ohne
ihm solche anzurechnen, überlassen.

Zum 3^n §

Was die Ration betrifft, wäre es wünschenswert, daß Großherzogl. Kammer uns solche nach der gewöhnlichen Taxe
verabreichen ließ, damit wir nicht genötigt seien die Bedürfnisse anzuschaffen, aufzubewahren und ausgeben zu lassen.
Es würde deshalb ein gnädigstes Rescript ad cameram nötig
sein; in dem Etat sind 50 Tlr. ausgeworfen.

Zum 4^n §

Ingleichen 50 Tlr. für den Schmidt, welcher da die Schmiede
erst jetzt eingerichtet, bisher kaum in Funktion gewesen.
Der terminus a quo wäre daher nach den Umständen fest zu
setzen, für das Vergangene könnte man ihm eine proportionierliche Remuneration zugestehen.

———

Hier wäre nun einiges nachzubringen, wobei man in den
Rennerischen Nummern den Vortrag fortsetzt.

§ 5

Holz, wovon schon oben die Rede gewesen ist bei dieser
Anstalt ein unerläßliches Bedürfnis, weil warmes Wasser
besonders bei Injektionen, auch zur Reinlichkeit höchst
nötig ist. Ferner sind drei Räume, größere und kleinere, den
Winter über zu heizen. Wollte man zur Probe 8 Klaftern
rechnen und diese nur zu 6 Tlrn. so wären die ausgesetzten
50. Tlr schon absorbiert, ohne daß für den Prosektor sonderlich gesorgt wäre. Auch hier kommt alles auf eine Probe
an.

§ 6

Die *Aufwartemagd*, welche die Reinlichkeit besorgt, hat ein leidiges Geschäft. Es wurde derselben von Anfang her täglich 6. g. für ihre Bemühung bezahlt, welches eine jährliche Summe von 76 r. ausmacht. Ein Taglohn, welcher zu hoch scheinen möchte, deswegen man ihn auch etwas abzudingen versucht hat; Wogegen sie die zwar hoffentlich vorübergehende Brotteurung vorstellte, am stärksten aber auf die höchst ekelhafte Beschäftigung selbst und den damit verbundenen Makel in der öffentlichen Meinung ein Gewicht legte. Nun geben freilich die Akten fol. 87–90 genugsames Zeugnis, daß man schon polizeiliche Vorkehrungen treffen müssen, um die bei dieser Anstalt beschäftigten Personen für Nachrede und Mißhandlungen zu sichern und es möchte herzlich schwer sein, jemand anders zu dieser Stelle zu finden, der zugleich rechtlich und zuversichtlich wäre und sich doch zu den niedrigsten Diensten hergäbe. Es ist also obige Summe in dem Etat angesetzt und es wird vor der Hand dabei sein Bewenden haben.

Hiebei sei noch bemerkt, daß eben diese Geringschätzung auch die übrigen angestellten Personen trifft: den Prosektor, den Schmidt, Lehrburschen und Schüler; deshalb diese Personen da sie des Honorificums gänzlich ermangeln, in utili etwas besser zu halten sein möchten.

§ 7

Bei dieser Anstalt, mehr als bei irgend einer andern, machte sich sowohl zu Errichtung derselben, als zu weiterer Fortleitung eine Mittelsperson nötig. Denn man kann hier nicht wie bei andern reinlichen wissenschaftlichen Unternehmungen von Seiten der Ober-Aufsicht p jederzeit eine teilnehmende Leitung eintreten lassen. Bei der ersten Einrichtung war eine solche Mittelsperson unumgänglich nötig und in dem Bibliotheks- und Museumsschreiber Färber gefunden. Kein akademischer Lehrer wie uns kostspielige Erfahrung belehrt, weiß mit den Jenaischen Handwerks-Leuten auszukommen am wenigsten ein neueintretender, wie Professor Renner. Ein solcher Mann besitzt weder die nötigen Kenntnisse des Erforderlichen an Materialen und Preisen, an Arbeit und Lohn, noch auch kann man von ihm

Übersicht und Entschlossenheit verlangen. Als daher der
Bau-Revisor Klein die notwendigsten Baulichkeiten angegeben und den Kostenbetrag entworfen, so war obgedachtem Färber der Auftrag erteilt, fortwährende Aufsicht zu
führen und nach seiner innewohnenden Kenntnis die Anschaffung des Materials zu regulieren auch die Ausführung
zu beobachten. Da besonders in Jena sehr schwer fällt, das
Bestimmte und Angeordnete zu rechter Zeit auf einander
folgen und in einander greifen zu lassen. Und so ist denn auf
diesem Wege das Ganze bis auf einen Grad hergestellt, wie
solches ein besonderer Aufsatz darlegt. Manches ist noch
zurück, ja die Unterhaltung selbst fordert ein wachsames
Auge, besonders weil in gegenwärtigem Falle nicht alles
genau zu bestimmen ist und bei der Komplikation der
Gegenstände und Tätigkeiten gar manche Willkür eintreten
kann.

Das Inventarium der Gerätschaften zu fertigen und in
Ordnung zu erhalten, ist auch die Obliegenheit einer solchen Mittelsperson. Die Schmiede ist erbaut, allein sie völlig
auszustatten steht noch manches, dessen Anschaffung Färbern gleichfalls übertragen worden.

Ferner hat auch derselbe sämt. Gläser, sowohl für
menschliche als tierische Anatomie bestimmt unter seinem
Gewahrsam im Schlosse und kann das ganze Geschäft gewissermaßen ohne seine Mitwirkung nicht gedacht werden.

Wie man denn in Jena sehr wohl tun wird, den Kustoden
und Untergeordneten immer mehr Einfluß und Verantwortlichkeit zu geben, weil man teils gegen sie selbst ernstlicher verfahren kann als gegen die Professoren, die ihre
Mängel nicht gern eingestehen und ihre Fehler nicht gern
verbessern wollen, teils auch gegen diese selbst eine leitende
und warnende Instanz gewinnt.

———

folgt: *Künftiger Etat der Veterinair-Schule* (insgesamt 700 Tlr, von
denen 400 der Museums-Kasse zur Last fallen, während 200 von
Gotha beigesteuert, 100 durch Ersparung von den Kapiteln
»Menschliche Anatomie« und »Instrumente« verwilligten Geldern
gewonnen werden) –
und: *Bisheriger Aufwand auf die Tier-Arzneischule in runden
Summen* (1600 Tlr).

———

Sollten Ihro Königl. Hoheit nunmehr die Gnade haben,
vorstehenden Etat nach dem Vorschlage zu billigen, so wäre
zu wünschen, daß solcher von Michael d. J. an seinen
Anfang nähme, dergestalt, daß Weihnachten die erste Zahlung geschähe.

Nach unserm Ermessen würde Schrötern der Titel eines
Prosektor nicht so gleich zu teil, vielmehr nennte man ihn,
wie bei seiner bisherigen Funktion den »*Gehülfen*« welches
eigentlich keine Stelle ist, sondern nur von dem Zutrauen
der Ober-Aufsicht und des vorgesetzten Professors ab-   10
hängt. Schröter hat sich bisher als ein vorzüglich guter und
arbeitsamer Mensch erwiesen, aber einer neuentstehenden
Anstalt einen jungen Menschen für lange Jahre zuzugeben
ist nicht rätlich. Denn man darf sich nicht verbergen, daß
durch den nicht zu verbessernden Charakter des Prosector
Homburg, das Geschäft der menschlichen Anatomie seit so
vielen Jahren höchst gehindert und gefährdet ist. Mit gnädigster Bewilligung würde man daher Schröters Verhältnis
so ausdrücken: daß er bei dieser Anstalt mit benannten
Emolumenten zum Versuch angestellt sein, jedoch für die   20
Folge, eine einvierteljährige Aufkündigung beiden Teilen
vorbehalten bleiben solle.

———

Aus allem Vorhergehenden wird zuletzt offenbar, daß diese
Anstalt selbst bei genauer Aufsicht und tätiger Mitwirkung
der oberen Vorgesetzten, noch Ein Jahr brauchen wird, um
sich zu konsolidieren. Das Wichtigste jedoch und für alle
Zeiten Förderlichste, ist die Anlage eines Museums, welches
wenn man emsig und planmäßig verfährt, mit leidlichen   30
Kosten gar bald hergestellt werden kann.

Das große osteologische Museum bleibt im Schlosse, als
Grundlage des Ganzen, allein dorthin dürfen keine Präparate gebracht werden, welche Ekel erregen, oder Geheimnisse der Natur enthüllen; denn man würde verhindert,
Frauen oder jüngere Personen daselbst einzuführen. Alle
Muskel- und Eingeweide Präparate, sie mögen trocken sein
oder in Spiritus liegen müssen daher auf dem Heinrichsberg
selbst, sowohl aus gedachter Ursache aufbewahrt werden,
als auch deshalb weil man sie ohne Beschädigung und   40

Skandal nicht über die Straße tragen kann. Man hat sich
hiernach um ein schickliches Local umgesehen.

Die zu verschiedenen Zeiten entstandenen Gebäude des
Heinrichsbergs stehen teils neben, teils zwischen den
Scheunen. Jene üben ihr altes Hausrecht Herd und Feuer zu
halten, diese sind nur Sommerwohnungen, oder Räume für
Fourage. Sie dürfen keine Össen haben. Unter diesen findet
sich nun ein schöner Raum, der allenfalls nur zu dielen und
auszutünchen wäre. Von beiden Seiten in Häuser einge-
klemmt, die Fenster gegen Norden gekehrt, wird er selbst
im Sommer kühl genug sein. Wollte man hier ein reinliches
Zimmer einrichten und mit Repositorien versehen, so
würde für mehrere Jahre Platz gefunden sein.

Eine solche Einrichtung ist höchst wünschenswert. Die
Präparate sind in ihrem Entstehen höchst widerlich, ihrer
Natur nach zum Teil zerbrechlich; sollten sie nun da oder
dort herumgeschoben und nicht zur Evidenz gebracht werden, so kann man niemals beurteilen was getan und was
vorhanden ist. Ein Katalog, eine Revision wird schwer ja
unmöglich.

Die hierauf zu verwendenden Kosten wären nicht zu
scheuen, denn bei jeder naturwissenschaftlichen Anstalt ist
ein Museum die vorzüglichste Begründung: der Lehrer
kann wechseln aber der Neuantretende muß finden, was
ihm die Belehrung möglich macht. Schon vieles ist getan:
Homburg und Schröter arbeitslustig, Renner höchst be-
triebsam, alles was zum Cursus nötig ist, herbeizuschaffen,
fordert genaue Arbeit und verschweigt keinen Mangel am
Verfertigten. Gläser sind vorhanden, an Branntwein darf es
nicht fehlen. Die Methode, wornach gesammelt wird ist
entschieden, der Winter vor der Tür, wo man manches von
fremden Orten her verschreiben kann; Wie denn Renner
verschiedne Seefische von Hamburg wünscht. Alles deutet
an, daß dieses einmal unternommene Geschäft nicht still
stehen dürfe, und daß zu seinem Fortschreiten mancher
Aufwand nachhülflich sein müsse.

Übersicht sämtlicher Museen
und ihrer gegenwärtigen Erfordernisse
in Bezug auf einen Etat, welcher künftig
bei Vermeidung aller außerordentlicher Ausgaben
allenfalls zu halten sein möchte.

Museen.
Ereignisse des letzten Jahres.

I　　Bibliothek. [50 Tlr.]*

Ist der westliche Fensterpfeiler, welcher schon längst
für gefahrdrohend gehalten wurde, nach Angabe des
Ober-Baudirektor Coudray, mit wenigen Umständen
in kurzer Zeit hergestellt. Die Bücher der Galerie sind
mit in den Hauptsaal eingeteilt und alles wieder in
Ordnung gebracht; so auch die neuhinzugekomme-
nen Werke eingeordnet und eingetragen. Das Vergleichen geht seinen Gang, die Zirkulation der Englischen
Journale gleichfalls. Bedeutende Bücher, durch Ihro
Königl. Hoheit Munifizenz verehrt, sind eingebunden. Die Zeddel zum Real-Katalog liegen bereit, um
auf Anordnung rangiert zu werden.

II　　Mineralogisches Museum. [300 Tlr.]

Die Angelegenheiten der Societät werden durch Bergrat Lenz immer lebhaft betrieben, wie das Verzeichnis
seiner erhaltenen und abgesendeten Briefe nicht weniger die eingegangenen Bücher und Mineralien beweisen. Das Heimische und Voigtische Cabinet sind in
Ordnung und werden schon von Einheimischen und
Fremden, solcher besonders welche sich zu einer
Reise auf den Thüringer Wald vorbereiten fleißig
benutzt. Eine wichtige Arbeit jedoch steht bevor: Die
Zusammenstellung sämtlicher Versteinerungen und
Fossilien, welche gegenwärtig an drei Orten verteilt
stehen. Es ist die Absicht sie in der untern Galerie
aufzustellen und nach den neuen Ansichten Cuviers,
Schlotheims, Leonhards und andern geologisch, d. h.

---

* Die in eckigen Klammern den Posten I – XI beigesetzten Summen
beziehen sich auf den »Vorläufigen Etat« vgl. Bl. 29b.

nach den Weltepochen, in welchen sie geboren und
entweder durch Solideszenz, wie die Korallen, durch
Niedersenken wie Schaltiere, durch Niederschwem-
mung wie die fossilen Kohlen, durch Überschwemmung und Verschüttung wie die spätesten Fossilien
sorgfältig zu ordnen. Die Vorbereitung geschieht diesen Winter, so daß dies Geschäft bei guter Jahrszeit
ungesäumt beginnen kann. Hiedurch wird die geologische Übersicht, welche man durch die Suitensamm-
lung bezweckt abgeschlossen, und man stellt sich in
diesem Fache den neusten Entdeckungen zur Seite,
indem von der ersten Erscheinung des Organischen
auf unserm Weltkörper bis auf die neusten Zeiten
Rechenschaft gegeben wird.

III   Zoologisches Museum. [100 Tlr.]
Die vorhandenen Gegenstände wurden erhalten, die
schon vor Einem Jahr von Wien angelangten Fische,
brachte man, nachdem hinlängliche Gläser angekommen, jeden besonders in Branntweine.

IV   Menschliche Anatomie. [150 Tlr.]
Die vorhandenen Präparate wohl erhalten, das Ganze
reinlich und ordentlich. Ein mehrere Jahre zurückge-
wiesenes Hauptbedürfnis: ein mit Zinn gefütterter
Sarg für das große Nerven-Präparat ward endlich
zugestanden und ist fertig geworden.

V   Chemisch-Physisches Museum. [250 Tlr.]
Die chemischen Präparate als Grundlage der Vorlesungen vermehren sich und wird diese Sammlung eine
große Ausdehnung erhalten, weil nicht allein künstliche, sondern auch natürliche Körper darin aufgenommen werden.

Physik belangend, so hat man auf die von *Malus*
angeregten Phänomene zu Erklärung der Doppelspate, worüber in dieser Wissenschaft große Bewegung entstanden, schuldige Aufmerksamkeit gerichtet
und man sucht den dazu nötigen Apparat noch herzustellen.

VI   Botanischer Garten. [300 Tlr.]
Wird wie immer behandelt; ein großer Wasserbottich
ist gefertigt worden.

VII   Botanisches Museum. [25 Tlr.]
Dieses ist neueingerichtet und vorläufig geordnet;
wird im nächsten Frühjahr genauer zu bestimmen und
zu katalogieren sein.

VIII   Sternwarte. [200 Tlr.]
Die von Gnädigsten Herrschaften geschenkten Instrumente sind in dem obern Schloßzimmer aufgestellt worden, um den Höchsten Personen vorgezeigt
zu werden. Das bewegliche Türmchen ist zu Aufnah-
men des parallaktischen Instruments völlig einzurich-   10
ten. Der neue Anbau bleibt zu fernerer Überlegung
ausgesetzt.

IX   Veterinair-Schule. [700 Tlr.]
Ist ein besonderer Aufsatz deshalb gefertigt, auf welchen man sich berufen darf.

X   Osteologisches großes Museum. [25 Tlr.]
Manche zur Demonstration nötige Präparate, sowie
mehrere Knochenzeichnungen auf vergleichende
Anatomie sich beziehend, sind von Weimar hinüber-
geschafft, letztere, unter Glas und Rahmen, in der   20
untern Galerie des Schlosses aufgestellt worden; auch
die fossilen zu Romstedt gewonnenen Menschenknochen daselbst niedergelegt.

XI   Naturforschende Gesellschaft. [10 Tlr.]
Von hier sind sämtliche Pflanzenmerkwürdigkeiten in
das neue Museum im Schlosse geschafft worden, dadurch sind also Lücken entstanden, welche auszufüllen wären, damit auch diese kleine Einrichtung eine
gewisse Gestalt behalte.

———

Museen
bezüglich auf den Etat.

Vorerinnerung.
Unsere früheste Einnahme, ohne Besoldungen, zu eigentlichster Bestreitung der Anstalt war:
    Naturhistorisches Museum . . . . Tlr. 318 –
    Botanischer Garten . . . . » 200 –   40

Anatomisches Museum . . . .   » 200 –
Pachtgeld vom Garten . . . .   »   80 –

Sa.   798 Tlr.

Hierzu später überwiesene
Pensionen . . . .   »   387   »

Sa. Sar. 1185 Tlr.
also hinreichend für Bedürfnisse auch hinzutretender neuer
¹⁰ Kapitel.

Zur Kriegszeit bloß auf Erhaltung bedacht, sammelten
wir schöne Vorräte, so daß bei obiger fortgesetzter Einnahme und sich immer vermehrendem Fond, manches Außerordentliche in den zwei letzten Jahren zu leisten war. Als
aber zuletzt die alten Verwilligungen aufhörten und neue,
genau besehen nicht erhöhte, dagegen gereicht wurden auch
ganz frische Einrichtungen zu treffen waren, mußte sich der
Gehalt der Kasse vermindern. Das *Hellfeldische Haus* ward
zwar von Großherzogl. Kammer angeschafft und repariert,
²⁰ die Versetzung Döbereiners in das Local jedoch erregte
manche Ansprüche auf die Museumskasse. Der *Pelzerische
Garten*, der *Heinrichsberg* und gar manches andere, welches
besonders aufzuführen ist, ward vorläufig von uns bestritten, um nicht Serenissimum mit jedem Einzelnen anzuge-
hen.

Um für das laufende Jahr jedoch, als auch für die Zukunft
einen Anhaltepunkt zu haben, wonach wir uns selbst beurteilen könnten, zeichneten wir uns nachstehenden Etat vor,
welcher, mit den Rechnungen verglichen über die Bedürf-
³⁰ nisse der Museen immerhin Aufschluß geben wird.

——————

folgt: *Vorläufiger Etat für die sämtlichen Museen,* insgesamt 2429
Tlr verrechnend, von denen 250 Zuschuß von Gotha sind. Es wird
gerechnet für »Geschäftsführung« 250 »Beihülfe« 50 »Interessen«
19 Tlr. Wie sich die übrigen 2110 Tlr auf die Blatt 26–28ᵃ aufgeführten 11 Anstalten verteilen, ist durch Beifügung der betreffenden
Summe in eckigen Klammern angezeigt.

——————

Vorstehender im Allgemeinen ausgeworfener Etat wird
nunmehr im Einzelnen durchzugehen und die verschiedenen Verhältnisse werden darzulegen sein. Wie denn zuletzt
auch die Unterabteilungen der Kapitel und der Aufwand
auf dieselben summarisch vorzulegen sind.

———

Vorwort.

Jedes Geschäft wird eigentlich durch ethische Hebel bewegt, da sie alle von Menschen geführt werden, alles kommt
dabei auf die Persönlichkeit an und wenn in bestimmteren
Geschäften der Vorgesetzte seine Untergeordneten, wie
z. B. in Kollegien, in Sessionen, bei Kommissionen immer
im Auge hat, und seiner Leitung gewiß sein kann, so ist
dagegen das uns übergebene Ober-Aufsichts-Geschäft in
diesem Sinne eines der unbestimmtesten. Alle die Männer
sind Jenaische Professoren und sehen sich als mehreren
Fürsten unterworfen so gut als freie Menschen an, und es
gehört eine durch vieljährige Erfahrung geprüfte Behandlungsweise hinzu, um mit ihnen zwar läßlich, aber doch
ordnungfordernd zu verfahren. Mit einem jeden hat man
einzeln zu tun, keiner ist dem andern subordiniert, ja nicht
einmal koordiniert; dadurch entstehen denn so viele kleine
Welten als vorgesetzte Individuen.

Ist man in Jena gegenwärtig, so wird die Sache leichter,
wie man sich aber entfernt, so tritt Willkür und Eigenmäch-
tigkeit ein, welcher man mit Vorsicht zu begegnen hat. Um
so mehr als in der neuern Zeit mancher darauf ausgeht sich
unabhängig zu machen und kaum für nötig hält, auch nur
dem Schein nach ein schickliches Betragen gegen die Obern
zu beobachten. Man möge mir also verzeihen, wenn im
Nachstehenden auf Gesinnungen und Charakter mehr
Rücksicht genommen ist, als vielleicht in andern Verhältnissen geschehen würde, wo man befehlen und strafen könnte.

———

Die Maxime nach welcher man in früherer Zeit, als die
Anstalten eigentlich nur für Conservatorien zu achten waren, verfuhr: daß man nämlich bald dieses bald jenes Fach
durch neue Anschaffungen begünstigte, die übrigen aber

indessen ruhen ließ, konnte man zuletzt nicht mehr beobachten, indem einmal eingeleitete Tätigkeiten nicht aufzuhalten sind. Man mußte daher, weil es die Umstände mit sich brachten, der Notwendigkeit nachgeben und dabei mit Sorgfalt einiges Gleichgewicht zu erhalten suchen. Hier wird nun kapitelweis anzuzeigen sein, was in den nächstvergangenen Epochen geschehen, und was von den künftigen zu erwarten sein möchte.

Kap. I.
Schloßbibliothek.

Bei dieser fand sonst keine Vermehrung statt, als daß man die Continuationen notdürftig anschaffte, deswegen nur wenig auf die drei Unterabteilungen ausgegeben ward. Neuerlich aber haben z. B. die von Serenissimo hinüber verehrte Folge der Philosophical Transactions, sowie das von Ihro Kaiserliche Hoheit der Frau Erbgroßherzogin dorthin gestiftete Kupferwerk: Spix Cephalogenesis, wel
20 che man obgleich nicht kostbar doch dauerhaft binden lassen, die Buchbinderarbeit ansehnlich vermehrt, wenn gleich die beiden andern Rubriken in ihren Grenzen blieben. Da nun noch manches der Art zu binden zurücksteht wie z. B. die Englischen Journale Chaumeton Flora medicale pp deren Conservation zu wünschen, auch im Laufe des Jahres noch manches zu erwarten ist, so hat man gedachte Summe anzusetzen für nötig erachtet.

Kap. II.
30 ### Mineralogisches Museum.

a. *Anschaffung von Mineralien.*
Bergrat Lenz setzt eine besondere Ehre darin, daß wenig oder gar keine Mineralien angekauft werden, sondern alles durch seine Tätigkeit herbeigeschafft sei. Doch kann der Fall vorkommen, daß irgend etwas Seltenes zu akquirieren ist, deshalb man diese Rubrik nicht ganz leer gelassen.
b. *Fracht und Porto.*
Dieses ist die vorzüglichste Unterabteilung und tritt an die Stelle der ersten. Die große Tätigkeit des Bergrat Lenz läßt
40 ihn nicht einen Augenblick ruhen, er sendet Diplome mit

Anforderungen um Mineralien nach allen Seiten aus, läßt es
an Mahnbriefen nicht fehlen, und so kommen denn Antworten und Sendungen fleißig ein. Und obgleich manches
durch Freunde, Gelegenheiten u. s. w. hin und her spediert
wird, so fallen doch diesem Kapitel ansehnliche Ausgaben
zu, so daß jene angegebene Summe kaum hinreichend ist.
c. *Handwerker.*
Haupterfordernisse wurden aus Großherzogl. Kammer bestritten, aber bei einer so weitläufigen Anstalt kann es nicht
fehlen, daß von Zeit zu Zeit Tischler, Glaser, Schlosser pp   10
wenn auch nur mit Kleinigkeiten beschäftigt werden. So ist
vor kurzem ein schickliches Glasschränkchen für die von
Ihro Kaiserl. Hoheit der Frau Erbgroßherzogin mitge-
brachten Mineralien gefertigt worden, und geschieht solches, wenn es irgend von Bedeutung ist, nicht ohne Anfrage
und Autorisation.
d. *Buchdrucker;*
welcher die Diplome, nicht weniger die bei feierlichen
Gelegenheiten auszugebenden Gedichte druckt.
e. *Buchbinder,* welcher die Diplome siegelt und die der   20
Societät verehrten Bücher, auch die Gedichte bindet.
f. *Abschreiber;* welcher manchmal beschäftigt ist, bedeutende handschriftliche Mitteilungen zu kopieren.
g. *Feierlichkeiten.* Man sucht von Zeit zu Zeit diesen
unnötig scheinenden Aufwand einzuschränken. Da es jedoch Lenzens höchster Stolz ist an Höchsten Geburtstägen
feierliche Zusammenkünfte zu veranstalten, Einladungs-
karten herumzuschicken, unter musikalischer Begleitung
wohlgemeinte Lieder absingen, nicht weniger verfertigte
Gedichte abdrucken und verteilen zu lassen, damit die   30
Mineralogische Gesellschaft als ein von Serenissimo sank-
tioniertes öffentlich anerkanntes Corpus erscheine und sich
geltend mache; so hat man das wenige nicht ansehen wollen,
dessen Verwendung dem tätigen Manne von Epoche zu
Epoche den besten Humor erhält und dessen Versagung ihn
höchlich kränken ja beleidigen würde.

Kap. III.
Zoologische Museen.
Mit gutem Vorbedacht hat man auf diese Sammlung stets   40

am wenigsten verwendet und meistens dem Zufall überlassen, ob ein oder der andere Zuwachs sich ergeben wollen. Wenn man auch ausgestopfte Tiere mit gehöriger zeitgemäßer Sorgfalt wohlfeil erhalten kann, so kosten dagegen die in Spiritus aufgehobenen Geschöpfe Geld und Mühe. Auch sind Zoologische Museen in der neuern Zeit zu didaktischen Zwecken weit weniger nötig geworden, da, in prächtigen, kolorierten Kupferwerken, Naturgegenstände nach dem Leben abgebildet, dem Lehrer sowohl als dem Schüler vor Augen gebracht werden können. Doch tritt wie billig manche Ausnahme ein; Serenissimus haben von Wien treffliche Fische erhalten, welche diesen Sommer einzeln in Gläser verteilt worden. Nicht weniger wäre zu wünschen daß die Entomologische Abteilung revidiert, vermehrt, und neu geordnet würde. Die noch in Weimar befindliche von Endische Sammlung ist dem Museum angeboten, deren Anschaffung jedoch wegen dringender übrigen Bedürfnisse, ungeachtet des leidlichen Preises, abgelehnt worden.

Der am meisten zur Last fallende Aufwand aber sind die Gläser, welche zu schicklicher Jahreszeit jedesmal im Ganzen angeschafft werden müssen. So ist es auch bei neuem Einsetzen in Branntwein: man hat ausgerechnet, daß in eine Anzahl Gläser, welche für 80 Tlr. angeschafft wurden, nach dem jetzigen Preis für fast 200 Tlr. Branntwein erforderlich sei.

Diese Ausgabe greift ihrer Natur nach aus einem Jahr ins andere und hiezu sind in Betracht der neusten Erfahrungen die Summe von 100 Tlr angesetzt.

Ferner finden sich Spezereien zu Erhaltung der dem Mottenfraß unterworfenen Körper angeschrieben, um als künftige Norm einer Bilance gelten zu können.

Kap. IV.
Menschliche Anatomie.

Auf diese waren 200 Taler angesetzt, eine mäßige Summe bei neuer Einrichtung eines völlig mangelnden Cabinets. Allein kaum sah Hofrat Fuchs sich im Stande seine didaktischen Zwecke durch die vorhandenen Präparate zu erreichen, so hielt er als guter Wirt, sogleich inne, zunächst veranlaßt durch die übertriebenen und zudringlichen Forderungen Homburgs, der, nebst seiner Familie wohl schwerlich jemals ein gewisses ökonomisches Gleichgewicht gewinnen möchte. Bei dem neuen Etats-Entwurf sind daher 50 Tlr abgenommen und zur Veterinairschule geschlagen.

Doch tritt auch dieses Jahr bei gedachtem Museum eine Ausgabe ein, die man seit dessen Errichtung gescheut. Man hat nämlich für das größte Nerven-Präparat bisher einen blechernen mit Ölfarbe angestrichenen Sarg gehabt, welcher denn zuletzt in solche Umstände geraten, daß ein neuer anzuschaffen nötig war. Nun entschloß man sich, wozu man sich gleich anfangs hätte entschließen sollen, einen mit Zinn gefütterten Kasten fertigen zu lassen, welcher auch gegenwärtig schon abgeliefert ist.

Übrigens hat man bei genauer Wirtschaft des Hofrat Fuchs von diesem Kapitel am wenigsten zu befürchten.

Kap. V.
Chemische-physische Anstalt.

Diese droht im Gange des Geschäfts den meisten Aufwand, denn der Eifer vorwärts zu dringen ist in diesen Wissenschaften rastlos, und wenn man nur einigermaßen dem was von England und Frankreich dargeboten wird sich gleichstellen will, so wird manche Ausgabe veranlaßt, deren Spur verschwindet, wenn sie in die Region der allgemeinen Kenntnisse aufgehoben ist.

Dem Bergrat Döbereiner sind zwar 100 Tlr, zu Experimenten, aus unserer Kasse zugebilligt, die er vierteljährig bezieht, allein zu gar manchen Versuchen muß man ihm noch hülfreiche Hand bieten. Das Physische schließt sich unmittelbar daran, welcher Teil, seit Körners Versetzung nach Jena erst recht lebendig geworden.

Die bedeutenden Erscheinungen der zur Berechnung sich gesellenden Spiegelung durch Malus, Arago, Biot, Seebeck, Brewster p bearbeitet, wodurch dem Naturforscher neue Aussichten eröffnet sind, durften den Jenaischen Anstalten nicht fremd bleiben und man hofft in kurzer Zeit die Aufstellung eines auslangenden Apparats mit mäßigen Kosten zu bewirken, der vielleicht alsdann in Deutschland und dem Auslande einzig sein möchte.

Unterzeichneter hat seinen optisch-chromatischen Ap-

parat, mit Vorbehalt des Eigentums, nach Jena getan und es
könnte hieraus, in Verbindung mit dem ältern schon Vorhandenen die Möglichkeit entspringen, sämtliche Phänomene dieser Kapitel dem Auge darzustellen, worauf doch
alles ankommt, da mit Worten und Zeichen nichts geleistet
werden kann. Wie viel mit der hier ausgesetzten Summe
bewirkt werden könne wird sich ergeben.

Kap. VI.
Botanischer Garten.

Für denselben waren von allem Anfang an 200 Tlr ausgesetzt, eine höchst mäßige Summe, welche sich nach und
nach auf 300 Tlr erhöht. Dieses Jahr hat man auch bei dieser
Anstalt ein längst zurückgeschobenes Bedürfnis befriedigt
indem man einen großen eichnen Bottich fertigen lassen, in
welchem das Wasser bei Nachtzeit, ohne daß man den
unterliegenden Brunnen die stündlichen Tagesbedürfnisse
entzieht, aus der Röhrenfahrt eingelassen, zugleich an der
Luft gemildert und der allenfallsige Ablauf zu Befeuchtung
von Wasserpflanzen angewendet wird. Diese auf viele Jahre
nun besorgte Vorrichtung geschah nicht ohne den bedeutenden Aufwand von   Tlrn.
Die übrigen Kapitel bleiben sich von Jahr zu Jahr ziemlich gleich.

Kap. VII.
Botanisches Museum.

Ein solches war zu Schelvers Zeiten in dem botanischen
Gartenhause angelegt und schöne Dinge beisammen. Nach
der Zerstörung und dem Verderb von 1806 brachte man den
Überrest in das Museum der naturforschenden Gesell-
schaft, wo es an sorgfältiger Aufbewahrung und sukzessiver
Mehrung nicht fehlte, bis endlich diesen Sommer über
sämtliche botanische Schätze in das neue Museum im
Schlosse gebracht worden.

Kap. VIII.
Sternwarte.

Diese hat zwar schon aus der früheren Stiftung eine besondere Summe von 100 Tlr, welche aus

(vid. fol. 47.)

ausgezahlt wird; allein der Astronom und Physiker ist zu
nah verwandt, beide werden durch neue Entdeckungen zu
schärferen Untersuchungen gemeinschaftlich aufgeregt, wie
denn der erste zeitlebens alles, was sich auf Achromasie
bezieht zu beachten hat.

Zu solchen Zwecken ist die bezeichnete Summe ausgesetzt. Wie man denn in vergangenem Jahre dem Hofmechanikus Körner eine Entschädigung von 100 Tlrn zugebilligt,
bei Gelegenheit des von Ihro Kaiserl. Hoheit verehrten
parallaktischen Instruments. Denn es war schon gleich beim
ersten Accord einzusehen, daß das Instrument für 400 Tlr.
schwerlich zu liefern sein möchte. Da nun noch überdies bei
Fertigung desselben manches Unvorhergesehene vorkam
mancher mißlungene Versuch einfiel, wovon Professor von
Münchow umständlichst Notiz gab, auch nicht schicklich
sein wollte, Ihro Kaiserl. Hoheit einen solchen Nachtrag
anzumuten, so wurde Körner um so mehr einigermaßen
schadlos gehalten, als er bei seiner Versetzung, obgleich
begünstigt, doch in manche unvorhergesehene Ausgabe
und Beschädigung geriet.

Ferner darf man sich nicht verleugnen, daß wenn man
auch den für den Moment abgelehnten Anbau an das Observatorium nicht in dem nächsten Jahre vornehmen will,
dennoch die Aufstellung des parallaktischen Instruments in
den schon vorhandenen kleinen Turm immer Ausgaben
veranlassen muß, welche eigentlich von der Museumskasse
nicht zu tragen wären. Bei dieser Gelegenheit ist der Umstand zu bemerken, daß gerade auf der Scheide, da wo das
Befugnis Großherzogl. Ober-Aufsicht p aufhört und die
Kammer mit ihren Mitteln eintritt, immerfort Schwanken
und Unsicherheit auch gewisse unübersehbare Behandlungsarten vorfallen, deshalb man sich zur Pflicht machen
wird, in dem nächsten Baujahre einen Abschnitt zu finden
das Vergangene abzutun und wegen des Zukünftigen solche
Verabredungen zu treffen, daß Willkür und Zufälligkeit so
viel als möglich abgelehnt werden.

Kap. IX.
Veterinair-Schule.
Von fol 11 bis 24 umständlich behandelt

Kap. X.
Osteologisches Cabinet.

Wird künftig als der Veterinairschule angeschlossen gedacht werden, und weil nach der eingeleiteten Bedingung auch Skelette dahin unentgeltlich geliefert werden; so wird auf dieses Kapitel wenig zu verwenden sein. Da indessen der Fall schon eingetreten, daß Kadaver fremder Tiere anzuschaffen waren, welche abzuweisen man wohl niemals gemeint sein wird, das darauf zu verwendende Extraordinarium der Veterinairschule aber nicht anzumuten sein möchte; so hat man eine kleine Summe deshalb vorläufig ausgesetzt, inwiefern man damit reicht hängt von Zufälligkeiten ab.

Kap. XI.
Naturforschende Gesellschaft.

Bei derselben kommt nur wenig vor, indem der Zuwachs aus Geschenken und freiwilligen Gaben besteht und was an Gläsern und Branntwein erforderlich sein möchte, aus dem Vorrat des Zoologischen Cabinets genommen wird; weil aber doch einiges von Zeit zu Zeit vorfällt, so ist hier die kleine Summe ausgesetzt.

Kap. XII.
Geschäftsführung.

a. Von Seiten der Ober-Aufsicht pp hat man jederzeit das ganze Geschäft als ein eigenes betrachtet und die Kosten eines längeren Aufenthalts seit der ersten Stiftung selbst bestritten. Kleine Auslagen jedoch ließ man sich ersetzen, welche in den letzten Jahren ohngefähr die angezeigte Summe betragen konnten.

b. Dem *Assistenten* hat man, im Fall einer nötigen Absendung Diäten und Auslagen bezahlt, wie z. B. bei angeordneter Gartenbeleuchtung und kann deshalb die angesetzte Summe gar wohl bestehen.

c. Dem *Bibliothekar* sendete man vierteljährlich hinüber;

wie er denn in den letzten Jahren mit Umsetzung der Bücher aus der Galerie in den Hauptsaal, um dem Heimischen Cabinet Platz zu machen, mit Revision und Eintragung der neuen von Serenissimo verehrten Bücher, auch mit Vorbereitung eines Real-Katalogs sich beschäftigte. Nicht weniger hat er von der akademischen Bibliothek und deren Schätzen vorläufige Kenntnis genommen, welches wegen der allgemeinen Übersicht des Büchervorrats in Ihro Königl. Hoheit Landen sehr wünschenswert war.

d. *Hausmiete.* Früher hatte sowohl die Ober-Aufsicht p als der Bibliothekar Wohnung im Schlosse, seitdem aber die Museen erweitert und der übrige Raum zur Aufnahme der gnädigsten Herrschaften eingerichtet worden, hat man den Bischoffischen Ersten Stock gemietet, wo man um leidlichen Preis genugsamen Raum, Meubles, Betten und, das meiste von Gerätschaften gefunden.

e. *InventarienStücke*; Kleinigkeiten zu Erfüllung dessen, was die Hausbewohner nicht verabreichen konnten und doch nicht zu entbehren war.

f. *Holz.* Früher als man im Schlosse Quartier nahm, ward das Holz vom Hofe verabreicht; gegenwärtig wird der mäßige Bedarf zu gehöriger Zeit angeschafft, um bei einem Winteraufenthalte etwas vorzufinden.

g. *Führung der Rechnung*; gibt sich von selbst.

h. *Fuhr- Trag- und Botenlohn*; bezieht sich eigentlich nur auf die Kommunikation zwischen Jena und Weimar, wenn Gegenstände, auf die Museen bezüglich, transportiert werden.

i. *Generelles*; Diese Rubrik hat man eingeführt, um die Kapitel: *Außerordentlich* und *Insgemein* aus der Rechnung los zu werden, und das Wenige, was nirgends unter zu bringen war, hier aufzuführen.

Kap. XIII.
Beihülfe.

Diesem Kapitel wäre eigentlich eine größere Summe zu gönnen; denn obgleich Stipendien an Studierende gereicht werden, so gibt es doch keine für die welche soeben ausstudiert haben, sich nach einer Versorgung umsehen und ge-

rade in der übelsten Lage sind. Von unserer Seite haben wir
dadurch, daß wir mehreren der wissenschaftlichen Anstalten *Gehülfen* zugegeben, manchen guten jungen Mann
unterstützt, ja den mehrgenannten, jetzt bei der Veterinairschule angestellten Schröter auf diese Weise herangezogen,
auch einem geschickten, jungen, aus dem Lande gebürtigen
Chemiker, namens Göbel, unter Döbereiners Anleitung
einige Jahre hingeholfen, der sich doch zuletzt in Jena nicht
mehr halten können, sondern zu seinen Eltern nach Pfiffel-
bach zurückgekehrt ist, in Hoffnung daß man seiner künftig
bei Gelegenheit gedenken werde.

Solchen jungen innerhalb unseres Kreises tätigen Männern also, hat man kleine Beihülfen gegeben, wenn sie sich
eines vorteilhaften Zeugnisses ihrer Vorgesetzten würdig
gemacht. Sie schaffen dafür die nötigsten Bücher sich an,
und zu Begünstigung solcher löblichen Absichten hat man
jene kleine Summe ausgesetzt.

Kap. XIV.
Interessen.

Von 380 Tlrn zu 5 p. Ct., welche wir auf den Heinrichsberg
schuldig geblieben. Die 19 Tlr. sollten eigentlich auf dem
Etat der Veterinairschule stehen, mögen aber hier einstweilen Platz finden bis die Museumskasse, wieder zu Kräften
gelangt, auch dieses kleine Kapitel abtragen könne.

folgt: *»Entwurf eines Etats für die Museen.«*
vgl. *»Beilage I.«* (= Blatt 49.50.)

Ferner werden sich zu Ostern 1818 alle außerordentliche,
ein für allemal geleisteten Ausgaben genauer spezifizieren
lassen, wodurch in den letzten zwei Jahren teils neue Einrichtungen gemacht, teils manches Vorkommende bestritten worden; wovon wir hier vorläufig folgendes anführen.

Hellfeldisches Haus, Bauzuschuß	175 Tlr
Vorbereitungen das Heimsche Cabinet aufzunehmen	115 »
Reposituren in die Schloßbibliothek deshalb	72 »
Gas-Beleuchtungs-Versuche	124 »

Pelzerisches Gartenfleck	540 »
Körnerischer Nachschuß auf das Instrument	100 »
Ausgrabungen bei Romstädt	20 »

Sa.	1146 Tlr
Hierzu Aufwand auf die Veterinair-Anstalt	1600 »

Sa. tot.	2746 Tlr.

Also stünden wir mit beinahe 3000 Tlr in Vorschuß, wel- 10
cher, wie oben bei der Veterinairschule gemeldet, gedeckt
worden und noch zu decken ist. Wir sehen uns daher
genötigt, den Wunsch auszusprechen: daß Ihro Königliche
Hoheit vorerst 1500 Tlr. bewilligen möchten, und zwar auf
die Quartale Michael und Weihnachten 1817 und Ostern
1818, jedesmal zum dritten Teil, an die Ober-Aufsichts
Hauptkasse zu bezahlen. Damit könnten wir bis zum
Schluß des Rechnungs-Jahres den größten Teil unserer
Obliegenheiten berichtigen so daß künftig Ostern eine reine
Übersicht, und die Einleitung eines stehenden und auslan- 20
genden Etats gemacht werden könnte.

———

Nachdem wir nun den bisherigen Zustand der Jenaischen
Wissenschaftlichen Anstalten und was von ihnen in der
Folge zu erwarten sein möchte aus einander gesetzt; so ist
nunmehr nötig, auch von der Art ihrer Benutzung zu
sprechen. Jene Einrichtungen dienen zuvörderst den Professoren, indem diese sich wissenschaftlich unterrichten
und vorbereiten, sie dienen sodann den Studierenden, in- 30
dem solche dadurch zur Anschauung vieler Dinge gelangen,
von denen man sich sonst nicht leicht einen Begriff machen
könnte. Nun sind aber diese Anstalten gar verschiedener
Art, und auch, wie man gesehen, verschiedenen Ursprungs;
darnach richtet sich die Aufbewahrung, Kustodie, der
Lehrgebrauch, die Vermehrung und Verantwortlichkeit.
    Die *Bibliothek* ist ihrer Natur nach zur allgemeinsten
Benutzung bestimmt. Färber hat die Schlüssel und den
Auftrag, jedem Professor, namhaftem Einwohner allenfalls
auch einem Studierenden für den der Professor gut gesagt, 40

unter gesetzlichen Bedingungen Bücher abzugeben. Damit
man nun auch hier unterrichtet sei, wie mit dieser bedeutenden Büchersammlung überhaupt verfahren werde, so geht
Rat Vulpius vierteljährlich hinüber um nachzusehen auch
einen Real-Katalog vorzubereiten. Nicht weniger sendet
Färber monatlich Listen von den eingegangenen und abge-
gebenen Büchern.

Von mehr besondern Gebrauch ist das *Zoologische Cabinet*. Der Professor, welcher sich desselben bedienen will hat
deshalb nachzusuchen. Er erhält die Erlaubnis in dem neu
eingerichteten Auditorium entweder zu lesen, oder in demselben wöchentlich einigemal die Gegenstände seiner Lehre
vorzuzeigen. Wie liberal man hiebei verfahren erhellt aus
folgendem. Wenn z. B. ein die Naturgeschichte vortragen-
der Professor Muscheln oder andere transportabele Körper
dieses Reichs seinen Zuhörern vorlegen will, so gibt er
Färber das Verzeichnis, welcher die verlangten Gegenstände in obgedachtem Auditorium auf große Tische legt.
Hier steht es dem Lehrer frei, sie nach seinem System zu
ordnen, die Benennungen, deren er sich bedient beizu-
schreiben und den Vortrag ganz nach seiner Methode einzurichten. Ist dieses geschehen, so werden sämtliche Körper
durch Färbern wieder ins Museum geschafft und nach den
Nummern des Katalogs wieder einrangiert, so daß neue
Benutzung, alte Ordnung und wünschenswerte Erhaltung
recht wohl neben einander bestehen können.

Von gleichem Gebrauche ist das große *Osteologische
Museum*. Hiezu hat Färber den Schlüssel und den Auftrag
denjenigen Professoren welche davon Gebrauch machen
wollen, dasselbe zu eröffnen, auch allenfalls, wie es für
Hofrat Fuchs und Professor Renner geschieht, einiges in die
Lehrstunden zu schaffen.

Den Schlüssel zum *Physikalischen Cabinet* verwahrt Färber gleichfalls und erhält, auf Anzeige und Anfrage bei der
Ober-Aufsicht, Erlaubnis, die darin befindlichen Instrumente, unter Mitwirkung des Hof-Mechanikus Körner zu
Versuchen und Demonstrationen herzugeben.

Ganz besonderer Aufsicht und Benutzung sind jedoch,
ihrer Natur nach, folgende Anstalten überlassen:

Das *Mineralogische Museum*, wozu Bergrat Lenz allein

die Schlüssel verwahrt und als Direktor der Mineralogischen Gesellschaft für die Erhaltung der darin befindlichen
Schätze Sorge trägt, auch zur alleinigen Benutzung derselben die Befugnis hat.

Das *Chemische Laboratorium*, mit Instrumenten und
Gerätschaften, kann seiner Natur nach gleichfalls nur von
Einem benutzt werden, und dies ist gegenwärtig Bergrat
Döbereiner, der davon den tätigsten Gebrauch macht.

So verhält es sich gleichfalls mit dem Cabinet der *Mensch-*
lichen Anatomie, welches Hofrat Fuchs privative unter sich   10
und niemand als er dazu den Schlüssel hat. Doch erhält jeder
Professor auf Ansuchen die Erlaubnis die in diesem Cabinet
befindlichen Unterabteilungen, z. B. die Modelle veneri-
scher Krankheiten, die pathologischen Knochen und was
sonst verlangt werden könnte, zu seinen Vorlesungen zu
benutzen. Da denn wie oben bei dem Zoologischen Cabinet
verfahren wird: indem Hofrat Fuchs deshalb Verordnung
erhält und der Amanuensis Schröter die verlangten Präparate heraus in das Anatomische Auditorium schafft und sie
zum Gebrauch darbietet.   20

Das *Museum der Naturforschenden Gesellschaft* ist dem
Hofrat Voigt privative überlassen, welches ihm in sofern dienen kann, als es gerade so viel Mineralien enthält, wie es nötig
ist, um auch dieses Reich bei seinen allgemeinen naturhistorischen Vorlesungen einigermaßen belegen zu können.

Den *Botanischen Garten* benutzt ebenfalls Hofrat Voigt
bei seinen Vorlesungen und außerdem wird jedem Studierenden, der sich zu persönlicher Benutzung des Gartens
meldet ein Erlaubnisschein nicht versagt, welcher ehemals
mit 8 g. gelöst werden mußte. Neuerdings aber hat man   30
beschlossen den Hofgärtner Wagner, welchem diese Einnahme als utile zukam, deshalb zu entschädigen, um den
eignen Fleiß der Studierenden, sie mögen Botanik hören,
bei wem sie wollen, auf alle Weise zu begünstigen. Einen
dritten Lehrer jedoch mit seinen Schülern in den Fürstlichen
Botanischen Garten einzulassen, hat man von jeher stand-
haft verweigert, da dieser Zweig der Naturlehre von andern
gar wohl auch auf andere Weise betrieben werden kann.
Denn der Akademisch-botanische Garten ist erweitert und
zu Lehrzwecken sehr brauchbar eingerichtet worden.   40

Ferner bietet die Flora Jenensis und die vielen Privat-
Kunst-Gärten so reichliche Gegenstände dar, daß jeder mit
einiger Anstelligkeit einen botanischen Cursum zu beleben
durchaus Gelegenheit findet, um so mehr als jedem unbenommen bleibt sich mit Hofrat Voigt deshalb freundlich zu
verständigen. Die Rivalität in dieser Sache kann und will
man nicht hindern, aber persönliche Berührungen, woraus
bei dem gespannten Zustande der Jenaischen Lehrer unter
einander die unangenehmsten Reibungen schon entstanden
sind und noch entstehen müssen, vorzubeugen ist die
Pflicht derer, denen die Persönlichkeiten und besondern
Umstände und Verhältnisse bekannt sind. Man würde jedoch hierüber sehr ungern und nur notgedrungen wie über
andere Verhältnisse seine Erfahrungen im Einzelnen aussprechen.

Daß auf die *Veterinair-Schule* außer Professor Renner
niemand Einfluß haben könne fällt sogleich in die Augen.
Das für diese Anstalt zu errichtende wichtige Museum,
kann gleichfalls nur seiner Aufsicht und Benutzung übergeben werden, ob ihm gleich unbenommen bleibt mit Vorwis-
sen Großherzogl. Ober- Aufsicht, seinen Kollegen zu ihren
Zwecken gleichfalls einigen Gebrauch zu verstatten.

Von dem *Observatorium* versteht sich abermals von
selbst, daß außer dem Professor von Münchow niemand
darauf einwirken dürfe, welchem unbenommen bleibt den
Hof-Mechanikus Körner in vorkommenden Fällen um Beihülfe anzusprechen.

Und so möchte denn von den bisherigen geregelten und
zweckmäßigen Benutzungen genugsame Rechenschaft gegeben sein. Wäre es übrigens denkbar, daß die in Jena
angestell⟨ten⟩ vorzüglichen Männer ein reines gutes Vernehmen unter einander erhielten; so würde auch die Libera-
lität, welche man von oben herein beweist, unter ihnen
selbst statt finden. Wie man denn auch jetzt schon mit
Vergnügen solche Verhältnisse bemerkt, und, in sofern die
Herrn einander behülflich sind, von Seiten der Ober-Aufsicht niemals Hindernisse in den Weg legt. Wenn jedoch
einer dem andern zum Trutz und zu dessen Unbequemlichkeit sich in die unmittelbaren Anstalten einzudrängen
sucht; so ist es Schuldigkeit, Mißverhältnisse, die doch

zuletzt den Höchsten Behörden beschwerlich fallen gleich
anfangs abzutun um wachsende Unannehmlichkeit zu verhindern.

J. W. v. Goethe

Begonnen: Jena im April
Abgeschlossen: Weimar Ende Oktbr. 1817.

Revision.

fol. 37^b

Kap. VIII. Sternwarte;

sollte heißen:

Diese hatte nach der frühern Stiftung, die Summe von 100 r.
aus Großherzogl. Kammerkasse zu genießen, welche aber
nach der neuen Verwilligung der Museumskasse zur Last
fallen. Diese hatte schon bisher für Holz gesorgt, da aber
jetzt einem Aufwand für gewisse technische Versuche nicht
auszuweichen ist, so enthält das Kapitel folgende Unterabteilungen, als

a) Verwilligte Stiftung   100 r.
b) Holz und Fuhrlohn   50 »
c) Auf Versuche und sonst   50 »
                                                   _____
                                          Sa/ 200 r.

Entwurf eines Etats für die Museen.

Kap. I.

Bibliothek   50 Tlr
a) Bücher   25 r.
b) Buchbinder Arbeit   15 »
c) Papier   5 »
d) Handwerker   5 »
                            _____
                              uts.

Kap. II.

Mineralogisches Museum   300 »
a) Anschaffung von Mineralien   40 r.
b) Fracht und Porto   150 »

c) Handwerker   40 »
d) Drucker   15 »
e) Buchbinder   20 »
f) Abschreiber   5 »
g) Feierlichkeiten   30 »

                                            uts.

Kap. III.
Zoologisches Museum   100   »

10 a) Gläser   40 r.
b) Branntwein   30 »
c) Spezereien   20 »
d) Handwerker   10 »

                                            uts.

Kap. IV.
Menschliche Anatomie   150   »

a) Apparat   50 r.
20 b) Präparate   80 »
c) Spezereien   10 »
d) Handwerker   10 »

                                            uts.

                            Lat.   600 Tlr.
                        Transpt.   600 Tlr.

Kap. V.
Chemische und physikalische Anstalt   250   »

30 a) Döbereiner   100 r.
b) Chemische Präparate   25 »
c) Chemisch-physische Versuche   50 »
d) Nachtrag zum Apparat   75 »

                                            uts

Kap. VI.
Botanischer Garten   300   »

a) Tagelohn   130 r.
40 b) Holz und Fuhrlohn   30 »

c) Dünger, Lohn, Sand, Fuhren	40 »		
d) Handwerker Gerätschaften	60 »		
e) Varia	40 »		

uts.

Kap. VII.
Botanisches Museum   25 »
Botanisches Museum   25 r.

Sa. p. s.   10

Kap. VIII.
Sternwarte   200 »
Sternwarte (vid. fol 37[b])   200 r.

Sa. p. s.

Kap. IX.
Tier-Arznei-Schule   700 »
a) Gehülfe   200 r.
b) Präparate p   200 »
c) Ration   50 »   20
d) Schmied   50 »
e) Holz und Fuhrlohn   50 »
f) Aufwärterin   76 »
g) Aufseher   50 »
h) Zufällig   24 »

uts.

Lat.   2075 Tlr.
Transp. 2075 Tlr.

Kap. X.
Osteologisches Museum   25 »
Osteologisches Museum   25 r

Sa. p. s.

Kap. XI.
Naturforschende Gesellschaft   10 »
Naturforschende Gesellschaft   10 r.

Sa. p. s.   40

Kap. XII.
Geschäftsführung   250 "

a) Ober-Aufsicht   50 r.
b) Assistenz   20 "
c) Bibliothekar   80 "
d) Hausmiete   56 "
e) Inventarienstücke   4 "
f) Holz und Fuhrlohn   10 "
g) Führung der Rechnung   15 "
10 h) Fuhr- Trag- und Botenlohn   10 "
i) Generelles   5 "

         uts.

Kap. XIII.
Beihülfe   50 "

a) Ordinaria   30 r.
b) Einzelne   20 "

         uts.

Kap. XIV.
Interessen   19 "

Interessen   19 r.

         Sa. p. s.

         Sa. total.   2429 Tlr.

30 Zieht man nun von den angesetzten   2429 Tlrn
die der Tierarzneischule bestimmten   700 "

ab, so bleiben   Sa.   1729 Tlr
Hiermit verglichen die ältere Einnahme   1185 "

so zeigen sich   Sa.   544 Tlr
welche wir jetzt eigentlich nur
mehr erhielten, um die so sehr ver-
mannigfaltigten und angewachsenen
40 Geschäfte zu bestreiten.

ANHANG

EINFÜHRUNG

DIE JAHRE ZWISCHEN 1814 UND 1819 – REISEN MIT DER KUTSCHE UND AUF DEM PAPIER

In der Goetheforschung zählen die Jahre zwischen 1814 und 1819 nicht gerade zu den populären Epochen, und wo dieser Zeitraum ins Blickfeld des Interesses geraten oder sogar zum Gegenstand der Untersuchung geworden ist, signalisiert die Bezeichnung ›Divan-Jahre‹ eindeutig und zutreffend, welches Werk diesem halben Jahrzehnt den Stempel aufgedrückt hat. Dabei ließe sich – neben anderen Aspekten – gerade an diesen Jahren hervorragend aufzeigen, wie wenig Leben und Werk eines Schriftstellers gelegentlich voneinander zu trennen sind, ja in diesem Fall sogar, auf welch unmittelbare Weise geschichtliche Entwicklungen in Goethes Denken eingegriffen und sein Schaffen in neue Richtungen gelenkt haben.

Diese ›Richtungsänderung‹ ist in der Goethephilologie bereits früh registriert worden; schon vor mehr als einhundert Jahren, im Goethe-Jahrbuch 1890, stellte Konrad Burdach fest, daß in diesen Jahren die »Epoche des einseitigen Klassizismus« zu Ende gegangen sei. In dieser Terminologie bewegte sich auch Hans Pyritz, als er den Begriff von der »gegenklassischen Wandlung« Goethes prägte; er findet sich in den von Ilse Pyritz herausgegebenen, 1962 postum veröffentlichten ›Goethe-Studien‹, deren letzter Beitrag den Titel ›Humanität und Leidenschaft. Goethes gegenklassische Wandlung 1814/1815. I. Teil: Voraussetzungen‹ trägt und bereits in den Jahren zwischen 1939 und 1943 konzipiert worden war. Es ist hier nicht der Ort, darüber zu spekulieren, warum dieser Ansatz von Pyritz nicht weiter ausgebaut oder abgeschlossen worden ist; der Wert dieses Signums von der »gegenklassischen Wandlung« mag aus heutiger Sicht vor allem in der fruchtbaren Diskussion liegen, die es ausgelöst hat und in deren Verlauf diese Wendung korrigiert, modifiziert und differenziert worden ist. In jedem Fall markieren die Jahre 1814 und 1815 einen

entscheidenden Einschnitt in Goethes Leben und Werk;
unbestreitbar ist auch, daß die von diesem Datum ausgehenden Neuorientierungen mit (inner)literarischen Kategorien
allein nicht angemessen zu beschreiben sind.

Mit der Völkerschlacht bei Leipzig war im Oktober 1813
die Napoleonische Herrschaft zu Ende gegangen, vom
Herbst 1814 bis zum 9. Juni 1815 tagte der Wiener Kon-
greß, auf dem die europäischen Fürsten und Staatsmänner
über eine Neuordnung der kontinentalen Machtverhält-
nisse berieten. Dort wurde am 8. Juni 1815 auch der Zusammenschluß der deutschen Einzelstaaten zum ›Deutschen
Bund‹ festgelegt; das Dokument dieser Vereinbarung, die
›Bundesakte‹, ging zugleich in die Kongreßakte vom 9. Juni
1815 ein. Mit der Kennzeichnung der folgenden Jahrzehnte
als ›Restaurationsepoche‹ übersieht man allerdings nur zu
leicht, daß auch im deutschen Sprachraum der Beginn der
nachnapoleonischen Ära von einem Klima des erwartungs-
vollen Neuanfangs im Zeichen nationaler Selbstbesinnung
geprägt war.

Dies ist nun mehr als eine bloße Auflistung der zum
Verständnis der historischen Rahmenbedingungen notwendigen Eckdaten: Die hier nur kurz skizzierte allgemeine
Aufbruchstimmung ist vielmehr die Bedingung und Ursache jener Veränderungen Goethes, die seine Zeitgenossen
ebenso aufmerksam registriert haben wie Goethe selbst, der
für diese ›Wandlung‹, um die es sich zweifellos gehandelt
hat, auch die Schlüsselwörter gefunden hat. Daß Goethe
diesen Beginn einer neuen historischen Epoche nicht (nur)
von Weimar aus beobachtete, sondern dort miterlebte, wo
diese Aufschwungbewegung wie in wohl kaum einer anderen Region zu erfahren war, hinterließ nun wiederum seine
Spuren im (veröffentlichten wie zunächst unveröffentlicht
gebliebenen) literarischen Werk dieser Jahre.

»Ein neues Licht fröhlicher Wirksamkeit ...«

Im Sommer des Jahres 1814 nämlich entschloß sich Goethe,
nach einer siebzehnjährigen Abwesenheit zum ersten Mal
wieder seine Heimat zu besuchen. Vom 27. Juli bis zum
24. Oktober dieses Jahres hielt er sich an Rhein, Main und

Neckar auf; im Zentrum seiner Reise stand ein Kuraufenthalt in Wiesbaden, der ihm genug Zeit für wiederholte Besuche in Mainz und Biebrich ließ. Von Wiesbaden aus wurden Ausflüge in den Rheingau unternommen, Anfang September war Goethe für einige Tage Gast von Antonie und Franz Brentano auf deren Landgut in Winkel am Rhein. Vom 12. bis zum 24. September sah er seine Geburtsstadt Frankfurt wieder, wo er im Hause der Familie Schlosser wohnte. Vom 24. September bis zum 9. Oktober besuchte Goethe Heidelberg und machte als Gast der Brüder Sulpiz und Melchior Boisserée dort seine erste Bekanntschaft mit deren umfangreicher Sammlung von Gemälden altdeutscher Meister, bevor er sich vom 11. bis zum 20. Oktober 1814 erneut in Frankfurt aufhielt. Aus den zahlreichen Zeugnissen und Berichten der Freunde, Bekannten und Bewunderer formt sich ein einheitliches Erscheinungsbild des Weimarer Dichters in jenen Tagen.

»Herzlich« (so Caroline von Humboldt an ihren Mann am 28. September 1814), »zutraulich und freundlich gegen jedermann« (Georg Friedrich Creuzer an Görres am 30. Oktober), »freundlich, liebevoll und vertraulich« (Sulpiz Boisserée an seinen Bruder Melchior im Brief vom 19. September 1814), von »liebenswürdiger Freundlichkeit« (Dorothea Stammer in ihren ›Erinnerungen‹), »offen, frei und herzlich« (so Karl Caesar von Leonhard in seinen Erinnerungen ›Aus unserer Zeit in meinem Leben‹), »communicatif, débonnaire, en train de tout et rayonnant de bonne humeur« (August Wilhelm Schlegel am 30. August 1814 an Madame de Staël), »leutselig« (so erneut Dorothea Stammer) und immer wieder »liebenswürdig« (so Rosette Städel, Simon Moritz von Bethmann und Franz Bernhard von Buchholtz): die Veränderungen in Wesen und Auftreten, die Goethe in seiner eigenen Terminologie wohl als »heiter« bezeichnet hätte, fallen besonders auch denjenigen auf, die, wie Ernst Moritz Arndt, den Dichter nur zwei Jahre zuvor in einer ganz anderen Gemütsverfassung erlebt hatten (vgl. S. 709). In einem wichtigen Brief an Christian Heinrich Schlosser vom 25. November 1814 hat Goethe diese Sommermonate nochmals Revue passieren lassen und dabei deren Gewicht und Gewinn präzise analysiert:

»Die Neigung, welche mir meine lieben Landsleute so
freundlich zugewendet, und welche Sie, mein Teuerster,
so liebevoll ausdrücken, kann ich treu und redlich erwidern, indem ich versichere, daß mir bei meinem dortigen
Aufenthalt ein neues Licht fröhlicher Wirksamkeit aufge-
gangen, wovon ich für mich und andere glückliche Förderung hoffen darf.

Der unselige Krieg und die fremde Herrschaft hatten
alles verwirrt und zum Starren gebracht, die literarische
Kommunikation stockte, mit ihrem Wesen und Unwesen. Aber auch in den Wissenschaften fanden sich innerliche Hindernisse, daß, bei der Art, wie ich sie allein
treiben mag, ein redliches Bemühn bloß in Hoffnung auf
die Zukunft sich einigermaßen stärken konnte.
⟨...⟩

In unserer Gegend hatte der Krieg, die allgemeine
Bewegung der Gemüter, und mancher andere ungünstige
Umstand zusammengewirkt, und den schönen Kreis,
wovon Weimar und Jena die beiden Brennpunkte sind,
wo nicht aufzulösen, doch seine Bewegungen zu hem-
men, zu stören vermocht, und ich sah mich fast auf mich
selbst zurückgedrängt. Diese Zeit benutzte ich um mich
in mir selbst historisch zu bespiegeln, da ich mich denn
sehr freue, daß die Resultate meiner drei Bändchen auch
andern Gelegenheit geben mögen, auf sich selbst zurückzukehren.

Der erste Blick in jene vaterländische Gegend, nach so
langer Abwesenheit, eröffnete mir eine freiere Laufbahn,
denn ich fand eine nach so langem Druck wieder sich
selbst gegebene Stadtfamilie (will ich es nennen, um nicht
Volk zu sagen,) wo sich soviel Eigenschaften, Fähigkeiten, so mancher Besitz und so redliches Streben hervortun, daß man sich daran erbauen und wünschen muß in
einem so schönen Elemente zu schweben und mitzuwirken.

Wie sehr es mich also, nach diesem allen, glücklich
macht, durch Sie, mein wertester Freund, und Ihre Vermittelung, mit jenem schönen Kreise auch abwesend in
Verbindung zu bleiben, fortzuwirken und auf mich wirken zu lassen, werden Sie selbst ermessen. Könnte ich so

glücklich sein, mein Jahr zwischen der Vaterstadt und der
hiesigen Gegend zu teilen, so würde es für mich und
andere ersprießlich werden; weil es in einem Alter, wo
man durch das, was in einem engen Kreis mißlingt, gar
leicht zu Unmut und Hypochondrie verleitet wird,
höchst erwünscht ist einer sich wechselsweis auffordern-
den neuen Tätigkeit zu genießen, und durch sie verjüngt
und zu früherer Tatkraft wiedergeboren zu werden«.
Wiedererlangte politische Freiheit und persönliche Befreiung: Goethe selbst zieht diese Verbindungslinien und verknüpft beide Ereignisse miteinander, um danach wie in
einem Fokus all die körperlichen und geistigen Erfahrungen
zu versammeln, die den Beginn der Divan-Jahre markieren
und erst die Voraussetzungen für die außerordentliche Produktivität Goethes in den nun folgenden Jahre schaffen:
Verjüngung, Wiedergeburt und vor allem neuerwachte Tätigkeit. Die Phase der »Rekapitulation« und Introspektion,
die die ersten Bücher seiner Autobiographie *Dichtung und
Wahrheit* ermöglicht hat, ist nun fürs erste abgeschlossen,
wobei Goethe mit dem Hinweis auf die latente Nachbarschaft zur Hypochondrie die Gefahren einer solchen
›Selbstbespiegelung‹ in einer scharfsichtigen Offenheit einräumt, die spätere Aphorismen der *Maximen und Reflexionen* vorwegzunehmen scheint (Bd. 17; vgl. Nr. 134, 278,
657, 1404). Im Dualismus von ›Enge‹ und ›Weite‹, einer
buchstäblichen Erweiterung des Blickfelds, wird diese Erfahrung abschließend nochmals bekräftigt.
Was Goethe in seinem Brief an Johann Heinrich Meyer
vom 7. März 1814 nur erhoffen konnte – nämlich »uns zu
erneuen insofern wir noch eine Haut abzuwerfen haben« –,
war nun tatsächlich eingetreten; wie ein Grundton durchzieht dieses Motiv der Wiedergeburt und Verjüngung, der
›zweiten Jugend‹ oder – wie man mit einer von Eckermann
überlieferten Wendung des späten Goethe auch gesagt hat –
der »wiederholten Pubertät« (Bd. 19, S. 609) von nun an
Goethes Korrespondenz; in welch umfassendem Sinn
Goethe das Fundamentalerlebnis dieser Reise verstanden
wissen wollte, wird am Ende des am 30. März 1815 uraufgeführten Festspiels *Des Epimenides Erwachen* deutlich,
wenn es – wiederum auf den politischen Bereich übertragen

– zur kollektiven Erfahrung wird: »Und wir sind alle neugeboren, / Das große Sehnen ist gestillt, / Bei Friedrichs Asche war's geschworen / Und ist auf ewig nun erfüllt« (Verse 942–945; Bd. 9, S. 230). Auch in Weimar und Jena wurde nach Goethes Rückkehr das Ende einer Phase der Stagnation und – nimmt man diesen Ausdruck ganz wörtlich – Resignation ebenso aufmerksam wie wohlwollend wahrgenommen; so schrieb Carl Ludwig von Knebel an Caroline von Bose am 12. Januar 1815 über einen Besuch Goethes: »Goethe brachte letzthin vierzehn Tage bei uns zu, und war überaus wohl und mitteilend. Er las mir seinen *Epimenides* vor, eine Oper, die er auf die Rückkunft des Königs nach Berlin gemacht hat. Sie ist vortrefflich, sowohl in der Idee als Ausführung, voll Kraft und ihm eignem Geist. Überhaupt scheint er sich diesen Sommer gleichsam verjüngt zu haben. Er hat eine ungeheure Anzahl kleiner Gedichte gemacht; zum Teil im orientalischen Geschmack, in den er sich ganz hineinstudiert. Dabei hat er noch seine *Reisegeschichte* geschrieben, und wird seine *Italienische Reise* auf Ostern herausgeben« (Herwig, Bd. II, S. 990, Nr. 4111).

Es sind also nicht allein die in jedem Sinne therapeutischen Wirkungen, die diese Sommermonate so bedeutsam machen: Vor allem unter kreativitätspsychologischen Gesichtspunkten kann die Bedeutung von Goethes Reise in den Westen kaum überschätzt werden. Seine Aktivitäten sind dabei, wie Knebels knappe Übersicht erkennen läßt, denkbar weit gespannt: Die genannten Projekte schließen Lyrik und Drama ebenso ein wie die (autobiographische) Prosa. Auch Goethes wiedererwachtes publizistisches Interesse darf in diesem Zusammenhang nicht vergessen werden: »Seit einiger Zeit habe ich gerade so viel Humor, Aufsätze ins Morgenblatt zu geben; damit Du aber nicht lange zu suchen brauchst, bezeichne ich Dir die Nummern und wünsche daß Du sie aufsuchest« (Bd. 20.1, S. 381), informiert er in einem Brief vom 17. Mai 1815 Carl Friedrich Zelter über nicht weniger als sieben Artikel, die zu diesem Zeitpunkt entweder bereits in Cottas ›Morgenblatt für gebildete Stände‹ erschienen sind bzw. in Kürze dort publiziert werden sollen. Die Dinge sind in Bewegung geraten, nach längerer Abstinenz greift Goethe, zunächst primär in eigener Sache, wieder in die öffentliche Diskussion ein (vgl. hierzu S. 812 ff.). Dies gilt in gleichem Maße auch für seinen zweiten Aufenthalt an Rhein, Main und Neckar, zu dem er sich wenig später entschloß und dem dann tatsächlich die von Knebel apostrophierte »Reisegeschichte« folgen sollte – wenn auch in einer anderen als der ursprünglich geplanten Form.

> *»... daß ich einsehe am Rhein und Mayn,*
> *die Paar Sommer gut gewirkt zu haben ...«*

Von der politischen ›Großwetterlage‹ läßt sich auch diese zweite Reise nicht trennen, im Gegenteil: Napoleons Rückkehr von Elba im März 1815 ließ es Goethe zunächst wenig ratsam erscheinen, erneut in den Westen aufzubrechen, und als er sich nach langem Zögern und Zaudern schließlich dennoch dafür entschied, schienen die ersten Wiesbadener Wochen seine Befürchtungen nur zu bestätigen (s. hierzu ausführlich S. 680 ff. und 722 ff.). In Wiesbaden erlebte Goethe auch die Tage zwischen Hoffen und Bangen mit, bevor am 21. Juni 1815 die »Nachricht des Siegs«, der Niederlage des Napoleonischen Heeres bei Waterloo, zur Gewißheit wurde. In dieser Atmosphäre der befreiten Erleichterung, der nunmehr endgültig gebannten Gefahr, nahm Goethe eine Einladung des Freiherrn vom und zum Stein nach Nassau an und besuchte in dessen Begleitung vom 25. bis zum 28. Juli 1815 Köln, Bonn und Koblenz; als er am 31. Juli schließlich nach Wiesbaden zurückkehrte, hatte der Reisebericht nicht nur einen erneuten und diesmal entscheidenden Impuls, sondern darüber hinaus eine nunmehr (kultur)politische Dimension erhalten. »Ich arbeite einen Aufsatz aus über meine Reise, Herr von Stein forderte mich auf«, teilte er seiner Frau Christiane am 27. September 1815 aus Heidelberg mit; zu diesem Zeitpunkt waren unter fördernder Mithilfe von Sulpiz Boisserée, seit dem 1. August Goethes Reisebegleiter, bereits erste Entwürfe zu Papier gebracht worden. Wie schon im Jahr zuvor folgen auf den Kuraufenthalt in Wiesbaden Besuche in Frankfurt (vom 12. August bis zum 18. September), wo Goethe diesmal als Gast der Familie Willemer auf der Gerbermühle und in deren Frankfurter Stadthaus wohnte, in Darmstadt (18./20. September) und – vom 20. September an – in Heidelberg, von wo aus Ende September und Anfang Oktober Reisen nach Mannheim und Karlsruhe unternommen wurden. Am 11. Oktober trifft Goethe wieder in Weimar ein, wo er, wie in seinen Tagebüchern nachzulesen ist, unmittelbar nach seiner Rückkehr das Projekt ›Kunst und Altertum‹, wie der Arbeitstitel seines Reiseberichts lautete, in Angriff nimmt. Wiederum werden die positiven Folgen seines sommerlichen Kuraufenthalts von seiner unmittelbaren Umgebung registriert und weiterverbreitet, so etwa in einem Brief Johann Heinrich Meyers an Gottlieb Hufeland vom 29. Oktober 1815: »Goethe ist vor etwa vierzehn Tagen vom Rheine zurückgekommen so munter, froh und wohl, wie ich seit zehn und mehr Jahren ihn nicht gesehen. Er ist vielfach tätig, welches eben ein guter Beweis seines völligen Wohlbefindens ist; eigentlich unter der Feder und zugleich unter der Presse hat er Betrachtungen auf seiner Reise an den Rhein. Sie beziehen sich auf den Zustand der Künste, Wissenschaften, Sammlungen in den verschiedenen Städten, wo er gewesen, und werden wohl bald erscheinen« (Herwig, Bd. II, S. 1124, Nr. 4277).

Hier klingt schon an, was der in einer dreiteiligen Artikelserie in Cottas ›Morgenblatt‹ im März 1816 angekündigte und im Juni 1816 schließlich erschienene Bericht *Kunst und Altertum am Rhein und Mayn* bestätigen wird. Aus einer im Herbst 1814 erstmals erwogenen kunsthistorischen Studie über die Kunstsammlung der Brüder Boisserée ist nun ein Memorandum geworden, ein »Gutachten über die Kunstschätze an Rhein, Main und Neckar, das in der Art eines Reiseberichts geschrieben war« (Karl Otto Conrady: Goethe. Leben und Werk. 2 Bde. Königstein 1982/1985. Bd. 2, S. 415), mit dem Goethe vor allem »freundlichen Einfluß ausüben« wollte und das er eingestandenermaßen »der Zeit gewidmet« hat (S. 83). Mit dem nun definitiven Ende der französischen Besatzung schien die Zeit reif, die auf viele Orte verteilten Zeugnisse und Dokumente nationaler Kultur zu sichten, und Goethe half »in diesen sehr bewegten Zeiten, wo so vieles aufgeregt ist, und überall sich etwas zu

bilden strebt, ohne jedoch die rechte Form finden zu können« (wie es am 20. Oktober 1815 im Brief an Karl Caesar
von Leonhard hieß) auf seine Art mit, diese Übersicht zu
organisieren.

Dies hat man sich vor allem zu vergegenwärtigen, wenn
man die in vielen Passagen eher spröde Denkschrift liest; sie
ist – was das Lesevergnügen betrifft – mit Goethes lebhafter
und lebensfroher Schilderung des Rochusfestes in Bingen
(S. 89), das er am 16. August 1814 mitgefeiert hatte, sowie
den Erinnerungen an seinen Winkeler Aufenthalt, die er als
»Supplement« zum *Sanct Rochus-Fest zu Bingen* unter der
Überschrift *Im Rheingau Herbsttage* (S. 116) veröffentlicht, zweifellos nicht zu vergleichen. Nüchtern, sachlich,
zuweilen erkennbar schematisch werden die in Köln, Bonn,
Neuwied, Koblenz, Mainz, Biebrich, Wiesbaden, Frankfurt, Offenbach, Hanau, Darmstadt vorhandenen (und verstreuten) Bestände gesichtet und katalogisiert, ganz gleich
ob sie nun unter öffentlicher Verwaltung stehen oder sich in
privater Hand befinden. Die Bestandsaufnahme schließt im
Abschnitt über Heidelberg mit einer eingehenden Würdigung der Sammlung der Brüder Boisserée: ganz unbestreitbar der Kulminationspunkt dieser Studie. Die Adressaten – Politiker und Institutionen des preußischen Staats –
bestimmen Absicht und Ton des Memorandums: Private
Sammler und Mäzene sollen ebenso wie öffentliche Einrichtungen dem gemeinsamen Ziel verpflichtet werden, den
kulturellen Bestand an Ober- und Mittelrhein, an Neckar
und Main zu reorganisieren und möglichst umfassend
zugänglich zu machen, wobei die Rheinlande für weitergehende kulturpolitische Bestrebungen durchaus prototypisch wirken könnten. »Gleichsam wie ein Netz« (S. 84)
sollte Goethes Gutachten hierfür die Voraussetzungen
schaffen und zugleich »den Kunstreisenden eine Art Führer
am Rhein, Main und Neckar« sein (Sengle, S. 351).
An eine Zentralisierung und Konzentration ist dabei in
keiner Weise gedacht, wie ja schon die an geographischen
Gesichtspunkten orientierte Gliederung der Denkschrift
verdeutlicht. Vor allem ist Goethe an der Aufrechterhal-
tung einer kulturellen Vielfalt interessiert, die regionale
Eigenheiten respektiert und bewahrt; durchgängig plä-

diert er dafür, bestehende Sammlungen an Ort und Stelle zu belassen.

Wenn Goethe am Ende seiner Denkschrift den Entschluß begründet und rechtfertigt, »gegenwärtiges heftweise herauszugeben« (S. 83), so deutet er damit schon an, daß das Projekt *Über Kunst und Altertum in den Rhein- und Mayn-Gegenden* über eine einmalige Bestandsaufnahme hinaus durchaus auf eine weitere Fortsetzung hin angelegt sein könnte – sicherlich ohne zu diesem Zeitpunkt zu ahnen, daß daraus eine Zeitschrift erwachsen würde, die – seit 1818 unter dem Titel *Über Kunst und Altertum* – bis zu seinem Tode fortgeführt werden sollte. So zieht Goethe auch am Ende dieses Jahres in seinem Brief an Zelter vom 7. November 1816 ein zufriedenes Fazit, in dem persönliche Entwicklungsprozesse wiederum einen gewissermaßen öffentlichen Charakter annehmen: »Leugnen will ich nicht, daß ich einsehe am Rhein und Mayn, die Paar Sommer gut gewirkt zu haben, denn ich habe ja nur das Testament Johannis gepredigt: *Kindlein liebt euch*, und wenn das nicht gehen will: *laßt wenigstens einander gelten*« (Bd. 20.1, S. 468). Ein in der Tat beeindruckendes Ethos wechselseitiger Duldung – allerdings hatte jene Toleranz, die Goethe hier für sich reklamierte, ihre Grenzen. Sie sollten in den folgenden Heften von *Über Kunst und Altertum* unmißverständlich gezogen werden.

»... daß uns der Kunstwert jener alten würdigen Gebäude, auf historischem Wege, bekannt und deutlich werde ...«

Es wäre ein zweifellos zu simpler Dualismus, die Jahre 1814 und 1815 als eine ›Öffnung‹ zu bezeichnen, auf die dann – in den Weimarer Jahren – eine ›Verhärtung‹ wenn nicht gar eine ›Revision‹ gefolgt sei. Dabei ließen sich solche Verhärtungen biographisch durchaus erklären. Am 6. Juni 1816 starb nach kurzer, schwerer Krankheit Christiane von Goethe. Wenig später, am 20. Juli, scheiterte eine dritte, diesmal in Begleitung von Johann Heinrich Meyer unternommene Reise in den Westen bereits kurz nach der Abfahrt aus Weimar. Die Kutsche verunglückte, das Unternehmen wurde daraufhin abgesagt; Rhein und Main hat Goethe nicht wiedergesehen. Statt dessen verbringt er den Sommer im Thüringischen Bad Tennstedt. Er bewältigt die Ereignisse – wie andere schmerzliche Erfahrungen zuvor und auch später – auf seine Weise, nämlich durch »ununterbrochene Tätigkeit nach innen und außen«, die ihn allein »lebendig erhält«, wie es am 6. Oktober 1816 im Brief an Johann Jacob von Willemer hieß.

›Flucht in die Arbeit‹ – die Jahre 1816 und 1817 boten hierfür, zumal auch was Goethes administrative Tätigkeiten anbelangte, reichlich Gelegenheit. 1815 war Sachsen-Weimar zum Großherzogtum geworden, im darauffolgenden Jahr, am 5. Mai 1816, trat eine neue Verfassung unter dem Titel ›Grundgesetz über die Landständische Verfassung des Großherzogtums Sachsen-Weimar-Eisenach‹ in Kraft; im Mai 1816 versammelte sich in Weimar erstmals ein Landtag, dem nun nicht nur Repräsentanten der Ritterschaft und des Bürgertums, sondern auch zehn Vertreter des Bauernstandes angehörten. Den Abgeordneten dieses Landtags wurde durch die neue Verfassung nicht nur das Recht eingeräumt, bei der Steuerbewilligung und Gesetzgebung mitzuwirken, sie enthielt darüber hinaus ein garantiertes Recht auf Pressefreiheit. Zugleich wurde das bisherige ›Geheime Conseil‹, dem auch Goethe angehörte, aufgelöst und durch ein Großherzogliches Staatsministerium ersetzt, das aus einem Präsidenten und drei Ressortministern bestand. Goethe behielt zwar seinen Titel als ›Staatsminister‹, war nun aber nicht mehr Mitglied dieses Gremiums.

Im April 1817 schließlich legte Goethe im Zorn die Leitung des Weimarer Hoftheaters nieder, die er seit Januar 1791 innegehabt hatte (vgl. hierzu S. 809 f.); die Verärgerung über die Haltung des Großherzogs Carl August hat beider Verhältnis – darüber darf der von höfischer Etikette bestimmte Ton der Korrespondenz in jenen Monaten nicht hinwegtäuschen – noch lange getrübt. Goethe ›flieht‹ in diesen Tagen nach Jena, das ihm auch in der Folgezeit wiederholt, allerdings nunmehr auch aus dienstlichen Gründen, zum Aufenthaltsort wird. Vom Großherzog mit der Oberaufsicht über die verschiedenen Jenenser Bibliotheken betraut, verbringt Goethe viele Wochen im Herbst und Winter des Jahres 1817 damit, die »jenaische Bibliothek umzubilden«, wie er am 25. Oktober 1817 Cotta berichtete. Goethes umfangreiche amtliche Schreiben (S. 575–584) vermitteln einen Einblick in seine zeitaufwendigen und mühsamen Reorganisationsbestrebungen. Daß diese umfassenden Aktivitäten durchaus auch eine therapeutische Funktion erfüllten, hat Goethes alter Freund Carl Ludwig von Knebel psychologisch feinfühlig erfaßt, als er am 14. November 1817 an Charlotte von Schiller schrieb: »Goethe ist alle Tage bei uns. Er hat sich ein Reich der Kenntnisse und Wissenschaften erschaffen, worin er sich immer zu beschäftigen weiß, und seine fast unerschöpfliche Produktivität sichert seinen Geist vor äußern Anfällen des Schicksals« (Herwig, Bd. III/1, S. 31, Nr. 4503).

Liest man die Briefe und vor allem die Tagebücher jener Monate und Jahre, so wird ein Arbeitspensum sichtbar, das genau geplant und organisiert sein mußte. Mit der ihm übertragenen Oberaufsicht über die naturwissenschaftlichen Institute in Jena (S. 585–643) belebte sich Goethes Interesse an Geologie und Botanik, an Zoologie und Astronomie neu (s. die Texte S. 525–572 und die dazu gehörenden Kommentare); es ist daran zu erinnern, daß er das Wesentliche dieser vielfältigen Aktivitäten seit 1817 in seinen Heften *Zur Morphologie* und *Zur Naturwissenschaft überhaupt* dokumentiert hat, die zusammengefaßt als Bd. 12 dieser Ausgabe vorliegen.

Seit 1815 erscheinen die Bände seiner neuen Werkausgabe, die schließlich 1819 in zwanzig Bänden abgeschlossen vorliegt. Darüber hinaus sind es vor allem auch die redaktionellen Arbeiten an *Über Kunst und Altertum*, die Goethe kontinuierlich beschäftigen: die rechtzeitige Abfassung und Ablieferung der Manuskripte, Anweisungen an Verleger und Setzer, Bogenkorrektur und Revision, daran anschließend und oft parallel die Disposition(en) für den neuen Band – allein das Registrieren dieser Tätigkeiten füllt einen gut Teil der Tagebücher. Im Juni 1816 war das erste Heft von *Über Kunst und Altertum in den Rhein- und Mayn-Gegenden* ausgeliefert worden, dem im April 1817 das zweite folgte. Seit April 1818 erscheinen unter dem allgemeiner gefaßten Titel *Über Kunst und Altertum* bis Februar 1820 weitere drei Hefte in jährlichem Abstand (März 1819,

Februar 1820). Bis zum Juli 1828 wird *Über Kunst und Altertum* dann 17 Hefte umfassen, das letzte Heft erscheint postum erst im Oktober 1832.

Was als Reisebericht begonnen hat, wird sehr rasch zu einer »Goetheschen Hauszeitschrift«, die Goethe »mit im wesentlichen eigenen Beiträgen« füllte (Dorothea Hölscher-Lohmeyer: Goethe. München 1992, S. 103). Er schuf sich mit diesem kunstgeschichtlichen Periodikum ein Forum, auf dem er nach Gutdünken und pro domo in die zeitgenössische Diskussion eingreifen konnte. So wie die wichtigsten literarischen Schriften dieser Jahre in Cottas ›Morgenblatt‹ erschienen, publiziert er seine Aufsätze zur bildenden Kunst nahezu ausschließlich in *Über Kunst und Altertum*; und immer häufiger werden aus solchen Debatten öffentliche Kontroversen, die grundsätzlichen Charakter annehmen bzw. annehmen sollen. Diese programmatischen Auseinandersetzungen freilich sind – anders als der Öffnungsprozeß der Jahre 1814 und 1815 – auf biographischem Wege nicht mehr erklärbar.

Was immer sich die Vertreterinnen und Vertreter der romantischen Bewegung in bildender Kunst und Literatur von Goethes Darstellung namentlich der Boisseréeschen Gemäldegalerie erhofft haben mochten – immerhin zirkulierten ja zahlreiche Berichte, die Goethes Begeisterung und angeblich enthusiastische Reaktionen weiterzuverbreiten halfen – : Bereits der Abschnitt »Heidelberg« (S. 59) in *Kunst und Altertum am Rhein und Mayn* war dazu angetan, diese Erwartungen zu enttäuschen. Schon der einleitende kunstgeschichtliche Exkurs über die byzantinische Schule macht deutlich, worum es Goethe vor allem ging; zwar werden die tiefen Eindrücke, die er in Heidelberg wie zuvor schon angesichts des Kölner Doms empfangen hatte, in einem durchaus herzlichen und bewegten Tonfall geschildert: Im Ganzen dominiert aber ein durch und durch historischer Blick, der – wie jüngst Ernst Osterkamp nachgewiesen hat – immer auch Distanzierung und Abstand bedeutet. Als (kunst)geschichtliche Phänomene werden die Gemälde altdeutscher Meister begriffen, aus ihrer Zeit heraus erklärt, damit freilich auch in ihre Zeit (zurück)versetzt. In Goethes Denken ist diese Perspektive alles andere als

neu. Mit der Maxime, daß »die Geschichte des Menschen
den Menschen darstelle« und demzufolge auch »die Geschichte der Wissenschaft die Wissenschaft selbst sei«
(Bd. 10, S. 13), hatte Goethe im »Vorwort« seiner *Farbenlehre* die Notwendigkeit des abschließenden Historischen
Teils angekündigt und gerechtfertigt; in der vielzitierten
Absicht, »den Menschen in seinen Zeitverhältnissen darzustellen, und zu zeigen, in wiefern ihm das Ganze widerstrebt, in wiefern es ihn begünstigt, wie er sich eine Welt-
und Menschenansicht daraus gebildet« (Bd. 16, S. 11), hat
er zu Beginn von *Dichtung und Wahrheit* diesen Ansatz
dann konsequent auf den autobiographischen Bereich ausgedehnt.

Und dennoch enthält Goethes »unbeteiligt-anthropo-
morphe Auffassung christlicher Mysterien« (Wolfgang
Pfeiffer-Belli: Goethes Kunstmeyer und seine Welt. Pful-
lingen 1959, S. 70) eine – freilich versteckte – »entschieden
polemische Komponente« (Osterkamp, S. 232); gerade in
seiner Analyse von Goethes Beschreibung der Sammlung
Boisserée hat Ernst Osterkamp überzeugend gezeigt, daß
sich Goethes Ausführungen immer auch gegen einen »impliziten Gegner«, nämlich Friedrich Schlegel und dessen
Kunstauffassung, richten, wie jener sie insbesondere in
seiner Zeitschrift ›Europa‹ (1803–1805) dargelegt hat. Daß
Goethe gerade Friedrich Schlegel und dessen Anteil am
Zustandekommen der Boisseréeschen Sammlung konsequent verschweigt (und zudem nicht durchblicken läßt, was
er dessen Analysen mittelalterlicher Kunst, die er sehr wohl
kannte, auch verdankte), ist in romantischen Kreisen – vor
allem von Dorothea Schlegel – sehr genau registriert und
mißbilligt worden (s. S. 707).

Welche Intention und – hier scheint das vielstrapazierte
Wort angebracht – Strategie Goethes Vorgehensweise lei-
tete, läßt er in einem Brief an den Darmstädter Baumeister
Georg Moller am 10. November 1815 durchblicken: »Es ist
höchst verdienstlich darauf hinzuwirken, daß uns der
Kunstwert jener alten würdigen Gebäude, auf historischem
Wege, bekannt und deutlich werde, und daß die deutsche
Welt sich zugleich überzeuge, wie gefährlich es sei, die
Geister der vorigen Jahrhunderte in die Wirklichkeit her-

vorrufen zu wollen«. Es ist nicht schwer, die Passage zu
›übersetzen‹: Die Goethes methodischem Ansatz zuwider-
laufenden, seine heftige Ablehnung provozierenden Haltungen waren Begeisterung und Schwärmerei, Ein- und
Nachfühlung, Unmittelbarkeit und Enthusiasmus, der bis
zu einer bewußten Nachfolge mittelalterlicher Künstlerver-
einigungen führen konnte, wie es die Arbeits- und Lebens-
gemeinschaft der ›Nazarener‹ in Rom exemplarisch zu
praktizieren suchte.

Im April 1817 ließ Goethe diese Frontstellung gegen die
romantische Kunstauffassung zum offenen Konflikt eskalie-
ren – jedenfalls war dies seine Absicht gewesen, als er
Johann Heinrich Meyers im Namen der ›Weimarer Kunstfreunde‹ verfaßten Aufsatz *Neu-deutsche religios-patriotische Kunst* (S. 319) in das zweite Heft von *Über Kunst und
Altertum in den Rhein- und Mayn-Gegenden* einrückte.
Dort wird nun Friedrich Schlegel zwar namentlich genannt,
zugleich aber als Vertreter »des neuen altertümelnden, katholisch-christelnden Kunstgeschmacks« (S. 329) für eine
Entwicklung verantwortlich gemacht, die – auf literari-
schem Terrain durch Heinrich Wackenroder und Ludwig
Tieck vorbereitet – zu nichts anderem als »abstrusen, trüb-
sinnigen Allegorien« (S. 319) geführt habe. Runge und
Overbeck, die Gebrüder Riepenhausen und Caspar David
Friedrich, schließlich die Künstlergruppe der ›Nazarener‹ –
allenfalls als fehlgeleitete Talente vermag sie Meyer zu
würdigen und somit zu ›retten‹. Freilich besteht kein
Grund, diese vehemente Attacke zu überschätzen, wie dies
in der Forschung gelegentlich zu beobachten war; Meyers
Aufsatz hat keinesfalls die von Goethe beabsichtigte und
gewünschte Wirkung gehabt – mit der Ausnahme vielleicht,
daß nunmehr die Fronten geklärt waren. Pfeiffer-Belli hat
diesen Aufsatz also nicht zu Unrecht als Dokument der
»unzeitgemäßen Abwehr eines heterogenen Zeitgeistes,
dessen Übermacht anzuerkennen man sich weigert« (S. 71)
bezeichnet.

Ohne die polemische Absicht, aber dem gleichen methodischen Ansatz verpflichtet, verfaßt Goethe in diesen
Jahren den Aufsatz *Shakespear und kein Ende!* (S. 173)
sowie die Studie *Joseph Bossi über Leonard da Vinci*

Abendmahl zu Mayland (S. 403), beides Glanzstücke literatur- bzw. kunstgeschichtlicher Prosa. Ohne zu verschweigen, was er zumal dem englischen Nationaldichter verdankte, wird Shakespeares Leistung und Stellung als Wegbereiter der modernen Tragödie nunmehr literaturgeschichtlich analysiert und historisch situiert; Gleiches widerfährt – mutatis mutandis – auch Leonardo da Vinci, wobei die Analyse des ›Abendmahls‹ eben nur *einen* Teil der Gesamtdarstellung ausmacht. Ebenso wichtig wird der historische Hintergrund, der nun die Entstehungsbedingungen von Leonardos Fresko genauso einschließt wie die Berücksichtigung der im Laufe der Jahrhunderte danach angefertigten Kopien und wiederholt unternommenen Restaurationsversuche. Es kann kein Zweifel daran bestehen, daß Goethe diese Studien *auch* als Modelle einer Kunstbetrachtung verstanden wissen wollte, die gegen herrschende Strömungen und Tendenzen Schule machen sollte.

»Jeder sei auf seine Art ein Grieche! Aber er sei's«

Wer kurzgefaßte synoptische Darstellungen der deutschen Literatur zwischen 1810 und 1820 konsultiert, wird – neben der Erwähnung von Goethes *Dichtung und Wahrheit* sowie seines *West-östlichen Divans* – auf die Namen Achim von Arnim, Ludwig Tieck, Adelbert von Chamisso, E. T. A. Hoffmann, Joseph von Eichendorff und Friedrich de la Motte Fouqué stoßen: Das Bewußtsein, sich mit seinen kunst- und literaturprogrammatischen Überzeugungen in der Defensive zu befinden, war also alles andere als ein bloß subjektiver Eindruck. *Klassiker und Romantiker in Italien, sich heftig bekämpfend* (S. 258) – mit diesem griffigen Gegensatz beschreibt Goethe in einem Aufsatz aus dem Jahr 1820 natürlich nicht nur einen Konflikt, den er jenseits der Alpen lokalisierte, sondern der ihm vor allem und eingestandenermaßen auch dazu diente, wie in einem Spiegel deutsche Verhältnisse zu betrachten.

Goethes ›Arbeit‹ gegen den Zeitgeist, die – was nicht vergessen werden darf – eine unmißverständliche Ablehnung jedes bornierten und übersteigerten Nationalismus einschloß, der auch zum Erscheinungsbild jener Periode

nach den Befreiungskriegen gehörte (vgl. S. 81,40–82,21
und die Anm. dazu sowie den Aufsatz *Deutsche Sprache*, S. 221), läßt sich jedoch nicht auf eine Formel und
nicht auf einen einfachen Nenner bringen: So wie in den
Maximen und Reflexionen der Aphorismus »In der jetzigen
Zeit soll niemand schweigen oder nachgeben; man muß
reden und sich rühren, nicht um zu überwinden, sondern
sich auf seinem Posten zu erhalten; ob bei der Majorität
oder Minorität, ist ganz gleichgültig« (Bd. 17, S. 745,
Nr. 159) neben der Einsicht »Ich schweige zu Vielem still,
denn ich mag die Menschen nicht irre machen, und bin wohl
zufrieden, wenn sie sich freuen da wo ich mich ärgere«
(ebenda, S. 812, Nr. 503) stehen kann, waren Goethe auch
in den Divan-Jahren beide Haltungen geläufig. Zur polemischen Einmischung tritt das ›beredte‹ Schweigen; die zeitgenössische literarische Produktion etwa wird in den Schriften
zur Literatur fast mit keinem Wort erwähnt, um so öfter
wird dieses Verstummen in den Briefen erläutert und gerechtfertigt – wo sich im übrigen Goethes oft harsche
Urteile über viele zeitgenössische Künstler nachlesen lassen. Die wiederholten Hinweise auf seine Einsamkeit, das
Bewußtsein einer zumeist selbstbewußt ertragenen Isolierung sind nicht nur Selbststilisierung und Selbstinszenierung – das sind sie sicherlich auch – : Ebenso ernst hat man
jedoch die existentielle Grunderfahrung eines mittlerweile
fast siebzigjährigen Mannes zu nehmen, der (dem erkrank-
ten) Sulpiz Boisserée gegenüber am 17. Oktober 1817 resümiert: »Für meine jüngsten Freunde, deren ich so manchen
verlor, hege ich immer die meiste Sorge, denn *leben* heißt
doch eigentlich nicht viel mehr als viele *überleben*«. Nicht
zuletzt Goethes Selbsteinschätzung als ›positiver‹ Kritiker,
der lieber lobte als Tadel verteilte, erklärt seine – was die
deutsche Literatur jener Jahre betrifft – weitgehende literaturkritische Abstinenz, die nicht auf die Divan-Jahre beschränkt bleiben wird, sondern auch in den 20er Jahren des
19. Jahrhunderts aufrechterhalten bleibt.

An ›positiven‹ Standortbestimmungen hat es Goethe zumal auf dem Terrain der bildenden Kunst auch nicht fehlen
lassen. Der normative Rang der klassischen Antike wird
dabei nirgends in Frage gestellt; daran hatte schon Meyer

am Ende seiner Studie keinen Zweifel gelassen: »Hieraus
geht nun hervor daß es in Bezug auf die Kunst am sichersten
und vernünftigsten ist, sich ausschließlich mit dem Studium
der alten Griechischen Kunst, und was in neuerer Zeit sich
an dieselbe anschloß, zu befassen; hingegen immer gefährlich und vom rechten Weg ableitend andere Muster zu
suchen« (S. 337). Goethe hat in seinem Aufsatz *Antik und
Modern* diese Überzeugung wenig später auf die Formel
gebracht: »Jeder sei auf seine Art ein Grieche! Aber er sei's«
(S. 501).

Was hier gefordert wird, ist ein zutiefst ›sentimenta-
lisches‹ Verhältnis zur antiken Kunst und Lebenswelt, das
sich seines historischen Abstands stets bewußt bleiben muß,
indem es sich zwar an antiken Mustern orientieren soll,
ohne diese jedoch nur zu repetieren oder gar zu imitieren –
ein ›reflektiertes‹, sich auf der Höhe seiner Zeit befindliches
›Griechentum‹ also, wie es Goethe wiederum in *Antik und
Modern* an Raffael beobachtete und würdigte: »Er gräzisiert
nirgends; fühlt, denkt, handelt aber durchaus wie ein Grieche« (S. 500). Nur – wie sich dieses Griechentum am Ende
des zweiten Jahrzehnts des 19. Jahrhunderts manifestieren
sollte, wird allenfalls in Umrissen deutlich. Daß Goethe
seine vielzitierte Maxime in die sprachliche Form eines
Imperativs und eines Postulats gefaßt hat, bringt – vielleicht
ohne daß er sich dessen bewußt war – ein Dilemma auf den
Punkt: Wo immer Goethe nämlich den Versuch unternommen hat, den zeitgenössischen jungen Künstlern solche
antiken Muster als Vorbild zu empfehlen, sind diese Unternehmungen folgenlos geblieben. Dies gilt für die *Anforderung an den modernen Bildhauer* (S. 394), vor allem aber für
Goethes umfänglichstes und ehrgeizigstes kunstpädago-
gisches Projekt jener Jahre, *Philostrats Gemälde* (S. 449),
dessen zahlreiche, aus der antiken Mythologie geschöpften
Musterszenen keinen der namhaften Künstler der Zeit zu
einer Darstellung inspirierten.

Nicht ohne Grund bleiben einige Aufsätze entweder
unveröffentlicht wie *Verein der deutschen Bildhauer* (S. 391)
oder aber im Entwurfsstadium stecken; dies gilt insbesondere für Goethes fragmentarisch gebliebene Notizen zu den
Elginischen Marmoren (S. 366 und S. 384) sowie den Auf-

zeichnungen zum Relief von Phigalia (S. 444). Wenn man sich aus seinen Gesprächen, seinen Tagebüchern und vor allem seiner Korrespondenz erschließt, welche Faszinosa gerade diese antiken Kunstschätze für ihn gewesen sind, wenn man die Wege rekonstruiert, die Goethe gegangen ist oder gehen ließ, um schließlich Reproduktionen dieser Darstellungen zu erwerben, so bleibt es – nimmt man das geschilderte Dilemma nicht als eine befriedigende Erklärung – ein Rätsel, warum er diese Prachtstücke griechischer Plastik in *Über Kunst und Altertum* nicht angemessen präsentiert hat.

Um einfache Lösungen und simple Erklärungen kann es in diesem bewegten Abschnitt in Goethes Leben und Schaffen nicht gehen, zumal nicht bei einem Werk, das Goethe selbst ja mehr als einmal als »inkommensurabel« bezeichnet hat. Somit verweist diese Einführung am Ende auf ihren Anfang und rückt – notgedrungen erst hier – die Proportionen wieder zurecht. Goethes literatur- und kunstgeschichtliche Interessen, seine Lektüreleistung und sein schriftstellerisches Werk erschöpfen sich nicht im Insistieren auf diesem Gegensatz von ›klassischen‹ und ›romantischen‹ Positionen, wie es die in diesem Band versammelten Schriften nahelegen könnten. Die Reduktion auf einen solchen Dualismus allein greift entschieden zu kurz. Es ist keine Wendung gegen die Klassik, die sich in diesen Jahren vollzieht, wohl aber eine fundamentale Erweiterung des Blickfelds, die Reisen auf dem Papier bleiben nun nicht mehr auf den europäischen Kontinent beschränkt. Es sind die ›Divan-Jahre‹ – und erst die Bücher des *West-östlichen Divans* selbst sowie die sich anschließenden *Noten und Abhandlungen zu besserem Verständnis* (Bd. 11.1) können einen vollständigen Eindruck von Goethes Interessenvielfalt vermitteln, die man mit einem Blick auf das Gesamtwerk dieser Jahre zwischen 1814 und 1819 mit voller Berechtigung als universell bezeichnet hat.

ZUR ÜBERLIEFERUNG UND TEXTGESTALT

Die autobiographischen und ästhetischen Schriften Goethes der
Jahre 1814 bis 1819 sind, soweit sie zu Goethes Lebzeiten veröffentlicht wurden, fast vollständig in zeitgenössischen Journaldruk-
ken überliefert: in Cottas ›Morgenblatt für gebildete Stände‹ und in
Goethes Zeitschrift *Über Kunst und Altertum*. Besonders für die
literaturkritischen Schriften der Jahre 1815 und 1816 war das
›Morgenblatt‹ Goethes bevorzugtes Publikationsorgan, während
die Veröffentlichung des ursprünglich als kunstprogrammatische
Einzelschrift gedachten Aufsatzes *Kunst und Altertum am Rhein
und Mayn*, fortgesetzt durch weitere autobiographische Schriften,
zur Begründung von Goethes Zeitschrift *Über Kunst und Altertum*
führte, die von 1817 an als Publikationsforum für Goethes Schriften zur bildenden Kunst diente. Dieser Zeitschrift hat sich Goethe
mit großem Engagement gewidmet, wie Planung, Konzeption und
die große Zahl der eigenen Beiträge beweisen; auch den Herstellungsprozeß hat er mit großer Aufmerksamkeit überwacht (s. dazu
Bd. 13.2, S. 437). Somit können die darin gedruckten Texte als
bestautorisiert gelten und wurden deshalb im vorliegenden Band
auf der Grundlage ihres Erstdrucks in *Über Kunst und Altertum*
ediert. Problematischer ist die Überlieferungslage für die im ›Morgenblatt‹ veröffentlichten Texte, da der Druck in diesem Organ –
nicht ungewöhnlich für eine Tageszeitung – eine hohe Fehlerquote
aufweist und darüber hinaus Goethe am Herstellungsprozeß in
keiner Weise beteiligt war. Da aber weder die Druckvorlagen noch
andere vollständige handschriftliche Zeugen erhalten sind, war
auch bei diesen Texten der Erstdruck im ›Morgenblatt‹ zugrunde
zu legen. Gelegentlich wurden dabei Einzeldrucke (wie im Fall von
Des Epimenides Erwachen) oder Handschriften im Faszikel ›Mitteilungen ins Morgenblatt‹ (das die Texte in einem vor dem Druckmanuskript liegenden Stadium und nicht immer vollständig enthält) als Korrektiv zu Hilfe genommen, auch dann, wenn zwar
kein Textfehler im engeren Sinn vorlag, jedoch die Textgestalt im
herangezogenen Zeugen den höheren Autorisationsgrad aufwies,
z. B. S. 155,13: »kommt uns Rettung« (in der Berliner Einzelaus-
gabe des Bühnentexts von 1815) gegenüber »kommt nur Rettung«
(im ›Morgenblatt‹). Angesichts der ungenügenden Qualität der
›Morgenblatt‹-Drucke schien dieses Verfahren gerechtfertigt, zumal sämtliche Eingriffe kenntlich gemacht wurden.
    Die zu Goethes Lebzeiten unveröffentlicht gebliebenen Texte
der Schaffensperiode zwischen 1814 und 1819 machen in den

Bereichen Literatur und Kunst nur den geringeren Teil des vorliegenden Bandes aus; hingegen stammen die Kontingente der naturwissenschaftlichen und der amtlichen Schriften fast vollständig aus Goethes Nachlaß. Wie alle nicht von Goethe selbst zum Druck beförderten Werke wurden diese Texte sämtlich auf der Grundlage von Handschriften ediert. (Näheres zur Textgestalt der naturwissenschaftlichen Schriften s. S. 1192 f., zur Textgestalt der amtlichen Schriften S. 1241 f.)

Genaue Angaben zu Textgrundlage und editorischen Eingriffen finden sich für die einzelnen Texte jeweils im Anschluß an die einleitenden Vorbemerkungen.

Die Texte wurden gemäß den Richtlinien der Münchner Ausgabe (s. Bd. 1.1, S. 753) weitgehend dem heutigen orthographischen Gebrauch angepaßt, soweit nicht historische Bedeutungsebenen, zeittypische Ausdrucksweisen oder auch spezifisches Schreibverhalten dadurch verdeckt würden. Generell blieben die Interpunktion, Groß- und Kleinschreibung sowie Zusammen- und Getrenntschreibung der zugrundegelegten Textzeugen gewahrt, ebenso die Schreibung von Eigennamen und geographischen Bezeichnungen; auch inkonsequente Schreibungen wurden im Sinne einer möglichst großen Nähe zum historischen Text nicht normalisiert.

In Winkelklammern Eingeschlossenes bezeichnet Zutaten der Herausgeber, zum Teil aus anderen Textzeugen; schräge eckige Klammern bezeichnen Stellen, die nach Meinung der Herausgeber getilgt werden müßten. Ein Asterisk (*) zeigt einen Wechsel der Textgrundlage an. Im Kommentar nicht eigens mit einem Quellennachweis versehene Zitate aus Briefen und Tagebüchern Goethes sind sämtlich der ›Weimarer Ausgabe‹ entnommen.

KOMMENTAR

Abkürzungen

AA   Werke Goethes, herausgegeben von der Deutschen Akademie der Wissenschaften zu Berlin unter Leitung von Ernst Grumach. Berlin 1952–1966 (›Akademie-Ausgabe‹); hier: West-östlicher Divan, bearb. von Ernst Grumach. 3 Bde. Berlin 1952

ADB   Allgemeine Deutsche Biographie. Hg. durch die historische Commission bei der Königl. Akademie der Wissenschaften. Bd. 1–56. Leipzig 1875–1912. Neudruck Berlin 1967

AlH   Ausgabe letzter Hand (s. C¹ und C³)

BA   Goethe. Berliner Ausgabe. 22 Bde. Berlin, Weimar 1960–1978

Bettine von Arnim   Bettine von Arnim. Werke und Briefe in drei Bänden. Hg. von Walter Schmitz und Sibylle von Steinsdorff. Bd. 1: Bettine von Arnim: Clemens Brentanos Frühlingskranz. Die Günderode. Hg. von Walter Schmitz. Frankfurt a. M. 1986. Bd. 2: Bettine von Arnim: Goethes Briefwechsel mit einem Kinde. Hg. von Walter Schmitz und Sybille von Steinsdorff. Frankfurt a. M. 1992

Bode   Goethe in vertraulichen Briefen seiner Zeitgenossen. Zusammengestellt von Wilhelm Bode. Neu hg. von Regine Otto und Paul-Gerhard Wenzlaff. 3 Bde. Berlin und Weimar 1979, München 1982

Boisserée   Sulpiz Boisserée: Briefwechsel / Tagebücher ⟨hg. von Mathilde Boisserée⟩. Bd. 1: Sulpiz Boisserée, Bd. 2: Briefwechsel mit Goethe. Faksimiledruck nach der 1. Auflage von 1862. Ergänzt durch ein Personenregister. Göttingen 1970 (Reihe Texte des 19. Jahrhunderts. Hg. von Walther Killy)

Bossi   Giuseppe Bossi: Del Cenacolo di Leonardo da Vinci Libri Quattro. Milano 1810

Bradish   Joseph A. von Bradish: Goethes Beamtenlaufbahn. New York 1937

Budde	Rainer Budde: Köln und seine Maler. 1300–1500. Köln 1986
Büttner	Frank Büttner: Der Streit um die Neudeutsche religios-patriotische Kunst. In: Aurora 43 (1983), S. 55–76
C¹	Goethes Werke. Vollständige Ausgabe letzter Hand. 40 Bde. Stuttgart, Tübingen 1827–1830. – Ergänzend: Goethes nachgelassene Werke. Hg. von Johann Peter Eckermann und Friedrich Wilhelm Riemer. 20 Bde. 1832–1842 (›Taschenausgabe‹)
C³	Goethes Werke. Vollständige Ausgabe letzter Hand. 40 Bde. Stuttgart, Tübingen 1827–1830. – Ergänzend: Goethes nachgelassene Werke. Hg. von Johann Peter Eckermann und Friedrich Wilhelm Riemer. 20 Bde. 1833–1842 (›Oktavausgabe‹)
CA	Goethe. Gesamtausgabe der Werke und Schriften. Abt. I: Werke, Abt. II: Schriften. 22 Bde. Stuttgart 1949–1963
CGZ	Corpus der Goethezeichnungen. Hg. von Gerhard Femmel u. a. 7 Bde. Leipzig 1958–1973. 2. bzw. 3. Aufl. auch: München 1972–1981
Cotta	Goethe und Cotta. Briefwechsel 1797–1832. Textkritische und kommentierte Ausgabe in drei Bänden. Hg. von Dorothea Kuhn. Stuttgart 1979–1983 (Veröffentlichungen der deutschen Schillergesellschaft. Bd. 31–33)
Cotta 1840	Goethes sämtliche Werke in vierzig Bänden. Vollständige, neugeordnete Ausgabe. Stuttgart und Tübingen 1840; hier: Bd. 26, 31, 32
DNL	Deutsche National-Literatur. Historisch kritische Ausgabe. Hg. von Joseph Kürschner. Berlin und Stuttgart o. J.; Bd. 82–117/2: Goethes Werke (mit eigener Bandzählung: 1–36). Stuttgart (1882–1897); hier: Bd. 30: Aufsätze über bildende Kunst und Theater, hg. von A. G. Meyer und G. Witkowski, und Bd. 31: Aufsätze zur Literatur, hg. von G. Witkowski
Döbling	Hugo Döbling: Die Chemie in Jena zur Goethezeit. Jena 1928 (Zeitschrift des Vereins für Thüringische Geschichte und Altertumskunde. N. F., 13. Beiheft, Heft 2)
Drf.	Druckfehler

DWb	Jacob und Wilhelm Grimm: Deutsches Wörterbuch. XVI Bde. und Quellenverzeichnis. Leipzig, Berlin 1854–1971
ED	Erstdruck
FDH	Freies Deutsches Hochstift, Frankfurt a. M.
Foerster	Richard Foerster: Goethes Abhandlung über die Philostratischen Gemälde. In: GJb 24 (1903), S. 167–184
FrA	Johann Wolfgang Goethe. Sämtliche Werke. Briefe, Tagebücher und Gespräche. 40 Bde. Frankfurt a. M. 1985 ff. (›Frankfurter Ausgabe‹)
GA	Johann Wolfgang Goethe: Gedenkausgabe der Werke, Briefe und Gespräche. Hg. von Ernst Beutler. 24 Bde. Zürich 1948–1954
GaV	Carl Vogel: Goethe in amtlichen Verhältnissen. Jena 1834
GJb	Goethe-Jahrbuch (auch die im Titel abweichenden Bände werden unter diesem Gesamttitel zitiert, ggf. ohne Jahrgangsbezeichnung)
GMD	Goethe-Museum Düsseldorf. Anton-und-Katharina-Kippenberg-Stiftung
GNM	Goethe-Nationalmuseum, Weimar
Goethe und Österreich	Goethe und Österreich. Briefe mit Erläuterungen. Hg. von August Sauer. 2 Bde. Weimar 1902/04 (SchrGG.17/18)
Gräf	Goethe über seine Dichtungen. Hg. von Hans Gerhard Gräf. 3 Teile in 9 Bdn. Frankfurt a. M. 1901–1914 (Nachdr. Darmstadt 1968)
Grieser	Dietmar Grieser: Goethe in Hessen. Auf den Spuren lebendiger Goethe-Tradition: Verehrung und Vermarktung, Verpflichtung und Kult. Zum 150. Todestag des Dichters: ein literarischer Lokalaugenschein an den hessischen Goethe-Orten Frankfurt, Wetzlar, Darmstadt, Wiesbaden und Rheingau. Frankfurt a. M. 1982
Grumach	Goethe. Begegnungen und Gespräche. Begründet von Ernst Grumach und Renate Grumach. Hg. von Renate Grumach. Berlin 1965 ff.
GSA	Goethe- und Schiller-Archiv, Weimar
Güldenapfel	Jenaischer Universitätsalmanach für das Jahr

	1816. Hg. von Georg Gottfried Güldenapfel. Jena 1816
HA	Goethes Werke. Hg. von Erich Trunz. 14 Bde. Hamburg 1948 ff. (›Hamburger Ausgabe‹)
HA, Briefe an G.	Briefe an Goethe. Hamburger Ausgabe in 2 Bänden. Hg. von Karl Robert Mandelkow. 2. Aufl. München 1982
HAAB	Herzogin Anna Amalia Bibliothek, Weimar
Hagen	Die Drucke von Goethes Werken. Bearbeitet von Waltraud Hagen. 2., durchgesehene Aufl. Berlin 1971 (Lizenzausgabe Weinheim 1971)
Herchenröder	Der Rheingaukreis. Bearbeitet von Max Herchenröder. Mit Beiträgen von Wolfgang Einsingbach, Helmut Schoppa und Heino Struck. München / Berlin 1965 (Die Kunstdenkmäler des Landes Hessen. Im Auftrag des Hessischen Kultusministeriums hg. von Hans Feldtkeller, Landeskonservator von Hessen)
Herwig	Goethes Gespräche. Eine Sammlung zeitgenössischer Berichte aus seinem Umgang. Aufgrund der Ausgabe und des Nachlasses von Flodoard Freiherrn von Biedermann ergänzt und hg. von Wolfgang Herwig. Bd. I–V. Zürich, Stuttgart, (ab Bd. IV) München 1965–1987
Hs./Hss.	Handschrift / Handschriften
JA	Goethes Sämtliche Werke. Jubiläumsausgabe in vierzig Bänden. In Verbindung mit Konrad Burdach (u. a.) hg. von Eduard von der Hellen. Stuttgart und Berlin o. J. (1902–1907)
JALZ	Jenaische Allgemeine Literatur-Zeitung
Kanzler von Müller: Unterhaltungen mit Goethe	Kanzler Friedrich von Müller: Unterhaltungen mit Goethe. Hg. von Renate Grumach. München 1982
Keudell	Elise Keudell: Goethe als Benutzer der Weimarer Bibliothek. Weimar 1931 (Reprint: Leipzig 1982)
KK	Katalog der Sammlung Kippenberg. Zweite Ausgabe. Leipzig 1928
Knittermeyer	Unbekannte Briefe und Urkunden aus dem Goethekreis. Aus dem Nachlaß Johann Michael Färbers. Hg. von Hinrich Knittermeyer (Abhandlungen und Vorträge. Hg. von der

Bremer Wissenschaftlichen Gesellschaft. Jg. 7, Heft 3/4, Februar 1935)

Knopf   Otto Knopf: Die Astronomie an der Universität Jena von der Gründung der Universität im Jahre 1558 bis zur Entpflichtung des Verfassers im Jahre 1927. Jena 1937 (Zeitschrift des Vereins für Thüringische Geschichte und Altertumskunde. N. F., 19. Beiheft, Heft 7)

KuA   Über Kunst und Altertum. Von Goethe. Erster Band. Erstes Heft – Sechsten Bandes drittes Heft. Stuttgart, in der Cottaischen Buchhandlung 1816–1832

LA   Goethe. Die Schriften zur Naturwissenschaft. Vollständige mit Erläuterungen versehene Ausgabe, hg. im Auftrage der Deutschen Akademie der Naturforscher (Leopoldina) zu Halle, begründet von Karl Lothar Wolf und Wilhelm Troll, hg. von Dorothea Kuhn und Wolf von Engelhardt. Weimar 1947 ff.

Meyer   Goethes Briefwechsel mit Heinrich Meyer. Hg. von Max Hecker. Bd. 1–4. Weimar 1917–1932 (SchrGG 32. 34. 35. 35/II)

Mommsen   Momme Mommsen unter Mitwirkung von Katharina Mommsen: Die Entstehung von Goethes Werken in Dokumenten. Bd. 1 und 2. Berlin 1958

OA   Oberaufsicht über die unmittelbaren Anstalten für Wissenschaft und Kunst

Oeftering   Mit Goethe am Oberrhein. Baden, Kurpfalz, Schweiz hg. von Wilhelm E. Oeftering. Elsaß hg. von Georg Richter. Karlsruhe 1981

Prescher   Hans Prescher: Goethes Sammlungen zur Mineralogie, Geologie und Paläontologie. Katalog. Berlin 1978

Osterkamp   Ernst Osterkamp: Im Buchstabenbilde. Studien zum Verfahren Goethescher Bildbeschreibungen. Stuttgart 1991 (Germanistische Abhandlungen 70)

Ovid   Metamorphosen. Hg. und übersetzt von Hermann Breitenbach. Zürich 1958

Q   Goethes poetische und prosaische Werke in zwei Bdn. ⟨zu je zwei Abteilungen⟩. Hg. von Johann Peter Eckermann und Friedrich Wil-

	helm Riemer. Stuttgart und Tübingen 1836/37 (›Quartausgabe‹)
QuZ	Quellen und Zeugnisse zur Druckgeschichte von Goethes Werken. Hg. vom Zentralinstitut für Literaturgeschichte der Akademie der Wissenschaften der DDR. Bd. 1–4. Berlin 1966 bis 1984
RA	Briefe an Goethe. Gesamtausgabe in Regestform. Hg. von Karl-Heinz Hahn. Weimar 1980 ff.
Rs.	Rückseite
Ruppert	Goethes Bibliothek. Katalog. Bearbeitet von Hans Ruppert. Weimar 1958 (Goethes Sammlungen zur Kunst, Literatur und Naturwissenschaft. Hg. von den Nationalen Forschungs- und Gedenkstätten der klassischen deutschen Literatur in Weimar)
Schaeffer	Goethes äußere Erscheinung. Literarische und künstlerische Dokumente seiner Zeitgenossen. Hg. von Emil Schaeffer. Leipzig 1914
Scheidig	Walther Scheidig: Goethes Preisaufgaben für bildende Künstler 1799–1805. Weimar 1958 (SchrGG 57)
Schlegel	Kritische Friedrich-Schlegel-Ausgabe. Hg. von Ernst Behler. 1. Abt., 4. Bd.: Ansichten und Ideen von der christlichen Kunst. Hg. und eingeleitet von Hans Eichner. Paderborn / München / Wien 1959
Schönberger	Philostratos: Die Bilder. Griechisch-deutsch. Nach Vorarbeiten von Ernst Kalinka hg., übersetzt und erläutert von Otto Schönberger. München 1968
SchrGG	Schriften der Goethe-Gesellschaft
Schuchardt	Christian Schuchardt: Goethes Kunstsammlungen. 3 Bde. Jena 1848
Seidler	Erinnerungen der Malerin Louise Seidler. Hg. von Hermann Uhde. Berlin 1922
Sengle	Friedrich Sengle: Das Genie und sein Fürst. Die Geschichte der Lebensgemeinschaft Goethes mit dem Herzog Carl August von Sachsen-Weimar-Eisenach. Ein Beitrag zum Spätfeudalismus und zu einem vernachlässigten Thema der Goetheforschung. Stuttgart und Weimar 1993

SL	Goethe. Schriften zur Literatur. Historisch-kritische Ausgabe. Hg. von der Deutschen Akademie der Wissenschaften zu Berlin (ab Bd. 3: hg. von der Akademie der Wissenschaften der DDR), bearb. von Edith Nahler u. a. 7 Bde. Berlin 1970–1982
Storek	Wilhelm Storek: Das Brentanohaus in Winkel. Geschichte und Geschichten um ein altes Haus im Rheingau. Neuwied/Rhein 1985
Strixner	Gemälde der Sammlung Sulpiz und Melchior Boisserée und Johann B. Bertram, lithographiert von Johann Nepomuk Strixner. Katalog der Ausstellung im Clemens-Sels-Museum Neuss vom 19. 10. bis 28. 12. 1980 und im Kurpfälzischen Museum Heidelberg vom 17. 1. bis zum 1. 3. 1981
SWK	Stiftung Weimarer Klassik
Tgb	Goethes Tagebuch (›Weimarer Ausgabe‹, Abteilung III)
THStA	Thüringisches Hauptstaatsarchiv, früher: Staatsarchiv Weimar
Trunz	Erich Trunz: Weimarer Goethe-Studien. Weimar 1980 (SchrGG 61)
Tümmler	Goethes Briefwechsel mit Christian Gottlob Voigt. Bearbeitet und herausgegeben von Hans Tümmler (Bd. 3 und 4 unter Mitwirkung von Wolfgang Huschke). 4 Bde. Weimar 1949 bis 1962 (SchrGG 53–56)
UA	Universitätsarchiv
UB	Universitätsbibliothek
Vogel	Briefwechsel des Großherzogs Carl August von Sachsen-Weimar-Eisenach mit Goethe in den Jahren von 1775 bis 1828. 2 Bde. Weimar 1863
von dem Hagen	Erich von dem Hagen: Goethe als Herausgeber von »Kunst und Altertum« und seine Mitarbeiter. Berlin 1912
von Einem	Herbert von Einem: Das Abendmahl des Leonardo da Vinci. Köln und Opladen 1961 (Arbeitsgemeinschaft für Forschung des Landes Nordrhein-Westfalen. Geisteswissenschaften. Heft 99)
Vs.	Vorderseite
WA	Goethes Werke. Abteilungen I, II, III, IV. Hg.

im Auftrage der Großherzogin Sophie von
Sachsen. 133 in 143 Bdn. Weimar 1887–1919
(›Weimarer Ausgabe‹)

Wahl   Briefwechsel des Herzogs-Großherzogs Carl
August mit Goethe. Hg. von Hans Wahl.
3 Bde. Berlin 1915–1918

Weitz   Sulpiz Boisserée: Tagebücher: 1808–1854. Im
Auftrag der Stadt Köln hg. von Hans-J. Weitz.
4 Bde. Darmstadt 1978

Die Herkunft von Wort- und Sacherklärungen (meist DWb und
der Große Brockhaus in verschiedenen Ausgaben) wird in der
Regel nicht eigens nachgewiesen.

Mein Dank gilt Dr. Walter Hettche, München, für geduldige
und vielfältige bibliographische Hilfestellungen, sowie Dr. Edith
Zehm, München, für ihre überaus sorgfältige Durchsicht des Manuskripts und zahlreichen Anregungen, sowie Karen Lauer für
ihre sachkundige redaktionelle Betreuung.

Die Wendung von den Reisen auf dem Papier in der Überschrift
der Bandeinführung verdanke ich der Studie von Dr. Stephan
Koranyi: Autobiographik und Wissenschaft im Denken Goethes.
Bonn 1984.

Johannes John

AUTOBIOGRAPHISCHE SCHRIFTEN

KUNST UND ALTERTUM AM RHEIN UND MAYN

Zur Entstehung

I. Der »Wunsch meine Vaterstadt wieder zu sehen«

Am 11. Juni 1813 schickte Goethe aus dem böhmischen Teplitz, wo er in diesem Sommer seinen alljährlichen Kuraufenthalt absolvierte, einen Brief an Johann Friedrich Heinrich Schlosser (1780–1851), den er mit dem Wunsch beschloß: »Den lieben Rheinstrom, besonders die Bergstraße möchte ich wohl einmal wiedersehen, ein wildes Ereignis nach dem andern verbietet uns aber solche Genüsse«. Es war nicht das erste Mal, daß Goethe in diesen Jahren eine solche Reise in Erwägung zog, sie dann aber sogleich wieder verwarf. Bereits zwei Jahre zuvor nämlich, am 29. Juli 1811, hatte Sulpiz Boisserée (1783–1854) Goethe zu einem Aufenthalt an den Rhein eingeladen, wobei der Heidelberger Kunstsammler, den Goethe seit dessen Besuch in Weimar im Mai 1811 persönlich kannte, mit Blick auf die anstehende Weinlese zugleich den Herbst als glücklichste Jahreszeit empfahl. War es im eingangs zitierten Schreiben an Schlosser nicht zuletzt die unsichere politische Lage gewesen, die einer Reise in den Westen entgegenstand, hatte Goethe in seiner Antwort an Sulpiz Boisserée vom 8. August 1811 dafür noch persönliche Gründe angeführt: »Meine Frau grüßt zum allerschönsten. Sie war zur Reise gleich bereit, ja sie hatte schon davon präludiert; allein leider bin ich nicht mehr so beweglich als sie, und lasse Betrachtungen bei mir vorwalten, die ihr nicht so bedeutend als mir erscheinen können«.

Die Heimat an Rhein und Main, die Goethe zuletzt im Jahre 1797 besucht hatte, war ihm zu Beginn des zweiten Jahrzehnts des 19. Jahrhunderts wieder näher und nahe gerückt. Die autobiographische ›Rekapitulation‹ der ersten Lebensjahrzehnte stand nun im Mittelpunkt seines Schaffens: Im Oktober 1811 erschien der erste Teil von *Dichtung und Wahrheit* (Bd. 16), dem ein Jahr später der zweite Teil folgte. Diese ›Reise in die Vergangenheit‹ – eine Reise auf dem Papier – wurde dann in den beiden ersten Monaten des Jahres 1814 durch aktuelle Berichte ergänzt und aufgefrischt. Am 6. Januar 1814 war Goethes Sohn August (1789–1830) nach Frankfurt aufgebrochen, von wo der Vater schon bald Post erhielt, für die er sich am 14. Januar bedankte; zugleich forderte er den Sohn auf, »nach Antiquaren aller Art« zu forschen, um dem Vater auch »etwas Gedeihliches wohlfeil« mitbringen zu können.

Am 6. Februar vermerkt das Tagebuch die Rückkehr Augusts, dessen mündliche Berichte – die in den Tagebucheinträgen des folgenden Tages eigens festgehalten werden – Goethes Bindungen an seine Heimatstadt zweifellos erneuert und vertieft haben. Dies wird aus zwei Briefen ersichtlich, die wenig später, am 14. Februar 1814, geschrieben wurden. »Die Erzählungen meines Sohnes, begleitet von einem Schreiben Ihrer liebwerten Hand, haben mich in jene so ruhig als unschuldige Zeiten zurückversetzt, in welchen wir einer heitern und lustigen Jugend genossen«, leitet Goethe unter diesem Datum einen Brief an Johann Jacob Riese (1746–1827) ein, dessen Erwähnung im zwölften Buch von *Dichtung und Wahrheit* (Bd. 16, S. 539) er dem »teuren« Jugendfreund bei dieser Gelegenheit gleich anschließend ankündigt.

Der retrospektive Blick wandelt sich am selben Tag im Brief an Sulpiz Boisserée zu einem (allerdings noch reichlich vagen) Entwurf künftiger Vorhaben: »Unter meine liebsten Wünsche gehört es, dieses Jahr die Bäder am Rhein, die Freunde und Ihre Sammlung zu besuchen, und ob ich gleich an der Gewährung zweifle; so will ich mich doch einstweilen an der Hoffnung ergetzen«.

Daß es vorerst bei dieser Hoffnung blieb, macht ein Brief an Johann Heinrich Meyer deutlich, den Goethe am 7. März 1814 spürbar ohne großen Enthusiasmus von seinem Plan in Kenntnis setzt, in Bälde das »Berkaische Bad« zu besuchen und sich im Herbst darüber hinaus »noch einige Wochen nach Böhmen« zu begeben. Im Frühjahr dieses Jahres bringt sich Sulpiz Boisserée jedoch erneut in Erinnerung und spricht am Ende seines Briefes vom 29. April eine förmliche Einladung aus:

»Auf jeden Fall wünschte ich Sie hier zu empfangen. Eine Reise, die ich nächster Tage nach Köln mache, wird kein Hindernis sein, wenn ich frühzeitig von Ihrer Ankunft unterrichtet bin. Schreiben Sie mir also gütigst nach Köln und lassen Sie diesmal meine Hoffnung nicht wieder zu nichte werden. Sein Sie nicht hartherzig gegen so viele Freunde, die nach Ihnen verlangen, sein Sie es nicht gegen sich selbst; es wartet Ihrer in diesen Ländern manche schöne, frische Freude, die Ihnen in der Seele wohltun wird« (Boisserée, Bd. 2, S. 36 f.).

Goethe bezog sich dann auch auf diesen »lieben einladenden« Brief Boisserées, als er Johann Friedrich Heinrich Schlosser, den Juristen und Berater in allen Frankfurter Rechts- und Vermögensfragen, am 8. Mai in aller Vertraulichkeit um einen Gefallen bat: »Ich habe diesen Sommer keine sonderliche Neigung die böhmischen Bäder zu besuchen; wohin ich mich jedoch wenden soll, ist mir noch

nicht ganz klar; möchten Sie mir aber eine Schilderung von Wiesbaden geben, und von der Lebensart daselbst, nicht weniger, was
etwa eine Person mit einem Bedienten auf einen vier- oder sechswöchentlichen Aufenthalt zu verwenden hätte; so würde ich es
dankbar erkennen, um so mehr, als ich die Hoffnung hege, meine
wertesten Freunde auch einmal wieder zu begrüßen«.

›Fritz‹ Schlosser, der Neffe von Goethes Schwager Johann Georg Schlosser (1739–1799), entsprach diesem Wunsch umgehend:
Am 24. Mai 1814 traf in Berka, wohin Goethe am 13. Mai gereist
war, die erbetene »ausführliche Nachricht« ein, für die sich Goethe
am 20. Juni bedankte. Obwohl der Aufenthalt in dem südlich von
Weimar an der Ilm gelegenen thüringischen Bad Goethe zu einigen
sarkastischen Bemerkungen Anlaß gab – man denke etwa an die
vielzitierte Wendung vom »Reiche des Sumpfkönigs«, die sich am
18. Mai 1814 im Brief an Caroline Sartorius findet –, ist die Skepsis
bezüglich seiner rheinischen Reisepläne jedoch weiterhin unüberhörbar:

»Der Wunsch meine lieben Landsleute einmal wieder zu besuchen veranlaßte mich zu dem Gedanken in der Nähe der Vaterstadt einen Teil des Sommers zuzubringen, allein die Ärzte sind
nicht mit mir einig und wollen mich wieder in die böhmischen
Bäder schicken, die mir freilich mehrere Jahre sehr wohl bekommen sind.

Und wenn ich aufrichtig sein soll, so hat Ihre treue Schilderung des dortigen Zustandes meine früheren Erfahrungen daselbst wieder geweckt und mir in Erinnerung gebracht, welche
Leiden ich dort bei großer Hitze in den Badehäusern, Bädern,
Gasthöfen und so weiter erduldet und wie ich mehr wie einmal
deshalb in die Gebirge geflüchtet.

Lassen Sie mich also die Hoffnung nähren, daß ich diesen
Herbst nach vollendeter Kur auf kurze Zeit meinen Besuch
abstatte, vielleicht gibt es alsdann in der Nähe einen ländlichen
Ort, wo ich mit meinen wertesten Freunden zusammen leben
und ihnen für so viele Güte Dank sagen kann«.

Der letzte, entscheidende Impuls, doch schon im Sommer und
nicht erst im Herbst nach Westen zu reisen, kam dann erneut ›von
außen‹. Am 23. Juni traf Carl Friedrich Zelter (1758–1832) in Berka
ein; die täglichen Begegnungen mit dem Berliner Freund wurden
auch nach der am 28. Juni erfolgten Rückkehr nach Weimar fortgesetzt, bevor Zelter am 7. Juli zu seinem Kuraufenthalt nach Wiesbaden weiterreiste, wo er am 12. Juli 1814 eintraf. In seinem Brief
vom 15. Juli konnte Zelter Goethe bereits mitteilen, ›Nägel mit
Köpfen‹ gemacht zu haben: »Ferner melde ich, daß ich bereits ein
Quartier von 3 ordentlichen Piecen für Dich in Beschlag genom-

men habe welches in 12 Tagen frei wird« (Bd. 20.1, S. 352). So schloß das Schreiben dann auch mit der Aufforderung, ihm doch bald nachzukommen (ebenda, S. 353).

Damit waren die Würfel gefallen und Goethes Unentschiedenheit überwunden. »Ich bereite mich in ein Bad zu reisen, und bin noch zweifelhaft wohin«: Diese im Schlußabschnitt eines Briefes an Johann Friedrich Cotta (1764–1832) vom 19. Juli 1814 geäußerten Zweifel weichen in einer kurzen Nachschrift vom 24. Juli dann der definitiven Mitteilung, »in einigen Tagen nach Wisbaden« abzugehen. Dort traf Goethe, der in Weimar am 25. Juli aufgebrochen war, am 29. Juli 1814 ein (vgl. hierzu ausführlich S. 721 ff.).

II. Der Gedanke, »eine eigene kleine Schrift zu schreiben«

Goethe hielt sich vom 29. Juli bis zum 12. September 1814 zur Kur in Wiesbaden auf; von hier aus unternahm er Ausflüge in den Rheingau, er besuchte die Rochuskapelle bei Bingen und wohnte Anfang September als Gast von Antonie und Franz Brentano für einige Tage auf deren Landgut in Winkel (vgl. hierzu die detaillierten Vorbemerkungen zu *Sanct Rochus-Fest zu Bingen*, S. 769 ff. und zu *Im Rheingau Herbsttage*, S. 779 ff.). Von Frankfurt aus, wo Goethe im Hause Schlosser vom 12. bis zum 24. September (sowie vom 11. bis zum 20. Oktober) Station machte, reiste er schließlich nach Heidelberg und blieb dort vom 24. September bis zum 9. Oktober 1814.

Das Hauptaugenmerk galt in diesen Heidelberger Tagen der Boisseréeschen Bildersammlung, und welchen Eindruck die dort versammelten Gemälde und Zeichnungen auf Goethe machten, ist reichhaltig dokumentiert (vgl. hierzu S. 748 ff.). Schon bald kursierten – mehr oder weniger authentisch – zahlreiche Äußerungen, die die tiefe Wertschätzung, ja den Enthusiasmus belegen, die Goethe angesichts der Gemälde der altdeutschen Meister empfunden hatte bzw. haben soll. In dem gleichen Maße, in dem sich diese Verlautbarungen verbreiteten, stiegen zumal in den daran interessierten Kreisen die Erwartungen, in Goethe einen Parteigänger der neuerwachten Begeisterung für die altdeutsche Kunst und vor allem für die sie tragenden kunstprogrammatischen Absichten zu finden.

Tatsächlich hat Goethe schon während seines Aufenthalts an Rhein und Main im Herbst des Jahres 1814 geplant, über die Galerie der Brüder Boisserée eine Schrift zu verfassen. Wie die im Anschluß abgedruckten Zeugnisse und Dokumente zeigen, handelte es sich dabei ohne Zweifel um kunstgeschichtliche Aufzeichnungen, die das zusammenfassen sollten, was Goethe bei seinen täglichen Studien und den sich daran anschließenden Unterredungen geäußert und auch schon in »Reise Notizen« (so im Tagebuch vom 30. Oktober 1814) skizziert hatte. Zu diesem Zeitpunkt faßte er, wie sich in Sulpiz Boisserées Brief an Dr. Schmitz vom 24. Oktober 1814 nachlesen läßt, auch schon das weitere Vorgehen konkret ins Auge. Von einem Schema – so Boisserées Bericht nach Köln – war die Rede, das in Heidelberg durch »Bemerkungen« und »Materialien« gefüllt und ergänzt, schließlich in Weimar einer Schlußredaktion unterzogen werden und zuletzt in eine »kleine Schrift« münden sollte.

Am 27. Oktober 1814 traf Goethe wieder in Weimar ein; in den folgenden Tagen werden nach Auskunft der Tagebücher »Mineralien«, »Reise Notizen« (so am 30. Oktober) und »Geschäfte« (31. Oktober) geordnet. Am 3. und 4. November findet sich jeweils der Eintrag »Reisenachrichten arrangiert« – es sind dies die vorläufig letzten Hinweise auf seine Absicht, die Eindrücke der zurückliegenden Wochen und Monate schriftlich zu verarbeiten. Von nun an stand, wie das Tagebuch bereits am 10. November vermerkt, vor allem die Arbeit an der *Italienischen Reise* im Mittelpunkt des Arbeitspensums der Wintermonate 1814/15. Darüber hinaus waren zu Beginn des Jahres 1815 die Vorbereitungen für eine neue Werkausgabe in ein konkretes Stadium getreten (vgl. hierzu S. 204), die ebenfalls Goethes Aufmerksamkeit erforderten. Das Projekt, über Kunstwerke und Kunstsammlungen an Rhein und Main zu berichten, ruhte.

Goethes Reisepläne im Frühjahr 1815 waren, was seine Zweifel und Unentschlossenheit betraf, von den gleichen Bedenken begleitet wie ein Jahr zuvor. Zudem hatte sich (wie in der Bandeinführung dargelegt) die politische Lage unerwartet dramatisch zugespitzt: Napoleons Rückkehr von Elba und die bevorstehenden kriegerischen Auseinandersetzungen ließen eine erneute Reise an den Rhein wenig ratsam erscheinen. Goethes angeschlagener Gesundheitszustand, vor allem ein »heftiger und hartnäckiger Katarrh«, über den er in seinem Brief an Bernhard Anselm Weber am 9. April 1815 (und am 22. April gegenüber Carl Ludwig von Knebel) klagte, machten jedoch die möglichst frühzeitige Planung einer »abermaligen Badereise im Sommer« nötig.

Wiederum präsentierte sich Goethe in seinen Briefen und Mitteilungen als ein eher unwilliger Rekonvaleszent, dessen Dispositionen ihm durch die Notwendigkeiten und Erfordernisse der Gesundheit diktiert wurden: Von Unternehmungslust und Aufbruchstimmung ist in diesen Wochen wenig zu spüren und zu lesen. In der Vermutung, »dies Jahr nach Töplitz geschoben« zu werden, wie es im Brief an Friedrich Wilhelm Heinrich von Trebra

(1740–1819) am 27. April 1815 heißt, findet diese Haltung ihre adäquate sprachliche Umsetzung. »Körperliches Mißbehagen« und »die Störung, welche die neusten Weltaussichten unerwartet in unsere Geschäfte und Mitteilungen bringen« (so an Karl Caesar von Leonhard am 1. Mai 1815) – immer wieder führt Goethe diese Mischung aus persönlichen und politischen Widrigkeiten an, wenn er seine Briefpartner über mögliche Reiseziele ins Vertrauen zieht. Unentschlossen, »wozu und wohin man gelangen wird«, zeigt er sich gegenüber Knebel am 22. April, skeptisch in seinem Schreiben an Schlosser vom 5. Mai 1815: »Die neusten Welt- und Kriegsbegebenheiten trüben auch meinen Blick, wenn ich ihn jener Gegend zuwende, wo ich vor einem Jahr so viele Liebe und Freude genossen, wenn ich mir vorstelle, daß Ihre verehrte Frau Mutter vielleicht noch eine beschwerlichere Einquartierung zu befürchten hat als die meinige war, und die doch mit nicht so reinen Segenswünschen und ewig zu empfindender Dankbarkeit scheidet. Empfehlen Sie mich ihr und den teuern Ihrigen zum besten. Leider vermindert sich auch die Hoffnung, Sie dieses Jahr wiederzusehn. Am Ende dieses Monats wird sich's entscheiden, ob ich das heilsame Bad auch unter weniger günstigen Auspizien benutzen kann«.

Wenig später sind auch für dieses Jahr die Entscheidungen gefallen. Mit vorauseilenden Befürchtungen sichert sich Goethe schon jetzt gegen einen möglicherweise enttäuschenden Verlauf seines Kuraufenthalts ab, so etwa im Brief an Knebel vom 10. Mai 1815: »Da die Zurückkunft unseres gnädigsten Herrn sich immer weiter hinausschiebt, so werde ich durch freundliche Ermahnungen, ja sogar durch eine Art Geheiß unserer gnädigsten Fürstin nach Wiesbaden gleichsam getrieben, indem ich meine Wohnung, die grade in dieser Jahrszeit am angenehmsten ist, ungern verlasse und mich hinaus wage in das Welt- und Badegetümmel, wo man wohl Heilung, aber keine Erquickung hoffen darf«. Wie wenig die Reise seinen eigenen Wünschen zu entsprechen scheint, bringt Goethe in jener charakteristischen Verbindung von tatsächlichem Unbehagen und bewußter Selbstinszenierung am 17. Mai 1815 auch gegenüber Carl Ludwig von Woltmann (1770–1817) zum Ausdruck: »Leider senden mich die Ärzte an den unruhigen Rheinstrom; tausendmal lieber hätte ich Sie an der Moldau besucht«.

Eine Woche später, am 24. Mai 1815, bricht Goethe von Weimar auf und trifft drei Tage später in Wiesbaden ein. Die ersten Wochen des Kuraufenthalts scheinen seine Skepsis zu bestätigen (vgl. hierzu S. 723 f.); die Unsicherheit der politischen Verhältnisse, am Rhein ungleich deutlicher zu spüren als im thüringischen Weimar,

trägt dazu nicht unwesentlich bei. Erst am 21. Juni findet mit der im
Tagebuch hervorgehobenen »*Nachricht des Siegs*« die Ungewiß-
heit über den Ausgang der Schlacht bei Waterloo vom 18. Juni 1815
ihr Ende. Auch in der Folge bleiben persönliche und historische
Ereignisse verschränkt, von nun an tragen Goethes Mitteilungen
allerdings das Signum von Aufschwung und Besserung. Das Projekt ›Über Kunst und Altertum‹ bleibt davon nicht unberührt.

III. »*Es ist zwar meine Art nicht auf den Tag zu wirken* ...« –
der Weg zum ersten Heft von Über Kunst und Altertum

An das seit dem Winter 1814 ruhende Vorhaben wurde Goethe
durch einen Brief vom 25. Juni 1815 erinnert, in dem Sulpiz
Boisserée Goethes Denkschrift anmahnte und ihn bei dieser Gelegenheit zu einem erneuten Besuch Heidelbergs einlud. Schon hier
wird die Aktualität und Notwendigkeit einer solchen Studie mit
den nunmehr so grundlegend veränderten (zeit)geschichtlichen
Entwicklungen und Konstellationen begründet (s. S. 690). Goethe
erhielt diesen »werten Mahnbrief«, wie er in seinem Dankschreiben vom 21. Juli 1815 mitteilte, zu einem Zeitpunkt, als er eine
»Gebirgsreise anzutreten im Begriff« war: Am 9. Juli nämlich war
er in Biebrich mit dem Reichsfreiherrn Heinrich Friedrich Carl
vom und zum Stein (1757–1831) zusammengetroffen, der ihn – wie
Goethe seinem Sohn August am 11. Juli nach Weimar meldete –
»freundlichst behandelte« und »dringend zu sich« eingeladen
hatte.

Am 21. Juli, dem gleichen Tag, an dem Goethe Sulpiz Boisserée
beschied, daß er in diesem Jahr wohl nur »schwerlich« nach
Heidelberg gelangen würde, brach er zusammen mit dem Wiesbadener Mineralogen und Oberbergrat Ludwig Wilhelm Cramer zur
avisierten Reise in das Lahntal auf. Über Limburg gelangte Goethe
am 24. Juli nach Nassau, wo er als Gast im Hause des Freiherrn
vom und zum Stein wohnte. An diesem Tage wurde nicht nur, wie
im Tagebuch nachzulesen ist, der »Entschl. nach Cöln zu fahren«
gefaßt, zuvor waren bereits »Polit. Gespräche« geführt worden.
Die kurzen Notizen lassen die Bedeutung dieser Unterredungen
nur erahnen, denn erst die nächsten Wochen werden zeigen, daß
Goethe – wie es in einem Brief an seine Frau Christiane vom
27. September auch expressis verbis nachzulesen ist – in diesen
Stunden und den nachfolgenden Tagen nicht nur den entscheidenden Anstoß erhält, seine Studie über die rheinischen Kunstschätze
wiederaufzunehmen, sondern daß sich Absicht und Charakter
dieses Berichts nunmehr entscheidend verändern.

Am 30. Juli befindet sich Goethe nach den Aufenthalten in Köln,

Bonn und Koblenz erneut in Nassau, wo im Garten des Steinschen Hauses erneut »Gesprochen und contradiciert« wird (s. u.). Tags darauf fährt Goethe nach Wiesbaden zurück; bereits unterwegs werden die »Kunstschätze am Mayn und Rhein überdacht«, wozu die vorangegangenen Tage in ihrer Mischung aus »Vergnügen und Belehrung« (so an den Weimarer Staatsminister Voigt am 1. August) ohne Zweifel ganz entscheidend beigetragen haben: Der Blick hat sich erweitert, nunmehr ist nicht nur über Frankfurt, Wiesbaden und Heidelberg, sondern auch über Kunst und künstlerisches Leben in Köln und Bonn zu berichten. Am 2. August trifft Sulpiz Boisserée, der sich Ende Juli im nahen Schlangenbad aufgehalten hatte, auf Goethes Wunsch in Wiesbaden ein, sein Tagebuch der folgenden, mit Goethe gemeinsam verbrachten Wochen dokumentiert am aufschlußreichsten Konzeption und Enstehen der Denkschrift, an der – eine konsequente Umsetzung ihrer nunmehr ›öffentlichen‹ Zielsetzung – auch Freunde und Gewährsleute beteiligt werden. »Aufsatz Kunst Altert.«, heißt es am 23. August 1815 in Goethes Tagebuch, in dem dieses Projekt von nun an fast täglich erwähnt wird.

›Öffentlichkeit‹ und ›Wirkung‹ – dieses Begriffspaar bestimmt jetzt auch die Zielsetzung des Aufsatzes: Immer und immer wieder wird Goethe die beiden komplementären Begriffe in seinen Äußerungen betonen; sie prägen schließlich Absicht *und* Stil des Reiseberichts, der – nach dem Ende der französischen Okkupation der Rheinlande – eine fundamentale Neubestimmung erfährt. Aus einer kunstgeschichtlichen Studie wird eine kulturpolitisches Memorandum, das Hinweise und Vorschläge zur administrativen (Re)Organisation des sowohl öffentlichen wie vor allem auch in privater Hand befindlichen kulturellen Besitzstandes leisten will und soll. Dem darin enthaltenen, vor allem von Stein gewünschten propagandistischen Element wird Goethe damit Rechnung zu tragen haben.

Die Grundlagen hierfür wurden in den ersten Wochen des Monats August 1815 gelegt. Am 1. August empfing Goethe in Wiesbaden das Kommandeurkreuz des Kaiserlich-Österreichischen Leopold-Ordens, für dessen Verleihung er sich am 4. August beim Fürsten Metternich schriftlich bedankte, nicht ohne bei dieser Gelegenheit sein Projekt der »Aufmerksamkeit höchster Behörden« zu empfehlen. Diese »höhere Beurteilung«, an der Goethe nunmehr besonders lag und von der auch im Schreiben an den Freiherrn vom und zum Stein am 10. August die Rede ist, sollte aber in erster Linie von Berlin aus erfolgen. Die entsprechenden Kontakte knüpfte in diesen Augusttagen Sulpiz Boisserée: Am 5. August führte er auf Goethes Wunsch hin in Wiesbaden eine

Unterredung mit Johann Wilhelm Süvern (1775–1829), der seit 1809 als Staatsrat im preußischen Innenministerium tätig war. Süvern, der sich als Kulturpolitiker bleibende Verdienste um die Reform des (Volks)Schulwesens und der Lehrerbildung erworben hat und – wie Boisserée vermerkte (s. S. 693) – »mit dem ganzen kölnischen Schul-Wesen und Universitäts-Wünschen von Amts wegen bekannt« war, reiste am 10. August nach Nassau weiter, wo er den Freiherrn vom und zum Stein besuchte, der sich Anfang August ebenfalls in Wiesbaden aufgehalten hatte, freilich ohne bei dieser Gelegenheit erneut mit Goethe zusammenzutreffen. Dies gelang allerdings Sulpiz Boisserée, der in seinen Aufzeichnungen Steins Äußerung überliefert, er habe Goethe veranlaßt, »eine Denkschrift an Hardenberg zu machen« (S. 694). Dies wird der Freiherr zweifellos auch Süvern bei den wenig später in Nassau geführten Gesprächen mitgeteilt haben, so daß auf diesem Wege Kaspar Friedrich von Schuckmann (1755–1834), seit dem 3. Juli 1814 preußischer Minister des Inneren und in dieser Funktion zuständig für Kultus und Unterricht, von Goethes Vorhaben erfuhr. Auch Johann August Sack (1764–1831), der Oberpräsident der neuen preußischen Rheinprovinz, wird auf eigenen Wunsch von diesen Plänen unterrichtet: In seinem umfangreichen Schreiben vom 15. Januar 1816 (s. u.) wird ihm Goethe Absicht und Ziel seines Memorandums ausführlich erläutern.

Goethe und Boisserée begannen nach Auskunft des Tagebuchs des Heidelberger Kunstsammlers am 4. August damit, erste Entwürfe der Denkschrift zu skizzieren, und Boisserée brachte diese Arbeiten am 10. August zu einem Abschluß; er überreichte Goethe, der am 12. August nach Frankfurt weitergereist und nun auf der Willemerschen Gerbermühle zu Gast war, am 14. August 1815 diesen auf 12 Doppelblättern niedergeschriebenen umfangreichen Bericht (vgl. WA I 34/2, S. 37 ff.), der sich für Goethes eigene Aufzeichnungen als überaus förderlich erwies; am 19. August nämlich wurde laut Auskunft von Goethes Tagebuch der »Aufsatz über die Künste und Kunstwerke durchdacht«, ebenso am darauffolgenden Tag; vom 23. August an arbeitete Goethe täglich an dem Aufsatz weiter. Am 28. August las er dem Heidelberger Freund das Kölner Kapitel vor und bat ihn tags darauf, wie Boisserée notierte, um Auskunft darüber, »was wir besonders über unsere Sammlung gesagt haben« wollten. Goethe erhielt die gewünschten Mitteilungen bereits am 3. September (vgl. WA I 34/2, S. 39 f., Nr. 2); am 10. September 1815 war, wie sich Boisserée überzeugen konnte, sein Bericht immerhin schon »fingerdick angewachsen«. An diesem Tage diskutierten beide auch erstmals darüber, unter welchem Titel die Schrift veröffentlicht werden sollte. Während Goethe

das »südwestliche Deutschland« als geographische Bezeichnung
vorschlug, plädierte Boisserée für eine ausdrückliche Erwähnung
des »Rheins«, worauf Goethe – korrigiert man den offensichtlichen Hörfehler Boisserées, der an dieser Stelle den Namen
»Meyer« notiert hat – auch den »Main« genannt wissen wollte.

Das »Rheinische Vorhaben« (so im Tagebuch vom 16. September) bleibt von nun an auf der Tagesordnung, auch wenn das
Wiedersehen mit Marianne von Willemer, die Weiterarbeit an den
Divan-Gedichten sowie nicht zuletzt das Studium der Boisseréeschen Kunstsammlung während Goethes erneutem Aufenthalt in
Heidelberg vom 21. September bis zum 7. Oktober 1815 gelegentlich andere Akzente setzen. Seine Rückkehr nach Weimar wird
Goethe dem Großherzog gegenüber am 8. Oktober deshalb mit
der Notwendigkeit begründen, die Niederschrift seines Reiseberichts unverzüglich wiederaufzunehmen. Diese Arbeit wird in
Weimar, wohin Goethe am 11. Oktober zurückkehrt, dann auch
kontinuierlich vorangetrieben. Schon am 12. Oktober macht er
sich daran, »Kunst und Altertum anzufangen«, der Eintrag »Kunst
und Altertum« steht dann vom 13. bis zum 22. Oktober jeweils an
der Spitze der Tagebucheinträge, die Goethes Arbeit an diesem
Projekt auch in den folgenden Wochen und Monaten dokumentieren. Weitere Erkundigungen werden eingezogen und treffen bald
darauf in Weimar ein: so am 30. Oktober 1815 Mitteilungen von
Karl Caesar von Leonhard, die Goethe seinem Abschnitt über
Hanau zugrunde legen konnte (vgl. WA I 34/2, S. 43–46), schließlich am 15. November ein Bericht von Christian Heinrich Schlosser über die Frankfurter Verhältnisse.

Hatte Goethe am 8. Oktober 1815 noch aus Heidelberg dem
Großherzog Carl August gemeldet, daß die »Setzer und Drucker
in Jena« bereits auf seine Denkschrift »harren« würden, nahm
deren Ausarbeitung und endgültige Fertigstellung dann doch die
Wintermonate 1815/16 in Anspruch. Am 27. Februar 1816 konnte
Goethe in seinem Tagebuch den »Abschluß des ersten Heftes von
Kunst und Altertum« sowie die »Beredung wegen des Bindens«
notieren. In der Zeit vom 15. bis zum 24. Februar 1816 verfaßte er
auch eine umfangreiche Ankündigung seiner Denkschrift (S. 306),
die am 9., 11. und 12. März des Jahres in Cottas ›Morgenblatt für
gebildete Stände‹ erschien. Anfang Juni kann schließlich das erste
Heft *Über Kunst und Altertum in den Rhein- und Mayn-Gegenden* verschickt werden.

Auch der Freiherr vom und zum Stein erhält ein Exemplar dieses
Heftes, und wenn Goethe in seinem Begleitschreiben vom 1. Juni
1816 nochmals eigens hervorhebt, daß es »Ihnen seine Entstehung
verdankt«, so stellt er seine Publikation damit erneut und nach-

drücklich in den (kultur)politischen Kontext der nachnapoleonischen Ära. Man muß nicht das vielstrapazierte Wort von der
›nationalen Identität‹ bemühen, um Goethes Anliegen angemessen
zu verstehen. In einem Nachtrag zum Abschnitt über Heidelberg
hat Goethe Zweck und Ziel seines Memorandums in aller Deutlichkeit beschrieben: »Der Entschluß gegenwärtiges heftweise herauszugeben, ward vorzüglich dadurch begünstigt, daß diese Blätter
der Zeit gewidmet sind und man wohl wünschen mag, daß sie teils
auf die Zeit einen freundlichen Einfluß ausüben, teils von derselben
wieder gehoben und begünstigt werden, welches nur durch Erfüllung der billigen Wünsche, durch Vergleichung und Auflösung der
problematischen Vorschläge deren wir erwähnen, besonders aber
durch fortschreitende Tätigkeit aller Unternehmenden bewirkt
werden kann« (S. 83).

In dieser (Wirkungs)Absicht gibt sich Goethes Reisebericht im
wahrsten Sinne des Wortes als ›Gebrauchstext‹ ad usum publicum
zu erkennen. Dies erklärt zugleich, warum Goethe, der die Entstehung eigener Werke ansonsten eher kryptisch, wenn nicht gar
unwillig zu kommentieren pflegte, in diesem Fall ganz gegen seine
Gewohnheit verfuhr: In einer für ihn untypischen Offenheit und
Mitteilungsfreude wird das Unternehmen angekündigt, propagiert
und diskutiert, wovon die im Anschluß abgedruckten Zeugnisse
und Dokumente einen Eindruck vermitteln sollen. Die strategische
Absicht, mit seinem Memorandum gerade ›hohe und höchste‹
Behörden und deren Repräsentanten zu erreichen und zu gewinnen, erklärt auch den oft allzu höflichen, in seiner Förmlichkeit
gelegentlich steifen Tonfall zahlreicher die Abfassung der Denkschrift begleitender Schreiben.

Wer die Berichte aus Köln und Bonn, Neuwied und Koblenz,
Mainz, Biebrich, Wiesbaden und Frankfurt, aus Offenbach, Ha-
nau und Aschaffenburg, schließlich aus Darmstadt und Heidelberg
allerdings mit Goethes Schilderungen aus dem Rheingau – der
Darstellung des Rochusfestes am 16. August 1814 (S. 89) oder der
Winkeler Tage im September 1814 (S. 116) – vergleicht, wird
enttäuscht sein. Nicht mehr persönliche Eindrücke, Erlebnisse,
Urteile oder Vorlieben stehen im Vordergrund, sondern vielmehr
eine sachliche Bestandsaufnahme: Gemessen an der farbenfrohen
Expressivität, der förmlich spürbaren Lebens- und Fabulierfreude
dieser Texte lesen sich die einzelnen Stationen von Goethes Rheinreise nüchtern und in vielen Passagen durchaus spröde.

Intention und Adressaten bestimmen Ton und Struktur der
Denkschrift, die einzelnen Abschnitte gehorchen einem klar erkennbaren, sich wiederholenden Ordnungsprinzip. Der in der
jeweiligen Stadt vorhandene Bestand an Kunstschätzen und Ein-

richtungen wird gesichtet, benannt und beschrieben, damit gewissermaßen katalogisiert. Auf Mängel wird hingewiesen, mögliche Abhilfen werden skizziert. Dies ist auch die programmatische Absicht des gerade im Abschnitt über Frankfurt praktizierten ›Name-droppings‹: (persönliche) Verbindungen sollen – wo sie bereits bestehen – verstärkt und, wo sie noch nicht existieren, geknüpft werden. So entsteht das Modell eines ›Netzwerks‹ von Sammlern, Mäzenen, Experten, Forschern und öffentlichen Institutionen, die sich alle einem Ziel verpflichtet fühlen sollen: der Sichtung des kulturellen Bestandes und seiner Öffnung für das Publikum in den nunmehr von der französischen Besatzung befreiten Gegenden an Rhein und Main, wobei diese Region für weitergehende Bestrebungen durchaus prototypisch sein könnte.

Wie Sulpiz Boisserées Tagebucheintrag vom 2. August 1815 unterstreicht, ging es Goethe dabei nicht darum, die Kunstschätze und Sammlungen an einigen wenigen Orten zu konzentrieren, sondern im Gegenteil sie in ihrer regionalen Vielfalt und Eigenart zu bewahren: Gegenüber Johann August Sack wird er am 15. Januar 1816 diesen Aspekt erneut betonen. Zentralistische Bestrebungen lagen ihm ebenso fern wie jeder forcierte Nationalismus, den er als Folge der Befreiungskriege in diesen Monaten und Jahren ebenso aufmerksam registrierte wie kritisierte. Gegen jede Art von Chauvinismus und Deutschtümelei – man beachte in diesem Zusammenhang auch die Diminutiva im Schreiben an Sulpiz Boisserée vom 23. Oktober 1815 (s. u.) – plädiert er im Abschnitt über Heidelberg demgegenüber für einen gemäßigten Patriotismus, »zu dem jedes Reich, Land, Provinz, ja Stadt berechtigt ist« (S. 82,21). Die regionale Akzentuierung – wie zuvor schon Goethes kosmopolitische Grundüberzeugung (vgl. S. 82,10) – ist wiederum unüberhörbar.

Auch seine eigenen Ansprüche und Einflußmöglichkeiten hat Goethe nicht überschätzt: »Weil man sich aber vielleicht durch das, was man anregt, mehr Verdienst erwirbt, als durch das was man selbst vollbringt; so kann ich hoffen, durch fernere treue Fortwirkung auf deutsche Männer und Jünglinge der Allerhöchsten Absicht, wo nicht zu genügen, doch wenigstens, nach Pflicht und Vermögen, getreulich entgegen zu arbeiten«, heißt es hierzu in dem Brief vom 4. August 1815 an den Fürsten Metternich. Anstöße zu geben, Vorschläge zu unterbreiten, Entwicklungen einzuleiten, anzubahnen und womöglich zu intensivieren, bleibt das vornehmliche Ziel seines Memorandums.

Die Einsicht, seine Gedanken nicht in *einem* Heft allein umfassend und erschöpfend darlegen zu können, deutet Goethe am Ende des Abschnitts über Heidelberg bereits an (S. 83,27 ff.). Daß *Über*

Kunst und Altertum in den Rhein- und Mayn-Gegenden in insgesamt 18 Heften (und vom vierten, 1818 erschienenen Heft an ohne
die geographische Spezifizierung im Titel) bis zu seinem Tode
›fortgeschrieben‹ werden würde und ihm in dieser Zeitschrift ein
Forum erwachsen sollte, auf dem Goethe in bevorzugter und oft
programmatischer Weise seine kulturpolitischen wie kunsttheoretischen Überzeugungen publizieren wird, hat er zu diesem Zeitpunkt sicherlich nicht geahnt.

Textgrundlage und Erstdruck: KuA I 1 (1816), S. 1–196. – Eingriffe: S. 15,5 *zusammenhängender* (zusammenhängendes KuA;
Drf.); 46,12 *besonderen Bedingungen, in denen* (besonderen Bedingungen, in der KuA; so auch C¹, C³ und Cotta 1840; korr. nach
WA; hingewiesen sei auf eine andere Korrekturmöglichkeit für
diese grammatisch inkongruente Stelle: »besondere Bedingung, in
der« JA); 58,15 *von der ethischen ⟨Seite⟩ studieren* (von der
ethischen studiren KuA; so auch C¹ und C³; ergänzt nach Cotta
1840, 26); 83,18 *Kunst ⟨des⟩ funfzehnten* (Kunst funfzehnten
KuA; ergänzt nach C¹ 43); 84,35–39 *daß [man] ⟨...⟩ wahre
Einsicht und wohlgerichtete Tätigkeit sehr schnell sich allgemein
verbreiten werden* (daß man ⟨...⟩ wahre Einsicht und wohlgerichtete Tätigkeit sehr schnell sich allgemein verbreiten werden KuA;
der Anakoluth bereits in C¹ und C³ durch Eliminierung von »man«
beseitigt); 86,20 *weil man ⟨in⟩ Cöln* (weil man Cöln KuA; ergänzt
nach C¹ 43). – Möglicherweise fehlerhaft ist die Stelle S. 54,4
nichtgeschorne; KuA weicht hier von dem im übrigen fast wörtlich
übernommenen Bericht Leonhards ab, die Stelle lautet dort: »auch
geschorene«; vgl. dazu WA I 34/2, S. 46: »Es bleibt zweifelhaft, ob
die Abweichung in Goethes Text auf einem Versehen oder auf
Absicht beruht«.

Zeugnisse und Dokumente

R. M.: Aus Johann Baptist Bertrams Unterhaltungen (1863):
Die übrigen Vormittagsstunden widmete Goethe der Kunst und
ihrem Studium. Regelmäßig um 8 Uhr begab er sich in den
Bildersaal und wich hier nicht von der Stelle bis zur Mittagszeit.
Man überließ ihn sich selbst, wenn er nicht die Gegenwart der
Freunde begehrte; und da war denn Bertram, nicht minder auch
Sulpiz, so recht an seiner Stelle. Sie mußten ihm alles Geschicht-
liche, ihre Ansichten und Bemerkungen sagen, wogegen sie die
seinigen hörten. Sulpiz versichert, er sei mit ihrer ruhigen, philosophisch-kritischen Betrachtung der Kunstgeschichte sehr zufrieden

gewesen, aber auch sie hätten wieder von ihm über den Gang der
Kunstgeschichte viel gelernt. Nur an einigen Vormittagen beschäftigte sich Goethe unter der kundigen Führerschaft von Sulpiz mit
der Betrachtung der Plane und Risse zum Kölner Dom und anderer
heiliger Bauwerke vom Niederrhein, die letzterer damals zur
Herausgabe vorbereitete.

Wie Goethe sich in die farbenprächtige und wahrheitsvolle
Idealwelt dieser altdeutschen Bilder, in die überraschende Ursprünglichkeit ihrer Gedanken hineinlebte und über die empfangenen Eindrücke sich äußerte, ist für den alten Herrn im hohen
Grade charakteristisch. Er betrachtete die Bilder nicht, wie sie eins
neben dem andern an der Wand hingen, wodurch der Eindruck
zerstreut und mehr oder minder abgeschwächt wird; er ließ sich
immer nur eins, abgesondert von den andern, auf die Staffelei
stellen und studierte es, indem er es behaglich genoß und seine
Schönheiten unverkümmert durch fremdartige Eindrücke von außen, sei es der Bilder- oder Menschenwelt, in sich aufnahm. Er
verhielt sich dabei still, ohne viel zu reden, bis er des Gesehenen,
seines Inhalts und seiner tieferen Beziehungen Herr zu sein
glaubte; und fand er dann Anlaß, Personen, die er liebte und
schätzte, gegenüber seinen Empfindungen Ausdruck zu geben, so
geschah es in einer Weise, die alle Hörer zwang.
*(Bayrische Zeitung, Morgenblatt 1863, Nr. 195/197; zit. nach Her-
wig, Bd. II, Nr. 4071, S. 959 f.)*

Sulpiz Boisserée an Dr. Schmitz, 24. Oktober 1814:
Nun laß mich Dir von Goethe erzählen; daß er volle vierzehn Tage
bei uns gewohnt hat, wirst Du wissen, daß wir aber durch diesen
längern Umgang, der in jeder Hinsicht sehr lehrreich und erfreulich für uns war, sein ganzes Vertrauen erworben und ein sehr
enges Verhältnis mit ihm geknüpft haben, weißt Du noch nicht. Es
ist die Rede davon, über unsere Sammlung, über unser Bemühen
um das altdeutsche Bauwesen, und über die Art und Weise, wie wir
dazu gekommen, eine eigene kleine Schrift zu schreiben. Ei der
Teufel (sagte er mir mehrmal), die Welt weiß noch nicht, was Ihr
habt, und was Ihr wollt, wir wollen's ihr sagen, und wir wollen ihr,
weil sie es doch nun einmal nicht anders verlangt, die goldenen
Äpfel in silbernen Schalen bringen; wenn ich nach Haus komme,
mache ich ein Schema, das schicke ich Euch, damit Ihr Eure
Bemerkungen dazu machen und sehen könnt, was für Materialien
mir allenfalls noch abgehen, die schickt Ihr mir, die Redaktion
behalte ich, und es müßte seltsam zugehen, wenn wir nicht etwas
recht Schönes zustande brächten; es ist schwer, so was zu schreiben, aber ich weiß den Weg ins Holz, laßt mich nur machen, um

Ostern komme ich wieder, dann bringe ich es mit, und ist's Euch recht, so lassen wir es bei Mohr und Zimmer drucken. *(Boisserée, Bd. 1, S. 233)*

Sulpiz Boisserée an Goethe, 25. Juni 1815:
Die Anwesenheit des kaiserlichen Feldlagers hat nicht wenig dazu beigetragen, die Bestimmung unseres künftigen Schicksals vorzubereiten. Der Kaiser, Erzherzog Johann, Fürst Metternich und viele von den bedeutenden und ausgezeichneten Personen haben unseren Bemühungen eine mehr als herkömmliche Aufmerksamkeit geschenkt. Die Art, wie man sich in Erkundigungen eingelassen und wie man uns Schutz und Unterstützung versichert, scheint deutlich anzuzeigen, daß sich bei einigermaßen hergestelltem Frieden für die allgemeine Anerkennung und Erhaltung der deutschen Altertümer etwas sehr Ersprießliches und Löbliches zu Stande bringen ließe. Gerade auch in dieser Hinsicht müssen wir Ihren Besuch wünschen; es fehlt den Menschen, bei dem Gefallen an der Sache, immer noch eine allgemein anerkannte Autorität für ihr Urteil. Sie allein können ihnen diese geben, wenn Sie Ihre eigene Ansicht altdeutscher Kunst bekannt machen. Alles was wir selbst schreiben, kann bei dem übrigen selbstverstandenen Unterschied, den Zweck keineswegs nur notdürftig erfüllen. Der Liebhaber wird bei dem Lob seines Gegenstandes nie vollen Glauben finden; man mag höchstens die Geschichte desselben von ihm hören und dann muß er schon die Teilnahme dafür voraus haben. Darum führen Sie Ihr vorigjähriges Versprechen aus. Sie können dadurch für die deutschen Altertümer und somit auch für uns etwas bewirken, welches Ihnen bei der Mit- und Nachwelt schöne Freuden und Früchte bringen wird. Der Augenblick kommt vielleicht nie wieder, wo es sich so mit Bequemlichkeit und Erfolg tun läßt. Bedenken Sie das Alles und tun Sie ein Übriges der Freundschaft zulieb; Sie werden sich dessen gewiß auf keine Weise zu beklagen haben. *(Boisserée, Bd. 2, S. 62 f.)*

Goethe und Freiherr vom und zum Stein (zu Goethes Tagebuchnotiz vom 30. Juli 1815: »In Nassau. Im Garten mit Hrn. v. Stein und den Damen. Gesprochen und contradiciert«):
Wollte man einer mündlichen überlieferten Familientradition glauben, so waren auf dem Nassauer Schloßhof Goethe und Stein nicht nur in lebhaftestem Wechselgespräch begriffen, sondern sie schrien sich dabei mit so lauter Stimme an, daß die Vorübergehenden schon das Schlimmste befürchteten ...
(Kurt von Raumer: Der Freiherr vom Stein und Goethe. Münster 1965; zit. nach Herwig, Bd. II, Nr. 4164, S. 1025 f.)

Goethe an seinen Sohn August, 1. August 1815:
Mündlich habe viel zu erzählen: denn du kannst denken daß diese
Tour so bedeutend als kurz war. Alle Beamten und Angestellte
haben die größte Deferenz für Herrn v. Stein, und die Menschen-
Masse den besten Willen gegen mich. Sie haben mich enthusiastisch, ja fanatisch aufgenommen, so daß man es kaum erzählen
darf. Beinahe alles habe gesehen und bin aufgeregt worden über
Erhaltung und Ordnen der Kunstschätze am Rhein mein Gutachten abzugeben. Das will ich denn auch wohl tun, denn es ist der
Mühe wert, die besten Dinge stehn am Rande des Verderbens und
der gute Wille der neuen Behörden ist groß, dabei herrscht Klarheit
und so läßt sich etwas wirken.

Goethe an den Fürsten Metternich, 4. August 1815:
Vergönnt sei es daher schließlich anzuführen, daß ich mich so eben
veranlaßt sehe zu bedenken: wie so manche am Rhein und Mayn, ja
überhaupt in diesen Gegenden befindlichen und zu hoffenden
Kunstschätze, durch Gunst und Aufmerksamkeit höchster Behörden, durch Teilnahme und Neigung Einzelner, versammelt, geordnet, erhalten werden könnten; dergestalt daß jeder Ort sich seines
Kunstbesitzes erfreute und alle zusammen sich zu wechselseitiger
Mitteilung des Genusses und der Kenntnis vereinigten.
Wäre dergleichen Übersicht und Vorschlag zu einiger Allgemeinheit und Reife gediehen; so würde Ew. Durchl. zu gnädiger
Prüfung und Begünstigung die vollständigeren Entwürfe vertrau-
ensvoll vorzulegen mir die Erlaubnis erbitten.

Goethe an den Freiherrn vom und zum Stein, 10. August 1815:
Da mir das Glück nicht geworden Ew. Exzellenz am hiesigen Orte
meine Verehrung zu bezeigen; so eile schriftlich für die genußvollen und lehrreichen Tage gehorsamst zu danken, deren Sie mich mit
soviel Güte teilhaft gemacht. Ich finde mir eine neue Ansicht des
Lebens und der Erkenntnis eröffnet, indem ich durch Dero Vertrauen hellere Blicke in die uns zunächst umgebende moralische
und politische Welt richten, so wie eine freiere Übersicht über Fluß
und Landgegenden gewinnen konnte.
⟨...⟩
Indessen verfehle ich nicht, die von Ew. Exzellenz angeregte
Betrachtung fortzusetzen, und dasjenige was ich bei näherer Prüfung den Umständen gemäß zu finden glaube niederzuschreiben,
um es bald möglichst höherer Beurteilung vorzulegen.
Sulpiz Boisserée, mit Zweck und Mitteln einverstanden, überliefert mir teilnehmend die genaueren Kenntnisse zu einem solchen
weitgreifenden Unternehmen.

*Aus dem Tagebuch von Sulpiz Boisserée im August und September
1815:*
2. *August Mittwoch* Nach Wiesbaden, Burgsdorf begleitet mich
halbweg durch den Wald bis an das Schwalbacher Chaussee-Haus.
⟨...⟩
    – Mittags *bei Goethe* fröhlicher herzlicher Empfang. Stein hat
ihn ersucht an Hardenberg ein Memoire zu schreiben über die
Kunst und die antiquarische Angelegenheiten; darüber will er mich
beraten. Er geht gleich darauf ein, daß es geradezu, ohne Steins
Veranlassung zu erwähnen, geschehen müsse, um dem nächsten
Parteiwesen zu entgehen. Ich erzähle ihm, wie er bei Hardenberg
gut angeschrieben aus den Äußerungen von Jordan im Haupt-
Quartier über sein politisches Benehmen. G. geht gleich weiter,
meint er könne ja das Memoire zugleich an Metternich schicken, er
sei ihm ohnehin noch den Dank für den Orden schuldig. Haupt-
Grundsatz soll darin sein, daß die Kunstwerke und Altertümer
vielverbreitet, jede Stadt die ihrigen behalte und bekomme, nur daß
dabei geltend gemacht und ein Mittelpunkt gegeben würde, wovon
aus über das Ganze gewacht würde. »Laßt Düsseldorf wieder
etwas haben, wie es in seinen Sälen aufgestellt war, wozu alles in
München? laßt Köln Bonn ja Andernach etwas haben! Das ist
schön und ein großes Beispiel, daß die Preußen den Petrus nach
Köln zurückgeben.« So stellt auch der Ingenieur-General Rauch
alle römische Altertümer die bei Köln gefunden werden in seinem
Hause auf, mit dem festen Willen, daß sie in Köln bleiben sollen.
Vom Dom-Werk, von Cornelius, dessen ›Faust‹ sehr schön von
Ruschweih [Ruscheweyh] gestochen er bekommen, soll gesprochen werden, von allem was einzelne getan und was nun zu
erwarten, wenn die Unterstützung der Regierung zu Hülfe
komme. »Gebt nur den Malern und Kunstbeflissenen zu leben und
zu tun, so werden sich schon von selber Schüler bilden. – Mit allen
Zeichen-Schulen ist es doch nichts, es läuft am Ende nur auf
Handwerk und Fabrik hinaus; ich weiß ja, wie es uns in Weimar
geht; Ich hüte mich wohl das jedem zu sagen, aber du lieber Gott,
die Zeichen-Schule ist nur dazu da, daß die Leute die Kinder aus
dem Hause kriegen, und für die Kinder ist sie nur da, daß sie daran
vorbeigehen! Ich will sie auch wahrhaftig nicht daran hindern, ich
weiß, was zu einer eigentlichen Kunst-Akademie gehört – aber das
sind ganz andere Forderungen, als man machen kann.« –
    – Ich spreche von einer Deutschen Gesellschaft; wie für Alter-
tum und Kunst, wo es aufs Sammeln ankomme und das Bedürfnis
der Gemeinschaft am natürlichsten sei, am ehesten dergleichen
Zusammenwirken zu Stande zu bringen wäre. Aber freilich müßte
es geschehen ohne alle äußere Anstalt von Seiten der Regierung,

nur Freiheit und Begünstigung bedürfe man, es müsse sich von
selbst machen, dasein, ehe davon gesprochen würde.

⟨...⟩

August 3. Donnerstag. ⟨...⟩

Es muß ein Schema entworfen werden über den Bericht. Die
Gesellschaft kömmt wieder zur Sprache und daß ich ganz besonders seit vorigem Jahr meine Gedanken darauf gerichtet und *ihn* in
meinem Sinn zum Präsidenten gemacht. – Gneisenau – warum ich
mich immer zurückgehalten. Aus Mangel an Autorität und des
wahren Augenblicks. Jetzt ist er da – die Sache macht sich ganz von
selbst und natürliche Forderungen: – Übertreibungen einerseits,
Arndt usw. – Armut anderseits. – Der ganze Rhein von Basel
herunter muß ins Spiel gezogen werden, das Elsaß – das Münster
mit seinem erhaltenen Werk und Dotation, dagegen der Dom von
Köln verarmt.

⟨...⟩

Wiesbaden am 4. August 1815.

An meinem 32. Geburts-Tag.
Diesen mir heiligen Tag mit einem bedeutenden Vornehmen zu
bezeichnen habe ich unter frommen Wünschen und Dank gegen
den uns günstigen Himmel den Entwurf zu dem Bericht über
Deutsche Altertümer Kunst und Wissenschaft am Rhein angefangen. Der Allgütige gebe sein Gedeihen zu dieser Arbeit! Goethe
hat auch angefangen und, wie er sich ausdrückt, der heilige Geist
ihm offenbart, daß wir es (den Entwurf) hier fertig machen, darum
noch acht Tag hier bleiben müssen; – in Frankfurt nähmen sie ihn
in Anspruch – und dann, käme ich zu Wilmer [Willemer] – so gäbe
es Wahlverwandtschaften – die Verhältnisse änderten ja immer wie
ein Dritter oder Vierter hineintrete, das möge er nicht ⟨...⟩ Stein
sei uns sehr gewogen und geneigt; er Goethe habe die größte und
Haupt-Teilnahme für uns in artistisch- moralisch- politisch- ökonomischen und allen Rücksichten – Er wisse es und fühle es recht
vollkommen was ich ihm sage: daß er durchaus von uns und
unserer Sammlung reden müsse – weil er sie gesehen, sonst urteil-
ten die Menschen, sein Schweigen sei ein Mißbilligen oder Nicht-
Achten – Darum so gut daß sich alles mache – und sich zeige wie
alles reif sei ⟨...⟩

Sonnabend am 5. August. ⟨...⟩ Nachmittags Staatsrat Süvern von
Berlin. Goethe veranlaßt mich zu ihm zu gehen. – Er ist mit dem
ganzen kölnischen Schul-Wesen und Universitäts-Wünschen von
Amts wegen bekannt. ⟨...⟩ Er: Preußens Lage fordere große
Festungen und Burgen auch in geistiger Hinsicht – nicht nur zum
Schutz, sondern auch zur Anziehung und dadurch zu allgemeine-
rer Würkung, darum Köln. ⟨...⟩

Sonntag d. 6. ⟨...⟩ Süvern reist gleich ab nach Rüdesheim und Bingen, wollte Stein in Nassau besuchen ich sagte es diesem, der nachmittags zu Zais kam, und dankte daß er Goethe nach Köln geführt ⟨...⟩

Nachmittags Stein sagte daß er Goethe veranlaßt eine Denkschrift an Hardenberg zu machen; ich, daß ich dazu Material beitrage, weil ich es seit Jahren im Kopfe habe; es sei immer noch nicht Zeit gewesen; ich hab auch keine Autorität gehabt, jetzt sei diese in Goethe aufs schönste gefunden. Das verdanken wir ihm, Stein – er war sehr zufrieden hierüber, hoffte es würde etwas Gutes daraus entstehen. ⟨...⟩

Samstag 12. ⟨...⟩

G. will sich nicht entscheiden nach Heidelberg die Denkschrift an den Minister auszuarbeiten und den Teil welcher unsere Sammlung betrifft einzeln zum Druck herauszuziehen.

⟨...⟩

Am 14. Montag ⟨...⟩

⟨...⟩ Übergebe ihm den Entwurf – er solle womöglich Maximen und Prinzipien aussprechen für alles was gemacht werden soll usw., weil das vornehme Volk alles kurz und gedrängt haben will, was es lernen und annehmen ja selbst ausführen oder doch die Hand dazu reichen soll. Er gibt dem all Beifall, wir sind überhaupt einig – nur wegen den Frankfurter Angelegenheiten, Bibliothek-Bau usw. scheut er sich ins einzelne gezogen zu werden, hat überhaupt ein groß Vorurteil gegen den freistädtischen Geist.

⟨...⟩

19. Samstag ⟨...⟩

G. hat meinen Entwurf 2, 3mal durchgelesen, will die Schrift jetzt gleich ausführen, doch schiebe es sich in die Länge; es mache sich aber, und [?] artig, müsse eine Composition werden, ein rhetorisches Kunststück. –

⟨...⟩

Freitag 25. ⟨...⟩ Goethe mit meinen Gemälde-Beschreibungen zufrieden. »Sie sind gut«, sagt er, »und was noch mehr ist, sie sind recht; denn was mir immer die Hauptsache, der *Ton* ist getroffen; dabei sind sie mit Neigung und frommem Sinn geschrieben, ich würde sie vielleicht nicht so gut machen, weil mir der letzte fehlt.«

⟨...⟩

Montag 28. ⟨...⟩

⟨...⟩ Dann las er mir seine Denkschrift vor von Köln. – es mutete mich an wie ein Kapitel aus seinem Leben. Ich soll nun diese Tage zu ihm herauskommen, da wolle er mir alles noch einmal rasch in die Feder sagen; man sehe da am besten wo es noch fehle an Zusammenhang usw.

⟨...⟩

Dienstag 29. ⟨...⟩ Mittag auf d. Mühle; der Alte setzt sich auf eine bessere Diät. Der viele 11er Rheinwein und die feuchte Luft hat ihm zugesetzt, jetzt trinkt er bloß Bacharacher.

Goethe scheint entschieden das Memoire drucken zu lassen und so beides an Metternich und an Hardenberg mit besonderen Briefen zu schicken. Ich lege ihm auf seine gestrige Vorlesung diesen Wunsch vor. Er will von mir haben was wir besonders über unsere Sammlung gesagt haben. Ich beschließe zu bleiben, ein Quartier in der Stadt zu nehmen er damit sehr zufrieden. –

⟨...⟩

September ⟨...⟩

Montag 4. ⟨...⟩ Graf Solms kam nach Frankfurt – Minister Stein hatte mich in Heidelberg gemahnt ihn zu besuchen, jetzt ließ Solms selbst nach mir fragen. Ging mit Savigny hin, bei Mülhens Frau v. Leonhardi, Tochter von M[ülhens], und ihr Mann waren da. Der Graf wünscht daß wir uns nicht einlassen auf fremde Anträge und unserer Vaterstadt den Vorzug geben. Ich ziehe zurück – wir wollen überhaupt warten und sehen was für den Rhein geschieht, denn sonst, ohne bedeutende Anstalt, Universität usw. kann dort nichts gedeihen. Er verlangt unsere Gedanken über das Wünschenswerte für vaterländische Kunst und Altertümer im allgemeinen – um sich an Fürst Hardenberg zu wenden: es sei einstweilen nur die Sache einiger wenigen, er zweifle aber nicht, möchte es wohl versichern, es würden uns nächstens von der preußischen Regierung Anträge gemacht werden. – Ich spreche von Goethes Schriften [?] und verspreche die Denkschrift.

⟨...⟩

Dienstag 5. ⟨...⟩ Goethe besucht mich morgens um 8 Uhr schon mit Seebeck. – Findet die Steinmetz-Ordnung auf meinen Tisch, ich erzähle ihm davon.

⟨...⟩

Nachmittags begegne ihn auf der Zeil an der Catherin-Kirch, spreche von Solms – Da sagt er: »ei das ist gut, so macht sich ja Euer Sach von selbst, und Ihr braucht mich nicht einmal – wenn Ihr mich aus dem Spiel lassen könnt, wäre mir lieb« – Ich wehre sehr dagegen – sag daß er selbst dem Graf S[olms] erst einen Anhalt geben, daß dieser mir gezeigt wie lieb es ihnen sei – und wie es nur erst der Wunsch von einigen wenigen.

⟨...⟩

Sonntag den 10. ⟨...⟩

⟨...⟩ Er zeigt mir das Werklein, es ist schon fingerdick angewachsen. – er hat dem Herzog schon davon geschrieben. Ich frage nach dem Titel, ob: ›Von Kunst und Bildung am Rhein‹; er meint:

›Von Kunst und Altertum im südwestlichen Deutschland‹! ich will
gern den Rhein genannt haben, es ist bezeichnender, charakteristi-
scher. – Ja, meint er, da müßte auch der Main nicht vergessen
werden usw. Er wünscht noch Zusätze zu meinem Entwurf von
Gelehrten in Köln usw.

⟨...⟩

Den 17. [16.] Samstag. ⟨...⟩

G. liest mir was er von den Steinmetzen geschrieben. Die Kölner
Reise. Wallraf, die Kapelle von Fuchs – von uns. vom Dom.
Ausbau desselben. Canonicus Pick. Von Frankfurt hat er ein dick
Paket, will aber nichts lesen das müsse sich erst ordnen, liege noch
zu wild durcheinander.

⟨...⟩

(Weitz, Bd. 1, S. 223–269)

Goethe an den Großherzog Carl August, 3. September 1815:
Kostbare und schätzenswerte Sammlungen zu betrachten werde
ich jeden Tag veranlaßt, es ist unglaublich, was Privatpersonen im
Stillen während diesen traurigen und drängenden Zeiten aufge-
häuft und erhalten haben. Hiedurch werde ich denn veranlaßt, zu
jenem unternommenen Aufsatz über Kunst und Altertum sam-
melnd nachzudenken, wobei es mir aber geht, wie jenem Zauberlehrling; die Geister die ich berief, mehren sich und ich sehe nicht
wie ich sie los werden will; doch wird es am Ende Belohnung sein,
sich von diesen Zuständen gründlich unterrichtet zu haben. Eine
klare Darstellung derselben kann, da alles im Gären und Werden
ist, vielleicht verhüten, daß bei dem besten Willen mancher Mißgriff geschehe. Schon glaube ich in Frankfurt durch diensame
Vorstellungen auf manchen schädlichen Wahn die Hauptpersonen
aufmerksam gemacht zu haben.

Ew. Hoheit werden die Gnade haben, mir von dem Oberrhein
das mir noch Mangelnde mitzuteilen, wozu ich die dringende Bitte
hinzufüge, die Boisseréesche Sammlung in Heidelberg ja nicht
vorbei zu gehn.

Goethe an seine Frau Christiane, 27. September 1815:
Ich arbeite einen Aufsatz aus über meine Reise, Herr von Stein
forderte mich auf. Überall find ich nur Gutes und Liebes.

Goethe an den Großherzog Carl August, 8. Oktober 1815:
Nun aber muß hoffen und bitten daß Ew. Hoheit mir nicht zürnen
mögen, wenn ich anzeige: daß es mich beim Schopfe faßt und über
Würzburg nach Hause führt. Eigentlich ist es derselbige Dämon,
der aus Herrn v. Steins Munde mich zu einem Aufsatz über

Altertum, Kunst, ja Wissenschaft in den Rhein- und Mayngegenden verführte. Dieser, wenn er wirken soll, muß diesen Augenblick
hervortreten, wo so vieles in Bewegung ist und sich nach allen
Richtungen durchkreuzt. Setzer und Drucker in Jena harren, dieses
Werklein zu bearbeiten, schon einige Wochen, so daß ich hoffen
kann Ew. Hoheit bei Ihro Zurückkunft solches zu Füßen zu legen.
Herr v. Stein, dem ich sogleich ein Exemplar sende, bitte mich
bestens zu empfehlen, ich hoffe er wird abermals meine Bestimm-
barkeit billigen.

Goethe an Karl Caesar von Leonhard, 20. Oktober 1815:
Ich bin aufgefordert meine Reisebemerkungen über Kunst und
Altertum, über Bemühungen um Natur und Wissenschaft in den
Rhein- und Mayngegenden zusammenzustellen und baldigst zu
publizieren. Man hofft hievon manches Gute in diesen sehr bewegten Zeiten, wo so vieles aufgeregt ist, und überall sich etwas zu
bilden strebt, ohne jedoch die rechte Form finden zu können.

Ob ich gleich ungern in den Augenblick einwirke, weil so
mancher Mißgriff möglich ist, so habe ich mich doch jenem
Vertrauen nicht entziehen können, und das Wagstück unternommen.

Goethe an Carl Ludwig von Knebel, 21. Oktober 1815:
Zu meiner Entschuldigung möcht ich dir recht bald erzählen, wie
ich seit 4 Monaten, als ein Ball, von mehr guten als bösen Ereignissen hin und wieder geworfen worden. Denn es ist doch wohl
seltsam genug, wenn ich gestehen muß, daß ich mehr dem Willen
anderer als dem meinigen gefolgt bin. Da mir aber dadurch planlos
mehr Gutes zugegangen, als mir nach dem wohlüberlegtesten Plan
hätte werden können, so habe ich alle Ursache zufrieden zu sein
und suche nun, indem ich in der Erinnerung lebe, die Erfahrungen
mir und andern zum Besten zu leiten.

Ich bin veranlaßt worden, über Kunst und Altertum in den
Rhein- und Mayngegenden dasjenige zu Papiere zu bringen, was
zu wiederholten Malen teilnehmend, ja leidenschaftlich ausgesprochen worden. Auch dieses tu ich mehr andern als mir zu Liebe,
denn freilich in diesem Augenblick, wo so vieles in Bewegung ist,
fürchten die Einsichtigen, manches möchte sich falsch fixieren, und
da wünschen sie, daß ich meine Meinung ausspreche, die zugleich
die ihrige ist. Kommt dir dieses Heft zur Hand, wie es denn nicht
lange säumen wird, so weißt du auf einmal, was mich bisher
beschäftigte.

Goethe an Sulpiz Boisserée, 23. Oktober 1815:
Unser Vorsatz ist schon weit genug erschollen, das ist desto besser;
sobald das Werkchen erscheint, werde ich eine Anzeige davon ins
Morgenblatt geben und dabei alles benutzen, was ich bei Seite ließ
und deutlicher aussprechen, was ich in dem Heft nur andeutete.
Und so müßte es nicht von rechten Dingen zugehen, wenn der
löbliche Zweck verfehlt würde, wenn unsere patriotischen Feuer-
chen, die wir auf soviel Bergen und Hügeln des Rheins und Mayns
anzünden, nicht auch patriotische Gesinnungen erregen und
glücklich fortwirken sollten.

Goethe an Carl Friedrich Zelter, 29. Oktober 1815:
Nicht leer komm ich von meinem Kreuzzuge, in einiger Zeit
erhältst Du gedruckt meine Betrachtungen über Kunst und Altertum, beiläufig über Wissenschaft in den Rhein- und Mayngegenden. Es ist zwar meine Art nicht auf den Tag zu wirken, diesmal
aber hat man mich so treulich und ernsthaft zu solcher Pflicht
aufgefordert, daß ich mich nicht entziehen kann. Eigentlich spiele
ich auch nur den Redakteur, indem ich die Gesinnungen, Wünsche
und Hoffnungen verständiger und guter Menschen ausspreche. In
diesen Fächern, wie in allen andern, ist so viel guter Wille als
Verwirrung und Unvertraun, jeder möchte etwas leisten und zwar
das rechte, und niemand begreift daß das nur geschehen kann,
wenn man mit und in einem Ganzen wirkt.
(Bd. 20.1, S. 393)

Goethe an Friedrich von Schuckmann, 1. November 1815:
Ew. Exzellenz
gütiges und vertrauenvolles Schreiben hat mich in einer Arbeit
gestärkt, die, frohen Mutes unternommen, mir täglich unter den
Händen wächst, und mehr Forderungen an mich macht als ich
voraussehen konnte. Bei meinem Aufenthalte in Cöln fand ich
unter den Einwohnern sehr viel Neigung und Freude an Kunst und
Altertum, bedeutende Reste älteren Besitzes, Lust zu sammeln, zu
erhalten, zu benutzen und zu genießen, zugleich einen Durst nach
Wissenschaft, das Gefühl des Bedürfnisses einer höheren Ausbildung. Wie diese schönen, aber zerstreut schwebenden Elemente zu
vereinigen sein möchten, darüber wurde vielfach verhandelt und
man verlangte zuletzt daß ich aufzeichnen solle, was ich gesehen
und erfahren, gehört und gedacht, damit man überblickte, was
vorhanden, was erwartet, gewünscht und gehofft werde. Dies habe
ich, so gut es die Umstände zuließen, getan und ferner in diesem
Sinne die merkwürdigsten Orte, Rhein- und Maynaufwärts bis
Basel und Aschaffenburg teils bereist, teils Nachrichten daher

gesammelt, woraus denn ein Heft entstanden, welches sich freilich in seinen Teilen nicht gleich sein kann und wenn es seinem Zwecke vollkommen entsprechen sollte, neue Untersuchung und Bearbeitung erforderte. Da es aber der Wunsch der Personen, die mich veranlaßt, und auch mein eigener ist, auf den Augenblick, wo so vieles sich zu gestalten strebt, nach Kräften mitzuwirken, so fahre ich nun mit desto größerer Zuversicht fort, als dieses Unternehmen Ew. Exzellenz Aufmerksamkeit auf sich ziehen können, wie ich denn dem Herrn Staatsrat Süvern den größten Dank schuldig bin, daß er mir diese Gunst verschaffen wollen.

Der Anfang des Manuskripts ist nicht mehr in meinen Händen, sobald aber ein Aushängebogen zu mir gelangt, so nehme mir die Freiheit solchen zu überschicken, mit der Bitte denselben als Handschrift einstweilen bei Sich niederzulegen. Ich werde nicht verfehlen bogenweis fortzufahren, und jedesmal dasjenige schriftlich nachzubringen, was man dem Druck anzuvertrauen Bedenken trug, und ich würde mich sehr glücklich schätzen wenn meine Betrachtungen in einer so wichtigen Angelegenheit irgend einen Einfluß haben und höchsten und hohen Orts gebilligt werden könnten.

Der Moment ist freilich gar zu schön und kommt nicht wieder, und also darf ich wohl Verzeihung hoffen, wenn ich, gegen meine Gewohnheit, mich unaufgefordert mit Gegenständen beschäftige, die nur von Männern behandelt werden sollten, welche praktisch einzugreifen, durch Tat und Werk die Richtigkeit ihrer Überzeugungen darzutun berufen sind. Mich verehrungsvoll empfehlend

Ew. Exzell.

Weimar   ganz ergebenster
d. 1. Nov.   Diener
1815.   J. W. v. Goethe.

Goethe an Friedrich von Schuckmann, 4. November 1815:
Ew. Exzellenz,
überreiche hierbei den ersten Bogen des bewußten Aufsatzes, zu geneigter Beurteilung. Sie werden diesen Blättern gleich ansehen, daß es bloß ein exoterischer Text ist, über den man mit Personen von Ansehn und Einfluß vertraulich zu kommunizieren hat, wenn er von einigem Nutzen sein soll. Wie sehr danke ich daher Denenselben, daß Sie mir Gelegenheit gegeben, in hergebrachtem Vertrauen mich darüber zu äußern.

Ohne mich voreilig in die Frage einzulassen, inwiefern die Cölner hoffen können des Wunsches teilhaft zu werden, die Universität in ihren Mauern zu sehen, so darf ich wohl voraussetzen, daß die Sammlungen von dem, was zu Kunst und Altertum gerechnet wird, daselbst ihren Hauptsitz finden werden. Deshalb wäre zuvörderst ein geräumiges Local auszumitteln. In dem Gebäude, welches sonst den Jesuiten angehörte, soll, außer der schon dorthin verlegten Schulanstalt, noch Raum genug sein. Doch wäre vielleicht nicht einmal darauf zu bestehen alles unter einem Dache zu versammeln. Es gibt in Cöln mehrere große Häuser, welche wohl irgend eine Abteilung des Museums fassen könnten. Doch werden dieses die dortigen Behörden näher beurteilen.

Der zweite Punkt betrifft die Sammlung des Herrn Canonicus *Wallraf*, mit welchem man baldmöglichst eine Unterhandlung zu eröffnen hätte, um die von demselben aufgehäuften Schätze dem öffentlichen Wesen für die Zukunft zu sichern, und auch schon gegenwärtig auf diesen wunderlichen Mann einigen Einfluß zu gewinnen. Er gehört nämlich zu den Personen, die bei einer grenzenlosen Neigung zum Besitz, ohne methodischen Geist, ohne Ordnungsliebe geboren sind, ja die eine Scheu anwandelt, wenn nur von weitem an Sonderung, schickliche Disposition und reinliche Aufbewahrung gerührt wird. Der chaotische Zustand ist nicht denkbar, in welchem die kostbarsten Gegenstände der Natur, Kunst und des Altertums über einander stehen, liegen, hängen und sich durcheinander umhertreiben. Wie ein Drache bewahrt er diese Schätze, ohne zu fühlen, daß Tag für Tag etwas Treffliches und Würdiges durch Staub und Moder, durch Schieben, Reiben und Stoßen einen großen Teil seines Werts verliert. Die Negotiation selbst, wodurch diese Masse in landesherrlichen Besitz käme, wird keine großen Schwierigkeiten finden. Er ist bei Jahren, genügsam, seiner Vaterstadt leidenschaftlich ergeben, und wird sich glücklich schätzen wenn das, was er hier gesammelt, auch künftig an Ort und Stelle beisammen bleiben soll. Schwieriger aber, ja kaum zu lösen wird man die Aufgabe finden, diese Dinge ihm aus den Händen zu ziehen, Einfluß zu gewinnen auf Ordnung derselben, und eine Übergabe einzuleiten, wo derjenige, der das Ganze übernimmt, sich nur einigermaßen legitimieren kann, was er denn erhalten.

Da ich mit einem ähnlichen Manne, dem Hofrat Büttner in Jena, zwanzig Jahre in einem peinlichen Verhältnis gestanden, kann ich hierüber aus Erfahrung reden. Bei der größten Schonung seines seltsamen Wesens war es doch nicht möglich, ohne Verdruß mit ihm zu verkehren. Einstmals z. B. eröffnete er mir, daß er die Sommerzeit anwenden wolle, die in einem großen Saale an der Erde übereinander geschichteten rohen, gebundenen und gehefteten Bücher zu ordnen, und verlangte deshalb *Ein* Repositorium. Ich ließ, in Hoffnung daß die Sache in Gang kommen werde, zwölf Repositorien aufstellen und diese hätten nicht hingereicht, er aber war hierüber sehr verdrießlich und hat mir diese Voreile in seinem ganzen Leben nicht verziehen. Dergleichen erwarte ich mir von Herrn Wallraf auch und glaube kaum, daß bei seinen Lebzeiten anders als mit großer Vorsicht und Gewandtheit etwas Schickliches auszuführen sein wird.

Das Dritte betrifft die Gebrüder *Boisserée*, deren Sammlung von alten niederrheinischen und brabantischen Malerwerken sich gegenwärtig in Heidelberg, gereinigt, restauriert und prächtig eingerahmt, befindet. Von ihrem Wert und dem Verhältnis zu anderen Schulen derselbigen Epoche wird mein Heft unter dem Artikel *Heidelberg* im Allgemeinen Kenntnis geben. Die beiden Gebrüder *Sulpiz* und *Melchior*, gegenwärtig in den besten Jahren, waren erst zum Handelsstande bestimmt und bildeten sich aus zu schöner Kenntnis von Kunst und manchen Teilen der Wissenschaft. Zu ihnen gesellte sich ein dritter namens *Bertram*. Zufällig wurden sie selbst zu sammeln veranlaßt, und haben nun, seit mehr als zehn Jahren, Zeit, Kräfte und Vermögen angewendet, um eine Sammlung aufzustellen, die in ihrer Art einzig ist, und welche, selbst der größten Galerie einverleibt, immer als würdige Abteilung glänzen würde. Noch erwünschter wäre sie jedoch zu Begründung eines neuen Museums, weil sie alsobald alles was sich um sie versammelte zu gleichmäßiger Klarheit und Ordnung nötigen würde. Es sind den Besitzern schon mehrere Anträge geschehen, allein es bleibt ihr fester Vorsatz, sich von diesen Bildern nicht zu trennen, sondern sich vielmehr mit ihnen zugleich an den Ort zu begeben, den höhere Hand und Wirkung bestimmte. Nach meiner Überzeugung haben diese jungen Männer nur zwischen zwei Städten zu wählen, zwischen Frankfurt und Cöln, beide in der günstigsten Lage und im gegenwärtigen Augenblick beide der Hoffnung lebend, daß ein neues und bedeutendes Kunstleben unmittelbar hervortreten werde. Denn die Absicht jener Gebrüder ist nicht etwa nur Konservatoren eines toten Schatzes zu bleiben, sondern angestellt zu werden, da wo sie, durch Kenntnisse so wie durch Tätigkeit, fortwirken können zum öffentlichen Besten, wie sie bisher als Privatleute, für eigene Rechnung, zu eigener Freude und Nutzen getan. In Frankfurt ist, bei dem hohen Alter des Herrn *Städel*, welcher seine sämtlichen Kunstschätze an Gemälden, Kupferstichen und Handzeichnungen, nebst einem geräumigen Local, und ansehnlichen Kapitalien zu einer öffentlichen Anstalt gestiftet, wahrscheinlich daß dieses Vermächtnis bald realisiert werde. Die Exekutoren des Testaments haben wegen Teilnahme an diesem Institut, vorläufig im Stillen, genannten jungen Männern Anträge getan. Ob ich nun gleich alle Ursache habe, meiner Vaterstadt das Beste zu wünschen, und nicht Veranlassung sein möchte, daß ihr ein so wichtiger Anhaltepunkt eines frischen Kunstlebens entginge, so ist jedoch bei mir ein gewisses Gefühl, von Gründen unterstützt, daß ich die Sammler sowohl als die Sammlung am liebsten in Cöln sähe. Der folgende Druckbogen gibt Nachricht von dem bedeutenden Kupferwerke, welches mehrbenannte junge Männer herausgeben, um den Wert und die Würde des Cölner Doms zu versinnlichen; auch hier wäre zu wünschen, daß eine öffentliche Kasse mit einigem Vorschuß einträte, welcher genugsam gesichert werden könnte.

Diese drei wichtigen Punkte Ew. Exzellenz erleuchteter Beurteilung überlassend, füge nur noch hinzu, daß über die republikanische Form, die ich unter gewissen Umständen, bei Kunstanstalten den herkömmlichen Akademien vorziehe, unter dem Artikel Frankfurt weitläufiger gehandelt werden wird.

Nehmen Ew. Exzellenz als einen Beweis meiner Verehrung die zutrauliche Offenheit, die mich an jene schönen Tage erinnert, die ich das Glück hatte, in Ihrer Nähe zu verleben. Bald hoffe ich bei Gelegenheit der nächsten Sendung, das Weitere nachzutragen.

Ew. Exzell.
ergebenst

Weimar   verpflichteter Diener
d. 4. Nov. 1815.   J. W. v. Goethe.

Goethe an Sulpiz Boisserée, 6. November 1815:
Nun aber von unserm Hauptwerk, welches durch jene Episoden, mehr als billig, retardiert wurde. Die zwei ersten Bogen sind schon revidiert, der dritte wird es zunächst. Mit diesem gelange ich bis Maynz. Sodann wird Frankfurt, Hanau, Darmstadt wieder soviel betragen, wann aber die Sonne überm Heidelberger Schlosse aufgeht, wird es der längste Tag sein. Ausführlich schematisiert ist schon, was ich über Ihre Sammlung zu sagen gedenke. Riemer, dem ich es vortrug, war sehr damit zufrieden. Ich hoffe, es soll nicht nur wahr, sondern auch plausibel werden. Ich halte mich an die ganze Arbeit ununterbrochen, doch mit Bedacht.

Denn ich kann im Vertrauen vermelden, daß der Hauptzweck schon erreicht ist. Durch Herrn Staatsrat Süvern veranlaßt hat Herr Staats-Minister von Schuckmann von mir eine schriftliche Mitteilung verlangt, dessen, was am Rhein von mir beobachtet und verhandelt worden. Ich schicke ihm nunmehr die Aushängebogen, als Text, mit vertraulichen Noten, und so ist die Sache im Gange. Man tritt aufgefordert heran, und kann auf doppelte Weise zeigen, daß man unterrichtet ist, indem man dem Publikum sein Teil zu geben weiß, einwirkenden Geschäftsmännern aber das Ihrige. Ich hoffe, diese für uns alle so wichtige Angelegenheit soll einen erwünschten Erfolg haben.

Goethe an Johann August Sack, 15. Januar 1816:

Ew. Hochwohlgeboren

zutrauliches, für mich so ehrenvolles Schreiben hat mir die angenehme Empfindung gegeben, daß meine Versäumnis, Hochdenen-
selben vorigen Herbst nicht aufgewartet zu haben, hierdurch zum
Teil wenigstens ausgeglichen wird. So wie denn auch des Herrn
Staats-Minister von Stein Exzellenz, durch Empfehlung meiner
vorhabenden Arbeit, zu so vielem Guten, das ich diesem trefflichen
Manne schuldig geworden, noch ein neues und so vorzügliches
hinzutut.

Da die Sache von großer Wichtigkeit ist, und eine Erklärung
über dieselbe viele Schwierigkeiten hat; so sei es erlaubt mich
aphoristisch auszudrücken, vorher aber die Entstehung jener
Druckschrift, deren Ausgabe leider verspätet worden, mit Wenigem anzugeben.

Bei meinem zweimaligen Aufenthalt am Mayn und Rhein, in
beiden vergangenen Sommern, war mir angelegen, nachdem ich
meine vaterländische Gegend so lange nicht gesehen, zu erfahren,
was nach so vielem Mißgeschick sich daselbst, bezüglich auf Kunst,
Altertum und Wissenschaft befinde? wie man es zu erhalten, zu
vermehren, zu ordnen, zu beleben und zu benutzen gedenke?

Ich besah die Gegenstände, vernahm die Wünsche, die Hoffnungen, die Vorsätze der Einzelnen, so wie ganzer Gesellschaften, und
da ich meine Gedanken dagegen eröffnete, forderte man mich auf,
das Besprochene niederzuschreiben, um vielleicht eine öffentliche
Übersicht des Ganzen zu geben und zu Privatunterhandlungen
gleichsam einen Text zu liefern. Da ich aber auf gedachter Fahrt
Ihro Königl. Majestät Staaten nur im Fluge berührte; so ist leicht
zu ermessen daß dieser Teil des Aufsatzes der magerste und
unzulänglichste sein werde, wenn dasjenige, was über andere
Ortschaften und Gegenden gesagt wird, vielleicht befriedigender
ausfallen möchte.

Bei allem konnte ich jedoch nur darauf ausgehen zu bemerken,
was vorhanden und *was* für das Vorhandene allenfalls zu wünschen
sei; das *Wie* hingegen habe ich von meinen Betrachtungen ausgeschlossen, weil dieses nur von denjenigen beurteilt werden kann,
welchen die Ausführung der Sachen, unter gegebenen Bedingungen der Zeit und Umstände, anvertraut ist.

Die Rhein- und Mayngegenden, im breitesten Sinne genommen,
zeigen, so wie das übrige Deutschland, ausgesäte größere und
kleinere Lichtpunkte.

Die Natur der nebeneinander gelagerten Staaten bringt mit sich,
daß wir niemals zu denen Vorteilen gelangen können, deren sich
die Pariser, zwar mit Unrecht, aber doch zu eigenem und zum

Vorteil der übrigen gebildeten Welt erfreuten. Alles Denkbare, was der mannigfaltig Tätige zu seinen Zwecken bedürfen mag, fand sich beisammen, so daß Männer wie *Humboldt* und *Gall*, wenn sie sich selber nicht verkürzen wollten, einen solchen Aufenthalt nicht verlassen durften.

Dieser Körper ist auseinandergefallen, und wenn der deutsche Freund der Kunst und Wissenschaft sich umsieht, wo er irgend ähnliche Vorteile finden könnte; so wird er sich als einen Reisenden betrachten müssen, da er denn freilich die größten Schätze von Wissenschaft und Kunst nach und nach wird aufsuchen und benutzen können.

Die Hauptrichtung meines kleinen Aufsatzes geht deshalb dahin, einem jeden Orte das Seinige zu lassen und zu gönnen, das Vorhandene hingegen allgemeiner bekannt zu machen, damit man leichter beurteile, wie es erhalten und belebt und von Einheimischen und Fremden benutzt werden könne.

Wenn nun aber das Vorgesagte hauptsächlich von demjenigen gilt, was wirklich schon besteht, so findet bei dem, was erst eingerichtet werden soll, eine neue Betrachtung statt.

Die Bildung nämlich unserer Zeit steht so hoch, daß weder die Wissenschaft der Kunst, noch diese jener entbehren kann. Seit Winckelmanns und seiner Nachfolger Bemühungen ist Philologie ohne Kunstbegriff nur einäugig. Alle mehr oder weniger gebildeten Völker hatten eine zweite Natur durch Künste um sich erschaffen, die aus Überlieferung, Nationalcharakter und klimatischem Einfluß hervorwuchs, deswegen uns alle altertümlichen Reste, von Götterstatuen bis zu Scherben und Ziegeln herab, respektabel und belehrend bleiben.

Und so fördern die verschiedenen Zweige der Wissenschaften einander, wie denn auch die verschiedenen Zweige der Kunst einander fördern. Mit dem Bildhauer sinkt der Medailleur, der Kupferstecher mit dem Zeichner. Ein Kenner und Liebhaber der Naturgeschichte kann das glücklich nachahmende Talent sorgfältiger Künstler nicht entbehren, und so geht es durch alles durch, bis Wissenschaft und Kunst endlich Technik und Handwerk zu Hülfe rufen und auch diese veredeln.

Wer sich ein solches Ganze lebendig denkt, wird es an Einen großen Ort, wo alle Glieder sich unmittelbar berühren, hinwünschen: denn gerade diese Berührung ist es, woraus das wechselseitige Leben und eine Fördernis entspringt, welche sonst auf keine Weise denkbar ist.

In diesem Sinne also mußte der Wunsch, diese Totalität in Cöln zu sehen, einem Fremden nicht tadlenswert erscheinen, wenn er auch gleich, bei Unkenntnis der besondern Umstände, denselben nur problematisch auszusprechen wagte. In demselben Fall befinde ich mich und so habe ich mich auch in meiner Druckschrift gehalten und die Frage zwischen Bonn und Cöln schweben lassen.

Eine neue, mir bisher unbekannt gebliebene Einteilung der Provinzen aber scheint die Verteilung der verschiedenen Anstalten rätlicher zu machen. Ew. Hochwohlgeb. haben sich hierüber deutlich ausgedrückt und ich glaube auch die hierzu veranlassenden Gründe einigermaßen einzusehen. Wie sollte auch derjenige nicht seine Gründe wohl überdacht haben, der an Ort und Stelle schon längst vorläufig wirksam, einer von ihm einzuleitenden neuen Einrichtung den besten Fortgang zu sichern wünscht.

Es sei mir um der beliebten Kürze willen ein Gleichnis erlaubt: Man hat in dem Raume zwischen Mars und Jupiter längst einen großen, allenfalls mit Satelliten umgebenen Planeten gesucht, und hat endlich an der Stelle vier kleine gefunden. So werden nun auch nach gedachten Vorschlägen die geteilten Anstalten sich um die Zentralsonne des wissenschaftlichen Vereins bewegen. Alles an einem Orte vereinet würde durch Realität und Lebenskraft der Oberaufsicht sowohl das Überschauen als das Einwirken erleichtern, anstatt daß sie, in dem gegenwärtigen Falle, ein ideeller Punkt wird, der sich mit mächtigen Attraktions- und Repulsionskräften zu waffnen hat, wenn er die sämtlichen Bahnen um sich her und unter ihnen selbst in regelmäßiger Bewegung erhalten will.

Ich sage dies nicht, um gegen die vorgeschlagene Einrichtung zu argumentieren, sondern nur auszusprechen, was gewiß schon bedacht ist, daß nämlich jeder von diesen beiden Fällen von obenherein eine andere Behandlung bedürfe.

Eine Besorgnis jedoch muß ich noch aussprechen, daß Deutschland, so groß es ist, kaum so viele mobile Individuen liefern werde, welche sich qualifizieren eine große Gesamt-Anstalt am Rhein wahrhaft zu beleben, wobei doch mancher in verschiedene Fächer eingreifen und durch ein mehrfaches Talent nützen könnte. Zu verteilten Anstalten aber ist ein weit größeres Personal, das zugleich mehr Fähigkeit, Tüchtigkeit und guten Willen hat, erforderlich. Anderer ernsteren und anhaltenden Bemühungen der Vorgesetzten nicht zu gedenken, welche nötig sein werden, um die schon an und für sich getrennten und nun auch durch Ortsentfernung geschiedenen Elemente in einer wechselseitigen, wohlwollend verbundenen Tätigkeit zu erhalten.

Daß dieses kräftigen, energischen, erfahrenen und geprüften und mit hinlänglicher Autorität versehenen Männern, die sich zum Mittelpunkt konstituieren, zu leisten möglich sei, will ich nicht in

Zweifel ziehen; auch spreche ich hier nur als einer der sich einen
Augenblick anmaßt, über das *Wie* seine Bedenklichkeiten zu eröffnen.

Sobald mein Aufsatz oder wenigstens dessen erstes Heft gedruckt ist, nehme mir die Freiheit solches zu übersenden. Es kann
nichts die königlichen Provinzen Betreffendes enthalten, was Ew.
Hochwohlgeboren nicht schon bekannt wäre. Wie man aber die
Städte weiter aufwärts zu einem Verein einladen und sie dafür
interessieren könne, hierüber werden vielleicht einige brauchbare
Notizen hervorgehen.

Der ich, mit nochmaliger aufrichtiger Anerkennung des Wertes
eines so schätzbaren Zutrauens, um Verzeihung bitte der flüchtig
geäußerten Gedanken. Dero Schreiben ist mir erst am zwölften
Tage zugekommen, deshalb ich gegenwärtiges beeile. Sollte mir
etwas Weiteres beigehen, das ich der Mitteilung wert achten dürfte,
so wird mir die Erlaubnis solches nachzubringen gefällig gestattet
sein. Wie ich denn mit vollkommenster Hochachtung die Ehre
habe mich fortdauerndem Zutrauen angelegentlichst zu empfehlen

Ew. Hochwohlgeb.

gehorsamster Diener

Weimar, den 15. Januar 1816.   J. W. v. Goethe.

Goethe an Friedrich von Schuckmann, 1. Juni 1816:
Ew. Exzellenz
haben die ersten Proben meines Rhein- und Maynheftes so
freundlich aufgenommen, daß ich für Schuldigkeit erachte, nunmehr auch das Ganze Ihrer Gunst und Gewogenheit zu empfehlen.
Sollte es geeignet sein irgend etwas Gutes zu wirken, so ist durch
die Verspätung nichts versäumt, denn obgleich manches darin
Gewünschte sich schon ereignet, so bleibt doch noch gar vieles
einer von glücklichen Umständen begünstigten Tätigkeit überlassen.

Der Wunsch, Ew. Exzellenz einmal wieder aufzuwarten und das
auf so manche Weise und auch durch Kunstwerke wieder verherr-
lichte Berlin zu besuchen, ist ein Wunsch dessen Befriedigung ich
kaum hoffen darf. Erst nach wiedererlangter Friedensruhe fühlt
man was während des Kriegstaumels versäumt worden und findet
sich in seinen Kreis gefesselt.

Wie dem auch sei! mögen Ew. Exzellenz mich und das Meinige
immer in gütigem Andenken erhalten.

gehorsamst

Weimar d. 1. Juni 1816.   J. W. v. Goethe.

An Johann Friedrich Freiherrn vom und zum Stein, 1. Juni 1816:
Ew. Exzellenz
genehmigen die Sendung eines Heftes das Ihnen seine Entstehung
verdankt. Der langsame Gang neuer Zeitereignisse entschuldigt die
Verspätung dieser Blätter, welche zu früherer und rascherer Wirkung bestimmt waren. Und obgleich manches darin Gewünschte
sich schon ereignet so bleibt doch noch gar vieles einer von
glücklichen Umständen begünstigten Tätigkeit überlassen.
    Vor einem Jahr um diese Zeit hatte ich das Glück mich schon in
Ew. Exzellenz Nähe zu befinden, wann es mir dies Jahr werden
möchte seh ich noch nicht ab. Erst nach wieder erlangter Friedensruhe fühlt man was während dem Kriegstaumel versäumt worden
und findet sich in seinen Kreis gefesselt.
    Von Zeit zu Zeit habe ich das Vergnügen zu erfahren daß Ew.
Exzellenz freundlichst meiner gedenken. Ich erkenn es dankbarlichst und bitte mich fortgesetzt mit Geneigtheit zu erfreuen.
    Weimar d. 1. Juni 1816.

Dorothea von Schlegel an ihre Söhne in Rom, 3. Juli 1816:
Sonst habe ich nichts neues gelesen, als ein Bändchen von Goethe
über die Kunst in den Rheingegenden. Das ist nun endlich das
Kunstadels-Diplom, was zu erlangen die Boisserées so lange um
den alten Heiden herum geschwänzelt haben. Und wie überflüssig!
Wer die Sammlung sieht und nur nicht eines ganz verstockten
Sinnes ist, der braucht ja weiß Gott keines solchen Stempels, um zu
sehen, daß diese Sammlung *einzig* in ihrer Art ist. Schwerlich
werden Boisserées sehr zufrieden sein mit diesem platten affektier-
ten Gewäsch; aber gewiß werden sie nicht unterlassen, die Miene
anzunehmen, als wären es goldne Sprüche. Friedrich sein Verdienst um die neue Würdigung unsrer ältesten Kunstdenkmale hat
der alte kindische Mann dadurch zu schmälern gesucht, daß er ihn
in diesem ganzen Werke gar nicht genannt, seiner weder bei dem
Dom zu Köln, noch bei den Boisseréeschen Sammlungen und
Sulpizens Arbeit, noch bei den kölnischen Kunstdenkmalen, überhaupt nicht mit Namen gedacht hat, während er jede, auch die
kleinste und unbedeutendste Schrift anderer über diesen Gegenstand, teils verunglimpfend, teils über den Wert schätzend, lang
und breit genannt und beleuchtet hat.
*(Dorothea von Schlegel geb. Mendelssohn und deren Söhne Johan-
nes und Philipp Veit. Briefwechsel im Auftrage der Familie Veit hg.
von Dr. J. M. Raich. Bd. 2. Mainz 1881, S. 356 f.)*

⟨*Köln*⟩

Seit dem 27. Mai 1815 hielt sich G. erneut zur Kur in Wiesbaden
auf, wohin er am 24. Mai von Weimar aus aufgebrochen und über
Eisenach, Fulda und Frankfurt gelangt war (hierüber informiert
das Tagebuch seines Dieners Carl Wilhelm Stadelmann [1782 bis
1840]; s. Herwig, Bd. II, S. 1009–1015). Auf Einladung des Freiherrn vom und zum Stein reiste er am 21. Juli in Begleitung des
Wiesbadener Mineralogen und Oberbergrats Ludwig Wilhelm
Cramer durch das Lahntal über Limburg nach Nassau und traf
dort am 23. Juli ein. Am 24. Juli notiert G. in seinem Tagebuch den
»Entschl. nach Cöln zu fahren«. Nach einer gemeinsamen Rheinfahrt von Ehrenbreitstein aus trafen G. und Stein in Köln ein, wo
sie sich vom 25. bis zum 27. Juli aufhielten.

Goethe an Sulpiz Boisserée, 1. August 1815:
Dienst. d. 25ten Jul. führte Herr Min. v. Stein mich im Wagen bis
Thal E. im Nachen bis Cöln.
Mittw. d. 26. Der Dom, in und auswendig, oben und unten, mit
allem Zubehör. Privatsammlung, Merkwürdiges.

Friedrich Eichhorn an seine Frau, 15. August 1815:
In Köln war ich, wie Du schon weißt, mit Stein und Goethe
zusammen im Dom. Arndt hatte uns auch begleitet. Es war mir
höchst interessant, Goethe kennen zu lernen. Wohl kann ich sagen,
daß ich nicht leicht ein ausgezeichneteres Gesicht gesehen habe.
Unter Tausenden würde er schon durch sein Äußeres hervortreten.
Als einen Dichter kündiget ihn dieses zwar nicht an; diese Nase,
diese ausgeprägten, scharfen Züge, das tiefe und weite Schauen
seines Auges sage aber jedem, daß in dem Manne ein Geist wohnt,
der die Welt aufgenommen und durchdrungen hat und über ihr
steht. Sein Gespräch war nicht lebhaft, vermutlich weil die unerschöpfliche Redseligkeit unseres Führers, des Kanonikus Wallraf,
über jeden Stein, was er bedeutet, ist, und nicht ist, ihn zu einer
unwillkürlichen Passivität des Hörens zwang. Ein alter Geistlicher, der eben vom Dienste in der Kirche nach Hause gehen wollte,
und uns im Vorbeigehen vor dem schönen Bilde einer Anbetung
der Maria stehen sah, trat an Stein und Goethe heran und sprach:
Wir Kölner können uns glücklich schätzen, die beiden ersten
deutschen Männer, den größten Dichter und den größten Staatsmann, in unsern Ringmauern zu sehen. Gegen den Angriff eines so
herzhaften Kompliments war es schwer, etwas zu erwidern. Mit
einer tiefen Beugung wendeten sich schnell beide Männer seits-
wärts, und als ein deus ex machina hatte Arndt Zeit, dem Manne,

den er oberflächlich kannte, zuzuflüstern, er möge ja in dem angefangenen Tone nicht weiter fortfahren, und sich unter dem Haufen der stummen Anbeter verlieren, weil er sonst die Größe der beiden Männer durch Grobheiten erfahren könne.
(Herwig, Bd. II, Nr. 4158, S. 1018 f.)

Ernst Moritz Arndt, aus den ›Erinnerungen aus dem äußeren Leben‹ (1840):
Es kamen aber auch die bedeutendsten [Männer] diesen Sommer nach Köln. Im Julius, als wir in der Siegeswonne über Waterloo und Belle Alliance schwelgten, erschienen einen guten Morgen Herr vom Stein und Herr von Goethe. ⟨...⟩ Die beiden würdigsten alten Herren gingen mit der aufmerksamsten und vorsichtigsten Zärtlichkeit nebeneinander her, ohne gegeneinander zu stoßen. Dies ist das letzte Mal, wo ich Goethen gesehen habe. O wie war er viel glücklicher, heiterer und liebenswürdiger, als den Frühling vor zwei Jahren in Dresden!
(Herwig, Bd. II, Nr. 4159, S. 1019 f.)

Gerhard Kunibert Fochem an Eberhard von Groote, 28. Juli 1815:
Herr von Stein und Goethe sind vierundzwanzig Stunden länger geblieben und haben auch mir, begleitet von Wallraf und Maler Fuchs, [am 27. Juli] einen anderthalbstündigen Besuch geschenkt. Goethe räsonnierte beständig und predigte dem Minister vor. Von den alten Bildern sagten beide, daß sie überaus schön und mein Manuskript etwas Künstliches wäre. Bei nichts indessen verweilten sie so, wie auf dem andern Zimmer bei einem Raffael. Sie nahmen Stühle, standen wieder auf, setzten sich wieder; Goethe schüttelte den Kopf und sagte endlich, dies wäre ein königliches Bild: und dies alles in Gegenwart von Wallraf und Fuchs. Beim Weggehen sprach Goethe viel vom Verdienste, das ich mir durch die Rettung dieser alten Werke gemacht hätte, und welches von oben belohnt werden müßte. ⟨...⟩ Ich meinerseits ließ es auch nicht an Komplimenten fehlen. Ich äußerte sehr lebhaft, es sei mein Stolz und mein Glück, zwei Männer zu besitzen, von denen ich mit einem der berühmtesten Klassiker sagen dürfte: Unus sufficit orbi – ein Kompliment, welches Goethe fast außer sich brachte. Dieser letzte ist zwar ein schon alter, aber gesetzter, fester, sinniger, sublimer Mann. Von Stein hat hinten und vorn Argusaugen, ist ganz in die Hofränke und politischen Bocksprünge eingeweiht, aber kräftig von Ausdruck. Er sprach von der großen Freundschaft, die ich ihm durch die Erlaubnis, meinen Max kopieren zu lassen, zeigen würde. Goethe lobte unser Bestreben in der Herausgabe des Taschenbuchs und sagte: »Nun, das ist brav, das heißt doch etwas

getan! Es fängt an zu tagen, und Sie haben das Verdienst, die Nebel zu durchbrechen. Fahren Sie fort etc.« Ich hätte mich beinahe erkühnt, ihn um einen Beitrag zu bitten. Beim Abschiede versprachen sie, im Zurückkommen wieder bei mir anzusprechen. Nur ein Teil verarge ich ihnen, sie waren so unhöflich, mit ihren beschmutzten Stiefeln auf meine seidenen Stühle zu steigen, um die Bilder, besonders die Gefangennehmung, in der Nähe zu betrachten. *(Herwig, Bd. II, Nr. 4162, S. 1024 f.)*

Ernst Moritz Arndt, aus ›Meine Wanderungen und Wandelungen mit dem Reichsfreiherrn H. K. F. von Stein‹ (1858):
Im Sommer des Jahrs 1815 kam Stein nicht lange vor seiner zweiten Fahrt nach Paris in Köln an, wo ich damals saß. Er schickte [am 26. Juli] einen Bedienten, ich möge nach dem Dom kommen, wo ich ihn finden werde. ⟨...⟩ Er begrüßte uns auf das allerfreundlichste – und wen erblickten wir nicht weit von ihm? Da stand der neben ihm größte Deutsche des neunzehnten Jahrhunderts Wolfgang Goethe, sich das Dombild betrachtend. Und Stein zu uns: »Lieben Kinder, still! still! nur nichts Politisches! das mag er nicht; wir können ihn da freilich nicht loben, aber er ist doch zu groß.« Wunderbar gingen die beiden deutschen Großen hier nebeneinander her wie mit einer gegenseitigen Ehrfurcht; so war es auch im Gasthause am Teetisch, wo Goethe sich meistens sehr schweigsam hielt und sich früh auf sein Zimmer zurückzog. *(Herwig, Bd. II, Nr. 4160, S. 1021)*

9 *12 daß jenes von Rubens für seinen Geburtsort gemalte:* Die Kreuzigung des hl. Petrus, das Altarbild der Peterskirche, war von 1638 bis 1640 auf Bestellung der Familie Jabach von Peter Paul Rubens (1577–1640) gemalt worden. Dessen Vater, Jan Rubens, war Schöffe in Antwerpen gewesen und 1568 mit seiner Familie aus konfessionellen Gründen nach Köln übersiedelt. Während eines Zwangsaufenthalts in Siegen von 1573 bis 1578 kam dort am 28. Juni 1577 Peter Paul Rubens zur Welt. Die Familie Rubens, die seit 1578 wieder in Köln lebte, kehrte vermutlich im Jahre 1589 nach Antwerpen zurück. Das hier von G. erwähnte Gemälde war 1802 von den Franzosen nach Paris gebracht worden. Am 25. Juli 1815, dem Tag der Ankunft G.s in Köln, veröffentlichte die ›Kölnische Zeitung‹ die Bekanntmachung, daß das Bild am 16. Juli von Paris aus nach Köln zurückgeschickt worden sei, wobei der Artikel nicht vergaß, auf die Rolle und den Einfluß Preußens beim Zustandekommen dieser Rückführung hinzuweisen.

10 *6 Jabach:* Everard Jabach der Jüngere (gest. 1695), Bankier und Kunstsammler in Köln und Paris. Das Wohnhaus der Familie

Jabach in der Kölner Sternengasse 25 schildert G. im 14. Buch von *Dichtung und Wahrheit* (Bd. 16, S. 665 f.). – *9 Le Brun:* Charles Lebrun (1619–1690), Pariser Hofmaler. Auch dieses Familiengemälde wird in *Dichtung und Wahrheit* beschrieben (Bd. 16, S. 666, dort auch eine Abb. auf S. 664). In der Sammlung von G.s Vater Johann Caspar befand sich auch Lebruns Kupferstich ›Allerhand Inventionen oder Stellungen nebst anderen großen Kupfern‹. – *10 vollkommen erhalten:* Das Gemälde wie das Wohnhaus der Familie Jabach, deren letzter männlicher Nachkomme 1761 gestorben war, wurden im 2. Weltkrieg zerstört. – *19 als Kirchen und Klöster aufgehoben:* Die Umwandlung geistlicher Besitztümer und Einrichtungen war 1803 in Regensburg durch den sogenannten Reichsdeputationshauptschluß verfügt worden. Durch diese Säkularisation sollten die durch die Abtretung des linken Rheinufers an Frankreich im Frieden von Lunéville (1801) um ihre Besitztümer gebrachten Fürsten entschädigt werden. – *24 Die Herren Boisserée:* die Brüder Johann Sulpiz Melchior Dominicus Boisserée (1783–1854), Kunstsammler und -schriftsteller; Melchior Hermann Joseph Georg Boisserée (1786–1851), Maler und Kunstschriftsteller, beide aus Köln. Aus einer wohlhabenden Kaufmannsfamilie stammend, erhielten beide eine kaufmännische Ausbildung. Nach einem anschließenden geisteswissenschaftlichen Studium unternahmen die Brüder Boisserée zusammen mit Johann Baptist Bertram (s. zu S. 10,25) im Jahre 1803 eine Reise nach Paris, wo sie die von Napoleon aus ganz Europa in die frz. Hauptstadt verbrachten und dort im Musée Napoléon ausgestellten Kunstwerke besichtigten. Aus der Bekanntschaft mit Friedrich Schlegel (1772–1829), der seit dem Frühjahr 1802 in Paris lebte und dort Vorlesungen zur Geschichte der Philosophie, Kunst und Literatur hielt, entwickelte sich rasch ein freundschaftliches Verhältnis, das sich insbesondere auf das gemeinsame intensive Interesse für die sakrale Kunst des Mittelalters gründete und dazu führte, daß Schlegel 1804 nach Köln übersiedelte. Im Zuge der Säkularisation gelang es den Brüdern Boisserée, die im Jahre 1804 ihr erstes Bild – eine um 1470 entstandene Darstellung der Kreuztragung Christi durch einen Schüler des Israel von Meckenem (vgl. hierzu Boisserée, Bd. 1, S. 30) – erworben hatten, sich durch eine rege Sammeltätigkeit in kurzer Zeit eine umfangreiche, etwa 200 Gemälde umfassende Sammlung aufzubauen, wobei ihnen zugute kam, daß sie viele der durch die Enteignung der klösterlichen und kirchlichen Besitztümer herrenlos gewordenen und zumeist auch wenig begehrten altdeutschen und altniederländischen Kunstwerke billig aufkaufen konnten. Nachdem Friedrich Schlegel 1808 in den diplomatischen Dienst nach Wien berufen worden war, übersiedel-

ten die Brüder Boisserée zusammen mit Bertram im Jahre 1810
nach Heidelberg, wo sie im ehemaligen Adelssitz der Freiherrn von
Sickingen am Karlsplatz ihren Wohnsitz und damit zugleich die
Gelegenheit fanden, ihre Sammlung einer interessierten Öffent-
lichkeit zugänglich zu machen. Am 12. Mai 1810 überbrachte laut
G.s Tagebuch der Heidelberger Buchhändler und Verleger Johann
Georg Zimmer (1777–1853) auf Empfehlung und Vermittlung des
Grafen Karl Friedrich von Reinhard (1761–1837) G. ein »Porte-
feuille von Zeichnungen des Doms in Köln«, die die Brüder
Boisserée angefertigt hatten (vgl. Bd. 14, S. 218); daraufhin fand im
Mai 1811 in Weimar die erste persönliche Begegnung zwischen G.
und Sulpiz Boisserée statt. Aus den täglichen Besuchen Boisserées,
die G.s Tagebuch vom 3. bis zum 12. Mai notiert, entwickelte sich
in der Folge ein reger und umfangreicher Gedankenaustausch. Im
Jahre 1819 wurde die Sammlung Boisserée nach Stuttgart verlagert,
da die Hoffnung auf einen Verkauf an den König von Württemberg
bestand, die sich aber nicht erfüllte. Mit einem am 12. Februar 1827
abgeschlossenen Kaufvertrag erwarb schließlich der bayerische
König Ludwig I. (1786–1868), der 1825 den Thron bestiegen hatte,
die gesamte Sammlung der Brüder Boisserée, an der er sich bereits
bei seinem Besuch in Heidelberg im Jahre 1816 interessiert gezeigt
hatte. Im Juni 1827 wurde sie zunächst nach Schleißheim überführt
und dort öffentlich ausgestellt. Ihren endgültigen Sitz fand die
Sammlung, aus deren Bestand Gemälde auch nach Nürnberg,
Augsburg oder Bamberg gelangten, in der von Leo von Klenze
(1784–1864) errichteten, 1836 vollendeten (Alten) Pinakothek in
München. – 25 Bertram: Johann Baptist Bertram (1776–1841),
Maler und Kunstsammler, ursprünglich Jurist. Zu seinen Beziehungen zu den Brüdern Boisserée und Friedrich Schlegel vgl. die
vorangegangene Anm. – 29 die Hrn. Wallraff, Lieversberg, Fochem: Ferdinand Franz Wallraf (1748–1841), Kunstsammler, Professor der Botanik und Ästhetik, zugleich der letzte Rektor der
Universität in Köln bis zu ihrer Schließung 1794. Seine der Stadt
vermachten Sammlungen bildeten den Grundstock des Kölner Wallraf-Richartz-Museums. Jakob Lyversberg (1761–1834),
Kunstsammler in Köln. Gerhard Kunibert Fochem (1771–1847),
katholischer Geistlicher in Köln, Rektor an der dortigen Kirche
der Elendsbruderschaft. Der Bericht über den Besuch Steins und
G.s in seinem Haus, den Fochem am 27. Juli 1815 dem Germa-
nisten Eberhard von Groote (1789–1864) erstattete, ist unter den
›Zeugnissen und Dokumenten‹ S. 709 f. abgedruckt. – 40 Altarbild: Es entstand vor 1450 und stammt von Stephan Lochner
(1410–1451/52), vgl. G.s Beschreibung im Abschnitt »Heidelberg«, S. 73–81. Zu Stephan Lochner ausführlich: Budde, S. 64–88.

12 *18 Baron von Hübsch:* Johann Wilhelm Freiherr von Hüpsch, eigentlich Jean-Guillaume Honvlez (1730–1805), Geheimer Legationsrat in Köln, Kunstsammler. Da der Magistrat der Stadt Köln seiner Sammlung kein angemessenes Gebäude zur Verfügung stellen wollte, vermachte er diese 1805 dem Landgrafen von Hessen-Darmstadt (s. auch Abschnitt »Darmstadt«, S. 56). – *20 des Herrn Nose:* Carl Wilhelm Nose (1753–1835), Arzt und Geologe, Legationsrat, Bergrat in Elberfeld, später als Privatgelehrter in Endenich bei Bonn, Besitzer einer umfangreichen Mineraliensammlung. Unter der Überschrift *Carl Wilhelm Nose* veröffentlichte G. 1820 im 3. Heft des 1. Bandes seiner Zeitschrift *Zur Naturwissenschaft überhaupt* (Bd. 12, S. 534 ff.) »einen kurzen, geordneten Auszug« aus Noses 1820 in Bonn erschienenem Werk ›Historische Symbola, die Basalt-Genese betreffend‹, das sich – mit zahlreichen Anstreichungen versehen – auch in G.s Bibliothek befand (Ruppert, Nr. 4942); vgl. zu Nose auch die *Tag- und Jahres-Hefte* zu 1820 (Bd. 14, S. 282). – *32 Römische Altertümer:* Köln war um 50 v. Chr. von den Römern gegründet worden und erhielt 50 n. Chr. unter dem Namen ›Colonia (Claudia Ara) Agrippinensis‹ (s. auch zu S. 66,8) italisches Stadtrecht.

13 *7 Dieses aber setzt 〈...〉 voraus:* ein Wunsch G.s, der sich später durch die Einrichtung des Wallraf-Richartz-Museums erfüllen sollte. Der Kölner Kommerzienrat und Kaufmann Johann Heinrich Richartz (1797–1861) hatte in einem Schreiben vom 3. August 1854 dem Kölner Gemeinderat und dem Oberbürgermeister Stupp angeboten, »zur Bestreitung der Baukosten eines neuen städtischen Museums Anfang nächsten Jahres an die Stadtkasse die Summe von einmalhunderttausend Talern gegen eine jährliche Rente von vier vom Hundert einzuzahlen« (zit. nach: ADB, Bd. 28, S. 421). Für dieses großzügige Angebot wurde Richartz, dessen Schenkung sich am Ende auf nahezu 200 000 Taler belaufen sollte, am darauffolgenden Tag durch einen Fackelzug geehrt. Der vom Baumeister Joseph Felten entworfene Museumsbau im neugotischen Stil, der den Kreuzgang der gotischen Minoritenkirche umgab, sollte am 1. Juli 1861 feierlich eröffnet werden: Allerdings wurden die Feierlichkeiten durch Richartz' Tod am 22. April 1861 überschattet. Das Museum, in das auch die seit 1824 bestehende Sammlung Wallraf überging, wurde nach der Zerstörung im 2. Weltkrieg in den Jahren 1953–1956 von Rudolf Schwarz und Josef Bernard nach der ursprünglichen Grundrißkonzeption wiederaufgebaut. – *29 Columbarien:* (lat.) römische Grabkammer der Kaiserzeit mit Wandnischen zur Aufbewahrung der Urnen. – *30 Cippus:* (lat.) antiker Gedenk- oder Grenzstein in Form einer viereckigen, mit einer Inschrift versehenen Säule. –

31 Appische Straße: Die ›Via Appia‹, deren Bau 312 v. Chr. begonnen wurde, führte von Rom über Capua nach Brindisi. – *38 In einer Gegend, wo das Wissen* ⟨…⟩*:* Den Aspekt des Nutzens und der Nützlichkeit, d. h. der praktischen Anwendbarkeit wissenschaftlicher Erkenntnisse, hat G. wiederholt betont und gefordert, am grundsätzlichsten in seinen *Maximen und Reflexionen* (Bd. 17, S. 715 ff.): Vgl. die Nr. 417, 555, 590, 689 oder 697. In diesem Zusammenhang finden sich auch didaktische Überlegungen zur Notwendigkeit einer lebendigen Veranschaulichung dieses Wissensmaterials (Nr. 72, 1262, 1270).

14 *7 Hrn. Fuchs:* Maximilian Heinrich Fuchs (1767–1846), Maler und Zeichner in Köln, der auch an den Domzeichnungen von Sulpiz Boisserée beteiligt war (vgl. S. 16,15). – *10 Joseph Hofmann:* Joseph Hoffmann (1764–1812), Maler in Köln, der auch wiederholt an den Preisaufgaben der Weimarischen Kunstfreunde teilgenommen und dabei im Jahre 1800 – zusammen mit dem Maler und Akademieprofessor Johann August Nahl aus Kassel – den ersten Preis errungen hatte, wofür ihm ein Preisgeld von »zehn Dukaten« (Bd. 6.2, S. 436) zugesprochen wurde. – *21 Hr. General von Rauch:* Gustav Johann Georg von Rauch (1774–1841), preußischer General, seit dem Juni 1814 Leiter des Ingenieurcorps und Generalinspekteur der Festungsarbeiten am Rhein; im Juli 1837 zum Staats- und Kriegsminister ernannt.

15 *13 Herr Lieutenant Rabe:* Karl Joseph Raabe (1780–1849), Baumeister, Maler und Ingenieuroffizier, später Professor an der Kunst-, Bau- und Handelsschule in Breslau. Während eines Aufenthalts in Weimar hatte der »so geschickte als gefällige« Raabe 1811 G. in Öl auf Kupfer gemalt (*Tag- und Jahres-Hefte* zu 1811; Bd. 14, S. 226; vgl. dort auch S. 290 und 309). Während seines Heidelberger Aufenthalts vom 24. September bis zum 9. Oktober 1814 hatte G. Raabe wiedergetroffen, der sich den Rest des Jahres dann in Weimar aufhielt und dabei, wie die regelmäßigen Eintragungen »Mittag Rabe« (15. November und öfter) belegen, häufig bei G. zu Gast war. Während dieser Besuche entstand auch ein Bildnis G.s, mit dem Raabe am 21. November (»Rabe Zeichnung des Portraits«) begonnen hatte. G. schickte dieses Bild Anfang Januar 1815 an Sulpiz Boisserée (Brief vom 2. Januar 1815) und legte dieser Sendung das den Brüdern Boisserée und Bertram gewidmete Gedicht *Den Drillings-Freunden von Cölln* ⟨…⟩. *Mit einem Bildnis* (Bd. 11.1) bei, das die Unterschrift »Goethe und Raabe. Weimar am Christfeste 1814« trug (vgl. hierzu Boisserée, Bd. 2, S. 50 f.). – *14 Herr Beckenkammp:* Kaspar Benedikt Beckenkamp (1747–1828), Kölner Landschafts- und Porträtmaler. – *28 völlig ausgeführt zu sehen:* Die Arbeiten an der Vollendung des

Kölner Doms wurden 1823 begonnen und 1880 abgeschlossen (vgl. hierzu auch die Übersicht S. 1179). Einen entscheidenden Impuls erfuhr der Weiterbau im Jahre 1842 durch den preußischen König Friedrich Wilhelm IV., ein Jahr zuvor war zur Unterstützung dieses Vorhabens auch ein zentraler Domverein gegründet worden. Der Kölner Dom, mit dessen Bau 1428 begonnen worden war, blieb jahrhundertelang unvollendet. Seit der Reformationszeit war daran nicht mehr weitergebaut worden, weshalb Heinrich Heine 1844 im Caput IV von ›Deutschland. Ein Wintermärchen‹ dichtete: »Da kam der Luther, und er hat / Sein großes ›Halt!‹ gesprochen – / Seit jenem Tage blieb der Bau / Des Domes unterbrochen. / Er ward nicht vollendet – und das ist gut. / Denn eben die Nichtvollendung / Macht ihn zum Denkmal von Deutschlands Kraft / Und protestantischer Sendung« (Heinrich Heine: Historisch-kritische Gesamtausgabe der Werke. In Verbindung mit dem Heinrich-Heine-Institut hg. von Manfred Windfuhr [Düsseldorfer Ausgabe]. Bd. 4, Hamburg 1985, S. 99).

16 *5 ein Kunst- und Prachtwerk:* ›Ansichten, Risse und einzelne Teile des Doms zu Cöln‹ von Sulpiz Boisserée, von 1821 bis 1831 bei Cotta in Stuttgart erschienen (vgl. G.s Besprechungen dazu, s. Bd. 13.2, S. 150 und 183 und zugehörige Kommentare). Boisserées Verdienste um den Weiterbau des Kölner Doms hebt G. auch im 9. Buch von *Dichtung und Wahrheit* hervor (Bd. 16, S. 420). – *15 Moller, Fuchs, Quaglio:* Georg Moller (1784–1852), Baumeister und Oberbaurat in Darmstadt, vgl. im Abschnitt »Darmstadt« S. 58. Die Kölner Maler und Zeichner Maximilian Heinrich Fuchs (1767–1846) und Michel Angelo Quaglio (1778 bis 1815) hatten 1809 für Sulpiz Boisserée Zeichnungen des Kölner Doms angefertigt. – *21 Duttenhofer:* Christian Friedrich Traugott Duttenhofer (1770–1846), Kupferstecher in Stuttgart. – *Darnstedt:* Johann Adolf Darnstädt (1786–1844), Kupferstecher und Akademieprofessor in Dresden.

17 *35 Herrn Dom-Vicarius Hardy:* Bernhard Kaspar Hardy (1726–1819), Domvikar in Köln, Kunstsammler und, wie G. auf S. 18 ausführt, Wachsmodellierer. – *36 merkwürdigen:* im Sprachgebrauch der Zeit im Sinne von ›bemerkenswert‹.

18 *3 Wachsbossieren:* frz. ›Wachsmodellieren‹. – *21 Die stille Wirkung ⟨…⟩ geschildert:* Diese Aufgabe übernahm tatsächlich Ferdinand Franz Wallraf (s. zu S. 10,29), der nach Hardys Tod einen Nekrolog und eine Ode auf ihn verfaßte. – *27 Herr Hagbold:* Jakob Hagbold (1775–1849), Wachsmodellierer in Amsterdam, London und Köln. – *37 Herr Lützenkirchen:* Peter Joseph Lützenkirchen (1775–1820), Miniaturmaler und Kupferstecher in Köln und Frankfurt.

19 *19 Und hier wird man unmittelbar* ⟨...⟩ *erinnert:* Die Alte Kölner Universität war, nachdem Papst Urban VI. am 21. Mai 1388 die Gründungsurkunde unterzeichnet hatte, am Dreikönigstag 1389 feierlich eröffnet worden. Ihre Blütezeit erlebte die Universität, an der u. a. Johannes Duns Scotus (1307/08), Albertus Magnus (mit Unterbrechungen von 1248 bis 1280) und Meister Eckhart (1323–1328) lehrten, im 15. Jh. Sie wurde am 28. April 1798 durch die Franzosen aufgehoben. Die Pläne zu ihrer Wiedererrichtung, die nach 1814 vor allem von Wallraf, dem letzten Rektor der Universität, betrieben wurden, scheiterten – nicht zuletzt auch an der Konkurrenz durch die 1786 im kurfürstlichen Bonn gegründete Universität. So wurde die Neue Universität in Köln erst am 12. Juni 1919 eröffnet. – *26 eine sogenannte Nation:* landsmannschaftlicher Verband an der Universität. – *34 Zentralschule* ⟨...⟩ *Sekundärschule:* Die Zentralschule war 1799 begründet und 1805 in eine Sekundärschule umgewandelt worden.

20 *23 in welchem sie sich, neben dem Lernen auch abtoben:* Zweifellos dachte G. hier auch an Erlebnisse seiner Straßburger Studienjahre, wie er sie insbesondere im 10. und 11. Buch von *Dichtung und Wahrheit* geschildert hat.

Bonn

Von Köln kommend, besuchte G. am 28. Juli 1815 Bonn, reiste von dort über Koblenz nach Nassau (29.–31. Juli) weiter, bevor er am 31. Juli nach Wiesbaden zurückkehrte.

21 *9 des öffentlich aufgestellten antiken Monuments:* der auf dem Remigiusplatz aufgestellte Altar der Dea Victoria (Siegesgöttin) aus der Sammlung des Franz Pick. – *11 des Herrn Canonicus Pick:* Franz Pick (1751–1819), Kanonikus und Kunstsammler in Bonn (vgl. Meyers Brief an G. vom 30. Juni 1817). – *27 Über den Türen erregte manche inschriftliche Tafel ein bedenkliches Lächeln:* Die Kommentare zitieren an dieser Stelle die Mitteilung Heinrich Düntzers, der sich wiederum auf eine mündliche Überlieferung Nöggeraths stützt, wonach es die Inschrift ›Nullum grande ingenium / Sine mixtura dementiae‹ (›Keine große Begabung ohne eine Beimischung von Wahnsinn‹) gewesen sei, die G.s Lächeln hervorrief: »Auf seine Frage, ob dies auch von ihm gelte, lautete Picks rasche Antwort: ›Nulla regula sine exceptione‹« (›Keine Regel ohne Ausnahme‹; s. Heinrich Düntzer: Goethes Beziehung zu Köln. In: H. D.: Abhandlungen zu Goethes Leben und Werk. Bd. 2, Leipzig 1885, S. 107 f.).

23 *13–15 so kam die Angelegenheit der ehemals hier vorhande-*

nen Universität zur Sprache: Die Bonner Universität, die als
›Maxische Akademie‹ bereits am 30. Mai 1777 ihren Lehrbetrieb
aufgenommen hatte, war mit einer Inaugurationsfeier vom 20. bis
zum 22. November 1786 eröffnet worden und sah sich in ihrer
aufklärerischen Ausrichtung von Beginn an den Angriffen kleri-
kal-konservativer Kreise sowohl von seiten der Universität wie des
Magistrats und des Domkapitels der Stadt Köln ausgesetzt. Die alte
Universität, an der u. a. auch Clemens Brentano und Ludwig van
Beethoven studierten, wurde von den Franzosen am 28. April 1798
aufgehoben; durch die Stiftungsurkunde König Friedrich Wilhelm III. (1770–1840) wurde ihre Neugründung am 18. Oktober
1818 vollzogen. – *15–17 Da man nämlich schon längst ⟨...⟩ verzweifelt:* Bei der Ausarbeitung seiner Denkschrift stand G. auch
ein längerer Bericht von Sulpiz Boisserée zur Verfügung, aus dem
er einzelne Passagen, etwa über die Rivalität zwischen der Kölner
und Bonner Universität z. T. wörtlich übernahm. So heißt es bei
Boisserée: »Die veraltete Universität von Köln war schon vor der
französischen Eroberung nur noch ein altes morsches Gerüste;
deshalb schon mehrere Jahre vor dieser unglücklichen Zeit der
Versuch mit einer neuen Universität in Bonn gemacht wurde;
dieser mißlang, weil er polemisch und nicht vermittelnd, überhaupt auch zu kleinlich angelegt war« (WA I 34/2, S. 37). Boisserées entschiedenem Votum für die Kölner Universität schließt sich
G. jedoch nicht an, und er geht auch insgesamt – so werden die
Ausführungen Boisserées in das hier geschilderte Gespräch auf der
Terrasse des Bonner Schlosses ›verpflanzt‹ – sehr frei mit diesen
Materialien um: Weite Teile des Boisseréeschen Berichts bleiben
gänzlich unbenutzt (vgl. WA I 34/2, S. 37–40).

Neuwied

G.s Rückreise von Bonn über Nassau nach Wiesbaden führte ihn
am 28. Juli 1815 auch nach Andernach und Neuwied.

24 *25 Die neuerdings von Deutschlands Feinden benutzte Gelegenheit:* Unter der Führung des Generals Jean-Baptiste Comte
de Jourdan (1762–1833) hatten die französischen Truppen am
15. September 1795 und 2. Juli 1796 bei Neuwied den Rhein
überschritten (vgl. auch *Tag- und Jahres-Hefte* zu 1796; Bd. 14,
S. 51). Die gleiche Stelle zum Übertritt hatte auch schon Caesar
gewählt. Mit den Ausgrabungen in der Umgebung von Neuwied
war Mitte des 18. Jh.s begonnen worden.

Coblenz

»Spät in Coblenz« hält G. im Tagebuch seine Ankunft in Koblenz am 28. Juli 1815 fest.

25 *17 die* ⟨...⟩ *bedeutenden Reste der Abtei Laach:* Unter dem Datum vom 28. Juli 1815 ist in G.s Tagebuch auch ein Abstecher »nach der verödeten Abtei Laach« verzeichnet. Die in der Eifel am Laacher See gelegene Benediktinerabtei Maria Laach war 1093 gegründet und im Jahre 1802 von den Franzosen aufgehoben worden. Die von 1093 bis 1220/30 erbaute Klosterkirche gilt als eines der hervorragendsten Zeugnisse romanischer Baukunst. – *19 Die Juristenschule zu Coblenz:* als ›Ecole de droit‹ von den Franzosen, deren Truppen Koblenz 1794 erobert hatten, gegründet, von den Preußen wieder aufgehoben. – *27 Überschaut man von der Carthaus:* Die Kartause ist ein Berg im Südwesten von Koblenz, auf dem sich bis 1806 ein 1331 gegründetes Kartäuserkloster befunden hat. Im Tagebuch notiert G. am 29. Juli 1815: »Frühstück auf der Carthause«. Gastgeber dieses Frühstücks waren der unter diesem Datum ebenfalls erwähnte Johann Joseph Görres (1776–1848) und dessen Frau, den Stein in einem Brief vom 25. Juli 1815 von ihrer Durchreise in Kenntnis gesetzt hatte: »Ich reise mit Herrn Geh. Rat von Goethe nach Köln, komme Donnerstag oder Freitag zurück und ersuche Ew. Wohlgeboren, sich so einzurichten, daß mein Reise-Gefährte und ich Sie treffen – wir werden Sie von unserer Ankunft benachrichtigen« (Herwig, Bd. II, Nr. 4156, S. 1018). Das frühere Kloster wurde später zum Fort umgebaut. – *28 die unwiederherstellbaren Ruinen der Festung Ehrenbreitstein:* Die um das Jahr 1000 durch die Kurfürsten von Trier erbaute Burg und Festung Ehrenbreitstein, Koblenz gegenüber auf dem rechten Rheinufer gelegen, hatte sich 1799 den französischen Truppen ergeben und war 1801 gesprengt worden. Der Wiederauf- und Ausbau zu einer der stärksten Rheinfestungen erfolgte durch Preußen in den Jahren 1815–1832.

Mainz

Während seiner beiden Aufenthalte an Rhein und Main hat G. die Festungsstadt Mainz mehrfach besucht, die er ja nicht nur aus seiner Jugend, sondern vor allem auch seit seiner Teilnahme am Feldzug nach Frankreich gut kannte (vom 27. Mai bis zum 1. August 1793 war G. Augenzeuge der Belagerung und Bombardierung von Mainz gewesen; vgl. die *Belagerung von Maynz*; Bd. 14,

S. 517–557). So nahm er am 3. August 1814 auf Einladung des Hauptmanns Friedrich von Luck (1769–1844) in Begleitung Zelters an einer Parade, einem Festessen und einem Festball zu Ehren des Geburtstags des preußischen Königs Friedrich Wilhelm III. (1770–1840) teil. Luck, der Adjutant des preußischen Kommandanten Krauseneck, war auch schriftstellerisch tätig gewesen, weshalb ihn G. in den *Tag- und Jahres-Heften* zu 1819 auch als »Mainzer Humoristen« bezeichnet hat (Bd. 14, S. 277,39). Auch am 11. August 1815 war G. – diesmal in Begleitung von Sulpiz Boisserée – von Wiesbaden aus nach Mainz gereist, von wo aus er am 12. August nach Frankfurt weiterfuhr.

Zu G.s Besuchen in Mainz vgl. August Grassner: Goethe und Mainz. Bern / Frankfurt a. M. / New York / Paris 1988, bes. S. 143 bis 171.

26 *14 Hrn. Professor Lehné:* Friedrich Lehné (1771–1836), Bibliothekar und Professor der Archäologie in Mainz. Wie wichtig G. das Zusammentreffen mit Lehné gewesen war, dokumentiert das Tagebuch, wo »Prof. *Lehné*« am 11. August 1815 gleich dreimal erwähnt wird. Unter diesem Datum notiert Sulpiz Boisserée in seinem Tagebuch: »Prof. Lehné – Gemäldesammlung. ⟨...⟩ Römische Altertümer, schön und klar geordnet, innerer Zusammenhang – das meiste Grabsteine – von Kriegsleuten aus den verschiedensten Teilen von Europa« (Weitz, Bd. 1, S. 244). Über einen gemeinsamen Ausflug nach Zahlbach am selben Tag berichtet Boisserée: »In Zahlbach in Weingarten eingekehrt. Prof. Lehné hält mir vor daß es nichts mit der gotischen Architektur, daß sie nur die Frucht der verfallenen römischen und griechischen – er spricht überlaut weil er taub ist, und gerade darum höre ich es geduldig und ruhig an. Preußische Offiziere sitzen in der nächsten Laube – Goethe hat seine Freude über den Spaß« (ebenda, S. 245). – *17 Seine Karte* ⟨...⟩: Diese Karte findet sich im 3. Band der 1836–1839 erschienenen Werke Lehnés. – *die Lage des römischen Mainz:* Unter dem Namen ›Mogontiacum‹ (auch ›Moguntiacum‹) ist Mainz seit 38 v. Chr. ein befestigter Stützpunkt der Römer gewesen. Die älteste Anlage aus der Römerzeit bildete ein um 15 v. Chr. auf dem linken Rheinufer errichtetes Lager für zwei Legionen. Seit dem 1. Jh. war Mainz Hauptstadt der röm. Provinz Germania superior. – *25 das Denkmal des Drusus:* Den sogenannten ›Eigelstein‹, einen etwa 22 m hohen Steinturm, den angeblichen Rest eines Ehrenmals für Nero Claudius Drusus (38–9 v. Chr.), den Stiefsohn des Augustus und Bruder des Tiberius, der während eines Feldzugs gegen die Germanen den Tod fand, erwähnt G.

auch in der *Belagerung von Maynz* (Bd. 14, S. 552,32 ff.). Dort
spricht er auch von seiner im Knabenalter angefertigten Zeichnung
des Drusus-Denkmals, deren Entstehung wiederum im 6. Buch
von *Dichtung und Wahrheit* näher beschrieben wird (Bd. 16,
S. 248). – *26 die Wasserleitung, der künstliche Teich:* Hierbei handelt es sich um das im Tagebuch vom 11. August 1815 als »Aque-
ductruinen« bezeichnete Reservoir der römischen Wasserleitung
bei Zahlbach (s. auch zu Z. 14).

27 8 der vormaligen Universität: Die am 1. Oktober 1477
eröffnete Mainzer Universität war im April 1798 durch eine Verfügung des französischen Regierungskommissars aufgehoben
worden. Erst 1946 wurde sie als Johannes-Gutenberg-Universität
neu gegründet. – *14 Herr Graf Kesselstädt:* Ludwig Hyazinth Graf
von Kesselstadt (1743–1841), Domherr, Maler und Kunstsammler
in Mainz. G. vermerkt im Tagebuch vom 11. August 1815 nach
einem Besuch bei Kesselstadt: »Sammlung Gemälde, Curiosa«.
Die Sammlung des Grafen Kesselstadt befand sich in einem dem
Domkapitel gehörenden Kurienhaus am Höfchen, Ecke Schöffer-
straße. Ein von Kesselstadt gemaltes Bild (»Das Kaufhaus am
Brand«) in Gassner (s. o.), S. 162; dort auch ein von Caspar
Schneider (s. nachfolgende Anm.) angefertigtes Porträt des Grafen
Kesselstadt. – *17 Caspar Schneider:* Johann Caspar Schneider
(1753–1839), Mainzer Landschaftsmaler. – *19 Arbeiter:* Christian
Arbeiter (1765–1829), Mainzer Maler und Kunsthändler.

Biberich

Während seiner beiden Reisen an den Rhein und Main war G.
sowohl 1814 wie 1815 fast jeden Sonntag Gast des Herzogs Friedrich August von Nassau (1738–1816) in Schloß Biebrich.

28 6 ohnerachtet der gefährlichsten Nachbarschaft: G. spielt
hier auf die unmittelbare Nähe der Festung Mainz an, von der er im
Abschnitt zuvor ja resümiert hatte, daß sie »für ewige Zeiten einen
Kriegsposten« (S. 26,10) bilden werde. Es ist außerdem daran zu
erinnern, daß G. die endgültige Niederwerfung Napoleons im Juni
1815 von Wiesbaden aus miterlebt und die Nachrichten »des
Aufbruchs der Garn. v. Maynz« (18. Juni), die »*Nachricht des
Siegs*« (21. Juni), den »Bericht von der Schlacht« (22. Juni) wie
auch die Mitteilungen »von dem Verluste der Nassauischen Trup-
pen« (25. Juni) in seinem Tagebuch verzeichnet hat. Wie G. in den
Tag- und Jahres-Heften zu 1815 schildert, war die Schlacht von
Waterloo (18. Juni 1815) »in Wiesbaden zu großem Schrecken als
verloren gemeldet« worden (Bd. 14, S. 246). – *14 Herr Kammer-*

herr von Nauendorf: Ludwig Christian Wilhelm von Nauendorf (1784–1820), Kammerherr in Biebrich, Bergrat und später Oberforstmeister.

Wisbaden

In einem Nachschlagewerk des Jahres 1824 ist in der »Geographisch-statistischen und historischen Karte des Herzogtums Nassau« unter der Rubrik »Vornehmste Örter« über Wiesbaden zu lesen: »Wiesbaden, die Hauptstadt des Landes, der Sitz der Centralbehörden und der Versammlungsort der Stände, hat 550 Häuser, 6120 Einw., 1 altes Schloß und 1 Palast, 1 Pädagogium, den Anfang einer Landesbibliothek, und ist berühmt durch seine Heilquellen, 14 an der Zahl, die jährlich von 10,000 Gästen besucht werden (1816 9,809, 1820 11,170)« (in: Geographisch-statistisch-historischer Atlas der Staaten des Deutschen Bundes. Weimar [im Verlage des Geographischen Instituts] 1824).

Von einigen Unterbrechungen abgesehen, hat G. vom 29. Juli bis zum 12. September 1814 und vom 27. Mai bis zum 11. August 1815 in Wiesbaden gewohnt. Die Residenz des damaligen Herzogtums Nassau bildete also in beiden Jahren das Zentrum seines Aufenthalts an Rhein und Main; von hier aus hat G. Reisen ins benachbarte Mainz, in den Rheingau (vom 15. bis zum 17. August 1814 zur Rochuskapelle, vom 1. bis zum 8. September 1814 nach Winkel) unternommen. Im Jahr 1815 wurde der Wiesbadener Kuraufenthalt durch eine Reise nach Nassau (21.–24. und 29.–31. Juli), Köln (25.–27. Juli), Bonn (28. Juli) und Koblenz (28. Juli) unterbrochen.

Noch am 8. Mai 1814 hatte sich G. in einem Schreiben an Johann Friedrich Heinrich Schlosser (1780–1851) bezüglich seiner Dispositionen für die Sommermonate unentschlossen gezeigt: »Ich habe diesen Sommer keine sonderliche Neigung die böhmischen Bäder zu besuchen; wohin ich mich jedoch wenden soll, ist mir noch nicht ganz klar; möchten Sie mir aber eine Schilderung von Wiesbaden geben, und von der Lebensart daselbst, nicht weniger, was etwa eine Person mit einem Bedienten auf einen vier- oder sechswöchentlichen Aufenthalt zu verwenden hätte; so würde ich es dankbar erkennen, um so mehr, als ich die Hoffnung hege, meine wertesten Freunde auch einmal wieder zu begrüßen«. Den letzten Anstoß zu einer Reise in den Westen Deutschlands gab dann Carl Friedrich Zelter (1758–1832), der sich vom 24. Juni bis zum 7. Juli in Berka und Weimar aufhielt, G. dabei täglich besuchte und von Weimar aus nach Wiesbaden aufbrach, von wo aus er G. am 15. Juli 1814 mitteilen konnte:

»Nun sollst Du vor allen Dingen wissen daß ich hier zu Wiesbaden am Dienstag Abend den 12 Julius wohlbehalten angelangt
bin. Eine Wohnung war für mich bestellt durch Mad. Uhden,
mit der ich ganz zufrieden bin, ich wohne nämlich auf der
Langen Gasse im Bären. 〈...〉
Ferner melde ich, daß ich bereits ein Quartier von 3 ordentlichen Piecen für Dich in Beschlag genommen habe welches in 12
Tagen frei wird. Wolfen habe ich seinen Vorrrat von Wein und
Schwalbacher Wasser für 47 Gulden abgekauft und Du findest
also alles was zu Deiner ersten Bedürfnis notwendig ist. Es ist
hier gut und angenehm leben da man durchaus nicht gebunden
ist und kein allgemeiner Lebenston herrscht« (Bd. 20.1, S. 352).
Am 25. Juli 1814 trat G. seine Reise an und traf in der Nacht des
29. Juli schließlich in Wiesbaden ein, wo er zunächst im Gasthof
›Zum Weißen Adler‹ logierte, bevor er am 5. August zu Zelter in
den Gasthof ›Zum Bären‹ in der Langgasse übersiedelte.
Neben allen anderen Aktivitäten – den Besuchen im Hause des
Oberbergrats Cramer, der über eine umfangreiche mineralogische
Sammlung verfügte, den sonntäglichen Einladungen ins Schloß
Biebrich, wo G. Gast des Herzogs Friedrich August und dessen
Gattin Luise war, den häufigen Besuchen der ›Öffentlichen Bibliothek zum Gebrauch der Staatsbeamten des Herzogtums Nassau‹,
wo Bernhard Hundeshagen (s. zu S. 28,28) als Bibliothekar beschäftigt war – hat G. nicht zuletzt auch den eigentlichen Zweck
seiner Reise, nämlich seinen Kuraufenthalt, diszipliniert und regelmäßig absolviert: 1814 hat er in 26 Tagen 22 Bäder genommen, und
auch die fast täglichen Spaziergänge und Ausflüge dienten nicht
nur der (wissenschaftlichen) Erkundung von Land und Leuten,
sondern auch und in erster Linie der Erholung, über deren Fortschritte er seiner Frau Christiane am 1. August 1814 nach Weimar
berichten konnte: »Die Bewegung einer glücklichen Reise, die
überwarme Jahrszeit, das erquickliche Schwalbacher Wasser, und
die wenigen warmen Bäder wirken schon so gut auf mein ganzes
Wesen daß ich mir das Beste verspreche«. Auch der Großherzog
Carl August stattete Wiesbaden vom 23. bis zum 26. August 1814
einen Besuch ab und traf dabei täglich mit G. zusammen; bereits
am Tag seiner Ankunft notierte G. ein Gespräch mit ihm »bis tief in
die Nacht«.
Im Jahre 1815 schien G.s Aufenthalt in Wiesbaden zunächst
unter keinem glücklichen Stern zu stehen. Auch in diesem (Früh-)
Jahr stand der Entschluß, erneut an den Rhein zu reisen, lange Zeit
nicht fest. Nachdem G. schon den ganzen März über »durch einen
heftigen und hartnäckigen Katarrh« (so im Briefkonzept an Bernhard Anselm Weber vom 9. April 1815) geplagt worden war, was

eine »abermalige Badereise im Sommer« (ebenda) um so notwendiger machte, wußte er am 22. April, wie er dem Freund Carl Ludwig von Knebel anvertraute, noch nicht, »wozu und wohin man gelangen wird«. Ohne rechte Begeisterung wird eine Reise ins böhmische Töplitz (so an von Trebra am 27. April 1815) erwogen, bevor im Mai die Würfel wiederum zugunsten Wiesbadens fallen und G. erneut beschließt, sich »in das Welt- und Badegetümmel, wo man wohl Heilung, aber keine Erquickung hoffen darf«, zu stürzen, wie er es Knebel gegenüber am 10. Mai formulierte. G.s Skepsis bleibt dennoch bestehen: »Leider senden mich die Ärzte an den unruhigen Rheinstrom; tausendmal lieber hätte ich Sie an der Moldau besucht«, teilt er Carl Ludwig von Woltmann am 17. Mai mit, und noch unverblümter wird Georg Sartorius am selben Tag in einem Briefkonzept mit der Frage konfrontiert, wer denn überhaupt »jetzt ohne die größte Not Geld und Zeit am Rhein vergeuden« möchte.

Dennoch brach G. eine Woche später, am 24. Mai, in den Westen auf und traf am 27. Mai 1815 in Wiesbaden ein. Nachdem ihm die ersten Tage »recht gut« bekamen, wie er seiner Frau Christiane Anfang Juni berichten konnte, und sich die Kur zunächst anschickte, ähnlich erfolgreich wie im vergangenen Jahr zu verlaufen, schien die zweite Hälfte des Monats Juni G.s Befürchtungen zu bestätigen: Das Wetter wurde kalt und unfreundlich, zu allem Überfluß erkrankte sein Diener Carl Wilhelm Stadelmann (eigentlich Bindnagel, auch Bindernagel, 1782–1840), was G. zusätzlich »in Sorge und Unbequemlichkeit versetzt« (so an den Staatsminister Christian Karl Gottlob von Voigt am 11. Juli 1815). Und nicht zuletzt überschattete die Unsicherheit der politischen Lage diese ersten Wiesbadener Wochen. Napoleon war zurückgekehrt, und nachdem G. noch am 17. Juni seiner Frau meldete, es sei »hier so stille wie im tiefsten Frieden« und nur die Anwesenheit österreichischer und preußischer Militärs in Biebrich auf den bevorstehenden Krieg deuteten, änderte sich die Lage rasch, so daß G. – wie er es rückblickend am 11. Juli 1815 an den Staatsminister von Voigt ausdrückte – den Eindruck gewann, daß »alle Radien der jetzigen Weltbewegungen hier zusammenlaufen«. Und daß die Ereignisse an Wiesbaden alles andere als spurlos vorübergegangen waren, erfuhr auch Johann Heinrich Meyer in einem Brief vom 5. Juli 1815: »Viel bedeutendes habe in der Nähe erlebt. Die großen Nachrichten des Verlustes erst, dann des Gewinnes trafen hier heftig. Der Nassauer einzelne Leiden und Sorgen teilte man mehrere Tage«. Die Schlacht von Waterloo am 18. Juni 1815 war nämlich zunächst als verloren gemeldet worden, bevor sich am 21. Juni in Wiesbaden die Kunde vom Sieg über die Truppen

Napoleons I. verbreitete: »*Nachricht des Siegs*«, heißt es unter
diesem Datum im Tagebuch, während der erste Eintrag vom
22. Juni den »*Bericht von der Schlacht*« notierte, den ihm der
Mainzer Hauptmann von Luck erstattete. »Hier aber sieht man mit
Entsetzen die Gefahr in der man schwebte, und mit welchem Dank
man das Fest jener Schlacht zu feiern hat«, resümierte G. am
11. Juli im bereits zitierten Schreiben an den Staatsminister von
Voigt diese bewegten Tage.

Eine Besserung auch der privaten Verhältnisse brachte G. dann
in seinem Brief an die Gräfin Constanze von Fritsch am 18. Juli
1815 zum Ausdruck: »Nun scheint sich's mit allem wieder ins
bessre zu schicken. Auch die Übel sind nicht ohne Vorteil geblieben; denn ich habe gelernt daß man bei meiner Taille, mit Rheuma-
tismus in der Schulter doch noch, wenn's Not tut, enge seidne
Strümpfe selbst anziehen kann«.

Von nun an schien G. noch »unternehmender als im vergangenen Jahr« (Schaefer, s. u., S. 106): Zahlreiche Ausflüge und Exkursionen in die nähere Umgebung ergänzen den in diesem Jahr aus
insgesamt 21 absolvierten Bädern bestehenden Kuraufenthalt.
Nachdem G. am 9. Juli 1815 in Biebrich mit dem Freiherrn Heinrich Friedrich Carl vom und zum Stein (1757–1831) zusammengetroffen war, der ihn bei dieser Gelegenheit nach Nassau einlud,
folgte G. am 21. Juli dieser Einladung und besuchte in Begleitung
des Reichsfreiherrn vom 25. bis zum 31. Juli Köln, Bonn und
Koblenz.

Am 31. Juli 1815 kehrte G. nach Wiesbaden zurück, von wo aus
der im nahen Schlangenbad weilende Sulpiz Boisserée am 1. August ein kurzes Billett erhielt, das G. mit dem Wunsch schloß:
»Daß ich nach allem diesem Sie verfehlen mußte war mir sehr
schmerzlich. Bis Sonnab., d. 5ten, bleib ich hier, dann wohl noch
acht Tage in Franckfurt. Uns zu besprechen ist höchst nötig, wär
es nur eine Stunde«. Boisserée entsprach G.s Bitte unverzüglich
und traf bereits tags darauf in Wiesbaden ein, wo ihm G. einen »fröhlichen herzlichen Empfang« (Herwig, Bd. II, S. 1026,
Nr. 4166) bereitete. Wie beider Tagebücher belegen, blieb in den
folgenden Tagen für die gemeinsamen Unterredungen weit mehr
als diese eine Stunde Zeit. In jenen ersten Tagen des August 1815
nahm auch der Plan, über die Reise(n) an Rhein und Main einen
Bericht zu verfassen, konkrete Konturen an: Das Projekt *Über
Kunst und Altertum* wurde aus der Taufe gehoben. Am 11. August
brach G. in Begleitung Boisserées von Wiesbaden auf und reiste
über Mainz nach Frankfurt weiter.

Zu G.s Aufenthalten in Wiesbaden vgl. Albert Schaefer: Goethe
in Wiesbaden 1814 und 1815. In: GJb 1965, S. 80–118.

Aus den ›Erinnerungen‹ der Dorothea Stammer, geb. Cramer (1875):
Die dreimalige Erwähnung meines Vaters, des Oberbergrats Cramer aus Wiesbaden, in Goethes Rhein, Main- und Neckarreise, gibt mir Veranlassung, einige Mitteilungen über die Beziehungen des großen Mannes zu meinem elterlichen Hause zu machen.

Der Ruf des reichhaltigen Mineralienkabinetts meines Vaters, welches schon manchen bedeutenden Fremden in unser Haus geführt hatte, bewog auch Goethe, während seines mehrwöchentlichen Aufenthaltes in Wiesbaden in den Jahren 1814 und 1815, meinen Vater aufzusuchen. Da nun einerseits Goethe sich bekanntlich für Mineralogie und Geognosie sehr interessierte, anderseits mein Vater ein Mann von hervorragenden Geistesgaben und ein in seinem Fache durchaus bewunderter Bergmann war, so brachte Goethe nicht nur manche Stunde mit der Durchsicht der erwähnten Mineraliensammlung zu, von welcher er selbst in seinen Reiseberichten erzählt, sondern es bildete sich auch bald zwischen den beiden Männern ein lebhafterer Verkehr, der noch viele Jahre hindurch fortdauerte und sich auch auf den Austausch von Mineralien erstreckte.

Im Jahre 1814 erhielt mein Vater von Goethe zum Andenken dessen Porträt, einen Kupferstich von Moritz Steinle nach einem Gemälde von Ferdinand Jagemann 1806. Diesen Kupferstich hat Goethe selbst für sein bestes Bild erklärt. Ein zweites Porträt, welches Goethe 1815 meinem Vater schenkte, ist aus Gips in halberhabener Arbeit gefertigt und trägt die Umschrift: Johann Wolfgang de Göthe aetatis suae LXVI anno. Beide Bildnisse befinden sich noch heute im Besitz der Familie.

Auf die gemeinschaftliche Beschäftigung Goethes und meines Vaters mit dem Mineralienkabinett, welche immer einige Stunden des Nachmittags in Anspruch nahm, folgte gewöhnlich ein gemeinsamer Spaziergang nach dem Geisberge, auf welchem Goethe mit besonderer Vorliebe verweilte. Abends brachte er häufig mehrere Stunden im Kreise meiner Eltern und ältern Schwestern zu, indem er in gewohnter fesselnder Weise von seinen italienischen Reisen erzählte. Mein jüngerer, damals fünf Jahre alter Bruder, ein frischer, lebendiger Knabe, an welchem Goethe Gefallen fand, mochte sich von dem den Kindern so freundlichen Manne nicht trennen und schlief dann gewöhnlich zu dessen Füßen ein. Nicht selten mußte ich vor Goethe ein Gedicht deklamieren, wobei er mich bald lobte, bald tadelte und nicht müde wurde, mich zu belehren. Die liebenswürdige Freundlichkeit, mit welcher er mich behandelte, verscheuchte sehr bald die nur zu erklärliche Scheu vor dem gefeierten Manne. *(Herwig, Bd. II, Nr. 4052, S. 947–949)*

*Aus den ›Erinnerungen‹ der Dorothea Stammer, geb. Cramer
(1875):*
Als Zelter, der von Goethe geliebte Freund, in Wiesbaden kaum
angekommen, in die Wohnung Goethes eilte, um ihn zu begrüßen,
fand er ihn bereits ausgegangen und wurde in unser Haus gewiesen.
Goethe hatte aber schon mit meinem Vater seinen Spaziergang
nach dem Geisberge angetreten. Auf die Aufforderung Zelters
hatte ich die Freude, diesen dorthin führen zu dürfen und so Zeuge
der frohen Überraschung zu werden, mit welcher Goethe seinen
teuren Freund empfing. Mir aber ward von Goethe ein warmer
Dank für den Dienst, den ich ihm geleistet, zuteil; ich durfte bei
den drei Männern bleiben und sie auch auf dem Heimwege begleiten. Auf diesem mir ewig unvergeßlichen Gange hat mich Goethe
in seiner freundlichen Weise wiederholt seiner Unterhaltung gewürdigt.
    Überhaupt verschmähte es Goethe nicht, an den einfachsten
Landpartien unserer Familie sich zu beteiligen und auch das ländliche Mahl mit uns zu teilen, wobei er sich stets im höchsten Grade
leutselig zeigte. Seinen Zeichen-Apparat ließ er sich von seinem
Bedienten überallhin nachtragen, so daß er immer in der Lage war,
alles, was ihm irgendwie interessant erschien, sofort aufzunehmen.
In solcher Weise hat er einst einen ganzen Tag mit uns auf dem
Nürnberger Hofe zugebracht, einem herrschaftlichen Weingute,
welches ihn besonders durch die schöne Fernsicht fesselte.
    Ich kann nicht umhin, nochmals zu wiederholen, daß Goethe
auch im engeren Kreise und in ländlicher Umgebung seine große
Allseitigkeit bewährte, sich in die einfachsten Verhältnisse ohne
jede störende Verlegenheit zu schicken wußte und dabei alle, denen
er das Glück seines Umganges zuteil werden ließ, durch sein
überaus leutseliges und liebenswürdiges Wesen entzückte. In der
vornehmen Gesellschaft, am Hofe dagegen war er ganz der fein-
gebildete Weltmann und der gewandte Hofmann: so wenigstens
versicherte mir mein Vater, der ihn mehrfach am herzoglichen
Hofe zu Biebrich traf.
(Herwig, Bd. II, Nr. 4053, S. 949 f.)

28 *21 mehrere aus Klöstern gewonnene Bücher:* Im Zuge der
Säkularisation (s. zu S. 10,19) war der Bestand der Nassauischen
Landesbibliothek durch zahlreiche Bücher und Schriften aus den
seit 1803 aufgehobenen Klöstern erheblich angewachsen (vgl.
hierzu Antonius von der Linde: Die Handschriften der Kgl.
Landesbibliothek in Wiesbaden. Wiesbaden 1877). – *22 Ein altes
Manuskript:* Dieses Manuskript stammte aus dem schon im *Sanct
Rochus-Fest zu Bingen* (S. 98,8) erwähnten Kloster Eibingen, das

1148 von der heiligen Hildegard auf dem Rupertsberg gegründet und 1631 nach Eibingen verlegt worden war, bevor es 1814 aufgehoben wurde. – *28 des Hrn. Bibliothekar Hundeshagen:* Helfrich Bernhard Hundeshagen (1784–1858), Architekt und Schriftsteller, seit 1813 Bibliothekar in Wiesbaden. Ein Manuskript, in dem er eine Theorie der griech. Baukunst nach ihren mathematischen Grundsätzen entwickelte, hatte Hundeshagen schon 1808 an Johann Heinrich Meyer nach Weimar geschickt. Hundeshagen, der während seiner Wiesbadener Tätigkeit am 6. Januar 1816 in Mainz die einzige Bilderhandschrift des Nibelungenliedes entdeckt hatte, wurde im Dezember 1817 nach Differenzen mit seinen Mitarbeitern und Kritik an seiner bibliothekarischen Tätigkeit entlassen. In Mainz fertigte er in den folgenden Jahren Zeichnungen und Risse des Doms an, die nach dem 2. Weltkrieg wichtige Dokumente bei dessen Wiederherstellung werden sollten. Von 1820 bis 1824 wirkte Hundeshagen als Dozent für theoretische und praktische Baukunst in Bonn. – *29–31 welcher dem Publikum schon* ⟨...⟩ *bekannt ist:* ›Des großen Kaisers Friederichs I. Barbarossa Palast in der Burg zu Gelnhausen. Eine architektonische Urkunde vom Adel der von Hohenstaufen so wie von der schönen Bildung ihrer Zeit‹ (1814; Ruppert, Nr. 2351; vgl. auch die Besprechung in *Über Kunst und Altertum* II 2, S. 81–83; im vorliegenden Band S. 515).

29 1 Hrn. Oberbergrat Cramer: Ludwig Wilhelm Cramer (1755–1832): Vgl. die Vorbemerkungen zu *Sanct Rochus-Fest zu Bingen,* S. 769. – *9 der große Kursaal:* in den Jahren 1809/10 nach den Plänen des Architekten Wilhelm Ernst Friedrich Freiherr von Wolzogen (1762–1809), des Schwagers von Friedrich Schiller, erbaut. – *13 Herrn Bau-Direktor Götz:* Georg Karl Florian Götz (gest. 1829), Baudirektor in Wiesbaden. – *14 Hrn. Bau-Inspektor Zais:* Christian Zais (1770–1820), seit 1805 Bauinspektor in Wiesbaden, zuvor Baumeister in Stuttgart. – *22 eine Gesellschaft zu bilden:* Der ›Verein für nassauische Altertumskunde und Geschichtsforschung‹ wurde am 5. Dezember 1821 gegründet. – *24 Hr. von Gerning:* Johann Isaak Gerning (1767–1837), Jurist, Diplomat und Schriftsteller in Frankfurt und Neapel. G. besaß in seiner Bibliothek mehrere Werke Gernings (Ruppert, Nr. 909 bis 915), so auch das hier erwähnte: ›Die Heilquellen am Taunus. Ein didaktisches Gedicht in 4 Gesängen‹. Leipzig 1814 (Ruppert, Nr. 911). Es enthält eine hs. Widmung Gernings: »Herrn Geheimerat von Göthe, zum heimatlichen Andenken, vom Verfasser. Ffurt am 4ten Juni 1814«. Sind die Urteile über Gerning sowohl hier als auch im Abschnitt »Frankfurt« (S. 33) in einem sachlich-wohlwollenden Ton gehalten, so äußerte G. sich in seinen Briefen über diesen Autor weit weniger diplomatisch. »So habe ich auch

neulich einen poetischen Dilettanten bei mir gesehen, der mich zur
Verzweiflung gebracht hätte, wäre ich nicht in der Stimmung
gewesen ihn naturhistorisch zu betrachten, um mir einmal von dem
Gezücht einen recht anschaulichen Begriff zu machen«, heißt es am
22. Juni 1799 an Schiller (Bd. 8.1, S. 710 f.), und auch G.s Brief an
Christiane vom 19. August 1814 zeugt von wenig Wertschätzung:
»Gerning ist auch hier, spielt aber eine wunderliche Rolle, die mir
noch nicht ganz klar ist. Er mischt sich in vieles, macht den
Unterhändler, Mäkler, Versprecher. Als Dichter, Antiquar, Jour-
nalist sucht er auch Einfluß und scheint nirgends Vertrauen zu
erregen«. Am 18. September 1815 notierte Sulpiz Boisserée, der
sich in diesen Tagen mit G. in Frankfurt aufhielt, in seinem
Tagebuch: »Mittags während dem Tisch kömmt Gerning, stört
den Abschied – allen eine widerwärtige Erscheinung« (Herwig,
Bd. II, Nr. 4232, S. 1092).

Frankfurt

G.s Aufenthalte in Frankfurt sind in den Jahren 1814 und 1815 eng
mit der Familie von Johann Jakob Willemer (1760–1838) und
dessen Frau Marianne (1784–1860), geb. Jung, verbunden, die am
27. September 1814, als G. nach Heidelberg weitergereist war,
geheiratet hatten.

Während seines ersten Aufenthalts an Rhein und Main hatte sich
G. auf der Hinreise nur einen Tag in seiner Vaterstadt aufgehalten.
Über seine Eindrücke berichtete er seiner Frau Christiane am
29. Juli 1814 aus Frankfurt:
»Also fuhr ich zu Frankfurt ein, Freitag Abends, *den 28ten*, die
Stadt war illuminiert und ich, wie Friz Fromann, nicht wenig
über diese Attention betroffen. Allein meine Bescheidenheit
fand einen Schlupfwinkel, indem der König von Preussen,
gleichfalls incognito angekommen war. Ich bedankte mich daher nicht und ging, auf Carlen gestützt, durch die erhellte Stadt
hin und her. Wo die Lampen nicht leuchteten schien der Mond
desto heller. Auf der Brücke verwunderte ich mich über die
neuen Gebäude und konnte überall wohl bemerken was sich
verschlimmert hatte, was bestand und was neu heraufgekom-
men war. Zuletzt ging ich an unserm alten Hause vorbei. Die
Haus Uhr schlug drinne. Es war ein sehr bekannter Ton, denn
der Nachfolger im Hausbesitz hatte sie in der Auktion gekauft
und sie am alten Platze stehen lassen. Gar vieles war in der Stadt
unverändert geblieben.
Heut d. *29ten* früh ging ich zum Bockenheimer Tor hinaus
und freute mich über die neu entstandene Welt. Erst ging ich

links, dann rechts und ans Eschenheimer Tor. Die Anlagen sind gut und schön.

Sodann zu Schlossers, wo mich Frau Schöff, nach der Erkennung, freundlichst bewillkommte. Christian war lieb und gut und verständig. Köstliche alte Kupfer sah ich da, und manches neuere Gute. Der Ältere Bruder kam auch und viel wurde geschwatzt«.

Am 29. Juli reiste G. nach Wiesbaden weiter, von wo aus dieser ältere Bruder, der Jurist Johann Friedrich Heinrich Schlosser (1780–1851), G.s Berater in allen Frankfurter Rechts- und Vermögensfragen, am 9. September 1814 ein Schreiben erhielt, in dem G. seine Ankunft für »Montags den 12ten abends« ankündigte und die Hoffnung aussprach, in »Ihrer Gegenwart noch einige Tage zu genießen«. Johann Friedrich Heinrich Schlosser, der auch Fritz genannt wurde, und Christian Heinrich Schlosser (1782–1829) waren die Neffen von G.s Schwager Johann Georg Schlosser (1739–1799). G. hatte beide während ihres Studiums in Jena in den Jahren 1801/02 betreut.

Vom 12. bis zum 23. September und – unterbrochen von seinem Aufenthalt in Heidelberg – vom 11. bis 20. Oktober 1814 wohnte G. im Hause der Frau Schöff Schlosser; die Tagebuchauszüge, die G. am 21. September 1814 an Christiane nach Weimar schickte, geben einen Eindruck über seine Frankfurter Aktivitäten, die dann auch in den vorliegenden Bericht eingeflossen sind. Mehrmals wurde auch der Gerbermühle ein Besuch abgestattet, worüber Rosette Städel berichtet hat (s. u.). Auch über den zweiten Frankfurter Aufenthalt hat G. seine Frau in drei weiteren, ähnlich gehaltenen Schreiben vom 12., 16. und 20. Oktober informiert.

Im darauffolgenden Jahr war G. wiederum eingeladen, während seiner Frankfurter Tage im Hause der Familie Schlosser zu wohnen. Diesmal aber lehnt er dieses Angebot in seinem Brief an Johann Friedrich Heinrich Schlosser am 8. August 1815 dankend ab:

»Nichts angenehmeres konnte mir, bei meinem Abschied aus Wiesbaden begegnen als die abermalige Einladung in Ihren teuren und verehrten Familienkreis; sie bürgt mir daß ich so lieben Freunden und Verwandten auf alle Weise willkommen sein muß.

Da es aber billig ist daß, bei wiederholter Erscheinung in meiner Vaterstadt, sich die Wohlwollenden in die Einquartierungs-Last liebevoll teilen; so habe nicht angestanden, schon früher das Anerbieten Herrn Geh.Rat Willemer anzunehmen, da ich denn zu Ende dieser Woche glücklich auf der wohlgelege-

nen Mühle einzutreffen und von da meine teuren Franckfurter
Freunde fleißig zu besuchen hoffe«.

Vom 12. August bis zum 18. September 1815 wohnte G. also auf
der Willemerschen Gerbermühle bzw. in deren Frankfurter Stadthaus ›Zum Roten Männchen‹. Ein kurzer Ausschnitt aus einem
Brief an Christiane vom 12. September 1815 vermittelt nicht nur
einen Eindruck von G.s reger Besuchstätigkeit und (wieder er-
wachter) Kontaktfreude, sondern auch etwas von der Atmosphäre,
in der er diese Frankfurter Tage verlebt hat: »Seebeck war hier und
wohnte mit auf der Mühle, Boisseree ist noch hier, Schlossers sind
förderlich und liebreich. Wie gerne gönnt ich dir nur vierzehn Tage
in dieser unendlich schönen Gegend! Mittags esse ich manchmal im
Schwanen an Wirts Tafel, das ist auch in der Messe unterhaltend.
Riese ist noch unverändert. Alle suche ich auch zu fördern und alle
sind froh und freundlich«.

In diesen Tagen wird auch der »Aufsatz Kunst Altert.« (so im
Tagebuch vom 23. August 1815) weiter durchdacht und entwik-
kelt, der von nun an fast täglich in den Tagebüchern erwähnt wird.
Am 8. September zieht G. »in die Stadt«, wo er bis zum 15. September wohnt. An diesem Tag kehrt er in Begleitung Sulpiz
Boisserées »auf die Mühle« zurück, bevor er am 18. September
zunächst nach Darmstadt aufbricht und anschließend vom 20. September bis zum 7. Oktober erneut Heidelberg besuchen wird.
Nach Frankfurt ist G. nicht mehr zurückgekehrt, am 7. Oktober
reiste er von Heidelberg aus nach Weimar, wo er am 11. Oktober
1815 eintraf.

Hier kann nicht der Ort sein, um die biographischen Hinter-
gründe zumal dieses zweiten Aufenthalts zu beleuchten. Über G.s
Beziehungen zu Marianne von Willemer, ihren Anteil und ihren
Einfluß auf die Entstehung des *West-östlichen Divans* informiert
ausführlich Bd. 11.1. (Hingewiesen sei jedoch auf reichhaltiges
Material aus Briefen, Tagebucheinträgen sowie weiteren Zeugnissen und Dokumenten zu G.s Frankfurter Aufenthalt im Kommentar von: ›Johann Wolfgang Goethe: Briefwechsel mit Marianne
und Johann Jakob Willemer.‹ Hg. von Hans-J. Weitz. Frankfurt
a. M. 1986, S. 279 ff.)

Aus dem Tagebuch der Rosette Städel, 18. September 1814:
Tag mit Goethe auf der Gerbermühle. Welch ein Tag, und welche
Gefühle bewegen mich! Erst den Mann gesehen, den ich mir als
einen schroffen, unzugänglichen Tyrannen gedacht, und in ihm ein
liebenswürdiges, jedem Eindruck offenes Gemüt gefunden, einen
Mann, den man kindlich lieben muß, dem man sich ganz vertrauen
möchte. Es ist eine gewiß einzige Natur. Diese Empfänglichkeit,

diese Fühligkeit und zugleich diese würdige Ruhe. Die ganze
Natur, jeder Grashalm, jede Farbe, Ton, Wort, und Blick, redet zu
ihm und gestaltet sich zum Gefühl und Bild in seiner Seele. Und so
lebendig vermag er es wiederzugeben. Darum wohl muß jede Zeile
seiner Schriften so in die Seele reden, so wundervoll reich sein, weil
sie aus einem so wundervoll reichen Gemüt kommt. Und wie
wenig imponiert seine Nähe, wie wohltätig freundlich kann man
neben ihm stehen. Er ist ein glücklich von der Natur mit Gaben
überschüttetes Wesen, das sie schön von sich strahlt, und nicht
stolz darauf ist, das Gefäß für solchen Inhalt zu sein. So gab er sich
heute, so will ich mir ihn denken, mögen andere sagen, was sie
wollen.
(Herwig, Bd. II, Nr. 4059, S. 953)

Rahel Varnhagen an ihren Mann, 20. August 1815:
                    Sonntag abend, ein Viertel auf 11.
Nein, August, welches Glück! Ich kann auch nicht zu Bette gehen,
ohne es Dir zu melden ... Vallentins im Schwan ... bei ihnen aß
ich, sehr gut, und bequem: schlief zu Hause, und fuhr um 5 in dem
Götterort, in der Anmutsgegend, mit ihnen aus; als ich hinab kam,
saß noch ein Herr im Wagen; ich glaube Weiland stellten sie ihn
mir vor (nein: Ellisen heißt er) ... Wir fahren zu einem herrlichen
Tore hinaus ⟨...⟩ nach einem Forsthause, wo man Kaffee nimmt;
dort gehen wir im Walde spazieren; wir treten endlich *aus* dem
Wald, sehen eine weite schöne Wiese, am Ende ein hellbeschienen
Dorf. Der Herr fragt, ob wir das sehen wollen. Ich sage, die Sonne
sei zu stark, lieber später; er sagt, es ist Niederrad, das Dorf, wovon
Goethe so viel schreibt, wo er immer mit seinen jungen Freunden
hinging. Dann wollen wir durch die Sonne, sag' ich: und Schauder
griesel mir über die Backen. Getrost, fröhlich, ja zerstreut im
Gespräch, gehen wir hin; es hat Straßen, wie die österreichischen
Dörfer; ich tadle das; wenig Menschen gehen hin und wieder: *ein*
niedriger halber Wagen mit einem Bedienten, fährt den langsam-
sten Schritt; ein Herr fährt vom Bock, drei Damen in Trauer sitzen
drin, ich seh' in den Wagen, und sehe Goethen. Der Schreck, die
Freude machen mich zum Wilden: ich schrei mit der größten Kraft
und Eile: »Da *ist* Goethe!« Goethe lacht, die Damen lachen: ich
aber packe die Vallentin, und wir rennen dem Wagen voraus, und
kehren um, und sehen ihn noch einmal; er lächelte sehr wohlgefäl-
lig, beschaute uns sehr, und hielt sich Kräuter vor der Nase, mit
denen er das Gesicht fächelte, das Lächeln und das Wohlwollen
uns, aber besonders seiner Gesellschaft, die eigentlich kikerte, zu
verbergen. ⟨...⟩ Und als er vorbei war, am Ende der Straße durch
ein Fabrikgebäude und eine Pappelallee entlang aus dem Dorfe

fuhr, zitterten mir Kniee und Glieder mehr als eine halbe Stunde.
Und laut, und wie rasend, dankte ich Gott in seine Abendsonne
laut hinein. Auch die anderen konnten ihr Glück nicht fassen!
(Herwig, Bd. II, Nr. 4184, S. 1053 f.)

29 *36 wenn er sie lange nicht besucht hat:* G. war zuletzt vom 3.
bis zum 25. August 1797 anläßlich seiner Reise in die Schweiz in
Frankfurt gewesen.

30 *1 Senator Guiolet:* Jakob Guiollett (1746–1815), unter der
Herrschaft des Fürstprimas und Großherzogs Carl von Dalberg
Maire (d. h. Bürgermeister) von Frankfurt. In seiner Amtszeit
wurde ab 1806 der Befestigungsring um die Stadt nach den Plänen
des Stadtgärtners Sebastian Rinz (1782–1861) durch Grünanlagen
ersetzt. In Würdigung seiner Verdienste wurde Guiollett 1837 vor
dem Bockenheimer Tor ein Denkmal errichtet. – *13 neues Bibliotheksgebäude:* Die neue Stadtbibliothek wurde von 1820 bis 1825
am Obermaintor nach den Plänen des Stadtbaumeisters Johann
Friedrich Heß (1785–1845) errichtet; Heß hatte am 21. August
1815 G.s Nichte Johanna Maria Neuburg geheiratet. Da G. an
dieser Hochzeitsfeier teilnahm, ist es wahrscheinlich, daß er die
»erwünschte Nachricht« bei dieser Gelegenheit erfahren hatte. –
15 Barfüßer-Kirche: die heutige Paulskirche, die an der Stelle der
ehemaligen Barfüßerkirche seit 1789 errichtet und 1792 im Rohbau
vollendet worden war. Über die »neuerbaute Lutherische Haupt-
kirche«, die erst 1833 eingeweiht wurde, äußert sich G. auch im
Abschnitt »Frankfurt, den 18 August 1797.« seiner *Reise in die
Schweiz* (Bd. 4.2, S. 633). – *20 Herr Baumeister Hesse:* Siehe Anm.
zu Z. 13. – *24 Hr. Professor Schlosser:* Friedrich Christoph Schlosser (1776–1861), Bibliothekar in Frankfurt, ab 1819 Professor der
Geschichte in Heidelberg. Zur Familie von G.s Schwager Johann
Georg Schlosser (1739–1799) bestanden keine verwandtschaftlichen Beziehungen. – *31 bei der Feier wiederhergestellter Stadtfreiheit:* Carl Theodor Anton Maria Reichsfreiherr von Dalberg
(1744–1817), seit 1800 Bischof von Konstanz, danach 1802 Kurfürst von Mainz und seit 1803 Erzbischof des Bistums Regensburg,
hatte in seiner Eigenschaft als Fürstprimas des Rheinbundes seit
1806 in Frankfurt residiert, das – ebenfalls unter der Regentschaft
Dalbergs – ab 1810 Hauptstadt des neugeschaffenen Großherzogtums Frankfurt geworden war. Nachdem Frankfurt im Dezember
1813 wieder zur freien deutschen Stadt erklärt wurde, fand am
9. Juli 1814 die feierliche Übergabe der Regierung an den Senat von
Frankfurt statt. – *35 Museum:* Das Museum war 1808 von Ober-
baurat Clemens Wenzeslaus Coudray (1775–1836), Legationsrat
Nikolaus Vogt (1756–1836) und dem Stadtbaumeister Johann

Friedrich Heß (s. zu Z. 13) gegründet worden. Im Jahre 1810 wurde G. Ehrenmitglied der Museumsgesellschaft. Sitz des Museums war zunächst das ›Barckhausensche Haus‹, von 1808 bis 1829 dann der ›Englische Hof‹ am Roßmarkt, danach das ›Rote Haus‹ auf der Zeil.

31 *2 Hrn. Brönner:* Der Buchhändler und Senator Johann Karl Brönner (1738–1812) zählte neben den Bankiers Simon Moritz von Bethmann (1768–1826) und Johann Friedrich Städel (s. zu S. 32,7) zu den von G. in diesem Abschnitt apostrophierten Gönnern: So handelte es sich bei dem »ansehnlichen Kapital« um eine Stiftung von 25 000 Gulden. Auch der von G. erwähnte Neubau der Stadtbibliothek konnte nur dank erheblichen Geldspenden von Brönner und Bethmann vollendet werden (vgl. hierzu: Frankfurt mit den Augen Goethes. Hg. von Herbert Heckmann und Walter Michel. Frankfurt a. M. 1982). – *3 den aufgehobenen Klöstern:* Die aus den aufgehobenen Frankfurter Klöstern stammenden Bilder waren 1809 durch Carl von Dalberg dem ›Museum‹ übergeben worden. Von den aus dem 1803 aufgehobenen Frankfurter Dominikanerkloster stammenden Gemälden fertigte G. eine eigene Aufstellung an (WA I 34/2, S. 15–19). – *9 Hrn. Schütz:* Christian Georg Schütz der Jüngere, genannt ›der Vetter‹ (1758–1823), Landschaftsmaler, Aquarellist und Zeichner, zugleich Leiter der Gemäldesammlung des ›Museums‹ (s. auch zu S. 37,4). – *14 Holbein der Ältere:* Hans Holbein d. Ä. (1460–1523) hatte sich zu Beginn des 16. Jh.s als ›commensalis‹, also als ›Gast des Hauses‹, bei den Frankfurter Dominikanern aufgehalten und dabei auch einige Bilder für die Klosterkirche gemalt, die G. in seiner Liste (s. zu Z. 3) erwähnt. – *29 Stadt Prag:* Die Gesellschaft patriotischer Kunstfreunde in Prag war 1796 durch einen Vetter des Grafen Caspar von Sternberg (1761–1838) gegründet worden; vgl. hierzu auch G.s Beitrag *Prag*, S. 355. – *40 des Herrn Direktor Bergler:* Der Maler und Kupferstecher Joseph Bergler (1753–1829) war Direktor der 1800 gegründeten Prager Akademie der bildenden Künste gewesen (vgl. Bd. 14, S. 291).

32 *7 Hr. Städel:* Der Kaufmann und Bankier Johann Friedrich Städel (1728–1816) war der Besitzer einer umfangreichen privaten Kunstsammlung, die in seinem Haus am Roßmarkt mehr als 500 Gemälde, etwa 9000 Kupferstiche sowie rund 3000 Aquarelle und Handzeichnungen umfaßte. Durch seine testamentarische Verfügung vom 15. März 1815, die erstmals am 26. Januar 1793 niedergelegt und nach der Einführung des Code Napoléon am 18. Januar 1812 geändert worden war, vermachte er diese Sammlung, sein Haus und sein Vermögen von etwa einer Million Gulden einer »zum Besten hiesiger Stadt und Bürgerschaft« einzurichtenden

Stiftung, dem nach ihm benannten ›Städelschen Kunstinstitut‹. In diesem ›Stiftungs-Brief‹ wurden dem Städelschen Kunstinstitut zwei Aufgaben gestellt: »Die Anlage, Erweiterung und Verbesserung einer Kunstsammlung, zu der jedermann Zutritt haben soll – die Bilder Städels sollen dazu nur den Ausgangspunkt bilden; sind sie zu gering an Qualität, so sollen sie verkauft oder vertauscht werden – und die Förderung junger Künstler durch Unterrichtung und Stipendien« (aus: Hans-Joachim Ziemke: Das Städelsche Kunstinstitut – die Geschichte einer Stiftung. Ausstellung im Wissenschaftszentrum Bonn-Bad Godesberg 18. April bis 1. Juni 1980. Frankfurt a. M. 1980, S. 5). Dies sollten fünf von Städel ernannte ›Administratoren‹ übernehmen. Durch einen Einspruch jedoch, den entfernte Verwandte Städels am 11. September 1817 gegen diese Stiftung einlegten, entspann sich ein jahrelanger Rechtsstreit, der sogenannte ›Städelsche Prozeß‹, der erst im September 1828 durch einen Vergleich bei erheblichen finanziellen Verlusten des Instituts entschieden wurde. G. hatte die Kunstsammlung im Hause Städels bereits am 18. August 1797 besichtigt und hierzu eine Aufstellung *Zur Erinnerung des Städelschen Cabinets* (Bd. 4.2, S. 96) verfaßt. Gleiches geschah auch 1815 (WA I 34/2, S. 15). – *22 Hr. Dr. Grambs:* Johann Georg Grambs (1756–1817), Rechtsanwalt und Kunstsammler, gehörte auf Städels Wunsch hin zum Vorstand des Kunstinstituts, dem er 1816 auch seine Kunstsammlung gegen eine Jahresrente in Höhe von 5000 Gulden vermachte. – *29 Hr. Wendelstädt:* Der Maler und Radierer Carl Friedrich Wendelstadt (1786–1840) war der Pflegesohn von Johann Grambs, durch dessen testamentarische Verfügung er 1817 Inspektor des Städelschen Kunstinstituts wurde. – *33 Hr. Franz Brentano:* Franz Dominikus Brentano (1765–1844), Kaufmann in Frankfurt wie sein Vater Peter Anton Brentano (1735–1797), Stiefbruder von Bettina und Clemens Brentano; s. die Vorbemerkung zu *Im Rheingau Herbsttage*, S. 779 ff. Nachdem G. schon im September 1814 wiederholt Gast im Hause von Franz Brentano gewesen war, nahm er auch im September 1815 die Gelegenheit wahr, zusammen mit Sulpiz Boisserée die Brentanosche Kunstsammlung zu studieren. Dort besichtigte Gemälde notiert G. im Tagebuch vom 14. September 1815, und in einem Dankschreiben an Antonia Brentano vom 15. September 1815 hebt er ausdrücklich die »bilderreichen Wände« und »herrlichen Gemälde« (WA IV 26, S. 82) hervor. – *36 von Birkenstock:* Johann Melchior Edler von Birkenstock (1738–1809), Hofrat in Wien und Vater von Franz Brentanos Frau Johanna Antonia Josepha (1780–1869). Aus dessen umfangreicher Kunstsammlung wurden nach seinem Tode etwa 200 Gemälde und 7000 Kupferstiche nach Frankfurt gebracht.

33 1 Mark Antons: Marcantonio Raimondi (1475–1534), italienischer Kupferstecher, den G. auch im »Zweiten Römischen Aufenthalt« seiner *Italienischen Reise* (Bd. 15) wiederholt erwähnt
(»Päpstliche Teppiche« vom Juli 1787 sowie im Bericht vom De-
zember 1787). Vgl. auch G.s Aufsatz *Über Christus und die zwölf
Apostel* (Bd. 3.2, S. 275). – *7 Hr. von Gerning:* Siehe zu S. 29,24. –
16 Hr. Becker: Carl Wilhelm Becker (1771–1830), Kaufmann,
Kunsthändler und Medailleur, zunächst in Frankfurt, später in
Offenbach. Als ›Münz-Becker‹ und ›Antiken-Becker‹ erlangte er
zugleich als versierter Münzfälscher einige Bekanntheit (vgl. G.s
Briefe an Johann Christian Ehrmann vom 20. März 1816 und an
Sulpiz Boisserée vom 24. Juni 1816). – *22 Hrn. von Holzhausen:*
Johann Justinian Georg Freiherr von Holzhausen (1771–1844),
Frankfurter Kunstsammler und Maler, dessen Gut sich »auf der
Öde« vor dem Eschenheimer Tor befand. – *23 Lucas Cranach:*
Lukas Cranach der Ältere (1472–1553). Im Tagebuch notiert G.
unter dem 12. September 1815: »Bei Holzhausen auf der Öde
Lucas Cranach, Lasset die Kindl. Mater Dolorosa«. Die erwähnten
»Familiengemälde« befinden sich heute im Städelschen Kunstinsti-
tut. – *31 Herrn Leers:* Jakob Philipp Leerse-Sarrasin (1779–1839),
Frankfurter Bankier und Kunstsammler. – *Frau de Neufville:*
Sophie Franziska de Neufville, geb. Gontard (1767–1833), Frau
des Arztes Matthias Wilhelm de Neufville; ein Besuch »bei Neuf-
ville Gontard« wird am 10. September 1815 im Tagebuch notiert
(vgl. auch den Eintrag vom 13. September). – *32 van der Neer:*
Aert van der Neer (1603–1677), holländischer Landschaftsmaler. –
Hr. Etling: Johann Jakob Ettling (gest. 1831), Apotheker und
Kunstsammler in Frankfurt. Es handelt sich hier nicht, wie die JA
angibt, um Johann Friedrich Ettling (1712–1786), den aus Marbach
stammenden Schöffen und Teilhaber einer großen Frankfurter
Apotheker- und Materialwarenhandlung, der zugleich ein bedeutender Kunstsammler war und den G. auch in *Dichtung und
Wahrheit* erwähnte (Bd. 16, S. 597,38). – *Die Lausbergische
Sammlung:* Heinrich Lausberg (1748–1809), Frankfurter Wein-
händler und Kunstsammler. – *39 Katalog:* Descrizione di tutte le
pubbliche pitture della città di Venezia e isole circonvicine: o sia
Rinnovazione delle ricche Minere di Marco Boschini ⟨...⟩ Venezia: P. Bassaglia 1733. Ein aus den Beständen seines Vaters stam-
mendes Exemplar dieses Katalogs befand sich in G.s Bibliothek
(Ruppert, Nr. 2216).

34 8 geistiger Geselligkeit: Bildung nicht mehr als individueller
oder solipsistisch vollzogener Akt der Wissensaneignung, sondern
als gemeinschaftlich erfahrene Praxis, als sozial vermittelter und
sozial nachvollziehbarer Prozeß bildet seit der Zeit der Klassik

nicht nur das Fundament von G.s pädagogischen Überzeugungen
und Bestrebungen, eine so verstandene ›Bildung‹ steht darüber
hinaus im Zentrum seiner ästhetischen wie auch kulturpolitischen
Programmatik (vgl. hierzu die Anm. zur Nr. 254 der *Maximen und
Reflexionen*; Bd. 17, S. 1268 f.). Nirgendwo läßt sich diese ›soziale
Wendung‹ besser verfolgen als in den *Wilhelm-Meister*-Romanen,
wo jenes vielzierte Wort Wilhelms aus dem 5. Buch – »mich selbst,
ganz wie ich da bin, auszubilden, das war dunkel von Jugend auf
mein Wunsch und meine Absicht« (Bd. 5, S. 288) – am Ende eine
entscheidende Korrektur erfährt und durch ein neues Modell
ersetzt wird: »An diesem Tage, dem vergnügtesten seines Lebens
schien auch seine eigne Bildung erst anzufangen, er fühlte die
Notwendigkeit sich zu belehren, indem er zu lehren aufgefordert
ward« (ebenda, S. 500). – *12 Hr. Morgenstern:* Der Maler und
Restaurator Johann Ludwig Ernst Morgenstern (1738–1819) war
auch der Zeichenlehrer des jungen G. gewesen (vgl. *Dichtung und
Wahrheit*; Bd. 16, S. 371 f.). G.s versteckter Appell im letzten Satz
dieses Abschnitts sollte jedoch kein Gehör finden: Das Morgen-
sternsche Kabinett wurde 1867 nach England verkauft; es kehrte
aber später wieder nach Frankfurt zurück und ist heute im Goethe-
museum zu besichtigen. – *22 Hr. Silberberg:* Carl Wilhelm Silberberg, Kunsthändler und Sammler von Kupferstichen. – *24 Hrn.
Boye:* Anton Boy (1751–1834), Frankfurter Goldarbeiter und
Antiquitätenhändler.

35 *13 Hr. Reges:* Johann Andreas Benjamin Reges (1772–1847)
war von 1799 bis 1832 Leiter des im Jahre 1779 von Georg Joseph
Cöntgen (1752–1799) gegründeten ›Zeichnungsinstituts‹. – *16 Noviziate:* (lat.) die Probezeit eines Ordensneulings. – *20 Um solche
⟨...⟩ weiter zu bringen:* Mit den gleichen Argumenten hatte G.
zuvor schon den Plan zur Einrichtung einer Kunstakademie in
Köln abgelehnt (S. 14). – *30 der Herren Seidelmann, Grassy, Matthäi, Kügelchen und Hartmann:* Jacob Crescentius Seydelmann
(1750–1829), Maler und Direktor der Dresdener Akademie; die
anderen hier genannten Maler, Joseph Grassi (1757–1838), Johann
Friedrich Matthäi (1777–1843), Franz Gerhard von Kügelgen
(1772–1820) und Ferdinand August Hartmann (1774–1842), waren
Professoren an dieser Akademie, Matthäi hatte darüber hinaus die
Leitung der Dresdener Gemäldegalerie inne. – *32 Zink, Klengel
oder Friedrich:* Der Kupferstecher Adrian Zingg (1734–1816) und
Johann Christian Klengel (1751–1824), Landschaftsmaler und Radierer, waren ebenfalls Mitglieder der Akademie in Dresden. Caspar David Friedrich (1774–1840), Landschaftsmaler.

36 *26 Gliedermännern:* mit beweglichen Gliedmaßen versehene Puppen, die Künstlern als Modell dienen. Als deren Erfinder

gilt laut Vasari der italienische Maler Baccio della Porta. – *29 Herrn von Bethmann:* Simon Moritz von Bethmann (1768–1826), Leiter des Frankfurter Bankhauses Gebrüder Bethmann (zu seiner mäzenatischen Tätigkeit s. auch zu S. 31,2). Schon dessen Vater Johann Philipp Bethmann (1715–1793) hatte freundschaftliche Beziehungen zur Familie Goethe unterhalten (vgl. *Dichtung und Wahrheit;* Bd. 16, S. 750). Die hier erwähnte »Sammlung von Gipsabgüssen« hatte der kaiserliche Formator Getti in Paris angefertigt; sie war seit 1812 im Garten des Bethmannschen Hauses vor dem Friedberger Tor öffentlich zugänglich.

37 *4 Feyerabendt, Merian, Rose, Schütz:* Herausragende Vertreter dieser traditionsreichen Familien waren der Holzschneider und Drucker Siegmund Feyerabendt (1528–1590), die Maler und Kupferstecher Matthäus Merian der Ältere (1593–1650), dessen »große Folio-Bibel« G. als Kind kennengelernt hatte (*Dichtung und Wahrheit;* Bd. 16, S. 37), sowie Matthäus Merian der Jüngere (1621–1687) und der Tier-, Landschafts- und Porträtmaler Johann Heinrich Roos (1631–1685). Bilder des Landschaftsmalers Christian Georg Schütz des Älteren (1718–1791) hatte G. schon früh in der Gemäldesammlung seines Vaters kennengelernt (*Dichtung und Wahrheit;* Bd. 16, S. 31). Dessen Sohn Johann Georg Schütz (1755–1813), der in Rom im gleichen Haus wie G. wohnte, hatte die Illustrationen zum *Römischen Carneval* angefertigt (vgl. hierzu Bd. 3.2, S. 547 ff.). Zu Christian Georg Schütz dem Jüngeren, genannt ›der Vetter‹, s. zu S. 31,9. – *10 Sachtleben:* Herman Zaftleeven (1609–1685), holländischer Maler und Radierer; neben der von G. benutzten Schreibweise sind auch Sachtleven, Saftleben oder Zachtleven überliefert. Auch in *Dichtung und Wahrheit* wird der Einfluß Zaftleevens, dort auf Christian Georg Schütz den Älteren, hervorgehoben (Bd. 16, S. 31). – *12 Sepia:* aus dem getrockneten Sekret des Tintenbeutels der Tintenfische gewonnene schwarzbraune Malerfarbe. – *23 Herrn Radel:* Anton Radl (1774–1852), Radierer, Maler und Aquarellist, seit 1794 in Frankfurt.

38 *17 republikanische Formen:* Vgl. hierzu S. 14,29. – *32 Blumenfreunde werden sich über Blumen ‹...› entzweien:* Das Beispiel eines solchen Zwists unter Blumenfreunden – Friedrich Ludwig von Reineck und Friedrich Wilhelm von Malapert – hatte G. im 4. Buch von *Dichtung und Wahrheit* geschildert (Bd. 16, S. 179 f.).

39 *24 entbrechen:* nach DWb eigentlich ›sich lösen‹; in neuerer Zeit jedoch fast nur noch im verneinenden Ausdruck im Sinne des lat. ›abstinere‹ als ›sich enthalten‹. – *38 Hr. Brönner:* Der Buchhändler Heinrich Karl Remigius Brönner (1789–1857), Neffe von

Johann Karl Brönner (s. zu S. 31,2), war seit 1812 Inhaber der Brönnerschen Buch- und Kunsthandlung, die sich ursprünglich am Pfarreisen, später am Großen Kornmarkt befand.
40 *2 Hr. Wenner:* Johann Friedrich Wenner (1772–1835), Buchhändler und Kunstverleger. – *4 die Herrn Riepenhausen, Overbeck und Cornelis:* Bei Wenner war 1806 eine von den Brüdern Friedrich (1786–1831, ab 1804 Franz) und Christian (1788–1860, ab 1804 Johannes) Riepenhausen illustrierte Ausgabe von Ludwig Tiecks 1800 erstmals veröffentlichtem Trauerspiel ›Leben und Tod der heiligen Genoveva‹ erschienen, das Tieck G. im Jahre 1799 selbst vorgelesen hatte (vgl. zu S. 331,24, sowie die *Tag- und Jahres-Hefte* zu 1799; Bd. 14, S. 62). Die Gebrüder Riepenhausen hatten 1803 auch an den Preisaufgaben der ›Weimarischen Kunstfreunde‹ teilgenommen (vgl. Bd. 6.2, S. 508 sowie S. 1115 f. und 1122). Der Historienmaler Johann Friedrich Overbeck (1789–1869), der seit 1810 in Rom lebte, hatte für Wenner das Bild ›Italia und Germania‹ gemalt. Die hier erwähnten Faustzeichnungen von Peter Cornelius (1783–1867) hatte Sulpiz Boisserée G. bei seinem Besuch in Weimar im Mai 1811 vorgelegt, sie werden im Tagebuch am 3. Mai sowie im Brief an den Grafen Carl Friedrich Reinhard vom 8. Mai 1811 erwähnt; vgl. hierzu auch G.s Schreiben vom 8. Mai 1811 an Cornelius selbst. Die Zeichnungen befinden sich heute im Städelschen Kunstinstitut, sie erschienen in Buchform 1816 im Verlag Wenner. – *7 Ruschewegh:* Ferdinand Ruscheweyh (1785–1845), Zeichner und Kupferstecher, der von 1809 bis 1832 in Rom lebte. Vgl. G.s Besprechung von Ruscheweyhs 1821 erschienenem Kupferstich des ›Abendmahls‹ in Santa Croce in Florenz (Bd. 13.2, S. 170). – *11 Canova:* Antonio Canova (1757 bis 1822), italienischer Bildhauer. – *Thorvalsen:* Bertel Thorvaldsen (1768–1844), dänischer Bildhauer. – *12 Herr Willmanns:* Gerhard Friedrich Wilmans (1764–1830), Frankfurter Verleger und Kunsthändler. – *32 Hr. Düring:* Johann Heinrich Düring (1778–1858), Fagottist am Theater und Organist an der deutschreformierten Kirche, hatte 1811 den ersten Gesangverein Frankfurt gegründet.
41 *4 Hrn. Schmidt:* Carl Joseph Schmidt (gest. 1818), Kapellmeister der Oper und von 1808 bis 1818 Leiter der Musikklasse des ›Museums‹ (s. zu S. 30,35). – *16 Doktor Senckenberg:* Zur Verbesserung der ärztlichen Ausbildung und der medizinischen Versorgung der Bevölkerung hatte sich der Frankfurter Arzt Dr. Johann Christian Senckenberg (1707–1772) entschlossen, sein Vermögen in eine Stiftung einzubringen, die durch eine 19 Paragraphen umfassende Urkunde am 18. August 1763 gegründet wurde. Während der von G. beschriebene »praktische« Zweck in der Grün-

dung eines Bürgerspitals bestand, diente die »theoretische« Zielsetzung, wie G. ebenfalls ausführlich darlegt, vor allem der wissenschaftlichen Forschung: so in der Einrichtung eines anatomischen Instituts, eines botanischen Gartens, eines chemischen Laboratoriums, eines mineralogischen Kabinetts sowie einer umfangreichen wissenschaftlichen Bibliothek. G. stützte seine Ausführungen über die Senckenbergische Stiftung in weiten Teilen auf die schriftlichen Mitteilungen von Christian Heinrich Schlosser (1782–1829), einem Neffen von G.s Schwager Johann Georg Schlosser (1739–1799). Nachdem G. in einem Brief vom 6. November 1815 Schlosser nochmals »um einen Nachtrag von Notizen zu dem Artikel *Frankfurt*« gebeten und eine Reihe konkreter Fragen angeschlossen hatte, beschäftigte sich der kurz darauf übersendete zweite Bericht Schlossers vom 13. November 1815 ausführlich mit den Senckenbergischen Einrichtungen (s. WA I 34/2, S. 41–43); Schlosser stützte sich dabei wiederum im wesentlichen auf die Mitteilungen von Dr. Neuburg (s. zu S. 43,25). Zweifellos hat G.s eingehende Würdigung dieser Stiftung zur Gründung der ›Senckenbergischen Naturforschenden Gesellschaft‹ im Jahre 1817 beigetragen. – *38 Hallers:* Albrecht von Haller (1708–1777), schweizerischer Dichter, Arzt und Naturforscher.

42 *34 Sein früher unglücklicher Tod:* Während der Bauarbeiten zu seinem Bürgerspital kam Senckenberg am 15. November 1772 durch einen Sturz vom Gerüst ums Leben. – *37 Reichardt:* Johann Jakob Reichard (1743–1782), Botaniker und Mediziner, erster Stiftsarzt am Senckenbergischen Institut. Die von G. erwähnte ›Flora Moeno Francofurtana‹ war bei Brönner in Frankfurt von 1772 bis 1778 erschienen.

43 *18 Doktor Löhr:* Georg Philipp Lehr (1756–1807) war 1782 der Nachfolger Reichards als Stiftsarzt geworden. – *25 Herr Doktor Neuburg:* Johann Georg Neuburg (1757–1830), der 1792 G.s Cousine Anna Margaretha Melber geheiratet hatte, war Arzt und Leiter der wissenschaftlichen Einrichtungen des Senckenbergischen Instituts. Da die Mitteilungen Neuburgs die Hauptquelle von Schlossers Bericht über das Senckenbergische Institut bildeten (s. zu S. 41,16), ersuchte Schlosser G. in einem Brief vom 10. Januar 1817 dann auch, dessen Verdienst gebührend zu würdigen: »Sollten Sie des Institutes Erwähnung tun, so bitte ich sehr Neuburgs dabei zu denken als eines Mannes von unermüdlichem Eifer, der ebenso aufopfernd tut als rüstig streitet« (WA I 34/2, S. 43). Die Darstellungen Neuburgs, die vor allem dem Nachtrag zum Abschnitt »Frankfurt« zugrunde lagen, lösten allerdings eine Kontroverse aus. So erschien in der Wennerschen Buchhandlung 1817 eine Schrift ›Das Senkenbergische Stift‹, in der Neuburgs »falsche

Darstellung, welche den Schutz eines berühmten Namens erschleichen will« (zit. nach: JA 29, S. 368), zurückgewiesen werden sollte. – *29 Conchylien:* (lat.) Schale der Weichtiere (meist in der Mehrzahl gebraucht). – *35 Hr. Doktor Nefe:* Christian Ernst Neeff (1782–1849), nach einem Theologie- und Medizinstudium Naturforscher und Arzt am Senckenbergischen Spital; seit dem 4. November 1812 Professor der allgemeinen und speziellen Pathologie. – *36 Bäumer und Isermann:* Johann Heinrich Bäumert (1743 bis 1816), Gärtner und Botaniker, Friedrich Karl Isermann (geb. 1787), Gärtner am Senckenbergischen Institut. Nach dem Namen des Gärtners hatte sich G. in seinem Brief an Schlosser vom 6. Mai 1815 ausdrücklich erkundigt.

44 *22 der Hrn. Salzwedel, Jassoy, Löhrl:* Peter Salzwedel (1752–1815), Besitzer der Frankfurter Apotheke ›Zum Schwanen‹, Ludwig Daniel Jassoy (1768–1831), Rechtsanwalt in Frankfurt, Johann Kaspar Löhrl (1769–1828), seit 1790 Arzt in Frankfurt. – *23 des Hrn. Metzler:* Johann Friedrich Metzler (1749–1825), Frankfurter Kaufmann und königlich preußischer Geheimer Kommerzienrat. Einen Besuch in Metzlers Garten vermerkt G. am 19. August 1815 in seinem Tagebuch. – *24 Oberrad:* südsüdöstlich von Frankfurt gelegenes Dorf, heute ein Stadtteil Frankfurts.

45 *1 Hr. Doktor Kästner:* Der Mediziner und Chemiker Theodor Friedrich Arnold Kestner (1779–1847), der fünfte Sohn von Charlotte Kestner, geb. Buff (1753–1828), war seit 1812 Professor an der großherzoglichen medizinisch-chirurgischen Lehranstalt in Frankfurt. Er besuchte G. am 31. August 1815 in der Gerbermühle.

46 *3 Hr. Doktor Behrens:* Johann Bernhard Jakob Behrends (1769–1823), Physiker und seit 1792 Arzt in Frankfurt. – *4 Sömmerrings:* G. hatte den Anatomen und Physiologen Samuel Thomas Sömmerring (1755–1830), der von 1794 bis 1805 in Frankfurt, danach in München lebte, im Oktober 1783 in Kassel kennengelernt und stand seit dem Juni 1784 mit ihm in einem ständigen Briefwechsel. – *5 Hr. Doktor Lucä:* Samuel Christian Lucä (1787–1821), Arzt in Frankfurt, der 1815 als Professor für Pathologie nach Marburg wechselte. – *13 Kenner der Zergliederungskunst:* Der Einrichtung und den Erfordernissen wie den Schwierigkeiten bei Ausbildung in plastischer Anatomie wird G. später in der zweiten Fassung seines Romans *Wilhelm Meisters Wanderjahre oder Die Entsagenden* (1829) ein eigenes Kapitel widmen (Drittes Buch, 3. Kapitel; Bd. 17, S. 553–564).

Offenbach

G. ist am 17. Oktober 1814 in Offenbach gewesen und hat sich im darauffolgenden Jahr, nämlich am 29. August 1815, erneut dort aufgehalten.

47 *26 Hrn. Hofrat Meyer:* Bernhard Meyer (1767–1835), Arzt, Apotheker und Ornithologe in Offenbach. Den Besuch seiner »Sammlung von Vögeln«, die später in den Besitz des Senckenbergischen Museums überging, vermerkt G. in seinem Tagebuch am 29. August 1815. – *38 Das von Hrn. Meyer herausgegebene Werk:* Meyers ›Taschenbuch der deutschen Vögelkunde, oder kurze Beschreibung aller Vögel Deutschlands‹, das auch 75 kolorierte Tafeln enthielt, war in 2 Teilen 1809 in Frankfurt erschienen.

48 *1 Beschreibung der Vögel Lief- und Esthlands:* unter dem Titel ›Kurze Beschreibung der Vögel Liv- und Esthlands‹ 1815 in Nürnberg erschienen. G. besaß dieses Buch selbst (Ruppert, Nr. 4883). – *4 die Hrn. Gabler und Hergenröder:* Ambrosius Gabler (1762–1834), Maler, Zeichner und Kupferstecher in Nürnberg; Johann Matthias Hergenröder (1774 bis um 1830), Maler und Radierer in Offenbach, vermutlich der Sohn des Malers und Radierers Georg Heinrich Hergenröder (1736 bis um 1794), auch Herchenröder, der in Offenbach eine Zeichenschule gegründet hatte. – *5 Die Schwester:* die Pflanzenmalerin Johannette Katharine Hergenröder (geb. 1777). – *6 Dlle. Stricker:* Demoiselle (Fräulein) Christiane Philippine Friederike Stricker (1780–1840), Blumenmalerin.

Hanau

G. hielt sich in Hanau am 27. und 28. Juli sowie vom 20. bis zum 24. Oktober 1814 auf, von wo aus er am 24. Oktober auch die Heimreise antrat und am 27. Oktober in Weimar eintraf. Während seiner Reise im Jahre 1815 war G. nicht nach Hanau gekommen. In einem Brief vom 20. Oktober 1815 hat sich G. bei Karl Caesar von Leonhard, den er im Jahr zuvor beide Male aufgesucht hatte, »wegen des nicht abgestatteten Besuchs« ausdrücklich entschuldigt. Diesem Brief an Leonhard, der anläßlich seiner Begegnung mit G. später auf seine Weise einen Beitrag zum Goethebild des 19. Jh.s leisten wird (s. u.), legt G. auch einen Entwurf zum Abschnitt »Hanau« bei, »auf welchem aus dem Gedächtnis die Hauptpunkte verzeichnet, mit Bitte um vollständigere Nachricht von allem, was Hanau in diesem Sinne merkwürdig macht« (dieser

Entwurf ist in WA I 34/2, S. 35 f. abgedruckt). Am 30. Oktober
1815 trifft in Weimar ein umfangreicher Bericht von Leonhard ein,
der dann im wesentlichen der Darstellung in *Über Kunst und
Altertum* zugrunde liegt und von G. nur geringfügig überarbeitet
wurde (zu den Korrekturen vgl. WA I 34/2, S. 44–46).

*Karl Caesar von Leonhard: Aus unserer Zeit in meinem Leben
(1854):*
Freudigst war ich überrascht und bewegt: ich sollte Göthe sehen!
   Männer von großem Namen verlieren nicht selten bei näherer
Bekanntschaft. Wie verschieden war das, was ich fand bei meiner
ersten Zusammenkunft mit dem Dichter-Fürsten, der uns Großes
und Herrliches gebracht, die höchste, reinste Poesie, mit dem
Manne, der durch Macht reichen, durchdringenden gewaltigen
Geistes so unendlich hervorragte über seine Zeitgenossen.
   Gespannt mit ganz eigenem Gefühl – was soll ich's in Abrede
stellen, nicht ohne scheue Ehrfurcht überschritt ich die Schwelle
des Allgefeierten.
   Der Heros der Wissenschaft kam mir entgegen mit dem ihm
eigenen wahrhaft hohen Anstand, mit der edlen geistigen Vor-
nehmheit, in gemessener, aber dennoch ungezwungener Haltung.
Er begrüßte mich zutraulich, bequem und gütig, offen, frei und
herzlich, mit der ihm gegebenen Leichtigkeit sich mitzuteilen, es
sei schriftlich oder mündlich. Göthe reichte mir die Hand; nun
fühlte ich mich nicht im geringsten weiter in Verlegenheit. Was ich
gesagt, weiß ich nicht mehr, nur das blieb mir treu im Gedächtnis,
daß er, in wohlgefälligster Weise, heitere, freundliche Worte an
mich richtete.
   ⟨...⟩
   Bezaubert von der Persönlichkeit – die Erscheinung allein war
erhebend – schied ich. Wie hatte sich die Bewunderung gesteigert,
welche ich dem großen Manne nie versagt!
(Erster Band, S. 441 f.)

   48 *15 Scienz:* lat. ›Wissenschaft‹. – *16 Hr. Doktor Gärtner:*
Siehe zu S. 131,12. – *19 Leisler:* Johann Philipp Achilles Leisler
(1772–1813), Zoologe und Arzt in Hanau. Zeigte sich G. in einem
Brief an Knebel vom 17. Oktober 1812 noch erfreut darüber, daß
»Leisler in Frankfurt die Metamorphose der Vögel näher ins Licht
setzt«, so mußte er am 11. Dezember 1813 – wiederum im Brief an
Knebel – »den Tod des verdienstvollen Leisler« bedauern. (Zu
Leislers schriftstellerischer Tätigkeit s. auch zu S. 51,4.) – *22 Hrn.
Hofrat Dr. Kopp:* Johann Heinrich Kopp (1777–1858), Medizinal-
rat, Professor für Chemie und Naturgeschichte am Lyzeum in

Hanau, der später Direktor der Wetterauischen Gesellschaft für Naturkunde wurde. Auf seine chemischen Forschungen wies G. in einem Brief an Döbereiner vom 26. Dezember 1812 hin. – *25 Schaumburg:* Johann Heinrich Schaumburg (1752–1831), Hofintendant und Naturforscher in Hanau, später in Kassel. – *28 Hrn. Geheimen Rat Leonhard:* G.s kontinuierlicher Gedankenaustausch mit Karl Caesar von Leonhard (s. zu S. 130,25) dokumentiert sich nicht nur in deren Briefwechsel, sondern vor allem auch in G.s Mitarbeit an den von Leonhard erstellten geologischen Tabellen (vgl. auch *Maximen und Reflexionen* Nr. 1271; Bd. 17, S. 929). Im ersten Band seiner Schrift ›Aus unserer Zeit in meinem Leben‹ (1854) berichtet Leonhard unter der Überschrift »Göthe in Wiesbaden« auch über G.s Besuch in Hanau im Jahre 1814 (dort S. 440–445; s. o.). – *29 Pfarrer Merz:* Ernst Karl Friedrich Merz (1776–1813), Mineraloge und Pfarrer in Bruchköbel bei Hanau. – *32 größere tabellarische Werk:* Die ›Systematisch-tabellarische Übersicht und Charakteristik der Mineralien‹, herausgegeben von Leonhard, Kopp und Merz, war 1806 erschienen. – *33 seine Zeitschrift:* das ›Taschenbuch für die gesamte Mineralogie, mit Hinsicht auf die neuesten Entdeckungen, herausgegeben von Karl Caesar Leonhard‹, erschienen in Frankfurt a. M. von 1807 bis 1829. Dem zweiten Jahrgang 1808 hatte Leonhard die Widmung »Dem / Herrn Geheimerat von GOETHE / in Weimar, / dem / Herrn Professor HAÜY / in Paris / und dem / Herrn Ober-Medizinal-Rat KLAPROTH / in Berlin, / weihet diese Blätter / mit / der innigsten Verehrung / der / HERAUSGEBER.« vorangestellt und dort auch G.s Aufsatz *Sammlung zur Kenntnis der Gebirge von und um Karlsbad angezeigt und erläutert von Herrn Geheimerat von Goethe in Weimar* (S. 3–32) publiziert, den G. später in einer überarbeiteten Fassung unter dem Titel *Joseph Müllerische Sammlung* im ersten Heft des ersten Bandes seiner Zeitschrift *Zur Naturwissenschaft überhaupt* veröffentlichte (Bd. 12, S. 414). Unter dem Datum »Weimar 25. 11. 1807« rückte Leonhard am Ende des ›Taschenbuchs‹ von 1808 einen mit einem Dank verbundenen Nachtrag G.s ein (S. 389–398), den G. ebenfalls in *Zur Naturwissenschaft überhaupt* aufnahm (*An Herrn von Leonhard*; Bd. 12, S. 764). Eine Rezension von Leonhards 1821 erschienenem ›Handbuch der Oryktognosie‹ veröffentlichte G. in *Zur Naturwissenschaft überhaupt* (II 1; Bd. 12, S. 736 f.). – *34 topographische Mineralogie:* ›Handbuch der allgemeinen topographischen Mineralogie‹, erschienen von 1805 bis 1810. – *36 Einleitung und Vorbereitung zur Mineralogie:* Leonhards ›Propädeutik der Mineralogie‹, zusammen mit Kopp und Karl Ludwig Gärtner (1785–1829) verfaßt, war 1817 erschienen. In einem Schreiben an Leonhard vom

15. September 1817 würdigt G. diese Schrift als »das höchstbedeu-
tende Werk, welches den Verehrern der Wissenschaft nicht mehr
von der Seite kommen darf«. Der Hanauer Apotheker, Chemiker
und Physiker Karl Ludwig Gärtner, ein Neffe Philipp Gottfried
Gärtners (s. zu S. 131,12), war – wie auch sein Onkel – Direktor
der Wetterauischen Gesellschaft für Naturkunde. – *38 Propädeutik:* (griech.-lat.) Einführung in die zu einem wissenschaftlichen
Studium notwendigen Vorkenntnisse.

49 *8 Begründung eines wissenschaftlichen naturhistorischen
Vereines:* Die im Kommentar schon mehrfach erwähnte ›Wetter-
auische Gesellschaft für gesamte Naturkunde‹ war 1808 durch
Leonhard und Kopp gegründet worden, worüber Karl Caesar von
Leonhard in seinen Lebenserinnerungen ›Aus unserer Zeit in
meinem Leben‹ (Bd. 1, Stuttgart 1854, S. 194 ff.) berichtet.

50 *7 mit Cassel vertauschte:* Siehe zu S. 48,25. – *13 Entomologie:* griech.-lat. ›Insektenkunde‹. – *28 die Meyerische:* Siehe zu
S. 47,26. – *33 ein junger Mann:* Man nimmt an, daß es sich hierbei
um den auch von G. in seinem Tagebuch am 28. Juli 1814 erwähnten Zoologen Heinrich Kuhl (1797–1821) handelt, dessen ›Beiträge
zur Zoologie und vergleichenden Anatomie‹ 1821 erschienen.

51 *4 Leisler:* 1799 war in Frankfurt Leislers (s. zu S. 48,19)
›Populäres Naturrecht‹ erschienen, dem ebenfalls in Frankfurt
1806 das ›Natürliche Staatsrecht‹ (als zweiter Teil des ›Populären
Naturrechts‹) folgte. – *8 Dr. Gärtner:* Gemeint ist, wie schon auf
S. 48,16, Philipp Gottfried Gärtner (s. zu S. 131,12). – *14 Vegetabi-
lien:* lat. ›pflanzliche Nahrungsmittel‹, hier: Pflanzen im allgemeinen Sinn. – *15 Phänogamen:* griech.-lat. ›Blütenpflanzen‹. –
16 Kryptogamen: griech. ›Pflanzen ohne Blüten‹; hierzu zählen
u. a. Pilze, Algen, Moose und Farne. – *22 Conchylien:* Siehe zu
S. 43,29.

52 *3 oryktognostische:* griech.-lat. ›mineralogische‹. – *geognostische:* griech.-lat. ›geologische‹. – *32 Hr. Hofrat Westermayr:* Die
Hanauer Zeichenakademie war 1792 gegründet worden. Der Maler
und Kupferstecher Konrad Westermayr (1765–1834), ein Schüler
des Malers und Kupferstechers Johann Heinrich Lips (1758–1817),
der von 1789 bis 1794 Professor an der Zeichenschule in Weimar
gewesen war und von 1790 bis 1795 sowie von 1800 bis 1806 in
Weimar gelebt hatte, war Ende 1806 zum Direktor der Hanauer
Zeichenakademie berufen worden.

53 *4 die würdige Gattin:* Christiane Henriette Dorothea Westermayr, geb. Stötzer (1772–1841), Malerin, Zeichnerin, Radiere-
rin und Kunststickerin, zugleich Lehrerin an der Hanauer Zeichenschule. – *6 Tischbein, Carteret, Berneaud, Franz Nickel und
Deikert:* Anton Wilhelm Tischbein (1730–1804), ein Onkel des

Goethefreunds Johann Heinrich Wilhelm Tischbein (1751–1829), seit 1769 Hofmaler und vom Gründungsjahr 1772 an Mitglied der Hanauer Zeichenakademie. Antoine Carteret (gest. 1821), ebenso wie Johann David Berneaud (1773–1861) Hanauer Emailmaler. Franz Nickel (1783–1845), Emailminiaturmaler in Hanau. Christian Friedrich Deiker (1792–1843), ein Schüler Westermayrs, Maler in Hanau, später in Wetzlar. – *8 Kraft:* Johann Peter Krafft (1780–1856), aus Hanau gebürtiger Porträt- und Historienmaler, der nach seinem Studium in Wien (1799) und Aufenthalten in Paris (1801), wiederum Wien (1805–1807) und Italien (1807/08) seit 1808 in Wien lebte, wo er 1815 Mitglied der Akademie, 1823 Professor und schließlich 1828 Direktor der Galerie im Belvedere wurde. – *9 Buri:* Der Hanauer Historien- und Porträtmaler Friedrich Bury (1763–1823), auch Büri, Bürri oder Burri, lebte von 1782 bis 1799 in Italien. In Rom wohnte er von 1784 bis 1786 zusammen mit Wilhelm Tischbein an der Via Babuino 51, anschließend als Hausgenosse von Tischbein und Schütz in der Via del Corso, wo im November 1786 auch G. einzog (vgl. *Italienische Reise,* »Bericht« vom August 1787 in Rom; Bd. 15, S. 473). – *16 Adjunkten:* (lat.) der einem Beamten beigeordnete Gehilfe. – *19 Herrn W. Leisler:* Wilhelm Karl Leisler (1783–1853); zu dessen Bruder Johann Philipp Leisler s. zu S. 48,19. – *21 Bijouterie:* frz. ›Schmuckwaren‹. – *28 Gebrüder Toussaint:* Die Gebrüder Henri-Daniel (1772–1840), Gustave und Louis Toussaint waren die Inhaber einer Hanauer Schmuckwarenfabrik. – *Souchai und Collin:* Charles Collin (1749–1817) und der Hanauer Goldschmied Souchai waren ebenfalls Besitzer einer Schmuckwarenfabrik. – *Buri:* Der Schmuckwarenfabrikant Isaak Bury (1782–1851) war ein Bruder von Friedrich Bury (s. zu Z. 9). – *Müller und Jünger:* Hanauer Schmuckwarenfabrikanten. – *34 industriösen:* lat. ›eifrig, fleißig‹. – *38 Hr. J. D. Leisler:* Jean Daniel Leisler (1768–1839), Hanauer Teppichfabrikant. – *40 Wilton-Teppiche:* geschnittene Samtteppiche, nach ihrem englischen Fabrikationsort Wilton benannt.

54 *14 Ameublements:* frz. ›Zimmer-, Wohnungseinrichtung‹. – *16 die Brüder Blachierre:* Hanauer Seidentapetenfabrikanten. Heinrich Blachierre, einer der Inhaber, starb 1828.

Aschaffenburg

Bereits in der Anzeige zu seinem Aufsatz *Kunst und Altertum am Rhein und Mayn* hatte G. eingeräumt, daß er Aschaffenburg nicht aus eigener Anschauung, sondern »nur aus Erzählungen kennt, und also nur oberflächlich von dortigen Gegenständen« sprechen könne (S. 312).

54 *29 Grünwald:* Der Maler Matthias Grünewald, eigentlich
Mathis – auch Matthaeus oder Mathes – Nithardt, auch Gothardt-
Neithardt (um 1470/1483–1528), dessen Hauptwerk der ›Isenhei-
mer Altar‹ war, trug in älteren kunsthistorischen Dokumenten
auch den Namen Matthi(a)s von Aschaffenburg bzw. Asche(n)-
burg oder Ossenburg. Sein zumindest zeitweiliger Aufenthalt in
Aschaffenburg ist verbürgt. – *30 Dürer:* Albrecht Dürer (1471 bis
1528). – *32 Hauptstadt:* München; das zuvor kurmainzische
Aschaffenburg war 1814 bayerisch geworden.

Darmstadt

G. hat sich vom 9. bis zum 11. Oktober 1814 und vom 18. bis zum
20. September 1815 in Darmstadt aufgehalten, von wo aus er nach
Heidelberg weiterreiste. In einem Brief aus Frankfurt an Christiane schilderte G. am 12. Oktober 1814 seine Darmstädter Eindrücke und Erlebnisse, insbesondere seine wiederholten Besuche
des großherzoglichen Museums.

55 *15 Das hiesige Groß-Herzogl. Museum:* Das großherzoglich hessische Museum war Ende des 18. Jh.s durch Ludwig I.
(1753–1830), seit 1806 Großherzog, zuvor seit 1790 als Ludwig X.
Landgraf von Hessen-Darmstadt, gegründet worden und befand
sich in einem Flügel des Residenzschlosses. – *23 Die herrlichsten
Statuen:* G. hatte das Museum im Oktober 1814 mehrfach besichtigt; in einem Brief an Christiane vom 12. Oktober 1814 würdigte
er dessen Einrichtung und hob insbesondere die »herrlichen Gyps
Abgüsse« hervor: »Die Pallas Veletri sah ich hier zuerst, dann
manches Bekannte sehr schön gegossen wieder«.
56 *26 des Hrn. von Hübsch:* Siehe zu S. 12,18. Das Kunst- und
Naturalienkabinett des Freiherrn von Hüpsch war seit 1805 Bestandteil des Darmstädter Museums.
57 *5 Merck:* Johann Heinrich Mercks (1741–1791) osteologische Sammlung war nach dessen Tod durch das großherzogliche
Museum erworben worden. (Vgl. zu Merck ausführlich in *Dichtung und Wahrheit;* Bd. 16, S. 540 ff.) – *38 Ihro Königl. Hoheit der
Großherzog:* Einen Besuch bei Ludwig I. notiert G. in seinem
Tagebuch unter dem 19. September 1815.
58 *1 Hr. Geh. Cabinetsrat Schleiermacher:* Ernst Christian
Friedrich Adam Schleiermacher (1755–1844), Geheimer Kabinettsrat und erster Direktor des großherzoglichen Museums, dessen Verdienste G. zuvor schon mit seinem Hinweis auf »den
schaffenden und ordnenden Geist« (S. 56,24) zwischen den Zeilen
gewürdigt hatte. Auch den Ankauf der Merckschen Sammlung (s.

zu S. 57,5) hatte Schleiermacher angeregt. In einem Brief vom
21. November 1814 hatte sich G. bei Schleiermacher bereits für
dessen »erwiesene belehrende Güte« bedankt (vgl. auch G.s Brief
vom 5. April 1816). – *3 seine Hrn. Söhne:* Ludwig Schleiermacher
(1785–1844), Naturforscher und Verfasser einer ›Analytischen
Optik‹ (Frankfurt a. M. 1842) starb noch vor seinem Vater; Andreas August Ernst Schleiermacher (1787–1851), Orientalist und
Hofbibliothekar, war seit 1811 zweiter Direktor des großherzoglichen Museums und wurde später der Nachfolger seines Vaters. –
6 Hr. Münzmeister Fehr: Karl Wilhelm Fehr (1780–1817), Münzmeister, Geologe und Mineraloge. – *8 Hr. Oberforstrat Becker:*
Darmstädter Oberforstrat. – *18 Hr. Oberbaurat Moller:* Siehe zu
S. 16,15. – *30 die Geschichte der deutschen Baukunst:* Georg Mollers ›Denkmäler deutscher Baukunst‹ erschienen in Darmstadt seit
1815 (vgl. G.s Brief an Moller vom 10. November 1815). – *34 Herr
Primavesi:* Johann Georg Primavesi (1774–1855), Darmstädter
Maler und Kupferstecher. Vgl. hierzu allerdings Sulpiz Boisserées
wenig schmeichelhaftes Urteil über Primavesi anläßlich eines gemeinsamen Nachtessens am 20. September 1815: »Ironie half
nichts gegen ihn« (Boisserée, Bd. 1, S. 282). – *38 Das daraus
entstehende Werk:* ›Der Rheinlauf von dessen verschiedenen Quellen bis zur Vereinigung des Vorder- und Hinter-Rheins bei
Reichenau (Umschlagtitel: zu seinem Ausflusse). Nach der Natur
gezeichnet und geätzt ... Le Cours du Rhin depuis ses différentes
sources jusqu'à son embouchure‹. Heft 1 und 2. Frankfurt a. M.:
Gebr. Wilmans 1818/19 (Ruppert, Nr. 2465 mit dem Vermerk
»Vom Verf. 28. 2. 1818«; vgl. auch den Tagebucheintrag vom
17. April 1818 sowie Schuchardt, Bd. I, S. 225, Nr. 122). In *Über
Kunst und Altertum* II 1 hat Johann Heinrich Meyer dieses Werk
rezensiert (S. 170–172).

Heidelberg

G. hat sich vom 24. September bis zum 9. Oktober 1814 und vom
20. September bis zum 7. Oktober 1815 in Heidelberg aufgehalten.
Für den Zeitraum vom 24. September bis zum 12. Oktober 1814
fehlen Eintragungen im Tagebuch, dafür bieten uns G.s Briefe an
Christiane (vom 27. September, dem 1. und 6. Oktober, s. u.)
einen lückenlosen Bericht über seinen Aufenthalt. Im Jahre 1815 ist
G. am 2. August in Wiesbaden mit Sulpiz Boisserée zusammengetroffen, der von da ab sein Reisebegleiter (nach Frankfurt, Darmstadt und schließlich Heidelberg) war.
  In Heidelberg wohnte G. unweit des ›Sickingischen Palais‹ der
Gebrüder Boisserée im Hause des kurfürstlich Pfälzischen Hof-

kammerrats und Domanialverwalters Johann Karl Schmuck und
dessen – ebenfalls im Hause lebender – Tochter, der Frau Amtmann Sartorius (vgl. G.s Brief an Christiane vom 10. Oktober
1814; eine Abbildung des Gebäudes im GJb 1920 auf der Tafel 4
nach S. 244, der Text der an diesem Gebäude angebrachten Ge-
denktafel ebenda, S. VII).

   Neben anderem – so waren vom 22. bis zum 26. September 1815
die Willemers in Heidelberg zu Besuch gewesen – stand bei beiden
Aufenthalten insbesondere das ausführliche Studium der Boisseréeschen Gemäldesammlung im Mittelpunkt von G.s Interesse,
was im vorliegenden Beitrag deutlich zum Ausdruck kommt und
auch seinen Zeitgenossen nicht entgangen war. So schrieb Johann
Heinrich Voß der Jüngere, der Sohn des Schriftstellers und Übersetzers Johann Heinrich Voß (damals beide Professoren für Philologie in Heidelberg), in einem Brief an Christian Truchsess Freiherr von Wetzhausen am 30. Oktober 1814: »Goethe ist vierzehn
volle Tage bei uns gewesen und hat bei den Brüdern Boisserée,
eigentlich wohl bei ihren Gemälden, gewohnt« (Bode, Bd. 2,
S. 618).

Goethes Tagebuchbriefe an seine Frau Christiane vom 24. Septem-
ber bis 8. Oktober 1814:
Sonnabend, d. 24. Um sechs Uhr von Frfurt ab bei einem frischen
Nebel, der den Fluß und sodann auch aufsteigend und sich verbrei-
tend die Gegend einhüllte. Wir kamen so nach Darmstadt, der
Himmel heiterte sich völlig auf, so daß wir die Bergstraße in ihrem
ganzen Glanze genossen. Die Nüsse wurden eben abgeschlagen,
die Birnen erwarteten ihre Reife. So ging es von Station zu Station
ohne Aufenthalt, bis endlich Weinheim und zuletzt Heidelberg
erreicht ward. Den Sonnenuntergang sahen wir noch von der
Brücke. Bei Boisserees fand ich das lieblichste Quartier, ein großes
Zimmer neben der Gemälde Sammlung. August wird sich des
Sickingischen Hauses erinnern auf dem großen Platze, dem Schloß
gegenüber. Hinter welchem der Mond bald herauf kam und zu
einem freundlichen Abendessen leuchtete.
   Sonntag d. 25. Begann die Betrachtung der alten Meisterwerke
des Niederlandes und da muß man bekennen daß sie wohl eine
Wallfahrt wert sind. Ich wünschte daß alle Freunde sie sähen;
besonders habe ich mir Freund Meyer, zu meinem eignen und der
Sache Besten, an die Seite gewünscht. Ich darf nicht anfangen
davon zu reden; so viel sage ich nur daß die beiden Boisserées, mit
ihrem Freunde Bertram, das große Verdienst des Sammlens und
Erhaltens dieser Kostbarkeiten durch genießbare Aufstellung und
einsichtige Unterhaltung erhöhen. Sage Hofr. Meyer gewisse

Phrasen bespotte man in diesem Zirkel wie bei uns. Ich besuchte Paulus, Thibault und Voß, fand alle drei wohl und munter. Gegen Abend erstiegen wir das Schloß, das Tal erschien in aller seiner Pracht und die Sonne ging herrlich unter. Der Schein hinter den Vogesen her glüht bis in die Nacht. Ich ging zeitig zu Bette.

Montag. 26. Gestern war *van Eyck* an der Tages Ordnung heute sein Schüler *Hemling*. Um diese zu begreifen werden auch die Vorgänger in Betracht gezogen und da tritt ein neues Unbegreifliches ein. Doch läßt sich der Gang dieser Kunst auf Begriffe bringen, die aber umständlich zu entwickeln sind. Zugleich machten mir Voß, Thibald und Paulus Gegenbesuch, der sehr angenehm vor jenen Bildern angenommen und begrüßt werden konnte. Mittags aßen wir zusammen und ein muntrer junger Arzt, Professor Neef, speiste mit uns. Unter andern erzählte man Geschichten von der Juden Lebenslust und ihrer Freigebigkeit gegen den Arzt. Nach Tische Fortsetzung der Bilder Beschauung und Verehrung. Frau v. Humboldt mit Ihrer Familie war angekommen. Ein Spaziergang mit Boisseree und ein Besuch bei Frau von Humbold schlossen den Tag.

Dienstag den 27ten. Man setzte die Betrachtung nachfolgender Meister fort. *Johann Schoréel*, zeichnet sich aus, er soll der erste gewesen sein der aus Italien die Vorteile der Transalpinischen Kunst herübergebracht. Seine Arbeiten setzen, in ihrer Art, abermals in Erstaunen. Auf ihn folgt *Hemskerck*, von welchem viele Bilder, dem H. Mauritius gleich, den Meyer in Weimar, kopiert v. Frl. v. Helwig, gesehen. Zwischen alle diese setzt sich *Lucas von Leyden* hinein, gleichsam abgeschlossen für sich; er sondert sich auf eine eigne Art von seinen Zeitgenossen. Alle diese Bilder sind gut erhalten und meist von großem Format. Oft Altarblätter mit beiden Flügeln. Mittags bei Paulus, mit Voß und Familie. Abends Spaziergang, den Necker hinauf und zurück auf die Brücke.

Soviel für diesmal. Ich werde fortfahren mein Tagebuch zu senden. Teile dieses Blatt Hofr. Meyer mit, schönstens grüßend, so wie alle Nächsten und Freunde.

G.

Raben fand ich hier, er wird nächstens
in Weimar eintreffen.

Mittwoch d. 28. Sept. Wiederholte Betrachtung der Bilder des *Schoréel* in Gesellschaft von *Joh. v. Eycks, Hemskercks* und *Albert Dürers* Werken. Sodann ward der große van Eyck, die Anbetung der Könige, mit seinen beiden Flügeln, der Verkündigung und Darstellung im Tempel zusammen aufgestellt, wozu sie schöne Vorrichtung haben. Diese Drei streiten mit einem vierten um den

Vorzug, Luckas der die säugende Mutter Gottes malt. Selbst wenn man sie oft gesehen hat, hält man diese Bilder nicht für möglich. Ich suche mir jetzt den Gang dieser Kunst so gut als es gehen will zu vergegenwärtigen; auch bei ihr greift die politische und Kirchenge-schichte mächtig ein. Die Besitzer haben die Sache gut studiert und erleichtern die Einsicht auf alle Weise.

Mittags bei Voß mit Paulus, wo es recht vergnüglich herging. Sodann spazieren. Abends bei Frau von Humbold. Nachts die Geschichte der Meister die mir bekannt geworden im Descamps gelesen.

Donnerstag d. 29. S. Byzantinische und *Niederl. Gräzisierende Bilder. Nach Eyck* auf Goldgrund gemalte. Joh. v. Eycks Altar aus der Ferne gesehen. *Quintin Messis.* (Miniaturen aus Meßbüchern. Übereinstimmung der älteren Zeiten in sich. Ungeheures Element, das kirchliche, worin unzählige Künstler Unterhalt und Gelegen-heit finden. Mosaik, Schnitzwerk, Goldschmieds Arbeit, Fresko, Miniatur Malerei, Stickerei Teppiche, Fahnen, alles in ganzen Gilden und Brüderschaften. Traditionen der Art die Charaktere und Geschichten vorzustellen, von denen man erst gar nicht abwich, und auch zuletzt immer das Wesentliche beibehielt.)

Bei Thibaut, in großer Männergesellschaft sehr munter und vergnügt. Unser freundlicher Wirt trank Augusts Gesundheit mit teilnehmender Liebe. Zu Hause, noch einiges gesehen. Zu Paulus, zu Frau v. Humbold, welche sich zur Abreise anschickte. Herr-licher Mondenschein.

Freitag d. 30 Sept. Spazierte früh erst über die Brücke und zurück, die Sonne bezwang die Nebel. Durch die Stadt, zum Carlstor hinaus, den Necker aufwärts im Schatten der Felsen. Es war der herrlichste Herbstmorgen. Ein wunderlicher Mann redete mich an, Namens Loos, ein Arzt, wollte Augusten gekannt haben. Ich erfuhr allerlei von ihm. Dann begegnete mir Paulus und nun fing es an heiß zu werden.

Zu Hause wurden wieder die besten Bilder hervorgerufen, nebeneinander gestellt und verglichen.

Mittags speisten wir bei Herrn Minister von Reizenstein, in sehr angenehmer Gesellschaft, zu Hause diskurrierten wir bis gegen Abend. Brachten einige Stunden bei Herrn Domherr von Wam-bold zu.

Das Wetter war noch immer sehr schön, obgleich die Hähne schon Morgens gekräht hatten.

Sonnabend d. 1. Oktbr., bei einem obgleich windigen doch heitern Morgen auf das Schloß. Die Anlage des Gartens ist einzig reizend, wie die Aussicht heiter und reich. Die Gräben, Terrassen, Wälle so hübsch und reinlich angelegt, daß es mit den alten

ruinierten Türnen Gebäuden und Efeumauren den gefälligsten
Kontrast macht.

Dann las ich einiges betrachtete mehrere Bilder unter andern des
Martin Hemskerck mit Aufmerksamkeit. Von Cöln und den Niederlanden und was alles dort noch aufbewahrt ist ward viel gesprochen. Zu Mittag im Hause, mit denen Herren v. Reizenstein und
Thibaut. Die Bilder, die man bisher einzeln betrachtet, waren nun
in den drei Zimmern zusammen aufgehängt. Sie überwiegen alle
Pracht, die sich der reichste geben kann. Heute Abend werden
mehrere Freunde zusammen kommen. Morgen fahren wir nach
Manheim, ich werde vor allem *Lucks* besuchen und ins Theater
gehen. Davon vernehmt ihr das weitere. Und nun Adieu

G.

Sonntag früh d. 2ten, fuhren wir nach Manheim. Der starke
Nordost konnte uns im Fahrhäuschen nichts anhaben und hatte
den Himmel ganz rein gefegt. Die schöne Ebne, in der Ferne von
Gebirgen begrenzt, lag klarest vor uns. Ich fuhr mit Boisserée dem
älteren und wir gelangten gesprächig zum regelmäßigen Mannheim. Zuerst besuchte ich Herrn v. Luck, dann Frau von Seckend-
dorf, sah bei GehR. Drais ein schönes Bild. Dann mit Luck in den
Schloßgarten, der sehr schöne freie Ansichten zeigt. Dürre und
kalter Wind machten ihn diesmal weniger angenehm. In den
Gasthof zu den drei Königen zu Tische, die übrigen Gesellen
waren auch angekommen. Gegen Abend zu Herrn v. Pfenning,
dem Schwiegersohn der Frau von Dalberg, er nahm uns mit ins
Schauspiel, wo ein Stück der Frau v. Weissenthurn, Johann von
Friedland, uns gewaltig zusetzte. Nach eingenommenen zwei Akten beurlaubten wir uns und fuhren zurück, da wir denn um Ein
Uhr bei hellem Mondschein glücklich in Heidelberg wieder anlangten.

Montag d. 3ten, Beschauten wir die Zeichnungen des Cöllner
Doms, es sind deren fast soviele fertig als zum Werke gehören und
sehr fürtrefflich. Die Probedrücke der Radierten sind auch lobenswert. Vor Tische zu Paulus, die Tochter ist ein gar hübsch Frauen-
zimmerchen geworden, und scheint noch immer ihre Eigenheiten
zu bewahren. Der Sohn, klein für sein Alter, ist ein gar muntrer
neckischer Junge. Wir aßen zusammen zu Hause, umgeben von
trefflichen Kunstwerken. Ich besuchte Voß in seiner Burg und fand
ihn wie gewöhnlich. Am Abend, oder vielmehr zu Nacht, wurden
einige Bilder die es vorzüglich vertragen, bei Erleuchtung angesehen, da man sich denn über das lebhafte Vortreten derselben
verwundern mußte. Alsdann wurden allerlei Geschichten erzählt,
wie sich manche Zuschauer betragen, da es denn freilich manches

zu lachen gibt. Ich ging zeitig zu Bette. Und las erwachend
Thibauts kleine Schrift: Über die Notwendigkeit eines allgemeinen
bürgerlichen Rechts für Deutschland. Sie läßt, mit großer Sach-
kenntnis, uns tief in die Übel schauen, ohne sehr die Hoffnung zu
beleben daß sie gehoben werden könnten.

Dienstag d. 4ten, lockte uns der völlig klare Morgen, bei leidlicher Ostluft, aufs Schloß, wo wir des angenehmsten Spaziergangs,
bei trefflicher Aussicht genossen. Die Gegend sieht Morgens so
rein und frisch und Sonntäglich aus daß man nichts friedlichers
denken kann. Darauf betrachteten wir zu Hause die Risse vieler
Kirchen, die von der Zeit vor Carl dem großen bis zum Cöllner
Dom gebaut worden und meist in Cölln und der Nachbarschaft
befindlich sind. Einige leider nunmehr abgetragen. Paulus war bei
uns zu Tische. Wir besuchten den Botanischen Garten, fanden die
Gärtner beschäftigt ihre Pflanzen vor dem eindringenden Nord zu
flüchten, entdeckten einen Kolben WälschKorn durch den Brand
wundersam entstellt. Die Körner aufgeschwollen, mit schwarzem
Pulver gefüllt. Ich bringe dies seltsame Exemplar in Spiritus mit.
Abends zu Hause, unter mannigfachen Gesprächen Über Kunst-
und Weltgeschichte, auch manches moralische und religiose. – Daß
man in Manheim Eurer in Liebe gedacht will ich nachholen.

Mittwoch d. 5ten Oktbr. Lockte mich der schönste Sonnenschein früh aufs Schloß, wo ich mich in dem Labyrinth von
Ruinen, Terrassen und Garten Anlagen ergötzte und die heiterste
Gegend abermals zu bewundern Gelegenheit hatte. Als ich eben
herabsteigen wollte überraschte mich die Gegenwart des Erbprinzen, den ich sodann zu den Merkwürdigkeiten des Schlosses
begleitete. Er besuchte darauf die Sammlung der Boisserées und
verließ Heidelberg alsbald. Ein großes Diner von Professoren,
Zivilbeamten und sonstigen Honoratioren im Carlsberg, wozu
man mich einlud, war sehr anständig und munter, es wurden
Gesundheiten genug getrunken um zuletzt eine allgemeine Mun-
terkeit zu verbreiten. Den Abend brachten wir unter mancherlei
Gesprächen hin, und so war auch dieser Tag gut angewendet. –
Bemerken muß ich hier daß Kastanien schon angeschafft worden
und, gleich den Stöpseln, in mancherlei Gepäck verteilt, mit nach
Hause geführt werden. Mein nächstes berichtet mehr vom künf-
tigen. Diesmal nur noch ein freundliches Andenken.

                                    G.

Donnerstag d. 6ten Oktbr. Hatte Boisserée Kopien der Origi-
nalrisse der vorzüglichsten Türme und Kirchenvorderseiten an die
Wände gesteckt und ging solche mit mir durch, nach den Jahren
und Eigenschaften. Gleichfalls waren, zu diesem Zweck, vielerlei

Werke und Kupfer zur Hand, an welchen man den Gang der Kunst gleichfalls beobachten konnte. Dieses lehrreiche Studium beschäftigte uns den ganzen Morgen. Graf Hochberg besuchte mich und trug mir einen Gruß an August auf. Zu Tische waren Herr v. Wamboldt und Just. R. Martin. Nach Tische stiegen wir, durch einen nach dem Rheintale zu gelegnen Garten, des Herrn v. Smitds, gelangten bis zu den Riesensteinen, welches herabgestürzte ungeheure Sandsteinblöcke sind. Sahen einen, zwar verhüllten, doch schönen Sonnenuntergang und stiegen herab in das Wohnhaus, welches Fr. v. Munck gegenwärtig bewohnt, ihr Gemahl ist in Carlsruhe. Sie erinnerte sich sehr freundlich der Gefälligkeit welche August für sie gehabt, und trug mir Grüße an ihn auf. Abends las ich noch etwas von Thibaut und bewunderte abermals seine Einsichten.

Freitag d. 7. Oktbr. Thibauds Arbeit zu Ende gelesen. Mit Boisserée Fortsetzung gestriger architektonischer Betrachtungen. Prof. Voß brachte mir die neue Ausgabe des Homers zum Geschenk. Sprach von Griesens Calderon. Zu Prof. Thibaut, zu Herrn v. Reizenstein, zu Paulus. Zu Tische waren: Kirchner. Abegg,

Eine Promenade gegen das Carlstor dauerte nicht lange, ich studierte zu Hause das Gesehne und Gehörte durch. Dann ward beschlossen Sonntags von hier ab nach Darmstadt zu gehen. Abends saßen wir abermals in den Bilderzimmern beisammen, beleuchteten einen wundersamen Lucas von Leyden, so dann den größeren Hemmling, lasen einige Lebensbeschreibungen der Maler und schieden vergnügt. Es ist gerade Zeit das ich von hinnen gehe. Fürs erstemal ist es genug, nun müßte man wieder von vorne zu weiterer Ausführung anfangen.

Sonnabend d. 8ten. Noch einiges Architektonische. Dann Spaziergang den Necker aufwärts, rechts hinauf zum Wolfsbrunn. Mittag für uns. Dann zu Voß, den ich wegen Beharrlichkeit in seinem Übersetzungswesen bewundern mußte. Zu Paulus wo eine ganz muntre Zeit verbracht wurde. Zu Hause machte der Frau Amtmann, deren Zimmer ich eigentlich bewohne, Besuch, und hörte recht gut und schön Reicharts Kompositionen meiner Lieder singen.

Hofr. Thibault war später noch bei uns zu einigem warmen Bischof, da denn manches durchgesprochen wurde. Ungern nahm man Abschied von den Zimmern in denen so viele Schätze augenfällig, andre verhüllt stehen. Sie sind in der Gegenwart so vollkommen daß man wünschen muß sie immer wieder zu sehen. Einige lästige Besuche waren abgeleitet worden, aber manches Gute wiederholt und so war diese Epoche abgeschlossen.

Sonntag d. 9ten. Früh sechs Uhr von Heidelberg beim schönsten
SommerMorgen abgefahren.
(WA IV 25, Nr. 6912–6914, 6916)

*Christian Carl Josias Freiherr von Bunsen an Becker, 6. Oktober
1814:*
Uns hält hier [in Heidelberg] noch Boisserées Sammlung auf.
Goethe ist seit vierzehn Tagen bei Boisserée und liegt den ganzen
Tag vor den Bildern. Er will, sagt er, sein Unrecht gutmachen, daß
er bisweilen solche Verdienste der Deutschen vergessen oder gar
bezweifelt habe. Alles drängt sich hier zu ihm, und so haben wir für
gut befunden, es nicht zu tun, und erst nach seiner Abreise, also
morgen, zu Boisserées und ihrer lieben Sammlung zu gehen.
(Herwig, Bd. II, Nr. 1065, S. 955)

Aus dem Tagebuch von Karl Philipp Kayser, 1./8. Oktober 1814:
Am 1. Oktober sah ich unsern großen Nationaldichter Goethe.
Mehr als *sehen* konnte ich freilich nicht, denn die zahlreiche
Gesellschaft ließ teils nicht so stille werden, daß man ihn, der mit
einem gedämpften Tone sprach, hätte vernehmen können; teils
wollte ich mich nicht an ihn drängen. Die Boisserée und Bertram
hatten eine große Gesellschaft zusammen gebeten. Professoren,
Adlige, Honoratioren, z. B. Paulus, v. Reitzenstein, Fries von der
Krapp-Fabrik usw. ... Goethe, obgleich alt, hat doch noch viel
Leben und Feuer. Seine Haltung ist bestimmt und gemessen. Sein
Gesicht ist bedeutend, besonders sein Auge. Seine Figur ist stark
und groß seine Statur. Er trug einen schwarzen Frack, graue Hosen
und Stiefel. Lächerlich war es, daß die unbedeutendsten Menschen
sich an ihn machten. Ob er gleich gewohnt ist, um 8 Uhr zu Bett zu
gehen, so hielt er doch bis 10 Uhr aus, meistens stehend. Bertram
brachte eine Gesundheit auf den Meister Wolfgang von Frankfurt
vor den Meistern van Eyck und Hemmelink aus, die wir alle gern
tranken. Er erzählte mir und Kleinschmid von seiner außerordentlichen Ausdauer, womit er ihre Bilder studiere; von der leichten
Auffassung ihrer Vorzüge: was sie und andere sukzessiv gefunden,
habe er mit Einem Male gefaßt; von seiner vorurteilsfreien Hinge-
bung. Er schelte die Neuern, die es mit Religion und Kunst nicht
ehrlich meinten. Ihr könnt mir nicht zu fromm sein, habe er
geäußert, aber der ist ein Lump, der sich nur so stellt. Er sei ein
Heide, aber stehe nicht dafür, daß ihn nicht das Christentum noch
in seine Gewalt bekomme. Mit der Kunstgeschichte sei es aus. Er
wolle die Bilder beschreiben; auf Pfingsten komme er wieder,
gefiel ihnen die Beschreibung, so soll sie gedruckt, wo nicht,
zerrissen werden. Es soll ihm keiner von einem finstern Zeitalter

reden, es habe zu allen Zeiten gottbegeisterte Menschen gegeben.
Wenn er an ein Bild komme, ruhe er nicht eher, bis er es, wie er
sage, unter sich habe. Das schüttete er nur so aus, versprach aber
bei mehr Muße alles auszuführen.
(Herwig, Bd. II, Nr. 4066, S. 955 f.)

Sulpiz Boisserée an Amalie von Helvig, 23. Oktober 1814:
Diesmal hätte ich recht viel zu erzählen, denn da gehörte auch alles
dazu, was während dem vierzehntägigen Besuch von Goethe in
unserer Bildersammlung verhandelt worden; wie er bei uns in dem
großen Zimmer der Amtmännin gewohnt und wie er sich sonst in
Heidelberg gehabt hat ⟨...⟩ Seitdem nun selbst der alte Heiden-
könig dem deutschen Christkind hat huldigen müssen, sind wir gar
voll des süßen Übermuts; daß dieser Berg aber zum Tal gekommen
ist, haben wir mit den schönen Zeichnungen von Ihnen und Ihrer
Schwester Luise zu danken, er war davon noch ganz entzückt, nur
mit Strafreden müssen Sie ihn hart angegangen haben, denn darob
vernahmen wir öfters fernes Donnern und lagerten sich, mit der
Frau von Staël zu reden, häufig Gewölke an seinem Fuß, während
das Haupt, unerschütterlich ruhig und heiter, immer Beifall zollte
den erfreulichen Dingen, die er von Ihnen gesehen.
Was jedoch die Bilder selber für einen Eindruck auf unsern
Freund gemacht haben, ist unsagbar, und was er darüber geäußert,
wäre heute zu weitläufig, einstweilen mögen Sie nur wissen, daß er
den Meister Eyck jetzt immer im Munde führt und Hemmelink
und Meister Schoreel [Scorel] hoch leben läßt; so nennen wir
nämlich seit einer diesjährigen Reise nach Brabant mit Bestimmt-
heit den Maler vom Tod der Maria.
(Boisserée, Bd. 1, S. 227–229)

R. M.: Aus Johann Baptist Bertrams Unterhaltungen (1863):
Goethe war [in Heidelberg] mit Christian Schlosser, seinem
Schwager, der bei ihm den »Kammerherrn« machte, im Hause der
Boisserées eingekehrt und bewohnte das »große Zimmer der Amt-
männin«. Er lebte ebenso mäßig wie geregelt. Um 9 Uhr des
Abends legte er sich zu Bett und war früh wieder auf, um sich in die
Schloßruine zu begeben, wo er an seinem Westöstlichen Divan
dichtete. Von Sulpiz wird dies in dessen Tagebuchnotizen für den
zweiten Aufenthalt [1815] ausdrücklich bezeugt; nach Bertram
wäre es auch schon beim ersten geschehen. Bertram erzählte ferner,
daß Goethe, nach Hause zurückgekehrt, das soeben Empfundene,
Gedachte und zu Papier Gebrachte den Brüdern Boisserée vorzu-
lesen pflegte ... Bertram war kein Freund vom Vorlesen und
entzog sich ihm, wo er nur konnte. Die übrigen Vormittagsstun-

den widmete Goethe der Kunst und ihrem Studium. Regelmäßig
um 8 Uhr begab er sich in den Bildersaal und wich hier nicht von
der Stelle bis zur Mittagszeit. Man überließ ihn sich selbst, wenn er
nicht die Gegenwart der Freunde begehrte; und da war denn
Bertram, nicht minder auch Sulpiz, so recht an seiner Stelle. Sie
mußten ihm alles Geschichtliche, ihre Ansichten und Bemerkungen sagen, wogegen sie die seinigen hörten. Sulpiz versichert, er
sei mit ihrer ruhigen, philosophisch-kritischen Betrachtung der
Kunstgeschichte sehr zufrieden gewesen, aber auch sie hätten
wieder von ihm über den Gang der Kunstgeschichte viel gelernt.
Nur an einigen Vormittagen beschäftigte sich Goethe unter der
kundigen Führerschaft von Sulpiz mit der Betrachtung der Plane
und Risse zum Kölner Dom und anderer heiliger Bauwerke vom
Niederrhein, die letzterer damals zur Herausgabe vorbereitete.
    Wie Goethe sich in die farbenprächtige und wahrheitsvolle
Idealwelt dieser altdeutschen Bilder, in die überraschende Ursprünglichkeit ihrer Gedanken hineinlebte und über die empfangenen Eindrücke sich äußerte, ist für den alten Herrn im hohen
Grade charakteristisch. Er betrachtete die Bilder nicht, wie sie
eins neben dem andern an der Wand hingen, wodurch der Eindruck zerstreut und mehr oder minder abgeschwächt wird; er ließ
sich immer nur eins, abgesondert von den andern, auf die Staffelei
stellen und studierte es, indem er es behaglich genoß und seine
Schönheiten unverkümmert durch fremdartige Eindrücke von außen, sei es der Bilder- oder Menschenwelt, in sich aufnahm. Er
verhielt sich dabei still, ohne viel zu reden, bis er des Gesehenen,
seines Inhalts und seiner tieferen Beziehungen Herr zu sein
glaubte; und fand er dann Anlaß, Personen, die er liebte und
schätzte, gegenüber seinen Empfindungen Ausdruck zu geben, so
geschah es in einer Weise, die alle Hörer zwang.
    Es war vor dem Bilde der Anbetung der Heiligen drei Könige,
das damals für einen van Eyck galt, da sagte er: »Das ist lautre
Wahrheit und Natur; man kann von der Ruine zum Bilde und
umgekehrt vom Bilde zur Schloßruine wandern und fände sich hier
wie dort in gleich ernster Art angeregt und gehoben.« »Da hat man
nun«, äußerte er ein andermal, »auf seine alten Tage sich mühsam
von der Jugend, welche das Alter zu stürzen kommt, seines eigenen
Bestehens wegen abgesperrt, und hat sich, um sich gleichmäßig zu
erhalten, vor allen Eindrücken neuer und störender Art zu hüten
gesucht, und nun tritt da mit einem Male vor mich hin eine ganz
neue und bisher mir unbekannte Welt von Farben und Gestalten,
die mich aus dem alten Gleise meiner Anschauungen und Empfindungen herauszwingt, – eine neue, ewige Jugend, und wollte ich
auch hier etwas sagen, es würde diese oder jene Hand aus dem Bilde

herausgreifen, um mir einen Schlag ins Gesicht zu versetzen, und der wäre mir wohl gebührend.« ... »Wie ganz anders muß zu Eycks Zeit«, sagte er wieder, »das Kunstleben und die Kunstliebe geblüht haben; jetzt verschlingt der schlechte Luxus alles.« Und vor dem Bilde des Todes der Maria, das man für einen Jan Schoreel hielt, bemerkte er treffend: »Aus dem Bilde schlägt uns die Wahrheit wie mit Fäusten entgegen!«

Die Bezeichnung »byzantinisch-niederrheinisch«, welche Goethe auf diese Bilder, namentlich das der Heiligen Veronika, anwandte, war nur eine unglückliche und keineswegs, wie man hat behaupten wollen, eine solche, die ihn verhindert hätte, das Richtige zu erkennen. Er nannte eben byzantinisch, was eine spätere, kaum weisere Schulsprache mit »romanisch« glaubte benennen zu müssen, und mit den bestimmtesten Worten sprach er es ebenso mündlich aus, wie er es schriftlich im ersten Heft von »Kunst und Altertum« wiederholt getan hat, daß in diesen Kölnischen und andern niederrheinischen Bildern eine Kunstentwicklung von solcher Selbständigkeit und so sehr von echt deutschem Sinn und Ursprung gegeben sei, daß wir nicht nötig hätten, italienischen oder andern fremdländischen Einfluß anzunehmen.

In jenen geweihten Augenblicken, wo er vor den Bildern saß, ließ Goethe sich nur ungern durch Besuche stören, denen er ein tieferes Interesse daran nicht zutraute, und wie schätzbar die Personen ihm immerhin sonst auch sein mochten, er suchte sich ihrer alsdann auf irgend eine zuläßliche Art zu entledigen.
(Herwig, Bd. II, Nr. 4071, S. 959–961)

Johann Heinrich Voß der Jüngere (in Gräfs Bearbeitung):
Goethe, der uns vorigen Herbst [1814] besuchte, wird wieder erwartet. Keiner freut sich recht dazu. Ja, wenn man Goethe ohne die großen Schmäuse genießen könnte, die er erfordert! – Hier genoß ich ihn nur in zwei Morgenstunden, wo ich ihn allein und im Schlafrock fand. Beim großen Schmause, den wir Professoren ihm im Wirtshause gaben, genoß ihn keiner; eine ausgestopfte Puppe mit seiner Larve hätte dieselben Dienste getan.
(Herwig, Bd. II, Nr. 4078, S. 972)

59 *13 nach einer jährigen Pause:* Vgl. hierzu G.s Bericht an Christiane vom 24. September 1814: »Bei Boisserees fand ich das lieblichste Quartier, ein großes Zimmer neben der Gemälde Sammlung. August wird sich des Sickingischen Hauses erinnern auf dem großen Platze, dem Schloß gegenüber«. – *26 von ihrem Bezug untereinander:* Das Aufzeigen eines ›Zusammenhangs‹ der Phänomene, ihr Einordnen in einen organischen Gesamtkomplex,

ist ein Kerngedanke des späten G., der sich wie ein roter Faden durch seine ästhetischen wie insbesondere auch naturwissenschaftlichen Schriften zieht. Dieses spezifisch humanistische Anliegen formuliert ein später Aphorismus aus *Wilhelm Meisters Wanderjahre* (1829): »Es steht manches Schöne isoliert in der Welt, doch der Geist ist es, der Verknüpfungen zu entdecken und dadurch Kunstwerke hervorzubringen hat« (Bd. 17, S. 514 u. S. 803, Nr. 452). Auch zahlreiche andere *Maximen und Reflexionen* beschäftigen sich mit der (Re)Konstruktion dieser ursprünglichen Zusammengehörigkeit, was seinen sprachlichen Niederschlag in der für G. charakteristischen Einleitungsformel »Es ist mit ⟨...⟩ wie mit ⟨...⟩« findet (*Maximen und Reflexionen*, Bd. 17; dort die Nr. 148, 944, 990). Seine Aphoristik ist zugleich auch der Ort, wo die von G. bevorzugte Methode des ›analogen Schließens‹ nicht nur wiederholt gewürdigt, sondern zugleich auch exemplarisch vorgeführt wird (vgl. die *Maximen und Reflexionen* Nr. 452, 529, 531, 571 oder 899 sowie die Anmerkungen hierzu). Auch G.s Altersroman *Wilhelms Meisters Wanderjahre* weiß sich dem (zunehmend schwerer zu realisierenden) Anliegen verpflichtet, in einer immer disparateren und unübersichtlichen, übergeordnete soziale wie individuelle Beziehungen gefährdenden Gesellschaft kulturelle Traditionszusammenhänge zu retten oder aber neue Integrationsmodelle zu schaffen. Ihr sprachliches wie ideelles Äquivalent finden diese Versuche insbesondere in der ausgeprägten Metaphorik des »Bandes« im 3. Buch (Bd. 17, S. 548,12 bzw. S. 641), wie zuvor schon im Konzept der »Pädagogischen Provinz«, dessen – bezeichnenderweise in der kollektiven Äußerungsform des Chorgesangs vorgetragenes – Credo die Zeilen enthält: »Der Gedanke, das Entwerfen, / Die Gestalten, ihr Bezug ⟨...⟩« (Bd. 17, S. 485). – *40 Bertram:* Siehe zu S. 10,25.

60 *16 Man erinnere sich jenes Jünglings:* Ebendieses Beispiel wird G. später in der 2. Fassung von *Wilhelm Meisters Wanderjahre oder Die Entsagenden*, dort in einem Brief Wilhelms an Natalie, wiederaufnehmen (2. Buch, Kap. 12; Bd. 17, S. 498). – *39 ungewöhnliches Prachtwerk:* Siehe zu S. 58,30.

61 *29 und wär' es auch nur als Funken unter der Asche:* Die Herkunft dieser Formulierung hat G. in einem Brief an Sulpiz Boisserée vom [21.] Dezember 1815 erläutert: »Das rührt mich aber nicht, denn, *wer des Feuers bedarf, sucht's unter der Asche.* An diesem orientalischen Sprichworte sehen Sie, daß meine Verhältnisse nach Osten noch immer bestehn.«

62 *17 vier Annalenschreiber:* die Evangelisten Matthäus, Markus, Lukas und Johannes. – *18 Stephanus:* Der hl. Stephanus gilt als der erste Märtyrer des Christentums und wird deshalb auch als

›Erzmärtyrer‹ oder ›Protomartyr‹ bezeichnet. Er lebte als Diakon und Armenpfleger in Jerusalem, wo er wegen angeblicher Gotteslästerung gesteinigt wurde. Seine Reliquien liegen in der Krypta von San Lorenzo fuori le mura in Rom, sein im Jahre 380 eingeführter Festtag ist der 26. Dezember. – *19 dieser neue Bund:* Vom ›neuen Bund‹ ist insbesondere in den Korintherbriefen die Rede, in denen Paulus die Worte Jesu überliefert: »Dieser Kelch ist der neue Bund in meinem Blut« (1 Kor 11, 25); vgl. auch 2 Kor 5 f.: »⟨...⟩ sondern daß wir tüchtig sind, ist von Gott, der uns auch tüchtig gemacht hat zu Dienern des neuen Bundes, nicht des Buchstabens, sondern des Geistes. Denn der Buchstabe tötet, aber der Geist macht lebendig« (vgl. ferner Hebr 9, 15 und 12, 24). – *21 auch mehr historisch als dogmatisch:* eine von G. wiederholt gebrauchte Abgrenzung (vgl. das »Vorwort« zum ersten Heft der Zeitschrift *Zur Naturwissenschaft überhaupt*; Bd. 12, S. 390,7 f.); so auch im Abschnitt »Bonn«, S. 23,24 f. Zu Sinn und Absicht dieses methodischen Ansatzes s. zu S. 73,23.

63 *22 Susdal:* russische Stadt an der Kamenka im Gebiet Wladimir, etwa 230 km nordöstlich von Moskau; 1024 erstmals erwähnt. Susdal ist besonders durch seine z. T. im 10. Jh. errichteten Klöster und Kirchen berühmt. Vor der Gründung des russ. Staates im 15. Jh. waren die Fürstentümer von Susdal und Wladimir Zentren des religiösen Lebens. Im Februar 1993 wurden Susdal und Wladimir als Bestandteile des Weltkulturerbes in die UNESCO-Liste aufgenommen und die im 12. Jh. errichtete Kathedrale von Wladimir zum Kulturdenkmal erklärt: Bestandteile des Weltkulturerbes dürfen weder zerstört noch grundlegend verändert werden. Wie der kurze Beitrag *Russische Heiligenbilder* (Bd. 9, S. 651) verdeutlicht, hatte sich G. in den ersten Monaten des Jahres 1814 sehr für diese sakralen Darstellungen interessiert, die er aus der seit 1803 bestehenden Griechischen Kapelle in Weimar kannte. Durch die Hilfe der russ. Großfürstin Maria Pawlowna (1786–1859), der Tochter des Zaren Paul I., die 1804 den Erbprinzen Karl Friedrich von Sachsen-Weimar geheiratet hatte, erhoffte sich G. nähere Auskunft über diese Heiligendarstellungen, wobei er in diesem Zusammenhang Susdal als Zentrum dieses Kunstzweiges ausdrücklich hervorhob. Tatsächlich gelangte G.s Ersuchen durch die Vermittlung der Großfürstin nach Petersburg, wo der Innenminister Kozodawlew den Schriftsteller Nikolai Michailowitsch Karamsin (1766–1826) mit einer Expertise beauftragte, die zusammen mit vier Ikonenbildern auch nach Weimar geschickt wurde (vgl. hierzu Hans Wahl: Goethes Anstoß zur russischen Ikonenforschung. In: GJb 1947, S. 219–226; der Bericht ist dort auf S. 223 f. abgedruckt). Zusätzlich hatte Sulpiz Boisserée G.s Interesse geschärft, als er in

seinem Brief vom 3. Dezember 1814 »noch auf den Moskowitischen Bilderkalender in zwölf Tafeln aufmerksam machen« wollte
und daran anschließend G. empfahl: »Sie können sich denselben
aus der dortigen russischen Kapelle vielleicht im Original verschaffen, denn er ist nach moskowitischen Holzschnitten gestochen«
(Boisserée, Bd. 2, S. 48). Die Frage, ob G. den Petersburger Bericht
erhalten hat oder ihm sogar die Musterstücke russischer Kunst je
zugänglich waren, ist in der Forschung umstritten. Hans Wahl
bestreitet dies kategorisch (Wahl, S. 222) – nicht zuletzt mit dem
plausiblen Argument, daß G. einen solchen Bericht sicherlich nicht
kommentarlos zur Kenntnis genommen, sondern zweifellos in
irgendeiner Form publizistisch aufbereitet und einer interessierten
Öffentlichkeit zugänglich gemacht hätte, wofür er in *Über Kunst
und Altertum* zudem ja ein geeignetes Forum besaß; dagegen
glaubt Hans-Joachim Schrimpf im Kommentar der Hamburger
Ausgabe aus G.s Bemerkung, die Bilder aus Susdal seien »unter
Aufsicht der Geistlichkeit gefertigt« (S. 63,24), eine Kenntnis des
Berichts ableiten zu können. In jedem Fall kann G. diese Mitteilungen erst nach dem 23. Oktober 1815 gelesen haben, schrieb er doch
an diesem Tag an Sulpiz Boisserée: »Die Heiligenbilder aus der
Priesterfabrik zu Susdal sind mir abermals zugesagt. Sie sollen
unterwegs, ja vielleicht schon hier sein, nur ist man in Irrung wegen
der Kiste worin sie befindlich. Es wäre mir sehr gelegen, wenn sie
sich gerade jetzt auftäten, denn ich bin schon bis an die Tore von
Heidelberg gelangt und präpariere einen feierlichen Einzug, um,
weniger refraktär als die Europäer in China, den heiligen drei
Königen le compliment d'usage zu machen«.

64 *30 ein offenbares Geheimnis:* eine im Alters- und Spätwerk
von G. gern und wiederholt benutzte Wendung, so z. B. in den
Maximen und Reflexionen (Bd. 17; Nr. 201, 551, 1291), ebenso in
Faust II (Vers 10093) oder im Brief an C. L. F. Schultz vom
28. November 1821.

65 *8 des Tempels St. Paul:* San Paolo fuori le mura in Rom,
erbaut im Jahre 386. Eine Beschreibung dieser Basilika findet sich
im »Bericht. Dezember« des »Zweiten Römischen Aufenthalts«
1787 (Bd. 15, S. 538; vgl. auch S. 628). – *13 Musivarbeiter:* (griech.-
lat.) Mosaikkünstler. – *26 die beiden Colossen:* Über die Statuen
der beiden Dioskuren auf dem Monte Cavallo schreibt G. in der
Italienischen Reise unter dem Datum »Rom, den 3. November«
1786: »Die beiden Colossen erblickt ich nun! Weder Auge noch
Geist sind hinreichend sie zu fassen« (Bd. 15, S. 148). – *34 Werk
des Herrn d'Agincourt:* ›Histoire de l'art par les monumens, depuis
sa décadence au IVe siècle jusqu'à son renouvellement au XVIe‹
von Jean Baptiste Louis George Seroux d'Agincourt (1730–1814),

in Lieferungen von 1810 bis 1823 in Paris erschienen; alle Bände des sechsbändigen Abbildungswerks tragen auf dem Titelblatt das Erscheinungsjahr 1823. G., der dieses Werk selbst nicht besaß, aber sehr schätzte und die ersten Lieferungen im Dezember 1815 aus der Weimarer Bibliothek entlieh (Keudell, Nr. 1014; vgl. auch Nr. 1523), hatte den seit 1778 in Italien lebenden französischen Kunsthistoriker während seines zweiten römischen Aufenthalts kennengelernt und berichtet über diese Begegnung unter dem 22. Juli 1787 (Bd. 15, S. 451). Auch dort ist von dessen kunsthistorischem Projekt, »eine Geschichte der Kunst von ihrem Verfall bis zur Auflebung zu schreiben«, die Rede, und G. resümiert: »Wenn das Werk zusammenkömmt wird es sehr merkwürdig sein« (ebenda, S. 451). G., der in einem Brief an die Gebrüder Boisserée vom 29. Januar 1816 d'Agincourts Leistung ausdrücklich würdigt (vgl. auch den Brief an Sulpiz Boisserée vom 16. Dezember 1816), hat dieses Werk auch während der Arbeiten am Beitrag über Heidelberg zu Rate gezogen (vgl. die Tagebucheinträge vom 14., 15., 16. und 20. Januar 1816). In einem von Kräuter mit dem Titel »Varia« versehenen Faszikel, dem G. den Zusatz »Rhein und Main« anfügte, findet sich ein Blatt mit zwei von Kräuter angefertigten Auszügen aus Seroux d'Agincourts ›Histoire de l'art ⟨...⟩‹, das auch die beiden handschriftlichen Zusätze »Das kleine Bild im französ. Museum verglichen mit dem Boisseréeschen Lucas« sowie »Die heilige Barbara in Kupfer« enthält (WA I 34/2, S. 35); G. erwähnt Seroux d'Agincourt darüber hinaus auch am Ende seines 1824 verfaßten Aufsatzes *Die Externsteine* (Bd. 31.2, S. 179).

66 *8 Germanikus Gemahlin:* Hier irrt G. Die Ortsbezeichnung ›Colonia Aggripinensis‹ für das spätere Köln leitet sich vom Namen der Tochter des Germanicus Cäsar (20 v. Chr. bis 19 n. Chr.) her. – *14 die Mutter Constantin des Großen:* die hl. Helena, geboren als Flavia Helena um 250, gestorben im August 329 in Konstantinopel, kurz nach einer Wallfahrt nach Jerusalem. Auf ihre Initiative geht die Erbauung zahlreicher Kirchen – so in Trier, Bonn, Xanten und Köln – zurück. – *die Gemahlin Ottos:* die byzantinische Prinzessin Theophano (um 955–991), die Gattin des Kaisers Otto II. (955–983, reg. 973–983). – *19 eine britannische Prinzessin Ursula:* »Es gibt kaum eine Heiligengeschichte, deren historischer Kern so schwer zu enthüllen wäre, wie die der hl. Ursula« (Das große Buch der Heiligen. Hg. von Erna und Hans Melchers, bearbeitet von Carlo Melchers. München, 5. Aufl. 1982, S. 686). Der Legende nach, die sich auf eine aus dem 5. Jh. stammende Inschrift an der Südwand des Chores von St. Ursula in Köln stützt, soll die als Tochter des Königs der Bretagne geborene Ursula im Jahre 452, zur Zeit des Kaisers Marcianus, in Köln

zusammen mit zehn zuvor in Rom getauften Jungfrauen und
elftausend Mägden durch die Hunnen den Märtyrertod gefunden
haben. Zu dieser Angabe stellt ein neueres Nachschlagewerk fest:
»In der sogenannten ›Goldenen Kammer‹ der Kölner St. Ursula-
kirche (südliches Querschiff) sind heute noch alle Wände mit
Gebeinen von 11 000 Märtyrer-Jungfrauen überzogen. Die Ur-
sula-Forschung ist zu der ernüchternden, letztlich befreienden
Erkenntnis gekommen, daß durch einen Lese- und Auslegungsfeh-
ler die Zahl 11 000 zustande kam«. Durch die Mißdeutung eines
waagrechten Strichs über den röm. Ziffern XI, der als Hinweis auf
die Anzahl 1000 interpretiert wurde, tatsächlich aber nur die
Zahlenangabe 11 hervorheben sollte, habe die Legende ihre überlieferte Form gefunden: »Aus der Zahl von elf Märtyrerinnen
wurde die gigantische Zahl von 11 000 gemarterten Jungfrauen«
(Alfred Läpple: Das Hausbuch der Heiligen und Namenspatrone.
München 1992, S. 330 f.). Die hl. Ursula, deren Fest am 21. Oktober gefeiert wird, ist die Patronin von Köln, weshalb das Stadt-
wappen neben den Kronen der hl. drei Könige auch elf goldene
Flämmchen enthält. – *20 einen africanischen Prinzen Géreon:* Der
hl. Gereon, dessen Festtag der 10. Oktober ist, soll der Überlieferung nach im Jahre 304 zusammen mit seinen 50 (nach anderen
Quellen über 300) Gefährten der Thebaischen Legion, einer
Truppe, die vorwiegend aus Christen aus dem oberen Ägypten
bestand, in Köln enthauptet worden sein. Er ist in der heutigen
Gereonskirche in Köln begraben. – *28 Factionen:* lat. ›Parteien‹. –
34 in unsern Tagen: Neben den französischen Emigranten denkt
G. hier insbesondere an den im März 1793 zu den Österreichern
übergetretenen französischen General und Diplomaten Charles
François Dumouriez (1739–1823), dessen Memoiren (›La Vie du
Général Dumouriez‹. 3 Teile. Hamburg 1795) G. 1795 gelesen
hatte und die bei erneuter Lektüre im Jahre 1820 (Keudell,
Nr. 1298) eine wichtige Quelle bei der Abfassung seiner *Cam-
pagne in Frankreich 1792* bildeten (vgl. Bd. 14, S. 761 und zu
S. 365).

67 *11 Bartholomäusnacht:* die Nacht vom 24. zum 25. August
1572, in der anläßlich der Hochzeit Heinrichs von Navarra
(1553–1610, als Heinrich IV. von 1589 bis 1610 König von Frankreich) mit Margarete von Valois, der sogenannten ›Pariser Blut-
hochzeit‹, etwa zweitausend Pariser Hugenotten unter ihrem Anführer Admiral Gaspard de Coligny (1519–1572) ermordet wurden. In ganz Frankreich fanden in den darauffolgenden Tagen
25 000–30 000 Hugenotten gewaltsam den Tod. – *Septembertage:*
die als ›Septembermorde‹ bezeichneten Hinrichtungen gefangener
Royalisten, Adliger und Priester im revolutionären Frankreich im

September 1792; vom 2. bis zum 7. September 1792 wurden in
Paris 7000 Royalisten ermordet. – *13 die Thebaische Legion:* Siehe
zu S. 66,20. – *32 Carl der Große:* Karl der Große (742–814),
deutscher Kaiser, seit 768 Frankenkönig, am 23./24. Dezember
800 in Rom durch Papst Leo III. zum Kaiser gekrönt.

68 *26 eine heilige Veronika:* Das Original – 78,1 x 48,2 cm groß
– befindet sich heute in der Alten Pinakothek in München (Inv. Nr.
11866). Der Meister der hl. Veronika war in Köln im ersten Viertel
des 15. Jh.s tätig, das Bild entstand um 1420; vgl. hierzu G.s Briefe
an Sulpiz Boisserée vom 21. Februar, 5. März und 10. Mai 1816;
im letztgenannten dankt G. für die Übersendung der »miniierten
Veronika«. Der Legende nach war Christus auf seinem Kreuzweg
der Veronika begegnet, die ihm zum Trocknen seines Schweißes
ihr Kopftuch reichte. Auf wunderbare Art und Weise habe sich der
Gesichtsabdruck Christi in diesem ›Schweißtuch‹ über die Jahrhunderte hinweg erhalten. Obwohl die hl. Veronika, deren Fest am
4. Februar gefeiert wird, bereits seit dem 4. Jh. verehrt wurde,
entstand die eigentliche Veronikalegende im 12. Jh., als ein in der
röm. Peterskirche befindliches angeblich authentisches Christus-
porträt serbischen Ursprungs, die sogenannte ›Vera Icon‹ (s. Abb.
S. 70), mit der oben geschilderten Geschichte der Veronika in
Verbindung gebracht wurde. In der byzantinischen Kunst fand
diese Darstellung des Antlizes Christi später häufige Nachahmung. Vgl. hierzu Sulpiz Boisserées Brief an G. vom 3. Dezember
1814, in dem er sich ausführlich über die Veronikalegende und die
in diesem Zusammenhang überlieferten Christusdarstellungen äußert (Boisserée, Bd. 2, S. 45–47), ferner das Kapitel ›Der Meister
der hl. Veronika und seine Nachfolger (1400–1430)‹ in: Budde,
S. 38–63.

71 *18 medusenhaften:* nach Medusa, einem weiblichen Ungeheuer der griechischen Sage, dessen Anblick den Betrachter versteinern ließ. – *31 aus dem mehr oder weniger Manierierten:* Vgl.
hierzu insbesondere G.s 1789 veröffentlichten Aufsatz *Einfache
Nachahmung der Natur, Manier, Styl* (Bd. 3.2, S. 186).

72 *15 Wolfram von Eschilbach in seinem Parcival:* dort im
3. Buch: »als uns diu âventiure gieht, / von Kölne noch von
Mâstrieht / kein schiltære entwürfe in baz / denn alser ûfem orse
saz« (158, 13–16). – *32 die Gebeine der drei morgenländischen
frommen Könige:* Die Reliquien der hl. drei Könige waren zunächst von Konstantinopel nach Mailand gekommen. Nach der
Zerstörung Mailands schenkte sie Kaiser Friedrich I. ›Barbarossa‹
(um 1122–1190) 1164 seinem Kanzler Rainald, dem Erzbischof von
Köln, der sie im Dom aufbewahren ließ (s. auch zu S. 66,19).

73 *16 Meister Wilhelm von Cöln:* Wilhelm von Köln, deutscher

Maler des 14. Jh.s, den die ›Limburger Chronik‹ 1380 als den ersten
Maler in Deutschland rühmte. Ihm wurde lange auch das von
Stephan Lochner (s. zu S. 10,40) stammende Altarbild des Kölner
Doms zugeschrieben. – *23 Denn freilich wird es jetzt dergestalt
mit Hymnen umräuchert:* Wie jüngst Ernst Osterkamp in seiner
Analyse der Beschreibung, die G. vom Bild der hl. Veronika gab,
überzeugend dargelegt hat, wendet sich G.s ›historisch-kritische‹
Würdigung immer auch gegen einen ›impliziten Gegner‹, nämlich
Friedrich Schlegel (und mit ihm natürlich die gesamte romantische
Bewegung und Kunstauffassung). Die Stoßrichtung dieser Attacke
tritt in dieser Passage, die ihm so wichtig war, daß er sie in ähnlicher
Form auch in der Anzeige seiner Zeitschrift einrückte (S. 314,28),
unverhüllt zutage. G.s schon vorher, etwa im »Historischen Teil«
seiner *Farbenlehre* erprobte historisierende Methode grenzt sich
hier bewußt und mit einem ›strategischen‹ Interesse von der »enthusiastischen Mystik« (S. 314,29 f.) ab, die er der romantischen
Kunstbetrachtung vorwarf. »Medium der Distanzierung ist aber
nicht nur das gewählte Beschreibungsverfahren, sondern auch die
Historisierung der Bilder durch ihre Einordnung in einen kunstgeschichtlichen Entwicklungsgang. ⟨...⟩ Den Sinn der historischen
Darstellung definieren Goethes Vorbehalte gegen die aktuellen
Aneignungsformen altdeutscher Malerei: Er will sie gleichsam
durch ihre historistische Objektivierung und Entrückung von
ihren gegenwärtigen Wirkungsmöglichkeiten abschneiden« (Osterkamp, S. 287).

74 *10 Taschenbuch für Freunde altdeutscher Zeit und Kunst:*
›Taschenbuch für Freunde der altdeutschen Zeit und Kunst‹, hg.
von Friedrich Wilhelm Carové und Eberhard von Groote. Die von
G. erwähnte Beschreibung war 1815 im Taschenbuch auf das Jahr
1816 erschienen; ihr Verfasser war Heinrich Franz Wallraf.
– *30 Da dieses Bild 1410 gemalt ist:* So wie sich die ursprüngliche Zuordnung als falsch herausstellte – das dem Meister Wilhelm
von Köln zugeschriebene Altarbild des Kölner Doms stammt
von Stephan Lochner –, ist auch diese Angabe korrekturbedürftig.
Die Datierung resultierte aus der Mißdeutung eines im Fliesen-
fußboden der ›Verkündigung‹ angebrachten Steinmetzzeichens,
das irrtümlicherweise für das Entstehungsjahr des Altarbildes
gehalten wurde. – *31 Johann von Eyck:* Jan van Eyck (um 1386 bis
1441), niederländischer Maler, zusammen mit seinem Bruder
Hubert (um 1370–1426) Begründer der altflandrischen Malerschule. Vgl. zu »Hans van Eyck« auch G.s Gedicht *Modernes*
(Bd. 18.1).

77 *20 daß Eyck der Erste gewesen:* Jan van Eycks Verdienst
um die »Erfindung der Ölfarben« hebt G. auch im »Historischen

Teil« seiner *Farbenlehre* ausdrücklich hervor (Bd. 10, S. 708 f.; s.
auch zu S. 709; zu den Ölfarben dort auch S. 548 ff.).

79 *2 in dem großen Eyckischen Werke:* Diese Annahme hat der
Historienmaler und Kunstschriftsteller Johann David Passavant
(1787–1861) im Jahre 1841 widerlegt und dieses Triptychon, das
heute in der Alten Pinakothek in München hängt (WAF
1189–1191), Rogier van der Weyden (1399–1464), einem Zeitgenossen Jan van Eycks, zugeschrieben; in einem Brief an seinen
Bruder Melchior aus Lüttich vom 6. September 1841 hat Sulpiz
Boisserée diese Zuschreibung bestätigt (Boisserée, Bd. 1, S. 802 f.).
Der aus St. Columba in Köln stammende sogenannte Dreikönigsaltar besteht aus der ›Verkündigung‹ (linker Flügel, 138 x 70 cm),
der ›Anbetung der Könige‹ (Mitteltafel, 138 x 153 cm) und der
›Darbringung im Tempel‹ (rechter Flügel, 138 x 70 cm).

80 *21 Tafel, worauf Lucas das Bild ⟨...⟩ entwirft:* Auch dieses
Bild – ›Der hl. Lukas, die Madonna zeichnend‹ (138 x 110 cm) –
wird dem niederländischen Maler Rogier van der Weyden zuge-
schrieben; das Original befindet sich in Boston, Kopien sind in
Leningrad, Brügge und München (Alte Pinakothek) zu sehen. –
35 Höchst wünschenswert wäre es deshalb ⟨...⟩: Diesem Wunsch
G.s entsprach Johann Nepomuk Strixner (1782–1855), der von
1821 bis 1840 in 38 Lieferungen auf insgesamt 114 Blättern eine
Lithographienfolge nach Gemälden der Sammlung Boisserée veröffentlichte: Die Sammlung Alt-Nieder- und Ober-Deutscher
Gemälde der Brüder Sulpiz und Melchior Boisseree und Johann
Bertram, lithographiert von Johann Nepomuk Strixner. Mit Nachrichten über die Altdeutschen Maler von den Besitzern. Stuttgart: bei den Herausgebern 1821 (Ruppert, Nr. 2183; s. auch
Schuchardt, Bd. I, S. 216, Nr. 1). Vgl. hierzu auch: Gemälde der
Sammlung Sulpiz und Melchior Boisserée und Johann B. Bertram,
lithographiert von Johann Nepomuk Strixner. Katalog der Ausstellung im Clemens-Sels-Museum Neuss vom 19. 10. bis 28. 12.
1980 und im Kurpfälzischen Museum Heidelberg vom 17. 1. bis
1. 3. 1981.

81 *4 Epp:* Friedrich Epp (um 1780–1812), Maler und Kopist. –
9 Herr Koster: Christian Köster (1786–1851), Landschaftsmaler,
Radierer und Restaurator. – *40–82,21 Den originalen Künstler
⟨...⟩ den Patriotismus:* G.s vorsichtig abwägende Überlegungen
sowohl zur ›Originalität‹ wie vor allem zum »Patriotismus«
(S. 82,21), die eher das Konzept eines selbstbewußten Regionalis-
mus fern aller nationalistischen Borniertheit entwerfen, argumentieren sowohl gegen ein chauvinistisches Pathos in der Folge der
Befreiungskriege wie auch – im Verweis auf die »unschätzbaren
Werke hellenischer Kunst« (S. 82,15) – gegen eine einseitige Fixie-

rung auf die christliche Kunst des Mittelalters, die er und Johann
Heinrich Meyer dann wenig später in dem Aufsatz *Neu-deutsche
religios-patriotische Kunst* (S. 319) ganz unverhüllt attackieren
werden. In Gestus wie Intention erscheinen diese abschließenden
Passagen G.s wie ein Vorgriff auf seine späteren Ausführungen zur
»Weltliteratur« (so zu Eckermann am 31. Januar 1827; vgl. auch
die Anm. zu Nr. 767 der *Maximen und Reflexionen*; Bd. 17,
S. 1295).

   82 *18 Albrecht Dürern* ⟨...⟩ *in Venedig:* Dürer (1471–1528)
hielt sich 1506 in Venedig auf. – *30 Hemmling, Israel von Mecheln, Lucas von Leyden, Quintin Messis:* Hans Memling (um
1433/35–1494), niederländischer Maler der altflandrischen Schule;
G. benutzt verschiedene Schreibweisen dieses Namens, etwa
Hämmling, Hemmling, Hemelink oder – im Brief an Christiane
vom 27. September 1814 – Hemling. Israel von Meckenem (gest.
1503), Schüler Memlings. Lukas von Leyden (1489/94–1533), Maler und Kupferstecher in Antwerpen und Leiden. Quentin Massys
(um 1460–1530), Maler in Antwerpen. Dem Studium der Gemälde
der hier und in den beiden folgenden Anmerkungen genannten
Künstler widmete sich G., wie er im oben erwähnten Brief an
Christiane berichtet, vor allem am 26. und 27. September 1814. –
34 Schoreel: Jan van Schoreel (1495–1562), auch Scoreel, holländischer Maler; Schüler Albrecht Dürers, der während seines Aufenthalts in Italien auch durch die von G. genannten italienischen
Meister beeinflußt wurde. – *35 Hemskerk:* Maarten (Marten, Mar-
tinus) van Heemskerck, auch Heemskerk (1498–1574), holländischer Maler und Kupferstecher, der sich von 1532 bis 1536 in Rom
aufhielt. – *38 Leonard da Vinci, Corregio, Tizian, Michael Angelo:*
Leonardo da Vinci (1452–1519), Antonio da Corregio (um 1490 bis
1534), Tiziano Vecellio (1477–1576), Michelangelo Buonarroti
(1475–1564).

   83 *2 Rembrandt:* Rembrandt Harmensz van Rijn (1606–1669).
Die hier von G. referierte, im 17. und 18. Jh. weitverbreitete
Auffassung, Rembrandt habe keine intimere Kenntnis der italienischen Kunst und Malerei besessen, wurde allerdings durch die
kunstgeschichtliche Forschung mittlerweile nachhaltig widerlegt.
– *39–84,1 Moller hat die erste Platte* ⟨...⟩ *vollendet:* Siehe S. 517.

   84 *1 zwei Hefte seiner schätzenswerten Darstellung:* Siehe zu
S. 58,30. – *14 Glückte uns nochmals am Oberrhein zu verweilen:*
Dieser Wunsch G.s blieb unerfüllt. Seine Reise im Jahre 1815 ist der
letzte Aufenthalt an Rhein und Main geblieben. – *15 Mannheim,
Schwetzingen* ⟨...⟩ *Erbach:* Am 30. September und 1. Oktober
1815 hielt sich G. in Mannheim auf; Schwetzingen und Erbach hat
er nicht besucht. – *17 Carlsruhe:* G. hielt sich vom 3. bis zum

5. Oktober 1815 in Begleitung Sulpiz Boisserées in Karlsruhe auf. Das Wiedersehen mit der badischen Residenzstadt war für G. mit besonderen Erinnerungen verknüpft, über die er im Brief an Christian Gottlob von Voigt am 1. Oktober 1815 berichtet. Vierzig Jahre zuvor, am 22. Mai 1775, hatte G. – vor seiner bis zum Juli dauernden Reise in die Schweiz – in Karlsruhe am Hofe des Markgrafen Carl Friedrich den Erbprinzen Carl August von Sachsen-Weimar (1757–1828) wiedergetroffen; dieser hatte sich dort im Januar 1775 mit Louise Auguste von Hessen-Darmstadt (1757–1830) verlobt, die nach dem Tode ihrer Mutter seit 1773 bei ihrer Schwester Amalie, der Gattin des Erbprinzen von Baden, in Karlsruhe lebte. Carl August und G. hatten sich am 11. Dezember 1774 in Frankfurt kennengelernt, wo der Erbprinz von Sachsen-Weimar auf der Durchreise nach Paris Station gemacht hatte, um auf Anraten Carl Ludwig von Knebels den jungen G. aufzusuchen. Am 22. September 1775 schließlich hielt sich Carl August, diesmal auf dem Weg nach Karlsruhe zu seiner Hochzeit mit Louise am 3. Oktober 1775, erneut in Frankfurt auf und lud bei dieser Gelegenheit G. zu einem Besuch nach Weimar ein – eine Einladung, die er am 12. Oktober 1775, wiederum in Frankfurt, erneuerte. Am 3. November 1775 erreichte G., der inzwischen zu einer Reise nach Italien aufgebrochen war, im Haus der Demoiselle Delph in Heidelberg dann die Nachricht des Hofmarschalls Johann August Alexander von Kalb, die ihn zum Abbruch der Reise und zur Umkehr nach Weimar veranlaßte, wo er am 7. November 1775 eintraf (vgl. den Schluß von *Dichtung und Wahrheit*; Bd. 16, S. 830 ff.). – Neben Begegnungen mit Hebel (s. zu Z. 22), dem Architekten Friedrich Weinbrenner (1766–1826) und dem Naturforscher und Geheimen Hofrat Karl Christian Gmelin (1762 bis 1837), dessen mineralogische Kabinette das Tagebuch vom 4. Oktober erwähnt, besuchte G. am 3. Oktober auch den seit 1806 in Karlsruhe lebenden Johann Heinrich Jung, genannt Jung-Stilling (1740–1817), den Freund aus Straßburger Tagen – ein allerdings enttäuschendes Wiedersehen, wie G. am 21. Oktober 1815 im Brief an Knebel resümiert: »Jung ist leider in seinem Glauben an die Vorsehung zur Mumie geworden«. Zum Aufenthalt in Karlsruhe vgl. Oeftering, S. 252–267. – *22 Herrn Hebel:* Johann Peter Hebel (1760–1826), Schriftsteller, besonders in alemannischer Mundart, der vor allem mit seinem ›Schatzkästlein des rheinischen Hausfreundes‹ (1811) populär wurde. Zugleich evangelischer Prälat in Karlsruhe, wo er auch Mitglied der Ständeversammlung und außerordentlicher Professor für hebräische Sprache wurde. G., der 1805 dessen ›Allemannische Gedichte‹ rezensiert hatte (Bd. 6.2, S. 581), war mit Hebel am 3. und 4. Ok-

tober 1815 zusammengetroffen, wobei Hebel in seinem Werk diese Begegnung nie erwähnt oder beschrieben hat. – *29 die nach Heidelberg zurückkehrenden Manuskripte:* Hierbei handelte es sich um 39 Bände mit Handschriften aus der ›Bibliotheca Palatina‹, der Büchersammlung der pfälzischen Kurfürsten. Diese Sammlung hatte Kurfürst Maximilian I. von Bayern (1573–1651) im Jahre 1623, nach der Eroberung Heidelbergs durch den Feldherrn Tilly, Papst Gregor XV. (1554–1623, Papst von 1621 bis 1623) geschenkt. 39 Bände mit Handschriften waren später auf Befehl Napoleons nach Paris gebracht worden; nach dessen endgültigem Sturz im Juni 1815 kehrten sie wiederum nach Heidelberg zurück.

85 *19 ein zweiter Originalriß:* Nachdem 1814 auf dem Dachboden des Gasthauses ›Zur Traube‹ in Darmstadt der Aufriß des Nordturms des Kölner Doms entdeckt worden war, fand sich 1816 in einem Pariser Antiquariat auch der Bauplan des Südturms.

87 *21 Gerechtsame:* zumeist schriftlich niedergelegte Rechte und Privilegien eines Standes oder einer Zunft. – *31 geheime Zeichen:* Die gemeinschaftsstiftende Bedeutung einer solchen Zeichensprache hat G. dann später insbesondere im Gebärden- und Zeichensystem der »Pädagogischen Provinz« (Bd. 17, bes. S. 381 ff.) seines Romans *Wilhelm Meisters Wanderjahre oder Die Entsagenden* (2. Fassung 1829) gestaltet (s. auch zu S. 59,26).

88 *13 Herrn Doktor Ehrmann:* Johann Christian Ehrmann (1749–1827), seit 1779 Arzt in Frankfurt. Mit Ehrmann, den er aus gemeinsam besuchten medizinischen Vorlesungen seiner Straßburger Studienzeit kannte, war G. während der Arbeiten an *Dichtung und Wahrheit* wieder in Verbindung getreten (vgl. Bd. 16, S. 485, und G.s Brief an Ehrmann vom 29. Dezember 1812 sowie vom 20. März 1816; ebenso G.s Brief an Sulpiz Boisserée vom 24. Juni 1816). Am 19. August 1815 berichtet Sulpiz Boisserée über einen Besuch G.s bei Ehrmann (Herwig, Bd. II, S. 1052, Nr. 4182; vgl. auch den Bericht vom 2. September, ebenda, S. 1073). In Ehrmanns 1809 gegründete, bis 1820 bestehende Gesellschaft der ›Verrückten Hofräte‹, von der G. durch Boisserée erfuhr, wurde auch G. auf seinen eigenen Wunsch hin aufgenommen. Die hier erwähnte Sammlung zur Geschichte der Steinmetzbrüderschaft hatte Ehrmann Sulpiz Boisserée vermacht. – *22 Herr Dr. Büsching:* Johann Gustav Gottlieb Büsching (1783–1829), Germanist und Professor für Altertumswissenschaften in Breslau. Den ersten Band seiner seit 1816 in Breslau erscheinenden Zeitschrift hatte Büsching G. gewidmet. – *31 Höchsterfreulich und bedeutend:* Siehe zu S. 84,29. Die 847 Bände aus der Vatikanischen Bibliothek kehrten 1816 nach Heidelberg zurück. – *33–35 Ihro Majestäten des*

Kaisers von Österreich, und Königs von Preußen, Seine Päpstliche Heiligkeit: Franz I. (1768–1835), seit 1804 Kaiser von Österreich. Als Franz II. war er seit 1792 deutscher Kaiser gewesen und hatte nach der Schaffung des Rheinbundes in einer Erklärung vom 6. August 1806 die deutsche Kaiserkrone niedergelegt. Friedrich Wilhelm III. (1770–1840), König von Preußen. Pius VII. (1742–1823), Papst seit dem 14. März 1800.

SANCT ROCHUS-FEST ZU BINGEN
AM 16. AUGUST 1814

Am 15. August 1814 notierte G. in Wiesbaden, wo er sich seit dem 29. Juli zur Kur aufhielt, nach dem vormittäglichen Bad den »Einfall nach Rüdesheim zu gehen«. Die Spontaneität dieses Vorhabens, die gleich einleitend auch die ersten Zeilen des vorliegenden Reiseberichts akzentuieren, ist keine nachträgliche Stilisierung, vermerkt das Tagebuch doch noch am gleichen Tag die alsbaldige Ausführung dieser Absicht: »Mit Zelter zu Hause gespeist. Mit ihm und Cramer nach Tische abgefahren«. Damit sind G.s Begleiter auf diesem kurzen und doch so eindrücklichen Ausflug genannt, nämlich der Berliner Freund (und ›Kurgenosse‹) Carl Friedrich Zelter (1758–1832) sowie der Wiesbadener Mineraloge und Oberbergrat Ludwig Wilhelm Cramer (1755–1832), in dessen Haus am Markt G. in diesen Wochen ein häufiger Gast gewesen war, um dort insbesondere Cramers umfangreiche mineralogisch-geologische Sammlung zu studieren, die er im Abschnitt »Wisbaden« seines Berichts *Kunst und Altertum am Rhein und Mayn* ebenso lobend erwähnt (S. 29) wie schon im Brief an Christiane vom 19. August 1814.

In Rüdesheim angekommen, haben G. und Zelter noch am selben Tag unter der Führung des Rüdesheimer Mineralogen und Bergwerkskommissars Wilhelm Friedrich Götz (1763–1823) die Burgruine des Grafen von Ingelheim besucht. Nach einer Übernachtung im ›Adler‹ überquert die Reisegesellschaft – wiederum unter der Leitung von Götz, dessen Mineraliensammlung am Vormittag dieses 16. August besichtigt worden war – den Rhein nach Bingen, wo sie sich den Wallfahrern anschließt, die sich bereits in großen Scharen auf den Weg zur Rochuskapelle begeben haben.

Der 16. August 1814, der Festtag des hl. Rochus, ist in diesem Jahr nämlich ein ganz besonderes Ereignis, findet die traditionelle Wallfahrt doch zum ersten Mal seit 24 Jahren in der kurz zuvor

instandgesetzten, nunmehr wieder ihrer Bestimmung übergebenen Kapelle statt.
Jahre zuvor, am 18. Juli 1808, hatte Bettine Brentano in einem Brief aus dem Rheingau G. ein anschauliches Bild von den Verwüstungen dieser Örtlichkeit vermittelt, das dennoch auch viel von der Lieblichkeit der Gegend durchscheinen und ahnen läßt, wie sie G. selbst dann im September 1814 anläßlich seines Besuchs bei der Familie Brentano in Winkel erleben durfte und später in seinen Erinnerungen *Im Rheingau Herbsttage* (S. 116) festhielt:
»Warst Du schon auf dem Rochusberg? – er hat in der Ferne was sehr Anlockendes, wie soll ich es Dir beschreiben? – so, als wenn man ihn gern befühlen, streichlen möchte, so glatt und sammetartig. Wenn die Kapelle auf der Höhe von der Abendsonne beleuchtet ist, und man sieht in die reichen, grünen, runden Täler, die sich wieder so fest aneinander schließen, so scheint er, sehnsüchtig an das Ufer des Rheins gelagert, mit seinem sanften Anschmiegen an die Gegend, und mit den geglätteten Furchen die ganze Natur zur Lust erwecken zu wollen. Es ist mir der liebste Platz im Rheingau; er liegt eine Stunde vor unserer Wohnung; ich habe ihn schon Morgens und Abends, im Nebel, Regen und Sonnenschein besucht. Die Kapelle ist erst seit ein paar Jahren zerstört, das halbe Dach ist herunter, nur die Rippen eines Schiffgewölbes stehen noch, in welches Weihen ein großes Nest gebaut haben, die mit ihren Jungen ewig aus- und einfliegen, ein wildes Geschrei halten das sehr an die Wassergegend gemahnt. – Der Hauptaltar steht noch zur Hälfte, auf demselben ein hohes Kreuz, an welches unten der heruntergestürzte Christusleib festgebunden ist. Ich kletterte an dem Altar hinauf; um den Trümmern noch eine letzte Ehre anzutun, wollte ich einen großen Blumenstrauß, den ich unterwegs gesammelt hatte, zwischen eine Spalte des Kopfes stecken; zu meinem größten Schrecken fiel mir der Kopf vor die Füße, die Weihen und Spatzen und alles, was da genistet hatte, flog durch das Gepolter auf, und die stille Einsamkeit des Orts war minutenlang gestört. Durch die Öffnungen der Türen schauen die entferntesten Gebirge: auf der einen Seite der Altkönig, auf der andern der ganze Hundsrück bis Kreuznach vom Donnersberg begrenzt; rückwärts kannst Du so viel Land übersehen, als Du Lust hast« (Bettine von Arnim, Bd. 2, S. 166 f.).
Nach dem Sieg über Napoleon war das linke Rheinufer im ersten Pariser Frieden vom 30. Mai 1814 wieder in deutschen Besitz gelangt und die als Kriegsposten benutzte, dabei im Jahre 1795 zerstörte Rochuskapelle mittlerweile renoviert worden, so daß dem Festtag am 16. August 1814 über seinen religiösen Charakter

hinaus diesmal auch ein eindeutig politischer Stellenwert zukam, der im vorliegenden Text auch ausdrücklich hervorgehoben wird (S. 101,4).

Bis zum Mittag nahmen G. und seine Begleiter an den Festlichkeiten teil, bevor sie nach einer Kahnfahrt durchs Bingerloch abermals bei Götz einkehren. Die Heimfahrt wird dann in der ›Rose‹ in Eltville unterbrochen, wo ein nächtlicher starker Regen am nächsten Morgen die Rückkehr nach Wiesbaden verzögert. Bereits hier, an diesem Vormittag, wird der Entschluß gefaßt, die Erlebnisse dieses Ausflugs dichterisch zu gestalten: »Elfeld frühe Schema des Rochus Festes« – eine Arbeit, die noch am selben Tage in Wiesbaden fortgesetzt wird, wie sich im Tagebuch vom 17. August nachlesen läßt: »Schema fortgesetzt, und sonst arrangiert und redigiert«.

Als G. am 19. August 1814 aus Wiesbaden an Christiane berichtete, daß die »Mannigfaltigkeit und Lust dieses Festes ⟨...⟩ nicht zu beschreiben« sei, hatte er also längst begonnen, ebendies zu versuchen. Die Arbeit am »St. Roch« wird am 19. und 26. August im Tagebuch notiert, und schon am 29. August meldet der Brief an Riemer entscheidende Fortschritte: »Das Fest des Heil. Rochus habe schematisiert. Es kann recht artig werden. Freilich fehlt mir gar sehr jemand dem ich auf der Stelle diktieren könnte, da wäre das alles schon fertig«.

Diese optimistische Prognose sollte sich allerdings nicht so rasch bewahrheiten. Erst im Sommer 1816 werden die Arbeiten am *Rochus-Fest* fortgesetzt. Eine erneute Reise in den Westen und Süden Deutschlands hatte G. am 20. Juli nach einem Achsenbruch des Reisewagens kurz nach dem Aufbruch von Weimar aufgegeben; fernab der Rheingegenden wird nunmehr im thüringischen Bad Tennstedt der Aufsatz wieder vorgenommen und ausgearbeitet.

Obwohl G. am 7. August 1816 Sulpiz Boisserée mitteilte, das »Rochusfest 1814, von dem ich mich immer wegdrückte«, sei »so gut als fertig«, und Ähnliches auch am 28. August an Zelter meldete, beschäftigte ihn dieser Aufsatz auch noch im Herbst dieses Jahres. Zwischen der Charakterisierung des *Rochus-Festes* als eine »heitere im Innern fromme Darstellung« (so an Sulpiz Boisserée am 27. September) und der endgültigen Ankündigung, wiederum an Boisserée, am 16. Dezember 1816 – »Das Rhein- und Maynheft, 2. Stück, liegt in den Händen des Setzers. Es enthält das famose Rochusfest, dem ich meine Sommer-Einsamkeit in Tennstedt gewidmet hatte ⟨...⟩« – vergehen nochmals drei Monate (vgl. hierzu das Tagebuch vom 11. November sowie G.s Briefe an Zelter vom 7. November und an Boisserée vom 16. November

1816). Der Aufsatz erscheint schließlich 1817 in *Über Kunst und Altertum* I 2.

»Es ist zwar keine eigentlich stumpfe Stelle drinnen, aber manches könnte ausführlicher sein; ob ich gleich zufrieden bin daß meine produktive Sinnlichkeit noch so weit reichen konnte«, schrieb G. am 28. August 1816, seinem 67. Geburtstag, über das *Rochus-Fest* in seinem bereits erwähnten Brief an Zelter (Bd. 20.1, S. 452 f.). Was im August 1814 noch aus dem unmittelbaren Erleben hätte geschöpft werden können, muß nun erinnert werden. Und dennoch: Welch ein Unterschied zum sachlich-nüchternen Ton des umfassenden Reiseberichts, der – untergliedert in einzelne Stationen – 1816 unter dem Zeitschriftentitel *Über Kunst und Altertum in den Rhein- und Mayn-Gegenden* erschienen war (und vorliegendem Aufsatz damit zugleich sein Publikationsforum verschafft hatte).

Während dort der distanzierte Stil eines amtlichen Memorandums dominiert, herrschen hier eine Unbeschwertheit und Fabulierlust vor, die viel von der Lebensfreude und Behaglichkeit vermitteln, die G. in diesen Tagen im Rheingau erfahren hatte – obwohl auch der Bericht über das Rochusfest kein spontan aufgezeichnetes Erlebnis, sondern ein sorgfältig komponiertes und ausgefeiltes Stück Prosa darstellt, was insbesondere die zahlreichen, aufmerksam registrierten geographischen Besonderheiten belegen.

Textgrundlage und Erstdruck: KuA I 2 (1817), S. 63–132. – Eingriffe: S. 100,22 *Nahe* (Nahr KuA; Drf.); 102,13 *Woge* (Wege KuA; korr. nach DNL 23); 106,22 *an ansteckende ⟨n⟩ Krankheiten* (an ansteckende Krankheiten KuA; ergänzt nach C¹ 43); 106,24 *hinein* (hinnen KuA; vermutlich Drf.; korrigiert nach C¹ 43); 110,14 *wünschen⟨s⟩werte* (wünschenwerte KuA; vermutlich Ausfall eines Buchstabens am Zeilenende; korrigiert nach C¹ 43); 114,23 *wütender* (wü- ⟨Zeilenanfang⟩hender KuA; vermutlich Ausfall eines Buchstabens am Zeilenanfang; korrigiert nach C¹); 115,39 *strömte ⟨er⟩ endlich* (strömte endlich KuA; so auch C¹, C³ und Cotta 1840; ergänzt nach WA I 34/1).

89 *18 gesellige Freunde:* Vgl. hierzu die Vorbemerkung. – *31 Kloster Johannisberg:* ursprünglich eine Benediktinerabtei, die nach Beschädigungen durch den Bauernkrieg und der Verwüstung durch den Markgrafen Albrecht Alcibiades (1552) vom Mainzer Erzbischof im Jahre 1563 aufgehoben wurde. 1643 wurde die ehemalige Abtei dann dem Reichspfennigmeister Hubert von Bleymann verpfändet, bevor sie 1716 an die Abtei Fulda verkauft wurde. Der Abt von Fulda ließ an der Stelle des Klosters das heutige Schloß

GEOGRAPHISCH-STATISTISCHE UND HISTORISCHE KARTE
DES HERZOGTUMS NASSAU
1824

erbauen, das in den Jahren 1757 bis 1759 von Fürstbischof Adalbert von Walderdorff bewohnt wurde. Im Zuge der Säkularisation gelangte Johannisberg 1803 in den Besitz des Prinzen von Nassau-Oranien, 1807 auf Veranlassung Napoleons dann an den frz. Marschall Kellermann, Herzog von Valmy. Seit 1815 im Besitz des österreichischen Kaisers, wurde Johannisberg 1816 zum Lehen des österreichischen Staatskanzlers Fürst Clemens von Metternich. Die habsburgische Oberlehensherrlichkeit endete im Jahre 1873, Schloß und Weingut befinden sich noch heute im Besitz der Familie Metternich.

90 *2 den vierzehen Nothelfern:* Heilige, deren Beistand in besonderen Notfällen erbeten wird. Die 14 Nothelfer, zu denen der hl. Rochus allerdings nicht zählt, sind die Heiligen Achaz, Aegidius (als einziger Nichtmärtyrer), Barbara, Blasius, Christophorus, Cyriakus, Dionysus, Erasmus, Eustachius, Georg, Katharina, Margareta, Pantaleon und Vitus. – *28 Elfeld:* das heutige Eltville, Hauptort des ehemaligen kurmainzischen Rheingaues. – *29 Aue:* nach DWb ›Wiese, Insel, wasserumflossenes Land, feuchter Grund‹. Die Rheinauen bezeichnen im heutigen Sprachgebrauch die regelmäßig von Hochwasser überfluteten, wegen ihrer besonderen Vegetation ebenso geschützten wie bedrohten Gebiete in unmittelbarer Nähe des Stroms, insbesondere am Oberrhein.

91 *11 Leimen:* Lehm. – *26 Blende:* zurückweichende Vertiefung, Nische in einem Mauerwerk. – *28 Röhrwasser:* aus Leitungsrohren fließendes Wasser. – *29 der auf der Hügelstrecke gewonnene Wein:* der ›Markobrunner‹. – *33 Weidigte:* Weidengebüsch.

92 *11 winkelhaftes:* Einige Kommentatoren weisen an dieser Stelle auf den lat. Ursprung des Ortsnamens hin, der sich angeblich von ›vinicella‹ (das ›Weinlager‹) herleitete, was G. nicht bewußt gewesen sei und ihn deshalb zu dieser (Fehl)Spekulation mit dem Ortsnamen verleitet habe. Dagegen bleibt allerdings festzuhalten, daß sich die Rückführung auf einen römischen Ursprung nicht belegen läßt und somit ihrerseits wohl eher eine Legende ist. Zur Ortsgeschichte läßt sich vielmehr nachlesen: »Die Fuldaer Annalen berichten zu 850, daß der Mainzer Erzbischof (und Fuldaer Abt) Hrabanus Maurus in W. 300 Arme speiste. Urkundlich wird W. erstmalig 1108 genannt. Der Name bezeichnete zunächst den gesamten Siedlungskomplex mit Mittelheim und Oestrich, der einen karolingischen Fiskalbezirk darstellte, und erklärt sich wahrscheinlich aus der Einbuchtung des Rheins daselbst. Der Elster- oder Klingelbach westlich von W. bildete die noch im Rheingauer Landbrauch von 1643 erkennbare Grenze zwischen dem oberen und unteren Teil des Rheingaues« (Herchenröder, S. 350). Die Ortsteile Oestrich, Mittelheim und Winkelheim sind heute zu der

(schon von G. registrierten) langgestreckten Gemeinde Oestrich-Winkel zusammengewachsen. – *23 zurückgestauchte:* auf-, angestaute. – *37 den Mäuseturm:* ursprünglich ein Wartturm der rechtsrheinisch gelegenen mainzischen Zollburg Ehrenfels, im 14. Jh. erbaut. In der volksetymologischen Erklärung wird der Name dieses Turms mit der Geschichte von Bischof Hatto in Verbindung gebracht, wobei es sich im Kern – ein im Wasser stehender, von Mäusen in Besitz genommener Turm – um eine Wandersage handelt, die an vielen Orten Nord- und Mitteleuropas erzählt wurde. Zum Bingener Mäuseturm heißt es 1550 bei dem in Ingelheim geborenen Sebastian Münster (1489–1552): »Er hat den Nammen von einer solchen Geschicht vberkommen. Es war ein Bischoff zu Mentz zu den zeiten des grossen Kaysers Otte, nemlich anno Christi 914, der hiesz Hatto, vnder dem enstund ein grosse Thewrung, und da er sahe dasz die Armen Leut grossen Hunger litten, versammelt er in ein Schewr viel armer Leut, und liesz sie darin verbrennen: Dann er sprach: es ist eben mit jnen als mit den Meusen die das Korn fressen, vnnd niergend zu nutz sind. Aber Gott liesz es nicht ungerochen. Er gebote den Meusen dasz sie mit hauffen vber jhn lieffen, jm Tag und Nacht kein ruhe lieszen, wolten jhn also lebendig freszen. Da flohe er in diesen Thurn, und verhofft er würd da sicher seyn vor den Meusen. Aber er mocht dem Urtheil Gottes nicht entrünnen, sonder die Meuss schwummen durch den Rhein zu jm. Da er das sahe, erkannt er das Urtheil Gottes und starb also vnder den Meusen. Wilt du es für ein Fabel haben, will ich nicht mit dir darum zancken, ich hab disz Geschicht mehr dann in einem Buch gefunden« (zit. nach: Baedeker's Rheinlande. Koblenz 1856, S. 168). Oft wird der Name auch von ›Mau(d)tturm‹, also Zollturm hergeleitet; allerdings ist dabei zu berücksichtigen, daß es sich bei ›Maut‹ um ein Wort aus dem bairischen Sprachraum handelt.

93 *1 eine Kapelle:* Nach einem Gelübde des Rates der Stadt Bingen während der Pestepidemie des Jahres 1666 war die Rochuskapelle 1677 eingeweiht worden. Nach ihrer Zerstörung im Jahre 1795 wurde sie 1814 wieder aufgebaut, allerdings 1889 infolge eines Blitzschlages erneut vernichtet. Die in den folgenden Jahren im spätgotischen Stil restaurierte, 1895 vollendete Kapelle hat man allerdings als »wenig schönen Neubau« (so das Urteil von Gustav Barthel in: Der Kunstführer. Bauten und Denkmäler in der Bundesrepublik Deutschland. Gütersloh 1961, S. 253) bezeichnet. – *3 Rüststangen:* die senkrecht eingerammten Träger eines Baugerüstes. – *14 Bivouacs:* Biwaks, militärische Feldnachtlager.

94 *17 dem alten, römischen Kastell:* Bei der von G. für ein röm. Kastell gehaltenen, in Teilen wieder ausgebauten Ruine handelte es

sich um die aus dem 12. Jh. stammende Brömserburg, deren eigentlicher Name ›Niederburg‹ lautete und deren römischer Ursprung
nicht zweifelsfrei geklärt ist: »Baugeschichte weitgehend unge-
klärt. Eine frühe Gründung und die Entstehung aus einem ›ca-
stellum‹ muß angenommen werden« (Herchenröder, S. 313). Die
Burg war mainzisches Lehen (so 1275/76), ihre eigentliche Aufgabe war die Rheinüberwachung gewesen, allerdings sank ihre
Bedeutung nach der Errichtung der Burg Ehrenfels und den dazugehörigen Zollanlagen im 2. Jahrzehnt des 13. Jh.s. 1640 durch die
französischen Truppen teilweise zerstört, befand sie sich – nachdem die Rüdesheimer Ministerialen mit dem Lilienwappen in ihrer
Hauptlinie 1736 ausgestorben waren – seit 1812 im Besitz der
Grafen von Ingelheim. Der danach erfolgte Ausbau zu Wohn-
zwecken wurde nach Plänen des Darmstädter Baumeisters Georg
Moller (1784–1852) vorgenommen (s. zu S. 16,15). In das Frem-
denbuch der Brömserburg trug sich G. am 15. August 1814 ein;
eine Abb. dieses Eintrags in: Grieser, S. 133. – *19 des Herrn Grafen Ingelheim:* Friedrich Karl Joseph Reichsgraf von Ingelheim
(1777–1847). – *25 Rustika:* (lat.) rauh bearbeitetes Mauerwerk. –
39 Eine Burg der mittlern Zeit: die Ober- oder Bo(o)senburg, so
benannt nach den Grafen Boos von Waldeck, in deren Besitz sie
sich seit der ersten Hälfte des 15. Jh.s befand. Zuvor war die Burg
ein mainzisches Lehen (1275/76) und in der Hand derer von
Rüdesheim mit dem Flügelwappen gewesen. Im Jahre 1830 wurde
die Burg von der Familie Sturm erworben und in ein Weingut
umgewandelt. Von der Oberburg ist heute nur noch der Stumpf
des alten, quadratischen, obeliskartigen Turms erhalten.

95 *7 des Eilfers:* der Wein des Jahrgangs 1811, den G. so
schätzte, daß er ihm in diesen Jahren sogar ein eigenes Ghasel
widmete (»Wo man mir Guts erzeigt überall . . .«; Bd. 11.1). Auch
Johanna Antonia Brentano (1780–1869) hatte diese spezielle Vorliebe G.s nicht vergessen, als sie sich 75jährig an den September
1814 zurückerinnerte, die Tage, in denen G. zu Besuch im Landhaus
der Brentanos in Winkel gewesen war und die er in seinem Bericht
Im Rheingau Herbsttage (S. 116) ebenfalls ›verewigt‹ hatte: »Von
unsrem guten Rheinweine konnte er aber ganz fürchterlich viel
trinken, besonders von dem Elfer, und mein Mann machte ihm oft
eine große Freude mit dem Geschenk eines Fäßchens Wein«
(Herwig, Bd. II, Nr. 4055, S. 951 f.). So handelte es sich bei den
»köstlichen Gaben«, die Antonia Brentano G. zu dessen 65. Geburtstag nach Wiesbaden schickte und für die er sich am 28. August schriftlich bedankte, um »10 Flaschen des echtesten Weines«,
wie G. Christiane am darauffolgenden Tage erfreut mitteilte, der er
zugleich auch über deren weiteren Verwendungszweck Bericht

erstattete: »davon wurden die Freunde nun erfreut und alles
endigte zum besten«. Allerdings sei auch nicht verschwiegen, daß
die ersten Eintragungen im Tagebuch vom 29. August 1814 daraufhin »Nicht wohl. Im Bette geblieben« lauteten.

96 *10 St. Hubertus:* Der hl. Hubertus, dessen Fest am 3. No-
vember gefeiert wird, ist der Schutzpatron der Jäger, aber auch der
Forstleute und Schützengilden. – *31 eine Sammlung:* die in den
Vorbemerkungen bereits erwähnte Sammlung des Rüdesheimer
Mineralogen und Bergwerkskommissars Wilhelm Friedrich Götz
(1763–1823). – *34 Minern:* erzhaltige Gesteine.

97 *3 gähen:* steilen. – *10 Glücklicherweise ist ein Hammer bei
der Hand:* Im Brief vom 19. August 1814 an seinen Sohn August
hatte G. es demgegenüber bedauert, bei seinen Exkursionen keine
geologische Fachliteratur – namentlich genannt wird Johann Ernst
Immanuel Walch (1725–1778) – zur Verfügung zu haben. – *16
Möge bald ein reisender Naturforscher* ⟨...⟩*:* Diesem Wunsch G.s
entsprach das in den Jahren 1822 bis 1826 in Bonn veröffentlichte
vierbändige Werk ›Das Gebirge in Rheinland-Westphalen, nach
mineralogischem und chemischem Bezuge‹. Sein Verfasser war der
Geheime Bergrat Johann Jakob Nöggerath (1788–1877), der seit
1821 als ordentlicher Professor für Mineralogie und Bergwerkwis-
senschaften in Bonn lehrte, wo er 1826 zum Rektor der Universität
ernannt wurde. Darüber hinaus war Nöggerath seit 1812 Ehrenmitglied der Sozietät für die gesamte Mineralogie in Jena. Auszüge
aus Nöggeraths Buch hat G. 1824 im zweiten Heft des zweiten
Bandes seiner Zeitschrift *Zur Naturwissenschaft überhaupt* ạbge-
druckt (Bd. 12, S. 745). – *23 Tafel des Cebes:* so der Titel eines dem
Cebes von Theben, einem Schüler des Sokrates, zugeschriebenen
Dialogs, in dem ein allegorisches Gemälde beschrieben und interpretiert wird. Es zeigt einen hohen Berg, dessen steile Aufstiege die
Menschen zum Gipfel, nämlich zu Tugend und Glückseligkeit
führen, während Abwege zugleich ins Laster (ver)führen. –
28 dreißig Fuß: Die Maßeinheit ›Fuß‹ betrug im ersten Drittel des
19. Jh.s in Weimar 28,20 cm (der Mainzer Fuß bezeichnete
29,13 cm).

98 *4 unsern werten Geleitsmann:* Wilhelm Friedrich Götz. –
8 Kloster Eibingen: 1148 hatte Marka von Rüdesheim in Eibingen
ein Augustinerdoppelkloster gegründet, das 1165 von der hl. Hildegard von Bingen (1098–1179) mit Benediktinerinnen aus ihrem
Kloster Rupertsberg besetzt und für etwa 30 Nonnen eingerichtet
wurde. 1226 mit dem päpstlichen Schutzbrief versehen und seit
1268 unter der Aufsicht des Erzbischofs von Mainz, wurde das
Kloster 1575 vorübergehend wiederum von Augustiner-Chor-
frauen aus St. Peter bei Kreuznach bezogen, gelangte aber schon

1603 wieder in den Besitz der Benediktinerinnen. 1641 schließlich zogen die Nonnen vom Rupertsberg, deren Kloster im Jahre 1632 durch schwedische Truppen zerstört worden war, ins Kloster Eibingen. Mit ihnen gelangten die Reliquien der hl. Hildegard nach Eibingen. 1814 wurde das Kloster aufgehoben, die Kirche diente anschließend von 1831 bis 1932 als Pfarrkirche, die Klostergebäude als Zeughaus.

99 *31 Officium:* lat., eigentlich das Stundengebet des kath. Geistlichen zum Lob Gottes, darüber hinaus – und hier gemeint – die Sammlung der Lieder und Gebete zur Verehrung eines Heiligen.

101 *3 zeitigen Autoritäten:* die neugeschaffenen, neueingesetzten, also (der)zeitigen, gegenwärtigen Autoritäten. – *17 Hieraus ersehen wir:* ein Grundgedanke des späten G., der – mutatis mutandis – auch seinen sprachphilosophischen und kommunikationstheoretischen Überlegungen zugrunde lag; vgl. die Nr. 891 der *Maximen und Reflexionen* (Bd. 17, S. 874) sowie die kommentierenden Ausführungen hierzu (ebenda, S. 1300 ff.). Ebenso evident ist der unmittelbare Bezug zu naturwissenschaftlichen, vom Gedanken der Evolution geprägten Denkformen.

102 *7 Bidenheim:* das heutige Büdesheim.

103 *11 Amalgam:* (lat.) Verbindung von Quecksilber mit anderen Metallen. – *15 Ohm:* das rheinhessische Hohlmaß Ohm faßte 160 l. – *29 Ihr überzeugt euch also ⟨...⟩:* Adolf Bach hat mehrfach nachgewiesen, daß der Mainzer Weihbischof und Provikar Valentin Heimes (1741–1806), der »wegen seines gewaltigen Durstes« weithin bekannt war, auch der in dieser Anekdote gemeinte Weihbischof gewesen sei (A. B.: Goethes »Dechant Dumeiz«. Ein rheinischer Prälat der Aufklärungszeit. Heidelberg 1964, S. 332; zuvor schon A. B.: Der Mainzer Weihbischof Valentin Heimes und die »Weinpredigt« in Goethes »St. Rochusfest zu Bingen«. Mit 2 Abb. In: Rheinische Vierteljahrsblätter 27, 1962, S. 97–116). – *33 Der Wein erfreuet des Menschen Herz:* nach Ps 104,15.

104 *32 Prüfet alles und das Beste behaltet:* aus 1 Thess 5,21, wo Paulus schreibt: »Prüft aber alles, und das Gute behaltet«.

105 *12 der Monzinger:* Daß der Ort Monzingen, zwischen Sobernheim und Kirn gelegen, »einen der besten Naheweine« erzeuge, vermerkt ausdrücklich auch ›Baedeker's Rheinlande‹ (Koblenz 1856, S. 166). – *28 das eigentliche Wesen der Sage:* Zum Verhältnis von Sage und Geschichte vgl. auch die Aphorismen der »Lücke« innerhalb der *Farbenlehre* (Bd. 10, S. 566 f.).

106 *1 aus Montpellier gebürtig:* Der hl. Rochus wurde um 1295 geboren; er starb 1327, ebenfalls in Montpellier. – *7 ein rotes Kreuz:* Von diesem roten – frz. ›rouge‹, provenzalisch ›rog‹ –

Kreuz leitete sich der Name des hl. ›Rochus‹ ab. – *32 in das Pesthaus:* Der Legende nach wurde Rochus, der in der kath. Kirche als Pestpatron verehrt wird, in Piacenza von der Seuche befallen. 108 *36 zehntausend:* Für diese Zahlenangabe entschied sich G. auch im Brief an Christiane vom 19. August 1814.

109 *33 Walpurgisnacht:* die Nacht zum 1. Mai.

110 *3 Morgens rund ⟨…⟩:* Dieses Gedicht findet sich auch im Tagebuch am Ende der Aufzeichnungen zum August 1814, dort allerdings ohne die letzte Zeile »Es ist gesund«, dafür mit der in Klammern gesetzten ›Auflösung‹ des Rätsels »(Kartoffeln)«. Auch lautet im Tagebuch die vorletzte Zeile: »Dabei will ich bleiben« (vgl. hierzu auch GJb 9, S. 227). – *36 Le-Sueur:* Zu den 22 Bildern des Eustache Le Sueur (1617–1655) über den hl. Bruno vgl. *Diderots Versuch über die Malerei* (Bd. 7; S. 536,29 ff.; vgl. auch Schuchardt, Bd. I, S. 209 ff., Nr. 151–170). – *40 Kragsteinen:* vorspringende, als Träger verwendete Steine.

112 *4 sträcklich:* pünktlich, genau, schnell.

113 *5 nicht seinen Nächsten so wie sich selbst:* nach 3 Mose 19,18: »Du sollst deinen Nächsten lieben wie dich selbst; ich bin der Herr«; auch im Neuen Testament wird dieses Gebot verkündet: Mt 5,43; Lk 10,27; Mk 12,31; Röm 13,9 und Gal 5,14.

115 *11 Te Deum:* Kurzform des altkirchlichen Lobgesangs »Te Deum laudamus« (Großer Gott, wir loben dich). Wegen der (fälschlichen) Rückführung auf Ambrosius, den Kirchenvater und Bischof von Mailand (um 340–397), auch als ›Ambrosianischer Lobgesang‹ bezeichnet.

IM RHEINGAU HERBSTTAGE

»Das Rheingau ist wert viele Gedanken zu absorbieren«, teilt G. Johann Heinrich Meyer in einem Brief vom 5. Juli 1815 aus Wiesbaden mit. Betonen diese Worte eine gewissermaßen ›reflexive Erschließung‹ jener Landschaft zwischen Wiesbaden und dem Binger Loch, so konnte sich G.s Urteil freilich schon zu diesem Zeitpunkt auf ein solides Fundament eigener Erfahrungen, Empfindungen und sinnlicher Eindrücke stützen, die, aus Kindheit und Jugend herrührend, im Sommer zuvor erneuert worden waren, als sich G. nach siebzehnjähriger Abwesenheit zum ersten Mal wieder an Rhein und Main aufgehalten hatte. Einen der Höhepunkte dieser Wochen bildete dabei zweifellos der Besuch bei Antonia und Franz Brentano, auf deren Landgut in Winkel G. vom 1. bis zum 8. September 1814 zu Gast war. Bereits am 6. September 1814 hatte G. seinem Sohn August in einem Brief einen ersten Überblick über seine zahlreichen Exkursionen und Unternehmungen während der letzten Tage im Rheingau übermittelt:

»Nur summarisch will ich dir vermelden, mein lieber Sohn, daß es mir bisher sehr wohl gegangen. Am 1. September verließ ich Morgends um 7 Uhr Wiesbaden und gelangte um halb 10 nach Winckel zu der Familie Brentano. Zelter und Schlosser waren vorausgegangen. Das schönste Wetter ließ die Herrlichkeit des Rheingaus in voller Maße genießen. Jene genannten beiden Freunde zogen nun Rheinab, und schon Nachtische führten mich meine freundlichen Wirte nach Rüdesheim und Kloster Eibingen. Den 2ten besuchten wir das Greifenklauische Schloß Vollrats und von da den Johannesberg, wo wir bei Sonnenuntergang die weite, reiche Gegend im schönsten Lichte betrachteten. Den dritten gings auf den Niederwald wo ich überall deiner gedachte: denn du hast ja diese Wunder auch alle beschaut. Der Tempel steht noch wohl erhalten, manches andre verfällt, die Gegend behauptet ewig ihre Rechte.

Den vierten. Setzten wir über auf Weinheim. Gelangten nach Nieder-Ingelheim, wo wir die wenigen Trümmer aus der Zeit Carls des Großen aufsuchten. An einem verfallenen Schlosse späterer Zeit findet sich ein Stück einer weißen Marmorsäule. Der rote Ingelheimer Wein schmeckte gut, so wie überhaupt diese Tage her nur gute Sorten getrunken wurden. Erst spät in der Nacht erreichten wir das diesseitige Ufer und unsre Wohnung. Den fünften früh auf Rüdesheim, bei starkem Wind auf Bingen, nach Tische auf den Rochusberg, dann die neue Chaussee hin, links ab gegen Ober-Ingelheim. Abermals altes Schloß, Kirche, guter Wein u. s. w. Bei Zeiten und sehr angenehm herüber.

Heute den sechsten früh ist Herr Brentano nach Franckfurt. Ich redigiere an meinem Tagebuch, Carl schreibt ab, der sich überhaupt sehr gut beträgt. Das Wetter läßt sich mitunter sehr herbstlich an. Montag d. 11ten denke ich in Franckfurt zu sein. Von da schreib ich wieder. Hier bin ich sehr gut, schön und bequem, man tut mir alles zu Lieb und Lust. Ohne die Aufmerksame Gefälligkeit dieser Familie hätte ich die Gegend im ganzen Umfang nicht kennen lernen, welches sehr der Mühe wert ist. Man kann lange in der Erinnerung dieser Bilder genießen. Ich habe viel aufgeschrieben um das Gedächtnis zu begründen. Auch sind mancherlei Späße vorgekommen. Wenn ich nach Wiesbaden zurückkomme hoffe ich etwas von Euch zu finden. Meine angelegentlichsten Wünsche sind daß es Euch wohlgehe.
                                        Amen!
Langen Winckel d. 6. Sept. 1814.   G.«

Zusammen mit den Tagebucheinträgen bildet dieser Brief das Gerüst des vorliegenden Aufsatzes *Im Rheingau Herbsttage*, denn wie aus den Zeilen an den Sohn eindeutig hervorgeht, war bereits zu diesem frühen Zeitpunkt, als G. sich noch in Winkel aufhielt, an eine schriftliche Ausarbeitung der in diesem Brief skizzierten Erlebnisse gedacht, die dann allerdings erst zwei Jahre später erfolgen sollte.

G.s Kontakte zur (weitverzweigten) Familie Brentano (s. zu S. 116,11) reichen bis in seine Jugend zurück. Im April 1772 hatte der Zweiundzwanzigjährige die Schriftstellerin Marie Sophie von La Roche (1731–1807), geb. Gutermann von Gutershofen, kennengelernt, deren Roman ›Geschichte des Fräuleins von Sternheim. Von einer Freundin derselben aus Original-Papieren und anderen zuverlässigen Quellen gezogen‹ im Jahr zuvor – von Christoph Martin Wieland herausgegeben – anonym erschienen war. Aus dieser Bekanntschaft entwickelte sich nicht nur ein reger und bis ins Jahr 1775 fortgeführter freundschaftlicher Briefwechsel, vielmehr war G. zusammen mit anderen – wie etwa Lavater, Georg und Friedrich Heinrich Jacobi, Wieland oder Heinse – häufig Gast im Hause der La Roches in Koblenz-Ehrenbreitstein, wie er es im Rückblick im 13. Buch von *Dichtung und Wahrheit* (Bd. 16, S. 590 ff.) beschrieben hat.

Dort lernte G. auch Maximiliane Euphrosyne (1756–1793), die älteste Tochter von Sophie von La Roche aus deren Ehe mit Georg Michael Frank von La Roche (1720–1788), kennen, die – von G. leidenschaftlich verehrt – am 9. Januar 1774 die zweite Ehefrau des Frankfurter Kaufmanns Peter Anton Brentano (1735–1797) wurde. Aus dieser Ehe entstammen neben anderen Geschwistern auch Clemens (1778–1842) und Bettine (1785–1859) Brentano. Maximiliane Brentano blieb nicht nur G. zeit ihres Lebens freundschaftlich verbunden, sondern verkehrte darüber hinaus auch regelmäßig mit G.s Mutter, zu deren Samstagsgesellschaft sie gehörte.

Von vergleichbarer Intensität, wenngleich nun auch unüberhörbar geprägt von dem beträchtlichen Altersunterschied der beiden Briefpartner, war schließlich auch die Beziehung G.s zu Bettine Brentano, die Robert Minder (s. zu S. 116,11) zu Recht als »ambivalent« bezeichnet hat. Ausgestattet mit einem kurzen Empfehlungsschreiben Wielands hatte Bettine den Dichter am 23. April 1807 anläßlich ihres Aufenthalts in Weimar in dessen Haus am Frauenplan besucht. In den beiden folgenden Jahren entwickelte sich eine von schwärmerisch-enthusiastischer Begeisterung einerseits beflügelte, von liebevoll-wohlwollender Zuneigung andererseits getragene (Brief)Freundschaft, bevor es dann am 13. September 1811 – wiederum in Weimar – zu einem Eklat zwischen der mittlerweile mit Achim von Arnim verheirateten Bettine und G.s Frau Christiane kam. Bettine hat dieser Freundschaft später in ihrem 1835 veröffentlichtem Buch ›Goethes Briefwechsel mit einem Kinde‹ nicht nur ein gleichermaßen kunstvolles wie kunstvoll stilisiertes Denkmal gesetzt, sie hat – wie insbesondere in den Briefen des Jahres 1808 nachzulesen ist – G. auf ihre Weise auch auf seinen Besuch im ›Brentanohaus‹ vorbereitet.

Das Haus der Familie Brentano, ein an der Winkeler Hauptstraße gelegenes langgestrecktes Gebäude, das aus einem massiven Erdgeschoß sowie einem ausgebauten Mansardendach mit drei übereinandergestellten Fensterreihen bestand, war 1751 von der Familie Ackermann aus Bingen erbaut, 1782 erweitert und im Jahre 1804 durch die Familie Brentano erworben worden; zunächst von Georg Brentano (1775–1851) und dessen Stiefbruder Franz (1765–1844) gemeinsam verwaltet, befand es sich seit 1806 im alleinigen Besitz von Franz Brentano, dem Sohn von Peter Anton Brentano aus dessen erster Ehe mit Walpurga Brentano-Gnosso, und seiner Gattin Antonia (1780–1869), der Tochter des Wiener Hofrats Johann Melchior Edler von Birkenstock (1738–1809). Zu dem inmitten von Rebgärten gelegenen Haus gehörte auch ein von einer Mauer umgebener Garten, der sich einst bis zum Rheinufer erstreckte, sowie ein – von G. bei seinem Besuch weidlich genossener (s. u.) – großen Laubengang aus Weinreben.

Trotz der Kontakte zur Familie Brentano, die seit seinen Frankfurter Tagen bestanden, machte G. die Bekanntschaft von Franz und Antonia Brentano erst während eines Kuraufenthalts in Karlsbad im Sommer 1812, als er am 8. Juli im Tagebuch vermerkte: »Bei der Rückkehr vom Hammer Herr und Mad. Brentano«. Der Briefwechsel setzt dann zu Beginn des Jahres 1814 ein und wird von G.s Seite vor allem mit Antonia Brentano geführt, durch deren väterliches Erbe eine umfangreiche Kunstsammlung – etwa 200 Gemälde und 7000 Kupferstiche – nach Frankfurt gelangt war (s. zu S. 32,36).

So steht auch G.s erster Brief vom 15. Januar 1814, der den Beginn einer nunmehr kontinuierlich fortgeführten Korrespondenz markiert, ganz im Zeichen der Kunst, als sich G. bei Antonia Brentano nämlich für die Übersendung eines »würdigen Prachtwerkes« bedankte, über das er zuvor schon Schlosser in einem Brief vom 4. Januar berichtet hatte:

»Das prächtige Werk, welches uns der Erzherzogin Christine Grabmal, in Kupfern und Gedichten so würdig darstellt, fand ich im Herbst nach Hause zurückkehrend; nachdem ich mich daran ergetzt übergab ich es den Freunden, und so machte es die

Runde, bis es jetzt erst in meine Hände zurückkommt, und nun entdecke ich erst zwischen den vorderen Blättern das beigefügte liebe Schreiben. Dergleichen Übereilungen und Unvorsichtigkeiten begegnen mir mehrere, von denen ich mich zu reinigen glaube wenn ich sie aufrichtig bekenne«.

Bei dem erwähnten Werk handelte es sich um das von Antonia Brentano aus dem Nachlaß ihres Vaters herausgegebene ›Monumentum aeternae memoriae Mariae Christinae ⟨...⟩ Viennae in templo divi Augustini e marmore erectum opera Antonii Canovae ⟨...⟩ Vindibonae 1813‹ (Ruppert, Nr. 175), das, wie aus G.s Zeilen hervorgeht, bereits im Herbst des Jahres 1813 in Weimar eingetroffen war.

G.s am Ende seines Briefs vom 15. Januar geäußerte Hoffnung, mit der Familie Brentano »bald auch wieder einmal« zusammentreffen zu können, sollte sich dann im Sommer des Jahres erfüllen. Am Vormittag des 7. August 1814 besuchten die Brentanos G. in Wiesbaden, am 28. August vermerkt das Tagebuch eine »Sendung von Fr. Brentano«, deren flüssiger Inhalt, nämlich »10 Flaschen des echtesten Weines«, wie G. am 29. August Christiane berichtete, noch an seinem Geburtstagsabend die Freunde erfreute. »Und alles endigte zum besten«, vermeldete G. nach Weimar – wobei er seiner Frau das unter dem selben Datum gleich eingangs im Tagebuch notierte 'körperliche Befinden dieses darauffolgenden Tages – »Nicht wohl. Im Bette geblieben« – freilich verschwieg ...

In diesen Tagen wurde nun auch die Einladung nach Winkel ausgesprochen und von G. angenommen (vgl. sein Billett vom 28. August). Am Morgen des 1. September 1814 brach er »Früh 7 Uhr aus Wiesbaden« auf und kam »um 9½ Uhr« in Winkel an, wo er bereits »Zelter und Schlosser, auch Geheimerat Wenzel, Arzt und Accoucheur von Franckfurt« antraf. Obwohl G. in diesen Septembertagen zum ersten Mal Gast im Sommerhaus der Brentanos sein durfte, waren ihm, wie bereits erwähnt, das Gebäude, insbesondere aber dessen nähere Umgebung nicht unvertraut. Vor allem in ihren Briefen vom Sommer 1808 hatte Bettine Brentano G. nämlich im wahrsten Sinne des Wortes Land und Leute, Haus und Gut sowie prägnante Partien am Rhein (so im Brief vom 20. Mai) derart eindrücklich beschrieben, daß G. sie – wie Bettine in ihrem ›Briefwechsel mit einem Kinde‹ überliefert – am 7. Juni 1808 aus Karlsbad zu weiteren Berichten aufmunterte: »Nur wenig Augenblicke vor meiner Abreise nach Carlsbad kommt dein lieber Brief aus dem Rheingau; auf jeder Seite so viel Herrliches und Wichtiges leuchtet mir entgegen, daß ich im voraus Beschlag lege auf jede prophetische Eingebung deiner Liebe; deine Briefe wandern mit mir, die ich wie eine bunt-

gewirkte Schnur auftrößle, um den schönen Reichtum den sie
enthalten, zu ordnen. Fahre fort, mit diesem lieblichen Irrlich-
tertanz mein beschauliches Leben zu ergötzen, und beziehende
Abenteuer zu lenken; – es ist mir alles aus eigner Jugenderinne-
rung bekannt, wie die heimatliche Ferne, deren man sich deutlich bewußt fühlt, obschon man sie schon lange verlassen hat«
(Bettine von Arnim, Bd. 2, S. 153 f.).
Neuland und Wiederbegegnung: So boten diese Septembertage in
Winkel G. die Gelegenheit, die mit so vielfältigen Erinnerungen
aus Kindheit und Jugend verbundenen Orte nunmehr mit den
Augen eines Fünfundsechzigjährigen zu sehen. Sie boten ihm vor
allem aber die Gelegenheit, Gegenwart und erfüllte Augenblicke
zu genießen: »Goethe hat sich in seinen Winkeler Tagen vielseitig
interessiert und fleißig gezeigt. Er durchwanderte die schöne
Landschaft, er sprach nicht nur mit den Gastgebern, sondern auch
mit dem einfachen Volk, er sammelte Wetterregeln und Sprichwörter, die z. T. dann in sein schönes Altersprosawerk ›Sankt-
Rochus-Fest in Bingen‹ übernommen wurden« (Storek, S. 11).
Vieles davon ist auch in diesem »Supplement«, wie G. seinen
Aufsatz im Untertitel bezeichnet hat, zu finden. Auch wenn (allzu)
Persönliches ausgespart bleibt – wovon dann glücklicherweise in
den ›Lebenserinnerungen‹ der Antonia Brentano (s. u.) um so
mehr zu lesen ist – und das humoristisch-schnurrenhafte Element,
das im *Rochus-Fest* noch in der Predigt des Geistlichen oder der
kurzen Episode der Dachsjagd präsent ist, hier fehlt, statt dessen
der berichtend-referierende Tonfall zumal in den abschließenden
Passagen zum Gerber- und Winzerhandwerk dominiert: Auch aus
der zeitlichen Distanz der Erinnerung bleibt stets jene Atmosphäre
glücklicher Außerordentlichkeit spürbar, die G. rückblickend
auch andernorts wiederholt betonte, wenn er auf seine Tage am
Rhein zu sprechen kam, und die er nicht zuletzt ja in der eigenwilli-
gen Inversion der Überschrift *Im Rheingau Herbsttage* zum Ausdruck bringen wollte.
    Mit der Erhaltung des ›Brentanohauses‹, das auf Wunsch besich-
tigt werden kann, hat die Familie Brentano bis heute das Ihrige
dazu beigetragen, die Erinnerung an jene acht Tage, die G. im
Rheingau verbrachte, wachzuhalten: »Die Goethe-Zimmer sind
von den anderen durch ein Seil abgetrennt: das Allerheiligste, der
innerste Bezirk. Mögen auch die übrigen Räume des Brentano-
Hauses die erlesensten Schätze bergen: Was ist das schon gegen den
Sekretär, an dem JWG seine Briefe ›aus dem lieben, langen Winkel‹
geschrieben, gegen die Elfenbeinschnitzereien, die er seinen Gastgebern von einer Italienischen Reise mitgebracht, gegen die Radierung ›Frankfurt – von der Gerbermühle aus gesehen‹, die er mit

persönlicher Widmung versehen, ja vielleicht sogar von eigener Hand koloriert hat!« (Grieser, S. 112).

Während seines Aufenthalts in Frankfurt vom 12. bis zum 23. September sowie vom 11. bis 20. Oktober 1814 ist G. noch mehrmals mit der Familie Brentano zusammmengetroffen, Besuche bei Franz Brentano vermerkt das Tagebuch unter dem 13., 15., 16. und 18. September, ferner am 13. Oktober: »Bei Tische zu Brentano (Franz)«; auch am 15. und 17. Oktober ist G. Gast bei Franz Brentano gewesen. Im Jahr darauf unternahm G. am 19. Juli erneut eine »Fahrt auf den Johannisberg«: In Winkel ist er bei dieser Gelegenheit nicht mehr eingekehrt; allerdings findet sich unter den Notizen zu seiner Reise nach Köln am 25. Juli 1815 auch der Vermerk »Unterwegs Franz Brentano«.

Im Rheingau Herbsttage entstand im Herbst 1816 und wurde im November des Jahres abgeschlossen. So notierte G. unter dem 11. November im Tagebuch: »Im Rochusfest Nachträge und Ergänzungen«. Mit der Jahreszahl 1817 erschien der Beitrag dann zu Beginn des Jahres 1818 in *Über Kunst und Altertum* I 3. Die später der Familie Brentano als Dank übersandte Radierung von Rosette Städel, eine Ansicht von Frankfurt am Main, befindet sich noch heute im ›Brentanohaus‹ in Winkel, die freundliche Genehmigung zum Abdruck erteilte Frau Angela von Brentano.

G. hat diesem Bild die Verse (s. das Faksimile auf S. 118) beigefügt: »Wasserfülle, Landesgröße,
Heitern Himmel, frohe Bahn!
Diese Wellen, diese Flöße
Landen auch in Winkel an«.
(Vgl. hierzu die Anm. in Bd. 11.1.)

Textgrundlage und Erstdruck: KuA I 3 (1817), S. 7–36. – Eingriffe: S. 119,22 *Leinen Zeuge* (leinen Zeuge KuA; Großschreibung von C¹ 43 übernommen; die alternative Lösung, »leinen« als Adjektiv zu verstehen, würde die Ergänzung der Flexionsendung erforderlich machen); 126,3 *Histor⟨i⟩a* (Histora KuA; Drf.); 127,21 *Anhöhe, an deren Fuß* (Anhöhe, an dessen Fuß KuA; so auch C¹, C³ und Cotta 1840; korrigiert nach WA I 34/1).

Zeugnisse und Dokumente

Goethe an Antonia Brentano, 28. August 1814:
Sie überraschen mich, verehrte Freundin, an meinem heutigen Feste, welches nahe und ferne Lieben teilnehmend feiern wollen, mit köstlichen Gaben, deren Genuß mir doppelt vergegenwärti-

gen soll wie ernstlich gemeint Ihre gütige Einladung war. Derselben bald möglichst zu gehorchen ist mein schönster Wunsch. Ergeben Sie Sich also drein daß ich noch vor Ende der Woche meinen Dank persönlich abtrage, um aufs neue Ihr Schuldner zu werden.

Antonia Brentano in ihren ›Lebenserinnerungen‹:
Später nach dem Tode meines Vaters, wo ich so sehr krank wurde, war ich mehrere Male nacheinander in Karlsbad, wo ich auch Goethe kennen lernte. Dieser war überhaupt auch mit meiner Familie in Frankfurt sehr befreundet und wohnte einmal einige Wochen in unserm Hause auf unserm Landgut in Winkel. Das war aber die Zeit, wo schon seine Vergötterung angefangen hatte, und er war im ganzen sehr stolz und geizig mit seinen Worten. Es war immer, als sei es ihm unangenehm zu denken, man wolle all seine Worte gleich auffassen, um sie drucken zu lassen. Jeden Morgen zog er da seinen weißen flanelleten Schlafrock an, legte die Hände auf den Rücken und wanderte den langen Bogengang, der fast bis an den Rhein reichte, auf und ab. Während diesem Gange war er nicht gerne gestört und gab kaum Antwort, wenn er gefragt wurde. Zu Tische zog er sich dann immer sehr sorgfältig an und war dann ganz herablassend. Er schöpfte sich immer seinen Teller schrecklich voll Speisen, die er aber meistens immer liegen ließ, ohne sie zu genießen, was mir als Hausfrau immer das unbehagliche Gefühl hervorrief, als sei ihm nichts gut genug zubereitet. Von unsrem guten Rheinweine konnte er aber ganz fürchterlich viel trinken, besonders von dem Elfer, und mein Mann machte ihm oft eine große Freude mit dem Geschenk eines Fäßchens Wein. ⟨...⟩ Eines Tages auch saß Goethe neben mir bei Tisch, und als der Bediente irgend eine ungeschickte Bewegung mit einem Präsentierbrette machte, sprang ich auf, ihm gleichsam als Hülfe die Arme entgegenstreckend; da schob mich Goethe abwehrend auf meinen Stuhl zurück, und sagte ruhig: »Man muß nicht immer und überall Hausfrau sein wollen.« Er hatte sehr recht, und ich habe es mir mein Lebtag gemerkt, denn wenn man manchmal seine Ruhe bewahrt bei irgend einer Ungeschicklichkeit, so merken es die Gäste nicht, während durch irgend eine Kundgebung der Hausfrau gerade die Aufmerksamkeit derselben auf den unerwünschten Zwischenfall geleitet wird. ⟨...⟩ Als Goethe bei uns zu Besuche wohnte, veranstaltete er immer selbst die Landpartieen, die mittags vorgenommen werden sollten. Er sagte zum Beispiel: »Heute nachmittag anspannen und nach Johannisgrund fahren«, denn zum Gehen bequemte er sich nicht gerne. Oder bestellte er eine Nachenfahrt, und so fuhren wir auch einmal nach der Rochus-

kapelle, wo Goethe sagte, da müsse ein Heiligenbild hineingemalt
werden, was er bestellen wolle. Das tat er auch, und ich mit
einigen Freundinnen steuerten auch dazu bei.
(*Herwig, Bd. II, Nr. 4055–4057, S. 951 f.*)

Goethe an Antonia Brentano, 28. Dezember 1814:
Keinen Augenblick will ich versäumen, sondern sogleich, verehrte
Freundin, dankbarlichst melden, daß der pünktliche Fuhrmann
das von Ihrem Herrn Gemahl unter dem 23. d. M. angekündigte
Faß, nicht Fäßchen, wohlbehalten am 27. hierhergeschafft, so daß
meine bisher gehegte und gegen Freundin Paula geäußerte Sorge
glücklich getilgt, und die angenehme Aussicht eröffnet ist, bald auf
Ihre und der teuern Ihrigen Gesundheit einen vaterländischen
Becher leeren zu können. Freilich könnte es etwas bedenklich
scheinen, daß meine Freundin mir abgemerkt, wie gut mir in der
freien Rhein- und Maynluft der echte deutsche Wein geschmeckt;
indessen muß ich aufs dankbarlichste erkennen, daß Sie mir Gelegenheit geben zu versuchen, ob er hinter dem Thüringerwalde
die gleiche Wirkung tue?

Ich zweifle daran; denn ob es gleich an freundlichen und lieben
Mitgenießern nicht fehlen wird, so war es doch dort eine ganz
eigene Sache: der günstigste Empfang in einer von mir so lang
entbehrten Umgebung, und so vieles zugleich auf mich eindringende Gute, versetzten mich in eine Stimmung, welche jeden Sinn
gleichmäßig erhöhte, und so mag denn der Geschmack dabei auch
gewonnen haben.

116 *11 der geliebten wie verehrten Familie Brentano:* Das alte
italienische Geschlecht der Brentanos stammt aus der Tremazzina,
einer Region zwischen dem Comer See und dem Lago Maggiore
(nicht aber, wie gelegentlich zu lesen ist, aus Brenta nördlich von
Varese oder der Burg Brenta) und ist bereits im 13. Jh. nachweisbar. Als frühester Vertreter wird im Jahre 1213 ein Ritter namens
Johannes de Brenta urkundlich erwähnt. Die Brentanos zählten zu
den ›Nobiles‹, wozu Alfred Engelmann feststellte: »Dieser Begriff
›Nobili‹ ist nicht gleichzusetzen mit dem deutschen Begriff des
Adels, sondern umreißt die freien und individuellen Grundbesit-
zer, auch ›Particolari‹ und ›Singolari‹ genannt« (A. E.: Die Brentano vom Comersee. Zu ihrer Soziallage und -entwicklung als
Familie, S. 23; der bibliographische Nachweis am Ende dieser
Anm.). Ein um 1480 entstandenes Wappen zeigt eine goldene Bütte
(ital. ›brenta‹); Löwe und Schlange jedoch, die auf einigen Fa-
milienwappen ebenfalls abgebildet sind, bilden spätere Zusätze.

Im Laufe der Jahrhunderte hatten sich nicht nur vier wichtige Linien und Stammreihen – die Brentano-Tremezzo, die Brentano-Gnosso, die Brentano-Toccia und die Brentano-Cimaroli – herausgebildet: aus den ehemaligen Gutsbesitzern waren zunehmend auch Handelsherren geworden, die ihre Geschäfte auf ganz Europa auszudehnen begannen. So waren bereits im 16. und 17. Jh. nördlich der Alpen Angehörige der tremezzinischen Brentanos, deren Ahnenreihe von Magnifico Stefano de Brentanis (1480–1560) begründet wurde, vor allem im Handel mit Boden- und Südfrüchten, Gewürzen und Spezereien tätig und ließen sich dabei u. a. in Mannheim, Worms, Köln, Würzburg, Augsburg oder Nürnberg nieder. Im Jahre 1698 gründete Don Domenico Brentano di Tremezzo (1651–1723) eine Handelsniederlassung in Frankfurt, aus dessen Wirtschaftsgeschichte die Brentanos seither nicht mehr wegzudenken waren und wo sie eine in der Folge stetig wachsende Rolle spielen sollten; weitere Kontore in Mainz, Bingen und Rüdesheim folgten. Sein zweiter Sohn Don Domenico Martino Brentano (1686–1755) setzte zusammen mit zwei Brüdern diese Handelsgesellschaft fort, die sich 1733 durch eine Zweigniederlassung in Amsterdam erneut vergrößerte. 1753 trennte er sich von seinen Brüdern, übernahm die Mainzer und Amsterdamer Filialen und führte die Frankfurter Firma unter eigenem Namen weiter. Auch Pietro Antonio (1735–1797), das zweitjüngste Kind von Don Domenico Martino Brentano, betrieb die Geschäfte der Gesellschaft zusammen mit zwei seiner Brüder, bevor er ab 1771 das Frankfurter Handelshaus allein führte; 1762 erwarb er das Frankfurter Bürgerrecht und nannte sich seither Peter Anton Brentano (die Familie Brentano galt zunächst als bürgerlich, erst später, 1888, erfolgte die hessische Adelsanerkennung). Seit 1771 residierte das Handelshaus zunächst im ›Nürnberger Hof‹ und anschließend in der ›cuppa d'oro‹ (Goldene Schale) in der Großen Sandgasse, die der Frankfurter Volksmund sogleich zum ›Goldenen Kopf‹ verballhornte. Peter Anton Brentano war nicht nur einer der erfolgreichsten Kaufleute Frankfurts, sondern darüber hinaus auch kurtrierischer Geheimer Rat. Aus seiner ersten Ehe mit Paula Walpurga Brentano-Gnosso (1744–1770), die am 4. September 1770 starb, stammte als ältester Sohn Franz Dominicus Josef Maria Brentano (1765–1844), der später nicht nur auf eigenen Namen das väterliche Geschäft weiterführte, sondern dem Vater auch im Amt des Geheimen Rats von Kurtrier nachfolgte und 1816 schließlich Senator in Frankfurt wurde. Verheiratet mit Antonia von Birkenstock (1780–1869), der Tochter des Wiener Hofrats Johann Melchior Edler von Birkenstock (1738–1809), besaß er seit 1806 das Sommerhaus in Winkel, in dem G. vom 1. bis zum 8. September

1814 zu Gast war. In zweiter Ehe war Peter Anton Brentano, der insgesamt zwanzig Kinder hatte, denen er ein beträchtliches Vermögen hinterließ, mit Maximiliane Euphrosyne von La Roche (1756–1793), der ältesten Tochter von Sophie von La Roche (vgl. die Vorbemerkung) verheiratet, die bald nach dem Tode ihres zwölften Kindes am 19. November 1793 starb: Dieser Ehe entstammten u. a. Clemens und Bettine Brentano. 1795 ging Peter Anton Brentano mit Friederike von Rottenhof (1771–1814) seine dritte Ehe ein; er starb am 9. März 1797 (eine »Übersicht: Peter Anton Brentano aus dem Hause Tremezzo, seine drei Frauen und zwanzig Kinder« in: Peter Anton Brentano: Schattenzug der Ahnen der Dichtergeschwister Clemens und Bettina Brentano. Regensburg 1940, S. 129–133). Vgl. zur geistes- und wirtschaftsgeschichtlichen Stellung der Familie Brentano: Robert Minder: Geist und Macht oder Einiges über die Familie Brentano. Mainz 1972 (Akademie der Wissenschaften und der Literatur. Abhandlungen der Klasse der Literatur, Jahrgang 1971/72, Nr. 3); Konrad Feilchenfeldt und Luciano Zagari (Hg.): Die Brentano. Eine europäische Familie. Tübingen 1992 (Reihe der Villa Vigoni, Bd. 6); dort auch eine Abb. des Wappens von 1480 auf S. 300. Zu Herkunft und Aufstieg der Brentanos in diesem Sammelband insbesondere der Beitrag von Alfred Engelmann: Die Brentano vom Comersee. Zu ihrer Soziallage und -entwicklung als Familie, S. 17–28; hierzu allerdings auch die kritischen Einwände von Maria Elisabeth Neuenhahn auf S. 297–312, insbesondere S. 302 ff. Vgl. auch Klaus Günzel: Die Brentanos. Eine deutsche Familiengeschichte. München 1993. – *15 Die herrliche Lage des Gebäudes läßt nach allen Seiten die Blicke frei:* Zu denken ist hier an andere ›erhöhte‹ Orte in G.s Alters- und Spätwerk, die in ihrer exponierten Lage – sei es in der *Novelle*, vom Turm des Lynkeus in *Faust II* (Bd. 18.1) oder der Sternwarte des Astronomen in *Wilhelm Meisters Wanderjahren* (Bd. 17, S. 351 ff.) aus – immer auch Gelegenheit zu »Betrachtungen«, d. h. im Goetheschen Wortgebrauch zu Reflexionen grundsätzlicher Art bieten: die räumliche Position als Äquivalent zur intellektuellen Bewegung – und umgekehrt. Zu dieser für den späten G. typischen Korrespondenz von geographischer und gedanklicher ›Überschau‹ vgl. Johannes John: Aphoristik und Romankunst. Eine Studie zu Goethes Romanwerk. Rheinfelden 1987, S. 154 ff. – *30 Kloster Eibingen:* Siehe zu S. 98,8.

119 *1 Monturkammern:* (lat.) Kleiderkammern, Magazine. – *4 Montierungsstücken:* (lat.-frz.) Uniformstücke, -teile. – *10 das Brömserische Gebäude:* Der in der Rüdesheimer Obergasse gelegene Brömserhof wurde wahrscheinlich Mitte des 13. Jh.s errichtet, als sich die Brömser vom Hauptstamm derer von Rüdesheim

mit dem Lilienwappen trennten. Die Familie starb 1688 mit dem im Jahre 1646 in den Freiherrnstand erhobenen Heinrich Brömser aus. War der im 15. Jh. erweiterte Brömserhof schon eine ausgedehnte, aus mehreren Gebäuden bestehende Anlage, so wurde er durch Neubauten der Jahre 1609 und 1650/52 noch einmal wesentlich vergrößert. – *13 der Herrn von Kroneburg:* Die Ritter von Cronberg waren mit der Brömserschen Familie verschwägert. – *17 NotGottes:* Siehe zu S. 123,24. – *19 etwa acht Zoll hoch:* Die Längenmaßeinheit eines Zolls umfaßte je nach Region zwischen 2,2 und 3 cm. – *31 Vollrath:* Das in einer Talfalte 3 km in nördlicher Richtung oberhalb von Winkel gelegene Schloß Vollrads verdankt seinen Namen wahrscheinlich einem aus dem 13. Jh. stammenden Ritter Volradus von Winkel. Südwestlich der ursprünglichen Turmburg wurde um 1680 ein Schloß errichtet, das anschließend durch einen ausgedehnten Wirtschaftshof, dessen Bau sich bis in die ersten Jahrzehnte des 18. Jh.s erstreckte, erweitert wurde. Das hier beheimatete Geschlecht der Vollrads ist mit Konrad, genannt Volradus, 1268 erstmals sicher bezeugt. Zu Anfang des 14. Jh.s hat es die 1191 zuerst belegte Mainzer Ministerialenfamilie von Winkel, genannt Greiffenclau, die vermutlich mit den bereits zu Beginn des 12. Jh.s erscheinenden Adligen von Winkel stammesverwandt ist, bei ihrem Erlöschen im Mannesstamm beerbt und deren Namen angenommen; 1664 wurde es in den Freiherrnstand erhoben. Die Familie Greiffenclau stellte mit dem Erzbischof Richard von Trier (1511–1531) und Erzbischof Georg Friedrich von Mainz (1626–1629) zwei Kurfürsten sowie mit Johann Philipp (1699 bis 1719) und Karl Philipp Heinrich (1749–1754) zwei Bischöfe von Würzburg. 1860 in männlicher Linie erloschen, lebt – durch eine in der weiblichen Linie im Jahre 1846 geschlossene Heirat – die gräfliche Familie von Matuschka-Greiffenclau noch heute auf Schloß Vollrads.

120 *11 entadelt:* heruntergekommen, verfallen. – *33 Überrheinisch:* auf der anderen Rheinseite gelegen.

121 *17 Sickingen:* Das aus dem Kraichgau stammende Adelsgeschlecht bewohnte seit der Mitte des 15. Jh.s die südlich von Bad Kreuznach gelegene Ebernburg; sein herausragendster Vertreter war der Reichsritter Franz von Sickingen (1481–1523), unter dessen Herrschaft die Burg zum Zufluchtsort für Ulrich von Hutten (1488–1523), Philipp Melanchthon (1497–1560) und zahlreiche Anhänger der Reformation wurde. Als Hauptmann des ›Landauer Bundes‹, einer Vereinigung oberrheinischer Ritter, führte er den Kampf gegen das Kurfürstentum Trier (und damit gegen Richard von Trier, s. zu S. 119,31), in dem er schließlich unterlag. Burg und Ort Ebernburg bilden seit 1969 einen Ortsteil von Bad Münster-

Ebernburg. In Rüdesheim steht noch heute der ›Sickinger Hof‹ (Steingasse 11), dessen Wohngebäude erhalten geblieben ist. – *38 flözweise:* Als Flöze bezeichnet man die parallel gelagerten, abbaubaren Schichten nutzbarer Gesteine sedimentärer Entstehung wie z. B. (Braun)Kohle oder Kupferschiefer.

122 *12 Johannisberg:* Siehe zu S. 89,31. – *22 Altan:* (lat.-ital.) balkonartiger Anbau, Söller. – *24 in der Festbeschreibung:* dem *Sanct Rochus-Fest zu Bingen* (S. 89). – *29 einem gesunden, oder bewaffneten Auge:* Auch in dieser Formulierung wird G.s Abneigung gegen alle künstlichen Sehhilfen – seien es Brillen, Fernrohre oder Mikroskope – spürbar, die er später in einigen *Maximen und Reflexionen* festhalten (Nr. 501/502; Bd. 17, S. 812; vgl. auch Nr. 706 und 1194), gegenüber Eckermann am 5. April 1830 äußern (Bd. 19, S. 670 ff.) und auch in *Wilhelm Meisters Wanderjahren* (I, 10; Bd. 17, S. 353,4 ff.) vorbringen wird. – *32 Altkins:* der Altkönig (798 m), ein kegelförmiger Berg im südöstlichen Hochtaunus.

123 *14 Geisenheim:* 722 erstmals belegt ist Geisenheim der ältestbezeugte Ort des Rheingaus; seit dem späten Mittelalter gab es hier Gerber und Walker, 1420 bestanden zwei Walkmühlen. – *24 Not Gottes:* Wahrscheinlich schon zu Anfang des 14. Jh.s wurde in Nothgottes eine kleine Kapelle errichtet. Das von G. beschriebene Wallfahrtsbild des im Ölgarten betenden Christus soll dort in einem alten hohlen Baum gefunden worden sein. Der Legende nach soll Nothgottes, das an einer alten Straße unweit einer Quelle erbaut wurde, durch ein Mitglied der Familie Brömser aus Rüdesheim (s. zu S. 119,10), deren Hof Plixholz in der Nähe lag, nach glücklicher Heimkehr von einem Kreuzzug gestiftet worden sein. Die heutige Kapelle, angeblich auch von einem Brömser von Rüdesheim geschaffen, wurde 1390 vom Mainzer Weihbischof Hermann von Scopia zu Ehren des Erlösers und der Jungfrau Maria geweiht und bei dieser Gelegenheit mit reichen Ablässen an mehreren Feiertagen versehen, so daß Nothgottes also schon damals zu einem beliebten Wallfahrtsort wurde. Durch eine Schenkung vom 22. September 1620 ging der Ort an die Kapuziner über. Seit 1670 wirkte in Nothgottes, das im 17. und 18. Jh. die Blütezeit der Wallfahrt erlebte, mehrere Jahre lang der Kapuzinerpater, Prediger und religiöse Volksschriftsteller Martin von Cochem (1634–1712), auf dessen Veranlassung auch ein – nach 1799 neu gedrucktes – Wallfahrtsbüchlein zurückging. Nach der Aufhebung der Wallfahrt durch Nassau 1813 wurde das Gnadenbild im gleichen Jahr in die Stadtkirche von Rüdesheim verbracht, wo es G. am 1. September besichtigt hat. Die Anlage verfiel in der Folgezeit, bevor Nothgottes 1932 in den Besitz der Diözese Limburg gelangte, die die Kirche erneut weihen ließ. – *31 Niederwald:* In

Forstberichten der Jahre 1587 und 1588 wurde der Niederwald als zur Burg Ehrenfels (s. zu S. 124,9) gehörig erwähnt. Ein im Niederwald gelegenes, im 17. Jh. erbautes Hofgut befand sich seit 1693 im Besitz der Grafen von Stadion, bevor es 1695 Eigentum der Grafen von Ostein wurde, als deren Familiengut es ab 1705 fungierte. Seit 1805 gehörte das Hofgut dann den Grafen von Bassenheim, wurde später königliche Domäne und untersteht heute der Forstverwaltung des Landes Hessen. – *33 Jagdschloß:* Das Jagdschloß am nordöstlichen Hang des Niederwalds wurde 1764 auf Veranlassung von Karl Maximilian von Ostein erbaut, wobei zugleich der das Schloß umgebende Wald zu einem Park umgestaltet wurde. Das im Jahre 1926 niedergebrannte Jagdschloß bestand ursprünglich aus einem schlichten rechteckigen Bau mit schiefergedecktem Krüppelwalmdach. Im Zuge des 1929 abgeschlossenen Wiederaufbaus wurde es verändert und vergrößert, es dient seither als Hotel. – *36 Dreyeckshausen:* Trechtingshausen.

124 *4 den Mäuseturm:* Zum Namen und zur Sage des Mäuseturms s. zu S. 92,37. – *9 Schloß Ehrenfels:* Auf halber Höhe der zum Niederwald aufsteigenden Felsen liegt Burg Ehrenfels in beherrschender Lage 2,5 km westlich von Rüdesheim im Scheitel des Rheinknies oberhalb des Binger Lochs. Sie wurde durch Philipp von Bolanden um 1211 im Auftrag des Erzbischofs Siegfried von Mainz errichtet, der die Burg auch in seinem Besitz behielt, aber 1222 herausgeben mußte. Durch ihre skizzierte, strategisch günstige Position im Rheinbogen diente sie wahrscheinlich als Zollburg, zumal vom Binger Mäuseturm und Ehrenfels aus die Rheinschiffahrt leicht zu kontrollieren und gegebenenfalls auch zu sperren war. Seit 1379 Eigentum des Mainzer Domkapitels wurde Burg Ehrenfels im Dreißigjährigen Krieg mehrfach belagert und sowohl von schwedischen wie kaiserlichen Truppen in Besitz genommen. Im pfälzischen Raubkrieg wurde sie 1689 von den Franzosen zerstört. – *31 in die Kirche:* Die kath. Pfarrkirche in Winkel ist der hl. Walpurgis geweiht.

125 *1 des heiligen Rabanus:* der Schriftsteller, Theologe und Gelehrte Hrabanus Maurus (783–856), dessen Name sich vom ahd. ›hraban‹ (Rabe) herleitet. Nach seinem Studium in Fulda und Tours wirkte Hrabanus von 822 bis 842 als Lehrer, Leiter und Abt an der Klosterschule in Fulda, bevor er 847 Erzbischof von Mainz wurde; er starb in Winkel. Hrabanus, der sich besonders um das Erziehungswesen seines Bistums verdient gemacht hat, trat auch als Verfasser zahlreicher Lehr- und Schulbücher, theologischer Schriften und umfangreicher Bibelkommentare hervor. In ›De institutione clericorum‹ forderte er, im Rahmen der Klerikerausbildung auch das Studium antiker Autoren und heidnischer

Philosophen aufzunehmen; in seinem 22bändigen Werk ›De rerum naturis‹ unternahm er den enzyklopädischen Versuch, das weltliche und geistliche Wissen seiner Zeit zu sammeln. Zudem verfaßte er zahlreiche geistliche Lieder, von denen der Pfingsthymnus ›Veni, creator spiritus‹ am bekanntesten geworden ist. Viele Arbeiten seiner Schüler, zu denen Gottschalk der Sachse, Walahfrid Strabo, Otfried von Weißenburg, Candidus Bruun und Rudolf von Fulda zählten, gingen unmittelbar auf Anregungen, Anstöße oder Vorarbeiten des Hrabanus zurück; umstritten ist in der Forschung der Einfluß des von ihm verfaßten Kommentars zum Matthäusevangelium auf den zwischen 822 und 840 entstandenen ›Heliand‹. Zu dieser Stelle und G.s Annahme merkt Dietmar Grieser allerdings an: »Heute weiß man, daß das ›Graue Haus‹ zwar vielleicht eines der ältesten noch erhaltenen Steinhäuser Deutschlands, bestimmt aber in keinerlei Beziehung zu dem Mainzer Erzbischof Hrabanus Maurus zu bringen ist, der am 4. Februar 856 in Winkel gestorben ist: Die ›Kapelle‹ seines Namens, nun ein exquisites Restaurant, ist gute dreihundert Jahre jünger. Hier saßen einst die Greiffenclaus, die Herren von Winkel, deren Nachfahren noch immer im Land ringsum eine bedeutende Rolle spielen« (Grieser, S. 122). – *17 Turbiniten:* (lat.) fossile Schaltiere. – *26 Carl des Großen Palast:* die in den Jahren 768–774 unter Karl dem Großen (747–814) erbaute königl. Pfalz Niederingelheim. Das alte Fiskalgut Ingelheim ist 742 erstmals erwähnt, die Anwesenheit eines Königs – Karls des Großen – ist für das Jahr 774, danach erst wieder für Weihnachten 787 belegt. 788 fand auf dem Hofgut ein Reichstag statt. Als Folge der zahlreichen baulichen Veränderungen zwischen 788 und 807 wurde Ingelheim seither nicht mehr als ›villa‹ (Hofgut), sondern als ›palatium‹ (Pfalz) bezeichnet. Unter Karls Nachfolger Ludwig I. (›der Fromme‹, 778–840, reg. von 813/14 bis 840), der Ingelheim zehnmal besuchte und dort mehrere Reichstage abhielt, gewann die Pfalz an Bedeutung, was auch für Otto I. (912–973, reg. von 936 bis 973) galt, der drei von fünf Kirchensynoden dorthin einberief. Karl IV. schließlich (1316–1378, reg. von 1347 bis 1378), der Ingelheim nach einem Brand wiederaufbauen ließ, richtete dort 1354 ein Augustiner-Chorherrenstift ein, das bis 1576 bestand. 1356 wurde die Pfalz dann an Mainz verpfändet und hörte als Königsgut im Jahre 1402 auf zu bestehen (vgl. hierzu: Uta Wengenroth-Weimann: Die Grabungen an der Königspfalz zu Nieder-Ingelheim in den Jahren 1960–1970. Historischer Verein Ingelheim 1973. Beiträge zur Ingelheimer Geschichte. Hg. von Franz Josef Hassel und Karlheinz Henn. Heft 23). – *29 einer weißen Marmorsäule:* Der Marmor der beim Bau der Pfalz Niederingelheim unter Karl dem Großen errichteten Säulen stammte, wie auch die nachfolgende Inschrift mitteilt, aus Ravenna. – *30 mit folgender In-schrift:* Die hier nach Sebastian Münster (s. die nachfolgende Anm.) zitierte Inschrift stammt aus der Zeit der katholischen Besetzung der Rheinpfalz nach der Vertreibung des Kurfürsten Friedrich V. (1596–1632, reg. 1610–1620), des sogenannten ›Winterkönigs‹, der als Führer der protestantischen Union 1619 die böhmische Königskrone angenommen hatte und 1620 nach der Niederlage am Weißen Berg in die Niederlande floh. Mit der pfälz. Kurwürde wurde 1623 Maximilian I. von Bayern (1573–1651), der 1609 die kath. Liga gegründet hatte, betraut.

126 *3 Münsterus in Histor(i)a von Ingelheim:* Der in Niederingelheim geborene Hebraist, Astronom und Kosmograph Sebastian Münster (1488–1552), seit 1505 Mitglied des Franziskanerordens, 1512 zum Priester geweiht, wirkte von 1524 bis 1527 als Ordinarius an der Heidelberger Universität, bevor er 1529 seinen Orden verließ, um an der reformierten Universität in Basel einen Lehrstuhl für hebräische Sprache anzunehmen, deren Rektor er in den Jahren 1547/48 war. In seiner ›Cosmographia universa‹ (Basel 1544) hatte er eine Beschreibung dt. Länder und Städte unternommen, 1550 folgte dann seine ›Kosmographey‹, eine historisch-geographische Weltbeschreibung, die auch ins Lateinische, Französische, Italienische und Tschechische übersetzt wurde. Zuvor schon hatte sich Münster, dessen besonderes Anliegen die Popularisierung des Wissens für breite Bevölkerungsschichten gewesen ist (wozu er sich wiederholt und bevorzugt auch des Mediums der bildlichen Darstellung bediente), einen Ruf durch die erste, von ihm in 2 Bdn. herausgegebene hebräische Gesamtausgabe des Alten Testamentes, der ›Biblia hebraica‹ (Basel 1534/35), erworben. – *11 bei Gelegenheit des großen Chausseebaues:* Die alte Straßenverbindung von Mainz nach Ingelheim war 1805 unter der Herrschaft Napoleons wiederhergestellt worden und führte auch durch Ingelheim; in seinem Tagebuch vom 5. September 1814 hebt G. diese »herrliche Chaussee« – wie nachfolgend auch unter demselben Datum im vorliegenden Text – ausdrücklich hervor. – *13 Frau Glöckle:* Wilhelmine Glöckle (gest. 1836), bis 1832 Postmeisterin in Ingelheim. – *24 Woher derselbe kommen mag?:* Diese Frage stellte sich G. auch schon in seinem Tagebuch vom 5. September 1814: »Gyps. Woher?« – *26 Melancholische Wirtin:* Auch diese Beobachtung findet sich bereits unter dem gleichen Datum im Tagebuch eingetragen: »Melancholische Wirtin. Mit seltsamem Bewußtsein ihres Zustandes«. – *32 Man hat die Kirchenmauern erhöht:* Über die Bau- und Renovierungsmaßnahmen hatte G. ausführlich im *Sanct Rochus-Fest zu Bingen* berichtet (vgl. S. 98,3 ff.).

127 *2 eine weiche Orgel:* Auch hierzu finden sich schon Notizen im Tagebuch vom 5. September: »Rochuskapelle. Orgel. Weiche Orgel, Nonnen Orgel«. – *5 zu der niemals genug zu schauenden Aussicht:* Vgl. hierzu den einleitend zitierten Brief von Bettine
Brentano und G.s Tagebucheintrag vom 5. September: »Herrliche,
niemals genug zu schauende Aussicht«. – *11 Calzedon-Überzug:*
griech.-lat. ›Chalzedon‹: ein nach der altgriech., am Bosporus
gelegenen Stadt Kalchedon benanntes Mineral, eine Quarzabart. –
12 Urbreccien: dt.-frz.-ital. ›die Breccie‹, auch ›Brekzie‹: Sedi-
mentgestein aus kantigen, durch ein Bindemittel verkitteten und
verfestigten Gesteins- und Mineraltrümmern. – *22 Sulze:* die Selz.
– *28 Uralte Glasscheiben:* Auf ihnen waren Szenen aus dem Leben
Karls des Großen zu sehen.

128 *9 Eilfer:* Siehe zu S. 95,7. – *23 Restagnation:* (lat.) Rück-
stau, Anstauung von Wasser. Auch in *Dichtung und Wahrheit*
(III,11), dort anläßlich der Erörterung seines Verhältnisses zu
Voltaire, hatte G. diese These vertreten: »Ja! diese Berge waren
einstmals von Wellen bedeckt; ob vor oder während der Sündflut,
das konnte mich nicht rühren, genug, das Rheintal war ein un-
geheuerer See, eine unübersehliche Bucht gewesen; das konnte
man mir nicht ausreden« (Bd. 16, S. 518). Unter dem Datum vom
11. August 1815 berichtet Sulpiz Boisserée: »Wir sehen auf der
Höhe das Rheingau bis Bingen – ›Was muß das eine Gewalt
gewesen sein, was muß eine Zeit dazu gehört haben, ehe nur das
Wasser da zum Durchbruch gekommen, das hat da gewiß lang als
See gestanden – wie der Bodensee. Und nicht allein die Berge haben
gehindert, sondern auch das Meer ehe seine Gewässer abgenommen.‹ Wir kamen nun so auf das Allgemeine: die italienischen
Gebürg, die griechischen, die palästin. all Kalk-Gebürg, bis im
Sinai wieder der Granit erscheint« (Weitz, Bd. 1, S. 243). – *26 Fräulein von Günderode:* Karoline von Günderode (1780–1806), aus
altem hessischem Adelsgeschlecht stammend und in Hanau aufge-
wachsen, wurde mit 17 Jahren in das von Cronstett- und von
Hynspergische adelige evangelische Damenstift in Frankfurt aufgenommen. Durch die Bekanntschaft mit Friedrich Carl von Savigny (1779–1861) und Clemens (1778–1842) und Bettine Brentano
(1785–1859) in den Jahren 1799 und 1800 knüpfte sie intensive
Verbindungen zu den Kreisen der Frühromantiker und veröffentlichte unter dem Künstlernamen ›Tian‹ im Jahre 1804 ›Gedichte
und Phantasien‹, denen ein Jahr später ›Poetische Fragmente‹
folgten. Ihre unglückliche Liebe zu Georg Friedrich Creuzer
(1771–1858), der seit 1804 als Professor für Philologie und alte
Geschichte in Heidelberg lehrte (vgl. die Vorbemerkung zu *Geistes-Epochen nach Hermanns neusten Mitteilungen*, S. 901 f.)

und den sie im selben Jahr kennengelernt hatte, führte am 27. Juli
1806 zu ihrem Selbstmord in Winkel, über den Sophie von La
Roche in einem Brief vom 31. Juli 1806 Elise von Laubach Solms
mit diesen Worten in Kenntnis setzte:

>»Was Neues aus hiesiger Gegend vorkommt, empört, schmerzt
und setzt in Staunen, wie die unselige Entschließung des
24 Jahre alten Stiftsfräulein von Günderrode, welche sich auf
einem Spaziergang im Mondschein mit Dolchstichen das Leben
nahm, nachdem sie einige Wochen in einer der schönsten Gegenden des Rheingaus mit zwei Freundinnen gelebt, munter mit
ihnen zu Nacht aß und ohne anders allein ausgehen wollte,
natürlich nicht wiederkam und den andern Tag gefunden
wurde« (Bettine von Arnim, Bd. 2, S. 869).

Die Nachricht von diesem Ereignis verbreitete sich auch bis Weimar, wo es die Herzogin Anna Amalie von Sachsen-Weimar mit
den Worten »Der Idealismus hat schon manche Opfer dem Charon
zugebracht« kommentierte (zit. nach: K. L. von Knebels literarischer Nachlaß und Briefwechsel. Hg. von K. A. Varnhagen von
Ense und Th. Mundt. Zweite unveränderte Ausgabe, Bd. 1, Leipzig 1840, S. 215). Durch Bettine Brentano, die seit 1811 mit Achim
von Arnim (1781–1831) verheiratet war und der Freundin durch
ihr im Jahre 1840 veröffentlichtes Buch ›Die Günderrode‹ ein
postumes Denkmal setzte, erfuhr G. im August 1810 Näheres über
Leben und Tod der Günderrode, als sich beide am böhmischen
Badeort Teplitz trafen. Am 11. August hielt G. in seinem Tagebuch fest: »Mit Bettinen im Park spazieren. Umständliche Erzählung von ihrem Verhältnis zu Fräulein Günderode. Charakter
dieses merkwürdigen Mädchens und Tod«. – *26 Die Erzählung
dieser Katastrophe an Ort und Stelle:* In einem Brief an Savigny
vom 1. August 1816 schilderte Bettines Schwester Meline Brentano (eigentlich Magdalena Maria Carolina Franziska; 1788–1861),
die seit dem 8. Januar 1810 mit Georg Friedrich von Guaita, dem
Senator und Bürgermeister der Freien Stadt Frankfurt, verheiratet
war, die näheren Umstände dieses Selbstmords:

>»Die Günderod ist tot, sie hat sich am Samstag ⟨26. 7.⟩ Abend
um halb 8 Uhr im Winkel bei den Servières mit ihrem Dolch
erstochen. Sie war während 8 Tagen etwas melancholisch, weil
sie keine Briefe von Creuzer bekam. ⟨...⟩ Sie aß mit vielem
Appetit, lachte und scherzte, und dann wünschte sie im Mondschein spazieren zu gehen, lehnte aber alle Begleitung ab und
ging ganz fröhlich davon; nach wenigen Minuten kam sie zurück, holte ihren Schal und rufte der Lotte noch mehrmals
Adieu zu. Es wurde 10 – 11 – 12 und sie kam immer nicht; ⟨...⟩
Man suchte sie in allen Orten die ganze Nacht und fand sie

endlich um 4 Uhr den Morgen am Rhein in einem Weidenbusch, mit einem Dolchstich das Herz durchbohrt, den Dolch neben ihr und in dem Schal einige Steine gebunden, wahrscheinlich um sich, wenn der Stich fehlte, in den Rhein zu stürzen« (Bettine von Arnim, Bd. 2, S. 870 f.).

Das Grab der Karoline von Günderrode befindet sich auf dem Winkeler Friedhof; auf dem im Jahre 1927 erneuerten Grabstein stehen ihre Abschiedsverse:»Erde du meine Mutter / Und du mein Ernährer / Der Lufthauch / Heiliges Feuer mir Freund / Und du o Bruder der Bergstrom / Und mein Vater der Äther / Ich sage euch allen / Mit Ehrfurcht freundlichen Dank / Mit euch hab ich hienieden gelebt / Und ich gehe zur anderen Welt / Euch gerne verlassend / Lebt wohl denn / Bruder und Freund / Vater und Mutter / Lebt wohl«. – *30 die Geister Wallensteins:* Albrecht Eusebius Wenzel Wallenstein (1583–1634), Herzog von Friedland und Mecklenburg, Fürst von Sagan, der berühmte Feldherr des Dreißigjährigen Krieges, war am 25. Februar 1634 in Eger ermordet worden. – *34 Von diesen tragischen Gefühlen:* eine für G.s Verhältnis zu Tod, Trennung und Tragik überaus kennzeichnende (Denk-) Bewegung. Sie erinnert – vor allem in ihrem Übergang zu der sich anschließenden Schilderung verschiedener Handwerke – an vergleichbare Konstellationen aus *Wilhelm Meisters Wanderjahre oder Die Entsagenden*, wo Trennungen und Abschiede vielfältiger Art, etwa die Ablösung des traditionellen, aber gleichwohl überholten Weberhandwerks, wie es G. in minutiöser Detailliertheit in »Lenardos Tagebuch« beschreibt (II,5; Bd. 17, S. 568 ff.), neben den Entwürfen neuer Produktionsformen und Lebensgemeinschaften des dritten Buches stehen.

129 *2 Lohe:* Die (Gerber)Lohe enthält zerkleinerte gerbstoffreiche Rinden und Baumfrüchte, die zur Herstellung des Leders benötigt werden. – *6 Mühe dabei. Vorteile, Gewinn, Verlust:* Zu diesem, ebenfalls schon im Tagebuch notierten Fazit merkt Dietmar Grieser zutreffend an: »Zeitloser kann man's wohl kaum sagen« (Grieser, S. 118 f.). – *7 Stück:* altes Weinmaß; ein Stückfaß enthielt im Rheinland etwa 1000 bis 1200 l. – *23 Am Rhein! am Rhein!* ⟨...⟩: Beginn der achten Strophe des ›Rheinweinliedes‹ (1776) von Matthias Claudius (1740–1815), dessen Eingangsverse lauten: »Bekränzt mit Laub den lieben vollen Becher, / Und trinkt ihn fröhlich leer«.

CÖLLN ⟨NACHTRAG⟩

Textgrundlage und Erstdruck: KuA I 2 (1817), S. 199–200.

129 *28 ⟨Nachtrag⟩:* Diese nachträglichen Bemerkungen zum Abschnitt über Köln in *Kunst und Altertum am Rhein und Mayn* (S. 9) wurden – wie auch die folgenden Nachträge – erst 1817 im zweiten Heft von *Über Kunst und Altertum* gedruckt. Im kumulierenden Inhaltsverzeichnis im dritten Heft des vierten Bandes ist dieser Zusatz nicht eigens erwähnt. – *34 des Herrn General-Gouverneurs Grafen von Solms-Laubach:* Friedrich Ludwig Christian Graf zu Solms-Laubach (1769–1822), 1816 Generalgouverneur der preußischen Provinz Jülich-Cleve-Berg. – *35 Die Wallraffische Sammlung:* Zu Ferdinand Franz Wallraf (1748–1841) s. zu S. 13,7; seine der Stadt vermachten Sammlungen bildeten den Grundstock des Kölner Wallraf-Richartz-Museums, das allerdings erst im Jahre 1861 eröffnet wurde. Bis dahin mußte die Sammlung in der alten Kölner Dompropstei untergebracht werden. Da der Magistrat der Stadt Köln keine angemessenen Ausstellungsräume zur Verfügung stellen konnte, war bereits 1805 die Sammlung des Kölner Geheimen Legationsrats und Kunstsammlers Johann Wilhelm Freiherr von Hüpsch (eigentlich Jean-Guillaume Honvlez, 1730–1805) dem Landgrafen von Hessen-Darmstadt vermacht und nach Darmstadt gebracht worden, so daß nach dem Umzug des Boisseréeschen Kunstbesitzes nach Heidelberg im Jahre 1809 die Wallrafschen Bestände die letzte bedeutende, noch in Köln verbliebene Sammlung darstellten. Über die »Cöllner Kunst« (so im Tagebuch) und dabei insbesondere die Neuorganisation dieser Sammlung hatte G. schon am 4. November 1814 ein Gutachten verfaßt, das er dann ein Jahr später, am 4. November 1815, auch dem preußischen Innenminister Friedrich von Schuckmann (1755–1834) zukommen ließ (vgl. auch G.s Briefe vom 1. und 29. November 1815, ferner vom 1. Juni 1816). – *36 das geräumige Jesuiten-Gebäude:* Das Kölner Jesuitenkolleg, in den Jahren 1618–1631 erbaut, befand sich nach der Aufhebung des Ordens seit 1773 in städtischem Besitz, bevor es seit 1827 als Erzbischöfliches Priesterseminar genutzt wurde. Heute residiert in diesem Gebäude das Erzbischöfliche Generalvikariat.

FRANKFURT AM MAYN ⟨NACHTRAG⟩

Textgrundlage und Erstdruck: KuA I 2 (1817), S. 200–209. – Eingriffe: S. 131,34 *enthielt* (erhielt KuA; so auch C¹, C³ und Cotta

184; korrigiert nach WA I 34/1 aufgrund des Berichts »Frankfurt«,
S. 131,34); 132,36 *Überfluß, der* (Ueberfluß, die KuA; korrigiert
nach C¹ 43). – Möglicherweise fehlerhaft ist die Stelle S. 132,20 f.
die mit des seligen Stifters Wünschen so grell abstechen; WA setzt
»absticht« anstelle von »abstechen«; vgl. dazu WA I 34/2, S. 10:
»Bezug des Relativsatzes auf Sachen ist nicht wahrscheinlich«.

130 *2 ⟨Nachtrag⟩:* Der erst 1817 im zweiten Heft von *Über
Kunst und Altertum* gedruckte Zusatz zum Abschnitt »Frankfurt«
in *Kunst und Altertum am Rhein und Mayn* (S. 29) ist im kumulierenden Inhaltsverzeichnis im dritten Heft des vierten Bandes
folgendermaßen verzeichnet: »Nachrichten von dem Fortschreiten dieser Stiftung«; dieser Eintrag bezieht sich auf den unmittelbar
vorausgehenden (»Senkenbergische Stiftung zu Frankfurt«), in
dem auf einen thematischen Schwerpunkt des Abschnitts »Frankfurt« eigens hingewiesen wird. – *6 Herrn Dr. Neuburg:* Siehe zu
S. 43,25. – *23 Herr Doktor Buch:* Johann Jakob Kasimir Buch
(1778–1851), Arzt und Mineraloge in Frankfurt. – *25 dem Wernerischen und Leonhardischen Systeme:* Abraham Gottlob Werner
(1749–1817), Geologe, seit 1775 Professor für Mineralogie und
Bergbaukunde im sächsischen Freiberg. Werner war wie G. ein
Verfechter der neptunistischen Theorie. Karl Caesar von Leonhard
(1779–1862), Mineraloge und Geologe in Hanau, seit 1816 Profes-
sor für Geologie und Mineralogie in München, ab 1818 dann in
Heidelberg (s. auch zu S. 48,28). – *40 Herrn Doktor Kretschmar:*
Philipp Jakob Cretzschmar (1786–1845), Arzt und Anatom am
Senckenbergischen Institut.

131 *7 testudo Mydas:* griechische Landschildkröte. – *12 Wetterauer Flora:* ›Ökonomisch-Technische Flora der Wetterau. Herausgegeben von [Philipp] G[ottfried] Gärtner, Dr. B[ernhard]
Meyer und Dr. J[ohann] Scherbius. Sämtlich Mitglieder mehrerer
gelehrter Gesellschaften.‹ Die einzelnen Bände, alle verlegt von
Philipp Heinrich Guilhauman in Frankfurt a. M., erschienen wie
folgt: 1. Band (mit einer ›Karte zur Flora der Wetterau‹, entworfen
und gezeichnet von Johann Jacob Müller, Hanau 1799) 1799; 2.
Band 1800; 3. Band, 1. Abteilung 1801; 3. Band, 2. Abteilung 1802.
Der Arzt und Botaniker Philipp Gottfried Gärtner (1754–1825)
war Direktor der Wetterauischen Gesellschaft für Naturkunde. –
16 offizinelle: (lat.-frz.) durch die Aufnahme in ein amtliches
Arzneibuch als Heilmittel anerkannte Substanz. – *20 Herr Apotheker Stein:* Johann Kaspar Stein (1776–1834), Botaniker und Apotheker in Frankfurt. – *25 Laurus Camphora:* sanskr.-arab.-lat.
›Kampferbaum‹. – *Epidendron vanilla:* griech.-lat. ›die Vanille-
pflanze‹. – *30 Herrn Beckers:* Karl Ferdinand Becker (1775–1849),

bis 1814 Vorstand mehrerer Militärhospitäler in Frankfurt, ab
1815 Arzt und Botaniker in Offenbach. Bekannt wurde Becker
vor allem als Sprachforscher und Grammatiker, so durch seine
Schriften zur ›Wortbildung‹ (1824), seine ›Ausführliche deutsche
Grammatik‹ (Frankfurt 1836/38) oder ›Deutscher Stil‹ (Frankfurt
1848).

132 *1 Herr Doktor Lehr:* Siehe zu S. 43,18. – *5 der medizinischen Spezialschule:* Die vom Fürstprimas Carl von Dalberg
1812 eingerichtete, von G. früher schon erwähnte medizinisch-
chirurgische Spezialschule (vgl. S. 42,14–17) war nach dem Ende
des Großherzogtums (s. zu S. 30,31) wieder geschlossen worden: »Eine medizinische Schule, welche das Studium aufs neue beleben sollte, entstand und verging« (S. 43,8–10).

133 *15 Herr Städel:* Johann Friedrich Städel (s. zu S. 32,7) war
am 2. Dezember 1816 verstorben.

HANAU ⟨NACHTRAG⟩

Textgrundlage und Erstdruck: KuA I 2 (1817), S. 209. – Möglicherweise liegt S. 133,33 ein Druckfehler vor: »werden« im ED
könnte fehlerhaft für »worden« (so WA, CA, BA) stehen.

133 *29 ⟨Nachtrag⟩:* spätere Ergänzung zum Abschnitt »Hanau« in *Kunst und Altertum am Rhein und Mayn* (S. 48), die erst
1817 im zweiten Heft von *Über Kunst und Altertum* erschienen ist.
– *28 von Leonhard nach München gezogen:* Karl Caesar von
Leonhard (s. zu S. 130,25) lehrte seit 1816 als Professor für Geologie und Mineralogie in München. – *31 die Gesellschaft wetterauischer Naturfreunde:* Siehe zu S. 49,8. – *35 Herr Hofrat Westermeyer:* Siehe zu S. 52,32.

HEIDELBERG ⟨NACHTRAG⟩

Textgrundlage und Erstdruck: KuA I 2 (1817), S. 210–211. –
Eingriff: S. 134,14 *ein[en] mit Dürer gleichzeitiger Portraitmaler*
(einen mit Dürer gleichzeitiger Portraitmaler KuA; zur Beseitigung des Anakoluths wird hier – C¹ und C³ folgend – die Tilgung
der Flexionsendung vorgeschlagen; vgl. dagegen: »einem mit Dürer gleichzeitigen Porträtmahler« WA I 34/1).

134 *2 ⟨Nachtrag⟩:* Ergänzung zum Abschnitt »Heidelberg« in
Kunst und Altertum am Rhein und Mayn (S. 59), die erst 1817 im

zweiten Heft von *Über Kunst und Altertum* veröffentlicht wurde.
Im kumulierenden Inhaltsverzeichnis im dritten Heft des vierten
Bandes ist dieser Nachtrag aufgeführt unter dem Titel: »Fernere
Nachricht von dieser Sammlung«, was sich auf den vorangehenden
Eintrag »Gemälde-Sammlung der Gebrüder Boisseree« bezieht,
einen Teil des Abschnitts »Heidelberg«. – *9 Wohlgemuth, Altdor-
fer, Beukelaar:* Michel (Michael) Wolgemut (1434–1519), Maler
und Zeichner für den Holzschnitt in Nürnberg. Seit 1486 Lehrer
des damals fünfzehnjährigen Albrecht Dürer. Albrecht Altdorfer
(um 1480–1538), Maler und Kupferstecher, Stadtbaumeister in
Regensburg. Joachim Beuckelaer (1530–1610), niederländischer
Maler. – *10 Johann von Melem:* Hans von Melem, niederrheinischer Maler in der ersten Hälfte des 16. Jh.s. – *13 Martin Schön:*
Martin Schongauer (um 1450–1491), Maler und Kupferstecher.
Schon während der Reise in die Schweiz hatte G. am 29. September
1797 in Maria Einsiedeln ein Kupferstichkabinett besichtigt, das
»einige der besten Kupferstiche von Martin Schön« enthielt
(Bd. 4.2, S. 724). Schongauers Stich vom Tode Marias, von dem G.
im 18. Buch von *Dichtung und Wahrheit* spricht (Bd. 16, S. 783,
Abb. S. 781), erwarb er im Jahre 1819; voller Stolz teilt er dies
Sulpiz Boisserée in einem Brief vom 23. März 1820 mit. – *14 J. J.
Walch:* Jakob Walch, eigentlich Jacopo de Barbari (um 1440/50 bis
1511/15) Maler, Kupferstecher und Zeichner für den Holzschnitt
venezianischer Herkunft, der später in Torgau, Naumburg, Weimar, Wittenberg, Nürnberg und Brüssel wirkte. In den Jahren
1503–1505 stand er in Diensten des Kurfürsten Friedrich III., gen.
der Weise, und wurde in zeitgenössischen Urkunden als »Meister
Jacob der weylische oder wellische Maler« erwähnt. Als Jakob
Walch bezeichnete ihn 1521 auch Albrecht Dürer in Mecheln
gegenüber der Erzherzogin Margarete. – *15 Johann Mabuse:* Jan
Gossaert, auch Gossart (um 1478–1533/35), genannt Mabuse, auch
Malbodius nach seinem Geburtsort Maubeuge im Hennegau, niederländischer Porträtmaler. – *22 die Kreuzabnahme von Dürer:*
Das Gemälde entstand um 1498/99 und hängt heute im Germani-
schen Nationalmuseum in Nürnberg.

REDEN

⟨Bei feierlicher Einweihung und ersten Austeilung
des weissen Falkenordens am 30. Jan. 1816.
gesprochen von Goethe⟩

»Besternt und bebändert« (G. an seine Frau Christiane, 16. Oktober 1808), also mit Orden und Ehrenzeichen ausgezeichnet, fand
sich G., angefangen von seiner Erhebung in den Adelsstand am
10. April 1782, in reichem Maße, mit vielerlei Auszeichnungen
wurden seine Verdienste um das Staatswesen honoriert. Einen
bedeutenden Rang nimmt dabei – neben dem Napoleonischen
Orden der Ehrenlegion, dem russischen St. Annen-Orden und
dem Kaiserlich Österreichischen St. Leopolds-Orden – die Verleihung des Großherzoglichen Hausordens der Wachsamkeit oder
vom weißen Falken durch seinen eigenen Landesherrn, Großherzog Carl August, ein. In einem Konzept zu einem Brief an Johann
Heinrich Meyer vom Dezember 1822, in dem er die »Orden mit
denen man mich beehrt hat« aufzählt, steht der Weiße Falkenorden
– entgegen der chronologischen Reihenfolge – an erster Stelle (WA
IV 36, S. 422 f.).

»Rede zur Ordensfeier. Gegen 11 Uhr Austeilung auf dem
Schlosse«, lauten die beiden ersten Einträge in G.s Tagebuch am
30. Januar 1816. Über den Verlauf des feierlichen Staatsakts im
Weimarer Residenzschloß berichtet ausführlich das Protokoll des
Ordenssekretärs Vogel:

»Am heutigen hohen Geburtsfeste Ihro Königlichen Hoheit
der Großherzogin zu Sachsen-Weimar-Eisenach wurde Höchsten Orts gnädigst beschlossen, daß dieser festliche Tag zugleich
bestimmt sein solle, denen um den Staat sich verdient gemachten
resp. hohen Staatsdienern den Großherzoglich Sachsen-Weimarischen Ritterorden vom weißen Falken zu erteilen.

Zu diesem Ende wurde das im Residenzschloß befindliche
Sessionszimmer des Staatsministerii ausersehen ⟨...⟩.

⟨...⟩

Seine Exzellenz der Präsident des Staatsministerii von Voigt
als Ordenscanzlar erteilte in Beziehung auf die Absicht der
angeordneten Versammlung dem mitanwesenden Ordenssecre-
tär den Befehl, die Ordensstatuten abzulesen. Nach Beendigung
wurde von dem Herrn Ordenscanzlar in einer Anrede über die
Erneuerung des Ordens, über die Wichtigkeit seines Zwecks
hinsichtlich auf die obliegenden Ordenspflichten für das deut-

sche Vaterland und insonderheit für Seine Königliche Hoheit
mit Würde gesprochen ⟨...⟩.

Es wurde hierauf zur Austeilung der Orden selbst nach
geschehener Vorlesung der Namen der Ordensritter geschritten. Ein jeder derer Herren Ritter empfing den für ihn bestimmten Orden aus den Höchsteigenen Händen Seiner Königlichen
Hoheit des Großherzogs. Hierauf legten Seine Exzellenz der
wirkliche Herr Geheime Rat und Staatsminister von Goethe für
Sich und im Namen derer sämtlich anwesenden Herren Ritter
die Seiner Königlichen Hoheit dem Großherzog gebührende
Danksagung in einer dem hohen Sinne und der gnädigsten
Absicht des Durchlauchtigsten Ordensstifters Königlicher Hoheit entsprechenden Rede dar« (Bradish, S. 283–285).

Außer G. selbst, der an erster Stelle in der Reihe der zu Ehrenden
genannt wird, empfingen noch zahlreiche weitere Beamte aus dem
Zivil- und Militärwesen die Auszeichnung – nach Graden abgestuft
– aus der Hand des Regenten. Ihre Namen sind im Aktenfaszikel
›Ordensfeierlichkeit den 30n Januar 1816.‹ festgehalten:

Verzeichnis
dererjenigen Personen, an welche S. Königl: Hoheit der Großherzog, Höchst Ihro Ritter Orden vom weißen Falken, am
30. Januar 1816. Höchst Selbst auszuteilen geruheten.

Groß Kreuze
An S. Exzellenz den Herrn Staatsminister von Goethe
An S. Exzellenz den Herrn Staatsminister von Fritsch
An S. Exzellenz den Herrn Staatsminister von Gersdorff
An Herrn General Major von Egloffstein

———

Commandeur Kreuze
An S. Exzellenz den Herrn Staatsminister, Obermarschall Graf
    Edling
An S. Exzellenz den Herrn Oberhofmeister Geh. Rat von
    Einsiedel
An S. Exzellenz den Herrn Geheimen Rat von Schardt

———

Kleine Kreuze
Bei dem Militair
Herrn General Major von Seebach
    ” Obristen von Germar

"   Obrist Lieutenant von Linker
"   Major von Wolffskeel
"   Major von Beulwitz

Ferner Kleine Kreuze
Einheimische Ritter
Herrn Ober Kammerherrn Geh. Rat v. Wolffskeel
"   Canzlar von Müller alh.
"   Präsident von Ziegesar
"   Vice-Präsident Weyland
"   Geheimen Kammerrat Ridel
"   Landrat, Obristen von Linker
"   Geheimen Hofrat Kirms
"   Ober Konsistorialrat Günther
"   Hofrat und Leibmedicus D. Huschke
"   Hofrat Starck aus Jena
"   Legationsrat Bertuch
"   Legationsrat Falk

———

Desgleichen an diejenigen Personen, welche in der Versammlung nicht gegenwärtig waren, und selbigen übermacht werden
wird:
Commandeur Kreuz
Herrn Freiherrn von Riedesel auf Eisenbach u. Neuhof

Kleine Kreuze
Herrn Geheimenrat von Goechhausen zu Eisenach
"   Geheimenrat Thon, daselbst
"   Canzlar Thon daselbst
"   Oberjägermeister von Staff das.
"   Oberforstmeister von Fritsch alhier
"   Hofrat Schweitzer in Jena
"   Land Kammerrat Roese in Eisenach.

Textgrundlage: Handschrift GSA 30/79, Bl. 2.
ungedruckt – Vgl. aber Bradish, S. 283 f.

G.s Dankesrede muß in sehr kurzer Zeit entstanden sein, denn
nach Ausweis des Tagebuchs hat er erst am Vorabend der Feierlichkeit, am 29. Januar 1816, den »Auftrag wegen der Rede zur Ordensfeier« erhalten. Dies bestätigt auch sein Brief an den Staatsminister und Ordenskanzler von Voigt vom 31. Januar: »übersende

die wenigen von mir gesprochenen Worte. Leider konnt ich sie, da
mir die Veranlassung so spät gegeben wurde, vor der Feierlichkeit
nicht vorlegen«. Die Übersendung der Abschrift an Voigt geschah,
wie G. im selben Brief mitteilte, »auf Veranlassung des Kanzlers
Müller und Bertuchs; eine Relation der Feierlichkeit sowie des
Gesprochenen soll, wie sie sagen, gedruckt werden«. G. zögerte
jedoch, eine weitere Abschrift seiner Rede an Bertuch, der in einem
Schreiben vom 31. Januar ihn zum Zweck der Publikation darum
gebeten hatte, auszuhändigen; am 1. Februar schreibt er an Bertuch: »Ew. Wohlgeb. verzeihen, wenn ich ohne ausdrückliche
Anordnung Serenissimi und Veranlassung von Seiten seines Staats-
rats Bedenken trage, meine Rede zum Druck zu übergeben, denn
mir scheint daß die Publikation von den Umständen einer so
bedeutenden Handlung eigentlich von Großherzoglicher Kanzlei
ausgehen solle, damit der Einzelne nicht verantwortlich werde«.
Gegenüber von Voigt wird er allerdings deutlicher: »Meine Rede,
sie sei was sie sei, geb ich nicht her, als wenn man mir die Redaktion
und Revision der Druckschrift überläßt. Der Moment ist zu
wichtig als daß man ihn den Zufälligkeiten der Industrie ⟨Bertuchs
Industrie-Comptoir⟩ überließe« (31. Januar 1816). Bertuch teilte
G. am 3. Februar mit, daß das ganze Material, wie G. es gewünscht
habe, aus den Händen des Ordenskanzlers von Voigt dem Kanzler
von Müller mit dem Auftrag zur Redaktion ausgehändigt werde
und daß er, Bertuch, dann dafür sorgen werde, »daß diesem
schönen Kinde die nötige Typographische Geburtshülfe geleistet
werde« (im genannten Faszikel GSA 30/79, Bl. 13). Das »schöne
Kind« hat allerdings nie das Licht der Welt erblickt; die geplante
Publikation über den Festakt ist nicht zustandegekommen, erst
1851 wurde die Ansprache erstmals publiziert.
    Als Nachklang sei erwähnt, daß Charlotte von Stein am 27. Fe-
bruar 1816 ihr Interesse an der Rede bezeigt hat: »Bitte um die
Rede beim Falkenorden, sie soll nicht aus meinen Händen kommen«, was ihr offenbar gewährt wurde, denn nach längerer Zeit
dankt sie G. mit den Worten: »Sie verzeihen lieber Geheimerat daß
ich die Rede über den wohlerzognen Falken so lange behielt, ich
konnte aber seit ein paar Tagen vor Kopfweh und Blindheit nichts
lesen noch schreiben. Die Rede hat mich sehr ergötzt, ich danke
Ihnen für die Mitteilung und mögte Sie den Gebenden benennen.
Möge Ihnen der Falke immer gute Beute bringen« (Goethes Briefe
an Charlotte von Stein. Hg. von Jonas Fränkel. Berlin 1960. Bd. 2,
S. 469 u. 470).

Textgrundlage: Handschrift GSA 29/13, Bl. 11–14; Kräuters
Hand, mit eigenhändiger Datumsangabe von G. – Die in WA nicht

erwähnte Reinschrift Kräuters wurde als Textgrundlage den Abschriften von Caroline Ulrich und John (s. WA I 36, S. 452: H¹,
H²) vorgezogen, da sie mit G.s eigenhändiger Datumszeile am
besten autorisiert ist. Die beiden genannten Abschriften weisen
untereinander z. T. erhebliche Abweichungen auf, aber auch Differenzen gegenüber der Niederschrift Kräuters. – Die Überschrift
wurde von der Abschrift Caroline Ulrichs (H¹) übernommen.
Erstdruck: J. W. Schaefer: Goethes Leben. Zweiter Band. Bremen
1851, S. 323–325.

137 *10 Ew. Königl. Hoheit:* Diese Titulierung stellt keinen
Widerspruch zu der zuvor gewählten Anrede dar: Die Bezeichnung »Königliche Hoheit« war auch über Sachsen-Weimar-Eisenach hinaus als Titel deutscher Großherzöge üblich. – *21 seit mehr
als Vierzig Jahren:* Carl August von Sachsen-Weimar-Eisenach
war seit 1775 regierender Herzog, seit 1815 Großherzog. G. war
am 7. November 1775 nach Weimar gekommen. – *32 erhöhter
Würde, vermehrten Gutes:* Durch die Beschlüsse des Wiener
Kongresses (1814/1815) war Sachsen-Weimar-Eisenach territorial
vergrößert und zugleich zum Großherzogtum erhoben worden.

138 *13 vom Ahnherrn geerbt:* Der Falkenorden war von Ernst
August I. (1688–1748), seit 1728 alleinregierendem Herzog von
Sachsen-Weimar-Eisenach, im Jahre 1732 gestiftet worden. –
36 den feierlichsten Tag: Der 30. Januar war der Geburtstag der
Großherzogin Louise Auguste von Sachsen-Weimar-Eisenach
(1757–1830).

141 *8 Dank getrost entgegen bringen:* Hieran schließen sich in
den beiden genannten Abschriften und im Erstdruck folgende
Schlußworte: »und so den Wahlspruch kühn betätigen: Vigilando
ascendimus!«. Das Motto des Falkenordens hatte Ordenskanzler
von Voigt in seiner Ansprache mit folgenden Worten bedacht:
»Wachsamkeit über Ehre und inneren Frieden, war schon des
Ordens ursprünglicher Zweck; das scharfe Auge des Falken sollte
die Wachsamkeit bildlich andeuten. In Erfüllung des Wahlspruchs:
Wachsam erhöhen wir uns – war das Beispiel des erhabenen Stifters
des erneuerten Ordens schon vorausgegangen« (im genannten
Faszikel GSA 30/79, Bl. 6).

⟨Ansprache bei Einführung
August von Goethes
in die Hoftheaterintendanz⟩

G.s Sohn August von Goethe war im Juli 1816 »zur Assistenz« bei
der Oberaufsicht über alle unmittelbaren Anstalten für Wissenschaft und Kunst angestellt worden; vgl. ⟨*Weisung der Oberaufsicht an August von Goethe, 12. Juli 1816*⟩ (S. 582 im vorliegenden
Band). Sein Aufgabenbereich, der in der ⟨*Instruktion ...*⟩ (s. S. 583)
genau umschrieben worden ist, lag größtenteils in der Betreuung
der naturwissenschaftlichen Institute in Jena und nur zu einem
kleineren Teil (Bibliothek, Zeichenschule, Bau der Esplanade) in
Weimar. Möglicherweise steht die im Februar 1817 erfolgte Aufnahme August von Goethes in die Intendanz des Hoftheaters
bereits im Zusammenhang mit den zunehmenden Schwierigkeiten
G.s in der Theaterleitung. Auf jeden Fall läßt der Anfang des
großherzoglichen Reskripts vom 29. Januar 1817, das die Bestal-
lung August von Goethes als Gehilfe bei der Hoftheaterintendanz
anordnet, eine solche Vermutung zu:

Carl August Von Gottes Gnaden
Großherzog zu Sachsen p. p.

Beste und Hochgelahrte Räte,
liebe Getreue!

Wir haben zeither bei Unserm Hoftheater verschiedene An-
stände, welche dem guten Fortgange desselben hinderlich sind,
zu bemerken gehabt und finden daher für nötig, Euch noch
einen Gehülfen beizugeben, welchen Wir in der Person des
Cammerjunkers und Cammerrats von Goethe erwählen; diesem
erteilen Wir, bei seiner Uns bekannten Neigung und Liebe zur
Ordnung, Sitz und Stimme bei der Hoftheater-Intendanz, und
soll derselbe sowohl bei dem Artistischen als Ökonomischen
des Hoftheaterwesens gebraucht werden, besonders aber möge er mit dem Geheimen Hofrat Kirmß gemeinschaftlich die
Theater-Ökonomie dirigieren; damit in Abwesenheit oder VerhinderungsFall der Chefs in dem Fortgange desselben keine
Stockung entstehe und die Anordnungen fürs Theater nicht
einseitig geführt werden.
    Da Wir auch für zweckmäßig halten, den Hofschauspieler
Genast senior, sowohl von der Regie als auch von allen andern
Dienstleistungen zu dispensieren, so tritt derselbe in den Genuß
der ihm zugesicherten Pension.
    Wie nun das Kunstfach betreffend, bleibt solches wie bisher

von dem Übrigen abgesondert, und stehen demselben Unsere
beiden Staatsminister von Goethe und Graf Edling, wie auch der
Cammerjunker und Cammerrat von Goethe vor.

Die Regie des Schauspiels und der Tragödie übernimmt der
Hofschauspieler Oels, die der Opern behalten Wir Uns noch
vor besonders zu besetzen.

Wir verlangen schlüßlich von Euch, daß Ihr diese Veränderung binnen hier und Ostern ins Werk setzet und berichtlich
anzeiget, wie solches geschehen sei.

An dem geschiehet Unsere Meinung und Wir sind Euch mit
Gnaden gewogen.

Gegeben Weimar, den 29. Januar 1817   Carl August

Textgrundlage: Handschrift THStA A 9550, Bl. 17.
Erstdruck: SL 6 (1978), S. 120 (ohne Anrede und Schluß).

»Sitz und Stimme« in der Intendanz für August von Goethe,
Assistenz in künstlerischen wie in Haushalts-Fragen, Vorsorge
dafür, daß »in Abwesenheit oder VerhinderungsFall der Chefs
in dem Fortgange desselben keine Stockung entstehe«, und G.s
eigene Überlegungen bei »merklicher Abnahme an Kräften«
(S. 141,32) – all dies könnten schon Anzeichen für den beginnenden Ablösungsprozeß sein, für den Wunsch G.s, von der Leitung
des Hoftheaters entbunden zu werden.

Für den Vormittag des 6. Februar 1817, den Tag der offiziellen
Einführung August von Goethes, vermerkt das Tagebuch G.s ein
umfangreiches Arbeitsprogramm: »Vortrag zur Einführung des
Cammerrats bei der Theater-Intendanz. Verordnungen deshalb
konzipiert und mundiert. Vorstellung meines Sohnes in der Session der Intendanz«. Vermutlich ist also die Rede G.s am selben
Tag entstanden, an dem sie vor der versammelten Intendanz
gehalten wurde, allenfalls einen Tag vorher, sofern sich der Tagebucheintrag vom 5. Februar 1817 (»Theater-Angelegenheiten«)
darauf beziehen läßt.

Gleichzeitig mit dem Eintritt August von Goethes wurden
weitere Änderungen in der Verwaltung des Theaters vollzogen:
Der Regisseur und Schauspieler Genast wird in den Ruhestand
versetzt; dem Schauspieler Karl Ludwig Oels wird das Amt der
Regie übertragen. Schließlich fordert G. die Mitglieder der Intendanz in einem Schreiben vom 24. Februar auf, beratend an weiteren organisatorischen Veränderungen teilzunehmen: »Es ist gegenwärtig der Moment wo alles zur Sprache kommen muß«. In
einem Brief an Charlotte von Stein präzisiert er seine Vorstellungen:

»Um die bei der Regie beliebte Veränderung nützlich und für die Anstalt fruchtbar zu machen, übergab ich einen Verfassungs Entwurf, der das Glück hatte, Serenissimo und meinen Mitgeordneten wohl zu gefallen. Hiernach arbeitete ich Resolutionen aus, welche schon expediert sind und deren Erfolg nun erwarte.

Außer diesen Verordnungen, die Regisseurs, den Kapellmeister, den Re- und Korrepetitor betreffend, sind noch andre zurück, um die übrigen Untergeordneten sogleich anzuschließen.

Das alles zusammen wohl auszudenken und ins Werk zu setzen ist gegenwärtig meine dringendste Angelegenheit in meiner Jenaischen Ruhe und Stille« (G. an Charlotte von Stein, 31. März 1817).

Darin verschweigt G. allerdings einen anderen Grund für seine ›Flucht‹ nach Jena, der letztlich die seit Monaten schwelende Theaterkrise durch einen äußeren Anlaß in einem handfesten Eklat kulminieren ließ: der Streit um die Aufführung des Theaterstücks ›Der Hund des Aubry de Mont-Didier‹ von René-Charles Guilbert de Pixerécourt (1773–1844), in dessen Verlauf ein dressierter Pudel auf den Brettern der Weimarer Bühne auftreten sollte. Äußerungen von Kanzler von Müller und Frau von Stein belegen dies:

»Goethe ist, wegen eines Verdrusses über den ›Chien d'Aubry‹ mit dem Großherzog, zornig gestern nach Jena entflohen« (Kanzler von Müller an Henriette Freifrau von Beaulieu-Marconnay, 21. März 1817; Bode, Bd. 3, S. 13);

»Seit einigen Tagen herrscht ein Zwietrachtsgeist unter uns wegen dem ›Hund des Aubry‹ ‹...›. Die Theaterdirektion will ihn nicht spielen lassen, und der Großherzog will ihn doch sehen« (Charlotte von Stein an Carl Ludwig Knebel, 22. März 1817; Bode, Bd. 3, S. 13).

Wenige Tage später bittet Charlotte von Stein Knebel um Vermittlung:

»Vielleicht hat Ihnen Goethe die Ursach seiner Flucht von hier erzählt. Einige gute Freunde haben mich veranlaßt, Sie zu bitten: Sie möchten doch suchen, Ihren alten Freund zu besänftigen, und ihn bereden, das Geschäft des Theaters ohne Groll von sich ganz abzulehnen, seinen Sohn aber dabeizulassen und nur manchmal mit gutem Rat beizustehen.

Sagen Sie ihm, daß er dieses mir zuliebe tun soll! Gar inniglich ließ' ich ihn drum bitten, weil ich fest überzeugt bin, daß es zu seinem Besten ist« (24. März 1817; Bode, Bd. 3, S. 14).

Hintergrund der Affäre war die Schauspielerin und Favoritin des Großherzogs, Caroline Jagemann (1777–1848, seit 1809 als Caro-

line von Heygendorff geadelt), deretwegen G. schon einmal, im
November 1808, die Leitung des Hoftheaters niederlegen wollte
(vgl. Bd. 9, S. 1422–1424); sie setzte gegen den Widerstand G.s
beim Großherzog die Aufführung des Stückes am 12. April 1817
durch (vgl. den Abdruck des Theaterzettels bei Bradish, S. 296);
am Tag danach wurde G. – ohne daß er förmlich darum nach-
gesucht hätte – von Carl August seines Amtes als Theaterleiter
enthoben:
»Lieber Freund,
    Verschiedene Äußerungen deinerseits, welche mir zu Augen
und Ohren gekommen sind, haben mich unterrichtet, daß du es
gerne sehn würdest, von denen Verdrießlichkeiten der Theater
Intendanz entbunden zu werden ⟨...⟩. Ich komme gern hierin
deinen Wünschen entgegen, dankend für das viele Gute, was du
bei diesen sehr verworrenen und ermüdenden Geschäften geleistet hast, bittend, Interesse an der Kunstseite desselben zu
behalten, und hoffend, daß der verminderte Verdruß deine
Gesundheit und Lebensjahre vermehren solle.
    Einen offiziellen Brief diese Veränderung betreffend, lege ich
bei und wünsche wohl zu leben« (Wahl, Bd. 2, S. 185).
In seiner Antwort vom 15. April 1817 bestätigte G. seine Demis-
sion und richtete zugleich an Carl August »die untertänigste Bitte
meinen Sohn ebenfalls von diesem Geschäft zu entbinden«. Diese
förmliche, vom Tonfall höfischer Etikette diktierte Reaktion zeigt
– trotz der einleitenden Beteuerung, der Großherzog sei seinen,
G.s, Wünschen entgegen-, ja sogar zuvorgekommen – die tiefe
Verstimmung, die dieser Konflikt zwischen dem Großherzog und
G. ausgelöst hatte (vgl. hierzu auch Sengle, S. 375–390; ebenso
GJb 109, 1992, S. 159–161). Das Hoftheater hat G. bis zum
23. März 1825 – der Nacht, in der es niederbrannte – nicht mehr
betreten.

Textgrundlage: Handschrift THStA A 9550 (Faszikel ›Acta Die
Mitglieder der Hoftheater Intendanz betreffend, sowie die Ober-
leitung der Hoftheater überhaupt betreffend. Weimar 1797 p. p.
bis Ende Novbr. 1828‹), Bl. 19–23 (Beschreibung s. SL 6, S. 119:
H¹). – Die während G.s Rede verlesenen, nicht aber in die Niederschrift aufgenommenen Briefe wurden auf der Grundlage der
Handschriften im genannten Faszikel (Bl. 25–27) in Winkelklammern in den Text der Ansprache eingefügt. – Eingriffe: S. 142,26
vor⟨zu⟩legen (vorlegen Hs.; nach ED ergänzt); 142,30 *eine gnädigste Zurechtweisung versprechen* (einer gnädigsten Zurechtwei-
ßung versprechen Hs.; nach ED korrigiert).
Erstdruck: GJb 10 (1889), S. 114–116 (ohne die verlesenen Briefe).

141 *17 dem gnädigsten Rescripte vom 29ⁿJan: gemäß:* Abdruck des vollständigen Wortlauts s. S. 807 f.; die Vermutung der BA (Bd. 16, S. 737), G. habe dieses Reskript veranlaßt und darauf Einfluß genommen, scheint plausibel, hatte G. doch auch das im Brief vom 15. April erwähnte förmliche Rücktrittsgesuch seines Sohnes selbst verfaßt.

142 *15 zurückgekommen:* hier im Sinne von ›zurückgeworfen worden‹.

143 *4 Herrn Genast:* Anton Genast (eigentl. Kynast; 1765 bis 1831), von 1791 bis 1817 Schauspieler, Sänger und Regisseur am Hoftheater in Weimar. – *Herrn Oels:* Karl Ludwig Oels (eigentl. Oele; 1772–1833), seit 1803 Schauspieler und Regisseur in Weimar. – *6 mit Erlaubnis vorlesen:* In der Handschrift schließt sich daran die Bemerkung »(werden vorgelesen.)« an. – *38 G. H. S. H. Th. I.:* Großherzoglich Sächsische Hoftheater-Intendanz.

144 *1 KapellMeister, Herr Müller:* August Eberhard Müller (1767–1817), Komponist, seit 1794 Organist und Kantor in Leipzig, seit 1810 Hofkapellmeister in Weimar. – *4 Sie würde ohngefähr lauten wie folgt:* In der Handschrift schließt sich an: »(wird vorgelesen.)«. – *24 und zwar folgender Gestalt:* In der Handschrift schließt sich an: »(wird vorgelesen.)«.

»Seit einiger Zeit habe ich gerade so viel Humor, Aufsätze ins Morgenblatt zu geben; damit Du aber nicht lange zu suchen brauchst, bezeichne ich Dir die Nummern und wünsche daß Du sie aufsuchest« (Bd. 20.1, S. 381). Mit diesen Worten berichtet Goethe dem Berliner Freund Carl Friedrich Zelter in einem Brief vom 17. Mai 1815 von nicht weniger als sieben Artikeln, die zu diesem Zeitpunkt bereits alle niedergeschrieben waren; drei Artikel waren im März und April 1815 schon in Cottas ›Morgenblatt‹ erschienen, die Publikation der übrigen Beiträge stand unmittelbar bevor. Der Zeitpunkt dieser Mitteilungen ist dabei weder zufällig noch nebensächlich: Im Jahr zuvor war Goethe zum ersten Mal seit 1797 wieder am Rhein gewesen, der nun nicht mehr unter französischer Herrschaft stand; sein publizistisches Interesse spiegelt die politische wie auch kulturelle Aufbruchstimmung der nach-napoleonischen Ära wider. Goethes (wiedererwachtes) Mitteilungsbedürfnis, die Lust *und* die Notwendigkeit, von sich hören zu lassen, schließen deshalb auch Veröffentlichungen im publizistischen ›Tagesgeschäft‹, dem von Goethe sonst mit so unverhohlener Polemik, ja Verachtung bedachten Zeitungswesen, nicht aus, wie der eingangs zitierte Brief an Zelter deutlich macht.

Bevorzugtes Forum für diese Veröffentlichungen ist Cottas ›Morgenblatt für gebildete Stände‹; dort erscheinen in diesen Jahren nicht nur fast alle literarischen und literaturkritischen Beiträge Goethes, sondern – auf drei Nummern verteilt – auch die umfangreiche Ankündigung seines Reiseberichts *Über Kunst und Altertum in den Rhein- und Maingegenden* (S. 306). Dabei hat Goethe zunächst vor allem in eigener Sache das Wort ergriffen: Die Aufsätze *Des Epimenides Erwachen* (S. 147) und *Proserpina* (S. 191) informieren ebenso über eigene Werke wie die kurze ⟨*Antwort auf eine Anfrage über Wilhelm Meisters Wanderjahre*⟩ (S. 190), Auskünfte über die *Geheimnisse* (S. 213) sowie zu ⟨*Auslegungen des Märchens aus den Unterhaltungen deutscher Ausgewanderten*⟩ (S. 217). Auch die Berichte über die Veranstaltungen zu Schillers und Ifflands Andenken (S. 199 und S. 201) sind in diesem Zusammenhang zu nennen; der bilanzierende Aufsatz *Über das deutsche Theater* (S. 161) legt nicht nur Rechenschaft über Goethes Bemühungen als Intendant des Weimarer Hoftheaters sowie Schillers dramaturgische Mitarbeit ab, sondern versucht darüber hinaus – im Kontext der skizzierten politischen Entwicklungen – den Gedanken an ein deutsches Nationaltheater neu zu beleben. Der Wille zu wirken, wo möglich Einfluß zu nehmen, Gedankenanstöße zu geben, Tendenzen zu verstärken und bereits eingeleitete Bestrebungen zu befördern, ist allenthalben spürbar. Seit dem Januar 1815 ist es dann die neue Werkausgabe, die – auf 20 Bände geplant und im Januar 1816 öffentlich annonciert – bis zu ihrem Abschluß im Jahre 1819 nicht nur kontinuierlich Goethes Aufmerksamkeit beansprucht, sondern auch mit ›flankierenden publizistischen Maßnahmen‹ begleitet und angekündigt sein will (S. 204 und S. 210, ebenso S. 249).

Dennoch bleibt der Blick weder auf das eigene Werk noch auf die Grenzen des deutschen Sprachraums beschränkt: »Englische Poesie und Literatur trat vor allen andern dieses Jahr besonders in den Vordergrund« (Bd. 14, S. 262), heißt es zutreffend in den *Tag- und Jahres-Heften* zu 1817. Neben Robert Maturin (S. 230) ist damit vor allem Lord Byron gemeint, dessen Werk *und* Persönlichkeit seit dem Mai 1816 Goethes lebhaftes Interesse hervorrufen und ihn im folgenden Jahrzehnt immer wieder beschäftigen wird (vgl. auch Bd. 13.1). Bereits zuvor, im Mai 1815, war *Shakespear und kein Ende!* erschienen (S. 173) – zweifellos der gewichtigste Beitrag der hier versammelten literaturkritischen Schriften: Aus der distanzierten, an der Autobiographie *Dichtung und Wahrheit* geschulten und erprobten Perspektive der Rückschau werden Leben und Schaffen des englischen Nationaldichters einer kritischen Überprüfung unterzogen. Denkbar weit entfernt von jener Emphase, mit der einst der junge Goethe die Lichtgestalt Shakespeare gefeiert hatte, entsteht nun eine Studie, die man mit Fug und Recht als eine literar*historische* Würdigung bezeichnen kann. Die Entstehungsbedingungen der Shakespeareschen Dramen werden dabei ebenso berücksichtigt wie Stationen der Rezeptions- und Übersetzungsgeschichte (vgl. hierzu auch die Bandeinführung). Goethe schließt diese Ausführungen über Shakespeare erst 1826 mit dem in *Über Kunst und Altertum* veröffentlichten Beitrag *Shakspear als Theaterdichter* ab, der in seinem Untertitel ausdrücklich auf den ein Jahrzehnt zuvor publizierten Aufsatz Bezug nimmt und deshalb in den vorliegenden Band aufgenommen wird (vgl. hierzu ausführlich S. 832 ff.).

Aufzeichnungen, die Goethe während der Lektüre der ›Correspondance littéraire, philosophique et critique‹ des Baron von Grimm notiert hatte, werden in zwei Teilen im Aufsatz *Urteilsworte französischer Kritiker* (S. 235 und S. 265) veröffentlicht, italienischer Literatur widmet sich der Beitrag *Don Ciccio* (S. 186) sowie die ausführliche Berichterstattung *Klassiker und Romantiker in Italien, sich heftig bekämpfend* (S. 258), die in ihrem Titel schon anzeigt, daß Goethe hier eine literarische und kunstpro-

grammatische Kontroverse kommentierte, deren ›Frontlinien‹ er
in diesen Jahren nicht nur jenseits der Alpen registrierte.

Für die deutsche Literatur gilt, was andernorts schon für den
Zeitraum zwischen 1820 und 1826 festgestellt wurde: Goethes Stel-
lungnahmen bleiben »selektiv und sporadisch« (Bd. 13.1, S. 792):
Äußerungen ⟨Über Kants Philosophie⟩ (S. 229), die tatsächlich die
Auslegungen eines Dresdener Gelehrten über Kant referieren, die
Besprechung einer Schrift des Leipziger Philologen Gottfried Hermann (S. 240), das kurze Nachwort zu Deutungsversuchen einer
mittelalterlichen Inschrift (S. 245 und S. 256), die wohlwollende
Rezension eines im Elsässischen angesiedelten Lustspiels von Johann Georg Daniel Arnold (S. 267), schließlich die Würdigung
eines aus dem 14. Jahrhundert stammenden lateinischen Manuskripts über *Die heiligen drei Könige* (S. 280) – man tut den genannten Werken sicher kein allzu großes Unrecht an, wenn man sie aus
heutiger Sicht als eher peripher bezeichnet. Wer etwa Äußerungen
über Ludwig Tieck, Joseph von Eichendorff, E. T. A. Hoffmann
oder Adelbert von Chamisso erwartet, wird enttäuscht; zeitgenössische deutsche Literatur findet in den veröffentlichten Äußerungen keinen oder kaum einen Raum, und wer sich über Goethes
diesbezügliche Meinungen und Urteile informieren will, muß seine
Korrespondenz bzw. Gespräche konsultieren oder aber zwischen
den Zeilen lesen (können). Goethes Selbsteinschätzung als ›positiver‹ Kritiker, dem Ermunterung und Zustimmung näher lagen als
polemische Attacken oder Verrisse (vgl. hierzu S. 1032 ff.), erklärt
diese Haltung ebenso wie die Selbststilisierung als (immer weniger)
›communicabler‹ Beobachter des Zeitgeschehens, der »zu Vielem
still« schwieg, die »Menschen nicht irre machen« wollte und »wohl
zufrieden« damit war, »wenn sie sich freuen da wo ich mich
ärgere«, wie es in einem späteren Aphorismus der *Maximen und
Reflexionen* heißt (Bd. 17, S. 812, Nr. 503). Nur selten ist Goethe
so deutlich geworden wie in seinem Aufsatz *Deutsche Sprache*, wo
er nicht nur den »neuen kränkelnden Kunsttrieb« (S. 222) der
romantischen Bewegung, sondern darüber hinaus auch alle infolge
der Befreiungskriege zu beobachtenden chauvinistischen Auswüchse eines neuerwachten Patriotismus attackiert. Gegen diesen
»negativen Purismus« (s. S. 881), der sich nicht nur auf litera-
rischem Terrain manifestierte, insistiert Goethe auf (s)einem kos-
mopolitischen Konzept der Interessenvielfalt, für das er später den
Begriff der »Weltliteratur« prägen wird.

Aus diesem Grunde können die hier abgedruckten ›Schriften zur
Literatur‹ auch kein vollständiges Bild über Goethes literarische
wie literarhistorische Interessen in diesem zweiten Jahrzehnt des
19. Jahrhunderts vermitteln. Wie die Kennzeichnung der Schaffens-

epoche zwischen 1814 und 1819 als ›Divan-Jahre‹ aufs nachdrück-
lichste belegt, erweitert sich der Horizont in diesen Jahren über den
Bereich der europäischen Literatur hinaus. Der Blick wendet sich
nach dem nahen und fernen Osten: In der arabischen, persischen,
indischen und chinesischen Dichtung entdeckt Goethe einen eigenen Kontinent, von dem der hier abgedruckte, zu Goethes Lebzeiten unveröffentlicht gebliebene Beitrag *Indische Dicht⟨ungen⟩*
(S. 246) einen nur unzureichenden Einblick gewährt. Wer einen
Eindruck von Goethes literarischen Schwerpunkten gewinnen und
seine literaturgeschichtlichen Aktivitäten in diesen Jahren angemessen verstehen und würdigen will, der muß deshalb vor allem
die umfangreichen *Noten und Abhandlungen zu besserem Verständnis des West-östlichen Divans* (Bd. 11.1) konsultieren, in
denen Goethe erkennen läßt, welch intensive (literar)historische
Studien die Abfassung der einzelnen Bücher seiner Gedichtsammlung begleiteten.

⟨ÜBER EIN FRANZÖSISCHES DICTUM⟩

Die von Caroline Ulrich (1790–1855), der späteren Frau von
Friedrich Wilhelm Riemer, ohne Überschrift und Datum niedergeschriebene Notiz ist einem Faszikel »Abgesendete Briefe Januar – Juni 1814« eingeheftet, womit das ungefähre Entstehungs-
datum umrissen sein dürfte.

Textgrundlage: Handschrift GSA 29/10, Bl. 34 (Beschreibung s.
WA I 42/2, S. 443 f.). – Eingriffe: S. 147,10 *den ⟨Straßen⟩ oder*
(den oder Hs.; ergänzt nach WA); 147,22 *leidend* (leitent Hs.;
Konjektur von WA übernommen). – Überschrift nach WA.
Erstdruck: WA I 42/2 (1907), S. 444.

147 4–7 *Il y avoit ⟨...⟩ individuelle:* »Es herrschte in bezug auf
literarische und metaphysische Meinungen eine Art milde, friedliche Anarchie, die jedem gestattete, seine individuelle Anschau-
ungsweise frei zu entwickeln« (zit. nach: Germaine de Staël: Über
Deutschland. Nach der Übersetzung von Robert Habs hg. und
eingeleitet von Sigrid Metken. Stuttgart 1962, S. 56 f.). Während
die ›Weimarer Ausgabe‹ noch vorsichtig vermutete, das Diktum sei
»vielleicht dem Buche L'Allemagne der Frau von Staël entnommen« (WA I 42/2, S. 444), stand diese Zuschreibung für die ›Berliner Ausgabe‹ fest, die das Zitat jedoch nicht näher lokalisierte. Es
findet sich in der genannten Schrift der Madame de Staël im
2. Kapitel des ersten Teils: »Über die Sitten und den Charakter der

Deutschen«. – *20 der Verfasserin:* Anne Louise Germaine Baronne de Staël-Holstein, geb. Necker (1766–1817), frz. Schriftstellerin. Ihr Buch ›De l'Allemagne‹ erschien 1810. Über seine Begegnung mit Madame de Staël berichtet G. ausführlich in den *Tag- und Jahres-Heften* zu 1804 (Bd. 14, S. 115–119). – *23 folgende Äuße-rungen:* Weder die hier angesprochenen Äußerungen noch deren Verfasser sind näher zu ermitteln.

DES EPIMENIDES ERWACHEN

G.s 1814 entstandenes, aus Anlaß der Feier des Sieges über Napo-leon verfaßtes Festspiel *Des Epimenides Erwachen* (Bd. 9, S. 195) konnte erst am 30. März 1815 in Berlin uraufgeführt werden, worüber die Dokumente zur Entstehungs- und Wirkungsge-schichte ausführlich informieren (ebenda, S. 1160–1180). Wie in einem Brief an Carl Liebich vom 6. Juli 1814 nachzulesen ist, verknüpfte G. mit diesem Festspiel die Hoffnung, »nicht nur für Berlin, sondern für das ganze Vaterland, nicht nur für den Augen-blick, sondern auch für die Zukunft« zu wirken; um diese Wir-kung nach Kräften zu befördern und der Aufführung seines Stücks auch auf anderen Bühnen die Bahn zu ebnen, verfaßte G. eine ausführliche Vorstellung und Erläuterung, die am 29. und 30. März 1815 im ›Morgenblatt für gebildete Stände‹ erschien.

Obwohl G. am 15. Juni 1815 an Cotta melden konnte, daß in Berlin »*Epimenides* zum drittenmal aufgeführt« worden war, blieb die Resonanz – besonders, was die von G. selbst geleitete In-szenierung des Stückes in Weimar am 7. und 10. Februar sowie am 19. September 1816 betraf – hinter diesen optimistischen Er-wartungen zurück (s. Bd. 9, S. 1175–1180).

Textgrundlage und Erstdruck: Morgenblatt für gebildete Stände, Nro. 75 (29. März 1815), S. 297–299, und Nro. 76 (30. März 1815), S. 301–303; Zusatz unter dem Titel: »(Von Goethe.)«. Der Druck enthält zahlreiche Fehler (vermutlich überwiegend Lesefeh-ler am – nicht erhaltenen – Druckmanuskript), die z. T. aufgrund einer (den Text nicht vollständig enthaltenden) Handschrift im Faszikel ›Mitteilungen ins Morgenblatt‹ (Beschreibung s. SL 4, S. 387; für den vorliegenden Text: SL 6, S. 436: H³) korrigiert werden konnten (S. 149,14; 151,11; 152,24); Fehler in den zitierten Versen und Regieanweisungen wurden aufgrund der Berliner Ein-zelausgabe des Bühnentexts von 1815 korrigiert (vgl. Max Hecker, WA I 41/1, S. 412: »Die Verse, wie sie in das Morgenblatt gegeben worden sind, gehören dem Stand des Textes der Berliner Überlieferung an; es ist nicht glaubhaft, daß Goethe sie für diese Ankündigung irgendwie geändert haben oder gar zu einer älteren Fassung zurückgekehrt sein sollte«). – Eingriffe: S.. 149,14 *exponiert* (opponirt ED); 149,36 *gebraucht worden* (gebraucht werden ED); 150,33 *nie* (nicht ED); 151,11 *Dämon, allein bleibend* (Dämon allein, bleibend ED); 152,8 *Staub* (Raub ED); 152,24 *Einbildung⟨s⟩kraft* (Einbildungkraft ED); 153,21 *tiefste* (tiefe ED); 154,21 *ein schönes Teil* (ein schöner Teil ED); 155,13 *kommt uns Rettung* (kommt nur Rettung ED); 155,27 *unternommen, / Die* (unternommen. / Die ED); 156,38 *Jugendfürsten* (Tugendfürsten ED); 158,21 *nach oben* (noch oben ED). Möglicherweise fehlerhaft sind zwei weitere Stellen im Erstdruck: S. 149,1 *glücklichen* (H³: glücklichern) und 153,25 *winke* (im Bühnentext 1815: winde); in beiden Fällen wurde nicht eingegriffen, da eine Änderungsabsicht G.s nicht auszuschließen ist. Die unzutreffende Datumsangabe S. 147,32 (vermutlich Drf. im ED) wurde nach dem Aufführungstermin berichtigt.

147 *34 des verewigten Iffland:* Der 1759 geborene August Wilhelm Iffland, Schauspieler, Theaterschriftsteller und Direktor der Königlichen Schauspiele in Berlin, auf dessen Anfrage vom 17. Mai 1814 hin G. das Festspiel verfaßt hatte, war am 22. September 1814 gestorben; sein Nachfolger als Intendant wurde Graf Carl Friedrich Moritz von Brühl (1772–1837). – *38 Herr Kapellmeister Weber:* der Komponist Bernhard Wilhelm Anselm Weber (1776 bis 1824); vgl. Bd. 9, S. 1173 f.

148 *10 anerkannt:* wiedererkannt. – *17 des Perianders:* Periander (627–586 v. Chr.), Herrscher von Korinth. – *die sieben Weisen:* Zu den Sieben Weisen wurden Pittakos, Solon, Kleobulos, Periander, Chilon, Thales und Bias gezählt, die als Gesetzgeber, Heerführer und Philosophen im 6. Jh. v. Chr. gelebt haben. – *27 Die Muse tritt auf:* Siehe Bd. 9, S. 197. Die beiden Genien verkörpern Kunst und Wissenschaft.

149 *21–24 Wandelt der Mond ⟨…⟩:* Des Epimenides Erwachen, Verse 87–90. – *37 Der Dämon des Kriegs:* Über den unmittelbaren historischen Bezug hinaus erinnert dieser ›Sprung‹ über Jahrhunderte hinweg natürlich an *Faust II*, hier insbesondere an den ersten und vierten Akt.

150 *7–20 Verweile du ⟨…⟩:* Verse 254–266, dort allerdings mit der Anfangszeile »Verweilet ihr, ich eile fort!«. – *14 So legte Brennus:* Siehe die Anm. zu Vers 261 in Bd. 9, S. 1183. – *27–151,6 Der Kriegsgott ⟨…⟩:* Verse 267–286, dort in der Rollenverteilung zwischen dem Pfaffen, dem Diplomaten, der Dame, dem Hofmann und dem Juristen gesprochen.

151 *17–18 Ein Wink, ein Hauch* ⟨...⟩: Verse 331 f. – *30–39 Ihr brüstet euch* ⟨...⟩: Verse 365–373.

152 *6–22 Es ist noch allzufrisch* ⟨...⟩: Verse 382–396. – *24 Elisium:* Elysium, Elysion, auch Elysische Gefilde: in der griech. Mythologie der Ort, an dem sich die Sterblichen aufhielten, denen die Götter die Gunst der Unsterblichkeit verliehen hatten. Homer beschrieb das Elysium, »wo der bräunliche Held Radamanthus / Wohnt und ruhiges Leben die Menschen immer beseligt«, in seiner ›Odyssee‹: »Dort ist kein Schnee, kein Winterorkan, kein gießender Regen, / Ewig wehn die Gesäusel des leiseatmenden Westes, / Welche der Ozean sendet, die Menschen sanft zu kühlen« (4, 564–568; übers. von Johann Heinrich Voß). Hesiod (8. Jh. v. Chr.) bezeichnete in seinen ›Erga kai hemerai‹ (Werke und Tage) das Elysium als »Insel der Seligen« (167–173). – *32–153,2 Ja, ich schweife* ⟨...⟩: Verse 412–420.

153 *5 Vestale:* (lat.) röm. Priesterin der Vesta, die als Göttin des Herdfeuers, in einer erweiterten Bedeutung auch als Schutzgöttin aller häuslichen Tätigkeiten, der Familie des Hauses, ja sogar des Gemeinwesens verehrt wurde. – *20–30 So hab' ich euch* ⟨...⟩: Verse 519–529. – *33 kirren:* locken (vgl. Vers 530).

154 *3–6 Du biegst das Knie* ⟨...⟩: Diese Zeilen, die in der Hs. und den ersten Drucken nach dem Vers 565 und der Regieanweisung standen, wurden später gestrichen. – *15–23 Immer sind wir noch* ⟨...⟩: Verse 615–622. – *31–38 Denn wie ich bin* ⟨...⟩: Verse 632–639.

155 *7–14 Von Osten rollt* ⟨...⟩: Verse 656–663. Die Himmelsrichtungen spielen auf die Länder der antinapoleonischen Koalition an: So steht der Osten für Rußland, der Belt für Schweden, der Ozean für England. – *7 Lauinen:* Lawinen. – *20–22 Nun begegn' ich* ⟨...⟩: Verse 680–682. – *26–29 Kommt zu sehn* ⟨...⟩: Verse 689–692. – *33–36 Denn der Liebe Hülf'* ⟨...⟩: Verse 693–696.

156 *12–15 Nein, kniee nicht!* ⟨...⟩: Verse 771–774. – *19–36 Komm! wir wollen dir* ⟨...⟩: Der Dialog zwischen Epimenides und den Genien (Verse 775–786) schließt den sechsten Auftritt ab.

157 *6–18 Brüder, auf* ⟨...⟩: Verse 787–798. – *10 Vorwärts!:* Zu dieser Anspielung auf Gebhard Leberecht Fürst von Blücher (1742–1819), den Marschall ›Vorwärts‹, s. die Anm. zu Vers 834 in Bd. 9, S. 1184. – *20–32 Denn so Einer* ⟨...⟩: Verse 823–854. – *27 wo eh:* wo immer. – *39–158,13 Und wir kommen* ⟨...⟩: Verse 835–848.

158 *23–159,4 Wie selig euer Freund* ⟨...⟩: Verse 869–886.

159 *12–20 Die Tugenden* ⟨...⟩: Verse 916–924. – *27–35 Der Geist, der alle* ⟨...⟩: Verse 925–933. – *39–160,2 Und wir sind alle neugeboren* ⟨...⟩: Verse 942–945.

160 *1 Bei Friedrichs Asche:* Das erste Koalitionsbündnis zwischen König Friedrich Wilhelm III. (1770–1840) und Zar Alexander I. (1777–1825) war 1805 am Grab Friedrichs des Großen feierlich geschlossen worden. – *5 der Übergang zum Ballet:* Diese Auflösung der Szene in Tanz und Musik erinnert wiederum an *Faust II*, dort an das Ende des dritten Akts, aber auch an die *Aussöhnung*, das letzte Gedicht der *Trilogie der Leidenschaft* (Bd. 13.1, S. 140). – *14–24 Ich sehe nun* ⟨...⟩: Verse 961–968. – *28–161,4 Gedenkt unendlicher Gefahr* ⟨...⟩: Verse 985–1000. – *32 Die große Stadt:* Gemeint ist Paris. Nachdem die frz. Hauptstadt dann am 7. Juli 1815 erneut eingenommen worden war, paßte G. diese Zeilen des Schlußchors den historischen Ereignissen an: »Die große Stadt, am großen Tag, / Die unsre sollte sein! / Nach ungeheurem Doppelschlag / Zum zweitenmal hinein!« (Bd. 9, S. 231). – *37–40 der Herr ist da* ⟨...⟩: Diese Zeilen sind nicht religiös zu verstehen, sie drücken vielmehr die Hoffnung auf eine baldige Wiederkehr des preußischen Königs nach Berlin aus.

ÜBER DAS DEUTSCHE THEATER

Der Aufsatz, der am 3. Februar 1815 begonnen und am 27. März an Cotta geschickt wurde, erschien am 10. und 11. April 1815 im ›Morgenblatt für gebildete Stände‹. Er verfolgt, wie auch G.s kulturpolitische Denkschrift *Kunst und Altertum am Rhein und Mayn* (S. 9) die Absicht, nach der Beendigung des Napoleonischen Regimes einen Beitrag zur kulturellen Neuorientierung zu leisten. Deshalb sind die hier angeführten Beispiele weimarischer Theaterpraxis sowohl unter historischen wie normativen Aspekten zu verstehen: Sie sind zugleich Rückblick und als Musterinszenierungen Exempla dafür, wie der Gedanke an ein »deutsches Theater«, von dem gleich im ersten Satz des Beitrags gesprochen wird, möglicherweise wiederzuerwecken wäre. Sie sollen einen Weg weisen, wie aus den gegenwärtigen historischen Rahmenbedingungen »trauriger Beschränkung und Verkümmerung« (S. 161,10 f.) eine optimistisch prognostizierte Atmosphäre von »Freiheit und Leben« entstehen könnte.

Dem ersten Teil des Abdrucks im ›Morgenblatt für gebildete Stände‹ (Nr. 85) waren die Anfangsverse aus Friedrich Schillers Gedicht ›An Goethe, als er den »Mahomet« von Voltaire auf die Bühne brachte‹ (im ›Morgenblatt‹ mit »Schiller an Goethe« unterzeichnet) vorangestellt: »Du bists, der uns von falschem Regelzwange / Zu Wahrheit und Natur zurückgeführt, / Der, in der Wiege schon ein Held, die Schlange / Erstickt, die unsern Genius umschnürt, / Du, den die *Kunst,* die göttliche, schon lange / Mit ihrer reinen Priesterbinde ziert.« Dem zweiten Teil des Aufsatzes (ab S. 167,40), in der Nr. 86 publiziert, standen Verse des schwedisch-deutschen Dichters und Diplomaten Carl Gustav von Brinckmann (auch Brinkmann, 1764–1847) voran: »– – – Glorreich am Himmel waltet, *Goethe,* / *Dein* Hesperos, und nie verglimmend leiht / Er seinen Ruhm, beneidet und bewundert, / Zum Strahlenkranz dem sinkenden Jahrhundert.«

Der Kommentar verweist im folgenden bei G.s Dramen in der Regel auf die bereits vorliegenden ausführlichen Bemerkungen zur Entstehungs- und Wirkungsgeschichte.

Textgrundlage und Erstdruck: Morgenblatt für gebildete Stände, Nro. 85 (10. April 1815), S. 337–340, und Nro. 86 (11. April 1815), S. 341–343; Zusatz unter dem Titel: »(Von Goethe.)«. Die Fehler im Druck konnten (mit Ausnahme von S. 162,26) auf der Grundlage einer Handschrift im Faszikel ›Mitteilungen ins Morgenblatt‹ (Beschreibung s. SL 4, S. 387; für den vorliegenden Text: SL 6, S. 92: H¹) korrigiert werden. – Eingriffe: S. 161,35 *Einbildung⟨s⟩kraft* (Einbildungkraft ED); 162,26 *Erziehung⟨s⟩druck* (Erziehungdruck ED; ergänzt nach C¹); 163,37 *Bestimmung⟨s⟩gründe* (Bestimmunggründe ED); 164,9 *Zeiten [sich] erinnern* (Zeiten sich erinnern ED); 166,3 *Publikum⟨s⟩* (Publikum ED); 170,10 *Faud* (Fand ED). – An den beiden zuerst genannten Stellen (161,35 und 162,26) druckt SL »Einbildungskraft« bzw. »Erziehungsdruck«; dies könnte ein Hinweis auf mögliche Preßkorrekturen im ED sein; für den vorliegenden Text wurde das Exemplar der Bayerischen Staatsbibliothek (München) benutzt.

161 *14 öffentliche Mitteilungen:* Vgl. hierzu G.s öffentliche Äußerungen und Ankündigungen aus den Jahren 1798 und 1799 (Bd. 6.2, S. 639 ff.). – *27 seinen Jenaischen Aufenthalt mit dem Weimarischen zu vertauschen:* Schiller war am 3. Dezember 1799 nach Weimar übergesiedelt.

162 *3 Wallenstein:* Die drei Teile der Tragödie waren in Weimar am 12. Oktober 1798 (›Das Lager‹), 30. Januar 1799 (›Die Piccolomini‹) und 20. April 1799 (›Wallensteins Tod‹) uraufgeführt worden. Sie erschien in 2 Bdn. 1800 bei Cotta in Tübingen. – *13 Don Carlos:* ›Dom Karlos Infant von Spanien‹, am 29. August 1787 in Hamburg uraufgeführt, war vollständig erstmals 1787 bei Göschen in Leipzig erschienen. Bruchstücke, Inhaltsangaben und Entwürfe waren zuvor schon seit März 1785 in der ›Rheinischen Thalia‹ veröffentlicht worden. – *23 den Raum von drei Stunden:* Gemeint ist hier die durchschnittliche Dauer einer Theaterauffüh-

rung. – *24 Die Räuber, Kabale und Liebe, Fiesko:* ›Die Räuber. Ein
Schauspiel‹, erschienen 1781, in Mannheim uraufgeführt am 13. Januar 1782; ›Kabale und Liebe ein bürgerliches Trauerspiel in fünf
Aufzügen‹, erschienen 1784, uraufgeführt am 13. April 1784 in
Frankfurt a. M.; ›Die Verschwörung des Fiesko zu Genua. Ein
republikanisches Trauerspiel‹, 1783 in Mannheim erschienen, am
20. Juli 1783 in Bonn uraufgeführt. – *25 einen schweren Erzie-
hung(s)druck:* Schillers Zeit in der Karlsschule in Stuttgart vom
16. Januar 1773 bis zum 15. Dezember 1780. – *38 Demetrius:* das
am 10. März 1803 begonnene, Fragment gebliebene Drama ›Demetrius‹. ›Szenen aus Demetrius‹ publizierte Christian Gottfried
Körner 1815 im ›Morgenblatt für gebildete Stände‹ (Nr. 258 und
259).

163 *21 ein Deutsches Theater:* Die Pläne zu einer solchen
Sammlung »Über das mögliche Tragische Theater der Deutschen«
(so G. im Tagebuch vom 2. Oktober 1799), die vor allem zwischen
Schiller und dem Verleger Johann Friedrich Gottlieb Unger
(1753–1804) diskutiert wurden, blieben unausgeführt (vgl. hierzu
die Briefe Ungers vom 2. Oktober 1797, vom 14. Mai und vom
22. Juni 1799 sowie Schillers Briefe vom 26. Mai 1799 und 26. Juli
1800). Auch im Brief Schillers an G. vom 26. Juni 1799 (Bd. 8.1,
S. 713) wie später in den *Tag- und Jahres-Heften* zu 1799 (Bd. 14,
S. 60) ist von diesem Projekt die Rede. – *30 Herrmanns Schlacht:*
›Hermanns Schlacht. Ein Bardiet für die Schaubühne‹ von Friedrich Gottlieb Klopstock (1724–1803), 1769 bei Cramer in Hamburg und Bremen erschienen. – *39 Lessings Arbeiten:* ›Emilia
Galotti‹, Trauerspiel von Gotthold Ephraim Lessing (1729–1781),
erschienen 1772 in Berlin bei Voß, am 13. März 1772 in Braunschweig uraufgeführt. Während Schillers Zeit in Weimar wurde
›Emilia Galotti‹ am 28. Dezember 1799 und am 26. September
1801 aufgeführt. Das Lustspiel ›Minna von Barnhelm, oder Das
Soldatenglück‹, erschienen 1767 in Berlin bei Voß, uraufgeführt am
30. September 1767 in Hamburg, wurde während Schillers Weimarer Jahren lediglich einmal, am 1. Oktober 1801, aufgeführt. Das
dramatische Gedicht ›Nathan der Weise‹, erschienen 1779 in Berlin
bei Voß, am 14. April 1783 in Berlin uraufgeführt, wurde in
Weimar in Schillers Bearbeitung am 28. November 1801 gegeben.

164 *8 die bekannte Erzählung:* die Ringparabel aus dem
7. Auftritt des 3. Aufzugs des ›Nathan‹. – *14 Iffland:* Der Schauspieler und Theaterschriftsteller August Wilhelm Iffland (1759 bis
1814) gastierte in den Jahren 1796, 1798, 1810 und 1812 viermal in Weimar. In der Zeit von G.s Theaterdirektorium standen
Ifflands Stücke, zu denen u. a. ›Die Jäger‹, ›Der Verbrecher aus
Ehrsucht‹, ›Die Hagestolzen‹, ›Dienstpflicht‹ oder ›Der Spieler‹

zählen, nicht weniger als 354 Mal auf dem Weimarer Spielplan. – *15 zu Abkürzung Egmonts:* Zu Schillers Bearbeitung des *Egmont* anläßlich des Gastspiels von Iffland am 25. April 1796 vgl. Bd. 3.1, S. 831 f.; dort auch (S. 860 ff.) weitere Belege zu den von G. als »grausam« empfundenen redaktionellen Eingriffen Schillers.

166 *2 Schiller war dagegen, der Autor dafür:* In der Jenaer ›Allgemeinen Literatur-Zeitung‹ hatte Schiller am 20. September 1788 G.s *Egmont* anonym rezensiert (s. Bd. 3.1, S. 843); zur »Erscheinung Klärchens« schreibt er dort im letzten Abschnitt: »Kurz, mitten aus der wahrsten und rührendsten Situation werden wir durch einen Salto mortale in eine Opernwelt versetzt, um einen Traum – zu *sehen.* Lächerlich würde es sein, dem Vf. dartun zu wollen, wie sehr er sich dadurch an Natur und Wahrheit versündigt habe; das hat er so gut und besser gewußt, als wir, aber ihm schien die Idee, Klärchen und die Freiheit, Egmonts beide herrschende Gefühle, in Egmonts Kopf allegorisch zu verbinden, sinnreich genug um diese Freiheit allenfalls zu entschuldigen. Gefalle dieser Gedanke, wem er will – Rez. gesteht, daß er gern einen *witzigen Einfall* entbehrt hätte, um eine *Empfindung* ungestört zu genießen« (Bd. 3.1, S. 848). – *9 Stella, welche Schillern gleichfalls ihre Erscheinung auf dem Theater verdankt:* das Trauerspiel *Stella* (Bd. 6.1, S. 462). Dokumente der hier von G. beschriebenen Bearbeitung durch Schiller, die nach 1803 erfolgte, sind nicht erhalten. – *19 und sodann wiederholt:* Die mit einem neuen Schluß (Bd. 6.1, S. 505) versehene Fassung wurde nach der von G. genannten Aufführung nochmals am 12. Juni 1807 in Leipzig gegeben.

167 *38 ans Herz zu legen trachtet:* Mit dem Hinweis »Der Beschluß folgt« endet an dieser Stelle der Abdruck des ersten Teils in der Nr. 85 des ›Morgenblatts‹ vom 10. April 1815. – *40 Die Laune des Verliebten:* G. verfaßte *Die Laune des Verliebten* (Bd. 1.1, S. 289) zwischen dem Februar 1767 und April 1768; das Stück wurde am 20. Mai 1779 erstmals im Schloßsaal der Ettersburg vor der weimarischen Hofgesellschaft gespielt. Die erste öffentliche Aufführung fand im Weimarer Hoftheater am 26. März 1805 statt. Vgl. auch G.s Brief an Schiller vom 16. April 1800, in dem er sich erkundigt, »ob nicht auch etwa das kleine jugendliche Gesellschafts oder Schäferstück von mir bei Ihnen zu finden ist. In welchem Fall ich es mir erbitte« (Bd. 8.1, S. 795; dazu auch G.s Brief vom 24. Juni 1800).

168 *5 Eine unsrer heitern und angenehmen Schauspielerinnen:* Gemeint ist Marianne Franziska Becker, geb. Ambrosch, die 1805–1809 in Weimar engagiert war. – *7 Ein geistreicher Mann:* Wen G. hier meint, war nicht zu ermitteln. – *26 die berühmte Seilerin:* Sophie Friederike Hensel, geb. Sparmann, spätere Frau

Seyler (1738–1789) war Mitglied des Hamburger Nationaltheaters.
1755 hatte sie Johann Gottlieb Hensel (1728–1787) geheiratet, von
dem sie sich 1759 wieder trennte. Ihre »meisterhaften« Schauspiel-
künste (so zu Beginn des 5. Stücks) hebt Lessing in seiner ›Ham-
burgischen Dramaturgie‹ ausdrücklich hervor, wenn er etwa im
13. Stück über ihre Darstellung der ›Miß Sara Sampson‹ schreibt:
»Man kann von der Kunst nichts mehr verlangen, als was Madame
Henseln in der Rolle der Sara leistet« (Gotthold Ephraim Lessing:
Werke und Briefe. Hg. von Herbert G. Göpfert. Bd. 4. München
1973, S. 293). Später heiratete sie den Theaterdirektor Abel Seyler
(1730–1800) und spielte u. a. in Hannover, Wien (1771–1772),
Weimar (1772–1774), Gotha, Leipzig, Dresden, Frankfurt a. M.,
Mannheim und Hamburg (1785–1787). – *36 den Mitschuldigen:*
Die beiden ersten Fassungen des Lustspiels *Die Mitschuldigen*
stammen aus dem Jahr 1769 (Bd. 1.1, S. 311), die dritte Fassung
entstand 1783 (Bd. 2.1, S. 380; zur Entstehungsgeschichte und den
Aufführungen des Stücks vgl. die Kommentare in beiden Bänden).
Über eine Aufführung der *Mitschuldigen* am 16. Januar 1805 tau-
schen sich G. und Schiller am 17. Januar aus, wobei Schiller ein
»allgemeines Vergnügen« konstatiert. Auch G. spricht von einer
»günstig« verlaufenen Vorstellung am Vorabend und bittet Schiller
zugleich um dessen Hilfe bei der weiteren Bearbeitung des Stücks
(Bd. 8.1, S. 990 f.). Zwischen 1805 und 1816 wurde das Stück am
Weimarer Hoftheater insgesamt 27 Mal gegeben. – *40 in Prosa
übersetzt:* Gemeint ist die unter dem Titel ›Alles strafbar‹ 1795 in
Leipzig erschienene Bearbeitung durch den Schauspieler Johann
Friedrich Ernst Albrecht (1752–1814).

169 *10 Rätsel:* das 1808 gedruckte und in Weimar häufig ge-
spielte Lustspiel ›Das Rätsel‹ von Karl Wilhelm Salice-Contessa
(1777–1825). – *12 eine Fortsetzung:* ›Der Talisman‹, uraufgeführt
am 23. Januar 1809, gedruckt 1810 in Berlin. – *19 Iphigenia:
Iphigenie in Tauris* (erste Prosafassung Bd. 2.1, S. 247, Versfassung
Bd. 3.1, S. 161; dort auch umfangreiche Dokumente zur Entste-
hungs- und Wirkungsgeschichte: S. 729 ff.). Die seit 1800 geplante
Aufführung der *Iphigenie* in Schillers Bearbeitung fand am 15. Mai
1802 in Weimar statt; am 19. Januar 1802 hatte G. aus Jena an
Schiller »die Abschrift des gräcisierenden Schauspiels« geschickt
und in diesem Brief auch das vielzitierte Diktum vom »verteufelt
humanen« Charakter des Stücks geprägt. – *20 Tasso:* G.s Schauspiel *Torquato Tasso* (Bd. 6.1, S. 674) wurde am 16. Februar 1807
in Weimar uraufgeführt; vgl. hierzu Bd. 6.1, S. 1074 f. – *25 Götz
von Berlichingen:* G.s Schauspiel *Götz von Berlichingen mit der
eisernen Hand* (die Fassungen von 1773 in Bd. 1.1, S. 387 und
S. 548; die Fassung von 1804 in Bd. 6.1, S. 348. Zur Entstehungs-

und Aufführungsgeschichte vgl. Bd. 6.1, S. 954 ff.). Die Aufführung des neubearbeiteten *Götz* fand dann am 22. September 1804 im Weimarer Hoftheater statt.

173 *11 ferner terenzische und plautinische Komödien:* In gleichem Sinne hatte G. schon 1802 in seinem Aufsatz *Weimarisches Hoftheater* (Bd. 6.2, S. 692) für eine Erweiterung des Spielplans durch »mehrere antike Lustspiele« (S. 700) plädiert, auch wird Terenz (Publius Terentius Afer, um 190–159 v. Chr.) dort namentlich genannt (S. 693,18 ff.). Plautus: Titus Maccius Plautus (um 250–184 v. Chr.). – *17 die ältern Schröder'schen Bearbeitungen:* Zu den Shakespeare-Bearbeitungen durch Friedrich Ludwig Schröder (1744–1816) vgl. den Aufsatz *Shakespear und kein Ende!* (insbesondere S. 184,37 ff. und Anm.).

SHAKESPEAR UND KEIN ENDE!

Das Werk William Shakespeares (1564–1616) bildet einen jener festen Bezugspunkte, die G. zeit seines Lebens zu produktiver Auseinandersetzung herausgefordert haben. In einem wichtigen Brief an Carl Friedrich Zelter hat er diesen Einfluß am 7. November 1816 rückblickend ausdrücklich unterstrichen: »Diese Tage hab' ich wieder Linnée gelesen und bin über diesen außerordentlichen Mann erschrocken. Ich habe unendlich viel von ihm gelernt, nur nicht Botanik. Außer Shakespeare und Spinoza wüßt ich nicht, daß irgend ein Abgeschiedener eine solche Wirkung auf mich getan« (Bd. 20.1, S. 468). Von der enthusiastischen Bewunderung der Rede *Zum Schäkespears Tag* (1771), die mit ihrem Losungswort »Natur« (Bd. 1.2, S. 413) ein rückhaltloses Bekenntnis zu Unmittelbarkeit und Ursprünglichkeit ablegte und in ihrer Geniebegeisterung zu einem der repräsentativen Manifeste des Sturm und Drang wurde, führt der Weg über das Shakespeare-Erlebnis Wilhelm Meisters, dessen Bühnenerfahrungen in den ersten fünf Büchern der *Lehrjahre* untrennbar an die Begegnung mit dem ›Hamlet‹ geknüpft sind (vgl. Bd. 5, S. 748 f.), zu der aus der distanzierenden und distanzierten Sicht des Alters vorgenommenen Verarbeitung dieser Eindrücke in *Dichtung und Wahrheit*. Der vorliegende Aufsatz ist unmittelbar in diesem Umfeld anzusiedeln, er ist gleichzeitig mit dem dritten Teil der Autobiographie entstanden, an dem G. vom Mai 1812 bis zum August 1813 arbeitete. Dort beschreibt er im 11. Buch seine Begegnung mit Shakespeare, wovon schon am 12. Dezember 1812 im Brief an Zelter die Rede war: »Indessen ich nunmehr am dritten Teile meiner Biographie schreibe, gelange ich

zu den ersten Wirkungen Schakespears in Deutschland. Ob sich
wohl hierüber noch etwas Neues sagen läßt? – Ich hoffe es. Ob ich
Jedermann nach dem Sinne sprechen werde? Daran zweifle ich
sehr« (Bd. 20.1, S. 306).

Die feste Absicht, etwas »Neues« sagen zu wollen, wird sich
dann auch nicht mehr in den Rahmen der Autobiographie einfügen
lassen. So spricht G., der in diesem 11. Buch den Hauptakzent auf
die Schilderung legt, »wie ich mit ihm bekannt geworden« (Bd. 16,
S. 525), zwar auch von Shakespeares Einfluß auf den Straßburger
Freundeskreis, nähere Auskünfte bleiben mit Verweis auf frühere
und künftige Arbeiten jedoch ausgespart:

> »Die Einwirkung dieses außerordentlichen Geistes auf mich ist
> früher dargestellt, und über seine Arbeiten einiges versucht
> worden, welches Zustimmung gefunden hat; und so mag es hier
> an dieser allgemeinen Erklärung genug sein, bis ich eine Nach-
> lese von Betrachtungen über so große Verdienste, die ich an
> dieser Stelle einzuschalten in Versuchung geriet, Freunden die
> mich hören mögen, mitzuteilen im Falle bin« (ebenda, S. 525).

Eine »Nachlese von Betrachtungen« – dies ist die erste Ankündigung des vorliegenden Aufsatzes, und tatsächlich läßt sich anhand
der Tagebücher exakt nachweisen, wie G. im Januar 1813 an beiden
Projekten, dem 11. Buch von *Dichtung und Wahrheit* und den
ersten beiden Abschnitten von *Shakespear und kein Ende!*, parallel
arbeitete:

> »9. Blieb lange im Bette. Überdachte die Einwirkung Shake-
> spears auf die deutsche Literatur, und anderes. ⟨...⟩
>
> 10. Betrachtung über Shakespear. ⟨...⟩
>
> 13. Den Schluß des 11. Buches durchgesehn. ⟨...⟩
>
> 14. Abermalige Durchsicht des 11. Buchs. ⟨...⟩
>
> 24. Professor Riemer. Elftes Buch mit ihm durchgegangen. ⟨...⟩
>
> 27. Betrachtung über das englische Theater und über das Ver-
> alten der Stücke«.

In diesem Zusammenhang verdient ein weiterer Text Beachtung,
an dem G. seit Ende Januar 1813 zu arbeiten gezwungen war: Am
20. Januar war Christoph Martin Wieland gestorben, zwei Tage
später notierte G. in seinem Tagebuch: »Geheimer Kammerrat
Ridel, wegen der Wielandischen Totenfeier. Blieb für mich und
dachte die Sache durch«. Diesbezügliche Eintragungen werden
sich nun fast täglich wiederholen und auch im Februar fortsetzen.
In der Rede *Zu brüderlichem Andenken Wielands* werden dann
drei Abschnitte dessen Shakespeare-Übersetzungen gewidmet sein
(Bd. 9, S. 953,6–28), so daß auch dieses traurige Ereignis G. Anlaß
bot, sich mit Shakespeare erneut zu befassen.

Nach Abschluß des umfangreichen Nachrufs, dessen Abschrift

am 13. Februar erfolgte und der am 18. Februar anläßlich einer Trauerfeier der Weimarer Freimaurerloge verlesen wurde, steht nunmehr die Arbeit am »Biographischen« wiederum im Mittelpunkt. Am 19. Februar 1813 vermerkt G. im Tagebuch: »Das nächste Biographische geordnet, schematisiert und korrigiert«. Tags darauf wurde »An dem 11. und 12. Buche gearbeitet«, am 21. Februar dann die »Abschrift vom 12. Buch« und die »Revision des 11. und 12. Buchs, sowie der Rede auf Wieland« unter dem Arbeitspensum subsumiert. Ab dem 25. Februar registriert das Tagebuch dann innerhalb weniger Tage eine intensive Shakespeare-Lektüre, bei der zunächst ›Coriolan‹ (25. und 26. Februar), danach ›Julius Caesar‹ (26. und 27. Februar), anschließend ›Titus Andronicus‹ (28. Februar), ›Antonius und Cleopatra‹ (1. März) sowie ›Timon von Athen‹ (2. März) auf dem Programm standen. Welcher Vorbereitung diese Lektüre diente, wird unter dem 2. März 1813 notiert: »Vorarbeit über Shakespear. Hauptunterschied des Antiken und Modernen«. Der 5. März vermerkt ein »Schema zu Shakespear und Überlegung dieser Materie« und »Über Shakespear« wurde auch am folgenden Tag nachgedacht. Am 7. März schließlich wurde »Über Shakespear das Schema geordnet und in Rubriken geteilt«. Mit der »Übersicht der ganzen zwei nächsten Bände« wird am 8. März die Arbeit an der Autobiographie wiederaufgenommen, die sich von nun an kontinuierlich durch den ganzen März 1813 ziehen wird. Daß währenddessen auch am Shakespeare-Aufsatz weitergearbeitet wurde, belegt der Eintrag vom 28. März, an dem »Shakespear, erster Punkt« notiert wurde; der nächste Tag setzt diese Beschäftigung mit dem »Verhältnis zu den Alten und Neuern« fort und schließt die »Durchsicht des bisher Geschriebenen und Schematisierten« an. Diese Revision wird dann am 30. März fortgesetzt und abgeschlossen.

Der vorliegende Aufsatz erschien schließlich ein Jahr später, am 12. Mai 1815, in der 113. Nummer von Cottas ›Morgenblatt für gebildete Stände‹. Der geplante dritte Teil, *Shakspear als Theaterdichter*, den der letzte Abschnitt im ›Morgenblatt‹ in Aussicht stellte und den G. Zelter in seinem Brief vom 17. Mai 1815 ebenfalls ankündigte, sollte sehr viel später folgen. Am 31. März 1816 im Tagebuch erwähnt (»Shakespear als Theater Dichter«), wird er erst zehn Jahre danach, in *Über Kunst und Altertum* V 3, publiziert (vgl. hierzu S. 182 sowie die Vorbemerkungen auf den S. 832 ff.).

Über die zeitliche Parallelität hinaus weisen beide Projekte der ersten Monate des Jahres 1813 – der Shakespeare-Aufsatz und das wesentlich umfangreichere Unternehmen der Autobiographie, hier namentlich das 11. Buch von *Dichtung und Wahrheit* – fun-

damentale strukturelle Gemeinsamkeiten auf. Denn im gleichen
Maße, in dem sich G. anläßlich der Rekapitulation des eigenen
Entwicklungsganges »selbst historisch« zu werden begann (vgl.
auch Bd. 14, S. 605 ff.), verändert sich nunmehr auch der Blick auf
den englischen Nationaldichter. Das Phänomen Shakespeare, in
der zitierten Jugendschrift von 1771 noch exzeptioneller Licht-
punkt und Projektionsfläche des Geniekults der Sturm-und-
Drang-Epoche zugleich, wird nun – dies ist der prägende Grundzug von *Shakespear und kein Ende!* – in seine Zeit zurückversetzt.
G.s berühmtes Diktum, mit dem er in der Vorrede zu *Dichtung
und Wahrheit* die Aufgabe jeder (Auto)Biographie umriß, nämlich
»den Menschen in seinen Zeitverhältnissen darzustellen, und zu
zeigen, inwiefern ihm das Ganze widerstrebt, inwiefern es ihn
begünstigt, wie er sich eine Welt- und Menschenansicht daraus
gebildet, und wie er sie, wenn er Künstler, Dichter, Schriftsteller
ist, wieder nach außen abgespiegelt« (Bd. 16, S. 11), könnte als
Motto auch über dem Shakespeare-Aufsatz stehen, wie es, bezogen
auf den wissenschaftsgeschichtlichen Bereich, zuvor ja schon den
Leitgedanken des »Historischen Teils« der *Farbenlehre* gebildet
hatte.

Mit dieser Historisierung werden auch Grenzen sichtbar, die
allerdings nicht mehr allein dem Individuum angelastet und etwa
charakterologisch begründet werden (wie dies – man denke an
Newton – ja auch der Fall sein konnte), sondern wesentlich durch
die jeweiligen Zeitumständen bedingt sein können. Diesem ›kritischen‹ Ansatz entspricht der gegenüber der Jugendschrift ge-
wandelte Ton: An die Stelle von Emphase und Enthusiasmus, von
Plädoyer und Polemik, von ›Über-Redung‹ im eigentlichen Sinne
des Wortes, treten die sachlich-nüchternen Argumentationslinien
eines literarhistorischen Essays. Daß dies die literaturgeschichtlichen Verdienste Shakespeares keineswegs schmälern muß, zeigt
der Versuch, Shakespeares Dramen an der historisch bedeutsamen
Schnittstelle zwischen der ›Antike‹ und der ›Moderne‹ anzusiedeln
und dies vor allem an der Entwicklung der Tragödie zu belegen.
Daß sich Shakespeare traditioneller Muster und Handlungsabläufe
der antiken Tragödie bediente und zugleich »dem Gott der neuen
Zeit« (S. 179,24), nämlich der Willensfreiheit Raum gegeben, beide
Prinzipien in ihrem Widerstreit auf die Bühne gebracht und »ins
Gleichgewicht zu setzen« versucht habe, ist die Kernthese G.s, die
er am Antagonismus von »Wollen und Sollen« (S. 179), von Freiheit und Notwendigkeit verdeutlicht.

Dabei vereinigt der Aufsatz mehrere Perspektiven: Über die
Textanalyse und die Untersuchung des dramatischen Gehalts hinaus beschäftigt er sich mit den theatralischen Aspekten der Auffüh-

rungspraxis, er zeigt Stationen der Rezeptionsgeschichte am Beispiel älterer und jüngster Übersetzungen auf, wofür insbesondere
die seit 1797 von August Wilhelm Schlegel vorgelegten Übersetzungen den Anlaß boten, und unternimmt nicht zuletzt den
Versuch, eine Geschichte der Entwicklung der Tragödie von der
Antike bis in die unmittelbare Gegenwart hinein zu skizzieren.
Shakespear und kein Ende! – dieser Titel läßt sich in bewußter
Ambivalenz (man denke an die ›vieldeutigen‹ Überschriften einzelner Spruchsammlungen der *Maximen und Reflexionen*) ja in doppelter Weise lesen: als Stoßseufzer ebenso wie als anerkennende
Reverenz und dankbare Anspielung auf jenen »Stein des Ansto-
ßes«, der zu immer neuer produktiver Auseinandersetzung heraus-
fordert und den zu bilden ein späterer Aphorismus aus den *Wanderjahren* ganz allgemein als vornehmste Aufgabe des »Poeten«
beschreiben wird (Bd. 17, S. 688; ebenso S. 831, Nr. 617).
    Dem Abdruck in Cottas ›Morgenblatt‹ am 12. Mai 1815 waren
die Verse August Wilhelm Schlegels (1767–1845) vorangestellt:
»*Shakspear*, du Speer, daß wunderbare Tugend / Verwundend
heilt, wenn er die Bühn' erschüttert!«
    Vgl. zu vorliegendem Aufsatz auch die anschließenden Vorbe-
merkungen zu *Shakspear als Theaterdichter*, an deren Ende weiter-
führende Literaturhinweise gegeben werden.

Textgrundlage und Erstdruck: Morgenblatt für gebildete Stände,
Nro. 113 (12. Mai 1815), S. 449–452; Zusatz am Schluß des Arti-
kels: »Goethe.«. Fehler im Druck konnten auf der Grundlage einer
Handschrift im Faszikel ›Mitteilungen ins Morgenblatt‹ (Beschrei-
bung s. SL 4, S. 387–390: H^a) korrigiert werden. – Eingriffe:
S. 177,20 *romantische⟨n⟩* (romantische ED); 179,16 *Aber* (Aller
ED); 181,19 *vereinigen* (reinigen ED). Möglicherweise fehlerhaft
ist der Erstdruck an folgenden Stellen: S. 174,16 *höhern* (höheren,
H^a, wo das Komma von G. eigenhändig nachgetragen wurde);
175,5 *erhalten ihren Wert durch* (erhalten erst ihren Werth durch
H^a; erhalten ihren Werth erst durch WA); 179,24 *der neuen Zeit*
(der neuern Zeit H^a); 179,29 *Drama entstanden, in dem* (Drama
entstanden, indem H^a); da eine Änderungsabsicht G.s jedoch nicht
ausgeschlossen werden kann, blieb der Wortlaut des Erstdrucks
hier unangetastet.

174 *6 Das Höchste, wozu der Mensch gelangen kann:* Zur
Verwendung dieses Superlativs vgl. auch die Nr. 391 der *Maximen
und Reflexionen* (Bd. 17, S. 788).
175 *11 Durchs lebendige Wort wirkt Shakespear:* Vgl. hierzu
einen Aphorismus »Aus Makariens Archiv« am Ende von *Wilhelm*

Meisters Wanderjahren (2. Fassung): »Auf der Rezitation ruht alle Deklamation und Mimik. Da nun beim Vorlesen jene ganz allein zu beachten und zu üben ist, so bleibt offenbar, daß Vorlesungen die Schule des Wahren und Natürlichen bleiben müssen, wenn Männer, die ein solches Geschäft übernehmen, von dem Wert, von der Würde ihres Berufs durchdrungen sind« (Bd. 17, S. 706; ebenso die Nr. 737 der *Maximen und Reflexionen*, ebenda, S. 853). Gleich im darauffolgenden Aphorismus kommt G., um diese Überzeugung zu illustrieren, auf »Shakspeare und Calderon« zu sprechen. – *16 nicht deklamieren, sondern rezitieren zu lassen:* G. stützt sich hier auf seine Ausführungen, die er 1803 in den *Regeln für Schauspieler* in den Abschnitten »Rezitation und Deklamation« sowie »Deklamation oder gesteigerte Rezitation« niedergeschrieben hatte (Bd. 6.2, S. 708 ff.). In der von Eckermann 1824 besorgten Kompilation dieser Regeln heißt es im Abschnitt *Rezitation und Deklamation* unter § 18 und § 19: »Unter Rezitation wird ein solcher Vortrag verstanden, wie er, ohne leidenschaftliche Tonerhebung, doch auch nicht ganz ohne Tonveränderung, zwischen der kalten ruhigen und der höchst aufgeregten Sprache in der Mitte liegt. Der Zuhörer fühle immer daß hier von einem dritten Objekte die Rede sei. Es wird daher gefordert daß man auf die zu rezitierenden Stellen zwar den angemessenen Ausdruck lege und sie mit der Empfindung und dem Gefühl vortrage, welche das Gedicht durch seinen Inhalt dem Leser einflößt; jedoch soll dieses mit Mäßigung und ohne jene leidenschaftliche Selbstentäußerung geschehen, die bei der Deklamation erfordert wird« (ebenda, S. 729). – *37 zu verschwätzen:* auszuplaudern.

176 *10 Shakespear's Dichtungen sind ein großer belebter Jahrmarkt:* Einen ähnlichen Vergleich hatte G. schon vier Jahrzehnte zuvor in seiner Rede *Zum Schäkespears Tag* (1771) gebraucht: »Schäckespears Theater ist ein schöner Raritäten Kasten, in dem die Geschichte der Welt vor unsern Augen an dem unsichtbaren Faden der Zeit vorbeiwallt« (Bd. 1.2, S. 413). – *20 Menschen-Kostum:* G. verwendet das Wort »Kostum« hier in der zu seiner Zeit ebenfalls geläufigen Bedeutung von ›(üblichem) Verhalten, Sitte, Gewohnheit‹ und spielt sie ganz bewußt gegen die unmittelbar zuvor benutzte Bedeutung von ›Aussehen, Kleidung, Tracht‹ aus. – *37 Coriolan:* Laut Tagebuch beschäftigte sich G. am 25. und 26. Februar 1813 mit dem »Coriolan von Shakespear«. – *39 Cäsar:* Die Lektüre des »Julius Cäsar von Shakespear« notierte G. im Tagebuch unter dem 26. und 27. Februar 1813.

177 *2 Antonius und Cleopatra:* im Tagebuch unter dem 1. März 1813 vermerkt. – *3 daß Genuß und Tat unverträglich sei:* ein häufig wiederkehrender Gedanke G.s, den er auch andernorts ausspricht,

830 KOMMENTAR ZU S. 177–180

so in den Versen 183–186 des Gedichts *Ilmenau am 3. September 1783* (Bd. 2.1, S. 87) oder in *Faust II* (Verse 10248–51; Bd. 18.1). Apodiktisch ist diese Überzeugung in den *Maximen und Reflexionen* formuliert, wo ein Aphorismus aus dem Nachlaß (Nr. 966) mit den Worten »Herrschen und genießen geht nicht zusammen« beginnt (Bd. 17, S. 884). – *16 Base:* griech.-lat. ›Grundlage‹. – *21 zu jenen der naiven Gattung:* Wie das nachfolgende Schema veranschaulicht, verwendet G. die Bezeichnung »naiv« hier in dem Sinne, wie sie Schiller in seiner berühmten Abhandlung ›Über naive und sentimentalische Dichtung‹ (in drei Folgen 1795/96 in den ›Horen‹ veröffentlicht) in die Diskussion eingeführt hatte. Deshalb ist die Klassifikation »romantisch« hier auch typologisch zu verstehen und mit dem Schillerschen Terminus »sentimentalisch« gleichzusetzen.

178 *4 Die größten Qualen, so wie die meisten:* Vgl. hierzu den 134. Aphorismus der *Maximen und Reflexionen*, wo G. die in solchen ›Mißverhältnissen‹ befindlichen Menschen als »problematische Naturen« (Bd. 17, S. 742) bezeichnen wird – eine Wendung, die Friedrich Spielhagen (1829–1911) später zum Titel seines 1861 erschienenen Romans wählen wird. – *25–27 Das Sollen wird dem Menschen auferlegt ⟨...⟩ sein Himmelreich:* G. kontaminiert hier zwei gebräuchliche Sprichwörter, wobei die erste Redewendung (»das Muß ist eine harte Nuß«) auch in zahlreichen anderen Formen überliefert ist (vgl. Karl Simrock: Die deutschen Sprichwörter. Stuttgart 1988, S. 369, Nr. 7180–7189, bzw. S. 589, Nr. 11619). Vgl. auch Schillers ›Wallensteins Lager‹, 7. Auftritt, Vers 404: »Des Menschen Wille, das ist sein Glück«. – *31 Betrachte man als eine Art Dichtung die Karten-Spiele:* Zur Bedeutung des Spielbegriffs bei G. vgl. Gerhard Neumann: ›Ideenparadiese. Untersuchungen zur Aphoristik von Lichtenberg, Novalis, Fr. Schlegel und Goethe‹. München 1976, S. 637 ff. – *37 das Whistspiel:* Beim Whist bilden die vier Teilnehmer über Kreuz (AC und BD) zwei Mannschaften, ohne daß die zusammengehörigen Spieler freilich das Blatt ihres Partners kennen. Die von G. hier beschriebenen ›unausweichbaren‹ Zufälle, die er mit dem Walten des Schicksals in der antiken Tragödie vergleicht, resultieren aus feststehenden Regeln wie dem Farbenzwang oder der Festsetzung der Trumpffarbe durch (willkürliches) Abheben einer Karte vom Stapel. Allerdings besteht in einem fortgeschrittenen Stadium des Spiels auch die Möglichkeit, diese Trumpffarbe zu ›wählen‹, so daß zu dem – im Goetheschen Sinne »antiken« – ›Müssen‹ und ›Sollen‹ auch ein Moment der (Wahl)Freiheit tritt. Die Malerin Luise Seidler (1786–1866) hat in ihren ›Erinnerungen‹ einen solchen Whistabend im Hause G.s zu Ende des Jahres 1810 geschildert: »Es ging bei

dem Dichterfürsten meist ganz patriarchalisch zu, besonders wenn
Goethe mit seiner Frau und Fräulein Ulrich an stillen Abenden
eine Partie ›Whist mit dem Strohmann‹ spielte, wobei ein Gläschen
Punsch nicht fehlen durfte. Des Spiels unkundig, saß ich daneben,
langweilte mich oft und erlaubte mir dann neckend mutwillige
Störungen, welche Goethe voll Scherz, aber nie zürnend ab-
wehrte« (Herwig, Bd. II, Nr. 4004, S. 923). Bei dem Spiel mit
Strohmann – einem Notbehelf – werden die Karten des nicht
anwesenden vierten Mitspielers offen und für alle sichtbar auf den
Tisch gelegt, was die Möglichkeiten des Spiels natürlich erheblich
einschränkt.

179 *2 beim Lhombre und ähnlichen Spielen:* Neben dem span.
Kartenspiel ›L'hombre‹ mag G. hier vor allem an das Bridgespiel
gedacht haben. – *13 Oedipus:* Die Tragödie ›Oidipus Tyrannos‹
(König Oidipus) des Sophokles (497/496–407/406 v. Chr.) ent-
stand vermutlich in der ersten Hälfte der zwanziger Jahre, in jedem
Falle vor 425 v. Chr. Im Tagebuch vom 17. Februar 1813 notierte
G. die Beschäftigung mit ›Ödipus und Iocaste‹, einem Drama von
Ernst August Friedrich Klingemann (1777–1831), der seit 1813 das
Hoftheater in Braunschweig leitete. – *15 Antigone:* Die Tragödie
›Antigone‹ des Sophokles (s. die vorangegangene Anm.) wurde
wahrscheinlich 442 v. Chr. aufgeführt. Im Tagebuch ist die Lek-
türe der ›Antigone‹ am 3. März 1813 verzeichnet: »Abends Anti-
gone und Adolph und Clara«. Vgl. zur Gestalt der Antigone auch
zu S. 452,21. – *25 und hier liegt der Grund:* In ihrer Bedeutung für
G.s Verhältnis zu antiker Kunst und Kultur in der nachklassischen
Periode sind diese Ausführungen dem Kernsatz des 1818 verfaßten
Aufsatzes *Antik und Modern* – »Jeder sei auf seine Art ein Grieche!
Aber er sei's« (S. 501,11 f.) – an die Seite zu stellen. Das ›sentimentalische‹ Bewußtsein kann seine Modernität weder verleugnen
noch ablegen, wie G. hier am Beispiel der Willensfreiheit erläutert,
die als spezifisch neues und modernes Element das moderne
Drama von der antiken Tragödie unterscheidet, wobei G. diesen
›qualitativen Sprung‹ aber durchaus kritisch bewertet. Das Werk
Shakespeares, so führt G. anschließend aus, markiere deshalb eine
historisch bedeutsame Schnittstelle, weil er in seinen Dramen
sowohl antike wie moderne Elemente »auf eine überschwengliche
Weise« (S. 179,39) verbinde.

180 *14 Diese Maxime habe ich früher an Hamlet nachgewiesen:*
G. nimmt hier Bezug auf das 4. Buch von *Wilhelm Meisters
Lehrjahre*, in dem Serlo und Wilhelm in Kap. 13 ein Gespräch über
den ›Hamlet‹ führen, wo es mit Bezug auf Hamlets berühmte
Worte »The time is out of joint: – O cursed spite, / That ever I was
born to set it right!« (I,5) heißt: »In diesen Worten, dünkt mich,

liegt der Schlüssel zu Hamlets ganzen Betragen, und mir ist
deutlich, daß Shakespear habe schildern wollen: eine große Tat auf
eine Seele gelegt, die der Tat nicht gewachsen ist« (Bd. 5, S. 245). –
17 Hekate: die griech. Göttin der Unterwelt, Tochter des Perses
oder Persaios und der Asterië. Sie galt auch als Schutzpatronin von
Zauberinnen, die in der Nacht, begleitet von Höllenhunden, in
furchterregender Gestalt erschien. Von ihrer Vorliebe für Kreuz-
wege leitete sich ihr röm. Beiname ›Trivia‹ ab. In ›Macbeth‹ tritt
Hekate in der 5. Szene des 3. Aufzugs auf, wo sie von der ersten
Hexe mit den Worten »Was gibt es, Hekate? warum so zornig?«
eingeführt wird; ein weiterer Auftritt in der 1. Szene des 4. Aufzugs. – *18 Brutus:* in Shakespeares ›The Tragedie of Iulius Caesar‹
(s. zu S. 176,39). – *19 Coriolan:* Siehe zu S. 176,37.

181 *4 präconisieren:* lat. ›(lob)preisen, rühmen‹. Unter einer
Präkonisation versteht man im kath. Kirchenrecht die feierliche
Bekanntgabe einer Bischofsernennung durch den Papst im gehei-
men Konsistorium. – *14 markten:* bemängeln. – *23 gedenke ich
Blümners höchst schätzbare Abhandlung:* ›Über die Idee des
Schicksals in den Tragödien des Aischylos‹. Leipzig 1814. Diese
Schrift des Leipziger Oberhofgerichtsrats und Schriftstellers Hein-
rich Blümner (1765–1839) befand sich in G.s Bibliothek (Ruppert,
Nr. 1229). Die Verbindung des Verbs ›gedenken‹ mit dem Akku-
sativ war zu G.s Zeiten durchaus üblich (vgl. DWb, Bd. IV, I,1,
Spalte 1997); sie entspricht darüber hinaus G.s Sprachgebrauch,
wie Vers 3 des Gedichts »Im ernsten Beinhaus war's . . .« belegt:
»Die alte Zeit gedacht' ich, die ergraute« (Bd. 17, S. 713). –
25 deren fürtreffliche Rezension: Blümners Abhandlung wurde
1815 in den ›Ergänzungsblättern zur Jenaischen Allgemeinen Literatur-Zeitung‹ (Nr. 12 und 13) besprochen. – *29 auf jenen Vorsatz,
welchen Schiller gefaßt:* Unter der Überschrift »Ein Vorsatz Schillers, und was daraus erfolget« (S. 161) erläuterte G. diese Absichten in seinem Aufsatz *Über das deutsche Theater,* der am
10. und 11. April 1815 im ›Morgenblatt für gebildete Stände‹
erschien.

SHAKSPEAR ALS THEATERDICHTER

Shakespear und kein Ende! ist nicht G.s letztes Wort zu William
Shakespeare geblieben, was die Überschrift des im Mai 1815 in
Cottas ›Morgenblatt‹ veröffentlichten Aufsatzes (S. 173) nach-
drücklich bestätigt. Im Jahr 1826 erscheint im dritten Heft des
fünften Bandes von *Über Kunst und Altertum* der vorliegende
Beitrag *Shakspear als Theaterdichter,* der mit dem elf Jahre zuvor

publizierten Aufsatz trotz der zeitlichen Distanz in einem engen Zusammenhang steht. Einen »dritten Punkt« (S. 181,27) hatte G. ja schon am Ende von *Shakespear und kein Ende!* in Aussicht gestellt, Gleiches im Brief an Zelter vom 17. Mai 1815 angekündigt und die Arbeit anschließend nach Ausweis seines Tagebuchs auch begonnen, wie der Eintrag vom 31. März 1816 belegt (»Shakespear als Theater Dichter«). Obwohl das Vorhaben danach zehn Jahre ruhte, hob G. diesen Bezug im Untertitel der Überschrift – »Zu den Mitteilungen ins Morgenblatt, im Jahre 1816« – auch ausdrücklich hervor (vgl. hierzu die Ausführungen am Ende dieser Vorbemerkungen).

In der produktiven und (lebens)langen, bis in G.s Jugendzeit zurückreichenden Geschichte der Rezeption Shakespeares bildet das Jahr 1826 überhaupt eine wichtige Station. Eckermann protokolliert aus einem Gespräch vom 26. Juli 1826 (Bd. 19, S. 163) Äußerungen G.s über Shakespeare, die in ihrem ›historisch-kritischen‹ Ansatz (vgl. insbesondere die Z. 12. ff.) an die Thesen von *Shakespear und kein Ende!* anschließen und ganz im Sinne des vorliegenden Aufsatzes argumentieren, der dann im September erscheint. Darüber hinaus beschäftigt sich auch ein Aphorismus der Sammlung *Einzelnes*, wie der Beitrag *Shakspear als Theaterdichter* in *Über Kunst und Altertum* V 3 publiziert, mit Shakespeares Theaterstücken (*Maximen und Reflexionen*, Nr. 359; Bd. 17, S. 781).

Zu dieser erneuten Beschäftigung mit dem Werk Shakespeares und der Aufführungspraxis seiner Stücke hat auch die Auseinandersetzung mit Ludwig Tieck (1773–1853) wesentlich beigetragen. Im selben Jahr nämlich rezensierte G. *Ludwig Tiecks Dramat(urg)ische Blätter* (Bd. 13.1, S. 574), wobei er die Gelegenheit nutzte, seine in *Shakspear als Theaterdichter* gegen Tieck gerichteten Angriffe zu relativieren (s. zu S. 184,11 und 185,20). Hatte G. in seinem Shakespeare-Aufsatz – freilich ohne Tieck dort namentlich zu nennen – das »Vorurteil« kritisiert, »daß man Shakspear auf der deutschen Bühne Wort für Wort aufführen müsse« (S. 185,20–22), wird Tieck nunmehr ausdrücklich gelobt, »wenn er als Eiferer für die Einheit, Unteilbarkeit, Unantastbarkeit Schakespear's auftritt und ihn ohne Redaktion und Modifikation von Anfang bis zu Ende auf das Theater gebracht wissen will« (Bd. 13.1, S. 574). Eine bemerkenswerte Rehabilitation, die G. unmittelbar anschließend auch begründet, wenn er seine Sinneswandlung ebenso wie die auf Tieck zielenden polemischen Spitzen mit dem Hinweis auf seine praktischen Erfahrungen als Theaterleiter zugleich entschuldigt und rechtfertigt:

»Wenn ich vor zehn Jahren der entgegengesetzten Meinung war

und mehr als einen Versuch machte, nur das eigentlich Wir-
kende aus den Schakespearischen Stücken auszuwählen, das
Störende aber und Umherschweifende abzulehnen, so hatte ich,
als einem Theater vorgesetzt, ganz recht; denn ich hatte mich
und die Schauspieler Monate lang gequält, und zuletzt doch nur
eine Vorstellung erreicht, welche unterhielt und in Verwund-
rung setzte, aber sich wegen der gleichsam nur einmal zu
erfüllenden Bedingung auf dem Repertoir nicht erhalten konnte.
Jetzt aber kann es mir ganz angenehm sein, daß dergleichen hie
und da abermals versucht wird; denn auch das Mißlingen bringt
im Ganzen keinen Schaden« (Bd. 13.1, S. 574 f.).

Auch wenn diese Besprechung zu G.s Lebzeiten nicht publiziert
wurde, macht sie doch deutlich, wie wenig von einem feststehenden Shakespeare-Bild G.s die Rede sein kann: Von »constancy and
change« hat Roy Pascal deshalb auch zu Recht gesprochen (s. u.).
In dieser Rezeptionsgeschichte der Modifikationen und Revisionen, der sich wandelnden Perspektiven und Erkenntnisinteressen
bildet *Shakespear und kein Ende!* ein wichtiges Mittelglied, dessen
Kenntnis unerläßlich ist, will man andere Äußerungen zumal des
späten G. angemessen verstehen und einordnen, etwa wenn in
einem Aphorismus der *Wanderjahre* aus dem Jahre 1829 die –
gemessen an der Shakespeare-Begeisterung des jungen G. – geradezu blasphemische Feststellung getroffen wird: »Shakespear ist
für aufkeimende Talente gefährlich zu lesen; er nötigt sie, ihn zu
reproduzieren, und sie bilden sich ein, sich selbst zu produzieren«
(Bd. 17, S. 524 f.; *Maximen und Reflexionen*, Nr. 516; ebenda,
S. 814).

Shakspear als Theaterdichter erschien, wie erwähnt, 1826 in
Über Kunst und Altertum V 3; die *Ausgabe letzter Hand* (Bd. 45,
S. 38–51) vereinigte dann 1833 erstmals alle drei Abschnitte zum
Aufsatz *Shakespear und kein Ende!*. Die durch Eckermann veranlaßte Zusammenfassung der drei Abschnitte unter diesem Titel
hat sich in der Folge institutionalisiert, wie ein Blick in die Werkausgaben zeigt. Die ›Münchner Ausgabe‹ präsentiert demgegenüber *Shakespear und kein Ende!* und *Shakspear als Theaterdichter*
als getrennte Texte, hat sich aber entgegen ihren Editionsprin-
zipien einer chronologischen Anordnung dazu entschlossen, G.s
1826 publizierten Aufsatz in diesen Band aufzunehmen. Hierfür gibt es plausible Gründe: Die schon skizzierten inhaltlichen
Zusammenhänge und Verzahnungen – so die Numerierung der
beiden ersten Abschnitte, denen ein »dritter Punkt« (S. 181,27)
folgen sollte – hat G. selbst vorgenommen; sie signalisieren am
deutlichsten, daß *Shakspear als Theaterdichter* bereits 1815 ein fest
projektierter ›Nachtrag‹ gewesen ist und G. ganz offensichtlich

eine rasche Veröffentlichung dieses noch ausstehenden Teilabschnitts ins Auge gefaßt hat. So signalisierte G. dann auch mit dem erläuternden Untertitel (S. 182,3) seines Beitrags von 1826, daß er mit seinen Ausführungen an seine elf Jahre zuvor veröffentlichten Darlegungen anknüpfen wollte. Somit soll die Entscheidung, G.s Beiträge über Shakespeare aus den Jahren 1815 und 1826 als getrennte Texte, aber in unmittelbarem Anschluß aneinander abzudrucken, beiden Aspekten – zeitlicher Abstand bei inhaltlicher (Wieder)Anknüpfung und unbestreitbarer Zusammengehörigkeit – gerecht werden.

Über G.s Verhältnis zu Shakespeare vgl. auch: Roy Pascal: Constancy and Change in Goethe's Attitude to Shakespeare. In: Publications of the English Goethe Society. N. S. 34 (1964), S. 153–174. In deutscher Übersetzung als ›Goethe und das Tragische. Die Wandlung von Goethes Shakespeare-Bild‹ in: GJb (1964), S. 38–53. – In der gleichen Folge des Goethe-Jahrbuchs untersuchte Ursula Wertheim ›Philosophische und ästhetische Aspekte in Prosastücken Goethes über Shakespeare‹ (S. 38–76). – Heinrich Huesmann: Shakespeare-Inszenierungen unter Goethe in Weimar. Wien, Graz 1968 (Österreichische Akademie der Wissenschaften, Phil.-hist. Klasse. Sitzungsberichte, 258,2). – Kurt Ermann: Goethes Shakespeare-Bild. Tübingen 1983. – Kurt Ermann: Goethes Shakespeare-Bild. In: GJb 107 (1990), S. 217–242. Dieser Aufsatz sammelt und untersucht insbesondere G.s Äußerungen zu einzelnen Dramen Shakespeares.

Textgrundlage und Erstdruck: KuA V 3 (1826), S. 69–79.

182 *29 Wir unterscheiden nahverwandte Dichtungsarten:* Einen Versuch, den Epiker vom Dramatiker zu unterscheiden, hatten G. und Schiller in dem 1797 entworfenen Aufsatz *Über epische und dramatische Dichtung* unternommen. Als prinzipieller Unterschied wurde dort herausgearbeitet, »daß der Epiker die Begebenheit als *vollkommen vergangen* vorträgt, und der Dramatiker sie als *vollkommen gegenwärtig* darstellt« (Bd. 4.2, S. 126). – *32 Epos fordert mündliche Überlieferungen:* Hierzu führten G. und Schiller in *Über epische und dramatische Dichtung* aus: »Die Behandlung im Ganzen betreffend, wird der Rhapsode, der das vollkommen Vergangene vorträgt, als ein weiser Mann erscheinen, der in ruhiger Besonnenheit das Geschehene übersieht; sein Vortrag wird dahin zwecken, die Zuhörer zu beruhigen« (Bd. 4.2, S. 127).
183 *1 durch seine Behandlungsart:* Mit Blick auf das Publikum war am Ende von *Über epische und dramatische Dichtung* für den

Dramatiker die Aufgabenstellung entworfen worden, primär oder
jedenfalls komplementär auf die Erregung von Affekten zu zielen:
»Der zuschauende Hörer muß von Rechtswegen in einer steten
sinnlichen Anstrengung bleiben, er darf sich nicht zum Nachdenken erheben, er muß leidenschaftlich folgen, seine Phantasie ist
ganz zum Schweigen gebracht, man darf keine Ansprüche an sie
machen, und selbst was erzählt wird muß gleichsam darstellend vor
die Augen gebracht werden« (Bd. 4.2, S. 128). – *11 den »Brettern
die die Welt bedeuten«:* Zitat aus der letzten Strophe von Schillers
Gedicht ›An die Freunde‹: »Sehn wir doch das Große *aller* Zeiten /
Auf den Brettern, die die Welt bedeuten, / Sinnvoll, still an uns
vorübergehn«. – *17 so ist nichts theatralisch:* G. hat diesen Gedanken auch in aphoristischer Form festgehalten (Nr. 1053 der *Maximen und Reflexionen*; Bd. 17, S. 896). – *21 die Krone ‹...› wegnimmt:* so in der 4. Szene des 4. Aufzugs von ›König Heinrich der
Vierte‹ (Zweiter Teil). In der Schlegel-Tieckschen Übersetzung
spricht Prinz Heinrich die Worte: »Mein Recht an dich ist diese
Herrscherkrone, / Die als dem Nächsten deines Rangs und Bluts, /
Mir sich vererben muß. Hier sitzt sie, seht!« Darauf folgt die
Bühnenanweisung »Er setzt sie auf sein Haupt«. – *28 Epitomator:*
(griech.-neulat.) Verfasser von Auszügen aus anderen Schriften,
den sogenannten Epitomen. G. gebrauchte diesen Begriff im Alter
wiederholt, so im Brief an Sulpiz Boisserée vom 27. Januar 1823
oder dem 995. Aphorismus der *Maximen und Reflexionen:* »Daß
der Mensch zuletzt Epitomator von sich selbst wird! und dahin zu
gelangen ist schon Glück genug« (Bd. 17, S. 888). In einem unmittelbaren Zusammenhang damit steht das von G. ebenfalls bevorzugte (Sprach)Bild der »Sybillinischen Bücher« (vgl. Maxime
Nr. 990; zur Bedeutung dieser Begriffe im Denken G.s und ihrer
Erkenntnisleistung auch die Anm. zu Nr. 562). Vgl. auch den
Tagebucheintrag vom 22. März 1813, aus der Zeit also, in der G. an
den beiden ersten Abschnitten dieses Aufsatzes arbeitete: »Frankfurter Zeitung, in Absicht die Rezensionen zu epitomisieren«. –
40 wie uns Hamlet bezeugt: Im Juni 1797 hatte sich G. mit
Übersetzungen aus der ›Historia Danica‹ des Saxo Grammaticus
(um 1140 bis um 1220) beschäftigt; vgl. hierzu seinen Aufsatz
Amlets Geschichte nach dem Saxo Grammatikus (Bd. 4.2, S. 70).

184 *11 wenn er schon vorhandene Stücke redigiert und zusam-
menschneidet:* Im Jahre 1811 hatte Ludwig Tieck eine zweibändige
Sammlung älterer englischer Dramen herausgegeben: ›Alt-Eng-
lisches Theater. Oder Supplement zum Shakspear‹. Übersetzt und
herausgegeben von Ludwig Tieck. 2 Bde. Berlin (Realschulbuch-
handlung) 1811. Dort wurden zwei anonyme Dramatisierungen
des ›König Johann‹-Stoffes und des ›Lear‹ vorgestellt, die vor

Shakespeare entstanden waren. ›The Troublesome Raigne of John, King of England‹ (Tieck, Bd. 1, S. 1–157) war 1591 gedruckt worden, während Shakespeares ›The Life and Death of King John‹ vermutlich zwischen 1595 und 1597 entstand. Zwischen beiden Texten besteht eine wesentlich größere Übereinstimmung als zwischen einer 1594 aufgeführten und 1605 neuaufgelegten Fassung des ›Lear‹ (Tieck, Bd. 2, S. 205–348) und Shakespeares ›True Chronicle Historie of the Life and Death of King Lear and his Three Daughters‹, die um 1604/05 verfaßt wurde und deren erste bezeugte Aufführung am 26. Dezember 1606 erfolgte. Vgl. hierzu: Ludwig Tiecks Vorrede zu ›Das Alt-Englische Theater‹. In: ›Kritische Schriften. Zum erstenmale gesammelt und mit einer Vorrede herausgegeben von Ludwig Tieck‹. Leipzig (F. A. Brockhaus) 1848 (Photomech. Nachdruck, Berlin und New York 1974), Bd. 1, S. 215–323. Über ›King John‹ bzw. den ›Lear‹ äußert sich Tieck dort auf den S. 227 ff. und 237 f. Shakespeares ›König Johann‹ in der Übersetzung von Johann Joachim Eschenburg (1743–1820) war eines der ersten Stücke, die unter G.s Intendanz am Weimarer Hoftheater 1791 aufgeführt wurden: »*König Johann* aber, von Shakespeare, war unser größter Gewinn« (*Tag- und Jahres-Hefte* zu 1791; Bd. 14, S. 19). Johann Joachim Eschenburg hatte von 1775 bis 1782 die erste vollständige deutsche Übersetzung von ›Shakespeares Theatralischen Werken‹ herausgegeben (vgl. *Dichtung und Wahrheit*; Bd. 16, S. 526). – *37 Schröder:* Der Schauspieler, Dramatiker und Theaterdirektor Friedrich Ludwig Schröder (1744 bis 1816) hatte verschiedene Stücke Shakespeares modernisiert, so ›König Richard der Zweite‹ (aufgeführt 1595), ›König Heinrich der Vierte‹ (aufgeführt 1597), ›Viel Lärmen um Nichts‹ (entstanden um 1598), ›Der Kaufmann von Venedig‹ (entstanden vor 1600), ›Hamlet‹ (entstanden um 1600), ›Othello‹ (entstanden um 1603), ›Maß für Maß‹ (entstanden um 1603/04), ›König Lear‹ (entstanden um 1604/05) und ›Macbeth‹ (entstanden um 1606). Vgl. auch G.s Aufsatz *Über das deutsche Theater*, S. 173,17.

185 *21 daß man Shakspear auf der deutschen Bühne Wort für Wort aufführen müsse:* Dieser Angriff G.s richtet sich gegen Ludwig Tieck, der für eine Aufführung Shakespearescher Dramen ohne alle Kürzungen und Eingriffe plädiert hatte. Vgl. hierzu allerdings auch die Vorbemerkung sowie zu S. 184,11. – *24 durch eine vortreffliche genaue Übersetzung veranlaßt:* Von 1797 bis 1810 hatte August Wilhelm Schlegel (1767–1845) insgesamt 14 Dramen Shakespeares ins Deutsche übersetzt: ›W. Shakespeare: Dramatische Werke.‹ 9 Bde., 1 Musikbeil. Berlin (Unger) 1797 bis 1810. Er übertrug die Fortführung dieses Projekts 1819 Ludwig Tieck, der darüber 1824/25 mit dem Verleger Reimer einen Vertrag abschloß und unter der Mitarbeit seiner Tochter Dorothea und Wolf Heinrich Graf von Baudissin (1789–1878) von 1825 bis 1833 die neunbändige ›Schlegel-Tiecksche‹ Ausgabe um die noch fehlenden Übersetzungen ergänzte und erweiterte. – *25–27 wovon die Weimarische Bühne* ⟨...⟩ *das beste Zeugnis ablegen kann:* Am 1. Oktober 1803 fand in Weimar die Premiere von Shakespeares ›Julius Cäsar‹ in der Übersetzung von August Wilhelm Schlegel statt – damals noch ohne wesentliche Eingriffe oder Kürzungen, also ganz im Sinne Tiecks (vgl. zu S. 185,21, ebenso die folgende Anm.). – *38 Romeo und Julie:* Mit der Bearbeitung von ›Romeo und Julia‹, an der G. vom 7. bis zum 31. Dezember 1811 arbeitete, revidierte er die noch 1803 geübte Praxis (s. die vorangegangene Anm.) und handelte bei seiner ›Redaktion‹ nun im Sinne der im vorliegenden Aufsatz vorgetragenen Empfehlungen und Überzeugungen. Vgl. hierzu den von G. bearbeiteten Text (WA I 9, S. 169–274, und die Anm. auf S. 511–515). G.s Angriff auf Tieck und sein hier zum Ausdruck gebrachter Standpunkt ist freilich nicht das letzte Wort in dieser Kontroverse geblieben, wie der 1826 veröffentlichte Aufsatz *Ludwig Tiecks Dramat⟨urg⟩ische Blätter* (Bd. 13.1, S. 574) belegt (vgl. hierzu die Vorbemerkung). – *39 Die Grundsätze wonach solches geschehen:* Es ist bei dieser Absichtserklärung G.s geblieben.

DON CICCIO

G.s Beschäftigung mit der Sammlung ›La Cicceide‹ des Giovanni Francesco Lazzarelli wurde – wie einleitend bemerkt wird – durch eine Notiz in den Miszellen des ›Morgenblattes für gebildete Stände‹ (Nr. 59) vom 10. März 1815 angeregt, wo dann auch dieser Aufsatz – mit dem Kürzel »G« unterzeichnet – am 22. Mai 1815 erschien.

Zwischen dem 26. und 31. März 1815 wird die Schrift Lazzarellis, von der sich seit 1807 ein Exemplar in G.s Bibliothek befand (s. zu S. 187,11–19), im Tagebuch mehrfach erwähnt. Ausdrücklich ist dann von ihr erst wieder am 5. Mai die Rede; die Absendung des Beitrags an Cotta registriert G. schließlich am 12. Mai 1815. Auch Zelter wird die anstehende Veröffentlichung des Aufsatzes in einem Brief vom 17. Mai 1815 eigens angekündigt: »Zunächst wird erscheinen *Don Ciccio*, berüchtigt, in der italiänischen geheimen Literatur, durch 365 SchmähSonette, welche ein geistreicher Widersacher auf ihn geschrieben, und ein ganzes Jahr durch täglich publiziert« (Bd. 20.1, S. 381).

Obwohl für die Zwischenzeit des April 1815 Notizen zum

›Don Ciccio‹ fehlen, läßt sich doch vermuten, daß der Gegenstand
G., der seit dem 6. April 1815 wieder intensiv an der *Italienischen
Reise* arbeitete, auch in diesem Zeitraum nicht allzu fern blieb. So
sind die Ausführungen gerade über das »öffentliche Leben der
Italiener« im vorliegenden Aufsatz zweifellos von seinen eigenen
›italienischen‹ Erlebnissen und Eindrücken inspiriert.

G.s Aufsatz hatte die Redaktion des ›Morgenblatts‹ Friedrich
von Logaus (1604–1655) Verse vorangestellt: »Torheit ist es, Alles
loben; Bosheit ist es, Alles preisen; / *Dich* wird Torheit schwerlich
treffen, *Bosheit* wird sich eher weisen.«

Textgrundlage und Erstdruck: Morgenblatt für gebildete Stände,
Nro. 121 (22. Mai 1815), S. 481–483. – Ein Eingriff: S. 186,25
Carpegna (Cardegna ED; der bereits im Faszikel ›Mitteilungen ins
Morgenblatt‹ enthaltene Fehler wurde in DNL 31 berichtigt).

186 *12 das Morgenblatt:* Der Verfasser der am 10. März 1815
erschienenen Notiz war der Jurist, Dichter und Übersetzer Friedrich Haug (1761–1829), der von 1807 bis 1817 Redakteur des
Cottaschen ›Morgenblattes‹, danach unter dem Titel ›Hofrat‹ Bibliothekar an der Königlich öffentlichen Bibliothek in Stuttgart
war. Die unter der Überschrift »Nachlese« erschienene Anekdote
hatte folgenden Wortlaut:

»Don Ciccio, ein Florentiner oder Pisaner, ward von einem sehr
geistreichen Herrn ein *Coglione* gescholten. Er belangte hierauf
den Beleidiger vor Gericht, stellte actionem aestimatoriam an,
und erhielt nach dem Gesetze hundert Scudi.

Der großmütige Beleidiger soll ihm aber 300 Scudi haben
auszahlen lassen.

Darüber hatte der arme und dürftige *Don Ciccio* eine solche
Freude, daß er in Gegenwart der Zeugen, die ihm das Geld
auszahlten, sagte: nun möge ihn der Beleidiger das *ganze Jahr*
einen Coglione schelten, er täte auf alle weitere Klagen Verzicht.

Dieser nahm ihn bei dem Worte, und schickte ihm mit jedem
Morgen ein Sonett in das Haus, worin er ihn mit unerschöpf-
lichem Witze immer auf eine andre Weise einen Coglione schalt,
und dieses durch 300 und 65 Tage. So viel von der Literar-
Geschichte dieser gedruckten Sammlung, die unter die seltnen
gehört«.

Das Schimpfwort »coglione«, das G. – mit Auslassungszeichen
versehen – auch in *Rameaus Neffe* (Bd. 7, S. 617,26) und in der
Schrift *Philipp Hackert*, dort im Abschnitt »Kardinal Pallavicini«
(Bd. 9, S. 697,8) verwendete, bedeutet in einem übertragenen
Sinne »Dummkopf« (im eigentlichen bezeichnet es die Hoden);

mit der anschließend erwähnten »actio aestimatoria« strebte der Kläger die Zahlung einer Geldstrafe durch den Beklagten an. – *17 Lucca:* ital. Stadt in der Toskana, nordöstlich von Pisa. – *19 Gubbio:* mittelital. Stadt in den umbrischen Apenninen. – *21 Arcadier:* Über die im Jahre 1690 in Rom gegründete literarische Gesellschaft ›Arcadia‹ handelt G. ausführlich im Bericht vom Januar 1788 seiner *Italienischen Reise,* dort im Abschnitt »Aufnahme in die Gesellschaft der Arkadier« (Bd. 15, S. 567); G. war in diese Gesellschaft am 4. Januar 1787 aufgenommen worden. – *24 Auditor:* lat. ›Richter‹; die ›auditores rotae Romanae‹ waren als Richter im kanonischen Recht Mitglieder des päpstlichen Gerichtshofes. – *27 Gonfaloniere:* ital.; der ›gonfaloniere della giustizia‹ (Bannerträger der Gerechtigkeit) vertrat als Beamter die Interessen des städtischen Bürgertums gegenüber dem Adel. – *30 Ferrara, Perugia, Macerata und Bologna:* die oberital. Städte Ferrara (unweit des Po) und Bologna in der Emilia Romagna; die umbrische Stadt Perugia östlich des Trasimenischen Sees; Macerata südlich von Ancona in der Region Marken gelegen. – *32 Herzog von Mirandola:* nach Auskunft der ›Berliner Ausgabe‹ wahrscheinlich Herzog Alessandro II. (1637–1691), möglicherweise aber auch sein Nachfolger, Herzog Franz Maria (1691–1708).

187 *11–18 La Cicceide ⟨...⟩:* Diese Ausgabe der Sammlung (Die rechtmäßige Cicceide des Gio. Francesco Lazzarelli. Vermehrte Ausgabe. Amsterdam 1780) hatte G. am 27. April 1807 erworben (Ruppert, Nr. 1684). – *20 N. N.:* Gemeint ist die in der Haugschen Notiz bereits erwähnte Titulierung des Don Ciccio als »coglione«. – *36 seinen Schalkheiten positiven Gehalt zu geben:* In dem während seiner Reise in die Schweiz 1797 entstandenen Schema »Schalkheit« (Bd. 4.2, S. 1206) hatte G. unter den Punkten 7 (»Böses Wesen, die Philosophen entfernen sich«) und 8 (»Negative durch übel plazierte Tätigkeit«) demgegenüber die destruktiven Momente dieser Charaktereigenschaft hervorgehoben.

188 *5 Innocenz XI.:* Papst Innozenz XI. (Benedetto Odescalchi, 1611–1689) amtierte von 1676 bis 1689. Der Vorwurf der Bigotterie, gegen den ihn G. hier in Schutz nimmt, bezog sich vor allem auf seine Maßnahmen zur Beseitigung der Mißstände in den päpstlichen Verwaltungsorganen sowie seine – weitgehend unwirksamen – Maßnahmen zur Kontrolle der öffentlichen Moral. – *16 Lucrez:* Gemeint ist das philosophische Lehrgedicht ›De rerum natura‹ des Titus Lucretius Carus (um 95–55 v. Chr.), das sich in zwei lateinischen Ausgaben sowie in zwei von Knebel verfaßten Übersetzungen in G.s Bibliothek befand (Ruppert, Nr. 1403–1406). – *38 der Vetturin:* ital. ›Lohnkutscher, Fuhrmann‹.

189 *15 gebaren:* verfahren. – *31 dämischen:* unbeholfenen, dummen, albernen.

190 *3 rohe Ausgabe:* Cosmopoli 1691. – *7 späterhin:* im Jahre 1692. Wie die ›Jubiläumsausgabe‹ kommentiert, waren zwischen 1692 und der von G. vorgestellten Edition von 1780 weitere, G. unbekannt gebliebene Ausgaben der Sammlung erschienen. – *14 in seiner Handbibliothek:* Siehe zu S. 187,11–18.

⟨ANTWORT AUF EINE ANFRAGE
ÜBER WILHELM MEISTERS WANDERJAHRE⟩

Die bereits im Brief an Schiller am 12. Juli 1796 erstmals erwogene, nach Ausweis des Tagebuchs am 17. Mai 1807 begonnene Fortsetzung von *Wilhelm Meisters Lehrjahren* war zu Beginn des zweiten Jahrzehnts des 19. Jh.s ins Stocken geraten. *Die Wahlverwandtschaften*, ursprünglich als Novelleneinlage für *Wilhelm Meisters Wanderjahre* geplant, waren zu einem eigenständigen Roman angewachsen, 1808 war die Novelle *Die pilgernde Törin*, 1809 *Sanct Joseph der Zweite* (angekündigt als erste vier Kapitel der *Wanderjahre*) als Vorboten des neuen Romans in Cottas ›Taschenbuch für Damen‹ publiziert worden; sie hatten in den folgenden Jahren aber keine Fortsetzung mehr gefunden (vgl. hierzu Wolfgang Bunzel: »Das ist eine heillose Manier, dieses Fragmente-Auftischen«. Die Vorabdrucke einzelner Abschnitte aus Goethes ›Wanderjahren‹ in Cottas ›Taschenbuch für Damen‹. In: Jahrbuch des Freien Deutschen Hochstifts 1992, S. 36–68).

Im Jahr 1815 gab eine öffentliche Anfrage in der Nr. 32 der in Hamburg erscheinenden Zeitschrift ›Deutscher Beobachter‹ G. die Gelegenheit, über den Stand seines Romanprojekts Rechenschaft abzulegen und zugleich eine weitere Teilveröffentlichung anzukündigen. Am 11. Mai 1815 notiert G. in seinem Tagebuch eine Sendung »*An die Expedition des deutschen Beobachters* nach Hamburg«, am darauffolgenden Tag, dem Datum also, mit dem der kleine Beitrag auch unterzeichnet ist, vermerkt er dann die Absendung an Cotta, in dessen ›Morgenblatt für gebildete Stände‹ G.s Antwort am 1. Juni 1815 erschien. Ob der Brief an den ›Deutschen Beobachter‹ denselben Wortlaut hatte wie das an Cotta gerichtete Schreiben, ließ sich bislang nicht ermitteln (vgl. WA I 41/1, S. 433).

Wenngleich die Verfasserin / der Verfasser der im ›Deutschen Beobachter‹ publizierten Anfrage nicht bekannt ist, erfuhr G. zum Ende des Jahres 1815 wenigstens Näheres über die Vorgeschichte des Beitrags: Karl August Ludwig Varnhagen von Ense

(1785–1858) teilte ihm nämlich in einem Brief vom 6. Dezember
1815 mit, »daß vorzüglich sie ⟨seine Frau Rahel, 1771–1833⟩ die
Veranlasserin der öffentlichen Bitte ist, welche Ew. Exzellenz durch das herrliche Geschenk im Cotta'schen Damen-
taschenbuch zu gewähren angefangen, und daß sie daher niemals genugsamen Dank darbringen könnte, wenn sie nicht den
eines ganzen Publikums zu empfangen hätte!« (Mommsen, Bd. 1,
S. 108).

Textgrundlage und Erstdruck: Morgenblatt für gebildete Stände,
Nro. 130 (1. Juni 1815), S. 520. Überschrift nach WA.

190 *21 Anfrage eines gegen mich wohlgesinnten Landsmannes:*
Diese Anfrage hatte folgenden Wortlaut:
»Vor einigen Jahren wurde das deutsche Publikum freudig
überrascht durch die Ankündigung, daß *Goethe* die Fortsetzung
seines unsterblichen Werkes, Wilhelm Meisters Lehrjahre, unter
dem Titel: *Wilhelm Meisters Wanderjahre*, im Cotta'schen Verlage in zwei Bänden herausgeben würde. Diejenigen, welche die
Herrlichkeit und Größe dieses ersten unserer Schriftsteller nach
Würde erkennen und schätzen, ahndeten schon im voraus die
ganze Fülle einer neuen Welt, welche der Dichter nicht im
Gebiete ausschweifender Einbildungskraft, sondern im Gebiete
der Wahrheit und Tiefe lebendiger Gegenwart vor ihren Augen
eröffnen würde. Sie dachten zugleich mit froher Verwunderung
an die neue Beziehung, welche jenes erste Werk nun noch
bekommen sollte, als die Hälfte eines größeren Ganzen, in
dessen Konzeption Goethe seinen Zeitgenossen um so überlege-
ner erscheint, als schon jene Hälfte diesen für ein vollendetes
Kunstwerk, ein schönes Ganze, ein stolzes Denkmal und eine
hohe Schule deutscher Bildung gelten konnte und noch gelten
muß. Warum wird die Hoffnung des deutschen Publikums, die
Fortsetzung oder vielmehr die neue Anhebung dieses vaterländischen Werkes, auf welches ganz Deutschland stolz sein darf,
zu besitzen, noch immer, nach so langem Harren, nicht erfüllt?
Das Werk selbst wird schwerlich daran Ursache sein, denn, nach
einem im Cotta'schen Damenkalender erschienenen Bruchstück
zu urteilen, darf man dasselbe bereits vollständig ausgearbeitet
glauben. Was ist also Schuld an einer Verzögerung, welche
durch die Mitteilung jenes köstlichen Bruchstücks zur gespann-
testen Ungeduld gesteigert wird, und zur ängstigenden Besorgnis Anlaß gibt, daß der Dichter, durch eine scheinbare Gleichgültigkeit des Publikums getäuscht, sein Werk absichtlich ver-
schließe, bis eine glücklichere Neigung dafür sich offenbare?

Allein das Publikum, jener übelwollenden Schreier entledigt, die
in ihrer hyperkritischen Bewunderung nur ihren neidvollen
Haß, den sie jetzt unverhohlen gegen unsere großen Männer zu
äußern wagen, verbergen wollten, das deutsche Publikum ist in
edleren und stilleren Kreisen jetzt mehr als jemals seines größten
Dichters würdig, der Werke desselben empfänglich und bedürf-
tig, und legt demselben in dieser Stimme seine dringenden
Wünsche, seine innigen Bitten und Erwartungen ans Herz!«
(zit. nach SL 6, S. 449 f.).
– *31 einen Abschnitt dem nächsten Damen-Kalender anvertraut:*
In Cottas ›Taschenbuch für Damen auf das Jahr 1816‹ erschien
dann die Novelle *Das nußbraune Mädchen.*

PROSERPINA
MELODRAM VON GOETHE, MUSIK VON EBERWEIN

Zu Beginn des Jahres 1815 setzt G. in einem Brief vom 23. Januar
Carl Friedrich Zelter von unmittelbar bevorstehenden Weimarer
Ereignissen in Kenntnis. Am Ende der kurzen Mitteilungen an den
Berliner Freund heißt es dort: »Proserpina, von Eberwein, die Du
kennst, wird den 3ten Februar gegeben, wir haben diesem Werklein
noch wunderlich eingeheizt, daß es als Luftballon steigen, und
zuletzt noch als Feuerwerk zerplatzen kann« (Bd. 20.1, S. 364).
Wie G. dann auch gleich im ersten Satz seines Aufsatzes anmerken
wird, handelte es sich dabei um ein Werk, das innerhalb seines
Œuvres ein mittlerweile respektables Alter erreicht hatte, lag doch
der Zeitpunkt seiner Entstehung wie seiner Uraufführung fast vier
Jahrzehnte zurück.

Ursprünglich ein Bestandteil des Lustspiels *Der Triumph der
Empfindsamkeit,* war das Stück im Februar 1778 im ›Teutschen
Merkur‹ veröffentlicht und in der Vertonung von Karl Siegmund
von Seckendorf am 10. Juni 1779 in der Ettersburg mit Corona
Schröter in der Hauptrolle der Proserpina erstmals als selbstän-
diges Drama aufgeführt worden (vgl. hierzu ausführlich Bd. 2.1,
S. 625 ff.).

Für die Neuaufführung des Stückes, die zum Zeitpunkt der
Veröffentlichung dieses Aufsatzes schon vier Monate zurücklag
(s. zu S. 191,6), hatte der Musikdirektor Karl Eberwein (1786 bis
1868), ein Schüler Zelters und Leiter der Konzerte in G.s Haus
am Frauenplan, die Musik komponiert. Der aufwendig ausgestatteten Inszenierung, auf die G.s oben zitierte Ankündigung vom
23. Januar anspielt, war in Weimar ein großer Erfolg beschieden,
was vor allem Anna Amalie Wolff (1780–1851), der Darstellerin

der Proserpina, zu verdanken war. Am 6. Mai notierte G. in seinem Tagebuch »Diktiert. Proserpina« und skizzierte am 17. Mai,
wiederum an Zelter, die Intentionen und Schwerpunkte der Weimarer Inszenierung. In einem kurzen Abschnitt, der sich nahezu
wortgleich auch in seinem Aufsatz finden wird (S. 192,32–39),
resümiert er dort rückblickend: »Meine *Proserpina*, habe ich zum
Träger von allem gemacht, was die neuere Zeit an Kunst und
Kunststücken gefunden und begünstigt hat. 1, Heroische, landschaftliche Dekoration, 2, gesteigerte Rezitation und Deklamation,
3, Hamiltonisch-Händelische Gebärden, 4, Kleiderwechslung, 5,
Mantelspiel und sogar 6, ein Tableau zum Schluß, das Reich des
Pluto vorstellend, und das alles begleitet von der Musik, die Du
kennst, welche diesem übermäßigen Augenschmaus zu willkommener Würze dient« (Bd. 20.1, S. 380 f.).
Doch selbstzufriedene Rückschau ist in dem vorliegenden Aufsatz, der am 28. Mai an Cotta abgeschickt und am 8. Juni 1815 im
›Morgenblatt für gebildete Stände‹ veröffentlicht wurde, nur ein
peripherer, in den ersten Sätzen beiläufig angedeuteter Aspekt.
Welche Absichten G. mit dieser Publikation eigentlich verfolgte,
sprach er im zitierten Brief vom 17. Mai Zelter gegenüber deutlich
aus: »Nicht weniger werde ich von der Aufführung der *Proserpina*
Rechenschaft geben, und dasjenige, was ich oben nur kurz ausgesprochen, umständlicher dartun, damit eine gleiche ja eine erhöhte
Vorstellung dieses kleinen Stücks auf mehreren Theatern statt
haben könne« (Bd. 20.1, S. 381).
Resonanz und Publizität: die gleiche Intention also (und auch
das gleiche Publikationsorgan) wie schon bei dem unmittelbar
zuvor, am 23. März 1815, veröffentlichten Aufsatz zur Aufführung seines Festspiels *Des Epimenides Erwachen* (S. 147) – allerdings auch das gleiche Resultat, erwiesen sich G.s ›strategische‹
Überlegungen doch in beiden Fällen als Fehlkalkulationen. So
blieben die Hoffnungen auf eine nicht zuletzt mit diesem Aufsatz
angestrebte »Wiederbelebung dieser abgeschiedenen Produktion«
(S. 191,16 f.) sowohl in theatralischer wie literarischer Hinsicht
unerfüllt, sieht man einmal ab von Wilhelm von Schütz' (1776 bis
1847) im Jahr 1818 erschienenem, von G.s Proserpina-Monolog
inspiriertem Drama ›Eine Frühlingsfeier‹.
Der Veröffentlichung des Aufsatzes im ›Morgenblatt für gebildete Stände‹ waren »Nach Ramler« folgende Verse vorangestellt:
» – – O Liebling der Pomone! / O *Apfel Proserpinens*, die mit
Lust / Und Wollust deine goldnen Körner / Im Reich des Höl-
lengottes aß, / Doch weder allen *Nektar* ferner / Noch den *Olymp*
vergaß«.

Textgrundlage und Erstdruck: Morgenblatt für gebildete Stände, Nro. 136 (8. Juni 1815), S. 541–544. – Ein Eingriff: S. 196,34 *allen* (allein ED; Drf. korrigiert nach der Hs. im Faszikel ›Mitteilungen ins Morgenblatt‹). Folgende, von der Handschrift im genannten Faszikel (Beschreibung s. SL 4, S. 387; zum vorliegenden Text SL 6, S. 451: H¹) abweichende Stellen im Erstdruck sind möglicherweise fehlerhaft: S. 196,31 *Wenn auf* (Wenn nun auf H¹, »nun« von G. eigenhändig am Rand ergänzt); 198,25 *mit den Tableaus* (mit dem Tableau H¹; »dem Tableau« von G. mit roter Tinte am Rand als Korrektur des von John geschriebenen »den Tableaus«); in beiden Fällen wurde jedoch nicht eingegriffen, da eine spätere Änderungsabsicht G.s nicht ausgeschlossen werden kann. (Die in WA I 40, S. 409, zu S. 112,6 mitgeteilte Variante des Erstdrucks »Gestaltungen« für S. 195,4 *Bewegungen* beruht auf einem Irrtum.)

191 *6 in den letzten Tagen wieder aufgefrischte:* Über das Datum der Wiederaufführung der *Proserpina* herrscht in den Kommentaren keine Einigkeit. Die in Bd. 2.1 (S. 626) vorgenommene Datierung auf den 2. Februar scheint schon mit Blick auf G.s Ankündigung im Brief an Zelter vom 23. Januar 1815 (s. o.) widerlegt. Allerdings vermerkt das Tagebuch für den 3. Februar 1815 lediglich die »Hauptprobe Proserpina«. Nun läßt sich eine Aufführung am Tage der Generalprobe zwar nicht grundsätzlich ausschließen; da G. aber die Wiederholung der *Proserpina* am 6. Februar ausdrücklich (und dort als einzige Eintragung des Tages) notiert, ist kaum anzunehmen, daß er die Premiere der Neuaufführung, wäre sie ebenfalls am 3. Februar über die Bühne gegangen, nicht erwähnt hätte, zumal sich nach dem Vermerk der Hauptprobe noch ein weiterer Eintrag (»Tabelle Ton«, vgl. hierzu den Brief an Schlosser vom 6. Februar 1815) anfügt. Am plausibelsten erscheint deshalb die Datierung auf den 4. Februar: An diesem Tag, einem Sonnabend, brechen die Eintragungen im Tagebuch nach dem Stichwort »Mittag« unvermittelt ab, so daß vermutet werden darf, daß die Vorbereitungen der abendlichen Aufführung an diesem Tag weitere Eintragungen verhinderten. Die Lücke bis zur knappen Erwähnung der Wiederaufführung der *Proserpina* am übernächsten Tag ist darüber hinaus wohl auch mit der plötzlichen schweren Erkrankung Christianes in der Nacht zum 5. Februar zu erklären, die G. »viel Not« bereitet hatte, wie Charlotte Schiller am 8. Februar an Knebel schrieb (Herwig, Bd. II, Nr. 4120, S. 997). – 9 *In einem beliebten Journal:* Im ›Journal für Literatur, Kunst, Luxus und Mode‹ (30. Bd., 1815, Nr. 4, S. 226) war im April 1815 die Inhaltsangabe der *Proserpina* (S. 191,33 bis S. 192,31) erschie-

nen; vgl. hierzu auch G.s Brief an den Grafen von Brühl vom
1. Mai 1815. – *33 Proserpina:* röm. Name der Persephone; zu deren
Geschichte und G.s Quellen vgl. Bd. 2.1, S. 627 f. – *33 Plutos:*
Pluto, der Gott der Unterwelt, darüber hinaus auch die euphe-
mistische Bezeichnung für den Hades. – *36 Orkus:* röm. Name der
Unterwelt, des ›Hades‹.

192 *4 Götterkind:* Persephone war das einzige Kind des Zeus
und der Demeter (röm. ›Ceres‹). Ein Drittel des Jahres lebte sie mit
Pluto und durfte dafür den Rest des Jahres bei ihrer Mutter
verbringen. – *16 ein Granat-Baum:* Der Granatapfel galt mit
seinen acht korallenroten Fruchtblättern in der griech. und ägypt.
Mythologie als Zeichen der Fruchtbarkeit und der Ehe, er wurde
dabei häufig der Aphrodite bzw. der Iuno zugeordnet (vgl. auch im
Alten Testament 4 Mose 13,23; Hld 4,13; Joel 1,12). – *26 Parzen:*
röm. Name der Schicksalsgöttinnen, der griech. ›Moirai‹, die in der
Regel in drei Gestalten – Klotho, Lachesis und Atropos – auftraten.
Vgl. bei G. das »Lied der Parcen« in *Iphigenie auf Tauris* (IV,5,
Verse 1726 ff.; Bd. 3.1, S. 208 f.) sowie den Auftritt der Parzen im
1. Akt des *Faust II* (Verse 5305 ff.; Bd. 18.1).

193 *9 Poussinischen Styls:* Nicolas Poussin (1594–1665), frz.
Maler, der seit 1642 in Rom lebte. Er gilt als der Schöpfer der
ins Ideale und Erhabene gesteigerten heroischen Landschaft. –
10 Aquädukte: (lat.) über eine Brücke geführte Wasserleitungen. –
19 Danaiden: Die 49 Töchter des Danaus, die auf Betreiben ihres
Vaters ihre Freier, die Söhne des verfeindeten Aegyptus getötet
hatten, mußten zur Strafe in der Unterwelt Wasser mit einem
löchrigen Faß schöpfen. – *27 Franz Kobel:* Franz Kobell (1749 bis
1822), Münchner Maler und Zeichner.

194 *4 Schinckel:* Der berühmte Baumeister Karl Friedrich
Schinkel (1781–1841) war auch als Bühnenbildner tätig. – *Lütke:*
Peter Ludwig Lütke (1759–1831), Berliner Landschaftsmaler. –
8 Kaatz: Karl Ludwig Kaaz, auch Katz (1773–1810), Kupferstecher und Landschaftsmaler, seit 1796 in Dresden. Den hier von G.
angesprochenen, 1807 von Cotta gestifteten Preis hatte Kaaz mit
seinem – als verschollen geltenden – Ölgemälde ›Poetische Landschaft‹ gewonnen. – *30 Enna:* Stadt in Zentralsizilien; sie gilt als
der Ort, an dem Persephone von Pluto geraubt und in die Unterwelt entführt wurde. Enna, auch Henna, war zugleich ein altes
Kultzentrum der Demeter und ihrer Tochter (s. zu S. 192,4). –
15 Musik: Vgl. hierzu die Vorbemerkung zu diesem Aufsatz. –
21 Symphonie: hier im Sinne von Vorspiel, Ouvertüre gebraucht.

196 *20 Tantalus:* Der von den Göttern zu ewigen Qualen ver-
urteilte Tantalus mußte im Hades bis zum Kinn im Wasser stehen;
wann immer er sich jedoch bückte, um seinen Durst zu stillen,

trocknete das Wasser aus. Ebenso verhielt es sich mit den Früchten über seinem Kopf, die ein Wind fortblies, sobald er sich danach streckte. Zudem war ein Stein über ihm aufgehängt, der jeden Augenblick auf ihn niederzustürzen drohte. – *21 Ixion:* Der Verwandtenmörder Ixion, der zudem versucht hatte, Hera zu verführen, wurde von Zeus zur Strafe auf ein geflügeltes, feuriges Rad gekettet, das sich immerfort am Himmel (nach anderen Überlieferungen in der Unterwelt) drehte. – *23 Sisyphus:* Sisyphus war dazu verurteilt, einen schweren Stein einen Berg hinaufzuwälzen, der jedesmal kurz vor dem Gipfel wieder hinabrollte.

197 *3 fernten:* aus bzw. in der Ferne wirkten. – *40 Pigmalion und Ariadne:* Zu Jean-Jacques Rousseaus (1811 und 1816 in Weimar aufgeführtem) Stück ›Pygmalion‹ (1770) sowie der Umarbeitung von Heinrich Wilhelm Gerstenbergs ›Ariadne auf Naxos‹ (1765) durch Johann Christian Brandes (1774) mit der Musik von Georg Benda (1775) vgl. Bd. 2.1, S. 625 f.

198 *16 Rezitation und Deklamation:* Vgl. hierzu den gleichnamigen Abschnitt in G.s 1803 verfaßten *Regeln für Schauspieler* (Bd. 6.2, S. 708). – *25 Tableaus:* Solche ›lebenden Bilder‹ schildert G. auch in Kap. 5 des 2. Teils der *Wahlverwandtschaften* (Bd. 9, S. 433 ff.; die entsprechenden Abbildungen dort auf den S. 1253 f.). Zu G.s Vorliebe für diese ›Tableaus‹ vgl. den Aufsatz von Erich Trunz: Die Kupferstiche zu den »Lebenden Bildern« in den *Wahlverwandtschaften*. In: Trunz, S. 203–217.

Zu Schillers und Ifflands Andenken

Am 10. Mai 1815 fand im Weimarer Hoftheater eine Gedenkveranstaltung zu Ehren von Friedrich Schiller und August Iffland statt, bei der die beiden letzten Akte von Ifflands ›Die Hagestolzen‹ samt einem Nachspiel sowie Schillers ›Glocke‹ nebst einem Epilog zur Aufführung kamen. Der Schauspieler, Theaterschriftsteller und Theaterdirektor August Wilhelm Iffland, der am 26. April 1759 geboren wurde und der im Laufe seiner glanzvollen Karriere in den Jahren 1796, 1798, 1810 und 1812 insgesamt viermal in Weimar gastiert hatte, war am 22. September 1814 gestorben; am 9. Mai 1815 jährte sich zudem Schillers Todestag zum zehnten Mal.

Vom 29. April bis zum 9. Mai 1815 verzeichnet G. in seinem Tagebuch deshalb fast täglich die Arbeit an dem »Nachspiel zu Ifflands Andenken«, das Heinrich Carl Friedrich Peucer (1779 bis 1849), Regierungsrat in Weimar und seit 1815 auch Direktor des Weimarer Oberkonsistoriums, unter seiner Mithilfe verfaßt hatte.

Erst später, am 7. und 9. Mai, beginnen dann die Proben zum
»Glocke Supplement«, die deshalb in einem so kurzen Zeitraum
einstudiert werden konnten, weil es sich hierbei, worauf G.
am Ende des Artikels auch hinweist, um einen bereits »bekannten«,
den Weimarer Schauspielern geläufigen Text handelte.
Während dieser (Proben)Arbeiten wurde vorliegender Aufsatz
»bezügl. aufs Nachspiel zu den Hagestolzen, fürs Morgenblatt«
am 4. Mai 1815 diktiert. Zusammen mit dem Artikel *Über die
Entstehung des Festspiels zu Ifflands Andenken* (S. 201) schickte
ihn G. am 16. Juni an Cotta, der ihn am 26. Juni 1815 in seinem
›Morgenblatt für gebildete Stände‹ veröffentlichte (vgl. auch G.s
Brief an Zelter vom 17. Mai 1815). Unmittelbar an diesen Aufsatz
schloß sich dort der erste Teil des Nachspiels zu den ›Hagestolzen‹
an, dessen Abdruck in der folgenden Nummer fortgesetzt und
beendet wurde. Dem Aufsatz waren im ›Morgenblatt‹ Verse von
Gottfried August Bürger (1747–1794) vorangestellt: »Feiernd
bringen *Eure* Hochverehrer / *Dieses höh're Totenopfer* dar«. Es
handelt sich dabei um die (leicht abgewandelten) Schlußverse des
Gedichts ›Totenopfer den Manen Johann David Michaelis dargebracht von seinen Verehrern im August 1791‹.

Textgrundlage und Erstdruck: Morgenblatt für gebildete Stände,
Nro. 151 (26. Juni 1815), S. 601 f.

199 *3 Weimar, den 10. Mai 1815.:* An diesem Tag findet sich
auch nur ein einziger Eintrag im Tagebuch: »Aufführung zu
Schillers und Ifflands Andenken«. – *19 Hagestolzen:* Ifflands ›Die
Hagestolzen‹, ein Lustspiel in fünf Aufzügen, war 1793 in Leipzig
bei Göschen erschienen. – *27 Nachspiel:* Siehe Bd. 11.1; vgl. hierzu
auch den Aufsatz *Über die Entstehung des Festspiels zu Ifflands
Andenken* (S. 201). – *38 Schillers Glocke:* ›Das Lied von der
Glocke‹ wurde erstmals im ›Musen-Almanach für das Jahr 1800‹
veröffentlicht.

200 *20 der bekannte Epilog:* Der im Juli 1805 entstandene
Epilog zu Schillers ›Glocke‹ war am 10. August 1805 anläßlich
einer Gedenkfeier für Schiller in Lauchstädt durch die Schauspielerin Anna Amalia Wolff erstmals vorgetragen (s. Bd. 6.1, S. 90) und
von G. in den folgenden Jahren wiederholt bearbeitet worden. Vgl.
hierzu das ⟨*Supplement zu Schillers Glocke*⟩ (Bd. 11.1). – *24 Mad.
Wolf:* Anna Amalia Wolff (1783–1851), geb. Malcolmi, verw.
Miller, gesch. Becker, von 1791 bis 1816 Schauspielerin in Weimar,
mit dem Schauspieler Pius Alexander Wolff (1782–1828) verheiratet; vgl. auch die vorangegangene Anm. – *25 Mad. Lorzing:* Beate
Auguste Emilie Lortzing, geb. Elstermann (1787–1831), von 1805

bis 1825 Schauspielerin in Weimar. – *40 Goethes Werke:* Gemeint
ist hier der 8. Band der sogenannten Werkausgabe A, die in 12
Bänden von 1806 bis 1808 bei Cotta in Tübingen erschien (vgl.
auch *Ankündigung einer neuen Ausgabe von Goethes Werken,*
S. 204).

ÜBER DIE ENTSTEHUNG DES FESTSPIELS
ZU IFFLANDS ANDENKEN

Bereits zu Beginn der 90er Jahre schrieb G. in seinem Aufsatz *Der
Versuch als Vermittler von Objekt und Subjekt*:
»Ich habe mich bisher bei der Methode mit Mehreren zu
arbeiten zu wohl befunden, als daß ich nicht solche fortsetzen
sollte. Ich weiß genau, wem ich dieses und jenes auf meinem
Wege schuldig geworden und es soll mir eine Freude sein, es
künftig öffentlich bekannt zu machen.

Sind uns nun bloß natürliche aufmerksame Menschen so viel
zu nützen im Stande, wie allgemeiner muß der Nutzen sein,
wenn unterrichtete Menschen einander in die Hände arbeiten«
(Bd. 4.2, S. 324).
Ob G. mit dieser Einsicht, die durchaus auch vorliegendem Aufsatz
entstammen könnte, an seine schon damals zwanzig Jahre zurück-
liegende Mitarbeit an den Beiträgen zu den ›Frankfurter Gelehrten
Anzeigen‹ vom Jahr 1772 (Bd. 1.2, S. 309 ff.) dachte, bleibt in
diesem Zusammenhang unausgesprochen. In jedem Fall aber war
der Zeitpunkt dieses Plädoyers alles andere als zufällig. Im Gegenteil: Trennung, Spaltung und Isolation waren für G. die ebenso
signifikanten wie bedrohlichen Phänomene einer Entwicklung der
Gesellschaft geworden, die durch die Französische Revolution in
ihren Grundfesten erschüttert worden war. Und wo die dichterischen Projekte dieser Jahre versuchten, diese Entwicklung zu
beschreiben – »Wir erfuhren bald daß in jener schrecklichen Nacht
die Insul der Monarchoman⟨en⟩ sich in drei Teile gespalten, daß sich
diese Teile gewaltsam einander abgestoßen«, heißt es in überdeut-
licher Metaphorik in der *Reise der Söhne Megaprazons* (Bd. 4.1,
S. 276) –, bleiben oft mehr Fragen als Antworten, wie wenig später,
ebenfalls in der nicht ohne Grund Fragment gebliebenen Erzählung
offen eingeräumt wird: »wie können Männer die in einem Schiffe
wohnen sich bis auf diesem Grad entzwein« (Bd. 4.1, S. 278).
Gegen dieses von G. diagnostizierte »Zeitfieber« (ebenda,
S. 279) scheint nur eine Therapie möglich, die G. nicht müde wird
immer und immer wieder zu propagieren: »Geselligkeit«, ob als
»gesellige Bildung« oder »gesellige Schonung«, wird nunmehr zum

850 KOMMENTAR ZU S. 201

Schlüsselbegriff, dem sich etwa die Teilnehmer der *Unterhaltungen deutscher Ausgewanderten* verpflichtet fühlen oder dem sie (wieder) verpflichtet werden sollen (Bd. 4.1, S. 448 f.), um jenen verlorengegangenen »großen Zusammenhang aller existierenden Geschöpfe« (ebenda, S. 450) wiederherstellen zu helfen.

Dieses kollektive Bildungsverständnis der deutschen Klassik hat nicht nur Lothario in den beiden letzten Büchern der *Lehrjahre* proklamiert – »Lassen Sie uns, da wir einmal so wunderbar zusammen kommen, nicht ein gemeines Leben führen, lassen Sie uns zusammen auf eine würdige Weise tätig sein!« (Bd. 5, S. 608) –, es bildet, wie eingangs bereits deutlich wurde, darüber hinaus ebenso das Fundament von G.s naturwissenschaftlichen Bestrebungen.

So klagte G. am 28. August 1794 im Brief an Fritz von Stein zwar über eine Zeit, »wo die leidige Politik und der unselige körperlose Parteigeist alle freundschaftliche Verhältnisse aufzuheben, und alle wissenschaftliche Verbindung zu zerstören droht«, entwarf aber zur gleichen Zeit in seinem Beitrag *Einige allgemeine chromatische Sätze* (Bd. 4.2, S. 363) das denkbar weitgespannte Modell einer interdisziplinären Zusammenarbeit. Gleiches war zuvor im *Versuch als Vermittler von Objekt und Subjekt* geschehen, dessen dezidiert antiaristokratisches Vokabular zugleich einen präzisen Aufschluß über den historischen Ort seiner Entstehung vermittelt. Wiederholt spricht G. dort nämlich von der »freiwirkenden Republik« (Bd. 4.2, S. 328,11, ebenso im Brief an Wilhelm von Humboldt vom 3. Dezember 1794) der Wissenschaftler, die sich in Atmosphäre und Arbeitsweise von der überholten Hierarchie, wie sie an »einem despotischen Hofe« (ebenda, S. 328,12) geherrscht haben mochte, unterscheiden müsse – es ist auch daran zu erinnern, daß die Naturforschende Gesellschaft in Jena am beziehungsreichen Datum des 14. Juli 1793 gegründet worden war. Die Einsicht, »wie nötig Mitteilung, Beihülfe, Erinnerung und Widerspruch sei, um uns auf dem rechten Wege zu erhalten und vorwärts zu bringen« (Bd. 4.2, S. 325,5–7), ist von nun an beides zugleich: Sie bleibt zum einen eine Forderung, die ihren Niederschlag etwa in den fächerübergreifenden ›Vernetzungen‹ des »Didaktischen Teils« der *Farbenlehre* finden wird (§ 716–757; Bd. 10, S. 215 ff.), sie wird darüber hinaus vor allem aber auch zur konkreten Lebenserfahrung. Die über zehnjährige intensive Arbeitsgemeinschaft mit Friedrich Schiller entwickelte sich auf dieser Grundlage, wie denn auch der über Jahrzehnte geführte Gedankenaustausch mit dem Naturforscher Thomas Sömmerring (1755–1830) und nicht zuletzt die zeitweilig fast täglichen Unterredungen mit dem Kunsthistoriker Johann Heinrich Meyer (1759–1832) in diesem Zusammenhang zu nennen sind.

In dieser hier nur kurz skizzierten Traditionslinie steht auch der Aufsatz *Über die Entstehung des Festspiels zu Ifflands Andenken*, über dessen Aufführung G. bereits in seinem Beitrag *Zu Schiller und Ifflands Andenken* berichtet hatte. Das dort schon erwähnte Nachspiel zu den ›Hagestolzen‹ war von dem Weimarer Regierungsrat Heinrich Carl Friedrich Peucer (1779–1849), seit 1815 auch Direktor des Weimarer Oberkonsistoriums, verfaßt und G. zur Bearbeitung vorgelegt worden, die dieser in der Zeit vom 29. April bis zum 9. Mai 1815 vornahm. Am 10. Mai 1815 wurde das Nachspiel dann, zusammen mit Schillers ›Glocke‹, in Weimar feierlich aufgeführt und am 26. und 27. Juni 1815 im ›Morgenblatt für gebildete Stände‹ (Nr. 151/152) veröffentlicht.

Ursprünglich war der Bericht als Schluß zu *Schillers und Ifflands Andenken* vorgesehen, bevor G. dann die Gelegenheit wahrnahm, einige »Betrachtungen« – in seinem Wortsinn also einige Überlegungen grundsätzlicher und weiter ausholender Art – über die Vorteile gemeinschaftlichen Arbeitens anzustellen. Der Aufsatz erschien dann – unterschrieben mit der Datumsangabe »im Mai 1815« – fast ein Jahr später, am 18. März 1816, ebenfalls in Cottas ›Morgenblatt‹. Dort waren ihm Verse aus Friedrich Schillers Gedicht ›Der Spaziergang‹ vorangestellt: »Sieh, da entbrennen im feurigen Kampfe die eifernden Kräfte; / Großes wirket ihr Streit, *Größeres wirket ihr Bund*« (Verse 73 f.).

So wenig diesem Artikel eine ›politische Lesart‹ aufoktroyiert werden soll, so wird vor allem in den letzten Passagen dennoch deutlich, daß auch diese Ausführungen nicht von ihrem zeitgeschichtlichen Hintergrund zu lösen sind. Freilich: G.s nachdrückliche Appelle zu Zusammenschluß und Zusammenarbeit sind nun keine primär defensiv geprägten, von der Notwendigkeit diktierten ›Rettungsversuche‹ mehr, wie dies noch seine unmittelbaren Reaktionen auf die Erschütterungen und Umwälzungen in der Folge der Französischen Revolution gewesen waren; sie sind nun vielmehr von einer (kultur)politischen Aufbruchstimmung der nach-napoleonischen Ära geprägt und getragen, zu der sich G. auch in seinem Brief an Zelter vom 17. Mai 1815 ausdrücklich bekannt hat und zu der die Reisen an Rhein und Main in den Jahren 1814 und 1815 das ihrige beigetragen hatten.

Und noch in einem anderen Punkt erweist sich der vorliegende Aufsatz als ›Kind seiner Zeit‹: nämlich in seinem im wahrsten Sinne des Wortes ›unausgesprochenen‹ anti-romantischen Impetus. Denn bei aller Überzeugungskraft seiner Argumente ›unterschlägt‹ G. bezeichnenderweise jeden Hinweis darauf, daß die von ihm geforderten, propagierten und auch schon erprobten Formen kollektiver künstlerischer Tätigkeit in den Kreisen der deutschen

852   KOMMENTAR ZU S. 201–203

Romantik – etwa bei den Brüdern August Wilhelm und Friedrich
Schlegel, bei Ludwig Tieck und Heinrich Wackenroder, aber vor
allem natürlich bei Achim von Arnim und Clemens Brentano,
deren Sammlung ›Des Knaben Wunderhorn‹ G. noch zehn Jahre
zuvor eine lobende Besprechung gewidmet hatte (Bd. 6.2, S. 602),
sowie nicht zuletzt auch bei den von G. wenig geliebten ›Nazarenern‹ in Rom – eine bereits bewährte und hochgeschätzte Ar-
beits- *und* Lebenspraxis war.

Textgrundlage und Erstdruck: Morgenblatt für gebildete Stände,
Nro. 67 (18. März 1816), S. 265–266. Der Druck im ›Morgenblatt‹
enthält zahlreiche Stellen, die von der Handschrift im Faszikel
›Mitteilungen ins Morgenblatt‹ (Beschreibung s. SL 4, S. 387; zum
vorliegenden Text SL 6, S. 114: H¹) abweichen (vgl. dazu Max
Hecker in WA I 41/1, S. 441 f.); möglicherweise sind diese Text-
differenzen fehlerhaft, doch könnte es sich auch um beabsichtigte
Änderungen im (nicht erhaltenen) Druckmanuskript oder in der
(ebenfalls nicht erhaltenen) Vorstufe dazu handeln; aus diesem
Grunde wurde der Wortlaut des Erstdrucks nicht angetastet.
Problematisch sind also folgende Stellen: S. 201,6 *wir auch einige*
(wir noch einige H¹; von Hecker als »offenbarer Fehler« bezeichnet); 202,12 *aus eben schon angeführten* (aus oben schon angeführten H¹; Hecker: »offenbarer Fehler«); 202,27 *bezweifelt* (gezwei-
felt H¹; eigenhändige Korrektur von G.); 202,36 *sich aus* (sich
dadurch, aus H¹; Komma von G. ergänzt); 203,7 *nur Ein Sinn und
Ein Ton* (nur Ein Sinn, nur Ein Ton H¹; Korrektur G.s aus:
»sowohl ein Sinn als ein Ton«; vgl. dazu WA I 41/1, S. 442:
»andererseits ist es sicher, daß der Irrtum ⟨...⟩ den Handschriften
zur Last zu legen ist, indem die entsprechende Korrektur G.s leicht
verlesen werden kann«); 203,11 *würde ich sehr* (würde ich hierüber
sehr H¹); 203,40 *nach Jahren* (nach soviel Jahren H¹; Hecker:
»offenbarer Fehler«). – Für die Einordnung an dieser Stelle im
vorliegenden Band war die Tatsache maßgebend, daß der Aufsatz
in der genannten Handschrift (›Mitteilungen ins Morgenblatt‹)
ursprünglich mit dem vorangehenden, *Zu Schillers und Ifflands
Andenken*, eine Einheit bildete. Warum er nicht zusammen mit
diesem veröffentlicht wurde, ist nicht bekannt.

201 *4 Das festliche Nachspiel:* Vgl. *Zu Schillers und Ifflands
Andenken*, S. 199. – *11 die Fortsetzung des Vorspiels:* Siehe Bd. 9,
S. 268, von G. zusammen mit Friedrich Wilhelm Riemer (1774 bis
1845) erarbeitet. – *13 jene Sammlung kleiner Gedichte:* ebenda,
S. 113 und S. 652 f. An den 32 Gedichten dieser Sammlung waren
neben G. und Riemer u. a. auch Friedrich Justin Bertuch (1747 bis

1822), Carl Wilhelm Göttling (1793–1869), Carl Ludwig von Knebel (1744–1834), Christian Gottlob von Voigt (1743–1819) und Christian August Vulpius (1762–1827) beteiligt.

202 *34 Iffland:* Der Schauspieler, Theaterschriftsteller und Theaterdirektor August Wilhelm Iffland, geb. am 26. April 1759, war am 22. September 1814 gestorben.

203 *5 den chemischen Ausdruck:* Ein dem chemischen Bereich entlehnter Ausdruck bildete bekanntlich auch den Titel des 1809 erschienenen Romans *Die Wahlverwandtschaften* (Bd. 9, S. 286). – *16 weil der Deutsche isoliert lebt:* Vgl. hierzu die Vorbemerkung. Isolation und Vereinzelung, die Sorge um den Verlust gewachsener Bindungen und vertrauter Strukturen, wird auch eines der Generalthemen in G.s Spätwerk bleiben. So vor allem in seinem Altersroman *Wilhelm Meisters Wanderjahre* (Bd. 17), wo neue Arbeits- und Lebensgemeinschaften – von der »Pädagogischen Provinz« des zweiten bis zu den Handwerksbünden des dritten Buchs – als kompensatorische wie therapeutische Gegenmodelle die Zerstörung traditioneller Zusammenhänge, etwa des Weberhandwerks, lindern und überwinden helfen sollten. Vgl. auch im Abschnitt »Frankfurt«: »Jede methodische Zusammenstellung zerstreuter Elemente bewirkt eine Art von geistiger Geselligkeit, welche denn doch das Höchste ist wornach wir streben« (S. 34,6–9). – *17 seine Individualität originell auszubilden:* G.s Frontstellung gegen ein aus seiner Sicht falsches und fatales Originalitätsverständnis durchzieht wie ein roter Faden sein Spätwerk: Vgl. hierzu insbesondere die *Maximen und Reflexionen* Nr. 254, 441, 470, 791, 792, 1118, 1119, 1145 (Bd. 17). »Wir sind nur Originale weil wir nichts wissen«, heißt es hierzu apodiktisch auch im Aufsatz *Schicksal der Druckschrift* (Bd. 12, S. 79), und vor allem im Kontext seiner naturwissenschaftlichen Arbeiten wird deutlich, daß G.s Polemik gegen eine falsch verstandene Originalität in einem unmittelbaren Zusammenhang mit seiner Forderung nach Kooperation einerseits und der wiederholten Betonung der Verdienste seiner Vorläufer andererseits steht, die sich fast in allen seinen wissenschaftsgeschichtlichen Studien finden läßt: »Vorgänger gehabt zu haben ist immer vorteilhaft« (*Der Kammerberg bei Eger*; Bd. 12, S. 431). – *19 bei der größten, ja ungeheuersten Gelegenheit:* Gemeint ist die Befreiung von der Napoleonischen Herrschaft. – *28 Orest und Pylades:* Vgl. hierzu *Iphigenie auf Tauris* (Bd. 3.1, S. 161). – *28 Theseus und Pirithous:* Theseus, der Sohn des Aigeus oder des Gottes Poseidon und der Aithra, König von Athen. Peirithoos, der Sohn des Zeus, nach anderer Überlieferung des Ixion und der Dia, König der Lapithen in Thessalonien. Zusammen bestanden Theseus und Peirithoos zahlreiche Abenteuer; so raubte Theseus mit

der Unterstützung des Peirithoos Helena aus dem Palast ihres
Vaters in Sparta. Dagegen scheiterte die von Peirithoos geplante
Entführung von Persephone, der Königin der Unterwelt. Zur
Strafe mußte er für immer als Gefangener in der Unterwelt bleiben,
wo er auf den steinernen Stühlen der Lethe festwuchs. – *29 Castor
und Pollux:* die Zwillingsbrüder Kastor und Pollux (Polydeikes),
die beiden Dioskuren. Söhne des Zeus oder des Spartanerkönigs
Tyndareos und der Leda, Brüder der Helena und der Klytämnestra
(späterer Überlieferung nach stammte nur Polydeikes von Zeus ab
und war deshalb wie seine Schwester Helena unsterblich). Zumeist
als Rossebändiger (Kastor) bzw. Faustkämpfer (Polydeikes) dargestellt. Der Sage nach nahmen sie am Zug der Argonauten teil und
befreiten die von Theseus geraubte Helena. Nach dem Tode des
sterblichen Kastor wurden beide von Zeus im Sternbild der ›Zwillinge‹ an den Himmel versetzt, weshalb sie auch als Beschützer der
Seeleute und Retter aus Seenot galten.

ANKÜNDIGUNG EINER NEUEN AUSGABE
VON GOETHES WERKEN

Mit dem Beginn des Jahres 1815 faßt G. die Pläne für eine neue
Ausgabe seiner Werke nunmehr konkret ins Auge: »Eine neue
Ausgabe meiner Schriften beschäftigt mich, in welche ich manches
Mitteilbare, Ungedruckte aufnehmen möchte; als beständige Begleiter sollten meine biographischen Eröffnungen zur Seite fortge-
hen; auch möchte ich die Resultate dessen, was mir in Wissenschaft
und Kunst geworden, nicht gerne dem Untergang oder dem Mißbrauch überlassen, und so ist, die zerstreuende Vorkommnisse des
Tags nicht mitgerechnet, die mir vielleicht noch zugeteilte Lebens-
frist ziemlich bedingt, wenn auch äußerer und innerer Friede mir
den erwünschten Raum gestatten möchten«.
  So heißt es in einem Briefkonzept G.s an Georg Heinrich
Ludwig Nicolovius (1767–1839) vom 7. Januar 1815, und wenig
später, am 16. Januar, kündigt er Friedrich Wilhelm Schelling
(1775–1854) das Projekt ebenfalls an: »Eine frische Ausgabe meiner Werke, die ich so eben vorbereite, wird manches Neue bringen.
Möge sie Ihnen nicht mißfällig sein, vielmehr zur Erheitrung
dienen«.
  Die Absicht, Neues bzw. bislang Ungedrucktes insbesondere
aus Kunst und Wissenschaft in eine neue Ausgabe aufzunehmen,
bedeutete zunächst und vor allem, daß sich diese Edition nicht
zuletzt durch die seit 1811 veröffentlichten Bücher von G.s Autobiographie gegenüber der fast zehn Jahre zuvor erschienenen

Werkausgabe im Umfang nochmals erheblich erweitern würde. Diese sogenannte Ausgabe A war von 1806 bis 1808 in Tübingen bei Cotta in 12 Bänden erschienen und 1810 durch *Die Wahlverwandtschaften* auf 13 Bände erweitert worden; vgl. hierzu die Ankündigung ⟨*Goethes Werke. Erster bis zwölfter Band. 1806–1808*⟩ (Bd. 6.2, S. 602).

Das Projekt einer neuen Ausgabe hatte G. freilich schon vorher beschäftigt. Bereits am 12. November 1812 hatte er seinem Verleger Johann Friedrich Cotta (1764–1832) einen ersten Entwurf »Über die neue Ausgabe von Goethes Werken« geschickt (WA IV 23, S. 132–136), deren Umfang schon hier auf zwanzig Bände projektiert war. G. hat, wie ein Vergleich der Bandpläne zeigt, nicht nur diese Einteilung in der Folgezeit wiederholt überarbeitet und modifiziert, sondern auch die anderen (Vor)Arbeiten weiter vorangetrieben. Am 20. Februar 1815 schreibt er an Cotta:

»Da ich von Herrn Legationsrat Bertuch vernehme daß Ew. Wohlgeboren glücklich möchten zu Hause angekommen sein, so wünsche ich Glück zur Rückkehr, und sende verschiedene Blätter bezüglich auf unsere Geschäfte.

1) *Entwurf eines Contracts* zu gefälliger Prüfung.
2) Entwurf einer Anzeige. Wenn Sie dieselbe suppliert und extendiert, so erbitte ich mir solche nochmals zur Durchsicht.
3) *Inhaltsverzeichnis* der 20 Bände zur Anzeige gehörig.
4) Bemerkungen zu den zwei ersten Bänden welche bis zur Ankunft des Manuskripts bei Seite zu legen bitte.
5) Ein meine Bereitwilligkeit zum Damen-Kalender und Morgenblatt mitzuwirken aussprechendes Blatt.

Von sämtlichen Blättern habe Abschriften behalten, damit Sie Sich mit größerer Bequemlichkeit darauf beziehen mögen«.

Der »*Entwurf eines Contracts*« hatte folgenden Wortlaut:

»Der Herr Geheime Rat von Goethe zu Weimar überläßt Herrn Doktor Cotta in Stuttgart die abermalige Ausgabe seiner Werke, und zwar wird Folgendes bestimmt und bedingt:

1) Die Zahl der Bände ist auf zwanzig festgesetzt, den Inhalt derselben weist beiliegendes Verzeichnis.

2) Die Zahl der Lieferungen hängt von dem Herrn Verleger ab, so wie die Termine derselben.

3) Das Verlags-Recht wird bis Ostern 1823 zugestanden; nach Ablauf dieses Termins behält der Herr Verleger das Vorrecht vor andern unter gleichen Bedingungen.

4) Der Verfasser bedingt sich dagegen die Summe von Sechzehn Tausend Talern, sächsisch.

5) Die Zahlungs-Termine können auf die Lieferungs-Ter-

mine gesetzt werden. Man ist nicht abgeneigt einen Teil der
Summe gegen 5 pro Cent Interesse und halbjährige jedem Teil
freistehende Aufkündigung stehen zu lassen, wenn daraus für
den Herrn Verleger einige Bequemlichkeit entspränge.

6) Die Zahl der Exemplarien bleibt wie bei den bisherigen
Verlags-Artikeln auf 44 festgesetzt, wovon 20 Velin-Papier, 24
auf Schreib-Papier

s. m.

Weimar, d. 20. Febr. 1815.   Goethe«

(WA IV 25, S. 196–198)

Der dem Schreiben beigefügte »Entwurf einer Anzeige« entspricht
bis auf einen kleinen Zusatz (s. Anm.) den ersten drei Abschnitten
der im ›Morgenblatt‹ abgedruckten Ankündigung (S. 204,18 bis
205,3); anschließend fuhr G. in seiner Beilage fort:

»Diese Ausgabe teilt sich in (fünf?) Lieferungen welche in
nachstehenden Terminen erscheinen sollen:

(Inserantur die Termine und sonstige merkantilische Erfordernisse)

(NB. Man verspricht gewöhnlich die Namen der Subskribenten drucken zu lassen; sollte dieses auch diesmal geschehen, so
wünschte aus mehreren Ursachen, daß sie nicht dem ersten
Bande vorgesetzt, sondern später nachgebracht würden, es ließe
sich vielleicht alsdann etwas Artiges und Obligantes dem Publikum erzeigen, wodurch ein solches Register auch einmal auf
eine geistreiche Weise eingeführt würde; doch dieses bleibt
unter uns und ich erkläre mich näher darüber.)

W. d. 20. Feb. 1815.   G.«

In seiner Antwort vom 18. März 1815 bestätigte Cotta den Erhalt
von G.s Schreiben, kam jedoch erst am 2. Juni dazu, G.s Vorschläge »ausführlich zu beantworten« (Cotta, Bd. 1, S. 276). Unter
diesem Datum schickte er G., der am 24. Mai zu seinem zweiten
Aufenthalt an Rhein und Main aufgebrochen war, den nun ergänz-
ten Entwurf »zur Prüfung« nach Wiesbaden. G. legte seiner Antwort vom 15. Juni neben den für das ›Morgenblatt‹ vorgesehenen
Beiträgen *Zu Schillers und Ifflands Andenken* (S. 199) und *Nachspiel zu den Hagestolzen* (Bd. 11.1) auch den »Contrakt« und die
»Anzeige« bei, wozu er in seinem Brief feststellte: »den Contrakt
sende von meiner Seite vollzogen zurück, mit einer Bemerkung zu
No 5. In der Anzeige habe ein einziges Wort verändert« (»Goethes
Korrektur konnte nicht ermittelt werden«, stellt Dorothea Kuhn
in ihrem Kommentar hierzu allerdings fest; s. Cotta, Bd. 3/1,
S. 346).

Die einzelnen Punkte hatten gegenüber dem Vertragsentwurf
vom 20. Februar (s. o.) nunmehr folgenden Wortlaut:

»1) Die Zahl der Bände wird auf zwanzig festgesetzt, den Inhalt derselben weiset beiliegendes Verzeichnis.

2) Sie erscheinen in fünf Lieferungen, je von acht zu acht Monaten.

3) Das Verlagsrecht wird bis Ostern 1823 zugestanden, nach Ablauf dieses Termins behält der Herr Verleger das Vorrecht vor andern unter gleichen Bedingungen.

4) Der Verfasser bedingt sich dagegen die Summe von
Sechzehn tausend Talern sächs.

5) Die Zahlungs Termine sind bei jeder Lieferung
Drei tausend Taler –
bei der letzten Lieferung
Vier tausend Taler

Was der Herr Verfasser von diesen Zahlungen nicht bezieht bleibt gegen 5 pr. Cent jährl. Interessen, und halbjährige, jedem Teil freistehende Aufkündigung stehen.

6) Die Zahl der Exemplarien bleibt wie bei den bisherigen Verlagsartikeln auf 44 festgesetzt, wovon 20 Velinpapier, 24 auf Schreibpapier.

Wiesbaden d. 15. Juni 1815.   J. W. v. Goethe.

ad 5) Der erste Zahlungstermin trifft mit dem ersten Ablieferungstermin, also Ostern 1815 zusammen, sodann werden die Zahlungstermine von acht zu acht Monaten gerechnet.

eod.   G.«
(WA IV 26, S. 12 f.)

Die Veröffentlichung der Anzeige verzögerte sich dann, weil Cotta, wie er in seinem Brief an G. vom 31. Oktober 1815 darlegte, den Besitzern der bereits vorliegenden Ausgabe eine Möglichkeit zum ergänzenden Nachkauf einzelner Bände bieten und dies in der Ankündigung noch deutlicher akzentuieren wollte: »Die Anzeige habe ich noch nicht verbreitet, da ich noch Etwas wegen der Besitzer der vorigen Ausgabe sagen möchte: diesen sollte man doch auch das Neure nachliefern – die Beschwerden werden sonst zu groß. Möchten Hochdieselbe mir nicht Ihre Gedanken hierüber mitteilen!« (Cotta, Bd. 1, S. 282).

G. entsprach dieser Bitte am 6. Dezember 1815: »Daß man den Besitzern der ersten Ausgabe dieselbe nach der neuen zu komplettieren erleichtere, finde ich sehr billig, um so mehr als dabei für Verleger und Publikum und Autor gesorgt wird. Ich tue deshalb beiliegende Vorschläge sub A.«. Dieser Entwurf ist dann – stilistisch überarbeitet, aber inhaltlich unverändert – in die Anzeige

aufgenommen worden (S. 205,27–40). Er lautete in G.s Schreiben
vom 6. Dezember zunächst:

>Die Besitzer der ersten Ausgabe stellten ihren ersten Band
bei Seite und an dessen statt die gegenwärtigen zwei ersten
Bände unter dem Titel:
    Erster Band, erste Abteilung,
    Erster Band, zweite Abteilung.
Alsdann ginge die Bändezahl der ersten Ausgabe fort, bis zu
dreizehn, welcher die Wahlverwandtschaften enthält.

Nun benutzte man den 14ten, welcher in der neuen Ausgabe
diesen Roman enthält, um dasjenige nachzubringen, was in die
vorhergehenden Bände eingeschaltet worden. Es gäbe zwar nur
ein schwaches Bändchen, aber die Zahl würde doch erfüllt. Ich
würde für eine schickliche Redaktion sorgen, wodurch etwas
Gefälliges entstünde; von da an schlössen sich die sechs letzten
Bände der neuen Ausgabe ununterbrochen an, und sie erhielten
auf diese Weise neun Bände abgeliefert.

Mögen Sie, wenn dieses mit Ihren Gedanken übereinstimmt,
solches in die zu erlassende Anzeige mit einrücken, oder mit mir
darüber weiter konferieren.

                                                        Goethe.«
Weitere ›Konferenzen‹ waren jedoch nicht nötig, so daß die An-
zeige der neuen Werkausgabe schließlich 1816 in der Nr. 1 des
›Intelligenzblattes‹ zum ›Morgenblatt für gebildete Stände‹ er-
scheinen konnte. (Über die Honorierung G.s durch Cotta infor-
miert Dorothea Kuhn, s. Cotta, Bd. 3/1, S. 16–19; vgl. auch
Siegfried Unseld: Goethe und seine Verleger. Frankfurt a. M. 1991,
Kap. VI, S. 412–478.)

Die folgende schematische Übersicht soll den Vergleich zwischen
G.s erstem Entwurf vom 12. November 1812, dem »Inhalts-Verzeichnis der zwanzig Bände Goethe'scher Werke« (S. 206–208) in
der Ankündigung einer neuen Ausgabe von Goethes Werken
(S. 204) aus dem Jahre 1816 und dem tatsächlichen Inhalt der
zwischen 1815 und 1819 erschienenen Bände der sogenannten
Ausgabe B erleichtern.

Um ein umständliches Suchen zu vermeiden und einen gezielten
Zugriff auf Informationen über einzelne Texte bzw. Bände zu
ermöglichen, werden die Neuaufnahmen, Umstellungen oder Um-
benennungen im Stellenkommentar nochmals zusätzlich kurz aufgeführt.

Konkordanz
zwischen

dem Entwurf vom 12. November 1812 (WA IV 23, S. 132–135)	der Anzeige von 1816	der Ausgabe B 1815–1819
Erster Band. Kleinere Gedichte. Dieser wird *ansehnlich vermehrt*, indem was bisher einzeln abgedruckt oder ungedruckt vorhanden ist, eingeschaltet wird. Das Verzeichnis wird umgeschrieben und jene neue Gedichte dem korrigiert einzusendenden ersten Bande beigelegt.	I. Band. Zueignung. Lieder. Gesellige Lieder. Balladen. Elegien. Episteln. Epigramme.	1 Zueignung. Lieder. Gesellige Lieder. Balladen. Elegien I/II. Episteln. Epigramme, Venedig 1790. Weissagungen des Bakis. Vier Jahreszeiten.
Zweiter Band. Wilhelm Meister, die vier ersten Bücher. Interpunktion und kleine Flecken des Styls werden berichtigt sowie die Druckfehler bemerkt.	II. Bd. Sonette, fünfzehn. Vermischte Gedichte, dreiunddreißig. Antiker Form sich nähernd, vierundzwanzig. An Personen, fünfzehn. Kunst betreffend, zwölf. Parabelartig, eilf. Gott, Gemüt und Welt, über fünfzig. Sprichwörtlich, über zweihundert. Epigrammatisch.	2 Sonette. Cantaten. Vermischte Gedichte. Aus Wilhelm Meister. Antiker Form sich nähernd. An Personen. Kunst. Parabolisch. Gott, Gemüt und Welt. Sprichwörtlich. Epigrammatisch.

Dritter Band.	III. Bd.	3
Wilhelm Meister, die vier letzten Bücher.	Wilhelm Meister, drei Bücher.	Wilhelm Meisters Lehrjahre. Erstes *bis* Viertes Buch.

Vierter Band.	IV. Bd.	4
Die Laune des Verliebten. Die Mitschuldigen. Die Geschwister. Mahomet. Tancred. Elpenor. Fragment.	Wilhelm Meister, vier Bücher.	Wilhelm Meisters Lehrjahre. Fünftes *bis* Achtes Buch.

Fünfter Band.	V. Bd.	5
Götz von Berlichingen. Egmont. Stella. Clavigo.	Laune des Verliebten. Die Mitschuldigen. Die Geschwister. Mahomet. Tancred. Theatralische Gelegenheits-Gedichte.	Die Laune des Verliebten. Die Mitschuldigen. Die Geschwister. Mahomet. Tancred. Palaeophron und Neoterpe. Vorspiel 1807. Was wir bringen, Lauchstädt. Was wir bringen, Fortsetzung Halle 1814. Theaterreden [= *Inhalt von A 9; außerdem:* Prolog bei Eröffnung der Darstellungen des Weimarischen Hoftheaters in Leipzig, den 24. Mai 1807; Prolog, Halle den 6. August 1811; Epilog zum Trauerspiel Essex].

Neunter Band.	IX. Bd.	9
Der Groß-Cophta.	Faust.	Faust I.
Der Triumph der	Puppenspiel.	Neueröffnetes
Empfindsamkeit.	Fastnachtspiel.	moralisch-politisches
Die Vögel.	Das Neueste von	Puppenspiel (Pro-
Der Bürgergeneral.	Plundersweilern.	log. Jahrmarktsfest.
Gelegenheits-	Pater Brey.	Das Neueste von
gedichte. Vermehrt.	Satyros.	Plundersweilern).
	Bahrdt.	Fastnachtsspiel.
	Parabeln.	Satyros.
	Legende.	Prolog zu den neu-
	Hans Sachs.	sten Offenbarungen
	Mieding.	Gottes.
	Künstlers Erde-	Parabeln.
	wallen.	Legende.
	Künstlers Apo-	Hans Sachs.
	theose.	Auf Miedings Tod.
	Epilog zu Schillers	Künstlers Erde-
	Glocke.	wallen.
	Die Geheimnisse.	Künstlers Apo-
		theose.
		Epilog zu Schillers
		Glocke.
		Die Geheimnisse.
Zehnter Band.	X. Bd.	10
Reineke Fuchs.	Der Groß Cophta.	Der Triumph der
Hermann und	Der Triumph der	Empfindsamkeit.
Dorothea.	Empfindsamkeit.	Die Vögel.
Achilleis.	Die Vögel.	Der Groß-Cophta.
	Der Bürgergeneral.	Der Bürgergeneral.
	Die Zeichen der	Die Aufgeregten.
	Zeit.	
Eilfter Band.	XI. Bd.	11
Werther.	Reinecke Fuchs.	Reineke Fuchs.
Briefe aus der	Herrmann und	Hermann und
Schweiz. Zwei	Dorothea.	Dorothea.
Abteilungen.	Achilleis.	Achilleis.
	Pandora.	Pandora.

Hier entsteht nun die Frage, ob man nach Anleitung der Nachdrucker noch in diese Sammlung aufnehmen wolle? Cellini. Rameaus Neffe pp. Ferner ob man einen Band bilden wolle von *Theoretischen und kritischen Aufsätzen* die an mehreren Orten zerstreut liegen.	XVII. XVIII. Bd. } XIX. Bd. Aus meinem Leben.	17 Aus meinem Leben. Dichtung und Wahrheit. Erster Teil. 18 Aus meinem Leben. Dichtung und Wahrheit. Zweiter Teil. 19 Aus meinem Leben. Dichtung und Wahrheit. Dritter Teil.
	XX. Bd. Miszellen	20 Verzeichnis der Pränumeranten und Subskribenten. Rameaus Neffe. Diderots Versuch über die Malerei. Über Wahrheit und Wahrscheinlichkeit der Kunstwerke. Der Sammler und die Seinigen. Summarische Jahresfolge Goethescher Schriften.

Textgrundlage und Erstdruck: Morgenblatt für gebildete Stände, Intelligenz-Blatt Nro. 1, S. 1 f. (Beilage zu Nro. 18, 22. Januar 1816). Der Druck enthält zahlreiche Fehler; sie wurden sämtlich auf der Grundlage der (den Text nicht vollständig enthaltenden) Reinschrift korrigiert, die G. am 20. Februar 1815 mit der Bitte um Ergänzung an Cotta geschickt hatte (Beschreibung s. SL 6, S. 463 f.: H⁵). – Eingriffe: S. 207,2 *Gelegenheits-Gedichte* (Gelegenheit-Gedichte ED); 207,7 *Iphigenia* (Ihigenia ED); 207,10 *Elpenor* (Elponoe ED); 207,24 *Neuste von* (Neuste aus ED); 207,25 *Pater Brey* (Pater Bray ED); 207,27 *Bahrdt* (Barth ED);

207,31 Mieding (Wieding ED); *207,32 Erdewallen* (Erdenwallen ED); *208,2 Dorothea* (Dorothee ED); *208,3 Achilleis* (Achilles ED).

204 *30 der vorigen Ausgabe:* Goethes Werke. Erster bis dreizehnter Band. Tübingen (Cotta) 1806–1810 (sogenannte Ausgabe A). – *34 die Bekenntnisse aus dem Leben des Verfassers:* G.s Autobiographie *Aus meinem Leben. Dichtung und Wahrheit.* Erster Teil. Tübingen (Cotta) 1811. – Zweiter Teil. Ebenda 1812. – Dritter Teil. Ebenda 1814. – *39 Velin-Papier:* (lat.-frz.) ungeripptes Papier; feines, weiches Pergament.

205 *1 nicht rätlich sein möchte:* Der nun folgende Zusatz »neben den andern Ausgaben auch« hatte im Entwurf zur Anzeige, der G.s Schreiben an Cotta vom 20. Februar 1815 beilag (s. die Vorbemerkung), noch gefehlt. – *4 fl.:* Abkürzung für Florin, den Gulden. Der ital. Name dieses Zahlungsmittels, ›Fiorino‹, verweist auf Florenz, wo diese Goldmünze zuerst geprägt wurde. – *19 Pränumerationpreise:* Pränumeration, lat. ›Vorauszahlung‹ (im Unterschied zur Subskription, die lediglich eine ›Vorausbestellung‹ bedeutet).

206 *5 kr.:* Abkürzung für Kreuzer. – *19 I. Band:* erschienen 1815. Gegenüber der Anzeige von 1816 enthielt dieser Band zusätzlich die *Weissagungen des Bakis,* sowie die *Vier Jahreszeiten.* Im Entwurf vom 12. November 1812 hatte G. zu diesem Band unter der Überschrift »Kleinere Gedichte« notiert: »Dieser wird *ansehnlich vermehrt,* indem was bisher einzeln abgedruckt oder ungedruckt vorhanden ist, eingeschaltet wird. Das Verzeichnis wird umgeschrieben und jene neue Gedichte dem korrigiert einzusendenden ersten Bande beigelegt«. – *26 II. Bd.:* erschienen 1815. Zusätzlich zu den in der Anzeige aufgeführten Texten enthielt dieser Band: *Cantaten; Aus Wilhelm Meister.* Zum Druck der beiden Gedichtbände hatte G. seinem Schreiben vom 20. Februar 1815 eine eigene Beilage angefügt und in diesen detaillierten »Bemerkungen, zu den zwei ersten Bänden« ausgeführt:

»Man hat zwar möglichst gesorgt, daß alles bestens geordnet werde, allein es wäre doch zu wünschen, daß ein geistreicher Mann die beiden Bände Gedichte nochmals durchsähe, und, sollte sich irgend ein Bedenken finden, mir solches anzeige.

Für den Maître en page, habe ich bei der Zueignung eine Bemerkung beigelegt, daß nämlich die Stanzen nicht gebrochen werden mögen. Dieses gilt auch von allen übrigen Gedichten, besonders von Balladen, wie solches schon bei der ersten Ausgabe gut beobachtet worden.

Dann versteht sich von selbst, daß die Foliierung sich nur auf das Manuskript bezieht, damit die festgesetzte Ordnung nicht getrennt werde, die Paginierung bleibt dem Setzer überlassen. Sollte zufälliger Weise irgend ein Gedicht übersprungen oder weggelassen werden, so bitte inständigst, solches nicht anderwärts einzuschalten. Ein solches Unglück ist bei der ersten Ausgabe mit *Lilis Park* geschehen: dieses Gedicht blieb aus dem ersten Bande weg, und ward zum Schluß des 8. Bandes nachgebracht. Hier hätte es nun schon, hinter den *Geheimnissen*, einen bösen Effekt gemacht; allein, da die beiden Blätter, worauf es stand, dergestalt innerhalb des Bogens abgedruckt waren, daß sie durch den Buchbinder erst ausgeschnitten und hinten angeklebt werden sollten, dieser aber gewöhnlich die Bemerkung übersah; so entsprang daraus der unheilbare Mißstand, daß die Blätter zweier ganz entgegengesetzten Gedichte durch einander gebunden wurden, und der Inhalt dieser Produktionen, der Genuß derselben, dem Leser wo nicht geraubt, doch wenigstens sehr unangenehm gestört wurde.

Es sei mir verziehen, daß ich dieses Umstandes weitläufig erwähnt, es kann aber nichts wünschenswerter sein, als daß dergleichen bei einer neuen sorgfältigen Ausgabe vermieden werde.

Einen andern Übelstand der vorigen Ausgabe, an dem ich selbst Schuld war, habe diesmal zu verbessern gesucht. Es sieht nämlich nicht gut aus, wenn einzelne gar zu kleine Gedichte oben auf der Seite stehen, und unten ein zu großer weißer Raum bleibt. Wo es einigermaßen nötig und schicklich war, habe ich kleine Gedichte untereinander gestellt. Die wenigen Fälle, wo es nicht geschehen konnte, mögen hingehen.

Wo, bei späterer Redaktion, einige Folia ausgehoben und translociert worden sind, ist jedesmal bemerkt.

Mit Vorbehalt das Weitere anzuzeigen.

W. d. 20. Febr. 1815.   G.«

Anders als im Entwurf von 1812, der hierfür nur den ersten Band vorgesehen hatte, nahmen – wie auch die Anzeige bestätigt – die Gedichte nunmehr die beiden ersten Bände der sogenannten Ausgabe B ein, weshalb sich der Entwurf und die tatsächliche Bandeinteilung in der Ausgabe B (bzw. der Anzeige von 1816) vom zweiten Band an um jeweils einen Band unterscheiden; dies gilt bis zum 13. Band des Entwurfs, der dem 14. Band in der Anzeige bzw. der Ausgabe B entspricht. Zu den Differenzen bzw. endgültigen Dispositionen der Bände 14–20 vgl. die obige Konkordanz. – *35 III. Bd.:* erschienen 1816. Abweichung: Der Band enthielt die ersten vier Bücher von *Wilhelm Meisters Lehrjahren*. In seinem Entwurf vom 12. November 1812, wo der erste Teil der *Lehrjahre*

noch für den 2. Band vorgesehen war, hatte G. hierzu folgende
Absicht angemerkt: »Interpunktion und kleine Flecken des Styls
werden berichtigt sowie die Druckfehler bemerkt«. Da sowohl der
Entwurf von 1812 von den ersten vier Bücher des Romans sprach
und der 1816 erschienene dritte Band diese vier Bücher auch
tatsächlich enthielt, dürfte es sich bei den in der Anzeige avisierten
»drei« Büchern (S. 206,35) wahrscheinlich um einen Druckfehler
des ›Morgenblatts‹ handeln. – *36 IV. Bd.:* erschienen 1816; vgl.
hierzu auch die vorangegangene Anm. – *37 V. Bd.:* erschienen
1816. Die »Theatralischen Gelegenheits-Gedichte« (S. 207,2) waren im Entwurf noch nicht vorgesehen. Über die in der Anzeige
angekündigten Texte hinaus enthielt der fünfte Band der Werkausgabe B: *Palaeophron und Neoterpe*; *Vorspiel 1807*; *Was wir bringen, Lauchstädt*; *Was wir bringen, Fortsetzung Halle 1814*; Thea-
terreden.

207 *3 VI. Bd.:* erschienen 1816. – *7 VII. Bd.:* erschienen 1816.
– *11 VIII. Bd.:* erschienen 1816. Die *Maskenzüge*, die »Carlsbader
Gedichte« sowie *Des Epimenides Erwachen* waren im Entwurf
noch nicht enthalten. – *21 IX. Bd.:* erschienen 1817. »Mieding«
und *Künstlers Apotheose* waren im Entwurf noch nicht enthalten.
Das »Puppenspiel« und »Das Neueste von Plundersweilern« sind
in der Werkausgabe als *Neueröffnetes moralisch-politisches Puppenspiel* zusammengefaßt. Dort ebenso das »Fastnachtspiel« und
»Pater Brey« als ein Stück unter dem Titel *Fastnachtsspiel*. Der in
der Anzeige als »Bahrdt« titulierte Text erhielt in der Werkausgabe
die Überschrift *Prolog zu den neusten Offenbarungen Gottes,
verdeutscht durch Dr. Karl Friedrich Bahrdt*. – *36 X. Bd.:* erschienen 1817. »Die Zeichen der Zeit« wurden in der Werkausgabe dann
in *Die Aufgeregten* umbenannt. Im Entwurf vom 12. November
1812 – wie auch im Tagebuch vom 17. Juli 1814 – wurde das Drama
noch als »Breme von Bremenfeld. Fragment« (vgl. WA IV 23,
S. 466) vermerkt.

208 *1 XI. Bd.:* erschienen 1817. Die *Pandora* war im Entwurf
noch für den 6. Band vorgesehen. – *5 XII. Bd.:* erschienen 1817. –
7 XIII. Bd.: erschienen 1817. »Cagliostro Stammbaum« erschien
in der Werkausgabe unter dem Titel *Des Joseph Balsamo, genannt
Cagliostro, Stammbaum*. Neu gegenüber der Anzeige waren *Die
guten Weiber* und *Das Märchen*. – *11 XIV. Bd.:* erschienen 1817. –
12 XV. Bd.: erschienen 1818. Der Band enthielt den Ersten Teil (1.
und 2. Buch) von *Benvenuto Cellini*. – *13 XVI. Bd.:* erschienen
1818. Der Band enthielt den Zweiten Teil (3. und 4. Buch) des
Benvenuto Cellini. Im Entwurf vom 12. November 1812 hatte G.
für *Dichtung und Wahrheit* noch die Bände 14–17 vorgesehen und
danach die Frage aufgeworfen, »ob man nach Anleitung der Nach-

drucker noch in diese Sammlung aufnehmen wolle? Cellini. Rameaus Neffe pp.«. Auch hatte G. dort erwogen, »ob man einen Band bilden wolle von *Theoretischen und kritischen Aufsätzen* die an mehreren Orten zerstreut liegen« (WA IV 23; S. 135). – *14 XVII. Bd.:* erschienen 1818. Der Band enthielt den Ersten Teil von *Aus meinem Leben. Dichtung und Wahrheit.* – *15 XVIII. Bd.:* erschienen 1818. *Aus meinem Leben. Dichtung und Wahrheit.* Zweiter Teil. – *16 XIX. Bd.:* erschienen 1819. *Aus meinem Leben. Dichtung und Wahrheit.* Dritter Teil. – *17 XX. Bd.:* erschienen 1819. Der Band enthielt neben dem Verzeichnis der Pränumeranten und Subskribenten folgende Werke: *Rameaus Neffe*; *Diderots Versuch über die Malerei*; *Über Wahrheit und Wahrscheinlichkeit der Kunstwerke*; *Der Sammler und die Seinigen*; *Summarische Jahresfolge Goethescher Schriften* (vgl. S. 249).

WEST-ÖSTLICHER DIVAN
ODER VERSAMMLUNG DEUTSCHER GEDICHTE
IN STETEM BEZUG AUF DEN ORIENT

Die vorliegende erste Ankündigung der *Divan*-Gedichte, die seit der Reise an den Rhein und Main im Jahre 1814 entstanden waren und in der Begegnung mit der Welt und der Literatur des Orients gleichwertig neben der ›Entdeckung‹ der klassischen Antike in der Folge der italienischen Reise stehen können, verfaßte G. in den ersten Wochen des Jahres 1816.

So trug das Manuskript am Schluß das (später von G. gestrichene) Datum »Weimar d. 3^n Jan. 1816«. Die darunter stehende handschriftliche Notiz G.s »Abgesendet d. 13 Febr 1816« wird durch das Tagebuch bestätigt, wo es unter dem selben Datum heißt: »*Cotta* Divans Ankündigung«. Der Aufsatz erschien dann kurz darauf, am 24. Februar 1816, im ›Morgenblatt für gebildete Stände‹.

Die Darstellung der Entstehungsgeschichte des *West-östlichen Divans* wie die Erläuterung der Einteilung in einzelne Bücher, die bereits in diesem (frühen) Stadium trotz aller von G. noch vorgenommenen Modifikationen feststand, soll hier nicht erfolgen; vgl. hierzu die ausführliche Dokumentation und Kommentierung in Bd. 11.1.

G.s kurzer Beitrag im ›Morgenblatt‹ sollte – schon hier »zu besserem Verständnis« – auf den neuen Ton in seinem Werk wie die Erschließung einer neuen literarischen Landschaft in seinem dichterischen Kosmos vorbereiten, von dem der hier angekündigte

Vorabdruck einer kleinen Auswahl im ›Taschenbuch für Damen auf das Jahr 1817‹ einen ersten Eindruck vermitteln sollte. Bereits zuvor, am 22. März 1816, waren im ›Morgenblatt‹ (Nr. 71) die Gedichte *Talismane* (»Gottes ist der Orient ...«) und *Vier Gnaden* (»Daß Araber an ihrem Teil ...«), die im »Buch des Sängers« ihren Platz finden sollten, veröffentlicht worden.

Die Ankündigung nimmt somit vorweg, was G. in der »Einleitung des Verfassers« seiner *Noten und Abhandlungen zu besserem Verständnis des West-östlichen Divans* ausführlicher begründen wird. Dies bedeutet aber zugleich, daß sich die nunmehr publizierten Werke nicht mehr von selbst verstehen: Sie müssen »erläutert« und »erklärt« werden – ob dies nun der *Divan, Wilhelm Meisters Wanderjahre* (Bd. 13.1, S. 516) oder wichtige Aufsätze innerhalb der naturwissenschaftlichen Zeitschriften sind, in denen diese Kommentarstruktur zum konstitutiven Element wird, wie es sich am deutlichsten in den Rekonstruktionsversuchen zur historischen Genese der *Metamorphose der Pflanzen* (Bd. 12, S. 72) zeigt.

Die Redaktion des ›Morgenblatts‹ stellte dem Aufsatz Verse von Johann Gottfried Herder (1744–1803) voran: »Die Guten und Verständigen erkennen / Den Wert der Perlen, die Du hier verbandst.«

Textgrundlage und Erstdruck: Morgenblatt für gebildete Stände, Nro. 48 (24. Februar 1816), S. 189–190. – Möglicherweise fehlerhaft ist eine Stelle des Erstdrucks, die von der Handschrift im Faszikel ›Mitteilungen ins Morgenblatt‹ (Beschreibung s. SL 4, S. 387; zum vorliegenden Text SL 6, S. 475: H¹) abweicht: S. 209,14 *überreicht werden* (überreicht worden H¹; nach Hecker, WA I 41/1, S. 440 »sicherlich ein Versehen«).

208 *25 Hegire:* Dieses Gedicht wird später ebenfalls den *Westöstlichen Divan* eröffnen. – *34 Der Dichter betrachtet sich als einen Reisenden:* so auch in der »Einleitung des Verfassers« zu Beginn der *Noten und Abhandlungen:* »Am liebsten aber wünschte der Verfasser vorstehender Gedichte als ein Reisender angesehen zu werden« (Bd. 11.1).

209 *2 dieses außerordentlichen Mannes:* der persische Dichter Hafis (Hafez Hwage Sams o'd-Din Mohammad, 1317/26 bis 1389/90); vgl. die ausführlichen Erläuterungen in Bd. 11.1. – *39 die Geliebte:* Marianne von Willemer (1784–1860); vgl. ebenfalls ausführlich Bd. 11.1.

210 *12 die Religion der Feueranbeter:* Vgl. das Gedicht *Vermächtnis altpersischen Glaubens* (Bd. 11.1). – *17 mohametanischen:* mohammedanischen. – *20 die Legende von den sieben*

Schläfern: das Gedicht *Siebenschläfer* im »Buch des Paradieses«. –
27 Damenkalender: Cottas ›Taschenbuch für Damen auf das Jahr
1817‹.

Über die neue Ausgabe der Goethe'schen Werke

Nachdem im ›Morgenblatt für gebildete Stände‹ 1816 die *Ankündigung einer neuen Ausgabe von Goethes Werken* (S. 204) erschienen war, deren Inhaltsverzeichnis (S. 206–208) bereits Aufschluß über den Aufbau der geplanten zwanzig Bände gegeben hatte, nutzte G. in einem weiteren Aufsatz, den er Cotta in einem Brief vom 25. März 1816 ankündigte, die Gelegenheit, sich gegen »die Forderung einer chronologischen Ordnung« zu erklären und seine an literarischen Gattungen orientierte Gliederung zu erläutern. Zur Rechtfertigung dieser Unterteilung führt G. drei Argumente ins Feld. Zunächst wird das Unternehmen philologisch begründet, wobei diese Erklärungen zusätzlich autobiographisch mit dem Hinweis auf sein »sehr bewegtes Leben«, ja sogar charakterologisch mit Blick auf ein »unruhiges Naturell« gestützt werden. (Vor)Stufen und Umarbeitungen, Revisionen und Neubearbeitungen aus verschiedenen Lebensphasen und Epochen sollen dem Leser ›erspart‹ bleiben, nicht mehr dem work-in-progress-Charakter gilt nunmehr das Augenmerk, sondern einer letzten, ›gültigen‹ Fassung. (Von einem nicht unbeträchtlichen Reiz ist es dabei, die Einführung »Zur Münchner Ausgabe« – Bd. 1, S. 751 ff. – vor dem Hintergrund von G.s eigener Einschätzung eines solchen »wunderlichsten Gemischs« zu lesen.)

Zum zweiten werden gewissermaßen ›benutzerfreundliche‹ Motive ins Spiel gebracht und die gattungsspezifische Einteilung mit ihrem ungleich höheren ›praktischen‹ Gebrauchswert begründet: gemessen daran allerdings, wie schwer es G. – mit vollem Kalkül – seinen Lesern mit einigen Arbeiten seines Alters- und Spätwerks gemacht hat, ein zweifellos schwächeres Argument. Zuletzt rechtfertigt G. die Gliederung unter ökonomischen Aspekten, wenn er, aus der Perspektive seines Verlegers argumentierend, das Interesse formuliert, bei der Aufteilung der Bände weitgehend der in den Jahren 1806 bis 1808 bei Cotta erschienenen zwölfbändigen Ausgabe zu folgen (vgl. Bd. 6.2, S. 602), die 1810 durch einen dreizehnten, die *Wahlverwandtschaften* enthaltenden Band ergänzt worden war: ein Argument, das bereits in der *Ankündigung* von entscheidendem Stellenwert gewesen war (S. 205,27–34).

Der im Tagebuch am 19. März erstmals erwähnte Beitrag »wegen der chronologischen Ausgabe meiner Werke« wurde am

30. März 1816 ins reine geschrieben und am darauffolgenden Tag
an Cotta abgeschickt. Am 26. April erschien er dann im ›Morgenblatt für gebildete Stände‹.

G. hat diesen Aufsatz mit nur unwesentlichen Korrekturen 1819
unter dem Titel *Summarische Jahresfolge Goethescher Schriften* in
den 20. Band seiner Werkausgabe aufgenommen, wo er dem chronologischen Abriß über seine von 1769 bis 1818 erschienenen
Werke vorangestellt wurde (vgl. S. 249).

Textgrundlage und Erstdruck: Morgenblatt für gebildete Stände,
Nro. 101 (26. April 1816), S. 402–403.

211 *4 die Darstellung seines Lebens:* die seit 1811 erschienene
Autobiographie *Aus meinem Leben. Dichtung und Wahrheit*
(Bd. 16). – *14 Ausgabe Schiller'scher Werke:* ›Sämtliche Werke‹.
Hg. von Christian Gottfried Körner. 12 Bde. Stuttgart, Tübingen
(Cotta) 1812–1815.

212 *7 seine Bekenntnisse:* Siehe zu S. 211,4. – *der vierte Band:*
Der vierte Teil von *Dichtung und Wahrheit* erschien erst 1833 als
8. Band der ›Nachgelassenen Werke‹ der *Ausgabe letzter Hand.* –
9 die Reise nach Italien: Sie dauerte vom 3. September 1786, dem
Aufbruch von Karlsbad, bis zum 18. Juni 1788, der Rückkehr nach
Weimar. – *10 die erste Ausgabe bei Göschen:* Goethe's Schriften.
8 Bde. Leipzig (Georg Joachim Göschen) 1787–1790.

DIE GEHEIMNISSE. FRAGMENT VON GOETHE

Am 18. November 1815 hatten sechs Königsberger Studenten G.
in einem Brief um eine Stellungnahme zu den Auslegungen und
Deutungen gebeten, die sie in ihrem literarischen Zirkel G.s 1784/
1785 verfaßtem Fragment *Die Geheimnisse* gewidmet hatten (Abdruck dieses Schreibens in der Anm. zu S. 214,10). G., der sich
über sein Fragment bereits am 3. August 1815 in einem Gespräch
gegenüber Sulpiz Boisserée geäußert hatte (»*Die Geheimnisse*,
sagte G., habe er zu groß angefangen, wie so vieles«; Weitz, Bd. 1,
S. 230), erwähnt eine Beschäftigung mit der Königsberger Anfrage
erstmals am 23. März 1816 in seinem Tagebuch: »Über das Gedicht: die Geheimnisse«. Am 9. April notiert er dann – »Die
Geheimnisse mundiert« – den Abschluß der Arbeit an dem Aufsatz, der wenig später am 27. April 1816 im ›Morgenblatt für
gebildete Stände‹ erscheint. Dem Abdruck hatte die Redaktion
einige Verse aus den *Geheimnissen* vorangestellt: »Was hier *verborgen*, ist nicht zu erraten, / Man *zeige* denn es *dir vertraulich*

an. / Du ahnest wohl, wie Manches hier gelitten, / Gelebt, verloren
ward, und *was* erstritten« (Verse 309–312; vgl. Bd. 2.2, S. 347).
Auf den ursprünglich geplanten Abdruck des Briefes aus Königsberg, den G. eigentlich seinem eigenen Beitrag im ›Morgenblatt‹ voranstellen wollte und den er bereits weitgehend redigiert
hatte, hat er verzichtet (vgl. hierzu WA I 41/1, S. 451) – wobei
anzumerken ist, daß die Königsberger Studenten im zweiten Abschnitt ihrer Anfrage eine erstaunlich zutreffende Beschreibung
von G.s Unlust, ja häufig sogar Unwillen, gaben, als Interpret
seiner eigenen (zumal poetischen) Werke aufzutreten.

Textgrundlage und Erstdruck: Morgenblatt für gebildete Stände,
Nro. 102 (27. April 1816), S. 405–406. – Unter Berücksichtigung
der Handschrift im Faszikel ›Mitteilungen ins Morgenblatt‹ (Beschreibung s. SL 4, S. 387; für den vorliegenden Text SL 6, S. 486:
H²) sind »mit größerer oder geringerer Wahrscheinlichkeit« (SL 6,
S. 487) folgende Stellen dieses Druckes fehlerhaft: S. 214,2 *vorlesen* ⟨...⟩ *eröffnend* (vorlesend ⟨...⟩ eröffnend H²); 215,34 *dann*
(denn H²); 215,36 *erreiche* (gehabt H², erreicht WA; vgl. die
Begründung Heckers für die Konjektur: WA I 41/1, S. 450);
216,24 *ohne ausgearbeitete Umsicht* (ohne ausgebreiteten Umsicht
H²; unvollständige Korrektur G.s aus: »ohne ausgebreiteten Wirkungskreis«); da eine Änderungsabsicht G.s nicht mit Sicherheit
auszuschließen ist, wurde nicht in den zugrundegelegten Text
eingegriffen.

213 *18 Befreiung von äußerem Druck:* die Befreiung von der
Napoleonischen Zwangsherrschaft. – *31 durch das Morgenblatt
nach und nach bekannt zu machen:* Das Jahr 1816 ist, bedingt
durch die in der vorangegangenen Anm. apostrophierte politische
Entwicklung wie durch die ›persönlichen‹, in den Sommermonaten
1814 und 1815 an Rhein und Main empfangenen Impulse, durch
eine rege publizistische Tätigkeit G.s gekennzeichnet, von der er
am 14. April 1816, einem Zeitpunkt also, als vorliegender Beitrag
kurz vor seinem Erscheinen stand, auch Zelter in Kenntnis setzt:
»Sieh doch manchmal ins Morgenblatt, dort findest Du von mir
einzelne Mitteilungen, die ins Ganze gehen und wovon Du Dir
gewiß manches zueignen kannst. Es liegen überhaupt sehr viele
Aufsätze bei mir, sie zu retuschieren und zu publizieren macht mir
dieses Frühjahr einigen Spaß, ist es denn doch der erste Frühling,
den man seit langer Zeit ohne Grauen und Schrecken herankommen sieht« (Bd. 20.1, S. 415). – *39 in einer der ersten Städte Nord-
Deutschlands:* das ostpreußische Königsberg.
214 *6 die Geheimnisse:* abgedruckt in Bd. 2.2, S. 339–348. Vgl.

dort auch die Anmerkungen zum geistesgeschichtlichen Hintergrund dieses Fragments, insbesondere zum Einfluß Herders (S. 838 ff.). – *10 bei mir anzufragen:* Der Brief der Königsberger Studenten wurde bisher immer in der von G. bearbeiteten Fassung wiedergegeben (WA I 41/1, S. 451–453; SL 6, S. 497). Die unredigierte Anfrage hatte folgenden Wortlaut:

»Getrennt durch Sitte, Himmelsstrich und Regierung; fast in Allem verschieden, was andern Völkern den eigentümlichen Sinn gibt; schlingt um den Deutschen nur gemeinsame Sprache und literarische Bildung ein höheres Band. Er erkennt seinen Mitbürger mehr an Gesinnung und Bildung, als an Gleichheit der Rechte. Einwohner einer geistigen Republik rühmen wir uns unserer Helden, wie das Volk stolz auf seine Herrscher ist, und genießen zugleich der Freiheit jeden als unsern Mitbürger begrüßen zu dürfen. In diesem Sinne wagen wir, verehrter Mann, eine Bitte an Sie, vertrauend, daß solche nicht falsch gedeutet werden kann; daß Sie sie erfüllen mögen, wünschen wir nur.

Ein Kreis von wenigen Freunden, die in verschiedenen Fächern einer höhern Ausbildung alle nachstreben, fand sich gern beisammen. Der gesellige und zwanglose Austausch der Gedanken ward zur leichten Erholung von ernsteren Arbeiten, und führte endlich zu einem regelmäßigen Verein, der auch darin eine angenehme Beschäftigung fand, gemeinschaftlich zu besprechen und zu erwägen, was nicht ohne allgemeines Interesse war, und dem Nachdenken des Einzelnen eine vielseitige Beleuchtung zu erfordern schien. – So wurde Ihr Gedicht, die Geheimnisse, an einem Tage vorgelesen, und für die nächste Zusammenkunft eines jeden Urteil über den Sinn und Zweck desselben verlangt. Die Meinungen waren zu verschieden, um sich vereinigen zu können; und so kam man überein an den berühmten Verfasser zu schreiben; Nicht mit der Zuversicht, er wolle und werde eine deutliche Auseinandersetzung seines Zwecks oder eine Geschichte des Fragments zu geben geneigt sein, doch mit der Hoffnung eine Andeutung zu erhalten, welchem Hauptgedanken das vollendete Ganze entgegen zu streben bestimmt war. Es würde an unrechter Stelle sein Ihnen jedes einzelne Urteil aufführen zu wollen, die mehrsten Stimmen vereinigten sich jedoch in folgendem: Der Verfasser habe in Humanus darstellen wollen, zu welcher Höhe die reine menschliche Natur, geläutert, durch das Umfassen einer veredelten Religion, und in dem Aufschauen zu dem idealen Stifter derselben gelangen könne, und werde; Humanus selbst sei weniger Person als Bild der veredelten Menschheit überhaupt, alle an-

874 KOMMENTAR ZU S. 214-215

dere Personen würden in dem vollendeten Gedicht nur Neben-
rollen gespielt haben; die geheimnisvolle Einkleidung habe vielleicht besondere Beziehungen, oder nur das Ganze könne hier
einen Schlüssel geben.
Wie manches dabei noch dunkel bleibt, darf Ihnen, verehrter
Mann, am wenigsten bemerkt werden. Wir ersuchen Sie nur
unsere Frage keiner zuversichtlichen Unbescheidenheit zuzuschreiben, sondern nur dem Bestreben, mit dem Geist unseres
größten Dichters immer mehr vertraut zu werden; darum erlauben wir uns den Wunsch von ihm selbst belehrt zu werden. Mit
dem reinsten Gefühl einer hohen Verehrung nennen sich Ihnen
Königsberg i. Pr. 18t. Novbr. 1815«

Textgrundlage: Handschrift GSA 25/XXXVI,19,3b (Beschreibung s. SL
6, S. 486: H[1]).
ungedruckt – Vgl. aber die von G. redigierte Fassung in WA I 41/1,
S. 451–453, und SL 6, S. 497.

Die Unterzeichner dieses Schreibens waren »Ellendt stud. / Rättig
stud. / DWeissemmel. stud. / Hiller stud. / E W Nauen stud. /
Bobrik, Stud.«, der sich im Namen der Gesellschaft die Antwort
»an den Kanzler des Königreichs Preußen, Freiherrn v. Schrötter«
erbat. – *23 in der Mitte der achtziger Jahre: Die Geheimnisse*
entstanden im August / September 1784 und März / April 1785.
215 *4 Montserrat:* Die Erwähnung dieses 1224 m hohen Berges
nordwestlich von Barcelona ist das deutlichste Indiz dafür, daß G.
in seinem Aufsatz Kenntnisse miteinbezog, die er über die
Pyrenäen durch Wilhelm von Humboldt (1767–1835) zu Beginn
des Jahrhunderts erhalten hatte. Dieser hatte G. in einem längeren
Brief vom 28. November 1799 aus Madrid bereits einen ausführlichen Bericht über seine Reise auf die iberische Halbinsel geliefert,
dem er dann am 18. August 1800 eine Beschreibung der Besteigung
des Montserrat und der Besichtigung des dortigen Benediktiner-
klosters folgen ließ, in der er auf G.s Dichtung ausdrücklich Bezug
nimmt:
»Für heute wünsche ich Sie in eine Gegend zu führen, mit der
wohl nur aufs höchste ein Paar andre in Europa verglichen
werden können, wo die Natur und ihre Bewohner in wunderbarer Harmonie mit einander stehen, und wo selbst der Fremde,
sich auf einige Augenblicke abgesondert wähnend von der Welt
und den Menschen, mit sonderbaren Gefühlen auf die Dörfer
und Städte hinabblickt, die in einer unabsehlichen Strecke zu
seinen Füßen liegen – in die Einsiedlerwohnungen des Montser-
rats bei Barcelona. Ich habe zwei unvergeßlich schöne Tage dort
zugebracht, in denen ich unendlich oft Ihrer gedachte. Ihre

Geheimnisse schwebten mir lebhaft vor dem Gedächtnis. Ich habe diese schöne Dichtung, in der eine so wunderbar hohe und menschliche Stimmung herrscht, immer außerordentlich geliebt, aber erst, seitdem ich diese Gegend besuchte, hat sie sich an etwas in meiner Erfahrung angeknüpft; sie ist mir nicht werter, aber sie ist mir näher und eigner geworden. Wie ich den Pfad zum Kloster hinaufstieg, der sich am Abhange der Felsen langsam herumwindet, und noch ehe ich es wahrnahm, die Glocken desselben ertönten, glaubte ich Ihren frommen Pilgrim vor mir zu sehn; und wenn ich aus den tiefen grünbewachsnen Klüften emporblickte, und Kreuze sah, welche heiligkühne Hände in schwindelnden Höhen auf nackten Felsspitzen aufgerichtet haben, zu denen dem Menschen jeder Zugang versagt scheint, so glitt mein Auge nicht, wie sonst, mit Gleichgültigkeit an diesem durch ganz Spanien unaufhörlich wiederkehrenden Zeichen ab. Es schien mir in der Tat das,

> zu dem viel tausend Geister sich verpflichtet,
> zu dem viel tausend Herzen warm gefleht!«

(›Der Montserrat bei Barcelona‹. In: Wilhelm von Humboldt: Gesammelte Schriften. Hg. von der Königlich Preußischen Akademie der Wissenschaften. I. Abt.: Werke, Bd. 3, 1799 bis 1818. Hg. von Albert Leitzmann. Berlin 1904, photomech. Nachdruck Berlin 1968, S. 33. Die von Humboldt zitierten Zeilen sind die Verse 59 f. aus den *Geheimnissen*. Humboldts Brief vom 18. August 1800, zu dem der Montserrat-Aufsatz als Beilage gehörte, ist abgedruckt in: GJb 31, 1910, S. 54–59.)

Humboldts Aufsatz wurde 1803 im Märzheft von Gasparis und Bertuchs ›Allgemeinen geographischen Ephemeriden‹ 11 (S. 265 bis 313) veröffentlicht. So wie also der Anblick des Klosters in Humboldt Reminiszenzen an G.s Dichtung wachgerufen und ihm die Gelegenheit geboten hatte, die imaginäre Landschaft der *Geheimnisse* in der realen Umgebung der Pyrenäen zu spiegeln, ließ sich G. in seinem Aufsatz durch die Eindrücke der Humboldtschen Beschreibung inspirieren, die seiner Dichtung nun wiederum einen konkreten Hintergrund, eine tatsächliche geographische Verankerung geliefert hatte. Wie der Kommentar zur ›Berliner Ausgabe‹ anführt, ist beispielsweise G.s Erläuterung, daß jeder der Rittermönche eine eigene Wohnung besitze (»Einen jeden der Rittermönche würde man in seiner Wohnung besucht ⟨...⟩ haben«, S. 215), ebenfalls durch Humboldts Bericht veranlaßt (Anhaltspunkte dort auf den S. 39 und 46 der genannten Ausgabe). Auch schildert Humboldt im weiteren Verlauf seiner Exkursion eine Einsiedelei auf dem Montserrat, die in der Zahl ihrer Mitglieder derjenigen in G.s Fragment exakt entspricht: »Die zwölf Einsiedler (der unter ihnen wohnende Mönch macht die Zahl der dreizehn Einsiedeleien voll) sind gleichfalls Mönche und tun dieselben Gelübde, als die im Kloster« (S. 52). – *14 Bruder Markus:* Vgl. *Die Geheimnisse*, Verse 20 ff.

216 *15 in der Karwoche:* Diese Zeitangabe ist eine Hinzufügung G.s, die im Text des Fragments fehlt. – *17 Kreuz mit Rosen umwunden:* Vgl. *Die Geheimnisse*, Verse 69 f.; zur Symbolik der Rosenkreuzer vgl. Bd. 2.2, S. 839 ff.

⟨AUSLEGUNGEN DES MÄRCHENS AUS DEN
UNTERHALTUNGEN DEUTSCHER AUSGEWANDERTEN⟩

G.s zuerst im 10. Stück der ›Horen‹ im Oktober 1795 als sechster Teil der *Unterhaltungen deutscher Ausgewanderten* erschienenes *Märchen* (Bd. 4.1, S. 519) hat nicht nur seine zeitgenössischen Leserinnen und Leser zu zahlreichen Deutungsversuchen herausgefordert (vgl. ebenda, S. 1048 ff.), es ist bis heute der Gegenstand vieler – oft divergierender – Interpretationsansätze geblieben. So verzeichnet Helmut G. Herrmanns knappe Goethe-Bibliographie (Stuttgart 1991) hierzu allein für den kurzen Zeitraum seit 1970 nicht weniger als 13 Publikationen.

Der literarhistorischen Rekonstruktion des vorliegenden Schemas sind dadurch Grenzen gesetzt, daß zwei verbürgte Deutungsversuche nicht erhalten sind. Dies betrifft zunächst einen Brief, den Charlotte von Kalb etwa am 20. November 1795 an G. richtete und in dem sie über das *Märchen* schrieb: »Den 3. Band von W. Meister hab ich noch nicht gelesen – er ist noch beim Buchbinder. Aber das Märgen. ich will es wiederlesen, und dann will ich Ihnen meinen Wahn und Traum von diesem Märchen sagen. – Es haben schon viele über meine Deutung gelächelt, und andere gestutzt – für mich ist viel Wahrheit und Sinn darin und das Licht welches mir das ganze beleuchtet, wird hoffe ich noch kommen, einiges dünkt mir bekannt, vieles ist mir verständlich!« (GJb 13, 1892, S. 53 f.).

Diese Ausführungen Charlotte von Kalbs schickt G. am 23. Dezember 1795 dann an Schiller und fügt den erläuternden Bemerkungen eine Bitte an: »Hier liegt z. B. eine Erklärung der dramatischen Personen des Märchens bei, von Freundin Charlotte. Schicken Sie mir doch geschwind eine andere Erklärung dagegen die ich ihr mitteilen könnte« (Bd. 8.1, S. 141). Der Brief schließt mit einem ebenso sybillinischen wie ironischen Verweis: »Ich habe noch geschwind einige Varianten zur Erklärung gesetzt, wenn Sie

auch noch die Summe vermehren, so wird eine Verwirrung ohne
Ende aus diesen Aufklärungen zu hoffen sein«.

Nachdem G. in der Zwischenzeit auch eine Auslegung durch
den Prinzen August von Gotha erhalten hatte, in der das *Märchen*
in die Nähe der ›Offenbarung Johannis‹ gerückt worden war
(Abdruck des Briefs vom 13. Dezember 1795 in Bd. 4.1, S. 1060),
ist anzunehmen, daß sich die apostrophierten ›Varianten‹ aus
dieser Quelle speisten.

Schiller reagierte umgehend auf G.s Aufforderung, indem er
bereits am 25. Dezember 1795 den erwünschten »kleinen Beitrag
zu der Interpretation des Märchens« übersandte, zu dem er ent-
schuldigend anmerkte: »Er ist mager genug, da Sie mir mit dem
besten schon zuvorgekommen sind« (Bd. 8.1, S. 142). Auch in
diesem Fall ist zwar der Brief, nicht aber dessen Beilage erhalten
geblieben.

Es läßt sich trotz dieser lückenhaften philologischen Ausgangs-
lage wohl dennoch mit einiger Plausibilität vermuten, daß G. diese
drei Deutungsmuster in Erinnerung, vielleicht sogar vor Augen
gehabt hatte, als er sich – so der Eintrag im Tagebuch – am 24. Juni
1816 wieder mit der »Auslegung des Märchens« beschäftigte und
vorliegendes Schema entwarf; es war für die Publikation in *Über
Kunst und Altertum* vorgesehen, wie ein diesbezüglicher Beitrag in
den Dispositionsplänen für die Hefte II 1 und II 2 ausweist, was
aber schließlich doch unterblieb.

Textgrundlage: Handschrift GSA 25/XXXIX,B,6 (Beschreibung
s. SL 6, S. 499: H). Überschrift nach WA. – Ein Eingriff: S. 218 *Die
Vernunft* (Der Vernunft Hs.; nach ED korrigiert).
Erstdruck: GJb 25 (1904), S. 37–39.

217 *10 einem Frauenzimmer:* Charlotte Sophie Juliane von
Kalb (1761–1843).
219 *Die Caprice:* lat.-ital.-frz. ›Laune, Grille, Eigensinn‹. –
Augur: (lat.) altröm. Priester und Wahrsager.

⟨ZUM REFORMATIONSFEST⟩

Der Aufsatz entstand im November 1816 und ist vor dem Hintergrund der Briefe zu verstehen, die in diesem Monat zwischen G.
und Carl Friedrich Zelter gewechselt wurden. Nachdem Zelter in
seinem Brief vom 4./5. November 1816 gleich einleitend von seiner
Absicht schrieb, »zu dem bevorstehenden Reformationsfeste eine
Musik zu machen, die sich vielleicht aus lauter Lutherischen Dictis

zusammen setzen ließe« (Bd. 20.1, S. 466), greift G. diesen Gedanken in seiner ausführlichen Antwort vom 14. November auf. Ganz im Sinne des vorliegenden Aufsatzes, der gegen »Spaltung und Trennung«, »Zwiespalt und Unfrieden« plädiert und aus diesem Grunde den Jubiläumsfeierlichkeiten aus Anlaß der Völkerschlacht bei Leipzig den Vorzug vor der Feier des Reformationstages gibt, spricht sich G. dort für eine Form des Reformationsfestes aus, die es ermöglichen sollte, »daß es jeder wohldenkende Katholik mitfeierte« (Bd. 20.1, S. 477).

In seinem Brief vom 4./5. November hatte Zelter auch von dem Projekt berichtet, in Berlin nach den Plänen Johann Gottfried Schadows ein Luther-Denkmal zu errichten. G.s abwägendes Urteil über Luther entspricht seinem geschichtlichen Denken, wie es sich spätestens seit dem »Historischen Teil« seiner *Farbenlehre* verfolgen läßt: Würdigung der Verdienste bei gleichzeitiger Historisierung, die immer auch eine Distanzierung beinhaltet. Eine ›horizontale‹ Betrachtungsweise – die Einbettung Luthers in seine Epoche und Zeit(verhältnisse) – wird von einer ›vertikalen‹ Achse – nämlich der geschichtlichen Wirkung und Rezeption in den folgenden Jahrhunderten – unterschieden: »Luthers Verfahren, ist kein Geheimnis, und jetzt da wir ihn feiern sollen, tun wir es nur alsdann im rechten Sinne, wenn wir sein Verdienst anerkennen, darstellen was er seiner Zeit und den Nachkommen geleistet hat« (Bd. 20.1, S. 477; vgl. hierzu auch G.s Brief an Rochlitz vom 1. Juni 1817).

Bemerkenswert ist auch die Akzentsetzung, die G. in diesem kurzen Beitrag vornimmt. So betont er den gewissermaßen ›innenpolitischen‹, auf Überwindung von Standes-, Konfessions- und Klassengegensätzen abzielenden Effekt des Völkerschlachtsjubiläums in der Möglichkeit, dadurch eine nationale Identität »aller Deutschen« zu stiften. Der ›äußere Feind‹ jedoch, den zu attackieren kaum ein Gedicht, Lied oder Aufruf aus der Zeit der Befreiungskriege unterlassen hatte, wird hier nicht erwähnt, ja mehr noch: Mit geradezu klassischem Pathos traut G. diesen Feiern sogar zu, »ein Fest der reinsten Humanität« zu werden.

Textgrundlage: Handschrift GSA 25/XXXIX,A,5 (Beschreibung s. WA I 42/2, S. 275: H). – Eingriffe: S. 220,17 *1817 wie das folgende* (1817 für das folgende Hs.; Hörfehler nach WA korrigiert); 221,2 *Konfession* (Profeßion Hs.; Hörfehler nach ED korrigiert); 221,11 *keine* (seine Hs.; Hörfehler nach ED korrigiert); 221,18 *hier ⟨mehr⟩ vermissen* (hier vermißen Hs.; nach ED ergänzt; vgl. GJb: »›mehr‹ dem Sinne gemäß eingefügt«). Die Stelle S. 221,19 *freilich nicht zu wiederholen* ist möglicherweise durch

einen weiteren Hörfehler entstellt: WA konjiziert »freilich leicht
zu wiederholen«.

Erstdruck: GJb 16 (1895), S. 3–5 (Goethe und das Jubelfest der
Reformation 1817, hg. von Bernhard Suphan).

220 *3 den 30ⁿ Novembr.:* Zu den auffälligen Datumsirrtümern
schreibt Bernhard Suphan im Kommentar zum Erstdruck dieses
Aufsatzes: »Offenbar haben die Gedanken, die damals ⟨im November 1816⟩ schon reif waren und nur im Briefe ⟨an Zelter⟩ keine
Stelle finden sollten, alsbald in unsrer Niederschrift Gestalt gewonnen. Goethe hat sie im November diktiert, selbst die irrtüm-
liche Angabe, mit der er einsetzt, ›den 30. *November*‹ erklärt sich
ungezwungen (wie die öfters vorkommenden ähnlichen Konfusio-
nen bei der Briefdatierung) bei dieser Annahme, und schließlich
konnte auch der durchgehende Fehler: ›30.‹ Oktober statt des 31.,
leicht in der ersten Zeit, wo dies Interesse aufstieg, vorkommen.
Goethe hat, was er seinem Sekretär (John) diktiert hat, nicht
durchgesehen, es ist der läßliche Ton des Sprechenden, den wir
vernehmen; der Schreiber hat sich mehrmals verhört« (GJb 16,
1895, S. 7). Daß G. tatsächlich den 31. Oktober gemeint hat, geht
indirekt aus seinem in *Über Kunst und Altertum* I 3 (1817)
publizierten Gedicht zum Reformationsjubiläum hervor, das
überschrieben ist: *Dem 31. Oktober 1817* (Bd. 11.1); auch die
Formulierung G.s im Aufsatz selbst »Zwei so nahe aneinander
folgende, nicht 14 Tage von einander entfernte Feste« (Z. 23 f.) läßt
angesichts des angesprochenen 18. Oktober, des Fests zum Gedenken an die Völkerschlacht, für das Reformationsfest nur die
Lesart »Oktober« zu. – *4 Reformationsfest:* das Fest zum dreihun-
dertsten Jahrestag der Reformation. – *11 in gewissen Sinne zufällig:* »zufällig« im Hinblick darauf, daß die Geschichte der Reformation zahlreiche andere entscheidende Daten aufzuweisen hat;
vgl. Z. 13–15. – *12 Luther hat an diesem Tage* ⟨...⟩*:* Seit 1957 ist
das Datum des ›Thesenanschlags‹ am 31. Oktober 1517 umstritten:
nicht am Vigiltag des Allerheiligenfestes 1517, sondern am Festtag
selbst, also am 1. November 1517, soll er stattgefunden haben.
Ebenso wird die Historizität des Ereignisses selbst seit 1967 ange-
zweifelt: »der entscheidende – und tatsächlich einzig sicher belegte
– Schritt Luthers sei vielmehr die Übersendung der Thesen an den
Erzbischof von Mainz und Magdeburg, den Bischof von Brandenburg ⟨...⟩ und möglicherweise andere Bischöfe gewesen« (Irmgard
Höss: Georg Spalatin 1484–1545. Ein Leben in der Zeit des
Humanismus und der Reformation. Weimar 1989, S. XXV). –
15 Die Schlacht bei Leipzig: Die sogenannte ›Völkerschlacht‹ bei
Leipzig fand vom 16. bis 18. Oktober 1813 statt und endete mit

dem Sieg der preußisch-russisch-österreichischen Truppen über
Napoleon. – *19 ein bewegliches Fest:* Zu G.s Zeit war das Reformationsfest noch nicht auf ein einheitliches Datum festgelegt. Als
Termin begegnen z. B. der Jahrestag der Einführung der Reformation im jeweiligen Territorium, Luthers Geburtstag (10. November), Luthers Todestag (18. Februar), der Tag der Überreichung
der Confessio Augustana (25. Juni). Für den sächsisch-thüringi-
schen Bereich hatte bereits im Jahr 1667 Johann Georg II. von
Sachsen den 31. Oktober als Termin für das Reformationsfest
bestimmt. Das setzte sich weitgehend durch, wobei der zugehörige
Gottesdienst häufig am Sonntag davor oder danach stattfand.
(Freundliche Auskunft von Frau Prof. Dr. Irmgard Höss, Erlangen.)
   221 *2 Landsturms:* seit dem 16. Jh. eine Form des bewaffneten
Aufgebots und Bestandteil der Gesamtstreitkräfte in Deutschland.
In Preußen umfaßte der Landsturm 1813 alle waffenfähigen männ-
lichen Personen von 14 bis 59 Jahren (ab 1814 von 16 bis 49 Jahren).
Der Landsturm, der nicht zum aktiven Heer gehörte, sollte im
Falle eines feindlichen Angriffs mobilisiert werden und nach Art
der Guerilla kämpfen. Ab 1888 galt die Landsturmpflicht vom 27.
bis 45. Lebensjahr, Ende 1918 wurde der Landsturm aufgelöst, zu
Ende des 2. Weltkriegs als ›Volkssturm‹ jedoch wieder aufgeboten.
– *7 Mahometanern:* Mohammedanern.

DEUTSCHE SPRACHE

G.s Aufsatz entstand unter dem Eindruck zeitgenössischer Tendenzen, die deutsche Sprache von Fremdwörtern zu ›reinigen‹
sowie den ›fremden‹ Einfluß auf die deutsche Sprache und Kultur
generell zurückzudrängen. Diese Versuche, die ihren ideologi-
schen Nährboden natürlich in der nationalen Befreiungsbewegung
gegen die Napoleonische Herrschaft hatten, gingen insbesondere
von Berlin aus, wo der Sprachwissenschaftler und Pädagoge Christian Hinrich Wolke (1741–1825) als Vorsitzender einer 1815
gegründeten ›Gesellschaft für die Reinigung der deutschen Sprache‹ tätig war.
   Den unmittelbaren Anlaß zur Abfassung dieses Beitrags lieferte
dann Carl Ruckstuhls 1816 publizierter Aufsatz ›Von der Ausbildung der Teutschen Sprache, in Beziehung auf neue, dafür angestellte Bemühungen‹ (Ruppert, Nr. 718), durch dessen dort
vorgebrachte Überzeugungen (S. 222,38–223,7) sich G. in seinen
eigenen Intentionen bestätigt sah.
   In den Monaten nach seiner Veröffentlichung unternahm G.

zahlreiche Versuche, dem Aufsatz Ruckstuhls eine möglichst
große Resonanz zu verschaffen. So notiert er am 21. Dezember
1816 in seinem Tagebuch: »Carl Ruckstuhl von der Ausbildung der
deutschen Sprache«. Am 24. Dezember wird der Aufsatz erneut
erwähnt, am darauffolgenden Tag vermerkt G. neben anderen
Sendungen auch einen »Brief *an Boisserée* mit Ruckstuhls Aufsatz«. Diesen – mit dem Datum vom 24. Dezember 1816 unterzeichneten – Brief, dessen Erhalt Boisserée am 30. Dezember
bestätigte, schloß G. mit folgender Nachschrift: »Beiliegende Bogen sind vielleicht schon mit der Nemesis zu Ihnen gekommen. Die
Erscheinung ist mir aber gar zu lieb und wert, als daß ich sie nicht
mitteilen sollte. Sie verdient wiederholt gelesen und beherzigt zu
werden. Das ist auch einmal wieder ein junger Mann der einen über
die alten Narren, Pedanten und Schelme tröstet!« In einem weiteren Brief an Boisserée ist am 1. Juli 1817 dann nochmals von
Ruckstuhl die Rede, über den sich G. erneut lobend äußert: »Es
war ein recht erfreulicher Anblick sich in einem so klaren, jungen,
ungetrübten Spiegel wieder zu sehen«.

Wie sehr G. über die ›Assistenz‹ durch Ruckstuhl erfreut war,
zeigt die Tatsache, daß er den Aufsatz in den folgenden Monaten
auch an Knebel (17. März 1817) und – nach der am 31. März 1817
an Heinrich Meyer gestellten Frage »Haben Sie noch einige Ruckstuhls? so schicken Sie mir solche« – an Rochlitz (1. Juni 1817)
sandte.

Seine Frontstellung gegen den von ihm so titulierten »negativen
Purismus« (*Maximen und Reflexionen* Nr. 980; Bd. 17, S. 886) ist
freilich älter. In einem Brief, den er am 30. Juni 1813 aus Teplitz an
Riemer schrieb, äußerte sich G. bereits in diesem Sinne:

»Bei meiner letzten Sendung, wertester Freund, habe ich
Ihnen abermals völlige Macht und Gewalt gegeben, die fremden
Worte aus der Handschrift zu tilgen, insofern es möglich und
rätlich sei, wie wir auch schon früher getan haben. Ich bin, wie
Sie wissen, in diesem Punkte weder eigensinnig noch allzuleicht
gesinnt, allein das muß ich Ihnen gegenwärtig vertrauen, daß
ich, im Leben und Umgang, seit ich von Ihnen entfernt bin,
mehr als einmal die Erfahrung gemacht habe, daß es eigentlich
geistlose Menschen sind, welche auf die Sprachreinigung mit so
großem Eifer dringen ⟨...⟩.

Eine fremde Sprache ist hauptsächlich dann zu beneiden,
wenn sie mit Einem Worte ausdrucken kann, was die andere
umschreiben muß, und hierin steht jede Sprache im Vorteil und
Nachteil gegen die andere, wie man alsobald sehen kann, wenn
man die gegenseitigen Wörterbücher durchläuft«.

G., der im Anschluß an diese Passage hierfür ein Beispiel aus dem

882 KOMMENTAR ZU S. 221–224

Französischen anführt (s. Bd. 17, S. 1305, dort den Kommentar zu Nr. 980 der *Maximen und Reflexionen*), hat sich auch in den folgenden Jahren wiederholt gegen solche ideologisch motivierten ›Sprachreinigungen‹ zur Wehr gesetzt.

So verfaßt er im Mai 1816 die Zahme Xenie »Gott Dank! daß uns so wohl geschah ...«, die erst von den Nachlaßherausgebern in der ›Quartausgabe‹ den Titel »Die Sprachreiniger« bekommen hat (Bd. 18.1; vgl. hierzu den Tagebucheintrag vom 21. Mai 1816), und notiert mit deutlichem Widerwillen am 27. Mai 1816 in seinem Tagebuch: »Forderung der Studenten vom Professor, daß er die wissenschaftliche Terminologie deutsch geben soll. Seltsamer Einfluß dieser Grille auf Wissenschaft und Praxis«. Von G.s entschiedenem Plädoyer für einen universellen, die nationalen Grenzen überschreitenden Kulturbegriff führt eine direkte Linie zu dem in seinem letzten Lebensjahrzehnt entwickelten Begriff und Konzept einer »Weltliteratur«, auf dem er – vor allem in den *Maximen und Reflexionen*, den Spruchsammlungen der *Wanderjahre* (1829) wie in seinen Gesprächen mit Eckermann – wiederholt und nachdrücklich insistiert (vgl. auch S. 81,40–82,29 und die Anmerkungen hierzu). Gerade in seinen *Maximen und Reflexionen* sind einige Aphorismen (aus dem Nachlaß) in der Beschäftigung mit Ruckstuhls Aufsatz entstanden (Nr. 978–982; Bd. 17, S. 885 f.). Bei einer von ihnen (Nr. 978) läßt sich der Bezug dazu direkt herstellen, da die Handschrift den Vermerk »Zu S. 45« trägt (vgl. Bd. 17, S. 885) – einen Verweis auf den Abschnitt »Einer freieren Weltansicht ...« (S. 224,7 ff.) aus dem vorliegenden Aufsatz im Erstdruck (in *Über Kunst und Altertum* I 3, S. 45).

Textgrundlage und Erstdruck: KuA I 3 (1817), S. 39–51. Der Wortlaut des zugrundegelegten Texts blieb unverändert, jedoch sei auf eine möglicherweise fehlerhafte Stelle hingewiesen: S. 226,14 *fordernden* wurde bereits bei der Bearbeitung der Nachlaßbände zur *Ausgabe letzter Hand* (C¹ 45, S. 142) von Riemer zu »fördernden« korrigiert (dementsprechend so in WA, JA, CA, BA); da zu dieser Stelle keine handschriftlichen Textzeugen vorliegen, muß die Entscheidung über eine (sinnverändernde!) Korrektur offenbleiben.

221 *30 den ersten Aufsatz des zweiten Heftes:* der von Heinrich Meyer verfaßte Aufsatz *Neu-deutsche religios-patriotische Kunst* (S. 319). – *34 der Klosterbruder:* Die von Wilhelm Heinrich Wackenroder (1773–1798) verfaßten und von Ludwig Tieck (1773–1853) herausgegebenen ›Herzensergießungen eines kunstliebenden Klosterbruders‹ waren 1797 anonym erschienen. G.s

kritische Haltung – »einige Mönche waren Künstler, deshalb sollen
alle Künstler Mönche sein«, heißt es hierzu in den *Tag- und Jahres-
Heften* zu 1802 (Bd. 14, S. 97) – bezog auch Tiecks 1798 erschiene-
nen Roman ›Franz Sternbalds Wanderungen‹ ein, zu dem ein
Schema einer für die *Propyläen* geplanten, aber nicht ausgeführten
Rezension erhalten ist (Bd. 6.2, S. 549).

222 *12 Man habe daher dieser Epoche stillschweigend zugesehn:* Zu dieser Haltung G.s vgl. auch Nr. 503 der *Maximen und
Reflexionen* (Bd. 17, S. 812). – *17 die siebenjährige Folge weimarischer Kunstausstellungen:* Zu den Kunstausstellungen und Preisaufgaben der Weimarischen Kunstfreunde in den Jahren 1799 bis
1805 s. Bd. 6.2, S. 409–544. – *31 Lethe:* Fluß in der Unterwelt,
dessen Wasser die Toten auf ihrem Weg in den Hades tranken,
wodurch sie ihr irdisches Leben vergaßen. – *33 den Fug und Unfug
⟨...⟩:* Vgl. hierzu die Vorbemerkung. – *38 Von der Ausbildung der
Teutschen Sprache ⟨...⟩:* Der Aufsatz Ruckstuhls erschien 1816 im
3. Stück des 8. Bandes der von Heinrich Luden (1780–1847) herausgegebenen Zeitschrift ›Nemesis. Zeitschrift für Politik und
Geschichte‹ (Jena 1814–1818). Vgl. hierzu auch Bd. 9, S. 1011 f.

223 *1 Verfasser:* Carl Joseph Heinrich Ruckstuhl (1788–1831),
ein Schüler Johann Heinrich Pestalozzis (1746–1827), war zunächst Lehrer an der Kantonsschule in Aarau, später Gymnasiallehrer in Bonn und Koblenz. – *3 Er warnt, wie wir auch würden
getan haben ⟨...⟩:* In seinem oben erwähnten Antwortschreiben
vom 30. Dezember 1816 merkt Sulpiz Boisserée, der zuvor seine
ursprüngliche Distanz zu Ruckstuhl nicht verleugnet hatte, zu
dessen Ausführungen an: »Gegen unsere patriotischen Sprachal-
tertümler und Juristen hätte er noch den hübschen, scharf treffenden Beweis anführen können, daß die besten altdeutschen Helden-
gedichte des dreizehnten Jahrhunderts ebenso sehr und fast noch
mehr mit fremden, besonders französischen Ausdrücken angefüllt
sind, als die neueren deutschen Werke« (Boisserée, Bd. 2, S. 154). –
14 im Kanton Luzern: am 12. Dezember 1788 in St. Urban.

224 *14 Johannes Secundus:* Pseudonym des Jan Nicolai Eve-
raerts (1511–1536), der als Niederländer in lateinischer Sprache
schrieb. Vgl. auch *Maximen und Reflexionen* Nr. 362 (Bd. 17,
S. 782). – *15 Baldes:* Jakob Balde (1604–1668), elsässischer Jesuit,
der in neulateinischer Sprache dichtete. Unter dem Titel ›Terpsi-
chore. Lyrische Gedichte. Aus dem Lateinischen‹ hatte Johann
Gottfried Herder 1794 zwei Bände mit Gedichten Baldes veröffentlicht, denen er 1795 einen dritten Band, ›Nachlese‹, folgen ließ.
– *16 Herr Passow:* Franz Ludwig Passow (1786–1833) hatte 1807
die 1539 erschienenen ›Basia‹ (Die Küsse) des Johannes Secundus
übersetzt. – *30 jedes mäßige Talent:* Die Kommentare verweisen

an dieser Stelle übereinstimmend auf Schillers Distichon ›Dilet-
tant‹.

225 *20 Marchand:* Theobald Marchand (1741–1800), Schauspieler und Theaterdirektor aus Straßburg. Marchand, dessen
Theatertruppe G. 1771 in Straßburg gesehen hatte, leitete 1771 bis
1777 in Frankfurt die ›Kurpfälzische Operngesellschaft‹ und führte
am 13. September 1775 mit seiner Truppe G.s *Erwin und Elmire*
(Bd. 1.2, S. 12) in der Vertonung von Johann Christian André
(1741–1799) auf. G. erwähnt Marchand im 17. Buch von *Dichtung
und Wahrheit* (Bd. 16, S. 734) und zuvor schon in dem 1808
entstandenen Beitrag ⟨*Über die Notwendigkeit, Tunlichkeit und
Schicklichkeit der Trennung des Schauspiels von der Oper*⟩ (Bd. 9,
S. 969). – *21 Milchmädchen mit den täppischen Jägern:* ›Das Milchmädchen und die beiden Jäger‹ (1772) ist die durch Christian
Friedrich Schwan besorgte deutsche Bearbeitung der französischen komischen Oper ›Les deux chasseurs et la laitière‹ (Paris
1763), zu der Louis Anseaume (1721–1784) das Libretto verfaßte
und Egidio-Romoaldo Duni (1709–1775) die Musik schrieb. –
22 die Schöne mit dem gutmütigen Ungeheuer: Die von André
Erneste Modeste Grétry (1741–1813) komponierte komische Oper
›Zémire et Azor‹, die nach der Vorlage ›La Belle et la bête‹ von Jean-
François Marmontel (1723–1799) entstand, war 1771 ins Deutsche
übertragen und unter dem Titel ›Die Schöne und das Ungeheuer‹
aufgeführt worden. Der Kommentar der ›Berliner Ausgabe‹ (wie
vor ihm schon die ›Jubiläumsausgabe‹) merkt an dieser Stelle an,
daß G. es hier unterläßt, etwa auf die Verdienste von Christian
Felix Weisse (1726–1804) und Johann Adam Hiller (1728–1804) zu
verweisen, deren um 1770 verfaßte Singspiele einen wesentlichen
Beitrag zur Entwicklung der deutschen Oper geleistet hatten, und
daß ferner auch schon vor Marchand gelungene Versuche unternommen worden waren, ausländische Opern mit einem deutschen
Text zu versehen. – *27 der Musikalischen Zeitung:* Die ›Allgemeine
musikalische Zeitung‹ wurde 1798 von Gottfried Christoph Härtel
in Leipzig gegründet, Redakteur war bis 1819 Johann Friedrich
Rochlitz (1769–1842). – *30 daß der Deutsche nichts wunderlicheres
tun könnte:* In gleichem Sinne hatte sich G. bereits 1808 in seinem
Beitrag ⟨*Lyrisches Volksbuch*⟩ geäußert: »Bedenkt man, daß so
wenig Nationen überhaupt, besonders keine neuere, Anspruch an
absolute Originalität machen kann; so braucht sich der Deutsche nicht zu schämen, der seiner Lage nach in den Fall kam
seine Bildung von außen zu erhalten, und besonders was Poesie
betrifft, Gehalt und Form von Fremden genommen hat« (Bd. 9,
S. 617).

226 *1–16 Wir geben gerne zu* ⟨. . .⟩ *innerhalb der Muttersprache*

befriedigen: Zu diesem Abschnitt ist ein sehr viel ausführlicherer
Entwurf erhalten:

Ferner geben wir zu und bestätigen daß jeder Deutsche seine
vollkommene Ausbildung innerhalb unserer Sprache ohne irgend eine fremde Beihülfe hinreichend gewinnen kann dies
verdanken wir einzelnen vielseitigen Bemühungen des vergangenen Jahrhunderts welche gegenwärtig der ganzen Nation zu
gute kommen.

Besondern Gewinn aber zieht hievon ein Mittelstand wie ich
ihn im besten Sinne des Wortes nennen möchte hierzu gehören
die Bewohner kleiner Städte deren Deutschland so viele wohl
gelegene und wohlbestellte zählt Beamte und Unterbeamte
daselbst Handelsleute Fabrikanten vorzüglich Frauen und
Töchter solcher Familien auch Landgeistliche in sofern sie
Erzieher sind. Diese Personen samtlich finden ihr Lebens- und
Lehrbedürfnis innerhalb der Muttersprache.

Will man aber andere weite Weltverhältnisse mißkennen
ein ausschließendes Gesetz aufstellen fremde Sprachen deren
Übung und Benutzung verbieten so muß jeder echte Vaterlands-
freund mit Kraft dagegen wirken.

Die Gelehrsamkeit überhaupt läßt sich ohne die alten Sprachen nicht denken und wie sollte sich jemand zum Erzieher in
höherem Sinne bilden ohne gründliches Studium derselben. Das
ganze Talent eines Weltmanns ruht auf der Gewandtheit in
neueren Sprachen hohe Staatsämter diplomatische Vorschule
derselben Handelsmänner und deren reisende Gehülfen, Staatsmänner und Diplomaten zu eigenem Vorteil.

Der Wissenschaft und Philosophie ergebene können die neuen
Sprachen nicht entbehren sowohl weil sie sich aus Büchern
unterrichten müssen als auch weil der Völker Verkehr täglich
stärker wird. Engländer und Franzosen lernen deutsch sollte man
ihnen nicht entgegen kommen und reichten unsere Tag- Wo-
chen- und Monatsblättler ohne fremde Sprache wohl aus und die
mancherlei Übersetzungs Anstalten die sich immer vermehren
wie sollten sie gedeihen. Alles das ist so klar und jedem einleuch-
tend daß man gar nicht weiß warum man darüber spricht, und
doch vernimmt man immerfort hie und da mißverstandene
Mißbilligung· solcher Studien und solcher Bemühungen.

Textgrundlage: Handschrift GSA 25/XXXVI,20,1d (Beschreibung s.
SL 4, S. 36 f.: H²). – Ein Eingriff: *kommen* (kommt Hs.).
Erstdruck: WA I 41/1 (1902), S. 465 f.

– 25–40 Die Muttersprache zugleich reinigen und bereichern ⟨...⟩
fließt darüber her: Zu diesem Abschnitt ist ein Schema überliefert:

Reinigung ist Bereichern
Geistreich muß sie geschehn
Geistlose Reinig. macht die Spra⟨ch⟩e stocken
Und gibt schlech⟨tes⟩ Surrogat
geistreiche zeigt daß aus dem Inn⟨ern⟩ der Nation sich der selbe
    Begriff den man geborgt hatte entwickeln kann
Bereicherungsbeispiel
Egotism Egoism

    Schutztitel
Fr. Vortitel
    Schutztitel
    Stängeln perche⟨r⟩

Textgrundlage: Handschrift GSA 25/XXXVI,20,1b (Beschreibung s. SL 4, S. 36: H¹).
Erstdruck: WA I 41/1 (1902), S. 464 f.

REDENSARTEN WELCHE DER SCHRIFTSTELLER VERMEIDET,
    SIE JEDOCH DEM LESER BELIEBIG
        EINZUSCHALTEN ÜBERLÄSST

Die Aufzählung von redensartlichen Wendungen und Füllwörtern gehört, wie der vorige Text, in den Zusammenhang von G.s sprachkritischen Äußerungen; der Beitrag wurde 1817 in *Über Kunst und Altertum* publiziert. Für das erste Heft des vierten Bandes dieser Zeitschrift hatte G. eine Fortsetzung des Themas erwogen. Dieser unter dem Titel *Nichts anders als* überlieferte Text ist dann allerdings Fragment geblieben und wurde erst 1833 in Bd. 49 der *Ausgabe letzter Hand* veröffentlicht (vgl. Bd. 13.1, S. 456 u. 898).

Textgrundlage und Erstdruck: KuA I 3 (1817), S. 52–55.

227 *23 Wie ich mich erinnere:* Auf einem gesonderten Blatt, das den Notizen zu diesem Aufsatz zuzurechnen ist, notierte sich G. noch weitere Formulierungen, die er mit Ausnahme der vierten Redensart nicht in den publizierten Text übernommen hat:

Man hat es oft bemerkt
———————— Gesagt
Man weiß
Wie ich mich erinnere
Wie es zu gehn pflegt

Textgrundlage: Handschrift GSA 25/XXXVI,20,2 (Beschreibung s. SL 4, S. 44 f.: H⁴).
Erstdruck: WA I 41/1 (1902), S. 468.

228 *21 der treffliche Fichte:* Der Philosoph Johann Gottlieb Fichte (1762–1814) lebte und lehrte von 1794 bis 1799 in Jena (vgl. Bd. 6.2, S. 1298–1301).

⟨ÜBER KANTS PHILOSOPHIE⟩

Schon der einleitende Satz verdeutlicht, daß sich G. in diesem kurzen Beitrag nicht – wie es der Verweis auf einen »§ 3« nahelegen könnte – auf eine Abhandlung von Immanuel Kant (1724–1804) selbst bezieht, sondern auf eine knappe Darstellung philosophischer Grundgedanken Kants. Dabei handelt es sich um die ›Kurze Vorstellung der Kantischen Philosophie von D. F. V. R.‹, die Dr. Franz Volkmar Reinhard (1753–1812) verfaßt hatte. G. und Reinhard, der bis 1791 in Wittenberg Professor der Theologie und danach Oberhofprediger in Dresden war, hatten sich 1807 in Karlsbad kennengelernt; G. berichtet darüber auch in den *Tag- und Jahres-Heften* zu 1807, wo Reinhards »schöne sittliche Natur, sein ausgebildeter Geist, sein redliches Wollen, so wie seine praktische Einsicht was zu wünschen und zu erstreben sei« (Bd. 14, S. 190) hervorgehoben werden (vgl. auch Ruppert, Nr. 208).
Die in 21 Paragraphen untergliederte, erstmals vollständig im Goethe-Jahrbuch 19 (1898; dort S. 35–38) abgedruckte Schrift Reinhards, die vermutlich aus seiner Wittenberger Zeit stammt, in der er sich intensiv mit Kants Philosophie beschäftigt hatte, las G. während seiner Kur in Bad Tennstedt, wo er sich vom 24. Juli bis zum 10. September 1816 aufhielt. Am 25. August notierte er in seinem Tagebuch: »Bei Kreis Amtm. Just. Reinhard Epitome Kantischer Lehre«.
Am 3. Januar 1817 schickte G. die Reinhardsche Abhandlung an die Erbgroßherzogin Maria Pawlowna von Sachsen-Weimar (1786–1859) und bemerkte hierzu, »das Beikommende ist vielleicht das Abgezogenste was Menschen-Geist und Sinn von sich selber hören kann. ⟨...⟩ Demohngeachtet konnte ich nicht unterlassen ein Blatt hinzuzufügen wodurch die Strenge eines allzuscharfen Denkers vielleicht gemildert und erheitert werden könnte«. Als Beilage übersandte G. den vorliegenden kurzen Beitrag.

Textgrundlage: Handschrift GSA 29/15, Bl. 7–8 (Beschreibung s. GJb 19, 1898, S. 39; vgl. auch WA IV 27, S. 443) unter Berücksich-

tigung aller Korrekturen; es handelt sich um ein von G. durchkor-
rigiertes Konzept von Kräuters Hand (die behändigte Ausfertigung befindet sich nach einer Notiz von 1930 im Archivexemplar
der WA im GSA in Privatbesitz). Überschrift nach CA. – Die
doppelte Unterstreichung des Worts »Vorstellungsvermögens« im
Manuskript wurde im Druck durch Kursivierung und Sperrung
wiedergegeben (S. 229,15).
Erstdruck: GJb 19 (1898), S. 39 f. (Goethe an die Großfürstin
Maria Paulowna über Kants Philosophie, hg. von Bernhard Suphan).

229 *8 suppliert:* lat. ›ergänzt, ausgefüllt, vervollständigt‹. –
12 Im §. 3.: Dieser Paragraph Reinhards lautet: »Vermittelst dieser
Kritik läßt sich zeigen, daß *Sinnlichkeit, Verstand* und *Vernunft*
Hauptkräfte unsers Vorstellungsvermögens sind«. Gemeint ist
damit die Vernunftkritik Kants, wie er sie in seiner zuerst 1781, in
einer umgearbeiteten Fassung 1787 erschienenen ›Kritik der reinen
Vernunft‹ unternommen hatte. – *32 Wiederholen wir das Gesagte:*
Bemerkenswert ist hier die anschauliche, in der Gruppierung und
Anordnung der ›vier Hauptkräfte‹ an die Beschreibung eines Gemäldes erinnernde poetische Ausdrucksweise G.s; sie unterscheidet sich grundsätzlich von der Diktion Kants – zumal in dessen
›Kritiken‹ – und markiert in ihrer prinzipiellen Orientierung am
›Gegenständlichen‹ (vgl. den Aufsatz *Bedeutende Fördernis durch
ein einziges geistreiches Wort*; Bd. 12, S. 306) zugleich die grundlegende Differenz der beiden gedanklichen Ansätze; G. läßt dies,
wenngleich wesentlich vorsichtiger, auch gegenüber Eckermann
am 11. April 1827 anklingen, wenn er mit Blick auf Kant bemerkt,
daß »ich aus eigener Natur einen ähnlichen Weg ging als er«
(Bd. 19, S. 224). Die Forderung nach »einer Kritik der Sinne und
des Menschenverstandes« wird ebenfalls in einem Gespräch mit
Eckermann (17. Februar 1829; Bd. 19, S. 288) wiederholt, ähnlich
auch in Nr. 468 der *Maximen und Reflexionen* (Bd. 17, S. 805).
230 *18 s. m.:* lat. salvo meliori, ›unter Vorbehalt von etwas
Besserem‹.

⟨Zur Übersetzung von Maturins Trauerspiel
›Bertram or the Castle of St. Aldobrand‹⟩

»Englische Poesie und Literatur trat vor allen andern dieses Jahr
besonders in den Vordergrund«, notierte sich G. im Rückblick
seiner *Tag- und Jahres-Hefte* zu 1817 (Bd. 14, S. 262): Die Beschäftigung mit Charles Robert Maturins Schauspiel ›Bertram or

The Castle of St. Aldobrand‹, aus der dieser von G. nicht veröffentlichte Aufsatz entstand, ist dabei, wie ein Blick in das Verzeichnis
von G.s Bibliothek zeigt, eng mit Namen und Person des Bremer
Gelehrten, Schriftstellers und Übersetzers Carl Jakob Ludwig Iken
(1789–1841) verbunden.

Nachdem G. das Stück (»*Bertram* Tragödie Engl.«) bereits am
24. März 1817 in seinem Tagebuch erwähnt hatte, schickte ihm
Iken am 26. Mai 1817 ein Exemplar dieses überaus erfolgreichen
Dramas zu, das im Jahr seiner Veröffentlichung bereits siebenmal
aufgelegt und – wie Iken in seinem Brief anmerkte – im Londoner
Drurylane-Theater »nicht weniger als über dreißig mal« nacheinander aufgeführt worden war (Auszüge des Schreibens zitiert
Bernhard Suphan: Anzeige des Trauerspiels »Bertram« nebst Proben einer Übersetzung. In: GJb 12, 1891, S. 12–32, wo dieser
Aufsatz G.s erstmals veröffentlicht wurde; der Brief Ikens dort auf
den S. 13–16). Iken legte der (in der 7. Auflage gedruckten) engl.
Fassung eine eigene, handschriftliche Übersetzung in »rhyth-
mischer Prose« bei.

Am 13., 14. und 15. Juni 1817 beschäftigte sich G. nach Auskunft seines Tagebuchs mit der Übersetzung, Abschrift und Korrektur einzelner Szenen aus dem ›Bertram‹ und zieht wenige Tage
später, in einem Brief an den mit Iken befreundeten Maler, Zeichner und Kupferstecher Johann Heinrich Menken (1764–1834; vgl.
auch *Skizzen zu Castis Fabelgedicht: die redenden Tiere*, S. 376,
sowie S. 1042 f.), der Iken auch den Kontakt mit G. vermittelt
hatte, eine erste Bilanz: »Das Trauerspiel *Bertram* betreffend, so ist
schon schwerer darüber zu sprechen. Die Würdigung des Gehal-
tes, die Untersuchung inwiefern es übersetzbar sei verlangt Nachdenken und, wenn man sich darüber unterhalten will, genauen
Ausdruck. Vielleicht kann ich bald Herrn Iken darüber meine
Gedanken eröffnen. Betrachtungen dieser Art greifen freilich nach
allen Seiten und sind schwer zusammen zu fassen«. Wesentlich
offener als in diesen diplomatischen Formulierungen räumt er
einen Tag später der Schwiegertochter Ottilie gegenüber seine
Schwierigkeiten ein: »An *Bertram* wird fort übersetzt, es geht aber
sehr langsam, denn, wie man sich auch stelle, wird man entweder
übertrieben oder flach. Indessen läßt sich nicht leugnen daß das
Original sich in einer löblichen genießbaren Mitte hält, und daß
eine poetische Ader durch die ganze Fratze durchgeht«.

Es mag nach diesem Resümee nicht verwundern, daß Iken die
von G. zumindest erwogenen »Betrachtungen« trotz wiederholter
schriftlicher Aufforderung (so am 17. Juli und 15. August 1817,
dann am 24. August 1818) nie erhalten hat und sich G. auch in
seinem seit 1820 entwickelnden Briefwechsel mit Iken, den er vor

allem als Übersetzer des ›Touti Nameh‹ (1822; Ruppert, Nr. 1778)
schätzen lernte (vgl. Bd. 13.1, S. 345), später nie mehr ausführlich
über den ›Bertram‹ geäußert hat, obwohl er im Laufe der Jahre
nicht weniger als drei Übersetzungen dieses Werkes aus der Feder
Ikens erhalten hatte (s. u.).

Die im folgenden abgedruckte, dem Kommentar der ›Berliner
Ausgabe‹ entnommene komprimierte Inhaltsangabe des Stückes
verdeutlicht zudem, warum G. auf eine ursprünglich geplante
Publikation seines Aufsatzes in *Über Kunst und Altertum* dann
doch verzichtet hat. In seiner Expressivität und Exzentrizität
schien G. dieser »Talmi-Byron« (so Suphan, S. 18) eher ein Dokument der Sturm-und-Drang-Epoche, das mit der programmatischen Ausrichtung und kulturpolitischen Intention seiner
Zeitschrift nur schwer zu vereinbaren gewesen wäre.

Die in G.s Bibliothek vorhandenen Ausgaben des ›Bertram‹ (Ruppert, Nr. 1511–1514):
A) Robert Charles Maturin: Bertram; or The Castle of St. Aldobrand; a tragedy in 5 acts. 7. ed. London: J. Murray 1816. (Mit
   hs. Widmung Ikens:»Göthen / dem deutschen Shakespear
   und Sophokles / dem Musageten / dem Vermittler des britti-
   schen / germanischen und griech. Genius«).
B) Bertram oder die Burg von Sanct Aldobrand. Trauerspiel in 5
   Aufzügen. Aus d. Engl. übers. v. C[arl Jacob Ludwig Iken].
   Bremen 1817. [Papierhs. d. klass. Zeit.] o. O. 1817. 40 beschr.
   Blätter. (Mit der Widmung:»Dem höchsten Dichter Göthen in
   tiefster Verehrung und Ergebenheit«).
C) Bertram oder die Burg von Sanct Aldobrand. Tragödie in 5
   Akten. Eine Nachdichtung, hrsg. v. C[arl] J[acob] L[udwig]
   Iken. Bremen: W. Kaiser in Komm. 1818. (Mit der gedruckten
   Widmung:»Dem höchsten Dichter Goethe'n in tiefster Ver-
   ehrung vom Herausgeber«, dazu die hs. Notiz:»Aufgeführt in
   Frankfurt a. M. im Sept. u. Oktob. 1818«).
D) Bertram. Romant. Drama, eingeführt durch Walter Scott u.
   Lord [G. N. G.] Byron ... Freie metr. Übers. v. Carl [Jacob
   Ludwig] Iken ... 2. verm. Ausg. nach d. 7. Aufl. d. Originals.
   Mit e. Anh. enth. e. kurze Geschichte d. dramat. Dichtkunst d.
   Engländer ... Bremen: A. D. Geisler 1830.

Der Inhalt des ›Bertram‹ (nach: BA 18, S. 767):
»I. Akt. Im Gewittersturm scheitert Bertrams Schiff. Er wird gerettet und im Kloster St. Anselm aufgenommen. Das in der Nähe
befindliche Schloß bewohnt Imogine, Bertrams einstige Geliebte,
jetzt, ohne Wissen Bertrams, Gattin seines Feindes, des Grafen

Aldobrand. Bertram war auf Aldobrands Betreiben in Ungnade gefallen, mußte das Land verlassen und wurde Seeräuber. Imogine war Aldobrand unter dem Druck bitteren Elends gefolgt. Hochgeehrt als Aldobrands Gattin und Mutter eines Knaben, gehört ihre Liebe weiterhin Bertram. Ein Bote des Priors überbringt dessen Bitte, den Schiffbrüchigen Aufnahme im Schloß zu gewähren. – II. Akt. Bertram, der sich dem Prior zu erkennen gibt und von Aldobrands Abwesenheit erfährt, will sich rächen. Die dritte Szene beginnt mit Imogines Monolog, in dem sie ihre Liebe zu Bertram, den sie fern glaubt, bekennt. (Goethe übersetzte die ersten Verse des Monologs.) Clotilde, Imogines Vertraute, erzählt von dem Fremden, den sie beobachtet hat, und Imogine bittet ihn zu sich. (Goethe übersetzte die Begegnung bis zum Höhepunkt, der Erkennung.) – III. Akt. Die Heimkehr Aldobrands wird gemeldet; Imogine will entsagen und sterben, sagt aber Bertram eine letzte Zusammenkunft zu. – IV. Akt. Nach der Zusammenkunft verzweifelt Imogine. Sie will dem heimgekehrten Aldobrand ihr Vergehen gestehen, aber der Graf ist zu müde. Bertram, der mit seiner Bande ins Schloß eingedrungen ist, betritt Imogines Zimmer. (Goethe übersetzte den sich anschließenden Dialog.) In der Schloßhalle wird Aldobrand von Bertram ermordet. – V. Akt. Imogine, die sich im Wahnsinn als Mörderin ihres Gatten anklagt, wird verflucht, Bertram gibt sich gefangen. Die wahnsinnige Imogine stirbt in seinen Armen. Bertram ersticht sich«.

(Eine noch ausführlichere Inhaltsangabe in dem oben genannten Beitrag von Bernhard Suphan.)

Textgrundlage: Handschrift GSA 25/XV,7,3 (Beschreibung s. SL 5, S. 90: H) zu S. 230,26–231,26; Handschriften GSA 25/XV,7,3 (Beschreibung s. WA I 11, S. 451: H² u. H³) zu S. 231,29–232,3 und S. 232,7–235,15, jeweils unter Berücksichtigung aller Korrekturen. Überschrift MA. – Ein Eingriff: S. 232,20 *scheiterte* (scheiderte Hs.; unvollständige Korrektur G.s aus »scheuderte« wurde durchgeführt). Wahrscheinlich auf einem Versehen beruht die Stelle S. 234,16 *allseits*, von G. im Manuskript eigenhändig als Korrektur über »nun« eingetragen, aber nach WA »wohl verschrieben für ›allein‹« (engl. Text: »My harassed thought hath not one point of fear, / Save that it must not think«).
Erstdruck: GJb 12 (1891), S. 22–32 (Goethes Aufsatz über »Bertram« und Proben einer Übersetzung, hg. von Bernhard Suphan).

230 *26 Das Trauerspiel Bertram:* Der Verfasser des ›Bertram‹, Charles Robert Maturin (1782–1824), Sohn nach Irland ausgewan-

derter französischer Eltern, war ursprünglich protestantischer
Geistlicher und Pädagoge in seiner Geburtsstadt Dublin gewesen
und wurde insbesondere durch seinen 1820 erschienenen Schauer-
roman ›Melmoth the Wanderer‹ bekannt. – *28 Schillerische Moors:*
Karl und Franz Moor sowie deren Vater Maximilian Graf von
Moor, Personen aus Friedrich Schillers Schauspiel ›Die Räuber‹,
erschienen 1781, uraufgeführt in Mannheim am 13. Januar 1782. –
29 Kotzebuische Kinder: Sowohl in August Kotzebues (1761 bis
1819) 1789 erschienenem Schauspiel ›Menschenhaß und Reue‹
(V 6) als auch in seinem 1803 veröffentlichten Drama ›Die Hussi-
ten vor Naumburg im Jahr 1432‹ traten Kinder auf. – *37 Abstruses
mit Abstrusem:* ein für G. signifikantes negatives Werturteil, mit
dem er u. a. auch die indische Philosophie (vgl. S. 246,11) klassifiziert.

231 *19 Kean:* Edmund Kean (1787–1833), seit 1814 Schauspieler am Londoner Drurylane-Theater, wurde insbesondere als
Shakespeare-Darsteller berühmt. – *20 Miß Sommerville:* Mary
Sommerville (1780–1873), engl. Schauspielerin. G. folgte in diesem Abschnitt der kurzen Vorrede, die in der engl. Originalausgabe
den ›Dramatis Personae‹ vorangestellt wurde, wo es u. a. hieß:
»To those who have witnessed the exertion of Mr. Kean's talents
in the finest characters of the Drama, it is unnecessary to say, he
in this Tragedy had opportunities, of which the Public rapturously
testified how well he knew to avail himself. – It were to
neglect a positive duty not here to pay a tribute to the performance
of the part of Imogine, by a Young Lady, who will find it a noble,
perhaps an ardous task, to realize all the expectations which her
successful debût has excited«.

URTEILSWORTE FRANZÖSISCHER KRITIKER ⟨I⟩

Im Oktober 1812, während der Arbeiten am 11. Buch von *Dichtung und Wahrheit*, beschäftigte sich G., wie seine wiederholten
Tagebucheinträge vom 10. bis zum 14. und 16. bis zum 21. Oktober belegen, intensiv mit der Korrespondenz des Schriftstellers und
Diplomaten Friedrich Melchior Baron von Grimm (1723–1807). In
diesen später unter dem Titel ›Correspondance littéraire, philosophique et critique‹ veröffentlichten Mitteilungen hatte der Baron in
vierzehntägigem Turnus zwischen 1753 und 1790 Berichte aus dem
gesellschaftlichen und kulturellen Leben im Paris des ancien régime an den Herzog von Sachsen-Gotha und andere Höfe geschickt. Wie ein Brief an Carl Ludwig von Knebel (1744–1834)
vom 17. Oktober 1812 verdeutlicht, hatte sich G. schon während

der Lektüre »den Spaß gemacht, alle Worte auszuziehen, wodurch
Menschen sowohl als literarische und soziale Gegenstände verkleinert, gescholten oder gar vernichtet werden«. Seit damals lag also
dieser Auszug (nicht nur) literarischer Werturteile vor (vgl. hierzu
auch die Vorbemerkungen zu *Urteilsworte französischer Kritiker*
⟨*II*⟩, S. 933 ff.).

Bei der Veröffentlichung dieser *Urteilsworte französischer Kritiker* hat G. dann allerdings einen zumindest recht unorthodoxen
Weg gewählt: 1817 erscheint in *Über Kunst und Altertum* I 3 ein
erster Teil dieses Beitrages, dessen heterogener Charakter ganz
offensichtlich ist. Er setzt sich aus drei ganz unterschiedlichen
Bestandteilen – einer alphabetisch geordneten Liste, einem Gedicht und einem Prosatext – zusammen, die ein interpretatorischer
Zugriff zwar in einen Bezug zueinander stellen kann, deren unmittelbarer Zusammenhang aber zunächst nicht zu erkennen ist. Und
selbst die wenigen Abschnitte am Ende dieses Artikels zerfallen
deutlich in zwei Teile, deren ›Nahtstelle‹ unübersehbar ist. An
allgemeine Reflexionen über den Einfluß ausländischer Kulturen
auf Kunst und Literatur einer Nation, die in einem denkbar
weitgespannten historischen Bogen von der Antike bis in die
unmittelbare Gegenwart hinein reichen, schließt sich ein längeres
Zitat aus der Schrift des russischen Gelehrten und Staatsmannes
Sergej Semjonowitsch Uwarow (1786–1855) an, das mit einigen
erläuternden Bemerkungen versehen wird – ein für G. nicht un-
typisches Verfahren, das er auch andernorts, etwa in seiner Rezension zu Ernst Stiedenroths ›Psychologie zur Erklärung der
Seelenerscheinungen‹ (Bd. 12, S. 355) vorgeführt und in seinem
Aufsatz *Das Sehen in subjektiver Hinsicht, von Purkinje. 1819.*
(ebenda, S. 345) ausdrücklich gerechtfertigt hat (beide Artikel
erschienen im letzten Heft seiner Zeitschrift *Zur Morphologie*). Ein
Exzerpt also auch hier am Ende dieses Beitrags, und es kann
durchaus der Eindruck entstehen, als habe G. den Raum in seiner
Zeitschrift vor allem genutzt, um unter dem Obertitel *Urteilsworte französischer Kritiker* Verschiedenartigstes unterzubringen
und mitzuteilen.

Denn wenn das Publikum am Ende dieses Artikels angelangt ist,
wird es einen flammenden Appell gegen jede engstirnige und
»kümmerliche Beschränkung eines erkältenden Sprach-Patriotismus« (S. 239,40 f.) gelesen haben, den G. in seinem Plädoyer für
eine »freiere Weltansicht« (S. 224,7) schon im Aufsatz *Deutsche
Sprache* (S. 221) vorgetragen hatte und den er in seinem Alterswerk
von nun an immer wieder propagieren und in der Formel von der
»Weltliteratur« verdichten wird (vgl. die *Maximen und Reflexionen* Nr. 690, 767, auch 1393). Nur – über den eigentlichen, in der

Überschrift angezeigten Gegenstand wird der Leser keine weiteren Informationen erhalten haben. Der tabellarische Auszug aus dem Vokabular französischer (Kunst)Kritiker wird zwar gleich eingangs vorgestellt, aber abgesehen von der prinzipiellen Unterteilung in negative bzw. positive Werturteile nicht näher kommentiert. Auskünfte zu Herkunft und Quelle(n) dieser Exzerpte unterbleiben ebenso wie eine die Bedeutung einzelner Termini erläuternde Übertragung ins Deutsche.

Erst drei Jahre später, wiederum in *Über Kunst und Altertum* (II 2), hat G. dann die Entstehung und – was noch wichtiger ist – die Veranlassung dieser Publikation in einem kurzen, separaten Artikel nachgetragen (vgl. S. 265).

Kein Kommentar hat es bislang für nötig erachtet, die *Urteilsworte französischer Kritiker* ins Deutsche zu übersetzen, was insofern verwundert, da einige Wörter wohl kaum mehr geläufig sind und andere ihre Bedeutung erst in einem übertragenen Sinn erschließen. Darüber hinaus konfrontieren die von G. zusammengestellten Termini jeden Übersetzer mit einigen Problemen grundsätzlicher Art. Oft ist ein Wort nicht in seiner üblichen unflektierten bzw. unkonjugierten Form verzeichnet, vielfach ist die Bedeutung ohne den genauen Kontext schwer zu entschlüsseln. Wer immer sich dieser Mühe unterziehen würde, im Vergleich mit der (Grimmschen) Vorlage die jeweiligen genauen Fundorte zu ermitteln, hätte damit eine verdienstvolle (Fleiß)Arbeit geleistet: Aller Wahrscheinlichkeit nach würde sich am Ende dieser Recherche allerdings die Frage erheben, ob Aufwand und Resultat in einem vernünftigen Verhältnis zueinander standen ...

Darüber hinaus ist natürlich auch in Rechnung zu stellen, daß der seit der ›Goethe-Zeit‹ eingetretene Bedeutungs- und Sprachwandel das Verständnis einzelner Begriffe zusätzlich erschwert. Die folgenden Übersetzungsvorschläge versuchen, insofern beiden Aspekten Rechnung zu tragen, als sowohl Goethe zur Verfügung stehende Wörterbücher (vgl. Ruppert, Nr. 645, 647, 655, 735, 736, 737 oder 739) zu Rate gezogen als auch heutige Nachschlagewerke konsultiert worden sind. Für hilfreiche Hinweise bei dieser Arbeit dankt der Kommentator Frau Dr. Almuth Grésillon (Paris) ganz herzlich.

Wo G. flektierte Wörter mitteilt, ist die grammatikalisch neutrale Form in Winkelklammern angefügt. Wörter, die ohne Kenntnis des Kontexts besonders schwer zu entschlüsseln sind, wurden durch ein * gekennzeichnet.

Reichliche des Tadels

A

abandonnée: ⟨abandonné⟩ wüst, öde, liederlich, zügellos
absurde: ungereimt, albern, abgeschmackt
arrogance: Anmaßung, Dünkel
astuce: (Hinter)List, Schlauheit, Verschlagenheit

B

bafoué: lächerlich gemacht
bête: dumm, albern, einfältig
bétise: Dummheit, Unverstand
bouffissure: Aufgeblasenheit
bourgeois: spießbürgerlich, philiströs
boursoufflure: Schwulst
bouquin: Schmöker, altes Buch
boutade: Grille, Laune
*brisé: zerschlagen, gebrochen, todmüde
brutalité: Rohheit, Ungeschliffenheit

C

cabále: Ränke(spiel)
cágot: heuchlerisch, scheinheilig
canaille: Gesindel, Schurke
*carcan: ursprünglich ›Halseisen‹, in einer übertragenen Bedeutung häufig im Sinne von Zwang(sjacke) gebraucht (etwa als »carcan de la discipline«)
clique: Rotte, Sippschaft
contraire: nachteilig, schädlich
creature: verächtliche Bezeichnung für eine Person

D

declamatoire: hochtrabend
décrié: in Verruf gebracht, verschrien
dégout: Ekel, Widerwillen, Verdruß
denigrement: Verleumdung
dépourvû: entblößt
dépravé: verdorben, entstellt
désobligeant: ungefällig, unfreundlich
detestable: abscheulich
diabolique: teuflisch, verteufelt
dure: ⟨dur⟩ hart(herzig), schwer, zäh

E

*echoppe: Schuppen, Krambude
*enflúre: wörtlich ›Schwellung, Beule‹; im übertragenen Sinn dann ›Schwülstigkeit, Aufgeblasenheit‹
engouement: Schwärmerei, (Vor)Eingenommenheit

ennui: Langeweile, Überdruß
ennuyeux: langweilig, verdrießlich
enorme: unermeßlich, maßlos
entortillé: verwickelt, verwirrt
ephémères: ⟨éphémère⟩ vorübergehend, vergänglich
*éplûché: ausgeklaubt, genau untersucht
espèce: Sorte, Art; verächtliche Bezeichnung für eine Person
étourneau: wörtlich ›Star‹; übertragen für ›Strohkopf, leichtsinniges Huhn‹

F

*factices: ⟨factice⟩ erkünstelt, unecht, künstlich
fadaise: Albernheit
faible: schwach, schwächlich
faineans: ⟨fainéant⟩ Faulenzer
fâné: verblüht, verdorrt
fastidieux: erdrückend, anstrengend
fatiguant: ⟨fatigant⟩ ermüdend, lästig
fatuité: Geckenhaftigkeit, Dünkel, Überheblichkeit
faux: unwahr, falsch, auch: eitel
forcé: übertrieben, unnatürlich
fou: verrückt, toll, auch: närrisch
*fourré: als Substantiv ›Dickicht, Gestrüpp‹; als Part. passé von fourrer (›hineinstopfen‹) möglicherweise in der Bedeutung von ›vollgestopft mit‹
friperie: Trödel, Plunder
frivole: eitel, seicht, nichtig, auch: leichtsinnig
furieux: rasend, wütend

G

gaté: verdorben
gauchement: linkisch, ungeschickt
gauchers: ⟨gaucher⟩ ungeschickte Menschen, eigentlich: Linkshänder
grimace: Fratze, Verstellung
grossier: grob, plump
grossièrement: oberflächlich, grob

H

haillons: ⟨haillon⟩ Lumpen
honnêtement: bieder, ehrbar
honte: Scham, Schande
horreur: Grauen, Entsetzen, Schau(d)er, Abscheu

I

imbecille: ⟨imbécile⟩ schwachsinnig, einfältig
impertinence: Unverschämtheit, Ungehörigkeit
impertinent: unverschämt, ungehörig, grob

impuissant: unfähig, machtlos, impotent
incorrection: Fehlerhaftigkeit
indecis: unentschieden, unentschlossen
indeterminé: unbestimmt
indifference: Gleichgültigkeit
indignités: ⟨indignité⟩ Unwürdigkeiten, Beleidigungen, Niederträchtigkeiten
inegalité: Ungleichheit, Unregelmäßigkeit, Unbeständigkeit
inguerissable: unheilbar
insipide: geschmacklos, abgeschmackt
insipidité: Geschmacklosigkeit, Abgeschmacktheit
insoutenable: unhaltbar, unausstehlich
intolerant: unduldsam
jouets: ⟨jouet⟩ Spielzeuge
irreflechi: unüberlegt
L
laquais: Lakai, Diener, auch: Speichellecker
leger: leicht(sinnig), unbedeutend, oberflächlich
lesine: Knauserei, Geiz
louche: zweideutig, verdächtig
lourd: schwer(fällig), plump
M
maladresse: Ungeschicklichkeit
manque: Mangel, Defizit, Manko
maraud: Schlingel, Bengel, Schuft
mauvais: schlecht, übel, schändlich
mediocre: mittelmäßig
méprise: Irrtum, Mißverständnis, Versehen
mépris: Verachtung, Geringschätzung
mignardise: Geziertheit
mordant: beißend, grell, durchdringend, ätzend
N
négligé: nachlässig
négligence: Nachlässigkeit, Vernachlässigung
noirceur: Ruchlosigkeit, Bosheit, auch: düstere Stimmung, eigentlich: Schwärze
non-soin: Vernachlässigung, Ungepflegtheit
O
odieux: gehässig, hassenswert, widerwärtig, abstoßend
P
passable: erträglich, leidlich, ziemlich
pauvreté: Armseligkeit, Dürftigkeit
pénible: mühsam, mühselig, peinlich
petites-maisons: ehem. Name für ein Irrenhaus in Paris

peu-propre: untauglich, unsauber
pié-grièche: Würger, übertragen für: Schnatterelster
pitoyable: kläglich, erbarmungswürdig, schlecht
plat: flach, platt, geistlos, fade
platitude: Plattheit, Seichtheit
pompeux: pompös, hochtrabend, schwülstig
precieux: geschraubt, geziert
puerilités: 〈puérilité〉 Kindereien
R
rapsodie: Flickwerk
ratatiné: zusammengeschrumpft
rébattu: oft wiederholt, ausgetreten, viel benutzt
réchauffé: aufgewärmt, auch für: alte Kamellen
rédondance: 〈redondance〉 Wortschwall, Weitschweifigkeit
rétreci: beschränkt, eigentlich: verengt
revoltant: empörend
ridicule: lächerlich
róquet: Köter, Kläffer
S
sans succès: erfolglos
sifflèts: 〈sifflet〉 (Aus)Pfeifen, Zischen
singerie: Grimasse, Nachäffung, Posse, Mätzchen
somnifère: Schlafmittel
soporifique: einschläfernd, langweilig
sottise: Dummheit, Grobheit, grober Streich
subalterne: untergeordnet, untergeben, zweitrangig
T
terassé: niedergeschmettert, bestürzt, gebrochen
tombée: 〈tombé〉 heruntergekommen, schwächer geworden,
     durchgefallen
trainée: 〈traîné〉 als Substantiv ›Streif(en), Hure‹; als Part. passé
     von traîner im Sinne von ›schleppend, in die Länge gezogen‹
travers: als Substantiv ›Eigenheit, auch: Verschrobenheit‹ (vgl.
     auch *Maximen und Reflexionen* Nr. 94; Bd. 17, S. 737, dort in
     der Bedeutung ›Eigenheit, Eigenwilligkeit‹). Als Adjektiv in der
     Bedeutung ›quer, schief‹.
triste: traurig, schwermütig, verdrießlich, freudlos, jämmerlich
V
vague: unbestimmt, undeutlich
vide: leer, bedeutungslos, nichtig, hohl
vexé: verärgert
viellerie: 〈vieillerie〉 abgedroschene Redensarten, alte Geschichten
volumineux: umfangreich

Karge Zeugnisse des Lobs

A

animé: belebt, beseelt
applaudie: beklatscht

B

brillant: glänzend, herrlich, leuchtend

C

charmant: entzückend, reizend, bezaubernd
correct: zutreffend, richtig

E

esprit: Geist, Verstand, Scharfsinn

F

facile: leicht, mühelos, gefällig
finesse: Feinheit, Scharfsinn

G

gout: Geschmack
grace: Anmut, Grazie
gracieux: anmutig, freundlich
grave: ernst, feierlich, würdig

I

invention: Erfindung(sgabe)
justesse: Richtigkeit, Genauigkeit, Scharfblick

L

legèr: leicht, flink, angenehm, locker, behende
legèrté: ⟨légèreté⟩ Leichtigkeit
libre: frei, zwanglos, locker

N

nombreux: zahlreich, auch: wohlklingend

P

piquant: prickelnd, reizvoll
prodigieux: wunderbar, außerordentlich, erstaunlich, gewaltig
pur: rein, ungetrübt, klar

R

raisonnable: vernünftig

S

spirituel: geistreich

V

verve: Schwung, Begeisterung

Textgrundlage und Erstdruck: KuA I 3 (1817), S. 56–65. – Ein Eingriff: S. 237,26 *vide* (vuide KuA; nach C¹ korrigiert); die zahlreichen orthographischen Unregelmäßigkeiten im frz. Text blieben unkorrigiert. Überschrift ergänzt im Hinblick auf den mit gleichem Titel überschriebenen Aufsatz in KuA II 2 (S. 265).

238 *21 Worte sind der Seele Bild* ⟨...⟩: Dieses Gedicht findet sich auch am Ende des Briefes an Sulpiz Boisserée vom 16. Januar 1818. Es ist dort mit der Zeile »Das neuste vom Jahr! damit die letzte Seite nicht leer bleibe! G.« über- und mit der Datumsangabe »am 10. Jan. 1818. G.« unterschrieben. In veränderter Gestalt hat G. diese Verse am 16. Februar 1818 an Zelter geschickt, der sie in diesem Wortlaut vertont hat (s. Bd. 20.2, zu Nr. 305). – *34 auf jeder Stufe* ⟨...⟩ *den Kreis:* Die Bilder der »Stufe« (so auch im »Lehrbrief« in *Wilhelm Meisters Lehrjahre*; Bd. 5, S. 497 f.) und des »Kreises« sind die Metaphern, die G.s Geschichtsdenken am treffendsten charakterisieren. Sie vereinigen sich im Modell der »Spiralbewegung«, wie G. es in der Einleitung zum »Historischen Teil« seiner *Farbenlehre* entworfen hat (Bd. 10, S. 475).

239 *7 Horaz:* Quintus Horatius Flaccus (65–8 v. Chr.). – *8 Shakespears:* William Shakespeare (1564–1616). – *11 Konvenienz:* lat. ›Schicklichkeit, Zuträglichkeit, Bequemlichkeit‹. – *15 die Niebelungen der Ilias gleich zu stellen:* Einen solchen Vergleich hatte der Schweizer Historiker Johannes von Müller, Edler von Sylvelden (1752–1809), der seit 1792 kaiserlicher Hofrat in Wien war und 1807 Napoleons Unterrichtsminister in Westfalen wurde, in seiner 1786 erschienenen ›Geschichte Schweizerischer Eidgenossenschaft‹ aufgestellt: »Der Nibelungen Lied könnte die teutsche Ilias werden« (Band 2, 2. Buch, Kap. 2, S. 121). G. kannte Müller seit 1782 und hatte ihn auch während seiner Schweizer Reise am 20. September 1797 in Zürich getroffen (Bd. 4.2, S. 712). Als Müller sich zu Beginn des Jahres 1804 in Weimar aufhielt, verzeichnet G. mehrere Treffen in seinem Tagebuch (so am 25., 26. und 29. Januar sowie am 3. Februar). Da G. Müller auch in den *Tag- und Jahres-Heften* mehrfach erwähnen wird (Bd. 14, S. 175, 180, 197 f.) und darüber hinaus ein Exemplar von ›Der Geschichten Schweizerischer Eidgenossenschaft T. 1–4‹ (Leipzig 1805/06) besaß (Ruppert, Nr. 3427; vgl. auch Nr. 3261), spielt G. hier zweifellos auf die ihm geläufige Äußerung des Schweizer Historikers an. Ähnlich äußert er sich auch im Abschnitt »Warnung« seiner *Noten und Abhandlungen zu besserem Verständnis des West-östlichen Divans* (Bd. 11.1), wo er diesen Vergleich ebenso zurückweist: »Haben wir Deutsche nicht unsern herrlichen Nibelungen durch solche Vergleichung den größten Schaden getan?« (zuvor schon im Brief an Knebel vom 9. November 1814). Vgl. hierzu auch den Aufsatz *Das Niebelungenlied, übersetzt von Carl Simrock* (Bd. 18.2). – *21 Ouwaroff:* Sergej Semjonowitsch Uwarow (1786

bis 1855), seit 1846 Graf Uwarow, russ. Staatsmann und Gelehrter, der u. a. Präsident der St. Petersburger Akademie der Wissenschaften und russ. Unterrichtsminister war. Seit dem Februar 1811 standen G. und Uwarow in Briefkontakt. Seine 1817 in Petersburg erschienene Schrift ›Nomos von Panopolis der Dichter. Ein Beitrag zur Geschichte der griechischen Poesie vom Wirklichen Staatsrat Ouwaroff‹ hatte Uwarow G. gewidmet (Ruppert, Nr. 1315), der sich in seinem Schreiben vom 28. März 1817 dafür bedankte. Von diesem Brief führt eine direkte Linie zu vorliegendem Aufsatz: »Ich eile meinen vorläufigen Dank herzlich auszudrücken und behalte mir vor, bei Übersendung eines eben im Drucke zu beendigenden Heftes mich sowohl über das Verdienst Ihrer Arbeit, als über den schönen und so richtigen Gedanken: von Benutzung verschiedener Sprachen zu verschiedenen charakteristischen Zwecken meine Freude weiter auszusprechen. Denn gerade zu der jetzigen Zeit kommen diese Worte als erwünschtes Evangelium, dem Deutschen zu sagen: daß er, anstatt sich in sich selbst zu beschränken, die Welt in sich aufnehmen muß, um auf die Welt zu wirken. Ihr Beispiel ist unschätzbar!« – *29 Palingenesie:* griech.-lat. ›Wiedergeburt (der Seele), Wiederauftreten‹.

Geistes-Epochen nach Hermanns neusten Mitteilungen

Als G. 1817 seinen Beitrag *Geistes-Epochen nach Hermanns neusten Mitteilungen* publizierte, mochten die literarisch und philologisch interessierten Leserinnen und Leser seiner Zeitschrift zwar vermuten, auf welche Schriften des Leipziger Philologen und Professors der Beredsamkeit und Poesie die Überschrift verwies, eine genaue Auskunft darüber blieb ihnen freilich vorenthalten. G. hatte eine solche Mitteilung zwar schon entworfen, aus bandökonomischen Erwägungen dann aber nicht veröffentlicht. Die Handschrift dieses Paralipomenons verweist mit dem Vermerk »zu Seite 107« direkt auf den gedruckten Aufsatz: Im Erstdruck beginnt er im dritten Heft des ersten Bandes von *Über Kunst und Altertum* auf S. 107. Die Notiz lautet:

Wenn wir die neusten Mitteilungen *Hermans* andeuten, so verstehen wir darunter dieses vorzüglichsten Mannes Dissertation De mythologia Graecorum antiquissima, wofür ihm alle griechische Patrioten nicht genug danken können. Was wir aber nach unserer Weise dort gesagt bezieht sich eigentlich auf seinen Briefwechsel mit *Creuzer*, und zwar auf den fünften Brief. Die Stelle »Mit Recht sagen Sie, – nicht weiter gesehen ward«

wollten wir soeben abdrucken lassen daß unsere Leser so viel
ihrer sein möchten dieser unschätzbaren Gedanken gleichfalls
teilhaft würden. Der Raum aber geht uns aus und so sei es genug
an diesen Winke für jeden der im Altertume sein Heil sucht.

Textgrundlage: Handschrift GSA 25/XLII,3,13 (Beschreibung s. SL 4,
S. 39: H⁵).

Erstdruck: WA I 41/1 (1902), S. 471.

Das knappe, unpersönliche Resümee der *Tag- und Jahres-Hefte* zu
1817 – »*Hermann* über die älteste Griechische Mythologie interessierte die Weimarischen Sprachfreunde auf einen hohen Grad«
(Bd. 14, S. 263) – steht in einer augenfälligen Diskrepanz zu den
ausführlichen Mitteilungen über seine unmittelbaren Lektüreeindrücke, die sich in Briefen aus der zweiten Hälfte des Jahres 1817
finden lassen.

Georg Friedrich Creuzer (1771–1858), der seit 1804 in Heidelberg als Professor für Philologie und alte Geschichte lehrte, hatte
G. am 12. September 1817 Hermanns ›Briefe über Homer und
Hesiod‹ zugeschickt (Gottfried Hermann und Friedrich Creuzer:
Briefe über Homer und Hesiodus, vorzüglich über Theogonie. Mit
bes. Hinsicht auf des Ersteren Dissertatio de mythologia Graecorum antiquissima u. auf d. Letzteren Symbolik und Mythologie
der Griechen. Heidelberg 1818; Ruppert, Nr. 1220). Am 26. September vermerkt G. im Tagebuch den Erhalt dieser »Sendung von
Creuzer aus Heidelberg« und beginnt bereits am nächsten Tag mit
der Abfassung eines Briefes an den Altphilologen und Altertumsforscher, mit dem er während seines Heidelberger Aufenthalts
vom 20. September bis zum 7. Oktober 1815 mehrmals zusammengetroffen war (vgl. den Brief an Anna Rosine Städel vom
27. September 1815).

In diesem (am 1. Oktober 1817 abgeschlossenen) Schreiben
verleugnet G. seine anfängliche Distanz zu dem eben Gelesenen
keineswegs:

»Sie haben mich genötigt in eine Region hineinzuschauen, vor
der ich mich sonst ängstlich zu hüten pflege. Wir andern Nach-
poeten müssen unserer Altvordern, Homers, Hesiods u. a. m.,
Verlassenschaft als urkanonische Bücher verehren; als vom
heiligen Geist Eingegebenen beugen wir uns vor ihnen und
unterstehen uns nicht, zu fragen: woher, noch wohin? Einen
alten Volksglauben setzen wir gern voraus, doch ist uns die reine
charakteristische Personifikation ohne Hinterhalt und Allegorie
Alles wert; was nachher die Priester aus dem Dunkeln, die
Philosophen ins Helle getan, dürfen wir nicht beachten. So
lautet unser Glaubensbekenntnis.

Gehts nun aber gar noch weiter, und deutet man uns aus dem hellenischen Gott-Menschenkreise nach allen Regionen der Erde, um das Ähnliche dort aufzuweisen, in Worten und Bildern, hier die Frost-Riesen, dort die Feuer-Brahmen; so wird es uns gar zu weh, und wir flüchten wieder nach Jonien, wo dämonische liebende Quellgötter sich begatten und den Homer erzeugen. Demohngeachtet aber kann man dem Reiz nicht widerstehn, den jedes Allweltliche auf Jeden ausüben muß«. Auch als G. wenig später, am 9. Oktober 1817, in einem Brief an Knebel die »wunderliche Welt, die sich einem da auftut« erwähnt, geschieht dies in der auffälligen Metaphorik von Licht und Finsternis: »denn was der eine aufhellt, verdunkelt der andere wieder«. Die ebenso kritischen Bemerkungen im Brief an Johann Heinrich Meyer vom 28./29. Oktober – »nur wird das gefundene Rechte gleich wieder durch entgegengesetzte Individualitäten verscharrt und verschüttet« – sind dann allerdings Sulpiz Boisserée gegenüber am 16. Januar 1818 einer ausdrücklichen Wertschätzung gewichen: »Die Briefe, zwischen ihm und Creuzer gewechselt, kennen Sie, der fünfte ist unschätzbar. Dazu nun seine lateinische Dissertation über die alte Mythologie der Griechen macht mich ganz gesund: denn mir ist es ganz einerlei, ob die Hypothese philologisch-kritisch haltbar sei, genug, sie ist kritisch-hellenisch patriotisch und aus seiner Entwickelung und an derselben ist so unendlich viel zu lernen als mir nicht leicht in so wenigen Blättern zu Nutzen gekommen ist«.

»Hell« und »dunkel«, »kritisch-hellenisch patriotisch« statt »neu-deutsch religios-patriotisch«, dazu noch die Betonung der gewissermaßen therapeutischen Wirkung einer solchen Lektüre, wenn hier das aus einem späteren Aphorismus hinlänglich bekannte Gegensatzpaar ›gesund‹ und ›krank‹ ins Spiel gebracht wird (*Maximen und Reflexionen* Nr. 1031; Bd. 17, S. 893): dies belegt, daß G. Hermanns Schriften auch deshalb zu schätzen wußte und in *Über Kunst und Altertum* eigens anzeigte, weil sie ihm die Möglichkeit boten, in seiner Zeitschrift neben der kritischen Auseinandersetzung mit den romantisch-christlichen Tendenzen in Literatur und bildender Kunst immer wieder den Blick auf die Antike (zurück) zu lenken und die Beschäftigung mit ihr zu aktivieren und zu forcieren. Wohl in diesem Sinne war Hermann im erwähnten Brief an Boisserée auch als »unser eigenster Vorfechter« tituliert worden. (Neben zahlreichen anderen Publikationen Hermanns besaß G. auch dessen Dissertation: De mythologia Graecorum antiquissima dissertatio, scripta creationi 13 Philos. DD. et AA. magistrorum ... a Godofredo Hermanno ... Die 20. Febr. a. 1817. Lipsiae 1817; Ruppert, Nr. 1970; vgl. das Tagebuch vom 17. Januar 1818. Um die Übersendung von zwei Exemplaren dieser Schrift hatte G. den Leipziger Buchhändler Johann August Gottlieb Weigel am 10. Februar 1818 gebeten.)

Textgrundlage und Erstdruck: KuA I 3 (1817), S. 107–112.

240 *17 Autochthonen-Menge:* Autochthone, griech.-lat. ›Ureinwohner, Eingeborener, Alteingesessener‹. – *30 anthropomorphosiert:* Vgl. Nr. 203 der *Maximen und Reflexionen* und die Anm. hierzu (Bd. 17, S. 751 und 1265). – *32 So lebt und webt der Volksglaube* ⟨...⟩: Mit dem – im Goetheschen Sinne prägnanten – »Punkt, wo Geschichte und Sage zusammengrenzen« (Bd. 10, S. 567) hatte sich G. zuvor schon in den ersten Aphorismen der »Lücke« im »Historischen Teil« der *Farbenlehre* beschäftigt.

241 *3 Dryaden und Hamadryaden:* Die den Nymphen angehörenden Dryaden und Hamadryaden bildeten zusammen mit den Meliai die Gruppe der Baumgeister.

242 *13 Tohu wa Bohu:* hebr. ›wüst und leer‹; zur stehenden Wendung durch das Buch Genesis (1 Mose 1,2) geworden: »Und die Erde war wüst und leer, und es war finster auf der Tiefe«.

DIE INSCHRIFT VON HEILSBERG

Im 6. Stück des 5. Bandes der von ihm herausgegebenen Zeitschrift ›Curiositäten der physisch-literarisch-artistisch-historischen Vor- und Mitwelt‹ setzte G.s Schwager Christian August Vulpius (1762–1827) im Jahre 1816 die Öffentlichkeit von einem Fund aus der unmittelbaren thüringischen Umgebung in Kenntnis, der – folgt man dem Titel seiner Zeitschrift – wohl der Rubrik ›historische Vorwelt‹ zuzuordnen wäre. Unter der Überschrift ›Eine sehr alte Steinschrift‹ heißt es dort:

> »Eine der ältesten Steinschriften in Teutschland, mit alten Gotisch-Lateinischen Quadrat-Buchstaben, deren Abbildung wir hier mitteilen, befand sich eingemauert an einem Pfeiler der äußeren Kirchen-Mauer zu *Heilsberg*, einem zwischen Remda und Rudolstadt gelegenen, Weimarischen Dorfe, der ehemaligen Grafschaft Gleichen, welches sonst auch *Heilsburg* geschrieben wurde. Die dortige, ehemalige alte Kirche soll der heilige Bonifacius erbaut haben. Wenigstens hielt er zuweilen sich dort auf. Ob zu diesem Berge des Heils gewallfahrtet wurde, weiß ich wegen Mangel an alten, im Brande verloren gegangenen Nachrichten, nicht bestimmt anzugeben, aber es ist wahrscheinlich, und einige in der Gegend sich befindende Quel-

len, welche heilbringende Wirkungen gewähren sollen, scheinen
dies zu bestätigen«.
Nach einer kurzen Rekapitulation des bisherigen Deutungsver-
suchs durch Johann Schilter (s. zu S. 245,18) schließt Vulpius
seinen Beitrag mit der Aufforderung, dem nunmehr geretteten und
»dem Untergang entzogen⟨en⟩« Sprachdenkmal eine wissenschaftlich fundierte und überzeugende paläographische Interpretation zukommen zu lassen:

»Den Forschern im Gebiete der Teutschen Literatur und Sprache sei es überlassen, der Inschrift selbst die Erklärung abzugewinnen, und dann, – ist unsere Bitte, – zum Besten der Leser,
uns dieselbe und ihre Meinungen darüber, mitzuteilen«.

Aus diesem Grund fügte Vulpius seinem Aufsatz auf einer eigenen
Tafel auch eine Abbildung der bereits von Schilter veröffentlichten
»getreuen Abzeichnung« dieser Inschrift bei (Taf. 20: »Die Heilsberger sehr alte Steinschrift«).
In die Bemühungen um die Entzifferung des historischen Do-
kuments schalteten sich in Weimar sehr bald auch G. in enger
Zusammenarbeit mit dem Staatsminister Christian Gottlob von
Voigt (1743–1819) sowie nicht zuletzt der Großherzog Carl August selbst ein, auf dessen Veranlassung die Steintafel nach Weimar
gebracht worden und der auch aus dynastischen Gründen an einer
Aufklärung der Inschrift interessiert war. Auf seine Anregung hin
wandte sich G. am 9. März 1817 an den Wiener Arzt und Naturforscher Carl Anton Franz von Schreibers (1775–1852), der seit
1806 als Direktor das zoologische und mineralogische Museum in
Wien leitete. Nach einigen naturwissenschaftlichen Anfragen, die
G. auf Wunsch des Großherzogs vortrug und die später in seinen
Aufsatz über *Blumen-Malerei* einflossen (vgl. S. 437), kam G.
schließlich auch auf die Heilsberger Inschrift zu sprechen: »Zugleich lege die Kopie eines uralten Monumentes bei, welches bisher
in der Außenseite der Kirche Heilsbergs, eines zwei Stunden von
Rudolstadt gelegenen Dorfes, eingemauert gewesen und vor kur-
zem nach Weimar gebracht worden. Ew. Hochwohlgeb. selbst, als
Kenner des Altertums sich bewährend, an einem Orte wo viele
trefflich unterrichtete Männer sich befinden, könnten wohl zur
Auflösung dieses Rätsels behülflich sein. Auch ist mir beigegangen,
ob ein geübter Dechiffreur, der noch wunderbarere Zeichen zu
divinieren hat, hier nicht gute Dienste leisten könnte«.
Welchen Weg diese Anfrage in Wien genommen hatte, sollte
G. bereits wenig später von höchster Stelle erfahren. In einem
Schreiben vom 1. Juni 1817 nämlich teilte ihm Fürst von Metternich (1773–1859), mit dem G. bereits zuvor anläßlich der Verleihung des Kommandeurkreuzes des Leopold-Ordens im Som-

mer 1815 korrespondiert hatte (vgl. Goethe und Österreich,
Bd. 1, S. 195–198), persönlich mit, wen er mit dieser Aufgabe
betraut hatte:
»Der k.k. Cabinetts Direktor von Schreibers, hat mir in der Zeit,
Ew. Hochwohlgeb. Auftrag mitgeteilt. Ich fiel auf die glückliche
Idee die Inschrift unserm verdienstvollen HE. v. Hammer zu
übergeben; wie er das Rätsel löste belieben E. E. aus der
angeschlossenen Arbeit zu ersehen. Mir bleibt über die Richtig-
keit der LeseArt kein Zweifel, und sollten sich einige über
irgendeinen einzelnen Ausdruck ergeben, so scheint mir die
Regel bestimmt, und unumstößlich« (Goethe und Österreich,
Bd. 1, S. 198).
Daß auch G. Metternichs Entschluß, den bekannten Orientalisten
Joseph Freiherr von Hammer-Purgstall (1774–1856) – zu jener Zeit
Dolmetscher in der österreichischen Staatskanzlei – in dieser Angelegenheit zu konsultieren, für eine glückliche Wahl hielt, machen
sein Briefkonzept an Schreibers vom 29. Juni 1817, vor allem aber
seine Mitteilungen an Voigt deutlich, dem G. am 18. Juni den
Erhalt des Metternichschen Schreibens meldete (die in Goethe und
Österreich, Bd. 1, S. 355, Erl. zu Nr. 6, vorgenommene Datierung,
nach der G. das Schreiben erst am 21. Juli erhalten habe, beruht auf
einem Irrtum: an diesem Tag hat G. laut Tagebuch seinen –
allerdings erst am 30. Juli abgesandten – Dankesbrief an Metternich begonnen).
»Meine Neugier nach der Erklärung unsrer alten Steinschrift
(doch der Heilsbergischen?) ist sehr groß« (Tümmler, Bd. 4,
S. 305), teilte Voigt am 21. Juni G. daraufhin mit, der wenig später
– am 23. Juni – Voigt die Übersendung der Hammerschen Deutung
ankündigte und bei dieser Gelegenheit zugleich die Absicht erkennen ließ, den weiteren Verlauf nunmehr zur ›Chefsache‹ zu
machen: »Nur werde ich bitten vor der Hand die Papiere als Geheimnis bei sich zu behalten. Vulpius ist gut und brav, aber
seine Tätigkeit an zwei Journalen läßt ihn die Dinge manchmal
übereilen. Da Fürst Metternich einen so freundlichen Anteil genommen, so wird die Sache ernsthaft und ich wünschte eine anständige Herausgabe, wobei man den Wiener Freunden und Gönnern etwas Angenehmes erzeigen könnte«.
Am 25. Juli bedankte sich G. bei Schreibers für »die Auflösung
des lapidarischen Rätsels«, das ihm »und allen thüringischen Alter-
tumsfreunden große Belehrung und Ergötzung« bereitet habe, und
am 30. Juli 1817 stattete er seinen Dank für »die befriedigende
Auflösung eines uralten Wort-Rätsels« auch dem Fürsten Metternich ab: »Hr. v. Hammers vielseitiges Talent leuchtet auch hier und
ich verfehle nicht ihm meinen Dank für so mannigfache Belehrung,

bei einer sich mir eben darbietenden Gelegenheit gebührend abzutragen«.

Worin bestand nun ›des Rätsels Lösung‹? Wie G. in seinem Brief
an Metternich ebenfalls kurz zusammenfaßte, glaubte Hammer aus
der Abbildung der Steinschrift die »Munifizenz eines deutschen
Kaisers gegen ein Thüringisches Kloster, vor tausend Jahren«
erkannt und herausgelesen zu haben. Bei dem deutschen Kaiser
handle es sich um Ludwig den Frommen (778–840, reg. 813/14 bis
840), dem Hammer den inneren, älteren Teil der Inschrift zugewiesen hatte.

Wurde der separate Druck der Hammerschen Deutung also
bereits im Sommer 1817 erwogen (vgl. G.s Wunsch nach einer
»anständigen Herausgabe« im Brief an Voigt vom 23. Juni), so
nahmen die Planungen hierfür aber erst im Frühjahr 1818 konkrete
Gestalt an. Am 3. April 1818 erhielt Voigt von G.s Hand folgende
Mitteilung: »Anbei bemerke daß Serenissimus neulich den Druck
des Hammerischen Briefes, eine Erklärung des Heilsberger Monuments enthaltend, ernstlich urgiert, und ich habe nach vielem hin
und her Überlegen endlich für das Beste gefunden die darin
vorkommenden seltsamen Schriftzüge in Holz schneiden zu lassen. Dieses ist ganz wohl von statten gegangen und sende davon
nächstens einen Abdruck«. Am 9. April konnte Voigt nun seinerseits vermelden, daß die von G. forcierte Heilsbergische »Monu-
mentssache bei Serenissimo ⟨...⟩ großen Beifall« (Tümmler, Bd. 4,
S. 357) gefunden habe; tags darauf enthielt ein Memorandum G.s
an den Großherzog unter anderem auch die Nachricht, daß sich die
»sehr bedenkliche Aufgabe« des Abdrucks der Inschrift »endlich
der Ausführung« nähere.

Ende Juni 1818 schickt G. aus Jena an Voigt schließlich »einen
Revisions-Bogen zugleich mit dem Manuskript vom Hammerischen Briefe über die Heilsberger Inschrift« und fügt mit deutlicher Erleichterung an: »Die Hindernisse waren mannichfach und
ich denke man wird uns die Retardation verzeihen, da man denn
doch seit ungefähr tausend Jahren nicht wußte was das eigentlich
heißen sollte«.

Bei Frommann und Wesselhöft in Jena gedruckt, erschien die
Schrift schließlich unter dem Titel: ›Die Inschrift von Heilsberg.
Weimar 1818‹ (G. konnte sie also nicht, wie im Kommentar der
›Berliner Ausgabe‹ zu lesen ist, bereits am 30. Juli 1817 an Metter-
nich geschickt haben). Sie enthielt neben der Erklärung Hammer-
Purgstalls als Nachwort die vorliegenden kurzen Bemerkungen
G.s und war nicht für den offiziellen Buchhandel bestimmt, son-
dern als Privatdruck und Geschenk für Freunde und an dem
Gegenstand in besonderem Maße Interessierte vorgesehen; so

hatte es G. schon am 10. April 1818 dem Großherzog vorgeschlagen: »Die Unkosten sind gering und würde angenehm-schicklich sein, wenn es gar nicht in den Buchhandel käme, und Ew. Hoheit sich vorbehielten Altertums-Freunden dadurch etwas Angenehmes zu erteilen«.

Am 5. Februar 1819 konnte G. in seinem Tagebuch endlich die Übersendung der »Heilsberger Inschrift an Serenissimum und Staatsminister von Voigt« notieren (deren baldiges Erscheinen G. auch im Briefkonzept an Carl Franz Anton von Schreibers vom 18. Januar 1819 angekündigt hatte). Voigt erhielt gleich einige Exemplare, verbunden mit der Bitte um eine Mitteilung, »wohin und an wen« diese verschickt werden könnten. In seiner Antwort von Anfang Februar (Tümmler, Bd. 4, Nr. 463, S. 402) schlug Voigt daraufhin »Eichhorn (für die Göttinger Anzeigen)«, »Beck zu Leipzig (für die Leipziger Literatur)«, »den Staatsrat Nagler zu Berlin, einen großen Sammler alter Urkunden« sowie »den Herrn Bachmann als einen Hauptentzifferer Deutschlands« als mögliche Rezensenten vor, empfahl ferner zwei nicht näher bezeichnete Adressaten in München und Erlangen und versicherte G., sich um den weiteren Fortgang persönlich zu kümmern.

Damit ist das im doppelten Sinne letzte und durchaus tragische Kapitel der Entstehungs- und Druckgeschichte dieser kurzen Publikation erreicht. Mitte März erkrankte Voigt lebensgefährlich. In diesen Tagen erhielt er die Abhandlung des Frankfurter Philologen und Historikers Georg Friedrich Grotefend (1775–1853), der sich ausführlich mit der Hammerschen Deutung auseinandersetzte. Voigt schickte diese Stellungnahme an G., der den Erhalt am 20. März 1819 in seinem Tagebuch bestätigte. Und noch in diesem letzten, stellenweise kaum mehr leserlichen Schreiben (Abb. in Tümmler, Bd. 4, nach S. 402) beschäftigte Voigt die Heilsberger Inschrift; im zweiten Abschnitt heißt es dort: »... noch auf dieser Welt die Weisheit von Hammer, von Grotefend, von — mit an, bis ich einmal das Wort ganz über den Sternen lese«. Am 21. März formulierte G. ein in zwei Fassungen erhaltenes Antwortschreiben an den ihm über Jahrzehnte hinweg eng verbundenen Staatsminister, der einen Tag später, am Mittag des 22. März 1819, verstarb.

Am 24. März 1819 teilte G. diese Nachricht Grotefend mit, bedankte sich für »den bewundernswürdigen Aufsatz« und erbat sich »eine kurze Frist über diese Angelegenheit das Weitere zu beraten«. Der Plan, die Resultate der Grotefendschen Abhandlung in einem »interessanten Nachtrag« (so in einem Brief an Eichhorn vom 12. April 1819) ebenfalls der Öffentlichkeit zugänglich zu machen, wovon auch ein Entwurf Zeugnis ablegt (S. 256), ist freilich nicht mehr ausgeführt worden (vgl. hierzu S. 921 ff.).

SCHRIFTEN ZUR LITERATUR 909

Textgrundlage und Erstdruck: Die Inschrift von Heilsberg. Weimar 1818, letzte Seite (von 8 unpaginierten); benutzt wurde das Exemplar GSA 25/XXXVIII,4,2; Abb. des Titelblatts s. S. 243.

245 *3 St. Bonifacius:* Der hl. Bonifatius, dessen Festtag der 5. Juni ist und der als ›Apostel der Deutschen‹ verehrt wird, hieß ursprünglich Winfried; er stammte aus einer edlen angelsächsischen Familie und wurde 672 oder 673 im südlichen Wessex geboren. Mit dreißig Jahren zum Priester geweiht, verschrieb er sich der Aufgabe, die zu diesem Zeitpunkt noch völlig heidnischen Sachsen zum Christentum zu bekehren. Nachdem ein erster Versuch bei den Friesen gescheitert war, widmete sich Bonifatius (›der Wohltäter‹), von Papst Gregor II. (699–731, Papst von 715 bis 731) beauftragt, seit 722 der Christianisierung von Thüringen und Hessen. Als Folge seiner umfangreichen kirchlich-organisatorischen Tätigkeit wurden nach 739 die Bistümer Passau, Regensburg, Salzburg, Freising, Eichstätt, Büraburg, Würzburg und Erfurt gegründet oder neu geordnet. 742 erhielt Bonifatius die Erzbischofswürde und wurde von Gregor III. (Papst von 731 bis 741) zum päpstlichen Legaten des gesamten Frankenreiches ernannt. 745 und 747 leitete er in dieser Eigenschaft zwei Synoden. Bei seinen erneuten Bekehrungsbemühungen in Friesland wurde Bonifatius am Pfingstfest 754 zusammen mit 52 Begleitern bei Dokkum erschlagen. Sein Grab befindet sich in der Krypta des Doms in Fulda, wo er 744 ein Kloster gegründet hatte. – *6 zwischen Rudolstadt und Remda:* Vgl. hierzu die Vorbemerkung, S. 904. – *18 Schilter:* der Straßburger Ratsherr, Jurist, Historiker und Philologe Johann Schilter (1632–1705), seit 1699 Ordinarius an der Juristischen Fakultät der Universität in Straßburg. Die 3 Bde. seines ›Thesaurus Antiquitatum Teutonicorum‹ erschienen 1726 bis 1728 in Ulm. Der Kupferstich der Heilsberger Inschrift befand sich im 2. Teil dieses Werkes. In den ›Curiositäten‹ (Bd. 5, VI. Stück, s. die Vorbemerkung) schreibt Vulpius hierzu:

»Der fleißige Sammler und Geschichtsforscher *Schilter* teilte (in seinem Thesauro Antiquitat. T. II.) im Jahre 1727 nach einer getreuen Abzeichnung diese Inschrift mit. Er gesteht, daß er diese Schrift nicht verstehe, doch meint er, die Namen Lodovic und Doring darin gefunden zu haben. Es ist auch wohl keinem Zweifel unterworfen, daß das erste Wort der Schrift *Lodovic* heißt, und das zweite könnte vielleicht *Doring* heißen.

Schilter vermutet, daß diese Inschrift etwas von dem Teilungstraktat des Reichs Königs Ludwig I. (welcher fromme Entschluß ihm so viel Ungemach bereitete, und ihn in die verderblichen Kriege mit seinen Söhnen selbst stürzte), im J. 817

enthalte. In der Schrift selbst aber, möchten mehrere von
Schreibzügen vorkommen, die Karl der Große zum Gebrauch
einer geheimen Schrift erfunden hatte« (S. 508).
Wie ein Vergleich mit der entsprechenden Passage in Schilters
›Thesaurus Antiquitatum Teutonicorum‹ zeigt, gibt Vulpius hier
Schilters Ausführungen nicht genau wieder, wenn er von den
beiden ersten Wörtern (›Lodovic‹, ›Doring‹) spricht; bei Schilter
hieß es: »Adjicio quoque antiquum aliquod scripturæ genus lapidi
incisæ, supra januam templi in Villa Thuringiæ in Comitatu Gli-
chensi vetustissimo, quo loco etiam S. Bonifacius sæpe versatus;
locus is hodie dotalis factus Academiæ Jenensis. Videor mihi
vestigia quædam de Ludoviciana divisione regni inibi deprehen-
disse, sed necdum fatis mihi facere possum: non sunt literæ singula-
res, aliàs enim alphabetum foret ad centum literas: unde nec inter
secreta Caroli M. alphabeta referri poterit hæc scriptura«. – *30 in
dem Vorhause der Bibliothek:* Über die Sicherung und Verbrin-
gung des Fundes heißt es in den ›Curiositäten‹ (5. Bd., VI. Stück):
»Des Steines vermutliches tausendjähriges Alter ist gerettet, und
die Schrift mit demselben. Im Sommer 1816 wurde der Stein aus
der Mauer der Kirche zu *Heilsberg* herausgehoben, und in die
Großherzogliche Bibliothek nach *Weimar* gebracht, wo er aufbewahrt wird und gegen die Eindrücke der Witterung geschützt ist,
denen dieser Sandstein bis jetzt so kräftig widerstanden hat«
(S. 509). Im Anbau der Bibliothek – jetzt ›Herzogin Anna Amalia
Bibliothek‹ – befindet sich die Steintafel mit der Inschrift auch
heute noch (s. Abb. S. 243). – *31 Curiositäten:* Vgl. die Vorbemerkung. Die Zeitschrift erschien in Weimar von 1811 bis 1823, die
Bde. 2–10 (1812–1823) befanden sich in G.s Bibliothek (Ruppert,
Nr. 301). – *37 durch höchste Vermittelung:* durch den Fürsten
Metternich; vgl. die Vorbemerkung. – *38 Herrn v. Hammer:*
Joseph Freiherr von Hammer-Purgstall (1774–1856), österr. Di-
plomat, Orientalist, Übersetzer und Schriftsteller. G., der Hammer nie persönlich kennengelernt hat, verdankte dem österr. Ge-
lehrten vor allem auch wichtige Hinweise und Anregungen zum
West-östlichen Divan (vgl. hierzu ausführlich Bd. 11.1).

INDISCHE DICHT⟨UNGEN⟩

Am 15. September 1817 schließen die Eintragungen in G.s Tagebuch mit den beiden knappen Notizen »Nachdenken über naturwissenschaftliche Gegenstände. Indische Weisheit«. Was auf den
ersten Blick kaum etwas miteinander zu tun zu haben scheint, wird
in den *Tag- und Jahres-Heften* zu 1817 erneut in Beziehung

zueinander gesetzt und auch näher erläutert. G. würdigt dort
zunächst die »Howardischen Wolkenformen«, wie er sie seit der
Lektüre des ›Essay on the Modifications of Clouds‹ (London 1803)
des englischen Naturforschers und Meteorologen Luke Howard
(1772–1864) im Dezember 1815 in Gilberts ›Annalen der Physik‹
studiert hatte; dann fährt er im nächsten Abschnitt fort: »Hier
schließt sich nun, indem ich von Büchern zu reden gedenke, ganz
natürlich die Übersetzung des Indischen Megha-Duhta freundlichst an. Man hatte sich mit Wolken und Wolkenformen so lange
getragen, und konnte nun erst diesen Wolkenboten in seinen
tausendfältig veränderten Gestalten mit desto sicherer Anschauung
im Geiste folgen« (Bd. 14, S. 262).

Die hier angedeutete Verbindungslinie – die Reduzierung der
vielfältigen Wolkengestalten und -formationen auf einige wenige,
wesentliche Grundformen, die Luke Howards Forschungen mit
dem altindischen Epos vom ›Wolkenboten‹ verknüpfte – wird
dann in der für das Spätwerk so charakteristischen Verbindung
von Lyrik und Naturwissenschaft in dem Gedicht *Howards Ehrengedächtnis* (Bd. 13.1, S. 158) noch deutlicher zutage treten:
Die vier Wolkenstrophen (»Stratus«, »Cumulus«, »Cirrus« und
»Nimbus«), im Dezember 1817 entstanden, wurden 1820 in der
Zeitschrift *Zur Naturwissenschaft überhaupt* I 3 im Anschluß an
den Aufsatz *Wolkengestalt nach Howard* erstmals veröffentlicht
(Bd. 12, S. 472). Im März 1821 ergänzte G. diese Strophen um 22
weitere Verse (»Wenn Gottheit *Camarupa*, hoch und hehr ...«),
und 1822, im nächsten Heft von *Zur Naturwissenschaft überhaupt*,
werden unter dem Titel *Howards Ehrengedächtnis* diese neu entstandenen drei Strophen den (nochmals abgedruckten) Wolkenstrophen vorangestellt. Zusätzlich erhält das Gedicht einen Vor-
spruch (»Die Welt sie ist so groß und breit ...«) und eine von John
Bowring verfaßte englische Übersetzung (*In Honour of Howard*);
ein sich anschließendes, ebenfalls in englisch und deutsch ein-
gerücktes kurzes Kapitel »Goethe zu Howards Ehren« erläutert
den mythologischen Hintergrund der drei hinzugekommenen
Strophen (Bd. 12, S. 611–618), deren Quelle, das lyrische Epos
›Megha-Duta‹, genannt und ausdrücklich als »herrliches Gedicht«
gerühmt wird. In gleicher Weise hatte sich G. bereits am 27. März
1817 geäußert, als er den ›Wolkenboten‹, den er am 21. März 1817
in einer englischen Übersetzung erhalten hatte, in einem Brief an
seine Schwiegertochter Ottilie als »großen altindischen Schatz«
würdigte, »von welchem nächstens mehr« zu berichten sein werde.
Auch das 1821 in den *Zahmen Xenien* II erschienene Gedicht »Der
Ost hat sie schon längst verschlungen ...« (Bd. 13.1, S. 51) ist ein
Resultat dieser Wertschätzung.

Schon dieser kurze, im Kommentarteil weiter belegte Abriß verdeutlicht, daß die Beschäftigung mit indischer Literatur für G. in den ›Divan-Jahren‹ alles andere als ein peripheres Exotikum gewesen ist. Auch war die indische Kultur für G. kein neues Terrain: 1797 war die Ballade *Der Gott und die Bajadere. Indische Legende* (Bd. 4.1, S. 872) entstanden, zu Beginn des Jahres 1802 die Übersetzung des ›Gita-Govinda‹ Thema eines eingehenden Gedankenaustauschs mit Friedrich Schiller gewesen, im Jahr 1824 schließlich werden in *Über Kunst und Altertum* die Gedichte der Paria-Trilogie erscheinen (Bd. 13.1, S. 83), über die es am 1. Januar 1817 im Brief an Zelter noch hieß: »Das Gebet des Paria dagegen hat noch nicht parieren wollen« (Bd. 20.1, S. 491).

Vor allem aber im Rahmen seiner Studien zum *West-östlichen Divan*, die G. bekanntlich als *Noten und Abhandlungen* den einzelnen Büchern seiner Gedichtsammlung anfügte, rückt die altindische Literatur erneut und verstärkt ins Blickfeld. Dies vollzog sich vor dem Hintergrund einer allgemeinen Orientbegeisterung in weiten Kreisen der literarischen Öffentlichkeit. Neue Übersetzungen ins Englische waren erschienen, denen gerade während G.s Arbeiten am *Divan* auch Übertragungen ins Deutsche folgten, wobei sich insbesondere der auch im vorliegendem Aufsatz genannte William Jones sowie im deutschen Sprachraum Johann Ludwig Gottfried Kosegarten neben anderen als Wegbereiter des neu erwachten Interesses für Orientalistik hervortaten. Zweimal ist in den *Noten und Abhandlungen zu besserem Verständnis des West-östlichen Divans* (Bd. 11.1) auch von indischer Literatur die Rede. Während G. im Abschnitt »Geschichte« nur eine knappe, mit pointierten persönlichen Anmerkungen versehene Übersicht gibt, werden unter der Überschrift »Übersetzungen« jüngst erschienene Übertragungen vorgestellt und einer kritischen Würdigung unterzogen.

Diese enge Verbindung zu den *Noten und Abhandlungen* hat auch eine genauere Datierung des vorliegenden, unveröffentlicht gebliebenen Aufsatzes möglich gemacht. Während die ältere Forschung – ausgehend von Max Heckers Vermutung in der Weimarer Ausgabe (WA I 42/2, S. 280 f.) – annahm, daß G. den Beitrag nach der Zusendung einer Textprobe der ›Megha-Duta‹-Übersetzung durch Kosegarten am 7. Dezember 1821, mithin also »nicht vor Dezember 1821« verfaßt habe, hat Edith Nahler überzeugend nachgewiesen, daß die beiden Teile des Aufsatzes zwischen dem Frühjahr 1817 und dem 22. Oktober 1818 (Teil 1, S. 246,8 bis 247,20) bzw. dem 5. Juli und dem 22. Oktober 1818 (Teil 2) entstanden sind (Edith Nahler: Zur Entstehung von Goethes Aufsatz »Indische Dichtung«. In: Studien zur Goethezeit. Festschrift für

Lieselotte Blumenthal. Hg. von Helmut Holtzhauer und Bernhard Zeller. Weimar 1968, S. 277–284). G., der, wie oben ausgeführt, seit dem 21. März 1817 eine englische Übersetzung des ›Megha-Duta‹ besaß, hatte von Kosegarten am 5. Juli 1818 »eine kleine Probe aus dem Wolkenboten« in dessen deutscher Übersetzung bekommen (der Brief ist gedruckt in AA Divan 3, S. 266).

Ein noch plausibleres Indiz bildet jedoch die Foliierung der Handschrift, deren – zu verschiedenen Zeiten entstandene – Bögen mit den Zusätzen »92.« und »ad 92.« versehen worden waren, die eine ältere Zählung ersetzten. Da G. am 22. Oktober 1818 laut Tagebuch »mit John das Schema zum Nachtrag des Divan« entworfen und in diesem Zusammenhang »die Kapitel danach revidiert« hatte, wobei in dieser Inhaltsübersicht unter »92. Indische Poesie« verzeichnet wurde, ist Nahlers Schlußfolgerung zuzustimmen, daß die vorliegenden Aufzeichnungen zur indischen Dichtung bereits weit vor 1821 in dem oben skizzierten Zeitraum entstanden und als Studien und (Vor)Arbeiten zu den *Noten und Abhandlungen zu besserem Verständnis des West-östlichen Divans* einzuordnen sind. Die inhaltlichen Entsprechungen insbesondere zu G.s Ausführungen im Abschnitt »Übersetzungen« stützen diesen Befund zusätzlich und nachhaltig.

Auch in der Folge hat sich G. wiederholt mit den hier genannten Werken der indischen Literatur befaßt; so findet sich etwa am 18. Mai 1819 in seinem Tagebuch die Notiz: »Sakontala gelesen«.

Textgrundlage: Handschriften GSA XXXIX,A,9 (Beschreibung s. SL 4, S. 124: H[1]) in der von John und G. korrigierten Fassung; Eckermanns Korrekturen blieben, mit Ausnahme der angeführten Stellen, unberücksichtigt; unsicher bleibt, ob die Absatzmarkierungen zu S. 246, Z. 15, 24, 27 u. 38, von G.s Hand stammen (im Unterschied zu den Bleistift-Korrekturen G.s, die Eckermann mit Tinte nachgezogen hat, sind sie nur mit Bleistift eingetragen, entstammen also vielleicht einer letzten Korrekturschicht von Riemer oder Eckermann). Überschrift (in der von G. stammenden Grundschicht nur der Wortanfang erkennbar) nach Eckermanns Korrektur ergänzt. – Eingriffe: S. 246,9 *Dichtung⟨en⟩* (Dichtung Hs.; vermutlich Hörfehler, nach Eckermanns Korrektur ergänzt); 246,10 *solche⟨r⟩* (solche Hs.; nach Eckermanns Korrektur ergänzt); 247,12 *unaufhal⟨t⟩sam* (unaufhalsam Hs.; nach C[1] korrigiert); 247,13 *Lufterscheinung⟨en⟩* (Lufterscheinung Hs.; vermutlich Hörfehler, nach C[1] korrigiert); 247,18 *erhält* (enthält Hs.; vermutlich Hörfehler, nach C[1] korrigiert); 247,27 *mehrere⟨r⟩* (mehrere Hs.; nach C[1] korrigiert); 247,37 *wenigstens ⟨sie⟩ unwilligen* (wenigstens unwilligen Hs.; nach Streichung des verhörten

»die« durch G. hat Eckermann »sie« ergänzt); 247,39 *besondere (n)*
(besondere Hs.; unvollständige Korrektur aus »ins besondere«
wurde durchgeführt); 248,4 *Zeremonien (mitwirken), die* (Zeremonien, die Hs.; nach Eckermanns Korrektur ergänzt); 248,8
zuletzt (durch) eine leise vorbereitete (zuletzt eine leise vorbereitete Hs.; G.s unvollständige Korrektur aus »zuletzt zwar vorbereitete« wurde nach Eckermanns Ergänzung ausgeführt). Bei
S. 247,20 *müßte* könnte ebenfalls ein Hörfehler vorliegen: Die
Ausgabe letzter Hand und WA drucken »müsse«.
Erstdruck: C¹ 49 (1833), S. 142–145 (die beiden Teile des Aufsatzes
nicht getrennt).

246 *11 abstrusesten Philosophie:* so auch im Abschnitt »Geschichte« der *Noten und Abhandlungen zu besserem Verständnis
des West-östlichen Divans:* »Indien hielt man vorzüglich im Auge;
und da denn doch den Verehrern des Feuers und der Elemente jene
verrückt-monstrose Religion, dem Lebemenschen aber eine abstruse Philosophie keineswegs annehmlich sein konnte; so nahm
man von dorther, was allen Menschen immer gleich willkommen
ist, Schriften die sich auf Weltklugheit beziehen« (Bd. 11.1).
Ebenso in den *Zahmen Xenien* II, Bd. 13.1, S. 50 f. (neben der
bereits erwähnten Xenie »Der Ost hat sie schon längst verschlungen ...« auch »Gott hat den Menschen gemacht ...«, sowie »Und
so will ich, ein für allemal ...«). Vgl. auch im Aufsatz *(Zur
Übersetzung von Maturins Trauerspiel › Bertram or the Castle of St.
Aldobrand‹),* S. 230,37. In gleicher Weise äußert sich auch der 763.
Aphorismus der *Maximen und Reflexionen:* »Chinesische, Indische, Ägyptische Altertümer sind immer nur Curiositäten; es ist
sehr wohlgetan sich und die Welt damit bekannt zu machen: zu
sittlicher und ästhetischer Bildung aber werden sie uns wenig
fruchten« (Bd. 17, S. 857). – *16 Sakontala:* ›Abhijnanasakuntala‹
(Sakuntala oder Der Erkennungsring), Drama des indischen Dichters Kalidasa (4./5. Jh.). Vgl. hierzu die Nr. 1036 der *Maximen und
Reflexionen* (Bd. 17, S. 893) sowie G.s Brief vom 9. Oktober 1830
an den Pariser Orientalisten Antoine Leonard de Chézy (1773
bis 1832), der G. seine frz. Übersetzung dieses Werkes zugeschickt
hatte – auch dies ein Dokument für G.s außerordentliche Wertschätzung der indischen Literatur (im Gegensatz zu den bildlichen Darstellungen der indischen Religion), spricht er doch dort
von dem »Enthusiasmus« und dem »überschwenglichen Eindruck«, den dieses »unergründliche Werk« seit der ersten Lektüre
hervorgerufen habe. G. hatte im Mai 1791 eine Abschrift der
Übersetzung des Dramas von Georg Forster erhalten (Sakontala
oder der entscheidende Ring, ein ind. Schauspiel v. Kalidasa. Aus

d. Ursprachen Sanskrit u. Prakrit ins Engl. u. aus diesem ins Dt. übers. mit Erl. von Georg Forster. Mainz und Leipzig: J. P. Fischer 1791; Ruppert, Nr. 1788; vgl. auch Keudell, Nr. 1247), die dieser nach der englischen Übertragung von William Jones angefertigt hatte (vgl. G.s Briefkonzept an Forster vom 25. Juni 1792). Einem Brief an Friedrich Heinrich Jacobi hatte G., der sich in der Folge (allerdings vergeblich) bemühte, das Stück auch für die Bühne einzurichten, bereits am 1. Juni 1791 das Gedicht »Will ich die Blumen…« (Bd. 4.1, S. 656) beigefügt, dessen Schlußverse einen Eindruck von seiner Begeisterung über das altindische Epos vermitteln: »Will ich den Himmel die Erde mit Einem Namen begreifen; / Nenn ich *Sakontala* dich und so ist alles gesagt«. In der *Italienischen Reise* ist unter dem Datum »Neapel, den 1. März« ⟨1787⟩ von der Erfahrung die Rede, daß die »flüchtige Lesung eines Buchs, das ihn unwiderstehlich fortriß, auf sein ganzes Leben den größten Einfluß« haben kann; unmittelbar daran anschließend fährt G. fort: »So ging es mir einst mit Sakontala« (Bd. 15, S. 228). – *25 Ghita Govinda:* Das aus dem 12. Jh. stammende Epos des indischen Dichters Dschajadewa war von William Jones (s. zu Z. 39) aus dem Sanskrit ins Englische übersetzt worden (Kalkutta 1799). Es befand sich in zwei Exemplaren in G.s Bibliothek: Gita-govinda oder die Gesänge Jajadeva's, eines altindischen Dichters. Aus d. Sanskrit ins Engl., aus diesem ins Deutsche übers. mit Erl. v. F[riedrich Johann] H[ugo] von Dalberg. Erfurt: Beyer und Maring 1802 (Ruppert, Nr. 1785) und: Gita-govinda, ein Ind. Singspiel. Aus d. Ursprache ins Engl. von W⟨illiam⟩ Jones u. aus diesem ins Teutsche übers. u. mit einigen Erl. begleitet von Friedrich Majer. Weimar: Landes-Industrie-Comptoir 1802 (Ruppert, Nr. 1786; mit hs. Widmung des Übersetzers »zum Neujahr 1803«). Insbesondere die Übersetzung von Dalberg (1752–1812) wurde im Januar und Februar 1802 zwischen G. und Schiller diskutiert. Nachdem G. am 22. Januar 1802 in Jena einen Teil des Tages »Mit dem Indianischen Gedicht« verbracht hatte, fügte er es am selben Tag einem Brief an Schiller mit folgender Erläuterung bei: »Ich sage heute nur wenig, indem ich die Beilage schicke, die Ihnen gewiß Freude machen wird, wenn Sie das Gedicht nicht schon kennen. Nur Schade daß schon Jones und nun auch Dalberg (siehe pag XV) die sogenannten anstößigen Stellen unterdruckt haben, dadurch erhält das Stück einen lüsternen Charakter, da es im Original gewiß einen genußvollen ausdrückt« (Bd. 8.1, S. 876). Am 17. Februar nimmt sich G. das ›Gita-Govinda‹, diesmal »im Original«, d. h. der Übersetzung durch Jones, erneut vor und schreibt darüber am 19. Februar an Schiller: »Das englische der Gita Govinda habe ich nun auch gelesen und muß, leider, den

guten Dalberg einer pfuscherhaften Sudelei anklagen. Jones sagt in
seiner Vorrede: er habe dieses Gedicht erst wörtlich übersetzt und
dann ausgelassen, was ihm für seine Nation zu lüstern und zu kühn
geschienen habe. Nun läßt der deutsche Übersetzer nicht allein
nochmals aus, was ihm von dieser Seite bedenklich scheint, sondern er versteht auch, sehr schöne, unschuldge Stellen, gar nicht
und übersetzt sie falsch« (ebenda, S. 884). Den im Anschluß daran
erwogenen Plan, das Ende des Epos selbst zu übersetzen, hat G.
nicht ausgeführt, ebensowenig wie eine Dramatisierung des Stoffes, von der auch Schiller am 20. Februar 1802 sprach, der in diesem
Zusammenhang wiederum eine Verbindungslinie zu Kalidasas
›Sakuntala‹ zog und Gründe anführte, die eine Einrichtung beider
Stücke für die Bühne schwierig machten: »Dies liegt wahrscheinlich in der Haupteigenschaft derselben welche die *Zartheit* ist, und
zugleich in einem Mangel der *Bewegung*, weil sich der Dichter
gefallen hat, die Empfindungen mit einer gewissen bequemen
Behaglichkeit auszuspinnen, weil selbst das Klima zur Ruhe einla-
det« (ebenda, S. 886). – *39 Der unvergleichliche Jones:* Sir William
Jones (1746–1794), der seit 1783 in Indien lebte und 1784 in
Kalkutta die ›Asiatic Society of Bengal‹ ins Leben gerufen hatte,
gilt als Begründer der europäischen Orientalistik. Auch das bereits
mehrfach erwähnte Epos ›Sakuntala‹ war von ihm erstmals ins
Englische übertragen worden. In den *Noten und Abhandlungen zu
besserem Verständnis des West-östlichen Divans* erweist G. dem
»vortrefflichen« Jones mehrfach seine Reverenz (in den Abschnitten »Araber«, »Warnung« und insbesondere »Lehrer«).
    247 2 einer seiner deutschen Übersetzer: Friedrich Johann
Hugo von Dalberg (s. zu S. 246,25). – *6 Mega Dhuta:* G. lernte das
von Kalidasa (s. zu S. 246,16) stammende epische Gedicht ›Megha-
Duta‹ (Der Wolkenbote) in der Übersetzung des englischen Arztes
und Sanskritforschers Horace Hayman Wilson (1786–1860) kennen: The Mégha Dúta; or, Cloud Messenger: A poem, in the
Sanscrit language. By Cálidása. Translated into English Verse ...
by Horace Hayman Wilson. Calcutta 1813. G. entlieh sich dieses
Werk zuerst am 19. Dezember 1817 und dann nochmals vom
24. Januar bis zum 4. Juli 1818 aus der Weimarer Bibliothek (Keudell, Nr. 1126, 1130). – *28 Herrn Professor Kosegarten:* Der Orientalist Johann Gottfried Ludwig Kosegarten (1792–1860), der von
1817 bis 1824 als Professor in Jena, danach in Greifswald lehrte,
hatte G. am 5. Juli 1818 Proben seiner Übersetzung des ›Megha-
Duta‹ zugeschickt (s. Vorbemerkung); im selben Monat erschien in
der ›Jenaischen Allgemeinen Literatur-Zeitung‹ (Nr. 131 und 132)
von ihm eine ausführliche Rezension der englischen ›Megha-
Duta‹-Ausgabe Wilsons, in der er nach der Würdigung von Inhalt,

Sprache und Metrik sich kritisch über die Treue der Übersetzung äußert und dabei einige Verse in Sanskrit, Englisch und Deutsch einander gegenüberstellt. In den *Tag- und Jahres-Heften* zu 1821 werden Kosegartens Verdienste um das Epos des Kalidasa dann ausdrücklich hervorgehoben:»Unter Vermittlung des Englischen, nach Anleitung des werten Professor Kosegarten, wandte ich mich wieder eine Zeitlang nach Indien. Durch seine genaue Übersetzung des Anfangs von Camarupa, kam dieses unschätzbare Gedicht mir wieder lebendig vor die Seele, und gewann ungemein durch eine so treue Annäherung« (Bd. 14, S. 304). Auch im Abschnitt »Übersetzungen« der *Noten und Abhandlungen* hatte G. bereits Kosegartens Bemühungen gewürdigt (Bd. 11.1). – *31 des neuerlich mitgeteilten chinesischen Dramas:* 1817 war in London eine engl. Übersetzung des Dramas ›Laou-seng-urh‹ des chin. Dichters Wu Han Shin erschienen: Laou-Seng-Urh, or An Heir in his old age. A Chinese Drama. ([Transl by] Davis.). London 1817, das G. am 5. September 1817 aus der Weimarer Bibliothek entlieh (Keudell, Nr. 1103) und über das er sich in einem Brief an Knebel vom 9. Oktober lobend äußerte:»Hier das *chinesische Drama*, das anfangs nicht munden will, das aber, wenn man es mit Ruhe durchliest und zuletzt überschaut, als ein höchst merkwürdiges und verdienstvolles Werk muß angesprochen werden«. Nach der engl. Fassung dieses Dramas, dessen wörtliche Übersetzung ›Laou-seng-urh oder ein Erbe in seinem hohen Alter‹ lautet, fertigte Moritz Engelhardt eine deutsche Übersetzung unter dem Titel ›Des Greises spätes Kind‹ an, die vom 10. bis zum 22. April 1818 in Cottas ›Morgenblatt für gebildete Stände‹ (Nr. 86–96) erschien. – *40 Iflands Hagestolzen:* ›Die Hagestolzen‹, ein Lustspiel in fünf Aufzügen von August Wilhelm Iffland (1759–1814), war 1793 in Leipzig bei Göschen erschienen; vgl. hierzu die Aufsätze *Zu Schillers und Ifflands Andenken* (S. 199) und *Über die Entstehung des Festspiels zu Ifflands Andenken* (S. 201).

⟨Ankündigung des West-östlichen Divans und des Maskenzuges vom 18. Dezember 1818⟩

Am 9. Januar 1819 schickte G. das Manuskript für die beiden Ankündigungen an die Druckerei:»Vorläufig sende das Wenige, was auf die beiden leeren Seiten des Umschlags gesetzt werden kann« (G. an Frommann). Das erste Heft des zweiten Bandes von *Über Kunst und Altertum*, auf dessen Umschlag sie plaziert werden sollten, erschien – entgegen der Angabe auf dem Titelblatt – erst Anfang März 1819; vgl. den Brief Frommanns an Cotta vom

24. Februar 1819: »K u A. II. B. 1 Stk. hat sich zufällig verzögert,
ist izt beim Buchbinder und wird künftige Woche versandt«
(QuZ 4, Nr. 1056); G. erhielt seine Freiexemplare am 6. März 1819
(s. QuZ 4, Nr. 1059).

Von den angezeigten Werken ist nur die *Dichterische Auslegung
des Festzugs* zum angekündigten Termin erschienen (Auslieferung
im März 1819; s. QuZ 4, Nr. 2555–2557); der *West-östliche Divan*,
den Frommann in seinem Brief an G. vom 24. Februar 1819 noch
als »zur Messe fertig« (QuZ 4, Nr. 1056) avisierte, lag erst im
August 1819 vor. Näheres zu beiden Werken s. Bd. 11.1.

Textgrundlage und Erstdruck: KuA II 1 (1818), 3. Umschlagseite.
Überschrift nach WA.

248   *17 Jubilate-Messe:* Ostermesse, nach lat. ›Jubilate‹, der Bezeichnung für den dritten Sonntag nach Ostern. – *19 erläuternden
Bemerkungen:* die *Noten und Abhandlungen zu besserem Verständnis des West-östlichen Divans* (Bd. 11.1).

SUMMARISCHE JAHRESFOLGE
GOETHESCHER SCHRIFTEN

Das im ›Morgenblatt‹ 1816 aus Anlaß der bereits im Erscheinen
begriffenen neuen Ausgabe von G.s Werken gegebene Versprechen, G. wolle »dieser neuen Ausgabe einen Aufsatz hinzufügen,
der dasjenige, was in den Bekenntnissen schon gesagt worden, im
Kurzen wiederholen, und das, was noch zu sagen übrig bleibt,
gleichfalls kurz, jedoch wesentlich, darlegen wird« (*Über die neue
Ausgabe der Goethe'schen Werke*; S. 212,36–40), hat G. in einem
Brief an Cotta vom 7. Januar 1817 präzisiert: »Die vier letzten
Bände können vor Ostern noch in Ihren Händen sein. Was den
letzten betrifft, so denk ich ⟨...⟩ *Rameaus Neffen*, die dazu
gehörige Bemerkungen über französische Literatur und sodann die
kurze chronologische Übersicht meiner sämtlichen Arbeiten bis
auf die letzte Zeit zu geben, wodurch das Ganze sich auf eine
schickliche Weise abrundete«; und im Brief vom 17. April 1817 an
den gleichen Adressaten nimmt er diesen Plan wieder auf: »die
summarische Andeutung der Chronologie meiner schriftstellerischen Arbeiten, auf den Gang meiner ästhetischen und wissenschaftlichen Bildung bezüglich, wird zunächst in hiesiger Stille
meine Arbeit sein«. Der Zusammenhang wird deutlich: Es handelt
sich bei diesem Vorhaben um die Keimzelle der *Tag- und Jahres-
Hefte*. Die Arbeit an den »schriftstellerischen Epochen«, wie sie in

den folgenden Monaten im Tagebuch häufig sich niederschlägt, weitet sich unter der Hand aus (»doch führt sie viel weiter als ich dachte. Eine Rekapitulation meines ganzen Lebens ist nötig und zwar in einem mehr als summarischen Zusammenhang«, wie es im Brief an Cotta vom 6. September 1817 heißt), so daß die »chronologische Rechenschaft«, die die zwanzigbändige Werkausgabe beschließen sollte, nicht rechtzeitig vorgelegt werden kann. Innerhalb weniger Tage entschließt sich G. Anfang März 1819, »den Aufsatz zusammen zu ziehen«, also aus dem vorhandenen Material eine Kurzform herzustellen. »Nackter chronologischer Aufsatz der Folge meiner gedruckten Arbeiten« lautet der Tagebucheintrag vom 2. März, und bereits am 5. März 1819 schickt G. das Manuskript mit einer nur leicht veränderten Fassung des ›Morgenblatt‹-Aufsatzes von 1816 und dem chronologischen Werkverzeichnis an Cotta, nicht ohne im Begleitschreiben sowohl die Enttäuschung über das bisher nicht Erreichte als auch die Hoffnung auf späteres Gelingen anklingen zu lassen: »Nach einer achtwöchentlichen ununterbrochenen Arbeit, die mich jedoch nicht weiter als bis zum Schluß des vorigen Jahrhunderts führte, muß ich mich entschließen, die chronologische Darstellung meiner schriftstellerischen Arbeiten nur summarisch mitzuteilen. Der Aufsatz erklärt das Nähere. Möge Zeit, Lust und Kraft das Weitere fördern«.

Einige Jahre später hat G. in *Über Kunst und Altertum* anläßlich eines Aufsatzes über die Entstehung der Annalen nochmals den unmittelbaren Zusammenhang zwischen der *Summarischen Jahresfolge Goethescher Schriften* und dem Projekt der *Tag- und Jahres-Hefte* betont; im ersten Heft des vierten Bandes führt er im Jahre 1823 hierzu aus:

»Schon im Jahre 1819, als ich die Inhalts-Folge meiner sämtlichen Schriften summarisch vorlegen wollte, sah ich mich zu tiefer eingreifender Betrachtung gedrungen und ich bearbeitete einen zwar lakonischen doch immer hinreichenden Entwurf meiner Lebensereignisse und der daraus hervorgegangenen schriftstellerischen Arbeiten bis auf gedachtes Jahr; sonderte sodann was sich auf Autorschaft bezieht und so entstand das nackte chronologische Verzeichnis am Ende des zwanzigsten Bandes.

Seit gedachtem Jahre habe ich von Zeit zu Zeit in ruhigen Stunden fortgefahren sinnige Blicke ins vergangene Leben zu werfen und die nächste Zeit auf gleiche Weise zu schematisieren, wozu mir denn ausführlichere Tagebücher erwünscht und hülfreich erschienen; nun liegen nicht allein diese, sondern so viel andere Dokumente, nach vollbrachter archivarischer Ordnung, aufs klärste vor Augen und ich finde mich gereizt jenen Auszug aus meiner ganzen Lebensgeschichte dergestalt auszuarbeiten, daß er das Verlangen meiner Freunde vorläufig befriedige und den Wunsch nach fernerer Ausführung wenigstens gewisser Teile lebhaft errege; woraus denn der Vorteil entspringt, daß ich die gerade jedesmal mir zusagende Epoche vollständig be-arbeiten kann und der Leser doch einen Faden hat, woran er sich durch die Lücken folgerecht durchhelfen möge« (Bd. 14, S. 575 f.).

Für die Kommentierung des ersten Teils der *Summarischen Jahres-folge Goethescher Schriften* (S. 249–251,27) wird auf die entspre-chenden Ausführungen zum Beitrag im ›Morgenblatt‹ (S. 210–213) verwiesen. Bei der Kommentierung des Schriftenverzeichnisses im zweiten Teil wurde darauf verzichtet, die einzelnen Texte in den jeweiligen Bänden der ›Münchner Ausgabe‹ nachzuweisen; Quer-verweise erfolgen nur dort, wo Arbeiten G.s andere Titel erhalten haben oder aber Teile eines größeren Werkes bilden.

Textgrundlage und Erstdruck: Goethes Werke. Zwanzigster Band. Stuttgart und Tübingen 1819, S. 389–402. – Eingriffe: S. 252,32 *Bahrdt* (Barth ED); 253,37 *Euphrosine* (Ephrosine ED); 255,29 *Verständnis* ⟨,⟩ *des* (Verständniß ⟨*Zeilenende*⟩ des ED; fehlendes Komma nach WA und SL ergänzt). Wahrscheinlich fehlerhaft ist die Stelle S. 250,36 *in dieser Summe*; im ›Morgenblatt‹, wo der Aufsatz bereits 1816 fast im gleichen Wortlaut erschienen war, steht »in diesem Sinne« (vgl. S. 212,18), ebenso an der entsprechen-den Stelle im Wiener Nachdruck der zweiten Cotta-Ausgabe (1820).

252 *14 Lustra:* Lustrum, lat. ›Zeitraum von fünf Jahren‹. – *17 den fünf biographischen Bänden:* G. zählt hier zu den drei (1811, 1812 und 1814) erschienenen Bänden von *Dichtung und Wahrheit* die beiden 1816 und 1817 veröffentlichten Bände der *Italienischen Reise. – 38 Wanderung von Genf auf den Gotthart: Briefe aus der Schweiz* (Bd. 2.2, S. 595), zuerst (unvollständig) als *Briefe auf einer Reise nach dem Gotthard* 1796 in den ›Horen‹ erschienen.

253 *17 Optischer Beiträge: Beiträge zur Optik. – 23 Unterhal-tung der Ausgewanderten: Unterhaltungen deutscher Ausgewan-derten.*

254 *1 der Sammler: Der Sammler und die Seinigen. – 28 St. Joseph der Zweite:* Vgl. die Anm. zu ⟨*Antwort auf eine Anfrage über Wilhelm Meisters Wanderjahre*⟩ (S. 190).

255 *10 Beschreibung der Berghöhen* ⟨...⟩: *Höhen der alten und*

neuen Welt bildlich verglichen. – 15 Vorspiel für Halle: Was wir bringen. Fortsetzung. (Vorspiel zu Eröffnung des Theaters in Halle, im Juli 1814, von Goethe und Riemer).

⟨G. F. GROTEFENDS DEUTUNG DER HEILSBERGER INSCHRIFT⟩

In den *Tag- und Jahres-Heften* zu 1817 findet sich in der summarischen Auflistung der »eignen Arbeiten« auch der lapidare Satz: »Die berühmte Heilsberger Inschrift lasse ich mit einer von Hammerschen Erklärung abdrucken, die jedoch kein Glück macht« (Bd. 14, S. 261).

Diese knappe Mitteilung, die mehr verhüllt als offenlegt, resümiert einen Konflikt, der mit G.s eigenen Worten über seine *Wahlverwandtschaften* – der Kampf sei »hinter die Szene verlegt« (Herwig, Bd. II, Nr. 3078, S. 488) – wohl am treffendsten beschrieben werden kann und der es längst verdient hätte, in einem Aufsatz ausführlich dargestellt zu werden, verbirgt sich hinter ihm doch auch ein Stück Kulturpolitik.

Die Veröffentlichung der Hammerschen Deutung der ›Inschrift von Heilsberg‹ (Weimar 1818), der G. ein kurzes Nachwort anfügte (zur Entstehungs- und Druckgeschichte s. zu S. 245 f.), hatte nämlich eine lebhafte, der Öffentlichkeit jedoch weitgehend vorenthaltene Kontroverse hervorgerufen. Mit welcher Aufmerksamkeit G. diese Auseinandersetzung verfolgte, dokumentierte (und auch steuernd in sie eingriff), belegt ein 70 Blätter starkes Faszikel »Die Inschrift von Heilsberg« (GSA 25/XXXVIII,4,2), das die schriftlichen Dokumente dieses ›Historikerstreits‹ vollständig versammelte (Inhaltsangabe s. WA I 42/1, S. 412 f.).

Zur Verbreitung der Hammerschen Deutung trug zusätzlich ihre Veröffentlichung im 6. Stück des 7. Bandes der ›Curiositäten der physisch-literarisch-artistisch-historischen Vor- und Mitwelt‹ im Jahre 1819 bei, jener von G.s Schwager Christian August Vulpius (1762–1827) herausgegebenen Zeitschrift, die bereits 1816 den Fund der Heilsberger Tafel angezeigt hatte (s. zu S. 245 f.) und in der darüber hinaus 1817 im 2. Stück des 6. Bandes ein Beitrag über ›Die Kirche zu Heilsberg‹ (S. 166–170) erschienen war. Unter dem Titel ›Entzifferung der uralten Steinschrift von Heilsberg‹ druckte Vulpius dort das mit dem Datum vom 7. April 1817 unterzeichnete Gutachten Hammer-Purgstalls nebst einer Übersichtstafel (›Alphabet der Heilsberger Steinschrift‹) ab (S. 483 bis 492).

Als erste reagierten auf die Interpretation, die aus der Inschrift eine Munifizenz des deutschen Kaisers Ludwig der Fromme für

das Heilsberger Kloster herauslas, der Mannheimer Geheime
Kabinettsrat Ulrich Friedrich Kopp (1762–1834) sowie der Frankfurter Historiker und Philologe Georg Friedrich Grotefend
(1775–1853).

Im Februar 1819 hatte der Historiker, Orientalist und Theologe
Johann Gottfried Eichhorn (1752–1827), der von 1775 bis 1788
Professor in Jena gewesen war und danach in Göttingen lehrte, ein
Exemplar der ›Inschrift von Heilsberg‹ zur Besprechung in den
›Göttinger Gelehrten Anzeigen‹ erhalten (vgl. S. 908) und dieses
an den paläographisch erfahrenen Ulrich Friedrich Kopp weiter-
gegeben. Kopp, aus Kassel gebürtig, war dort im Jahre 1802 von
Landgraf Wilhelm IX. zum Direktor des Hofarchivs und ein Jahr
später zum Geheimen Kabinettsrat ernannt worden, hatte seine
Ämter aus gesundheitlichen Gründen aber schon 1804 aufgegeben,
um sich fortan seinen Studien zu widmen. Nachdem ihm 1804 die
juristische Fakultät der Universität Göttingen die Doktorwürde
verliehen hatte, lehrte er seit 1806 in Heidelberg, wo er 1808 zum
Honorarprofessor berufen wurde. Daran anschließend lebte er als
Privatgelehrter in Mannheim. Von Eichhorn mit dieser Aufgabe
betraut, verfaßte Kopp daraufhin eine Stellungnahme, die schon in
den einleitenden Abschnitten unmißverständlich deutlich machte,
was von der Hammerschen Deutung zu halten sei:
»Stünde nicht der Name eines so großen Philologen, eines Jos.
von Hammer, unter der in vorliegender Abhandlung mitgeteilten Auslegung jener Inschrift, und wäre sie nicht auf diplomati-
schem Wege von Wien nach Weimar gekommen; so würde
Rezensent glauben, man habe hier nur eine bittere Satyre auf
Antiquare, besonders allzu kühne Entzifferer alter Schriften
nieder legen wollen. So aber bleibet nichts weiter übrig, als die
Überzeugung, daß auch ein Homer zuweilen *träume*. Denn alle
Fehler, welche nur eine schlechte Auslegung haben kann, ist
man fast sicher, auch hier zu finden. Und doch – so weit ist es mit
der Paläographie gekommen – war man in Weimar und Jena
überglücklich, das Rätsel so klar gelöset zu sehen. Ohne die
geringste Ahndung zu haben, daß irgend Jemand einen Zweifel
bei dieser Auslegung äußern könnte, posaunte auch der allgemeine Anzeiger der Deutschen (1819, n. 118. S. 1265) aus, es
habe sich nun in der Person des großen Sprach-Forschers Hammer ein *Oedipus* gefunden für diese 1000jährige Inschrift, die so
wenig Schilter, als alle übrige Gelehrte seit 1727 hätten verstehen
können. – Wir möchten fragen, wer sie denn wohl jetzt verste-
het, nachdem das große Werk vollbracht ist?« (zitiert nach
Ulrich Friedrich Kopp: Bilder und Schriften der Vorzeit. Mannheim 1819, Bd. 1, S. 275 f.).

Im Anschluß daran unternahm Kopp den Versuch, die Entziffe-
rungsversuche des Wiener Gelehrten Punkt für Punkt zu widerle-
gen und formulierte zuletzt in scharfer Form sein Resümee: »Die
ganze Auslegung der Heilsberger Inschrift zerfällt also in ihr
Nichts« (S. 280). Eichhorn schickte diese Rezension im März 1819
an den Staatsminister von Voigt nach Weimar, wo sie noch vor
dessen Tod am 22. März (vgl. S. 908) in G.s Hände gelangte.

Von Großherzog Carl August am 19. März 1819 – »Was sagst du
denn zu Kopps Urteil über Hammers Auslege Talent?« – nun
seinerseits um ein Votum gebeten, antwortete G. am 20. März:
»Die Gründe des Buchstabenmeisters sind freilich überzeugend,
nur kann ich nicht zugeben, daß die Sache nicht gefördert sei. Ist
auch die Inschrift neuer, so findet sich doch hier schon ein
Alphabet aufgestellt von Buchstaben und Zeichen und ein Versuch sie auf die Tafel anzuwenden; dieses ist eine Vorarbeit die
jeder nutzen kann, der sich mit der Entzifferung beschäftigen
will. Meo voto wartete man daher ab, ob aus diesem oder
weiteren Widerspruch etwas Positives hervorgeht, widmete der
Sache eigenes Nachdenken und benutzte alles zusammen in
einem nachzubringenden Blatt, wenn man vorher Herrn von
Hammer gehört, der seine Meinung vielleicht selbst verläßt;
dadurch bleibt die Angelegenheit in dem beabsichtigten Gleise
und die Intention wird erfüllt, Aufmerksamkeit auf den Stein zu
erregen, da man nicht wissen kann, ob nicht vielleicht jemand
auf Diplomen und Monumenten irgend eine erhellende Analogie entdeckt. In einem andern Fall wovon die Beilage zeugt,
haben wir unsere eigene Sagacität zu üben gehabt«.
Vorsicht, Rücksichtnahme und das Abwarten weiterer Stellungnahmen bestimmen also die von G. vorgeschlagene Strategie,
wobei den Koppschen Einwänden ihre Plausibilität keineswegs
abgesprochen wird, ihr brüsker Tonfall aber zweifellos G.s Entschluß bestimmt hat, von einer Publikation in den ›Göttinger
Gelehrten Anzeigen‹ abzuraten.
Diese Vorgehensweise wurde zusätzlich dadurch begünstigt,
daß im März 1819 auch ein umfangreiches, im Ton ungleich kon-
zilianteres Gutachten von Georg Friedrich Grotefend in Weimar
eintraf, dessen Erhalt G. im Tagebuch unter dem 20. März vermerkte. So ist in einem Brief an Schreibers vom 2. April 1819 dann
bezeichnenderweise nur von diesem Gutachten die Rede: »Von der
Heilsberger Inschrift erfolgen abermals zwölf Exemplare. Dieser
Aufruf hat schon sehr schöne Folgen gehabt. Es entdeckt sich daß
Herr Professor Grotefend in Frankfurt a/M., ein Freund und
Verehrer Herrn von Hammers, schon längere Zeit sich mit dieser
Inschrift abgibt und nunmehr, aufs neue angeregt und eingeleitet,

seine Meinung eröffnen wird. So viel ich bemerken kann, hält er die
Inschrift für jünger, bleibt aber an mehreren Stellen bei Herrn von
Hammers Leseart; auch nach ihm ist dieser Stein von großer
Bedeutung«.
Wird die scharfe Ablehnung Kopps hier noch elegant umgangen,
so mußte G. wenig später gegenüber Eichhorn, in dessen Zeitschrift die Rezension ja publiziert werden sollte, dazu allerdings
Stellung nehmen. Trotz des auch hier erkennbaren Versuchs, eine
›diplomatische‹ Lösung der entbrannten Kontroverse zu finden,
plädierte G. am 12. April 1819 in einem Schreiben an Eichhorn
dennoch unmißverständlich dafür, Kopps Besprechung vorerst
nicht zu veröffentlichen, wobei auch hier Grotefends Gutachten
zum wichtigsten Argument wird:
> »Auch die Bemühungen wegen der *Heilsberger Inschrift* weiß
> ich anzuerkennen und bitte fernerhin diese vaterländisch-anti-
> quarische Angelegenheit nicht aus den Augen zu lassen. Über
> die, zwar einsichtige, aber etwas herbe Mißbilligung des vor-
> trefflichen Herrn Geheimen Cabinettsrat Kopp in Mannheim
> hat Herr Professor Grotefend in Frankfurt a. M. uns durch
> freundliche Teilnahme vorläufig getröstet. Dieser würdige
> Mann beschäftigte sich schon lange mit gedachter Inschrift. Er
> setzt sie freilich auch ins dreizehnte Jahrhundert, behält aber an
> mehreren Stellen die von Hammerische Lesart bei und gibt
> dieser Tafel einen höchst bedeutenden historischen Sinn«.
Daran anschließend unterbreitet G. dem Göttinger Professor seine
Vorschläge zur weiteren Vorgehensweise:
> »Der Stein selbst, der bisher an einem sehr ungünstigen Orte
> gestanden, wird versetzt, die Schrift revidiert und Herrn Grote-
> fend möglichst entgegen gearbeitet. Eine genaue den jetzigen
> Zustand des Steines nachbildende Kupfertafel wird besorgt,
> Heilsberg und seine Gegend durch einen geschickten Zeichner
> aufgenommen und so ein interessanter Nachtrag, den wir Herrn
> Grotefend verdanken werden, in gleichem Format erscheinen«.
Noch detaillierter wird G. diese Initiativen in einem Brief an
Grotefend selbst vom 15. April 1819 skizzieren, in dem er auch den
Kupferstich, der der Hammerschen Deutung zugrunde lag, als eine
mögliche Fehlerquelle anführte, da dieser lediglich »nach Schilter
kopiert« sei, und in diesem Zusammenhang auch einräumte: »Die
Vignette auf unserm Titelblatt ist gleichfalls eine nur verkleinerte
Kopie«.
Diesen (Vor)Arbeiten zu einem Nachtrag ist vorliegender Ent-
wurf zuzurechnen, der Grotefends 60 Schriftseiten starkes Gutachten zusammenzufassen suchte, über das in einem jüngst erschienenen Aufsatz Ludwig Denecke folgendes Urteil fällte:

»Grotefend ist bei seiner Arbeit sehr sorgfältig und methodisch vorgegangen. Er verließ sich nicht auf die alten Abzeichnungen der Inschrift, sondern ließ sich neue, einwandfreie Unterlagen herstellen. Er prüfte den Charakter der Schrift auf ihr mögliches Alter und kam dadurch zu einer Datierung in das Hochmittelalter, das 13./ 14. Jahrhundert (wobei er die Möglichkeit offen ließ, daß damals ein älterer Stein erneuert worden sein könnte). Er stellte fest, daß die Inschrift zur Gänze in deutscher, nicht in lateinischer Sprache abgefaßt sei. Er erwog, welchen Sinn und Zusammenhang eine solche Inschrift haben könnte und versuchte, die lesbaren Worte mit diesem Sinn in Einklang zu bringen, die unlesbaren danach zu ergänzen. Die Achtung vor seinen Kenntnissen und Fähigkeiten hat er auf jeden Fall in Konkurrenz mit einer ganzen Anzahl anderer befähigter Wissenschaftler durch diese Arbeit befestigt« (Ludwig Denecke: Georg Friedrich Grotefend im Briefwechsel mit Goethe, Jacob Grimm und Alexander v. Humboldt. In: Georg Friedrich Grotefend 1775–1853. Festschrift seiner Vaterstadt zu seinem Gedenken. Hannoversch Münden 1975 [Schriften zur Geschichte der Stadt Münden 2/1975], S. 40. Leider konnten die beiden von Grotefend an G. gerichteten Briefe dort aus technischen Gründen nicht – wie eigentlich vorgesehen – abgedruckt werden).

Auch G. waren die wissenschaftlichen Leistungen des damaligen Frankfurter Gymnasial-Konrektors, der bereits als Experte für Keilschriftentzifferungen, sowie durch die Bearbeitung einer lateinischen Grammatik und die Gründung des Frankfurter Gelehrtenvereins hervorgetreten war, nicht entgangen, wie aus seinen insgesamt fünf Briefen an Grotefend – vom 24. März, 15. April, 12. Mai, 21. September und 4. Oktober 1819 – deutlich wird. Obwohl G. in seinem Brief vom 4. Oktober 1819 drei »Blättchen« ankündigte, deren drittes »ein Facsimile des gegenwärtigen Zustandes des Steines, in so fern es tunlich war« abbildete, und sich hierüber Grotefends Urteil erbat, ist es zu einer weiteren Publikation von seiten G.s nicht mehr gekommen.

Fast wie ein Schlußstrich liest sich dann auch das Fazit des Großherzogs Carl August in einem Brief an G. vom 23. November 1819:

»Die Beilagen danknehmigst remittierend bemerke ich, daß die Heilsberger Aufschrift noch lange [un]entziffert bleiben wird, wenn mir aufgetragen würde, sie laufend leserlich darzustellen; indessen ist dieser Gegenstand ein angenehmer Zeitvertreib. Möchte es noch belieben, die Buchstaben dieser In- oder Einschrift *zu schwärzen*, damit es denen Sinnen bequemer entgegen komme« (Wahl, Bd. 2, S. 256).

Dennoch sind die beiden hier vorgestellten Gutachten – wobei auch eine Stellungnahme des Dresdener Bibliothekssekretärs Ebert nicht unerwähnt bleiben darf – nicht unveröffentlicht geblieben. Ulrich Friedrich Kopp publizierte seine Kritik 1819 im 1. Band seiner in Mannheim erschienenen ›Bilder und Schriften der Vorzeit‹ (S. 275–280), während Grotefends Beitrag in einer gegenüber 1819 gekürzten und nochmals modifizierten Fassung, die »seitdem das letzte Wort zu dem ungelösten Rätsel geblieben« ist (Denecke, S. 41), 1828 in der von J. S. Ersch und J. G. Gruber herausgegebenen ›Allgemeinen Encyclopädie der Wissenschaften und Künste‹ (2. Section, Bd. 4, S. 170–174) veröffentlicht wurde. Und noch am 12. März 1827 notierte G. in seinem Tagebuch eine »Neuversuchte Erklärung der Heilsberger Inschrift«, freilich ohne sich darüber nochmals näher zu erklären. Der Kommentator dieser Tagebuchaufzeichnung in der ›Weimarer Ausgabe‹ hält die Inschrift für »weiter nichts, als eine ganz schlechte Steinhauerarbeit aus dem 15. Jahrh., deren Inhalt bedeutungslos« (WA III 11, S. 331). Er könnte damit insofern recht haben, als von kunsthistorischer Seite heute die Vermutung geäußert wird, daß es sich dabei um eine spätmittelalterliche oder frühneuzeitliche historisierende Kontrafaktur handeln könnte (freundliche Auskunft von Dres. Dorothea und Peter Diemer, München).

Textgrundlage: Handschrift GSA 25/XXXVIII,4,2, Bl. 59–61 (Beschreibung s. SL 4, S. 324: H) in korrigierter Fassung. – Ein Eingriff: S. 257,14 *Herr von großen Besitze* (Herr von großen Besitzes Hs.; die unvollständige Korrektur aus »Herr und großen Besitzes« wurde durchgeführt). Hingewiesen sei auf die Stelle S. 256,25 *zeugt*, die möglicherweise durch einen Hörfehler entstellt ist; WA konjiziert »zeigt«, SL: *»vielleicht ist gemeint* [be-] zeugt«. Überschrift nach SL.
Erstdruck: WA I 42/1 (1904), S. 413–415.

256 *4 Georg Friedrich Grotefend:* Vgl. die Vorbemerkung. – *32 Landgraf Ludwig II. von Thüringen:* Ludwig II. (gest. 1172), Landgraf von Thüringen. – *34 Kaiser Lothar den II.ten:* Lothar II. (um 1075–1137), seit 1106 Herzog von Sachsen, 1125 gegen den Staufer Herzog Friedrich von Schwaben zum Kaiser gewählt, regierte von 1125 bis 1137, dabei seit 1127 gegen den von den Staufern zum Gegenkönig erhobenen Bruder Friedrichs, Konrad III., der sich erst 1135 unterwarf.
258 *1 Schilterische Abbildung:* im II. Teil des ›Thesaurus Antiquitatum Teutonicorum‹ (1727) des Straßburger Ratsherrn, Juristen, Historikers und Philologen Johann Schilter (s. zu S. 245,18). –

2 in den Curiositäten nachgebildet: Vgl. die Vorbemerkungen zu
Die Inschrift von Heilsberg, S. 904. – *5 Die Erklärung des Herrn
von Hammer:* Vgl. ebenda, S. 906 ff.

KLASSIKER UND ROMANTIKER IN ITALIEN,
SICH HEFTIG BEKÄMPFEND

Vor allem durch die Beschäftigung mit Giuseppe Bossis Durchzeichnungen von Leonardo da Vincis ›Abendmahl‹, die G. durch
Vermittlung von Gaëtano Cattaneo (gest. 1841), dem Direktor des
Mailänder Münzkabinetts, erhalten hatte und denen er nach eingehenden Studien im Herbst und Winter des Jahres 1818 einen
umfangreichen Aufsatz widmete (S. 403), hatten sich – nicht zuletzt durch die Kontakte des Großherzogs Carl August – die
Beziehungen zwischen den ›Weimarischen Kunstfreunden‹ und
denen der oberitalienischen Metropole intensiviert, was G. in den
Tag- und Jahres-Heften zu 1818 auch dankbar resümierte. Dennoch kommt er am Ende des Abschnitts über die »Mailänder
Freunde« auf weniger Erfreuliches zu sprechen: »Zu gleicher Zeit
ward uns von dorther ein ähnlicher Widerstreit des Antiken und
Modernen, wie er sich auch in Deutschland rührt und regt, gemeldet; man mußte von dorther auch über Klassisches und Romanti-
sches polemische Nachrichten vernehmen« (Bd. 14, S. 268).
Dieser Passus versammelt wie in einem Brennglas all die Signal-
und Reizwörter, aus denen sich die Konturen und Fronten der
in diesem Aufsatz geschilderten Auseinandersetzung unschwer
erschließen lassen. »Antik« und »modern«, »klassisch« und »romantisch« und beides einander in »polemischer« Konfrontation
gegenüberstehend – die Konstellation konnte für G. weder neu
noch überraschend sein, hatte er auf dem Forum seiner Zeitschrift
Über Kunst und Altertum doch spätestens seit dem von Johann
Heinrich Meyer im Namen der Weimarischen Kunstfreunde verfaßten, 1817 erschienenen Aufsatz über *Neu-deutsche religios-
patriotische Kunst* (S. 319) das Seine dazu beigetragen, diesen Streit
zu forcieren.
Und wie G. auch freimütig eingesteht, ging es ihm im vorliegenden Beitrag nicht nur darum, dieses gewissermaßen ›gesamteuro-
päische‹ Phänomen nun unter den spezifisch italienischen Bedingungen zu untersuchen. Wenn der Auseinandersetzung zwischen
den romantisch bzw. klassizistisch orientierten Künstlern in Italien im zweiten Heft des zweiten Bandes von *Über Kunst und
Altertum* ein eigener Aufsatz gewidmet wird, bleibt der Blick
vielmehr immer auch auf den deutschen Sprachraum gerichtet,

»weil wir, wie in einem Spiegel, unser vergangenes und gegenwärtiges Treiben leichter erkennen, als wenn wir uns nach wie vor
innerhalb unseres eigenen Zirkels beurteilen« (S. 261,32–35). Auch
in den Versen, die dem Abdruck dieses Beitrags in zweifellos
programmatischer Absicht vorangestellt wurden, war diese Me-
tapher des Spiegels schon gebraucht worden:

>»Unmöglich ist's den Tag dem Tag zu zeigen,
Der nur Verworrnes im Verworrnen spiegelt,
Und jeder selbst sich fühlt als recht und eigen,
Statt sich zu zügeln nur am andern zügelt;
Da ist's den Lippen besser daß sie schweigen,
Indes der Geist sich fort und fort beflügelt.
Aus Gestern wird nicht Heute; doch Äonen
Sie werden wechselnd sinken, werden thronen.«
(Bd. 11.1)

Dennoch ist zu bezweifeln, ob G. dieser Kontroverse jenseits der
Alpen eine eigene Stellungnahme gewidmet hätte, wenn ihm nicht
ein Bericht über Mailänder Literatur- und Kunstangelegenheiten
zur Verfügung gestanden hätte, den Gaëtano Cattaneo im September 1818 an den Großherzog Carl August nach Weimar geschickt
hatte (abgedruckt bei Mommsen, Bd. 2, S. 195–197) und an dem
sich G.s Ausführungen im ersten Teil des Aufsatzes weitestgehend
orientieren. Dies betrifft die Abfolge der von Cattaneo namentlich
erwähnten Schriftsteller – Giovanni Torti, Alessandro Manzoni
und Ermes Visconti – ebenso wie G.s Bemerkungen über Inschriften in lateinischer und italienischer Sprache (S. 262,15), die in
dieser Form ebenfalls auf Cattaneos Mitteilungen beruhen. Und
wo die Vorlage summarisch resümiert, bleiben auch G.s Angaben,
etwa über die Schriften des Ermes Visconti, vage. G. begann die
Arbeit am ersten Teil des Aufsatzes (S. 258–262,24) am 7. Oktober
1818 und schloß sie am 23. Oktober ab, worüber ein Brief an den
Großherzog Carl August informiert, der mit diesem Schreiben von
G. »die sehr ins enge gebrachte *Relation* des Herrn Cattaneo«
erhielt.

Erst ein halbes Jahr später beschäftigte sich G. wiederum mit
diesem Thema, wie zwei Tagebucheinträge »über das romantisch-
klassische Wesen der Mayländer« vom 20. und 21. April 1819
belegen. In der Zwischenzeit hatte ihm Cattaneo einige der Schriften zugeschickt, die bereits im ersten Teil erwähnt worden waren
(s. zu S. 260,21); in diesen Tagen im Frühjahr 1819 dürfte also der
zweite Teil des Beitrags, der dem Publikum vor allem die ›Inni
sacri‹ des Alessandro Manzoni vorstellen und nahebringen sollte,
entstanden sein. Erst am 27. Oktober des Jahres ist dann wieder
von diesem Projekt die Rede, wenn anläßlich der »Redaktion und

Überlegung zu Kunst und Altertum« zugleich die »Abschrift der Mayländischen Literatur« registriert wird. Im Laufe des Novembers 1819 schloß G. die Bogenrevision für das zweite Heft des zweiten Bandes ab, das dann im Februar 1820 erschien und vorliegenden Beitrag enthielt.

Der Aufsatz entstand also in zwei Phasen, was für G.s Arbeitsweise durchaus nicht ungewöhnlich ist: Sein Beitrag über *Blumen-Malerei* (S. 437) hatte eine ebensolche Entstehungsgeschichte, andere Artikel – etwa die *Urteilsworte französischer Kritiker* (S. 235 und 265) – wurden über einen Zeitraum von einigen Jahren sogar in mehreren Lieferungen mitgeteilt.

Im vorliegenden Fall deutet die Zweiteilung wohl aber auch darauf hin, daß G. die Abfassung nicht eben leicht gefallen war, zumal er die italienischen Verhältnisse ja weitgehend nur aus zweiter Hand kannte und sich in seinem Referat somit ganz auf die Mitteilungen seines Mailänder Gewährsmannes verlassen mußte. »Ich leugne nicht, daß es mir schwer geworden ist mich durch dieses Perioden-Labyrinth durchzuschlingen«, heißt es deshalb in dem bereits zitierten Brief an den Großherzog vom 23. Oktober 1818. Schon zuvor, am 12. Oktober, hatte G. Carl August geklagt, daß Cattaneos Bericht »schwierig zu lesen ist, weil, weder durch Rubriken noch Marginalien, der höchst mannichfaltige Inhalt gesondert, noch ein Überblick erleichtert worden« sei (die dort angekündigte »gedrängte summarische Darstellung« nahm G. dann am 19. und 20. Oktober vor; sie korrespondiert mit der »sehr ins enge gebrachten *Relation*«, von der im Brief an den Großherzog vom 23. Oktober die Rede ist). Der Großherzog selbst hatte in seiner Antwort vom selben Tage daraufhin wesentlich unverblümter und ungnädiger reagiert:

»Holz Raspeln, oder die Beilage Wort für Wort lesen zu müssen, gilt meiner angebornen Ungeduld ein gleiches. Die Italische Prosa ist, glaube ich, von Männern erfunden worden, um die Weiber zu unterhalten zwischen den vierten und fünften Akt, um Kräfte wieder zu schöpfen und zu verhindern, daß die Damen nicht zu sehr pressieren; wie die Hirsche schreien, zwischen den –, anderst kann ich mir das Italische Prosa Gewäsche nicht versinnlichen« (Wahl, Bd. 2, S. 231 f.).

Textgrundlage und Erstdruck: KuA II 2 (1820), S. 101–117, als Nr. »I.« unter dem Kapitel »Literarische, Poetische Mitteilungen«. – Möglicherweise liegt S. 258,29 *Kritizismus* ein Durckfehler vor (anstatt »Klassizismus«; s. dazu die Anm. im Stellenkommentar).

258 *22 Campanien:* ›Campania‹, eine historische Landschaft im
südlichen Italien. Die heutige Region Campanien mit der Hauptstadt Neapel umfaßt die Provinzen Avellino, Benevent, Caserta,
Neapel und Salerno. Wie G. gleich einleitend verdeutlichen will,
bildete das nördliche Italien mit seiner politischen, wirtschaft-
lichen und intellektuellen Metropole Mailand den Schauplatz der
nachfolgend geschilderten literarischen Kontroversen. – *24 Lombardie:* die Lombardei. – *29 Romantizismus und Kritizismus:*
Möglicherweise ist das Begriffspaar durch einen Druckfehler entstellt: Nach Ilona Klein (GJb 103, 1986, S. 389–392) müßte es
richtig heißen: »Romantizismus und Klassizismus«. – *37 das
Feuer, das wir entzündet:* Der scheinbare Pluralis majestatis ist
hier ganz wörtlich zu nehmen. G.s Vokabular (vgl. S. 980) ist ein
deutliches Indiz dafür, daß er an dieser Stelle vor allem an den von
Johann Heinrich Meyer im Namen der Weimarischen Kunstfreunde verfaßten, 1817 in *Über Kunst und Altertum* I 2 publizierten Aufsatz *Neu-deutsche religios-patriotische Kunst* (S. 319)
denkt.

259 *18 Dante:* Dante Alighieri (1265–1321). – *19 Crusca:* Die
›Accademia della Crusca‹ (ital. Crusca: ›Kleie‹) war 1582 in Florenz
zur Pflege und Reinigung der italienischen Sprache gegründet
worden und gab seit 1612 das erste Wörterbuch der gehobenen
italienischen Sprache, das ›Vocabolario‹ heraus. – *24 allein wer
bloß mit dem Vergangenen sich beschäftigt* ⟨...⟩*:* G.s Plädoyer für
ein evolutionäres Modell, das sich von restaurativer Erstarrung
ebenso abzusetzen sucht wie von gewaltsamen Brüchen, ist, wie
alle seine diesbezüglichen Äußerungen nach 1789, ursächlich
durch die Französische Revolution bedingt und aus diesem Paradigma entwickelt. Am deutlichsten hat G. seine Haltung, die ihm –
wie sich nicht nur hier zeigen ließe – über den engeren politisch-
gesellschaftlichen Bereich hinaus auch kulturelle Phänomene und
Prozesse verstehen half, gegenüber Eckermann am 4. Januar 1824
dargelegt (Bd. 19, S. 493 f.). Zu Rolle und Anteil naturwissenschaftlicher Denkformen vgl. Walter Müller-Seidel: ›Deutsche
Klassik und Französische Revolution‹ und ›Naturforschung und
Deutsche Klassik‹. In: W. M.: Die Geschichtlichkeit der deutschen
Klassik. Literatur und Denkformen um 1800. Stuttgart 1983,
S. 33–48 bzw. S. 105–118.

260 *16 Johann Torti:* Giovanni Torti (1774–1852), ital. Dichter.
– *18 Alexander Manzoni:* Alessandro Manzoni (1785–1873). G.s
Erwähnung an dieser Stelle sowie die ausführliche Vorstellung
Manzonis im zweiten Teil des Aufsatzes bilden den Beginn einer
kontinuierlichen Beschäftigung mit Werk und Person des italienischen Dichters, der sich selbst expressis verbis als ›Romantiker‹

bezeichnet hat. Sie fand ihren Niederschlag in der Rezension von
Manzonis Tragödie ›Il Conte di Carmagnola‹ (Ruppert, Nr. 1692),
die G. 1820 in *Über Kunst und Altertum* II 3 veröffentlichte
(Bd. 13.1, S. 348), dem Beitrag *Graf Carmagnola noch einmal*, in
dem G. die Tragödie Manzonis gegen eine in England erschienene
Kritik verteidigte (ebenda, S. 370), dem auszugsweisen Abdruck
eines Briefes Manzonis an G. (ebenda, S. 378) sowie vor allem in
der zusammenfassenden Würdigung, die 1827 in Jena unter dem
Titel *Teilnahme Goethes an Manzoni* (Bd. 18.2) als Einleitung G.s
in deutscher Sprache zur ital. Ausgabe von Manzonis Werken
erschien (Ruppert, Nr. 1688; Separatum Ruppert, Nr. 1904; vgl.
auch die ital. Übersetzung unter Ruppert, Nr. 1905: Interesse di
Goethe per Manzoni. Trad. dal tedesco. Lugano: Soc. Ruggia e
Comp. 1827). Vgl. zu Manzoni ferner Ruppert, Nr. 1689–1696,
1872 sowie G.s ausführliches Gespräch mit Eckermann vom
18. Juli 1827 (Bd. 19, S. 237–241). – *20 heilige Hymnen:* ›Inni
sacri‹. Milano 1815 (Ruppert, Nr. 1693), vgl. S. 264. G.s Exemplar
war auf dem Vortitel mit der Widmung »Manzoni all'amico Cattaneo« und auf dem Umschlag mit Cattaneos Dedikation »Pour
S. E. le Ministre d'Etat M^r. de Göthe De la part de M^r. Cattaneo«
versehen. – *21 Hermes Visconti:* Ermes Visconti (1784–1841), ital.
Schriftsteller und Kunsttheoretiker. Mehrere Indizien sprechen
dafür, daß G. die hier nur kursorisch angegebenen Schriften Viscontis zwischen Oktober 1818 und April 1819, also der Zeit
zwischen der Abfassung der beiden Teile des Aufsatzes erhalten
hat. Darauf deutet insbesondere die den zweiten Teil einleitende
Passage, in der G. mitteilt, daß auch »die übrigen bezeichneten
Schriften uns zur Hand gekommen« (S. 262,31) seien. Die von G.
erwähnten Publikationen Viscontis befinden sich auch in seiner
Bibliothek (Ruppert, Nr. 44, 3210, 3211), können ihm aber zum
Zeitpunkt der Niederschrift, wie aus den Formulierungen des
ersten Teils leicht ersichtlich ist, noch nicht näher bekannt gewesen
sein; zum anderen kündigte Gaëtano Cattaneo in einem Brief an G.
vom 25. November 1818 eine Schrift an, die sich mit G.s Angaben
über Viscontis Publikationen deckt: »Une autre brochure donnera
à V. E. un apperçu général sur l'état des sciences, des lettres et des
Arts dans notre pays« (Mommsen, Bd. 2, S. 198). Auch notierte G.
am 20. April 1819 in seinem Tagebuch »Visconti Klassizismus und
Romantizismus«. Zwar entlieh G. an diesem Tag auch ein Werk
von Antonio Canova und E[nnio] Q[uirino] Visconti aus der
Weimarer Bibliothek (Keudell, Nr. 1233), allerdings kann in diesem Zusammenhang eindeutig und zweifelsfrei nur Ermes Visconti
gemeint sein, da sich das von G. entliehene Werk mit den ›Elgin
Marbles‹ (vgl. S. 366) beschäftigte. Die Titel der drei von Cattaneo

mit nahezu gleichlautenden Widmungen übersendeten Schriften
Viscontis lauteten: Discorso recitato da Ermes Visconti il giorno 16
Maggio 1818 per l'inaugurazione fattasi nella Biblioteca Ambrosiana del monumento consacrato alla memoria di Giuseppe Bossi
pittore. Milano 1818 (Ruppert, Nr. 44); Ermes Visconti: Dialogo
di Ermes Visconti sulle unità drammatiche di tempo e di luogo.
Milano 1819 (Ruppert, Nr. 3210); Ermes Visconti: Idee elementari
sulla poesia romantica esposte. Milano 1818 (Ruppert, Nr. 3211). –
36 Monti: Vincenzo Monti (1754–1828), Abt, Jurist und Sekretär
des Herzogs Luigi Braschi, des Neffen von Papst Pius VI. (Giovanni Angelo Braschi, 1717–1799, Papst von 1775 bis 1799), seit
1797 Professor der Rhetorik und Literatur an der Brera in Mailand.
G. hatte den »Abbate Monti« auf seiner italienischen Reise kennengelernt (23. November 1786; Bd. 15, S. 168 ff.) und am 15. Januar 1787 in Rom einer Aufführung der 1786 in Parma veröffentlichten und uraufgeführten Tragödie ›Aristodemo‹ beigewohnt
(ebenda, S. 191 f.). Montis Tragödie ›Caio Gracco‹ wurde 1802 im
Mailänder ›Teatro Patriottico‹ uraufgeführt. Seine Übersetzung
der ›Ilias‹ erschien erstmals im Jahre 1802, in einer überarbeiteten
Fassung 1812: Iliade di Omero. Trad. del Cav. Vincenzo Monti. 2.
ed. Vol. 1.2. Milano 1812 (Ruppert, Nr. 1286, vgl. auch Nr. 182,
1976). G. vermerkt die Lektüre von »Montis Übersetzung der
Ilias« am 9. und 10. März 1813 in seinem Tagebuch, am 15. März
nennt er sie in seinem Brief an Heinrich Mylius »höchst bedeu-
tend«. Auch in den *Tag- und Jahres-Heften* zu 1813 findet das
Werk seine Erwähnung: »Des Allerneuesten hier zu erwähnen
sendete mir Abbate Monti, früherer Verhältnisse eingedenk, seine
Übersetzung der Ilias« (Bd. 14, S. 233). Vgl. zu Monti auch den
Beitrag *Moderne Guelfen und Ghibellinen* (Bd. 13.1, S. 423), wo
G. Monti »der Seite der griechischen Mythologie« zuordnete.

261 *1 kostbare:* schätzenswerte, hochgeschätzte. – *4 Und doch
ließe ⟨...⟩:* Vgl. hierzu die Vorbemerkung. – *12 die wir von der
Bibel hergenommen haben:* Vgl. *Maximen und Reflexionen*
Nr. 672 (Bd. 17, S. 841). – *21 Gegenwärtig ist noch keine Aussicht
dazu:* Nachdem G. hier auch zu einer kritischen Überprüfung des
eigenen Standpunkts aufruft, münden seine Ausführungen zum
Streit zwischen den ›klassischen‹ und den ›romantischen‹ Fraktio-
nen in Italien in einen ›Vorschlag zur Güte‹, der in seinem Kom-
promißcharakter an den Aufsatz *Antik und Modern* und sein
berühmtes Plädoyer »Jeder sei auf seine Art ein Grieche! Aber er
sei's« (S. 501,11) erinnert. – *40 der Vermittler:* Die von dem ital.
Schriftsteller Silvio Pellico (1789–1854) herausgegebene Zeitschrift
›Il Conciliatore‹ erschien in Mailand von 1818 bis 1820. Sie stand
wie ›L'Eco‹ den Romantikern nahe (vgl. hierzu G.s Beiträge ⟨*Eco*

und Globe⟩ und *L'Eco, Giornale di Scienze, Lettere, Arti, Commercio e Teatri,* beide Bd. 18.2), während die ›Biblioteca Italiana‹ den Standpunkt der Klassizisten vertrat.

263 *16 das Haupt Italiens:* Mailand war 1797 Hauptstadt der napoleonischen ›Cisalpinischen Republik‹ geworden. Nach der Krönung Napoleons zum König von Italien im Jahre 1805 wurde Mailand zur Hauptstadt des Königreichs Italien; danach war es von 1815 bis 1859 die Hauptstadt des österr. Königreichs Lombardo-Venetien.

URTEILSWORTE FRANZÖSISCHER KRITIKER ⟨II⟩

»Ich ⟨...⟩ beschäftige mich ›die Urteilsworte Französischer Kritiker‹ aus der von Grimmischen Korrespondenz auszuziehen«, teilte G. im Rechenschaftsbericht für das Jahr 1817 seiner *Tag- und Jahres-Hefte* mit (Bd. 14, S. 261). Das Resultat war der gleichnamige Aufsatz gewesen, der 1817 in *Über Kunst und Altertum* I 2 erschien (S. 235).

Ein aus der Perspektive der ›Annalen‹ freilich doppelter Rückblick, hatte sich G. doch schon fünf Jahre zuvor, im Oktober 1812, mit der ›Korrespondenz‹ des aus Regensburg stammenden Diplomaten und Schriftstellers Friedrich Melchior Baron von Grimm (1723–1807) beschäftigt. Deren Studium registrierte G. im Tagebuch vom 10. bis zum 14. sowie vom 16. bis zum 21. Oktober 1812, wobei bereits damals, nämlich am 13. Oktober, »die verneinenden und scheltenden Wörter daraus gezogen« wurden. Am 17. Oktober 1812 resümierte G. in einem Brief an Knebel seine Lektüreeindrücke und umriß gleichzeitig seine daraus resultierenden Absichten und Projekte:

»Hier interessiert uns hauptsächlich die handschriftlich bekannte Korrespondenz des Herrn Baron von Grimm. Es bleibt immer ein höchst bedeutendes Werk, ein reiches Dokument einer einzigen Zeit. Jedermann kann sich daraus etwas anders zueignen, und doch ist es nicht ungerecht zu sagen: man erfährt viel dadurch, aber man lernt nichts daraus.

Ich habe mir den Spaß gemacht, alle Worte auszuziehen, wodurch Menschen sowohl als literarische und soziale Gegenstände verkleinert, gescholten oder gar vernichtet werden, und ich denke daraus ein dictionnaire détractif zu bilden, welches dem dictionnaire des négations des Herrn Pougens zum Supplement dienen mag. Geisterhebendes findet sich wenig. Voltaire ist im Verschwinden, Rousseau im Verborgnen, Buffon macht kein eigentliches Aufsehen, d'Alembert, Helvetius und andere erscheinen auch nur von ihrer klugen Seite. Die alten Literatoren sterben achtzigjährig und von dem Neuen soll nichts gelten. Die nordischen Heroen Catharina, Friedrich, Gustav, der Erbprinz von Braunschweig und andere erscheinen als erbärmliche Tributairs des französischen Sprach- und Schwätzübergewichts. Zwei einzige Figuren halten sich aufrecht in dem sozialen, politischen, religiosen Konflikt, wo immer einer den andern zu vernichten sucht, und die beiden sind Diderot und Galliani«.

Die prominente Namensliste umreißt den Zeitraum, in dem die ›Korrespondenz‹ entstanden war. Baron Grimm, der seit 1748 (nach anderen Quellen: 1749) in Paris lebte, hatte fast vierzig Jahre lang in vierzehntägigem Turnus Berichte aus dem kulturellen und gesellschaftlichen Leben des ancien régime an den Herzog von Sachsen-Gotha geschickt, die auch an anderen Höfen zirkulierten. Von 1812 bis 1814 wurden diese Bulletins dann in Buchform als ›Correspondance littéraire, philosophique et critique adressée à un souverain d'Allemagne depuis 1753 jusqu'en 1790‹ in Paris veröffentlicht; am 12. Oktober 1812 entlieh sich G. den fünften, die Jahre 1770 bis 1782 umfassenden Band dieses Werkes aus der Weimarer Bibliothek (Keudell, Nr. 789). Wie die Tagebücher jener Wochen belegen, diente G. diese Schrift in erster Linie als wichtige Quelle für das 11. Buch von *Dichtung und Wahrheit*, an dem er in diesem Zeitraum intensiv arbeitete und in dem der Baron Grimm ja dann auch eigens erwähnt wurde (Bd. 16, S. 513).

Erst 1820, in *Über Kunst und Altertum* II 2, teilte G. seinen Lesern diese notwendigen Hintergrundinformationen zu »besserem Verständnis« von Veranlassung und Entstehung der *Urteilsworte französischer Kritiker* mit, die eigentlich schon innerhalb des ersten, drei Jahre zuvor publizierten Teils des Aufsatzes sinnvoll und angebracht gewesen wären und im Gesamtregister von *Über Kunst und Altertum* (IV 3) später als »Ferneres über diesen Gegenstand« registriert wurden. Wobei sich mit gutem Grund darüber spekulieren ließe, ob G. diesen Nachtrag ohne den im Februar 1819 im Pariser ›Vrai libéral‹ (s. u.) erschienenen Kommentar denn überhaupt veröffentlicht oder es nicht vielmehr bei (s)einem »Geheimnis« belassen hätte.

Textgrundlage und Erstdruck: KuA II 2 (1820), S. 117–121, als Nr. »II.« unter dem Kapitel »Literarische, Poetische Mitteilungen«. – Ein Eingriff: S. 265,30 *eigensten* (eigentsten KuA; vgl. dazu WA I 41/1, S. 475: »Ob in ›eigentsten‹ eine anorganische Umbildung unter Anlehnung an ›eigentlich‹ oder nur ein Druckfehler vorliegt, bleibe dahingestellt«; SL 4, S. 51: »Die ungewöhnliche

Form 〈…〉 ist in keinem der herangezogenen Wörterbücher 〈…〉
belegt«). Überschrift ergänzt im Hinblick auf den unter gleichem
Titel in KuA I 3 erschienenen Aufsatz (s. S. 235).

265 *4 im dritten Hefte gegenwärtiger Zeitschrift:* Vgl. S. 235. –
7 *Vrai libéral:* eine in Paris erschienene Zeitschrift; der Name des
von G. erwähnten Brüsseler Korrespondenten konnte bislang
noch nicht ermittelt werden. – *23 Herr von Grimm:* G. ist mit
Friedrich Melchior Baron von Grimm (1723–1807) mehrmals zusammengetroffen. So schrieb er am 1. Oktober 1781 an Charlotte
von Stein: »Ein Brief vom Herzog von Gotha lädt mich aufs
verbindlichste ein, Grimm ist drüben und ich werde wohl übermorgen hingehn. Die Bekanntschaft mit diesem ami des philoso-
phes et des grands macht gewiß Epoche bei mir, wie ich gestellt bin.
Durch seine Augen wie ein schwedenborgischer Geist will ich ein
groß Stück Land sehn«. In der Folge der Campagne in Frankreich
hatte G. Grimm, der »vor den großen revolutionären Unbilden«
(Bd. 14, S. 80) geflüchtet war und sich seit 1792 in Gotha aufhielt,
in Düsseldorf wiedergesehen (ebenda, S. 472); vgl. hierzu auch die
Anekdote, die G. über den »geübten Weltmann und angenehmen
Mitgast« in den *Tag- und Jahres-Heften* zu 1801 erzählt (ebenda,
S. 80 f.). – *35 Diderots: die Klosterfrau, Jacob der Fatalist:* Denis
Diderots (1713–1784) ›La religieuse‹, ein um 1760 entstandener
Roman in Briefform, erschien 1796. Der Roman ›Jacques le fata-
liste et son maître‹ entstand in den Jahren 1773 bis 1775; Auszüge
wurden zuerst in der ›Correspondance littéraire, philosophique et
critique‹ des Baron Grimm veröffentlicht, der mit Diderot befreundet gewesen war.

266 *11 eines Tages:* Vgl. hierzu den oben zitierten Brief an
Knebel. Bei dem in diesem Schreiben erwähnten Vorbild des
»dictionnaire des négations« handelte es sich um das in Paris im
Jahre 1794 erschienene ›Vocabulaire de nouveaux privatifs français‹
von Charles Pougens (vgl. Keudell, Nr. 309). – *16 in öffentlichem
Druck erschien:* ›Correspondance littéraire, philosophique et critique adressée à un souverain d'Allemagne, depuis 1753 jusqu'en
1790‹ (Paris 1812–1814); vgl. hierzu die Vorbemerkung. – *31 so
behalten wir uns vor* 〈…〉*:* Es ist bei diesem Vorbehalt geblieben,
die Absicht wurde nicht in die Tat umgesetzt.

DER PFINGSTMONTAG, LUSTSPIEL IN STRASSBURGER MUNDART

Im Rechenschaftsbericht für das Jahr 1817 kommt G. in seinen *Tag- und Jahres-Heften* auch auf die seinerzeitige Einwirkung von »Büchern und sonstigen Druckschriften« zu sprechen. Am Ende dieser Passage wird dort »der *Pfingstmontag* von Professor *Arnold* in Straßburg« als »eine höchst liebenswürdige Erscheinung« hervorgehoben und ausdrücklich gewürdigt: »Es ist ein entschieden anmutiges Gefühl, von dem man wohl tut sich nicht klares Bewußtsein zu geben, wenn sich eine Nation in den Eigentümlichkeiten ihrer Glieder bespiegelt: denn ja nur im Besondern erkennt man, daß man Verwandte hat, im Allgemeinen fühlt man immer nur die Sippschaft von Adam her. Ich beschäftigte mich viel mit gedachtem Stück und sprach mein Behagen daran aufrichtig und umständlich aus« (Bd. 14, S. 263 f.).

So wenig ein Grund besteht, diese Ausführungen in Zweifel zu ziehen, insbesondere was G.s intensive Beschäftigung mit dem Stück und sein aufrichtiges Behagen daran betrifft – in einem Punkt teilt die aus der Perspektive der 20er Jahre formulierte Rückschau eine Information mit, die über G.s Kenntnisstand des Jahres 1817 hinausgeht.

›Der Pfingstmontag‹ nämlich, ein ›Lustspiel in Straßburger Mundart in fünf Aufzügen und in Versen (Straßburg, Bei Treuttel und Würtz, und in Commission bei J. W. Pfähler und Comp.ie)‹ war 1816 anonym erschienen. Da G. zum Zeitpunkt seiner Rezension der Verfasser noch nicht bekannt war – er erfuhr ihn erst durch den Grafen Reinhard in einem Brief vom 22. Mai 1820 (s. Bd. 13.1, S. 891), weshalb diesem Aufsatz dann auch 1821 in *Über Kunst und Altertum* II 1 ein aufklärender biographischer *(Nachtrag zum Pfingstmontag)* folgte (ebenda, S. 443) –, ist diese erste Würdigung des Lustspiels noch ganz den Kriterien einer rein »ästhetischen Betrachtung« verpflichtet, von der im Tagebuch vom 1. September 1817 die Rede war.

Die Besprechung entstand in der Zeit von September bis November 1817, und daß dabei neben primär literarischen Wertmaßstäben auch die Reminiszenzen an glückliche Straßburger (Studien)Tage das Urteil bestimmten, wird im Gang der Erörterung selbst freimütig eingeräumt: »Man verzeihe uns Vorliebe und Vorurteil und unsere, vielleicht durch Erinnerung bestochene Freude an diesem Kunstwerk« (S. 278). Gerade dieses autobiographische Element mag dazu beigetragen haben, daß man den vorliegenden Aufsatz als einen »der glücklichsten Griffe des Kritikers Goethe« (so der Kommentar der ›Jubiläums-Ausgabe‹) bezeichnet hat.

Die Würdigung mundartlicher Dichtung und die Wertschätzung regional geprägter Literatur ist freilich im Werk G.s nicht
neu. So hatte er u. a. im Februar 1805 die ›Allemannischen Gedichte‹ von Johann Peter Hebel, die auch im *(Nachtrag zum
Pfingstmontag)* namentlich erwähnt werden (Bd. 13.1, S. 444),
rezensiert (Bd. 6.2, S. 581); ebenso lassen sich Erkenntnisse seiner
Maximen und Reflexionen nachweislich auf plattdeutsche Quellen
zurückführen (Nr. 235; Bd. 17, S. 757).

Deshalb entspricht es auch ganz den Überzeugungen G.s, was
Arnold im »Vorbericht« zu seinem Lustspiel (s. u.) so zum Ausdruck bringt: »Lebende Sprachen sind fortlebende Denkmale alter
Zeiten. Ihr Bestehn über den unaufhörlichen Wechsel der Dinge
hinaus fesselt die Aufmerksamkeit des Geschichtsforschers, und es
ergibt sich aus der Sache selbst von welchem Gewinn für Sprach-
studium und Redekünste das Auffassen der vielfachen Mundarten
einer Hauptsprache sei. Das vornehme herabblicken der herr-
schend gewordenen Schriftsprache auf die treuüberlieferten herz-
lichkraftvollen Mundsprachen der Vorzeit hemmte in mehrern
Ländern den Gesamtaufschwung des Ausdrucks in seiner Kraft
und Fülle«.

Der Aufsatz, 1820 in *Über Kunst und Altertum* II 2 publiziert,
rief im Elsaß eine so große Resonanz hervor, daß er noch im selben
Jahr als Sonderdruck (Göthe's Beurteilung des Lustspiels in Straß-
burger Mundart Der Pfingstmontag in fünf Aufzügen und Versen.
Aus dessen neuester Schrift: Über Kunst und Altertum zweiten
Bandes, zweitem Hefte. Straßburg, gedruckt bei Philipp Jacob
Dannbach, der Mairie Buchdrucker. 1820.) erschien, wofür sich
Johann Georg Daniel Arnold, der Verfasser des ›Pfingstmontag‹,
am 28. August 1822 bei G. ausdrücklich bedankte.

Textgrundlage und Erstdruck: KuA II 2 (1820), S. 122–155, als
dritter Beitrag unter dem Kapitel »Literarische, Poetische Mitteilungen« (allerdings fehlt die Bezeichnung »III.«). Zahlreiche
eindeutige Druckfehler wurden stillschweigend korrigiert. Möglicherweise fehlerhaft sind zwei Stellen: S. 269,11 *Klaus aus dem
Kochersberg* (WA ergänzt nach dem Original von Arnold zu
»Klaus, Bauer aus dem Kochersberg«) und S. 277,19 *Klärle* (vgl.
S. 268,39 u. ö.: »Klärl«, im Original: »Klärel«; also vermutlich hier
Druckfehler).

267 *15 In jeder Volksmundart ⟨...⟩:* Dem Text seines Lustspiels schickte Arnold einen »Vorbericht« voraus; die von G.
hieraus zitierte Passage lautet dort wörtlich: »In jeder Volksmundart spricht sich ein eigenes inneres Leben aus, aus welchem sich in

feinen Abstufungen eine besondere Nationalcharakteristik ergibt«. – *der Verfasser:* Johann Georg Daniel Arnold (1780–1829),
Professor für Geschichte und Jurisprudenz in Straßburg. Nach
seinem Jurastudium in Straßburg und – seit 1801 – in Göttingen
wurde Arnold 1806 in Koblenz Professor an der dortigen Rechts-
schule, bevor er 1809 einem Ruf nach Straßburg folgte, wo er 1820
zum Dekan der Juristischen Fakultät ernannt wurde. Arnold unterhielt auch freundschaftliche Beziehungen zu den Familien Arnim und Brentano sowie zu den Brüdern Grimm, die sich insbesondere auf das gemeinsame Interesse für volkstümliche Dichtung
gründeten. G. selbst hatte Arnold bereits im August 1803 durch
Vermittlung Schillers kennengelernt. In einem Brief vom 9. August bereitete dieser den in Jena weilenden G. auf Arnolds Visite
folgendermaßen vor: »Dem Überbringer dieses, H. Arnold aus
Strasburg bitte ich Sie einige Augenblicke zu schenken und ihm ein
freundliches Wort zu sagen. Er hängt an dem deutschen Wesen mit
Ernst und Liebe, er hat sichs sauer werden lassen, etwas zu lernen
und reist mit den besten Vorsätzen zurück, um etwas würdiges zu
leisten. Von Göttingen, wo er studiert, und von Strasburg, wo er
die schreckliche RevolutionsZeit verlebte kann er Ihnen manches
erzählen« (Bd. 8.1, S. 942 f.). Der Besuch fand dann allerdings
doch in Weimar statt, denn unter dem 18. August vermerkte G. in
seinem Tagebuch: »Arnold von Strasburg«. – *20 Idiotiken:* Das
dem ›Pfingstmontag‹ angefügte »Wörterbuch der hier vorkommenden eigentümlichen Ausdrücke« (S. 186–199) wird in der Ausgabe von 1816 bereits auf dem Titelblatt angekündigt: ›Der
Pfingstmontag. Lustspiel in Straßburger Mundart in fünf Aufzügen und in Versen. Nebst einem die eigentümlichen einheimischen
Ausdrücke erklärenden Wörterbuche‹. Im Sonderdruck von 1820
(s. o.) erklärt eine »Anmerk. d. Auflegers« den Begriff »Idiotiken«
wie folgt: »Wörterbücher von besondern Mundarten einer Hauptsprache« (S. 3).

  268 *6 das althergebrachte straßburger Bürgerwesen:* Die wichtigsten Institutionen der vorrevolutionären, reichsstädtischen Verfassung waren die dem Adel und den Zünften vorbehaltene ›Pfalz‹,
sowie die aus den auch im Text erwähnten ›großen‹ und ›kleinen‹
Ratsherren bestehende ›Ratsversammlung‹. Die frz. Verfassung,
auf die dann auch das neue Stadtoberhaupt, der ›Maire‹, vereidigt
wurde, trat 1790 in Straßburg in Kraft. – *17 Dorthe:* G. folgt hier
dem Personenverzeichnis zu Beginn des ›Pfingstmontags‹, wobei
Arnold dort die hochdeutschen Namen zuerst anführte und ihre
Dialektform in Klammern hinzusetzte. – *19 Lissel:* bei Arnold
»Lieschen (Lissel)«. – *31 Christinel:* bei Arnold »Christinchen
(Christinel)«. – *34 Licentiat:* (lat.) der dem Bakkalaureat folgende

akademische Grad, meist in theologischen Fakultäten verliehen. – *38 Frau Prechtere:* bei Arnold »Fr. Prechterin (Prechtere)«. – *39 Klärl:* bei Arnold »Klärchen (Klärel)«.

269 *4 Kaisersberg:* Ortschaft im südl. Elsaß, nordwestlich von Colmar gelegen. – *Colmar:* Stadt im südl. Elsaß, auf der Höhe von Freiburg gelegen. – *6 Bärbel:* bei Arnold »Barbara (Bärwel)«. – *8 Bryd:* bei Arnold »Brigitte (Bryd)«. – *11 Ortenauischen:* die Ortenau, eine badische Landschaft in der Umgebung von Offenburg. – *12 Kochersberg:* eine Gegend westlich von Straßburg, deren Name auch Bestandteil einiger Ortsbezeichnungen dieser Region (Dossenheim-, Wintzenheim-Kochersberg) ist.

270 *39 antastlich:* anzüglich, handgreiflich.

271 *6 fährt aber ab:* erleidet eine Abfuhr. – *34 Pfeffel:* Gottlieb Konrad Pfeffel (1736–1809), Lyriker, Fabeldichter und Pädagoge, in Colmar geboren und gestorben. Pfeffel, der insbesondere durch sein Gedicht ›Die Tobakspfeife‹ bekannt geblieben ist, gründete 1773 in Colmar eine ›Ecole militaire‹, deren Name seit 1782 dann ›Académie militaire‹ lautete. Trotz ihres martialischen Namens waren die Ziele dieser Schule einem ganzheitlichen Erziehungskonzept verpflichtet, das sich an Rousseau orientierte und besonderen Wert auf eine moralische Charakterbildung legte.

273 *7 Sympathie:* Gemeint ist hier die naturphilosophische Vorstellung von der Zusammengehörigkeit aller Erscheinungen und die Überzeugung von ihrer geheimen wechselseitigen Einwirkung aufeinander.

274 *4 Kinderzucht:* Erziehung. – *33 majorenn:* lat. ›volljährig‹. – *39 Landläufer:* Vagabund, Landstreicher.

275 *19 mit falsch akzentuierten Endreimen:* Arnold hat diese falsche Akzentuierung im Text auch graphisch verdeutlicht und damit zugleich dem Rezitator dieses Gedichts eine zusätzliche Hilfestellung gegeben; die erste Strophe dieses Liedes liest sich so: »Lang spielt' ich den Begeg nenn'den / Von geliebten Begeg nee'-ten / Und wo ich mich hin mocht' wenden / Wußte Amor seine steten / Pfeile mir, gleich Feuerbränden / Schwerverwundend nachzusenden. / Da war ich ein gefol terr'ter / Von der Leidenschaften Gier, / Ja, ein armer Gerä derr'ter / Lag auf Rosen gegen mir« (V, 8). – *27 Herr Stettmeister:* Im Anhang erklärt Arnold diesen Titel: »adelicher Obervorstand der Stadt« (S. 197). – *Herr Ammeister:* bei Arnold: »bürgerlicher Obervorstand von Straßburg« (S. 189).

276 *17 den Alexandriner:* Im »Vorbericht« zum ›Pfingstmontag‹ wird die Wahl dieses Versmaßes ausdrücklich begründet: »Um dem Leser, besonders dem ausländischen, Betonung und Silben-

maß der Wörter besser fühlbar zu machen, hat der Verfasser das
Versmaß der gereimten sechsfüßigen Jamben oder Alexandriner
gewählt, bei welchem die streng in die Mitte gesetzte Zäsur das
Lesen ungemein erleichtert, und welchen weit weniger Einförmig-
keit als Schwierigkeit der Ausführung zum Vorwurf gereichen
kann«.

277 *18 St. Didier:* St. Dié, eine in den Vogesen südwestlich von
Straßburg gelegene Stadt an der Meurthe, etwa auf der Höhe von
Schlettstadt.

278 *15 qu'il mourut:* aus der 1640 uraufgeführten Tragödie
›Horace‹ des Pierre Corneille (1606–1684). Der Ausruf ist dort (III
6, Verse 1021 ff.) die Antwort auf Julies vorangegangene Frage
»Was hätte er Eurer Meinung nach gegen drei tun sollen?« (»Que
vouliez-vous qu'il fît contre trois?«). Darauf entgegnet »le vieil
Horace«: »Sterben / Oder in schöner Verzweiflung Zuflucht
suchen« (»Qu'il mourût, / Ou qu'un beau désespoir alors le secou-
rût«). – *25 Sebastian Brand und Geiler von Kaisersberg:* Im Son-
derdruck von 1820 findet sich in einer Fußnote auch hier eine
»Bemerk. d. Auflegers« mit folgendem Wortlaut: »*Sebastian
Brand* von Straßburg, gestorben im Jahr 1520, Verfasser eines
satyrischen Gedichts: das *Narrenschiff* betitelt, das zu seiner Zeit
in mehrere Sprachen, und sogar auch in Latein, übersetzt wurde.
Er war ein Freund des berühmten Kanzelredners *Geiler von
Kaisersberg*, dessen Predigten ein einziges Denkmal zürnender
Heftigkeit und eifernden Tadels in der Geschichte jener Zeit sind«
(S. 17). ›Das Narren Schyff‹ des Sebastian Brant (1458–1521), der
seit 1503 als Stadtschreiber in Straßburg lebte, war 1494 erschienen; die Predigten des Johann Geiler von Kaysersberg (1445 bis
1510), die sich auf Brants Dichtung bezogen und wie diese die
Mißstände der Zeit anprangerten, wurden 1498/99 im Straßburger
Münster gehalten und waren die ersten Predigten über einen
weltlichen Text. – *37 Narren-Diligence:* frz. ›Narreneilpost‹.

279 *8 daß er das Pfeifchen ⟨...⟩:* In einer Zahmen Xenie erklärt
G. dieses Gesellschaftsspiel: »Kennst du das Spiel? wo man, im
lustgen Kreis, / Das Pfeifchen sucht und niemals findet, / Weil
man's dem Sucher, ohn' daß er's weiß, / In seines Rockes hintre
Falten bindet, / Das heißt: an seinen Steiß« (Bd. 13.1, S. 15). –
19 die Arbeit eines ganzen Lebens: eine Annahme, die Arnold in
seinem Brief vom 28. August 1822 an G. nachdrücklich bestätigt:
»Ihre Vermutung dieses Büchlein sei das Ergebnis der Erfahrung
und der Bilderwelt eines ganzen Lebens ist durchaus gegründet.
Alles was ich von Kindheit an hier in meiner Vaterstadt gesehn,
gehört, gefühlt floß da wie in einem Brennpunkt wieder zusammen« (Ernst Martin: Zwei Briefe von J. G. D. Arnold an Goethe.

In: GJb 13, 1892, S. 80–87, hier: S. 81). – *35 abgebrannten Dörfer:* die beiden Dörfer Mundolsheim und Souffelweyersheim im Norden Straßburgs. Die von G. hier erwähnte Widmung findet sich gleich auf dem Titelblatt: »Zum Besten der Armen der in den Kriegsvorfällen des vorigen Jahrs bei Straßburg abgebrannten Dörfer, so wie auch der Straßburger Armenarbeitsschule«. Den »Wunsch den unglücklichen Bewohnern der im Feldzuge des vorigen Jahrs durch Feuer verwüsteten, vordem so blühenden Dörfer in der Nähe unsrer Stadt, so wie auch unsrer Arbeitsschule, durch den Ertrag einer Druckschrift, seinerseits eine Beisteuer überreichen zu können«, setzte Arnold auch an die Spitze seines »Vorberichts«.

280 *4 die Ortsveränderungen* ⟨...⟩ *angezeigt werden:* In der zweiten, 1850 erfolgten Auflage des ›Pfingstmontag‹ wurde diesem Wunsch G.s entsprochen. – *27 Hebels allgemein erfreuliche Gedichte:* Vgl. hierzu die Vorbemerkung; G. war am 4. Oktober 1815 in Karlsruhe mit Johann Peter Hebel (1760–1826) zusammengetroffen (vgl. auch *Kunst und Altertum am Rhein und Mayn;* S. 84,22).

DIE HEILIGEN DREI KÖNIGE

Nachdem G. am 22. Oktober 1819 in einem längeren Schreiben an Sulpiz Boisserée zunächst über die Weimarer Experimente mit den kurz zuvor veröffentlichten Faksimiles des Kölner Domrisses berichtet hatte (vgl. S. 518,19 ff.), kam er unmittelbar anschließend auf eine bibliophile Neuerwerbung zu sprechen, über die er den Heidelberger Kunstsammler und -schriftsteller um Rat bat. Der Übergang fiel ihm dabei nicht schwer, blieb G. doch auch mit dieser Anfrage zu jenem Zufallsfund, wie er ihn selbst deklariert, in der Domstadt am Rhein:

»Nun aber fließt so eben ein Bach bei mir vorüber, den ich gar zu gern auf Ihre Mühle leiten möchte. Ich erwerbe zufällig ein altes Manuskript, klein Quart, 84 Blätter, mit Abbreviaturen, konsequent und also leserlich geschrieben, wenn es mir gleich stellenweise noch Mühe macht. Es enthält die Legende der heiligen drei Könige und ihres Sternes, vom Ausgang der Kinder Israel aus Aegypten an bis zur fortwährenden Verehrung ihrer Reste in Cöln.

Zu welcher Zeit das vorliegende Manuskript geschrieben ist, will ich nicht gleich entscheiden; das Original aber mag, nach innern deutlichen Kennzeichen, zu Anfang des 15. Jahrhunderts verfaßt sein. Jetzt ist nur die Frage: ob es bekannt ist oder nicht?

und deshalb will ich davon in meinem nächsten Stücke Kunst und Altertum sprechen; vielleicht wissen Sie darüber Auskunft zu geben.

Mag es sein daß die Überraschung dieses Fundes mich dafür einnimmt, oder weil es an die Reise von Montevilla sogleich erinnert; Geschichte, Überlieferung, Mögliches, Unwahrscheinliches, Fabelhaftes mit Natürlichem, Wahrscheinlichem, Wirklichem bis zur letzten und individuellsten Schilderung zusammen geschmolzen, entwaffnet wie ein Märchen alle Kritik. Genug ich meine nicht, daß irgend etwas Anmutigeres und Zierlicheres dieser Art mir in die Hände gekommen wäre.

Weder Pfafftum noch Philisterei noch Beschränktheit ist zu spüren, die Art, wie der Verfasser sich Glauben zu verschaffen sucht und dann doch auf eine mäßige Weise das Zutrauen seiner Hörer mißbraucht, ohne daß man ihn geradezu für einen Schelm halten kann, ist allerliebst; genug ich wüßte kein Volksbuch neben dem dieses Büchlein nicht stehen könnte.

Mehr sag ich nicht und lege nur Anfang und Schluß bei, woraus hervorgeht, daß das Büchlein eigentlich für Cöln geschrieben ist, und es frägt sich hauptsächlich, ob ein Bischof dieses Namens damals existieret habe und ob man den Dom, wie an andern Orten, die Münster-Kirche genannt hat?«

Der dem Brief beigelegte Anfang der Legende lautete:

»Reverendissimo in Christo patri domino Florencio de Wulkanen divina providentia Monasteriensis ecclesiae Episcopo dignissimo«.

Der Schluß hatte im lateinischen Original folgenden Wortlaut:

»Tandem felix Colonia quae ex speciali gratia et providentia divina tam nobilissimis tribus regibus primiciis gentium et virginum ac nobili canonicorum collegio ipsorum ministris ornatus de quibus plus quam de cunctis opibus tuis gloria pp« (WA IV 32, S. 299).

G. beschäftigte sich mit dem Manuskript »die 3 Könige betr.« laut Auskunft seiner Tagebücher seit dem 15. Oktober 1819, und die »fortgesetzte Entzifferung« (16. Oktober) des lateinischen Textes wurde schon bald mit der Absicht unternommen, das Ergebnis dieser Bemühungen noch im zweiten Heft des zweiten Bandes von *Über Kunst und Altertum* vorzustellen.

G.s Absicht und Erkenntnisinteresse ist deutlich erkennbar. Der Sichtung und Sicherung historischer Fakten gilt das Hauptaugenmerk; ihm ist es wichtig, diese gewissermaßen aus ihrer legendenhaften Ausschmückung herauszuschälen, wovon nicht nur ein Paralipomenon (WA I 41/1, S. 479, Nr. 2), sondern ebenso eine spätere Tagebuchnotiz vom 29. Oktober 1821 Zeugnis ablegen:

»Später die Legende von den drei Königen. Betrachtung über das Wahre, was unter diesem Märchenhaften verborgen«.

Vor übereilten Wertungen – hier die nüchternen geschichtlichen Fakten einerseits und dort das bloß ›sagenhafte‹ Beiwerk andererseits – hat man sich dennoch zu hüten. »Höchst reizend ist für den Geschichtsforscher der Punkt, wo Geschichte und Sage zusammengrenzen. Es ist meistens der schönste der ganzen Überlieferung. Wenn wir uns aus dem bekannten Gewordenen das unbekannte Werden aufzubauen genötigt finden, so erregt es eben die angenehme Empfindung«, hatte bereits ein Aphorismus der Gruppe »Lücke« aus dem »Historischen Teil« seiner *Farbenlehre* (Bd. 10, S. 567) in Anlehnung an die bekannte Forderung aus dem »Lehrbrief« (Bd. 5, S. 498,17 ff.) formuliert, wobei G. in diesem Zusammenhang die Bemühungen der »Dichter und Chronikenschreiber« ausdrücklich rehabilitierte.

Jenen ›prägnanten‹ Punkt zu orten, an dem sich historisch Gesichertes und Bezeugtes mit dem durch Legende und Volkssage Überlieferten durchdringen, wird nunmehr zur Aufgabe des Historikers, wobei es – nimmt man den Aphorismus ›beim Wort‹ – doch bemerkenswert ist, daß G. die behutsame Trennung und Rekonstruktion beider Bereiche als eine ausgesprochen lustvolle Tätigkeit beschreibt: vielleicht ein Grund mehr, warum er Sulpiz Boisserée an dieser ›Spurensuche‹ beteiligen wollte ...

Wie dem auch sei: Die Hoffnung, die Boisseréeschen Auskünfte eventuell noch in seinen Aufsatz einfließen lassen zu können, erfüllte sich nicht. Die Arbeit an den *Heiligen drei Königen* wurde im Oktober fast täglich vorangetrieben, und G. schloß den Aufsatz am 2. November 1819 ab. Am 30. November registrierte das Tagebuch mit der Absendung des Manuskripts für die 12. Bogen den »völligen Abschluß ⟨...⟩ des 5. Heftes von Kunst und Altertum«. Als G. sich am 13. Dezember dann für Boisserées ausführliche, am 22. November begonnene, aber erst am 6. Dezember fortgesetzte und abgeschlossene Antwort bedanken konnte, war das neue Heft seiner Zeitschrift bereits im Druck.

Dennoch waren die Mitteilungen aus Heidelberg für G. so aufschlußreich, daß der im Februar 1820 erschienene Aufsatz nur den Anfang einer Reihe von weiteren Publikationen bildete, die sich mit G.s Fund beschäftigen sollten. Wenn der Brief Boisserées vom 22. November 1819 im folgenden in voller Länge abgedruckt wird, so geschieht dies nicht nur wegen der detaillierten inhaltlichen Auskünfte ›zur Sache selbst‹, die G.s oben skizzierte Intentionen präzise erfaßten, sondern vor allem deshalb, weil das Schreiben zugleich ein herausragendes Zeugnis für die intensive Arbeitsgemeinschaft bildet, die G. und den immerhin fast fünfunddreißig

Jahre jüngeren Heidelberger Kunstsammler seit dem Sommer 1814
verband:

»Ich hätte Ihren unschätzbaren Brief gleich beantwortet,
wenn ich nicht über die Legende der drei Könige, von der Sie
eine so allerliebste Beschreibung machen, eine Forschung hätte
anstellen wollen. Diese aber war ziemlich beschwerlich und
langwierig und wurde ich darin vielfach unterbrochen. Hier
erhalten Sie nun die Ausbeute.

Vor allem sollen Sie erfahren, daß der Bischof Florencius de
Wulkanen, dem Ihr Büchlein dediziert worden, ein Bischof von
Münster ist, denn das bezeichnet der Zusatz: Ecclesiae Monasteriensis. Auch findet sich unter den Bischöfen von Münster vom
Jahr 1364 bis 1379 ein Florencius de Wevelinkhoven, welches
der Name eines sechs Stunden unterhalb Köln gelegenen Orts
und daher stammenden altadeligen Geschlechts ist. In Ihrer
Handschrift wurde dieser Name ohne Zweifel durch Abbrevia-
tur verstümmelt. Der Zeitpunkt, in welcher die Legende verfaßt,
fällt also zwischen die Jahre 1364 und 1379; und dieses paßt sehr
gut mit dem, was von einem *Johannes v. Hildesheim* gesagt
wird, der gegen 1360 blühte und eine sehr märchenhafte Legende der drei Könige schrieb.

Der Jesuit Crombach in seiner weitläufigen Historia trium
regum drückt sich folgendermaßen über ihn aus: S. 691. Histo-
riam S. S. Regum comprehendit libello 46 capitum, sed tot
inspergit fabulas, ut suspectam reddident omnem suam narratio-
nem cauteque legendus sit.

Aber auch außerdem habe ich noch Gründe zu mutmaßen,
daß dieser Johannes v. Hildesheim der Verfasser von Ihrem
Büchlein sei; nach der Charakteristik nämlich, die Sie mir von
der Legende machen, scheint sie die Quelle der in dem Leben der
Heiligen von Sebastian Brand (Straßburg 1517) verkürzt aufgenommenen zu sein, und diese stimmt mit keiner andern, als mit
den wenigen Auszügen aus der Schrift des J. H. bei Crombach.

Sie werden die Sache gleich entscheiden, wenn Sie die Zahl der
Kapitel und folgende bei Crombach S. 691 aus dem 41. Kapitel
ausgezogene Stelle vergleichen.

– et ex tunc Archiepiscopus ipsa trium Regum corpora cum
aliis reliquiis publice et honorifice transtulit et ab omni populo
cum hymnis et laudibus recepta in ecclesia St. Petri ibidem
reverenter collocavit perquos (reges) Deus ibidem quam plurima
mirabilia et virtutes in praesentem diem operatus et a principibus
et nobilibus et diversis populis devote venerantur: et a longissi-
mis terrae partibus et provinciis cum maximis reverentiis quae-
runtur et visitantur.

Vielseitig angestellte Nachsuchungen überzeugen mich, daß diese Legende auch als Manuskript höchst selten sein muß. Ob sie je gedruckt worden, kann ich nicht finden, in diesem Fall ist sie jedoch gewiß an Seltenheit einer Handschrift gleich zu achten. Damit Sie über das Verhältnis, zu der im Sebastian Brand aufgenommenen Legende noch weiter urteilen können, setze ich ein paar Züge daraus hieher:

In der Nacht, in welcher das Christkind geboren wird und den Weisen der Stern erscheint, wird dieses noch Jedem durch ein besonderes Wunder kund getan. König Caspar besitzt einen Strauß, dieser brütet von einem Ei ein Lamm und einen Löwen, anzudeuten, daß in dieser Nacht ein Kind geboren sei von Lammessinn und Löwenmut. König Melchior hat in seinem Garten einen Cedernbaum, in dessen Zweigen erhebt sich ein Rauschen wie von vielen Wasserfällen und ein Vogel setzt sich darauf und singt: Siehe eine Jungfrau hat einen Sohn geboren etc. In des Königs Balthasar Land kömmt in dieser Nacht ein Kind zur Welt, welches, sobald es aus dem Mutterleib hervorgegangen ist, ausruft: Uns ist ein Kind geboren, ein Sohn ist uns gegeben, des Name ist Rat, Kraft, Held, Wunderbar, Ewig Vater, Fürst des Friedens. Und ferner, als die Könige ihres Weges ziehen, bei Nacht und bei Tage, da hungert es sie nicht, es dürstet sie nicht, sie ermüden nicht; wohin sie kommen, da ebnen sich die Höhen und erhöhen sich die Tale, die Sumpfe und Moräste trocknen aus, das Meer tritt zurück, die Ströme türmen sich rechts und links gleich Mauern; allenthalben ist eine breite ebene Bahn, alle Städte werden aufgeschlossen, alle Tore wurden aufgetan, überall empfängt man sie auf das ehrenreichste und möchte sie gerne beherbergen, allein sie begehren weder der Speise noch des Trankes, sondern ziehen fürbaß ohne auszuweichen weder zur Rechten noch zur Linken etc. Endlich geschieht es durch göttliche Schickung, daß diese drei Könige in einem und demselben Augenblick, wiewohl ein jeder auf einem besondern Wege, zusammentreffen auf dem Gipfel des Berges Calvaria. In demselben Augenblick verteilt sich auch der Nebel, die Sonne geht auf, die drei Könige stehen einander gegenüber und zu ihren Füßen liegt die Stadt Jerusalem.

Für mich war dies immer die Krone der Legenden, und ich muß gestehen, ich habe mich oft über die Sinnlosigkeit der Leute gewundert, die uns mit einem Schwall von Legenden überschwemmen und gerade die beste bei Seite liegen lassen. – Wie schön wäre es nun, wenn Sie die Quelle derselben entdeckt hätten und ihre Meisterhand zu einer Übertragung anwenden wollten.

Um Ihnen zu beweisen, daß ich mich so ziemlich in allen Rüstkammern nach dieser Legende umgetan habe, führe ich Ihnen außer dem Leben der Heiligen von Sebastian Brand und Crombachs Historia trium Regum auch noch an: die Legenda aurea des Jacobus a Voragine, Bischof von Genua, gestorben 1298 des Surius Vitae Sanctorum, verfaßt um das Jahr 1570 und die Acta sanctorum anno 1640–80. In ersterm ist die Legende ziemlich einfach, aber desto reicher die Ausstattung mit moralischen und frommen Beziehungen aller Art, das poetische Element fehlt eigentlich ganz und der Vortrag ist höchst pedantisch und scholastisch. Bei den beiden letzten aber sucht man die Legende vergebens, die Verfasser halten sich allein an dem Evangelium Matthäi. In den Actis Sanctorum, wo man nach der sonst befolgten Art eine nähere Nachweisung und einigermaßen eine Kritik der Legende zu erwarten gehabt, versprechen die gelehrten Patres dieselbe am 23. Juli, als dem Tag der Überbringung der Gebeine nach Köln, zu liefern, an diesem Tag aber verweisen sie auf eine neue Ausgabe des Januars, welche nicht zu Stande gekommen ist. Sie waren zu gescheit, um die alles durcheinander wirrende, historisch sein sollende Arbeit ihres Mitbruders Crombach zu billigen, hatten aber nicht Sinn noch Geist genug, das poetische an der Sache zu erkennen und diesem, indem sie es von dem geschichtlichen unterschieden, sein eigentümliches Recht widerfahren zu lassen.

So tadelt denn der tüchtige P. Papebroche in seinen Noten zum moscovitischen Kalender (in Actis Sanctor. Monat Mai) den Crombach gar sehr, daß er für dasjenige, was über die Erzählung des Evangeliums hinausgehe, lauter unhaltbare Zeugen beigebracht habe und lobt ihn nur, daß er den vermeinten Verfasser Ihres schönen Büchleins, Johannes v. Hildesheim, für einen fabulosum erkannt!

Indessen bleibt Crombach immer die reichste Fundgrube für alles was über die drei Könige geschrieben ist. Und die Durchsuchung dieses weitschweifigen Folianten hat mir, mit Zuziehung von einigen andern, eine Übersicht über die Entstehung der Legende und die Verehrung dieser Heiligen verschafft, die manches Merkwürdige darbietet. Ich teile sie Ihnen hier so kurz als möglich mit.

Entstehung der Sage.

Matthäus erzählt: Da Jesus geboren war, kamen die Weisen vom Morgenland gen Jerusalem und sprachen: wo ist der neugeborene König der Juden? Wir haben seinen Stern gesehen im Morgenlande und sind kommen ihn anzubeten. Herodes erschrak darüber und fragte die Hohenpriester und Schriftgelehr-

ten. Die sagten zu Bethlehem, denn also stehe geschrieben von
dem Propheten: ›Und du Bethlehem im jüdischen Lande bist
mit nichten die kleinste unter den Fürsten Judä, denn aus dir soll
kommen der Herzog, der über mein Volk Israel ein Herr sei.‹
Hierauf wies Herodes die Weisen nach Bethlehem mit dem
Bedeuten, wenn sie das Kind gefunden, sollten sie es ihm wieder
sagen, daß er auch komme und es anbete. Als sie nun hinzogen
ging der Stern, den sie im Morgenlande gesehen, vor ihnen her
bis er stand oben über, wo das Kind war. Und so gingen sie in
das Haus, fanden das Kind mit Maria seiner Mutter, fielen nieder
und beteten es an; taten ihre Schätze auf und schenkten ihm
Gold, Weihrauch und Myrrhen. Gott aber befahl ihnen im
Traum, nicht zurückzukehren zu Herodes und sie zogen durch
einen andern Weg wieder in ihr Land.

Die Anführung eines Propheten – es ist Micha – veranlaßte die
ältesten Leser des Matthäus, auch andere nachzuschlagen, da
fanden sie dann bei Moses die Weissagung Bileams von einem
Stern, der aus Jakob aufgehen werde; und bei Jesaias und David
folgende auf die wundervolle Begebenheit zu deutende Stellen
bei (Jes. Kap. 60.):

Dein Licht kommt und die Herrlichkeit des Herrn geht auf
über dir, denn siehe Finsternis bedecket das Erdreich und
Dunkel die Völker. Aber über dir geht auf der Herr und seine
Herrlichkeit erscheint über dir.

Und die Heiden werden in deinem Licht wandeln und die
Könige in dem Glanz, der über dir aufgeht. etc.

Du wirst deine Lust sehen und dein Herz wird sich wundern
und ausbreiten, wenn sich die Menge am Meer zu dir bekehrt
und die Macht der Heiden zu dir kommt.

Denn die Menge der Kamele wird dich bedecken, die Läufer
aus Midian und Epha. Sie werden aus Saba alle kommen, Gold
und Weihrauch bringen und des Herren Lob verkündigen.

Bei David, Psalm 72, Vers 10.

Die Könige am Meer und in den Inseln werden Geschenke
bringen, die Könige aus Reich Arabia und Saba werden Gaben
zuführen. Alle Könige werden ihn anbeten, alle Heiden werden
ihm dienen.

Schon die ersten Kirchenväter wie Tertullian im zweiten
Jahrhundert, Origines im dritten u. s. w. heben diese prophe-
tisch-poetischen Stellen heraus. Sie sind mit jener einfachen
Erzählung des Matthäus als ein Ganzes anzusehen und bildet
dies den eigentlichen Kern und Keim zu der nachher so reich
entwickelten Sage.

Die lange Erwartung des Sterns, die königliche Würde der

Weisen, ihre Zahl, die nähere Bezeichnung ihrer Heimat, ihr
großes Gefolge, Pracht und Reichtum, die Heimfahrt zu Schiffe
und noch manches andere konnte bereits daraus gefolgert werden. Auch spricht schon Origines von der fortgesetzten Überlieferung des Bileams Weissagung und nennt schon Tertullian
die anbetenden Könige, ohne jedoch ihre Zahl zu erwähnen,
diese findet sich erst später bei Anastasius, Ambrosius und
Augustus u. a.

Offenbar gab die dreifache Art der Geschenke die Veranlassung, drei Könige anzunehmen. In den unterirdischen Grabge-
bäuden zu Rom und auf Sarkophagen sieht man Vorstellungen
der drei Könige aus der Zeit vor und kurz nach Constantin –
einmal in dazischer Tracht mit phrygischen Mützen, dann mit
Togen und wieder in Chlamyden mit Diademen auf den Häuptern. Daß die Könige zur See nach Hause gefahren, ergibt sich
aus Arnobius und Cassiodor. Aber von den Namen Caspar,
Melchior, Balthasar ist bis zum achten Jahrhundert nicht die
Rede. Da kommen sie bei Beda in den Collectaneis vor, wenn
sonst diese dem ehrwürdigen Vater angehören? Kardinal Bel-
larmi findet sie desselben unwürdig und Pater Papebroch bemerkt, daß außerdem kein anderes Werk vor Kaiser Friedrich I.
die Namen enthalte. – Sei dem jedoch wie ihm sei, die Collecta-
neen des Beda sind nicht allein wegen der Benennung, sondern
auch wegen der Unterscheidung der Könige nach dem Alter und
Aussehen von wichtigem Einfluß auf die Sage und künstlerische
Darstellung gewesen. Nach ihm war König Melchior ein Greis
mit einem langen Bart, Balthasar ein brauner, bärtiger Mann und
Caspar ein Jüngling. Ersterer brachte das Gold, der Zweite die
Myrrhen und der Dritte den Weihrauch. Diese Darstellung der
Könige nach den drei Lebensaltern scheint von nun an in allen
Bildern beibehalten worden zu sein, nicht so die braune Farbe
des Balthasars. Man findet noch Gemälde aus dem vierzehnten
Jahrhundert, worauf alle drei Könige mit weißer Gesichtsfarbe
abgebildet sind. Auch verwechselt man nachher oft den Balthasar mit dem Caspar, d. h. man ließ diesen Jüngling braun oder
gar schwarzfarbig sein und die Myrrhen darbringen.

Die ersten Kirchenväter, wie Irenäus, Origines u. s. w., deuteten die Geschenke auf die dreifache, die göttliche, königliche
und menschliche Eigenschaft Christi, auf die erstere bezogen sie
den Weihrauch, auf die zweite das Gold, auf die dritte, wegen
der Sterblichkeit, die Myrrhen. Und so mag man später die drei
den Neugeborenen verehrenden Personen auf die drei der Kindheit folgenden Lebensalter bezogen haben. Ob nun auch die
ihnen beigelegten Namen eine Bedeutung haben, oder bloßer

Willkür ihren Ursprung verdanken, darüber müssen gründliche
Kenner der orientalischen Sprachen entscheiden.

Crombach bringt verschiedene Erklärungen bei. Melchior ist
ohne Zweifel hebräisch und heißt König des Lichts, Jaspar (wie
viele schreiben) läßt sich ebenfalls aus dem Hebräischen ableiten, ein Rechenmeister oder Sternkundiger, nur stößt man hier
auf die Schwierigkeit, daß es ein Zeitwort ist und heißt: er wird
erzählen, er wird verkündigen. Crombach macht daraus einen
Boten, Rechenmeister, Verkündiger. Nach der gewöhnlichen
Schreibart wäre Caspar aus dem Aethiopischen, als der freie und
herrliche; Balthasar aber, aus dem Syrisch-Chaldäischen, als der
Schatzmeister des Herrn oder auch als Heerführer zu erklären.
Wer weiß, ob diese Namen nicht aus einer mißverstandenen,
entstellten hebräischen Inschrift entstanden? Doch da aus dem
oben Bemerkten wahrscheinlich, daß sie nicht sowohl in der
Zeit vor Beda, als vielmehr in der von Friedrich dem Ersten
aufgekommen, so dürfte es auch nicht befremden, wenn sie aus
einem nicht zu entwirrenden Gemisch von alten und neuen
orientalischen Worten zusammengesetzt wären. Die Kreuzzüge
erregten durch die neuen Berührungen, Eindrücke und Verhältnisse, welche sie hervor brachten, den poetischen Sinn und
Erfindungsgeist der westlichen Völker in jeder Hinsicht. Sie
hatten wie auf die Entstehung mancher Sagen und Dichter-
werke, so auf die weitere Ausbildung der Legenden entscheidendsten Einfluß. Am wenigsten konnte dieses bei der Legende
der drei Könige fehlen, die so unmittelbar an den wunderreichen
Orient anschließt.

Man weiß bestimmt, daß der Zusatz von den späteren Schick-
salen der Könige und ihre Taufe durch den Apostel Thomas aus
der Zeit Friedrich des Ersten herrührt. Die nähere Bekanntschaft mit den nestorianischen Christen im persischen Reich
und den anverwandten Thomaschristen in Indien scheint besonders dazu beigetragen zu haben. Der hochgeschätzte Ge-
schichtsschreiber Otto v. Freisingen, Oheim Friedrichs I., berichtet, er habe im Jahr 1145 zu Rom einen Syrischen Bischof
gesprochen, der ihm von dem Priesterkönig Johannes unter
anderm erzählt, dieser Fürst habe vor wenigen Jahren einen Sieg
über die Perser erfochten, sei ein Nestorianer und soll von einem
der drei Könige abstammen! – Die Auffindung der nach diesen
Heiligen benannten Gebeine, im Jahr 1159 zu Mailand, traf also
in eine sehr empfängliche Zeit. Beweis von dem wundersamen,
allgemeinen Aufsehen, welches sie gemacht, gibt die Nachricht
des Matthias von Paris, daß die Tartaren bei ihrem Einfall in
Schlesien 1243 unter anderm vorgegeben hätten, sie kämen, um

die Gebeine der drei Könige nach ihrem Vaterland zurück zu holen! –

Genug im zwölften und dreizehnten Jahrhundert vereinigte sich alles, die Sage von den weisen Königen vor und rückwärts mit den mannichfaltigsten Zusätzen auszustatten. Und nachdem im vierzehnten Jahrhundert durch die Schriften des Marco Polo, Hailonn, Verwandten eines armenischen Königs, der sich zum Christentum bekehrte, den Krieger- mit dem Mönchstand vertauschte und gegen das Jahr 1307 eine Geschichte der Tartaren schrieb, und Monte Villa die märchenhaften Erscheinungen und Geschichten des Orients nun gar zu allgemeiner Kunde gekommen waren, so bedurfte es nur eines glücklich begabten poetischen Kopfes, der das alles benutzte und die nach und nach aus geschichtlicher, prophetischer, allegorischer und anderer Überlieferung entstandene Sage zu einem ebenso höchst anziehenden, reizenden, als sinnreichen Ganzen gestaltete« (Boisserée, Bd. 2, S. 256–263).

Dies ist nun freilich weit mehr als die erbetene kurze Auskunft. Die von Boisserée unter theologischen wie historischen Aspekten unternommene kritische Sichtung der vorhandenen bzw. ihm verfügbaren Literatur vermittelt nicht nur einen Eindruck, auf welche ›Zu-‹ und Mitarbeiter sich G. bei dem Projekt seiner Zeitschrift stützen und verlassen konnte: vor allem macht sie verständlich, warum sich G. auch weiterhin intensiv mit diesem Manuskript beschäftigte.

Bereits am 1. Januar 1820 teilte Sulpiz Boisserée G. mit, daß sich in der Heidelberger Bibliothek eine deutsche Übersetzung des lateinischen Textes gefunden habe (vgl. Bd. 13.1, S. 890 f.), worüber G. in *Über Kunst und Altertum* III 1 den Beitrag *(Nachricht von dem Verfasser der heiligen Drei Könige und einer gefundenen alten deutschen Übersetzung)* (ebenda, S. 443) publizierte. Zugleich wurde Boisserée in einem Brief vom 14. Januar 1820 um eine Bearbeitung dieser Übersetzung gebeten: »Da nun eine deutsche Übersetzung in Ihren Händen ist und jede Untersuchung deshalb Ihnen näher liegt als mir, so überlaß ich Ihnen gern alles was sich darauf beziehen und daraus entwickeln kann. Sie werden aus der Übersetzung geschwinder als ich aus der abbrevierten Originalschrift einsehen was zu brauchen ist, und finden wahrscheinlich in Ihrer Nähe jemanden der einen lesbaren Auszug macht; denn manches Lästige findet sich doch hie und da im Ganzen«.

Mit Gustav Schwab (1792–1850) war ein solcher Mitarbeiter tatsächlich auch rasch gefunden, worüber Boisserée G. am 24. Februar informierte, wobei er ihn um das lateinische Originalmanuskript bat. In seiner Antwort vom 23. März 1820 billigte G. diesen

Vorschlag und kündigte zugleich die Übersendung der Handschrift an, die er mit der »inständigen Bitte« verband, »die größte Sorgfalt dafür zu hegen; es hat für mich einen gar vielfachen Wert«. Allerdings wurde das Manuskript – mit den Wünschen für einen »guten Gebrauch« und der erneuten Bitte, »für dessen Erhaltung Sorge zu tragen« – dann erst am 10. April 1820 nach Heidelberg abgeschickt. Am 11. September 1820 setzt G. Boisserée von seiner Absicht in Kenntnis, im nächsten Heft von *Über Kunst und Altertum* erneut »eine Nachricht zu geben von dem Verfasser der Dreikönigs-Legende, ausführlicher als der Umschlag des vorigen Stücks sie lakonisch hingibt«.

Ein Jahr später, am 28. Mai 1821, erhielt G. von Boisserée das Manuskript der von Schwab angefertigten Bearbeitung, die er schon am 7. Juni »mit Lob und Dank« zurückschicken konnte: »die Übersetzung liest sich gut, altertümlich und natürlich, welches immer viel heißen will«. Die Nachricht von der Drucklegung des Buches erreichte G. dann am 6. Oktober 1821 so rechtzeitig, daß er dieses in seinem am 30. Oktober abgeschlossenen und im Laufe des November 1821 an die Druckerei geschickten Nachtrag *Die heiligen drei Könige noch einmal* (Bd. 13.1, S. 454), der 1822 in *Über Kunst und Altertum* III 3 veröffentlicht wurde, ebenfalls ankündigen konnte.

Es erschien 1822 bei Cotta in Stuttgart und Tübingen unter dem Titel: Johann von Hildesheim: Die Legende von den Heiligen drei Königen. Aus einer von Goethe mitgeteilten lateinischen Handschrift bearbeitet und mit 12 Romanzen begleitet von Gustav Schwab. (Ruppert, Nr. 2674)

Textgrundlage und Erstdruck: KuA II 2 (1820), S. 156–176, als Nr. »IV.« unter dem Kapitel »Literarische, Poetische Mitteilungen«. – Ein Eingriff: S. 282,8 *des Ordens* (der Ordens KuA; Drf. nach C¹ korrigiert). Die Form »altes Herkommens« (S. 287,4) wurde nicht als Druckfehler angesehen, sondern als zeitübliche Verwendung der starken Flexionsendung (in C¹ allerdings zu »alten Herkommens« verändert).

280 *32 Die heiligen drei Könige:* ›Liber de translatione trium regum‹ [Papierhs. 14. Jh.] 81 beschr. Bl. 8°. Hperg. mit Goldschn. (Ruppert, Nr. 2673).

281 *10 dem höchsten Berge Vaus:* der Sage nach ein Berg in Indien. – *14 Balaam:* Bileam, der heidnische Prophet und Zauberer aus Mesopotamien; seine Geschichte wird im Alten Testament in 4 Mose 22–24 erzählt (vgl. auch 2 Petr 2,15, Jud 11 und Offb 2,14). Die hier von G. zitierte Prophezeiung in 4 Mose 24,17: »Ich sehe ihn, aber nicht jetzt; ich schaue ihn, aber nicht von nahem. Es wird

ein Stern aus Jakob aufgehen und ein Zepter aus Israel aufkommen und wird zerschmettern die Schläfen der Moabiter und den Scheitel aller Söhne Sets«. – *34 die herrliche Stadt Acco:* Akka, auch Akko, Acca, Accon oder Akkon. Ehemals wichtige Hafenstadt am Nordende der Haifabucht, deren Existenz seit dem 2. Jahrtausend v. Chr. bezeugt ist. Zunächst im Besitz der Ägypter, danach von Tyros und seit 700 v. Chr. von den Assyrern regiert; als ›Ptolemais‹ ein ptolemäischer Stützpunkt, wurde Akka im Jahre 219 v. Chr. Teil des Seleukidenreiches und später röm. Kolonie. 638 wurde Akka arabisch, befand sich während der Kreuzzüge unter christlicher Herrschaft (1191–1291) und gehörte seit 1517 zum osmanischen Reich. Im Jahr 1198 wurde in Akka der Ritterorden der Deutschherren gegründet.

282 *1 chaldäischen:* Die Chaldäer waren ein aramäischer Volksstamm in Südbabylonien. Da die Astrologie durch sie einen großen Aufschwung genommen hatte, wurden im Altertum die Wahrsager, Astrologen und Gelehrten oft als ›Chaldäer‹ bezeichnet (vgl. hierzu das Buch des Propheten Daniel, so etwa in Dan 1,4). – *3 Nubien:* Der Volksstamm der Nubier bewohnte das mittlere Niltal zwischen (dem ägyptischen) Assuan und (dem sudanesischen) Donogola. Im 4. Jh. von Ägypten aus christianisiert, gehören die Nubier heute überwiegend dem muslimischen Glauben an. – *6 in die Hände der Tempelherren:* Der geistliche Ritterorden der Templer wurde zum Schutz der Jerusalempilger 1119 von Hugo von Payens gegründet und 1128 durch das Konzil von Troyes bestätigt. Seit 1139 war der Orden, dessen Zeichen ein achtspitziges rotes Kreuz auf weißem Mantel war, nur dem Papst unterstellt. Der Großmeister der Tempelherren hatte seinen Sitz in Jerusalem, später auf Zypern. Nach dem Fall von Akka 1291 seiner eigentlichen Aufgabe beraubt, geriet der Templerorden nicht zuletzt der umfangreichen Besitzungen wegen, die er sich besonders in Frankreich erworben hatte, in Mißkredit. 1305 ließ der frz. König Philipp IV. (›Philipp der Schöne‹, 1268–1314, König von 1285 bis 1314) die Templer unter ihrem Großmeister Jacques de Molay in Frankreich verhaften, viele Ordensritter wurden in der Folge verurteilt und – wie auch Jacques de Molay am 18. März 1314 auf der Ile de la Cité in Paris – verbrannt. Auf Druck des Königs löste Papst Clemens V. (Bertrand de Got, 1260–1314, Papst von 1305 bis 1314) auf dem Vienner Konzil im Jahre 1312 den Orden wegen Ketzerei und Nutzlosigkeit auf. Dennoch ist der Mythos der Templer über die Jahrhunderte lebendig geblieben, wie in jüngster Zeit vor allem Umberto Ecos Roman ›Il pendolo di Foucault‹ (Das Foucaultsche Pendel 1988, dt. 1989) bewiesen hat. – *22 ein Gebot des römischen Kaisers:* Vgl. Lk 2,1. – *35 Godolien und*

Saba: Der südarabische Staat Saba bestand vom 9. Jh. v. Chr. bis zum 6. Jh. n. Chr. Zuerst ein Priesterstaat, später ein Königtum, war das im heutigen Jemen gelegene Saba vor allem durch seinen Handel berühmt. – *37 Tarsus:* Das in Südanatolien gelegene Tarsus gehört zu den ältesten Städten Vorderasiens. Schon im 2. Jahrtausend v. Chr. von den Hethitern besiedelt, befand sich Tarsus seit dem 8. Jh. v. Chr. unter assyrischer, später dann unter persischer Herrschaft. Es gehörte danach zum Reich Alexanders des Großen und der Seleukiden, bevor es unter den Römern zur Hauptstadt der Provinz Kilikien wurde. Tarsus war der Geburtsort des Apostels Paulus. – *38 wo gegenwärtig der heilige Thomas begraben liegt:* Die Gebeine des hl. Thomas (vgl. Joh 20,24) wurden im 13. Jh. vom mesopotamischen Edessa auf die ägäische Insel Chios gebracht, bevor sie von dort nach Ortona bei Neapel gelangten. Zur Insel ›Egryskulla‹ vgl. S. 287,33.

283 *6 Kalvarienberg:* eigentl. ›Schädelstätte‹ (vom lat. ›calvaria‹): das biblische Golgatha (vgl. Mt 27,33).

284 *11 Sie werden im Traum ⟨...⟩:* Vgl. Mt 2,12. – *14 Epiphanias:* das Fest der Erscheinung des Herrn am 6. Januar. – *21 Joseph wird im Traum ermahnt:* Vgl. Mt 2,13. – *35 wie er den heiligen Thomas nach Indien sendet:* Der hl. Thomas, dessen Fest ursprünglich am 21. Dezember, seit 1969 am 3. Juli gefeiert wird, gilt als der Patron Asiens. Er soll um das Jahr 67 in Mailapur bei Madras in Südindien den Märtyrertod gestorben sein. Seit dem 5. Jh. wird der hl. Thomas in den Apostelverzeichnissen als Missionar vieler orientalischer Völker erwähnt. Nach ihm wurden die ersten christlichen Gemeinden Südindiens auch ›Thomaschristen‹ genannt.

285 *7 ein Presbyter, Namens Johann:* Der als Priesterkönig, auch ›Erzpriester‹ des Orients verehrte Johannes wird in den Überlieferungen seit der Mitte des 12. Jh.s als Verbündeter im Kampf gegen den Islam genannt. Erstmals wurde er in der ›Chronica sive historia de duabus civitatibus‹ des Bischofs Otto I. von Freising (1111/15–1158) erwähnt, der – sich auf eine Erzählung eines im Jahr 1145 nach Italien gekommenen Bischofs namens Hugo stützend – von einem Priester und König aus dem Geschlecht der Magier berichtete, der die Meder und Perser besiegt habe (vgl. hierzu G.s Beitrag *Chronik des Otto von Freysingen;* Bd. 13.1, S. 434). Ein weiteres wichtiges, wesentlich umfangreicheres Dokument bildete der um 1160/70 entstandene ›Brief des Presbyter Johannes‹, in dem sich der angebliche Verfasser als Herrscher über die drei Indien bezeichnete. In dieser Schilderung trug das Reich des Johannes sowohl paradiesische als auch apokalyptische Züge. Der Brief, der zugleich den Schwur des Johannes enthielt, das hl. Grab wiederum für die Christenheit zu befreien,

hatte eine nachhaltige Wirkung. In der Folge wurde das Reich des sagenhaften, historisch nicht nachweisbaren Priesterkönigs sowohl im Reich der Mongolen (so u. a. in den Berichten des Marco Polo) als auch in Indien (so von Johannes de Mandeville) angesiedelt. Spätere, italienische Überlieferungen verlegten das Reich des Johannes nach Äthiopien, so daß die äthiopischen Herrscher, etwa noch auf Landkarten des 17. Jh.s, als ›Priester Johannes‹ tituliert wurden. Zu den wichtigen Stationen dieser Überlieferungsgeschichte zählte auch das vorliegende Manuskript des Johannes von Hildesheim (1370), der den Johannes zum Nachfolger der hl. drei Könige erhob. – *18 Helena:* Helena (um 257 bis um 336), die Mutter Constantins des Großen (um 280–337, röm.-byzant. Kaiser von 306 bis 337). – *26 später werden sie nach Mayland versetzt:* Vgl. den Abschnitt *Heidelberg* S. 72,32–34. – *33 Nubianer:* Siehe zu S. 282,3. – *34 Soldaner:* Angehörige einer im Orient verbreiteten christlichen Gemeinschaft, die sich auf Soldanus berief. – *Nestorianer:* die Anhänger des Nestorius (gest. um 451). Dieser vertrat insbesondere die Lehre, daß in Christus die göttliche und menschliche Natur geschieden sei, wohingegen das 3. Konzil von Ephesos (431) die Einheit der Person Christi unterstrich. – *35 Georgianer:* Angehörige einer christlichen Gemeinschaft in Georgien. – *Jakobiten:* die nach Jakob Baradai (Baradäus, gest. 578) benannten und um ihn organisierten Angehörigen einer monophysitischen syrischen Kirche. Der ›Monophysitismus‹ vertrat die Überzeugung, daß die zwei Naturen Christi sich zu einer neuen gottmenschlichen Natur verbunden hätten. – *Cophten:* die (in der Mehrzahl orthodoxen) ägypt. Christen. – *Maroniten:* eine Gruppe von syrischen Christen im Libanon. – *36 Mandopolen:* Angehörige einer im altröm. Reich verbreiteten christlichen Gemeinschaft. – *Arianer:* die Anhänger des alexandrinischen Presbyters Arius (gest. 336). Der Arianismus lehnte die Wesenseinheit Christi mit Gott dem Vater ab und lehrte demgegenüber, daß Christus ein durch göttlichen Willen erschaffenes Geschöpf gewesen sei, den Gott aufgrund seiner sittlichen Bewährung zu seinem Sohn gemacht habe. Der hieraus entstandene ›Arianische Streit‹ war der Anlaß des von Kaiser Constantin im Jahre 325 einberufenen Konzils von Nikaia (Nicäa).

286 *28 Florenz von Vulkannen:* Florenz von Wevelinghoven (Wevelkoven, Vulkannen, gest. 1393), seit 1364 Bischof von Münster, seit 1378 Bischof von Utrecht. – *35 Die Art zu erzählen:* Vgl. hierzu die Vorbemerkung, S. 942. – *39 Johannes von Montevilla:* Sir John (Jean de) Mandeville, auch Maundevill, Moundeville, Montevilla, eigentlich Jean de Bourgogne (1322–1372), Arzt und Reiseschriftsteller, der durch sein um 1357 entstandenes Werk ›Les

Voyages d'outre mer‹ (Die Reisen übers Meer) bekannt wurde, in denen ausgedehnte Reisen in den Orient, nach Indien und China geschildert werden. Vgl. hierzu den Abschnitt »Johannes von Montevilla« in den *Noten und Abhandlungen zu besserem Verständnis des West-östlichen Divans* (Bd. 11.1).

287 *5 mit den Actis Sanctorum:* ›Acta Sanctorum‹, eine Sammlung von Lebensbeschreibungen der Heiligen der röm. und griech. Kirche. Sie wurde 1643 von dem belgischen Jesuiten Jean (Johann von) Bolland (1596–1665) begründet, nach seinem Tod von Daniel Papebroch (eigentlich Daniel van Papenbroeck, 1628–1714) und anschließend von den sogenannten ›Bollandisten‹ fortgeschrieben. Die Edition war im 18. Jh. auf insgesamt 53 Bände angewachsen und wurde seit 1837 weitergeführt. – *13 und der Rhapsode darf kühnlich vorschreiten:* Das Recht, »nach Belieben rückwärts und vorwärts greifen und wandeln« zu können, hatten Schiller und G. in ihrem Aufsatz *Über epische und dramatische Dichtung* dem Rhapsoden bei der Behandlung ›vollkommen vergangener‹, also epischer Stoffe zugestanden (Bd. 4.2, S. 127 f.). – *29 ein geistreicher Freund:* nicht ermittelt. – *40 Vom großen Chan:* Dschingis Chan, auch Tschingis Chan, Djingis Chan (um 1155/67–1227), ursprünglich ›Temudjin‹ (›Schmied‹), der Begründer des mongolischen Weltreichs, das bei seinem Tod vom chinesischen Meer bis an die Grenzen Europas reichte und danach unter seinen Söhnen Dschagatai, Ögädäi und Tului sowie seinem Enkel Batu Chan aufteilt wurde. – *homines rudes et viles:* lat. ›rohe und minderwertige Menschen‹.

288 *15 ein dürrer Baum:* ein auch aus der germanischen Mythologie im Zusammenhang mit der ›letzten Weltschlacht‹ bekanntes Motiv, wie sich bei Wolfgang Golther nachlesen läßt. So sei eine Sage »aus Walserfeld bei Salzburg oder an den Kirchhof zu Nortorf in Holstein geknüpft, kommt aber auch sonst in deutschen Gauen häufig vor. Wenn der dürre Baum auf der Walser Heide anhebt zu grünen und Früchte zu tragen, wenn der Fliederbusch zu Nortorf so hoch gewachsen ist, daß ein Pferd darunter angebunden werden kann, dann bricht in der ganzen Welt Krieg aus. Dann reitet ein Kaiser zum Baum oder Strauch, hängt seinen Schild auf oder bindet sein Pferd an, und nun beginnt die letzte blutige Schlacht, aus der nur wenige Leute übrig bleiben. Darauf kommt der Weltfrieden, andere Quellen aber sagen, der Antichrist und das Weltende« (Wolfgang Golther: Handbuch der germanischen Mythologie. Leipzig 1895, S. 507 f.).

289 *4 die Zeiten des Dombildes:* das von Stephan Lochner (1410–1451/52) gemalte Altarbild des Kölner Doms (vgl. hierzu S. 10,40 und »Heidelberg«, S. 73,16).

HÖR- SCHREIB- UND DRUCKFEHLER

Die Sammlung von Hör-, Schreib- und Druckfehlern, 1820 in *Über Kunst und Altertum* II 2 veröffentlicht, basierte, wie G. gleich einleitend anmerkt, nicht nur auf Lesefrüchten seiner literarischen und literaturhistorischen Lektüre, sondern ist zugleich auch das Resultat eigener Erfahrungen, die G. im Umgang mit den mehr oder weniger »gebildeten Personen« sammeln konnte, denen er im Laufe seines Lebens zu diktieren pflegte (vgl. hierzu G.s Brief an Frommann vom 26. November 1816 sowie den Brief an seinen Sohn August vom 13. Juni 1817).

Im Zeitraum des vorliegenden Bandes, also von 1814 bis 1820, ist sein Schreiber in Weimar Johann August Friedrich John (1794 bis 1854) gewesen, der nicht mit G.s Sekretär Ernst Carl Christian John verwechselt werden darf (vgl. hierzu Walter Schleif: Goethes Diener. Berlin und Weimar 1965, S. 197–202, sowie Trunz, S. 251 f.) und bis zu G.s Tod in dessen Diensten stand; bei seinen Jenenser Aufenthalten stand G. Johann Michael Christoph Färber (1778–1844) zur Verfügung, der an der dortigen Universität als Schreiber und seit 1814 als Custos beschäftigt war (vgl. hierzu Schleif, S. 203–212, ebenso Trunz, S. 50 ff.). Wie der im Jahre 1818 entstandene Entwurf ⟨*Landschaftsmalerei*⟩ (S. 494) oder etwa der kurze Beitrag ⟨*Jakson, der Formschneider*⟩ (S. 495; vgl. jeweils die textkritischen Bemerkungen) beweisen, ist es auch hier wiederholt zu Hör- und Schreibfehlern gekommen.

Daß G. seine Zeitschrift *Über Kunst und Altertum* als Publikationsforum für solche über Jahre hinweg gesammelten Notizen benutzte, ist dabei nicht neu. Bereits 1817 war in *Über Kunst und Altertum* I 3 die tabellarische Aufstellung *Urteilsworte französischer Kritiker* (S. 235) erschienen, die G. schon im Oktober 1812 während der Lektüre der Korrespondenz von Friedrich Melchior Baron von Grimm (1723–1807) zu exzerpieren begonnen hatte (s. S. 934).

Einen weiteren kuriosen Hörfehler hat G. später, in seinen Agenda, unter dem Datum vom 1. März 1824 notiert: »die Seepost«, was aller Wahrscheinlichkeit nach als Hörfehler für »dieses See-Epos« (im Schlußabschnitt von G.s Besprechung *Frithiofs Saga*; Bd. 13.1, S. 395,7) zu erklären ist (vgl. WA I 41/1, S. 479 f.).

Textgrundlage und Erstdruck: KuA II 2 (1820), S. 177–185, als Nr. »V.« unter dem Kapitel »Literarische, Poetische Mitteilungen«. – Ein Eingriff: S. 289,31 *Um [den Sinn] ein solches* (Um den Sinn ein solches KuA; der Anakoluth kann durch Tilgung von

»den Sinn« beseitigt werden; vgl. dazu WA I 41/1, S. 480: »Das offensichtliche Versehen ⟨...⟩ geht möglicherweise auf ein diktiertes Manuskript zurück, in dem der Schreiber vergessen hatte, das zuerst gewollte ›den Sinn‹ zu streichen«; vgl. dagegen Cotta 1840 und JA: »Um den Sinn eines solchen«; vgl. auch SL 4, S. 53: »eine vom Setzer oder bereits vom Schreiber der Druckvorlage vermutlich mißverstandene Stelle«).

289 *28 Blätter, ja Hefte dikierte:* Vgl. hierzu die einleitende Passage in G.s Rezension *Das Sehen in subjektiver Hinsicht, von Purkinje. 1819.* aus den Heften *Zur Morphologie* II 2: »Den löblichen Gebrauch bedeutende Schriften gleich zum erstenmal in Gegenwart eines Schreibenden zu lesen und sogleich Auszüge mit Bemerkungen wie sie im Geiste erregt wurden flüchtig zu diktieren, unterließ ich nicht bei obgenanntem Hefte und brachte kursorisch diese Angelegenheit bis gegen das Ende« (Bd. 12, S. 345). – *40 den wunderlichen Tick, die Eigennamen der Personen, Länder und Städte undeutlich auszusprechen:* Diese Angewohnheit hatte G. schon im ›Sündenregister‹ seiner 1803 verfaßten ⟨*Regeln für Schauspieler*⟩ in den § 12 und 13 kritisiert (Bd. 6.2, S. 727 f.).

290 *18 Niemand hört als was er weiß* ⟨...⟩*:* Diese Gedanken zur Hermeneutik hat G. in den *Maximen und Reflexionen* ins Grundsätzliche erweitert und daraus seine Kategorie des ›Gemäßen‹ entwickelt (Nr. 460; Bd. 17, S. 804; vgl. auch Nr. 198 oder 203).

291 *4 Pyriten:* der Pyrit: griech.-lat. ›Eisen-, Schwefelkies‹. – *5 John Hunter:* John Hunter (1728–1793), engl. Arzt, dessen von Joseph Adams (1756–1817) verfaßte Biographie ›Memoires of the life and the doctrines of the late John Hunter‹ G. in den *Tag- und Jahres-Heften* zu 1817 lobend erwähnt (Bd. 14, S. 263). – *9 Löwengrube (Daniels):* Vgl. Dan 6,1–29. Nach diesem Eintrag findet sich in der *Ausgabe letzter Hand* (C¹ 45, S. 160) der Einschub »die sie schätzt ... die Sujets«, ein Hörfehler, den G. in einer, dem Schreiber Geist diktierten, Vorarbeit zu einem für die *Propyläen* geplanten Aufsatz über Johann Heinrich Füßli gefunden hatte (vgl. WA I 47, S. 347, zu Beginn des Paralipomenons »Über Heinrich Füeßlis Arbeiten«; vgl. zu diesem Einschub auch WA I 41/1, S. 480). – *21 Mädchen* ⟨...⟩ *Märchen:* Der Fehler war im Erstdruck der Zwölften Römischen Elegie im 6. Stück des Jahrgangs 1795 der ›Horen‹ unterlaufen (Vers 31: »Voll Erstaunen vernahm der Eingeweihte das Mädchen«); die Korrektur zu »Mährchen« ließ zuerst Schiller am 17. August 1795 in der ›Allgemeinen Literatur-Zeitung‹ anzeigen, später erschien sie auch, zusammen mit weiteren Errata, im 12. Stück der ›Horen‹; vgl. Bd. 3.2, S. 57. –

31 wohltätig 〈...〉 *wohlhäbig:* Druckfehler im Erstdruck von G.s *Italienischer Reise* (1816); vgl. Bd. 15, S. 16,25. – *32 Trajanische Säule:* Triumphsäule in Rom, die 113 auf dem Forum Romanum errichtet wurde. Sie feiert die Siege von Kaiser Trajan (Marcus Ulpius Trajanus) insbesondere über die Daker. Unter Trajan, der von 98 bis 117 regierte, erreichte das römische Reich seine größte Ausdehnung. – Der Fehler war im Erstdruck von G.s *Italienischer Reise* (Bd. 15, S. 12,16) unterlaufen; er wurde in der *Ausgabe letzter Hand* korrigiert.

292 *4 Verjus* 〈...〉 *Ver-ruf:* Hierzu erschien 1820 unter dem Titel ›Zugabe. Umgekehrte Ableitung‹ in *Über Kunst und Altertum* II 3 (S. 191 f.) folgender Nachtrag:

»Im vorigen Hefte S. 182. heißt es, die französische akademische Jugend habe das deutsche Wort Ver... in Verjus verwandelt. – Es ist nicht unwahrscheinlich, daß der Fall gerade umgekehrt, daß das deutsche Burschenwort das korrumpierte französische verjus sei. Verjus bezeichnet den Saft von unreifen Trauben, oder auch diese Trauben selbst, was man in deutschen Weinländern Agrest nennt. Daher der alte französische sprichwörtliche Ausdruck: mettre quelqu'un à la pile au verjus, Jemanden unter die Stampfe bringen, womit unreife Trauben ausgepreßt, welches so viel bedeutet, als jemand quälen, demnächst auch: jemand striegeln, durchhecheln, von ihm Böses reden, ihm die Ehre abschneiden. Da die ersten deutschen Universitäten nach dem Muster der weit ältern französischen gebildet wurden, so ist es nicht unwahrscheinlich, daß dieser Ausdruck schon in den ältesten Zeiten, mit dem dadurch bezeichneten Mißbrauch der Verrufs-Erklärung, aus Frankreich nach Deutschland gewandert ist, wo er durch die härtere Aussprache des französischen j korrumpiert worden«.

Dieser Artikel, der G.s Notiz insofern ergänzte, als er das dt. Wort »Verschiß« also gerade auf umgekehrtem Wege vom frz. »verjus« ableitete, war mit den Initialen »v. H.« unterzeichnet. Sein Verfasser war allerdings nicht, wie man auch vermutet hat, Wilhelm von Humboldt, sondern der Oldenburger Bibliothekar und Hofrat Ludwig Wilhelm Christian von Halem (1758–1839). – *15 divinatorische:* lat. ›vorahnende, seherische‹. – *27 Ein bedeutender Schritt* 〈...〉*:* Eine ähnliche Empfehlung hatte G. zuvor schon einmal geäußert, nämlich in seiner am 21. Januar 1804 in der ›Jenaischen Allgemeinen Literatur-Zeitung‹ erschienenen Rezension über Johann Friedrich Reichardts ›Vertraute Briefe aus Paris‹, wo es über Druckfehler und stilistische Unebenheiten hieß: »Solche kleine Flecken auszutilgen, sollte jeder Schriftsteller einen kritischen Freund an der Seite haben, besonders wenn das Manuskript nicht

lange ruhen kann« (Bd. 6.2, S. 561). – *38 die neuerlich in Deutschland angestellten Zensoren:* ein Hinweis auf den historischen Ort dieses Aufsatzes: Die nach der Ermordung August von Kotzebues am 23. März 1819 im August desselben Jahres auf Betreiben des österr. Staatskanzlers Metternich (1773–1859) gegen ›demagogische Umtriebe‹ erwirkten ›Karlsbader Beschlüsse‹ wurden am 20. September 1819 durch den Bundestag in Form gesetzlicher Verordnungen erlassen; sie unterwarfen das gesellschaftliche und kulturelle Leben in nahezu allen Bereichen einer strengen staatlichen Kontrolle und blieben bis 1848 in Kraft: »Das Universitätsgesetz schuf die Grundlage zur Entlassung mißliebiger kritischer Professoren. Die Burschenschaften wurden überall verboten. Staatskommissare hatten an jeder Universität für die Überwachung des Lehrbetriebs und der Professoren zu sorgen. Das Pressegesetz führte im Gegensatz zu Art. 18 DBA für alle Zeitungen, Zeitschriften und Bücher mit weniger als zwanzig Bogen (320 Seiten) die Vorzensur, für alle übrigen Veröffentlichungen die Nachzensur ein. Sie gab dem Zensor weitreichende Genehmigungsvollmachten und gravierende Eingriffsrechte« (Hans-Ulrich Wehler: Deutsche Gesellschaftsgeschichte. Zweiter Band: 1815–1845/49. München 1987, S. 340).
293 *10 vigilante:* lat. ›wachsame, aufmerksame‹.

MANFRED, A DRAMATIC POEM BY LORD BYRON.
LONDON 1817.

Am 11. Oktober 1817 notierte G. in seinem Tagebuch nach Tisch die »Anmeldung eines Amerikaners«. Es handelte sich dabei um Theodor Lyman (1792–1849), der G. auch ein Gastgeschenk mitgebracht hatte, nämlich Lord Byrons Tragödie ›Manfred‹ (die bibliographischen Angaben s. u.).
Wenn G. noch unter demselben Datum »Nachts Manfred, Tragedy by Byron« vermerkt und diese Lektüre auch für den darauffolgenden Tag verzeichnet, so entspricht dies dem lebhaften und in den folgenden Jahren stetig wachsenden Interesse, das er dem englischen Dichter George Noël Gordon Lord Byron (1788–1824) entgegenbrachte und das schließlich im dritten Akt von *Faust II* kulminieren sollte, wo G. Byron in der Gestalt des Euphorion »ein unsterbliches Denkmal der Liebe« setzte (so zu Eckermann 5. Juli 1827; Bd. 19, S. 231).
Auch wenn der Schwerpunkt der Auseinandersetzung mit dem Faszinosum Byron, die von einer eigentümlich ambivalenten Mischung aus Bewunderung und Distanz bestimmt ist, zweifellos in

das dritte Jahrzehnt des 19. Jh.s fällt, markieren die Jahre 1816 und
1817 für G. im Rückblick seiner *Tag- und Jahres-Hefte* den Beginn
seiner intensiven Beschäftigung mit diesem »größten Talent des
Jahrhunderts« (so ebenfalls im bereits zitierten Gespräch mit
Eckermann). Die dort gegebene Schilderung Byrons trägt bereits
alle die Wesenszüge, die sich später insbesondere in den Gesprächen mit Eckermann zum geradezu paradigmatischen Bild einer
›dämonischen‹ Persönlichkeit verdichten sollten: »Mein Anteil an
fremden Werken bezog sich lebhaft auf *Byrons* Gedichte, der
immer wichtiger hervortrat, und mich nach und nach mehr anzog,
da er mich früher durch hypochondrische Leidenschaft und heftigen Selbsthaß abgestoßen, und wenn ich mich seiner großen
Persönlichkeit zu nähern wünschte, von seiner Muse mich völlig
zu entfernen drohte. Ich las den Korsaren und Lara, nicht ohne
Bewunderung und Anteil« (Bd. 14, S. 249 f.; vgl. auch das Gespräch mit Eckermann am 8. März 1831).

Die hier erwähnten Werke Byrons hatte G. zwischen dem 24.
und 26. Mai 1816 gelesen, und wenig später, am 4. Juni 1816, bat er
Heinrich Karl Abraham Eichstädt (1772–1848), den Herausgeber
der ›Jenaischen Allgemeinen Literatur-Zeitung‹, brieflich um weitere biographische Auskünfte über diesen »wundersamen« Mann,
dessen »wildes und doch geregeltes Talent« G.s Aufmerksamkeit
erregt hatte.

Auch im vorliegenden Falle teilt G. seine Eindrücke bereits
unmittelbar nach der ersten Lektüre des ›Manfred‹ mit, wenn er am
13. Oktober 1817 die Beschäftigung mit diesem (in der Schweiz
entstandenen) Stück in einem Brief an Knebel als »die wunderbarste Erscheinung« der letzten Tage hervorhebt. (Die folgenden, sich
vor allem auf die von Byron angeblich übernommenen Faust-
Motive beziehenden Ausführungen hat er dann nahezu unverändert in den ersten Abschnitt seines Aufsatzes übernommen.) G.s
Aufenthalt in Jena bot ihm ab dem 6. November dann die Gelegenheit, den Gedankenaustausch mit Knebel fortzusetzen, der insbesondere um G.s Übersetzungen aus dem ›Manfred‹ kreiste (vgl. die
Tagebucheintragung am 9. November 1817 und Knebels Brief an
Charlotte von Schiller vom 13. November 1817; Bode, Bd. 3,
Nr. 1998, Herwig, Bd. III/1, Nr. 4502, S. 31).

Ursprünglich bereits für eine frühere Publikation in *Über Kunst
und Altertum* geplant, erscheint der laut Tagebuch am 26. November 1819 ins reine geschriebene Aufsatz dann 1820 im zweiten Heft
des zweiten Bandes. Die im darauffolgenden Jahr erschienene, auch
in den *Tag- und Jahres-Heften* zu 1821 (Bd. 14, S. 304) erwähnte
Übersetzung des ›Manfred‹ durch den Jenenser Schriftsteller Johann
Michael Heinrich Döring (1789–1862) las G. am 6. Oktober 1821.

Unter den in G.s Bibliothek vorhandenen Werken Byrons (Ruppert, Nr. 1485–1500) finden sich zwei Ausgaben des ›Manfred‹:
- Manfred, a dramatic poem. London: J. Murray 1817. (Mit der hs. Widmung: »For His Excellency the Minister von Goethe with the highest respect of His Excellencys most faithful servant Theodore Lyman of Boston – United States of America«. Ruppert, Nr. 1493)
- Manfred. Eine Tragödie, übers. von E. Tollin. Mit e. erl. Vorwort von H[einrich] Th[eodor] Rötscher. Brandenburg: Wiesike 1828. (Ruppert, Nr. 1494)

Damit die im folgenden erwähnten Auseinandersetzungen um Byrons ›Faust-Anleihen‹ und die von G. immer wieder hervorgehobenen hypochondrischen Züge im Wesen wie im Werk Byrons besser zu verstehen sind, soll den Anmerkungen die kurze Inhaltsangabe des ›Dramatischen Gedichts‹ vorangestellt werden:
»Gepeinigt von einer geheimnisvollen Schuld, haust der in magischen Künsten erfahrene Titelheld in seinem mittelalterlich-düsteren Alpenschloß. Zu mitternächtlicher Stunde hält er Zwiesprache mit sieben Geistern, die er sich dienstbar gemacht hat, die jedoch seine Sehnsucht nach Seelenfrieden und Vergebung, nach Versöhnung mit sich selbst nicht erfüllen können. Statt dessen gaukeln sie ihm die Vision einer reizenden Frauengestalt vor, die er zu erkennen glaubt, die sich aber in nichts auflöst, als er sie umfangen will. Nur ihre Stimme dringt zu ihm und verflucht ihn zur Ruhelosigkeit und zum Leiden an sich selbst: ›Du selbst sollst deine Hölle sein!‹ – Zu Beginn des zweiten Akts weilt Manfred auf dem Gipfel der Jungfrau (Byron konzipierte das Werk während eines längeren Aufenthalts in der Schweiz) und vergleicht die majestätische, leuchtende Gebirgswelt mit der düsteren, öden Landschaft seiner Seele. Zwar ist er tief in die Geheimnisse der Natur eingedrungen, die Schönheit der Natur aber läßt ihn kalt, die Erde, so fühlt er, ist ›nicht für ihn gemacht‹. Mit sich und der Welt zerfallen will er sich in die Tiefe stürzen – da hält ihn ein Gamsjäger im letzten Moment zurück und lädt ihn in seine Hütte ein. Dort ist den wirren Äußerungen Manfreds andeutungsweise zu entnehmen, daß sein Schuldbewußtsein durch ein weit zurückliegendes inzestuöses Liebesverhältnis ausgelöst wurde. (Man hat darin einen autobiographischen Hinweis auf die Beziehungen Byrons zu seiner Stiefschwester sehen wollen.) In der Szene, in der die Alpenhexe erscheint, beschreibt sich Manfred als einen von Jugend an Gezeichneten, von der Gesellschaft Isolierten und seinen Mitmenschen Entfremdeten. Die Alpenhexe bietet ihre Dienste an, doch Manfred will nur mit den Geistern seiner Magie im Bunde sein. Es

gelingt ihm, den höchsten ihm erreichbaren Geisterfürsten, Arima-
nes, zu beschwören, der, im Rahmen einer großen Geisterzeremo-
nie, Nemesis die Erlaubnis gibt, Astarte erscheinen zu lassen, die
Frau, um derentwillen Manfred schon auf Erden Höllenqualen
erleidet, weil er sie einst durch sündhafte Liebe befleckt hat. Sie
gibt ihm Kunde von seinem nahen Tod, weicht aber seiner inbrün-
stigen Bitte um Vergebung aus. – Im dritten Akt versucht ein alter
Abt vergeblich, die Seele des sterbenden Manfred zu retten und
ihn zur orthodoxen Religion zurückzuführen. Aber auch den Dämonen, die ihm seine Seele abverlangen, erteilt Manfred – im
Unterschied zu Faust – eine klare Absage: ›*Hinweg! Ich sterbe so,
wie ich gelebt – allein.*‹ Noch im Tod umgibt ihn die Aura des tra-
gisch an sich selbst scheiternden romantischen Helden« (Kindlers
Neues Literatur Lexikon. Bd. 3. München 1989, S. 453).

Textgrundlage und Erstdruck: KuA II 2 (1820), S. 186–192, als
Nr. »VI.« unter dem Kapitel »Literarische, Poetische Mitteilungen«. Problematisch bleibt die Stelle S. 294,26 *wegen Übermut,
Starrsinn, rauhes, hartes Betragen* (im 6. Nachlaßbd. der AlH
korrigiert: »durch Übermut, Starrsinn, rauhes, hartes Betragen«);
da autorisierte Textzeugen als Korrektiv fehlen, historischer
Sprachstand nicht auszuschließen ist und andere Lösungsmöglich-
keiten denkbar sind, wurde hier nicht eingegriffen.

293 *27 meinen Faust:* Während der Arbeit am ›Manfred‹ hatte
Byron durch Matthew Gregory Lewis (1775–1818), den Verfasser
von ›The Monk‹, und Percy Bysshe Shelley (1792–1822) Teile von
G.s *Faust* kennengelernt. Gegen den Plagiatsvorwurf hat G. Byron
aber stets in Schutz genommen. Im Brief an Sulpiz Boisserée vom
1. Mai 1818 schreibt G., Byron habe den *Faust* »nach seiner
eigenen Weise hypochondrisch misanthropisch« umgearbeitet. Im
Gespräch mit Soret am 13. April 1823 ist von Byrons Talent die
Rede (Herwig, Bd. III/1, Nr. 5147). Am nachdrücklichsten verteidigt G. Byrons eigenständige Leistung im Gespräch mit dem
Reiseschriftsteller und Gartenarchitekten Hermann Fürst von
Pückler-Muskau (1785–1871) am 14. September 1826: »Von Lord
Byron redete er nachher mit vieler Liebe, fast wie ein Vater von
seinem Sohne, was meinem hohen Enthusiasmus für diesen großen
Dichter sehr wohl tat. Er widersprach unter andern auch der
albernen Behauptung, daß Manfred eine Nachbetung seines Faust
sei, doch sei es ihm allerdings als etwas Interessantes aufgefallen,
sagte er, daß Byron unbewußt sich derselben Maske des Mephistopheles wie er bedient habe, obgleich freilich Byron sie ganz anders
spielen lasse. Er bedauerte es sehr, den Lord nie persönlich kennen

gelernt zu haben« (Herwig, Bd. III/2, Nr. 5899, S. 74). – *28 hypo-chondrisch:* eine im Zusammenhang mit Byron immer wieder von G. gebrauchte Charakterisierung (s. o.). Diese von G. häufig be-nutzte negative Klassifizierung, die er in seinen psychologischen Deutungsmustern zumeist mit einer übertriebenen Introspektion erklärte (vgl. hierzu die Anm. zu Nr. 657 der *Maximen und Reflexionen*; Bd. 17, S. 1291 f.), wird im folgenden aber nicht nur relativiert, sondern sogar ins Positive gewendet – ein signifikantes Beispiel jener bereits eingangs beschriebenen Ambivalenz G.s, die der Kommentar zu G.s Rezension von Byrons ›Don Juan‹ zutref-fend zusammenfaßt: »Seine Anteilnahme und große Anerkennung von Byrons Werk, die er wie bei keinem anderen zeitgenössischen Dichter mit zunehmendem Alter zum Ausdruck gebracht hat, ist um so auffälliger, als seine eigene Auffassung von Kunst und von der Existenz des Künstlers zur gleichen Zeit eine ganz andere Richtung nimmt ⟨...⟩ G. faszinierte offenbar an Byron stärker das Fremde als das Kongeniale, vielleicht auch das Zeitgemäße von Byrons Dichtung« (Bd. 13.1, S. 837). Gerade diesen Aspekt der Modernität hebt G. gegenüber Eckermann am 5. Juli 1827 hervor, wenn er Byron als »Repräsentanten der neuesten poetischen Zeit« würdigt, nachdem er am 2. Oktober 1823 im Gespräch mit Kanzler Müller schon ausdrücklich Byrons Kongenialität anerkannt hatte: »Byron allein lasse ich neben mir gelten« (Herwig, Bd. III/1, Nr. 5274, S. 591).

294 *3 Er hat oft genug bekannt* ⟨...⟩: Der Zeitpunkt der Drucklegung dieses Aufsatzes legt die – in der ›Berliner Ausgabe‹ geäußerte – Vermutung nahe, daß G. hier rückblickend die im März und April 1816 entstandenen Gedichte ›Fare thee well‹, ›A Sketch‹ sowie ›Stanzas to Augusta‹ in seine Analyse des Dramas miteinbezieht. – *11 dem gräßlichen Abenteuer:* Der Wahrheitsge-halt dieser Episode ist bereits früh – so von Alois Brandl im GJb 20 (1899), dort S. 8 – widerlegt worden. – *24 Pausanias:* Die Ge-schichte des spartanischen Herrschers Pausanias, der im 5. Jh. v. Chr. lebte, wird von dem gleichnamigen griech. Schriftsteller Pausanias (geb. um 115) im 2. Buch seiner zwischen 160 und 180 entstandenen ›Περιήγησις τῆς Ἑλλάδος‹ (Beschreibung Grie-chenlands) berichtet; sie findet sich ebenso in Plutarchs (um 46 bis nach 120) ›Kimon und Lukull‹. In ›Manfred‹ wird in der 2. Szene des 2. Aufzugs darauf Bezug genommen. – *25 Sieg bei Platäa:* der Sieg des Pausanias über die Perser bei Platää im Jahre 479 v. Chr. – *33 schöne byzantinische Jungfrau:* Ihr Name war Kleonike.

295 *10 Hamlets Monolog:* William Shakespeare: The Tragicall Historie of Hamlet, Prince of Denmarke, III,1. – *19 Der Zeit, des Schreckens* ⟨...⟩: Von G. auch in die *Ausgabe letzter Hand* (C¹ 3,

S. 207 f.) aufgenommen. – *37 begrabner Priester Gottes:* Vgl. Sam 28, wo Saul eine Totenbeschwörerin in En-Dor bittet, den toten Samuel wieder ins Leben zurückzurufen, der Saul daraufhin seinen baldigen Tod weissagt: »Morgen wirst du mit deinen Söhnen bei mir sein. Auch wird der HERR das Heer Israels in die Hände der Philister geben« (1 Sam 28,19).

296 *3 Den Zeus von Phryxus:* Der Philologe Carl Wilhelm Göttling (1793–1869) wies G. in einem Brief vom 4. November 1825 darauf hin, daß bei Pausanias »Ζεὺς Φύξιος ⟨...⟩ der Zeus, zu dem sich die mit Blutschuld Beladenen flüchteten« genannt sei, und fuhr fort: »In Byrons Manfred selbst steht auch the Phyxian Jove; also wäre es der ›Zeus der Sühne‹« (QuZ 2, S. 258 f.). In der *Ausgabe letzter Hand* änderte G. daraufhin diese Stelle in »Den milden Zeus«. – *Phigaliens Arcadische Beschwörer:* Auch Kleonike, die nach ihrem Tod dem Pausanias als Gespenst erschienen war, wurde von Totenbeschwörern der arkadischen Stadt Phigaleia ins Leben zurückgerufen. Ihre Voraussage, Pausanias werde in Bälde von ihrem Gespenst erlöst werden, bewahrheitete sich auf makabre Weise, als Pausanias wenig später wegen Hochverrats getötet wurde. – *5 aufgebrachten:* In diesem Zusammenhang ist ›aus dem Totenreich emporgeholt, heraufbeschworen‹ gemeint.

SCHRIFTEN ZUR KUNST

»Die bildende Kunst der Goethezeit ist in keiner Weise von
Goethe abhängig. Ihre Entwicklung hätte sich in gleicher Richtung
vollzogen, auch wenn Goethe keinen Anteil an ihr genommen
hätte«, stellt Herbert von Einem gleich zu Beginn seiner Abhandlung ›Goethe und die bildende Kunst seiner Zeit‹ kategorisch fest
und fährt daran anschließend fort: »Dennoch gehören sie innig
zusammen« (in: H. v. E.: Goethe-Studien. München 1972, S. 156).
Zweifellos trifft dies auch auf die ›Divan-Jahre‹ zwischen 1814 und
1819 zu, in denen Goethe nach Kräften den Versuch unternommen
hat, auf zeitgenössische Tendenzen und Entwicklungen Einfluß zu
nehmen. Mehr noch: Vergleicht man die in diesem Zeitraum
entstandenen Beiträge zur bildenden Kunst mit den in diesem Band
abgedruckten Schriften zur Literatur (womit freilich die *Noten
und Abhandlungen zu besserem Verständnis des West-östlichen
Divans* ausgeklammert bleiben), so ist der Eindruck nicht falsch,
daß Goethes Aufsätze zu Malerei, Architektur und Plastik in toto
die gewichtigeren Beiträge sind.

Dies mag um so weniger verwundern, als sich Goethe mit *Über
Kunst und Altertum* – der Zeitschrift also, die sich aus seinem
Reisebericht *Kunst und Altertum am Rhein und Mayn* entwickelt
hatte – in diesen Jahren ein Forum schuf, das ihm vor allem die
Gelegenheit bot, nach eigenem Ermessen und Gutdünken Schwerpunkte und Akzente zu setzen; dort erscheinen dann auch fast alle
wichtige kunsthistorischen und kunstprogrammatischen Beiträge
dieser Epoche. Die Entstehungsgeschichte des ersten Heftes dieser
Zeitschrift ist an anderer Stelle ausführlich dargestellt, ebenso der
Wandel des Reiseberichts von einer (ursprünglich geplanten) kul-
turhistorischen Studie zu einer kulturpolitischen, »der Zeit gewidmeten« (S. 83) Denkschrift, an der führende Repräsentanten
der preußischen Politik – insbesondere der Freiherr vom und
zum Stein – im Sommer des Jahres 1815 maßgeblichen Anteil hatten, wie Goethe seiner Frau Christiane in einem Brief aus Heidelberg vom 27. September 1815 mitteilte: »Ich arbeite einen Aufsatz
aus über meine Reise, Herr von Stein forderte mich auf« (s. hierzu
S. 676 ff.).

Goethe hatte in diesem Memorandum über Kunstdenkmäler an
Rhein und Main informiert, die in den jeweiligen Städten befindlichen privaten oder öffentlichen Sammlungen und Museen vorgestellt und Vorschläge zu deren (Re)Organisation unterbreitet.
Höhepunkt und Abschluß bildete dabei die Schilderung der Bois-

seréeschen Galerie im Abschnitt »Heidelberg«; zwar ist der Ton
auch in diesen Passagen über die Gemälde altdeutscher Meister
bewußt sachlich und frei von jenem Enthusiasmus, den zahlreiche
Zeitgenossen aus Goethes Mund während seines Heidelberger
Aufenthalts vernommen und weiterverbreitet hatten: Allein schon
der breite Raum, den Goethe dieser Sammlung in seinem Bericht
einräumt, zeugt jedoch von der außerordentlichen Wertschätzung,
die sowohl den Kunstgegenständen wie deren Besitzern galt. Goethe hat diese Proportionen auch in der Ankündigung seiner Denkschrift beibehalten, die im März 1816 in Cottas ›Morgenblatt
für gebildete Stände‹ erschien (S. 306). Die ›Schriften zur Kunst‹
sind deshalb *auch* ein Zeugnis der sich zunehmend intensivieren-
den Zusammenarbeit zwischen Goethe und dem Heidelberger
Kunstsammler und -schriftsteller Sulpiz Boisserée (1783–1854),
der nicht nur beim Zustandekommen der Denkschrift eine gewich-
tige Rolle spielte (vgl. S. 682 ff.), sondern für Goethe – wie sich in
ihrem umfangreichen Briefwechsel nachlesen läßt – ein stets zuver-
lässiger und sachkundiger kunsthistorischer Berater und Mitarbeiter gewesen ist (vgl. auch die Vorbemerkungen zu Goethes Beitrag
Die heiligen drei Könige, S. 941 ff.). Sichtbarstes Dokument dieser
Arbeitsgemeinschaft ist der gemeinsam verfaßte Aufsatz *Alt-Deutsche Baukunst* (S. 359), dessen Hauptteil von Boisserée stammt.
Auch über die Funde der Originalzeichnungen des Kölner Doms
und deren Publikation durch den Darmstädter Baumeister Georg
Moller (vgl. S. 517) ließ sich Goethe bevorzugt von Sulpiz Boisserée informieren.

Die bildende Kunst stand also schon in den beiden ersten Heften
von *Über Kunst und Altertum in den Rhein- und Mayn-Gegenden*
im Zentrum der Berichterstattung; dies änderte sich auch nicht
nach der ›geographischen Öffnung‹ im Jahre 1818 – vom vierten
Heft an hieß die Zeitschrift nur noch *Über Kunst und Altertum* –,
im Gegenteil: Der Horizont erweitert sich, Malerei, Plastik und
Architektur der Renaissance, vor allem aber die klassische Antike
rücken nunmehr ins Blickfeld. Dies ist freilich alles andere als
zufällig, sondern vielmehr das Resultat einer konsequenten Fort-
entwicklung und Zuspitzung der kulturprogrammatischen Absichten Goethes, über die spätestens seit dem zweiten, im April
1817 erschienenen Heft von *Über Kunst und Altertum in den
Rhein- und Mayn-Gegenden* kein Zweifel mehr bestehen konnte.

Dort war nämlich – unterzeichnet mit dem Kürzel »W. K. F.«
(S. 341) – im Namen der Weimarischen Kunstfreunde der umfangreiche Aufsatz *Neu-deutsche religios-patriotische Kunst* (S. 319)
veröffentlicht worden, der aus der Feder des Schweizer Kunsthistorikers Johann Heinrich Meyer (1759–1832) stammt; Goethe

hat die Abfassung dieser Studie nach Kräften gefördert und publizistisch vehement propagiert. Sie enthielt mit durchaus polemischen Untertönen eine scharfe Abrechnung, die insbesondere der in Rom wirkenden Künstlergruppe der ›Nazarener‹ galt, aber auch literarische Repräsentanten der romantischen Bewegung wie Ludwig Tieck oder Heinrich Wackenroder in ihre Auseinandersetzung miteinbezog. Die Fronten waren damit klar abgesteckt, für eventuelle Hoffnungen, in Goethe einen wohlwollenden Fürsprecher der christlich-altdeutschen Kunst und ihrer Wiederentdeckung und -belebung zu finden, bestand nun kein Anlaß mehr. Entsprechend schroff fielen dann auch einzelne Reaktionen, etwa von Dorothea Schlegel, aus (s. S. 707). Dennoch hatte der Aufsatz keineswegs jene ›durchschlagende‹ Wirkung, die sich Goethe von ihm erhofft hatte: Von einem ›Flächenbrand‹, den Goethe auch in zahlreichen Briefen zu entfachen hoffte, konnte keine Rede sein.

Bemerkenswert bleibt die strategische Absicht der von Meyer und Goethe gemeinsam entwickelten Darlegungen, da sie die Entstehung weiterer Aufsätze unmittelbar erklärt; den von der Kunst des christlichen Mittelalters faszinierten (zumeist jungen) Künstlern wird nämlich das Talent und ihr technisches Vermögen keineswegs abgesprochen; auch Goethes kurzer Beitrag über *Rungische Blätter* (S. 355) legt hiervon Zeugnis ab. Indem sie aber als lediglich fehlgeleitete, an falschen Vorbildern orientierte Begabungen begriffen werden, wird die Vorstellung mustergültiger Exempla nunmehr Notwendigkeit und Aufgabe zugleich. Zur programmatischen tritt die pädagogische und didaktische Zielsetzung. Wo diese Vorbilder zu suchen und zu finden seien, macht Meyer ebenfalls unmißverständlich klar: »Hieraus geht nun hervor daß es in Bezug auf die Kunst am sichersten und vernünftigsten ist, sich ausschließlich mit dem Studium der alten Griechischen Kunst, und was in neuerer Zeit sich an dieselbe anschloß, zu befassen; hingegen immer gefährlich und vom rechten Weg ableitend andere Muster zu suchen« (S. 337). Goethe wird dieses Credo in seinem Aufsatz *Antik und Modern* wenig später in die Formel fassen: »Jeder sei auf seine Art ein Grieche! Aber er sei's« (S. 501).

Eine klassizistisch geprägte Kunstauffassung bleibt Norm und Richtschnur, wie der Entwurf *Verein der deutschen Bildhauer* (S. 391) und der Aufsatz *Anforderung an den modernen Bildhauer* (S. 394) ausführen, die beide von der Absicht getragen werden, jungen Künstlern ein solches Ensemble von Mustern und Modellen vorzustellen. Den umfangreichsten und ehrgeizigsten Versuch, auf exemplarische Weise nachahmenswerte klassische Sujets zu präsentieren, unternahm Goethe in seinem 1818 in *Über Kunst und Altertum* veröffentlichten Beitrag *Philostrats Gemälde* (S. 449) –

auch dies ein Unternehmen, das im wesentlichen folgenlos geblieben ist. Nirgends »gräzisieren«, aber doch fühlen, denken und handeln »wie ein Grieche« (S. 500), wie es im Aufsatz *Antik und Modern* anerkennend über Raffael heißt: Daß jenseits aller skizzierten polemischen Abgrenzungen und Invektiven und über bloße Postulate hinaus die gewissermaßen ›positive‹ Wesensbestimmung eines ›zeitgenössischen Griechentums‹ für Goethe durchaus problematisch gewesen sein mag, belegen am symptomatischsten die Ausführungen zu den Elgin Marbles (S. 366 und S. 384) wie zum Relief von Phigalia (S. 444) – jenen antiken Kunstschätzen also, die auf Goethe in diesen Jahren eine ganz unvergleichliche Anziehungskraft ausübten und deren Behandlung dennoch nicht über das Entwurfsstadium hinaus gediehen ist.

Unter das Gegensatzpaar ›klassisch‹ und ›romantisch‹ (vgl. auch Goethes Aufsatz *Klassiker und Romantiker in Italien, sich heftig bekämpfend*, S. 258) lassen sich freilich nicht alle hier abgedruckten Schriften zur bildenden Kunst subsumieren. Dies gilt insbesondere für die im Winter 1817/1818 entstandene, im April 1818 im dritten Heft von *Über Kunst und Altertum* veröffentlichte Studie *Joseph Bossi über Leonard da Vinci Abendmahl zu Mayland* (S. 403), zweifellos ein kunsthistorisches Glanzstück Goethes, in dem – vergleichbar der ebenfalls durchwegs geschichtlich argumentierenden Perspektive in dem literarhistorischen Pendant *Shakespear und kein Ende!* (S. 173) – zur eigentlichen Analyse von Bildaufbau und -inhalt Ausführungen zu Leben und Werk Leonardos treten, die die Entstehungsbedingungen des ›Abendmahls‹ veranschaulichen. Abschnitte zur Überlieferungsgeschichte, zu den vorhandenen Kopien und Durchzeichnungen, allgemeine Bemerkungen zum technischen Verfahren schließen sich an; unter der Überschrift »Kopien überhaupt« (S. 416) weitet sich die kritische Würdigung verschiedener Kopisten zu einem sozialgeschichtlichen Exkurs. Obwohl – wie der Titel des Aufsatzes ja bereits anzeigt – eine im Jahre 1810 erschienene Schrift des italienischen Malers Giuseppe Bossi Goethe zu diesem Projekt veranlaßte, ist daraus, wie die Forschung in der Folge immer wieder gewürdigt hat, eine kunsthistorische Studie sui generis entstanden.

Darüber hinaus spiegeln die Schriften zur Kunst (wie auch diejenigen zur Literatur) Goethes vielfältige und weitgespannte Interessen, die archäologische Forschungen (*Ausgrabungen*, S. 508) ebenso einschließen wie eher kuriose Fundstücke (*Münzkunde der deutschen Mittelzeit*, S. 399). Neuerwerbungen und Zusendungen werden in eigenen Beiträgen (*Blumen-Malerei*, S. 437; *Skizzen zu Castis Fabelgedicht: die redenden Tiere*, S. 376;

ebenso der Schlußteil von *Antik und Modern*, S. 501) vorgestellt oder geben zumindest Anlaß zu ersten Skizzen und Schemata (⟨*Landschaftsmalerei*⟩, S. 494). Einen Einblick in Goethes administrativ-beratende Tätigkeit vermitteln die Aufsätze *Blüchers Denkmal* (S. 372) und *Fürst Blüchers Denkbild* (S. 512), die die (Vor)Arbeiten zu einem Standbild des ›Marschalls Vorwärts‹ in dessen Geburtsstadt Rostock dokumentieren sollen, zu denen Goethes Votum erbeten worden war.

Wie bereits angedeutet, sind innerhalb dieser Schriften zur bildenden Kunst auch einige Beiträge von besonderem Gewicht, die nicht zu eigenen Aufsätzen ausgearbeitet wurden. Goethes Notizen *Elgin Marbles* (S. 366) und *Elginische Marmore* (S. 384) sowie der umfänglichere Entwurf ⟨*Relief von Phigalia*⟩ (S. 444) geben nicht preis, welche Zeit und Mühe, welchen Aufwand an Kontaktaufnahmen und Korrespondenz Goethe darauf verwendet hat, einiger Zeichnungen und Reproduktionen dieser antiken Kunstwerke habhaft zu werden. Ihre Bedeutung erschließt sich erst durch den Kommentar, der in diesen Fällen durch seinen Umfang und seine Ausführlichkeit ein gängiges Vorurteil gegen Kommentare überhaupt wohl zunächst bestätigt, zuletzt aber – hoffentlich – widerlegt.

Nachricht von altdeutschen in Leipzig entdeckten Kunstschätzen

Im Februar 1815 hatte der Leipziger Kaufmann Johann Gottlob Quandt (1787–1859) auf dem Speicher der Leipziger Nicolaikirche unter altem Gerümpel mehrere altdeutsche Gemälde entdeckt, die nach dem Umbau der Kirche im Jahre 1785 dorthin gebracht worden waren. Einige der Bilder waren dabei sogar als Wände eines Taubenschlages benutzt worden. Die Nachricht von diesem Fund traf G. in einer Periode neuerwachten publizistischen Interesses. »Zu dem Damen-Kalender so wie zu dem Morgenblatte bin ich geneigt einiges mitzuteilen«, hatte er am 20. Februar Cotta in einem umfangreichen Schreiben angekündigt. In den folgenden Wochen entstand neben anderen auch vorliegender Artikel (vgl. auch G.s Brief an Zelter vom 15. Mai 1815).

Ein »Tableau alter Zeichnungen« vermerkte das Tagebuch am 3. März 1815, über das in folgenden Tagen wiederholt mit Johann Heinrich Meyer und Friedrich Wilhelm Riemer konferiert wurde. Dabei dürfte es sich um den Bericht Quandts gehandelt haben, der Mitteilungen über die aufgefundenen Gemälde enthielt und den dieser Ende Februar 1815 vermutlich an Meyer geschickt hatte.

Am 7. März wurden dann verschiedene »Absendungen vorberei-
tet«, am 8. März registrierte G. schließlich: »An *Cotta* Leipziger
Gemälde«. Der Aufsatz erschien bereits wenig später, am 22. März
1815, im ›Morgenblatt für gebildete Stände‹.
Der Leipziger Fund hatte in den nächsten Monaten allerdings
noch ein ›Nachspiel‹: Am 25. Juni 1815 berichtete Meyer in einem
Brief an G., der sich in diesem Sommer wie schon im Jahr zuvor in
Wiesbaden aufhielt, von einer erneuten Sendung Quandts: »Von
Leipzig hat Herr Quandt ein großes Paket Zeichnungen (Köpfe
und halbe Figuren, teils durchgezeichnet, teils mit Weiß und
Schwarz auf grau Papier ausgeführt) eingesendet. Nach diesen
Zeichnungen zu urteilen, sind die neu aufgefundenen Gemälde
allerdings trefflich und höchst schätzenswert. Ich habe bereits
angefragt, ob es erlaubt sei, solche Zeichnungen bis nach Ihrer
Wiederkunft nach Weimar hier zu behalten, und zweifle nicht, daß
Herr Quandt solches gerne gestatten wird« (Meyer, Bd. 2, S. 357).
Wenig später, am 1. Juli, hat Meyer sogar noch bessere Kunde:
»Bei Herrn Quandt habe ich, wie Ihnen gemeldet worden, angefragt, ob er erlauben wolle, daß ich die Zeichnungen nach den alten,
von ihm aufgefundenen Gemälden so lange behalte, bis Sie wieder
nach Weimar zurück gekehrt sein würden, worauf derselbe mit
umgehender Post schrieb, er wünsche, daß Sie und ich diese
Zeichnungen als Erinnerungsblätter an die Gemälde behalten
möchten« (ebenda, S. 358). In seiner Antwort vom 5. Juli 1815
zieht G. ein knappes, zufriedenes Fazit: »Die Leipziger sollen
gelobt und glücklich gepriesen werden daß sie etwas Gutes auffinden«.
Da G. im April 1813 zuletzt in Leipzig gewesen war, konnte er
die von Quandt (wieder)entdeckten Gemälde weder vor noch nach
ihrer Restauration im Original gesehen haben. Weil die Sendung
aus Leipzig zudem erst nach der Publikation des vorliegenden
Aufsatzes im ›Morgenblatt‹ in Weimar eintraf, muß sich G. bei der
Beschreibung der aufgefundenen Bilder (S. 299–302) also weitgehend auf den – nicht mehr erhaltenen – Bericht Quandts vom
Februar 1815 gestützt haben.

Textgrundlage und Erstdruck: Morgenblatt für gebildete Stände,
Nro. 69 (22. März 1815), S. 273–274. – Ein Eingriff: S. 299,24
Hillig (Hellig ED; die inkorrekte Namensform nach DNL korri-
giert).

299 *18 Hrn. Quandt:* Johann Gottlob Quandt (1787–1859),
Kaufmann und Kunstliebhaber in Leipzig. – *23 Hrn. Doktor
Stieglitz:* Christian Ludwig Stieglitz (1756–1836), Ratsherr, Jurist,

Archäologe, Baumeister und Kunstschriftsteller in Leipzig. 1792 hatte er in Leipzig eine ›Geschichte der Baukunst der Alten‹ veröffentlicht, die G. besaß (Ruppert, Nr. 2128) und in einem Brief an Schleusner vom 22. Februar 1797 als »recht brauchbares Werk« klassifizierte. In den *Tag- und Jahres-Heften* zu 1809 wird die Schenkung von Schwefelabgüssen aus der »ansehnlichen Münzsammlung« von Stieglitz dankbar erwähnt (Bd. 14, S. 213). – *24 Hillig:* Christian Gottfried Hillig (1777–1844), Advokat und Kunstsammler in Leipzig. – *Lehmann:* Friedrich Ludwig Lehmann (geb. 1786), Leipziger Maler und Restaurator. – *28 Jubilate-Messe:* Jubilate (lat.): der dritte Sonntag nach Ostern; gemeint ist also die Leipziger Frühjahrsmesse. – *34 Sechs Gemälde:* ein offensichtlicher Widerspruch, da im folgenden nur fünf Bilder beschrieben werden, die alle um 1500 entstanden sind. – *37 Ecce Homo:* in der Kunstgeschichte die Bezeichnung für die Darstellung des leidenden Jesus mit der Dornenkrone (nach Joh 19,5).

300 *7 Holbein:* Hans Holbein der Jüngere (1497–1543), deutscher Maler. – *8 Geschichte des Lazarus:* nach Lk 16,19 ff. – *12 des ältern Kranachs:* Lucas Cranach der Ältere (1472–1553), eigentlich Lucas Müller, deutscher Maler. – *14 Die Verklärung:* ›Verklärung Christi auf dem Berge Tabor‹, heute im Stadtgeschichtlichen Museum in Leipzig. – *22 Die Samariterin:* ›Christus und die Samariterin am Brunnen‹, nach Joh 4,6 ff. Das Bild gilt als ein Werk aus der Schule von Lucas Cranach dem Älteren und dessen Sohn Lucas Cranach, genannt der Jüngere (1515–1586). Ein gleichnamiger Holzschnitt von Lucas Cranach d. Ä. befindet sich in den Kunstsammlungen des Weimarer Schloßmuseums. – *28 Die Kreuzigung:* ein Gemälde aus der Schule von Lucas Cranach d. J.; es befindet sich heute im Leipziger Museum der bildenden Künste. – *34 Der Sterbende:* Auch dieses auf das Jahr 1518 datierte Gemälde von Lucas Cranach d. Ä. hängt heute im Leipziger Museum der bildenden Künste. – *Zoll:* etwa 2,6 cm. Dabei ist jedoch zu berücksichtigen, daß diese Längeneinheit je nach Region beträchtliche Unterschiede aufwies.

301 *13 Hrn. Schmidburgs:* Heinrich Schmidburg, auch Schmitborg, Schmitburg oder Schmidtborg (gest. 1518), Leipziger Jurist, der dieses Gemälde stiftete. – *15 Kranachs Monogramm:* eine geflügelte Schlange. – *18 des jüngern Kranachs:* Siehe zu S. 300,22. – *23 dem Altargemälde in Weimar:* ›Allegorie der Erlösung‹; das auf das Jahr 1555 datierte Gemälde in der Stadtkirche zu St. Peter und Paul, der ›Herderkirche‹, in Weimar. – *24 das wir durch Kupferstich und Beschreibung kennen:* Heinrich Meyer: Über die Altar-Gemälde von Lucas Cranach in der Stadt-Kirche zu Weimar. Weimar: Landes-Industrie-Comptoir 1813. 6 S., 2 Kupfertafeln.

(Ruppert, Nr. 2419; die Umrisse stammten von M. Steinla, vgl.
Schuchardt, Bd. I, S. 221, Nr. 67). – *40 Im Vorgrund:* im Vordergrund.
302 *15 Die Auferstehung:* ›Auferstehung‹, heute im Leipziger
Museum für bildende Künste. Das Gemälde wurde 1557 von dem
Leipziger Bürgermeister Dr. Leonhard Badehorn (1510–1587)
zum Andenken an seine verstorbene Frau gestiftet. – *20 Lasuren:*
Lasur (pers.-arab.-lat.): Farbschicht, die den Untergrund durchscheinen läßt.

⟨TISCHBEINS ZEICHNUNGEN
DES AMMAZZAMENTS DER SCHWEINE IN ROM⟩

Der kurze Aufsatz ist eine Reminiszenz an den Römischen Aufenthalt und damit im Umkreis der Arbeiten an der *Italienischen Reise*
anzusiedeln, für die er zweifellos auch bestimmt war. Im Januar
1787 war G. in Rom nämlich Augenzeuge eines solchen öffentlich
veranstalteten Schweineschlachtens gewesen, über das er in einem
Brief vom 4. Januar 1787 Fritz von Stein (1772–1844), Charlotte
von Steins jüngstem Sohn, berichtete. Im Anschluß an die Schilderung einer unvermuteten Begegnung mit dem Papst (Pius VI.,
1717–1799) in der Peterskirche ging G. im genannten Brief »zu
einer andern Szene« über: »Neulich sahen wir, und ich kann wohl
sagen, hörten wir 1000 Schweine in einem engen Bezirk abschlach-
ten. Es geschieht dies den Winter über, alle Freitage, auf einem
Platze, wo früher ein Minerventempel stand. Die Schweine werden
zu Hunderten zwischen Stangen eingesperrt; auf ein gegebenes
Zeichen springen Kerls hinein zu den Tieren, ergreifen sie, ram-
meln sich mit ihnen herum und stoßen ihnen unter der einen
Vorderpfote ein rundes Eisen in den Leib, das sie, weil es oben eine
Art Hacken hat, mit der flachen Hand in der Wunde leiernd
herumdrehen bis das Tier tot ist. Das Lärmen der Menschen, das
von dem Geschrei der Tiere überschrieen wird, die Händel, die
dabei vorfallen, der Anteil der Zuschauer und noch allerlei Detail
machen dieses Amazzamento zum sonderbarsten Spektakel. Es
geschieht auf diese Weise, weil hier Alles Monopol ist, und die
Regierung die Schweine aufkauft, schlachten läßt, und dann an die
Fleischer austeilt«. Im unmittelbar daran anschließenden Bericht
vom Besuch einer Opernaufführung versäumte es G. allerdings
nicht, darauf hinzuweisen, daß dabei »das Parterre noch einen
größern Lärm machte als die 1000 Schweine«.
    Der Maler und Radierer Johann Heinrich Wilhelm Tischbein
(1751–1829) war G. durch ein von Lavater übersandtes Porträt

1781 bekannt geworden; ihre erste Begegnung fand 1786 in Rom statt, wo Tischbein zu einem der engsten Gefährten G.s während seines römischen Aufenthalts wurde. Zusammen mit Friedrich Bury (1763–1823) teilten sie eine Wohnung an der Via del Corso (vgl. hierzu ausführlich Bd. 15, S. 901 ff.); von Tischbein stammt auch eines der zweifellos bekanntesten Porträts G.s, das im August 1787 vollendete Ölgemälde ›Goethe in der Campagna di Roma‹ (Schaeffer, Nr. 27), dessen Entstehung G. in der *Italienischen Reise* unter dem Datum vom 29. Dezember 1786 beschrieben hat (Bd. 15, S. 179 f.; vgl. auch den Bericht vom 27. Juni 1787). Ein 1786 entstandenes Aquarell Tischbeins, das sich heute im Freien Deutschen Hochstift in Frankfurt a. M. befindet, zeigt den mit dem Rücken zum Betrachter stehenden G. am offenen Fenster seiner römischen Wohnung (Schaeffer, Nr. 28). In den Tagebüchern findet sich nur an einer Stelle ein Hinweis darauf, wann dieser Aufsatz entstanden sein könnte. Dort heißt es am 7. Mai 1815 unter anderem: »Meyer. Romana. Tischbeiniana. Zeichnungen. Skizzen«.

Textgrundlage: Handschrift GSA 25/XLVI,1,10 (Beschreibung s. WA I 48, S. 272: H) in der von John korrigierten Fassung; Eckermanns Zusätze blieben unberücksichtigt mit Ausnahme der angegebenen Fälle, wo sie zur Korrektur von Fehlern herangezogen werden mußten. – Eingriffe: S. 302,40 *wildartige* (wildartiger Hs.; Eckermanns Streichung übernommen); 305,4 ⟨wer⟩ *das Blut* (das Blut Hs.; nach Eckermanns Korrektur ergänzt); 305,11 *gekrümmten* (gegrimmten Hs.; Hörfehler nach Eckermann korrigiert); 305,33 *Gewühl[,] der Sprünge* (Gewühl, der Sprünge Hs.; das überflüssige Komma ist zu tilgen; die Änderung Eckermanns zu »Gewühl, den Sprüngen« erscheint vom Sinn und von der Syntax her nicht gerechtfertigt). Überschrift nach C¹ 44.
Erstdruck: C¹ 44 (1832), S. 217–219.

302 *29 Ammazzaments:* Ammazzamento (ital.): ›Schlachten, Mord‹. – *31 Tischbein, der sich viel mit Betrachtung von Tieren ⟨...⟩ abgab:* Vgl. Schuchardt, Bd. I, S. 291 f.: Unter den Nummern 703, 704, 706 und 710 befinden sich zahlreiche Tierdarstellungen von Tischbein. – *35 jenes Tempels:* Vgl. hierzu den in der Vorbemerkung zitierten Brief an Fritz von Stein. – *37 Minerva:* röm. Göttin der Weisheit, Künste und Handwerke, der Pallas Athene vergleichbar.
305 *12 trillt:* trillen, auch drillen: ›(herum)drehen‹.

ÜBER KUNST UND ALTERTUM
IN DEN RHEIN- UND MAINGEGENDEN

Die für Cottas ›Morgenblatt für gebildete Stände‹ verfaßte Ankündigung seiner umfassenden kulturpolitischen Denkschrift *Kunst und Altertum am Rhein und Mayn* schrieb G., worüber seine Tagebucheintragungen informieren, zwischen dem 15. und 24. Februar 1816 nieder. Aus diesem Aufsatz hat sich bekanntlich ein eigenes Periodikum, nämlich die bis zu G.s Tod fortgeführte Zeitschrift *Über Kunst und Altertum*, so ihr Titel ab 1818, entwickelt (zu G.s Denkschrift und damit der Entstehungsgeschichte des ersten Heftes, das den Bericht über seine beiden Reisen an Rhein und Main in den Jahren 1814 und 1815 enthielt, vgl. ausführlich S. 676 ff.). Da G. in diesen Wochen zugleich die Korrekturen zu diesem Aufsatz abschloß, ist es nicht überraschend, daß die Ankündigung in Aufbau und Abfolge sich unmittelbar an der Vorlage orientierte und dabei auch einzelne Formulierungen – etwa über Johann Peter Hebel – nahezu wortgleich übernahm.

Eine weitere wichtige Quelle bildete G.s Brief an Johann August Sack, den Oberpräsidenten der preußischen Rheinprovinzen (1764 bis 1831), vom 15. Januar 1816, aus dem ebenfalls einige Passagen – so der zweite und dritte Abschnitt der Ankündigung – fast wortwörtlich übernommen wurden (der Wortlaut dieses Briefes auf S. 703–706).

Dem ersten, am 9. März 1816 erschienenen Teil der Ankündigung wurden in Cottas ›Morgenblatt‹ folgende Verse von August Wilhelm Schlegel vorangestellt: »Leih den Gestalten *Dein bildendes Wort!* Aus verbrüdertem Geiste / Freundlich zurückgestrahlt bilde sich Kunst in der Kunst! / – – – – – Der Gott, / Dir vertraut er, o *Goethe,* der *Künstlerweihe Geheimnis*«.

Um Doppelkommentierungen zu vermeiden, werden im folgenden nur diejenigen Stellen erläutert, die *nicht* im Kommentarteil des Aufsatzes (S. 9) erklärt werden. Auf Querverweise wurde dabei verzichtet.

Textgrundlage und Erstdruck: Morgenblatt für gebildete Stände, Nro. 60–62 (9., 11., 12. März 1816). – Eingriffe: S. 307,18 *Fochem* (Focham ED; nach der Hs. im Faszikel ›Mitteilungen ins Morgenblatt‹ korrigiert); 315,7 *Statur* (Statue ED; Lesefehler nach der genannten Hs. korrigiert). Möglicherweise fehlerhaft ist eine weitere Stelle, an der aber nicht eingegriffen wurde, da eine Änderungsabsicht G.s nicht auszuschließen ist: S. 309,10 *schenke* (schenkte Hs.; schenkt WA, BA). Ebenfalls unverändert blieb die Stelle S. 315,9 *nun* (nun Hs.; nur WA, BA), an der möglicherweise ein früher Überlieferungsfehler vorliegt. Hingewiesen sei noch auf S. 312,17 *Gegenständen*, wo in WA und BA (»Gegenden«) ein Druckfehler vorliegt.

306 *19 forderte man ihn auf* ⟨...⟩: G. bezieht sich hier vor allem auf die Aufforderung durch den Freiherrn vom Stein (vgl. die Vorbemerkung zu *Kunst und Altertum am Rhein und Mayn*, S. 682). – *40 Das so eben im Verlag der J. G. Cotta'schen Buchhandlung erscheint:* Das erste Heft von *Über Kunst und Altertum in den Rhein- und Mayn-Gegenden* wurde – anders als es die Fußnote dieser Anzeige ankündigt – erst Ende Mai 1816 ausgeliefert. Die Korrekturen hierzu hatte G. Ende Februar abgeschlossen.

307 *36 hinreichendes Local wird gewünscht:* In den Erläuterungen der von G. benutzten Materialien zu *Kunst und Altertum am Rhein und Mayn* weist die ›Weimarer Ausgabe‹ darauf hin, wie G. wesentlich kritischere Passagen im schriftlichen Bericht von Sulpiz Boisserée abmildert. So ersetzt er dessen pointiertes Urteil – »Walraf hat für seine der Stadt zum Geschenk bestimmte Sammlung noch nicht einmal eine mäßige Leibrente erlangen können« (WA I 34/2, S. 38) – durch diese ungleich vorsichtigere Formulierung.

309 *15 schalkhaft:* Zum Gebrauch dieses Wortes bei G. vgl. die Anm. zu Vers 339 aus dem »Prolog im Himmel« zu *Faust I* (Bd. 6.1, S. 997) sowie das während seiner Reise in die Schweiz 1797 entstandene Schema »Schalkheit« (Bd. 4.2, S. 1206). Im Text seines Aufsatzes ersetzte G. »schalkhaft« durch die Charakterisierung »heiter« (vgl. S. 21,12).

313 *1 die drei Reiche der Natur:* Gemeint sind die Tiere, Pflanzen und (Ge)Steine, denen sich Zoologie, Botanik und Geologie (im Sprachgebrauch der ›Goethezeit‹ Geognosie) widmen. – *38 Eine junge Prinzeß:* die hl. Ursula (s. zu S. 66,19).

315 *7 von Angesicht, Statur und Kleidung:* so die korrekte (und sinnvolle) Form des Texts; der in den bisherigen Ausgaben gedruckte Wortlaut (»Statue« statt »Statur«) geht auf einen Abschreibe- oder Lesefehler vor dem Erstdruck zurück. – *27 Schwarz:* Jan Swart van Groeningen (1490/1500–1553/1558), niederländischer Maler. Zu den anderen hier genannten Malern vgl. den Kommentar zu S. 82,30–35.

⟨REINIGEN UND RESTAURIEREN
SCHADHAFTER GEMÄLDE⟩

Die Entstehungszeit des vorliegenden Gutachtens, das zu Lebzeiten G.s nicht veröffentlicht wurde, läßt sich genau bestimmen:
Zwischen dem 4. und 10. April 1816 beschäftigte sich G. mehrfach
mit einem Aufsatz über die Restauration alter und schadhafter
Gemälde, den ihm Georg Friedrich Freiherr von Friesen (1757 bis
1824), der Direktor der Königlichen Kunstsammlungen in Dresden, zugeschickt hatte. Nachdem der 4. April – wie zuvor schon
der 3. April – ein »übler Tag« gewesen war, notierte G. unter
diesem Datum als Arbeitspensum lediglich: »Mit Hofr. Meyer das
an mich von Kammerherrn von Friesen gebrachte Fragstück,
wegen der Restauration alter Bilder«.

Dieses »Fragstück« war ein Aufsatz des aus Stuttgart stammenden Porträt- und Historienmalers Ferdinand August Hartmann
(1774–1842), der seit 1807 als Professor an der Dresdener Kunstakademie lehrte, deren Direktor er 1824 wurde. G. kannte Hartmann durch die Preisausschreiben der Weimarischen Kunstfreunde, an denen dieser im Jahre 1799 teilgenommen hatte. Dabei
hatte er sich zusammen mit dem Düsseldorfer Maler und Kunstprofessor Heinrich Christoph Kolbe (1771–1836) den Preis geteilt
(vgl. ⟨Zur Preisverteilung. 1799⟩, Bd. 6.2, S. 418).

Auch am 5. April wird Hartmanns Aufsatz »mit Meyer durchgesprochen«, am darauffolgenden Tag die »Anfrage wegen Restauration überlegt«. Am 7. April steht die »Gutachten wegen der
Restauration« wiederum auf der Tagesordnung, dabei zieht G.
auch »Burtins Kapitel dieselbe betreffend« hinzu (s. zu S. 318,20).
Am 8. April schließlich wird nicht nur der Aufsatz ins reine
geschrieben, sondern auch ein Brief an den Freiherrn von Friesen
verfaßt, dem G. abschließend ein positives Ergebnis seiner Prü-
fung(en) mitteilen konnte:

»Die von Ew. Exzellenz zutraulich an mich gelangte Anfrage
ist sogleich mit Hofrat Meyer in ihrem ganzen Umfange durchgesprochen worden. Unsere Erwiderung dagegen konnte keine
Schwierigkeit finden, da wir in das Gutachten des Herrn Professor Hartmann völlig einstimmen, wovon beiliegender Aufsatz
zeugt.

Wir danken beide für das geneigte ehrenvolle Andenken und
stehen in ähnlichen Fällen immer bereit« (vgl. auch zu
S. 331,16).

Am 10. April hat dann G. abermals »Burtins Restaurations Kapitel« studiert. Während er diese Schrift des Brüsseler Arztes und
Kunstsammlers in den *Tag- und Jahres-Heften* zu 1816 aber

namentlich erwähnt, wird dort der Dresdener Anfrage nur denkbar knapp und summarisch gedacht:

»indessen blieb auch *Burtin Connaissance des Tableaux*, das uns Einsicht in ein anderes bedeutendes Feld gewährte, nicht unbeachtet.

Die Restauration der Dresdner Gemälde kam in Anregung« (Bd. 14, S. 248).

Textgrundlage: Handschrift GSA 25/XLVII,2,22, Bl. 11 Vs. bis 15 Rs. im Faszikel ›Acta die von Dresden aus geschehene Anfrage: die *beste Art zu restaurieren* betr. Anno 1816.‹ (Beschreibung s. WA I 49/2, S. 342: H); es wurden alle Korrekturen (von Stadelmann, Kräuter, G. und einer unbekannten Hand) berücksichtigt. – Alle Eingriffe in den zugrundegelegten Text wurden nach dem Erstdruck (WA) korrigiert: S. 316,35 *den Meistern* (denn Meistern Hs.; Hör- oder Schreibfehler); 317,6 *Stellen* (stellen Hs.); 317,7 *Ölfirnisse* (Ölferniße Hs.); 317,10 *Firnisses* (Fernißes Hs.); 317,12 *Gemälde* (Gemählder Hs.); 318,33 *Unterzeichnete bekennen sich zu solcher Gesinnung, [und] indem sie* (Unterzeichnete bekennen sich zu solcher Gesinnung, und indem sie Hs., von G. korrigiert aus: »Unterzeichnete sind in diesem Falle, indem sie«; das hineinkorrigierte »und« paßt nicht mehr in den Satz und ist zu tilgen). Hingewiesen sei noch auf S. 317,6 *die Lichten Stellen*, wo in allen Drucken ein Lesefehler vorliegt (»die leichten Stellen«); die Hs. hat eindeutig »Lichten« (im Sinn von ›hell‹, großgeschrieben wegen Betonung). Überschrift nach ED.
Erstdruck: WA I 49/2 (1900), S. 141–144.

317 *5 Andres:* Friedrich (Federico) Andres, auch Anders (geb. um 1735), dt. Maler und Restaurator, der sich seit 1753 in Italien aufhielt, wo er ab 1755 bei seinem Lehrer Anton Raphael Mengs (s. die folgende Anm.) in Rom wohnte. In den Jahren 1773 und 1774 restaurierte er Gemälde aus den Vatikanischen Sammlungen und stand 1797 als Restaurator und Inspektor der Galerie von Capo di Monte in den Diensten des Königs von Neapel. Über eine Begegnung mit Andres während seiner italienischen Reise berichtete G. unter dem Datum »Caserta, Donnerstag den 15. März« 1787: »Mehrere vergnügte und bedeutende Stunden brachten wir bei dem Restaurator *Anders* zu, welcher, von Rom berufen, auch hier in dem alten Schlosse wohnt und seine Arbeiten, für die sich der König interessiert, emsig fortsetzt. Von seiner Gewandtheit alte Bilder wieder herzustellen, darf ich zu erzählen nicht anfangen, weil man zugleich die schwere Aufgabe und die glückliche Lösung,

womit sich diese eigene Handwerkskunst beschäftigt, entwickeln müßte« (*Italienische Reise*; Bd. 15, S. 254). Auch in *Philipp Hakkert* ist im Abschnitt »Gemälde-Restauration« ganz im Sinne des vorliegenden Gutachtens von Andres als dem »berühmtesten und besten Gemälde-Restaurateur« seiner Zeit die Rede (Bd. 9, S. 784).
– *Schüler von Mengs:* Anton Raphael Mengs (1728–1779), Maler und Kunstschriftsteller, Hofmaler in Dresden, danach Direktor der Römischen Malerakademie, schließlich Hofmaler des Königs Karl III. in Madrid; vgl. hierzu den Abschnitt »Mengs« in *Winkelmann und sein Jahrhundert* (Bd. 6.2, S. 361). – *10 des gewöhnlichen Mastix Firnisses:* ein aus dem Harz des Mastixstrauches gewonnener Schutzanstrich. Das Mastixharz wird nicht nur in der Malerei als Bindemittel benutzt, sondern dient vor allem auch in der Medizin als Klebemittel zur Fixierung von Verbänden. – *17 Lasuren:* Lasur (pers.-arab.-lat.): Farbschicht, die im Gegensatz zu den Deckfarben den Untergrund durchscheinen läßt. – *36 Stucco*: (ital.) ein aus Gips und anderen Zusätzen hergestellter Kitt, der leicht verhärtet. – *Palmaroli:* Pietro Palmaroli (um 1788–1828), ital. Maler und Gemälderestaurator in Dresden und Rom.
318 *1 den sogenannten enkaustischen Farben:* die Enkaustik (griech.): ein antikes Malverfahren, bei dem die Farben mit flüssigem Wachs verschmolzen werden. In heißem Zustand werden sie mit dem Pinsel, in erkaltetem Zustand mit einem heißen Bronzespachtel aufgetragen. – *14 Der berühmte Philipp Hackert ist sogar in einer Druckschrift als Verteidiger desselben aufgetreten:* ›Lettere a sua Eccellenza il Sig. Cavaliere [Sir William] Hamilton di Filippo Hackert sull'uso della vernice nella pittura‹. 2. ed. Perugia 1788: Stamp. Batueliana (23 S.). Diese Schrift, die G. besaß (Ruppert, Nr. 2406), wurde durch Johann Anton Riedel (vgl. die nachfolgende Anm.) ins Deutsche übersetzt: ›Über den Gebrauch des Firnis' in der Malerei. Ein Sendschreiben des berühmten Landschaftsmalers Philipp Hackert an den Ritter Hamilton, ehemaligen großbritannischen Gesandten in Neapel. Aus dem Italienischen frei übersetzt von F. R. R. [Nebst fünf Anhängen]‹. Dresden 1800 (vgl. hierzu auch *Philipp Hackert*, Bd. 9, S. 864). – *18 Inspektor Riedel:* Johann Anton Riedel (1736–1816), der im böhmischen Falkenau geborene Maler, Radierer, Schriftsteller und – seit 1757 – Oberinspektor der Dresdener Gemäldegalerie, war am 31. März oder 1. April 1816 verstorben. Durch das von G. hier kritisierte »Überstreichen der Gemälde mit Öl« (S. 318,6) hatte er zahlreiche Bilder zu restaurieren versucht und dabei – so die Weimarer Ausgabe – »viel Schaden angerichtet« (WA IV 26, S. 426). In dem schon einleitend zitierten Brief an den Freiherrn von Friesen vom

8. April 1816 hat G. Riedels Vorgehensweise auch ausdrücklich mißbilligt: »Es ist traurig zu sehen, wie durch Personen, denen man ein langes Leben sehr gerne gönnen möchte, höchstschädliche vorgefaßte Vorurteile und Irrtümer erhalten und fortgepflanzt werden, indes an andern Orten, ja oft an demselbigen, von helleren Geistern die Wahrheit erkannt und vorteilhaft ausgeübt wird. Der Königlichen Galerie sei zu Ew. Exzellenz treuer und ernster Vorsorge und zu Herrn Hartmanns umsichtiger Tätigkeit Glück und Heil gewünscht« (vgl. zu Riedel auch *Dichtung und Wahrheit*; Bd. 16, S. 346). – *20 Franziskus Xaverius de Burtin:* François-Xavier de Burtin (1743–1818), Arzt und Kunstsammler in Brüssel. Sein ›Traité théorique et pratique des connoissances qui sont nécessaires à tout amateur de tableaux ... suivi d'observations sur les collections publiques et particulières, et de la description des tableaux que possède en ce moment l'auteur‹. T. 1. 2. Bruxelles: Weissenbruch 1808. (Theoretische und praktische Abhandlung über die Kenntnisse, die für jeden Bilderliebhaber nötig sind) war 1789 in Brüssel erstmals erschienen, worauf sich G. wenig später in seiner Zeitangabe »vor 27 Jahren« auch beruft. Die in G.s Bibliothek befindliche Ausgabe stammte aus dem Jahr 1808 (Ruppert, Nr. 2302), war aber offenbar zum Zeitpunkt der Abfassung des Gutachtens noch nicht in seinem Besitz, denn in der Zeit vom 6. April bis 24. Juli entlieh sich G. diese Schrift aus der Weimarer Bibliothek (Keudell, Nr. 1046). – *29 unparteierschen:* ungewöhnliche Steigerungsform von ›unparteiisch‹ (vgl. WA: »unparteiischern«). – *33 Unterzeichnete:* Johann Heinrich Meyer und G.

NEU-DEUTSCHE RELIGIOS-PATRIOTISCHE KUNST

Mochten die Vertreter der romantischen Bewegung in Literatur und bildender Kunst, über G.s erste begeisterte Reaktionen auf die Boisseréesche Sammlung in Heidelberg wohl informiert, noch geglaubt haben, im Weimarer Dichter wenn schon keinen Propagandisten, so doch einen wohlwollenden Parteigänger ihres Kunstenthusiasmus für die Malerei der altdeutsche Schule finden zu können, so waren diese Erwartungen schon mit dem Erscheinen des ersten Heftes von *Über Kunst und Altertum* im Juni 1816 enttäuscht worden.

Im sachlich-referierenden Tonfall eines Memorandums gab G. dort einen Bericht und Überblick über Kunstdenkmäler, private und öffentliche Sammlungen an Rhein und Main, sichtete Bestände und unterbreitete Vorschläge zu Reorganisation und Neustrukturierung, war dabei aber weit von jener Begeisterung entfernt, die zeitgenössische Ohren- und Augenzeugen des Heidelberger Aufenthalts vernommen zu haben glaubten.

G.s gegenüber dem Darmstädter Baumeister Georg Moller in seinem Brief vom 10. November 1815 skizzierte Absicht, den »Kunstwert jener alten würdigen Gebäude« vornehmlich »auf historischem Wege«, nämlich aus den Entstehungs- und Rahmenbedingungen ihrer Epoche heraus zu erklären (wie dies vor allem in dem weit ausgreifenden geschichtlichen Exkurs zu Beginn des Abschnitts »Heidelberg« geschah) und somit zu vermeiden, daß »die Geister der vorigen Jahrhunderte in die Wirklichkeit« der gegenwärtigen Kunstdebatte hineinwirken konnten, wird in jedem Abschnitt des Reiseberichts spürbar – und dementsprechend kühl, ablehnend oder sogar empört war die Aufnahme im Kreise der Romantiker gewesen, denen G.s Intentionen nicht verborgen geblieben waren (vgl. Dorothea Schlegels Reaktion vom 3. Juli 1816, S. 707).

Historisierung aber bedeutete zugleich Distanzierung, und sollten an G.s Haltung überhaupt noch Zweifel bestanden haben, so wurden diese mit dem Erscheinen des Aufsatzes *Neu-deutsche religios-patriotische Kunst* im April 1817 endgültig beseitigt. Die Fakten sind bekannt: Der mit dem Kürzel »W. K. F.« im Namen der Weimarischen Kunstfreunde unterzeichnete Aufsatz ist von dem Schweizer Maler und Kunsthistoriker Johann Heinrich Meyer (1759–1832) verfaßt worden. Und dennoch trifft hier mit Fug und Recht zu, was sich mit einer Äußerung des späten G. so paraphrasieren ließe: Ist es nicht aus meiner Feder, so ist es doch aus meinem Sinn!

Für die gewissermaßen kollektive Urheberschaft und damit die Aufnahme dieses in *Über Kunst und Altertum* publizierten Aufsatzes in eine Ausgabe der Werke G.s lassen sich überzeugende Argumente beibringen: zunächst die nachfolgend skizzierte Entstehungsgeschichte dieser Studie, die in enger Abstimmung entworfen und entwickelt wurde. Johann Heinrich Meyer, den G. 1786 in Rom kennengelernt hatte (vgl. Bd. 15, S. 150 f.), kam auf sein Betreiben Ende 1791 nach Weimar, wurde 1795 Lehrer an der Zeichenschule und 1806 deren Direktor; mehr als zehn Jahre wohnte er in G.s Haus, aber auch nachdem er es anläßlich seiner Verheiratung verlassen hatte, zählte er zu den oft fast täglichen Gästen am Frauenplan. Aus diesem Grunde hat G., wann immer er in seiner Korrespondenz das Vorhaben der *Neu-deutschen religios-patriotischen Kunst* erwähnte, auch nahezu durchgängig die erste Person Pluralis gewählt und sich auf diese Weise nachdrücklich zwar nicht als Koautor, wohl aber als spiritus rector des Projekts zu erkennen gegeben.

Damit bildet der Aufsatz als eine gemeinsame »Confession« der Weimarischen Kunstfreunde (so G. an Knebel am 17. März 1817) ein weiteres Dokument einer zu diesem Zeitpunkt schon über zwei Jahrzehnte dauernden, bewährten Arbeitsgemeinschaft, womit die Eigenleistung des Schweizer Kunsthistorikers gerade an dieser umfangreichen Studie keineswegs geschmälert werden soll.

Die Pläne zu dieser Streitschrift reichen dabei in den Sommer des Jahres 1816 zurück. Am 27. Juni wird das Projekt erstmals namentlich im Tagebuch erwähnt: »Mit Hofr. Meyer nach Jena. Politisches. Neue religiose Kunst«. Das Thema bleibt auf der Tagesordnung, am Abend des 29. Juni wird erneut mit Meyer über »katholisierende Kunst« gesprochen, und auch den 1. Juli beschließt die »Geschichte der neusten frommen Kunst«.

Dies sind nicht nur die Wochen, in denen G. an seiner *Italienischen Reise* schreibt, die – ausgesprochen oder implicite – stets den Kontrapunkt zur altdeutschen (Kunst)Welt bildet, sondern auch die Tage, in denen er sich wie in den beiden vorangegangenen Jahren erneut auf eine Reise an Rhein und Main zu begeben anschickt. Am Morgen des 20. Juli 1816 wird dieses Unternehmen in Begleitung Meyers angetreten, und bereits zwei Stunden später, »kurz vor Münchenholzen«, infolge eines Unfalls abgebrochen und aufgegeben (vgl. hierzu G.s Bericht in seinem Brief an Zelter vom 22. Juli 1816). G. wird den Sommer statt dessen im thüringischen Bad Tennstedt verbringen, wo er sich vom 24. Juli bis zum 10. September aufhielt.

Von dort erhält Meyer am 29. Juli einen Brief, in dem es u. a. heißt: »St. Rochus-Fest ist gefördert. Mögen Sie den verabredeten Aufsatz indessen zu Stande bringen, so können wir Michaelis das zweite Heft zum Druck befördern« (vgl. auch die Dokumente am Ende der Vorbemerkung). Damit sind die Schwerpunkte für die Sommermonate vorgegeben; die gemeinsame Arbeit begann wenig später, als Meyer vom 30. Juli bis zum 28. August G. in Bad Tennstedt besuchte.

Am 6. August vermerkte G. in seinem Tagebuch »Einzelne Aufträge«, die – wie wenig später die Notiz »Alles *an August*« spezifiziert – an seinen Sohn ergingen, dem er unter diesem Datum einen summarischen Bericht über die ersten Tennstedter Tage zukommen ließ. Dieser Sendung lag auch ein von Meyer verfaßter Bestellzettel bei, auf dem um die Besorgung einiger Bücher gebeten wurde. Es handelte sich hierbei um Ludwig Tiecks und Wilhelm Heinrich Wackenroders ›Herzensergießungen eines kunstliebenden Klosterbruders‹ (s. zu S. 325,24), Tiecks Roman ›Franz Sternbalds Wanderungen‹ (s. ebenda), August Wilhelm Schlegels Gedicht ›Der Bund der Kirche mit den Künsten‹ (s. zu S. 327,27), um

die von Friedrich Schlegel herausgegebene Zeitschrift ›Europa‹ (s.
zu S. 329,18), Novalis' Schriften sowie die von Heinrich von Kleist
und Adam Heinrich Müller herausgegebene Zeitschrift ›Phöbus‹,
die hier – wie später im Aufsatz auch – als ›Apollo‹ tituliert wird (s.
zu S. 334,3). Den Auftrag, »Erkundigung einzuziehen ob vorstehende Druckschriften auf der Bibliothek oder sonst [in] Weimar zu
finden. [Hof]r. Meyer bedarf ihrer gleich nach seiner Zurückkunft«, hat G. dieser Liste eigenhändig angefügt (WA IV 27,
S. 396).

Bereits unmittelbar nach seiner Rückkehr am 28. August kann
Meyer sein Lektüreprogramm in Angriff nehmen, wovon G. auch
am 29. August 1816 unterrichtet wird:

> »Außer Sternbalds Wanderungen hat die Bibliothek mir alle
> auf unserer Liste verzeichneten Bücher gereicht, und ich bin
> bereits mit Lesen derselben beschäftigt. Aber ich habe nun
> einmal keinen Sinn für dergleichen, und so ist mir die Sache eine
> wahre Buße. August Wilhelm Schlegel will mir von der ganzen
> Sippschaft als der Unternehmendste, Beredtste und zugleich
> Absichtlichste vorkommen« (Meyer, Bd. 2, S. 372 f.).

Als G. dann am 10. September selbst nach Weimar zurückkehrt, ist
der Aufsatz weiter gediehen, wie er am 27. September Sulpiz
Boisserée mitteilen kann (s. u.). Am 26. Oktober wird Meyers
Abhandlung »über Mystik der Kunst« im Tagebuch erwähnt, am
14. November erhielt G. schließlich das fertige Manuskript des
Aufsatzes, wie aus dem Eintrag vom 15. November (»Aufsatz über
neudeutsche Kunst. ⟨...⟩ Nachher obgenannten Aufsatz«) zu
schließen ist.

Vom 17. bis zum 19. November haben G. und Meyer täglich
über die Abhandlung konferiert, am 19. nahm G. dabei eine
»Eigene Revision jenes Aufsatzes« vor. Auch vom 22. bis zum
26. November stand der »Aufsatz über neudeutsche Kunst« auf
der Tagesordnung, was auch deshalb notwendig war, weil Carl
Friedrich Ernst Frommann (1765–1837), der Verleger von *Über
Kunst und Altertum*, dem G. bereits am 7. November »für die
nächste Woche in ziemlicher Masse« Manuskript(e) in Aussicht
gestellt hatte, diese nun auch dringend benötigte, sollte sich das
Erscheinen des zweiten Heftes nicht noch weiter verzögern. Am
27. November schickte G. dann »den Anfang des zweiten Rhein-
und Maynheftes, mit der Bitte, den Druck bald möglichst zu
beginnen« nach Jena. Nach einer weiteren Sitzung am Abend des
4. Dezember 1816 konnte G. den vorläufigen Abschluß des Projekts notieren: »Schluß der neuern Kunstgeschichte und Anfang
des St. Rochus«. Danach ging das Heft in Druck, worüber G. am
26. Dezember Zelter gegenüber klagte: »Das 2te Rhein und Mayn-

heft ist im Druck und schiebt mich mehr fort als daß ich es schiebe«
(Bd. 20.1, S. 490).

Neben der Revision des Aufsatzes (vgl. G.s Brief an Meyer vom
7. Dezember 1816) widmete sich Meyer im Dezember 1816 und
Januar 1817 nunmehr dem Anmerkungsteil zu seinem Aufsatz, den
G. am 19. Januar 1817 anmahnte: »Können Sie mir, lieber Freund,
die ersten Bogen der Anmerkungen schicken, auch die Aushänge-
bogen. In Jena lechzen die Setzer. Vielleicht kämen Sie zu Tische«.
Am 18. März schließlich, zwei Tage, bevor G. die Arbeit »Am 3.
Rhein und Mayn-Heft« aufnehmen wird, kann er dann den »Letz-
ten halben Bogen Manuskript zum 2. Rhein und Mayn-Heft *an
Frommann*« abschicken. Nicht unmittelbar aneinander anschlie-
ßend, aber im selben Heft erscheinen im April 1817 der Aufsatz
Neu-deutsche religios-patriotische Kunst und die Anmerkungen
Meyers in *Über Kunst und Altertum*.

G. hat an das Erscheinen dieses Aufsatzes große Erwartungen
geknüpft; welche Wirkungen er damit zu erzielen hoffte, unterstreicht vor allem das martialische Vokabular, mit dem er den
Aufsatz – wie die unten zusammengestellten Dokumente belegen
können – in zahlreichen Briefen angekündigt hat. Von Bomben,
Brand und Explosionen ist da wiederholt die Rede – eine verbale
Mobilmachung, die sich jedoch auffällig vom eigentlichen ›Corpus
delicti‹ unterscheidet. Betrachtet man nämlich den Tonfall von
Meyers Abhandlung, so fällt zwar auf, daß auch ihm gelegentliche
polemische Spitzen nicht fremd sind und daß vor allem die Grenze,
jenseits deren keine Verständigung mehr möglich ist, deutlich
gezogen wird. Im ganzen aber herrscht ein eher moderater Ton,
den die bereits eingangs skizzierte, ja nicht zuletzt an G.s Vorgehensweise geschulte Methode, das Phänomen in erster Linie historisch – und nicht etwa polemisch – angehen zu wollen, zweifellos
befördert, wenn nicht gar ursächlich bedingt. Auch die im Stile
eines wissenschaftlichen Apparats gehaltenen umfänglichen Anmerkungen (S. 341) widersprechen dem Charakter einer Brand-
rede und ›Abrechnung‹, wie sie G. publizistisch vorzubereiten
gesucht hatte.

Vor allem aber läßt sich Meyers Mäßigung aus einer dem Aufsatz
offensichtlich zugrundeliegenden kunstpädagogischen Strategie
erklären. In seiner Absicht, gewissermaßen ›die Spreu vom Weizen
zu sondern‹, unternimmt er nämlich auch einen großangelegten
Rettungsversuch, dessen ›goldene Brücken‹ leicht zu erkennen
sind. Den Weg hatte G. schon in seinem Lamento über die »durch
diesen Zeitwahnsinn verrückten Söhne«, wie er es im Brief an
Rochlitz vom 1. Juni 1816 (s. u.) ausdrückte, beschritten, als er
dort wenig später davon sprach, das »talentvolle Individuum scho-

nen und fördern« zu wollen, »aber auf die falschen, krankhaften
und im tiefsten Grunde heuchlerischen Maximen derb und unerbittlich« loszugehen. Daran mag G. auch gedacht haben, als er
Sulpiz Boisserée gegenüber am 1. Juli 1817 die Möglichkeit einer
»Vermittlung« andeutete, die Meyers Schrift, »genau besehen«, ja
schon enthalte.

Die besondere Akzentuierung dieser Auseinandersetzung als
Generationenkonflikt – der er immerhin ja auch war – erleichtert
dabei die insinuierte pädagogische Zielsetzung. Je überzeugender
es nämlich gelingt, die Begeisterung für die altdeutsche Kunst (und
Lebensweise) als einen Irrweg, als eine Ver(w)irrung des ›Geschmacks‹ – ein zentraler Terminus des Aufsatzes, der als »Schlüsselbegriff Meyers zur Erfassung künstlerischer Phänomene« (Büttner, S. 59) fungiert – zu deuten, desto mehr werden die zumal am
Anfang ihrer Entwicklung stehenden Künstler entlastet. Diese
schulten, so die Kernthese, ihr ohne Zweifel vorhandenes Talent
lediglich an den falschen Objekten: Deshalb werden auch die
technischen Fähigkeiten etwa von Overbeck und Cornelius
(S. 333,14 und 335,20) keineswegs in Abrede gestellt, deshalb
erkennt G. »das redliche Bestreben, den Ernst, Fleiß und die
Ausdauer« Runges lobend an (S. 334,29; vgl. S. 330,17) und hebt
Friedrich Schlegels Verdienste ausdrücklich hervor (S. 329,39).

Wenn es also eine der Zielrichtungen des vorliegenden Aufsatzes
ist, diese falschen Vorbilder zu korrigieren, so läßt Meyer aber
zugleich keinen Zweifel darüber aufkommen, welche die seiner
Auffassung nach (immer noch) gültigen Maßstäbe sind. Es ist die
Orientierung an der klassischen Antike, die gegen Ende des Aufsatzes gegen alle altdeutschen Tendenzen ins Spiel gebracht wird.
Unmißverständlich heißt es dort: »Hieraus geht nun hervor daß es
in Bezug auf die Kunst am sichersten und vernünftigsten ist, sich
ausschließlich mit dem Studium der alten Griechischen Kunst, und
was in neuerer Zeit sich an dieselbe anschloß, zu befassen; hingegen
immer gefährlich und vom rechten Weg ableitend andere Muster
zu suchen« (S. 337,34–40).

Die Häufung der Superlative, der ›Ausschließlichkeits‹-Ton dieser Passagen: deutlicher läßt sich der normative Charakter einer
klassizistisch geprägten Kunstauffassung kaum aussprechen, wie
denn auch die Beschäftigung mit altdeutscher Malerei wenig später
zu Beginn der Anmerkungen pauschal als »Rückschritt« gegeißelt
wird (S. 341,38). Dies ist – bei aller Toleranz und Konzilianz – die
unerschütterliche Grenze, von der schon die Rede war, hier offenbart sich Meyer »als ein treuer Anhänger einer klassizistischen
Doktrin, dessen Glaube an ein einzig vollkommenes Stilideal
unverrückbar feststeht« (Büttner, S. 60).

Auch G. wird in verschiedenen Aufsätzen und Entwürfen dieser Jahre immer wieder nach solchen Mustern und Modellen suchen. Hierzu zählen die Elgin Marbles (S. 366 und 384) wie das Relief von Phigalia (S. 444) und andere antike Kunstwerke, die in *Verein deutscher Bildhauer* (S. 391) oder der *Anforderung an den modernen Bildhauer* (S. 394) vorgestellt wurden. Und nicht zuletzt die umfangreiche ›Wiederbelebung‹ von Philostrats Gemälden (S. 449) weiß sich diesem Anliegen, zeitgenössischen Künstlern nachahmenswerte Vorbilder zu präsentieren, verpflichtet.

Meyers Aufsatz hat nicht die beabsichtigte unmittelbare Wirkung gehabt. Die von G. erwartete und prognostizierte Aufregung ist bis auf wenige Ausnahmen (vgl. Büttner, S. 57 und 63 ff.) ausgeblieben. Von einem ›Flächenbrand‹ konnte keineswegs die Rede sein, allerdings waren die Fronten – wenn sie es nicht schon vorher gewesen waren – nunmehr eindeutig geklärt.

Dennoch hat Meyers Abhandlung eine bis ins 20. Jh. reichende Langzeitwirkung entfaltet, indem sie nämlich »ein gängiges Modell zur Erklärung der Genese romantischer Bildkunst und damit zu ihrer Kritik geliefert« habe, »die vielerorts noch heute für gültig gehalten wird, wie ein Blick in populäre Darstellungen der Kunstgeschichte zeigen kann. Als Paradigma für die Ableitung eines kunstgeschichtlichen Phänomens aus der Geistesgeschichte scheint diese Darlegung so überzeugend zu sein, daß in neuerer Zeit wenig Versuche unternommen wurden, nach den Voraussetzungen dieses Erklärungsmodells und so nach seiner Gültigkeit zu fragen« (Büttner, S. 55).

Textgrundlage und Erstdruck: KuA I 2 (1817), S. 5–62 (Text), 133–162 (Anmerkungen), als Kapitel »I.« und Kapitel »III.« dieses Hefts.

Zeugnisse und Dokumente

Goethe an Meyer, 22. Juli 1805:
Es ist Zeit, daß man sich erklärt, wie man über diese Narrenspossen denkt, denn bei einem Frieden mit solchen Leuten kommt doch nichts heraus, sie greifen nur desto unverschämter um sich.

Sulpiz Boisserée, Tagebuch vom 11. September 1815:
Es kömmt die Rede auf die Zeichnungen von Cornelius, Overbeck usw. bei Wenner die ich sehen soll. Da fehlt an allen etwas.

Jetziger Zustand der Kunst – bei vielem Verdienst und Vorzug große Verkehrtheit – Maler Friedrich – seine Bilder können

ebensogut auf dem Kopf gesehen werden. Goethes Wut gegen
dergleichen – wie sie sich ehemals ausgelassen mit Zerschlagen der
Bilder an der Tischecke – Zerschießen der Bücher usw. Da habe er
sich nicht entbrechen können mit innerem Ingrimm zu rufen »das
soll nicht aufkommen«, und so habe er irgend eine Handlung daran
üben müssen, um seinen Mut zu kühlen. Ich erinnere an Jacobi
›Woldemar‹ usw. »Ja, deswegen haben die Hamburger, die Rei-
marus usw. mich nie leiden können, immer nur gesagt ich sei ein
scharfsinniger Mensch, hab dann und wann gute Einfälle.«
(Weitz, Bd. 1, S. 265)

Goethe an Meyer, 29. Juli 1816:
Schreiben Sie mir gefälligst wie weit Sie gekommen sind. Ich sende
dagegen vielleicht bald das Schema von Künstler-Freiheiten, -Mut-
willen und -Grillen. Dergleichen Dinge führen nur zu weit sobald
man sie ernstlich betrachtet, weil sie überall hingreifen.

Goethe an Sulpiz Boisserée, 7. August 1816:
Die Frömmler und Dichterlinge mußten befehdet werden: denn
ihre doppelt und dreifachen Pfuschereien hindern, ja zerstören
alles Gute. Im zweiten Stück soll es noch besser kommen, an
welchem ich, die vierzehn Tage meines hiesigen Aufenthaltes,
arbeite.

Goethe an Sulpiz Boisserée, 27. September 1816:
Darnach beginnt sogleich der Druck des zweiten Heftes von Rhein
und Mayn. Ein Aufsatz geht voran. Die Geschichte der neuen
frömmelnden Unkunst von den 80er Jahren her. Es wird uns
manche sauere Gesichter zuziehen, das hat aber nichts zu sagen! In
50 Jahren begreift kein Mensch diese Seuche, wenn Gleichzeitige
den Verlauf nicht bewahren. Indessen soll die möglichste Schonung herrschen, das kann aber nur im Ausdruck sein, denn an der
Sache ist nichts zu schonen.

Goethe an Zelter, 7. November 1816:
Der erste Aufsatz des 2ten Hefts wird gewaltigen Lärm erregen; wie
Du aus der Überschrift erwarten kannst, sie heißt: *Neu-deutsche,
fromm-patriotische Kunst.*   *(Bd. 20.1, S. 470)*

Goethe an Sulpiz Boisserée, 16. Dezember 1816:
Das Rhein- und Maynheft, 2. Stück, liegt in den Händen des
Setzers. Es enthält das famose Rochusfest, dem ich meine Sommer-
Einsamkeit in Tennstedt gewidmet hatte und einen Aufsatz, über-

schrieben: Neu-Deutsche religios-patriotische Kunst. Ich wünsche daß er gerecht, ja billig gefunden werden möge. Die Liebhaber, welche die ältern Kunstwerke retten und sammeln, werden
höchlich gepriesen, den Künstlern, die jene alte Art wieder hervor-
suchen, wird ein Spiegel vorgehalten, den wir recht hübsch plan zu
schleifen und gut zu polieren gesucht haben.

Goethe an Zelter, 1. Januar 1817:
Herrn Direktor Schadow, der mir durch die Medaille sehr viel
Vergnügen gemacht hat, hab' ich ein Lied zum Künstlerfeste
geschickt; möge es dazu beitragen den düstern Geist der durch
unsere Kunsthallen schleicht endlich verbannen zu helfen. Er
überbietet freilich schon sich selbst und allernächst werden die
Bekenner und Beförderer mit Schrecken spüren daß sie sich auch
merkantilisch verrechnet haben. *(Bd. 20.1, S. 491)*

Goethe an Knebel, 12. Februar 1817:
Am Rhein- und Maynheft wird fortgedruckt, es wird euch bald mit
wunderlichen Dingen begrüßen.

Goethe an Knebel, 17. März 1817:
Mein zweites Rhein- und Maynheft wird ehstens aufwarten und
wird als eine Bombe in den Kreis der Nazarenischen Künstler
hinein plumpen. Es ist gerade jetzt die rechte Zeit ein zwanzigjähri-
ges Unwesen anzugreifen, mit Kraft anzufallen, und in seinen
Wurzeln zu erschüttern. Die paar Tage, die mir noch gegönnt sind,
will ich benutzen, um auszusprechen, was ich für wahr und recht
halte, und wär' es auch nur, um, wie ein dissentierender Minister,
meine Protestation zu den Akten zu geben. Der Aufsatz jedoch
selbst, mit seinen lehrreichen Noten, ist von Meyern und dient als
Confession, worauf die Weimarischen Kunstfreunde leben und
sterben.

Zelter an Goethe, 24. Mai 1817:
Gott wird geben, daß Dein wahres Wort Einen Burschen von
Talent wieder zu sich selber hilft, denn die Welt ist damit ange-
steckt, hier und überall.
  Auch der nordfeste Oehlenschläger hat den Correggio auf sol-
che Beine gebracht daß man ihm einen Obolum schenken möchte.
So wie die Kerls auftauen werden sie zu Brei. Ich kann das
laxierende Klosterzeug nicht bei mir behalten, man verliert die
Natur und sich selber. *(Bd. 20.1, S. 507)*

Goethe an Sulpiz Boisserée, 27. Mai 1817:
Hier denn auch das zweite Heft Rhein und Mayn. Möge es Ihren
Gesinnungen und Absichten zusagen. Man ist in Deutschland
niemals von dem Eindruck sicher, den eine Druckschrift in dem
Augenblick ihrer Erscheinung machen kann, gegenwärtig am wenigsten, und was jede wünschenswerte Wirkung betrifft, so habe
ich sie zeitlebens immer erst in der Folge gefunden, wo sie mir aber
– der moralischen Weltordnung sei Dank – niemals gefehlt hat.

Goethe an Meyer, 28. Mai 1817:
Aus meinem botanischen Gartenlogis schreibe gleich in den ersten
Stunden, Sie zu begrüßen und zu melden, daß Hofrat Rochlitz sich
aufs freundlichste über unser Heft aus dem Stegreif herausgelassen.
Nachdem er sich durch Schätzung des Echten und Rechten der
alten Kunst eifrig verwahrt, fährt er fort:
»Nun aber jener Mißbrauch bei der kunstbeflissenen Jugend! –
Nach dem, was Sie darüber äußern, scheint es fast, es ist Ihnen noch
nicht bekannt worden, bis zu welchem Grade er aufgestiegen. Ich
bin darüber, und zuverlässig, von Rom, Wien, München und
andern bedeutenden Orten unterrichtet. (Die Dresdner, Friedrich
ausgenommen, schlendern nur mit; Hartmann und Kügelgen haben der Zeit sparsame und wohlfeile Opfer gebracht.) Was ich von
dort erfahre, erregt mich zu schmerzlichem Mitleid, welch ein
herrlicher, seit langen Jahren unter deutscher Malerjugend nicht so
angehäufter Fonds von Geist, Kraft, Liebe, Geschicklichkeit, Fleiß
und Beharrlichkeit durch solche geistige Onanie fruchtlos vergeudet wird. Daß ich nur Einiges anführe! In Rom haben sich die
Altneuen von allen Andern nun völlig und rottenweis gesondert,
und bezeigen diesen nicht nur die entschiedenste Verachtung,
dulden sie nicht unter sich, sondern höhnen, schmähen und verfolgen offensiv, wenigstens die jungen deutschen Ankömmlinge und
Studierenden, wenn sie sich nicht bekehren lassen und, was damit
in unmittelbare Beziehung gebracht wird, zum Katholizismus
übergehen wollen. Cornelius und Overbeck, bessere Menschen
und bessere Künstler, sind zwar nicht unter den Häuptlingen,
müssen aber zuhalten. Selbst Männer, wie unser Reinhard, werden
frech gehudelt, bis etwa Einer mit der Faust dreinschlägt; wozu
wenigstens dieser stets schlagfertig steht. Dies reizt nun allerdings
wieder eine Opposition, und treibt wieder diese – entweder zu
entgegengesetzten, gleichfalls schädlichen Extremen, oder zu un-
mutigem, die Zeit verachtenden Nichtstun, wie eben Reinharden.
Die vornehmen Römer und andere wahrhaft bedeutende Nicht-
deutsche aber verachten jene Jugend und ihr Wesen, laut oder
geheim, und eben so um ihres katholischen Fanatismus als um ihrer

Kunstabgötterei willen. – Von Wien aus habe ich eine nicht unbeträchtliche Anzahl Gemälde und eine Menge Zeichnungen von den Brüdern Schnorr (Söhne Schnorrs in Leipzig), von den Brüdern Olivier (Söhne des Dessauischen Pädagogen) und von andern jungen Männern gesehen, die mir das Herz, eben um jenes Guten und Schlimmen willen, tief bewegt haben. Und so weiter!«

Goethe an Zelter, 29. Mai 1817:
Das alles konnte ich um so ruhiger tun, als mein zweites Heft Rhein und Mayn zu Euch auf den Wege war, das denn auch wohl einige Täglichkeiten wert ist.

Die darin enthaltene Kriegs- und Friedenserklärungen, werden unausgesetzt verfolgt werden. Ich habe nicht viel Zeit mehr aufrichtig zu sein, wir wollen sie benutzen: Der Anblick ist nur gar zu närrisch, wenn man von unserm Standpunkte aus deutlich schaut, was für unglaubliche Vorzüge und Vorteile das Jahrhundert hat, was für treffliche Individuen darin würken, und wie doch alles durcheinander geht, eine Würkung die andere aufhebt, so daß mir alle Menschen die ich einzeln spreche, vernünftig und wie ich sie in Bezug betrachte verrückt erscheinen. *(Bd. 20.1, S. 508 f.)*

Goethe an Rochlitz, 1. Juni 1817:
Ew. Wohlgeboren herzlicher, aus freier Brust geschriebener Brief, hat mir große Freude gemacht. Ich hatte freilich auf Sie gezählt, daß Sie aber so schnell, augenblicklich, unmittelbar sich äußern, dafür weiß ich Ihnen den größten Dank. Freund Meyer, dessen Um- und Übersicht alter und neuer Zeit Sie in dem kühnen Aufsatze nicht verkennen werden, trägt mit mir diese Gesinnungen schon viele Jahre auf dem Herzen, und es schien gerade der rechte Augenblick, wo das Absurde sich selbst überbietet, wo alle echte Gleichzeitigen, besonders die Väter und Pfleger talentvoller, durch diesen Zeitwahnsinn verrückter Söhne, in Verzweiflung sind, mit historischem, billigem, das Talent würdigendem, die Abweichung scharf bezeichnendem Vortrag aufzutreten. Tausend und aber tausend Wohldenkende werden sich gewiß schnell versammeln, der reine Menschen- und Kunstverstand wird laut werden, und wir kommen auch denen zu statten, die jetzt wider Willen dem Strom in den sie sich eingelassen haben gehorchen.

Von dem Überschwenglichen der Tollheit wie Sie es mir schildern, hatten wir freilich noch keinen Begriff, da wir aber, es entstehe daraus was wolle, immer auf diesen Fleck zu schlagen gedenken, so haben Sie die Gefälligkeit, mich von Zeit zu Zeit von dem Besondern zu unterrichten. Wir möchten, wie auch schon in dem ersten Aufsatz geschehen, das talentvolle Individuum schonen und fördern, wie Sie auch tun und getan haben, aber auf die falschen, krankhaften und im tiefsten Grunde heuchlerischen Maximen derb und unerbittlich losgehen, und, wie Sie ganz richtig anraten und verlangen, dasjenige immer und immer wiederholen, was wirken soll. Das nächste dritte Heft wird nicht allein in diesem Fache, sondern auch in andern aufrichtig sein.

Haben Sie die Güte mir alles anzuzeigen, was Sie von Persönlichkeiten und Individualitäten wissen, ich mache keinen Gebrauch davon, ehe ich Ihnen die Redaktion vorgelegt habe. Es ist eine Gewissenssache, mit der wir zusammen wirken müssen. Die Masse ist breit, aber schwach, und ich denke ihnen noch von ein paar andern Seiten in die Flanke zu fallen.

Goethe an Schlosser, 1. Juni 1817:
Das zweite Rhein- und Mayn-Heft liegt hiebei, ich wünsche demselben Ihre Teilnahme und Mitwirkung. Die weimarischen Kunstfreunde hielten es für eine Gewissenssache länger zu schweigen, vielleicht hätten sie früher sprechen sollen, denn was für schöne Talente auf diesem falschen Wege vergeudet werden, ist bejammernswürdig; von Rom hört man die seltsamsten Ausbrüche einer Parteiwut ohne gleichen. Haben Sie mir etwas Tröstliches zu sagen, so tun Sie es ja.

Goethe an Meyer, 7. Juni 1817:
Zelter hat auch schon geschrieben, ganz entschieden gegen die Nazarener. Wir wollen aufmerken, wieweit ein jeder herausgeht, der sich zu unserer Partei schlägt, es sind gewiß Legion, aber kleine Reservationen für Freunde und Sippen werden immer vorkommen, wogegen wir nachsichtig zu sein alle Ursache haben, die Hauptwirkung wird groß und tüchtig bleiben: denn alle Welt ist dieser Kinder-Päpstelei satt, rein wollen wir uns erhalten, und es hängt von uns ab, immer derber heraus zu gehen. Denken Sie der Sache nach, wie ich auch tue.

Goethe an Sulpiz Boisserée, 1. Juli 1817:
Wegen W. K. F. sind schon manche Reklamationen und Approbationen eingegangen; alles wird sorgfältig zu Akten geheftet und wird daraus ein entschiedener Blick in die deutsche Kunstwelt, ihr Wollen und Vollbringen hervorgehen, welches ohne diesen kühnen Schritt nicht gewesen wäre. Eine Vermittlung wird sich um desto eher bilden lassen, als die kleine Schrift, genau besehen, sie schon enthält, worüber ich das Weitere bis zur Vollendung der Zeit nicht aussprechen mag. Eigentlich sollten wir zusammen eine Reise nach Brabant und Holland machen, wo sich alles von selbst ergäbe.

Goethe an Meyer, 4. Juli 1817:
Schadows Brief spricht für sich selbst, teils wegen der Monumente, teils wegen des nazarenischen Unfugs, wovon Frau von Voigt aus einem Briefe von Rauch viel zu erzählen wußte. Unsere Bombe hätte nicht zu gelegenerer Zeit und nicht sicherer treffen können. Die Nazarener sind, merk ich, schon in Bewegung wie Ameisen denen man im Haufen stört, das rührt und rafft sich um das alte löbliche Gebäude wieder herzustellen. Wir wollen ihne keine Zeit lassen. Ich habe einige verwünschte Einfälle, von denen ich mir viel Wirkung verspreche.

Goethe an Langer, 4. Juli 1817:
Beigehendes Heft widme ich Ew. Wohlgeboren besonders, da ich überzeugt bin daß Sie die Gesinnungen der Weimarischen Kunstfreunde teilen. Es ist die höchste Zeit den Jammer dieser Seuche laut auszusprechen, wenn man auch nicht so gleich sieht wo die Heilung herkommen soll. Aus allem was deshalb seit der Zeit bei mir einläuft, es sei billigend oder mißbilligend, verdammend oder schonend, sieht man durchaus daß das Übel viel weiter um sich gegriffen hat als man dachte. Alle Arten von Stärken und Schwächen, Edles und Jämmerliches, Talent und Nichtigkeit, Religion und Aberglaube, frommer Wahn und Sinnlichkeit, das alles zusammen bildet eine Sozietät, die vielleicht noch nicht in der Welt gewesen ist. Mögen Sie mir von Ihren neusten Erfahrungen mitteilen, so verbinden Sie mich sehr, wir möchten gern in diesem Sinne klar sein, wie sich's im Augenblick verhält.

Junge, recht geschickte Künstler, die sich auf diesem Wege geübt, verfertigen schon auf alte Bretter altscheinende Bilder, um weniger einsichtige Liebhaber zu hintergehen. So bietet man gegenwärtig in Berlin zwei Lucas von Leyden und einen Martin Schön zum Verkauf. Was für eine Konfusion in die Kunst-Kenntnis und Praxis kommen muß, fällt in die Augen. Haben Sie ja die Güte mich von Ihrer Seite zu belehren, denn das Nächste, was die Weimarischen Kunstfreunde äußern dürften, müßte ins Leben kräftig eingreifen. Vorerst treten doch ältere geprüfte Künstler und alle Bildhauer, auch die jüngern, auf die rechte Seite.

Goethe an Meyer, 8. Juli 1817:
Die große Bewegung die unter Nazarenern und Hellenen durch das 2. Stück hervorgebracht worden, gibt uns zu Ernst und Scherz köstliche Gelegenheit. Zuerst, dächt ich, wären wir ganz stille, ja ließen ein Stück vorübergehn ohne der Angelegenheit zu erwähnen. Darnach hab' ich einen Einfall dem ich Ihren Beifall wünsche, und den ich mündlich zu fernerm Nachdenken mitteile.

Meyer an Goethe, 18. Juli 1817:
Man schreibt mir aus der Schweiz, daß die dortigen altertümelnden Manieristen sich sehr beklagen, wie gar unbillig sie von uns behandelt seien. *Vogel,* heißt es, wolle mir selbst schreiben und sich rechtfertigen, auch zugleich den Cornelius und den Overbeck, welche es viel besser meinten, als wir ihnen zutrauten.
(Meyer, Bd. 2, S. 428)

Goethe an Meyer, 21. Juli 1817:
Manche andere Briefe, auch persönliche Unterhaltung, woran es hier mit Einheimischen und Fremden nicht fehlt, sind zwar in sich selbst nicht so widersprechend, deuten aber auf die schrecklichste Weltverworrenheit. Jedes Fundament worauf besonders bildende Kunst gegründet sein müßte ist durchaus verloren, weder im Praktischen noch Theoretischen sieht man Heil. Nicht mehr ist Wahrheit dem Irrtum, sondern Irrtum dem Irrtum entgegen gesetzt, wir werden zu wunderlichen Litaneien beim Wiedersehen vollen Anlaß haben. Da wir nun aber einmal die kühnen Worte durch den Zaun der Zähne durchgelassen haben, so müssen wir nun wohl überlegen, inwiefern zu schweigen, abzuwarten und weiter zu sprechen sei. Ich bilde mir ein hierüber einige gute Offenbarungen mitteilen zu können, denen ich die Beistimmung Ihrer Geister wünsche.

Meyer an Goethe, 22. Juli 1817:
Was jetzt, da einmal von unserer Seite ein freies Bekenntnis abgelegt worden, was wir für Recht und Unrecht halten, zu tun sei, wird sich zeigen: aufgeregt scheinen die Gegner allerwärts, aber mehr in Unruhe als ihrer Sache vertrauend.
(Meyer, Bd. 2, S. 433)

Goethe an Meyer, 25. Juli 1817:
Die Bewegungen unter den Nazarenern zeigen durchaus, daß sie gar wohl fühlen Ihr ganzes Wesen habe auf Schonung beruht und müsse wo die versagt wird untergehen.
    Einen heitern Einfall den ich sogar für gut halte kommuniziere nächstens.

Sulpiz Boisserée an Goethe, 23. Juni 1817:
Nun möchte ich Ihnen sagen können, welche Freude mir das Rochusfest gemacht hat. Ihre Schilderung versetzt mich ganz in das bunte, vielbewegte, zwischen Ernst und Scherz gemischte Volksleben, wie Sie es in der so reich von der Natur ausgestatteten Landschaft im glänzenden Sonnenlicht gesehen haben.

Dergleichen hervorzubringen ist freilich nur bei dem glücklichst geschaffenen Naturell und nur bei einer Meisterschaft möglich, welche Regeln kennt und befolgt, aber nicht aus dem Regellernen, sondern aus dem stets regen Auffassen und Darstellen der Natur und des Lebens entstanden ist.

Unter diesen Bedingungen allein können in allen Zweigen und auf allen Stufen der Kunst echte Werke zu Stande kommen. Die Ihrigen liefern sämtlich Beweise dafür.

Wie sehr weicht aber von dieser Ansicht die des Verfassers des polemischen Aufsatzes, ab, indem er gegen die Nachahmer italienischer und deutscher Kunst die hellenische als einziges Kanon aufstellt. Wir sehen nicht ein, wie er dadurch seine Gegner belehren oder besiegen könne. Aus der Nachahmung von Kunstwerken wird eben nie etwas echtes hervorgehen, die Vorbilder mögen nun sein, welche sie wollen. Das allein selig machende Heil bleibt ja immer nur in der freien Nachbildung der Natur zu suchen. Und so muß sich eben *jedes Volk* und *jede Zeit* an dem halten, was ihm, um mit den lieben Heiden zu reden, die Götter und das Schicksal zugeteilt haben. Wie sehr aber sind alle unsere Verhältnisse, ist unsere ganze Umgebung von dem griechischen Wesen verschieden! – Wo und wann sehen wir dann das Nackte in freiem Leben und Bewegung? Ferner wo blieben bei der Nachahmung der griechischen Plastik die Farben? Wie könnten wir unter unserm trüben Himmel ihren Zauber entbehren. Und wer möchte, was aus jener Ansicht stillschweigend folgt, dem Venetianer, dem alten und neuern Niederländer alle wahre Kunst absprechen? Doch genug, Sie wissen diese Fragen und die Antworten viel besser als ich.

Wir beklagen allein, daß nicht, wie wir es erwartet, Sie selbst den Aufsatz übernommen haben. Denn nur Sie mit Ihrem großen Sinn, empfänglich für alles echte, welcher Gestalt es auch erscheine, nur Sie waren im Stande, die Aufgabe zu lösen und zwischen zwei Ultrapunkten die wahrhaft beseligende Mitte zu zeigen.
(Boisserée, Bd. 2, S. 173 f.)

Sulpiz Boisserée an Goethe, 11. Dezember 1817:
Der Aufsatz dieses Freundes im zweiten Heft hat doch manche Verwirrung und Mißtrauen erregt, wir erhielten neuerdings Beweise davon.
(Boisserée, Bd. 2, S. 204)

Anders als bisherige Werkausgaben druckt die Münchner Ausgabe auch Johann Heinrich Meyers Anmerkungen ab. Dies geschieht zunächst aus einer inneren Logik: Oft führen diese Erläuterungen aus, was im Text nur angedeutet wird; in anderen Fällen enthalten sie Ergänzungen, die einzelne Passagen der Abhandlung besser verständlich machen. Auf eine ›Kommentierung des Kommentars‹ wurde allerdings verzichtet, da die entsprechenden Erläuterungen bereits alle im Stellenkommentar zum Textteil zu finden sind.

Auf Frank Büttners einleitend mehrfach zitierten Beitrag über die *Neu-deutsche religios-patriotische Kunst* sei an dieser Stelle nochmals verwiesen: F. B.: Der Streit um die ›Neu-deutsche religios-patriotische Kunst‹. In: Aurora 43 (1983), S. 55–76.

319 *19 das Charakteristische, Tüchtige, Kräftige:* Zu den ästhetischen Kategorien treten hier moralische Bewertungen, die G.s Einfluß erkennen lassen und natürlich an seinen vielzitierten Aphorismus »Classisch ist das Gesunde, Romantisch das Kranke« erinnern (*Maximen und Reflexionen* Nr. 1031; Bd. 17, S. 893); vgl. auch den 1817 erschienenen Aufsatz *Deutsche Sprache*, wo der »neue kränkelnde Kunsttrieb« (S. 222,22) von G. kritisiert wird. – *34 eine Art von akademischer Landsmannschaft:* die sogenannten ›Nazarener‹, eine Gruppe deutschsprachiger bildender Künstler in Rom, die sich aus dem Bund der ›Lukasbrüder‹ entwickelt hatte. Im Jahre 1809 hatten die eng miteinander befreundeten Maler Johann Friedrich Overbeck (1789–1869) und Franz Pforr (1788 bis 1812) in Wien eine Bruderschaft gegründet, die sie nach dem Patron der Maler, dem hl. Lukas, den ›Lukasbund‹ nannten. Der Name der Künstlergemeinschaft, zu der auch die Maler Joseph Wintergerst, Johann Konrad Hottinger, Joseph Sutter und Ludwig Vogel gehörten, hatte programmatische Bedeutung. Außer der Orientierung an den Lebensgewohnheiten und Arbeitsweisen religiöser Ordensgemeinschaften verband diese Künstler ihre Ablehnung der klassizistischen Kunstdoktrin sowie vor allem die Begeisterung für die christlich geprägte Malerei der altdeutschen Meister. Beides – der Enthusiasmus für die altdeutsche Malerei wie das Modell eines Künstlerbundes – rückte die ›Lukasbrüder‹ in eine unmittelbare Nähe zur Kunstauffassung der deutschen Frühromantik, in der sich ja ebenfalls eine ganze Reihe künstlerischer Arbeitsgemeinschaften – man denke an Achim von Arnim und Clemens Brentano, Ludwig Tieck und Heinrich Wackenroder oder Friedrich Schlegel und die Gebrüder Boisserée – herausgebildet hatte (vgl. auch die Vorbemerkungen zu *Über die Entstehung des Festspiels zu Ifflands Andenken*, S. 851 f.). Am 20. Juni 1810 übersiedelten die ›Lukasbrüder‹ nach Rom, wo sie zunächst in der Villa Malta am Pincio wohnten und später in dem verlassenen

Kloster Sant' Isidoro Quartier fanden, weshalb sie in Rom auch als
›Fratelli di Sant' Isidoro‹ bekannt wurden. Nach dem Tode Pforrs
im Jahre 1812 schlossen sich u. a. Peter von Cornelius (1783–1867),
Wilhelm von Schadow (1789–1862), der Sohn Johann Gottfried
von Schadows, Julius Schnorr von Carolsfeld (1794–1872), Johann
Scheffer von Leonhardshof und Philipp Veit (1793–1877), der
Stiefsohn Friedrich Schlegels, dem Künstlerbund an. Nachdem
Overbeck am Palmsonntag 1813 konvertiert war und der katholische Glaube in der Folge zur conditio sine qua non für die
Aufnahme und Mitgliedschaft im Bund der ›Lukasbrüder‹ wurde,
entstand die wahrscheinlich auf den Maler Johann Christian Reinhart (1761–1847) zurückgehende spöttische Bezeichnung ›Nazarener‹. Zu den herausragendsten Leistungen der Nazarener, die sich
auch weiterhin der Erneuerung »der alten heiligen Kunst« (Overbeck) verpflichtet fühlten, zählen die im Auftrag des preußischen
Generalkonsuls Jacob Salomon Bartholdy in den Jahren 1816/17
von Overbeck, Cornelius, Schadow und Veit nach Motiven der
Josephsgeschichte gemalten Fresken im Palazzo Zuccaro (der
›Casa Bartholdy‹) sowie die – unter zusätzlicher Mitwirkung von
Joseph Anton Koch (1768–1839) – ab 1819 geschaffenen Fresken
des Casino Massimo in Rom. »Daß die Lukasbrüder ihren Traum
von der Erneuerung der christlichen Kunst nicht verwirklichen
konnten, lag nicht so sehr an einem künstlerischen Mangel, als
vielmehr an der auf bloßem Gefühl basierenden Frömmigkeit, von
der sie ausgingen. Ihre Bilder waren stets in vollendeter altmeister-
licher Technik gemalt und ebenso sorgfältig gezeichnet wie komponiert. Es fehlte diesen Malern durchaus nicht das Gefühl für Maß
und Proportion, das den Künstler auszeichnet, aber der Umstand,
daß sie Gefühle für Religiosität hielten, wurde ihren Nachfolgern,
bei denen die ursprünglich lebendige Formempfindung zum
Schema erstarrte, zum Verhängnis« (Propyläen Kunstgeschichte.
Bd. 11: Die Kunst des 19. Jahrhunderts. Von Rudolf Zeitler. Berlin
1985, S. 201 f.).

320 *3 Rigaud:* Hyacinthe Rigaud (1659–1743), Porträtmaler
am Hofe Ludwigs XIV., seit 1733 Direktor der Pariser ›Académie
royale‹. – *Largilliere:* Nicolas de Largillière (1656–1746), frz.
Porträtmaler, seit 1743 Direktor der Pariser Akademie. Vgl. die
Anmerkungen Meyers. – *5 Coypel:* Antoine Coypel (1661–1722),
frz. Maler, seit 1715 ›premier peintre du Roi‹. Vgl. die Anmerkungen Meyers. – *Vanloo:* Charles André Vanloo (1705 bis
1765), niederländ. Historienmaler in Rom und Paris. Vgl. die
Anmerkungen Meyers. – *6 den geschickten ältern Tischbein:*
Johann Heinrich Tischbein der Ältere (1722–1789), ein Onkel des
Goethefreunds Johann Heinrich Wilhelm Tischbein; Direktor der

Akademie in Kassel und Hofmaler des Landgrafen Wilhelm VIII.
von Hessen. Vgl. die Charakterisierung in den Anmerkungen
Meyers. – *8 Greuzes:* Jean Baptiste Greuze (1725–1805), frz. Ma-
ler. Vgl. die Anmerkungen Meyers. – *9 Schönau:* Johann Eleazar
Zeissig, genannt Schenau (1734–1806), Maler und Radierer. –
Krause: Georg Melchior Kraus (1733–1806), Maler, Zeichner und
Kupferstecher, seit 1775 in Weimar, wo er 1780 Direktor des
Freien Zeicheninstituts wurde. – *10 Oeser:* Adam Friedrich Oeser
(1717–1799), Maler und Ästhetiker, Freund Winckelmanns, von
1729 bis 1759 in Dresden, danach in Leipzig, wo er 1764 auf
Vorschlag Christian Ludwig von Hagedorns der erste Direktor
der Kunstakademie wurde. Vom Dezember 1765 bis August 1768
war Oeser G.s Zeichenlehrer gewesen (vgl. die Schilderung im
8. Buch von *Dichtung und Wahrheit*; Bd. 16, S. 332 ff. und auch
andernorts). – *14 Daniel Chodowiecky:* Daniel Nikolas Chodowiecki (1726–1801), Radierer und Kupferstecher, Direktor der
Kunstakademie in Berlin (vgl. auch *Antik und Modern*,
S. 498,33). – *20 Mengs:* Siehe zu S. 317,5. – *22 durch Schriften:*
1762 war Mengs' Schrift ›Gedanken über die Schönheit und den
Geschmack in der Malerei‹ erschienen. Seine Schriften wurden in
zwei Editionen veröffentlicht: 1780 in Parma von Giuseppe Nic-
cola d'Azara, eine Ausgabe, die G. gekannt hat (vgl. hierzu G.s
Brief an Knebel vom 26. Februar 1782), sowie 1787 in Rom durch
Carlo Fea (1753–1834), den Übersetzer Winckelmanns (Opere di
Antonio Raffaele Mengs, primo pittore del re cattolico Carlo III.,
publicate del cavaliere D. Giuseppe Nicolla d'Azara e in questa
edizione Corrette ed aumentate dall'avvocato Carlo Fea. 2 Bde.
Rom 1787). – *27 Maron:* Der österr. Historien- und Porträtmaler
Anton von Maron (1733–1808) war nicht nur ein Schüler von
Mengs, sondern auch dessen Schwiegersohn. – *28 Unterberger:*
Christoph Unterberger (1732–1798), dt. Maler, der in Rom tätig
war. – *30 Angelika Kaufmann:* Die dt. Malerin Angelika Kauffmann (1741–1807) lebte von 1766 bis 1781 in England, danach
zunächst in Venedig und anschließend in Rom, wo sie Meyer im
Jahre 1784 und G. 1786 kennenlernte. – *39 den Winkelmannischen:* Der Archäologe und Kunsthistoriker Johann Joachim
Winckelmann (1717–1768) lebte seit 1755 in Rom, wo er in Diensten des Kardinals Albani stand; vgl. *Winkelmann und sein Jahrhundert* (Bd. 6.2, S. 195–401).

321   *6 Sergel:* Johann Tobias Sergel (1740–1814), schwed. Bildhauer, von 1767 bis 1778 in Rom, später Direktor der Akademie in
Stockholm. – *Trippel:* Alexander Trippel (1744–1793), dt. Bildhauer, lebte seit 1776 bis zu seinem Tode in Rom. – *7 Canova:*
Antonio Canova (1757–1822), ital. Bildhauer. – *22 Also zogen die*

Künstler den Stoff ⟨...⟩: Einen Versuch, diese Tradition neu zu beleben, unternahm G. in seinem Aufsatz *Philostrats Gemälde* (S. 449). – *25 Hamilton:* Gavin Hamilton (1723–1798), schottischer Maler und Archäologe; seine nach Homers Epen angefertigten Gemälde entstanden seit 1762. – *32 Flaxmanns:* John Flaxman (1755–1826), engl. Bildhauer, der sich von 1787 bis 1794 in Rom aufhielt; vgl. G.s kritische Besprechung *Über die Flaxmannischen Werke* (Bd. 6.2, S. 144). – *37 H. Füeßli:* Johann Heinrich Füßli, auch Füeßli oder Fueßli (1741–1825), Schweizer Maler und Dichter, seit 1779 Akademiedirektor in London, weshalb ihn Meyer hier »zu den Engländern« rechnet; vgl. auch G.s Rezension von Füßlis ›Vorlesungen über die Malerei‹ (Bd. 6.2, S. 561).

322 *2 Boydel:* Der engl. Verleger John Boydell (1719–1804) beschäftigte nicht weniger als 265 Radierer, die für ihn insgesamt 4432 Platten anfertigten, welche zu einzelnen Sammlungen zusammengestellt wurden. Seit 1786 entstand in seinem Auftrag die ›Shakespeare's Gallery‹, die aus Bildfolgen nach Szenen aus Shakespeares Werken bestand. Füßli steuerte zu diesem Projekt Darstellungen aus ›A Midsommer Nights Dreame‹, dem ›Sommernachtstraum‹, bei. Diese sind auch im 2. Brief von *Der Sammler und die Seinigen* gemeint, wenn dort von »seltsamen Feen und Geistergestalten aus der Werkstatt meines Freundes Füeßli« gesprochen wird (Bd. 6.2, S. 86). – *13 Wilhelm Tischbein:* Johann Heinrich Wilhelm Tischbein (1751–1829); vgl. zu Tischbein und G. die Vorbemerkung zu ⟨*Tischbeins Zeichnungen des Ammazzaments der Schweine in Rom*⟩ (S. 972 f.), ferner den Abschnitt »Direktorstelle« in *Philipp Hackert* (Bd. 9, S. 804–806). – *15 Bodmer und Lavater:* Johann Jakob Bodmer (1698–1783), Schweizer Dichter; Johann Caspar Lavater (1741–1801), Diakon des Züricher Waisenhauses. An seinen von 1775 bis 1778 in 4 Bdn. erschienenen ›Physiognomischen Fragmenten zur Beförderung der Menschenkenntnis und Menschenliebe‹ hat G. mitgearbeitet (vgl. hierzu *Dichtung und Wahrheit*; Bd. 16). – *19 Conradin von Schwaben:* Tischbeins Ölgemälde ›Konradin von Schwaben und Friedrich von Österreich vernehmen beim Schachspiel ihr Todesurteil‹, das sich im Schloßmuseum von Gotha befindet, entstand in den Jahren 1783/84. – *30 vor Raphaels Zeit:* Raffaello Santi (1483–1529). – *33 Perugino:* Pietro Perugino, eigentlich Pietro Vannucci (1446 bis 1524), der Lehrer Raffaels. – *34 Bellini:* Giovanni Bellini (um 1430–1516), ital. Maler. – *Mantegna:* Andrea Mantegna (1431–1506), ital. Maler und Kupferstecher; vgl. hierzu *Julius Cäsars Triumphzug, gemalt von Mantegna* (Bd. 13.2, S. 119). – *37 Pinturicchio:* Bernardo di Bello (1454–1513), genannt ›Il pinturicchio‹ (Das Malerchen), ital. Maler. – *40 Masaccio:* Masaccio,

eigentlich Tommaso Guidi (1401–1428), ital. Maler. In Meyers Anmerkungen heißt es über Guidi: »Thomaso Guidi, Masaccio oder der schmutzige Thomas genannt, weil er wenig auf Eleganz und körperliche Pflege hielt« (S. 343, Anm. 24). Die von Meyer erwähnten, angeblich von Masaccio stammenden Fresken im linken Seitenschiff der Kirche St. Clemente werden heute allerdings hauptsächlich seinem Lehrer Masolino (1383 bis um 1447) zugeschrieben.

323 *1 der gelehrte Hirt:* Aloys Hirt (1759–1839), Archäologe und Kunsthistoriker, Hofrat und Professor in Jena und Berlin (vgl. auch die Vorbemerkung zu *Blüchers Denkmal,* S. 1038). – *2 da Fiesole:* Fra Giovanni Beato Angelico da Fiesole, auch Fra Angelico, eigentlich Guido da Pietro (1387–1455), ital. Maler und Dominikanermönch; zu seinen bekanntesten Werken, auf die Meyer hier auch anspielt, zählen die Wandmalereien in der heute zerstörten Sakramentskapelle und im ›Studio‹, der Kapelle von Papst Nikolaus V. (Tommaso Parantucelli, 1397–1455, reg. 1447 bis 1455). – *3 Lips:* Johann Heinrich Lips (1758–1817) Zeichner und Kupferstecher in Zürich, von 1789 bis 1794 Professor am Freien Zeicheninstitut in Weimar. Er hielt sich von 1782 bis 1785 und von 1786 bis 1789 in Rom auf: Die Kupferstiche fertigte er nach der Stephanuslegende an, wie sie Fra Angelico im ›Studio‹ dargestellt hatte. G. hatte Lips schon auf seiner Lahn- und Rheinreise im Sommer 1774 kennengelernt. – *15 die Grablegung:* Raffael schuf dieses Bild 1507 für die Kirche San Francesco in Perugia; es befindet sich heute in der Galerie des Palazzo Borghese in Rom. – *die Disputa:* Die ›Disputà‹, der Disput der Eucharistie, entstand von 1508 bis 1511 und befindet sich heute in der ›Stanza della Segnatura‹ des Vatikanischen Palasts. – *20 Christus unter den Pharisäern:* Dieses Gemälde wird heute nicht mehr Leonardo da Vinci (1452–1519) zugeschrieben, sondern gilt als ein Werk von Bernardo Luini (um 1475–1531/32); es hängt heute in der National Gallery in London. – *21 des Prinzen Borghese Aldobrandini:* Paolo Principe Borghese (geb. 1704), seit 1769 Principe di Borghese-Aldobrandini. In seinem Besitz befand sich die im Palazzo Borghese untergebrachte Gemäldesammlung der Familie Aldobrandini, die 1681 ausgestorben war (vgl. hierzu insbesondere den Eintrag »Rom den 18. August 87« in der *Italienischen Reise*; Bd. 15, S. 467 f.). – *23 Garofalo:* Benvenuto Tisi(o), genannt da Garofalo (1481–1559), ital. Maler. – *Carraccische ⟨...⟩ Werke:* die Brüder Annibale (1560–1609) und Agostino (1557–1602) Carracci, zusammen mit ihrem Vetter Ludovico (1555–1619) Angehörige einer Bologneser Malerfamilie. Vgl. Meyers Anmerkungen. – *24 Guido Reni:* Guido Reni (1575–1642), ital. Maler, namhaftester Schüler

der 1582 von den Gebrüdern Carracci gegründeten ›Scuola degli Incamminati‹ (Schule der auf den rechten Weg Gebrachten), aus der auch Francesco Albani (1578–1660), Domenichino (auch Dominichin, eigentlich Domenico Zampieri, 1581–1641) und Guercino (Giovanni Francesco Barbieri, 1591–1666) hervorgingen. Meyer rühmt ihn als einen »der vortrefflichsten Schüler der Carracci« (S. 344, Anm. 31); vgl. zu den Carracci auch *Anforderung an den modernen Bildhauer* (S. 395,22); *Antik und Modern* (S. 500,17); ferner *Winkelmann und sein Jahrhundert* (Bd. 6.2, S. 212 ff.). – *28 Hackerts:* Zu Jakob Philipp Hackert (1737–1807) vgl. G.s 1811 erschienenen gleichnamigen Aufsatz (Bd. 9, S. 655).

324 *4 Schöns:* Martin Schongauer (um 1430–1491), (ober)dt. Kupferstecher und Maler. – *5 Altdorfers:* Albrecht Altdorfer (um 1480–1538), Maler und Stadtbaumeister in Regensburg. – *Dürern:* Albrecht Dürer (1471–1528). – *6 Holbeins* ⟨. . .⟩ *Ansehen:* Gemeint ist hier Hans Holbein der Jüngere (1497–1543). – *7 Lucas Kranach:* Lukas Cranach der Ältere (1472–1553), dt. Maler; vgl. zu Holbein und Cranach auch G.s Aufsatz *Nachricht von altdeutschen in Leipzig entdeckten Kunstschätzen* (S. 299). – *9 der Maler Büri:* Friedrich Bury (1763–1823), auch Büri, Bürri oder Burri, Historien- und Porträtmaler aus Hanau, der von 1782 bis 1799 in Italien lebte. In Rom wohnte er von 1784 bis 1786 zusammen mit Wilhelm Tischbein an der Via Babuino 51, anschließend als Hausgenosse von Tischbein und Schütz an der Via del Corso, wo ihn im November 1786 auch G. kennengelernt hat (vgl. *Italienische Reise*; Bd. 15, S. 473 und andernorts). – *10 Lombardie:* die Lombardei. – *33 Wächter aus Stuttgard:* Georg Friedrich Eberhard Wächter (1762–1852), dt. Maler in Rom, Wien und Stuttgart. Sein hier von Meyer erwähntes Gemälde ›Der trauernde Hiob‹ wurde 1797 begonnen und 1824 vollendet; es befindet sich heute in der Stuttgarter Staatsgalerie. – *37 Fernow:* Carl Ludwig Fernow (1763 bis 1808), Kunstschriftsteller. Er lebte von 1794 bis 1803 in Rom, wurde 1803 außerordentlicher Professor in Jena und war seit 1804 Bibliothekar der Herzogin Anna Amalia (1739–1807) in Weimar. Seine römischen Vorlesungen über Ästhetik und die Kantische Philosophie fanden im Hause des Prinzen August von England statt.

325 *9 Carstens:* Asmus Jakob Carstens (1754–1798), Maler im klassizistischen Stil. – *14 vom Calmücken Feodor:* Fjodor, auch Feodor Iwanowitsch (um 1765–1832), auch Fedor der Kalmuck genannt, russ. Historienmaler und Kupferstecher. Vgl. Meyers Anmerkungen (S. 344, Anm. 41). 1798 erschienen zwölf Radierungen, die er nach Lorenzo Ghiberti angefertigt hatte. – *15 Ghi-*

berti: Nach Fertigstellung der Bronzetüren am Baptisterium in Florenz hatte der Florentiner Bildhauer, Erzgießer und Goldschmied Lorenzo Ghiberti (1378–1455) kunstvolle Umrahmungen für diese Türflügel angefertigt; er begann mit dieser Arbeit im Jahre 1452 und wurde dabei von seinem Sohn Vittorio (1416–1496) unterstützt, der nach dem Tode des Vaters die Arbeiten weiterführte und 1462 vollendete. Die Umrahmungen bestanden aus Blumen- und Fruchtgewinden, die zusätzlich mit Darstellungen von Insekten und Vögeln verziert waren (vgl. auch *Blumen-Malerei*, S. 437,35). – *Battisterium:* lat. Baptisterium: ›Taufkirche‹, Taufkapelle‹. – *24 Herzensergießungen eines kunstliebenden Klosterbruders:* Die von Wilhelm Heinrich Wackenroder (1773–1798) verfaßten und von Ludwig Tieck (1773–1853) herausgegebenen ›Herzensergießungen eines kunstliebenden Klosterbruders‹ waren 1797 anonym erschienen. G.s kritische Haltung – »einige Mönche waren Künstler, deshalb sollen alle Künstler Mönche sein«, heißt es hierzu in den *Tag- und Jahres-Heften* zu 1802 (Bd. 14, S. 97) – bezog auch Tiecks 1798 erschienenen Roman ›Franz Sternbalds Wanderungen‹ ein, zu dem ein Schema für eine geplante, aber nicht ausgeführte Rezension in den *Propyläen* erhalten ist (Bd. 6.2, S. 549). – *25 vornehmlich angehenden Künstlern gewidmet ⟨...⟩:* Das Zitat aus der Vorrede »An den Leser dieser Blätter« lautet in voller Länge: »Diese Blätter, die ich anfangs gar nicht für den Druck bestimmt, widme ich überhaupt nur jungen angehenden Künstlern, oder Knaben, die sich der Kunst zu widmen gedenken, und noch die heilige Ehrfurcht vor der verflossenen Zeit in einem stillen, unaufgeblähten Herzen tragen« (Wilhelm Heinrich Wackenroder: Dichtung Schriften Briefe. Ausgew., eingel. und komm. von Gerda Heinrich. Darmstadt 1984, S. 142).

326 *16 Giotto:* Giotto di Bondone (1266–1337), Florentiner Maler, Bildhauer und Baumeister. Vgl. Meyers Anmerkungen. – *die Gaddi:* Florentiner Künstlerfamilie: Gaddo Gaddi (um 1259 bis 1332) schuf Mosaikbildwerke; Taddeo Gaddi (um 1300 bis 1366), Sohn und Schüler des Gaddo Gaddi, zugleich Schüler des Giotto; Agnolo Gaddi (1333–1396), Maler, Sohn und Schüler des Taddeo Gaddi. – *Organgna:* Andrea di Cione, genannt Orcagna (gest. 1368), ital. Maler, Bildhauer und Architekt. Vgl. Meyers Anmerkungen. – *17 Buffalmacco:* Buonamico C(h)ristofani, gen. Buffalmacco (um 1262–1340), ital. Freskenmaler, von Meyer in den Anmerkungen als »Maler und berühmter Spaßvogel« (S. 347, Anm. 53) bezeichnet. – *21 den Coloß des Phidias:* die Rossebändiger oder Dioskuren, zwei 5,28 m bzw. 5,40 m hohe Marmorstatuen, die 1598 auf dem Monte Cavallo, der heutigen Piazza del Quirinale, aufgestellt wurden. Es handelte sich hierbei um röm.

Kopien, wobei die im 5. Jh. v. Chr. angefertigten griech. Originale jedoch nicht von Phidias stammten (vgl. hierzu *Italienische Reise*; Bd. 15, S. 148, sowie die ausführlichen Anm. auf S. 893 f.). – *26 Sternbalds Wanderungen:* Siehe zu S. 325,24. – *29 Lucas von Leiden:* Lukas von Leyden (1489/94–1533), Maler und Kupferstecher in Antwerpen und Leiden. – *30 Quintin Messis:* Quentin (Quinten) Massys, auch Metsys (um 1460–1530), fläm. Maler in Antwerpen.

327 *14 ein paar Aufsätze von Wackenröder:* Vgl. hierzu Meyers erläuternde Ausführungen in seinen Anmerkungen (S. 347, Anm. 56). – *17 Watteaus Bilder:* Antoine Watteau (1684–1721), frz. Maler. – *27 Bund der Kirche mit den Künsten:* Dieses Gedicht von August Wilhelm Schlegel (1767–1845) entstand im Jahre 1800.

328 *21 Faction:* (lat.) ›Partei‹.

329 *1 die Sprachreiniger:* Vgl. die Vorbemerkung zu G.s Aufsatz *Deutsche Sprache*, S. 880 ff. – *18 Europa:* Die von Friedrich Schlegel (1772–1829) herausgegebene Zeitschrift ›Europa‹ erschien in 2 Bänden zu je 2 Heften von 1803 bis 1805 bei Wilmans in Frankfurt a. M. – *27 Tizian, Correggio, Julio Romano, del Sarto:* Tiziano Vecellio (1477 oder um 1487/90 bis 1576), venezianischer Maler; Antonio da Correggio, eigentlich Antonio Allegri (um 1494–1534), ital. Maler; Giulio Romano (1499–1546), ital. Maler, Schüler Raffaels; Andrea del Sarto (1486–1531), ital. Maler.

330 *3 die in Cölln befindlichen Werke:* die Sammlung der Gebrüder Boisserée (vgl. hierzu S. 10,24). Während seines Kölner Aufenthalts in den Jahren 1804 bis 1807 hatte Friedrich Schlegel eng mit den Brüdern Boisserée und deren Freund Bertram zusammengearbeitet. – *17 Runge:* Zu Philipp Otto Runges (1777–1810) Zyklus ›Die vier Tageszeiten‹ vgl. G.s kurzen Aufsatz *Rungische Blätter* (S. 355), hierzu auch die Vorbemerkung S. 1007 f. – *22 der sogenannten Grotesken:* (griech.-lat.-ital.) die phantastisch geformten Tier- und Pflanzenverzierungen der Antike und Renaissance, die sich aus symmetrisch gestaltetem Rankenwerk, den sogenannten ›Arabesken‹ zusammensetzen. Sie leiten ihren Namen von den ›Grotten‹, den antiken, unterirdischen Grabstätten her, wo die Künstler der Renaissance diese Ornamentform fanden.

331 *3 genannt Friedrich:* Caspar David Friedrich (1774–1840), der vielleicht repräsentativste Maler der dt. Romantik. – *16 die Maler Hartmann* ⟨...⟩ *und von Kügelchen:* Ferdinand August Hartmann (1774–1842), Porträt- und Historienmaler aus Stuttgart; seit 1807 Professor an der Dresdener Kunstakademie, deren Direktor er 1824 wurde. Im Jahr 1799 hatte Hartmann am Preisausschreiben der Weimarischen Kunstfreunde teilgenommen (vgl. ⟨*Zur Preisverteilung. 1799*⟩; Bd. 6.2, S. 418); im Jahre 1816 hat-

te G. auf Bitte des Direktors der Kunstsammlungen in Dresden, Georg Friedrich Freiherrn von Friesen, über einen Aufsatz Hartmanns ein Gutachten – ⟨*Reinigen und Restaurieren schadhafter Gemälde*⟩ (S. 316) – verfaßt. – Franz Gerhard von Kügelgen (1772–1820), Maler und Professor an der Akademie in Dresden. – *23 Partiehäupter:* Parteihäupter. – *24 Zwei Brüder Riepenhausen:* Die Brüder Friedrich (1786–1831) und Christian Riepenhausen (1788–1860), die als Maler und Kupferstecher in Göttingen lebten, hatten aufgrund der Beschreibung des Pausanias eine Rekonstruktion der Gemälde des Polygnot unternommen und diese zwölf Zeichnungen zum Preisausschreiben der Weimarischen Kunstfreunde des Jahres 1803 eingeschickt, was G. ausdrücklich begrüßt hatte (vgl. Bd. 6.2, S. 508, 537, sowie die Abb. auf S. 519; ferner S. 1115 ff., wo auch G.s Brief an die Brüder Riepenhausen vom 4. Oktober 1803 abgedruckt ist). Im Jahr 1804 konvertierten die Brüder Riepenhausen zum Katholizismus, Friedrich Riepenhausen nannte sich fortan Franz, sein Bruder Christian nunmehr Johannes. G. hat diese Wendung, die sich auch in ihrer Kunstauffassung niederschlug, nachdrücklich mißbilligt (vgl. den Brief an Meyer vom 22. Juli 1805; ferner auch im Abschnitt »Frankfurt« von *Kunst und Altertum am Rhein und Mayn*; S. 40,4 f.). Zu Runge, Friedrich, Hartmann, Kügelgen sowie den Brüdern Riepenhausen fehlen in Meyers Anmerkungen (S. 349, Anm. 67–71) im übrigen die biographischen Daten. – *31 das Leben der Dulderin Genoveva:* In Frankfurt a. M. war 1806 bei Wenner eine von den Brüdern Riepenhausen illustrierte Ausgabe von Ludwig Tiecks 1800 erstmals veröffentlichtem Trauerspiel ›Leben und Tod der heiligen Genoveva‹ erschienen, das Tieck G. im Jahre 1799 selbst vorgelesen hatte (vgl. *Tag- und Jahres-Hefte*; Bd. 14, S. 62,1). – *37 eine Geschichte der neuern Kunst in Bildern:* F. und J. Riepenhausen: Geschichte der Malerei in Italien nach ihrer Entwickelung, Ausbildung und Vollendung. Aus d. Werken d. besten Künstler, anschaulich dargest. T. 1, H. 1.2., Tübingen: Cotta 1810. G. besaß die Sammlung (Ruppert, Nr. 2432), vgl. seinen Brief an Cotta vom 16. November 1810. – *38 des Cimabue:* Cenno di Pepo, genannt Cimabue, ital. Maler, der 1472 in Rom und 1301/02 in Pisa sowie auch von Dante Alighieri (1265–1321) erwähnt wird. Vgl. Meyers Anmerkungen (S. 349, Anm. 72).

332 *20 verschiedene Taten D. M. Luthers* ⟨...⟩ *dargestellt:* so von den Berliner Malern Erdmann Hummel (1769–1852) oder Franz Catel (1778–1856), der seit 1809 in Rom lebte. Vgl. zu Catels Zeichnung Meyers Anmerkungen (S. 350, Anm. 74). – *22 Szenen aus Schillers Wallenstein:* Neben Georg Friedrich Eberhard Wächter (s. zu S. 324,33) erwähnt Meyer in den Anmerkungen auch den

Maler und Bildhauer Johann August Nahl (1752–1825), der Professor an der Akademie in Kassel war und sich von 1774 bis 1792 in Italien aufgehalten hatte. – *23 Pforr:* Zu Franz Pforr (1788–1812) s. zu S. 319,34. – *25 desselben Dichters Erlkönig:* Den *Erlkönig* illustrierten der Maler Johann Christian Reinhart (1761–1847), von Meyer als »vorzüglicher aus dem Voigtland gebürtiger Landschaftsmaler« (S. 350, Anm. 77) gerühmt, und Ferdinand August Hartmann (s. zu S. 331,16). – *33 Näcke:* Gustav Heinrich Näcke, auch Naecke oder Naeke (1785–1835), Maler und Professor an der Kunstakademie in Dresden, der nach Meyers Auskunft auch »viel für Buchhändler« (S. 350, Anm. 78) gearbeitet habe. – *34 Retsch:* Friedrich August Moritz Retzsch (1779–1857), Maler und Radierer in Dresden. Seine ›Umrisse zu Goethes Faust‹ erschienen 1816 bei Cotta (vgl. hierzu G.s Tagebucheintrag vom 28. Oktober 1816: »Retzsch Umrisse zu Faust angekommen«). Vgl. ebenso Meyers lapidare Feststellung in den Anmerkungen (S. 350, Anm. 79). Am 24. Oktober 1816 erschien in der Nr. 256 des ›Morgenblatts für gebildete Stände‹ ein Beitrag ›Bemerkungen über Goethes Faust‹, der, wie in der Klammer erläutert wurde, eine »*Vorrede* aus Veranlassung der trefflichen ›*Umrisse* zu *Goethes Faust*, gezeichnet von *Retsch*‹, die so eben in der *J. G. Cotta*'schen Buchhandlung die Presse verlassen« bildete.

333 *1 Cornelius:* Der Maler Peter von Cornelius (1783–1867) lebte von 1809 bis 1811 in Frankfurt a. M., danach bis 1819 in Rom. Er wurde anschließend Direktor der Kunstakademien in Düsseldorf (1821), München (1825) und Berlin (1841). Seine Faust-Zeichnungen, 1810 begonnen, erschienen in Umrißstichen des Zeichners und Kupferstechers Ferdinand Ruscheweyh (1785 bis 1845) im Jahre 1816. Meyer und G. haben diese Zeichnungen, deren Ankunft Meyer G. in seinem Brief vom 29. August 1816 gemeldet hatte, am 14. September 1816 besichtigt (»Kupfer von Cornelius: Faust«). Bei seinem Besuch in Weimar hatte Sulpiz Boisserée im Mai 1811 G. Skizzen dieser Zeichnungen vorgelegt (vgl. G.s Tagebuch vom 3. Mai 1811). Vgl. hierzu die Anmerkungen, wo Meyer insbesondere seine Beiträge zu den Preisaufgaben der Weimarischen Kunstfreunde hervorhebt (S. 350, Anm. 80). – *11 verschiedene Zeichnungen nach dem Liede der Nibelungen:* Diese 1817 erschienenen Illustrationen des Nibelungenliedes hatte Cornelius dem Diplomaten, Historiker und Philologen Barthold Georg Niebuhr (1776–1831) gewidmet, der als preußischer Gesandter in Rom lebte (vgl. auch die Vorbemerkung zu G.s Entwurf *Püchlerische Familie*, S. 1023 f.). – *14 Overbeck:* Zu dem Historienmaler Johann Friedrich Overbeck (1789–1869) s. zu S. 319,34. Vgl. Meyers Anmerkungen (S. 350, Anm. 81). – *24 Schadow:*

Wilhelm von Schadow (1789–1862), Sohn des Bildhauers und Berliner Akademiedirektors Johann Gottfried Schadow (vgl. *Blüchers Denkmal*, S. 375,6), später Direktor der Kunstakademie in Düsseldorf. – *27 Ludwig Vogel:* Georg Ludwig Vogel (1788 bis 1879), Schweizer Maler und Radierer, der während seines Romaufenthalts (1810–1813) den ›Nazarenern‹ nahestand. – *31 Besagtes Gemälde:* ›Heimkehr der Schweizer nach der Schlacht am Morgarten‹. Am 15. November 1315 hatten in der Schlacht am Morgarten in den Schwyzer Alpen die aus Uri, Schwyz und Unterwalden stammenden (Bauern)Truppen das habsburgische (Ritter)Heer unter Herzog Leopold I. von Österreich besiegt und damit den Weg zur Unabhängigkeit der Eidgenossenschaft geebnet. – *39 Breughels Zeit und Kunst:* Der Kontext legt es nahe, daß hier Pieter Brueghel der Ältere (um 1525–1569), der ›Bauern-Brueghel‹, gemeint ist.

334 *3 die 1808 zu Dresden herausgekommene Zeitschrift Apollo:* Meyer meint hier, wie auch in den Anmerkungen nachzulesen ist (S. 350, Anm. 83), die von Heinrich von Kleist (1777 bis 1811) und Adam Heinrich Müller (1770–1829) herausgegebene Zeitschrift ›Phöbus. Ein Journal für die Kunst‹ (Dresden 1808).

336 *5 zu den Manieristen:* Zum ›Manierismus‹, der in der Kunstgeschichte die Epoche der Spätrenaissance zwischen 1520 und 1600 bezeichnet, von Meyer hier aber in einem grundsätzlicheren, epochenübergreifenden Sinne verwendet wird, vgl. G.s 1789 veröffentlichten Aufsatz *Einfache Nachahmung der Natur, Manier, Styl* (Bd. 3.2, S. 186). – *7 Bronzino, oder Salviati:* Angelo Bronzino (1503–1572), ital. Maler, gilt als Hauptmeister des Manierismus, dessen kennzeichnende Merkmale in der Infragestellung bis dahin gültiger ästhetischer Prinzipien die historische, soziologische und religiöse Umbruchsituation zu Ende des 16. Jh.s spiegeln. So bevorzugte der Manierismus die Auflösung des Statischen zugunsten des Transitorischen; zentrifugal angelegte Kompositionen lösen die zentrierte Bildgestaltung der Hochrenaissance ab. Gleichzeitig wird die Grenze zwischen Kunst- und Realraum überschritten, die Darstellung des Unendlichen rückt ins Blickfeld und hebt einen bis dahin eindeutig begrenzten Raum auf. Wichtiger als die ›natürliche‹, d. h. möglichst realistische Darstellung einer Figur wird das expressive Moment, die Gestaltung eines Ausdrucks oder einer Empfindung, die auch durch eine bewußte Verformung der Körperhaltung erreicht werden soll. – Francesco di Michelangelo de' Rossi, genannt ›Il Salviati‹ (1510–1563), Florentiner Maler. Über Bronzino und Salvati vgl. Meyers Anmerkungen (S. 350, Anm. 84). – *8 Golzius ⟨...⟩ und Spranger:* Hen-

drik Goltzius (1558–1617); vgl. zu beiden Meyers Urteil in seinen Anmerkungen (S. 350, Anm. 84 u. 85). – *23 Bisterzeichnungen:* mit brauner Wasserfarbe angefertigte Zeichnungen.

337 *11 Und so gibt es artistische sowohl als technische Ursachen* ⟨…⟩: ein Gedanke, den G. dann in seinem Aufsatz *Antik und Modern* auf die Formel »Jeder sei auf seine Art ein Grieche! Aber er sei's« (S. 501,11) bringen wird. – *34 Hieraus geht nun hervor* ⟨…⟩: Vgl. hierzu die Vorbemerkung.

339 *3 in einem Saal der Münchner Galerie:* G. hatte die Münchner Gemäldesammlung zu Beginn seiner italienischen Reise am 6. September 1786 besucht: »In der Bildergalerie fand ich mich nicht einheimisch, ich muß meine Augen erst wieder an Gemälde gewöhnen. Es sind treffliche Sachen. Die Skizzen von Rubens, von der Luxemburger Galerie, haben mir große Freude gemacht« (*Italienische Reise*; Bd. 15, S. 12). Die Gemälde waren damals in einem von Carl Albert von Lespilliez in den Jahren 1780/81 errichteten Galeriebau an der Nordseite des Hofgartens untergebracht. Zuvor befanden sich die Sammlungen zum größten Teil in Schloß Schleißheim, das von 1684 bis 1717 erbaut worden war, sowie in Schloß Nymphenburg. Die vor allem aus Werken dt. und niederländ. Meister bestehenden Sammlungen (vgl. auch den Abschnitt »Heidelberg« in *Kunst und Altertum am Rhein und Mayn*; S. 68 ff.) wurden später in der nach den Plänen Leo von Klenzes (1784–1864) seit 1826 erbauten, im Jahre 1836 vollendeten Münchner (Alten) Pinakothek zusammengefaßt. Während das ›Alte Schloß‹ Schleißheim im 2. Weltkrieg 1944 zerstört wurde, dient das ›Neue Schloß‹ in Schleißheim noch heute als Zweiggalerie der Bayerischen Staatsgemäldesammlungen. – *9 Auf der Burg zu Nürnberg:* Im Jahre 1811 wurde in der Nürnberger Reichsburg eine Kunstgalerie eingerichtet, der 1819 dann die Gründung einer Akademie folgte. – *15 Auch die Stadt Frankfurth a. M.:* Vgl. hierzu den Abschnitt »Frankfurt«, insbesondere S. 30,35. – *18 Leipzig hat eine Sammlung* ⟨…⟩: Vgl. hierzu den Aufsatz *Nachricht von altdeutschen in Leipzig entdeckten Kunstschätzen* (S. 299). – *29 die Herren Wallraf und von Lieversberg:* Siehe S. 10,29 und die Anm. dazu. – *31 Fürst von Wallerstein:* Ludwig Fürst von Oettingen-Wallerstein (1791–1871). Große Teile seiner umfangreichen Sammlung von Gemälden, Kunstgegenständen, Waffen und Rüstungen wurden 1828 von König Ludwig I. von Bayern (1786 bis 1868, reg. 1825–1848) erworben.

340 *23 Herrn Mollers Hefte:* Die von Georg Moller herausgegebenen ›Denkmäler der deutschen Baukunst‹ erschienen in Darmstadt seit 1815; in seinem Brief vom 11. November 1815 bedankte sich G. bei Moller für die ersten ihm übersendeten Hefte

dieser Reihe (Ruppert, Nr. 2357). – *28 Das große Werk der Herrn Boisseree:* ›Ansichten, Risse und einzelne Teile des Doms zu Cöln‹ von Sulpiz Boisserée, von 1821 bis 1831 bei Cotta in Stuttgart erschienen (vgl. hierzu G.s 1823 und 1824 veröffentlichte Rezensionen; Bd. 13.2, S. 150 und S. 183).

PRAG

Wiederholt notierte G. in den ersten Wochen des Jahres 1817 – so beispielsweise am 4., 6. und 7. Januar – im Tagebuch die Arbeiten an den »Miscellen zu Rhein und Mayn«. In diesem Zusammenhang dürfte auch der vorliegende kurze Beitrag entstanden sein, der in *Über Kunst und Altertum* I 2 erschien. Er führt aus, was im Abschnitt »Frankfurt« des Reiseberichts aus den Rhein- und Maingegenden nur kurz angedeutet wurde (S. 31,26–32,4).

G. verdankte die Anregung zu dieser Mitteilung Sulpiz Boisserée, der ihm kurz zuvor, in einem Schreiben vom 2. Dezember 1815, von einem Besuch des Grafen Franz Joseph von Sternberg-Manderscheid (s. zu S. 355,3) in Heidelberg berichtet hatte: »Ich muß Ihnen nämlich von ein paar schätzbaren und lehrreichen Besuchen erzählen. Der erste war jener Graf Sternberg, der Vorsteher der Gesellschaft patriotischer Kunstfreunde in Prag ist. Er ging nach Frankfurt zum Minister Stein, der ihm noch besonders empfohlen hatte, auf der Durchreise bei uns anzusprechen« (Boisserée, Bd. 2, S. 82).

Textgrundlage und Erstdruck: KuA I 2 (1817), S. 212–213, als drittletzter Beitrag unter dem Kapitel »IV. Aus verschiedenen Fächern Bemerkenswertes«.

355 *3 die Privatgesellschaft patriotischer Kunstfreunde:* Die Gesellschaft patriotischer Kunstfreunde in Prag war 1796 durch Franz Joseph Graf von Sternberg-Manderscheid (1763–1830), einen Vetter des Grafen Caspar Maria von Sternberg (1761–1838), den G. 1822 in Marienbad kennenlernte, gegründet worden. Seit 1802 hatte Franz von Sternberg den Vorsitz der Gesellschaft inne. – *10 übertragen:* ertragen, überdauern, überstehen. – *11 hinreichender Örtlichkeiten:* Nachdem die 1799 gegründete Galerie sowie die im Jahre 1800 ins Leben gerufene Kunstakademie sich zunächst im Prager Klementinum befunden hatten, wurden sie später in dem von 1698 bis 1720 erbauten Palais Sternberg untergebracht, das auf der Prager Burg, dem ›Hradschin‹, hinter dem Erzbischöflichen Palais gelegen war. Das Palais Sternberg war von 1821 bis 1847

auch der Sitz des ›Vaterländischen Museums‹ (seit 1847: ›Böhmisches Museum‹). Zur Gründung des ›Vaterländischen Museums‹ vgl. G.s Beitrag *Die Gesellschaft des vaterländischen Museums in Böhmen* (Bd. 12, S. 727), ferner Johannes Urzidil: Goethe in Böhmen. Zürich und München 1981, S. 324 ff. – *15 Herrn Direktor Bergler:* der Maler und Kupferstecher Joseph Bergler (1753–1829), Direktor der 1800 gegründeten Prager Akademie der bildenden Künste (vgl. Bd. 14, S. 291). – *16 Herrn Professor Pastel:* Karl Postl (1769–1836), Landschaftsmaler und Professor an der Prager Kunstakademie. – *19 Herrn Fürsten Lobkowitz:* Der böhmische Majoratsherr Anton Isidor Fürst Lobkowitz (1773–1819) machte sich als Kunstliebhaber und -sammler sehr um die Sammlungen der Gesellschaft patriotischer Kunstfreunde verdient.

RUNGISCHE BLÄTTER

Mit seiner Zeichnung ›Achill kämpft mit den Flüssen‹ (s. Abb. in Bd. 6.2, S. 466) hatte Philipp Otto Runge (1777–1810) im Jahre 1801, allerdings ohne Erfolg, am Preisausschreiben der Weimarischen Kunstfreunde teilgenommen und dabei den Rat erhalten: »Wir raten dem Vf. ein ernstes Studium des Altertums und der Natur, im Sinne der Alten. Am nötigsten aber ist ihm die Betrachtung der Werke großer Meister aller Zeiten, in Hinsicht auf den Gang ihrer Gedanken« (ebenda, S. 467). Daraufhin hatte Runge, der es in einem Brief an seinen Bruder Daniel vom 6. Oktober 1801 noch als sein Ziel beschrieben hatte, »das Gute, welches Goethe durch seine ›Propyläen‹ zu verbreiten sucht, auszuüben« (Runge, S. 78), gekränkt reagiert: »Die Kunstausstellung in Weimar und das ganze Verfahren dort nimmt nachgerade einen ganz falschen Weg, auf welchem es unmöglich ist, irgend etwas Gutes zu bewirken« (Philipp Otto Runge: Die Begier nach der Möglichkeit neuer Bilder. Briefwechsel und Schriften zur bildenden Kunst. Hg. mit Einl. und Anm. von Hannelore Gärtner. Leipzig 1982, S. 86). Die Ablehnung der geforderten klassizistischen (Weiter)Bildung, die er dort, trotz aller Hochschätzung der griechischen Kunst, abschließend zum Ausdruck bringt – »Kinder müssen wir werden, wenn wir das Beste erreichen wollen« (ebenda, S. 88) –, hinderten Runge und G. nicht daran, in der Folgezeit ein Verhältnis wechselseitigen Respekts zu entwickeln. Am 15. November 1803 lernten sich beide im Hause des Regierungsrats Voigt in Weimar kennen, an den beiden darauffolgenden Tagen war Runge zu Gast im Haus am Frauenplan. In einem Brief an Pauline Bassenge vom November 1803 hat er über das Zusammentreffen mit dem »starken und hartnäckigen Mann« berichtet, der ihm »in allen, wie ich meine Sachen einrichtete, großen Beifall« (Herwig, Bd. I, Nr. 1865/66, S. 896) gespendet hatte. Am 26. April 1806 schickt Runge die radierten Umrisse seiner vier ›Tageszeiten‹ an G., der sie am 9. Mai erhält und sich am 2. Juni dafür bedankt; der Wechsel in die erste Person Plural ist dabei nicht nur eine rhetorische Figur, sondern Indiz dafür, daß G. zur Begutachtung der Rungischen Bilder auch andere ›Weimarische Kunstfreunde‹ – namentlich erwähnt wird im Tagebuch am 10. Mai Johann Heinrich Meyer – hinzugezogen hatte: »Lange will ich nicht zaudern, wertester Herr Runge, Ihnen für die Blätter zu danken, welche mir sehr viel Vergnügen gemacht haben. Zwar wünschte ich nicht, daß die Kunst im Ganzen den Weg verfolgte, den Sie eingeschlagen haben, aber es ist doch höchst erfreulich zu sehen, wie ein talentvolles Individuum sich in seiner Eigenheit dergestalt ausbilden kann, daß es zu einer Vollendung gelangt, die man bewundern muß. Wir glauben Ihre sinnvollen Bilder nicht eben ganz zu verstehen, aber wir verweilen gern dabei und vertiefen uns öfter in Ihre geheimnisvolle anmutige Welt. Dabei wissen wir besonders die bedeutende genaue und zarte Ausführung zu schätzen«.

Die ›Tageszeiten‹ hingen als Wandschmuck im Haus am Frauenplan, dort hat sie dann auch Sulpiz Boisserée im Mai 1811 während seines ersten Besuchs bei G. gesehen und den folgenden, vielzitierten Dialog überliefert: »Goethe merkte, daß ich sie aufmerksam betrachtete, griff mich in den Arm und sagte: Was, kennen Sie das noch nicht? Da sehen Sie einmal, was das für Zeug ist, zum Rasendwerden, schön und toll zugleich. Ich antwortete: ja ganz wie die Beethovensche Musik, die der da spielt, wie unsere ganze Zeit. Freilich, sagte er, das will alles umfassen und verliert sich darüber immer ins Elementarische, doch noch mit unendlichen Schönheiten im Einzelnen« (Herwig, Bd. II, Nr. 3427, S. 648).

Der kleine Beitrag entstand während der Zusammenstellung der Miszellen für *Über Kunst und Altertum* I 2 in den beiden ersten Monaten des Jahres 1817.

Textgrundlage und Erstdruck: KuA I 2 (1817), S. 213–214, als vorletzter Beitrag unter dem Kapitel »IV. Aus verschiedenen Fächern Bemerkenswertes«.

355 *27 die vier Rungischen Blätter:* Die 1802 in Hamburg entstandenen Bilder des Zyklus – ›Morgen‹, ›Mittag‹, ›Abend‹, ›Nacht‹ – hat Runge wiederholt in seinen Briefen beschrieben, so an Daniel Runge (30. Januar, 22. Februar, 26. Juni 1803) und

Ludwig Tieck (April 1803). – *38 eine Lebensbeschreibung:* Philipp
Otto Runge: Hinterlassene Schriften. Hg. von dessen ältestem
Bruder. 2 Bde. Hamburg 1840/41. Johann Daniel Runge (1767 bis
1856) lebte als Kaufmann in Hamburg.

GEMÄLDE

»Im Nachklang der Rheinischen Eindrücke ward von den Weimarischen Kunstfreunden das Bild des heiligen Rochus, wie er als
völlig ausgebeutet von seinem Palast die Pilgerschaft antrat, erfunden und skizziert, hierauf sorgfältig kartoniert, und zuletzt von
zarter Frauenzimmerhand gemalt, in der freundlichen Rochus-
Kapelle günstig aufgenommen. Ein gestochener verkleinerter Umriß ist in dem zweiten Rhein- und Maynheft wie billig vorgebun-
den« (Bd. 14, S. 247 f.). Während sich G. also im Rückblick seiner
Tag- und Jahres-Hefte zu 1816 mit einem Hinweis auf die kollektive Urheberschaft nicht näher benannter Weimarer Kunstliebhaber begnügte, wissen wir aus seinem Brief an Sulpiz Boisserée vom
24. Juni 1816 von der genauen Aufgabenverteilung und Entstehungsgeschichte dieses Gemäldes: »Ein Bild des heiligen Rochus,
welches gar nicht übel, aber doch allenfalls noch von der Art ist daß
es Wunder tun kann, gelangt hoffentlich nach Bingen, um an dem
großen Tage die Gläubigen zu erbauen. Es ist wunderlich entstanden. Die Skizze ist von mir, der Carton von Hofr. Meyer und eine
zarte liebe Künstlerin hat es ausgeführt. Sie werden es schwerlich
dem Rochusberge in Ihre Sammlung entwenden. Es sei aber an
seinem Platze wirksam und so ist es recht und gut«.

Bei der beide Male nicht namentlich genannten Malerin handelte
es sich um Luise Seidler (1786–1866), die am 1. Februar 1816, als G.
das Projekt in einem Brief an Pauline Servière (1773–1832) erstmals
unter Frankfurter Geschäftsleuten und Kunstliebhabern propagiert hatte, noch als »geschickter junger Künstler« bezeichnet
worden war:

»Nun will ich aber vermelden, daß ich von meiner Seite nicht
verfehlt habe Mayn und Rhein in Gedanken öfters zu besuchen
und da ist mir denn auch das Gelübde wieder in den Sinn
gekommen, welches in Winkel feierlich getan worden und auf
die Verehrung des heiligen Rochus hinzielt. Die erste Kunst-
frucht des wiedererworbenen Friedens ist daher eine sehr wohlgeratne Zeichnung von einem vorzüglichen Meister, welche im
Großen auszuführen ein geschickter junger Künstler bereit ist,
welchem ich die Arbeit für 12 Carolin verdingen könnte. Wollen
Sie nun, werte Freundin, fromme Seelen um gefällige Beiträge

ansprechen, so würde von meiner Seite sorgen, daß der Künstler, wenn er die Zeichnung gefertigt, honoriert würde, ferner
würde ich alles Übrige besorgen und dem ausführenden Künstler mancherlei Vorteile verschaffen, damit er für obgemeldeten
Preis etwas Gutes liefere. Das Bild könnte Anfangs Juli in
Frankfurt eintreffen und in der Mitte Augusts an Ort und Stelle
den Wallfahrenden in die Augen leuchten«.

Als G. Pauline Servière, die Tochter eines Frankfurter Kaufmanns,
am 20. April 1816 über den weiteren Fortgang der Arbeiten Bericht erstattete, hatte er in der Zwischenzeit bereits mehrfach mit
Luise Seidler korrespondiert; nach der Festsetzung der Größe der
Leinwand am 3. und 9. März 1816 sowie der Ankündigung der
baldigen Übersendung der Skizze, die sich dann doch verzögerte
(vgl. G.s Brief vom 30. März), wurden – überschattet vom Tode
seiner Frau Christiane – am 27. Mai und 12. Juni Detailprobleme
der Ausführung diskutiert. Am 1. Juli konnte G. Luise Seidler
dann bereits einen ersten Teilbetrag der Summe zuschicken, die
aufgrund seiner Einladung zur Subskription von den rheinischen
Freunden gestiftet wurde (ein zweiter Betrag folgte am 24. Oktober 1816).

Der am 1. Februar umrissene, durch den Festtag des heiligen
Rochus am 16. August ja zudem zwingend vorgegebene Zeitplan
konnte schließlich eingehalten werden; am 15. Juli 1816 wurde die
»Expedition« an die geistlichen Behörden in Bingen mit folgendem
Begleitschreiben auf den Weg gebracht:

»An Ew. Hochwürden geht hiebei mit der fahrenden Post ein
Verschlag ab, worin sich ein Bild befindet, welches angesehene
und wohldenkende Personen am Rhein und Mayn der Kapelle
des hochgefeierten Heiligen gewidmet. Man wünscht, daß die
glückliche Ankunft desselben baldigst an Frau Antonie Brentano, geborne von Birkenstock in Frankfurt, sowie an Unterzeichneten vermeldet werde.

Die Beilagen erklären das Nötige sowohl den Gegenstand des
Bildes, als auch die Art den Kasten zu eröffnen und die künftige
Behandlung des Gemäldes. Man wünscht glückliche Ankunft
und geneigte Aufnahme.

Weimar d. 15. Juli 1816.

Gegenstand des Bildes.

Der heilige Rochus, in Pilgerkleidung, verläßt den schon von
Dienern und Freunden völlig verlassenen Palast. Zu seiner
Rechten sitzt ein Kind auf der Stufe, sich am Geschenk des
silbernen Gerätes und Perlengeschmeides, das ihm zu Teil geworden, erfreuend. Zu seiner Linken fleht ein zu spät gekommenes um eine Gabe. Der Heilige schüttet freundlich die letzten

Goldstücke aus dem Beutel, ja man erwartet, daß er den Beutel selbst hingebe.

Unten zu seiner Rechten springt ein frohes Hündchen ihn zu begleiten. Es kann hier nicht jener wundersam hülfreiche Hund verstanden werden, der den Heiligen in späterer Zeit speiste, man will nur hier seine Sanftmut und Wohltätigkeit auch gegen Tiere andeuten, wodurch er in der Folgezeit auch wieder von solchen Geschöpfen nach Gottes Willen erquickt wurde. Die gebirgige Gegend, in die man über die Hofmauer hineinsieht, deutet auf die rauhen Pfade, die er betreten wird. Der Zug Vögel auf Wanderschaft überhaupt.

Bei Öffnung des Kastens ist zu beobachten:
1) Daß die vier Nägel, die mit Kreuzen bezeichnet sind, ausgezogen werden.
2) Daß die beiden Deckel oben und unten eröffnet werden.
3) Wird sodann die Seite des Kastens, worauf die Adresse steht, aufgebrochen, da sich denn
4) die inneren kleinen Bretter, in deren runden Öffnungen das Bild schwebend gehalten wird, entdecken und die Rolle sich leicht herausheben läßt.
5) Bittet man das Bild sobald als möglich auf den Blendrahmen zu bringen und es allenfalls bis dahin an einer Wand aufzuhängen«.

G. wiederholt diese Bildbeschreibung, die auch die Vorlage für die in *Über Kunst und Altertum* veröffentlichte Anzeige bildete, wörtlich in seinem Brief an Antonie Brentano vom 19. Juni 1816, in dem er zugleich seinen abermaligen Besuch an Rhein und Main ankündigte – eine Absicht, die bekanntlich schon kurz nach dem Aufbruch von Weimar am 20. Juli an einem Bruch der Hinterachse seines Reisewagens gescheitert ist. Das Gemälde hat G. in der Rochuskapelle selbst also nie gesehen.

Am 4. Dezember des Jahres notierte G. in seinem Tagebuch sowohl einen »Brief *an Fromann* wegen dem zum Rhein und Mayn-Heft zu fügenden Rochusbilde« als auch »Kupferstecher Schwerdgeburth (wegen des Rochusbildes im Rhein und Mayn 2. Heft)«. In den folgenden Wochen registrierte er dann bis in den Februar 1817 hinein wiederholt die Beschäftigung mit den »Miscellen zum 2. Rhein und Mayn-Heft« (so am 22. Februar), in diesem Zeitraum ist auch der vorliegende kurze Beitrag verfaßt worden, der dann in *Über Kunst und Altertum* I 2 erschien.

In ihren ›Erinnerungen‹ hat Luise Seidler die Zusammenarbeit mit G. aus ihrer Sicht geschildert:

»Wenige Wochen später, in den ersten Tagen des Jahres 1816, erhielt ich von Goethe eine Bestellung. Er hatte gelegentlich einer Rheinreise im Sommer des Jahres 1814 der Rochuskapelle bei Bingen, welche renoviert wurde, ein Altarbild gelobt; Hofrat Meyer machte den Entwurf, und ich wurde mit der Ausführung in Ölfarbe beauftragt. Mit innigem Vergnügen übernahm ich es, bei diesem Vorhaben mitzuwirken. Der Meyersche Karton sagte mir besonders zu; der Heilige ist darauf – nach Goethes Worten in der dazu gelieferten Beschreibung – als Jüngling vorgestellt, der seinem verödeten Palast den Rücken wendet. Die Pilgerkleidung zeigt den Stand, welchen er ergriffen. Zu seiner Rechten sieht man ein Kind, das sich an Silbergeschirr und Perlen, als einer Ausbeute frommer Güterspende, freut; zur Linken ein zu spät gekommenes, unschuldig flehendes Geschöpf, dem er die letzten Goldstücke aus dem Beutel hinschüttet, ja, den Beutel selbst nachzuwerfen scheint. Unten, zur Rechten, drängt sich ein Hündchen heraus, die Wanderung mit anzutreten bereit; es ist freilich nicht dasselbige, welches ihm in der Folgezeit so wunderbar hilfreich geworden, aber darauf deutet es, daß er, als freundlicher und frommer Mann, auch solchen Geschöpfen wohltätig gewesen und dadurch verdient, von ihresgleichen künftighin unverhofft gerettet zu werden. Hinten, über die mit Orangenbäumchen gezierte Mauer, sieht man in eine Wildnis, anzudeuten, daß der fromme Mann sich von der Welt gänzlich ablösen und in die Wüste ziehen werde. Eine durch die Lüfte sich im Bogen schwingende Kette von Zugvögeln deutet auf die Weite seiner Wanderschaft, indessen der Brunnen im Hofe immerfort läuft und auf die unabgeteilte Zeit hinweist, welche fließt und fließen wird – der Mensch mag wandern oder zurückkehren, geboren werden oder sterben.

Nach einem ziemlich lebhaften Briefwechsel zwischen Goethe und mir traf die von Goethe besorgte Leinwand bei mir ein; ich eilte, ihm dies zu melden, und sofort erhielt ich den inzwischen fertig gewordenen Karton, wegen dessen Ausführung ich mich mit dem Hofrat Meyer in Verbindung setzte. Allein jetzt ereignete sich ein trüber Vorfall, welcher die ganze Angelegenheit ins Stocken zu bringen drohte. In den ersten Tagen des Junimondes 1816 nämlich erkrankte Goethes Lebensgefährtin Christiane geborene Vulpius. Das Übel wurde bald tödlich; sie starb an einer Entzündung (6. Juni 1816).

Da ich dem Dichter in diesen trüben und schweren Tagen nicht lästig fallen mochte, so hatte ich ohne nochmalige Anfrage in Weimar das Bild bereits nach den Anweisungen des Hofrats Meyer fertig untermalt, wobei ich mir im Interesse der Komposition mancherlei kleine Änderungen erlaubt hatte. Dem in Aussicht gestellten Besuche sah ich deshalb mit nicht geringem

Herzklopfen entgegen. Doppelte Freude empfand ich aber, als
Goethe in seiner gewinnenden Art beifällig meinte, daß in
solchen Sachen Frauengefühl stets das Richtige träfe.
Unterdessen hatte ich das Ölgemälde des h. Rochus vollendet
und war so glücklich, mir des Dichters ganze Zufriedenheit zu
erwerben, so zwar, daß er des Bildes öffentlich ehrend gedachte«
(Seidler, S. 80 f.; vgl. auch die Anm. zu G.s Entwurf ⟨*Relief von
Phigalia*⟩, S. 444).

Textgrundlage und Erstdruck: KuA I 2 (1817), S. 178–180, als
zweiter Beitrag unter dem Kapitel »IV. Aus verschiedenen Fächern Bemerkenswertes«.

356 *6 zum Andenken der Feier jener friedlichen Wiederherstellung vom 16. August 1814:* Vgl. hierzu Text und Kommentar zum
Sanct Rochus-Fest zu Bingen (S. 89). – *8 Der Heilige:* Die Legende
des hl. Rochus erzählt G. ebenfalls im *Sanct Rochus-Fest*,
S. 106–108. Während der hl. Rochus in der christl. Überlieferung
vor allem als Pestpatron verehrt und gefeiert wird, betont G. hier in
erster Linie sein wohltätiges Wirken für die Armen und Bedürf-
tigen. – *16 ein Hündchen:* der Jagdhund des Gotthardus (s.
S. 107,11).

Alt-Deutsche Baukunst

Vom 9. bis zum 16. September 1816 hielten sich Sulpiz Boisserée
(1783–1854) und Carl Friedrich Zelter (1758–1832), von Baden-
Baden kommend, eine Woche lang in Straßburg auf. Von beiden
wurde G. in ausführlichen Briefen über den Verlauf dieser Reise in
Kenntnis gesetzt, wobei es Zelter war, der in seinem Schreiben vom
5. bis 12. September (Bd. 20.1, S. 454 ff.) über seinen Besuch des
Münsters berichtete und sich dabei insbesondere von der Silber-
mannschen Orgel, deren »Schönheit des Tons« er eigens hervorhob, angetan zeigte.
  »Sagen Sie mir doch wieder etwas von Ihrem zweiten Heft über
A. und K. und ob ich Ihnen vielleicht noch einiges dazu beitragen
kann«, hatte zuvor schon, am 31. August 1816 (Boisserée, Bd. 2,
S. 135), Sulpiz Boisserée G. in einem Brief aus Baden-Baden
aufgefordert, doch erst am Ende dieses Jahres, als die konkreten
Dispositionen für das zweite Heft von *Über Kunst und Altertum*
getroffen werden, kommt G. auf dieses Angebot zurück.
  »Der erste Band der Italiänischen Reise wird nächstens ausge-
hen, das 2te Rhein- und Maynheft nähert sich dem Druck. Alte

Papiere such ich hervor und redigiere sie so gut es gehen will«, informiert G. Sulpiz Boisserée am 13. Oktober 1816 über sein Arbeitspensum, fordert Boisserée in diesem Brief allerdings noch nicht zur Teilnahme an diesem Heft auf, das neben G.s Bericht über das Rochusfest in Bingen vor allem Johann Heinrich Meyers Aufsatz über *Neu-deutsche religios-patriotische Kunst* enthalten wird.

Diese bahnt sich erst an, als Boisserée in seinem Antwortschreiben vom 7. November 1816 über die Restaurationsarbeiten am Kölner Dom berichtet und dabei auch auf das Straßburger Münster zu sprechen kommt:

> »In die großen Reparaturen der Domkirche wird der Winter vermöge seiner eigenen Machtvollkommenheit schon Hindernisse bringen. Ich habe über diesen Gegenstand sehr ausführlich an Schinkel geantwortet und ganz besonders das Beispiel von Straßburg vorgehalten. Wirklich ist das ganze Bau- und Verwaltungswesen des Münsters höchst musterhaft. – Es wäre in der Hinsicht wohl sehr zweckmäßig und erwünscht, wenn Sie in Ihrem zweiten Heft einen Artikel über den Straßburger Münster geben, ich würde Ihnen, wenn Sie wollten, alles dazu ausführlich mitteilen. Es könnte gewissermaßen ein Gegenstück zu dem Steinmetzenartikel werden« (Boisserée, Bd. 2, S. 146).

Am 16. Dezember 1816 schließlich, als sich das Heft bereits »in den Händen des Setzers« befand, nahm G. diese erneute Offerte dankend an: »Mögen Sie mir etwas über den Straßburger Münster mitteilen, so soll es mir sehr willkommen sein«. Eine Einladung, die G. wenig später, am 24. Dezember, wiederholt: »Auch versäumen Sie nicht mir über Hütten-Anstalten des Straßburger Münsters das Zugesagte mitzuteilen«.

Kündigte Sulpiz Boisserée am 30. Dezember 1816 daraufhin an, daß das »über die Bauanstalt des Straßburger Münsters versprochene ⟨...⟩ nächstens« folge, so konnte er einen Monat später, am 30. Januar 1817, diese Zusage einlösen:

> »Den kleinen Aufsatz habe ich, wie Sie sehen, in dem Ton Ihres Heftes auszuarbeiten gesucht, obwohl meine Absicht nur ist, Ihnen den Stoff zu liefern. Es war mir gewissermaßen bequemer und diente mir zugleich zur Übung, die Sache mit Beseitigung alles nicht hieher gehörigen Einzelnen vorzutragen. Schalten Sie nun damit, wie mit einem bloßen Entwurf« (Boisserée, Bd. 2, S. 158 f.).

G. erhielt die Sendung aus Heidelberg am 3. Februar 1817; hatte sich Boisserée mit seinem Beitrag bis dahin also als bloßer ›Materialienlieferant‹ verstanden, so konnte er G.s Antwortschreiben vom 10. Februar entnehmen, daß dieser seinen Aufsatz in der ihm vorliegenden Form zu veröffentlichen dachte: »Ihr lieber Brief und die schöne Sendung kam eben zur rechten Zeit. Der Aufsatz wird abgedruckt, wie er ist, weil er nicht besser sein kann«.

Nachdem sich Boisserée am 18. Februar für diese Mitteilung bedankt hatte, schickte G. das Manuskript, das er am 23. Februar nochmals begutachtet hatte (»Abend allein. Rhein und Mayn-Heft letztes Manuskript«), am 2. März 1817 an den Verleger Carl Friedrich Ernst Frommann: »Ew. Wohlgeb. erhalten hiebei abermals etwas Manuskript. Ich wünschte daß Sie es setzen ließen, damit man erführe was noch nachzusenden ist. Ich wünschte daß es 13 Bogen gäbe«.

Nach dem Abschluß der Korrektur- und Revisionsarbeiten, die G. im März 1817 beschäftigten (vgl. die Tagebucheinträge vom 11., 14., 16. und 17. März), konnte Sulpiz Boisserée am 17. April 1817 von der Publikation seines Aufsatzes, freilich auch von einem auf dem Weg zur Drucklegung unterlaufenen Lapsus, in Kenntnis gesetzt werden: »Im zweiten Rhein- und Maynheft finden Sie Ihre Architectonica. Ich hatte ihr S. B. darunter gesetzt, das durch Zufall wegblieb, und Sie erfreuen sich auch diesmal des vollkommensten Incognito«.

G. nahm damit Bezug auf eine Passage in Boisserées Schreiben vom 18. Februar 1817, in der dieses Thema bereits zur Sprache gekommen war: »In der neuen Zeitschrift, die Vorzeit, fand ich letzthin zu meiner Verwunderung die Ihnen früher einmal übergebenen Beschreibungen der Veronica und der Verkündigung von Eyck. Der Abdruck ist wohl nicht ohne Ihr Wissen geschehen? Und so bin ich Ihnen herzlichen Dank schuldig, daß mein Name verschwiegen geblieben. Denn ob zwar ich gerne gestehen will, daß diese Versuche mir gedruckt leidlicher vorkommen als ich vermutet hatte, so ist es doch mit der Beschreibung eigener Besitztümer gegenüber der Welt eine gar wunderlich empfindliche Sache. Nicht zu gedenken, daß für einen Lehrling das Incognito ohnehin den größten Reiz hat« (Boisserée, Bd. 2, S. 160).

Am 27. Mai 1817 notierte G. dann in seinem Tagebuch: »Nebenstehendes eingepackt und fortgeschickt: *Sulpiz Boisserée*. Zwei Exemplare zweites Heft«. Unter dem Titel »Alt-Deutsche Baukunst« enthielt das zweite Heft von *Über Kunst und Altertum* Boisserées Aufsatz (S. 184–195) sowie G.s Anmerkungen (S. 196–199). In der *Ausgabe letzter Hand* (C¹ 39, 1830) wird »Altdeutsche Baukunst« dann als Sammeltitel dienen, unter dem die Aufsätze *Von deutscher Baukunst* (1773; Bd. 1.2, S. 415) und *Von deutscher Baukunst 1823* (Bd. 13.2, S. 159) sowie vorliegender Beitrag unter der Überschrift »Herstellung des Straßburger Münster« veröffentlicht werden.

Wie es sich denn – ähnlich wie beim Vergleich der beiden
Aufsätze *Zum Schäkespears Tag* (Bd. 1.2, S. 411) und *Shakespear
und kein Ende!* (S. 173) – empfiehlt, das vorliegende, sachlich
referierende Memorandum auf der Folie der vier Jahrzehnte zuvor
verfaßten enthusiastischen Schilderung des Straßburger Münsters
zu lesen: Waren dort »Empfindung«, »Eindruck« und Wirkung,
Verehrung, ja sogar »Anbetung« (Bd. 1.2, S. 419,9) die Schlüsselwörter gewesen, geht es nunmehr darum, sine ira et studio bereits
unternommene oder aber projektierte Bau- und Restaurationsvor-
haben zu sichten, kritisch zu prüfen und unvoreingenommen zu
dokumentieren.

Textgrundlage und Erstdruck: KuA I 2 (1817), S. 184–199, als
fünfter Beitrag unter dem Kapitel »IV. Aus verschiedenen Fächern
Bemerkenswertes«. – Eingriffe: S. 360,6 *von den ⟨zu⟩ reingeistlichen Zwecken gehörigen* (von den reingeistlichen Zwecken gehörigen KuA; nach C¹ 39 ergänzt); 360,20 *konnten* (konnte KuA; nach
C¹ 39 korrigiert); 364,9 *Schon jetzt haben* (Schon jetzt schon haben
KuA; das zweite »schon« nach C¹ 39 getilgt).

359 *10–12 die durch Vernachlässigungen und Zerstörungen der
Revolution entstandenen Schäden:* Während der Französischen
Revolution war das Straßburger Münster in einen ›Tempel der
Vernunft‹ umgewandelt worden, dabei wurde im Chor der Kathedrale ein ›Denkmal der Natur und der Freiheit‹ errichtet. Zu
den von Boisserée hier erwähnten Beschädigungen zählten u. a. die
Entfernung und Einschmelzung der Bronzetüren des Haupt-
portals, der Glocken sowie der in der Kirche aufbewahrten Blei-
und Zinnsärge. Dem Bildersturm fielen darüber hinaus über 300
Skulpturen zum Opfer, die größtenteils zerstört wurden. Seit
1800 diente das Münster dann wieder als katholisches Gotteshaus. – *26 über 40 Fuß weiten Rose:* Dies entspricht einem Durchmesser von ca. 15 m. – *31 Equester-Statuen:* lat. ›Reiterstandbilder‹.
– *der Könige Chlodowig, Dagobert und Rudolph von Habsburg:*
Chlodwig I. (um 466–511), salischer Frankenkönig aus dem Hause der Merowinger, Sohn Childerichs I.; als erster christl. Groß-
könig der Franken Begründer des Frankenreiches. – Dagobert I.
(um 605/610–639), fränkischer König aus dem Geschlecht der Merowinger, Sohn Chlothars II., 632–639 König in Austrasien, seit
629 im ganzen Reich. Sein Hausmeier war zusammen mit Arnulf
von Metz (um 582–640) Pippin d. Ä. (gest. 640) gewesen. – Rudolf I. von Habsburg (1218–1291), Stammvater aller späteren Habs-
burger. Seine Wahl zum König am 1. Oktober 1273 beendete das
sogenannte Interregnum (1254–1273) nach dem Tode Konrads IV.

Im Zuge der Wiederherstellung dieser Reiterstandbilder im 19. Jh.
wurden auch die Statuen der dt. Kaiser hinzugefügt.

360 *7 der Obhut der Stadtvorgesetzten anvertraut:* Ein solcher
Vertrag, der die Pflege und Verwaltung des Münsters zur Aufgabe
der Bürgerschaft machte, war im Jahre 1395 zwischen dem Bischof
und der Stadt Straßburg geschlossen worden. – *8 einen eigenen
Schaffner:* einen eigens hierfür zuständigen Aufseher.

361 *14 beim Münster zu Freiburg im Breisgau:* Das Freiburger
Münster gilt als der einzige große gotische Dombau, der im
Mittelalter vollendet wurde. Um 1200 war zunächst ein spätroma-
nisches Querhaus mit gotisch umgebauten Chortürmen (den sogenannten ›Hahnentürmen‹) errichtet worden. Ihm folgten im 13.
und 14. Jh. der Bau eines gotischen dreischiffigen Langhauses, des
115 m hohen Westturms, mit dessen Bau bereits um 1260 begonnen worden war, sowie des spätgotischen Chors (1354–1536). –
bei St. Stephan in Wien: Der Wiener Stephansdom wurde in der
ersten Hälfte des 12. Jh.s außerhalb der Stadt errichtet und als
Pfarrkirche 1147 eingeweiht. Ein spätromanischer Neubau aus
der ersten Hälfte des 13. Jh.s, von dem noch Teile des Westwerks
mit dem sogenannten ›Riesentor‹ als Portal und den ›Heidentür-
men‹ erhalten geblieben sind, wurde von 1304 bis 1511 durch
einen gotischen Neubau ersetzt, der seit der Einrichtung des
Bistums Wien im Jahre 1469 als Kathedrale fungierte. Wichtige
Stationen der Baugeschichte waren die Errichtung des dreischiffigen Hallenchors (seit 1304), der Bau eines Langhauses als drei-
schiffige Staffelhalle (seit 1359), der Einzug eines spätgotischen
Netzgewölbes (1450), sowie die Errichtung des 1433 vollendeten
Südturms, des ›Steffels‹. Zu den bedeutendsten Baumeistern des
Stephansdoms zählten Meister Wenzel (1399–1404), ein Sohn Pe-
ter Parlers, sowie Peter von Prachatitz (1409–1429) und Hans von
Prachatitz (1429–1439).

362 *1 September des vorigen Jahres:* Vgl. die Vorbemerkung. –
7 Bühnen: hier: Dachböden, Speichern. – *24 des Geheimen Ober-
Baurat Schinkel:* Der Architekt und Maler Karl Friedrich Schinkel
(1781–1841) hatte sich im Sommer 1816 am Rhein aufgehalten und
auf der Reise dorthin G. am 11. Juli 1816 in Weimar besucht. G.s
Tagebucheintrag – »Mittag Geh. Rat Schinkel von Berlin und
Hofr. Meyer. Vorher mit Schinkel spazieren gefahren. Verhand-
lung wegen Boisserées« – gibt Auskunft über Schinkels Mission.
Im Auftrag der preußischen Regierung sollte er mit den Brüdern
Boisserée über eine mögliche Berufung (und damit auch der Über-
siedelung ihrer Sammlung) nach Berlin verhandeln (vgl. G.s Brief
an Sulpiz Boisserée vom 12. Juli 1816). Darüber hinaus nahm
Schinkel die Gelegenheit wahr, mit Sulpiz Boisserée über die

Erhaltung bzw. Restauration rheinischer Kunstdenkmäler zu konferieren, worüber dieser wiederum G. fortlaufend informierte (vgl.
Boisserées Briefe vom 27. Juli, 13. August und 7. Dezember 1816,
sowie G.s Briefe vom 7. August 1816 und 16. Dezember 1816). –
35 Abtei-Kirche Altenberg: Altenberg im Rheinisch-Bergischen
Kreis ist heute ein Ortsteil von Odenthal. Das dortige Zisterzien-
serkloster Altenberg bestand von 1133 bis 1803; der frühgotische
Neubau der Abteikirche wurde von 1255 bis 1379 errichtet und
war vor allem durch seine Glasmalereien bekannt. Darüber hinaus
beherbergte die Kirche die Gräber der Bergischen Grafen und
Herzöge des 14. Jh.s. Die von Boisserée hier in Aussicht gestellten
Wiederherstellungsarbeiten wurden von 1835 bis 1847 sowie von
1894 bis 1910 ausgeführt.

363 *1 die dortigen bedeutenden römischen Altertümer:* Als
›Augusta Treverorum‹ wurde Trier zwischen 16 und 13 v. Chr.
im Gebiet der Treverer von Kaiser Augustus (63 v. Chr. bis
14 n. Chr.) als Stadt gegründet. Als eine von vier Präfekturen
war Trier von 293 bis 395 Verwaltungssitz der Westhälfte des
röm. Reichs und in dieser Funktion auch Residenz der röm. Kaiser. Zu den bekanntesten röm. Bauten zählen das Amphitheater
(um 100), die Barbara- und Kaiserthermen (2. bzw. 4. Jh.) sowie
die ›Porta Nigra‹, das im 2. Jh. errichtete Nordtor der röm. Stadtmauer. G. hat Trier während des Feldzugs nach Frankreich
vom 23. bis 26. August sowie vom 23. Oktober bis 1. November
1792 besucht (vgl. *Campagne in Frankreich 1792;* Bd. 14, S. 339 f.
sowie insbesondere S. 433 ff.). – *18 Erwin von Steinbach:* Das
Grab des Baumeisters Erwin von Steinbach, des ›Meister Erwin‹
(gest. 1318, urkundl. Erwähnungen 1284, 1293 und 1316) wurde
– wovon dieser Aufsatz Zeugnis ablegt – erst 1816 durch Sulpiz
Boisserée und den Architekten Daniel Engelhardt in der Nord-
ostecke des Straßburger Münsters entdeckt (vgl. hierzu Bd. 1.2,
S. 841 f.).

364 *2 bei Gelegenheit der Mollerischen Hefte:* Zu den von
Georg Moller herausgegebenen, seit 1815 erscheinenden ›Denk-
mälern deutscher Baukunst‹ vgl. G.s Beitrag ⟨*Cölner Domriß
durch Moller⟩* (S. 517 und Anm.). – *24 das große Werk der Herrn
Boisseree:* G.s Wunsch erfüllte sich 1821, als Sulpiz Boisserées
Sammlung ›Ansichten, Risse und einzelne Teile des Doms zu Cöln‹
zu erscheinen begann; vgl. G.s Besprechungen dazu (Bd. 13.2,
S. 150 und S. 183). Allerdings hatte er bereits Anfang Oktober
1814 – wie in dem Brieftagebuch für Christiane aus diesem Monat
nachzulesen ist – im Hause Boisserée Zeichnungen des Grund-
risses begutachten können: »*Montag d. 3ten,* Beschauten wir die
Zeichnungen des Cöllner Doms, es sind deren fast soviele fertig als

zum Werke gehören und sehr fürtrefflich. Die Probedrücke der
Radierten sind auch lobenswert«. – *25 die schon in unsern Händen
sind:* Als G. am 9. Oktober 1815 von Sulpiz Boisserée Abschied
nahm und sich auf die Rückreise nach Weimar begab, befand sich
in seinem Gepäck auch der Grundriß des Kölner Doms; über den
Verwendungszweck dieser Boisseréeschen Leihgabe gibt wenig
später das Tagebuch vom 17. Oktober 1815 Auskunft: »Bei Serenissima. Vorzeigung des Dom-Risses« (vgl. auch den Eintrag vom
20. Oktober). – *40 das Facsimile des großen Original-Aufrisses:*
Siehe zu Z. 2.

Zum Schluss

Am 12. November 1816 hatte der Berliner Bildhauer Johann Gottfried Schadow (1764–1850), mit dem G. wegen der Planungen und
Entwürfe für ein Blücher-Denkmal in Rostock seit dem Juli 1815 in
einem ständigen Gedankenaustausch stand (vgl. *Blüchers Denkmal*; S. 372), den Katalog der Berliner Kunstausstellung des Jahres
1816 nach Weimar geschickt; in seinem Begleitbrief hatte er die
Katalog-Nummern jener Ausstellungsstücke angegeben, die der
König zu kaufen beabsichtigte, und ihnen eine kurze Beschreibung
der Bilder beigegeben. Eines davon hat, obwohl G. es nie selbst
gesehen hat und obwohl ihm sein Maler gar nicht bekannt war, nur
aufgrund des Sujets seinen besonderen Widerwillen hervorgerufen.
Schadow beschreibt dieses Bild (und ein weiteres desselben Malers)
folgendermaßen:
»No 99. ist ein groß Bild von einem unserer Eleven, der es in
Wien gemalt hat.
No. 100. auch von ihm; ist nicht in die Ausstellungsäle gekommen, obwohl es die Hohen Herrschaften gesehen haben. Eine
lebensgroße Figur, mit grüner Haut, oben aus dem Halse das
sprützende Blut, im rechten ausgestreckten Arme, seinen Kopf
bei den Haaren haltend, u. in diesem Kopfe, die Leuchte, vonwo
das Licht über die Figur ausgeht – genug wir fanden die Vorstellung zu gräßlich – die Italiäner haben diesen ihren Dichter
so viele Jahrhunderte, u. sie haben nicht diese Gräßlichkeiten
abgemalt; u. Nun kömmt Einer von unsern Überspannten u.
stellt sie dar« (Handschrift GSA 28/72, Bl. 508).
In seinem Dankschreiben vom 27. Dezember 1816 versäumte es G.
nicht, sein Mißfallen über das von Schadow geschilderte Bild zum
Ausdruck zu bringen: »es war mir höchst merkwürdig zu sehen,
mit welchen Gegenständen sich die Künstler abgeben, und daß
doch noch manches Vernünftige darunter ist, der Unsinn nach

Dante ist mir auch willkommen, denn man wird nun nach und nach einsehen lernen, wohin uns falsche Wege führen«.

Obwohl G. das Gemälde also nur aus einer Beschreibung ›kannte‹, entschloß er sich dazu, es am Ende des zweiten Heftes von *Über Kunst und Altertum* in einer kurzen, heftigen Attacke gegen die romantische Bewegung gewissermaßen als ›krönenden Abschluß‹ zu präsentieren, wobei er sich freilich auch hier damit begnügte, an Stelle des Bildes eine Paraphrase der Schadowschen Schilderung einzurücken. Bedenkt man, mit welchem Nachdruck G. bei anderer Gelegenheit – etwa den Elginischen Marmoren – betont hat, daß nur der direkte Augenschein eine angemessene Würdigung eines Kunstwerks gewährleisten könne, so wird deutlich, daß hier andere als primär ästhetische Kategorien den Blick bestimmten – und auch trübten.

Der kurze Beitrag entstand am 23. Februar 1817, als G. »Miscellen ins 2. Rhein und Mayn-Heft« entwarf. Wie wichtig G. dieser das Heft abschließende Beitrag war, wird aus einer sorgfältigen Anweisung deutlich, die am 2. März an den Verleger Frommann geschickt wurde:

»Ew. Wohlgeb. erhalten hiebei abermals etwas Manuskript. Ich wünschte daß Sie es setzen ließen, damit man erführe was noch nachzusenden ist. Ich wünschte daß es 13 Bogen gäbe und auf die letzte Seite dasjenige zu stehen käme was beiliegendes Couvert ⟨...⟩ enthält. Nach meiner Absicht würde die Seite mit einem Perlenstäbchen eingefaßt, worin die Beschreibung des närrischen Gemäldes alsdann zu stehen käme.

Wenn ich allenfalls weiß wie viel Raum noch zwischen dieser letzten Seite und dem vorhergehenden bleibt, so sende das nötige Manuskript und wir wollen sehen inwiefern wir ihn glücklich ausfüllen«.

Das Ungewöhnliche der Verfahrensweise – immerhin war G. ja nicht einmal der Name des Malers bekannt – hat dann auch Proteste hervorgerufen. So schickte Achim von Arnim (1781 bis 1831) G. am 15. Juni 1817 ein Exemplar seiner ›Kronenwächter‹ (vgl. hierzu G.s Tagebuch vom 29. Juni, wo der Empfang bestätigt wird). In seinem Begleitschreiben verteidigte er sowohl den Maler des Bildes, Julius Schoppe (1795–1868), als auch die Wahl des Sujets, nahm Schoppe zugleich vor den Verbindungslinien und Zusammenhängen in Schutz, in die er im vorliegenden Beitrag gestellt worden war, und riet G. darüber hinaus zu künftiger Vorsicht gegenüber seinem Berliner »Korrespondenten«, also Schadow:

»Der Schoppe, so heißt der Berliner Künstler der das Bild nach Dante malte, dessen der II B. der Rheinreise erwähnt, soll von

Wackenroder wie ich höre, gar nichts gewußt haben, er malte
nach Dante, weil er Italiänisch lernte und niemand ihm etwas
Besseres zum Malen aufgab, Michael Angelo zeichnete einen
Band voll Randzeichnungen zum Dante und hegte wohl so
wenig wie Schoppe eine kränkliche Religiosität. Schoppe ist hier
bei allen verschiedenartigsten Meistern als einer der geschicktesten Schüler der hiesigen Kunstschule bekannt, jenes Bild soll in
aller Hinsicht in Zeichnung und Beleuchtung höchst lobenswert
gewesen sein und wurde nur wegen des gemischten Frauenzim-
merpublikums, das die Ausstellung besucht, von derselben zurückgehalten. Übrigens kenne ich weder den Mann, noch sein
Bild, es schien mir aber Pflicht gegen das ohnehin so kärgliche
und zufällige Geschick des jungen Mannes, der jetzt mit kleinem
Gehalte begabt sich auf Reisen befindet, Ew. Exzellenz einiges
Mißtrauen gegen den hiesigen Korrespondenten einzuflößen,
der Ihnen die Notiz zu der Rheinreise mitteilte. Oft meint es
solch ein Korrespondent gar nicht so übel, aber der Wunsch
einem Ausgezeichneten etwas Ausgezeichnetes mitzuteilen,
steigert unbewußt die Worte« (Goethe und die Romantik.
Briefe mit Erläuterungen. Hg. von Carl Schüddekopf und Os-
kar Walzel. 2. Teil. Weimar 1899, S. 153 f.; SchrGG 14).
Immerhin hat G.s Polemik Schoppes weiterer Karriere nicht geschadet, der zunächst von der Berliner Akademie ein Stipendium
für einen Aufenthalt in Rom erhielt und später als anerkannter
Maler und Lithograph in Berlin wirkte.

Textgrundlage und Erstdruck: KuA I 2 (1817), S. 214–216, als
letzter Beitrag unter dem Kapitel »IV. Aus verschiedenen Fächern
Bemerkenswertes«.

365 *19 Phidias:* Phidias (2. Hälfte des 5. Jh.s v. Chr.), griech.
Bildhauer in Athen. – *Hadrian:* Publius Aelius Hadrianus (76
bis 138), seit 117 röm. Kaiser. Hadrian galt als Liebhaber und
Förderer der Künste. – *23 Michel Angelo:* Michelangelo Buonar-
roti (1475–1564). – *24 Spranger:* Bartholomäus Spranger (1546
bis 1611), niederländ. Maler und Radierer. – *29 dem kränklichen
Klosterbruder:* Zu den ›Herzensergießungen eines kunstliebenden
Klosterbruders‹ s. zu S. 325,24. – *30–34 merkwürdige Werke* ⟨...⟩
Weise der Vorwelt: Das Zitat stammt aus Friedrich Schlegels
(1772–1829) Aufsatz ›Dritter Nachtrag alter Gemälde‹, der 1805 im
zweiten Band des zweiten Stücks seiner Zeitschrift ›Europa‹ (dort
S. 144) erschienen war. Dort schrieb Schlegel: »Ein Extrem wird
vielleicht das andre hervorrufen; es wäre nicht zu verwundern,
wenn die allgemeine Nachahmungssucht bei einem Talent, das sich

fühlte, grade den Wunsch absoluter Originalität hervorbrächte.
Hätte nun ein solcher erst den richtigen Begriff von der Kunst
wiedergefunden, daß die symbolische Bedeutung und Andeutung
göttlicher Geheimnisse ihr eigentlicher Zweck, alles übrige aber
nur Mittel, dienendes Glied und Buchstabe sei, so würde er
vielleicht merkwürdige Werke ganz neuer Art hervorbringen;
Hieroglyphen, wahrhafte Sinnbilder, aber mehr aus Naturgefühlen
und Naturansichten oder Ahndungen willkürlich zusammengesetzt, als sich anschließend an die alte Weise der Vorwelt. Eine
Hieroglyphe, ein göttliches Sinnbild soll jedes wahrhaft so zu
nennende Gemälde sein; die Frage ist aber nur, ob der Maler seine
Allegorie sich selbst schaffen, oder aber sich an die alten Sinnbilder
anschließen soll, die durch Tradition gegeben und geheiligt sind,
und die, recht verstanden, wohl tief und zureichend genug sein
möchten?« (Schlegel, S. 150 f.). – *37 Gemälde, nach Dante:* Vgl.
hierzu die Vorbemerkung. Bei dem »höchsten Unsinn« handelte es
sich um die bildhafte Gestaltung der letzten Strophen des 28. Ge-
sangs des ›Infernos‹ aus Dante Alighieris (1265–1321) ›Divina
Commedia‹. Dort wird der provenzalische Troubador Bertran de
Born (gest. 1215) besungen, der den Sohn König Heinrichs II. von
England gegen diesen aufwiegelte: ein Thema, das auch Ludwig
Uhland (1787–1862) in seiner Ballade ›Bertran de Born‹ gestaltete.
In der ›Göttlichen Komödie‹ lautet die entsprechende Passage:
»Gewiß sah ich, als säh ich es noch eben, / Ein Rumpfstück ohne
Kopf in meiner Nähe / Und vorwärts wie die andern sich bege-
ben: / Am Haar hielt seinen Kopf es in die Höhe; / Gleich einer
Lampe hing er an der Hand / Und sah uns an und sagte nichts als:
›Wehe!‹ / Sich selbst hat so zur Leuchte er verwandt, / So zwei in
einem, eins in zwei gespalten: / Wie's möglich, das ist nur dem
Herrn bekannt!« (Dante Alighieri: Die Göttliche Komödie. Aus
dem Ital. übertragen von Wilhelm G. Hertz. Darmstadt 1990,
S. 127). – Nach diesem Satz, der auch im Original (KuA I 2, S. 215)
am Ende der Seite steht, folgt dort der Hinweis: »(Man bittet
umzukehren.)«. Auf der nächsten Seite steht dann die Bildbeschreibung, eingefaßt von einem dreifachen Schmuckrähmchen
mit Perlstabmuster, wie es G. in seinem Brief an Frommann vom
2. März 1817 (s. die Vorbemerkung) gewünscht hatte. Die Doppel-
bödigkeit dieser ›Bildfiktion‹ ist nicht zu übersehen: besondere
typographische Hervorhebung und gleichzeitig beißender Spott
über das aus der Kunstausstellung entfernte Gemälde im Bild des
ersatzweise lediglich mit beschreibenden Worten gefüllten Rah-
mens.

PÜCHLERISCHE FAMILIE

Die flüchtige, nicht weiter ausgeführte und auch zu G.s Lebzeiten unveröffentlicht gebliebene Skizze zur Tiroler Steinschneiderfamilie Pichler entstand am 16. und 17. April 1817. Am 12. März hatte sich G. aus der Weimarer Bibliothek zwei Lebensbeschreibungen über Giovanni Pichler entliehen, die er bis zum 27. Mai behielt:
– Rossi, Giov[anni] Gherardo de: Vita del cavaliere Giovanni Pickler ... Roma 1792 (Keudell, Nr. 1084)
– Rossi, Giovanni Gherardo: Vie de Jean Pickler, graveur en pierres fines. Trad. de l'italien. Paris An VI (1797/98; Keudell, Nr. 1085)
Am 17. April notierte G., der sich zu diesem Zeitpunkt in Jena aufhielt, in seinem Tagebuch als erstes »Briefe und mannichfaltige Expeditionen«. Am Tag zuvor hatte er, auf der Rückseite der Tagebucheintragungen vom 16. April, bereits das Schema eines Schreibens an den Diplomaten, Historiker und Philologen Barthold Georg Niebuhr (1776–1831) entworfen, der als preußischer Gesandter in Rom lebte. In den 17 Punkten dieses Schemas (s. WA IV 28, S. 378) wird der Name Pichler nicht weniger als viermal erwähnt, und als G. tags darauf Färber ein erstes Konzept des Briefs diktiert, ist der Schlußabschnitt ganz der Familie Pichler gewidmet:

»Eben so ist die Familie Pichler lange mein Augenmerk, können Sie mir von dem Ahnherrn Johann Anton einige Abdrücke verschaffen, so würde mich das höchlich ergötzen; von Johann dem Sohn, den ich das Glück hatte persönlich zu kennen, ist die Pastensammlung hier, und ich habe von Rom die Abdrücke mitgebracht; können Sie mir von seinen noch lebenden vortrefflichen Söhnen Joseph und Ludwig einige Pasten, besonders die gerühmte von Pius dem 7ten verschaffen, so würde ich auch von dieser Seite befriedigt sein. Hätte uns Mengs auch solche Söhne gegeben, so wären wir vielleicht besser daran als mit seinen Schülern« (WA IV 28, S. 381).

Wie der letzte Satz durchscheinen läßt, enthielt (auch) dieses Schreiben G.s heftige Invektiven gegen »die Verirrung der jungen deutschen Künstler«, die als ›Nazarener‹ in Rom lebten und deren künstlerische Überzeugungen G. in diesem Schreiben als »eine Gemütskrankheit« tadelt. Obwohl er vermutet, daß deren Arbeiten auch Niebuhr »gewiß eine unangenehme Empfindung geben«, ist er sich dessen allerdings doch nicht so sicher, denn wenig später schließt er die ausdrückliche Bitte an: »Haben Sie ja die Güte mir hierüber Ihre Überzeugung zu sagen, Sie möge mir zur Hoffnung oder Verzweiflung geraten«.

Jedenfalls bleibt der Brief ein Konzept: Er wird ebensowenig abgeschickt wie die Absicht verwirklicht, diese kurze Notiz zur Familie Pichler zu einer tragfähigen Veröffentlichung auszubauen.

Textgrundlage: Handschrift GSA 25/XLVII,3,47 (Beschreibung s. WA I 49/2, S. 254) in der von G. korrigierten Fassung.
Erstdruck: WA I 49/2 (1900), S. 254–255.

366 *14 Johann Anton Püchler:* Johann Anton Pichler, auch Antonius (Antonio) Pichler (1697–1779), Steinschneider aus Tirol, der seit 1743 in Rom lebte. Er bildete antike Gemmen so geschickt nach, daß sie in vielen Fällen tatsächlich für antik gehalten wurden. – *18 Johann der Sohn:* Johann, auch Giovanni, Pichler (1734 bis 1791), Sohn des Johann Anton Pichler, ebenfalls Steinschneider, darüber hinaus auch Maler in Rom. – *21 Joseph und Ludwig:* Die Verwandtschaftsverhältnisse innerhalb der Südtiroler Steinschneiderfamilie Pichler (auch Pickler, Pikler oder Piccheri) haben auch einige Kommentatoren verwirrt, woran G. freilich nicht unschuldig ist, da sich die Formulierung »dessen Söhne« im (Kon-) Text seiner Notizen ja nur auf Johann Pichler den Jüngeren beziehen kann. Tatsächlich sind Ludwig, auch Luigi, Pichler (1773–1854) und Johann Joseph, auch Giuseppe, Pichler (1776 bis 1829) aber Söhne von Johann Anton Pichler aus dessen 2. Ehe und mithin Brüder von Johann Pichler dem Jüngeren. Johann Joseph Pichler wirkte als Steinschneider in Rom, während Ludwig Pichler 1818 Professor für Graveurkunst in Wien wurde, bevor er 1850 nach Rom zurückkehrte. – *22 Pius des 7ⁿ:* Papst Pius VII. (Luigi Barnabà Chiaramonte, 1742–1823), Papst vom 14. März 1800 bis zum 20. Juli 1823.

ELGIN MARBLES

Die beiden kurzen, zudem auch unveröffentlicht gebliebenen Beiträge zu den ›Elgin Marbles‹ (vgl. auch S. 384) gehören zu den Texten, die ihren wahren Stellenwert nicht erkennen lassen und in ihrem trockenen, halbamtlichen Tonfall kaum einen Eindruck davon vermitteln, daß G. hier von einem der entscheidendsten künstlerischen Erlebnisse spricht, die er gegen Ende dieses 2. Jahrzehnts des 19. Jh.s erfahren hatte. Sie sind insofern den beiden Artikeln zum Blücher-Denkmal in Rostock vergleichbar (S. 372 und S. 512), aus denen ebenfalls nur schwer ersichtlich wird, wieviel Aufmerksamkeit, Zeit und Zuwendung G. jenem Gegenstand seit 1815 gewidmet hatte.

Bedeutung und Einfluß des Studiums der Elginischen Marmore sind in den ›Divan-Jahren‹ kaum zu überschätzen; G.s Beschäftigung mit den antiken Darstellungen des Athener Parthenon-Tempels zieht sich wie ein roter Faden durch diesen Abschnitt seines Schaffens und hat zahlreiche andere Aufsätze – etwa *Anforderung an den modernen Bildhauer* (S. 394) – unmittelbar oder aber zwischen den Zeilen beeinflußt. Im Rückblick der *Tag- und Jahres-Hefte* zu 1818 wird G. mit unüberhörbarem Anklang an das vielzitierte Diktum aus der *Campagne in Frankreich* dann sogar von einer »neuen Epoche« der »Einsicht in höhere bildende Kunst« sprechen, die durch die Beschäftigung mit den in Phigalia, Ägina, vor allem aber in Athen entdeckten und der Öffentlichkeit zugänglich gemachten antiken Kunstschätzen begonnen habe (Bd. 14, S. 273).

Nicht zuletzt G.s Briefe legen ein beredtes Zeugnis von seiner Begeisterung ab, die er nicht müde wird immer wieder zu betonen. So heißt es am 20. Juli 1817 an Georg Sartorius (1765–1828), den Professor für Geschichte in Göttingen:

> »Nach Italien, wie ich aufrichtig gestehe, habe ich keine weitere Sehnsucht; es ist ein in so manchem Sinn entstelltes und so leicht nicht wieder hergestelltes Land; von meinen alten Liebschaften und Tätigkeiten fänd' ich vielleicht keine Spur mehr. Neues zu säen und zu pflanzen ist zu spät, und wer möchte sich mit den neuesten Verirrungen dortiger deutscher Künstler persönlich befreunden oder befinden.
>
> Was mich aber, wenn ich einigermaßen mobil wäre, gewiß vom Platze ziehen würde, wären die Elginischen Marmore und Consorten, denn hier ist doch allein Gesetz und Evangelium beisammen; alles Übrige könnte man allenfalls missen. Das vorläufige deshalb herausgegebene Werk läßt freilich noch Mehreres hoffen«.

Kurz zuvor, im Mai 1817, hatte G. durch Großherzog Carl August eine neuerschienene Darstellung des Gegenstandes erhalten, den es zunächst kurz zu erläutern gilt: Im Jahre 1800 hatte der englische Diplomat Thomas Bruce, Earl of Elgin and Kincardine (1766–1841), der nach Aufenthalten in Brüssel und Berlin 1799 zum britischen Botschafter in Konstantinopel ernannt worden war, eine archäologische Expeditionsreise nach Sizilien und Griechenland unternommen, wobei in Athen sein Interesse insbesondere dem Parthenon-Tempel auf der Akropolis galt. Dieses der Göttin Pallas Athene geweihte Bauwerk war in den Jahren 448 bis 432 v. Chr., also unter der Herrschaft des Perikles, errichtet worden. Der zweigeteilte Innenraum, die sogenannte ›Cella‹ beherbergte eine monumentale, aus Goldelfenbein gefertigte Statue der

Athene. Zu einem der herausragendsten Zeugnisse der Kunstgeschichte wurde der Parthenon-Tempel vor allem aber durch seine
reichhaltigen und kostbaren Skulpturen, die als Meisterwerke des
athenischen Bildhauers Phidias (2. Hälfte des 5. Jh.s v. Chr.) galten, der auch die Oberaufsicht über den Bau dieses dorischen Ring-
hallentempels führte. Die Außenseiten am Gesims schmückten
92 Metopenreliefs – als ›Metope‹ bezeichnet man beim dorischen
Tempel ein abgeteiltes, rechteckiges Relief als Bestandteil des
Gebälks –, die Szenen aus dem Trojanischen Krieg, aber auch
Kämpfe mit den Kentauren, Giganten und Amazonen darstellten.
Das Gesims innerhalb des Umgangs um den Tempel zierte ein
Fries mit Bildern des Panathenäenzugs, jenes sommerlichen Festes
der Bürger Athens zu Ehren ihrer Stadtgöttin Athene. Die Gie-
belpartie des Tempels schließlich zeigte die (nicht erhaltene) Geburt der Pallas Athene aus dem Kopf des Zeus sowie deren Sieg im
Kampf mit Poseidon um die Herrschaft in Attika.
  Die Skulpturen des Parthenon-Tempels, der im Laufe der Jahrhunderte zunächst in eine Kirche (5. Jh.) umgewandelt und dann
im Jahre 1456 unter türkischer Regentschaft zu einer Moschee
gemacht worden war, wurden im Jahre 1683 durch einen unbekannten flämischen Maler, den sogenannten ›Carrey-Zeichner‹,
einem Künstler im Umkreis des damaligen französischen Gesandten de Nointel, in Abbildungen festgehalten, wodurch der Nachwelt eine Überlieferung der wahrscheinlichen ursprünglichen
Anordnung der antiken Kunst- und Bauwerke erhalten geblieben ist. Nur vier Jahre später nämlich, während der Belagerung
Athens durch venezianische Truppen unter dem Oberbefehl von
Francesco Morosini, wurde der als Munitionslager benutzte
Tempel durch eine Explosion schwer beschädigt. Auf Veranlassung des Earl of Elgin wurde der Giebelschmuck des Parthenons
in den Jahren 1800 bis 1803 nunmehr entfernt und nach London
verbracht – eine Vorgehensweise, die unter seinen Zeitgenossen
freilich nicht nur Zustimmung, sondern auch heftigste Ablehnung
hervorrief.
  Zu den schärfsten Kritikern zählte insbesondere Lord Byron
(1788–1824), der sowohl in seinem Versepos ›Childe Harold's
Pilgrimage‹ (dort zu Beginn des im Jahre 1812 erschienenen Can-
to II, Strophe 11–15) als auch in seinem Gedicht ›The Curse of
Minerva‹ den Earl of Elgin des Kunstraubs bezichtigte und als
»plunderer« geißelte. In seinem mit der Datumsangabe »Athens,
Capuchin Convent, 17th March 1811« (Athen, Kapuzinerkloster,
17. März 1811) überschriebenen Gedicht ›Der Fluch der Minerva‹
läßt er die Göttin über den englischen Adligen folgende Worte
sprechen:

»Trotz Krieg und Flammen mußten, wo wir stehn,
Vielfache Tyrannein zugrunde gehn,
Osman und Gote, bis dein Vaterland
Den schlimmsten aller Räuber hat gesandt.
Schau dieses Heiligtum, entweiht und leer;
Zähl die herabgerißnen Rest umher:
Das baute Kekrops, Hadrian schuf dies,
Dort schmückte Perikles den Marmorfries;
Und fragst du, wer noch mehr getan für mich?
Elgin war's und vor ihm Alarich.
Daß jeder seh, woher die Plündrer kamen,
Trägt die beschimpfte Wand des Frevlers Namen;
Für Elgins Ruhm sorgt Pallas' Burg hinfort, –
Sieh, hier sein Nam, und seine Taten dort!
Geehrt mit gleichem Gruße wird fortan
Der Goten Fürst und Schottlands Edelmann;
Er war der größere Barbar: er stahl,
Was andere gewannen mit dem Stahl ...«

(Zitiert nach: George Gordon Lord Byron, Sämtliche Werke, hg.
von Siegfried Schmitz. Bd. 1, München 1977, S. 171 f.)

In der Folge um weitere Skulpturen – vor allem aus dem Besitz
des französischen Gesandten Choiseul Gouffier – ergänzt und
erweitert, wurde die Sammlung der Elgin Marbles 1816 durch das
›British Museum‹ erworben. Dem staatlichen Ankauf waren Ver-
handlungen mit dem Unterhaus vorangegangen, das zu diesem
Zweck eine eigene Kommission eingesetzt hatte, die ihr Gutachten
in Form eines großen Foliobandes veröffentlichte: ›The Elgin
Marbles from the Temple of Minerva at Athens: on sixty-one
Plates, selected from »Stuarts and Revetts Antiquities of Athens.«
to which are added, The Report from the Select Committee to the
House of Commons, respecting the Earl of Elgin's Collection of
Sculptured Marbles, and an Historical Account of the Temple‹.
London 1816.

Es war dieser Folioband, den G. zu Gesicht bekam, als er am
18. Mai 1817 den Großherzog Carl August besuchte. Auch in den
nächsten Tagen werden die ›Elgin Marbles‹ studiert, bevor G. am
23. Mai »Aufsätze über verschiedenes von Serenissimo Eingesendetes, Konzepte und Abschrift« im Tagebuch notiert. Am Ende
der Eintragungen dieses Tages findet sich dann auch der Vermerk:
»*Serenissimo:* Elgin Marbles«. Am 23. Mai 1817 ist also vorliegender Beitrag entstanden, der ein erstes Gutachten zur Neuerwerbung des Großherzogs darstellte.

Zu den ›Elgin Marbles‹ äußerte sich G. am gleichen Tag auch
in seinem Brief an Johann Heinrich Meyer, dem er – wie auch

im Memorandum für Carl August – bei aller rückhaltlosen Wertschätzung für den Gegenstand selbst seine kritischen Einwände
nicht verhehlt: »Die Elgin Marbles beschäftigen mich sehr, das
Buch ist unschätzbar, besonders wegen der Verhöre über diese wichtige Sache, wovon Henry Bankes Esq. in the Chair kein
Wort versteht, er müßte denn der größte Schelm sein und die Zu-
befragenden mystifizieren wollen, senden Sie mir doch das Heft
in welchem Sie Ihre Gedanken hierüber geäußert haben. Ich sehe
nun erst recht wie wunderlich man dort herum tappt«.

Mit dem Erscheinen des Kommissionsberichts, der die Parthenonskulpturen in Wort und Bild, nämlich auf 61 Tafeln, vorstellte,
hatte sich die Beschäftigung mit den Elgin Marbles für G. also
keineswegs erschöpft oder befriedigend geklärt: Im Gegenteil, sie
setzt nun eigentlich erst ein. In den folgenden Wochen und Monaten werden weitere Erkundigungen hierzu eingezogen und neue
Kontakte geknüpft (vgl. hierzu die Vorbemerkung zu *Elginische
Marmore*, S. 1048 ff.).

Zugleich wird deutlich, daß sich G. bereits zuvor mit der
Sammlung des englischen Earl befaßt hatte. Bei dem von G.
apostrophierten »Heft« und den darin geäußerten »Gedanken«
Meyers handelte es sich nämlich um die 1817 in Leipzig und
Altenburg bei F. A. Brockhaus erschienene ›Denkschrift über
Lord Elgin's Erwerbungen in Griechenland [Memorandum on the
subject of the Earl of Elgin's pursuits in Greece]. Nach d. 2. engl.
Ausg. bearb. Mit e. Vorr. v. C[arl] A[ugust] Böttiger u. Bemerkun-
gen d. Weimarischen Kunst-Freunde. Nebst 1 Kupfer‹, die G.
zwar besaß (Ruppert, Nr. 2048), in Jena – wo er sich mit wenigen
Unterbrechungen von Ende März bis Anfang August 1817 aufhielt
– aber nicht zur Verfügung hatte. An diese Veröffentlichung und
vor allem an den Folioband dachte G., als er in den *Tag- und
Jahres-Heften* zu 1816 über die Elgin Marbles resümierte: »Die
Ankunft der Elginischen Marmore erregte großes Verlangen unter
allen Kunstliebhabern« (Bd. 14, S. 248). Die ›englische Ausgabe‹,
die Böttiger übersetzt hatte, war eine Denkschrift des englischen Diplomaten und Altertumsforschers Sir William Hamilton
(1730–1803), die 1811 in erster und 1815 in zweiter Auflage in
London erschienen war. Am 23. April 1816 vermerkte G. das
Studium der »Böttigerschen« Schrift in seinem Tagebuch, am
6. Mai wurde dann mit Riemer der »Aufsatz über die Elginischen
Marmore« besprochen, womit die (von Meyer verfaßten) »Bemerkungen« gemeint waren, auf die G. in seinem Brief vom 23. Mai
1817 angespielt hatte. Meyer reagierte dann auch umgehend; schon
am 24. Mai schickt er, wie gewünscht, ein Exemplar der Böttigerschen Denkschrift an G. und fügt »ein paar Worte« hinzu: »Ein

wahres tröstendes Wort sagen Sie mir damit, daß Sie das Werk Elgin Marbles ein wenig rühmen; denn ich habe noch vor ein paar Tagen solches von Froriep durchaus gering schätzen hören müssen, sagen, es sei bloß nach Stuart kopiert pp. Worauf ich nichts erwiedern konnte, weil ich es doch bloß flüchtig durchgeblättert habe, überdem nicht versuchen mag, Mohren zu waschen. Genug, es freut mich, daß Sie Vergnügen daran finden und eine gute Meinung davon hegen« (Meyer, Bd. 2, S. 400 f.; vgl. auch Meyers Brief an G. vom 30. Mai 1817).

G.s Wertschätzung der antiken Kostbarkeiten des Phidias war freilich keineswegs neueren Datums, handelte es sich bei der Begegnung mit den Parthenonskulpturen im Mai 1817 doch genau besehen um eine Wiederentdeckung. Schon während seines römischen Aufenthalts, am 22. August 1787, hatte G. nämlich Abbildungen dieser Kunstwerke kennengelernt, worüber er in der *Italienischen Reise* unter dem Datum vom 23. August berichtete: »Gestern sah ich bei Ch. v. Worthley, der eine Reise nach Griechenland, Ägypten pp. gemacht hat, viele Zeichnungen. Was mich am meisten interessierte waren Zeichnungen nach Basreliefs, welche im Fries des Tempels der Minerva zu Athen sind, Arbeiten des Phidias. Man kann sich nichts schöners denken als die wenigen einfachen Figuren« (Bd. 15, S. 469 f.). Die Zeichnungen, die der Chevalier Richard von Worthley (1751–1805) auf seinen zwischen 1781 und 1787 unternommenen Reisen angefertigt hatte und die G. hier zum ersten Mal sah, hinterließen einen so »entschiedenen und unauslöschlichen Eindruck« (ebenda, S. 473 f.), daß sie im Bericht vom August 1787 noch einmal eigens hervorgehoben wurden.

Erst viel später, allerdings mit dem gleichen nachhaltigen Resultat, begegnete G. dann den Parthenonskulpturen wieder. In Darmstadt, wo er sich während seiner ersten Reise in die Rhein- und Maingegenden vom 9. bis zum 11. Oktober 1814 aufhielt, besuchte G. am 10. Oktober das Großherzogliche Museum, dessen Sammlungen er im Brieftagebuch für seine Frau Christiane unter dem Datum vom 12. Oktober schilderte, wobei er insbesondere die »herrlichen Gyps Abgüsse« würdigte: »Einige Basreliefs von dem Tempel der Pallas zu Athen erfreuten mich höchlich. Ein solches Wunderliche muß man mit Augen gesehen haben« (vgl. auch S. 55,23–30; ebenso im Brief an Knebel vom 9. November 1814: »Das Höchste, was mir zu Teil geworden, sind einige Basreliefs von der Zelle des Parthenons«). Die Ausgabe der ›Elgin Marbles‹, wie sie G. im Mai 1817 kennengelernt hatte, bot nunmehr die Gelegenheit, diese Kunstwerke wenigstens in reproduzierter Form »mit Augen sehen« zu können, was G. in der Folge auch propagierte, wo immer es ihm angebracht schien. Seine von einer spürbaren Begeisterung getragenen Schilderungen stehen dabei in einem offensichtlichen Kontrast zu der deutlichen Reserve, mit der er bei aller Wertschätzung der ›neuentdeckten‹ altdeutschen Kunst zumal in seinen publizierten Stellungnahmen begegnet war. Das befreiende Moment, das G. in der Begegnung mit den ›Elgin Marbles‹ erfahren hat, läßt sich in seiner vollen Bedeutung auch nur vor dem Hintergrund seiner sich immer mehr verschärfenden Frontstellung gegen die ›neu-deutsch religios-patriotischen‹ Tendenzen in der bildenden Kunst und Literatur angemessen verstehen. Nahezu jede veröffentlichte Passage, die G. in diesen Jahren den Elginischen Marmoren widmete, ist ein Indiz für diesen unmittelbaren Zusammenhang. Die Würdigung der antiken Kunstschätze und G.s Invektiven gegen die Vertreter der romantischen Bewegung sind meist nicht voneinander zu trennen, sie bilden zwei Seiten einer Medaille (vgl. auch das Paralipomenon zu *Sappho von einem herrschenden Vorurteil befreit*, S. 1034).

Somit waren die Elgin Marbles für G. eben nicht nur Objekte einer ›zweckfreien‹ Betrachtung – dies waren sie zweifellos *auch* und unter diesem Aspekt sicherlich die Hauptquelle, aus der sich G.s Enthusiasmus speiste: Sie wurden darüber hinaus zur ›Waffe‹ im Kampf gegen die vermeintlichen Irrwege der zeitgenössischen Kultur und in dieser Absicht als klassizistisches Argument gegen die romantische Begeisterung für die altdeutsche Malerei ausgespielt. Zugleich versetzten sie G. in die Lage, diesen von ihm kritisierten Entwicklungen ein gewissermaßen zeitlos gültiges Muster klassischer Kunst entgegenzustellen, das vor allem jungen Bildhauern immer wieder als Exempel und Prüfstein ihres Talents dienen sollte. Wie wichtig G. gerade diese pädagogische Absicht war, belegt am nachdrücklichsten sein wenig später verfaßter Aufsatz *Anforderung an den modernen Bildhauer* (S. 394), der ohne den Impuls der ›Elgin Marbles‹ nicht denkbar gewesen wäre.

Und natürlich ist in diesem Zusammenhang auch an G.s umfangreichen Aufsatz *Philostrats Gemälde* (S. 449) zu erinnern, der sich dem gleichen Ziel verpflichtet hatte. Der ›Zweck der Übung‹ war es nämlich auch dort gewesen, zeitgenössischen Künstlern ein Tableau nachahmenswerter Sujets aus der antiken Geschichte und Mythologie vorzustellen. Während G. aber Philostrats Gemälde nur mit Hilfe beschreibender Darstellungen rekonstruieren konnte, boten die ›Elgin Marbles‹ demgegenüber den entscheidenden Vorteil, daß dieser Umweg über die Schrift nun nicht mehr nötig war.

Über seine offizielle Stellungnahme hinaus hat G. am 23. Mai auch einige Detailanmerkungen zu den ›Elgin Marbles‹ verfaßt, die

sich im Konzept (die Originale – auch zum Gutachten – sind nicht
erhalten) auf einem neuen Blatt anschließen:

> Ew. Königliche Hoheit vermißten sehr mit Recht eine beklei-
> dete, weibliche Figur, von deren Vortrefflichkeit uns die fünfte
> und neunte Platte, nach Zeichnungen welche 1683 verfertigt
> worden, einen zwar unzulänglichen aber doch den höchsten
> Begriff gibt. Sie gehört gewiß zu dem herrlichsten was die Kunst
> hervorgebracht hat, in dem Katalog pag. 70 steht sie unter
> *Parthenon*, A. Num. 6. Group of two Female Figures, dazu
> gehört wahrscheinlich Num. 13.; Female Figure Sitting (sup-
> posed to belong to group marked Num. 6.).
>   Eine Zeichnung dieser drei Figuren in mäßiger Größe, viel-
> leicht etwas größer als die von Platte 10 und 11. Herkules und
> Ilissus vorstellend, würde ein großes Geschenk sein welches Ew.
> Hoheit den weimarischen Kunstfreunden zu gute kommen
> ließen.
>   Eben erinnere ich mich daß Ew. Hoheit von Kopien sagten,
> die Sie in Paris machen ließen, wahrscheinlich nach denselben
> Zeichnungen von 1683 welche Stuart benutzt, ⟨bricht ab⟩

Textgrundlage: Handschrift GSA 29/16, Bl. 135 (Beschreibung s.
WA IV 28, S. 390).

Erstdruck: WA IV 28 (1903), S. 390 f.; vgl. Wahl, Bd. 2, S. 190.

Textgrundlage: Handschrift GSA 29/16, Bl. 134 (Beschreibung s.
WA I 49/2, S. 323: H) in der von G. korrigierten Fassung, ein
Konzept im Faszikel ›Abgegangene Briefe und Aufsätze. April
⟨...⟩ Oktober 1817‹. Hingewiesen sei auf die Stelle S. 369,12
Befragten, die in den neueren Ausgaben fälschlich mit »Beauftrag-
ten« wiedergegeben wird (aufgrund eines Fehlers in WA, der zwar
im zweiten Abdruck des Texts in der Abt. IV der WA korrigiert,
aber trotzdem weitertradiert wurde).

Erstdruck: GJb 19 (1898), S. 3–4.

366 *26 Marbles:* engl. marble: ›Marmor‹. – *28 Der Katalog:*
Vgl. hierzu die Vorbemerkung. – *31 Phigalia, und Aegina:* Zur
Entdeckung des Apollon-Tempels in Phigalia vgl. den Aufsatz
⟨*Relief von Phigalia*⟩ (S. 444 und Anm.). Auf der Athen vorgela-
gerten Insel Ägina hatten deutsche und englische Archäologen im
Jahre 1811 einen um 490 bis 480 v. Chr. erbauten Aphaia-Tempel
entdeckt (vgl. hierzu die *Tag- und Jahres-Hefte* zu 1817; Bd. 14,
S. 260,30 ff.), dessen von dem dänischen Bildhauer Bertel Thor-
valdsen (1768–1844) restaurierte Giebelgruppe sich heute in der
Münchner Glyptothek befindet. – *34 Verhöre:* Anhörungen.

369 *7 der Apoll von Belvedere:* eine zu Ende des 15. Jh.s aufgefundene, aus dem 2. Jh. v. Chr. stammende röm. Marmorkopie
nach einer griech. Bronzestatue, die Leochares um 350 v. Chr.
angefertigt hatte. Sie ist heute in der Antikensammlung des Vati-
kans zu sehen. Leochares war ein attischer Bildhauer, zu dessen
berühmtesten Werken die um 360 bis 340 v. Chr. geschaffenen
Skulpturen des Mausoleums in Halikarnassos gehörten. – *8 Flachsmann und West:* John Flaxman (1755–1826), engl. Bildhauer und
Illustrator, der von 1787 bis 1794 in Rom lebte. Seine Stellungnahme in den ›Elgin Marbles‹ (London 1816) auf den S. 28 ff. –
Benjamin West (1738–1820), engl. Hofmaler amerik. Abkunft,
Präsident der Londoner Akademie. Sein Votum auf den S. 58 ff. –
9 Henry Bankes, Esq. in the Chair: Henry Bankes (1757–1834),
engl. Schriftsteller und Politiker, der im Unterhaus für künstlerische Fragen zuständig war und bei den Verhandlungen über den
Ankauf der Elgin Marbles den Vorsitz der Prüfungskommission –
›Esquire in the Chair‹ – innehatte. Seine Fragen an die Sachverständigen sind als »Minutes of Evidence taken before the select Com-
mitee« in den ›Elgin Marbles‹ auf den S. 13–60 abgedruckt.

SAPPHO
VON EINEM HERRSCHENDEN VORURTEIL BEFREIT

In G.s publizistischer Tätigkeit als Rezensent und Kunstkritiker
sind zumal nach der Jahrhundertwende die ›Verrisse‹ eher die
Ausnahme. Dies schließt nicht aus, daß G. ihm widerstrebende
Tendenzen in großangelegten Attacken – wie dem Aufsatz *Neu-
deutsche religios-patriotische Kunst* – auch bekämpfte bzw. bekämpfen ließ, viel eher aber werden mißliebige Werke wo nicht
ignoriert, so doch verschwiegen. Im Alter wird dieses Reaktions-
muster dann zur bewußten Haltung: »Ich schweige zu Vielem still,
denn ich mag die Menschen nicht irre machen, und bin wohl
zufrieden, wenn sie sich freuen da wo ich mich ärgere« (*Maximen
und Reflexionen*, Nr. 503; Bd. 17, S. 812).

   Vor Harmonisierungen hat man sich gleichwohl zu hüten, heißt
es doch in einem anderen Aphorismus dieser Sammlung: »In der
jetzigen Zeit soll niemand schweigen oder nachgeben; man muß
reden und sich rühren, nicht um zu überwinden, sondern sich auf
seinem Posten zu erhalten; ob bei der Majorität oder Minorität, ist
ganz gleichgültig« (ebenda, Nr. 159; S. 745; vgl. auch Nr. 351 und
878).

   Entfaltet sich G.s kunst- und literaturkritische Tätigkeit also
zwischen den beiden Polen Zurückhaltung und Einmischung,

Engagement und (trotziger) Resignation, die freilich immer wieder durch das Vertrauen auf künftige verständigere (Lese)Generationen ausbalanciert wird, so unterscheidet G. auf diesem Terrain wiederholt zwischen einer »vernichtenden« (so zu Eckermann am 1. Februar 1827) und einer demgegenüber aufbauenden Kritik. Abgesehen davon, daß es eingestandenermaßen nicht in G.s Interesse lag, mißliebigen Werken durch seine kritischen Anmerkungen ein öffentliches Forum und damit zusätzliche Publizität zu verschaffen, rechnete er sich generell zur Partei der ›konstruktiven‹ Kritiker. In einem 1821 erschienenen Nachtrag (*Graf Carmagnola noch einmal*) zu einem Trauerspiel von Alessandro Manzoni hat sich G. zu dieser Vorgehensweise prinzipiell geäußert:

> »Es gibt eine zerstörende Kritik und eine produktive. Jene ist sehr leicht, denn man darf sich nur irgend einen Maßstab, irgend ein Musterbild, so borniert sie auch seien, in Gedanken aufstellen ⟨...⟩
>
> Die produktive Kritik ist um ein gutes Teil schwerer, sie fragt: Was hat sich der Autor vorgesetzt? Ist dieser Vorsatz vernünftig und verständig? und in wiefern ist es gelungen, ihn auszuführen? Werden diese Fragen einsichtig und liebevoll beantwortet, so helfen wir dem Verfasser nach« (Bd. 13.1, S. 373).

Die vorliegende Replik vereinigt beide Elemente. Obwohl sie mit einer »wohlmeinenden« Empfehlung abgeschlossen wird, bricht der Ärger ihres Verfassers an mehr als einer Stelle deutlich hervor. In einem Paralipomenon verschweigt G. diese Verstimmung noch weniger:

> Der H. Verfasser mag in Göttingen wohl öfters gehört auch wohl in gelehrten Anzeigen ⟨gelesen⟩ haben daß meine Farbenlehre auf Mißverständnissen beruhe, da er denn glauben mag an mir zum Ritter werden zu dürfen. Möchte ein Mißverständnis mehr kommen, dem verrufenen Buche wirds nicht schaden. Hiezu konnte ich nicht stillschweigen, denn meine Gegner hab ich deshalb nicht ⟨genannt⟩, weil die Widers⟨acher⟩ in meiner Farbenlehre schon stehen. Daß aber ein Philolog mir noch gar unzüchtige Stellen andichten will ist doch gar zu seltsam. Möge er in seinem engen Besitz ⟨bricht ab⟩

Textgrundlage: Handschrift GSA 25/XLIX,15,9 (Beschreibung s. WA I 53, S. 401 zu Nr. 111). – Ein Anakoluth wurde beseitigt: *stehen* (steht Hs.; unvollständige Korrektur aus »weil alles ⟨...⟩ steht«). *Erstdruck:* WA I 53 (1914), S. 400 f.

G. hatte Welckers Schrift ›Sappho von einem herrschenden Vorurteil befreit‹ (Göttingen 1816) Anfang Januar 1817 von Caroline von Humboldt (1766–1829) erhalten (Ruppert, Nr. 1335); der Verfasser war ihm dabei kein Unbekannter. G. hatte den Archäologen Friedrich Gottlieb Welcker (1784–1868), der als Professor in Gießen, Göttingen und schließlich Bonn lehrte, im Herbst 1805 kennengelernt und am 6. August 1814 in Wiesbaden erneut getroffen. Am 19. und 20. März 1817 beschäftigte sich G. mit Welckers Schrift, in der dieser den Versuch unternahm, die um 600 v. Chr. geborene, von der Insel Lesbos stammende griechische Dichterin umfassend zu rehabilitieren. Eine erneute Lektüre wird dann am 21. und 22. Mai 1817 im Tagebuch vermerkt, über deren Resultat sich G. in einem Brief vom 7. Juni an Johann Heinrich Meyer (der sich zuvor in seinem Schreiben an G. vom 30. Mai schon auf Welcker ›eingeschossen‹ hatte) unmißverständlich äußert: »*Welker*, der verwelkte Böttcher, wird schlecht weg kommen, er hat in seiner Sappho eine Eselei gegen mich ausgehen lassen, die ihm soll teuer zu stehn kommen, wenn ich den Humor behalte« (vgl. hierzu auch das Gedicht *Kore*; Bd. 11.1).

Es war zweifellos nicht der Verlust des »Humors«, der G. von einer Publikation dieser Besprechung abgehalten hat. Wie ein anderes Paralipomenon zu dieser Rezension deutlich macht, hatte G. in diesen Wochen eine weitere wichtige, zusätzliche Argumentationshilfe erhalten:

> Daß indes auch Nachfolger des Polygnots weibliche Figuren zusammen gruppiert, davon geben uns die Überreste der Giebelbilder des Parthenons ein unverwerfliches Zeugnis. In dem lehrreichen Werke: the Elgin Marbles London. 1816 finden wir auf der fünften und folgenden Platten die Giebelgruppen des Parthenons, wie sie 1683, noch im Stande waren. Auf der Westseite sah man eine bekleidete in das Gewand eingewickelte Figur an der Erde sitzen, auf deren Schoß eine ganz Nackte, so daß wenn man erstere für Chloris wollte gelten lassen, sie ganz eigentlich unter den Knien der Thyia läge. Nach den Auslegern jedoch soll hier Ceres und Proserpina gemeint sein.
>
> Auf der Ostseite ist abermals die lieblichste Verbindung zweier, ja dreier weiblichen Figuren zu sehen. Die Mittlere sitzt, wenig erhöht und hat ihren Schoß ganz eigentlich bereitet zum Ruhelager einer andern weiblichen Gestalt, die von der linken Seite herein, auf einem Sockel liegend, mit den Ellenbogen zwischen den Knien, mit dem Haupte an dem Hals der andern liegt und ihren rechten Arm auf den Knien der dritten neben ihr erhöht sitzenden stützt.

Textgrundlage: Handschrift GSA 25/XLVI,2,19 (Beschreibung s. WA I 48, S. 240).
Erstdruck: WA I 48 (1897), S. 240 f.

Vergleicht man dieses Passage mit den Tagebüchern vom Frühjahr 1817, so gibt es keinen Grund, G.s Autorschaft in Zweifel zu ziehen, wie dies die Weimarer Ausgabe getan hat, die Johann Heinrich Meyer als Verfasser dieses Paralipomenons annahm. Der nachhaltige Eindruck, den die Elginischen Marmore auf G. gemacht haben und der sich in vielen Aufsätzen (und Briefen) dieser Monate niederschlug, läßt vielmehr den Schluß zu, daß G. – seinen eigentlichen, oben umrissenen kritischen Intentionen folgend – diese Auseinandersetzung mit Welcker, die ursprünglich für *Über Kunst und Altertum* II 3, dann II 2 vorgesehen war, womöglich in dem weiter gespannten Rahmen einer (positiven) Würdigung der ›Elgin Marbles‹ zu führen gedachte.

Textgrundlage: Handschrift GSA 25/XLVI,2,11 (Beschreibung s. WA I 48, S. 272: H) in der von G. korrigierten Fassung. – Eingriffe: S. 370,16–18 *Ich selbst über mein nachlassendes Erinnerungsvermögen* 〈...〉 〈*erstaunt*〉, *griff* (Ich selbst über mein nachlassendes Erinnerungsvermögen 〈...〉, griff Hs.; das Fehlende nach WA ergänzt); 370,32 *gehabt‹.«* (gehabt". Hs.; zweites Anführungszeichen ergänzt); 371,1 *beschäftigt* 〈*hatten*〉. *Die* (beschäftigt Die Hs.; das Fehlende nach WA ergänzt); 371,5–9 *[Dann würden wir] wie wir ihnen die Folgen der Eroberung Trojas verdanken* 〈...〉 *so würden sie uns auch den Hades geliefert haben* (Wie wir ihnen die Darstellung der Folgen der Eroberung Trojas verdanken 〈...〉 so würden wir ihnen auch den Hates zu verdanken haben Hs. Grundschicht; G.s Korrektur: »Dann würden wir wie wir ihnen *die Folgen der Eroberung Trojas* verdancken 〈...〉 so würden sie uns auch den Hades geliefert haben« hat zu einem Anakoluth geführt, der durch Tilgung der ersten drei Wörter beseitigt werden kann); 371,19 *der symbolischen Buchstabentafel* (dem symbolischen Buchstabentafel Hs.; nach WA korrigiert); 371,22 〈*Unter ihnen* 〈...〉 *im Schoße liegend*〉 (in der Hs. statt des Zitats nur eine Leerzeile; ergänzt nach JALZ, Extrabeilage v. 1. Januar 1804: *Polygnots Gemälde in der Lesche zu Delphi*); 371,28 *Aufsatze* (Aufsatzes Hs.; nach WA korrigiert); 371,33 *Mißhandlung würdiger Namen* (Mishandlung, würdiger Namen Hs.; das überflüssige Komma getilgt); 371,36 *Leider scheint* 〈...〉 *gelesen, auf* (in der Hs. mit Bleistift gestrichen; die Streichung wurde nicht berücksichtigt, da sonst der Satz unvollständig bliebe; vielleicht hat G. an dieser Stelle eine Änderung beabsichtigt, diese aber dann nicht ausgeführt).
Erstdruck: WA I 48 (1897), S. 172–176 (mit zahlreichen, im Apparat nicht nachgewiesenen, Abweichungen von der Hs.).

369 *26 Uwarof:* Graf Sergej Semjonowitsch Uwarow (1786 bis
1855), russ. Staatsmann und Gelehrter; vgl. auch *Urteilsworte
französischer Kritiker*, deren erster Teil in *Über Kunst und Altertum* I 3 erschienen war (S. 239,21). – *30 anwidernde Gegenstand:*
Gemeint ist die lesbische Liebe.

370 *6 Die Stelle Seite 16:* Hier »irrt« Welcker tatsächlich
»sehr«; die von ihm angeführte Passage stammt nicht aus der
Farbenlehre, sondern aus *Winkelmann und sein Jahrhundert* und
findet sich dort im Abschnitt »Freundschaft«: »Auch hier zeigt
sich ein merkwürdiger Unterschied alter und neuer Zeit. Das
Verhältnis zu den Frauen, das bei uns so zart und geistig geworden,
erhob sich kaum über die Grenze des gemeinsten Bedürfnisses.
Das Verhältnis der Eltern zu den Kindern scheint einigermaßen
zarter gewesen zu sein. Statt aller Empfindungen aber galt ihnen
die Freundschaft unter Personen männlichen Geschlechtes, obgleich auch Chloris und Thyia noch im Hades als Freundinnen
unzertrennlich sind« (Bd. 6.2, S. 353 f.). Fürwahr keine philolo-
gische Glanzleistung Welckers, die G.s nachfolgende sarkastische
Kommentierung verständlich macht. – *27 Pausanias:* Pausanias
(um 115 bis nach 175), griech. Schriftsteller, dessen ›Περιήγησις
τῆς Ἑλλάδος‹ (Beschreibung Griechenlands) in zehn Büchern
zwischen 160 und 180 erschien. – *39 die weimarischen Kunstfreunde:* in der Preisaufgabe des Jahres 1804, vgl. *Polygnots Gemälde in der Lesche zu Delphi* (Bd. 6.2, S. 509, sowie die Paralipomena auf den S. 1118–1121). Polygnotos (um 480–440 v. Chr.) war
ein berühmter griech. Maler im 5. Jh. v. Chr., dessen Bilder Pausanias im zehnten Buch (25–31) beschrieben hat.

371 *2 Ripenhaußen:* Die Brüder Friedrich Franz (1786–1831)
und Christian Johannes Riepenhausen (1788–1860), die als Maler
und Kupferstecher in Göttingen lebten, hatten nach der Beschreibung des Pausanias eine Rekonstruktion der Gemälde des Polygnot unternommen und diese zwölf Zeichnungen zum Preisausschreiben 1803 eingeschickt, was G. ausdrücklich begrüßt hatte
(vgl. Bd. 6.2, S. 508, 537, sowie die Abb. auf S. 519; ferner
S. 1115 ff., wo auch G.s Brief an die Brüder Riepenhausen vom
4. Oktober 1803 abgedruckt ist). – *4 Legendentand:* Im Jahr 1804
waren die Brüder Riepenhausen zum Katholizismus konvertiert
und nannten sich fortan Franz und Johannes – eine Wendung, die
sich auch in ihrer Kunstauffassung niederschlug und die G. mißbilligte (vgl. den Brief an Meyer vom 22. Juli 1805; ferner auch *Kunst
und Altertum am Rhein und Mayn*; S. 40,4). – *19 der symbolischen
Buchstabentafel:* Vgl. Bd. 6.2, S. 510 f. und 516 f. – *22 Unter ihnen
Chloris ⟨...⟩:* Vgl. Bd. 6.2, S. 518,40.

372 *6 Syrten:* Die Große und die Kleine Syrte sind Meeres-

buchten im Osten (Große Syrte: heute Golf von Sidra) bzw. Westen (Kleine Syrte: heute Golf von Gabès) des Libyschen Meeres. Die Kleine Syrte reicht dabei bis zum Tritonis-See (dem heutigen Schott el-Djerid in Tunesien), zu dem die Argonauten mit ihrem Schiff durch hohe Wellen getragen worden waren und wo sie eine Zeitlang festgehalten wurden.

BLÜCHERS DENKMAL

Die beiden kurzen, 1818 in *Über Kunst und Altertum* publizierten Aufsätze *Blüchers Denkmal* (I 3) und *Fürst Blüchers Denkbild* (II 1) vermitteln in ihrem knappen, an einen Rechenschaftsbericht erinnernden sachlich-amtlichen Tonfall einen nur unzureichenden Eindruck von den Bemühungen und der Anteilnahme, die G. diesem Projekt seit 1815 gewidmet hatte (vgl. hierzu die zahlreichen Dokumente, Gutachten, Stellungnahmen und Korrespondenzen in: Mommsen, Bd. 1, S. 286–342).

Nachdem die Versammlung der Mecklenburgischen Stände im Dezember 1814 den Beschluß gefaßt hatte, Gebhard Leberecht Fürst von Blücher (1742–1819), dem ›Marschall Vorwärts‹ der Befreiungskriege, ein Denkmal in dessen Geburtsstadt Rostock zu setzen, wandte sich auf Vermittlung von Carl Bertuch (1777–1815) der mecklenburgische Kammerherr und Rittergutsbesitzer August Klaus von Preen (gest. 1822), der als Mitglied des Engeren Ausschusses der Ritter- und Landschaft in Rostock mit den weiteren Planungen des Denkmals beauftragt worden war, am 19. Mai 1815 erstmals direkt an G.

Dieser hatte in seinem 1814 entstandenen, am 30. März 1815 in Berlin uraufgeführten Festspiel *Des Epimenides Erwachen* (Bd. 9, S. 195) dem in der Völkerschlacht bei Leipzig und der Schlacht bei Waterloo siegreichen preußischen Feldmarschall bereits ein poetisches Denkmal gesetzt (II,7, ebenda, S. 225 f.; vgl. auch den Aufsatz *Des Epimenides Erwachen*; im vorliegenden Band, S. 147).

Von Preen am 19. Mai »als bewährter Kenner des Altertums« um beratende Begutachtung gebeten, gibt G. am 14. Juli 1815 in einem Brief an (den wenig später verstorbenen) Carl Bertuch, den Schwarzburg-Rudolstädtischen Landkammerrat und Sohn Friedrich Justin Bertuchs, ein erstes Urteil »wegen des Rostocker Monuments« ab: »Die Unternehmung ist so wichtig, daß man wohl noch einmal interloquieren darf. Daher eröffne den Wunsch: Herr Schadow möge das Modell einer pedestern Statue verfertigen«.

G. favorisierte also eindeutig den Entwurf des Berliner Hofbildhauers Johann Gottfried Schadow (1764–1850) – auch der Berliner

Hofmaler Friedrich Georg Matthias Weitsch (1758–1828) hatte
einen Vorschlag eingereicht – und plädierte zugleich für eine
feststehende Statue, der er den Vorzug vor einem Reiterstand-
bild gab. Dabei ist daran zu erinnern, daß das Verhältnis zwischen Schadow und G. seit dem im Jahre 1800 in den *Propyläen*
veröffentlichten Aufsatz *Flüchtige Übersicht über die Kunst in
Deutschland* gespannt war. Gegen die Kritik an seiner naturalistischen Kunstauffassung (Bd. 6.2, S. 434 f.) hatte sich Schadow
1801 im Juniheft der Zeitschrift ›Eunomia‹ zur Wehr gesetzt. Als
Reaktion auf diese Replik Schadows entstanden eine Reihe von
(unveröffentlicht gebliebenen) *Maximen und Reflexionen*, die
eigentlich den Beginn von G.s sich nach der Jahrhundertwende
zunehmend intensivierender aphoristischer Tätigkeit markieren
(Bd. 17, S. 898 ff., Nr. 1064–1099, ferner Nr. 935, 1044, 1103,
1104, 1119, 1120, 1131, 1353–1359). Auch Schadows Besuch in
Weimar im September 1802 hatte die beiden Kontrahenten einander nicht näher gebracht.

G.s uneingeschränktes Votum leitete im Juli 1815 nun einen in
den folgenden Jahren kontinuierlich fortgesetzten Dialog mit
Schadow ein. Ende August 1815 erhielt – der an Rhein und Main
weilende – G. das erste Modell von Schadow, das er am 19. und
20. Oktober einer eingehenden Prüfung unterzog. Am 23. Oktober wurde Preen vom Fortgang der Arbeiten in Kenntnis gesetzt,
wesentlich ausführlicher äußert sich G. freilich kurz darauf in
seinem Brief an Schadow vom 25. Oktober, den er um die Anfertigung eines zweiten Modells bittet und zugleich ein ausführliches
Gutachten – »Betrachtungen bei einem Modell des Blücherschen
Monuments für Rostock« (WA IV 26, S. 117–119) – zum ersten
Entwurf beilegt, in dem bereits künstlerische Details diskutiert
werden.

Schadow, der inzwischen den Berliner Professor und Hofrat
Alois Hirt (1759–1839), einen Kunsthistoriker und Archäologen,
als Berater hinzugezogen hatte, kündigt in seinem Schreiben vom
4. November dieses zweite Modell auch an, worauf ihn G. am
12. November 1815 zu einem Besuch im Januar nach Weimar
einlädt.

Das von G. »mit Verlangen« (so am 12. November) erwartete,
am 9. Dezember abgeschickte Modell traf dann in einem allerdings
stark beschädigten Zustand am 15. Dezember in Weimar ein, was
G. Schadow am 17. Dezember mitteilte und zugleich bedauerte,
zumal er »an dem, was sich noch erhalten hatte, gar wohl erkennen
konnte, daß das Ganze sehr wohl gedacht gewesen, so wie geistreich und mit Freiheit ausgeführt und meinen Wünschen gemäß«.
Auch Preen wird mit Blick auf Schadow von G. am 4. Januar

darüber informiert, daß »unsere Überzeugungen nunmehr vollkommen übereinstimmen«.

Das dritte, nicht erhaltene Modell brachte Schadow dann, wie am 26. Dezember 1815 angekündigt, mit nach Weimar, wo er am 25. Januar 1816 antraf. Bis zur Abreise am 11. Februar verzeichnet G.s Tagebuch nahezu tägliche Visiten und Konferenzen über das »Rostockische Monument« (5. Februar), wobei Detailfragen zum »Piedestal nebst Basreliefs und Inschriften« (so an Preen am 12. Februar) ebenso besprochen wurden wie die möglichen Kosten des Projekts (ein Kostenvoranschlag Schadows vom 2. Februar 1816 bei Mommsen, Bd. 1, S. 299 f.). Am 5. Februar sendet G. mit der Bitte um Prüfung Schadow den Entwurf eines Schreibens an Preen, das dann mit dem Datum vom 12. Februar abgeschickt wird und die von beiden gebilligten Resultate der intensiven Konsultationen deutlich werden läßt. Insbesondere werden dort die Vor- und Nachteile einer Ausführung des Denkmals in Kupfer, Marmor oder Erz dargelegt, wobei G. entschieden für die letzte Option plädiert.

Am 2. Juni empfiehlt G. Preen die Vergrößerung der Statue Blüchers – der sich inzwischen mit seinem Adjutanten, dem Grafen August Ludwig Ferdinand von Nostitz-Rieneck (1777 bis 1866), ebenfalls an der Diskussion beteiligt hatte – von acht auf neun Fuß, weil »eine Statue von Erz, welche immer ein dunkles Ansehn behauptet«, möglichst groß sein müsse, da nämlich »der dunkle Körper gegen hellen Grund immer kleiner erscheint«. Empfehlungen zu Problemen der allegorischen Darstellung des »Schutzgeistes« werden Schadow am 10. Juli gegeben.

Am 27. Dezember ist dann Schadow gegenüber erstmals die Rede davon, einen Bericht über »das Blücherische Monument« in das zweite Heft von *Über Kunst und Altertum* aufzunehmen. Als G. am 29. Januar 1817 schließlich den vorliegenden Aufsatz über die »Blücher'sche Statue diktiert«, hatte er unmittelbar zuvor – nämlich am 27. Januar – eine umfangreiche Sendung von Schadow erhalten, die auch einen zusammenfassenden Bericht von Preen über den Stand der Dinge enthielt, den dieser am 15. Januar an Schadow geschickt hatte (Mommsen, Bd. 1, S. 312 f.); die Abschrift eines Briefes von Blücher an den Engeren Ausschuß der Stände der Stadt Rostock vom 8. Februar 1816 (Mommsen, Bd. 1, S. 300 f.) lag dieser Sendung ebenfalls bei, so daß G. bei seinem Diktat von all den genannten Dokumenten ausgiebig »Gebrauch machen« konnte, wovon er Schadow in einem Brief vom 29. Januar auch dankbar berichtet.

Nachdem am 12. März mit Schadow nochmals Detailprobleme verhandelt wurden, kündigt G. am 7. Mai 1817 nun auch Preen

gegenüber die Veröffentlichung des »so eifrig beförderten Denk-
mals« an, die nunmehr aber für das dritte Heft von *Über Kunst und
Altertum* vorgesehen war (über diese Verschiebung aus Platzgrün-
den wurde am 18. Juni 1817 auch Schadow in Kenntnis gesetzt).
Am 1. August werden Schadow dann Überlegungen »zu den
Inschriften des Rostocker Momuments« übermittelt (vgl. auch an
Preen am 29. Oktober 1817).

Schadows Schreiben vom 9. August 1817 sowie Hirts Besuch in
Weimar vom 21. bis zum 24. September 1817 veranlaßten G., zu
Ende des Jahres 1817 einige Fragestellungen, die sich während der
Beratungen über die Ausführung des Denkmals ergeben hatten, in
einem eigenen Aufsatz grundsätzlich zu erörtern (*Anforderung an
den modernen Bildhauer*; S. 394).

Am 16. Januar 1818 kündigt G. im Brief an Schadow dann
definitiv die Publikation des vorliegenden Aufsatzes in dem »ver-
späteten *dritten Heft Kunst* und *Altertum*« an, »wobei ich denn
umständlich und genau sagen möchte, wie weit Ostern Ihr großes
Geschäft gelangt sein kann«. G.s Aufforderung – »Lassen Sie mich
alles wissen was Sie wünschen daß das Publikum erfahre« – kommt
Schadow am 27. Januar (und Preen am 8. Februar 1818) nach,
worauf G., der am 18. Februar »Nachträge zum dritten Hefte« in
seinem Tagebuch notierte, auch einen kleinen Zusatz zu diesem
Aufsatz verfaßte (WA I 49/2, S. 276 f.). Der Nachtrag, der mit der
vagen Zeitangabe »Fürst Blüchers Denkmal wird vielleicht in
sechzehn Monaten aufgestellt sein« einsetzte und die geplanten
Arbeiten skizzierte, konnte dann aber unveröffentlicht bleiben,
weil sich G. zu diesem Zeitpunkt bereits entschlossen hatte, die
Berichterstattung über das Blücher-Denkmal auch weiterhin fortzusetzen. So schrieb er am 2. März 1818 an Schadow: »In meinem
dritten Heft von Kunst und Altertum geb' ich diesmal nur die
allgemeine Einleitung des Unternehmens; wie man von der Arbeit
selbst und von der Ausführung dem Publikum Kenntnis gibt, wird
erst zu überlegen sein«. Eine Ankündigung, der G. – der im August
des Jahres 1818 Fürst Blücher in Karlsbad kennenlernen sollte –
dann in seinem Aufsatz *Fürst Blüchers Denkbild* (S. 512) entsprach.

Textgrundlage und Erstdruck: KuA I 3 (1817), S. 103–107, als
zweitletzter Beitrag unter dem Kapitel »Aus verschiedenen Fächern Bemerkenswertes«. Hingewiesen sei auf den zweiten Abdruck in Johann Gottfried Schadow: Über das Denkmal des
Fürsten Blücher von Wahlstatt, als es am 26. August 1819 zu
Rostock feierlich aufgestellt wurde. Rostock 1819, S. 4–6.

372 *13 Landsmannes:* Gebhard Leberecht Blücher war am
16. Dezember 1742 in Rostock geboren worden. – *21 der beiden
Großherzoge Königl. Hoheit:* Friedrich Franz I. von Mecklen-
burg-Schwerin (1756–1837) und Karl II. Ludwig Friedrich von
Mecklenburg-Strelitz (1741–1816). – *27 Caroline:* Caroline Luise
Erbprinzessin von Mecklenburg-Schwerin, geb. Prinzessin von
Sachsen-Weimar-Eisenach (1786–1816); die seit 1810 mit Friedrich
Ludwig von Mecklenburg-Schwerin verheiratete Tochter des
Großherzogs Carl August starb bereits am 20. Januar 1816 (vgl.
G.s Brief an Preen vom 12. Februar 1816). – *33 mehrerer verdien-
ter Künstler:* Neben Schadow und Weitsch (s. Vorbemerkung)
hatte auch der Bildhauer Christian Philipp Wolff aus Neustrelitz
zwei Entwürfe eingereicht, die G. in seinem Brief an Preen vom
23. Oktober ablehnte.

375 *2 wodurch man denselben aufforderte ⟨...⟩:* Preens Brief
an G. vom 19. Mai 1815 (s. o.). – *8 gedachten Herrn Direktors:*
Schadow wurde 1816 Direktor der Berliner Akademie der Künste.
– *14 Piedestal:* ital.-frz. ›Sockel‹. – *20 mit dem linken Fuß vorschreitend:* Bereits in seinem ersten Gutachten vom 25. Oktober
1815 hatte G. Schadow seine Überlegungen zur Stellung Blüchers
mitgeteilt:»Mein Vorschlag wäre, den rechten Fuß zum Standfuße
zu machen, wodurch der doppelte Vorteil entspränge, daß die
rechte Schulter, nach welcher das Gesicht gerichtet ist, schon für
sich höher käme, auch der Kommandostab mehr rückwärts seinen
Platz fände, und sich, zu einigem Anhalten, mit dem Körper
verbinden ließe. Die Brust und der rechte Schenkel wären frei und
dem einfallenden Lichte völlig zugänglich; daß alsdann der linke
Fuß vorträte und der Säbel auch vorrückte, würde, sowohl artistisch als symbolisch, vorteilhaft sein, indem sich dieser Held
beinahe noch mehr durch Tat als durch Befehl auszeichnet«
(WA IV 26, S. 117 f.). – *23 eine Löwenhaut:* Die Frage einer eher
realistischen oder einer ›poetischen‹ Darstellung Blüchers stand in
der ersten Phase der gemeinsamen Beratungen im Zentrum der
Diskussion. Schadow, dessen naturalistische Darstellung Friedrichs II. ja G.s Kritik in den *Propyläen* hervorgerufen hatte (s.
Vorbemerkung), hatte Blücher in seinem ersten Entwurf »in der
Tracht der alten Germanen« modelliert und ihm »statt des Mantels
mit Franzen« eine Löwenhaut gegeben; über die pragmatischen
Verbesserungsvorschläge hinaus akzentuierte G. in seinem Kommentar vom 25. Oktober 1815 erneut den prinzipiellen Gegensatz
zwischen einer naturalistischen oder aber symbolischen Ausführung: »An den Füßen wünschte das Nackte durch größere Falten-
partien bezeichnet, Löwenhaut und Kopf mehr symbolisch als real
dargestellt, worin uns die Alten z. B. bei der *Nebris* der Bacchanten

vorgegangen. Da die rechte Schulter nach dem getanen Vorschlage
ohnedies in die Höhe kommt, so möchte die hier angebrachte
Tatze zu verflächen sein. Wie denn auch durch Symbolisierung der
Löwenhaut die Rückseite der Statue, welche auf einen freien Platz
zu stehen kommt, interessanter werden müßte, wenn die Form des
Körpers deutlich durchschiene« (ebenda, S. 118). Am 4. November 1815 äußerte Schadow daraufhin seine Bedenken: »Schon Hirt
meinte als nun die Skizze gemacht war: mit der Löwenhaut solle
ich mich in Acht nehmen – – es ist wahr, sie verschlingt die halbe
Statue« (Mommsen, Bd. 1, S. 292). Eine Einigung wurde dann in
den persönlichen Gesprächen im Januar und Februar 1816 erzielt. –
37 die darauf erfolgte Antwort: In seinem Brief vom 8. Februar
1816, der Schadows Sendung vom 24. Januar 1817 beilag (s. o.),
hatte Blücher u. a. geschrieben, »daß man das Wenige, was ich zu
leisten im Stande war, zu hoch in Anrechnung bringt, und so geehrt
ich mich auch, durch das mir zu errichtende Denkmal in meiner Vaterstadt Rostock fühlen muß, doch wohl eigentlich nur
der Nachwelt die Entscheidung über das Geschehene gebührte«
(Mommsen, Bd. 1, S. 301).

SKIZZEN
ZU CASTIS FABELGEDICHT: DIE REDENDEN TIERE

In der summarischen Auflistung seiner Aktivitäten auf dem Gebiet
der bildenden Kunst erwähnt G. in den *Tag- und Jahres-Heften* zu
1817 auch die »Tierfabeln von *Mengden*« (Bd. 14, S. 261), ohne
jedoch über diese denkbar knappe Mitteilung hinaus weitere Erläuterungen zu einem Gegenstand abzugeben, mit dem er sich
im Juni und Juli dieses Jahres beschäftigt hatte und dessen Plazierung – die literarische Gattung der Fabel inmitten eines Umfelds, in
dem von Zeichnungen, Kupferstichen, Gemälden, Drucken und
Majolika die Rede ist – zunächst überraschen mag.
In der Tat handelte es sich hierbei auch um Radierungen, die der
Bremer Maler, Zeichner und Kupferstecher Johann Heinrich Menken (1764–1834) zu dem Werk ›Gli animali parlanti‹ (Die sprechenden Tiere) des Giambattista Casti (1721–1803) angefertigt hatte. G.
hatte den Autor dieses in Paris im Jahre 1802 erschienenen satiri-
schen Versepos, der seit 1782 Hofdichter Kaiser Josephs II. in
Wien war, auf seiner italienischen Reise kennengelernt und berichtete darüber unter dem Datum des 16. Juli 1787: »Ich speiste bei
Graf Frieß; Abbate Casti, der mit ihm reist, rezitierte eine seiner
Novellen, der Erzbischof von Prag, die nicht sehr ehrbar, aber
außerordentlich schön, in Ottave rime, geschrieben ist. Ich

schätzte ihn schon als den Verfasser meines beliebten Re Teodoro
in Venezia. Er hat nun einen Re Teodoro in Corsica geschrieben,
wovon ich den ersten Akt gelesen habe, auch ein ganz allerliebstes
Werk« (*Italienische Reise*; Bd. 15, S. 449; vgl. auch S. 460).

Im Jahr 1817 war nun eine deutsche Übersetzung von ›Gli
animali parlanti‹ geplant, die Menken illustrieren sollte; als Übersetzer war der Bremer Gelehrte und Schriftsteller Carl Jakob
Ludwig Iken (1789–1841) vorgesehen. Von beiden erhielt G., der
sich zu diesem Zeitpunkt in Jena aufhielt, Anfang Juni 1817 Post.
Zunächst schickte Iken am 26. Mai G. ein Exemplar von Charles
Robert Maturins Schauspiel ›Bertram or The Castle of St. Aldobrand‹, das G. zu einem – allerdings zu seinen Lebzeiten unveröffentlicht gebliebenen – Aufsatz veranlaßte (s. S. 230); einen Tag
später, am 27. Mai 1817, schrieb Menken an G. und sandte ihm
zugleich einige Skizzen, die er zu Castis Epos angefertigt hatte.

G. erwähnt diese Zeichnungen erstmals am 11. Juni in seinem
Tagebuch: »Was an Menken zu erlassen wäre, durchgedacht«. Am
13. Juni werden »Menkens Fabelbilder« erneut erwähnt, ebenso
am darauffolgenden Tag, wobei sich G., dem der Versuch, satiri-
sche wie politische Aussagen in die scheinbar unverfängliche Form
der Tiergeschichte zu kleiden, seit seinem *Reineke Fuchs* (Bd. 4.1,
S. 282) bekanntlich nicht fremd war, darüber hinaus auch Überlegungen grundsätzlicher Art (»Überhaupt Casti«) notierte.

Der erste Eintrag vom 15. Juni (»Gestriges durchkorrigiert«)
legt es nahe, das Diktat des vorliegenden Beitrags auf den 14. Juni
zu datieren. Dies ist um so wahrscheinlicher, als der Aufsatz zwei
Tage später, am 17. Juni 1817, an Johann Heinrich Meyer (1759
bis 1832) weitergegeben wurde. Am 16. Juni war G. kurzzeitig
nach Weimar zurückgekehrt, so daß ein Treffen mit Meyer, das im
Tagebuch am 18. Juni vermerkt wurde, wohl auch die Gelegenheit
gab, diesen Entwurf zu diskutieren, bevor G. sich noch am selben
Tag wieder nach Jena begab.

Von dort aus wurden die Skizzen am 19. Juni 1817 an Menken
zurückgeschickt, zu denen G. – wie aus einem Briefkonzept
ersichtlich ist – anmerkte:

»Die mir übersendeten Zeichnungen schicke nach Verlangen
baldmöglichst zurück und füge wenige Bemerkungen hinzu,
welche jedoch dem einsichtigen Künstler hinreichen werden.
Gern hätte ich mich über die Verdienste der genannten Vorgänger umständlicher geäußert, doch dazu wollte meine jetzt sehr
beschränkte Zeit nicht auslangen. Doch kann ich vielleicht
nächstens diesen mir sehr interessanten Gegenstand wieder
vornehmen.

Senden Sie mir doch auch gelegentlich etwas von den Bemü-

hungen Ihres Sohnes und geben mir Nachricht von den Fortschritten Ihrer Arbeit«.

G. hat sich auch in den folgenden Tagen weiter mit diesem
Gegenstand beschäftigt und dabei den ersten Entwurf dieses Aufsatzes weiter überarbeitet, wie ein Brief an Meyer vom 24. Juni
1817 deutlich macht:

> »Sie erhalten hiebei, mein teurer Freund, was ich über Fabeln
> gefabelt. Daß es viel mehr Ausführung und Bestimmtheit be-
> dürfte wird Ihnen nicht entgehen. Mögen Sie indessen etwas
> über das Potterische Bild hinzufügen, so ist der Grund gelegt auf
> dem wir weiter fortfahren können. So ein Aufsatz, wenn er ein
> halb Jahr liegt, gibt zu reiferer Behandlung alsdenn gar schnellen
> Anlaß«.

Man hat also allen Grund, den Anteil Meyers (auch) an diesem
Aufsatz nicht zu gering zu veranschlagen: Es ist daran zu erinnern,
daß kurz zuvor, im April 1817, mit Meyers und G.s Studie *Neu-
deutsche religios-patriotische Kunst* das zweifellos gewichtigste
Dokument der intensiven Zusammenarbeit in diesem Jahrzehnt
erschienen war (S. 319).

Dies unterstreicht auch Meyers Antwort vom 30. Juni 1817: »Zu
Ihrem Aufsatz *Tierfabeln durch bildende Kunst dargestellt* habe
ich bereits einen kleinen Beitrag entworfen und werde solchen, so
bald er fertig und abgeschrieben ist, mitteilen. Der Gegenstand ist
wohl wert, daß man darüber sich äußere« (Meyer, Bd. 2, S. 413 f.).
In den folgenden Tagen entwickelte sich daraufhin ein reger Brief-
verkehr. G. erhielt dieses Schreiben am 2. Juli und schickte tags
darauf eine Sendung mit diversen Beilagen nach Weimar. Am
4. Juli wiederum löste Meyer bereits seine kurz zuvor übermittelte
Absicht ein: »Dem hiermit wieder zurück kehrenden Heft über
Tierfabeln habe ich ein Blatt beigelegt, worauf das durch *Potters*
Gemälde, ehemals zu Cassel, Veranlaßte aufgeschrieben ist, auch
noch einiges Entgegengesetzte, wozu mir die Fabeln von *Ridinger*
Gelegenheit gegeben. Um meine Zeilen für Ihren Aufsatz zu
gebrauchen, müßte denselben freilich noch vorgesetzt werden, was
Sie dem Bremenser in dem an denselben gerichteten Briefe gesagt
haben. Doch genug, das Blatt mag einstweilen nur als Beitrag
gelten und bei der endlichen Ausarbeitung des Aufsatzes in Betracht kommen« (ebenda, S. 421).

G. bedankte sich hierfür am 8. Juli bei Meyer: »Für die Beiträge
zur Tierfabel danke schönstens. Sehen Sie einmal gelegentlich auf
der Bibliothek die Kupfer zu Lafontaines Fabeln in Folio. Die
Künstler waren auch auf dem falschen Naturwege. Und so mögen
diese Blätter denn auch zu früherem oder späterem Gebrauch still
liegen«. Dieser Wunsch erfüllte sich dann auch bis zum Oktober

1817, als G. den von Iken übersetzten 2. und 3. Teil von Castis
›Redenden Tieren‹ erhielt (Giambattista Casti: Die redenden Tiere,
ein Episches Gedicht in 26 Gesängen. 3 Teile. Bremen 1817). G.
schickte die Bände am 13. Oktober 1817 an Carl Ludwig von
Knebel (1744–1834) nach Jena weiter, nicht ohne in einem Begleitschreiben seine deutliche Reserve zum Ausdruck zu bringen:
  »Du erhältst, mein Bester, hierbei die folgenden Bände der
  großen *Tier-Fabel*. Möge sie dir zur Unterhaltung dienen und
  du sie zu meinem Andenken gern aufbewahren. Es ist übrigens
  ein Zeichen der Zeit, und nicht zu verwundern, daß dieses
  revolutionaire Gedicht von Bremen her verdeutscht kommt,
  denn dort sind diese Gesinnungen am lebhaftesten im Umtrieb.
  Man muß diesem Wesen eben zusehen und zuhören, still sein
  und eigenen Geschäften nachgehen«.
Der Aufsatz erschien dann im 3. Heft des ersten Bandes von *Über
Kunst und Altertum*, das zwar mit der Jahreszahl 1817 versehen
war, aber erst im April 1818 ausgeliefert wurde.

Textgrundlage und Erstdruck: KuA I 3 (1817), S. 70–80, als fünfter
Beitrag unter dem Kapitel »Aus verschiedenen Fächern Bemerkenswertes«. – Hingewiesen sei auf die Stelle S. 376,8 *gibt zu
malerischer Darstellung weniger günstigen Stoff*, an der WA »bietet ⟨...⟩ Stoff« druckt, ohne daß ED oder Hs. dafür eine Grundlage
gäben.

376 *5 von einem vorzüglichen Künstler:* dem Maler, Zeichner
und Kupferstecher Johann Heinrich Menken (1764–1834). Menken war bis zu seinem 24. Lebensjahr Kaufmann gewesen und
hatte danach eine Ausbildung an der Dresdener Kunstakademie
genossen. Er zählte zu den ersten bildenden Künstlern, die heimische Landschaften – zumeist aus der Umgebung seiner Heimatstadt Bremen – nach der Natur malten. »Die Fruchtbarkeit seines
Pinsels hat in den späteren Jahren die Qualität seiner Bilder stark
gemindert«, stellten Thieme/Becker zu seiner künstlerischen Entwicklung allerdings ebenso diplomatisch wie kritisch fest (Allgemeines Lexikon der bildenden Künstler von der Antike bis zur
Gegenwart. Leipzig 1972 f. ⟨Nachdruck der Ausgabe von 1907⟩,
Bd. 24, S. 394). Zuletzt war Menken, dessen Sohn Gottfried
(1799–1838) ebenfalls als Lithograph, Maler und Radierer wirkte,
auch als Kunsthändler tätig. – *8 Das Fabelgedicht von Casti:* ›Gli
animali parlanti‹ (Die sprechenden Tiere) von Giambattista Casti
(1721–1803), 1802 in Paris erschienen (vgl. zu Casti die Vorbemerkung). – *9 Reinecke Fuchs:* Vgl. Bd. 4.1, S. 282 ff. G. besaß in
seiner Bibliothek mehrere Ausgaben des ›Reineke Fuchs‹ (vgl.

Ruppert, Nr. 797–803, 1897). – *10 Apologen:* Apolog (griech.-
lat.): Lehrfabel, allegorische Erzählung, die einen lehrhaften Kern
enthält. – *22 Beratschlagen der Tiere* ⟨...⟩: Rolf Hübner hat in
seiner Dissertation ›Goethes Zeitschrift »Über Kunst und Altertum«. Untersuchung und Erschließung‹ (Jena 1968) eine handschriftliche Mitteilung Ikens als Grundlage der folgenden Bildbeschreibungen ermittelt. Darin wurden zu den einzelnen Bildern
folgende Erklärungen gegeben:
>   »No I Die *Beratschlagung* der Tiere über die künftige Regie-
>   rungsform, ob monarchisch od. republ. Alle sind in ungewisser,
>   nachdenkender Verlegenheit. Bloß der Esel frißt Disteln und
>   bleibt unangefochten. (gehört zum I Gesang: die Beratschla-
>   gung)
>   No II. Die *Rede des Löwen* an die versammelten Tiere, wie er
>   zum Monarchen erkoren ist. Die Tigerkatzen gehören zu sei-
>   nem Hofstaat. Im Mittelgrunde sitzt ein Affe auf dem Höcker
>   eines Kamels. ›Reineke der Fuchs‹ scheint einiges Bedenken zu
>   haben und sinnt auf List und Ränke. (Siehe den II. Gesang: die
>   Erwählung des Königs der vierfüßigen Tiere)
>   Nro III. Die *Krönung* des Löwen durch den Ochsen, der die
>   Krone hält. Der Affe als Zeremonienmeister macht die Gesten
>   und drückt die Gefühle aus. – Die übrigen in furchtsamer
>   Entfernung (zum V Gesang: die Krönung.)
>   No IV. *Cour und Tatzenlecken* (der Handkuß). Der Löwe
>   empfindet schon Langeweile und sieht daher voll Verlangen
>   nach dem Zeremonien- und Polizeimeister, od. dem Affen und
>   d. Kater, um wieder mit ihnen zu spielen. Der Bär, besonders
>   der Hase, scheinen voll Furcht und Unterwürfigkeit zu sein.
>   (zum VI Gesang: Cour, Tatzenlecken, offne Tafel)« (GSA
>   25/XLVI,4,16a).
381 *8 Das sechste und siebente:* muß richtig heißen: ›Das fünfte
und sechste‹, da es sich nur um sechs Zeichnungen gehandelt hat
und auch in der Hs. G.s an dieser Stelle von dem fünften und
sechsten Bild die Rede ist. – *11 so befriedigen sie nicht:* In der Hs.
folgt an dieser Stelle: »Der junge Löwe scheint den Leoparden zu
zerreißen, und von der Entrüstung des Bären läßt sich das Motiv
nicht absehen. Auch komponiert das Bild nicht gut weder als
Form, noch als Helldunkel. Dasselbe gilt von dem letzten, No 6.)
Und ich würde daher raten, diesen beiden, nochmaliges Durchdenken zu widmen« (ebenda). – *17 läßt sich wohl erwarten:* An dieser
Stelle endete das erste Diktat, wie aus der später gestrichenen
Unterschrift »Jena d. 15 Jun. 1817 s. m. G« in der Hs. hervorgeht
(s. m.: lat. salvo meliori ›behalte mir Besseres vor‹). – *23 Jost
Ammon:* Jost Amman, auch Ammann (1539–1591), Nürnberger

Holzschneider und Radierer. Er illustrierte 1572 eine weitverbreitete Ausgabe des ›Reineke Fuchs‹, die von Siegmund Feyerabend (1528–1590, s. S. 37,3) verlegt wurde (vgl. zu Amman auch Ruppert, Nr. 805). – *Aldert von Everdingen:* Allaert von Everdingen (1621–1675), holl. Radierer und Maler, insbesondere von Tieren und Landschaften, wobei abgelegene Gebirgstäler zu seinen bevorzugten Sujets gehörten: »Einige Mühlen zwischen uralten Fichten über dem schäumenden Strom waren völlige Everdingen«, heißt es deshalb auch im Abschnitt »Vom Brenner bis Verona« in der *Italienischen Reise* (Bd. 15, S. 23). Zu einer 1694 in Amsterdam erschienenen Ausgabe des ›Reineke Fuchs‹ hatte Allaert von Everdingen die Illustrationen geliefert. G., der eine umfangreiche Sammlung von Blättern des Allaert von Everdingen besaß (Schuchardt, Bd. I, S. 155–158, Nr. 92–127), hatte diese Radierungen 1783 erworben und nach diesen Vorlagen Zeichnungen angefertigt (CGZ IV B, Nr. 269 und 270). – *24 Paul Potter in dem berühmten weiland Casler Gemälde:* Paul(us) Potter (1625–1654), holl. Tiermaler, dessen bevorzugtes Motiv die Darstellung weidenden Viehs war. Bei dem hier erwähnten Gemälde handelte es sich um das Bild ›Die Bestrafung des Jägers durch die Tiere‹. Ursprünglich in Kassel befindlich, war es von den Franzosen nach Malmaison gebracht worden, bevor es schließlich der Zar von Rußland ankaufte und der Eremitage in St. Petersburg vermachte (vgl. hierzu auch G.s Brief vom 24. Juni 1817 und Meyers Antwort vom 4. Juli 1817 in der Vorbemerkung). – *25 wo die Tiere den Jäger richten und bestrafen:* Dieser Passus fehlt in der Hs.; statt dessen heißt es dort: »Wird Herr Menken 〈am Rand: während der Arbeit〉 diese Vorgänger studieren und im Auge behalten, so kann sein entschiedenes Talent nur Erfreuliches Sachen hervorbringen«. Darunter das Datum »Jena d. 19. Juni 1817.« (WA I 49/2, S. 305 f.).

382 *5 Daß wir sinnliche Gegenstände* 〈...〉*:* Der Kommentar der ›Jubiläumsausgabe‹ merkt zu diesen Überlegungen G.s kritisch an: »Wenn Goethe unser Verlangen, die Gegenstände, von denen wir hören, auch im Bilde zu sehen, natürlich nennt, so sollte er Bedenken tragen, die Erfüllung dieser gewiß natürlichen Forderung als den Ruin der Kunst darzustellen: er hatte sich aber durch grundlegende theoretische Formeln so sehr gebunden, daß er gegenüber dem naiven Schaffen der Künstler, dem er sich doch nicht verschließen konnte, immer aufs neue in Widerspruch mit sich selbst geriet« (JA 35, S. 338). – *14 Jost Ammon:* Siehe zu S. 381,23. – *18 flügelmännisch:* dieser Terminus auch zweimal in *Faust II*, dort in der Anweisung vor Vers 11636 (»Phantastisch-flügelmännische Beschwörungsgebärden«) und in Vers 11670 (»Ihr Firlefanze, flügelmännische Riesen«). Der Flügelmann macht

als größter in einer Reihe – einem Vorarbeiter vergleichbar – den neben ihm Stehenden die auszuführenden Übungen bzw. Bewegungen in bewußt übertreibender Weise vor. – *24 Aldert von Everdingen:* Siehe zu S. 381,23.

383 *4 aus der Gottschedischen Quartausgabe:* G. hatte das niederdt. Tiergedicht mit den Illustrationen von Allaert von Everdingen in der von Johann Christoph Gottsched (1700–1766) 1752 herausgegebenen Übersetzung bereits im Jahr 1791 kennengelernt: Heinrichs von Alkmar Reineke der Fuchs. Nach der Ausgabe von 1498 ins Hochdeutsche übersetzt und mit einer Abhandlung ⟨...⟩ versehen von Johann Christoph Gottscheden. Leipzig und Amsterdam (Schenk) 1752 (Keudell, Nr. 20). – *8–38 Von allen Künstlern* ⟨...⟩ *dem Geist einige Unterhaltung:* Diese Abschnitte stammen aus der Handschrift H¹ (vgl. WA I 49/2, S. 304), einem von Johann Heinrich Meyer verfaßten Quartblatt. – *22 das vollendete Meisterstück der pissenden Kuh:* Auch Paulus Potters Bild ›Kleine pissende Kuh‹ befindet sich in der St. Petersburger Eremitage (vgl. zu S. 381,24). – *30 Elias Ridinger:* Johann Elias Ridinger (1698 bis 1767), Maler und Kupferstecher, dessen Werk u. a. über 1600 Kupferstiche und Radierungen umfaßt. Das häufigste Motiv seiner Darstellungen bilden Jagdszenen. Ridinger, der 1759 Direktor der Stadtakademie in Augsburg wurde, hatte im Jahre 1744 in Augsburg ›Lehrreiche Fabeln aus dem Reiche der Tiere zur Verbesserung der Sitten und zumal dem Unterrichte der Jugend neu entworfen‹ herausgegeben.

384 *2 Benedetto Castiglione:* Giovanni Benedetto Castiglione, genannt ›Il Grechetto‹ (1610–1663/65), ital. (Tier)Maler und Radierer; er wirkte als Hofmaler in Mantua. G. konnte hier aus eigener Anschauung urteilen, da er mehrere Blätter Castigliones besaß (Schuchardt, Bd. I, S. 28 f., Nr. 250–265). – *8 wenn Kunstzwecke bewirkt werden sollen:* Daran anschließend in der Hs.: »Jena Ende Juni 1817. G«.

ELGINISCHE MARMORE

In seinem Brief an den Göttinger Geschichtsprofessor Georg Sartorius vom 20. Juli 1817 (vgl. S. 1025) hatte G. an seinen Hinweis auf die Elgin Marbles – jene vom Earl of Elgin im Jahre 1803 nach London verbrachte Sammlung von Skulpturen des Parthenon-Tempels auf der Akropolis, die das ›British Museum‹ 1816 angekauft hatte – die Bemerkung angeschlossen: »Das vorläufige deshalb herausgegebene Werk läßt freilich noch Mehreres hoffen. Ich habe in England aufgestellt, um Kupfer oder einstweilige

Zeichnungen baldmöglichst zu erhalten. Es ist doch wenigstens eine wohltätige Andeutung«. Wie die vorliegende Anfrage beweist, lagen die ersten Nachforschungen zu diesem Zeitpunkt bereits einen Monat zurück.

Der kurze Text ist eine Beilage zu einem Brief G.s an den Weimarer Kanzleirat und Geheimen Sekretär Christian Georg Carl Vogel vom 23. Juni 1817, den er, wie aus dem erhaltenen Briefkonzept hervorgeht, um Weiterleitung des Blatts ersuchte: »Diesmal habe nur einige Anfragen welche nach London zu befördern und Herrn Hüttner meinen lebhaftesten Dank für bisherige Förderung abzustatten bitte«. Der am 23. Juni 1817 konzipierte Brief (vgl. das Tagebuch: »Aufträge nach England mundiert, dazu Brief an Kanzleirat Vogel«) wird dann am darauffolgenden Tag, die »englische Bestellung« enthaltend, von Jena nach Weimar abgeschickt. Der eigentliche Adressat der Anfrage war also Johann Christian Hüttner (1766–1847), der Schriftsteller, Ethnograph und Weimarer Korrespondent in London, der dort als Dolmetscher im Ministerium für äußere Angelegenheiten beschäftigt war.

G.s Bemühungen um weitere Abbildungen der Parthenonskulpturen waren dann auch von Erfolg gekrönt. Zunächst verschaffte Großherzog Carl August G. Kopien der in Paris befindlichen, von dem ›Carrey-Zeichner‹ 1683 angefertigten Zeichnungen (vgl. S. 1026), wovon G. Sulpiz Boisserée in einem Brief vom 17. Oktober 1817 und später auch in den *Tag- und Jahres-Heften* zu 1818 berichtete: »jedoch war das Höchste uns noch fern geblieben; daher forschten wir dem Parthenon und seinen Giebelbildern, wie sie die Reisenden des siebzehnten Jahrhunderts noch gesehen hatten, fleißig nach, und erhielten von Paris jene Zeichnung kopiert, die damals zwar nur leicht gefertigt, doch einen deutlichern Begriff von der Intention des Ganzen verschaffte, als es in der neuern Zeit bei fortgesetzter Zerstörung möglich ist« (Bd. 14, S. 273 f.).

Parallel dazu wurden auch die ›englischen‹ Aktivitäten weiter forciert. So konnte G. am 29. Oktober 1817 Johann Heinrich Meyer mitteilen: »Die *Elgin Marbles* mit dem ganzen Gefolg, immer wieder und wenigstens bequemer dargestellt, sind uns beinah so bekannt als wenn wir sie gesehen hätten. Die Preise der Gypsabgüsse sind auch schon da und das Continent wird bald mit diesen herrlichen gebildeten Massen übersetzt sein, wie mit schlechtem Kattun und sonstigem Gewebe. Den einen Pferdekopf will ich gleich bestellen, damit es unmöglich sei die dazu gehörigen Heroen zu entbehren«.

Am 10. Oktober 1817 hatte Hüttner aus London gemeldet, daß der junge englische Zeichner Thomas Landseer (1795–1880) die

Aufgabe übernehmen würde, Reproduktionen der Parthenonskulpturen anzufertigen. Auf die in diesem Schreiben übermittelte
Vorschlags- und Preisliste (WA IV 28, S. 440) reagierte G. in
seinem Brief an Vogel vom 24. November zurückhaltend und
erbat sich zunächst eine Probe, für die er detaillierte Anweisungen
erteilte:

>»Man ist auf Herrn Bewicks Zeugnis gar wohl zufrieden, daß
der jüngere Landseer die gewünschten Zeichnungen über-
nehme. Da sie jedoch nur nach und nach gefertigt werden
können, so würde es zur Beruhigung beider Teile beitragen,
wenn man vorerst die eine Figur
One of the Fates, fünf Guineen,
zur Ansicht erhalten könnte; so würde man auch dadurch mit
der Art des Künstlers bekannt, mit dem Technischen, dessen er
sich bedienen mag. Es sei auf weiß Papier mit schwarzer Kreide,
oder Federumriß und getuscht, wie es auch sein möchte, genug
man verständigte sich eher durch eine Probe«.

Offenbar konnte oder wollte Landseer auf diesen Vorschlag nicht
eingehen; jedenfalls erfolgte im Sommer 1818 aus London eine
neue Offerte. Am 14. August 1818 schrieb Hüttner an G.:

>»Haydon einer der berühmtesten Englischen Maler macht, als
Lehrer des jungen Landseer, folgenden Vorschlag. Letzterer
würde, aus Zeitmangel, nicht eher als künftiges Frühjahr, die
zwei verlangten Zeichnungen liefern können, und auch vielleicht dann noch nicht. Aber er hat die Fates in Lebensgröße
gezeichnet und will dafür nicht mehr als für eine Zeichnung in
der anbefohlenen Größe haben, nämlich zehn Guineen. In
gleicher Lebensgröße erbietet er sich die Ceres und Proserpina,
doch für fünfzehn Guineen, zu zeichnen. Doch weil dies Zeit
erfordern würde und vielleicht die Geduld des Bestellers erschöpfen möchte, so schlägt Haydon unmaßgeblich vor, ob der
Kenner für welchen diese Arbeiten bestellt sind, sich nicht
gefallen lassen würde, eine lebensgroße Zeichnung des Theseus
(als des schönsten Stücks in der ganzen Elginschen Sammlung)
von Bewick wohl ausgeführt, für fünfzehn Guineen anzunehmen?

Sollte dieser Vorschlag Genehmigung erhalten, so würde der
Überschuß über den in den Instruktionen festgesetzten Preis
nicht mehr als 5 Guineen betragen. Der Transport eines solchen
Kastens (denn Ein Kasten würde für die Fates und den Theseus
hinreichen) würde allerdings etwas höher kommen, als ursprünglich berechnet war: Doch meint Haydon dies würde dadurch
aufgewogen, daß ein Kenner gewiß große Zeichnungen lieber
haben würde, als kleine« (Handschrift GSA 28/434, Bl. 13).

Gleich nach seiner Rückkehr aus Karlsbad leitete G. am 20. September 1818 dieses Angebot an Großherzog Carl August weiter und bat diesen um eine Stellungnahme:
»Ew. Königl. Hoheit geruhen aus beikommendem Hüttnerischen Briefe zu ersehen: wie Höchst Ihro anfängliche Intention, Zeichnungen in natürlicher Größe von den Elginischen Marmoren zu erhalten, durch eine sonderbare Wendung noch realisiert wird.

Den Hüttnerischen ausführlichen Vortrag wiederhole nicht, sondern vermelde nur soviel, daß ich mit Hofrat Jagemann gesprochen, welcher den Antrag sehr akzeptabel findet und sich freut die beiden leeren Wände seiner Werkstatt so würdig verziert zu sehen. Geschieht es mit Ew. Hoheit gnädigster Zustimmung so würde bald ein Brief an Hüttner abzulassen sein, damit noch vor Winters der Transport geschehen könnte«.

Das Votum des Großherzogs fiel ebenso knapp wie eindeutig aus, wie die lapidare Randnotiz »Es geschehe. C. A.« verdeutlicht. Schon am 21. September 1821 teilte G. Hüttner daraufhin mit, »daß die Fates in Lebensgröße gezeichnet für 10 Guineeen, ferner die lebensgroße Zeichnung des Theseus für 15 Guineen angenommen werden. Man bittet die größte Vorsicht beim Einpacken anzuwenden, auch, wenn es noch vor Winters möglich ist, die Sendung nach Deutschland zu befördern«.

G. ist nun fast am Ziel seiner Wünsche, die sich hinter den Anfragen vom Ende Juni 1817 verborgen hatten. Das Jahr 1819 wird diese schließlich erfüllen. Zunächst treffen die am 21. Januar 1819 bestellten »Englischen Zeichnungen«, wenn auch »etwas beschädigt« (so Großherzog Carl August unter dem gleichen Datum in seiner kurzen Mitteilung an G.), in Weimar ein, wo sie G. noch am selben Tag besichtigt: »In Jagemanns Atelier, die Herrschaften von Weimar und Mecklenburg daselbst. Waren die Zeichnungen aus England angekommen«. Auch hiervon wird in den *Tag- und Jahres-Heften*, allerdings im Bericht zum Jahre 1818, ausführlich Nachricht gegeben: »Aus der Schule des Londoner Malers *Haydon* sandte man uns die Kopien in schwarzer Kreide, gleich groß mit den Marmoren, da uns denn der Hercules und die im Schoß einer andern ruhende Figur, auch die dritte dazu gehörige Sitzende, im kleineren Maßstab, in ein würdiges Erstaunen versetzte. Einige Weimarische Kunstfreunde hatten auch die Gypsabgüsse wiederholt gesehen, und bekräftigten, daß man hier die höchste Stufe der aufstrebenden Kunst im Altertum gewahr werde« (Bd. 14, S. 274).

Am 31. Januar 1819 konnte G. in seinem Tagebuch dann endlich

die Ankunft der »großen Zeichnungen von den Elgin Marbles« am
Frauenplan notieren, die Thomas Landseer und Thomas Bewick
(1753–1828), beides Schüler des englischen Malers und Kunst-
schriftstellers Benjamin Robert Haydon (1786–1846), angefertigt
hatten. Der Großherzog hatte sie ihm als Leihgabe überlassen. Ein
Jahr nach Carl Augusts Tod, am 5. September 1829, berichtet eine
Tagebuchnotiz G.s darüber, daß der Architekt Coudray die beiden
Zeichnungen im Treppenhaus am Frauenplan befestigt habe. Nach
G.s Tod wurden sie der Kunstschule überliefert und kamen nach
der Eröffnung des Goethehauses 1886 wieder an ihren alten Platz
zurück.

    Wenn auch G. in seinem Brief vom 11. März 1819 an Johann
Gottfried Schadow noch bedauerte, daß man sich in Weimar
»einstweilen mit Kreidezeichnungen in wirklicher Größe, sehr
brav von Haydons Schülern gearbeitet, begnügen« müsse, ist der
Stolz und die Freude über die Neuerwerbungen doch in allen
seinen diesbezüglichen Äußerungen unüberhörbar, so etwa im
Brief an Benjamin Robert Haydon vom 16. Februar, den er am
11. März einem Brief an Hüttner beilegte.

    Auch Sulpiz Boisserée gegenüber berichtet G. in einem Schrei-
ben vom 7. August über die Londoner Lieferung: »Von den
merkwürdigen Resten der Arbeiten des Phidias besitze ich zwei
Abbildungen in wirklicher Größe, mit vorzüglicher Sorgfalt gearbeitet, den Hercules und die Parzen. Damit begnüge ich mich
einstweilen und auch hier schon werden ganz neue Ansichten
eröffnet. Wären die Menschen nicht gar zu sehr geneigt Rück-
schritte zu tun, so stünde hier eine neue Laufbahn offen«.

    Diese Angaben decken sich sowohl mit G.s Bestellung vom
September 1818 als auch mit seinen Ausführungen in den *Tag- und
Jahres-Heften* (Bd. 14, S. 274,3–11) – allerdings nicht mit den
Titulierungen, die in den Kommentaren und den Beschreibungen
von G.s Haus am Frauenplan zu lesen sind. Tatsächlich haben diese
beiden nach Figuren aus dem Ostgiebel des Parthenon angefertig-
ten Zeichnungen in der Literatur für einige Verwirrung gesorgt.
Dazu ist grundsätzlich festzustellen, daß es sich um insgesamt *zwei*
Zeichnungen handelt: zum einen eine einzelne Figur, die entweder
als Theseus, Dionysos oder Herakles tituliert wurde; zum anderen
um ein Blatt mit zwei weiblichen Figuren, die in der Forschung als
»Aphrodite im Schoße ihrer Mutter Dione« (so die ›Berliner
Ausgabe‹), aber auch als »die beiden sogenannten ›Tauschwestern‹,
vermutlich Aphrodite mit einer Gefährtin« (so etwa die ›Gedenkausgabe‹) identifiziert wurden. Andernorts wurde dieses Motiv
auch als Darstellung der Parzen bzw. Fates bezeichnet. Eine
zweifellos irritierende Vielfalt der Bestimmungen, die sich jedoch

schlicht aus dem Umstand erklärt, daß die Vorlagen für diese Zeichnungen – nämlich die Parthenonskulpturen selbst – ja keine Benennungen trugen und ihre Titulierung somit allein Gegenstand der kunsthistorischen Interpretation bleiben mußte. Die Geschichte des Erwerbs dieser Zeichnungen hätte längst eine ausführlichere Darstellung verdient: An dieser Stelle sei nur darauf verwiesen, daß es sich – trotz aller divergierender Angaben – bei den in Frage stehenden Abbildungen lediglich um zwei Zeichnungen handelte, die je verschieden benannt wurden (vgl. hierzu auch Alfred Jericke: Das Goethehaus am Frauenplan. Weimar, Nationale Forschungs- und Gedenkstätten der klassischen deutschen Literatur, 1958, S. 52 f.).

Am 11. Juli 1819 teilte G. dem Großherzog Carl August mit, daß in Jena nun auch der Gipsabguß eines Pferdekopfes aus dem Gespann der Selene eingetroffen sei (vgl. den Brief an Meyer vom 29. Oktober 1817). Im Oktober des gleichen Jahres besichtigen G. und Meyer diesen zusammen mit einem venezianischen Pferdekopf im Osteologischen Kabinett der Universität in Jena ausgestellten Abguß. Seine Eindrücke wird G. in den Bemerkungen festhalten, die er einem Beitrag des Archäologen und Anatomen Eduard Joseph d'Alton (1772–1840) in dem Aufsatz *Über die Anforderungen an naturhistorische Abbildungen im Allgemeinen und an osteologische insbesondere* anfügte (in den Heften *Zur Morphologie* II 1; Bd. 12, S. 315 f.), während Meyer hierüber den Beitrag ›Vergleichung zweier antiken Pferdeköpfe‹ verfaßte, der 1820 in *Über Kunst und Altertum* II 2 erschien.

Von G. im Zusammenhang mit den Elgin Marbles aus der Weimarer Bibliothek entliehene Werke:
– Burrow, E. J.: The Elgin Marbles. With an abridged historical and typographical account of Athens. Vol. 1. London 1817
   (5. 9. – 25. 9. 1817 / 28. 4. – 5. 6. 1819 / 25. 11. 1820 – 0. D. / 0. D. – 4. 6. 1823 / 27. 12. 1826 – 1829 0. D. gestrichen; Keudell, Nr. 1100, 1242, 1377, 1481, 1779)
– Synopsis of the contents of the British Museum. London 1817
   (5. 9. – 21. 11. 1817; Keudell, Nr. 1101)
– A description of the collection of ancient marbles in the British museum. With engravings. T. 3. London 1818
   (19. 10. 1818 – 3. 1. 1819; Keudell, Nr. 1171)
– Canova, Antonio & E[nnio] Q[uirino] Visconti: Lettre du chev. Antonio Canova et deux mémoires ... sur les ouvrages de sculpture dans la collection de Mylord comte Elgin par le chev. E. Q. Visconti. Londres 1816
   (20. 4. – 5. 6. 1819; Keudell, Nr. 1233)

– The Elgin Marbles from the temple of Minerva at Athens on 61
plates ... London 1816
(28. 4. – 5. 6. 1819; Keudell, Nr. 1240)

Textgrundlage: Handschrift GSA 29/16, Bl. 93 (Beschreibung s.
WA I 49/2, S. 324: H) in der von Kräuter und G. korrigierten
Fassung, ein Konzept im Faszikel ›Abgegangene Briefe und Aufsätze. April ⟨...⟩ Oktober 1817‹. – Hingewiesen sei auf die Stelle
S. 384,23 *die neun ersten Platten* (die neun ersten Platten Hs., von
G. korrigiert aus »die 9 ersten Platten«); WA druckt hier: »die
neusten Platten« (entgegen Hs. und ED, ohne Nachweis im Apparat); der Fehler wurde zwar in einem weiteren Abdruck (WA IV
28, S. 140,12) korrigiert, aber dennoch in die neueren Ausgaben
übernommen (CA, BA).
Erstdruck: GJb 19 (1898), S. 4.

384 *14 In dem englischen Werke:* ›The Elgin Marbles from the
Temple of Minerva at Athens: on sixty-one Plates, selected from
»Stuarts and Revetts Antiquities of Athens.« to which are added,
The Report from the Select Committee to the House of Commons,
respecting the Earl of Elgin's Collection of Sculptured Marbles,
and an Historical Account of the Temple‹. London 1816. Siehe
Abb. S. 367. – *16 Illysus:* Flußgott und zugleich attischer Fluß in
der Nähe von Athen. – *17 ein Pferdekopf:* Vgl. hierzu die Vorbe-
merkung. – *früher schon herausgegebene Platten:* ›The Antiquities
of Athens‹. London 1762–1794. Die Herausgeber dieses Werkes
waren der engl. Maler und Archäologe James Stuart (1713–1788)
sowie der engl. Architekt, Zeichner und Schriftsteller Nicholas
Revett (um 1720–1804). – *18 der inneren Zelle:* lat. cella: der
Innen- und Hauptraum des antiken Tempels, in dem sich das
Götterbild befand. – *25 was 1683 noch vorhanden war:* Zu den
›Carrey-Zeichnungen‹ vgl. die Vorbemerkung.

VEREIN DER DEUTSCHEN BILDHAUER

Die Entstehungszeit dieses zu G.s Lebzeiten unveröffentlicht gebliebenen Aufsatzes läßt sich recht eindeutig bestimmen: Am
22. Juli 1817 findet sich in G.s Tagebuch die Notiz »Vorschläge zu
einem Kunstverein der Bildhauer«. Tags zuvor hatte G., der sich in
Jena aufhielt, in einem Brief an Johann Heinrich Meyer (wieder
einmal) über die »schrecklichste Weltverworrenheit« namentlich
im zeitgenössischen Kunstgeschehen geklagt und in diesem Zusammenhang konstatiert: »Jedes Fundament worauf besonders

bildende Kunst gegründet sein müßte ist durchaus verloren, weder im Praktischen noch Theoretischen sieht man Heil. Nicht mehr ist Wahrheit dem Irrtum, sondern Irrtum dem Irrtum entgegen gesetzt, wir werden zu wunderlichen Litaneien beim Wiedersehen vollen Anlaß haben. Da wir nun aber einmal die kühnen Worte durch den Zaun der Zähne durchgelassen haben, so müssen wir nun wohl überlegen, inwiefern zu schweigen, abzuwarten und weiter zu sprechen sei. Ich bilde mir ein hierüber einige gute Offenbarungen mitteilen zu können, denen ich die Beistimmung Ihrer Geister wünsche«.

Ein Resultat dieser Überlegungen, einen Ausweg aus der ›heillosen‹ Situation zu finden, bildete das Projekt eines Zusammenschlusses deutscher Bildhauer, das G. in den letzten Julitagen intensiv beschäftigte. Am 25. Juli wird wiederum Meyer über den Stand der Dinge in Kenntnis gesetzt:

»Die Bewegungen unter den Nazarenern zeigen durchaus, daß sie gar wohl fühlen Ihr ganzes Wesen habe auf Schonung beruht und müsse wo die versagt wird untergehen.

Einen heitern Einfall den ich sogar für gut halte kommuniziere nächstens«.

Die Gesprächsgrundlage, über die nächstens zu »kommunizieren« sein würde, wird dann am folgenden Tag, dem 26. Juli 1817, geschaffen: »Nach Tische Aufsatz über den Verein deutscher Bildhauer diktiert«.

Damit ist die eine, gewissermaßen ›negative‹ Stoßrichtung deutlich geworden: Auch dieser Aufsatz reiht sich in die Frontlinie ein, die G. mit der Publikation von Meyers Beitrag *Neu-deutsche religios-patriotische Kunst* in *Über Kunst und Altertum* I 2 gezogen hatte. Ein eigener Abschnitt (S. 393,29–34) läßt daran keinen Zweifel aufkommen.

Wenn G. es dabei den Bildhauern vor anderen bildenden Künstlern zutraut, gegen derlei »Grillen« und »Verirrungen« resistent zu sein, so resultierte dies einerseits aus der Tatsache, daß im Kreis der Nazarener die zeichnerisch und malerisch tätigen Künstler die Bildhauer bei weitem überwogen und daß darüber hinaus das Gebiet der Plastik G. als »Fundament« sicheres Terrain und Refugium einer klassizistisch orientierten Kunst zu sein schien. Auch in der »Pädagogischen Provinz« in *Wilhelm Meisters Wanderjahren* (1829) werden es bezeichnenderweise die Bildhauer sein, die dort den Reigen der bildenden Künstler anführen und Wilhelm in der Leistungsschau des zweiten Buchs (Kap. 9) zuerst präsentiert werden (Bd. 17, S. 482 ff.) – wie sich überhaupt vor allem die einleitenden Abschnitte dieses Aufsatzes in ihren grundsätzlichen Überlegungen zu Wesen und Aufgaben der plastischen

1056   KOMMENTAR ZU S. 391–393

Kunst wie Vorstufen zu einzelnen Kapiteln aus den *Wander-jahren* lesen lassen, wo die ›fundamentale‹ Bedeutung der Bild-hauerei in der »Pädagogischen Provinz« nicht zuletzt auch da-durch unterstrichen wird, daß die Zeichenschüler ihr Talent in der Nachbildung einer »kolossalen Gruppe« unter Beweis stellen müssen.

Allerdings wird der positive Impuls, dem dieser Aufsatz seine Entstehung verdankt, ebensowenig verschwiegen. In den Wochen und Monaten zuvor hatte sich G. nämlich ausgiebig mit dem Studium der Elginischen Marmore beschäftigt, die dann auch hier den Bildhauern als leuchtendes Beispiel und normativer Orientie-rungspunkt anempfohlen werden (vgl. hierzu die kurzen Beiträge *Elgin Marbles* und *Elginische Marmore*, S. 366 und S. 384).

Warum G. diesen Aufsatz in *Über Kunst und Altertum* nicht veröffentlicht hat, läßt sich nur vermuten. Vielleicht glaubte er, mit seiner im Namen der ›Weimarischen Kunstfreunde‹ publizierten Brandschrift der Kontroverse mit den Nazarenern zunächst ge-nüge getan zu haben, vielleicht schien ihm auch die Zeit noch nicht reif für ein solches Projekt eines akademieartigen Zusammen-schlusses der deutschen Bildhauer zu sein. Da die ausführliche Würdigung der Elgin Marbles zudem an anderer Stelle in einer eigenen (allerdings nicht ausgeführten) Studie vorgesehen war, mußte der neuerschienene Folioband zu den Elginischen Marmo-ren in diesem Rahmen nicht eigens propagiert werden.

Ein anderer möglicher Grund wird im vorletzten Abschnitt eher versteckt als ausgesprochen. In ebendiesen Julitagen, in denen vorliegender Aufsatz entstand, entschloß sich G. endgültig, die Bitte des Freiherrn vom Stein abzulehnen, der ihn als Leiter der 1815 gegründeten Städelschen Stiftung in Frankfurt ins Gespräch gebracht hatte. In einem Brief an Johann Jakob von Willemer heißt es am 17. Juli 1817 hierzu: »Ich entsage dagegen den sämtlichen Bundestagsverhandlungen, enthalte mich aller Teilnahme an Juden und Judengenossen, nicht weniger an manchen andern Frankfur-tensien, die ich aus Bescheidenheit zu nennen unterlasse«. Wenn die ›Gedenkausgabe‹ in ihrer Einführung zum *Verein der deut-schen Bildhauer* durchaus plausibel annimmt, daß G. mit Blick auf die Städelsche Stiftung »eine Verwendung in diesem Sinne erwo-gen« haben könnte (Bd. 13, S. 1173), würde das Interesse G.s, sich dieser Anfrage ohne öffentliches Aufsehen zu entledigen, einen weiteren Grund für die Nichtveröffentlichung des vorliegenden Aufsatzes bilden. Auch die auf G.s Antrag hin am 19. Dezember 1817 erfolgte Entlassung aus dem Frankfurter Bürgerverband voll-zog sich ja dann in aller Stille.

Textgrundlage: Handschrift GSA 25/XLVII,1,8 (Beschreibung s. WA I 49/2, S. 330: H) in der von Kräuter und G. korrigierten Fassung; die Bleistiftkorrekturen wurden nicht berücksichtigt, da sie möglicherweise erst nach G.s Tod bei der Vorbereitung der Nachlaßbände der AlH eingetragen wurden. – Eingriff: S. 393,40 *für das Mittelland* (wie das Mittelland Hs.; Konjektur von DNL übernommen; nach DNL »unterliegt es keinem Zweifel, daß nach der Art, wie Goethe sonst überall das Wort Mittelland für Binnenland gebraucht ⟨...⟩, hier der Kontinent im Gegensatz zu England gemeint und deshalb ein Fehler in der Wiedergabe des Textes anzunehmen ist«). Hingewiesen sei auf eine Abweichung der WA gegenüber Hs. und ED, die z. T. in die späteren Drucke übergegangen ist: S. 391,23 *allein würdig* (allein würdig Hs., C¹, C³, allein und würdig DNL, WA, BA); weitere Abweichungen der WA von der Hs. beruhen auf C¹ und sind seither in alle Drucke übernommen worden: S. 392,6 *Ohnmacht* (Unmacht C¹); 392,18 *verbündet* (verbindet C¹); 392,20 *Gönner oder sonstige Zufälligkeiten* (Gönner, sonstige Zufälligkeiten C¹); 394,1 *Gelegenheit wie* (Gelegenheit wo C¹).
Erstdruck: C¹ 44 (1832), S. 34–39.

391 *14 die Würde des Menschen:* Die ›Würde‹ bildet auch in den Diskussionen über die bildende Kunst in der »Pädagogischen Provinz« (s. o.) – dort in den Ausführungen des Vorstehers – die zentrale Kategorie (Bd. 17, S. 484,17 ff.) – *28 Er wird das gesunde menschliche Gebilde* ⟨...⟩: Vgl. auch hier Wilhelms Bericht über seine Ausbildung zum Wundarzt im sogenannten Anatomenkapitel (III,3) der *Wanderjahre* (Bd. 17, S. 558).

392 *3 Psyche:* griech. ›Seele(nleben), Eigenart‹. – *13 Phydias:* Phidias (2. Hälfte des 5. Jh.s v. Chr.), griech. Bildhauer in Athen. – *15 in London:* Zu den 1816 vom Britischen Museum erworbenen, hier als »rechte Quelle« bezeichneten Elgin Marbles vgl. die beiden Aufsätze S. 366 und S. 384 sowie die Vorbemerkungen und Anm. – *28 Parthenons:* der Tempel der Pallas Athene auf der Akropolis in Athen. – *des Phigalischen Tempels:* Vgl. hierzu den Aufsatz ⟨*Relief von Phigalia*⟩ (S. 444). – *40 ephebischen:* der Ephebe, griech.-lat.: die antike Bezeichnung für einen mannbaren Jüngling im Alter von 18 bis 20 Jahren.

393 *4 des olympischen Jupiters:* Die verschollene Goldelfenbeinstatue des Zeus aus dem Zeus-Tempel in Olympia ist eines der Hauptwerke des Phidias (s. zu S. 392,13) und wurde oft auf Münzen dargestellt, wie G. auch in den *Tag-und Jahres-Heften* zu 1812 erwähnt (Bd. 14, S. 229,29 ff.). – *5 der Pallas des Parthenons:* Die Goldelfenbeinstatue der Pallas Athene, ebenfalls ein Werk des

Phidias, befand sich im Parthenon-Tempel auf der Akropolis. –
29 Deutsche Künstler: Gemeint ist die Künstlergruppe der ›Nazarener‹ (vgl. hierzu insbesondere zu S. 319,34). – *35 eine afrikanische Gesellschaft:* Der Naturforscher und Weltreisende Sir
Joseph Banks (1743–1820) hatte 1788 die ›African Association‹ gegründet. – *40 Mittelland:* Fest-, Binnenland (in diesem Sinne auch
S. 396,30).
394 *2 Städelische Stiftung:* Zu Johann Friedrich Städel (1728
bis 1816) vgl. S. 32,7 und Anm.

ANFORDERUNG AN DEN MODERNEN BILDHAUER

Der Aufsatz entstand in der zweiten Hälfte des Jahres 1817 und ist
ein Resultat von G.s beratender Tätigkeit zur Errichtung des
Blücher-Denkmals in Rostock, in dessen unmittelbarem Umkreis
er anzusiedeln ist.

Wiederholt waren die intensiven Diskussionen über die Entwürfe des Berliner Bildhauers Johann Gottfried Schadow (1764
bis 1850), die zwischen G., Schadow und August Klaus von Preen
geführt wurden (vgl. die Aufsätze *Blüchers Denkmal* und *Fürst
Blüchers Denkbild*, S. 372 und S. 512), um die Frage gekreist, ob
die Darstellung Blüchers »mehr symbolisch als real« (so G. in der
Beilage zu seinem Brief an Schadow vom 25. Oktober 1815)
ausfallen sollte. Am 9. August 1817 hatte Schadow G. von den
Schwierigkeiten berichtet, die ihm die Gestaltung von Blüchers
Sturz bei Ligny auf dem zweiten Basrelief bereitete, und war dabei
insbesondere auf die allegorische Darstellung des »Genius Ger-
maniens« zu sprechen gekommen.

Der vorliegende Aufsatz bot G. die Gelegenheit, einige Probleme grundsätzlicher Art zu erörtern, mit denen sich seiner
Auffassung nach ein der klassizistischen Tradition verpflichteter
Bildhauer bei der Behandlung zeitgenössischer Themenstellungen
– hier der künstlerischen Gestaltung von Schlachtszenen unter dem
besonderen Aspekt, daß diese kriegerischen Auseinandersetzungen nunmehr zwischen jeweils gleich »gebildeten Nationen« statt-
fanden – konfrontiert sah. Bezeichnenderweise werden auch hier
diese aktuellen Fragen nicht unvermittelt und voraussetzungslos
betrachtet, sondern auf der Folie eines komprimierten geschichtlichen Überblicks diskutiert.

Die Konstellation, der G.s Hauptaugenmerk dabei gilt, wird
gleich einleitend umrissen: Es ist der ›prägnante‹ Moment von
Gewinn und Niederlage, der in einem historischen Längsschnitt
untersucht wird, und »Sieger und Besiegte« war, worüber ein

Stoffverteilungsplan für *Über Kunst und Altertum* von Ende November 1817 informiert, auch der ursprüngliche Titel dieses Aufsatzes gewesen, der im Januar 1818 abgeschlossen wurde und dann in *Über Kunst und Altertum* I 3 erschien.

Textgrundlage und Erstdruck: KuA I 3 (1817), S. 96–103, als achter Beitrag unter dem Kapitel »Aus verschiedenen Fächern Bemerkenswertes«.

394 *25 Fronton:* lat.-frz. ›Giebelfeld‹. – *36 Lapithen mit Centauren:* zwei thessalische Stämme; die Lapithen, die ihren Namen von Lapithes (bzw. Ixion), einem Sohn des Apollon und der Stilbe, herleiteten, vertrieben die Kentauren aus Thessalien, als diese bei der Hochzeit des Königs Peirithoos mit Hippodameia versuchten, die Braut und andere Frauen zu entführen. Die Kentauren, die von Kentauros, ebenfalls einem Sohn des Ixion, abstammten und erst später als Mischwesen zwischen Mensch und Pferd dargestellt wurden, waren ursprünglich ein unzivilisierter Volksstamm, der in den Bergen von Magnesia lebte. Die wohl berühmteste Darstellung des Kampfes zwischen den Lapithen und Kentauren findet sich auf einem Giebel des Zeustempels in Olympia.

395 *8 der Bacchanten und Faunen gegen die Tyrrhener:* Seeräuber aus dem Volk der Tyrrhener hatten den Bacchus (Dionysos) entführt und waren daraufhin von diesem mit einer Ausnahme in Delphine verwandelt worden. Ovid (Publius Ovidius Naso, 43 v. Chr. bis 18 n. Chr.) schilderte diese Begebenheit, die zuvor auch auf den 335/334 v. Chr. geschaffenen Reliefs am choregischen Denkmal des Lysikrates in Athen dargestellt wurde, in seinen ›Metamorphosen‹ (III, 582 ff.). – *17 Dacier:* Die Dacier (Daker) waren ein indogermanisches Volk im heutigen Rumänien; von 107 bis 275 war Dakien (Dazien) röm. Provinz. – *19 Triumphsäulen:* vor allem auf der Trajan-Säule, aber auch auf dem Konstantinsbogen oder der Marc-Aurel-Säule. Unter Kaiser Trajan (Marcus Ulpius Trajanus), der die Dacier in den Jahren 101/102 und 106 besiegt hatte und von 98 bis 117 regierte, erreichte das röm. Reich seine größte Ausdehnung. – *Polidor:* Polidoro Caldara da Caravaggio (gest. 1543), ital. Maler in der Nachfolge Raffaels. Eine von G. hier erwähnte Darstellung des Florentiner Parteienstreits ließ sich allerdings bislang nicht ermitteln. – *22 Hannibal Carrache:* die Brüder Annibale (1560–1609) und Agostino (1557–1602) Carracci, zusammen mit ihrem Vetter Ludovico (1555–1619) Angehörige einer Bologneser Malerfamilie. Die von ihnen angefertigten, hier erwähnten Fresken aus dem Palazzo Fava, die Motive aus Vergils ›Aeneis‹ abbildeten, waren G. bekannt, er besaß sie in 21 Kupfer-

stichen von J. Maria Mitelli aus dem Jahr 1663 (Schuchardt, Bd. I,
S. 26, Nr. 231). An dieser Stelle merkt der Kommentar der ›Jubi-
läumsausgabe‹ an, »wie Goethe unvermerkt auf das Gebiet der
Malerei geraten ist und die eigentümlichen Forderungen der Bild-
hauerkunst ganz aus den Augen läßt« (JA 35, S. 336). – *Kragsteine:*
vorspringende, als Träger verwendete Steine. – *24 Sphinxen oder
Harpyen:* Die Sphinx war ein weibliches Ungeheuer auf dem Berg
Phikion nördlich von Theben, das thebanischen Jugendlichen
Rätsel stellte. Wer die Antwort nicht wußte, wurde von ihr aufge-
fressen. Erst Oidipus konnte das Rätsel lösen, worauf sich die
Sphinx von der Stadtmauer stürzte. – Die Harpyien waren vogelar-
tige, ebenfalls weibliche Ungeheuer, die oft – so bei Homer und
Hesiod – als Personifikationen des Sturmwinds in Erscheinung
traten. In der Argonautensage bildeten sie als ›Hunde des Zeus‹ die
Plagegeister des blinden thrakischen Königs Phineus, dessen Nahrung sie entweder stahlen oder durch Verunreinigung ungenießbar
machten. Vgl. hierzu auch *Faust II*, Verse 7083, 7114 ff. und
8819. Die mit den Harpyien und der Sphinx kämpfenden, einfarbig
gemalten Jünglinge dienten auf den Fresken des Palazzo Fava dazu,
die einzelnen Bilder des Frieses voneinander zu trennen. – *38 Bewaffnete Spanier ⟨...⟩:* Die gewaltsame Missionierung des süd-
amerikanischen Kontinents durch die spanischen Eroberer Hernán
Cortés, auch Cortez (1485–1547), der von 1519 bis 1521 die
Hochkultur der Azteken zerstörte, und Francisco Pizarro (1478
bis 1541), der von 1531 bis 1534 das Inka-Reich der spanischen
Krone unterwarf, setzte zu Beginn des 16. Jh.s ein.

396 *2 Bethlehemitischen Kindermord:* so bei Mt 2,16; vgl.
hierzu die in G.s Besitz befindlichen Stiche nach Raffaels Darstellung (Schuchardt, Bd. I, S. 61, Nr. 571–575). – *5 Mahometaner:*
Mohammedaner. – *10 des amerikanischen Krieges:* des amerikanischen Unabhängigkeitskrieges (1775–1783). – *21 Thippo Saibh:*
Tipu, auch Tippu Sahib (1749–1799), Sultan von Maisur. Nachdem
er sich 1797 mit Frankreich gegen die Engländer verbündet hatte,
fiel der indische Fürst 1799 im 4. Maisur-Krieg bei der Erstürmung
von Maisur; nach seiner Niederlage geriet Indien im Jahre 1799 in
engl. Besitz. – *30 mittelländische:* im Gegensatz zu den engl.
Insulanern die Bewohner des (europäischen) Festlands.

399 *2 Eteokles und Polynices:* Die Brüder Eteokles und Polyneikes, Söhne des Oidipus und der Iokaste, hatten vereinbart, sich
die Macht in Theben zu teilen. Nach der Verbannung des Polyneikes durch Eteokles kam es zum Krieg der Sieben gegen Theben, der
mit dem Tod der Brüder endete, die sich im Zweikampf gegenseitig
töteten. Zu diesem Brudermord wurden sie – wie in antiken Reliefs
häufig zu sehen ist – von Furien angestachelt.

MÜNZKUNDE DER DEUTSCHEN MITTELZEIT

Obwohl der vorliegende kurze Aufsatz zweifellos nicht zu den
Glanzpunkten von G.s wissenschaftlicher Prosa gehört, ist ihm
dennoch die Ehre einer doppelten Publikation zuteil geworden. Er
wurde im April 1818 nicht nur in *Über Kunst und Altertum* I 3
veröffentlicht, sondern im selben Jahr auch in den von G.s Schwager Christian August Vulpius (1762–1827) herausgegebenen ›Curiositäten der physisch-literarisch-artistisch-historischen Vor- und
Mitwelt‹, wo er im 1. Stück des 7. Bandes unter dem Titel »Über
die beschriebenen alten Münzen« (S. 33–35) abgedruckt wurde.
Eine Fußnote – »*Goethe* Über Kunst und Altertum. 1. B. S. 92.« –
verweist dort auf den Ort der Erstveröffentlichung.

Unter der Überschrift »II. Die Regenbogenschüsselchen.« hatte
Vulpius dort diesen archäologischen Fundstücken ein ganzes Kapitel (S. 25–36) gewidmet, seinen Ausführungen Abbildungen auf
einer eigenen Tafel beigefügt und einleitend mit Bezug auf Schmie-
ders ›Handwörterbuch der Münzkunde‹ (Halle 1811) ausgeführt:
»Es gibt eine Art von immer noch nicht genug gekannten
Münzen, die unter mancherlei und sonderbaren Benennungen
bekannt sind. Sie werden genannt: *Regenbogenschüsselchen,
Regenbogenpfennige, Guttae Iridis, Patellae Iridis, Scutellatae,
Guttae Apollinis, Iridis Flores, Asterisci*, u. s. w. Man findet
dieselben von verschiedener Größe, auf einer Seite hohl, wie
Näpfchen, auf der andern, erhaben, in der Aushöhlung geprägt,
auf der erhabenen Seite, ganz glatt. Ihre Gepräge sind sehr
verschieden und haben allerlei Figuren; Sonne, Mond, Sterne,
Dreiecke, Zacken, Vögelköpfe mit Schnäbeln, Haken, Ringe,
Striche, Punkte, Knoten, Laubwerk, Blätter, Schnörkel, dreifach an einander gefügte kleine Hufeisen, und dgl. Um das
Gepräge herum zieht sich gewöhnlich ein gekörnter Kreis, oder
schwebt im Halbkreise unten, wohl ziemlich einem Hufeisen
gleich. Das Gold, aus welchem sie geprägt sind, ist gewöhnlich
unrein, weshalb dieselben in Klumpen zusammen gebacken in
der Erde gefunden werden. Dergleichen Goldklumpen hat man
im Jahr 1751 bei Gagers in Baiern, und 1771 bei Podmokle in
Böhmen, in kupfernen Gefäßen ausgegraben. Letztere hat man
den Markomanischen König *Marbod* zugeschrieben, den Kaiser
Augustus erziehen ließ. Am Rhein, in Schwaben, auch in Thüringen, hat man einzeln zuweilen solche Münzen gefunden.
Gewöhnlich geschah das, wenn ein starker Regen die Erde
hinweggespület hatte, und da glaubte das unwissende Landvolk
wohl, dergleichen sonderbar geformte Goldstückchen hätten im
Regenbogen sich erzeugt, und wären aus demselben herabgefal-

len; daher die Benennung *Regenbogenschüsselchen*, wenn nicht
etwa der Name aus *Rückgebogen* verdreht ist, wie einige Münz-
liebhaber auch angenommen, oder wenigstens vermutet haben.
Gewöhnlich glaubt man, daß es alte Gotische Goldmünzen
sind, und die kleineren und größeren Hufeisen-Figuren, die man
auf denselben findet, mögen vielleicht ein wanderndes, umher-
schweifendes Volk bezeichnen, welches dieselben führte«.

Nach einer daran anschließenden Rekapitulation wissenschaftlicher Lehrmeinungen zu diesem Gegenstand kündigt diese Einleitung in ihrem Schlußabschnitt G.s nun folgenden Beitrag an:

»Das ist es, was wir, vor der Hand, etwa über die sogenannten, sonderbar gestalteten *Regenbogenschüsselchen* sagen könnten, denn nur allzu wenig ist bis jetzt in der Numismatik darüber
geschrieben und gesagt worden. Jetzt aber füge ich dieser kleinen Abhandlung noch das bei, was zwei sehr sachkundige
Münzkenner über diese Münzen, und nach Durchlesung dieses
Aufsatzes, über dieselben gesagt, und zu demselben bemerkt
haben«.

Während G., dem die Abhandlung seines Schwagers bei der Abfassung seines eigenen Beitrags also bereits bekannt gewesen war, als
der Verfasser des ersten Beitrags kenntlich gemacht wurde, wird
der Autor der daran anschließenden »Bemerkungen zu vorherge-
hender Abhandlung« namentlich nicht genannt. Vulpius schließt
seine Ausführungen mit Hinweisen auf die Aufbewahrungsorte
der abgebildeten Münzen, die auch Aufschluß darüber geben, wo
G., der selbst kein Exemplar eines Regenbogenschüsselchens besaß, diese Fundstücke besichtigt haben konnte:

»Nach diesen Bemerkungen, denen ich, wie dem kleinen
Aufsatze über diese sonderbaren Münzen selbst, recht vieler
numismatischer Forscher Würdigung wünsche, habe ich nur
noch zu sagen, wo die Originale derselben, welche auf der
Kupfertafel getreu nachgebildet worden, zu sehen sind. No. 1. 2
und 3 befinden sich in dem Großherzogl. Münzkabinet zu
Weimar, No. 4. in der Münzsammlung des Herrn Staatsministers von *Voigt* daselbst und No. 5. 6. 7. 8. in dem Herzogl.
Münzkabinet zu *Gotha*. Mehrere sieht man in den angeführten
Schriften eines Döderlin, Ringmacher, Tenzel, Hedler etc. abgebildet«.

Daß G. als eifriger Sammler über beträchtliche numismatische
Kenntnisse verfügte, ist bekannt; weniger bekannt ist freilich, daß
er, der in dem Weimarer Staatsminister Christian Gottlob von
Voigt (1743–1819) einen ebenso kundigen wie sammelfreudigen
Kollegen besaß, sich im Jahre 1816 mit dem Gedanken trug, eine
eigene Fachzeitschrift herauszugeben. An Heinrich Karl Abraham

Eichstädt (1772–1848), den Professor für Philologie in Jena, schrieb G. diesbezüglich am 13. Juli 1816: »Mögen Sie mir die Kupferplatte mit dem nächsten Boten übersenden, so könnte in meiner Abwesenheit die Vorbereitung zu meinem Hefte der ›Münzbelustigungen‹ geschehen, welche wir herauszugeben willens sind«.

Der Titel ›Münzbelustigungen‹ verweist auf einen ehrwürdigen Vorgänger gleichen Namens. In den Jahren 1729 bis 1750 hatte Johann David Köhler (1684–1755), Historiker und Professor in Altdorf und seit 1735 in Göttingen, in insgesamt 22 Bänden seine ›Historischen Münzbelustigungen‹ herausgegeben, die G. – wie ein Paralipomenon zu den *Tag- und Jahres-Heften* zu 1807 belegt (WA I 36, S. 389) – bekannt waren.

Es ist bei dieser Absicht geblieben, das Projekt kam nicht zustande; Behrendt Pick hat in einem Aufsatz die Gründe und Umstände hierfür dargelegt (Behrendt Pick: Goethes Münzbelustigungen. In: GJb 1920, S. 195–227). Dort werden G.s Verdienste auf dem Gebiet der Münzkunde gewürdigt, aber es wird auch eingeräumt, daß sich G. mit seinem Beitrag über die Regenbogenschüsselchen auf ein abseitiges Terrain gewagt und sich bei diesem ›Seitensprung‹ mit »sehr barbarischen Stücken« (S. 221) beschäftigt habe. Auch enthalte der Aufsatz einige heute nicht mehr haltbare Thesen oder sachliche Fehler (s. zu S. 400,15), so etwa schon die Zuordnung als »Münzen der deutschen Mittelzeit«. Obwohl G. – dabei mit einer freimütig eingestandenen Unsicherheit, wie ihm zugute gehalten werden kann – »allerlei irrige Erklärungen gegeben hat«, habe er, so Pick, »auch bei dieser Gelegenheit einen sehr richtigen Gedanken ausgesprochen, daß man nämlich die Fundorte solcher Münzen verzeichnen müsse, um im Verständnis weiterzukommen« (S. 222).

Textgrundlage und Erstdruck: KuA I 3 (1817), S. 92–95, als siebenter Beitrag unter dem Kapitel »Aus verschiedenen Fächern Bemerkenswertes«.

399 *23 Regenbogenschüsselchen:* kleine, schüsselförmige, zumeist aus Gold gefertigte Münzen des 2. und 1. vorchristl. Jh.s. Sie sind nicht, wie die Überschrift des Aufsatzes nahelegt, deutschen Ursprungs, sondern stammen von kelt. Stämmen des Donau- und Alpenlands; die Hauptfundorte der Regenbogenschüsselchen lagen in Bayern, Böhmen und der Schweiz, vereinzelt wurden sie auch auf hessischem und thüringischem Gebiet ausgegraben. Wie auch G. am Ende seines Beitrags erläutert, leitet sich ihr Name aus dem Volksglauben ab: danach bezeichnen die Regenbogenschüs-

1064 KOMMENTAR ZU S. 399–403

selchen diejenige Stelle, wo der Regenbogen die Erde berührte. Der
lat. Name – ›guttae iridis‹ – lautet in der wörtl. Übersetzung
deshalb auch ›Tränen des Regenbogens‹. – *32 eines Kronenbohrers:*
Der Kronenbohrer ist an seinem unteren Ende mit einer horizontalen Platte versehen, auf der mehrere verschieden gestellte Schneiden angebracht sind.

400 *1 konvex:* lat.: ›erhaben, nach außen gewölbt‹. – *12 dazischen Münzen:* Die Dacier (Daker) waren ein indogermanisches
Volk im Gebiet des heutigen Rumänien; von 107 bis 275 war
Dakien (Dazien) röm. Provinz (vgl. auch *Anforderung an den
modernen Bildhauer,* S. 395,17). – *die Goldphilippen:* Münzen, die
unter der Herrschaft von Philipp II. (382–336 v. Chr.), dem König
von Mazedonien (359–336 v. Chr.) und Vater Alexanders des
Großen, geprägt wurden. – *25 den Ursprung der Hufeisen:* Mit
dieser Hypothese vertritt G., wie er einleitend ja eingeräumt hatte,
(s)eine Meinung, aber keine gesicherte Erkenntnis. Tatsächlich ist
der Gebrauch von Hufeisen schon wesentlich früher, nämlich
bereits in der ›Hallstattzeit‹, also der älteren Stufe der europ.
Eisenzeit (rund 750–450 v. Chr.) nachzuweisen. Gerade die Einführung des Eisens als Nutzmetall galt als größte technologische
Leistung der Hallstattkultur. – *27 Childerich:* Childerich I. (gest.
482), (salischer) Frankenkönig aus dem Hause der Merowinger,
Vater Chlodwigs I. Sein Grab, in dem sich reiche Goldbeigaben
befanden, wurde 1653 bei der Kirche St. Brice in Tournai entdeckt.
– *34 Wollte man sorgfältig die Orte verzeichnen ⟨...⟩:* Vgl. hierzu
den Schlußabschnitt der Vorbemerkung.

JOSEPH BOSSI
ÜBER LEONARD DA VINCI ABENDMAHL ZU MAYLAND

»Das Schiff aus Ophir ist angelangt, und diesen Vormittag habe ich
angewendet, um die Mayländischen Akquisitionen auszupacken.
Die Haupt Sachen werden übermorgen, *Sonntag,* im Atelier von
Jagemannen ausgestellt erscheinen; zu diesen Feste erwarte und
einlade ich dich, mein lieber Freund!« (Wahl, Bd. 2, S. 197). Mit
diesen Worten lud Großherzog Carl August G. am 14. November
1817 zur Präsentation seiner aus Italien eingetroffenen Neuerwerbungen ein, in deren Mittelpunkt zwar nicht »vierhundertundzwanzig Zentner Gold« (wie es die biblische Anspielung auf das
Alte Testament – nämlich 1. Kön 9,28 – nahelegt) standen, deren
Kernstück G. in den Wintermonaten 1817/1818 aber intensiv
beschäftigen sollte.

Im Sommer 1817 hatte der Großherzog eine Reise über die

Schweiz nach Oberitalien unternommen und sich dabei auch in Mailand aufgehalten. Einige seiner Erwerbungen hatte Carl August persönlich nach Weimar mitgebracht, wovon ein Tagebucheintrag G.s vom 19. September, unmittelbar nach der Rückkunft des Großherzogs, berichtet: »Um 9 Uhr zu Serenissimo. Wurde das Mitgebrachte an Zeichnungen, Karten, Modellen und Naturalien ausgepackt und ein Teil mir übergeben« (eine Aufstellung bei Wahl, Bd. 2, S. 414 f., Anm. zu Nr. 605; vgl. auch G.s Brief an den Großherzog vom 23. September 1817).

Die Hauptsendung der »Akquisitionen« stand freilich noch aus, sie traf dann im November 1817 in Weimar ein und enthielt vor allem Durchzeichnungen nach Kopien des ›Abendmahls‹ von Leonardo da Vinci, deren Ausstellung der Großherzog in seinem eingangs zitierten Schreiben ankündigte.

In Mailand nämlich hatte Carl August durch Vermittlung des Bankiers Heinrich Mylius (1769–1854) Gaëtano Cattaneo, den Direktor des Mailänder Münzkabinetts, kennengelernt, der ihm bei dieser Gelegenheit auch Einblick in den Nachlaß Giuseppe Bossis (1777–1815), des Sekretärs der Mailänder ›Brera‹, gab (zu Bossis Biographie s. zu S. 403,7). Dessen Kernstück bildete die 1810 in Mailand erschienene Studie ›Del cenacolo di Leonardo da Vinci‹, das Resultat von Bossis langjähriger Beschäftigung mit Leonardos ›Abendmahl‹, sowie mehrere Durchzeichnungen nach Kopien dieses Gemäldes.

Im Jahre 1807 hatte Eugène de Beauharnais, seit 1805 Vizekönig von Italien (s. zu S. 415,35), die Anfertigung eines Mosaiks von Leonardos ›Abendmahl‹ in Auftrag gegeben und mit dieser Aufgabe den Mosaizisten Giacomo Raffaelli (s. zu S. 422,14) betraut, der das Mosaik in den Jahren 1810–1817 schuf. Zur Vorbereitung dieses Projekts hatte Giuseppe Bossi nach der Vorlage vorhandener Kopien zunächst 1807 einen Karton und anschließend 1809 eine – im 2. Weltkrieg vernichtete – farbige Reproduktion des Gemäldes erarbeitet. Seine in diesen Jahren gesammelten Beobachtungen zu Leonardos Original wie seine kritischen Anmerkungen zu den im Laufe der Jahrhunderte angefertigten Reproduktionen legte er dann 1810 in seinem ›Cenacolo‹-Buch dar.

Bossi stützte sich bei seiner Arbeit auf die in Castellazzo (s. zu S. 421,12) und Ponte Capriasca (s. zu S. 421,24) befindlichen Kopien, vor allem aber diente ihm die von Kardinal Federigo Borromeo in Auftrag gegebene, in der Mailänder ›Ambrosiana‹ aufbewahrte Kopie Vespinos (s. zu S. 412,35) als Vorlage. Darüber hinaus arbeitete er nach einem Kupferstich, den Raffaello Morghen (s. zu S. 406,6) auf Veranlassung des toskanischen Großherzogs

Leopold nach den gleichen Vorbildern in den Jahren 1797 bis 1800 in Rom geschaffen hatte (zu gravierenden Detailabweichungen dieses Stichs s. zu S. 408,8).

Eine Mappe mit den Durchzeichnungen, die Bossi nach den Köpfen der Kopien in Castellazzo, Ponte Capriasca und der ›Ambrosiana‹ gemacht hatte (von der Kopie Vespinos auch Zeichnungen der Hände), Bossis ›Del cenacolo di Leonardo da Vinci‹, eine Durchzeichnung des Mosaiks sowie Morghens Kupferstich lagen G. während der Abfassung seines Aufsatzes vor. Im weiteren Verlauf seiner Studien wurden dann andere Schriften, insbesondere Leonardos ›Trattato della pittura‹, einbezogen (vgl. hierzu den unten zitierten Brief an Zelter vom 31. Dezember 1817 sowie eine Übersicht der von G. entliehenen Werke am Ende der Vorbemerkung. Ein Verzeichnis der Durchzeichnungen Bossis in Walther Scheidigs Aufsatz ›Leonardo, Goethe, Bossi‹. In: Leonardo da Vinci, der Künstler und seine Zeit. Hg. von Heinz Lüdecke. Berlin 1952, S. 114).

Über diese Reproduktionen hinaus kannte G. Leonardos Gemälde, das dieser im Auftrag des Herzogs Ludovico Sforza (s. zu S. 405,27) in den Jahren 1495 bis 1498 für das Refektorium des Mailänder Klosters ›Santa Maria delle Grazie‹ gemalt hatte, aus eigener Anschauung. Dort hat es G. auf dem Rückweg seiner italienischen Reise gesehen und dem Großherzog Carl August in einem Brief aus Mailand vom 23. Mai 1788 seine Eindrücke geschildert: »Dagegen ist das Abendmahl des Leonard da Vinci noch ein rechter Schlußstein in das Gewölbe der Kunstbegriffe. Es ist in seiner Art ein einzig Bild und man kann nichts mit vergleichen«.

Obwohl Abendmahlsdarstellungen als Vergegenwärtigung des bei Lukas 22,19 überlieferten Auftrags Jesu – »Und er nahm das Brot, dankte und brach's und gab's ihnen und sprach: Das ist mein Leib, der für euch gegeben wird; das tut zu meinem Gedächtnis« – in Italien, namentlich in der Toscana seit dem 14. Jh. »zum Bildprogramm der Refektorien« (von Einem, S. 27) gehörten, hat G., wie schon eine vermutlich während dieses Mailänder Aufenthalts angefertigte Notiz belegt, das Einzigartige und Neue der Darstellung Leonardos präzise erfaßt (vgl. WA I 49/2, S. 221, Z. 11–21). Dies resultierte, worüber sich die kunsthistorische Forschung einig ist, vor allem aus einer sich über alle Konventionalität hinwegsetzenden Deutung seelischer Vorgänge, der bildlichen Umsetzung innerer Vorgänge und Erschütterungen, die neben der Gestalt Jesu Christi auch jedem der Apostel eine eigene, unverwechselbare Individualität verlieh. Die bis dahin vorherrschende Statik formelhafter Gebärden wird in Leonardos ›Abendmahl‹ aufgelöst und in die Dramatik einer Handlung überführt, »in der alle sichtbare

Bewegung die Folge einer bewegenden Ursache ist« (von Einem, S. 58). Insbesondere die Erfassung und Herausarbeitung dieser der Szene innewohnenden Dramatik hat man als das herausragende Verdienst von G.s ›Abendmahl-Studie‹ bezeichnet; nach Christian Beutlers Auffassung hat G., der »die Komposition mit den Augen des dramatischen Dichters und Theaterschriftstellers sah«, diesen Kern der Konzeption sogar »als Erster in der Kunstliteratur erkannt« (GA, Bd. 13, S. 1174; vgl. auch zu S. 408,8). Von G.s Zeitgenossen hat insbesondere Sulpiz Boisserée diese Qualität des Aufsatzes hervorgehoben, als er G. am 12. Mai 1818 über das dritte Heft von *Über Kunst und Altertum* schrieb: »So wie ich aber auf die Sache selbst eingehe, muß ich vor allem die Abhandlung über das Abendmahl von Leonardo als ein Muster kunstgeschichtlicher und beschreibender Darstellung rühmen. Die Klarheit und Lebendigkeit in der Gedrängtheit und Kürze tut eine gar vortreffliche Wirkung. Ich werde manchen Nutzen aus der aufmerksamen Betrachtung dieser meisterhaften Darstellungsweise zu ziehen suchen, wenn schon ich mir nicht verhehlen kann, daß sie im Ganzen für unser einen unerreichbar ist« (Boisserée, Bd. 2, S. 218).

Am 16. November schließlich reiste G. von Jena aus nach Weimar »Zur Ausstellung der Zeichnungen von Bossi und anderer. Kamen die Herrschaften mit vielem Gefolg«. Und noch für den Abend desselben Tages vermerkt das Tagebuch die Lektüre von »Bossi über da Vincis Abendmahl«. Am 19. November 1817 entleiht G. aus der Weimarer Hofbibliothek die 1811 in Paris erschienene ›Voyage pittoresque de Genève à Milan par le Simplon‹ mit Zeichnungen von Gabriel und Georg Lory (Keudell, Nr. 1117), die er am 18. und 20. November studiert. Am 19. November vermerkt er im Tagebuch, sich erneut »Mit Ottilien zu den Cartonen und Durchzeichnungen« begeben zu haben. Bereits am nächsten Tag werden dann nach der Lektüre von Bossis ›Cenacolo‹ und »Cattaneos Gutachten über Bossis Urteile« (die der Großherzog seinem eingangs zitierten Schreiben vom 14. November als »Vorschmack« beigegeben hatte) »Schemata zum Aufsatz über Bossi und Aufschriften der Tekturen von Cattaneo« notiert.

Die Neuerwerbungen des Großherzogs, die G. im November 1817 besichtigte, bedeuteten eine Wiederbegegnung, über deren Wirkung er keinen Zweifel ließ. Am 21. November 1817 brach er erneut nach Jena auf, von wo aus er Großherzog Carl August am 24. November seine mittelfristigen Absichten und Wünsche wissen ließ:

»Ew. Königliche Hoheit
geruhen aus beiliegendem Aufsatz den Fortgang meiner Studien über die neuen Akquisitionen im Kunstfache zu ersehen, und

demselben einige Bemerkungen zu gönnen. Wie denn vielleicht Graf Edling über Leben, Kunstgang und Schicksale des Bossi nähere Aufschlüsse mitteilen kann.

Ich wünschte diesen Aufsatz, da mir alles gegenwärtig ist, in akademischer Abgeschiedenheit umständlicher zu entwerfen, denselben in Gegenwart der Zeichnungen selbst in Weimar zu rektifizieren und Ew. Königlichen Hoheit Prüfung zu unterwerfen; da er denn so sorgfältig als möglich bearbeitet Herrn Cattaneo zugesendet werden kann.

Es ist zu erwarten, daß man alsdann noch manche schöne Aufschlüsse von diesem erhalten und sich im Stande sehen wird, der kleinen Abhandlung möglichste Vollendung zu geben. Das Werk des Bossi ist höchst interessant, würde aber ohne Ansicht der Lucidi und ohne Cattaneos Bemerkungen kaum verständlich, noch weniger brauchbar sein. Eine große Anregung, über diese Gegenstände zu denken und sich das Verdienst eines der größten Meister die jemals gelebt zu vergegenwärtigen, ist freilich gegeben, und daß eine solche Gelegenheit nicht versäumt werde höchst zu wünschen«.

G. hatte zu diesem Zeitpunkt sein erstes Schema also bereits weiter ausgearbeitet. Am 23. November notierte er im Tagebuch den »Entwurf über Bossis Abendmahl«, der am folgenden Tag dem Brief an den Großherzog beigelegt werden konnte (vgl. WA I 49/2, S. 222–225). Am 27. November schickte Großherzog Carl August, der am 19. November Gaëtano Cattaneo über G.s Absichten in Kenntnis gesetzt hatte (Mommsen, Bd. 1, S. 405), den mit seinen Marginalien versehenen Entwurf an G. zurück (Wahl, Bd. 2, S. 198 f.), den dieser am 28. November erhielt.

Am 27. November 1817 begann G. die Niederschrift mit dem Abschnitt »Leonard da Vinci Leben«, warf in den folgenden Tagen den Aufsatz jedoch nochmals »im Sinne hin und her« (so im Brief an seinen Sohn August vom 28. November, von dem er bei dieser Gelegenheit ebenfalls eine kurze Stellungnahme zu den Großherzoglichen Akquisitionen erbat).

Von nun an steht bis Ende Dezember 1817, dem Abschluß der ersten intensiven Arbeitsphase, dieses Projekt im Mittelpunkt des täglichen Pensums, sukzessive entstehen die einzelnen Abschnitte (in Klammern deren Erwähnungen im Tagebuch):
- »Aus dem Leben Leonards« (27. November)
- »Das Abendmahl« (29. November und 1. Dezember; 19. Dezember, vgl. hierzu zu S. 407,2)
- »Technisches Verfahren« (3. Dezember)
- »Ort und Platz« (3. Dezember)
- »Zunehmendes Verderbnis« (3. Dezember)

- »Kopien überhaupt« (6. und 9. Dezember)
- »Kopien des Abendmahls« (6. und 9. Dezember)
- »Neuste Kopie« (8., 9., 19., 23., 24. und 29. Dezember 1817, 29. Januar 1818)
- »Blick auf Leonard« (26. Dezember)
- »Zur Sache!« (22. und 27. Dezember)
- »Vergleichung« (22. und 27. Dezember; darin der Abschnitt »Nun aber müssen wir noch ⟨...⟩«, S. 436,23, am 18., 19., 21. und 31. Dezember)

Da insbesondere die Abschnitte »Kopien des Abendmahls« und »Neuste Kopie« ohne Vorlage der Durchzeichnungen schwerlich zu verfassen waren, bat G. am 14. Dezember den Großherzog, »daß die Lucidi wohlgepackt herüber gesendet würden«. Diese trafen am 21. Dezember in Jena ein, zwei Tage zuvor hatte G. seinem Sohn August schriftlich eine Bücherliste zukommen lassen, in der er u. a. um die Übersendung von Leonardos »Traktat von der Malerei, italiänisches Original« und Lomazzos Schrift »über die Malerei« ersuchte (vgl. die Übersicht am Ende der Vorbemerkung). Ebenfalls am 19. Dezember wurde der Jenenser Astronomieprofessor Carl Dietrich von Münchow zu einem die Ausmaße des ›Abendmahls‹ betreffenden Detailproblem konsultiert (s. zu S. 407,4).

Auch aus Heidelberg erhielt G. in diesen Wochen nützliche Hilfestellung: Nachdem er Sulpiz Boisserée am 4. Dezember den »Entwurf zu einem größtenteils geschriebenen Aufsatz« (es handelte sich hierbei um die zuvor schon dem Großherzog übermittelte Gliederung) beigelegt hatte, wies dieser G. in seinem Antwortschreiben vom 11. Dezember auf eine Veröffentlichung in den ›Heidelberger Jahrbüchern‹ hin, wo im Dezember 1816 der Dichter, Maler und Kupferstecher Friedrich Müller, genannt Maler Müller, ebenfalls Bossis Schrift besprochen hatte (vgl. hierzu zu S. 436,26). Am 18. Dezember (also einen Tag, bevor er auch den 9. Jahrgang der ›Heidelberger Jahrbücher‹ durch seinen Sohn aus der Weimarer Bibliothek entleihen lassen wird) vermerkte G. in seinem Tagebuch, »die Notizen von Boisserée beherzigt und so nach allen Seiten hin zu wirken fortgefahren« zu haben.

Dies belegt auch der Brief an Zelter vom 31. Dezember 1817, in dem G. nun auf den mit Ausnahme des Schlußabsatzes vollendeten Aufsatz zurückblicken und ein erstes Fazit ziehen kann. Diese Passagen lesen sich wie ein ›Abstract‹, in dem G. dem Berliner Freund in komprimierter Form vor allem die Ergebnisse seiner kritischen Vergleichungen der verschiedenen ihm zugänglichen Kopien mitteilt:

»Also zuerst auf Deine Anfrage wegen Leonards *Abendmahl*.

Von diesem unschätzbaren Werk, der ersten kompletten malerischen *Fuge*, die alle vorhergehenden übertrifft, und vor keiner Nachfolgenden zurücktreten darf, ist an Ort und Stelle nur noch der Schimmer geblieben, wie ohngefähr die Figuren gegeneinander gestanden haben.

Daß wir aber noch zu einem gewissen Begriff davon gelangen können, dazu helfen uns mehrere Kopien, wovon ich nur drei anführen, und, charakterisieren kann.

1500–1512.

zu Castellazo in dem Speisesaal eines aufgehobenen Klosters von Marko d. Oggiono, etwas kleiner als Leben, höchst charakteristisch, nach Leonards Lehren und Beispiel schmeckend.

1565.

Zu Ponte Capriaska schwächer als die vorige, aber in demselben Sinn, höchst nützlich bei der Vergleichung.

1612–1616.

auf der Ambrosianischen Bibliothek zu Mayland, die Figuren bis auf die Tafel, gemalt von *Andrea Bianchi* genannt *Vespino*, Figuren in Lebensgröße, wie das Original, brav und tüchtig, wirksam, aber keine Spur mehr von Leonard. Die Phisionomien gehen schon ins Allgemeinere, ins Leere wie man sie in Zeichenbüchern antrifft.

Nach diesen drei Kopien ist die Zeichnung zu Morghens Kupferstich redigiert, sowohl als Bossis Carton und Gemälde in wirklicher Größe, wonach zu Mayland eine ungeheuere Mosaik, auf Befehl des Vizekönigs, gefertigt wurde.

Genaue Durchzeichnung mit Rotstein auf transparent Papier, scharfe Umrisse ausführlich schattiert, habe ich vor mir liegen, zum größten Gewinn und Vergnügen, da doch alles Urteil auf Vergleichen ruht.

So viel aber kann ich Dir zum Troste sagen, daß bei *Morghens* Kupfer die alte echte Kopie von Castellazo mit sorgfältiger Gewissenhaftigkeit durchgängig zu Rate gezogen worden, so daß uns also noch mehr übrig geblieben ist, als wir denken.

Bis Du nun meine Redensarten darüber umständlich erfährst, wie es wohl durch mein Heftlein *Kunst* und *Altertum* zu Ostern geschehen kann, so suche eiligst auf, die Heidelberger Jahrbücher Dezember 1816 wo Müller in Rom, sonst *Maler Müller* genannt, einen sinnigen Auszug aus Bossis Werk, mit einsichtigen Noten geliefert hat, daraus Du Dir schon viel abnehmen wirst. Die Lücken die er läßt, fülle ich aus.

Sobald Dir das Kupfer wieder zu Gesicht kommt, so wende Deine Kontrapunktsgesetze darauf an, und Du wirst viel Freude haben« (Bd. 20.1, S. 520 f.).

Es ist alles andere als ein Zufall, daß G. in diesem kurzen Abriß gerade diesen Teil seines Aufsatzes herausgriff und zusammenfaßte. G.s fundamentale wissenschaftsgeschichtliche Überzeugung aus dem Vorwort zu seiner *Farbenlehre*, daß nämlich »die Geschichte der Wissenschaft die Wissenschaft selbst sei« (Bd. 10, S. 13), wird hier am Beispiel der Kunstgeschichte demonstriert, was um so plausibler ist, als das Weiterleben des ›eigentlichen‹, im Laufe der Zeit zunehmenden Zerstörungen unterworfenen Kunstwerks gerade in diesem Fall ja wesentlich von späteren Reproduktionen abhängig war.

Das Werk, das Original, ›ist‹ zu einem guten Teil die Geschichte seiner Rezeption und seiner Verbreitung – diese Einsicht, die ihre Entsprechung auf (auto)biographischem Gebiet in dem Kernsatz fand, »daß die Geschichte des Menschen den Menschen darstelle«, wie G. ebenfalls in der *Farbenlehre* behauptet hatte (ebenda, S. 13) und an den seit 1811 erscheinenden Büchern von *Dichtung und Wahrheit* zu beglaubigen suchte, war kurz zuvor schon am Beispiel eines anderen herausragenden Künstlers erläutert worden. Auch im Aufsatz *Shakespear und kein Ende!* (S. 173), dessen beiden erste Teile 1815 erschienen waren, hatte G. am Modell des englischen Nationaldichters demonstriert, welchen Lesarten, Erkenntnisinteressen und daraus resultierenden Interpretationsansätzen ein jedes Kunstwerk unvermeidlicherweise unterliegt.

Auch dort war – wie es hier gleich zu Beginn des Aufsatzes geschieht – das ›Phänomen‹ Shakespeare unter seinen historischen Bedingungen untersucht worden, hatte G. fördernde und behindernde Faktoren seiner künstlerischen Entwicklung herausgearbeitet. Nicht mehr isolierte Betrachtung, nicht mehr die unmittelbare Wirkung auf den Beobachter allein, sondern eine demgegenüber durch und durch geschichtlich denkende Vorgehensweise trägt den Aufsatz und prägt die Perspektive – freilich hier mit einem weit weniger deutlich zugespitzten ›antiromantischen‹ Akzent als in anderen Beiträgen dieser Jahre (wobei G. aber gerade dieser Aspekt – eine zu große ›Einfühlung‹ in die Intentionen Leonardos – später aus Kreisen der Mailänder Kunstfreunde zum Vorwurf gemacht wurde). Gerade dieser kunsthistorische Versuch G.s, einen Weg durch das »Labyrinth« (S. 430,1) der vorliegenden Durchzeichnungen zu bahnen und diese dabei nicht nur zu referieren, sondern auch einer Bewertung zu unterziehen, ist als seine besondere Leistung gewürdigt worden, wenn etwa Herbert von Einem von einer »großartigen kritischen Vergleichung der vom Großherzog erworbenen Zeichnungen« (von Einem, S. 63) spricht. Auf einen eingehenden Vergleich des Goetheschen Textes mit Bossis ›Cenacolo‹-Buch bzw. Cattaneos Anmerkungen oder

Maler Müllers Aufsatz muß in diesem Kommentar allerdings verzichtet werden. G. geht gerade hier über Bossis Studie hinaus, der zu folgen er ja im Verlauf seines Aufsatzes eingeräumt hatte (S. 426).

Der Aufsatz war zu Ende des Jahres 1817 also weitgehend abgeschlossen und, wie G. in einem Brief an Sulpiz Boisserée am 16. Januar 1818 zu erkennen gibt, für das dritte Heft von *Über Kunst und Altertum* eingeplant:

> »Mein stockendes *drittes* Heft bewegt sich wieder und wird wohl bis Palmarum beisammen sein. Wahrscheinlich nehme ich den Aufsatz über das *Abendmahl* darin auf. Diese Untersuchungen waren für mich von der größten Bedeutung, sie nötigten mich, dem außerordentlichsten Künstler und Menschen wieder einmal auf allen Spuren zu folgen; wo man denn doch über die Tiefe der Möglichkeit erschrickt, die sich in einem einzigen Menschen offenbaren kann«.

In der zweiten Januarhälfte stehen nun die Korrekturarbeiten an. Wenn G. dabei am 25. Januar 1818 dem Verleger Carl Friedrich Ernst Frommann auch »die Lucidi« vorlegt, so unterstreicht dies seine Absicht, dem Aufsatz zur Illustration auch einige Durchzeichnungen beizufügen. Es ist anzunehmen, daß neben dem technischen Aufwand, der dafür erforderlich gewesen wäre, vor allem der zunehmende Termindruck eine Ausführung dieses Plans verhindert hat.

»Das Abendmahl abgeschlossen«, notierte G. am 31. Januar 1818, der in den folgenden Wochen mit der Bogenrevision (vgl. das Tagebuch vom 5., 7., 10., 17. und 20., 25., 27. und 28. Februar) beschäftigt war. Änderungen waren nun nicht mehr möglich, allenfalls nachträgliche Ergänzungen. Ein solcher Nachtrag wurde nötig, als G. am 12. Februar den von Guiglielmo Manzi herausgegebenen ›Trattato della pittura‹ des Leonardo da Vinci aus der Weimarer Bibliothek entlieh. Ebenso bedeutsam wie diese 1817 in Rom erschienene neue Ausgabe von Leonardos Schriften war freilich eine dem Traktat beigegebene Sammlung von 22 Kupfertafeln, die Gherardo di Rossi nach Leonardos Vorlagen gestochen hatte (Lionardo da Vinci: Disegni che illustrano l'opera del trattato delle Pittura ⟨ . . . ⟩. Hg. von Francesco de Rossi. Roma 1817).

Welche Impulse diese Neuerscheinungen dem Aufsatz hätten geben können, teilt G. am 24. Februar 1818 dem in diesen Wochen in Stäfa weilenden Johann Heinrich Meyer mit: »Auch ist der Abdruck eines Manuskripts der Vaticana von seinem Trattato della Pittura in vorigem Jahr zu Rom erschienen, worin mehrere bisher unbekannte Kapitel, ja Bücher, befindlich, und auf 22 Kupfertafeln kleine, leichte, geistreiche Figuren beigefügt, wie sie Leonardo zwischen seine Manuskripte hineinzuschreiben pflegte. Es ist nicht unwahrscheinlich daß diese Kopie, mit großer Sorgfalt, was Text und Kupfer betrifft, im sechzehnten Jahrhundert gemacht worden. Der römische Herausgeber, unter Beistand des Herrn de Rossi, hat es an größter Sorgfalt nicht fehlen lassen. Nur ein flüchtiger Blick welchen ich hineintun konnte überzeugt mich von dem großen Gewinn der uns dabei zu Teil wird«.

Der auf diese Neuerscheinung hinweisende Nachtrag wird am 19. Februar verfaßt (vgl. hierzu zu S. 437,1), andere Informationen kommen zu spät, um noch eingearbeitet werden zu können. Am 26. Februar nämlich notierte G. in seinem Tagebuch: »Sendung von Mayland, von Mylius an Serenissimum, von Cattaneo an mich. Beschäftigung beide durchzusehen und durchzudenken«. Auch am nächsten Tag wird die »Nachricht von Gaëtano Cattaneo über die Bronze-Medaillen und Bossi« erwähnt. Die Giuseppe Bossi betreffenden Ausführungen (vgl. Mommsen, Bd. 1, S. 417) enthielten dabei biographische Auskünfte, um die G. den Mailänder Konservator in einem Brief vom 14. Dezember 1817 ersucht hatte. Somit blieben die »kurze⟨n⟩ aber gehaltreiche⟨n⟩ Noten des Herrn Cattaneo zu Mayland« (WA I 49/2, S. 225, Z. 7), die G. im November 1817 eingesehen hatte, zusammen mit den mündlichen und schriftlichen Informationen des Großherzogs die einzige Grundlage, auf die sich die den Aufsatz einleitenden Mitteilungen zu Bossis Biographie stützten.

Mit der Auslieferung des dritten Heftes von *Über Kunst und Altertum*, die im April 1818 erfolgte, war das ›Leonardo-Projekt‹ aber noch nicht abgeschlossen. Schon in einem Brief vom 19. März 1818 hatte G. Zelter berichtet:

»Den Raum zu füllen gedenke ich noch eines Scherzes der mich unterhält. Unsere Mayländer Freunde, die wir durch des Großherzogs Reise gewonnen, Männer von außerordentlicher Bedeutung, Kenntnissen, Tätigkeit und Lebensgewandtheit, welche zu kultivieren ich alle Ursache habe, verstehen kein Deutsch.

Nun lasse ich meinen Aufsatz übers Abendmahl hier ins Französische übersetzen. Durch einen gewandten Franzosen, der als Emigrierter zu uns kam, die Invasionsvisite seiner lieben Landsleute und was draus folgte bei uns ausgehalten hat. Dies ist ein ganz eigner Spiegel wenn man sich in einer fremden Sprache wieder erblickt. Ich habe mich um die Übersetzung meiner Arbeiten nie bekümmert, diese aber greift ins Leben ein, und so gibt sie mir viel Interesse. Will ich meine deutsche, eigentlich nur sinnlich hingeschriebene Darstellung im französischen wieder finden; so muß ich hie und da nachhelfen, welches nicht schwer

wird da dem Übersetzer gelungen ist die logische Gelenkheit
seiner Sprache zu betätigen, ohne dem sinnlichen Eindruck
Schaden zu tun« (Bd. 20.1, S. 533 f.).

Bei G.s Übersetzer handelte es sich um Professor Louis Daniel
Marie Lavés (1772–1829), der als Lektor für französische Sprache
an der Universität in Jena tätig war. Die räumliche Nähe und die
damit verbundene Möglichkeit zu enger Kooperation und Detail-
abstimmung hat die Übersetzung zweifellos gefördert, die zwischen dem 15. Februar (»Lavés wegen der Übersetzung. Unterhaltung mit demselben über deutsche und französische Sprache, auch
über seine Zustände«) und dem 24. Juni 1818 (»Professor Lavés die
Übersetzung beendigt«) entstand.

G.s Ankündigung an Cattaneo vom 27. Juni, »daß eine französische Übersetzung meines Aufsatzes über das Abendmahl von
Leonard bald erfolgen werde«, konnte dann am 17. Juli 1818
eingelöst werden. In seinem von Lavés übersetzten Begleitschreiben formulierte G. auch die Erwartungen, die er gerade an die
Aufnahme seines Aufsatzes in der Mailänder Kunstwelt knüpfte:

»Me voyant enfin à même de vous envoyer la traduction
de mon petit traité sur la cène de Leonard et de Bossi, je ne
me permettrai d'ajouter que très-peu de chose, en ce que le
point capital, dont tout dépend, a été effleuré dans le cours de
l'ouvrage. Il s'agit donc de savoir si les connoisseurs de Milan
et vous surtout, Monsieur, approuvez ce que j'ai dit et avancé,
puisque vous avez encore en original sous les yeux les objets
dont je traite d'après des copies, et que vouz avez été témoin
oculaire de la conduite qu'on a observée, pendant que je n'en
suis instruit que par l'histoire. Ce qui me fait espérer cependant
qu'en général je n'ai pas beaucoup dévié de la vraie route c'est
que j'ai commencé par suivre l'ouvrage de Bossi, et que là où
j'ai cru devoir m'en éloigner, je m'en suis tenu à vos observations qui accompagnoient les dessins.

Si vous vouliez bien m'honorer encore de vos judicieuses
remarques, il en résulteroit pour moi une instruction inapprécia-
ble.

Je m'en remets également à votre jugement pour savoir si cette
traduction pourroit alors être livrée à l'impression« (der deutsche Entwurf dieses Schreibens s. WA IV 29, S. 392).

Zwei Tage später wird das Manuskript auf den Weg nach Mailand
gebracht, von wo aus erst im Oktober des Jahres weitere Rückmel-
dungen nach Weimar gelangen: Sie sind – wenn man so will – eine
Lektion in Diplomatie. »Embarassé et mortifié«: diese Zustands-
beschreibung, mit der Gaëtano Cattaneo sein Schreiben an den
Großherzog Carl August vom 25. Oktober 1818 einleitet, zeigt,

daß ihm die Antwort auf G.s Ersuchen um eine Stellungnahme zu seinem Aufsatz nicht eben leicht gefallen ist. Im Laufe seines Briefes werden die Auffassungsunterschiede vorsichtig präzisiert: »Je crois avoir avancé dans une autre occasion à M[r]. de Göthe, que je suis naturellement porté à croire, que les Artistes, en produisant leurs chef-d'œuvres, n'ont pas eu la moitié des idées sublimes, qu'on a l'usage de leur prêter; leur esprit trop distrait par l'immitation des formes ne pouvant s'élancer aussi haut dans les regions metaphysiques, sans tomber dans l'enigmatique, qui à mon avis est le genre le plus fade et fatigant qu'on puisse rencontrer dans les ouvrages de l'Art« (Mommsen, Bd. 1, S. 425).

Den Kern dieses Vorbehalts, daß G. nämlich Leonardo fremde Motive ›untergeschoben‹ und in seine Gemälde hineingelesen habe, wiederholt am 28. Oktober Heinrich Mylius in seinem Schreiben an den Großherzog, wobei er in der Rolle des Berichterstatters Cattaneos Reserven noch schärfer akzentuieren kann:

»Als ich Cattaneo gleich am Tag meiner Ankunft hier sprach, erwähnte er mir auch der Götheschen Abhandlung über DaVinci, die Herr von Göthe die Güte hatte, Cattaneo'n in einer französischen Übersetzung zuzusenden – – ich weiß nicht, ob Cattaneo Herrn von Göthe darauf geantwortet, im Vertrauen äußerte er mir darüber ein Wort das er zwar nicht wagen würde, gegen Herrn von Göthe selbst laut werden zu lassen. Er meint nämlich es sei letzterer bei dieser Gelegenheit auf einen nicht seltenen Abweg geraten, bei der Zergliederung großer Kunstwerke, allzusehr den Sinn ihrer Verfasser ergründen, und vieles hinein legen zu wollen, woran die Verfasser wohl niemal dachten – – Cattaneo äußerte das jedoch mit großer Schüchternheit, und würde mir gewiß zürnen wenn er ahndete daß ich Ew[r]. Königliche Hoheit etwas davon mitgeteilt« (ebenda, S. 425).

Nichts davon ist in dem Brief zu finden, in dem sich Cattaneo dann in höflichen Worten am 25. November 1818 bei G. bedankte und in dem er nur eine kleine Detailkorrektur die Ambrosianische Bibliothek betreffend anbrachte. Daß G. dieser Dissens dennoch zu Ohren gekommen ist, wird zwei Jahre später ein Paralipomenon zu seinem Aufsatz *Julius Cäsars Triumphzug, gemalt von Mantegna* beweisen, in dem er sich gegen diese Vorwürfe in deutlichen Worten zur Wehr setzen wird (Bd. 13.2, S. 646 f.). Bis zur Veröffentlichung der französischen Übersetzung werden dann aber weit über hundert Jahre vergehen: Erst 1939 hat sie Lavinia Mazzucchetti (›Goethe e il Cenacolo di Leonardo‹) in Mailand publiziert und in diesem Band auch die englische Übersetzung des Philologen und Kunsthistorikers Georg Heinrich Noehden (1770–1826) abgedruckt, die 1821 erschienen war und die G. in *Über Kunst und Altertum* (III 3) besprach (⟨*Observations on Leonardo da Vinci's celebrated picture of the Last supper*⟩; Bd. 13.2, S. 107).

Während der Arbeit am Aufsatz über Leonardos ›Abendmahl‹ entlieh sich G. im Winter 1817/1818 folgende Bücher aus der Weimarer Hofbibliothek:

– Gaetano Cattaneo: Discorso recitato nel funerale del cavaliere Giuseppe Bossi … 11. dec. 1815. Milano o. J.
  (Keudell, Nr. 1119, vom 27. November 1817 bis zum 27. Juli 1821)
– Heidelbergische Jahrbücher. Jg. 9. Heidelberg 1816
  (Keudell, Nr. 1123, vom 19. Dezember 1817 bis zum 21. Februar 1818)
– Lionardo da Vinci: Trattato della pittura. Ridotto alla sua vera lezione … Firenze 1792
  (Keudell, Nr. 1124, entliehen am 19. Dezember 1817)
– Giovanni Paolo Lomazzo: Trattato dell'arte della pittura et architettura … Milano 1685
  (Keudell, Nr. 1125, vom 19. Dezember 1817 bis zum 21. Februar 1818)
– Lionardo da Vinci: Trattato della pittura … [Hg.:] Guiglielmo Manzi. Roma 1817
  (Keudell, Nr. 1133, vom 12. Februar bis zum 15. Juli 1818)
– Lionardo da Vinci: Disegni che illustrano l'opera del trattato delle Pittura … [Hg.:] Francesco de Rossi. Roma 1817
  (Keudell, Nr. 1134, vom 12. Februar bis zum 15. Juli 1818)

So wenig wie im Falle von *Philostrats Gemälden* können, wie schon erwähnt, im folgenden eingehende Vergleiche zwischen G.s Text und den von ihm benutzten Vorlagen und Quellen angestellt werden. Hierüber informiert neben den wiederholt zitierten Studien von Herbert von Einem auch Ernst Osterkamp in seiner Untersuchung ›Im Buchstabenbilde. Studien zum Verfahren Goethescher Bildbeschreibungen‹. Stuttgart 1991, bes. S. 360 ff.
Die Paralipomena finden sich in WA I 49/2, S. 222–227.

Textgrundlage und Erstdruck: KuA I 3 (1817), S. 113–188, als einziger Beitrag unter dem Kapitel »Abendmahl von Leonard da Vinci zu Mayland«. – Eingriff: S. 405,19 *Ehre ⟨zu⟩ machen* (Ehre machen KuA; nach C³ ergänzt). In beiden überlieferten Entwürfen lautet die Überschrift »Bossi / Über Leonards da Vinci / Abendmahl zu Mayland«; möglicherweise liegt also in dem fehlenden Genitiv bei »Leonard« in KuA ein Druckfehler vor.

403 *7 Der Verfasser dieses bedeutenden Werkes:* Der lombardische Maler Giuseppe Bossi wurde am 11. August 1777 in Busto Arsizio geboren. Unter Appiani war er Schüler der Mailänder Akademie, studierte anschließend in Rom und kehrte dann nach Mailand zurück, wo er 1797 für sein Gemälde ›Riconoscenza‹ einen Preis der Akademie erhielt. Nicht zuletzt wegen seiner literarischen Fähigkeiten wurde er Nachfolger des Abate C. Bianconi als Sekretär der ›Brera-Akademie‹ (s. zu Z. 14). Sein Hauptverdienst war die Begründung der Gemäldegalerie im ›Palazzo di Brera‹, deren erste vier Säle 1806 eröffnet wurden, sowie des ›Museo Archeologico‹. Bossi starb am 15. Dezember 1815 in Mailand. Zu seinen Studien über Leonardos ›Abendmahl‹ vgl. die Vorbemerkung. – *11 Verlassenschaft:* Nachlaß, Hinterlassenschaft. – *14 als Direktor einer neu zu belebenden Kunstakademie:* Seit 1776 residierte die Mailänder Kunstakademie im ›Palazzo di Brera‹, dem ehemaligen Jesuitenkolleg, das nach den Plänen des Baumeisters Francesco Maria Richini, auch Ricchini (1583–1658) errichtet und 1686 vollendet worden war. Die ›Brera‹ beherbergte neben der berühmten ›Pinacoteca di Brera‹, einer bedeutenden Sammlung ital. Meisterwerke vom 14. bis zum 18. Jh. (vgl. zu Z. 7), die 1763 von Kaiserin Maria Theresia (1717–1780) ins Leben gerufene ›Biblioteca Braidense‹. – *37 der letzten Reise Ihro Königlichen Hoheit des Großherzogs:* Vgl. hierzu die Vorbemerkung.

404 *3 Vinci:* Vinci bei Empoli in der Toscana. Leonardo da Vinci wurde am 15. April 1452 in Auchiano unweit von Vinci geboren. – *Val d'Arno:* das Tal des Arno. – *5 einen Besitzer Namens Pierro:* Leonardos Vater, Ser Piero da Vinci, war 1466 nach Florenz gezogen, wo er als Notar in den Diensten der ›Signoria‹, des leitenden Rats der Stadt Florenz, stand. Der Vorsitz über die ›Signoria‹, wie die Herrschaft eines einzelnen oder eines Geschlechts in den ital. Stadtstaaten des Spätmittelalters genannt wurde, oblag im republikanischen Florenz seit 1293 dem ›Gonfalionere‹ (vgl. auch *Don Ciccio,* S. 186,27, sowie Bd. 7, S. 811). – *6 unbekannt gebliebenen Mutter:* Leonardos Mutter war, wie man heute weiß, ein Bauernmädchen namens Catarina. – *12 Verocchio:* Andrea del Verrocchio (1436–1488), ital. Bildhauer und Maler, bei dem Leonardo seit etwa 1466 in die Lehre ging. Leonardo wurde zwar 1472 als Meister in die ›Lukasgilde‹, die Florentiner Malerzunft, aufgenommen, blieb danach aber noch bis 1477 Verrocchios Schüler. Eine Probe seines handwerklichen Könnens lieferte er auf dem um 1476 entstandenen Gemälde ›Die Taufe Christi‹ von Andrea del Verrocchio: Ein Engel sowie einige Grashalme auf diesem Bild, das sich heute in den ›Uffizien‹ befindet, sollen von Leonardo stammen. Nachdem Leonardo die Werkstatt seines

Meisters verlassen hatte, blieb er noch bis 1481 in Florenz (s. zu
S. 405,16). – *19 von der magern Steifheit jener byzantinischen
Schule:* Vgl. hierzu G.s Ausführungen zu Beginn des Abschnitts
»Heidelberg« in *Kunst und Altertum am Rhein und Mayn* (S. 63).
405 *14 Peter Medicis:* Piero II. Medici (1471–1503), genannt
›lo Sfortunato‹ (der Unglückliche), Sohn von Lorenzo I. Medici
(1449–1492, von 1469 bis 1492 Stadtherr von Florenz), genannt ›il
Magnifico‹ (der Prächtige). Er folgte seinem Vater Lorenzo I. 1492
als Herrscher von Florenz, wurde aber schon zwei Jahre später
durch einen Aufstand, an dem der dominikanische Prediger Girolamo Savonarola (1452–1498) wesentlichen Anteil hatte, gestürzt.
Florenz wurde durch das Heer des frz. Königs Karl VIII. (1470
bis 1498) besetzt (s. zu Z. 17), die Medici wurden aus Florenz
vertrieben, wohin sie erst 1512 wieder zurückkehrten. – *16 Lombardie:* Lombardei. – *des Herzogs Francisko Sforza:* Nachdem
Leonardo bis 1481 (s. zu S. 404,12) als selbständiger Künstler in
Florenz gewirkt hatte, begab er sich im Herbst 1482 nach Mailand,
wo er in die Dienste der Sforza, der Herzöge von Mailand, trat und
dort bis 1499 blieb. Sein erster großer Auftrag war die Errichtung
eines monumentalen Reiterstandbildes aus Bronze, das zu Ehren
von Francesco I. Sforza, dem Begründer der Dynastie errichtet
werden sollte. Der Condottiere (Söldnerführer) Francesco Sforza
(1401–1466), Sohn des Muzio Attendolo (1369–1424), war durch
seine 1441 vollzogene Heirat mit Bianca Maria (um 1424–1468),
der Erbtochter des letzten Herzogs von Mailand aus dem Hause
Visconti, 1450 Herzog von Mailand und Graf von Pavia geworden.
Unter seiner Herrschaft gelangten 1464 auch Genua, Korsika und
Bari in den Besitz der Herzöge von Mailand. Sein Nachfolger war
Galeazzo Maria Sforza (1444–1476). – *17 dessen Nachfolger Ludwig:* Ludovico Sforza (1452–1508), genannt ›il Moro‹, der Bruder
von Galeazzo Maria Sforza (s. die vorangegangene Anm.) war 1480
zum Vormund seines Neffen Gian Galeazzo (1469–1494) bestellt
worden. Seit 1481 regierte er Mailand, dessen Herzog er nach dem
Tode Gian Galeazzos im Jahre 1494 wurde. Er verbündete sich
1494 mit dem frz. König Karl VIII. (s. die folgende Anm.), wendete sich aber 1499 gegen ihn, wurde aus seinem Herzogtum
vertrieben und geriet 1500 in frz. Gefangenschaft, in der er am
27. Mai 1508 in Loches bei Tours auch starb. Wie G. hier zu
Recht hervorhebt, trat Ludovico auch als Mäzen der Künste und
Wissenschaften hervor. – *21 eine riesenhafte Reiterstatue:* Siehe zu
Z. 16. – *24 bei einem Feste:* Bei diesem Fest handelte es sich um
die Hochzeit König Maximilians I. (1459–1519; 1486 zum röm.
König gewählt, seit 1493 als Nachfolger seines Vaters Friedrich III.
römisch-deutscher Kaiser) mit Bianca Maria Sforza, einer Nichte

Ludovicos, die am 30. November 1493 stattgefunden hatte. In erster Ehe war Maximilian I. seit 1477 mit Maria von Burgund (1457–1482), der Erbtochter Karls des Kühnen, verheiratet gewesen. – *27 Nun zogen die Franzosen über die Alpen:* Ludovico Sforza (s. zu Z. 17) hatte sich im Jahre 1494 mit dem frz. König Karl VIII. (1470–1498, König von 1483 bis 1498) verbündet, der mit seinem Heer die Alpen überquerte, als Erbe der Grafschaft Anjou das Königreich Neapel eroberte und dabei in den Jahren 1494 und 1495 Florenz, Rom und Neapel besetzte. Nachdem sich Ludovico gegen Karl VIII. gestellt hatte und Mailand unter frz. Herrschaft geriet, floh Leonardo da Vinci 1499 über Mantua und Venedig nach Florenz, wo er seit 1500 lebte. Auf Einladung des frz. Statthalters kehrte er 1506 nach Mailand zurück, wo er die nächsten Jahre, unterbrochen von zwei längeren Aufenthalten in Florenz (1507/1508), verbrachte. Ab 1513 lebte Leonardo in Rom, bevor er 1516 einer Einladung des frz. Königs Franz I. (1494–1547) folgte und Frankreich besuchte. Franz I., der 1515 den Thron bestiegen hatte, erwies sich auch als großzügiger Mäzen anderer Künstler wie etwa Giovanni Battista, genannt Rosso Fiorentino oder ›il Rosso‹ (1494–1540), Benvenuto Cellini (1500–1571), Francesco Primaticcio (1504–1570) und gilt als Wegbereiter der Renaissancebewegung in Frankreich. – *28 es diente den Soldaten als Zielbild:* Auch der zweite Entwurf des Reiterstandbildes, ein aus Ton angefertigtes Pferdemodell, das Leonardo um 1498 vollendet hatte, ist nicht erhalten. Diesmal verhinderte der Kriegszug Karls VIII. (s. die vorangegangene Anm.) den Guß, da die hierfür vorgesehene Bronze zur Herstellung von Geschützen benötigt wurde. Das Modell wurde, wie G. erwähnt, von Armbrustschützen aus der Gascogne als Zielscheibe benutzt und dabei um 1500 zerstört. Das Projekt zerschlug sich nach dem Sturz der Sforza im Jahre 1499. – *34 der Schlacht von Anghiari:* Der Florentiner Gonfalonere Pietro Soderini (1452–1522) hatte Leonardo im Oktober 1503 mit der Darstellung des Sieges der florentinischen über die Mailänder Truppen in der Schlacht von Anghiari am 29. Juni 1440 beauftragt. Wenig später, im August 1504, erging ein gleicher Auftrag an Michelangelo (Michelangelo Buonarroti, 1475–1564), der mit seinem Entwurf an die Schlacht bei Cascina erinnern sollte, in der die Florentiner unter Galeotto Malatesta 1364 ein von dem Condottiere John Hawkwood befehligtes Heer aus Pisa besiegt hatten. Beide Fresken sollten zwei einander gegenüberliegende Wände der ›Sala del Consiglio‹, des Ratssaals im ›Palazzo della Signoria‹ oder ›Palazzo Vecchio‹, schmücken. Im Februar 1505 hatten beide Künstler ihre Kartons vollendet, worauf diese in den Ratssaal überführt wurden. Allerdings ist es bei diesen Entwürfen geblieben: Leonardo begann die Arbeit an seinem Wandbild im April 1505, brach sie jedoch im Frühsommer des folgenden Jahres ab. Die Rückkehr der Medici nach Florenz (s. zu Z. 14) verhinderte dann eine weitere Ausführung und Vollendung der Fresken. Während Michelangelos Karton verschollen und nur in einer Kopie erhalten ist, die sich in der Sammlung des Lord Leicester in Holkham Hall in Norfolk befindet (vgl. dazu die Beschreibung von Johann Heinrich Füßli »Der Carton von Pisa«; Bd. 7, S. 972–975), sind von Leonardos (später zerschnittenem) Entwurf lediglich ein heute in Oxford aufbewahrtes Fragment sowie einige Vorzeichnungen erhalten (im Besitz der Akademie in Venedig bzw. der ›Royal Collection‹ in Windsor Castle. Eine Abb. der Vorstudie aus Windsor bei von Einem, S. 53). Eine Vorstellung von Leonardos Karton vermitteln jedoch einige Stiche, so von Gerard Edeling (Abb. s. Bd. 20.2, S. 315), Agostino Veneziano, Lorenzo Zacchia und Marcantonio Raimondi. Während Zacchias Stich wahrscheinlich die Vorlage bildete, nach der Peter Paul Rubens seine Zeichnung ›Der Kampf um die Fahne‹ anfertigte (heute im Pariser Louvre; vgl. hierzu auch das Paralipomenon in WA I 49/2, S. 225,17–226,16), geht Edelings Kupferstich wiederum auf Rubens' Zeichnung zurück (vgl. dazu: Goethe als Sammler. Kunst aus dem Haus am Frauenplan. Katalog der Ausstellung in Zürich 1990, S. 52). G. kann an dieser Stelle der ›Schlacht von Anghiari‹ deshalb »im Vorübergehen« gedenken, weil er der Geschichte dieser Entwürfe im Anhang seiner Schrift *Leben des Benvenuto Cellini* ein eigenes, ausführliches Kapitel – »IV. Cartone« (Bd. 7, S. 459–466) – gewidmet hatte. Auch in dem von G. übersetzten Text war davon die Rede gewesen (1. Buch, Kap. 3, ebenda, S. 32 f.; in diesem Band, S. 41 f., auch eine Abb. der Zeichnung von Rubens sowie einer nach Michelangelo angefertigten Grisaille). – *36 des Bildes der heiligen Anna:* Leonardo schuf sein Gemälde ›Heilige Anna selbdritt‹ in den Jahren 1503 bis etwa 1507. Es befindet sich heute im Louvre in Paris.

406 *4 welches im Kloster alle Grazie:* Vgl. die Vorbemerkung. – *6 Morghens Kupferstich:* Zu Raffaello Morghens (1758–1833) 1800 vollendetem Stich des ›Abendmahls‹ vgl. die Vorbemerkung. In einem Entwurf notierte G. zu Morghens Kupferstich:

»Vorhandener Kupferstich von Morghen.

Woher derselbe sein Detail genommen, wird nach Anleitung des obigen entwickelt.

Dieses Kupfer ist ein Leitfaden an welchem man die Durchzeichnungen obgenannter drei Kopien beurteilt.

Man muß vor allen Dingen, wie Bossi getan, sich erst selbst in Leonard einstudieren.

Bei tiefem Nachdenken war ihm die große Ausführlichkeit und Wahrheit nur nach der Natur, nach der Wirklichkeit möglich. Der Künstler suchte zu den mannichfaltig geforderten Charakteren sich Individuen auf, und gab ihnen die Bedeutung. Die Individualität ging in den Kopien verloren, deshalb man sich in die Bedeutung nicht recht finden kann« (aus einem Entwurf im Faszikel GSA 25/XLVI,3,6a, Bl. 13 f.; vgl. WA I 49/2, S. 224,21–225,2). Vgl. zu den Mängeln von Morghens Stich die Anm. zu S. 408,8. Zu Morghen auch G. in seinem Brief an Zelter vom 16. Dezember 1817. – *15 Als Reisende haben wir dieses Speisezimmer* ⟨...⟩: Vgl. hierzu die Vorbemerkung. Zu diesem Abschnitt merkte Herbert von Einem an: »In dieser Abhandlung schildert er als erster und einziger den Lebenszusammenhang, für den das Werk geschaffen worden ist« (von Einem, S. 26).

407 *2 Ohngefähr zehn Fuß* ⟨...⟩: »Das Gemälde (4,20 m hoch, 9,10 m breit, ca. 3 m über dem Fußboden) bedeckt die Schmalwand des langgestreckten Speiseraumes. Die Tür in der Mitte der Wand ist 1562 vergrößert worden, wodurch die Füße Christi und der Apostel zu seinen Seiten weggeschnitten wurden. In den drei Lünettenfeldern oberhalb der Cenabühne sind die herzoglichen Wappen mit Festons und Inschriften (wohl nach Leonardos Entwurf) gemalt« (von Einem, S. 18). – *4 acht und zwanzig Pariser Fuß:* Der Pariser Fuß (›Pied de Roi‹) umfaßte im 18. Jh. 32,47325 cm, im 19. Jh. 32,48394 cm. Zur ›Spannbreite‹ dieser Längeneinheit zu Beginn des 19. Jh.s vgl. Wolfgang Trapp: Kleines Handbuch der Maße, Zahlen, Gewichte und der Zeitrechnung. Stuttgart 1992, S. 223 ff. In einem Brief vom 19. Dezember 1817 bat G. Carl Dietrich von Münchow (1778–1836), den Jenenser Professor der Astronomie, um Mithilfe bei der Klärung der Ausmaße des ›Abendmahls‹:

»*La Condamine* sagt, das Abendmahl habe 20 Fuß Breite, *Bossi* widerspricht, es seien ohngefähr 28. Da der erste wahrscheinlich französische Fuß gemeint hat; so sollte man wohl denken, der andere habe gleiches Maß im Sinne, und man dürfe daher das Bild zu 28 pariser Fuß Breite ansprechen.

Richardson sagt, die Figuren des Abendmahls seien in natürlicher Größe, *Bossi* widerspricht und sagt, sie seien um die Hälfte größer, und zwar vier und einen halben Braccio. Nehme ich nun den Braccio als eine unserer Ellen, die Elle zu zwei Fuß, so sind die Figuren neun Fuß. Welches mit der Menschengestalt und einer gebräuchlichen Kunst-Vergrößerung übereinkommt.

Nun erginge meine Anfrage, da es hier keineswegs auf höchste Genauigkeit ankommt: wie verhält sich der französische
Fuß zum italiänischen Braccio, und wie spräche man jene Breite des Bildes zu der Höhe der Figuren in annähernden Zahlen
aus, und ließe bestimmenden Reisenden eine genauere Ausmessung«.

Münchow beantwortete – nach der Konsultation entsprechender
Fachbücher – G.s Anfrage noch am gleichen Tag:

»Ew. Excellenz Wunsche gemäß habe ich sogleich im Nelken-
brecher nach dem Verhältnis der Mailändischen und Pariser
Maße gesehen, und gefunden daß der Mailändische Fuß seit
1785 zu 176 Pariser Linien, der Braccio aber zu 260 Pariser
Linien angesetzt worden ist. Wenn nun in diesen Maßen seitdem
keine Veränderung vorgegangen sein sollte, so würden 4½
Braccio 1170 Pariser Linien oder, da der Pariser Fuß 144 Linien
hält, 8 Fuß 1½ Zoll ausmachen, u. wenn man die Breite des
Bildes zu 28 Pariser Fuß annimmt, würde diese Breite ganz nahe
3½ mal mehr betragen, als die Länge der Figuren. Wären aber
mit jenen 28 Füßen die vorher namhaft gemachten Mailändischen zu verstehen, so würde die Länge der Figuren ein wenig
über 6⅗ solcher Fuß ausmachen, und diese Länge würde in der
Breite des Bildes dann sehr nahe 4½ mal enthalten sein.

Sollten Ew Excellenz noch nähere Bestimmungen über das
angewendete Maß auffinden, so würde ich die erforderlichen
Reduktionen mit größerer Sicherheit gern von Neuem vornehmen« (Mommsen, Bd. 1, S. 413).

– 23 *Einer ist unter euch* ⟨...⟩*:* so bei Mt 26,21: »Und als sie aßen,
sprach er: Wahrlich, ich sage euch: Einer unter euch wird mich
verraten«. Ebenso bei Mk 14,18, Lk 22,21 (»Doch siehe, die Hand
meines Verräters ist mit mir am Tisch.«) und Joh 13,21. Am
22. Dezember 1817 hatte G. »das Evangelium Matthäi gelesen«. G.
zitiert diese Bibelstelle – ebenfalls mit Bezug auf Leonardos
›Abendmahl‹ – auch unter dem 25. Januar 1787 in seiner *Italienischen Reise* (Bd. 15, S. 199). Vgl. hierzu auch zu S. 408,8. – *32 dies
konnte aber auch nur ein Italiäner finden:* Die ›Sprache‹ der Hände
war G. als »Nationaleigenschaft« und besonders signifikantes
südländisches Ausdrucksmittel schon während seines italienischen
Aufenthalts aufgefallen. Unter dem 17. September 1786 notierte er
über die Kinder auf den Straßen von Verona die Beobachtung: »Sie
haben ohnedies immer die Finger in der Luft, rechnen alles im
Kopfe, und machen sich gern mit Zahlen zu schaffen« (Bd. 15,
S. 54). In einem Notizbuch seiner italienischen Reise hatte G. in
Mailand schon zuvor ausdrücklich eine Verbindung zwischen
dieser Angewohnheit und Leonardos Gemälde hergestellt. Dieser

kurze Eintrag bildet die Keimzelle dieses 1817 ausgeführten Abschnitts: »Pantomime der Hände der Italiäner. Gebrauch in der Malerei. bes. Abendmahl« (Lieselotte Blumenthal: Ein Notizheft Goethes von 1788. Weimar 1965, S. 88; SchrGG 58. Ein Faksimile der Hs. auf S. II).

408 *8 Die Gestalten überhaupt zu beiden Seiten des Herrn* ⟨...⟩: Die Herausarbeitung des ›dramatischen‹ Moments dieser Szene ist in der Forschung als Hauptverdienst von G.s Studie hervorgehoben worden. Die »packende Unmittelbarkeit seiner Vergegenwärtigung der Szene, das tiefe Durchdenken des einzelnen aus der Konzeption des Ganzen, die Fähigkeit, den Organismus des Werkes aus seinem Lebenspunkt, den Worten Christi, zu entwickeln«, hebt Herbert von Einem im Kommentar der Hamburger Ausgabe zu Recht hervor (HA, Bd. 12, 3. Aufl., 1958, S. 628; vgl. hierzu auch die Vorbemerkung). Allerdings ist dabei auch auf eine Verkürzung der Intentionen Leonardos durch G. verwiesen worden, der in diesem Abschnitt seines Aufsatzes ja den Akzent – wie schon im Eintrag vom 25. Januar 1787 in der *Italienischen Reise* (s. zu Z. 23) – einzig auf das Moment des Verrats Jesu durch Judas legt und die ›Bewegung‹ im Ensemble der Apostel auf diese Prophezeiung zurückführt: »Hätte Leonardo nur die Verratsankündigung gegeben, so hätte er (trotz aller psychologischen Vertiefung) dem Anspruch des Themas nur unvollkommen genügt. Doch hat er auch (wie es das Thema verlangt) die Einsetzung des Sakramentes dargestellt. Das ist von Goethe und den späteren Auslegern, die ihm folgten, nicht gesehen worden« (von Einem, S. 62). Diese Nichtberücksichtigung des sakramentalen Aspekts – also des eigentlichen Kerns des Abendmahlsmysteriums – hatte, wie Herbert von Einem dargelegt hat, rein technische Gründe. Auf den G. vorliegenden Reproduktionen war nämlich ein wesentliches Detail des Gemäldes nicht zu erkennen bzw. nicht vorhanden gewesen: »Goethe lag bei Abfassung seines Aufsatzes nur der Stich von Raffael Morghen aus dem Jahr 1800 und die Durchzeichnung der Kopie des Giuseppe Bossi vor. Morghen, der das Original nie gesehen, und die Kopien, an die er sich gehalten hat, sind gerade in diesem Punkt sehr ungenau. Die Linke Christi weist deutlich auf das Brot. Die Rechte aber macht eine Gebärde, die unverständlich bleiben muß und die den Auslegern Kopfzerbrechen verursacht hat. Goethe hat sich nicht weiter darüber ausgesprochen. ⟨...⟩ Sehen wir uns das Original an, so erkennen wir vor Christi rechter Hand einen Becher. Wie die Linke – verhalten aber unverkennbar – auf das Brot, so deutet die Rechte auf den Wein. Nicht nur die Ankündigung des Verrates, sondern auch die Einsetzung des Sakramentes hat hier Gestalt gefunden« (von Einem, S. 62 f.). G.

fand diese Akzentuierung auch in Bossis ›Cenacolo‹-Buch vor,
dessen Ausführungen er, wie wenig später eingeräumt wird
(S. 426,1–6), hier folgt. Auch Bossi hatte das Hauptgewicht auf die
Verratsankündigung gelegt: »Auf diesen Augenblick, den alle
Leonardo vorausgegangenen Künstler vermieden haben, baut er
seine Komposition auf, und nimmt sich vor, die Wirkung der
Worte auf die elf Freunde und den Verräter zu zeigen. Die Verschiedenheit der Gemüter, des Alters und des Charakters eines
jeden, so eng wie möglich an die Geschichte angeschlossen, gibt die
Grundlage für die wunderbare Differenzierung ab, die Leonardo
in das Werk brachte, in dem er mit höchster Kunst das monotone
Thema der dreizehn männlichen Gestalten besiegte« (in der Übersetzung von Walther Scheidig in seinem Aufsatz ›Leonardo, Goethe, Bossi.‹ In: Leonardo da Vinci, der Künstler und seine Zeit. Hg.
von Heinz Lüdecke. Berlin 1952, S. 110). – *23 Einen Messergriff in
der Rechten setzt er dem Judas* ⟨...⟩: Zur Plazierung des Judas
merkt Herbert von Einem an: »Das fertige Werk bricht – erst es
und so spät! – mit den traditionellen Motiven. Johannes behält
zwar den Vorzugsplatz zur Rechten Christi, aber er liegt nicht
mehr an seiner Brust. Die Isolierung des Judas ist aufgehoben. Er
sitzt in der Reihe der anderen Jünger. Und nun ist zum erstenmal
nicht der zweite, sondern der erste Moment der Verratsankündigung (die eigentliche Ankündigung) gewählt worden« (von Einem,
S. 57).

410 *3 Indem uns nun noch manches über Gestalten und Gesichtsbildung* ⟨...⟩: Zu einem technischen Aspekt der Darstellung
von Jesus im Kreise seiner Jünger erlaubte sich G. in seinem
Aufsatz ⟨*Relief von Phigalia*⟩ einen »Scherz« (vgl. S. 447,13–23). –
10 auf die Mauer mit Ölfarbe gemalt: Herbert von Einem, der G.s
Leonardo-Aufsatz eingehende Studien gewidmet hat, gibt in diesem Zusammenhang auch einen kurzen Abriß der Geschichte des
›Abendmahls‹ unter konservatorischen Gesichtspunkten:
»Der Verfall des Werkes (die ›Tragödie des Abendmahles‹, wie
man gesagt hat) setzte bereits zu Lebzeiten des Künstlers ein.
Leonardos Technik (Öl-Tempera auf Gipsgrundierung) hat sich
für die Wandmalerei nicht bewährt. Die Farbe löste sich bald
vom Grunde und blätterte ab.
Seit 1726 hat man Restaurierungen versucht. Aber selbst die
ersten auf wissenschaftlicher Grundlage durchgeführten Restaurierungen von 1908 und 1924 schienen den Tod des Meister-
werkes (la morte di un capolavoro, wie Gabriele d'Annunzio in
seiner Ode gesungen hat) nicht abwenden zu können. Der letzte
Krieg legte im Jahre 1943 das Refektorium in Trümmer. Die
Wand mit dem ›Abendmahl‹, durch Bretter geschützt, blieb wie

durch ein Wunder erhalten. Nach dem Wiederaufbau des Refektoriums ging man abermals an eine Restaurierung des Wandgemäldes unter Anwendung modernster Konservierungsmethoden. Sie wurde 1954 abgeschlossen. Nunmehr scheint dem Verfall des Werkes endlich Einhalt geboten zu sein« (von Einem, S. 18 u. 26).
– *33 irgend einen Reuezug:* irgendeine Korrektur. G. deutscht hier den ital. Fachausdruck ›pentimento‹ ein. Unter ›Pentimenti‹ versteht man die von einem Künstler vorgenommenen, dann aber wieder geänderten Striche, Linien oder Untermalungen auf einem Gemälde bzw. einer Zeichnung, die später im vollendeten Bild – oder aber durch Röntgenaufnahmen – wieder sichtbar werden. Es ist klar, daß ein solcher ›Reuezug‹ die hier angestrebte naturalistische Darstellung unwiderruflich zerstören würde.
– *36 Mastix:* Der Mastixfirnis ist ein aus dem Harz des Mastixstrauches gewonnener Schutzanstrich. Das Mastixharz wird nicht nur in der Malerei als Bindemittel benutzt, sondern dient vor allem auch in der Medizin als Klebemittel zur Fixierung von Verbänden.
411 *1 Bleiweiß:* ein basisches Bleikarbonat, das als Anstreich- und Künstlerölfarbe benutzt wird. – *17 Herzog Ludwig:* Ludovico Sforza (s. zu S. 405,17). – *36 Firnisse:* Unter einem Firnis (das Wort leitet sich vom frz. ›le vernis‹: der Lack, ab) versteht man solch pigmentierte Anstrichmittel, die Öle bzw. Harzlösungen oder aber ein Gemisch aus beiden enthalten (vgl. auch den Aufsatz *〈Reinigen und Restaurieren schadhafter Gemälde〉*, S. 316).
412 *4 drei Palmen:* Der ›Palm‹, ein röm. Längenmaß, entsprach einer ›Spanne‹ und umfaßte etwa 25 cm. Als Unterteilung des ›Fußes‹ (›pes‹), der in vier ›palmi‹ unterteilt war und rund 29,6 cm lang war, bezeichnete der ›palmus‹ in der altröm. Messung auch eine Strecke von etwa 7,40 cm Länge. – *24 ein Reisender:* Die Kommentare verweisen an dieser Stelle auf den ital. Maler und Kunsttheoretiker Gio Battista Armenini, der das Bild – allerdings schon 1586 – als »halb verdorben« (»mezzo guasto«) bezeichnet hat. – *25 einen blinden Flecken:* Nach Auskunft der ›Berliner Ausgabe‹ (Bd. 20, S. 605) wurden diese Urteile von Giorgio Vasari (1511–1574), einem ital. Maler, Baumeister und Kunstschriftsteller, in dessen ›Vita di Girolamo da Carpi‹ (1566) sowie dem ital. Maler und Kunsttheoretiker Giovanni Paolo Lomazzo (1538 bis 1600) in dessen 1585 erschienener Abhandlung ›Trattato dell'arte della pittura, scultura ed architettura‹ gefällt. Beide bezeichnen den mittlerweile eingetretenen Zustand des Gemäldes als »macchia abbagliata«. Am 20. Dezember 1817 notierte G. in seinem Tagebuch die Lektüre von »Lomazzo über die Malerei.« –

35 Kardinal Friedrich Borromeo: Kardinal Federigo Borromeo (1564–1631) war seit 1595 Erzbischof von Mailand gewesen. Dort gründete er zu Beginn des 17. Jh.s die aus einer Bibliothek (›Biblioteca Ambrosiana‹) und einer Gemäldesammlung (›Pinacoteca Ambrosiana‹) bestehende ›Ambrosiana‹, die u. a. auch Zeichnungen und Handschriften Leonardos aufbewahrt. Mit der Kopie des ›Abendmahls‹ beauftragte Kardinal Borromeo den Maler Andrea Bianchi, genannt ›Il Vespino‹ (Anfang des 17. Jh.s), der diesen Auftrag in den Jahren 1612–1616 ausführte (vgl. auch den Abschnitt »Kopien des Abendmahls«, S. 418). Seine Kopie befindet sich ebenfalls in der Mailänder ›Ambrosiana‹.

413 *7 Die Türe schien ihnen zu niedrig:* Zur Vergrößerung der Türe zum Refektorium im Jahre 1652 s. zu S. 407,2. – *32 Bellotti:* Michelangelo Bellotti (gest. 1744), Maler in Mailand.

414 *13 De Giorgi:* Antonio de Giorgi (1720–1793), Maler in Mailand. – *19 Mazza:* Giuseppe Mazza (gest. vor 1796), Maler in Mailand. – *34 den Namen eines Erostrats:* Herostrat(os) zündete 356 v. Chr. das Artemision von Ephesos an, ein im 6. Jh. v. Chr. von Theodoros erbauter, der Artemis geweihter Großtempel im ionischen Stil, der zu den Sieben Weltwundern zählte. Sein Motiv war, damit in die Geschichte einzugehen – was ihm ja schließlich auch gelungen ist.

415 *7 der General Bonaparte:* Im oberital. Feldzug (1796/97) gelangen den frz. Truppen unter Napoleon Bonaparte (1769–1821) bei Castiglione (5. August 1796), Bassano (8. September 1796), Arcole (15.–17. November 1796) sowie bei Rivoli (14. Januar 1797) Siege über das Heer der Österreicher. Dem Vorfrieden von Leoben (18. April 1797) folgte am 17. Oktober 1797 der Friedensschluß von Campoformio: Er führte zum Ausscheiden Österreichs aus der ersten Koalition gegen Frankreich. – *12 unterschrieb die Ordre:* Der Befehl wurde am 16. Mai 1796 erlassen. – *14 ein anderer General:* nicht ermittelt. – *17 der Pferdeprudel:* die Ausdünstung der Pferde. – *35 der Vice-König von Italien:* Eugène de Beauharnais (1781–1824), von 1805 bis 1814 Vizekönig von Italien. Eugène de Beauharnais war der Sohn des frz. Generals Alexandre-François Vicomte de Beauharnais (1760–1794), der am nordamerikanischen Unabhängigkeitskrieg teilgenommen und sich 1789 der Revolution angeschlossen hatte. Als Führer der Rheinarmee lastete man ihm eine Mitschuld an der Übergabe von Mainz am 23. Juli 1793 an, weshalb er 1794 hingerichtet wurde. Seine Frau war seit 1779 Joséphine de Beauharnais (1763–1814), geb. Tascher de la Pagerie; aus dieser Ehe stammten Eugène und Hortense de Beauharnais (1783–1837). Joséphine de Beauharnais heiratete in zweiter Ehe am 9. März 1796 Napoleon I. Die Kinderlosigkeit dieser

Verbindung führte 1807 zur Adoption Eugènes durch Napoleon I., am 16. Dezember 1809 schließlich zur Scheidung. Hortense de Beauharnais heiratete 1802 Napoleons Bruder Louis Bonaparte. Von 1806 bis 1810 war sie Königin von Holland, im Jahre 1808 wurde Charles Louis Napoleon Bonaparte (gest. 1873), der spätere Kaiser Napoleon III. (von 1852 bis 1870) geboren; 1810 trennte sich das Paar.

416 *36 Niello:* ital., von lat. ›nigellus‹ (schwärzlich) abgeleitet: eine Verzierung von meist silbernen Metallgegenständen durch eine schwärzliche Legierung aus Silber, Kupfer, Blei, Schwefel und Salmiak, die in eine zuvor gravierte Zeichnung eingeschmolzen wird und sich danach von der glänzenden Metallfläche abhebt. In der ital. Frührenaissance des 15. Jh.s erlebte die schon in der Antike praktizierte Niellotechnik einen Höhepunkt.

418 *2 Chimären:* aus Lykien stammende Ungeheuer der griech. Mythologie. Die Chimären besaßen entweder drei Köpfe – die eines Löwen, einer Ziege und einer Schlange – oder waren aus Merkmalen der genannten Tiere zusammengesetzt, wie Homer in seiner ›Ilias‹ berichtet: »Vorn ein Löw und hinten ein Drach und Geiß in der Mitte« (6. Gesang, Vers 181 in der Übersetzung von Johann Heinrich Voß); die das Land Lykien verwüstenden, Viehherden vernichtenden und Feuer speienden Chimären wurden durch Bellorophon getötet (vgl. auch Hesiods ›Theogonie‹, 319–325). – *Grotesken:* die phantastisch geformten Tier- und Pflanzenverzierungen, mit denen die Renaissancekünstler an antike Traditionen anknüpften. Die Bezeichnung ›Groteske‹ wird von den ›Grotten‹, den antiken, unterirdischen Grabstätten hergeleitet, wo die Künstler der Renaissance diese Ornamentform vorfanden. (Vgl. auch G.s Aufsatz *Blumen-Malerei*, S. 437,40.) – *7 als Original erscheinen wollte:* Zu G.s hier schon deutlich zutage tretender, sich im Spätwerk verdichtender Skepsis gegen ein aus seiner Sicht falsches Originalitätsverständnis vgl. die Anm. zum 254. Aphorismus der *Maximen und Reflexionen* (Bd. 17, S. 1268 f.).

421 *5 Markus von Oggiono:* Marco d'Ogiono, auch d'Oggiono oder d'Ogionno (um 1475–1530), lombardischer Maler und Schüler Leonardos. Seine (kleinere) Kopie des ›Abendmahls‹ befindet sich heute in San Barnaba in Mailand. In seinem Brief an G. schrieb Sulpiz Boisserée am 11. Dezember 1817: »Auch will ich noch bemerken, daß nach Briefen aus London (im Morgenblatt vom 31. Oktober 1817) diesen Herbst dort eine Kopie von Marco d'Oggiano für Geld gezeigt wurde, wobei einige Abweichung vom Original, genauere Ausführung der Landschaft und statt der vielen Schüsseln auf dem Tisch nur das Lamm und die Kräuter angegeben

werden. Sie mögen beurteilen, ob diese mit einer der von Bossi
genannten Kopien des Oggiano zusammentrifft« (Boisserée, Bd. 2,
S. 204). – *11 einer größeren Kopie:* Über die für das Kloster
Castellazzo bestimmte größere Kopie ist sich die Forschung inso-
weit einig, daß sie nicht von Marco d'Ogiono stammt. Sie wird
heute entweder dem Maler Giovanni Pietro Rizzo, genannt Giampietrino (Anfang des 16. Jh.s), ebenfalls ein Schüler Leonardos,
oder Andrea Solari (Anfang des 16. Jh.s) zugeschrieben, die beide
im ersten Drittel des 16. Jh.s wirkten. Diese Kopie befindet sich im
Kloster Santa Maria delle Grazie. – *12 Castelazzo:* das Hieronymi-
tenkloster Castellazzo bei Mailand. – *24 Ponte Capriaska:* Ponte
Capriasca, ein Ort in der Nähe von Lugano. Die Kopie des
›Abendmahls‹ mit namentlicher Bezeichnung der einzelnen Apo-
stel befindet sich dort in der Pfarrkirche San Ambroggio. – *25 Peter
Lovino:* Auch diese Zuschreibung ist umstritten. Die Kopie in
Ponte Capriasca wird nämlich nicht nur dem Pietro Lovino (auch
Luvini, eigentlich Pietro Luini; Mitte des 16. Jh.s), dem Sohn des
Bernardino Luini (1480/1485–1532), der Leonardos Schüler gewe-
sen war, sondern auch Giampietrino (s. zu Z. 11) zugeschrieben. –
32 Kardinal Friedrich Borromeo: Siehe zu S. 412,35. – *34 Andrea
Bianchi:* Siehe zu S. 412,35.

422 *7 Prinz Eugen:* Eugène de Beauharnais (s. zu S. 415,35). –
9 Ludwig Sforzas: Zu Ludovico Sforza, genannt ›il Moro‹ s. zu
S. 405,17. – *14 in Mosaik gesetzt:* Der ital. Steinschneider Giacomo
Raffaelli (1753–1836), der 1804 zum ersten Leiter der Mailänder
›Scuola del Mosaico‹ ernannt worden war, verfertigte seine Mo-
saikkopie des ›Abendmahls‹ in den Jahren 1810 bis 1817. Das
Mosaik wurde 1817 nach Wien gebracht und befindet sich seit 1857
in der dortigen Minoritenkirche. – *20 dessen Kunstnachlaß und
Schriften:* Vgl. hierzu die Vorbemerkung.

425 *20 Kardinal Cäsar Monti:* Cesare Monti (gest. 1650), 1633
zum Kardinal ernannt, seit 1635 Erzbischof von Mailand, darüber
hinaus auch ein verdienstvoller Kunstsammler. – *26 um aufs neue
ans Werk zu gehen:* Giuseppe Bossi schloß die Arbeit an seiner
farbigen Kopie des ›Abendmahls‹ im Jahre 1809 ab. Die Reproduktion, die sich im Mailänder ›Castello Sforzesco‹ befand, wurde im
2. Weltkrieg vernichtet.

426 *1 Bis hierher haben wir von dem Werke des Ritter Bossi
⟨...⟩:* Vgl. hierzu die Vorbemerkung. – *9 manche Anfechtung
erlitten:* Vgl. hierzu den in der Vorbemerkung zitierten Brief G.s
an den Großherzog Carl August vom 3. April 1818. Schon am
23. Dezember 1817, während der Arbeit am Abschnitt »Neuste
Kopie«, hatte G. in einer für seine Tagebucheinträge ungewöhnlich
ausführlichen Notiz Bossi verteidigt: »Für mich die Durchzeich-

nung nochmals studiert. Resultat, daß man Unrecht hatte, die Mosaik so groß als das Original vorzustellen, denn daher wird Bossi wegen der Vorwürfe, die man ihm macht, auf eine schickliche und freundliche Weise zu entschuldigen sein, ohne daß man seinen Gegnern Unrecht gibt«. – *11 abgestimmt:* die Zustimmung versagt. – *34 von acht und zwanzig pariser Fuß Länge:* Siehe zu S. 407,4.

427 *4 untulig:* unausführbar, unmöglich. – *9 die Kopie des Vespino:* Siehe zu S. 412,35. – *26 medusenhaft:* Medusa, ein weibl. Ungeheuer der griech. Sage, dessen Anblick den Betrachter versteinern ließ. – *37 verflößt:* verwischt, verschwimmen läßt.

428 *8 Graf Verri:* Alessandro Conte di Verri (1741–1816), ital. Kunstschriftsteller. – *34 die Beschreibung der Schlacht, des Ungewitters:* G. hatte Leonardos ›Trattato della pittura‹ am 19. Dezember 1817 entliehen (s. o.) und nach Auskunft des Tagebuchs schon am darauffolgenden Tag »Leonard da Vinci im Original« gelesen. Die Beschäftigung mit dieser Schrift setzt sich auch in den nächsten Tagen fort. Der Hinweis auf Leonardos eigene »Beschreibung« sowie seinen »schriftlichen Nachlaß« ist ein eindeutiges Indiz dafür, daß die Lektüre dieser Quelle dem vorliegenden Abschnitt »Blick auf Leonard« zugrunde lag, den G. am 26. Dezember 1817 verfaßte (»Vorher da Vinci's Talente«).

429 *28 dem Verräter:* Judas.

431 *36 Ecce Homo:* in der Kunstgeschichte die Bezeichnung für die Darstellung des leidenden Jesus mit der Dornenkrone (nach Joh 19,5).

432 *6 Bedräuung:* Bedrohung. – *12 Kardinal Borromaeus:* Federigo Borromeo (s. zu S. 412,35). – *20 straubige:* struppige. – *39 bedenklichen:* nachdenklichen.

433 *2 perpendikulares:* senkrechtes. – *15 der Schule von Athen:* Raffaels (Raffaello Santi, 1483–1520) Gemälde ›Schule von Athen‹ entstand in den Jahren 1509 bis 1511; es befindet sich in der Vatikanischen ›Stanza della Segnatura‹, wo es G. während seines römischen Aufenthalts am 7. November 1786 gesehen hat (*Italienische Reise*; Bd. 15, S. 155 f.; vgl. auch S. 900). – *Bramante:* Bramante, eigentlich Donato d'Angelo (1444–1514), ital. Baumeister und Maler, den Raffael auf seinem Gemälde abbildete. Er stand seit 1504 in den Diensten von Papst Julius II. (1453–1513, Papst von 1503 bis 1513), in dessen Auftrag er die Pläne für den Neubau von St. Peter als quadratischen Zentralbau mit Rundkuppel entwarf und auch seit 1506 die Oberaufsicht über die Bauarbeiten innehatte.

435 *22 sanesische Schule:* die Maler(ei) der toskanischen Stadt Siena.

436 *10 die Bemerkungen der Transalpinischen Freunde:* Ob G.
hier in erster Linie, wie ältere Kommentare vermutet haben, an
Angelika Kauffmann und die Freunde seines römischen Aufenthalts gedacht hat (so im 35. Bd. der ›Jubiläumsausgabe‹,
S. 343), darf bezweifelt werden. Wahrscheinlicher ist, daß damit
neben anderen Vertretern der Mailänder Kunstwelt vor allem
Gaëtano Cattaneo gemeint ist, mit dem G. während der Abfassung seines Aufsatzes korrespondierte (vgl. G.s Brief vom 14. Dezember 1817, ebenso den bei Mommsen mitgeteilten Briefwechsel
zwischen Cattaneo und dem Großherzog Carl August). Diese
Vermutung legen auch die *Tag- und Jahres-Hefte* zu 1818 nahe,
in denen G. eigens die frz. Übersetzung seiner Abhandlung erwähnt, »um den Mailänder Freunden verständlich zu sein«
(Bd. 14, S. 268). Auch ist kaum anzunehmen, daß ausgerechnet
die in Rom lebenden Künstler die von G. erwünschten Detail-
informationen über Giuseppe Bossis Leben und Werk hätten in
Erfahrung bringen können. – *26 Maler Müller:* Friedrich Müller,
genannt Maler Müller (1749–1825), Dichter, Maler und Kupferstecher, der seit 1778 in Rom lebte (vgl. *Italienische Reise*; Bd. 15,
S. 150). In einem Brief vom 19. Dezember 1817 erteilt G. aus Jena
seinem Sohn August den Auftrag, den 9. Jahrgang der seit 1808
erscheinenden ›Heidelbergischen Jahrbücher‹ mit Müllers Beitrag
vom Dezember 1816 aus der Weimarer Bibliothek zu entleihen.
Schon zwei Tage später, am 21. Dezember, kann G. dann in
seinem Tagebuch die Lektüre von »Müllers Rezension des Bossi
in den Heidelberger Jahrbüchern« vermerken. Müllers Aufsatz
erschien 1817 auch als separater Druck: Kritik der Schrift des
Ritters von Bossi über das Abendmahl des Lenardo da Vinci.
Heidelberg (Mohr und Winter) 1817. G. verdankte den Hinweis
auf diese Publikation Sulpiz Boisserée, der ihm am 11. Dezember
1817 geschrieben hatte: »Es freut mich, Ihnen sagen zu können,
daß ich Bossis Werk schon längst kenne; wir besitzen es zwar
leider hier nicht, aber ich habe es bei Gelegenheit von Maler
Müllers weitläufiger Rezension von Mannheim entlehnt. Diese
Rezension, weil sie von dem über Bossis Arbeit und Schrift
geführten Federstreit Rechenschaft gibt, mag wohl eins und das
andere für Sie Wissenswerte enthalten. Sie finden dieselbe im
Dezemberheft der hiesigen Jahrbücher von 1816« (Boisserée,
Bd. 2, S. 203 f.).

437 *1 Eben indem wir schließen* ⟨...⟩*:* G. verfaßte diesen Nachtrag am 19. Februar 1818; unter diesem Datum heißt es im Tagebuch: »Neue Ausgabe des Leonardischen Traktats zu Rom«. Es
handelte sich hierbei, wie dem von G. vollständig zitierten Titel der
Schrift auch zu entnehmen ist, um den von Guiglielmo Manzi

herausgegebenen Codex 1270 der ›Biblioteca apostolica Vaticana‹, der Vatikanischen Bibliothek. Dem ›Trattato‹ lag eine Sammlung von 22 Kupferstichen bei, die Leonardo selbst ausgewählt und seiner Abhandlung beigefügt hatte; vgl. hierzu die Übersicht am Ende der Vorbemerkung.

BLUMEN-MALEREI

In seinem Aufsatz *Schicksal der Druckschrift*, der 1817 der Veröffentlichung der *Metamorphose der Pflanzen* innerhalb der Zeitschrift *Zur Morphologie* nachgestellt wurde, äußert sich G. grundsätzlich zum Verhältnis von Kunst und Wissenschaft: »Von andern Seiten her, vernahm ich ähnliche Klänge, nirgends wollte man zugeben, daß Wissenschaft und Poesie vereinbar seien. Man vergaß daß Wissenschaft sich aus Poesie entwickelt habe, man bedachte nicht daß, nach einem Umschwung von Zeiten, beide sich wieder freundlich, zu beiderseitigem Vorteil, auf höherer Stelle, gar wohl wieder begegnen könnten« (Bd. 12, S. 74).

Das Bewußtsein von der Getrenntheit der beiden menschlichen Erfahrungs- und Wissensbereiche im ›sentimentalischen‹ Zeitalter hinderte G. nicht daran, beide Regionen für prinzipiell vereinbar zu halten und – im Vorgriff auf jene »höhere« Stufe menschlicher Kultur – einander anzunähern, wo immer ihm dies möglich und geboten schien.

Was dabei von der Poesie und ihrem Verhältnis zur Wissenschaft gesagt wurde, galt gleichermaßen auch für die bildende Kunst, wovon der zwischen dem Oktober 1817 und Februar 1818 verfaßte Aufsatz *Blumen-Malerei* Zeugnis ablegt. Hier läßt sich genau verfolgen, wie das Genre der Blumenmalerei, deren niederländische Vertreter G. insbesondere während seiner Sommeraufenthalte an Rhein und Main in den Jahren 1814 und 1815 studiert hatte, nach einem kurzen kunstgeschichtlichen Abriß im weiteren Verlauf der Ausführungen unmerklich, aber eindeutig in einen wissenschaftlichen Kontext gestellt wird. Nicht mehr ›zwecklose‹ Erbauung oder pure Freude an der Vielfalt der Natur, sondern die wissenschaftlich exakte Abbildung und Darstellung einzelner Pflanzenarten und ihrer terminologisch genau bestimmten Bestandteile werden nunmehr gefordert und an einem herausragenden Beispiel erläutert und gewürdigt. Die Kunst wird damit freilich keineswegs auf eine bloß dienende Rolle oder eine nur ornamentale, rein dekorative Funktion reduziert. Dies wäre ein fundamentales Mißverständnis – abgesehen davon, daß für G. gerade die tiefempfundene Freude an der »herrlich leuchtenden« Natur als lebenslanger

Kraftquell und Energiespender einen der Eckpfeiler seines Natur-
und Wissenschaftsverständnisses bildete.

Vielmehr trägt auch dieser Aufsatz über die Blumenmalerei
einem tiefgreifenden Paradigmenwechsel Rechnung, in dessen
Verlauf über die Kunst hinaus weitere Parameter – ›Arbeit‹ in ihren
vielfältigen Erscheinungsformen, Technik und Wissenschaft in der
Epoche der beginnenden Industrialisierung – das gesellschaftliche
und kulturelle Leben zu bestimmen beginnen. Themen und Pro-
blemstellungen mithin, die bereits auf G.s Altersroman *Wilhelm
Meisters Wanderjahre* vorausweisen, der dann – vor allem in der
2. Fassung des Jahres 1829 – aus seiner Sicht und mit seinen
erzählerischen Mitteln versuchen wird, diesen Wandlungsprozeß
zu verstehen und darauf adäquate Antworten zu geben. Daß es sich
hierbei um eine keinesfalls leicht herzustellende Synthese handelte
und daß die Wissenschaft der Kunst durchaus auch im Wege stehen
konnte, indem sie deren Autonomie und Eigengesetzlichkeit nicht
mehr respektierte, hat der späte G. in einem Gespräch mit Eckermann am 27. März 1831 ausdrücklich hervorgehoben und am
Beispiel der Blumenmalerei erläutert: »Ein großer Blumenmaler,
sagte Goethe, ist gar nicht mehr denkbar; es wird jetzt zu große
wissenschaftliche Wahrheit verlangt, und der Botaniker zählt dem
Künstler die Staubfäden nach, während er für malerische Gruppierung und Beleuchtung kein Auge hat‹« (Bd. 19, S. 443 f.).

Die Keimzelle des vorliegenden Aufsatzes bildete ein Brief G.s
an den Kölner Maler Maximilian Heinrich Fuchs (1767–1846) vom
28. September 1816. G. bat darin Fuchs, den er im Jahr zuvor, am
26. Juli 1815, in Köln getroffen hatte und der auch an den Domzeichnungen von Sulpiz Boisserée beteiligt war (vgl. S. 14,7), um
dessen »geneigte Mitwirkung bei einem kleinen Geschäft«, das G.
gleich anschließend erläutert: »Wir besitzen hier nämlich junge
Frauenzimmer, sehr geschickt im Blumenmalen, sodaß die gewöhnlichen Vorbilder ihnen nicht mehr genugtun. Nun hab ich bei
meiner Anwesenheit in Cöln ein Blumenstück von Segers, bei
einem Kaufmanne gesehen, dessen Name mir entfallen ist, sowie
ich auch das Bild nicht genugsam gegenwärtig habe um zu entscheiden, ob es zu solchem Zweck geeignet sei. Es hat in der Mitten
ein Basrelief grau in grau von mehreren Blumengruppen umgeben.
Soviel erinnere ich mich daß die Rosen etwas verbleicht schienen.
Wollten Sie wohl die Güte haben das Bild anzusehen, nach dem
Preise zu fragen und mir Ihre Gedanken wissen zu lassen. Ich
erinnere mich wohl daß es etwas nachgedunkelt hatte, doch hierüber geben Sie mir ja wohl gefällige Nachricht«.

Diese Nachricht erhielt G. dann in einem Antwortschreiben
vom 7. Dezember 1816, in dem Fuchs mitteilte, daß das gesuchte

SCHRIFTEN ZUR KUNST   1093

Bild des Antwerpener Blumenmalers Daniel Seghers (vor 1590 bis 1661) inzwischen nach Berlin verkauft worden war. Zugleich bot er G. ein anderes Bild als Ersatz dafür an, von dem er zur Illustration eine eigene Zeichnung beilegte: »Dieses Bild wäre als Studium glaube ich gut. Orginal ist es nicht, ob schon der Name jo: Van Huysum. darauf steht« (Mommsen, Bd. 1, S. 342). Am 28. Dezember bedankte sich G. für diese Offerte und zeigte sich »nicht abgeneigt solches anzuschaffen; denn wenn es auch nur eine Kopie ist, so deutet Ihre Zeichnung doch auf ein gutes zum Grunde liegendes Original«. G.s Bitte, ihm »solches in ein Kistchen wohl-gepackt, und außerdem noch in Stroh emballiert, mit dem Postwa-gen« zuzuschicken, kam Fuchs dann auch umgehend nach, so daß G. am 26. Januar 1817 in seinem Tagebuch die »Ankunft des Cölner Blumenstücks« (s. Abb. S. 439) notieren konnte.

Zuvor schon, im November 1816, hatte G. durch den Schweizer Maler Emanuel Steiner aus Winterthur ein anderes Blumenstück erhalten, für das er sich am 27. November bedankte und das von Heinrich Meyer in *Über Kunst und Altertum* (I 2) besprochen wurde.

Darüber hinaus beschäftigte sich G. im Februar und März 1817 mit der im Text ausführlich vorgestellten Schrift ›A Description of the Genus Pinus‹, die in diesen Wochen auch Gesprächsgegenstand zwischen dem Großherzog Carl August und G. war (s. zu S. 442,12).

Nachdem G. am 18. Mai 1817 notierte, bei Großherzog Carl August »die Blumengemälde gesehen« zu haben, ist von der Blu-menmalerei expressis verbis erst wieder im Herbst des gleichen Jahres die Rede, wenn es am 27. Oktober 1817 im Tagebuch heißt: »Über Blumenmalerei und ihre Epochen«. An diesem Tag ist folglich der erste Teil des Aufsatzes entstanden, dessen Publikation G. Ende November für *Über Kunst und Altertum* (I 3) ins Auge faßte. Am 13. Januar 1818 erfuhr die bislang vorliegende Fassung eine Erweiterung: »Pinusarten studiert, zum Zwecke eines Aufsat-zes«, heißt es im Tagebuch, das für den nächsten Tag die Diskus-sion dieses Themas mit Knebel vermerkte (vgl. einen diesbezügli-chen Eintrag auch unter dem 19. Januar). In den darauffolgenden Tagen entstand dann der zweite Teil des Aufsatzes, in dem G. den Lesern das 1803 erschienene Werk des englischen Botanikers Aylmer Bourke Lambert vorstellte. Am 17. Januar wird schließlich die »Blumen-Malerei mundiert«. Der Aufsatz erscheint, wie vor-gesehen, in *Über Kunst und Altertum* (I 3), allerdings ohne den am 18. Februar 1818 entstandenen Nachtrag, der eine nicht unwesent-liche Lücke des Aufsatzes geschlossen hätte, gibt er doch näheren Aufschluß über den im vorliegenden Text falsch wiedergegebenen

Namen des Wiener Blumenmalers Johann Knapp (1778–1833),
über den G. Ende Januar 1818 nähere Informationen einzuholen
versuchte. G. hat diesen Nachtrag, wie es ursprünglich geplant war und
auch nur folgerichtig gewesen wäre, dann aber auch nicht in das
nächste Heft von *Über Kunst und Altertum* aufgenommen, so daß
er nur als Paralipomenon mit folgendem Wortlaut erhalten geblieben ist:

> Zu Seite 91. Der gerühmte Blumenmaler heißt *Johann Knap*, aus
> Wien gebürtig wo er auch studierte. Im Dienste der hohen
> Freunde für Wissenschaft und Kunst der Österreichischen Erz-
> herzoge waren botanische Gegenstände seine treue sorgfältige
> Beschäftigung. Sein Aufenthalt ist Schönbrun. Erst seit acht
> Jahren wendete er sich zur Ölmalerei die einen jeden gewissen-
> haften Künstler aufs höchste begünstigt.

Textgrundlage: Handschrift GSA 25/XLII,3,13 (Beschreibung s. SL 4,
S. 39: H⁵).
Erstdruck: WA I 49/2 (1900), S. 276.

Textgrundlage und Erstdruck: KuA I 3 (1817), S. 81–91, als sechster Beitrag unter dem Kapitel »Aus verschiedenen Fächern Bemerkenswertes«.

437 *27 Pausias von Sycion:* Pausias von Sicyon, griech. Maler
(Mitte des 4. Jh.s v. Chr.). Vgl. hierzu die beiden Fassungen des
Gedichts *Der neue Pausias und Sein Blumenmädchen* (Bd. 4.1,
S. 886); beiden Fassungen hat G. die Geschichte des Pausias vorangestellt, wie sie Plinius der Ältere (Gaius Plinius Secundus, 23–79)
in seiner ›Naturalis historia‹ überliefert hat: »Pausias von Sicyon
der Maler, war, als Jüngling, in Glyceren, seine Mitbürgerin,
verliebt, welche, Blumenkränze zu winden, einen sehr erfinderi-
schen Geist hatte; sie wetteiferten mit einander, und er brachte die
Nachahmung der Blumen zur größten Mannigfaltigkeit. Endlich
malte er seine Geliebte, sitzend, mit einem Kranze beschäftigt.
Dieses Bild wurde für eines seiner besten gehalten, und die Kranz-
winderin oder Kranzhändlerin genannt, weil Glycere sich auf
diese Weise, als ein armes Mädchen ernährt hatte. Lucius Lucullus
kaufte eine Kopie in Athen für zwei Talente« (ebenda, S. 886). –
28 Sträußermädchens: Blumenmädchens. – *35 Türen des Ghiberti:*
Die drei Bronzetüren am Baptisterium in Florenz wurden von
verschiedenen Künstlern entworfen und angefertigt (Südportal:
Andrea Pisano, Leonardo d'Avanzano; Nordportal: Lorenzo
Ghiberti, Donatello, Paolo Ucello, Michelozzo u. a.; Ostportal,

sogenannte Paradiespforte: Lorenzo Ghiberti, Vittorio Ghiberti u. a.); dargestellt sind jeweils religiöse Allegorien und Szenen aus dem Alten und Neuen Testament in einzelnen Relieffeldern. Was G. hier anspricht, sind jedoch nicht die Türflügel, sondern deren Umrahmungen. Diese wurden nach Fertigstellung der Türen zwischen 1452 und 1462 von dem florentinischen Bildhauer, Erzgießer und Goldschmied Lorenzo Ghiberti (1378–1455) geschaffen, zusammen mit seinem Sohn Vittorio Ghiberti (1416–1496), der das Werk des Vaters nach dessen Tod vollendete und vor allem den Rahmen des Südportals nachhaltig geprägt hat. Auf diesen Umrahmungen, ebenfalls im Bronzeguß, sind Blumen- und Fruchtgewinde, Blattwerk und Ranken, Darstellungen von Vögeln und anderem Getier ornamental ineinander verschlungen und zeigen so in der Wiederaufnahme der antiken Tradition den voll erblühten Renaissancestil. – *37 Luca Della Robbia, und seine Sippschaft:* Luca della Robbia (1399–1482), dessen Neffe Andrea della Robbia (1435–1525), sowie Giovanni della Robbia (1469–1529), der Sohn von Andrea della Robbia, ital. Bildhauer in Florenz. Ihre Spezialität war die Anfertigung glasierter Tonreliefs, die – wie G. bemerkt – zumeist von Blumengewinden und Fruchtarrangements eingefaßt waren. – *40 Johann von Udine:* Giovanni da Udine (1487–1564), ein Schüler des Raffael, dem er auch bei der Arbeit an den vatikanischen Loggien assistierte. Er wurde insbesondere durch seine Grotesken berühmt, den phantastisch geformten Tier- und Pflanzenverzierungen, mit denen die Renaissancekünstler an antike Traditionen anknüpften. Die Bezeichnung ›Groteske‹ wird von den ›Grotten‹, den antiken, unterirdischen Grabstätten, hergeleitet, wo die Künstler der Renaissance diese Ornamentform vorfanden.

438 *2 Festone:* (lat.-ital.-frz.) Bogengehänge aus Blumen, Blättern und Früchten, die als ornamentaler Schmuck Gebäude, ebenso aber auch Bücher zieren. – *3 Leo des zehnten:* Giovanni de' Medici (1475–1521), als Leo X. Papst vom 11. März 1513 bis zum 1. Dezember 1521. – *16 Blumisterei:* Blumenpflege, Blumenzucht, Gärtnerei. – *28 Herrn Doktor Grambs:* Johann Georg Grambs (1756–1817), Rechtsanwalt und Kunstsammler in Frankfurt. Über den Besuch seiner Sammlung, »die alle Erwartung übersteigt«, berichtet G. im Abschnitt »Frankfurt« seines Reiseberichts *Kunst und Altertum am Rhein und Mayn* (S. 32,22; vgl. auch die *Tag- und Jahres-Hefte* zu 1815; Bd. 14, S. 242). – *30 Morel aus Antwerpen:* Jean Baptiste Morel (1662–1732), niederländ. Blumenmaler. – *31 Maria Sybilla Merian:* Maria Sybilla Merian (1647–1717), Blumen- und Insektenmalerin, Tochter des Kupferstechers und Kunsthändlers Matthäus Merian des Älteren (1593–1650). Maria

Sybilla Merian lebte in Frankfurt am Main und später in Amsterdam (vgl. auch S. 441,5. Zur Familie Merian vgl. auch im Abschnitt »Frankfurt«, S. 37,4). – *32 Joh. Bronkhorst:* Johannes, auch Jan van Bronkhorst (1648–1727), niederländ. Blumen- und Tiermaler in Leiden und Hoorn. – *33 Herrm. Henstenburgh:* Herman Henstenburgh (1667–1726), niederländ. Blumen- und Tiermaler. – *34 Joh. van Huysum:* Jan van Huysum (1682–1749), niederländ. Landschafts- und Blumenmaler, der in Amsterdam lebte. – *35 Oswald Wyne:* Oswald Wyne, auch Wijnem (1736–1790), niederländ. Blumen- und Früchtemaler. – *36 Van Loon:* Es ist unklar, ob G. hier den niederländ. Blumenmaler Pieter van Loo (1731–1784) oder den Amsterdamer Blumen- und Vogelmaler van Loon (zwischen 1717 und 1727 bis 1787) meint. – *37 Roob:* Auch hier läßt sich nicht zweifelsfrei klären, von welchem niederländ. Blumenmaler G. spricht. Es könnte sich um einen Maler namens Robb, aber auch – wie die ›Berliner Ausgabe‹ mußmaßt – um Willem Robart handeln, die beide im 18. Jh. lebten. – *38 Roedig:* Christian Roedig (1751–1802), niederländ. Blumen- und Früchtemaler. – *39 Joh. van Os:* Jan van Os (1744–1808), niederländ. Blumen-, Früchte- und Marinemaler. – *40 Van Brüssel, um 1780:* Paul Theodor van Brüssel (1754–1795), niederländ. Blumenmaler.

441 *1 Van Leen:* Willem van Leen (1753–1825), niederländ. Blumenmaler und Kunsthändler. – *2 Wilh. Hendricus:* Wybrand Hendriks, auch Hendricus (1744–1831), niederländ. Blumenmaler. – *6 Carl Plumiers:* der Franziskaner Charles Plumier (1646–1706), frz. Botaniker, Zeichner und Kupferstecher, der in den Jahren 1689 bis 1695 Amerika erforschte und seine Reiseberichte mit eigenen Radierungen illustrierte. – *7 Surinam:* das frühere ›Niederländisch Guyana‹, heute wiederum ›Surinam‹, im Nordosten Südamerikas. Im Jahre 1705 erschien Maria Sybilla Merians ›Metamorphosis insectorum Surinamensium‹. Allerdings war Plumier, wie ein Blick auf die Lebensdaten zeigt, keineswegs »viel jünger«, sondern sogar ein Jahr älter als Maria Sybilla Merian. – *22 Huysum:* Siehe zu S. 438,34. – *22 Rachel Ruysch:* Rachel Ruysch (1664/65–1759), niederländ. Blumenmalerin, ebenfalls in Amsterdam. – *Seegers:* Daniel Seghers (um 1590–1661), fläm. Blumenmaler in Antwerpen (s. auch die Vorbemerkung). – *39 Linne:* Carl von Linné (1707 bis 1778), schwed. Botaniker und Naturforscher. G.s außerordentliche Wertschätzung für Linné, der seit 1741 als Professor für Botanik in Uppsala lehrte, tritt nirgends deutlicher zu Tage als in einem Brief an Zelter aus jener Epoche, dem G. am 7. November 1816 über Linné schrieb: »Ich habe unendlich viel von ihm gelernt, nur nicht Botanik. Außer Shakespeare und Spinoza wüßt ich nicht, daß irgend ein Abgeschiedener eine solche Wirkung auf mich

getan« (Bd. 20.1, S. 468; vgl. ebenso *Geschichte meines botanischen Studiums*; Bd. 12, S. 22).

442 *12 A Description of the Genus Pinus:* ›A description of the Genus Pinus, illustrated with figures, directions relative to the cultivation and remarks on the uses of the several species by Aylmer Bourke Lambert Esq. F. R. S. Vice-President of the Linnean Society.‹ Über dieses im Jahre 1803 erschienene Werk des engl. Botanikers Lambert (1761–1842) haben der Großherzog Carl August und G. im Februar und März 1817 mehrfach korrespondiert. Am 14. Februar erhielt G. vom Großherzog Notizen zu diesem Werk, die der im Jahre 1815 im Alter von nur 35 Jahren verstorbene Weimarer Landkammerrat Carl Bertuch (vgl. auch die Vorbemerkung zu *Blüchers Denkmal*) angefertigt hatte. Am 9. März richtete G. dann auf eine Bitte des Großherzogs vom selben Tage hin »folgende Wünsche« an den Wiener Arzt und Naturforscher Carl Franz Anton von Schreibers (1775–1852), der seit 1806 als Direktor dem zoologischen und mineralogischen Museum in Wien vorstand:

»In dem Lambertischen Pinuswerke, wozu die Zeichnungen von Ferdinand Bauer sind, welches in der Kaiserl. Königl. Handbibliothek und in der des Herzogs Albert v. S. Teschen Hoheit aufbewahrt wird, befinden sich drei Species wovon Ihro Königl. Hoheit Abbildung und Beschreibung zu haben wünschen. Es sind solche:

1. Dombaya excelsa, sive Norfolk Island Pinus,
2. Pinus Damara, sive Pitch Pinus from Amboina
3. Pinus Columbaria.

Ihro Hoheit würde es zu besonderm Vergnügen gereichen, diese Abbildungen in derselben Größe gezeichnet und illuminiert, auch die Beschreibung in gleichem Format sauber kopiert zu sehen«.

– *15 Ferdinand Bauer:* Ferdinand Lukas Bauer (1760–1826), österr. Pflanzenmaler und Kupferstecher.

443 *4 aus den Schätzen der Großherzoglichen Bibliothek:* Die Bezeichnung ›Schatz‹ darf man im Falle von ›Genus Pinus‹ ganz wörtlich nehmen. Daß es sich dabei nämlich um ein kostbares und »sehr teueres« Werk handelte, hatte Großherzog Carl August in seinem Schreiben an G. vom 9. März 1817 eigens hervorgehoben: »es ist in England herausgekommen, hat praeterpropter 24 fol. Kupfer und kostet 80 Guinéen: du hast es bei Artaria in Mannheim gesehn. Ein Exemplar ist in der Kaiserlichen Hand Bibliotheque und eines beim H[erzog] Albert in Wien. Dorten hat es 2000 fl. Silber gekostet« (Wahl, Bd. 2, S. 183). Zuvor schon, am 1. Oktober 1815, hatte G. – wie Sulpiz Boisserée in seinem Tagebuch

festhielt – geklagt: »Engl. unsinniger Bücher-Luxus. Ein botanisches Werk bloß *von Tannen* handelnd 80 Guineas« (Weitz, Bd. 1, S. 275). Man deutet G.s unüberhörbare Mißbilligung sicherlich nicht falsch, wenn man aus ihr den versteckten Wunsch herausliest, diesen Prachtband irgendwann einmal in Händen zu halten. Und tatsächlich hat ihn G., als das Werk schließlich von der Großherzoglichen Bibliothek im Laufe des Jahres 1817 angeschafft wurde, mehrfach »sich und seinen Freunden« vorgelegt (vgl. die Tagebucheinträge vom 14. und 19. Januar 1818; ebenso auch die Anfrage von Nees von Esenbeck, der G. am 25. November 1825 um die Kopie einer Tafel aus dem Werk Lamberts bat: hierzu G.s Brief vom 24. März 1826 und Keudell, Nr. 1708). – *16 Varietät:* in der Biologie die Bezeichnung für die geringfügig abweichenden Formen einer Art. – *35 Anthere:* (griech.) Staubbeutel der Blütenpflanzen. – *40 wenn wir nicht ein paar Bilder vor uns hätten:* Die Ermittlung des richtigen Namens und der korrekten Schreibweise des Wiener Blumenmalers Johann Knapp (1778–1833), von dem hier die Rede ist, erforderte einige Anläufe. Am 23. Januar 1818 schrieb G. aus Jena dem Weimarer Kanzleirat und Geheimen Sekretär Christian Georg Carl Vogel diesbezüglich: »Der Wiener Maler, welcher die herrlichen Blumenstücke malte welche in Serenissimi Zimmern sind, heißt, soviel ich mich erinnere, *Koch*; nun wünschte ich auch seinen Vornamen und wo möglich etwas von seiner Lebensgeschichte zu wissen«. Wenig später, in einer undatierten Mitteilung, wahrscheinlich vom 26. Januar, steuerte der Großherzog selbst seinen Kenntnisstand bei: »Der Wiener Blumen Maler Johan Knop ist daher gebürtig, studierte seine Kunst in Wien, ist bei einigen der Erzherzöge in Diensten und zeichnet für diese botanische Gegenstände. Er wohnt in Schönbrunn. Seit ohngefähr 8 Jahren erst ergriff er die Öl Malerei« (Wahl, Bd. 2, S. 183, unter falschem Datum). Es ist unschwer zu erkennen, daß sich G., der im Tagebuch vom 27. Januar 1818 erstmals von »Knapps Bildern« sprach, auf diese Informationen stützte, als er wenig später seinen unveröffentlicht gebliebenen Nachtrag zum dritten Heft abfaßte (s. o.); er bezog sich mit dem Verweis »Zu Seite 91.« auf den Aufsatz *Blumen-Malerei*, der in *Über Kunst und Altertum* I 3 auf S. 91 endet.

⟨RELIEF VON PHIGALIA⟩

»Für die bildende Kunst näherten sich dieses Jahr große Aufschlüsse. Von Elgins Marmoren vernahm man immer mehr und
mehr, und die Begierde etwas dem Phidias Angehöriges mit Augen
zu sehen, ward so lebhaft und heftig, daß ich an einem schönen
sonnigen Morgen, ohne Absicht aus dem Hause fahrend, von
meiner Leidenschaft überrascht, ohne Vorbereitung aus dem Stegreife nach Rudolstadt lenkte, und mich dort, an den erstaunens-
würdigen Köpfen von Monte Cavallo, für lange Zeit herstellte.
Nähere Kenntnis der Äginetischen Marmore ward mir gleichfalls
durch Zeichnungen des in Rom mit der Restauration Beauftragten« (Bd. 14, S. 260).

Hob sich dieser kurze Rückblick in den *Tag- und Jahres-Heften*
zu 1817 in Ton wie Inhalt von jenem nüchternen, sachlich-referierenden Stil ab, der für die Annalen ansonsten typisch ist, so konnte
G. die Berichterstattung über seine Studien der klassischen Antike
im darauffolgenden Jahr nicht nur fortschreiben, sondern sogar mit
dem gewichtigen Signum eines neuen Lebens- bzw. Schaffens-
abschnitts versehen: »Für die Einsicht in höhere bildende Kunst
begann dieses Jahr eine neue Epoche. Schon war Nachricht und
Zeichnung der Äginetischen Marmore zu uns gekommen, die
Bildwerke von Phigalia sahen wir in Zeichnungen, Umrissen und
ausgeführteren Blättern vor uns, jedoch war das Höchste uns noch
fern geblieben; daher forschten wir dem Parthenon und seinen
Giebelbildern, wie sie die Reisenden des siebzehnten Jahrhunderts
noch gesehen hatten, fleißig nach« (ebenda, S. 273).

Diese Äußerungen machen deutlich, was die griechische Plastik
und Baukunst für G. in diesen Jahren bedeuteten: Refugium und
Kraftquell, Gravitationszentrum und feste Bezugsgröße, dabei
aber keinesfalls bloß ein in der fernen Vergangenheit liegender
Fluchtpunkt, sondern vielmehr Anschauungsmaterial und Aus-
gangsbasis einer künstlerischen Betätigung, die sich gleichwohl auf
der Höhe ihrer Zeit zu bewegen hatte. Dies ist das programmatische Credo der *Anforderung an den modernen Bildhauer* (1817,
S. 394), und aus diesem Grunde wurde *Philostrats Gemälden*
(S. 449) auch der Aufsatz *Antik und Modern* angefügt, dessen
Kernsatz »Jeder sei auf seine Art ein Grieche! Aber er sei's« G.s
kunstpädagogische Forderung auf den Punkt bringt (S. 501,11).
Daß gerade unter solchen didaktischen Gesichtspunkten den Fun-
den von Bassai eine herausragende Bedeutung zukam, hatte G.
zuvor schon in seinem 1817 verfaßten, unveröffentlichten Beitrag
Verein deutscher Bildhauer unterstrichen, wo er allen angehenden
Bildhauern eine Studienreise nach London ans Herz legte: »Da-

selbst studiere er vor allen Dingen aufs fleißigste den geringsten Überrest des Parthenons und des Phigalischen Tempels, auch der kleinste, ja beschädigte Teil wird ihm Belehrung geben« (S. 392).

Zugleich spiegeln diese Passagen aber auch die Fortschritte, Leistungen und Resultate der archäologischen Forschungen in diesem zweiten Jahrzehnt des 19. Jh.s wider. Der Parthenontempel auf der Akropolis in Athen, die Ausgrabungen auf Ägina, die Entdeckung des Apollontempels in Bassai, Forschungen im oberitalienischen Valleja, Grabungen bei Wiesbaden und nicht zuletzt in der näheren (thüringischen) Umgebung: G. hat alle diese Expeditionen und ihre wissenschaftliche Aufbereitung nicht nur mit größter Aufmerksamkeit verfolgt, sondern selbst in Veröffentlichungen oder Entwürfen wiederholt dazu Stellung genommen: so in den Notizen zu den ›Elgin Marbles‹ (S. 366 und 384) oder dem Aufsatz *Ausgrabungen* (S. 508).

Die Kenntnis der Reliefs aus Phigalia verdankte G. der Malerin Luise Seidler (1786–1866), mit der er zuletzt im Sommer 1816 zusammengearbeitet hatte, als diese ein von ihm und Johann Heinrich Meyer entworfenes Bild für die renovierte Rochuskapelle bei Bingen gemalt hatte (s. S. 356). Unter der Leitung von Otto Magnus von Stackelberg (1787–1837) und Peter Olaf Brøndsted (1780–1842) hatte eine archäologische Expedition in den Jahren 1810 bis 1814 Ausgrabungen in Griechenland und Kleinasien vorgenommen. Auf dem westlichen Peloponnes, in Bassai (röm. ›Bassae‹) unweit der arkadischen Stadt Phigalia, entdeckten sie dabei einen dem Apollon geweihten, besonders gut erhaltenen Tempel, der zu Ende des 5. Jh.s, etwa um 420 v. Chr., errichtet worden war.

Er gilt als ein Werk des berühmten antiken Baumeisters Iktinos, nach dessen Entwürfen bereits zwischen 448 und 438 v. Chr. der Parthenon-Tempel in Athen erbaut worden war. Der Tempel – entgegen der üblichen Orientierung nicht nach Osten, sondern nach Norden ausgerichtet – zeichnete sich vor allem durch eine reiche Innenraumgestaltung aus, deren Entwicklung und architektonische Realisierung bis heute als eine der größten Leistungen des Iktinos gilt.

So befand sich in der zweiteiligen Cella oberhalb der ionischen Säulen ein Fries, der die Kämpfe der Griechen mit den Kentauren und den Amazonen darstellte. Wie auch beim Parthenon-Tempel geschehen, wurden diese Reliefs entfernt und nach London verbracht, wo sie sich seit 1814 im ›British Museum‹ befinden. Von dort gelangten Abgüsse dieser Reliefs auch nach München, wo sie heute in der Glyptothek ausgestellt sind.

Im Dezember 1817 und Januar 1818 fertigte Luise Seidler, die –

nicht zuletzt auf Empfehlung und Vermittlung G.s hin – die
Münchener Akademie der bildenden Künste besuchte, von diesen
Abgüssen Zeichnungen an. Wie sie in ihren ›Erinnerungen‹ berich-
tete (s. u.), schickte sie Anfang Februar eine Zeichnung an G., auf
der die Auseinandersetzung des Herakles (oder Theseus) mit der
Amazonenkönigin Antiope (auch Hippolyte) zu sehen war (Schuchardt, Bd. I, S. 289, Nr. 676: Amazonenkampf, Stück des Frieses
vom Theseustempel. Nach einem Gypsabguß mit schwarz u.
weißer Kreide auf blaues Pap. gez., die Figuren ⅓ Lebensgröße.).
Dieser Sendung fügte sie folgenden Brief bei:
»München den 3 ten Februar 1818.
Zum Neuenjahr sollte beifolgende Zeichnung eines Basreliefs
von Figalia die treusten wärmsten Wünsche den teuren verehrtesten Freunde einigermaßen vergegenwartigen, gern die Gelegenheit benutzend das was so täglich das Herz erfüllt, einmal
wieder auszusprechen, und zugleich ein ferneres freundliches
Andenken mit zu erbitten. Aber Übelbefinden und so kurze
Tage zugleich verwirrte die gemachte Rechnung. Möchte ich
mich einen Monat später, auch noch der gütigen Aufnahme
erfreuen dürfen. –
Mein Wunsch war, Ihnen diese merkwürdigen Schätze des
Altertums recht lebendig vor Augen zu bringen, da die Wagne-
rischen Umrisse, keinesweges treu u. pünktlich sind, und ganz
andere Begriffe in uns allen erregt hatten, als wir nun in den
Originalen, (oder wenigstens gut abgegossenen Abgüssen) fanden. Ich habe mich deswegen der allermöglichsten Treue beflei-
ßigt. Es ist dieselbe Größe, im Ganzen. Und der Zirkel hat oft
dem Auge nachgeholfen um recht genau zu sein. – Das lebendige, die Großheit des Styls, die Anordnung, die Behandlung
das relief ist herrlich, hingegen kann man bei so viel schönen, die
außerordentliche Gedrungenheit der Figuren, die oft *kaum 6
Kopflängen* haben, überhaupt die vernachlässigten Proportionen der einzelnen Teile, wo oft Füße, oder Hände, die Länge des
ganzen Beins, oder Arms haben pp. kaum begreifen. An das
Coloß beinahe in allen Basreliefs erinnernd, scheint es deswegen
doch nicht von diesen Meister! Zwei Meister scheinen überhaupt darin zu erkennen zu sein. Oft das genauste Studium der
Natur in den männlichen Kriegern, und dann wieder manches so
sehr viel roher und flüchtiger. –
Schelling meint, man sähe durch diese Altertümer, in die
Werkstätte der Schule des Phydias. – Ach möchte uns ein Urteil
des verehrtesten Freundes darüber werden. – Möchte ich Sie
doch nur einen Tag hierher zaubern können!
Zugleich trägt mir der junge Langer auf Ihnen hier mehrere

Radierte Blätter von ihm selbst, so wohl als von einer sehr geschickten jungen Künstlerin aus dieser Schule, nach seinen Arbeiten mit den ergebensten Empfehlungen zu Füßen zu legen.
– Leider ist diese Marie Ellenrieder*
⟨am Rand:⟩ * Es sind diese radierten Blätter ihre einzigen u. ersten Arbeiten in diesen Fach.
die den Langer durch ihren großen Fleiß, u. schönen Talent so viel Freude machte, nicht mehr hier, sondern schon seit einem Jahr zurück in Constanz. ⟨...⟩«

Textgrundlage: Handschrift GSA 28/855 (hier nur die ersten beiden, das Relief von Phigalia betreffenden, Seiten wiedergegeben; der Originalbrief umfaßt vier Seiten).
ungedruckt

G., der sich zu diesem Zeitpunkt in Jena aufhielt, bestätigte den Erhalt der Sendung aus München am 10. Februar 1819 in seinem Tagebuch (»Brief von Luise Seidler mit Schilderung von München«) und notierte unter dem gleichen Datum auch seine weiteren Aktivitäten: »Das Basrelief aufgenagelt, vielfache Betrachtung darüber«. Zu den Adressaten dieser Betrachtungen, die auch am darauffolgenden Tag fortgesetzt wurden (»Das Basrelief durchgedacht«), zählten Carl Ludwig von Knebel (1744–1834), dessen (Adoptiv)Sohn Carl Wilhelm, Christian Ernst Friedrich Weller (1790–1854), der seit 1818 an der Universitätsbibliothek in Jena angestellt war, sowie G.s Sohn August und dessen Frau Ottilie, denen G. noch am 10. Februar in einem Briefkonzept mit unüberhörbarem Besitzerstolz die Neuerwerbung schilderte:
»*Louise Seidler* hat mir ein Geschenk gemacht, wie es die talentreiche Anmut allein geben kann. Eine Abteilung des phigalischen Frieses: Herkules mit der Amazonen-Königin in Konflikt, noch zwei Streit-Paare und zwei Pferde. Eine Elle hoch, nicht gar drei Ellen lang, auf blau Papier, schwarze Kreide, weiß gehöht. Und wie es, in diesem Sinne, und bei ihrem Talente möglich ist, ein Faksimile in der Größe des Originals, alle Verstümmelungen angedeutet, die verhältnismäßig gering sind.
Es ist ein Abgrund von Weisheit und Kraft, man wird sogleich 2000 Jahre jünger und besser. Mehr ist nicht zu sagen, komm und sieh!!
Dieser blaue, reich begabte Streifen nimmt sich auf der blaßgelben Wand meiner Zinne, bei vollem Licht gar herrlich aus und macht mich, was viel gesagt ist, glücklich. Wenn die in England bestellten auch so einschlagen, so werden wir viel Freude und Belehrung haben; in eben der Größe habe ich sie verlangt«.

In jenen Tagen, am 10. und 11. Februar 1818, ist auch vorliegender
Entwurf entstanden; schon am 10. Februar hatte G. unmittelbar
nach den ersten »Betrachtungen« über die phigalischen Reliefs
Johann Michael Christoph Färber (1778–1844) zu sich kommen
lassen, am 11. Februar gibt das Tagebuch dann ganz exakte Auskunft über das gemeinsame Arbeitspensum: »Nach Tische Färber
über das Basrelief diktiert«.

Möglicherweise bildeten diese Gedanken die Keimzelle eines
Beitrags, den G. noch weiter ausführen wollte und für den *Über
Kunst und Altertum* zweifellos ein geeignetes Publikationsforum
gewesen wäre. Die G. wichtigen Gesichtspunkte lassen sich schon
hier klar erkennen, ebenso die Reibungsflächen, die aus seiner Sicht
noch erläuterungsbedürftig waren. Es waren dies vor allem die
angeblichen ›Disproportionen‹ der abgebildeten Gruppe, auf die
Luise Seidler in ihrem Brief eigens hingewiesen hatte: ein Urteil,
das, wie dem Diktat zu entnehmen ist, G.s Widerspruch hervorrief. Es ist also auch denkbar – und insbesondere die einleitenden
Passagen legen dies nahe –, daß es sich hier um den Entwurf eines
Antwortschreibens an Luise Seidler handelte, wobei sich beide
Vermutungen nicht auschließen müssen, wie andere Beispiele aus
Über Kunst und Altertum oder den naturwissenschaftlichen Zeit-
schriften jener Jahre belegen können.

Vorerst jedoch ließ G. die angedeuteten Differenzen in der
künstlerischen bzw. kunsthistorischen Beurteilung des phigalischen Frieses unerwähnt; in seinem Brief vom 12. Februar 1818
stattete er Luise Seidler vielmehr seinen Dank ab, wobei man
keinen Grund hat, die Herzlichkeit dieser Antwort nur für eine
diplomatische Ausflucht zu halten:

»Nicht einen Augenblick will ich säumen, mit den schnellsten
Worten zu sagen, daß Sie mich durch Übersendung des Basreliefs in die größte Bewegung und Betrachtung versetzt haben!
Jetzt bedarf es nicht mehr zu vergnügtesten Stunden; bisher
wiederholte ich nur immer das Lied:
>   Der Vorhang rührt sich hin und her
>   Bei meiner Nachbarin etc.
deshalb auch zuletzt eine Ortsveränderung stattfand. Wo aber
Ihr blauer reichlich ausgebildeter Streifen, auf blaßgelbem
Grunde, sich herrlich ausnimmt, raten Sie wohl nicht. Auf dem
rechten Ufer der Saale, im Erker der Tanne, wo es wirklich
schöner ist, als man es sich denken darf, da bewirten Sie mich
und meine Freunde mit der schönsten Gabe, wofür Ihnen der
wärmste Dank entrichtet wird. Wie heute früh beim Gläser-
klang in Gesellschaft von hübschen jungen Leuten geschah. Die
hellen, mitunter sonnenreichen Stunden des Tages verbringe ich

auf dieser Zinne, wo des letzten Camsdorfer Bogens Wasser
immer lebhaft unten rauscht. Nur die Nacht über wohne ich in
der alten Nachbarschaft. Gleich jetzt erlebe ich den schönsten
Sonnenuntergang. Mehr setze ich nicht hinzu, damit dieses Blatt
nicht säume. In wenigen Tagen mehr.

Jena, den 12. Februar 1818.   Goethe.«

Man tritt den »jungen Leuten« – die bereits erwähnten Knebel und
Weller – sicherlich mit der Annahme nicht zu nahe, daß sie wohl
kaum die Gesprächspartner bildeten, mit denen G. die kritischen
Anmerkungen aus München diskutieren wollte. Daß ihn die von
Luise Seidler aufgeworfenen Fragen dennoch weiter beschäftigten,
wird aus einem Brief an Johann Heinrich Meyer ersichtlich, dem
G. nach einer Bedenkzeit von nahezu sechs Wochen am 26. März
1818 bereits wesentlich detailliertere Hypothesen mitteilen
konnte:

»In München sind Abgüsse der Phigalischen Basreliefs angelangt. Louise Seidler hat mir eins, blau Papier, schwarze Kreide,
weiß gehöht, in Größe des Originals zugeschickt, unter Langers
Einfluß sorgfältig gearbeitet. Es ist ein Abgrund von Herrlichkeit, und wohl unerläßlich solche zu betrachten: denn, genau
besehen, wird an den Aeginetischen wenig Freude zu haben
sein. Es sind zusammengestoppelte Tempelbilder, von ganz
verschiedenem Kunst-Wert (die liegenden vielleicht zugearbei-
tet) die immer problematisch bleiben müssen. Glauben wir doch
nicht daß die Alten alle ihre Röcke aus ganzem Tuch geschnitten
haben.

Den Phigalischen aber muß man nachsagen daß sie kapital
und echt sind. Bereiten Sie sich vor von den Münchner Wissenden Folgendes zu hören: ›Das Lebendige, die Großheit des
Styls, Anordnung, Behandlung, das Relief alles ist herrlich.
Hingegen kann man bei so viel Schönem die außerordentliche
Gedrungenheit der Figuren, die oft kaum sechs Kopflängen
haben, überhaupt die vernachlässigten Proportionen der einzelnen Teile, wo oft Fuß oder Hand die Länge des ganzen Beins
oder Arms haben u. s. w. kaum begreifen. Und was soll man
sagen daß man an den Coloß beinahe in allen Vorstellungen
erinnert wird.‹

Mir löst sich dies Rätsel folgendermaßen auf: diese Basreliefs
sind nicht selbständige Werke, sie sind architektonischen Zwek-
ken, einem allgemeinen Effekt untergeordnet.

1. Die Figuren sind gestutzt in Bezug auf dorische Ordnung.
2. Der Haupteffekt sollte erreicht werden durch Zusammen-
   und Gegenstellung der Figuren und zwar nur in Absicht
   auf die bedeutenden Körperteile. Hier ist nichts versäumt!

Wie sich bedeutende Gelenke und Schlußglieder, Hand, Knie, Faust, Kopf pp. zusammen verhalten, es fordert Anbetung.

Nun aber dieses zu bewirken und um zu allererst die massenhaften Partien zu regulieren, Pferdehals und Männerbrust einander entgegen zu stellen, und dazwischen doch noch einen Amazonenbusen geltend zu machen, da bleibt einmal ein Fuß gestaucht, verlängert sich ein Arm über die Gebühr. Wollte man das ins Gleiche bringen so entstünde ein nettes, aber würkungsloses Getreibe.

Sieht man nun in diesem Sinne die übrigen amazonischen und kentaurischen Gebilde, nur wie sie uns das Industrie Comtoir gegeben, so findet man überschwengliche Kunst und Talent, höchste Weisheit und Tatkraft, unbedingt frei, einigermaßen frech.

So dürfte man auch wohl annehmen, daß bei dergleichen weitläufigen, verdungenen Arbeiten man keineswegs erst Modelle gemacht und mit Fäden, Zirkeln oder sonst, höchst gewissenhaft verfahren. Wenn der Hauptbegriff gegeben war, so arbeitete der Künstler wohl auch aus dem Stegreife, wie denn auch jetzt nicht immer Cartone gemacht werden, dagegen auf grundierter Leinwand, wo nicht inventiert und skizziert, doch wenigstens aus freier Hand gezeichnet und dann frisch drauf los gemalt wird.

Man bemerkt, wie die Freundin meldet, verschiedene Behandlungsarten: oft das genauste Studium der Natur in den männlichen Körpern, dagegen wieder manches roh und flüchtig. Alles dieses scheint mir auf eine rasche, hohe, verwegene Tätigkeit hinzudeuten.

Der Bemerkung wegen Wiederholung des Colossen würde ich entgegen setzen: man möge doch bedenken wie man uns nun bald seit 2000 Jahren mit Muttergottes-Bildern ennuyiert habe.

Dies alles wünscht ich freilich von Ihnen beurteilt: denn nach leichten Umrissen des Ganzen und einer einzelnen, treu-fleißigen Nachbildung kann man doch nur im Allgemeinen urteilend herumtappen«.

Gerade dieser letzte Abschnitt gibt einen deutlichen Hinweis darauf, warum G. von einer Ausarbeitung dieses Entwurfs zu einem eigenen Aufsatz letztlich abgesehen hat. Dennoch hat ihn das Relief aus Phigalia auch in der Folgezeit wiederholt beschäftigt. Schon wenig später nämlich, am 7. Dezember 1818, bot sich G. die Gelegenheit, Informationen aus erster Hand zu erhalten, als ihm Brøndsted in Weimar einen Besuch abstattete. Während G. diese Visite nur kurz in seinem Tagebuch erwähnt, fertigte der dänische

Forscher für sein Reisetagebuch einen ausführlichen Bericht an,
der G.s lebhaftes Interesse an diesen antiken Funden nachdrücklich dokumentiert (s. u., dort auch das Gespräch mit Eckermann
vom 20. Oktober 1828; schon am 25. November 1820 hatte G. in
seinem Tagebuch die Beschäftigung mit den »Athenischen und
Phigalischen Marmoren« notiert).

Im August 1829 schließlich traf G. in Weimar auch mit Otto
Magnus Stackelberg zusammen, wie im Tagebuch vom 10. August
nachzulesen ist: »Kam Baron Stackelberg. Wir besprachen ferner
seine Reisen, seine Unternehmungen und was sonst interessant
war«. Am selben Tag entlieh sich G. aus der Weimarer Hofbibliothek Stackelbergs 1826 in Rom erschienenes Werk ›Der Apollo-
tempel zu Bassae in Arcadien und die daselbst ausgegrabenen
Bildwerke‹ (Keudell, Nr. 2027), das er bis zum 20. August nicht
nur wiederholt studierte, sondern darüber hinaus mit dem Autor
selbst besprechen konnte: »Fräulein von Pappenheim und Baron
Stackelberg kamen mit den Kindern von Belvedere und speisten
mit uns. Der bedeutende Reisende erzählte manches höchst Interessante, seine Kupfer und Zeichnungen wurden abermals durchgesehen« (so im Tagebuch vom 12. August 1829; bereits drei Jahre
zuvor, am 6. November 1826, hatte G. nach Auskunft seines
Tagebuchs dieses Werk der Großherzogin vorgestellt).

Und nicht zuletzt im 9. Kapitel des 2. Buchs von *Wilhelm
Meisters Wanderjahren* (2. Fassung) hat G. dem Relief von Phigalia
ein Denkmal gesetzt: weist die kolossale Gruppe, an der sich die
angehenden Bildhauer der »Pädagogischen Provinz« dort versuchen, doch eine unübersehbare Ähnlichkeit mit den Figuren auf,
wie sie G. bereits im Februar 1818 beschrieben hatte: »Sie traten in
einen großen von oben glücklich erleuchteten Saal, ein weiter Kreis
beschäftigter Künstler zeigte sich zuerst, aus dessen Mitte sich eine
kolossale Gruppe günstig aufgestellt erhob. Männliche und weibliche Kraftgestalten, in gewaltsamen Stellungen, erinnerten an jenes
herrliche Gefecht zwischen Heldenjünglingen und Amazonen, wo
Haß und Feindseligkeit zuletzt sich in wechselseitig-traulichen
Beistand auflöst« (Bd. 17, S. 483).

Textgrundlage: Handschrift GSA 25/XLVII,1,2 (Beschreibung s.
WA I 49/2, S. 323: H) in der vom Schreiber korrigierten Fassung. –
Die von G. nicht durchgesehene Niederschrift weist zahlreiche
Fehler auf und ist nur sehr mangelhaft durch Satzzeichen gegli-
edert; zur besseren Lesbarkeit wurden Kommata eingefügt, wo
erkennbar ganze Sätze unverbunden aneinanderstoßen; Eingriffe
und Ergänzungen beruhen, wenn nicht anders angegeben, auf dem
Erstdruck: S. 444,12 *Kopflänge⟨n⟩* (Kopflänge Hs.; nach dem

zugrundeliegenden Brief von Luise Seidler ergänzt); 444,24 *an ein‹em› Tempel* (an ein Tempel Hs.); 444,27 *vorzuziehen ‹sein›* (vorzuziehen Hs.); 447,1 *Eurhythmie* (Eyritmi Hs.); 447,3 *im Bilde* (in Bilde Hs.; Hörfehler); 447,4 *das ihnen* (daß ihn Hs.; Hörfehler); 447,13 *Phigalia* (Italia Hs.; Hörfehler); 447,20 *etwa ‹den› Versuch machen* (etwa Versuch machen Hs.); 447,27 *des Reiches ‹der› Wahrscheinlichkeit* (des Reiches Wahrscheinlichkeit Hs.); 447,31 *nicht ‹ob› in* (nicht in Hs.); 447,37 *daß wir* (das wäre Hs.; Hörfehler); 447,39 *wußte* (mußte Hs,; Hörfehler; vgl. die Konjektur in WA: »wüßte«); 448,14 *hat ein ‹en› anmaßlichen* (hat ein anmaßlichen Hs.; Hörfehler); 448,18 *Monte Cavallo* (Monte Caballo Hs.); 448,25 *wiederbringen* (wiederbringt Hs.); 448,32 *Niobe* (Niope Hs.); 448,38 *daß [sie] ihre Wirksamkeit irgend woher entspringe* (daß sie ihre Wirksamkeit irgend woher entspringe Hs.; Anakoluth durch Tilgung des »sie« zu beseitigen). Hingewiesen sei auf zwei problematische Stellen: S. 444,10 *das Relief* (die Hs. hat eindeutig »das Relief«; nicht eindeutig ist jedoch die Stelle in dem diesem Zitat zugrundeliegenden Brief von Luise Seidler, wo »das relief« oder »des relief« gelesen werden kann, was im ED und in WA zur Konjektur »des Reliefs« geführt hat. Sicher hat jedoch G. »das Relief« gelesen und diktiert; so steht es auch in dem von G. durchkorrigierten Brief an Meyer vom 26. März 1818, der dasselbe Zitat verwendet). S. 448,20 *gilt nur einmal* (ED und WA konjizieren zu »gilt nun einmal«, vgl. WA I 49/2, S. 323: »Der Ton des Satzes ist auf ›gilt‹ zu legen«; dies wirkt jedoch sinnverändernd und zerstört die Opposition von »schon zweimal« [Z. 19] und »nur einmal« [Z. 20]). Überschrift nach WA.
Erstdruck: GJb 19 (1898), S. 5–8.

Zeugnisse und Dokumente

Aus den ›Erinnerungen der Malerin Louise Seidler‹:
Unterdessen hatte ich das Ölgemälde des h. Rochus vollendet und war so glücklich, mir des Dichters ganze Zufriedenheit zu erwerben, so zwar, daß er des Bildes öffentlich ehrend gedachte.

Vielleicht war es auch mit eine Rückwirkung dieser Zufriedenheit, wenn mir kurze Zeit danach von dem gütigen Großherzoge Karl August eine außerordentlich freudige Überraschung zuteil wurde, von der ich vorher auch nicht die entfernteste Ahnung gehabt hatte. Eines Tages, als ich Frau von Heygendorf-Jagemann in Weimar einen Besuch abstattete, trat mir diese liebenswürdige Künstlerin, welche in jener Zeit öfter mit mir über meine unglücklichen häuslichen Verhältnisse gesprochen und eine mögliche Ab-

hilfe beraten hatte, unerwartet mit der frohen Nachricht entgegen,
daß der Großherzog mir auf ihre Fürbitte hin aus seiner Schatulle
vierhundert Taler bewilligt habe, damit ich in München ein Jahr
lang die Kunst studiere. ⟨...⟩

⟨...⟩

Nun ging es mit dem Anfang des neuen Jahres 1817 an die
Vorbereitungen zu der für mich so wichtigen Reise nach München.
⟨...⟩

⟨...⟩ Ich kehrte nach Jena zurück, traf meine letzten Vorbereitungen, und am 4. Juli 1817 brach ich bei herrlichstem Reisewetter
von meiner Vaterstadt auf, ausgerüstet mit zwei Empfehlungsbrie-
fen Goethes, von dem ich am Tage zuvor dankbaren Herzens und
in tiefer Bewegung Abschied genommen hatte.

⟨...⟩ Abgüsse von fast allen berühmten Antiken fanden sich vor,
so die in Deutschland bisher noch nicht gesehenen Dioskuren vom
Monte Cavallo in Rom. Der schönste der beiden Pferdebändiger
stand wegen seiner Höhe in einem besonderen Saale. ⟨...⟩

Herrschte, wie man sieht, auf dem Gebiete der Schauspiel- und
Gesangskunst regstes Leben in München, so blieben auch die
bildenden Künste hinter jenen nicht zurück. Schon in den letzten
Tagen des November 1817 waren von London, wohin Lord Elgin
die Originale geschleppt hatte, die ersten Abgüsse des Frieses vom
Tempel des Apollon Epikurios zu Bassae bei Phigalia in Arkadien,
die Kämpfe der Zentauren und Amazonen darstellend, in die
Akademie nach München gekommen; ein Ereignis, welches die
ganze Künstlerwelt in Bewegung setzte. Ich beeilte mich, den Fries
in der Größe des Originals auf blauem Papier, weiß gehöht zu
zeichnen, und meine Arbeit (am 3. Febr. 1818) an Goethe zu
schicken. Die Sendung traf ihn in Jena, wo er längst nicht mehr im
Schlosse, sondern ganz nahe bei demselben, im damals Bischoff-
schen Hause wohnte und den Tag mit dichterischen Arbeiten in
dem Wirtshause »Zur Tanne« hinbrachte.
(Seidler, S. 81–97)

P. O. Brøndsted: Reisetagebuch vom 7. Dezember 1818:
Montag vormittag, den 7. Dezember, war ich wieder mit Lunzi bei
Goethe. Der edle Greis empfing uns äußerst freundlich. Wie ward
ich überrascht, als ich in seinen Salon eintrat und eine sehr hübsche
Zeichnung von einer großen Gruppe aus dem Fries des Tempels zu
Phigalia auf dem Klaviere aufgestellt fand. Dieses gab Veranlassung
zu einem Gespräche über den phigaleischen Fries. Ich erzählte
ihm, was er bisher nicht recht wußte, daß diese Marmore die
inwendige Verzierung der Tempelzelle waren, auch wie sie gefunden worden, über die Ausgrabung, unseren höchst interessanten

Aufenthalt daselbst usw. Goethe sagte einzelne schöne und sehr treffende Bemerkungen wegen der herrlichen Gruppe, die uns gegenüberstand, zum Beispiel: daß jedes Kunstwerk dieser wunderbaren Nation nicht allein oder für sich isoliert betrachtet werden muß, sondern in Verbindung mit der ganzen Existenz der Hellenen, als ein Glied des wunderbaren Kunstlebens, das nur diese Nation lebte: nur in dieser Weise gelangen wir zu einer wahren, objektiven und geschichtlichen Wertschätzung und Beurteilung des Werkes. In der uns fast unbegreiflichen Kunstfülle, darin die Griechen lebten, liegt der Grund so mancher Zurücksetzung dessen, was wir, nach unserer beschränkten Schulnorm (wonach die Erzeugnisse unserer eigenen Zeit gewöhnlich angeschaut werden), als wichtig und wesentlich ansehen. Daß der Hellene zum Beispiel oft einen Arm oder ein Bein kürzer oder länger machte, als es die Korrektheit der Zeichnung zu gestatten scheint, läßt sich gar nicht leugnen, sogar in höchst vorzüglichen antiken Kompositionen, aber so etwas ging ihn nicht an, wenn die Verhältnisse und das Lokal solches deckten. Bisweilen werden wir sogar finden, daß diese Bedingungen eine solche Unregelmäßigkeit forderten, und daß das Ensemble und der Totaleindruck, das stete und wichtigste Augenmerk der Griechen, dadurch gewann.
(Herwig, Bd. III/1, Nr. 4627, S. 90 f.)

Johann Peter Eckermann: Gespräch mit Goethe am 20. Oktober 1828:
Nach aufgehobener Tafel traten wir in das Zimmer mit der kolossalen Büste der Juno. Goethe zeigte den Gästen einen langen Papierstreifen mit Contouren des Frieses vom Tempel zu Phigalia. Man betrachtete das Blatt und wollte bemerken, daß die Griechen, bei ihren Darstellungen von Tieren, sich weniger an die Natur gehalten, als daß sie dabei nach einer gewissen Konvenienz verfahren. Man wollte gefunden haben, daß sie in Darstellungen dieser Art hinter der Natur zurückgeblieben, und daß Widder, Opferstiere und Pferde, wie sie auf Basreliefs vorkommen, häufig sehr steife, unförmliche und unvollkommene Geschöpfe seien.

»Ich will darüber nicht streiten, sagte Goethe, aber vor allen Dingen muß man unterscheiden, aus welcher Zeit und von welchem Künstler solche Werke herrühren. Denn so ließen sich wohl Musterstücke in Menge vorlegen, wo griechische Künstler, in ihren Darstellungen von Tieren, die Natur nicht allein erreicht, sondern sogar weit übertroffen haben. Die Engländer, die ersten Pferdekenner der Welt, müssen doch jetzt von zwei antiken Pferdeköpfen gestehen, daß sie in ihren Formen so vollkommen befunden werden, wie jetzt gar keine Raçen mehr auf der Erde existieren. Es sind

diese Köpfe aus der besten griechischen Zeit; und wenn uns nun
solche Werke in Erstaunen setzen, so haben wir nicht sowohl
anzunehmen, daß jene Künstler nach einer mehr vollkommenen
Natur gearbeitet haben, wie die jetzige ist, als vielmehr, daß sie im
Fortschritte der Zeit und Kunst selber etwas geworden waren, so
daß sie sich mit persönlicher Großheit an die Natur wandten.«
(Bd. 19, S. 269)

444 *9–17 Das Lebendige* ⟨...⟩ *erinnert wird:* Zitat aus Luise
Seidlers Brief vom 3. Februar 1818 (s. o.). – *24 an ein*⟨*em*⟩ *Tempel
Dorischer Ordnung:* Von den drei griech. Stilen ist der dorische,
der sich auf Korfu, Ägina und in Korinth im 6. Jh. v. Chr. entwik-
kelte, der älteste. In seiner blockhaften Starrheit wirkt er, wie G.
zutreffend charakterisiert, schwer und gedrungen, während die
nachfolgenden Bauweisen einen demgegenüber leichteren und
schlankeren, in ihrem Linienverlauf eleganten und flüssigeren
Eindruck vermittelten. Gegen Ende des 6. Jh.s wurde der dorische
Stil durch die ionische Ordnung abgelöst, auf diese folgte im 4. Jh.
v. Chr. der korinthische Stil. – *33 Bei solchen Darstellungen
kommt es darauf an* ⟨...⟩: Zu Recht ist an dieser Stelle wiederholt
auf G.s Darstellung der »kolossalen Gruppe« aus *Wilhelm Meisters
Wanderjahren* (1829; II,9) verwiesen worden (vgl. den letzten
Abschnitt der Vorbemerkung).

447 *1 Eurhythmie:* (griech.) wörtl.: schöne Bewegung; Ebenmaß, gleichmäßige Übereinstimmung von Bewegungsabläufen. –
10 Leonard da Vinci: Leonardo da Vinci (1452–1519). – *13 das
Abendmahl:* Vgl. S. 403 ff. sowie den Kommentar dazu. – *24 Aber
eben daran erkennt man den Meister* ⟨...⟩: In der Diskussion mit
Schiller über die beiden letzten Bücher von *Wilhelm Meisters
Lehrjahren* – und hier insbesondere während der Abfassung des
»Lehrbriefs« (Bd. 5, S. 497 f.) – hatte G. im Briefwechsel vom Juli
1796 ebendieses Privileg auch für sich in Anspruch genommen. Die
Offenheit seines Romankonzepts gegen eine von Schiller geforderte stärkere philosophische Fundierung verteidigend, beschrieb
er seinen »realistischen Tic« am 9. Juli 1796 mit den Worten: »Es ist
keine Frage daß die scheinbaren, von mir ausgesprochenen Resultate viel beschränkter sind als der Inhalt des Werks und ich komme
mir vor wie einer, der, nachdem er viele und große Zahlen über
einander gestellt, endlich mutwillig selbst Additionsfehler machte
um die letzte Summe, aus, Gott weiß, was für einer Grille, zu
verringern« (Bd. 8.1, S. 209). Mit unüberhörbarem Selbstbewußt-
sein hat G. dann auch – obwohl er Schiller ausdrücklich aufforderte,
»diese perverse Manier zur Sprache zu bringen« und zu kritisieren

– an seiner Verfahrensweise festgehalten. – *33 allen drei Kopien des Abendmahls:* Vgl. S. 418–427. – *37 querulieren:* (lat.) nörgeln, klagen.

448 *2 nur ist sie vorübergehend* ⟨...⟩*:* Mit ganz ähnlichen Argumenten wird G. später in der 2. Fassung von *Wilhelm Meisters Wanderjahren* (II,9) während eines Besuchs von Wilhelm in der »Pädagogischen Provinz« die theatralische von der bildenden Kunst abgrenzen: »Gewissenlos wird der Schauspieler was ihm Kunst und Leben darbietet zu seinen flüchtigen Zwecken verbrauchen und mit nicht geringem Gewinn; der Maler hingegen, der vom Theater auch wieder seinen Vorteil ziehen möchte, wird sich immer im Nachteil finden und der Musikus im gleichen Nachteil sein« (Bd. 17, S. 487). Und wenn dort wenig später vom »Lebensgewackel und Geschnatter« auf der Bühne die Rede ist und eine Schauspieltruppe mit Enten auf dem Teiche verglichen wird, hatte demgegenüber zuvor im Atelier der Bildhauereleven bezeichnenderweise »die größte Stille« geherrscht. – *7 gleichschwebende Temperatur:* Daß G. die bildende Kunst und dabei namentlich die Plastik in eine Analogie zu anderen künstlerischen Tätigkeiten setzt, geschieht hier nicht zum ersten Mal: Im »Didaktischen Teil« seiner *Farbenlehre* hatte er eine ganze Abteilung (»Nachbarliche Verhältnisse«) solchen Verwandtschaftsverhältnissen gewidmet und dabei auch die Bezüge zwischen einzelnen Farbkompositionen und der Musik untersucht (»Verhältnis zur Tonlehre«, § 747–750). Im § 748 hieß es dort: »Vergleichen lassen sich Farbe und Ton unter einander auf keine Weise; aber beide lassen sich auf eine höhere Formel beziehen, aus einer höhern Formel beide, jedoch jedes für sich, ableiten. ⟨...⟩ Beide sind allgemeine elementare Wirkungen nach dem allgemeinen Gesetz des Trennens und Zusammenstrebens, des Auf- und Abschwankens, des Hin- und wiederwägens wirkend, doch nach ganz verschiedenen Seiten, auf verschiedene Weise, auf verschiedene Zwischenelemente, für verschiedene Sinne« (Bd. 10, S. 225). In seinem Aufsatz *Problem und Erwiederung,* 1823 in den Heften *Zur Morphologie* (II,1) publiziert, führte G. diesen Gedankengang weiter aus, als er die Botanik mit der Musik verglich, um so Gesetze und Regeln, aber auch Spiel- und Freiräume der Metamorphose zu erläutern: »Aufs genaueste sind die neben einander liegenden Töne nach ihren Intervallen bestimmt; nie wird man von den bekannten vier und zwanzig Tonarten eine ausschließen, oder zu ihnen eine neue hinzutun können, und mit mathematischer Strenge beherrscht der Generalbaß die Harmonie. Um so freier bewegt sich die Melodie, das eigentliche Leben der Töne; Takt und Tempo streben umsonst sie zu fesseln« (Bd. 12, S. 300). Seinem Brief an Zelter vom 6. bis 9. September

1826 fügte G. eine im Jahre 1810 entworfene »Tabelle der Tonlehre« bei, die er – so am 11. Oktober, als er hierzu erneut Zelters
Meinung erbat –, »der Form nach meiner Farbenlehre anzuähnlichen gedachte« (Bd. 20.1, S. 954; vgl. hierzu Zelters Antwort in
seinem Schreiben vom Ende Oktober 1826 bis 23. Januar 1827;
ebenda, S. 958 f.). Da bei der ganz reinen, ›ungleichschwebenden‹
Stimmung gewisse Dissonanzen eintreten, werden bei der von G.
hier angesprochenen ›gleichschwebenden‹ (›temperierten‹) Stimmung eines Klaviers die Oktaven ›rein‹, die Quinten und Terzen
hingegen ›unrein‹ gestimmt. – *17 den Colossen von Monte Cavallo:*
Siehe zu S. 326,21. Den überwältigenden Eindruck dieser Statuen
schilderte G. in seiner *Italienischen Reise* unter dem Datum »Rom,
den 3. November« 1786: »Die beiden Colossen erblickt ich nun!
Weder Auge noch Geist sind hinreichend sie zu fassen« (Bd. 15,
S. 148; vgl. hierzu auch die ausführlichen Anm. S. 893 f.). – *29 wie
Neptun und Pallas in Fronton des Parthenons:* Der Kampf zwischen dem Meeresgott Poseidon (Neptun) und Pallas Athene ist
auf dem Westgiebel des Parthenon-Tempels der Akropolis dargestellt. – *31 die Pallas in der Mitte des Giebel-Feldes von Aegina:*
Die Giebelreste des antiken Tempels auf der Insel Ägina waren
1813 von dem bayerischen Kronprinzen Ludwig (1786–1868, als
Ludwig I. 1825–1848 bayerischer König) gekauft und in den
Jahren 1815–1817 von dem dän. Bildhauer Bertel Thorvaldsen
(auch Thorwaldsen, 1770–1844) zusammen mit dem Bildhauer
Johann Martin Wagner (1777–1858) restauriert worden. Von Wagner erhielt G. am 15. Juni 1817 den im gleichen Jahr erschienenen
›Bericht über die Äeginetischen Bildwerke im Besitz Seiner Königl.
Hoheit des Kronprinzen von Baiern‹ (Ruppert, Nr. 2134) und am
23. September 1817 eine »Zeichnung der Äginetischen Monumente«, wie im Tagebuch vermerkt wird. Die Äginetischen Marmore befinden sich heute in der Münchner Glyptothek. – *32 Niobe
und ihre jüngste Tochter:* Niobe, Tochter des lydischen Königs
Tantalos, die Gattin des Amphion. Aus Stolz über ihre Kinder –
nach verschiedenen Überlieferungen je sechs oder sieben Töchter
und Söhne – beleidigte sie die Göttin Leto, indem sie sich rühmte,
mehr Kinder als diese geboren zu haben (vgl. G.s Anmerkungen zur Übersetzung von Diderots ›Versuch über die Malerei‹:
»So wie die Kunst Zentauren erschafft, so kann sie uns auch
jungfräuliche Mütter vorlügen, ja es ist ihre Pflicht. Die Matrone
Niobe, Mutter von vielen erwachsnen Kindern, ist mit dem ersten
Reiz jungfräulicher Brüste gebildet«; Bd. 7, S. 532). Artemis und
Apollon, die Kinder der Leto, rächten ihre Mutter, töteten die
Kinder der Niobe und ließen nur zwei am Leben. Aus Schmerz
über diesen Verlust hörte Niobe nicht mehr auf zu weinen; sie

kehrte in ihre Heimat zurück und wurde auf dem Berge Sipylos in einen Stein verwandelt, der unablässig Tränen verströmte (vgl. Homers ›Ilias‹ 24, 602–620 und Ovids ›Metamorphosen‹ VI, 146–312). »Einige schöne Gypsabgüsse antiker Köpfe« (Bd. 16, S. 598) – darunter auch die Darstellung der Töchter der Niobe – waren G., wie er im 13. Buch von *Dichtung und Wahrheit* berichtet, seit seiner Jugend vertraut. Auf seiner italienischen Reise hatte G. Darstellungen der Niobe am 17. September 1786 in Verona (»Die Antikensammlung ist herrlich, ein hingestreckter Sohn der Niobe köstlich«; Bd. 15, S. 51) sowie wenig später auch in Venedig besichtigt. Unter dem Datum vom 8. Oktober erwähnte er die »kostbare Sammlung von Abgüssen der besten Antiken« im Hause Farsetti (ebenda, S. 102) und hob dabei »die Mutter Niobe, die ihre jüngste Tochter mit dem Mantel vor den Pfeilen des Apollo deckt« besonders hervor. Die Skulpturengruppe von Niobe inmitten ihrer getöteten Kinder sah G. später in den Uffizien in Florenz: dabei handelte es sich um eine röm. Kopie nach hellenistischen Urbildern aus dem 2. Jh. v. Chr. – *34 die Mitte darf nicht streng bezeichnet sein:* Die ›Jubiläumsausgabe‹ merkt in ihrem Kommentar zu diesen Ausführungen G.s an: »aus der Bewunderung für ihn ⟨den Koloß bzw. die Kolosse der Rossebändiger⟩ entspringen die folgenden Behauptungen, die Goethe, wie er es im Eifer häufig tut, aufs äußerste zuspitzt, um den Leser zu Widerspruch, Nachdenken und schließlicher Zustimmung anzuregen. Daß man über die Stellung der Jünglinge nicht hinaus könne und solle, und daß in Gruppen die Mitte nicht dürfe streng bezeichnet werden, sind von Goethe improvisierte Gesetze, die so leicht kein Künstler anerkennen wird« (JA, Bd. 35, S. 361).

449 *1 so wollen wir nunmehr zu den Vorzügen ⟨...⟩:* G. hat diese Absicht allerdings nicht ausgeführt (vgl. hierzu die Vorbemerkung).

PHILOSTRATS GEMÄLDE

Im 3. Jh. verfaßte der von der Insel Lemnos stammende, am Hof des röm. Kaisers Septimius Severus (eigentl. Lucius Septimius Severus Pertinax, 146–211, Kaiser von 193 bis 211) lebende Philosoph und Schriftsteller Flavios Philostratos (um 170–250) die zwei Bücher seiner ›Eikones‹ (Gemälde), in denen er insgesamt 34 Bilder beschrieb, die er angeblich in einer röm. Villa bei Neapel gesehen hatte. Bis heute ist es eine Streitfrage geblieben, ob diese Gemälde tatsächlich existiert haben oder ob es sich bei den ›Eikones‹ lediglich um ein rhetorisches Muster- und Lehrstück gehandelt hat,

wofür insbesondere drei Argumente ins Feld geführt werden: zum
einen die poetische Ausschmückung und phantasievolle ›Ausma-
lung‹ der einzelnen Objekte, zum anderen der Aufbau und Ge-
samtcharakter des Werkes, in dem ein Lehrer einem jungen Schüler
die Bilder der Gemäldegalerie nahezubringen und plastisch zu
verdeutlichen sucht, sowie nicht zuletzt Ausbildung und Herkunft
des Philostrat selbst, der vor seiner Tätigkeit am Kaiserhof als
Rhetor gewirkt und sein Handwerk bei den besten Lehrern seiner
Zeit – Proklos von Naukratis (um 140 bis nach 230), Hippodromos
oder Antipatros von Hierapolis (um 114–212) – gelernt hatte (zur
›Echtheit‹ der ›Eikones‹ vgl. Schönberger, S. 26–37).

Die ›Eikones‹ wurden nach dem Tod des älteren Philostrat von
seinem Enkel, Philostrat dem Jüngeren (gest. um 264), weitergeführt und umgebildet; allerdings sind von dieser Fortsetzung nur
Bruchstücke erhalten geblieben.

Es ist nicht verwunderlich, daß G. die ›Gemälde‹ des Philostrat,
die – authentische Schilderung oder fiktiver Bericht – eine der
wenigen überhaupt vorhandenen Quellen zur Darstellung mytho-
logischer Themen in der antiken Kunst bildeten, dann auch erstmals in seiner ›klassischen‹ Epoche, nämlich am 31. Dezember
1796, in seinem Tagebuch erwähnt: »Las Fischers Abh. v. der
Schwimmblase und die Gemälde des Philostratus«.

Bereits zuvor, im Juni 1774, wird ein anderes Werk des älteren
Philostrat zwischen G. und Lavater zur Sprache gekommen sein.
Am 25. Juni 1774, kurz vor dem Aufbruch zur gemeinsam unternommenen Reise an Lahn und Rhein, erwähnt Lavater in seinem
Tagebuch den Apollonius von Tyana, ein »Exzellenter Mann der
durch seine bloße stillschweigende Gegenwart einen Aufruhr
stillte« (zit. nach Max Morris: Der junge Goethe. Neue Ausgabe
besorgt in 6 Bdn. Leipzig 1910. Bd. 4, S. 84). Philostrat hatte diese
Lebensbeschreibung auf Wunsch der Kaiserin Julia Domna (gest.
217), der zweiten Frau des Septimius Severus und Mutter des
Caracalla, verfaßt; eine französische Übersetzung – ›Vie d'Apollonius de Thyana par Philostrate, aus d. Engl. übers. von Castillon‹ –
war 1774 in Berlin erschienen.

Dennoch liegt die intensive Beschäftigung G.s mit den beiden
Philostraten eindeutig nach der Jahrhundertwende; hierbei lassen
sich drei deutlich voneinander abgrenzbare Phasen unterscheiden,
die schließlich 1818 in der Veröffentlichung des vorliegenden
umfangreichen Aufsatzes *Philostrats Gemälde* in *Über Kunst und
Altertum* (II 1) kulminierten. Die ›Keimzelle‹ ist im Umkreis der
Preisaufgaben der Weimarischen Kunstfreunde des Jahres 1804 zu
suchen. »Philostrat« lautete der einzige Eintrag im Tagebuch vom
17. Januar 1804, der sich unter dem Datum vom 21. November des

Jahres wiederholt. G. hatte sich kurz zuvor, am 27. Dezember 1803, die im Jahre 1709 von Olearius herausgegebene Ausgabe entliehen (s. u.). Diese Lektüre findet ihren ersten Niederschlag zu Ende des Aufsatzes *Polygnots Gemälde in der Lesche zu Delphi* (1804), wo G. das Programm künftiger Preisaufgaben umreißt: »Um zu diesem schönen Zweck das Mögliche beizutragen, werden wir unsere künftigen Aufgaben dahin lenken, und indessen, durch sukzessive Bearbeitung des Pausanias und Plinius, besonders auch der Philostrate, die Künstler zu fördern suchen« (Bd. 6.2, S. 536). Mit einem weiteren Hinweis – »Einige schöne Gegenstände finden sich noch im Philostrat« (ebenda, S. 543) – schloß G. dann auch die »Preisaufgabe fürs laufende Jahr« (1805), wozu er später, in einem Paralipomenon aus dem Umkreis der *Tag- und Jahres-Hefte* (»Letzte Kunstausstellung«) rekapitulierte: »Um uns recht zur Beurteilung vorzubereiten studierten wir die philostratischen Gemälde, deren lebensreiche Gegenstände wir im vierten Heft von Kunst und Altertum den Liebhabern empfehlen« (Handschrift GSA 25/XXXII,15).

Trotz dieser Absicht kam die Beschäftigung mit den Philostraten damit vorerst zu einem Ende, wobei man zu Recht von einem »Akt der Resignation« (Osterkamp, S. 186) gesprochen hat, mit dem G. auf die mangelnde Resonanz reagierte, die seinem streng klassizistischen Kunstprogramm entgegengebracht wurde. Sie ruhte bis zum Jahre 1813, wie auch einer knappen Mitteilung in den *Tag- und Jahres-Heften* zu entnehmen ist: »Philostrats Gemälde belebten sich wieder, man studierte Heynes Arbeiten darüber« (Bd. 14, S. 233 f.). Am 7. Januar 1813 hat G., der schon im Jahr zuvor in seinem Beitrag *Sendschreiben an den Hrn. Rat und Direktor Sickler, über dessen neuentdecktes Griechisches Grabmal bei Cumä etc.* die beiden Philostrate erneut erwähnt hatte (Bd. 9, S. 627,8), aus der Weimarer Hofbibliothek drei Werkausgaben der Philostratischen ›Gemälde‹ entliehen (s. u.), die er laut Tagebuch am 8., 10. und 11. Januar 1813 studierte und – wie man den Einträgen entnehmen darf – mit Johann Heinrich Meyer (1759–1832) und Friedrich Wilhelm Riemer (1774–1845) diskutierte; besonders aufschlußreich ist dabei die Notiz vom 10. Januar: »Nach Tische Philostrats Gemälde. Die Seyboldische Übersetzung und meine Redaktion mit dem Griechischen verglichen«.

Daraus läßt sich schließen, daß »zu diesem Zeitpunkt bereits größere Abschnitte von Goethes Philostrat-›Redaktion‹ vorgelegen haben, die nicht nach Seybolds Übertragung erarbeitet worden sind. Zweitens dürften die Gemäldebeschreibungen, in deren Sprachmaterial ein deutlicher Einfluß von Seybolds Übersetzung nachweisbar ist, erst im Januar 1813 entstanden sein« (Osterkamp,

S. 187). Zu den Texten, die nachweislich der ersten Arbeitsphase
entstammen, zählt G.s Beschreibung von »Meles und Kritheis«,
die er einem Brief an Zelter vom 24. November 1804 beifügte
(Bd. 20.1, S. 90 f.) und später nahezu unverändert in *Philostrats
Gemälde* übernommen hat. G. hatte diese frühe Philostratbearbei-
tung seinerzeit als klassizistisches Musterbeispiel einer Bildbeschreibung Zelters »e Diametro« (ebenda, S. 90) entgegengesetzt,
der unmittelbar zuvor in seinem Brief vom 7. Oktober bis 15. November G. eine Darstellung des Judas Ischarioth von Carl Ludwig
vorgestellt hatte (ebenda, S. 89).

Nach der zweiten Arbeitsphase, die im Dezember 1813 fortgesetzt und abgeschlossen wurde (vgl. die Tagebucheinträge vom
4., 5. und 6. Dezember 1813, die die Lektüre von »Heynens
Philostrat« belegen), trat abermals eine mehrjährige Pause ein. Im
März 1818 wird die Arbeit während G.s Aufenthalt in Jena dann
wiederaufgenommen und im April, Mai und Juni intensiv fortgesetzt. Am 9. März 1818 stehen »Philostrats Gemälde« wieder auf
der Tagesordnung, am 15. März werden sie »ajustiert«, am 1. April
»unter wenige Rubriken geordnet«. Auch hieraus geht zweifelsfrei
hervor, daß G. bereits vorhandenes Material zu sichten und einer
(End)Redaktion zu unterziehen begann. Dies unterstreicht auch
ein Brief an Sulpiz Boisserée, an den G. am 1. Mai 1818 schrieb:
»Die famose Bildergalerie der Philostrate beschäftigt mich schon
seit vielen Jahren, wobei Meyer redlich mitwirkte, ich habe die
alten Vorarbeiten jetzt wieder aufgenommen, sie sollen im vierten
Stück redigiert erscheinen«.

Diesbezügliche Tagebucheinträge erfolgen am 2., 3., 11., 19., 20.
und 23. April, wobei am 20. April auch die ›Herkulanischen Altertümer‹ (s. u.) hinzugezogen und »in Bezug auf Philostrat durchgegangen« wurden.

Auch vom 6. bis zum 8. und vom 10. bis zum 17. Mai wurde
täglich an *Philostrats Gemälde* gearbeitet, bevor am 18. Mai »die
Konzepte Philostratischer Gemälde nochmals genau durchgesehen
und an Wesselhöft geschickt« werden konnten. Das nunmehr
ausstehende Restprogramm wird unter diesem Datum ebenfalls
notiert: »Hernach No. IV. Herkules durchgedacht«. Am 19. Mai
wird dieser Abschnitt »vorbereitet« und anschließend vom 25. bis
zum 27. Mai 1818 »durchgedacht«. Die letzte Arbeitsphase bringt
dann am 6., 7. und 14. Juni 1818 (»Philostratisches, Schluß«) das
Manuskript zum Abschluß, zugleich wird ein eigener Nachtrag –
Antik und Modern (S. 496) – notwendig, den G. ebenfalls am
14. Juni zu entwerfen beginnt. Damit war der »Vorsatz das trümmerhaft Vergangene durch einen Sinn, der sich ihm gleichzubilden
trachtet, wieder zu beleben« (so in den *Tag- und Jahres-Heften* zu

1818; Bd. 14, S. 268) eingelöst, der umfangreiche Aufsatz konnte in *Über Kunst und Altertum* II 1 (1818), das im März 1819 ausgeliefert wurde, erscheinen.

Ernst Osterkamp hat in einer sorgfältigen Analyse die einzelnen Bildbeschreibungen des Aufsatzes mit den von G. hinzugezogenen Übersetzungen verglichen. Da die Texte, die Ähnlichkeiten mit der Seyboldschen Übersetzung aufweisen, erst 1813, möglicherweise auch 1818 entstanden sein können, die nach den ›Herkulanischen Altertümern‹ angefertigten Passagen sowie die nach Meyers Zeichnung (vgl. zu S. 492,31) verfaßte Beschreibung erst 1818 niedergeschrieben wurden, kommt er zu folgender Datierung der einzelnen ›Bilder‹:

»Der Text von *Philostrats Gemälden* umfaßt 32 Bildbeschreibungen, darunter 28 Bearbeitungen der Ekphrasen des älteren und des jüngeren Philostrat. Des weiteren werden vier Bilder aus Herkulaneum und eine Zeichnung von Heinrich Meyer beschrieben; der erste Herkules-Text umfaßt sowohl ein Bild des jüngeren Philostrat als auch ein herkulanisches Fresko. Elf dieser 32 Texte weisen deutliche Anklänge an Seybolds Übertragung auf oder sind vollständig nach dem Seybold-Text erarbeitet. Es handelt sich um die folgenden Bearbeitungen:

1. *Antilochus* (II,7; einige Wendungen nach Seybold)
2. *Menöceus* (I,4; ebenso)
3. *Rhodogyne* (II,5; ganz nach S.)
4. *Vorspiele der Liebesgötter* (I,6; ganz nach S.)
5. *Glaukus der Meergott* (II,15; bes. die Beschreibung des Glaukus nach S.)
6. *Rückkehr der Argonauten* (Jun. 11; ganz nach S.)
7. *Perseus und Andromeda* (I,29; ganz nach S.)
8. *Zyklop und Galatee* (II,18; ganz nach S.)
9. *Herkules in Windeln* (Jun. 5; ganz nach S.)
10. *Herkules und Acheloos* (Jun. 4; die zweite Hälfte nach S.)
11. *Herkules und Antäus* (II, 21; ganz nach S.)

Von diesen elf Texten sind also mit Sicherheit neun erst 1813, als Goethe Seybolds Übersetzung kennenlernte, entstanden, während nicht auszuschließen ist, daß es sich bei *Antilochus* und *Menöceus* um Überarbeitungen bereits 1804 entstandener Texte handelt« (Osterkamp, S. 191 f.).

Während von den restlichen 21 Texten »Meles und Kritheis« – wie oben gezeigt – 1804 entstand und die nach herkulanischen Vorlagen und Meyers Zeichnung entstandenen Beschreibungen aus dem Jahre 1818 stammen, sind die verbleibenden 16 Texte ungleich schwerer und nur anhand inhaltlicher Kriterien zu datieren. Hier gelangt Osterkamp, der das Zurückdrängen der »rhetorischen

Überwucherungen« der Bildgegenstände im Philostratischen Text zugunsten einer nüchternen Herausarbeitung »eindeutiger, fest umrissener Bildthemen« (S. 192) als Charakteristikum der ›klassischen‹ Bearbeitungsphase begreift, mit plausiblen Argumenten zuletzt zu der Differenzierung, daß G. im Jahre 1804 bereits folgende dreizehn Texte erarbeitet hatte:

1. *Skamander* (I,1)
2. *Antigone* (II,29)
3. *Evadne* (II,30)
4. *Ajax, der Lokrier* (II,13)
5. *Philoktet* (Jun. 17)
6. *Neptun und Amymone* (I,8)
7. *Meles und Kritheis* (II,8)
8. *Minervas Geburt* (II,27)
9. *Geburt des Dionysos* (I,14)
10. *Geburt des Hermes* (I,26)
11. *Herkules und Nessus* (Jun. 16)
12. *Herkules und Atlas* (II,20)
13. *Herkules und Thiodamas* (II,24)

(Nach: Osterkamp, S. 193–195; dort auch detaillierte Datierungsbegründungen.)

Dies bedeutet zuletzt, daß 1818, vor allem Ende Mai und Anfang Juni, folgende acht Texte neu entstanden sind:

1. *Theseus und die Geretteten* (Pitt. Erc.)
2. *Ariadne* (I,15)
3. *Prolog der Argonautenfahrt* (Jun. 8)
4. *Jason und Medea* (Jun. 7)
5. *Herkules und Hylas* (Pitt. Erc.)
6. *Herkules und Abderus* (II,25)
7. *Herkules und Telephus* (Pitt. Erc.)
8. *Herkules bei Admet* (Heinrich Meyer)

(Nach: Osterkamp, S. 197; eine Aufstellung der von Philostrat dem Älteren in seinen ›Eikones‹ beschriebenen Bilder findet sich zum Vergleich am Ende dieser Vorbemerkung.)

Trotz seiner Überschrift unterscheidet sich G.s Aufsatz schon in seiner Ausgangssituation grundsätzlich von den ›Eikones‹. Während bei Philostrat einem zehnjährigen Knaben *in* einer Galerie die dort hängenden, also für den Hörer sichtbaren Gemälde erläutert und interpretiert werden, der Vortrag sich ›angesichts‹ der vorgestellten Objekte vollzieht, beschreibt G. abwesende Bilder und schildert in den einzelnen Abschnitten Szenen, die dem Leser entweder aus der griechischen Mythologie – also einer schriftlichen Überlieferung – oder aber durch andere bildliche Darstellungen bekannt waren: in jedem Fall ein Akt der Vergegenwärtigung und

Wiederbelebung, der auf den Fundus klassischer Bildung rekurriert. G. wendet sich nicht an ein konkret faßbares Auditorium, sondern an ein anonymes Lesepublikum. Obwohl der Philostratische Text über seine immanente rhetorische Inszenierung hinaus zweifellos auch diese Adressaten im Blick gehabt hatte, war sich G. dabei des unvermeidlichen Mankos einer jeden Bild-›Beschreibung‹ sehr wohl bewußt, was er schon anläßlich seines Berichts über die Boisseréesche Kunstsammlung in Heidelberg freimütig eingeräumt hat: »denn weil aller Vorzug der bildenden Kunst darin besteht, daß man ihre Darstellungen mit Worten zwar andeuten, aber nicht ausdrucken kann, so weiß der Einsichtige, daß er in solchem Falle ein Unmögliches übernähme, wenn er sich nicht zu seiner Bahn selbst Maß und Ziel setzen wollte« (S. 59).

Freilich: Eine bloße ›Übersetzung‹ und Nachahmung des Philostratischen Gestus lag von Beginn an nicht in G.s Absicht. Die prinzipiell unterschiedliche Kommunikationssituation verschiebt auch innerhalb der Texte die Schwerpunkte beträchtlich. »Hast du erkannt, liebes Kind, daß dies nach Homer gemalt ist? Oder hast du es noch nicht bemerkt, weil du dich offenbar staunend fragst, wie nur das Feuer nicht im Wasser erlosch? Überlegen wir also, was es bedeutet; du aber sieh jetzt weg davon, um das zu sehen, worauf das Bild beruht!« (Schönberger, S. 89) – so wird bei Philostrat dem Älteren der Abschnitt »Skamandros« eingeleitet, dies ist der Ton, in dem die ›Eikones‹ gehalten sind; und obwohl sich auch G. gelegentlich dieser direkten Anrede bedient (so im zweiten Abschnitt von »Meneceus«, S. 459), unterscheiden sich seine Darstellungs- und Vorgehensweise doch grundsätzlich von dem antiken Vorbild.

Während bei Philostrat die rhetorische Gestaltung und Ausschmückung der Bildbeschreibungen gleichgewichtig neben die Gegenstände der Betrachtung tritt, ja diese oft sogar in den Hintergrund drängt, dominiert bei G. durchgängig der Versuch einer ebenso exakten wie expressiven sprachlichen Beschreibung der antiken Szenen. Immer steht der zu schildernde Gegenstand im Vordergrund, hinter den der Sprecher zurücktritt. Der Ton ist eher nüchtern-beschreibend als überschwenglich, und auch die kunsthistorisch-essayistischen Einsprengsel, etwa G.s Überlegungen vom »Übergang der Poesie zur Prose«, wie sie im Abschnitt »Theseus und die Geretteten« erörtert werden (S. 466), markieren diese Differenz.

Philostrats Gemälde bildet eine entscheidende Station in der Rezeptionsgeschichte dieser antiken Werke. »Wirkliche Bedeutung erhielten Philostrats Gemälde erst wieder durch Goethes Arbeiten; er verstand die Eikones in wahrhaft kongenialer Art«,

stellte hierzu Otto Schönberger fest, der G.s Leistung präzisierte:
»Der Aufsatz bewies, daß hier ein anderes Verständnis am Werke
war als bisher. So hatte sich vor Goethe kaum jemand so entschieden mit dem Problem der Anordnung der Bilder befaßt« (Schönberger, S. 66 f.).

Dennoch ist G. mit der antiken Vorlage frei umgegangen. Er hat
den Text umgestellt, Auslassungen vorgenommen, eigene Zusätze
eingefügt und eine philologisch genaue Übersetzung seinem eigentlichen Ziel, nämlich der adäquaten Rekonstruktion klassischer
Muster, untergeordnet. Denn vor allem dienten *Philostrats Gemälde* einer kunstpädagogischen Zielsetzung, die G. schon in
seinen Beiträgen *Verein der deutschen Bildhauer* (S. 391) und
Anforderung an den modernen Bildhauer (S. 394), beide 1817
verfaßt, vorgegeben hatte und die er nun mit dieser umfangreichen
Studie exemplarisch einzulösen gedachte.

Den zeitgenössischen Künstlern, vor allem den – im Goetheschen Wortgebrauch – ›aufstrebenden jungen Talenten‹, sollte ein
Tableau möglicher Vorbilder präsentiert werden, die »Antike
sollte in ihrer Vorbildlichkeit Stoff und Stil für neue Schöpfungen
der Kunst liefern und so befruchtend auf seine Zeit wirken«
(Schönberger, S. 69).

Damit reiht sich der Aufsatz *Philostrats Gemälde* in die ästhetischen und kulturpolitischen Auseinandersetzungen der Jahre
1815–1819 ein, die G. selbst mit der Frontstellung ›Klassiker‹
versus ›Romantiker‹ bezeichnet hat (vgl. S. 258) und in deren
Kontext die meisten seiner Aufsätze aus jener Epoche gelesen und
verstanden werden müssen. Dabei ist es zu einem vollen Verständnis des vorliegenden Aufsatzes unerläßlich, die unter dem Titel
Antik und Modern angefügten Erläuterungen und Klarstellungen
in eine Würdigung einzubeziehen. Nicht platte Nachahmung,
noch weniger bloße Restauration oder Imitation sind gefordert,
sondern – G.s Credo seit den Verarbeitungsprozessen infolge
der Französischen Revolution – produktive Aneignung der Tradition, die immer neu in ihre jeweiligen historischen Konstellationen übersetzt werden muß. Wie dieses Terrain dann letztlich
›aussehen‹ sollte, konnte dieser Aufsatz freilich nicht beantworten, der – nolens volens – nur die literarischen ›Blaupausen‹ einer
Wiedererweckung antiker Stoffe in der bildenden Kunst liefern
konnte.

Die von G. erhoffte Resonanz auf seinen Aufsatz war – darin
dem erwarteten Echo auf die *Neu-deutsche religios-patriotische
Kunst* (S. 319) vergleichbar – gering, insbesondere auf die bildenden Künstler seiner Zeit – also die eigentlichen Adressaten – hat er
keinen Einfluß ausgeübt. Lediglich Sulpiz Boisserée hat auf die

Veröffentlichung des Beitrags unmittelbar reagiert und in seinem Brief vom 3. Juli 1819 besonders G.s souveränen Umgang mit dem antiken Muster gewürdigt:

»Das Kunstheft erregt meine Teilnahme von einer andern Seite. Unter den Beschreibungen der Philostratischen Gemälde sind von den gelungensten und musterhaftesten, die mir je vorgekommen. Es war eigentlich ein günstiger Umstand, daß die sonst so sehr bindende Anschauung der Gegenstände hier nicht eintreten konnte, und Sie haben diese Freiheit meisterlich benutzt, weshalb ich auch nicht zu irren glaube, wenn ich denke, daß viele Ihrer Schilderungen eben als solche weit besser sein dürften, als die mutmaßlichen Gemälde selbst gewesen« (Boisserée, Bd. 2, S. 246).

G.s Dank vom 7. August 1819 enthielt zugleich die Umrisse eines neuen Projekts: »Der Beifall, den Sie den Philostratischen Bildern geben, erfreut mich gar sehr, indem ich so eben die andere Hälfte jener Galerie zu bearbeiten gedenke. Es ist ein wundersam erfreuliches Leben in diesen Bildern«. Man darf vermuten, daß das spärliche Echo auf *Philostrats Gemälde* eine zügige Ausführung dieser Absicht verhindert hat. So blieb es bei der Veröffentlichung des Beitrags ⟨*Nachtrag zu ›Philostrats Gemälde‹* ⟩ (Bd. 13.2, S. 21) in *Über Kunst und Altertum* II 3 (1820) – wo g. allerdings einleitend die »teilnehmende« Aufnahme seines Aufsatzes dankbar hervorhob – und einer gelegentlichen Erwähnung der Philostratischen Galerie, so anläßlich einer Beschäftigung mit Tizian (vgl. den Brief an Meyer vom 30. Juni 1820) und in den Aufsätzen *Wilhelm Tischbeins Idyllen* (Bd. 13.2, S. 62), *Julius Cäsars Triumphzug, gemalt von Mantegna* (Bd. 13.2, S. 119), ⟨*Künstlerische Behandlung landschaftlicher Gegenstände*⟩ und *Die schönsten Ornamente und merkwürdigsten Gemälde aus Pompeji, Herculanum und Stabiae* (Bd. 18.2).

Ausgaben der ›Eikones‹ des Philostrat:

A) In G.s Bibliothek befindlich:
– Les images ou tableaux de platte peinture des deux Philostrates ... et les Statues de Callistrate. Mis en françois par Blaise de Vigenère ⟨...⟩. Paris: M. Guillemot 1637
B) Aus der Weimarer Hofbibliothek ausgeliehene Exemplare:
– Philostratorum quae supersunt omnia, vita Apollonii libris 8 ... imagines priores atque posteriores ... ex mss codd. recens ... Gottfridus Olearius. Lipsiae 1709
(G. entlieh dieses Werk aus der Weimarer Bibliothek insgesamt dreimal: vom 27. Dezember 1803 bis zum 14. Juni 1804, vom

28. November 1804 bis zum 3. April 1806, sowie vom 7. Januar
bis zum 25. Februar 1813; Keudell, Nr. 329, 361 und 818.)
– Philostratus: Les images ou tableaux de Philostrate Lemnien.
   Mis en Franç. par Blaise de Vigenère. Paris 1597
   (vom 7. Januar bis zum 25. Februar 1813; Keudell, Nr. 819)
– Die Werke der Philostrate. A. d. Griech. übers. von David
   Christoph Seybold. Bd. 1.2. Lemgo 1776–1777
   (vom 7. Januar bis zum 25. Februar 1813; Keudell, Nr. 820)
– Christian Gottlob Heyne: Philostrati imaginum illustratio. In:
   C. G. H.: Opuscula academica coll. et anim. locuplet. T. 5.
   Gottingae 1802
   (entliehen vom 2. Dezember 1813 bis zum 7. Mai 1814; Keudell,
   Nr. 884)
C) Weitere wichtige Quellen:
– Le antichità di Ercolano esposte. 9 Bde. Napoli 1757–1792,
   bekannt auch unter dem Nebentitel der Bände 1–4 und 7: Le
   Pitture antiche d'Ercolano e contorni incise con qualche spiega-
   zione
– Le antichità di Ercolano. Abbildungen der Gemälde und Alter-
   tümer, in dem Königlich Neapolitanischen Museo zu Portici,
   welche seit 1738 sowohl in der im Jahr Christi 79. verschütteten
   Stadt Herkulanum, als auch in Pompeji und in den umliegenden
   Gegenden an das Licht gebracht worden, nebst ihrer Erklärung,
   von Christoph Gottlieb von Murr. Erster Teil 50 Kupfertafeln.
   Nach den Original-Kupferstichen in Contorno verfertiget und
   herausgegeben von Georg Christian Kilian. 8 Bde. Augsburg
   1777–1799
   Wie Foerster aus der Verwendung der Bezeichnungen ›rechts‹
   und ›links‹ in *Philostrats Gemälden* schloß, dürfte sich G. bei der
   Abfassung seines Textes auf Kilians deutsche Ausgabe der ›Anti-
   chità di Ercolano‹ gestützt haben. Diese enthält Umrißstiche im
   Gegensinn zu den italienischen Originalstichen, allerdings, wie
   Foerster (S. 173) anmerkt, von »dürftiger« Qualität.

Die in den ›*Eikones*‹ *von Philostrat dem Älteren beschriebenen*
Gemälde:

Erstes Buch	Zweites Buch:
1. Skamandros	1. Hymnensängerinnen
2. Komos	2. Die Erziehung des Achilleus
3. Die Fabeln	3. Weibliche Kentauren
4. Menoikeus	4. Hippolytos
5. Die Ellen	5. Rhodogune
6. Liebesgötter	6. Arrichion

(Nach Schönberger)

Die Fülle der Personen- und Ortsnamen aus der griech. Mythologie und Geschichte machten es unausweichlich, die Erläuterungen im Stellenkommentar so knapp wie möglich zu halten. Ausführlichere und vertiefende Informationen vermittelt die begleitende Benutzung einschlägiger Fachlexika. Dem folgenden Kommentar liegen insbesondere ›Der kleine Pauly‹ (München 1979) sowie ›Reclams Lexikon der antiken Mythologie‹ (Stuttgart 1991) zugrunde.

Da sich G. in seinem Aufsatz mit Gestalten und Überlieferungen aus der griech. Mythologie beschäftigte, wurde in den kommentierenden Erläuterungen der Einheitlichkeit halber auch die griech. Form der jeweiligen Namen beibehalten, so daß beispielsweise von ›Herakles‹ die Rede ist, auch wenn G. diesen durchgängig als ›Herkules‹ bezeichnet hat. Die röm. Entsprechungen griech. Namensgebungen wurden nur dort hinzugefügt, wo dies notwendig oder geboten schien.

Einem Kommentar sind auch dort Grenzen gesetzt, wo es um eingehende vergleichende Untersuchungen zwischen dem griech. Original und seinen verschiedenen Übersetzungen mit deren Übernahme und Bearbeitung in G.s Text gehen müßte. Gleiches gilt für einen Vergleich zwischen den G. zur Verfügung stehenden Abbildungen und deren Beschreibung in *Philostrats Gemälden.* Eine solche gründliche Untersuchung legte erstmals Richard Foerster 1903 in seinem Aufsatz ›Goethes Abhandlung über die Philostratischen Gemälde‹ vor (in: GJb 24, 1903, S. 167–184). Darüber hinaus sei an dieser Stelle neben den bereits erwähnten Ausführungen von Ernst Osterkamp auf einen neueren Beitrag von Christoph Michel verwiesen: ›Goethe und Philostrats »Bilder«. Wirkungen einer antiken Gemäldegalerie. Mit einem Anhang: Moritz v. Schwinds »Philostratische Gemälde« in der Kunsthalle zu Karlsruhe‹. In: Jahrbuch des Freien Deutschen Hochstifts 1973, S. 117–156.

Die im Kommentar wiederholt zitierten Vorarbeiten und Bruchstücke zu *Philostrats Gemälden* sind abgedruckt in WA I 49/2, S. 206 ff.

Textgrundlage und Erstdruck: KuA II 1 (1818), S. 27–144, als zweiter Beitrag unter dem Kapitel »Bildende Kunst«. – Eingriffe: S. 451,29 *VI. Jäger* (IV. Jäger KuA; Drf. nach C¹ 39 korrigiert); 453,6 *II. 10.* (II. 19. KuA; nach WA I 53 korrigiert); 457,37 *Ganze, wird uns klar* (Ganze wird, uns klar KuA; nach C¹ korrigiert); 460,32 *andern* (andere KuA; nach C¹ korrigiert); 461,20 u. 21 *Philoktet* (Phioloktet KuA; nach C¹ korrigiert); 473,11 *diesen hat Medea* (diese, hat Medea KuA; nach C¹ korrigiert); 481,27 *Amphitryo* (Amphitruo KuA; nach C³ korrigiert); 483,21 *Acheloos* (Ageloos KuA; nach C¹ korrigiert); 483,36 *Euenus* (Ephenus KuA; nach C³ korrigiert). Die Berichtigungen S. 452,30 und 452,40 erfolgten aufgrund von WA I 53, S. 538.

449 *27 Und so steigern sich wechselsweise* ⟨...⟩: Ein analoges, den Gesetzen von ›Polarität und Steigerung‹ gehorchendes Denkbild findet sich 1817 auch in der Zeitschrift *Zur Morphologie* (I 1), wo G. im Aufsatz *Schicksal der Druckschrift* das Verhältnis von Poesie und Wissenschaft erläutert: »Man vergaß daß Wissenschaft sich aus Poesie entwickelt habe, man bedachte nicht daß, nach einem Umschwung von Zeiten, beide sich wieder freundlich, zu beiderseitigem Vorteil, auf höherer Stelle, gar wohl wieder begegnen könnten« (Bd. 12, S. 74). – *33 Winkelmann:* Zu Leben und

Leistung Johann Joachim Winckelmanns (1717–1768) vgl. G.s 1805 publizierte Abhandlung *Winkelmann und sein Jahrhundert* (Bd. 6.2, S. 195). Wie die folgenden Sätze deutlich machen, hebt G. in diesem Abschnitt besonders Winckelmanns große Verdienste um die wissenschaftliche Fundierung und Absicherung archäologischer Forschungen hervor.

450 *2 früherer Bemühungen um Polygnots Gemälde:* Gemeint ist der Aufsatz *Polygnots Gemälde in der Lesche zu Delphi* von 1804 (Bd. 6.2, S. 508). – *10 die Vorarbeiten:* Zu den verschiedenen Phasen in G.s Beschäftigung mit Philostrat vgl. die Vorbemerkungen. – *12 Zuerst also wird vorausgesetzt* 〈...〉: In dieser Auffassung sah sich G. vor allem durch Christian Gottlob Heyne bestätigt, der im 5. Band seiner ›Opuscula academica‹ (s. o. unter B) die gleiche Überzeugung vertrat. G. notierte die Lektüre der ›Opuscula‹ vom 4. bis zum 6. Dezember 1813 in seinem Tagebuch. – *37 Julius Roman:* Giulio Romano, eigentlich Giulio di Pietro de' Gianuzzi (1499–1546), ital. Maler und Architekt, der Lieblingsschüler Raffaels.

451 *8 eben so schlimm, ja noch schlimmer ist die Verworrenheit* 〈...〉: In seiner Einleitung zu den ›Bildern‹ des Philostratos merkt Otto Schönberger hierzu an: »Der Aufsatz bewies, daß hier ein anderes Verständnis am Werke war als bisher. So hatte sich vor Goethe kaum jemand so entschieden mit dem Problem der Anordnung der Bilder befaßt« (Schönberger, S. 67). – *23–26 »Denn die Dichtkunst* 〈...〉 *Alkmenens Sohn.«:* Das Zitat stammt aus dem ›Heroikos‹ des älteren Philostrat, dort in der Vorrede (II, 136). – *31 an den Reihen:* Zu Recht weist der Kommentar der ›Berliner Ausgabe‹ an dieser Stelle auf den Doppelsinn dieser Wendung als »Reihe (geordnete Folge) und Reihen (Reigen als geordnete tänzerische Bewegungsform)« hin. – *39 das Erste und Zweite Buch Philostrats:* Zu dieser und den nachfolgend erwähnten Quellen vgl. die Vorbemerkung.

452 *8 Antilochus:* Sohn des Nestor und der Anaxibia oder Eurydike. Als einer der Freier der Helena zog er mit seinem Vater und seinem Bruder Thrasymedes in den Trojanischen Krieg, wo er als einer der tapfersten griech. Heerführer gerühmt wurde: Vgl. ›Ilias‹ 5, 569–589; 13, 545–566; 15, 568–591; 23, 101–796. Zur Trauer um Antilochus vgl. ›Odyssee‹ 4, 187 ff. – *11 Memnon:* König der Äthiopier, Sohn der Göttin Eos (Aurora) und des Tithonos, Priamos' Bruder. Er tötete den Antilochus und fand durch Achilleus den Tod. – *13 Skamander:* trojanischer Fluß (heute Menderes) und Flußgott, Sohn des Okeanos und der Tethys, dessen Name bei den olympischen Göttern ›Xanthos‹ lautete (vgl. ›Ilias‹ 20, 73 f.). Der Kampf des Skamander mit Achilleus und

Hephaistos wird in der ›Ilias‹ 21, 120–382 geschildert, ebenso in Hesiods ›Theogonie‹ (345). – *15 Menöceus:* Menoikeus, Sohn des Kreon von Theben und der Eurydike. Im Krieg der Sieben gegen Theben weigerte sich Kreon, den Menoikeus zu opfern, um so – wie der Seher Teiresias geweissagt hatte – den Zorn des Ares zu besänftigen. Um den Gott zu besänftigen und den Fall Thebens zu verhindern, stürzte sich Menoikeus daraufhin von der Stadtmauer in den Tod; vgl. die ›Phoinissai‹ (Die Phönikierinnen) des Euripides (Verse 768 ff.). – *17 Hippolyt und Phädra:* Phaidra, die Tochter des kret. Königs Minos und der Pasiphaë, Gattin des Theseus. Ihre Liebe zu Hippolytos, dem Sohn des Theseus und der Amazonenkönigin Antiope oder Hippolyte, wurde von diesem nicht erwidert, weshalb sich Phaidra das Leben nahm. Zugleich hinterließ sie eine Nachricht, in der sie ihren Stiefsohn beschuldigte, sie mißbraucht zu haben. Daraufhin wurde Hippolytos von seinem Vater Theseus verbannt und verflucht (s. zu Z. 19). – *18 T.:* lat. Tomus: ›Band‹. – *19 Jüngling, unschuldig:* Theseus, der den falschen Bezichtigungen seiner toten Gattin Phaidra (s. zu Z. 17) mehr Glauben geschenkt hatte als den Unschuldsbeteuerungen seines Sohnes, verbannte den Hippolytos nicht nur, sondern verfluchte ihn mit einem der drei Verwünschungen, die ihm Poseidon einst zur freien Verfügung gewährt hatte. Der Gott, von Theseus gebeten, den Hippolytos zu töten, ließ daraufhin einen Stier aus dem Meer steigen, der die Pferde des Hippolytos so erschreckte, daß sie scheuten und ihn zu Tode schleiften. In den Entwürfen hatte G. noch »Hippolütos Jüngling ungerecht durch einen Gott verderbt« notiert. Euripides (um 485–406 v. Chr.) stellte Hippolytos in den Mittelpunkt seiner 428 v. Chr. in Athen aufgeführten Tragödie ›Hippolytos Stephanephoros‹ (Der bekränzte Hippolytos); vgl. hierzu auch die Gestaltung dieses Stoffes in der ›Phaedra‹ (auch ›Hippolytus‹) des Lucius Annaeus Seneca (4 v. Chr. bis 65 n. Chr.), ebenso Ovids ›Metamorphosen‹ XV, 497–546 oder Vergils ›Aeneis‹ (7, 761–782). – *21 Antigone:* Tochter des theb. Königs Oidipus und der Iokaste oder Euryganeia, Nichte des Kreon, Schwester von Eteokles und Polyneikes. Sie widersetzte sich dem Verbot, dem Polyneikes die Totenehren zu erweisen, und wurde deshalb in einer Höhle (nach anderen Berichten in Polyneikes' Grab) eingemauert, wo sie Selbstmord beging. – *23 Evadne:* Euadne, Tochter des Iphis, die den Tod fand, als sie sich bei der Bestattung ihres Gatten Kapaneus nach der Belagerung von Theben auf seinen Scheiterhaufen warf. – *25 Panthia:* Panthia (Panthea), Gattin des Perserfürsten Abradates. – *27 Ajax, der Lokrier:* Aias (lat. Aiax), Sohn des Oïleus, eines Königs von Lokris, und der Eriopis oder der Nymphe Rhene. Im Unterschied zur Körpergröße des riesigen Aias von Salamis trug er den Beinamen ›der Kleine‹; als geschickter Speerwerfer und schneller Läufer war Aias einer der ruhmreichsten griech. Heerführer im Trojanischen Krieg. Als er nach dem Sieg der Griechen versuchte, Kassandra aus dem Tempel der Athene zu entführen, um sie zu vergewaltigen, bestrafte ihn die Göttin für diesen Frevel: Aias erlitt auf der Heimfahrt zusammen mit der griech. Flotte Schiffbruch und wurde durch einen Blitzschlag der Athene getötet. Nach anderen Überlieferungen zerschmetterte Poseidon die Insel, auf die sich Aias gerettet hatte, und ließ ihn so ertrinken. Homer schildert das Ende des Aias in seiner ›Odyssee‹ (4, 499 ff.). – *29 Philoktet:* Philoktetes, Sohn des Poias, des Königs der Malier und der Demonassa. Weil er für Herakles den Scheiterhaufen entzündet hatte (s. zu S. 454,30), erhielt er dessen Bogen und Pfeile. Auf der Überfahrt nach Troja fügte ihm eine Schlange eine nicht heilende, schmerzhafte und zudem ekelhaft stinkende Wunde zu, weshalb er auf Agamemnons Befehl auf der Insel Lemnos – »Krank an schwärender Wunde vom Biß der verderblichen Natter« (›Ilias‹ 2, 723; übers. von Johann Heinrich Voß) – ausgesetzt und zurückgelassen wurde, wo er sich in der Folge nur dank der Waffen des Herakles ernähren und so überleben konnte. Im letzten Kriegsjahr nach Troja geholt, wurde Philoktetes dort von seiner Wunde geheilt. Durch seine Pfeile starb Paris. – *31 Phaethon:* Als Phaëton, der Sohn des Helios und der Klymene, den Versuch unternahm, den Sonnenwagen für einen Tag über den Himmel zu lenken, stürzten die vier den Wagen ziehenden Pferde zur Erde und setzten diese in Flammen, worauf Phaëton von Zeus durch einen Blitz getötet wurde. G. erzählt die Geschichte von Phaëton zu Beginn seines 1827 in *Über Kunst und Altertum* (VI 1) veröffentlichten Beitrags *Euripides' Phaethon* (Bd. 13.1, S. 337–339). – *33 Ikarus:* Ikaros, der Sohn des Daidalos, war, die Warnung des Vaters mißachtend, bei seinem Flug der Sonne zu nahe gekommen und südlich von Samos ins Meer gestürzt. So wie dieses Meer seitdem Ikarisches Meer genannt wurde, trägt die Insel, an deren Strand sein Leichnam gespült und auf der er später von Herakles bestattet wurde, seither den Namen Ikaria. – *36 Phryxus und Helle:* Phrixos, der Sohn des Athamas und der Wolkengöttin Nephele. Als Phrixos auf Betreiben von Ino, der zweiten Frau des Athamas, im Knabenalter geopfert werden sollte, wurde er – auf Veranlassung von Nephele – von einem wunderbaren Widder mit einem goldenen Vlies gerettet, der ihn zusammen mit seiner Schwester Helle durch die Luft davontrug. Während Helle über einer Meerstraße, dem nach ihr benannten Hellespont, abstürzte, gelangte Phrixos sicher nach Aia, der Hauptstadt von

Kolchis am östlichen Ende des Schwarzen Meeres. Das in einem
dem Gotte Ares geweihten Hain an einer Eiche aufgehängte ›Goldene Vlies‹ des Widders wurde später von den Argonauten aus Aia
entführt; vgl. hierzu G.s Zeichnung ›Phrixos und Helle‹ (CGZ III,
Nr. 258), ebenso Schuchardt, Bd. I, S. 259, Nr. 278. – *39 Hyacinth:* Hyacinthos, der Sohn des spartanischen Königs Amyklas
und der Diomede oder des Piëros und der Muse Kleio. Hyacinthos, ein schöner Jüngling, wurde sowohl von dem Sänger Thamy-
ris als auch von Apollon und Zephyros, dem Westwind, geliebt. Er
fand den Tod durch eine unglücklich geworfene Diskusscheibe des
Apollon. Das von G. hier erwähnte Motiv der Eifersucht wird
zumeist dem Zephyros zugeschrieben. In seinen Entwürfen hatte
G. diese Konstellation noch deutlicher akzentuiert: »Tot durch
Zufall von Geliebten Neid« (WA I 49/2, S. 207). Aus dem Blut des
sterbenden Hyacinthos wuchs eine Blume, die ›Hyazinthe‹, auf
deren Blättern die griech. Klagelaute ›Ai ai‹ zu sehen waren.

453   *2 Cephalus und Prokris:* Kephalos, der Sohn des Deïon,
und seine Gattin Prokris, die Tochter des Erechtheus. Nach einem
wechselseitigen Ehebruch, den Képhalos mit der Sonnengöttin Eos
und Prokris mit Pteleon begangen hatte, fanden beide nach Prokris' Rückkehr von Kreta, wohin sie zu König Minos geflohen war,
wieder zueinander und versöhnten sich. Als Prokris, ihrem Gatten
immer noch mißtrauend, Kephalos heimlich auf die Jagd folgte,
tötete sie dieser versehentlich durch einen unfehlbaren Speer, den
Prokris von Minos erhalten und danach Kephalos geschenkt hatte.
Vgl. hierzu Ovids ›Metamorphosen‹ (VII, 796–862). G.s Hinweis
bezieht sich auf Giulio Romanos um 1530 entstandenes Bild
›Nymphen und andere ländliche Gottheiten beweinen mit Cephalus den Tod der Prokris‹; in G.s Sammlung befanden sich zwei
Exemplare eines danach angefertigten Stichs des ital. Kupferstechers Giorgio Ghisi, auch Giorgio Mantuano (1520–1582), eines
Schülers von Giulio Romano (Schuchardt, Bd. I, S. 80, Nr. 772 f.),
abgebildet in Bd. 20.2, S. 311. Vgl. hierzu auch die Beilage »Cephalus und Prokris nach Julius Roman« in G.s Brief an Zelter vom
9. November 1830. – *4 Amphiaraus:* Amphiaraos, der Sohn des
Oïkles und der Hyperm(n)estra, ein berühmter Seher, Weissager
und Krieger in Argos. Er nahm sowohl an der Jagd auf den
Kalydonischen Eber (s. zu S. 455,23), als auch am ersten Krieg
gegen Theben teil, dessen unglücklichen Ausgang er prophezeit
hatte. – *6 Kassandra:* Die trojanische Seherin Kassandra, die Tochter des Priamos und der Hecuba, wurde nach dem Fall Trojas von
Agamemnon, dem sie die Söhne Teledamos und Pelops gebar, als
Sklavin und Konkubine nach Griechenland gebracht. Im Haus von
Agamemnon, des Königs von Mykene, wurden sie, ihre Kinder

und Agamemnon selbst unmittelbar nach ihrer Ankunft von Agamemnons Frau Klytaimnestra und deren Geliebten Aigisthos ermordet. – *7 Rhodogüne:* Rhodogune, pers. Königin. Hierzu merkt
Otto Schönberger an: »F. Justi, Iranisches Namenbuch (1895, 261)
zählt sieben persische und parthische Prinzessinnen dieses Namens
auf, von denen nur eine, die Gattin des Demetrios 2. Nikator, um
250 v. Chr. eine gewisse Rolle spielte und später in P. Corneilles
Tragödie ›Rodogune‹ verherrlicht wurde; doch hatte sie nichts mit
Armenien zu tun. Überhaupt gab es in den mehr als zwei Jahrhunderten persischer Herrschaft über Armenien von Kyros bis Alexander keine solche Königin (a. Mutter des Dareios und Xerxes, b.
Tochter des Xerxes und der Amastris). Sagenhafte Überlieferung
kennt aber eine persische Rhodogune (vielleicht die Frau eines
Satrapen), die mitten im Bade, als sie gerade die Haare wusch, von
der Nachricht vom Abfall Armeniens überrascht wurde, sofort das
Streitroß bestieg und schwor, das Haar erst nach dem Siege ganz
aufzubinden. Kalinka hält das Ganze für eine aitiologische Sage,
gesponnen aus der Haartracht eines Standbildes. ⟨...⟩ Übrigens
wird die gleiche Geschichte auch über Semiramis erzählt (Val.
Max. 9,3,4 ext.)« (Schönberger, S. 389 f.). – *10 Themistokles:* Themistokles (um 525 bis nach 460 v. Chr.), athen. Politiker und
Feldherr. Durch den Ausbau von Piräus zum Kriegshafen, den er
als Archon in den Jahren 493/492 beginnen ließ, und den Bau einer
großen Flotte (seit 483), die die Perser bei Salamis besiegte (480),
wurde Athen unter seiner Herrschaft zur Seemacht. 471 wurde
Themistokles durch Ostrakismos verbannt. – *13 Venus:* die röm.
Göttin der Gartenfruchtbarkeit, der griech. Göttin Aphrodite
gleichgesetzt. – *17 Neptun und Amymone:* aus dieser ›Werbung‹
entstammte Nauplios, der später ein berühmter Seefahrer wurde. –
20 Theseus und die geretteten Kinder: Alle neun Jahre mußten die
Athener dem kretischen König Minos sieben junge Mädchen und
Männer als Tribut schicken, die dieser dem Minotaurus zum Fraß
vorwarf. Zwar gelang es Theseus, den Minotaurus zu töten und die
Kinder nach Athen zurückzubringen, er vergaß aber, das schwarze
Trauersegel, mit dem er aufgebrochen war, durch ein rotes oder
weißes zu ersetzen, um so einen Erfolg seiner Mission zu signalisieren, woraufhin sich sein Vater Aigeus beim Anblick der schwarzen
Segel in den Tod stürzte. – *22 Ariadne:* Ariadne, die Tochter des
kretischen Königs Minos, hatte Theseus durch ein Garnknäuel –
den ›Ariadnefaden‹ – geholfen, den Weg aus dem Labyrinth zu finden, in dem der Minotaurus (s. die vorangegangene Anm.) hauste.
Theseus wollte sie mit nach Athen nehmen, ließ sie aber dann – die
Gründe hierfür sind umstritten – auf der Kykladeninsel Dia, dem
späteren Naxos, zurück. – *31–34 Leda, mit dem Schwan* ⟨...⟩ *die*

Doppelzwillinge sind den Eierschalen entschlüpft: In Gestalt eines
Schwanes zeugte Zeus mit Leda, der Tochter des aitolischen
Königs Thestios und Gattin des spartanischen Königs Tyndareos,
zwei Eier, aus denen Helena sowie die beiden Dioskuren Kastor
und Polydeukes (Pollux) schlüpften. Allerdings sind die Berichte
über die Geburten der Leda in vielfältiger, z. T. voneinander
abweichender Form überliefert (vgl. zu Kastor und Pollux auch zu
S. 203,29). – *33 Eurotas:* ein Fluß auf dem griech. Peloponnes, der,
im südl. Arkadien entspringend, auf einer Länge von 82 km zunächst das Becken von Sparta durchfließt und östlich von Gy-
theion in den Lakonischen Golf mündet. – *35 Pelops:* Sohn des
Tantalos. Um die Allwissenheit der Götter auf die Probe zu stellen,
zerstückelte Tantalos seinen Sohn und setzte ihn den Göttern in
einem Essen vor; bis auf Demeter, die eine Schulter des Pelops aß,
durchschauten die Götter die Absicht des Tantalos, setzten Pelops
wieder zusammen und versahen ihn mit einer neuen Schulter aus
Elfenbein. Mit der Hilfe seines Schutzgottes Poseidon gelang es
Pelops auch, Hippodameia, die Tochter des Oinomaos, des Königs
von Pisa, zu gewinnen. Jeder Freier nämlich, der um deren Hand
anhielt, mußte Oinomaos in einem Pferderennen besiegen: Gelang
dies nicht, verlor er – wie bereits zwölf Freier zuvor – sein Leben.
Pelops versicherte sich der Unterstützung des Myrtilos, eines
Wagenlenkers des Oinomaos, der die Achsen des königlichen
Gefährts so präparierte, daß sich während der Wettfahrt ein Rad
löste und der König in den Zügeln zu Tode geschleift wurde. Von
Myrtilos, den Pelops später tötete, verflucht, gelang es ihm nicht,
die Götter zu besänftigen, so daß er weder als König von Pisa noch
als Gatte der Hippodameia Ruhe fand. – *37 die Braut:* Hippodameia. – *38 Argonautenfahrt:* Die Argonauten waren die griech.
Helden, die Iason auf dessen Suche nach dem Goldenen Vlies (s. zu
S. 452,36) begleiteten. – *39 Glaukus:* Glaukos, ein niederer Meeresgott, ursprünglich ein Fischer, der in Anthedon, einer Stadt am
Euripos, lebte. Nach dem Genuß eines unbekannten Krautes
verwandelten sich seine Beine in einen Fischschwanz; er verfügte
über die Gabe der Weissagung, galt als Schutzherr der Seeleute und
gab aufgrund seiner prophetischen Fähigkeiten den Argonauten
Ratschläge für ihre Fahrten. – *40 Jason und Medea:* Mit der Hilfe
der kolchischen Zauberin Mede(i)a, der Tochter des Königs Aiëtes,
gelang es Iason, dem Anführer der Argonauten, das Goldene Vlies
in seinen Besitz zu bringen. Auf der Heimfahrt heirateten beide in
einer Höhle auf der Phaiakeninsel Drepane; aus ihrer zehnjährigen
Ehe stammten die Söhne Mermeros und Pheres. Das von G. hier
angedeutete »furchtbare« Ende dieser Ehe, wie es auch Euripides
in seiner um 430 v. Chr. entstandenen Tragödie ›Medea‹ schil-

derte, resultierte aus dem Entschluß des Iason, Glauke, die Tochter
des korinthischen Königs Kreon, zu heiraten. Mede(i)a, von Scheidung und Verbannung bedroht, rächte sich an Iason, indem sie
zunächst durch ein vergiftetes Hochzeitsgewand Glauke und deren Vater Kreon, sodann ihre eigenen Kinder tötete. Mit ihren
toten Kindern entkam sie zuletzt in einem von geflügelten Drachen
gezogenen Wagen, einem Geschenk ihres Großvaters Helios. Der
Medea-Stoff ist in der Nachfolge des Euripides von zahlreichen
anderen Schriftstellern – so von Lucius Annaeus Seneca (4 v. Chr.
bis 65 n. Chr.), Pierre Corneille (1606–1684), Franz Grillparzer
(1791–1872), Hans Henny Jahnn (1894–1959) und Jean Anouilh
(1910–1987) – bearbeitet worden.

   454 *1 Argo:* das nach seinem Erbauer Argos benannte Schiff der
›Argonauten‹. – *2 Perseus:* Perseus, Sohn der Danaë und des
Akrisios, der König von Mykene und Tyrnis, rettete Andromeda,
die Tochter des äthiopischen Königs Kepheus und seiner Gattin
Kassiopeia, vor einem Meeresungeheuer, dem diese geopfert wer-
den sollte, und erhielt als Lohn Andromeda zur Gattin. – *3 Cyclop
vermißt die Galathe:* Der Kyklop Polyphemos, ein Sohn des
Poseidon mit der Meernymphe Thoosa, verliebte sich in die schöne
Meeresnymphe Galatea, die Tochter des Nereus und der Doris, die
seine Zuneigung aus Abscheu über sein häßliches Aussehen – die
Kyklopen waren Ungeheuer mit jeweils einem Auge in der Mitte
der Stirn – nicht erwiderte. Er erschlug Acis, den Liebhaber der
Galatea, die ihn daraufhin noch mehr haßte. Später wurde Polyphemos, wie ihm zuvor von Telemos geweissagt worden war,
durch Odysseus geblendet. G. läßt Galatea mit ihrem Muschelwagen auch im 2. Akt des *Faust II* auftreten (Bd. 18.1, Verse 8145 ff.,
8386, 8424 ff. und 8450); s. auch zu S. 476,30. – *5 Pasiphae:*
Pasiphaë, die Tochter des Helios und der Perseïs, Gattin des
kretischen Königs Minos. Da Minos dem Poseidon einen schönen
Stier als Opfergabe verweigerte, versetzte der Gott Pasiphaë und
das Tier in den von G. hier angedeuteten »Liebeswahnsinn«; aus
dieser Verbindung entstammte der ›Minotaurus‹, ein Mann mit
einem Stierkopf, der von König Minos in ein Labyrinth gesperrt
wurde (s. zu S. 453,22). Der dem Poseidon heilige ›kretische Stier‹
verwüstete in der Folge die Insel, bevor er von Herakles in dessen
siebenter Arbeit (von insgesamt zwölf) gefangengenommen und
nach Tiryns gebracht wurde. In den Vorarbeiten zu *Philostrats
Gemälde* notierte G. zu diesem Motiv: »Von Julius Roman Villa
Madama« (WA I 49/2, S. 207). – *7 Meles und Critheis:* Kritheis ist,
in den Homerviten übereinstimmend, der Name von Homers
Mutter. Über ihre Herkunft und die Geburt ihres Sohnes, Melesi-
genes-Homeros geben die Quellen widersprüchliche Auskünfte. –

Homer: Homer, der Dichter der ›Ilias‹ und der ›Odyssee‹, lebte vermutlich im 8 Jh. v. Chr. in Ionien. – *10 Minervas:* Die röm. Göttin Minerva, die meist mit der griech. Göttin Athene gleichgesetzt wird, galt als Beschützerin des Handwerks, der (gewerblichen) Kunstfertigkeit und der dazu notwendigen Fähigkeiten und Vermögen. – *13 Semele:* Tochter des thebanischen Königs Kadmos und der Harmonia. Aus ihrer Verbindung mit Zeus entstammte Bacchus (Dionysos). Auf Veranlassung der eifersüchtigen Hera erschien Zeus der schwangeren Semele als Donnergott und tötete sie durch einen Blitz. Hermes rettete das in ihrem Leib befindliche, bereits sechs Monate alte Kind und nähte es in die Hüfte des Zeus, woraus es dann geboren wurde. – *16 Merkur:* altröm. Gott des Handels und des Gewerbes, dem griech. Hermes (s. die vorangegangene Anm.) vergleichbar. – *17 er tritt sogleich als Schelm und Schalk unter Götter und Menschen:* So erfand Hermes, der Sohn des Zeus und der Nymphe Maia, bereits am Tage seiner Geburt (aus einer von ihm getöteten Schildkröte) die Leier; am Abend desselben Tages stahl der frühreife Knabe fünfzig Tiere aus einer dem Apollon geweihten Viehherde. – *19 Chiron:* Der Kentaur Chiron galt als so weise und gelehrt, daß zahlreiche bedeutende griech. Helden – wie z. B. Iason, Asklepios, Aktaion oder eben Achilleus – in ihrer Kindheit zu seiner am Berge Pelion gelegenen Höhle gebracht wurden, um von ihm erzogen zu werden. Die Kentauren, die von Kentauros, einem Sohn des Ixion, abstammten und erst später als Mischwesen zwischen Mensch und Pferd dargestellt wurden, waren ursprünglich ein unzivilisierter Volksstamm, der in den Bergen von Magnesia lebte (vgl. auch *Anforderung an den modernen Bildhauer*, S. 394,36). – *21 Scyros:* Skyros, eine ägäische Insel nordöstl. von Euböa. Sie ist nach Skyros, dem Vater des Aigeus benannt. König Lykomedes, der Mörder von Theseus, dem Sohn des Aigeus', soll dort Achilleus und Neoptolemos erzogen haben. – *23 Centaurische:* Vgl. zu Z. 19. – *26 Herkules:* griech.: Herakles; Sohn des Zeus, der ihn in Gestalt des Königs Amphitryon mit dessen Gattin Alkmene zeugte. Durch eine List der eifersüchtigen Hera wurde nicht Herakles, wie von Zeus prophezeit, sondern Eurystheus zum Herrscher über Mykenai (vgl. ›Ilias‹ 19, 95–133), in dessen Dienst Herakles zwölf ›Arbeiten‹ vollbringen mußte. Hera verfolgte Herakles, indem sie ihm schon in die Wiege Schlangen schickte, die er jedoch erwürgte, und ihn später einen Anfall von Wahnsinn erleiden ließ, in dem er seine Kinder aus der Ehe mit Megara tötete. – *27 Der Halbgott Sieger als Kind:* In den Entwürfen findet sich an dieser Stelle von Schreiberhand die Notiz: »Denn die Dichtkunst beschäftigte sich vorher nur mit Göttersprüchen, und entstund erst mit dem Herkules, Alkme-

nens Sohn« (WA I 49/2, S. 208). Vgl. hierzu Foerster, S. 174 f. –
29 Achelous: Um die Hand der Deïaneira, der Tochter des
Oineus, kämpfte der Flußgott Acheloos mit Herakles, der diesen
Kampf gewann und Deïaneira heiratete. – *30 Nessus:* Nachdem
Herakles ohne Absicht einen Mord begangen hatte, begab er sich
aus Kalydon zusammen mit Deïaneira freiwillig in die Verban-
nung nach Trachis; auf dem Weg dorthin versuchte der Kentaur
Nessos, Deïaneira zu mißbrauchen, wurde aber von Herakles im
Kampf getötet. Doch der sterbende Nessos gab der Deïaneira ein
Gemisch aus seinem Blut und Samen, das ihr angeblich die Liebe
ihres Mannes sichern sollte, durch das Herakles aber vergiftet
wurde, als die eifersüchtige Deïaneira ihm ein damit bestrichenes
Gewand gab. Als sich Herakles daraufhin verbrennen ließ, nahm
sich Deïaneira das Leben. Ihr Schicksal schildert Sophokles (497
oder 496 bis 406 v. Chr.) in seiner Tragödie ›Trachiniai‹ (Die
Trachinierinnen), die vermutlich im Zeitraum zwischen dem
Ende der fünfziger und dem Anfang der vierziger Jahre des
5. Jh.s entstand. – *31 Antheus:* der libysche Riese Antaios, ein
Sohn des Poseidon und der Ge. Da Antaios seine gewaltigen
Kräfte aus der Berührung der Erde bezog, konnte ihn Herakles
nur besiegen und töten, indem er Antaios vom Boden emporhob
und so diesen Kontakt unterbrach. – *32 Hesione:* Tochter des
trojanischen Königs Laomedon. Als Hesione einem von Poseidon geschickten Meeresungeheuer geopfert werden sollte, rettete
sie Herakles, indem er das Ungeheuer tötete. Als sich Laomedon
jedoch weigerte, dem Herakles die zuvor vereinbarte Belohnung
– u. a. auch Hesione selbst – zu entrichten, eroberte Herakles
Troja und übergab Hesione seinem Verbündeten Telamon. –
34 Atlas: der Titan Atlas, ein Sohn des Titanen Iapetos und der
Okeanide Klymene oder der Asia, der Vater der Plejaden und
der Hesperiden. Einigen Berichten zufolge hatte er am Kampf
der Titanenbrüder gegen Zeus teilgenommen und mußte deshalb
– an einem der Enden der Erde stehend – den Himmel (nach
anderen Überlieferungen die Säulen des Himmelsgewölbes) auf
seinen Schultern tragen. Wie der Name des Gebirges ›Atlas‹ am
signifikantesten belegt, wurde sein ›Standort‹ zumeist im nordwestl. Afrika angenommen (s. auch zu S. 486,2). – *36 Hylas:* der
Sohn von Theiodamas, dem König der Dryoper, und der Nymphe Menodike. Seine außerordentliche Schönheit zog nicht nur
Herakles an, der ihn entführte und als Gefährten und Geliebten
auf die Fahrt der Argonauten mitnahm, sondern ebenso die
Nymphe der Quelle Pegai unweit von Kios in Mysien. Als Hylas an dieser Quelle Wasser holte, zog sie ihn die Tiefe, wo er
ertrank oder im Wasser an der Seite der Quellnymphe weiter-

lebte. – *38 Julius Roman:* In G.s Sammlung befand sich ein nach Giulio Romanos (s. zu S. 450,37) Bild angefertigter Stich des ital. Malers, Radierers und Kupferstechers Pietro Santo Bartoli (um 1635–1700): ›Hylas von den Nymphen geraubt‹ (Schuchardt, Bd. I, S. 80, Nr. 769). – *39 Abderus:* Abderos, der Sohn des Hermes aus Opus in Lokris, ein Liebling des Herakles, bewachte auf dessen Geheiß die menschenfressenden Stuten des bitonischen Königs Diomedes und wurde von diesen zerrissen. Zur Erinnerung an Abderos gründete Herakles daraufhin die Stadt Abdera.

455 *1 Herkules, als Vater:* In einem Anfall von Wahnsinn, den Hera über Herakles kommen ließ, tötete Herakles die Kinder aus seiner Ehe mit Megara, der Tochter des thebanischen Herrschers Kreon: Zur Strafe wurden ihm daraufhin die zwölf Arbeiten auferlegt. – *4 Admet:* Admetos, der König von Pherai, Sohn des Pheres und der Periklymene, verheiratet mit Alkestis, die sich – als Admetos tödlich erkrankt war – aus Liebe zu ihrem Gatten bereit erklärte, für ihn zu sterben. Da Herakles jedoch Thanatos, den Gott des Todes, in einem Ringkampf besiegte, durfte sie wieder zu den Lebenden zurückkehren (nach anderen Überlieferungen verdankte sie diese Wiederauferstehung der Gunst Persephones, der Göttin der Unterwelt). Die Geschichte von Alkestis und Admetos schildert Euripides in seinem 438 v. Chr. erstmals aufgeführten Schauspiel ›Alkestis‹, das – wie auch die ›Medea‹ (s. zu S. 453,40) – in der Folgezeit viele Autoren inspiriert hat; zu denken wäre an Aristophanes (um 445–385 v. Chr.), Aristomenes (5./4. Jh. v. Chr.), Theopompos aus Athen (um 410–370 v. Chr.) oder Antiphanes (4. Jh. v. Chr.) in der griech., sowie Lucius Accius (170 bis um 86 v. Chr.) oder Laevius (frühes 1. Jh.) in der röm. Antike. Seit der Renaissance ist dann bis ins 20. Jh. hinein erneut ein reges Interesse am Alkestis-Stoff festzustellen; u. a. haben ihn bearbeitet: Hans Sachs (1494–1576), Aurelio Aureli (2. Hälfte des 17. Jh.s), Pier Iacopo Martello (1665–1727, ersch. 1720), Christoph Martin Wieland (1733–1813), der 1773 den Text zu einem Singspiel verfaßte, sowie in der Moderne Rainer Maria Rilke (1875–1926), Hugo von Hofmannsthal (1874–1929, ersch. in verschiedenen Stadien von 1898 bis 1923), Alexander Lernet-Holenia (1897–1976, ersch. 1946), T(homas) S(tearns) Eliot (1888–1965) und Thornton Wilder (1897–1975, ersch. 1955). Auch auf musikalischem Gebiet ist dieses Thema wiederholt gestaltet worden, so von Jean-Baptiste Lully (1632–1687, ersch. 1674), Georg Friedrich Händel (1685 bis 1759, ersch. 1727) und Christoph Willibald Ritter von Gluck (1714–1787, ersch. 1767). – *5 W. K. F.:* Die Abkürzung für ›Weimarische Kunstfreunde‹ weist auf Johann Heinrich Meyer hin, den G. – allerdings auch dort nur unter der anonymen

Titulierung als »treulich mitwirkender Kunstfreund« – bei der ausführlichen Betrachtung von »Herkules bei Admet« (S. 492,31) eingangs erwähnt. – *6 Thiodamas:* ein Bauer aus Lindos auf Rhodos. In seinen Vorarbeiten führte G. hierzu aus: »Unter den Eigenschaften des Herakles wird noch eine unersättliche Freßlust mit Verwunderung erzählt in verschiedenen Beispielen. Aber auf Rhodus in dem steinreichsten felsigsten Teil desselben, das die Lindier bewohnen, trifft er abends den Landmann Thiodamas der mit zwei Ochsen einen kärglichen Boden durchpflügt. Sogleich erschlägt der hungrige Halbgott einen Stier, zerlegt ihn und weiß sich Feuer zu verschaffen und ihn auf der Stelle zu braten. – Bild. Herkules an der Erde sitzend ist aufmerksam auf das gar werdende Fleisch, er scheint mit großer Lust es ...; seine Heiterkeit wird nicht gestört obgleich der entrüstete Landmann gegen ihn auftritt und ihn mit Steinwürfen anfällt« (WA I 49/2, S. 208). – *8 die Pygmäen:* Das sagenhafte Zwergvolk der Pygmäen wohnte an den südlichen Ufern des Okeanos, in späteren Berichten werden sie in Äthiopien bzw. im Quellgebiet des Nils angesiedelt. Den Kampf der Pygmäen gegen die Kraniche erwähnt schon Homer in seiner ›Ilias‹ (3, 3 ff.), und auch im 2. Akt von *Faust II* (Bd. 18.1) läßt G. die Pygmäen auftreten (Verse 7606 ff.; ebenso 7875, 7895, 7936). Ebenso bei Publius Ovidius Naso (43 v. Chr. bis 18 n. Chr.) in den ›Fasti‹ (VI, 176) und den ›Metamorphosen‹: »Altera Pygmaeae fatum miserabile matris / Pars habet: hanc Iuno victam certamine iussit / Esse gruem populisque suis indicere bellum.« (Und auf der anderen Seite erblickt man das klägliche Schicksal / Jener pygmaeischen Mutter: von Juno im Wettkampf geschlagen, / War sie ein Kranich geworden und mußte ihr Volk nun bekriegen. VI, 90 ff.) – *10 glücklich aufgefaßt von Julius Roman:* Allerdings ist ein Stich nach diesem Motiv in G.s Kunstsammlung nicht verzeichnet. – *14 Palästra:* altgriech. Ringerschule, im engeren Sinn die Bezeichnung für den von Säulenhallen umgebenen (Sport)Platz inmitten des Gymnasions. – *17 Arrhichio:* Arrhichion, griech. Athlet. – *19 Phorbas:* König der Phlegyer, der Sohn des Lapithes und der Orsinome oder des Triopas und der Hiskilla, plünderte den Tempel des Apollon (röm.: Phöbus) in Delphi und wurde für diesen Frevel von dem Gott verwundet; so auch in Ovids ›Metamorphosen‹: »nam templa profanus / Invia cum Phlegys faciebat Delphica Phorbas« (»denn zum delphischen Tempel / Sperrte der ruchlose Phorbas den Weg mit dem Phlegyervolke«; XI, 413 f., sowie XII, 320–324). – *23 Meleager und Atalanta:* Meleager oder Meleagros, Sohn des Oineus, des Königs von Kalydon, und der Althaia, verheiratet mit Kleopatra, der Tochter des Idas und der Marpessa. Da Oineus vergessen hatte, der Artemis ein Opfer darzubringen,

schickte die Göttin zur Strafe den riesigen, sogenannten ›kalydoni-
schen Eber‹, der den Landstrich verwüstete. Meleager, der auch an
der Fahrt der Argonauten teilgenommen hatte, gelang es – nicht
zuletzt mit der Unterstützung der arkadischen Jägerin Atalanta
(Atalante) –, das Untier zu töten, woraufhin er dessen Fell als
Belohnung erhielt. – *24 von Julius Roman:* Giulio Romano (s. zu
S. 450,37): ›Meleager und Atalanta erlegen den Kalydonischen
Eber‹. G. besaß hiervon einen von François Joseph Lonsing
(1739–1799) angefertigten Stich (Schuchardt, Bd. I, S. 80,
Nr. 771). – *29 Narcissus:* Narcissus oder Narkissos, Sohn der
Nymphe Leiriope und des Flußgottes Kephissos. Narkissos, ein
junger Mann von außerordentlicher Schönheit, wies aus Stolz alle
Werbungen um seine Gunst zurück; als er einst an einer Quelle
saß, verliebte er sich, wie Teiresias der Leiriope geweissagt hatte, in
sein eigenes Spiegelbild. Unfähig, sich davon zu lösen, fand er an
der Quelle den Tod. Sein Leichnam wurde daraufhin in eine
Blume, die ›Narzisse‹, verwandelt. – *32 Pan:* der arkadische Gott
der Schafhirten, Sohn des Hermes. – *34 Midas:* Name mehrerer
phrygischer Könige. Am bekanntesten war Midas, König der
Mygdoner, der Sohn des Königs Gordios und der Kybele. Als ihm
Dionysos die Erfüllung eines Wunsches schuldete, wünschte sich
Midas, daß alles unter der Berührung seiner Hände zu Gold würde,
was tatsächlich auch geschah. Allerdings verwandelte sich damit
auch jegliche Nahrung zu Gold, so daß Midas Hunger litt und von
seinem ›Geschenk‹ erst erlöst wurde, als er sich im Flusse Paktolos
wusch, der seither – so die Überlieferung – goldhaltigen Sand
führte. – *38 Olympus:* Olympos, ein Schüler des phrygischen
Satyrs Marsyas, bei dem er das Flötenspiel lernte.

456 *4 Annibal Carrache:* Annibale Carracci (1560–1609), zusammen mit seinem Bruder Agostino (1557–1602) und deren
Vetter Ludovico (1555–1619) Angehöriger einer Bologneser Malerfamilie, aus deren 1582 gegründeter ›Scuola degli Incamminati‹
(Schule der auf den rechten Weg Gebrachten) namhafte Künstler
wie Francesco Albani (1578–1660), Guido Reni (1575–1642), Domenichino (auch Dominichin, eigentlich Domenico Zampieri,
1581–1641) oder Guercino (Giovanni Francesco Barbieri, 1591
bis 1666) hervorgingen (vgl. auch *Winkelmann und sein Jahrhundert*; Bd. 6.2, S. 212 ff.). Die von G. hier erwähnten Darstellungen des Olympos entstanden in den Jahren 1597 bis 1605 und
schmücken als Fresken den Palazzo Farnese in Rom; dabei wurde
Annibale Carracci von seinem Bruder Agostino sowie von Domenichino unterstützt. Von Pietro Aquila (2. Hälfte des 17. Jh.s, gest.
1692) angefertigte Stiche dieser Freskomalereien befinden sich in
G.s Kunstsammlungen (›Die Frescomalereien in der Galerie des

Palastes Farnese zu Rom.‹ 21 Bl., nebst drei Titelbl. Schuchardt, Bd. I, S. 26, Nr. 229); vgl. hierzu auch in der *Italienischen Reise* (Bd. 15, dort auch ein Stich der Farnesischen Fresken von Giovanni Volpato, S. 190) S. 122,21 ff., S. 162 sowie die ausführlichen Anm. hierzu auf den S. 914 ff. Ebenso auch die *Anforderung an den modernen Bildhauer*, S. 394. – *8 Marsyas besiegt:* Der phrygische Satyr Marsyas (s. zu S. 455,38) forderte Apollon zu einem musikalischen Wettstreit heraus, den er – durch eine List des Apollon – verlor; er wurde daraufhin von dem Gott getötet. Aus dem Blut des toten Satyrn bzw. den Tränen seiner trauernden Freunde entsprang der Fluß Marsyas. – *10 Amphion:* Die Zwillingsbrüder Amphion und Zethos, Söhne der Antiope und des Zeus, herrschten gemeinsam als Könige über Theben. Im Gegensatz zu seinem mehr an praktischen Tätigkeiten (wie z. B. der Viehzucht) interessierten Bruder widmete sich Amphion, dem Hermes eine Leier geschenkt hatte, der Musik. So vermochte er es auch, daß sich – veranlaßt durch den Zauber seiner Töne – schwere Steine, an denen sich Zethos zuvor vergeblich versucht hatte, selbständig zu einer Mauer formierten. Amphion war mit Niobe, der Tochter des lydischen Königs Tantalos, verheiratet. – *12 Aesop:* Der griech. Fabeldichter Aisopos (lat.: Aesopus oder Äsop) soll im 6. Jh. v. Chr. gelebt haben und der Überlieferung nach von niederer Herkunft, möglicherweise ein phrygischer Sklave gewesen sein. Die unter seinem Namen erhaltenen Fabeln verdankten ihre Popularität insbesondere antiken Nachdichtungen, so vor allem den ›Fabulae Aesopiae‹ des Phaedrus (um 15 v. Chr. bis 55 n. Chr.) oder der Sammlung des griech. Dichters Babrios (1. Jh. n. Chr.), auf die sich später im wesentlichen auch Avian(i)us (gegen Ende des 4. Jh.s n. Chr.) mit seinen in lat. Sprache verfaßten Äsopischen Tiergeschichten stützte. – *14 Orpheus:* Der thrakische Sänger Orpheus, der Sohn der Muse Kalliope, konnte mit seinem Gesang und den Tönen seiner Leier nicht nur Menschen, sondern sogar wilde Tiere, Bäume und Steine bezaubern. Er nahm auch an der Fahrt der Argonauten teil und rettete diese auf der Heimfahrt vor den Sirenen, deren Gesang er mit dem Spiel seines Instruments übertönte. Nachdem seine Gattin, die Naiadennymphe Eurydike, durch einen Schlangenbiß gestorben war, rührte sein Trauergesang Hades und Persephone so sehr, daß sie ihm erlaubten, Eurydike aus der Unterwelt wieder ans Tageslicht zu führen; da er die Abmachung, sich vor der Rückkehr in die Heimat nicht nach ihr umzudrehen, nicht halten konnte, mußte Eurydike – diesmal für immer – in den Hades zurückkehren. – *16 jenem Zauberlehrling ähnlich:* G. nimmt hier auf seine gleichnamige Ballade *Der Zauberlehrling* (Bd. 4.1, S. 874 ff.) Bezug, aus der insbesondere die Verse

»Die ich rief die Geister / Werd ich nun nicht los« (91 f.) aus der
letzten Strophe sprichwörtlich geworden sind. – *19 Antike
Gemme:* Wie Richard Foerster ermittelt hat, besaß G. einen Abdruck dieser Gemme aus der Sammlung Stosch (dort Nr. 48). Das
Original befindet sich unter der Nr. 9853 im Berliner ›Antiqua-
rium‹ (eine Abb. dieser Gemme bei Foerster, S. 174, Tafel I, 2.). –
20 Pindar: der griech. (Chor)Lyriker Pindaros aus Kynoskephalai
bei Theben (522 oder 518 bis nach 466 v. Chr.). Seine uns überlieferten ›Siegeslieder‹ (›Epinikia ⟨Mele⟩‹) enthalten vor allem Preis-
gesänge auf die siegreichen Athleten in den sportl. Wettkämpfen
der Olympischen, Pythischen, Nemeischen und Isthmischen
Spiele. – *21 Rhea:* Es ist wenig wahrscheinlich, daß G. hier die
Titanin Rhe(i)a meint, die von den Griechen oft mit der phrygischen Göttin Kybele gleichgesetzt wurde: Vielmehr handelt es sich
um Rea Silvia, die Tochter von Numitor, des Königs von Alba
Longa, die von Mars verführt wurde und daraufhin die Zwillinge
Romulus und Remus zur Welt brachte. – *24 Sophokles:* aus Athen
stammender griech. Tragiker (um 497/496 bis 407/406 v. Chr.);
von seinen dem Titel nach bekannten 123 Dramen sind der Nachwelt nur sieben Werke – ›Aias‹, ›Antigone‹, ›Elektra‹, ›Oidipus
auf Kolonos‹, ›König Oidipus‹, ›Philoktet‹ und ›Die Trachinierinnen‹ –, dazu das Satyrspiel ›Ichneutai‹ (Spürhunde) erhalten
geblieben. – *Melpomene:* die Tochter des Zeus und der Mnemo-
syne, eine der neun Musen, nämlich die Muse der Tragödie. –
25 Aeskulap: Asklepios (röm.: Aescu lapius), der Gott der Heil-
kunst, ein Sohn des Apollon. – *27 Venus:* Siehe zu S. 453,13. –
31 Bacchus und die Tyrrhener: Seeräuber aus dem Volk der Tyrrhener hatten den Bacchus (Dionysos) entführt und waren daraufhin von diesem mit einer Ausnahme in Delphine verwandelt
worden. Ovid (Publius Ovidius Naso, 43 v. Chr. bis 18 n. Chr.)
schilderte diese Begebenheit, die zuvor auch auf den 335/334
v. Chr. geschaffenen Reliefs am choregischen Denkmal des Lysikrates in Athen dargestellt wurde, in seinen ›Metamorphosen‹ (III,
582 ff.); vgl. auch *Anforderung an den modernen Bildhauer*,
S. 394. – *35 Andros:* die nördlichste, 380 km² große Insel der
griech. Kykladen, südöstl. von Euböa gelegen. – *39 Tritonen:* nach
Triton, dem Sohn des Poseidon und der Amphitrite, benannte
niedere Meeresgötter; sie waren Doppelwesen, die sich aus einem
menschlichen Oberkörper und einem Fischunterleib zusammen-
setzten; vgl. *Faust II* (Bd. 18.1), 2. Akt, Verse 8044 ff., ebenso
Ovids ›Metamorphosen‹ (I, 330–347).
457 1 Palämon: Palaimon, ursprünglich Melikertes, der Sohn
des Athamas und der Ino. Von Hera mit Wahnsinn geschlagen,
stürzte sich Ino mit ihrem Sohn ins Meer. Sein Leichnam wurde

von seinem Onkel Sisyphos, dem König von Korinth, gefunden und bestattet, der zu Melikertes' Ehren und Gedenken zugleich die Isthmischen Spiele begründete. Als Meeresgottheit stand Melikertes unter seinem neuen Namen Palaimon (röm.: Portunus) zusammen mit seiner Mutter, die nunmehr Leukothea hieß, in Not geratenen Seeleuten bei. – *5 Bosphorus:* Der Bosporus, eine 30 km lange, zwischen 600 und 3000 m breite Meeresstraße bzw. Meerenge zwischen den Kontinenten Europa und Asien, verbindet das Schwarze Meer mit dem Marmarameer; an seinem südl. Ausgang liegt Istanbul. – *9 Mosaik von Palästrina:* Palestrina, mittelital. Stadt in der Provinz Rom, als Praeneste seit dem 7. Jh. v. Chr. eine bedeutende Handelsstadt, seit 500 v. Chr. unter röm. Herrschaft. Der Mosaikfußboden mit den Darstellungen des Nils befindet sich dort im ›Palazzo Barberini‹; G. besaß davon einen Stich von Giovanni Hieronymus (Girolamo) Frezza, den dieser nach einer Zeichnung von Joseph Sincerus angefertigt und 1721 in Rom veröffentlicht hatte: ›Antiker Mosaik-Fußboden, die Reise Alexanders zum Ammonstempel darstellend, welcher zu Präneste im Tempel der Fortuna gefunden worden. Sehr großes, aus 7 Teilen zusammengesetztes Blatt, mit lat. Erklärung dabei‹ (Schuchardt, Bd. I, S. 37, Nr. 336). In G.s Entwurf heißt es hierzu unter den Nummern 70–72 (WA I 49/2, S. 209): »Landschaftlich bedeutend. Das Mosaik von Palestrina.« (zu 70.), »Mosaik von Palestrina. – Der sinkende Nil.« (zu 70ª.), »Im Sinn von Palestrina.« (zu 71.), sowie »Ganz mit Palestrina einstimmig.« (zu 72.). – *12 Thessalien:* Landschaft im östl. Griechenland, die von Gebirgen – dem Pindos im Westen, von Olymp, Ossa und Pelion im Osten, der Othrys im Süden sowie dem nordthessal. Gebirge im Norden – umgeben ist. – *Peneus:* Peneios, der Hauptfluß Thessaliens (s. die vorangegangene Anm.), 205 km lang; er entspringt am Katarapaß, fließt zuletzt durch das Tempetal zwischen Ossa und Pelion und mündet schließlich im Thermäischen Meerbusen ins Ägäische Meer; vgl. hierzu die Szenen am »obern« und »untern« Peneios in der »Klassischen Walpurgisnacht« des *Faust II* (2. Akt, Verse 7080 ff.; Bd. 18.1). Wie Richard Foerster gezeigt hat, hatte G. hier das letzte Blatt der ›Geschichte des Apoll und der Daphne‹ vor Augen, eine Reihe von vier Bildern, die, von Philippus Thomassinus nachgestochen, als eine Komposition des Giulio Romano gelten. (G. besaß die Originalstiche dieses Zyklus »vom Meister mit dem Würfel« [Foerster, S. 176], vgl. Schuchardt, Bd. I, S. 79 f., Nr. 762.) Dieses vierte Blatt (Abb. bei Foerster S. 178, Tafel III,2) zeigt die Tröstung des Peneios durch die Götter seiner Nebenflüsse. – *19 Delphins-Fang; Julius Roman:* G. besaß einen Stich von Adam Scultore (fälschlich gen. Ghisi; um 1530–1585) nach Giulio Romano:

›Fischer in drei Barken ziehen ihre Netze, worin sich monströse
Fische gefangen haben, aus dem Meer.‹ (Schuchardt, Bd. I, S. 78 f.,
Nr. 752 f.). – *22 Dodona:* griech. Dodone, Stadt im Epirus, einer
Region im nordwestl. Griechenland: eine der ältesten Kultstätten
des Zeus und der Dione, berühmt durch sein Orakel, das sich im
Rauschen der hl. Eichen des Zeus, später auch in den Geräuschen
einer Quelle zu erkennen gab. Auch das Holz der ›Argo‹ stammte
von den Eichen aus Dodone. – *31 sqq.:* lat. sequentes, ›die Folgenden‹.

458 *11 Antilochus:* Siehe zu S. 452,8. – *30 als Patrokulus erlag:*
Patroklos (die Namensform »Patrokulus« bereits in C¹ zu »Patroklus« korrigiert), der Sohn des Menoitios, wurde vor Troja von
Hektor getötet (vgl. ›Ilias‹ 16, 682 ff.); »erlag« ist hier im Sinne von
›unterlag‹ zu verstehen, wie es bereits in C¹ geändert wurde. –
36 Ulyss: Odysseus, auch Ulysses oder Ulixes, der einzige Sohn
des Laërtes und der Antikleia, König von Ithaka.

459 *1 Skamander:* Siehe zu S. 452,13. – *2 Vulkan:* Vulcanus,
röm. Gott des Feuers; durch die Gleichsetzung mit Hephaistos
wurde Vulcanus, der ursprünglich die gefährliche und zerstöre-
rische Macht des Feuers symbolisierte, später auch zum Gott der
Schmiedekunst und anderer Handwerke. Die hier von G. beschriebene Szene schildert Homer in der ›Ilias‹ (21, 342 ff.). – *12 Meneceus:* Siehe zu S. 452,15. – *33 Theben und die Sieben:* Die sieben
argivischen Feldherren, die Theben belagerten, waren Adrastos,
Kapaneus, Polyneikes, Tydeus, Hippomedon, Amphiaraos und
Parthenopaios. Ihre Geschichte erzählte Aischylos (525/524 bis
456/455 v. Chr.) in seiner 467 v. Chr. aufgeführten Tragödie
›Hepta epi Thebas‹ (Sieben gegen Theben). – *38 Antigone:* Siehe zu
S. 452,21. Sophokles (s. zu S. 456,24) verfaßte seine gleichnamige
Tragödie wahrscheinlich im Jahre 442 v. Chr.

460 *7 ein Granatbaum:* der Granat(apfel)baum (Punica grana-
tum), ein oft dorniger Baum oder Strauch mit scharlachroten, auch
weißen oder gelben Blüten (zur Fruchtbarkeitssymbolik des Gra-
natapfels vgl. zu S. 192,16). – *8 gegen einander über:* einander
gegenüber. – *14 Evadne:* Siehe zu S. 452,23; vgl. hierzu auch die
zwischen 424 und 416 v. Chr. entstandenen ›Hiketides‹ (Die
Schutzflehenden) des Euripides, Verse 987 ff. – *28 Ajax der Lokrier:* Siehe zu S. 452,27. – *40 umgäschen:* heftig brausend und
spritzend umspülen.

461 *14 Ein hoch-tragisch prägnanter Moment:* ›Prägnanz‹ und
›Produktivität‹ im Sinne einer schöpferischen Eigenleistung stehen
in G.s Denken in einem unmittelbaren Zusammenhang; so heißt es
im 107. Aphorismus der *Maximen und Reflexionen*: »Nicht jeder
dem man Prägnantes überliefert, wird productiv; es fällt ihm wohl

etwas ganz Bekanntes dabei ein« (Bd. 17, S. 739; vgl. auch die Anm. hierzu S. 1259 f.). – *20 Philoktet:* Siehe zu S. 452,29; vgl. zu dieser von G. geschilderten Szene auch die Verse 1326 ff. der 409 v. Chr. erstmals aufgeführten Tragödie ›Philoktetes‹ des Sophokles. – *31 Rhodogune:* Siehe zu S. 453,7. – *34 Semiramis:* sagenhafte assyrische Königin, der auch die nach ihr benannten ›Hängenden Gärten‹ in Babylon – eines der sieben antiken Weltwunder – zugeschrieben wurden.

463 *27 goldene Haften:* goldene Spangen. – *29 sofort:* zu verstehen im Sinne von ›fortan‹, ›weiterhin‹.

464 *3 Sardonyx:* (griech.-lat.) die rot und weiß gestreifte Abart des Chalzedons.

465 *14 Neptun und Amymone:* Siehe zu S. 453,17. – *15 Danaus:* Danaos, der König von Argos. Wie sein Zwillingsbruder Aigyptos hatte Danaos fünfzig Kinder: Während Aigyptos' Nachkommen samt und sonders Söhne waren, wurden dem Danaos ausschließlich Töchter, die ›Danaiden‹, geboren. – *22 Inachus:* Inachos, der Hauptfluß von Argos, oft auch als Gottheit personifiziert. – *39 Phöbus:* Phoibos (Der Leuchtende), Beiname des Gottes Apollon.

466 *7 jene Tat:* Mit Ausnahme der ältesten Tochter Hyperm(n)estra, die ihren Bräutigam Lynkeus verschonte, ermordeten alle anderen 49 Töchter des Danaos ihre Gatten in der Hochzeitsnacht. Zur Strafe mußten sie in der Unterwelt ohne Pause Wasser in ein durchlöchertes Faß schöpfen, weshalb man eine ebenso mühevolle wie sinnlose Tätigkeit auch als ›Danaidenarbeit‹ bezeichnet. – *19 Theseus und die Geretteten:* Siehe zu S. 453,20. – *22 unter den Schätzen von Portici:* Im königlichen Palast von Portici, einer bei Neapel gelegenen Hafenstadt am Westfuß des Vesuvs, wurden ursprünglich die Funde aus Pompeji und Herculanum ausgestellt. Ebendort hat G. auf seiner italienischen Reise die »Schätze von Portici« (Bd. 15, S. 415) am 18. März 1787 besichtigt (ebenda, S. 262 ff.); unter dem Datum vom 20. Juni 1787 berichtet er dann von den Plänen eines Museumsneubaus in Neapel: »In Neapel wird der König ein Museum bauen lassen wo alles was er von Kunstsachen besitzt, das herkulanische Museum, die Gemälde von Pompeji, die Gemälde von Capo di Monte, die ganze Farnesische Erbschaft, vereinigt aufgestellt werden sollen. Es ist ein großes und schönes Unternehmen« (ebenda, S. 427). Dort, im neapolitanischen ›Museo Nazionale‹, befinden sich diese Kunstschätze auch heute noch. Wie G. schon in der tabellarischen Übersicht zu Beginn des Aufsatzes vermerkte, stützte er sich hier nicht auf die Überlieferungen Philostrats, sondern auf die ihm zugänglichen Darstellungen in ›Le antichità di Ercolano‹ (s. S. 1122).

467 *17 in seinem Heldenbuche:* In seinem ›Heroikos‹ gibt Philostrat d. Ä. in Dialogform die Unterhaltung eines phoinikischen Schiffers, der von ungünstigen Winden an der Südspitze des thrakischen Chersones (der heutigen Halbinsel Gallipoli) festgehalten wird, mit einem Weinbauern wieder. Im Mittelpunkt stehen dabei die fiktiven Berichte des (vor Troja getöteten und auf dem thrakischen Chersones begrabenen) Helden Protesilaos, in denen dieser – Homer korrigierend – über den ›wahren‹ Verlauf des Trojanischen Krieges berichtete (zum Tode des Protesilaos, der, wie das Orakel geweissagt hatte, als erster Grieche vor Troja fiel, vgl. die ›Ilias‹, 2, 698 ff., und Ovids ›Metamorphosen‹ XII, 67 ff.). – *19 Palamedes:* der Sohn des Nauplios und der Klymene, nach anderen Überlieferungen der Philyra oder Hesione. Da Palamedes die List des Odysseus aufgedeckt hatte, mit der dieser der Teilnahme am Trojanischen Krieg entgehen wollte, zog er sich dessen unversöhnlichen Haß zu. Odysseus rächte sich dann auch, indem er den Palamedes durch einen (von ihm selbst) vergrabenen Goldschatz und einen gefälschten Brief als vermeintlichen Verräter und Spion der Trojaner denunzierte, woraufhin der seine Unschuld beteuernde Palamedes gesteinigt wurde (so in Ovids ›Metamorphosen‹ XIII, 56 ff.). Nach anderen Überlieferungen wurde Palamedes beim Fischfang von Odysseus und Diomedes ermordet. Da Palamedes, dem auch die Erfindung einiger Buchstaben des Alphabets, des Würfelspiels sowie nützlicher Geräte des täglichen Gebrauchs zugeschrieben wurde, aber eine Gestalt des nachhomerischen Sagenkreises ist, konnte ihm der griech. Dichter die vom Philostratischen Protesilaos geforderte Würdigung (s. die vorangegangene Anm.) gar nicht zukommen lassen. – *32 Ariadne:* Siehe zu S. 453,22.

468 *15 ein rosener Kranz:* ein aus Rosen bestehender Kranz. Die Kommentatoren weisen übereinstimmend darauf hin, daß es sich bei dem Wort »rosen« um eine Wortschöpfung G.s handelt, die sich in der Literatur sonst nirgends nachweisen läßt. – *20 Thyrsen:* der Thyrsos (griech.): ein mit Weinlaub und Efeu umwundener, an der Spitze mit einem Pinienzapfen versehener Stab, der bei Umzügen zu Ehren des Dionysos von den Mänaden und Satyrn getragen wurde. – *38 Ganymed:* Ganymed(es), ein Sohn des Königs Tros, wurde von Zeus (Jupiter) wegen seiner Schönheit in den Himmel entführt (nach Homers ›Ilias‹, 20, 231–235; vgl. hierzu auch G.s gleichnamiges Gedicht; Bd. 1.1, S. 233).

469 *11 Minerva:* Siehe zu S. 454,10. – *13 die zweite:* Gemeint ist Venus. – *16 Juno:* Der Iuno entsprach in der griech. Mythologie Hera, die Gattin des Zeus. – *22 straubig:* struppig. – *26 Phasis:* Phasis (heute ›Rion‹), der Fluß, der durch Kolchis ins Schwarze

Meer fließt. – *27 die beweglichen Felsen:* die Symplegaden, zwei
Felsen auf beiden Seiten der nördl. Einfahrt zum Bosporus (s. zu
S. 457,5), dem Eingang zum Schwarzen Meer. Der Sage nach
prallten die beiden Felsen, vom Wind getrieben, mit ungeheurer
Wucht aufeinander. Den Argonauten gelang es mit Hilfe der
Athene zum ersten Mal, dieses Hindernis zu durchschiffen: Danach
veränderten die Symplegaden, die auch ›kyaneai petrai‹ (dunkel-
blaue Felsen) genannt wurden, ihre Lage nicht mehr. – *34 Medea:*
Siehe zu S. 453,40. – *36 die Mutter:* nämlich Venus (Aphrodite).

470 *9 Glaucus:* Siehe zu S. 453,39. – *12 Orpheus:* Siehe zu
S. 456,14. – *14 die Dioskuren:* Kastor und Polydeukes (Pollux); s.
zu S. 203,29. – *die Aeaciden:* Die Nachkommen von Aiakos, des
Sohns des Zeus und der Aigina: Zu ihnen zählten u. a. Peleus,
Achilleus, Neoptolemos und Pyrrhos. – *Boreaden:* die Söhne des
Nordwindes Boreas. – *17 dodonäischer, weissagender Eiche:* Siehe
zu S. 457,22. – *22 Jason:* Zu Iason s. zu S. 453,40, zu Phrixos und
Helle s. zu S. 452,36. – *31 Typhis:* einer der Argonauten. – *32 Linzeus:* Es handelt sich hier nicht um den Gatten der Hyperm(n)estra
(s. zu S. 466,7), sondern um den Sohn des Aphareus und der Arene,
der wie sein Bruder Idas, sowohl an der Jagd auf den Kalydonischen Eber (s. zu S. 455,23) als auch an der Fahrt der Argonauten
teilnahm. Während Idas seine Kraft und sein Mut, aber auch seine
Prahlsucht und Eitelkeit auszeichneten, wurde Lynkeus, der auf
der Argo das Steuer führte, besonders durch seinen scharfen und
weitreichenden Blick berühmt. Als »scharfsichtig« (Vers 7377)
wird er auch im *Faust II* (Bd. 18.1) geschildert, vgl. dort auch
Verse 9217 ff. sowie im 5. Akt die Verse 11143 ff. und 11288 ff.

471 *23 Alzyonen:* die Alkyonen, (Meeres)Eisvögel oder Kö-
nigsfischer (›halkyones‹); so benannt nach Alkyone, der Tochter
des Aiolos und der Enarete oder Aigiale. Diese betrauerte den Tod
ihres Gatten Keyx, des Königs von Trachis, so heftig, daß beide
von Zeus in Meeresvögel verwandelt wurden. In jedem Winter
bauten sie an sieben Tagen ihr Nest auf dem Meer; während dieser
Zeit – den sogenannten ›halkyonischen Tagen‹ – blieb das Wasser
ruhig (vgl. Ovids ›Metamorphosen‹ XI, 410–748). – *37 Heliaden:*
Heliaden oder Heliadai, die Töchter des Sonnengottes Helios.
Nach dem Tod ihres Bruders Phaëthon wurden sie in Pappeln am
Ufer des Flusses Eridanos verwandelt, wo sie Phaëthon mit Tränen
aus Bernstein beweinten. Eine Verbindung zwischen Medea und
den Heliaden, wie sie G. hier andeutet, ist in der griech. Mythologie allerdings nicht überliefert.

472 *24 denn das ist der Vorteil bei zyklischen Darstellungen:*
G.s Werk kennt auch andere dieser ›Zyklen‹, so vor allem die
Novellen innerhalb der beiden Fassungen von *Wilhelm Meisters*

Wanderjahren (Bd. 17). Die Vorzüge solcher aufeinander verwei-
sender, Motive und Konstellationen – wie etwa das Thema der
Mesalliancen in der Novellistik der *Wanderjahre* – auf verschiedene Weisen ›durchspielender‹, von G. so genannter »Parallelgeschichten« hatte schon die Baroneß in den *Unterhaltungen deutscher Ausgewanderten* ausdrücklich hervorgehoben: »Ich liebe mir
sehr Parallelgeschichten. Eine deutet auf die andere hin und erklärt
ihren Sinn besser als viele trockene Worte« (Bd. 4.1, S. 496). –
29 Phasis: Siehe zu S. 469,26.

473 *26 Absyrtus:* Apsyrtos, der Sohn des kolchischen Königs
Aiëtes und Bruder der Medea. Er führte nach dem Raub des
Goldenen Vlieses die Verfolger der Argonauten an und wurde von
Iason getötet. *– 31 Perseus und Andromeda:* Siehe zu S. 454,2.

474 *25 Medusenkopf:* Medusa, eine der drei Gorgonen. Im
Gegensatz zu ihren Schwestern Stheno und Euryale war Medusa
nicht unsterblich. Wer immer die Ungeheuer mit den Schlangen-
haaren anblickte, wurde zu Stein verwandelt. Mit Hilfe der Athene
gelang es Perseus, Medusa zu enthaupten. *– 36 die elfenbeinerne
des Pelops:* Siehe zu S. 453,35.

475 *4 Cyklope und Galathee:* Siehe zu S. 454,3. – *27 rauch:*
rauh, struppig, behaart.

476 *10 Tritonen:* Siehe zu S. 456,39. – *16 Zephyr:* der Gott des
Westwindes. – *30 Raphael, die Carrache und andere:* Raffaello
Santis (1483–1520) zwischen 1511 und 1514 für die Villa Farnesina entstandenes Wandbild ›Triumph der Galathea‹, das dieser
für den Kardinal und Kunstliebhaber Agostino Chigi, genannt
›il Magnifico‹ (1465–1520) angefertigt hatte. Chigi, der auch der
Bankier der Päpste Alexander VI. (1492–1503), Julius II. (1503
bis 1513) und Leo X. (1513–1521) gewesen war, hatte die Villa
Farnesina zwischen 1505 und 1511 durch Baldassare Peruzzi
(1481–1537) erbauen lassen und mit ihrer Ausschmückung die
namhaftesten Künstler seiner Zeit beauftragt; vgl. zur (Bau)Ge-
schichte der Farnesischen Villa Bd. 15, S. 916 ff. G. hatte Raffaels
Gemälde während seines römischen Aufenthalts besichtigt, es
aber in seiner *Italienischen Reise* nicht erwähnt (zu den Gründen
vgl. Bd. 15, S. 917). Er besaß von diesem Gemälde mehrere Stiche,
so von Marcantonio Raimondi (›Galathee auf einem Muschelwagen von Delphinen gezogen. Nach dem Freskogemälde in der
Farnesina‹; Schuchardt, Bd. I, S. 68 f., Nr. 642) und von Domenico Cunego (1726–1803; Schuchardt, Bd. I, S. 69, Nr. 643, entstanden 1771 in Rom), ebenso ein Blatt aus dem Jahr 1772:
›Galathee auf einem Muschelwagen von Tritonen und Nereiden
umgeben. Aus der Galerie im Palast Farnese‹ (Schuchardt, Bd. I,
S. 27, Nr. 233). Zu den von Annibale Carracci und seinen Schülern

angefertigten Fresken der Villa Farnesina s. zu S. 456,4. Bei den
»anderen«, von G. nicht namentlich erwähnten Künstlern ist vor
allem an Marcantonio Raimondi (1475/1480 bis um 1534), den
bedeutendsten Kupferstecher der Renaissance, zu denken, durch
dessen Stiche u. a. viele nicht mehr erhaltene Originale Raffaels der
Nachwelt überliefert wurden (vgl. Bd. 15, S. 442, 445 und 553).
Vgl. hierzu auch Foerster, S. 177. – *35 Meles und Critheis:* Siehe zu
S. 454,7.

477 *17 grünpurpurnen:* Diese Wort- bzw. Farbkomposition
mag zunächst überraschen, da Purpur als eine ›violette‹ Farbe (vgl.
§ 151 und 612 des »Didaktischen Teils« der *Farbenlehre*) eher an
eine Mischung von Blau und Rot denken läßt. Zum Verhältnis der
beiden Farben ›Grün‹ und ›Purpur‹, die »einander auffallend hervorrufen«, äußert sich G. im § 57 seiner *Farbenlehre* (Bd. 10,
S. 43). – *33 die einstehende:* die bevorstehende.

478 *10 Rhodier:* die Bewohner der griech. Insel Rhodos. –
20 Plutus: Plutos, der Gott des Reichtums. – *27 Cadmus:* Kadmos,
der Gründer und König von Kadmeia, das später durch die Zwillingsbrüder Amphion und Zethos (s. zu S. 456,10) Theben genannt
wurde. – *28 Semele:* Siehe zu S. 454,13. – *40 Cithärons:* Kithairon,
eine Bergkette, die Attika von Böotien trennt.

479 *2 Evoe:* ›Evoë‹, der Jubelruf der Bacchantinnen zu Ehren
des Dionysos. – *3 das Unglück das bevorsteht:* Pentheus, der
Nachfolger des Kadmos auf dem Königsthron von Theben, verbot
die Verehrung des Dionysos (Bacchus) durch die Bacchantinnen
und ließ diese – als sich seine Verfügung als wirkungslos erwies –
sogar ins Gefängnis werfen. Er fand den Tod, als er die Feiern der
Bacchantinnen heimlich beobachten wollte, von diesen für ein
wildes Tier gehalten und in Stücke gerissen wurde. Sowohl Aischylos (525/524 bis 456/455 v. Chr.) in seinem ›Pentheus‹ als auch
Euripides in seiner Tragödie ›Bakchai‹ (Die Bakchen; vgl. hier
insbesondere die Verse 1043–1147) haben diesen Stoff dramatisiert,
den auch Ovid in seinen ›Metamorphosen‹ (III, 513–731) gestaltet
hat. – *6 die rasende Megäre:* Megaira, eine der Erinnyen (röm.:
Furien), deren Aufgabe es war, Freveltaten zu rächen. Außer
Megaira (›die Neidische‹) werden von den Erinnyen noch Alekto
(›die Unablässige‹) und T(e)isiphone (›die den Mord Rächende‹)
namentlich erwähnt. – *10 Geburt des Hermes:* Siehe zu S. 454,17. –
15 Die Mutter: die Nymphe Maia.

480 *5 Galanthis:* die Dienerin der Alkmene; sie überlistete
Eileithyia (röm.: Lucina, dort auch häufig mit Iuno gleichgesetzt),
die Göttin der Geburt, die mit einem Zaubermittel die Geburt des
Herakles verhindern wollte, und wurde daraufhin von Eileithyia
in ein Wiesel verwandelt (vgl. in Ovids ›Metamorphosen‹ IX,

306–323). Homer erwähnt in seiner ›Ilias‹ Eileithyia ebenfalls im Singular (19, 103), spricht dort an zwei Stellen von den göttlichen Hebammen aber auch im Plural (11, 270 und 19, 119). – *39 der Vater:* Herakles war der Sohn des Zeus und der Alkmene. Hier ist jedoch (sein irdischer Vater) Amphitryon gemeint, mit dem Alkmene verheiratet war.

481 *8 Tyresias:* Teireias, der Sohn der Nymphe Chariklo und des Euëres, ein thebanischer, von Hera geblendeter Seher. – *31 Gegen ihm über:* ihm gegenüber (vgl. S. 460,8). – *32 den zweiten Knaben:* Iphikles, den Zwillingsbruder des Herakles. – *39 Plinius:* so Gaius Plinius Secundus der Ältere (23–79) in seiner 37bändigen ›Naturalis Historia‹. Dort erwähnt Plinius im 35. Bd. (36, Kap. 9) zwei Gemälde des Zeuxis, auf denen die von G. beschriebenen Motive – die Versammlung der Götter bei Zeus und die Geburt des Herakles – zu sehen seien.

482 *30 Hercules und Acheloos:* Siehe zu S. 454,29. – *33 aetolischem Grund und Boden:* Aitolien, eine Landschaft auf dem westl. griech. Festland nördl. des Golfs von Patrai (Patras) zwischen dem Fluß Acheloos im Westen und dem Berg Parnaß im Osten.

483 *2 seine Tochter:* Deïaneira (s. zu S. 454,29 und 30). – *33 Hercules und Nessus:* Siehe zu S. 454,30. – *36 Euenus:* Fluß, der in den Golf von Patras mündet; heute: Phidaris. – *39 Pholoe:* Pholoë, ein Berg im Osten der im nordwestl. Peloponnes gelegenen Landschaft Elis; er verdankt seinen Namen dem von den anderen Kentauren aus Magnesia vertriebenen Pholos.

484 *4 Hyllus:* Hyllos, der älteste Sohn des Herakles und der Deïaneira. – *19 das tödliche Geheimnis:* Siehe zu S. 454,30.

485 *1 Hercules und Anteus:* Siehe zu S. 454,31. – *26 Gaea:* Ge oder Gaia, die Göttin der Erde (röm.: Terra oder Tellus). – *38 Hercules und Atlas:* Siehe zu S. 454,34.

486 *2 Hesperiden:* nach verschiedenen Überlieferungen drei, vier oder sieben Nymphen (Aigle, Erytheia, Hestia, Arethusa, Hespere, Hesperusa, Hespereia), die in einem Hain die goldenen Äpfel bewachten, die Hera als Hochzeitsgeschenk von Ge (s. zu S. 485,26) erhalten hatte. Dabei half ihnen Ladon, eine hundertköpfige Schlange. Die elfte Arbeit des Herakles bestand darin, Eurystheus, dem König von Mykene und Tiryns, diese goldenen Äpfel zu bringen. Auf einen Rat des Prometheus hin bat Herakles den Atlas, diese Aufgabe zu übernehmen und bot ihm dafür an, in dieser Zeit das Himmelsgewölbe für ihn auf den Schultern zu tragen. Nachdem Atlas die Bitte des Herakles erfüllt hatte, wollte er die Äpfel jedoch selbst dem Eurystheus überbringen. Durch eine List gelang es Herakles aber, die Weltkugel wieder dem Atlas aufzubürden. – *23 zu übertragen:* auf sich zu nehmen.

487 *5 Hercules und Hylas:* Siehe zu S. 454,36. – *8 Mysien:*
Landschaft Kleinasiens, im nordwestl. Teil der heutigen Türkei,
nördl. von Lydien und westl. von Phrygien gelegen. – *37 Hylas!*
Hylas!: Wie Apollonios Rhodios (um 295–215 v. Chr.) in seinem
Epos ›Argonautika‹ überlieferte, zogen die Bewohner von Kios –
wie ihnen Herakles aufgetragen hatte – noch lange danach einmal
im Jahr durch ihr Land und riefen dabei den Namen des Hylas
(1, 1207–1357).
488 *6 Hercules und Abderus:* Siehe zu S. 454,39. – *10 rauch-*
haarig: Siehe zu S. 475,27. – *27 eine Stadt:* die nach Abderus benannte thrakische Stadt Abdera.
489 *8 Straßenräuber:* Die übereinstimmende Annahme der
Kommentatoren, daß G. an dieser Stelle, in der er die Darstellung
des Grausamen und Schrecklichen zu rechtfertigen sucht, an Peri-
phetes und Sinis, zwei Wegelagerer, die von Theseus getötet
wurden, gedacht habe, erscheint auch deshalb plausibel, weil Sinis
als besonders grausam und blutrünstig geschildert wurde. Er
zwang seine Opfer, eine Fichte mit ihm bis zum Boden zu biegen,
ließ dann den Baum los, worauf diese zu Tode geschleudert
wurden; nach anderen Berichten band er die von ihm überfallenen
Reisenden an zwei herabgebogene Fichten, die er losschnellen ließ,
wodurch die Gefangenen zerfetzt wurden: Sinis erhielt deshalb
auch den Beinamen ›Pityokamptes‹ (Fichtenbeuger). – *10 der*
Freier Hypodamias: Siehe zu S. 453,35. – *32 Abguß eines nach*
England gewanderten Kopfes: In Tivoli, das G. während seines
römischen Aufenthalts mehrfach besucht hatte (Bd. 15, S. 161,
167, 220, 425 f.), hatte Gavin Hamilton 1769 einen Herkuleskopf
gefunden und ihn ebenso wie einen bereits zuvor in der Villa
Hadrians in Tivoli gefundenen Kolossalkopf des Herkules der
Sammlung von Charles Townley vermacht, die von 1765 bis 1772
in Rom entstanden war und 1772 nach England verbracht wurde:
sie befindet sich heute im ›British Museum‹ in London (eine Abb.
des Herkuleskopfes, an den G. gedacht haben mag, bei Foerster auf
S. 174, Tafel I,4). Dieser Herkuleskopf ist nicht zu verwechseln mit
dem Farnesischen Herkules, dessen Abtransport aus Rom G. in
der *Italienischen Reise* unter dem Datum vom 16. Januar 1787
heftig beklagt hatte: »Ein großer Kunstverlust steht Rom bevor.
Der König von Neapel läßt den Herkules Farnese in seine Residenz
bringen« (Bd. 15, S. 192); vgl. auch zu S. 466,22. – *35 ausgedruckt:*
ausgedrückt.
490 *4 Telephus:* Telephos, der Sohn des Herakles und der
Auge, der Tochter des Königs Aleos von Tegea. Telephos wurde
als Kind von Aleos auf dem arkadischen Berg Parthenios ausgesetzt. Er verdankte sein Leben und seinen Namen einem Reh

(griech. ›elaphos‹), das ihn säugte, bevor ihn Hirten fanden und aufzogen. – *27 Myrons Kuh:* Vgl. hierzu G.s im gleichen Heft von *Über Kunst und Altertum* unmittelbar zuvor abgedruckten gleichnamigen Aufsatz (Bd. 9, S. 630). – *32 nicht bewußtlos:* G. benutzt das Wort »bewußtlos« hier nicht in der uns geläufigen Bedeutung von ›ohne Bewußtsein, ohnmächtig‹, sondern im Sinne von ›unbewußt‹.

491 *26 Hercules und Thiodamas:* Siehe zu S. 455,6. – *32 Lindiern:* die Bewohner von Lindos, einer alten Stadt auf Rhodos. Die Lindier galten als hervorragende Seeleute.

492 *29 Hercules bei Admet:* Siehe zu S. 455,4. – *31 Ein treulich mitwirkender Kunstfreund:* Diese charakteristische Formulierung G.s läßt auf Johann Heinrich Meyer (1759–1832) schließen, der das Sujet zweimal gestaltet hatte: Allerdings hatte G. im Jahre 1801 dieses Thema bereits zuvor auch anderweitig ›vergeben‹. In einem Brief vom 11. März 1801 teilt er Schiller den Besuch von »Hartmann von Stuttgard« mit und schildert diesen als einen »großen, derben jungen Mann von 28 Jahren, den man eher für einen Musikus als für einen Maler halten würde« (Bd. 8.1, S. 842). Es handelte sich um den Porträt- und Historienmaler Ferdinand August Hartmann (1774–1842), der 1807 dann eine Professur an der Dresdener Kunstakademie übernehmen sollte und 1824 deren Direktor wurde. G. war Hartmann durch die Preisaufgaben der Weimarischen Kunstfreunde bekannt gewesen, an denen dieser im Jahre 1799 teilgenommen und sich dabei zusammen mit dem Düsseldorfer Maler und Kunstprofessor Heinrich Christoph Kolbe (1771–1836) den Preis geteilt hatte (vgl. ⟨*Zur Preisverteilung. 1799*⟩; Bd. 6.2, S. 418; ebenso das von G. in enger Zusammenarbeit mit Meyer entworfene Gutachten ⟨*Reinigen und Restaurieren schadhafter Gemälde*⟩; S. 316). Am 14. März jedenfalls berichtete G. wiederum an Schiller, daß er Hartmann veranlaßt habe, »hier etwas zu komponieren und zwar einen etwas widerstrebenden Gegenstand: den Admet wie er, ungeachtet der Leiche im Hause, den Herkules aufnimmt und ihn bewirtet« (Bd. 8.1, S. 844 f.). Konnte G. am 18. März noch den ersten Entwurf Hartmanns melden, so fiel das Resultat dann doch nicht zu seiner Zufriedenheit aus, wie wenig später in einem weiteren Brief an Schiller vom 21. März nachzulesen ist: »Mit Hartmann werden wir, ob er gleich schon zwei Zeichnungen gemacht hat, über den Admet nicht einig werden, weil er in einem Bilde, das ganz symbolisch sein müßte, die Begebenheit natürlich darstellt« (ebenda, S. 849). Die Zeichnungen, die sich in G.s Besitz befanden (3 Bleistiftentwürfe; Schuchardt, Bd. I, S. 298, Nr. 767), sind abgebildet in: Walther Scheidig: Goethes Preisaufgaben für bildende

Künstler 1799–1805. Weimar 1958 (SchrGG 57), Abb. 11 und 12.
Die Hoffnung, das antike Motiv nach seinen Vorgaben gestaltet zu
sehen, hatte G. damit freilich nicht aufgegeben, wie noch im selben
Abschnitt mitgeteilt wird: »Prof. Meyer hat mir versprochen,
wenn Hartmann fort ist, eine Zeichnung in unserm Sinne zu
machen, aber nur für unsern stillen Gebrauch«. Meyer löste dieses
Versprechen 1807 mit seiner aquarellierten Tuschfederzeichnung
›Herkules im Trauerhause des Admet‹ (188 × 524 mm) ein, die sich
in G.s Kunstsammlungen (Schuchardt, Bd. I, S. 277, Nr. 460)
befindet; später – 1829 – hat er das Bildthema wieder aufgegriffen
und eine getreue Kopie dieser Zeichnung hergestellt, die im
Schloßmuseum in Weimar aufbewahrt wird (Abb. bei Scheidig,
Tafel 14, und SchrGG 33, Tafel V).

493 *13 Sorgseligkeit:* Wortbildung aus dem mhd. ›sorgsal‹, nach
DWb »Bezeichnung eines sorgenvollen Zustandes«; das »heitere«
Bild und der Zusammenhang des Bildgegenstandes (Herakles beim
üppigen Gastmahl) lassen hier jedoch eher die entgegengesetzte
Bedeutung vermuten. In diesem Sinne wurde noch zu G.s Lebzeiten in C^3 zu »Sorglosigkeit« korrigiert. Möglicherweise liegt in
KuA (und C^1) ein Fehler vor, doch kann auch eine Verwendung
mit veränderter Bedeutung nicht ausgeschlossen werden. Handschriftliche Zeugen sind nicht überliefert; da das Wort bei G. nur
an dieser einen Stelle vorkommt (freundliche Auskunft der Berliner Arbeitsstelle des Goethe-Wörterbuchs), steht auch kein Ver-
gleichsmaterial zur Verfügung. – *21 ihre abgeschiedene Herrin:*
Alkestis.

⟨LANDSCHAFTSMALEREI⟩

Die Landschaftsmalerei hat G., wie Erich Trunz dargelegt hat, sein
Leben lang beschäftigt (Erich Trunz: Goethes Entwurf *Landschaftliche Malerei.* In: Trunz, S. 156–202). In den letzten Lebens-
jahrzehnten verdichtete sich dieses Interesse zum Plan, einen
eigenen Aufsatz zu diesem Thema zu schreiben, der die Entwicklung des Sujets in einem weitgespannten Bogen vom ausgehenden
Mittelalter bis in G.s unmittelbare Gegenwart hinein untersuchen
sollte. Über drei Fragmente hinaus ist diese Absicht allerdings
nicht gediehen, von denen das vorliegende, von Johann Michael
Christoph Färber (1778–1844) niedergeschriebene und auf den
22. März 1818 datierte Schema den frühesten Entwurf darstellt.
Die beiden anderen Bruchstücke hat dann Johann Heinrich Meyer
1832 im letzten, nach G.s Tod erschienenen Band von *Über Kunst
und Altertum* VI 3 veröffentlicht (Bd. 18.2).

Am 21. März 1818 hatte G. in Jena eine umfangreiche Sendung mit Kupferstichen erhalten, die der Leipziger Buchhändler und Auktionator August Gottlieb Weigel (1773–1846) für ihn erworben hatte (vgl. hierzu die Aufsätze *Antik und Modern*, S. 496, sowie *(Jakson, der Formschneider)*, S. 495). Nachdem G. noch am selben Tag die Sendung »bis 7 Uhr« ausgepackt und am folgenden Tag »nach Schulen und Meistern« geordnet hatte, wird auch am 22. März 1818 – dem Tag, an dem das Schema entworfen und diktiert wurde – »Einiges über die neu angekommenen Kupfer« bedacht.

Wie der erste Satz des Schemas deutlich macht, ist dabei ein neues Ordnungskriterium in den Vordergrund getreten: Der »Folge der Landschaftsmalerei« (S. 494,21) gilt nunmehr G.s besondere Aufmerksamkeit, die verschiedenen Schulen und Meister sind in diesem historischen Längsschnitt nur noch eine »bedeutende Nebensache« (S. 494,22), die hinter eine thematisch orientierte Betrachtungsweise, nämlich einer (Kunst)Geschichte der Landschaftsauffassung zurücktreten. Eine Perspektive freilich, der zuvor schon G.s reges und kontinuierliches Interesse gegolten hatte, so etwa, wenn er am 16. Oktober 1817 in seinem Tagebuch »nach Tische landschaftliche Kupferstiche und sonst.« notierte. Wobei natürlich auch daran zu erinnern ist, daß G. den Gegenstand nicht nur von einer bloß rezeptiven, kunsttheoretischen Warte aus betrachten konnte, sondern, wie das ›Corpus der Goethezeichnungen‹ von Gerhard Femmel eindrucksvoll belegt, selbst über umfangreiche zeichnerische Erfahrung auf diesem Gebiet verfügte, die er vor allem während seines italienischen Aufenthalts durch die Bekanntschaft mit Philipp Hackert, Johann Heinrich Wilhelm Tischbein und Christoph Heinrich Kniep gesammelt hatte.

Welche Kupferstiche G. im März 1818 erhalten hatte und welche Exemplare davon Landschaften darstellten, hat Erich Trunz detailliert ermittelt: »Er erhielt in der Sendung, die am 20. März bei ihm ankam, von Paul Bril 10 Blätter mit gebirgigen Landschaften (Schu. 152 Nr. 57) und die Serie der ›Zwölf Monate‹ (Schu. 152 Nr. 58), von Jodocus Momper die ›Landschaft mit dem Kornfeld‹ (Schu. 171 Nr. 254), von Girolamo Muziano die ganze Serie Heiliger Einsiedler, gestochen von Cornelis Cort (Schu. 48, Nr. 443), dazu die ›Heilige Familie auf der Flucht in der Landschaft‹ (Schu. 48 Nr. 440); von Saftleven 4 Blätter mit Rheinlandschaften (Schu. 184, Nr. 394); von Johann Gottlieb Glauber 2 Blätter Landschaften mit Felsen und Fichten (Schu. 161 entweder Nr. 157 oder 159), ferner mehrere Radierungen von Bourdon (Schu. 196 Nr. 10 ff.) und vor allem einige Reproduktionsstiche nach Rubens (Schu. 181 Nr. 367 ff.) ⟨...⟩ Die Beispiele, die er im März 1818 zur Hand hatte, waren *Paul Bril, Jodocus de Momper, Muziano, Hondekoeter* und *Hendrick van Cleve*« (Trunz, S. 173; die Angaben in den Klammern weisen die einzelnen Stiche bei Schuchardt nach).

Das Schema ist also, wie die ›Gedenkausgabe‹ treffend feststellte, auch »ein Gang durch Goethes Sammlung an seiner Hand« (GA, Bd. 13, S. 1776), es ist zugleich aber mehr: nämlich ein (weiteres) Dokument dafür, wie G. in seinen kunstgeschichtlichen Studien versucht, die jeweiligen Künstler und ihre Werke in den historischen Zusammenhang ihrer Zeit zu stellen und aus dieser Zeit heraus zu verstehen. Ein durch und durch geschichtliches Denken, das den Blick ja schon seit der italienischen Reise bestimmte, und zudem eine Perspektive, die durch die Erfahrungen in der Folge der Französischen Revolution noch zusätzlich geschärft wurde. Vom methodischen Ansatz her wählt dieses Schema dabei den gleichen Weg, wie ihn G. etwa auch zu Beginn seines kurz zuvor abgeschlossenen, umfangreichen Aufsatzes über Leonardo da Vincis ›Abendmahl‹ eingeschlagen hatte (S. 403), wenngleich hier nur in nuce erkennbar ist, was dort in einem einleitenden historischen Exkurs ausführlich entwickelt wurde.

Textgrundlage: Handschrift GSA 25/XLVII,3,37 (Beschreibung s. WA I 49/2, S. 239 f.) in der von Färber korrigierten Fassung. – Eingriffe: S. 494,33 *Anmut* (Langmuth Hs.; Hörfehler nach WA korrigiert; s. WA I 49/2, S. 240: »das Richtige aus der folgenden ausführlicheren Niederschrift zu entnehmen«); 494,34 *Carraccische* (Carraschische Hs.; nach WA korrigiert); 495,6 *Vorstellung⟨en⟩* (Vorstellung Hs.; nach WA ergänzt); 495,8 *Eintreten der Veduten* (Eintretenter Vituten Hs.; nach WA korrigiert). Die in der Hs. entstellten Namen der Maler (Hondekonder, Heinrich von Klebe, Dominikin, Bousain, Dightet, Glauer, Lorain) wurden berichtigt. Überschrift nach WA.
Erstdruck: WA I 49/2 (1900), S. 239–240.

494 *21 Folge:* im Sinne von Abfolge, Entwicklung. – *23 Loslösung:* Erich Trunz (s. o.) merkt hierzu an: »Das bedeutet: Loslösung der Landschaftsmalerei von der Heiligendarstellung und der ›Historie‹« (S. 173). – *24 Paul Brill:* Paul Bril (1554–1626), niederländ. Landschaftsmaler, der in Rom lebte und arbeitete. – *25 Jodokus Momper:* Jodocus (auch Joos, Josse oder Jost) de Momper (1564–1635), niederländ. Landschaftsmaler und Radierer. – *26 Mucian:* Girolamo Muziano (1528–1592), auch Bressano genannt, ital. Landschaftsmaler, der in Rom lebte. – *27 Hondekoeter:* Während Erich Trunz sich auf Gillis Claeszoon de Hondecoeter (um 1575–1638), einen niederländ. Landschaftsmaler, der in Ut-

recht und Amsterdam lebte, festlegt (S. 195), hält es der Kommentar der ›Berliner Ausgabe‹ für möglich, daß hier Gijsbert Gillis de Hondecoeter (1604–1653) gemeint ist, von dem G. zwei Landschaftsbilder (Schuchardt, Bd. I, S. 163 f., Nr. 178 und 179) besaß. Folgt man allerdings den Angaben von Schuchardt, der das erste Bild auf das Jahr 1614 datierte, so müßte es Gijsbert de Hondecoeter folglich im Alter von zehn Jahren gemalt haben. Mit Sicherheit ist hier aber nicht, wie in einigen Kommentaren zu lesen ist, der Tiermaler Melchior de Hondecoeter (1636–1695) gemeint, dessen Bild ›Ein Hahn mit jungen Hühnern‹ G. aus der Dresdener Galerie kannte und als »fürtrefflich« klassifiziert hatte (WA I 47, S. 382, Nr. 367). – *28 Heinrich von Kleve:* Hendrick van Cleve, auch Cleef (um 1525–1589), flämischer Maler. – *31 Rubens:* Peter Paul Rubens (1577–1640). – *34 Carraccische Schule:* Die Brüder Annibale (1560–1609) und Agostino (1557–1602) Carracci waren zusammen mit ihrem Vetter Ludovico (1555–1619) Angehörige einer Bologneser Malerfamilie. Zu ihrer 1582 gegründeten ›Scuola degli Incamminati‹, aus der zahlreiche berühmte Maler des 17. Jh.s hervorgingen, vgl. auch S. 323,23 und 395,22. – *35 Claude Lorrain:* eigentlich Claude Gelée (1600–1682), frz. Radierer und Landschaftsmaler, der seit 1627 in Rom lebte. – *36 Dominichin:* Domenichino (auch Dominichin, eigentlich Domenico Zampieri; 1581 bis 1641), ital. Maler, der vor allem in Rom wirkte, wo er 1602 auch Gehilfe des Annibale Carracci gewesen war. – *38 Poussin:* Der frz. Maler Nicolas Poussin (1594–1665) gilt als der Schöpfer der ins Ideale und Erhabene gesteigerten heroischen Landschaft. Er lebte von 1624 bis 1640 in Rom, danach für zwei Jahre in Paris und anschließend bis zu seinem Tode erneut in Rom (vgl. auch im Aufsatz *Proserpina* S. 193,9). – *39 Dughet:* Gaspard Dughet (1613–1675), genannt Gaspard Poussin, frz. Landschaftsmaler, der in Rom tätig war. Er nahm den Familiennamen von Nicolas Poussin (vgl. die vorangegangene Anm.) an, nachdem er dessen Schwager geworden war. – *40 Glauber:* Johannes Glauber (1646–1726), genannt Polydor, niederländ. Landschaftsmaler, Kupferstecher und Radierer.

495 *5 Sachtleben:* Johannes Saftleven, auch Sachtleven, Saftleben oder Zaftleeven (1609–1685), niederländ. Landschaftsmaler und Radierer. Wie G. andeutet, gehörte Saftleven zu den niederländischen Künstlern, die »zu Hause blieben« (S. 495,3). Zwar führten ihn Reisen an Mosel und Rhein bis nach Basel, aber nicht weiter in den Süden, weshalb sich in seinen Bildern auch keine italienischen Motive finden (vgl. auch S. 37,10). – *8 Veduten:* (lat.-ital.) naturgetreue Darstellungen einer Landschaft in der Malerei.

⟨JAKSON, DER FORMSCHNEIDER⟩

Im März 1818 hatte der Leipziger Buchhändler und Auktionator Johann August Gottlieb Weigel (1773–1846) an G., der sich in diesen Tagen und Wochen in Jena aufhielt, eine umfangreiche Sendung mit Kupferstichen geschickt, deren Betrachtung G. seit dem Erhalt am 21. März nunmehr nahezu täglich beschäftigte. Ein Resultat dieser Studien war der Aufsatz *Antik und Modern*, dessen zweiter Teil einigen Radierungen Sébastien Bourdons, ebenfalls einer Akquisition der Leipziger Versteigerung, gewidmet war (S. 499–507).

Auch der vorliegende »kleine Aufsatz«, laut Tagebuch am 27. März 1818 niedergeschrieben, verdankt seine Entstehung diesem Anlaß, wie sich G. in den *Tag- und Jahres-Heften* zu 1818 erinnert: »Gleichfalls höchst unterrichtend, in einer neuern Sphäre jedoch, war eine große Kupferstich-Sendung aus einer Leipziger Auktion. Ich sah *Jacksons* holzgeschnittene Blätter beinahe vollständig zum erstenmal; ich ordnete und betrachtete diese Akquisition, und fand sie in mehr als Einem Sinne bedeutend. Eine jede Technik wird merkwürdig, wenn sie sich an vorzügliche Gegenstände, ja wohl gar an solche wagt, die über ihr Vermögen hinausreichen« (Bd. 14, S. 274).

Ganz ähnlich wie im Falle Bourdons sind es auch hier nicht etwa künstlerische Glanz- und Gipfelleistungen, sondern die unübersehbar beschränkten Fähigkeiten und Möglichkeiten, aus denen G. einen Erkenntniswert ableitet und denen sein besonderes Interesse gilt. Die Leistungen Jacksons, so G., seien buchstäblich nicht ›augenfällig‹, sie müßten vielmehr dechiffriert und »entziffert« (S. 496,7) werden. Vielleicht war es das im Text freimütig eingeräumte spontane »Mißvergnügen« (S. 495,38) des ersten Eindrucks, wahrscheinlich aber die zeitgleiche, intensive Arbeit an dem Aufsatz *Philostrats Gemälde*, was G. an der endgültigen Ausarbeitung und Veröffentlichung dieses Beitrags hinderte.

Textgrundlage: Handschrift GSA 25/XLVII,3,42 (Beschreibung s. WA I 49/2, S. 250) in der von Färber und G. korrigierten Fassung. – Eingriffe: S. 495,20 *denen* (deren Hs.; Hörfehler nach WA korrigiert); 495,28 *steigerte ⟨sich⟩ sodann* (steigerte sodann Hs.; nach WA ergänzt); 495,36 *Bassan* (Pasan Hs.; nach WA korrigiert); 496,12 *die Ermordung ⟨des Petrus Martyr⟩ vorstellend* (die Ermordung ⟨*Lücke im Ms.*⟩ vorstellend Hs.; das Fehlende nach WA I 53, S. 539, ergänzt). Möglicherweise fehlerhaft ist die Stelle S. 496,17 *Jahreszeit,* an der sinngemäß besser »Jahreszahl« einzusetzen wäre. Überschrift nach WA.

Erstdruck: WA I 49/2 (1900), S. 250–252.

495 *16 J. B. Jakson:* John Baptist Jackson (1701 bis etwa 1780),
auch Jackson of Battersea genannt, engl. Holzschneider und Kupferstecher. Jackson arbeitete von 1726 bis 1731 in Rom, danach bis
1746 in Venedig, bevor er wieder nach England zurückkehrte. –
18 Consul Smith: Den anregenden Einfluß und die mäzenatischen
Verdienste des engl. Konsuls Joseph Smith (1682–1770) hebt G.
auch in der *Italienischen Reise* ausdrücklich hervor (Bd. 15,
S. 104 f.). – *21 Inserantur:* (lat.) ›Hier einzusetzen‹ (wörtlich: ›Sie
sollen eingesetzt werden‹). – *35 Titian, Paul Verones, Tintoret,
Bassan:* Tiziano Vecellio (1477 oder um 1487/90 bis 1576), veneziа-
nischer Maler. – Paolo Veronese, eigentlich Paolo Caliari (1528
bis 1588), Veroneser Maler. – Tintoretto, eigentlich Jacopo Robusti
(1518–1594), venezianischer Maler (vgl. auch G.s Gespräch mit
Eckermann vom 13. Februar 1831; Bd. 19, S. 406). – Jacopo da
Ponte, genannt Bassano (1510–1592) nach seiner Wirkungsstätte
Bassano, später in Venedig tätig.
496 *12 Sein erstes Blatt:* Vgl. Schuchardt, Bd. I, S. 93, Nr. 892.
– *die Ermordung:* ›Ermordung des heiligen Petrus Martyr‹ nach
einem Gemälde Tizians. Die Wirkung der (Farb)Komposition
dieses Gemäldes weiß G. deshalb so nachdrücklich zu würdigen, weil er es zusammen mit anderen auf seiner italienischen
Reise in Venedig an Ort und Stelle studieren konnte (vgl. die
Eintragung vom 8. Oktober 1786; Bd. 15, S. 101 ff., insbesondere
S. 101,12 ff.). – *17 Jahreszeit:* Wohl ein Hör- oder Schreibfehler
beim Diktat: Gemeint ist sicherlich die Jahreszahl.

ANTIK UND MODERN

Vom 6. November 1817 bis zum 2. Juli 1818 hielt sich G. mit
wenigen Unterbrechungen in Jena auf. Von einem solchen kurzen
›Besuch‹ in Weimar bricht er am 14. März erneut nach Jena auf, wo
er »nach 12 Uhr« eintrifft und sich wiederum in den zwei geräumigen Zimmern des Gasthofs ›Zur grünen Tanne‹, seinem bevorzugten Jenenser Quartier, einquartiert. Wenn es ihn in den folgenden
Wochen neben allen amtlichen Geschäften und gesellschaftlichen
Verpflichtungen immer wieder und immer häufiger »auf die
Tanne« (zurück)drängte, so hat dies seine Ursache in einer Sendung, die G. am 20. März erhalten hatte und über deren Inhalt er
am 26. März an Johann Heinrich Meyer berichtete:
> »Die Leipziger Kunstlotterie (denn so darf man wohl jede
> Kupferstichauktion nennen) ist höchlich zu unsern Gunsten
> ausgeschlagen. Etwa ein halb Dutzend nur sind zu dem Preis
> gelangt wo ich mir selbst Grenzen gesetzt hätte; sehr viele

höchst billig und der größte Teil noch unter unsern gewöhnlichen Preisen.

Auf die Franzosen, die nun wie billig im Verschiß sind, bietet
niemand«.

Die Rede ist von neuerworbenen Kupferstichen, insbesondere
französischer, aber auch italienischer und niederländischer Künstler, die G. bereits am 21. März »nach Schulen und Meistern«
ordnete (vgl. hierzu auch den Entwurf ⟨Jakson, der Formschnei-
der⟩, S. 495; ebenso die Vorbemerkung zum Schema ⟨Landschafts-
malerei⟩, S. 1150). Schon drei Tage zuvor hatte er sich bei dem
Leipziger Buchhändler und Auktionator Johann August Gottlieb
Weigel (1773–1846) für die Sendung bedankt, die ihm nicht zuletzt
deshalb besonderes Vergnügen bereitet hatte, »da Ihnen die Preise
solcher Kunstwerke bekannter sind als mir selbst«.

Auch in den Tag- und Jahres-Heften zu 1818 werden die
Neuerwerbungen rückblickend unter beiden Aspekten – Stolz
über ihren Besitz und Befriedigung über ihren billigen Erwerb –
gewürdigt, wobei für letzteres vor allem auch politische Gründe
maßgeblich gewesen waren: »Die Nachbarnation war damals in
dem Grade verhaßt, daß man ihr kein Verdienst zugestehen, und so
wenig irgend etwas das von ihr herkäme, an seinen Besitz heranzie-
hen mochte. Und so war mir schon seit einigen Auktionen gelungen, für ein Spottgeld, bedeutende, sogar in der Kunst und Kunstgeschichte wohl gekannte, durch Anekdoten und Eigenheiten der
Künstler namhafte große wohlgestochene Blätter, eigenhändige
Radierungen mehrerer im achtzehnten Jahrhundert berühmter und
beliebter Künstler, das Stück für zwei Groschen anzuschaffen«
(Bd. 14, S. 274).

Insbesondere ein französischer Maler und Kupferstecher wird in
diesem Zusammenhang namentlich genannt, nämlich Sébastien
Bourdon (1616–1671); er ist es auch, der im Brief an Sulpiz
Boisserée vom 1. Mai vor anderen erwähnt wird. Seine vier geätz-
ten Blätter, die ›Flucht aus Ägypten‹ darstellend, verschafften G.
die Gelegenheit, »einen Künstler, den ich immer im Allgemeinen
geschätzt, auch im Einzelnen wert achten« (ebenda, S. 275) zu
lernen. Nachdem G. im Mai 1818 die Kupferstiche der Niederländischen und Französischen Schule wiederholt studiert hatte, notierte er am 27. Mai 1818 als ein erstes Resultat dieser Beschäftigung in seinem Tagebuch »Betrachtungen über das Talent des
Sebastian Bourdon«. Die in der endgültigen Fassung des Aufsatzes
an den Schluß gerückten Abschnitte über die Radierungen Bourdons entstehen also als erstes, sie bilden sozusagen seine Keimzelle;
allerdings ging es G. darin um wesentlich weiter gefaßte Klärungen
grundsätzlicherer Art.

Der erste Eintrag dieses 27. Mai hatte nämlich dem »Philostratischen Herkules« gegolten, womit die andere, wichtige Quelle genannt ist, der der vorliegende Aufsatz seine Entstehung verdankt. Unter dem Titel »Antikes und Modernes« wird er erstmals am 14. Juni 1818 im Tagebuch erwähnt, bezeichnenderweise an dem Tag, an dem zugleich der Abschluß der umfangreichen Studie *Philostrats Gemälde* vermerkt wird.

Und der unmittelbare Bezug zu diesem Beitrag wird dann auch gleich in der Einleitung deutlich: Der Hinweis auf das »Vorstehende« signalisiert eindeutig, daß eine unmittelbare Plazierung im Anschluß an *Philostrats Gemälde* von Anfang an vorgesehen war. Dennoch ist der Aufsatz, dessen Zweiteilung sofort ins Auge fällt, weit mehr als ein ›Appendix‹, ein bloßes Nebenprodukt von G.s Beschäftigung mit den beiden Philostraten. Vielmehr ergreift G. hier die Gelegenheit, die Intentionen seiner Ausführungen zu Philostrat zu verdeutlichen, sie vor möglichen mißverständlichen Deutungen zu schützen und darüber hinaus die notwendigen Klarstellungen vorzunehmen, die ihm im Rahmen der ausführlichen Rekonstruktion antiker Bildbeschreibungen nicht am richtigen Platz gewesen zu sein schienen.

Wie bei anderen Texten G.s – zu denken wäre an die bewußt ambivalente Titulierung einiger Aphorismenreihen seiner *Maximen und Reflexionen*, etwa als »Bedenklichstes«, »Älteres, beinahe Veraltetes« oder »Eigenes und Angeeignetes« (Bd. 17) – hat man auch hier allen Grund, die Überschrift des Aufsatzes ›beim Wort‹ zu nehmen. Der Titel lautet nicht ›Antik oder modern‹, auch nicht ›Antik statt modern‹; beide Begriffe sollen nicht gegeneinander ausgespielt, sondern vielmehr miteinander verknüpft werden. In der verbindenden Konjunktion »und« konzentriert sich in nuce bereits die Kernaussage des gesamten Beitrags, die sich darüber hinaus in dem vielzitierten Ausruf »Jeder sei auf seine Art ein Grieche! Aber er sei's« (S. 501,11) zur Formel verdichtet, die allerdings genau verstanden sein will.

Mit dem Hinweis auf die jeweilige (Eigen)Art verschafft G. dem Künstler nicht nur einen individuellen Spiel- und Freiraum, er schränkt damit zugleich dessen Autonomie ein, indem er ihn – wie dann an verschiedenen Beispielen der Kunstgeschichte paradigmatisch vorgeführt wird – notwendigerweise als Kind seiner Zeit begreift. Auch hier also der Hinweis auf den bedingenden historischen Hintergrund, auf die unvermeidliche – hinderliche oder aber fördernde – Verflochtenheit eines Individuums mit seiner Epoche als fundamentaler Grundzug von G.s Geschichtsdenken, wie es sich seit den 90er Jahren des 18. Jh.s herausgebildet hatte und auch dem großangelegten Entwurf des »Historischen Teils« der *Farben-*

lehre zugrunde lag. In diesem Koordinatensystem bewegt sich folglich jedes »geborne Talent«, kann es sich doch »seiner Vorzüge nicht begeben und kann sie ohne äußere Zeit-Begünstigung nicht gemäß vollenden« (S. 500,15).

Bei aller Normativität entsteht ›Antikes‹ zumal in einem ›sentimentalischen‹ Zeitalter also immer unter ›modernen‹ Bedingungen und muß, um auf der Höhe seiner Zeit zu bleiben, diese stets mitreflektieren. Es ist die Unterscheidung zwischen der bloßen Form, dem ›Phänotyp‹ eines Kunstwerks und dessen Substanz und ›Geist‹, die G. bereits im »Lehrbrief« aus *Wilhelm Meisters Lehrjahren* in die prägnante Forderung faßte, aus »dem Bekannten das Unbekannte« (Bd. 5, S. 498) zu entwickeln – ein Gedanke, der ihm so wichtig war, daß er schließlich als Bindeglied zwischen den beiden *Wilhelm Meister*-Romanen fungierte (vgl. Bd. 17, S. 688). Als Musterbeispiel einer solchen produktiven Aneignung wird dann Sébastien Bourdon angeführt, der mit seiner Darstellung biblischer Szenen G. trotz und gerade wegen seiner keineswegs herausragenden Fähigkeiten als Exempel diente, wie ein Künstler innerhalb seiner (beschränkten) Möglichkeiten »die Höhe der Kunst« (S. 507,34) erreichen konnte. Daß es G. dabei nicht nur um eine kunsthistorische Analyse ging, sondern diese Passagen ebenso von einer versteckten wirkungsästhetischen Absicht getragen wurden, wird im Appell des Schlußsatzes offensichtlich. Wenn er auf diese Weise einen Bogen von der Zeit des Sébastien Bourdon in die unmittelbare Gegenwart hinein schlägt, so drückt dies freilich auch die Erkenntnis aus, daß beide Epochen nicht unbedingt den Nährboden für die Entwicklung hervorragender Talente oder gar genialer Künstler bildeten.

So wie G., ebenfalls schon im »Lehrbrief«, die bloße Repetition und Imitation historischer Vorbilder zurückgewiesen hatte, lehnt er in *Antik und Modern* die bloße Reproduktion klassizistischer Muster – eine solche Lesart würde den Aufsatz *Philostrats Gemälde* gründlich mißverstehen – entschieden ab. Vielmehr plädiert er für die Bewahrung, Transformation *und* Verteidigung humanistischen Gedankenguts, das er durch zeitgenössische Tendenzen, insbesondere eine zunehmend nationalistisch akzentuierte und zugespitzte Rückbesinnung auf die Kunst und Kultur des christlichen Mittelalters bedroht sah und entschieden mißbilligte.

So schließt sich *Antik und Modern*, das nach der Rückkehr G.s aus Karlsbad am 17. September 1818 wiederaufgenommen und mit den Ergänzungen zu Bourdon (20. September) am 23. September abgeschlossen wird, an andere Arbeiten G.s an, in denen er ebenfalls den Versuch unternimmt, die Möglichkeiten klassizistischer

Kunst unter den Bedingungen des zweiten Jahrzehnts des 19. Jh.s
auszuloten: Ein halbes Jahr zuvor hatte G. in seinem Aufsatz
Anforderung an den modernen Bildhauer (S. 394), der als Resultat
seiner beratenden Tätigkeit zur Errichtung des Blücher-Denkmals
in Rostock entstanden war, diese Problematik am Beispiel der
plastischen Kunst diskutiert.

Textgrundlage und Erstdruck: KuA II 1 (1818), S. 145–162, als
dritter Beitrag unter dem Kapitel »Bildende Kunst«.

496 *36 in vorstehendem:* im Aufsatz *Philostrats Gemälde*, der
im ersten Heft des zweiten Bandes von *Über Kunst und Altertum*
unmittelbar vorausgeht.
    497 *6 Karl Ernst Schubart, in seinem Hefte zur Beurteilung
Goethes:* Der Gymnasiallehrer, Altphilologe und Ästhetiker Karl
Ernst Schubarth (1796–1861) hatte 1817 in Breslau seine Schrift
›Zur Beurteilung Goethes‹ veröffentlicht, die G. am 10. Juni 1818
las und für die er sich am 8. Juli bei Schubarth bedankte (vgl. auch
den Brief an Schubarth vom 2. April 1818 und G.s Brief vom
23. Dezember 1818). Auf G.s Einladung vom 14. September 1820
hin lernten sich beide dann am 24. September in Jena persönlich
kennen. 1820 war auch die erweiterte zweibändige Auflage von
Schubarths Schrift unter dem Titel ›Zur Beurteilung Goethes, mit
Beziehung auf verwandte Literatur und Kunst‹ (Ruppert,
Nr. 1949) erschienen (vgl. auch die *Tag- und Jahres-Hefte* zu
1821).
    498 *4 Voila un homme ⟨...⟩:* ›Dies ist ein Mann, der großen
Kummer gehabt hat‹. Der Ausspruch erinnert natürlich an das
berühmte Diktum Napoleons über G. – »Voilà un homme!« –,
wobei sich der »geübte Diplomat« nicht zweifelsfrei ermitteln läßt.
Der Kommentar der ›Berliner Ausgabe‹ vermutet den frz. Diplomaten Charles-Maurice Duc de Talleyrand-Périgord (1754–1836)
oder Etienne Baron de Saint-Aignan als mögliche Urheber. –
33 Chodowiecky: Daniel Nikolas Chodowiecki (1726–1801),
Zeichner, Radierer und Kupferstecher, Direktor der Kunstakademie in Berlin. – *35 Nur darf er nicht ⟨...⟩:* Ähnlich kritisch äußerte
sich G., der selbst einige Blätter von Chodowiecki besaß (Schuchardt, Bd. I, S. 109 f., Nr. 49 und 49 a; S. 260, Nr. 280–282),
gegenüber Eckermann am 25. Oktober 1823 über Chodowieckis
Fähigkeiten, antike Szenen zu gestalten: »wollte er aber römische
oder griechische Helden zeichnen, so ward es nichts« (Bd. 19,
S. 52). – *39 Manieristen:* Vgl. hierzu G.s 1789 veröffentlichten
Aufsatz *Einfache Nachahmung der Natur, Manier, Styl* (Bd. 3.2,
S. 186).

499 *16 Herkulanischen Altertümern:* ein weiterer Hinweis auf die zeitgleiche, intensive Beschäftigung mit Philostrats Gemälden. Das Prachtwerk ›Le antichità di Ercolano esposte‹ (9 Bde. Napoli 1757–1792) und dessen deutsche Übersetzung ›Le antichità di Ercolano 〈...〉 Abbildungen der Gemälde und Altertümer 〈...〉‹ (8 Bde. Augsburg 1777–1799; ausführliche bibliographische Angaben s. S. 1122) bildeten für G. dabei ein wichtiges, wiederholt konsultiertes Hilfsmittel: So entstanden vier Bildbeschreibungen nach Vorlagen aus den ›Herkulanischen Altertümern‹. – *21 Raphaels:* Raffaello Santi (1483–1520). – *27 Peter Perugin:* Pietro Van(n)ucci, genannt Perugino (1446–1524), ital. Maler, Lehrer Raffaels. – *28 Leonard da Vinci:* Leonardo da Vinci (1452–1519). – *29 Michel Angelo:* Michelangelo Buonarroti (1475–1564). – *37 Bänken:* In der Geologie ist ›Bank‹ die Bezeichnung für eine feste, von Schichtfugen begrenzte einheitliche Gesteinsschicht, die wenige Zentimeter, aber auch mehrere Dezimeter dick sein kann. – *39 Moses:* Die in den Jahren 1515/1516 entstandene Marmorstatue des Moses wurde für das Grabmal von Papst Julius II. (Giuliano della Rovere, 1453–1513; Papst von 1503 bis 1513) angefertigt, der sich vor allem als Gönner und Auftraggeber von Künstlern, so von Michelangelo, Raffael oder Bramante hervorgetan hatte; sie befindet sich heute in der Kirche San Pietro in Vincoli bei Rom. Den Erwerb einer »gar ellenhohe〈n〉 altflorentinische〈n〉 Kopie des sitzenden Moses von Michelangelo, in Bronze gegossen und im Einzelnen durch Grabstichel und andere ziselierende Instrumente fleißigst vollendet« vermerkt G. in den *Tag- und Jahres-Heften* zu 1812 (Bd. 14, S. 230).

500 *11 Perikles:* Perikles (um 495–429 v. Chr.), athenischer Staatsmann, zu dessen Zeit in Athen auch der Bildhauer Phidias wirkte. – *17 Carracci:* Die Brüder Annibale (1560–1609) und Agostino (1557–1602) Carracci waren zusammen mit ihrem Vetter Ludovico (1555–1619) Angehörige einer Bologneser Malerfamilie. Vgl. auch zu S. 395,22 und zu S. 456,4. – *26 Rubens:* Peter Paul Rubens (1577–1640). – *27 Erdgeborner:* Auch Rubens tritt, wie G. ja anschließend ausführt, nicht voraussetzungslos auf, sondern konnte aus einer reichen niederländischen und italienischen Tradition schöpfen. Die Wendung vom ›Autochthonen‹, dem ›Erd-‹ bzw. ›Eingeborenen‹ (s. zu S. 240,17), verwendet G. häufig, wenn er ein falsches Originalitätsverständnis kritisieren will (vgl. Bd. 17, S. 860, Nr. 790). – *34 Sagazität:* (lat.) ›Scharfsinn‹ (vgl. Bd. 17, S. 859, Nr. 780).

501 *11 Jeder sei auf seine Art* 〈...〉*:* Vgl. die Vorbemerkung zu diesem Aufsatz; der Kommentar der ›Jubiläumsausgabe‹ merkt an dieser Stelle allerdings an: »Daß in der Tat gar mancher, den er

bekämpfte, z. B. unter den sogenannten Nazarenern, auf seine Art
ein Grieche war, sah Goethe nicht, und er fand leider Griechentum
in ganz äußerlich antikisierenden, konventionellen Kunstwerken«
(JA, Bd. 35, S. 353). – *35 Flucht nach Ägypten:* die Flucht nach
Ägypten bei Mt 2,13–15. Von den in G.s Besitz befindlichen
Zeichnungen Bourdons (Schuchardt, Bd. I, S. 196 ff., Nr. 10–38)
gestalten die Nr. 19–21, 25, 29 und 36 dieses Motiv (s. die Abb.
S. 503–506).

502 *15 den Stall zu Bethlehem:* Vgl. Mt 2,1–15. – *30 Zwischen
Ruinen* ⟨...⟩: Die Beschreibung der biblischen Szenerie nach den
Radierungen Bourdons erinnert in vielen Details an die einleitenden Kapitel zu *Wilhelm Meisters Wanderjahre oder Die Entsagenden* (1829), deren erstes Kapitel ja auch »Die Flucht nach Ägypten«
heißt, während das zweite Kapitel mit »Sanct Joseph der Zweite«
überschrieben ist (Bd. 17, S. 241 ff.).

507 *35 Mont Serrat:* Vgl. die ausführliche Anm. zu S. 215,4.

AUSGRABUNGEN

»Das Fehlende an Kunst und Altertum überdacht«, notierte G. am
7. Oktober 1818 in seinem Tagebuch, womit das erste Heft des
zweiten Bandes gemeint war, und begann schon tags darauf, diese
Lücke(n) zu schließen: »Mit John: Ausgrabungen«, heißt es nicht
nur am 8. Oktober, sondern von nun an auch an den folgenden
Tagen, bis am 14. Oktober das »Manuskript zu den beiden letzten
Bogen von Kunst und Altertum« an Wesselhöft abgeschickt werden kann.

In diesem kurzen Zeitraum ist der vorliegende Aufsatz diktiert
worden, in dem G. die Gelegenheit wahrnahm, unter dem Obertitel *Ausgrabungen* über verschiedene archäologische Funde und
Forschungen zu berichten, mit denen er sich zum Teil schon seit
mehreren Jahren beschäftigt hatte.

Dies betrifft in erster Linie Ausgrabungen, die in seiner unmittelbaren Umgebung, nämlich in Romstedt, »3 Stunden von Weimar, gegen Osten hin« (so August von Goethe in seinem Brief an
Johann Friedrich Blumenbach am 20. Februar 1815) stattgefunden
hatten. Am 18. Oktober 1813, während bei Leipzig die Völkerschlacht tobte, vermerkte G. »Die romstedter Schädel« in seinem
Tagebuch, und während am 20. Oktober die »Franzosen früh 5 in
Weimar« eintrafen, wird am selben Tag eine Exkursion »nach
Kl. Romstedt zum Grabhügel« unternommen: ein Nebeneinander
von Kriegswirren und – scheinbar ungerührt fortgesetzter – wissenschaftlicher Tätigkeit, das natürlich an den Feldzug des Jahres

1792 denken läßt, wie ihn G. später rückblickend in seiner *Campagne in Frankreich 1792* geschildert hat (vgl. auch Riemers Tagebücher aus diesen Tagen; Mommsen, Bd. 1, S. 174).

Über die dort geborgenen Skelettreste hat G. in den folgenden Jahren eine rege Korrespondenz geführt. In einem nicht abgeschickten Briefkonzept vom Februar 1814 an den Berliner Chemiker und Universitätsprofessor J. F. John, der ihn am 9. Dezember 1813 in Weimar besucht hatte, berichtete G. insbesondere detailliert vom Fund eines vollkommen erhaltenen Schädels, »welchen ich selbst zu reinigen übernahm« (WA IV 24, S. 360). Nach dem Fund eines weiteren Schädels meldete G. am 19. Februar 1814 dem Großherzog Carl August, »daß man den Romstädter Grabhügel wieder zugeschüttet, um aufs Frühjahr die Ausgrabung mit etwas mehr Methode wieder anzugreifen. Es sind zwei unversehrte vollständige Schädel, sogar mit Unterkinnladen, in meinen Händen, wahrscheinlich ein männlicher und ein weiblicher; sie geben zu schönen Vergleichungen und Beobachtungen Anlaß«.

In diese ›Betrachtungen‹ werden auf Vermittlung des Göttinger Geschichtsprofessors Georg Sartorius (1765–1828; vgl. G.s Brief vom 28. Februar 1814) in der Folgezeit auch der Arzt und Naturforscher Johann Friedrich Blumenbach (1752–1840), der seit 1776 als Professor in Göttingen lehrte und G. seit 1783 bekannt war, sowie der Anatom Franz Josef Gall (1758–1828), der Begründer der ›Phrenologie‹ (Schädellehre), einbezogen. Im Mai 1814 werden unter der Aufsicht des Kapellendorfer Rentamtmanns und Obersteuereinnehmers Johann Heinrich Gottlob Urlau die Ausgrabungsarbeiten fortgesetzt (vgl. hierzu G.s Anweisungen im Brief vom 7. Mai 1814 an Urlau). Die hierbei sichergestellten Funde wurden, wie G. dem Weimarer Staatsminister Christian Gottlob von Voigt am 10. März 1815 mitteilte, »nach Jena geschafft und daselbst aufgestellt«. Da G. seinen in diesem Schreiben ebenfalls geäußerten Vorsatz, »das Nähere« hierzu schriftlich zu formulieren, dann in vorliegendem Aufsatz einlöste, konnte er sich in den *Tag- und Jahres-Heften* zu 1816 mit einem kurzen summarischen Verweis auf die Romstedter Ausgrabungen begnügen (Bd. 14, S. 251).

Dem Beitrag über die Wiesbadener Funde (vgl. hierzu auch den Abschnitt »Neuwied« in G.s Reisebericht vom Rhein und Main, S. 24 f.), lag ein Schreiben des Altertumsforschers Wilhelm Dorow (1790–1846) zugrunde (vgl. auch zu S. 510,13). Dieser hatte G. am 13. August 1818 über die Ausgrabungen der in »Wiesbadens Umgegend liegenden Grabhügel« in Kenntnis gesetzt und ihn bei dieser Gelegenheit zugleich gebeten, seiner darüber verfaßten Schrift »ein Vorwort zu gönnen« (Mommsen, Bd. 1, S. 180) – ein

Ansinnen, das G. in seiner Antwort aus Karlsbad am 29. August 1818 allerdings ablehnte: »Hätten mich meine Sommerreisen nach Wiesbaden geführt, so würde die Örtlichkeit, so wie die Gegenwart der aufgefundenen Schätze, auch Ew. Wohlgeboren Kenntnis und Einsicht mich wahrscheinlich nach Ihrem Verlangen bestimmt haben, aus der Entfernung jedoch eine passende Einleitung zu bewirken, findet so manche Hindernisse, die zu überwinden wir nicht Kraft fühlen«.

Ob G. von »Studien dieser Art« tatsächlich so »weit entfernt« war, wie er in diesen Zeilen anschließend bekannte, oder ob Dorows Bericht vielmehr einen Anstoß gab, sich dem archäologischen Terrain wieder zu widmen, sei dahingestellt. Jedenfalls werden die Forschungen des späteren Gründers des Altertumsmuseums in Bonn nicht nur im Aufsatz *Ausgrabungen* »freundlichst« der Öffentlichkeit vorgestellt, wofür sich dieser am 10. November 1818 vorab bei G. bedankte. Auch das 1819 in Wiesbaden – ohne G.s Vorwort – veröffentlichte erste Heft von Dorows Abhandlung über ›Opferstätten und Grabhügel der Germanen und Römer am Rhein‹ (Ruppert, Nr. 1965) wird ein Jahr später in *Über Kunst und Altertum* II 2 von Johann Heinrich Meyer unter dem Titel ›Deutsche Altertümer um Wiesbaden von Dorow‹ angezeigt und besprochen.

Lange Zeit umstritten war in der Goetheforschung der einleitende Beitrag über Velleja, als dessen Verfasser Johann Heinrich Meyer angenommen wurde. So zweifelte die ›Weimarer Ausgabe‹ G.s Autorschaft ausdrücklich an (WA I 49/2, S. 344) und setzte ihn deshalb ans Ende ihres Abdrucks von *Ausgrabungen*. Zur Begründung wurde vor allem angeführt, daß sich für G.s Beschäftigung mit den Ausgrabungen in der oberitalienischen Ortschaft überhaupt kein anderweitiger Hinweis (so auch von dem Hagen, S. 56) finden ließe.

Diese Vermutungen sind mittlerweile stichhaltig widerlegt. So hat Momme Mommsen vor allem G.s Quelle – den Prospekt zu Giovanni Antolinis ›Le Rovine di Veleia‹ – ausfindig gemacht und in voller Länge abgedruckt (Mommsen, Bd. 1, S. 559 f.). Diese in französischer Sprache verfaßte, mit dem Datum »Milan, 25 avril 1818« unterzeichnete Anzeige von »Jean Antolini, professeur d'architecture, membre de plusieurs sociétés savantes« hatte G. vermutlich von Gaëtano Cattaneo, dem Direktor des Mailänder Münzkabinetts, erhalten (vgl. die Vorbemerkung zu *Joseph Bossi über Leonard da Vinci Abendmahl zu Mayland*, S. 1065).

Am 5. November 1818 notierte G. in seinem Tagebuch dann die Abfassung einer »Empfehlung für den jungen Heß an Antolini nach Mayland«. Der Architekt Emil Heß, den die ›Weimarer Ausgabe‹ für einen »von Voigts zweiter Frau erzogenen Anverwandten« (WA IV 29, S. 372; vgl. auch G.s Brief an Voigt vom 25. Mai 1818) hielt, während Hans Gerhard Gräf vermutete, daß es sich hierbei um den Sohn des Weimarer Bauinspektors Heinrich Heß handelte, schickte sich in diesen Tagen an, eine Studienreise nach Italien zu unternehmen, auf der er auch Giovanni Antonio Antolini (1754–1842) besuchen wollte. Aus einem Brief an Christian Gottlob von Voigt vom 5. November 1818 wissen wir über den Inhalt von G.s Begleitschreiben Bescheid, das dieser Heß mit auf den Weg gab:»So eben find ich einen Revisionsbogen von dem vierten Hefte Kunst und Altertum und mache sogleich ein kompendiöses Heftchen daraus. Senden es Ew. Exzellenz, wie es ist, nach Mayland, so ist der junge Reisende unterrichtet und wird Herrn Antolini, wenn er ihm die paar Blättchen übersetzt, in Verwunderung setzen, auch der Natur der Sache gemäß eine geneigte Aufnahme finden«.

Den Passagen über die Ausgrabungen bei Velleja fügte G. in seinen Mitteilungen an den italienischen Baumeister u. a. an:»Herr Johann Antolini, Professor der Baukunst in Mayland, wohnhaft in No. 25, Straße Monforte, wird von einem gebildeten Reisenden gern vernehmen, daß man seine Ankündigung in Deutschland freundlich beachtet und sogleich öffentlich empfohlen habe, wovon Nachstehendes als Zeugnis gelten wird, welches zugleich von dem ganzen künstlerischen Unternehmen genauste Kenntnis gibt« (WA IV 31, S. 285).

Man hat aus der unpersönlichen Ausdrucksweise G.s in diesen Zeilen gefolgert, daß Johann Heinrich Meyer die ›oberitalienischen‹ Ausführungen der *Ausgrabungen* zuzuschreiben seien. Dieser hatte nämlich, nachdem 1819 in Mailand der erste Teil von Antolinis Schrift erschienen war (›Le Rovine di Veleia misurate e designate ...‹), das Werk unter dem Titel ›Velejas Altertümer durch Antolini‹ in *Über Kunst und Altertum* II 2 (1820) angezeigt. Dies ist allerdings kein überzeugendes Argument, wenn man bedenkt, daß G. sein Empfehlungsschreiben an einen ihm unbekannten Adressaten richtete und deshalb wohl kaum einen anderen Tonfall wählen konnte.

Weit plausibler als die ›stilistischen‹ Merkmale, die G.s alleinige Autorschaft stützen können, ist ein anderes Indiz, das alle gegenteiligen Annahmen noch überzeugender entkräftet. Am 3. August 1819 entlieh sich G. (bis zum 5. November) Antolinis Schrift aus der Weimarer Hofbibliothek (Keudell, Nr. 1260) und begann sie laut Tagebuch schon am nächsten Tage zu studieren. Als Meyer G. am 3. Oktober 1819 in Jena besuchte, erhielt er, wie sein Brief vom

4. Oktober (und G.s Tagebucheintrag vom 3. Oktober) verdeutlicht, den Auftrag, dieses Werk für G.s Zeitschrift zu rezensieren: »Den mir gestern mitgegebenen Aufsatz oder Anzeige von dem Werk über die Aufgrabungen zu Veleja habe ich heute durchgesehen. Herr John wird solchen morgen zur Abschrift erhalten, und dann denke ich die andern verabredeten Aufsätze zu machen« (Meyer, Bd. 2, S. 488). Wenig später, am 9. Oktober, informiert Meyer G. über den Stand der Dinge. Mit Bezug auf den in *Über Kunst und Altertum* II 1 erschienenen Beitrag *Ausgrabungen* schreibt er: »Ich muß aber bemerken, daß ich erst gestern, nachdem ich den vierten Heft Über Kunst und Altertum wieder durchgesehen, bemerkt habe, daß eben von dem Werk über Veleja schon einige Nachricht gegeben ist, also die jetz mitgeteilte Anzeige wohl einige Abkürzung erleiden könnte« (Meyer, Bd. 2, S. 490). Es ist in der Tat mehr als unwahrscheinlich, daß sich Meyer gerade ein Jahr, nachdem er den Beitrag über die vellejanischen Ausgrabungen verfaßt haben soll, nicht mehr an seine Ausführungen erinnern konnte. Dies legt zwingend den Schluß nahe, daß *Ausgrabungen* in voller Länge von G. selbst verfaßt worden ist, weshalb der Beitrag hier auch in der ursprünglichen Anordnung der einzelnen Teile wiedergegeben wird.

Textgrundlage und Erstdruck: KuA II 1 (1818), S. 182–192, als achter (und letzter) Beitrag unter dem Kapitel »Bildende Kunst«.

508 *6 das Zerstreute sammelt, ordnet und belebt:* Dieser Trias bediente sich G. auch schon in der Anzeige *Über Kunst und Altertum in den Rhein- und Maingegenden*, als er über die Sammlung des Kanonikus Pick in Bonn sprach (S. 309,16; ebenso S. 21). – *19 Liguriern:* Die Ligurer waren ein Volksstamm in Südfrankreich, den Westalpen und Oberitalien. Seit dem 5. Jh. v. Chr. durch die Kelten und Etrusker zunehmend zurückgedrängt, wurde Ligurien schließlich von den Römern unterworfen und unter Augustus (63 v. Chr. bis 14 n. Chr.) als ›Liguria‹ die 9. Region Italiens. Die heutige Region Ligurien am Golf von Genua umfaßt die Provinzen Imperia, La Spezia, Savona und (die Hauptstadt) Genua. – *20 Duumvirn:* (lat.) Titel der Beamten eines Zweimännerkollegiums in Rom bzw. den römischen Munizipien und Kolonien. – *21 eine Munizipalstadt:* das Municipium (lat.): in der röm. Republik seit 338 v. Chr. die Bezeichnung für die in den röm. Staatsverband aufgenommenen italischen Städte. In der Zeit der röm. Kaiser die mit röm., z. T. auch nur mit latinischem, also eingeschränktem Recht ausgestatteten autonomen Stadtgemeinden. – *23 Piacenza:* 218 v. Chr. als ›Colonia Placentia‹ gegründet, heute Hauptstadt der gleichnamigen Provinz, unweit des rechten Ufers am mittleren Po südöstlich von Mailand gelegen. In der Kirche S. Sisto befand sich bis 1753 die Sixtinische Madonna von Raffael (seitdem in Dresden). – *der alten ämilischen Heerstraße:* die ›Via Aemilia‹, die der oberitalienischen Region ›Emilia Romagna‹ den Namen gab. – *24 Chero:* heute ›Cherio‹. – *29 Der Infant Philipp:* Philipp (1720–1765), ein Sohn des Königs Philipp V. von Spanien (1683–1746), seit 1748 Herzog von Parma, Piacenza und Guastalla.

509 *6 Costa:* Domherr und Archäologe in Parma (Lebensdaten nicht ermittelt). – *Pater Paciaudi:* der Theatinerpater Paolo Maria Paciaudi (1710–1785), Archäologe in Rom und Parma, seit 1761 Bibliothekar des Herzogs Philipp von Parma. – *7 Graf Rezzoniko:* Carlo Gastone della Torre Conte di Rezzonico (1742–1826), ital. Schriftsteller, seit 1769 ständiger Sekretär an der Akademie der Schönen Künste in Parma. – *8 der Gelehrte Lama:* Pietro di Lama (ein Zeitgenosse G.s), ital. Archäologe. – *9 Hrn. Casapini:* Auch die Lebensdaten dieses ital. Archäologen, der die Ausgrabungen in Velleja zu Beginn des 19. Jh.s leitete, waren nicht zu ermitteln. – *12 Hr. Johann Antolini:* Giovanni Antonio Antolini (1754–1842), ital. Baumeister; vgl. hierzu die Vorbemerkung. – *19 Plürs:* Die ital. Ortschaft Plürs (Piuro) wurde am 25. August 1618 durch einen Bergrutsch verschüttet. Zwischen dem schweizerischen Bergell und Chiavenna gelegen, gehörte Plürs zur Grafschaft Kläven (Chiavenna), einem der sogenannten Untertanenländer des späteren Kantons Graubünden. Plürs ist nach diesem Unglück nie wieder aufgebaut worden, heute erinnert nur noch ein ›Palazzo‹, ein ehemaliges Patrizierhaus, an den Marktflecken. – *Goldau:* Auch Goldau, am Fuße des Roßbergs unweit des südlichen Endes des Zuger Sees im Kanton Schwyz gelegen, wurde durch einen Bergrutsch zerstört. G. hat von diesem Ereignis – »Goldauer Bergsturz« – Zeichnungen angefertigt (CGZ VI B, Nr. 105 und 106). – *24 Placenz:* Piacenza.

510 *13 Hr. Dorov:* Der Altertumsforscher Wilhelm Dorow, 1790 in Königsberg geboren, war 1812 preußischer Attaché in Paris geworden und kam nach einer Zwischenstation als Legationssekretär in Dresden (1816) im Jahre 1817 als Attaché nach Kopenhagen. Seit dem 26. Juli 1817 lebte er in Wiesbaden, wo er am 11. Januar 1819 zum Hofrat ernannt wurde. Am 4. Januar 1820 wurde Dorow schließlich zum Direktor der Verwaltung für Altertumskunde im Rheinland und in Westfalen nach Bonn berufen; er starb 1846 in Halle (zu Dorows Beziehungen zu G. vgl. die Vorbemerkung). – *29 Venusmuschel:* Die Venusmuscheln (Veneridae) bilden eine Muschelfamilie, deren besonderes Merkmal

eine dicke, ovale, oft auch bunte Schale ist, weshalb sie gerne
als Schmuck und zur Zierde benutzt werden. – *33 Herr Hundeshagen:* Siehe zu S. 28,28.

511 *27 Wahrscheinlich gehörte dieses Volk ⟨...⟩:* G. zieht das
Fazit aus dem einleitend bereits umrissenen umfangreichen Briefwechsel und bezieht auch den Arzt und Naturforscher Johann
Friedrich Blumenbach (1752–1840) sowie den Anatom Franz Josef
Gall (1758–1828) mit ein (vgl. Mommsen, Bd. 1, S. 174–180). –
39 nach Gallischen Bestimmungen: Franz Josef Gall begründete
die sogenannte ›Phrenologie‹, die Schädellehre.

FÜRST BLÜCHERS DENKBILD

Nachdem G. in seinem Aufsatz *Blüchers Denkmal,* der 1818 in
Über Kunst und Altertum I 3 erschienen war, über die Planungen,
Diskussionen und Vorarbeiten für das in Rostock zu Ehren von
Gebhard Leberecht von Blücher (1742–1819), dem ›Marschall
Vorwärts‹ der Befreiungskriege, geplante Denkmal berichtet hatte
(S. 372), standen im Jahre 1818 nunmehr der Guß der Statue sowie
die endgültige Entscheidung über die Inschriften an, die auf den
beiden Tafeln des Sockels stehen sollten.

Über Stand und Fortgang beider Arbeiten wollte der vorliegende Aufsatz *Fürst Blüchers Denkbild* informieren, dessen erster
Teil ein von G. redigierter Brief des Berliner Bildhauers Johann
Gottfried Schadow (1764–1850) vom 29. August 1818 bildete, in
dem dieser den nunmehr erfolgreichen Verlauf des Gusses der
Blücher-Statue schilderte (der originale Wortlaut des Schadowschen Schreibens bei Mommsen, Bd. 1, S. 326 f.).

Am 4. Juli 1818 hatte Schadow G. noch mitteilen müssen, daß
die Gußarbeiten »grade in der Crise« seien. G. wartete nun während seines Karlsbader Kuraufenthalts mit einiger Ungeduld auf
bessere Kunde, wie er am 21. September 1818 – bereits wieder aus
Weimar – dem mecklenburgischen Kammerherrn und Rittergutsbesitzer August Claus von Preen (gest. 1822) rückblickend mitteilte, dem bekanntlich die Aufsicht über die Planungen des Denkmals übertragen worden war (vgl. hierzu S. 1037 ff.): »Ew. Hoch-
wohlgebornen geneigtes Schreiben erhalte bei meiner Rückkunft
aus Carlsbad, wo ich, wie nicht zu leugnen ist, in der ersten Hälfte
des Augusts, gewisse peinliche Stunden verlebte, weil die Nachricht von dem vollendeten Gusse länger als zu vermuten war außen
bliebe. Ich wohnte unserm verehrtesten Fürsten gegenüber und
fürchtete, in hypochondrischer Stimmung, daß ich eine Hiobspost
würde zu hinterbringen haben. Endlich erfreute mich Herr Obrist

von Nostitz, dessen freundliche Aufmerksamkeit ich überhaupt
nicht genug rühmen kann, mit einem Berliner Zeitungsblatt, und
kurz darauf erschien ein Brief des Herrn Direktor Schadow.
Hierdurch war ich nun gänzlich beruhigt und befreit, und ergriff
die Gelegenheit unserm Helden-Greise dieses Ereignis als ein
glückliches Omen beim Abschiede auszulegen«.

Der Brief Schadows war am 3. September 1818 eingetroffen, am
18. August hatte G. den Feldmarschall Blücher »beim Whistspie-
len« kennengelernt und sich in der Folge bis zum 10. September
mit ihm und dessen Adjutanten, August Ludwig Ferdinand Graf
von Nostitz-Rieneck (1777–1866), mehrfach getroffen, so daß sich
die Gelegenheit ergab, die Berliner Neuigkeiten gemeinsam zu
besprechen.

G.s kurzer Nachtrag zu den zwei Relieftafeln und den beabsichtigten Inschriften hat, wie alle seine kurzen Mitteilungen zum
Blücher-Denkmal, eine längere Vorgeschichte. Schon als G. und
Schadow im Januar und Februar 1816 in Weimar über das Rostok-
ker Projekt konferiert hatten, war neben zahlreichen anderen
Detailproblemen auch über die »beiden Inschrifttafeln« diskutiert
worden, die in den beiden Kostenvoranschlägen mit 500 rt. (bei
einer Ausführung in Marmor) bzw. 4000 rt. (bei einem Metallguß)
zu Buche schlugen (Mommsen, Bd. 1, S. 299 f.).

In seinem Brief vom 23. Mai 1816 konnte Preen G. dann mitteilen, daß der Kostenvoranschlag von »21 000 r. Preuß. Courant«
genehmigt worden war, zugleich gab er der Hoffnung Ausdruck,
daß »dies Denkmal des großen teutschen Helden, mit den Inschriften der ersten teutschen Dichters geziert sein werde« (Mommsen,
Bd. 1, S. 308). Bereits wenig später, am 2. Juni, signalisierte G.
seine grundsätzliche Bereitschaft, umriß gleichzeitig aber auch die
möglichen Schwierigkeiten: »Inschriften in deutscher Sprache sind
schwierige Aufgaben; scheint mir etwas zu gelingen, so sende
solches zur Beurteilung«.

Obwohl Preen am 15. Januar 1817 Schadow mitteilte, daß G.
»die Inschriften zu dem Monument gütigst verheißen hat«, stammten die ersten konkreten Vorschläge, die Schadow am 24. Januar
1817 auch an G. schickte, von dem schlesischen Adligen Baron
Lüttwitz, der Schadow drei Distichen als Inschriften für Blüchers
Säbel vorschlug. Nachdem Schadow am 22. Februar G.s Stellungnahme hierzu angemahnt hatte, machte G. in der Nachschrift
seiner Antwort vom 12. März keinen Hehl aus seiner ablehnenden
Haltung – mit guten Gründen im übrigen: »Noch muß ich hinzufügen, daß mir die eingesendeten Distichen keinesfalls Beifall
ablocken können. Ferner gehörte, wie Ew. Wohlgeb. ganz recht
bemerken, nur Eine tüchtige Zeile, Ein echter Kernspruch auf eine

solche Degenscheide. Aber auch das will mir nicht gefallen: denn
dem Künstler entgeht dadurch der Raum sie plastisch zu verzieren.
⟨...⟩ Und überhaupt, wie soll der Beschauer an die kolossale Statue
hinauf nach Buchstaben blinzen«.

Auf Schadows auch in Preens Namen vorgetragene Bitte vom
28. Juni 1817 hin unterbreitete G. am 1. August 1817 Schadow
schließlich seine Entwürfe für die beiden Inschrifttafeln, wofür
sich dieser am 9. August bedankte. Wie aus Schadows Schreiben an
den Landrat von Oertzen auf Roggow vom 16. August hervorgeht,
sind sie mit den Fassungen identisch, die G. am Ende des vorliegenden Aufsatzes abdrucken lassen wird.

G.s Entwürfe gelangen dann auch in die Hände von August von
Preen, der G. am 8. Februar 1818 seine »Unmaßgeblichen Gedan-
ken über die Inschriften zum Blücherschen Monument« mitteilte.
Insbesondere die Hauptinschrift wird, wie ein Auszug aus dem
Memorandum verdeutlicht, dabei einer gründlichen Analyse un-
terzogen:

»In *zwei* glücklich gedachten und ausgesprochenen *Gegensätzen* wird dieser Gedanke und zwar eben *durch das Entgegen-
gestellte*, um desto deutlicher und lebhafter entwickelt.

›In Harren und Krieg,
In Sturz und Sieg‹

Kein andres Wort konnte wahrer und treffender dem Krieg
entgegengesetzt werden, als das hier gewählte; am wenigsten
Frieden, denn es gab keinen Frieden in der wahren Bedeutung
des Worts, so lange das Joch des Tyrannen Alles niederdrückte.
In jener verhängnisvollen Zeit aber, wo gewöhnliche Menschen
Alles aufzugeben geneigt waren, entsanken Mut und Hoffnung
dem Helden nicht; er *harrte*.

Nicht minder glücklich ist *Sturz* dem Siege entgegengestellt.
Niederlagen hatte er nicht erlitten. Aber jene dräuende Gefahr
bestand der Greis mit der Kraft eines Jünglings. Die Vorsehung
beschirmte ihn. ⟨...⟩

In allen diesen Situationen, im Gewühl der Schlacht, oder still
und mutig vertrauend auf eine bessere Zeit, als ruhmbekränzter
Sieger, oder vom nahen Tode bedroht, überall ist Blücher.

›bewußt und groß.‹

Diese wenigen Worte bilden den ersten Teil der Inschrift, *die
Erwartung*; die Erwartung desjenigen nämlich, wozu der eben
so wahr als bestimmt angegebene *Charakter* des Helden berechtigt.

Wie reich an Inhalt sind die wenigen Worte; wie nachdruck-
voll und frei von jedem überflüssigen Zierrat und jeder Über-
ladung!

Der zweite Teil der Inschrift sagt, was Blücher geleistet hat; es ist der *Aufschluß – Taten* sind dem Charakter entgegengestellt, Wirkungen den Ursachen.

›So riß er uns
Von Feinden los‹

Der Akzent ruht auf *So*, dem Bindungswort zwischen beiden Sätzen, welches umschrieben heißen würde: mit *solchen* Eigenschaften vermochte es Blücher pp.

Eine höchst schwierige Aufgabe war es unstreitig, in so bedrängter lapidarischer Form, die Handlung des Helden in solchen Gesichtspunkt zu stellen, daß sein ganzes großes Werk deutlich erblickt und nichts mehr erwartet werden konnte« (Mommsen, Bd. 1, S. 323).

Ganz abgesehen von der Frage, ob G.s Verse wirklich diese panegyrische Würdigung verdient haben, läßt sich aus dem Tonfall von G.s Antwort an Preen vom 19. Februar 1818 schließen, daß er die empfangenen Gedanken in der Tat als »unmaßgeblich« empfand: »Mit dem Verfasser der Beilage wünschte ich wohl ein paar Stunden eine heitere Unterhaltung, nicht um ihn zu überreden, sondern ihm die Ansichten wie ich sie hege freundlich mitzuteilen. Schriftlich aber mich darüber zu äußern fällt mir ganz unmöglich; indem gerade der jetzige Augenblick für mich in vielfachem Sinne prägnant ist und die Gegenwart alle meine Aufmerksamkeit fordert, so daß der Tag und Kraft kaum hinreichen wollen«.

Und als sei dies noch nicht eindeutig genug, fügte G. die Versicherung an, »daß alles was man in dieser Angelegenheit beschließen möchte meinen vollkommensten Beifall hat«. Wie schon frühere Hinweise auf andere Geschäfte (so an Schadow am 12. März 1817) durchblicken ließen, war G. der Meinung, mit seinen bisherigen Beiträgen und Empfehlungen genug getan zu haben: Er sah seine Aufgabe nunmehr als erfüllt an. Dementsprechend reagierte er auch, als ihn Schadow am 21. April 1819, nachdem der Aufsatz schon erschienen war, davon in Kenntnis setzte, daß auf der Metalltafel am Sockel des Denkmals anders als in *Über Kunst und Altertum* II 1 angekündigt »die Seinigen« anstelle von »die Seinen« gegossen worden war. Nach einigen Detailanmerkungen über die endgültige Plazierung der Tafeln erhebt er gegen die Änderung seiner Worte keine Einwände: »Der Unterschied der Worte die *Seinen* und die *Seinigen* ist nicht groß, das erste ist älter und ernster, das letzte neuer und gefälliger, und so kann dieses bei gegenwärtiger Gelegenheit wohl statt finden«.

Schon im Oktober 1818 war G. über Komplikationen beim Guß der Metalltafeln informiert worden, was ihn überhaupt erst zur

Abfassung seines Nachtrags veranlaßt hatte. Aus einem Brief des
Naturforschers Thomas Johann Seebeck (1770–1831) vom 24. Oktober 1818 hatte G. nämlich zunächst erfahren, daß »die Inschrift
ganz so und in allem wörtlich, wie Sie es angegeben« (Mommsen,
Bd. 1, S. 329), genehmigt worden war. Wie ernst diese Genehmigung in Berlin genommen wurde, wird gleich im Anschluß daran
mitgeteilt: »Über die Verse war man längst einig, aber statt ›Die
Seinen‹ auf der andern Tafel hatten sie dort gemeint, ›Das Vaterland‹ sei besser, und Schadow hatte sie auch bei seiner letzten
Anwesenheit nicht überzeugen können, daß sie wohl täten, auch
davon abzustehen. Das Licht ist ihnen von selbst gekommen, und
Schadow hat nun auch gleich die Form zu der Tafel mit dem
Worte: Vaterland, die schon ganz fertig war, zerbrechen lassen. In
einigen Tagen wird die neue Tafel gemacht sein, und dann werden
beide zugleich gegossen« (ebenda).

G., der den Aufsatz zu »Blüchers Statue« Ende September und
Anfang Oktober 1818 entworfen bzw. redigiert hatte (vgl. die
Tagebucheinträge vom 25. September, 7. Oktober, wo »das Fehlende an Kunst und Altertum überdacht« wurde, sowie vom
8. Oktober, dem Tag der Niederschrift), verfaßte die abschließenden Passagen daraufhin während der Endrevision der Bogen 11
und 12 zu *Über Kunst und Altertum*, die er zwischen dem 31. Oktober und 9. November, dem Tag, an dem die korrigierten Revisionsbogen an Frommann zurückgeschickt wurden, vornahm.

Als G. in den *Tag- und Jahres-Heften* zu 1819 der Aufmerksam-
keiten gedenkt, die ihm zum 28. August dieses Jahres zuteil geworden waren, konnte er nicht nur den Abschluß des Rostocker
Projekts bilanzieren, sondern auch von dem Dank berichten, den
die Rostocker Behörden seinen vieljährigen Bemühungen gezollt
hatten: »Die Mecklenburgischen Herren Stände verehrten mir zu
diesem Tage eine goldne Medaille, als Dankzeichen für den Kunst-
anteil den ich bei Verfertigung der Blücherischen Statue genommen hatte« (Bd. 14, S. 279). Zwei Tage zuvor, am 26. August 1819, war
das Denkmal feierlich enthüllt worden. Eine Würdigung dieser
Gedenkmedaille hat Johann Heinrich Meyer in seinem Beitrag
›Schaumünze auf Blücher‹, der 1820 in *Über Kunst und Altertum*
II 2 erschien, veröffentlicht.

In einem Brief an Carl Friedrich von Both (1789–1875), den
Kurator der Universität in Rostock, wird sich G. am 12. Juli 1821
erinnern, daß die »Konsultationen wegen der Statue« eigentlich
»einfach« gewesen seien: »und doch sind daraus voluminose Akten
entstanden, die ich jetzt mit Vergnügen ansehe, indem sie mich an
manche bedenkliche und beinahe sorgenvolle Stunden erinnern«.

Textgrundlage und Erstdruck: KuA II 1 (1818), S. 172–177, als
sechster Beitrag unter dem Kapitel »Bildende Kunst«. – Problematisch ist die Stelle S. 513,29 *die hier angewendete geringe Zahl,* an
der bereits in C¹ zu »größere« geändert wurde (so auch C³ und
WA). Die Änderung ist vom Überlieferungsbefund her nicht zu
rechtfertigen (im Brief von Schadow vom 29. August 1818, der G.s
Text zugrunde liegt, steht »die geringe Zahl«), und sie zerstört auch
den Sinn, nämlich den Vergleich zweier Gußverfahren: Schadow
stellt die »geringe« Anzahl der benötigten Gußröhren seinen Erfahrungen mit der großen Anzahl solcher Röhren (»daß sie einem
Ballen von Wurzeln glichen«) in den Gießereien in Rußland gegenüber, was G. nur leicht modifiziert übernommen und durch das
»hier« (Z. 29), nämlich in Berlin, noch verdeutlicht hat.

512 *28 Plinthe:* (griech.-lat.) Sockel, Standplatte. – *40 poros:*
porös.

513 *5 des französischen Formers:* der frz. Bildhauer und Erzgießer François Lequine. – *20 den Kern herauszuschaffen:* Der Kommentar der ›Jubiläumsausgabe‹ erklärt diesen Vorgang:»Der Kern
bestand aus Ton, und zwar hatte man, wie aus dem folgenden
hervorgeht, das in jeder Einzelheit vollendete Tonmodell, das
genau die Größe der künftigen Statue hatte, zunächst zur Anfertigung einer davon genommenen Hohlform benutzt, dann aber von
seiner ganzen Oberfläche eine Tonschicht von der Dicke der
beabsichtigten Metallwand der Statue abgeschabt und nun das
flüssige Kupfer in den Zwischenraum zwischen dem so verjüngten
Kern und der wieder um ihn gelegten Hohlform laufen lassen. Die
von Schadow ⟨...⟩ erwähnte andere Methode mit Wachs besteht
darin, daß man ein Tonmodell mit einem fein ausgearbeiteten
Wachsüberzuge von der Dicke der beabsichtigten Metallwand
versieht, über diesem Wachs eine Form von zunächst weichem Ton
aufbaut, die alle Einzelheiten des Wachsüberzuges aufnimmt, und
darauf das Wachs ausschmilzt, so daß für das einzugießende Metall
ein Hohlraum entsteht, der von dem nun entblößten Kern und der
vom Wachs genau modellierten tönernen Hohlform gebildet wird«
(JA, Bd. 35, S. 355). – *28 in Rußland:* Anläßlich der Vorarbeiten
zum Denkmal für Friedrich den Großen hatte sich Schadow 1791
in Kopenhagen, Stockholm und St. Petersburg aufgehalten, um die
dortigen Gußverfahren zu studieren.

514 *7 nähere Nachricht geben:* Dies geschah in der Schrift
›Über das Denkmal des Fürsten Blücher von Wahlstatt, als es am
26. August 1819 zu Rostock feierlich aufgestellt wurde, vom Bildhauer Schadow‹ (Rostock 1819), für die sich G. am 27. Oktober
1819 beim Verfasser bedankte. – *9 auf den 18ten Juni 1819:* Wie

mehrfach erwähnt, wurde das Denkmal am 26. August, also kurz
vor Blüchers Tod (12. September 1819), enthüllt. – *10 Die zwei
Relieftafeln:* Die Vereinigung realistischer und allegorischer Momente war eines der Hauptprobleme bei der Planung des Blücher-
Denkmals, und daß diese Verbindung nicht unbedingt gelungen
ausgefallen war, hat schon der Kommentator der ›Jubiläumsausgabe‹ angemerkt: »Die Gegenstände für die beiden Reliefs wurden
von Goethe ersonnen; sie entsprechen mit ihrer Vermischung von
frostiger Allegorie und historischem Realismus dem fatalen Ein-
drucke, den die Statue trotz ihrer Vorzüge hervorbringt« (JA,
Bd. 35, S. 355). – *11 sich vom Sturze mit dem Pferd aufraffend:* In
der Schlacht von Ligny war Blücher am 16. Juni 1815 vom Pferd
gestürzt. Seine Rettung durch einen ›genialen‹ Beistand hatte G. in
seinem Schreiben an Schadow vom 12. März 1817 nachdrücklich
gegen jede nüchterne historische Richtigstellung verteidigt: »Daß
er wundersam gerettet worden, schreibt man billig einem Schutz-
geiste zu, der auf der frühern Zeichnung sich schirmend über ihn
biegt, wodurch eine sehr lobenswerte Gruppe entsteht! Daß dieser
Schutzgeist in der Wirklichkeit ein Herr von Nostitz gewesen,
gehört der Geschichte an, die bildende Kunst darf sich aber damit
nicht befassen«. Vgl. hierzu auch Preens Beilage zu seinem Brief
vom 8. Februar 1818. – *14 die zweite:* Diese Tafel war dem Sieg
von Belle-Alliance, also der Schlacht bei Waterloo am 18. Juni
1815, gewidmet.

⟨KURZE ANZEIGEN⟩

Vom ersten Heft des zweiten Bandes an wurden die Umschläge für
G.s Zeitschrift *Über Kunst und Altertum* nicht mehr gestochen,
sondern gedruckt. Dies eröffnete neue Möglichkeiten der Gestaltung, die G. sogleich wahrnahm: »Da der Umschlag diesmal in der
Druckerei besorgt wird, so könnte man die drei leeren Seiten, wie
es bei der Morphologie geschehen, zu Notizen verwenden, die ich
Ew. Wohlgeboren übersenden werde«, schrieb er am 14. November 1818 an den Verleger Frommann. Den in Aussicht gestellten
Text mahnte Frommann am 23. Dezember an: »Zu dem Um-
schlage erwarte ich also die von Ihnen angekündigten Notizen für
die drei leeren Seiten« (QuZ 4, Nr. 1037), und G. antwortete
sofort am nächsten Tag: »Die große Zerstreuung hat mich abgehalten auf etwas zu sinnen, das schicklich die leeren Seiten des
Umschlags einnehmen könnte. Indessen kann das Vorstehende
nach Cottas Wunsch darauf Platz finden«. Das »Vorstehende«, die
Anzeige des Kupferstichwerks von Wagner (S. 515,16–20), hatte er

bereits vor Ankunft des Frommannschen Briefs im ersten Teil seines Briefs, am 22. Dezember, niedergeschrieben; am 5. Januar 1819 teilte Frommann ihm mit: »Die bemerkte Anzeige habe ich für die 4te. Seite schon bereitet« (QuZ 4, Nr. 1040).

Im Abzug des Umschlags, den Frommann am 8. Januar 1819 an G. sandte, waren die beiden inneren Seiten noch frei; für sie schickte G. tags darauf weitere Notizen: »Vorläufig sende das Wenige, was auf die beiden leeren Seiten des Umschlags gesetzt werden kann«. Dabei handelte es sich um die beiden vorliegenden Anzeigen der Werke von Moller und Hundeshagen (S. 515,3–13) für die zweite Umschlagseite und die Ankündigung des *Divan* und des *Maskenzuges* (S. 248) für die dritte Umschlagseite.

Textgrundlage und Erstdruck: KuA II 1 (1818), zweite und vierte Umschlagseite. Überschrift MA.

515 *3 Bemerkungen über die aufgefundene Original-Zeichnung* ⟨...⟩: G. besaß dieses Werk Mollers (Ruppert, Nr. 2356). Die Kupfertafeln (7 von 9) sind in den 1821 erschienenen Tafelband von Sulpiz Boisserées ›Ansichten, Risse und einzelne Teile des Domes zu Köln‹ eingebunden (Ruppert, Nr. 2329). – *8 Kaiser Friedrich I. Barbarossa* ⟨...⟩: Es handelt sich hierbei um die 2. Auflage des von Bernhard Hundeshagen verfaßten Werkes: ›Kaiser Friedrichs I. Barbarossa Palast in der Burg zu Gelnhausen. Eine Urkunde vom Adel der von Hohenstaufen und der Kunstbildung ihrer Zeit‹. [Hanau]: 1819 (Ruppert, Nr. 2352). Hundeshagen schickte das Werk am 24. Dezember 1818 an G., der es im Tagebuch am 7. Januar 1819 erwähnt: »War Hundeshagens Friedrichs-Palast zu Gelnhausen angekommen und sind die Exemplare verteilt worden« (vgl. auch G.s Dankschreiben vom 9. Januar 1819). Ein Exemplar der ersten, 1814 erschienenen Auflage (Ruppert, Nr. 2351) hatte Hundeshagen G. zum 28. August 1814 geschenkt. – *16 Die Darstellung des Eleusinischen Festes* ⟨...⟩: ›Das Eleusische Fest. Schillers Dichtung bildlich dargestellt von J. M. Wagner, gest. von F. Ruscheweyh‹. 20 Blätter Umrisse nebst Titel. Rom 1817. G. besaß dieses Werk nicht. In seiner Bibliothek befand sich allerdings Johann Martin Wagners (1777–1858) ›Bericht über die Aeginetischen Bildwerke ⟨...⟩‹ (Ruppert, Nr. 2134), den G. sehr schätzte. – Ferdinand Ruscheweyh (1785–1846), Zeichner und Kupferstecher; vgl. ⟨*J. A. Ramboux, Ferd. Ruscheweyh: La Cena*⟩ (Bd. 13.2, S. 170, bes. zu S. 170,31).

⟨ÜBER GLAS-, EMAILLE- UND PORZELLANMALEREI⟩

Der vorliegende Beitrag wurde in den letzten Tagen des Jahres 1818 verfaßt. Am 26. Dezember notierte G. in seinem Tagebuch: »Porzellan-Gemälde von der Großherzogin nebst Billet. Untersuchung desselben«. Diese Untersuchungen nahmen G. auch in den darauffolgenden Tagen in Anspruch, wobei er sich fachkundiger Assistenz versicherte: »Porzellainmaler Schmidt. ⟨…⟩ Über Glas-, Porzellain- und Emaille-Malerei, Aufsatz, durch das gestern übersendete Pariser Porzellangemälde veranlaßt« (27. Dezember).

Am 28. Dezember wird dann im Tagebuch der Abschluß der Arbeiten vermerkt: »Aufsatz über Glas-, Emaille- und Porzellanmalerei mundiert. Brief an Serenissima konzipiert«. Über den Inhalt der am nächsten Tag an die Großherzogin Louise (1757 bis 1830) abgesendeten »Expedition« gibt ein Briefkonzept gleichen Datums Auskunft: »Über das dankbarlichst zurückkommende Bild sagt ein beiliegendes Blatt das Nähere. Wie hoch man diese Art von Malerei getrieben, gibt diese Tafel einen vollständigen Beweis«.

So exakt sich also die Entstehung dieses Aufsatzes datieren läßt, so unbefriedigend und (unvermeidlicherweise) lückenhaft muß die eigentliche Kommentierung bleiben. Welches Porzellangemälde G. nämlich in diesem Beitrag beschreibt, ließ sich bislang nicht ermitteln, so daß über die im Text erwähnten Details desselben keine weiteren Angaben möglich sind.

Textgrundlage: Handschrift GSA 29/18, Bl. 214–215 (Beschreibung s. WA I 49/2, S. 341: H) in der von Kräuter korrigierten Fassung, Konzept für eine Beilage zum Brief an die Großherzogin vom 28. Dezember 1818 im Faszikel ›Abgesendete Briefe. 1818. Juli ⟨…⟩ Dezember. 1819. Januar‹. Überschrift nach WA.
Erstdruck: WA I 49/2 (1900), S. 136–138.

515 *40 Sevres:* Sèvres, Ortschaft südwestlich von Paris, seit 1756 Sitz der staatlichen frz. Porzellanmanufaktur, die – 1740 gegründet – zuvor in Vincennes angesiedelt war.

516 *18 der hiesige Porzellan-Maler Schmidt:* Der Porzellanmaler Heinrich Schmidt (geb. 1788) war von 1813 bis 1815 Schüler an der Weimarer Zeichenschule gewesen und beschäftigte sich insbesondere mit der Übertragung von Kupferstichen auf Porzellan. Da G. Schmidt im Tagebuch vom 27. Dezember ausdrücklich erwähnt, sind die fachspezifischen Passagen zur Technik der Porzellanmalerei in diesem Aufsatz wohl auch auf dessen Auskünfte zurückzuführen. – *21 biscuitartigen:* Biskuitporzellan: gelbliches,

unglasiertes Weichporzellan. – *33 van Eyckische Schule:* Jan van
Eyck (um 1386–1441), niederländ. Maler, zusammen mit seinem
Bruder Hubert (um 1370–1426) Begründer der altflandrischen
Malerschule. Zu Jan van Eyck vgl. insbesondere G.s Ausführungen
zur Gemäldesammlung der Brüder Boisserée in Heidelberg
(S. 74,31).

⟨CÖLNER DOMRISS DURCH MOLLER⟩

Der Kölner Dom, mit dessen Bau im Jahre 1248 nach der Grundsteinlegung durch Erzbischof Konrad von Hochstaden (um
1205–1261) begonnen worden war, ist in seinem heutigen Erscheinungsbild im wesentlichen ein Resultat der (Weiter)Baumaßnah-
men, die im Laufe des 19. Jh.s vorgenommen wurden.

Nachdem bis zum Jahre 1320 der Chor vollendet und zwei Jahre
später eingeweiht worden war, im 14. und 15. Jh. das Quer- und
Langhaus bis zu einer Höhe von 13 m und der Südturm bis zu einer
Höhe von 59 m ausgebaut worden waren, verlangsamte sich die
Bautätigkeit in der Folge und kam 1560 schließlich völlig zum
Stillstand (vgl. hierzu die Anm. zu S. 15–17). Zwar rief der Jesuit
Hermann Crombach schon 1654 zum Weiterbau des Domes auf,
jedoch begnügte sich das 18. Jh. mit Wiederherstellungs- und
Sicherungsarbeiten, die in den Jahren 1735 bis 1751 vorgenommen
wurden. Auch die französische Kaiserin Josephine (1763–1814)
stiftete 1804 einen Beitrag zur Reparatur der mittlerweile eingetretenen Schäden.

Die wesentlichen Impulse und engagierten Forderungen zu
Weiterbau und Vollendung des Kölner Doms kamen dann vor
allem aus den Kreisen der deutschen Romantik, sie sind mit den
Namen Joseph Görres (1776–1848), Sulpiz (1783–1854) und Mel-
chior (1786–1851) Boisserée, Friedrich Schlegel (1772–1829) und
Georg Moller (1784–1852) verbunden.

Seit 1808 hatten die Kölner Maler und Zeichner Maximilian
Heinrich Fuchs (1767–1846) und Michel Angelo Quaglio
(1778–1815) für Sulpiz Boisserée Zeichnungen des Kölner Doms
angefertigt, 1814 konnte der preußische König Friedrich Wilhelm III. (1770–1840) für das Projekt gewonnen werden. Von
entscheidender Bedeutung waren jedoch die Funde des Darmstädter Oberbaurats Georg Moller, der im Jahre 1814 auf dem Speicher
des Gasthofs ›Zur Traube‹ in Darmstadt den Originalriß der
Westfassade und zwei Jahre später in Paris auch den mittelalterlichen Plan des Südturms entdeckte. Als faksimilierte Aufrisse
präsentierte Moller der Öffentlichkeit beide Funde im Jahre 1818

in seiner Schrift ›Bemerkungen über die aufgefundene Original-
zeichnung des Domes zu Köln‹ (Ruppert, Nr. 2356).

Bereits vor Erscheinen dieser Publikation erhielt G. zu Beginn
des Jahres 1818 einen von Moller nach diesen Plänen angefertigten
Stich, um den er den Darmstädter Baumeister schon am 11. November 1815 brieflich gebeten hatte. Am 21. Februar 1818 vermerkt er in seinem Tagebuch zwar lediglich den Erhalt eines
weiteren Heftes von »Mollers Denkmäler deutscher Baukunst«,
die dieser zusammen mit dem Kölner Domriß am 7. Dezember
1817 nach Weimar geschickt hatte, in seinem am 23. Februar
diktierten, mit dem Datum vom 24. Februar 1818 unterzeichneten
Schreiben bedankt sich G. dann aber für beide übersendeten
Geschenke. Über Mollers Entdeckungen heißt es dort:

> »Das Fac simile des Cölner Doms empfange mit Dank und
> wünsche irgend etwas Angenehmes und Nützliches dagegen zu
> erwidern. Die Aufopferung des Originals scheint mir wahrhaft
> heroisch und um desto löblicher und rühmlicher. Wenn man
> dort gute Anstalt macht diesen Schatz zu bewahren, so wird
> dieser Ihr guter Wille noch in späten Zeiten gepriesen werden.
>
> Schließlich darf ich nicht unterlassen die höchst reinliche
> Genauigkeit Ihrer Blätter zu rühmen; sie erfreut bei allen archi-
> tektonischen Zeichnungen, am meisten aber ist sie bei dieser
> altdeutschen Bauart willkommen, weil das Schlanke des Gan-
> zen, das Zarte und Zierliche des Einzelnen uns dadurch auf das
> Angenehmste entgegentritt«.

Am 8. November 1818 schickt Moller dann seine nunmehr veröffentlichten ›Bemerkungen‹ mit einem Begleitschreiben an G. (vgl.
Ruppert, Nr. 2356), die dieser zu Beginn des neues Jahres am
8. Januar 1819 in seinem Tagebuch erwähnt: »Mittag zu drei.
Nachher den Umriß des Cölner Doms ausgepackt«.

Im Laufe der nächsten Monate fertigte der Weimarer Oberbaudirektor Clemens Wenzeslaus Coudray (1775–1845) nach dieser
Vorlage einen »illuminierten Domriß« (Tagebuch vom 27. Juli
1819) an, worüber G. auch Sulpiz Boisserée im Sommer des Jahres
Bericht erstattete (s. u.). Im Herbst, als die konkreten Dispositionen für das neue Heft von *Über Kunst und Altertum* anstehen,
erhält Johann Heinrich Meyer am 13. Oktober 1819 den Auftrag,
die Mollersche Schrift dort zu besprechen: »Möchten Sie nicht ein
freundlich Wort über den aufgezognen, ausgemalten Domriß
sagen? Coudray und Moller verdanken es uns«.

Stehen hier der Weimarer Oberbaudirektor und der Oberbaurat
aus Darmstadt noch gleichberechtigt nebeneinander, so verschie-
ben sich im Briefwechsel der nächsten Tage – G. hielt sich seit dem
28. September wieder in Jena auf – die Gewichte zu Ungunsten

Coudrays. Schon in seiner Antwort vom 16. Oktober hatte Meyer angedeutet, daß er in erster Linie die Verdienste Mollers in den Vordergrund rücken wolle und auch die Gründe hierfür nicht verschwiegen: »Wegen der Erwähnung von Coudrays großer Domzeichnung will ich mich auf unverfängliche Worte bedenken. Sich weit einzulassen ist kaum rätlich, weil er eine gar zu gute Meinung darüber hat und also mit unsern Ansichten, wenn auch günstig genug, schwerlich zufrieden sein würde« (Meyer, Bd. 2, S. 495).

Zwei Tage später, am 18. Oktober, signalisierte G. sein Einverständnis:

»Die Redaktion und Anordnung Ihrer Aufsätze macht mir täglich mehr Vergnügen, ich wiege sie hin und her, lasse sie schreiben und abschreiben, es wird ein liebenswürdiges Ganze. ⟨...⟩

Auch das Wenige über den ausschattierten Domriß wünschte, weshalb ich ganz Ihrer Meinung bin«.

Vor dem Hintergrund dieses Werkstattgesprächs werden G.s Reserven auch zwischen den Zeilen seiner diplomatischen Äußerungen erkennbar, die er in seinem am 22. Oktober 1819 abgefaßten Schreiben an Sulpiz Boisserée dem Weimarer Modell des Kölner Doms widmete:

»Lassen Sie mich aber meine Erwiderung umgekehrt beginnen und sagen daß die Schattierung und Kolorierung des Domrisses mich doppelt freut, weil der Gedanke von Ihnen ausgegangen. Was wir haben ist ein schätzbarer Versuch; wenn man so fort fahren könnte, würde gewiß das Erfreulichste sich zeigen. Es müßten Tapezier und Theatermaler im besten Sinn zusammen wirken, daß es zuletzt eine Art Fabrikarbeit wäre; so könnte erreicht werden was man wünscht. Die unsrigen haben zur Probe sich wacker gehalten. Durch die verziert ausgeschnittene Spitze blickt der blaue Himmel durch. Bei Wiederholung machte man vielleicht noch andere Stellen durchsichtig. Zum hiesigen ersten Versuch gehörte Kenntnis und Praxis, um die Schatten richtig zu werfen, wobei der Grundriß gute Dienste leistete; so daß nun das Bild wirklich wie perspektivisch gezeichnet aussieht. Die fehlenden Statuen sind im alten Sinne eingezeichnet und überhaupt nichts versäumt. Unser Oberbaudirektor Coudray mit einigen Gehülfen hat das Werk vollbracht und wird es schwerlich zum zweitenmale unternehmen, denn nun müßte Technik und Handwerk eingreifen. In Berlin hat Schinkel ein gleiches für den König gearbeitet, das meine Kinder bei ihrer letzten Sommerreise gesehen haben«.

Am 26. Oktober 1819 – G. war am 24. Oktober wieder nach

Weimar zurückgekehrt und hatte noch am selben Abend »mit
Hofrat Meyer« konferiert – erhält der Schweizer Vertraute und
Kunstfreund G.s Anmerkungen zu Meyers Manuskript: »Mögen
Sie, mein teuerster Freund, den ins Reine geschriebenen letzten
Teil Ihres Manuskripts nochmals durchgehen und was Ihnen zu
bemerken vorkommt mit Bleistift bezeichnen. Den Punkt wegen
des ausgemalten Domrisses habe ehrenhalber etwas erweitert,
glaube aber nicht, daß ich aus dem Verantwortlichen herausgegan-
gen bin«.

So wurde auch die Besprechung von Mollers Publikation zum
Kölner Dom und des Modells von Coudray, das aus den dort
vorgestellten Rissen hervorgegangen war, eine Gemeinschafts-
arbeit von Meyer und G., die 1820 in *Über Kunst und Altertum*
gedruckt wurde. Aufgrund der erhaltenen Zeugnisse lassen sich
hier die Anteile der beiden Autoren genau trennen: Die Besprechung von Mollers Werk (S. 517,3–518,7) stammt von Meyer, die
Abschnitte über das Coudraysche Modell (S. 518,10–521,7) stellen
G.s umgearbeitete und erweiterte Fassung des letzten Teils von
Meyers Aufsatz dar, in denen er dessen Ausführungen »ehrenhalber etwas erweitert« (s. Brief vom 26. Oktober 1819) hatte. Der
Abdruck des gesamten Textes, auch der Anteile von Meyer, folgt
der in ähnlichen Fällen der Zusammenarbeit von G. und Meyer in
der ›Münchner Ausgabe‹ geübten Praxis.

Zusammen mit der von Sulpiz Boisserée veranlaßten zeichneri-
schen Dokumentation des Bauwerks (vgl. hierzu auch G.s Besprechungen von Sulpiz Boisserées seit dem Jahre 1821 erschienener
Sammlung ›Ansichten, Risse und einzelne Teile des Doms zu
Cöln‹; Bd. 13.2, S. 150 und S. 183) bilden die Mollerschen Funde
zweifellos die entscheidenden Ereignisse, die schließlich zum Weiterbau des Kölner Domes führten; 1823 wurde mit der Wiederherstellung des Chores begonnen (s. zu S. 518,1).

Textgrundlage und Erstdruck: KuA II 2 (1820), S. 75–80, als Nr.
»20.« unter dem Kapitel »Mannigfaltige Kunstanzeigen und Urteile«. Überschrift nach dem Aufsatzmanuskript von Meyer.

517 *3 Schon mehr als einmal ist 〈…〉 gedacht worden:* im ersten
Heft von *Über Kunst und Altertum*, im Abschnitt über Köln
(KuA I 1, S. 17 f.; im vorliegenden Bd. S. 15 f.); ebenfalls im ersten Heft, im Anschluß an den Bericht über die Boisseréesche
Gemäldesammlung in Heidelberg (KuA I 1, S. 183–190, im vorliegenden Bd. S. 83–86); sowie im Aufsatz *Alt-Deutsche Baukunst*
von Goethe und Boisserée im zweiten Heft (KuA I 2, S. 198 f.;
im vorliegenden Bd. S. 364 f.). – *11 Moller:* Georg Moller

(1784–1852), Architekt, Architekturhistoriker und Baumeister, ein Schüler des Karlsruher Oberbaudirektors Friedrich Weinbrenner (1766–1826). Seit 1810 als Hofbaumeister und Oberbaurat des Großherzogs Ludwig I. (1753–1830; ab 1806 Großherzog, zuvor seit 1790 als Ludwig X. Landgraf von Hessen-Darmstadt) in Darmstadt. Er entwarf auch die Pläne für die von 1822 bis 1826 in Darmstadt errichtete Ludwigskirche; vgl. *Kunst und Altertum am Rhein und Mayn*, S. 16,15. – *13 Diese Blätter*: die neun Kupfertafeln, die zu Mollers ›Bemerkungen über die aufgefundene Originalzeichnung des Domes zu Köln‹ gehören (vgl. auch die Vorbemerkung sowie zu S. 515,3). – *24 noch eine Zeichnung*: Siehe zu S. 85,19.

518 *1 die weitere Fortsetzung und Vollendung des Baues*: Die wichtigsten Stationen bis zur Vollendung, die von 1833 bis 1861 unter der Leitung des Dombaumeisters Ernst Friedrich Zwirner (1802–1861), ab 1862 von Richard Voigtel (1829–1902) durchgeführt wurden, waren:

1840: Pläne zum Weiterbau am südlichen Querhaus

1841: Abschluß der Erneuerung des Chors; Gründung des Dombauvereins

1842: Grundsteinlegung zum Weiterbau am 4. September, den Friedrich Wilhelm IV. (1795–1861) veranlaßt hatte

1848: Sechshundertjahrfeier der Grundsteinlegung; Weihe der neuerbauten Teile

1855: Vollendung des Südportals

1858: Fertigstellung des Querhauses

1860: Vollendung des Dachreiters

1861: Eindeckung des Daches

1862: Einziehen der Gewölbe im Querhaus

1863: Nach Abschluß dieser Arbeiten wird die Westwand abgebrochen, die seit etwa 1300 den Chor abgeschlossen hatte. Das Innere des Kölner Doms wird damit erstmals ein einheitlicher Raum.

1868: Aufstockung des Nordturms bis zur alten Höhe des Südturms

1877: Fertigstellung der beiden Türme bis zum Ansatz der Helme

1880: Vollendung der Bauarbeiten: Feier der Schlußsteinlegung am 15. Oktober

– *16 Gegendrücke*: Bei der Anfertigung von ›Gegendrucken‹ (›Contre‹- oder ›Contradrucken‹) wird auf den noch feuchten Druck ein Blatt aus meist sehr saugfähigem Material aufgelegt, so daß ein seitenverkehrtes Pendant, eben der sogenannte Gegendruck, entsteht. – *20 Ober-Baudirektor Coudray*: Clemens Wenzeslaus Coudray (1775–1845), Baumeister, seit 1816 Oberbaudirektor in Weimar. In einem nicht abgeschickten Briefkonzept vom 20. Juni 1819 schilderte G. Sulpiz Boisserée die Details von Coudrays Bemühungen:

>»Kaum habe ich einen Brief an Sie endlich abgeschickt, so werde ich veranlaßt nochmals zu schreiben. Es hat nämlich Herr Moller seinen Domriß nebst Contradruck hieher gesendet und man hat die schwere Arbeit übernommen diese Blätter auf Leinwand aufzuziehen, wo das Ganze freilich einen wundersamen Anblick gewährt. Nun aber, da man das Werk zu schattieren und auszumalen denkt, so entsteht die Frage: ob Sie mir nicht zu diesem Behuf einen Abdruck Ihres Blattes, die Vorderseite des Domes vorstellend, mitteilen wollten, weil man bei dieser mißlichen Arbeit dadurch sehr gefördert sein würde.

Sie werden selbst dieses Unternehmen billigen da ein solches kolossales Bild, von so vielen Menschen angeschaut, wieder aufs neue Bewunderung dieses unschätzbaren Bauwerks und frische Aufmerksamkeit auf Ihr wichtiges Unternehmen erregt« (WA IV 31, S. 374).

Am 7. August ist dann die Arbeit schon weiter fortgeschritten; G. schreibt an Boisserée: »Auch bei einer neuen Darstellung des Cölner Doms haben wir Ihrer mit Freuden gedacht. Moller gibt, wie Sie wissen, von dem Facsimile seiner Zeichnung Druck und Contradruck, das hat man hier, auf Leinwand gezogen, schattiert und illuminiert, wodurch denn ein sehr schöner Begriff uns entgegen kommt. Worin ich besonders die Sagazität des alten Künstlers bewundert habe, ist die schickliche Größe des Maßstabes. In der Entfernung, in der man das Ganze übersehen muß, macht es gerade ein Bild, das sich in der Einbildungskraft an die Stelle der Wirklichkeit setzt, woraus eine sehr angenehme Befriedigung für Auge und Sinn sich hervortut«. Am 2. Oktober 1819 antwortete Sulpiz Boisserée auf diese Mitteilungen: »Die Nachricht von der Schattierung des großen Domrisses freut mich ungemein. Denn Sie müssen wissen, daß ich durch eine gleich beim Anfange des Stichs gegebene Bestellung Moller zuerst auf den Gedanken gebracht, Contredrücke zur Herstellung und Schattierung der Façade machen zu lassen. Er wußte gar nicht einmal, was ein Contredruck war. Am hübschesten aber ist, daß nun Sie, verehrtester Freund, die angenehme Frucht meines an und für sich geringfügigen Einfalls früher genießen als ich selbst; ich habe dazu noch nicht gelangen können, mein Exemplar schattieren zu lassen« (Boisserée, Bd. 2, S. 253). – *38 Moller:* Siehe zu S. 517,11.

521 *11 des Boissereeschen Domwerks:* ›Ansichten, Risse und einzelne Teile des Doms zu Cöln‹ von Sulpiz Boisserée, von 1821 bis 1823 bei Cotta in Stuttgart (und 1823 bei Didot in Paris)

erschienen (vgl. hierzu G.s Rezensionen von 1823 und 1824;
Bd. 13.2, S. 150 und S. 183). Boisserées Verdienste um den Weiterbau des Kölner Doms hebt G. auch im 9. Buch von *Dichtung und
Wahrheit* hervor (Bd. 16, S. 420). – *14 Herr Geh. Ober-Baurat
Schinkel:* Karl Friedrich Schinkel (1781–1841), Maler und Architekt in Berlin. Sein ›Aufriß der Westfront des Kölner Doms‹
befindet sich heute im ›Schinkelmuseum‹ in der Friedrichwerder-
schen Kirche in Berlin. – *16 Ihro Majestät:* Friedrich Wilhelm III.
(1770–1840), König von Preußen.

⟨KURZE ANZEIGE⟩

Am 1. Dezember 1819 schrieb G. an den Verleger Frommann
anläßlich der Rücksendung einiger Revisionsbogen und der Übersendung des letzten Manuskripts zum zweiten Heft des zweiten
Bandes von *Über Kunst und Altertum*: »Die drei Seiten des
Umschlags wünsche zu Nachrichten und einer allgemeinen In-
haltsnachricht zu benutzen; nächstens sende das Manuskript«.
Laut Tagebuch wurde am 15. Dezember der »Umschlag zu Kunst
und Altertum besorgt«, und am Tag darauf schickte G. das versprochene Manuskript dazu an Frommann: »Ew. Wohlgeboren
erhalten anbei den zwölften Revisionsbogen zurück, sodann M[a-
nu]sk[rip]t wie die vier Seiten des Umschlags zu benutzen«
(WA IV 51, S. 464).
  Auf der zweiten Umschlagseite des neuen Hefts wurde dann die
vorliegende Notiz plaziert, auf der dritten ein Nachtrag zu *Die
heiligen drei Könige* (»Auf Seite 156 bezüglich«), der im nächsten
Heft, mit Berufung auf die Umschlagnotiz im vorausgehenden,
wiederholt wurde (vgl. ⟨*Nachricht von dem Verfasser der heiligen
Drei Könige und einer gefundenen alten deutschen Übersetzung*⟩;
Bd. 13.1, S. 443); auf der vierten Umschlagseite schließlich wurde,
wie von G. gewünscht, das Inhaltsverzeichnis des Heftes abgedruckt.

Textgrundlage und Erstdruck: KuA II 2 (1820), zweite Umschlagseite.

521 *22 ein bedeutendes Werk zu hoffen:* Daß sich diese Hoffnungen nicht in dem erwarteten Maße erfüllen sollten, hat G. in
den *Tag- und Jahres-Heften* zu 1821 eingeräumt: »Der wackere,
immer fleißige, den Weimarischen Kunstfreunden immer geneigt
gebliebene Friedrich *Gmelin* sendete von seinen Kupfern zum
Virgil der Herzogin von Devonshire die meisten Probeabdrücke.

So sehr man aber auch hier seine Nadel bewunderte, so sehr bedauerte man, daß er solchen Originalen habe seine Hand leihen müssen. Diese Blätter, zur Begleitung einer Prachtausgabe der Aeneis von Annibal Caro bestimmt, geben ein trauriges Beispiel von der modernen realistischen Tendenz, welche sich hauptsächlich bei den Engländern wirksam erweis't. Denn was kann wohl trauriger sein, als einem Dichter aufhelfen zu wollen durch Darstellung wüster Gegenden, welche die lebhafteste Einbildungskraft nicht wieder anzubauen und zu bevölkern wüßte?« (Bd. 14, S. 288). – *23 Herzogin von Devonshire:* Elisabeth Cavendish (1759–1824), Herzogin von Devonshire. – *24 Annibal Karo:* Annibale Caro (1507–1566), ital. Humanist und Schriftsteller. – *28 Herrn Gmelin:* Wilhelm Friedrich Gmelin (1760–1820), Kupferstecher und Landschaftszeichner, der seit 1778 in Rom lebte. Johann Heinrich Meyer besprach das Werk in *Über Kunst und Altertum* II 2 und 3.

Goethes wichtigster naturwissenschaftlicher Beitrag in den Jahren 1815–1819 war die Lancierung der Hefte *Zur Naturwissenschaft überhaupt, besonders zur Morphologie* (s. Bd. 12) und die Redaktion der ersten zwei Lieferungen. Goethe hat in diesen Jahren zwar intensiv mit den entoptischen Farben experimentiert, aber zu »unmittelbaren Naturbetrachtungen« kam er relativ selten (Goethe an Nees von Esenbeck, 7. Januar 1819). Die Hefte *Zur Morphologie* enthalten zum Teil Schriften aus den 80er und 90er Jahren des 18. Jh.s, zum Teil Berichte über die Entstehung dieser Schriften und die Entwicklung von Goethes Gedanken zur Morphologie. Die Hefte verdanken ihre Entstehung weitgehend jenem autobiographischen Impuls, aus dem auch *Dichtung und Wahrheit*, die *Italienische Reise* und die anderen autobiographischen Schriften dieser Jahre entstanden sind. Neue Naturbetrachtungen im Bereich der Optik, der Geologie und der Wolkenlehre wurden in die Hefte *Zur Naturwissenschaft überhaupt* aufgenommen.

In den hier abgedruckten Texten und in den Texten der naturwissenschaftlichen Hefte steht nicht die Natur »an sich« im Vordergrund, sondern der Naturbetrachtende, der mit ihr umgehende Mensch und seine Geschichte. So begründete Goethe den Abdruck der Lebensbeschreibung des englischen Naturforschers Luke Howard in den naturwissenschaftlichen Heften mit den Worten: »Da aber bei wachsender Überzeugung: daß alles was durch den Menschen geschieht in ethischem Sinne betrachtet werden müsse, der sittliche Wert jedoch nur aus dem Lebensgange zu beurteilen sei; ersuchte ich einen ⟨...⟩ Freund ⟨...⟩ mir wo möglich, und wären es auch nur die einfachsten Linien von Howards Lebenswege zu verschaffen, damit ich erkennte wie ein solcher Geist sich ausgebildet? welche Gelegenheit, welche Umstände ihn auf Pfade geführt die Natur natürlich anzuschauen, sich ihr zu ergeben, ihre Gesetze zu erkennen und ihr solche naturmenschlich wieder vorzuschreiben?« (Bd. 12, S. 263). Ähnlich schrieb Goethe zur Publikation von Thomas Seebecks *Geschichte der entoptischen Farben* im ersten Heft *Zur Naturwissenschaft* (Bd. 12, S. 393): »Da nun aber in der Naturwissenschaft das historische dem didaktischen, so wie dieses dem dogmatischen vorangehen soll, so habe ich meinen verdienten Freund ⟨Seebeck⟩ ersucht, selbst Nachricht und Kenntnis zu geben, wie er zu jener Entdeckung gelangt« (Bd. 12, S. 390). Goethe meinte, es sei bei der Behandlung aller Gegenstände »wohlgetan zu bedenken und sodann andern mitzuteilen, wie man auf die Betrachtung gerade dieses Gegenstandes gekommen« (Bd. 12, S. 451).

Daß Goethe die chronologische Anordnung seiner Werke 1816 ablehnte (*Über die neue Ausgabe der Goethe'schen Werke*; S. 210), steht nur in scheinbarem Widerspruch zu dem angedeuteten Biographismus. Denn er war nicht prinzipiell gegen chronologische Anordnungen (er befürwortete sie z. B. im Falle Schillers), und sein kritischer Satz: »Die Mehrzahl der Leser verlangt die Schrift und nicht den Schriftsteller« (S. 212) trifft nur die biographische Interpretation der Dichtung, nicht aber die Naturwissenschaft, deren geschichtlichen und lebensgeschichtlichen Entstehungskontext er für sehr wichtig hielt.

Wir geben im folgenden zunächst eine Übersicht über Goethes Beiträge zu den einzelnen Wissenschaftsgebieten, beschreiben dann aufgrund der *Tag- und Jahres-Hefte*, der Tagebücher und der Korrespondenz seine weiteren naturwissenschaftlichen Tätigkeiten und schließen mit einer Besprechung der Rolle der Naturwissenschaft in Goethes Lyrik.

Die einzelnen Wissenschaftsgebiete

Goethe betrachtete die nach langwierigen Studien im Jahre 1810 veröffentlichte *Farbenlehre* zunächst als ein abgeschlossenes Werk, aber neue Entdeckungen in der Lichttheorie regten ihn zu weiteren Experimenten und Überlegungen an. Die wichtigste neue Entwicklung war die von Thomas Young (1773–1829) vorgeschlagene Theorie, das Licht bestehe nicht, wie Newton meinte, aus Kügelchen, sondern aus Wellen. Diese bereits in den ersten Jahren des Jahrhunderts angekündigte Theorie wurde von den Naturwissenschaftlern zunächst verworfen. Doch Etienne Louis Malus (1775–1812) entdeckte 1808 die Polarisation des Lichtes, und obwohl Malus selbst die Korpuskulartheorie bevorzugte, erwies sich die Wellentheorie bei der Erklärung des neuen Phänomens als fruchtbarer. Sie wurde im Laufe des nächsten Jahrzehnts allmählich akzeptiert.

Merkwürdigerweise schloß sich Goethe den Anti-Newtonianern der Wellentheorie nie an, wies aber Malus' Newtonsche Interpretation der Polarisation des Lichtes ebenfalls ab. Was sein Interesse zu fesseln begann, waren die an Malus anknüpfenden Experimente mit den sogenannten entoptischen Farben (Farben, die im Innern von Körpern durch Polarisation entstehen), die sein Freund und früherer Mitarbeiter Thomas Seebeck (1770–1831) anstellte. So entstand bereits Anfang 1813 auf Seebecks Anregung hin

Goethes Aufsatz *Doppelbilder des rhombischen Kalkspats*, der allerdings erst 1817, im ersten Heft *Zur Naturwissenschaft überhaupt*, gedruckt wurde (Bd. 12, S. 399). Nach weiteren eigenen Experimenten ab Februar 1815 kam Goethe zu der Überzeugung, die entoptischen Farben seien »gleichsam der Punkt aufs i« zu seiner Farbenlehre (Goethe an Knebel, 1. Mai 1816), und er veranlaßte Seebeck, einen Aufsatz über die Geschichte seiner Entdeckkungen für die Hefte *Zur Naturwissenschaft überhaupt* zu schreiben (Bd. 12, S. 393). Goethe selbst veröffentlichte zunächst den kleinen, vorläufigen Aufsatz *Elemente der entoptischen Farben* (Bd. 12, S. 403) und dann – allerdings erst im dritten Heft *Zur Naturwissenschaft überhaupt* im Herbst 1820 – den vorerst als Supplement zur *Farbenlehre* gedachten großen Aufsatz *Entoptische Farben* (Bd. 12, S. 473). Sowohl nach Umfang als auch in theoretischer Hinsicht waren also in den Jahren 1814–1819 die entoptischen Farben Goethes wichtigstes naturwissenschaftliches Forschungsobjekt, obwohl sie in den Schriften des vorliegenden Bandes nicht in Erscheinung treten.

Goethes zweites, hier ebenfalls kaum vertretenes, neues Wissenschaftsgebiet war die Wolkenlehre und, daran anknüpfend, die Witterungslehre. Die Anregung kam hier einerseits durch die Lektüre von Luke Howards Wolkenlehre (s. Bd. 12), andererseits von Großherzog Carl August, der großes Interesse an Wetterbeobachtungen hatte und diese auch durch die Errichtung neuer Beobachtungsstationen förderte.

Auch die biologischen Wissenschaften sind in diesem Band kaum vertreten. Sie sind natürlich der Hauptinhalt der ersten zwei Hefte *Zur Morphologie*. Im Gegensatz aber zur Optik und zur Wolkenlehre war die Morphologie der Lebewesen für Goethe damals kein aktives Forschungsgebiet. Die Veröffentlichungen sind nämlich entweder Arbeiten aus den 80er und 90er Jahren des 18. Jahrhunderts oder Schriften, die Goethes Morphologie zurückblickend, autobiographisch-historisch kommentieren.

Die in diesem Band zahlenmäßig am stärksten vertretenen geologischen Schriften können in drei Gruppen eingeteilt werden: 1) Beschreibungen von Gestein, Metallen und geologischen Formationen, 2) Beiträge zur Naturgeschichte und 3) Bemerkungen zur Lektüre.

Zur ersten Kategorie gehören auch die im ersten Heft *Zur Naturwissenschaft überhaupt* unter der Gruppenüberschrift »Zur Kenntnis der böhmischen Gebirge« gedruckten Texte (Bd. 12, S. 413–442) und Studien zu Gegenständen, die Goethe während seiner Reisen beobachtet und gesammelt hatte. Sie exemplifizieren Goethes Hang zur Empirie und zeichnen sich durch genaue und lebendige Beschreibungen aus. Mehr spekulativ und geringer in Anzahl und Umfang sind die Aufsätze zur Erdgeschichte. Sie beschreiben meistens die Entstehung geologischer Formationen (z. B. ⟨Über Bildung von Edelsteinen⟩; S. 531), schließen aber auch die ⟨Epochen bei der Weltbildung⟩ (S. 543) ein. Die dritte und kleinste Kategorie enthält Aufzeichnungen zu Goethes geologischer Lektüre (s. dazu die Tag- und Jahres-Hefte zu 1817; Bd. 14, S. 257–258): die Bemerkungen zu Sorriot de l'Hosts ›Carte générale‹ (Orographisch-Hydrographische Karte; S. 537) und Goethes Übersetzung von John Mawes Aufsatz über eine Reise nach Cornwall (S. 543). Rezensionen zu geologischen Werken schrieb Goethe in diesen Jahren keine.

Autobiographisches

Goethe suchte mit den Heften Zur Naturwissenschaft überhaupt, besonders zur Morphologie nicht nur wissenschaftliche Anerkennung zu finden, sondern auch Rechenschaft über sein Leben abzulegen. Die Zwischenrede im zweiten Heft Zur Morphologie legt aus, was der Untertitel der Zeitschrift, »Erfahrung, Betrachtung, Folgerung, durch Lebensereignisse verbunden«, bereits ankündigt: Die einzelnen Schriften der Hefte sind nicht als »Teile eines ganzen schriftstellerischen Werkes anzusehen«, sondern »als Teile eines menschlichen Lebens« (Bd. 12, S. 93). Die wissenschaftlichen Begriffe und Themen werden in »Lebensereignisse« eingebunden und damit historisierend relativiert.

Der Rückblick bettet das einzelne zunächst in die Biographie ein, darüber hinaus aber auch in die allgemeine Geschichte der Naturwissenschaften. Goethe schreibt in einem Aphorismus, seine Naturstudien ruhten »auf der reinen Basis des Erlebten«, fügt aber hinzu: »wer kann mir nehmen ⟨...⟩ daß ich Schritt für Schritt folgend, die großen Entdeckungen der zweiten Hälfte des achtzehnten Jahrhunderts bis auf den heutigen Tag, wie einen Wunderstern nach dem andern vor mir aufgehen sehe« (Bd. 12, S. 264 f.; s. auch Bd. 17, S. 790; Nr. 401). So würdigt Goethe den Begründer der Entwicklungsbiologie, Caspar Friedrich Wolf, als »Vorarbeiter« seiner eigenen Morphologie (Bd. 12, S. 80) und deutet später in dem Aufsatz-Plan Naturwissenschaftlicher Entwicklungsgang (Bd. 13.2, S. 322) den eigenen Gang im Rahmen der Wissenschaftsgeschichte.

Wissenschaftler und wissenschaftliche Institutionen

Das Problem, welche Rolle der einzelne im unpersönlichen Gang der naturwissenschaftlichen Forschung spielen könne, hat Goethe immer wieder beschäftigt, sowohl auf der persönlichen als auch auf der theoretischen Ebene. Denn einerseits war er von Anfang an überzeugt (s. *Der Versuch als Vermittler von Objekt und Subjekt*; Bd. 4.2, S. 321, und Bd. 12, S. 684), daß, im Vergleich mit der künstlerischen Arbeit, Gedankenaustausch und Zusammenarbeit typisch für die naturwissenschaftliche Forschung seien. Die aus der Zusammenarbeit sich entwickelnde Professionalisierung der Forschung machte zu Goethes Lebzeiten große Fortschritte. Andererseits mußte Goethe am eigenen Leibe erfahren, daß die Ansichten der Außenseiter und Einzelgänger in einer institutionalisierten Forschung oft nicht mehr ernst genommen werden. Daß seine Entdeckung des Zwischenkieferknochens beim Menschen und seine Farbenlehre von der ›Gilde‹ abgelehnt wurden, hatte nach Goethes Ansicht wenig mit dem Inhalt seiner Anschauungen zu tun.

Goethes theoretische Überlegungen zur Psychologie und Soziologie der Forschung fanden in diesen Jahren in den Aufsätzen *Vorschlag zur Güte* (Bd. 12, S. 443), *Meteore des literarischen Himmels* (Bd. 12, S. 445) und *Erfinden und Entdecken* (S. 525) ihren Niederschlag. Auf der persönlichen und praktischen Ebene stellte die Zeitschrift *Zur Naturwissenschaft überhaupt, besonders zur Morphologie* einen Versuch dar, das Problem zu lösen: Mit der Publikation seiner früheren naturwissenschaftlichen Schriften wollte Goethe einerseits ein neues Publikum gewinnen, andererseits hoffte er, die Hefte als wissenschaftliches Organ für eine Zusammenarbeit mit der neuen Generation von Wissenschaftlern nutzen zu können. Nachdem er Bücher von Friedrich Georg Jäger und Friedrich Siegmund Voigt gelesen hatte, schrieb er an Christoph Ludwig Friedrich Schultz am 19. Juli 1816: »Nun kann ich erst, nach solchen Vorarbeiten, die Bruchstücke meines Gewahrwerdens ohne Not und Qual herausgeben, und zum fernern Gebrauch den Lebendigen überliefern«. An Carl Franz Anton von Schreibers schrieb er genau ein Jahr später, die Hefte sollen ihn vor Kennern und Liebhabern »legitimieren«, selbst die »Meister« überzeugen.

Die Ausbreitung von Goethes naturwissenschaftlicher Korrespondenz in diesen Jahren spiegelt die Hinwendung zur neuen Generation wider. Während der Briefwechsel mit der älteren Generation (Johann Friedrich Blumenbach, Samuel Thomas Sömmerring, Karl Caesar von Leonhard, Alexander von Humboldt und anderen) sporadisch blieb, blühte die Korrespondenz mit den jüngeren Wissenschaftlern auf und wurde für den alten Goethe eine wichtige Mitteilungsmöglichkeit. Die bedeutendsten neuen naturwissenschaftlichen Freunde und Korrespondenten waren Christian Gottfried Nees von Esenbeck (1776–1858) (Goethes erster Brief: 18. Juni 1816), Carl Gustav Carus (1789–1869) (Goethes erster Brief: 23. März 1818) und Caspar Maria Graf von Sternberg (1761–1838) (Goethes erster Brief: 20. Oktober 1820). Auch die Korrespondenz mit dem Berliner Staatsrat Christoph Ludwig Friedrich Schultz (1781–1834) (erster Brief: 30. August 1814) enthält viel Naturwissenschaftliches. Die Korrespondenz mit Thomas Seebeck kam nach einem Höhepunkt in den Jahren 1814–1817 allerdings langsam zum Erliegen.

Am wichtigsten war der neue Kontakt mit Nees von Esenbeck. Im August 1816 berichtete ihm Goethe, er wolle seine älteren morphologischen Aufsätze drucken lassen und hoffe, damit »das Vertrauen jüngerer Mitglieder« der Fachwelt zu gewinnen; nach der Betrachtung der Tafeln, die das Buch von Nees von Esenbeck begleiteten, schrieb er ihm am 15. Mai 1817, er freue sich, mit ihm »in ein noch näheres geistiges Verhältnis« zu treten. Es sei ihm wichtig, »daß ich ein Geschäft, das ich vor dreißig Jahren einsam anfing, nunmehr in so guter Gesellschaft mit größerer Freiheit rekapitulieren und meine frühern Vorsätze durch andere glücklich vollendet sehen kann«.

Ähnlich lautet Goethes erster Brief an Carl Gustav Carus (23. März 1818), in dem sich der Dichter für dessen ›Lehrbuch der Zootonomie‹ (Leipzig 1818) bedankt: »Ich nehme nun mit desto mehr Zuversicht meine alten Papiere vor, da ich sehe daß alles was ich in meiner stillen Forscher-Grotte für recht und wahr hielt, ohne mein Zutun, nunmehr ans Tageslicht gelangt. Das Alter kann kein größeres Glück empfinden als daß es sich in die Jugend hineinge-wachsen fühlt und mit ihr nun fortwächst«.

Aufenthalte in Jena förderten damals mehrfach Goethes Be-schäftigung mit der Naturwissenschaft. Nach dem Tode seiner Frau am 6. Juni 1816 wurden seine Jenaer Arbeitsaufenthalte im-mer länger, so daß er 1817 und 1818 beinahe die Hälfte des Jahres und 1819 immerhin fast 2½ Monate dort zubrachte. Er schloß sich in Jena in den Erker des Häuschens ›Tanne‹ bei der Camsdorfer Brücke ein und arbeitete in der Stille, ab und zu den ständigen Verkehr über die Brücke beobachtend.

Doch das Leben in Jena war schon deshalb kein Einsiedlertum, weil Goethe die Oberaufsicht über die wissenschaftlichen Anstal-ten oblag. Die *Tag- und Jahres-Hefte* zu den Jahren 1815–1819 berichten über eine Vielfalt von Aufgaben (Bd. 14, S. 250 f., 255 f., und 271–273): über die räumliche und inhaltliche Ausbreitung der mineralogischen, zoologischen und anatomischen Sammlungen, über den Ankauf von neuen physikalischen, chemischen und astronomischen Instrumenten, über die Einrichtung und Modernisierung der Laboratorien, über die Pflege des botanischen Gartens, über die Versorgung und Vereinigung der verstreuten Bibliotheken, über den Ausbau der Jenaer Sternwarte, über die Einrichtung neuer meteorologischer Beobachtungsstationen und selbst über die Bemühungen um eine adäquate Behausung für den inzwischen international berühmt gewordenen und 1816 zum Professor ernannten Chemiker Johann Wolfgang Döbereiner (1780–1849). Zu den amtlich-naturwissenschaftlichen Schriften dieser Jahre gehört die (nicht erhaltene) Fassung der *Instruktion für die Beobachter bei den Großherzogl. meteorologischen Anstalten* von 1817 (spätere Fassung: WA II 12, S. 203–218, S. 7–12 und S. 179–181). Goethe wollte auch die Naturforschende Gesellschaft wieder beleben (s. Goethe an F. S. Voigt, 26. März 1816; das Schreiben an Lenz, Fuchs, Döbereiner, F. S. Voigt und von Münchow, 27. März 1816; und den Tagebucheintrag unter diesem Datum), mußte aber diesen Plan schließlich aufgeben.

Der einleitende Abschnitt der *Tag- und Jahres-Hefte* zu 1817 zeigt, daß diese oft lästigen amtlichen Verpflichtungen für Goethes eigene naturwissenschaftliche Arbeit nicht unfruchtbar blieben:.

>»Dieses Jahr ward ich auf mehr als Eine Weise zu einem längern Aufenthalt in Jena veranlaßt, den ich voraussah und deshalb an eigenen Manuskripten, Zeichnungen, Apparaten und Sammlungen manches hinüber schaffte. Zuvörderst wurden die sämtlichen Anstalten durchgesehen, und als ich gar manches für Bildung und Umbildung der Pflanzen merkwürdiges vorfand, ein eigenes botanisches Museum eingerichtet und darin sowohl bedeutende Sammlungen getrockneter Pflanzen, Anfänge einer Zusammenstellung von Sämereien, nicht weniger Beispiele dessen was sich auf Holzbildung bezog, angelegt und in Verbindung gebracht, Monstrositäten aber von besonderer Wichtigkeit in einer großen Reihenfolge aufgestellt« (Bd. 14, S. 254 f.).

Am wesentlichsten war für Goethe aber der Gedankenaustausch mit den Wissenschaftlern der Universität: »Die neue Belebung von Jena, hat auch für mich im Natur-Fache, viel anregendes gebracht, und ich stehe wie Hesekiel verwundert, daß das alte Knochenfeld auf einmal lebendig wird« (Goethe an Zelter, 29. Mai 1817; Bd. 20.1, S. 508).

Der meistgeschätzte Jenaer naturwissenschaftliche Gesprächspartner und Korrespondent war nun ohne Zweifel Johann Wolfgang Döbereiner. Wie aus den Tagebüchern ersichtlich, suchte

Goethe bei dem Chemiker Rat und Aufklärung über Steinkohlen-gas (März 1816), über die galvanische Säule (Mai 1816), über die »neusten Chemica« (März 1817), über Glaserhitzung und Stahl-spiegel die entoptischen Farben betreffend (April, Mai 1817, Mai 1818, Mai 1819) und über einen Grundriß der allgemeinen Chemie (April 1819). Die *Tag- und Jahres-Hefte* zu 1815 berichten: »Bei dem nächsten Aufenthalte in Jena leitete mich Professor *Döberei-ner* zuerst in die Geheimnisse der Stöchiometrie ⟨Lehre von der mengenmäßigen Zusammensetzung chemischer Verbindungen und von den Mengenverhältnissen bei chemischen Reaktionen⟩; auch machte er zu gleicher Zeit wiederholte Versuche mit dem Weißfeuer, welches von dem Landgrafen herunter das Jenaische Tal erhellend einen magisch überraschenden Anblick gewährte« (Bd. 14, S. 244; s. auch zu 1816: Bd. 14, S. 252).

Unter den übrigen Jenaer Akademikern hatte Goethe einen engen Kontakt mit dem Direktor des botanischen Gartens, Fried-rich Siegmund Voigt (1781–1850), dessen berufliche Entwicklung er stets wohlwollend unterstützte; in Fragen der Wetterbeobach-tungen befand er sich in freundlichem, aber doch distanziertem Umgang mit Carl Dietrich von Münchow (1778–1836), Professor der Astronomie und Leiter der Sternwarte in den Jahren 1811–1819, und dessen Nachfolger, Johann Friedrich Posselt (1794–1823). Mit dem alteingesessenen Johann Georg Lenz (1748–1832), dem Leiter der Mineralogischen Gesellschaft und Professor der Mineralogie und Philosophie seit 1794, hatte er dagegen wenig Verbindung. In Fragen der Geologie war der Münchener und später Heidelberger Professor Karl Caesar von Leonhard (1779–1862) sein Freund und Berater. Auch zu den Nachfolgern des mit ihm befreundeten Anatomen Justus Christian Loder (1753–1832), Johann Friedrich Fuchs (1774–1828) (s. Bd. 6.2, S. 1211 f.) und Theobald Renner (1779–1850), hatte Goe-the keine echte Beziehung, obwohl die *Tag- und Jahres-Hefte* zu 1817 vermelden, daß dieser ihm »verschiedenes, besonders bezüg-lich auf das lymphatische System« demonstrierte (Bd. 14, S. 256). Unter den Jenaer wissenschaftlichen Kontaktpersonen dieser Jahre ist noch der seltsame und vergessene Privatdozent Johann Fried-rich Werneburg (1777–1851) zu erwähnen, dem es bereits in den Jahren 1808–1809 und 1812 gelungen war, Goethe für seine mathe-matischen und musikalischen Ideen zu interessieren. »Werneburg ist gewiß nicht ohne Verdienst, es stickt aber in so wunderlichen Schlacken, daß sich wohl schwerlich jemand findet, der es scheiden möchte«, schrieb Goethe bereits am 12. Dezember 1804 an Hein-rich Carl Abraham Eichstädt, den Herausgeber der ›Jenaischen Allgemeinen Literatur-Zeitung‹, mit Bezug auf eine Rezension

Werneburgs. Trotz Goethes Zurückhaltung sowohl Werneburg als auch der Mathematik gegenüber, traf er sich, laut Tagebucheintragungen, regelmäßig mit Werneburg während der Jahre 1818–1819, wobei unter anderem Mathematik, ihre Beziehung zur Physik und Werneburgs Maschinen und Modelle besprochen wurden. Die von der Forschung bisher nicht beachtete Beziehung Goethes zu Werneburg ist ein wichtiges Zeichen dafür, daß Goethe trotz seiner Skepsis sich stets wieder für die Mathematik interessierte.

Naturwissenschaft und Lyrik

In der Epoche der *Wahlverwandtschaften* (1807–1814) entstand eine Wechselbeziehung zwischen den naturwissenschaftlichen Ideen in diesem Roman und den ästhetischen Fragen in der *Farbenlehre*. Die Lyrik spielte in diesen Jahren bei Goethe eine weniger bedeutende Rolle. In den Jahren des *West-östlichen Divans* (1814–1819) rückten nun die Beziehungen von Goethes Naturwissenschaft zu seinen autobiographischen Schriften und zur Lyrik in den Vordergrund, obwohl sie auch in der Handlung und in den eingebetteten Novellen in *Wilhelm Meisters Wanderjahren* (Bd. 17; erste Fassung 1821) eine wichtige Rolle spielt. Wir beschränken uns hier auf einige Bemerkungen über die Beziehung zwischen Lyrik und Naturwissenschaft.

Das Aufblühen von Goethes naturwissenschaftlicher Lyrik wurzelt in Vorstellungen, die Goethe in den Jahren 1798–1799 beschäftigten und Anlaß für das Gedicht *Metamorphose der Pflanzen* (Bd. 6.1, S. 14) waren. Auch die erste Fassung der *Metamorphose der Tiere* (Bd. 6.1, S. 17) entstand wohl damals und war vielleicht bereits als Teil eines geplanten großen Naturgedichtes (s. Bd. 6.1, S. 882–883, und Bd. 6.2, S. 1212 f.) konzipiert.

Sulpiz Boisserée berichtet in seinen ›Tagebüchern‹ (hg. von Hans-J. Weitz. Darmstadt 1978, Bd. I, S. 277 ff.), daß Goethe die Idee dieses Naturgedichtes im Jahre 1815 nicht mehr ausführen wollte. Die Gedichte *Metamorphose der Pflanzen* und *Metamorphose der Tiere* (unter dem neuen Titel Ἀθροίσμος) wurden in die Hefte *Zur Morphologie* aufgenommen (Bd. 12, S. 74 bzw. S. 153), das erste in die Geschichte von Goethes Forschungen, das zweite in den früheren osteologischen Aufsatz eingebettet. Ähnlich wurde das als »altes Liedchen« bezeichnete »So schauet mit bescheidnem Blick ...« (Bd. 12, S. 100; später *Antepirrhema* betitelt) in das zweite Heft *Zur Morphologie* aufgenommen. Die ersten zwei wie auch die späteren Hefte enthalten auch neue Gedichte. Einige von diesen wurden ohne Titel quasi als Motto den Texten und Text-abschnitten vorangestellt: »Freudig war, vor vielen Jahren …« (Bd. 12, S. 195; später *Parabase* betitelt), »Weite Welt und breites Leben …« (Bd. 12, S. 386), »Im Namen dessen der sich selbst erschuf …« (Bd. 12, S. 388; später *Prooemion* betitelt) und die Gedichte »Bringst du die Natur heran …« (Bd. 12, S. 391) und »Möget ihr das Licht zerstückeln …« (Bd. 12, S. 392), die später unter dem Titel *Was es gilt* zusammengefaßt wurden. *Urworte. Orphisch* (Bd. 12, S. 91) und die Gedichte »Müsset im Naturbe-trachten …« (Bd. 12, S. 92) und »Freuet euch des wahren Scheins …« (Bd. 12, S. 92), die später unter dem Titel *Epirrhema* zusammengefaßt wurden, erhielten eine selbständige Funktion im Textgefüge. Ein Gedicht, »Mag's die Welt zur Seite weisen …« (Bd. 12, S. 194), wurde dem Bericht Mursinnas nachgestellt. Mit einigen Ausnahmen sind diese neuen Gedichte gegenüber den älteren kürzer und epigrammatisch. Sie sind weder reine Lehr-gedichte noch einfach als ästhetisch-subjektive Verzierungen ge-dacht, sondern sind Teil der gezielten Strategie, den naturwissen-schaftlichen Diskurs aufzulockern, sprachlich und gattungsmäßig zu bereichern, wie Goethe auch in *Wilhelm Meisters Wanderjahre* versucht hat, den Romandiskurs zu differenzieren.

Zur naturwissenschaftlichen Lyrik dieser Jahre gehören weiter-hin das am 24. September 1815 geschriebene und in den *West-östlichen Divan* aufgenommene Gedicht *Wiederfinden* und das am 17. Mai 1817 geschriebene und Julie von Egloffstein gewidmete Gedicht *Entoptische Farben*. Diese und die Gedichte aus den Heften *Zur Naturwissenschaft überhaupt, besonders zur Morph-ologie* bildeten dann den Kern der Abteilung »Gott und Welt« in der *Ausgabe letzter Hand*, die damit in neuer, ungebundener Form das unausgeführte »Naturgedicht« ersetzte. Die naturwissenschaft-liche Lyrik der Jahre 1814–1819 ist also nicht nur ein Beitrag zu Goethes naturwissenschaftlichen Schriften, sie gehört zu den Hö-hepunkten von Goethes Alterslyrik überhaupt.

Zur Textgestalt

Die meisten naturwissenschaftlichen Texte in diesem Band, wie auch in Bd. 13.2, sind nicht abgeschlossene Werke, sondern sozu-sagen während der Arbeit an den Heften *Zur Naturwissenschaft überhaupt, besonders zur Morphologie* (Bd. 12) übriggebliebene Materialien, überliefert in der Regel als Schreiberhandschriften, oft nach Diktat, die von Goethe nur flüchtig, manchmal gar nicht korrigiert wurden. Nur die wichtigsten Eingriffe werden im fol-

genden zu den einzelnen Texten verzeichnet; Hör- und Schreibfehler wie z. B. »Hölle« statt »Höhle«, »horizon Thal« statt »horizontal«, »Ahnteidung« statt »Ausscheidung«, »Treuheit« statt
»Dreiheit« hingegen wurden stillschweigend verbessert.

ERFINDEN UND ENTDECKEN

Die Aufzeichnung steht in enger inhaltlicher Beziehung zu den
Aufsätzen *Vorschlag zur Güte* und *Meteore des literarischen Him-
mels*, die G. zwischen April und September 1817 konzipierte
(veröffentlicht in den Heften *Zur Naturwissenschaft überhaupt*;
Bd. 12, S. 443 und 445), und zu einigen *Maximen und Reflexionen*
(Bd. 17, vor allem S. 910, Nr. 1141, 1142, 1143, 1145, 1146, und
S. 911, Nr. 1148, 1149).

G.s Tagebuch vermeldet am 26. April 1817: »Schema zu *Priorität* ⟨einem so überschriebenen Abschnitt aus *Meteore des literarischen Himmels*⟩«, am 27. und 28. die Beschäftigung mit Joseph
Adams' ›Memoirs of the life and doctrines of the late John Hunter‹
(London 1817), in denen (S. 115–138) ein Prioritätsstreit zwischen
den Brüdern John und William Hunter ausführlich besprochen
wird (vgl. den vorliegenden Text, S. 525,23–38). G.s erste schriftliche Reaktion auf diese Thematik war wohl die mit »Bruderzwist«
überschriebene stichwortartige Zusammenfassung der Charakter-
unterschiede und des Streites (WA II 13, S. 438–440, Paralipomenon Nr. 392), abgedruckt im Kommentar zu S. 525,35.

Das Problem, daß naturwissenschaftliche Entdeckungen oft von
verschiedenen Wissenschaftlern gleichzeitig gemacht werden und
daß daraus Streitigkeiten entstehen können, hat G. bereits in dem
1792 geschriebenen Aufsatz *Der Versuch als Vermittler von Objekt und Subjekt* (Bd. 4.2, S. 321, bes. S. 324) und später in der
Farbenlehre (Bd. 10, S. 751) beschäftigt. Der vorliegende Aufsatz
war ursprünglich als zweite Hälfte von *Meteore des literarischen
Himmels* vorgesehen, aber G. trennte den ersten vom zweiten
Teil und strich den Übergangsabschnitt (abgedruckt in Bd. 12,
S. 1057), so daß in *Meteore des literarischen Himmels* nun vor
allem die Streitfragen behandelt werden (unterteilt nach den Be-
griffen Priorität, Antizipation, Präokkupation, Plagiat, Posseß und
Usurpation), während es Hauptziel des vorliegenden Textes geworden ist, die positiven Wissenschaftsbeiträge für sich zu würdi-
gen. Die Trennung der Texte glückte jedoch nicht ganz, denn der
Bruderzwist zwischen John und William Hunter gehört als Prioritätsstreit eigentlich in *Meteore des literarischen Himmels*. John
Hunter ist tatsächlich das ungenannte Beispiel in »Antizipation«
(Bd. 12, S. 446,8–18), denn G. knüpft hier allgemeine Überlegungen an das englische Wort »mortification«, wofür er offenbar keine
adäquate Übersetzung fand (s. das Paralipomenon in der Anm. zu
S. 525,23).

Im vorliegenden Aufsatz wird nun versucht, die Leistungen der
Entdecker und der Erfinder zu unterscheiden und jede in ihrer Art

zu würdigen. Doch G. verfährt weder konsequent noch unparteiisch. In den *Maximen und Reflexionen* schreibt er, Erfinden sei »der Abschluß des Gesuchten« (Bd. 17, S. 910, Nr. 1143), und impliziert damit, daß den Erfindungen – im Gegensatz zu den zufälligen Entdeckungen – zielbewußte Forschungen vorangehen. In diesem Sinne heißt Erfinden »Die Objecte in ihrer Tiefe auffassen« (Bd. 17, S. 910, Nr. 1141).

Wenn diese *Maximen und Reflexionen* die intellektuelle Arbeit am Forschen zu würdigen scheinen, so heben die Beispiele im vorliegenden Aufsatz die Beiträge der einfachen Beobachter hervor und distanzieren sich gewissermaßen von der gelehrten Welt. Auch die Terminologie schwankt. Im Beispiel des Barometers (S. 526,15–19) wird an den vergessenen Gärtner erinnert, der entdeckt hat, daß Wasser mit einer Saugpumpe nicht höher als ungefähr neun Meter gehoben werden kann. Diesem zufälligen Entdecker steht Torricelli, der Erfinder des Barometers, gegenüber, der 1644 das Prinzip hinter der entdeckten Erscheinung fand und damit das Objekt in seiner »Tiefe« erfaßte.

Im Beispiel vom Meteoriten (S. 526,19–23) wird aber nun der zufällige Beobachter, der Kosak Medwedef, »Erfinder« genannt und Pallas, der den Meteoriten wissenschaftlich beschrieben hat, »Aufdecker«. Nennen wir Medwedef im Sinne der Goetheschen Terminologie Entdecker, so gibt es keinen Erfinder. Einen solchen gab es aber in der Person von Ernst Florens Friedrich Chladni, den G. allerdings nicht erwähnt. Warum? Die folgende kurze Beschreibung der Sachlage, auf Günter Hoppes Aufsatz ›Goethes Ansichten über Meteorite und sein Verhältnis zu dem Physiker Chladni‹ (GJb 95, 1978, S. 227–240) beruhend, wirft etwas Licht auf G.s merkwürdige Verschiebung der Terminologie.

Pallas beschrieb den Meteoriten, meinte aber, daß dieser ein natürliches Produkt der Erde sei (s. zu S. 526,19). Chladni schlug 1794 die heute als korrekt betrachtete Interpretation vor, daß dieses Eisen ein Meteorit, also kosmischen und nicht irdischen Ursprungs sei: »Allem Ansehen nach sind nämlich diese Massen und der Stoff der Feuerkugeln ganz einerlei: Alles, was man an diesen *vor* und *nach* ihrem Niederfallen bemerkt hat, lehrt uns, daß sie aus schweren und dichten Grundstoffen bestehen, die weder als dichte Masse durch irgendeine tellurische Kraft in die Höhe geführt noch aus den in der Atmosphäre befindlichen Teilen angehäuft sein konnten, sondern aus dem übrigen Weltraume zu uns anlangten« (Ernst Florens Friedrich Chladni: Über den Ursprung der von Pallas gefundenen und anderer ihr ähnlicher Eisenmassen, und über einige damit in Verbindung stehende Naturerscheinungen. Leipzig 1794; Neudruck u. d. T. ›Über den kosmischen Ur-

sprung der Meteorite und Feuerkugeln‹. Hg. von D. Goetz, mit
Erläuterungen von Günter Hoppe. Leipzig 1979, S. 39).
  G. kannte Chladni persönlich, verwendete dankbar dessen Untersuchungen über die sog. Chladnischen Klangfiguren in seiner
eigenen *Tonlehre* (Bd. 9, S. 923) und seinen entoptischen Forschungen (Bd. 12, S. 501 f.) und unterstützte selbst den Gedanken,
Chladni an die Universität Jena zu berufen (G. an C. G. von Voigt,
26. August 1816). Auch von Chladnis Theorie über Meteoriten
wußte G., denn in einem im März 1817 abgeschlossenen Beitrag für
das erste Heft *Zur Morphologie* lobte er Chladnis Fähigkeit,
sowohl in der Akustik als auch in der Meteoritentheorie wichtige
wissenschaftliche Beiträge zu leisten (*Schicksal der Handschrift*;
Bd. 12, S. 72). Doch G. lehnte Chladnis kosmische Theorie der
Meteoriten grundsätzlich ab: Er sprach von »Steinregen« (Tagebucheintragung zum 7. Juni 1801) und »luftgeborenen Wesen«
(*Dichtung und Wahrheit*; Bd. 16, S. 530,4) und schrieb in seiner
Spruchsammlung »Gott, Gemüt und Welt«: »Durchsichtig erscheint die Luft so rein / Und trägt im Busen Stahl und Stein. /
Entzündet werden sie sich begegnen; / Da wirds Metall und Steine
regnen« (Bd. 9, S. 117). Auch die Feuerkugel, die durch eindringende Meteoriten verursachte Lichterscheinung, war G. geneigt
»tellurisch« zu erklären (*Feuerkugel*; Bd. 13.2, S. 273).
  G.s deutliche Präferenz für »tellurische« Erklärungen (s. *Versuch einer Witterungslehre 1825*; Bd. 13.2, S. 277,32) steckt also
hinter seiner Verwechslung der Begriffe im Falle des Pallas-Eisens:
Medwedef wurde wohl deshalb vom Erfinder zum Entdecker
befördert, weil G. mit der Erklärung des wirklichen Entdeckers
Chladni nicht einverstanden war.

Textgrundlage: Handschrift GSA 26/LIX,12.
Erstdruck: C¹ 50 (1833), S. 163–166.

  525 *5 Kontestationen:* Anfechtungen. – *10 Überlieferung:* hier
im Sinne von ›Vermittlung‹. – *23 John Hunter:* berühmter engl.
Chirurg und Anatom schottischer Abstammung (1728–1793), dessen Studie über den menschlichen Zahn G. bereits in seinem
Zwischenkiefer-Aufsatz erwähnt (Bd. 2.2, S. 541). Seine Biographie, geschrieben von Joseph Adams (Memoirs of the life and
doctrines of the late John Hunter. London 1817; Ruppert,
Nr. 143), erhielt G. von Großherzog Carl August im Frühjahr
1817 (s. G. an Carl August, 15. April 1817; die Tagebucheintragungen vom 27. und 28. April 1817 und *Tag- und Jahres-Hefte* zu
1817; Bd. 14, S. 263,14–17). G. hat aus Adams' Buch über John
Hunter einen Abschnitt übersetzt (S. 213):

»Wenn er weniger las als viele Menschen, so kommt dieses durch seine übrigen Arbeiten vollkommen ins Gleichgewicht, und an allen seinen Schriften sieht man leicht daß er sich immer sorgfältig umtat, was vor ihm durch andere geschehen. Ein inniger, vieljähriger Freund desselben, erzählte mir daß Hunter eine jede Entdeckung die er machte Herrn Cruikshank mitteilte, welcher oft zu großer $\frac{\text{Kränkung}}{\text{Beschämung}}$ (mortification) Huntern benachrichtigte daß Haller alles dasselbe schon längst beschrieben hatte. Dies ist genugsames Zeugnis seiner Bereitwilligkeit sowohl sich selbst zu unterrichten, als andern Gerechtigkeit wiederfahren zu lassen.«

Textgrundlage: Handschrift GSA 26/LXIX,1,8, Bl. 62 (Beschreibung s. WA II 13, S. 440).
Erstdruck: WA II 13 (1904), S. 440, Nr. 393.

Vgl. hierzu auch eine der *Maximen und Reflexionen*:
»Es sind zwei Gefühle die schwersten zu überwinden
Gefunden zu haben was schon gefunden ist
Und nicht gefunden zu sehen was man hatte finden sollen«
(Bd. 17, S. 911, Nr. 1149).
– *30 Prosektor:* Obduktionen (Sektionen) durchführender Arzt. – *älteren Bruders:* William Hunter (1718–1783), Anatom und Gynäkologe. – *32 Neues entdeckt:* Es ging um die Frage, welche Verbindungen zwischen der Gebärmutter und der Plazenta existieren. William Hunter hatte in seinem Hauptwerk ›The Anatomy of the Human Gravid Uterus‹ (1774) die Beiträge seines Bruders nur allgemein anerkannt, worauf John Hunter in einem Aufsatz für die Royal Society 1780 diese Entdeckung für sich beanspruchte. G. entlieh William Hunters Buch in Ludwig Friedrich Froriers deutscher Übersetzung (Weimar 1802) am 10. Juli 1818 aus der Weimarer Bibliothek (Keudell, Nr. 1152). – *35 Zwiespalt zwischen beiden:* Das Zerwürfnis zwischen den beiden Brüdern hat für G. offenbar den Anstoß zum vorliegenden Aufsatz gegeben, denn unter der Überschrift »Bruderzwist« ist ein ausführlicher Entwurf dazu erhalten, der auf der Grundlage seiner Lektüre von Adams' Biographie entstanden sein muß:

Bruderzwist

Hunterisches Ehepaar
William Hunter, älterer Sohn.
Bildung.
Gelehrte.
Weltbildung.

Redekunst.

Anatom und Arzt.

Glücklicher Vortrag.

John Hunter,

spät geboren.

Unerzogen wo nicht verzogen.

Naturkind bis ins 19te Jahr.

Er kommt zu seinem Bruder in die Lehre.

Schnelle Entwicklung des Talents.

Blick in die Natur.

Die Geheimnisse der Organisation offenbaren sich seinem
   Auge.

Als Prosektor arbeitet er, ohne sich mündlich mitzuteilen.

Auch fehlt es ihm an Redebildung so wie überhaupt an allem was
   man gelehrte Bildung nennt.

Dr. William wird durch seines Bruders Arbeit gefördert, freut
   sich seiner Genauigkeit ohne für dessen Entdeckungsgabe
   großen Sinn zu haben,

und ist überhaupt gewohnt was in seinem Lehrkreise gefunden
   wird als sein Eigentum anzusehen.

John arbeitet immer an der Natur

und entdeckt das Entdeckte.

Sein Verhältnis zu Cruichamp ⟨*richtig:* Cruikshank⟩.

Mißbehagen an der Antizipation seiner Vorgänger.

William erkennt die Verdienste seines Bruders im Allgemeinen
   öffentlich an,

Konstituiert sich aber als Aaron dieses Moses,

und schmückt sich im Einzelnen mit den Verdiensten desselben.

Dies mag John im Stillen verdrießen, aber es kommt nicht zur
   Sprache.

Entdeckung die John an der Placenda macht,

und dem Bruder kommuniziert.

Dieser faßt das Apperçu auf, eignet es sich zu.

Er verfaßt ein umständliches Werk darüber.

John achtet eigentlich die menschliche Anatomie und Physiolo-
   gie nicht,

sie scheint ihm ein zu beschränktes Feld,

das sich in sich selbst nicht aufklärt.

Das Vorhandene Sichtbare zu wissen zu kennen und darzustellen ist ihm nicht genug.

Er verbreitet sich über die Tierwelt, um von dort her durch
   Analogie erst über den geheimnisvollen Menschen klar zu
   werden.

und hegt immerfort Freude an dem Entdeckten.

Er genießt auch des Ruhms und wird von den Meistern als Originalgeist anerkannt.

Nach Verlauf von 30 Jahren gibt William sein Werk über die Placenda heraus.

Er rühmt seinen Bruder in der Vorrede wegen Genauigkeit in Arbeiten welches jener für kein sonderlich Lob halten mochte.

John schweigt, kann es aber weder verzeihen noch vergessen daß ihm seine Entdeckungen geraubt werden sollen.

Aber des Menschen Herz will auch den kleinsten Teil des geistigen Erwerbs nicht missen.

Schwere Krankheiten machen ihn mißbehäglich.

Genug er kann es nicht lassen und gibt einen Brief an die Londner Societät, deren Mitglied er längst gewesen, worin er jene Entdeckung sich vindiziert.

Die Gesellschaft läßt ihn verlesen.

William gibt eine Gegenerklärung und von nun an sind die Brüder unwiederbringlich entzweit.

William lebt noch drei Jahre ohne daß sie sich sehen,

John drängt sich an sein Todesbett.

Wahre Versöhnung scheint nicht zu erfolgen.

William stirbt und seines Bruders ist im Testamente nicht erwähnt.

Textgrundlage: Handschrift GSA 26/LXIX,1,8, Bl. 63–64 (Beschreibung s. WA II 13, S. 438).
Erstdruck: WA II 13 (1904), S. 438–440, Nr. 392.

526 *8–12 ergriff Galliläi* ⟨...⟩ *bedienen zu können:* ähnlich über Galilei im »Historischen Teil« der *Farbenlehre* (Bd. 10, S. 751,34–37); Galileo Galilei (1564–1642) schickte im August bzw. Dezember 1610 über den florentinischen Gesandten am Prager Hof, Giuliano de' Medici, zwei anagrammatisch (d. h. durch Umstellung der Buchstaben) verschlüsselte Berichte an Kepler und Kaiser Rudolf über seine für die kopernikanische Lehre entscheidenden Entdeckungen des Rings um den Saturn und der Phasen der Venus. Zu seinem großen Ärgernis konnte Kepler die Anagramme nicht auflösen und mußte auf Galileis Aufschlüsselung in den nächsten Briefen warten (Emil Wohlwill: Galilei und sein Kampf für die Copernicanische Lehre. Hamburg und Leipzig 1909. Bd. 1, S. 344–348). – *15 Der Gärtner:* Bereits in den Aufzeichnungen zu den physikalischen Vorträgen von 1805–1806 befindet sich die Bemerkung: »Gärtner der höher heben will als 32 Fuß. Geht nicht« (Bd. 6.2, S. 853,28 f.). G.s Quelle dafür war wahrscheinlich Johann Gottlieb Friedrich Schraders ›Grundriß der Experimental-Naturlehre ⟨...⟩‹ (Hamburg 1797; in G.s Besitz die 2. Auflage: Hamburg 1804; Ruppert, Nr. 5082), in dem erzählt wird: »Ein Florentinischer Gärtner war im Jahr 1643 bemühet, das Wasser in der Sauge-Pumpe höher als 36 Fuß zu heben, aber vergeblich, denn das Wasser blieb stets auf einer Höhe von 32 Fuß stehen« (S. 169 f.; 2. Aufl.: S. 188). Eigentlich machten Quellengräber diese Entdeckung; Galilei wurde bereits 1613 auf ihr Problem aufmerksam, er gab aber eine fehlerhafte Erklärung dafür. Die Erscheinung erklärt sich durch den Luftdruck: Das Gewicht der Luft über der Erdoberfläche entspricht ungefähr dem Gewicht einer 32 Fuß hohen Wassersäule. – Zu den zeitgenössischen Experimenten vgl. ausführlich W. E. Knowles Middleton: The History of the Barometer. Baltimore 1964, bes. Kap. 1 u. 2. – *17 der Physiker:* der ital. Mathematiker und Physiker Evangelista Torricelli (1608–1647). Torricelli und Vincenzo Viviani (1622–1703) brachten den Luftdruck, statt mit Wasser, mit einer ca. 74 cm hohen Quecksilbersäule ins Gleichgewicht und konstruierten damit das erste Barometer; vgl. die stichwortartige Zusammenfassung dieser Entdeckung in G.s Notizen zu den physikalischen Vorträgen (Bd. 6.2, S. 853,31–35). – *19 Ein Kosak führt den reisenden Pallas:* Peter Simon Pallas (1741–1811), Mediziner, Naturforscher und Forschungsreisender (u. a. Sibirien, Krim), druckte in seinem Werk ›Reise durch verschiedene Provinzen des Russischen Reichs‹. 3 Bde. (St. Petersburg 1771–1776; Neudruck Graz 1967) im dritten Band (S. 412 f.) das schriftliche Zeugnis des krasnojarskischen Obersteigers Mettich ab, das von der Entdeckung eines Kosaken berichtet: Der Kosak Jakob Medwedef, ein Bauer und Schmied, hatte im Jahr 1749 auf einem hohen Berg in Sibirien, ca. 235 km südlich von Krasnojarsk, eine etwa 40 Pud (ca. 650 kg) schwere Masse gediegenen (d. h. metallischen, nicht steinartigen) Eisens entdeckt, die mit dem Gestein des Bergs keinerlei Verbindung hatte. Später brachte er den Fund in sein Dorf, und im Jahr 1772 untersuchte Pallas die Eisenmasse. Da er in der Nähe keine Spuren von Eisenhütten fand, zog er daraus den Schluß, daß sie »aus der Werkstatt der Natur gekommen und vermutlich als ein uraltes Tagenest von der umgebenden, vielleicht verwitternden oder weichen Bergart, worin er eingeschlossen war, entblößt worden ist« (S. 415). – *22 es trägt seinen Namen:* Pallas-Eisen oder Pallasit. – *26 Colomb:* Christoph Kolumbus (1451–1506), der 1492 auf einer Seereise nach Westen Indien erreichen wollte, statt dessen aber auf den Karibischen Inseln landete und damit Amerika entdeckte. – *30 ungeheure Insel:* die sagenhafte versunkene Insel Atlantis im Atlantischen Ozean. – *35 Portugiesen:* Gemeint sind

wohl vor allem Bartholomeu Dias (um 1450–1500), der die Südspitze Afrikas umsegelte, Vasco da Gama (1469–1524), der 1498
den Seeweg nach Ostindien fand, und Magellan (Fernão de Ma-
galhães, 1480–1521), der über die heutige Magellanstraße an der
Südspitze des amerikanischen Kontinents zu den Philippinischen
Inseln gelangte (1519–1521).

GEOLOGIE UND MINERALOGIE

⟨KNOLLIGER STINKSTEIN⟩

Der Brief von Johann Carl Wilhelm Voigt, aus dem hier eine Stelle
mitgeteilt wird, ist nicht erhalten. Die Anführungszeichen, in die
Überschrift und Auszug im Druck eingeschlossen sind, weisen
darauf hin, daß der Briefauszug wahrscheinlich bereits von G.
gemacht wurde. G.s Bemerkungen dazu legen durch ihre stilistische Eigenart (Ich-Form, Anrede an den Empfänger) die Vermutung nahe, daß sie einem Brief an Karl Caesar von Leonhard
entstammen, was durch ihre Publikation unter der Rubrik »Korrespondenz« in Leonhards ›Taschenbuch‹ unterstützt wird; ein solcher Brief ist jedoch ebenfalls nicht überliefert. Möglicherweise hat
Leonhard nach Empfang von G.s Brief einen Abschnitt daraus
entnommen, um beides zusammen in dem von ihm herausgegebenen ›Taschenbuch‹ zu veröffentlichen.

Textgrundlage und Erstdruck: Taschenbuch für die gesamte Mineralogie, mit Hinsicht auf die neuesten Entdeckungen, herausgegeben von Karl Caesar von Leonhard. Zehnter Jahrgang. Frankfurt
am Main 1816, S. 300–301. – Eingriff: S. 527,13 *Schneckenhügel*
(Schreckenhügel ED).

527 *10 Bergrat Voigt:* Johann Carl Wilhelm Voigt (1752–1821),
Bergrat in Ilmenau, Bruder des Weimarischen Staatsministers
Christian Gottlob von Voigt; Näheres s. Bd. 2.2, S. 879–880. –
12 Stinkstein: (auch unter folgenden Bezeichnungen bekannt:
Kohlenkalkstein, Kohlenspat, bituminöser Mergel) Anthrakonit,
knollige Abscheidungen von Kalziumkarbonat innerhalb und in
der Umgebung von Pflanzenresten. Der Begriff geht zurück auf
das Buch von Abraham Gottlob Werner: Von den äußerlichen
Kennzeichen der Fossilien ⟨...⟩. Leipzig 1774, in dem der Stinkstein S. 280 f. erwähnt wird: »Der Geruch ist das sechste allge-

meine generische Kennzeichen der Fossilien. ⟨...⟩ Der Geruch,
den erstere entweder an oder vor sich, oder durch starkes Reiben
geben, ist wiederum entweder urinös, z. B. bei dem Stinkstein,
welcher, wenn er gerieben wird, fast wie Katzenurin riecht«. Zur
Begriffsgeschichte vgl. Vivianne Berg-Madsen: Origin and usage
of the geological terms orsten, stinkstone, and anthraconite. In:
Archives of Natural History 16 (1989), S. 191–208. – *17 Ruten:*
altes Feldmaß unterschiedlicher Länge (zwischen 2,87 und 5,5 m;
in Sachsen-Weimar: 4,512 m).

ZINN

Diese definitionsartige Ausarbeitung sandte G. im Brief vom
27. Februar 1815 an Karl Caesar von Leonhard, der sie so in sein
Lehrbuch (s. die Vorbemerkung zu S. 537: *Das Gerinnen*) aufnahm. Zu G.s Beschäftigung mit dem ›Urmetall‹ Zinn vgl. ⟨*Zinnformation*⟩ (Bd. 9, S. 909 u. 1394–1397) und *Ausflug nach Zinnwalde und Altenberg* (Bd. 12, S. 521 u. 1080–1081) sowie im
vorliegenden Band ⟨*Bildung des Granits und Zinnvorkommen*⟩
(S. 551).

Textgrundlage: Handschrift GSA 29/11, Bl. 190 (Konzept, sorgfältig von G. korrigiert; die behändigte Ausfertigung ist nicht
erhalten. – S. 527,35 könnte statt *unmittelbarer* auch *unmittelbares*
gelesen werden; der Erstdruck hat »unmittelbarer«.
Erstdruck: Karl Caesar von Leonhard, Johann Heinrich Kopp und
Carl Ludwig Gaertner: Propädeutik der Mineralogie. Frankfurt
a. M. 1817, S. 180.

527 *37 Greisen:* grobkörniges Nebengestein von Zinnerzlager-
stätten. – *38 Stockwerk:* bergmänn. Begriff für größere, zusam-
menhängende und erzführende Gesteinsmasse(n).

⟨TRAPPFORMATION BEI DARMSTADT⟩

Anläßlich eines kurzen Aufenthalts von G. in Darmstadt vom 18.
bis 20. September 1815 untersuchte und sammelte sein Diener
Stadelmann in einem verlassenen Basaltsteinbruch bei Roßdorf,
östlich von Darmstadt, eine Reihe von Gesteinsproben. Er brachte
sie nach Weimar und verfaßte einen Bericht: ›Aus einem Steinbruch in der Nähe von Darmstadt. Bezeichnet von einem ununter-
richteten. 1815‹, in dem er die einzelnen Fundstücke numerierte

und beschrieb (s. Prescher, S. 360 f.). Dieser Bericht Stadelmanns hat G. als Grundlage für den vorliegenden Text gedient: Er hat den einleitenden Abschnitt formuliert und aus der Gesteinsliste die Nummern 1 bis 11 nur wenig verändert übernommen; vermutlich ist der Text in den letzten Monaten des Jahres 1815 entstanden. Zwei Jahre später hat sich G. noch einmal mit dem Darmstädter Gestein beschäftigt, wie aus einer Tagebuchnotiz vom 2. November 1817 hervorgeht: »Brocchis Fassatal. Darmstädter Wackengebirg, im Vergleich mit den Fassaischen«. Anlaß dafür war die in diesem Jahr erschienene deutsche Übersetzung einer geologischen Beschreibung des Fassatales (Südtirol) von Giovanni Battista Brocchi (1772–1826): Memoria mineralogica sulla valle di Fassa in Tirolo. Milano 1811 (dt. Ausgabe Dresden 1817; Ruppert, Nr. 4422). Über das Werk, seinen Autor und seinen Übersetzer, Karl August Blöde, äußerte sich G. in einem Zusatz zu seinem Brief an Gaëtano Cattaneo vom 20. Dezember 1817:

»Schließlich habe ich noch die Bitte daß Sie beiliegendes Diplom, ausgefertigt von jenaischer mineralogischer Gesellschaft, Herrn Inspektor *Brocchi* möchten zustellen lassen. Seine höchst interessante und geistreiche Abhandlung über das *Tal von Fassa* in Tyrol ist uns erst dies Jahr durch eine deutsche Übersetzung vollkommen bekannt geworden. Herr Geheime Finanz Rat *Blöde*, einer unser vorzüglichsten Mitarbeiter, hat sie mit Sorgfalt bearbeitet, mit einsichtigen Anmerkungen erläutert und bekräftigt. Sie wird großen Einfluß haben auf eine Darstellung dessen, was über die Trappformation überhaupt bekannt ist, worauf wir uns vorbereiten.

Nun schätzen wir uns zur Ehre, Herrn Brocchi als den Unsrigen zu begrüßen, und wünschten sowohl das Original seines Werkes zu besitzen, als auch eine zu Beleg- und Erläuterung desselben dienende Sammlung von Mineralien, wie er sie in seinem Werke vollständig anführt und beschreibt, in dem jenaischen Museum aufstellen zu können, wo sie bis jetzt nur unvollständig vorhanden ist.

Um diesen Wunsch zu rechtfertigen füge hinzu: daß wir jetzt besonders beschäftigt sind, die Gebirgsfolgen mehrerer Länder bei einer sich immer mehr erweiternden Erdkunde zu sammeln, damit der angehende Geognost sich belehre und ein schon geübter Kenner vergleichende Nachlese finden könne«.

Vgl. dazu die zahlreichen Auszüge aus Brocchis Buch und weitere Notizen G.s, thematisch zusammengefaßt in LA I 2, S. 100–102.

Textgrundlage: Handschrift GSA 26/LVIII,15.
Erstdrucke: S. 528,7–21: WA II 10 (1894), S. 42 (der Teilsatz ab

»was damals gewonnen wurde« im Lesartenapparat S. 224);
S. 528,22–531,12: LA I 11 (1970), S. 169–170.

528 *14 Trappformation:* Trapp (schwed.) war die Bezeichnung
für oft mächtige, flächenartig auftretende und sich treppenartig
überlagernde, basische bis intermediäre Ergußgesteine. Vgl. G.s
Zeichnung vom 3. Dezember 1817 (CGZ VB, Nr. 212; Abb. im
vorliegenden Band, S. 529) und deren wissenschaftsgeschichtliche
Einordnung durch O. Wagenbreth: Fazies und Formation. Eine
geologiegeschichtliche Betrachtung. In: Berichte der Geologischen
Gesellschaft in der DDR 9 (1964), S. 149–158. – *15 Wacke:* basalti-
sches Gestein. – *17 Zeolith:* Gruppe wasserhaltiger Silikate von
Kalzium, Aluminium und Natrium, oft als Kristalle in Hohlräumen von Ergußgesteinen. – *24 Mandelstein:* blasiges Ergußgestein,
in den Hohlräumen oft mit mineralischen Stoffen ausgefüllt.

DIE ACHTERMANNS HÖHE

Der 1894 in WA II 10 erstmals gedruckte Text ist Teil eines
umfangreichen Manuskriptes mit einer Zeichnung mit dem Titel
›Die Achtermanns Höhe‹ von der Hand Kräuters und von G.
eigenhändig unterzeichnet im Archiv des Naturhistorischen Museums Wien. Die Erstveröffentlichung des gesamten Schriftstücks
erfolgte durch Leopoldine Muckenhuber: Ein Goethe-Dokument
des Naturhistorischen Museums. Annalen des Naturhistorischen
Museums in Wien 57 (1949/50), S. 141–147. Dem von G. stammenden Textteil geht folgendes voraus:

Die Achtermanns Höhe
ist ein isolierter Gebirgskopf im Blankenburgischen, in der
Nähe des Königskruges, zwischen der Oderbrücke und Braunlage, der auf einer sehr flachen Anhöhe, sich auf einmal so
auftürmt, wie er auf der Abbildung sich präsentiert. Er steigt in
einem Winkel von 45 Graden mit der Wasserfläche zu seiner
Spitze auf etwa 140 Fuß perpendikulärer Höhe hinan, anstatt
die Basis desselben, oder der Berg auf welchem er aufliegt,
ohngefähr in einem Winkel von kaum 10 Graden vors erste
abfällt, welcher schwache Abfall, von dem Fuße dieses Kegels,
Nordwärts nach der Oderbrücke zu, am langsten und zwar
1800 Schritte fortdauert. Gegen Westen und Osten dauert dieser
schwache Abfall nicht so lange und ziehet sich westwärts nach
der Oder und Ostwärts nach der warmen Bude zu. Westwärts
nach der Oder zu, sind zwar 2300 Schritte, allein es fängt der
Berg bald stärker an zu fallen und fällt nahe an der Oder, mit

einem starken *praecipice* in selbige hinab. Die Gebirgs-Art der Basis ist gänzlich Granit, dessen Feldspat sich etwas den Braunrötlichen nähert. Obgleich sich Stücken von andern Farben ebenfalls daselbst finden, so wird doch des erwähnten am meisten dort angetroffen. Der Gebirgskegel besteht ebenfalls aus Granit, der aber nicht so von regelmäßig auf einander gelegt scheinenden Stücken zusammengesetzt ist, wie wir solches an andern Granit Klippen des Harzes zu sehen gewohnt sind, sondern es bestehet aus Bruchstücken, die in der größten Unregelmäßigkeit über einander liegen und nur wenigen solcher einigermaßen regelmäßigen Stücken, die ebenfalls ganz unordentlich durch einander liegen.

Was aber diesen Gebirgskegel vorzüglich merkwürdig macht, ist die Spitze desselben, die von einer ganz andern und vom Granit äußerst verschiedener Steinart ist. Sie kommt der sogenannten Grauen Wacke*) welche mit dem Schiefer abwechselnd, die Ober Harzischen Erzgebirge ausmacht am nächsten und auch hier findet sich auf diesem kleinen Fleck die Abwechslung mit dem Schiefer sehr deutlich, da ich denn auch Stücke abgeschlagen habe, in welchen der Schiefer wirklich durch die Graue Wacke durchsetzet, und mit ihr verwachsen ist. Dieses, unter die Klasse der aufgesetzten Gebirge gehörige Gestein, schneidet sich nach der Linie AB mit dem Granit ab: und finden sich hieselbst, (wiewohl nur sehr einzeln:) Stücke, wo der Granit mit dem aufgesetzten Gebirge genau verwachsen ist. Ich habe eine Stufe davon polieren und anschleifen lassen, worauf sich dieser Abschnitt sehr deutlich zeiget. Dieses nämliche Gestein findet sich gleich am östlichen Fuße des Kegels, von wo ab es sich Süd Westwärts nach dem 1000 Schritt von selbigen gelegenen Königskruge und weiter nach der pag 88. lin. 106 Ihres 5^n Briefes**) erwähnten Scheidung des Granits mit dem aufgesetzten Gebirge, zuziehet. Ostwärts gehet diese Grenze über die Bude fort nach dem Winterberge und nach Elend zu, auf welchem beschriebenen Wege es immer mehr oder weniger mit Wacke, die sich oft dem Sandstein nähert und mit Jaspisartigen dunkelblauen Schiefer, auch wirklichen Schiefer abwechselt.

Lasius
Damals Lieutenant bei der Hannövrischen Artillerie.

---

*) Es ist vielmehr dunkelblauer Porphyr, welcher seiner eingemengten Quarzkörner wegen allerdings manchen Arten grobkörniger Grauwacke ähnlich, und da wo die Quarzkörner kleiner, weniger sichtlich sind, auch jenem mit der der Grauwacke abwechselnden Schiefer ähnlich ist.

**) Nämlich in meiner Erfahrung vom Innern der Gebirge.
Am Fuße dieser Achtermannshöhe fand ich im Jahre 1782 im
September das erste Bruchstück solchen Granits mit aufgesetz-
tem und angewachsnen dunkelblauen Jaspisschiefer, bei einer
Reise über Braunlage nach Elbingerode und 1783 im September
mit meinem Freunde Göthe das nämliche an der Rehberger
Klippe.

Freyberg den 20^n Novbr. 1812.　　　　　von Trebra.

Dann folgt der von G. eigenhändig unterzeichnete Textteil:

Außer dem Vorstehenden verdient jenes merkwürdige Gestein
noch einige Bemerkung. Was den Namen betrifft, den man ihn
geben könnte, so wird er immer problematisch bleiben, besonders wenn man dasselbe an mehrern Stellen seines Vorkommens
betrachtet. Auf der gegenwärtigen Tischplatte hat es ein porphyr'artiges Ansehn ähnelt aber doch der Grauwacke. Da wo es
gangartig durch den Granit setzt, oder in einzelnen parallellipe-
dischen Massen darin gefunden wird, gleicht es vollkommen
dem Bandjaspis. Mir scheint, als wenn die auf dem Harze so weit
verbreitete Masse, des aus Ton und Kieselerde in ungleichen
Verhältnissen bestehenden Gesteins, durchaus damit verwandt
sei, wie es auch unter der Form von Porphyr, Jaspis, Tonschiefer, Grauwacke, Hornstein und Kieselschiefer vorkommt.
　　Außer den beiden angezeigten Orten, der Achtermannshöhe
und dem Rehberger Graben habe ich ein ähnliches an der
Roßtrappe gleichfalls unmittelbar am Granit gefunden, ja mit
demselben verwachsen, wie denn die Tischplatte zeigt, daß
beide Steinarten gleichzeitiger Entstehung sind, ja daß beide
Massen vor die Solideszenz eine wechselseitige Anziehung auf
einander ausgeübt haben. Alles dieses zusammen macht das
Gestein einer aufmerksamen Betrachtung wert, als ein Über-
gangs Vorkommen welches auf eine unmittelbare Folge der
Entstehungen deutet.
　　Noch bemerke, daß das bei C gezeichnete Gerille Trümmer
sind von der ehemals viel höhern Kuppe des Berges.
　　Weimar den 24^n Jänner 1816.　　　　　JWv Goethe.

Textgrundlage: Handschrift im Archiv des Naturhistorischen Museums,
Wien.
Erstdruck: WA II 10 (1894), S. 51, mit einer Korrektur WA II 13 (1904),
S. 422; diesem Druck liegt das Konzept im GSA zugrunde, woraus sich
kleinere Abweichungen und v. a. das Fehlen des letzten Abschnitts, des
Datums und der Unterschrift erklären.

Georg Sigismund Otto Lasius
DIE ACHTERMANNSHÖHE

G.s Bemerkungen über ein geologisches Phänomen auf der Achtermannshöhe gehen zurück auf seine zweite Harzreise im Jahre 1783: auf sein Zusammentreffen mit dem Vizeberghauptmann Friedrich Wilhelm Heinrich von Trebra (1740–1819) und deren gemeinsame Brocken-Besteigung am 21. September 1783 (vgl. Bd. 2.2, S. 882–884) sowie die damalige Entdeckung einer »Doppelgesteinsart« bzw. eines »Übergangsgesteins« (roter Granit und darauf stehender Tonschiefer) als Grenzschicht zwischen ältesten und neueren Epochen. Zur Erinnerung an diesen gemeinsamen Fund hatte von Trebra am 20. Oktober 1812 zwei aus diesem Gestein bearbeitete Tischplatten für G. und den Herzog Carl August gesandt: »In diesem wohl verwahrten Verschlage, ist ein Geschenk verwahrt, das ich als wahres Gelübde, seit wohl schon 30 Jahren her, meinem edlen Freunde Goethe im Herzen zugesagt habe, zum immerwährenden Andenken, an unser gemeinschaftliches Beschleichen der Natur« (zit. nach Walther Herrmann: Goethe und von Trebra. Freundschaft und Austausch zwischen Weimar und Freiberg. Freiberger Forschungshefte Kultur und Technik D 9. Berlin 1955, S. 113). In den *Tag- und Jahres-Heften* zu 1812 schreibt G.: »*Von Trebra* verehrte merkwürdige Granitübergangsplatten als Dokumente früherer geognostischer Wanderungen auf dem Harze« (Bd. 14, S. 231). G. bedankte sich für die Sendung in zwei Schreiben vom 27. Oktober und 3. November 1812. Am 21. November sandte von Trebra »Jetzt nur hier beigehend eine Kopie des hohen Kegels in den Hartzgebirgen, an dessen Fuße ich zuerst eine solche Zusammenfügung zweier, sich höchst ungleicher Steinarten zu sehen bekam« (W. Herrmann, a. a. O., S. 116); vermutlich haben dieser Sendung, zusammen mit der Zeichnung, die geologischen Ausführungen über die Achtermannshöhe von Lasius und die vom 20. November datierten Bemerkungen von Trebras dazu beigelegen. Georg Sigismund Otto Lasius (1752–1833), später Direktor der Landesvermessung in Oldenburg, war Verfasser von ›Beobachtungen über die Harzgebirge nebst einer petrographischen Karte und einem Profilrisse‹, Hannover 1789 (ein Kartenentwurf Lasius' zur Geologie des Harzes, datiert 7. Mai 1786, befindet sich im handschriftlichen Nachlaß von Georg Christoph Lichtenberg in der Niedersächsischen Staats- und Universitätsbibliothek Göttingen; Sign.: Licht. IX E).

Gegen Ende 1815, nachdem der Direktor des königlichen Naturalien-Kabinetts in Wien, Carl Franz Anton Ritter von Schreibers (1775–1852), den Museen und Sammlungen in Jena und Weimar Sammlungsobjekte aus den dortigen Beständen überlassen hatte, veranlaßte G. im Auftrag des Großherzogs die Übersendung einer der beiden genannten Tischplatten an ihn; er schrieb dazu:

»Indem ich nun des höchsten Auftrags mich entledige, vermelde zugleich, daß nächstens eine ovale Tischplatte an Dieselben abgehen wird. Sie ist von dem merkwürdigen Gestein, welches den Übergang des Granits in eine Art Hornstein oder Jaspis auf dem Harze bildet und von meinem Freunde von Trebra und mir vor vielen Jahren beachtet und bis an den Ort seines Vorkommens verfolgt worden. Gedachte Platte schreibt sich noch aus jenen Zeiten her und machte ein Paar mit einer andern, welche in dem mineralogischen Kabinette zu Jena verbleibt. Eine diesen merkwürdigen geologischen Umstand erläuternde Zeichnung, mit Bemerkungen von Lasius und von Trebra, auch sonstige Notizen, die dieses Übergangsgestein erläutern, ermangle nicht nachzusenden« (G. an Schreibers, 26. Dezember 1815). Die Tischplatte wurde laut Tagebuch am 20. Januar abgeschickt, die erläuternden Bemerkungen, also eine Abschrift der Ausführungen von Lasius und von Trebra und G.s eigener Beitrag, wurden entweder gleich danach (in G.s Brief an Carl August vom 25. Januar werden sie als bereits abgesandt erwähnt) oder am 1. Februar 1816 (Tagebuch: »*Dir. von Schreibers* Wien Achtermannshöhe«) auf den Weg gebracht.

⟨Über Bildung von Edelsteinen⟩

Karl Caesar von Leonhard bat G. im Brief vom 15. Februar 1816 um Meinungsäußerung zu seinen Überlegungen, ob die Edelsteine, »diese Blüten der unorganischen Welt, nicht als Gebilde der primordialen Epoche zu betrachten seien?« (WA II 10, S. 231). Als Vorüberlegung zur Beantwortung der auch ihn interessierenden Frage diktierte G. am 26. März 1816 den vorliegenden Text; vgl. dazu den Tagebucheintrag vom selben Tag: »Über Leonhards Anfrage wegen der Edelsteine«. Erst am 29. April 1816 erhält von Leonhard eine ausführliche Antwort, in der es u. a. heißt: »Mir scheint, als wenn die Natur, wie sie im anorganischen Reiche die höhern chemischen Wirkungen niemals aufgeben kann, auch in jeder Zeit-Epoche die Veredlung an Form und Farbe pp. sich vorbehalten habe, da sie ja in den letzten Kalk- und Mergelepochen die schönsten und reinsten Bergkrystalle zu bilden vermochte«.

Textgrundlage: Handschrift GSA 26/LVIII,32.
Erstdruck: WA II 10 (1894), S. 85–87.

532 *20 Visabour und Soumelbour:* Diamantgewinnungsstätten in Indien.

DIE STEINERNEN WAFFEN BETREFFEND

G.s Schwager Christian August Vulpius (1762–1827) hat in der von
ihm herausgegebenen Zeitschrift ›Curiositäten‹ einen Aufsatz über
jungsteinzeitliche Lochäxte aus Stein veröffentlicht (›Die Donnerkeile‹; Bd. 5, 3. Stück, 1816, S. 234–241 u. Tafel 10). Er gab darin
zunächst einen kritischen Überblick über die herkömmlichen
Theorien zur Herkunft dieser Steine, verwarf dann die These von
ihrer Entstehung durch Blitzschlag, der zufolge sie auch »Donnersteine, Donnerpfeile, Pfeilsteine, Strahlsteine, Schoßsteine, Alp-
schosse« (S. 235) genannt würden, und stellte dagegen seine Behauptung: »Diese sogenannten Donnersteine also, waren Werke
der Kunst, in jenen Zeiten wo es an Metall mangelte, die zum
Opferfällen, so wie zu Waffen gebraucht wurden. Man muß die
Bewohner der alten Welt, mit denen der neuen Welt vergleichen,
die zu den Bedürfnissen des Lebens, so wie im Kriege, sich
steinerner Werkzeuge bedienen, ehe sie eiserne Waffen kennen
lernen« (S. 236). Nach erneuter Argumentation bekräftigte er seine
Überzeugung: »Wir wissen, was von diesen sogenannten Donner-
steinen, wir zu glauben und zu halten haben. Es waren Instrumente
der Priester, womit die Opfertiere vor die Stirne geschlagen und
gefällt wurden, und Wehren der Krieger, in der Feldschlacht«
(S. 240) und berichtet dann, daß er sich um eine fachliche Begutachtung der in der Weimarer Bibliothek aufbewahrten Steine, die
seinem Aufsatz in Abbildung beigegeben waren, bemüht habe:
»Wir wendeten uns an einen Kenner der Beschaffenheit derselben
wegen, und erhielten nachfolgende Auskunft darüber, welche wir
mit großem Vergnügen den Lesern mitteilen, da bei mehreren
Beschreibungen solcher Opfer- und Waffen-Werkzeuge, dergleichen bestimmte Angaben gewöhnlich ganz fehlen« (S. 240). Das
erbetene petrographische Gutachten, lediglich mit »G.« unterzeichnet, wurde, im Anschluß an Vulpius' Ausführungen gedruckt, durch die einleitende Floskel: »Nun, die mitgeteilte Auskunft und Angabe« als Text eines anderen Verfassers kenntlich
gemacht.
    Daß dieser Text von G. stammt, ist erst im Jahr 1943 nachgewie-
sen worden (Leonhard Franz: Ein vergessenes gesteinskundliches
Gutachten Goethes. In: GJb 1943, S. 299–306 u. Tafeln nach
S. 292), u. a. durch den Verweis auf eine Tagebuchnotiz vom
10. Mai 1816: »Rat Vulpius Antiquitäten in Heilsberg. Mittag für
uns. 〈...〉 Nach Tische die Streitäxte«.

Textgrundlage und Erstdruck: Curiositäten der physisch-literarisch-artistisch-historischen Vor- und Mitwelt zur angenehmen

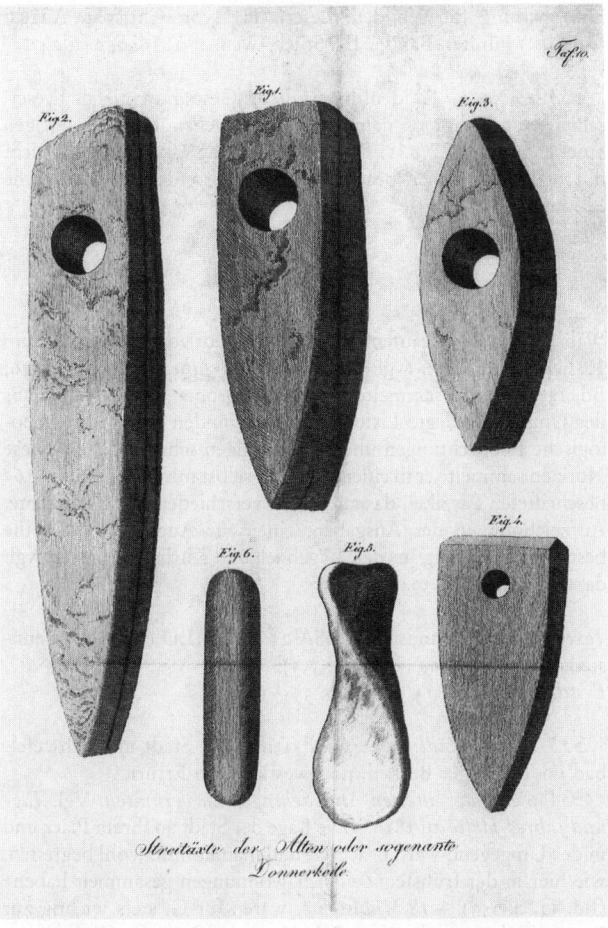

Streitäxte der Alten oder sogenante Donnerkeile

STEINERNE WAFFEN
Tafel 10 aus den »Curiositäten« (Band 5, drittes Stück)
von Christian August Vulpius

Unterhaltung für gebildete Leser. (Hg. von Christian August Vulpius.) Fünften Bandes III. Stück. Weimar 1816, S. 241–242.

533 *16 No. 4.:* G. identifiziert dieses Gestein richtig als Kieselschiefer und stuft es damit als jünger gegenüber den übrigen Stücken ein. – *18 No. 5.* ⟨...⟩ *No. 6.:* Beide erkennt G. als nicht durch den Menschen bearbeitete Stücke, sondern als natürliche Produkte.

⟨TENNSTEDT⟩

Während eines Badeaufenthaltes in Tennstedt vom 24. Juli bis zum 10. September 1816 (vgl. dazu *Tag- und Jahres-Hefte* zu 1816; Bd. 14, S. 252 f.) sammelte G. Gesteinsproben und Fossilien aus der Umgebung, legte Listen zu diesen Funden an und hielt geologische Beobachtungen und Überlegungen schriftlich fest. Diese Notizen sammelte er in einem von ihm selbst mit »Tennstedt 1816« beschrifteten Faszikel, das außerdem verschiedene Briefkonzepte, Aufzeichnungen der Ausgaben, einen für August von Goethe bestimmten Auszug aus dem Tagebuch und Kurlisten enthielt (vgl. dazu WA III 5, S. 394).

Textgrundlage: Handschrift GSA 25/XXXIII,D (Faszikel »Tennstedt 1816«; vgl. WA II 13, S. 355).
Erstdruck: WA II 13 (1904), S. 355–359.

533 *27 Tennstädt:* heute: Bad Tennstedt, Stadt und Schwefelbad im Thüringer Becken, nordwestlich von Erfurt.

534 *6 eine der ältesten Ansiedelungen zu vermuten:* Vgl. *Tag- und Jahres-Hefte* zu 1816: »Die Lage der Stadt an ihrem Platz und in der Umgegend ward beachtet, und man konnte wohl begreifen, wie hier in der frühsten Zeit sich Wohnungen gesammelt haben« (Bd. 14, S. 253). – *18 Mühlsteine:* waren für G. stets wichtig zur Kenntnis des anstehenden Gesteins. – *20 Ordruff:* Ohrdruf am Nordhang des Thüringer Walds, südlich von Gotha. – *23 Ichstädt:* Ichstedt am Fuß des Kyffhäusers. – *25 Kleinballhausen:* Ortschaft in unmittelbarer Nähe von Bad Tennstedt.

535 *1 Dem Herren von Witzleben mitgeteilt:* Georg Hartmann von Witzleben (1766–1841), Geh. Bergrat in Dürrenberg bei Merseburg, hielt sich im September 1816 ebenfalls zur Badekur in Tennstedt auf und begegnete dort G.; vgl. die Tagebucheinträge vom 1. und 6. September. Das Verzeichnis vom 7. September hat offenbar eine Sammlung von Gesteinsproben begleitet, die G. dem

Bergrat zukommen ließ. – *5 Chaussee nach Weisensee:* östlich von Bad Tennstedt. – *17 Langensalz:* Bad Langensalza, westlich von Bad Tennstedt. – *22 Urleben* ⟨...⟩ *Kleinvargula:* Ortschaften in unmittelbarer Umgebung von Bad Tennstedt. – *26 Bruchstädter Höhle:* Bruchstedt, Ortschaft nordwestlich von Bad Tennstedt. – *29 übersinterten:* mit Ausscheidungen von Kalk und Kieselsäure bedeckten.

536 *12 Pektinit:* fossiler Pecten, Jakobsmuschel, häufig im Muschelkalk. – *29 Tuffstein:* Vgl. dazu den Tagebuchauszug zum 2. August im Brief an August von Goethe vom 6. August 1816: »Zu den Tuffsteinbrüchen. Sie liegen unterhalb der Stadt, in der Fläche. Größere und kleinere, unveränderte Muscheln gesammelt«. – *35 Mulm:* erdige Substanz aus weicher Steinkohle oder verfaultem Holz.

OROGRAPHISCH-HYDROGRAPHISCHE KARTE

Am 23. Mai 1817 schickte G. von Jena aus drei Berichte an den Großherzog Carl August: »Elgin Marbles. Botaniste Cultivateur. Orographisch-hydrographische Karte« (Tgb.), deren Originale zwar verloren, deren Konzepte jedoch erhalten sind. Da diese Ausarbeitungen durchaus Werkcharakter tragen, wurden sie in den Textteil unserer Ausgabe aufgenommen (*Elgin Marbles*, S. 366; »Herrn Du Mont de Courset ⟨...⟩«, S. 554). Die vorliegenden Notizen beziehen sich auf die im Jahr 1816 in Wien erschienene ›Carte générale orographique et hydrographique d'Europe‹ des österreichischen Generals André Baron de Sorriot de L'Host (1767–1831), die G. später, im vierten Heft *Zur Naturwissenschaft überhaupt*, im Jahre 1822 rezensiert hat (Bd. 12, S. 641). Wie G. in seiner Anzeige mitteilt, werden auf dieser Karte die europäischen Gebirgszüge und Wasserläufe so dargestellt, daß die Wasserscheide zwischen Nordwest und Südost als diagonal durch die Karte gehende »Schlangenlinie« (Bd. 12, S. 641) zu erkennen sei.

Textgrundlage: Handschrift GSA 29/16, Bl. 136 (Konzept); die behändigte Ausfertigung ist nicht erhalten.
Erstdruck: WA IV 28 (1903), S. 392.

537 *17 vortreffliches Werk:* G.s Wertschätzung dieser Karte spricht auch aus seinen Aufzeichnungen in den *Tag- und Jahres-Heften* zu 1817: »Nicht geringe Aufklärungen in Geologie und Geographie jedoch verdankte ich der Europäischen Gebirgscharte *Sorriots.* So ward mir, zum Beispiel, Spaniens, für einen Feldherrn

so chicanoser, den Guerillas' so günstiger Grund und Boden auf einmal deutlich. Ich zeichnete seine Hauptwasserscheide auf meine Charte von Spanien, und so ward mir jede Reiseroute, so wie jeder Feldzug, jedes regelmäßige und unregelmäßige Beginnen der Art klar und begreiflich; und wer gedachte kolossale Charte seinen geognostischen, geologischen, geographischen und topographischen Studien mit Sinn zu Grunde legt, wird sich dadurch aufs höchste gefördert sehen« (Bd. 14, S. 258). – *34–36 einen Stehrahmen machen lassen ⟨...⟩ aufgestellt bleiben:* Verbleib unbekannt.

DAS GERINNEN

Am 30. August 1817 erhielt G. einen Brief von Karl Caesar von Leonhard und zugleich dessen zusammen mit J. H. Kopp und C. L. Gaertner verfaßtes Werk ›Propädeutik der Mineralogie‹ (Frankfurt am Main 1817), wofür er sich am 15. September 1817 aufrichtig und anerkennend bedankte. Ähnliches Wohlwollen diesem Werk gegenüber bezeugt der Brief G.s an Knebel vom 17. September 1817: »In Mineralogicis und Geologicis haben uns Leonhard und Konsorten ganz unglaublich gefördert: in diesem mäßigen Foliobande von Tabellen und Ausfertigungen erblicken wir eben alles was man jetzt weiß; und wenn auch darunter viel Unzulängliches und Unerfreuliches getroffen wird, so kommt es uns doch ohne Mühe und Weitläufigkeit zur Hand«.
Die Lektüre des Buches regte G. zu weiteren Überlegungen an, und er diktierte am 18. September eine Reihe kleinerer Texte: *Das Gerinnen, Gestörte Formation* (S. 539), *Gestörte Bildung* (S. 540), *Trümmer-Porphyr zu Ilmenau im Ratssteinbruche* (S. 540) und *Zur Lehre von den Gängen* (S. 540). G. greift damit Themen auf, die er bereits früher behandelt hatte, so z. B. in *Scheinbare Breccien* (Bd. 6.2, S. 750) und in *Über den Ausdruck Porphyrartig* (Bd. 9, S. 886); er sucht damit zu belegen, daß bestimmte Trümmergesteine nicht mechanisch, sondern durch chemisch-physikalische Vorgänge entstanden seien. In den beiden vorliegenden Texten nennt er diesen Vorgang ein »Gerinnen«, in Anlehnung an das vergleichbare Sichabscheiden fester Bestandteile beim Gerinnen der Milch.

Textgrundlage: Handschriften GSA 26/LVIII,31. Zwei Bogen mit je eigener Überschrift. – Eingriff: S. 538,37 *in grauem* (ist grau Hs.).
Erstdruck: WA II 10 (1894), S. 83 und 84.

538 *4 Liquor:* Flüssigkeit. – *21 karneolartig:* wie der fleischfar-
bene Schmuckstein Karneol, eine Quarzvarietät. – *33–39 Musterstücken* ⟨...⟩ *vormirliegenden:* Vgl. den Tagebucheintrag vom
17. September: »Muster des Gerinnens zusammen gesucht«. –
40 Demb⟨r⟩in⟨s⟩k: Marmorähnliche Fundstücke (Kalkplatten
und Alabaster) aus Dembrinsk befanden sich in G.s Sammlung
(s. Prescher, S. 379, Nr. 6394, 6397, 6400 und 6401).

GESTÖRTE FORMATION

Es handelt sich hierbei (und bei den beiden folgenden Texten) um
Überlegungen G.s, mechanische Faktoren der Gesteinsbildung
auszuschließen und durch Annahmen des Festwerdens (»Solideszenz«; S. 539,30) einer vorher homogenen Flüssigkeitsmasse zu
ersetzen.

Textgrundlage: Handschriften GSA 26/LVIII,4 und, für den Abschnitt »Unter die gestören Gebirgsarten rechne ich ⟨...⟩«: GSA
26/LVIII,3.
Erstdruck: WA II 10 (1894), S. 20–21.

539 *30 Solideszenz:* Erstarrung; vgl. hierzu die Notiz: »Es gibt
keine Solideszenz und hat keine gegeben ohne elektro chemischen
Schlag und Schock« (WA II 13, S. 296, Nr. 290). – *37 Ägyptische
Breccie:* Vgl. Prescher, S. 111, Nr. 1907, und Bd. 9, S. 1391, zu
S. 892,6.

GESTÖRTE BILDUNG

Textgrundlage: Handschrift GSA 26/LVIII,3, an den letzten Abschnitt des vorhergehenden Textes anschließend.
Erstdruck: WA II 10 (1894), S. 21.

540 *9 Band-Jaspis:* parallelstreifiger Achat.

TRÜMMER-PORPHYR ZU ILMENAU
IM RATSSTEINBRUCHE

Textgrundlage: Handschrift GSA 26/LVIII,3, auf der Rückseite des zu den beiden vorhergehenden Texten erwähnten Blattes. *Erstdruck:* WA II 10 (1894), S. 19, mit Ergänzung WA II 13 (1904), S. 422.

ZUR LEHRE VON DEN GÄNGEN

G. interessiert sich weiter dafür, wie die mit Erzen oder anderen Mineralien gefüllten Gänge in umgebendem andersartigen Gestein entstanden sind. Hier wendet er sich gegen Abraham Gottlob Werner, was auch bereits in seinem Brief an von Leonhard vom 24. Dezember 1816 und in noch schärferer Form in einem nicht abgesandten Briefkonzept vom 7. November 1816 (WA IV 27, S. 420–421) zum Ausdruck kommt. Seine zu Werner im Gegensatz stehende Meinung formuliert G. auch noch einmal in dem Brief an Knebel vom 17. September 1817, wo er von einer »stillen Kriegserklärung« gegenüber Werner spricht und sich dabei auf die folgende Stelle im Vorwort zu den Heften *Zur Naturwissenschaft überhaupt* bezieht: »Das vielleicht nie zu lösende Rätsel: *die Entstehung der Gänge,* liegt mir immer im Sinne, und ich kann mich nicht enthalten lieber nur eine Annäherung an das Verständnis zu versuchen, als mich mit faßlich scheinenden Erklärungen einzuschläfern« (Bd. 12, S. 389).

Textgrundlage: Handschrift GSA 26/LVIII,25. *Erstdruck:* WA II 10 (1894), S. 68; WA II 13 (1904), S. 319; WA II 11 (1893), S. 373. – Die beiden letzten Abschnitte wurden von Max Hecker unter die *Maximen und Reflexionen* als Nr. 1275 aufgenommen (Bd. 17 dieser Ausgabe, S. 930). Zusammenhängend zuerst gedruckt in LA I 11 (1970), S. 184 f.

540 *33 In dem Lahntale* ⟨...⟩ *eine Halde:* Vgl. *Tag- und Jahres-Hefte* zu 1815: »In Holzapfel, bei Gelegenheit des dortigen höchst merkwürdigen Ganges, kam Werners Gang-Theorie (von 1791) zur Sprache, ingleichen des dort angestellten *Schmidt* Verschiebung der Gänge (von 1810). Diese wichtige, von mir so oft betrachtete und immer geheimnisvollbleibende Erscheinung trat mir abermals vor die Seele, und ich hatte das Glück im Lahntal einer aufgehobenen Abtei ungefähr gegenüber, auf einer verlassenen Halde Tonschieferplatten mit kreuzweis laufenden sich mehr oder weniger verschiebenden Quarzgängen zu finden, wo das Grundphänomen mit Augen gesehen, wenn auch nicht begriffen noch weniger ausgesprochen werden kann« (Bd. 14, S. 243).

541 *26 Carus:* Carl Gustav Carus (1789–1869), Mediziner und Naturphilosoph in Dresden. – *Nees:* Christian Gottfried Daniel Nees von Esenbeck (1776–1858), Mediziner und Naturwissenschaftler, ab 1818 Präsident der Deutschen Akademie der Naturforscher Leopoldina.

SCHEMA ZUM GEOLOGISCHEN AUFSATZ

Nach der Bearbeitung der vorhergehenden, auf den 18. September 1817 datierten Texte diktierte G. dieses Schema einer geplanten umfangreicheren Ausarbeitung. Seinen Überlegungen legte er, zumindest teilweise, das Werk ›Propädeutik der Mineralogie‹ zugrunde (vgl. die Vorbemerkung zu *Das Gerinnen*).

Textgrundlage: Handschrift GSA 26/LVII,25, in einem Umschlag, der von G.s Sekretär Kräuter die Aufschrift erhielt: »Zum geologischen Aufsatz. September 1817.«; unter dieser Überschrift faßt LA den ganzen Textkomplex (von *Das Gerinnen* bis *Schema zum geologischen Aufsatz*) zusammen.
Erstdruck: WA II 9 (1892), S. 289–290.

542 *8 Infusion:* im Sinne von Auflösung als Kennzeichnung eines flüssigen Urzustandes. – *30 Zinnformation:* Vgl. die Vorbemerkung zu *Zinn* (zu S. 527) und *Zinnformation* (Bd. 9, S. 909 u. 1394–1397); ferner ⟨*Bildung des Granits und Zinnvorkommen*⟩ (im vorliegenden Band, S. 551).

⟨EPOCHEN BEI DER WELTBILDUNG⟩

Diese Notiz wurde auf dem ersten Blatt eines Foliobogens geschrieben, dessen zweites kurze Notizen aus Brocchis Buch ›Mineralogische Abhandlungen über das Tal von Fassa in Tirol‹ (Dresden 1817) enthält (vgl. die Vorbemerkung zu *Trappformation bei Darmstadt*, zu S. 528).

Textgrundlage: Handschrift GSA 26/LVIII,54.
Erstdruck: WA II 10 (1894), S. 255–256.

543 *14 Neperische Stäbchen:* John Neper, auch Napier (1550 bis 1617), schottischer Mathematiker, Erfinder von Rechenstäben, an denen das Produkt zweier Zahlen abgelesen werden kann.

HERR MAWE.
NACHRICHT VON SEINEN LETZTEN EXPEDITIONEN
IM OKTOBER 1817

G. hatte mit Schreiben vom 23. Juni 1817 an Christian Georg Carl
Vogel über den in England tätigen Literaturagenten für den Weimarer Hof, Johann Christian Hüttner (1766–1847), Kontakt mit
John Mawe (1764–1829) aufgenommen. Dieser war seit 1811 Mine-
ralienhändler in London, vorher als Mineraloge in Brasilien tätig
(zu G.s Kenntnis von dessen Werken s. Ruppert, Nr. 4870; Keudell, Nr. 1102, 1112, 1120). Der Kontakt betraf die Bitte um
Besorgung von Mineralien aus den Zinnlagerstätten in Cornwall:
»*Mawes* Aufsatz über Brasilien und die dortigen Edelsteine gab
uns von dieser Seite eine nähere Kenntnis jener Länder. Ich aber
trat in ein unmittelbares Verhältnis zu ihm, und erhielt durch seine
Vorsorge eine schöne Sammlung Englischer Zinnstufen, wie immer, unmittelbar vom Urgebirg gewonnen, und zwar diesmal im
Chloritgestein« (Bd. 14, S. 257). Für diese Bemühungen erhielt
Mawe das Mitgliedsdiplom der Mineralogischen Sozietät zu Jena
(zu dieser s. Bd. 6.2, S. 1287–1288); vgl. dazu G.s Brief an Johann
Georg Lenz vom 26. September 1817. Hüttner dankte am 4. November 1817 (s. WA II 13, S. 394) im Namen Mawes für diese
Ehrung und überließ der Mineralogischen Sozietät dessen Aufsatz
über eine Reise nach Cornwall. G. beschäftigte sich am 24. November intensiv mit diesem Aufsatz und übersetzte ihn am folgenden Tag (Tgb.). Das englische Original des Aufsatzes ist nicht
erhalten.

Textgrundlage: Handschrift GSA 26/LXIV,3,30. – Eingriffe:
S. 544,37 Lücke in der Handschrift; Ergänzung nach LA I 11,
S. 189; 545,3 *dem* (denen Hs.); 546,12 *den* (dem Hs.).
Erstdruck: WA II 13 (1904), S. 395–398.

543 *32 Dart Mon:* eine fehlerhafte Bezeichnung, wie aus dem
Brief Hüttners vom 6. Februar 1818 an G. hervorgeht:
    »Mawe ⟨...⟩ ist voll des aufrichtigsten Dankes für die erzeigte
    Ehre. Die Übersetzung seines Aufsatzes ist ihm verdolmetscht
    worden. Im ganzen ist sie richtig. Kleine Irrtümer sind aus der
    Unleserlichkeit einiger Worte entstanden.

Für	*lies*
Dart Mon	Dart *Moor*
⟨...⟩	⟨...⟩
Monstein	Moor-stein
⟨...⟩	⟨...⟩

Dartmonberge   Dartmoor-berge
⟨...⟩   ⟨...⟩
Monstein   Moorstein«
(Handschrift GSA 28/434).

545 *33 Krötenstein:* Bufonites, fossile Fischzähne oder auch
fossile Seeigel.

546 *6 Wir würden diesen Aufsatz* ⟨...⟩ *aufnehmen:* Eine Veröffentlichung ist nicht zustandegekommen. − *9 Eine kleine Samm-*
lung bedeutender Mineralien: G. stellte eine Gesteinssammlung
zusammen; die vom 14. Juli 1818 datierte Liste mit dem Titel
»Sendung an Herrn Mawe« ist als Paralipomenon gedruckt in WA
II 13, S. 398–400. Ob diese Sammlung abgeschickt wurde, ist nicht
bekannt.

HERVORTRETEN DES UNTERSCHIEDNEN

Diese Notiz ist undatiert, dürfte aber wie die folgende (⟨*Chemische*
Kräfte bei der Gebirgsbildung⟩; zur Datierung s. dort) 1817/18
entstanden sein.

Textgrundlage: Handschrift GSA 26/LXIV,2,11. − S. 546,30
könnte möglicherweise statt *Zustande* auch *Zustand,* gelesen werden.
Erstdruck: WA II 13 (1904), S. 316.

546 *23 Scheidung:* Vorgang des Trennens bestimmter »minera-
lischer Naturen« aus einer ursprünglich homogenen Masse.

⟨CHEMISCHE KRÄFTE BEI DER GEBIRGSBILDUNG⟩

Die Handschrift auf drei Folioblättern enthält auf der Rückseite
des ersten Blatts den Schlußsatz eines Briefteiles G.s an Gaëtano
Cattaneo (1771–1841, Direktor des Münzkabinetts in Mailand)
vom 20. Dezember 1817. Thematisch steht die Ausarbeitung auch
im Zusammenhang mit den Teilstücken »Zum geologischen Aufsatz September 1817«, speziell mit *Zur Lehre von den Gängen*
(S. 540).

Textgrundlage: Handschrift GSA 26/LVIII,33. − Eingriffe:
S. 547,13 *es* (man Hs.; Konjektur WA II 10, S. 88); 548,8 *den* (dem
Hs. mit Bezug auf »Niveau«, das durch »Höhen« ersetzt wurde).
Erstdruck: WA II 10 (1894), S. 88–89.

547 *6 Werner:* Abraham Gottlob Werner: Neue Theorie der Gänge. Freiberg 1791. – *8 Charpentiers Werk:* Johann Friedrich Wilhelm von Charpentier: Beobachtungen über die Lagerstätte der Erze, hauptsächlich aus den sächsischen Gebirgen. Ein Beitrag zur Geognosie. Leipzig 1799 (Ruppert, Nr. 4460). – *10 Die viermalige Wasserbedeckung:* bezieht sich auf die Meinung von Leonhards über vier allgemeine Wasserbedeckungsperioden der Erdoberfläche (in dessen ›Propädeutik der Mineralogie‹, Frankfurt am Main 1817, S. 162). Auch mit diesen Überlegungen steht G.s Zeichnung zur Trappformation vom 3. Dezember 1817 (s. S. 529) zeitlich und thematisch im Zusammenhang.

⟨Hornblendekugel bei Weimar⟩

Mit diesem Text erstattete G. (vgl. auch den Tagebucheintrag vom 13. Februar 1818) gutachterlichen Bericht über eine ihm vom Großherzog vorher zugesandte Kugel aus Hornblendegestein (aus der Gruppe der gesteinsbildenden monoklinen Amphibole); nähere Angaben fehlen.

Textgrundlage: Handschrift GSA 26/LXIV,3,5.
Erstdruck: WA II 13 (1904), S. 361–362.

548 *23 Geschiebe:* durch Gletschertätigkeit aus einem eisfreien Gebiet verschobene, dabei oft an den Kanten abgerundete Gesteinsbrocken. – *29 Heim:* Johann Ludwig Heim (1741–1819), Theologe und Geologe, Konsistorialrat in Meiningen; er überließ dem Mineralogischen Museum Jena eine Mineraliensammlung aus dem Thüringer Wald, vgl. u. a. Briefe G.s an Johann Georg Lenz vom 23. Juni 1816, an Christian Gottlob von Voigt vom 13. Juli 1816 und den Dankesbrief an Heim vom 25. September 1816; dazu dessen ›Geologische Beschreibung des Thüringer Waldgebirges‹ (Meiningen 1796–1812; Keudell, Nr. 910). Ergänzend die Bemerkung G.s in den *Tag- und Jahres-Heften* zu 1816: »Im Mineralreiche waren wir sehr begünstigt; Geheimerat *Heims* zu Meiningen wichtige Sammlung gelangte durch sein Wohlwollen für unsere Anstalt nach Jena, wo sie nach seinem Sinn geordnet aufgestellt wurde. Von einzelnen Merkwürdigkeiten verdient der Kugel-Sienit von Vallinco aus Corsica vorzüglich Erwähnung« (Bd. 14, S. 251).

⟨Neigung des Materiellen, sich zu gestalten⟩

Der erste Abdruck in der WA hatte den Titel: »Entstehung unorganischer Formen«, der damit die in dem Text ausgedrückten Gedanken G.s über die Formbildung anorganischer Materien gut widerspiegelt. Der nicht datierte Text gehört in den Umkreis von *Gestaltung großer anorganischer Massen* (Bd. 12, S. 774) und dessen Fortsetzung *Gebirgs-Gestaltung* (ebenda, S. 798).

Textgrundlage: Handschriften GSA 26/LVIII,29 und, ab »In flachen Gruben ⟨...⟩«, GSA 26/LVIII,7. – Eingriffe: S. 549,32 *ist* (sind Hs.); 550,28 *spalten* (spaltet Hs.); 550,37 *zur* (der Hs.). – S. 550,3 könnte statt *nur* mit WA auch *nun* gelesen werden.
Erstdruck: WA II 10 (1894), S. 75 und S. 26; in dieser Zusammenstellung zuerst LA II 11 (1970), S. 203–204.

⟨Bildung des Granits und Zinnvorkommen⟩

Zu G.s Beschäftigung mit dem Vorkommen von Zinnlagerstätten und Zinnformation vgl. Bd. 9, S. 1393–1397, und Bd. 12, S. 1080–1081, sowie im vorliegenden Band S. 527. Anläßlich seines Karlsbader Aufenthaltes vom 25. Juli bis 14. September 1818 besuchte er erneut mehrmals die südwestlich von Karlsbad, in Schlaggenwald, gelegenen Zinnlagerstätten. Eine Tagebucheintragung vom 28. August 1818 bezieht sich auf diesen Text, der ebenso wie die oben genannten in einem Faszikel »Zur Mineralogie und Geognosie besonders des Leitmeritzer Kreises vorzüglich Zinnformation« (vgl. Bd. 9, S. 1393) enthalten ist.

Textgrundlage: Handschrift GSA 26/LVIII,9.
Erstdruck: WA II 10 (1894), S. 29–31.

551 *11 Zwillingskristalle:* Siehe Bd. 9, S. 1388. – *14 Schriftgranit:* mit Feldspat durchsetzter Granit, im Querbruch an Schriftzeichen erinnernd. – *17 dendritisch:* baumartig verzweigt. – *20 Schörlnester:* eigentlich Turmalin, aber auch als Sammelbezeichnung für erzarme Mineralien benutzt; vgl. Bd. 9, S. 878, und Bd. 12, S. 418. – *37 Flasern:* unregelmäßige, an- und abschwellende Gesteinslagen. – *40 Stockwerk:* Siehe zu S. 527,38.
552 *7 Scheele:* Scheelit, Tungstein: Kalziumwolframat. – *11 Steinmark:* heller Ton, linsenförmig in andere Gesteine eingelagert. – *26 Ehrenfriedersdorf:* im Erzgebirge, in der Nähe von Annaberg.

UNTER FISCHERN

Bei seinem Aufenthalt in Karlsbad 1819 kam G. am 11. September »Gegen Fischern die Chaussee hinauf; sodann rechts ab zur Kobes-Mühle und dem Hügel daselbst. Basalte, Quasi-Ätiten, schwere Schlacken« (Tgb.); vgl. auch *Carlsbad, Anfang September 1819* (S. 568). Am folgenden Tag formulierte er diese Notiz, in der er unter Bezweiflung ihrer Zugehörigkeit zu den Basalten Gesteine beschrieb, die schon unter den Nummern 90–92 der *Joseph Müllerischen Sammlung* (Bd. 12, S. 414–430, speziell S. 426) erwähnt wurden.

Textgrundlage: Handschrift GSA 26/LVIII,22a.
Erstdruck: WA II 10 (1894), S. 62.

553 *12 CB. 12. S. 1819:* Carlsbad 12. September 1819.

KOBES-MÜHLE

Diese ebenfalls vom 12. September 1819 stammende Notiz bezieht sich auf den Nachtrag I. zu *Joseph Müllerische Sammlung* (Bd. 12, S. 429–430).

Textgrundlage: Handschrift Budapest, Bibliothek der Ungarischen Akademie der Wissenschaften, Sammlung Balthasar Elischer K 115/5; Photographie: GSA 98/229 (freundlicher Nachweis von Frau Prof. Dr. Dorothea Kuhn).
Erstdruck: GJb 4 (1883), S. 347.

BIOLOGIE

Der im vorliegenden Band behandelte Lebensabschnitt G.s läßt, was die Biologie angeht, drei Unterabschnitte erkennen. Die beiden Jahre 1814 und 1815 stehen ganz im Zeichen der letzten Kriegsereignisse, der beiden Reisen in die Rhein- und Main-Gegenden und der ersten bedeutenden Arbeit am *Divan*. Briefe, Tagebücher und die *Tag- und Jahres-Hefte* enthalten keinerlei Hinweise auf eine Beschäftigung mit biologischen Gegenständen.

In den Jahren 1816 und 1817 entsteht das erste der *Morphologischen Hefte* (Bd. 12, S. 9). Über ihre Vorgeschichte und über die

diversen Anregungen zu ihrer Herausgabe s. Bd. 12, S. 911 ff. Ein
weiterer, dort nicht genannter Anstoß kam im März 1816. Darüber
berichtet G. im Brief vom 26. März 1816 an Zelter: »In eine sehr
große wissenschaftliche Tätigkeit werde ich versetzt durch unsers
GroßHerzogs Verlangen, unsere durch die ungeheuern Kriegsschicksale wundersamst erretteten Anstalten, energisch belebt zu
sehen. Da muß ich nun alles zusammennehmen was ich weiß und
will« (Bd. 20.1, S. 406). Schon am 18. März 1816 verzeichnete das
Tagebuch: »Redaktion der naturhistorischen Papiere eingeleitet:
Infusionstiere«. Nach wiederholten Eintragungen über Beschäftigung mit biologischer Literatur und Arbeiten an den Aufsätzen zur
Morphologie findet sich am 3. April 1817 die Eintragung: »Den
bevorworteten Inhalt der Morphologie *an Frommann*«, und schon
am 17. Juli 1817: »Kamen die Exemplare der Morphologie«.

Auf die Zügigkeit, mit der dieses erste Heft herauskam, hatte
sich gewiß die bei dem vielwöchigen Aufenthalt in Jena gegebene
Nachbarschaft zur Druckerei Frommann fördernd ausgewirkt.
»Es ist das erstemal daß ich mich von dem Setzer hetzen lasse und
recht merkwürdig wie man sich zusammen nehmen kann wenn
man muß«, schreibt G. am 18. Juni 1817 an Sulpiz Boisserée.
Deshalb heißt es schon am 26. Juli 1817 im Tagebuch: »Vorarbeiten zum 2. morphologischen Heft«, welches noch in diesem gleichen Jahre weit vorangetrieben wurde.

In den Jahren 1818 und 1819 schleppt sich die Arbeit zunächst
hin und wird intensiv erst wieder im Juni 1819 aufgenommen:
»Osteologischer Typus von 1795 umgeschrieben. Abends allein.
Osteologica durchdacht«, verzeichnet das Tagebuch am 8. Juni
1819. Im Dezember 1819 werden fast täglich Osteologica behandelt, und am 18. Januar 1820 heißt es: »Morphologisches Heft
abgeschlossen« (Bd. 12, S. 91).

HERRN DU MONT DE COURSET ...

G.s Tagebuch verzeichnet unter dem 22. Mai 1817: »Bote von
Weimar, den Courset überbringend, ⟨...⟩ Abends und Nachts
Botaniste Cultivateur. – *Serenissimo* Nachricht von der Ankunft
des Gesendeten«. Die Rede ist von Georges Louis Marie Dumont
de Coursets ›Le Botaniste cultivateur, ou description, culture et
usage de la plus grande partie des plantes étrangères, naturalisées et
indigènes, cultivées en France et en Angleterre, rangées suivant la
méthode de Jussieu‹ (5 Bde. Paris 1798, 1802, 1805). Laut Tagebuch hatte G. sich bereits am 21., 22. und 24. Dezember 1813 mit
diesem Werk beschäftigt. – Jetzt, am 23. Mai 1817, ging aus Jena

der vorliegende Bericht darüber an den Großherzog Carl August ab.

Textgrundlage: Handschrift GSA 29/16, Bl. 133 (Konzept). Mit *Elgin Marbles* (S. 366) und *Orographisch-Hydrographische Karte* (S. 527) am 23. Mai 1817 an den Großherzog Carl August gesandt; die behändigte Ausfertigung ist nicht erhalten. *Erstdruck:* WA IV 28 (1903), S. 391–392.

555 *6 Voigt:* Friedrich Siegmund Voigt (1781–1850), seit 1805 Professor der Botanik und Direktor des botanischen Gartens in Jena. – *9 Leguminosen:* die Ordnung der Hülsenfrüchtler. – *15 Hedysarum gyrans:* jetzt Desmodium gyrans, ein ostindischer Schmetterlingsblütler, bei dem kleine Seitenblättchen Rotationen ausführen, die zu den raschesten und auffälligsten Bewegungen im Pflanzenreich gehören. – *21 Hofrat Büttners:* Christian Wilhelm Büttner (1716–1801), Professor der Philosophie in Göttingen, später Privatier in Jena; über ihn s. Bd. 12, S. 25. – *22 Batsch:* August Johann Georg Karl Batsch (1761–1802), Professor für Naturgeschichte, Gründer und seit 1794 Direktor des botanischen Gartens in Jena. – *23 natürlichen System:* ein auf den verwandtschaftlichen Beziehungen aufgebautes System, gegenüber dem ursprünglich künstlichen System Linnés (s. u.). – *27 Linneischen:* Carl von Linné (1707–1778), außerordentlich einflußreicher schwedischer Naturforscher, hatte in der Botanik ein künstliches System entwickelt, das vor allem auf die Anzahl und die Anordnung der Sexualorgane gegründet und damit wohl für praktische Zwecke sehr nützlich war, das jedoch die verwandtschaftlichen Verhältnisse unter den Pflanzen unberücksichtigt ließ. – *31 Jussieu:* Antoine Laurent de Jussieu (1748–1836), übernahm und förderte das von seinem Onkel Bernard de Jussieu (1699–1777) aufgestellte natürliche System, das indessen erst nach Darwin in ein wahrhaft natürliches weiterentwickelt werden konnte, d. h. eines, bei dem Verwandtschaft auf gemeinsame Abstammung gegründet ist.

WIRKUNG DER ELEKTRIZITÄT AUF DIE PFLANZEN

Im Brief G.s vom 23. September 1817 an den Großherzog Carl August heißt es: »Ew. Königl. Hoheit genehmigen hiebei: ⟨...⟩ 2) Die Abschrift des Aufsatzes über Einwirkung der Elektrizität auf die Pflanzen. Es wäre wohl interessant nach zu versuchen«. Mit diesem Aufsatz wird eine Anfrage des Großherzogs beantwortet.

Textgrundlage und Erstdruck: Briefwechsel des Herzogs-Großherzogs Carl August mit Goethe. Hg. von Hans Wahl. Bd. 2
(Berlin 1916), S. 415–416; die Handschrift, die Wahl vorlag, ist
1945 verbrannt. Der Aufsatz lag G.s Brief an den Herzog vom
23. September 1817 bei.

556 *10 angestellter Versuch:* Die hier mitgeteilten Ergebnisse
sind sehr erstaunlich. Eigentlich ist zu erwarten, daß äußerlich
applizierte elektrische Reize auf eine Vielzahl von Prozessen in und
zwischen den Pflanzenzellen Einfluß nehmen, daß sie sich jedoch
im ganzen, vor allem bei stärkeren Reizen, negativ auswirken. Die
Bedingungen und der Bereich, unter denen die hier berichtete
Behandlung sich allenfalls fördernd auf das Wachstum ausgewirkt
haben könnte, dürften äußerst begrenzt sein. Derartige Versuche
sind im Laufe des Jahrhunderts wiederholt worden. Julius Sachs
(Vorlesungen über Pflanzenphysiologie. Leipzig 1882) schreibt
darüber: »was man gelegentlich über Experimente in diesem Sinne
liest, kann auf ernste Beachtung kaum Anspruch machen«.

VERBREITERUNG

Dieses Problem wird ausführlicher behandelt in dem Beitrag
Nacharbeiten und Sammlungen (Bd. 12, S. 108), der 1820 im
zweiten Heft *Zur Morphologie* erschienen ist. Es wird dort im
Zusammenhang mit der Besprechung des Werkes von Georg
Friedrich Jäger (1785–1867) ›Über die Mißbildung der Gewächse,
ein Beitrag zur Geschichte und Theorie der Mißentwicklungen
organischer Körper‹ (Stuttgart 1814) erörtert. Weil mit diesen
Verbreiterungen, Verbänderungen, Fasziationen auch häufig ein
gekrümmtes Sproßwachstum verbunden ist, greift es G. später
erneut auf in seinen Betrachtungen über die Spiraltendenz beim
Wachstum der Pflanzen (Bd. 18.2).

Textgrundlage: Handschrift GSA 26/LIV,5,33: zwei Blätter mit je
eigener Überschrift, aber zweifellos zusammengehörig. – Eingriff:
S. 557,24 *schon* (von Hs.; Emendation von D. Kuhn in FrA I 24
[1987], S. 645,19).
Erstdruck: WA II 6 (1891), S. 330f. und S. 331.

⟨WACHOLDER IN GOETHES GARTEN⟩

Ein mit 43 Fuß (über 12 m) Höhe überaus stattlicher Wacholder-
baum, der in der Sturmnacht vom 30. auf den 31. Januar 1809
geknickt wurde, hat G. nachhaltig beschäftigt: Tagebuchnotizen
und Briefe legen davon ein ebenso beredtes Zeugnis ab wie G.s
Auftrag, das Naturphänomen in Zeichnungen festzuhalten und das
Holz zu verschiedenen Gegenständen wie Kästchen und Dosen zu
verarbeiten; sogar einen Teetisch mit einer kunstvollen Platte in
schachbrettartiger Einlegearbeit, den er Riemers Gattin zur Hochzeit schenkte, ließ er daraus verfertigen (s. Friedrich Wilhelm
Riemer: Briefe von und an Goethe. Leipzig 1846, Anm. S. 85).

Bereits im Brief an seinen Sohn August vom 5. Februar 1809, in
dem er vom Sturmschaden »im untern Garten« berichtete, teilte G.
mit: »Eine nähere Beschreibung dieses merkwürdigen Baumes und
wie wir ihn bei seiner Sektion gefunden haben, steht zu Diensten,
wenn du irgend einen botanischen Freund hast, den sie interessieren kann«. Und eine erste Zeichnung hat auch bereits kurz darauf
vorgelegen, denn am 28. April sandte G. neben anderen Papieren
an Meyer »Die Zeichnung des alten Wachholderbaums, mit Bitte,
sie auf ein weißes, steifes Papier auftragen zu lassen, damit man
dessen Maß und Geschichte dazu schreiben könne« (Meyer, Bd. 2,
S. 229).

Vielleicht war diese – oder eine spätere – Zeichnung Anlaß für
die vorliegende Notiz, deren Niederschrift für den März 1819
belegt ist; vgl. die Tagebuchnotiz vom 29. März 1819: »Die Expli-
kation unter die Abbildung des vormals im untern Garten gestan-
denen großen Wachholderbaums gesetzt«. Der Text ist fast wörtlich gleich mit einer in den *Tag- und Jahres-Heften* zu 1809 – im
Anschluß an eine allgemeinere Schilderung des Naturereignisses –
niedergeschriebenen Passage (Bd. 14, S. 214 f.).

Textgrundlage: Handschrift GNM, Goethes Kunstsammlungen
(AK Inv. Nr. 1288).
Erstdruck: C¹ 32 (1830), S. 54 (vgl. Bd. 14, S. 214 f. unserer Aus-
gabe).

557 *33 Obengezeichneter Wachholder-Baum:* G.s Bemerkungen sind (von der Hand seines Sekretärs Kräuter) als Legende unter
eine aquarellierte Zeichnung des umgestürzten Baums geklebt. Die
Urheberschaft der verschiedenen erhaltenen Zeichnungen bedarf
noch der Klärung: Max Hecker weist das im April 1809 an Meyer
gesandte Blatt dem Weimarer Zeichenmeister Adolf Friedrich
Rudolf Temmler (oder Temler; 1767–1835) zu (Meyer, Bd. 4,

S. 268); ein anderes Blatt, von unbekannter Hand (GNM, Inv. Nr. Gr 104/1992; abgebildet in: Johann Peter Eckermann. Leben im Spannungsfeld Goethes. Kat. Ausst. Weimar 1992, S. 13 und Umschlag) trägt als Legende ebenfalls den vorliegenden Text, jedoch in entstellter Form (»12 Fuß« statt »17 Zoll« bei der Angabe des Stammdurchmessers). Weitere Abbildungen: LA I 10, Tafel XII (»Temmler zugeschrieben«), LA II 9 B, Tafeln IV und V (Aststücke, »Temmler zugeschriebene Aquarelle«), FrA I 24, Abb. 36 (»Aquarell von Johann Heinrich Meyer oder einem seiner Schüler«).

METEOROLOGIE

⟨NORDLICHT⟩

Das Nordlicht ist am häufigsten zwischen dem 65. und dem 75. Breitengrad im nördlichen Erdteil zu sehen. Ihm entspricht südlich des Äquators das Südlicht. Beide Erscheinungen werden auch Polarlicht genannt. Polarlicht kann entstehen, wenn die Elektronen und Protonen der Sonnenstrahlung in den höheren Schichten der Atmosphäre durch das magnetische Feld der Erde eingefangen werden und Stickstoff- und Sauerstoffatome anregen.

G.s Tagebuch vermeldet am 8. Februar 1817 eine solche Erscheinung und am 11. Februar die Niederschrift seiner Beobachtungen. Diese Aufzeichnung schickte er dem Großherzog (Carl August an G., 14. Februar 1817; Wahl, Bd. 2, S. 180), der sie ihm wohl anläßlich seines und Lindenaus Besuchs bei G. am 16. Februar zurückgegeben hat. Siehe auch *Tag- und Jahres-Hefte* zu 1817 (Bd. 14, S. 261,39–40).

Textgrundlage: Handschrift GSA 26/LXIX,5,4. – S. 559,14 blieb in der Hs. versehentlich ein zur Vorstufe gehörendes »in« ungetilgt stehen (»vor demselben war eine dunkle Wolkenversammlung in fortwährender Bewegung«; ursprünglich hieß die Stelle: »vor demselben bewegte sich eine Wolkenmasse«).
Erstdruck: WA II 13 (1904), S. 479–480.

559 *12 weiß:* Hierin sieht G. einen weiteren Beweis dafür, daß Newtons Farbentheorie nicht stimme. – *24 Zenit:* gedachter höchster Punkt des Himmelsgewölbes.

560 *2 Weise:* der »Ingenieur Geograph« Johann Christoph Gottlob Weise (1762–1840) war Baumeister und Gartenbauinspektor in Weimar.

CAMARUPA

Der vorliegende Text enthält verschiedene Aufzeichnungen G.s vom Ende des Jahres 1817, die später teilweise überarbeitet wurden. Zur besseren Orientierung geben wir eine Konkordanz dazu:

MA 11.2	LA I 11	WA II 12
S. 560,13–16	S. 194,2–4	S. 178
S. 560,19–563,22	S. 194,5–197,8	S. 7,16–12,5
S. 563,25–565,19	S. 197,9–198,34	S. 179–181
S. 565,21–34	S. 199,1–199,14	S. 219
S. 565,36–566,8	S. 199,15–199,25	S. 181

Zur Illustration der Howardschen Terminologie verfertigte G. (möglicherweise J. W. Chr. Roux nach seinen Anweisungen) sieben Bilder mit Bleistift und Aquarellfarben (CGZ V B, Nr. 247 bis 253, Erläuterungen dazu ebenda, S. 110–111; im vorliegenden Band S. 1233–1236). In *Wolkengestalt nach Howard* spricht G. davon, daß er »die verschiedenen Wolkenformen auf dem Papier nachzubilden suchte« (Bd. 12, S. 452); vgl. dazu auch G.s Brief an Carl Dietrich von Münchow vom 20. Januar 1817, unten.

G.s erster Aufsatz über Howards Wolkenlehre trägt den Namen einer indischen Gottheit und war bestimmt als Teil einer ausführlichen Instruktion für die Mitarbeiter an den herzoglichen Wetterstationen. Zwei Jahre zuvor hatte G. Howards Werk ›Versuch einer Naturgeschichte und Physik der Wolken‹ kennengelernt: Einem Hinweis von Großherzog Carl August folgend, las er, laut Tagebucheintragungen, am 8. und 9. Dezember 1815 eine Zusammenfassung von Howards Theorie in den ›Annalen der Physik‹ (s. zu S. 565,37). Über eine Beschäftigung damit am Beginn des folgenden Jahres berichtet G. im Brief an Carl August vom 17. Januar 1816 und in den *Tag- und Jahres-Heften* zu 1816 (Bd. 14, S. 251 f.), doch scheint danach eine Pause eingetreten zu sein.

Daß G. eine eigene Studie über Howards Wolkentheorie in Arbeit hatte, geht aus einem Brief hervor: Als der Leiter der Jenaer Sternwarte, Carl Dietrich von Münchow (1778–1836), sich nach Howards Theorie erkundigte, fügte G. am 9. November 1816 seiner Antwort hinzu: »Sollte meine eigene Arbeit über diesen Gegenstand zur Reife gedeihen, so werde dieselbe mitzuteilen nicht ermangeln«. Auf Münchows erneute Anfrage schickte ihm G. am 20. Januar 1817 eine kurze Zusammenfassung der Howard-schen Wolkenformationen und schrieb einleitend, wohl im Hin-blick auf die geplanten Abbildungen: »Ew. Hochwohlgeb. gefäl-lige Erkundigung ⟨...⟩ hat mich aufgeregt, diese jetzt ruhenden Betrachtungen wieder aufzunehmen, und ich will suchen mit Hilfe unsrer jungen, nach allen Seiten hin beschäftigten Künstler, endlich auch jene Vorsätze zu vollbringen. Bei näherer Untersuchung glaube gefunden zu haben, daß die Gestalten der Wolken-Phäno-mene vom Barometer-Stande und folglich auch von Barometer-Höhe abhängen«.

Im März 1817 (s. Tagebucheintragungen vom 21., 22., 26. und 31.) las G. das Gedicht ›Megha Duta‹ des indischen Dichters Kalidasa (4./5. Jh.), in Horace Hayman Wilsons (1786–1860) eng-lischer Übersetzung ›The Mégha Dúta; or, Cloud Messenger: A Poem‹ (Kalkutta 1813). Eine ausführliche Rezension mit einigen Übersetzungsproben der Anfangsverse veröffentlichte der mit G. befreundete Jenaer Orientalist Johann Gottfried Kosegarten erst 1818, in Nr. 131 und 132 der ›Jenaischen Allgemeinen Literatur-Zeitung‹; vgl. *Tag- und Jahres-Hefte* zu 1821 (Bd. 14, S. 304) und *Noten und Abhandlungen zu besserem Verständnis des West-östlichen Divans* (Bd. 11.1; vgl. WA I 7, S. 239).

Die Lektüre stand wohl zunächst im Zusammenhang mit den Studien zum *West-östlichen Divan* (vgl. *Indische Dicht⟨ungen⟩*, S. 246; der erste Teil wahrscheinlich zwischen dem Frühjahr 1817 und dem 22. Oktober 1818 geschrieben), aber die Beziehung zu Howards Wolkenlehre ergab sich sogleich. Beschäftigungen mit dem indischen »Wolkenboten« vermelden die Tagebücher auch am 28. April und am 26. Juli 1817.

Der entscheidende Impuls zur Bearbeitung des Materials kam von Großherzog Carl August, der im Herbst 1817 G. den Auftrag gab, eine Instruktion für die Angestellten der 1816 in Schöndorf am Ettersberg errichteten ersten Sachsen-Weimarischen meteorologi-schen Anstalt zu schreiben. Die folgenden Tagebucheintragungen dokumentieren die Entstehungsgeschichte im Dezember 1817 in Jena und die zentrale Rolle von Howards Wolkenlehre dabei: »Die von Serenissimo bestellte Wolkenlehre durchgedacht. Intention, sowohl sie, als die geognostischen Epochen mit der Höhen-darstellung ⟨s. zu S. 567,17⟩ zu vereinigen« (9. Dezember); »Hauptbeschäftigung des Tags, Howards Wolken-Terminologie auszuarbeiten« (12. Dezember); »Die Howardische Lehre wieder durchdiktiert« (13. Dezember); »Nachtrag zu Howards Wolken-lehre« (15. Dezember); »Camarupa abzuschreiben angefangen« (16. Dezember); »Camarupa für diesmal abgeschlossen und an

Münchow gesendet« (17. Dezember); »Camarupa für Weimar fortgesetzt« (18. Dezember); »Howards Lehre völlig abgeschrieben« (19. Dezember).

Am 19. Dezember entleiht G.s Sohn auf Bitten seines Vaters ›The Megha Duta‹ aus der Weimarer Bibliothek (Keudell, Nr. 1126). Am 23. Dezember schickt G. die Wolkenlehre an den Großherzog, gemäß seinem Versprechen, die »Instruktion für den Meteorologen des Ettersberg mit bildlicher Darstellung« noch vor Weihnachten fertigzustellen (G. an Carl August, 14. Dezember 1817). Am 27. Dezember vermeldet dann noch das Tagebuch: »Körner brachte das Howardische Manuskript wieder. Serenissimus verlangen einen Auszug, der auch sogleich gefertigt wurde«. Die *Tag- und Jahres-Hefte* zu 1817 fassen dann retrospektiv zusammen: »Man hatte sich mit Wolken und Wolkenformen so lange getragen, und konnte nun erst diesen Wolkenboten in seinen tausendfältig veränderten Gestalten mit desto sicherer Anschauung im Geiste folgen« (Bd. 14, S. 262). G. hat ›The Megha Duta‹ abermals, am 24. Januar 1818 bis zum 4. Juli 1818, aus der Weimarer Bibliothek entliehen (Keudell, Nr. 1130), und das Tagebuch vermeldet am 26. März 1818 eine weitere Beschäftigung mit dem Gedicht; diese steht aber wohl nicht mehr im Zusammenhang mit den Howardschen Studien, die erst 1820 wieder intensiv fortgesetzt werden.

Die hier abgedruckten Aufzeichnungen (von G. selbst teils auf den 12., 16. und 17. Dezember 1817 datiert) sind im Zusammenhang der *Instruktion* und ihrer Beilagen entstanden; was aber davon genau in der an den Großherzog abgeschickten Schrift enthalten war, ist schwierig zu rekonstruieren, denn die *Instruktion* wurde in der ersten Hälfte der zwanziger Jahre mehrfach revidiert und ergänzt. Einige der im vorliegenden Band unter dem Titel *Camarupa* abgedruckten Niederschriften von 1817 und der ebenfalls 1817 entstandene Abschnitt *Farben des Himmels* finden sich in der 1821 datierten Fassung der *Instruktion* wieder (S. 560,19–563,22 und S. 565,21–34 in der »Beilage 2« und S. 566,13–567,11 als »Beilage 4«), ebenso in einer weiteren, vermutlich nach 1821 zu datierenden Fassung. Zum Druck gelangten zunächst nur Teile aus der *Instruktion* in den Nachlaßbänden der *Ausgabe letzter Hand*; die WA gibt die ganze »Instruktion für die Beobachter bei den Großherzogl. meteorologischen Anstalten« wieder, allerdings teilweise unter den Paralipomena (WA II 12, S. 203–218), teilweise im Textteil (WA II 12, S. 7–12), teilweise unter den »Lesarten« (WA II 12, S. 179–181).

Textgrundlage: Handschrift GSA 26/LX,1,2 (vgl. WA II 12, S. 176 und 178: H²). – Eingriffe: S. 560,22 *bezeichneten* (bezeichnetem Hs.; Abschreibefehler, nach H¹ korrigiert); 561,3 *dem* (den Hs.; unvollständige Korrektur in H¹, wo es statt »nach« zuerst »in« hieß); 565,32 *strebt* (strebte Hs.; Abschreibefehler, korrigiert nach H¹).
Erstdruck: C¹ 51 (1833), S. 203–208; WA II 12 (1896), S. 178–181 (einzelne Passagen in den Lesarten); die Bildbeschreibung S. 565,21–32 (bis »strebt«) zuerst in der Hempel-Ausgabe, Bd. 34 (1877), S. 240–241, danach WA II 12, S. 219. – In der vorliegenden Gestalt zuerst gedruckt LA I 11 (1970), S. 194–199.

560 *19 Lehre Howards:* Der vorliegende Aufsatz ist der erste schriftliche Niederschlag von G.s Interesse für Howard und seine Wolkenlehre. Ihm folgt eine Reihe von Texten zum gleichen Thema in den Heften *Zur Naturwissenschaft überhaupt:* die *Wolkengestalt nach Howard* betitelten Wetterbeobachtungen während der Reise nach Böhmen im April und Mai 1820 (Bd. 12, S. 451); das Gedicht *Howards Ehrengedächtnis* (Bd. 12, S. 472; zum Teil bereits 1817 entstanden), in dem die Wolkengestalten poetisch beschrieben werden; eine erweiterte Fassung des Gedichtes *Howards Ehrengedächtnis* mit englischer Übersetzung (Bd. 12, S. 612); *Luke Howard an Goethe* (Bd. 12, S. 662), eine deutsche Übersetzung von Luke Howards autobiographischem Brief an G.; eine kurze Rezension von Howards Buch ›The Climate of London‹ von Johann Friedrich Posselt (Bd. 12, S. 697); und die meteorologische Nachschrift, G.s an Posselts Rezension sich anschließende Wetterbeobachtungen und -überlegungen (Bd. 12, S. 699).
561 *1 Toisen:* Klafter; nach dem Pariser Maß 1,949 m. – *3 Reuß:* Nebenfluß der Aare in der Schweiz, der den Vierwaldstätter See durchfließt und ihn bei Luzern wieder verläßt. – *5 Suffeten:* richtig: Soffitten, vom Schnürboden herabhängende bemalte Leinwände, die das Bühnenbild oberhalb der Kulissen abschließen. – *7 bedeutende Zeichnung:* konnte nicht ermittelt werden. – *33 Mega Dhuta:* Gedicht des indischen Dichters Kalidasa (s. die Vorbemerkung zu dieser Schrift, S. 1229).
562 *37 Ettersberg:* In Schöndorf am Ettersberg, nördlich von Weimar, wurde 1816 die erste Wetterstation des Großherzogtums Sachsen-Weimar eingerichtet.
563 *14 Paries:* Die von G. beschriebene Erscheinung erwies sich als eine optische Täuschung, der Terminus wurde jedoch von mehreren Zeitgenossen G.s aufgegriffen. – *34 27½ Z.:* 1 Zoll Pariser Maß entspricht 2,707 cm.
564 *19 Kyanometer:* Blaumeter, von Horace Bénédict de Saus-

sure 1791 im ›Journal de Physique‹ beschrieben (s. Bd. 12, S. 646,2 und Anm.; im vorliegenden Band S. 567,5). Nach G.s Meinung war die Schattierung der Blaufarbe des Himmels ein wichtiges Indiz für die Wetterbeobachtung (§ 19 der *Instruktion*; WA II 12, S. 211).

565 *37 Gilberts Annalen:* Eine Zusammenfassung von Howards Lehre erschien in der von Ludwig Wilhelm Gilbert herausgegebenen Zeitschrift ›Annalen der Physik‹, 51 (1815), 9. Stück, S. 1–48, unter dem Titel ›Versuch einer Naturgeschichte und Physik der Wolken, von Lukas Howard, Esq., zu Plaistow bei London; Frei bearbeitet von Gilbert‹. Den englischen Originaltext dieses Aufsatzes (›Essay on the Modification of Clouds‹ in Tillochs ›Philosophical Magazine‹, London 1803) ließ G. sich durch Hüttner in London besorgen (s. G. an Christian Georg Carl Vogel, 23. März 1818).

566 *5 Researches ⟨...⟩ Joy:* In G.s Bibliothek ist ein Exemplar von Fosters Buch vorhanden (Ruppert, Nr. 4559), aber G. lieh das Buch am 27. Februar 1818 noch aus der Weimarer Bibliothek aus (Keudell, Nr. 1136). 1819 erschien in Leipzig die deutsche Übersetzung, ›Untersuchungen über die Wolken und andere Erscheinungen der Atmosphäre‹.

FARBEN DES HIMMELS

Diese als »Beilage 4« der späteren Fassung der *Instruktion* (vgl. WA II 12, S. 226) angeschlossene Aufzeichnung gründet sich auf G.s Theorie der »dioptrischen« Farben in der *Farbenlehre*, Didaktischer Teil, § 143–194, bes. § 153–158 über die »atmosphärischen« Farben (s. Bd. 10, S. 66–79, bes. S. 68–69). Dioptrische Farben entstehen, wenn Licht durch ein durchsichtiges (trübes) Mittel betrachtet wird. Da die Atmosphäre ein vom Wetter und von der Verschmutzung abhängiges trübes Mittel ist, entstehen laut G.s Theorie, je nach dem Grad der Vertrübung, verschiedene »atmosphärische Farben«.

Textgrundlage: Handschrift GSA 26/LX,1,1.
Erstdruck: Hempel-Ausgabe Bd. 36 (1879), S. 619, danach WA II 12, S. 226.

566 *19 Ein trübes Glas vor das Finstere gehalten:* Vgl. *Zur Farbenlehre*, Didaktischer Teil, § 151 (Bd. 10, S. 67–68). – *28 das Finstere des Weltalls:* Vgl. *Zur Farbenlehre*, Didaktischer Teil, § 155 (Bd. 10, S. 69,2–9). – *36 Die Sonne ⟨...⟩:* Vgl. *Zur Farben-*

Cirro Stratus.

Cumulus. Haufenwolken

Cumulo – Stratus:

Stratus: Nebel-Schicht

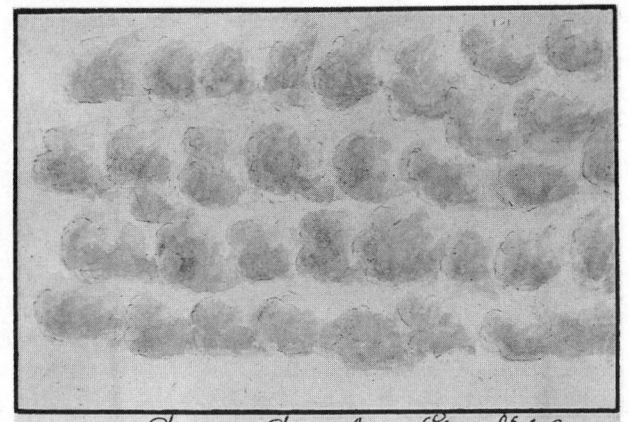

Cirro-Cumulus. Schaaf-Wolke

Cirrus. Locken-Wolke

Johann Wolfgang Goethe
CIRRO STRATUS
CUMULUS. HAUFENWOLKEN
CUMULO-STRATUS
STRATUS. NEBEL-SCHICHT
CIRRO CUMULUS. SCHAF-WOLKEN
CIRRUS, LOCKEN-WOLKEN
NIMBUS. REGNENDE WOLKEN
Bleistiftzeichnungen mit Aquarellfarben

lehre, Didaktischer Teil, § 154 (Bd. 10, S. 68,23–26). – *39 Vor Sonnenaufgang nach Sonnenuntergang:* Vgl. *Zur Farbenlehre*, Didaktischer Teil, § 154 (Bd. 10, S. 68,33–37).

567 *3 Höherauch:* Vertrübung eines wolkenlosen Himmels durch Vulkanausbruch, Industrie oder Brand. Siehe *Zur Farbenlehre*, Didaktischer Teil, § 154 (Bd. 10, S. 68,27) und G.s Beobachtung vom 27. Juni 1822 (Bd. 12, S. 703,4–8). – *5 Auf beigelegter Zeichnung:* nicht zu ermitteln. – *Blaumesser:* von G. auch Kyanometer genannt (s. zu S. 526,28). – *10 Sirocco:* der aus dem afrikanischen Wüstengebiet kommende Schirokko bringt nicht nur heiße Luft in den Mittelmeerraum, sondern auch die Atmosphäre vertrübenden Sand. Vgl. *Zur Farbenlehre*, Didaktischer Teil, § 154 (Bd. 10, S. 68,29) und die Zahme Xenie »Freunde, flieht die dunkle Kammer …« (Bd. 10, S. 1001, und Bd. 18.1).

⟨DISPOSITION DER ATMOSPHÄRE⟩

Der kurze Aufsatz, in WA »Concentrische Wolkensphäre« (WA II 12, S. 118), in anderen Ausgaben auch »Wolkensphären« betitelt, ist wohl im Zusammenhang mit der besprochenen Darstellung der Wolkenformen auf einer Höhenkarte entstanden.

Textgrundlage: Handschrift GSA 26/LX,6.
Erstdruck: WA II 12 (1896), S. 118 f.

567 *17 Die Darstellung der Wolkenformen zugleich mit den Berghöhen der alten und neuen Welt:* G. hatte 1807 nach der Lektüre von Alexander von Humboldts und Aimé Bonplands ›Ideen zu einer Geographie der Pflanzen‹ (Tübingen 1807) ein Tableau der verschiedenen Berghöhen gemacht (s. *Höhen der alten und neuen Welt bildlich verglichen* und die dazugehörige Abbildung; Bd. 9, S. 911–915). In ein nicht überliefertes Exemplar des nach der Zeichnung angefertigten Stichs klebte er dann später Howards Wolkengestalten ein; s. *Tag- und Jahres-Hefte* zu 1817 (Bd. 14, S. 262); vgl. CGZ V B, Nr. 254, S. 112–113. – *34 Chimborasso:* der höchste Berggipfel in Ecuador (6310 m). – *35 4000 Toisen:* nach Pariser Maß (1 Toise: 1,949 m) ca. 7800 m.
568 *2 Grade eines Bogens:* Bogenlänge, die nach der Größe des entsprechenden Winkels gemessen wird. Ein Kreisbogen in einem Einheitskreis (Diameter 1) über einem Mittelpunktswinkel heißt das Bogenmaß (oder Bogengrad) des Winkels.

CARLSBAD, ANFANG SEPTEMBER 1819

Diese auf Tagebucheintragungen beruhende Wetterbeobachtung
fügt sich in eine Reihe ähnlicher kleiner Schriften, die mit *Nordlicht*
(S. 559) beginnt und in den 1820er Jahren intensiv fortgesetzt wird
(s. die Einführung zu den naturwissenschaftlichen Schriften in
Bd. 13.2). Diese Wetterbeobachtungen unterscheiden sich dadurch von denen, die G. während seiner Jugend oder etwa während
seiner italienischen Reise gemacht hatte, daß G. die empirischen
Beobachtungen nun aufgrund einer von Luke Howard angeeigne-
ten Wolkenlehre zu interpretieren sucht. Die theoretischen Überlegungen münden dann in seinen *Versuch einer Witterungslehre*
(Bd. 13.2, S. 275).

G. hat diese Schrift gleich nach der Fertigstellung an Carl August
abgeschickt, der am 19. September 1819 antwortete, das Wetter in
Weimar sei »fast dasselbe«.

Textgrundlage: Handschrift GSA 26/LX,5 (vgl. WA II 12, S. 199:
H¹).
Erstdruck: WA II 12 (1896), S. 110–114.

568 *34 Wettstreit der Atmosphäre:* G. interpretierte die Bildung
und Verwandlung der Wolken als einen »Konflikt der obern und
untern Region, der austrocknenden und anfeuchtenden« (*Wolkengestalt nach Howard*; Bd. 12, S. 453,12).
569 *19 Ellbogner:* Das heutige Städchen Loket liegt an der
Eger, südwestlich von Karlsbad. G. hatte die Stadt bereits 1808 mit
Sylvie von Ziegesar besucht. Hier feierte er später, im Jahre 1823,
seinen 74. Geburtstag mit der Familie Levetzow. Vgl. die Anm. zu
S. 136,31–42 der Marienbader *Elegie* (Bd. 13.1, S. 709 f.). –
35 Findläters Säule: errichtet zu Ehren des schottischen Adligen
James Earl of Findlater and Seafield (1749–1811), der in Karlsbad,
Dresden und Teplitz Anlagen einrichten ließ.
570 *5 gegen Fischern:* Das heutige Rybare liegt westlich von
Karlsbad. Vgl. G.s Aufzeichnung *Unter Fischern* (S. 552). – *6 Ko-
beshügel:* »⟨Kobes-Mühle⟩ liegt an der Rohlau, einem starken, an
Fischern vorbeifließenden Bache, aufwärts in einem anmutigen
Tale. Der Hügel über derselben ist basaltisch, meist in größeren
und kleineren Kugeln« (*Kobes-Mühle*; S. 553). – *17 Farbebogen:*
Regenbogen.

PHYSIK

In Sachen der Physik contra Physik

Am 16. April 1819 vermeldet G.s Tagebuch: »Das Trennungs-
Schema der Physik durchgedacht«; am 19. Juli 1819: »Fortgesetzte
Gedanken über das Verhältnis der Mathematik zur Physik«. Ein
Schema zur Trennung muß allerdings schon früher entstanden
sein, denn als Carl Dietrich von Münchow als Direktor der Jenaer
Sternwarte abgetreten und Johann Friedrich Posselt auf den Posten
benannt worden ist, erwähnt G. in einem Brief an Bernhard August
von Lindenau am 31. März 1819 »ein längst entworfenes Schema
⟨...⟩, wo ich tabellarisch einen Teilungstraktat aufgeführt habe,
um zu bezeichnen, was dem Mathematiker und dem Chemiker
zufiele; einer verwiese sodann auf den andern, einige Kapitel
behandelten sie gemeinschaftlich; alles was über die Erfahrung
hinaus geht, überließen sie den Philosophen« (S. 598 f.).

Tatsächlich werden im vorliegenden Aufsatz Fragen themati-
siert, die G. lebenslang beschäftigten. Der einleitende Satz grenzt
die Erfahrungswissenschaften gegen das den Philosophen überlas-
sene »Metaphysische der Naturlehre« ab. Der tabellarische Hauptteil versucht, die mathematisierbaren und qualitativen Teile der
Naturlehre voneinander abzugrenzen, wobei Physik und Chemie
noch als austauschbare Begriffe gebraucht werden. Gilt die erste
Abgrenzung vor allem gegen vorwissenschaftliche Naturbetrachtungen, so versucht die zweite, die Grenzen der modernen mathe-
matischen Naturwissenschaft zu ziehen, in beiden Fällen als eine
Verteidigung der Empirie gegen Abstraktionssucht. Die Bekämp-
fung der überflüssigen und, wie G. meinte, schädlichen Mathema-
tisierung der Naturwissenschaften war ein Hauptanliegen seiner
Naturbetrachtung. Er behandelte die Farbenlehre ohne Mathematik, weil er meinte, sie gehöre nicht »vor den Gerichtsstuhl des
Mathematikers« (*Zur Farbenlehre*, Didaktischer Teil, Einleitung;
Bd. 10, S. 25,4); im vorliegenden Aufsatz wird die Mathematik
vom Bereich der ›schweren einfachen Stoffe und ihrer Verbindungen‹ vollständig, von der Elektrizität und dem Galvanismus weitgehend ferngehalten. Eine Zurückweisung der Mathematik in ihre
Grenzen ist Hauptziel auch der späteren Schriften *Über Mathematik und deren Mißbrauch* ⟨...⟩ und *Naturphilosophie* (Bd. 13.2,
S. 324 und 335), einiger *Maximen und Reflexionen* (Bd. 17) und
des Aufsatzes *Ferneres über Mathematik und Mathematiker*
(Bd. 18.2). (Siehe dazu die Einführung zu G.s naturwissenschaftlichen Schriften in Bd. 13.2, S. 773–777.)

Textgrundlage: Handschrift GSA 26/LIX,18.
Erstdruck: WA II 11 (1893), S. 311–312.

571 *8 familiae erciscundae*: Erbschaftsverteilung; die Form »erciscundae« in der von Riemer geschriebenen Handschrift kommt –
mit gleicher Bedeutung – neben der Form ›(h)eriscundae‹ vor; sie
ist in der Literatur belegt, z. B. bei Cicero (Pro Caecina 19; De
oratore 1.237) und verschiedenen Rechtsgelehrten. (Freundliche
Auskunft von Anette Syndikus, München.) – *22 Behörde:* G.
bezeichnet damit den institutionellen Ort, an dem das bezeichnete
Gebiet professionell behandelt werden soll. – *36 privative:* ausschließlich.

AMTLICHE SCHRIFTEN

In diesem Band wird zunächst die Umgestaltung der Oberaufsicht über die unmittelbaren Anstalten für Wissenschaft und Kunst (künftig: OA) nach 1815 (s. unten und Bd. 13.2, S. 847f.) durch Schriftstücke dokumentiert, die aus drei Aktenfaszikeln der OA-Registratur stammen und abschriftlich bzw. in Form von Inhaltsverzeichnissen überliefert sind. Signifikant für den Zeitraum dieses Bandes ist sodann das große Memorandum aus dem Jahre 1817, das hier zum ersten Male vollständig abgedruckt wird. Es zeigt deutlich, daß es Goethe im Jahre 1817 um mehr als nur den üblichen Museumsbericht gegangen ist. Schließlich werden Schriftstücke dargeboten, die aus den vier ersten Bänden der Registraturposition ›Der gegenwärtige Zustand und die künftige Behandlung der wissenschaftlichen Anstalten‹ (Tit.2 Nr.6) stammen; die überlieferten und ermittelten Schriftstücke von Vol. 5 aus der gleichen Position sind aus chronologischen Gründen im Bd. 13.2 enthalten. Über die Eigenart der Überlieferung in Form von Abschriften s. Bd. 13.2, S. 849.

Nur ein geringer Bruchteil dessen, was an amtlichem Schriftgut dieses Zeitraums von Goethes Tätigkeit einst angefallen ist, ist noch erhalten, und selbst von dem wenigen Überlieferten bleibt das im vorliegenden Band Dargebotene immer nur eine Kostprobe. Dennoch wurden hier nicht willkürlich einzelne Schriftstücke wegen des ihnen zukommenden Spezialinteresses ausgewählt. Es wurde vielmehr das Ziel verfolgt, die Zusammenhänge, aus denen die Schriftstücke herrühren, deutlich werden zu lassen. Die einzelnen Positionen der Registratur können sozusagen als Bausteine eines Gebäudes vorgeführt werden, das sich vollständig darstellen ließe, wenn die Rekonstruktion weiterer Aktenfaszikel sukzessive gelänge. Mit den hier gebotenen ersten Faszikeln der Registratur (s. unten S. 1245) und dem Memorandum glaubt die Herausgeberin wichtige, wenn nicht gar ›Schlußsteine‹ dieses Registraturgebäudes ediert zu haben; in ihnen werden die allgemeinsten Aspekte der OA angesprochen. Die vier ersten Bände der Position ›Tit.2 Nr.6‹ enthalten die verschiedensten Angelegenheiten der OA und geben insofern auch einen guten Einblick in deren Arbeit. Freilich bleiben bestimmte Aufgaben, wie z. B. die Aufsicht über die Zeichenschule, zu der die Quellen fast völlig verlorengegangen sind, oder die über die Bibliothek, außer acht.

Während der Textteil sich eindeutig auf die Wiedergabe der ausgewählten Akteninhalte beschränkt, wird im Kommentar versucht, die sachlichen Querverbindungen zu anderen Zeugnissen herzustellen. Sofern es sich um Zeugnisse aus dem Zeitraum dieses Bandes handelt, werden sie nach Möglichkeit auch als Text geboten. Auf diese Weise kann nicht nur eine bessere Kommentierung geleistet werden; der Leser wird auch zu anderen Quellengruppen hingeführt.

DIE REORGANISATION DER OBERAUFSICHT ÜBER DIE UNMITTELBAREN ANSTALTEN FÜR WISSENSCHAFT UND KUNST

Beobachtet man die Entwicklung der OA im ganzen, so lassen sich zwei größere Etappen feststellen: zunächst die Periode bis 1815, in der sich die OA im wesentlichen als Summe einer Mehrzahl von einzelnen, isoliert voneinander entstandenen Kommissionsaufträgen darstellt; sodann die Zeit danach, in der wir sie als eine geschlossene Immediatkommission mit festem Platz im Gefüge der Verwaltungsorganisation und deutlicheren Kennzeichen der Institutionalisierung vorfinden.

Nach dem Abschluß des Wiener Kongresses und der Unterzeichnung der Schlußakte im Sommer 1815 war im Rahmen einer Neuordnung Mitteleuropas das Herzogtum Sachsen-Weimar-Eisenach mit einer bedeutenden Gebietserweiterung zum Großherzogtum erhoben worden. Die Verpflichtung zum Erlaß einer Verfassung, die damit verbunden war, wurde bereits im Frühjahr 1816 eingelöst. Schon im Herbst 1815 wurde eine durchgreifende Umgestaltung der Landesverwaltung eingeleitet, die zu einer Integration aller einzelnen Landesteile führte und sich gleichzeitig als ein Schritt in die moderne Behördenorganisation des 19. Jh.s darstellt.

G. nahm diese Veränderungen nur als Beobachter wahr. Mit der Umwandlung des Geheimen Consiliums in eine moderne Zentralbehörde, das ab 1. Dezember 1815 tätige Staatsministerium, war er nicht befaßt worden. Als Leiter der einzelnen Immediatkommissionen für Wissenschaft und Kunst war er aber dennoch von der Neustrukturierung der Sachsen-Weimarischen Behörden betroffen. Es hätte zum Beispiel nahegelegen, diesen Amtsbereich G.s in das Staatsministerium einzubeziehen und sein Ressort aufzulösen. Das geschah nicht. G.s Amtsbereich der OA blieb selbständig neben dem Staatsministerium bestehen.

Welche Überlegungen dieser Entscheidung zugrunde gelegen

haben, läßt sich nur vermuten. Sicherlich sprach vor allem die
Rücksicht auf G.s Person dafür, die verschiedenen wissenschaftli-
chen und künstlerischen Institute unter seiner Leitung zu belassen.
Nach 1815 wurden sogar weitere Institute der OA unterstellt (z. B.
die Veterinärschule und die Universitätsbibliothek in Jena; s. zu
S. 605: ⟨Memorandum ⟨...⟩ 1817⟩). Der Stellung der OA als
Immediatkommission waren jedoch nunmehr Grenzen gesetzt.
Wenn das Staatsministerium als zentrales Organ gelten sollte, dann
war es unumgänglich, G.s Amtsbereich in unauffälliger, aber doch
wirksamer Form an dieses anzubinden. Dies geschah letzten Endes
durch G.s Kollegen und Mitkommissar in der OA, Christian
Gottlob von Voigt, der Präsident des Staatsministeriums wurde.
Bis zu dessen Tod im Jahre 1819 war die Verbindung der OA mit
dem Staatsministerium in Voigts Person gegeben. (Siehe auch
Bd. 13.2, S. 847f.)

Merkwürdig bleibt dennoch, daß G. im Herbst 1815 völlig aus
allen Vorüberlegungen zur Neustrukturierung der Geschäfte her-
ausgehalten wurde oder sich bewußt heraushielt. Dabei muß wohl
angenommen werden, daß unter den maßgeblichen Personen
schon frühzeitig erörtert wurde, wie G. und sein Amtsbereich
behandelt werden sollten; die Quellen schweigen jedoch zunächst.
Ein Zeugnis darüber finden wir erst in einem Brief Voigts vom
30. November 1815 an G. Äußerlich scheint er nur die Frage
aufzuwerfen, an welcher Position G. im Staatskalender genannt
werden solle; in Wahrheit drückt sich darin aber auch eine entsprechende Zuordnung der Stellung G.s in der Hierarchie aus. Voigt
empfiehlt, die Wirklichen Geheimen Räte in der Reihenfolge ihrer
Anciennität aufzuführen, was bedeutet hätte, daß G. an deren
Spitze genannt worden wäre. In einer zweiten Liste sollten die
Staatsminister ohne G. aufgeführt werden. Weiter heißt es in
Voigts Brief:

»Zu einem eigenen Departement des Staatsministeriums wollten sich Ihro Königliche Hoheit wegen der Kunst- und wissenschaftlichen Anstalten deswegen nicht entschließen, weil nicht
von allgemeiner Landesanstalt, sondern von partikularen Instituten die Rede sei. Auch würde es, wenn das Departement (Ew.
Exzellenz persönlicher Würde gemäß) vorausgesetzt und hernach das Präsidium des Ministeriums konstituiert würde, aussehen, als ob Ew. Exzellenz zurückgesetzt worden wären. Wollte
man aber dergleichen Wissenschafts-Departement weiter hinter
setzen, so wäre das Dero persönlichem Rang und Würde entgegen« (Tümmler, Bd. 4, S. 174, Nr. 175; Bradish druckt dieses
Schriftstück unter dem irrigen Datum des 16. Dezember 1815
ab; S. 269, Nr. 60).

G. antwortet am gleichen Tag:

»In der reinsten Überzeugung daß bei dem neuen großen Vorhaben auch für mich vollkommen gesorgt sein würde, habe bisher zu allem was ich vernommen beruhigt geschwiegen und nur gestern, bei zufälligem Anlaß, gegen Ew. Exzell. meine Ansichten und Hoffnungen ausgedrückt.

Das gütige und beschleunigte Billet gibt mir das höchst angenehme Gefühl daß diese Angelegenheit, besser als ich sie je hätte fassen können, am heutigen Morgen, so gründlich durchdacht und, zu meinen Gunsten, so gnädig entschieden worden als ich nur hätte wünschen dürfen«.

Daß G. dennoch zunächst nicht völlig zufriedengestellt war, zeigen weitere Äußerungen. So schreibt er, nachdem er mit Reskript vom 12. Dezember 1815 (Bradish, S. 267, Nr. 58) zum Staatsminister ernannt worden war, am 15. Dezember 1815 an Voigt:

»Ihro Königl. Hoheit haben die Gnade gehabt, zu beschließen, daß bei der neuen Staatseinrichtung in dem deshalb zu publizierenden Adreß-Kalender die wirklichen Geheime Räte zuerst aufgeführt werden sollen, da denn auch die mir bisher gegönnte Stelle unverrückt erhalten bliebe, welches mit untertänigstem Danke anerkannt.

Nun erfordert aber meine Pflicht geziemend anzufragen, welcher Behörde der kleine Kreis meiner Tätigkeit sich künftig anschließen solle. Nach Natur der Sache, und nach Ihro Hoheit eigner Erklärung sind die mir aufgetragenen Geschäfte als von Ihro Höchsten Person ausgehend anzusehen und ich würde daher den unmaßgeblichen Vorschlag tun, mich bei dem Hof-Etat aufzuführen und zwar sogleich nach dem Hof-Marschall-amte, und zwar vorerst die Bibliothek, worauf denn die Zeichenschule und ferner die Jenaischen Museen folgten. Es möchte dieser Platz um desto schicklicher sein, weil ich mich unter der Theater-Rubrik schon gegenwärtig zum Hof-Marschallamt geselle. Die Überschrift könnte vielleicht sein:

Oberaufsicht über die unmittelbaren Anstalten
für Wissenschaft und Kunst in Weimar und Jena.

Da denn endlich, nach der jetzigen Einrichtung, die unmittelbaren Kommissionen wohl sämtlich wegfallen und den resp. Departements einverleibt werden, so würde mein Name an den übrigen Stellen, wo er bisher stehen geblieben, ausgelassen werden.

Alles höherem Ermessen devotest anheim stellend«.

G.s hier ausgesprochener Wunsch wurde nur insofern erfüllt, als die für den »kleinen Kreis« seiner Tätigkeit eingeführte Bezeichnung ›Oberaufsicht über die unmittelbaren Anstalten für Wissenschaft und Kunst‹ seitdem offiziell galt. Die OA fand im Adreßkalender künftig ihren Platz innerhalb des Hofetats, und zwar nach dem Stallamt und dem Hoftheater; vgl. das hier edierte Schreiben G.s an Voigt vom 19. Dezember 1815 (S. 579), das die Angelegenheit offenbar zu G.s Zufriedenheit abschließt.

Das an Voigt gerichtete Schriftstück vom 15. Dezember wie auch Voigts Nachricht vom 30. November hat G. interessanterweise als private Korrespondenz verstanden wissen wollen, was daraus hervorgeht, daß er das Schreiben Voigts und sein Konzept zu den Taufzeugnissen und ähnlichen Schriftsätzen privaten Charakters legte. Die Herausgeberin hat sich deshalb entschlossen, diese Schriftstücke nicht im Rahmen der amtlichen, aus der Registratur der OA stammenden Zeugnisse zu edieren.

Auch bei den als amtlich begriffenen Schriftsätzen aus den speziellen Aktenpositionen zur Umorganisation der OA geht es G. um die Stellung seines kleinen Ressorts im Gesamtgefüge der neustrukturierten Behörden. Er sucht für die Aufgaben seines Bereichs Verständnis zu wecken und stellt dessen Bedeutung für Sachsen-Weimar besonders nachdrücklich heraus, wie dies nicht oft bei ihm zu lesen ist. Nach den allgemeinen Feststellungen sorgt er im einzelnen für die Konsolidierung der inneren Organisation der Behörde und für die materielle Sicherstellung seiner Mitarbeiter. (Zur Entwicklung im einzelnen sowie zur Konsolidierung im Gefolge der Umwandlung der Behördenorganisation Sachsen-Weimar-Eisenachs im Jahre 1815 s. auch Bd. 13.2, S. 847f.)

Die hierzu edierten Schriftstücke, denen in der ersten Dezemberhälfte mehrere Beratungen voraufgegangen sein müssen, entstammen den folgenden drei Aktenfaszikeln:

1. ›Die neue Organisation, so wie den neuen Etat dieses Departements betr. 1815–1817‹ mit der Signatur ›Tit.1 Nr.1‹;

2. ›Acta generalia die Oberaufsicht unmittelbar betr. 1815–1857‹ mit der Signatur ›Tit.1 Nr.3‹ (Diesen Faszikel fand Bradish in den 30er Jahren noch unter der Signatur A 10452 im damaligen THStA in Weimar vor);

3. ›Die dem Chef der Oberaufsicht zugeordnete Assistenz‹ mit der Signatur ›Tit.1 Nr.4‹.

Es sind dies Aktenfaszikel, die von G. angelegt worden sind und zuletzt im THStA Weimar innerhalb des Aktenbestandes Kultusdepartement archiviert waren. Zusammen mit dem Gesamtbestand sind sie 1945 in Sulza verbrannt. Von ihnen liegen uns Abschriften vor, die von den WA-Bearbeitern zum Zweck der Edition hergestellt wurden und im GSA erhalten geblieben sind. Die Kopisten der WA-Edition haben allerdings nur diejenigen Schriftstücke im Volltext abgeschrieben, die von G. stammten. Die Gegenkorre-

spondenz ging in der Regel mit den Akten verloren; sie ist allenfalls
durch Erwähnungen sowie durch Regesten der Inhaltsverzeich-
nisse jener Aktenbände, sofern diese überhaupt vorhanden waren,
erhalten. Immerhin versetzen uns diese Informationen heute in die
Lage, trotz des schmerzlichen Verlustes der OA-Registratur einen
kleinen Einblick in die Vorgänge nehmen zu können. So enthalten
die im GSA unter der Signatur ›31/I,1‹ überlieferten Abschriften
aus der Aktenposition ›Tit.1 Nr.1‹ außer den hier edierten Quellen
ein Inhaltsverzeichnis, in dem weitere, nicht mehr überlieferte
Schriftstücke nachgewiesen sind – davon einige, die wir durch
frühere Veröffentlichungen im Wortlaut kennen. Das Verzeichnis
zur Aktenposition ›Tit.1 Nr.1‹ wird im folgenden abgedruckt und
erläutert:

»Bl. 4–11   ›Ohnmaßgebl. Vorschläge zu Verbesserung der einer
            Oberaufsicht für unmittelbare Anstalten für Kunst und
            Wissenschaft im Großherzogtum Weimar untergebenen
            Personen‹ Kräuters Hand.

Bl. 12   *Goethe an Voigt*, 26. Dez. 1815, Augusts Hand
            Da Ew. Exzellenz geneigter (Abschrift in d. Jahres-
            mappe)

Bl. 13/4   Protokoll-Extrakt vom 9. Jan. 1816 Gehaltszulagen
            betr. Ein Spezialetat über Besoldungen und Bedürfnisse
            wird verlangt. unterz: Conta.

Bl. 15   Anweisung an Stötzer v. 19 Jan. 1816, betr. Auszahlung
            der erhöhten Gehälter.

Bl. 15a   Oberaufsicht *an Vulpius*, 19. Jan. 1816, Gehaltszulage
            der Bibliotheksbeamten.

Bl. 16   Oberaufsicht an *Lenz*, 19 Jan. 1816: 200 r. Zulage betr.
            Oberaufsicht an F. S. *Voigt* 19 Jan. 1816: 50 r. Zulage
            betr.

Bl. 16a   Oberaufsicht an *Münchow*, 19 Jan. 1816: 150 r. Zulage
            für M. und 60 + 12 für Gehilfe u. Diener betr.

Bl. 18   Oberaufsicht an *J. H. Meyer*, 19 Jan. 1816: Zulage für d.
            Lehrer d. Zeicheninstituts betr.

Bl. 19   Aufstellung eines Spezialetats durch Vulpius betr. v.
            28. Jan. 1816 ›Nachrichtl. Conta‹

   12: Siehe das edierte Privatschreiben an C. G. von Voigt vom 26. Dezember 1815; S. 581.
   15, 15a, 16, 16a, 18 und 27/9: Alle dort verzeichneten Schriftstücke sind
in WA IV 26, S. 398, nach Nr. 7271 mit Nachweis der Originale in den
Akten der OA (Tit.1 Nr.1) aufgeführt.
   16: Siehe S. 1261, zu Bl. 1.
   16a: Siehe S. 1261, zu Bl. 3.

Bl. 20   Schema für den Spezialetat.

Bl. 21   *Vulpius an Goethe*, 1. Febr. 1816, Begleitschreiben zum Etat d. Großh. Bibliotheken.

Bl. 22/3   Etat der Großherzogl. Bibliotheken

Bl. 24/5   Extrakt aus den Bibliotheks- und Museums-Rechnungen von *Stötzer*, 15. Jan. 1816.

Bl. 26.   Großh. Kammer an d. Oberaufsicht, 14. Febr. 1816, Einreichung eines Berichts über Besoldungen, Natural- und Deputatsstücke betr.

Bl. 27/9   *Goethe an Voigt*, 20. Jan. 1816, Bemerkungen ›zu beiliegendem Extrakt‹ (Ausgaben u. Einnahmen der Anstalten für Kunst u. Wissenschaft betr.)

Bl. 30   J. H. Meyer über den Verbrauch von Brennholz beim Zeicheninstitut

Bl. 31   J. H. Meyer über Lehrerbesoldungen beim Zeicheninstitut

Bl. 32   Besoldungen betr. d. d. 19. Dez. 1815, unterzeichnet: Völfel (Wölfel oder Völkel?)

Bl. 33.   Extrakt aus den Rechnungen des Zeicheninstituts, 22. Jan. 1816, unterz: Stötzer.

Bl. 34/5   Verzeichnis der Besoldungen der Proff. d. Naturwissenschaft u. ihrer Gehülfen in Jena

Bl. 36/9   Auszug aus Rechnungen der Bibliotheken und des Zeicheninstituts.

Bl. 40/1   Auszug aus Rechnungen der großh. Bibliothek.

Bl. 42   Verfügung Carl Augusts Besoldungen betr., 13. März 1816.

Bl. 43/4   Neuer Etat der Anstalten für Wissenschaft und Kunst, 13. März 1816.

Bl. 45   Oberaufsicht an die großh. Kammer, 16. März 1816, betr. die Verteilung von 4000 Talern ›Cassegeld für die übrigen Ausgaben für gedachte Anstalten‹ (Voigts Hand)

Bl. 46/7   *Goethe an Voigt*, 2. April 1816, Kräuters Hand (Abschrift in d Jahresmappe)

Bl. 48   *Oberaufsicht an d. großh. Kammer*, 2. April 1816, Übertragung der Rechnungsführung bei der Kunstakademie an Stötzer betr.

46: Das Schreiben G.s an C. G. von Voigt vom 2. April 1816 ist in WA IV 26, S. 425, vor Nr. 7363 mit Nachweis des Originals in den Akten der OA (Tit.1 Nr.1, Bl. 46) verzeichnet.

48: Das Schreiben der OA an die Kammer vom 2. April 1816 ist in WA IV 26, S. 425, vor Nr. 7363 mit Nachweis des Originals in den Akten der OA (Tit.1 Nr.1, Bl. 48) verzeichnet.

49: Das Schreiben der OA an J. H. Meyer vom 2. April 1816 ist in WA IV
26, S. 425, vor Nr. 7363 mit Nachweis des Originals in den Akten der OA
(Tit. 1 Nr. 1 Bl. 49) verzeichnet.

52: Das Schreiben der OA an die Kammer vom 11. Juli 1816 ist in WA IV
27, S. 387, nach Nr. 7450 mit Nachweis des Originals in den Akten der OA
(Tit. 1 Nr. 1, Bl. 52) verzeichnet. – *Remuneration:* ›Belohnung‹, ›Vergü-
tung‹.

55: Das Schreiben G.s an die OA vom 13. April 1817 ist in WA IV 28,
S. 377, nach Nr. 7712, mit Regest und Nachweis des Originals in den Akten
der OA (Tit. 1 Nr. 1, Bl. 55) verzeichnet.

56: Das Schreiben der OA an die Kammer vom 17. April 1817 ist in WA
IV 28, S. 383, vor Nr. 7718, mit Regest und Nachweis des Originals in den
Akten der OA (Tit. 1 Nr. 1, Bl. 56) verzeichnet.

Ebenso weisen die im GSA 31/I,1 überlieferten Abschriften aus der
Aktenposition ›Tit. 1 Nr. 3‹ in einem ähnlichen Verzeichnis außer
den edierten folgende nicht überlieferte Schriftstücke nach:

Bl. 10.11 Großh. S. W. E. Regierungsblatt v. 29. Sept. 1818 ent-
           hält: Auszeichnungen, Beförderungen usw. und die zu
           Bl. 9 erwähnten Vorschriften
Bl. 12   *Carl August an die Oberaufsicht*, 18. Januar 1820, ›den
           neuen Stil der Reskripte betr.‹
Bl. 13   Verfügung Carl Augusts vom 7. Januar 1822 freiwillige
           Subskription zur Armenkasse betr.«

6: Das Schriftstück ist bei Bradish, S. 277, Nr. 62, gedruckt und ist
Bezugsschreiben zum hier edierten Bericht G.s vom 5. Januar 1816 (S. 581);
s. dort das Stichwort »Anordnungen«.

⟨PROMEMORIA, 18. DEZEMBER 1815⟩

Textgrundlage: Handschrift GSA 31/I,1; Abschrift des Konzeptes
aus den Akten der OA (Tit.1 Nr.3: ›Acta generalia die Oberaufsicht unmittelbar betr.‹, Bl. 1–5). – Notizen des Kopisten über
Schreiber (August von Goethes Hand, Datum und Unterschrifts-
paraphe eigenhändig G.) und Korrekturen (s. Stellenkommentar).
– Das Schriftstück lag dem Privatschreiben G.s an Voigt vom
19. Dezember 1815 bei (s. S. 579). – Vgl. Tagebuchnotizen: »Promemoria wegen der neuen Staatseinrichtung und Zeicheninstitut«
(15. Dezember 1815); »Promem. wegen der neuen Staatseinrichtung, exped.« (16. Dezember 1815); »Das Promemoria diktiert
wegen Verbesserungen in honorifico et utili« (17. Dezember
1815); »Diktiert das Pr. Mem.« (18. Dezember 1815); »Aufsätze
die neue Organisation« (19. Dezember 1815); »Promemoria *an
Herrn Minister von Voigt*« (21. Dezember 1815).
Erstdruck: WA IV 26 (1902), S. 184–190, Beilage zu Nr. 7243; vgl.
S. 390 Nachweis dieses Konzeptes in den Akten der OA (Tit.1
Nr.3, Bl. 1). (Vgl. Bradish, S. 271–276, Nr. 61; Tümmler, Bd. 4,
S. 179–183, Beilage zu Nr. 179.)

575 *12 beiliegenden Blatt:* nicht überliefert. – *37 Mitcommissa-
rius:* C. G. von Voigt d. Ä. (1743–1819), seit vielen Jahren G.s
Kollege in den verschiedensten Kommissionen, Staatsminister und
Präsident des Staatsministeriums. (Siehe S. 1243; Bd. 3.2, S. 638;
Bd. 6.2, S. 1279; Bd. 13.2, S. 847 f.; vgl. auch: Hans Tümmler:
Goethe der Kollege. Sein Leben und Wirken mit Christian Gottlob
von Voigt. Köln / Wien 1970.) – *40–576,2 besonders ⟨...⟩ abgegan-
gen:* nach Vermerk des Kopisten am Rande eingefügt. – *40 von
Hendrich:* Franz Ludwig Albrecht von Hendrich (1754–1828), seit

1802 Kommandant in Jena, als Oberst 1813 entlassen, lebte in
Ottmannshausen und seit 1826 in Weimar; für G. und die in Jena
zu erledigenden Geschäfte jederzeit eine hilfreiche Assistenz (s.
Bd. 6.2, zu S. 888,9).

576 *5 beiliegendes von ihm geführtes Aktenfaszikel:* nicht überliefert. – *30 Kräuter:* Friedrich Theodor David Kräuter (1790 bis
1856), 1805 bei der Bibliothek in Weimar angestellt, 1816 Biblio-
thekssekretär, seit 1816 Sekretär G.s, 1837 Rat (s. Bd. 13.2, zu
S. 366,23). – *37 John:* Johann August Friedrich John (1794–1854),
1814 bis 1832 G.s Schreiber und Sekretär, im März 1815 als
Freiwilliger im Krieg gegen Napoleon, 1816 Schreiber der OA,
1819 auch Schreiber der Bibliothek, 1832 Schreiber in der Regierung.

577 *2 diesem Feldzuge:* im Juni 1815 gegen Napoleon, der im
März 1815 aus Elba zurückgekehrt und in Frankreich gelandet
war. – *30 Kunstaufgaben und Ausstellungen:* In den Jahren von
1799 bis 1805 formulierten J. H. Meyer und G. Preisaufgaben für
bildende Künstler. Diese und die daraus jährlich gestalteten Ausstellungen zu Ehren des Geburtstages von Herzog Carl August
am 3. September lenkten die Aufmerksamkeit vieler Künstler auf
Weimar (vgl. Walther Scheidig: Goethes Preisaufgaben für bildende Künstler 1799–1805. Weimar 1958). Daneben hatte G. über
seine Beziehungen zu den Brüdern Boisserée auch an der Kunst
des Mittelalters Interesse gefunden. Wenn G. hier auf diese Aktivitäten zurückkommt, die teilweise schon länger zurücklagen,
so sicher in der Annahme, daß sie dem Herzog im Gedächtnis
geblieben waren. – *36 W. K. F.:* Weimarische Kunstfreunde. Mit
dieser Sigle zeichneten J. H. Meyer und G. ihre kunstwissen-
schaftlichen Rezensionen und Aufsätze. – *Jenaischen Literatur-
Zeitung:* richtig: ›Jenaische Allgemeine Literatur-Zeitung‹ (Jena
1804–1848). Sie wurde im Jahre 1803 durch besondere Initiative
G.s gegründet, als Jena der Verlust der alten, von Christian
Gottfried Schütz (1747–1832) gegründeten und geleiteten ›Allgemeinen Literaturzeitung‹ drohte (s. Bd. 6.2, S. 916–921 und
1292–1296).

578 *14 Erbgroßherzogin von Mecklenburg Schwerin:* Caroline
Luise Erbprinzessin von Mecklenburg-Schwerin, geb. Prinzessin
von Sachsen-Weimar-Eisenach (1786 bis 20. Januar 1816). –
18 Blücher: Gebhardt Leberecht von Blücher (1742–1819), 1813
Feldmarschall in den Befreiungskriegen gegen Napoleon, 1814
Fürst von Wahlstadt. – *20 Standbild dieses Helden:* das zu Ehren
Blüchers errichtete Denkmal in Rostock; vgl. G.s Aufsätze *Blüchers Denkmal* (S. 372) und *Fürst Blüchers Denkbild* (S. 512). –
21 Direktor Schadow: Johann Gottfried Schadow (1764–1850),

Bildhauer, 1805 Vizedirektor der Akademie der Künste in Berlin, 1816 Direktor, Schöpfer des Blücherdenkmals. – *23 wovon der letzte unterwegs zu Grunde gegangen:* Vgl. Tagebuchnotiz vom 15. Dezember 1815: »Kam das zerstörte Modell von Blüchers Statue an«. – *24 bedenklichen Korrespondenz:* im Sinne von bedenkenswerten bzw. merkwürdigen Korrespondenz. Vgl. vor allem den Aktenfaszikel ›Blüchers Monument in Rostock von den Mecklenburgischen Ständen zu errichten. projektiert im Jahre 1815. 1815–1819‹ (GSA 30/292). – *25 Schuckmann:* Caspar Friedrich von Schuckmann (1755–1834), preußischer Staatsmann, 1808 Geheimer Staatsrat, 1814 preußischer Innenminister; vgl. G.s Briefe an ihn vom 1., 4. und 29. November 1815. – *26 von Kunst und Altertum in den Rhein- und Mayngegenden einen Aufsatz:* G.s Aufsatz *Kunst und Altertum am Rhein und Mayn* (S. 9). – *Handen:* vom Kopisten aus »Han« korrigiert.

⟨Schreiben an Christian Gottlob von Voigt,
19. Dezember 1815⟩

Textgrundlage: Handschrift GSA 31/I,1; Abschrift des Konzeptes aus den Akten der OA (Tit. 1 Nr. 1: ›Die neue Organisation, so wie den neuen Etat dieses Departements‹, Bl. 1). – Vermerke des Kopisten über Schreiber (August von Goethes Hand; Courtoisie, Datum und Unterschrift eigenhändig G.). *Erstdruck:* WA IV 26 (1902), S. 183 f., Nr. 7243; vgl. S. 390 Nachweis dieses Konzeptes in den Akten der OA (Tit. 1 Nr. 1, Bl. 1). (Vgl. Tümmler, Bd. 4, S. 178, Nr. 179.)

579 *15 die Blätter:* nicht überliefert; vermutlich Schriftstücke über die Umstrukturierung der Behörden Sachsen-Weimars. – *18 Aufsatz:* G.s Promemoria vom 18. Dezember 1815; s. S. 575. – *30 Die Note für den Adreß-Kalender:* Handschrift nicht ermittelbar (vgl. aber Bradish, S. 279–282, Nr. 64). – *31 Vorschläge zu Verbesserung unserer Untergeordneten:* nicht überliefert; vgl. Stichwort »Brouillon« im folgenden Schriftstück.

⟨Schreiben an C. G. von Voigt,
21. Dezember 1815⟩

Textgrundlage: Handschrift GSA 31/I,1; Abschrift des Konzeptes aus den Akten der OA (Tit. 1 Nr. 1: ›Die neue Organisation, so wie den neuen Etat dieses Departements‹, Bl. 2). – Vermerke des

Kopisten über Schreiber (August von Goethes Hand; Courtoisie und Unterschrift eigenhändig von G.).
Erstdruck: GaV (1834), S. 340 f.; vgl. WA IV 26, S. 197 f., Nr. 7248, und S. 392 Nachweis dieses Konzeptes aus den Akten der OA (Tit. 1 Nr. 1).

580 *5 Brouillon:* frz. ›Entwurf‹; wohl die im vorigen Schriftstück erwähnten »Vorschläge zur Verbesserung unserer Untergeordneten« (S. 579,31); s. Bl. 4–11 im Inhaltsverzeichnis dieses Aktenbandes (Tit. 1 Nr. 1), dabei: »Ohnmaßgebl. Vorschläge zu Verbesserung der einer Oberaufsicht für unmittelbare Anstalten für Kunst und Wissenschaft im Großherzogtum Weimar untergebenen Personen«; s. zu S. 582,8. – *16 naevos:* lat. naevus: ›Muttermal‹, im Sinne eines ererbten Makels. – *18 Hermanns:* Gotthold Ephraim Herrmann (auch: Heermann; 1726–1815), Vorsteher des herzoglichen Münzkabinetts. – *19 Bibliothekspersonen:* Gemeint sind C. A. Vulpius (1762–1827, G.s Schwager und Bibliothekar), Friedrich Wilhelm Riemer (1774–1845, 1803 Hauslehrer bei G., Gymnasiallehrer und Unterbibliothekar), Kräuter (s. zu S. 576,30) und der Bibliotheksschreiber Franke, denen infolge G.s Bemühung ab 1. Januar 1816 eine Gehaltserhöhung zugesprochen wurde. – *25 Sublevation:* lat. Ursprungs: ›Linderung‹, ›Erleichterung‹. – *28 proprio motu:* lat. ›aus eigenem Antrieb‹. – *29 Jagemann:* Ferdinand Jagemann (1780–1820), Maler, Professor an der Freien Zeichenschule in Weimar, Bruder der Geliebten Carl Augusts, Caroline von Heygendorff geb. Jagemann. – *30 Voigt:* Friedrich Siegmund Voigt (1781–1850), Professor der Botanik und Direktor des botanischen Gartens in Jena (s. Bd. 13.2, zu S. 355,28 und 372,8; vgl. auch: Fritz Chemnitius: Die Botaniker an der Unversität Jena. Jena 1930, S. 15). – *31 Oken:* Lorenz (Laurentius) Oken (eigentlich: Okenfuß; 1779–1851), 1807 Professor der Medizin und 1812 der Naturwissenschaften in Jena, später in München und Zürich. – *40 dem neubewegten Teiche Bethesda:* Zwei von fünf Säulenhallen umgebenen Teichen in der nördlichen Vorstadt Jerusalems, die unter diesem Namen bekannt sind, wurden in biblischer Zeit Heilkräfte zugeschrieben. Ihre historische Existenz ist durch Ausgrabungen und durch die Qumran-Rollen belegt. Vgl. Neues Testament, Joh 5,2–4: »Es ist aber zu Jerusalem bei dem Schaftor ein Teich, der heißt auf hebräisch Bethesda und hat fünf Hallen, in welchen lagen viele Kranke, Blinde, Lahme, Verdorrte, die warteten, wann sich das Wasser bewegte. (Denn ein Engel fuhr herab zu seiner Zeit in den Teich und bewegte das Wasser.) Welcher nun zuerst, nachdem das Wasser bewegt war, hineinstieg, der ward gesund, mit welcherlei Seuche er behaftet war.«

⟨Schreiben an C. G. von Voigt,
26. Dezember 1815⟩

Textgrundlage und Erstdruck: WA IV 26 (1902), S. 204 f.,
Nr. 7256; vgl. S. 393 Nachweis des Schriftstückes in den Akten der
OA (Tit.1 Nr.1: ›Die neue Organisation, so wie den neuen Etat
dieses Departements‹, Bl. 12). (Vgl. Tümmler, Bd. 4, S. 184 f.,
Nr. 182.) – Vgl. Bl. 12 im Inhaltsverzeichnis dieses Aktenbandes
(Tit.1 Nr.1); s. S. 1246.

581 *13 Aufsätze:* Vermutlich das Promemoria vom 18. Dezember 1815 sowie die im selben Faszikel für Blatt 4–11 nachgewiesenen und zu S. 580,5 erwähnten »Ohnmaßgebl. Vorschläge ⟨...⟩«.

⟨Bericht an den Grossherzog, 5. Januar 1816⟩

Textgrundlage: Handschrift GSA 31/I,1; Abschrift des Konzeptes
aus den Akten der OA (Tit.1 Nr.3: ›Acta generalia die Oberaufsicht unmittelbar betr.‹, Bl. 7–8); Vorlage. – Vermerke des Kopisten über Schreiber (G. eigenhändig) und Korrekturen (s. Stellenkommentar).
Erstdruck: Bradish (1937), S. 278, Nr. 63 (auf der Grundlage des
Originals, das ehemals im THStA Weimar unter der Signatur A
10452 überliefert war); vgl. WA IV 26 (1902), S. 394, nach
Nr. 7263 Nachweis dieses Konzeptes in den Akten der OA (Tit.1
Nr.3, Bl. 7).

581 *31 Anordnungen:* Dekret Carl Augusts an C. G. von Voigt
vom 31. Dezember 1815, in dem es heißt:
»Wegen Führung der Geschäfte, die dem Geh. Rat von Göthe
und Ihnen nach meinen Wünschen künftig hin obliegen, zu
welchen die Direktion des Zeicheninstituts hier, in Eisenach und
Jena, ferner die Bibliotheken hier und in Jena, das Münzcabinet
in Weimar, die Sammlungen aller Art in Jena gehören, wäre es
mir lieb, wenn folgende Einrichtungen stattfinden. Geh. Rat
Göthe und Sie besprechen sich ein oder zwei mal des Monats,
um anzuordnen, was geschehn solle und um Vorträge an mich
zu resolvieren, die von beiden unterschrieben an mich gelangen
sollen. Bei Abwesenheit des einen signiert der andere allein. Der
Kammerrat v. Göthe kann zum Protokollführen und zu speziellen praktischen Aufträgen dabei gebraucht werden. Übrigens ist
irgend noch ein Schreiber dabei zuzuziehen« (Bradish, S. 277,
Nr. 62).

Ein entsprechendes Dekret an G. ist nicht überliefert. – *39 Veränderungen zu überlegen:* nach Vermerk des Kopisten »zu« ergänzt.
582 *7 druckenden:* nach Vermerk des Kopisten ergänzt. – *8 in beigehender Maße:* Siehe zu S. 580,5 sowie Bl. 15 bis 18 im Inhaltsverzeichnis des Aktenbandes (Tit.1 Nr.1).

⟨WEISUNG DER OBERAUFSICHT AN AUGUST VON GOETHE, 12. JULI 1816⟩

Diese Weisung spiegelt die damals übliche Verfahrensweise der Behörden wider. Die Tatsache, daß solche Regelungen in der OA erst 1815 und zusammen mit der förmlichen Einstellung von August von Goethe getroffen wurden, läßt den Schluß zu, daß sie hier bisher nicht oder nur unregelmäßig zur Anwendung kamen. Die Aufgaben, die August von Goethe in diesem Zusammenhang übertragen werden, zeigen ihn in der Funktion eines ›geschäftsführenden Beamten‹ der OA, der die allgemeinen Regeln des Geschäftsganges unter den besonderen Bedingungen der OA wahrzunehmen hatte.

Textgrundlage: Handschrift GSA 31/III,10; Abschrift der Reinschrift (Tit.1 Nr.4: ›Die dem Chef der Oberaufsicht zugeordnete Assistenz‹, Bl. 4); Vorlage, Unterschriften eigenhändig von G. und Voigt. – Vermerke des Kopisten über Schreiber (J. John) und Überlieferungsort (sowohl dieser Reinschrift wie des dazugehörigen Konzeptes im selben Faszikel) sowie über einen Eingangsvermerk von August von Goethe (»praes. d. 18ten Juli 1816«). Der Kopist überschrieb seine Abschrift: »Oberaufsicht an August v. Goethe.«
ungedruckt – Vgl. aber WA IV 27 (1903), S. 387, nach Nr. 7452 Nachweis des Originals in den Akten der OA (Tit.1 Nr.4, Bl. 4–6), auch des dazugehörigen Konzeptes (Bl. 1–3a).

582 *21 anzustellen geruht:* Diese Anstellung geht über die in Carl Augusts Dekret vom 31. Dezember 1815 vorgesehene gelegentliche Tätigkeit erheblich hinaus. Sie muß in Gestalt eines formellen, nicht überlieferten Anstellungsdekrets erfolgt sein. – *23–25 zu präsentieren* ⟨...⟩ *in die Registrande eintragen zu lassen:* Es handelt sich hier um das damals gängige Verfahren innerhalb einer Behörde, bei dem jedes einlaufende Schriftstück mit einem Eingangsvermerk, dem ›Präsentatum‹, und einer Journalnummer versehen und außerdem in das Eingangsjournal, hier die sogenannte Registrande, eingetragen wurde. – *25 Exhibita:* lat. ›Eingaben‹, ›eingegangene Schriftstücke‹. – *28 Resolutionen:* Beschlüsse; die gemeinsam zu treffenden Entscheidungen der Kommissionsmitglieder, die zunächst im Journal (Registrande) einzutragen waren, bevor sie in ein entsprechend zu verfassendes Schriftstück (Expedition) eingingen. – *29 Expeditionen:* lat. Ursprungs: ›Ausfertigungen‹, ›Postausgänge‹. – *30 an ⟨...⟩ Mundis:* lat. ›an Reinschriften‹.

⟨INSTRUKTION DER OBERAUFSICHT
FÜR AUGUST VON GOETHE, 16. JULI 1816⟩

Textgrundlage: Handschrift GSA 31/III,10; Abschrift der Reinschrift (Tit.1 Nr.4: ›Die dem Chef der Oberaufsicht zugeordnete Assistenz‹, Bl. 5 f.). Vermerke des Kopisten über Schreiber (J. John; Unterschriften eigenhändig von G. und Voigt) und Überlieferungsort (sowohl dieser Reinschrift wie des dazugehörigen Konzeptes im selben Faszikel). Der Kopist überschrieb seine Abschrift: »[Beilage]«.
ungedruckt – Vgl. aber WA IV 27 (wie zum vorigen Schriftstück).

583 *11 Bibliotheks Geschäfte:* Siehe Bd. 6.2, S. 1279–1281. – *13 Zeichen Institut:* Siehe Bd. 3.2, S. 657 f. – *17 Bau in der Esplanade:* 1816 wurde für die Zeichenschule das sogenannte Ludecusische Haus in der heutigen Schillerstraße angekauft. Vgl. die nicht überlieferten Faszikel ›Acta privata. Die Erkaufung des vormaligen Ludecusischen, jetzt Voigtischen Hauses an der Esplanade und Windischengasse betr. 1816‹ (Tit.1 Nr.6) und ›Geh. Staats-Kanzlei-Acta den Ankauf des Ludecusischen Hauses in der Esplanade für die hiesige Zeichenakademie betr. Weimar 1816–40‹. – *24 Heimsch. Cabinets:* Johann Ludwig Heim (1741–1819, Sachsen-Meiningischer Konsistorialpräsident, Geologe und Mineraloge, Verfasser der ›Geologischen Beschreibung des Thüringer Waldgebirgs‹ (Meiningen 1796–1812). Er übereignete seine Mineraliensammlung, die die Gesteinsarten des Thüringer Waldes in seltener Vollständigkeit enthielt, dem Jenaer mineralogischen Kabinett. G.s Sorge galt im Sommer 1816 dem Transport und der Einordnung der Sammlung in Jena. Vgl. G.s Briefe an C. G. von Voigt vom 10. Juni 1816:

»In Jena wird alles zu Empfang des Heymischen Cabinets besorgt die Galerie im Parterre des Schlosses wird gedielt, auch sind Schränke bestellt nach unserer alten Art, nur die Schubladen tiefer, so daß zehn statt zwölf über einander kommen.

Nächstens denk' ich hinüberzugehen, damit nichts versäumt noch falsch angelegt werde« (WA IV 51, S. 396, Nr. 7421a);

vom 24. Juni 1816:

>Färber ist denn auch von Meiningen glücklich zurück, der Thüringerwald wird in Musterstücken nun bald in Jena anlangen, etwa Sonnabend gedenke ich hinüber zu gehen und warte vorher noch auf« (WA IV 27, S. 66, Nr. 7435; aus: Tit.2 Nr.2);

vom 13. Juli 1816:

>In beiliegendem Schreiben Nr. 137 wiederholt Lenz die fixe Idee, mit der er mich schon bisher geplagt, daß nämlich die Heimische Gebirgsfolge des Thüringer Waldes in *Glasschränken* aufgestellt werden möge.

Da ich aber auf dem Vorsatz, daß solche in Schubladenschränke, die wir seit so vielen Jahren zweckmäßig finden, niedergelegt werden solle, fest bestehen zu müssen glaube; so kann solches nicht tun ohne Ew. Exzellenz meine Gründe deshalb vorzulegen und um Beistimmung zu bitten« (WA IV 27, S. 87 f., Nr. 7455; aus: >Acta generalia das mineralogische Cabinet zu Jena betr. 1804–1834<, Vol. 1, Bl. 18; aus >Tit.5 Nr.3<; Abschriften in GSA 31/II 2);

an J. G. Lenz vom 23. Juni 1816:

>Ew. Wohlgeb.

werden mit Vergnügen durch Färber vernommen haben, daß die Angelegenheit wegen des von Heymischen Kabinetts glücklich beendigt worden und diese bedeutende Sammlung sich auf dem Wege nach Jena befindet. Gegen Ende der Woche werde ich selbst bei Ihnen einsprechen um zu sehen, wie weit es mit dem Dielen des neuen Saals gekommen auch inwiefern an den Schränken gearbeitet ist, denn ehe diese Vorbereitungen nicht vollkommen zu Stande sind, werden die Kasten nicht eröffnet, sondern bleiben einstweilen im Vorhause stehen, oder wo sie sonst unterzubringen sind.

Die Hauptbedingung, unter welcher uns diese Sammlung überlassen ward, ist, daß sie in der vom Besitzer beliebten Ordnung verbleibe und den Nachkommen als Beleg dessen geognostischer Theorie überliefert werde« (WA IV 27, S. 62 f., Nr. 7433);

an Carl August vom 19. Juli 1816:

>Das Heimische Kabinett ist in 7 Kisten in *Jena* angelangt, die Einrichtung des Zimmers, wo es aufgestellt werden soll, durch Umstände verzögert. Der Katalog zeugt von unglaublicher Aufmerksamkeit des Mannes auf diese Gegenstände« (WA IV 27, S. 112, Nr. 7470; aus: >Acta ⟨...⟩ Die Zeicheninstitute zu

Weimar und Eisenach betr. 1797–1817‹; aus ›Tit.20 Nr.1‹; Abschriften in GSA 31/III 11);

ferner G.s Dankbrief an J. L. Heim vom 25. September 1816 (WA IV 27, S. 167 f., Nr. 7500; aus: ›Acta Commissionis 1) Die Verpflichtung des Bibliotheks- und Museumsschreibers Michael Färber zu Jena 2) einige neue Einrichtungen bei den Herzogl. Museen zu Jena ⟨...⟩ betr. 1814–1816‹, Bl. 38; aus ›Tit.2 Nr.12‹; Abschriften in GSA 31/I 13 und III, lose Blätter).

In einem Aktenvermerk vom 5. Juli 1816 notiert G.:

»Bei meinem Aufenthalte in Jena vom 27n Juni bis den 3n Juli habe folgendes besorgt und eingeleitet. 1) Die 7 Kisten mit den Heym. Mineralien waren angekommen und standen im Vorhause des Schlosses. 2) Der Katalog wurde mir eingehändigt, in welchem alles in schönster Ordnung aufgezeichnet steht, auch gibt eine Einleitung die Absicht des Verfassers zu erkennen« (aus ›Tit.2 Nr. 2‹, Bd. 3, Bl. 12 f.; Abschrift in GSA 31/III,10; nachgewiesen in WA IV 27, S. 386, nach Nr. 7442).

Vgl. auch G.s Tagebuchnotizen: »Der Heimsche chronologische Katalog kam an« (28. Juni 1816); »Über Lenzens absurde Vorstellung und Bitte, nicht Schränke mit Schubfächern, sondern Glasschränke zu den Heimischen Mineralien machen zu lassen« (13. Juli 1816). – *25 Lenz*: Johann Georg Lenz (1748–1832), Professor in Jena, Direktor der Mineralogischen Gesellschaft und des mineralogischen Kabinetts; s. Bd. 13.2, zu S. 355,23 und S. 360,23. – *33 von I. K. H. der Erbgroßherzogin daselbst niedergelegten Mineralien:* Im Sommer 1814 hatte Erbgroßherzogin Maria Pawlowna von Sachsen-Weimar-Eisenach (1786–1859, geb. Großfürstin von Rußland) Mineralien aus Rußland im mineralogischen Kabinett deponiert. Vgl. G. an Carl August, 19. Februar 1814:

»Michael soll alles ⟨Ausbau des rechten Flügels der obern Etage des Jenaischen Schlosses⟩ fertig sein und der neue Platz wird um so dekorierter werden, als der Frau Erbprinzeß Hoheit die schöne Sammlung russischer Mineralien, welche Höchstderselben gegenwärtig zur Last stehn, einstweilen zum Aufheben, ohne Sich vorerst des Eigentums zu entäußern, hinübergeben wollen«;

an C. G. von Voigt, 8. Mai 1814:

»Eben so ist zu verfahren bei ⟨...⟩ Erweiterung des mineralogischen Kabinetts, vor allen Dingen ist ein Local auszuersehen, wo die von I. K. Hoheit zu Aufbewahrung hinüberbestimmten Mineralien schicklich aufgestellt werden könnten« (WA IV 30, S. 178, Nr. 6822);

vgl. auch: G. an Voigt, 6. Mai 1814.

Ein von J. G. Lenz aufgesetztes ›Verzeichnis einiger wichtiger

Mineralien mit welchen Ihro Kaiserliche Hoheit Maria Paulowna unser Museum zu bereichern gnädigst geruhet haben‹ lag in den Akten der OA (›Das Mineralogische Museum zu Jena betr.‹, Tit. 5 Nr. 4; Abschrift in GSA 31/II/2). – *35 von Wien angekommenen Fische:* Vgl. G. an Carl Franz Anton von Schreibers vom 26. Dezember 1815:

> »Möchten Dieselben die für unsere naturhistorischen Museen bestimmten Seefisch-Exemplare, in dem Zustande, wie sie sind, in Weingeist aufbewahrt, über Dresden und Leipzig hierher senden, so würden sie hoffentlich bei uns glücklich anlangen«;

vom 25. Mai 1816; s. S. 590.

G. an Carl August vom 23. Dezember 1815:

> »Das von Schreibers Angebotene ist gleichfalls erwünscht: a) die Fische, in Weingeist aufbewahrt, hierher zu senden, halte mit ihm für rätlicher«;

desgl. vom 31. März 1816; s. S. 585. – *38 Färber:* Johann Michael Christoph Färber (1778–1844); s. Bd. 13.2, zu S. 361,25; auch: Knittermeyer.

584 *1 Die Bibliothek:* Siehe Bd. 6.2, S. 1279–1281. – *3 Rat Vulpius:* Christian August Vulpius (1762–1827), 1797 Registrator, 1805 Bibliothekar, 1816 Rat; Romanschriftsteller, Bühnendichter; G.s Schwager (vgl. Karl Bulling: Zur Jenaer Tätigkeit des Weimarer Bibliothekars Christian August Vulpius während der Jahre 1802 bis 1817. Zeitschrift des Vereins für Thüringische Geschichte und Altertumskunde, Beiheft 23: Aus der Geschichte der Landesbibliothek zu Weimar und ihrer Sammlungen. Hg. von H. Blumenthal. Jena 1941, S. 100–116). – *4 Tümmlern:* Christian Lorenz Moritz Tümmler, auch: Timler, Timmler (1763–1826), Maurermeister in Jena; s. auch zu S. 601,32. – *6 Sammlungen über der Reitbahn:* Die Reitbahn lag im östlichen Flügel des Schlosses. Über ihr wurden, nachdem am Schloß die Nachfolgeschäden der Schlacht von Oktober 1806 behoben waren, ab 1810 Räume für die naturwissenschaftlichen Sammlungen angelegt. In ihnen waren das anatomische Kabinett, die Reste der Sammlungen der Naturforschenden Gesellschaft sowie die Sammlungen der vergleichenden Osteologie (s. zu S. 604,31) untergebracht. Im bisherigen sogenannten Konsistorialzimmer fanden nach Döbereiners Berufung die chemisch-physikalischen Apparate Platz. Grundrißskizzen sind zu finden bei Döbling (S. 55) und in WA IV 51, S. 290; im Kommentar (WA IV 52, S. 195) irrtümlich als Grundriß des Erdgeschosses gekennzeichnet. – *9 Döbereinersch. neuen Hauseinrichtung:* Zu Johann Wolfgang Döbereiner (1780–1849), Chemiker und Direktor der chemisch-physikalischen Anstalt in Jena, s. Bd. 13.2, zu S. 355,29 (vgl. auch: Fritz Chemnitius: Über das

Leben und Wirken von Johann Wolfgang Döbereiner. In: Beiträge zur Geschichte der Mathematisch-Naturwissenschaftlichen Fakultät der Friedrich-Schiller-Universität Jena anläßlich der 400-Jahr-Feier. Jena 1959, S. 79–93). Hier geht es um das Haus, das für Döbereiner im Frühjahr 1816 als Wohnhaus erworben wurde. Es stammte aus dem Besitz des Mediziners Christian August Friedrich von Hellfeld und befand sich in der Neugasse am Neutor, also außerhalb des damaligen Stadtkerns in der südlichen Vorstadt. Ein chemisches Laboratorium war zwar geplant, wurde aber erst 1833 fertiggestellt, so daß Döbereiner seine Versuche zunächst in einem Raum seines Hauses vornehmen mußte. (Das Haus soll früher ›das Luthersche‹ genannt worden sein, weil Luther bei seinen Jenaer Aufenthalten dort gewohnt habe. Seit 1959 beherbergte es das pharmazeutische Institut und später Teile des Bereichs Biologie der Universität). Unzweifelhaft bildete dieses Domizil für Döbereiner eine wichtige Voraussetzung für seine so unerhört erfolgreiche Forschungstätigkeit. G. durfte sich die Tatsache, daß diese Erwerbung getätigt werden konnte, als Erfolg zurechnen. Er schrieb am 25. April 1816 an Riemer: »Daß ich Döbereiner und somit der Chemie in Jena für ewig eine Burg erbauen kann, gibt mir eine behagliche Tätigkeit«. Im Sommer 1816 wurden am Haus umfangreiche Reparaturen vorgenommen. Weitere Anbauten wurden geplant, aber nicht alle realisiert (vgl. Döbling, besonders S. 82–92). – Weitere Quellen bilden die Abschriften (GSA 31/II 4) aus den ehemaligen Aktenfaszikeln ›Geheime Staats-Kanzlei Acta. Den Ankauf des von Hellfeldischen Hauses zu Jena für das dasige chemische Institut betr. Weimar 1816‹ (Tit.7 Nr.5), mit Abschriften z. B. der Schriftstücke G. an Carl August vom 26. April 1816 sowie Carl August an G. und an die Kammer vom 27. April 1816 (aus Tit.7 Nr.5); des weiteren ›Acta privata Die Erkaufung des von Hellfeldischen Hauses zu Jena betr. 1816‹ (Tit.7 Nr.6) und ›Acta das Hellfeldische Haus und dessen Benutzung betr. 1816‹ (Tit.7 Nr.7). Aus der letzteren stammt das Schreiben G.s an C. G. von Voigt vom 5. April 1816, das die Situation der Einrichtung und der damit verbundenen Probleme sehr gut verdeutlicht. Im oben genannten Aktenvermerk vom 5. Juli 1816 notiert G.: »6) Im *Döbereinischen Haus* hatte sich Ordnung und Wohnlichkeit schon mehr eingefunden und wird alles nach und nach der Vorschrift gemäß eingerichtet« (aus Tit.2 Nr.2, Bl. 12 f.; Abschrift in GSA 31/III,10; nachgewiesen in WA IV 27, S. 386, nach Nr. 7442). – *12 die Sternwarte:* Siehe Bd. 13.2, zu S. 355,34. – *13 den botanischen Garten:* Siehe Bd. 13.2, zu S. 355,32.

OBERAUFSICHT ÜBER DIE
NATURWISSENSCHAFTLICHEN INSTITUTE IN JENA

Die Phase umfassender organisatorischer Maßnahmen, die im Jahre 1816 im Rahmen der OA einsetzte, wirkte sich auch auf die Institute in Jena aus. G. drückte dies in seinem Brief an Zelter vom 26. März 1816 folgendermaßen aus: »In eine sehr große wissenschaftliche Tätigkeit werde ich versetzt durch unsers GroßHerzogs Verlangen, unsere durch die ungeheuern Kriegsschicksale wundersamst erretteten Anstalten, energisch belebt zu sehen. Da muß ich nun alles zusammennehmen was ich weiß und will« (Bd. 20.1, S. 406).

G.s intensive Beschäftigung mit den Jenaer Instituten währte bis in die Mitte des Jahres. Sei es, daß der Tod von G.s Frau Christiane danach seine Tatkraft minderte, sei es, daß uns die überlieferten Quellen nicht mehr so vollständig unterrichten: Wir können jedenfalls für die Zeit ab Juli 1816 keine ganz so dichte Überlieferung der amtlichen Quellen nachweisen. Während uns aus dem 1. Band der hier vorzustellenden Aktenposition ein durch die WA-Bearbeiter angelegtes Inhaltsverzeichnis eine Vorstellung vermitteln kann, wie breit und vielfältig die Einwirkungen G.s während seiner amtlichen Tätigkeiten waren, bieten uns die Quellen aus den folgenden Monaten des Jahres nur ein fragmentarisches Bild.

Die Texte dieses Abschnittes stammen aus den Bänden 1–4 der Aktenposition der OA mit der Registratursignatur ›Tit.2 Nr.6‹ und dem Titel ›Der gegenwärtige Zustand und die künftige Behandlung der wissenschaftlichen Anstalten‹. Es handelt sich um die Vorläuferbände des 5. Bandes gleicher Signatur und gleichen Titels, dessen überlieferte Texte in Bd. 13.2 dieser Ausgabe veröffentlicht werden. Auch die hier gemeinten Aktenfaszikel, die im ehemaligen THStA Weimar unter der Signatur 6777$^{1-4}$ archiviert waren, sind 1945 vernichtet worden und nur teilweise als Editionsabschriften der WA-Bearbeiter im GSA erhalten geblieben. Hier wie in Bd. 13.2 wird der Versuch unternommen, auf der Grundlage der Abschriften und der im Kommentar von WA IV erwähnten Schriftstücke die ursprünglichen Aktenfaszikel zu rekonstruieren.

Die Abschriften dieser Aktenposition durch die WA-Bearbeiter, die sich im Bestand 31 des GSA vorfinden, bieten – wie dies oben für ›Tit.1 Nr.1‹ dargestellt wurde – außer der Textwiedergabe der von G. verfaßten Schriftstücke Nachweise weiterer Schriftstücke in Form von Erwähnungen oder Regesten. Innerhalb der Abschrif-

ten stehen sie jeweils entsprechend ihrer Blattziffer zwischen den
Volltexten. Das gesamte Inhaltsverzeichnis zu ›Tit.2 Nr.6 Bd. 1‹
wird im folgenden ediert und kommentiert.

»Bl. 1.2. *Lenz an Goethe*, 26. Jan. 1816. Dank für Besoldungs-
         zulage.
3.   *Münchow an Goethe*, 26. Jan. 1816. Dank für Besol-
         dungszulage und Bewilligungen für die Sternwarte.
4.   *Carl August an Goethe*, 31. Jan. 1816 Ankauf des Gries-
         bachschen Gartens für Döbereiner betr. (gedruckt:
         Briefwechsel II, 71)
5.6   *J. H. Voigt an Goethe*, 24. Jan. 1816 Aufstellung eines
         galvanischen Pendels (Perpetuum mobile).

1.2 Lenz: Johann Georg Lenz (1748–1832); Professor in Jena; s. zu
S. 583,25; s. Bd. 13.2, zu S. 360,23. – *Besoldungszulage:* Siehe S. 1246, Bl. 16.
3 Münchow: Carl Dietrich von Münchow (1778–1836), Professor in Jena,
Direktor der Sternwarte; s. Bd. 13.2, zu S. 355,34. – *Besoldungszulage:*
Siehe S. 1246, Bl. 16a.
4: Der Text lautet:
»Über die Idee, das Fuchsische Haus für Döbereiner zu kaufen, ist mir
noch eine andere beigegangen, die ich noch für besser halte und die, wenn
die Ausführung derselben auch etwas mehr kostete, als wie die erstere,
doch gewiß weit mehr Vorteil einbrächte. Sie ist: *den Griesbachischen
Garten zu kaufen.* Mit der Aquisition eines schmalen Weges durch den
Eichstedtischen Garten wäre ersterer mit den botanischen Garten leichte
zu verbinden. S[alvo] m[eliori].
[Weimar,] 31. [Januar] 1816.   C. A.«
(Wahl, Bd. 2, S. 142, Nr. 512).
– *Griesbachschen Gartens:* der Garten von Johann Jakob Griesbach
(1745–1812, Professor der Theologie in Jena) und seiner Witwe Friederike
Juliane, geb. Schütz (1755/58–1831/36), der nach Anmietung durch das
erbgroßherzogliche Paar für die Sommeraufenthalte von deren Töchtern
genutzt wurde; vgl. S. 1264, Bl. 24. – *Briefwechsel:* Siehe die Sigle ›Vogel‹.
5.6 J. H. Voigt: Johann Heinrich Voigt (1751–1823), Professor für Mathematik und Physik in Jena. Dessen hier gemeintes Schreiben hatte Hans
Wahl für den Kommentar von G.s Brief an Carl August vom 29. Januar
1816 noch zur Verfügung, denn er erläutert: Voigt habe gemeldet, daß
»beim Auspacken die Glocke und die Säule über ihrem Fuße gebrochen
war« und daß Otteny alles berichten werde (Wahl, Bd. 2, S. 385, zu
Nr. 510). G. seinerseits berichtete am 29. Januar 1816 an Carl August u. a.:
»Ew. Königlichen Hoheit überreiche ungern das Schreiben unseres guten
Hofrat Voigt, welches die verunglückte Ankunft und also auch die miß-
lungenen Versuche mit dem Perpetuum mobile verkündigt. Nach der
Relation haben sich die Auspackenden bei dem Geschäfte gut und sorgfältig
benommen. Der Voigtische Brief ist in manchem Sinne belehrend, auch
führt sehr oft ein mißglückter Versuch auf neue Entdeckungen. Mit

Höchstderoselben gnädigsten Genehmigung will ich vorläufig alles billigen,
was derselbe mit Zuziehung Ottenys zur Wiederherstellung und Erhaltung
der Maschine vornehmen wird«. – *Aufstellung eines galvanischen Pendels:*
Siehe zu S. 589,14. – *Perpetuum mobile:* lat. ›ein sich immerfort Bewegen-
des‹, d. h. ohne Energiezufuhr sich in Bewegung Haltendes. Hier handelt es
sich um die sogenannte ›Zambonische Säule‹ mit Pendelbewegung; s. G.s
Bericht an Carl August vom 17. Januar 1816, in dem er meldet, daß er das
perpetuum mobile an Färber senden lassen wolle, um es in der Naturforschenden Gesellschaft unter J. H. Voigts Aufsicht und Ottenys Assistenz
aufstellen zu lassen. Siehe auch den hier edierten Bericht an Carl August
vom 11. April 1816.

    7–9 Stark: Johann Christian Stark d. Ä. (1753–1811), Arzt und Professor
der Medizin in Jena, herzoglicher Leibarzt, Begründer des Hebammen-
instituts in Jena. – *Sammlung anatomisch-pathologischer Apparate:* wohl
richtiger: Präparate. G. geht darauf in seinem hier edierten Bericht an Carl
August vom 31. Januar 1816 ausführlich ein; s. S. 585 f.

    10: Siehe den hier edierten Bericht G.s an Carl August vom 31. Januar
1816; S. 585 f. – *Briefw.:* Siehe die Sigle ›Vogel‹. – *Vogel:* Siehe die Sigle
›GaV‹.

    12–14 G. W. E. Kühns: Gottlob Wilhelm Ernst Kühn (um 1771–1844),
Rentkommissar in Jena.

    15 Friedrich Carl Büttner: (1743–1822) Sachsen-Weimarischer Kammer-
beamter, 1817 Vizepräsident der Kammer.

    16–18 Döbereiner ⟨...⟩ Jodin: Johann Wolfgang Döbereiner (1780 bis
1849), Chemiker und Direktor der chemisch-physikalischen Anstalt in
Jena; s. zu S. 584,9. – Döbling bietet den Text des Schriftstücks:
»Hochwohlgeborner Herr,
Gnädiger Herr Geheime Rat!
Ew. Exzellenz übersende ich beigehend das befohlene Gläschen *Jodine.*
Ich habe von dieser merkwürdigen Substanz 100 *Grammes* (= 27. quant-
chen) aus Paris erhalten und bereits eine große Reihe von Versuchen

Bl. 19–20. *Vulpius an Goethe*, 24. Januar 1816: Schnitzereien aus
Blankenhain, Ettersburg u. Kranichfeld betr.

damit angestellt. Letzte gaben zum Teil interessante Resultate. Der
Phosphor, welcher bis jetzt als eine elementarische Substanz betrachtet
worden, zeigt sich, auf *Jodine* wirkend, zusammengesetzt aus Hydrogen
und einer eigentümlichen festen Materie, welche minder brennbar als
Phosphor ist, sich an der Luft nicht verändert, also auch nicht leuchtet,
übrigens mit den metallischen Körpern Phosp(h)oroide bildet. Ich nenne
diese eigentümliche Materie vor der Hand Phosphorogen. Mit der
Erforschung der stöchyometrischen Verhältnisse des Bleis, welche auch
die sehr vieler anderer elementarischer und zusammengesetzter Substanzen in sich schließt, bin ich bald zu Ende. Hier hab' ich leider entdecken
müssen, daß die Arbeiten mehrerer *deutschen* Chemiker höchst ungenau
und die Resultate derselben zum Teil ganz unrichtig und, wie es scheint,
erdacht sind. Viele jener Herren werden mir gewaltig feind werden,
wenn ich ihre Irrtümer zur öffentlichen Kunde bringe, aber dies soll
mich nicht abhalten, die Wahrheit auszusprechen: sie selbst werden
dadurch bestimmt werden, wahr zu sein.

Ich bin jetzt nebenher mit der Verfertigung eines portabeln physika-
lisch-chemischen Laboratoriums, welches auch in einem Zimmer aufgestellt werden kann, ohne daß die verschiedenen Bestandteile desselben
das Auge beleidigen, beschäftigt und habe mir bereits eine große Menge
pneumatischer Apparate und andere Geräte teils selbst verfertigt, teils
verfertigen lassen. Noch fehlen mir aber verschiedene Glasgeräte und ich
möchte es daher wagen, *Ew. Exzellenz* zu bitten, daß *Hochdieselben* mir
einen Teil derjenigen Glasgeräte, welche *Sie* durch Körner besorgen zu
lassen die Gnade haben wollen, gegen Bezahlung des vollen Betrags
hochgeneigtest zukommen lassen mögen. Dadurch würde ich in Besitz
einer Apparatensammlung kommen, wie ich mir sie längst gewünscht
habe und nicht mehr den Mangel einer eigenen Wohnung mit Laboratorium so hart fühlen. Sehr oft wird der Chemiker teils durch Ideen teils
durch äußern Anlaß bestimmt, bei Nacht zu experimentieren, aber dies
kann er nur, wenn er seine materiellen Bedürfnisse hiezu um sich hat.
Überdies kann ich nur durch anhaltende chemische Beschäftigung zum
Besitz derjenigen Mittel gelangen, welche meine Subsistenz und die
Erhaltung einer zahlreichen Familie fordert. Mögen daher *Ew. Exzellenz*
jener meiner untertänigsten Bitte gnädigst willfahren wollen.

Ehrfurchtsvoll beharret *Ew. Exzellenz*

Jena 2. Februar 1816   untertänigster
                                                              JW. Döbereiner«

(Döbling, S. 189 f.)

19–20 Vulpius: Siehe zu S. 584,3. – *Schnitzereien* ⟨…⟩ *Kranichfeld:* 1815
war die Herrschaft Blankenhain an Sachsen-Weimar gefallen. Im Blanken-
hainer Schloß waren mittelalterliche sakrale Kunstwerke aufbewahrt, die G.
zusammen mit dem Berkaer Badeinspektor und Organisten Heinrich Friedrich Schütz im Dezember 1815 nach Weimar bringen ließ. Sie wurden
restauriert und waren für die Wartburg bestimmt. Vgl. vor allem: G.s Briefe

an C. G. von Voigt vom 27. November 1815 und 10. Mai 1816 (WA IV 26,
S. 160–162, Nr. 7226; WA IV 27, S. 14, Nr. 7390; beide aus: ›Acta Die in
Blankenhayn vorgefundenen geschnitzten Heiligen-Bilder betr. 1815‹;
GSA 30/265).

Vgl. des weiteren G.s Tagebuchnotizen: »Mittag Bade Insp. ⟨...⟩ Blan-
ckenhain, Schnitzbilder« (25. November 1815); »Mittag Bade-Inspektor.
Antiquitäten von Blankenh.« (2. Dezember 1815); »Kam das Schnitzwerk
von Blanckenhayn« (15. Dezember 1815). – Im Aktenfaszikel der OA ›Das
Auffinden und Erhalten alter kirchlicher Kunst-Denkmale, so wie die
Anlegung eines deutschen Antiquitäten-Cabinets betr. 1817‹ befindet sich
ein Verzeichnis der Gegenstände, um die es sich handelte (GSA 30/266,
Bl. 24).

21: Siehe das edierte Schreiben an C. G. von Voigt vom 29. Januar 1816,
S. 585.

22.23 G. E. Kühn: Gottlob Wilhelm Ernst Kühn; s. zu Bl. 12–14. –
Ottenys Haus: Alexander Franz Joseph Otteny (1773–1829), Hof- und
Universitätsmechaniker in Jena. Otteny bot sein Haus für 1400 Reichstaler
an. Es war von der OA in die nähere Auswahl derjenigen Objekte gezogen
worden, die für Döbereiners Quartier vorgesehen waren.

In G.s nicht abgesandtem Schreiben an C. G. von Voigt vom Februar
1816 (Döbling, S. 86–88; s. zu S. 586,14) werden die Probleme und Überlegungen zum Hauskauf für Döbereiner verdeutlicht.

24 Kirchenrätin Griesbach ⟨...⟩ ihren Garten: Siehe zu Bl. 4.

25: G. antwortete verneinend in seinem Brief an Lenz von 2. April 1816. –
Erbprinzessin: Caroline Luise Erbprinzessin von Mecklenburg-Schwerin,
geb. Prinzessin von Sachsen-Weimar-Eisenach (1786–1816); sie war am
20. Januar gestorben.

26 geforderte Notizen: nicht ermittelt. – *Wilhelm Wesselhöft:* (geb. 1794,
gest. in den USA); er blieb bis März 1820 Assistent in der Sternwarte. –
Stiftung ⟨...⟩ Gymnasium: Näheres nicht ermittelt.

Bl. 27–28. *F. C. C. Rüdiger an Voigt*, 16. Febr. 1816, bittet 1) um Handschriften aus Büttners Nachlaß, die er herausgeben wolle, 2) um Bücher u. Handschriften aus demselben Nachlaß, die ihm gehörten, 3) um zwei indische Gemälde aus Herders Nachlaß.

Bl. 29.   Notiz *Voigts* über Rüdigers Brief für Goethe (27. Febr.)

Bl. 30–31. *Schleiermacher an Goethe*, 15. Febr. 1816, übersendet Abgüsse monströser Menschenschädel aus dem Darmstädter Museum nebst Bericht darüber.

Bl. 32.   Kräuters Hand:

Bl. 33–37, Kräuters Hand, enthält die oben erwähnten Notizen und zwar über: Beigel, Bessel, Brandes, Bury, Buzengeiger, David, Gauss, Gerling, Harding, Heinrich, Horner, Ideler, Mollweide, Münchow (Lücke), Nicolei, Olbers, Oltmanns, Pasquich, Pfaff (J. F. u. W.), Soldner, Friesnecker, Wachter, Wurm.

27–28 F. C. C. Rüdiger: Johann Christian Christoph Rüdiger (1751 bis 1822), Professor für Kameralistik in Halle und Sprachforscher. Seine vier überlieferten Briefe an Christian Wilhelm Büttner (GSA 105/147) zeigen, daß er mit diesem auf der Grundlage gemeinsamer Interessen in der Sprachforschung Bücher und Manuskripte austauschte. – *Voigt:* Christian Gottlob von Voigt (1745–1819; s. zu S. 575,37). – *Büttners Nachlaß:* Christian Wilhelm Büttner (1716–1801), Professor in Göttingen, seit 1783 in Jena. Sein Nachlaß befindet sich heute im GSA; s. auch Bd. 6.2, S. 1280. – *Bücher u. Handschriften:* nicht ermittelt. – *indische Gemälde aus Herders Nachlaß:* Im Verzeichnis von Herders Hinterlassenschaft sind tatsächlich zwei indische Gemälde aufgeführt (›Bibliotheca Herderiana. Vimariae. 1804‹, S. 350); über ihren weiteren Verbleib konnte nichts ermittelt werden.

30–31 Schleiermacher: Ernst Christian Friedrich Adam Schleiermacher (1755–1844), Direktor des Gesamtmuseums in Darmstadt; s. auch zu S. 588,2. – *Abgüsse mönströser Menschenschädel:* Es handelt sich um diejenigen Abgüsse, die G. in seinem Brief vom 21. November 1814 von Schleiermacher erbeten hatte und von denen er in seinem Bericht an Carl August vom 27. Dezember 1814 schreibt. Vgl. auch die hier edierten Schriftstücke: G. an Carl August vom 31. März 1816 (S. 587) und an Schleiermacher vom 5. April 1816 (S. 588).

32: Siehe den hier edierten Aktenvermerk vom 21. Februar 1816 (S. 586). – *Kräuter:* Siehe zu S. 576,30.

33–37: Vgl. zu nachstehendem Verzeichnis den hier edierten Aktenvermerk vom 21. Februar 1816 (S. 586); auch: G.s Tagebuchnotiz vom 20. Februar 1816: »Verzeichnis der vorzügl. Astronomen«. – *Beigel:* Georg Wilhelm Siegmund Beigel (1753–1837), Oberbibliothekar in Dresden, Verfasser astronomischer Schriften. – *Bessel:* Friedrich Wilhelm Bessel (1784–1846), Astronom und Direktor der Sternwarte in Königsberg. – *Brandes:* Heinrich Wilhelm Brandes (1777–1837), Professor für Mathematik und Astronomie in Breslau, später Leipzig (vgl. Georg Edmund Dann:

Bl. 38.   Großherzogl. Sächs. Oberaufsicht *an Münchow*,
21. Febr. 1816 (Kräuters Hand): M. soll Wesselhöft

Rudolph Brandes, Wilhelm Brandes und Heinrich Wilhelm Brandes als
Meteorologen und ihre Beziehungen zu Goethe. Eine Richtigstellung. In:
Deutsche Apotheker-Zeitung 105, 1965, S. 1657–1664). – *Bury:* Näheres
nicht ermittelt. – *Buzengeiger:* Johann Wilhelm Gottlob Buzengeiger
(1778–1836), Universitätsmechaniker und Optiker in Tübingen. – *David:*
Aloys (eigentlich: Martin) David (1757–1836), Professor der Astronomie an
der Universität Prag und Direktor der Sternwarte. – *Gauss:* Karl Friedrich
Gauß (1777–1855), Mathematiker, Physiker und Astronom, Professor und
Direktor der Sternwarte in Göttingen. – *Gerling:* Christian Ludwig Gerling
(geb. 1788), Lehrer der Mathematik, Astronomie und Physik an der Universität Marburg. – *Harding:* Karl Ludwig Harding (1765–1834), Inspektor an
der Sternwarte in Lilienthal bei Bremen, dann Professor der Astronomie an
der Universität in Göttingen. – *Heinrich:* Placidius (eigentlich: Joseph)
Heinrich (1758–1825), Benediktiner im Reichsstift St. Emmeram zu Regensburg, Professor der Naturlehre, Stern- und Witterungskunde an der
Universität Ingolstadt von 1791 bis 1798, danach wieder in Regensburg; s.
auch Bd. 10, zu S. 927,3. – *Horner:* Johann Kaspar Horner (1774–1834),
Astronom, seit 1809 Professor der Mathematik am Gymnasium in Zürich. –
Ideler: Christian Ludwig Ideler (1766–1846); königlicher Astronom, Leh-
rer der preußischen Prinzen Wilhelm Friedrich und Karl, Professor an der
Universität in Berlin. – *Mollweide:* Karl Brandan Mollweide (1774–1825),
Lehrer der Mathematik und Physik am Pädagogium in Halle, dann Professor an der Universität Leipzig. – *Münchow:* Siehe S. 1261, zu Bl. 3. –
Nicolai: Johann Christian Wilhelm Nicolai (1757–1828), Lehrer am Pädagogium in Halle, später Direktor des Lyzeums in Arnstadt, Verfasser
physikalischer und astronomischer Schriften. – *Olbers:* Heinrich Wilhelm
Matthias Olbers (1758–1840), Arzt und Astronom in Bremen, Entdecker
von Asteroiden und Kometen, deren Bahnen er berechnete, Autor von
astronomischen Schriften. – *Oltmanns:* Jabbo Oltmanns (1783–1833), Autor astronomischer Schriften. – *Pasquich:* Johann Pasquich (1753–1829),
Priester, Professor der Mathematik in Pest, dann Astronom auf der Sternwarte in Ofen. – *Pfaff, J. F.:* Johann Friedrich Pfaff (1765–1825), Professor
der Mathematik in Helmstedt, dann in Halle. – *Pfaff, W.:* Johann Wilhelm
Andreas Pfaff (1774–1835), Professor der Mathematik in Dorpat, Nürnberg, Würzburg und Erlangen. – *Soldner:* Johann von Soldner (1777–1833),
Steuerrat in Berlin, Konservator der Sternwarte in Bogenhausen bei München, Mitglied der Akademie der Wissenschaften in München. – *Friesnek-
ker:* Näheres nicht ermittelt. – *Wachter:* Friedrich Ludwig Wachter (geb.
1792), Professor der Mathematik in Altenburg und Verfasser astronomischer Schriften. – *Wurm:* Johann Friedrich Wurm (1760–1833), Pfarrer und
Lehrer in Württemberg, Professor in Blaubeuren, dann am Obergymna-
sium in Stuttgart, Verfasser astronomischer Schriften.

38: Das Schreiben der OA an C. D. von Münchow vom 21. Februar 1816
ist in WA IV 26 (1902), S. 409, nach Nr. 7312 mit Nachweis des Schriftstük-
kes in den Akten der OA (Tit.2 Nr.6 Bd. 1, Bl. 38) verzeichnet.

anstellen (vgl. oben Bl. 26); über den Einfluß des Stipendiums auf d. Studium der Mathematik am Gymnasium sollen Verhandlungen stattfinden.

Bl. 39.   Protokollauszug. Rückerstattung von ausgelegten 510 r. 14 gr. 6 d. an die Oberaufsicht für Kunst u. Wissenschaft, unterzeichnet *Conta* (6. Febr.)

Bl. 40   Nachricht von d. befohlenen Auszahlung vorgeschossener 214 r. 14 gr. 6 d. unterzeichnet: von *Gersdorff* (21. Febr.)

Bl. 41–44.   Selbstbiographie Münchows.

Bl. 45   *Münchow an Goethe*, 25. Febr. 1816, Begleitbrief zu 41–44; Wesselhöft als Gehülfe angenommen; Bitte den Hellfeldschen Garten anzukaufen, da von dessen Bäumen der Aussicht auf das Mittagszeichen Gefahr drohe.

Bl. 46.   *Lenz an Goethe*, 22. März 1816, über bevorstehenden Zuwachs der mineralog. Sammlungen.

Bl. 47–48   *Vulpius an Goethe*, 11. März 1816, Umstellung von Büchern in der Großh. Bibliothek

Bl. 49–50   Promemoria F. S. *Voigts* den botanischen Garten betr.

Bl. 51   *Goethe an Carl August*, 30. März 1816, Kräuters Hand untertänigst g. Links eigenhändige Randbemerkung Carl Augusts. (coll. 31. 8. 01 Alt) (gedruckt: Vogel S. 177, Briefw. II, 73)

39 Conta: Karl Friedrich Anton Conta (1778–1850), Sachsen-Gothaischer Legationsrat und, zusammen mit Karl Ernst Adolf von Hoff (1771–1877), Kommissar für die Reorganisation der Universität in Jena.

40 Gersdorff: Ernst Christian August Frhr. von Gersdorff (1791–1852), 1815–1848 Sachsen-Weimarischer Staatsminister, maßgeblich an der Verfassung vom 5. Mai 1816 beteiligt.

41–44 Selbstbiographie Münchows: nicht ermittelt.

45 Hellfeldschen Garten: Er wurde schließlich für Döbereiner angekauft; s. zu Bl. 22–23, Stichwort »Ottenys Haus«; auch Bd. 13.2, zu S. 355,29. (Vgl. aber ›Acta Den Ankauf des Pelzer. Gartenflecks in der Nähe der Sternwarte zu Jena betr. 1816‹, Tit.10 Nr.6; Abschriften in GSA 31/II 6.)

49–50 Promemoria F. S. Voigts: Das Schriftstück ist im folgenden Bericht G.s erwähnt und lag diesem bei. Friedrich Siegmund Voigt (1781–1850), Professor und Direktor des botanischen Gartens in Jena; s. zu S. 580,30 und Bd. 13.2, zu S. 355,28 und 372,8.

51: Siehe den hier edierten Bericht G.s vom 30. März 1816; S. 587. – *coll. 31. 8. 01 Alt:* Vermerk über einen Arbeitsvorgang eines Mitarbeiters der WA-Edition. – *Vogel:* Siehe die Sigle ›GaV‹. – *Briefw.:* Siehe die Sigle ›Vogel‹.

52 Karl Schreibers: Carl Franz Anton von Schreibers (1775–1852), Arzt
und Naturforscher, Direktor des zoologischen und mineralogischen Museums in Wien. – *Platte:* eine Tischplatte aus Harzer Übergangsgestein; vgl.
G. an J. G. Lenz und an Schreibers, 26. Dezember 1815 und an Carl August,
17. Januar 1816. – *Berichts für Carl August:* möglicherweise das in Carl
Augusts Brief an G. vom 1. April 1816 charakterisierte Schreiben (Wahl,
Bd. 2, S. 149, Nr. 531).

53: Siehe den hier edierten Bericht G.s vom 31. März 1816 (S. 587).

54 Verzeichnis 〈…〉 von Schreibers: Siehe zu S. 587,31.

56: Der Text lautet:
»Voigten habe ich auf dich für ein Nachtquartier assigniert; der arme
Teufel ist sehr matt; und morgen soll er sich selbst die Pflanzen in
Belveder aussuchen.

Steinerten schicke ich mit Voigten zu dir, um Abrede zu nehmen
wegen eines kleinen Kellerhauses mit eisernen Fenstern, für den botanischen Garten, dessen er höchlich bedarf. Es betrifft 6 Fenster nach
Belvederschen Maß, welche praeterpropter 250 Tlr. kosten werden,
vielleicht weniger. Laß sie machen, weil sie ohnumgänglich nötig sind.
Steiner kann die Sache sehr gut dirigieren und anlegen.

Für D[irektor] Schreibers will ich einen Kredit von 2000 Fl. W. W. bei
Friesen in Wien machen, welcher von April zu April dauere, auf Berech-
nung; damit kann Schreibers die Auslagen für Botanik und dergleichen
Aufträge bestreiten. Einen solchen Kreditbrief werde ich dir ehstens für
S[chreibers] schicken. C.A.« (Wahl, Bd. 2, S. 150, Nr. 532; datiert:
1. April 1816)

57.58 Canonicus Stark: Augustin Stark (1771–1839), Priester im Chor-
herrnstift St. Georg in Augsburg, Lehrer der Mathematik am Gymnasium,
Mitglied der Akademie der Wissenschaften in München, Hg. des ›Meteorologischen Jahrbuchs, mit Rücksicht auf die hiehergehörigen meteorologischen und astronomischen Beobachtungen‹ (Augsburg 1815–1836). – *astro-
nomisch-meteorologischen Werke:* In der Weimarer Bibliothek befindet sich
außer dem oben genannten ›Meteorologischen Jahrbuch‹ auch Starks ›Beschreibung der meteorologischen Instrumente‹ (Augsburg 1815).

59.60 Gutachten über Starks Schriften: nicht überliefert.

Bl. 61.62   *Lindenau an Carl August*, 31. März 1816 über Starks Werke und Münchows Gutachten. Nachricht von Briefen aus Frankreich (St. Aignan) und Italien

Bl. 63   ›Verzeichnis der zur Absendung bestimmten naturhistorischen Gegenstände‹, unterzeichnet ›Wien am 21. März 1816. Paul von Schreiber‹

Bl. 65.   Anweisung auf 2000 Gulden für Schreibers vom 3. April 1816 unterzeichnet *Carl August* in Abschrift von Kräuters Hand

Bl. 66.67   Goethe an Schleiermacher, 5. April 1816: Vogel, G. in amtl. Verh. S. 369

Bl. 68   *Goethe an Carl August*, 11. April 1816: Briefw. II, 78 f (Vogel S. 179 fälschlich 4. 4. 16)

Bl. 69   *J. H. Voigt an Goethe*, 10. April 1816 über Versuche mit dem galvanischen Pendel.

Bl. 70   *Otteny* über die Beschädigungen des Pendels

Bl. 71   *Kräuter*: Nachricht von Übersendung des Darmstädter Schädels an Fuchs.

Bl. 72   *Döbereiner an Carl August*, 12. April 1816, Dank für die Wohnung.

Bl. 74–78   Bericht *Körners* über eine Reise in den Thüringerwald wegen Glaswaren für Döbereiner, nebst Kostenan-

61.62 Lindenau: Bernhard August von Lindenau (1779–1854), Sachsen-Gothaischer Staatsmann, Astronom und Leiter der Sternwarte in Seeberg bei Gotha, Generaladjutant Carl Augusts im Feldzug gegen Napoleon 1813, später sächsischer Staatsminister.

63 Verzeichnis ‹...› naturhistorischer Gegenstände: Siehe zum gleichlautenden Stichwort im hier edierten Bericht an Carl August vom 31. März 1816 (S. 587,24).

65 Anweisung auf 2000 Gulden für Schreibers: Vgl. zu Bl. 56 in diesem Inhaltsverzeichnis; auch G.s Tagebuchnotiz vom 5. April 1816: »*Schreibers* in Wien, Übersendung der Assignation auf 2000 fl. W. W.«.

66.67: Siehe das hier edierte Schreiben G.s an Schleiermacher vom 5. April 1816 (S. 588).

68: Siehe den hier edierten Bericht G.s vom 11. April 1816 (S. 589).

69 Versuche mit dem galvanischen Pendel: Siehe zu Bl. 5 in diesem Inhaltsverzeichnis, Stichwort »Perpetuum mobile«.

71 des Darmstädter Schädels: Siehe Bl. 30 f. in diesem Inhaltsverzeichnis.
– *Fuchs:* Johann Friedrich Fuchs (1774–1828), Anatom, Professor der Medizin in Jena.

77: Die Weisung G.s an Johann Christian Friedrich Körner vom 25. Mai 1816 ist in WA IV 27 (1903), S. 373, nach Nr. 7399 mit Nachweis des Schriftstückes in den Akten der OA (Tit.2 Nr.6 Bd. 1, Bl. 77) verzeichnet. –
Körners: Johann Christian Friedrich Körner; s. Bd. 13.2, zu S. 403,6. –
Glaswaren: Siehe zu S. 613,40.

schlag; darunter (Bl. 77) von Kräuters Hand:
Hof Mechanikus Körner wird hierdurch autorisiert
nach vorstehendem verminderten Ansatz die Gläserwa-
ren auf der Hütte zu guter und gerechter Jahreszeit
fertigen zu lassen.

   79.80 *Homburg:* Carl Ludwig Homburg (gest. in Kasan 1833), Prosektor
am anatomischen Institut in Jena, seit 1819 bei Loder in Moskau; s. Bd. 13.2,
zu S. 358,26.
   82: Es handelt sich um das Schreiben der OA an die Kammer vom 7. Mai
1816, das in WA IV 27 (1903), S. 369, vor Nr. 7388 mit Nachweis des
Schriftstückes in den Akten der OA (Tit.2 Nr.6 Bd. 1, Bl. 82) verzeichnet
ist.
   83/5 Translocation der Jenaischen Bibliothek: nicht überliefert.
   86 Zambonischen Pendel: Siehe zu Bl. 5 in diesem Inhaltsverzeichnis.
   87: Siehe zu S. 589,33.
   88: Siehe den hier edierten Bericht G.s vom 11. Mai 1816; s. S. 589.
   91 Carl Stark: Carl Wilhelm Stark (1787–1845), Hofmedicus in Weimar,
Professor der Medizin in Jena, Sohn Johann Christian Starks d. Ä.

Bl. 92. 93. 95 sind abzuschreiben!

Bl. 95   *Goethe an Schreibers* (Konzept von Kräuters Hand)
Bl. 95

Bl. 96   Verzeichnis englischer Bücher von Kräuters Hand; darunter: Nachrichtl. G.

Bl. 97.98   *Döbereiner an Goethe*, 26. Mai 1816, Bitte um Erstattung der Kosten für zwei zu chemischen Versuchen angeschaffte Öfen.

Bl. 99–102 *abzuschreiben!*«

92: Es handelt sich um ein Schreiben an C. G. von Voigt vom 23. Mai 1816 und einen Aktenvermerk G.s gleichen Datums, die in WA IV 27 (1902), S. 370, nach Nr. 7392 mit Nachweis der Schriftstücke in den Akten der OA (Tit.2 Nr.6 Bd. 1, Bl. 92) und einem Regest des Aktenvermerks verzeichnet sind.

93: Es handelt sich um einen Aktenvermerk vom 25. Mai 1816, der, zusammen mit zwei weiteren gleichen Datums, in WA IV 27 (1903), S. 373 f., nach Nr. 7399 mit Nachweis des Schriftstücks in den Akten der OA (Tit.2 Nr.6 Bd. 1, Bl. 93) und dem Betreff »Büttnerische Bibliothek betr.« verzeichnet ist.

95: Siehe das hier edierte Schreiben G.s an Schreibers vom 25. Mai 1816; S. 590.

96: Es handelt sich um einen Aktenvermerk vom 25. Mai 1816, der, zusammen mit zwei weiteren gleichen Datums, in WA IV 27 (1903), S. 373 f., nach Nr. 7399 mit Nachweis des Schriftstücks in den Akten der OA (Tit.2 Nr.6 Bd. 1, Bl. 96) und dem Betreff »Englische Bücher« verzeichnet ist.

97.98: Döbling bietet den Text des Schriftstückes:
»*Hochwohlgeborner Herr,*
Gnädigster Herr Staats-Minister!
Die heutige Chemie, welche die Elemente in meßbarer Form darstellt, verlangt für die Veranlassung mehrerer Prozesse neue Geräte. In der Überzeugung, daß *Ew. Exzellenz* es genehmigen, das chemische Laboratorium mit den zweckmäßigsten derselben zu bereichern, habe ich es gewagt, vom Kupferschmidt *Herold* zwei pneumatische Öfen von Eisen, wie Fig. I und II, verfertigen zu lassen. Sie kosten, wie beiliegende Rechnung bezeuget, 15 rt. 1 gr.
Wenn *Ew Exzellenz* es gnädigst erlauben, daß jene pyro-pneumatischen Geräte dem Laboratorio verbleiben, so bitte ich *Hochdieselben* untertänigst, mir den angezeigten Betrag, den ich bereits berichtigt habe, gnädigst erstatten zu lassen.   Ehrfurchtsvoll beharret *Ew. Exzellenz*
untertänigst
Jena 26. Mai 1816   J. W. Döbereiner«
(Döbling, S. 199; als Bl. 100a des Faszikels A 6777[1] nachgewiesen).

99–102: Es handelt sich um drei Aktenvermerke G.s vom 28. Mai 1816, die in WA IV 27 (1903), S. 374, nach Nr. 7402 mit Nachweis der Schriftstücke in den Akten der OA (Tit.2 Nr.6 Bd. 1, Bl. 99, 101 und 102) und den Betreffen »Zirkulation der Englischen Journale« und »Büttnerische Bibliothek betr.« verzeichnet sind.

⟨SCHREIBEN AN CHRISTIAN GOTTLOB VON VOIGT,
29. JANUAR 1816⟩

Textgrundlage: Handschrift GSA 31/I,11; Abschrift des Schrift-
stückes aus den Akten der OA (Tit.2 Nr.6 Bd. 1, Bl. 21). Nach
Vermerken des Kopisten (s. Bl. 21 im Inhaltsverzeichnis dieses
Aktenbandes) von Kräuters Hand, Courtoisie und Unterschrift G.
eigenhändig; des weiteren über die eigenhändigen Randnotizen C.
G. Voigts und einen Bearbeitungsvermerk der WA-Bearbeiter
(»coll. 31. 8. ⟨19⟩01 Alt.«). Halbbrüchiger Schriftspiegel; linke
Spalte mit Randnotizen Voigts (s. Stellenkommentar).
Erstdruck: WA IV 26 (1902), S. 241, Nr. 7281; vgl. S. 402 Nach-
weis dieses Schriftstückes in den Akten der OA (›Acta der Ober-
aufsicht über alle unmittelbaren Anstalten für Wissenschaft und
Kunst, 1816. Januar – Mai incl.‹, Bl. 21) und Wiedergabe der
Randvermerke Voigts.

585 *14 Expedienda:* von lat. expedire; hier: auszufertigende
Schriftstücke; d. h. solche, die G. an Voigt übersenden will. –
15 1) Votum: nicht ermittelt. Am linken Rand von Voigts Hand:
»ad 1) Diesem ⟨*in WA:* dieses⟩ Votum würde in einen untert.
Vortrag zu verwandeln sein«. – *Ausbau des Jena. Schlosses:* Nachdem in den Jahren 1812 bis 1814 der rechte Flügel des Schlosses für
die naturhistorischen Sammlungen ausgebaut worden war, dürften
sich die nun folgenden Baumaßnahmen auf weitere Räume gerichtet haben, deren Zweckbestimmung aus den Quellen nicht deutlich
wird. Vgl. G.s Tagebuch-Agenda von Ende März 1816: »*Bibliothek.* Transport in den großen Saal. Den langen Saal zu dielen
⟨...⟩« (WA III 5, S. 310). Im (zu S. 583,24 genannten) Aktenvermerk über seinen Aufenthalt in Jena vom 5. Juli 1816 notiert G.:
»3) Der Hofebenist Keck hatte nach löblicher Gewohnheit das
dielen des Saals unterlassen, so daß ich alles noch in dem Zustande
fand, wie bei meiner Abreise vor vier Wochen. Auf geschehene
Anregung ward sogleich das Estrich ausgehauen, die Lager gelegt,
so daß vor meiner Abreise mit Dielen angefangen wurde. Keck hat
versprochen in drei Tagen fertig zu sein ferner 4) die nötigen *Acht
Schränke* mit den Schubladen bis den 20^{n} Juli an Ort und Stelle zu
schaffen, 5) worauf alsdann das *Auspacken* vor sich gehen kann,
wobei ich selbst gegenwärtig zu sein gedenke, indem Herr Geheimrat von Heym die größte Gewissenhaftigkeit in Ordnung und
Aufstellung zu Bedingung gemacht hat« (Tit.2 Nr.2 Bd. 3,
Bl. 12 f.; Abschrift in GSA 31/III,10; nachgewiesen in WA IV 27,
S. 386, nach Nr. 7442). – *17 2) Bemerkungen:* nicht ermittelt. Am
linken Rand von Voigts Hand: »ad 2) Ich behalte das zu Behuf des

Etats noch an mich. Die Akten remittiere ich«. – *19 die darauf sich beziehenden Akten:* nicht überliefert. – *20 3) Ein Schreiben an Hrn. von Treitlinger:* G.s Schreiben an Franz Ludwig von Treitlinger (gest. 1831, Sachsen-Weimarischer Geschäftsträger in Paris) vom 25. Januar 1816. Vgl. dazu G.s Anfrage an Carl August vom 17. Januar 1816: »Haben Höchstdieselben wegen dem Nilpferdschädel etwas an Treitlingern gelangen lassen? Oder soll ich es tun?« – Carl August antwortet mit Marginalie: »Nein, schreibe du an Treitlinger deswegen« (Wahl, Bd. 2, S. 136, Nr. 503). – Am linken Rand von Voigts Hand: »ad 3) wird abgesandt«. – *22 4) Ingleichen:* am linken Rand von Voigts Hand: »ad ⟨4⟩) Soviel ich urteilen kann sind diese Vorschläge ganz vortrefflich bearbeitet. V.« – *Vorschläge* ⟨...⟩ *Instituts:* Nachdem die Freie Zeichenschule in den Jahren von 1806 an im Fürstenhaus untergebracht war, mußte man im Jahre 1815 neue Lösungen für ihre Heimstatt finden. Man verlegte die beiden höheren Klassen in das Jägerhaus (Marienstraße) und sah für die erste Klasse das Ludecusische Haus in der Esplanade (heute: Schillerstraße) vor. Zur Freien Zeichenschule sind die Quellen besonders schlecht erhalten geblieben. Wir wissen z. B. von der Aktenposition ›Acta die Verlegung der zweiten Klasse der Kunst-Akademie ins Jägerhaus betr. 1815–1848‹; daraus stammt der Bericht G.s an Carl August vom 20. Dezember 1815, in dem ausführlich über die Einrichtungsprobleme reflektiert wird. In dem Faszikel ›Acta die Gebrechen der Zeichenschule und deren Verbesserungen betr. 1814–16‹ war G.s Schreiben an C. G. von Voigt vom 8. Mai 1816 überliefert, in dem G. abermals »Vorschläge zu künftiger Einrichtung der freien Zeichen-Anstalt« erwähnt. Von welchen Vorschlägen im einzelnen hier die Rede ist, bleibt ungewiß.

Zu berücksichtigen ist auch die Äußerung G.s in seinem Bericht an Carl August vom 25. Januar 1816: »Ew. Königl. Hoheit Gedanken, unserer freien Zeichenschule eine Vorschule auf dem Gymnasio, so wie auch andern hiesigen Schulanstalten zu geben, habe sogleich mit Meyer und Peucer besprochen. Ersterer wird darüber etwas aufsetzen, letzterer wird zur Ausführung sowohl als seine Kollegen sehr gern die Hand bieten, um so mehr, als das Ober-Konsistorium schon aus eigner Bewegung den Versuch gemacht hat in Buttstedt eine Zeichenschule zu gründen, der recht gut gelungen ist. Vorschläge zur Einrichtung des Ganzen werden, sobald sie einigermaßen reif sind, untertänigst vorgelegt werden«.

Im vorliegenden Fall dürfte es sich um den Einzug der Zeichenschule in das Jägerhaus und in das neuerworbene Haus in der Schillerstraße 10 handeln. Diese Vermutung wird durch die folgenden Agenda-Eintragungen in G.s Tagebuch von Ende März

1816 gestützt: »*Zeicheninstitut*. Localitäten. Vollendung des Jäger-hauses. Einziehen in dasselbe. Verkauf des Ludekussischen Hauses in der Windischengasse. Beziehen des Hauses in der Esplanade. – Drittes Publicandum Innere Ordnung ausführl. Translocation ins Jägerhaus« (WA III 5, S. 309).

⟨BERICHT AN DEN GROSSHERZOG, 31. JANUAR 1816⟩

Textgrundlage: Handschrift GSA 31/I,11; Abschrift des Schrift-stückes aus den Akten der OA (Tit.2 Nr.6 Bd. 1, Bl. 10). Nach Vermerken des Kopisten (s. Bl. 10 im Inhaltsverzeichnis dieses Aktenbandes) von Kräuters Hand; des weiteren über die eigenhän-dige Antwortnotiz Carl Augusts, Druckorte und einen Bearbei-tungsvermerk der WA-Bearbeiter (»coll 31. 8. ⟨19⟩01. Alt.«). Halbbrüchiger Schriftspiegel; linke Spalte Antwortnotiz Carl Au-gusts: »Vor der Hand dächte ich ließen wir diese toten Ihrem jetzigen Besitzer, u. verwendeten unsere Fonds auf angenehmere Akquisitionen. C. A.«.
Erstdruck: GaV (1834), S. 107 (Teildruck); vollst. Druck in WA IV 26 (1902), S. 243 f., Nr. 7284, und S. 402 Nachweis dieses Schrift-stückes in den Akten der OA.

585 *35 Starke:* richtig: Carl Wilhelm Stark; s. zu Bl. 91 des Inhaltsverzeichnisses dieses Aktenbandes. – *Katalog der Präparate seines Vaters:* Johann Christian Stark d. Ä. (1753–1811); s. zu Bl. 7–9 des Inhaltsverzeichnisses dieses Aktenbandes. Starks ana-tomische Sammlung wurde zunächst nicht angekauft; vgl. die Antwortmarginalie Carl Augusts auf diesem Schriftstück. Erst 1820 nach einer erneuten Erinnerung G.s vom 13. Oktober 1820 erfolgte der Ankauf.
586 *11 Plazierung und Begünstigung Döbereiners:* Siehe zu S. 584,9. – *14 Versetzung Körners:* Siehe zu Bl. 74 im Inhalts-verzeichnis dieses Aktenbandes und Bd. 13.2, zu S. 403,6. Körner wurde am 19. November 1816 unter gleichzeitiger Ernennung zum Hofmechaniker nach Jena versetzt, wo er für die Sternwarte und die chemische Anstalt arbeiten sollte. Vgl. das zu Bl. 22 (unter Stichwort »Otteny Haus«) im Inhaltsverzeichnis dieses Aktenban-des genannte Schreiben G.s an C. G. von Voigt vom Februar 1816, das nicht abgesandt wurde:
»Schon das ganze verflossene Jahr über, als der HofMechani-kus Körner das paralattische Rohr verfertigte, oft mit Unstatten und Zeitverlust nach Jena wandern mußte um mit Professor von Münchow zu experimentieren und zu kalkulieren, kam öfters

zur Sprache, daß es vorteilhafter sein würde wenn Körner in
Jena wohnhaft wäre, wo [er] nicht nur dem Astronomen, sondern auch dem Physiker und Chemiker zu handen sein, vielleicht auch den Studierenden in technischen Arbeiten Unterricht geben könne« (Döbling, S. 86 f.).

– *17 Landschaft:* hier noch im Sinne der ›Landstände‹ in der aus
dem Mittelalter überlieferten ständischen Verfassung, wie sie sich
vor allem in den kleineren deutschen Territorien als Vertretung des
Landes und Gegenpol der landesherrlichen Gewalt erhalten hatte;
mindestens konnten sie Steuerbewilligungsrechte behaupten. In
Sachsen-Weimar-Eisenach kam es dann auf der Grundlage der
Wiener Kongreßakte schon sehr früh zu einer neuen Verfassung,
die in einer am 5. Mai 1816 ausgefertigten Urkunde verkündet
wurde. Diese infolge der Vergrößerung Sachsen-Weimars rasch
notwendig gewordene und festgeschriebene Verfassung war noch
landständisch geprägt, stellte aber dennoch eine der ersten deutschen Landesverfassungen auf dem Wege zur konstitutionellen
Beschränkung der Fürstenmacht dar. Für die in Ritter-, Prälaten-
und Städtebank eingeteilte Landesvertretung wurde die Bezeichnung ›Landstände‹ beibehalten.

⟨Aktenvermerk, 21. Februar 1816⟩

Textgrundlage: Handschrift GSA 31/I,11; Abschrift des Schriftstückes aus den Akten der OA (Tit.2 Nr.6 Bd. 1, Bl. 32). Nach
Vermerk des Kopisten (s. Bl. 32 im Inhaltsverzeichnis dieses Aktenbandes) von Kräuters Hand. Halbbrüchiger Schriftspiegel.
Über dem Text: Eingangsvermerk (»praes. d. 21 febr. 1816«).
ungedruckt – Vgl. aber WA IV 26 (1902), S. 409, nach Nr. 7312
Nachweis der Überlieferung aus den Akten der OA, wobei das
Schriftstück irrtümlich als an C. G. von Voigt gerichtet benannt
wird. – Vgl. Bl. 32 im Inhaltsverzeichnis dieses Aktenbandes.

586 *38 nachstehendes Verzeichnis:* Vgl. die Aufzählung der
Namen auf Bl. 33–37 im Inhaltsverzeichnis dieses Aktenbandes.

⟨Bericht an den Grossherzog, 30. März 1816⟩

Textgrundlage: Handschrift GSA 31/I,11; Abschrift des Konzep-
tes (Tit.2 Nr.6 Bd. 1, Bl. 51). Nach Vermerken des Kopisten (s.
Bl. 51 im Inhaltsverzeichnis dieses Aktenbandes) von Kräuters
Hand, Courtoisie und Unterschrift G. eigenhändig; des weiteren

über die eigenhändige Antwortnotiz Carl Augusts, Druckorte und einen Bearbeitungsvermerk der WA-Bearbeiter (»coll. 31. 8. ⟨19⟩01 Alt«). Halbbrüchiger Schriftspiegel; linke Spalte Antwortnotiz Carl Augusts: »Bestelle nur in Belvedere die Ablieferung der Pflanzen C. Aug.« *Erstdruck:* GaV (1834), S. 177 f., Nr. 14; vgl. WA IV 26 (1902), S. 322, Nr. 7361, und S. 424 Nachweis dieses Schriftstückes in den Akten der OA und Wiedergabe der Marginalie Carl Augusts. Der Vermerk zu S. 322,13, wonach das Promemoria auf Bl. 48 zu finden sei, entspricht nach dem vorliegenden Inhaltsverzeichnis dieses Aktenbandes nicht den Tatsachen.

587 *5 Promemoria des Bergrats Voigt:* Siehe zu Bl. 49 im Inhaltsverzeichnis dieses Aktenbandes. – *10 wie wohl uns Ew. Hoheit gesetzt haben:* Offenbar ist zu dieser Zeit der OA eine besondere finanzielle Absicherung zugute gekommen, die mangels einschlägiger Quellen nicht konkret nachgewiesen werden kann. Vgl. aber auch die Wendung G.s in der Beilage zu seinem Bericht an den Großherzog vom 23. März 1816: »⟨...⟩ als Höchstdenenselben verpflichteter Dank für die großen Begünstigungen der Institute für Wissenschaft ⟨...⟩«; s. auch S. 588,10 f.

⟨BERICHT AN DEN GROSSHERZOG, 31. MÄRZ 1816⟩

Textgrundlage: WA IV 26 (1902), S. 323, Nr. 7362; vgl. S. 424 Nachweis des Schriftstückes in den Akten der OA (Tit.2 Nr.6 Bd. 1, Bl. 53). – Vgl. Bl. 53 im Inhaltsverzeichnis dieses Aktenbandes.
Erstdruck: Vogel (1863), Bd. 2, S. 74 f., Nr. 333.

587 *21 Schreibers vorläufiger Bericht:* nicht ermittelt; nach Wahl (Bd. 2, S. 391, zu Nr. 530) soll der Bericht abschriftlich erhalten sein; s. auch zu Bl. 52 des Inhaltsverzeichnisses dieses Aktenbandes. – *23 Brief des Ökonomen Zahlbruckners:* Brief nicht ermittelt. Johann Zahlbruckner (1782–1851), Botaniker, von Erzherzog Johann von Österreich 1810 mit der ökonomischen Leitung der Herrschaft Thernburg betraut, Mitglied der Mineralogischen Gesellschaft in Jena. – *24 Verzeichnis der ⟨...⟩ naturhistorischen Gegenstände:* Siehe Bl. 63 im Inhaltsverzeichnis dieses Aktenbandes. Nach dem Kommentar von H. Wahl (Bd. 2, S. 391, zu Nr. 530) sind in diesem Verzeichnis die Skelette eines Adlers, einer Gemse, eines Kaninchens und einer Zieselmaus genannt, außerdem eine systematische Sammlung von Eingeweidewürmern. – *27 Fort-*

setzung von Trattinicks Flora: Leopold Trattinick (1764–1849),
Botaniker, Kustos der Naturalienkabinette in Wien, Herausgeber
der ›Flora des österreichischen Kaisertums‹ (24 Hefte in zwei
Bänden. 1812–1824). Wie wichtig diese Angelegenheit für G. und
Carl August war, zeigt die Tatsache, daß G. einen Faszikel unter
dem Titel ›Acta. Die Fortsetzung der Österreichischen Flora und
sonstige Bestellungen von Wien betr. 1818‹ anlegte (GSA 30/263).
– *29 Jahns Herbarium:* Georg Jahn (auch: Jan), Botaniker in Wien,
später Professor in Parma. Er bot ein botanisches Lieferungswerk
an, kam aber offensichtlich seinen Verpflichtungen nicht nach, wie
die weitere Korrespondenz zwischen Carl August, G. und Schreibers belegt. – *31 Verzeichnis der Seefische:* Siehe zu Bl. 54 im
Inhaltsverzeichnis dieses Aktenbandes. – *33 monstroser Schädel:*
Siehe zu Bl. 30 im Inhaltsverzeichnis dieses Aktenbandes.

⟨Schreiben an
Ernst Christian Friedrich Adam Schleiermacher,
5. April 1816⟩

Textgrundlage: WA IV 26 (1902), S. 325–327, Nr. 7364; vgl. S. 425
Nachweis des Konzeptes in den Akten der OA (Tit.2 Nr.6 Bd. 1,
Bl. 66). – Vgl. Bl. 66 im Inhaltsverzeichnis dieses Aktenbandes.
Erstdruck: GaV (1834), S. 369 f., Nr. 12.

588 *2 Schleiermacher:* Siehe zu Bl. 30 im Inhaltsverzeichnis
dieses Aktenbandes. – *5–7 Sendung des ⟨…⟩ monstrosen Schädels:*
Siehe zu Bl. 30 im Inhaltsverzeichnis dieses Aktenbandes. – *10 wo
er für die Jenaischen Anstalten auf eine höchst fürstliche Weise
sorgt:* Siehe zu S. 587,10. – *18 sie ⟨…⟩ anzurühmen:* In *Kunst und
Altertum am Rhein und Mayn* schildert G. im Kapitel »Darmstadt« die Hessen-Darmstädtischen wissenschaftlichen Institute
und schreibt unter anderem:
»daß Hr. Geh. Cabinetsrat *Schleiermacher* das höchste Vertrauen in solchem Grade zu verdienen und sich zu erhalten
gewußt, und unter seiner Leitung seine Hrn. Söhne den Kunstsammlungen und der Bibliothek vorstehen, ja einen physikalischen Apparat durch Vorlesungen nutzbar machen; daß Hr.
Münzmeister *Fehr* den mineralogischen und geologischen Teil,
nicht weniger die Conchyliensammlung, so wie Hr. Oberforstrat *Becker* das übrige Tierreich besorgt. Findet man nun beim
Durchschauen der vielen Säle alles wie aus einem Gusse, bemerkt man, daß in Jahresfrist alles planmäßig zugenommen, so
wird man wohl den Wunsch hegen, daß jeder Konservator diese

Sammlung von der artistischen, antiquarischen, naturwissenschaftlichen, literarischen, am meisten aber von der ethischen
〈Seite〉 studieren und zum Vorbilde nehmen möchte« (im vorliegendem Band, S. 58).

– 27 Eckhel: Joseph Hilarius von Eckhel (1737–1798), Numismati-
ker, Direktor des antiken Münzkabinetts in Wien und Professor
für Altertumskunde an der dortigen Universität; vermutlich dessen ›Catalogus Musei Caesarei Vindobonensis nummorum ve-
terum‹ 1779. – *30 hochgelegenen Grabhügel:* der Grabhügel bei
Romstedt. Vgl. den Abschnitt »Weimar« in G.s Aufsatz *Ausgrabungen* (im vorliegendem Band, S. 511). – *31 Blumenbach* 〈...〉
der schönstgeformten: Johann Friedrich Blumenbach (1752–1840),
Mediziner, Professor und Inspektor der Naturaliensammlung in
Göttingen, Naturforscher. Blumenbach bedankt sich in einem
Brief an August von Goethe vom 8. Mai 1815 »für den überaus
intressanten Schedel aus einem der rätselhaften alten Gräber bei
Romstedt, der nach der Anzeige einer gar schönen jungen Frau
zugehört zu haben scheint« (GSA 37/XI, 10, Bl. 7), und gibt eine
ausführliche Analyse zu den Eigenschaften und der mutmaßlichen
Herkunft des Fundes.

〈BERICHT AN DEN GROSSHERZOG, 11. APRIL 1816〉

Textgrundlage: WA IV 26 (1902), S. 335, Nr. 7370; vgl. S. 427
Nachweis des Schriftstückes in den Akten der OA (Tit.2 Nr.6
Bd. 1, Bl. 68). – Vgl. Bl. 68 im Inhaltsverzeichnis dieses Aktenban-
des.
Erstdruck: GaV (1834), S. 179, Nr. 16 (datiert: 4. April 1816).
Danach trug das Schriftstück eine Antwortmarginalie Carl Au-
gusts: »Die Entdeckung ist der etlichen Taler wert, ein größerer
Apparat, recht einfach und wohlfeil konstruiert, würde vielleicht
zu mehreren Kenntnissen führen. Carl August«. – Auf gleichem
Blatt soll G. notiert haben: »Ist sogleich wegen ein paar größeren
Säulen und deren Kostenbetrag mit Hofrat Voigt kommuniziert,
auf die Ottenysche Rechnung zu 13 Tlr. 4 Gr. autorisiert worden.
eodem die. G.« (Wahl, Bd. 2, S. 392, zu Nr. 534).

589 *14 Beilage:* Nach Wahls Kommentar zu diesem Bericht
(Bd. 2, S. 392, zu Nr. 533) handelt es sich hierbei um ein Schreiben
J. H. Voigts vom 10. April 1816, das auf Bl. 70 von Bd. 2 dieser
Aktenposition überliefert gewesen sein soll, aber nach dem In-
haltsverzeichnis dieses Aktenbandes auf Bl. 69 nachgewiesen ist.
Nach Wahl soll G. die folgende Stelle für Carl August angestrichen

haben: »Es wäre wohl der Mühe wert, ein paar Säulen, wo die Scheiben über 1 Zoll dick im Durchmesser hätten und sich der Zahl nach auf etliche 1000 beliefen – übrigens ganz prunklos zusammenzusetzen. Dann möchten sich auch wohl Funken, Erschütterungen, chemische Erscheinungen zeigen«. – *Wiederherstellung des galvanischen Pendels:* Siehe zu Bl. 5 f. im Inhaltsverzeichnis dieses Aktenbandes. – *20 Otteny:* Siehe zu Bl. 22 im Inhaltsverzeichnis dieses Aktenbandes; auch: Stichwort »Dubia Voigts und Ottenys« im folgenden Bericht.

⟨BERICHT AN DEN GROSSHERZOG, 11. MAI 1816⟩

Textgrundlage: Handschrift GSA 31/I,11; Abschrift des Schriftstückes in den Akten der OA (Tit.2 Nr.6 Bd. 1, Bl. 88). Nach Vermerken des Kopisten (s. Bl. 88 im Inhaltsverzeichnis dieses Aktenbandes) von Kräuters Hand, letzter Absatz, Courtoisie und Unterschrift G. eigenhändig; des weiteren über die eigenhändige Antwortnotiz Carl Augusts und G.s Randnotiz von Kräuters Hand sowie über Druckorte. Halbbrüchiger Schriftspiegel; linke Spalte Antwortnotiz Carl Augusts: »Da muß man eben gedult haben u. das Silberpapier einstweilen bestellen. Hier sind die Cataloguen; um mit Both in Connexion zu kommen, habe ich einiges bei ihm bestellt und ihm auch die Commissionen für Ackermann aufgegeben, die Korrespondenz geht durch Freege. C.A.«; Randnotiz G.s: »Morgen Abend komme ich nach Jena, wo ich Ew. Lbd. zu finden hoffe. ⟨*von Kräuters Hand:*⟩ Ist diese Bestellung auf diensame Vorstellung zurückgenommen worden G.«.
Erstdruck: GaV (1834), S. 179 f., Nr. 17; vgl. WA IV 27 (1903), S. 14 f., Nr. 7391, und S. 370 Nachweis des Schriftstückes in den Akten der OA.

589 *29 gnädigster Äußerung:* Eine schriftliche Äußerung Carl Augusts wurde nicht ermittelt. – *31 Höchstihro Empfang:* Carl August kam am 13. Mai nach Jena. – *33 Dubia Voigts und Ottenys:* Nach H. Wahls Kommentar soll es sich dabei um »Ottenys Berechnung des für den Bau der größeren Säule nötigen Silberpapiers und ⟨J. H.⟩ Voigts Nachricht, daß dadurch der von Serenissimo ›bei höchst Ihro letzteren Anwesenheit‹ in Jena gegebene Auftrag auf etwa 3 Wochen hinauszuschieben sei« gehandelt haben (Wahl, Bd. 2, S. 393, zu Nr. 542). – Siehe auch Bl. 87 im Inhaltsverzeichnis dieses Aktenbandes. – *35 Katalogen:* von Rudolf Ackermann (1764–1834), Kunsthändler und Industrieller in London.

⟨SCHREIBEN AN CARL FRANZ ANTON VON SCHREIBERS,
25. MAI 1816⟩

Textgrundlage: Handschrift GSA 31/I,11; Abschrift des Konzeptes in den Akten der OA (Tit.2 Nr.6 Bd. 1, Bl. 95). Nach Vermerk
des Kopisten (s. Bl. 95 im Inhaltsverzeichnis dieses Aktenbandes)
von Kräuters Hand. Halbbrüchiger Schriftspiegel. In der linken
Spalte Abzeichnungsvermerk G.s. Unter dem Text Vermerke des
Kopisten über G.s Korrekturen.
Erstdruck: WA IV 27 (1903), S. 25 f., Nr. 7399; vgl. S. 373 Nachweis dieses Konzeptes in den Akten der OA.

590 *2 Schreibers:* Siehe zu Bl. 52 im Inhaltsverzeichnis dieses
Aktenbandes. – *6 der sämtliche Transport:* der in G.s Bericht an
Carl August vom 31. März (S. 587) genannten Gegenstände. –
9 Vermählung des Herzogs Bernhard: Prinz Carl Bernhard von
Sachsen-Weimar-Eisenach (1792–1862), Sohn Carl Augusts, verheiratete sich mit Prinzessin Ida von Sachsen-Meiningen (1794 bis
1852).

⟨SCHREIBEN AN C. G. VON VOIGT, 30. MAI 1816⟩

Textgrundlage und Erstdruck: WA IV 27 (1903), S. 35, Nr. 7406;
vgl. S. 375 Nachweis des Schriftstückes in den Akten der OA (Tit.2
Nr.6 Bd. 1, Bl. 103).

⟨AKTENVERMERK, 13. SEPTEMBER 1816?⟩

Textgrundlage: Handschrift GSA 31/III,11; Abschrift des Konzeptes in den Akten der OA (Tit.2 Nr.6 Bd. 3, Bl. 10). – Unter dem
Text Vermerke des Kopisten über den Schreiber (Kräuter) und den
Überlieferungsort des Schriftstückes (»Faszikel: Acta Großherzogl. S. Oberaufsicht für Wissenschaft und Kunst die gegenwärtige
und künftige Behandlung der wissenschaftlichen Anstalten zu Jena
betr. Vol. IV 1816–1818. fol. 10 – Tit.2. No 6. Bd. 3.«).
ungedruckt

591 *11 Exemplare von Steinsalz:* Siehe zu S. 592,13. – *14 J. W.
von Goethe:* Ursprünglich stand »A. von Goethe«, vom Kopisten
mit Bleistift zu »J. W. von Goethe« korrigiert.

⟨Weisung an Gottlob Wilhelm Ernst Kühn,
14. September 1816⟩

Textgrundlage: Handschrift GSA 31/III,11; Abschrift des Konzeptes in den Akten der OA (Tit.2 Nr.6 Bd. 3, Bl. 9). – Über dem
Text: Innenadresse (»An den Großherzogl. Rent-Amtmann Kühn,
als Rechnungsführer bei den wissenschaftl. Anstalten zu Jena.«)
und Journalnummer (»ad Num. 161.«). – Unter dem Text: Beila-
genvermerk (»appon. die angezogenen 3 Rechnungen.«) und Vermerke des Kopisten über den Schreiber und die Absendung des
Schriftstückes (»Kräuters Hand; von ihm u. a R die Bemerkung: d.
18^n ej von mir auf die reitende Post besorgt ThK.«), die Abzeichnungen G.s und C. G. von Voigts sowie über den Überlieferungsort des Schriftstückes (wie im vorigen Schriftstück).
ungedruckt – Vgl. aber WA IV 27 (1903), S. 404, nach Nr. 7497
Nachweis dieses Konzeptes in den Akten der OA (»Faszikel des
Kultusdepartements ›Den gegenwärtigen Zustand und künftige
Behandlung der wissenschaftl. Anstalten zu Jena betr. Vol. IV.
1816–1818‹, Bl. 9. 11.«).

591 *20 Kühn:* Gottlob Wilhelm Ernst Kühn (um 1771–1844),
Rentamtmann in Weimar, ab 1818 in Heusdorf bei Apolda, 1824
Geleitsamtmann in Eisenach. – *22 Buchdrucker Joch:* Näheres
nicht ermittelt. – *23 Buchbinder Poller:* Näheres nicht ermittelt. –
24 Tischler Planer: Näheres nicht ermittelt.

⟨Weisung an Johann Michael Christoph Färber,
16. September 1816⟩

Textgrundlage: Handschrift GSA 31/III,11; Abschrift des Konzeptes in den Akten der OA (Tit.2 Nr.6 Bd. 3, Bl. 11). – Über dem
Text: Journalnummer (»ad. Num. 162.«) und Innenadresse (»An
den Bibliotheks und Museumsschreiber Faerber zu Jena.«). –
Unter dem Text Vermerke des Kopisten über den Schreiber (Kräuter) und den Überlieferungsort des Schriftstückes (wie im Aktenvermerk vom 13. September 1816).
ungedruckt – Vgl. aber WA IV 27 (1903), S. 404, nach Nr. 7497
Nachweis des Konzeptes in den Akten der OA (wie im vorigen
Schriftstück).

591 *35 Färber:* Johann Michael Christoph Färber (1778–1844);
s. Bd. 13.2, zu S. 361,25; auch: Knittermeyer. – *36 H.G.v.G.:*
Herrn Geheimrat von Goethe. – *37 herbario:* lat. herbarium:
›Sammlung getrockneter Pflanzen‹.

592 *2 Heim. Cabinet:* die Mineraliensammlung Johann Ludwig
Heims (1741–1819); s. zu S. 583,24.

⟨AKTENVERMERK, 24. OKTOBER 1816⟩

Textgrundlage: Handschrift GSA 31/III,11; Abschrift des Konzeptes in den Akten der OA (Tit.2 Nr.6 Bd. 3, Bl. 18). – Über dem
Text: Eingangsvermerk (»praes. d. 24ⁿ Okt. 1816.«), Bearbeitungsvermerk (»Anmerk. ist quittiert zurück zu senden. [demgemäß
unten a R: Obige Sachen zur weiteren Besorgung richtig erhalten.
Mich. Färber.]«) und Journalnummer (»No 180.«). – Unter dem
Text: Vermerke des Kopisten über den Schreiber (Kräuter) und
den Überlieferungsort des Schriftstückes (wie im Aktenvermerk
vom 13. September 1816).
ungedruckt

592 *11 Versteinrung von Cußweiler:* richtig: Dudweiler, ein
Dorf bei Saarbrücken mit einer Steinkohlengrube. – *13 Steinsalz
der Herrn von Heerda:* Es könnte sich in diesem Zusammenhang
um Johann Ludwig von Herda zu Brandenburg (um 1767–1839,
Weimarischer Kammerherr und Bergbeamter) handeln. – *14 trüf-
felartige Gewächse an Döbereiner:* Näheres nicht ermittelt. –
17 Ein Brief an Herrn G. H. Eichstädt: G. an Heinrich Karl Adam
Eichstädt (1772–1848, Geheimer Hofrat, Professor in Jena, Oberbibliothekar und Herausgeber der ›Jenaischen Allgemeinen Literatur-Zeitung‹), 24. Oktober 1816. – *18 auf Herrn St.M. von Voigt
zu prägende Medaille:* Aus Anlaß des 50jährigen Dienstjubiläums
von C. G. von Voigt wurde eine von Friedrich Wilhelm Facius
(1764–1843, Steinschneider in Weimar) entworfene Medaille mit
Voigts Brustbild und der Inschrift »QUANTAE PENSABUNT FACTA
CORONAE« geprägt (vgl. Lothar Frede: Das klassische Weimar in
Medaillen. Leipzig 1959, S. 125, Nr. 140). – *20 Kieser:* Dietrich
Georg Kieser (1779–1862), Professor der Medizin in Jena. –
21 Seidler: Luise Seidler (1786–1866), Malerin.

⟨SCHREIBEN AN DIE KAMMER, 14. JULI 1818⟩

Textgrundlage: Handschrift GSA 31/III,11; Abschrift des Konzeptes in den Akten der OA (Tit.2 Nr.6 Bd. 3, Bl. 27). – Über dem
Text: Innenadresse und Rubrum (»An Großherzogl. Sächs. Kammer allhier Überlassung des in Jena befindl. Zubringers betr.«). –
Unter dem Text Vermerke des Kopisten über den Schreiber (Kräu-

ter), den Überlieferungsort des Schriftstückes (wie im Aktenvermerk vom 13. September 1816) und die Abzeichnungen des Konzeptes durch G. und C. G. von Voigt am linken Rand, wodurch die Autorisierung gesichert ist und das Schreiben sich als ein Schriftstück der OA ausweist.

ungedruckt

592 *32 Zubringer:* ein mechanisches Instrument, mit dessen Hilfe Wasser an seinen Bestimmungsort, z. B. zu den Wasserspritzen, geleitet wurde.

⟨WEISUNG AN J. M. C. FÄRBER, 14. JULI 1818⟩

Textgrundlage: Handschrift GSA 31/III,11; Abschrift des Konzeptes in den Akten der OA (Tit.2 Nr.6 Bd. 3, Bl. 27). – Über dem Text: Innenadresse (»An den Bibl. u. Mus. schreiber Faerber«). – Unter dem Text: Vermerke des Kopisten über den Schreiber (Kräuter), den Überlieferungsort des Schriftstückes (wie im Aktenvermerk vom 13. September 1816) und G.s Abzeichnung.
Erstdruck: Knittermeyer (1935), S. 31, Nr. 31 (nach der Ausfertigung).

⟨WEISUNG AN J. M. C. FÄRBER, 19. OKTOBER 1818⟩

Textgrundlage: Handschrift GSA 31/III,11; Abschrift des Konzeptes in den Akten der OA (Tit.2 Nr.6 Bd. 4, Bl. 2). – Über dem Text: Kennzeichnung des Schriftstückes als Konzept und Innenadresse: »An den Bibliotheks und Museumsschr. Färber.« – Unter dem Text: Vermerk des Kopisten über den Überlieferungsort des Schriftstückes: »Acta der Ober-Aufsicht. Acta die wissenschaftl. Anstalten zu Jena betr. Vol V. 1818 bis Sept. 1819. Tit.2. No 6 Bd.4. fol.2«.
Erstdruck: Knittermeyer (1935), S. 34, Nr. 104 (nach Ausfertigung). – Vgl. aber WA IV 29 (1904), S. 413, vor Nr. 8192 Nachweis des Konzeptes in den Akten der OA und einem Regest.

593 *16 Münchow:* Siehe zu Bl. 3 im Inhaltsverzeichnis des 1. Bandes dieser Aktenposition (Tit.2 Nr.6). – *17 Körner:* Siehe zu Bl. 74 im Inhaltsverzeichnis des 1. Bandes dieser Aktenposition (Tit.2 Nr.6) und Bd. 13.2, zu S. 403,6. – *Luftpumpe:* eine von Körner angefertigte Luftpumpe, die zusammen mit anderen Instrumenten vom chemisch-physikalischen Institut 1812 in Gebrauch genommen wurde (vgl. Döbling, S. 69).

⟨Bericht an den Grossherzog, 2. März 1819⟩

Textgrundlage: WA IV 31 (1905), S. 87 f., Nr. 88; vgl. S. 323
Nachweis des Schriftstückes in den Akten der OA (›Acta Die
wissenschaftlichen Anstalten zu Jena betr. Vol. V. 1818 bis September
1819.‹ Tit.2. Nr.6 Bd. 4); Fragment. – Vgl. G.s Tagebuchnotiz
vom 2. März 1819: »Promemoria *an Serenissimum* laut Konzept«.
Erstdruck: Vogel (1863), Bd. 2, S. 128, Nr. 399 (datiert: 1. März
1819).

593 *31 Lenzischen Briefe:* nicht überliefert. Antwort auf G.s
Brief vom 27. Februar 1819, der durch folgende Anfrage Carl
Augusts ausgelöst worden war: »Erzeige mir den Gefallen beiliegenden Eisernen Ring an Lenzen zu schicken damit er *ergründe*,
was das gefaßte für ein *Juwel* sei« (Wahl, Bd. 2, S. 237, Nr. 678). –
33 durchreisender Kunstkenner: Ascherson aus Magdeburg. Vgl.
G.s Tagebuchnotizen: »Junger Juwelier und Kunsthändler von
Magdeburg« (26. Februar 1819); »Der Goldschmied und Steinhändler Ascherson von Magdeburg« (27. Februar 1819). – *39 Meo
voto:* lat. ›meiner Meinung nach‹.
594 *3 Schreiben des Hofrats Schwabe:* nicht überliefert. Nach
H. Wahls Kommentar war das Schreiben an G. vom 25. Februar
1819 als Bl. 25 dieses Aktenbandes (Tit.2 Nr.6 Bd. 4) überliefert
gewesen. Friedrich Wilhelm Schwabe (1780–1844, Leibarzt der
Erbgroßherzogin Maria Pawlowna von Sachsen-Weimar) berichtete darin im Auftrag von Maria Pawlowna, »daß die von ihr für das
Jenaer Zoologische Museum angekaufte Sammlung brasilianischer
getrockneter Vogelbälge demnächst vom weimarer Hofkonditor
Stenger ausgestopft werden sollten« (Wahl, Bd. 2, S. 439, zu
Nr. 679. Hier wird auch das nicht überlieferte Verzeichnis der
Vögel auf Bl. 29 des Aktenbandes nachgewiesen). – Vgl. auch G.s
Tagebuchnotizen: »Die Vogelbälge kamen von Jena« (10. März
1819); »Ins Palais zu Konditor Stenger, die ausgestopften Vögel zu
sehen« (16. Juni 1819). – *7 Stengern:* der oben genannte Konditor.
– *20 Hofrat Voigt:* Friedrich Siegmund Voigt; s. zu S. 580,30.

⟨Bericht an den Grossherzog, 19. März 1819⟩

Textgrundlage: WA IV 31 (1905), S. 98 f., Nr. 101; vgl. S. 330
Nachweis des Schriftstückes aus den Akten der OA (wie im
vorigen Text, Bl. 32).
Erstdruck: Vogel (1863), Bd. 2, S. 131, Nr. 403.

594 *29 dechiffrierten Briefes:* Posselts Brief an Lindenau, der in
diesem Faszikel überliefert gewesen war; s. zu Bl. 61 im Inhaltsverzeichnis des 1. Bandes dieser Aktenposition (Tit.2 Nr.6). »P⟨os-
selt⟩ erbittet darin von Lindenau ⟨...⟩ bestimmte Nachricht über
seinen Ruf nach Jena, da er sonst sich in Berlin habilitieren wolle«
(Wahl, Bd. 2, S. 439, zu Nr. 682). – G. antwortet hier auf ein
undatiertes Schreiben Carl Augusts, in dem es unter anderem
heißt: »Der Teufel mag diese Hand lesen! ich erbitte mir den Brief
wieder zurücke aus, wenn du ihn dechiffriert hast« (Wahl, Bd. 2,
S. 239, Nr. 682). – Vgl. G.s Tagebuchnotiz vom 19. März 1819:
»Brief von Posselt aus Kiel«. – *31 den förmlichen Ruf:* an Johann
Friedrich Posselt als Professor der Mathematik und Astronomie
und als Direktor der Sternwarte in Jena; s. Bd. 13.2, zu S. 396,13. –
32 Beistimmung von Gotha: Zur Besetzung der Lehrstühle der
Universität Jena war die Zustimmung der sogenannten Miterhalter
der Universität, d. h. der Ernestinischen Fürstentümer Sachsen-
Gotha, Sachsen-Meiningen und Sachsen-Coburg nötig gewesen.
Seit dem Vertrag vom 10. April 1817 waren die beiden letzteren aus
ihren Rechten und Pflichten gegenüber der Universität Jena ausge-
schieden. So verblieb nur noch Sachsen-Gotha als Miterhalter,
dessen Zustimmung eingeholt werden mußte. – *36 Hofmechanicus:* Körner; s. zu Bl. 74 im Inhaltsverzeichnis des 1. Bandes dieser
Aktenposition (Tit.2 Nr.6) und Bd. 13.2, zu S. 403,6. – *37 Dieners:*
Carl Leberecht Hammer; s. Bd. 13.2, zu S. 370,39.

⟨WEISUNG DER OBERAUFSICHT
AN FRIEDRICH SIEGMUND VOIGT,
24. MÄRZ 1819⟩

Textgrundlage: Handschrift GSA 31/III,11; Abschrift des Kon-
zeptes in den Akten der OA (Tit.2 Nr.6 Bd. 4, Bl. 42). – Über dem
Text: Innenadresse (»An den Professor Herrn Hofrat Voigt zu
Jena.«) – Unter dem Text: Vermerke des Kopisten über den
Schreiber (Kräuter) und den Überlieferungsort des Schriftstückes
(wie in der Weisung an Färber vom 19. Oktober 1818).
ungedruckt – Vgl. aber WA IV 31 (1905), S. 333, nach Nr. 106
Nachweis des Konzeptes in den Akten der OA und Regest. – Vgl.
G.s Tagebuchnotiz vom 24. März 1819: »Erlaß *an Hofrat Voigt,*
wegen Wagners Dienstentlassung, nebst begleitendem Handbil-
let«.

595 *11 Gottlieb Wagner:* Johann Gottlieb Daniel Wagner
(1774–1824), bis März 1819 Hofgärtner am botanischen Garten in

Jena; s. Bd. 13.2, zu S. 358,17. – *14 dem jetzigen Erbgroßherzoglichen Garten:* der ehemalige Griesbachsche Garten; s. zu Bl. 4 im Inhaltsverzeichnis des 1. Bandes dieser Aktenposition (Tit.2 Nr.6). In ihm verlebten die Prinzessinnen Maria und Auguste die Sommermonate; s. zu S. 601,12. – *21 Gehülfen:* Bis der Nachfolger Wagners antrat, wurde ein Gehilfe namens Wimmer aus Belvedere nach Jena geschickt.

⟨SCHREIBEN AN F. S. VOIGT, 24. MÄRZ 1819⟩

Textgrundlage und Erstdruck: WA IV 31 (1905), S. 101 f., Nr. 106; vgl. S. 333 Nachweis des Schriftstückes in den Akten der OA (Tit.2 Nr.6 Bd. 4, Bl. 43 b). – Vgl. G.s Tagebuchnotiz vom 24. März 1819 (wie im vorigen Text).

595 *36 Baumann:* Franz Sebastian Baumann (1793–1872), ab 1819 Hofgärtner am botanischen Garten in Jena; s. Bd. 13.2, zu S. 358,17. – Vgl. G.s Tagebuchnotizen: »Mit Serenissimo ⟨...⟩ wegen des Jenaischen Botanischen Gartens« (22. März 1819); »Mit Skell über die Veränderungen in Jena. Zurück. Einiges im Garten und Mineralien-Cabinet. ⟨...⟩ Einige Konzepte abgefaßt. Billet von Skell wegen des Gehülfen« (23. März 1819). – *38 Beilage:* das vorhergehende Schriftstück.

⟨SCHREIBEN AN ANTON VON ZIEGESAR, 24. MÄRZ 1819⟩

Textgrundlage und Erstdruck: WA IV 31 (1905), S. 102 f., Nr. 107; vgl. S. 333 Nachweis des Schriftstückes in den Akten der OA (Tit.2 Nr.6 Bd. 4, Bl. 42 b). – Vgl. G.s Tagebuchnotiz vom 24. März 1819: »*An Präsident von Ziegesar,* dieselbe Angelegenheit betreffend. (Alles laut Konzepten.)«.

596 *15 Ziegesar:* Anton Frhr. von Ziegesar (1783–1843), Sachsen-Weimarischer Kammerherr, 1814 Generallandschaftsdirektor, Präsident des Oberappellationsgerichts und Kurator der Universität Jena. – *19 Beiligendem:* nicht sicher zu ermitteln; möglicherweise eine Abschrift der Weisung an F. S. Voigt vom 24. März 1819 (s. S. 595). – *33 Der Abschied des ⟨...⟩ Freundes:* C. G. von Voigt war am 22. März verstorben.

⟨Weisung an August von Goethe, 28. März 1819⟩

Textgrundlage: Handschrift GSA 31/III,11; Abschrift des Konzeptes in den Akten der OA (Tit.2 Nr.6 Bd. 4, Bl. 40 f.). – Über dem Text: Innenadresse (»An den Kammerjunker und Kammerrat Herrn von Goethe.«). – Unter dem Text: Abgangsvermerk (»Expedit eodem.«) und Vermerke des Kopisten über die Schreiber (John und Kräuter), Korrekturen G.s und den Überlieferungsort des Schriftstückes (wie in der Weisung an Färber vom 19. Oktober 1818). – Die Ausfertigung dieses Schriftstückes war in den Kommissionsakten ›Die Abnahme der Sternwarte zu Jena von dem Professor von Münchow betr. 1819.‹ (Tit.10 Nr.9) überliefert gewesen; Abschriften in GSA 31/II 6.
ungedruckt – Vgl. aber WA IV 31 (1905), S. 335 f., nach Nr. 111 Nachweis des Konzeptes in den Akten der OA und Regest. – Vgl. G.s Tagebuchnotiz vom 28. März 1819: »Expedition auf die in der Person des Herrn Kammerrat nach Jena gehende Kommission bezügl:«.

597 *5 Münchow* ⟨...⟩ *gedenkt:* Siehe zu Bl. 3 im Inhaltsverzeichnis des 1. Bandes dieser Aktenposition (Tit.2 Nr.6) und Bd. 13.2, zu S. 355,34. Vgl. auch G. an Münchow, 16. Februar 1819:
> »Ew. Hochwohlgeboren mir gemeldeten Entschluß hatte schon früher zu meinem großen Leidwesen vernommen: denn da in meinen Jahren man schwerlich neue zeit- und charaktergemäße Verbindungen anknüpfen möchte, so muß es uns schmerzlich fallen, ältere geprüfte sich auflösen zu sehen. Hiebei bleibt uns nur zu Trost und Beruhigung, wenn wir nicht uns selbst, sondern den andern betrachten dem eine solche Veränderung zum Heil gereicht, wie dieses gegenwärtig der Fall ist«.

Bereits 1816 hatte Münchow Bestrebungen gezeigt, Jena zu verlassen, wie es G.s Schreiben vom 16. Juni 1816 zeigt:
> »Ew. Hochwohlgeb. haben bei Ihro Königl. Hoheit dem Großherzog unserm gnädigsten Herrn mittelst Schreibens vom 4ⁿ d. M. den Ihnen in dem hiebei zurückfolgenden Schreiben geschehenen Antrag einer ordentlichen Professur zu Greifswalde angezeigt und dabei erklärt, daß Sie der angebotenen mehrern Vorteile unerachtet, in Rücksicht gnädigster bisheriger Aufmerksamkeit, in Jena zu bleiben gedächten, weshalb Sie denn auch den Antrag ohne weiteres abgelehnt.
> Was nun den hinzugefügten Wunsch, eine ordentl. honorar Professur, mit Sitz und Stimme in dem akademischen Senat, nicht weniger die Hoffnung betrifft, daß Ihnen eine fernere

Verbesserung Ihrer Einkünfte einmal wiederfahren möchte; so
haben J. K. H. der Großherzog indem das Schreiben an endes
unterzeichnete Ober-Aufsicht abgegeben worden, gnädigst
eröffnet, daß Höchstdieselben wegen der Ihnen zu erteilenden
ordentlichen honorar Professur mit Sitz und Stimme im akademischen Senat, mit den übrigen Herzogl. Höfen beifällig kommunizieren würden. Indem also Ew. Hochwohlgeb. hierin Ihren Wunsch erfüllt finden, so wird auch Ihren Erwartungen
einer Gehaltsverbesserung zu seiner Zeit und den Umständen
nach wohl Genüge geleistet werden können⟨.⟩
    Sig⟨natum⟩ Weimar d. 16ⁿ Juni 1816
                                                  Ober Aufsicht p.«
(Tit.2. Nr.2 Bd. 3, Bl. 7; Abschrift in GSA 31/III,10; nachgewiesen: WA IV 27, S. 383, nach Nr. 7430). – *15 Körner:* Siehe zu Bl. 74
im Inhaltsverzeichnis des 1. Bandes dieser Aktenposition (Tit.2
Nr.6) und Bd. 13.2, zu S. 403,6.

    ⟨SCHREIBEN AN BERNHARD AUGUST VON LINDENAU,
                        31. MÄRZ 1819⟩

Textgrundlage: WA IV 31 (1905), S. 108 f., Nr. 114; vgl. S. 336
Nachweis des Schriftstückes in den Akten der OA (Tit.2 Nr.6
Bd. 4, Bl. 48). – G. antwortet auf Lindenaus Brief vom 24. März
1819, der als Bl. 45 desselben Aktenbandes überliefert gewesen war
und in dem Lindenau J. F. Posselt als Direktor der Sternwarte
empfiehlt. – Vgl. G.s Tagebuchnotizen: »Briefkonzept an Herrn
von Lindenau nach Altenburg« (30. März 1819); »Nebenstehendes
vollends expediert: Brief *an Präsident Baron von Lindenau* nach
Altenburg« (3. April 1819).
Erstdruck: GaV (1834), S. 159 (Teildruck).

    598 *2 Lindenau:* Siehe zu Bl. 61 f. im Inhaltsverzeichnis des
1. Bandes dieser Aktenposition (Tit.2 Nr.6). – *14 Körner:* Siehe
zu Bl. 74 im Inhaltsverzeichnis zum 1. Band dieser Aktenposition
(Tit.2 Nr.6) und Bd. 13.2, zu S. 403,6. – *Posselt:* Johann Friedrich
Posselt (1794–1823), Mathematiker und Astronom; s. Bd. 13.2,
zu S. 396,13. Lindenau hatte bei Posselt angefragt. Dessen Antwort vom 4. März hatte Lindenau am 15. März an Carl August
weitergeleitet. Beide Schreiben werden für die Bll. 34, 33 und
47 dieses Aktenbandes nachgewiesen (WA IV 31, S. 330, zu
Nr. 101). – Vgl. auch G.s Tagebuchnotiz vom 19. März: »Brief
von Posselt aus Kiel« und Lindenaus Brief an Carl August vom
29. März 1819:

»Auch mich freut es sehr, daß E. K. H. den D. Posselt zu Münchows Nachfolger, erwählt haben, da ich überzeugt bin, daß er der Akademie Ehre machen wird. Mein Brief an ihn ist den 24ᵗᵉⁿ März nach Kiel abgegangen und ich denke daß er bis zum 10ᵗᵉⁿ April in Jena eintreffen kann. An Gr. Göthe habe ich ein paar Zeilen geschrieben und ihm den neuen akademischen Genossen, bestens empfohlen« (GSA 28/82, Bl. 95).
– *26 Lichtenbergs:* Georg Christoph Lichtenberg (1742–1799), Physiker und Astronom, Professor in Göttingen. – *Erxlebens schmalem Grunde:* Johann Christian Polykarp Erxleben (1744 bis 1777), Professor der Physik in Göttingen, Verfasser und Herausgeber mehrerer naturwissenschaftlicher Handbücher. Seine ›Anfangsgründe der Naturlehre‹ (1. Aufl. 1772) sind in der 3. bis 6. Auflage mit Verbesserungen Lichtenbergs erschienen (vgl. Ruppert, Nr. 4527 f.). – *27 Grens Handbuch:* Friedrich Albrecht Carl Gren (1760–1798), Mediziner, Pharmazeut, Professor der Chemie und Medizin in Halle. Vgl. unter anderem sein ›Systematisches Handbuch der gesamten Chemie‹ (Halle 1787–1790). – *33–36 Und so könnten ⟨...⟩ der Lehrer verbessern:* Vgl. den gleichen Gedanken in G.s Bericht vom November 1812:
»Die Physik nämlich ist nach und nach durch vielfache Bearbeitung zu einem ungeheueren und unförmlichen Körper angeschwollen. Wie dies zugegangen, davon können wir uns belehren, wenn wir das Erxlebensche Kompendium und die verschiedenen Ausgaben desselben von Lichtenberg mit einander und unter einander vergleichen. Und um uns die Monstrosität dieser Wissenschaft recht zu vergegenwärtigen, dürfen wir nur das Grenische Kompendium vor uns nehmen, welches jede Lust dieselbe anzufassen in einem wohl organisierten Kopfe ertöten muß« (G.s *Jährlicher untertänigster Bericht über den Zustand der Museen und anderer wissenschaftlicher Anstalten zu Jena* von 1812; gedruckt: GJb 30, 1909, S. 21–37, hier S. 32).
Auch im Tagebuch vom 7. April 1817 reflektiert G. ähnlich über das Verhältnis zwischen diesen Wissenschaftszweigen:
»Die Elementarchemie spricht ihre eigene Theorie aus und wird deswegen immer objektiver, besonders da sie nun Maß und Zahl den Uranfängen und ihren Verbindungen anpaßt. Die Physik dagegen ist am übelsten dran, die Mathematik fördert sie zwar, da diese aber bloß formell ist, so kann sie sich vor materiellen Irrtümern nicht schützen«.
– *38 ein längst entworfenes Schema: In Sachen der Physik contra Physik. familiae erciscundae* (S. 571 im vorliegenden Band).
599 *5 Nachricht aus den fernen Himmelsräumen*: In seinem Brief an Carl August vom 29. März 1819 schreibt Lindenau:

»Der vorjährige ⟨im Nobr. 1818 von Pons zu Marseille ent-
deckte⟩ Komet hat mich in diesen Tagen beschäftiget. Höchst-
wahrscheinlich ist dieser Komet derselbe, der schon im Jahre
1805 beobachtet wurde; bestätigt sich diese Identität, und daß
der Komet eine Umlaufzeit von nicht viel über vier Jahre hat, so
ist dies die merkwürdigste astronomische Entdeckung, die seit
einem Jahrhundert gemacht worden ist« (GSA 28/82, Bl. 95–97;
gedruckt: WA IV 31, S. 336 f., zu Nr. 114; Einschub – hier in
⟨...⟩ – nur im Druck, nicht in der Handschrift).

⟨SCHREIBEN AN A. VON ZIEGESAR, 7. MAI 1819⟩

Textgrundlage und Erstdruck: WA IV 31 (1905), S. 145, Nr. 146;
vgl. S. 350 Nachweis des Schriftstückes in den Akten der OA (Tit.2
Nr.6 Bd. 4, Bl. 58). – G. antwortete auf Ziegesars Schreiben vom
30. April 1819, das als Bl. 57 in diesem Faszikel überliefert gewesen
war. – Vgl. G.s Tagebuchnotiz vom 9. Mai 1819: »*an Präsident von
Ziegesar wegen Wagner*«.

599 *20 Hofgärtner Wagner:* Johann Gottlieb Daniel Wagner
(1774–1824), bis März 1819 Hofgärtner am botanischen Garten in
Jena; s. Bd. 13.2, zu S. 358,17. – *22 Emolumente:* lat. Ursprungs:
›Vorteil‹, ›Nutzen‹.

⟨WEISUNG AN JOHANN CHRISTIAN ALEXANDER MÜLLER,
7. MAI 1819⟩

Textgrundlage: Handschrift GSA 31/III,11; Abschrift des Konzeptes in den Akten der OA (Tit.2 Nr.6 Bd. 4, Bl. 58 a.). – Über
dem Text: Innenadresse (»An den Rentamtmann Müller.«). –
Unter dem Text: Vermerke des Kopisten über die Entstehungsstufe und den Überlieferungsort des Schriftstückes (wie in der
Weisung an Färber vom 19. Oktober 1818).
ungedruckt – Vgl. aber WA IV 31 (1905), S. 351, Abs. 3, mit
Nachweis dieses Konzeptes in den Akten der OA (Bl. 58 b, richtig: 58 a) und Regest. – Vgl. G.s Tagebuchnotiz vom 9. Mai 1819:
»*an Rentamtmann Müller* wegen ebendesselben«.

⟨Schreiben an F. S. Voigt, 29. Mai 1819⟩

Textgrundlage und Erstdruck: WA IV 31 (1905), S. 162, Nr. 162;
vgl. S. 356 Nachweis des Konzeptes in den Akten der OA (Tit.2
Nr.6 Bd. 4, Bl. 70). G. antwortete hier auf Voigts Schreiben vom
25. Mai, das als Bl. 68 in diesem Aktenfaszikel überliefert gewesen
war und in dem Voigt mitteilte, daß der Gartengehilfe Wimmer am
24. Mai seine Stelle gekündigt habe; an seiner Stelle sei ein von
Garteninspektor Skell empfohlener Gehilfe namens Kühndorf aus
Belvedere angetreten, für den Voigt die Fortzahlung seines bisherigen Gehalts von 3 Talern erbitte (WA IV 31, S. 356 f., zu Nr. 162).

600 *21 Inspektor:* der dringlich erwartete Gärtner Franz Sebastian Baumann; s. Bd. 13.2, zu S. 358,17.

⟨Weisung an J. C. A. Müller, 29. Mai 1819⟩

Textgrundlage: Handschrift GSA 31/III,11; Abschrift des Konzeptes in den Akten der OA (Tit.2 Nr.6 Bd. 4, Bl. 70 a). – Über
dem Text: Innenadresse (»An den Rent-Amtmann Müller nach
Jena.«). – Unter dem Text: Vermerke des Kopisten über die Entstehungsstufe und den Überlieferungsort des Schriftstückes (wie
in der Weisung an Färber vom 19. Oktober 1818).
ungedruckt

600 *39 Drei Taler:* Siehe das vorhergehende Schriftstück. –
40 Kühndorf: Siehe zum vorhergehenden Schriftstück.

⟨Weisung an J. M. C. Färber, 13. Juli 1819⟩

Textgrundlage: Handschrift Stadtbibliothek Bremen, Ausfertigung. Vgl. die Kopie des Konzeptes in den Akten der OA (Tit.2
Nr.6 Bd. 4, Bl. 77); darauf: Innenadresse (»An den Bibliotheks-
und Museumsschreiber Färber in Jena.«), Abgangsvermerk (»exp.
eod.«) und Vermerke des Kopisten über die Entstehungsstufe und
den Überlieferungsort des Konzeptes (wie in der Weisung an
Färber vom 19. Oktober 1818).
Erstdruck: Knittermeyer (1935), S. 41, Nr. 124 (gedruckt nach der
Ausfertigung). Vgl. aber WA IV 31 (1905), S. 389, Abs. 3 Nachweis des Konzeptes in den Akten der OA sowie Regest mit
Teildruck.

601 *10 Färber:* Johann Michael Christoph Färber (1778–1844);
s. Bd. 13.2, zu S. 361,25; auch: Knittermeyer. – *12 Unterricht der
Fürstlichen Kinder:* der Kinder des erbgroßherzoglichen Paares
Carl Friedrich und Maria Pawlowna, nämlich Maria Luise Alexan-
drine (1808–1877, spätere Gemahlin von Prinz Friedrich von
Preußen) und Luise Augusta (1811–1890, spätere Gemahlin des
preußischen Königs und deutschen Kaisers Wilhelm I.). Sie wohnten in den Sommermonaten im ›Prinzessinnenschlößchen‹ des
ehemaligen Griesbachschen Gartens, dem nunmehrigen Prinzes-
sinnengarten, und wurden zum Teil unter G.s Aufsicht unterrichtet. – *13 physikalischen Cabinet:* Siehe zu S. 584,6; auch: Bd. 13.2,
zu S. 355,29.

⟨WEISUNG AN CHRISTIAN ERNST FRIEDRCH WELLER,
15. JULI 1819⟩

Textgrundlage: Handschrift UB Leipzig, Sammlung Hirzel, Aus-
fertigung; Schreiberhand (John), Unterschrift G. eigenhändig. –
Vgl. die Kopie des Konzeptes in den Akten der OA (Tit.2 Nr.6
Bd. 4, Bl. 78); darauf über dem Text: Innenadresse »An Dr. Weller
dahier«; unter dem Text: Vermerke des Kopisten über die Entste-
hungsstufe und den Überlieferungsort des Konzeptes (wie in der
Weisung an Färber vom 19. Oktober 1818); auf der Rückseite:
Notiz über den Verbleib der Reinschrift (»Mundum: Hirzels
Sammlung B. 379«), die Schreiber und ein Bearbeitungsvermerk
der WA-Bearbeiter (»Die Lesungen des Mundums sind die mit
Bleistift nachgetragenen!«).
ungedruckt – Vgl. aber WA IV 31 (1905), S. 389, vor Nr. 221
Nachweis dieses Konzeptes in den Akten der OA und Regest.

601 *28 Polizei-Inspektor Bischoff:* Johann Christoph Bischoff;
Näheres nicht ermittelt. – *29 Feuerösse:* Esse, Schornstein. –
32 Hofmaurer Timmler: Christian Lorenz Moritz Timmler; auch:
Timler, Tümmler (1763–1826), Maurermeister in Jena.

⟨WEISUNG AN C. E. F. WELLER,
30. JULI (ODER DAVOR) 1819⟩

Textgrundlage: Handschrift GSA 31/III,11; Abschrift des Kon-
zeptes in den Akten der OA (Tit.2 Nr.6 Bd. 4, Bl. 53). – Über dem
Text: Innenadresse und Rubrum (»An Herrn Dr. Weller zu Jena.
Auftrag für Herrn Dr. Weller zur Übergabe der Sternwarte zu Jena

an den Herrn Prof. D. Posselt daselbst.«). – Unter dem Text:
Vermerk des Kopisten über den Überlieferungsort des Schriftstük-
kes (wie in der Weisung an Färber vom 19. Oktober 1818). – Die
Datierung ergibt sich aus der Weisung an Weller vom Juli 1819 in
Bd. 13.2, S. 395; vgl. auch zu S. 604,4.
ungedruckt – Vgl. aber WA IV 31 (1905), S. 349, Abs. 2 Nachweis
dieses Konzeptes in den Akten der OA und Regest.

602 *4 Weller:* Christian Ernst Friedrich Weller (1790–1854); s.
Bd. 13.2, zu S. 370,39. – *15 Koerner:* Johann Christian Friedrich
Körner; s. Bd. 13.2, zu S. 403,6. – *23 Carl Leberecht Hammer:*
Siehe Bd. 13.2, zu S. 395,17.

⟨Weisung an J. C. A. Müller,
30. Juli (oder davor) 1819⟩

Textgrundlage: Handschrift GSA 31/III,11; Abschrift des Konzeptes in den Akten der OA (Tit.2 Nr.6 Bd. 4, Bl. 55 f.). – Über
dem Text: Innenadresse und Betreff (»An den Rentamtmann
Müller zu Jena die Sternwarte das. betr.«). – Unter dem Text:
Vermerk des Kopisten über den Überlieferungsort des Schriftstük-
kes (nur als Signatur). – Die Datierung ergibt sich aus der Weisung
an Weller vom Juli 1819 in Bd. 13.2, S. 395; vgl. auch zu S. 604,4.
ungedruckt – Vgl. aber WA IV 31 (1905), S. 349, Abs. 3 Nachweis der
Überlieferung dieses Konzeptes in den Akten der OA und Regest.

603 *9 Müller:* Johann Christian Alexander Müller (1774–1830),
Rentamtmann; s. Bd. 13.2, zu S. 366,5.

⟨Weisung an Johann Friedrich Posselt,
30. Juli 1819⟩

Textgrundlage: Handschrift GSA 31/III,11; Abschrift des Konzeptes in den Akten der OA (Tit.2 Nr.6 Bd. 4, Bl. 54.). – Über dem
Text: Innenadresse und Betreff (»An den Herrn Professor Dr
Posselt zu Jena. Die Überweisung der Sternwarte an denselben
betr.«). – Unter dem Text: Vermerk des Kopisten über den Überlieferungsort des Schriftstückes (wie in der Weisung an Färber von
19. Oktober 1818). – Die Datierung ergibt sich aus der Weisung
gleichen Inhalts an Weller vom Juli 1819 in Bd. 13.2, S. 395; die
geringfügigen Unterschiede zwischen beiden Schriftstücken ergeben sich aus ihren unterschiedlichen Entstehungsstufen.

ungedruckt – Vgl. aber WA IV 31 (1905), S. 349, Abs. 4 Nachweis dieses Konzeptes in den Akten der OA und Regest.

604 *4 Unterm heutigen Tag:* wohl der 30. Juli; vgl. Protokoll und Promemoria Wellers vom 31. Juli 1819 ›die Übergabe der Sternwarte an Posselt betr.‹ (verzeichnet in den Abschriften der Akten der OA ›Tit. 10 Nr. 9‹; GSA 31/II 6). Vgl. auch G. an August von Goethe vom 29. Juli 1819:
»Durch die rückkehrenden Boten wünsche
  1. das auf meinem Tisch am Ofen liegende, an Dr. Weller gerichtete, zugesiegelte Paket, die Einführung des Dr. Posselt enthaltend«.
– *7 Posselt:* Siehe zu S. 598,14.

⟨BERICHT AN DEN GROSSHERZOG, 12. AUGUST 1819⟩

Textgrundlage: Handschrift GSA 31/II,11: Kopie der Ausfertigung in den Akten der OA (Tit. 2 Nr. 6 Bd. 4, Bl. 83). – Unter dem Text: Vermerke des Kopisten über die Schreiber (John; Unterschrift: G.) und den Überlieferungsort des Schriftstückes (wie in der Weisung an Färber vom 19. Oktober 1818).
Erstdruck: Vogel, Bd. 2 (1863), S. 132; vgl. WA IV 31, S. 261 f., Nr. 249, und S. 405 Nachweis des Schriftstückes in den Akten der OA; der Schreiber des Schriftstückes wird hier mit John angegeben.

604 *30 Ankunft in Jena:* Am 12. August 1819 fuhr G. nach Jena. – *31 das osteologische Cabinet:* das Kabinett zur vergleichenden Osteologie, das sich im Zimmer über der Reitbahn (s. zu S. 584,6) neben dem anatomischen Kabinett befand und präparierte Tierskelette enthielt. In die Sammlungen ging in späteren Jahren das Skelett des sogenannten Haßlebener Urstiers ein. Es stand unter der Kustodie von Färber. – Bei Güldenapfel (S. 326 f.) wird das Kabinett folgendermaßen beschrieben:
»Das osteologisch-anatomische Cabinet, welches unter der Aufsicht des Prof. der Anatomie, Hn. Hofrat *Fuchs*, steht, ist ebenfalls im Seitengebäude des Schlosses aufgestellt. Es wurde ⟨...⟩ 1804 angelegt, und die vergleichende *osteologische* Sammlung hatte in Kurzem sich dergestalt vermehrt, daß sie von der *anatomischen* getrennt und in einem eigenen Saal aufgestellt werden mußte. Sie bildet mit den vielen Skeletten im Cabinet der naturforschenden Gesellschaft einen Apparat, hinlänglich zum Studium der vergleichenden Anatomie, so weit sie zur Zoologie

nötig ist. ⟨...⟩ Auch für die *pathologische* Anatomie ist eine
eigene Abteilung bestimmt«.
Vgl. auch Bd. 13.2, zu S. 355,24–27, letzter Abs. – *32 Schreibers:*
Siehe zu Bl. 52 im Inhaltsverzeichnis des 1. Bandes dieser Aktenposition (Tit.2 Nr.6). Vgl. G.s Tagebuchnotiz vom 12. August
1819: »Ins Osteol. Museum. Wiener Sendung ausgepackt«. –
33 Büffelschädel: Bereits am 11. Juli hatte G. dem Direktor der
Tierarzneischule Theobald Renner mitgeteilt, »daß Herr von
Schreibers in einem Briefe vom 2. Julius ⟨...⟩ nunmehr meldet, daß
die verzögerte Absendung nun wirklich der Spedition übergeben
sei. Sie enthält ⟨...⟩ 4. Ein vortreffliches Kopfskelett eines schönen
Büffels, samt den Hörnern«. – *34 Prosektor Schröder:* Christoph
Friedrich Schröter; s. Bd. 13.2, zu S. 358,26.

⟨MEMORANDUM
ÜBER DIE DER OBERAUFSICHT UNTERSTELLTEN
INSTITUTE IN JENA, 1817⟩

Dieser Bericht G.s über die OA unterscheidet sich deutlich von
seinen anderen bisher bekannt gewordenen Berichten, z. B. jenem
aus dem Jahre 1812 (GJb 30, 1909, S. 21–37) oder seinem Promemoria vom 24. Oktober 1822 (s. Bd. 13.2, S. 355). Während die
anderen Berichte in längerer oder kürzerer Form einen Leistungs-
nachweis erbringen, versucht G. hier außerdem eine Etatisierung
seines Instituts zu erreichen. In den *Tag- und Jahres-Heften* zu
1816 berichtet er:
»Die Jenaischen unmittelbaren Anstalten der Naturlehre im
Allgemeinen, der Naturgeschichte im Besondern gewidmet,
erfreuten sich der aufmerksamsten Behandlung. Fast in allen
Abteilungen war die innere Tätigkeit so herangewachsen, daß
man sie zwar durch gute Haushaltung sämtlich bestreiten
konnte, aber doch an einen neuen erhöhten Museumsetat notwendig denken und einen neuen Maßstab feststellen mußte«
(Bd. 14, S. 250).
Zu 1817 heißt es:
»Die Ausgaben hatten sich gemehrt, der Etat mußte abermals
kapitelweise durchgearbeitet werden; ich schrieb einen umständlichen Aufsatz deshalb und eine klare Übersicht war sodann höchsten Ortes vorzulegen« (Bd. 14, S. 255).
Und für das Jahr 1818 reflektiert er das, was ihn bereits 1817
bewegte und 1818 wirksam wurde:
»Die Oberaufsicht über die sämtlichen unmittelbaren Anstalten hatte sich im Innern noch einer besondern Pflicht zu entledi-

gen. Die Tätigkeit in einzelnen wissenschaftlichen Fächern hatte
sich dergestalt vermehrt, die Forderungen waren auf einen
solchen Grad gewachsen, daß der bisherige Etat nicht mehr
hinreichte. Dies konnte zwar im Ganzen bei guter Wirtschaft
einigermaßen ausgeglichen werden; allein das Unsichere war zu
beseitigen, ja es mußten, mehrerer Klarheit wegen, neue Rech-
nungskapitel und eine neue Etatsordnung eingeführt werden«
(Bd. 14, S. 272 f.).
Diese Etatisierung, die mit dem vorliegenden Memorandum
vorbereitet wurde, hängt zusammen sowohl mit der eingangs
S. 1242 ff. beschriebenen und durch einige Quellen belegten Be-
hördenreorganisation von 1815/16 als auch mit den die Universität betreffenden Maßnahmen, die 1817 eingeleitet wurden. Zur
Neustrukturierung des vergrößerten Territoriums von Sachsen-
Weimar-Eisenach gehörte auch die Neuregelung des Finanz- und
Schuldenwesens, eine Aufgabe, die auch dem im Frühjahr 1817
einberufenen Landtag aufgetragen war.
Im Zusammenhang mit diesem durchaus praktischen Zweck
ging es G. gewiß um mehr. Einige Passagen des Memorandums
vermitteln den Eindruck, daß G. die Summe seiner Tätigkeit
im Rahmen der OA zieht. Dies belegen nicht nur die Gesamt-
anlage der Denkschrift, sondern auch die Langwierigkeit ihrer
Entstehung (s. unten). G. hat diesem Text einige Sätze inte-
griert, die wie Maximen wirken und verdeutlichen können, worum
es ihm insgesamt und vor allem bei dieser speziellen amtlichen
Aufgabe ging. Einige Textstellen mögen hier herausgehoben
werden:
»Um die gegenwärtige Lage irgend eines Geschäftes vollkommen einzusehen, auch dessen fernere Behandlung richtig einzuleiten, wird erfordert, daß man seinen Ursprung und bisherigen
Gang wohl erkenne« (S. 605).
»Wie man denn in Jena sehr wohl tun wird, den Kustoden und
Untergeordneten immer mehr Einfluß und Verantwortlichkeit
zu geben, weil man teils gegen sie selbst ernstlicher verfahren
kann als gegen die Professoren, die ihre Mängel nicht gern
eingestehen und ihre Fehler nicht gern verbessern wollen, teils
auch gegen diese selbst eine leitende und warnende Instanz
gewinnt« (S. 619).
»⟨...⟩ denn bei jeder naturwissenschaftlichen Anstalt ist ein
Museum die vorzüglichste Begründung: der Lehrer kann wechseln aber der Neuantretende muß finden, was ihm die Belehrung
möglich macht« (S. 621).
»Die Maxime nach welcher man in früherer Zeit, als die Anstalten eigentlich nur für Conservatorien zu achten waren, verfuhr:

daß man nämlich bald dieses bald jenes Fach durch neue Anschaffungen begünstigte, die übrigen aber indessen ruhen ließ,
konnte man zuletzt nicht mehr beobachten, indem einmal eingeleitete Tätigkeiten nicht aufzuhalten sind« (S. 626 f.).
Mit der Datierung (s. S. 640) zeigt G. die Dauer seiner Arbeit an
diesem Bericht an; sie währte von April bis Ende Oktober 1817. Es
war die Zeit, in der G. besonders lange in Jena weilte, und zwar mit
kurzen Unterbrechungen vom 21. März bis 7. August. Zeugnisse
belegen, wie sehr ihn diese Denkschrift beschäftigte. In den *Tag-
und Jahres-Heften* zu 1817 notiert er:
    »Dieses Jahr ward ich auf mehr als Eine Weise zu einem
    längern Aufenthalt in Jena veranlaßt, den ich voraussah und
    deshalb an eigenen Manuskripten, Zeichnungen, Apparaten und
    Sammlungen manches hinüber schaffte. Zuvörderst wurden die
    sämtlichen Anstalten durchgesehen« (Bd. 14, S. 254).
Im Tagebuch von 1817 vermerkt G.: »Schema zum Aufsatz
über die Tierarzneischule« (29. März); »Etat Veterinär-Schule«
(1. April); »weitere Bildung des Etats« (2. April); »Vorarbeit zum
Etat fortgesetzt« (3. April); »Ordnung der sämtlichen Papiere auf
die Museen bezüglich« (31. Juli); »Fernere Ordnung in den Geschäften« (2. August); »Den Zustand der Museen überdacht und
schematisiert. NB. Schon am Morgen war, mit Rentamtmann
Kühn, der Kassezustand und die an ihn abzugebenden 150 Tlr.
ingleichen die rückständigen Zeddel betreffend, gesprochen worden« (4. August); »Die Hauptpunkte des Geschäfts und anderer
Arbeiten rekapituliert« (6. August); »Abschrift der Rennerschen
Vorschläge« (10. August); »Bericht wegen den Jenaischen unmittelbaren wisssenschaftlichen Anstalten« (13. August); »Aufsatz
zum Bericht wegen der Museen« (14. August); »Fortsetzung des
Aufsatzes zum Bericht. ⟨...⟩ Etat zu der Museums-Administra-
tion« (15. August); »Aufsatz zum Bericht beendigt. ⟨...⟩ Den
Jenaischen Etat durchgearbeitet. ⟨...⟩ Das Konzept des Aufsatzes
über die Jenaischen Anstalten nochmals abgeschrieben« (16. August); »Am Aufsatz über die Jenaischen wissenschaftlichen Anstalten, vorzüglich über den Etat für die Veterinär-Schule fortgefahren« (17. August); »Systematische Ordnung des Aufsatzes zum
Bericht; Absonderung der einzelnen Teile desselben« (18. August); »Oberaufsichts-Geschäfte. Registrande; Akten; Aufsätze
zum Bericht. ⟨...⟩ Abschrift des Museumsberichtes angefangen«
(26. September); »Zu Hause Bearbeitung des Aufsatzes wegen der
Museen. ⟨...⟩ Am Aufsatz über die Museen weiter geschrieben«
(28. September); »Die Aufsätze über das Museum geheftet und
durchgegangen« (29. September); »Den Schluß des Aufsatzes wegen den Museen schematisiert und die Mitteilung des Ganzen an

Staatsminister von Voigt vorbereitet« (30. September); »Museums-Angelegenheiten schlüßlich bedacht« (1. Oktober); »Fortsetzung des Aufsatzes wegen der Museen« (4. Oktober); »Den Aufsatz über die Jenaischen wissenschaftlichen Anstalten fortgesetzt« (5. Oktober); »Zu dem Aufsatz über die Museen den Etat entworfen« (7. Oktober); »Aufsatz der Museen« (8. Oktober); »Den Aufsatz über die Museen ferner durchgesehen« (15. Oktober); »Brachte Kräuter das Mundum des Aufsatzes über die wissenschaftlichen Anstalten« (24. Oktober); »Den Aufsatz über die Jenaischen Museen foliiert« (29. Oktober); »Am Etat reguliert« (31. Oktober); »Aufsatz über die Museen in Mundo abgeschlossen« (2. November); »Den Bericht wegen der Jenaischen Museen expediert« (3. November).

An C. G. von Voigt sandte G. sein Memorandum zuerst am 29. September 1817 und wieder am 3. November; vermutlich wurde es erst danach an den Großherzog weitergereicht. Auch aus G.s Briefen gleichen Datums ist zu erkennen, welche Bedeutung er seinem Text zumaß:

»Da ich hiedurch einen Grund künftiger Beurteilung und Führung des so sehr komplizierten, aus mehreren kleinen individuellen Welten bestehenden Tätigkeitskreises für uns und Nachfolger legen möchte, so bitte Ew. Exzellenz mir freundlichst anzuzeigen, wenn noch irgend etwas weiteres verlangt oder einiges bezweifelt werden könnte« (29. September 1817).

Was im einzelnen offenbar zu ergänzen war, läßt sich nicht nachvollziehen; gewiß aber wurde G.s Memorandum als fertig erst Anfang November wieder abgeliefert. Ob und inwiefern nun auch mit einer Mitwirkung Voigts zu rechnen ist, läßt sich der Überlieferungslage nicht entnehmen. Deutlich erkennbar ist G.s Erleichterung, dieses Geschäft abgeschlossen zu haben. An J. H. Meyer schreibt er am 28./29. Oktober 1817:

»Eine Darstellung der *jenaischen Museen*, damit man endlich einmal über diese Gegenstände und die erforderlichen Kosten klar werde, hat mir viel Zeit geraubt«.

Von Reaktionen auf seine Denkschrift zeugen G.s Äußerungen in Briefen an Voigt vom 12. November 1817:

»Wie sehr freut mich Ihre gütige Teilnahme an dem seltsamen Aufsatz; Serenissimus äußerten sich heiter und gnädig darüber«

und an Carl Friedrich Anton von Conta vom 27. November 1817:

»Ihre lebhafte Teilnahme an dem Museumsbericht war mir sehr viel wert, denn was sollte man mehr wünschen, als ein Geschäft, das man in Liebe und Leidenschaft so viele Jahre betrieben, mit jugendlicher Kraft neu aufgenommen zu sehen und eine fortschreitende Dauer für die Zukunft hoffen zu können. Lassen Sie sich diese Geschäfts- und Wissenschaftszweige jetzt und immer treulich empfohlen sein«.

Textgrundlage: Handschrift GSA 31/I,14; Abschrift einer Reinschrift aus den Akten der OA (›Übersicht des Bisherigen und Gegenwärtigen nebst Vorschlägen für die nächste Zeit‹, Tit.2 Nr.14). Innerhalb des Textes befinden sich Regesten des Kopisten, s. Stellenkommentar. Trotz zerstreuter Überlieferung konnte der Text aufgrund einer durchgehenden Blattzählung als einheitlicher Schriftsatz erkannt werden und wird hier erstmals als solcher veröffentlicht.

teilweise ungedruckt

Erstdrucke als Teildrucke: GaV (1834), S. 10–18, für die Textteile von »Übersicht des Bisherigen« (S. 605,10) bis »stifteten und schenkten« (S. 610,36). – WA I 53 (1914), S. 291–304, für die Textteile von »Übersicht des Bisherigen« (S. 605,10) bis »Kosten verursachen« (S. 611,14) und von »Nachdem wir nun« (S. 636,24) bis »Abgeschlossen: Weimar Ende Oktbr. 1817« (S. 640,6). WA stützte sich auf eine verlorene Reinschrift, die nicht vollständig abgedruckt wurde.

606 *4 Einrichtung der hiesigen freien Zeichen-Schule:* Siehe Bd. 3.2, S. 657 f. – *7 nach Jena zu versetzen:* Siehe zu S. 608,16. – *9 Central-Museums:* Güldenapfel spricht davon, daß das im Jenaer Schloß beherbergte naturwissenschaftliche Museum auch das »Carl-August-Museum« genannt wurde. Sein Taschenbuch kann zum Folgenden herangezogen werden, da es in ebendieser Zeit entstanden ist und von G. dankbar zur Kenntnis genommen wurde (Güldenapfel, S. 320); vgl. G. an Güldenapfel, 2. Dezember 1816. – *10 Walch:* Johann Ernst Immanuel Walch (1725–1778); s. Bd. 13.2, zu S. 355,24–27.

607 *5 Lenz:* Johann Georg Lenz; s. zu S. 583,25. – *7 Wernerischen Lehre:* der Neptunismus, eine geologische Lehre, in der die These galt, daß die Gesteine durch Ablagerungen im Wasser entstanden seien. Sie wurde insbesondere von Abraham Gottlob Werner (1749–1817, seit 1775 Professor der Mineralogie und der Bergbaukunde an der Bergakademie in Freiberg, Begründer der Geognosie) vertreten. – *Batsch:* Siehe Bd. 13.2, zu S. 355,28 und 355,34. – *11 Göttling:* Johann Friedrich August Göttling (1753–1809); s. Bd. 13.2, zu S. 355,29. – *13 antiphlogistischen Chemie:* die von dem französischen Chemiker Antoine Laurent Lavoisier (1743–1794) gewonnene Erkenntnis, wonach jede Oxydation auf einer Vereinigung mit Sauerstoff beruhe. Damit widerlegte er die These, daß bei Verbrennung ein Stoff namens Phlogiston

entweiche. – *16 Schloß-Bibliothek:* die im Jenaer Schloß untergebrachte Bibliothek, die im Gegensatz zur Universitätsbibliothek in
ausschließlichem Besitz des Großherzogs Carl August war. Ihr
größter Bestand war die Bibliothek Christian Wilhelm Büttners
(1716–1801), die von Carl August 1783 auf Rentenbasis erworben
und nach Büttners Tode von der OA übernommen wurde (s.
Bd. 6.2, S. 1280 f.). Außerdem beherbergte sie die naturhistorische
Bibliothek von Johann Ernst Immanuel Walch und Bücher aus
dem Nachlaß des 1805 in Weimar verstorbenen Herzogs Friedrich
August von Braunschweig-Oels. Sie wurde vornehmlich von C. A.
Vulpius betreut (s. zu S. 584,3). Bei Güldenapfel (S. 318) wird ihre
Größe mit 14 000 Bänden angegeben. – *das mineralogische Museum:* Siehe Bd. 13.2, zu S. 355,23. Bei Güldenapfel (S. 323) heißt
es:»Gegenwärtig füllt dieses Museum das ganze zweite Stockwerk
des Hauptgebäudes vom großherzogl. Schlosse«. – *17 das zoologische:* Siehe Bd. 13.2, zu S. 355,24–27. Güldenapfel (S. 324 f.)
schreibt dazu:»Das zoologische Cabinet, für welches das obere
Stockwerk des Schlosses eingeräumt ist, enthält eine ziemlich
vollständige Sammlung an inländischen Vögeln, an Conchilien und
Korallen; auch an Würmern, Schnecken und Amphibien in
Branntwein hat es Seltenheiten, Fische, Säugetiere und Insekten
sind, wie überall, nicht zahlreich, doch zum Unterricht mehr als
hinlänglich«. – *19 eine mineralogische Societät:* Siehe Bd. 13.2, zu
S. 355,23. – *32 dem oryktognostischen Cabinet:* einem Teil des
mineralogischen Kabinetts. Güldenapfel (S. 325 f.) gibt folgende
Beschreibung:»Die oryktognostische Sammlung, welche aus den
lehrreichsten und prächtigsten, zum Teil einzigen Stücken besteht,
ist in fünf großen Zimmern im rechten Flügel des Schlosses aufgestellt. Aber außer dieser vollständigen, systematisch geordneten
Sammlung, enthält das Cabinet noch eine neuangelegte, in dem
linken Flügel des Schlosses aufgestellte, sich als einzig in ihrer Art
auszeichnende Sammlung von geognostischen Suiten«. – *35 Suiten
des Thüringer Waldes:* die von Johann Carl Wilhelm Voigt
(1752–1821; s. Bd. 3.2, S. 638) und von Johann Ludwig Heim (s. zu
S. 583,24) übernommenen Gesteinssammlungen. Beide Suiten
wurden im mineralogischen Kabinett in der Systematik, die ihnen
ihre ursprünglichen Besitzer gegeben hatten, aufgestellt.

608 *14 Tod Büttners:* Siehe zu S. 607,16. – *16 Kunstkammer:*
1781 wurden diese Gegenstände nach Jena gebracht und mit dem
Walchschen Kabinett vereinigt; s. Bd. 13.2, zu S. 355,24–27,
Abs. 2. Im 1. Nachtrag zum Aufsatz *Dem Menschen wie den
Tieren* ⟨...⟩ bemerkt G.:»Die Weimarische Kunstkammer vom
Herzog Wilhelm Ernst im Jahre 1700 angelegt enthielt, unter
andern Merkwürdigkeiten, auch manche bedeutende Naturselten-

heit« (Bd. 12, S. 170). – *18 physikalischen Cabinet:* Siehe zu
S. 584,6 und Bd. 13.2, zu S. 355,29. – *19 naturforschende Gesell-
schaft:* Siehe Bd. 13.2, zu S. 255,28. – *25 Voigt dem Jüngern:*
Christian Gottlob Voigt; s. Bd. 13.2, zu S. 355,28. – *28 osteo-
logisch-zoologisches Museum:* Siehe zu S. 604,31 und Bd. 13.2, zu
S. 355,24–27, letzter Abs. – *37 Loder:* Justus Christian Loder; s.
Bd. 13.2, zu S. 355,24–27, 1. Abs.

609 *2 Ackermanns:* Jakob Fidelis Ackermann (1765–1815), Mediziner und Professor in Jena 1804, in Heidelberg ab 1805; s.
Bd. 13.2, zu S. 355,24–27, Abs. 3. – *Fuchsens:* Johann Friedrich
Fuchs (1774–1828), Mediziner und Professor in Jena; s. Bd. 13.2,
zu S. 355,24–27, Abs. 3, und zu S. 358,29. – *5 Göttlings Tode:*
Johann Friedrich August Göttling (1753–1809), Chemiker; s.
Bd. 13.2, zu S. 355,29. – *7 Döbereiners:* Johann Wolfgang Döbereiner (1780–1849), Chemiker; s. zu S. 584,9. – *9 Laboratorium ⟨...⟩ Garten:* Siehe zu S. 584,9. – *14 botanisches Museum:* Es könnte sich dabei um die bei Güldenapfel (S. 332)
genannte Einrichtung handeln, von der es dort heißt:

»Mit diesem Garten ⟨dem botanischen⟩ ist das erst vor einigen
Jahren unternommene botanische Cabinet verbunden, wozu
eine schätzbare Sammlung von Samen, Hölzern und ausländischen Seltenheiten des Großherzoglichen Naturaliencabinets
den Grund gelegt hat. Es sind hier instruktive Fälle über die
Erzeugung des Holzes, der Wurzeln, Knospen, Dornen u. s. w.
gesammelt, und mit einem Herbarium zur Erläuterung der
Lehre von der Metamorphose der Pflanzen ein guter Anfang
gemacht«.

Für G. war dieses Museum, das nur mit einem geringen Etat
ausgestattet war, im Jahre 1817 von besonderem Interesse, wie
seine Tagebuchnotizen zeigen: »Das botanische Museum eingerichtet« (2. April 1817); »Botanisches Museum« (16. April 1817);
»Am botanischen Museum geordnet« (22. April 1817); »Aufs
Museum zusammen. Die Hofräte Voigt und Stark d. j. Einiges
Chromatische. Botanisches Museum, osteologisches, und die übrigen« (4. August 1817); »Das botanische Cabinet ward in das
mittlere Zimmer ⟨...⟩ gebracht« (14. Mai 1824). – *20 Österreichischen Floren ⟨...⟩ anschafften:* Siehe die Korrespondenz mit
C. F. A. von Schreibers, u. a. zu Bl. 56 im Inhaltsverzeichnis des
1. Bandes dieser Aktenposition (Tit.2 Nr.6). – *29 Leitung der
Geschäfte des Fürstlichen botanischen Gartens:* Siehe Bd. 13.2, zu
S. 355,32. – *32 ein Observatorium ⟨...⟩ Münchow:* Siehe Bd. 13.2,
zu S. 355,32. – *38 Tier-Arzneischule:* Siehe zu S. 625,22.

610 *16 Conservatorien:* im Sinne von konservierenden, d. h.
nur aufbewahrenden, nicht zu Nutzung bestimmten Instituten. –

1302 KOMMENTAR ZU S. 610–615

33–35 Frau Erbgroßherzogin ⟨...⟩ *besondere Summen verwilligten:* Maria Pawlowna nahm vielfach Gelegenheit, die der OA
unterstellten Institute durch Spenden zu unterstützen. So wurde
mit ihrer Hilfe im Jahre 1813 bei Körner ein sechsfüßiger Achromat in Auftrag gegeben, der 1817 fertiggestellt war; vgl. G. an J. A.
Völkel, 28. Dezember 1816; an C. G. von Voigt, 22. Januar 1817:
»Die 400 r. Körnerischen Vorschuß habe von Ihro Kaiserl.
Hoheit Scatoulle wieder in unsere Kasse gebracht« (vgl. auch: Knopf,
S. 126). – *40 Verzeichnis der bedeutenden Posten:* nicht ermittelt.
    611 *11 Veterinairschule:* Siehe zu S. 625,22. – *20 Renners:*
Theobald Renner (1759–1850), Tierarzt und Professor in Moskau,
seit 1816 in Jena; s. Bd. 13.2, zu S. 355,33. – *29 teilnehmenden
Höfe:* Mit Vertrag vom 10. April 1817 schieden die Fürstentümer
Sachsen-Meiningen und Sachsen-Coburg als Miterhalter der Universität aus, so daß nunmehr neben Sachsen-Weimar-Eisenach nur
noch Sachsen-Gotha und Altenburg für die Jenaer Universität
verantwortlich waren; s. auch S. 594,32. – *30 Landschafts-Colle-
gium:* die Verwaltungsbehörde der Landstände; s. zu S. 586,17. –
31 Landes-Directorium: richtig: Landesdirektion; 1770–1807 ›Ge-
neralpolizeidirektion‹, 1807–1815 unter der Bezeichnung ›Landes-
polizeikollegium‹ den zentralen Landeskollegien gleichgestellt und
als obere Landesbehörde für die innere Verwaltung tätig. – *35 Local:* Siehe zu S. 625,22.
    612 *19 Klein:* Carl Friedrich Klein (1780–1830), Baurevisor in
Jena. – *36 Mazerationswasser:* das Wasser, das beim Aufweichen
der zu präparierenden Skelette verwendet wurde.
    613 *22 einem Weimarischen Privat-Cabinet:* G.s Kabinett; vgl.
G. in den *Tag- und Jahres-Heften* zu 1816: »Professor Renner
begann seinen Kursus, und ich gab meine älteren zersägten und
sonst präparierten Pferdeschädel zum didaktischen Anfang hinüber, da sie früher mir auch zum Anfang gedient hatten« (Bd. 14,
S. 250 f.). – *26 Schröter:* Christoph Friedrich Schröter; s. Bd. 13.2,
zu S. 368,26. – *Secanten:* Sezierer, auch: Prosektor. – *32 Prosektor
Hamburg:* richtig: Carl Ludwig Homburg (gest. 1833); s. S. 1270,
zu Bl. 79 f. – *40 Gläser aller Art von Stötzerbach:* richtig: Stützerbach; s. S. 1269 f., Bl. 74–78. Vgl. G.s Tagebuchnotiz vom
16. April 1817: »Die von Stützerbach angekommenen Gläser wurden ausgepackt«.
    614 *11 Schmähungen und Bedrohlichkeiten:* In seinem Brief an
C. G. von Voigt vom 29. April 1817 schildert G. die Situation und
macht Vorschläge zur Abhilfe:
    »Selbst unsre Kasse wird durch solchen bösen Leumund
    verletzt und schon bisher müssen wir die Aufwärterin teurer
    lohnen als billig, nur um sie zu erhalten, und weil sich schwerlich

eine andere zu solchem widerwärtigen und zugleich dem Schimpf ausgesetzten Dienste finden möchte.

Die bei mir eingegangenen Beschwerden sind zwar auffallend genug, aber weil die Händel zwischen Weibern und Kindern vorgefallen, nicht von der Art, daß man darauf Untersuchung gründen und ernste Bestrafung veranlassen könnte. Mein Vorschlag geht also dahin, daß die hiesige Polizei veranlaßt würde, im Wochenblatt eine Verwarnung zu publizieren, wozu, beliebter Kürze wegen, einen Entwurf beilege«.

Vgl. auch G.s Tagebuchnotizen: »Bertholdin Tochter beklagt sich über böse Nach- und Schimpfreden der Philister« (27. April 1817); »Promemoria wegen der Tierarzneischule und Proclama« (29. April 1817). – *13 Warnung ins Publikum:* Siehe den oben zitierten Brief G.s an C. G. von Voigt vom 29. April 1817. Der Entwurf wurde entsprechend G.s Vorschlag veröffentlicht, und zwar in den ›Privilegierten Wöchentlichen Anzeigen‹ vom 14. Mai 1817. Der Text lautete:

»Bekanntmachung.

Ihro Königliche Hoheit der Großherzog haben, unter andern vielen Wohltaten, welche Sie Ihro Landen, besonders auch der Stadt Jena zugewendet, eine Heilschule für Pferde und andere Haustiere errichtet. Wenn nun jeder verständige Staatsbürger die Wichtigkeit und Notwendigkeit einer solchen Anstalt mit Dank zu schätzen weiß; so gibt es doch noch kurzsichtige Menschen genug, welche wegen eines äußern Scheins den wichtigen und heilsamen Zweck verkennen. Tritt nun Rohheit eines ungebildeten Betragens und leidenschaftliche Gemütsart hinzu, so ist voraus zu sehen ja schon durch die Erfahrung erwiesen, daß allerlei widerwärtiges Beginnen sich ereignen werde. Man sieht sich also veranlaßt, einen jeden Hausvater aufzufordern, daß er Kinder und Gesinde über die Wichtigkeit jener Anstalt ernstlich aufkläre, sodann auch kräftig verwarne, alles was derselben entgegen wirken könnte, sorgfältig zu vermeiden. Wie man denn hiermit erklärt, daß jede unziemliche Nachrede, Schimpf oder wohl gar Bedrohung, welche der geringsten bei dieser Schule angestellten Person, oder irgend jemanden, der damit in Verbindung steht, widerführe, auf geschehene Anzeige, sogleich untersucht und gebührend bestraft werden solle« (WA IV 28, S. 78 f., Beilage zu Nr. 7728).

– *28–616,12 Unmaßgebliche Vorschläge* ⟨...⟩ *50 Tlrn vorschlage:* verfaßt von T. Renner; der Text wird hier zitiert, da er von G. in seinen Bericht aufgenommen und damit autorisiert wurde.

615 *24 Hofrat Fuchs:* Johann Friedrich Fuchs; s. S. 1269, zu Bl. 71. – *29 rotzige* ⟨...⟩ *Pferde:* vom Rotzbazillus befallene Pferde.

617 *14 Rescript ad cameram:* Weisung des Herzogs an die Kammer. – *20 terminus a quo:* lat. ›Zeitpunkt des Beginns‹. – *21 proportionierliche Remuneration:* anteilige Entlohnung.

618 *2 Aufwartemagd:* wohl die oben zu S. 614,11 erwähnte Tochter der Bertholdin. – *12 polizeiliche Vorkehrungen:* Siehe zu S. 614,11. – *23 Honorificums:* lat. ›Ehre bringend‹. – *24 in utili:* lat. ›im Nutzen‹. – *34 Färber:* Johann Michael Christoph Färber (1778–1844); s. Bd. 13.2, zu S. 361,25; auch: Knittermeyer. – *34–40 folgte:* ⟨...⟩ *(1600 Tlr).:* Dieser Text ist ein Regest des Kopisten aus der Zeit der WA-Bearbeitung.

620 *3 Michael:* Michaelistag (29. September). – *29 Anlage eines Museums:* eine von den übrigen naturwissenschaftlichen Museen getrennt gehaltene Sammlung, in die die Präparate aus der Veterinärschule gelangten. G. ging es hier neben dem praktischen Nutzen der Veterinärschule auch um die wissenschaftliche Ausbeute, die man nur auf der Grundlage von Anschauungsmaterial gewinnen konnte. Vgl. G.s Tagebuchnotizen: »Ausfertigung wegen der Bestellung des Veterinär-Museums« (26. November 1817); »In die Veterinär-Schule, die Aufstellung der Präparate zu sehen« (28. Januar 1818); s. auch S. 639,18 (»Das für diese Anstalt zu errichtende wichtige Museum«). – *32 osteologische Museum:* Siehe zu S. 604,31 und Bd. 13.2, zu S. 355,24–27, letzter Abs.

621 *7 Össen:* Essen, Schornsteine.

622 *10 Bibliothek.:* hier: die Schloßbibliothek in Jena. – *13 Ober-Baudirektor Coudray:* Clemens Wenzeslaus Coudray (1775–1845), Oberbaudirektor in Weimar. – *20 Munifizenz:* lat. Ursprungs: ›Freigebigkeit‹. – *24 Societät:* die ›Societät für die gesamte Mineralogie zu Jena‹. – *28 Das Heimische und Voigtische Cabinet:* Siehe zu S. 583,24. – *36 Cuviers:* Georges-Frédéric Baron de Cuvier (1769–1832), französischer Naturforscher, Begründer der vergleichenden Anatomie, Karlsschüler in Stuttgart, seit 1795 in Paris. – *37 Schlotheims:* Ernst Friedrich von Schlotheim (1764–1832), Oberhofmarschall und Präsident der Kammer in Gotha, Paläontologe. – *Leonhards:* Karl Caesar von Leonhard (1779–1862), 1816 Professor für Mineralogie und Geologie in München, 1818 in Heidelberg.

623 *17 von Wien angelangten Fische:* Siehe zu S. 583,35. – *22 Malus:* Etienne Louis Malus (1775–1812), französischer Physiker, Lehrer an der polytechnischen Schule in Paris. – *33 Doppelspate:* Kalkspate (auch Kalzite), die bei großer Klarheit die Doppelbrechung des Lichtes zeigten.

624 *6 Die von Gnädigsten Herrschaften geschenkten Instrumente:* Gemeint sind hier außer den von der Erbprinzessin Maria Pawlowna finanzierten Stücken (s. zu S. 610,33–35) auch die von

AMTLICHE SCHRIFTEN 1305

Carl August herangeschafften Instrumente: vgl. Knopf, S. 123 bis
131, wo die in der Sternwarte zur Verfügung stehenden Instrumente aufgeführt werden. Ebenso führt das ›Historisch-topogra-
phische Taschenbuch von Jena‹. Hg. von J. C. Zenker. Jena 1836,
S. 61, den Bestand von zehn astronomischen Instrumenten auf. –
9 Das bewegliche Türmchen: der auf dem Anbau der Sternwarte
stehende drehbare niedrige Turm (s. Knopf, S. 118 f.), der zur
Aufnahme von Beobachtungsinstrumenten bestimmt war. – *10 des
parallaktischen Instruments:* der zu S. 610,33–35 genannte sechs-
füßige Achromat, ein astronomisches Winkelmeßinstrument, bei
dem die gebrochenen Lichtstrahlen nicht in Farben zerlegt werden.
– *16 Osteologisches großes Museum:* Siehe zu S. 604,31 und
Bd. 13.2, zu S. 355,24–27, letzter Abs. – *22 die fossilen zu Romstedt gewonnenen Menschenknochen:* Siehe zu S. 588,30. – *39 Na-
turhistorisches Museum:* offenbar die S. 622 f. unter II – V aufgeführten Museen.

625 *18 Das Hellfeldische Haus:* Siehe zu S. 584,9. – *21 Der
Pelzerische Garten:* Siehe S. 1267, zu Bl. 45. – *22 der Heinrichsberg:* Auf dem Heinrichsberg befand sich die Heimstatt der Tier-
arzneischule; s. zu S. 609,38 und 611,35; s. Bd. 13.2, zu S. 355,33,
358,21 und 363,26. – *33–38 folgt: Vorläufiger Etat* ⟨...⟩ *Klammern
angezeigt:* Dieser Text ist ein Regest des Kopisten aus der Zeit der
WA-Bearbeitung. Der hier angezeigte Etat ist in der Abschrift
nicht überliefert; er war in den Ansätzen offenbar identisch mit
dem S. 640–643 edierten »Entwurf eines Etats für die Museen«.

627 *17 Philosophical Transactions:* ›Philosophical transactions
of the Royal Society of London‹ (1665 ff.). – *19 Spix Cephalogenesis:* Johann Baptist Spix (1781–1826, Zoologe, Museumsdirektor in
München), dessen Werk ›Cephalogenesis sive capitis ossei struc-
tura, formatio et significatio per omnes animalium classes, familias,
genera ac aetates digesta, atque tabulis illustrata, legesque simul
psychologiae, cranioscopiae ac physiognomiae inde derivatae‹ (Mo-
nachii 1815). – Vgl. G.s Tagebuchnotizen: »Brief von Perthes und
Spix Cephalogenesis. Hofrat Stark. Professor Renner, Betrachtung
und Beurteilung obigen Werkes. Ankunft einer Kiste von Weimar.
Mit der Rolle worauf Spix ⟨*Lücke*⟩ ⟨...⟩ Döbereiner und andre
Spixens Werk angesehen. ⟨...⟩ Den Text von Spix zu lesen angefangen« (27. Juli 1817); »Ankunft von Spix Cephaleologie« (29. Juli
1817). Vgl. auch G. an C. G. Carus vom 13. Januar 1822, worin er
sich sehr kritisch über das Werk von Spix äußert. – *24 Chaumeton
Flora medicale:* François-Pierre Chaumeton (1775–1819), französischer Mediziner; dessen ›Flore du dictionnaire des sciences
médicales‹ (Vol. 1–8, 1813–1820). – *32 Bergrat Lenz:* Johann
Georg Lenz; s. zu S. 583,25 und Bd. 13.2, zu S. 355,23 und 360,23.

628 *12–14 die von ⟨…⟩ der Frau Erbgroßherzogin mitgebrach-*
ten Mineralien: Siehe zu S. 583,33.
629 *11 von Wien treffliche Fische erhalten:* Siehe zu S. 583,35. –
14 Entomologische Abteilung: die Insektenabteilung des zoologischen Kabinetts; s. zu S. 607,16. – *15 von Endische Samm-*
lung: vermutlich Friedrich Albrecht Gotthilf (Gotthelf) von Ende
(1755/56–1829, preußischer Offizier, 1809–1813 Hofmarschall am
erbprinzlichen Hofe von Sachsen-Weimar), der als Freund der
Naturwissenschaft ausgewiesen ist; vgl. G. an Trebra vom 7. April
1812: »Von mineralogicis und geologicis, für die wir an unserem
Herrn Hofmarschall von Ende einen neuen Freund und Liebhaber
gewonnen haben, will ich nichts weiter sagen«. Von einer Sammlung ist allerdings nichts bezeugt. – *19–21 die Gläser welche ⟨…⟩*
angeschafft werden müssen: Siehe zu S. 613,40.
630 *30 Körners Versetzung:* Siehe zu S. 586,14. – *33 Arago:*
Dominique François Jean Arago (1786–1853), Astronom an der
Pariser Sternwarte. – *Biot:* Jean Baptiste Biot (1774–1862), 1800
Professor für Physik in Beauvais und am Collège de France, 1809
für Astronomie in Paris. – *Seebeck:* Thomas Johann Seebeck
(1770–1831), Physiker und Chemiker, 1802 bis 1810 in Jena, seit
1818 in Berlin, vertrat anfänglich G.s Farbenlehre. – *34 Brewster:*
David Brewster (1781–1868), englischer Physiker, Mitglied der
Königlichen Gesellschaft in Edinburgh. – *40 seinen optisch-chro-*
matischen Apparat ⟨…⟩ nach Jena getan: An C. G. von Voigt
schreibt G. am 10. März 1815(?): »Meine sämtlichen optischen und
chromatischen Instrumente, Vorrichtungen und Zubehör habe ich
nach Jena schaffen und einstweilen in der Bibliothek aufstellen
lassen«.
631 *28 Schelvers Zeiten:* Friedrich Joseph Schelver (1778–1832,
Arzt und Botaniker) war von 1803 bis 1806 Professor in Jena. –
29 Nach der Zerstörung und dem Verderb von 1806: während und
nach der Schlacht von Jena am 14. Oktober 1806. – *31 Museum der*
naturforschenden Gesellschaft: Siehe zu S. 584,6 und Bd. 13.2, zu
S. 355,28.
632 *5 Achromasie:* Brechung des Lichtes ohne Zerlegung in
Farben bei optischen Instrumenten. – *25 Aufstellung des parallak-*
tischen Instruments ⟨…⟩ Turm: Siehe zu S. 624,10.
633 *36 Assistenten:* August von Goethe. – *40 Bibliothekar:*
Christian August Vulpius (1762–1827); s. zu S. 584,3.
634 *15 den Bischoffischen Ersten Stock:* in der Wohnung des
Polizeiinspektors Johann Christoph Bischoff; Näheres nicht ermittelt.
635 *4 jetzt bei der Veterinairschule angestellten Schröter:* Christoph Friedrich Schröter; s. Bd. 13.2, zu S. 358,26. – *7 Göbel:* Karl

Christoph Friedemann Traugott Goebel (1794–1851), Chemiker und Apotheker in Jena; vgl. G.s Tagebuchnotizen: »Göbel lignum nephriticum und Infusion« (28. Juni 1817); »Göbel mit angelaufenen eisernen Glockenspeisplatten« (15. Juli 1817). – *27 folgt:* »*Entwurf* 〈...〉 (= *Blatt 49.50.*): Einschub des Kopisten aus der Zeit der WA-Bearbeitung. Gemeint ist der S. 640–643 edierte »Entwurf eines Etats für die Museen«. – *40 Gas-Beleuchtungs-Versuche:* Auf Anregung Carl Augusts wurden im Oktober und November 1816 im Jenaer Schloßhof Gasbeleuchtungsversuche vorgenommen. Sie mißlangen zunächst, wurden aber mit finanzieller Unterstützung des Großherzogs durch Döbereiner fortgesetzt (vgl. Döbling, S. 96–107).

636 *4 Ausgrabungen bei Romstädt:* Siehe zu S. 588,30.

637 *4 Rat Vulpius* 〈...〉 *Real-Katalog vorzubereiten:* ein nach Sach- bzw. Fachgebieten angelegtes Bibliotheksverzeichnis. Dieses sollte von Vulpius bei der Neuordnung der Universitätsbibliothek und ihrem Zusammenschluß mit der Schloßbibliothek in Angriff genommen werden; vgl. Siegfried Seifert: »Niemand wird läugnen, daß ein Real-Catalog das Fundament einer jeden Bibliotheks-Anstalt sey«. In: Historische Bestände der Herzogin Anna Amalia Bibliothek zu Weimar. München, London, New York, Paris 1992, S. 55–92, besonders das Kapitel ›Goethe und die Idee des Realkatalogs‹, S. 85–92; s. auch zu S. 607,16.

638 *22 Hofrat Voigt:* Friedrich Siegmund Voigt (1781–1850), Professor der Botanik und Direktor des botanischen Gartens in Jena; s. Bd. 13.2, zu S. 355,28 und 372,8. – *31 Wagner:* Johann Gottlieb Daniel Wagner (1774–1824), bis März 1819 Hofgärtner am botanischen Garten in Jena; s. Bd. 13.2, zu S. 358,17. – *32 utile:* lat. ›Nutzen‹. – *39 der Akademisch-botanische Garten:* der kleine, innerhalb des ehemaligen Klostergeländes des Collegium Jenense gelegene ›hortus medicus‹.

640 *27 Entwurf eines Etats für die Museen:* in der Textvorlage ausgewiesen als »Beilage I. (vgl. Bl. 41a)«, wie S. 635,27 angekündigt. – *36 uts.:* ut supra: lat. ›wie oben‹.

641 *26 Transpt.:* Transport: Übertragung zur nächsten Seite.

642 *10 Sa. p. s:* Summa per se: lat. ›Summe für sich‹ (ohne Addition).

William Bewick: *Dionysos*, irrtümlich auch als »Herkules« oder
»Theseus« bezeichnet (1818). Kreidezeichnung, weiß gehöht auf
bräunlichem Papier nach einer Marmorskulptur vom Ostgiebel des
Parthenon auf der Akropolis in Athen, signiert: »Wm. Bewick,
Pupil of B. R. Haydon 1818«. – Weimar, GNM, Goethes Wohn-
haus.   389

Charles Landseer: *Aphrodite im Schoße ihrer Mutter Dione*, irrtümlich auch als »Tauschwestern« oder »Parzen« bezeichnet
(1818). Kreidezeichnung, weiß gehöht auf bräunlichem Papier
nach einer Marmorskulptur vom Ostgiebel des Parthenon auf der
Akropolis in Athen, signiert: »Ths. Landseer, Pupil of B. R.
Haydon 1818«. – Weimar, GNM, Goethes Wohnhaus.   390

Die Geschichte des Aeneas (1663). 20 Szenen aus der ›Aeneis‹ des
Vergil. Radierungen von Giuseppe Maria Mitelli nach den Fresken
von Lodovico, Agostino und Annibale Carracci im Palazzo Fava in
Bologna. Abgebildet sind zwei Szenen: 1. *Aeneas trägt seinen
Vater Anchises aus dem brennenden Troja* (bez. »Eripit Æneas
humeris ex hoste Parentem. VI.«) nach Aeneis II, V. 707 ff. 2. *Der
Schatten Creusas erscheint dem Aeneas* (bez. »Aeneam alloquitur
simulacrum et umbra creusae. VII.«) nach Aeneis II, V. 772 ff. –
Weimar, GNM, Goethes Kunstsammlungen (Schuchardt, Bd. I,
S. 26, Nr. 231).   397–398

Regenbogenschüsselchen. Tafel II aus: Curiositäten der physisch-
literarisch-artistisch-historischen Vor- und Mitwelt. Hg. von
Christian August Vulpius. Siebten Bandes erstes Stück. Weimar
1818. – Düsseldorf, GMD.   401

Giuseppe Bossi: *Durchzeichnungen (›Lucidi‹) nach den Kopien des
›Abendmahls‹ von Leonardo da Vinci* (zwischen 1807 und 1815).
Davon abgebildet: 1. *Kopf des Andreas*, nach der Kopie im Kloster
Castellazzo (II,7); 2. *Kopf Christi*, nach der Kopie von Andrea
Bianchi, gen. il Vespino (I,10); 3. *Kopf des Judas*, nach der Kopie im
Kloster Castellazzo (II,1); 4. *Kopf des Petrus*, nach der Kopie von
Andrea Bianchi, gen. il Vespino (I,1). – Weimar, Kunstsamm-
lungen, Schloßmuseum.   419, 420, 423, 424

Jan van Huysum: *Blumen- und Fruchtstück* (o. D.). Öl auf Leinwand. – Weimar, Kunstsammlungen, Schloßmuseum.   439

Luise Seidler: *Amazonenkampf* (Ende 1817 / Anfang 1818).
Zeichnung, schwarze Kreide, weiß gehöht, auf blauem Papier,

INHALTSVERZEICHNIS

Schriften zur Kunst
297

NATURWISSENSCHAFTLICHE SCHRIFTEN
523

ANHANG
645

EDITORISCHE NOTIZ

Die Herausgeber sind wie folgt an den Arbeiten für diesen Band beteiligt:

Bandeinführung und Kommentar zu den autobiographischen Schriften, Reden, Schriften zur Literatur und Schriften zur Kunst: Johannes John.

Kommentare zu den naturwissenschaftlichen Schriften: Hans J. Becker (Biologie), Gerhard H. Müller (Geologie und Mineralgie), John Neubauer (Einleitung, *Erfinden und Entdecken*, Meteorologie, Physik).

Text und Kommentar zu den amtlichen Schriften: Irmtraut Schmid.

Textkritik und Editionsberichte: Edith Zehm (autobiographische Schriften, Reden, Schriften zur Literatur, Schriften zur Kunst) und Martin Ehrenzeller (naturwissenschaftliche Schriften).